Imprimerie Migne, au Petit-Montrouge.

DICTIONNAIRE DE PATROLOGIE.

D

DADON, neveu de Berhard et son successeur sur le siége de Verdun, fut en grande réputation parmi les prélats de son siècle, qui le regardaient comme leur modèle et le flambeau de l'Eglise. C'est le témoignage que lui rend Salomon de Constance dans les poëmes qu'il lui adressa. Ces deux évêques furent unis de la plus étroite amitié. La grande réputation dont jouissait le saint évêque de Verdun détermina le célèbre Jean de Vendière, depuis abbé de Gorze, à le choisir pour son directeur. Dadon, bon connaisseur du vrai mérite et le décrouvrant dans son pénitent, aurait bien souhaité l'attacher pour toujours à son église; mais Jean, après avoir suivi ses instructions pendant quelque temps, obéit à la voix de Dieu qui l'appelait ailleurs. Dadon en fut dédommagé par le séjour de plusieurs autres savants au nombre desquels se trouvait André, qui, s'étant retirés d'Angleterre, étaient venus s'établir à Verdun. Il leur donna pour demeure le monastère de Montfaucon, dans son diocèse. Dadon fut un des évêques qui, en 888, composèrent le concile de Metz; et sept ans plus tard, il assista à celui de Teuver. Il mourut en 923, après un peu plus de quarante-trois ans d'épiscopat, et fut enterré dans l'église de Saint-Vanne, sépulture ordinaire des évêques de Verdun à cette époque.

Il avait eu soin de mettre par écrit ce qui s'était passé de considérable sous son gouvernement, et de faire en même temps l'histoire de l'épiscopat d'Hatton et de Berhard ses prédécesseurs immédiats sur le siége de Verdun. Il ne nous reste qu'un fragment de ces mémoires, imprimé par messieurs de Sainte-Marthe dans leur *Gallia Christiana*, et par dom Calmet dans le premier volume de son *Histoire de Lorraine*. Dadon remarque qu'il les commença dans la treizième année de son pontificat, indiction neuvième, c'est-à-dire en 891. Le texte porte 893, la cinquième année du règne du roi Arnoul, ce qui ne s'accorde pas avec l'indiction que nous venons de rappeler. Il dit que l'évêque Hatton commença la nouvelle basilique de Verdun, et qu'elle fut achevée par Berhard dont il fait un grand éloge. Ce fut lui qui mit huit chanoines pour desservir l'église de Saint-Pierre et de Saint-Vanne. Dadon donne également la suite des empereurs et des rois qui régnèrent de son temps. Il fait mention de leurs libéralités envers l'église de Verdun. Le roi Arnoul lui donna l'abbaye de Montfaucon avec toutes ses dépendances. Telle est en résumé l'analyse du fragment historique qui nous reste de l'évêque Dadon. Laurent de Liége, qui connaissait cet écrit, en a profité pour son histoire.

On attribue aussi à cet évêque un poëme en vers élégiaques sur les malheurs arrivés à son église dans l'irruption que les Normands firent en Lorraine en 889. On peut croire que ce n'est pas la seule pièce de vers qui soit sortie de la plume de Dadon. Ses liaisons littéraires avec Salomon de Constance qui lui adressa plusieurs poésies, ainsi que nous l'avons vu, ne nous permettent guère de douter qu'il n'en ait fait lui-même quelques-unes pour lui répondre; mais ces poésies, ainsi que le poëme dont nous avons parlé plus haut, ne sont pas venus jusqu'à nous. On en peut dire autant du registre, où, en exécution du treizième canon du concile de Teuver, il distinguait les biens qui appartenaient à la mense épiscopale, d'avec ceux des chanoines de la cathédrale. Il eut le chagrin de voir réduire en cendres son église et la plus grande partie de la ville de Verdun. Cet incendie allumé, en 917, par ordre du prince Boson, ennemi particulier de l'évêque, entraîna la perte des lettres, chartes, monuments et priviléges de cette église.

DAGOBERT Ier. — Un règne d'abord dirigé par la prudence, la modération, la justice et l'équité, puis terni par des cruautés et un enchaînement de débauches excessives, telle fut en quelques mots la vie de Dagobert Ier, roi de France. Fils de Clotaire II et de Berthrude, il naquit vers l'an 603. Il se révéla d'abord au monde par d'excellentes qualités naturelles, beaucoup d'esprit, de douceur, d'humanité, et devint, en peu de temps, un des princes les plus adroits et les plus vigoureux de son siècle. Il n'avait

NOUVELLE
ENCYCLOPÉDIE
THÉOLOGIQUE,

OU NOUVELLE

SÉRIE DE DICTIONNAIRES SUR TOUTES LES PARTIES DE LA SCIENCE RELIGIEUSE,

OFFRANT, EN FRANÇAIS ET PAR ORDRE ALPHABÉTIQUE,

LA PLUS CLAIRE, LA PLUS FACILE, LA PLUS COMMODE, LA PLUS VARIÉE
ET LA PLUS COMPLÈTE DES THÉOLOGIES.

CES DICTIONNAIRES SONT CEUX :

DES LIVRES APOCRYPHES, — DES DÉCRETS DES CONGRÉGATIONS ROMAINES, — DE PATROLOGIE,
— DE BIOGRAPHIE CHRÉTIENNE ET ANTI-CHRÉTIENNE, — DES CONFRÉRIES, — D'HISTOIRE ECCLÉSIASTIQUE
— DES CROISADES, — DES MISSIONS, — D'ANECDOTES CHRÉTIENNES, —
D'ASCÉTISME ET DES INVOCATIONS A LA VIERGE, — DES INDULGENCES, — DES PROPHÉTIES ET DES MIRACLES,
— DE STATISTIQUE CHRÉTIENNE, — D'ÉCONOMIE CHARITABLE, — D'ÉDUCATION,
— DES PERSÉCUTIONS, — DES ERREURS SOCIALES,
— DE PHILOSOPHIE CATHOLIQUE, — DES CONVERSIONS AU CATHOLICISME, — D'ANTIPHILOSOPHISME, —
DES APOLOGISTES INVOLONTAIRES, —
D'ÉLOQUENCE CHRÉTIENNE, — DE LITTÉRATURE, id., — D'ARCHÉOLOGIE, id.,
— D'ARCHITECTURE, DE PEINTURE ET DE SCULPTURE id., — DE NUMISMATIQUE id., — D'HÉRALDIQUE id.,
— DE MUSIQUE id., — D'ANTHROPOLOGIE id., — DE PALÉONTOLOGIE id., —
D'ÉPIGRAPHIE id., — DE BOTANIQUE id., — DE ZOOLOGIE id., — DES INVENTIONS ET DÉCOUVERTES. —
DE MÉDECINE-PRATIQUE, — D'AGRI-SILVI-VITI-ET HORTICULTURE, ETC.

PUBLIÉE

PAR M. L'ABBÉ MIGNE,

ÉDITEUR DE LA BIBLIOTHÈQUE UNIVERSELLE DU CLERGÉ,

OU

DES COURS COMPLETS SUR CHAQUE BRANCHE DE LA SCIENCE ECCLÉSIASTIQUE.

PRIX : 6 FR. LE VOL. POUR LE SOUSCRIPTEUR A LA COLLECTION ENTIÈRE, 7 FR., 8 FR., ET MÊME 10 FR. POUR LE
SOUSCRIPTEUR A TEL OU TEL DICTIONNAIRE PARTICULIER.

TOME VINGT ET UNIÈME.

DICTIONNAIRE DE PATROLOGIE.

4 VOL. PRIX : 28 FRANCS.

TOME DEUXIÈME.

S'IMPRIME ET SE VEND CHEZ J.-P. MIGNE, ÉDITEUR,
AUX ATELIERS CATHOLIQUES, RUE D'AMBOISE, AU PETIT-MONTROUGE,
BARRIÈRE D'ENFER DE PARIS.

1852

DICTIONNAIRE
DE PATROLOGIE

OU

RÉPERTOIRE HISTORIQUE, BIBLIOGRAPHIQUE, ANALYTIQUE ET CRITIQUE

DES SAINTS PÈRES, DES DOCTEURS ET DE TOUS LES AUTRES ÉCRIVAINS
DES DOUZE PREMIERS SIÈCLES DE L'ÉGLISE,

Contenant, par ordre alphabétique, avec la Biographie des Auteurs,

L'ANALYSE RAISONNÉE

DE LEURS OEUVRES DOGMATIQUES, MORALES, DISCIPLINAIRES, ASCÉTIQUES, ORATOIRES ET LITTÉRAIRES,
LE TABLEAU DE TOUS LEURS ÉCRITS AUTHENTIQUES ET EXISTANTS,
LA NOMENCLATURE DE LEURS ÉCRITS PERDUS,
LA DISCUSSION DE LEURS ÉCRITS DOUTEUX ET SUPPOSÉS,
LE JUGEMENT MOTIVÉ DES PLUS SAGES CRITIQUES DES DIVERS PAYS ET DES DIVERS TEMPS
AINSI QUE LE CATALOGUE DES MEILLEURES ÉDITIONS QUI LES ONT REPRODUITS;

OUVRAGE POUVANT SERVIR D'INTRODUCTION AU COURS COMPLET DE PATROLOGIE,

RÉDIGÉ ET MIS EN ORDRE

PAR L'ABBÉ A. SEVESTRE,

du diocèse de Chartres.

PUBLIÉ

PAR M. L'ABBE MIGNE,

ÉDITEUR DE LA BIBLIOTHÈQUE UNIVERSELLE DU CLERGÉ,

OU

DES COURS COMPLETS SUR CHAQUE BRANCHE DE LA SCIENCE ECCLÉSIASTIQUE.

TOME DEUXIÈME.

4 VOLUMES. PRIX : 28 FRANCS.

D-G

S'IMPRIME ET SE VEND CHEZ J.-P. MIGNE, EDITEUR,
AUX ATELIERS CATHOLIQUES, RUE D'AMBOISE, AU PETIT-MONTROUGE
BARRIÈRE D'ENFER DE PARIS.

1852.

pas encore vingt ans accomplis, lorsqu'en 622 Clotaire l'établit roi d'Austrasie, en lui donnant pour principaux conseillers l'illustre Pepin de Landen et saint Arnoul, évêque de Metz. Ce dernier surtout et saint Cunibert de Cologne, son successeur, s'appliquèrent particulièrement à le former à la vie d'un prince chrétien. Tant qu'il suivit les conseils de ces sages ministres, son règne fut heureux et florissant au point de lui concilier, avec l'amour de ses propres sujets, le respect et l'admiration des nations étrangères. Rien de plus intéressant en effet que de voir un tout jeune prince veiller lui-même à tout et rendre avec un soin infatigable la justice à chacun de ses sujets. Ni les présents, ni la considération des personnes ne pouvaient influer sur sa conscience, qui ne suivait en tout que ce qui lui semblait être selon l'ordre et l'équité. Mais de si heureux commencements furent bientôt flétris par une conduite pleine de scandales. Après la retraite de ses ministres, on le vit se livrer à la débauche, changer de femme sans respect pour la religion dont il blessait la morale, alors même qu'il enrichissait les églises. En effet, malgré ses débordements, Dagobert accorda de grandes libéralités aux églises de Verdun, de Rebais, d'Aumond, d'Aninsole, aujourd'hui Saint-Calais, et principalement de Saint-Denis dont il est regardé comme le fondateur. Il aimait aussi à réunir à sa cour de saints personnages, comme saint Didier de Cahors, saint Éloi, saint Ouen, alors connu sous le nom de Dadon, saint Vandrégisille et plusieurs autres. Si nous faisions ici de l'histoire politique, nous dirions que le règne du roi Dagobert est un des plus curieux à étudier, pour le philosophe observateur qui chercherait à découvrir à son origine, et à suivre dans ses premiers développements, la puissance de ces fameux maires du palais, qui, plus tard, surent porter échec à la puissance même de la royauté. Après plusieurs alternatives de trêves et de combats qui finirent par la paix générale de la France, Dagobert mourut à Épinai des suites d'une dyssenterie le 19 janvier 638, à l'âge de trente-six ans, et fut enterré à Saint-Denis, où jusqu'à la fin du XVIIIe siècle on a continué de célébrer son anniversaire avec une pompe digne d'un roi. Dagobert mourut regretté, malgré ses débauches et son goût pour le luxe, qui l'engageait à multiplier les impôts. Il portait ce goût si loin, qu'il s'était fait faire un trône d'or massif, dont la matière provenait du commerce extérieur qui prit quelque activité sous son règne. Parmi les cruautés qui souillent sa mémoire, le meurtre des Bulgares est la plus remarquable. Ces peuples, fuyant devant les Huns, furent d'abord accueillis par Dagobert qui, craignant ensuite qu'ils ne se rendissent maîtres du pays qu'il leur avait cédé, les fit égorger dans une même nuit au nombre de dix mille familles. Il avait montré dans le commencement de son règne qu'il cédait à des conseils vertueux; les passions auxquelles il se livra ensuite n'avaient point triomphé sans combat; il approchait de l'âge mûr, cherchait et récompensait le mérite; il avait de l'instruction, un esprit aimable; il aimait les arts, avait procuré à la France une paix glorieuse, et tout annonce que s'il eût vécu plus longtemps, la fin de son règne eût fait oublier les malheurs de ses premières années.

Ses lois. — Avant toute autre chose, nous devons observer que les lois dont nous avons à rendre compte ici avaient d'abord été rédigées par les soins de Thierri Ier, roi des Français, puis rectifiées et augmentées par quelques-uns de ses successeurs. Dagobert ne fit que les recueillir, et, après les avoir retouchées, les publia telles que nous les possédons aujourd'hui. C'est sur ce principe qu'on est convenu de les lui attribuer, comme lui appartenant plus légitimement qu'à aucun des rois ses prédécesseurs. Ces lois sont celles des Ripuaires ou Ripuariens, des Allemands et des Bavarois, tous anciens peuples qui habitaient vers le Haut-Rhin. On croit communément que Dagobert les publia vers l'an 630. Mais peut-être serait-on mieux fondé à avancer cette époque de quelques années, et à la fixer au temps où ce prince gouvernait le royaume d'Austrasie, en y faisant régner la justice et l'équité.

1° La *loi des Ripuaires* comprend quatre-vingt-neuf titres, la plupart subdivisés en plusieurs articles. Elle a beaucoup de rapport avec la loi salique; mais elle participe encore plus des lois romaines. Le style en est beaucoup moins barbare que celui de cette loi primitive, quoiqu'on y trouve encore plusieurs expressions qui se ressentent de l'ancienne rusticité de ces peuples. A cela près, elle tend, comme la loi salique, à réprimer le vol, le meurtre, le rapt et tous les autres crimes, en admettant une distinction entre les hommes libres et les serfs, entre les clercs et les laïques; elle règle également les peines dues aux coupables, et les fait presque toutes consister en amendes ou compositions arbitraires; elle prescrit aux juges les devoirs de leur charge et leur interdit de recevoir aucun présent pour éviter d'être corrompus; enfin elle détermine la manière de vider beaucoup de différends entre parties, sans procédure et sans frais. Cette loi, réunie à la loi salique et à quelques autres opuscules, et collationnée sur un manuscrit de la ville de Tours à la date du IXe siècle, a été publiée par Eckhard, en un vol. in-f°, à Francfort et à Leipsik, en 1720. Cette édition, enrichie de notes savantes et curieuses, est la meilleure que nous possédions.

2° La *loi des Allemands* contient quatre-vingt-dix-neuf titres presque tous partagés en plusieurs articles ou chapitres. Elle est beaucoup plus volumineuse que la précédente; elle s'étend particulièrement sur ce qui regarde les clercs et les choses ecclésiastiques, et suppose les peuples auxquels elle est adressée, beaucoup plus policés que les Ripuaires. Elle entre dans un grand détail des injures faites à un évêque, à un prêtre, à un simple clerc, à un moine, et proportionne toujours la peine à la dignité de la personne offensée. Ces peines, au reste, sont des amendes ou des compensations réglées par arbitres comme dans la loi des Ripuariens. Il n'y est question de la peine de mort que pour meurtre commis sur la personne d'un duc. On n'a guère de lois qui relatent avec des détails plus clairs et plus précis les différents sujets de contestation entre parties. Outre les quatre-vingt-dix-neuf titres qui composent cette loi dans les premières éditions, le savant critique Baluze a découvert, dans un ancien manuscrit de Reims, deux additions qui y ont été faites, pour en expliquer plus clairement certains points, et les a fait imprimer à la suite. L'une de ces additions comprend quarante-quatre articles avec quelques lacunes, et l'autre seulement trois.

La *loi des Bavarois* (Bajuvariorum) n'a que vingt-un titres, ce qui ne l'empêche pas d'être plus étendue que les précédentes, parce que chaque titre contient plusieurs capitules, quelquefois jusqu'à vingt, et chaque capitule plusieurs articles. Elle est à peu près dans le même genre que les autres, avec cette différence seulement qu'on y a inséré plusieurs articles, qui font le sujet de divers canons de conciles. Tels sont entre autres ceux qui regardent le droit d'asile accordé aux églises, les mariages incestueux, la sanctification du dimanche, l'habitation des prêtres et des diacres avec des femmes. La peine portée contre celui qui tuerait un évêque est tout à fait remarquable. On lui fera une tunique de plomb suivant sa taille, et il en payera le poids en or, ou la valeur sur ses biens. S'ils ne sont pas suffisants, il se livrera lui, sa femme et ses enfants au service de l'Eglise. En général, ces lois, quoique remplies de mots barbares, sont importantes pour faire connaître les usages des anciens peuples. Nous en avons plusieurs éditions faites en divers lieux et en divers temps. Elles se trouvent imprimées avec la loi salique, les lois des Bourguignons et des Saxons, en un petit volume in-16, sans date, sans adresse et sans nom d'imprimeur. On les a également recueillies dans le *Code des lois anciennes*, qui parut d'abord à Bâle, en 1557, en un volume in-folio, puis dans le même format, à Francfort, en 1613, par les soins de Frédéric Lindenbrog. Enfin, en 1677, Baluze les fit réimprimer à la tête des *Capitulaires* de nos rois, et les rangea dans l'ordre que nous avons suivi pour en rendre compte. C'est dans cet ordre aussi et d'après cette édition plus correcte que toutes les précédentes, qu'elles ont été reproduites dans le *Cours complet de Patrologie*.

Autres monuments du règne de Dagobert. — Indépendamment de quelques diplômes de Dagobert en faveur de plusieurs églises, on nous a conservé deux autres monuments du règne de ce prince, qui ne laissent pas d'avoir une certaine importance pour l'histoire de saint Didier, évêque de Cahors, et qui sont très-honorables à sa mémoire. Le premier est un manifeste, ou lettres-patentes, pour notifier l'élection de ce prélat, et les motifs qui ont porté le prince à la favoriser. Le second est une lettre à saint Sulpice de Bourges, pour l'engager à aller à Cahors consacrer le nouveau prélat, et à convoquer les évêques de sa province à cette cérémonie. Ces deux pièces sont datées du sixième des ides d'avril, ce qui revient au huit du même mois de l'an 629, huitième du règne de Dagobert. La lettre est passée dans la *Collection générale des conciles;* et l'auteur de la *Vie de saint Didier* a inséré l'une et l'autre dans son ouvrage.

DALMACE. — De tous les moines de Constantinople saint Dalmace fut un des plus célèbres par ses vertus. Né d'une famille distinguée, il avait suivi quelque temps le parti des armes et servi sous le grand Théodose. Il se maria sous l'empereur Valens, et il était père de plusieurs enfants, lorsque le désir de servir Dieu avec plus de fidélité lui fit abandonner ses charges, ses biens, sa famille et entrer avec saint Fauste, son fils, dans un monastère de Constantinople, dirigé par saint Isaac. Bulteau, dans son *Histoire monastique d'Orient*, dit que Dalmace passa une fois quarante jours sans manger, et qu'il vécut quarante-huit ans dans la solitude du cloître sans jamais en sortir. Cependant les besoins de l'Eglise l'arrachèrent à sa retraite et le forcèrent à la quitter pour un instant. Dalmace s'était prononcé contre le patriarche Nestorius et correspondait avec saint Cyrille. Voulant détromper l'empereur Théodose prévenu contre le concile d'Ephèse, il résolut de l'aller trouver. Les abbés de Constantinople et tous leurs moines se joignirent à lui. Ils portaient des cierges, chantaient des cantiques, et, suivis d'une foule considérable ils se rendirent en procession au palais. Les abbés y entrèrent seuls. Dalmace présenta à Théodose la lettre du concile. Le prince la lut, y ajouta foi et permit qu'on lui envoyât des députés. Il suspendit même, sur les remontrances de l'abbé Dalmace, la résolution où il était d'exiler saint Cyrille et Memnon qu'il regardait l'un et l'autre comme justement déposés. Indépendamment de cette lettre à l'empereur, le concile en avait écrit une autre à saint Dalmace. Le pieux abbé dans sa réponse témoigne aux évêques d'Ephèse combien il était sensible à leurs maux et aux victoires que Dieu leur avait ménagées dans leurs souffrances mêmes. Il proteste qu'il était prêt à exécuter ce qu'ils désiraient de lui, et que jusque-là il ne s'était jamais refusé à rien de ce qui pouvait leur être utile, parce qu'il était convaincu qu'il s'agissait des intérêts de Dieu. Il paraîtrait que saint Dalmace écrivit cette lettre avant d'avoir parlé à l'empereur, à moins que modestie il ait voulu laisser à d'autres le soin d'informer le concile des résultats de l'audience qu'il en avait obtenue. Quoi qu'il en soit, dans une seconde lettre qu'il lui adressait d'Ephèse, le concile reconnaissait que c'était à saint Dalmace et à lui seul qu'on devait d'avoir découvert la vérité à l'empereur. Du reste, les Pères du concile savaient qu'avant même que Nestorius vînt à Constantinople, Dieu avait révélé au saint abbé Dalmace ce que ce patriarche intrigant avait dans le cœur, puisqu'il répétait à tous ceux qui l'allaient visiter à sa cellule de se garder de cette bête malfaisante qui devait causer de grands ravages par sa doctrine. Dans cette même lettre, les Pères du concile priaient le saint abbé de continuer ses bons offices à l'Eglise en les aidant à terminer les difficultés qui s'élevaient contre les dogmes les plus sacrés de la foi. A la suite du récit de ce qui se passa à l'audience de l'empereur, on trouve un écrit intitulé : *Apologie de saint Dalmace*, où nous lisons qu'au sortir de cette audience, les abbés, les moines et le peuple s'étant rendus processionnellement à l'église de Saint-Moce, l'abbé Dalmace monta en chaire, et dit que l'empereur avait lu la lettre du concile et qu'elle l'avait persuadé ; qu'il lui avait raconté fidèlement tout ce qui s'y était passé, et ce prince, après avoir rendu grâces à Dieu, en avait approuvé la procédure et permis aux évêques de se présenter. « Je lui ai dit, ajoutait saint Dalmace : Mais on ne leur permet pas de venir. — Personne ne les en empêche, m'a répondu le prince. — Mais on les a arrêtés, lui ai-je répliqué ; leurs adversaires vont et viennent librement, tandis que nous, il ne nous est pas même permis de vous rapporter ce que fait le saint concile. Puis insistant en faveur de saint Cyrille, je lui ai demandé : Qui voulez-vous écouter, six mille évêques, ou bien un seul impie ? J'ai dit six mille en comptant ceux qui dépendaient des métropolitains, afin d'obtenir un ordre de faire venir des évêques qui expliqueraient ce qui s'est passé. — L'empereur m'a répondu : Vous avez bien dit ; priez pour moi. — Je sais, dit encore saint Dalmace que l'empereur est attaché à Dieu et au saint concile, et qu'il n'écoutera plus les hommes pervers. Priez donc pour l'empereur et pour nous. » A ces mots qui terminaient le discours de Dalmace, le peuple s'écria tout d'une voix : *Anathème à Nestorius !* L'empereur ayant envoyé ordre aux évêques des deux partis de lui députer d'Ephèse qui ils jugeraient à propos, les évêques qui se trouvaient à Constantinople au nombre de sept, firent réponse à la lettre du concile ; le clergé de la ville écrivit aussi de son côté une lettre en tête de laquelle saint Dalmace était nommé le premier, ensuite Tigrius, Samson et Maximien comme les principaux parmi les prêtres. Elle porte qu'on avait lu publiquement dans l'Eglise les lettres du concile à l'empereur touchant la déposition de Nestorius ; que tout le peuple l'avait approuvée, avec des acclamations à la louange du concile ; et que la seule chose qui restait à faire, était d'ordonner un évêque de Constantinople à la place de cet hérésiarque. Saint Dalmace fonda un monastère de son nom qu'il dota de ses biens. Dans les dernières années de sa vie, on lui donna le titre d'archimandrite, soit parce qu'il avait plusieurs monastères sous sa direction, soit parce qu'il était le doyen des abbés de Constantinople : ce titre de prééminence passa à ses successeurs. Pour reconnaître les services qu'il rendit à l'Eglise dans l'affaire de Nestorius, les Pères du concile lui firent donner la qualification d'avocat du concile d'Ephèse. Il avait alors quatre-vingts ans. On croit qu'il mourut l'année suivante 432. L'Eglise honore sa mémoire le 3 août. Nous ne connaissons de lui d'autres ouvrages que les lettres dont nous avons dit un mot, et le discours dont nous avons reproduit un fragment.

DALMACE, archevêque de Narbonne, fabriqua, vers l'an 1089, une prétendue lettre au pape Etienne VI, pour tâcher de faire avorter le dessein qu'avait alors Urbain II de tirer l'église de Tarragone de sa dépendance et de l'ériger en métropole ; mais elle n'eut pas l'effet d'en empêcher l'exécution. Son insertion dans la Légende anonyme de saint Théodard, composée au XI° siècle, prouve incontestablement qu'elle ne fut faite qu'après l'époque qu'on vient de marquer, et insinue en même temps qu'elle ne tarda pas à être connue dans la suite ; ce qui peut revenir aux premières années du XII° siècle. Cette légende, avec la lettre de Dalmace, a été publiée par de Catel et le P. Labbe.

DAMASE (saint), pape. — Une inscription de Baronius, rapportée dans ses *Annales Ecclésiastiques*, nous apprend que le père de saint Damase avait été écrivain, lecteur, diacre et prêtre dans l'église de Saint-Laurent à Rome et qu'il était d'origine espagnole. Le jeune Damase reçut une éducation soignée dans les lettres et la piété. Admis de bonne heure dans le clergé, il fut attaché comme son père à l'église de Saint-Laurent. Il était diacre lorsque le pape Libère fut banni par l'empereur Constance en 355, et avec tout le clergé de Rome, il fit le serment solennel de ne jamais reconnaître d'autre pape tant que Libère vivrait ; il eut même la générosité de suivre l'exilé à Bérée en Thrace et demeura toujours fidèlement attaché à sa communion. Le pape Libère étant mort le 24 septembre de l'an 366, Damase fut élu par le jugement de Dieu pour remplir le Saint-Siége ; mais son élection fut suivie de près d'un schisme qui causa dans l'Eglise des maux incroyables. Ursin, qui comme Damase avait le titre de diacre, se fit nommer pape par une troupe de séditieux et sacrer par l'évêque de Tivoli, au mépris de toutes les règles qui exigent la présence de trois évêques. Cette ordination illégitime causa dans Rome une guerre si cruelle que les lieux de prières en furent ensanglantés, et que dans la seule basilique du Sicine, on compta jusqu'à cent trente-sept morts pour un jour. Toutefois, le parti de Damase demeura le plus fort, et Ursin fut chassé de Rome, après avoir été condamné par les Pères du concile d'Aquilée en 381. Ce fut à la suite de ces premiers troubles, que l'empereur Valentinien ordonna que l'évêque de Rome jugerait les autres évêques conjointement avec ses collègues. Cependant les partisans de l'antipape Ursin sollicitèrent si puissamment son retour, qu'ils l'obtinrent de l'empereur Valentinien. Il rentra à Rome le 15 septembre 367, mais ayant recommencé à jeter le trouble et la division dans la ville, il en fut chassé de nouveau le 16 novembre suivant, juste deux mois après son retour, et l'empereur fit rendre aux catholiques une église que les séditieux tenaient encore, hors des murs de la ville.

Damase, libre possesseur du Saint-Siége, profita des moments de tranquillité que lui donnait l'exil d'Ursin pour assembler à Rome, en 368, un concile très-nombreux, dans lequel il confirma la foi de Nicée, condamna et chassa de l'Eglise Ursace et Valens avec tous ceux qui suivaient le parti d'Arius. Le concile donna avis de tout ce qui s'était passé aux évêques d'Egypte par une lettre synodale que nous n'avons plus. Saint Athanase répondit au pape pour le remercier de son zèle et lui signaler Auxence, qui par ses déguisements était parvenu à surprendre sa foi et à se faire passer pour orthodoxe. Un second concile tenu à Rome en 370 fit justice de cet usurpateur du siége de Milan, qui s'y vit condamné avec tous ses adhérents, et la foi de Nicée confirmée. La même année 370, il fit publier une loi de l'empereur Valentinien qui faisait défense aux membres du clergé, aux cénobites et à tous les séculiers qui menaient la vie ascétique d'aller dans les maisons des veuves et dans celles des filles qui demeuraient seules, et qui permettait en même temps à leurs alliés et à leurs proches de les dénoncer. Cette loi, qui est un monument des mœurs du temps, leur interdisant encore de rien recevoir de la femme à laquelle ils se seraient particulièrement attachés, sous prétexte de direction spirituelle ou de quelqu'autre motif religieux, ni par testament, ni par toute autre espèce de donation que ce pût être, ni même par une personne interposée, à moins qu'ils ne fussent leurs héritiers naturels par droit de proximité. Ces femmes dont il est question ici n'étaient autres que ces sœurs spirituelles contre lesquelles les conciles s'étaient élevés si fortement et avec tant de justice. Deux hérésiarques, Apollinaire et Timothée, son disciple, qui n'admettaient point d'entendement humain en Jésus-Christ, mais seulement la substance corporelle, furent condamnés dans un autre concile tenu en 376. Le sage pontife ne se déclara pas avec moins de zèle contre les lucifériens dont il fit envoyer un évêque et un prêtre en exil. Les hérétiques et les schismatiques, voyant qu'ils ne pouvaient attaquer sa foi, répandirent des bruits scandaleux contre sa réputation; mais la calomnie fut confondue, et le pape sortit de cette lutte plus pur et plus respecté que jamais. Saint Damase se vit en butte aux priscillianistes ; il refusa de voir Priscillien leur chef lorsqu'il se présenta devant lui pour se justifier de la sentence du concile de Sarragosse qui l'avait condamné. Les païens le regardaient comme un redoutable adversaire, car il s'opposa fortement au rétablissement de l'autel de la Victoire au milieu du sénat. Il se chargea même, dans cette occasion, de la requête des sénateurs chrétiens qu'il fit présenter par saint Ambroise aux empereurs Gratien et Valentinien, et sa demande eut un heureux succès. Au courage apostolique Damase sut toujours joindre une bienveillante charité, et il n'est personne qui n'ait eu part à sa bienfaisance. Zélé partisan de la chasteté, saint Jérôme l'appelle le *docteur vierge de l'Eglise vierge* et le représente comme un homme d'une vie sainte, d'une foi vive et toujours prêt à s'imposer tous les sacrifices pour conserver intactes les traditions des apôtres. Après avoir gouverné l'Eglise pendant dix-huit ans et quelques mois, ce pieux pontife mourut âgé de quatre-vingts ans, le 11 décembre 384, et eut pour successeur saint Sirice. Il fut enterré dans une église qu'il avait fait bâtir sur le chemin d'Ardée, auprès de sa mère et de la vierge Irène dont il avait fait l'épitaphe. Il fit aussi la sienne dans laquelle il proteste de son espérance à la résurrection. Il fit rebâtir à Rome, près du théâtre de Pompée, l'église Saint-Laurent, qui porte encore aujourd'hui le nom de Saint-Laurent-in-Damaso, et l'embellit de peintures. Il fit dessécher les sources du Vatican, et établir dans l'église de Saint-Pierre une fontaine pour servir de fonts baptismaux. Si tous ces monuments lui font honneur au point de vue des arts, son zèle pour la foi, son amour pour la religion, son application à éclaircir les difficultés des Écritures et à en faire rétablir les textes l'ont rendu vénérable à toute la postérité. Saint Jérôme, qui fut son secrétaire, lui accorde beaucoup de génie pour la poésie et remarque qu'il n'excellait pas moins en prose qu'en vers, comme on peut s'en convaincre par ses lettres dont le style est toujours très-élégant et très-élevé. On peut donc dire que ce saint pontife fut aussi illustre par son savoir que par sa piété.

SES ÉCRITS. — Nous avons deux exemplaires de la lettre synodale qu'il écrivit à la suite du concile tenu à Rome en 372 ; l'un de ces exemplaires est en latin, et adressé aux évêques catholiques d'Orient. Il porte en tête les noms de Damase, de Valérien d'Aquilée et de huit autres évêques qui ne sont pas connus ; l'autre, qui est en grec, s'adresse aux évêques d'Illyrie. Cette lettre fut portée en Orient par Sabin, diacre de l'église de Milan et légat, qui déclare l'avoir copiée lui-même sur l'original. On peut voir l'analyse de cette lettre dans le *Dictionnaire des conciles*.

Lettre à Paulin. — Vital, partisan des erreurs d'Apollinaire, était parvenu à surprendre la bonne foi du pape Damase par une profession de foi qui contenait, sous des termes en apparence très-orthodoxes, tout le venin de l'hérésie ; mais averti de sa fourberie, le saint pontife envoya à Paulin une profession de foi dressée dans le concile tenu à Rome en 379, en l'accompagnant d'une lettre dans laquelle il disait : « Je vous avais déjà prévenu par mon fils Vital que je laissais tout à votre volonté et à votre jugement ; plus tard je vous ai exprimé en peu de mots quelques doutes qui m'étaient survenus sur le compte de Vital au moment de son départ ; c'est pourquoi, afin que vous ne fassiez aucune difficulté de recevoir ceux qui voudront se réunir à l'Eglise, nous vous envoyons notre confession de foi, non pas tant pour vous qui professez la nôtre, que pour ceux qui en y souscrivant voudront se joindre à nous. Si donc mon fils Vital et ceux qui sont avec lui veulent ne faire qu'un avec nous, avant toutes choses ils doivent souscrire la foi de Nicée, parce qu'on ne peut remédier aux maux futurs qu'en déracinant l'hérésie qui vient de paraître en Orient, et en confessant que la Sagesse même, le Verbe, le Fils de Dieu a pris le corps humain, l'âme et l'entendement, c'est-à-dire Adam tout entier, tout notre vieil homme en un mot, moins le péché ; car de même qu'en disant qu'il a pris un corps humain nous ne lui attribuons pas pour cela des passions humaines, ainsi en disant qu'il a pris l'âme et l'entendement de l'homme, nous ne confessons pas qu'il ait été sujet au péché qui vient des pensées. » Damase ajoute ensuite divers anathèmes qui composent, pour ainsi dire, toute la profession de foi qu'il voulait qu'on souscrivît. La qualité de *Fils* qu'il donne à Vital dans cette lettre est une preuve qu'il ne l'avait pas encore condamné lorsqu'il l'écrivit ; mais plus tard, ayant su qu'il persévérait dans son schisme et dans ses erreurs, il l'excommunia lui et ses adhérents et condamna sa profession de foi avec anathème.

A saint Aschole, etc. — Pendant que saint Grégoire de Nazianze s'appliquait à rétablir la pureté de la foi dans l'Eglise de Constantinople, Maxime, surnommé le Cynique, s'en fit ordonner évêque par un attentat. Le clergé et le peuple indignés le chassèrent de la ville après l'avoir accablé de malédictions. L'empereur Théodose, baptisé depuis peu par les mains de saint Aschole, était alors à Thessalonique auprès de ce pieux évêque. Maxime vint l'y trouver accompagné des évêques égyptiens qui l'avaient ordonné, dans l'espoir de se maintenir sur son siége par la protection de l'empereur, mais Théodose le repoussa avec indignation. Aschole et cinq autres évêques de Macédoine, chargés par Damase de veiller sur l'Eglise de Constantinople, ayant appris l'ordination de Maxime, donnèrent avis au pape de tout ce qui s'y était passé. Le saint pontife, vivement affligé de la témérité des Egyptiens qui avaient ordonné un homme qui ne pouvait pas même passer pour chrétien, puisqu'il portait un habit de philosophe et les longs cheveux des païens, contre la défense expresse de saint Paul, gémit d'abord sur les circonstances de cette ordination et sur les calomnies qu'elle ne manquerait pas d'attirer à l'Eglise de la part des hérétiques ; puis il ajoutait : « Au reste, puisque l'on doit réunir un concile à Constantinople, je préviens Votre Sainteté de veiller à ce qu'on y élise un évêque sans reproches, afin de rétablir une paix durable entre les pasteurs orthodoxes et d'empêcher de pareilles dissensions de se renouveler dans l'Eglise. J'avertis encore Votre Sainteté de ne point souffrir que, par un motif d'ambition, un évêque passe d'une ville à une autre, ni qu'il abandonne son peuple pour aller gouverner un autre peuple, contre les ordonnances de nos ancêtres ; car c'est de ces abus que sont nés les contentions et les schismes. » — Dans une autre lettre à saint Aschole pour lui recommander un officier, nommé Rusticius, qu'il avait baptisé à Rome et que Gratien envoyait à Théodose, qui faisait alors de Thessalonique le lieu ordinaire de sa résidence, Damase appelle encore son attention sur l'Eglise de Constantinople en le priant d'y faire placer un évêque catholique qui, avec l'aide de Dieu, puisse rendre la paix aux chrétiens. C'est là tout ce que nous possédons des lettres du saint pontife à saint Aschole, quoiqu'il lui en eût écrit un grand nombre d'autres comme il le témoigne lui-même. Il paraît qu'il avait choisi l'évêque de Thessalonique pour en faire son vicaire dans les provinces de l'Illyrie, avec pouvoir d'agir en son nom dans toutes les circonstances où il croirait avoir droit de se mêler des affaires de ces églises.

A saint Jérôme. — Comme il avait lu dans quelques interprètes grecs et latins diverses explications du mot *Hosanna* qui ne le satisfaisaient pas, le pape Damase écrivit à saint Jérôme, le priant de lui expliquer ce terme avec netteté et dans son sens naturel, sans avoir égard au sentiment de personne, « afin, lui dit-il, que le service que je vous demande me donne lieu de vous remercier, comme je vous remercie de beaucoup d'autres, au nom de l'Eglise dont Jésus-Christ m'a confié le soin. » Nous avons cette lettre et quelques passages d'une seconde dans laquelle il le priait de lui expliquer la parabole de l'enfant prodigue. On voit par la réponse de saint Jérôme que le saint pontife expliquait lui-même cette parabole sur laquelle il demandait des explications. « Votre Sainteté, lui dit-il, éclaircit d'elle-même par avance la difficulté qu'elle me propose ; c'est déjà lui donner un grand jour que de l'exposer comme vous faites, car c'est être sage que de savoir sagement proposer une question. » Après l'explication de cette parabole, Damase fut quelque temps sans recevoir de lettres de saint Jérôme ; craignant donc qu'il ne se donnât trop de relâche, et qu'appliqué tout entier à la lecture, il ne pensât plus à écrire, il crut devoir le réveiller, et lui envoya pour cela plusieurs points à examiner, savoir : « Comment on doit entendre ces paroles de la Genèse : *Celui qui tuera Caïn en sera puni sept fois*. — Si tout ce que Dieu a fait est bon, pourquoi dans l'Ancien et le Nouveau Testament met-on de la différence entre les animaux *purs* et *impurs :* une chose impure peut-elle être bonne? — Comment accorder ce que Dieu dit à Abraham, que les enfants d'Israël reviendront d'Egypte à la quatrième génération avec ce que Moïse écrit ensuite : *Les enfants d'Israël sortiront de l'Egypte à la cinquième génération?* — Pourquoi Abraham reçut-il le signe de la foi dans la circoncision ; et pourquoi Isaac, qui était un homme juste et agréable à Dieu, fut-il trompé dans les bénédictions qu'il donna à ses enfants, en sorte qu'il ne bénit pas celui qu'il avait dessein de bénir, mais qu'il en bénit un autre auquel il ne pensait pas accorder cette bénédiction? » Saint Jérôme répondit à toutes ces difficultés, à l'exception de la seconde et de la quatrième que Tertullien et Novatien avaient déjà expliquées. Il avait prêté au pape les lettres de Lactance ; mais Damase ne les lut qu'avec une espèce d'ennui, tant à cause de leur longueur, que parce qu'elles ne traitent que rarement des mystères de notre foi, Lactance s'y étant appliqué à parler de poésie, de géométrie, de philosophie, toutes matières plus convenables à des sophistes qu'à des chrétiens. Ce fut aussi par ordre de Damase que saint Jérôme corrigea la version latine des psaumes sur le grec des Septante, et qu'il rendit ensuite la version latine du Nouveau Testament conforme à l'original grec. Il lui dédia son *Traité des séraphins* et ce qu'il avait écrit par son ordre sur l'*Hosanna* des Hébreux, avec la traduction de deux homélies d'Origène sur le Cantique des cantiques, et le livre de Didyme sur le Saint-Esprit.

Aux Orientaux. — On rapporte aux dernières années du pontificat de Damase la lettre qu'il écrivit aux Orientaux : il en avait reçu une dans laquelle, en lui témoignant de leur respect envers le Saint-Siège, ils le priaient de déposer Timothée, disciple d'Apollinaire ; le saint pontife leur répondit : « Quand vous rendez au Siége apostolique l'honneur qui lui est dû, le plus grand avantage vous en revient à vous-mêmes, mes très-honorés fils ; car, malgré que je sois obligé de tenir le gouvernail de l'Eglise dans laquelle le saint apôtre a enseigné, je me reconnais néanmoins indigne de cet honneur, tout en travaillant de toutes mes forces à mériter la gloire de la félicité qu'il possède. Sachez donc qu'il y a déjà longtemps que nous avons condamné l'impie Timothée avec son maître Apollinaire et leur doctrine sacrilége, de sorte que nous avons lieu d'espérer qu'il ne restera plus rien de cette secte à l'avenir. Si ce vieux serpent revit pour son supplice, après avoir été frappé une ou deux fois d'anathème et chassé de l'Eglise ; s'il essaie encore d'infecter de son venin quelques fidèles, évitez-le comme une peste, et souvenez-vous toujours de la foi des apôtres, surtout de celle qui a été écrite et publiée par les Pères de Nicée ; demeurez-y fermes et immuables, sans souffrir que ni le clergé, ni le peuple commis à vos soins, prêtent l'oreille à des questions déjà résolues ; car nous avons une formule de foi que doit observer quiconque fait profession d'être chrétien. » Cette profession est sans doute celle qu'il adressa à Paulin. Il ajoute ensuite : « Jésus-Christ, Fils de Dieu, Notre-Seigneur, a par ses souffrances mérité à la nature humaine la plénitude du salut, et délivré l'homme entier du péché. Quiconque dit qu'il a une divinité ou une humanité imparfaite, celui-là est un fils de perdition rempli de l'esprit de l'enfer. Pourquoi demandez-vous donc une seconde fois que je dépose Timothée, puisqu'il a été déposé ici, avec Apollinaire, son maître, par le jugement du Siége apostolique, en présence de Pieno, évêque d'Alexandrie? »

Ecrits perdus. — Saint Athanase en mourant avait désigné Pierre pour lui succéder sur le siége d'Alexandrie. Ce nouveau pontife, élu en effet vers le mois de mai 373, écrivit aussitôt au pape et aux évêques des principaux siéges pour leur faire part de son ordination. Nous avons encore la réponse que lui fit saint Basile ; mais les lettres de communion et de consolation que lui adressa le pape Damase sont perdues ; il les avait confiées à un diacre qui, après avoir souffert des inhumanités étranges de la part des ariens, entre les mains desquels il était tombé, fut envoyé aux mines de Pheno. Pierre poursuivi à son tour s'échappa de leurs mains et se retira à Rome où le saint pontife Damase le reçut avec la plus paternelle charité.

Indépendamment de la lettre à Paulin dont nous avons rendu compte plus haut, Damase lui avait écrit antérieurement deux autres lettres qui ne sont pas venues jusqu'à nous. Elles avaient trait à Vital et aux doutes que le zélé prêtre avait conçus sur sa doctrine.

A la suite d'un concile tenu à Rome en 377 et dans lequel Apollinaire et Timothée virent condamner leurs erreurs, le pape Damase, en renvoyant Pierre à son église, lui remit une lettre pour confirmer les Alexandrins dans la foi à la consubstantialité du Verbe et légitimer l'ordination de leur évêque. Nous n'avons plus cette lettre.

Saint Jérôme, quoique caché dans son désert de Syrie, ne laissait pas d'être inquiété au sujet du schisme d'Antioche ; on lui demandait pour qui il était, s'il prenait parti pour Vital, pour Mélèce ou pour Paulin? L'évêque des ariens et les catholiques du parti de Mélèce lui demandaient s'il admettait trois hypostases dans la Trinité. Pour savoir que répondre et à quoi s'en tenir sur toutes ces questions, il consulta le pape Damase, le priant de l'autoriser par ses lettres à se servir du terme d'hypostase ou à le rejeter, et de lui indiquer en même temps avec qui il devait communiquer à Antioche. Damase ne répondit point à saint Jérôme, ou du moins sa réponse ne lui fut point rendue ; c'est pourquoi ce saint lui adressa une seconde lettre sur le même sujet, dans laquelle il le conjure de nouveau de résoudre les questions qu'il lui avait proposées dans la première. « Ne méprisez pas, lui dit-il en finissant sa lettre, une âme pour laquelle Jésus-Christ est mort. » On ne sait si Damase se laissa fléchir à d'aussi vives instances; car nous ne retrouvons aucune réponse à ces deux lettres; mais ce qu'il y a de certain, c'est que saint Jérôme entra dans la communion de Paulin avec qui le saint pontife communiquait, et qu'il l'accompagna dans son voyage de Rome en 382.

L'empereur Théodose, à la prière des évêques assemblés à Aquilée, ayant convoqué un concile à Constantinople, les Orientaux y étaient déjà réunis, lorsqu'ils reçurent une lettre synodale par laquelle les évêques d'Occident, et à leur tête, le pape Damase, les invitaient à se joindre à eux au concile qu'ils tenaient à Rome. Nous n'avons plus cette lettre, mais Théodoret nous a conservé la réponse qu'y firent les Orientaux.

Symmaque, préfet de Rome, ayant reçu ordre de l'empereur Valentinien d'informer sur les dégâts qu'on avait faits aux murailles de la ville, fut quelque temps sans l'exécuter, dans la crainte que ses envieux, qui le savaient ennemi des chrétiens, ne l'accusassent d'avoir cherché dans l'accomplissement de cette commission une occasion de les persécuter. Ce qu'il avait craint arriva en effet, et, pour se justifier sur ces chefs qu'on avait portés devant l'empereur, il obtint du pape Damase une lettre qui témoignait qu'aucun chrétien n'avait été maltraité ni emprisonné dans cette circonstance. Nous n'avons plus cette lettre.

Écrits supposés. — On a attribué au pape saint Damase un grand nombre d'autres lettres, plusieurs décrets de conciles, et un Pontifical qui porte encore aujourd'hui son nom; mais la critique en a fait justice depuis longtemps, et personne ne doute plus qu'ils ne soient supposés.

DANIEL, moine de Lérins, composa vers la fin du XI° siècle un *Commentaire sur les psaumes* qui est resté longtemps manuscrit dans la bibliothèque de son monastère. Il est dédié à l'abbé Aldebert ou Eldebert II qui succéda à un autre abbé du même nom en 1066 et qui remplit cette charge jusqu'en 1101; ce qui nous permet de fixer avec certitude l'époque à laquelle florissait cet interprète. Dom Mabillon, qui avait entre les mains l'épître dédicatoire de Daniel, n'en a pas porté un jugement favorable au talent de l'écrivain. Tel qu'il est cependant, ce commentaire peut servir à montrer qu'on avait en France, sur la fin de ce siècle, un certain zèle pour l'étude de l'Écriture sainte. Cette étude prit de plus grands développements encore dans le siècle suivant, comme nous aurons occasion de le montrer en rendant compte des différents commentateurs.

DAPHNOPATES (THÉODORE), patrice de Constantinople, se rendit recommandable par les écrits qu'il publia vers le milieu du X° siècle. Un des plus intéressants était la suite de l'*Histoire byzantine*, continuée jusqu'au siècle de l'auteur. George Cédrène, en parlant dans sa préface de ceux qui avaient travaillé avant lui sur l'*Histoire de Constantinople*, met de ce nombre Théodore Daphnopates. Cette histoire ne se trouve plus, mais il nous reste quelques autres de ses écrits; savoir, un discours qu'il prononça en 957, au jour anniversaire de la translation d'une main de saint Jean-Baptiste, d'Antioche à Constantinople. Ce discours est rapporté sans nom d'auteur, sous la date du 29 août, dans Lipoman et Surius. On possède aussi un recueil d'extraits des ouvrages de saint Jean Chrysostome, imprimés parmi les œuvres de ce Père, sous le nom d'*Éclogues*. Ce recueil, qui ne contient que trente-une homélies dans l'édition de Morel, et trente-trois dans le manuscrit de Nicéphore Botoniate, en comprend quarante-cinq dans l'édition de Savilius. Comme il n'avait donné ces extraits qu'en grec, Dom Montfaucon les a publiés en latin, et a pris soin de noter en marge de chaque homélie les endroits des écrits de saint Chrysostome auxquels ces extraits sont empruntés. Outre le discours sur la translation de la main de saint Jean-Baptiste, Allatius en cite un autre sur la Nativité de ce saint précurseur du Messie. Il est imprimé sous le nom de Théodoret, dans le supplément du P. Garnier aux œuvres de cet évêque; mais il porte le nom de Théodore Daphnopates, dans un manuscrit du Vatican. Son discours en l'honneur de l'apôtre saint Paul fait la trentième homélie des *Éclogues*. Lambecius parle d'un autre discours à la louange de saint Grégoire de Nazianze; mais il n'a pas encore été rendu public. Le *Catalogue de la bibliothèque de Leyde* cite, parmi les manuscrits de Vossius qu'elle possède, une *Vie de saint Théodore Studite* par Théodore Daphnopates. Sous le simple nom de Théodore, on trouve encore, dans les bibliothèques de Vienne et d'Italie, des *Commentaires sur les douze petits prophètes*. Lambecius et Montfaucon les croyent de Théodore d'Antioche, évêque de Mopsueste en Cilicie, ou de Théodore d'Héraclée; d'autres pensent qu'ils sont de Théodore Daphnopates; mais on ne possède là-dessus aucun renseignement qui permette de trancher la question.

DARDANE (Claudius-Postumus DARDANUS), homme d'esprit et d'érudition, est fort célèbre dans les lettres de saint Jérôme et de saint Augustin. Il était seigneur de Théopolis, aujourd'hui Rochetaillée en Provence. Il avait un frère nommé Claudius Lepidus, qui portait le titre de comte, et qui avait été gouverneur de la première Germanie et intendant du domaine. Dardane fut lui-même gouverneur de la Gaule Viennoise et questeur. Cette dernière charge lui imposait l'obligation de dresser les lois, et supposait en lui la science du droit jointe à un grand fonds d'érudition. A ces qualités Dardane réunissait une élocution si facile que saint Jérôme n'a pas hésité à le qualifier d'homme très-éloquent. Depuis il fut élevé à la dignité de patrice, et eut deux fois l'honneur d'être préfet des Gaules sa patrie. C'est en cette qualité que l'empereur Honorius lui adressa la loi du 7 décembre de l'an 412 ou 413, touchant les décurions ou chefs des villes. Il paraît par la fin d'une des lettres de saint Jérôme adressée à Dardane lui-même, qu'il était né dans le paganisme ; mais il se convertit si sincèrement à la foi de Jésus-Christ, que le même Père l'appelle le plus noble des chrétiens et le plus chrétien des seigneurs de son temps ; *christianorum nobilissime, nobilium christianissime*, et qu'il le compare au célèbre Pammaque à qui il accorde les mêmes titres. Saint Augustin ne parle pas avec moins d'éloges de l'esprit, du savoir, de la naissance et de la vertu de Dardane. Certes tous ces éloges sont bien opposés au témoignage que lui rend saint Sidoine Apollinaire, lorsqu'il assure qu'il réunissait en lui seul tous les vices partagés entre les trois tyrans, Javin, Géronce et Constantin ; mais saint Sidoine parlait sans doute des temps qui avaient précédé sa conversion. On ne saurait nier au moins qu'il fut très-fidèle aux Romains, puisqu'au lieu de céder au tyran Javin, il en débarrassa l'empire par sa mort.

Dardane lisait les écrits de saint Jérôme et de saint Augustin et s'était fait un mérite de lier commerce de lettres avec ces grands hommes. Dans une de ces épîtres, il avait demandé au premier qu'elle est cette terre si souvent promise aux Hébreux, et cette demande lui attira la belle réponse de saint Jérôme que nous possédons encore. Dans une autre occasion, s'adressant à saint Augustin, il lui proposa deux questions beaucoup plus difficiles à résoudre que les précédentes. 1° Où était Jésus-Christ ; s'il était partout comme homme aussi bien que comme Dieu, et où était le paradis ? 2° Si les enfants ne connaissent point Dieu, puisqu'il paraît que saint Jean l'a connu dès le sein de sa mère, et si le baptême donné aux femmes enceintes n'opère point aussi sur leurs enfants. —La nature de ces questions et peut-être de plusieurs autres, a fait dire à un auteur que nous ne connaissons que sous le faux nom de saint Jérôme, que Dardane, sans prendre le véritable point de la difficulté, employait au contraire la pénétration d'un esprit plein de ruses à proposer avec assurance un grand nombre de questions sur l'Ecriture qui paraissaient impossibles à résoudre. Mais saint Augustin en jugeait plus sainement et se fit un obligation d'y satisfaire. Cependant, retenu par ses grandes occupations et par la difficulté des questions que Dardane lui avait proposées, il fut un an été tout entier sans lui répondre. Plein de reconnaissance pour l'affection que ce seigneur lui portait, et convaincu de la pénétration de son esprit, qui, loin de s'arrêter à la superficie, approfondissait tous les points de doctrine, il ne voulait pas lui envoyer quelque chose qui fût indigne de lui. A tous les témoignages d'estime et d'amitié qui lui avaient été prodigués par Dardane, le saint répond avec une cordialité toute particulière, et comme à un homme que l'on respecte encore plus pour sa piété que pour le rang qu'il occupait dans le siècle.

Sur la première question, saint Augustin examine avec beaucoup de soin et d'exactitude, comment la nature divine est présente en toutes choses, et comment elle habite particulièrement dans son temple, c'est-à-dire dans le cœur de l'homme fidèle. C'est ce qui a fait intituler cette réponse qui forme un traité entier, *De la présence de Dieu*. En satisfaisant à la seconde question, saint Augustin s'appliqua particulièrement à combattre l'hérésie pélagienne qui causait alors beaucoup de troubles dans l'Eglise, quoique cependant il ne la nomme pas en cet endroit. — Dardane vivait encore en 417, comme il paraît par les lettres de saint Jérôme et de saint Augustin que nous venons de citer, et rien n'empêche même que l'on ne prolonge son existence au delà de ce terme. A la fin du second tome des œuvres de saint Jérôme, on trouve une lettre sur les divers instruments de musique en usage chez les Hébreux. Elle est adressée à Dardane qui avait prié le saint docteur de l'instruire sur ce point. Il ne nous reste des écrits de ce seigneur que quelques fragments de lettres que nous retrouvons çà et là dans les ouvrages des deux docteurs avec lesquels il fût presque constamment en relations.

DAVID, moine de Saint-Laurent de Liége, nous est dépeint par Reiner comme un homme extrêmement robuste et un modèle de régularité. Il partageait son temps entre la prière, l'étude et le travail. Son occupation particulière était de copier les livres des anciens docteurs, pour procurer à ses frères les moyens de s'instruire. Chargé de l'éducation de la jeunesse, il tenait ses élèves continuellement occupés, et ne leur permettait de manger du pain qu'après qu'ils l'avait gagné. Ennemi de l'oisiveté, il était infatigable au travail, et, quoique tout courbé par le poids des années, il composa l'*Histoire du martyre de saint Blaise* et la *Vie de saint Eucher*, évêque d'Orleans.

DÉFENSEUR embrassa la vie religieuse dans le monastère de Ligugé, près de Poitiers, vers le milieu du VIIe siècle, et, comme il le dit lui-même, il fit de l'étude une de ses principales occupations. Il s'y rendit si habile qu'il mérita en peu de temps le titre de grammairien qui ne s'accordait qu'aux hommes qui s'étaient distingués en littérature. Il s'appliqua surtout à la lecture des Pères de l'Eglise, et de l'avis d'Ursin, son abbé, qui dirigeait ses études, il en recueillit les endroits qui lui parurent les plus édifiants, et en forma un livre qu'il intitula : *Scintillarum seu Sententiarum catholicorum Patrum*, Recueil d'étincelles ou de Sentences tirées des Pères orthodoxes.

Il rend compte de son dessein dans une petite préface placée en tête de l'ouvrage, et dit qu'il l'a entrepris pour épargner à ses lecteurs la peine de lire un grand nombre de volumes. Il a eu soin de recueillir dans le sien tout ce qu'ils pourraient souhaiter sur les matières qu'il y traite, et, pour éviter d'être taxé d'imposture, et afin surtout qu'on ne regardât pas son livre comme apocryphe, il s'est appliqué à rattacher à chaque sentence le nom du Père auquel il l'a empruntée. Ces sentences sont ordinairement fort courtes, et les Pères qu'il cite sont saint Clément, Origène, saint Cyprien, saint Basile, saint Augustin, Eusèbe qui semble être celui d'Emèse, un certain Joseppe qu'on ne connaît presque pas d'ailleurs, saint Césaire, saint Grégoire pape, saint Isidore de Séville. Son recueil est divisé en quatre-vingts chapitres dans les imprimés, quoique certains manuscrits n'en marquent que soixante-dix. C'est un livre tout de morale et où la question de dogme n'est pas même abordée. L'auteur y traite des principales vertus chrétiennes, comme la charité, la patience, l'amour de Dieu et du prochain, l'humilité. On voit par sa préface qu'il était solidement instruit de la doctrine de saint Augustin. Son style est dur, embarrassé et quelquefois obscur jusqu'à la barbarie, mais ces défauts se trouvent amplement rachetés par la modestie de l'écrivain. Défenseur ne s'y nomme que pour en rapporter la gloire à Dieu et à Ursin son maître, et surtout pour engager ses lecteurs à se souvenir de lui dans leurs prières. Cependant Sixte de Sienne qui avait lu cet ouvrage, puisqu'il en rapporte les premiers mots, ne laisse pas d'en parler avec éloges. — Dom Mabillon met le recueil de Défenseur parmi les ouvrages qui n'ont pas encore vu le jour, et l'ayant trouvé manuscrit dans la bibliothèque du Mont-Cassin, il en fit imprimer la préface dans l'Appendice au second tome de ses *Annales*. Cependant Possevin en marque trois éditions différentes : l'une à Anvers chez Stelsius en 1550, l'autre à Venise chez Barthélemi de Albertis, en 1552, et la troisième à Cologne en 1554. Il faut que ces éditions soient rares, car nous ne les trouvons point ailleurs. L'ouvrage de Défenseur a été reproduit dans le *Cours complet de Patrologie*.

DÉMÉTRIUS, évêque de Cysique, florissait sur la fin du VIIe ou au commencement du VIIIe siècle. Il est auteur d'un petit traité sur l'origine des erreurs des jacobites, et des *chatzitzariens*, ainsi nommés en langue arménienne, parce que, rejetant le culte des images, ils n'adoraient que la croix. Ils faisaient partie de la secte des jacobites. Le P. Combefis, qui a publié cet écrit sans nom d'auteur, remarque, dans ses notes, qu'il est de Démétrius de Cysique, et il s'appuie sur un manuscrit de la Bibliothèque palatine. On en cite un autre de l'Escurial, où cet écrit est également attribué au même auteur. Il enseigne que le chef de l'hérésie des jacobites était un moine syrien, nommé Jacques, et surnommé Tzantzale; qu'ayant embrassé l'hérésie d'Eutychès, il la prêcha chez les Syriens. Il remarque qu'il y avait deux partis parmi ces peuples : les *melchites* ou royalistes, et les *aposchites* ou divisés.

Les royalistes suivaient la vraie foi, et, à l'exemple de l'empereur Marcien, ils recevaient le concile de Calcédoine. Les aposchites, attachés à l'erreur d'Eutychès, avouaient qu'il y avait deux natures en Jésus-Christ avant l'union, mais ils soutenaient qu'il n'y en avait plus qu'une depuis, parce que, suivant eux, l'union avait opéré le mélange des deux natures : ce qui les faisait condamner comme théopaschites, parce qu'ils disaient que la divinité avait souffert. Ils ne reconnaissaient d'autres conciles que ceux de Nicée, de Constantinople et d'Éphèse, et condamnaient tous ceux qui les ont suivis. C'est par là que commença l'hérésie des jacobites. Depuis, ils imaginèrent de ne se servir que d'un doigt en faisant le signe de la croix, pour marquer l'unité de nature en Jésus-Christ ; et, au lieu de tracer ce signe de gauche à droite, comme faisaient les catholiques, ils le traçaient dans le sens opposé. Ils mettaient de l'huile dans l'oblation, comptaient pour rien la sainte communion, ne mettaient point d'eau dans le calice, n'avaient que de l'indifférence pour le culte des images, et, au lieu de les baiser, se contentaient de les toucher du doigt, et ensuite de baiser le doigt lui-même. Ils enfouissaient la croix le jour du vendredi saint, la tenaient cachée jusqu'au dimanche, où, dès le point du jour, ils la portaient par les rues et les places publiques ; puis, après avoir demandé si Jésus-Christ était là, ils la découvraient. Ils mangeaient de la chair en carême, célébraient les mystères avec des rites contraires à la tradition, et, à l'imitation de Pierre le Foulon, ajoutaient au Trisagion : *Vous qui êtes crucifié pour nous, ayez pitié de nous!* Tels étaient les sectateurs de Jacques Tzantzale. Les chatzitzariens étaient de la même secte, mais n'en suivaient pas tous les dogmes. Ils reconnaissaient deux natures en Jésus-Christ, mais ils semblaient en même temps admettre aussi deux personnes comme les nestoriens. Ils disaient que, pendant la passion, l'une des deux souffrait et l'autre regardait souffrir. Ils adoraient la croix et y mettaient des clous, voulant marquer par là qu'ils croyaient que la divinité avait souffert. Ils jeûnaient quelques jours avant le temps où l'on cesse de manger de la viande. En carême, ils mangeaient des œufs, du beurre et du lait les jours de dimanches. Quant à l'oblation, ils la célébraient comme les jacobites. Ils baptisaient leurs croix pendant quelques jours. Pour s'autoriser dans toutes leurs pratiques, ils feignaient les avoir reçues par tradition de saint Grégoire, martyr et évêque de la grande Arménie.

Le P. Combefis joint au traité de Démétrius de Cysique un *Mémoire sur le schisme des Arméniens*, qu'il semble croire du même temps et du même auteur. On y voit les commencements de l'hérésie des eutychéens, sa propagation en Arménie, les schismes qui se formèrent parmi ceux de cette secte, les conciles qu'ils tinrent pour établir chacun leurs sentiments, le catalogue des évêques catholiques et hérétiques des

Arméniens, la succession des empereurs romains et des rois de Perse. Mais il faut se défier des dates, parce que la plupart sont erronées. Ainsi l'auteur place à la septième année du règne de Constantin le concile de Nicée, qui ne s'est tenu que la vingtième.

Il fixe également le fameux concile des Arméniens à Tiban, dans la douzième année du règne de Justin le Jeune, et la vingt-quatrième de Chosroës; ce qui ne s'accorde nullement, puisque la dernière année de Justin, c'est-à-dire la dernière de son règne, tombe en 578, qui était la quarante-sixième du règne de Chosroës. L'erreur serait plus grande encore, si on mettait ce concile sous le règne de Justin le Vieux, qui était mort avant que Chosroës fût roi de Perse.

DÉMÉTRIUS TORNICIUS a écrit, vers l'an 1173, au nom de l'empereur Isaac Comnène, un *Traité de la procession du Saint-Esprit*, qui se trouve encore aujourd'hui à la Bibliothèque nationale. Allatius en a donné le commencement, dans son livre de la *Concorde*.

DENYS L'ARÉOPAGITE (saint). — Depuis plusieurs siècles déjà, la vie de saint Denys l'Aréopagite a été mêlée de tant de fables, et surtout les ouvrages qui lui sont attribués, ont suscité dans l'effervescence de nos querelles religieuses, tant de dires et d'assertions contradictoires, que bien que le procès nous semble aujourd'hui jugé, grâce au beau travail de M. l'abbé Darboy, nous croyons cependant faire plaisir à nos lecteurs en en réunissant les pièces sous leurs yeux, afin de les mettre à même de se faire une opinion. Il y a bien encore çà et là quelques appelants, et quelle cause n'en conserve pas? Les meilleures même sont celles qui en soulèvent le plus, tant il en coûte à l'esprit de l'homme de se débarrasser des langes de la routine, et à l'orgueil de certains écrivains de s'avouer vaincus; mais nous doutons bien fort que leurs réclamations puissent désormais trouver de l'écho, ni enlever un seul iota de sa force à la chose jugée. Quoi qu'il en soit, comme en acceptant une opinion qui réunit à notre sens toutes les conditions de la certitude morale, nous n'avons nullement la prétention de l'imposer à personne, nous nous contenterons ici, après avoir reproduit l'article de la *Biographie universelle*, qui résume ce que les critiques des derniers siècles ont trouvé de plus concluant à dire sur saint Denys et sur ses œuvres, d'exposer les raisons alléguées de part et d'autre, sans prendre aucun parti ni pour ni contre, mais en laissant le lecteur parfaitement libre de trancher à son gré la question.

Denys, dit l'Aréopagite, était, suivant saint Justin, un des principaux juges de l'Aréopage, lorsque l'apôtre saint Paul parut devant ce tribunal, dont Platon avait redouté l'examen, et qu'Athènes, rangée sous la protection des Romains, conservait encore avec plusieurs de ses anciens priviléges, en considération de son amour pour les sciences et de l'ancienne dignité de sa république.

Saint Denys, évêque de Corinthe, Aristide, cité par Usuard, et les anciens martyrologistes, rapportent que l'Aréopagite a été converti par saint Paul, et qu'il fut établi par lui premier évêque d'Athènes. Aristide et saint Sophrone de Jérusalem lui donnent le titre de martyr, et on lit son nom dans les ménologes des Grecs, vers l'an 95 de Jésus-Christ. Sa fête est marquée au 3 octobre dans les anciens calendriers. Son corps ayant été envoyé à Rome, fut, dit-on, transféré en France à l'abbaye de Saint-Denis. L'église cathédrale de Soissons croit posséder son chef qui aurait été apporté de Constantinople, en 1205. On a longtemps confondu saint Denys l'Aréopagite avec saint Denis, premier évêque de Paris. Hilduin, qui écrivit en 814 son *Areopagitica*, imprimée à Cologne en 1563 parmi les œuvres de Surius, répandit le premier cette erreur sur l'autorité de quelques ouvrages apocryphes; il avança également le premier que saint Denys, après son martyre, avait porté sa tête dans ses mains; mais l'opinion d'Hilduin, qui était abbé de Saint-Denis, contredit les monuments historiques et était complétement inconnue avant le IXᵉ siècle. La fête des deux saints est marquée à des jours différents dans la plupart des anciens martyrologes, qui distinguent aussi le lieu et les circonstances de leur martyre. L'auteur de la *Vie de saint Fuscien*, Fulbert de Chartres, Lethaldus et plusieurs autres ne confondent pas non plus l'Aréopagite avec l'évêque de Paris. Sirmond, Delaunay, Morin, Dubois, Denis de sainte Marthe et de Tillemont ont réfuté solidement cette opinion d'Hilduin, qui, supposée fausse dans les nouveaux Bréviaires de Paris et de Sens, est aussi rejetée par les plus habiles critiques de France et d'Italie. Elle était passée de Paris à Rome et de Rome dans la Grèce, par Methode qui écrivit la *Vie de saint Denys*; elle repassa en France avec la traduction de cette vie, faite par Anastase.

On trouve dans la *Bibliothèque historique de France* la liste des nombreux ouvrages qui ont été publiés pour ou contre l'opinion d'Hilduin. Dans le Vᵉ siècle, on mit sous le nom de saint Denys l'Aréopagite plusieurs ouvrages qui ont été inconnus à tous les écrivains des quatre premiers siècles de l'Eglise; et sans s'arrêter aux divers caractères de supposition qu'on y remarque, il suffira de dire qu'il est question de plusieurs points de discipline qui sont postérieurs à saint Denys. Quoi qu'il en soit, les ouvrages qui portent son nom ont été traduits du grec en latin par Denis le Chartreux, Joachin Périon, François Dany, Pierre Lanssel, Halloix et Balthasar Corder. Ces trois derniers ont donné les meilleures éditions des œuvres attribuées à saint Denys, Paris, 1615, in-folio, Florence 1616, Anvers 1634, et Paris 1644, 2 volumes in-folio. Cette édition est la plus estimée.

On a plusieurs vies de saint Denys tirées des *Ménées* des Grecs, de Siméon Métaphraste, de Suidas, de Nicéphore, de Michel

Syncelle, de Méthode, de Guérin, du P. Halloix, jésuite, et de plusieurs autres.

Maintenant entrons dans le cœur du procès en mettant aux prises deux antagonistes qui ont étudié saint Denys à deux points de vue différents et porté sur sa personne, sur ses œuvres et sur leurs tendances, des jugements entièrement opposés.

L'auteur Allemand d'une *Histoire de la philosophie chrétienne*, le docteur Henri Ritter, traduit par J. Trullard, exprime ainsi son opinion sur l'existence de Denys l'Aréopagite et sur les œuvres qui lui sont attribuées, dans un chapitre intitulé : *Décadence de la philosophie des Pères*. Il attribue cette décadence, partie au retour vers la philosophie ancienne et surtout vers la philosophie d'Aristote, et partie à l'invasion du mysticisme dans l'explication du monde suprasensible. Nous n'aurions pas dit que l'auteur était Allemand qu'on s'en serait aperçu quand même au vague nébuleux de ses pensées, et au néologisme habituel de l'expression ; sa croyance ressortira mieux encore par le peu que nous allons citer de son ouvrage, où l'esprit sec et anguleux du protestant perce partout sous la peau du philosophe.

« La philosophie païenne, dit-il, en pénétrant toujours plus profondément, dut offrir un élément au doute, et par conséquent au mysticisme. Par là il est clair que le mysticisme offre surtout des rapports avec la philosophie néoplatonicienne. Nous pourrions trouver déjà dans Eunome, dans Grégoire de Nysse et ses contemporains, un penchant au mysticisme. Mais ce penchant devait croître peu à peu, tout comme la pensée philosophique dut reparaître après l'élaboration de la doctrine ecclésiastique. Nous pourrions suivre les traces du mysticisme assez loin ; déjà dans la seconde moitié du IV° siècle, s'était formée une secte extravagante de moines qui est connue sous le nom de secte des Euchytes ; cette secte se maintint des siècles durant, et suivit une direction positivement mystique, » comme il est facile de s'en convaincre en lisant Néander, *Histoire de l'Eglise*, tome II, page 514 et suivantes. « Entre autres phénomènes analogues nous trouvons à la fin du V° siècle, parmi les monophysites, un mystique non moins extravagant, le fou Sudaïli, qui, dans le même ouvrage que nous venons de citer, est comparé à Hiérothée sur lequel Denys l'Aréopagite s'appuie souvent. Ce furent aussi les monophysites qui, vers l'an 532, s'appuyèrent les premiers sur les écrits du faux Denys l'Aréopagite, écrits qui furent connus à cette époque, et qui, malgré des doutes nombreux sur leur authenticité, trouvèrent un accueil général parmi tous les partis chrétiens, et furent pendant plusieurs siècles la principale source des doctrines mystiques. L'auteur de ces écrits fut évidemment un imposteur, dont l'intention était de jouer au personnage. Pour atteindre son but, but pieux au fond, il se crut autorisé à imaginer une tradition secrète de la doctrine ecclésiastique. Mais il s'agirait de décider quel fut l'auteur des différents écrits qui portent en tête le même nom, car ils sont tous composés dans le même esprit et dans le même style boursouflé. Or, parmi les hommes que l'histoire connaît, il n'en est aucun que nous puissions considérer avec quelque vraisemblance comme l'auteur de ces écrits. Quel qu'il soit, cet auteur n'a pas ambitionné la gloire ; il a voulu propager des vues qu'il a développées à peu près systématiquement, et dans lesquelles il se préoccupait moins de la doctrine du christianisme que de l'essence de la religion. L'époque à laquelle ces écrits ont été connus n'est, ce semble, pas éloignée du temps où ils furent composés. Ils appartiennent complètement à la sphère de pensées dans laquelle tourne l'histoire de cette époque philosophique ; mais ils décèlent au fond une telle puissance créatrice que nous ne pouvons croire que l'auteur ait pu avoir de pareilles représentations dans le temps où elles furent répandues.

« L'intention principale des écrits dont nous parlons, c'est incontestablement de placer en face du culte établi et de la doctrine de l'Eglise, une autre religion secrète, qui, sans exclure la première religion, la traitât cependant en inférieure. L'auteur inconnu de ces écrits se considère comme un initié aux mystères divins, et il exhorte ceux qui participent avec lui à ces mystères à ne point les divulguer à la foule. Ces mystères peuvent sans doute être exprimés, mais ce sont pures énigmes pour les ignorants (1). On est surpris de trouver que le faux Denys compte parmi les hommes la foule profane qui aspirent à la connaissance de Dieu ; il oublie que Dieu s'est caché dans les ténèbres (2). Tout effort pour connaître Dieu lui semble sans valeur, et ne convient nullement aux élus. Les élus doivent reconnaître plutôt qu'ils n'ont qu'à alléger leurs pensées et leurs aperceptions, s'ils veulent participer à Dieu. Toute pensée ne s'élance que vers l'être, et Dieu est au-dessus de l'être (3). Toute pensée humaine n'est en vérité qu'une erreur, si on la compare avec la substance de l'aperception divine (4). Encore cette aperception (νοησις), nous devons l'attribuer à Dieu ; Dieu n'est ni la vérité ni l'erreur ; il n'est rien de ce qui est ni de ce qui n'est pas ; il est élevé au-dessus de tout lieu, et l'on pourrait le nommer *ce qui échappe à toute opposition*, si l'on pouvait lui donner ce nom (5). Il nous faut abandonner toute vérité aperçue par l'intelligence, nous séparer de nous-mêmes, et nous ensevelir dans l'obscurité du non être, pour

(1) *De div. Nom.*, I, 8 ; *De cœl. Hier.*, II, 2.
(2) *De Myst. Théol.*, I, 2.
(3) *De div. Nom.*, I, 4 ; IV ; 2, 3 ; IV, 3.
(4) *Ibid.* VII, 1.
(5) *De Myst. Théol.*, V, *Ep.* I.

approcher du mystère du silence de Dieu (1). Denys ne se contente pas de proclamer le Dieu caché; il ne lui suffit pas de l'appeler Dieu; il le nomme l'archi-Dieu (2). Il ne veut pas qu'on le désigne par les noms de parfait, de très-parfait, mais de supra-parfait (3). Non-seulement Dieu est ineffable et inintelligible, mais il est encore supra-ineffable et supra-inintelligible (4). Nous ne connaissons que ses puissances; dans la création du monde il ne s'est pas révélé, mais voilé, puisqu'il a jeté toutes ses créatures autour de lui comme un voile qui nous le cache (5).

« Il faut distinguer le sommeil et la veille de Dieu : dans le sommeil, Dieu est en soi essentiellement ; c'est là le mystère, l'abstrus de son existence ; dans la veille de Dieu, nous avons le symbole de la providence divine et de sa surveillance sur toutes choses (6); alors il ne trahit pas son mystère, mais Dieu est pour ainsi parler hors de lui-même. Ainsi voilà le faux Denys qui contredit ouvertement toute doctrine, prétendant nous conduire à la connaissance de Dieu, soit par l'investigation immédiate de sa notion, soit par la contemplation de ses œuvres et de son efficace dans le monde. La nature sceptique de la pensée de Denys est hors de doute. On conçoit aussi son indifférence pour toute doctrine, pour toute polémique, même contre les païens. Il lui suffit de posséder Dieu; c'est déjà pour lui avoir renversé une erreur : quant à connaître ce qui est Dieu, Denys pense que sous tous les rapports, c'est chose impossible.

« Puisque Denys rejette la voie de la connaissance pour arriver à Dieu, il lui faut atteindre le même but par un autre chemin. Mais il n'est pas facile de démêler à travers ses assertions la route qu'il indique. Le culte pratique de Dieu, soit par les œuvres de la vie, soit par les exercices de religion, n'a pas plus de valeur pour Denys que la connaissance (7). Il laisse subsister tout cela; il se rattache dans sa doctrine aux formules ecclésiastiques, et il conserve les cérémonies sacrées. Mais tout cela est suivant lui extérieur et inférieur surtout aux initiations du culte secret. Il distingue la tradition publique, qui a été donnée par l'Ecriture, et une tradition secrète, qui ne prouve pas, qui n'enseigne pas comme la première, mais qui agit par initiation, et fait pénétrer l'esprit en Dieu (8). Mais d'un côté il ne peut pas nier que la tradition secrète ne parle de Dieu que par symbole comme la tradition publique (9); et d'un autre côté, il autorise la vénération pour l'Ecriture sacrée, dont il estime les maximes autant que la tradition secrète elle-même (1). D'après les raisons qu'il allègue contre la connaissance de Dieu, on voit ce qu'il a proprement en vue. Il admet deux routes pour parvenir jusqu'à la pensée de Dieu : l'une de ces routes est l'affirmation, l'autre est la négation. La première va de haut en bas, résolvant l'unité dans sa multiplicité; l'autre va de bas en haut, réunissant le particulier et le tout (2). Mais un caractère significatif de la pensée de Denys, c'est qu'il préfère la voie de la négation à la voie de l'affirmation. C'est, suivant lui, un principe de la tradition secrète de regarder comme vrai tout ce qui est nié de Dieu, comme inconvenant et faux tout ce qui en est affirmé. Et il conclut qu'il vaut mieux représenter Dieu dans des symboles de dissemblance que de ressemblance, car ces derniers ne donnent lieu qu'à des illusions (3). Cette assertion s'accorde pleinement avec cette autre, que Dieu lui-même est considéré comme le non être, que notre pensée ne saisit que par l'abstraction de tout être; elle s'accorde avec cette autre encore, que nous ne pouvons reconnaître que privation en Dieu, puisqu'il n'y a véritablement de bon et de beau que ce qui existe en dehors de toutes choses (4). Par là toute opposition est réellement fondue en Dieu; le bien et le mal même sont unis en lui; car le mal n'est que le non être. Mais le mal n'est pas en Dieu comme mal et comme non être, mais comme bien et comme être (5). Quelque effort que le faux Denys ait fait pour éloigner de ses doctrines sur Dieu, toutes les conceptions de l'entendement, chacune de ses affirmations et de ses négations résultent toujours de la notion que Dieu est le principe suprême de toutes choses, est une unité. Nulle dualité ne peut être un principe; l'unité doit-être le fondement de la dualité (6). Otez l'unité et tout est détruit. Sans doute, l'auteur supposé de ces écrits a compris que l'unité de toutes les oppositions impliquait une multiplicité aussi bien que l'unité en soi; mais dans les choses divines, les unifications s'élèvent et règnent sur les séparations (7).

« La conséquence la plus directe de tout cela, c'est que le chemin par lequel nous arrivons à la communion avec Dieu, et qui est estimé d'un plus haut prix que le penser et le connaître, est le chemin de l'union (8). Mû par la même idée, il nomme ce chemin l'amour, l'amour divin, lequel est extatique; car il ravit le sujet aimant à lui même, et il le confond avec l'objet aimé (9). Ce n'est point la méditation ou la connaissance, mais

---

(1) *De Myst. Théol.*, I, 1 seq. ; *De div. Nom.*, IV, 2; XXII.
(2) *De div. Nom.*, II, 10; XIII, 3.
(3) *Ibid.*, XIII, 1.
(4) *Ibid.*, II, 4.
(5) *Ibid.*, II, 7 ; *Ep.* IX, 2.
(6) *Ep.* IX, 6.
(7) *Ep.* VI, 7 et seq.
(8) *Ep.* IX, 1. *De Eccl. Hier.*, I, 4.
(9) *Epist.*

(1) *De div. Nom.*, II, 2.
(2) *Ibid.* I, 4; *De Myst. Théol.*, II, 3; *De cœl. Hier.*, II, 3; XV, 1.
(3) *De Eccl. Hier.*, II, 3; *De Myst. Théol.*, II.
(4) *De div. Nom.*, IV, 7. *Ibid.*, X, 20.
(5) *Ibid.*, XIX, 30.
(6) *De div. nom.*, IV, 21.
(7) *Ibid.*, XIII, 3.
(8) *Ibid.*, I, 1.
(9) *Ibid.*, IV, 10 et sqq.

la passion, le patir, qui nous unit à Dieu par une sympathie mystique (1).

« Si nous voulons avoir l'intelligence claire de ce que Denys entend par l'union et l'amour, il nous faut pénétrer un peu plus avant dans ses convictions qui s'appuient sur la doctrine de l'émanation et se rattachent au néoplatonisme; mais chez Denys, les degrés de l'émanation ont conservé une signification chrétienne. L'amour de Dieu, suivant lui, est extatique, comme notre amour pour Dieu ; sa bonté surabondante n'a pas dû demeurer sans manifestation, et alors il s'est produit hors de lui-même, il est devenu pratique, il a laissé sortir l'être de son sein. Dieu sort de lui-même dans ses effluves, et il n'en sort pas ; car il reste l'unité de toutes les oppositions, l'unité qui embrasse en soi toute multiplicité. Les anciens symboles sont de nouveau mis en usage ; Dieu se répand à cause de son excès de plénitude ; il rayonne au dehors comme la lumière ; alors les esprits raisonnables, lesquels procèdent de Dieu, reçoivent la puissance de déverser hors d'eux, comme d'une source, leur plénitude dans les âmes, qui forment le deuxième degré des émanations ; les âmes ont également la faculté de produire par elles les émanations subséquentes (2). De ces émanations successives naît la hiérarchie céleste. Une révélation des anges nous la fait connaître (3). A la hiérarchie céleste se rattache la hiérarchie du monde, la hiérarchie de l'Eglise, qui est considérée comme une analogie, une copie de la hiérarchie céleste ; et cette hiérarchie ecclésiastique est nécessaire, car ce sont les images sensibles qui nous conduisent à la vérité suprême (4).

« Si nous demandons pourquoi ces degrés doivent être admis dans les effluves, la doctrine de l'émanation répondra que la bonté divine ne peut pas se communiquer à tous les êtres de la même manière. C'est un principe que l'effet doit être inférieur à la cause, dont il ne représente que l'image ; et c'est d'après ce principe qu'il faut juger le rapport de l'émanant à l'émané. Alors on comprendra que Dieu ne peut pas communiquer complètement, parfaitement sa perfection..... Dieu est juste, puisqu'il départit à chaque ordre de choses sa mesure selon sa valeur, et assure ainsi à chaque chose son existence individuelle (5). Tout doit participer de l'être unique ; mais la balance divine pèse à chaque chose son lot selon son mérite (6). A cette notion de justice divine, Denys rattache, à peu près comme saint Augustin, la notion de la bonté et de la beauté de Dieu (7). Si nous examinons les conséquences de cette doctrine de l'émanation, nous verrons alors que la mesure de notre âme nous est donnée par notre position dans le monde, par notre rang dans la suite descendante des effluves ; et ce n'est qu'en nous attachant à cet ordre naturel de l'existence que nous pouvons participer à Dieu. Il en est ainsi de tous les êtres en monde..... Les effluves divins nous ravissent jusqu'à Dieu ; mais tout degré inférieur n'est lié au supérieur que par les degrés intermédiaires. Nous ne sommes point unis immédiatement à Dieu, mais bien au moyen des anges. Nous devons donc, nous rattachant à l'ordre divin, aspirer à la communion avec Dieu. Les ignorants doivent s'instruire près des savants ; il y a aussi parmi les hommes, à cause des ordres et des degrés différents de lumière, d'illumination, les degrés ecclésiastiques dont le plus relevé nous relie par les anges à la hiérarchie céleste ; telle est la chaîne des êtres qui unit tout (1)..... Mais bien que cette union puisse avoir lieu, nous devons toujours nous rappeler que tout être ne participe à Dieu que dans la mesure de son essence, et non d'une manière complète, parfaite. Les anges mêmes ne connaissent point Dieu absolument ; car l'union divine est plus élevée que l'union des esprits, et toute union en général est incapable de comprendre en soi l'essence de Dieu. Chaque être demeure donc lié à son degré ; l'intuition spirituelle résidant en Dieu convient aux esprits angéliques ; les âmes ont en partage la logique qui se meut dans une suite temporaire de pensées autour de la vérité ; et les esprits déchus ont droit encore à procéder de la sagesse, en tant qu'esprits. Il en est ainsi des degrés des hommes dans la hiérarchie ecclésiastique. Les liturgiens purifient, les prêtres éclairent, les hiérarques consacrent, et à ces ordres sacrés correspondent des ordres laïques qui restent encore à purifier, qui ne sont pas encore dignes de communion. Tout a donc part au divin dans son ordre, mais à Dieu seul appartient la connaissance de lui-même (2).

« Nous constatons dans cette doctrine du faux Denys le développement rigoureux d'un principe qui s'est déjà présenté à notre examen, nous voulons dire, le principe que tout est distribué par Dieu, selon des idées éternelles, ou des degrés déterminés d'être. On découvre là les conséquences auxquelles Denys doit aboutir. Les promesses du christianisme, l'intuition de Dieu, l'accomplissement de notre être, ne sont pas inconciliables avec le principe précédent ; on le voit clairement, en ce qu'il n'hésite point à soutenir l'union ou l'accord partiel de toutes les créatures dans la pensée créatrice de Dieu. Nous pouvons reconnaître aussi par là combien la négligence des recherches sur la nature et sur le rapport de la raison avec la nature est punie. En observant la nature, les différences en degrés pouvaient paraître absolument nécessaires, et la raison ne pouvait les concéder que comme invincibles.

---

(1) *De div. Nom.*, II, 9.
(2) *Ibid.*, IV, 2 ; XIII, 1.
(3) *De cœl. Hier.*, VI, 1.
(4) *Ibid.*, I, 3.
(5) *De div. Nom.*, VIII, 7 ; IX.
(6) *De Eccl. hier.*, I, 2.
(7) *De div. Nom.*, IV, 7.

(1) *Ep.* VIII, 3.
(2) *De div. Nom.*, II, 4.

Mais au moment où la possibilité de vaincre les différences en degrés est affirmée le plus clairement, où il est soutenu que l'union immédiate de la créature avec le créateur, telle qu'elle a lieu dans le mysticisme du faux Denys est irréalisable, alors on ne peut disconvenir que les points essentiels du christianisme ne soient perdus de vue. Entre la doctrine de l'émanation des gnostiques et celle de Denys l'Aréopagite, il n'y a aucune différence essentielle. Les uns ont leurs degrés des éones, l'autre a ses degrés descendants des anges; les uns établissent leur différence essentielle entre les hommes spirituels, psychiques ou matériels; l'autre établit ses différences dans la hiérarchie ecclésiastique. Celui-ci, comme ceux-là, tient la prétention à s'unir immédiatement à Dieu comme un acte d'orgueil et d'impiété. Denys exhorte à s'en remettre à l'intercession des saints, de même que les Marcosiens invoquaient l'Achamoth, de même que les païens invoquaient leurs dieux inférieurs (1).

« Si nous recherchons les points fondamentaux qui relient cette doctrine au mouvement historique, nous ne pouvons douter qu'ils ne se trouvent dans la philosophie néoplatonicienne. La doctrine de l'émanation de Denys et celle des néoplatoniciens ont les mêmes symboles et les mêmes degrés, ce qui est une preuve suffisante de notre assertion. Denys ne développe ni ne prouve sa doctrine, et la présente comme admise universellement. Il écrit dans des temps où les doctrines de l'émanation étaient répandues parmi les chrétiens. Ce n'est point même au premier développement de la doctrine des néoplatoniciens qu'il emprunte son point de vue sur les choses. Il est fort éloigné de s'en remettre à l'intuition de Dieu, d'où étaient partis Plotin et Porphyre; c'est plutôt vers l'union mystique de Proclus qu'il se tourne. Il se contente même de l'émanation simple que Plotin avait subdivisée seulement en deux degrés; il démembre la trinité divine et la trinité temporaire, à la manière de Proclus, en plusieurs autres trinités. Il adopte aussi pleinement l'opinion que ce n'est ni par la pensée, ni par la connaissance, mais par notre être que nous sommes unis à Dieu. Ceci posé, on ne peut hésiter à considérer Denys comme un dernier développement de l'école néoplatonicienne. Il tient à Proclus à peu près de la même manière qu'Eunome tient à Plotin. Il n'a emprunté à la doctrine chrétienne que les formules et les procédés extérieurs; le germe de sa pensée est tout païen, car il n'établit notre union avec le Dieu suprême qu'au moyen des créatures inférieures. Ces créatures inférieures, il ne les nomme pas des dieux comme Proclus, mais c'est là un point qui n'est nullement essentiel.

« C'est un symptôme évident d'impuissance à comprendre les doctrines étrangères qu'un pareil mysticisme, fondé sur de semblables principes, ait pendant si longtemps réuni les suffrages, et ait été considéré comme un modèle par les doctrines les plus orthodoxes de l'Eglise. Toutefois, cette faiblesse, ce défaut d'intelligence ne peut pas nous surprendre pour ces temps qui avaient l'habitude d'en user très-arbitrairement avec les langages étrangers dans l'interprétation de l'Ecriture sainte. Mais c'était sans contredit un besoin fort répandu que celui d'une connaissance profonde du divin. Il fallait affermir la doctrine ecclésiastique par des formules; c'est ce qui donne dans les écrits du faux Denys une impulsion et une position historique à l'intuition mystique. Par là on s'explique que ses écrits, malgré leurs éléments païens et leur date problématique, aient trouvé des partisans, des scholiastes et des commentateurs. »

A ces explications, où le protestantisme germain se trahit presque à chaque phrase sous la plume du philosophe, nous opposons, comme nous l'avons dit en commençant, la magnifique étude de M. l'abbé Darboy sur saint Denys et sur ses œuvres; étude grave, consciencieuse et complète, dans laquelle l'auteur réhabilite savamment la mémoire de son héros, et lui restitue, malgré les dénégations de l'hérésie, les véritables titres qui font sa gloire aux yeux de l'Eglise et de la postérité. Nous nous contenterons ici d'abréger un beau travail, laissant en toute sécurité d'âme nos lecteurs libres de choisir encore, entre le saint Denys des philosophes, et le saint Denys tel que l'a retrouvé et fait revivre le savant professeur de théologie au séminaire de Langres, aujourd'hui aumônier du lycée Henri IV. Leur choix nous paraît si simple que nous ne redoutons pour eux ni embarras ni hésitation.

« Il faut que les livres, comme les hommes, dit l'auteur catholique que nous venons de citer, justifient de leur origine. Lorsqu'ils ne sauraient nommer leur père, l'opinion publique les accueille avec une sorte d'humeur hostile, et l'obscurité et le mystère, si puissants ordinairement à exciter la curiosité, ne font ici que décourager la confiance. Une réprobation anticipée fait à ces enfants perdus des destinées ingrates, et la flétrissure qui ne les avait atteints cependant que par voie de solidarité, disparaît à peine parmi le prestige et dans l'éclat de leur réelle et propre gloire..... Ces remarques sont parfaitement applicables aux livres dont on offre ici la traduction. On les connaît peu; on les étudie encore moins. Qui a entendu parler de saint Denys l'Aréopagite, comme d'un philosophe distingué et d'un théologien sublime ? Je ne sais même pas si l'on vous pardonnerait d'invoquer son autorité comme antique et vénérable, quoiqu'il soit certainement impossible d'assigner à cet écrivain une date moins reculée que le IV° siècle. Eh bien ! quel est le principe de cette défaveur ?

---

(1) *De Eccl. hier.*, VII, 3, 6.

Est-ce la faiblesse ou le peu d'importance des écrits eux-mêmes? Mais la philosophie n'a rien produit d'aussi élevé ni d'aussi pur, et l'antiquité ecclésiastique n'a guère d'ouvrages plus remarquables. N'est-ce pas plutôt le doute qu'on élève sur leur authenticité? Je le pense assurément. Faut-il donc admettre que ces œuvres soient apocryphes? Il est beaucoup plus facile de faire voir qu'elles ne le sont pas. Alors, pourquoi les flétrir au lieu de les honorer, puisque leur supposition est encore moins certaine que leur authenticité n'est probable?..... » Deux questions se présentent donc ici à l'étude des savants : 1° Les ouvrages attribués à saint Denys l'Aréopagite sont-ils véritablement de lui? 2° Quelle utilité et quelle portée faut-il leur reconnaître?

« D'abord l'opinion que ces livres sont apocryphes, opinion mise à la mode par des hommes d'un catholicisme douteux et amicalement saluée par le protestantisme en foule, est-elle la mieux fondée en raison? Nous sommes loin de le penser. Il ne suffit pas de quelques sophismes acerbes, ni d'un peu de bel esprit, pour se dispenser d'un examen approfondi, ou pour rendre une décision sans appel... C'est pourquoi nous demandons la révision d'un procès jugé sous l'empire de préventions fausses, et peut-être même avec une partialité préméditée. Authentiques ou non, ces livres qui remontent au moins jusqu'au IV° siècle, ont un mérite incontestable, soit comme monuments et à raison de leur antiquité, soit comme corps de doctrine, et à cause de la sublimité des enseignements qu'ils renferment, soit enfin à cause de l'influence puissante qu'ils exercent sur les études théologiques d'Orient et d'Occident surtout. Ils furent cités avec admiration et commentés avec amour par les plus grands génies. Les plus graves questions y sont abordées sans détours, et y reçoivent une solution claire et précise. La théologie en est élevée et pleine d'une pieuse ferveur; la philosophie hardie et pure, les pensées profondes et pompeusement rendues. Qu'on veuille bien les étudier, et on les absoudra sans peine des injures que leur ont décernées certains protestants, et si j'ose faire ce rapprochement, de l'injuste oubli où ils furent laissés par quelques catholiques. Nous désirons aussi montrer la légitimité de cet éloge, en nous livrant à une appréciation sommaire des doctrines qu'a professées saint Denys, et en constatant leur influence sur le génie chrétien. »

Cette étude a donc deux parties : la première où l'auteur expose ce qu'il faut penser de l'authenticité des ouvrages qui portent le nom de saint Denys l'Aréopagite; la seconde où il résume les principaux points du dogme et de la philosophie traités par ce patriarche des écrivains ecclésiastiques, en rapprochant l'une de l'autre les assertions qui expriment toute sa pensée, et en les comparant avec les assertions analogues ou opposées des théologiens et des philosophes.

Première partie. On doit estimer que saint Denys l'Aréopagite est l'auteur des livres connus sous son nom. Deux sortes de preuves fournissent à l'auteur les moyens de justifier son opinion, et l'exposé de ces preuves intrinsèques et extrinsèques forme la matière de deux paragraphes.

« § 1er.—Comment un livre peut-il attester lui-même qu'il est l'œuvre de tel auteur? C'est sans doute par les choses qu'il renferme, par le caractère des doctrines qu'il contient, par la couleur générale du style, par la nature des faits consignés. Ensuite, quand est-ce que l'attestation d'un livre doit être réputée valable? Sans doute encore, quand il ne présente aucune contradiction soit avec lui-même, soit avec d'autres monuments du temps.

« 1° Il existe une parfaite analogie entre les doctrines exposées en ces livres, et les doctrines que dut professer saint Denys. D'abord, membre de l'Aréopage, comme le suppose son nom, et comme l'atteste positivement saint Luc, (1) Denys ne dut pas rester étranger à la philosophie. Ce tribunal dont il était président, au rapport de Michel Syngel (2), ne se composait que d'hommes versés dans la science des lois et de la religion, et capables d'apprécier les différents délits contre les citoyens, la patrie et les dieux (3). C'est là que Socrate plaida la cause de la philosophie (4); c'est là que fut amené à son tour saint Paul, prédicateur d'une philosophie nouvelle..... (5). Converti à la foi par saint Paul, le philosophe devint théologien éminent. Il reçut la vérité chrétienne avec cette plénitude surabondante dont sa science philosophique et surtout sa fidélité à l'appel divin le rendaient capable. Effectivement cette intelligence qui avait demandé vainement la réalité et la vie à de faux systèmes, ne dut-elle pas saisir fortement les enseignements substantiels et pratiques de l'apôtre? Ce cœur qui jusqu'alors n'avait guère pu aimer que les ténèbres, n'embrassa-t-il pas la lumière avec un indicible transport?... Qui doute des succès d'un homme étudiant sous l'empire d'une conviction miraculeusement formée, avec toute la fécondité d'un esprit cultivé et mûr et avec toute la chaleur d'un amour qui commence? De plus, comme l'insinuent ses biographes (6), saint Denys rencontra ce que le Seigneur promet aux chrétiens de tous les temps (7), ce qui échut si largement aux chrétiens des premiers siècles, les souffrances et la persécution... Il est donc permis de penser à ceux qui ont la foi que Dieu changea les tribulations de notre saint en des trésors de science sacrée. Enfin, saint Denys fut initié à la doctrine chrétienne par le sublime apôtre dont il était devenu la conquête :

---

(1) *Act. Apost.* cap. xvii, 34.
(2) Michel Syng. *Encom.*, etc.
(3) Valer. Maxim., lib. ii, cap. 6.
(4) Plata *in Apologia Socratis.*
(5) *Act. Apost.*, cap. xvii, 19.
(6) *Apud* P. Halloix, cap. 3.
(7) *Joann.* xv, 20.

c'est ce qu'il affirme lui-même (1) ; c'est ce qu'attestent unanimement les ménologes, les biographes et les historiens ecclésiastiques. Si donc l'on se rappelle que saint Paul, au rapport de l'antiquité, prenait sur ses auditeurs un magique ascendant, si l'on se rappelle la haute théologie dont il a confié le secret à ses Epîtres, on avouera que le disciple d'un tel maître dut faire des progrès rapides, et, pour employer un mot de saint Chrysostome (2), que le nourrisson de cet aigle dut prendre vers les choses divines un magnifique essor. Aussi est-il dit qu'il se distingua par sa science autant que par sa vertu, et qu'il fut choisi pour évêque de sa ville natale (3). Philosophe distingué, pieux et savant évêque appelé à justifier les dogmes du christianisme devant les nombreux sectateurs de Platon, d'Aristote et de Zénon, saint Denys aborda, sans doute, les plus hautes questions qui tourmentaient la philosophie et leur donna une solution scientifique. La direction jusque-là imprimée à son génie et l'empire des circonstances le jetaient nécessairement dans cette voie. Si donc il a laissé quelques écrits, on devra y trouver le double caractère que revêtirent ses enseignements, les conceptions du philosophe et la foi pure du théologien. Or, il suffit de lire quelques-unes des pages qui lui sont attribuées, pour se convaincre que l'auteur de ces œuvres était également façonné aux spéculations philosophiques, et versé dans la science de la religion. Il disserte avec justesse et profondeur sur les plus incompréhensibles attributs de Dieu ; la création, l'origine et la nature du mal sont admirablement expliquées. La hiérarchie des esprits célestes est présentée comme un reflet de la Trinité, et comme le type de notre Eglise terrestre. Les sacrements, canaux de la grâce, nous transmettent la charité, fleuve de feu qui jaillit du trône de l'Eternel, traverse tous les ordres des choses créées, et remonte à sa source, emportant vers leur principe tous les cœurs qu'a touchés le céleste incendie. Les mondes naturels et surnaturels sont décrits, leur différence établie, leurs rapports constatés ; et emportée sur les ailes de la foi, la raison de l'écrivain franchit d'un vol tranquille et assuré des régions que nul regard n'a jamais contemplées qu'en tremblant. Au surplus, des hommes qui portent un beau nom dans la science et la religion ont donné à saint Denys un brevet authentique de philosophie et de théologie. Nul ouvrage de l'antiquité ecclésiastique ne fut si fréquemment traduit ou commenté que les écrits de notre Aréopagite. Scot Érigène en offrit une version latine aux Français du temps de Charles le Chauve. Le moyen âge en fit ses délices, et ils conquirent l'estime des plus renommés docteurs, Hugues de Saint-Victor, Albert le Grand, Alexandre de Halès, saint Thomas. Marcille Ficin, que la Renaissance appelait l'âme de Platon, enrichit de notes savantes plusieurs des traités de saint Denys. Enfin Bossuet lui emprunte parfois ces puissantes idées par lesquelles son génie élargit et illumine les questions.

« Puisqu'il a été prouvé d'un côté que saint Denys l'Aréopagite fut versé dans la science de la philosophie et du christianisme, et que, d'autre part, ses livres rappellent à la fois le philosophe et le docteur de l'Eglise, on doit conclure qu'ils ont ce signe intrinsèque d'autorité que nous avons indiqué en premier lieu. Il est vrai, la concordance que nous venons de signaler n'établit pas une parfaite certitude ; mais la question ne comportant point une démonstration mathématique, on ne saurait l'exiger de nous ; tout ce qu'on peut attendre, c'est que notre opinion soit marquée au coin de la vraisemblance, et même de la probabilité. Or, nous croyons que le lecteur la jugera telle. Ensuite, quoiqu'un faussaire donne sans doute à ses œuvres un semblant de légitimité, il ne faut pourtant pas traiter une œuvre comme supposée, par cela seul qu'elle a infiniment l'air d'être authentique. »

2° L'auteur aborde ensuite le second chef de sa question et s'efforce de prouver que le style des écrits qu'il examine, aussi bien que le fond des choses, rappelle les études et la position d'ailleurs connue de saint Denys.

« Le style, forme sensible de l'idée, porte l'empreinte du caractère personnel et des études antérieures de l'homme qui parle et qui écrit. Il le façonne à la ressemblance, et si j'osais le dire, à la taille des pensées qu'il exprime et revêt ; il subit l'influence de l'école et du temps auquel un auteur appartient. Car à tous les peuples, à toutes les époques, à tous les esprits, n'échoit pas une égale part dans le patrimoine de la vérité, ni une égale justesse de sentiment dans l'appréciation du beau, ni un égal génie pour le reproduire. Chaque siècle, chaque homme a sa physionomie littéraire. Cette diversité prodigieuse semblerait au premier coup d'œil rendre parfaitement arbitraire le classement chronologique d'un livre d'après les seules données que fournissent le style, et, comme on le dit en peinture, le faire d'un auteur. Toutefois, si l'on observe que les phases subies par un même idiome sont en général bien tranchées, et qu'il est réellement impossible qu'une génération s'applique d'une part à renier ses idées, ses sentiments, son caractère propres, et de l'autre à dérober aux générations antérieures le secret de leur littérature, et à ne créer que des pastiches, on avouera que la forme artistique d'un monument littéraire est une assez sûre indication de sa date, et qu'un ouvrage porte dans le style dont il est écrit comme un extrait de naissance. Or, dans l'espèce, et en appliquant ces remarques aux livres dont nous recherchons l'origine, quel sera le résultat probable de nos investigations ? Arriverons-nous à conclure qu'ils sont authentiques ? Je le pense, parce que la forme littéraire qu'ils affectent est préci-

---

(1) *De div. Nom.*, cap. II, III, IV, VII.
(2) *De Sacerd.*, lib. IV.
(3) Euseb., *Hist. Eccl.*, lib. IV, cap. 5.

sément celle que pouvait prendre l'ouvrage composé par un philosophe converti du premier siècle. Qu'on parcoure, par exemple, le *Traité des noms divins*, où les questions discutées déjà par les anciens trouvaient naturellement leur place, et appelaient une solution philosophique, n'est-il pas vrai que les théories platoniciennes y apparaissent ramenées à l'orthodoxie et sous le vêtement de la religion nouvelle, tellement que, comme on avait dit de Platon que c'était Moïse parlant grec, on pourrait dire de saint Denys que c'est Platon parlant chrétien. Même on doit tenir compte de cette observation, si l'on veut comprendre parfaitement la doctrine de notre auteur : c'est ce qu'insinuent Nicolas de Cusa, saint Thomas et Marcille Ficin. Et il y a plus : cet air de famille est si prononcé qu'on a voulu en faire contre saint Denys le texte d'un reproche, soit pour l'accuser de paganisme, soit pour contester l'authenticité que nous défendons. Or, il ne serait pas étonnant que saint Denys eût été platonicien. Celui que les païens eux-mêmes nommaient, pour l'élévation et la pureté de sa doctrine, le dieu des philosophes, a bien pu entraîner et ravir les âmes qu'une sagesse et une droiture naturelles préparaient au christianisme. Les anciens Pères ont signalé la glorieuse analogie qui rapproche en quelques points la doctrine de Platon de celle de l'Evangile (1), et la plupart de nos docteurs sont passés de l'école du premier à la sainte discipline du second (2). On peut facilement croire que l'aréopagite Denys a parcouru les mêmes phases. Au moins c'est une manière très-naturelle d'expliquer la tournure platonicienne de ses conceptions, et rien absolument ne rend cette interprétation improbable ou illégitime. Il y a donc ici plutôt un préjugé en notre faveur qu'une arme contre nous. Qu'on lise ensuite, si l'on veut, les passages où saint Denys traite des Ecritures, des apôtres, de nos mystères, de Dieu et de ses attributs : la pompe, l'énergie, la répétition des mots, décèlent évidemment une âme qui essaie de donner libre cours à des pensées qui la remplissent, à des sentiments qui débordent en elle, comme tous les hommes qu'envahit un saint enthousiasme, une noble inspiration. Or, n'est-ce pas là ce qu'on pouvait, ce qu'on devait retrouver dans ce néophyte ? Ramené de la philosophie au christianisme, sa conscience tressaillit sans doute sous le flot de ces sentiments dont l'âme est toujours inondée à la suite des grands et solennels changements qui bouleversent l'existence jusque dans ses profondeurs intimes, et creusent un autre lit à la pensée et aux affections. Vivement remué, il a voulu exprimer des joies si neuves par des paroles vives et hyperboliques ; sa phrase a pris des allures de dithyrambe, et ses fortes convictions éclatent en superlatifs multipliés. Celui qui nierait la valeur de cette observation, c'est qu'il n'aurait jamais eu le cœur saisi par une de ces émotions puissantes qui ont besoin de parler une autre langue que celle de la vie matérielle et positive. Ainsi s'explique naturellement un des caractères les plus frappants du style de saint Denys, l'enthousiasme et le ton pindarique.

« On remarquera également des locutions jusque-là inusitées, par lesquelles le docteur chrétien s'efforce de rendre la sublimité des enseignements évangéliques. La langue grecque se prêtait, il est vrai, à de semblables compositions de mots, mais celles qu'a adopte généralement saint Denys n'avaient pas été consacrées par l'usage... Et il est infiniment regrettable que les idiomes modernes, tous formés sous l'influence du christianisme, n'aient pas donné des lettres de naturalité à certaines manières de dire exceptionnelles dont la théologie aurait besoin, et qu'ainsi nous soyons obligés d'user de la liberté qu'a prise l'écrivain grec et de faire, à son imitation, les barbarismes suivants : Supra divin, supra céleste, transluminaux, sur-essentiel, et d'autres encore... Comme chacun peut en juger, notre opinion rend compte assez heureusement de ces étrangetés de style que présentent parfois les œuvres de saint Denys. La lecture même rapide des livres qu'il a laissés convaincra que la façon d'écrire de l'auteur mérite d'être applaudie, quoiqu'on puisse bien ne pas la nommer absolument irréprochable. Parmi quelques taches qui sont comme le cachet de l'époque brillent des beautés nombreuses que n'aurait pas désavouées le siècle de Périclès... Mais ne serait-ce point une preuve de supposition que l'obscurité et la magnificence, deux caractères si marqués du style de saint Denys, et que ne présentent nullement les autres écrits de nos premiers docteurs, et en particulier des apôtres ? En effet, rien de plus simple et de transparent comme la pensée et la diction d'Hermias, de saint Ignace, de saint Polycarpe. Or, ne doit-on pas rapporter à des époques diverses des œuvres de si diverse apparence ? — D'abord, en ce qui concerne l'obscurité alléguée, la remarque qu'on nous oppose est fondée sur l'ignorance totale de l'antiquité, soit profane, soit ecclésiastique. Tout le monde sait avec quelle réserve la philosophie païenne distribuait ses oracles... chacun a rencontré au moins une fois dans ses lectures les logogriphes que Platon adressait à son royal adepte. Aristote dit qu'on doit revêtir d'ornements et rendre ainsi plus accessibles au vulgaire les choses qu'il lui importe de savoir, mais qu'il faut dissimuler sous des locutions mystérieuses les choses qu'il ne lui est pas permis de connaître. Tels furent du reste l'aveu et l'usage des poètes et des philosophes.

« L'Eglise a pratiqué dans les premiers siècles cette même discipline du secret. C'était conforme aux exemples et aux enseignements du Seigneur ; car il s'exprimait en figures et en paraboles, et il recom-

---

(1) ARNOB., lib. I et II adv. *Gent.*
(2) SAINT JUSTIN, CLÉMENT D'ALEX., etc.

mandait formellement à ses disciples une sage discrétion. Aussi les premiers apologistes du christianisme, Tertullien (1), Origène (2), Athénagore (3), saint Justin (4), Clément d'Alexandrie (5), n'ont pas cru devoir faire à la religion le sacrifice du silence prescrit, ni décourager la calomnie par la divulgation positive des saints mystères. Il y a plus : les pasteurs des peuples, dans leurs instructions aux catéchumènes, respectaient les limites posées par la tradition; et cette sorte d'interdit jeté sur les vérités les plus augustes de l'Evangile ne se levait qu'en faveur des initiés, comme nous l'apprennent saint Ambroise (6), saint Cyrille de Jérusalem (7), saint Basile (8), saint Grégoire de Nazianze (9), saint Jean Chrysostome (10), et saint Augustin (11).

« En cela la philosophie et surtout l'Eglise avaient de graves raisons, qui subsistent en tout état de choses et qu'on pourrait se rappeler utilement plus d'une fois dans la vie. Il y a tels esprits qui blasphèment ce qu'ils ne comprennent pas; il y a tels cœurs qui ne battent jamais que pour ce qui est ignoble ; il y a telles gens que vous faites rire quand vous leur parlez le langage d'une conviction ardente. C'est ce qu'observent et développent les auteurs cités plus haut. C'est ce que comprit saint Denys, élève à la fois de la philosophie et du christianisme... Il s'enveloppa d'une obscurité préméditée, laissant au voile assez de transparence pour l'édification des intelligences fidèles, et assez de profondeur pour que les profanes ne pussent devenir indiscrets. C'est pourquoi ses livres rappellent en certains endroits ces passages énigmatiques des anciens philosophes, qui n'invitaient pas indistinctement tous les hommes au banquet de leur doctrine, et ces religieux discours de nos docteurs où la vérité, comme si elle craignait le regard irrespectueux d'un esprit mal préparé, se réfugie avec ses splendeurs dans une sorte de ténébreux sanctuaire. Loin donc qu'il y ait une preuve de supposition dans cette obscurité mystérieuse, on y doit voir au contraire une manifeste preuve de haute antiquité, la discipline du secret ayant existé dans l'Eglise dès le principe, et même les raisons de la pratiquer étant beaucoup plus fortes pour les premiers siècles que pour les temps postérieurs. On ne peut non plus rien inférer contre nous de la magnificence du style qu'emploie saint Denys. Quand même son éloquence serait ornée avec ce luxe asiatique que lui reprochent les protestants Illyricus et Scultet, que s'en suivrait-il ? qu'un auteur des temps apostoliques a manqué de goût, conclusion qui dans l'espèce est parfaitement insignifiante et laisse intacte la question de l'authenticité... Au reste, il y a bien quelque étrange logique à dire qu'un livre ne remonte pas au temps des apôtres parce que le style en est obscur et plein de magnificence. Les protestants trouvent-ils donc si faciles à lire les *Epîtres de saint Paul aux Romains et aux Hébreux*, si dénué de grandeur l'Evangile de saint Jean, si simple et si claire l'*Apocalypse*? Cependant saint Pierre prononce que l'on ne comprend pas sans peine les écrits de son frère l'Apôtre des nations ; les cent vingt-cinq discours que saint Augustin nous a laissés ne semblent pas tout à fait inutiles à ceux qui veulent pénétrer les oracles de saint Jean, et des hommes de foi et d'intelligence ont laborieusement commenté l'*Apocalypse* sans se flatter d'en avoir bien atteint le sens exact. Mais aussi pourquoi ces catholiques n'avaient-ils pas confiance en leur esprit propre ? L'auteur des ouvrages publiés sous le nom de saint Denys rappelle la part qu'il a prise à des événements contemporains ; il cite les hommes de son époque et les relations qui l'attachaient à eux, tellement que ces indications sont en conformité parfaite avec ce que nous savons d'ailleurs de saint Denys l'Aréopagite. Ainsi il se nomme disciple de saint Paul, ce qui est facilement admissible d'après ce qu'on lit dans les *Actes des apôtres* (1). Il observa, dit-il, l'éclipse de soleil (2) qui eut lieu à la mort du Sauveur, phénomène miraculeux dont nous trouvons la preuve dans les Evangiles (3), dans Phlégon cité par Eusèbe et dans Eusèbe lui-même, etc., etc. Il mentionne l'hospitalité qu'il trouva chez Carpus (4), le même qui est cité par l'apôtre (5). Il rappelle que Timothée reçut avec lui les leçons de saint Paul (6), et que c'est à la prière de cet ami qu'il composa les deux livres de la hiérarchie ecclésiastique et des noms divins (7) ; or le premier fait a quelque rapport avec ce que les écrits inspirés nous apprennent de Timothée, et, en soi, le second est parfaitement croyable. Il écrit au disciple bien-aimé exilé dans Pathmos (8), à Tite, élève de saint Paul (9), à Polycarpe, évêque de Smyrne (10), à Caïus, dont il est question dans plusieurs endroits des saintes lettres (11), tous personnages évidemment contemporains. Les témoignages divers qu'il invoque en ses œuvres sont de même empruntés aux hommes de son temps ; ainsi

---

(1) *Apologet.*, n° 7.
(2) *Contra Celsum.*
(3) *Legatio pro Christianis.*
(4) Ire et IIe *Apologies.*
(5) *Stromat.*, liber I^{us}.
(6) *De Mysteriis*, et alibi.
(7) *Catéches.* VI.
(8) *De Spiritu Sancto.*
(9) *Oratio* 35ᵃ et 42ᵃ.
(10) *Homil.* 18 in II *ad Corinth.*
(11) *In Joan.*, tractatus II et alibi.

(1) *Act.*, cap. XVII et XVIII.
(2) *Epist. ad Polycarp.*
(3) *Math.*, XXVII; *Marc*, XV, 23, etc.
(4) *Epist.* III, 6.
(5) *Epist.* II *ad Timoth.*
(6) *De div. Nom.* c. III, 2.
(7) *Ibid.*, cap. II.
(8) *Epist.* X.
(9) *Epist.* IX.
(10) *Epist.* VII.
(11) *Act. Apost.* XIX, 29, etc.

s'appuie-t-il de l'autorité de saint Paul, de Hiérothée, que l'on connaît peu du reste (1), de saint Barthélemi (2), de saint Ignace (3). Enfin ce qu'il dit du chant dans les églises (4) est une nouvelle preuve de sa haute antiquité, car on voit, d'après un passage de la Hiérarchie ecclésiastique, qu'en ce temps n'existait pas encore l'alternation des chœurs, qui cependant prit naissance à Antioche sous l'inspiration de saint Ignace, son contemporain, se répandit bientôt parmi les chrétientés de l'Asie occidentale, et fut universellement adoptée sous Constantin.

« Si donc il faut en croire la parole de notre écrivain, il n'y a pas le moindre doute à conserver sur l'authenticité des œuvres que nous examinons. Si, au contraire, on veut les traiter comme apocryphes, il faut alors opposer des raisons graves, irréfutables à des assertions multiples et positives. »

Après avoir réfuté les objections de ses adversaires, qui toutes se résument dans l'exposé que nous avons emprunté plus haut au travail du docteur Henri Ritter, M. l'abbé Darboy conclut ainsi : « Les assertions de saint Denys sont expresses ; elles se trouvent confirmées d'ailleurs par des faits, ou positivement avérés, ou facilement croyables. Les textes ambigus que l'on invoque contre nous peuvent recevoir une interprétation plausible, qui appuie notre opinion, ou du moins ne la ruine pas. Il résulte de là que les écrits attribués à notre Aréopagite ont un troisième caractère intrinsèque d'authenticité. En accusant de faux l'auteur de ces livres, ils deviennent totalement inexplicables, et la parole d'un homme en aucune circonstance possible ne sera une garantie de vérité. Nous l'avons dit et prouvé plus haut; si l'on ajoute foi aux paroles de notre écrivain, la date de son existence est clairement fixée, et nous sommes suffisamment éclairés sur l'origine de ses ouvrages. Il est contemporain des apôtres, disciple de saint Paul, ami de saint Jean. Il a vu les funérailles de la Vierge Marie; il a été en rapport avec de pieux et illustres personnages. Or, ces citations sont-elles inexactes, oui ou non? Eh bien! non! cet homme n'est pas, ne peut pas être un imposteur! En effet, à moins d'être fou, on ne trompe pas sans motifs. Ensuite, il n'y a jamais motifs de fourberie pour une âme honnête et loyale. On ne se fait imposteur que par méchanceté ou par faiblesse; dans le premier cas, on veut le mal par le mal; dans le second, on emploie le mal comme moyen du bien. Mais les esprits droits et les cœurs fermes vont au bien par le bien, c'est-à-dire, par la vérité. Or, il est absolument impossible d'assigner un motif quelconque à la fraude qu'on suppose en notre auteur, et il est facile de prouver que tous les motifs imaginables n'auraient jamais vaincu en lui le respect pour la justice et la vérité. Car que voulait-il en écrivant? Prétendait-il recommander de fausses doctrines, et chercher pour sa secte un glorieux et puissant patronage dans le nom de saint Denys? Mais ses livres sont purs de toute erreur. Il sonde, d'un sage et hardi regard, les dogmes les plus redoutables, et pénètre les régions habitées par les anges. Nous lui devons d'heureuses explications de quelques oracles de nos Ecritures, et des aperçus profonds sur le sens caché des sacrements. Il parle de Dieu, de sa nature, de ses attributs avec une élévation et une exactitude que peut-être aucun docteur n'atteignit; car il surpasse, au dire de plusieurs, saint Grégoire de Nazianze et saint Augustin par la splendeur de sa doctrine et la majesté de son élocution. Les plus renommés théologiens ont loué son orthodoxie irréprochable. Il ne fut donc pas prédicateur de l'hérésie; c'est un fait matériel dont tout le monde peut se convaincre et que personne ne saurait nier. Il n'a donc pas écrit pour propager l'erreur. »

Mais, soldat de la vérité, n'a-t-il pas voulu la servir par le mensonge? Nous répondrons que les faits combattent cette supposition et que la saine logique ne l'autorise pas. Entre plusieurs raisonnements de M. Darboy pour établir cette opinion, nous n'en reproduirons ici que quelques-uns.

« L'allégation du nom de saint Denys, à la tête des œuvres qui lui sont attribuées, devenait alors une duplicité parfaitement inutile; car les vrais croyants de tous les siècles ont admis que le témoignage d'un seul docteur, surtout quand il parle non point comme organe de la tradition, mais comme écrivain qui philosophe, ne suffit pas à fonder les décisions de l'Eglise, ni conséquemment notre foi. Ses assertions en matière de dogmes sont confrontées avec l'enseignement général : conformes, on les reçoit; opposées, on les rejette; ainsi le sceau de la catholicité ne leur est imprimé qu'après cette épreuve, où elles figurent, comme chose contestable encore et non comme règle souveraine. Quand donc apparurent les œuvres attribuées à saint Denys, elles subirent cet examen. Si elles eussent combattu le langage des Pères, on les eût réprouvées; parce qu'elles furent admises, on doit conclure qu'elles reproduisaient la doctrine antique. Mais, en ce cas, à quoi bon l'imposture que supposent nos adversaires?... Un écrivain plein de génie, comme celui dont il s'agit, ne se fût pas appliqué à combiner une foule d'odieux et ingrats mensonges. Et par ce que la fourberie devenait évidemment inutile, il n'est pas vraisemblable qu'il l'ait commise. De plus, comment cet esprit si remarquable, qui disserte avec tant d'élévation sur la nature du bien et du mal, a-t-il pu ignorer qu'on ne sert point Dieu par l'hypocrisie et le mensonge, et que ce qui n'est pas ne saurait protéger ce qui est, ni le mensonge servir de sauve-garde à la vé-

---

(1) *In opera sanct. Dyon.*
(2) *De mystic. Theolog.*, I.
(3) *De div. Nom.*, cap. IV.
(4) *De Eccles. hierarch.*, cap. III.

rité. L'enfance connaît cette loi et la suit instinctivement; et s'il lui arrive parfois de la violer, elle en atteste encore l'existence par l'embarras de sa physionomie et la pudeur de son front. Quand même le philosophe eût perdu de vue, le chrétien se fût rappelé sans doute ce noble principe que l'Évangile avait popularisé dans le monde. On n'a pas le droit de supposer que l'auteur du traité des Noms divins et de la Hiérarchie ecclésiastique ait ignoré une doctrine que tous nos livres expriment, dont nos églises ont toujours retenti. Et non seulement il l'a connue, mais il l'a suivie. Car l'homme sincèrement religieux apparaît dans ses ouvrages aussi bien que l'écrivain distingué. Sa parole grave et pieuse commande le respect: son regard s'est exercé aux contemplations les plus sublimes; les choses divines lui sont familières. Or, cette science intime et profonde de la vérité ne s'acquiert point par l'imagination ou par un effort de génie; Dieu la donne à qui détache son esprit et son cœur des choses terrestres. Il répugne donc d'admettre que cet homme sanctifié, et en qui la lumière divine déborde avec tant de richesse et d'éclat, ait voulu ternir la pureté de sa conscience par l'hypocrisie. Quelle gloire y a-t-il donc devant Dieu et devant le monde, quel avantage pour cette vie et pour l'autre dans une lâche imposture? Quelle fascination peut exercer sur un cœur droit le hideux plaisir de tromper? J'en demande pardon à ces illustres saints, mais conçoit-on que les Basile, les Chrysostome, les Augustin, à côté des solennels enseignements de la foi, à la suite d'un énergique cri d'amour, nous racontent du même style et avec le même accent des faussetés insignes? Cette induction légitime et concluante à leur égard, ne l'est pas moins à l'égard de notre auteur. La piété, mère de la véracité, respire dans ses écrits; il n'est donc ni juste ni possible de penser qu'il ait sacrifié au mensonge. »

« Qu'on y fasse attention, dit l'auteur en terminant cette première partie de son travail, il faut embrasser ces suppositions gratuites, étranges, il serait permis de dire, absurdes. Car il ne suffit pas d'alléguer contre nous quelques faibles difficultés, plus ou moins fondées sur un texte dont l'authenticité se prête également aux conclusions de la saine critique et aux insinuations de la mauvaise foi; on doit encore émettre une opinion où tout se tienne, et qui ne croule pas sous le poids de sa propre invraisemblance. Or, on nous avouera que nos adversaires font de leur prétendu saint Denys un personnage monstrueux, zélé pour la vérité et pour le mensonge, pieux et hypocrite, intelligent et stupide, manière de sphinx placé au seuil de l'histoire ecclésiastique, uniquement pour préparer des tortures aux Saumaise à venir; car personne n'a pu dire encore dans quel but il se serait enveloppé d'énigmes, pourquoi il aurait fait de son nom un problème. Par là ils abolissent les lois morales qui gouvernent les esprits; ou s'ils en reconnaissent l'existence, du moins ils en rendent toute application impossible; car si cet écrivain a menti, alors un homme d'intelligence peut agir sans motif, un homme de cœur peut être fourbe; ou si cet écrivain n'a ni intelligence ni cœur, alors, les mots n'ont plus aucun sens fixe et la parole d'un homme ne saurait jamais être le reflet de sa pensée.

« On a vu que les doctrines, le style, les assertions, le caractère de l'auteur des livres attribués à saint Denys, prouvent assez bien qu'ils ne sont pas apocryphes. Tels sont donc les titres d'origine que ce monument porte en lui-même. Venons maintenant à la conviction des érudits sur cette matière; leurs témoignages donneront à notre sentiment un haut degré de probabilité, peut-être une certitude morale.

« § 2. — Un livre est-il, ou n'est-il pas de tel auteur? c'est là une question de fait. Par suite, elle peut et doit se résoudre, comme toutes les questions de fait, par le témoignage. De là vient qu'outre les caractères d'authenticité ou de supposition qu'un monument littéraire présente par lui-même, il existe un autre ordre de documents qui éclairent et dirigent les critiques. Ce sont les assertions des contemporains ou des hommes graves qui ont consciencieusement étudié la matière et pris une opinion. — Or, trois choses donnent surtout du poids aux témoignages: la valeur intellectuelle et morale de ceux qui prononcent, le nombre des dépositions, et la constance avec laquelle les siècles réclament contre quelques rares contradicteurs. En général on doit apprécier aussi la force des motifs qu'exposent parfois les défenseurs d'un sentiment. Mais dans l'espèce nous n'avons pas à nous préoccuper de cette face de la question, soit parce qu'il nous serait impossible de découvrir les raisons qui en fait déterminèrent nos patrons, soit parce qu'elles furent sans doute identiques avec celles que nous avons nous-mêmes précédemment exposées. C'est pourquoi il suffit qu'on s'en tienne aux trois points de vue indiqués, et qu'on apprécie à leur juste valeur la force d'esprit et la probité des savants que nous citerons, leur nombre, la continuité et la constance de leurs suffrages. Afin d'établir parmi cette foule de textes un ordre qui donne à la discussion de la lucidité, nous croyons devoir rappeler les témoignages des érudits, en suivant le cours des siècles, et descendant de l'époque où nous plaçons saint Denys jusqu'aux temps où nous sommes. Telles sont donc les dépositions de la science, tel est le jugement de la critique sur la question qui se débat ici.

« Aucun texte ne se rencontre dans les écrits des plus anciens Pères qui établisse positivement et péremptoirement l'authenticité des livres attribués à saint Denys l'Aréopagite. Cependant Guillaume Budé, nommé savant par les savants eux-mêmes, et proclamé par Érasme et Scaliger ses rivaux comme le plus grand helléniste de la

Renaissance, Budé pensait que saint Ignace, saint Grégoire de Nazianze, saint Jérôme avaient eu quelques réminiscences des doctrines de saint Denys. Effectivement ces docteurs parlent des hiérarchies célestes dans les mêmes termes que notre auteur. Or, comme celui-ci traite au long cette matière que ceux-là se bornent à effleurer, il est probable qu'il n'a pas été le copiste, mais que l'initiative lui appartient. Ce qui appuierait cette conclusion, c'est que saint Grégoire ajoute à sa citation ce mot révélateur : *Quemadmodum quispiam alius majorum et pulcherrime philosophatus est, et sublimissime*; et qu'une foule de passages montrent clairement qu'il lisait et imitait saint Denys. Au reste c'est le sentiment de son savant traducteur, de Billy, dont le travail fut loué par Huet.

« On trouve parmi les œuvres d'Origène une homélie où il nomme saint Denis l'Aréopagite, et lui emprunte un passage que nous lisons effectivement au livre de la *Hiérarchie céleste : In ipso enim, ut os loquitur divinum, vivimus, movemur et sumus, et, ut ait magnus Dionysius Areopagita, esse omnium est superessentia et divinitas...* Au temps d'Origène, florissait Denys, évêque d'Alexandrie. Or, il écrivait des notes pour servir à l'intelligence de son illustre homonyme. Ce fait nous est attesté, et par Anastase, patriarche d'Antioche, personnage renommé pour sa sainteté, son zèle pour la foi et sa doctrine, et par saint Maxime, philosophe et martyr, dont on n'a pas le droit de révoquer en doute la véracité.—Saint Jean Chrysostome place aussi le nom de saint Denys parmi tous les grands noms de l'antiquité chrétienne ; admirant sa doctrine et comment son essor le porte jusqu'au sein de la Divinité, il l'appelle un aigle céleste : *Ubi Evodius ille, bonus odor Ecclesiæ, et sanctorum apostolorum successor ? Ubi Ignatius Dei domicilium? Ubi Dionysius Areopagita volucris cœli ?*—Saint Cyrille d'Alexandrie, qui appartient aux premières années du v° siècle, invoque, entre autres témoignages, celui de saint Denys l'Aréopagite contre les hérétiques qui niaient le dogme catholique de l'incarnation. Ce fait est attesté par Liberat, dont il est difficile de repousser la véracité. — Enfin Juvénal de Jérusalem, écrivant à Marcien et à Pulchérie, touchant le trépas de la sainte Vierge, cite comme une tradition de l'Eglise, le récit même de notre Aréopagite sur ce sujet, sans rien émettre absolument qui ressemble à un doute.

« Il y avait là, dit-il, avec les apôtres, Timo-
« thée, premier évêque d'Ephèse, et Denys
« l'Aréopagite, comme il nous l'apprend lui-
« même en son livre des *Noms divins*, chap.
« III. » C'est l'historien Nicéphore qui nous a transmis ce témoignage.

« A partir de cette époque et en descendant le cours des temps, nous rencontrons une foule d'écrivains qui confirment notre sentiment par des témoignages précis et d'une authenticité universellement avouée. Nous les citons, non pas pour marquer qu'alors et depuis, les œuvres dont il s'agit furent connues et jouirent d'une éclatante publicité, ce que personne ne songe à combattre, mais pour montrer que des hommes de science et de vertu distinguées les attribuent à saint Denys l'Aréopagite, ce que plusieurs critiques n'ont pas assez convenablement apprécié.

« Donc, sous l'empire de Justinien, dans la première moitié du vi° siècle, vécurent deux écrivains de quelque renom, et très-versés dans la lecture des anciens Pères ; c'étaient Léonce de Byzance et saint Anastase le Sinaïte. Dans un livre qu'il composa contre Nestorius et Eutychès, Léonce de Byzance dit qu'il va confirmer d'abord les arguments produits par l'autorité des anciens, et il cite en premier lieu Denys l'Aréopagite, contemporain des apôtres. Dans un autre traité, il donne la liste de tous les Pères qui ont illustré l'Eglise, depuis Jésus-Christ jusqu'au règne de Constantin, et il compte parmi eux notre auteur. — Anastase écrivit des réflexions mystiques sur l'œuvre des six jours : là, il rappelle en ces termes un passage du livre des Noms divins : « Ce Denys, célèbre
« contemporain des apôtres, et versé dans la
« science des choses divines, enseigne, en sa
« sublime théologie, que le nom donné par
« les Grecs à la Divinité signifie qu'elle con-
« temple et voit tout. » — Le grand pape saint Grégoire, qui éclaira du feu de son génie et de sa charité les dernières années de ce même siècle, explique quelques fonctions des esprits bienheureux, avec les propres paroles de saint Denys, et en le nommant ancien et vénérable Père : *Dionysius Areopagita, antiquus videlicet et venerabilis Pater.*

« Le vii° siècle tout entier est plein de la gloire de saint Denys. Les meilleurs écrivains, de saints évêques, des papes et des conciles, l'Orient et l'Occident le proclament l'auteur des livres que nous possédons aujourd'hui sous son nom. Pas une voix discordante ne rompt l'unanimité solennelle de ce concert. L'hérésie elle-même invoque ou subit cette autorité incontestée. Rappelons d'abord le philosophe et martyr saint Maxime, contemporain de l'empereur Héraclius. Ami généreux de la vérité, il s'enfuit de la cour qu'infectait l'hérésie, embrassa la vie monastique, soutint sa foi par ses écrits, et souffrit persécution pour elle. Or, dans la célèbre conférence où il convertit le monothélite Pyrrhus, il cita sans hésitation de sa part, et sans réclamation de son interlocuteur, l'autorité de Denys l'Aréopagite. Dans son livre des initiations ecclésiastiques (*De ecclesiastica mystagogia*), il émit la même opinion. De plus, il enrichit de pieuses et savantes notes les œuvres du docteur apostolique. On accordera sans doute du respect et de la confiance au sentiment défendu par Maxime, quand on saura que les critiques ont loué sa science, comme les hagiographes sa sainteté. Le pape Martin I°', en plein synode de Latran, pour démontrer le dogme catholique et réfuter le monothélisme par l'enseignement universel des anciens Pères, invoque parmi beaucoup d'autres autorités celle de saint Denys d'Athènes : « L'illustre « Denys, dans son livre des *Noms Divins*, nous « apprend que le Seigneur fut formé du pur « sang d'une vierge, contrairement aux lois « de la nature, et qu'il foula les flots d'un « pied sec, sans que leur mobilité cédât sous « le poids de son corps. Et il dit encore, dans « sa lettre à Caïus : Le Seigneur, s'abaissant « jusqu'à notre substance, lui a communiqué « la supériorité de son être, » etc. Le concile de Latran, composé de cent quatre évêques (année 649), entendit ces citations faites par l'ordre du pape, et les approuva, et en tant qu'elles expriment le dogme catholique, et en tant qu'elles venaient de saint Denys l'Aréopagite. Le très-saint et bienheureux Martin, évêque de la sainte Eglise catholique et apostolique de la ville de Rome, dit : « Que ceux qui ont cette charge apportent « le volume de saint Denys, évêque d'Athè- « nes. » — Theophilacte, primicier des notaires du Saint-Siège apostolique, dit : « Se- « lon l'ordre de Votre Béatitude, j'ai tiré de « votre bibliothèque et j'ai entre les mains « le livre du bienheureux Denys, » etc. — Un autre pape, saint Agathon, dans sa lettre à Constantin, empereur, etc., s'appuie également sur les passages qu'on vient de rappeler, et il en désigne l'auteur par ces mots : « Denys l'Aréopagite, évêque d'Athènes. » — Cette lettre fut lue au sixième concile général, troisième de Constantinople, et le texte allégué soumis à la confrontation. « On « invoqua un autre témoignage, emprunté « aux œuvres de saint Denys, évêque d'Athè- « nes et martyr, et en collationnant le pas- « sage cité avec le traité des *Noms Divins*, « on vit qu'il y est enseigné que c'est le « Verbe éternel qui seul a pris véritablement « notre nature et ce qui la constitue, « qui seul a opéré et souffert les choses que « Dieu opéra et souffrit par cette sainte hu- « manité. » — Sous le pontificat des papes Honorius et Jean IV, vivait Sophrone, évêque de Jérusalem, le premier adversaire que le monothélisme rencontra sur son chemin. Dans une lettre à Sergius de Constantinople, fauteur de l'hérésie et hérétique lui-même, il recourt à l'autorité de saint Denys, comme les papes et les conciles précités. « Nous « croyons, dit-il, que cette puissance que « l'on nomme nouvelle et théandrique, n'est « pas une indivisible unité, mais le résultat « de deux principes différents, comme l'en- « seigne l'Aréopagite Denys, divinement « converti par saint Paul. » — Or, Sergius ne cherche pas à décliner la valeur de ce témoignage, en prétextant la supposition des livres d'où il est tiré. — Macaire, patriarche d'Antioche, s'accordait en ce point avec ses collègues de Constantinople et d'Alexandrie, Sergius et Cyrus; car, dans le concile de Constantinople nommé quini-sexte (en 692), il déclara ne pas reconnaître multiplicité, mais unité d'opération, s'appuyant du texte de saint Denys, qu'il interprétait, à la vérité, d'une manière fautive.

« Comme on le voit, tous les grands sièges de la catholicité, Rome par la bouche de ses pontifes, Alexandrie, Antioche, Jérusalem, Constantinople, par leurs patriarches; l'Eglise dans plusieurs conciles, affirment tenir pour authentiques les œuvres connues sous le nom de saint Denys l'Aréopagite. Pour donner à cette grave unanimité toute son importance, il faut se rappeler que, dans la controverse qui se débattait entre les catholiques et les monothélites, saint Denys était invoqué par les uns et par les autres, chacun essayant de l'interpréter en son sens. Or il importait, du moins à une moitié des combattants, de prétexter que les écrits allégués étaient apocryphes; car ainsi le terrain de la discussion se débarrassait d'une partie de son bagage d'érudition et de philologie; on avait des difficultés de moins à vaincre, et l'on enlevait à l'ennemi une arme de plus. Cependant personne ne songe à cet expédient; si quelqu'un y songe, personne ne croit pouvoir s'en servir. On craignait donc de succomber sous l'absurdité d'une pareille ruse de guerre. L'authenticité des œuvres de saint Denys était donc une opinion générale, si parfaitement inattaquable, qu'il semblait plus facile de tordre le sens que de prouver la supposition des textes.

« Le VIIIe siècle ne nous présente non plus aucun contradicteur, et nous y rencontrons d'illustres témoins de la vérité de notre sentiment. Saint Jean Damascène, la lumière de l'Orient à cette époque, lecteur assidu et admirateur de notre écrivain, le cite souvent, et le nomme toujours Denys l'Aréopagite. « Les saints oracles, dit-il dans son *Traité* « *de la foi orthodoxe*, nous enseignent, « comme témoigne saint Denys d'Athènes, « que Dieu est la cause et le principe de tout, « l'essence de ce qui est, la vie de ce qui « vit, etc. » — Et plus loin : « Le saint et « habile théologien, Denys l'Aréopagite, affir- « me que la théologie, c'est-à-dire l'Ecriture « sainte, nomme en tout neuf ordres d'esprits « célestes. » — On peut encore consulter le traité touchant ceux qui meurent dans la foi, et le discours sur le trépas, ou, comme disent les Grecs, sur le sommeil de la bienheureuse Vierge, où saint Denys se trouve encore cité par le même docteur. — Le pape Adrien rappelle et approuve la parole de ses prédécesseurs, les saints Grégoire, Martin et Agathon, dans sa lettre à Charlemagne touchant le culte des images : « Saint Denys l'Aréopa- « gite, évêque d'Athènes, a été loué par le « pape Grégoire, qui le nomme ancien et « vénérable père et docteur. Il fut contem- « porain des apôtres et il est cité au livre des « *Actes*. C'est pourquoi les glorieux pontifes « nos prédécesseurs ont confirmé, dans les « divers conciles, la vérité de ses enseigne- « ments touchant le culte des images. » — Et il transcrit, à ce sujet, un fragment de la lettre à saint Jean, et un autre de la Hiérarchie céleste. — Enfin le second concile de Nicée, septième général, consacre en quelque sorte par sa haute approbation le sentiment des anciens. Il nous apprend que, selon le mot de l'illustre saint Denys, notre hiérarchie est essentiellement fondée sur la parole de Dieu, sur la véritable connaissance qui nous a été donnée des choses divines.

« Au IX⁰ siècle, nous rencontrons d'abord Photius, dont tous, orthodoxes et hérétiques, reconnaissent l'insigne érudition et la critique judicieuse. Or, il atteste que, vers l'an 400, une controverse s'étant déclarée, touchant la question de savoir si les écrits répandus sous le nom de saint Denys lui appartenaient réellement, un prêtre, nommé Théodore, soutint l'affirmative, et entreprit la réfutation des arguments qu'on lui opposait... De la même époque, nous avons l'opinion de Michel Syngel, prêtre de Jérusalem, loué pour son zèle éclairé et pour son éloquence, comme on peut voir dans Théodore Studite... Nous avons le témoignage d'Hilduin, célèbre abbé de Saint-Denis, qui dans une lettre à Louis le Débonnaire félicite la France de ce qu'elle possède enfin les œuvres de notre Aréopagite, glorieux présent dû à la munificence de l'empereur Michel... Hincmar de Reims écrit touchant le même sujet à Charles le Chauve, et cite en preuve de l'authenticité de ces livres l'attestation des Grecs envoyés par Michel empereur de Constantinople, le témoignage précis de l'Église romaine, le sentiment de la France, et en particulier d'Hilduin son maître... Enfin, aux noms précédemment cités des pontifes romains, s'ajoute encore celui de Nicolas I⁰ʳ qui, dans une lettre à l'empereur Michel, s'appuie de l'autorité de l'ancien Père et vénérable docteur Denys l'Aréopagite. Il rappelle cette épître à Démophile, où il est dit qu'un prêtre transfuge de son devoir ne peut être jugé par ses subordonnés et ses inférieurs, parce qu'autrement il y aurait désordre dans les rangs de la hiérarchie et que la pacifique harmonie de l'Église serait troublée.

« Notre opinion est représentée au X⁰ siècle par Suidas et Siméon Métaphraste. Suidas, ou, si on l'aime mieux, l'auteur qui, sous son nom, rassembla d'utiles documents pour servir à l'histoire ecclésiastique, rapporte que Denys, disciple de saint Paul, fut évêque d'Athènes; il lui attribue les livres que nous savons, et en présente un sommaire analytique. Egalement il cite et approuve l'éloge que Michel Syngel nous a laissé de saint Denys, et où celui-ci est réputé l'auteur des écrits qu'on lui attribue. Siméon Métaphraste jouit d'une grande réputation de doctrine parmi les Grecs; même les Pères du concile de Florence invoquèrent son témoignage comme respectable. Or, il se déclare positivement pour l'authenticité des livres en question, en admire la doctrine, en allègue l'autorité, comme on peut voir dans sa *Vie de saint Denys*, et dans son *Discours sur le sommeil de la Vierge Mère de Dieu*. En ce dernier ouvrage il dit : « Le Christ rassembla ses disciples, afin qu'ils rendissent au corps de Marie les devoirs de la sépulture. Et afin qu'on ne prenne pas pour une fiction ce qui est dit de la réunion des apôtres au trépas de la Vierge, il vaut mieux rappeler ici sommairement ce qu'on lit « dans Denys l'Aréopagite. » Et il s'appuie du passage que nous connaissons.

« Un peu plus tard, au XI⁰ siècle, se rencontre le célèbre moine Eutymius, qui s'était acquis glorieusement la renommée d'un érudit et d'un écrivain consciencieux. Outre ses *Commentaires sur les Psaumes et les quatre Evangiles*, on a de lui un traité contre les hérésies (*Panoplia orthodoxæ fidei*), où il prouve ses assertions par une foule de textes empruntés à saint Denys, qu'il nomme contemporain des apôtres. — Les XII⁰ et XIII⁰ siècles se sont déclarés aussi pour notre sentiment par leurs grands écrivains, Hugues de Saint-Victor, Pierre Lombard, Alexandre de Halès, Albert le Grand, saint Bonaventure, saint Thomas, glorieuse constellation dont l'éclat servit de boussole à tous les docteurs de la scolastique. Hugues de Saint-Victor expliqua le livre de la Hiérarchie céleste; Pierre Lombard cite saint Denys comme une autorité irréfragable; saint Bonaventure, à l'imitation de l'évêque athénien, composa son pieux écrit de la *Hiérarchie ecclésiastique*; saint Thomas nous a laissé de précieux commentaires sur le traité des *Noms divins*. Nul d'entre eux n'émet l'ombre d'un soupçon touchant la question qui nous occupe. Au contraire, tous le nomment saint, et le révèrent comme tel, par conséquent croient à sa véracité. Et parce que lui-même se présente comme contemporain des apôtres, et disciple de saint Paul, il s'ensuit que les docteurs précités, en le proclamant un homme glorieux devant Dieu, le reconnaissent effectivement pour l'élève de Paul, l'ami de Timothée, le successeur immédiat des apôtres, le témoin de nos premiers âges, la gloire de l'Eglise naissante, l'auteur des écrits qui lui sont attribués. Pour tous ceux qui ont quelque idée de l'éclat de la science dans les XII⁰ et XIII⁰ siècles, il est manifeste que l'on tenait alors pour authentiques les œuvres qui portent le nom de saint Denys l'Aréopagite.

« Dans le même temps l'Orient payait son tribut à la gloire de saint Denys. G. Pachymerès, célèbre par ses connaissances sur la philosophie antique, et dont il nous reste un abrégé des doctrines péripatéticiennes, composait sa paraphrase des écrits de notre Aréopagite. Or, il affirme positivement que saint Denys est l'auteur des ouvrages qu'il se propose d'expliquer, et il ne semble pas croire que cette assertion puisse faire l'objet d'un doute sérieux. Même il ajoute, ce que saint Maxime avait déjà dit, qu'il était prouvé par des témoignages péremptoires que ces livres étaient depuis longtemps conservés à Rome. Cinquante ans plus tard, Nicéphore Calliste composait une *Histoire de l'Eglise*, qui a réclamé des recherches multipliées et des soins pleins d'intelligence et de discernement. Or, la véracité de notre auteur lui parait incontestable, et il lui emprunte les détails déjà cités touchant le trépas de la sainte Vierge.... Tout le monde sait la réputation littéraire du cardinal Bessarion, et comment elle lui donna le droit d'intervenir dans la querelle ardente qui s'éleva au xv° siècle, touchant le mérite comparatif d'Aristote et de Platon. Dans un livre qu'il composa pour la défense de ce dernier, il nomme saint Denys le père de la théologie chrétienne. « Il fut le premier, dit-il ailleurs, et le plus « distingué de nos théologiens, il n'eut pour « prédécesseurs que saint Paul et Hiérothée « de qui il reçut des leçons. » Marsille Ficin, habile helléniste, érudit consommé, et qui, outre ses traductions de Platon et de Plotin a laissé plusieurs écrits philosophiques, ne doute nullement de l'authenticité des livres attribués à Denys... Pic de la Mirandolle, dont la facilité précoce et la vive intelligence jouissent encore aujourd'hui d'une célébrité proverbiale, tenait en haute estime les doctrines de saint Denys. Il le cite avec admiration et le confond avec cet Aréopagite, dont il est parlé aux *Actes des Apôtres*. Enfin le concile de Florence couronne les graves témoignages de ce temps, en approuvant le récit de Siméon Métaphraste, dont nous avons parlé; car il admet aussi l'authenticité des œuvres d'où ce récit est tiré.

« Si le xvi° siècle nous a suscité des adversaires, il nous a aussi donné des patrons. On connaît déjà Guillaume Budé. Il avait profondément étudié la philosophie de saint Denys. Les marges de l'exemplaire qui lui avait appartenu étaient enrichies de notes savantes destinées à prouver que ces œuvres ne furent pas ignorées dès les premiers siècles par les auteurs ecclésiastiques. Gilbert Génébrard, savant aussi distingué que ligueur intrépide; Lefebvre d'Etaples, qui devait naturellement nous être hostile, puisque les uns l'accusaient, les autres le félicitaient d'avoir peu de respect pour la vieille scolastique, et beaucoup de passion pour la nouveauté ; Joachim Périon, renommé pour sa science philologique ; les doctes cardinaux Baronius et Bellarmin, tous crurent à l'authenticité des œuvres connues sous le nom de saint Denys l'Aréopagite. La Faculté de Paris flétrit de sa censure Luther et Erasme, qui tenaient notre auteur pour un ignorant ou un rêveur oisif, et ses livres pour apocryphes.... Les théologiens de Wittemberg et de Tubinge invoquèrent sur le point qui nous occupe, comme on avait invoqué sur les dogmes les plus graves, la foi de l'Eglise orientale. Mais comme ils n'avaient pu par ce moyen établir l'apostolicité de leur doctrine, ils ne purent justifier l'audace de leur critique. Jérémie, patriarche de Constantinople, leur fit répondre que les Grecs honoraient Denys comme un saint, le plaçaient immédiatement à la suite des apôtres, et que ses livres méritaient une foi complète. Enfin, dans les derniers temps, Martin Debris, Halloix, Corder, Lanssel, Schlestrate, et Noël Alexandre prouvèrent avec beaucoup d'érudition l'opinion que nous venons de défendre.

« Mais avant de tirer une conclusion, et de faire appel à la conscience du lecteur, il est juste de nommer aussi et de caractériser nos adversaires. Le premier, dans l'ordre des temps, est un anonyme qui fut combattu par le prêtre Théodore, d'après l'autorité de Photius. Viennent ensuite quelques critiques français du ix° siècle, qui ne saluèrent l'apparition de notre Aréopagite qu'avec une bienveillance ambiguë et d'un air dubitatif, mais dont l'opinion publique fit justice si complète que leur nom même a disparu. Les œuvres de notre écrivain jouissaient donc d'une tranquille réputation d'authenticité, quand tout à coup, la douceur de ces destinées s'altéra. Deux Grecs que le mahométisme chassait devant lui, Georges de Trébizonde dont la loyauté ne fut pas toujours à l'épreuve, et Théodore Gaza, qui emporta dans la tombe presque toute sa réputation, se prirent à publier soudain que saint Denys n'était pas l'auteur des livres connus sous son nom. Ils furent imités par Laurent Valle, au moins aussi renommé pour ses intempérances de langue et son humeur contredisante que pour son amour des lettres, et Erasme, espèce de Janus religieux, qui, se plaçant entre l'Eglise et la Réforme, inclinait de l'une part le front devant la papauté, et de l'autre souriait à la théologie Wittembergeoise.

« La Réforme vint : son rôle était marqué d'avance. Car qu'aurait-elle fait des expressions si précises et si nettes de saint Denys touchant les mystères et les rites catholiques? C'était bien plus simple de prononcer contre lui quelque solennelle injure, ou tout au moins de décider de haute lutte, que, de même que Rome était Babylone, ainsi les livres de saint Denys étaient apocryphes. L'audace de l'assertion fait passer au lecteur l'envie d'exiger des preuves, ou lui fait agréer des preuves sans valeur réelle. Ainsi Luther et Calvin, qui étaient censés connaître la question, et quelques-uns de leurs sectateurs qui l'étudièrent en effet, comme Daillé, le centuriateur Scultet, Scaliger et Rivet, écrivirent que notre auteur rêvait, qu'il était un bâtisseur d'allégories, un dangereux écrivain, et ceux qui se plaisaient à sa lecture, ou le croyaient véridique, des.... Et le moyen pour les érudits du saint Evangile de résister à cette logique et à cette causticité. Le sentiment que nous combattons fut encore suivi par Cajetan (Thomas de Vio), « esprit ardent et impé- « tueux, plus habile dans les subtilités de « la dialectique, que profond dans l'antiquité « ecclésiastique. » C'est Bossuet qui le juge ainsi, et du reste, il est connu dans les écoles théologiques par l'excentricité de ses opinions. Les critiques français des xvii° et xviii° siècles n'ont pas plus fait grâce aux écrits de saint Denys qu'à beaucoup d'autres saints et à beaucoup d'autres livres. Nous avons donc contre nous Tillemont et Fleury, qui toutefois ne semblent pas avoir étudié à fond la question ; Morin, qui la traite plus complètement, est par suite plus modéré; Oudin, religieux apostat, dont le caractère ne fut pas sans défaut, ni la critique sans erreurs, et qui dans la dissertation qu'on peut nous opposer, s'est montré partial ou peu judicieux, de l'aveu de toutes les biographies ; Ellies du Pin, homme d'un travail rapide et intelligent, mais qui trouvait dans sa facilité même la raison de fréquentes méprises et d'appréciations trop peu fondées ; Launoy enfin, redoutable à la terre et au ciel, qui défit plus de saints tout seul que dix papes n'en ont canonisé, et par ses exploits déréglés de la critique hagiographique, mérita le burlesque surnom que tout le monde connaît. La critique allemande nous a donné dans ce siècle deux ou trois adversaires. Engelhardt pense que saint Denys déroba le secret de leurs idées mystiques à Plotin et à Proclus, et que cet intelligent transfuge de la philosophie néoplatonicienne emporta du sanctuaire de son école vaincue les formules de sa science pour en revêtir le symbole chrétien. Baumgarten va plus loin, et estime qu'il ne faut voir dans notre auteur qu'un païen très-versé dans la science des mystères d'Eleusis, et qui, des autels de Cérès et de Bacchus, passant dans l'Eglise catholique, fit présent à la religion du Christ des idées nobles et pures que voilaient sans doute les fêtes immondes de la gentilité.

« Tels sont nos antagonistes ; à présent, que le lecteur juge, en se souvenant que les dépositions s'apprécient par le nombre et l'uniformité; par la valeur intellectuelle et le caractère moral de ceux qui les font. Or le nombre est pour nous ; chacun a pu s'en convaincre par l'inspection même rapide des pages qui précèdent. L'unanimité est pour nous. Douze siècles glorifient la mémoire de saint Denys l'Aréopagite, et reconnaissent l'authenticité des œuvres qui portent son nom. Il est vrai que d'obscures contradictions se font entendre de temps en temps, mais la croyance générale passe en les couvrant par la majesté de son harmonieuse voix. Depuis trois cents ans, l'uniformité est rompue. Mais d'abord elle n'est pas universelle contre nous comme elle l'a été pour nous. D'ailleurs elle n'a pas servi nos antagonistes pendant douze siècles, comme elle nous a servis. Ainsi cet argument sera bon encore d'ici à neuf cents ans. Ensuite nous verrons.

« Je ne puis m'empêcher de trouver un sujet de réflexions pénibles dans cette bonne fortune que fit si vite la négation insolente du protestantisme relativement à l'authenticité des œuvres de saint Denys. Le mensonge parle ; que dis-je, il se montre ; on n'en voit que l'ombre et il séduit ! La vérité parle aussi ; elle étincelle, elle resplendit d'une douce et pure clarté et on la dédaigne. Oui, en tous les points où le bien et le mal peuvent se toucher, Dieu laisse quelquefois prendre à celui-ci un scandaleux empire sur celui-là. C'est une des grandes épreuves qui fatiguent les hommes, et elle dure jusqu'à ce que le génie du mal aperçoive dans sa course quelque chose de splendide et de formidable devant quoi il s'arrête, comme la monture de Balaam, que les coups ne firent pas avancer, ou comme les flots fougueux qui meurent sur le sable. Mais avant qu'arrive cette heure, beaucoup de ruines se font ; il y a des intelligences que le mensonge aveugle et que les ténèbres enveloppent, et des cœurs qui descendent et s'affermissent dans la perversité et dans la haine de l'Eglise. Au point de vue de la valeur intellectuelle, l'avantage est encore pour notre opinion. Quand même il faudrait du génie pour étudier et résoudre la question, nous opposerions avec une sainte et légitime fierté les noms de nos docteurs, de nos papes et de nos glorieux conciles, aux noms de quelques moines apostats dont l'audace faisait bien la moitié du talent, et au nom des critiques français des XVIIe et XVIIIe siècles, et de ces démolisseurs de réputation que produit l'Allemagne ; mais il suffit d'un peu de sens et de quelque rectitude de jugement, pour vider ce débat qui porte sur un fait. Le fait ne pouvant être prouvé par les contemporains dont le témoignage manque, sera plus facilement et plus sûrement éclairci par ceux qui se rapprochent de la date et du théâtre de l'événement, que par ceux qui se trouvent placés à une énorme distance de l'un et de l'autre. Et les derniers, malgré leur génie supposé, auront toujours une infériorité à laquelle échapperont les premiers, malgré leur médiocrité prétendue. Or notre opinion est appuyée précisément par tous ceux qui, plus voisins du fait en question, pouvaient le constater avec plus d'exactitude, et nous n'avons pour contradicteurs, que ceux qui, venus plus tard, ne sauraient contrôler aussi heureusement les preuves qu'on leur administre, et courent risque de prononcer d'une manière fautive. Ainsi, à un double titre, par la supériorité du talent et parce qu'ils sont plus rapprochés du point en litige, nos patrons, mieux informés, ont pu donner une idée plus juste.

« Et ceci fait connaître quel degré de confiance on doit accorder aux assertions téméraires d'Engelhardt et de Baumgarten. Depuis un siècle, depuis les Prolégomènes de F. A. Wolf sur Homère, l'histoire des temps antiques est devenue pour beaucoup d'Allemands un ténébreux champ de bataille, où ces spadassins de la critique s'essayent à réduire des réalités longtemps incontestées à une valeur purement nominale. Car après leurs exploits déjà bon nombre de personnages se trouvent relégués au rang des mythes et n'apparaissent plus dans le désert du passé que comme des ombres, des manières d'ombres. Ajoutez à cela qu'ils tiennent essentiellement à faire de la philosophie de l'histoire, comme ils disent, et surtout à la faire d'un point de vue anticatholique. Leurs affirmations en critique, comme en toute autre science, rentrent dans ce cadre inflexible, véritable lit de Procuste, où les personnes et les choses viendront s'ajuster malgré qu'elles en aient. N'opposez pas à ces spéculateurs ni doctrine avérée, ni événements révolus : leur siège est fait, comme disait quelqu'un. Or, faux et désastreux dans sa généralité, ce système est sans fondement et sans vérité en ce qui concerne saint Denys. Car il nous est permis de nier comme on s'est permis d'affirmer, que notre auteur ait copié les néoplatoniciens. S'il s'agit de la forme, l'air de parenté qu'affectent les œuvres de l'Aréopagite avec celles de l'école d'Alexandrie, considéré seul, ne prouve la priorité ni des unes ni des autres, et ne peut motiver aucune affirmation sur ce point. S'il s'agit du fond, à qui fera-t-on croire que le dogme catholique de la Trinité ne soit dans saint Denys qu'une épuration de la triade néoplatonicienne, ou que l'union de l'homme sanctifié avec Dieu, telle que Jésus-Christ l'avait sollicitée par son ardente prière : *Ut sint unum sicut et nos unum sumus*, n'ait pu être admise, enseignée et décrite qu'après les élucubrations du païen Proclus? A qui surtout peut-on persuader que la pure et lumineuse doctrine de notre Aréopagite sur Dieu et sur la vie chrétienne, doit être regardée comme un travestissement de la science grecque une révélation des mystères, dont la réalité et l'apparence ne furent jamais que des infamies. Au reste, le sentiment de Baumgarten fut combattu par Engelhardt lui-même, et le sentiment de ce dernier doit céder devant les témoignages précis de la critique ancienne. Pachymérès assure positivement que les Gentils, et en particulier Proclus, connurent les livres de saint Denys et en prirent quelquefois jusqu'aux expressions. Il fait remarquer ensuite, d'après l'autorité de saint Basile, que l'envie d'appliquer au mensonge les formules de la vérité vint plus d'une fois aux philosophes, dont le père a été nommé Singe de Dieu, et qui succomba le premier à la tentation du bien d'autrui. Cette remarque encore fut faite par un anonyme, qui dans un manuscrit grec des œuvres de saint Denys annotées par saint Maxime, rappelle les paroles de Pachymérès et celles de saint Basile, et ajoute avec Eusèbe de Césarée, qu'après comme avant Jésus-Christ les sages du paganisme eurent coutume de s'emparer de nos richesses. Quant au caractère moral, ou, si l'on veut, quant aux garanties d'impartialité que présentent les critiques de l'un et l'autre parti, je trouve qu'il y aurait beaucoup à dire pour nous, et beaucoup contre ceux qui nous combattent. Certes, c'est un légitime et invincible préjugé en faveur de la véracité d'un homme, que la sainteté habituelle de sa vie. La prière produit l'innocence du cœur, et l'innocence répand la candeur sur les lèvres. On croit volontiers au témoignage d'un savant qui soutient la vérité par ses écrits, la prêche toute sa vie, et meurt enfin pour elle. Or tels furent les défenseurs de notre sentiment, des saints, des hommes de prière, des martyrs. J'ai nommé les défenseurs de l'opinion opposée; leur biographie n'est pas toujours chose édifiante; que l'on choisisse après avoir comparé. »

Après bien des citations accumulées par l'auteur pour éloigner tout soupçon de fraude et de supposition à propos des œuvres originairement attribuées à saint Denys, il conclut ainsi :

« En conséquence de ces réfutations, subsiste dans toute sa force l'argument fondé sur les témoignages graves, nombreux, positifs que nous avons recueillis et présentés. Ainsi semble établie par les preuves extrinsèques, comme par les preuves intrinsèques, notre opinion touchant l'authenticité des livres attribués à saint Denys. Pour clore cette dissertation, je me demande pourquoi une chose qui est presque évidente a été longtemps rejetée comme fausse, et pourquoi toute certaine qu'elle me paraisse, je ne l'ai soutenue qu'avec une modération circonspecte. Même mes assertions ne sembleront-elles pas hardies, un peu téméraires? Je pose ces questions, parce qu'effectivement l'état actuel de la science nous rend problématiques. Notre siècle publie qu'il refait l'histoire : notre siècle aurait beaucoup de choses à faire, s'il ne lui manquait parfois l'intelligence de ses devoirs et la volonté de les remplir. Depuis trois cents ans, des hommes se sont succédé qui ont semé le mensonge sur toute l'Europe. Le sol, remué profondément par les troubles politiques et religieux, et rendu tristement fécond par la perversité générale, a produit de telles invraisemblances, de telles calomnies, qu'il ne faut qu'un peu de droiture et de sens commun pour s'effrayer des progrès de cette végétation hideuse. Oui, l'on a défiguré les faits les plus graves et travesti les meilleures intentions, l'on a mutilé les textes des auteurs anciens, et le passé se trouve avec stupeur complice des iniquités du présent. L'on a écrit l'histoire avec de la boue; et des physionomies d'une pureté radieuse, et des mémoires sans tache se sont obscurcies sous les insultes. Même quand on a essayé de dire quelque chose qui ressemblât à une appréciation des événements, le cœur s'est montré bas et l'intelligence étroite. Vraiment la postérité sera tentée de croire qu'on avait médité de créer autour de son berceau les horreurs de je ne sais quelle sombre nuit.

« Les protestants ont débuté; c'est avec le levier du mensonge qu'ils ont ébranlé la moitié de l'Europe, et aujourd'hui même ils ne sont pas encore à bout d'impostures. Les jansénistes sont venus ensuite : secte chère à ceux qui aiment l'ostentation de la vertu, elle naquit de la fourberie, et pour vivre, elle n'eut pas assez du génie de Pascal, il lui fallut un calomnieux pamphlet. Les magistrats de Louis XIV et de Louis XV, continuant les conseillers de Philippe le Bel, et les philosophes du XVIIe siècle continuant tout ce qui a été mauvais avant eux, luttèrent contre les droits de la hiérarchie contre les dogmes de la foi par la duplicité; mentir, c'était leur devise. Enfin, certains gallicans, ce n'est pas moi qui leur choisis cette compagnie, certains gallicans rédigèrent l'histoire et firent des recherches critiques d'après un système préconçu, et avec le parti pris que leurs adversaires auraient tort, et l'on sait quelles énormes et immenses faussetés ces préoccupations accumulèrent sous la plume d'écrivains ecclésiastiques. Or le temps ne semble pas encore venu, où l'on puisse élever des monuments expiatoires à tous les hommes et à toutes les choses lésées pendant les trois cents ans qui viennent de s'écouler. Quoi qu'elle en pense, la science laïque est moins propre que jamais à cette mission, parce que dans la généralité de ceux qui la possèdent, elle a reçu une déplorable impulsion, et qu'elle suit et menace de suivre encore longtemps les errements que nous venons de signaler. D'ailleurs la satisfaction doit venir d'où est partie l'injure. Une étroite solidarité pèse sur tous les êtres d'un même ordre, qui participent à la honte comme à la gloire, aux obligations comme aux droits l'un de l'autre. Et parce que des moines apostats et des prêtres de Jésus-Christ ont les premiers contristé l'Eglise, calomnié ses papes, faussé son histoire et entravé sa législation, il faut peut-être que les prêtres et les moines viennent refaire de leurs mains, à la sueur de leur front, parmi l'humilité et la prière, ce que leurs prédécesseurs ont défait dans la rébellion de leur intelligence et au mépris des lois de la charité chrétienne et de l'unité catholique. Mais, de notre côté, il s'en faut que nous soyons en mesure de reprendre ces restaurations. On nous a ôté les moyens d'être savants, et l'on n'est pas disposé à nous rendre les moyens de le devenir. Nos asiles pacifiques et nos vieux livres nous furent arrachés; nous n'avons pu les retrouver encore. Et puis il y a trop de mal dans le présent pour qu'il nous soit permis de songer au passé; et nous ne sommes pas assez nombreux pour nous occuper d'autres choses que de nos contemporains. Toutefois, nous attendons de la justice de notre pays, surtout espérons de la grâce de Dieu, qu'il sera bientôt permis à quelques-uns d'entre nous de reprendre les habitudes exclusivement studieuses de nos aînés. Alors on verra des savants, penchés toute leur vie sur quelque tombe outragée, faire amende honorable pour les délits de la critique moderne. Ils restitueront aux hommes méconnus leur véritable physionomie et leurs titres de gloire. Ils essayeront avec succès de venger la législation, l'esprit et les actes d'époques méprisées et de siècles décriés. Car tout n'est pas encore dit sur les assertions passionnées et gravement partiales des Fleury, des Baillet, des Tillemont, des Dupin et des Launoy: on serait étonné de la longue liste des causes indignement jugées et des procès à réviser, que la justice de l'avenir appréciera mieux sans doute.

« En résumé, la critique des derniers siècles, en ce qui concerne l'histoire ecclésiastique, a été notablement faussée; c'est un fait général que personne ne saurait nier désormais. Or je pense que saint Denys fut enveloppé dans la disgrâce injuste qui atteignit plusieurs réputations jusque-là respectées. On est en voie de rectifier une foule d'assertions, pour le moins téméraires, d'après lesquelles nous avions l'habitude de juger le passé; mais tous n'ont pas encore déposé des opinions trop crédulement reçues. On peut voir, par ces explications, pourquoi les livres de saint Denys furent traités comme apocryphes; pourquoi cette idée est peut-être encore aujourd'hui celle de plusieurs; pourquoi enfin j'émets mon sentiment avec quelque timidité. J'espère cependant que l'opinion publique changera un jour sur ce point, si elle daigne l'examiner; et il me serait doux de trouver un augure de cette conversion dans l'assentiment du lecteur. »

Deuxième partie. « Quelle valeur possèdent comme monuments les livres de saint Denys, et peut-on les invoquer pour connaître et pour prouver la croyance des temps apostoliques? C'est une question que nous avons essayé de résoudre dans les pages qu'on vient de lire. Quoi qu'on en pense, et lors même qu'on s'obstinerait à les dépouiller de ce caractère de haute et vénérable antiquité que nous leur connaissons, il resterait encore à se demander si, comme corps de doctrines, ils ne tiennent pas un rang distingué parmi les œuvres théologiques et philosophiques que nous a léguées l'antiquité. C'est ce que nous voulons examiner maintenant. Or la solution de cette seconde question est prévue par le lecteur, et ne peut être douteuse pour personne. On a vu quelle foule de grands noms escortent le nom de saint Denys, et quels génies lui ont décerné une sincère et glorieuse admiration; je rappelle seulement ici le moyen âge, et dans le moyen âge saint Thomas qui commenta le livre des *Noms divins*. Il est vrai que saint Denys fut atteint par la proscription de la Renaissance; car ses doctrines, catholiques par le fond, orientales dans la forme, ne pouvaient plaire au paganisme prosaïque qui envahit alors la science et l'art; aussi le mépris de ceux-ci et l'oubli de ceux-là lui échurent. Dès lors, presque tous les historiens de la philosophie se sont abstenus de citer et d'analyser des livres que pourtant très-peu d'autres égalent et qu'aucun autre assurément ne surpasse en sublimité. Aujourd'hui donc, ne peut-on espérer pour notre auteur une réhabilitation? Son orthodoxie, sa piété et sa science le devraient rendre cher aux théologiens. La physionomie de ses écrits qui semblent avoir servi de modèles aux productions de l'école d'Alexandrie, et la gravité des questions qu'il traite devraient lui concilier l'attention de ceux qui aiment et qui étudient les doctrines antiques et élevées. Ce serait pour tous un curieux spectacle, et peut-être un enseignement utile de voir comment le dogme chrétien, au lieu d'attendre que la philosophie entreprît de l'élever doucement jusqu'à elle, descendit avec la conscience de son incontestable supériorité, sur le terrain de sa rivale, éclaira de sa lumière ce pays de ténèbres palpables, introduisit l'ordre au sein de l'anarchie intellectuelle, et remplit de sa vie puissante les formules mortes de la science humaine. On constate et on décrit les évolutions que les intelligences accomplissent dans l'erreur, et des extravagances quelquefois énormes ne manquent pas d'éloquents interprètes ; d'où vient qu'on néglige d'observer le retour d'un esprit aux saines doctrines, et son mouvement fécond dans la vérité ?

« Toute grâce excellente, et tout don parfait vient d'en haut, et descend du Père des lumières. C'est par ces mots inspirés que saint Denys ouvre le *Traité de la hiérarchie céleste*, placé en tête de ses autres écrits ; c'est par ces mots également qu'il convient de débuter dans l'appréciation de ses doctrines. Oui, tout vient comme toute bonne action a son principe en Dieu, qui fait à la ténébreuse indigence de nos esprits l'aumône de sa splendide lumière, et arme d'un courage surnaturel nos cœurs originairement lâches et pervers. Sans cet élément fécond et vital, l'homme s'agiterait en vain dans l'obscurité de son ignorance et dans l'ignominie de ses penchants, capable seulement de quelques rares accès de vertu païenne, mais totalement impuissant à mériter la gloire des cieux. Car il n'y a de salut que par le nom du Seigneur, et on ne peut prononcer ce nom que par le Saint-Esprit. La grâce est accordée à tous les hommes ; car Dieu est le père de l'humanité entière qu'il a bénie en Jésus-Christ son fils. Mais elle leur est distribuée à des degrés différents pour la commune gloire de la société spirituelle, comme il fut départi aux membres du corps des fonctions diverses, pour la plus grande utilité du corps lui-même. Toutefois, que celui qui a moins ne se plaigne pas, car il ne lui fut pas fait d'injustice ; et que celui qui a plus prenne garde d'être infidèle, car on demandera beaucoup à qui l'on aura donné beaucoup.

« Mais l'homme possède une activité propre, nécessaire résultat de sa nature intelligente ; c'est pourquoi il peut agir, et réagir en effet sur l'impulsion qui lui est communiquée, soit pour l'accepter et s'y soumettre, soit pour y résister et s'en défaire. Comme une harpe que les vents du ciel feraient frémir et vibrer, l'homme, touché par le souffle d'en haut, résonne en harmonie ou en désaccord avec la volonté divine. Mais, dans l'un ou l'autre cas, il anime ses chants par le caractère propre de sa personnalité, et accuse la spontanéité de son concours ou de sa résistance. Ainsi toutes nos œuvres portent le sceau de l'intelligence, la marque de notre liberté et l'empreinte de notre valeur individuelle ; l'intelligence qui conçoit le bien et l'activité qui l'exécute, créent la forme spéciale, la physionomie particulière sous laquelle vit et apparaît sur la terre la grâce divine qui est l'âme de nos bonnes actions. Il y a quelque chose de plus : dans la vie présente, Dieu et l'homme ne se rencontrent pas d'ordinaire et sans milieu. Le pur rayon de la grâce se voile sous les choses sensibles, et le monde entier est un sacrement général par lequel Dieu descend vers l'homme, et l'homme peut s'élever vers Dieu. Il y a dans toutes les créatures un rejaillissement de la beauté incréée, et les cieux et la terre laissent entendre comme un faible retentissement, un lointain écho de la parole divine, harmonies éloquentes et prédication mystérieuse, qui sont pour les intelligences droites et les cœurs purs une leçon de vertu et un motif d'amour. Il est donc raisonnable et pieux que l'homme puise quelques inspirations dans les circonstances qui l'environnent et dont il subit nécessairement l'influence : car elles éveillent et excitent ses facultés ; quelquefois elles en restreignent ou même en paralysent l'exercice ; de son côté, il les plie souvent à sa volonté : du moins il peut toujours en tirer un parti salutaire. Notre vie à tous est donc comme une sphère que le temps et les événements limitent, et dans laquelle l'inspiration céleste et notre autorité personnelle se trouvent providentiellement circonscrites et déterminées ; et, par cette considération encore, il faut dire que le bien ne nous est possible qu'à de certains degrés et sous une certaine forme. L'impulsion divine, la réaction de la créature, les circonstances de temps et de lieu dans lesquelles la grâce et la liberté humaines s'unissent en une sorte d'embrassement fécond qui produit la vertu ; est donc le triple élément qu'il faut connaître pour apprécier une œuvre pieuse en général, et spécialement le livre que nous voulons apprécier ici. Or, on devrait trouver sur ce point les documents les plus complets, dans la biographie de notre écrivain ; car c'est là qu'on pourrait juger avec quelle vigueur la grâce vint le saisir, avec quelle docilité il répondit à l'appel divin ; et comment des circonstances, soit générales, soit particulières, exercèrent quelque influence sur ses actions. Il y a donc convenance, et même utilité à retracer au moins brièvement la vie de saint Denys.

« La vie de saint Denys l'Aréopagite s'écoula entre la neuvième et la cent-vingtième année de l'ère chrétienne. Il naquit la cinquantième année du règne d'Auguste ; et mourut la première de l'empire d'Adrien. Ainsi, la Providence le plaça en face des deux plus grands spectacles qui pussent être donnés à un homme ; il vit la force matérielle élevée à sa plus haute expression, dans le plus vaste empire qui ait jamais existé, et la force morale, subjuguant sans aucun prestige de richesses, de gloire et de génie, les âmes que l'enivrement du pouvoir et de la volupté semblait avoir corrompues sans retour. Certes, c'était pour l'observateur un sujet de graves réflexions que cette stérilité de la force matérielle, qui trouvait dans son extension même et dans son développement d'inévitables dangers et une condition prochaine de ruine, et qui d'ailleurs ne pouvait rien pour le bonheur public et privé, rien pour la véritable gloire de la famille et de la société. Et d'une autre part, n'était-ce pas une instruction saisissante, que cette fécondité de la force morale, qui apaisait la fièvre de toutes les passions, répandait la lumière parmi l'obscurité des esprits, réchauffait les cœurs pleins d'égoïsme au feu inconnu de la charité céleste, et transformait si glorieusement les individus et les peuples, en domptant ce qu'il y a de plus noble et de plus puissant dans l'homme, la conviction. Ce qui ajoutait à l'intérêt et à l'utilité de ce double spectacle, c'est que les deux forces dont nous parlons, au lieu d'attendre la chute de l'une ou de l'autre parmi les douceurs de la paix et de l'indifférence, s'attaquèrent mutuellement avec une formidable énergie, et avec toutes les armes dont elles disposaient. C'étaient deux géants qui avaient pris l'univers pour arène, et qui, sous l'œil de Dieu, juge du combat, soutenus et condamnés par le genre humain, où chacun avait son parti, se mesurèrent du regard, se saisirent corps à corps, et se tinrent serrés dans cette étreinte ennemie qui devait durer trois siècles, jusqu'à ce que l'un fût étouffé dans les bras de l'autre. Car, d'un côté, douze bateliers de Galilée, qui avaient osé se partager le monde, s'en allèrent, une croix à la main, la pureté dans le cœur, la prière sur les lèvres, dénoncer aux dieux de César que leur temps était fait; et soudain, les dieux et leurs autels se renversèrent. D'autre part, étonné de cette proscription générale, et dont les effets se produisaient si subitement, l'empire tira l'épée, et de cette épée dont la lueur sanglante faisait seule pâlir toutes les nations, il frappa sans relâche, comme sans succès, des hommes ignorants et timides pour la plupart, de pauvres femmes, de jeunes vierges et des enfants. Mais si la bonne foi lui manquait pour voir où était la justice, le bon sens aurait dû lui apprendre l'issue probable de la lutte; car le sang des martyrs était merveilleusement fécond pour enfanter de nouveaux chrétiens.

« Il y avait dans ce tableau, non-seulement de la grandeur et une lumière qui instruit, mais encore de l'émotion et un mouvement qui électrise; car les choses ont un muet langage qui éclaire, frappe et remue. Les grandes révolutions politiques et religieuses impriment aux esprits et aux cœurs je ne sais quel ébranlement plein de force et de vie; et l'énergie latente qu'ils recélaient se dégage et se manifeste avec éclat parmi ces chocs solennels. De plus, à côté des crimes énormes que les hommes commettent, Dieu place toujours de sublimes vertus. Quelle que soit la cruauté des bourreaux, elle rencontre dans les victimes un courage supérieur; la piété des bons resplendit par-dessus l'irréligion des méchants; et pour la gloire de l'humanité, c'est une gloire du monde que la somme des vertus, non-seulement fasse équilibre avec la somme des crimes, mais encore la couvre et la dépasse. Même le scandale excite le zèle, et l'excès du mal détermine une réaction vers le bien. Aussi, dans les circonstances que nous venons d'exposer, quelle secousse profonde dut subir l'âme du néophyte Denys, lorsque l'empire avec toutes ses lois et toutes ses légions, s'avançant à la rencontre du christianisme, l'univers entier retentit du bruit de ce combat. Avec quelle ardeur le philosophe embrassa la vérité connue! Avec quel amour le disciple du crucifié défendit la vérité attaquée. Et, comme à chaque effort que fait l'homme pour s'élever à Dieu correspond une grâce par laquelle Dieu daigne descendre vers l'homme, quelle charité se répandit sur ce cœur que les événements avaient préparé et dont la libre correspondance provoquait l'effusion des dons célestes. A ces circonstances générales, il faut ajouter les circonstances particulières qui environnèrent saint Denys. Athènes, qui le vit naître, ne défendait plus alors sa liberté que par le prestige de son ancienne grandeur, et par un dernier reflet de gloire dont la littérature et les arts éclairaient sa décadence. Effectivement, enveloppée dans la ruine de Pompée, puis de Brutus et de Cassius, et enfin de Marc Antoine, qu'elle avait successivement appuyés, elle ne dut qu'à la mémoire de ses plus grands hommes de ne pas devenir dès ce moment une province romaine. Ce n'est qu'un peu plus tard, sous Vespasien, qu'on soumit définitivement au joug qui pesait sur le monde, les Grecs remuants, qui ne voulaient point obéir, et qui ne savaient pas être libres. Mais au temps de saint Denys, Athènes conservait encore son ancienne forme de gouvernement, et l'on pouvait juger d'une manière expérimentale ce que la législation payenne avait fait pour le bonheur du peuple. Sous le rapport religieux, Athènes était ensevelie dans une ténébreuse et immense superstition; car, de peur que quelques divinités ne vinssent à se plaindre de son oubli, elle avait dressé un autel au Dieu inconnu, ou, comme le rapporte saint Jérôme, d'après d'anciennes autorités, à tous les dieux inconnus et étrangers. Ce qu'il y a de certain, c'est que l'Olympe entier semblait avoir envahi la ville, tellement, dit un poëte du temps, qu'il était plus facile d'y trouver un Dieu qu'un homme. Pourtant la philosophie régnait là sans contrôle; toutes les anciennes écoles avaient leurs chaires, leurs adeptes. Mais là comme ailleurs, alors comme toujours, la sagesse purement humaine ne faisait autre chose que tourner incessamment dans un cercle d'erreurs énormes, et ses représentants plus occupés de paraître savants et spirituels, que d'être vrais et utiles, commettaient le crime inexplicable de donner le mensonge en pâture à des esprits que Dieu avait créés pour la vérité.

« Telles furent donc les conditions de temps et de lieux dans lesquelles vécut saint Denys. Quant à sa famille, elle était distinguée comme sa patrie. Son éducation fut digne de sa naissance. Jeune encore et par amour de la science, il visita l'Egypte, mère des superstitions grecques et sanctuaire renommé de la philosophie religieuse. Il était dans une ville de ce pays, à Héliopolis, comme il nous l'apprend lui-même, lorsqu'apparut cette éclipse miraculeuse par où fut annoncée au monde la mort du Seigneur. De retour en sa patrie, son mérite autant que son origine illustre lui ouvrit la carrière des charges publiques, et il fut successivement élu archonte et membre de l'Aréopage. C'est au sein de ces honneurs, légitime récompense d'une sagesse mondaine, que la grâce de Dieu vint le saisir au cœur et lui révéler une meilleure sagesse, source d'une plus désirable gloire. Déposé en cette conscience loyale, le germe heureux de la parole évangélique se développa rapidement, et devint plus tard un arbre couvert de verdure et de fleurs, à l'ombre duquel vinrent se reposer, dans la foi et dans la charité, des âmes fatiguées par le doute et par le crime. Effectivement plein du désir de réparer une vie de quarante ans dispersée dans l'erreur et l'iniquité, et aspirant à louer Dieu, son sauveur, par des œuvres parfaites, il entra dans sa vocation chrétienne avec une ardeur excitée et nourrie par le souvenir du passé et par les espérances d'un avenir immortel. Assurément, cette conversion subite et éclatante émut toute la ville. Il est donc permis de penser que la foi du néophyte fut soumise à quelques épreuves, et que ses compatriotes, ses amis et ses parents, ne lui épargnèrent pas les contradictions, les railleries et les injures; c'est là ce qui manque le moins aux chrétiens. On rapporte communément à cette époque de la vie de saint Denys la discussion qu'il eut avec Apollophane, son ancien ami, et qu'il rappelle dans sa lettre à saint Polycarpe. Comme le courage et les forces du soldat s'augmentent parmi les périls et les fatigues de la guerre, la vertu s'accroît parmi les difficultés qu'elle rencontre. Qu'on joigne à cette condition naturelle de progrès les instructions du saint personnage Hiérothée et du grand Apôtre, et surtout l'influence de la grâce, et l'on aura l'idée du rapide avancement de saint Denys dans la science théologique et dans la perfection chrétienne. Aussi fut-il élevé par saint Paul au gouvernement de l'Eglise d'Athènes, soit qu'il en ait été le premier évêque, comme le rapporte son homonyme Denys, de Corinthe, soit qu'il en ait été le second seulement, comme le témoignent les ménologes grecs. Quel zèle et quelle sainteté il lui fallut déployer dans ce difficile ministère, parmi ces philosophes qu'aveuglait l'orgueil de la science humaine, parmi ce peuple brillant et futile que fascinait l'enchantement des bagatelles! Quel courage pour fonder une société disciplinée et chaste au sein de l'indépendante et voluptueuse Athènes!

« C'est un point établi parmi les écrivains ecclésiastiques que les premiers prédicateurs de l'Evangile, à l'exemple des apôtres leurs maîtres, parcouraient les diverses provinces de l'empire pour y répandre la bonne odeur du nom de Jésus-Christ. Il faut peut-être rapporter à ces courses qu'entreprit saint Denys, son voyage en Palestine, où il assista au trépas de la vierge Marie ; à moins qu'on aime mieux dire qu'il fut miraculeusement averti de la prochaine mort de la sainte Mère de Dieu, comme la tradition rapporte que cela se fit pour les apôtres et la plupart des disciples du Seigneur, et qu'il se rendit en Orient seulement à cette occasion. Une semblable incertitude enveloppe un autre événement de la vie de saint Denys, et rend par conséquent problématique ce qui nous resterait à dire des dernières années du pieux écrivain. Il s'agit de savoir si notre Aréopagite est le même personnage que saint Denys, premier évêque de Paris et apôtre de la France. Or, je ne désire pas entrer dans une discussion approfondie de la question; il suffit, pour l'intérêt de mon sujet, d'exposer brièvement les arguments dont s'appuient les deux opinions qui existent sur ce point.

« Ceux qui croient à l'identité des deux personnages du nom de saint Denys que l'histoire place sur les siéges épiscopaux de Paris et d'Athènes, 1° font observer que, lorsque la controverse présente s'éleva sous Louis le Débonnaire, les Français et les Grecs s'accordèrent à reconnaître que Denys l'Aréopagite, d'abord évêque d'Athènes, était ensuite passé dans les Gaules, et y avait fondé et gouverné l'Eglise de Paris. 2° Remarquant que l'on trouve fort peu de renseignements sur saint Denys l'Aréopagite dans les écrivains grecs des premiers siècles, ils estiment qu'il a quitté sa patrie, et qu'on ne saurait expliquer le silence des historiens orientaux sur un si grand homme, que par ses voyages dans l'Occident. 3° Ils invoquent les témoignages de Siméon Métaphraste, de Nicéphore Calliste et de quelques autres hagiographes, pour démontrer qu'effectivement saint Denys vint à Rome, où il reçut du pape saint Clément une mission apostolique pour les Gaules. 4° Ils recommandent leur sentiment de l'autorité des historiens, chronographes ou annalistes, Vincent de Beauvais, saint Antonin, Génébrard, Mariana, Baronius. 5° Ils rappellent plusieurs biographies et certaines indications du Martyrologe romain, où l'on nomme compagnons de saint Denys l'Aréopagite, des saints qui ont vécu dans les temps apostoliques, ou du moins dans les premières années du II° siècle, et dont les travaux et la gloire eurent exclusivement les Gaules pour théâtre. Ils rappellent les ménologes grecs, le livre très-ancien du martyre de saint Denys et de sa mission dans les Gaules, plusieurs Bréviaires, Missels et Martyrologes gallicans d'une époque fort reculée.

« Ceux qui pensent que Denys d'Athènes et Denys de Paris sont deux personnages distincts se déterminent par les considérations suivantes : 1° Plusieurs Martyrologes latins d'une très-haute antiquité, et en particulier l'ancien Martyrologe romain, celui de Bède et celui d'Adon, placent la fête de saint Denys l'Aréopagite au 3 octobre et celle de saint Denys de Paris au 9 du même mois ; distinction qui semble indiquer la diversité des personnages. 2° Grégoire de

Tours rapporte que saint Denys de Paris ne fut envoyé dans les Gaules que sous l'empire de Décius, c'est-à-dire au milieu du IIIᵉ siècle. 3° Un autre historien de la même époque, Sulpice Sévère, écrit qu'il n'y eut aucun martyr dans les Gaules avant le règne d'Antonin le Pieux ; d'où il suivrait que saint Denys l'Aréopagite n'a pu, comme le prétendent cependant les défenseurs de la première opinion, être martyrisé à Paris sous le règne d'Adrien, prédécesseur d'Antonin. Quoi qu'il en soit, et en quelque lieu que saint Denys ait passé les dernières années de sa vie, on peut affirmer deux choses : la première, c'est que ses lettres à Démophile, à saint Polycarpe, à saint Jean, datent du temps où il gouvernait l'Eglise d'Athènes ; la seconde, que toutes les autorités établissent unanimement, c'est que la couronne du martyre vint orner les cheveux blancs du laborieux pontife.

« Il y a des existences dignes d'envie que les décrets divins prédestinent à tous les travaux, à toutes les gloires. Telle fut celle de saint Denys : illustre dans sa mort comme dans sa vie, il confirma de son sang la foi qu'il avait prêchée dans ses livres. Les œuvres de son génie et ses exemples nous restent comme une grâce et un encouragement ; sa prière est puissante et féconde, comme sa vertu fut pure et élevée. Les rois de France ont mis quelquefois à ses pieds la plus belle couronne de l'univers ; Dieu accorda de nombreux et éclatants miracles à son intercession, et ainsi le ciel et la terre se sont réunis pour honorer et consacrer sa mémoire.

« Après ce préambule que nous devions aux exigences de notre sujet, venons à l'exposé des doctrines de saint Denys ; et afin que l'appréciation qu'il s'agit d'en faire devienne plus facile, marquons d'abord le point d'où il part ; puis nous réduirons à quelques chefs principaux ses spéculations diverses. — Le caractère le plus général de la philosophie de saint Denys, c'est une sorte d'éclectisme, dont la foi catholique est le principe, la règle et le terme. Et c'est là la seule philosophie véritable. — L'ordre surnaturel étant supposé, trois choses en résultent : 1° Des vérités incompréhensibles se surajoutent aux vérités qui sont le nécessaire patrimoine de la raison ; même celles-ci reçoivent de celles-là une sorte de rejaillissement lumineux et plein de grâce divine, par où elles deviennent objectivement plus manifestes, et subjectivement plus certaines. D'où il suit que la raison rigoureusement suffisante pour certains points, radicalement impuissante pour quelques autres, est secourue ou suppléée avec bonheur par la révélation, qui est ainsi le principe obligé de toute affirmation sur l'origine, les moyens et la fin de l'humanité. 2° Il est impossible que la philosophie ait jamais droit contre la révélation, et puisse entreprendre justement de la régler. Car ce qui est principe, et cela seulement, porte en soi la règle de ce dont il est principe, la raison d'agir ne pouvant résulter que de la raison d'être. Mais ce qui appartient à une sphère moins élevée ne peut ni créer, ni régir ce qui appartient à une sphère plus sublime. Voilà pourquoi, d'une part, la philosophie, ou l'ordre naturel, ne doit pas estimer qu'elle est destinée à contrôler l'ordre surnaturel, la foi ; et de l'autre, la révélation, qui est le principe de nos affirmations les plus graves et les plus nécessaires, en doit être aussi la règle. La subordination hiérarchique des choses, quelles qu'elles soient, ayant pour base leur valeur respective ; ce qui est moins noble relevant toujours de ce qui est plus noble, et non pas réciproquement ; la raison, moyen naturel, est subordonnée à la foi, moyen surnaturel. Par suite, non-seulement la raison doit s'incliner sous le joug de la foi, mais encore toutes les recherches rationnelles doivent avoir pour but la justification, le triomphe de l'enseignement révélé. Dépendante dans sa fin, comme dans ses actes, la science ne peut se rapporter légitimement qu'à la révélation qui se trouve par là être le terme ultérieur, comme le principe et la règle de toute vraie philosophie.

« Aussi saint Denys annonce positivement qu'il ne puise pas ses inspirations en lui-même, mais bien dans les Ecritures dont l'explication est donnée par les dépositaires de l'enseignement catholique. L'homme ne saurait en effet ni comprendre, ni exprimer ce qu'est la supra-substantielle nature de Dieu ; il n'en sait que ce qu'en disent les divins oracles, et c'est à leur lumière seulement qu'on peut découvrir quelque chose de cette majesté inaccessible. En un mot, la vérité n'est pas la conquête de l'homme, c'est un don du ciel ; l'homme ne s'en saisit pas comme d'une dépouille ; il la reçoit d'une libéralité purement gratuite. Placé ainsi dans la sphère de la foi, le philosophe chrétien ramasse toutes les forces de son esprit, et explore ces régions immenses dont les bornes lumineuses reculent, par une sorte de magie sacrée, à mesure qu'on marche pour les atteindre. Sa raison n'a pas descendu, elle a grandi ; car la foi est une transfiguration, et non pas une dégradation de l'intelligence. Sa raison n'a pas faibli ; car la foi est une victoire, et non une pusillanimité. Sa raison n'est pas contrainte, mais protégée ; car la foi est un libre mouvement dans la vérité immuable. Cet éclectisme catholique, le seul qu'on puisse admettre, parce qu'il a pour point de départ et d'arrêt un principe absolu et infaillible, diffère essentiellement, comme on voit, de l'éclectisme alexandrin, qui, en dehors de l'Eglise, ne pouvait être et ne fut en effet qu'un syncrétisme, ou rassemblement d'affirmations multiples, groupées autour d'une idée flottante, incertaine, contestable. Il diffère au même titre de l'éclectisme actuel, dont le principe n'a qu'une valeur relative et arbitraire, et la méthode qu'une portée étroite et trompeuse ; frêle et triste production que le génie de son père aurait peut-être fait vivre dans une atmosphère païenne, mais que le soleil du christianisme a fait sécher sur pied. Car l'Eglise, en donnant sur toutes les plus graves questions des solutions claires, précises, élevées, et en créant une philosophie populaire qui est passée à l'état de bon sens public, a rendu inutiles les travaux du rationalisme et son triomphe impossible. Armé de ce principe comme d'un réactif puissant, saint Denys soumit à l'analyse les doctrines philosophiques qui avaient pris possession des intelligences; il conserva ce qui put résister, rejeta ce qui dut succomber à l'épreuve dans cette opération de chimie intellectuelle, si l'on me permet ce mot. Ainsi furent épurées, et, au moyen de cette transformation, ramenées à la hauteur de la pensée chrétienne, les conceptions qui avaient fait le plus d'honneur à l'esprit humain. Le platonisme et la philosophie orientale prêtèrent leurs formules pour exprimer ce résultat nouveau. Tel fut le premier système de la philosophie catholique; système vaste, plein de force et d'harmonie; œuvre qui porte le sceau d'une intelligence profonde et d'une foi pure. »

Après avoir exposé les chefs principaux discutés dans ce catéchisme sublime, l'auteur conclut ainsi : « Voici donc ce que répète de siècle en siècle la voix de ce solennel enseignement. Dieu est l'essence suprême ; la vie, la sagesse, la force et la bonté s'unissent en cette bienheureuse nature à un degré infini ; et ces attributs éternels, absolus, immuables la constituent et la perfectionnent. Cette essence unique indivisible, subsiste en trois personnes qui se pénètrent mutuellement, et sont unies avec distinction et distinctes dans l'unité. Unité et Trinité, mystère inexplicable que la raison ne peut amener sous son regard pour en sonder les profondeurs, mais qui rayonne dans la création, et imprime sur les êtres je ne sais quels obscurs et radieux vestiges de lui-même. C'est ce que nous savons de Dieu. Les créatures viennent de Dieu qui les a produites en la force de son bras, d'après les conseils de sa sagesse, par un décret de son amour. Elles sont en Dieu, sans se confondre avec lui ; elles sont hors de Dieu sans échapper aux embrassements de sa providence. Comparées à l'infini, elles ont si peu d'être, qu'on pourrait dire qu'elles ne sont pas, quoique pourtant on ne doive pas les nommer un pur néant. A la tête de la création entière sont les anges, substances immatérielles, vivantes, actives, douées d'intelligence; puis vient l'univers sensible avec la totalité des êtres qu'il renferme. Entre tous il faut distinguer l'homme, placé aux confins des choses matérielles et des choses inintelligibles, pour unir et rattacher en lui ces extrêmes. Composé d'une âme et d'un corps qui ont leurs droits et leurs devoirs, leur travail et leur mérite respectifs, l'homme est soumis à une législation complexe, qui de plus a un caractère particulier, à raison de l'ordre de grâce, où nous fûmes originairement constitués. Dieu soumit à une épreuve les créatures intelligentes ; des anges tombèrent, mais leur faute fut personnelle ; l'homme aussi fut vaincu, et il entraîna sa postérité dans sa ruine. Le mal existe donc ; mais ce n'est point une substance que Dieu a faite ; c'est le résultat d'une activité qui peut s'égarer parce qu'elle est imparfaite, et qui s'égare parce qu'elle le veut librement. Mais Dieu, qui n'a pas produit le mal, daigne y porter remède. Le Verbe, sans altération de sa substance divine, prend la nature blessée de l'homme, et la guérit en mourant dans sa chair. Il remonte aux cieux et laisse après lui une Eglise, qui est comme un prolongement de l'Incarnation ; il l'enrichit des trésors de la grâce, déposée dans le canal des sacrements, où va puiser tout homme qui veut participer à la vie divine. La vie ainsi réparée, on la maintient et on la développe par le travail de la vertu, qui consiste à détruire en nous les restes du mal, et à imiter Dieu, notre principe, notre modèle et notre fin. La mort ouvre devant l'homme un monde nouveau, où les actes du temps présent doivent avoir un retentissement éternel. Vicieux sur la terre, un affreux malheur nous attend au delà du tombeau. Justes ici-bas, la félicité des cieux nous est réservée ; le corps sera transfiguré ; l'âme verra Dieu et l'aimera, et, dans un frémissement d'adoration et d'amour, les élus abaisseront leurs couronnes devant le trône de l'Eternel, en disant : *Amen!* et les échos de l'éternité répondront sans fin : *Amen!*

« Ces analogies entre la scolastique et saint Denys furent constatées par quelques historiens de la philosophie ; mais comme ils ne se sont exprimés qu'en de courtes paroles, et comme en outre ils ne se proposaient pas de signaler ce fait à la gloire de saint Denys, leur aveu n'a pas eu, sous le rapport qui nous occupe, la portée qu'il mérite, et par suite notre sentiment peut sembler contestable et paradoxal. C'est facile pourtant d'en établir la vérité et même l'évidence. Il faut croire en effet que ce point d'histoire fait saillie, et brille d'une éclatante lumière sur le fond obscur des événements anciens, puisque le peintre habile, qui dans un cadre étroit groupe les accidents variés d'une période de sept siècles, donne place à l'idée que nous exposons. Scot Erigène savait le grec, et il a traduit Denys l'Aréopagite ; et comme Denys l'Aréopagite est un écrivain mystique, qui contient à peu près le mysticisme alexandrin, Scot Erigène avait puisé dans son commerce une foule d'idées alexandrines qu'il a développées dans ses deux ouvrages originaux, l'un sur la prédestination et la grâce, l'autre sur la division des êtres. Ces idées, par leur analogie avec celles de saint Augustin, entrèrent facilement dans la circulation, et grossirent le trésor de la scolastique. En un mot, le résultat acquis des recherches modernes, c'est que les œuvres de saint Denys sont la source de la philosophie d'Erigène, et que des œuvres d'Erigène sort la philosophie du moyen âge, et par suite la science moderne.

« Au reste, pour résoudre à l'avance les

objections possibles, et donner la mesure de nos assertions, il serait utile de faire quelques remarques. 1° Les tendances que saint Denys a développées, que même il a jusqu'à un certain point déterminées, auraient fini par naître et se maintenir sans lui; car elles sont fondées sur la nature de l'homme et sur le christianisme, qui est un ennoblissement, et non pas une destruction de la nature humaine. Mais de ce que les philosophes chrétiens auraient pu apparaître et se succéder, en dehors de l'action exercée par saint Denys, il n'en résulte nullement qu'il ne leur ait pas tracé la route, et qu'il n'ait pas le premier attaché à l'autel de la foi la chaîne des vérités philosophiques. 2° Les faits intellectuels, comme les faits moraux et comme ceux de l'ordre physique, cachent toujours sous leur unité apparente, l'intervention de causes multiples, la raison composée de plusieurs forces. Car tout ce qui tombe dans le temps a son principe dont il relève, son but qu'il faut atteindre par le travail ou le mouvement, enfin un milieu qu'on ne traverse jamais sans frottement et sans effort. C'est pourquoi rien de ce qu'opèrent les créatures n'est le résultat simple d'une chose unique et indécomposable. Ainsi les recherches précédentes ont pour but de constater quelle part d'influence échoit à saint Denys dans la direction qu'a prise la scolastique; mais elles ne tendent point à nier que d'autres éléments soient intervenus pour fortifier et accroître la tendance indiquée. 3° Ainsi qu'on va le voir, le mysticisme du moyen âge reconnaît positivement saint Denys pour maître : l'histoire atteste la fidélité scrupuleuse du disciple, et la parenté des doctrines de l'un et de l'autre se trahit au premier coup d'œil. Or pour quiconque sait comment, dans les profondeurs de l'âme humaine, la pensée et le sentiment, l'esprit et le cœur se trouvent pour ainsi dire enlacés dans les liens d'un fraternel embrassement et d'une indissoluble union, il sera clair que la tendance intellectuelle et la tendance morale de la science ont dû se pénétrer intimement, et exercer et subir une influence réciproque. Tout ce que nous pourrons dire touchant l'effet des doctrines de saint Denys sur le mysticisme chrétien, prouvera donc l'effet de ces mêmes doctrines sur la scolastique. Qu'était-ce donc que le mysticisme du moyen âge et comment se rattache-t-il au nom de saint Denys? Considéré dans son principe subjectif dans l'âme humaine, le mysticisme est un soupir plein de regrets et d'amour que nous poussons vers les cieux perdus, mais espérés. C'est le souvenir mélancolique que l'homme emporte de l'Eden et que Dieu daigne nous laisser dans l'exil pour ramener vers la patrie nos pensées et nos vœux. De là vient qu'en passant par cette blessure qui fut faite à notre cœur, toutes les joies terrestres se revêtent d'amertume et d'ennui, et que nous traversons la vie avec cette plénitude de douleur que nulle langue mortelle ne saurait exprimer. De là vient encore que dans les grands spectacles de la nature qui nous élèvent au-dessus des réalités grossières, il y a comme une voix douce et triste qui nous entretient de Dieu, de la vanité du temps présent et d'un meilleur avenir. De là vient surtout que parmi les fêtes et les enseignements de la religion, parmi les pratiques sacramentelles que Jésus-Christ a instituées, il s'opère dans l'âme un renversement mystérieux par où sont réputées fausses et amères les choses du temps, et véritables et suaves celles de l'éternité. Mais cette révélation, lointain écho des hymnes du paradis, n'arrive qu'à l'oreille des cœurs purs, et ceux-là ne l'entendent pas qui sont étourdis par le tumulte d'une journée impie et par les entraînements du crime, ou même par les frivolités d'une vie mondaine et distraite.

« Le principe objectif, la cause créatrice du sentiment mystique, c'est Dieu, qui le fait naître dans l'âme de l'homme d'un rayon de lumière et d'amour surnaturel, et qui de la sorte appelle et attire en son sein les créatures exposées aux sollicitations des sens et aux séductions de la terre. Partie d'une source si pure, cette grâce ne saurait tendre à égarer l'homme; peut-être même semblerait-il tout d'abord qu'on ne dût pas oser tracer à ce fleuve un cours régulier et fixe; car il n'y a rien de spontané, de noble et d'indépendant, comme l'amour divin. Mais l'homme abuse souvent de sa liberté pour altérer et corrompre les meilleures choses. Bon comme tous les sentiments que Dieu met dans notre âme, le mysticisme peut être mal compris et mal appliqué. Vivant et énergique comme tout ce qui jaillit du cœur, il peut dégénérer en exaltation délirante. Arbre fécond, il faut le cultiver avec amour, mais aussi avec intelligence, de peur que la sève divine ne se perde en productions inutiles ou funestes. On peut pousser le courage jusqu'à la fureur, la bonté jusqu'à la faiblesse, et le sentiment mystique jusqu'aux erreurs de l'*Evangile éternel*, et aux folies théosophiques de Jacob Bœhme. Ce sentiment vague et indécis par lui-même a donc besoin d'être discipliné. Aussi, afin qu'il ne reste pas aux hommes de bonne volonté l'occasion inévitable de s'égarer eux-mêmes ou de séduire les autres, des principes sont consacrés et une doctrine existe, par où la vérité se distingue de l'erreur, et le véritable dilection des mouvements d'un extravagant amour. Le mysticisme doit par conséquent être l'objet de la théologie qui règle les rapports de l'homme avec Dieu. Comme les autres sciences, la théologie mystique fut pratiquée avant d'être réduite en système scientifique; car tous étant destinés à rechercher et à aimer Dieu, il faut qu'on puisse arriver là sans ces théories habiles que la foule ne comprend jamais bien. Par cette raison, et parce que toutes choses ont sur terre leurs périodes diverses d'accroissements et de décadence alternatifs, le mysticisme se développe, fleurit et fructifie, puis semble avoir ses hivers qui amènent de nouveaux printemps. De nombreuses et variées circonstances déterminent, accélèrent ou retardent la végétation de la céleste plante ; mais elle n'en est pas moins, à quelques siècles près, le grand arbre, où l'âme religieuse, colombe attristée par l'éloignement du bien-aimé, vient chercher le repos et l'ombrage jusqu'au soir de la vie, et se consoler des souffrances de son amour dans la douceur de ses plaintes.

« Telle est en effet l'histoire du mysticisme catholique. Il a charmé les longs jours des patriarches et fortifié la foi des prophètes. Il eut sa plus haute expression pratique dans la vie mortelle, et sa plus haute expression doctrinale dans les enseignements du Seigneur. Il remplit la sainte âme des apôtres. La parole évangélique en dispersa le précieux parfum parmi toutes les nations de la terre. Les solitudes de l'Egypte et de la Palestine, le voisinage des temples chrétiens et le cœur de chaque fidèle en furent embaumés. L'Orient tout entier se peupla promptement de laures où, parmi les mortifications et la pénitence, des hommes vivaient comme des anges et jouissaient de la sainte familiarité de Dieu. Bientôt le reste de l'univers eut son tour ; et du haut du Mont-Cassin, la grande voix de saint Bernard, qui apparaissait comme transfiguré, convia les chrétiens de l'Occident au banquet de la vie mystique. D'un autre côté, les évêques réunissaient autour de leur église comme une famille de clercs choisis. Une discipline exacte conservait dans la sainteté les serviteurs de Dieu, et l'étude et la prière les façonnaient à la contemplation. Il y a plus, si on veut l'observer : tout véritable enfant du christianisme est moine par l'esprit ; il détache ses affections de toute entrave matérielle, et, créant dans son cœur une sorte d'isolement mystique, il s'exerce à une connaissance parfaite et à un sublime amour de Dieu. C'est la vie de Jésus-Christ qui se manifeste en ses disciples. Le mysticisme était donc pratiqué par les clercs réguliers, par les moines et par les pieux fidèles. L'Evangile, les écrits des apôtres, les règles tracées par les pères de la vie ascétique, les lettres et les traités moraux des docteurs de l'Eglise, tel est le code qui régit d'abord la vie mystique. Plusieurs siècles s'écoulèrent avant qu'on s'occupât de réunir en codes de lois ces préceptes complets, mais épars. Comme tout ce qui fait l'objet de l'activité intellectuelle des hommes, la théologie mystique subit dans sa forme les modifications que subissait lui-même l'esprit général des peuples chrétiens. Des recherches analytiques précédèrent, par où elle vit les divers points de son domaine reconnus et éclairés ; puis la synthèse suivit, qui résuma les travaux de l'âge antérieur, et les constitua définitivement à l'état de doctrine scientifique. Or, pour le mysticisme, comme pour sa sœur la scolastique, l'époque de cette transformation fut précisément l'apparition des œuvres de saint Denys. Il y a plus, les théories du docteur athénien devinrent la base des travaux que nous allons rappeler, et la forme même sous laquelle apparurent les idées et les sentiments des théologiens mystiques. C'est, en effet, au nom de saint Denys que se rattache la longue chaîne des maîtres de la vie spirituelle. C'est de ses livres, comme d'un ardent foyer, que jaillissent tous ces feux à la lueur desquels les chrétiens, même du temps présent, sont guidés par leurs chefs dans les sentiers de la perfection. Il a laissé fortement empreinte la trace de son essor vers les réalités célestes ; il a transmis aux hommes des âges postérieurs le secret de son intuition si profonde ; il a pour ainsi dire armé l'œil des contemplatifs d'instruments délicats et puissants. Du haut de ses enseignements, comme d'un observatoire élevé, ils ont pu mesurer l'étendue des cieux spirituels, et voir comment toutes les vérités, soleils intelligibles, gravitent autour du soleil de la vérité suprême et incréée. Dans l'enivrement des spectacles que leur avait préparés le maître, initié par saint Paul aux secrets du monde supérieur, ils ont puisé l'inspiration mystique et le sublime délire de leur amour. C'est en descendant de ces régions, hélas ! si peu explorées maintenant, et en se retrouvant dans l'exil de cette terre, que leur grande âme déchirée laissait échapper d'ardents soupirs et des gémissements inconsolables, et le nom de la patrie, en tombant de leurs lèvres alors, était si doux à entendre, que le siècle lui-même inclinait l'oreille en passant pour avoir la mélodie de ces cantiques. Ces assertions ne sont pas dictées par les exigences d'une idée préconçue ; elles sont fondées sur le témoignage de l'histoire, et sur l'aveu positif des mystiques eux-mêmes.

« Dès que Scot Erigène eut fait connaître les livres de saint Denys, le mysticisme, d'ailleurs naturel à l'homme, surtout sous le règne de la théologie, tendit à prendre un caractère arrêté et systématique. C'est au XIIe siècle que ce travail fut poussé avec plus d'activité, et qu'on s'occupa de rédiger un code complet de mysticisme. Peut-être peut-on attribuer aux aridités naturelles et aux égarements quelquefois puérils de la scolastique le retour des esprits vers des idées plus pratiques et plus vivantes. Ce qu'il y a de certain, c'est que les écrivains mystiques furent accueillis avec une faveur unanime, et que saint Denys était réputé leur commun maître. C'est ce que nous apprend l'un d'entre eux ; car, après avoir rappelé qu'il y a pour l'homme quatre modes d'illumination, il s'arrête à décrire le dernier, qui est surnaturel et qui révèle les vérités divines. Cette manifestation supérieure nous vient par l'Ecriture inspirée, qui a trouvé des interprètes habiles dont la parole fait loi. En effet, comme l'Ecriture enseigne trois choses : la foi, la morale et l'union de l'âme avec Dieu, qui est le résultat de la foi admise et de la morale pratiquée, nous avons aussi trois guides célèbres parmi les anciens, et qui sont suivis par les écrivains du temps présent : ce sont Augustin, Grégoire et Denys. Augustin est le maître des docteurs, Grégoire des prédicateurs et Denys des contemplatifs. C'est également ce qu'affirment les historiens de la philosophie, quand ils recueillent et comparent toutes les données que le moyen âge fournit sur cette matière. Il y a beaucoup d'analogie entre les doctrines mystiques de saint Bernard et celles de Hugues de Saint-Victor. Saint Bernard fut mêlé à toutes les affaires de son siècle; les papes et les rois reçurent ses conseils; il combattit publiquement l'hérésie, prêcha et agit pour la réformation des mœurs, et souleva l'Europe entière contre la barbarie et l'impiété musulmane. Hugues, au contraire, ne semblait pas fait pour ces luttes solennelles et ce zèle éclatant. On eût dit que la délicate fleur de sa piété redoutait les ardeurs d'une atmosphère mondaine, et ne pouvait supporter que l'ombre et la solitude du cloître. Du reste, il pratiquait la vertu avec édification, et l'enseignait à ses religieux avec applaudissements. On le nommait la langue de saint Augustin, et saint Thomas le regardait comme son maître. Cette diversité de vie extérieure a dû se refléter dans les écrits des illustres maîtres, et effectivement, l'abbé de Clairvaux donne aux questions qu'il traite des solutions plus pratiques que ne le fait l'abbé de Saint-Victor. Mais, à part cette différence, qu'on aurait même pu s'attendre à trouver beaucoup plus grave, ils se rencontrent en ce qu'ils présentent la vertu comme le résultat de l'action et de l'amour, tandis que plusieurs de leurs contemporains fondaient la vie mystique, ceux-ci sur la science, ceux-là sur l'amour exclusivement. Or, comme il est certain que Hugues étudia scrupuleusement saint Denys, dont il commenta les œuvres, on est fondé à croire que le même saint Denys exerça quelque influence sur le génie de saint Bernard. Au reste, cette induction sera justifiée encore lorsque nous ferons voir l'identité fondamentale des doctrines de tous ces maîtres. Contemporain de Hugues et de saint Bernard, Richard de Saint-Victor fut plus spécialement encore le disciple de notre Aréopagite. Le jeune écossais était venu à Paris chercher la science; la science le conduisit à la piété. Son esprit suivit constamment cette double direction; il porta l'analyse psychologique dans la contemplation religieuse, soumit à des règles fixes, non pas l'illumination mystique que Dieu fait descendre sur l'homme, mais le travail intellectuel par où l'homme s'élève vers la lumière et vers Dieu. Et Richard, qu'on peut regarder comme le législateur du mysticisme, est peut-être celui de tous les théologiens mystiques qui a reproduit le plus exactement la pensée même de saint Denys: c'est le jugement de saint Bonaventure, et ce sera le jugement de ceux qui voudront comparer la *Théologie mystique* de saint Denys, avec les traités écrits par Richard... Un peu plus tard (vers 1240), l'Italie envoyait étudier en France Jean Fidenza, connu depuis dans l'Eglise et dans l'école sous le nom de Bonaventure. C'était une âme pleine de candeur et d'innocence, que n'atteignit jamais la contagion du siècle. Il devint un docteur illustre. Sa parole simple et brûlante sort de son cœur, dont elle est la douce et fidèle image. Son âme, liquéfiée en amour, semble un séraphin qui parle la langue des hommes. La lumière de ses écrits est aussi puissante pour éclairer l'intelligence que pour émouvoir le sentiment. Il fut proclamé le plus grand maître de la vie spirituelle par Gerson, savant maître lui-même. Assurément, saint Bonaventure, qui avait nommé saint Denys le meilleur guide des contemplatifs, dut l'étudier et le suivre.

« C'est ce qu'on ne peut révoquer en doute, soit parce qu'une tendance générale emportait alors les esprits distingués vers les œuvres du docteur athénien, soit parce qu'effectivement les livres de saint Denys sur les hiérarchies céleste et ecclésiastique sont la base et le point de départ de saint Bonaventure, dans son traité de la Hiérarchie. De plus, ses nombreux écrits de spiritualité sont destinés à expliquer et à décrire cette triple vie purgative, illuminative et unitive, qu'avait précédemment constatée l'Aréopagite.

« Les hommes les plus remarquables du xive siècle furent presque tous des mystiques. Le sol de la chrétienté, fécondé par les doctrines de l'âge précédent, produisit comme une famille immense de pieux contemplatifs. Entre tous brillaient plusieurs frères de l'ordre de Saint-Dominique: tel fut le docteur Eckard, qui à la vérité se perdit quelquefois dans la sublimité de sa doctrine, mais qui en avait abandonné le jugement au siége apostolique; tel fut l'aimable et doux Jean Tauler, dont Cologne et Strasbourg entendirent la voix puissante avec admiration et profit spirituel, et que Bossuet nomme « l'un des plus solides et plus corrects mys- « tiques; » tel encore Henri de Berg, ou Suzo, l'amant passionné de l'éternelle Sagesse, comme disaient ses contemporains, et qui acheta, par des pénitences effroyables et d'indicibles tribulations, la lumière de la céleste doctrine et le trésor de la plus pieuse ferveur. Eckard, dont Tauler et Suzo entendirent les leçons, citait souvent saint Denys: il n'est donc pas étonnant que les disciples, aussi bien que le maître, aient suivi le docteur athénien, et qu'on retrouve dans leurs écrits les traces de cette imitation. A côté de ces brillantes clartés, étincelait à une grande hauteur dans les cieux spirituels, le docteur divin, Jean de Rusbroeck. Cet homme, par sa parole riche et puissante, frappait et entraînait ses auditeurs, qui le suivaient en foule. Comme on avait appelé Hugues de Saint-Victor un autre Augustin, on appelait Jean un autre saint Denys; et véritablement il a dépassé la foule des théologiens mystiques par la profondeur de ses méditations et par l'éclat de ses pensées, tout illettré qu'il était: car le Saint-Esprit avait versé dans l'oreille de son cœur des secrets qui ne s'apprennent pas sur les bancs des écoles.

« Les traces de saint Denys ne se perdent pas dans le xv⁰ siècle. Denys le Chartreux, qui étonna ses contemporains par une prodigieuse érudition, et édifia ses frères par sa piété, a commenté les œuvres de l'Aréopagite. C'est là qu'il a puisé ces idées générales de la vie chrétienne et ces hautes considérations qui lui ont mérité le titre de docteur extatique. Gerson et l'auteur, quel qu'il soit, des œuvres répandues sous le nom de Thomas A'Kempis, ferment cette éclatante période. Gerson il est vrai, eut l'occasion de relever quelques expressions incorrectes de Rusbroeck que nous avons représenté comme disciple de saint Denys. Mais si la droiture de son jugement, et, comme le disent volontiers ses compatriotes, la justesse naturelle de l'esprit français, maintinrent le docteur très-chrétien dans les limites de l'orthodoxie, il n'en est pas moins vrai qu'il suit saint Bonaventure, qui avait suivi l'Aréopagite, et que ses écrits de spiritualité rappellent effectivement la théologie mystique de saint Denys. Non-seulement les témoignages de l'histoire et l'aveu explicite des théologiens forcent à reconnaître que le mysticisme du moyen âge croyait obéir et obéissait en effet à l'influence de l'Aréopagite, mais, de plus, il devient impossible d'élever sur ce point un doute raisonnable, quand on voit que les théories du saint docteur sont si exactement reproduites dans les écrits de cette époque. Les différences qui se feraient remarquer dans ce tableau comparatif, s'expliquent sans peine par les considérations suivantes : 1° La pensée de saint Denys, une fois mise en circulation dans le monde intellectuel, a dû subir les modifications que subit toute idée dont les esprits s'emparent et se nourrissent : c'est la condition naturelle de tout ce qui est soumis à un travail d'assimilation. 2° Parce que toutes les sciences, comme tous les êtres, se tiennent, et qu'en conséquence les progrès de celles-ci se réfléchissent sur celles-là ; parce qu'en outre, les études psychologiques devaient avec le temps se perfectionner, et les expériences multipliées des âmes pieuses s'ajouter aux connaissances théoriques ; il s'ensuit que les doctrines de saint Denys sur le mysticisme ont pu, à une époque donnée, recevoir un perfectionnement, ou du moins une exposition plus complète. 3° Les erreurs même et les illusions, si faciles en ce qui concerne la science mystique, provoquaient, de la part des docteurs orthodoxes, des explications précises et des développements lumineux et variés.

« La vérité sort toujours triomphante et plus radieuse des ténèbres dont l'esprit du mal essaye vainement de l'envelopper. Pour cette raison encore il était naturel que la pensée de saint Denys vînt à s'éclaircir et à s'étendre en traversant les siècles et les hérésies.

« Ces observations émises, voici comment les mystiques du moyen âge conçoivent et décrivent la vie chrétienne à la suite de saint Denys, et souvent avec ses propres paroles. Ils partent de ce principe, que le but ultérieur de nos âmes est une intime union avec Dieu, tellement que nous devons être des hommes déifiés, comme Jésus-Christ est Dieu incarné. Cette union s'accomplit sous une double influence, l'action de Dieu et celle de l'homme, la grâce et notre liberté. De plus cette union, comme toutes les autres, suppose qu'il n'y a entre les deux termes rien d'antipathique ni de contradictoire, et qu'ils ont au contraire des analogies et des points de contact. Or le péché a introduit dans notre être une modification profonde ; il a détruit les harmonieux rapports que nous soutenions primitivement avec Dieu, et leur a substitué la discorde. Il faut donc que cette hostilité, avec tout ce qui pourrait en déterminer la continuation, disparaisse, et que des éléments d'ordre et de paix la remplacent. D'où il suit que notre vie exige un travail de destruction d'abord, puis de réédification. Le péché, et même les traces funestes que le péché a laissées en nous, font l'effet d'un voile placé devant les yeux de notre âme et qui l'aveugle ; d'une rouille qui s'attache à l'or de notre nature, autrefois si éclatant et si beau, et maintenant obscurci comme un vil plomb ; d'une liqueur visqueuse qui appesantit les ailes de notre esprit, et l'empêche de s'élever vers les régions de la lumière. De là vient que nous sommes inclinés vers la terre, et déchus de la science et de l'amour de Dieu. C'est pourquoi l'homme doit détester le mal dont il fut atteint, guérir les blessures qu'il reçut en sa défaite, abolir les instincts mauvais qui se remuent en lui à l'approche des créatures, et vivifier et rendre fortes les tendances pures et saintes qui sont comme ensevelies sous les débris de sa nature foudroyée. Or, il faut que ce miraculeux changement s'opère dans tout l'homme ; et parce que d'après la parole sainte il y a trois sources de concupiscence, il y a aussi trois endroits par où notre purification s'accomplit. On oppose la chasteté et la tempérance à la concupiscence de la chair ; la pauvreté, le mépris des honneurs et de la gloire mondaine à la concupiscence des yeux, et l'orgueil de la vie se corrige par l'obéissance, l'oubli de soi, l'aveu de ses fautes, l'étude et la conviction de cette vérité, que nous ne sommes rien et que Dieu est tout. Tel est le premier pas de la vie chrétienne, telle est la destruction (*vita purgativa*).

« Le travail de la réédification comprend d'abord l'illumination de l'esprit (*vita illuminativa*). L'âme purifiée ressemble à la tranquille surface d'une eau limpide : elle reçoit et réfléchit les rayons de la vérité divine. Mais on peut regarder la lumière intelligible par une simple pensée (*cogitatio*), et alors on ne fait que ramper, pour ainsi dire ; ou par la méditation, et en ce cas on marche, et même on court quelquefois ; ou bien enfin par la contemplation, et alors on vole et on se balance, à la façon des aigles, dans les hauteurs des cieux spirituels. Le premier acte (*cogitatio*), est souvent le résultat de l'imagination, qui appréhende ce qu'elle rencontre ; le deuxième (*meditatio*), est l'œuvre de la raison qui fixe sous son regard, et sonde avec ardeur ce qu'elle a saisi ; le troisième (*contemplatio*), qui n'a rien de laborieux, est une rapide et profonde intuition de l'intelligence supérieure. Le premier ordinairement conduit au deuxième, et celui-ci peut mener au troisième les hommes de bonne volonté. Les moyens qui accumulent les splendeurs célestes dans l'âme purifiée, et la font passer par ces degrés qu'on vient de dire, sont principalement la *simplification* et la *droiture* du cœur. L'esprit et le cœur se simplifient quand ils se détachent des choses sensibles et corporelles, pour se tourner exclusivement et adhérer au bien, à Dieu, père, rédempteur, époux et ami de sa créature. Le cœur acquiert la droiture quand il se dirige vers Dieu à travers et par-dessus tout, voulant ce que Dieu veut, et comme il le veut, et non pas autre chose ni autrement. A cette élévation, l'âme éprouve un frémissement d'amour, elle goûte combien le Seigneur est doux.

« Enfin, l'âme achève de se perfectionner par une intime union avec Dieu (*vita unitiva*). Dieu ne charme l'esprit par la lumière que pour appeler à lui le cœur par l'amour : aussi, parmi les flots de clarté qui l'enveloppent, la créature est saisie par un sentiment d'inexprimable tendresse. Cette dilection, glorieux couronnement des contemplations sublimes, se distingue par trois propriétés ; elle ravit en extase, unit à Dieu, et remplit l'âme d'une pure et infinie allégresse. En effet, il peut arriver que l'âme puissamment attirée se précipite dans l'amour avec une telle violence, que les sens, l'imagination et la raison, vaincus et comme enchaînés, ou bien cessent tout à fait leurs fonctions, ou ne les exercent plus que faiblement. Il y a du reste beaucoup de degrés possibles dans ce ravissement extatique. L'œil de la raison étant ainsi aveuglé par une lumière immense, on ne connaît plus sous les conditions de temps et de lieu ; on éprouve que tout ce qui représente Dieu, toute pensée et toute parole sont bien au-dessous de la réalité. Même à vrai dire, on ne voit pas ce qu'est Dieu ; on sent sa présence. Alors, parmi la douceur de ces suaves embrassements, l'âme se fond, si on ose parler ainsi, en l'objet aimé ; et comme le fer jeté dans une ardente fournaise rougit, blanchit, étincelle et prend les propriétés et la forme du feu, ainsi l'âme plongée dans les abîmes de l'amour infini, conserve, il est vrai, son essence créée et sa personnalité, mais perd tout ce qu'elle avait d'humain et de terrestre, et possède des facultés de connaître et d'aimer désormais déifiées. Tel est le prix des longs efforts de la vertu ; telle est l'union qu'elle détermine entre le Créateur et la créature.

« Cette esquisse, calquée sur les ouvrages mystiques des principaux maîtres de la vie spirituelle, tels que saint Bernard, Richard de Saint-Victor, saint Bonaventure, Gerson, Suso, Rusbroeck, etc., montre la ressemblance exacte des doctrines mystiques du moyen âge avec celles de saint Denys, et par conséquent l'action exercée par le docteur athénien sur cette branche des études théologiques.

« Il a été prouvé d'ailleurs que la scolastique lui emprunta le plan général de ses travaux et la solution scientifique des questions qu'elle examinait. Ainsi se trouve constatée et décrite la part d'influence qui revient à saint Denys sur cette période de cinq siècles durant laquelle se constitua l'esprit des peuples européens, et la science moderne jeta ses fondements. Il nous reste un mot à dire sur ce que devinrent le nom et les doctrines de l'Aréopagite durant les trois cents ans qui viennent de s'écouler.

« D'abord, et avant toute autre indication, il est certain que le nom de saint Denys fut en honneur et sa pensée accueillie, au moins chez quelques hommes, durant tout le cours du XVI° siècle. En effet, la France, l'Italie et l'Allemagne publièrent à l'envi les œuvres du saint docteur ; même il s'en fit rapidement de nombreuses éditions dans les mêmes villes ; à Paris (1515, 1544, 1562, 1565); à Bâle (1539, 1558); à Cologne (1546, 1577); à Venise (1538, 1546, 1558) ; à Strasbourg (1498, 1546, 1557). Les esprits les plus distingués de l'époque étudiaient et admiraient de si brillants écrits. Tels furent Marsile Ficin, Pic de la Mirandole, Joachim Périon, Lefebvre d'Etaples, Lansel, Corderius, Ambroise le Camaldule, qui commentèrent ou traduisirent saint Denys et firent passer ses doctrines dans leurs propres ouvrages. Outre ce mouvement, moitié matériel, moitié intellectuel, dont saint Denys était le principe et l'objet, voici ce qui lui échut encore de gloire. La réforme, en substituant hérétiquement le principe du libre examen au principe de l'autorité catholique, établit un véritable schisme dans le monde des esprits; la science et la foi cessèrent de vivre en paix, et ce déchirement se prolongea sur toute l'étendue des connaissances de l'homme. D'un côté, les novateurs se firent une critique à l'usage de leurs idées religieuses ; de l'autre, la philosophie se sépara de la théologie. Or, 1° d'après leurs règles de critique, les protestants nièrent l'authenticité des livres de saint Denys, puis ils les méprisèrent ; ce n'était ni logique ni difficile, mais c'était utile et commode. 2° La philosophie ne quitta pas si brusquement saint Denys; elle lui conserva son amitié tant qu'elle fut néoplatonicienne et mystique dans ses tendances. Ainsi Ficin, Pic de la Mirandole, Jean Rœuchlin, Agrippa de Cologne, peuvent passer pour les élèves de saint Denys, aussi bien que de Proclus et de Platon. Mais bientôt cette école, dont Agrippa faussait déjà notablement la direction, pratiqua la théurgie, devint alchimiste, passa par l'illuminisme, pour aboutir enfin au somnambulisme artificiel. L'Allemagne fut principalement le théâtre de ces erreurs qui eurent pour apôtres Paracelse d'Ensielden, l'Anglais Robert Fludd, les deux Van-Helmont de Bruxelles, enfin Jacob Bœhme. On conçoit qu'ici l'auteur du livre des *Noms divins* n'avait plus rien à faire. 3° Les théologiens catholiques, par la nécessité des circonstances, devinrent presque tous controversistes, et, à ce titre, ils descendirent sur le terrain qu'avaient choisi leurs adversaires. C'est pourquoi en dehors des écoles, la théologie fut polémique, et elle traita des motifs de séparation allégués par les novateurs et des vérités qu'ils combattaient. Dans la paix des écoles, la scolastique, ainsi que nous l'avons déjà dit, continua son règne, et la *Somme* de saint Thomas, et les *Sentences* de Pierre Lombard restèrent presque universellement le texte des leçons de théologie. Pour le mysticisme chrétien, il se réfugia de l'autre côté des Pyrénées, et l'Espagne, que n'agitaient point les querelles protestantes, devint comme sa terre classique. C'est là, en effet, que fleurissaient Pierre d'Alcantara, l'ardente sainte Thérèse et le pur et sublime Jean de la Croix. Plus poétiques dans l'expression de leurs sentiments, moins didactiques dans la forme de leurs écrits que les auteurs du moyen âge, ces illustres chantres de l'amour divin ont, en réalité, le même plan de doctrine, et l'on voit que, malgré les libres élans de leur amour, il y a encore dans leurs théories un souvenir des traditions de l'enseignement général. Si, dans le reste de la catholicité, la théologie mystique ne produisit pas d'aussi éclatantes merveilles, elle continua néanmoins d'établir et d'expliquer ses principes, qui furent et sont encore suivis par les directeurs des consciences, et sur lesquels doivent se baser tous les livres destinés à régler la vie intérieure des pieux fidèles. Ainsi, il est vrai de dire que la pensée de saint Denys, telle que l'a modifiée le XII° siècle, subsista et subsiste encore au fond des traités de théologie dogmatique et mystique. En résumé, et pour qu'on juge équitablement cette seconde partie de notre travail, nous ne craindrons pas de rappeler ceci : la question que nous voulons débattre n'est pas de savoir si le plan théologique de saint Denys n'aurait jamais pu être imaginé par quelque autre docteur, et s'il ne se présente pas naturellement à tous les esprits. Il s'agit seulement de savoir si, en fait, ce plan théologique, facile peut-être mais longtemps inusité, n'a pas généralement prévalu dès que les œuvres de saint Denys l'eurent fait connaître. Or, nous croyons avoir montré, qu'à dater de leur apparition et sous leur influence avérée, il s'opéra dans les esprits un mouvement, et par suite une tendance qui n'est pas encore détruite. C'est tout simple : les théories de saint Denys venant à s'offrir, il était plus naturel de les recevoir et de les développer, puisqu'elles ne manquaient pas de justesse, que d'en créer d'autres moins complètes et peut-être fautives. Voilà d'abord pourquoi elles furent accueillies. Ensuite, qu'on n'échappe pas, même on n'essaye pas de se soustraire aux idées qui sont devenues des convictions publiques, et qui forment ainsi l'atmosphère où respirent et vivent les intelligences particulières. Le moyen âge n'a pu songer à faire abstraction de saint Denys, de même qu'il ne saurait venir en pensée à aucun théologien d'aujourd'hui de faire abstraction de saint Thomas. Nous sommes donc partis de l'époque où apparaissent les œuvres de l'Aréopagite ; nous en avons suivi la trace au travers des siècles, et constaté la présence au milieu des sociétés qui tenaient le sceptre des idées et de la civilisation. Dans cet accueil qui fut fait à notre écrivain, dans ces études et ces imitations dont il devint l'objet, nous avons vu le triomphe de son mérite et la preuve de son influence. C'est comme un fleuve dont nous avons rencontré la source : voyageur tenté par la beauté de ses eaux, nous les avons suivies à travers de nombreux royaumes. Elles ne conservent pas toujours la même couleur ni le même volume, à cause des terrains variés qu'elles arrosent, et des rivières dont leur cours se grossit ; mais cela ne nous empêche pas de faire honneur au fleuve de la verdure et de la fécondité qui embellissent ses rives ; et, parvenu à son embouchure, nous disons que ses flots roulent au sein des vastes mers, quoique l'œil ne puisse bientôt plus les y distinguer. »

Nous avions la permission de prendre dans le beau travail de M. l'abbé Darboy, nous en avons usé largement et presque sans retenue. Nous sommes assuré d'avance que nos lecteurs, loin de nous en savoir mauvais gré, en témoigneront avec nous toute leur reconnaissance à l'auteur. Où trouver ailleurs une étude plus approfondie, plus détaillée, plus complète sur l'existence du docteur athénien, sur la génuité de ses œuvres, et sur l'influence morale qu'elles n'ont cessé d'exercer dans le monde mystique, depuis le temps de la prédication des apôtres, jusque bien avant dans le cœur du XVI° siècle. Que l'on compare, en effet, ce magnifique plaidoyer, où toutes les raisons sont débattues, appuyées sur des faits, justifiées par des rapprochements, des comparaisons et des raisonnements sans réplique, et où, jusqu'aux plus simples inductions, tout est soumis aux règles de la critique la plus exacte et la plus rigoureuse ; que l'on compare, dis-je, ce travail consciencieux, entrepris dans un but chrétien et au profit unique de la justice et de la vérité, aux quelques pages que nous avons citées au commencement, et qui résument à peu près tout ce que le protestantisme et la philosophie conjurés ensemble ont pu inventer contre une opinion confirmée par douze siècles de croyance unanime, et professée encore, professée quatre siècles après, par tout ce que l'Eglise a produit de personnages éminents dans la science de Dieu, d'âmes d'élite et avancées dans les voies de la perfection et de la sainteté ; et l'existence du grand Aréopagite cessera d'être une question pendante pour devenir une question résolue, un fait accompli, un dogme scientifiquement démontré incontestable ; et ses œuvres, en récupérant leur authenticité, retrouveront leur influence qu'elles continueront d'exercer pour le bonneur de l'humanité; et les âmes rassasiées du monde et altérées de Dieu pourront aller de nouveau puiser la vie à ces sources pures qui contiennent les eaux du ciel. Hommage à M. l'abbé Darboy; en réhabilitant l'Aréopagite et ses doctrines, il a fait plus qu'un beau livre, il a accompli une bonne œuvre, il a semé dans le champ du Père de famille un grain que le soleil fera mûrir, et qui ne peut manquer de porter ses fruits pour l'éternité. Qui sait, si dans les desseins de la Providence, la société des derniers jours n'est pas appelée à se nourrir de ce pain mystique qui fit l'aliment des premiers chrétiens? Aussi est-ce avec empressement, et un cœur tout palpitant d'espérance que nous recommandons à tous, sans distinction d'âge, de sexe, d'étude, la lecture de cette belle traduction qui rend les œuvres du converti de saint Paul accessibles à toutes les intelligences et à tous les cœurs.

Mais il est temps que nous fassions connaître les écrits du saint évêque d'Athènes; et, comme nous n'avons qu'un mot à dire pour achever de les caractériser, c'est encore M. l'abbé Darboy qui nous le fournira. Nous lui emprunterons les *Arguments* qu'il a publiés en tête de chaque livre de sa traduction, et qui contiennent le résumé le plus exact et le plus complet des différents traités de son modèle. Seulement nous avons besoin d'avertir nos lecteurs que, bien loin d'épuiser le trésor où nous puisons, tous ces emprunts n'ont pour but que de leur en faire pressentir les richesses.

Livre de la hiérarchie céleste. — Ce livre est divisé en quinze chapitres, qui se trouvent résumés dans l'argument suivant: « Tout vient de Dieu et retourne à Dieu, les réalités et la science que nous en avons. Une véritable unité subsiste au fond de la multiplicité, et les choses qui se voient sont comme le vêtement symbolique des choses qui ne se voient pas. C'est donc une loi du monde que ce qui est supérieur se reflète en ce qui est inférieur, et que des formes sensibles représentent les substances purement spirituelles, et qui ne peuvent être amenées sous les sens. Ainsi, la sublime nature de Dieu et, à plus forte raison, la nature des esprits célestes, peuvent être dépeintes sous l'emblème obscur des êtres corporels: mais il y a une racine unique et un type suprême de ces reproductions multiples. — Or, entre l'unité, principe et fin ultérieure de tout, et les créatures, qui n'ont en elles ni leur raison ni leur terme, il y a un milieu qui est à la fois science et action, connaissance et énergie, et qui, expression mystérieuse de la bonté incréée, nous donne le moyen de la connaître, de l'aimer et de l'imiter; ce milieu, c'est la hiérarchie, institution sacrée, savante et forte, qui purifie, illumine et perfectionne, et ainsi nous ramène à Dieu, qui est pureté, lumière et perfection.

« Telle est en particulier la hiérarchie des anges, ainsi nommés, parce qu'élevés par la bonté divine à un plus haut degré d'être, ils peuvent recevoir une plus grande abondance de bienfaits célestes, et les transmettre aux êtres inférieurs; car Dieu ne se manifeste pas aux hommes directement et par lui-même, mais médiatement et par des ambassadeurs (ἄγγελος). Ce nom d'anges désigne proprement les derniers des esprits bienheureux; mais il peut très-bien s'appliquer aussi aux plus sublimes, qui possèdent éminemment ce qui appartient à leurs subordonnés, tandis qu'au contraire on ne doit pas toujours étendre réciproquement aux plus humbles rangs de la milice céleste ce qui convient aux premiers rangs. En effet, les pures intelligences ne sont pas toutes de la même dignité; mais elles sont distribuées en trois hiérarchies, dont chacune comprend trois ordres. Chaque ordre a son nom particulier; et parce que tout nom est l'expression d'une réalité, chaque ordre a véritablement ses propriétés et ses fonctions distinctes et spéciales. Ainsi, les Séraphins sont lumière et chaleur, les Chérubins, science et sagesse, les Trônes, constance et fixité: telle apparaît la première hiérarchie. Les Dominations se nomment de la sorte, à cause de leur sublime affranchissement de toute chose fausse et vile; les Vertus doivent ce titre à la mâle et invincible vigueur qu'elles déploient dans leurs fonctions sacrées; le nom des Puissances rappelle la force de leur autorité et le bon ordre dans lequel elles se présentent à l'influence divine: ainsi est caractérisée la deuxième hiérarchie. Les Principautés savent se guider elles-mêmes et diriger invariablement les autres vers Dieu; les Archanges tiennent aux Principautés en ce qu'ils gouvernent les Anges, et aux Anges en ce qu'ils remplissent parfois, comme eux, la mission d'ambassadeurs; telle est la troisième hiérarchie. Tels sont les neuf chœurs de l'armée céleste.

« La première hiérarchie, plus proche de la Divinité, se purifie, s'illumine et se perfectionne plus parfaitement; elle préside à l'initiation de la deuxième, qui participe, en sa mesure propre, à la pureté, à la lumière et à la perfection, et devient à son tour pour la troisième le canal et l'instrument des grâces divines. Même les choses se passent ainsi dans chaque ordre, et tout esprit reçoit, au degré où il en est capable, un écoulement plus ou moins direct ou médiat de la pureté non souillée, de la lumière surabondante, de la perfection sans limites. Ainsi, tous les membres de la hiérarchie ont ceci de semblable, qu'ils participent à la même grâce; et ceci de différent, qu'ils n'y participent pas à un égal titre, ni avec un égal résultat. Et voilà la double cause de la distinction permanente qu'on reconnaît entre eux, et de l'identité des noms que parfois on leur donne; tellement que si les hommes eux-mêmes étaient appelés à exercer des fonctions jusqu'à un certain point angéliques, on pourrait les nommer des anges. Ces principes expliquent suffisamment le sens et la raison des formes corporelles, sous le voile desquelles sont représentés les anges. Elles devront être le signe des propriétés qu'ils ont, des fonctions qu'ils remplissent. Ainsi les choses matérielles trouvent leur type dans les esprits, et les esprits en Dieu, qui est tout en tous. »

De la Hiérarchie ecclésiastique. — Le livre de la *Hiérarchie ecclésiastique* comprend sept chapitres, dont quelques-uns présentent une assez grande étendue. L'argument suivant donnera une idée des matières graves qui y sont traitées. « Tous les êtres sont soumis à l'action de la Providence ; cette action s'exerce selon des lois générales et particulières. Les lois générales se retrouvent dans toute hiérarchie ou gouvernement d'une classe d'êtres ; les lois particulières constituent la différence même par laquelle se distinguent entre elles les hiérarchies diverses. Ainsi, la hiérarchie est un milieu qui, plein de lumière et de force, éclaire, attire et ramène les créatures à Dieu leur principe et leur fin : voilà l'unité, la généralité. Mais les créatures reçoivent le don divin qui les perfectionne en la façon que réclament leur essence et leurs facultés propres ; voilà la distinction, la particularité.

« Il résulte de là que les hommes, aussi bien que les anges, sont appelés à Dieu ; mais ils n'y vont pas de la même manière. Aux anges, purs esprits, suffit l'intellection pure ; les hommes, esprits emprisonnés dans des corps, seront élevés à la contemplation des choses saintes par des images sensibles, par de grossiers symboles. C'est pourquoi dans son essence, sa force intime et son but, notre hiérarchie est revêtue de formes extérieures, et s'applique et s'exerce corporellement d'une manière palpable. Les sacrements par lesquels sont établis, maintenus et vivifiés, les ordres divers de la hiérarchie ecclésiastique, portent donc un double caractère à la fois esprit et matière, figure et réalité. Mais le monde supérieur projette sa lumière sur le monde inférieur, et il y a dans les choses qui apparaissent comme un vestige des choses purement intelligibles. Ainsi les rites usités dans les sacrements sont remplis de pieuses leçons ; et un des devoirs et des secrets de la foi, c'est d'étudier le divin dans l'humain, l'increé dans le créé, l'unité dans la multiplicité.

« Toute recherche touchant les sacrements comprend trois points : le premier consiste à découvrir la raison du sacrement, et comment il se lie à l'ensemble de nos doctrines ; le deuxième décrit les cérémonies variées et les rites avec lesquels le sacrement s'opère ; le troisième, enfin, exprime le sens mystérieux des pratiques usitées parmi l'administration des choses saintes. Ainsi, la fin de la hiérarchie ecclésiastique étant de nous assimiler à Dieu, il faut d'abord créer en nous la vie surnaturelle, nous enrichir d'un principe divin, capable de progrès ultérieur, comme tout ce qui vit. Enfantés à la grâce par le miracle d'une régénération spirituelle, nous avons besoin d'un aliment qui nous soutienne et nous perfectionne, et l'effort de notre liberté doit être d'approcher de Dieu, en la proportion où Dieu daigne s'abaisser vers nous. Mais autant il importe d'aspirer et de tendre au but que la Providence fixe pour chacun de nous, autant il importe de suivre en cette course le chemin qui nous est tracé, et de respecter les limites posées par la hiérarchie ; car la volonté de Dieu est ordre comme elle est vie. Même cette soumission est la sauvegarde de la société entière, aussi bien qu'un élément de perfection pour les individus, et rien ne doit être plus scrupuleusement observé et maintenu que les droits et les devoirs respectifs des membres de la hiérarchie. Ainsi se déployent, pour le bonheur de l'humanité, la grâce et la liberté ; ainsi est sanctifiée notre vie ; ainsi est bénie notre mort. — Les symboles sous lesquels sont départis les noms divins ont une merveilleuse analogie avec les effets que nous espérons des divers sacrements. L'intelligence est réjouie et consolée quand elle entrevoit ces merveilleux rapports ; la lumière retombe en flots d'amour sur le cœur qui entre dans de saints tressaillements. Sous cette double influence, la nature humaine se perfectionne en remontant vers Dieu, qui ainsi spiritualise la matière, divinise l'esprit et se retrouve tout en tous. »

Des noms divins. — Treize chapitres partagent le livre des *Noms divins.* Leurs titres seuls suffiraient pour faire comprendre au lecteur de l'élévation, l'étendue et la profondeur des matières qui y sont traitées, si elles ne se trouvaient plus admirablement exposées encore dans l'argument que nous reproduisons. Denys, prêtre, adresse ce livre à Timothée, également prêtre, et M. l'abbé Darboy le résume ainsi :

« Dieu habite le sanctuaire d'une lumière inaccessible. Il est à lui-même son propre spectacle ; mais le regard de la créature ne supporterait pas l'excès de ces éternelles splendeurs : dans cette vie surtout, l'homme ne peut contempler la divinité qu'en énigme et à travers un voile. Or cette connaissance de Dieu nous vient par les créatures, qui sont comme un écho lointain, un obscur reflet des perfections infinies. Elle nous est donnée aussi par les Ecritures qui nous apprennent à penser et à parler convenablement de notre créateur et roi. Les noms qu'on lui donne renferment ces enseignements élevés, objet de notre foi ; car les noms sont le signe, la représentation des réalités, et ce qui est nommé se conçoit et existe.

« Ces noms multiples que Dieu reçoit dans les saintes Lettres sont empruntés tantôt aux processions ineffables, tantôt aux productions temporaires ; ils expriment, soit les bienfaits de la Providence, soit les formes sous lesquelles il a daigné apparaître. Comme les objets qu'il crée lui ressemblent par quelqu'endroit, puisqu'il en est le principe, et qu'il en possède l'archétype ; et comme, d'une autre part, ils diffèrent essentiellement et infiniment de lui, puisqu'ils sont les effets contingents d'une cause absolue et souverainement indépendante, il s'en suit qu'on peut lui appliquer tous leurs noms, et ne lui en appliquer aucun; qu'on peut parler de lui par affirmation et par négation; car, selon qu'on veut le comprendre, il est tout ce qui est, et rien de ce qui est. — Egalement parce qu'il y a en Dieu unité de nature et trinité de personnes, il faut admettre que les qualifications qui frappent la substance sont applicables à la divinité tout entière; mais il n'en est pas de même des attributs relatifs qui caractérisent les personnes et doivent leur être exclusivement réservés. C'est ainsi que l'œuvre de notre rédemption fut opérée par la seconde personne de la Trinité. Les noms divins sont pris indistinctement, comme on voit, dans l'ordre des choses surnaturelles et dans l'ordre des choses naturelles, dans le monde purement intelligible et dans le monde sensible. Mais de quelque source qu'ils dérivent, tous conviennent à Dieu, en ce qu'ils expriment des qualités ou manières d'être que Dieu possède par anticipation et éternellement, par droit de nature et immuablement, par nécessité d'essence et surabondamment ou plutôt suréminemment. Ainsi, tout existait en lui avant d'exister en dehors de lui; tout lui appartient en propre, et le prêt qu'il fait aux créatures ne saurait ni l'enrichir ni l'appauvrir : tout est à lui et en lui; mais rien n'est à lui ni en lui, au degré et en la forme où il est en nous. Cela même par quoi nous sommes, c'était lui avant notre création, ce n'est plus lui, c'est nous. En conséquence, toutes choses qui ont une existence positive, comme substance ou comme mode, toutes choses même qui sont possibles, ont en lui leur principe et cause, leur modèle et règle, leur but et fin ultérieure; principe incommunicable, mais non pas imparticipable; cause absolue, mais agissant librement; exemplaire parfait, mais qui rayonne imparfaitement dans les créatures, à cause de leur nécessaire incapacité, non à cause des limites de sa bonté : fin suprême que chaque être cherche à sa façon, et trouve ou peut trouver dans les limites assignées à sa nature propre. Car si le mal entrevu par les êtres finis devient l'objet de leur ardente poursuite, ce n'est pas comme mal, c'est comme apparence de bien qu'il séduit : nulle chose en effet n'est totalement dépourvue de bien, et le mal est une privation d'être, non une existence positive.

« Ainsi doivent s'appliquer et se comprendre tous les noms glorieux que l'Écriture donne à Dieu : la bonté, le plus grand de tous les titres, parce qu'il s'étend non seulement à tout ce qui est, mais à tout ce qui peut être; l'amour, fécondant le néant même; la lumière, doux et exact symbole de celui qui est le soleil des esprits, et qui a vêtu les étoiles de splendeur; la beauté et l'amour, l'être, la vie, la puissance, la justice, le salut et la rédemption. Même les extrêmes se trouvent rapprochés et harmonieusement unis en Dieu, à qui l'Ecriture attribue à la fois la grandeur et l'exiguïté, l'identité et la distinction, la similitude et la dissemblance, le repos et le mouvement. Enfin, sa supériorité et son excellence transcendante est accusée par le nom de Dieu des dieux, de Roi des rois, de Seigneur des seigneurs. »

De la Théologie mystique. — Cinq chapitres forment le traité de la *Théologie mystique*, le plus profond peut-être de tous les écrits de l'auteur, celui dans lequel il s'élève jusqu'à des conceptions si sublimes, et qui surpassent tellement l'intelligence humaine éclairée même par la sainteté, qu'il a cru devoir y revenir dans ses lettres, et donner de nouvelles explications. Voici, en peu de mots, l'argument général de ce livre si court, et pourtant si abondant et si riche par le trésor de choses divines qu'il renferme.

« La théologie mystique est la science expérimentale, affective, infuse de Dieu et des choses divines. En elle-même et dans ses moyens, elle est surnaturelle; car ce n'est pas l'homme qui, de sa propre force, peut faire invasion dans le sanctuaire de la divinité; c'est Dieu, source de sagesse et de vie, qui laisse tomber sur l'homme les rayons de la vérité sacrée, le touche, l'enlève jusqu'au sein de ces splendeurs infinies que l'esprit ne comprend pas, mais que le cœur goûte, aime et révère. La prière seule, quand elle part des lèvres pures, peut incliner Dieu vers nous, et nous mériter la participation aux dons célestes. Le but de la théologie mystique, comme de toute grâce divine, est de nous unir à Dieu, notre principe et notre fin. Voilà pourquoi le premier devoir de quiconque aspire à cette science est de se purifier de toute souillure, de toute affection aux choses créées; de s'appliquer à la contemplation des adorables perfections de Dieu, et, autant qu'il est possible, d'exprimer en lui la vive image de celui qui, étant souverainement parfait, n'a pas dédaigné de se nommer notre modèle.

« Quand l'âme, fidèle à sa vocation, atteint enfin Dieu par ce goût intime et ce sentiment ineffable que ceux-là peuvent apprécier, qui l'ont connu et expérimenté, alors elle se tient calme et paisible dans la suave union dont Dieu la gratifie. Rien ne saurait donner une idée de cet état; c'est la déification de la nature. »

Lettres. — Il y a quatre lettres de saint Denys adressées au Thérapeute Caïus. Dans la première il lui enseigne que l'ignorance, dont il est question dans le traité de la *Théologie mystique*, n'est point la privation, mais bien plutôt l'excès, la sublimité de la connaissance, qui n'est jamais qu'imparfaite quand elle nous vient par les créatures. — Il explique, dans la seconde, en quel sens Dieu est supérieur au principe même de la divinité et de la bonté auxquelles participent les créatures. — La troisième donne la signification du mot *soudainement* dans ce passage du prophète Malachie, chap. III, vers. 1 : *Et*

STATIM *veniet ad templum*. — La quatrième est une démonstration de l'humanité de Jésus-Christ, et prouve qu'il est vraiment homme, parce qu'étant Dieu, il a daigné prendre le vêtement de notre humanité. — Dans sa cinquième lettre, adressée au diacre Dorothée, il revient encore sur l'obscurité divine dont il est parlé dans le traité de la *Théologie mystique*. — Il conseille, dans la sixième, au prêtre Sosipatre de s'appliquer plutôt à établir la vérité qu'à réfuter les opinions erronées. — Dans la lettre suivante, il donne à peu près le même conseil à l'évêque Polycarpe en l'engageant à ne pas disputer avec contention contre les infidèles, mais plutôt à établir solidement la vérité, d'où sortira la ruine de l'erreur. On doit se soucier fort peu des injures que nous adressent les infidèles; et Polycarpe se contentera, entre autres arguments, de rappeler au sophiste Apollophane, l'éclipse que ce dernier avait observée dans la société de Denys, au temps du crucifiement de Jésus-Christ; car Apollophane pourra se souvenir qu'autrefois ce phénomène l'avait frappé et convaincu. — La lettre huitième, adressée au moine Démophile, lui apprend comment on doit se tenir en son propre emploi et y observer la mansuétude. Les principaux serviteurs de Dieu, Abel, Job, Moïse, Joseph et David sont renommés pour leur douceur; entre toutes les vertus dont le Christ donne l'exemple, brillent surtout la clémence et la mansuétude. C'est pourquoi Démophile est souverainement blâmable d'avoir maltraité un pénitent que le prêtre avait jugé digne d'absolution, et injurié ce prêtre lui-même. Il prévient une objection de Démophile, et prouve qu'il ne convient pas que les inférieurs reprennent leurs supérieurs. La subordination et l'ordre doivent être respectueusement gardés. La douceur et la dureté ayant chacune leur récompense, il lui rappelle qu'il vaut mieux imiter la mansuétude du Seigneur, que le zèle d'Elie; et il appuie ces enseignements sur une vision du saint personnage Carpus. — L'évêque Titus, comme lui disciple de saint Paul, avait demandé par lettre à saint Denys, de lui expliquer ce que c'est que la maison de la sagesse, son calice, sa nourriture et son breuvage. Dans sa réponse le saint docteur lui observe que le langage figuratif des Ecritures donne aux ignorants de grossières pensées; qu'il y a deux théologies, l'une secrète et mystérieuse, l'autre plus claire et évidente. Il lui fait voir de quelles interprétations sont susceptibles les divers symboles, et ce que signifient le feu et la nourriture en Dieu et chez les anges; ce que représentent la coupe, les aliments et les breuvages, l'ivresse divine et les bienheureux s'asseyant dans le ciel, le sommeil et la veille en Dieu. — Dans la lettre dixième, adressée à Jean, théologien, apôtre et évangéliste, saint Denys annonce prophétiquement au disciple bien-aimé en exil à Pathmos, sa délivrance prochaine et son retour en Asie. Nous reproduisons cette lettre, la dernière du recueil, pour offrir au moins à nos lecteurs un spécimen des travaux du premier apôtre de la théologie mystique.

« Je vous salue, ô âme sainte, lui dit-il, vous êtes mon bien-aimé, et je vous donne plus volontiers ce titre qu'à tous les autres. Je vous salue encore, ô bien-aimé, si cher à celui qui est véritablement beau, plein d'attraits et d'amour. Faut-il s'étonner que le Christ ait dit la vérité, et que les méchants chassent ses disciples des villes, et que les impies se rendent à eux-mêmes la justice qu'ils méritent en se retranchant de la société des saints. Vraiment les choses visibles sont une frappante image des choses invisibles; car dans le siècle à venir, ce n'est pas Dieu qui accomplira la séparation méritée, mais les mauvais s'éloigneront eux-mêmes de Dieu. C'est ainsi que, même ici-bas, les justes sont avec Dieu, parce que, dévoués à la vérité et sincèrement détachés des choses matérielles, affranchis de tout ce qui est mal, et épris d'amour pour tout ce qui est bien, ils chérissent la paix et la sainteté; parce que, dès ce monde, ils préludent aux joies des temps futurs, menant une vie angélique au milieu des hommes, en toute tranquillité d'esprit, vrais enfants de Dieu, pleins de bonté, et enrichis de tous les biens.

« Je ne suis pas assez insensé pour imaginer que vous ayez de la douleur; quant à vos tourments corporels, vous les sentez, mais vous n'en souffrez pas.

« Au reste, tout en adressant un blâme légitime à ceux qui vous persécutent et qui pensent follement éteindre le soleil de l'Evangile, je prie Dieu qu'ils cessent enfin de se nuire, qu'ils se convertissent au bien et vous attirent à eux pour entrer en participation de la lumière. Mais, quoi qu'il arrive, rien ne nous ravira les splendeurs éblouissantes de l'apôtre Jean; car, pour le présent, nous jouissons des vérités de votre enseignement que nous rappelons à notre mémoire, et bientôt (et je le dis hardiment), bientôt nous serons réunis à vous. Car je mérite confiance quand je dis ce que vous et moi nous avons appris de Dieu : c'est que vous serez délivré de la prison de Pathmos; que vous retournerez en Asie, et que là, vous donnerez l'exemple d'imiter le Dieu bon, laissant à la postérité de suivre vos traces. »

DENYS (saint) DE CORINTHE. — Denys, évêque de Corinthe, fut un des plus grands prélats qui illustrèrent l'Eglise sous le règne de Marc-Aurèle. On croit qu'il avait succédé immédiatement à Prime, évêque de la même ville, lorsqu'Hégésippe y passa pour aller à Rome, sous le pontificat d'Anicet, c'est-à-dire vers l'an 160 de Jésus-Christ. L'activité de son zèle ne se renferma pas seulement dans les limites de son Eglise, mais elle s'étendit encore à plusieurs autres, comme on le voit par les lettres qu'il leur écrivait. Eusèbe, qui nous a conservé quelques fragments de ces lettres, leur donne le titre d'œcuméniques ou d'universelles, parce qu'elles ne s'adressaient pas à des particuliers, mais aux églises en corps, pour servir en même temps à l'instruction des fidèles et des pasteurs. Nous n'en connaissons que huit, dont les fragments sont précieux à cause des renseignements qu'ils nous donnent sur l'état de l'Eglise au II° siècle.

La première, écrite aux Lacédémoniens, avait pour but de les instruire dans la foi et de les exhorter à l'union. Dans la seconde, adressée aux Athéniens, le saint docteur s'efforçait de réveiller en eux l'esprit de foi qui semblait assoupi, et de les porter à la pratique des vertus évangéliques dont ils s'étaient fort éloignés depuis que Publius, leur évêque, avait souffert le martyre pour la défense de la religion. Il rendait en même temps témoignage à la vérité et au zèle de Quadrat, successeur de Publius, et le louait en particulier d'avoir rassemblé les fidèles dispersés et rallumé le feu de leur foi qui commençait à s'éteindre. C'est aussi dans cette lettre qu'il nous apprend que saint Denys l'Aréopagite, converti à la foi par la prédication de saint Paul, fut le premier évêque d'Athènes.

Dans la troisième, écrite aux fidèles de Nicomédie, saint Denys s'élevait fortement contre l'hérésie de Montan, et la combattait en lui opposant la règle de la vérité. La quatrième, adressée aux chrétiens de Gortyne dans l'île de Crète, donnait de grands éloges à Philippe, leur évêque, et les louait eux-mêmes de leur piété, en les avertissant néanmoins de se tenir en garde contre la séduction des hérétiques. Ce saint Philippe se rendit célèbre, sous les règnes de Marc-Aurèle et de son successeur, par un bel ouvrage qu'il composa contre Marcion, ouvrage qui ne nous est connu aujourd'hui que par le catalogue de saint Jérôme. La cinquième, écrite à la prière de Bachylide et d'Elpiste, était adressée à l'Eglise d'Amastis, dans le Pont. Saint Denys y faisait mention de Palmas, leur évêque, leur expliquait quelques passages de l'Ecriture, leur donnait des instructions fort détaillées sur le mariage et la virginité, et les exhortait à recevoir avec douceur ceux qui voulaient faire pénitence, soit qu'ils fussent tombés dans l'hérésie ou qu'ils se fussent rendus coupables de quelques autres crimes; ce qu'il disait apparemment contre la rigueur excessive des montanistes qui, en condamnant les secondes noces, fermaient la porte de l'église à la plupart des pécheurs.

Dans la sixième, écrite aux Cnossiens, il exhortait saint Pinyte, leur évêque, à avoir égard à l'infirmité du commun des hommes, en ne leur imposant pas le pesant fardeau de la continence comme une obligation indispensable au salut. Cette lettre lui valut, de la part du saint évêque, une réponse pleine de charité et de bons conseils, comme on pourra s'en convaincre en lisant l'article que nous lui avons consacré. Dans la dernière, adressée à l'Eglise de Rome, Denys remerciait le pape Soter des aumônes qu'il avait envoyées à l'Eglise de Corinthe. « Dès le commencement, dit-il, vous avez pris l'habitude de répandre vos bienfaits sur tous les frères et de pourvoir à la subsistance des églises affligées. Ici, fidèles observateurs des traditions de vos pères, vous soulagez les besoins des pauvres, et, comme de vrais Romains, vous vous intéressez particulièrement au sort de ceux qui travaillent aux mines. Mais votre bienheureux Soter ne s'est pas contenté de les imiter; il a fait plus, et dans la distribution des libéralités qui sont accordées aux saints, il a accueilli ceux de nos frères qui sont allés vers lui comme un bon père accueille ses enfants, et les a consolés par de pieux discours. » Il ajoute : « Nous avons célébré aujourd'hui le saint jour du dimanche, et nous avons lu votre lettre, que nous continuerons toujours de lire pour notre instruction, ainsi que celle qui nous a été écrite par Clément. » C'était alors un usage de lire les lettres des évêques dans l'église après les saintes Ecritures. C'est dans cette lettre que saint Denys affirme que saint Pierre et saint Paul, après avoir semé ensemble à Corinthe la doctrine de l'Evangile, passèrent en Italie où ils la confirmèrent par leur mort. Il se plaignait en même temps que ses lettres avaient été corrompues par les ministres du démon, comme il les appelait, c'est-à-dire par les hérétiques, qui les avaient remplies de leur venin en se permettant d'y faire des additions et des retranchements.

Outre ces sept lettres canoniques, saint Denys en avait écrit une particulière à une sainte fille nommée Chrysophore, à laquelle il donne le titre de sœur. Cette lettre était remplie d'avis fort utiles et tous convenables à son état. Le saint évêque de Corinthe, au rapport de saint Jérôme, s'appliqua à combattre les hérésies, et n'y trouvant qu'un amas de rêveries mêlées à quelques superstitions du paganisme, il consacra quelques écrits à démontrer de quelle secte de philosophes chaque hérésie tirait son origine. Mais ces écrits nous sont entièrement inconnus.

Saint Denys joignait à beaucoup d'esprit une rare éloquence et un zèle ardent pour le salut des âmes. On croit qu'il souffrit diverses persécutions; mais il ne paraît pas qu'il soit mort martyr, quoique les Grecs l'honorent le 29 novembre avec ce titre. Les Latins célèbrent sa fête le 8 avril, et ne lui donnent que le titre de confesseur.

DENYS (saint), patriarche, d'Alexandrie, que saint Athanase appelle le *docteur de l'Eglise catholique*, et à qui saint Basile et les auteurs grecs ont donné par excellence le titre de *Grand*, naquit au commencement du III° siècle d'une famille également illustre par ses richesses et ses dignités. Alexandrie était alors le centre de toutes les sciences. Denys se distingua dans l'étude des lettres, comprit bientôt tout le ridicule de la religion païenne dans laquelle il était né, se mit au nombre des disciples d'Origène, et après avoir été promu au sacerdoce, fut jugé digne de lui succéder dans la charge de maître de l'école des catéchèses, l'an de Jésus-Christ

231. Le soin de son école ne l'absorbait pas tellement qu'il ne trouvât le temps d'assister quelquefois aux leçons des hérétiques et de lire leurs livres. Loin que son esprit en contractât la moindre souillure, il en tira au contraire cet avantage de pouvoir les condamner avec d'autant plus de certitude qu'il avait touché de plus près tout le faux de leurs maximes. « Un de nos frères, qui était prêtre comme moi, dit-il, voulut me faire un scrupule de m'engager dans ce bourbier, en m'observant que cela pourrait nuire à ma foi, et il me semblait qu'il disait vrai. Mais alors Dieu m'envoya une vision qui me fortifia, et j'entendis une voix qui me dit en termes clairs : « Lisez tout ce qui vous tom-
« bera sous les mains, car vous êtes capable
« de discerner ce que vous lirez et de rejeter
« ce qui mérite de l'être; c'est par la foi que
« vous avez commencé à entrer dans la vé-
« rité. » Je me rendis à cette révélation d'autant plus volontiers que je la trouvais pleinement conforme à la parole par laquelle l'Apôtre avertit les forts d'être *bons changeurs*, c'est-à-dire de bien examiner toutes choses.»

Saint Héracle étant mort, saint Denys fut choisi pour lui succéder sur le siége épiscopal d'Alexandrie, l'an 248. L'Église jouissait alors d'une paix profonde; mais Dèce, ayant usurpé l'empire vers la fin de l'année suivante, mit fin à ce calme en faisant publier ses sanglants édits de persécution contre les chrétiens.

Sabinus, préfet d'Egypte, ordonna l'arrestation du patriarche, qui se cacha pendant quelques jours, tomba ensuite entre les mains des persécuteurs, et fut conduit, avec d'autres chrétiens, à Taposiris, petite ville d'Égypte dans la Maréote. Mais les habitants des campagnes voisines ayant pris les armes, attaquèrent les gardes et délivrèrent les prisonniers, malgré les réclamations du saint évêque, qui se voyait enlever avec peine la couronne du martyre. Echappé ainsi des mains des persécuteurs, Denys se retira dans un désert de la Libye, et y resta caché avec les prêtres Pierre et Caïus jusqu'à la fin de la persécution, qui s'apaisa en 251. Cependant, quoique éloigné de son peuple, le pieux pontife avait soin de veiller sur ceux qui souffraient pour la foi, soit en leur envoyant, pour les consoler, quelques-uns de ses prêtres, comme Dioscore, Démétrius, Luce et Maxime qui lui succéda depuis dans l'épiscopat, après avoir été le compagnon de sa confession et de son exil sous l'empire de Valérien; soit en leur écrivant des lettres qui contenaient de généreuses et solides instructions. Après son retour à Alexandrie, il combattit les erreurs des novatiens. Il écrivit plusieurs lettres au clergé de Rome et à Fabien, évêque d'Antioche, qui paraissait incliner pour le rigorisme outré de l'antipape ennemi de saint Corneille. Depuis l'an 250, la peste ravageait Alexandrie; la charité du patriarche parut alors inépuisable. Il communiqua le zèle dont il était animé aux prêtres, aux diacres, aux laïques même, et Eusèbe fait un tableau touchant de ces chrétiens dont plusieurs périrent martyrs de leur noble dévouement. Vers le même temps, le saint évêque fit preuve de son zèle pour la vérité et de son amour pour la paix dans la conférence qu'il eut avec les Arsinoïtes. Népos, leur évêque, suivait l'opinion des millénaires, et était parvenu à la faire partager par beaucoup de personnes de son diocèse. Denys parcourut exprès le pays et consacra plusieurs jours entiers à examiner, avec les prêtres et les docteurs dispersés dans les bourgs et les villages, la doctrine qui les divisait, jusqu'à ce que Coracion, un des chefs de l'erreur, la trouvant suffisamment détruite par les raisons qu'on lui avait opposées, l'abandonna et se réunit avec ceux de son parti au sentiment de l'Eglise universelle. La lettre qu'il écrivit au pape saint Étienne pour le détourner d'excommunier les Africains, parce qu'ils persistaient à vouloir renouveler le baptême des hérétiques, l'a fait accuser par saint Jérôme d'avoir partagé la doctrine des rebaptisants. Mais suivant saint Basile, Denys admettait même le baptême des Pépuzéniens, quoiqu'il fût rejeté en Asie. D'ailleurs, pour connaître ses vrais sentiments sur cette question, il suffit de lire les fragments de ses lettres conservés par Eusèbe.

L'an 257, l'empereur Valérien ayant publié de nouveaux édits de persécution, Emilien, préfet d'Egypte, fit venir devant son tribunal Denys, suivi du prêtre Maxime, de trois diacres et d'un chrétien nommé Marcel, et les pressa de sacrifier aux dieux. « Tous les hommes, répondit le courageux patriarche, n'adorent pas les mêmes divinités. J'adore le vrai Dieu, qui a donné l'empire à Valérien et à Gallien. Je lui offre sans cesse des prières pour la paix et la prospérité de leur règne. — Mais, leur dit le préfet, qui vous empêche, tout en adorant ce Dieu, de sacrifier aussi aux dieux que tout le monde connaît ? — Nous n'en reconnaissons aucun autre, répondit le saint confesseur. » Là dessus, le préfet le condamna à l'exil et l'envoya à Képhron, dans la Libye, où le zélé patriarche convertit les païens au milieu desquels il vivait.

Pendant cet exil, qui dura environ deux ans, puisqu'il eut le temps d'écrire deux lettres pascales, saint Denys répondit aux calomnies d'un évêque d'Egypte, nommé Germain, qui l'accusait d'avoir eu, pendant la persécution, plus de soin de sa personne que de son peuple. Il écrivit aussi plusieurs lettres au pape Sixte, dans l'une desquelles il lui signale l'apparition de l'hérésie de Sabellius qui commençait à se répandre. Saint Denys ne retourna à Alexandrie qu'après la défaite de Valérien par les armes des Perses, et lorsque Gallien eut rendu la paix à l'Église, en 260. Il trouva cette ville affligée par la famine et déchirée par une sédition si violente, que toute relation était interrompue d'un quartier de la ville à autre; la peste, qui survint, ajouta encore à tous ces maux. Mais, quelque grands qu'ils fussent, les chrétiens ne pouvaient s'empêcher de rendre grâce à Dieu de la paix dont ils jouissaient en Jésus-Christ.

Cependant l'hérésie de Sabellius, dont il avait dénoncé la naissance, avait fait des progrès; non-seulement elle était parvenue à infiltrer son venin dans le peuple, mais elle avait même réussi à séduire quelques évêques de la Libye. Déjà plusieurs églises de la Pentapole, qui étaient sous la direction du patriarcat d'Alexandrie, avaient embrassé l'erreur. Le saint évêque se crut donc obligé, pour la combattre, de se mettre en rapport avec ses fauteurs. C'est ainsi qu'il écrivit à Euphranor et à Ammon une lettre qui donna prise à ses ennemis, et qui leur fournit l'occasion de lui prêter une doctrine qu'il n'enseignait pas. Denys répondit à leur attaque par un ouvrage en quatre livres qu'il intitula : *Réfutation et Apologie*, et qu'il fit accompagner d'une lettre au pape à qui il l'adressait. Il y établit qu'en disant que Jésus-Christ était une créature et qu'il différait du Père en substance, il ne parlait que de la nature humaine; mais que le Fils, quant à la nature divine, est de la même substance que le Père. Denys défendit ensuite la divinité de Jésus-Christ et le dogme de la Trinité contre Paul de Samosate, évêque d'Antioche, qui soutenait que le Père, le Fils et le Saint-Esprit n'étaient qu'une personne, en sorte qu'il n'y avait, à proprement parler, ni Père, ni Fils, ni Saint-Esprit, mais seulement un Dieu. Saint Denys s'opposa à cette nouveauté dès le principe. Il écrivit même à Paul pour l'en dissuader; mais le mal ne cessant point dans Antioche, les évêques s'y réunirent en concile pour travailler à conserver intact le dépôt de la foi. Le saint patriarche, invité à s'y rendre, s'en excusa sur son grand âge et sur la faiblesse de sa santé; mais il écrivit en même temps aux Pères pour rendre témoignage de sa foi sur les questions qui devaient les occuper. En effet, il mourut avant la fin du concile, dans la dix-septième année de son épiscopat, et de Jésus-Christ 264. Ses écrits ne sont point venus jusqu'à nous. Il n'en reste que quelques fragments, avec son *Epître à Basilide*, comprise parmi les anciens canons de l'Eglise grecque, et son *Epître contre Paul de Samosate*, plusieurs fois imprimées, avec une version latine et des scolies ou commentaires. Nous allons nous efforcer de les reproduire par l'analyse.

Lettre à Novatien, aux Romains, etc.—Novatien s'étant fait ordonner évêque de Rome, du vivant même du pape saint Corneille, envoya aussitôt des députés à diverses églises avec des lettres qui leur donnaient avis de son élection. Dans celle qu'il écrivit en particulier au saint docteur, il poussait l'hypocrisie jusqu'à feindre d'avoir été forcé de subir cette ordination. La réponse du patriarche d'Alexandrie est courte, mais pleine de cette force que donne la foi et qui n'exclut pas la charité. En voici à peu près le contenu :

« Si, comme vous le dites, il est vrai que l'on vous ait ordonné malgré vous, vous n'avez qu'un moyen de nous le prouver, c'est de céder volontairement, car vous êtes dans l'obligation de tout souffrir plutôt que de diviser l'Eglise de Dieu. Le martyre enduré pour éviter un schisme vous eût été plus glorieux que celui qu'on souffre dans la persécution, parce qu'alors chacun souffre pour sauver son âme, tandis que vous, vous eussiez offert vos souffrances pour le salut de l'Eglise tout entière. Malgré cela, si vous persuadez aux frères de se réunir, le bien que vous procurerez sera plus grand que la faute que vous avez commise, et, bien loin de vous l'imputer, chacun vous louera de l'avoir réparée. Que vous importe d'être le maître des autres? sauvez votre âme, à quelque prix que ce soit. Je demande au Seigneur qu'il vous donne la santé avec l'amour de la paix. » Saint Jérôme a inséré cette lettre tout entière dans son *Catalogue des Hommes illustres*.

A Fabius d'Antioche.—C'est à Eusèbe que nous sommes redevables de quelques fragments des lettres que saint Denys écrivit à Fabius, évêque d'Antioche. Cet évêque paraissait avoir de l'inclination pour le parti de Novatien et pour sa doctrine, ce qui obligea saint Denys à lui écrire plusieurs lettres sur ce sujet, afin de l'engager, par l'exemple des martyrs dont il racontait les combats, à user d'indulgence envers les tombés. Les martyrs dont il parle sont ceux qui souffrirent à Alexandrie dans une persécution particulière sous le règne de Philippe, et peu de temps après dans celle que l'empereur Dèce suscita contre les chrétiens et qui fut universelle. Le saint patriarche raconte au long l'histoire de ces luttes et de ces combats, les chutes de quelques-uns et les victoires du plus grand nombre, et après tous ces détails, il ajoute, en s'adressant à Fabius :

« Je vous écris tout ceci, mon très-cher frère, pour vous donner une idée de cette persécution dont la violence et la cruauté ne sauraient être bien comprises que par ceux qui l'ont endurée. Au reste, les saints martyrs qui sont assis maintenant à la droite de Jésus-Christ dans son royaume, et qui avec lui jugeront le monde au dernier jour, n'ont pas dédaigné de recevoir ceux qui étaient tombés dans le combat. Ils les ont admis dans leur société, ils ont prié pour, et mangé avec eux, dans la persuasion que leur pénitence pourrait être agréable à celui qui aime mieux la conversion du pécheur que sa mort. Quelle conduite nous conseillez-vous donc de tenir à leur égard? Que devons-nous faire? Suivrons-nous l'avis des martyrs? Confirmerons-nous la sentence qu'ils ont rendue, ou plutôt la grâce qu'ils ont accordée, en traitant ces pénitents avec douceur, ou bien nous établirons-nous les juges des saints? Réviserons-nous leur sentence pour l'annuler, en renversant ce qu'ils ont établi? Ferons-nous injure à leur douceur pour exciter la colère de Dieu? »

Dans une autre lettre au même Fabius, saint Denys lui allègue encore une preuve éclatante de la douceur de l'Eglise envers ceux qui demandaient pénitence, après être tombés dans la persécution. C'est le miracle que Dieu fit en faveur de Sérapion. « Il y avait ici, dit-il, un vieillard fidèle, nommé Sérapion, qui, après avoir passé sans reproches la plus grande partie de sa vie, succomba enfin dans la persécution, et consentit à sacrifier aux faux dieux. Dans la suite, il demandait souvent pardon de sa faute, et personne ne voulait l'écouter; mais plus tard, étant tombé malade, il demeura trois jours sans parole et sans sentiment. Le quatrième, revenu un peu à lui, il appela le fils de sa fille et lui dit : « Jusques à « quand veut-on me retenir ici? Je vous « prie, qu'on se hâte et qu'on me laisse « promptement mourir. Allez, mon fils, ap-« pelez un prêtre. » Et là-dessus il perdit de nouveau la parole. L'enfant courut chercher le prêtre; il était nuit, le prêtre était malade, il ne put venir. J'avais donné ordre que l'on accordât l'absolution aux mourants s'ils la demandaient, afin qu'ils pussent s'en aller avec bonne espérance. Le prêtre remit donc entre les mains de l'enfant une portion de l'Eucharistie, en lui recommandant de la détremper et de la faire couler dans la bouche du vieillard. L'enfant s'en retourna, et avant même qu'il eût pénétré dans la chambre, Sérapion, étant de nouveau revenu à lui, lui dit : « Mon fils, vous voilà donc? « Le prêtre n'a pu venir, accomplissez « promptement ce qu'il vous a ordonné et « me délivrez. » L'enfant détrempa la portion de l'Eucharistie, la fit couler dans la bouche du saint vieillard, qui, après un léger soupir, rendit immédiatement son âme à Dieu. » « N'est-il pas manifeste, conclut saint Denys, que la Providence le conserva jusqu'à ce que l'absolution de sa faute l'eût fait reconnaître comme fidèle, à cause des bonnes œuvres qu'il avait accomplies. » — C'est là tout ce qui nous reste des lettres de saint Denys à Fabius.

Au pape saint Corneille. — Cet évêque d'Antioche mourut au commencement de l'année 252, ce qui nous oblige de placer quelque temps après cette époque la réponse que saint Denys fit au pape Corneille, touchant Novatien et ses erreurs, puisqu'il y était fait mention de la mort de Fabius. Le saint patriarche y témoignait encore qu'Hélénus de Tarse et tous ceux qui s'étaient réunis avec lui à Antioche pour faire cesser la division suscitée dans l'Eglise par le schisme de Novatien, l'avaient prié de se trouver au concile qu'ils y tenaient à ce sujet; que Démètre avait été choisi pour remplacer Fabius sur ce siége pontifical, et que saint Alexandre, évêque de Jérusalem, était mort subitement dans la prison où il était retenu pour la foi. Les fragments conservés par Eusèbe ne nous en apprennent pas davantage sur la correspondance de saint Denys avec le pape saint Corneille. Il est probable qu'il lui avait écrit plusieurs autres lettres qui auront été perdues.

Discours sur la fête de Pâques. — Eusèbe nous a donné un assez long fragment d'un discours que saint Denys fit à son peuple sur la fête de Pâques en 253. Il paraît que la peste qui affligeait l'empire depuis l'an 250 était encore très-violente à cette époque, ce qui n'empêchait pas les chrétiens de passer dans la joie les jours de cette solennité. « Ceux qui ne sont pas chrétiens, dit-il, ne sauraient prendre ce temps-ci pour un temps de réjouissance, et véritablement ce n'en est pas un, ou plutôt, il n'y en a jamais pour eux, car les événements même qui leur paraissent les plus heureux sont toujours des malheurs. Partout l'on n'entend que cris; tout le monde pleure; la ville entière ne retentit que de gémissements et de sanglots; on regrette en même temps les mourants et les morts. On peut dire avec l'Ecriture, lorsqu'elle parle de la mort des premiers-nés d'Egypte, qu'il s'est élevé un grand cri. En effet, il n'y a point de maison qui n'ait des funérailles; et plût à Dieu qu'il n'y eût qu'un mort dans chaque maison. Cette maladie pour nous a été précédée d'autres disgrâces. On nous a chassés de nos maisons, mais nous n'avons pas pour cela négligé de célébrer les jours de fête. Tous les lieux où nous avons souffert, les champs, les déserts, les vaisseaux, les hôtelleries, les prisons nous ont servi de temples pour y faire nos assemblées, et il n'y en a point parmi nous qui aient célébré la fête avec plus de joie, que ceux dont la charité a été consommée par le martyre et qui ont été admis au festin du ciel. La persécution a été suivie de la guerre et de la famine; nous avions été seuls à supporter le premier de ces fléaux; nous avons partagé les deux autres avec les infidèles et les païens; mais la persécution finie, nous avons été consolés par la paix que le Seigneur nous a donnée. Nous avons respiré un peu de temps avec eux, après que la guerre et la famine eurent cessé; mais alors est arrivée la peste, qui, pour eux, a été de tous les fléaux le plus terrible; jamais catastrophe ne pouvait les effrayer davantage. Pour nous, nous n'y avons vu, comme dans tous les autres maux, qu'un sujet d'épreuve et un nouvel exercice ménagé à notre vertu. Quoiqu'elle semble les avoir décimés de préférence, cependant elle ne nous a pas épargnés non plus. Plusieurs de nos frères, à qui la charité fit oublier le soin de leur propre conservation, sont morts auprès du lit des malades qu'ils assistaient par amour pour Jésus-Christ. En se chargeant des douleurs des autres, ils les ont guéris et ils sont morts eux-mêmes. Parmi ceux qui ont été enlevés de la sorte, quelques-uns étaient prêtres, d'autres diacres, et un grand nombre de pieux chrétiens parmi les hommes du peuple. Ce genre de mort a son mérite particulier, que l'ardeur de la piété et la fermeté de la foi ne rendent guère inférieur à celui du martyre. Après avoir tenu les corps des saints entre leurs bras, leur avoir fermé la bouche et les yeux, les avoir portés sur leurs épaules, les avoir embrassés et baisés, les avoir lavés et parés de leurs meilleurs habits, ils ont reçu peu de temps après les mêmes devoirs par d'autres qui ont imité leur zèle et leur charité. Les païens ont gardé une conduite tout opposée. Dès que quelqu'un des leurs était frappé de la maladie, ils le chassaient; ils fuyaient jusqu'à la présence de leurs proches, les jetaient à demi morts dans les rues et laissaient leurs corps sans sépulture, dans la crainte de gagner un mal qu'ils n'ont pu cependant éviter. »

Écrits contre Népos. — L'Égypte était depuis longtemps infectée de l'erreur des millénaires. Comme nous l'avons dit plus haut, le principal auteur de ce mal était un évêque de cette province nommé Népos, homme d'ailleurs recommandable par la grandeur de sa foi, son ardeur pour le travail, son application à étudier les Écritures, et l'élévation poétique des hymnes qu'il avait composées à la louange du Seigneur. À force de prendre à la lettre les promesses des saints Livres, il les expliquait d'une manière basse et charnelle, prétendant que Jésus-Christ ne régnerait sur la terre que pendant mille ans, et qu'après ce temps, les saints jouiraient de tous les plaisirs du corps. Il s'appuyait principalement sur l'*Apocalypse* de saint Jean, et il avait composé sur ce sujet un livre intitulé : *La réfutation des allégoristes.* Saint Denys d'Alexandrie y répondit par un traité divisé en deux livres, et qu'il intitula : *Des promesses.* On voit, par le peu de fragments qui nous en restent, que le saint docteur y parlait à quelqu'un en particulier, peut-être même à celui qui l'avait instruit de la division causée par l'erreur de Népos; car quoique cet évêque fût mort, plusieurs étaient restés attachés à ses opinions, et faisaient tant de cas de ses écrits, qu'ils en regardaient la doctrine comme un mystère sublime et profond. Dans son premier livre, saint Denys prouvait la vérité du sentiment catholique; dans le second, il traitait de l'*Apocalypse*, et faisait voir que Népos l'invoquait à faux pour établir ses erreurs. Il disait entre autres choses : « Je reçois Népos et je l'aime à cause de sa foi, de son amour pour le travail, de son application à l'Écriture, et surtout à cause des cantiques qu'il a composés et qui font encore aujourd'hui la consolation de nos frères. Je le vénère plus encore depuis qu'il a quitté la vie, mais j'aime et j'honore la vérité par-dessus tout. S'il était présent, et s'il n'enseignait que de vive voix, la simple conversation suffirait pour le convaincre; mais en mourant il a laissé un écrit qui semble à quelques-uns très-convaincant, et il y a des docteurs qui, accoutumés à ne tenir compte ni de la loi ni des prophètes, et à ne s'attacher ni à l'Évangile ni aux écrits des apôtres, prêchent la doctrine de ce livre comme un grand mystère. Ils ne permettent point aux plus simples d'entre nos frères d'avoir des pensées hautes du glorieux avénement de Notre-Seigneur, ni de notre résurrection, ni de notre ressemblance avec lui; au contraire, ils leur apprennent à n'espérer, dans le royaume de Dieu, que des jouissances petites, périssables et semblables à celles de la vie présente. C'est ce qui nous oblige à parler de Népos comme s'il était présent pour nous répondre. »

Saint Denys ajoutait : « Lorsque j'étais dans le canton d'Arsinoë, où, comme on sait, cette doctrine a réussi pendant longtemps à diviser les Églises, j'assemblai les prêtres et les docteurs, et, en présence des chrétiens venus des villages et des bourgs, je les priai d'examiner publiquement la matière; mais tous me proposaient ce livre comme une forteresse invincible. Je m'assis donc au milieu d'eux trois jours de suite, et du matin au soir je m'efforçai d'analyser cet écrit. J'admirai en cette occasion la droiture de ces frères, leur amour pour la vérité, leur facilité à me suivre, et leur rare intelligence. Avec quel ordre et quelle douceur nous nous adressions réciproquement les objections et les réponses; comme nous convenions de plusieurs points d'une vérité évidente, sans vouloir nous obstiner à soutenir avec contention ce que nous avions une fois jugé vrai. Nous faisions bien des efforts pour appuyer nos sentiments, mais s'ils nous semblaient détruits par des raisons plus fortes, nous n'avions point de honte d'en changer. Nous recevions sans dissimulation et avec des cœurs simples devant Dieu ce qui était établi par les saintes Écritures. Enfin Coracion, qui était le chef et le docteur de cette opinion, nous protesta, en présence de tous les frères, qu'il ne s'y arrêterait plus, et que bien loin de l'enseigner, il n'en parlerait ni n'en ferait aucune mention, et tous les frères qui étaient présents se réjouirent de cette promesse qui s'accordait si bien avec les sentiments de leur cœur. »

Saint Denys traitait ensuite de l'autorité de l'*Apocalypse*, le grand point d'appui sur lequel les millénaires établissaient leur doctrine. Quelques-uns de ses prédécesseurs avaient rejeté ce livre, parce qu'ils n'y trouvaient ni sens, ni raisonnement; qu'ils en croyaient l'inscription fausse, et qu'ils la regardaient comme l'œuvre de l'hérésiarque Cérinthe. « Pour moi, ajoutait-il, je n'ose rejeter ce livre dont nos frères font tant de cas; mais j'estime qu'il est au-dessus de ma capacité, et je suis persuadé qu'il contient une doctrine cachée et merveilleuse. Car quoique je n'en entende point les paroles, je juge néanmoins qu'elles renferment de grands sens sous leur obscurité et leur profondeur; je ne les mesure pas par ma raison particulière, je donne plus à la foi, et loin de condamner ce que je n'entends pas, ce m'est plutôt un motif de l'admirer. »

Enfin, saint Denys examinait tout le livre de l'*Apocalypse*, et après avoir montré qu'on ne pouvait l'entendre selon le sens que l.s paroles présentaient à l'esprit, il ajoutait : « Je ne nie pas que l'auteur de ce livre s'appelle Jean; j'avoue qu'il est l'ouvrage de quelque saint homme inspiré par l'esprit de Dieu, mais je ne demeurerai pas aisément d'accord qu'il ait été écrit par l'apôtre, fils de Zébédée, frère de Jacques, auteur de l'Evangile et d'une épître canonique. Il rapportait ensuite les raisons qui l'empêchaient de croire que l'*Apocalypse* fût de l'apôtre saint Jean ; il se disait persuadé que le véritable auteur avait pris le nom de Jean par amour pour la personne de cet apôtre, par admiration pour ses vertus, et par le désir d'être comme lui le bien-aimé du Seigneur, comme nous voyons, disait-il, les enfants des fidèles prendre souvent les noms de Pierre et de Paul par respect pour ces grands apôtres. »

On croit généralement que c'est de ces deux livres contre Népos que saint Jérôme a voulu parler lorsqu'il a dit que saint Denys avait écrit contre saint Irénée un ouvrage très-élégant, où il se moquait des fables des millénaires. Il y a toute apparence aussi que Théodoret parle des mêmes livres quand il dit que le saint patriarche avait réfuté Cérinthe, auteur de ces rêveries. Nous ne voyons nulle part qu'Eusèbe fasse mention d'autres livres, et il n'y a point de raison d'en supposer d'autres que ceux qu'il écrivit contre Népos. Apollinaire l'hérésiarque, qui avait embrassé le parti des millénaires, en prit la défense dans deux volumes qu'il composa pour répondre aux écrits de saint Denys sur cette matière.

A saint Etienne, pape. — Dans l'année 256, les Eglises d'Orient s'étant réunies pour combattre le schisme de Novatien, saint Denys en donna avis au pape saint Etienne en ces termes : « Sachez, mon frère, que toutes les Eglises répandues dans l'Orient et dans les autres pays plus éloignés encore, après avoir été longtemps séparées, se sont réunies, et que les évêques, au nombre desquels je vous citerai en particulier Démétrien d'Antioche, Théoctiste de Césarée, Mozabane, successeur d'Alexandre sur le siége de Jérusalem, Marin de Tyr, Héliodore de Laodicée, Firmilien de Cappadoce, et les autres de la même province, éprouvent une joie indicible de la paix qui vient d'être rendue à l'Eglise contre leur attente, et n'ont plus qu'un même sentiment. L'Arabie et la Syrie que vous avez soulagées par vos aumônes et consolées par vos lettres ; la Mésopotamie, le Pont, la Bythinie et toutes les provinces, se réjouissent et louent le Dieu de la paix, à cause de l'union qu'il a rétablie entre les frères. »

Le saint patriarche écrivit encore au même pontife plusieurs lettres sur le baptême des hérétiques, question qui s'agitait alors avec beaucoup de chaleur ; mais ces lettres sont perdues, de même que les réponses de saint Etienne sur le même sujet. Tout ce que nous savons, c'est qu'il y priait le saint pape de traiter avec beaucoup de douceur et de modération une question de cette importance, et de ne pas séparer aisément de sa communion ceux des évêques qui persistaient à rebaptiser.

Au pape saint Sixte. — Nous retrouvons la même recommandation exprimée dans une lettre au pape saint Sixte. « Considérez, je vous prie, lui dit-il, l'importance de cette affaire. J'apprends qu'il a été ordonné dans de grands conciles que les hérétiques qui reviendraient à la foi de l'Eglise seraient d'abord mis au rang des catéchumènes, et qu'ils seraient ensuite lavés de leur venin dans l'eau du baptême. J'écrivis au saint pontife Etienne, en le priant pour eux tous ; et ensuite j'en adressai quelques mots à nos chers confrères, les prêtres Denys et Philémon, qui partageaient son avis, et qui m'avaient consulté sur la même matière ; aujourd'hui, je leur écris plus au long. »

Dans la même lettre saint Denys donnait avis au pape saint Sixte de la naissance d'une nouvelle hérésie dont l'auteur était Sabellius. « Il s'est élevé, dit-il, à Ptolémaïde dans la Pentapole, une doctrine véritablement impie, pleine de blasphèmes contre Dieu le Père, tendant à détruire la foi à son Fils unique, le premier-né de toutes créatures, et à rejeter l'existence et la divinité du Saint-Esprit. On m'a écrit de part et d'autre sur ce sujet ; j'en ai conféré avec plusieurs de nos frères qui sont venus m'en parler, et j'ai écrit sur ce point quelques lettres dans lesquelles, avec le secours de Dieu, je crois avoir traité assez dogmatiquement la question ; je vous en envoie des copies. »

Dans une autre lettre, adressée au même saint Sixte, sur la question du baptême, après avoir traité beaucoup de points agités par les hérétiques, il rapporte cette histoire remarquable arrivée de son temps. « Mon frère, lui dit-il, j'ai besoin de vous consulter sur un cas qui vient de se produire parmi nous, et sur lequel je vous demande votre sentiment, car j'ai peur de me tromper. Un de nos frères, qui passe pour un des plus anciens fidèles, puisqu'il était dans notre communion, dès avant mon ordination, et je crois même avant celle du bienheureux Héracle, mon prédécesseur, ayant assisté depuis peu au baptême de plusieurs personnes, et ayant entendu les interrogations et les réponses qui s'y faisaient, est venu me trouver, puis, se jetant à mes pieds, il m'a juré avec larmes que le baptême qu'il a reçu chez les hérétiques n'est point tel que le nôtre, mais au contraire accompagné d'impiétés et de blasphèmes. Il sentait, disait-il, de grands remords en son âme, et n'osait lever les yeux, tant il était frappé de l'impiété des actions et des paroles qui avaient accompagné son baptême. C'est pourquoi il sollicitait avec instances cette ablution pure qui devait lui ouvrir les portes de l'Eglise et les sources de la grâce. Je n'ai pas osé le faire, ajoute saint Denys ; je lui ai dit que c'était assez que depuis longtemps il eût joui de la communion de l'Eglise. En effet, après qu'il a entendu les paroles de l'Eucharistie, et répondu *Amen* avec les autres ; après qu'il s'est présenté debout à la table, qu'il a tendu ses mains pour recevoir la sainte nourriture, et qu'il a participé au corps et au sang de Notre-Seigneur Jésus-Christ pendant tant d'années, je n'oserais recommencer à l'initier de nouveau, comme s'il n'avait rien reçu. Mais je l'ai exhorté à prendre courage et à s'approcher avec une foi vive et une ferme espérance de la participation aux saints mystères. Cependant, il ne cesse point de s'affliger; il tremble de s'approcher de la table sainte, et c'est à peine si on peut lui persuader d'assister aux prières. »

Enfin, de concert avec son peuple, saint Denys adressa encore au pape saint Sixte et à toute l'Eglise romaine, une lettre dans laquelle il traitait au long la question du baptême. Eusèbe ne nous a rien conservé de cette lettre. Il ne dit pas non plus quel était le sentiment de saint Denys au sujet du baptême des hérétiques; s'il suivit le parti de saint Cyprien, comme l'assure saint Jérôme, ou si, comme le dit saint Basile, il tenait pour valide le baptême même des Montanistes et des Pépuzéniens, condamné depuis par le septième canon du premier concile de Constantinople. S'il faut en juger par les fragments qui nous restent de ses lettres, il semble plutôt avoir suivi le sentiment de saint Etienne, mais sans oser condamner celui des autres, et même sans approuver toujours la manière dont ce pape se conduisit à leur égard. Pour exprimer notre pensée, il paraît s'être posé comme médiateur en cette affaire, pour maintenir la paix partout, et faire auprès d'Etienne et de Sixte ce qu'avait fait saint Irénée auprès du pape Victor dans la question de la Pâque.

A saint Denys de Rome. — Nous avons vu plus haut que le saint patriarche avait fait réponse aux lettres que les prêtres Denys et Philémon lui avaient écrites sur la question du baptême. Dans celle à saint Denys de Rome, dont il ne nous reste que peu de chose, il l'appelait un homme admirable et d'une grande doctrine, et parlait de Novatien en ces termes : « C'est avec raison que nous l'avons en horreur, lui qui a déchiré l'Eglise, entraîné plusieurs de ses frères dans l'impiété et le blasphème, introduit une doctrine sacrilége en refusant à Dieu le pouvoir de pardonner aux pécheurs; lui qui substitue une dureté impitoyable à l'extrême bonté de Jésus-Christ, qui rejette et anéantit le bain sacré du baptême, qui ruine la foi à la rémission des péchés par la confession que l'on nous oblige de reconnaître avant de recevoir ce sacrement, et qui chasse pour jamais l'Esprit-Saint de l'âme des tombés, bien qu'il y ait encore quelque lien de croire qu'il est resté en eux, ou tout au moins d'espérer qu'il y retournera bientôt. »

A Philémon. — Eusèbe nous a conservé quelque chose de plus de la lettre à Philémon, entre autre, ce que nous avons dit ailleurs de la vision qu'eut sant Denys à propos des livres hérétiques, et dans laquelle il lui fut dit de lire tout ce qui lui tomberait entre les mains. Il remarque encore que le saint évêque, après avoir traité de toutes les hérésies, ajoutait : « J'ai reçu cette règle de notre bienheureux père Héracle. Il n'admettait jamais à sa communion ceux qui revenaient de quelque hérésie, après s'être séparés de l'Eglise ou en avoir été chassés pour avoir en secret prêté l'oreille aux auteurs des mauvaises doctrines, qu'ils n'eussent auparavant rapporté publiquement tout ce qu'ils avaient entendu dire aux ennemis de la vérité. Alors il les recevait sans les baptiser de nouveau, ne jugeant pas que cette précaution fût nécessaire, puisque depuis longtemps déjà ils avaient reçu le Saint-Esprit. » — Eusèbe ajoute que saint Denys, après après avoir amplement examiné la question du baptême, concluait ainsi sa lettre à Philémon : « Ce ne sont pas seulement les Africains qui, de nos jours, ont introduit cette coutume : il y a longtemps déjà que l'on a fait des décrets semblables dans les synodes de nos frères, à Icone, à Synnade et en plusieurs autres lieux. Or je ne puis prendre sur moi de perpétuer les disputes et les querelles en renversant leurs sentiments. Car il est écrit : *Vous ne remuerez point chez votre voisin les bornes que vos ancêtres ont posées.* »

Saint Denys écrivit encore à saint Denys de Rome, au sujet de Lucien, qu'on croit avoir été élu évêque de Carthage, vers l'an 259, mais on ignore entièrement ce que cette lettre pouvait contenir.

Réponse aux calomnies de Germain. — Il nous reste un assez long fragment de sa lettre à Germain, évêque d'Egypte, qui s'était efforcé de jeter de l'odieux sur la conduite tenue par le saint patriarche d'Alexandrie pendant la persécution de Valérien. Il y témoigne en général avoir beaucoup souffert dans toutes les persécutions qui ont sévi de son temps, puisqu'il a été condamné par plusieurs sentences des païens, puisque tous ses biens ont été vendus publiquement, et, qu'après avoir été proscrit, on lui a ravi encore tout ce qu'il avait; puisqu'au lieu des plaisirs et des honneurs du siècle dont il aurait pu jouir, il s'est vu menacé des dernières extrémités. Le peuple a demandé publiquement sa tête; persécuté de tout le monde et obligé d'errer de tous côtés, il a couru les plus grands dangers et enduré toutes les fatigues et toutes les douleurs imaginables. « Et cependant, dit-il, où a été Germain? Qu'a-t-on dit de lui? Mais je m'oublie, et j'ai honte de cet excès de folie dans lequel il me fait tomber; je laisse à mes frères, qui en ont la connaissance, le soin de raconter en détail tout ce qui m'est arrivé. » Nous avons rapporté ailleurs ce que le saint dit dans cette lettre du témoignage qu'il rendit à la vérité, avec quelques chrétiens d'Alexandrie, devant le gouverneur Emilien.

Eusèbe joint à la lettre contre Germain celle que saint Denys écrivit à Damice et à Didyme, et dans laquelle il leur donnait avis que, pendant la persécution de Dèce, des personnes de tout âge et de toute condition, des hommes, des femmes, des enfants, des vieillards, des jeunes filles et des veuves fort âgées, des soldats et de simples particuliers, les uns déchirés à coups de fouets, les autres percés à coups d'épées, un grand nombre brûlés, avaient tous remporté la couronne du martyre. « Un long espace de temps, ajoutait-il, n'a pas été suffisant à quelques-uns pour les rendre agréables à Dieu; je me suis trouvé de ce nombre. Le Seigneur qui dit : *Je vous ai exaucé dans un temps propre, et je vous ai secouru au jour du salut,* m'a réservé pour un temps que je ne connais pas. »

Lettres pascales. — Outre cette lettre de saint Denys à Damice et à Didyme qui paraissent avoir été deux frères ou au moins deux amis unis de la plus étroite amitié, il leur en écrivit une autre qui contenait un cycle de huit années, et démontrait qu'on ne doit célébrer la Pâque qu'après l'équinoxe du printemps. Il écrivit sur le même sujet à Flavius, mais ces deux lettres sont perdues, ainsi que celles qu'il adressa dans le même temps aux prêtres d'Alexandrie et à quelques autres personnes qu'Eusèbe oublie de nommer. La seule qui nous reste de cette époque est celle qu'il écrivit à Basilide, évêque de la Pentapole, qui l'avait consulté sur plusieurs points de discipline. Le principal était de savoir à quelle heure on pouvait rompre le jeûne le jour de Pâques. Quelques-uns étaient d'avis qu'il fallait attendre le chant du coq, après avoir passé tout le samedi sans manger, et tel était l'usage de l'Eglise de Rome. En Egypte, on rompait le jeûne plutôt, c'est-à-dire dès le soir du samedi. Avant de répondre, saint Denys pose pour principe que l'on ne doit commencer la fête et célébrer la joie pascale qu'au temps de la résurrection de Notre-Seigneur Jésus-Christ. Il ajoute qu'il est difficile de déterminer l'heure précise de cette résurrection, soit parce que les Evangélistes ne l'ont point marquée, soit parce qu'ils se sont exprimés différemment sur l'heure à laquelle les saintes femmes se présentèrent au sépulcre. Saint Matthieu dit le soir du samedi; saint Jean, le matin comme il faisait encore nuit; saint Luc, à la pointe du jour; et saint Marc, le soleil étant déjà levé. Il fait voir néanmoins qu'on peut facilement les concilier, puisque tous s'accordent à mettre la résurrection de Jésus-Christ le dimanche avant le jour. Il répond ensuite : « Ceci posé, nous déclarons à ceux qui veulent savoir précisément à quelle heure, quelle demi-heure, quel quart d'heure il faut commencer la joie pascale, que nous blâmons l'intempérance de ceux qui se hâtent trop et qui rompent le jeûne, dès qu'ils voient approcher minuit, que nous louons le courage de ceux qui tiennent ferme jusqu'à la quatrième veille, quoique nous n'inquiétons pas cependant ceux qui se reposent selon leur besoin. Aussi bien, ajoute-t-il, tous n'observent pas également les six jours de jeûne. Il y en a qui les passent tous sans manger; d'autres en passent deux, d'autres trois, d'autres quatre, et d'autres pas un. Ceux qui ont poussé le jeûne le plus loin et qui ensuite se trouvent faibles et presque défaillants, méritent qu'on leur pardonne, s'ils mangent plus tôt. Quant à ceux qui non-seulement n'ont point continué le jeûne, mais n'ont pas même jeûné, qui ont fait bonne chère pendant les quatre premiers jours, et qui, venant ensuite aux derniers, c'est-à-dire au vendredi et au samedi, les passent sans manger et croient s'imposer un grand sacrifice d'attendre jusqu'à l'aurore; je ne crois pas que leur combat les rende égaux à ceux qui se sont exercés pendant plusieurs jours. »

Basilide demandait encore, si l'on devait permettre l'entrée de l'église et la participation des saints mystères aux femmes nouvellement accouchées, ou à celles qui souffraient de leurs incommodités ordinaires. Saint Denys répond qu'il ne croit pas qu'une personne de piété ose s'approcher en cet état de la table sainte, ni toucher le corps et le sang du Seigneur, qu'on ne doit recevoir que lorsqu'on est pur et par l'âme et par le corps. Il prescrit sur la continence que les personnes mariées doivent observer en certain temps les mêmes règles que saint Paul. Quant à ceux à qui il serait survenu pendant le sommeil quelque impureté involontaire, il laisse à leur conscience de s'abstenir des saints mystères ou de les fréquenter. Il conclut ainsi sa lettre : « Vous nous avez fait ces questions, mon cher fils, non par ignorance, mais pour nous faire honneur et entretenir ainsi la concorde; et moi j'ai déclaré ma pensée, non en maître, mais avec la simplicité qu'il convient de garder entre nous. » — L'humilité le faisait parler ainsi, car en effet son autorité était très-grande en Orient, et par la dignité de son siége, et par son âge, et par la gloire d'une confession qui avait fait également ressortir sa science et sa vertu. Aussi cette lettre a-t-elle toujours été comptée au nombre des canons ou règles de discipline de l'Eglise d'Orient. C'est d'elle que parlent les pères du concile appelé *In Trullo*, quand il disent qu'ils reçoivent les canons de saint Denys d'Alexandrie.

Autres lettres pascales. — Les troubles qui agitaient la ville d'Alexandrie, en 260, étaient si grands que, pour remplir ses devoirs de pasteur, le saint pontife ne pouvait communiquer que par lettres avec les fidèles de sa ville épiscopale. C'est ainsi qu'il écrivit, pour l'an 261, une lettre pascale au peuple d'Alexandrie, comme s'il se fût trouvé relégué dans quelque province éloignée. Nous n'avons plus cette lettre, mais il nous reste quelques fragments d'une autre lettre pascale qu'il écrivit quelque temps après à Hiérax, évêque d'Egypte, pour l'année 262, et dans laquelle il lui décrivait, en ces termes, l'état pitoyable de la ville d'Alexandrie : « Il ne faut pas s'étonner si j'ai peine à m'entretenir par lettres avec ceux qui sont éloignés de moi, puisqu'il m'est même difficile de m'entretenir avec moi-même, et de vaquer à mes propres affaires. Pour parler à mes frères, aux fidèles de mon église, qui habitent dans ma ville, ou plutôt qui sont mes propres entrailles et qui ne font qu'une seule âme avec moi, il faut que je leur écrive, et que je trouve encore le moyen de leur faire parvenir mes lettres. Il est plus aisé, je ne dis pas de passer aux extrémités de la province, mais de voyager de l'Orient jusqu'au fond de l'Occident, que d'aller d'un quartier d'Alexandrie à l'autre. La grande place est plus déserte que cette affreuse solitude que les Israélites ne purent traverser qu'en deux générations. Le port est une image de la mer qui se divisa autrefois à la parole de Moïse, et qui, après avoir servi comme de chemin pour donner passage au peuple de Dieu, enveloppa au milieu des flots les Egyptiens qui y étaient entrés; car il est devenu aussi rouge qu'elle par le sang qui y a été répandu. Le fleuve qui arrose la ville a paru dans un temps aussi sec que le désert où les Israélites furent si pressés de la soif, s'élevèrent contre Moïse, jusqu'à ce que Dieu, par un effet de sa puissance, fît sortir du rocher une source d'eau vive pour les désaltérer. En d'autres temps il est sorti de ses rives avec tant d'impétuosité, qu'il a inondé les chemins et les terres et semblé nous menacer d'un second déluge. Aujourd'hui, rempli de corps morts, ses eaux ressemblent à celles que Moïse changea en sang, en présence de Pharaon et de toute sa cour. De quelle eau peut-on se servir pour purifier celle qui sert elle-même à purifier les autres choses?... Les exhalaisons de la terre, les vapeurs des fleuves, les vents de la mer, les brouillards des ports, portent partout la corruption que les éléments ont tirée des cadavres dont ils sont couverts. Faut-il s'étonner après cela des maladies contagieuses et des morts subites qui nous affligent. A partir de l'enfance jusqu'à la décrépitude, il y a moins de citoyens aujourd'hui dans Alexandrie qu'il n'y avait autrefois de vieillards; on n'inscrivait autrefois sur les rôles de l'assistance publique que les personnes de quarante à soixante-dix: aujourd'hui on y comprend depuis les enfants de quatorze ans jusqu'aux vieillards qui en ont quatre-vingts, et les registres se trouvent encore moins remplis qu'ils n'étaient alors. Ceux qui ne sont encore que dans un âge ordinaire paraissent vieux, tant ils sont abattus de misères et de maladies. Comment ne tremblerait-on pas, quand on voit de jour en jour croître les maladies et diminuer le nombre des hommes? »

A Hermammon et à Théoctène. — L'an 262, la mort de Marcien ayant rétabli le pouvoir de l'empereur Galien en Orient, ce prince écrivit à Denys, à Pinna, à Démétrius et aux autres évêques d'Egypte, pour leur permettre de rentrer dans tous les lieux destinés au culte chrétien, d'où la persécution les avait chassés. Nous rapportons à la même année la lettre de saint Denys à Hermammon et aux autres fidèles d'Egypte, et celle qu'il écrivit à Théoctène, successeur de Domnus sur le siége de Césarée, en Palestine. Il faisait, dans celle-ci, l'éloge d'Origène, mort depuis environ dix ans, et dont Théoctène avait été le disciple. Dans l'autre, il marquait les crimes de Dèce et de ses successeurs; il rappelait comment Galien avait été proclamé empereur par la voie de tout le monde; il le bénissait de la paix dont l'Eglise jouissait sous son règne, et proclamait heureux le temps auquel il écrivait. « Les impies autrefois si célèbres, s'écriait-il, se sont évanouis, et c'est dans la neuvième année du règne de notre empereur très-religieux et très-aimé de Dieu qu'il nous est donné de célébrer la fête. »

Lettre pascale aux fidèles d'Egypte. — On ne sait si la fête, dont il est question dans l'article précédent, était celle de Pâques, ou quelque fête particulière indiquée pour rendre grâces à Dieu de la paix qu'il venait de rendre à l'Egypte. On ne sait pas davantage si la lettre à Hermammon, dont nous venons de parler, était une lettre pascale. Eusèbe ne s'explique point là-dessus, mais il marque une lettre de ce genre, adressée par saint Denys aux fidèles répandus dans l'Egypte, et il ajoute qu'il en écrivit encore plusieurs autres. Il lui attribue aussi une lettre touchant le Sabbat, et une autre sur la manière de s'exercer à la vertu; il rappelle enfin quelques discours assez longs, mais écrits en forme de lettres, dont un, adressé à Euphranor, traitait des tentations; dans les autres, intitulés : *De la Nature*, et adressés à Timothée, il réfutait les atomes de Démocrite et d'Epicure, et marquait assez clairement que son dessein était de montrer toute la fausseté des opinions des philosophes sur la nature, et de faire voir qu'elle n'a point d'autre auteur que Dieu. Nous n'avons plus ce discours en entier, mais Eusèbe nous en a conservé de longs extraits dans son quatorzième livre de la *Préparation évangélique*. Pour prouver que Dieu a fait tout ce qui est dans le monde, et que rien ne s'est opéré par le concours fortuit des atomes, saint Denys apporte, pour exemple, ce qui se fait tous les jours pour le bien-être et les commodités de la vie, les étoffes, les maisons, les vaisseaux, et se demande s'il est possible que de si beaux ouvrages, composés de tant de parties si bien combinées, se fassent sans le secours d'un ouvrier. Il en tire des conséquences pour l'admirable construction de l'univers, la structure du corps humain, l'étendue des connaissances de l'âme, l'arrangement et le cours des astres.

Ecrits contre Sabellius. — Il nous reste quelques passages des lettres que saint Denys écrivit contre l'hérésie de Sabellius. Il y en avait une adressée à Ammon, évêque de Bérénice, dans la Pentapole; une à Thélesphore, une à Euphranor, une à Ammon et à Eupor. Nous avons aussi plusieurs passages considérables des quatre livres que saint Denys composa pour se défendre des faux soupçons qu'on avait donnés sur sa foi au pape saint Denys. Il y répondait à toutes les paroles qu'on avait produites contre lui, et particulièrement à celles tirées de sa lettre à Ammon et à Euphranor. Sans rien rétracter de ce qu'il y avait avancé, il fait voir que ses détracteurs avaient donné à ses paroles un sens qu'elles n'avaient pas; qu'ils les avaient tronquées en les séparant de la suite de son discours. — Saint Athanase, de qui nous apprenons toutes ces circonstances, ajoute que saint Denys, après avoir réfuté dans ses autres écrits l'hérésie de Sabellius, avait montré dans celui-ci la pureté de sa foi. Aussi saint Basile qui, dans ses lettres, avait parlé désavantageusement de la doctrine de saint Denys sur la Trinité, trouva, après avoir lu son *Apologie au pape*, qu'il parlait sur ce point d'une manière si catholique, que son autorité et ses paroles lui servirent à lui-même pour prouver la divinité du Saint-Esprit. Elles montrent également que saint Denys pensait sainement de la divinité du Père et du Fils, puisqu'il rend à chaque personne de la Trinité une gloire égale. Il dit encore, en parlant du Fils, que, quoiqu'il tienne son être du Père, il lui est néanmoins coéternel, puisqu'il est la splendeur de sa lumière; ce qu'il rend sensible par l'exemple du soleil et de sa clarté, qui sont simultanés et indivisibles. Jésus-Christ a toujours été le Verbe, la Sagesse et la Vertu de Dieu; or, comme il n'y a point de temps où Dieu n'ait été Père, et où le Père n'ait été éternel, de même il n'y a point de temps où le Fils ne soit éternel. Il dit du Saint-Esprit qu'il est inséparable du Père et du Fils, comme le Père et le Fils sont inséparables l'un de l'autre, et reconnaît dans la Trinité l'indivisibilité de substance. Saint Denys avoue qu'il ne s'est point servi du terme *consubstantiel*, parce que, dit-il, il ne se trouve point dans l'Écriture; mais il soutient que s'il n'a point employé ce terme, il a reproduit la doctrine qu'il signifie, et prouvé, par plusieurs arguments, que le Fils est un en substance avec le Père; que le Fils est dans le Père, et le Père dans le Fils; que le Fils n'est point une créature et n'a été fait que selon la nature humaine; qu'il est le Fils de Dieu, non par adoption, mais par nature, et que, quoique le Père et le Fils soient distingués l'un de l'autre, cependant ils ne sont qu'un en substance. Saint Athanase trouvait cette doctrine si bien établie dans les écrits de saint Denys, qu'il permet aux Ariens de parler en tout comme ce saint patriarche, pourvu qu'en même temps ils enseignent ce qu'il a enseigné touchant la consubstantialité et l'éternité du Fils.

Écrits contre Paul de Samosate. — L'an 264, les évêques assemblés à Antioche contre Paul de Samosate, avaient invité saint Denys à se réunir à eux, mais le saint patriarche ne l'ayant pu à cause de son grand âge, leur écrivit une lettre d'excuses, qui contenait en même temps le témoignage de sa foi sur les articles contestés par le nouvel hérésiarque. Nous n'avons plus cette lettre, et tout ce que nous en savons, c'est qu'elle était adressée à l'Église d'Antioche et non à Paul, à qui il ne donnait pas même un salut de civilité. L'estime que le concile fit de cette lettre l'engagea à la rendre publique, en l'envoyant à toutes les provinces. On croit que c'est à cette lettre que fait allusion saint Jérôme, quand il dit que le saint évêque d'Alexandrie, peu de jours avant sa mort, écrivit une lettre insigne contre Paul de Samosate. Théodoret fait mention d'une autre lettre, du même saint, aux évêques assemblés à Antioche, pour les exciter à défendre la vérité avec un zèle généreux. Il en cite encore une à Paul de Samosate, dans laquelle le saint lui faisait, sur son erreur, les remontrances convenables. Mais ni l'une ni l'autre ne sont venues jusqu'à nous. Nous ne croyons pas que la lettre à Paul de Samosate, dont parle Théodoret, soit celle que l'on a imprimée sous le nom de saint Denys dans la *Bibliothèque des Pères* et dans le *Recueil des Conciles*, et qui paraît avoir été inconnue avant que Turrien l'eût fait imprimer à Rome, en 1608. Le style n'a rien de la noblesse de celui de saint Denys; il est bas, diffus, embarrassé; les preuves en sont faibles, et les applications de l'Écriture peu heureuses; l'auteur même ne paraît pas très au courant de la matière qu'il traite. Du reste, cette lettre contient dix objections de Paul de Somasate contre la divinité de Jésus-Christ, avec des réponses à chacune de ces objections. Dans la réponse à la quatrième, l'auteur marque assez clairement qu'il croit à la transsubstantiation et au changement du vin au corps de Jésus-Christ.

Nous ne dirons rien de deux lettres que Lambécius a attribuées à saint Denys sur la foi d'un manuscrit de la Bibliothèque impériale; l'une adressée à un moine nommé Théodose, et l'autre à Ursinuphius Lecteur: on convient que ces deux pièces ne sont point de saint Denys, mais de saint Isidore de Péluse, sous le nom duquel elles ont été imprimées dans le recueil complet de ses œuvres. On regarde aussi comme supposé l'ouvrage qu'Anastase le Sinaïte prête à saint Denys contre Origène, dont il a toujours été le panégyriste et le défenseur, même après sa mort. Il serait à souhaiter, pour le bien de l'Église, qu'au lieu des écrits qu'on a supposés à saint Denys, on recouvrât ceux qui sont véritablement de lui, surtout ses lettres, qui, au jugement d'Eusèbe, étaient d'une grande utilité et se trouvaient par cette raison entre les mains d'un grand nombre de personnes.

Quoi qu'il en soit, il est facile de se convaincre, par ce qui nous en reste et par les quelques fragments que nous possédons de ses autres ouvrages, que le saint patriarche d'Alexandrie était doué d'un génie élevé, d'une érudition profonde, et d'une connaissance exacte du dogme et de la discipline de l'Église. Il était modeste dans ses sentiments, persuasif dans ses discours, plein de zèle pour l'honneur de la religion, la pureté de la foi, la paix et l'unité de l'Église. Les plus judicieux critiques de l'antiquité ont également admiré en lui l'érudition du siècle et la science des Écritures; tous se sont accordés à le reconnaître pour un homme très-éloquent, et, parmi les défenseurs de l'Église, un des plus savants et des plus illustres par sa doctrine.

DENYS (Saint), pape. — Les premières années de saint Denys nous sont à peu près inconnues. Ce que nous en savons de plus positif, c'est que, dès l'an 256, il était déjà prêtre de Rome, et un de ceux qui, suivant le sentiment de saint Étienne, voulaient qu'on excommuniât tous les évêques de Cilicie, de Cappadoce, de Galatie et des autres provinces qui rejetaient le baptême donné par les hérétiques. Il écrivit même sur cette affaire à saint Denys d'Alexandrie, et comme ce Père le témoigne dans ses lettres, il fut un des premiers avec Philémon, comme lui prêtre de Rome, à pacifier les esprits par sa douceur. Saint Sixte II ayant souffert le martyre au mois de juillet de l'an 259, Denys fut choisi pour lui succéder sur le saint-siège, qu'il occupa jusqu'au 26 décembre de l'an 269.

On croit que ce fut pendant son pontificat qu'il reçut la lettre de saint Denys d'Alexandrie, touchant Lucien. Il en écrivit une lui-même à l'Eglise de Césarée en Cappadoce, pour la consoler des pertes que lui avait fait éprouver l'incursion des barbares, et il envoya en même temps des personnes chargées de racheter ceux qu'ils avaient emmenés captifs avec eux. Saint Basile, qui avait lu cette lettre du pieux pontife, témoigne que de son temps le souvenir de sa charité était encore vivant dans la mémoire des peuples de Cappadoce.

Quelques fidèles lui ayant dénoncé la foi du saint patriarche d'Alexandrie, en l'accusant de soutenir que le Fils était créature et non consubstantiel à son Père, ce saint pape lui en écrivit au nom des évêques qu'il avait assemblés en concile pour obtenir des renseignements à ce sujet. Il nous reste un long fragment de cette lettre dans laquelle, en combattant les sabelliens, il attaque également l'erreur opposée, soutenue depuis par Arius et ses partisans. Il prouve contre eux que le Verbe n'a été ni fait ni créé, mais engendré de toute éternité par le Père. Il y combat encore une erreur des marcionites, qui divisaient l'unité de Dieu en trois puissances ou trois hypostases entièrement séparées, et étrangères l'une à l'autre, c'est-à-dire, en trois divinités ; ce qui établissait trois dieux ou trois principes souverains. Il soutient que le Père, le Verbe et le Saint-Esprit, ineffable trinité de personnes, ne forment qu'un seul Dieu. Dans tout le cours de cette lettre le saint pontife de Rome parle constamment au pluriel, ce qui nous permet de supposer que, bien qu'adressée au seul patriarche d'Alexandrie, cette lettre lui était commune avec son Eglise tout entière. L'auteur des fausses Décrétales attribue deux autres lettres à saint Denys : une à un préfet chrétien, l'autre à Sévère, évêque de Cordoue ; mais cette opinion ne paraît nullement fondée. On veut aussi qu'il ait assemblé un concile à Rome, contre Paul de Samosate, et qu'il l'ait condamné le premier ; mais on n'en a d'autres preuves qu'un passage mal traduit de saint Athanase. Ce qu'il y a de vrai, c'est que cet hérésiarque ayant été condamné et déposé par le concile d'Antioche, la lettre synodale en fut adressée à toute l'Eglise, et nommément à saint Denys de Rome.

Ce saint pape fut estimé pour son savoir et son éloquence, et on le compte parmi les Pères dont la doctrine et les manières de parler furent suivies par le concile de Nicée. Il ne fut pas moins recommandable par ses vertus et surtout par l'intégrité de sa foi, et de grands saints lui ont donné le titre d'homme admirable et de très-illustre pontife.

DENYS, surnommé LE PETIT, à cause de l'exiguïté de sa taille, était moine de profession, et prêtre de l'Eglise romaine. Quoique Scythe d'origine, il avait les mœurs et la politesse d'un Romain. Peut-être avait-il suivi, dès sa jeunesse, les moines de Scythie, lorsqu'ils vinrent soumettre à la décision de Rome cette proposition adoptée alors par une partie de l'Eglise d'Orient : Un de la Trinité a souffert. Denys avait étudié le grec et le latin, et possédait si parfaitement ces deux langues qu'il les traduisait sans peine à la simple lecture. Son application à l'étude de l'Ecriture sainte lui en avait acquis une connaissance qui lui permettait de résoudre de suite les questions les plus obscures et les plus difficiles. Mais ce qui l'honorait plus encore que sa science, c'est que sa vie offrait une pratique constante de toutes les perfections qu'il avait apprises dans les livres saints. Il se faisait aimer surtout par son affabilité et par une conversation pleine de modestie et de douceur. Il était si humble qu'il eût regardé comme un crime de se préférer au dernier des serviteurs, quoiqu'il fût digne d'être honoré de la familiarité des princes. Les joies du monde lui arrachaient des larmes, et cependant il était mortifié sans singularité, et il dissimulait ses jeûnes dans la crainte qu'on ne les prît pour des reproches d'intempérance. Comme sa vie, sa doctrine était pure et conforme en tout aux règles des Pères. Cassiodore, qui connaissait son mérite, l'engagea à enseigner la dialectique avec lui. Il y consacra en effet plusieurs années, ce qui ne l'empêcha pas de se livrer à des études particulières, et de publier divers ouvrages qui ont été très-utiles à l'Eglise. Le titre d'abbé, dont Bède le qualifie dans un de ses ouvrages, ne prouve nullement qu'il ait été supérieur d'une communauté monastique ; c'est un nom qui en Orient s'accordait indistinctement aux simples moines, lorsqu'ils s'étaient rendus recommandables par leurs mérites et leurs vertus. Ceux que nous appelons supérieurs et abbés étaient connus chez les Grecs sous le titre d'hégumènes ou archimandrites. Denys mourut en odeur de sainteté, vers l'an 540, et Cassiodore, auquel nous avons emprunté ces détails, espère qu'il l'assistera de ses mérites et de ses prières auprès de Dieu.

Code. — Le plus considérable parmi les ouvrages de Denys, est un recueil dans lequel il réunit, sous le titre de Code, tous les canons des conciles d'Orient et d'Occident. On avait déjà quelques traductions des conciles tenus chez les Grecs, mais elles étaient fort défectueuses. Denys en fit une nouvelle renfermant les canons apostoliques et ceux des conciles insérés dans le code de l'Eglise grecque, qui comprenait cent soixante-cinq chapitres. Il y joignit les canons du concile de Chalcédoine et ceux des conciles de Sardique et d'Afrique, déjà compris dans les anciens codes de l'Eglise romaine. Il fit plus: pour ne négliger aucun des monuments qui intéressaient la discipline, il fit entrer dans son code les décrétales des papes, depuis celle du pape Sirice jusqu'à celle d'Anastase II. Il paraît qu'il n'avait pas trouvé de décrétale des papes antérieurs à cette époque. Le code de Denys, adopté par l'Eglise romaine dès le moment de son apparition, devint la règle de la discipline ecclésiastique. Cependant il ne fut pas reçu de suite par toutes les Eglises d'Occident; pendant longtemps encore, on continua de se servir en France de l'ancienne collection des canons, à laquelle on avait ajouté ceux tirés des conciles des Gaules; ce ne fut qu'en 805, sous le règne de Charlemagne qui l'avait reçu du pape Adrien Ier que ce code fut publié et acquit force de loi dans tout le royaume. Ce code augmenté des épîtres décrétales des papes Hilaire, Simplice, Hormisdas et Grégoire, fut imprimé à Mayence en 1525, et à Paris en 1609, sous le titre de *Code de l'Eglise Romaine*. On le trouve encore dans la *Bibliothèque canonique* de Justel, imprimée à Paris en 1661, et dans laquelle on a distingué du texte original les décrétales ajoutées depuis. Il est précédé d'une préface en forme de lettre adressée à Etienne, évêque de Salone, à qui Denys rend compte de son travail, qu'il avait entrepris, dit-il, à sa sollicitation, quoique le prêtre Laurent, son ami, l'y eût déjà engagé. Il débute par les canons des apôtres à la suite desquels il rapporte ceux de Nicée, d'Ancyre, de Néocésarée, de Gangres, d'Antioche, de Laodicée en Syrie, de Constantinople, de Chalcédoine, de Sardaigne, de Carthage et de divers conciles d'Afrique. On trouve après cela la lettre du concile général d'Afrique, au pape Boniface, celle de saint Cyrille d'Alexandrie, au sujet des exemplaires authentiques du symbole de Nicée; la lettre d'Atticus de Constantinople sur le même sujet, avec le symbole et les canons de ce concile;; et la lettre du concile d'Afrique au pape Célestin. L'édition de Justel donne ensuite la lettre de saint Cyrille, contre Nestorius, avec une autre lettre adressée à cet évêque, et les douze anathématismes, parce que Denys avait traduit ces écrits du Grec; les épîtres décrétales insérées dans le code primitif tant des papes Sirice, Innocent, Zozime, Boniface, Célestin, Léon Ier, Gélase et Anastase. Denys adressa cette collection particulière à Julien, prêtre du titre de saint Anastase, par une préface dans laquelle il fait l'éloge du pape Gélase, qu'il représente comme un pontife d'un grand mérite devant Dieu.

Cycle pascal. — La plupart des chronologistes ont cru que Denys n'avait fait que retoucher au cycle de Victorius, et qu'il en avait composé un autre de quatre-vingt-quinze ans pour continuer celui de saint Cyrille d'Alexandrie qui finissait à l'an de Jésus-Christ 531; mais il paraît par une de ses lettres qu'il avait fait deux cycles. Le premier destiné à continuer celui de saint Cyrille, commence à l'année 532, mais au lieu de compter les années du règne de Dioclétien qui avait été un persécuteur, Denys se reporte à l'avénement de Jésus-Christ et compte par les années de l'Incarnation. Mais comme ce cycle demandait à être renouvelé tous les quatre-vingt-quinze ans, pour que toutes les nouvelles lunes et toutes les fêtes mobiles tombassent au même jour, Denys en composa un de cinq cents trente-deux ans, que l'on peut regarder comme un cycle perpétuel, parce qu'en effet, après sa révolution, toutes les nouvelles lunes et toutes les fêtes mobiles se rencontrent au même jour du mois et de la semaine, auxquels elles tombaient dans la première année de ce cycle, que Denys date de l'Ère chrétienne. Mais on croit communément qu'il y a faute dans son calcul, et qu'il a prévenu de quatre ans la véritable année de l'Incarnation.

Lettre sur la Pâque. — Denys écrivit deux lettres sur la Pâque: l'une à l'évêque Pétrone en 525, et l'autre à Boniface, primicier des notaires en 526. Elles ont toutes les deux un rapport essentiel à l'ouvrage qu'il composa sur la même matière, surtout la première qui paraît y avoir servi de préface. C'est dans celle-là qu'il parle de ses deux cycles et de la raison qu'il avait eue de substituer le nom de Jésus-Christ à celui de Dioclétien, que saint Cyrille avait placé en tête de son cycle, suivant la coutume de son pays et de son temps. Il dit dans la même lettre qu'il s'attachera inviolablement au statut du concile de Nicée, qui porte qu'à l'avenir, pour trouver plus aisément le premier jour de la lune et ensuite son quatorzième, on se servirait du cycle de dix-neuf ans, appelé en grec, *Ennea decateride*, comme le plus commode de tous les cycles, parce qu'au bout de ce terme, les nouvelles lunes reviennent à quelque chose près aux mêmes jours de l'année solaire. Il regarde ce statut comme inspiré de Dieu, et remarque que tous les catholiques qui, depuis, ont écrit sur la Pâque, s'y sont attachés d'une façon invariable. Il remarque ensuite que la Pâque devant, selon l'ordre de Dieu, se célébrer dans le cours du premier mois, il est important de savoir en quel temps commence ce premier mois et en quel temps il finit. Comme la loi de Moïse ne s'explique pas nettement sur ce point, les Pères de Nicée ont fixé le commencement du premier mois au renouvellement de la lune, depuis le 8e des ides de mars jusqu'au jour des nones d'avril, et le quatorzième de la lune, depuis le 12 des calendes d'avril jusqu'au 14e des calendes de mai; de sorte que le premier mois ne devait jamais commencer avant le 8e des ides de Mars, et le quatorzième de la lune, auquel on devait faire la Pâque, ne devait pas se trouver avant le 12 des calendes d'avril, c'est-à-dire avant le 21 mars; parce que le mois où le quatorzième de la lune se trouverait avant le 21 mars, devrait être regardé comme le dernier de l'année et non pas comme le premier. Cette longue remarque de Denys se réduit à dire que le premier mois est celui dont le quatorzième de la lune arrive après l'équinoxe du printemps, c'est-à-dire avant le 21 mars; et que si ce quatorzième de la lune arrive avant l'équinoxe, on doit célébrer la Pâque après le quatorzième de la lune du mois suivant, qui sera alors le premier mois suivant la disposition de la loi. C'est pour cela que la Pâque ne doit jamais être célébrée avant le 22 mars ni plus tard que le 25 avril. Denys ajoute que si le quatorzième de la lune tombait un samedi, ce qui dit-il, arrive une fois dans l'espace de quatre-vingt quinze ans, alors on doit faire la Pâque le lendemain dimanche, c'est-à-dire le 11 des calendes d'avril, ou le 22 de mars qui sera le quinzième de la lune. Il rapporte le canon de Nicée avec celui d'Antioche qui défendent de célébrer cette fête avec les Juifs qui la solennisaient ordinairement le quatorzième de la lune, en quelque jour de la semaine qu'il tombât. Il cite un passage de la lettre de saint Léon à l'impératrice Pulchérie, sur les limites des diocèses. Il fait mention de la lettre de saint Protère sur la Pâque, qu'il avait traduite du grec et insérée dans son ouvrage, avec plusieurs arguments empruntés aux Égyptiens qui avaient travaillé sur la même matière.

Traductions. — Outre les anathématismes de saint Cyrille, ses deux lettres à Nestorius et contre Nestorius, celle de saint Protère au pape saint Léon, et les canons du code de l'Église grecque, Denys traduisit en latin le livre de saint Grégoire de Nysse intitulé : *De la formation de l'homme*. Il dédia cette traduction au prêtre Eugipius par une lettre que nous avons encore, dans laquelle il fait l'éloge du saint auteur et se plaint, du temps que lui dérobaient les fréquentes conférences qu'il était obligé d'avoir avec les savants de Rome. Cette version fut imprimée à Bâle en 1562, et à Cologne en 1573, mais on ne trouve ni dans l'une ni dans l'autre de ces éditions la lettre à Eugipius, ni la préface de saint Grégoire de Nysse sur son traité de la formation de l'homme. Dom Mabillon a inséré ces deux pièces dans ses *Analecta*. Denys traduisit encore la *Vie de saint Pacôme*, abbé; Rosweide lui a donné place dans son *Recueil des vies des Pères*, imprimé à Anvers en 1615 et 1628. Les deux discours de saint Procle, évêque de Constantinople, l'un à la louange de la Mère de Dieu, contre les blasphèmes de Nestorius, et l'autre pour la défense d'Anastase de Perha, furent également traduits en latin par Denys, de même que sa lettre ou tome aux Arméniens. Ces deux discours se trouvent parmi les œuvres de saint Procle imprimées à Rome en 1630, et la lettre aux Arméniens dans la *Bibliothèque des Pères*, Paris 1575; elle est dédiée à Félicien. La dernière traduction que nous connaissions de Denys est celle de l'*Histoire de l'invention du chef de saint Jean-Baptiste*, écrite par l'abbé Marseille. Denys l'adressa à l'abbé Gaudence. Du Cange l'a fait imprimer à Paris en 1665 à la suite du *Traité historique du chef de saint Jean-Baptiste*. Tous ces ouvrages se trouvent reproduits dans le *Cours complet de Patrologie* de M. l'abbé Migne.

DEUS-DEDIT, ou plutôt DIEU-DONNÉ, élu pape le 13 novembre 614, succéda à Boniface IV. Il était romain de naissance et fils d'Étienne, sous-diacre; l'histoire ne nous apprend rien des actions de ce pape, sinon qu'il était fort attaché au clergé et qu'il rétablit l'ordre ancien. Il mourut en novembre 617, après un pontificat de trois ans environ. L'Église l'a mis au nombre de ses saints et honore sa mémoire le 8 novembre. Il eut Boniface V pour successeur. — On a publié sous son nom dans la *Bibliothèque des Pères* une fausse décrétale adressée à Gordien, évêque de Séville, dans laquelle il est déclaré que, suivant les décrets du saint-siège, des personnes mariées qui auraient tenu par hasard leurs propres enfants sur les fonts du baptême doivent se séparer immédiatement, et peuvent recourir à un autre mariage. L'inscription seule de cette lettre, en fait voir la supposition, puisque ce n'était pas Gordien, mais saint Isidore qui occupait le siége épiscopal de Séville, sous le pontificat de Deus-Dedit. En effet, il gouverna cette église depuis l'an 600, jusqu'en 616, et on ne voit nulle part que pendant ce temps-là, il ait eu un compétiteur. Il faut ajouter qu'on ne connaît aucun décret du saint-siége autorisant des personnes mariées à contracter un nouveau mariage, sous prétexte qu'à dessein ou par inadvertance, elles auraient tenu leurs propres enfants sur les fonts baptismaux. On peut même dire que cela est absolument contraire à la discipline de l'Église.

DEUS-DEDIT, créé cardinal par Grégoire VII, sous le titre de Saint-Pierre-aux-Liens, témoigna un grand zèle pour la défense de ce pontife. Il était très-versé dans la connaissance des lois divines, dans les traditions apostoliques, et dans les livres des saints Pères. Il composa, sous le pontificat de Victor III qui avait succédé à Grégoire VII en 1086 une collection des canons qu'il dédia à ce pape. Le but de l'ouvrage est de démontrer que les laïques ne doivent point interposer leur autorité dans la collation des bénéfices ecclésiastiques dévolus au clergé et aux moines. Il est divisé en quatre livres. Le premier traite de l'autorité de l'Église romaine; le second, de ce qui appartient à son clergé; le troisième et le quatrième, des liens et des libertés de cette Église ainsi que des attributions de ses clercs. Oldwin lui attribue encore un *Traité contre les usurpateurs des biens de l'Église*, les simoniaques et les schismatiques, c'est-à-dire contre les Guibertins. Ces deux ouvrages, si toutefois ce n'en est pas un seul sous deux titres différents, se trouvent parmi les manuscrits de la Bibliothèque du Vatican. Le cardinal Deus-Dedit mourut en 1099.

DEXTER, à qui quelques biographes donnent les surnoms de *Flavius Lucius*, était fils de saint Pacien, évêque de Barcelone, et vivait dans le IV° siècle. Il fut intendant du domaine de Théodose en 387, et préfet d'Italie en 395, sous l'empire d'Honorius. Bivar dit qu'il était né en 368, et qu'il mourut en 440, à l'âge de soixante-douze ans; mais il ne peut garantir l'exactitude de ces dates. Suivant le même auteur, Dexter suivit d'abord la carrière des armes, dans laquelle il se distingua. Nommé à trente ans préfet du prétoire, il donna sa démission pour revenir dans sa patrie, où il demeura plusieurs années appliqué à l'étude. Nommé ensuite gouverneur de Tolède, il profita de cette circonstance pour resserrer les liens d'amitié qui unissaient les habitants de cette ville à ceux de Barcelone, et mourut de chagrin d'avoir vu l'Espagne menacée d'une invasion des barbares. Il était parent de l'historien Orose et ami du poëte Prudence, auquel il adressait ses vers. Saint Jérôme, qui écrivit à sa prière son *Catalogue des écrivains ecclésiastiques*, dit de lui qu'il était grand dans le siècle, et partisan dévoué de la foi de Jésus-Christ. Ce Père ajoute que Dexter lui avait dédié une histoire composée de toutes sortes de choses, *Omnimodam historiam*, mais qu'il ne l'avait pas encore lue. On regardait depuis longtemps cet ouvrage comme perdu, lorsque Jérôme de Higuéra, jésuite, annonça qu'il en avait découvert un manuscrit authentique dans la bibliothèque de Fulde. Ce bruit fut appuyé par quelques-uns de ses confrères, et Torialba, l'un d'eux, en adressa une copie à Jean Calderon, qui s'empressa de la publier sous ce titre : *Fragmentum Chronici F. L. Dextri cum Chronico Marii Maximi et additionibus sancti Braulionis et Helicani*. Elle fut d'abord imprimée à Saragosse en 1619, puis ensuite à Lyon en 1627, avec un long commentaire de François Bivar, moine de Cîteaux. Gabriel Pennot, augustin de Novare, attaqua le premier l'authenticité de ces ouvrages; Thomas Vargas en prit la défense, et Pennot lui répliqua par un traité qui est resté sans réponse. Cette chronique commence à l'an 752 de la fondation de Rome, et se termine à l'an 1183, c'est-à-dire 430 de Jésus-Christ. Comme la supposition n'en est nullement douteuse, et que tous les critiques pensent aujourd'hui qu'elle a été fabriquée par Jérôme Higuéra, il serait inutile et fastidieux d'en donner des preuves. C'est un tissu de visions et de contes inventés à plaisir. L'imposture se découvre dès la première page; car dans la lettre dédicatoire adressée à Orose, l'auteur dit qu'il avait d'abord dédié sa chronique à saint Jérôme; mais que ce Père étant mort avant qu'il eût pu la lui faire parvenir, il l'a revue depuis, et c'est cet ouvrage, corrigé et augmenté, qu'il lui dédie. Fallait-il donc vingt-huit ans entiers à Dexter pour faire remettre son ouvrage entre les mains de saint Jérôme? Dans son traité *des Hommes illustres*, achevé en 392, ce saint docteur marque que Dexter avait déjà fini sa chronique à cette époque, et on sait d'ailleurs que saint Jérôme n'est mort qu'en 420. Il faut donc convenir que la vraie *Chronique de Dexter* est perdue. On a grossi l'autre dans les diverses éditions qui en ont été faites, de celle de Maxime, évêque de Saragosse, qui commence à l'an 468 de Jésus-Christ, et finit en 644, et de celle de Luitprand, qui va jusqu'en 668.

DIADOCHUS, de Photice. — C'est pour nous conformer à l'opinion commune que nous rangeons Diadochus, évêque de Photice, dans l'ancienne Épire ou Illyrie, parmi les auteurs qui ont fleuri sur la fin du IV° siècle ; car nous pourrions le placer aussi bien vers le milieu du siècle suivant. En effet, Victor, évêque de Vite, adressant son *Histoire d'Afrique*, écrite en 487, à un disciple de Diadochus, lui dit : « Qu'y a-t-il d'impossible pour vous qui avez reçu du ciel toute grâce désirable et tout don parfait, et qui avez eu le bonheur d'être formé à l'école d'un pontife au-dessus de toutes louanges, et à jamais célèbre par un grand nombre d'écrits qui, comme autant d'astres brillants, ont répandu les plus vives lumières sur les dogmes catholiques? » Or, nous ne connaissons point d'autre pontife du nom de Diadochus que l'évêque de Photice, à qui cet éloge puisse convenir. L'écrivain qui précède vivait dans le III° siècle, c'est-à-dire plus de cent ans avant la publication de l'histoire de Victor.

Diadochus est regardé comme l'auteur d'un *Traité de la perfection spirituelle*, écrit en grec, et dont il nous reste cent chapitres. Le jésuite François Turrien en fit une version latine qu'il réunit à celle d'un ouvrage de saint Nil. Ces traductions furent imprimées sous ce titre : *Sancti Diadochi episcopi Photices capita centum de Perfectione spirituali, et sancti Nili capita* CL *de Oratione, Fr. Turriano interprete*; Florence, 1570. C'est cette traduction que l'on trouve dans le tome V, édition de Lyon, de la *Bibliotheca Patrum*. Photius, qui parle de ce traité de notre auteur, remarque qu'il était précédé de dix définitions, et on voit, par les sommaires qu'il en rapporte, qu'elles consistaient en réflexions sur les principales perfections de la vie spirituelle, sur la foi, l'espérance, la patience, le détachement des richesses, le mépris de soi-même, l'humilité, la douceur, la chasteté, la charité et la constance dans la vertu. Ces définitions ne sont pas encore imprimées, mais on les a en grec dans un manuscrit ancien. Saint Maxime cite un passage et deux du *Traité de la perfection spirituelle* dont nous allons donner l'analyse.

Diadochus pose pour fondement à la vie spirituelle les trois vertus théologales, mais principalement la charité. La foi et l'espérance nous portent bien à mépriser les choses visibles, mais la charité nous unit à celui qui ne peut être vu. Ce n'est que par l'union avec celui qui est bon par nature que l'homme, qui n'est bon que par l'amour et la pratique de la vertu, le devient. Ce n'est pas à dire que l'homme soit mauvais par lui-même, puisque Dieu n'a rien fait de mauvais; non, le mal, qui n'est rien, n'existe qu'autant que celui qui le fait le veut, et dans le temps qu'il le veut. Il faut donc que l'amour de Dieu et l'amour de la vertu surmontent en nous l'habitude du vice, qui alors est obligé de céder : la nature du bien, qui est une chose existante, l'emportant sur l'habitude du mal, qui n'existe que lorsqu'on le commet. La ressemblance de l'homme avec Dieu consiste à s'assujettir à lui par la charité. La liberté est une faculté de l'âme raisonnable qui se porte où elle veut. Le seul moyen de la fixer au bien est de bannir de nos cœurs, par de bonnes pensées, jusqu'au souvenir du mal qui lui est contraire. La vraie science consiste à discerner le bien du mal, et le véritable zèle à distinguer le péché du pécheur, à reprendre et à corriger sans aigreur celui qui tombe, mais à ne jamais le haïr. Pour bien parler de Dieu, avec fruit pour soi et pour les autres, il faut être embrasé de son amour. Ce n'est que par l'exercice de la charité que l'on peut recevoir de Dieu ce talent, que l'on doit alors attendre avec foi. Quiconque veut parler de Dieu sans son inspiration, ne trouvera en soi que vide et indigence. Il ne faut pas que celui qui n'est point éclairé d'en haut s'ingère dans le ministère de la parole, ni que celui qui sent en soi une surabondance des dons de l'Esprit-Saint, s'y porte avec précipitation; parce que, de même que le défaut de lumières produit l'ignorance, ainsi l'abondance empêche de parler, et entraîne l'âme, comme enivrée de Dieu, au silence et à la contemplation de la gloire du Seigneur. De là vient la différence de la science et de la sagesse, deux dons du même esprit : la première retient dans la contemplation, et l'autre conduit à l'action. Le don de sagesse demande beaucoup de tranquillité dans la partie inférieure de l'âme, et ce calme s'acquiert par la prière, l'aumône, la lecture des saints livres, une humilité profonde, et un grand mépris des louanges des hommes. C'est ce mépris qui fait distinguer la sagesse de Dieu d'avec la sagesse mondaine, qui ne promet que de vains éloges à ceux qui en font profession.

On ne peut aimer Dieu et s'aimer soi-même, puisque l'amour de Dieu est la haine de nous-mêmes. Celui qui aime Dieu rapporte tout à sa gloire; il s'humilie et ne s'exalte jamais, parce qu'avec saint Jean-Baptiste, il a appris à répéter : *Oportet illum crescere, me autem minui.* Il arrive quelquefois que des personnes qui gémissent de ne point aimer Dieu autant qu'elles le voudraient, l'aiment néanmoins de telle sorte qu'elles sont embrasées d'un désir ardent de le posséder. Cela vient d'une profonde humilité qui les fait se considérer comme des riens. Dans cet état des prêtres portent le mépris d'eux-mêmes jusqu'à se regarder comme des serviteurs inutiles, quoiqu'ils ne cessent de remplir les fonctions de leur ministère comme la loi le leur ordonne. On peut parvenir à être tellement changé par la charité, qu'on ne se reconnaisse plus et qu'on s'oublie soi-même. Alors on est dans le monde comme si on n'y était pas, parce que l'âme, quoique renfermée dans le corps, s'élance continuellement vers Dieu par la charité, dont le feu joint à l'ardeur de ses désirs la colle pour ainsi dire à ce souverain être, de manière à ce qu'elle renonce à tout amour de soi-même. C'est cette ardente charité de Dieu qui a produit l'amour du prochain, véritable don du Saint-Esprit quand il est tel que l'Ecriture le demande. Car celui qui n'est fondé que sur la chair ne vient point de Dieu; aussi se dissipe-t-il à la première occasion, ou à la moindre injure. Au contraire, si l'amour du prochain fondé sur l'amour de Dieu s'ébranle par quelque tort reçu, il ne s'éteint point pour cela, parce que la charité de Dieu venant à son secours, le réchauffe et consume tout esprit de contradiction.

Le véritable amour de Dieu suppose sa crainte : l'âme purifiée et comme attendrie par cette crainte devient capable d'amour. La crainte de Dieu ne peut subsister parmi les soins et les affaires du monde; elle ne sollicite que des cœurs dégagés de ces soins, et dès qu'elle s'en est emparée, elle en bannit tout ce qu'elle y trouve de grossier et de charnel, et les dispose ainsi à la charité. Ceux qu'elle purifie de la sorte n'ont encore qu'un commencement d'amour qui, croissant à mesure qu'il se perfectionne, devient enfin un amour parfait et qui exclut toute crainte. Ces deux amours ne se trouvent que dans les justes, c'est-à-dire dans ceux qui font le bien par la grâce du Saint-Esprit. L'Ecriture s'adresse aux justes qui ne joignent à la crainte qu'une charité imparfaite, lorsqu'elle dit : Craignez le Seigneur, vous qui êtes ses saints; et à ceux en qui la crainte a fait place à la charité parfaite lorsqu'elle ajoute : Aimez le Seigneur, vous qui êtes ses saints. Qu'on ne s'imagine pas que la crainte de Dieu ne demande point de dispositions. Comme une plaie à laquelle on aurait trop tardé d'appliquer le remède n'en ressentirait aucun effet, de même, une âme, couverte de la lèpre des voluptés, devient insensible à la crainte, quelque terrible que soit l'idée du tribunal de Dieu et de ses jugements. Il faut donc qu'elle commence sa guérison par une grande attention sur elle-même, après quoi elle sentira l'aiguillon de la crainte du Seigneur, comme un feu qui la purgera insensiblement et sans douleur, et qui, décroissant à mesure que la charité augmente, la conduira enfin à un amour parfait, et à une indifférence complète d'elle-même, par son grand désir de la gloire de Dieu qu'elle louera et glorifiera sans fin. Une âme, qui n'est point libre des soins du monde, ne peut ni aimer Dieu ni haïr le démon autant qu'elle doit, parce que les affaires qui l'étourdissent l'empêchent d'entendre la voix de sa raison et de recourir à son tribunal, pour juger sainement des choses. Il n'y a que l'âme, épurée et dégagée de la matière, qui puisse tenir ses balances justes devant ce tribunal équitable et incorruptible, où il ne se retrouve ni envie dans les paroles, ni amertume dans le zèle, mais où l'âme rapporte tout à la gloire de Dieu.

La foi sans les œuvres est inutile; il en est de même des œuvres sans la foi. La foi même d'Abraham ne lui eût point été imputée à justice, s'il eût refusé d'immoler son fils. Celui qui aime Dieu et qui croit comme il doit croire, produit en son temps des fruits de foi; mais quiconque croit et n'aime pas, ne paraît pas même avoir la foi qu'il possède en effet. La perfection consiste donc à une foi opérante par la charité. L'inquiétude est l'effet inévitable de la curiosité. En matière de foi, il suffit que notre conscience ne se reproche rien; il en est de même de la charité; car on ne peut croire ni aimer comme il faut lorsque la conscience nous accuse; parce que le trouble que causent les remords bannit le goût des biens célestes, que l'on ne recouvre que lorsqu'on s'est purifié par la prière, par la vigilance, et qu'on a soumis le corps à l'esprit par le travail. Outre le sentiment naturel et raisonnable de l'âme, il en est un autre qui vient du Saint-Esprit, et qui ne se trouve que dans ceux qui ont renoncé entièrement aux plaisirs d'ici-bas; ce sentiment, qui est un avant-goût de la vie éternelle, pénètre l'âme de la bonté de Dieu, et lui cause une joie sainte qu'elle communique au corps autant qu'il en est capable. Si l'âme n'est point tranquille, elle ne peut faire la différence des bonnes pensées qui viennent de Dieu, d'avec les mauvaises qui procèdent du démon, pour conserver les unes et rejeter les autres. La colère injuste est surtout contraire à ce discernement. Comme ceux qui ont la vue saine voient mieux que ceux qui ont la vue malade : de même l'affaiblissement de la cupidité, joint à la pureté du cœur, rendent l'âme clairvoyante sur ses défauts et ses péchés passés. Elle saisit jusqu'aux plus petits qui lui paraissent énormes et elle les lave dans ses larmes. L'âme au contraire que la cupidité aveugle reconnaît les grands crimes, comme l'homicide et autres semblables qui méritent la mort; mais elle ne veut pas ouïr parler des autres; quelquefois elle les érige en vertus, et n'a pas honte d'en prendre la défense.

Le Saint-Esprit peut seul purifier l'âme. Si le fort armé n'entre pas dans notre cœur, nous ne pourrons jamais enlever la proie à notre ennemi; si nous attristons l'Esprit-Saint, sa tristesse, c'est-à-dire, son éloignement laissera l'âme dans l'obscurité et dans les ténèbres. Nous ne pourrons jamais nous porter au bien entièrement, parce que la partie inférieure et supérieure de l'âme ne peuvent y concourir que lorsque la sagesse de Dieu et les lumières du Saint-Esprit nous ont fait contracter l'habitude de mépriser tout ce qui paraît aimable dans les créatures. Diadochus donne plusieurs règles pour distinguer les consolations qui viennent de Dieu, de celles dont le démon est l'auteur. Pour dissiper ces dernières, il dit qu'on doit avoir recours au nom de Jésus; et veut que le juste regarde comme une illusion du démon les apparitions soit de lumières, soit de figures, parce que, comme le dit l'Apôtre, nous marchons ici-bas par la foi et non par le moyen des choses visibles. Il ne faut donc point s'attendre à voir la gloire de Dieu des yeux du corps; nos consolations sont toutes spirituelles, et nous ne pouvons nous attendre à jouir en ce monde de ces choses merveilleuses qui sont réservées pour l'éternité. Pourtant, il faut en excepter les visions qui nous viennent pendant le sommeil et qui peuvent être de Dieu ou du démon. Les premières qui, sont une marque de la pureté du cœur, ne changent point de figure et n'épouvantent point l'âme; mais elles se présentent avec tranquillité et avec douceur, et laissent après elles une sainte joie, ou, tout au moins, une douleur utile et salutaire. Les autres, au contraire, étant produites par le démon dont la nature et la volonté ne sont point stables, se présentent sous plusieurs figures et avec un bruit qui répand la terreur. Ces différences toutefois ne sont pas toujours si marquées qu'on ne puisse s'y méprendre; mais Dieu, qui sait que nos précautions viennent de la crainte d'être surpris, n'est point offensé, même quand nous rejetons quelques-unes des visions qui viennent de lui.

L'obéissance est la première de toutes les vertus; elle conduit à l'amour de Dieu ceux qui la pratiquent librement. Nous ne devons point porter l'abstinence jusqu'à avoir certaines viandes en horreur; cette aversion exécrable est une invention du démon. Nous ne nous abstenons donc pas des viandes comme mauvaises, mais seulement pour mortifier le corps en évitant les excès, et pour nourrir les pauvres de notre superflu. Il est d'une grande perfection de s'abstenir de mets délicats, et de vivre frugalement; mais il n'est nullement contre la perfection, de se nourrir de ce qui se boit et de ce qui se mange; parce que rien n'est mauvais de ce que Dieu a créé. Si le corps est rempli de viandes, l'âme tombe dans la langueur et dans la paresse; mais une trop grande abstinence aussi jette cette partie de l'âme qui est le siège de la contemplation, dans la tristesse et dans le dégoût. Celui qui combat doit avoir soin que son corps soit robuste, afin d'être toujours prêt à combattre, et d'être en état de purifier son âme par les travaux du corps. Le démon, qui ne perd aucune occasion de flatter notre amour-propre, se sert de l'arrivée d'un hôte quelconque pour nous faire tirer vanité de notre jeûne. Il faut dans ces circonstances s'en relâcher afin de rendre ses efforts inutiles. D'ailleurs un chrétien ne peut se glorifier du jeûne, puisqu'il n'est qu'un instrument de la perfection, et bon seulement qu'autant qu'il aide à l'opérer. Rien n'est plus contraire à la chasteté que les excès de viande et de vin, et l'usage des liqueurs que l'on prend pour accélérer la digestion. Le bain, quoique bon en lui-même, amollit le corps. La perfection n'empêche point que dans les maladies nous ayons recours aux médecins; mais elle défend de mettre notre espérance en eux comme en Jésus-Christ qui est le véritable médecin. Lorsqu'on reçoit les maladies avec reconnaissance, c'est une marque qu'on attend la mort avec joie. Le désir de la mort ne se trouve que dans ceux qui ne sont point touchés des plaisirs des sens. Il faut donc qu'un chrétien ne se plaise ni à habiter de belles maisons, ni à contempler la beauté des fleurs et des fruits; qu'il ne pense ni à ses proches, ni à la gloire ni aux honneurs. L'usage immodéré du goût et des autres sens nous fait perdre la vue de Dieu et de ses commandements. Eve en fit la première une triste expérience. Elle regarda le fruit avec complaisance et le goûta avec sensualité; alors les ailes du divin amour qui cachaient sa nudité, lui ayant été enlevées, elle s'abandonna tout entière à la volupté. Diadochus semble croire que le premier effet de la concupiscence fut de porter Eve à rechercher le commerce d'Adam.

L'homme spirituel ne peut admettre en lui les désirs de la chair; placé comme dans un fort défendu par les vertus qui sont pour ainsi dire les portières de la chasteté, il est à l'abri des traits de l'amour mondain, quoique l'ennemi les lance, pour ainsi parler, jusqu'aux fenêtres de la nature. Un défaut que doivent éviter ceux qui sont parvenus à ce degré de perfection, c'est de tomber dans cette langueur qui affaiblit les désirs des biens célestes. Les marques auxquelles on peut reconnaître si on y est tombé, sont le dégoût de cette vie caduque, le mépris que l'on professe pour elle à cause de son impuissance à nous rendre vertueux et le peu de cas que l'on fait de ses lumières, parce qu'elles ne nous promettent pas une plus grande perfection. Les moyens d'éviter cette langueur sont le souvenir de Dieu et un plus fréquent usage du nom de Jésus-Christ. Le chrétien doit d'abord être excité à la pratique de la vertu par une joie que l'on nomme *commençante*, laquelle doit être suivie de cette tristesse que Dieu forme lui-même dans l'âme et qui lui fait répandre des larmes, tant sur ses péchés passés que sur ceux qu'il commet tous les jours. A cette joie succède celle qui est appelée *perficiante*. Nous avons besoin du secours de Dieu pour prier. Quoique la colère soit celle des passions qui cause les plus grands troubles dans l'âme, elle ne laisse pas d'être utile dans l'occasion, car elle fait souvent rentrer en eux-mêmes ceux qui commettent l'iniquité en les couvrant de confusion. Il paraît donc que la récompense de celui que le zèle porte à une colère modérée surpassera celle de ceux qui ne s'emportent jamais par une espèce d'immobilité d'esprit.

Diadochus, prenant trop à la lettre le conseil de l'Evangile qui nous exhorte à nous laisser dépouiller, prétend que nous ne devons point intenter de procès à qui que ce soit, pas même au voleur qui nous emporte l'habit dont nous sommes couverts. La raison qu'il en donne est que la justice de Dieu est différente et supérieure à tous égards à celle des magistrats du siècle, ou plutôt que celle-ci n'est pas même une justice comparée à la première. Cet auteur va jusqu'à traiter de faible et d'impertinente l'excuse de ceux qui soutiennent qu'il n'est point permis de laisser prendre ce que nous avons pour notre entretien et pour celui des pauvres, surtout si le voleur est chrétien, parce que c'est lui procurer l'occasion de pécher. Il appuie son sentiment sur cette pensée que si nous renonçons à la prière, et si nous abandonnons la garde de notre cœur pour traîner en justice ceux qui nous font du tort, il paraîtra que nous préférons le recouvrement d'un bien passager à notre salut, puisque cette poursuite est contraire à l'esprit de l'Evangile et à la doctrine de saint Paul, qui veulent que nous souffrions avec joie la perte de nos biens. Il ajoute que la restitution qui nous est faite par les voies de la justice ne rend pas le voleur innocent devant Dieu, qui ne s'engage point à conformer ses jugements éternels aux vains jugements des hommes. C'est donc une chose digne de louange de souffrir la violence de la part de ceux qui veulent nous faire tort, et de prier pour eux afin que leur crime leur soit remis, non par la restitution de ce qu'ils nous ont enlevé, mais par la pénitence. C'est par elle que la justice de Dieu demande que nous récupérions, non ce qu'on nous a pris, mais ceux qui nous ont volé. Pour arriver à la perfection, il est d'un grand secours de vendre tous ses biens et d'en distribuer le prix aux pauvres, selon le conseil de l'Evangile. Ce renoncement général dégage de tout soin, et produit une pauvreté qui s'occupe de pensées bien autrement élevées que celles de venger une injure ou d'intenter un procès. Ceux qui s'excusent de se défaire de leurs biens sous le prétexte d'avoir de quoi nourrir journellement les pauvres, insultent à la Providence, qui saura bien trouver les moyens de nourrir ceux qu'elle a entretenus dès le commencement et qui ne sont point morts de faim avant qu'il fût venu en pensée à tels ou tels de les assister. La pauvreté qui vient de ce renoncement général en nous privant du plaisir que l'on goûte à faire l'aumône, même pour l'amour de Dieu, nous couvre d'une confusion salutaire. Nous voyons avec une sainte douleur que nous sommes dans l'impossibilité de faire des œuvres de justice, ce qui porte l'âme à avoir recours à la raison, à la patience et à l'humilité. Dieu n'accorde le don de la théologie, c'est-à-dire d'annoncer dignement les richesses que promet l'Evangile, qu'à ceux qui s'y sont préparés par l'entier renoncement aux richesses de la terre. Ce don est le plus propre de tous à enflammer le cœur et à l'exciter à l'amour de son Dieu. Il est comme le crépuscule de la grâce et le principe de tous les autres dons. Comme cette science présente à l'esprit des ressources magnifiques pour la contemplation des choses de Dieu, il s'y porte avec plus d'inclination qu'à la prière, qui le resserre et le tient comme en captivité. Il faut, pour ne lui point laisser trop de liberté, l'accoutumer à l'oraison, au chant des psaumes, à la lecture des livres saints et de ceux des écrivains habiles dont la foi se manifeste par leurs écrits. Par là nous éviterons les écueils de l'amour-propre, et nous ne mêlerons pas nos propres paroles à celles de la grâce.

L'humilité et l'espérance doivent produire successivement dans l'homme spirituel la douleur et la joie. L'une et l'autre doivent être modérées, parce qu'une douleur trop vive jette l'âme dans la défiance et dans le désespoir, et qu'une joie immodérée la porte à l'orgueil. Le silence est une grande vertu et la mère des bonnes pensées, qui s'évanouissent au contraire en s'exhalant par la bouche de celui qui parle trop, comme la chaleur d'un bain se dissipe par la porte si on l'ouvre trop souvent. Les deux passions qui troublent le plus une âme au moment de sa conversion sont la colère et la haine; elle ne peut les retenir lorsqu'elle voit le bien foulé aux pieds et l'iniquité commise; mais elle doit se faire violence dans ces occasions, parce qu'il est d'une plus grande perfection de compatir à l'aveuglement des pécheurs que de les haïr, quoique véritablement ils soient dignes de haine. La raison, c'est que cette haine cause dans l'âme un trouble contraire à la contemplation. Celle-ci est plus propre à dompter les passions au-dessus desquelles elle se met que l'action. Il n'est pas donné à tous de posséder ces deux dons du Saint-Esprit qui retiennent chacun dans l'humilité, en lui montrant dans un autre ce qu'il n'a pas lui-même. Lorsque l'âme fidèle sent s'accomplir en elle l'action sanctifiante de l'esprit de Dieu, elle abandonne l'oraison vocale pour se laisser aller à une certaine douceur qui l'entraîne vers l'oraison mentale et qui est suivie des larmes de la componction. Mais si elle s'aperçoit que cette douleur excède certaine mesure, elle doit recourir à l'oraison vocale et au chant des psaumes propres à dissiper le nuage de ses pensées. Les sages du paganisme n'étaient pas, à proprement parler, vertueux, quoiqu'ils pratiquassent la vertu, parce que leur cœur n'était point mû par la sagesse véritable et éternelle : aussi n'étaient-ils pas constants dans le bien. Au contraire, l'amour qui vient du Saint-Esprit est constant dans la recherche de la paix; il porte toutes les parties de l'âme à désirer et à aimer Dieu, et c'est à l'acquisition de cet amour que nous devons travailler. La charité naturelle est en quelque sorte la marque d'une âme saine; mais elle est incapable de lui donner cette perfection qui est incompatible avec les passions, comme l'est par exemple la charité spirituelle. De même que le vent du nord purifie l'air et que celui du midi le condense et le rend nébuleux : de même aussi la grâce du Saint-Esprit dissipe entièrement les nuages que le démon a formés dans l'âme, qui se retrouve comme environnée des ténèbres du péché dès que cet esprit d'erreur souffle avec violence.

Il ne faut pas croire, comme quelques-uns se l'imaginent, que la grâce et le péché, c'est-à-dire l'esprit de vérité et l'esprit d'erreur, demeurent ensemble dans l'âme de celui qui est baptisé pour la porter l'une au bien et l'autre au mal. L'Écriture sainte, d'accord avec notre propre sentiment, nous rend témoignage que la grâce excite extérieurement à la vertu ceux qui ne sont point encore baptisés, et que le démon caché au fond de leur cœur s'y oppose de tout son pouvoir. Elle nous apprend aussi que dès le moment de la régénération, la grâce s'empare du cœur et en chasse le démon. Aussi voit-on qu'après le baptême l'erreur qui dominait dans l'âme y fait place à la vérité. L'esprit malin attaque au moins l'âme comme auparavant, et quelquefois même avec plus de violence; mais il le fait par le moyen du corps, en qui il excite des fumées qui montent jusqu'à l'âme et l'enivrent pour ainsi dire de la douceur des plaisirs sensuels. Dieu le permet ainsi parce qu'il veut que nous soyons éprouvés par l'eau et par le feu. La grâce qui, après le baptême, se cache dans la partie supérieure de l'homme, ne se fait point d'abord sentir; elle ne se découvre par la communication de ses biens que lorsque le fidèle a commencé d'aimer Dieu de tout son cœur. Elle se dilate à mesure qu'il fait du progrès dans cet amour. Si Dieu permet alors au démon d'exciter dans l'âme les plus grands troubles, c'est afin qu'elle apprenne à distinguer le bien du mal, et à s'anéantir par la confusion dont la couvre l'infamie des pensées que l'esprit malin lui suggère. Le péché d'Adam, en défigurant l'image de Dieu imprimée dans l'âme, a rendu notre chair sujette à la mort. Ç'a été pour purifier l'une et l'autre par les eaux salutaires du baptême que le Verbe s'est incarné. Le baptême efface en nous la tache du péché, mais il laisse à l'homme sa double volonté et au démon le pouvoir de le tenter par des actions et par des paroles. On ne doit donc point s'étonner qu'après le baptême nous ayons de bonnes et de mauvaises pensées; mais nous devons faire en sorte que, couverts des armes de la justice, nous fassions avec le secours de Dieu, dans l'état d'innocence où la régénération nous a mis, ce que nous ne faisions pas dans l'état naturel où nous étions auparavant.

Il y a deux sortes d'esprits malins, ceux qui sont les plus subtils et ceux qui le sont moins. Les premiers attaquent l'âme et les autres le corps. Quoique ces sortes de démons aient le même but, qui est de nuire, ils sont ennemis les uns des autres. Le vrai moyen de déjouer leurs ruses est de penser à la mort. Par là on évite les péchés spirituels auxquels nous sollicitent les démons qui attaquent l'âme, et l'on a horreur des péchés corporels auxquels nous sollicitent les esprits grossiers. Si au contraire les esprits subtils nous remettent la mort devant les yeux, afin de nous apprendre à considérer l'homme comme un être vil que le dernier instant dissipe, il faut alors recourir à la pensée de la gloire qui l'attend dans le ciel. Tant que le Saint-Esprit est en nous, le démon ne peut résider dans l'âme ; il ne l'attaque plus que de loin et par des traits de feu, comme les appelle saint Paul. Ne pouvant donc s'y insinuer comme auparavant, il se cache dans le corps et se mêle aux humeurs qui sollicitent l'homme aux plaisirs. Le moyen d'éviter ce piège est de mortifier le corps, mais avec modération ; c'est ce que le même apôtre a voulu nous marquer en disant que son esprit obéissait à la loi de Dieu et son corps à celle du péché. C'est du cœur que viennent les bonnes et les mauvaises pensées, non qu'il produise les mauvaises de sa nature, mais parce qu'il les conçoit par la malice du démon, depuis que l'homme, par son premier péché, s'est fait comme une habitude du mal. C'est pour cela que le Sauveur, dans son Évangile, dit que les mauvaises pensées viennent du cœur, parce que, quoique les démons les excitent, elles nous deviennent propres par le plaisir que nous y prenons. Lorsque le chrétien est parvenu à la pratique de toutes les vertus, la grâce s'empare de son être tout entier ; elle éteint les traits de feu de l'esprit malin et embrase le cœur d'un amour ardent pour Dieu. Néanmoins, Dieu permet quelquefois à la malice du démon de priver de lumière ceux qui sont parvenus à ce degré de perfection, afin que le libre arbitre ne soit point entièrement enchaîné par les liens de la grâce. Souvent même cette grâce ne se fait point sentir, afin d'engager ceux dans l'âme desquels elle se cache à y recourir avec crainte et humilité, lorsqu'ils se voient assaillis par le démon. La grâce ne se retire entièrement, pour la livrer au démon, que d'une âme qui a abandonné son Dieu. Si quelquefois elle s'éloigne du fidèle qui est son fils légitime, ce n'est que pour peu de temps et pour le conduire à une plus grande perfection. Les effets de cet abandon passager sont l'humilité, la crainte de Dieu, les larmes et le silence. Dans ce cas, nous devons rendre grâces à Dieu d'avoir voulu, par cette privation, mortifier l'intempérance de notre volonté, et comme un bon père, nous enseigner la différence du vice et de la vertu. Il faut sans cesse confesser nos péchés, recourir aux larmes et à la solitude, afin de fléchir la justice de Dieu. Mais il ne faut pas croire cependant que cette privation soit complète ; car, quoique la grâce se cache dans ces occasions, elle ne laisse pas de fournir à l'âme un secours secret, assez fort pour lui assurer le triomphe sur ses ennemis. Celui qui n'est point encore avancé dans la perfection voit naître en lui, en même temps, de bonnes et de mauvaises pensées, parce que la grâce n'a encore pénétré qu'une partie de son cœur. Dans cet état, il est comme un homme qui se tourne le matin vers le soleil, pour en recevoir les influences qui le réchauffent par devant, tandis qu'il a froid par derrière. Ce conflit de pensées contraires, suscité par le péché d'Adam, est inévitable, tant qu'il ne sera pas arrivé à un point de perfection qui lui fasse fouler aux pieds les choses charnelles, pour ne plus s'occuper que des choses de Dieu.

La grâce du baptême produit en nous deux effets, dont le second surpasse de beaucoup le premier en excellence. Celui-ci suit immédiatement le baptême, et consiste à nous régénérer par l'eau, et à renouveler tous les traits de l'âme, c'est-à-dire à dissiper les rides qu'elle avait contractées par le péché, et à développer l'image de Dieu. Le second effet du baptême est cette ressemblance de l'âme avec Dieu. La grâce ne la produit pas d'abord ; elle attend pour cela notre coopération, et elle ne commence à la dessiner que lorsqu'elle voit que nous commençons nous-mêmes à sentir combien le Seigneur est doux. Elle y procède à la façon des artistes, qui figurent d'abord l'homme qu'ils veulent peindre, avec une couleur commune, qu'ils perfectionnent ensuite peu à peu en y ajoutant d'autres. Ainsi, la grâce dans le baptême commence par laver et préparer la ressemblance de Dieu, qu'elle perfectionne ensuite en ajoutant vertus sur vertus, lumières sur lumières, à proportion qu'elle découvre dans l'âme un désir plus ardent d'arriver à cette divine ressemblance. Dès qu'elle la voit pleinement illuminée, elle lui donne la charité parfaite, qui seule rend l'homme semblable à Dieu. Cette charité n'a sa pleine et entière perfection que dans ceux qui, comme les martyrs et les confesseurs, s'en font une douce habitude, et s'en nourrissent de telle sorte qu'ils ne prennent la nourriture corporelle qu'avec répugnance. Celui qui marche dans la voie de la perfection et qui y fait des progrès, goûte souvent cette charité, mais il ne peut la goûter parfaitement que lorsque tout ce qu'il y a de mortel en lui est absorbé par la vie. Alors tous ses désirs se portent vers Dieu ; il trouve un plaisir ineffable à se voir délivré de son corps pour aller au Seigneur ; il ne se met jamais en colère, quelques injures personnelles qu'on lui fasse subir ; il oublie l'amour de lui-même pour n'aimer que Dieu seul, et il recherche uniquement la gloire de celui qui le couvre d'une gloire immortelle. Tout cela n'est point l'effet d'une simple velléité, mais d'une volonté ferme, qui, par des actes réitérés, a contracté cette sainte habitude. Il y a plus : cette charité parfaite place celui en qui elle réside au-dessus de la foi, en le faisant déjà jouir, dans le fond de son cœur, de celui que la foi lui avait appris à connaître. C'est ce qu'a voulu marquer saint Paul, lorsqu'il a dit : *La foi, l'espérance et la charité demeurent ; mais la charité est au-dessus des deux autres.*

Lorsque, par notre faute, nous nous sommes fait un ennemi, la lumière qui est en nous répand la douleur dans notre âme, et notre conscience n'est point en repos que nous ne nous soyons réconciliés par nos humiliations. Si notre ennemi repousse cette réconciliation, nous satisferons à la charité en le plaçant dans notre cœur. Le chemin de la vertu paraît raboteux et difficile lorsqu'on ne fait qu'y entrer : il faut donc, dès le commencement, faire violence à notre volonté, pour la porter à accomplir les commandements de Dieu, afin que, témoin de nos désirs et de nos efforts pour soumettre notre volonté à la sienne, il nous envoie sa grâce qui nous aide à faire le bien avec joie et sans interruption. Car c'est le Seigneur qui prépare la volonté; c'est lui qui opère en nous le vouloir et le faire, comme on le reconnaît infailliblement dans la pratique du bien. Comme la cire ne reçoit l'impression du cachet qu'autant qu'elle est humectée, de même l'homme ne reçoit point celle de la vertu s'il n'est éprouvé par le travail et les infirmités. Ces infirmités avec les mauvaises pensées et les maladies du corps, qui nous tiennent lieu, dans la paix dont jouit l'Eglise, des tourments endurés par les martyrs aux jours de la persécution. Les mêmes qui leur disaient par la bouche des rois et des magistrats impies : *Niez Jésus-Christ, jouissez des honneurs et de la gloire de cette vie,* et qui leur faisaient souffrir toutes sortes de supplices dans leurs corps, font encore aujourd'hui la même chose à l'égard de nos âmes.

L'humilité n'est point une vertu aisée à acquérir; plus elle est grande, plus l'usage en est difficile. Elle peut venir de deux principes : ou de la faiblesse du corps et des mauvaises pensées, et c'est ainsi que l'acquièrent ceux qui ne sont qu'à moitié chemin de la perfection; ou de la plénitude de la grâce, comme elle est en ceux qui approchent de la perfection. L'âme alors, s'étant rendu l'humilité comme volontaire, ne peut plus se laisser aller à l'orgueil, quoiqu'elle ne cesse d'accomplir les commandements de Dieu. La ressemblance même qu'elle a avec Dieu ne la rend que plus humble. Cette dernière espèce d'humilité est accompagnée de joie et d'une prudente modestie; au lieu que l'autre est presque inséparable de la tristesse et de la douleur. Celle-ci est quelquefois frappée par la prospérité; on offrirait à celle-là tous les royaumes du monde, qu'elle n'en serait ni touchée ni étonnée. L'âme, devenue par ce moyen toute spirituelle, ne sent point les plus violents aiguillons du péché, et regarde la gloire et les honneurs comme les apanages du corps. Il est nécessaire que celui qui marche dans le chemin de la perfection passe par l'une avant d'arriver à l'autre. Il n'acquerra jamais l'humilité parfaite que la grâce ne l'y ait disposé par celle qui est moins parfaite, et n'ait préparé la volonté, non en faisant violence à son libre arbitre, mais par les craintes et les douleurs dont Dieu se sert pour nous éprouver.

Le démon, qui possède toutes les ruses, emploie les pensées pour faire tomber dans le péché les amateurs du monde, et se sert au contraire du péché pour faire tomber ceux qui font profession de la vie monastique; car dès qu'il les voit portés à des paroles oiseuses, à des ris immodérés, à la colère ou à la vanité, il tourne toutes ses armes contre eux. Ceux donc qui veulent se perfectionner doivent fuir la vaine gloire, éviter les grandes compagnies, sortir rarement, parler peu, quand même ils seraient capables de dire de belles choses. On ne peut pratiquer la vertu avec joie que lorsqu'on a conçu la douleur de ses péchés. Celui qui veut se purifier doit prier toujours et sans interruption, même hors de l'oratoire, parce qu'on perd, en ne priant pas, le fruit de l'oraison. Celui qui est sans passions aurait encore besoin de sortir de ce monde pour être à couvert des attaques du démon; mais il reçoit ses flèches sans en être blessé, parce que la grâce lui sert de bouclier et les repousse. Celui qui a dompté presque toutes ses passions a encore deux démons à combattre : l'orgueil qui lui insinue que nul autre n'est plus agréable à Dieu que lui, et l'impureté qui s'efforce de lui faire regarder le plaisir de la chair comme nécessaire à la nature; ce qui fait que le corps succombe plus facilement. Quelquefois Dieu permet que les plus vertueux en soient souillés, afin de les porter par là à se regarder comme les derniers des hommes. Les remèdes contre le premier de ces démons, sont une grande humilité et beaucoup de charité; et le second est mis en fuite par la continence et une sérieuse pensée de la mort. L'homme spirituel rendra compte de toutes les pensées vaines, même involontaires : ce qui n'est point contre la justice, puisqu'avec l'assistance de la grâce il peut les éviter. Cependant, comme il ne se peut faire que l'homme n'ait des faiblesses, il a besoin, dès qu'il a commis de ces fautes involontaires, d'en faire à Dieu une confession avec des larmes réitérées, c'est-à-dire jusqu'à ce que la conscience lui persuade que ces péchés lui sont remis. Il faut bien peser cette confession, de crainte que la conscience ne se trompe elle-même en la croyant suffisante; car le jugement de Dieu est bien plus éclairé que nous, qui pouvons n'être pas justifiés, lors même que nous croyons certainement n'avoir rien à nous reprocher. Si notre confession a été défectueuse, nous sentirons à l'article de la mort une certaine crainte cachée au dedans de nous. Prions le Seigneur qu'il nous en délivre; car celui qui craindra alors ne pourra passer en toute liberté à travers les puissances de l'enfer, qui se serviront de cette crainte comme d'une nouvelle embûche. Une âme, au contraire, que son amour pour Dieu remplit de joie au moment de la mort, s'élève, par les ailes de la charité, au-dessus des démons, pour aller se placer avec les anges. Ceux donc qui mourront dans la confiance passeront incontinent dans le séjour des saints; mais ceux qui auront été agités de la moindre crainte resteront mêlés avec les autres hommes, afin qu'ayant été purifiés par le feu du jugement, ils reçoivent de la main de Dieu et de la bonté du Rédempteur la récompense de leurs œuvres.

Tel est en substance ce *Traité de la perfection spirituelle*, que nous avons analysé avec quelque étendue, parce qu'il en est peu de semblables dans l'antiquité. Le style en est simple, et les comparaisons heureusement multipliées répandent un grand jour sur cette matière que Diadochus traite en maître. Photius juge ce livre très-utile, non-seulement à ceux qui s'exercent dans la vertu, mais même à ceux qui sont déjà avancés dans la perfection. On y trouve de temps en temps quelques sentiments particuliers poussés trop loin, comme nous l'avons fait remarquer dans l'exposition que nous en avons donnée.

DICTINIUS, prêtre espagnol, donna à la fin du iv° siècle dans les erreurs de Priscillien, et fut condamné dans le concile de Langres. Mais saint Ambroise écrivit en sa faveur et parvint à le faire rétablir, à la condition qu'il condamnerait sa conduite et qu'il resterait prêtre, sans songer jamais à s'élever au-dessus de cette dignité. Bien loin de se soumettre à ces conditions, Dictinius persévéra dans ses erreurs et se fit ordonner évêque d'Astorga. Cité pour ce fait avec Symphosius qui l'avait ordonné, au premier concile de Tolède qui se tint en 390, il refusa de comparaître; mais dix ans plus tard, dans un second synode, assemblé dans la même ville, il se présenta, fit une rétractation solennelle, et fut absous ainsi que Symphosius qui déclara ne l'avoir ordonné que par contrainte. Dictinius avait écrit, en faveur de l'erreur des pricillianistes, plusieurs traités, dont parle saint Léon dans sa lettre à Turribius; mais après sa rétractation il resta fidèle à la foi catholique et mourut dans son évêché, où, malgré l'assertion contraire du chroniqueur Idace, il ne fut remplacé par Turribius qu'après sa mort.

DIDIER, prêtre d'Aquitaine, gouvernait une Eglise dans le voisinage de Comminges, vers la fin du iv° siècle. Il paraît qu'il alla passer quelques années à Rome, apparemment pour se perfectionner dans ses études, suivant la coutume de nos anciens Gaulois. Ce fut là qu'il lia amitié avec saint Jérôme, qui s'y trouvait encore en 385, et ce saint docteur en parle avec éloge dans plusieurs de ses écrits. Lorsqu'il fut retourné en Palestine, Didier lui écrivit assez longtemps après pour lui demander les ouvrages qui sortaient tous les jours de sa plume. Il donnait dans sa lettre de grandes louanges à l'éloquence de saint Jérôme qui y répondit par de grands traits de modestie, et l'invitait, lui et sa sœur Sérénille, tant en son nom qu'en celui de sainte Paule, à les honorer d'une visite dans un pèlerinage qu'ils devaient faire aux lieux saints. Saint Jérôme parle de Sérénille comme d'une pieuse vierge, dont le nom exprimait à peine la conduite et les vertus. Quant aux écrits que Didier lui demandait, il attend son arrivée en Palestine pour lui donner tous ceux qui pourront lui être agréables. Dans le cas où il ne pourrait réaliser ce voyage, il lui indique, d'après son *Catalogue des hommes illustres*, où il a mis un de ses ouvrages, tous ceux qui lui manquent, et il les lui fera transcrire l'un après l'autre, à moins qu'il n'aime mieux les emprunter lui-même à sainte Marcelle et à Domnion qui en possédaient des exemplaires. On met cette lettre de saint Jérôme à Didier en l'an 393, et on ne peut guère la mettre plus tard, puisque le saint docteur y parle de son *Catalogue des hommes illustres* comme d'un livre nouveau, et qu'il avait poussé jusqu'à la quatorzième année de l'empire de Théodose, ce qui revient à l'an 392. Il est probable que Didier était encore à Rome lorsqu'il reçut cette lettre, puisque saint Jérôme le renvoie à Domnion et à sainte Marcelle, pour avoir communication de ses écrits.

Quelque temps après, et peut-être dès la même année 393, Didier écrivit de nouveau à saint Jérôme, pour le prier de traduire d'hébreu en latin le *Pentateuque*. Quelque difficile et périlleux que parût ce travail, saint Jérôme ne laissa pas que de l'entreprendre à la sollicitation de son ami. Il commença par la *Genèse* qu'il lui dédia. La lettre qu'il lui écrivit à ce sujet sert aujourd'hui de préface à la traduction de ce livre. Le saint exhorte Didier à lui obtenir par ses prières la grâce de pouvoir traduire les Livres saints avec le même esprit dans lequel ils ont été traduits originairement. Faisant allusion à son nom latin, il le compare à Daniel, pour avoir mérité comme lui d'être appelé un homme de désirs. Il lui avait fait le même compliment dans la lettre précédente dont nous avons parlé. Ce fut en 394 que saint Jérôme adressa cette dédicace à Didier; car de tout l'*Octateuque*, c'est-à-dire des cinq livres de Moïse et des trois suivants, ce Père n'avait encore traduit que la *Genèse* en cette année-là.

Pour reconnaître l'empressement que le saint docteur avait mis à se rendre à ses sollicitations, il était juste que Didier obtempérât à ses prières. Il y a donc toute apparence qu'il entreprit le voyage de Palestine et qu'il alla visiter ce Père dans sa grotte de Bethléem vers 394 ou 395, puisque nous voyons qu'en cette dernière année, saint Jérôme fit remettre quelques petits présents au prêtre Vital par un nommé Didier. Or ce Vital était Grec : d'où l'on peut conclure que Didier, à son retour de Palestine, prit sa route par terre, en passant par la Thrace, la Macédoine, etc., pour se rendre à Rome et dans les Gaules. Il n'avait apparemment alors aucun titre et n'était revêtu d'aucun caractère dans l'Eglise, puisque saint Jérôme, dans tous ces endroits où il parle de lui ne lui donne pas d'autre qualification que celle d'ami.

Didier se trouvait de retour dans sa patrie, lorsqu'en 396, ou mieux encore en 397, Sulpice Sévère lui adressa la *Vie de saint Martin*, évêque de Tours, qu'il avait composée depuis quelque temps. Malgré la résolution qu'il avait prise de ne la montrer à personne, cependant il ne put la refuser à l'amitié de ce cher frère, comme il l'appelle. En effet Didier la lui avait demandée plusieurs fois avec promesse de ne la point communiquer; mais comme il était difficile qu'en la donnant à une personne, il ne tombât pas entre les mains de beaucoup, saint Sulpice le prie, au cas qu'il viendrait à la publier, d'en effacer le nom de l'auteur, afin qu'aucun ne pensât à la lui attribuer.

Vers 406, Didier gouvernait une paroisse en qualité de prêtre, dans le voisinage de Vigilance. De concert avec Ripaire, son voisin et son collègue dans le sacerdoce, il écrivit à saint Jérôme contre les erreurs de cet hérétique. Ces deux prêtres, en lui envoyant son livre par Sisinne, priaient le saint de daigner y répondre, ne fût-ce que pour confondre quelques séculiers et quelques femmes trop crédules qui s'autorisaient des blasphèmes de Vigilance pour persévérer dans leurs excès. Saint Jérôme, malgré ses grandes occupations, ne put se refuser aux prières de ces saints prêtres, ni se dispenser de leur envoyer la réfutation qu'ils lui demandaient; mais il ne put consacrer qu'une seule nuit à ce travail, dans la crainte de retarder Sisinne, qui avait hâte d'aller assister les solitaires d'Égypte.

Outre saint Jérôme et Sulpice Sévère, Didier entretenait encore des liaisons étroites avec saint Paulin de Nole. Ils s'écrivaient souvent par un nommé Victor, qui semble avoir appartenu également à Didier et à Sulpice. Dans une de ses lettres, Didier avait prié saint Paulin de lui expliquer les bénédictions que Jacob mourant avait données aux douze patriarches ses enfants. La réponse de saint Paulin est de l'an 406, vers la fête des apôtres saint Pierre et saint Paul. Tout en donnant à Didier le titre de saint et de vénérable, et quoique par allusion à son nom, il l'appelle son Didier, *Desiderium meum*, le saint évêque se refuse cependant à lui accorder l'explication demandée, sous le prétexte qu'il n'appartenait à personne mieux qu'à lui-même de développer ces mystères cachés dans les siècles précédents, et qui ne se découvrent que par la lumière de Jésus-Christ, dont les patriarches ont été la figure. Un homme béni comme lui, un vase d'élection et de candeur, dont l'esprit était d'autant plus vif que ses membres étaient plus chastes; dont l'âme était d'autant plus disposée à être remplie de Jésus-Christ que son cœur était plus humble et plus pur, il pouvait obtenir de Dieu, par les excellentes dispositions de sa foi et de sa piété, tout ce qu'il lui demanderait. Il était donc plus capable que tout autre de réussir dans l'explication qu'il cherchait à obtenir de son incapacité. Cependant Didier n'eut garde de se laisser prendre à ces éloges, puisque nous voyons que saint Paulin demanda cette explication à Rufin, qui l'exécuta du moins en partie.

Saint Jérôme n'avait pas une moins haute idée du profond savoir de Didier. Il nous le représente comme un homme d'une grande réputation, d'une éloquence consommée et qui avait composé de magnifiques ouvrages. Mais il n'en est rien passé à la postérité. Il ne nous reste même de ses lettres que quelques fragments épars dans les œuvres des hommes célèbres avec lesquels il était en relation. Depuis l'an 406, on ne retrouve plus rien de lui dans l'histoire; ce qui n'empêche pas toutefois qu'il n'ait pu prolonger son existence beaucoup plus avant dans ce siècle, et même jusque vers l'an 418.

DIDIER (saint), issu d'une illustre famille d'Alby, exerça l'emploi de trésorier de la couronne sous les rois Clotaire II et Dagobert. L'un de ses frères, nommé Rusticus, évêque de Cahors, ayant été assassiné dans une sédition en 629, les habitants élurent à sa place saint Didier, qui eut beaucoup de peine à se rendre à leurs vœux. Il gouverna sagement son diocèse, établit la réforme dans plusieurs monastères, fonda des établissements de charité, fit entourer la ville de Cahors de murailles, et laissa, par testament à son église, la plus grande partie de ses biens, qui étaient très-considérables. Il mourut le 15 novembre 655 dans sa soixantième année, après vingt-trois ans d'épiscopat. On l'honore dans les provinces méridionales de la France sous le nom de saint Géry. Il avait composé plusieurs ouvrages qui sont perdus; on ne conserve que ses *Lettres*, au nombre de seize, dont nous allons rendre compte en quelques mots.

La première est une réponse à l'évêque Saluste, pour lui apprendre qu'il avait été bien reçu des grands et des princes, apparemment dans un voyage qu'il avait fait à la cour. Dans la seconde, il prie Grimoald, maire du palais, de présenter l'abbé Loup au roi Sigebert, et de lui accorder sa protection. Il la lui demande aussi pour le monastère de Saint-Amand qu'il avait fondé. — La troisième, adressée au roi Sigebert, est pour l'inviter charitablement à penser souvent à la vie future, et, après avoir bien régné en ce monde, aux récompenses qu'il pourrait espérer pour ses œuvres. — Il paraît, par la quatrième, que saint Didier avait fait un voyage à la cour, dans le dessein de voir le roi Sigebert et qu'il n'avait pas réussi. — Dans la cinquième, adressée au roi Dagobert, il dit qu'il était souvent obligé d'écrire à ce prince pour les affaires de l'église de Cahors. Ce fut encore pour les affaires de son église et pour le soulagement de ses pauvres, qu'il écrivit à Grimoald, maire du palais. Méroald, évêque de Trèves, informé de ses besoins et de ceux de son église et du peuple de Cahors, lui envoya de grandes aumônes. Saint Didier l'en remercia par sa septième lettre. — La huitième et la neuvième contiennent également des actions de grâces; l'une est adressée à Clodulphe, homme de condition, et l'autre à Abbon, évêque de Metz. — La dixième à l'évêque Daden est une lettre d'amitié. — Par la onzième, il invite Paul, évêque de Verdun, à la cérémonie de la dédicace de son monastère, en lui témoignant qu'il sera bien aise de renouveler les entretiens qu'ils avaient eus autrefois sur la vie future. — La douzième est à Sulpice le Pieux, évêque de Bourges; saint Didier le prie de travailler à éteindre les divisions qui s'élevaient de temps en temps entre les frères. — Les fontaines de Cahors ne coulaient plus, faute d'eau pour les alimenter : il écrivit à l'évêque Césaire de lui fournir les moyens de remédier à cette disette; cette lettre est la treizième. — Dans la quatorzième, il exhorte l'abbesse Aspasie à continuer la pénitence qu'elle avait commencée pour expier une faute capitale dans laquelle elle était tombée. Il lui conseille de se rappeler fréquemment l'histoire de la femme pécheresse, dont il est dit dans l'Ecriture qu'elle obtint par ses larmes l'espérance du salut. — La quinzième est une réponse des plus humbles à Félix de Narbonne. Cet évêque, se croyant offensé par saint Didier, lui avait écrit une lettre très-dure et pleine de reproches. Le saint le fait juge du différend et de la satisfaction qu'il voudra lui imposer, ne lui demandant d'autre grâce que de vivre avec lui dans la paix de la charité. — La seizième est une lettre de recommandation à tous les évêques, abbés, grands seigneurs et magistrats chez lesquels le prêtre Untédius devait passer en se rendant en Espagne. — Aux lettres de saint Didier, il faut en ajouter trois que sa mère lui écrivit, dans le temps qu'il exerçait la charge de trésorier à la cour. Dans l'une, elle lui apprend la mort de son frère Rustique, évêque de Cahors, et l'avertit les autres de ne point suivre la voie large qui conduit à la perdition, mais de se maintenir au contraire dans la voie étroite qui mène à la vie. Ces trois lettres se trouvent dans la Vie de saint Didier avec une partie de son testament, plusieurs de ses sentences et quelques inscriptions qu'il avait fait graver sur les vases et autres meubles consacrés au service divin.

Ces lettres ont été insérées dans les *Antiquæ lectiones* de Canisius, t. V; on les trouve encore dans le *Corpus historiæ francicæ* de Freher; dans le t. Ier des *Historiæ Francorum* de Duchesne, et dans la *Bibliotheca Patrum;* mais l'édition la plus correcte est celle qu'en a publiée dom Bouquet dans le t. IV de la *Collection des historiens de France*. Le style de ces lettres porte l'empreinte de la barbarie du siècle dans lequel elles ont été écrites, et la lecture en est difficile à ceux qui n'ont pas fait une étude spéciale de la basse latinité. (Voir les articles de SULPICE LE PIEUX et de VERUS, évêque de Rodez.)

DIDYME, surnommé l'*Aveugle*, célèbre docteur de l'Église d'Alexandrie, fut un de ces prodiges que l'auteur de la nature se plaît à produire de temps en temps, pour donner aux hommes des sujets d'admiration. Il naquit à Alexandrie vers l'an 309, et perdit la vue dès l'âge de quatre ou cinq ans. Cet accident, quoique arrivé dans un âge si tendre, loin de ralentir en lui le désir de savoir qu'il avait comme apporté en naissant, ne servit au contraire qu'à l'enflammer davantage. Comme il ne connaissait encore qu'imparfaitement ses lettres lorsqu'il devint aveugle, il se fit graver l'alphabet sur des tablettes de bois, et par ce moyen, en touchant les lettres, il apprit à les connaître, ensuite les syllabes, puis les mots et enfin des phrases entières. Son goût pour l'étude ne lui permit pas de s'en tenir là. Il suivit avec assiduité les leçons de la célèbre école d'Alexandrie, apprit parfaitement la grammaire et la rhétorique ; ensuite la musique, l'arithmétique ; enfin la géométrie et l'astronomie, sciences qui, comme le disent saint Jérôme et Rufin, semblent ne pouvoir se passer du secours des yeux. Didyme étudia la philosophie, en se faisant lire les ouvrages d'Aristote et de Platon. Il passait souvent une partie des nuits à les entendre, et quand ses lecteurs se retiraient, il employait le reste à repasser dans son esprit et à fixer dans sa mémoire les leçons qu'il avait reçues de ses maîtres. Par ce moyen, il parvint à posséder si parfaitement les différents systèmes de philosophie, qu'il était prêt à résoudre toutes les objections, et que personne ne put jamais le vaincre dans la dispute. La religion chrétienne et la théologie devinrent le principal objet de son application et de ses veilles. « L'aveuglement du corps qui passe, dit Pallade, pour une des plus terribles disgrâces de la vie, fut pour Didyme un moyen de faire tourner, sans aucune distraction des objets étrangers, toutes ses facultés intellectuelles vers l'étude des sciences. » De si rares talents, dans un homme qui paraissait devoir en être incapable attirèrent à Alexandrie un grand nombre de savants, les uns pour l'entendre, les autres seulement pour le connaître. Saint Athanase, qui avait conçu pour lui la plus haute estime, le mit à la tête de son école, où il fut cité comme un des plus illustres successeurs d'Origène. C'était une faveur particulière que Dieu accordait à cette ville pour la gloire de son Église. Didyme, en effet, y rendit un témoignage éclatant à la foi de la consubstantialité, et s'opposa avec autant de zèle que de lumières à l'impiété des Ariens, en renversant chacun de leurs sophismes et en dissipant l'illusion de leurs discours. On fixe environ à l'an 355 diverses visites que saint Antoine lui fit à Alexandrie, et que Didyme alla lui rendre dans son désert. Ce fut à la suite d'un entretien qu'ils eurent ensemble sur les saintes Écritures que ce Père des cénobites lui demanda : « Êtes-vous affligé d'être aveugle ? » Didyme se tut. A la même question répétée une seconde et une troisième fois, il répondit enfin : — « Oui, je suis affligé d'être aveugle. » — Alors saint anachorète s'écria : « Je m'étonne qu'un homme sage s'afflige d'avoir perdu ce que possèdent les fourmis et les moucherons, au lieu de se réjouir d'avoir ce qu'ont les saints et les apôtres, c'est-à-dire le regard des anges, par lequel nous voyons le Dieu qui allume en nous le feu d'une science si lumineuse. Il vaut mieux être éclairé dans l'esprit que dans le corps, et voir de ces yeux spirituels qui ne peuvent être obscurcis que par les pailles du péché, plutôt que de ces yeux charnels dont un seul regard impudique peut précipiter un homme dans les enfers. » — Pallade rapporte avoir appris de la bouche même de Didyme que, l'an 363, le jour même de la mort de l'empereur Julien, après avoir jeûné et prié pour invoquer la fin des persécutions qui affligeaient l'Eglise, il s'endormit, assis dans sa chaire, et crut voir des chevaux blancs courir dans les airs, montés par des gens qui criaient : « Dites à Didyme : Aujourd'hui, à sept heures Julien a été tué. Lève-toi donc, mange et l'envoie dire à l'évêque Athanase. » Didyme ajouta qu'il avait marqué l'heure, le jour, la semaine, le mois où il avait eu cette révélation, et qu'elle se trouva véritable. Ce fut à la suite de ces événements que Rufin vint à Alexandrie se mettre sous la direction de Didyme, et c'est lui qui nous apprend que, quelque admirables que fussent les écrits de ce maître, les discours qu'il faisait de vive voix avaient bien plus de grâce encore et plus d'énergie. Saint Jérôme, Pallade, saint Isidore furent aussi ses disciples. Saint Jérôme avait déjà les cheveux blancs, et il était regardé comme un des plus savants docteurs de l'Eglise, lorsqu'il se rendit, en 385, à Alexandrie, pour prendre des leçons de Didyme. Pendant un mois entier, il lui proposa sur divers points de l'Ecriture, des difficultés que le célèbre maître sut toujours éclaircir à sa satisfaction. Aussi se glorifie-t-il de l'avoir eu pour catéchiste, et dans une lettre qu'il lui écrivit plus tard, c'est avec bonheur qu'il l'appelle son précepteur et son maître. Dans le prologue qu'il mit en tête de la traduction de ses livres du Saint-Esprit, après l'avoir nommé son Didyme, il parle de lui en ces termes : « Il a les yeux qui sont loués dans l'épouse des Cantiques, et ceux que Jésus-Christ nous ordonne de lever en haut pour considérer les campagnes déjà blanches et mûries pour la moisson. Avec ces yeux, il regarde comme infiniment au-dessous de lui toutes les choses de la terre, et fait revivre le beau nom de voyant, que les anciens donnaient aux prophètes. Il suffit de lire ses écrits pour savoir où les Latins vont puiser les leurs ; mais après avoir trouvé la source, on se met peu en peine des ruisseaux. » Didyme posséda l'amitié de saint Athanase. Sainte Mélanie le visita pendant son voyage en Palestine. Il fut estimé des Occidentaux et particulièrement de saint Eusèbe de Verceil, de saint Hilaire de Poitiers et de Lucifer. Pallade, durant son séjour dans les monastères répandus autour d'Alexandrie, dans les déserts de Nitrie et des cellules, rendit de fréquentes visites à Didyme, qui lui raconta plusieurs particularités de sa vie. Pallade était jeune encore et avait tout au plus vingt-deux ans ; Didyme voulut l'obliger à faire la prière dans sa cellule ; Pallade s'y refusa ; sur quoi, pour lui apprendre à obéir sans résistance, le saint vieillard lui fit remarquer que saint Antoine n'avait pas dédaigné de se mettre à genoux à ses côtés, et qu'ils avaient prié tous les deux. On ne connaît pas précisément l'époque de la mort de Didyme ; mais il vivait encore en 392, lorsque saint Jérôme l'inscrivit sur son *Catalogue des écrivains catholiques*, et il avait alors quatre-vingt-trois ans passés. Il en vécut davantage ; plusieurs auteurs croient qu'il mourut, vers l'an 395, mais la suite de l'histoire de Pallade ne nous permet pas de mettre sa mort avant l'année 399. Didyme était tombé dans les erreurs d'Origène, dont il avait expliqué le livre des *Principes*, et il fut condamné après sa mort par le second concile de Nicée. Nous toucherons un mot de cette question, à la suite de l'analyse des ouvrages qu'ils nous a laissés.

Ecrits de Didyme. — Didyme avait composé, en les dictant à des secrétaires, un grand nombre d'ouvrages, tous très-importants dans la cause de l'Eglise et pour la défense de la foi attaquée par les hérésies de son siècle. Il ne nous en reste que quelques-uns dont le premier est celui qu'il a intitulé :

Du Saint-Esprit. — Nous n'avons ce livre qu'en latin, traduit par saint Jérôme, qui l'entreprit en 384, à la prière du pape Damase. C'est à propos de ce livre qu'il fait la réflexion que nous avons rapportée plus haut : que les Latins lui avaient emprunté ce qu'ils ont écrit de mieux sur cette matière. Craignant apparemment d'être obligé d'y puiser lui-même, s'il continuait le travail qu'il avait commencé sur la divinité du Saint-Esprit, il aima mieux supprimer ce qu'il avait composé sur ce sujet, et se faire l'interprète de l'écrit d'un autre, que de se parer de plumes étrangères, comme la corneille de la fable. Ce traité de Didyme est cité par saint Augustin, dans son livre des *Questions sur l'Exode*. Il est divisé en trois parties, auxquelles on s'est habitué à donner le titre de livres, quoiqu'en réalité l'ouvrage n'en renferme qu'un seul.

Premier livre. — Deux motifs engagèrent Didyme à traiter cette matière : le premier, pour satisfaire aux prières réitérées de ses frères ; le second, parce qu'il croyait nécessaire d'établir sur une autorité infaillible la doctrine de l'Eglise touchant la divinité du Saint-Esprit, afin d'empêcher que les simples ne fussent séduits par ceux qui avançaient sur ce dogme fondamental beaucoup de choses qui n'étaient appuyées ni sur l'Ecriture ni sur le témoignage d'aucun ancien auteur ecclésiastique. Aussi commence-t-il par établir dans son premier livre que le nom du Saint-Esprit et la personne désignée sous ce nom sont également ignorés de ceux dont la philosophie n'a rien de commun avec l'Ecriture sainte, puisque c'est dans l'Ancien et le Nouveau Testament seulement qu'on apprend ce nom, et qu'on puise une notion juste et exacte de son essence et de sa personnalité. Il montre ensuite que c'est le même Esprit qui a parlé par les prophètes et par les apôtres. Le mot *Esprit* n'est pas un terme vague, mais le nom d'une véritable substance, qui est la même que celle du Père et du Fils, et différente de celle des créatures. En effet, les créatures sont ou corporelles ou incorporelles. Le Saint-Esprit ne peut être du nombre de ces dernières, puisqu'il habite l'âme, qui est incorporelle, et qu'il en perfectionne les puissances. Il ne peut être non plus du nombre des incorporelles, puisqu'elles peuvent recevoir divers degrés de grâce, de vertus, de sanctification ; tandis que l'Esprit-Saint est le sanctificateur, la source de toutes les grâces, le collateur de tous les biens, comme il en est la plénitude, suivant ces paroles du Sauveur en saint Luc, c. XI, v. 13 : *Si donc vous autres, étant méchants comme vous êtes, vous savez néanmoins donner de bonnes choses à vos enfants, à combien plus forte raison votre Père, qui est dans le ciel, donnera-t-il le bon esprit à ceux qui le lui demandent?* Dès lors, s'il est constant que le Saint-Esprit est sanctificateur, il est donc évident au même titre que sa nature est incapable de changement, et différente par conséquent de celle des créatures même incorporelles, puisque celles-ci sont muables et susceptibles de divers degrés de perfection. Didyme établit encore cette distinction sur celle qui doit exister nécessairement entre celui qui sanctifie et celui qui est sanctifié. Or, c'est le Saint-Esprit qui sanctifie les créatures, comme saint Paul le déclare dans son *Epître aux Ephésiens* ; il diffère donc des créatures, et il est un avec le Père et le Fils, c'est-à-dire Dieu comme eux, car c'est Dieu seul qui sanctifie. Didyme ajoute encore : « Si le Saint-Esprit était du nombre des créatures, il aurait comme elles une substance bornée, et ne pourrait être présent qu'en un seul lieu à la fois, ce qui n'est pas, puisqu'il sanctifie en même temps plusieurs personnes, et qu'il habite en elles, fussent-elles dispersées sur tous les points du monde et à travers toutes ses extrémités. Un ange présent à la prière qu'un apôtre faisait en Asie ne pouvait pas être également présent à la prière que les autres apôtres faisaient sur divers points de l'univers. Il est vrai que les anges sont appelés saints dans l'Ecriture, mais ils ne sont saints que par participation à la sainteté du Saint-Esprit, et parce que le Fils unique de Dieu, qui est la sainteté même et la communication du Père, habite en eux. Ils ne sont pas saints par leur propre substance, autrement ils seraient consubstantiels à la Trinité, ce qui ne peut se dire sans blasphème. » Didyme enseigne qu'ils sont d'une nature plus relevée que celle des hommes, et d'une sainteté qui les unit plus intimement à la Trinité. Il rapporte plusieurs passages des saints Livres, où nous lisons que les apôtres et les disciples étaient remplis du Saint-Esprit : d'où il infère que le Saint-Esprit est Dieu, parce qu'il n'est dit nulle part dans l'Ecriture que quelqu'un ait été rempli d'une créature, fût-ce même un ange, un Trône ou une Domination. D'ailleurs, on ne peut être rempli des dons de Dieu que par Dieu même ; et personne n'en est rempli s'il n'a en lui l'Esprit-Saint, en qui consistent ces dons ; non que le Saint-Esprit soit divisé en autant de substances qu'il produit d'effets, car il est de sa nature indivisible, impassible, immuable ; mais parce qu'il reçoit différents noms, suivant les différents effets dont il est la cause. C'est dans ce sens qu'il est dit aux *Actes des apôtres* que saint Etienne était rempli de la sagesse du Saint-Esprit, parce que le Saint-Esprit demeurait et parlait en lui. Didyme cite d'autres extraits de l'Ecriture, où la paix, la justice, le don des miracles et celui de prophétie sont attribués au Saint-Esprit ; d'où il conclut que pouvant communiquer ses dons, non pas seulement à une ou deux personnes en même temps, mais à toutes les nations de la terre, il est d'une nature incréée et différente de celle des créatures.

Les hérétiques objectaient : « Il est écrit que toutes choses ont été faites par le Verbe.» Didyme répond que le Saint-Esprit, différant de toutes choses par sa substance, comme il l'avait montré plus haut, il ne pouvait en faire partie : et parce qu'ils insistaient sur ces paroles du prophète Amos : *C'est moi*, dit le Seigneur, *qui forme le tonnerre et qui crée l'esprit*, il fait voir qu'il ne s'agit pas en cet endroit du Saint-Esprit, mais du vent dont Dieu se sert pour assembler les nuages et donner la pluie à la terre. C'est pour cela qu'il est dit : *Je crée*, et non pas *J'ai créé*, parce qu'en effet, Dieu crée chaque jour les vents, au lieu que les autres substances n'ont été créées qu'une fois. Si donc il se fût agi là de la substance même du Saint-Esprit, et que Dieu l'eût mis au nombre de ses créatures, il aurait dit *J'ai créé*, et non pas *Je crée*. Didyme ajoute encore que le terme grec qui signifie *esprit* est écrit dans Amos sans l'article qui lui donnerait une marque de singularité ; mais comme il l'observe très-bien dans l'Evangile de saint Jean et dans les Epîtres de saint Paul, partout où il est question de la personne du Saint-Esprit, ce terme est toujours précédé d'un article ou de quelque épithète qui désigne clairement que c'est de l'Esprit-Saint, et non du vent, qu'il faut entendre ces passages.

Après avoir établi que le Saint-Esprit n'est pas une créature, Didyme s'applique à démontrer, par les endroits de l'Ecriture où il est dit que la charité du Père et ses autres dons nous viennent du Fils par le Saint-Esprit, que ces trois personnes n'ont qu'une même opération, comme elles n'ont qu'une même substance. Il tire une autre preuve de la divinité du Saint-Esprit du discours de saint Pierre à Ananie, dans lequel cet apôtre établit clairement que mentir au Saint-Esprit c'est mentir à Dieu même. Il fait ressortir l'unité de nature entre le Fils et le Saint-Esprit de ces paroles de Jésus-Christ à ses apôtres : *Lorsqu'on vous livrera entre les mains des persécuteurs, ne préméditez point ce que vous devez leur dire, mais dites tout ce qui vous sera inspiré à l'heure même ; car ce n'est pas vous qui parlez, mais le Saint-Esprit. Je vous donnerai alors une bouche et une sagesse à laquelle vos adversaires ne sauront ré-*

sister et qu'ils ne pourront contredire. « Or, si la sagesse et la doctrine du Saint-Esprit sont les mêmes que la sagesse et la doctrine du Fils, il est visible qu'ils n'ont qu'une même nature et une même volonté, puisque tous deux communiquent l'un et l'autre en même temps aux disciples et aux apôtres. » Didyme ajoute : « Or, le Fils et le Père sont une même chose, comme Jésus-Christ le dit lui-même dans saint Jean : *Ego et Pater unum sumus*; il s'ensuit donc qu'après avoir montré, comme nous l'avons fait, que le Sait-Esprit a la même nature que le Fils, il reste également démontré que la nature de la Trinité, est indivisible et inséparable. » — Il confirme encore l'unité de nature, de vertu et d'opération dans la Trinité, par un autre raisonnement fondé sur les paroles de Jésus-Christ en saint Mathieu et en saint Luc. « Le Saint-Esprit, dit-il, est le doigt du Père, comme le Fils en est la main ; or, comme la main est de la même nature que celui à qui elle appartient, il s'ensuit donc que le Saint-Esprit est de la même nature que le Père et le Fils. » Cependant Didyme nous fait remarquer que cette comparaison de l'Ecriture ne doit pas être pressée, parce qu'elle est employée, non pour marquer l'étendue de la substance des personnes divines, mais son unité ; car de même que la main, par le ministère de laquelle le corps agit, ne peut être séparée de ce corps, de même le doigt ne peut être séparé de la main dont il fait partie. Il dit encore que si Jésus-Christ doit être reconnu pour Dieu, parce que dans l'Ecriture il est appelé la sagesse et la vertu de Dieu, par la même raison on doit confesser la divinité du Saint-Esprit, parce qu'il est nommé Esprit de Dieu, Esprit de sagesse et de vérité.

Second livre. — Didyme continue le même raisonnement dans le second livre, pour montrer que les trois personnes de la Trinité, qu'il appelle un cercle d'unité et de substance, n'ont qu'une même nature. Il ajoute, comme une nouvelle preuve de la divinité du Saint-Esprit, que de même que tous ceux qui sont formés sur Jésus-Christ, qui est l'image de Dieu, deviennent semblables à Dieu : de même ceux qui sont marqués par l'Esprit-Saint, qui est le sceau, parviennent par cette divine impression à la sagesse et à la science de Jésus-Christ. Car, comme le disait saint Paul : *il y a diversité d'opérations surnaturelles, mais c'est le même Esprit qui opère tout en tous, distribuant à chacun selon ce qui lui plaît*. Didyme se sert de ces paroles de l'Apôtre pour montrer que le Saint-Esprit est une substance et non une simple opération, comme le disaient quelques hérétiques. Il le prouve encore par plusieurs autres passages de l'Ecriture, et en particulier, par celui des *Actes* dans lequel les apôtres, assemblés en concile à Jérusalem, disent : *Il a semblé bon au Saint-Esprit et à nous*; or ce terme, *il a semblé bon*, marque non une opération, mais une nature, comme on le voit par ces paroles de Job : *Il est arrivé ce qui a semblé au Seigneur*. Il insiste aussi sur la forme du baptême qui marque clairement que la foi au Saint-Esprit est la même que la foi au Père et au Fils, et que le baptême se doit donner au nom des trois personnes, sans qu'il soit permis d'en omettre aucune. Cela est tellement vrai que celui qui baptiserait au nom du Père et du Fils sans nommer le Saint-Esprit, ne donnerait qu'un baptême imparfait, et qui n'opérerait pas la rémission des péchés. « De ce raisonnement il résulte, continue Didyme, que la substance de la Trinité est indivisible, que le Père est véritablement Père du Fils, le Fils véritablement Fils du Père, et le Saint-Esprit véritablement Esprit du Père et de Dieu. Voilà la foi de ceux qui croient, et toute l'économie de la discipline ecclésiastique s'accomplit par la foi en la Trinité. Les trois personnes ont concouru à l'établissement et au régime de l'Eglise. Le Père a destiné les apôtres au ministère, le Fils les a envoyés prêcher l'Evangile, et le Saint-Esprit les a établis pour gouverner l'Eglise : ce qui marque dans ces trois personnes une même opération, et conséquemment une même substance. » Didyme prouve la même vérité par divers passages des Epîtres de saint Paul ; où il est dit que le Saint-Esprit, conjointement avec le Père et le Fils, habite dans le cœur des vrais fidèles comme dans son temple. Il y aurait donc de l'impiété à mettre le Saint-Esprit au rang des créatures. Un être créé n'habite pas dans un autre : les arts et les sciences, les vertus et les vices habitent, il est vrai, en nous, mais comme des qualités accidentelles, et non comme des substances. Didyme traite ensuite de la mission du Saint-Esprit et dit que, comme celle que le Fils a reçue du Père ne l'en éloigne ni ne l'en sépare, de même le Saint-Esprit, quoique envoyé par le Père et par le Fils, n'est séparé ni de l'un ni de l'autre, parce que son essence, comme celle des créatures, n'est ni bornée ni limitée par les lieux. Il remarque que lorsque Jésus-Christ dit dans saint Jean, *Je prierai mon Père, et il vous donnera un autre consolateur*, ce terme *autre*, signifie en cet endroit non une diversité de nature, mais une diversité d'opérations entre le Fils et le Saint-Esprit ; le Fils faisant les fonctions de légat, et le Saint-Esprit celles de consolateur. Il ajoute néanmoins que ces fonctions ne sont pas tellement propres à une personne que l'autre ne puisse les remplir ; puisque le Saint-Esprit fait aussi quelquefois l'office de médiateur, comme saint Paul le marque positivement dans ce passage de son *Epître aux Romains : Le Saint-Esprit prie pour nous avec des gémissements inénarrables.*

Reprenant après cela la suite des preuves de la divinité du Saint-Esprit, Didyme rapporte plusieurs passages tant de l'Ancien que du Nouveau Testament, où nous lisons que c'est le Saint-Esprit qui a animé les apôtres, inspiré les prophètes et parlé par leur bouche. Il insiste particulièrement sur l'endroit des *Actes* où saint Paul dit aux Juifs : *C'est avec grande raison que le Saint-Esprit* qui a parlé à nos pères par le prophète Isaïe, a dit : *Allez vers ce peuple et dites-lui : Vous écouterez, et en écoutant vous n'entendrez point*; et il fait observer que la prophétie attribuée par saint Paul au Saint-Esprit est attribuée au Seigneur dans le livre d'Isaïe, où on lit, en effet : *J'ai ouï la voix du Seigneur qui me disait : Allez, dites à ce peuple : Vous écouterez*, etc., ce qui ne laisse aucun lieu de douter que la nature du Saint-Esprit ne soit la même que celle du Seigneur. Une autre preuve de la divinité du Saint-Esprit, c'est qu'il est envoyé du Père comme le Fils ; tandis qu'aucun homme, pas même Moïse ni un seul des prophètes n'ont été envoyés autrement que par le Seigneur, le Dieu d'Abraham, d'Isaac et de Jacob. Il prouve par les paroles de l'ange à Marie, et par celles du psaume CIII, que le Saint-Esprit a le pouvoir de créer, ce qui n'appartient qu'à Dieu, et qu'il peut comme le Fils enseigner toute vérité. S'il est écrit de lui qu'*il ne dira rien de lui-même*, c'est, comme l'explique Didyme, que le Saint-Esprit ne dit rien que par la volonté du Père et du Fils, dont la sienne est inséparable, parce qu'il reçoit de l'un et de l'autre et son être et sa parole. Didyme, à cette occasion, s'explique sur différentes manières de parler marquées dans l'Ecriture, et qui paraissent supposer, dans les personnes de la Trinité, une forme et des sens humains, en disant qu'il faut les entendre de telle sorte qu'elles ne dérogent en rien à la grandeur et à la simplicité de Dieu.

Par exemple, lorsqu'il est écrit : *Le Seigneur a dit à mon Seigneur*, cela ne signifie pas que le Père en parlant au Fils lui ait appris quelque chose ; mais seulement qu'il y a entre le Père et le Fils unité de nature et de volonté ; et afin qu'on ne séparât point le Saint-Esprit du Fils, il est écrit encore : *Il ne dira rien de lui-même, mais il parlera selon ce qu'il aura entendu* ; car si le Fils est un en nature avec le Père, parce qu'il ne peut faire que ce qu'il voit faire au Père, ainsi que le dit saint Jean : par une raison semblable, le Saint-Esprit ne doit avoir avec le Fils qu'une seule et même volonté, puisqu'il ne dit que ce qu'il a appris du Fils. Didyme reconnaît ici que la Trinité étant au-dessus de toutes les substances matérielles, nous ne pouvons en parler avec exactitude. Il veut surtout qu'on bannisse de la théologie les sophismes et les raisonnements captieux des dialecticiens qui, dénaturant le vrai sens de toutes choses et des paroles les plus pieuses, prennent occasion d'établir l'impiété. Il demande que l'on juge son ouvrage, non par l'exécution, mais par le désir qu'il a eu de l'écrire pour la gloire de Dieu, quoiqu'il soit loin d'avoir atteint son but. Puis, rentrant en matière après cette digression, il rapporte une grande partie du chapitre huitième de l'*Epître de saint Paul aux Romains*, où il est parlé de la justification, et fait voir par le texte même de l'apôtre l'union qui existe entre le Saint-Esprit et les deux autres personnes de la Trinité. Il confirme la même vérité par un passage de la première *Epître de saint Pierre*, et montre que, comme dans l'*Epître aux Corinthiens* et la première de saint Jean, le Saint-Esprit y est appelé également l'Esprit de Jésus-Christ, l'Esprit de Dieu ; de même il est dit en d'autres passages des *Epîtres* de saint Paul que c'est par le Saint-Esprit que nos corps mortels sont vivifiés. C'est lui qui, en demeurant en nous, nous fait enfants adoptifs de Dieu et cohéritiers de Jésus-Christ : au contraire, ceux qui ont irrité cet Esprit-Saint en refusant de croire en lui sont devenus, suivant le prophète Isaïe, les ennemis de Dieu.

Troisième livre. — Le troisième livre débute par une explication très-longue de ce passage d'Isaïe auquel nous venons de faire allusion (*Isa.*, ch. LXIII, *v.* 10). L'auteur y trouve d'abord la condamnation des Manichéens, qui, séparant la bonté de Dieu de sa justice, en prenaient occasion de supposer deux Dieux, l'un juste et l'autre bon. Rien, en effet, n'est plus directement opposé à ces hérétiques que ce passage d'Isaïe, qui nous représente le même Dieu comme juste et miséricordieux tout ensemble. Mais, pour leur prouver qu'ils ne pouvaient, sans impiété, établir un Dieu miséricordieux qu'ils disaient auteur de l'Evangile, et un Dieu juste à qui ils attribuaient l'Ancien Testament, il leur allègue divers passages de l'Ancien Testament où le même Dieu qui est appelé juste est aussi appelé bon, et plusieurs autres du Nouveau, où ces deux attributs sont indistinctement accordés à Dieu. Didyme explique ensuite du Saint-Esprit ce qu'Isaïe dit de l'Esprit de Dieu, d'où il conclut qu'étant inséparable, il est une même nature avec Dieu. Il prouve encore son unité de nature avec le Père et le Fils, parce que l'Ecriture lui accorde comme à eux la vertu de sanctifier. Il rapporte ensuite les diverses significations du terme *Esprit*, et montre qu'il se prend quelquefois pour marquer le vent, l'âme, l'esprit humain, par opposition à l'âme des bêtes, les anges, les démons, la volonté, la pensée et le sens spirituel de l'Ecriture : « Ce qu'on doit soigneusement observer, dit-il, afin de répondre à ceux qui arguent de ces différentes significations accordées au même terme, pour en inférer que le Saint-Esprit est une créature. » Comme il avait dit plus haut que la Trinité seule, à l'exclusion de toute créature, peut remplir substantiellement l'âme et l'esprit de l'homme, il s'objecte qu'il est dit que Satan était entré dans Judas et qu'il avait rempli le cœur d'Ananie. A quoi il répond aussitôt : « Satan n'agit sur l'homme que par les mauvaises pensées qu'il lui inspire, et par les ruses qu'il emploie pour allumer en lui le feu des passions ; mais il n'y entre pas substantiellement et ne pénètre pas jusqu'à son cœur. » — Si le Saint-Esprit n'est pas créature, disaient les hérétiques, ou il est frère de Dieu le Père et oncle de Jésus-Christ fils unique du Père, ou il est fils de Jésus-Christ ou fils de Dieu lui-même ; et, dans ce cas, le Père aurait deux fils. Didyme ne répond à ces sortes de raisonnements qu'avec compassion pour ceux qui les faisaient, et leur dit qu'on ne doit pas raisonner des choses invisibles et spirituelles par ce qui se passe dans les choses corporelles et visibles ; qu'être père, fils, oncle, petit-fils, sont des noms dont l'esprit borné de l'homme se sert pour désigner et distinguer les corps. Si l'Ecriture en emploie quelques-uns pour marquer ce que nous devons penser des choses divines, ce n'est que pour s'accommoder à notre faiblesse qu'elle fait usage de ces façons de parler. Enfin Didyme termine son traité par ces paroles remarquables : « Malgré la pauvreté du style, ce que j'ai dit jusqu'ici sur ce sujet doit suffire ; le peu même que j'en dis encore marque assez ma frayeur d'avoir osé traiter ce qui regarde le Saint-Esprit.

« En effet, s'il n'y a aucun pardon pour ceux qui blasphèment contre la Trinité, quelle précaution et quelle exactitude ne devons-nous pas apporter, lorsque nous parlons de ce mystère, même en peu de mots et dans le style le plus simple pour ne pas nous tromper! Si quelqu'un donc veut lire ce livre, qu'il se purifie d'abord de toute pensée contraire à la sainteté de Dieu, afin qu'il lui communique un esprit assez éclairé pour le comprendre et un cœur plein de sagesse et de sainte indulgence pour nous pardonner, si selon nos désirs nous n'avons pas répondu à l'attente du lecteur, qui doit considérer plutôt l'esprit dans lequel nous l'avons conçu, que les expressions dont nous nous sommes servi pour rendre nos pensées. De même que le témoignage de notre conscience nous fait dire hardiment que notre doctrine est celle de la piété : ainsi la bonne foi nous force d'avouer que notre manière d'écrire est fort éloignée de la politesse et des autres agréments de l'éloquence. Nous n'avons eu d'autre dessein, en traitant de l'Ecriture, que d'en chercher pieusement le sens orthodoxe et véritable, et de l'exprimer ensuite sans prétention et avec la plus grande simplicité de style. »

Ce traité de Didyme, imprimé à Cologne en 1531, a été reproduit par la *Bibliothèque des Pères* en 1589 et 1654.

Contre les Manichéens. — Saint Jérôme, dans le dénombrement des œuvres de Didyme, ne dit rien de ce traité contre les Manichéens ; mais comme il lui en attribue une infinité d'autres que ceux dont il est fait mention dans son *Catalogue*, on s'est cru suffisamment autorisé à lui faire honneur de celui-ci, d'autant plus qu'il a beaucoup de rapports avec le traité du Saint-Esprit, et par l'homogénéité de son style, et par son affectation ordinaire à subtiliser les termes. Du reste, on ne peut douter que ce traité ne soit de Didyme, puisqu'on y retrouve presque tous les raisonnements dont on se servait alors contre les hérétiques. Ceux que Didyme emploie ici contre les Manichéens sont très-métaphysiques. Nous allons essayer d'en donner une idée par l'analyse.

Comme les Manichéens admettaient deux principes, l'un bon et l'autre mauvais, il fait contre eux ce raisonnement. L'opposition des contraires suppose toujours entre eux quelque chose de commun. Ainsi le blanc et le noir, quoique contraires, ne le sont pas néanmoins sous tous les rapports, puisqu'ils se conviennent en ce sens qu'ils sont l'un et l'autre une couleur et une qualité. Si donc il y a deux principes contraires non engendrés, ou bien ces deux principes sont contraires à tous égards, ou bien ils ont quelque chose de commun qui les rapproche et qui les relie l'un à l'autre. Or le premier ne peut se dire, puisqu'il n'est rien qui soit absolument contraire ; il faut donc avouer le second et convenir que ces deux principes ont quelque chose de commun, savoir l'être et la substance ; comme aussi ils sont contraires dans leurs attributs, puisque l'un est bon et l'autre mauvais, l'un est lumière et l'autre ténèbres. Or, on conçoit plutôt en eux ce qu'ils ont de commun, savoir l'existence, que ce qu'ils ont de contraire, savoir les attributs. Cette contrariété en eux ne vient donc pas de ce qu'ils ont de commun, mais de ce qui leur est propre. De tout cela, Didyme conclut que ces deux principes ne peuvent être admis et il explique ainsi sa conclusion : « Il est convenu que ces deux principes ne sont pas engendrés, puisqu'il n'y a rien avant le non engendré. Or, en admettant, comme font les Manichéens, deux principes contraires non engendrés, il faudra concevoir quelque chose en eux avant cette qualité, c'est-à-dire, ce qu'ils ont de commun, et la chose est impossible : donc, comme on ne conçoit rien avant la qualité de non engendré, il est impossible que deux principes contraires non engendrés existent. » Didyme prouve en particulier que le principe que les Manichéens appelaient mauvais ne peut pas être non engendré, c'est-à-dire éternel, par la raison que tout ce qui est mauvais doit être puni, que tout ce qui doit être puni est corruptible, et que rien de ce qui est corruptible n'est éternel. A quoi il ajoute que le mal, n'étant qu'une qualification, ne peut pas être une substance, ni par conséquent constituer un principe.

Voici un autre de ses arguments. Les contraires se détruisent l'un par l'autre ; les êtres éternels ne peuvent être détruits ; il n'y a donc point de principes contraires éternels. Il s'étend beaucoup à montrer qu'il n'y a rien de mauvais par nature, ni le corps ni l'âme, puisque l'un et l'autre peuvent devenir bons en se sanctifiant. Et comme on aurait pu lui objecter que, dans l'Ecriture, les hommes sont appelés enfants de colère, il répond qu'ils ne sont nommés ainsi que parce qu'ils deviennent l'objet de la colère de Dieu par le péché qu'ils commettent volontairement. C'est dans le même sens qu'on nomme enfants de paix, de sagesse, de lumière, ceux qui sont éclairés par la lumière de la vérité. Si Judas est appelé enfant de perdition, c'est parce qu'il avait fait des choses dignes de la mort et de la perdition. Avant cela, et lorsqu'il était au nombre des apôtres, il n'était pas fils de perdition, puisque Jésus-Christ lui avait dit comme aux autres disciples : *Je vous envoie comme des brebis au milieu des loups.* Il dit beaucoup de choses pour expliquer comment la chair de l'homme est appelée dans saint Paul une *chair de péché*; et prétend que l'Apôtre la nomme ainsi, parce que l'homme abusant de sa chair, en la faisant servir à ses plaisirs infâmes, en fait une chair de péché, comme ceux-là en font une chair de sainteté et de justice, qui s'en servent pour exercer toutes sortes de bonnes œuvres. C'est ce qui fait dire à l'Apôtre, en parlant des vierges, qu'il faut que, par leur éloignement des choses du siècle, elles soient saintes de corps et d'esprit, et par les sensations et par les pensées. Il dit encore que la chair peut être appelée chair de péché, parce qu'elle est produite par l'usage du mariage qui n'était pas exempt de souillure avant la venue de Jésus-Christ, qui l'a sanctifié. Il n'y a que la chair de Jésus-Christ et celle d'Adam qui ne peuvent être appelées chairs de péché, parce que Jésus-Christ est né d'une vierge, et que le premier homme a été formé de terre par la main de Dieu. C'est pour cela que saint Paul a dit de Jésus-Christ, qu'il s'était revêtu non de la ressemblance de la chair, mais d'une chair semblable à celle du péché. Il n'a manqué à la chair du Sauveur que d'être née comme celle des autres hommes; car s'il fût né par la voie ordinaire de la génération, avec tous les descendants d'Adam, il aurait été sujet au péché. Ce ne fut qu'après avoir péché qu'Adam connut Eve, et c'est pour cela encore que la chair est appelée chair de péché, parce que d'immortel qu'il était auparavant, il est devenu mortel, et par sa faute il a transmis la mort à toute sa postérité. — L'usage du mariage, quoique permis et sans péché dans ceux qui en usent suivant les maximes de l'Evangile, est traité de péché cependant, non qu'il le soit en lui-même, mais en comparaison de la virginité qui est mieux qu'une vertu, mais une perfection, c'est-à-dire un bien plus excellent.

Didyme prouve, après cela, qu'aucun être raisonnable n'est méchant par nature, mais par volonté. Jésus-Christ a donné à Judas le nom de diable, non qu'il en eût la substance, mais parce qu'il en a montré la volonté dans sa trahison. Le démon même n'est pas méchant par sa nature, mais par sa volonté; et cette volonté ne peut être regardée comme essentielle à sa substance ou à sa nature. — Les manichéens demandaient pourquoi un Dieu bon aurait créé le démon, qui devait être méchant et pernicieux. « Cette demande, répond Didyme, offense tous ceux qui admettent une providence. Au reste, Dieu en créant le démon l'a créé libre de sa nature, comme les autres êtres raisonnables, et avec un égal pouvoir de se porter au mal ou au bien. On ne peut donc accuser Dieu, puisque ce n'est pas à cause de cette liberté que le démon est mauvais; mais parce que de lui-même il s'est déterminé à prévariquer et à faire le mal contre les préceptes du Créateur. C'est pour cela que Dieu l'a condamné au feu éternel, comme il est dit au chapitre xxv de saint Matthieu. » Didyme se sert de ce passage de l'Evangile pour faire sentir aux manichéens que le démon qu'ils regardaient comme un mauvais principe, qu'ils égalaient à Dieu en autorité et qu'ils disaient éternel, ne le pouvait être, puisque Jésus-Christ dit positivement que Dieu l'a condamné avec les anges au feu éternel. Pour prouver que l'homme est méchant par sa nature, ces hérétiques objectaient ce passage de saint Jean aux Juifs : *Race de vipères, qui vous a avertis de fuir la colère qui doit tomber sur vous?* Didyme, après leur avoir remontré qu'il ne convenait pas de se servir de ce témoignage de saint Jean-Baptiste qui appartenait à l'Ancien Testament, qu'ils rejetaient, répond que ce passage, au lieu de leur être favorable leur est contraire; puisque saint Jean, en exhortant à la pénitence ceux qu'il avait appelés race de vipères, déclarait nettement qu'ils n'étaient ni bons ni mauvais par nature; autrement ils n'auraient pas eu besoin de pénitence. Cependant ce saint les y exhorta, parce que de mauvais qu'ils étaient par le choix de leur volonté, ils pouvaient devenir bons s'ils le voulaient.

Les manichéens objectaient encore : « Si la vengeance que Dieu tire du pécheur l'a fait changer de conduite, la vengeance est donc un bien; conséquemment la peine et le supplice que Dieu emploie pour le punir sont un bien également; or si cela est, la promesse, c'est-à-dire la récompense sera un mal, puisque deux contraires ne peuvent jamais être bons. Si la promesse est bonne, la peine sera mauvaise; si elle est mauvaise, ce n'est donc pas Dieu qui la fait souffrir, mais le démon. » — Didyme répond : « Si c'est le démon qui afflige, ou il afflige les bons, ou il afflige les méchants; or il ne peut affliger les bons, puisqu'il n'a aucun droit sur eux; il n'afflige pas non plus les méchants, puisque étant de leur nombre il serait obligé de s'affliger lui-même; ce n'est donc pas le démon, mais Dieu qui punit. Or, les peines qu'il envoie sont utiles, parce qu'elles sont la cause d'un bien qui est la conversion du pécheur, et qu'elles l'empêchent de faire un mal que Dieu ne défendrait pas si le pécheur ne pouvait l'éviter. Il ajoute que les manichéens font preuve de leur ignorance, en disant que la peine et la promesse sont contraires, puisqu'elles sont l'une et l'autre une récompense, la première des mauvaises actions, la seconde des bonnes œuvres. »

Saint Jean Damascène, dans son livre des *Parallèles*, cite un passage de Didyme contre les manichéens, qui ne se trouve pas dans ce traité, ce qui prouve qu'il est incomplet; pourtant il doit y manquer peu de chose. Nous en avons deux traductions latines; l'une du P. Combefis qui le traduisit sur la copie d'un manuscrit grec apporté d'Italie par Bigot; l'autre traduction est de Turrien. C'est cette dernière que l'on a suivie dans l'édition d'Anvers de 1723. Elle avait déjà été imprimée dans l'*Apparat* du P. Possevin à Venise en 1603, à Cologne en 1608, et parmi les anciennes leçons de Canisius, à Ingolstadt en 1604.

Commentaires sur les Epîtres canoniques.— Cassiodore, dans son livre des *Institutions aux lettres divines*, nous assure qu'il avait trouvé un commentaire de Didyme l'Aveugle sur les sept Epîtres canoniques, et qu'il les avait fait traduire du grec en latin par Epiphane ; mais il ne paraît pas que ce commentaire ni la traduction d'Epiphane soient venus jusqu'à nous. Celui que nous avons sous le nom de Didyme, dans les *Bibliothèques des Pères* imprimées à Paris en 1575, à Cologne en 1618, et à Lyon en 1672, nous a plutôt l'air d'être l'œuvre d'un auteur latin que d'un grec. Le style coule de source, et ne paraît point gêné comme l'est ordinairement celui des traductions ; mais ce qui nous surprend plus encore, c'est que l'auteur se donne comme aussi étranger aux Grecs qu'à leur langue. Par exemple, il fait remarquer en expliquant ces paroles de l'*Epître* de saint Pierre : *Dans lequel les anges mêmes désirent pénétrer*, que chez les Grecs on lit *dans lesquels* et non *dans lequel*, comme le porte la version de la Vulgate. Ailleurs encore, sur la première *Epître* de saint Jean, il dit : « Le diable, en terme grec, signifie *séducteur* ou *accusateur*. » Il y a plus, c'est que l'auteur de ce commentaire cite partout l'Ecriture sainte, non selon le grec, mais suivant la Vulgate ; d'où il est tout naturel de conclure qu'il n'était pas Grec d'origine. C'est même une preuve particulière que ce commentaire ne peut être le même qu'Epiphane traduisit à la prière de Cassiodore ; puisque ce traducteur suit ordinairement les mêmes versions de l'Ecriture qui avaient servi aux écrivains dont il transmet les ouvrages de grec en latin, comme il est facile de s'en convaincre, en parcourant l'*Histoire Tripartite* dans la version latine qui est de lui. Ce commentaire a même peu de ressemblance avec celui que Cassiodore fit traduire du grec en latin ; car celui-ci contenait une explication des sept Epîtres canoniques, et celui-là, au contraire, n'explique à proprement parler, que la première Epître de saint Pierre et la première de saint Jean ; ce qu'il dit sur les autres ne peut passer pour un commentaire, ce sont tout au plus des annotations. Il faut ajouter que le commentaire dont parle Cassiodore ne renfermait aucun sentiment dangereux ; autrement il ne l'eût pas donné à ses moines sans l'avoir préalablement corrigé ; car c'est ainsi qu'il avait coutume d'en user à l'égard de tous les livres qu'il leur mettait entre les mains. Au contraire, celui que nous avons renferme plusieurs choses désapprouvées dans l'Eglise, entre autres celle-ci : que parmi les anges transgresseurs, il y en a quelques-uns qui, bien que dépravés, se convertiront et désireront voir la gloire du Seigneur, au moins *tanquam per speculum*; ce qui arrivera aussi aux damnés qui auront soin de leur salut. Il y a même toute apparence que l'auteur de ce commentaire n'a écrit que longtemps après la mort de Didyme, et même après l'hérésie des eutychéens ; car voici comment il s'explique sur la distinction des deux natures en Jésus-Christ et sur leur union en une même personne :

« Il y a certaines gens, dit-il, qui, n'approfondissant pas assez le sens des Ecritures, confondent les deux noms de Jésus-Christ, en sorte qu'ils tombent dans un grand inconvénient, c'est-à-dire qu'ils s'imaginent que ce qui est né de la Vierge selon la chair, et qui a reçu le nom de Jésus de la bouche même d'un ange, est une même chose avec celui qui, ayant la forme et la nature de Dieu, n'a pas cru que ce fût pour lui une usurpation d'être égal à Dieu. Il est nécessaire de dire que, quoique l'unité se soit faite principalement entre le Verbe divin et la nature humaine qu'il a prise, cependant l'essence du Verbe n'a pas été changée en homme, non plus que l'homme n'a pas changé sa nature en celle du Verbe divin, quoique, par le moyen du Verbe, l'homme soit devenu Dieu: de sorte qu'autant qu'il est possible, il possède la divinité d'une manière parfaite et incommunicable. Ainsi, quoique l'unité soit telle en Jésus-Christ, cependant ces noms marquent quelquefois sa divinité et quelquefois aussi son humanité. » Nous bornerons ici l'examen de ces commentaires ; nous en aurions fait une analyse plus détaillée, si nous avions trouvé dans les anciens critiques de sérieuses raisons de croire qu'ils sont l'œuvre de Didyme.

Nous dirons la même chose, mais pour d'autres raisons, des trois livres *De la Trinité*, qui lui sont attribués par Socrate, quoique dom Ceillier pense que les bibliographes les ont confondus avec ses deux livres contre les Ariens et son *Traité du Saint-Esprit*. Aloysius Mingarelli, qui les a publiés avec des notes en grec et en latin, à Rome, 1764, les a fait précéder d'une longue dissertation, où il apporte les raisonnements les plus convaincants pour les restituer au savant aveugle d'Alexandrie. Nous avons lu cette dissertation, qui nous a paru victorieuse; mais, avec la meilleure volonté, nous n'avons pu nous procurer l'œuvre de Didyme.

Ecrits perdus.— Saint Jérôme cite encore, dans son *Catalogue* des commentaires sur les psaumes, dix-huit livres sur Isaïe, trois sur Osée, cinq sur Zacharie, des commentaires sur Job, sur les évangiles de saint Matthieu et de saint Jean, et beaucoup d'autres écrits, *infinita alia*. Les livres sur Osée lui étaient adressés, et les livres sur Zacharie avaient été composés à sa prière. Enfin il cite un livre de Didyme adressé à Rufin, qui lui avait demandé pourquoi les enfants mouraient, puisqu'ils n'avaient reçu un corps qu'à cause de leurs péchés. Didyme répondait à cette question, en disant que, comme les enfants n'avaient péché que légèrement dans une vie précédente, il leur suffisait d'avoir été un moment dans la prison de leur corps, et de ne l'avoir pour ainsi dire que touchée. — Cassiodore parle d'un commentaire de Didyme sur les *Proverbes*, et qu'il avait fait mettre en latin par Epiphane; on en trouve des fragments dans les *Chaînes grecques* de Peltanus et du P. Cordier. Saint Jean Damascène cite quelque chose d'un commentaire de Didyme sur l'*Ecclésiaste*, et on lui en attribue un sur le *Cantique des cantiques*, dont on trouve quelques extraits dans la *Chaîne* de Mursius. Nous ne pousserons pas plus loin ce catalogue, et nous finirons en remarquant, après plusieurs critiques, que Didyme, dans ses écrits, avait recours aux versions des interprètes juifs, après avoir consulté celle des Septante.

Saint Jérôme, en parlant de Didyme et de la nature de son talent, dit qu'il est simple dans les expressions, mais sublime dans les pensées. On peut ajouter qu'il possédait une dialectique subtile et pressante, et qu'il proposait toujours ses raisonnements avec netteté et précision. Partout il s'appuyait sur l'autorité de l'Ecriture, qu'il expliquait ordinairement dans le sens le plus naturel; et nous avons vu ailleurs qu'il en avait fait une étude assez approfondie pour en donner des leçons publiques. Saint Jérôme, même après qu'il se fût déclaré contre lui, loue la pureté de sa foi sur le dogme de la Trinité, et ne blâme en lui que les sentiments qu'il avait empruntés d'Origène, particulièrement celui de la préexistence des âmes. Gennade reproche à Didyme d'avoir distingué dans l'homme l'âme et l'esprit, comme deux choses différentes. Didyme les distingue en effet, fondé sur ce passage de l'Epître de saint Paul aux Thessaloniciens : *Que tout ce qui est en vous, l'esprit, l'âme et le corps, se conserve sans tache pour l'avénement du Seigneur.* Mais, en appliquant à la vie et à l'âme sensitive ces paroles de l'Apôtre, comme l'ont fait plusieurs habiles théologiens, nous ne voyons pas quel procès on pourrait intenter à Didyme, pour l'avoir distinguée de l'esprit qui, selon eux aussi, marque l'âme raisonnable. Ses commentaires apologétiques sur le livre des *Principes* l'ont mis dans la nécessité d'en écrire beaucoup d'autres, quoiqu'il ne se proposât pour tout but que de défendre Origène contre ceux qui le condamnaient faute de l'entendre. Aussi saint Jérôme lui rend cette justice, qu'il n'a adopté aucune des erreurs que les hérétiques avaient insinuées dans le livre des *Principes;* mais qu'il s'est attaché uniquement à montrer que l'on pouvait donner un bon sens aux paroles d'Origène, et expliquer catholiquement ce qu'il y disait du Fils et du Saint-Esprit. Mais, dans les autres dogmes, ajoute saint Jérôme, il le suit ouvertement, et soutient avec opiniâtreté que les sentiments de cet auteur, quoique rejetés de toutes les Eglises, sont pieux et nullement contraires à l'orthodoxie. Nous ne trouvons rien dans les écrits qui nous restent de Didyme, sur quoi nous puissions faire l'application de cette censure de saint Jérôme; aussi elle ne paraît tomber que sur de petits commentaires qui ne sont pas venus jusqu'à nous. Quoi qu'il en soit, malgré le respect que nous portons à la mémoire du savant professeur d'Alexandrie, nous ne pouvons absolument nous retenir de le considérer comme fauteur entiché d'hérésie, puisque l'Eglise l'a condamné comme tel dans un de ses conciles.

DIODORE DE TARSE, ainsi appelé du nom de la ville dont il fut évêque, et pour le distinguer d'un autre Diodore qui vivait en même temps et qui remplit le siége de Tyr, naquit à Antioche d'une famille illustre, au commencement du IV° siècle. Doué d'un esprit vif et plein d'ardeur pour le travail, il étudia les belles-lettres à Athènes, et y fit de grands progrès. De retour à Antioche, il se mit sous la conduite du bienheureux Sylvain, alors prêtre de cette église, et depuis évêque de Tarse, partageant son temps, comme les premiers solitaires, entre la prière, le travail et la pénitence. Il était si pauvre qu'il ne possédait sur la terre ni maison, ni table, ni lit; ses amis le nourrissaient. Les eusébiens ayant été obligés, en 348, de déposer Etienne d'Antioche, mirent à sa place l'eunuque Léonce. C'était un homme entièrement livré à la faction d'Arius, qui en avait pris les maximes les plus détestables, et dont les mœurs étaient très-corrompues. Saint Eustathe d'Antioche, qui connaissait son impiété, n'avait jamais voulu l'admettre dans son clergé; mais, pendant l'exil de ce saint confesseur, les ariens le reçurent et l'élevèrent enfin à l'épiscopat de cette ville. Comme il y avait alors un grand nombre de catholiques qui obéissaient aux évêques ariens, il arrivait que, dans les assemblées, lorsqu'il fallait réciter la doxologie, les catholiques disaient : *Gloire au Père, au Fils et au Saint-Esprit;* les ariens, de leur côté, répétaient : *Gloire au Père par le Fils dans le Saint-Esprit;* ce qui marquait moins clairement l'égalité entre les trois personnes. Léonce, embarrassé par cette contrariété, et n'osant se déclarer contre les catholiques, parce qu'ils étaient en trop grand nombre, passait ce verset, et on ne lui entendait jamais réciter que les derniers mots : *dans les siècles des siècles.* Diodore et Flavien, quoiqu'ils ne fussent encore que laïques, prirent, en cette occasion, la défense des dogmes sacrés, animant jour et nuit tout le monde à la piété, et les excitant par leur exemple à chanter ce verset, comme l'Eglise l'a toujours chanté depuis : *Gloire au Père, au Fils et au Saint-Esprit.* Ce furent eux aussi, selon Théodoret, qui apprirent les premiers à chanter les psaumes de David à deux chœurs. Ils avaient encore la coutume d'assembler les chrétiens aux tombeaux des martyrs et d'y passer la nuit à chanter des hymnes à la louange du Seigneur. Léonce, qui connaissait l'amour que le peuple leur portait, n'osa les empêcher; seulement il les pria de tenir ces assemblées dans les églises. Ils obéirent volontiers, quoiqu'ils connussent la mauvaise intention de cet évêque. En 350, ils lui demandèrent la déposition d'Aëtius, le menaçant, s'il persistait à retenir dans le clergé un homme aussi impie, de se séparer de sa communion, et de porter leurs plaintes à l'empereur Constance. Léonce céda à leurs menaces, et Aëtius fut déposé du diaconat. Ils eurent aussi beaucoup de part, en 361, à l'élection de saint Mélèce, à qui ils restèrent unis de communion, lors même qu'on l'eut déposé pour mettre à sa place Euzoïus. Diodore prit encore la défense de la religion chrétienne contre les païens, et les combattit avec tant d'esprit et de succès, qu'il mérita les injures de Julien l'Apostat. Ce prince, dans l'une des lettres adressées à l'hérésiarque Photin, l'appelle le Nazaréen ensorcelé, un sophiste raffiné de la religion champêtre des chrétiens, qui avait armé sa langue et tourné contre les dieux du paganisme les sciences qu'Athènes lui avait apprises, homme malheureusement rempli de toute la science des pécheurs, mais sans aucune teinture de nos mystères. Aussi attribue-t-il à la vengeance de ses dieux la mauvaise santé de Diodore, qui n'était qu'un effet de sa vie sainte et mortifiée.

L'histoire ne nous apprend pas à quelle époque Diodore fut élevé au sacerdoce, mais il est certain qu'il était prêtre en 371, lorsque saint Mélèce, banni d'Antioche pour la troisième fois, laissa cette église sans pilote; et comme un vaisseau exposé aux flots de la persécution; mais, dit Théodoret, deux prêtres, Diodore et Flavien, semblables à deux rochers immobiles, luttèrent avec une constance inébranlable, et surent en briser la violence et l'impétuosité. Ils se chargèrent de gouverner le troupeau de Jésus-Christ, et, en même temps qu'ils s'opposaient aux loups pour le défendre, ils distribuaient aux brebis la nourriture spirituelle nécessaire à la vie de l'âme. Flavien, rompu aux luttes de la foi, dressait Diodore, et lui fournissait des armes pour combattre les ariens. C'est alors, dit saint Chrysostome, qu'il enseigna la vérité à toute la population d'Antioche, retirée au delà de la rivière d'Oronte, parce que Valens lui avait enlevé les églises qu'elle possédait à l'intérieur de la ville. Suivant les maximes de David, de saint Paul et de Jésus-Christ même, il apprenait aux chrétiens à chanter les louanges du Seigneur en tout temps et en tout lieu, dans les champs et sur les montagnes, dans la ville et dans les faubourgs, dans les maisons et sur les places publiques. Plus tard, quand les ariens eurent chassé les catholiques des bords du fleuve, Diodore les conduisit sur la place d'armes, où il continua de les nourrir de la sainte parole. Son zèle pour la foi, la force avec laquelle il en prenait la défense, devenant insupportable aux ariens, ils le chassèrent lui-même; mais il revint souvent, et, quelque effort que fissent ces hérétiques pour lui ôter la vie, Dieu sut toujours le délivrer de leurs mains. Ce sont, sans doute, ces persécutions, autant que l'austérité de sa vie, qui l'ont fait appeler par saint Chrysostome un martyr vivant. Diodore, banni d'Antioche, se retira auprès de saint Mélèce, exilé en Arménie. Il y était, lorsque saint Basile vint le visiter, et il fut témoin de ce qui se passa entre ces deux saints évêques, et de ce qu'ils résolurent pour la pacification des églises de cette province. Saint Basile, qui, jusque-là, n'avait connu Diodore que comme un disciple dévoué du bienheureux Sylvain, le chérit et l'estima davantage encore, après qu'il l'eut connu par lui-même et qu'il eut remarqué la grâce de la parole dont Dieu l'avait doué pour le salut des peuples. Il lia avec lui une union très-étroite; et comme ses calomniateurs lui en firent des reproches, on ne sait à quel propos, le saint docteur se contenta de répondre qu'il aimait Diodore, parce qu'il le méritait.

Diodore n'était encore que prêtre en 376, comme on le voit par la lettre de saint Basile à Patrophile, évêque d'Egée; il ne fut élevé sur le siège de Tarse qu'après la persécution de Valens, c'est-à-dire à la fin de l'an 378. Ce fut saint Mélèce qui l'établit dans cette église pour être comme le chef et le métropolitain de toute la Cilicie. Les années de son épiscopat s'écoulèrent sous le règne de Théodose, qui fut pour l'Eglise un règne de paix universelle; ce qui fit dire à saint Jérôme que l'évêque de Tarse fut moins illustre que le prêtre d'Antioche, apparemment parce que Diodore eut moins d'occasions de signaler son zèle pour la défense de la foi. Diodore fut un des cent quarante-six évêques qui assistèrent au concile d'Antioche, en 379. Deux ans plus tard, en 381, il se trouva à celui de Constantinople, et, avec saint Pélage de Laodicée, il fut établi comme le centre de la communion catholique dans toute l'Eglise d'Orient. Ce fut lui qui désigna Nectaire pour être patriarche de cette ville, et, avec les deux Grégoire, il eut part à son ordination. En 382, les Orientaux cessèrent de communiquer avec lui, parce que, de concert avec Acace de Bérée, il avait ordonné Flavien patriarche d'Antioche. Comme il n'était encore que simple prêtre, il avait pris la direction des principales écoles de cette ville, et avait compté au nombre de ses disciples saint Chrysostome, Théodore de Mopsueste, et Maxime, évêque de Séleucie. Saint Chrysostome, dans un discours prononcé à sa louange, l'appelle son père et se glorifie d'être aimé de lui comme un fils. Diodore, qui était présent à ce discours, avait lui-même fait l'éloge de saint Chrysostome quelques jours auparavant. C'était au plus tôt en 386, puisque saint Chrysostome était déjà prêtre, et qu'il ne l'a été que cette année-là. On ne sait pas au juste l'époque à laquelle mourut Diodore; mais saint Jérôme, dans son catalogue des hommes illustres, ne dit point qu'il vécut encore en 392, comme il avait coutume de le faire toutes les fois qu'il parlait d'un personnage vivant, ce qui nous autorise à fixer sa mort à peu près à ce temps-là. Facundus dit qu'il mourut dans un âge avancé, dans la paix de l'Eglise et comblé d'une gloire qui, ne l'ayant jamais abandonné pendant sa vie, le suivit encore au delà du tombeau. D'autres l'ont appelé le défenseur de la foi par excellence, et lui accordent autant de triomphes qu'il a livré de combats;

puisant la doctrine aux sources mêmes de la vérité éternelle, ils en font comme le canal du Saint-Esprit, pour la répandre sur les peuples. Ils lui donnent le nom de grand et très-sacré Diodore, de fort et puissant athlète de la piété, de colonne inébranlable de la vérité, et le présentent comme une des plus éclatantes lumières de l'Eglise.

Ses écrits. — Diodore avait composé un grand nombre d'ouvrages dont il ne nous reste que des fragments. Les plus considérables sont tirés d'un écrit contre le destin, dans lequel il combattait tous ses partisans, les astronomes, les astrologues et quelques hérétiques, entre autres Bardesanes, qui en faisaient une superstition. Cet ouvrage était divisé en huit livres et composé de cinquante-trois chapitres. Dans le premier et le second livre, Diodore attaquait l'opinion de ceux qui croyaient que le monde n'avait jamais eu de commencement. Il prouvait le contraire, tant par les différentes vicissitudes auxquelles l'homme est sujet de sa nature que parce que les éléments qui composent l'univers, comme le feu, la terre, l'eau et l'air, sont sujets à se décomposer et ont besoin les uns des autres pour se reproduire. Il demande à ceux qui attribuaient leur création au destin, quel astre avait formé la terre, à quoi l'air devait son existence, et ainsi des autres éléments.

« Si, disait-il, ils conviennent que ces éléments sont créés de Dieu, qu'est-il besoin de leur destin? Dieu gouverne par sa providence les créatures qu'il a formées par son amour. »

Dans le troisième livre il combattait les astronomes qui donnaient au ciel une figure ronde; mais ses raisonnements contre eux manquaient de force, puisqu'il n'attaquait leur sentiment que dans une supposition qui n'était pas fondée, c'est-à-dire, que si l'on admettait que le ciel était en forme de globe, il s'ensuivait qu'on devait aussi admettre le destin. Le reste de ces livres traitait des étoiles.

Diodore avançait que les astrologues avaient divisé la terre en douze parties égales, à cause des douze signes du Zodiaque, prétendant que chacun de ces signes était placé au-dessus de la partie du monde que lui était échue en partage. Il démontre que ce système est insoutenable, parce que, suivant les mêmes astrologues, le ciel étant dans un mouvement continuel, il ne pouvait se faire que les signes du Zodiaque, qui obéissaient à ce mouvement, correspondissent toujours au même point de la terre, qu'il suppose immobile. Il ajoute même que ce partage est inutile, puisque plusieurs contrées étant inhabitables, ou à cause de la trop grande chaleur ou à cause d'un froid excessif, c'est en vain qu'on y aurait fixé quelques-uns de ces signes. Il faisait voir dans le quatrième livre que le destin n'avait aucune part à la différence des climats, et que si les uns étaient plus chauds et les autres plus froids, cela tenait à leur distance du soleil qui était différente. C'est ainsi qu'il expliquait également la différence entre certains pays dont les uns sont arrosés de fleuves, de rivières, de fontaines, et les autres condamnés à une aridité perpétuelle.

C'est donc à la situation des lieux, et non au destin, qu'il faut attribuer cette différence. Il est tout naturel que les plaines qui se trouvent au pied des montagnes reçoivent les eaux qui en découlent par différents canaux; tandis que celles qui en sont éloignées et qui couvrent une plus grande superficie, restent sèches, et que le peu d'eau qu'elles possèdent ne soit ni aussi vive ni aussi limpide que celle qui découle des montagnes. Diodore raisonnait de même sur différents effets de la nature : sur les eaux chaudes, sur les volcans, sur la variété des métaux, des animaux, des saisons et des plantes, effets, disait-il, qui ne peuvent être produits par aucun des signes du Zodiaque, puisque, si cela était, ils en produiraient de semblables dans toutes les latitudes où ils se trouvent portés par le mouvement continuel des cieux. Il traitait de la même matière dans son cinquième livre, et insistait particulièrement sur les différentes passions de l'homme, dont on ne voit aucun exemple dans aucun animal né à la même heure et sous le même signe. Dans son livre sixième, il demande aux astrologues comment ils osaient attribuer la naissance des hommes au destin, puisque aucun ne naît que par le mariage; pourquoi, s'il les a formés dès le commencement, ne les a-t-il pas formés parfaits dans toutes sortes d'arts, de manière à ce qu'il les eussent possédés tous sans fatigue et sans apprentissage; et pourquoi encore les hommes d'aujourd'hui, contents des arts inventés avant eux, n'en inventent-ils pas de nouveaux? Pour lui, il en donne cette raison : Ceux qui ont vécu avant nous n'ayant découvert qu'à force de travail, avec le secours de Dieu, et par l'exercice de cette intelligence qu'il leur avait départie, les moyens de pourvoir aux besoins de l'existence, on s'en est tenu là plutôt que de se consumer à faire de nouvelles recherches, désormais inutiles. La différence des lois, des usages, des mœurs, des religions chez les divers peuples du monde; l'attachement inviolable des Juifs à la loi de la circoncision et aux autres préceptes de Moïse, la rapidité avec laquelle l'Evangile s'est répandu dans tout l'univers, fournissaient encore à Diodore une preuve que l'homme agit par choix, et non par la nécessité du destin. Il remarque que de son temps la religion chrétienne était la seule autorisée; on ne contraignait plus personne à adorer les idoles, et toutes les nations de l'univers, qu'il énumère jusqu'à trois cents ou environ, obéissaient aux empereurs romains. — Les astrologues avaient coutume de faire cette question : « D'où viennent les maux, sinon du destin? » Diodore, dans son septième livre, répond que les maux viennent de nous-mêmes et de Dieu, qui, pour nous empêcher de faire le mal, nous punit, et avec raison, puisque, jouissant du libre arbitre, il dépend de nous de ne commettre aucune faute. Une autre preuve que Diodore apporte contre l'existence du destin, c'est qu'en l'admettant, on enlève aux bons l'espoir de la récompense, et aux méchants la crainte des châtiments, puisque, du moment qu'il agit par la nécessité de sa destinée, l'homme ne mérite ni louange ni blâme. — Dans le huitième livre, Diodore soutenait qu'il y avait deux cieux, celui que nous voyons de nos yeux, et, au-dessus, un autre qui n'est point de forme ronde, mais en manière de voûte; ce qu'il appuyait de divers passages de l'Ecriture. Il y traitait aussi du cours du soleil, de l'inégalité des jours, et de beaucoup d'autres choses qui dénotaient, dit Photius, un homme de piété, mais qui ne faisait pas toujours une application juste des passages des saints Livres. Enfin il y réfutait l'hérétique Bardesanes, qui, tout en avouant que l'âme n'était pas sujette aux lois du destin, y soumettait le corps. Il montrait qu'il y avait là contradiction, car ces deux parties de l'homme sont si étroitement unies, que l'une ne peut être mue ni agir sans l'autre. Diodore, dans les extraits que Photius nous a conservés de ses livres du *Destin*, comptait, lorsqu'il les écrivait, quatre cents ans depuis l'établissement de la religion chrétienne; ce qui, pris à la lettre, prouverait qu'il a vécu au delà de 394. Mais on sait que ces façons de compter ne doivent pas s'entendre à la rigueur. Fabricius prétend que ces huit livres sont encore tout entiers en langue syriaque; et le lecteur Théodore affirme les avoir vus en grec. S'il en est ainsi, nous formons des vœux pour qu'on les mette au jour.

Ecrits contre les païens. — Après les injures dont Julien l'Apostat chargeait Diodore dans une de ses lettres, et les reproches qu'il lui faisait d'avoir employé contre les dieux les sciences qu'Athènes lui avait apprises, on ne peut guère douter qu'il n'ait combattu par écrit la religion des païens, et ce qui le confirme, c'est que le lecteur Théodore cite de lui un livre contre Platon, intitulé : *De Dieu et des Dieux.* Il en avait écrit un autre qui avait pour titre : *De l'Ame, contre les diverses opinions des hérétiques.*

Ecrits contre Photin. — Théodoret, qui l'appelle le divin Diodore, en parlant de ses livres contre Photin et Sabellius, qui confondaient en une seule les trois personnes de la Trinité, dit qu'il prouvait que Jésus-Christ, Dieu avant tous les siècles, s'était fait homme dans les derniers temps pour procurer le salut à l'humanité. Diodore avait composé deux autres livres contre les hérétiques. Saint Basile, à qui il les adressa, en loua beaucoup le second et voulut en avoir une copie. Il le mettait au-dessus du premier, non-seulement parce qu'il était plus court, mais surtout parce qu'il était plus judicieux dans les objections et les réponses, plein de sens et de pensées, simple et sans affectation dans les termes, ce qui convient tout à fait au dessein que doit se proposer un chrétien qui écrit plutôt pour l'utilité des autres que pour faire étalage de son savoir. Le premier était en forme de dialogue trop étendu et trop orné, chargé de sentences et de figures, et coupé par une foule de digressions pour dispenser l'éloge ou le blâme, ce qui ralentissait l'attention du lecteur, et le mettait pour ainsi dire hors d'état de suivre ses raisonnements. Saint Basile, qui aimait Diodore et qui lui reconnaissait du talent pour écrire, lui fit remarquer tous les défauts de ce livre, défauts qui tenaient moins au fond des choses qu'à la manière dont elles étaient présentées. Il lui prescrivit en même temps les règles qu'il devait suivre dans la composition d'un dialogue. « Vous savez, lui dit-il, que parmi les philosophes profanes qui ont écrit des dialogues, Aristote et Théophraste entrent de suite en matière, parce qu'ils n'ont ni la fertilité ni les agréments de Platon, qui débite d'abord ses dogmes en style riche et pompeux, et qui raille ensuite avec toute la finesse du comique le plus parfait les personnages qu'il se donne pour interlocuteurs. Il condamne l'audace et la témérité dans Thrasymaque, la lâcheté et la bassesse de sentiments dans Ippias, l'orgueil et le faste dans Protagore. Lorsqu'il introduit dans ses dialogues des personnes vagues, il se sert d'intermèdes pour donner plus de facilité aux lecteurs; les personnages ne font rien au sujet; c'est la méthode qu'il a observée. Voilà pourquoi nous, qui ne devons point écrire par vanité, mais pour le bien et l'instruction de nos frères, quand nous mettons en scène quelque personnage méprisé pour son opiniâtreté, si nous jugeons à propos de mêler au discours quelque chose de ses mœurs, nous pouvons nous écarter un peu de la matière, pour donner, en passant, quelques leçons à ceux qui lui ressemblent; mais si l'on n'introduit dans le dialogue que des personnages qui causent sans se proposer aucun but, alors ces disputes personnelles interrompent le fil du discours et ne sont bonnes à rien. Je vous écris avec cette franchise, poursuit saint Basile, pour vous montrer que vos livres ne sont point tombés entre les mains d'un flatteur. Vous les avez communiqués à un frère qui vous chérit; je ne dis point cela pour faire la critique de ceux que vous avez déjà produits, mais afin que vous preniez mieux vos mesures à l'avenir. Un homme qui possède une aussi grande facilité d'écrire, et qui s'en acquitte avec tant de soin, ne se lassera pas sitôt de le faire, parce qu'il ne manquera jamais de sujet. »

Autres écrits de Diodore. — On attribue encore à Diodore un grand nombre d'autres écrits, parmi lesquels des *Commentaires* sur presque toute l'Ecriture sainte, et dont on retrouve des fragments dans les *Chaînes des Pères grecs.* On dit, mais nous croyons sans fondement, que son opiniâtreté à rejeter tout sens allégorique pour ne s'attacher qu'au sens littéral, avait conduit Diodore jusqu'à nier les prophéties sur Jésus-Christ. Il avait aussi écrit un livre *De la Trinité*, un autre contre les apollinaristes, quantité de *Traités* contre les novateurs de son temps, et un nombre infini de lettres. Tous ces ouvrages sont perdus. Saint Jean-Chrysostome, saint Basile, saint Athanase et le premier concile de Constantinople ont beaucoup loué les vertus de Diodore et son zèle pour la foi. Cependant saint Cyrille le regarde comme le précurseur de Nestorius, et l'appelle l'ennemi de la gloire de Jésus-Christ ; mais saint Cyrille paraît s'être trompé, et n'avoir jugé les écrits de Diodore que par les fausses applications qu'en firent plus tard les nestoriens en faveur de leurs doctrines.

Le peu de fragments que nous possédons des écrits de Diodore ne nous permet pas de juger par nous-même et du style et du génie de leur auteur, et, à plus forte raison, moins encore de ses sentiments. Nous sommes donc obligé de nous en rapporter sur tous ces points à ceux qui les ont lus. Théodoret, saint Chrysostome, saint Basile, comparent ses discours à un fleuve d'une eau claire et limpide; sa langue distillait le lait et le miel; ses paroles étaient pleines de douceur et de suave charité; ses pensées, vives et pressantes, renversaient tout ce que les hérétiques pouvaient lui opposer de plus fort; ses expressions étaient habituellement pures et bien choisies, et si quelques-uns de ses raisonnements n'étaient pas toujours absolument justes, ce défaut presque imperceptible se trouvait amplement racheté par la force et la solidité des autres. Il s'était fait un style à lui, plein d'ornements et de figures, peut-être trop abondant et trop fleuri, et surtout trop surchargé de digressions; mais sur l'avis des plus grands maîtres, et entre autres de saint Basile, il se corrigea, et parvint à se former un style plus populaire. C'est sans doute ce qui a fait croire à saint Jérôme qu'il manquait d'éloquence, et qu'il n'avait pas même étudié les lettres humaines; mais ce Père ignorait sans doute qu'il eût fréquenté les écoles d'Athènes et puisé toutes les sciences à leur source. Il est à croire qu'il n'avait pas lu les premiers ouvrages de Diodore, et surtout ses deux livres contre les hérétiques, car il n'eût jamais osé accuser d'ignorance celui qui fut le maître de saint Jean-Chrysostome. (*Consulter pour de plus amples détails saint Chrysostome, Théodoret et saint Basile.*)

DITMAR, fils de Sigefroi et de Cunégonde, était originaire de Saxe et de la première noblesse du pays. Il fut envoyé très-jeune à Magdebourg, où il prit l'habit religieux dans le monastère de Saint-Maurice, mais sans renoncer aux biens de sa famille. A la mort de Vigbert, évêque de Mersbourg, l'empereur, qui avait appelé Ditmar à sa cour, lui fit demander s'il consentirait à donner une partie de ses terres à l'église vacante pour l'aider dans ses besoins. Ditmar, qui ne voulait prendre aucun engagement, se contenta de répondre à la personne chargée de lui faire cette proposition, que si, par la volonté de Dieu et du roi, il devenait évêque de Mersbourg, il abandonnerait volontiers ses biens à cette église pour assurer le salut de son âme. L'empereur, satisfait de le savoir dans cette disposition, lui donna l'évêché avec le bâton pastoral. Il fut sacré le dimanche dans l'octave de Pâques de l'an 1009, à l'âge de trente-trois ans. Le clergé et le peuple n'eurent qu'à se féliciter de le posséder pour pasteur. Il s'appliqua à faire restituer à son église les biens qu'on lui avait enlevés, et sa vie, si courte qu'elle fut, a été toute remplie de bonnes œuvres. Son histoire est pleine de traits d'humilité. Dans un portrait qu'il trace de lui-même, il ne dissimule ni ses fautes ni même ses défauts naturels : il était petit de taille, de mauvaise mine, et indigne non-seulement de l'honneur de l'épiscopat, mais même du titre d'évêque. Il mourut le 1er décembre de l'an 1019.

Sa chronique. — Ditmar a laissé huit livres de chronique qui contiennent l'histoire de tout ce qui s'est passé sous le règne de cinq empereurs, savoir : Henri l'Oiseleur, les trois Othons et Henri II. Il entre dans des détails qui ne sont pas tous également intéressants. Il s'applique surtout à faire connaître les plus saints évêques avec lesquels il s'était trouvé en relations, et ne ménage aucun des grands seigneurs de France, d'Allemagne ou d'Italie, qui ne respectaient ni les églises, ni les évêques, ni l'autorité de leurs souverains. Nous rappellerons quelques traits de cette *Chronique*, afin d'en donner une idée. En parlant de deux de ses ancêtres qui dans une bataille avaient succombé avec plusieurs autres, Ditmar remarque qu'aucun chrétien ne doit douter de la résurrection des morts, et il en donne pour preuve trois ou quatre apparitions, qu'il croyait bien avérées. Il prouve aussi la résurrection des morts par l'autorité de l'Ecriture et par des arguments tirés de la nature même de l'homme. Cette digression est à l'intention des Slaves, qui s'imaginaient que tout périssait avec le corps, et qu'après la mort temporelle il ne restait plus pour l'homme ni craintes ni espérances. Les Danois et les Normands avaient coutume tous les neuf ans, au mois de janvier, d'immoler à leurs faux dieux quatre-vingt-dix-neuf hommes, avec autant de chevaux, de chiens et de coqs. Le roi Henri, après sa conquête, leur interdit de semblables sacrifices. Mais ce prince avait aussi ses faiblesses ; un jour de jeudi saint, ayant pris plus de vin qu'à l'ordinaire, il obligea la reine Mathilde à violer la règle de la continence prescrite en carême, ce qui jeta cette princesse dans un grand chagrin.

Sous le règne d'Othon Ier, Harold, roi des Danois, vivait, comme ses prédécesseurs, dans le culte des faux dieux. Un prêtre, nommé Papon, lui reprocha son aveuglement et tâcha de détourner le peuple de suivre son exemple, en lui enseignant que Jésus-Christ était le seul Dieu, avec le Père et le Saint-Esprit. Le roi lui demanda s'il voudrait prouver sa croyance par l'épreuve du fer chaud. Papon accepta la proposition du monarque. Le lendemain, on fit rougir un fer très-pesant, et le pieux prêtre, après l'avoir bénit, le prit dans ses mains et le porta jusqu'au lieu marqué par Harold, puis il montra à tout le monde ses mains saines et entières.

Le prince, convaincu par ce miracle, embrassa la religion chrétienne avec tous ses sujets, et ordonna qu'à l'avenir on en suivrait les lois et les usages. Papon fut élevé à l'épiscopat en 961. Ditmar désapprouve les procédures exercées contre Benoît V, en disant qu'il n'appartient qu'à Dieu de le juger. Ce pape, conduit à Hambourg, fut remis à la garde de l'archevêque Adalagne, et mourut en cet exil, en 963. Sa mort fut suivie d'une grande mortalité qui sévit surtout dans l'armée de l'empereur, ce que l'historien regarde comme une juste punition des entreprises de ce prince contre le Souverain Pontife.

L'empereur Othon II accorda par un diplôme au chapitre de la cathédrale de Magdebourg le privilége de se choisir un archevêque, et fit présent à Adalbert, qui jouissait alors de cette dignité, d'un livre dans lequel il avait fait dessiner en or son portrait et celui de l'impératrice Théophanie, son épouse. Géron, archevêque de Cologne, fit sculpter avec beaucoup d'art un crucifix qu'il voulait placer au milieu de son église. Or il arriva que la tête de ce Christ, qui était en bois, se fendit; Géron ne voulut point recourir à l'ouvrier pour réparer cet accident, mais, joignant une partie de l'hostie consacrée à un morceau de la vraie croix, il se mit en prière, donna sa bénédiction sur le Christ, et aussitôt les deux parties séparées se réunirent. Micislas, duc de Pologne, avait épousé la sœur de Boleslas, duc de Bohême. Elle se nommait Dabrane, c'est-à-dire bonne, et faisait profession de la religion chrétienne, quoique son mari fût païen. Le premier carême qui suivit son mariage, elle voulut, suivant le précepte de l'Eglise, s'abstenir de viande, Micislas la pria de n'en rien faire. Elle crut devoir céder à sa prière, dans l'espérance d'en obtenir quelque chose à son tour. En effet, à force d'exhortations, elle le fit consentir à recevoir le baptême, et tous ses sujets imitèrent son exemple. L'empereur Othon III, se trouvant à Aix-la-Chapelle vers l'an 1000, voulut s'assurer du lieu où l'on avait déposé le corps de Charlemagne; l'ayant découvert, il enleva la croix d'or qui pendait à son cou, détacha une partie de ses vêtements, et remit pieusement le reste dans la tombeau, qu'il fit sceller avec beaucoup de vénération. Il fit transporter de Hambourg à Rome le corps de Benoît V, suivant la prédiction de ce pontife. « Je dois mourir ici, écrivait le pieux exilé; mais cette contrée, désolée par les armes des païens, deviendra l'habitation des bêtes sauvages. Tant que mon corps y séjournera, les gens du pays n'y jouiront jamais d'une paix solide; mais aussitôt que je serai retourné à ma maison, j'espère que, par l'intercession des saints Apôtres, les païens les laisseront en repos. » L'événement, en effet, vérifia la prédiction. Ce fut Racon, un des chapelains d'Othon III, qui fut chargé de cette translation. Ce prince mourut quelque temps après, et son corps fut porté à Cologne, où on le déposa dans l'église cathédrale, le jeudi saint de l'an 1002. L'archevêque, après avoir donné l'absolution aux pénitents, suivant la rubrique du jour, la donna également à l'âme du défunt empereur, et recommanda aux prêtres d'en faire mémoire dans leurs sacrifices.

Saint Volfang, évêque de Ratisbonne, sentant sa fin approcher, fit venir Tagmon, son disciple, qu'il avait élevé dès l'enfance, et lui dit : « Mettez votre bouche sur la mienne, et recevez du Seigneur le souffle de mon esprit, pour tempérer en vous l'ardeur de la jeunesse par celle de la charité. Si maintenant vous êtes privé de ma dignité, sachez que dans dix ans vous en recevrez une plus grande. » Tagmon fut élu tout d'une voix évêque de Ratisbonne; mais l'empereur Henri refusa son consentement. Ce fut ce qui engagea Tagmon à s'attacher à Henri, duc de Bavière, qui au bout de dix ans le fit nommer archevêque de Magdebourg. Ainsi fut accomplie la prophétie de saint Volfang. En 1005, il se tint à Thratmunn une grande assemblée, où le roi Henri se trouva avec la reine Cunégonde, son épouse, et plusieurs archevêques et prélats. Il y fut réglé que quand quelque évêque viendrait à mourir, les autres diraient, dans l'espace de trente jours, chacun une messe pour le défunt, et les prêtres de la campagne, trois; les diacres et les autres clercs inférieurs seraient tenus à réciter dix psautiers. Le roi et la reine devaient donner cinq cents deniers et nourrir autant de pauvres; chaque évêque était tenu à nourrir trois cents pauvres et à donner trente deniers et autant de luminaires. Il fut ordonné encore qu'aux veilles de saint Jean-Baptiste, de saint Pierre et de saint Paul, de saint Laurent et de tous les saints, on jeûnerait au pain, à l'eau et au sel; que le jeûne de la veille de l'Assomption, des Apôtres, des Quatre-Temps, serait le même qu'en carême, à l'exception du vendredi de la semaine avant Noël, où l'on jeûnerait au pain, au sel et à l'eau. Je ne sais où Ditmar avait lu que Tertullien fut ordonné prêtre par le pape saint Etienne, et que, quatre jours après, il souffrit le martyre pour l'amour de Jésus-Christ, comme il l'avance au livre IV de son histoire.

Le 22 février de l'an 1014, le roi Henri, qui se trouvait à Rome dans le dessein de se faire couronner empereur, se rendit à l'église de Saint-Pierre, accompagné de la reine Cunégonde, son épouse, et environné de douze sénateurs, dont six avaient la barbe rasée à la romaine, et les six autres de longues moustaches à la française et des bâtons à la main. Le pape Benoît XII, qui l'attendait au dehors, lui demanda s'il s'engageait à protéger et à défendre l'Eglise, en lui restant fidèle à lui et à tous ses successeurs. Le roi, après en avoir donné la promesse, entra dans l'église, où il reçut l'onction impériale, et fit suspendre devant l'autel de saint Pierre la couronne qu'il portait auparavant. Ditmar rapporte aussi les circonstances de la mort d'Ernest, duc d'Allemagne, qui, percé par la flèche d'un chasseur et n'ayant point de prêtre auprès de lui, obligea un de ses soldats à entendre sa confession, qu'il fit à haute voix avant de mourir. Il remarque encore qu'Eid, évêque de Meissen, consacrait souvent des églises sans dire la messe, qu'il bénissait rarement le saint chrême et faisait peu d'ordinations, sans que pour cela on pût l'accuser de négligence, puisqu'il était continuellement occupé à prêcher, à baptiser et à confirmer, même dans les autres diocèses. Nous remarquerons, en finissant, qu'il commet un anachronisme de près de deux siècles, lorsqu'il dit que saint Colomban pleura la mort de Charlemagne. Cette faute est d'autant moins excusable, que notre historien vivait à une époque très-rapprochée de ce grand empereur.

La *Chronique* entière de Ditmar contient l'histoire de cent sept ans. Reineccius la fit imprimer le premier, dans une édition remplie de lacunes, qui parut à Francfort en 1580, in-folio. On la réimprima depuis en 1600 dans le *Recueil des historiens d'Allemagne ;* Maderus en donna une édition à part, avec des notes marginales et des tables généalogiques, à Hemstad en 1667. Enfin Leibnitz ayant eu communication d'un ancien manuscrit du père Papebrock, s'en servit pour réparer les vides des éditions précédentes, et en donna une nouvelle dans le premier tome de son *Recueil des écrivains de Brunswick,* imprimé à Hanovre en 1707. Il n'y a pas fait entrer la *Vie de Ditmar,* écrite par Reineccius, mais il s'est contenté de reproduire l'ancienne Vie, telle qu'on la retrouve dans une chronique manuscrite des évêques de Mersbourg. L'ouvrage de Ditmar, quoique d'un style dur, peu châtié et quelquefois obscur, jouit d'une certaine estime dans le monde savant, parce qu'il est presque le seul qui ait transmis à la postérité les événements considérables de son siècle. Il les rapporte avec une bonne foi pleine de candeur. Peut-être le trouvera-t-on trop crédule, sur quantité de visions et autres faits surnaturels; mais cette crédulité ne doit diminuer en rien le prix d'un ouvrage dans lequel l'auteur ne raconte que des faits qui se sont accomplis sous les yeux de tout le monde. Il s'étend beaucoup plus sur l'histoire de la Saxe, sa patrie, que sur celle des provinces voisines; quoique son but fût de décrire les règnes des empereurs qui ont gouverné en même temps l'empire romain et germanique, cependant il ne laisse pas de donner sur l'histoire des Slaves, des Polonais et des Hongrois, bien des détails que l'on aurait peine à connaître aujourd'hui sans le secours de sa Chronique. Il a même contribué à répandre un certain jour sur plusieurs points de l'histoire d'Angleterre. Le prologue de la Chronique est en vers hexamètres, ainsi que les prologues des sept derniers livres. L'auteur y fait l'éloge des princes dont il va écrire l'histoire.

DODANE. — Tout ce que nous avons à dire de Dodane ne saurait être révoqué en doute, puisque c'est elle-même qui nous l'apprend dans un écrit qu'elle a laissé à la postérité. Sans s'arrêter à marquer la noblesse de son extraction, elle se contente de dire qu'en 824, sous le règne de Louis le Débonnaire, elle épousa dans le palais d'Aix-la-Chapelle, Bernard, duc de Septimanie, fils de Guillaume, comte de Gellone et fondateur du monastère de ce nom, mais plus connu depuis sous celui de Saint-Guillelme-au-désert. Elle eut deux fils de son mariage : Guillaume, né le 29 novembre 826, et Bernard, qui naquit à Uzès en 841. L'aîné était alors dans la seizième année de son âge, et suivait déjà la cour de Charles le Chauve. Dodane, obligée de faire sa résidence à Uzès, ne pouvait lui donner de vive voix les instructions nécessaires. Elle prit le parti de les lui envoyer par écrit, et composa dans ce but un livre qu'elle intitula *Manuel,* et qui est en même temps un monument de sa tendresse maternelle, de son savoir et de sa piété. Elle le commença le jour de saint André, 30 novembre 841, et le finit le 2 février, jour de la Purification, de l'année suivante.

Cet ouvrage, écrit en latin, est divisé en soixante-treize chapitres. Baluze en a publié la préface dans les pièces qui accompagnent son édition du *Marca hispanica,* et Mabillon en a inséré plusieurs chapitres dans l'appendice du tome V des *Actes des saints de l'ordre de Saint-Benoît.* Dodane exhorte son fils à rechercher de préférence l'amitié de personnes pieuses avec lesquelles il puisse travailler à se procurer le royaume du ciel. Prévoyant qu'il pourrait communiquer cet écrit à d'autres, elle les prie de lui pardonner sa témérité, comme s'il ne lui eût pas été permis de donner à son fils les instructions qu'elle lui croyait utiles sur la manière dont il devrait honorer Dieu. C'est dans les mêmes sentiments qu'elle lui dit de se former une bibliothèque des écrits des plus excellents maîtres, pour y apprendre ses devoirs envers son créateur, et de communiquer ensuite les lumières qu'il y aurait puisées, avec le Manuel qu'elle lui adressait, à son frère, lorsqu'il serait en âge d'en profiter. Elle prescrit des formules de prières pour les différentes circonstances du jour, pour le lever et le coucher, pour sa tenue à la maison et pour les visites qu'il aurait à rendre ; pour son service auprès de l'empereur Charles, et ses rapports avec la famille impériale et les grands de la cour. Enfin, elle va jusqu'à lui indiquer les prières qu'il devrait faire pour les défunts, principalement pour ses ancêtres, soit par lui-même, soit en faisant offrir pour eux le sacrifice de la messe.

Le dessein de Dodane était de composer un semblable Manuel pour son second fils, ou plutôt de lui faire tirer une copie du premier ; mais ses infirmités habituelles lui annonçant une mort prochaine, elle se contenta d'en recommander l'éducation à son aîné, auprès de qui elle réclame des prières pour elle après sa mort. Elle nomme ensuite les personnes de sa famille qui l'ont précédée dans le tombeau, et ordonne à son fils, lorsqu'elle aura elle-même fini ses jours, de mettre son nom sur un mémoire, et de faire en même temps ses prières pour tous ; enfin, elle le prie de faire graver sur son tombeau l'épitaphe qu'elle avait elle-même composée —

Dodane fit transcrire ce petit ouvrage par un nommé Wislabert. On y voit une mère pleine de piété, qui, sans détourner ses enfants du séjour de la cour où leur condition les appelait, est tout occupée de leur en faire éviter les dangers, par la considération de ce qu'ils devaient à Dieu, le Souverain des princes de la terre, et de ce qu'ils se devaient à eux-mêmes pour se rendre heureux dans le ciel. Elle emploie souvent dans ses instructions les paroles mêmes de l'Ecriture, principalement de l'Ancien Testament, et surtout du livre des *Machabées*, où il est dit que Judas, regardant comme une pensée sainte et salutaire celle de prier pour les morts, fit offrir le sacrifice pour ceux qui avaient succombé dans le combat, afin qu'ils fussent délivrés de leurs péchés. — On croit que Dodane ne survécut pas longtemps à la publication de cet écrit, et qu'elle précéda dans la tombe le duc Bernard, son mari, qui fut tué en 844.

DOMICE, célèbre professeur de belles-lettres à Clermont en Auvergne, florissait dans la dernière moitié du v° siècle. Quoiqu'il possédât quelques terres entre Clermont et Brioude, on croit généralement qu'il était originaire de la ville de Lyon. Saint Sidoine, qui était déjà son ami avant de devenir son évêque, parle de lui avec beaucoup d'estime dans ses ouvrages. Domice paraît être ce maître fameux sous qui les études devinrent si florissantes à Clermont, et à qui les écrivains du temps adressent de si grands éloges. Du reste, c'était un homme grave, et qui réunissait à beaucoup de savoir une grande perspicacité de jugement, qui le rendait souvent sévère dans la critique des écrits des autres. Cependant, tout en redoutant sa science, les savants faisaient tant de cas de son approbation que, lorsqu'ils l'avaient obtenue, ils se regardaient comme assurés de celle du public. Nous avons de saint Sidoine à Domice une très-belle lettre dans laquelle le pieux évêque l'invitait à le venir voir à sa belle maison d'Avitac, dont il lui faisait une magnifique description. On voit par les réflexions qui la terminent que non-seulement il regardait Domice comme un très-bon juge des écrits des autres, mais encore comme un auteur très-capable de produire des chefs-d'œuvre pour son compte. Toutefois nous n'avons point d'autre connaissance de ses productions. Quand le saint prélat eut rédigé le recueil de ses poésies en 468, avant de les livrer au public, il voulut ménager à Domice les prémices de cette lecture. C'est pourquoi, dans l'énumération des doctes amis auxquels il envoie son recueil, il met Domice en tête avec cet éloge pompeux :

Ac primum Domitii larem severi
Intrabis, trepidantibus camenis,
Tam censorius haud fuit vel ille
Quem risisse semel ferunt in ævo.
Sed gaudere potes rigore docto ;
Hic si te probat, omnibus placebis :
Hinc te suscipiet benigna Brivas.

DOMINIQUE était patriarche de Grade et d'Aquilée, lors des contestations qui s'élevèrent entre les Grecs et les Latins, au sujet du pain fermenté, sous le pontificat de Léon IX. Il écrivit dans ces circonstances à Pierre, patriarche d'Antioche, pour lui demander son amitié, à laquelle il tenait, disait-il, autant à cause de ses qualités personnelles que parce qu'il était évêque de la seconde Eglise du monde, qui, comme celle de Rome, avait eu le prince des apôtres pour fondateur. Il lui parlait aussi du patriarcat d'Aquilée et de ses prérogatives, dont une des principales était d'être assis à la droite du pape dans les conciles. Mais le vrai motif de sa lettre était d'engager ce patriarche dans les intérêts de l'Eglise romaine. « Je ne puis vous dissimuler, lui disait-il, que j'ai à cœur les reproches qui lui sont adressés par le clergé de Constantinople. Il blâme les pains azymes dont nous servons pour consacrer le corps de Jésus-Christ, et à cause de cela, il nous croit séparés de l'unité de l'Eglise, tandis que c'est principalement en vue de cette unité que nous usons des azymes, qui nous ont été transmis, non-seulement par les apôtres, mais par Jésus-Christ même. Toutefois, comme les Eglises orientales se fondent également sur la tradition des Pères orthodoxes, dans la coutume où elles sont d'user de pain fermenté, nous ne les désapprouvons point, et nous donnons à l'un et à l'autre de ces pains des significations mystiques. Le mélange du levain avec la farine peut représenter l'incarnation de Jésus-Christ, et le pain azyme la pureté de sa chair. » Dominique finit sa lettre en priant Pierre d'Antioche de reprendre ceux qui condamnaient les usages des Latins, établis sur les décrets apostoliques, et de ne plus soutenir que l'oblation faite avec des azymes n'est pas le corps de Jésus-Christ, et que par conséquent tous les Latins sont hors de la voie du salut.

DOMITIEN d'Ancyre est auteur d'un libelle ou requête qu'il adressa au pape Vigile au sujet de la condamnation d'Origène. Dans cet écrit, qui nous a été conservé par Facundus, on voit que les Origénistes, irrités qu'on eût condamné leur maître, cherchèrent à s'en venger par la condamnation des trois chapitres, ce qui leur réussit, mais non sans sacrifice. Domitien et Théodore de Cappadoce, son ami, ne purent se défendre de condamner Origène, dont ils s'étaient montrés jusque-là les plus zélés partisans. Ils acquirent l'un et l'autre tant de crédit à la cour, qu'ils devinrent tous les deux archevêques, Domitien d'Ancyre, et Théodore de Césarée en Cappadoce. Domitien avait été auparavant abbé de Saint-Martyrius.

DOMNISON, prêtre et moine de Canosse, est auteur d'une *Vie de Grégoire VII*. Elle est divisée en deux livres, et écrite partie en vers hexamètres, partie en vers léonins, que l'on prétend détachés d'une *Vie de la princesse Mathilde*, composée par le même auteur. Elle est dédiée à cette princesse dont Domnison fut le chapelain pendant le séjour qu'elle fit à Canosse. On retrouve cette Vie dans le tome Ier des *Ecrivains de Brunsvick*, imprimé à Hanovre en 1707; mais elle est bien plus correcte et bien plus complète dans le tome V° des *Ecrivains d'Italie* de Muratori. S'il faut en croire Sandius, Domnison est auteur d'une Vie en prose du même pontife, et il en cite pour preuve le passage où il est parlé de l'amour que Théobald, évêque d'Arezzo, avait pour la chasteté. Je ne sais pourquoi Fabricius affirme que cette Vie n'avait pas encore été publiée, puisqu'on la trouve à la suite de la précédente, dans le tome I" des *Ecrivains de Brunsvick*, et qu'on y lit le trait rapporté par Sandius. Le voici : « L'évêque Théobald était attaqué d'une maladie à laquelle les médecins ne voyaient d'autre remède que la fornication. Ses amis, qui tenaient à lui conserver la vie, lui amenèrent une femme, en lui conseillant d'en user. Comme elle était là, l'évêque ordonna d'allumer un grand feu devant son lit. Il s'en approche, et sentant l'ardeur des flammes, il s'écrie en pleurant : « Malheur à « moi ! Si je ne puis supporter un aussi faible « degré de chaleur, comment pourrais-je en- « durer les flammes de l'enfer, auxquelles je « serais infailliblement condamné si je com- « mettais le crime que l'on me conseille ? A « Dieu ne plaise que pour me procurer une « santé de quelques jours, je me prive du « salut éternel ! » Cet exemple servit de leçon à son peuple, et Dieu rendit la santé à son serviteur. »

DOMNOLE. — Quoiqu'en parlant de saint Domnole, les plus anciens chroniqueurs ne rapportent pas tous les mêmes circonstances de sa vie, néanmoins on ne peut pas dire non plus qu'ils soient opposés entre eux. Mais quand encore il en serait ainsi, on devrait s'en rapporter de préférence à l'autorité de saint Grégoire de Tours, qui étoit son métropolitain, et qui vivait de son temps. On ne sait rien ni de sa naissance ni de son éducation; toutefois il y a apparence qu'il était né sujet de Clotaire, et l'attachement inviolable qu'il ne cessa de conserver à ce prince en fait juger ainsi. Il était abbé, à Paris, du monastère de Saint Laurent, qui, plus tard, a été changé en église paroissiale. A la vacance du siége d'Avignon, Clotaire pensa aussitôt à Domnole pour le remplir, mais celui-ci s'en excusa, ce qui n'empêcha pas le roi de le faire élire évêque du Mans quelque temps après. Le pieux abbé était alors à Rome, où sa dévotion l'avait conduit au tombeau des apôtres. Ce ne fut qu'avec la plus extrême répugnance qu'il accepta cet honneur, et même on fut longtemps avant de pouvoir vaincre son humilité. Il y succéda à saint Innocent, vers l'an 560. Sa charité pour les pauvres, sa sollicitude pastorale pour son troupeau, et toutes les autres vertus qu'il fit paraître dans le gouvernement de son église, lui acquirent la réputation d'un des plus saints prélats de son siècle. Un de ses premiers soins fut d'étendre dans son diocèse l'ordre monastique auquel il avait appartenu, et qui y florissait déjà. Ce fut dans ce dessein qu'il fonda l'abbaye de Saint-Vincent, dans un des faubourgs de sa ville épiscopale. Il y mit le chef du saint martyr avec une partie du gril de saint Laurent, et pour rendre plus célèbre la dédicace de son église, il y appela saint Germain de Paris, avec qui il avait contracté la plus étroite liaison. Il augmenta les revenus et le nombre des moines de Saint-Julien-du-Pré. Il bâtit encore au delà de la Sarthe, et dota un hôpital avec un autre monastère dans lequel il mit pour abbé saint Pavin, après l'avoir retiré de l'abbaye de Saint-Vincent. L'an 566, saint Domnole assista, avec huit autres évêques, au second concile de Tours, et eut beaucoup de part aux beaux règlements qui y furent dressés. Enfin après avoir gouverné son église avec toute la vigilance d'un bon pasteur, et y avoir brillé pendant vingt-deux ans par sa sainteté et ses miracles, il mourut le 1ᵉʳ décembre 581. Il fut enterré dans son abbaye où ses restes, entourés de la vénération publique, furent conservés longtemps dans une châsse d'argent d'une structure admirable.

Ecrits de saint Domnole. — Nous avons deux lettres qui sont communes à saint Domnole et à quelques autres prélats; la première à sainte Radegonde, et la seconde à toute la province de Tours. Voici quelle en fut l'occasion : Sainte Radegonde, qui avait établi à Poitiers un monastère de filles, s'adressa au concile de Tours pour y faire confirmer cet établissement et la discipline qui s'y observait selon la règle de saint Césaire. Sa lettre est perdue; mais l'assemblée y fit une réponse qui est venue jusqu'à nous. Cette lettre, par laquelle les Pères du concile lui accordent ce que la sainte leur demandait, ne porte que les noms de sept d'entre eux : Euphrone, Prétextat, Germain, Félix, Domitien, Victorius et Domnole. On exhuma cette réponse, quelque temps après, dans la fameuse affaire de Chrodielde et de Basine, religieuses du même monastère; et saint Grégoire de Tours l'a insérée tout entière dans son *Histoire*. — La seconde lettre, adressée à la province de Tours, ne porte que les signatures de quatre évêques, Euphrone, Félix, Domitien et Domnole. C'est une espèce de circulaire pour les peuples de leurs diocèses. Elle contient une exhortation pathétique à s'efforcer de détourner, par de bonnes œuvres, les maux dont ils étaient menacés. Dans cette vue, elle les engage à se réconcilier avec leurs ennemis, à ne point célébrer de mariages que cette calamité ne soit passée; à rompre les unions incestueuses; à payer les dîmes de tous leurs biens, même des serfs; et pour ceux qui n'en auraient point, à payer le tiers d'un sou or pour chacun de leurs enfants. — On croit généralement que la calamité publique, dont il est question dans cette lettre, n'est autre que la guerre civile qui éclata entre Sigebert et Chilpéric, après la mort de Chérebert, au sujet de la Touraine et du Poitou; ce qui nous autorise à fixer sa publication en 570, quatre ans après le second concile de Tours.

Outre ces deux pièces, on en possède deux autres qui sont particulières à notre saint. C'est un testament adressé à son église, et un codicile, l'un et l'autre en faveur de son abbaye de Saint-Vincent, à laquelle il fait diverses donations. Le testament est daté du 4 mars de la onzième année du règne de Chilpéric, et souscrit de saint Domnole et de saint Germain, évêque de Paris, d'Audouin d'Angers, et de plusieurs prêtres et diacres de l'Église du Mans. Il s'en trouve deux exemplaires qui ne diffèrent l'un de l'autre que par leur étendue, et par les souscriptions qui ne sont pas tout à fait les mêmes. Du reste, l'un ne se trouve plus court que l'autre que parce qu'on en a retranché la liste des donations. L'éditeur Lalande a fait imprimer le premier, dans son *Supplément aux conciles de France*, et après lui, les continuateurs de Bollandus, l'ont publié à la suite de la vie de saint Domnole. Le second, avec le codicile, se trouve parmi les *Actes des évêques du Mans*, recueillis et publiés par dom Mabillon.

DOMNULE était Africain de naissance, mais la Gaule fut le théâtre où, pendant quarante ans, il se distingua par son esprit et son érudition. Retiré d'abord à Arles, du temps de saint Hilaire, il était du nombre de ces savants qui se plaisaient à assister aux prédications du saint prélat, et dont la présence l'obligeait à soigner son style, afin de les rendre plus attentifs aux vérités qu'il annonçait. Domnule, comme les autres, en était si touché, qu'il ne pouvait se lasser d'admirer la doctrine et l'éloquence extraordinaire du pieux pontife. Il dut à son érudition la charge de questeur de l'empire; on ne saurait trop dire sous quel règne, mais il semble qu'il jouissait, ou au moins qu'il avait déjà joui de cet honneur vers l'an 461. Saint Honorat de Marseille dans la *Vie de saint Hilaire d'Arles*, cite Domnule, avec Eusèbe et Sylvius, parmi les hommes qui, dans ce siècle, s'étaient rendus célèbres par leurs écrits; mais il ne nous reste plus rien de ses ouvrages, excepté peut-être quelques bribes et quelques morceaux, épars çà et là dans les œuvres des savants avec lesquels il fut en relation. Il paraît qu'il avait un talent particulier pour la poésie. Saint Sidoine, qui fut son ami, en parle souvent et toujours avec éloge. Après avoir cité quelque part le ministre Léon et Consentius le jeune, comme deux des plus illustres poètes de son temps, il leur joint aussitôt Sévérien et Domnule, et il ne fait pas difficulté d'avouer que ce dernier écrivait avec plus de délicatesse, et réussissait mieux que lui-même dans la poésie. *Afer, vaferque Domnulus politius*. Domnule fut un des quatre poètes que l'empereur Majorien réunit à sa cour, qu'il tenait alors dans une ville des Gaules. Les trois autres étaient saint Sidoine, Lampride et Sévérien. Il paraît qu'il fut aussi un grand philosophe, puisque saint Sidoine le prit, avec le consul Magnus et Léon, ministre d'Euric, pour juger des matières les plus abstraites de la philosophie. Mais ce qui vaut mieux encore, Domnule savait joindre à la science toutes les vertus de la piété chrétienne. L'habitude qu'il avait de visiter fréquemment les monastères du mont Jura, ne nous permet pas d'en douter. Il vivait encore lorsque saint Sidoine publia le neuvième livre de ses lettres, en 482 ou 483; mais on croit qu'il mourut peu de temps après, dans la province de Lyon, où il exerçait un emploi différent de la questure. Il pouvait avoir alors soixante-treize ans.

DONAT des Cases-Noires. — L'édit publié en 303, par lequel Dioclétien ordonnait d'abattre les églises jusque dans leurs fondements, de brûler en plein marché les livres des saintes Écritures, et de déclarer infâmes et déchues de leurs fonctions les personnes de qualité qui persisteraient dans la confession de Jésus-Christ, s'exécuta avec tant de rigueur dans toute l'étendue de l'Afrique, qu'il n'épargna que ceux qui surent s'y soustraire par une retraite impénétrable. Pour tous les autres il fut une occasion de mériter le titre de martyrs ou de confesseurs, à l'exception de quelques-uns qui, préférant la vie du corps à celle de l'âme, s'oublièrent jusqu'à livrer les livres de la loi divine. De ce nombre furent non-seulement les laïques, mais des diacres, des prêtres et des évêques. On les nomma *Traditeurs*. Les canons de l'Église prescrivaient une pénitence publique aux traditeurs repentants, et autorisaient les évêques à user d'indulgence envers eux. C'est ainsi que Mensurius, évêque de Carthage, en reçut plusieurs à la communion, et rétablit dans leurs fonctions ecclésiastiques des évêques et des prêtres qui avaient livré les saintes Écritures. Donat s'éleva avec une affectation hypocrite contre ce qu'il appelait la violation de la discipline. Il refusa de communiquer avec Mensurius et avec Cécilien son diacre, sous prétexte qu'ils étaient unis de communion avec des traditeurs repentants. Ses intrigues et ses clameurs grossirent son parti, qui prit bientôt les proportions d'un schisme dont il fut le chef, et qui troubla l'Église pendant plus d'un siècle, lassa la patience de trois empereurs, et remplit l'Afrique d'horreurs et de calamités. Un concile assemblé l'an 305 à Cirthe en Numidie, examina cette affaire qui fut jugée en faveur de l'évêque de Carthage. Ce dernier mourut l'an 311 et Cécilien lui succéda. Botrus et Célestius, qui avaient aspiré l'un et l'autre à l'épiscopat, irrités de voir qu'on leur avait préféré Cécilien, se séparèrent de sa communion et se joignirent à quelques anciens de la même église, qui avaient refusé de lui remettre les vases d'or et d'argent dont on leur avait confié le dépôt avant la persécution. Une femme aussi puissante que factieuse, nommée Lucile, entra dans leur parti. Depuis longtemps elle avait voué une haine implacable à Cécilien, parce que n'étant encore que diacre, il l'avait blâmée publiquement de rendre un culte illusoire à un homme que l'Église n'avait pas reconnu pour martyr. Engagée avec tous ceux de sa dépendance dans le schisme contre son évêque, elle employa ses richesses à se recruter des partisans dans toute l'Afrique, qui se vit bientôt divisée en deux partis. Dans le but de faire prévaloir le sien, elle réunit à Donat évêque des Cases-Noires les deux prêtres que nous avons nommés plus haut, et tous les trois agirent de concert pour faire casser l'ordination de Cécilien. Le principal chef de nullité qu'ils arguaient contre elle, c'est qu'elle avait été faite par Félix, évêque d'Aptunge, qui pendant la persécution avait eu la faiblesse de livrer les vases de l'Eglise et les livres saints. Les évêques de Numidie, réunis à Carthage au nombre de soixante-dix, déclarèrent le siège vacant et ordonnèrent un nommé Majorin domestique de Lucile. Donat se mit alors à célébrer les saints mystères à Carthage dans des chapelles domestiques. Ses partisans l'imitèrent, et séduisant ceux qui avaient la garde des trésors de la grande église, ils en enlevèrent les vases et les ornements précieux. « La vengeance, dit saint Optat, fut la mère du schisme, l'ambition en fut la nourrice, et la cupidité se chargea d'en prendre la défense. » Bientôt le schisme étendit ses ravages. Donat et ses partisans écrivirent à toutes les églises contre Cécilien; les esprits s'échauffèrent et des troubles éclatèrent en Afrique. Pour en prévenir les suites, Constantin, qui, depuis la mort de Maxence, régnait sur cette province, ordonna au proconsul Ancelin, et à Patrice préfet du prétoire, d'informer contre ceux qui troublaient la paix de l'Eglise et de les punir. Mais les évêques donatistes, au lieu de porter leurs plaintes contre Cécilien devant les évêques d'outre-mer, s'adressèrent à Constantin lui-même par une requête qu'ils déposèrent entre les mains du proconsul Ancelin. Ce prince, quoiqu'indigné qu'ils s'adressassent à lui dans une cause de cette nature, leur accorda néanmoins les juges qu'ils lui demandaient, et nomma à cet effet trois prélats d'une vie pure et irréprochable, savoir : Materne de Cologne, Rétice d'Autun, et Marin d'Arles, auxquels il fit remettre toutes les pièces qu'il avait reçues de la part des donatistes. Il ordonna en même temps que Cécilien et son adversaire, chacun avec dix évêques de son parti, se présenteraient à Rome, le 2 octobre de l'an 313, pour y être jugés par des évêques. Par une lettre adressée au pape Miltiade à la même époque, il le priait de présider à cette affaire de concert avec les trois évêques des Gaules. Les accusateurs de Cécilien ne purent prouver aucun des crimes qu'ils lui imputaient, et l'accusé fut déclaré innocent. Alors Donat et ceux de son parti demandèrent que l'empereur jugeât lui-même cette affaire. Constantin consentit à la revoir. L'innocence de Cécilien fût de nouveau reconnue et Donat condamné comme calomniateur. De retour en Afrique contre l'ordre du concile, il reçut la sentence de déposition et d'excommunication prononcée contre lui par le pape Miltiade. On ignore complétement le lieu et l'époque de sa mort.

DONAT de Carthage. — Majorin étant mort vers l'an 316, un autre Donat, qu'il ne faut pas confondre avec Donat des Cases-Noires, fut élu par ceux de son parti évêque schismatique de Carthage. Comme son prédécesseur, il donna son nom à ceux qui le suivirent; mais depuis, les donatistes le regardèrent seul comme leur chef, à cause des grandes qualités qu'ils admiraient en lui. Ils le révéraient comme un homme de sainte mémoire et l'ornement de leur église. Ils lui attribuaient la gloire du martyre, et allaient même jusqu'à lui accorder le don des miracles, en soutenant que Dieu lui avait parlé dans la prière. Ce Donat en effet vivait d'une manière assez sobre; mais au lieu d'être aussi irrépréhensible dans ses mœurs que l'affirmaient ses partisans, c'était un homme léger, plein de fureurs et d'emportements, qui, s'élevant par orgueil au-dessus du commun des mortels voulait se faire passer pour une divinité. Il s'imaginait avoir fondé à Carthage une principauté qui le mettait au-dessus de l'empereur. Le peuple ne lui donnait que rarement le titre d'évêque, et le nommait presque toujours Donat de Carthage. Ses partisans même les évêques le craignaient et le vénéraient à l'instar d'un Dieu. Son ambition était de voir tout le monde ployer sous son autorité jusqu'aux compagnons de son schisme. Lorsque ces derniers célébraient les mystères, il ne s'y trouvait que pour la forme, et se retirait dans ses appartements sans daigner communier à ce qu'ils avaient offert. Il souffrait qu'on jurât en son nom et qu'on l'invoquât comme celui de Dieu à l'appui d'un serment. Si l'on venait à lui de quelque province d'Afrique, au lieu de s'informer des nouvelles ordinaires, il demandait aussitôt : « Comment va mon parti dans vos quartiers? » En effet, dans toutes les circonstances où ils étaient forcés de comparaître en justice, les donatistes, juridiquement interpellés de déclarer qui ils étaient, se donnaient le titre de disciples de Donat sans parler de Jésus-Christ. On peut juger de l'esprit et du caractère de ce novateur par les termes d'une de ses lettres à Grégoire préfet du prétoire qu'il appelait *la honte du Sénat et l'infamie des préfets*. Saint Augustin le traite d'apostat, apparemment parce qu'il avait abandonné l'Eglise catholique pour entrer dans le schisme formé par l'évêque des Cases-Noires. Donat du reste était un homme versé dans les lettres humaines, et par cela même aimé des hommes du siècle. Son éloquence lui fut d'un si grand secours pour grossir sa secte, que c'est à lui qu'elle dut sa force et presque tous ses accroissements. Une grande partie de l'Afrique et presque toute la Numidie furent dupes de ses mensonges. Les livres qu'il composa pour la défense de ses erreurs étaient en grand nombre; et il y en avait un entre autres où il prétendait que le baptême de Jésus-Christ ne se trouvait nulle part en dehors de sa communion. Saint Augustin, qui donne à cet ouvrage le titre de lettre, l'a réfuté par un écrit qui n'est pas venu jusqu'à nous. Donat en fit un autre sur le Saint-Esprit dans lequel il suivait la doctrine des ariens, mais en termes si embrouillés et si équivoques qu'il était difficile d'affirmer qu'il partageât leur croyance. Quoique d'accord avec eux sur l'inégalité des personnes dans la Trinité, il les admettait cependant consubstantielles, sans pouvoir définir cette consubstantialité. Saint Augustin dans un de ses ouvrages avait accusé Donat d'avoir commencé à rebaptiser; mais il reconnut depuis que l'auteur de ce désordre était Donat des Cases-Noires, qui en convint lui-même au concile de Rome en 313. Les évêques d'Orient assemblés à Philippopolis en Thrace, après s'être enfuis de Sardique en 337, écrivirent au nom de ce concile une lettre adressée à toute l'Eglise, et dans laquelle ils s'efforçaient de se justifier eux-mêmes et de faire condamner saint Athanase. Entre les noms de plusieurs évêques à qui cette lettre était adressée se lisait celui de Donat de Carthage, sans doute, parce qu'ils auraient été ravis de l'attirer à eux et de le réunir à leur parti; mais cette tentative ne leur réussit pas. Cependant les donatistes ne laissèrent pas de tirer parti de cette lettre des Orientaux, prétendant montrer par là qu'ils avaient condamné avec eux le crime des traditeurs, et que s'ils n'avaient pas précisément embrassé la doctrine de Donat, ils avaient au moins abandonné la communion de leurs adversaires. Après le concile de Sardique, l'empereur Constant, successeur de Constantin, envoya en Afrique Paul et Macaire, dans le but de procurer la réunion des chrétiens. Pour y réussir plus sûrement, il témoigna que le motif de leur mission était de distribuer des aumônes, de soulager des nécessités, de pourvoir aux besoins des pauvres et de doter d'ornements convenables les maisons de Dieu. Mais tout en répandant ces aumônes au nom du prince, ils exhortaient tout le monde à se réunir, afin à offrir au Seigneur et à son Christ des prières qui fussent exaucées. On n'intimidait personne, on ne faisait aucune menace, nul n'était incarcéré et l'on n'usait partout que d'exhortations. Constant n'avait pas même de troupes dans la province proconsulaire, tant il songeait peu à procurer l'unité par la violence. Comme Paul et Macaire s'adressaient de préférence aux évêques, pour la répartition des aumônes dont ils étaient chargés, ils vinrent trouver Donat de Carthage et lui exposèrent le sujet de leur mission. Mais soit qu'il fût mécontent qu'ils n'eussent rien fait pour lui en particulier, soit qu'il craignît que Constant n'eût dessein de ruiner son parti, Donat entra dans une colère étrange, refusa les aumônes de ce prince, et dit avec ses emportements ordinaires : « Qu'y a-t-il de commun entre l'empereur et l'Eglise? » Puis il ajoutait à cela, tout ce que sa légèreté pouvait lui suggérer d'injures et d'outrages contre l'empereur, sans souci de l'obéissance et du respect que saint Paul recommande même envers les princes païens. Voyant leurs aumônes refusées par Donat, Paul et Macaire lui dirent qu'ils allaient porter dans d'autres provinces les libéralités de l'empereur, à quoi Donat répondit qu'il avait déjà écrit partout, pour empêcher qu'on ne participât à ces distributions. Saint Optat, qui s'élève avec force contre la conduite tenue par Donat en cette occasion, ajoute cependant qu'il fut obéi par tous ceux de son parti. Ce fut au point que les distributeurs de ces aumônes, pour s'acquitter de leur mission, eurent besoin en plusieurs lieux de se faire protéger par la force armée, et de recourir au comte Sylvestre, commandant de la milice africaine, pour se mettre à couvert des violences et des emportements des donatistes. Cependant Macaire, autorisé apparemment par l'empereur, résolut d'en finir avec les donatistes et de leur intimer l'ordre de se réunir. Ils prirent l'alarme, et dans cette frayeur, tous ceux qui ne voulaient pas revenir à l'unité, cherchèrent leur salut dans la fuite. Donat de Carthage fut sans doute de ce nombre, car saint Jérôme affirme positivement qu'il fut chassé de son siège. On ne sait point ce qu'il devint dans son exil; mais il paraît qu'il mourut loin de Carthage et hors de l'Afrique, puisque saint Optat remarque qu'il était au su de tout le monde que la parole du prophète au prince de Tyr s'était accomplie à l'égard de Donat et qu'il était mort loin de son pays. Suivant la chronique de saint Jérôme, il vivait encore en 355, et nous ne pouvons déterminer au juste l'époque de sa mort. Il ne nous reste aucun de ses écrits. Nous n'avons publié ici sa biographie, ainsi que celle de son prédécesseur, que pour faire connaître un peu les deux fondateurs d'un schisme qui s'est soutenu plus d'un siècle, qui a nécessité plusieurs conciles, et qui a exercé la plume et l'éloquence de plusieurs Pères de l'Eglise. (*Voyez* en particulier saint Augustin et saint Optat, qui ont beaucoup écrit contre les donatistes et leurs erreurs.)

DONAT (saint), évêque de Besançon, était fils de Waldelène, duc de la province Transjurane, aujourd'hui la Haute-Bourgogne, et de Flavie, dont les anciennes chroniques relèvent beaucoup la noblesse, les lumières et la piété. Le nom qu'il portait rappelle un des principaux traits de sa naissance. En effet, on croit qu'il fut le fruit des prières de saint Colomban, qui l'obtint de Dieu à sa famille privée de postérité. Aussi, dès qu'elle l'eût mis au monde, sa mère le fit porter au saint pour le consacrer au Seigneur. Colomban était alors abbé de Luxeuil; il baptisa l'enfant, lui imposa le nom de Donat, pour lui rappeler qu'il était un don du ciel, puis le fit remettre à Flavie pour le nourrir. Plus tard, c'est-à-dire dès qu'il eut atteint un âge convenable, il fut placé à Luxeuil, et confié à la direction de saint Colomban. Donat, sous cet habile maître, et sous saint Eustase, son successeur, fit des progrès rapides dans les lettres et dans la piété. Son mérite devint si éclatant, qu'à la mort de saint Prothade, il fut tiré du cloître pour être placé sur le siége épiscopal de Besançon. C'était vers l'an 624, et il n'avait alors guère plus de trente-deux ans. L'épiscopat ne lui fit rien changer à sa manière de vivre ; il porta toujours l'habit religieux et continua de suivre la règle de saint Colomban. On ne sait presque rien de ce qu'il fit dans le gouvernement de son église, et sans l'abbé Jonas, historien du saint fondateur de Luxeuil, et qui écrivait du vivant même de notre prélat, nous ignorerions jusqu'aux traits de la vie que nous venons de rapporter. En 626, il assista comme évêque de Besançon au concile de Reims, sous l'évêque Sonnace, et à celui qui se tint à Châlons-sur-Saône en 646. Il fonda à Besançon le monastère de Palais, ainsi appelé parce qu'il le bâtit sur les débris des anciennes fortifications de la ville ; et il y mit des moines qui suivaient en même temps les règles de saint Benoît et de saint Colomban. Nous ne savons si ce monastère est le même que l'abbaye de Saint-Paul, dont les auteurs de la *Biographie universelle* de Michaud le font également le fondateur. Saint Donat vivait encore en 649, comme on peut s'en convaincre par sa signature apposée au bas d'un privilége que saint Faron, évêque de Meaux, accorda la même année aux religieux du monastère de Sainte-Croix ; mais on croit généralement qu'il mourut peu de temps après, vers 651. Toutefois les auteurs de la biographie que nous venons de citer prolongent son existence de quelques années, et le font mourir en 660, et inhumer dans une des chapelles de l'abbaye de Saint-Paul. Une des paroisses de Besançon est placée sous son invocation, et on célèbre sa fête dans le diocèse, le 7 août de chaque année.

Règle. — Il nous reste de ce savant prélat une règle composée pour un monastère de filles, que saint Benoît d'Aniane inséra dans le recueil des siennes, et qu'il employa surtout, dans sa *Concorde*, à expliquer la règle de saint Benoît du Mont-Cassin. Voici quelle fut l'occasion de la règle de saint Donat : Flavie, sa mère, étant devenue veuve, avait fondé, à Besançon, le monastère de Joussan, sous l'invocation de la sainte Vierge, et s'y était retirée et consacrée à Dieu avec une de ses filles. Les religieuses de cette maison qui avaient professé jusque-là la règle de saint Césaire, voyant que celles de saint Benoît et de saint Colomban étaient fort répandues, désirèrent en avoir une particulière, qui fût composée des trois et qui en contînt l'esprit. Elles s'adressèrent à saint Donat pour l'exécution de ce projet, et ce ne fut qu'après toute la résistance que peut inspirer une humilité sincère, qu'elles en obtinrent tout ce qu'elles souhaitaient.

Le saint évêque tira principalement de la règle de saint Benoît ce qu'il fit entrer dans la sienne ; de sorte que des soixante-dix-sept chapitres que celle-ci contient, il y en a quarante-trois qui sont pris dans celle de ce patriarche. Il la fit précéder d'une préface pleine de piété et d'humilité chrétienne, dans laquelle il rend compte du dessein qu'il s'est proposé. On a peu de monuments de ce siècle qui soient mieux écrits, quoiqu'on y rencontre cependant plusieurs expressions forgées, comme *Almitas* et quelques autres du même genre. Il ordonne de lire souvent cette règle en communauté, afin que personne ne puisse invoquer l'ignorance comme excuse à son infraction. Il termine en conjurant les vierges à qui cette préface est adressée, de prier sans cesse pour lui pendant sa vie et de le faire encore après sa mort, afin qu'absous de ses péchés par leurs prières, il puisse mériter d'être associé dans le ciel au chœur des vierges sages de l'Evangile. Cette préface a paru si belle à Dom Mabillon, qu'il l'a fait insérer tout entière dans ses Annales.

Du Cange et Fabricius attribuent la règle dont nous venons de parler à un autre Donat, moine de profession, qui, selon saint Ildephonse, alla d'Afrique s'établir en Espagne, et confondent ainsi saint Donat de Besançon avec ce moine d'ailleurs assez inconnu. Mais outre que saint Ildephonse ne dit point que ce moine ait écrit de règle, il suffit de lire la préface dont on vient de donner une idée, pour y reconnaître saint Donat de Besançon. D'ailleurs ce qui lève toute difficulté, c'est que cette règle est pour des filles vivant dans un monastère *fondé par Flavie servante de Dieu*, comme le porte le titre de la préface. Or, nous avons vu que Flavie était la mère de saint Donat. A qui pouvait-elle mieux s'adresser pour établir une règle dans son monastère, qu'à celui qui était en même temps son évêque et son fils ?

Messieurs de Sainte-Marthe, bien loin de lui contester la composition de cette règle, lui attribuent encore celle qui porte les noms de Saint-Paul et de Saint-Etienne, et à laquelle ils donnent le titre d'*Avertissement*. La raison sur laquelle ils s'appuient, c'est que saint Donat avait fondé le monastère de Palais sous l'invocation de saint Paul, ce qui nous met d'accord avec la Biographie universelle, et qu'il se trouvait à la tête des chanoines de saint Etienne de sa cathédrale. Mais cette raison ne nous paraît pas suffisante pour l'attribuer à saint Donat ; d'abord, parce que la règle que nous avons dans le Code de saint Benoît d'Aniane sous cette double dénomination, est toute différente de celle que le pieux évêque établit dans son monastère de Palais, et qui est un composé des règles de saint Benoît et de saint Colomban ; ensuite parce qu'on n'y reconnaît par aucun trait la manière ni le style de saint Donat ; enfin parce qu'on n'y retrouve aucun vestige de sa règle pour des filles, pas plus que des règles de saint Benoît et de saint Colomban, dont il était si plein et dont il a fait tant d'usage dans celle qui est véritablement de lui. Comment aurait-il pu composer ces deux règles, sans s'y trahir au moins par quelques traits de ressemblance ?

DONAT, de Metz. — Donat, diacre de l'église de Metz, florissait sous l'épiscopat d'Angelramne, et se donne lui-même pour son disciple; ce qui n'a pas empêché certains écrivains de placer sa vie plus de soixante ans plus tôt, faute probablement d'avoir fait attention à cette circonstance. Donat avait quelque réputation de savoir, ce qui détermina sans doute Angelramne à le charger d'écrire la Vie de saint Tron ou Trudon, fondateur du monastère de Sarcing, mort vers l'an 698. Le disciple se prêta facilement aux désirs du maître, et quoique déjà éloigné du temps où le saint avait vécu, il réussit néanmoins à reproduire sa vie et ses actions. Il est vrai qu'on peut l'accuser d'avoir manqué de critique et de s'être étendu peut-être avec un peu trop de complaisance sur le chapitre des miracles. Il ne dit point par quelles voies il est parvenu à se procurer les documents qui lui ont servi à composer cette histoire. La qualification d'humble et pauvre exilé qu'il se donne en tête de cet ouvrage, *exiguus ultimusque exsul*, ferait juger qu'il fut relégué au moins pour quelque temps au monastère de Sarcing; ce qui l'aurait mis à la source même de tous les documents qui pouvaient lui être nécessaires pour son travail. L'ouvrage fini, il l'adressa à Angelramne par une préface, dans laquelle il se rend obscur à force de vouloir faire de l'éloquence. Le corps du livre est écrit beaucoup plus simplement, et le style même, malgré le désaveu de l'auteur, n'est nullement inférieur à celui de son époque. Ceux qui dans la suite ont reproduit la *Vie de saint Tron*, comme l'abbé Guitkar et le moine Thierri, ont tous puisé dans l'écrit de Donat, sans y rien ajouter de nouveau, excepté quelques fautes contre la chronologie, et des faits qui ne paraissent pas autorisés. Dom Mabillon a recueilli l'œuvre du diacre de Metz, sur un manuscrit de Duchesne, et l'a publiée au second volume de ses *Actes des Saints*, en l'accompagnant de quelques notes explicatives et en la faisant précéder de quelques observations.

DOROTHÉE. — Ce nom de Dorothée, commun à plusieurs personnages recommandables, les a souvent fait confondre les uns avec les autres. Celui dont il s'agit dans cet article fut abbé ou archimandrite d'un monastère en Palestine, pays de sa naissance, à ce qu'on croit. Chose remarquable, après avoir montré dans ses premières années une aversion singulière pour l'étude, il parvint à la vaincre si bien qu'il tomba dans l'excès contraire. Il prit pour les livres un tel goût qu'il en perdait le sommeil, et ne se donnait pas même le temps de boire et de manger. Plus tard sa vocation l'ayant appelé à la vie religieuse, les habitudes du cloître et l'obéissance monacale lui apprirent à corriger ce que cette passion avait d'immodéré. Entré dans un monastère situé près de la ville de Gaza et gouverné par saint Séride, il y fut mis sous la direction du moine Jean, surnommé le *Prophète*, et disciple lui-même de saint Barsanuse, moine égyptien, alors reclus dans ce monastère. Dorothée fit sous ce maître de grands progrès dans la spiritualité.

Il était d'une exactitude exemplaire à tous ses devoirs religieux, d'une patience admirable et d'une charité parfaite. Il s'était réservé le soin de servir les vieillards infirmes, parmi lesquels se trouvait son maître Jean. L'abbé Séride mit sous sa direction un jeune moine nommé Dosithée, dont en peu de temps il fit un grand saint. Après la mort de saint Barsanuse et du vénérable Jean, Dorothée quitta le monastère de saint Séride, et alla en fonder, près de Majume, aussi dans la Palestine, un nouveau dont il fut abbé. On croit que c'est là qu'il écrivit son traité ascétique qui a pour titre : *XXIV doctrinæ seu sermones de vita recte instituenda*. Ces doctrines ou discours sont des instructions de cet abbé à ses disciples. Elles ont été traduites du grec en latin par Hilarion Veronco et Balthasar Corder, et se trouvent en ces deux langues dans l'*Auctuarium* de la *Bibliothèque des Pères* du jésuite Fronton du Duc, avec quelques lettres de Dorothée. Le style en est simple, mais les doctrines sont pleines d'onction et de piété.

Le premier discours est sur le renoncement à soi-même. Dorothée prouve que les moines y sont particulièrement obligés, et tire de la figure même de leur costume des arguments pour les convaincre que ce n'est pas assez pour eux de vivre dans la retraite d'un monastère et de renoncer au monde, s'ils ne se détachent encore d'eux-mêmes, en renonçant à leur propre volonté. Dans le second, qui roule sur l'humilité, il cite une maxime de l'abbé Jean dont il avait été le disciple. Il traite, dans le troisième, de la conscience qu'il définit, un je ne sais quoi de divin qui ne cesse de nous rappeler à nos devoirs. La crainte de Dieu fait le sujet du quatrième. C'est là qu'il nous apprend qu'il avait demeuré dans le monastère de l'abbé Séride; et dans le cinquième, qu'il avait été disciple de l'abbé Jean. Dans le quinzième, sur le jeûne du carême, il marque qu'il durait huit semaines, parce qu'on ne jeûnait ni le dimanche, ni le samedi, excepté le samedi saint. Le dix-septième est une instruction pour ceux qui se trouvent chargés du gouvernement des monastères. Le dix-huitième et le vingt-unième sont en forme de dialogue; Dorothée y instruit particulièrement le moine à qui l'on confiait le soin du temporel du monastère. Il explique dans ses trois derniers discours une partie de certaines hymnes tirées de saint Grégoire de Nazianze, et que l'on chantait au jour de Pâques et aux fêtes des martyrs. — Les huit lettres de Dorothée sont adressées à divers moines, pour consoler les uns dans leurs infirmités et affermir les autres contre les tentations. Il parle dans la dernière des Sarrasins ou Arabes, comme s'il eût déjà éprouvé la dureté de leur gouvernement. Il voulait apparemment désigner les musulmans, dont l'empire, qui n'avait commencé qu'en 622, s'était déjà beaucoup accru en 635, puisque ce fut en cette année-là qu'ils prirent Damas et s'établirent dans la Phénicie, et que, deux ans plus tard, ils étaient maîtres de la Palestine.

On doit donc fixer à la fin du vi⁰ et au commencement du vii⁰ siècle le temps où vécut saint Dorothée. A en juger par la date de la mort de son maître le moine Jean, et de celle de son disciple saint Dosithée, c'est vers l'an 560 qu'il devait fleurir. L'abbé de la Trappe a écrit sa vie et traduit en français ses *Instructions*, Paris, 1686, in-8°. Quoiqu'on donne à Dorothée le titre de saint, on ne trouve néanmoins son nom ni dans le Ménologe des Grecs, ni dans le Martyrologe des Latins.

DOROTHÉE, évêque de Martianople, métropole de la seconde Mysie, au commencement du v⁰ siècle, fut un des plus ardents fauteurs de l'hérésie de Nestorius. Déposé de l'épiscopat pour n'avoir point voulu entrer dans la communion de saint Cyrille, et banni ensuite à Césarée en Cappadoce, on ne voit point qu'il se soit jamais rétracté de l'anathème qu'il avait prononcé, en prêchant dans la grande église de Constantinople, contre tous ceux qui diraient que Marie est mère de Dieu. Nous avons quatre de ses lettres : l'une au peuple de Constantinople, l'autre à Alexandre d'Hiéraple, la troisième à Théodoret et la quatrième à Jean d'Antioche. On voit par la première que Saturnin avait été ordonné évêque de Martianople à la place de Dorothée, mais que, malgré les efforts du général Plintha, Dorothée se maintint en possession de son évêché jusqu'à ce qu'il fut banni à Césarée. Les autres lettres n'ont rien de remarquable.

DOROTHÉE, moine d'Alexandrie, composa un écrit pour soutenir les décrets du concile de Chalcédoine, et le présenta à la princesse Mugna, qui, bien qu'elle eût épousé le frère de l'empereur Anastase, était demeurée constante dans la foi catholique. Anastase lut cet ouvrage, et le trouvant plus fort de preuves et mieux travaillé qu'il ne s'y attendait, relégua l'auteur à Oasis. Il n'épargna aucune raillerie à ce livre que Dorothée avait intitulé : *Tragédie de l'état présent des choses*.

DRACONCE, prêtre espagnol, écrivait sous l'empire de Théodose le jeune. Nous avons de lui un poëme en vers héxamètres sur les six jours de la création, et une élégie à la louange de l'empereur. Ce poëme n'a rien de remarquable que la prière qui le termine, et qui révèle dans l'auteur une haute idée de la grandeur de Dieu et de profonds sentiments d'humilité. Georges Fabricius l'a inséré dans son *Recueil des poëtes chrétiens*, imprimé à Bâle en 1567. On le trouve aussi dans la *Bibliothèque des Pères*, à la fin des œuvres d'Eugène de Tolède, publiées par le Père Sirmond en 1619, avec l'élégie adressée à l'empereur.

DRÉPANIUS FLORUS, poëte d'origine française, florissait vers le milieu du vii⁰ siècle. Il a mis en vers les psaumes xxii, xxvi et xxvii, le *Cantique d'Ananie, d'Azarie et de Misaël dans la fournaise*. Il a composé une hymne en l'honneur de saint Michel, une autre sur le cierge pascal, une épître à Molduin, évêque d'Autun, sur la lecture de l'É-criture sainte, un remerciement à un de ses amis qui l'avait défendu, et une lettre à un grammairien pour le prier de lui répondre sur quelques difficultés qu'il lui avait proposées. Son style est assez pur et dégagé des termes barbares en usage de son temps ; mais il manque de poésie dans la disposition de sa phrase, et il se sert quelquefois d'expressions qui ne sont usitées qu'en prose.

DROGON, élu évêque de Beauvais en 1030, gouverna cette église jusqu'en 1047. Il procura de grands avantages aux monastères de son diocèse. Il rétablit celui de Saint-Paul pour les filles, et restaura l'abbaye de Saint-Germain de Flais. Il fonda aussi, en 1035, dans un des faubourgs de sa ville épiscopale, le monastère de Saint-Symphorien, qui fut plus tard réuni au séminaire. Il établit dans chacun de ces monastères des écoles d'où sont sortis des élèves distingués. C'est sans doute en considération de ce zèle si digne d'un pontife, que le roi Henri I⁰ʳ, dans un de ses diplômes, le qualifie un homme tout dévoué au culte de Dieu : *Virum divinæ religioni totum mancipatum*. Drogon était un homme fort instruit pour son temps. Il nous reste de lui une lettre dogmatique en réponse à la consultation d'un des évêques ses comprovinciaux, dont le nom n'est désigné que par un W. Baluze croit que ce peut être Gui, évêque de Senlis, mais il y a tout autant d'apparence que ce soit Gauthier, évêque de Meaux. Quoi qu'il en soit, voici le fonds de cette consultation. Il s'agissait d'un laïque qui avait grièvement frappé un clerc élevé aux ordres sacrés, et l'évêque consultant demandait de quel châtiment il fallait punir un pareil crime. Drogon, après avoir approuvé dans sa réponse l'excommunication déjà portée contre le coupable, ajoute qu'on ne saurait le punir trop sévèrement, et justifie cette rigueur par un passage des capitulaires de nos rois. Cette lettre et la consultation qui y a donné lieu montrent la haute considération et l'estime particulière que les évêques avaient pour les lumières et la doctrine de ce pieux prélat.

DROGON (cardinal). — On ne possède aucuns renseignements positifs et sur la patrie et sur la famille de Drogon. Dom Marlot le fait naître dans le territoire de Reims, et François Duchesne, au contraire, en fait un noble Picard, auquel il prête même des armoiries comme preuve de sa noblesse. Mais ni l'un ni l'autre ne citent rien à l'appui de leur assertion. Ce qu'il y a de certain c'est que Drogon eut une sœur appelée Mathilde, et un neveu nommé Baudouin qui lui succéda sur son siége abbatial. Drogon embrassa la vie monastique à Saint-Nicaise de Reims sous l'abbé Joramne, qui le fit son prieur claustral. Le désir d'une plus grande perfection lui inspira ensuite le dessein de passer dans l'ordre de Cîteaux. Il choisit l'abbaye de Pontigni et s'y rendit à l'insu de son abbé. Cette retraite fut très-sensible à Joramne, qui se voyait privé par là de sa plus chère consolation. Il mit tout en œuvre pour ramener à lui le fugitif, et, malgré les instructions de saint Bernard et les efforts de l'abbé de Pontigni pour le retenir, il eut le bonheur de le voir rentrer à Saint-Nicaise, où il continua de se distinguer par son mérite. En 1128, les religieuses de l'abbaye de Saint-Jean de Laon ayant été chassées pour faire place à des Bénédictins, Drogon fut mis à la tête de la nouvelle communauté. Hériman rend à son administration ce témoignage honorable qu'on ne vit point dans toute la France de monastère plus régulier que le sien, et où l'hospitalité fut exercée avec plus de décence et de charité. Innocent II, dont il avait acquis l'estime pendant le séjour de ce pape en France, le fit venir à Rome après son retour et lui conféra l'évêché d'Ostie, titre qui emportait dès lors le cardinalat. Les historiens modernes sont partagés sur l'époque de cette promotion. Ciaconius la place en 1133; Frizon et, Ughelli en 1134; mais les monuments de l'abbaye de Saint-Jean de Laon prouvent qu'il ne la quitta qu'en 1136, puisqu'on y conserve des chartes signées de lui en qualité d'abbé dans le cours de cette année. Arnoul Wion le fait passer de l'évêché d'Ostie à celui de Laon, et Possevin adopte lui-même cette rêverie qui n'a aucun fondement dans l'antiquité. Il est certain que Drogon garda son évêché d'Ostie jusqu'à sa mort, rapportée par Robert du Mont à l'année 1138, en ces termes : « Drogon, d'heureuse mémoire, évêque d'Ostie, illustre par sa piété et son savoir, mourut en cette année. » Le *Nécrologe de Saint-Jean de Laon* marque son obit et celui de sa sœur Mathilde le 19 de décembre. Tous les écrivains qui ont parlé de lui ne l'ont fait qu'avec éloge. Outre Hériman et Robert du Mont, Guillaume de Nangis le loue comme un homme respectable par sa science et par ses mœurs. Trithème, dans ses *Hommes illustres de l'ordre de saint Benoît*, le met au rang des personnages les plus distingués par la variété de ses connaissances, par le don de la parole et par une piété sincère. Il allègue comme preuves de ses talents littéraires les productions de sa plume qui ont passé à la postérité. Comment donc a-t-il pu l'oublier dans son *Catalogue des écrivains ecclésiastiques*?

Ecrits de Drogon. — Les écrits qui portent le nom de ce prélat répondent mieux aux éloges que les anciens ont faits de sa piété qu'à l'idée avantageuse qu'ils nous ont donnée de ses talents. Ils sont au nombre de quatre. Le premier a pour titre : *Du sacrement de la Passion du Sauveur*. C'est une explication allégorique en forme de sermon sur toutes les circonstances de la Passion. L'auteur, en donnant l'essor aux sentiments de sa dévotion, n'a pas gardé l'ordre et la liaison nécessaires pour faire un discours suivi. Souvent ses pensées manquent de justesse et ses raisons de solidité. Son style, dans lequel il affecte d'employer les expressions mêmes de l'Ecriture, est bien éloigné, quoi qu'en dise Marlot, de la brillante élocution de saint Bernard. Cet écrit parut pour la première fois en 1547, à Paris, chez Nicolas Leriche, en un volume in-8°, qui contenait en même temps l'explication des Psaumes par Alcuin. C'est le premier livre sorti des presses de cet imprimeur, et comme il le dit lui-même, ce sont les prémices de ses travaux. Il faut avouer que ce coup d'essai lui fait honneur. Cette édition fut reproduite en 1589 par Barthélemi Macé. On trouve encore ce premier écrit de Drogon parmi les orthodoxographes publiés Bâle en un volume in-folio, en 1555. Lippen en cite une autre édition faite dans la même ville en 1557. Enfin il a passé avec les autres écrits du même auteur dans toutes les éditions de la *Bibliothèque des Pères*, et en dernier lieu dans le *Cours complet de Patrologie*.

Le titre du second est : *De la création et de la rédemption du premier homme*. Ces deux objets y sont traités assez brièvement et dans un goût particulier. Le but de l'auteur est d'exciter l'homme à la reconnaissance des grâces que Dieu lui a faites par l'incarnation de son fils, en le rétablissant dans la possession des biens que sa désobéissance lui avait fait perdre. Il ne cite qu'une fois saint Augustin, mais on s'aperçoit aisément que ce Père lui avait fourni la plupart de ses pensées et de ses réflexions. Il serait à souhaiter qu'il en eût également adopté la méthode. Cet écrit n'est pas entièrement imprimé. Un manuscrit de l'abbaye d'Elnone cité par Sanderus contient un sermon de notre prélat sur ces paroles d'Isaïe : *Vous puiserez avec joie les eaux aux sources du Sauveur*. Ce sermon est une suite du précédent et continue d'expliquer le mystère de la rédemption.

Le troisième écrit de Drogon est intitulé : *Des sept dons du Saint-Esprit et des sept béatitudes*, et il est d'une brièveté si obscure qu'on ne sait pas trop ce que l'auteur a voulu prouver. On remarque plus d'arrangement et de clarté dans le quatrième dont l'inscription est : *Des offices divins et des heures canoniales*. Drogon n'avait en vue dans la composition de cet ouvrage que d'exciter les religieux par des réflexions pieuses à réciter l'office divin avec l'attention et le recueillement convenables ; et il n'a pas mal réussi dans son dessein.—Quelques biographes lui font honneur de certains ouvrages que nous ne trouvons reproduits nulle part sous son nom.

DROGON, légendaire du xi° siècle, que l'identité du nom a fait confondre avec un évêque de Térouane son contemporain, et un moine de Saint-André de Bruges qui vivait à la fin du même siècle, était originaire de Bergues ou au moins du voisinage de cette ville, comme il le déclare lui-même en rapportant dans un âge avancé des choses dont il avait été témoin oculaire dans sa première enfance. Il embrassa tout jeune la vie monastique à l'abbbaye de Berg-Saint-Vinok, où les succès qu'il obtint dans ses études, joints à ses bonnes mœurs, le firent élever au sacerdoce. En effet, il se donne le titre de prêtre en tête de ses ouvrages, en y ajoutant toutefois celui de pécheur qui marque son humilité. Drogon n'était pas tellement astreint au régime du cloître qu'il ne voyageât quelquefois et même fort loin. Il nous apprend, sans nous dire à quelle occasion, qu'allant en Danemarck, il passa par Hambourg, où il apprit un miracle opéré par un fragment des reliques de saint Vinok qui avait pénétré jusqu'à cette église. On ignore s'il exerça quelque emploi dans son monastère, mais on voit par ses écrits qu'il y était généralement estimé. Il serait difficile d'assigner l'époque à laquelle il florissait; seulement un de ses ouvrages, dédié à l'abbé Rumolde, atteste qu'il travaillait encore en 1068. Les continuateurs de Bollandus pensent qu'il peut avoir vécu jusqu'à 1070, époque à laquelle plusieurs chroniqueurs rapportent sa mort. La distinction que nous avons établie en tête de cette notice nous permet de séparer les véritables ouvrages de Drogon de ceux que l'identité de son nom lui a fait faussement attribuer.

Le premier est une *Relation des miracles de saint Vinok*, patron de son monastère. Molanus donne à entendre qu'elle est divisée en deux livres, et peut-être se trouvait-elle de la sorte dans le manuscrit qu'il avait eu sous les yeux ; mais elle n'en contient qu'un seul partagé en plusieurs chapitres dans l'imprimé que nous connaissons. A la tête est une préface que l'éditeur n'a pas jugé à propos de reproduire en son entier, et dans laquelle Drogon rend compte des motifs qui lui firent entreprendre son ouvrage et qui sont tous autant de preuves de sa piété. Les sujets qu'il aborde dans le cours de cette histoire ne sont pas autrement intéressants, mais l'écrit dont l'éditeur a retranché quelques morceaux respire une grande simplicité et beaucoup de bonne foi. On peut y remarquer que, dès le temps de l'auteur, la fête de la sainte Trinité se célébrait en Flandre, le dimanche qui suit immédiatement la Pentecôte, comme cela se pratique encore de nos jours. Dès lors il y avait aussi dans son monastère des frères laïques occupés aux travaux serviles de la maison, comme on en voit au siècle suivant dans l'ordre de Cîteaux. — Dom Mabillon est le premier qui ait donné cet ouvrage au public, après l'avoir tiré d'un manuscrit de l'abbaye de Saint-Corneille de Compiègne. Pour le rendre plus complet, il y a ajouté un appendice contenant des éclaircissements sur les diverses fêtes de saint Vinok, la confrérie établie sous son invocation et l'histoire du monastère avec le catalogue de ses abbés depuis 1030 jusqu'en 1662. C'est de la fondation de ce monastère que date l'origine de la ville de Bergues.

Le second ouvrage de Drogon est l'*Histoire de la translation des reliques de sainte Lewine*, vierge et martyre, qui furent apportées d'Angleterre à Bergues, en 1058. Drogon ne fut témoin ni de cette translation, ni de la cérémonie religieuse qui eut lieu à la réception de ce précieux trésor. Il est probable qu'il voyageait alors dans le Danemarck. Cependant il proteste que tout ce qu'il en rapporte, ainsi que les autres faits qu'il entreprend d'écrire, lui ont été racontés par ses confrères, et particulièrement par celui qui avait été chargé d'accompagner les saintes reliques depuis l'Angleterre jusqu'en Flandre. Il a divisé sa matière en deux livres, précédés chacun d'une préface où il rend compte de son dessein. L'ouvrage entier est dédié à Rumolde, son abbé, dont il loue les lumières et la science ecclésiastique. Il le prie de revoir son travail et d'y faire les corrections qui lui paraîtraient nécessaires. Drogon consacre la première partie à donner tous les détails de cette translation, dont il a soin de marquer l'époque par des dates si certaines qu'on ne peut la révoquer en doute. Il a placé à la fin de ce premier livre un abrégé de la vie, ou plutôt un éloge général des vertus de la sainte. La seconde partie contient la relation des miracles opérés en Flandre depuis l'arrivée de ces sacrés ossements. La passion d'en posséder à quelque prix que ce fût est assez bien décrite par l'auteur qui énumère avec une certaine complaisance toutes les ruses employées pour enlever celles dont il est question dans son histoire. Quoiqu'il use fréquemment de termes barbares, l'auteur savait très-bien le latin pour son siècle, comme on peut s'en convaincre par la lecture de son ouvrage. Un défaut plus considérable et qu'on peut lui reprocher avec fondement, c'est qu'il manque de clarté et de concision. Quoique les lieux lui fussent connus, il n'en donne pas toujours une notion exacte, ou du moins ses descriptions paraissent très-embrouillées. Enfin, il a surchargé son récit de lieux communs et de réflexions bien souvent sans justesse et sans portée. — Nous avons deux éditions de cet ouvrage. Dom Mabillon l'a d'abord publié sur un manuscrit de Bigot avec quelques observations et des notes de sa façon; puis les continuateurs de Bollandus l'ont fait réimprimer avec de plus amples remarques historiques et critiques. Le texte de cette édition est extrait d'un manuscrit de Berg-Saint-Vinok, dans lequel tous les ouvrages de Drogon se trouvent réunis ensemble.

Dans le même manuscrit se trouve un troisième ouvrage de Drogon que les derniers éditeurs de l'écrit précédent ont également donné au public: C'est une espèce d'histoire ou légende de saint Oswald, roi d'Angleterre, honoré comme martyr. Elle paraît avoir été faite pour servir de leçons à l'office de sa fête. Drogon entreprit ce travail à l'occasion des reliques du saint apportées d'Angleterre à son abbaye, par le même moine qui avait pieusement enlevé celles de sainte Lewine. Du reste ce travail est une œuvre de compilation. L'auteur convient lui-même qu'il a beaucoup moins tiré de son propre fonds que de celui du vénérable Bède, et, en effet, il n'a fait qu'extraire ce qui se lit de saint Oswald dans l'histoire générale de cet écrivain anglais, en reliant les faits les uns aux autres par des transitions qu'il appelle éclaircissements. A cela près, il n'y a réellement de Drogon que la préface. Du reste, ces prétendus éclaircissements sont un hors-d'œuvre assez inutile, et que les éditeurs ont pris soin de renfermer entre deux parenthèses, afin de les distinguer du texte original. Ils ont enrichi le tout d'un ample commentaire, et de beaucoup de notes curieuses qui sont pour le lecteur une source abondante de lumières. Drogon, et après lui le compilateur de la même Vie publiée par Surius, ont mis d'ailleurs si peu d'attention à dépouiller l'histoire du vénérable Bède pour l'exécution de leur dessein, qu'ils ne se sont pas même aperçus qu'ils omettaient ce qu'il rapporte du saint roi dans les chapitres XIII et XIV de son IV° livre.

Outre le travail dont on vient de rendre compte, on trouve encore, sous le nom de Drogon dans le manuscrit de son monastère, deux sermons assez courts en l'honneur du même saint. Par une remarque placée en tête du premier, on voit qu'il était destiné à être lu au jour de sa fête. Mais les éditeurs ont jugé inutile de les imprimer. Ellies Dupin, après Mabillon, et un grand nombre d'autres, continuant de confondre notre écrivain avec l'évêque de Térouane du même nom et avec Drogon de Saint-André de Bruges, lui attribuent aussi la *Vie de sainte Godolève*, mal nommée Godolène dans le texte de ce bibliographe ; mais la lecture de l'article suivant suffira pour prouver que nous l'avons restituée à son véritable auteur.

DROGON de Saint-André, dont nous avons dit un mot dans l'article précédent, n'était pas encore né au milieu du XI° siècle. Il embrassa la vie religieuse dans le monastère de Saint-André de Bruges, d'où il fut tiré pour remplir les fonctions de chapelain à Ghistelle, dans un monastère de filles, fondé en 1090. Ce monastère, qui appartenait primitivement à l'ancien diocèse de Tournai, se trouva compris plus tard dans la circonscription du nouveau diocèse de Bruges sous l'invocation de sainte Godolève. Sanderus, dans son *Franconatu*, avance que Drogon florissait en 1118, époque à laquelle il fut envoyé à Ghistelle pour en gouverner l'église ; mais la chronique d'Arnoul de Goëthals, d'où Sanderus semble avoir tiré ce qu'il rapporte de Drogon, ne fixe aucune époque précise. Quoi qu'il en soit, il gouverna sagement cette église jusqu'à sa mort, dont le jour et l'année nous sont inconnus.

Vie de sainte Godolève. — Le grand nombre de miracles que Dieu opéra au tombeau de sainte Godolève, et les pressantes sollicitations de plusieurs personnages distingués déterminèrent Drogon à écrire la vie de cette sainte dont le corps reposait dans l'église de Ghistelle. Il dédia son ouvrage à Radebode ou Radebodon, évêque de Noyon et de Tournai, mort en 1098 ; et cette dédicace, suivant nous, doit servir à fixer l'époque d'un écrit auquel l'auteur n'a mis aucune date. Un point de critique plus difficile à résoudre est de démêler parmi les différentes légendes de sainte Godolève, quelle est l'œuvre authentique de Drogon. Il y en a deux principales : l'une donnée par Surius, et l'autre tirée d'un manuscrit du monastère d'Aldenbourg du XVI° siècle, et publiée par les continuateurs de Bollandus. Quoique la légende publiée par Surius paraisse au premier coup d'œil la plus ancienne et la meilleure, on ne peut néanmoins la considérer comme le véritable écrit tel qu'il est sorti des mains de Drogon, puisque Surius avoue lui-même qu'il en a presque entièrement changé le style : *Dictionem fere totam mutavi*. Il en a même retranché tout ce qui n'avait pas rapport à l'histoire, et il s'est contenté d'en extraire ce qui regardait les actions, le martyre et les miracles de la sainte. Malgré ces changements, on trouve dans l'édition de Surius tout le fond de la vie écrite par Drogon. On y trouve également des phrases entières telles qu'elles sont dans l'auteur, et les faits rapportés exactement dans l'ordre suivi par la légende que les continuateurs de Bollandus donnent comme le véritable ouvrage du moine de Saint-André. Quant à cet ouvrage en lui-même, il est dédié, comme nous l'avons déjà dit, à Radebodon, évêque de Tournai. L'auteur s'y donne les qualifications de moine et de prêtre indigne, et dit qu'il a été contraint d'entreprendre un travail au-dessus de ses forces. Il prie le prélat de l'examiner, de le corriger avant qu'il soit livré au public, et de le confirmer de son approbation afin de le mettre à couvert des coups que la critique pourrait lui porter. Il assure qu'il n'y a rien avancé que sur la foi de témoins oculaires qui vivaient encore. Cette légende est pleine de lieux communs. Le style en est diffus, obscur, et tel en un mot qu'on peut l'attendre d'un écrivain de la fin du XI° siècle ; néanmoins les réflexions de l'auteur respirent la piété et font voir qu'il était versé dans la connaissance de l'Ecriture, des Pères et même de la littérature profane, et qu'il possédait assez de justesse d'esprit pour choisir à propos les citations qu'il empruntait aux différents auteurs. La *Vie de sainte Godolève*, telle qu'elle est dans Surius, et la véritable production de Drogon telle qu'elle est sortie de sa plume, ont été traduites l'une et l'autre en Flamand ; la première en 1619, et la seconde en 1629.

DRUTHMAR (Christian), moine de Corbie, né en Aquitaine, selon Sigebert, quitta son pays pour venir en France, où il se fit connaître par ses ouvrages. On croit communément que ce fut vers le milieu du IX° siècle. Du reste, il le marque lui-même assez clairement, puisqu'il dit qu'il n'y avait alors aucune nation sous le ciel qui ne possédât des chrétiens, et que non-seulement on en trouvait chez les Huns, mais que les Bulgares eux-mêmes recevaient journellement le baptême. Or la conversion des Bulgares, commencée vers l'an 845, était déjà bien avancée vers l'an 867, puisque l'évêque Ermenric ainsi que les prêtres et les diacres que le roi Louis y députa la même année, trouvèrent cette province presque entièrement convertie et devenue chrétienne par le zèle des évêques que le pape y avait députés comme missionnaires. Toutes ces particularités se trouvent confirmées par les offrandes que Michel, roi des Bulgares, envoya en 866 à saint Pierre; par les questions qu'il fit proposer à Nicolas Ier sur la religion, et par les réponses que ce pontife y fit la même année. Il n'y a donc plus lieu de douter que Druthmar ait écrit vers l'an 845.

Commentaire. — De Corbie où il avait fait ses études, et où il s'était principalement instruit des divines Ecritures, Druthmar fut appelé à Stavelo, dans le diocèse de Liége pour les enseigner aux moines de ce monastère. Il commença par l'Evangile de saint Matthieu, et leur en donna jusqu'à deux fois une explication orale; mais s'apercevant que quelques-uns des plus jeunes étudiants tiraient peu de profit de ses leçons, faute de mémoire, il prit la résolution de les mettre par écrit, en suivant le même ordre qu'il avait gardé dans ses explications. Il marque lui-même toutes ces particularités, dans la lettre ou épître dédicatoire qu'il adressa à la communauté de Stavelo. Druthmar n'ignorait pas que saint Jérome avait fait un commentaire sur l'Evangile de saint Matthieu; mais il savait aussi que ce Père ne l'avait pas expliqué tout entier; qu'il ne s'était arrêté qu'aux endroits les plus difficiles, et qu'il avait passé ceux qui lui paraissaient de moindre importance. Il donna donc un Commentaire suivi en termes clairs et précis, s'attachant plus au sens historique et littéral qu'au sens spirituel, parce qu'il regardait le sens de la lettre, comme le plus essentiel et celui que l'on devait savoir avant de chercher à en pénétrer d'autres. Il promet aux moines de Stavelo une explication de l'Evangile de saint Jean, dans le cas où celui de saint Matthieu les aurait satisfaits. Saint Augustin, il est vrai, avait déjà expliqué cet évangéliste, mais, outre que son commentaire n'était pas à la portée de tout le monde, il n'expliquait pas non plus le texte dans son entier. Druthmar regardait le commentaire de Bède sur saint Marc comme suffisant; il savait de plus que ce savant interprète n'avait entrepris ce travail qu'après saint Ambroise; mais, comme il ne possédait ni l'un ni l'autre de ces commentaires, il s'engagea, au cas que son travail fût agréable à ses lecteurs, à leur expliquer aussi cet évangéliste. Il loue le zèle de ses moines, leur charité, leur désintéressement, leur amour pour la pauvreté. Le contentement qu'il avait éprouvé à vivre au milieu d'eux va jusqu'à lui faire dire qu'il préférait leur société à celle de tous les autres hommes.

Dans son *Commentaire de l'Evangile de saint Matthieu,* Druthmar se sert principalement du texte grec, qui passait alors pour l'original, ce qui ne l'empêche pas d'avoir recours aux autres parties de l'Ecriture et quelquefois même à l'histoire profane, quand il en est besoin pour plus grand éclaircissement. Les quatre évangiles étaient alors disposés dans les exemplaires de la Bible absolument comme ils le sont dans les nôtres. Le premier était celui de saint Matthieu, écrit, dit-il, du temps de Caïus; le second, celui de saint Marc, écrit en grec à Rome, sous l'empire de Claude; le troisième, celui de saint Luc, écrit en Achaïe; le quatrième, celui de saint Jean, écrit en grec à Ephèse sous le règne de Nerva. Druthmar avait vu un livre des Evangiles en grec, qu'on disait avoir été à l'usage de saint Hilaire, et dans lequel saint Matthieu et saint Jean étaient placés à la tête des évangélistes. Il interrogea, sur cette disposition particulière, Eufémius, Grec de nation, qui lui répondit qu'on en avait agi ainsi à l'exemple d'un bon laboureur qui attelle toujours les meilleurs bœufs avant les autres. Sur ces paroles : *Marie ayant épousé Joseph,* il remarque que c'était l'usage chez les Juifs, que, depuis le jour des fiançailles qui se faisaient au temple, le mari, s'il était riche, laissât quelques personnes de sa part dans la maison de sa fiancée; ou bien, s'il était pauvre, qu'il la gardât lui-même jusqu'au jour de ses noces, avec son père et sa mère, comme garants de sa modestie. Il croit que l'étoile qui apparut aux mages n'était pas dans le même ciel que les autres, mais plus proche de la terre. Sur la réponse que Jésus-Christ fit à Satan en ces termes : *Vous adorerez le Seigneur votre Dieu et ne servirez que lui seul,* il distingue entre le culte qui n'est dû qu'à Dieu et qu'on appelle Latrie, et celui qu'on rend aux hommes et qui est appelé Dulie; puis il ajoute : « Nous devons mettre cette différence entre le créateur et la créature, que nous ne nous adressions jamais à aucun saint pour lui demander la rémission de nos péchés, mais seulement pour l'obtenir par son intercession. Ne croyons en personne si ce n'est en Dieu. Croyons les saints, mais ne croyons pas en eux. » Il cite les Actes du martyre de saint André qu'il dit avoir été enterré d'abord à Patras en Achaïe, puis transféré à Constantinople par le grand Constantin. Il met la sépulture de saint Jean à Ephèse, mais il ajoute que quand on voulut ouvrir son tombeau, on le trouva vide, de sorte que l'on ignorait de son temps le lieu où reposaient les restes de ce saint évangéliste. Quant à celui de saint Jean-Baptiste, il dit qu'il fut enterré à Sébaste, et, que sous le règne de Julien l'Apostat, les païens remarquant l'affluence des chrétiens autour de ce tombeau, l'ouvrirent, en tirèrent les ossements et les jetèrent à travers les campagnes; mais des moines de Jérusalem, passant par Sébaste, se firent aider par les chrétiens du lieu, recueillirent ces restes précieux et emportèrent avec eux ce qu'ils en purent retrouver; le reste fut brûlé par les païens. Plus tard, l'abbé Philippe envoya à saint Athanase, évêque d'Alexandrie, les ossements que ses moines lui avaient apportés, et ils furent conservés dans cette ville jusque sous le règne de l'empereur Théodose qui les plaça dans le temple de Sérapis après l'avoir fait purifier et consacrer sous le nom du saint précurseur. Jusque-là, on n'avait pas encore découvert son chef; mais sous l'empire de Marcien, on le retrouva près du palais d'Hérode. A l'occasion du miracle des sept pains et des sept corbeilles qui furent remplis des morceaux qui restaient, il dit que de son temps on se servait de corbeilles pour porter les offrandes dans les églises.

En expliquant ces paroles de saint Pierre: *Nous avons tout quitté*, il dit, qu'encore que les moines semblent faire plus qu'il n'est commandé dans l'Evangile, leur but est uniquement de faire ce qui y est prescrit, et leur règle ne tend point à une autre fin. Si elle leur défend de parler après complies, c'est pour leur ôter toute occasion de dispute dans les dissertations qu'ils auraient ensemble après le repas qui se prenait immédiatement avant cet office, et dans la crainte que s'entretenant trop avant dans la nuit, ils ne pussent se lever aisément à l'heure marquée pour les louanges de Dieu. Si elle leur ordonne de s'abstenir de viande, hors le cas de nécessité, c'est afin qu'ils vivent plus chastement. On voit bien que Druthmar parle ici de la règle de saint Benoît et qu'il la professait lui-même. Son explication des paroles de l'Institution de l'Eucharistie a donné lieu à une dispute assez vive entre les auteurs de la *Perpétuité de la foi* et les ministres protestants. Quelques-uns parmi ces derniers ayant cité un passage de la seconde édition, pour appuyer leurs sentiments au sujet du dogme de la transsubstantiation, on les accusa de l'avoir altéré. Ils recoururent alors à la première édition, imprimée à Schélestad avant la réforme, et qu'on ne pouvait par conséquent soupçonner d'avoir été falsifiée; mais leurs adversaires en nièrent l'existence. On peut juger par là de son degré de rareté. Le passage contesté ayant été examiné depuis, on a reconnu qu'il ne prouvait rien contre l'objet en discussion, et qu'on pouvait expliquer le texte de Druthmar dans un sens très-catholique. Le voici : « Jésus prit le pain qui fortifie le cœur de l'homme et y établit le sacrement de son amour ; ce qui se doit plutôt entendre de ce pain spirituel qui fortifie parfaitement tous les hommes. Il le bénit et *rompit ce pain qui est lui-même*, et le distribua à ses disciples en leur disant : *Prenez et mangez : ceci est mon corps*. Il leur donna donc le sacrement de son corps, afin de leur conférer la rémission de leurs péchés, de consacrer en eux la charité, de les obliger par le souvenir de cette action à en célébrer éternellement la mémoire, et de les empêcher d'oublier jamais ce sacrement de son amour, *ceci est mon corps*, c'est-à-dire un sacrement. Puis ayant pris le calice, il rendit grâces à Dieu son Père et le représenta à ses disciples. Comme entre toutes les choses qui servent à entretenir la vie, le pain et le vin sont celles qui fortifient et soutiennent davantage la faiblesse de notre nature, c'est pour cela que le Seigneur a établi dans ces deux substances le mystère de son sacrement. Le vin réjouit le cœur et augmente le sang; ce qui le rend très-propre à représenter celui de Jésus-Christ, parce que tout ce qui nous vient de sa part nous apporte une véritable joie, et augmente tout ce qu'il y a de bien en nous. Enfin, comme une personne qui part pour un long voyage laisse à tous ceux qu'elle aime quelque marque particulière de son affection, à condition qu'ils la contempleront, afin de se souvenir d'elle tous les jours; de même Dieu, *en changeant spirituellement le pain en son corps et le vin en son sang*, nous a ordonné de célébrer ce mystère, afin que ces deux choses nous fissent éternellement souvenir du sacrifice de son corps et de son sang qu'il a immolés pour nous ; car il y aurait ingratitude à ne pas reconnaître un tel amour. » Qu'y a-t-il dans tout ce passage qui ne puisse être dit par les plus zélés défenseurs de la transsubstantiation? Druthmar ne dit-il pas que le pain béni et rompu par Jésus-Christ est Jésus-Christ même? S'il ajoute quelques lignes plus bas que le corps de Jésus-Christ est en sacrement dans l'eucharistie, il ne veut dire autre chose sinon qu'il n'y est pas d'une manière sensible, mais mystérieusement et d'une manière invisible. On doit expliquer de même les paroles qui suivent : *Dieu change spirituellement le pain en son corps et le vin en son sang*, c'st-à-dire qu'il le change mais invisiblement. Ces façons de parler sont communes à tous les théologiens qui se sont déclarés ouvertement pour le mystère de la transsubstantiation. Nous ne citerons ici que Paschase Ratbert, parce qu'il est un des plus connus. « Ce n'est pas, dit-il, pour nous exempter de mourir temporellement, mais pour avoir la vie éternelle que nous prenons spirituellement le corps et le sang de Jésus-Christ. Nous buvons spirituellement, et nous mangeons la chair spirituelle de Jésus-Christ, parce qu'on croit que la vie éternelle y est. Ces choses sont mystiques, dans lesquelles se trouvent en vérité la chair et le sang, non d'un autre, mais de Jésus-Christ ; en mystère pourtant et en figure. »

Revenons au commentaire de Druthmar sur saint Matthieu. Il reprend un mauvais confesseur de ce qu'au lieu d'obliger un voleur pénitent à restituer, il se contente de lui ordonner de s'abstenir de viande et de vin pendant quarante jours. Il dit que les moines, qui avaient soin de l'hôpital établi à Jérusalem par Charlemagne, ne vivaient plus que des aumônes des chrétiens, et qu'ils en faisaient part aux étrangers. Suivant lui, on voyait encore dans la ville la colonne à laquelle Jésus-Christ fut attaché pendant qu'on le flagellait. Sur la fin il rapporte un miracle de sainte Euphémie, en confirmation de la foi établie au concile de Chalcédoine, contre l'hérésie d'Eutychès, et exhorte tous les enfants de l'Eglise à demander à Dieu qu'il la conserve stable, sans taches et sans rides jusqu'à la consommation des siècles

Commentaires sur saint Luc et sur saint Jean. — Druthmar, selon sa promesse, fit de petits commentaires sur les évangiles de saint Luc et de saint Jean. Ils sont loin de se suivre et d'être entiers; ce sont des espèces de scholies sur quelques passages de ces deux évangiles. Il assure que, de son temps, on voyait, dans une église de la vallée de Josaphat, le tombeau dans lequel sainte Marie avait été ensevelie, et qu'on n'avait pu découvrir ni quand, ni comment, ni par qui son corps en avait été enlevé. Il veut apparemment parler de la sainte Vierge. Il ajoute que les corps de saint Siméon et de saint Joseph étaient enterrés dans la même vallée, mais dans une autre église, entre la montagne de Sion et le mont des Oliviers. Il enseigne que le Saint-Esprit procède du Père et du Fils, et qu'encore qu'il soit envoyé, il vient de lui-même à ceux vers lesquels il est envoyé.

L'ouvrage de Druthmar, sans conserver autant d'intérêt qu'à l'époque de sa publication, est encore recherché à raison des traits historiques que l'auteur y a semés. Le *Commentaire sur l'évangile de saint Matthieu*, d'abord imprimé à Strasbourg en 1514, in-fol., et ensuite à Hagueneau en 1530, in-8°, a été reproduit dans le tome II du *Supplément à la Bibliothèque des Pères*, Paris, 1639, et dans le tome XV de la *Bibliotheca maxima Patrum*. On trouve à la suite les *fragments* peu importants, dont nous venons de parler, des commentaires ou scholies sur les évangiles de saint Luc et de saint Jean.

DUDON, d'abord chanoine, ensuite doyen de la collégiale de Saint-Quentin en Vermandois, s'est rendu moins fameux par ses ouvrages que par la manière singulière dont il a écrit. Il entra très-jeune dans le clergé, et il n'était encore que simple chanoine, lorsqu'Albert, comte de Vermandois, le députa vers Richard Ier, duc de Normandie, afin d'engager ce prince à interposer sa médiation pour le réconcilier avec le roi Hugues Capet. Si le voyage de Dudon n'eut pas tout le succès qu'il en attendait, ce fut au moins pour lui une occasion de se faire connaître du duc Richard. La prudence et l'habileté qu'il déploya dans cette mission lui méritèrent la faveur de ce prince qui le combla de présents. Dans une audience qu'il eut avec lui, deux ans avant sa mort arrivée en 1002, Richard l'accabla de tant de caresses, qu'il le fit consentir à écrire l'*Histoire des premiers ducs de Normandie*. Stimulé par la reconnaissance, Dudon se mit aussitôt en devoir d'exécuter son dessein. Mais la mort de Richard le jeta dans une telle consternation, qu'il abandonna son projet et ne le reprit que longtemps après, aux sollicitations de Richard II et de Raoul comte d'Ivri. C'est donc par erreur que quelques critiques modernes supposent qu'il écrivit son histoire dès l'an 996. On ne sait trop en quelle année il devint doyen de sa collégiale, puisqu'on a un acte public signé de Vivien, son prédécesseur, en 1015; mais ce qu'on sait, c'est qu'il était parvenu à cette dignité lorsqu'il publia son histoire. Richard II, à qui il la présenta, et Adalbéron, évêque de Laon et son ami particulier qu'il pria de la revoir, vivaient encore; ce qui remet cette publication quelques années avant 1026.

Le plan et l'exécution de cette histoire sont vraiment curieux; et si quelques-uns de nos savants modernes hésitaient encore à croire que le génie romancier ait commencé à se produire dans la littérature dès le xe siècle, l'ouvrage de Dudon en serait une preuve entre mille autres que nous pourrions citer, en les tirant des légendes que ce siècle vit éclore, et qui ne sont rien autre chose que de pieux romans. L'auteur du livre qui nous occupe a traité l'histoire profane absolument comme la plupart des légendaires de la même époque ont traité l'histoire religieuse. Aussi Pithou, Vossius, Dom Lobineau et tous les bons critiques qui sont venus depuis, s'accordent-ils à reconnaître qu'il a écrit plutôt en romancier qu'en historien. Dom Rivet ajoute qu'on ne doit pas faire plus de fonds sur cet ouvrage que sur la *Théogonie* d'Hésiode et l'*Iliade* d'Homère. Du reste, l'auteur avoue lui-même qu'il n'a suivi d'autre guide que la mémoire du comte Raoul, frère de Richard Ier, qui lui a fourni tous ses documents. Ce fait est confirmé par Guillaume de Jumiéges qui lui a beaucoup emprunté, et qui, par reconnaissance sans doute, lui donne le titre de savant.

A cette manière de traiter l'histoire s'adapte un style qui ne vaut pas mieux. Par la forme autant que par le fond, cet ouvrage annonce un auteur doué de beaucoup de feu et d'imagination, mais complétement dénué de ce jugement qui fait l'historien. Rien de plus bizarre et de plus obscur que ce livre entremêlé de prose et de vers. La poésie est souvent surchargée d'expressions grecques et latines que l'auteur a fabriquées tout exprès en faveur de la mesure. On y compte plus de cinquante apostrophes en vers, outre les autres poésies de tous genres, héroïques, élégiaques, iambiques, épodes, etc., qui se lisent en tête du premier livre. Sa prose n'est pas meilleure que sa versification, surtout lorsqu'il s'élève jusqu'à prendre le ton de l'orateur. A peine trouverait-on dans toute la fausse éloquence de la basse latinité quelque chose d'un goût plus fade et d'un style plus guindé, que son épître à Adalbéron pour le prier de revoir son histoire. Du reste, à part ces défauts qui sont purement accessoires, le style de sa narration est à peu près tolérable.

Dudon a divisé cet ouvrage en trois livres, et lui a donné pour titre : *Des mœurs et des exploits des premiers ducs de Normandie*. Le premier livre, qui est aussi le plus court, traite de l'origine des Normands et de leurs brigandages, sous le duc Hasting; le second rapporte les exploits du duc Rollon; et le troisième ajoute à l'histoire de Guillaume Ier celle de Richard, son fils et son successeur, jusqu'à sa mort arrivée en 1002. Cette dernière partie est aussi étendue à elle seule que les deux autres, et la vérité n'y est pas plus respectée. André Duchesne a inséré ce travail de Dudon dans ses *Historiæ Normannorum scriptores antiqui;* Paris, in-folio, 1619.

DUNCAN, à qui les critiques accordent le titre d'évêque Hibernais; se conforma à la coutume établie depuis longtemps parmi ceux de sa nation, et vint perfectionner ses études en France, vers la fin du x° siècle. C'est à ce titre qu'il enseigna à l'abbaye de Saint-Remy, comme il le marque lui-même dans un de ses ouvrages. On ne possède aucun document sur son épiscopat. Avait-il été ordonné avant de quitter sa patrie, ou ne le fut-il qu'après son arrivée en France? Reçut-il la consécration épiscopale pour gouverner un diocèse, ou seulement pour le service de quelque monastère, ou bien encore, comme tant d'autres à cette époque, n'était-il qu'un simple évêque régionnaire? C'est ce que nous n'avons pu éclaircir nulle part. Ce prélat, en un mot, ne nous est connu que par les écrits qu'il a laissés, et qui sont arrivés jusqu'à nous. Le premier est un commentaire sur les neuf livres de Martianus Capella, qui traitent des arts libéraux. Le manuscrit de cet ouvrage, appartenant autrefois à la bibliothèque de Saint-Remy, et passé depuis en Angleterre, est de la main d'un moine nommé Gifard. Le titre qui énonce le nom de l'auteur, avec sa qualité d'évêque Hibernais, porte que Duncan entreprit ce travail en faveur des disciples auxquels il donnait des leçons dans son monastère. Il fit aussi des observations sur le premier livre de Pomponius Mela, qui traite de la situation de la terre. On voit par là que ce professeur s'efforçait d'inspirer à ses disciples quelque goût pour la géographie si universellement négligée à cette époque. Ses observations se trouvent manuscrites à la Bibliothèque nationale, et nous ne pensons pas qu'elles aient jamais été imprimées. Du reste, nous sommes dans la même ignorance par rapport à ses commentaires.

DUNGAL, autant qu'on en peut juger par son nom, était Irlandais de naissance et florissait dans la dernière moitié du VIII° siècle. Comme beaucoup de jeunes gens de sa nation, il fut amené en France de bonne heure, et s'y appliqua avec succès à l'étude des belles-lettres, et principalement de l'astronomie qui était très en vogue de son temps. Quoique ses talents eussent pu lui assurer une place distinguée parmi les savants de son époque, cependant il préféra l'obscurité à la gloire, et se retira dans l'abbaye de Saint-Denis, ou mieux encore dans quelque solitude des environs, pour y vivre éloigné de tout commerce avec les hommes. Cette particularité de son existence nous paraît résulter d'une de ses lettres, où il se met au nombre des reclus. Du reste ce genre de vie n'était point inconnu en France. Sigobert, député à Rome par Charles Martel, en 741, l'avait mené avant lui. En 811, l'empereur Charlemagne le fit consulter, par l'entremise de Waldon, au sujet de deux éclipses de soleil qu'on disait être arrivées l'année précédente. Dungal satisfit aux questions du prince par une lettre en forme de dissertation, dans laquelle il prouve que de semblables phénomènes n'ont rien d'effrayant. Elle a été insérée dans le tome X° du *Spicilége* de Dom Luc d'Achéry, qui l'avait retirée d'un manuscrit de Saint-Remy de Reims, où Dom Mabillon l'avait découverte. Dungal raisonne sur ces deux éclipses en suivant les principes des anciens philosophes, et cite entre autres Platon, Cicéron, Virgile, Pline l'ancien et Macrobe. Il s'excuse de n'avoir pas traité la matière avec toute l'exactitude possible, en disant qu'il n'avait ni les écrits de Pline le jeune, ni ceux de plusieurs autres qui auraient pu lui être d'un grand secours et lui fournir beaucoup de lumières. Il parle de Charlemagne comme d'un prince accompli, qui pouvait non-seulement servir de modèle à tous ceux qui ont des sujets à gouverner, mais encore à ceux qui, dans l'Eglise, sont préposés à l'observation des dogmes et de la discipline, comme aussi à ceux qui sont chargés d'enseigner aux autres les lettres humaines.

Deux ans après que la question des images eut été agitée dans le palais, c'est-à-dire, au concile tenu à Paris en 825, Dungal entreprit de réfuter l'Apologie de Claude de Turin, à laquelle Théodemir avait déjà en partie répondu. Il dédia son ouvrage aux empereurs Louis et Lothaire. Il fut imprimé à Paris, en 1608, par les soins de Papyre Masson; et c'est sur cette édition qu'il a été inséré dans toutes les *Bibliothèques des Pères* qui ont paru depuis. Dungal remarque dans la préface qu'on était divisé en France sur le culte des images; que les catholiques soutenaient qu'il était permis d'en faire et de les honorer; tandis que leurs adversaires soutenaient le contraire, et, par la même raison, on n'y était pas moins divisé sur l'invocation des saints et sur la vénération due à leurs reliques. Ces contestations font le sujet de son traité où il établit deux propositions: l'une que les images ont toujours été en usage dans l'Eglise; l'autre, que l'on doit prier les saints et honorer leurs reliques. La conférence tenue dans le Palais, ou, si l'on veut à Paris, en 825, avait défendu que personne à l'avenir fût assez insensé pour décerner un honneur divin aux anges, aux saints, à leurs images ou à quelque autre chose que ce fût, cet honneur étant réservé à un seul Dieu, Père, Fils et Saint-Esprit; mais aussi que personne ne fût assez hardi pour toucher en quelque manière que ce soit à l'honneur des saints, ni de rompre ou d'effacer leurs images. Dungal trouve cette défense du concile pleine de prudence et de modération, et conforme à la lettre de saint Grégoire le Grand à Serenus; mais comme elle n'établissait ni le culte des saints ni celui de leurs images, il apporte des preuves de l'un et de l'autre.

Culte des images. — Depuis plus de huit cents ans que le christianisme est établi, les saints pères et les princes les plus religieux ont permis, autorisé et même ordonné l'usage des images dans les églises et les maisons particulières. Non-seulement on ne s'est point borné à peindre les images des saints après leur mort, mais on les a représentés même de leur vivant. Ainsi l'évêque saint Sévère, qui fit peindre saint Martin sur son lit de mort, et saint Paulin de Nole pendant sa vie, n'hésita pas à placer ces deux portraits dans son église. Dungal vérifie ces faits par le témoignage même de saint Paulin, et prouve par un de ses poëmes, qu'il avait lui-même fait peindre dans les églises de sa dépendance, presque toutes les histoires de l'Ancien et du Nouveau Testament. Saint Grégoire de Nysse parle d'une peinture, où le sacrifice d'Abraham était si naturellement représenté, qu'on ne pouvait la regarder sans en être attendri jusqu'aux larmes. Claude de Turin disait qu'en peignant les images des saints et en les honorant, c'était renouveler l'idolâtrie, qui alors ne faisait que changer d'objet. Dungal répond que Claude renouvelait lui-même les erreurs d'Eunomius et de Vigilance, en niant qu'on dût honorer les saints; qu'il imitait aussi ces hérétiques, en accusant les catholiques d'idolâtrie, dans le culte qu'ils rendaient aux reliques des saints; que cette accusation était sans fondement, puisque le culte qu'on rend aux saints, à leurs images et à leurs reliques n'a rien de commun avec l'adoration qui n'est due qu'à Dieu seul; comme c'est à lui seul qu'on offre des sacrifices. Il rapporte quelques passages du livre de saint Jérôme contre Vigilance; et, pour prouver par des faits qu'on a toujours honoré les reliques des saints dans l'Eglise, il dit que l'empereur Constantin transporta à Constantinople celles de saint André, de saint Luc et de saint Timothée; et l'empereur Arcade, celles du prophète Samuël de Judée en Thrace; que ces translations s'accomplirent avec grande pompe. Il se fit, par le moyen de ces reliques, plusieurs miracles dont il est fait mention dans les poëmes de saint Paulin de Nole, et saint Ambroise en rapporte lui-même qui se produisirent à l'invention des corps de saint Gervais et de saint Protais.

Culte de la Croix. — Dungal vient ensuite au culte de la croix que Claude de Turin attaquait encore. Comme l'orgueil des hérétiques paraît en ce qu'ils méprisent la croix, de même la piété des catholiques se révèle, parce qu'à l'exemple de saint Paul ils mettent leur gloire dans la croix. Le Seigneur n'a point voulu que sa croix ni sa passion fussent cachées aux fidèles comme honteuses; au contraire, il a ordonné qu'on en fît mémoire chaque jour dans l'Eglise. Il montre par plusieurs passages des anciens qu'on a de tout temps honoré la croix. Il cite surtout saint Paulin de Nole, Prudence et Fortunat de Poitiers. Ce culte était si public qu'on chantait souvent dans l'Eglise : *Nous adorons, Seigneur, votre croix, et nous glorifions et louons votre sainte résurrection.* Pour éviter toute équivoque dans les termes d'adorer, il dit qu'on peut l'entendre de deux manières. Quand on le dit de Dieu, on prend ce terme à la rigueur pour une véritable adoration; quand il se dit des hommes et même des saints, c'est la même chose qu'honorer.

Pèlerinages, invocation des saints. — Aux invectives du concile de Turin contre les pèlerinages et l'invocation des saints, Dungal répond que si celui de Rome est le plus fameux et le plus fréquenté, c'est parce que les corps des apôtres y reposent avec un nombre infini de martyrs. Si on portait à l'église de Turin les mêmes présents, et autant d'offrandes qu'à celle de Rome, au lieu de crier contre les pèlerinages, Claude y exciterait peut-être et en ferait l'éloge. Dieu a autorisé ces pèlerinages par le grand nombre de miracles qu'il a daigné opérer en faveur de ceux qui allaient prier sur les tombeaux des martyrs. Sur quoi il rapporte ce que saint Augustin dit dans les livres de la Cité de Dieu, des miracles accomplis en plusieurs endroits, où il y avait des reliques du martyr saint Étienne, et ce qu'on lit dans les poëmes de saint Paulin, évêque de Nole, du concours d'étrangers qui se rendaient dans sa cathédrale pour aller prier sur le tombeau de saint Félix. Il cite les mêmes autorités et celle de Fortunat en faveur de l'invocation des saints; après quoi il conclut en disant qu'il est évident, par toutes les preuves qu'il a apportées, que les saintes images, la croix du Seigneur et les reliques des élus de Dieu, doivent être révérées par les catholiques, de la manière qui suit, c'est-à-dire sans leur sacrifier ni leur déférer un honneur et un culte qui ne sont dus qu'à Dieu seul. Il s'étonne qu'un évêque qui a en horreur la croix de Jésus-Christ puisse faire les fonctions ecclésiastiques, baptiser, bénir le saint chrême, imposer les mains, donner quelques bénédictions ou offrir le sacrifice, puisque, suivant la remarque de saint Augustin, on ne peut exercer légitimement aucune de ces fonctions sans faire le signe de la croix. Il ne voit pas non plus comment on peut mettre cet évêque au nombre des chrétiens, lui qui méprise et déteste ce qui se fait dans l'Eglise catholique; car dans les litanies et les autres offices, Claude de Turin ne veut faire mémoire d'aucun saint, ni célébrer leur fête. Il défend d'allumer les lampes et les cierges pendant le jour, dans l'église, ou de baisser la tête en priant, regardant cet acte d'humilité comme une injure à la foi, qui nous enseigne que Dieu est partout. « Il commet, ajoute Dungal, plusieurs autres impiétés, telles que je n'ose les rapporter, quoique je les aie apprises par des personnes véridiques et dignes de croyance. C'est pour cela qu'il refuse de venir au concile des évêques, disant que c'est une assemblée d'ânes. Mais ils sont trop patients et ne devraient pas épargner si longtemps un homme qui fait courir aux âmes de si grands dangers. Voilà, continue cet auteur, ce que j'ai recueilli des livres saints. S'il est besoin de quelque chose pour résister à cet ennemi, je le ferai volon tiers avec la grâce du Seigneur. » — Ce traité est écrit avec assez de clarté; mais la diffusion du style nuit à la force de ses arguments, et les rend moins pressants.

Poésies de Dungal. — Dom Mabillon déclare avoir lu dans un manuscrit de saint Remi de Reims un poëme en vers acrostiches, que Dungal avait fait à la louange d'Hilboard, évêque de Cambrai et d'Arras, et remarque qu'il ne prenait d'autre qualification que celle d'étranger. Ce poëme n'a pas encore été rendu public. On en trouve d'autres dans le recueil de dom Martène, qui ne portent point le nom de Dungal, mais qu'on croit pouvoir néanmoins lui attribuer, parce qu'ils ont été faits à Saint-Denis, sous le règne de Charlemagne, et que, dans quelques-uns, l'auteur se dit Hibernais et étranger. Le manuscrit d'après lequel Papire Masson a édité le traité de Dungal contre Claude de Turin, rapporte un petit poëme composé en l'honneur de ce reclus dans le temps qu'il vivait encore. On y voit qu'il avait eu des disciples, et qu'il les avait instruits dans les saintes lettres. Ce poëme en vers élégiaques a été publié par dom Martène, au tome VI° de ses Annales.

DUNSTAN (Saint) naquit en 924, dans le comté de Sommerset, près du monastère de Glastemburg, en Angleterre. Il y fut élevé dès son enfance, et étudia sous quelques Hibernais qui y instruisaient la jeunesse depuis que le roi Ethelston en avait chassé les moines pour s'emparer des biens de la communauté. Dunstan passa de là à Cantorbéry, auprès d'Ethelme, son oncle, qui en était archevêque, puis à la cour du roi Ethelstan, qu'il fut forcé de quitter à la suite d'une disgrâce, et enfin il se retira auprès d'Elfége, évêque de Winchester, et son parent, qui lui conseilla d'embrasser l'état monastique. Il suivit ce conseil, se retira dans la retraite, rétablit le monastère de Glastemburg que le roi Ethelstan lui avait rendu, et en fonda cinq autres avec les biens qu'il avait hérités de sa famille. Le roi Edmond, en montant sur le trône, l'appela à la cour; mais il ne put y rester longtemps sans s'attirer la haine de plusieurs courtisans, qui le mirent mal dans l'esprit du prince. Il fut donc obligé de se retirer de nouveau dans sa solitude, et il refusa même d'en sortir après que ce prince lui eut rendu ses bonnes grâces; mais il continua de le servir de ses conseils en l'aidant à régler les difficultés qui pouvaient survenir dans les affaires de l'Église et de l'État. Il ne fut pas moins considéré du roi Elrède, qui voulut le faire évêque de Winchester; mais son zèle à s'opposer aux désordres du roi Edwi, lui valut l'exil. Il se retira en Flandre, au monastère de Blandigni, autrement Saint-Pierre de Gand. A la mort d'Edwi, Edgard, son successeur, se hâta de rappeler Dunstan en Angleterre, où il lui pourvut successivement des Églises de Worcester et de Londres, puis enfin nommé archevêque de Cantorbéry. Il reçut le pallium des mains du pape et fut nommé légat du saint-siége dans toute l'Angleterre. A son retour, il s'appliqua à la réforme de la discipline ecclésiastique et au rétablissement des études, alors si universellement négligées qu'il était presque impossible de rencontrer un prêtre anglais capable d'écrire une lettre en latin ni de l'expliquer dans sa langue. Saint Dunstan, aidé de saint Ethelwod, s'appliqua surtout à faire refleurir la science dans les monastères. Il était très-assidu à la lecture des Livres saints, et il en corrigeait souvent les exemplaires défectueux. Il avait composé lui-même quelques ouvrages.

Pitseus lui attribue des formules de bénédictions archiépiscopales, un petit traité sur la règle de saint Benoît, un livre de la discipline monastique; un autre contre les mauvais prêtres; un traité de l'Eucharistie, quelques écrits sur les dîmes; sur la philosophie occulte, sur l'ordre du clergé, et plusieurs lettres dont quelques-unes sont adressées à Edwin. De tous ces écrits, on n'a publié que le décret pour établir l'uniformité de vie dans tous les monastères d'Angleterre. Quoiqu'il porte le nom du roi Edgard, on ne peut douter qu'il ne soit l'œuvre de saint Dunstan. Il est divisé en douze chapitres. Clément Reinerus l'a inséré dans l'appendice à sa dissertation historique sur l'antiquité de l'ordre de Saint-Benoît en Angleterre, imprimée à Douai, in-folio, en 1626. Dom Mabillon ayant découvert une lettre de saint Dunstan à Ulfin, ordonné depuis peu évêque de Schirburn ou Salisbury, l'a insérée dans l'éloge qu'il a fait de cet évêque, au tome VII° des Actes de l'ordre de Saint-Benoît. C'est une exhortation très-vive et très-pathétique à remplir tous les devoirs de l'épiscopat, il lui recommande surtout la fréquente lecture du Pastoral de saint Grégoire. Saint Dunstan mourut, chargé de jours et de vertus, le 19 mai de l'an 988. Deux jours auparavant, comme on célébrait la fête de l'Ascension, il offrit lui-même le saint sacrifice, et adressa à son peuple un discours dans lequel, suivant Osbern, l'historien de sa Vie, il s'appliqua à relever le prix du sang de Jésus-Christ répandu pour la rémission des péchés.

DURAND, l'un des principaux écrivains qui réfutèrent l'hérésie de Béranger, naquit au Neubourg, au diocèse d'Evreux, après les premières années du XI° siècle, autant qu'on en peut juger par son âge et l'époque de sa mort. Sa famille nous est inconnue; on sait seulement qu'il était neveu de Gérard, abbé de Saint-Vandrille. Dès son enfance, il fut placé au monastère du mont Sainte-Catherine, près Rouen, où il se consacra ensuite au service de Dieu, sous la règle de saint Benoît. Cette école jouissait alors d'une réputation brillante que lui avait méritée le célèbre abbé Isembert. Durand y fut formé à la connaissance des lettres et à la pratique de la vertu, dans la société de plusieurs autres élèves de grande espérance. On compte parmi les plus distingués Guitmond, depuis évêque d'Averse, Nicolas, fils de Richard III, duc de Normandie, qui fut ensuite abbé de Saint-Ouen, Osberne, qui gouverna le monastère de saint Evroul, et qui passait pour le plus saint abbé de son temps, et Hugues, fils du vicomte Goscelin, fondateur du monastère. Durand s'appliqua avec tant de succès à l'étude de la philosophie, de la musique et de la théologie, telle qu'on l'enseignait alors, qu'il était regardé comme un des plus fameux docteurs de sa province. Cave, Oudin, et un grand nombre d'autres critiques modernes, prétendent qu'il avait été moine de Fécamp; mais Dom Mabillon n'a trouvé de traces de ce fait dans aucun monument de l'antiquité. Il est vrai seulement que du Mont-Sainte-Catherine, il passa à Saint-Vandrille, où il put être attiré par Gradulfe, successeur de l'abbé Gérard, son oncle, qui l'avait connu dans cet autre monastère. C'est là que le duc Guillaume le Bâtard le choisit pour lui confier le gouvernement de Saint-Martin de Troarn, au diocèse de Bayeux, à trois lieues de Caen. Durand, élu premier abbé de ce monastère, après la dédicace de l'église en 1059, travailla aussitôt à y faire observer la plus exacte discipline. Il réunissait en sa personne toutes les qualités qui font les bons supérieurs : le savoir, la piété, l'assiduité à tous les exercices, et l'esprit de pénitence. Dur pour lui-même jusqu'à la cruauté, *sibi durus carnifex*, il avait pour les autres une indulgence de père. Son zèle pour la gloire de Dieu lui fit employer ses grandes connaissances en musique à enrichir l'office divin de plusieurs pièces de sa composition dont il reste encore des morceaux fort mélodieux. Un mérite aussi varié fit passer Durand pour une des plus brillantes lumières de l'ordre monastique en Normandie. On ne pouvait guère lui comparer que Gerbert, abbé de Saint-Vandrille, et Ainard, de Saint-Pierre sur Dive. Le duc Guillaume, même après qu'il fut devenu roi d'Angleterre, se faisait un plaisir de l'appeler à sa cour et de profiter de ses conseils dont il avait toujours éprouvé la sagesse et la vérité. Ce prince, au lit de la mort, s'applaudissait de n'avoir jamais élevé aux dignités ecclésiastiques que les personnes qui lui avaient paru les plus dignes, autant qu'il lui avait été permis d'en juger. Il en citait pour preuves Lanfranc, archevêque de Cantorbéry; Anselme, abbé du Bec; Gerbert, de Saint-Vandrille, et Durand de Troarn. Ce dernier assista aux obsèques du même prince, en septembre 1087, et ce fut une des dernières actions de sa vie qui nous soit connue. Malgré les austérités de sa pénitence, il ne laissa pas de prolonger ses jours, jusqu'à un âge fort avancé, et il mourut chargé de mérites, le 11 février de l'année suivante, ce qu'il faut probablement entendre de l'année 1089, suivant notre manière de compter aujourd'hui. Il fut enterré dans le chapitre de son monastère, où ses frères lui firent graver une épitaphe qui ne répond ni à la réputation, ni au mérite d'un aussi grand homme.

Quoique Ordric Vital nous représente l'érudition de Durand comme aussi variée qu'étendue, cependant nous ne possédons que peu de productions de sa plume. A part quelques petites pièces sans importance, il ne nous reste de lui qu'un traité dogmatique intitulé : *Du corps et du sang de Jésus-Christ*, et dont nous allons rendre compte. Ce traité, dans les manuscrits, est précédé de neuf cents vers hexamètres, dont les éditeurs de l'ouvrage n'ont jugé à propos de publier que les vingt-cinq premiers, qui sont comme le prélude du poème et du traité qui suit. Dom Mabillon en a ajouté treize autres qui nous apprennent que l'ouvrage était dédié à Ansfroi, abbé de Préaux, le même qui reçut chez lui Bérenger à son passage en Normandie, et qui rapporta à Durand les discours impies et blasphématoires qu'il avait tenus à Préaux dans le but de se faire des partisans. On a tout lieu de croire que cet ouvrage ne fut écrit qu'après 1059, puisque l'auteur raconte que Bérenger, après avoir abjuré ses sentiments, condamnés au concile de Tours, en 1054, avait apostasié dans la suite et était retourné à ses premières erreurs; seulement il remarque qu'il ne s'arrêtera pas à en faire le triste récit. Il est donc visible que Durand ne finit son ouvrage que peu de temps après que Bérenger eut rétracté la profession de foi qu'il avait souscrite au concile de Rome en 1059. Il écrivit donc avant Guitmond et Lanfranc, ce qui explique son silence sur les écrits de ces deux auteurs, les plus illustres parmi les adversaires de Bérenger. Il parle cependant de quelques autres qui l'avaient déjà combattu; mais il le fait très-légèrement et sans presque les désigner. Durand, dans son préambule en vers, et à la fin de son traité, nous découvre lui-même les motifs qui le lui ont fait entreprendre, le dessein qu'il se propose et le but qu'il désire atteindre. Voyant avec douleur que la nouvelle hérésie étendait ses progrès tous les jours, il se fit un devoir de recueillir de suite tout ce que les écrits des Pères pouvaient lui offrir de plus solide et de plus propre à établir la foi de l'Église touchant le mystère de l'eucharistie, afin de prémunir contre les dangers de la séduction, par un discours simple et familier, le commun des fidèles, c'est-à-dire ceux qui manquaient de livres, ou de la pénétration suffisante pour comprendre les mêmes questions traitées dans les originaux. C'est ce qu'il a exécuté en divisant son travail en neuf parties.

Dans la première, il débute en montrant la nécessité de la foi en général, pour éviter les embûches des suppôts de Satan. C'est ainsi qu'il appelle les hérétiques, et il soutient que nier le dogme de l'eucharistie en particulier, c'est détruire l'économie de la religion et ouvrir la porte à toutes sortes de désordres. S'appliquant à caractériser en peu de mots la nouvelle hérésie, il dit qu'elle consistait à ne reconnaître dans ce sacrement qu'une simple figure, et à prétendre qu'il était sujet à la digestion et à toutes ses suites, ce qui du reste était une conséquence du faux principe qu'elle supposait.

Dans la seconde partie, Durand fait sentir l'injustice du procédé des bérengariens, qui voulaient qu'on s'en rapportât à eux plutôt qu'aux Pères et aux saints docteurs de l'Eglise qui ont employé leurs travaux à étendre et à faire fleurir la foi catholique, qui nous ont instruits par les exemples d'une vie sainte, et qui nous consolent encore par leurs miracles. Il commence ici à réfuter les erreurs de Bérenger par des textes de l'Ecriture et de saint Augustin, et montre que Jésus-Christ, ayant le premier consacré le pain et le vin, a donné à ses ministres le pouvoir de faire la même chose. Il y explique fort bien comment on donne à l'eucharistie le nom de pain même après la consécration.

Il insiste dans la troisième partie sur le pouvoir que Jésus-Christ a conféré aux apôtres et à leurs successeurs, et développe le vrai sens qu'on donne à ces paroles de l'institution : *Faites ceci en mémoire de moi*. Ensuite il attaque la conséquence dont on a parlé, en combattant le faux principe d'où elle résultait ; c'est saint Hilaire de Poitiers qui lui fournit des armes, dans le passage de ses œuvres où il montre que Jésus-Christ nous donne sa véritable chair, comme il a pris notre véritable nature.

La quatrième partie est employée à établir la même vérité par des passages clairs et précis tirés des œuvres de saint Ambroise. L'auteur s'y attache en même temps à détruire l'erreur de quelques-uns des disciples de Bérenger, qui, pour paraître plus sages et plus religieux que les autres, avouaient bien que l'eucharistie contient la chair de Jésus-Christ, mais niaient qu'elle fût également celle qui est née de la sainte Vierge. Ils prétendaient, comme nous l'avons remarqué dans d'autres études sur le même sujet, que c'était une chair nouvelle produite par la vertu de la consécration. C'est ce que l'auteur réfute encore par l'autorité de saint Ambroise et de saint Augustin, à laquelle il joint celle de Paschase Radbert, qui, selon son sentiment, n'a parlé que d'après les Pères anciens. Il y joint encore un passage des fausses décrétales, et soutient que le pain qu'on demande dans l'oraison dominicale, comme surpassant toute autre substance, *supersubstantialem*, suivant le texte original, doit s'entendre de l'eucharistie.

Les bérengariens tiraient leur argument le plus spécieux, et celui qu'ils reproduisaient le plus fréquemment dans la discussion, de ce que l'eucharistie est nommée figure et ressemblance dans les écrits des Pères. Durand, dans sa cinquième partie, entreprend donc de leur prouver que ces expressions n'excluent point la réalité, et le prouve en effet par des textes de l'Ecriture qui n'admettent point de réplique. Comme il savait que ces novateurs abusaient particulièrement d'un passage de saint Ambroise, il l'explique assez longuement et s'efforce d'en donner une intelligence complète. Ayant cité un passage de saint Augustin, dans lequel l'ardent évêque d'Hyppone blâme la coutume de quelques grecs de l'Eglise d'Orient qui ne communiaient qu'une seule fois dans le cours de l'année, Durand en prend occasion de s'élever contre un autre abus bien plus blâmable encore de quelques latins qui n'approchaient de l'eucharistie qu'une fois en neuf ans. On peut conjecturer de ses paroles qu'ils étaient infectés de l'erreur de Bérenger. Le sage auteur prescrit ensuite des règles aussi prudentes qu'instructives pour la sainte communion, dans lesquelles il marque, suivant l'esprit de l'Eglise, la conduite qu'on doit tenir pour s'en approcher dignement.

Il commence sa sixième partie par établir une vérité générale dont il fait une application particulière à l'eucharistie, savoir : que nos mystères sont impénétrables, qu'il faut en adorer la profondeur, sans avoir la présomptueuse curiosité de les sonder. Il apporte ensuite quantité de passages des anciens Pères grecs et latins, auxquels il associe le vénérable Bède, Paschase, Amalaire et saint Fulbert, évêque de Chartres. Il oppose ces passages à la folle opinion des nouveaux hérétiques, qu'il appelle stercoranistes par la raison que nous avons marquée plus haut.

Dans la septième partie, Durand continue de copier dans les écrits des Pères un grand nombre de textes qui tendent au même but. Il en apporte également d'Hincmar de Reims et du vénérable Cassiodore ; mais il s'attache principalement à saint Augustin, parce que, dit-il, les novateurs se prévalaient surtout de l'autorité de ce grand docteur, quoique, comme il l'observe, ils le lussent sans l'entendre, par la raison qu'ils n'y cherchaient pas la vérité, mais seulement de quoi appuyer leur nouvelle doctrine. Durand, à cette occasion, donne de belles règles à ceux qui lisent les Pères et qui ne se sentent pas assez de pénétration pour saisir leur pensée.

La huitième partie est consacrée à rapporter des histoires tirées des vies des Pères et des autres monuments de l'antiquité ecclésiastique ; histoires où sont consignés divers miracles opérés en faveur de la croyance de l'Eglise touchant le sacrement de l'autel. C'est sans doute par cette raison que Bérenger rejetait les Vies des Pères, comme nous l'avons fait remarquer ailleurs, après le célèbre P. Guitmond.

Enfin, dans la neuvième et dernière partie de son écrit, qui est presque toute historique et par cela même plus intéressante, Durand nous apprend plusieurs traits de l'histoire de Bérenger que l'on chercherait en vain dans les autres écrivains du même temps. Tels sont ses voyages à Chartres et en Normandie, avec le récit de ce qui se passa dans les différents lieux visités par cet hérétique, et la notice de sa lettre aux clercs de Chartres. Telle est la convocation et l'issue de l'assemblée de Brionne; et telles sont enfin plusieurs circonstances mémorables du concile de Paris. Il est pourtant arrivé à l'auteur de tomber dans une faute considérable contre la chronologie, en ne plaçant cette asssemblée, avec les conciles de Verceil et de Paris qui la suivirent, qu'en l'année 1053, tandis qu'on a des preuves incontestables que ces événements se passèrent dès 1050. Durand finit son traité en avertissant ses lecteurs que la foi, comme la vie irréprochable, sont l'une et l'autre un don et une grâce de Dieu, afin que ceux qui les ont reçues aient soin d'en rendre gloire au Seigneur. Il est visible, par l'erreur chronologique qu'on vient de remarquer, que l'auteur n'écrivait qu'assez longtemps après 1053, pour s'être ainsi trompé de trois ans dans sa supposition.

On voit, par tout ce qui précède, que ce traité est rempli d'érudition et contient une infinité d'aperçus et de documents qui pourraient servir encore aujourd'hui à défendre la même vérité. Mais l'ordre et la rectitude manquent quelquefois dans les raisonnements, et le style en est généralement trop diffus. Du reste, l'auteur paraît avoir reconnu lui-même ces défauts, lorsque, se flattant d'avoir solidement démontré ce qu'on doit croire du mystère de l'eucharistie, il regrette néanmoins de se sentir dépourvu du style convenable pour le bien présenter. — Dom Luc d'Achery ayant découvert cet ouvrage dans un manuscrit de Bigot, conseiller à la cour des monnaies de Rouen, est le premier qui l'ait donné au public en le faisant imprimer à la suite des œuvres du bienheureux Lanfranc; Paris, in-folio, 1648. C'est sur cette édition qu'il a été reproduit dans la *Bibliothèque des Pères*.

Outre le poëme en vers hexamètres dont nous avons déjà dit un mot, il nous reste encore deux autres pièces de poésie dues à la muse de Durand. Ce sont deux épitaphes, chacune de quatorze vers élégiaques, insérées dans l'*Histoire* d'Orderic Vital, et dans la *Neustria pia*. La première est à la mémoire de l'illustre Ainard, abbé de Saint-Pierre sur Dive, ami de l'auteur qui lui rendit les devoirs de la sépulture. La seconde était destinée à orner le tombeau de Mabilie, femme de Roger de Montgommeri, laquelle fut inhumée à Troarn. Ces deux pièces sont fort plates et montrent que la versification de Durand valait encore moins que sa prose.

Orderic Vital nous apprend encore, qu'à l'exemple de Gerbert de Saint-Vandrille, Durand composa plusieurs antiennes et répons qu'il nota lui-même pour l'harmonie de l'office divin. Il y en avait pour les mystères de Notre-Seigneur, de la sainte Vierge, les fêtes des anges, des apôtres, des martyrs et autres saints honorés par l'Eglise. Nous avons remarqué plus haut qu'il nous restait encore quelques morceaux de ces compositions.

DURAND naquit à Clermont en Auvergne, d'une famille humble et modeste, mais à laquelle il sut donner de l'éclat par son mérite et par ses dignités. Il fut un des premiers disciples de saint Robert, fondateur et abbé de la Chaise-Dieu, où il fit ses premières études, en société de plusieurs condisciples qui s'illustrèrent plus tard dans l'ordre monastique. A la mort de saint Robert, arrivée en 1067, Durand fut élu pour remplir sa place. On comptait alors trois cents moines dispersés en différents monastères, et qui composaient ce qu'on nommait l'ordre ou la congrégation de la Chaise-Dieu. Durand les gouverna pendant dix ans avec une sagesse consommée. Un de ses premiers soins fut de travailler à faire canoniser son saint prédécesseur, et il y réussit avant la fin de l'année 1070. Deux ans plus tard, il postula et obtint une association de prières entre son monastère et celui du Bec, par la médiation d'Anselme qui en était prieur, et avec lequel il se lia d'une sainte amitié. En 1076, Guillaume, évêque de Clermont, s'étant fait chasser de son siége, pour crime de simonie, Durand fut élu pour le remplacer, et ordonné immédiatement dans un concile tenu à Clermont même. Cette nouvelle promotion ne l'empêcha pas de continuer pendant deux ans encore à gouverner l'abbaye de la Chaise-Dieu. Baudri, abbé de Bourgueil, qui l'avait connu personnellement, témoigne qu'il fit revivre l'âge d'or dans des siècles très-fâcheux. C'est nous donner une idée bien avantageuse de cet épiscopat, qui ne fut pas de longue durée. Le pieux évêque se donna tant de fatigues pour les préparatifs du grand concile, que le pape Urbain II avait convoqué à Clermont, vers la fin de l'année 1095, qu'il en tomba dangereusement malade. Le Pape, aussitôt après son arrivée, l'alla visiter et lui donna l'absolution. Durand mourut la nuit suivante, 15 ou 16 novembre, deux ou trois jours avant l'ouverture du concile. Hugues, évêque de Grenoble; Jarenton, abbé de Saint-Bénigne de Dijon, et Ponce de la Chaise-Dieu, qui avaient professé la vie monastique sous sa direction, prirent soin de l'ensevelir. Ses funérailles ressemblèrent plutôt à un triomphe qu'à des obsèques. Cent évêques, le pape en tête, et plus de cent abbés s'y trouvèrent en personnes. Baudri de Bourgueil, un des abbés présents, composa, à la mémoire du prélat défunt, deux épitaphes latines auxquelles nous avons emprunté ces particularités.

Durand était homme d'esprit et de savoir. Il avait contracté des liaisons avec Anselme, prieur du Bec, et plusieurs autres personnages lettrés de son époque. Cependant, on ne voit point que ce commerce littéraire ait produit d'autres écrits de sa part qu'une lettre à Anselme. Elle est fort bien écrite pour ce temps-là, et elle fait regretter, ou que l'auteur n'ait pas fait plus souvent usage de sa plume, ou, supposé qu'il l'ait fait, qu'on ait négligé de nous en conserver les productions. On y trouve un bel éloge des *Méditations* d'Anselme, qui avaient pénétré jusqu'à Durand, lorsqu'il n'était encore qu'abbé de la Chaise-Dieu. C'est par cette même lettre qu'il demandait que son monastère fût associé à celui du Bec, par une mutuelle union de prières. Anselme y répondit en relevant autant le mérite de Durand qu'il rabaissait le sien propre. Il y a aussi une lettre du pape Urbain à Durand, pour l'engager à faire rendre justice aux moines de Saucillauges, par les chanoines de Biscom, dans son diocèse, qui leur avaient enlevé une église de leur dépendance. Il est hors de doute que le pieux évêque de Clermont s'empressa de répondre au Souverain Pontife; mais sa lettre n'est pas arrivée jusqu'à nous.

DYNAME, originaire de Bordeaux, y exerçait la profession d'avocat, lorsqu'en 360 il fut obligé de quitter cette ville pour échapper à une accusation d'adultère. Il se retira à Lérida, en Espagne, où, sous le nom de Flavinius, il enseigna la rhétorique et se maria richement. Après une assez longue absence, il revint à Bordeaux, mais il n'y fit pas long séjour, et retourna mourir dans sa patrie adoptive. Il était intime ami d'Ausone, qui nous a conservé sa mémoire. Il ne faut pas le confondre avec un autre Dyname, devenu fameux sous l'empereur Constance, par des fourberies qui lui valurent le gouvernement de Toscane, ni avec Dyname le patrice, auteur d'une *Vie de saint Maxime de Riez*, qu'il écrivit à la fin du vi⁵ siècle. Celui dont nous parlons était rhéteur, et on croit devoir lui attribuer une lettre publiée par Melchior Goldast dans son *Recueil d'anciennes exhortations*. Il l'avait extraite de deux anciens manuscrits où elle portait cette inscription : *Dynamius grammaticus ad discipulum ait*. Elle est fort courte; mais elle est assurément digne d'un homme animé de l'esprit de l'Evangile; son style n'est pas éloigné de la pureté des autres pièces du même temps. L'auteur débute par déplorer amèrement la condition des hommes qui méprisent l'invitation d'un Dieu qui les appelle au ciel, pour suivre aveuglément les suggestions du démon, qui ne cherche qu'à les précipiter en enfer. Dyname conclut en établissant la nécessité de nous attacher uniquement à l'auteur de notre salut.

DYNAME, au rapport de Grégoire de Tours, naquit, vers le milieu du vi⁵ siècle, d'une famille gauloise fixée à Arles. Conduit à la cour d'Austrasie où son père occupait un emploi, il y fut instruit dans les lettres et se livra à la poésie avec succès. Il fut pourvu à l'âge de trente ans de la charge de gouverneur de la Provence avec le titre de patrice qui y était attaché. Sa conduite ne fut pas ce qu'on devait attendre d'un homme dont l'esprit était cultivé; son orgueil et son avarice le rendirent odieux. Il abusa de son autorité pour mettre successivement sur le siége épiscopal d'Uzès, devenu vacant par la mort de saint Ferréol, Albin, qui avait été préfet, et le diacre Marcel. Il mit aussi le trouble dans l'Eglise de Marseille. Théodore, qui en était évêque, s'étant permis de lui faire des représentations, il l'exila deux fois et s'empara des revenus de son siége. Ses violences et ses exactions lui firent perdre les bonnes grâces du roi Childebert, mais il revint bientôt en faveur à la cour de Gontran qui lui succéda quelque temps après. Cependant l'âge sembla apporter quelque changement à son caractère, et il se montra plus accessible et plus humain. Animé du désir de mener une vie plus chrétienne, il demanda au pape saint Grégoire des avis et des livres pour son instruction. Il dota des monastères et prit soin du patrimoine de saint Pierre dans la Provence, jusqu'à l'arrivée du prêtre Candide, envoyé en 595 pour le gouverner au nom du saint pontife. Dyname, en reconnaissance de son zèle, reçut, par l'entremise de Candide, une croix enrichie des reliques de saint Pierre et de saint Laurent. Depuis ce temps, dégoûté du monde, il se retira dans la retraite, où il s'occupa avec Aurèle des merveilles que Dieu avait opérées par ses saints et du soin de les transmettre à la postérité. Ce fut dans ces pieux exercices qu'il mourut, en 601, n'étant âgé encore que de cinquante ans. Il avait épousé Euchérie dont il eut deux fils. L'aîné, nommé Evance, fut tué dans une émeute à Carthage, comme il se rendait à Constantinople, où il était envoyé par Childebert. L'histoire ne dit rien du second. Quelques-uns ont prétendu qu'après avoir renoncé aux charges séculières, Dyname avait été fait prêtre de l'Eglise de Marseille, puis évêque d'Avignon, et qu'il n'était mort qu'en 627, après vingt-deux ans d'épiscopat; mais son épitaphe, composée par son petit-fils, ne parle ni de sa prêtrise ni de son épiscopat, et ne lui donne que cinquante ans de vie. La lettre que saint Grégoire écrivit à Aurèle sur la mort de Dyname ne permet pas de la mettre plus tard qu'en 600 ou 601, puisqu'elle est de ce temps-là. Ce saint pape y prie Dieu de consoler Aurèle de la perte de Dyname, qu'on croit avoir été son frère, et de l'encourager à continuer ses bonnes œuvres.

ÉCRITS. — De tous les ouvrages qu'il avait composés dans sa retraite, il ne nous reste plus aujourd'hui que les vies de saint Marius, abbé de Bodane ou Bevon, et de saint Maxime, évêque de Riez. La *Vie de saint Marius*, abrégée par un anonyme, a été imprimée dans les Bollandistes au 27 de janvier, et dans le premier volume des *Actes des saints de l'ordre de saint Benoît*. Cette vie était chargée de miracles. L'abréviateur crut devoir en supprimer une partie, par compassion pour le lecteur. Peut-être aussi avait-il en vue de rendre plus courte les leçons du Bréviaire, car l'abrégé tel qu'il est venu jusqu'à nous est tiré d'un ancien Bréviaire, où cette vie se trouve divisée en neuf leçons. Dom Mabillon a joint à cet abrégé une espèce d'homélie contenant le récit des miracles opérés à Forcalquier, où le corps du saint fut transféré sur la fin du ix⁵ siècle. L'auteur de cette homélie était bénédictin et moine de ce monastère, comme on le voit par l'allusion qu'il fait au chapitre LVIII⁵ de la règle de saint Benoît, où il est dit que ceux qui font profession promettent à Dieu et au saint dont on a les reliques dans le monastère, la conversion de leurs mœurs et la stabilité. Sigebert de Gemblours fait mention de la vie de saint Marius, écrite par Dynamé.

La *Vie de saint Maxime*, abbé de Lérins et ensuite évêque de Riez, était plus courte dans le principe, parce que l'auteur avait manqué de Mémoires pour l'écrire ; mais Urbique, l'un des successeurs du saint sur le siége de Riez, lui en ayant fourni, Dyname travailla de nouveau cette vie qu'il mit en forme de panégyrique pour être lue tous les ans au jour de l'anniversaire de sa fête. Surius l'a rapportée au 27 de novembre, et Barali l'a reproduite également dans sa *Chronologie des hommes illustres de l'abbaye de Lérins*. Cette *Vie de saint Maxime* est adressée à l'évêque Urbique à qui Dyname proteste qu'il n'avancera rien que sur des relations authentiques. C'est de cette vie qu'on a tiré la matière des hymnes composées en l'honneur de saint Maxime.

Freherus et André Duchesne nous ont donné deux lettres de Dyname : la première est adressée à un de ses amis à qui il témoigne tout le plaisir qu'il avait éprouvé à recevoir de ses nouvelles ; la seconde, à Villicus, évêque de Metz, pour s'excuser d'avoir apporté quelques retards à s'acquitter d'une commission dont il l'avait chargé.

Nous avons dit que dans sa jeunesse il avait cultivé la poésie avec quelques succès, mais il ne nous reste aucun de ses vers. Fortunat, évêque de Poitiers, en parle avec éloge dans une épître qu'il lui adresse, et qui se trouve au onzième du VIe livre de ses œuvres. Son style est obscur à force d'être travaillé. On ne doit chercher dans les écrits qui nous restent de lui, ni critique dans les faits, ni méthode dans leur disposition, deux qualités inconnues dans le siècle auquel ces productions appartiennent.

E

EBBON de Reims, que sa révolte contre son prince légitime a rendu si fameux dans notre histoire, naquit à la fin du VIIe siècle dans une condition servile, sur une des terres que l'empereur Charlemagne possédait au delà du Rhin. Il dut son élévation, moins à ses talents qu'à sa fortune. Himiltrude, sa mère, fut choisie pour nourrice de Louis le Débonnaire, et ce jeune prince, par reconnaissance de ses soins, fit d'Ebbon le compagnon de ses études. Ebbon, doué d'heureuses dispositions pour les sciences, sut mettre à profit les leçons qui lui étaient données. Il embrassa l'état ecclésiastique, fut pourvu de riches bénéfices et parut avec éclat, en 814, au concile de Noyon. Louis, parvenu au trône, lui donna une preuve de sa bienveillance, en le faisant nommer à l'archevêché de Reims devenu vacant par la mort de Vulfaire arrivée le 18 août 816. Il assista, en 822, au concile de Thionville, et peu de temps après, dans un voyage qu'il fit à Rome, il obtint du pape Paschal la mission d'aller prêcher la foi dans le Nord. Après s'être associé Halitgaire, évêque de Cambrai, pour compagnon de ses travaux, ils se rendirent en Danemark où leurs prédications furent couronnées d'un plein succès. Ils convertirent et baptisèrent un grand nombre d'infidèles. Il fit encore deux voyages en Danemark ; le premier, pour aider de ses conseils le roi Héroldt, menacé par un parti puissant ; le second avec le titre de légat du saint-siége dans tous les pays du Nord. Jusque-là, la conduite d'Ebbon ne lui avait mérité que des éloges ; mais ce qu'il fit contre le roi Louis, son souverain et son bienfaiteur, lui attira l'indignation de son siècle et de la postérité. En 833, Louis le Débonnaire fut arrêté par ordre de son fils Lothaire, et traduit devant une assemblée convoquée à Compiègne pour prononcer sur son sort. Cet ambitieux prélat, méconnaissant ce qu'il devait à son roi et à son bienfaiteur, prononça lui-même la sentence qui le déclarait déchu du trône et le condamnait à finir ses jours dans un cloître. Il refusa d'entendre la justification de ce malheureux prince, et poussa la dureté à son égard jusqu'à lui arracher les marques de la royauté pour le revêtir d'un cilice. La riche abbaye de Saint-Wast devait être le prix de cette infamie, mais la Providence ne lui permit pas d'en jouir, et il ne tarda pas à porter la peine de sa félonie. Cette noire action se consommait en 833, et, dès l'année suivante, le rétablissement de Louis sur son trône fit reléguer Ebbon à l'abbaye de Fulde. On l'en fit sortir en 835 pour comparaître au concile de Thionville, où sur sa propre confession il fut déposé de l'épiscopat par quarante-trois évêques et renvoyé à Fulde. De là, on le fit passer à Lisieux, sous la garde de l'évêque Fréculfe, puis à Fleuri ou Saint-Benoît sur Loire. Il en sortit à la mort de Louis le Débonnaire en 840 ; et le 24 juin de la même année, l'empereur Lothaire essaya de le faire rétablir sur son siége par vingt évêques et archevêques assemblés à Ingelheim. Mais dès l'année suivante, forcé d'abandonner un troupeau qui refusait de lui obéir, il s'éloigna de l'Eglise de Reims, où, malgré les mouvements qu'il se donna, il ne lui fut plus possible de rentrer. Ayant cherché un refuge à la cour de Lothaire, il s'attira une nouvelle disgrâce par le refus qu'il fit d'accepter l'ambassade de Constantinople. Ce prince lui enleva les abbayes de Saint-Remacle et de Saint-Colomban qu'il lui avait données, et l'infortuné prélat ne trouva plus d'asile qu'auprès de Louis, roi de Germanie. Celui-ci, touché de son infortune, lui donna l'évêché d'Hildesheim, en Saxe, où il finit ses jours trois ans après, le 20 mars 851.

SES ÉCRITS. — Quoiqu'Ebbon eût de l'esprit et du savoir, il a peu écrit, ou du moins il ne nous reste de lui que quelques opuscules qui n'ont presque d'intérêt que pour son histoire.

On a de lui des statuts ou règlements imprimés à la suite de l'histoire ecclésiastique de Reims par Flodoard. On trouve en tête de cet écrit une espèce d'inscription qui marque qu'il s'adressait spécialement aux officiers de l'église de Reims, et qu'Ebbon les ayant trouvés sans discipline, dressa ces règlements à leur prière. C'est donc un des premiers opuscules de l'auteur. Il y détaille avec ordre et précision quelles sont les fonctions des principaux officiers ou ministres d'une Eglise, en commençant par ce qu'on nommait le prévôt, puis l'archidiacre, et en finissant par le corévêque et l'évêque lui-même. Avant le traité de Raban sur le même sujet, on ne trouvait nulle part, parmi les œuvres des anciens, une plus grande connaissance des fonctions attachées à la dignité de corévêque en particulier, que dans ce petit écrit d'Ebbon. Le P. Sirmond l'a publié sur un manuscrit de l'abbaye de Saint-Remy de Reims.

A Halitgaire. — Nous avons également du même prélat une lettre adressée à Halitgaire, évêque de Cambrai et un de ses suffragants, pour l'engager à composer un pénitentiel tiré des canons et des ouvrages des Pères, et capable de remédier aux désordres que causaient tous les jours dans l'administration de la pénitence, le grand nombre et la diversité des faux pénitentiels répandus dans la province de Reims. Il dit qu'il y aurait travaillé lui-même si la multitude d'affaires dont il était accablé avait pu le lui permettre. Nous verrons en son lieu qu'Halitgaire satisfait au juste désir d'Ebbon qui eut ainsi la première part à cet ouvrage. Du reste, cette lettre est également honorable à la mémoire des deux prélats : on y voit le zèle d'Ebbon pour le bon ordre et le maintien de la discipline, et d'une autre part, l'évêque de Cambrai nous y est représenté comme un homme continuellement livrés aux travaux d'une étude sérieuse et utile. Flodoard a fait entrer cette lettre dans son Histoire de l'Eglise de Reims, et Halitgaire a eu soin de la mettre en tête de son ouvrage.

Confession d'Ebbon. — On peut compter encore au nombre des écrits d'Ebbon la confession qu'il fit de ses fautes au concile de Thionville, où il déclara à haute voix, en présence de tous les évêques, que les crimes dont il s'était rendu coupable envers son souverain légitime le rendaient indigne de continuer les fonctions de l'épiscopat. Il répète cette déclaration par écrit, et Hincmar lui a donné place dans son grand ouvrage sur la *Prédestination.* Les éditeurs des conciles l'ont reproduite dans leur collection, avec les souscriptions des évêques qui le déposèrent, et Ebbon lui-même en a fait entrer une partie dans l'opuscule suivant.

Son Apologie. — Le plus long écrit de ce prélat est son *Apologie* qui, après avoir été tirée de la poussière par Dom Luc d'Acheri, est passée dans la grande collection des Conciles. Ebbon la publia après qu'il eut été solennellement replacé sur son siége, le 6 décembre 840, en conséquence du décret de Lothaire souscrit à Ingelheim au mois de Juin précédent. Il s'efforce d'y justifier sa conduite, et il ne néglige aucun des moyens qui peuvent l'aider à y réussir. Il y rappelle sa mission dans le Nord, son expulsion de l'Eglise de Reims, ses sept années de prison à l'abbaye de Fulde, son rétablissement par le roi Lothaire, après l'absolution qu'il avait reçue des évêques réunies à Ingelheim. Venant ensuite à l'acte de renonciation qu'il avait donné aux prélats assemblés à Thionville, il soutient qu'il n'avait pu être canoniquement déposé, en vertu de cette renonciation, parce qu'il ne l'avait faite que par force se trouvant alors dépouillé de tous ses biens, prisonnier et malade. On ne pouvait donc se prévaloir de ce qu'il s'y était reconnu indigne de l'épiscopat, puisqu'il marquait les mêmes sentiments d'humilité dans tous ses autres écrits. D'ailleurs, il n'avait été convaincu d'aucun crime, et lui-même n'en avait déclaré aucun qui lui méritât d'être déposé; or, de même qu'on ne peut déposer un évêque s'il n'a été convaincu par une procédure canonique, de même aussi un évêque ne peut abandonner son Eglise qu'avec le consentement de son peuple. Il ajoutait que sept années de prison étaient un temps suffisant pour expier les péchés qu'il avait accusés en secret à ses confesseurs, et que l'Eglise, après ce terme, avait coutume d'admettre les pénitents à recevoir leur pardon. En effet, le publicain, en confessant ses fautes, en avait obtenu la rémission; David avait effacé son crime par un instant de repentir, et saint-Pierre en un clin d'œil avait recouvré tous ses droits à l'amour du Seigneur. Il concluait qu'ayant trouvé libre l'Eglise qu'il n'avait quittée que par violence, l'autorité du prince régnant aurait dû lui suffire pour y rentrer, d'autant plus qu'il y était rappelé par les saints ordres, c'est-à-dire par les évêques de la province et le clergé de la ville.

Narration des clercs. — On ne peut guère séparer de cette apologie d'Ebbon l'écrit publié par les clercs qu'il avait ordonnés à son retour, au nombre de quatorze. Quoique cet écrit ne porte pas le nom du prélat, il put bien y avoir la meilleure part. D'ailleurs, il concerne sa cause et il contient encore plus sa justification que celle de ses auteurs. Ces clercs dont l'ordination fut contestée par Hincmar, font dans leur mémoire apologétique la description de la pompe avec laquelle Ebbon fut reçu à Reims, tant de la part du clergé de la ville et des évêques de la province, que de la part des laïques des deux sexes qui allèrent au-devant de lui avec des palmes et des cierges allumés, en chantant les louanges de Dieu. Ils ajoutent que cet évêque, voulant faire confirmer son rétablissement par le saint-siége, entreprit le voyage de Rome, où en effet le pape Grégoire l'accueillit avec beaucoup de bonté, et en vertu de son autorité apostolique le confirma dans la pleine jouissance de son siége. Cette circonstance, il est vrai, ne se lit nulle part ailleurs, mais il était dans l'intérêt de ces élèves de faire croire que le pape avait lui-même rétabli Ebbon, quoique pourtant cette particularité ne prouvât pas beaucoup en faveur de leur cause. Ils parlent aussi de sa translation définitive au siége épiscopal d'Hildesheim. On ne trouve guère plus de solidité et de bonne foi dans ce récit que dans l'*Apologie* d'Ebbon. Toutes ces démarches d'Ebbon et de ses clercs pour leur justification n'en imposèrent point aux évêques des conciles de Paris en 847, et de Soissons en 853, la déposition d'Ebbon y fut confirmée et on frappa de nullité ces ordinations. André Duchesne a tiré cet opuscule d'un manuscrit d'Arras et l'a publié sous le titre de *Narration des clercs de Reims*, etc.

Nous croyons que l'inscription qu'on voyait autrefois au faîte de l'église de Reims, avec les figures du pape Etienne et de l'empereur Louis, pour laisser à la postérité le souvenir du couronnement de ce prince, et l'épitaphe d'Himiltrude, mère d'Ebbon, appartiennent l'une et l'autre à la plume de notre archevêque. Ces deux petites pièces en prose cadencée nous ont été conservées par Flodoard. Dom Marlot les a insérées également dans son Histoire de l'Eglise de Reims.

EBERARD, ou EVRARD, l'un des plus puissants seigneurs de la cour de l'empereur Lothaire, paraît être né à Cisoin, au diocèse de Tournai, dont quelques auteurs lui ont fait porter le surnom. Il tenait par sa naissance à la première noblesse de l'empire et possédait plusieurs terres en Lombardie et en Allemagne. Investi, dès avant l'année 848, du duché de Frioul l'un des plus importants parmi les grands fiefs d'Italie, Eberard fut chargé par Lothaire de réprimer les incursions des Slaves avec lesquels son gouvernement confinait. Tous ces titres d'honneurs, réunis en sa personne, furent encore rehaussés par l'alliance qu'il contracta avec Giselle, fille de Louis le Débonnaire, et qui le rendit ainsi beau-frère de l'empereur, de Louis, roi de Germanie et de Charles, roi de France. De ce mariage il eut plusieurs enfants, parmi lesquels Bérenger, son second fils, devint roi d'Italie et empereur. Eberard laissa tant de marques de sa piété qu'il fut honoré comme un saint au monastère de Cisoin qu'il avait fondé avec la comtesse Giselle, sa femme, et où ils furent inhumés l'un et l'autre. Il mourut en 874. Hincmar de Reims, dans un écrit qu'il lui adressa rend à sa piété les hommages les plus flatteurs. Raban Maur, archevêque de Mayence, lui écrivit au sujet de Gothescalc en le priant de congédier au plus tôt ce moine dont la doctrine paraissait suspecte au plus juste titre.

Il nous reste d'Eberard un monument qui mérite de trouver place dans nos colonnes par les détails littéraires qu'il contient. C'est un testament daté de la vingt-quatrième année du règne de l'empereur Louis II. Dom Luc d'Acheri l'a reproduit après plusieurs autres éditeurs dans le tome XII° de son *Spicilége*. Eberard après y avoir partagé ses biens meubles et immeubles entre ses fils et ses filles, fait aussi le partage de ses livres et des ornements de sa chapelle. Les plus remarquables parmi ces derniers sont un autel garni de cristal et d'argent; une chasse garnie de cristal et d'or; un calice de verre garni d'or; un autre d'argent avec la patène; un livre d'évangiles garni d'argent; un reliquaire où il y avait des reliques de saint Remy; des dalmatiques et des planètes avec des tapis d'autel; un calice d'ivoire garni d'or; un livre d'évangiles, un Lectionnaire, un Missel, un Antiphonier, avec les apostilles ou scholies de Smaragde sur les épîtres et évangiles de l'année. Tous ces livres étaient couverts d'ivoire. Il y avait dans sa bibliothèque plusieurs Psautiers, et plusieurs exemplaires des *Sermons* de saint Augustin sur les paroles du Seigneur; les *Gestes* ou l'*Histoire des papes*; les écrits de saint Isidore, de saint Fulgence et de saint Martin, de saint Ephrem et de saint Basile; les *Vies des Pères*; les *Homélies* de saint Grégoire sur Ezéchiel; des Martyrologes; un livre d'Alcuin à Widon; le *Manuel* de saint Augustin; un livre de prières avec les psaumes; les épîtres et évangiles de l'année en lettres d'or; le livre d'Anien; les sept livres de l'histoire d'Orose; les livres de saint Augustin et de saint Jérome sur ce passage de l'Epître de saint Jacques: *Quiconque ayant gardé la loi la viole en un seul point, est coupable comme s'il l'avait violée tout entière*; la loi des Francs, des Ripuaires, des Lombards, des Allemands et des Bavarois; un livre de lois sur la guerre; un autre sur diverses matières qui commençait par ces paroles: *De Elia et Achab*; un de l'*Utilité de la pénitence*; un recueil des *Constitutions des princes et des édits des empereurs*; un traité intitulé: *Livre des bêtes (librum bestiarum)*; la *Cosmographie* du philosophe Ethicus; la *Physionomie* du médecin Loxus; un livre qui avait pour titre: l'*Ordre du palais*; les livres de la *Cité de Dieu* par saint Augustin; un *Psautier* en lettres d'or; un *Commentaire sur les Epîtres de saint Paul*; la *Vie de saint Martin*; le *Traité des quatre vertus*; et les *Gestes des Francs*.

Le testament de Giselle, épouse du comte Eberard, porte qu'elle fit bâtir un oratoire en l'honneur de la sainte Trinité dans le cimetière des moines de Cisoin, et qu'elle le dota. Elle fit en même temps un fonds pour l'entretien du luminaire dans l'église de ce monastère et dans l'oratoire qu'elle avait construit.

EBERARD, de Béthune en Artois, écrivait un *Traité contre les Albigeois et les Vaudois* à la fin du XII° siècle. Il combat d'abord, dans son livre, l'erreur des manichéens sur la loi de Moïse et montre que l'on ne doit point rejeter la loi; que les patriarches et les prophètes ont été sauvés; que c'est le vrai Dieu qui a donné la loi et créé le monde. Il passe ensuite aux autres erreurs communes à tous les hérétiques de ce temps-là touchant les sacrements et les pratiques de l'Eglise, établit contre eux les dogmes suivants: que l'on doit baptiser les enfants; qu'il est permis de se marier; que le sacrifice de l'eucharistie contient le corps de Jésus-Christ; que les seuls prêtres ont pouvoir de l'offrir, et qu'ils le doivent faire dans les églises; que l'onction des malades est utile; que les pèlerinages de dévotion sont louables; qu'il est permis de jurer avec vérité; que l'on peut punir, et même faire mourir les malfaiteurs; que nous ressusciterons avec la même chair que nous avons; que la foi doit être préférée aux bonnes œuvres; que l'on doit honorer la croix; que les femmes seront sauvées, et ressusciteront avec la marque de leur sexe; que l'on peut se sauver par différentes voies, et dans différents états; qu'il est permis de manger de la chair; enfin il fait voir que ces hérétiques sont coupables, puisqu'ils se cachent; et que quoiqu'ils se vantent de renoncer aux biens de ce monde, ils cherchent à s'enrichir par une autre voie; qu'ils entendent mal l'Ecriture sainte; que tous les caractères des hérétiques leur conviennent. Il ajoute que les uns s'appellent *valois*, les autres *xabatates*; qu'ils déchirent leurs souliers, et demeurent tout le jour exposés au soleil jusqu'à l'heure du souper, qu'ils se présentent dans les places publiques. Il finit ce traité par un *Catalogue de tous les hérétiques*, tiré de celui d'Isidore de Séville, et par la solution de plusieurs questions qu'il se propose lui-même. Gretser a donné une édition de cet écrit en 1614.

EBERHARD, poëte et historien du ixe siècle, était moine de Saint-Mathias de Trèves. Sa vertu le fit élever au sacerdoce, et sa science le fit choisir pour modérateur des écoles de son monastère. Il succéda en 885 à Florbert, autre savant moine, et exerça cet emploi pendant près de vingt-quatre ans. Il mourut en 909, après avoir formé aux lettres un grand nombre de disciples, et eut pour successeur un de ses confrères nommé Richard. Trithème, qui avait connu ses ouvrages, en établit ainsi le catalogue : 1° Eberhard fit des additions considérables à l'*Histoire des archevêques de Trèves*. Nous avons trois recueils des Actes de ces prélats dans les collections de Leibnitz, de dom Luc d'Achery et de dom Martène; mais on n'y retrouve aucun indice qui nous aide à distinguer ce qui appartient réellement à cet auteur. Comme ces Actes ont été retouchés par des écrivains beaucoup plus récents, il est probable qu'ils y auront fondu les additions d'Eberhard. 2° Il composa aussi, en particulier, les *Vies* des saints Euchaire, Valère et Materne, premiers évêques de Trèves. La manière dont en parle Trithème donne à penser que ces trois Vies ne formaient qu'un seul et même ouvrage, écrit en prose et en vers. Quoique l'auteur fût bien éloigné de l'époque dont il avait entrepris d'écrire l'histoire, il serait à souhaiter qu'on nous en eût conservé quelque fragment qui nous mît à même de juger si le style en était réellement aussi bon que ce critique cherche à nous le persuader. 3° La piété d'Eberhard ne se bornait pas aux seuls saints dont il nous a laissé la Vie; il composa aussi, en l'honneur de plusieurs autres, des hymnes, des séquences et des répons, auxquels il faut ajouter encore un recueil d'épigrammes. Il ne nous reste plus rien de toutes ces pièces; et c'est une perte, après tout, dont nous nous consolons facilement, en pensant à ce qu'était devenue la poésie à cette époque.

EBERVIN ou EVERVIN, abbé de Saint-Maurice de Tolen, dans le diocèse de Trèves, a écrit la *Vie de saint Siméon de Syracuse*, moine de Trèves, mort en 1035. Elle est dédiée à Poppon, archevêque de Trèves, et rapportée par Surius au 1er juin.

EBRARD, auteur de la *Chronique de Waste*, la commence à la fondation de ce monastère, vers le milieu du xie siècle. Il avait été disciple du fondateur et témoin de tout ce qu'il raconte. Ce fondateur se nommait Odfrid : c'était un prêtre très-instruit dans les lettres divines et humaines. Dans le désir de mener une vie retirée, il parcourut divers monastères et se fixa enfin à Waste où il rassembla sous sa direction plusieurs disciples, auxquels il donna la règle des chanoines réguliers établis depuis peu en France, mais dont la Flandre ne possédait pas encore de communautés. Leur vie était frugale, et ils ne mangeaient point de viandes. Quelques personnes firent à ce nouveau monastère des donations qui furent confirmées dans des assemblées tenues à Sithieu et à Térouane, en présence de l'évêque Drogon, l'an 1072. Odfrid gouverna sept ans, huit mois et six jours le monastère qu'il avait fondé, et mourut à Gand. Ebrard finit là sa *Chronique* et ne dit rien de Bernold qui fut le second abbé de ce monastère. Dom Mabillon attribue encore à Ebrard la relation d'un miracle opéré à Bruges, en 1072, par l'intercession de saint Donatien, en faveur de Tamard, chanoine régulier de Waste. Le style de cet écrit, semblable à celui de la *Chronique*, favorise l'opinion qui l'attribue à cet auteur.

ÉBREMAR ou ÉVERMER, né à Cickes, village du diocèse de Térouane, entra dans le clergé d'Arras où il fut élevé à la prêtrise. Il eut pour maître le célèbre Lambert, une des lumières de son siècle, qui brilla ensuite sur le siége épiscopal d'Arras. Guillaume de Tyr nous apprend qu'Ebremar fit partie de la première expédition que les Français envoyèrent en Palestine pour la conquête de la terre sainte. Il s'y consacra à Dieu dans l'église du Saint-Sépulcre, et fut probablement du nombre des chanoines réguliers que Godefroi de Bouillon y établit peu de temps après la prise de Jérusalem. Albert d'Acqs, auteur contemporain, nous donne une idée très-avantageuse d'Ebremar, et nous le représente comme un homme plein de zèle pour la religion, de charité pour ses frères, et qui rendit même au roi Baudouin des services importants dans les guerres qu'il eut à soutenir contre les Sarrasins et les infidèles. C'est ainsi qu'en parle cet historien, dans l'endroit même où il rapporte comment Ebremar fut élevé sur le siége patriarcal de Jérusalem à la place de Daïmbert, qui venait d'être déposé pour ses crimes dans une assemblée de prélats, d'abbés et de seigneurs du royaume. Ce témoignage en faveur d'Ebremar mérite d'autant plus d'attention, que tous les historiens modernes, sur l'autorité de Guillaume de Tyr, nous le dépeignent comme un intrus qui s'était emparé du siége de Jérusalem, dont le patriarche Daïmbert avait été injustement dépouillé. Suivant Albert d'Acqs, au contraire, Daïmbert avait été accusé et convaincu de simonie, d'homicide et de plusieurs autres crimes encore par des témoins irréprochables et dans un concile présidé par un cardinal. Ses partisans même, forcés par l'évidence de la vérité, avaient abandonné ce patriarche frappé d'anathème, et le siége de Jérusalem était devenu vacant par sa déposition. C'est dans ces circonstances que, de l'avis du cardinal Robert, et par le choix du clergé et de tout le peuple, Ebremar, recommandable par ses bonnes qualités, la pureté de ses mœurs, sa compassion pour les pauvres, son zèle pour la religion, sa charité pour ses frères et les services importants qu'il avait rendus au prince et à l'État, fut placé sur le siége patriarcal de Jérusalem, où la plupart des écrivains modernes l'ont signalé comme un intrus. Dom Rivet lui-même, dans sa préface sur le XIIe siècle, semble s'être laissé entraîner par la foule, et parle de lui comme d'un usurpateur. Sans prétendre nous ériger en censeurs de tant de savants qui ont adopté cette opinion, nous avons cru pouvoir au moins alléguer en sa faveur le témoignage d'un historien contemporain. Nous pourrions y joindre celui de Radulphe qui, dans son *Tancrède*, affirme positivement que tout le monde applaudit au choix d'Ebremar, et qu'il fut élevé malgré lui sur le siége de Jérusalem. Enfin Guillaume de Tyr lui-même reconnaît qu'à la première croisade, Ebremar s'était fait aimer de tous par la sagesse de sa conduite. Il le blâme seulement d'avoir accepté par une ignorance inqualifiable le siége épiscopal de cette ville du vivant même du patriarche. Mais si Daïmbert a été canoniquement déposé, comme Albert d'Acqs l'assure, Ebremar peut-il être regardé comme un intrus, parce qu'il a accepté, après s'en être défendu longtemps, le siége de ce patriarche. Albert ne fixe point l'époque de la déposition de Daïmbert et de l'élection d'Ebremar; mais on doit rapporter cet événement à l'an 1103 ou au plus tard 1104. L'année suivante, 1105, le sultan d'Egypte, connaissant la faiblesse du nouveau royaume de Jérusalem, médita d'en faire la conquête et de tirer vengeance des fréquentes invasions que les croisés faisaient dans ses Etats. Il expédia en Palestine une armée nombreuse et commandée par des chefs expérimentés. A la première nouvelle de leur marche, Baudouin réunit tout ce qui était capable de porter les armes, et avec une armée forte à peine de quinze cents chevaux et de deux mille hommes d'infanterie, il s'avança contre les infidèles. Lorsque cette troupe fut rangée en bataille, le patriarche Ebremar parcourut les rangs, tenant à la main une portion de la vraie croix qu'on avait conservée à Jérusalem; il exhorta les soldats à combattre vaillamment à la vue de ce signe salutaire, se souvenant de celui qui était mort attaché à ce bois pour les racheter. Les soldats, animés par cette exhortation, marchèrent au combat avec un courage extraordinaire, enfoncèrent les ennemis, en taillèrent une partie en pièces, et mirent l'autre partie en fuite. Ebremar demeura sur le siége de Jérusalem jusqu'à l'an 1107 sans être troublé par Daïmbert, qui, après sa déposition, s'était retiré à Antioche, dans la principauté de Bohémond, son protecteur. Mais l'année suivante, celui-ci le mena avec lui en Europe, où il se rendait pour solliciter des secours. Daïmbert, arrivé en Italie, alla trouver le pape Pascal II, qui le garda plus de deux ans à sa cour, pour voir si ceux qui l'avaient chassé de son siége viendraient se justifier de leur conduite. Personne n'ayant comparu, Daïmbert fut renvoyé avec des lettres du Pape, qui témoignaient qu'il était en ses bonnes grâces; mais il fut arrêté en chemin par la mort. Etant tombé malade à Messine, où il attendait une occasion favorable pour s'embarquer, il y finit sa vie le 14 mai 1107. Ebremar, instruit du retour de Daïmbert, mais non de sa mort, résolut de se rendre à Rome pour y justifier son innocence; mais à son arrivée, il ne put rien obtenir autre chose, sinon qu'on enverrait un légat à Jérusalem pour prendre sur les lieux une pleine connaissance de cette affaire. Gibelin, archevêque d'Arles, fut chargé de cette commission par le pape. A son arrivée à Jérusalem, il assembla un concile des évêques du royaume, et la cause d'Ebremar fut instruite avec activité. Ayant donc reconnu par la déposition de témoins au-dessus de tout soupçon, que Daïmbert avait été dépossédé de son siége injustement par la violence d'Arnoul et la volonté du roi, il déposa, en vertu de son autorité déléguée, Ebrémar qui s'était laissé porter sur le siége d'un patriarche vivant et en communion avec l'Eglise romaine; toutefois, en considération de sa bonne foi et de sa grande piété, il le transféra à l'Eglise de Césarée dont le siége était alors vaquant. C'est ainsi que Guillaume de Tyr rapporte la chose, et il a été suivi par tous les historiens modernes. Mais Albert d'Acqs la raconte d'une manière tout à fait différente. Selon lui, Ebremar se justifia pleinement à Rome dans un concile, et il revint apportant un jugement favorable de l'Eglise romaine, avec des lettres que le pape Pascal II écrivait au roi pour lui recommander de maintenir Ebremar sur le siége de Jérusalem. Si l'on demande pourquoi Ebremar, renvoyé de Rome à Jérusalem si solennellement justifié, ne remonta pas sur le siége patriarcal, la réponse est toute simple: Baudouin, roi de Jérusalem, à l'instigation d'Arnoul qui le dirigeait, sans égard pour les lettres du Pape et le jugement de l'Eglise romaine, s'opposa formellement à la réintégration d'Ebremar, qui fut obligé de se retirer à Accaron. Cependant, pour ne pas laisser l'Eglise de Jérusalem sans pasteur, on élut Gibelin patriarche à la place d'Ebremar. « Cela était injuste, dit Albert d'Acqs, et contraire aux canons, qui ne permettent pas de déplacer un évêque pour en mettre un autre sur son siège, sans l'avoir auparavant jugé et condamné selon les règles. » Le Pape y consentit néanmoins à cause de l'état faible et naissant où se trouvait alors l'Eglise de Jérusalem. *Quod quamvis injustum sit.... tamen quia rudis et tenera adhuc Hierosolymitana erat Ecclesia, id fieri concessit Apostolicus.* En effet, si le Pape Pascal eût voulu maintenir Ebremar à Jérusalem contre la volonté du roi qui était indisposé contre lui, cela aurait pu occasionner du trouble dans une Eglise qui n'était encore qu'à son berceau et avoir des suites fâcheuses pour un royaume mal affermi. Mais ce qui prouve qu'on n'avait rien à reprocher à Ebremar, c'est qu'en le dépossédant du siége de Jérusalem, on le plaça sur celui de Césarée. C'est en cette qualité qu'il assista en 1120 au concile de Naplouse (ancienne Sichem), assemblé par le patriarche Gortmond, et auquel se trouva Baudouin, roi de Jérusalem. Il signa en 1123 le traité conclu entre les princes croisés et les Vénitiens. Comme on le voit, il y a dans la vie d'Ebremar une lacune de treize ans, qu'il nous a été impossible de combler. Son importance personnelle semble avoir cessé entièrement avec ses fonctions de patriarche, et on ignore jusqu'à l'époque de sa mort. Ce qui nous a déterminé surtout à lui accorder dans nos colonnes une notice si longue, eu égard au seul petit écrit qu'il nous a laissé, ce sont les révolutions cléricales qui ont agité l'Eglise de Jérusalem après la conquête des Français et dont il s'est trouvé la victime, avec le désir de mettre nos lecteurs à même de se former une opinion, en comparant les jugements opposés que les historiens ont portés sur son compte. En effet, nous n'avons d'Ebremar qu'une lettre à Lambert d'Arras, imprimée avec la réponse de cet évêque dans les *Mélanges* de Baluze.

Etienne n'oublia pas dans son élévation celui qui avait été son premier maître, et il lui écrivit cette lettre pleine des bons sentiments de la reconnaissance : « Je vous rends grâce, lui dit-il, de l'affection que vous avez eue pour moi lorsque j'étais sous votre discipline, et je vous déclare, comme à mon père et à mon maître, que je n'ai point oublié l'amitié qui nous unissait alors. Ainsi, malgré la distance des lieux qui m'empêche, à mon grand regret, de jouir de la douceur de votre compagnie, je ne perds point de vue votre charité, et Dieu sait avec quelle tendresse je vous suis attaché. Plein de confiance en votre bonté, je vous supplie de m'aider, par vos prières et vos bons conseils, à porter le fardeau qui m'a été imposé. » Ebremar accompagna cette lettre de quelques petits présents, et l'envoya en 1104, par conséquent peu de temps après son élévation à la dignité de patriarche de Jérusalem.

ECCARD, que quelques-uns nomment aussi EGGOUARD, premier abbé de Saint-Laurent d'Uragen, dans le diocèse de Virzbourg, est auteur d'une chronique, écrite en prose et en vers et divisée en cinq livres, sous le titre de *Lanterne des moines*. Eccard s'applique à imiter le style de Boëce dans ses livres de la *Consolation de la philosophie*. Trithème lui attribue également plusieurs sermons et un recueil de lettres. Dom Mabillon le croit encore auteur d'une *Chronique des évêques d'Hildesheim*. Cette histoire adressée à Egbert, abbé de Corbie en Saxe, commence au règne de Charlemagne, et finit en 1180. Christophe Brover la fit imprimer à Mayence en 1616, in-4°. On la trouve aussi dans le Ier tome des *Ecrivains de Brunswick*; mais il faut, ou que l'on ait ajouté au récit d'Eccard, ou que le monastère d'Uragen ait possédé deux abbés du même nom, comme le croit Fabricius; car il est impossible que le même homme ait gouverné cette maison depuis l'époque de sa fondation, en 1109, jusqu'en 1180, année à laquelle s'arrête le récit de l'historien. On croit généralement qu'Eccard, premier abbé de Saint-Laurent d'Uragen mourut en 1130.

ECCARD, chanoine régulier de Saint-Victor dans le XIIe siècle, composa plusieurs traités spirituels que le P. Gourdan, religieux de la même abbaye, traduisit du latin en français, et fit imprimer dans ces deux langues, à Paris, en 1729.

EDÈSE ou ÆDESIUS, orateur et poëte distingué du Ve siècle, ne nous est connu que par ce que nous en dit saint Honorat de Marseille, qui paraît avoir entretenu avec lui un pieux commerce de littérature et de poésie. Mais le peu que nous en apprend un personnage si digne de croyance, en appuyant son sentiment de citations empruntées aux ouvrages de l'auteur, suffit pour nous donner une haute idée de son mérite, et nous faire regretter de n'en pas savoir davantage. Les habitudes d'Edèse font présumer qu'il était originaire de la ville d'Arles, ou du moins qu'il y faisait sa résidence habituelle. Il est du nombre de ces hommes célèbres par l'autorité de leurs écrits, sur le témoignage desquels saint Honorat appuie ce qu'il rapporte des actions merveilleuses de saint Hilaire d'Arles, dont il nous a laissé la vie. Edèse se distinguait entre les savants par l'éloquence et la poésie, apanage obligé des rhéteurs à cette époque. Il possédait si parfaitement ces deux arts, qu'il passait pour un rhéteur habile et un poëte consommé; *rhetoricæ facundiæ et metricæ artis peritissimus vir.* Mais il était plus recommandable encore par la profession particulière qu'il faisait de la piété chrétienne. C'est au moins l'idée qu'en inspirent naturellement le respect et la vénération avec lesquels saint Honorat parle de lui dans son ouvrage, n'oubliant jamais de le qualifier de saint toutes les fois qu'il a occasion de le citer. Edèse paraît aussi être entré bien avant dans l'amitié de saint Hilaire, dont il était avec raison un grand admirateur. Nul douté qu'il ne trouvât, dans les fréquentes visites qu'il rendait à ce saint évêque, de quoi nourrir les sentiments de piété qu'il cultivait dans son cœur. Il était si touché des grandes actions de vertu qu'il admirait en lui, qu'il ne crut pouvoir faire un meilleur usage de sa plume que de l'employer à en conserver la mémoire à la postérité. Dans ce dessein, il composa un poëme en vers hexamètres où il faisait l'éloge de ce grand prélat. On ne sait pas au juste à quelle époque Edèse composa cette pièce de poésie, mais il y a tout lieu de croire que ce fut après la mort du saint, arrivée en 449.

De ce poëme, digne assurément d'un siècle plus poli, on ne nous a conservé que douze vers. C'est assez pour nous faire regretter vivement la perte des autres. Ils sont rapportés dans la *Vie de saint Hilaire*, par saint Honorat qui a cru ne pouvoir mieux exprimer ce qu'ils contienent, qu'en les reproduisant textuellement et dans leur entier. Les sept premiers sont consacrés à décrire une pratique particulière au saint pontife, et qui faisait l'admiration de tous ceux qui en étaient témoins. La voici : Saint Hilaire estimait si haut le prix du temps, qu'il l'employait souvent à faire trois choses à la fois. Il lisait, il dictait à son secrétaire et il travaillait à quelque petit ouvrage des mains, comme à tresser des rets et des filets pour la chasse ou pour la pêche, sans cesser d'avoir son esprit appliqué à Dieu par la prière. Les cinq derniers vers nous dépeignent le caractère de sa charité, et la tendresse chrétienne et compatissante du saint évêque envers les affligés. Comme c'est tout ce qui nous reste des écrits d'Edèse, on ne sera peut-être pas fâché d'en retrouver quelques-uns ici, ne fût-ce que pour faire connaître le style de notre poëte.

Vidi ego præventum fletu, magis ubere fletu,
Quod crevit nummis, cupiebat crescere volis.
Quam prorupta viget miseratio, quam cita donis
Gratia ! Nec solum fueras ad munera largus,
Majores comitantur opes pietate ministra.

EDGARD, surnommé le *Pacifique*, était fils d'Edmond Ier, roi d'Angleterre, et le douzième de la dynastie saxonne. Il régna d'abord sur une partie de cette île, mais la mort d'Edwin, son frère, arrivée en 959, le mit en possession de la monarchie tout entière. Malgré sa grande jeunesse, il montra une grande capacité pour gouverner. Après avoir vaincu les Ecossais et subjugué une partie de l'Irlande, il prit de si sages mesures, qu'il en fit des provinces de son royaume et sut les maintenir dans l'obéissance. Edgard eut la prudence de s'attacher saint Dunstan, qu'il favorisa dans ses projets de réforme cléricale. Il consulta aussi, pour les affaires ecclésiastiques et même souvent pour les affaires civiles, les évêques amis de ce saint réformateur; mais son caractère ferme l'empêcha toujours de se laisser dominer par ces prélats. De cette manière, il sut conserver une paix intérieure qui ne fut jamais troublée. Les moines, qu'il avait comblés de faveurs, lui ont prodigué les éloges les plus pompeux, jusqu'à le représenter comme l'*amour* et les *délices* des Anglais. Il est vrai qu'il fut brave et ami de la justice; mais ses mœurs furent très-dépravées. Il enleva d'un couvent Editha ou Wilfrida qui y avait embrassé la vie religieuse, et n'eut pas honte d'employer la violence pour la faire consentir à sa passion. Pour le punir de cet abus sacrilége, saint Dunstan le condamna à rester sept ans sans porter la couronne. Il eut encore une maîtresse appelée Elflède, qui conserva son empire sur son cœur jusqu'à son mariage avec Elfride. Celle-ci était fille unique et héritière d'Olgar, comte de Devonshire. Elle avait d'abord été mariée à un gentilhomme, confident d'Edgard et nommé Ethelwad. Envoyé par le roi pour s'assurer, par le témoignage de ses yeux, si ce que l'on racontait de la beauté surprenante d'Elfride était réel, il en était devenu éperdument amoureux. Il fit au roi un rapport contraire à la vérité, et après avoir obtenu son consentement, il demanda pour lui-même la main d'Elfride, dont l'immense fortune, disait-il, compensait à ses yeux l'irrégularité de ses traits. Mais bientôt Edgard, instruit de la perfidie d'Ethelwad, alla s'en convaincre par lui-même. La vue d'Elfride alluma dans son cœur la plus vive passion. L'amour lui inspira la vengeance; il poignarda Ethelwad de sa propre main dans une partie de chasse, et épousa publiquement Elfride peu de temps après. Les historiens remarquent qu'Edgard attira un grand nombre d'étrangers en Angleterre et les y fixa par ses libéralités, ce qui contribua beaucoup à polir les mœurs de ses sujets. Enfin ce royaume lui doit l'inappréciable bienfait de la destruction des loups. Il commença par leur faire donner une chasse assidue; et, lorsqu'il vit que ces animaux voraces s'étaient retirés dans les montagnes du pays de Galles, il changea le tribut d'argent imposé par un des rois ses prédécesseurs aux princes Gallois, en un tribut annuel de trois cents têtes de loups. Edgard mourut le 1er juillet 975, âgé de trente-trois ans, après avoir régné pendant seize années sur toute l'Angleterre. Il eut pour successeur son fils Edouard, connu sous le nom d'Edouard le *Saint*, né d'un premier mariage avec Ethelflède, fille du comte Odmer. Elle était morte après deux ans de mariage, en 963. Quelques auteurs ont prétendu, mais à tort, que cette union n'avait pas été reconnue pour légitime. Cet Edouard mourut assassiné par les ordres d'Elfride, la seconde femme de son père. Fabricius, qui fait mention du roi Edgard dans sa *Bibliothèque de la moyenne et basse latinité*, lui attribue des chartes, des priviléges, des lois dont il donne la liste telle qu'on les retrouve dans presque toutes les collections de conciles. Nous en ferons une analyse très-succincte, parce que les bornes de cet article ne nous permettent pas d'entrer dans de grands développements.

On rapporte à l'an 967 un grand recueil

de lois, distribuées sous divers titres, et tendant à réformer les mœurs et à rétablir la discipline ecclésiastique. Nous n'indiquons que les plus remarquables. La dîme était alors d'obligation universelle; celle des animaux devait se payer avant la Pentecôte; celle des grains avant l'équinoxe; celle des prémices, à la fête de saint Martin, et le denier imposé sur chaque maison avant la Saint-Pierre. Chaque année l'évêque devait réunir un synode auquel tous les prêtres étaient tenus d'assister, accompagnés chacun d'un clerc. Aucun d'eux ne pouvait abandonner l'Eglise pour laquelle il avait été ordonné; il devait administrer le baptême aussitôt qu'il en était requis, avertir les paroissiens de faire baptiser leurs enfants avant les trente-sept nuits qui suivraient la naissance, et ne pas tarder trop longtemps à les faire confirmer par l'évêque. Un des soins qui devait réclamer le zèle assidu des prêtres était l'abolition des restes de l'idolâtrie. Ils devaient poursuivre avec une ardeur égale la nécromancie, les divinations, les enchantements, les honneurs divins rendus à des hommes et le culte superstitieux des arbres et des rochers. Les parents devaient apprendre à leurs enfants l'Oraison dominicale et le Symbole des apôtres. Ceux qui ignoraient ces deux prières étaient privés de la sépulture dans le cimetière consacré, exclus de la table sainte, et ne pouvaient se faire admettre comme parrains dans le baptême et la confirmation. Défense était faite aux prêtres de célébrer la messe dans une église non consacrée, si ce n'est pour un malade à l'extrémité. L'autel au moins devait être consacré; le célébrant devait avoir le livre et le canon sous les yeux, être revêtu de l'aube et des autres ornements usités, et avoir avec lui quelqu'un qui réponde. Il ne pouvait dire au plus que trois messes dans un jour. On ne pouvait recevoir la communion qu'à jeun, excepté dans les cas de maladie. Pour ces cas-là le prêtre devait tenir l'Eucharistie toujours prête, en ayant soin de la renouveler dans la crainte qu'elle ne vînt à se corrompre. Si ce malheur arrivait, il devait brûler les espèces, en mettre les cendres sous l'autel, et faire pénitence de sa faute. Il était défendu de célébrer la messe sans avoir tout ce qui était nécessaire pour l'Eucharistie, une oblation pure, un vin sans mélange, et une eau puisée aux sources les plus limpides. Il ne pouvait consacrer dans un calice de bois, ni célébrer sans luminaire; et le peuple devait être appelé à l'église par le son des cloches. Il était défendu à tous les chrétiens de manger du sang, et ordonné aux prêtres de chanter des psaumes en distribuant aux pauvres les aumônes du peuple. La chasse leur était défendue, l'intempérance punie comme un crime, l'étude et la lecture commandées comme une obligation de leur ministère.

Edgard fait un article séparé pour la confession, un autre pour la manière d'imposer la pénitence, et un troisième pour la satisfaction. Le prêtre écoutera avec douceur le pénitent, lui demandera s'il est dans l'intention de confesser humblement ses fautes, l'interrogera sur ses mœurs, mais en se proportionnant aux diverses conditions des personnes. Avec la prudence du juge, il décidera de la grièveté des péchés, quant au temps, au lieu et aux autres circonstances. Le pénitent, avant de confesser ses péchés, fera un acte de foi par lequel il déclarera qu'il croit en un Dieu et trois personnes, à la vie future, à la résurrection au jour du jugement. Ensuite il fera une confession générale de tous ses péchés, puis une autre confession de ses péchés particuliers; après quoi il demandera le pardon et promettra de se corriger. Alors le prêtre lui imposera la pénitence.

Celui qui était coupable d'un péché capital devait se présenter à l'évêque le premier mercredi de carême. Si le péché le méritait, ou le privait de la communion ecclésiastique, en lui laissant la liberté de vaquer à ses affaires; il se présentait ensuite le jeudi avant Pâques, et on lui donnait l'absolution, après s'être assuré toutefois qu'il avait accompli sa pénitence. Pour un homicide volontaire, cette pénitence était de sept années de jeûne, trois ans au pain et à l'eau, et les quatre autres années à la discrétion du confesseur. La même pénitence est imposée à l'adultère; trois années de jeûne pour une pollution volontaire, et quarante jours, chaque année, au pain et à l'eau, avec abstinence de viande tous les jours pendant les trois ans, excepté le dimanche. On impose également trois ans de jeûne à celui qui, pendant le sommeil, aura étouffé son enfant. S'il arrive qu'un enfant malade meure sans baptême, et que ce soit par la faute du prêtre, il perdra son grade; si c'est de la faute des amis ou des parents, ils jeûneront trois ans au pain et à l'eau. On peut, par ces exemples, juger de la rigueur de la discipline en Angleterre, sous le règne d'Edgard et l'épiscopat de saint Dunstan. Il y avait toutefois différents degrés de pénitence, suivant la différence des péchés. Comme on en imposait de plusieurs années, de plusieurs mois et de plusieurs jours, on en donnait aussi d'un an, d'un mois et d'un jour; mais on exigeait toujours des pénitents la confession, la correction de leurs mœurs et la satisfaction. Il est parlé d'une pénitence appelée *profonde*; c'était celle d'un laïque qui quittait les armes, faisait de longs pèlerinages, marchant pieds nus, sans coucher deux fois dans un même lieu; sans couper ses cheveux, ni ses ongles; sans entrer dans un bain chaud, ni coucher mollement; sans goûter de chair, ni d'aucune boisson qui pût enivrer. Quoiqu'il se rendît à tous les lieux de dévotion, il n'entrait pas dans les églises. Il confessait ses péchés, en demandait le pardon et les détestait avec de grandes marques de douleur. Il ne donnait à personne le baiser de paix. Cette pénitence était regardée comme très-efficace pour la rémission des péchés. On l'obtenait également par l'aumône, par la construction ou la décoration d'une église en l'honneur de Dieu, par la rédemption des captifs et l'affranchissement des esclaves; par le soulagement des pauvres et autres œuvres de charité; par les jeûnes et les mortifications; par le renoncement aux biens temporels et l'éloignement volontaire de la patrie. Un malade pouvait racheter un jour de jeûne avec un denier qui apparemment suffisait pour la nourriture d'un pauvre; il pouvait également racheter un jeûne de douze mois environ avec trente sous, ou par l'affranchissement d'un esclave de pareil prix. Une messe dispensait un homme de douze jours de jeûne; quatre messes, d'un jeûne de quatre mois; trente messes, d'un jeûne de toute l'année. Un grand seigneur pouvait rendre sa pénitence plus douce en la partageant avec ses amis; mais auparavant il était dans l'obligation de confesser ses péchés de s'en corriger, et de recevoir avec douleur la pénitence de ses fautes. Si la pénitence qui lui était imposée l'obligeait à jeûner pendant sept ans, il pouvait la racheter en faisant jeûner pour lui autant de personnes qu'il en fallait pour accomplir en trois jours le jeûne de sept années; mais on ne le dispensait pas pour cela de certaines œuvres de satisfaction, comme d'aller pieds nus, de porter le cilice, et de distribuer des aumônes considérables.

Saint Dunstan convoqua en 969, par ordre du Pape Jean XIII, un concile général d'Angleterre, où le roi Edgard fit entendre de vives plaintes contre les dérèglements des clercs. Non-seulement ils ne portaient plus la couronne de la grandeur prescrite par les canons, mais tout leur extérieur, leurs habits, leurs gestes, leurs paroles, montraient la corruption de leur cœur; négligeant les offices divins, surtout ceux de la nuit, sans réserve et de la tenue la plus immodeste à l'église, ils semblaient n'y venir que pour rire et s'amuser. Abandonnés aux débauches de la table et du lit, ils y ajoutaient les jeux de hasard et les danses qu'ils poussaient jusqu'à minuit avec des bruits scandaleux. C'est ainsi qu'ils usaient du patrimoine des rois, des aumônes du peuple, des revenus de l'Église de Jésus-Christ. Les soldats s'en plaignaient hautement, les fidèles en murmuraient, les comédiens en faisaient des risées, et les évêques seuls dissimulaient ces désordres. Edgard, pour ranimer leur zèle, écrivit en ces termes à l'assemblée des évêques d'Angleterre : « Il est temps de s'élever contre ceux qui ont dissipé la loi de Dieu; j'ai en main le glaive de Constantin, et vous celui de saint Pierre, joignons-les pour purger le sanctuaire du Seigneur, afin que les enfants de Lévi servent dans le temple. Que la considération des saintes reliques, que ces mauvais clercs insultent, des autels qu'ils profanent et des aumônes de nos prédécesseurs dont ils abusent, vous anime à me seconder et à sévir contre eux jusqu'à ce qu'ils se soient corrigés. » S'adressant ensuite à l'archevêque Dunstan, il le chargea avec Ethelwold de Winchester et Osval de Worschester, de chasser des églises les prêtres qui les déshonoraient par leur vie scandaleuse, et de mettre à leur place des ecclésiastiques de bonnes mœurs. — Sur les plaintes du roi, le concile ordonna à tous chanoines, prêtres, diacres et sous-diacres, d'observer la continence, sous peine de quitter leurs églises. On remit l'exécution de ce décret à saint Dunstan et aux deux évêques nommés par le roi. Celui de Worchester fit bâtir un grand nombre de monastères dans son diocèse, y mit des moines avec un abbé, auquel il confia le soin des églises après en avoir chassé les prêtres séculiers. L'évêque de Winchester en fit de même, et ces deux prélats, d'accord avec saint Dunstan, furent les restaurateurs de la discipline monastique en Angleterre. Quelques-uns des prêtres qu'on avait chassés prirent l'habit monastique, résolus de vivre à l'avenir d'une manière plus réglée ; mais comme ils n'étaient nullement au fait de cette vie, Ethelwod fit venir des moines d'Abbendon pour les en instruire.

Saint Dunstan avait excommunié un comte très-puissant, pour avoir contracté un mariage incestueux. Ce comte se pourvut successivement devant le roi Edgard et à Rome. L'archevêque ne voulut point se relâcher, quelque prière qu'on lui en fît. Sa fermeté ébranla le coupable. Il vint pieds nus et des verges à la main au milieu du concile, et se soumit à la pénitence qui lui serait imposée. Saint Dunstan et les autres évêques en eurent pitié, lui pardonnèrent sa faute et le relevèrent de son excommunication.

Dès l'an 966, le roi Edgard chassa de l'église de Winchester les clercs mariés et de mauvaises mœurs, et mit à leur place des moines qu'il réunit en communauté, dont il se déclara le protecteur. Dans le diplôme qu'il leur accorda à cette occasion, il montre de grands sentiments de piété, donne aux religieux des avis sur la manière dont ils doivent se comporter dans le cloître et recevoir les étrangers, et leur permet d'élire leur abbé selon la règle de saint Benoît. Il souscrivit cette pièce, et avec lui, un grand nombre d'évêques, d'abbés et de seigneurs laïques. Par un autre diplôme, il accorda au même monastère plusieurs terres considérables, avec de grandes menaces contre ceux qui, à l'avenir, tenteraient de les en dépouiller.

Le même prince, dans un concile tenu à Londres, en 970, fit confirmer ses donations au monastère de Glassembury, en se réservant à lui et à ses héritiers le droit d'investiture, c'est-à-dire le droit d'installer l'abbé élu par la communauté, en lui remettant le bâton pastoral. Il demanda au pape Jean XIII une bulle confirmative des mêmes donations. Le pape, en l'accordant, prit le monastère de Glassembury sous la protection du saint-siège, confirma aux moines le droit d'élection, mais sans dire un mot de celui d'investiture que le roi s'était réservé. Le roi et la reine souscrivirent l'acte du concile, et après eux plusieurs évêques, abbés et seigneurs du pays. Le diplôme accordé par le pape fut expédié dans un concile qu'il tint à Rome en 971; et il y a toute apparence que le roi Edgard l'avait demandé par ses députés pour donner plus de force à cette confirmation. Il manque quelque chose aux actes de la grande assemblée dans laquelle ce prince prit la résolution de mettre des moines dans le monastère de Malmesbury, à la place des chanoines qui l'habitaient. L'acte qui en fut dressé est signé du roi, de deux archevêques, trois évêques, trois abbés et trois ducs. En parlant de la sainte Vierge, on a affecté de lui donner en caractères grecs le titre de Mère de Dieu, θεοτόκος.

Après la mort d'Edgard, arrivée en 975, les clercs qu'il avait fait chasser de leurs églises, à cause de leur vie scandaleuse, renouvelèrent leurs plaintes, appuyés de plusieurs seigneurs, particulièrement d'Alfier, prince des Merciens, qui s'était déclaré hautement contre les moines en renversant presque tous les monastères que saint Ethelwod avait fait bâtir dans ses Etats. Les troubles qu'ils excitèrent donnèrent lieu au concile de Winchester qui se tint la même année ; saint Dunstan y présida, et les clercs et les moines eurent la liberté d'y défendre leur cause en plein concile, mais sans que les premiers pussent réussir à la gagner. Deux autres conciles, l'un réuni à Kent en 978, et l'autre à Ambresbury, confirmèrent la sentence du concile de Winchester.

EDMÈRE, surnommé *le Chantre*, était Anglais de naissance. Il fut d'abord moine du Bec, ensuite de Cantorbéry, puis, de disciple de saint Anselme, il en devint l'ami et le confident. Il eut part à ses travaux, l'accompagna dans son exil et dans ses voyages ; rien ne put le séparer de son maître, pas même les menaces du roi d'Angleterre. Aussi le pieux évêque de Cantorbéry ne faisait rien sans prendre conseil d'Edmère, qu'il avait choisi comme guide spirituel et pour directeur. Après la mort de ce pontife, Edmère vécut quelque temps en simple moine, mais dans la bienveillance de Radulphe, qui avait succédé à saint Anselme sur le siége de Cantorbéry. Ce fut par l'entremise de ce prélat qu'Alexandre, roi d'Ecosse, lui fit proposer l'évêché de Saint-André. Il le refusa, suivant le plus grand nombre des historiens ; mais s'il faut en croire quelques autres, il gouverna cette Eglise jusqu'en 1124. Il abdiqua alors l'épiscopat, revint à son monastère de Cantorbéry, et en fut prieur jusqu'à sa mort, arrivée en 1137. Il ne faut pas le confondre avec Edmer ou Elmer, prieur de Saint-Alban, mort en 980, à qui l'on attribue cinq livres d'*Exercices spirituels*, un recueil de lettres et des homélies.

Ses écrits.—Edmère s'était appliqué, dès l'enfance, à remarquer tout ce qui arrivait de nouveau, surtout dans le gouvernement de l'Eglise, et à le graver sur sa mémoire. Il se donna en même temps à l'étude de l'éloquence, de sorte qu'il devint aussi versé dans la connaissance de l'histoire qu'habile dans l'art de bien dire.

Vie de saint Anselme. — Le premier de ses ouvrages est la *Vie de saint Anselme*, divisée en deux livres, et précédée d'un prologue, dans lequel l'auteur rend compte de son dessein. Il remarque qu'il avait déjà rapporté plusieurs circonstances de cette vie dans un autre ouvrage, et qu'il n'a entrepris celui-ci que pour les ordonner avec plus de suite et plus d'étendue. Il veut parler sans doute de l'*Histoire des nouveautés*, dont nous allons dire un mot tout à l'heure. La Vie de saint Anselme se trouve en tête des œuvres de ce pontife, dans les éditions de Cologne, en 1612, et de Paris, en 1630, 1675 et 1721. Surius et Bollandus l'ont également reproduite au 21 avril. Dom Martène, dans le tome VI° de sa grande collection, a publié un poëme des *Miracles de saint Anselme*, que l'on attribue également à Edmère.

Histoire des nouveautés. — Sous ce titre, l'auteur rapporte ce qui s'est passé de plus considérable dans l'Eglise d'Angleterre, depuis l'avénement du roi Edouard au trône de son père, en 1066, jusqu'en 1122. Cette histoire est divisée en six livres. Les quatre premiers contiennent la vie de saint Anselme, avec plusieurs de ses lettres. Le cinquième contient l'apologie du saint évêque, qu'Edmère justifie du reproche qu'on lui adressait, de n'avoir pas, comme ses prédécesseurs, employé ses revenus à construire des édifices utiles à l'Eglise et à la société. Il rappelle qu'à son avénement à l'épiscopat et au retour de chacun de ses exils, le pieux évêque avait trouvé les terres de son Eglise ravagées, et si pauvres, qu'elles pouvaient à peine suffire à ses charités. Il rapporte quantité de lettres écrites par saint Anselme, et quelques-unes aussi qui lui avaient été adressées par diverses personnes. Les deux dernières concernent l'élection d'Edmère à l'évêché de Saint-André. Il fait encore mention de ce fait dans le sixième livre, où il parle également du second mariage du roi Henri avec la princesse Adélaïde, fille de Godefroi, duc de Lorraine ; de l'élection de Turstan à l'évêché d'Yorck, et de la légation du cardinal Pierre de Léon en Angleterre. Edmère donne à son ouvrage le titre de *Nouveautés*, parce que, depuis que Guillaume, duc de Normandie, s'était emparé du royaume d'Angleterre, on n'avait installé aucun évêque ni abbé qu'ils n'eussent fait hommage au roi, en recevant de sa main l'investiture de leur évêché ou de leur abbaye, par la remise de la crosse ou du bâton pastoral. Cet usage, inconnu jusque-là, était considéré par saint Anselme comme contraire aux canons. Il refusa de s'y soumettre et fit tous ses efforts pour l'abolir ; ce qui lui attira de fâcheux démêlés avec Guillaume le Roux, et son fils Henri, qui fut son successeur. Cette histoire, enrichie des notes de Jean Selden, a été imprimée à Londres, in-fol., en 1623.

De l'excellence de la Vierge. — Dans le traité qui porte ce titre, Edmère relève l'origine de la Vierge, sa qualité de mère de Dieu, son amour ineffable pour son fils, la douleur dont elle fut pénétrée en le voyant attaché à la croix, et la joie qu'elle éprouva à sa résurrection et à son ascension. Il rappelle les avantages que la Vierge a procurés aux hommes, en mettant au monde leur Rédempteur; il parle aussi de son assomption glorieuse dans le ciel, et finit par une longue prière dans laquelle il lui demande sa protection. — Sous le titre des *Quatre vertus de Marie*, il a fait aussi un traité pour louer en elle les quatre vertus cardinales, la justice, la prudence, la force et la tempérance; et il en tire cette conclusion que Jésus-Christ, en voulant s'incarner, ne pouvait choisir une vierge plus parfaite que Marie.

De la Béatitude. — Ce traité est précédé d'une lettre adressée au moine Guillaume, et dans laquelle Edmère lui apprend qu'il avait composé ce travail d'un discours prononcé par saint Anselme, dans le chapitre de Cluny, et de ce qu'il avait entendu dire ailleurs sur l'état des bienheureux dans le ciel. Il parcourt tous les avantages que les hommes estiment le plus en cette vie, la beauté, la force, l'éternité de la vie, la sagesse, la joie, et montre que les bienheureux les posséderont dans un degré bien plus éminent. — Nous devons répéter ici, à propos du traité des *Similitudes*, que le fond est de saint Anselme, et la forme de quelqu'un de ses disciples, vraisemblablement d'Edmère, dont il porte le nom dans la plupart des manuscrits.

Vies des Saints. — La *Vie de saint Wilfride*, par Edmère, a été donnée par dom Mabillon, dans le tome III des *Actes de l'ordre de Saint-Benoît*, et par Henschenius, au 24 avril. Celle de *saint Bregwin* se trouve dans le II° tome de l'*Angleterre sacrée*, avec les Vies de saint Oswalde et de saint Dunstan, et une lettre d'Edmère aux moines de Glaston, qui croyaient avoir le corps de cet archevêque. On attribue encore à Edmère un livre des *Miracles de saint Dunstan*, dont Surius a fait l'abrégé au 19 mai. Henri Warton a inséré aussi, dans le tome II de l'*Angleterre sacrée*, la *Vie de saint Ouen*, archevêque de Cantorbéry, écrite suivant lui par Edmère, et non par Osbern, comme dom Mabillon l'a avancé dans le VII° tome de ses *Actes*. On y trouve encore une lettre de Nicolas, prieur de Worchester, touchant la primauté de l'église d'Yorck, et une d'Edmère aux moines de Worchester, sur l'élection d'un évêque. Warthon, dans sa préface, parle de plusieurs autres écrits d'Edmère, qui n'ont pas encore été publiés, savoir: un poëme en l'honneur de saint Dunstan, un autre à la louange de saint Edouard, roi et martyr; un écrit sur l'ordination de saint Grégoire; un poëme en vers héroïques sur les actions mémorables de saint Anselme et de saint Elphège, tous les deux archevêques de Cantorbéry; un *Traité de la conception de la Vierge*, la *Vie de Pierre*, premier abbé de Saint-Augustin de Cantorbéry; un autre sur le culte des saints; un autre sur les reliques de saint Ouen et de plusieurs autres saints, qui étaient conservées dans l'église de Cantorbéry; un livre des *Instituts de la vie chrétienne*; un *Traité sur l'archange saint Gabriel*, et un autre, sous ce titre: *De commovendo super se manum sancti Petri apostoli*. Il serait à souhaiter que plusieurs de ces ouvrages vissent le jour; la science patrologique ne pourrait que gagner à leur publication.

Edmère écrivait avec beaucoup d'ordre, d'exactitude et de clarté; son style simple, naturel, facile, le met au-dessus de beaucoup d'autres écrivains du même siècle. Il recueillait avec soin tous les documents qui pouvaient jeter quelque jour sur les faits rapportés dans ses écrits, et les constater à la postérité. Aussi, tous ceux qui, après lui, ont travaillé sur l'histoire ecclésiastique et civile de l'Angleterre, n'en parlent-ils qu'avec éloge. Guillaume de Malmesbury, en particulier, lui adresse les louanges les plus complètes dans le prologue de ses *Gestes des rois*, et dans plusieurs autres endroits du même ouvrage.

EDMOND, premier de ce nom, et neuvième roi anglais de la dynastie saxonne, était fils d'Edouard Ier, dit le *Vieux*, et d'Edgine, sa seconde femme. Il ne régna qu'après la mort d'Adelstan, son frère naturel, et monta sur le trône en 941. Les commencements de son règne furent troublés par les Northumbriens qui épiaient sans cesse l'occasion de se révolter. Edmond leur imposa tellement, en se présentant dans leur pays à la tête d'une armée, qu'ils eurent recours aux soumissions les plus humbles pour le fléchir. Pour gage de leur obéissance, ils lui offrirent d'embrasser le christianisme. Edmond, se défiant de cette conversion forcée, transféra ailleurs une colonie de Danois établis dans cinq villes de la Mercie, parce qu'ils avaient coutume de profiter des moindres troubles pour introduire les rebelles ou les étrangers dans le royaume. Il ôta aussi la principauté de Cumberland aux Bretons, pour la donner à Macolm, roi d'Ecosse, à condition qu'il en ferait hommage à la couronne d'Angleterre, et qu'il protégerait ses provinces du Nord contre les incursions des Danois. Il s'appliqua à policer les mœurs de ses sujets, et gratifia les églises de plusieurs nouveaux priviléges. Les vertus, l'habileté, la puissance, la tempérance d'Edmond, lui promettaient un règne long et heureux, lorsque tout à coup un accident funeste vint mettre fin à son existence. Un jour qu'il célébrait une fête dans le comté de Glocester, en 946, indigné de voir assis à une des tables un scélérat nommé Léof qui avait été banni pour ses crimes, il lui ordonna de sortir. Ce misérable refusa d'obéir à son souverain; Edmond irrité se jeta inconsidérément sur lui et le saisit aux cheveux. Léof tira un poignard et il frappa le monarque qui mourut à l'instant, jeune encore et dans la sixième année de son règne. Il eut pour successeur son frère Edred, parce que les enfants mâles qu'il laissa étaient encore en bas âge. Ce fut sous le règne d'Edmond que la peine capitale fut infligée pour la première fois. Ce prince, ayant remarqué que les amendes n'étaient pas des punitions pour les hommes convaincus de vol, parce qu'ils n'avaient généralement rien à perdre, il ordonna que dans les bandes de voleurs le plus âgé serait pendu. Cette loi fut regardée dans tous les temps comme excessivement sévère. En 944, le jour même de Pâques, Edmond, roi d'Angleterre, tint à Londres une assemblée, composée d'ecclésiastiques et de laïques, dans laquelle il fit promulguer un grand nombre de lois, dont quelques-unes regardaient l'Eglise. Odon de Cantorbéry et Wulfstan d'York assistaient à cette assemblée avec plusieurs autres évêques. Ils imposèrent la continence aux clercs sous peine de privation de leurs bénéfices pendant la vie, et de sépulture chrétienne après la mort. Les églises étaient à la charge des évêques, qui devaient avoir soin d'avertir le roi d'orner celles qui n'étaient pas de leur juridiction. Les prêtres étaient obligés d'assister au mariage qui se célébrait dans l'église où ils disaient la messe. Défense d'attaquer celui qui s'est réfugié dans une église. Ces lois, dont nous ne nous chargeons pas même de donner l'analyse, parce qu'elles ne nous présentent rien de particulièrement intéressant, se retrouvent dans presque toutes les collections des conciles, auxquelles nous renvoyons nos lecteurs.

EGBERT, frère d'Etbert, roi de Northombrie, avait été placé dès son enfance dans un monastère. Il était déjà avancé en âge lorsqu'il fut ordonné diacre dans un voyage qu'il fit à Rome. A son retour en Angleterre, Wilfrid, évêque d'York, voulant consacrer ses derniers jours à la solitude et à la prière, le fit ordonner à sa place en 732. Ce choix lui fut inspiré moins par la considération de la naissance que du savoir et de la piété du nouveau prélat. Egbert obtint du pape Grégoire III le pallium avec la dignité d'archevêque. Paulin avait déjà porté le même titre, mais les successeurs d'Egbert ne prirent que celui d'évêque. Le Vénérable Bède, qui avait été son maître avant son ordination, continua de l'assister de ses conseils dans son épiscopat. On peut se faire une idée de son attachement par la lettre qu'il lui écrivit vers l'an 734. Egbert était le Mécène des savants de son siècle; il travailla de toutes ses forces au rétablissement des études, et dans le but de contribuer aux progrès des lettres, il forma à York une bibliothèque nombreuse, dans laquelle il réunit tout ce qu'il put se procurer des manuscrits des meilleurs auteurs. Saint Boniface, archevêque de Mayence, qui connaissait son mérite, soumit à son jugement la lettre qu'il écrivit à Ethelbald, roi des Merciens, pour l'engager à réformer ses Etats après s'être réformé lui-même. Egbert mourut en 766, après avoir gouverné l'Eglise d'York pendant environ trente-quatre ans.

Extraits des canons, etc. — Le premier de ses écrits dans la collection du P. Labbe est un recueil de divers extraits des canons, des lettres des papes et des écrits des Pères. Le but d'Egbert dans cet ouvrage était de rappeler son clergé et son peuple à l'observation de l'ancienne discipline. Ce recueil contient en tout deux cent quarante-cinq extraits qu'il propose en forme de canons. Voici ce qui nous a paru le plus remarquable : Tous les prêtres doivent, aux heures marquées du jour et de la nuit, réunir le peuple au son d'un instrument destiné pour les assemblées, célébrer en sa présence les divins offices, et l'instruire de la manière et des heures auxquelles on doit adorer Dieu. Ils recevront du peuple les décimes et mettront par écrit les noms de ceux qui en auront donné; puis ils en mettront à part la première partie pour l'ornement de l'église, la seconde pour l'usage des pauvres et des étrangers, et la troisième pour leur propre subsistance. Celui qui aura été ordonné pour le service d'une église, ne pourra passer à une autre, et sera obligé de servir dans la première jusqu'à la mort. Tous les prêtres imposeront une pénitence proportionnée aux crimes qui leur seront confessés; mais ils auront soin de suivre en cela les conseils de la plus sage prudence. Quant aux moribonds, ils leur donneront à tous le saint viatique et la communion du corps de Jésus-Christ. Ils oindront aussi les infirmes de l'huile sanctifiée, en accompagnant cette onction de prières. Chaque évêque aura soin, dans son diocèse, que les églises soient bien construites; que tout s'y fasse avec décence; que les offices s'y célèbrent dignement; que les fidèles mènent une vie exemplaire, chacun dans sa position, et que chaque jour le clergé s'assemble à sept heures différentes pour la récitation de l'office, qui se faisait la nuit, puis à prime, tierce, sexte, none, vêpres et complies. Quelques-uns mêlaient du vin avec de l'eau pour l'administration du baptême. C'était aller contre l'institution même du sacrement, puisque Jésus-Christ n'a pas commandé de baptiser avec du vin, mais avec de l'eau. On ne doit point consacrer d'autels avec l'huile sainte, s'ils ne sont de pierre. Il suffit à un prêtre de dire la messe une fois le jour, puisque Jésus-Christ n'a souffert qu'une fois, et a néanmoins racheté le monde par ses souffrances.

Pénitentiel. — Le *Pénitentiel* d'Egbert est distribué en trente-cinq articles qui contiennent autant de pénitences particulières à imposer pour les fautes dont il y est fait mention. Il regarde non-seulement les clercs, mais aussi les moines et les laïques. On y lit qu'un clerc qui sera convaincu de s'être enivré, sera séparé de la communion pendant trente jours ou puni de peines corporelles; s'il en fait habitude, il sera mis pendant trois mois en pénitence au pain et à l'eau; si quelqu'un refuse de se réconcilier avec son frère pour qui il a de la haine, on le mettra en pénitence au pain et à l'eau jusqu'à ce qu'il se soit réconcilié. Le *Pénitentiel* d'Egbert était divisé en quatre livres. C'est du second que Spelman a tiré les trente-cinq canons dont nous venons de parler, et qu'il a fait imprimer dans le tome Iᵉʳ des *Conciles d'Angleterre*, Londres, 1639.

De l'institution ecclésiastique. — Warœus fit imprimer à Dublin en 1664, sous le nom d'Egbert, avec quelques opuscules de Bède, un dialogue intitulé *De l'institution ecclésiastique*. Warthon l'a reproduit à Londres en 1693. Il est par demandes et par réponses, et contient en tout vingt-trois questions avec les réponses à la suite. Il paraît par la préface que ce dialogue fut communiqué à plusieurs évêques avant d'être rendu public. On demande dans la neuvième question, s'il est permis à un prêtre, soit indigène, soit étranger, de célébrer et d'exercer les autres fonctions de son ministère sans l'agrément de l'évêque diocésain. La réponse porte textuellement qu'on ne permet point aux prêtres qui courent les provinces sans lettres de recommandation, d'exercer aucune fonction sans l'aveu de l'évêque du lieu; mais que cependant on peut l'accorder dans les choses nécessaires, et en usant à leur égard de la plus grande discrétion. La réponse à la seizième question donne des raisons de l'établissement du jeûne des Quatre-Temps, et dit que les saints docteurs apostoliques les ont ordonnés pour se conformer aux prescriptions de la loi ancienne qui commandait aux Israélites d'offrir au Seigneur les prémices des fruits de la terre. Egbert remarque qu'en Angleterre on ne se contentait pas de jeûner le mercredi, le vendredi et le samedi des Quatre-Temps de décembre, mais qu'on jeûnait pendant les douze jours qui précèdent la fête de Noël. Parmi le peuple aussi bien que dans les monastères, on les passait en veilles, en prières, en aumônes, afin de se préparer par l'exercice des bonnes œuvres à recevoir le corps de Jésus-Christ le jour de cette solennité. Il fait remonter cette coutume jusqu'au pontificat de pape Vitalien, comme Théodore était évêque de Cantorbéry, vers l'an 669.

On voit par les lettres de saint Boniface, archevêque de Mayence, qu'Egbert lui avait écrit et envoyé plusieurs présents ; ce saint l'en remercie en lui demandant les commentaires de Bède sur les *Proverbes* de Salomon, et en le priant d'y joindre, s'il était possible, un Lectionnaire pour toute l'année. Nous n'avons plus cette lettre d'Egbert.

EGELNOTE, archevêque de Cantorbéry, florissait sous le règne de l'empereur Conrad le Jeune, vers l'an 1030, et se rendit recommandable par sa charité. Trithême lui attribue un écrit à la louange de la Vierge, quelques lettres et d'autres ouvrages qu'il n'indique pas autrement.

EGILVARD, moine de Virzbourg, a écrit la *Vie de saint Burchard*, évêque et fondateur de ce monastère. Il entreprit ce travail par l'ordre de son abbé, et après avoir rédigé les *Actes du martyre de saint Kiliain et de ses compagnons*. Kiliain était un moine écossais qui passa en Allemagne, dans le dessein d'annoncer l'Évangile aux peuples de la Franconie. Mais avant d'entreprendre cet apostolat, il se rendit à Rome, pour se faire relever des censures dont l'Église d'Écosse était frappée pour sa participation aux erreurs pélagiennes. Muni des pouvoirs du pape Conon, il prêcha la foi à Virzbourg et convertit un grand nombre de personnes, entre autres le duc Gozbert. Il voulut obliger ce prince à répudier Gelaine, qu'il avait épousée quoiqu'elle eût été la femme de son frère : Gozbert y consentit, mais celle-ci s'en vengea, en faisant mourir secrètement le saint et ses compagnons, dont on jeta les corps aux immondices. Mais sous le règne du roi Pépin et le pontificat du pape Zacharie, c'est-à-dire vers l'an 752, on leur donna une sépulture plus honorable. Ce fut vers le même temps que saint Boniface, archevêque de Mayence, érigea Virzbourg en évêché et lui donna saint Burchard pour premier évêque. Quoique ces *Actes* soient écrits d'un style grave et sérieux, cependant ils contiennent diverses circonstances qu'Egilvard aurait pu supprimer, et qui n'étaient fondées alors que sur des traditions populaires. Par exemple, nous ne savons où il avait appris que l'Écosse tout entière eût été excommuniée à cause du pélagianisme. Il semble dire aussi que Kiliain fut le premier évêque de Virzbourg, ce qui ne s'accorde nullement avec la vérité de l'histoire. Canisius applique ce passage à saint Burchard, dont Egilvard promet de donner la Vie. Si Kiliain fut ordonné évêque par le pape Conon, comme il l'affirme, ce ne peut être qu'en qualité d'évêque régionaire. Ces *Actes* ont été imprimés à Mayence, en 1611, parmi les opuscules théologiques de Serrarius; et la *Vie de saint Burchard* se trouve dans Surius au 14 octobre. Canisius, au tome IIIᵉ de ses *Leçons*, a donné une autre Vie du même saint, mais elle est d'un écrivain anonyme plus ancien qu'Egilvard.

EGINHARD, l'un des plus savants historiens du IXᵉ siècle, naquit dans la France orientale, qui comprenait alors la Hollande. Amené jeune encore à la cour de Charlemagne, ce prince le fit élever avec ses propres enfants qui ne cessèrent depuis de l'honorer de la plus constante amitié. Il eut pour maître le célèbre Alcuin, et, sous sa direction, il fit dans les lettres des progrès si rapides, que le roi Charles le choisit pour son secrétaire et lui accorda bientôt aussi la surintendance de ses bâtiments, place importante et qui supposait dans Eginhard autant de connaissances des beaux-arts que de la belle littérature. Son mariage avec une personne de la cour, nommée Emma ou Imma, servit de texte à tant de suppositions, qu'il est difficile aujourd'hui de démêler l'histoire du roman et des autres fictions de la poésie. Cependant si cette Emma eût été réellement la fille de Charlemagne, comme quelques-uns l'ont prétendu, comment Eginhard aurait-il omis de la nommer dans la liste qu'il a dressée lui-même des enfants de ce monarque? Il nous semble donc beaucoup plus simple de penser avec dom Bouquet que, sans être précisément fille d'empereur, Emma était cependant de la plus haute condition. Eginhard en eut un fils nommé Vussin, qui embrassa la vie monastique. Il fut député à Rome en 806 pour y faire confirmer par le pape Léon III le premier testament de Charlemagne; mais on ne voit nulle part qu'il ait souscrit au second, le seul qui fut exécuté. Après la mort de cet empereur, Eginhard passa au service de Louis le Débonnaire, qui lui confia l'éducation de Lothaire, son fils, et le dota, lui et sa femme, de deux terres considérables dont ils tirent, dans la suite, des donations à divers monastères. Ils se séparèrent d'un mutuel consentement, se vouèrent l'un et l'autre au service de Dieu, et Eginhard se retira au monastère de Fontenelle, qu'il gouverna depuis l'an 816 jusqu'en 823. Il en remit alors l'administration à Anségise, son ami, et, après avoir passé successivement par les monastères de Saint-Pierre et de Saint-Bavon de Gand, il se fixa dans sa terre de Mulinheim, qu'il convertit en abbaye sous le nom de Séligenstadt ou Selgenstad. Il en fut le premier abbé, et par l'entremise de Ratlair, son secrétaire, il obtint de Rome des reliques de saint Pierre et de saint Marcellin, qu'il fit déposer sous le maître autel de ce nouveau monastère. Les guerres civiles qui survinrent entre les fils de Louis le Débonnaire, et dont ce prince fut la victime, achevèrent de le dégoûter de la cour, et, bien loin d'avoir favorisé l'odieux complot tramé par Lothaire, comme quelques-uns l'en ont accusé, on voit au contraire, par le style ferme et courageux de ses lettres, qu'il ne négligea rien pour en empêcher l'exécution. Eginhard concentra les dernières années de sa vie dans son monastère de Selgenstad. Là, entièrement livré à l'étude et aux exercices de la piété, il n'eut plus de commerce au dehors qu'avec les gens de lettres. C'est ainsi qu'il lia avec le jeune Loup, alors élève de Fulde et depuis abbé de Ferrières, une amitié qui ne finit qu'avec sa vie. Quoiqu'il fût depuis longtemps séparé de sa femme, cependant la nouvelle de sa mort le trouva inconsolable; et, dans le pressentiment que la sienne ne pouvait être éloignée, il songea sérieusement à s'y préparer. En effet, il ne lui survécut que de deux ans et mourut en 839. L'ancien *Bréviaire de Saint-Vandrille* fait mémoire de lui au 18 mai, et l'abbaye de Fontenelle célébrait sa fête au 20 de février; mais l'Eglise ne l'a jamais reconnu pour saint.

Ses écrits. — On ne s'est pas toujours entendu pour attribuer à Eginhard tous les écrits qui lui appartiennent. Il s'est même rencontré quelques auteurs qui ont révoqué en doute celui de tous qui paraît le plus incontestablement de lui, je veux dire la *Vie de Charlemagne*; mais aujourd'hui tous les doutes sont levés, et Eginhard est rentré en paisible possession de son œuvre. Elle passe même pour d'autant plus authentique et d'autant plus sincère qu'elle a été écrite par un homme qui avait vécu longtemps et familièrement avec ce prince, qu'il appelle son seigneur et son nourricier. Loup de Ferrières qui, comme nous l'avons dit, étudiait à Fulde en 834, et s'était lié d'amitié avec Eginhard, le déclare formellement auteur de cette histoire. Il paraît s'être proposé de diviser son ouvrage en deux parties, tel qu'on le retrouve encore dans quelques manuscrits. Dans la première partie, l'auteur donne une idée abrégée des grands exploits de Charlemagne, et, sans entrer dans de grands détails, il en dit assez pour faire connaître en général les guerres qu'il a eues à soutenir; comment il les a terminées toujours à son avantage; la crainte, l'estime et le respect qu'il avait inspirés aux autres princes; à quel degré de gloire et de grandeur il s'était élevé, et combien il avait étendu les limites de son empire. Eginhard emploie la seconde partie à décrire les inclinations, les mœurs, les actions domestiques de Charlemagne; sa manière d'élever ses enfants, de gouverner ses Etats, et enfin sa mort. Il termine son histoire par le dernier testament de ce prince, qu'il rapporte en son entier. Sigebert et Vossius, suivis de quelques autres savants, donnent de grands éloges à la sincérité de cette histoire. Ce dernier pense qu'Eginhard avait pris pour modèle Suétone, auquel il ne le trouve pas inférieur par le style. Loup de Ferrières enchérit encore sur ce jugement, et il avoue sans détours à l'auteur que pour la clarté, la précision, l'élégance et les autres beautés du langage, il ne le cède en rien à ce qu'on admire le plus dans les anciens. Sans prendre précisément à la lettre cette critique qui sent peut-être un peu trop l'amitié, on peut dire que cet ouvrage est incontestablement un des meilleurs écrits que nous ait légués le IXe siècle. Il a eu un nombre infini d'éditions. La première est celle que le comte Herman de Nuénare publia sous ce titre : *Vita et Gesta Caroli Magni*, Cologne, 1521, in-4°, rare; mais la plus estimée est celle publiée à Utrecht, en 1711, par les soins de Herman Schmincke. Le texte en a été collationné sur cinq manuscrits différents, et l'on y a joint des notes de Bessel, de Bollandus et de Godalst. On en a également plusieurs traductions en français; la plus connue est celle du président Cousin, dans son *Histoire de l'empire d'Occident*.

Annales. — Le comte de Nuénare, qui le premier a mis au jour les *Annales regum Francorum Pipini, Caroli Magni, Ludovici Pii ab anno 741 usque ad annum 829*, les attribue à un moine bénédictin qu'il ne nomme pas. Pierre Pithou les inséra dans son *Recueil d'historiens de France*, Paris, 1588; et Marquard Freher dans le sien, Francfort, 1613, mais en en faisant honneur à un moine nommé Adelin, Adelme ou Adhémar. André Duchesne, le premier, a démontré qu'Eginhard en est le véritable auteur, et tous les critiques, à l'exception de Lecointe, se sont rangés à son avis. En effet, il y a tant de conformité entre le style de ces *Annales* et celui de la *Vie de Charlemagne*, qu'on y reconnaît sans peine la main du même auteur; et il faut avouer qu'il nous reste peu d'écrits historiques de la même époque qui méritent plus de croyance que celui-ci, puisque l'auteur était contemporain des faits qu'il rapporte. Aussi, à mesure qu'il se rapproche des temps où il écrivait, le voyons-nous s'étendre sur les faits en raison de leur importance. Ces *Annales* forment un corps d'histoire de quatre-vingt-sept ans et donnent la vie publique de Charlemagne comme l'ouvrage précédent avait rendu compte de sa vie privée. Elles ne se bornent pas seulement à l'histoire profane, mais elles racontent aussi quantité de faits intéressants de l'histoire ecclésiastique. Nous n'avons pas à répéter ici ce que nous en avons dit ailleurs; il doit nous suffire de renvoyer nos lecteurs à la biographie de ces princes qu'elles nous ont servi à composer. Cependant nous ne pouvons nous dispenser de relever un fait singulier qu'Eginhard affirme s'être passé dans le diocèse de Toul, aux environs de la ville de Commercy en Lorraine. Une jeune fille d'environ douze ans, après avoir reçu la communion le saint jour de Pâques, passa trois années entières, non-seulement sans prendre aucune nourriture, mais sans même en éprouver la moindre envie; elle commença ce jeûne prodigieux en 823 et ne le finit qu'aux premiers jours de novembre 825. Alors elle recommença à prendre des aliments, et poussa son existence aussi loin que celle des autres hommes. On trouve ces *Annales* à la suite de la *Vie de Charlemagne* dans les éditions que nous avons indiquées plus haut.

Lettres. — Il nous reste d'Eginhard un recueil de lettres qui renferment des particularités intéressantes sur sa personne, et le récit de quelques événements dont il fut le témoin. Ces lettres, au nombre de soixante-deux, sont adressées pour la plupart à des évêques, des abbés, des seigneurs de la cour, et traitent, à la vérité, de choses particulières, mais qui ont trait cependant à l'histoire générale. Eginhard prend assez souvent le titre de pécheur, surtout en tête des lettres adressées aux évêques. Cependant il y en a quelques-unes aussi où il se donne celui d'abbé, ce qui nous autorise à le lui confirmer. Enfin on en compte dans le recueil trois ou quatre écrites au nom de Louis le Débonnaire, ce qui fait juger qu'Eginhard aurait exercé, au moins pendant quelque temps, la charge de secrétaire de ce prince comme il avait fait sous Charlemagne. Toutes ces lettres sont écrites d'un style simple qui prouve que l'auteur visait beaucoup plus au naturel qu'à l'élégance. Celles qui nous semblent mériter particulièrement de fixer l'attention du lecteur sont les trentième, trente-deuxième, trente-quatrième, cinquante-cinquième et soixante-deuxième.

La trentième nous apprend que l'auteur avait un fils nommé Vussin, qui s'était consacré à Dieu et qui savait allier les exercices de la piété chrétienne avec l'étude des sciences et des beaux-arts, et particulièrement de l'architecture. Eginhard lui donne sur ce point d'excellents avis, qui sont une preuve incontestable de la piété de son père. Quoiqu'il l'aidât lui-même de ses lumières pour accélérer autant que possible ses progrès dans l'étude, il a soin de l'exhorter cependant à préférer à tout le reste les bonnes mœurs, parce que sans elles tous les arts libéraux sont vains et nuisibles même aux serviteurs de Dieu. C'est la charité seule qui édifie; sans elle la science ne fait qu'enfler le cœur.

Il était attaqué d'une maladie dangereuse lorsqu'il écrivit la trente-deuxième pour réclamer les prières des religieux d'un monastère qu'il ne nomme pas. On a lieu de penser que cette lettre était adressée à sa femme Emma, qu'il appelle sa sœur, parce que depuis qu'il en était séparé par ses vœux, il ne se considérait plus comme uni à elle que par les liens de la fraternité.

La trente-quatrième est adressée à Lothaire, qui méditait déjà le perfide dessein qu'il exécuta quelque temps après. Cette lettre invoque les motifs les plus saints et fait parler les raisons les plus fortes et les plus pressantes pour l'en détourner et le retenir dans le respect et la subordination qu'il devait à l'empereur son père. Cette lettre nous apprend que Lothaire avait eu Eginhard pour premier maître, et nous nous sommes expliqué plus haut sur le titre de neveu qu'il donne à ce prince.

La cinquante-cinquième est sans inscription, mais on ne peut douter qu'elle n'ait été écrite à un évêque, puisqu'Eginhard s'y plaint que la rareté des ministres de l'autel l'obliget à lui envoyer un clerc, en le priant de lui conférer l'ordre du diaconat. Il affirme en même temps à cet évêque que le clerc dont il lui parle a non-seulement l'âge requis par les canons, mais encore les vertus nécessaires pour remplir dignement les saintes fonctions de l'ordre qu'il sollicite en sa faveur. Cette lettre est une preuve qu'Eginhard s'acquittait avec zèle de ses devoirs d'abbé.

La dernière lettre, qui est aussi la plus longue de tout le recueil, est une réponse à l'impératrice Hermengarde, femme de Louis le Débonnaire. Eginhard s'y justifie avec autant de respect que de fermeté de plusieurs accusations dont cette princesse le chargeait, et particulièrement d'avoir eu quelque part aux premiers troubles qui agitèrent l'État après la mort de Charlemagne. Cette lettre fut écrite en 816 ou 817, plusieurs années avant la trente-quatrième, ce qui prouve qu'on a tenu peu de compte de l'ordre chronologique dans la rédaction de ce recueil.

A ces soixante-deux lettres, il faut en joindre une autre qui se trouve parmi celles de Loup de Ferrières, où elle est placée la troisième. C'est une réponse à la lettre de condoléance que cet abbé lui avait écrite sur la mort d'Emma, sa femme. On y voit l'affliction extrême que lui causa cet événement. Nous avons quatre autres lettres de l'abbé de Ferrières à Eginhard; et il est probable que ce dernier lui répondit. Nous n'avons ni ces réponses ni celle qu'il fit vraisemblablement à la lettre qu'il reçut de Frothaire, évêque de Toul.

Histoire de la translation, etc.—L'Histoire de la translation des reliques de saint Marcellin, *prêtre, et de saint Pierre, exorciste*, l'un et l'autre martyrs, porte dans les manuscrits, comme dans les imprimés, le nom d'Eginhard. Personne mieux que lui n'était capable de transmettre ces souvenirs à la postérité, puisque c'était par sa prière et par ses soins que les reliques des saints martyrs avaient été transportées de Rome en Allemagne. Il avait été témoin oculaire d'un grand nombre de miracles que ces reliques avaient opérés sur leur passage, ce qui rend d'autant plus respectable le récit qu'il fait à la suite de l'histoire de leur translation, qui s'accomplit vers l'an 827. L'ouvrage est divisé en quatre livres, et imprimé de la sorte dans le Suppplément à Surius, par Mosander. Suivant Baronius cet écrit d'Eginhard est du plus grand intérêt pour l'histoire de l'Eglise, parce qu'il est difficile de révoquer en doute la vérité des faits rapportés sous l'autorité de son nom. A la suite de cette histoire, et sur le même manuscrit d'où il l'avait tirée, Mosander a fait imprimer un long poëme qui contient en vers iambiques les actes des mêmes martyrs, sans autre raison de l'attribuer à Eginhard, que parce qu'il l'avait trouvé à la suite d'un écrit qui ne lui a jamais été contesté. Dom Mabillon cependant affirme l'avoir vu dans un manuscrit de l'abbaye de Saint-Benoît-sur-Loir avec cette inscription : *Incipit Rhythmus Einhardi viri eruditissimi de passione martyrum Marcellini et Petri*. On voit au premier coup d'œil que ce sont les actes en prose qui ont fourni la matière au poëme.

Abrégé chronologique. — Sur la foi de Lambecius qui appuie son dire de raisonnements qui le rendent assez probable, on attribue encore à Eginhard un ouvrage intitulé, *Breviarium Chronologicum ab orbe condito ad annum Christi* 809. C'est un abrégé très-succinct des six âges du monde par le Vénérable Bède, dont le rédacteur a conduit la chronique jusqu'à la quarante-deuxième année du règne de Charlemagne et la neuvième de son empire. Depuis la création jusqu'à cette époque, il ne compte que 4761, et ne fait naître Jésus-Christ que l'an du monde 3852. Duchesne, qui a publié cet abrégé, l'a fait suivre de très-courtes annales, qui commencent en 691 et finissent en 810 inclusivement; mais on n'a aucune preuve qu'Eginhard en soit l'auteur.

Avis à l'empereur. — L'Histoire de la translation de saint Marcellin et de saint Pierre et les Annales de Fulde font mention d'un écrit qui contenait en douze articles et même davantage, des avis auxquels Eginhard avait fait quelques remarques et des additions. On croyait que ces avis avaient été révélés à un aveugle nommé Albric par le ministère de l'ange Gabriel, afin qu'Eginhard les présentât à Louis le Débonnaire, qu'ils regardaient personnellement. Notre auteur en effet en rapporte le récit sur la bonne foi de Ratlair, son secrétaire, de qui il le tenait, et qui l'avait appris de l'aveugle lui-même. Eginhard lut ces avis, les corrigea et les présenta à l'empereur qui les reçut, en observa une partie et ne fit aucun profit des autres. On ignore de quelle nature étaient ces avis; Eginhard avait promis d'en révéler le contenu dans un autre ouvrage; mais il ne paraît pas qu'il l'ait fait, ou tout au moins, s'il l'a exécuté, l'écrit en est perdu aussi bien que celui à qui il devait servir d'explication.

Du culte de la Croix. — Loup de Ferrières parle d'un traité sur l'adoration de la croix, *De oranda cruce*, qu'Eginhard lui avait dédié; nous ne l'avons plus et nous savons seulement que cet abbé en faisait grand cas et le regardait comme très-utile. Il ressort de la manière dont il en parle qu'il avait engagé lui-même Eginhard à traiter cette matière, car il témoigne en même temps qu'il lui ferait plaisir de résoudre de la même façon les autres questions qu'il lui avait proposées.

Abrégé du Psautier. — Eginhard fit à l'égard du Psautier, qui était en usage dans les églises de France, ce que le Vénérable Bède avait fait à l'égard du Psautier hébraïque; c'est-à-dire qu'il en tira les versets qui contenaient quelques prières et qu'il en composa un recueil. C'est de Sigebert que nous apprenons ce fait; mais le recueil n'est pas arrivé jusqu'à nous.

Histoire des Saxons. — Adam, chanoine de Brême, qui florissait dans le XIe siècle, fait mention d'une *Histoire des Saxons* écrite par Adhémar, et il en rapporte lui-même plusieurs fragments dans les chapitres 4e, 5e, 6e et 7e de son *Histoire ecclésiastique de Saxe*. Cet Adhémar, auquel de son propre aveu l'astronome historien de Louis le Débonnaire, emprunte tout ce qu'il rapporte de la vie de ce prince jusqu'au commencement de son empire, est probablement le même qu'Eginhard, que l'on trouve du reste assez souvent cité sans les noms d'Adhémar, Adelme, et Hémar dans les écrivains de l'antiquité. Ce qui nous le ferait croire, c'est que l'astronome qualifie Adhémar de très-noble et très-dévot religieux, contemporain de Louis le Débonnaire et nourri lui dans le même palais. Or nous avons vu ailleurs que toutes ces particularités conviennent mieux à Eginhard qu'à tout autre écrivain du même temps.

Plan du monastère de Saint-Gal. — Enfin, on fait honneur à Eginhard de l'ancien plan du monastère de Saint-Gal et de toutes ses officines. Dom Mabillon l'a fait graver dans ses *Annales*; mais il n'a point rapporté les vers dont ce plan était accompagné. Ces vers sont ordinairement des monostiques, quelquefois des distiques ou des quatrains pour orner les autels, le baptistère, l'appartement des hôtes et des pauvres, le lieu destiné aux écoles, et en un mot toutes les officines qui se rencontrent dans une grande communauté. Canisius, le premier qui ait publié ces vers, en fait l'éloge ainsi que du plan qu'avec Dom Mabillon il ne craint pas d'attribuer à Eginhard. En effet, il faut avouer que sa charge d'intendant des bâtiments du roi et les connaissances qu'elle suppose en architecture, rendent au moins cette opinion fort probable. Ce plan fut dressé du temps de l'abbé Gosbert qui gouverna ce monastère depuis 816 jusqu'en 837. L'auteur, en lui parlant, l'appelle son fils, ce qui suppose qu'il avait sur lui quelque prééminence d'âge ou de dignité; circonstances qui, bien loin de détruire, ne tendent qu'à fortifier le sentiment de Dom Mabillon.

Les plus anciens auteurs s'accordent à louer la noblesse d'Eginhard, sa qualité d'élève d'un empereur, son esprit, sa prudence, l'intégrité de ses mœurs et son habileté dans les beaux-arts. Walfride Strabon, dans une épigramme qu'il a consacrée à sa mémoire, assure que, malgré sa petite taille, on admirait en lui tous les talents qui font les grands hommes. Le chroniqueur de Fontenelle nous le présente comme un homme consommé dans toutes les sciences, *viro undecunque doctissimo*. On a pu se convaincre par le détail de ses ouvrages, que si ces louanges sont un peu exagérées, Eginhard avait au moins acquis toutes les connaissances que l'on pouvait posséder de son temps. Un auteur contemporain du précédent déclare que personne ne l'a surpassé en prudence et en bon conseil. Aimoin de Fleuri, qui ne l'avait connu que sous le nom d'Adhémar, quoiqu'il déclare avoir beaucoup profité de ses écrits, nous le représente comme un moine aussi distingué par sa noblesse que par sa science et sa piété. Enfin Vossius, réfléchissant sur les observations astronomiques qu'Eginhard a insérées dans ses *Annales*, conclut de leur justesse que l'auteur était très-versé dans cette étude. Toutes ces remarques et bien d'autres, que nous avons eu occasion de faire dans le cours de cet article, nous autorisent donc à considérer Eginhard comme le savant le plus universel du IXe siècle.

EIGIL (saint) naquit dans la Norique, d'une famille noble du pays, qui l'envoya dès son enfance à Fulde pour y être élevé sous les yeux de saint Sturme, abbé du lieu et leur parent. Il passa plus de vingt ans sous la conduite de ce saint homme mort en 779, et ses progrès dans les sciences ne purent être surpassés que par ses progrès dans la piété. Devenu digne du sacerdoce par son mérite, il reçut l'ordination des mains de saint Lulle, archevêque de Mayence. Ratgar, successeur de Baugulfe, qui avait lui-même succédé à saint Sturme, s'étant rendu odieux aux moines par sa tyrannie, fut déposé et banni, et Eigil élu à sa place en 818, malgré tous ses efforts pour faire tomber sur un autre le choix de la communauté. Elle ne tarda pas à changer de face sous son gouvernement. Au lieu du trouble, de la discorde et de l'irrégularité, Eigil y fit régner la paix, l'union des cœurs et l'exacte discipline. Le bien spirituel de ses moines ne lui fit point perdre de vue les soins matériels qu'il devait à son monastère. Il fit achever l'église où saint Boniface avait été inhumé, et la dédicace s'en fit avec une grande pompe le 1er novembre 819. Mais de toutes ses actions celle qui fit le plus de gloire à son gouvernement fut le rappel de Ratgar, qu'il eut la générosité de demander à l'empereur Louis le Débonnaire qui le lui accorda. Eigil continua de gouverner pieusement son abbaye de Fulde jusqu'au mois de novembre 822, époque à laquelle il finit saintement sa carrière. Quelques années avant sa mort, l'école du monastère avait acquis un nouveau lustre sous la direction du savant Raban Maur, qui lui succéda dans la dignité d'abbé. On est étonné de ne retrouver le nom de saint Eigil dans aucun martyrologe, pas même dans celui de Raban qui avait été témoin oculaire de sa sainteté, et qui dans l'épitaphe qu'il consacra à sa mémoire ne parle de lui que comme d'un bienheureux. Peu de temps après la mort du saint abbé, Candide, son disciple, composa en prose et en vers l'histoire de sa vie qui est ainsi arrivée jusqu'à nous.

Ses écrits. — Ce que fit Candide en faveur de son maître, saint Eigil l'avait fait avant lui pour la mémoire de saint Sturme, premier abbé de Fulde, sous la direction duquel il avait passé plus de vingt ans. Nous avons sa vie qu'il écrivit en prose, et dans laquelle il donne en même temps l'histoire de la fondation et des premiers commencements de l'abbaye de Fulde. Il entreprit cet ouvrage à la prière d'une vierge consacrée à Dieu et nommée Angildruthe, à qui il l'adresse par une préface. Il la prie d'en prendre elle-même la défense contre la critique de ses envieux. On juge de là que c'était une personne considérable et douée au moins de quelque savoir. Dom Mabillon conjecture qu'elle était abbesse de Bischalfeim, au diocèse de Mayence, ou de Kintsingen dans le diocèse de Wirtzbourg. L'auteur assure dans la même préface qu'il a écrit cette histoire, partie sur ce qu'il avait appris de personnes d'une probité et d'une piété reconnue, partie sur ce qu'il avait vu lui-même pendant qu'il avait été disciple du saint abbé. Cette double circonstance, jointe à l'idée que nous avons donnée plus haut de la science, de la gravité et de la vertu de l'auteur, doit nous faire regarder son histoire comme un des ouvrages les plus authentiques et les plus respectables que nous ayons en ce genre. Eigil était si assuré des faits qu'il avance qu'il ne craignit pas, avant de les exposer au grand jour, de les soumettre à la censure de ses moines, parmi lesquels il s'en trouvait plusieurs encore qui avaient vécu avec saint Sturme. En effet il la leur fit lire plusieurs fois à table, au jour anniversaire de la mort du saint abbé; et bien loin qu'aucun y trouvât quelque chose à reprendre, Raban Maur, qui était alors modérateur de l'école du monastère, composa un petit poème à la louange de l'auteur et de son travail. Il est vrai cependant qu'on blâme Eigil d'y avoir censuré un peu trop vivement la conduite de saint Lulle à l'égard du saint fondateur de Fulde; mais outre que cette action ne fit pas honneur à ce prélat, on ne doit pas être surpris qu'en cette occasion un disciple prenne un peu vivement la défense de son maître, et surtout d'un maître qui, de l'aveu de tous les historiens catholiques, a passé pour un des plus grands et des plus saints personnages de son siècle. Cette vie au reste n'est pas, comme tant d'autres, surchargée de miracles, de lieux communs et de choses extraordinaires qui ne nous apprennent presque rien de l'histoire des saints dont elles portent le nom. On y trouve au contraire une suite de faits intéressants et bien circonstanciés, qui nous instruisent amplement de la vie de saint Sturme, et des faits importants qui se sont accomplis au monastère de Fulde, pendant son gouvernement et depuis l'origine de cette abbaye. Le jésuite Christophe Brower est le premier qui l'ait fait imprimer, dans le recueil qui porte pour titre : *Sidera illustrium et sanctorum virorum*, et qui parut à Mayence, in-4°, en 1616. L'ouvrage, extrait d'un excellent manuscrit de Bamberg, s'y trouve avec son titre et un frontispice particulier, imprimé sur des feuilles détachées, comme toutes les autres pièces du même recueil. De là les continuateurs de Surius l'ont fait passer dans leur collection au 17 de décembre; et c'est sur ces deux éditions que Dom Mabillon lui a donné place dans le IV° volume des *Actes de l'ordre de Saint-Benoît*, après l'avoir enrichi de notes et d'observations préliminaires.

On a imprimé une *Requête des moines de Fulde contre l'abbé Ratgar*, présentée en 811 à l'empereur Charlemagne, et à la tête de laquelle se lisent quatre vers élégiaques au même prince. Cette requête, comprise en vingt articles, qui contiennent autant de griefs contre cet abbé despote, est remplie d'une foule de notions curieuses sur la discipline monastique alors en usage. Brower l'a publiée au chapitre XV de son II° livre des *Antiquités de Fulde*; et Dom Mabillon l'a donnée à la suite de la *Vie de saint Eigil*, par le moine Candide. On ne peut guère douter que le pieux abbé n'ait eu la principale part à cette requête; le discours d'Hestulfe, archevêque de Mayence, qui lui donna la bénédiction abbatiale, suppose suffisamment qu'il en était un des premiers auteurs.

On a laissé perdre quelques statuts que saint Eigil avait dressés pour l'établissement de certains bons usages dans son monastère. Les lettres qu'il avait écrites pendant son gouvernement, et peut-être aussi avant qu'il fût abbé, ont subi le même sort. Aucune n'est arrivée jusqu'à nous.

ELEUTHÈRE (saint), issu de parents chrétiens, naquit à Tournai en 456. Son père se nommait Serène, et sa mère Blanda. Dieu l'avait doué de si heureuses dispositions, qu'il fit autant de progrès dans les lettres que dans la piété. Il fut élevé avec saint Médard, depuis évêque de Noyon, qui lui dit un jour, en riant, qu'il deviendrait évêque du lieu de sa naissance. L'événement se chargea de faire de cette plaisanterie une espèce de prédiction. En effet, en 486, Eleuthère, qui n'avait encore que trente ans, fut élu évêque à la place de Théodore, dont le siège épiscopal avait été transporté à Blandini, à deux lieues de Tournai, pour le mettre à couvert des violences des païens. Les premières années de son épiscopat furent pour lui des années de troubles et d'épreuves. D'une part, les Français, maîtres du pays, étaient encore païens; de l'autre, son diocèse était ravagé par différentes hérésies. Pour garantir son troupeau de ces influences également dangereuses, il eut besoin de redoubler sa vigilance pastorale et ses travaux. Aussi le fit-il avec tant de zèle et d'application, malgré les mauvais traitements qu'il eut à subir, qu'il convertit à la foi catholique un grand nombre d'idolâtres. La conversion de Clovis et celle des Francs qui la suivit, ayant rendu les temps plus calmes, le saint évêque en profita pour rétablir son siège épiscopal dans la ville de Tournai. Il continua de gouverner son église jusqu'à l'âge de soixante-seize ans, et il en passa trente-six dans l'épiscopat. On ne convient ni du jour, ni de l'année de sa mort; cependant il paraît probable qu'elle arriva en 532, le 20 de février, jour auquel l'Eglise honore sa mémoire.

André Scot est le premier qui ait publié quelques opuscules sous le nom de notre saint prélat. Du tome XV de la *Bibliothèque des Pères* de Cologne, ils sont passés à la fin du huitième volume de celle de Lyon, mais non sans avoir subi quelques mutilations et quelques changements. Ceux qu'on a retenus sont : 1° une *Profession de foi sur le mystère de la Trinité*. On lit en note, à la marge, que saint Eleuthère la présenta au pape Symmaque, la quatorzième année de son épiscopat; 2° un *Sermon* sur le même sujet, qu'il prononça, dit-on, dans un synode assemblé pour réfuter les impiétés des hérétiques qui attaquaient ce mystère ; 3° trois autres sermons; un sur l'*incarnation du Verbe*, le second sur la *naissance du Sauveur*, et le troisième sur l'*Annonciation* ; 4° enfin une *Prière* que le saint fit à Dieu, au lit de la mort, pour la conservation de la foi dans son église de Tournai.

Les critiques doutent que l'on soit bien fondé à attribuer ces écrits à saint Eleuthère, et leur doute ne paraît pas dénué de raisons plausibles. Cependant il est difficile qu'un évêque, placé dans les circonstances où s'est trouvé saint Eleuthère, c'est-à-dire obligé de combattre en même temps les impiétés de l'hérésie et les folies du paganisme, n'ait pas composé plusieurs ouvrages dans le cours d'un aussi long épiscopat. Mais, ou ces ouvrages auront été brûlés avec ses reliques, comme nous l'affirme le plus ancien auteur de sa vie, écrite au IX° siècle, ou ils auront péri dans l'incendie de 1092, qui consuma la ville de Tournai, avec tous les monuments qui concernaient notre saint. Quant aux écrits publiés sous son nom, et dont nous venons d'indiquer le catalogue, on peut dire que les deux premières pièces, avec la dernière, ont tout à fait l'air d'une compilation, dans laquelle on a fait entrer divers fragments de sa vie, qui contiennent tant de faits suspects, qu'on est en droit de douter du reste, et même de rejeter le tout comme faux et controuvé. Les sermons sur l'incarnation, la naissance du Sauveur et l'annonciation de la Vierge valent beaucoup mieux : il y a même dans le dernier un assez beau passage sur la virginité en général, et une prière fort édifiante à la sainte Vierge; mais, comme dans les autres écrits, on y trouve des expressions et des tournures qui ne paraissent pas être du siècle où vivait saint Éleuthère.

ELISABETH, de Schnauge, naquit en 1138. Dès l'âge de douze ans, elle embrassa la vie religieuse dans le monastère de Schnauge, que l'abbé Hildelin venait de faire bâtir au diocèse de Trèves, près d'un autre monastère du même nom, dont il était également le fondateur. Dans les lettres qu'elle nous a laissées, Elisabeth ne se donne pas d'autre titre que celui d'humble moniale et de maîtresse des sœurs établies à Schnauge. C'est à tort que quelques historiens l'ont appelée abbesse; elle vivait, avec ses sœurs, sous la conduite de l'abbé Hildelin, qui gouvernait en même temps un monastère d'hommes de l'ordre de Saint-Benoît. Elisabeth avait vingt-trois ans lorsqu'elle commença à être favorisée d'extases et de révélations que l'abbé Hildelin l'obligea de découvrir à son frère. Celui-ci se nommait Lebert, et était chanoine de l'église de Bonne. Il vint s'établir à Saint-Florin de Schnauge, en 1152, y fit profession de la vie religieuse, et en devint dans la suite le second abbé. Il écrivit sous la dictée de sa sœur les visions et les révélations qu'elle avait eues, et en forma cinq livres, auxquels plus tard il en ajouta un sixième pour rapporter les circonstances de sa mort dont il avait été le témoin. Le troisième est intitulé *Des voies du Seigneur*. Tous ces livres sont écrits d'un style simple, et l'auteur ne paraît pas y avoir ajouté beaucoup du sien. Il suit l'ordre chronologique, et rapporte de suite tout ce qui arriva à sa sœur, depuis le jour de la Pentecôte de l'an 1152, jusqu'au jour de sa mort, qui arriva le 18 juin 1165. Elisabeth n'était âgée que de trente-six ans, et l'Eglise l'a placée depuis au nombre des saints. Les Bollandistes ont fait imprimer, à la suite de sa vie, une partie de ses visions et révélations. On trouve, dans la troisième, des exhortations très-utiles pour les différentes positions de la vie; des reproches aux prélats de son temps, et ce principe de théologie que des prêtres ne laissent pas d'avoir le pouvoir de consacrer le corps de Jésus-Christ, encore qu'ils auraient été ordonnés par des évêques dont l'entrée dans l'épiscopat n'eût pas été canonique. Tout ce qui se trouve rapporté dans le quatrième livre du martyre de sainte Ursule et des onze mille vierges, ses compagnes, ne mérite aucune croyance, quoique Elisabeth affirme qu'elle en avait appris l'histoire de sainte Vérenne, dont le corps avait été apporté à Schnauge en 1156. On avait déjà une *Histoire des onze mille vierges*, rejetée de tous les critiques, et dans laquelle sainte Elisabeth elle-même relevait plusieurs fautes; ce qui ne l'a pas empêchée de donner dans le roman et de rapporter plusieurs faits, dont il lui eût été facile d'apercevoir la fausseté. Le P. Sirmond conjecture que le nom d'une martyre, appelée Undecimilla, aura donné lieu à l'histoire fabuleuse des onze mille vierges.

Des quinze lettres que nous avons sous le nom de sainte Elisabeth, la plus remarquable est celle qu'elle écrivit à sainte Hildegarde, sur quelques peines d'esprit qui la jetaient dans le trouble. Sainte Hildegarde, qui en avait eu connaissance par une révélation, lui écrivit pour la consoler. Elisabeth la remercia par une lettre, dans laquelle elle convient que son esprit en effet avait été agité de quelques troubles, à propos de quelques discours malveillants que le monde se permettait sur son compte. Elle les aurait soufferts avec plus de patience, s'ils n'avaient eu pour auteurs que des gens du peuple; mais les religieuses mêmes avaient censuré sa conduite, sans connaître sa personne, ni la grâce de Dieu qui agissait en elle; ce qui lui avait rendu sa peine beaucoup plus sensible. Elle se plaint aussi des fausses lettres que l'on faisait circuler sous son nom, et dans lesquelles on lui supposait des prophéties sur le jour du jugement. Elle déclare que les révélations dont Dieu l'avait favorisée par le ministère d'un ange, n'avaient pour but que d'engager les peuples à faire pénitence de leurs péchés. Pour éviter les sentiments d'orgueil que pouvaient lui inspirer ces révélations, elle les avait longtemps tenues secrètes, et ne les aurait jamais publiées sans un ordre exprès et plusieurs fois réitéré de cet envoyé de Dieu. Enfin, elle les avait racontées en présence des magistrats et de quelques personnes de piété, après avoir consulté Dieu et pris le conseil de son supérieur. Elle ajoute que, parmi ceux qui les entendirent, les uns les reçurent avec respect, et les autres s'en moquèrent et en firent des railleries.

Les cinq livres des *Visions et révélations de sainte Elisabeth de Schnauge* ont été imprimés avec les révélations de sainte Hildegarde et de sainte Brigitte, à Paris, in-folio, 1513, et depuis, à Cologne, en 1628. Il y en a une édition italienne, publiée à Venise in-4°, en 1589. Les Bollandistes ont également reproduit tout ce qui se rattache aux actions de la sainte dont ils rapportaient la vie.

ÉLOI (saint), de Noyon. — Il est peu de grands hommes dans l'antiquité catholique dont l'histoire soit plus certaine que ne l'est celle de ce prélat, puisqu'elle a pour auteur saint Ouen, son ami particulier, qui a passé avec lui plusieurs années de sa vie. Eloi naquit à Cadillac, à deux lieues de Limoges, vers l'an 588, d'une famille honnête et depuis longtemps chrétienne. Son nom latin Eligius, et ceux de son père qui s'appelait Euchérius et sa mère Terrigia, font voir que cette famille, probablement gauloise d'origine, était devenue romaine à la suite de la conquête. La nature avait doté Eloi des plus excellentes qualités ; plein de prudence sous des dehors simples et modestes, il joignait à un riche caractère un génie fécond en ressources et un penchant décidé pour les arts du dessin. Son père le plaça chez le préfet de la monnaie de Limoges, où en peu de temps il fit de très-grands progrès dans l'orfévrerie. Etant entré ensuite chez Babbon, trésorier du roi Clotaire II, ce prince, qui avait été à portée de l'apprécier, le nomma son monétaire, et Dagobert, son successeur, le fit son trésorier. Ces deux souverains lui fournirent les moyens de développer ses talents, en lui confiant l'exécution de très-riches et très-importants ouvrages. Il fut chargé, entre autres objets, de la composition des bas-reliefs qui ornaient le tombeau de saint Germain, évêque de Paris, mort en 576. Il orna d'or et de pierreries le tombeau de saint Martin de Tours, et on nous a conservé plusieurs descriptions des embellissements qu'il fit à l'autel et au tombeau de saint Denis, près de Paris. On voit encore son nom sur plusieurs monnaies d'or frappées à Paris, à l'effigie de Dagobert Ier et de Clovis II. Il exécuta également pour le roi Clotaire deux siéges en or massif enrichis de pierreries, qui passèrent alors pour des chefs-d'œuvre, ce qui prouve qu'à cette époque le luxe avait déjà fait de grands progrès en France. Ces occupations ne nuisaient en rien aux exercices de piété qu'il s'était prescrits. Sans entrer ici dans le détail de ses aumônes immenses, de ses veilles continuelles, de ses jeûnes et autres austérités, ni faire l'éloge du soin qu'il prenait de racheter les captifs, et d'inspirer à tous, mais surtout à ses domestiques, la piété qu'il professait lui-même, nous dirons seulement qu'en travaillant il avait toujours devant les yeux un livre ouvert pour s'instruire de la loi de Dieu, tandis qu'autour de sa chambre se trouvaient quantité d'autres livres, et particulièrement de l'Ecriture sainte, qu'il lisait après la psalmodie et l'oraison. Mais il donna des marques encore plus éclatantes de sa piété, par la fondation de deux célèbres monastères : l'un à Solignac, où il mit des moines de Luxeuil, sous la conduite de saint Rémacle, depuis évêque de Maestricht ; le second était un monastère de filles qu'il établit à Paris dans une maison qu'il tenait de la libéralité du roi, et où il réunit jusqu'à trois cents vierges auxquelles il donna sainte Laure pour abbesse. Sa résidence à la cour lui fit lier connaissance avec saint Didier, qui devint plus tard évêque de Cahors, et saint Ouen qui le fut de Rouen ; et il se forma entre ces trois saints personnages une union qui dura autant que leur vie. Le crédit dont Eloi avait joui auprès du roi Clotaire, se changea en autorité et en puissance sous Dagobert son fils, qui l'employa utilement en quelques ambassades. Il donna des preuves de son zèle pour la foi en faisant assembler un concile à Orléans pour la condamnation d'un hérétique artificieux, et il n'en témoignait pas moins contre la simonie qui de son temps défigurait l'Eglise de France. Tel était Eloi lorsqu'une grande assemblée, réunie pour remédier aux maux de l'Eglise, l'élut unanimement pour gouverner celles de Tournai et de Noyon, qui n'avaient alors qu'un même évêque. Le motif qui le fit préférer à tout autre, c'est que ces peuples avaient besoin d'un pasteur aussi instruit que zélé, pour les tirer des ténèbres de l'idolâtrie où ils étaient encore plongés. Eloi fut ordonné à Rouen, en même temps que saint Ouen, son ami, qui venait d'en être nommé évêque. La cérémonie s'en fit le 21 mai 640, la troisième année du règne de Clovis le Jeune. Par la conduite qu'Eloi avait menée dans le siècle et au milieu de la cour, il est aisé de juger celle qu'il tint dans l'épiscopat. Il eut besoin de toute sa patience et de tout son zèle pour annoncer l'Evangile à des peuples aussi barbares et aussi obstinés dans l'idolâtrie que l'étaient alors les Flamands, les Suèves et les Frisons. Cependant il y mit tant de douceur, de prudence et de discrétion, que les instructions qu'il leur faisait tous les jours sans relâche eurent la vertu d'en amener un grand nombre à la connaissance de Jésus-Christ. Quelque grand que fut son zèle pour la conversion des peuples confiés à ses soins, il ne laissait pas néanmoins de se prêter dans l'occasion aux besoins généraux de l'Eglise. C'est dans cette vue qu'il assista, en 644, au concile de Châlons-sur-Saône, où, avec un grand nombre d'autres évêques, il eut part aux sages règlements qui y furent faits. Il serait même allé à Rome secourir l'Eglise contre l'hérésie des monothélites, conformément à la demande du pape saint Martin, s'il n'en avait été empêché par quelque obstacle insurmontable.

Enfin, après dix-neuf ans et demi d'un épiscopat illustré par le don des miracles et la sainteté la plus avérée, Dieu l'appela à lui pour couronner ses travaux apostoliques par toutes les récompenses de l'éternité. Il mourut à une heure du matin, dans la nuit du 30 novembre au 1er décembre 659. Il était âgé de plus de soixante-dix ans. Il laissa après lui plusieurs disciples qu'il avait formés à la vertu, et qui firent revivre sa doctrine après sa mort. Plusieurs d'entre eux furent élevés à l'épiscopat, d'autres à la dignité d'abbé, et quelques-uns fondèrent de nouvelles églises.

Ses écrits. — Saint Ouen, dans la vie qu'il nous a laissée du pieux évêque de Noyon, nous apprend qu'il travaillait avec un zèle infatigable à la conversion de son peuple; qu'il laissait rarement s'écouler un jour sans lui adresser des exhortations, et que ses sermons, quoique généralement fort courts, étaient pleins d'instructions importantes et d'avertissements salutaires

Cet auteur les a réunis dans un seul discours qui contient, sous le titre d'*Abrégé de la doctrine de saint Eloi*, les instructions les plus ordinaires que ce saint prélat donnait à son peuple. Elles sont tirées pour la plupart des sermons de saint Césaire, dont les évêques se servaient alors pour la prédication. Ce discours a été imprimé à la fin du sixième tome des œuvres de saint Augustin, sous ce titre : *de Rectitudine catholicæ conversationis*; et on le retrouve également dans un ancien manuscrit ayant appartenu à l'abbaye de Saint-Germain des Prés, avec cette inscription : *Incipiunt sermones beati Eligii quos cum summo studio plebi proferebat ex locupletissimo cordis thesauro*. C'est un abrégé des principaux devoirs du chrétien. Le saint pontife représente d'abord l'obligation où sont les pasteurs d'instruire leurs peuples. Il les exhorte à se souvenir souvent des vœux de leur baptême et à méditer sur le jugement dernier. Il leur fait voir qu'il ne suffit pas de porter le nom de chrétien, mais qu'il faut encore en produire les œuvres. Il cherche à leur inspirer l'horreur des superstitions profanes et des restes de l'idolâtrie. Il leur donne ensuite quantité d'avis salutaires, comme d'honorer Dieu, d'aimer ses ennemis, de faire l'aumône, d'assister à l'office divin et aux prédications de tous les dimanches, de faire souvent le signe de la croix, de donner aux églises la dîme du gain et des revenus de ses propriétés, d'éviter les péchés mortels, de veiller sur ses paroles et sur ses actions, de mépriser le monde, de faire des pénitences continuelles et de ne jamais désespérer de son salut. Il y a aussi un passage de ce discours où il est dit que chaque chrétien a un bon ange pour l'assister, et que, quand il pèche, il change son bon ange pour prendre un démon. Partout les obligations de la vie chrétienne s'y trouvent expliquées d'une manière simple, mais zélée, tendre et paternelle. Saint Eloi y suppose ses auditeurs déjà baptisés; ce qui fait voir que saint Ouen n'y a rien inséré des instructions que notre saint prélat faisait aux idolâtres pour les amener à la connaissance du vrai Dieu. Cependant la plupart des vices qu'il y combat étaient des restes de superstitions païennes dans lesquelles son peuple avait été plongé.

Homélies. — Indépendamment de ce discours, nous possédons un recueil de seize homélies sous le nom de saint Eloi, mais on doute qu'elles soient réellement de lui, parce qu'elles sont composées de passages et de citations des Pères, comme de saint Augustin, de saint Léon, de saint Ambroise, de saint Césaire d'Arles et de saint Grégoire. Ces pères y sont même cités sous le nom de saints et de bienheureux. Ainsi, saint Benoît, par exemple, y est appelé bienheureux et très-saint père. On pense généralement que ces citations sont affectées. On ajoute même qu'il s'y trouve des passages de plusieurs auteurs qui ont écrit depuis saint Eloi, comme de saint Isidore de Séville, d'Alcuin, d'Aimon d'Halberstadt, et on en conclut que ces prédications sont l'ouvrage d'un auteur du IXe siècle. Cependant elles portent généralement un cachet beaucoup plus ancien, et il pourrait tout aussi bien se faire qu'on y eût ajouté plusieurs choses après coup. Quoi qu'il en soit, comme on y trouve encore des restes précieux de l'ancienne discipline, nous avons cru qu'elles n'étaient pas à négliger. C'est pourquoi nous en donnons ici un extrait.

Dans le premier sermon, qui est pour le jour de Noël, l'orateur fait voir le bonheur de cette paix que Jésus-Christ est venu apporter sur la terre aux hommes de bonne volonté; et sur la fin il exhorte ses auditeurs à faire l'aumône. Il y rapporte l'histoire d'un jardinier qui, ayant coutume de donner ce qu'il gagnait aux pauvres, fut tenté d'en garder une partie, pour lui servir en cas qu'il vînt à tomber malade. Après qu'il eut amassé ainsi plusieurs écus, il lui survint au pied un ulcère où la gangrène se mit, de sorte que le chirurgien, qui ne voyait plus d'autre remède, avait déjà pris jour pour lui couper la jambe. Mais dans la nuit le jardinier rentra en lui-même, demanda pardon à Dieu de n'avoir pas continué ses aumônes, et promit de ne jamais les cesser à l'avenir. Le lendemain quand le chirurgien se présenta pour lui couper la jambe, il le trouva sorti; un miracle de la Providence l'avait guéri.

Le second sermon est pour le jour de la Purification. Après plusieurs allégories sur les différentes circonstances de cette cérémonie parmi les Juifs, l'orateur parle de l'usage établi dans cette fête, de tenir à la main des cierges allumés pendant la messe, et dit que l'origine de cette coutume vient de ce que les Romains, après avoir exigé de cinq ans en cinq ans le tribut, faisaient des sacrifices solennels à la fin de février, et allumaient dans la ville des cierges et des flambeaux, cérémonie que l'on appelait *lustre*. L'Église a fait de cette superstition une fête chrétienne, et tous les ans, au 2 février, elle allume des flambeaux, au même instant que le vieillard Siméon tint le Sauveur dans ses bras. Certes, il faudrait être bien crédule pour ajouter foi à cette conjecture qui n'a ni vérité ni vraisemblance.

Le jeûne du carême fait le sujet du troisième sermon, et le prédicateur s'y étend sur les bons effets de cet acte de pénitence.

Le quatrième est pour le jeudi saint. L'orateur remarque que c'était un jour que se faisait la réconciliation des pénitents publics, coupables de crimes qui méritaient que l'évêque les séparât de l'autel. Il leur adresse la parole et les exhorte à examiner eux-mêmes s'ils sont réconciliés avec Dieu, ou, s'ils ne le sont pas, parce qu'il peut arriver que, quoiqu'absous par le ministère de l'évêque, ils ne soient pas pour cela rentrés en grâce avec Dieu qui seul accorde la véritable réconciliation. Il leur montre que pour être véritablement réconciliés, ils ont besoin, suivant l'Apôtre, de se purifier du vieil homme et de devenir de nouvelles créatures, et que ceux qui sont encore dans l'habitude du péché, ne peuvent être réconciliés qu'après une satisfaction proportionnée à la grandeur de leurs fautes. « Si, dit-il, vous avez fait une pénitence digne de Dieu, si vous avez un désir sincère et si vous êtes dans la ferme résolution de ne plus commettre de péchés, vous serez véritablement réconciliés par Jésus-Christ et par nous à qui il a accordé le ministère de la réconciliation. Mais si vous n'êtes pas dans cette disposition, ne vous flattez pas, ne vous trompez pas vous-mêmes, car on ne peut point tromper Dieu comme on trompe les hommes; et celui qui s'est fait son ennemi en l'offensant, ne peut redevenir son ami qu'en lui faisant satisfaction. Ne considérez pas les évêques comme les auteurs, mais comme les simples ministres de votre réconciliation. C'est Jésus-Christ qui absout et qui réconcilie invisiblement; et nous, nous nous acquittons de notre ministère, en faisant extérieurement et visiblement les cérémonies de la réconciliation. » Il console néanmoins ceux qui n'auraient pas fait une entière pénitence, en leur faisant espérer que, pourvu qu'ils se convertissent de tout leur cœur, ils peuvent obtenir le pardon de leurs fautes et être véritablement réconciliés. Il ajoute qu'il y a plusieurs moyens d'expier ses fautes et d'en obtenir la rémission, et il remarque ceux-ci : un mouvement de charité, des aumônes, des larmes, la confession de ses crimes, la mortification de l'esprit et du corps, le changement de vie, l'intercession des saints, et le pardon des ennemis.

La cinquième homélie est sur le sacrifice d'Isaac, elle est fort courte et ne contient rien de remarquable.

La sixième est encore pour le jeudi saint. Il y exhorte tous les chrétiens à faire pénitence et à racheter leurs fautes légères par des jeûnes, des veilles, des aumônes, et d'autres actions de charité. Il les avertit de ne pas attendre à faire pénitence à l'heure de la mort, qui souvent nous surprend au moment que nous y pensons le moins, et sans que nous ayons un instant pour faire réflexion sur notre âme.

La septième est une courte exhortation aux pénitents et aux fidèles, pour les porter à remercier Dieu de la grâce qu'il leur a faite en leur accordant la réconciliation.

La huitième est un long discours au clergé, au peuple et aux pénitents publics. L'orateur exhorte les prêtres qui gouvernent les paroisses à servir d'exemple aux peuples qu'ils conduisent. Il recommande à tous les fidèles l'amour du prochain et le pardon des ennemis; il les engage à se purifier des péchés légers, afin d'éviter non-seulement le feu qui brûlera éternellement les impies, mais aussi ce feu par lequel ils passeront au jour du jugement, si leur justice n'est pas encore assez purifiée. Il encourage aussi les grands pécheurs à se revêtir de cilices et à faire pénitence, afin d'être réconciliés par l'imposition des mains de l'évêque, et il les avertit de s'abstenir du péché après leur réconciliation. Il traite enfin des cérémonies que l'Eglise pratique le jeudi saint, et, outre la réconciliation des pénitents, il rappelle la bénédiction des huiles saintes, la consécration du chrême, le lavement des pieds, celui des autels, des vases sacrés, du pavé et des murailles des églises. Il parle nettement de la présence réelle du corps et du sang de Jésus-Christ dans l'eucharistie, et dit que de même que Jésus-Christ est né réellement et substantiellement de la Vierge, de même les chrétiens reçoivent réellement, sous le voile du mystère, le corps et le sang du Seigneur, quoique l'apparence du pain et du vin subsiste encore, parce que la nature aurait horreur de manger de la chair et de boire du sang; mais on ne peut douter qu'on ne le reçoive réellement et en vérité : *De veritate carnis et sanguinis ejus nullus relictus est ambigendi locus.* Il avoue que les apôtres n'étaient pas à jeun lorsqu'ils le reçurent, mais ce ne saurait être une raison de trouver à redire à la coutume de l'Eglise universelle, parce que l'Esprit-Saint qui la gouverne a voulu, pour honorer un aussi grand sacrement, que le corps de Jésus-Christ fût la première nourriture qui entrât dans la bouche d'un chrétien. C'est pour cela que cette pratique s'observe partout. Il traite enfin de la fréquente communion, et se pose la question de savoir s'il est bon de communier tous les jours. « Il y a des personnes, dit-il, qui souhaitent que l'on fasse choix des jours dans lesquels on vit avec plus de retenue et de piété, et il y en a d'autres qui estiment que l'on peut approcher très-souvent de l'eucharistie, pourvu qu'on n'ait commis aucun des péchés qui exigent la réconciliation de l'évêque. » Il laisse à chacun la liberté de suivre les mouvements de son cœur, et propose, après saint Augustin, les exemples de Zachée et du Centurion. Il avertit les chrétiens que, s'ils se séparent de l'eucharistie, ils périront par la faim; mais aussi que s'ils s'en approchent indignement, ils boiront et mangeront leur propre condamnation. Enfin, il presse fortement les grands pécheurs de faire pénitence, en se faisant séparer de l'autel par le jugement de l'évêque, et leur recommande de considérer cet état, où ils se voient exclus de l'eucharistie, tandis que les justes s'en approchent, comme une image du jugement dernier. Il y a au commencement de cette homélie quelques périodes empruntées à un sermon de saint Césaire d'Arles ; mais nous avons déjà eu occasion de remarquer qu'on se servait communément alors des sermons de ce saint évêque.

La neuvième homélie exhorte les pécheurs à se guérir de leurs péchés par la pénitence.

Dans la dixième, l'orateur revient sur les cérémonies du jeudi saint, et remarque qu'en ce jour-là on délivrait les prisonniers.

L'homélie onzième, qui est aussi pour le même jour, s'adresse aux fidèles et aux pénitents. L'orateur recommande aux premiers d'avoir la foi et de conserver la charité envers Dieu et envers le prochain. Il fait l'éloge de cette vertu et recommande principalement le pardon des ennemis. Il parle de la coutume de l'Eglise de réciter tous les jours les heures canoniales. Il exhorte tous les chrétiens à pratiquer l'oraison, le jeûne et la pénitence. Il ordonne aux pécheurs de confesser leurs crimes, et adresse enfin la parole aux pénitents. « A ces hommes, dit-il, qui sont ici en habit de pénitence, qui ont le visage et les cheveux incultes, et qui montrent, autant qu'on en peut juger par leurs actions, qu'ils ont pleuré leurs péchés, et mortifié en eux les vices de la chair, il est bon de rappeler que bien qu'ils désirent recevoir l'imposition des mains, ils doivent être persuadés néanmoins, qu'elle ne les absoudra point de leurs crimes, si la divine Providence ne les leur pardonne en leur donnant la grâce de la contrition. « L'absolution de l'évêque, dit saint Gré« goire, ne justifie réellement que quand « elle suit le jugement de celui qui sonde « les cœurs; ce qui paraît par la résurrec« tion de Lazare, à qui Jésus-Christ rendit « la vie avant d'ordonner à ses disciples de « le délier. » — Ainsi tous les pasteurs doivent donc faire attention de ne délier que ceux à qui Jésus-Christ a déjà rendu la vie de l'âme par sa grâce. » Après ces paroles il les invita à donner des marques de conversion ; ce qu'ils firent en élevant leurs mains vers le ciel : alors il continua son discours et leur expliqua les effets d'une véritable pénitence, qui consistent à satisfaire à Dieu, à pleurer ses péchés et à n'y plus retomber.

La douzième homélie est sur la charité.

La treizième exhorte les chrétiens à se purifier des péchés de chaque jour par la prière et par l'aumône. Il les avertit sur la fin qu'ils ne doivent pas avoir en horreur les pénitents publics, ni les mépriser comme de grands pécheurs, parce qu'il se peut que parmi eux-mêmes il y en ait plusieurs qui soient plus coupables. Il déplore le malheur de ceux qui ne confessent pas leurs crimes et qui n'en font pas pénitence.

La quatorzième exhorte les chrétiens à se préparer pour recevoir dignement la sainte eucharistie à la fête de Pâques.

Dans la quinzième homélie il revient sur la présence réelle et insiste très-fortement sur cette vérité. « Sachez, dit-il à ses auditeurs, et croyez fermement que, comme la chair que Jésus-Christ a prise dans les entrailles de la sainte Vierge est son vrai corps qui a été offert pour notre salut, de même le pain qu'il a donné à ses disciples et que les prêtres consacrent tous les jours dans l'Eglise, est le vrai corps de Jésus-Christ. Ce ne sont point deux corps, c'est un même corps que l'on rompt et que l'on immole, quoiqu'il demeure sain et entier. » Il engage ensuite tous les chrétiens, clercs, laïques et religieux, qui se sentent coupables des péchés d'envie, de calomnie, de haine, de fornication et de parjure, à se purifier en confessant leur injustice à Dieu. A l'égard de ceux qui ont commis de plus grands crimes et qui sont en pénitence publique, il les avertit de ne plus retomber dans leurs fautes. Il ajoute qu'il y a de grands pécheurs dont les crimes sont tellement cachés qu'ils ne peuvent être admis à la pénitence publique. « Il faut séparer pour un temps ces pécheurs de l'Eglise, dit-il, parce qu'encore qu'ils ne soient pas réconciliés par l'imposition des mains et qu'ils ne reçoivent pas l'absolution, ils doivent cependant mortifier leurs corps par des actes de pénitence et guérir leurs âmes pas de bonnes œuvres. » Ces paroles feraient croire qu'il n'y avait alors que les péchés publics qui fussent soumis à la pénitence publique, et qu'on se contentait à l'égard de ceux dont les péchés étaient secrets de leur conseiller de se séparer de l'Eglise et de faire une pénitence secrète.

On peut tirer la même induction de la seizième et dernière homélie ; car, après avoir exhorté en général tous les chrétiens à se convertir, il adresse la parole à deux personnes *qu'un péché public avait obligées de faire une pénitence publique*. Il les engage à pleurer sincèrement leurs péchés et à n'y plus retomber. Il y a dans cette homélie une proposition insoutenable, savoir, que c'est un crime aussi grand à un homme d'habiter avec sa femme pendant le carême que de manger de la chair en ce temps-là.

Lettre à Didier. — Outre ces homélies, nous avons une lettre de saint Eloi adressée à saint Didier de Cahors. C'est l'unique qui nous ait été conservée, quoique le saint prélat en ait écrit d'autres, comme il paraît par cette lettre même. Elle méritait certainement de passer à la postérité. Ce n'est, il est vrai, qu'une lettre de compliments, mais qui a été dictée par un cœur tout brûlant du feu de la charité et du désir des biens éternels. Dans l'inscription qui se lit à la tête, saint Eloi prend par humilité le titre de serviteur des serviteurs de Dieu. On l'imprime ordinairement à la suite de celles de saint Didier, parmi les autres adressées au même évêque. Aubert le Mire l'a trouvée si belle qu'il l'a insérée tout entière dans son travail sur saint Eloi. On nous a conservé aussi la charte qu'il fit dresser pour la fondation du monastère de Solignac ; elle est de la dixième année du règne de Dagobert 1er et contient plusieurs choses importantes.

Saint Eloi était un écrivain habile pour son époque. Il avait lu saint Cyprien, saint Augustin, saint Grégoire et quelques autres Pères latins, et il s'était formé sur eux. Il aimait la discipline ecclésiastique, et suivait la tradition de ces Pères autant que son siècle le lui permettait. Ses sermons, tant pour les choses que pour le style, valent mieux que ceux de beaucoup de prédicateurs même plus anciens que lui. Ses œuvres se trouvent dans toutes les bibliothèques des Pères.

ELPIDE, ou **HELPIDIUS RUSTICUS**, paraît avoir fleuri à la fin du ve et au commencement du vi^e siècle. Il était diacre de l'église de Lyon, et aussi distingué par son savoir que par sa piété. Il s'appliqua particulièrement à la médecine et s'y rendit si habile, que Théodoric, roi des Ostrogoths, le fit venir à sa cour, où il le traita avec la plus grande distinction. On croit même que ce prince le revêtit de la charge de questeur. Théodoric, comme on sait, était arien, mais on ne voit pas que son estime pour Elpide ait souffert de la différence de leur foi. Les devoirs de sa charge l'obligeaient à quitter la cour quelquefois pour vaquer aux affaires de son prince. C'est dans une de ces absences qu'il fixa sa résidence à Arles, où il connut saint Césaire, qui le délivra d'une douleur violente dont il était tourmenté. Elpide était encore lié d'amitié avec quelques autres évêques des plus célèbres de son temps. Saint Avit de Vienne, qui le connaissait particulièrement depuis plusieurs années, lui écrivit pour lui recommander le fils d'un seigneur gaulois dangereusement malade. Elpide était alors en Italie, et cette lettre est un témoignage de son habileté dans la médecine. Saint Ennade, évêque de Pavie, le loue dans les siennes, de l'agrément de son style et de la chaleur de ses discours. Il le félicite de la place qu'il occupait près du prince, et lui dit que Dieu en avait ainsi ordonné, afin que l'état ecclésiastique, déjà si tombé, ne fût pas entièrement anéanti. En effet, depuis la décadence des lettres, il n'était point étrange de voir des ecclésiastiques et des moines exercer la médecine, puisqu'il n'y avait plus qu'eux qui se livrassent à l'étude. Elpide, sur la fin de sa vie, se retira à Spolète : il obtint de Théodoric une somme pour réparer les édifices de cette ville, endommagés par les guerres ; ce que ce prince lui accorda gracieusement dans une lettre toute pleine de son éloge, et où il relève ses longs et glorieux services. Il y a toute apparence qu'il mourut en Italie et peut-être à Spolète même, en 533.

On nous a conservé sous son nom deux pièces de poésie qui sont des témoignages de sa piété. La première, composée de soixante-douze vers hexamètres, formant vingt-quatre strophes chacune de trois vers, traite de divers points historiques de l'Ancien et du Nouveau Testament. La seconde est un poëme dans le même rythme sur les bienfaits de Jésus-Christ. Elpide, dans la première de ces deux pièces, a disposé la plupart de ses strophes de manière à ce que les traits de l'Ancien Testament s'y trouvent suivis par ceux du Nouveau qui y ont du rapport. Ainsi une strophe établit la figure, et celle qui la suit en montre l'accomplissement. Par exemple, après que le poëte a rappelé la séduction d'Eve dans le paradis terrestre, il y joint aussitôt l'annonciation de la sainte Vierge ; après avoir parlé du sacrifice d'Abraham, il parle immédiatement du sacrifice de Jésus-Christ sur la croix. Son poëme sur les bienfaits du Sauveur a quelques beautés ; mais le dessein qu'il s'y est proposé n'est point rempli. En général la versification de ces deux pièces est assez bonne pour le temps auquel ce poëte écrivait. Quelques critiques ont inféré des deux vers suivants, qu'Elpide avait composé un autre poëme pour apaiser la douleur qui le faisait souffrir. Ces vers ne révèlent pas clairement le sens qu'on y attache, et il serait difficile d'affirmer qu'ils supposent un poëme perdu. Les voici :

Hinc etiam nostro nugata est schema dolori,
Garrula mendosis fingens satyromata musis.

Les deux pièces d'Elpide ont été imprimées dans le *Poetarum ecclesiasticorum thesaurus* de Georges Fabricius, Bâle 1562, in-4°, dans la *Bibliothèque des Pères*, et enfin dans le *Carminum specimen* d'André Rivinus, Leipzig, in-8°, 1652. Cette édition, dans laquelle on a réuni les poésies de Marbode et de Lactance, est enrichie de notes curieuses de l'éditeur.

EMENON, homme d'esprit et d'un grand zèle pour l'observance de la discipline religieuse, fut d'abord moine de Saint-Gellone ou Saint-Guilhem au désert, puis envoyé au diocèse de Nîmes gouverner le prieuré de Saint-Pierre de Sauve, qui dépendait de son abbaye. Les preuves qu'il y donna de son mérite portèrent les moines d'Aniane, au diocèse de Maguelone, à le choisir pour abbé à la place de Ponce, mort en 1061. Un de ses premiers soins fut de s'opposer au relâchement, introduit depuis près d'un siècle au sein de son abbaye, et avec le temps, il parvint à y apporter un remède efficace. A cette préoccupation qu'il regardait comme son affaire capitale, s'en joignit une autre qui ne laissa pas d'exercer sa vertu. Jusqu'à l'an 1066, le monastère de Gellone avait toujours dépendu de l'abbaye d'Aniane ; mais il tenta à cette époque de s'y soustraire, et il ne négligea aucun des moyens qui pouvaient l'y faire réussir. Emenon, quoique sorti du monastère de Gellone, s'y opposa de toutes ses forces. L'affaire fut portée à Rome, et le pape Alexandre II appuya le bon droit de l'abbaye d'Aniane ; mais les moines de Gellone ne se tinrent pas pour battus. Loin de se désister, ils recommencèrent la contestation sous le pontificat de Grégoire VII. Notre abbé eut recours à lui comme à son prédécesseur ; mais, malgré tous ses efforts, Gellone gagna sa cause ; seulement on ne sait pas bien si ce fut du vivant ou après la mort d'Emenon. Il eut encore une autre affaire à soutenir contre les moines de la Chaise-Dieu, qui voulaient lui enlever, au diocèse d'Uzès, un prieuré que le comte Guillaume avait donné à Aniane. Ce pieux abbé mourut le 18 avril 1088 ou 1089, et eut pour successeur Pierre de Sauve qui assista, en 1095, au célèbre concile de Clermont.

On a conservé longtemps dans le chartrier d'Aniane presque toutes les lettres que cet abbé écrivit aux papes à l'occasion de son différend avec les moines de Gellone. Elles sont intéressantes pour l'histoire de cette première abbaye, et il y en a une, entre autres, qui en contient un abrégé succinct mais complet. Dom Mabillon qui en avait eu connaissance en a rapporté quelques extraits. La similitude de nom lui a fait attribuer un excellent traité sur les instruments des bonnes œuvres, qui font la matière du quatrième chapitre de la règle de saint Benoît. Cet écrit, que l'on représente comme ancien, porte en tête le nom d'*Elemon*, et ajoute la qualification d'homme savant à son titre de moine de saint Benoît. Si le manuscrit qui le contient s'était trouvé en Languedoc, ou même en France, on aurait quelque droit de conjecturer que ce traité pourrait appartenir à Emenon, qui l'aurait fait avant d'être nommé abbé d'Aniane; mais comme le seul exemplaire qu'on en connaisse est celui qui s'est conservé longtemps au monastère de saint Grégoire le Grand à Venise, il y a toute apparence qu'il a été écrit par quelque moine italien.

EMMON ne nous est connu que par un ouvrage dont la préface a été publiée dans le premier tome des *Anecdotes* de Dom Martenne. Elle est adressée à un nommé Guillaume qui, après avoir joué un grand rôle dans le monde, s'était retiré dans la solitude où il menait une vie très-pénitente. Ami d'Emmon, il lui avait demandé quelques traités de piété pour son édification. Emmon lui composa celui dont il s'agit, sous le titre : *De qualitate vitæ futuræ*. C'est un recueil de passages tirés de l'Ecriture et des Pères, tant sur l'amour des biens célestes et les moyens de les acquérir que sur la terreur des supplices éternels. L'ouvrage est partagé en trois livres : le premier traite de la béatitude éternelle; le second, des œuvres par lesquelles on la mérite; le troisième, des peines de l'enfer. L'auteur mêle aux textes qu'il cite ses propres réflexions, qui doivent être judicieuses et pleines de piété, s'il nous est permis d'en juger ainsi par la préface que nous connaissons. Son style nous paraît appartenir au XIIe siècle. Les abbayes de Tamier, en Savoie, et de Villiers, en Brabant, possédaient plusieurs manuscrits de cet ouvrage.

ENDELECHIUS (Sanctus Severus), rhéteur et poète chrétien, vivait sur la fin du IVe siècle. On ignore le lieu de sa naissance, mais on sait qu'il était en réputation d'éloquence à Rome sous le consulat de Probrinus et d'Olybrius, c'est-à-dire en 395. Il fut ami de saint Paulin de Nole, et c'est à sa persuasion que ce saint prélat écrivit une apologie de l'empereur Théodose contre les païens qui le calomniaient. Il ne nous reste d'Endelechius qu'une églogue sur la mort des animaux. Elle est intitulée : *De la mort des bœufs*. Pierre Pithou la fit imprimer, en 1590, dans un recueil d'épigrammes, et elle se trouve également dans presque toutes les *Bibliothèques des Pères*. Endelechius y introduit un bouvier païen qui se plaint à un autre des ravages que la mortalité faisait dans son troupeau, malgré toutes les précautions qu'il avait prises pour l'en garantir, tandis que celui de Tityre, son voisin, était respecté par la contagion. Tityre, interrogé par les deux autres sur le moyen dont il s'était servi pour préserver ses bœufs de la mortalité, répond en chrétien, comme il l'était en effet, qu'il n'avait employé d'autre remède que le signe de la croix, et qu'aucun des animaux sur le front duquel il avait tracé ce signe n'était mort. Il se sert de l'efficacité reconnue de ce remède pour porter son compagnon à embrasser la religion de Jésus-Christ, qu'il lui représente comme l'unique moyen d'éloigner la contagion de son troupeau. C'est cette exhortation qui a fait mettre Endelechius au nombre des écrivains ecclésiastiques. On peut se convaincre, par la lecture de cette églogue, que l'éloquence n'était pas le seul talent d'Endelechius, mais qu'il cultivait aussi la poésie avec succès, car le tour et la diction annoncent partout un poète fort au-dessus du médiocre.

ÉNÉE, après avoir exercé les fonctions de secrétaire dans le palais du roi Charles le Chauve, et rendu dans cet emploi de grands services à l'Eglise et à l'Etat, fut nommé évêque de Paris, en remplacement d'Ercanrad, mort en 833. Saint Prudence, évêque de Troyes, ne voulut consentir à son ordination qu'après qu'il eût pris l'engagement de souscrire le corps de doctrine qu'il avait présenté au concile de Sens. Enée assista, dans la suite, à la plupart des conciles qui se tinrent dans le royaume sous son épiscopat, entre autres, à ceux de Savonnières, de Soissons, de Troyes, de Verberie et d'Attigny. En 867, il fut chargé, par les évêques de la province de Sens, de répondre aux objections des Grecs. C'était pour répondre à la demande du pape Nicolas Ier, qui, se voyant vivement attaqué par ces schismatiques, avait écrit aux évêques de France, en les priant de venir à son secours et de l'aider à se défendre.

L'écrit d'Enée est moins considérable que celui de Ratramne sur le même sujet. Ce n'est presque qu'une compilation de passages de l'Ecriture, des Pères et des décrétales des papes. L'auteur y dit peu de choses de lui-même. Il marque, dans la préface, que presque toutes les hérésies sont nées dans la Grèce; que, parmi leurs patriarches, il y a eu plusieurs hérétiques; que l'Eglise romaine, au contraire, n'en a eu que d'orthodoxes, et que le pape Libère même, en cédant un instant aux violences des ariens, ne s'écarta point de la vraie foi. Il se propose ensuite sept questions, ou plutôt sept objections qu'il cherche à résoudre.

Sur la première, qui rapporte la procession du Saint-Esprit, il regarde les passages des Pères qui l'établissent, mais il en cite quelques-uns du livre de *l'Unité de la Trinité*, faussement attribué à saint Athanase. La seconde regarde le célibat des ministres de l'Eglise. Enée en prouve l'obligation par les épîtres de saint Paul et les décrétales des papes saint Sirice, Innocent, Léon et par les décrets des conciles. Il traite superficiellement la troisième question, qui regarde le jeûne du samedi, et il n'allègue, pour l'appuyer, que les raisons de convenance qu'en ont données saint Innocent, pape ; saint Jérôme et saint Isidore de Séville ; mais il s'étend un peu plus sur le jeûne du carême. Il remarque que la manière de l'observer n'était pas la même partout, et que l'abstinence de certains aliments différait selon les pays. L'Egypte et toute la Palestine jeûnent neuf semaines avant Pâques ; une partie de l'Italie s'abstient de toute nourriture cuite, trois jours de la semaine, pendant tout le carême, et se contente des fruits et des herbes dont le pays abonde. L'abstinence du lait, du beurre, du fromage et des œufs, n'est pratiquée, en Allemagne, que par un motif de dévotion particulière. Quelques Eglises terminent ce jeûne à la cène du Seigneur ; l'Eglise romaine le continue jusqu'à Pâques, et, pour compléter le nombre de quarante jours, elle en ajoute quatre dans la semaine qui précède le premier dimanche de carême. Il cite sur cela un discours de Faustin ou Fauste, évêque de Riez.

Dans la quatrième question, il montre, par l'autorité du pape Innocent Ier, que les évêques seuls ont le droit de faire l'onction sur le front. Il allègue aussi le Pontifical qui porte le nom de Damase, et une fausse décrétale du pape Sylvestre. Il justifie l'usage où étaient les prêtres de l'Eglise romaine de raser leur barbe, par l'exemple des Nazaréens et par quelques passages de saint Grégoire le Grand et de saint Isidore de Séville ; puis il reproche aux Grecs de laisser croître leurs cheveux, contre la défense de saint Paul : c'est le sujet de la cinquième question. La sixième traite de la primauté du pape ; la preuve qu'il en donne est tirée de la préface du concile de Nicée, des fausses décrétales attribuées à saint Sylvestre, des canons des apôtres, de Nicée, de Constantinople, de Sardique ; des écrits du pape Gélase, de saint Léon, du concile de Chalcédoine, de saint Grégoire et de la donation de Constantin, pièce dont on a démontré depuis la supposition. Il finit cette question par une invective contre Photius, usurpateur du siége patriarcal d'Ignace ; et, pour rendre l'ordination de Photius plus odieuse, il dit qu'on l'avait arraché aux bras de sa femme pour le placer sur le siége épiscopal de Constantinople, ce qui prouve qu'il ne connaissait point Photius qui ne fut jamais marié. Quant au reproche que les Grecs faisaient aux Latins d'élever des diacres à l'épiscopat sans leur donner la prêtrise, Enée avoue qu'il n'a rien à répondre à cette objection, si ce n'est qu'on peut dire que ceux qui ont fait de semblables ordinations étaient persuadés que toutes les bénédictions se trouvaient comprises dans la bénédiction pontificale, et tous les ordres sacrés réunis dans l'épiscopat. Il confirme cette décision par un passage de saint Jérôme sur l'Epître de saint Paul à Tite. Cet écrit se trouve imprimé dans le septième tome du *Spicilége* de dom Luc d'Achery.

On lit (tome second de la *Collection des conciles de France*) le fragment d'une lettre de cet évêque à Hincmar, en faveur d'un moine de Saint-Denis, nommé Bernon, qui allait étudier à Reims. C'est une espèce de dimissoire. En 868, du consentement des évêques qui se trouvaient avec lui à Saint-Maur des Fossés, le jour de la translation des reliques de ce saint, Enée donna une prébende de l'église cathédrale de Paris, et établit à perpétuité une procession à ce monastère, à la charge que ceux qui en feraient partie s'y rendraient à jeun et en reviendraient de même. Enée mourut le 27 décembre 870, et eut pour successeur Ingelwin, qui assista au concile de Douzi, en 871.

ENGELMODE ou **ENGILMODE**, qui, de simple corévêque de Soissons, devint évêque en titre après la déposition de Rothade II, prononcée dans un concile tenu à Soissons même en 861, ne jouit que peu de temps de cette dignité. Rothade fut rétabli sur son siége par le pape Nicolas Ier, dans une assemblée tenue à Rome, à la fin de l'année 864, et dont le décret fut confirmé au mois de janvier suivant. Engelmode avait assisté, en 862, au concile assemblé dans sa ville épiscopale, et y avait souscrit un privilége accordé à l'abbaye de Saint-Denis. On ignore les autres événements de la vie de ce prélat.

Il nous reste de lui un assez long poëme en vers héroïques à la louange de Paschase Ratbert, à qui l'auteur l'adressa comme une marque de son estime et de l'amitié particulière qu'il lui portait. Le P. Sirmond l'a tiré d'un ancien manuscrit et fait imprimer en tête de l'édition qu'il a donnée des œuvres de saint Paschase. Quoique la versification de ce poëme soit très-rude et le style souvent obscur, on ne laisse pas d'y trouver plusieurs traits curieux de l'histoire de ce bienheureux abbé. L'historien de Lalande l'a réimprimé depuis dans son *Supplément aux anciens conciles de France*.

ENGUERRAN, plus connu dans l'antiquité ecclésiastique sous le nom d'**ANGELRAMNE** ou **INGELRAMNE**, naquit dans le pays de Ponthieu, d'une famille moins distinguée par la noblesse de son extraction que par sa piété. Il fit paraître dès l'enfance un goût si prononcé pour l'étude, que, pour le cultiver à son aise, il renonça au monde, entra dans l'abbaye de Centulle, qui prit plus tard le nom de Saint-Riquier, et s'y consacra à Dieu dans la profession monastique. Il fit en peu de temps de grands progrès dans la vertu ; mais son avidité d'apprendre était telle, que, ne lui trouvant plus d'aliment dans les écoles de son monastère, il obtint d'Ingelard, son abbé, la permission d'en fréquenter d'autres. Après en avoir parcouru plusieurs avec fruit, il s'arrêta à celle de Chartres, dirigée alors par le célèbre Fulbert. Là, sous un maître aussi habile, et avec d'aussi heureuses dispositions, Enguerran ne pouvait manquer de se faire connaître par des progrès signalés. Sa réputation commençait à se répandre, lorsqu'on l'indiqua au roi Robert, pour l'accompagner dans un voyage que ce prince désirait faire. Ce fut pour Enguerran une occasion de se faire remarquer à son avantage, et le monarque fut si charmé de sa piété et de ses connaissances, qu'il conçut dès lors le dessein de le placer suivant son mérite. Au retour de ce voyage qui se fit en 1016, ou selon d'autres en 1020, Enguerran, déjà ordonné prêtre, alla rejoindre ses frères à Saint-Riquier, où il fut reçu aux applaudissements unanimes de toute la communauté. Chargé de la direction des études, il communiqua, autant qu'il le put, les connaissances qu'il avait acquises; il renouvela les vieux livres, en fit copier de nouveaux, et procura ainsi à la jeunesse les moyens de s'instruire. A la mort de l'abbé Ingelard, qui arriva peu de temps après, Enguerran fut choisi pour lui succéder par la partie la plus saine de la communauté. Il n'y eut que quelques moines enflés de leur noblesse qui s'y opposèrent; mais le roi, ravi de cette élection, se rendit aussitôt à Saint-Riquier pour la confirmer. Enguerran, qui préférait l'obéissance à la prélature, fut celui de tous à qui elle sourit le moins; mais ce fut en vain qu'il se cacha pour l'éviter. Le roi Robert le fit enlever à sa retraite, et, en présence d'une grande assemblée, il le mit en possession de l'église et du monastère. Les historiens placent cette promotion au plus tard en 1022. Le nouvel abbé se livra tout entier au gouvernement de son monastère. Il en répara les bâtiments, orna l'église, retira les biens usurpés, empêcha les usurpations nouvelles, augmenta les domaines de diverses donations, et enrichit considérablement la bibliothèque. Son attention à soulager les pauvres était on ne peut plus ingénieuse. La réputation de son grand savoir lui mérita le surnom de philosophe et de sage, et lui attira dans la noblesse plusieurs disciples, qui toute leur vie se firent honneur d'avoir été élevés à si bonne école. Nous citerons, entre autres, Gui, depuis évêque d'Amiens, et Drogon de Térouane. Frappé à la fin de sa course d'une paralysie qui le rendait incapable du plus simple mouvement, le pieux abbé supporta cette épreuve avec une patience exemplaire, et n'en fut que plus appliqué à la prière et à la méditation des saintes Ecritures, dont il avait toujours fait son étude principale. Averti que Foulques, un de ses moines, fils d'Enguerran, comte de Ponthieu, s'appuyait du crédit de son père et s'autorisait de son état de vieillesse et de langueur pour se faire élire abbé après sa mort, il prit de si justes mesures qu'il réussit à faire avorter ce projet ambitieux, et à se donner un successeur digne de lui dans la personne de Gervin 1er, qui marcha constamment sur ses traces. Dès ce moment, l'homme de Dieu ne pensa plus qu'à aller jouir ailleurs du fruit de ses travaux. Il mourut le 9 décembre 1045, et fut enterré dans l'église de son monastère. Hariulfe, chroniqueur de Saint-Riquier, auquel nous avons emprunté les faits principaux de cette notice, nous apprend qu'une fille paralytique du village de Feuquières avait été miraculeusement guérie à son tombeau; cependant l'Église ne l'a jamais placé au nombre des saints, ni rendu aucun culte public à sa mémoire.

Ses écrits. — On a vu par ce qui précède que le savoir d'Enguerran était généralement reconnu. Un auteur presque contemporain va même jusqu'à nous le présenter comme le philosophe le plus profond de son temps : *Qui... cæteris philosophabatur altius.* Cependant nous ne voyons pas qu'il ait entrepris aucun ouvrage d'étude sérieuse, ni de haute érudition. Seulement, comme il avait le goût de la poésie, il a beaucoup cultivé ce genre d'écrire, et l'on peut dire qu'il n'y a pas mieux réussi que les autres versificateurs de son siècle.

Il nous reste de lui un grand ouvrage en vers héroïques à la louange de saint Riquier. Ce poëme, qu'il composa de l'avis de Fulbert de Chartres à qui il le dédie, est divisé en quatre livres. On voit par la manière dont le poëte parle à son Mécène dans son épître dédicatoire, qu'il étudiait sous lui, lorsqu'il entreprit ce travail. Il s'y nomme le plus méprisable de ses disciples, *scholasticorum vilissimus*, et le prie de vouloir bien revoir et corriger son poëme avant qu'il soit livré au jugement du public. Il semble dire ailleurs qu'il y avait tout au plus vingt et un ans qu'il avait commencé de s'appliquer à l'étude, qu'il était encore jeune, et que c'était là son coup d'essai : *Mihi poetæ novo.* On peut conclure de là que l'épigramme en vers élégiaques qui précède l'épître dédicatoire, n'y fut mise que longtemps après, et lorsque le poëte fut devenu abbé, puisque c'est la qualité qu'il s'y donne, supposé toutefois que cette épigramme soit de lui. Après cette épître qui prouve que la prose d'Enguerran ne vaut guère mieux que sa poésie, vient la préface suivie d'une invocation en grands vers comme le reste de l'ouvrage. Tout son premier livre n'est que la reproduction en vers de la vie de saint Riquier, écrite par Alcuin. Quoique le poëte ne le nomme pas, il confesse cependant son emprunt, en affirmant qu'il s'est scrupuleusement attaché au texte sans y rien ajouter et sans en rien retrancher. Hariulfe lui rend le même témoignage, et il est facile de s'en convaincre en les comparant. — Le second et le troisième livre sont une description poétique des miracles du saint, dont le fond et les détails sont tirés avec la même exactitude d'une histoire écrite par un moine anonyme du IXe siècle. — Enfin le quatrième livre est de la composition d'Enguerran et contient l'histoire de la translation du corps de saint Riquier, des miracles qui l'accompagnèrent et de ceux qui la suivirent jusqu'au temps où il écrivait, comme il le marque lui-même dans ce vers :

Quæ sancti meritis nostris sunt gesta diebus.

Or cette translation se fit en 981, de l'abbaye de Saint-Bertin, où reposait le corps, à celle de Centulle, qui depuis a pris le nom de son saint protecteur. — De tout ce grand ouvrage, Dom Mabillon a jugé à propos de ne publier que le premier et le dernier livre, en se bornant sagement à ne donner que l'indication des chapitres des deux autres, puisqu'ils ne contiennent rien qui ne se retrouve dans la prose. Il a imprimé le premier à la suite de l'ouvrage d'Alcuin, dans le second volume de ses *Actes*, après l'avoir tiré d'un manuscrit de saint Riquier, qui contenait le poëme tout entier. Le quatrième livre se trouve au tome VII du même recueil, et au 26 avril de la grande collection des Bollandistes. Duchesne avant eux en avait déjà publié un fragment considérable.

Si l'on en croit Hariulfe, notre pieux abbé aurait également mis en vers l'histoire du martyre de saint Vincent et la Vie de sainte Austreberte; il est le seul qui en parle, et personne depuis lui ne témoigne les avoir vus.

Enguerran ajouta à l'office de saint Riquier de nouveaux chants plus mélodieux que les anciens. Il fit la même chose en l'honneur de saint Vulfran, archevêque de Sens, et de saint Valéri, abbé de Leucone.

Nous avons encore de notre poëte une épitaphe en quatre vers élégiaques, à la mémoire d'Odelger, homme d'une piété singulière, qui avait rempli les dignités de doyen et de prieur claustral sous son administration; une autre à la mémoire de Gui, abbé de Forestmoutier, et frère de notre abbé. Enfin Enguerran nous a laissé de sa façon un catalogue rhythmé des abbés de Saint-Riquier jusqu'à lui-même inclusivement; mais de l'aveu d'Hariulfe, son chroniqueur, ce travail est très-défectueux.

ENNODE (MAGNUS FÉLIX), issu d'une famille illustre qui comptait les Fauste, les Boëce et les Avienne parmi ses alliés, naquit dans la ville d'Arles, vers l'an 473. Son père, nommé Camille, était fils d'un consul, et avait exercé lui-même des fonctions considérables; mais le mauvais état des affaires de sa maison força le jeune Ennode de se réfugier en Italie, auprès d'une tante, qui prit soin de l'élever et de pourvoir à son éducation. Il habita successivement Pavie et Milan, mais on croit que c'est dans cette dernière ville qu'il fit ses premières études. Ennode s'appliqua de préférence à l'éloquence et à la poésie, et lorsqu'il avait réussi à composer quelque pièce de vers agréable, il était loin de se montrer insensible aux louanges qu'elle lui attirait. Il n'avait pas seize ans accomplis lorsqu'il perdit sa tante, et cette mort, en le privant de son unique ressource, le réduisit à la misère; mais ses espérances furent bientôt relevées par un mariage avantageux, qui le fit entrer dans une famille moins distinguée encore par sa noblesse et sa fortune que par la piété dont elle faisait profession. Ennode jouit quelque temps de toutes les aises et de tous les plaisirs que les richesses procurent; mais en ayant reconnu le danger, il prit la résolution de mener une vie plus chrétienne. Il entra dans le clergé, du consentement de sa femme, qui, de son côté, embrassa une vie continente et religieuse. Ce fut vers ce temps-là qu'il devint célèbre par ses lettres et ses autres écrits. Il fut choisi pour faire le panégyrique du roi Théodoric, et entreprit la défense du concile de Rome, qui avait absous le pape Symmaque. Son mérite le fit élever sur le siége de Pavie vers l'an 510. On le choisit ensuite pour travailler à la réunion des deux Eglises d'Orient et d'Occident, et il entreprit dans ce but deux voyages en Orient, le premier en 515 avec Fortunat, évêque de Catane, et le second avec Pérégrinus de Misène, en 517. Si ces voyages n'eurent pas le succès qu'on s'en promettait, ils réussirent au moins à faire connaître sa prudence et sa fermeté. L'empereur Anastase mit tout en œuvre pour le tromper ou le corrompre; puis, après avoir puni sa résistance par des traitements indignes, il le renvoya dans sa patrie, sur un vieux vaisseau tout fracassé, avec défense de le laisser aborder dans aucun des ports de la Grèce. Le saint prélat ne laissa pas d'arriver heureusement en Italie. De retour à son Eglise, il continua de la gouverner encore quelques années, et mourut saintement dans la fleur de son âge, ayant à peine atteint sa quarante-huitième année, le 17 juillet 521, jour auquel l'Eglise honore sa mémoire comme celle d'un saint confesseur.

SES ÉCRITS. — Parmi les écrits de saint Ennode, réunis en un seul volume, il y en a beaucoup qui n'ont aucun rapport aux matières ecclésiastiques. Ses *Lettres*, en particulier, quoiqu'elles soient au nombre de deux cent quatre-vingt-dix-sept, et divisées en neuf livres, n'offrent que peu de remarques importantes à faire, soit pour le dogme, soit pour la discipline de l'Eglise. Nous en excepterons cependant la quatorzième du second livre, qui est adressée aux chrétiens d'Afrique. Le vénérable prélat les console de la persécution qu'ils souffraient depuis longtemps, et de la perte de leurs évêques exilés en Sardaigne, au nombre de deux cent vingt, par Thrasimond, roi des Vandales. « Ne vous troublez point, leur dit-il, de vous voir sans évêque; vous avez avec vous celui qui est en même temps le pontife et la victime, et qui recherche moins les hommages que les cœurs. La confession des martyrs est plus illustre que la dignité épiscopale. Souvent la faveur élève sur ce siége pastoral des personnages d'un mérite fort médiocre; mais il n'y a que la grâce qui donne le titre de confesseur. » Il leur marque ensuite que, selon leur demande, il leur envoie des reliques des saints martyrs Nazaire et Romain. Cette lettre, qui se trouve parmi celles de Symmaque, a été écrite au nom de ce pontife. La dix-neuvième lettre du même livre nous semble encore remarquable. Elle est adressée à Constance, et saint Ennode y rejette le sentiment d'un écrivain téméraire, qui avait avancé que l'homme n'avait de liberté que pour choisir le mal. Il appelle cette proposition une proposition schismatique, et portant, selon lui, le caractère du blasphème; « car, quelle liberté y aurait-il à ne vouloir que ce qui mérite châtiment? comment peut-on dire qu'on a le choix quand il n'y a qu'un parti à prendre? s'il en était ainsi, les jugements de Dieu seraient injustes. Comment, en effet, pourrait-il nous obliger à faire le bien, après nous en avoir ôté le désir et le pouvoir?

Que signifie ce passage de saint Paul, qui rend témoignage à la liberté : *J'ai la volonté de faire le bien, mais je ne trouve pas le moyen de l'accomplir.* N'est-ce pas dire : *Je puis choisir le bon chemin, mais je me lasserai bientôt si la grâce ne me vient en aide.* Personne ne doute que l'auteur de la grâce ne nous ouvre le chemin de la justice par son secours. Personne ne condamne cette doctrine ; car la grâce conduit les gens de bien et précède leurs bonnes actions. C'est Jésus-Christ qui nous appelle et qui nous invite au salut par ses exhortations, quand il nous dit : *Venez, mes enfants, écoutez-moi.* Mais si notre volonté, qui est libre, n'obéit pas à ces avertissements, si notre travail ne répond à ces préceptes, nous nous précipitons de nous-mêmes dans l'enfer, sans y être contraints par aucune nécessité... Nous devons donc à la grâce notre vocation ; c'est la grâce qui nous conduit à la vie par des voies secrètes, à moins que nous ne lui résistions ; mais c'est par notre propre choix que nous suivons le bien qui nous est montré. » Voilà les sentiments de saint Ennode sur la grâce. On voit qu'ils s'accordent parfaitement avec l'enseignement catholique et qu'ils laissent au libre arbitre toute son action. Ce n'est donc pas sans surprise qu'on voit Ellies Dupin lui reprocher de s'écarter de la doctrine de saint Augustin pour suivre celle de Fauste, et des prêtres de Marseille ses partisans ; mais une telle imputation a paru si odieuse et si injuste aux continuateurs de Bollandus, qu'ils l'ont repoussée de toute leur force, et n'ont pas eu de peine à en justifier la mémoire de notre saint pontife. Nous ne dirons rien de ses autres lettres, qui, en général, respirent toutes la piété dont leur auteur était rempli. Il les finit le plus souvent en se recommandant aux prières des personnes à qui il les adresse, et ne manque jamais l'occasion d'y donner des preuves de sa confiance en la providence de Dieu, qu'il regarde comme l'arbitre souverain de tous les événements. On en trouve quelques-unes dans la Collection des conciles.

Panégyrique de Théodoric. — A la suite de ses lettres on lit dans le même volume le panégyrique qu'il prononça à la louange de Théodoric, roi des Ostrogoths, en Italie. Ce fut au nom et comme député de l'Eglise de Rome qu'il fit cette harangue ; car, encore que ce prince fût arien, il ne laissait pas d'accorder quelque protection à l'Eglise catholique et de lui procurer divers avantages. Aussi, après qu'il se fut rendu maître de l'Italie, par la défaite d'Odoacre, le Pape jugea-t-il à propos de l'envoyer congratuler, et chargea le diacre Ennode de cette commission. On ne saurait dire précisément en quel lieu il prononça son discours, mais il est certain que ce ne fut pas à Rome, puisqu'il y apostrophe cette ville comme absente. Si ce fut à Milan ou à Ravenne, il est probable que saint Ennode aura harangué ce prince, lorsqu'il y fit son entrée, comme Sidoine, au siècle précédent, avait prononcé l'éloge de Majorien, à l'entrée solennelle de cet empereur dans la ville de Lyon.

On ne peut guère placer le discours de saint Ennode plus tard qu'en 508. Il semble s'y être proposé une espèce de division, en louant d'une part les grandes actions de son héros, et de l'autre la splendeur que la république avait reprise sous son règne et la prospérité dont elle jouissait. Il paraît avoir été assez bien instruit de l'histoire de Théodoric, et il mêle de temps en temps à son récit quelques traits d'érudition, qui ne s'y trouvent pas déplacés, parce qu'il en use sobrement. Le style est un peu moins obscur que celui de ses lettres. Ce panégyrique a obtenu, à part des autres œuvres du même auteur, quelques éditions dont nous ne nous croyons pas obligé de parler.

Apologie du concile de Rome. — Le troisième écrit de saint Ennode, suivant l'édition qui nous sert de guide, est le traité qu'il composa pour la défense du pape Symmaque, contre ceux qui avaient attaqué par leurs libelles le concile qui l'avait absous. Cet écrit servait de réponse à un autre composé par les ennemis du pontife, et intitulé : *Contre le synode qui a prononcé une absolution irrégulière.* Ce synode est le quatrième concile de Rome, qui justifia le Pape Symmaque et, par cela même, fut attaqué par les schismatiques. Ennode, dans son écrit, défend solidement la cause du Pape et du concile contre ses adversaires, dont il examine en détail et réfute avec avantage les faux raisonnements. Parmi les écrits des anciens, il en est peu qui soient plus favorables aux prérogatives du Saint-Siège que celui-ci ; et s'il fallait s'en rapporter au jugement intéressé de quelques écrivains, saint Ennode aurait même poussé un peu loin la complaisance. Ce traité fut lu et unanimement approuvé dans le cinquième concile de Rome, qui avait chargé l'auteur de le composer, et qui ordonna qu'il fût inséré parmi les décrets et ceux du concile précédent, et qu'il eût la même autorité. Et en effet on le trouve ainsi dans la *Collection des conciles* par le P. Labbe, avec une petite préface de l'auteur, mais si obscure qu'il est presque impossible de la comprendre.

Vie de saint Epiphane. — Il est difficile de fixer l'époque précise de cet écrit ; cependant on a des raisons de croire que l'auteur le composa lorsqu'il n'était encore que diacre, et par conséquent avant 510 ou 511, qui marquent la première année de son épiscopat. Personne n'était plus propre à écrire cette Vie, et ne pouvait mieux y réussir qu'Ennode. Outre son talent particulier, il avait été le dépositaire de la confiance du saint, et le témoin oculaire de la plupart de ses actions. Dès le début de son travail et avant même d'entrer en matière, après avoir invoqué les lumières de l'Esprit-Saint pour transmettre dignement à la postérité une Vie dont il a ressenti lui-même de si heureux effets, il a soin de protester de sa sincérité et de son exactitude. En effet, il parlait de choses récentes et qui venaient de s'accomplir à la vue de tout le monde; il se fût fait tort à lui-même, comme il en convient, s'il se fût éloigné tant soit peu de la vérité. Aussi cette pièce est-elle généralement fort estimée pour son exactitude. Elle ne l'est pas moins par la connaissance qu'elle nous donne de l'histoire de ce temps-là; et on peut même dire que le style en est bon, eu égard au siècle de l'auteur. La meilleure édition est celle de Bollandus, avec des notes et éclaircissements de sa façon. Depuis, Arnaud d'Andilly l'a traduite dans notre langue et insérée au premier volume des *Vies des saints illustres*.

Vie du bienheureux Antoine. — On ne voit point à quelle occasion saint Ennode composa la *Vie du bienheureux Antoine*, prêtre et solitaire de Lérins. Tout ce qu'on sait, c'est qu'il l'entreprit à la prière de l'abbé Léonce; mais quelle circonstance détermina cet abbé à s'adresser à saint Ennode plutôt qu'à tout autre pour l'exécution de cet ouvrage? Peut-être y fut-il déterminé par la réputation de l'auteur; peut-être saint Ennode, en accompagnant saint Epiphane dans les Gaules, passa-t-il par Lérins, où les moines, lui racontant les actions merveilleuses du saint solitaire, l'engagèrent en même temps à écrire sa Vie. De toutes les suppositions, c'est celle qui nous paraît la plus probable. Saint Ennode l'exécuta donc avant de quitter Pavie pour se retirer à Rome, et, par conséquent, peu de temps après la mort de son héros. Cette Vie est écrite avec onction; mais les faits qu'elle contient sont revêtus de tant d'ornements, qu'elle mériterait plutôt le titre de panégyrique et d'éloge. Saint Ennode la commence à peu près comme celle de saint Epiphane, en implorant les lumières de l'Esprit-Saint, afin de pouvoir l'écrire d'une façon convenable. On la trouve dans la Chronologie des saints et des abbés de Lérins.

Action de grâces. — L'écrit qui porte ce titre est l'effusion d'un cœur pénétré de la plus vive reconnaissance pour les effets de la miséricorde de Dieu. C'est toujours à lui que l'auteur adresse la parole, et il y parcourt les principales situations dans lesquelles il s'était trouvé depuis son enfance jusqu'à l'époque de son diaconat, où la bonté divine lui avait donné une marque particulière de sa protection. Cette pièce, quoique assez courte, nous apprend plus de faits de la vie du saint auteur que tous ses autres écrits ensemble. C'est à l'aide de cette pièce qu'on parvient à fixer son âge d'une manière assurée. Il déclare qu'il avait seize ans presque accomplis, lorsque Théodoric, roi des Ostrogoths, entra en Italie, en 489. Saint Ennode commence cette action de grâces par l'invocation du Père, du Fils et du Saint-Esprit, et la finit par la doxologie. Ordinaire comme il contient les principales aventures de sa vie mondaine jusqu'à l'époque de son diaconat, qui suivit de près sa conversion, il l'intitula simplement *Relation de la suite de sa vie*; mais le P. Sirmond, en la publiant, a changé ce titre en celui d'*Eucharisticum* ou *Action de grâces*, à l'imitation de Paulin le pénitent, qui avait donné ce titre à un écrit de cette nature en son siècle.

Divers opuscules. — A la suite de cette pièce viennent cinq opuscules sur divers sujets. Le premier est une exhortation instructive adressée à deux jeunes gens nommés, l'un Ambroise et l'autre Beatus, et tous les deux fils de deux amis de l'auteur. Le but de saint Ennode est de porter ses jeunes amis à joindre à l'étude des belles-lettres l'amour et la pratique de la vertu. Il y a intercalé quelques vers dans lesquels il fait l'éloge de la pudeur, de la chasteté, de la foi, de la grammaire et de la rhétorique. Cet écrit peut être très-utile pour l'instruction de la jeunesse, et il serait à souhaiter qu'on le mît entre les mains de tous les enfants que l'on applique aux lettres. — Le second est une ordonnance adressée par saint Ennode, au nom d'un évêque, pour enjoindre à tous les prêtres et diacres de son diocèse d'avoir auprès d'eux une personne de probité pour être témoin de toutes leurs actions. Cette ordonnance porte que ceux qui n'auront pas le moyen de se procurer ainsi un compagnon de vie pourront en servir aux autres. Elle fut rendue à l'occasion d'un décret que le Saint-Siége ou quelque concile avaient fait à l'égard des évêques, pour leur imposer la même obligation, et en conséquence de ce qui était arrivé au Pape Symmaque, accusé injustement d'un crime énorme. Elle avait donc pour but d'éloigner tout soupçon de la conduite des ecclésiastiques. — Le troisième est l'acte d'affranchissement d'un esclave nommé Géronce, qu'Agapet, son maître, avait mis en liberté en présence de l'évêque. Suivant les lois des empereurs chrétiens, lorsqu'on affranchissait un esclave, on devait le faire dans une église. Cet acte, écrit au nom d'Agapet par saint Ennode, est un vestige de cette ancienne cérémonie. — Les deux derniers opuscules sont de bénédictions du cierge pascal. On y trouve des traces de l'ancienne dévotion des fidèles, qui consistait à recevoir quelques morceaux de ce cierge pour s'en servir comme d'un préservatif contre tous les accidents fâcheux de la vie. Ces règlements font voir que la coutume de bénir le cierge pascal remonte jusqu'au temps de saint Ennode. Aussi le savant Alcuin et le diacre Amalaire en attribuent-ils l'institution au pape Zosime, qui occupa le Saint-Siége en 417 et 418.

Dictions. — Les *Dictions* ou *Discours*, au nombre de vingt-huit, suivent les opuscules dont nous venons de parler. On en distingue de quatre sortes suivant les matières qui y sont traitées. Il y en a sur des sujets de piété et on les nomme sacrés ou ecclésiastiques, et d'autres sont des essais d'éloquence à l'usage de l'école et sur toutes sortes de sujets; quelques-uns traitent des sujets de controverse et d'autres des sujets de morale. Le premier de ces discours et le principal par son importance, regarde l'ordination de saint Laurent, évêque de Milan. Aussi le retrouve-t-on presque tout entier dans le recueil de Bollandus au 27 juillet. Il y a plusieurs de ces discours que l'auteur n'a pas prononcés lui-même, et qui ont été faits pour quelques évêques qui n'avaient pas le talent de la composition. C'est ainsi qu'en usait Salvien, comme nous aurons occasion de le voir à son article. A la fin d'un de ces discours, composé pour un évêque nouvellement ordonné, se trouve une préface pour la messe, et une prière de préparation avant d'offrir le sacrifice, destinées à l'usage du même évêque lorsqu'il offrirait les divins mystères. Du reste, la plupart de ces discours sont très-peu de chose, tant à cause de leur brièveté que par les sujets dont ils traitent. En 1717, Dom Martène et Dom Durand en ont publié deux nouveaux qui avaient échappé aux recherches du P. Sirmond, et qu'ils ont tirés d'un manuscrit très-ancien de l'abbaye de Saint-Remy de Reims. Ils ne sont recommandables que par le nom de leur auteur. L'un est un compliment à Laurent, évêque de Milan, au jour anniversaire de sa fête, et l'autre un petit reproche à un nommé Venance, sur sa trop grande retenue à écrire.

Poésies. — Les poésies de saint Ennode terminent le recueil de ses œuvres. Elles sont divisées en deux parties : la première contient ses pièces de longue haleine, et l'autre ses épigrammes ; les unes et les autres sont sur différents sujets. Cependant les principales entre celles de la première classe sont douze hymnes sur quelques mystères du Seigneur ou en l'honneur des différents saints, comme la sainte Vierge, saint Etienne, saint Cyprien, saint Denis de Milan, saint Martin, saint Ambroise. Il faut mettre de ce nombre encore l'*Eloge de saint Epiphane*, qu'il composa la trentième année de son épiscopat ; l'épithalame de Maxime, son voyage à Briançon et celui qu'il fit sur le Pô. En tête de quelques-uns de ces petits poëmes se lisent des préfaces, qui en marquent ordinairement l'occasion et le sujet. Ces poésies sont de différentes mesures. Celles de la seconde partie sont presque toutes en vers élégiaques. Les plus intéressantes sont quelques épitaphes de personnes distinguées, quelques inscriptions et des épigrammes à la louange de certains évêques illustres de son temps. On trouve un choix de ces poésies dans le *Chœur des poètes latins* ; et déjà longtemps auparavant, Fabricius en avait fait entrer quelques pièces dans son *Ecole* ou *Recueil des poètes chrétiens*.

Le cardinal Bona caractérise en deux mots le style de notre auteur. Saint Ennode, dit-il, est sentencieux, mais difficile à entendre : *sententiis abundans, eloquio intricatus*. Dès le XIIe siècle, Arnoul, évêque de Lizieux, s'était plaint de l'obscurité de ses écrits ; et en effet on ne peut disconvenir que ce défaut, qui tient à la mauvaise latinité de son temps, ne dépare beaucoup ses ouvrages. Dans ses lettres, en particulier, et dans quelques-unes de ses pièces en prose, on cherche souvent sa pensée, sans jamais être bien assuré de l'avoir rencontrée. Il fait abus des pointes et des sentences ; ses raisonnements manquent quelquefois de justesse, et ses vers ne sont pas toujours frappés au coin du bon goût. Cependant, à part ces défauts qui lui sont communs avec les autres écrivains de son siècle, saint Ennode ne laissait pas d'être un poëte élégant et ingénieux, plein de verve, de saillies et de vivacité d'imagination. Il y a par exemple quelques-unes de ses *Dictions* ou *Déclamations*, qui, pour les beautés qu'elles renferment, mériteraient d'entrer en parallèle avec les monuments des bons siècles de la pure latinité. Du reste, on ne saurait en général faire trop d'estime des écrits de notre saint prélat, à cause des connaissances particulières qu'ils nous donnent sur l'histoire de la fin du Ve siècle et des premières années du siècle suivant. Sans ce secours, nous ignorerions un grand nombre de faits arrivés dans les Gaules, l'Italie, l'Allemagne, et même en Grèce, dont il avait appris quelques particularités, lors de ses voyages en Orient.

EPHREM (Saint), diacre d'Edesse et docteur de l'Eglise, de 350 à 380. Saint Ephrem, dont le nom syriaque est AFRIM, florissait vers le milieu du IVe siècle. Il naquit à Nisibe en Mésopotamie, sous le règne du grand Constantin. Ses ancêtres néanmoins n'en étaient pas originaires, puisqu'il les appelle lui-même des étrangers ; mais ils étaient venus s'y établir, vivant de la culture de quelques acres de terre qu'ils possédaient auprès de la ville. Je ne sais sur quelles autorités se sont appuyés certains biographes, et entre autres un des auteurs de la *Biographie universelle*, pour le faire naître de parents païens, dont les mauvais traitements l'auraient forcé de fuir la maison, à cause du goût qu'il professait pour la religion chrétienne. Dom Ceillier, qui a esquissé sa Vie d'après Sozomène, Théodoret et saint Ephrem lui-même, affirme positivement le contraire. Ses parents étaient pauvres ; mais la bassesse de leur condition, selon le monde, n'empêchait pas que leur foi ne les rendît grands devant Dieu. Ils avaient eu l'honneur insigne de confesser le nom de Jésus-Christ devant les tribunaux des proconsuls, aux jours de la persécution de Dioclétien. Ainsi, il s'en fallut de peu que son berceau ne fût placé sur l'arène des martyrs. Dès l'enfance, il fut nourri dans la piété ; on lui apprit à connaître Dieu et à le craindre, et ces saintes instructions se trouvaient encore fortifiées et par les exemples qu'il avait sous les yeux, et par le récit des souffrances merveilleuses qu'il recueillait de la bouche même de ceux qui avaient confessé le nom du Seigneur.

Quelques légèretés, commises avant son baptême l'avaient pénétré de crainte à la pensée du jugement. Il abandonna le monde, et se retira sur une montagne dans la société d'un vieillard vénérable à qui il fit sa confession tout entière. Dès lors, uniquement appliqué à s'exercer aux devoirs de la vie monastique, il ne donna point de bornes à ses jeûnes, et vécut dans un dépouillement complet de toutes choses. Du reste, ce dépouillement fut la règle de sa vie tout entière. Etant sur le point de mourir, il disait à ses disciples rassemblés autour de son grabat : « Ephrem n'a jamais eu ni bourse, ni bâton, ni besace, ni or, ni argent, ni aucune autre possession sur la terre; celui dont le maître a dit : *Nolite aliquid possidere*, ne pouvait avoir d'affection pour quelque chose de semblable. » Pour n'être à charge à personne, il s'occupait à tisser des voiles de navires, suivant l'usage du monastère de Saint-Julien, où il demeurait depuis quelque temps. Jamais on ne le vit en colère, ni même manifester le moindre signe d'impatience. Un jour qu'il était sur le point de manger, après un jeûne rigoureux de plusieurs jours, celui qui le servait laissa tomber à terre le vase contenant sa nourriture et le cassa. Le saint, le voyant rouge de crainte et de confusion, lui dit d'un visage gai : « Courage, mon frère, il n'y a rien de perdu ; puisque le souper ne vient pas à nous, c'est nous qui allons aller à lui. » Et s'étant assis auprès de son pot cassé, il soupa le mieux qu'il put, sans se troubler.

Cependant, le bruit de ses vertus s'étant répandu, on pensa à l'élire évêque ; quelques chroniqueurs même ajoutent que ce fut saint Basile qui le fit appeler, pour lui proposer cette haute dignité. Quoi qu'il en soit, et de quelque part que la proposition lui vînt, Ephrem, qui se regardait comme absolument indigne d'un tel honneur, simula publiquement la folie et se retira dans sa solitude, où il demeura caché jusqu'à ce qu'il eût appris qu'un autre avait été sacré à sa place.

L'Ancien et le Nouveau Testament faisaient le sujet continuel de ses méditations. Il aimait jusqu'au papier sur lequel ces saints livres étaient transcrits. Trouvant un jour dans la cellule de saint Julien les livres dont il se servait, il lui témoigna sa surprise de voir les caractères effacés sur toutes les pages sur lesquels se répétaient les noms de Dieu, de Seigneur, de Jésus-Christ, de Sauveur. « Je ne puis rien vous cacher, lui dit le saint vieillard : quand la femme pécheresse s'approcha du Sauveur, elle arrosa ses pieds de ses larmes et les essuya de ses cheveux : de même, partout où je trouve le nom de mon Dieu, je l'arrose de mes larmes pour obtenir de lui le pardon de mes péchés. »

Ephrem lui répartit en souriant : « Je souhaite que Dieu, selon sa bonté et sa miséricorde, récompense votre dévotion, mais néanmoins je vous prie d'épargner ses livres. » Après la mort de saint Julien, Ephrem abandonna cette retraite et revint à Nisibe.

Il était encore en cette ville quand Sapor, roi de Perse, y mit le siége en 350. Ce fut lui qui pria saint Jacques, son pieux évêque, de monter sur la muraille pour maudire les ennemis. De Nisibe il vint à Edesse dans le dessein d'y révérer les choses saintes. On pense qu'il s'agit ici des reliques de l'apôtre saint Thomas, qui attiraient dans cette ville un concours nombreux de pieux visiteurs.

Sa vertu le fit singulièrement vénérer du peuple d'Edesse ; c'est là qu'il fut élevé au diaconat. Le grand nombre de discours qui nous restent de lui ne nous permet pas de douter qu'il n'ait annoncé publiquement la parole de Dieu, et qu'il ne se soit surtout intéressé à la conversion des gentils. A peine avait-il fini un discours qu'il retournait à la prière, pour y puiser de nouvelles inspirations ; il voulait que chacune de ses instructions au peuple lui vînt de Dieu. Cependant il ne laissait pas d'être très-instruit des dogmes de l'Eglise et des fausses opinions des hérétiques de son temps. Il possédait la connaissance des Ecritures et il était très-versé dans l'intelligence de l'Ancien et du Nouveau Testament. Il n'avait pas même négligé l'étude des lettres humaines ; mais il s'était appliqué spécialement à l'étude de sa langue maternelle, le syriaque, qu'il écrivait avec une grande pureté, et dans lequel il composa de délicieuses poésies dont quelques-unes sont parvenues jusqu'à nous. Il avait étudié aussi les règles de la logique et l'art du discours ; mais il n'eut jamais aucune teinture des sciences des Grecs, les regardant comme vaines et inutiles.

Vers l'an 373, saint Ephrem se trouvait retenu par une raison de charité dans une ville dont il ne nous dit pas le nom ; tout à coup il entendit une voix qui lui disait : *Lève-toi, Ephrem, et mange des pensées.* Il répondit fort embarrassé : « Où les prendrai-je, Seigneur ? — *Voilà*, lui dit la voix, *dans ma maison un vase royal qui te fournira la nourriture.* » C'était une allusion au nom de Basile qui en grec signifie *royal*. Ephrem, étonné de ce discours, s'en alla à l'église, et, regardant du vestibule par la porte, il aperçut dans le Saint des saints, Basile qui priait pour son peuple et le nourrissait du pain de sa doctrine. L'assemblée lui parut toute brillante des splendeurs de la grâce, et il loua à haute voix la sagesse et la bonté de Dieu qui honore ainsi ceux qui travaillent à sa gloire. Quelques-uns des assistants l'entendant parler, demandèrent quel était cet étranger qui louait ainsi leur évêque ? « Il le flatte, disaient-ils, pour en recevoir quelque libéralité. » Mais l'assemblée finie, Basile, à qui l'Esprit-Saint avait révélé son nom, le fit appeler, et lui parlant par un interprète : « Etes-vous Ephrem, lui demanda-t-il, qui vous êtes si bien soumis au joug du Seigneur ? — Je suis Ephrem, répondit le solitaire, qui cours le dernier dans la carrière du ciel. » Le pieux évêque lui donna le baiser du pasteur et le fit manger avec lui.

La mort de saint Basile, arrivée en 379, fut très-sensible à saint Ephrem. Il essaya d'en adoucir la douleur par des hymnes et des poëmes qu'il composa à sa louange. Il y avait longtemps que le pieux anachorète vivait dans sa solitude ; mais, quelque temps avant sa mort, il quitta sa cellule pour venir assister les pauvres de la ville d'Edesse pendant une affreuse famine. Il ne possédait rien par lui-même, mais il excitait la compassion, stimulait la générosité, encourageait la bienfaisance et la charité de tous, par de pressantes et continuelles exhortations. Ses discours eurent du succès ; il fit disposer plus de trois cents lits dans les galeries publiques, pour y loger les pauvres de la ville et de la campagne. Il fournissait à tous leurs besoins, assistait les malades, ensevelissait les morts ; mais le soin des corps ne lui faisait pas oublier ce qu'il devait aux âmes. Il leur rendait l'espérance en leur apprenant la résignation, et leur ouvrait les portes de l'éternité. Il passa un an dans ce pieux exercice, c'est-à-dire jusqu'au retour de l'abondance. Alors il retourna dans sa cellule, où il mourut au bout d'un mois, après quelques jours de maladie.

Saint Ephrem a été loué par saint Grégoire de Nysse, dans un panégyrique qu'il prononça lui-même en son honneur. Saint Jérôme parle de ses ouvrages. Il avait composé des commentaires sur toute la Bible et des écrits contre les hérétiques ; un livre du Saint-Esprit, plusieurs instructions à des religieux et au peuple, plusieurs traités de morale et des hymnes qu'on chantait dans l'église. Il ne nous est resté que quelques commentaires, des discours de morale et des hymnes. L'édition complète de ses œuvres, reproduite des Bénédictins, va être publiée par les soins de M. l'abbé Migne, aux ateliers catholiques du Petit-Montrouge.

L'analyse que nous allons donner des œuvres de saint Ephrem sera courte, rapide et abrégée jusqu'à supporter beaucoup de retranchements ; et la raison en sera facilement comprise. La plus grande partie de ses œuvres est composée de discours de morale au nombre de quatre-vingt-huit, de cinquante exhortations à des religieux et des moines, et de vingt-cinq sermons sur des sujets divers. Or, parmi tant d'œuvres de même nature, il est impossible que l'analyse ne se répète pas, jusqu'à produire, par ses redites, la confusion dans l'esprit du lecteur. Le plus simple et le plus rationnel est donc de faire un choix, et de publier avec discernement l'analyse de plusieurs sujets pris dans les différents genres. Du reste, cette restriction s'applique exclusivement aux discours et à ce qui s'en rapproche par la nature de sa composition. Nous nous ferons un devoir de rendre compte des autres ouvrages du saint docteur.

Discours sur le sacerdoce. — Le premier discours, dans l'édition de Vossius, est intitulé *Du sacerdoce.* Saint Ephrem relève d'abord l'excellence de cette dignité, qui égale les hommes aux anges, et les fait entrer dans la familiarité de Dieu. « O merveille, ô puissance ineffable, ô redoutable mystère du sacerdoce, que le Christ venant en ce monde a conféré quelquefois même à des indignes. C'est à genoux et les larmes aux yeux, que je vous invite à contempler avec moi ce trésor, ce bouclier étincelant, cette tour fortifiée, ce mur indivisible, ce fondement du monde religieux, qui a sa base sur la terre ferme et qui s'élève jusqu'à l'axe du ciel. Bien plus, le sacerdoce pénètre les cieux des cieux, se mêle aux chœurs des anges, converse familièrement avec le Seigneur, et en obtient aussitôt et sans peine tout ce qu'il demande et tout ce qu'il veut. C'est donc un bonheur pour nous d'exalter la gloire de cette dignité sublime, que l'adorable Trinité a départie comme une largesse et comme un don aux fils du premier des pécheurs, aux enfants d'Adam. » Il fait voir ensuite les avantages que le sacerdoce a apportés dans le monde. Un des premiers, c'est d'y avoir traduit la continence, en peuplant les déserts de saints moines occupés à louer Dieu, ce qui est une des fonctions du sacerdoce. Mais la fonction sublime du sacerdoce, c'est le sacrifice dans lequel, suivant l'expression de saint Ephrem, le pain et le vin préparent la place au corps et au sang de Jésus-Christ. Il parle après cela de l'ordination et dit : « que la puissance sacerdotale et la grâce du Saint-Esprit sont communiquées, non par l'effusion de l'huile sensible mais par l'imposition des mains des prêtres sacrés. » Il prescrit le plus grand respect aux prêtres, même mauvais ; il déclare qu'il n'est pas permis à tous de toucher les vases sacrés, et exige de ceux qui sont revêtus de ce caractère une profession éclatante de virginité. Il décrit ainsi les habitudes du prêtre : « Il doit être tempérant comme Joseph, chaste comme Jésus, hospitalier comme Abraham, ami de la pauvreté comme Job, miséricordieux comme David et doux comme Moïse ; il ramène celui qui s'égare, il soutient celui qui chancelle, il relève celui qui tombe, et il met son cœur au service de toutes les misères et de toutes les infirmités de la vie. »

Des vertus et des vices. — C'est à des religieux que saint Ephrem adressait ce discours. On y trouve quelque chose à la louange de la vie monastique qu'il professait : « C'est la rougeur au front, leur dit-il, et pour satisfaire à vos pressantes sollicitations, que je consens à vous adresser quelques paroles utiles ; j'aurai au moins le mérite de l'obéissance ; mais je n'aurai que celui-là, car les conseils que je vais vous donner seront ma propre condamnation. Cependant, malgré mon indignité, il m'est arrivé souvent de persuader les autres. Oui, lorsque j'examine cette règle monastique qui rend la vie des hommes semblable à la vie des anges, je ne puis m'empêcher de vénérer chacune de ces institutions, qui sont toutes des institutions de bonheur et de salut. En effet, quel homme n'estimerait pas bienheureux celui dont l'existence est enrichie de tous les biens que produisent les œuvres de la foi et le culte de la chasteté ; au contraire, qui ne déplorerait pas le malheur de ceux qui, par une conduite dépravée, se sont fait chasser du royaume des cieux? Donc, que tous nos efforts, aidés de la crainte de Dieu, tendent à nous assurer une vie angélique au sein de nos monastères, en accomplissant saintement les préceptes du Seigneur. » Il reproduit ensuite, et à grands traits, toutes les vertus, toutes les perfections qui doivent embellir la vie d'un moine : sa foi, qui doit être plus vive ; sa piété, qui doit être plus tendre ; son humilité, qui doit être plus profonde ; l'amour de ses frères, qui doit aller jusqu'au sacrifice ; le zèle pour Dieu, qui doit aller jusqu'à l'immolation ; l'oubli de lui-même, qui doit aller jusqu'au dépouillement et à la nudité. Il trace ensuite le portrait d'un religieux murmurateur. « Tout murmurateur, dit-il, doit être pris en exécration et passer pour un misérable. Car, en toute famille et bien plus encore dans une société de fraternité religieuse, le murmure est une plaie profonde. Pour tout le monde, le murmurateur est un sujet de scandale ; il blesse la charité, il dissipe l'union, il trouble la paix. Un murmurateur résiste au commandement de ses chefs : c'est un homme inutile et incapable de produire de bonnes œuvres ; il fait tout sans grâce, parce qu'il fait tout avec répugnance ; il est paresseux, parce que la paresse est inséparable du murmure. *Tout paresseux qui évite d'apprendre*, dit l'Ecriture, *tombera dans les maux*. Si vous envoyez le paresseux en quelque endroit, il vous répond : *Le lion est là dehors, je serai dévoré au milieu des rues*. Le murmurateur a toujours des excuses prêtes. Si vous lui imposez quelque travail, il murmure et corrompt les autres, en disant : *A quoi bon ceci, pourquoi cela ?* Cette œuvre n'est d'aucune utilité. Si on lui propose un voyage, il répond : *Ce voyage attirera quelque malheur*. Si on l'éveille pour le chant des psaumes, il se fâche ; si on le désigne pour la veille, il s'en excuse sous prétexte d'un mal de tête ou de quelque autre indisposition ; si on lui fait quelque remontrance, il répond : *Prenez cet avis pour vous-même, Dieu ordonnera de moi ce qui lui plaira*. Si vous voulez lui enseigner quelque chose : *Plût à Dieu*, vous dit-il, *que vous fussiez aussi instruit que moi sur cette matière* ! Il ne commence jamais seul un ouvrage quelconque, il a toujours besoin qu'on lui donne des associés et des compagnons. Toutes les actions d'un murmurateur sont méchantes, inutiles et ne tendent point à la vertu. Tout homme qui murmure aime l'oisiveté, les divertissements, les plaisirs, et fuit l'affliction et la douleur. Un murmurateur aime la bonne chère et méprise le jeûne ; il est trompeur, fourbe, causeur, distribuant indifféremment et à tour de rôle, les médisances et les calomnies. Les bonnes actions le rendent triste ; il est violent dans sa haine, et incapable de recevoir avec convenance les personnes du dehors. »

De la crainte de l'esprit. — Ce discours, qui forme le trente-troisième de la collection, est un des plus beaux du saint religieux; le style en est noble et élevé, ce qui ne l'empêche pas d'être doux, simple et attachant, comme la parole du cœur. Tout y respire la foi, la piété, l'humilité. Ce saint raconte à ses frères, qu'étant un jour assis seul en un lieu tranquille et escarpé, il repassait dans son esprit toutes les sollicitudes et tous les soins que l'on se donne pour cette vie si courte et si fragile. Tout à coup, levant ses regards vers le ciel, ébloui et hors de lui-même, il aperçut, des yeux du cœur, le Seigneur dans une grande gloire, qui lui reprochait sa négligence et son peu d'amour. « Au premier moment, dit-il, je pensai mourir de honte et de frayeur ; je regardais partout où je pourrais me cacher. Ensuite, avec des larmes et des sanglots, je me mis à supplier Dieu de me laisser le temps de faire pénitence. Le Seigneur exauça mes larmes et me fit miséricorde. » Il exhorte ses frères à se réunir à lui pour crier miséricorde, et lui assurer les secours de la grâce divine, dont il décrit ainsi les bienfaits : « Elle est dans l'âme comme un jardin royal planté d'arbres magnifiques et chargés de fruits délicieux, où les yeux, l'odorat, le goût, trouvent en même temps leur satisfaction et leur volupté. Heureuse l'âme qui est ornée des dons de la grâce divine ! Elle ne regarde rien sur la terre ; mais elle se fixe entièrement en Dieu, dont les charmes ne laissent plus rien ailleurs qui soit digne de détourner son admiration. »

Sur la componction. — Nous avons de saint Ephrem quatre discours sur la componction. Voici quelle fut l'origine du premier. Un jour qu'il était de grand matin, le saint religieux sortait de la ville d'Edesse avec deux frères. La vue des étoiles qui brillaient encore le fit penser à la gloire des saints, lorsqu'ils paraîtront au dernier jour avec Jésus-Christ ; mais en même temps l'idée de ce dernier jour le frappa si vivement que tout son corps commença de trembler, les larmes ruisselaient de ses yeux, tant il se sentait saisi de crainte d'être mis alors au nombre des réprouvés. Ses deux compagnons, témoins de sa douleur, lui en demandèrent la raison. « C'est, leur répondit-il, que je crains fort que ceux qui louent sur mon extérieur la piété dont je n'ai que les dehors, ne se moquent de moi, lorsqu'ils me verront tourmenté dans les flammes éternelles ; car je sais quelles sont et ma négligence et ma tiédeur. » Il leur dit ensuite quantité de belles choses sur la bonté de Dieu envers les hommes, sur la promptitude de son assistance, sur l'efficacité de ses secours, et il finit par une prière qui est la plus magnifique invocation à la miséricorde.

Dans son second discours, qui paraît être une suite du premier, il s'exhorte lui-même à la componction par la considération de ses péchés et des grâces de Dieu. « Soyez touchée, ô mon âme, dit-il, oui, soyez pénétrée de componction, pour toutes les grâces que vous avez reçues de votre Dieu et que vous n'avez pas su conserver. Soyez touchée de douleur de toutes les offenses que vous avez commises contre Dieu ; mais soyez encore plus profondément touchée de toutes celles pour lesquelles il vous a attendue à la pénitence. » Il prescrit à ses frères les plus belles maximes de morale ; il les exhorte à oublier le monde et les choses du temps, pour ne s'attacher qu'à Dieu et aux choses de l'éternité.

Le troisième discours est une invocation à la grâce de Jésus-Christ dont il reconnaît le prix, la force, la nécessité dans les tentations. Il montre que cette vie ne vaut pas qu'on l'aime, mais qu'on la pleure. Comme il touchait déjà à la onzième heure du jour, et qu'il sentait son terme approcher, il témoigne une grande frayeur de la mort, ne voyant dans ses œuvres rien de ce qui la rend désirable aux justes; et à ce propos il établit le parrallèle suivant entre la mort des justes et la mort des pécheurs. « Pour tous les justes, dit-il, c'est une grande joie que le moment qui sépare l'âme d'avec le corps. Mais à la mort, quelle est la tristesse profonde et la douleur amère de ceux pour qui cet instant est une surprise, parce qu'ils ont vécu dans une paresse mortelle, sans jamais rien faire pour s'y préparer. C'est alors que ces âmes, qui pendant toute leur vie ont négligé le soin de leur salut, seront pénétrées d'une si vive douleur, que le tourment de ce repentir inutile leur sera mille fois plus insupportable que la frayeur même de la mort. Les justes, au contraire, tressailleront de joie, en se voyant arrivés au terme de leurs maux et à la possession de leur récompense. »

Enfin, le quatrième discours représente les regrets inutiles que la mort des pécheurs laisse toujours après elle. Il s'anime lui-même et il anime ses religieux aux larmes de la pénitence, à l'exemple du prophète David. « Une seule chose est nécessaire, dit-il, c'est que les soins de la vie du corps ne nous fassent pas négliger la nourriture de l'âme. Or, l'âme se nourrit de la parole de Dieu, de la récitation des psaumes, de la lecture des saints livres, de la méditation et de l'espérance des biens à venir; elle se fortifie par le jeûne, elle se sauve par les larmes. O sainte vertu des larmes ! vous êtes le remède qui guérit les pécheurs et qui leur permet encore de redevenir heureux ! *Beati qui nunc fletis, quia ridebitis.* »

Exhortations aux moines. — La préface que saint Ephrem a mise à la tête de ses cinquante exhortations commence par des actions de grâces à Dieu; il le remercie de l'avoir retiré du monde, pour lui faire embrasser le joug doux et léger de Jésus-Christ. Il expose ensuite les motifs qui l'ont porté à instruire ses frères : c'est afin que ses discours, fécondés par la grâce de Dieu, portent dans leurs âmes des fruits de justice, de vérité et de salut.

Le premier est adressé à ceux qui, avant de s'engager dans la religion, en éprouvent les rigueurs. La vie d'un moine est une vie de renoncements; or le premier de tous les renoncements c'est la crainte du Seigneur. Donc le commencement d'une bonne vie pour un moine, c'est la connaissance de Dieu, la modération des actes, et la sainteté des mœurs. Sa nourriture, c'est de résister aux tentations de la chair et à la révolte des sens, pour obéir à l'esprit en soumettant sa volonté à la volonté de Dieu. *Meus cibus est ut faciam voluntatem Patris mei.* Le quatrième est adressé à des moines nouvellement entrés dans le monastère. Saint Ephrem les affermit contre les mauvais discours et les mauvais exemples qui pourraient s'y produire, même de la part des anciens; cependant il leur prescrit de ne juger personne, de ne faire attention qu'à eux-mêmes, de se livrer au chant des psaumes et à la lecture des saints livres, de persévérer dans la prière; d'observer le silence, l'obéissance, la simplicité dans les vêtements, la modestie et toutes les autres vertus religieuses.

Le dix-septième est adressé aux moines qui, ayant satisfait aux premières épreuves du noviciat, ont été admis à prononcer leurs vœux; saint Ephrem les avertit de ne point chercher à s'élever au-dessus de ceux qui sont moins avancés, de ne pas se négliger, comme si, après avoir pris l'habit, il ne leur restait plus rien à faire. Au contraire, c'est le temps où leur humilité, leur obéissance, leur patience, leur douceur, leur zèle, doivent se montrer; c'est le temps de faire preuve du désir qu'ils ont d'accomplir leur salut. Autrement à quoi bon quitter le monde et se retirer dans un monastère, s'ils y mènent une vie en opposition avec leur premier dessein qui était de se sauver. C'est en vain qu'ils prennent le nom de moine, et c'est par une injustice plus criante encore qu'ils acceptent les honneurs que ce nom leur attire, quand les populations, fléchissant le genou devant eux, leur disent : « Serviteurs de Jésus-Christ, priez pour nous qui sommes des pécheurs ! »

Le vingt-troisième traite du travail des moines. Il y avait des moines qui, dégoûtés de la tâche qui leur était imposée, se mêlaient d'ouvrages qui ne les regardaient pas, et passaient en amusements le temps du travail; d'autres qui, poussés par l'avarice, travaillaient au delà de toutes convenances et négligeaient les prières communes, ou bien abandonnaient un ouvrage qui ne leur présentait pas assez de profit pour en prendre un autre. Saint Ephrem combat tous ces abus, et veut que ces religieux s'occupent tous de telle sorte aux ouvrages prescrits qu'ils ne négligent jamais la prière.

Dans le quarante-deuxième, saint Ephrem expose l'inconvénient qu'il y a pour des solitaires d'avoir leur demeure près des villes et des bourgs, à cause des dangers auxquels les exposent continuellement les visites des personnes de tout sexe; il leur enseigne avec quelle précaution on doit, lorsque la nécessité l'exige, exercer l'hospitalité envers les femmes; quel mal ce serait de corrompre le temple de Dieu, de contrister son esprit, de choquer cet œil qui voit jusque dans les ténèbres, et d'irriter les anges députés nuit et jour à la garde des solitaires. Saint Ephrem y dit à une âme pénitente convaincue de la miséricorde de Dieu, mais qui craignait de perdre sa grâce : « Rougissez de honte, âme pécheresse; mais ne désespérez pas de vous-même pour avoir péché. Vous êtes tombée, travaillez à vous relever. Un athlète, après avoir été renversé plusieurs fois, ne laisse pas souvent de remporter le prix du combat; agissez seulement avec courage, et dites : Je commence maintenant à retourner à mon Dieu. »

Le quarante-troisième est contre le jurement et le blasphème, que saint Ephrem dit être le péché pour lequel, selon l'Ecriture, il est difficile de trouver des intercesseurs.

Il revient encore, dans le quarante-quatrième, sur l'inconvénient pour un solitaire de fréquenter les villes. Il ne veut point qu'ils y aillent sans une permission expresse de leurs supérieurs, ni qu'ils y fassent autre chose que la chose pour laquelle on les envoie. « Qu'avons-nous de commun avec le siècle, dit-il, nous qui avons fait profession d'être morts au monde? »

Le quarante-sixième est adressé à un moine nommé Euloge, qui avait demandé à saint Ephrem des avis pour se bien conduire. Ce saint lui fait un assez grand détail des vertus religieuses et morales, et l'engage particulièrement à apaiser la révolte de la chair contre l'esprit, des sens contre la volonté. Il lui dit, entre autres choses, ces paroles remarquables : « Ceux qui prennent plaisir aux conversations du monde font assez voir qu'ils ne haïssent pas encore le monde; et, comme en soufflant le feu, on excite la flamme, ainsi les entretiens du siècle émeuvent dans le cœur les passions et les affections déréglées. » A la fin, on trouve de très-belles choses sur la mort, le jugement, la grandeur des récompenses de l'autre vie, et l'inutilité du repentir qui vient après la mort. Et il finit par cette supplique tout empreinte d'humilité : *Priez pour moi, Ephrem, pécheur, qui ai écrit ceci, qui dis et ne fais pas.*

Discours sur les armes spirituelles. — Ce discours qui a pour titre *Panoplie* ou Armure spirituelle, est écrit avec beaucoup de netteté, de solidité et d'onction. On y retrouve tous les sentiments d'humilité si ordinaires à saint Ephrem, et surtout, son zèle ardent pour le salut de ses frères. Son but est d'enseigner à tous les chrétiens, mais particulièrement aux moines, de quelles armes ils doivent se couvrir dans le combat qu'ils ont à soutenir pour Jésus-Christ contre les démons. Ces armes, selon lui, sont la foi accompagnée des œuvres, l'espérance, la charité, l'humilité, la prière, le signe de la croix. « Armez-vous, dit-il, en toutes vos actions de ce signe salutaire; car, s'il n'est personne qui oserait offenser l'homme revêtu du sceau d'un roi de la terre, combien moins avons-nous à craindre, nous qui portons le signe sacré du souverain maître du ciel? Munissez-vous vous-mêmes du signe de la croix, faites-en l'impression sur tous vos membres et sur votre cœur; commencez par là vos études, faites-le lorsque vous entrez dans votre cellule et lorsque vous en sortez, sur votre lit, et dans les endroits où vous passez; et dites en faisant ce signe : *Au nom du Père, du Fils et du Saint-Esprit*. Mais ayez soin de vous signer bien plus encore de l'esprit que de la main. »

Il s'applique surtout à marquer les qualités de la prière, qu'il appelle l'arc de l'âme, faisant allusion à la coutume de prier, les mains étendues vers le ciel. Ces qualités sont l'attention, la persévérance, l'humilité, la confiance, la résignation. Il ajoute, qu'il faut demander à Dieu ce qui est le plus nécessaire et ce qui l'est en tout temps, surtout l'accomplissement de sa volonté et la gloire de son nom pendant tous les siècles des siècles.

Discours ascétique. — Ce discours, écrit à la manière des *Proverbes* de Salomon, est un recueil de maximes très-sages sur toutes sortes de sujets, et que saint Ephrem débite sans s'assujettir à aucune des lois de la méthode ordinaire du discours. Il y en a surtout de très-belles sur la crainte de Dieu, sur la foi, sur la lecture de l'Ecriture sainte, sur le sacerdoce, sur l'aumône, sur les tentations; mais la plupart regardent les observances régulières et peuvent répandre beaucoup de jour sur l'état de la discipline monastique, au IV° siècle. Voici quelques-unes de ces maximes. « Honorez l'évêque et le prêtre afin qu'ils vous bénissent de leur bouche. — Il est louable de prévenir tous les autres à l'assemblée; et c'est un mal d'en sortir sans nécessité, avant qu'elle ne soit finie. — Lorsque vous êtes à l'oraison, faites attention à celui à qui vous adressez vos prières, et que votre âme et votre cœur soient entièrement à lui. — Le moyen de se purifier de ses péchés est de s'en accuser en tout temps. Si je m'abstiens de manger de la viande, ce n'est pas, par une observation superstitieuse; car je sais bien que tout ce que Dieu a créé est bon; mais c'est parce que je lis dans l'Ecriture, que les délices ne conviennent pas à un insensé. Ne dites pas : « Je pèche aujourd'hui, demain, je « ferai pénitence; » mais dites plutôt : « Faisons pénitence aujourd'hui, car nous ne « savons pas si nous irons jusqu'à demain. » — La vaine gloire aveugle les yeux de l'âme; au lieu que l'humilité les éclaire des vives lumières de la charité; car le Seigneur enseignera ses voies à ceux qui sont doux. » Ce discours est terminé par une prière, où saint Ephrem, avec une humilité profonde et le sentiment de sa bassesse remercie Dieu de toutes les grâces dont il l'avait comblé.

Confession de saint Ephrem. — On ne peut contester à saint Ephrem le traité qu'il a intitulé sa *Confession*.

Son pays, sa parenté, sa profession, le temps auquel il vivait, tout y est marqué et ne peut convenir qu'à lui seul. Son dessein, dans cet ouvrage, est de montrer qu'il y a quelque chose de providentiel jusque dans la mesure de connaissance qu'il nous donne de lui-même. Il veut mettre par là ceux à qui il parle dans cet écrit, au courant de la faute qu'il avait commise en doutant de la Providence. C'est pourquoi il ne laisse échapper aucune des circonstances qui pouvaient aggraver son crime dans l'esprit de ses lecteurs. « Lorsque ce doute me vint, j'avais déjà reçu la grâce du baptême; la connaissance de Jésus-Christ m'avait été transmise avec le sang, puisque j'étais né de père et de mère qui avaient confessé la foi devant les tribunaux, et qui m'avaient élevé dans la crainte du Seigneur. » Mais aussi, il a soin d'avertir qu'il était alors dans un âge peu avancé, et que ce fut dans ce même temps qu'il commit les autres fautes dont il s'accuse ici en détail, avec autant d'humilité que de confiance en la miséricorde de Dieu. Il s'applique longuement à démontrer par des faits qu'il y a une providence qui règle et qui conduit les événements d'ici-bas, avec une sagesse et une justice admirables, et qui ne cesse d'avoir l'œil ouvert sur les actions des hommes. « J'ai regardé le monde, dit-il, et j'ai compris qu'il y avait une providence qui le gouverne. J'ai vu un vaisseau faire naufrage, parce qu'il n'avait point de pilote; et j'ai remarqué que c'est en vain que les hommes travaillent si Dieu ne les éclaire et ne les conduit. J'ai vu des villes et des républiques bien gouvernées, et j'ai compris que rien n'avait de consistance que par l'ordre et avec la volonté de Dieu. Le troupeau reçoit du pasteur son entretien et sa force; c'est de Dieu que tout ce qui est sur la terre reçoit sa subsistance et son accroissement. Comme l'arrangement d'une armée dépend du général qui la commande, ainsi dépend de Dieu la bonne et solide constitution de toutes choses. Dans la nature, une chose a besoin d'être aidée d'une autre : Dieu seul n'a besoin de rien. Personne ne peut se faire soi-même : autrement il serait déjà avant d'être fait. Il n'y a que Dieu qui n'ait pas été fait. Quoiqu'il puisse tout, il proportionne ses dons à la nature de chacun. Voulez-vous voir combien son pouvoir est ineffable? D'une seule parole il a fait les cieux et tout ce qu'ils contiennent. D'où on peut conclure avec certitude que s'il eût voulu, il pouvait créer de plus grandes choses et en plus grand nombre. Mais la nature créée n'était pas capable de plus. Si le mal avait existé avant toutes choses, il n'aurait laissé faire aucun bien : autrement, il n'aurait pas été le mal. On ne peut pas non plus avancer que la matière soit éternelle et qu'il y ait en elle un principe d'action et de mouvement. Elle est sujette au changement, et tout ce qui est temporel est caduc. Rien donc de ce qui a été fait n'existait auparavant. Dieu seul a toujours été. C'est pourquoi toutes choses ont besoin de lui, parce qu'il les a faites de sa propre volonté, sans y être contraint; étant aujourd'hui et dans l'éternité le même qu'il était avant toutes choses, il jouit d'une paix imperturbable. Sa bonté est la cause de tout, et sa justice est le terme de la nature. Pour ce qui est de la sagesse de Dieu, elle éclate dans la variété de sa création. » Saint Éphrem parle ensuite de la génération du Verbe et de la procession du Saint-Esprit. Il dit que le Fils est engendré, sans commencement, de la substance du Père, et que le Saint-Esprit en procède également, sans que, par cette génération et cette procession la substance du Père souffre aucune diminution. « Aussi, dit-il, quand nous nommons le Saint-Esprit après le Fils, nous ne marquons pas le temps, mais l'ordre qu'il y a entre les personnes divines; l'une et l'autre ayant une même nature et une même substance exempte de commencement. »

Sur la perle de l'Évangile. — Cette homélie est une des plus intéressantes qui nous restent de saint Éphrem. Il la prononça au commencement du règne de Julien l'Apostat, lorsque les fondements du temple de Jérusalem subsistaient encore, c'est-à-dire en 362; car en vertu d'un ordre de ce prince, ils furent démolis au commencement de 363 par les Juifs. On voit dans cette homélie de quelle crainte saint Éphrem était pénétré, lorsqu'il s'agissait de prêcher aux autres les vérités de l'Évangile, et combien il appréhendait de se condamner lui-même lorsqu'il reprenait les autres. Mais sa charité et son amour pour Dieu lui faisaient surmonter cet obstacle. « Quoi donc, dit-il, me tairai-je de peur de me condamner? Et quel autre moyen ai-je, ô mon Dieu, de vous témoigner mon zèle et mon amour? Je parlerai donc et je ne cesserai point de parler, car, j'aime mieux être condamné que de manquer à accomplir le ministère que vous m'avez confié. Je veux bien mourir pourvu que vous soyez glorifié. Que les païens connaissent par là quelles sont la force et la puissance de l'amour; que les juifs voient quelle est l'ardeur du zèle que j'ai pour vous, et qu'ils comprennent tous que, pour vous, je puis mourir, sans que ni le fer, ni le feu, ni les autres supplices m'ôtent la vie. Les ennemis de la foi reconnaîtront peut-être, par cette espèce de mort que je suis prêt à souffrir pour vous, la mort visible et sensible; mais je ne sais si je ferais ce que je dis, car je crains, si vous me quittez, que la nature ne me surmonte. Montrez-moi donc que vous m'assisterez dans le combat; faites que je persuade les gentils de votre vérité pour que je puisse au moins espérer que je souffrirai leurs tourments. Donnez-moi ce gage que vous aurez pitié de moi dans les tortures, et je déclare que dès cette heure, je me mets au nombre de vos athlètes; car on entend déjà la trompette des gentils qui sonne la charge et qui avertit vos serviteurs de se mettre en état de soutenir leurs agressions. J'entends les menaces que nous fait l'Occident, et le bruit des supplices dont il s'efforce de nous effrayer. Je tremble parce que vous haïssez les pécheurs; et néanmoins je suis rempli de joie, parce que vous êtes mort pour les pécheurs. » Après ce préambule qui, malgré sa longueur, est plein d'intérêt, puisqu'il nous initie aux sentiments les plus intimes du saint docteur, en mettant à nu sous nos yeux, sa foi, son humilité, sa candeur, son zèle et son dévouement qu'il brûle de pousser jusqu'au sacrifice, il entre en matière et établit un parallèle entre le mystère de la formation de la perle et le mystère de l'Incarnation. « La perle, dit-il, est une pierre précieuse qui naît de la chair de l'huître; la foudre seule concourt avec l'eau à sa formation, n'ayant pas besoin pour être produite de la jonction de deux coquillages, comme les huîtres ordinaires. Le Fils de Dieu s'unit à la nature humaine sans le secours d'autres corps; c'est le Saint-Esprit qui lui forme une chair de la substance d'une vierge. La perle, quoique non engendrée, à la manière des autres huîtres, n'en est pas moins un être réel; elle a son suppôt. Jésus-Christ est né, non en apparence mais réellement; il a son suppôt. La perle est composée de deux natures du feu et de l'eau. Il y a deux natures en Jésus-Christ, né de Dieu comme Verbe, et comme homme né de Marie. Ces deux natures sont parfaites en lui, elles ne sont point confondues; car, il s'est fait en Jésus-Christ, une union et non une confusion de natures. Le pourpre (c'est le nom du poisson qui produit la perle, ne vaut pas une obole; et ce qui naît de lui vaut plusieurs talents d'or. De même, rien n'est comparable dans la nature humaine à ce qui est né de Marie. Le pourpre, au moment que la perle se forme en lui, ne sent rien, sinon qu'elle lui ajoute quelque chose; c'est ainsi que Marie conçoit sans concupiscence, sentant seulement qu'une nouvelle hypostase survient en elle. Le pourpre ne souffre aucune altération, ni lorsqu'il conçoit la perle ni lorsqu'il la jette; et il met dehors, sans douleur, une pierre parfaite. La Vierge, ayant conçu d'une manière ineffable, a produit le Christ sans éprouver les douleurs de l'enfantement. » Saint Ephrem applique encore au mystère de l'Incarnation ce qui se passe dans la greffe des arbres, ce qui est écrit de la construction du temple de Salomon dont les pierres étaient équarries et polies d'avance, en sorte que l'ouvrage s'acheva sans qu'on entendît le bruit du marteau; de l'histoire du palmier mâle, dont on suppose que l'ombre seule rend la femelle féconde; et il appuie toutes ces comparaisons de divers raisonnements par lesquels il confond les marcionites, les manichéens, les juifs et les gentils. Nous nous sommes appesantis sur ce discours, et nous avons prolongé les citations, parce que la comparaison de la perle est une des figures que le saint docteur emploie avec prédilection et qu'il reproduit dans la plupart de ses écrits.

Sur la Croix. — Le discours sur la croix du Seigneur rend, d'une façon saisissante, les sentiments de douleur, de crainte et de componction dont saint Ephrem était pénétré, toutes les fois qu'il avait à parler du jugement dernier. Ce discours, qui est très-beau, fut prononcé le jour de Pâques. Le saint docteur y traite de la manière dont les chrétiens doivent célébrer les fêtes, et pose pour principe que ceux-là les célèbrent qui s'y préparent par l'observation des commandements, et qui les passent dans le chant des psaumes et des cantiques spirituels; ceux au contraire qui s'y livrent aux jeux et à la débauche, ne peuvent se flatter de célébrer aucune fête. « La croix, dit-il, a établi son règne chez les nations, parmi les peuples et les tribus; c'est en elle seule que nous devons nous glorifier; nous devons la peindre et la graver sur nos portes, et former ce signe vivifiant sur notre front, sur nos yeux, sur notre bouche, sur tous nos membres. Ce signe, dit-il ailleurs, est la gloire des rois; avec son secours, les apôtres ont foulé aux pieds la puissance de l'ennemi, et converti les nations. C'est la croix qui a fait vaincre les martyrs, et, c'est en la portant que les moines ont trouvé la joie dans la vie des déserts, cette vie de solitude enfouie dans les antres de la terre. »

Il passe de l'éloge de la croix à ce qui arrivera au jugement dernier et il en fait une description tour à tour douce, ineffable, touchante, puis sombre, pathétique et terrible.

Vie de saint Abraham et de sa nièce. — Il fallait tout l'esprit et toute la piété qu'avait saint Ephrem, pour raconter avec autant de circonspection qu'il l'a fait, la manière dont saint Abraham ramena sa nièce avec lui dans la solitude, pour y achever ses jours dans la pénitence. C'est ainsi qu'en peu de mots il déroule sous nos yeux toutes les phases de ces deux existences. Jamais historien n'a été plus concis et cependant plus complet.

« Ce saint homme, nous dit-il, en parlant de saint Abraham, ce saint homme, qui ne s'était engagé dans le mariage que par respect pour ses parents qui l'avaient décidé, à force d'instances et de prières, quitta sa femme par inspiration divine, le septième jour de ses noces, et alla s'enfermer dans une cabane dont il mura la porte, n'y laissant qu'une petite fenêtre pour recevoir la nourriture qu'on lui apportait à certains jours. Il avait alors vingt ans. Sa vie était austère, ses veilles fréquentes, ses prières accompagnées de larmes. Douze ans après qu'il eut quitté le monde, son père et sa mère moururent en lui laissant quantité d'argent en d'héritage. Abraham pria un ami de le distribuer aux pauvres et aux orphelins, ne voulant pas le faire lui-même, de peur d'interrompre ses exercices habituels. Il y avait près de la ville dont sa cellule n'était éloignée que d'une petite lieue, un bourg dont tous les habitants étaient païens et si opiniâtrément attachés à leurs superstitions que jusqu'alors ils n'avaient jamais voulu écouter ni prêtres, ni diacres, ni aucun des solitaires qui avaient entrepris de travailler à leur conversion. L'évêque d'Édesse, affligé de tant de dureté, proposa d'envoyer Abraham. On le tira malgré lui de sa cellule et on l'amena à la ville, où l'évêque, sans avoir égard à sa résistance, l'ordonna prêtre et l'envoya dans le bourg travailler à l'ouvrage du Seigneur. Il y souffrit, pendant trois ans, des outrages et des persécutions étranges; mais, enfin, les habitants, admirant sa vertu, obéirent à Dieu, qui leur parlait par sa bouche, et se convertirent à la religion chrétienne. Il les instruisit sur le mystère de la Trinité, et les baptisa ensuite au nombre de mille personnes. Pour les fortifier dans la foi et dans la piété, il demeura encore un an avec eux; puis, s'étant caché quelque temps, il retourna enfin dans sa première retraite. Il y était en la trente-huitième année de son âge, lorsqu'on lui amena sa nièce, que son frère en mourant avait laissée orpheline. Quoiqu'elle n'eût encore que sept ans, le saint fit distribuer aux pauvres le bien qu'elle avait hérité de sa famille, et la fit mettre dans une cellule contiguë à la sienne et dans laquelle il avait ménagé une fenêtre pour communiquer avec elle et pour l'instruire. Saint Ephrem lui faisait aussi des exhortations lorsqu'il venait voir Abraham. Elle y vécut durant vingt ans dans une grande perfection; mais étant tombée par la suite dans un crime d'impureté, elle en fut tellement effrayée, que déchirant son cilice, et se meurtrissant le visage, elle voulait se tuer. Tombée dans le désespoir, et, n'osant avouer sa faute à son oncle, ne songea qu'à le fuir et s'en alla dans une autre ville, où après avoir changé de costume elle s'arrêta dans une hôtellerie. Le saint ayant remarqué que depuis deux jours, il ne l'entendait plus chanter les psaumes, l'appela pour lui en demander la raison; et comme elle ne répondit pas, il jugea que le dragon l'avait engloutie, suivant une vision qu'il avait eue pendant son sommeil. Il pleura et pria sans cesse pour elle, jusqu'à ce qu'ayant appris, au bout de deux ans, le lieu et l'état déplorable où elle était, il s'habilla en cavalier, et alla la trouver. Surprise et dans une confusion étrange, à la vue de son oncle qu'elle n'avait pas reconnu d'abord, parce qu'il s'était caché la figure sous un grand chapeau, elle ne put lui adresser une seule parole. Mais le saint lui témoigna tant de bonté, et l'assura tellement de la miséricorde de Dieu à laquelle il lui promit de satisfaire pour elle, qu'elle reprit courage et retourna dans sa cellule. Là sa pénitence fut si austère, que Dieu, pour lui témoigner combien il l'avait pour agréable, accorda plusieurs miracles à son intercession. »

Saint Abraham vécut dix ans depuis la conversion de sa nièce, et Marie, c'était son nom, en vécut cinq après la mort de son oncle. Ainsi, pendant quinze ans, elle se condamna à toutes les austérités, à toutes les macérations de la pénitence, passant les jours et les nuits dans les larmes, les gémissements et les sanglots. « Elle priait Dieu, dit saint Ephrem, avec tant de ferveur, que plusieurs personnes, qui en passant l'entendaient soupirer et pleurer, pleuraient et soupiraient avec elle; et lorsqu'elle s'endormit du sommeil des saints pour passer de la terre au ciel, tous ceux qui virent la splendeur qui rayonnait sur son visage glorifièrent le nom du Seigneur. Hélas! continue saint Ephrem, ces deux saints dont je viens de décrire la vie, l'esprit détaché des préoccupations du siècle, et le cœur uniquement appliqué à aimer Dieu, nous ont quitté pour aller vers lui avec une pleine confiance; et moi, si mal préparé au compte de ce dernier jour, je suis encore demeuré dans le monde, où l'hiver de ma vie approche, et où une tempête épouvantable me trouvera dénué de toutes sortes de bonnes œuvres. »

Indépendamment de cette histoire écrite avec un tact si sûr, une simplicité si naïve, un intérêt si touchant, saint Ephrem avait composé un ouvrage spécial, dans lequel il détaillait avec complaisance les vertus de ces deux saints.

Discours sur les saints Pères qui sont morts en paix. — Il nous reste de saint Ephrem trois discours sur la mort paisible des saints solitaires. Il se nomme lui-même dans le premier, et se mettant, suivant sa coutume, au rang des pécheurs, il y fait une peinture parfaite de la vie des anciens Pères, la propose pour exemple à ses religieux, déplore la corruption des mœurs de son siècle et indique aux hommes les voies qu'ils peuvent suivre pour rester en grâce avec Dieu.

Le second est un éloge des solitaires de la Mésopotamie, dans lequel saint Ephrem rapporte en ces termes les diverses circonstances de la vie et de la mort de ces pieux anachorètes. « Les cavernes et les rochers sont leurs demeures, ils se renferment dans les montagnes, comme entre des murs et des remparts inaccessibles; la terre est leur table, les herbes sauvages qu'elle produit sont leur nourriture, et les eaux qui coulent dans les ruisseaux ou qui sortent des fentes et des ouvertures des rochers, sont tout leur rafraîchissement. Ils se font des églises de tous les lieux où ils se rencontrent, et les louanges de Dieu qu'ils font retentir de toutes parts dans les concavités des montagnes, sont les sacrifices qu'ils lui offrent, et ils en sont eux-mêmes les prêtres et les victimes. Ils vont errants dans les déserts, et vivent avec les bêtes sauvages qu'ils y rencontrent; ils sont sur le sommet des montagnes comme des flambeaux ardents qui éclairent tous ceux qu'un mouvement de piété sincère leur amène. Ils sont dans les solitudes comme des murs inébranlables: aussi y conservent-ils une paix solide et constante. Ils se reposent sur les collines commes les colombes, et ils se tiennent comme des aigles sur la cime des rochers les plus escarpés. Si quelquefois ils succombent à la fatigue, c'est avec délices qu'ils prennent un instant de repos, étendus sur la terre; mais à leur réveil, c'est avec une nouvelle ferveur qu'ils font retentir des louanges de Dieu tous les échos de la solitude. Jésus-Christ est avec eux, les anges les environnent sans cesse, et le Seigneur lui-même ne dédaigne pas de les servir en leur envoyant la nourriture. Ils n'ont aucun soin de se construire des tombeaux, et, souvent l'endroit même où ils s'étaient arrêtés pour finir leurs jeûnes, devient le lieu de leur sépulture. Plusieurs d'entre eux se sont endormis d'un sommeil doux et tranquille, dans les pieux exercices de la prière. D'autres, attachés à la pointe de leurs rochers d'où ils ne pouvaient descendre, ont remis volontairement leur âme entre les mains de Dieu. Il y en a qui, se promenant avec leur simplicité ordinaire, sont morts dans les montagnes qui leur ont servi de tombeau. Quelques-uns, sachant que le moment de leur délivrance était arrivé, confirmés dans la grâce de Jésus-Christ, et après s'être armés du signe de la croix, se sont déposés de leurs propres mains dans le sépulcre, se rendant ainsi à eux-mêmes les devoirs touchants de la sépulture. Enfin, ces hommes incomparables attendent que la voix de l'archange les réveille et que, par l'ordre de Dieu, la terre rende les corps qui lui ont été confiés, afin de renaître et de refleurir de nouveau, comme des lis d'une blancheur, d'un éclat et d'une beauté incomparables, afin que Jésus-Christ couronne de sa main et récompense de son éternité bienheureuse les travaux qu'ils ont endurés pour son service et pour sa gloire. »

Dans le troisième discours, à propos de ceux qui se sont endormis dans le Seigneur et qui nous ont précédés dans le ciel, saint Ephrem reprend avec force les cœurs endurcis que de tels exemples de vertu ne touchent point, et qui s'autorisent de leur insensibilité, pour vivre dans le crime et s'adonner aux sales plaisirs de la luxure. Il leur représente la brièveté de la vie, son incertitude, les misères qui l'accompagnent et le mérite des bonnes œuvres. Il leur fait un tableau de la mort, des troubles, des frayeurs qui en font un moment si terrible, du peu d'intérêt que présentent alors les choses du monde, et du regret que le pécheur éprouve d'avoir offensé le Dieu qui va devenir son juge. Il finit, en nous encourageant à penser souvent à la mort, au jugement, et à nous ménager dans les pauvres qui sont appelés les frères de Jésus-Christ, des intercesseurs assez puissants pour nous obtenir miséricorde.

Nous reproduisons ici, avec toute la forme dramatique que M. Villemain a su lui communiquer, un des plus beaux discours de saint Ephrem, le plus connu et à juste titre le plus célèbre de ses ouvrages, son discours sur le jugement dernier :

« De toutes les inspirations qu'Ephrem empruntait au dogme religieux, la plus puissante, comme la plus assidue, c'était la pensée du jugement dernier, c'était la terreur de ce grand jour anticipée par la ferveur du solitaire, comme elle le serait par la conscience du coupable. Sans cesse il le mêle à ses discours, à ses prières publiques. Une de ses prédications surtout faisait de cette terrible annonce une réalité, une représentation vivante, par le dialogue qui s'établissait entre son auditoire et lui, l'inquiétude des demandes et l'effrayante précision des réponses.

« Ce discours, ou plutôt ce drame, célèbre dans toute la chrétienté d'Orient, était, au XIII° siècle, cité avec admiration par Vincent de Beauvais, et ne fut pas sans doute ignoré de Dante. On ne pourrait le renouveler sans l'affaiblir; et le pathétique en était inséparable de cette naïveté d'étonnement et d'effroi qui entourait l'orateur. Remontez bien au delà de notre temps et du moyen âge; soyez par l'imagination dans une de ces villes d'Asie encore toutes décorées des monuments de l'art grec, et récemment attirées du paganisme à la loi chrétienne. C'est là que l'orateur ascétique, pâle de veilles et de jeûnes, pauvre de cette pauvreté qui garde une grande puissance de charité, monte en chaire et commence à décrire la comparution égale de toutes les âmes devant leur juge suprême; puis il s'arrête épouvanté; et, du milieu de son auditoire, cette question s'élève : « Dis-nous, maître, que vont entendre « et souffrir toutes ces âmes assemblées? — « Hélas! répond-il (1), mes frères très-aimés « du Christ, je voulais aussi vous raconter ce « qui doit suivre; mais frappé d'effroi, je ne le « puis; la voix me manque et les pleurs « échappent de mes yeux; car ce récit est terrible. — Dis, nous t'en prions, au nom de « Dieu et pour notre bien. — Alors, amis du « Christ, est vérifié le cachet du christianisme que chacun a reçu dans l'Eglise, la profession de foi qu'il a faite et l'engagement « qu'il a pris dans le baptême; et il sera demandé à chacun s'il a gardé sa foi inviolable, « sans mélange d'aucune autre secte, son cachet intact et sa robe sans souillure. — « Tous seront-ils interrogés, les petits et « les grands? — Oui, tous ceux qui ont engagé leur nom à l'Eglise, et chacun selon le « degré de sa force; car les forts seront fortement éprouvés, comme dit l'Ecriture, parce « qu'il est beaucoup demandé à celui auquel « il a été beaucoup donné, et qu'on mesure à « chacun selon la mesure dont chacun s'est « servi. Au reste, grands et petits, nous avons « contracté le même engagement; nous avons « été marqués du même sceau précieux; nous « avons également renoncé à Satan, et chacun « de nous s'es tpareillement associé au Christ. « — Nous t'en prions, ô maître, apprends-« nous toute la force du renoncement que nous « avons fait. — Le renoncement que chacun « de nous a fait sur les fonts du baptême est « simple dans l'expression, mais grand dans la « pensée; et trois fois heureux qui peut y rester fidèle! En quelques paroles, nous renonçons à tout ce qui est mal devant Dieu, non « pas à une chose, à deux, à dix, au mal « tout entier, à tout ce que Dieu déteste. « Nous disons : Je renonce à Satan et à ses « œuvres. Quelles œuvres? à savoir, la corruption, l'adultère, la débauche, le mensonge, « le vol, l'envie, le poison, la divination, les « enchantements, la violence, la colère, le « blasphème, la jalousie, la haine. Oui, je renonce à l'ivresse, à la paresse, à l'orgueil, à « la mollesse; je renonce à la raillerie, aux

(1) *Sanct. Ephræm. Oper.*, t. II, p. 378.

« sons voluptueux de la cithare, aux chants
« diaboliques de la tragédie, aux séductions
« contre nature, aux augures, à la consultation
« du malin esprit avec les caractères inscrits
« sur des lames d'argent; je renonce à l'ava-
« rice, à l'inimitié, à la cupidité. »

« Et il continue d'énumérer l'effrayante série des vices et des erreurs de la société, moitié grecque, moitié barbare, moitié chrétienne, moitié païenne, de son pays et de son temps.

« Puis, reprenant son dialogue : « Mais com-
« ment sera-t-on interrogé? se fait-il dire par
« ses disciples. — Les pasteurs des âmes, les
« évêques, les princes, seront interrogés sur
« eux-mêmes et sur leurs troupeaux; et on
« recherchera sur chacun le dépôt spirituel
« que le Pasteur suprême lui aura commis. Si,
« par la négligence de l'évêque ou du prince,
« une brebis s'est perdue, son sang lui sera
« redemandé, comme s'il l'avait versé lui-
« même de sa main. Les prêtres répondront
« pour le peuple de l'Eglise qui leur a été con-
« fiée; les diacres et le reste des fidèles seront
« comptables pour leurs familles, pour leurs
« femmes, leurs enfants, leurs serviteurs,
« leurs servantes, qu'ils ont dû nourrir dans
« la crainte et dans la pensée du Seigneur,
« comme le veut l'apôtre. Ensuite les rois et
« les princes, les riches et les pauvres, les pe-
« tits et les grands seront interrogés sur leurs
« propres actions; car il est écrit : *Il faudra*
« *tous nous manifester devant le tribunal du*
« *Christ, et dire ce que nous avons fait de*
« *bien et de mal.* » Et il est encore écrit
ailleurs : « *On ne retire personne de mes*
« *mains.* » — Nous te prions de nous dire
« encore ce qui doit suivre. — Je le dirai dans
« l'angoisse de mon cœur; car vous ne pour-
« rez pas l'entendre. Arrêtons-nous, je vous en
« prie, enfants amis du Christ. — Ces choses
« qui doivent suivre sont-elles donc plus for-
« midables que celles que nous avons enten-
« dues? — Plus formidables cent fois et plus
« lamentables, dignes de tous les pleurs et
« de tous les sanglots; et si je les énonce, un
« tremblement saisira mes auditeurs. — Ra-
« conte-la, ô maître, si tu le peux, afin qu'a-
« près t'avoir écouté, nous ayons plus d'ar-
« deur à la pénitence. — Je le dirai avec lar-
« mes : on ne le peut dire autrement; car ce
« sont les dernières misères. Mais l'apôtre
« nous ayant donné le mandat d'instruire
« les hommes fidèles, et vous étant fidèles, je
« dois vous montrer ces choses; et vous les
« enseignerez à d'autres. Si mon cœur se brise
« dans ce récit, secourez-moi de votre com-
« passion, mes frères bien-aimés.

« Alors, dis-je, lorsque tous auront été
« bien examinés, et leurs œuvres mises à jour
« devant les anges et les hommes, que toute
« puissance et toute force humaine aura dis-
« paru et que tout genou sera courbé devant
« Dieu, comme l'a dit l'Ecriture, il séparera
« les uns des autres, comme le pasteur sépare
« les brebis des chevreaux; ceux qui auront
« porté de bons fruits et brillé par de bonnes
« œuvres seront séparés des inutiles et des
« coupables; on verra resplendir ceux qui au-
« ront gardé les commandements du Seigneur,
« les miséricordieux, les amis des pauvres
« et des orphelins, les hospitaliers, ceux qui
« ont soulagé les souffrants et les mourants.
« Ceux qui pleurent maintenant, comme dit le
« Seigneur, qui sont pauvres, parce qu'ils ont
« placé leurs richesses dans le ciel, qui remet-
« tent les offenses à leurs frères, qui gardent
« pur et inviolable le sceau de la foi, il les
« placera à sa droite; mais ceux qui furent
« inutiles à tout bien, qui ont irrité le bon
« Pasteur, qui n'ont pas entendu sa voix, les
« orgueilleux, les déréglés, les insolents, qui
« ont perdu ce temps favorable à la pénitence,
« ceux qui ont passé toute leur vie dans la
« débauche, l'ivresse et la dureté de cœur,
« comme ce riche qui ne fut jamais touché de
« pitié pour Lazare, il les rejettera à sa gau-
« che, et ils resteront là condamnés comme
« n'ayant pas eu de miséricorde et d'entrailles,
« sans fruit de pénitence et sans huile dans
« leur lampe; mais ceux qui ont acheté l'huile
« du pauvre et en ont rempli leur vase, reste-
« ront à sa droite, éclairés de sa gloire, heu-
« reux et portant la lumière dans leurs mains;
« et ils entendront cette voix céleste et misé-
« ricordieuse : Venez, les bénis de mon père;
« possédez le royaume qui vous est réservé
« depuis la création du monde. »

« Et il continue par les paroles de l'apôtre contre les maudits, et sur le supplice éternel qui les attend. « Mais quoi? » lui dit encore « son auditoire, tous iront-ils aux mêmes sup-
« plices, et n'y a-t-il point de peines diffé-
« rentes? » C'est là que le génie compatissant du prêtre syrien paraît tout entier. Il a présentes les menaces de l'Ecriture, il les répète avec componction et gémissement; mais il se garde bien d'y ajouter et d'épuiser l'imagination et la langue à l'expression de douleurs matérielles, comme fit plus tard le moyen âge et le plus grand de ses poëtes. Non, malgré l'effroi qu'il ressent et qu'il annonce, il ne conçoit rien au delà des pleurs et des grincements de dents de l'Evangile : l'enfer est pour lui dans les cœurs. Par un mouvement de pitié, ces supplices éternels qu'il résiste à raconter, il supplie ses auditeurs de ne pas lui demander, et qu'il ne consent à leur révéler que sur leur ardente prière et pour les exciter à la pénitence, il ne les révèle pas en effet : il s'arrête à cette séparation qui commence la béatitude des uns et la perte des autres. Il en fait la plus grande comme la première des tortures qu'il avait à décrire; et, dans cette douleur toute morale, il laisse la foi chercher avec tremblement toutes les autres douleurs de la damnation; il en fait tout le supplice d'une éternité malheureuse. « Alors, « dit-il, les fils seront séparés des pères et les « amis des amis; alors l'épouse sera séparée « avec douleur de l'époux, pour n'avoir pas « gardé la pureté du lit nuptial; alors seront « rejetés aussi ceux qui, vierges de corps, ont « été durs de cœur et sans entrailles. »

« Cette distinction est belle dans un écrivain ascétique de ce temps, sous le ciel brûlant de Syrie, et là où l'orgueil et le christianisme mal compris pouvaient chercher dans une seule vertu la dispense des autres, et dans un seul et rude sacrifice le droit de ne pardonner à personne. Il continue, malgré son trouble; il achève cette séparation, dont le plus grand supplice est de voir un moment la lumière divine et de la perdre. Il fait entendre la plainte des réprouvés, leur inconsolable remords, qui paraît leur supplice même; et quand, avec cette imagination d'Orient qu'on ne peut reproduire sans l'altérer, il a multiplié toutes les formes d'une douleur qui ne peut ni changer ni finir, il y oppose les paroles de celui qui a dit : « Venez à moi, vous tous qui souffrez et « êtes affligés, et je vous soulagerai, et je vous « recevrai dans la cité céleste; venez à moi, « vous qui avez faim, et je vous nourrirai. » Et, répandant toute son âme dans cette espérance, il descend au milieu de la foule émue de reconnaissance et d'amour, comme elle était naguère consternée d'effroi. »

Testament de saint Ephrem. — Saint Grégoire de Nysse, qui a écrit la *Vie de saint Ephrem*, en a emprunté presque tous les matériaux à son testament. C'est un vrai monument de ses vertus. On y voit son attachement inviolable à la foi et à la communion de l'Eglise, son aversion pour les hérésies, sa charité pour ses frères, son zèle pour la perfection de ses disciples et sa profonde humilité, qui lui faisait redouter les louanges et les honneurs, même après sa mort. Aussi eut-il soin de défendre que l'on prononçât aucun panégyrique à ses funérailles. Il ne voulut pas être enterré dans l'église, ni embaumé. Il défendit de le revêtir d'habits magnifiques, de faire brûler des cierges autour de son corps et de le déposer dans un tombeau particulier. Enfin, par un dernier acte d'amour envers les pauvres, il ordonna à ses disciples de leur distribuer tout ce qu'ils avaient résolu de dépenser pour sa sépulture.

Commentaires sur l'Ecriture, etc. — Ainsi que nous l'avons dit dans la courte notice que nous avons donnée de sa vie, saint Ephrem avait écrit des commentaires sur toute la Bible; mais il s'en faut de beaucoup qu'ils soient tous parvenus jusqu'à nous. Un grand nombre d'entre eux se sont perdus en traversant les siècles, et de la plupart de ceux qui nous restent, nous ne possédons que des fragments. Quoi qu'il en soit, nous allons les analyser, pour laisser à nos lecteurs une idée, et des connaissances étendues que saint Ephrem possédait sur les saintes Ecritures, et de son talent d'interprétation.

Commentaire sur la Genèse. — Le commentaire sur la *Genèse* commence par un exorde, où saint Ephrem donne une analyse de ce livre; ensuite, abordant le texte, il s'arrête sur chaque verset pour l'expliquer.

Au commencement, Dieu créa le ciel et la terre; c'est-à-dire, comme l'explique le saint interprète, la nature vraiment existante du ciel et de la terre. « Donc, dit-il, que personne ne soutienne que, dans l'ouvrage des six jours, il soit besoin de chercher des interprétations allégoriques. Il n'est pas permis non plus de soutenir que ce que l'Ecriture présente positivement comme le travail de plusieurs jours ait été fait en un seul instant; ni même encore que ce soient là des noms sans réalité, ou des choses différentes de celles qui sont désignées par ces noms. Mais, de même qu'en lisant, *Le ciel et la terre furent créés au commencement*, nous entendons vraiment, par ces mots, ce que nous appelons le ciel et la terre, sans qu'ils puissent nous rien désigner autre chose: de même aussi, nous devons croire que tous les ouvrages qui suivirent, et tout ce qui est dit de leur arrangement et de leur disposition ne sont point de vaines paroles, mais que la nature des choses s'accorde parfaitement avec la propriété des mots qui les désignent. »

En raisonnant ainsi, saint Ephrem ne se proposait d'autre but que de réfuter ceux qui prétendaient réduire tout le récit de Moïse à de pures allégories; il établit fortement la vérité et la certitude du sens littéral, sans rejeter pour cela le sens moral et allégorique. Au contraire, il reconnaît que le sens littéral bien établi est le fondement de toutes les allégories, que les saints docteurs ont découvertes dans les saints livres, puisqu'en plusieurs passages l'Ecriture elle-même nous montre dans le monde visible une image du monde spirituel. Du reste, la suite nous prouvera que saint Ephrem n'était nullement ennemi des interprétations allégoriques.

Il passe assez rapidement sur la promesse faite à l'homme après son péché; on y voit cependant que, selon la version syriaque, en cela conforme à l'hébreu, il attribue clairement à celui qui doit naître de la femme le coup dont sera brisée la tête du serpent.

En expliquant la généalogie de Sem, il montre que Sara naquit d'un frère d'Abraham, nommé Aran, ce qui justifie le nom de sœur que lui a donné le saint patriarche. Enfin, quand il en vient à la célèbre prophétie de Jacob touchant le Messie, voici comment il résume, d'après la version syriaque, la promesse du Seigneur : « *Le sceptre ni le scrutateur ne cesseront point*, c'est-à-dire que la tribu de Juda ne cessera d'avoir des rois et des prophètes, *jusqu'à ce que vienne celui à qui appartient le royaume*, c'est-à-dire Jésus, fils de David, qui est le fondateur de ce royaume, et qui en sera le vrai Seigneur. »

Commentaire sur l'Exode. — Dès le commencement de son commentaire sur l'*Exode*, saint Ephrem reconnaît dans l'*agneau pascal* la figure de Jésus-Christ. Il pousse même l'allégorie un peu plus loin; il prétend que le dixième jour du mois de Nisan, auquel on devait choisir et séparer l'agneau destiné au sacrifice, représente le jour auquel le Verbe s'incarna dans le sein de la Vierge; mais il est beaucoup mieux fondé lorsqu'il ajoute que le quatorzième jour auquel il était immolé représente le jour où Jésus-Christ fut mis en croix; il remarque qu'on ne devait point lui briser les os, parce qu'en effet, quoique Notre-Seigneur ait eu les pieds et les mains percés de clous et le côté ouvert d'un coup de lance, cependant aucun de ses os ne fut brisé.

Sur le Lévitique. — Il passe très-rapidement sur ce livre, ou du moins ce qui nous en reste a souffert beaucoup de lacunes. Il reconnaît dans la lèpre la figure du péché, et dans le sang du passereau immolé pour la purification du lépreux, la figure du sang de Jésus-Christ qui a purifié l'humanité tout entière.

Sur les Nombres. — Ce commentaire n'offre que des traits épars. Il parle de la célèbre prophétie de Balaam, et il y reconnaît Jésus-Christ sauveur de toutes les nations de la terre ; mais il croit qu'il est représenté par Zorobabel, sauveur des Juifs, à qui il rapporte, suivant la lettre, les victoires remportées sur Moab, et les enfants de Seth par lesquels il entend les peuples voisins de la Judée.

Sur le Deutéronome. — Ce commentaire n'offre encore que des fragments. On y trouve la célèbre promesse du prophète que Dieu doit susciter semblable à Moïse ; sur quoi il dit : « Quoique Dieu semble avoir accompli cette promesse en substituant à Moïse Josué, et à celui-ci d'autres chefs, et même des rois, cependant on doit convenir avec justice et vérité, que c'est en Jésus-Christ que cette promesse a reçu son entier et parfait accomplissement ; car, ajoute-t-il, quoique depuis cette promesse plusieurs prophètes aient paru, cependant nul ne fut plus semblable à Moïse qui établit une alliance et des lois, que Jésus-Christ, le fondateur de la nouvelle alliance, l'auteur de l'Evangile, ce code de lois pures qui conduisent les hommes jusqu'à la plus sublime perfection. »

Sur Josué. — Dans le commentaire sur Josué, en voyant les eaux du Jourdain se diviser en deux parties, il nous invite à penser à cette dernière séparation qui se fera des bons et des méchants, lorsqu'en revenant sur la terre, juge suprême des vivants et des morts, Jésus-Christ séparera ceux qui croiront d'avec ceux qui ne croiront pas, les justes d'avec les pécheurs, les réprouvés d'avec les saints.

Sur le livre des Juges. — En expliquant le livre des *Juges*, saint Ephrem reconnaît dans la *toison imbibée de rosée*, la figure de la sainte Vierge, portant dans son sein le Verbe incarné ; dans *la terre sèche autour de cette toison humide*, la figure de ce monde, où le froment demeurera mêlé avec la paille, les justes avec les pécheurs jusqu'à la consommation des siècles ; et enfin, dans la toison sèche, au milieu de la terre couverte de rosée, l'image de la nation juive qui est demeurée privée de la rosée des bénédictions célestes, tandis que toute la terre en a été rajeunie.

Sur les quatre livres des Rois. — On ne possède que des fragments de son commentaire sur les quatre livres des *Rois*. Au premier livre, en expliquant le cantique d'Anne, mère de Samuel, il observe que quand elle dit : *Le Seigneur donnera la force à son Roi et exaltera la puissance de son Christ ;* c'est une prière dans laquelle elle prédit, soit la suprême grandeur des prêtres oints de l'huile sainte, soit la puissance royale qui devait être donnée à la tribu de Juda, selon les anciennes promesses ; mais il fait remarquer en même temps, qu'il est encore plus vrai de penser qu'elle prédit la puissance et la grandeur du Messie, c'est-à-dire du Christ qui devait naître de la race de David.

Au second livre, l'explication de la prophétie de Nathan lui donne lieu de faire cette observation, savoir qu'il y a une partie de cette prophétie qui convient proprement à Salomon ; mais qu'ensuite ce qui est écrit touchant l'éternité du règne de David et de Salomon, commencé et ébauché dans l'un et l'autre de ces deux princes, se trouve positivement et manifestement accompli en Jésus-Christ, *à qui le Seigneur Dieu a donné le trône de David, son père, et dont le règne n'aura point de fin.*

En expliquant la prophétie d'Ahias sur la division des tribus, après la mort de Salomon, il remarque que le sens allégorique de cette division a été expliqué par celle qui se produisit chez les Juifs au temps de Jésus-Christ. C'est cette question qui forme à peu près tout le fond de son commentaire sur le troisième livre. « La plus grande partie composée de dix tribus qui se détachèrent de la maison de David pour se rallier à Jéroboam, désigne, dit-il, cette nombreuse faction des Juifs qui rejetèrent Jésus-Christ, en disant : *Nous n'avons point d'autre roi que César.* La petite partie qui n'était composée que de deux tribus, signifiait la plus petite partie de cette nation, c'est-à-dire, le petit nombre de ceux qui reçurent Jésus-Christ, et à qui il donna le pouvoir de devenir enfants de Dieu. »

La résurrection de l'enfant à qui Elisée rend la vie fait le sujet du quatrième livre Saint Ephrem voit dans ce prodige le mystère de la rédemption des hommes. « Il est manifeste, dit-il, que le bâton d'Elisée était l'ombre et la figure de la croix de Jésus-Christ, et néanmoins ce bâton dans les mains de Giézi, disciple d'Elisée, n'opère rien ; il faut que le prophète vienne en personne. C'est qu'en effet le monde n'a point été sauvé par la loi de Moïse, laquelle n'était que l'ombre et la figure des choses futures. Il a donc fallu qu'Elisée vînt, s'abaissât sur cet enfant et se rapetissât jusqu'à se proportionner à sa grandeur. De même, il a fallu que le Fils unique de Dieu s'abaissât vers nous et se proportionnât à nous, en prenant notre nature. Le prophète ensuite se promène dans la chambre ; cela marque le temps que Jésus-Christ a passé sur la terre, vivant au milieu des hommes. Le prophète s'abaisse une seconde fois sur cet enfant, proportionne de nouveau ses membres aux siens, et l'enfant ressuscite. C'est ce que Jésus-Christ a parfaitement accompli, lorsqu'il s'est abaissé pour nous, jusqu'à mourir sur la croix; par sa mort il s'est mesuré sur Adam frappé de mort, et c'est ainsi que Dieu nous a rendu la vie, en nous ressuscitant avec Jésus-Christ. »

Sur le livre de Job. — Saint Ephrem a expliqué le livre de Job, mais il ne nous reste plus que des fragments de ce commentaire. Il attribue ce livre à Moïse et il croit que Job est le même que le Jobab, arrière-petit-fils d'Esaü, dont il est parlé dans la *Genèse.* Au ch. XIX, il lit dans la version syriaque : *Je sais que mon Rédempteur vit et qu'à la fin il paraîtra sur la terre;* sur quoi il dit que le bienheureux Job prédit pour la fin des temps la manifestation d'Emmanuel revêtu de notre chair. Enfin il croit que Béhémoth et Léviathan sont la figure du démon.

Sur Isaïe. — On ne possède qu'une partie des commentaires de saint Ephrem sur les quatre grands prophètes. Dans ses explications sur Isaïe, lorsqu'il arrive à cette parole : *Le Seigneur vous donnera lui-même un signe; une Vierge concevra et enfantera un Fils qui sera nommé Emmanuel;* il reprend les expressions du texte pour en faire sentir toute la force. *Une Vierge concevra;* quoique, selon l'ordre de la nature, il paraisse y avoir ici contradiction dans les termes; car si elle est vierge, comment peut-elle avoir conçu? Et si elle a conçu, comment peut-elle être vierge? Qui donc voudra écouter ou croire celui qui annonce qu'il en sera ainsi? Mais le Seigneur vous donnera lui-même ce signe; et lorsqu'il vous l'aura donné, ne demandez pas comment, car rien n'est difficile à Dieu; tout ce qu'il veut, il le fait. Et cet enfant sera nommé *Emmanuel*, c'est-à-dire *Dieu avec nous;* c'est évidemment du Fils de Marie que parle ici le prophète.

Sur Jérémie. — Son commentaire sur Jérémie n'est composé aussi que de fragments. Il explique ce verset du chapitre 23, qu'il lit ainsi dans la version syriaque : *Voici que le temps approche, où je susciterai à David un germe de justice; et voici le nom qu'on lui donnera : Le Seigneur notre justice.* Sur quoi il fait ce raisonnement : « Quand même, dit-il, il y aurait dans Zorobabel une ombre du mystère que renferme cette prophétie, il est certain qu'elle n'a été parfaitement accomplie que dans la personne de Notre-Seigneur; car on n'a jamais dit, on n'a jamais pu dire que Zorobabel fût le *Seigneur notre justice;* mais Jésus-Christ est tel, et a véritablement été appelé ainsi. De plus, ni Zorobabel, ni aucun autre, n'a procuré au peuple de Dieu ces deux grands bienfaits, que Jérémie et Isaïe prédisent comme devant suivre l'avénement du grand Roi : l'un, c'est la délivrance générale de toutes les nations et leur admirable réunion en un seul peuple; l'autre, c'est le règne éternel de la race de David, et une si grande abondance de toutes sortes de biens, qu'elle sera capable d'effacer le souvenir des anciens bienfaits. Voilà, dit en finissant le saint docteur, des traits qui ne peuvent nullement convenir ni à Zorobabel ni à aucun autre chef du peuple juif. »

Sur Ezéchiel. — Dans son commentaire sur Ezéchiel, lorsqu'il arrive à cette parole : *J'établirai sur eux, pour pasteur, David mon serviteur.* « Cela, dit-il, commença de se vérifier dans Zorobabel; mais cela ne fut parfaitement accompli que dans Notre-Seigneur, qui est le vrai pasteur des brebis rassemblées de toutes les nations. Il est appelé David et serviteur, parce qu'en se faisant homme, il a pris de la race de David la forme de serviteur. »

Sur Daniel. — Dans l'explication de la *statue composée de quatre métaux,* vue par Nabuchodonosor, et que Daniel applique aux quatre empires qui doivent précéder celui de Jésus-Christ, il reconnaît que le premier est celui des *Babyloniens,* le second celui des *Mèdes,* le troisième celui des *Perses,* et le quatrième celui des *Grecs.*

Il fait remarquer que le royaume éternel, qui succède à ces quatre empires, ne peut être que celui de Jésus-Christ, dont la naissance du sein d'une Vierge est représentée par cette pierre détachée de la montagne, sans que la main d'aucun homme l'ait touchée.

De l'explication de cette prophétie, il tire l'interprétation du symbole des *quatre bêtes* vues par Daniel; il prétend que les quatre empires, figurés par ces bêtes, sont les mêmes que ceux qu'il a cru voir dans la statue des quatre métaux. Il en conclut que la *petite corne,* qui s'élève du front de la quatrième bête, représente Antiochus Epiphane : mais il reconnaît que le *fils de l'homme,* dont il est parlé dans cette prophétie, est Jésus-Christ, et que le *jugement* qui s'y trouve annoncé est celui qui terminera la durée des siècles.

Il passe très-rapidement sur la prophétie des *septante semaines;* et n'entre dans aucun calcul; il observe seulement que ces semaines doivent commencer au rétablissement de Jérusalem, et finir à l'avénement de Jésus-Christ, c'est-à-dire à sa manifestation; car il reconnaît que, selon cette prophétie, le Christ *doit être mis à mort au milieu de la dernière.*

Sur Osée. — Nous n'avons pas de commentaire entier sur les douze petits prophètes, mais seulement une partie de ce qu'il a écrit sur Osée, Joël, Amos, Abdias, Michée, Zacharie et Malachie.

Dès le début de son explication du livre d'Osée, il avertit que ce prophète annonce l'avénement du Sauveur. Il voit la Synagogue dans cette *femme adultère* qui doit attendre longtemps le prophète. Il passe néanmoins assez légèrement sur ce qui est dit de l'abandon auquel seront livrés les Juifs; puis il continue ainsi en reprenant le texte : « *Après cela, ils chercheront le Seigneur et David leur roi,* Zorobabel, descendant de David. » Plusieurs, en effet, recherchèrent Zorobabel, et ce ne fut pas le plus grand nombre qui rechercha Jésus-Christ. C'est aussi ce qu'Isaïe et Daniel avaient prévu et prédit; car c'est lui qu'Osée désigna sous le nom de *David*, nom qui lui est aussi donné par les autres prophètes, parce que David le représentait.

Sur Joël.—Saint Ephrem croit que les quatre sortes d'insectes, qui, selon Joël, doivent ravager la terre d'Israël, sont les armées assyriennes et chaldéennes, sous la conduite de quatre chefs, Theglathphalasar, Salmanasar, Sennachérib et Nabuchodonosor. Une lacune nous prive de ce qu'il a pu dire sur ce docteur de Justice, annoncé par le prophète; mais en parlant des grands biens promis, en cet endroit, aux enfants de Sion, il dit : « Ce texte renferme un sens profond; vous devez comprendre que tous les biens promis ici aux Juifs ont été donnés par Jésus-Christ à son Eglise : le *froment*, qui est le mystère de son corps ; le *vin*, qui est le sacrifice de son sang; l'*huile*, dont nous avons été oints, après avoir été initiés par le baptême, et par laquelle nous sommes revêtus des armes du Saint-Esprit. » Il rapporte le dernier chapitre à l'expédition de Gog et au dernier avénement de Jésus-Christ.

Sur Amos. — En expliquant Amos, les malheurs du royaume d'Israël sont pour lui l'image de ceux qui sont tombés sur les Juifs incrédules, au temps de Jésus-Christ. C'est par Amos que Dieu a dit : *Je ferai coucher mon soleil en plein midi, et je couvrirai la terre de ténèbres au jour de la lumière.* « Un sens caché, dit saint Ephrem, nous invite à pénétrer au delà de la lettre, pour contempler ici le jour de la passion de Notre-Seigneur, et cette nuit qui couvrit miraculeusement l'univers. Le soleil s'éclipsa au milieu de sa course, afin que les Juifs comprissent bien que le jour de la grâce leur était ôté, en punition de l'horrible attentat dont ils s'étaient rendus coupables, puisqu'ils avaient entrepris d'éteindre dans le sang de la croix l'éclat du grand soleil de la justice. Aussi, quand aux jours de la lumière saint Jean et les apôtres leur annoncèrent que l'auteur de la vie s'était levé au milieu d'eux, refusèrent-ils d'accepter sa doctrine. La nuit de l'ignorance tomba sur ces hommes qui n'avaient montré que du dégoût pour la lumière du ciel. »

Sur Abdias. — Dans le texte d'Abdias, où notre Vulgate parle *des captifs de Jérusalem transportés jusqu'au Bosphore*, saint Ephrem lisait, d'après la version syriaque, *jusqu'en Espagne Bœspania*, et il remarquait que c'était la province la plus éloignée de la Judée.

Sur Michée. — Dans cette prophétie, saint Ephrem lisait, suivant la version syriaque : *Et vous Bethléem, vous êtes trop petite pour compter entre les principales villes de Juda; cependant, de vous sortira le chef qui doit être prince sur Israël, et dont l'origine remonte au commencement jusqu'aux jours de l'éternité.*

Sur quoi le saint docteur dit : « Il s'agit ici de la naissance corporelle du Verbe de Dieu, qui doit naître à Bethléem-Ephrata. Il ne dit pas : *C'est de vous qu'il tire son existence*, mais *c'est de vous qu'il sortira*; c'est-à-dire, qu'il sortira de vous revêtu du corps qu'il aura pris : car, en tant que Dieu de toute éternité, il ne tire pas de vous son origine, mais deux natures sont réunies en lui : l'une, selon laquelle il tire, avant tout commencement, son origine d'une substance éternelle; l'autre, selon laquelle c'est de vous qu'il est sorti. »

Sur Zacharie.—Dans son commentaire sur Zacharie, saint Ephrem revient à l'opinion commune dont il s'était précédemment écarté. Par les quatre chariots entrevus par le prophète il entend l'empire des Babyloniens, des Perses, des Macédoniens et des Romains. Dans la personne de ce roi de Sion, monté sur le poulain de l'ânesse, non-seulement il reconnaît Ich, qui fit son entrée à Jérusalem, dans cet humble appareil, mais encore il fait remarquer que : « Dans le sens mystérieux de cette prophétie, cet animal désigne le peuple nouveau rassemblé de diverses nations, et réuni dans une même foi, selon laquelle nous croyons en celui qui, pour notre salut, s'est abaissé jusqu'à nous; en sorte que, conduits par la certitude que la foi produisait en eux, ils ont baissé la tête et se sont soumis à la puissance de Jésus-Christ. C'est en ce sens qu'il a été vrai de dire qu'il s'était assis sur eux, et avait pris en eux son repos. »

Sur Malachie. — Le commentaire sur Malachie explique très-bien cette parole: *Voici que j'envoie mon ange.* Cela est dit de Jean-Baptiste, qui fut envoyé pour préparer et aplanir la voie devant Jésus-Christ. Saint Ephrem croit encore pouvoir appliquer au saint précurseur cette autre parole: *Voici que je vous envoie Elie, avant que le grand jour du Seigneur arrive, et il réunira les cœurs des pères avec ceux des enfants;* ce qu'il explique ainsi : « Le prophète dit cela de Jean-Baptiste, et l'ange qui parle à Zacharie témoigne que Jean a parfaitement réalisé cette prédiction, puisqu'il dit : *Celui-ci marchera devant le Seigneur dans la vertu d'Elie.* C'est aussi de lui que le Seigneur dit aux Juifs : *Si vous voulez le prendre ainsi, il est lui-même cet Elie qui doit venir.* »

Saint Ephrem termine ici son commentaire; il aurait pu remarquer que Jésus-Christ, en s'exprimant ainsi, donnait assez à entendre que la prophétie aurait un accomplissement plus complet lorsqu'Elie viendrait lui-même en personne, comme le Sauveur l'annonce dans ce passage : *Elie viendra et il rétablira toutes choses.* D'ailleurs, dans son discours sur l'Antechrist, il reconnaît lui-même que le Seigneur enverra alors Hénoch et Elie, pour prémunir les fidèles contre les séductions de cet imposteur.

Poésies de saint Ephrem. — Indépendamment de ces écrits que nous venons de faire connaître en analysant les principaux, et dont le nombre s'élevait jusqu'à deux cent dix-neuf dans l'édition des œuvres de saint Ephrem publiée à Cologne, en 1675, par les soins de Gérard Vossius, on ne peut douter que le saint docteur n'en ait composé un grand nombre d'autres. Les Syriens lui en attribuent plus de deux mille suivant le rapport de Photius, et Sozomène lui prête trois millions de vers, sans compter ses autres écrits en prose. On trouve, dans la Bibliothèque Orientale d'Assemani, des extraits des hymnes de saint Ephrem, traduits du syriaque par ce docte écrivain. Ces hymnes, au nombre de trois cent cinquante-cinq, roulent sur différents objets. La naissance de Jésus-Christ, le paradis, l'Eglise, la virginité, la foi et toutes les vertus qu'elle impose, et tous les prodiges qu'elle enfante, et toutes les erreurs qu'elle détruit ; la réfutation de quelques nouveautés impies, les mérites des saints, la glorification des vertus morales, reviennent tour à tour dans ces chants, dont les inspirations, constamment à la hauteur du genre, s'élèvent quelquefois jusqu'au sublime de la poésie. Il faut que le lecteur ici nous prête un peu de sa bonne volonté et nous croie sur parole comme nous avons cru nous-même sur la foi des critiques que nous avons consultés. Malheureusement la matière nous manque, pour faire juger sur échantillon ou même donner par l'analyse une idée suffisante de ces compositions poétiques. La *Bibliothèque* d'Assemani est d'une rareté et d'un prix qui ne nous ont permis ni de penser à l'acquérir ni de pouvoir la consulter. Nous en sommes donc réduit à deux ou trois pièces reproduites dans les éditions ordinaires de ses œuvres. Seulement, pour dédommager nos lecteurs, nous les renvoyons à quelques documents nouveaux que nous publions à la fin de cette étude. Le premier des morceaux dont nous venons de parler est une *Ode contre ceux qui pèchent tous les jours et qui font tous les jours pénitence*. C'est une pièce de poésie digne de la plume de saint Ephrem. Il l'adresse à une personne pour l'exhorter à la pénitence et lui inspirer en même temps une sainte confiance au Sauveur, « qui ne manque jamais, dit-il, de guérir ceux qui s'approchent de lui avec une foi entière et dans le mouvement d'un vif repentir. Vous avez péché, convertissez-vous, priez, demandez, cherchez et soyez persuadé que vous avez reçu. Adorez, désirez d'être sauvé, sollicitez cette grâce auprès de celui qui veut vous la donner et qui porte en lui-même votre salut. Après l'avoir obtenue, prenez garde de la perdre; et si vous l'avez perdue par une rechute dans le péché, relevez-vous. N'imitez pas les pourceaux qui ne se plaisent que dans le bourbier, ni les chiens qui lèchent ce qu'ils ont vomi. Il n'y a qu'un Christ, qu'une foi, qu'une voie, qu'une mort, qu'une grâce, qu'une passion, qu'une résurrection. » Il avait dit plus haut que Dieu n'ôte jamais l'espérance aux pécheurs ; et nous aimons à le remarquer ici, afin qu'on ne soupçonne pas saint Ephrem d'être tombé dans l'erreur des novatiens.

Nous avons plusieurs morceaux intitulés : *Prières et Lamentations*. Ce sont les soupirs d'une âme qui se plaint elle-même des délais qu'elle apporte à sa conversion, de son attachement aux plaisirs de la terre, et de l'inutilité de sa vie. Elle s'y agite dans la crainte de l'extrême confusion qui saisira le pécheur au dernier moment, mais elle s'efforce en même temps de tempérer cette crainte par la méditation des divers motifs qui peuvent fonder l'espérance d'un chrétien. Mais le plus remarquable de ces morceaux est une prière dans laquelle saint Ephrem demande à Dieu de répandre sur lui les effusions de sa grâce, comme il répand sa rosée sur toutes les créatures. « Le printemps, dit-il, se révèle à nous avec tous ses charmes. L'air devient serein, les oiseaux du ciel reprennent leurs chants, et publient dans leur langage la gloire de votre sagesse. La terre entière se revêt de verdure et se couronne de fleurs, comme pour se réjouir qu'Adam, son premier-né, ait recouvré la vie, et que le Sauveur descendu du ciel soit venu régner au milieu d'elle. La mer, devenue calme par vos faveurs, enrichit ceux qui voguent sur ses abîmes. Votre grâce, ô mon Dieu, me donne donc la confiance de vous parler, et quand tout se rapproche, mon amour ne me permet pas de rester éloigné de vous. Il n'y a pas jusqu'au serpent, si fatal à l'homme dès le commencement, qui ne sorte de terre et n'ouvre sa gueule pour respirer. A combien plus forte raison votre serviteur, qui brûle d'amour pour vous, doit-il ouvrir son cœur et ses lèvres pour chanter les bienfaits de votre grâce. »

Vossius donne encore, sous le nom de saint Ephrem, un *Cantique spirituel* adressé à la jeunesse chrétienne. Les pensées en sont belles et les préceptes utiles. Il y a bien quelques jeux de mots qui font taches çà et là, mais peut-être ont-ils plus de grâce dans la langue syriaque que dans la langue latine. La traduction que Vossius en a donnée est faite sur le syriaque et le chaldéen, et il y a conservé une espèce de cadence ou de rime qu'il avait probablement dans l'original.

Il faut ajouter à ces pièces de poésie *deux cantiques* publiés également par Vossius, et traduits du syriaque en latin par Abraham Echellensis, docte Maronite; puis imprimés à Rome, en 1645, par les soins de Jean-Baptiste Manès, prêtre et chanoine de l'église de Saint-Ange. Le premier, sur la naissance de Jésus-Christ, pourrait être considéré comme une exhortation à la vigilance, s'il ne contenait pas la plus belle définition et le plus pompeux éloge de cette vertu, dont il nous présente la personnification divine dans le Sauveur qui, par sa naissance, vient d'éveiller les anges, en apportant le salut à l'humanité; le second est un dialogue entre la sainte Vierge et les Mages, dans lequel ces premiers-nés de la gentilité annoncent à Marie toutes les grandeurs du règne futur de celui qu'elle vient de mettre au monde. Nous renonçons à donner même une simple idée des beautés qui dans ces deux morceaux étincellent jusqu'à travers les voiles obscurs de la traduction. Que le lecteur fasse comme nous, qu'il les recherche parmi les écrits du saint docteur, et il se trouvera amplement dédommagé de sa peine par le plaisir de la lecture.

Ici s'arrête l'analyse des œuvres de saint Ephrem. En quelque langue qu'on les lise, il est impossible de ne pas les trouver admirables. Partout et jusque sous les travestissements de la traduction, on reconnaît le tour vif et frappant que cet esprit sublime a dû leur donner dans sa langue naturelle. C'est un avantage rare et presque particulier aux écrits du saint docteur, ce qui prouve que leur beauté n'est pas moins dans le sens que dans l'expression. En effet, ceux qui savent le syriaque trouvent dans l'original une si grande élégance de style jointe à tant de traits d'éloquence, qu'ils ont peine à décider, si c'est de la beauté des expressions ou de la sublimité des pensées, que ses discours empruntent leur force et leur élévation. Du reste, rien ne témoigne mieux la haute estime où on les tenait, dès l'an 372, que l'usage de les lire dans les assemblées, aussitôt après la lecture de l'Ecriture sainte. Ce qui se pratiquait non-seulement dans les églises d'Orient, mais aussi dans celles d'Occident; puisque, selon la remarque de Vossius, on trouve plusieurs de ses discours à la suite de l'Evangile, dans les anciens Lectionnaires latins

On en fit des traductions grecques, même du vivant du saint auteur, et Sozomène, qui ne les avait jamais lus que dans cette langue, assure qu'on y trouvait ce qu'il y a de plus relevé dans la philosophie, avec un ton si facile et en même temps si noble, et une si grande abondance de pensées vives et solides, qu'ils surpassaient même ce que les plus célèbres écrivains grecs ont de mieux écrit dans leur langue. Ils ont paru divins à saint Grégoire de Nysse qui les présente comme un arsenal dans lequel l'Eglise peut choisir des armes pour combattre les hérésies de tous les temps. Théodoret l'appelle la lyre du Saint-Esprit, le canal qui arrosait les Syriens des eaux de la grâce. C'était un don particulier à saint Ephrem de répandre partout, même sur les sujets qui en paraissaient le moins susceptibles, un esprit de pénitence, de componction et de larmes. Aussi ses discours sont-ils pleins de force et pleins d'ardeur; et s'il y a du plaisir à les lire, il est impossible de faire cette lecture sans être touché par la profondeur des pensées, la vivacité des sentiments et le pathétique des expressions qu'il tirait presque toujours de son cœur.

De nos jours, l'étude des langues orientales a pris de tels développements, qu'il était impossible que la Patrologie ne lui dût pas quelques découvertes précieuses. Pour mettre nos lecteurs à même d'apprécier ce mouvement scientifique et de le juger par ses résultats, nous réunissons ici, en l'empruntant à un savant travail de M. Félix Nève, professeur à l'université catholique de Louvain, tout ce qui regarde saint Ephrem, ses interprètes et ses traducteurs modernes ; les derniers travaux d'exégèse ou de critique philologique entrepris sur ses œuvres, et enfin leur complément retrouvé et publié en langue arménienne. Saint Ephrem a été considéré à juste titre comme le représentant de la littérature des Syriens, parvenue à son apogée au IV° siècle. De même qu'il en a été le centre à son époque, il en est resté aussi le modèle préféré du goût littéraire chez sa nation; on ne peut donc manquer de prendre l'étude de ses écrits, comme le fondement principal des vastes travaux que réclament les productions de tout âge existant encore aujourd'hui dans cette langue.

L'édition romaine des œuvres de saint Ephrem (1732-1746) est devenue la base des recherches qui serviraient le mieux à l'appréciation de ses doctrines et de son talent. Quelques savants se sont appliqués à la critique ou à l'interprétation des textes grecs et syriaques d'après cette grande édition; tandis que les uns, comme G. Bernstein, y rectifiaient quelques passages et quelques leçons dans la partie syriaque (1), d'autres s'efforçaient de mettre en lumière le système de métrique dont saint Ephrem est réputé l'auteur : personne n'a poussé aussi loin cette tâche que le savant P. Pius Zingerlé, bénédictin de l'institut Mariaberg et professeur de religion à Méran en Tyrol, auteur de plusieurs dissertations sur la versification des poëtes syriens (2). D'autres, enfin, ont consacré des mémoires à l'analyse et à la discussion des méthodes d'exégèse employées par saint Ephrem dans ses nombreux traités sur les livres de l'Ecriture : tels sont les deux mémoires du docteur Lengerke, professeur à Kœnigsberg, dans lesquels l'auteur prouve abondamment le savoir du diacre d'Edesse et la portée de son interprétation (3), et d'après lesquels on se fera une juste idée de la précision qu'il faut porter dans l'étude philologique des textes de la Patrologie orientale, pour en tirer le meilleur parti.

Parmi tous les travaux consacrés dans les derniers temps à saint Ephrem, il n'en est aucun sans contredit qui ait jeté plus de lumière sur cette grande figure du christianisme oriental, que la traduction allemande de ses œuvres choisies par le P. Zingerlé. Versé dans la connaissance de la langue syriaque dont il s'est rendu familiers tous les monuments, le bénédictin de Méran a reproduit les écrits de saint Ephrem avec une fidélité et une exactitude que n'ont aucunement at-

---

(1) *Syrische Studien*, § II, p. 505-15, au tome IV° du *Journal de la Société orientale allemande* (Leipzig, 1850).

(2) Dans les tomes V° et VII° du *Journal pour la connaissance de l'Orient* (en allem.).

(3) *Commentatio critica de Ephræmo Syro, S. S. interprete*; Halis Sax. 1828, in-4°. — *De Ephremi Syri arte hermeneutica* ; Regiomontii, 1831, in-8°.

teintes les anciens traducteurs (1) : on sait que la version latine du P. Benedictus, qui accompagne le texte syriaque publié par Joseph Assémani dans les trois premiers volumes de l'édition du Vatican, manque souvent de précision et même de clarté comme le calque grossier qui ne reproduit que les grands contours des objets. La traduction de Zingerlé n'est pas seulement l'œuvre d'un philologue exercé, mais encore elle est celle d'un artiste qui lutte d'élégance et de vérité avec son modèle; partout où il a rencontré des textes poétiques, il les a fait passer dans un langage mesuré qui reflète les qualités de l'original, et il a pu de cette manière revendiquer pour leur auteur le mérite d'un poète aussi riche de pensées et d'images qu'habile en versification. A cet effet, il a réuni, sous le titre de *Muse sacrée des Syriens* (2), les chants les plus remarquables conservés parmi les œuvres de saint Ephrem, surtout les élégies chrétiennes ou chants funèbres, où les élans de la foi s'allient aux sentiments d'une sainte tristesse, de même les cantiques sur le Paradis, plusieurs odes ou méditations sur la naissance du Sauveur et sur les mystères de la religion, ainsi que des chants polémiques contre les scrutateurs des secrets divins, c'est-à-dire contre les gnostiques et les hérétiques des premiers siècles. Le savant interprète de saint Ephrem n'a point oublié l'importance dogmatique et historique des nombreux écrits qu'il a si profondément étudiés : comme il a rendu hommage, dans l'orateur et poète du IVᵉ siècle, au génie littéraire d'une nation chrétienne, de même il a signalé en toute occasion l'orthodoxie et la sublimité de l'enseignement que le Père syrien a laissé sur le symbole chrétien, sur la morale évangélique et sur une partie considérable de l'Écriture sainte. L'Allemagne entière a accueilli comme un puissant secours pour la patristique la publication consciencieuse du religieux tyrolien, qui a en quelque sorte popularisé un corps d'ouvrages réservé jusqu'alors aux recherches d'une patiente exégèse.

L'Angleterre, de son côté, a payé le même tribut à la mémoire de celui de tous les Pères d'Orient qui a joui de la plus vaste renommée : c'est à un théologien distingué sorti de l'école d'Oxford, M. J.-B. Morris, qu'elle doit une traduction des œuvres choisies de saint Ephrem, faite d'après le texte original selon toutes les exigences de la linguistique moderne (3). La France n'a pas encore réalisé quelque entreprise du même genre : le projet d'une traduction complète du même Père, que M. Eug. Boré avait conçu au dé-

but de sa carrière scientifique et qu'il conservait encore lors de son premier voyage dans le Levant, comme il nous l'apprend dans sa *Correspondance*, n'a pu être mis à exécution au milieu de travaux de propagande sociale et religieuse qu'il y a généreusement poursuivis. Cependant nous ne laisserons passer sous silence ni un essai anonyme qui a vu le jour l'an dernier (1), mais qui ne répond pas à ce que son titre promettait, ni le morceau remarquable que M. Villemain a inséré sur saint Ephrem dans la dernière édition de son *Tableau de l'éloquence chrétienne au* IVᵉ *siècle* (2) : l'éminent critique a peint avec la vivacité ordinaire de son style rôle d'apôtre qu'a rempli le solitaire de Syrie, le prestige de son éloquence populaire, le mysticisme profond qu'il alliait aux œuvres d'une active charité, enfin, l'inspiration vraie de ses écrits dont le langage réfléchit si bien l'imagination, les mœurs, les souvenirs et le climat de l'Asie. La seule inadvertance un peu grave que nous tenions à relever, c'est l'assertion formelle de M. Villemain (p. 255) sur la perte des hymnes populaires de saint Ephrem. « Les échos du Liban » ne les ont point oubliées, et on peut se dispenser de regretter avec l'illustre académicien, que « rien ne se soit conservé de cette poésie, qui ferait une partie de l'histoire du christianisme en Orient. »

Mais voici que, d'autre part, des secours inattendus sont acquis à la critique des œuvres qui composent le grand monument littéraire de la Syrie chrétienne : les mékhitaristes de Venise se sont décidés à publier dans la collection des auteurs classiques de leur nation tout ce qui reste des écrits de saint Ephrem traduits au Vᵉ siècle du syriaque en langue arménienne (3); leur édition, qui comprend grand nombre de commentaires exégétiques, de discours et d'homélies déjà publiés dans l'édition vaticane, pourra être consultée avec fruit afin de contrôler l'interprétation reçue du texte original à l'aide d'une version faite dans une langue orientale qui est, par son génie, éminemment propre à reproduire les idiotismes des autres. Ce qui donne un plus grand prix encore à cette publication, c'est la nouveauté d'une partie des matériaux qui la composent : telle est au deuxième volume une Harmonie ou *Explication comparée des quatre Evangiles*, que la tradition rapporte à saint Ephrem, mais que l'on n'avait pas retrouvée dans les bibliothèques du Levant; tel est encore le sujet du troisième volume qui renferme les commentaires du même saint sur quatorze Epîtres de saint Paul; c'est-à-dire, la collection entière à l'exception de celle de Philémon, mais y compris une troisième Epître aux Corinthiens qui s'est conservée à la suite de la plupart des copies de la Bible arménienne. Ces commentaires, qui man-

---

(1) *Ausgewählte Schriften des heiligen Kirchenvaters Ephräm, aus dem Griech. u. Syr. übersetzt*, Innsbruck, Wagner, 1830-37, 6 vol. in-8°. Une deuxième édition des trois premiers volumes a été publiée en 1845-47.

(2) Aux tomes IVᵉ et Vᵉ de la traduction allemande.

(3) *Select Works of S. Ephrem the Syrian. Translated out of the original Syriac, with notes and indices.* Oxford, 1847, in-8°.

(1) S. Ephrem, *Histoire de sa vie et extraits de ses écrits* (Paris, 1850, 1 vol. in-8°).

(2) Paris, Didier, 1849, in-8° et in-12, p. 242-71.

(3) *Sancti Ephremi opera...* Venetiis, in ædibus

quent dans les textes syriaques et grecs de ce Père, paraissent devoir être comptés parmi les traductions classiques de la première époque de la littérature arménienne : ils ont été trouvés au commencement de notre siècle en Arménie, sous le nom de saint Ephrem, dans un manuscrit copié par le Vartabed Siméon l'an 448 de l'ère arménienne, l'an 999 de l'ère vulgaire. Il est à regretter que cette partie inédite de l'héritage du grand docteur de la Syrie n'ait pas joui depuis quatorze ans des honneurs d'une version européenne : la traduction latine qui était promise au nom du P. J.-B. Aucher, un des plus savants d'entre les moines de Saint-Lazare, n'a pas encore été livrée à la publicité.

EPHREM (Saint), d'Antioche, quoique Syrien de nation, possédait assez bien la langue grecque. Après avoir passé par diverses charges de la magistrature, il parvint à la dignité de comte d'Orient, et il en était revêtu dès l'an 526, lorsque la plus grande partie de la ville d'Antioche fut renversée par un tremblement de terre. Parmi les personnes ensevelies sous les ruines de cette grande cité, se trouvait le patriarche Euphrasius. Les grandes libéralités que le comte Ephrem distribua dans cette occasion, pour venir au secours de tant de misères, firent penser à lui pour remplir le siége épiscopal. Il fut élu à la suite de ces désastres ; et non-seulement il continua de se montrer humain et libéral envers les pauvres, mais il fit preuve en toutes circonstances d'un grand zèle pour la religion, dont il prit la défense dans plusieurs écrits dont Photius nous a conservé des extraits.

Il ne fait mention que de trois ouvrages de saint Ephrem, parce que c'étaient les seuls qu'il connût, quoiqu'il suppose clairement qu'il en avait composé un plus grand nombre. Les trois qu'il a recueillis sont entièrement consacrés à la défense des dogmes de l'Eglise, et en particulier des décisions du concile de Chalcédoine, dont les Eutychéens et les acéphales ne cessaient de combattre les décrets. Il paraît que le premier livre était un recueil de diverses pièces. La première lettre est adressée à Zénobius, scolastique ou avocat d'Emèse, infecté de l'erreur des acéphales. Ephrem y vengeait l'honneur de saint Léon et sa lettre à Flavien contre les termes indécents employés par ceux de cette secte, et y soutenait l'usage du Trisagion. Zénobius, séparé de l'Eglise, prenait pour prétexte de son schisme la division qu'on avait introduite dans cette formule de louanges. Mais saint Ephrem faisait voir que les Orientaux attribuaient cette louange à Jésus-Christ, et que, par conséquent, ils ne péchaient pas lorsqu'ils ajoutaient à ces paroles *Saint, saint, saint,* celles-ci, *qui a été crucifié pour nous.* Mais ceux de Constantinople et les Occidentaux, qui rapportaient cette louange à la sainte et consubstantielle Trinité, ne pouvaient souf-

frir que l'on ajoutât : *Qui est crucifié pour nous,* dans la crainte qu'on n'attribuât les souffrances aux trois personnes divines. Dans plusieurs églises d'Europe, on y substituait ces mots : *Sainte Trinité, ayez pitié de nous.* De là, il concluait que les uns et les autres s'accordant parfaitement sur les autres dogmes de la religion, on ne pouvait, sur ces différents usages qui ne touchaient nullement au fond des mystères, les accuser de penser différemment sur ce sujet. Il en concluait aussi que, depuis un certain temps, on avait eu raison de défendre d'ajouter au Trisagion ces paroles : *Qui est crucifié pour nous,* parce que les acéphales, interprétant mal cette proposition, en prenaient occasion de maltraiter les fidèles catholiques. Saint Ephrem remarquait, dans le premier chapitre de sa lettre, qu'il ne fallait pas comparer ce que saint Léon avait dit de l'incarnation avec ce que les anciens Pères avaient dit de la divinité, mais avec les passages où ils parlaient eux-mêmes de l'incarnation. Il prouvait ensuite que saint Léon a reconnu, dans ses deux lettres à Flavien et à l'empereur, que c'est le même qui est en même temps fils de Dieu et fils de l'homme, de sorte que, par l'union des deux natures en une seule personne, il est passible et impassible, immortel et sujet à la mort. Il y a condamné nettement Nestorius, et déclaré qu'on devait le priver de la communion de l'Eglise, pour avoir osé dire que la bienheureuse Vierge n'est pas mère de Dieu, mais seulement mère de l'homme. Ce Pape, dans ses lettres, appelle formellement Marie mère de Dieu, et cela en termes plus exprès que ne l'avait fait avant lui aucun Père de l'Eglise. Il prouvait, dans le second chapitre, que les expressions employées par saint Léon pour marquer la différence des natures et des opérations étaient conformes à celles de saint Grégoire de Nysse, de Jules Romain, et à la doctrine de saint Cyrille ; en un mot, que ce pape n'avait rien dit qui marquât que les natures ne fussent pas unies en une seule personne. Il montrait dans le troisième chapitre que la distinction des deux natures en Jésus-Christ, établie par saint Léon, ne signifiait pas qu'il y eût deux fils, mais seulement deux natures unies d'une union inséparable, puisqu'il n'employait sur cette matière que des façons de parler usitées dans l'Ecriture et dans les Pères, particulièrement dans saint Ignace, saint Athanase, les deux Grégoire et saint Basile. Enfin, dans les quatrième et cinquième chapitres, il rapportait les différentes expressions de ces Pères, et montrait que celles de saint Léon étaient toutes semblables.

A la lettre de Zénobius, saint Ephrem en joignit plusieurs autres : une à l'empereur Justinien, dans laquelle il faisait l'éloge de la piété de ce prince ; une seconde sur les moines qui demeuraient dans le désert ; une troisième où il montrait que les actes du concile d'Antioche ne renfermaient rien

S. Lazari, 1836. Volum. IV, gr. in-8° (en arménien).

que d'exact sur les dogmes de la foi; une quatrième adressée à Anthime, où, après avoir approuvé la sentence rendue contre lui dans ce concile, saint Ephrem consentait qu'on pût le recevoir à la communion, pourvu qu'il condamnât Eutychès et ses erreurs; une cinquième à Domitien, sur la manière dont les deux natures sont unies en Jésus-Christ. Dans la sixième, adressée à Syncletique de Tarse, il rapportait plusieurs passages des Pères, entre autres, de saint Cyrille et de saint Grégoire de Nazianze, pour montrer qu'ainsi que les Pères de Chalcédoine, ils avaient reconnu l'union des deux natures en une seule personne. Dans la septième, à Anthime, évêque de Trébisonde, il combattait l'erreur d'Eutychès, et donnait beaucoup de louanges à Justinien, comme à un prince pieux et catholique. Il y combattait également les évêques du faux concile d'Ephèse, les accusant d'avoir enseigné, comme Eutychès, deux natures avant l'union, mais une seule après l'union. La huitième est adressée à un Persan nommé Brasès, qui avait prié le saint patriarche de lui expliquer les mystères de la consubstantielle Trinité par les seules paroles de l'Ecriture. Saint Ephrem fit ce qu'il souhaitait, et ne produisit dans cette lettre que des passages de l'Ancien et du Nouveau Testament. Mais dans la neuvième, adressée à des moines dont les sentiments n'étaient pas orthodoxes, il tâche de les ramener à la sainte doctrine en leur montrant, par le témoignage des sains Pères, les opérations différentes des deux natures en une seule personne. Il ajoute qu'il suffit de croire que Marie est mère de Dieu, et qu'elle est demeurée vierge. La dixième était la lettre synodale d'un concile que saint Ephrem avait convoqué contre Syncletique de Tarse et contre le moine Etienne, son syncelle, qui s'étaient laissé entraîner par quelques écrits dans l'erreur des eutychéens. Cette lettre était suivie d'une autre à Magnus, évêque de Bérée, dans laquelle saint Ephrem justifiait la doctrine du quatrième concile général, c'est-à-dire du concile de Chalcédoine. Il montre que l'on n'avait fait usage de cette proposition : *Il n'y a qu'une nature en Jésus-Christ*, que contre ceux qui séparaient les natures, et non pas contre ceux qui les distinguaient, en reconnaissant qu'elles étaient unies en une seule personne. Il y avait une douzième lettre adressée au moine Eunoïus, sur la corruptibilité et l'incorruptibilité. Saint Ephrem prouvait que les Pères s'accordaient parfaitement sur cet article, et qu'ils avaient unanimement enseigné qu'Adam, avant sa chute, avait eu une chair incorruptible, quoique d'ailleurs elle fût semblable à la nôtre. Ces douze lettres étaient suivies de huit sermons : le premier sur la fête des prophètes; le second sur celle de Noël; le troisième sur les jeûnes de l'année; le quatrième pour les catéchumènes; le cinquième sur la fête de l'archange saint Michel, que l'on célébrait à Daphné, un des faubourgs d'Antioche; le sixième sur le Carême; le septième sur un dimanche du même temps, et le huitième aux néophytes dans les premiers jours de leur baptême.

Second livre. — Dans ce livre, qui contenait quatre traités, le saint patriarche justifiait certaines expressions de la lettre de saint Cyrille à Successus, d'où il prenait occasion de combattre l'hérésie des sévériens, en montrant que ce Père dans cette lettre, comme dans ses autres écrits, reconnaissait en Jésus-Christ deux natures, réunies sans confusion en une seule personne. Saint Ephrem confirmait cette doctrine par plusieurs passages des Pères. Dans le second traité, il répondait à cinq questions du scolastique Anatolius : la première consistait à savoir si Jésus-Christ existait encore en chair; comment, étant descendu d'Adam, il pouvait être immortel; quelles preuves on peut donner que saint Jean l'Evangéliste ne soit pas mort; comment Adam, s'il a été créé immortel, a pu ignorer ce qui lui était utile, et enfin quel est le sens de ces paroles de Dieu : *Voilà qu'Adam est devenu semblable à nous!* Sur la première question, il prouve, par divers passages de l'Ancien Testament, que Jésus-Christ a eu une véritable chair, et, par divers endroits des *Actes des Apôtres*, qu'il l'a conservée depuis sa résurrection. A quoi il ajoute que le sentiment unanime des Pères est que Jésus-Christ est venu dans la chair, qu'il y est encore, et qu'il la conservera jusqu'à son second avénement. Sur la seconde question, il enseigne que, quelque opinion que l'on soutienne sur la mortalité ou l'immortalité d'Adam, il n'en est pas moins vrai que ce n'est pas Dieu qui a fait la mort; mais que l'homme, qui est libre de sa nature, s'est livré lui-même à la mort par son péché : car il pouvait ne pas mourir s'il n'eût pas péché. A la troisième, il répond que l'on sait par tradition que l'apôtre saint Jean n'est pas mort, non plus qu'Enoch et Elie; et qu'on peut appuyer ce sentiment sur ce que Jésus-Christ dit à saint Pierre, quand il lui demanda ce que deviendrait cet apôtre : *Si je veux qu'il demeure jusqu'à ce que je vienne, que vous importe?* Cependant on ne peut pas inférer de là que saint Jean soit immortel; mais seulement qu'il a été réservé, avec Enoch et Elie, pour le second avénement de Jésus-Christ. Il s'objecte qu'Eusèbe de Césarée remarque, dans son *Histoire ecclésiastique*, que saint Jean a vécu jusqu'au règne de Trajan, ce qui semble déterminer l'époque de la mort de cet apôtre. Mais il répond que cet historien ne parle que des années que saint Jean a passées sur la terre, comme l'Ecriture marque le temps qu'Enoch a vécu dans ce monde; or, de même qu'on n'en peut conclure que ce patriarche n'a point été transporté au ciel avec son corps, de même on ne peut inférer la même chose de saint Jean sur ce qu'en dit Eusèbe. Au reste, ceux qui ont laissé par écrit l'histoire de la vie et des actions de cet apôtre racontent qu'il a disparu tout à coup. Nous n'avons plus ses *Actes*. Saint Ephrem ajoute que cette question n'appartient pas à la foi, mais qu'il est toujours avantageux, dans ces sortes de disputes, de prendre le bon parti. Il dit, sur les deux autres questions d'Anatole, qu'il n'y a pas lieu de s'étonner qu'Adam, quoiqu'il eût été créé immortel, n'ait pas connu ce qui lui était avantageux, puisque la même chose était arrivée au diable et à ses anges qui avaient été créés immortels. A l'égard de ces paroles : *Voilà qu'Adam est devenu semblable à nous*, elles sont une ironie dont Dieu s'est servi pour reprocher au premier homme son péché. L'Ecriture offre plusieurs exemples de semblables reproches adressés par Dieu aux pécheurs; ou bien, si l'on ne veut pas prendre ces paroles dans ce sens, on peut dire que Dieu s'exprimait en cet endroit suivant la fausse imagination d'Adam, pour le couvrir de honte d'avoir osé tenter de devenir semblable à lui.

Le troisième traité de saint Ephrem renfermait un grand nombre de passages tirés des ouvrages des Pères qui ont vécu avant le concile de Chalcédoine, pour montrer que le décret qui fut fait touchant les deux natures et l'unité de personnes, ne contient point une doctrine nouvelle, puisque tous ces anciens écrivains l'ont enseignée. Parmi une foule d'écrivains qu'il citait, il n'en connaissait que cinq qui se fussent servis de cette façon de parler. Il n'y a qu'une nature du Verbe incarnée ; mais il montre cependant qu'ils avaient reconnu les deux natures, et que la confusion venait de ce qu'ils avaient employé le mot de nature pour celui de personne.

Dans le quatrième traité qu'il composa pour tirer d'erreur certains moines d'Orient, qui croyaient que la Divinité avait souffert, saint Ephrem continue à montrer, par plusieurs passages des Pères, qu'il y a en Jésus-Christ deux natures différentes, qui ont chacune leur opération. Il cite un passage de saint Ephrem de Syrie, tiré de son livre de l'*Incarnation* et de la *Perle évangélique*. Il cite aussi les lettres de saint Siméon, qui fut tué dans une sédition arrivée dans une ville de l'île de Célébos en Asie; une lettre de saint Baradat à Basile, évêque d'Antioche ; une autre adressée à l'empereur Léon, et une quatrième de Jacques à l'évêque Basile.

Photius ne rapporte rien du troisième livre de saint Ephrem, ni des discours qu'il avait vus de lui ; ce qui fait que nous n'en avons aucune connaissance. Vers l'an 536, ce saint évêque fit un voyage en Palestine, avec Eusèbe de Cyzique, Hypace d'Ephèse, et le diacre Pélage, pour la déposition de Paul d'Alexandrie. A son retour, six moines orthodoxes, chassés de leur laure par l'abbé Gélase, vinrent à Antioche lui raconter ce qui était arrivé. Ils lui montrèrent les livres d'Antipater de Bostres. Le saint patriarche y ayant découvert les erreurs d'Origène, et informé d'ailleurs de ce que les origénistes avaient fait à Jérusalem, publia une lettre synodale par laquelle il condamnait leurs doctrines. Le moine Nonnus et quelques autres origénistes soutenus de quelques évêques voulurent contraindre Pierre, patriarche de Jérusalem, d'enlever des dyptiques le nom d'Ephrem d'Antioche. Pour faire cesser le tumulte excité par Nonnus et les siens, le patriarche Pierre ordonna secrètement aux abbés Sophrone et Gélase de lui présenter une requête pour le conjurer de ne point effacer le nom d'Ephrem d'Antioche. Ils le firent, et Pierre envoya leur requête à l'empereur, en lui marquant les désordres que les origénistes avaient causés à Jérusalem.

Condamnation des trois chapitres. — Quelques années après, vers l'an 546, Théodore de Cappadoce ayant voulu venger l'honneur d'Origène, et diminuer en même temps le crédit du concile de Chalcédoine, entreprit de faire condamner Théodore de Mopsueste, qui avait écrit contre Origène, et qui semblait avoir été approuvé par le concile. Il représenta donc à l'empereur Justinien que, pour ramener les acéphales, il ne s'agissait que de condamner Théodore avec ses écrits et la lettre d'Ibas, parce que ce qui les choquait davantage dans le concile de Chalcédoine, c'étaient les louanges qu'on y avait données à Théodore de Mopsueste, et la déclaration d'orthodoxie accordée à Ibas. Ce prince, ne soupçonnant aucun artifice, fit publier un édit en forme de lettre adressée à toute l'Eglise, portant condamnation des trois chapitres, c'est-à-dire des écrits de Théodore de Mopsueste, de la lettre d'Ibas et de l'écrit de Théodore contre les douze anathèmes de saint Cyrille. On obligea tous les évêques à y souscrire. Quelques-uns s'y opposèrent ; saint Ephrem d'Antioche fut de ce nombre ; mais voyant qu'on menaçait de le chasser de son siége, il souscrivit. Il mourut quelque temps après, et eut pour successeur Domnus. Les extraits que Photius nous a conservés des livres de saint Ephrem le représentent comme un théologien habile et très-versé dans la lecture des écrits des Pères.

EPIPHANE (Saint). — Saint Jérôme, parlant de saint Epiphane dans son *Catalogue des hommes illustres*, publié en 392, dit qu'il était parvenu à une extrême vieillesse. Il naquit donc au plus tard en 310, dans le territoire d'Eleuthérople en Palestine. Dès ses premières années, il fit profession de piété, et s'appliqua à l'étude des Ecritures. Pour s'en faciliter l'intelligence, il apprit la plupart des langues alors connues. Il possédait parfaitement l'hébreu, l'égyptien, le syriaque, le grec, et assez la langue latine pour en comprendre les auteurs. Ami de la solitude et de la pénitence, il alla visiter et habita quelque temps les célèbres déserts de l'Egypte, et revint en Palestine à l'âge de vingt-trois ans. C'est de lui même que nous apprenons qu'il avait bu de l'eau du grand fleuve de l'Euphrate, et qu'il avait vu de ses yeux celle du Nil. Ce fut en Egypte aussi qu'il connut les hérétiques nommés *séthiens*; et, s'étant rencontré un jour avec des femmes de la secte des gnostiques, comme le patriarche Joseph, il n'échappa que par la fuite aux dangers de leurs séductions. Il dénonça aux évêques voisins les fauteurs de ces doctrines, dont ces femmes lui avaient révélé les infâmes mystères. On en trouva quatre-vingts cachés parmi les fidèles et qui furent chassés de la ville. De retour dans sa province, il fonda, près du lieu de sa naissance, un monastère auquel il donna le nom de *Vieil-Ad*. Il en fut lui-même le supérieur et y exerça les fonctions du sacerdoce, sous l'autorité et dans la communion d'Eutychius, évêque d'Eleuthérople, qui l'avait ordonné prêtre. Il se lia d'amitié avec le célèbre saint Hilarion, et cet illustre solitaire trouva dans Epiphane un disciple fervent et un zélé panégyriste. Les ariens désolaient l'Eglise, favorisés par l'empereur Constance qui régnait alors. Epiphane sortit souvent de sa cellule pour aller au secours des catholiques. L'évêque Eutychius étant entré dans le parti des ariens, il refusa de communiquer avec lui. Il s'arma du même zèle contre les erreurs qu'il avait découvertes dans Origène, et les poursuivit à outrance partout où il les rencontra. Devenu célèbre par ses vertus, il fut tiré de la Palestine et du repos de son monastère, pour se voir élevé sur le siége épiscopal de Salamine ou Constantia, métropole de l'île de Chypre. Le soin qu'il prit de cette Eglise ne lui fit point abandonner celui de son monastère d'Eleuthérople, et il allait le visiter de temps en temps. Il continua même de porter l'habit de solitaire et d'en mener la vie, en faisant consister toutefois les observances monastiques moins dans les austérités corporelles que dans la pratique des vertus intérieures. Dans sa vieillesse il buvait un peu de vin, et en tout temps, il se faisait un devoir de préférer la charité à l'abstinence des viandes. Un jour il envoya prier saint Hilarion, qui s'était retiré en Chypre, de venir chez lui, afin qu'ils pussent s'entretenir ensemble avant que la mort les séparât. Comme ils étaient à table, on leur servit quelques volailles, et saint Epiphane en présenta à saint Hilarion, qui s'excusa d'en manger, en disant que depuis qu'il portait l'habit de solitaire, il n'avait jamais rien mangé qui eût eu vie. « Eh bien, moi, lui répondit saint Epiphane, depuis que je porte le même habit, je n'ai jamais souffert que personne s'endormît ayant sur le cœur quelque peine contre moi; comme je ne me suis jamais endormi ayant quelque chose à démêler avec un autre. — Mon père, lui répondit saint Hilarion, c'est vous qui observez la règle la plus parfaite. » Saint Hilarion survécut peu à cette entrevue, et saint Epiphane fit son éloge, et en quelque sorte son oraison funèbre dans une lettre que nous n'avons plus. Le zèle qu'il déploya contre les hérésies ne lui fit rien perdre de l'estime que les hérétiques lui avaient vouée à cause de ses grandes vertus. Il ne fut pas compris dans la persécution que Valens excita contre les catholiques en 371, et fut presque le seul que l'hérésie épargna. Il alla à Antioche pour travailler à la conversion de Vitalis, évêque de cette ville, qui avait embrassé les erreurs d'Apollinaire. Il fit ensuite le voyage de Rome, où il logea chez sainte Paule, cette dame romaine si célèbre dans les lettres de saint Jérôme, et qui, passant quelque temps après par Salamine, séjourna à son tour chez saint Epiphane, en se rendant en Palestine. Soupçonnant le patriarche de Jérusalem de tenir aux erreurs d'Origène, il se rendit dans cette ville et prêcha contre l'origénisme. L'évêque Jean eut peine à dissimuler son impatience, et les clercs de son Eglise témoignèrent tout haut leur mécontentement. Un jour que le peuple était resté dans l'église jusqu'à une heure de l'après-midi, dans l'espérance d'entendre saint Epiphane, le patriarche Jean s'éleva avec beaucoup de feu contre l'erreur des anthropomorphites; et dans la crainte qu'on ignorât que son discours était dirigé contre saint Epiphane, il le désignait du regard et du geste à l'attention de l'assemblée, espérant ainsi le rendre suspect de cette hérésie.

Mais ce discours fini, le saint vieillard se leva, et s'adressant au peuple, il se justifia ainsi, en quelques paroles, des mauvaises insinuations du patriarche : « Jean, dit-il, mon frère par le sacerdoce, mais mon fils par les années, n'a rien avancé que de très-vrai et de très-juste dans le discours qu'il vient de prononcer contre les anthropomorphites; avec lui je condamne cette erreur et je l'anathématise; il est donc juste qu'il condamne avec moi la mauvaise doctrine d'Origène. » Ces paroles soulevèrent des applaudissements et des rires dans toutes les parties de l'auditoire. Saint Epiphane se crut obligé de quitter Jérusalem. Il se retira dans la solitude de Bethléem, où se trouvait alors saint Jérôme, et donna la prêtrise à Paulinien, frère de ce saint docteur. Le patriarche de Jérusalem trouva mauvais qu'un évêque étranger vînt ordonner un prêtre dans son diocèse. Epiphane lui écrivit pour se justifier; mais on voit par sa lettre qu'il n'avait pas des idées très-justes concernant la juridiction des évêques hors de leurs diocèses. La conduite qu'il tint à Constantinople en est une nouvelle preuve. Il alla dans cette ville, dont saint Chrysostome était patriarche, accuser d'origénisme quatre pieux solitaires, Dioscore, Ammonius, Eusèbe et Euthyme qu'on nommait les grands frères à cause de la hauteur de leur taille. Epiphane, sans avoir jamais vu leurs disciples ni leurs écrits, se porta l'accusateur de ces illustres frères, qui eurent depuis la gloire de mourir martyrs de la consubstantialité du Verbe. Pendant tout le temps de son séjour à Constantinople, il refusa de communiquer avec saint Jean Chrysostome, parce que celui-ci ne voulait rien décider contre les écrits d'Origène avant la définition d'un concile. Epiphane, de l'avis des ennemis du saint patriarche, se résolut à célébrer la collecte dans l'église des Apôtres, afin d'y condamner hautement, et devant tout le peuple, les livres d'Origène et tous ceux qui les défendaient. Mais comme il entrait dans cette église, saint Chrysostome le fit avertir, par son diacre Sérapion, qu'il allait entreprendre une chose contraire à toutes les lois ecclésiastiques, et qui lui ferait courir de grands dangers, parce qu'il était à craindre que le peuple ne s'emportât à quelque sédition, dont il n'aurait pas même le droit de se plaindre, puisqu'il s'en serait fait l'auteur après avoir été averti. Cette considération arrêta saint Epiphane, qui sortit de l'église et se retira. Il quitta ensuite le séjour de Constantinople, où ses desseins lui avaient si mal réussi, et s'embarqua pour retourner en Chypre. On raconte qu'avant de mettre le pied sur le navire qui devait l'emporter, il dit aux évêques qui l'avaient accompagné jusqu'à bord : « Je vous laisse la ville, le palais, le théâtre ; pour moi, je m'en vais, car j'ai hâte et je suis pressé. » Il mourut en chemin, ou peu de temps après son retour, en 403, après trente-six ans d'épiscopat, et âgé de quatre-vingt-treize ans. Ses disciples bâtirent en Chypre une église sous son nom, et Dieu glorifia son tombeau par un grand nombre de miracles. Sa fête se célèbre, chez les Latins comme chez les Grecs, le 12 du mois de mai. Nous avons sa Vie, publiée sous le nom d'un de ses disciples ; mais c'est une pièce sans autorité, remplie d'anachronismes et de fables dépourvues de toute vraisemblance.

SES ÉCRITS. — *Panarium.* — Nous avons de lui plusieurs ouvrages dont nous allons rendre compte successivement, et en suivant l'ordre adopté par les meilleures éditions.

Le *Panarium*, ou traité des hérésies, n'a été mis à la tête des ouvrages de saint Epiphane que parce qu'il en est le plus considérable. Dans un ouvrage antérieur, publié sous le titre d'*Ancorat*, le saint évêque avait donné la liste des hérésies, mais sans traiter à fond de leurs doctrines, ce qui détermina plusieurs de ceux qui l'avaient lu, entre autres les abbés Paul et Acace, à lui demander un nouvel écrit dans lequel il exposât avec détails les dogmes particuliers à chaque hérésie, avec la réfutation complète de tous ces faux systèmes. C'est ce qu'il fit dans le livre intitulé *Panarium*, ou recueil d'antidotes contre toutes les erreurs. Facundus en parle avec éloge, et saint Augustin le préfère au traité de saint Philastre sur la même matière. Suivant lui l'écrit de saint Epiphane révèle plus de savoir, et en cas d'opposition ou de divergence d'opinion entre ces deux auteurs, il veut qu'on s'en tienne à ce qui est marqué dans le *Panarium*. Lui-même en a suivi la méthode et transcrit de longs passages dans son traité des hérésies. Le *Panarium*, au jugement de Photius, est le traité le plus utile et le plus complet en ce genre qu'on eût fait jusqu'alors, et dans lequel on trouve réuni tout ce que les autres avaient dit de meilleur sur la matière. Il est cité par saint Jérôme, par saint Ephrem d'Antioche, par saint Grégoire le Grand et par les Pères du septième concile qui accordent à saint Epiphane la gloire d'avoir triomphé de toutes les erreurs connues de son temps. L'ouvrage est divisé en quatre-vingts chapitres, qui rendent compte de quatre-vingts hérésies différentes.

On a mis en forme de préface à la tête du *Panarium* la lettre de saint Epiphane aux deux abbés Paul et Acace. Il y expose son dessein qui est de rapporter et de réfuter toutes les erreurs qui se sont élevées contre la religion, depuis le commencement du monde jusqu'à son temps. Il avait quelque sujet de craindre qu'un écrit de cette nature ne provoquât quelque ennui dans l'esprit du lecteur ; aussi, pour lui faire prendre courage, lui promet-il de l'en dédommager à la fin de son livre par une exposition abrégée de la foi et de la doctrine de l'Eglise. Il désavoue les expressions trop dures que pourraient lui arracher l'horreur naturelle que lui inspire l'hérésie, et prie aussi le lecteur de les lui pardonner. L'ouvrage tout entier est divisé en trois livres, et les trois livres en sept tomes ; savoir : trois tomes dans le premier livre, et deux seulement dans chacun des deux autres. Saint Augustin n'avait probablement pas lu le *Panarium* tout entier, mais seulement l'abrégé qu'en donna saint Epiphane sous le titre d'*Anacéphaléose*, quand il lui reproche de se contenter de rapporter les choses en historien, sans combattre les erreurs qu'il cherche à faire connaître.

Premier livre. — Sous le nom d'hérésie, saint Epiphane comprend une secte ou une société d'hommes qui professent sur la religion des sentiments particuliers. Comme saint Philastre, il distingue entre celles qui ont paru avant la naissance de Jésus-Christ, et celles qui sont venues après. Les premières sont au nombre de vingt, et il en traite dans le premier tome du premier livre. Adam transmit à ses descendants la véritable religion qu'il avait reçue de Dieu. Quelques-uns, comme les patriarches, la conservèrent ; les autres s'en firent une à leur fantaisie. De cette variété, il se forma quatre États ou quatre sectes principales que saint Epiphane appelle *barbares, scythes, hellénistes* et *juifs*. Il fonde cette distinction sur ces paroles de l'Apôtre aux Colossiens. *En Jésus-Christ, il n'y a ni barbares, ni scythes, ni grecs, ni juifs.* Sous le nom de *barbares*, il entend ceux qui, depuis Adam jusqu'à Noé, menèrent une vie rustique et sauvage, libre et ennemie de toute société. Il compose la secte des *scythes* de ces hommes cruels et farouches, mais en même temps vains et ambitieux dont Nemrod fut le fondateur et qui dura jusqu'à Tharé, père d'Abraham. La secte des *grecs* ou des *hellénistes* n'est autre chose que l'idolâtrie, qui consiste à rendre un culte divin aux créatures ; elle commença sous Sarrug, petit-fils de Phaleg. Le *judaïsme* est postérieur à la vocation d'Abraham et ne commença que lorsque Dieu commanda à ce patriarche de se faire circoncire, comme il était déjà dans la quatre-vingt-dix-neuvième année de son âge.

Des hellénistes sortirent les *stoïciens* qui eurent pour chef Zénon. Ils enseignaient que Dieu était l'âme de l'univers; que les âmes passaient d'un corps dans un autre, que la matière était coéternelle à Dieu, et que tout dépendait du destin. Cette doctrine, comme le montre très-bien saint Epiphane, ne pouvait se soutenir; car en supposant Dieu créateur de toutes choses, comme le faisaient les stoïciens, il était impossible que la matière lui fût coéternelle. Il n'y avait pas moins d'absurdité à ces philosophes qui avouaient que l'âme était une partie de la Divinité, de la faire passer dans le corps des plus vils animaux. Enfin, si tout dépend du destin, il n'y a plus ni loi ni maître, ni châtiment ni récompense.—La métempsycose entrait dans le système des *platoniciens*, mais ils différaient des stoïciens en ce qu'ils reconnaissaient trois principes, Dieu, la matière et la forme. Les *pythagoriciens* et les *péripatéticiens*, que saint Epiphane confond dans la même secte, ajoutèrent à la métempsycose l'opinion qui veut que Dieu soit le ciel et les astres ses yeux. Les *Epicuriens* faisaient des atomes le principe et la fin de toutes choses. Ils admettaient l'éternité du monde, soutenaient que toutes choses se mouvaient par elles-mêmes, et rejetaient la Providence.

Saint Epiphane ne s'arrête point à réfuter les opinions des pythagoriciens et des épicuriens, se contentant de remarquer en général que les erreurs dans lesquelles sont tombés les anciens philosophes; en ont occasionné beaucoup d'autres. Il ajoute que le mélange de l'idolâtrie avec le judaïsme a donné naissance à la secte des *samaritains*. Elle commença sous le règne de Nabuchodonosor, roi de Babylone, après la captivité des Israélites dans l'Assyrie. Les samaritains recevaient la loi d'Esdras, c'est-à-dire les cinq livres de Moïse, et rejetaient tous les autres livres des divines Ecritures, ils niaient la résurrection des morts et le Saint-Esprit qu'ils ne connaissaient pas. Ils avaient en horreur les corps morts et étaient idolâtres sans le savoir, puisqu'ils adoraient sur le mont Garizim où il y avait quatre idoles cachées.

Les Juifs mêmes, avant la venue de Jésus-Christ, étaient divisés en sept sectes. La première était la secte des *sadducéens*, c'est-à-dire justes, du nom de *sédech* qui en hébreu signifie justice. Ils niaient la résurrection des morts, ignoraient le Saint-Esprit, et n'admettaient point d'anges. Jésus-Christ les confondit par la réponse qu'il fit à leur parabole de l'homme qui avait eu sept femmes. La seconde secte était celle des *scribes*, appelés *docteurs de la loi*, quoique souvent ils l'abandonnassent pour suivre des traditions qu'ils avaient faites eux-mêmes. Ils avaient aussi inventé des cérémonies que la loi ne prescrit pas, prétendant par ces nouveautés rendre le culte de Dieu plus saint. Ils se lavaient souvent, et se faisaient remarquer par les franges de leurs vêtements. Les *pharisiens*, qui formaient la troisième secte, étaient ainsi nommés parce qu'ils menaient une vie plus sévère que celle des scribes; car *phares* en hébreu signifie séparation. Ils gardaient la virginité et la continence, quelquefois pendant quatre, huit et dix années, priaient souvent, jeûnaient deux fois la semaine, cultivaient l'astrologie, soutenaient la réalité du destin, aimaient à se distinguer par quelques signes sur leurs vêtements, portaient des chaussures larges, nouaient leurs souliers avec des courroies, et se couvraient des petits manteaux de femmes. Au reste, ils croyaient la résurrection des morts, l'existence des anges et du Saint-Esprit; mais ils ne connaissaient point le Fils de Dieu. Saint Epiphane combat leur opinion sur le destin, en disant que si on l'admet, il ne faut plus reconnaître de jugement de Dieu, et rejeter même toute sanction humaine au vice à la vertu. Il prouve le libre arbitre de l'homme par ces paroles d'Isaïe : *Si vous voulez et si vous m'écoutez, vous mangerez des fruits de la terre, sinon le glaive vous dévorera.* Les *hémérobaptistes*, ainsi nommés, parce qu'ils se lavaient chaque jour afin qu'il ne leur restât aucune tache du péché, faisaient voir par cette vaine observance leur incrédulité et leur folie; car toute l'eau de la mer n'est pas capable de laver un seul péché si cette ablution n'est commandée de Dieu. C'est la pénitence qui purifie, et le baptême donné par l'invocation des choses mystérieuses, c'est-à-dire, au nom de la Trinité. Les *nazaréens* avaient en vénération les anciens patriarches Adam, Seth, Enoch, Noé, et toutefois, ils ne recevaient point les cinq livres de Moïse dans lesquels il en est fait mention. Ils avouaient que Dieu avait donné une loi à Moïse, mais ils niaient que ce fût la même qui se trouve dans les livres qui portent son nom, et qui, disaient-ils, ne sont pas de lui. Ils ne mangeaient rien de ce qui avait eu vie, et rejetaient les sacrifices. La raison qui leur faisait rejeter les livres de Moïse, c'étaient les mensonges et les absurdités qu'ils prétendaient y trouver. Sur quoi saint Epiphane leur demande pourquoi ils ajoutaient foi à ces livres dans tout ce qui regardait la vie et les actions de ces patriarches qu'ils ne pouvaient avoir appris ailleurs, tandis qu'ils déclinaient leur autorité sur d'autres matières. Se peut-il que l'Ecriture soit vraie dans une partie et fausse dans l'autre? D'ailleurs la plupart des actions merveilleuses qui y sont racontées se trouvent attestées par des monuments authentiques qui survivent encore sur les lieux où elles se sont accomplies. A l'équinoxe du printemps, qui correspond à l'époque de la première pâque des Israélites en Egypte, les Egyptiens teignent leurs brebis avec du vermillon, et en colorent même les arbres et en particulier les figuiers; et la raison qu'ils en donnent, faute d'en connaître la véritable, c'est que cette couleur a la vertu d'éloigner le feu qui, à pareil jour, consuma tout l'univers. Le mont *Sion*, ainsi appelé parce qu'Abraham y avait immolé un agneau, porte aujourd'hui le même nom; et l'on voit encore dans le pays des *Cardiens* des restes de l'arche de Noé.

Les *esséens* ou *esséniens*, comme les nomme saint Epiphane, ne se distinguaient des autres Juifs que par une plus grande hypocrisie. Sous le règne de Trajan, un imposteur, nommé *Elxaï*, se joignit à eux. Il se donnait comme prophète et écrivit un livre où il enseignait qu'on devait jurer par le sel, l'eau, le vent, le pain, la terre, l'esprit, les anges, comme par autant de divinités. Il condamnait aussi la virginité et la continence, et contraignait au mariage ceux qui en éprouvaient de l'éloignement. Pour lui, ceux-là n'étaient point coupables que la crainte de la mort faisait renoncer à la vraie religion, pourvu qu'ils n'adorassent les idoles qu'à l'extérieur. Il disait que le Christ était une certaine vertu susceptible de dimension; il lui donnait quatre-vingt-seize milles de longueur, et vingt-quatre de largeur. Le Saint-Esprit était du genre féminin, semblable au Christ, et posé comme une statue entre deux montagnes. *Elxaï* avait donné à ses disciples une formule de prières conçue en termes barbares et inintelligibles. Saint Epiphane opposa à la première de ces erreurs la défense, posée par Dieu dans l'*Exode*, de jurer par un autre nom que le sien, et celle que fait Jésus-Christ de ne jurer ni par le ciel ni par la terre. Il réfute la seconde par ces paroles de saint Paul aux Romains : *On croit de cœur pour la justice, mais on doit confesser de bouche pour le salut.* Les *hérodiens* étaient juifs en toute chose; ils s'appuyaient sur la prophétie de Jacob qui dit, qu'on ne verra point le sceptre sortir de Juda, jusqu'à l'avénement du chef promis. Ils prétendaient en conséquence que ce chef promis était Hérode, fils d'Antipatre, l'Iduméen ou l'Ascalonite. De ces sept hérésies ou sectes des Juifs, il ne restait plus au IVe siècle que celle des nazaréens; encore n'en voyait-on qu'un petit nombre, dispersés çà et là dans l'Arabie et dans la Thébaïde supérieure. Celle des esséniens ne faisait plus qu'un corps avec les ébionites et les sampsites. Les sectes des samaritains subirent à peu près le même sort; presque toutes se dissipèrent à la venue de Jésus-Christ, ce qui lui donne lieu de faire en cet endroit l'histoire de la naissance du Sauveur, de sa prédication, de sa passion, de sa résurrection, de son ascension dans le ciel, de l'élection des apôtres et des disciples et de leur mission dans toutes les parties du du monde. Avant de terminer ce premier tome de son premier livre, il dit un mot des *nazaréens* de la loi nouvelle, à qui l'on donna pour la première fois à Antioche le nom de *chrétiens*.

Deuxième tome du premier livre. — De la religion des chrétiens sortirent les treize sectes dont il parle dans le second tome du même livre. Les premiers sont les *simoniens*, ainsi nommés de Simon le Magicien. Cet imposteur se disait la grande vertu de Dieu. Il niait que Dieu fût le créateur du monde et des hommes, et attribuait la création aux anges; il enlevait aux hommes l'espérance de la résurrection, et ne voulait point admettre que Dieu eût parlé dans l'Ancien Testament. Il donnait à une femme, nommée Hélène, qu'il menait partout avec lui, le nom du Saint-Esprit, et la faisait adorer par ses disciples sous le nom de Minerve. « C'était par elle, disait-il, qu'il avait créé les anges, et pour elle qu'il était descendu du ciel, prenant en passant dans chacun des cieux, la figure de la puissance qui y dominait, afin de n'être pas reconnu. » Saint Epiphane, après avoir rapporté quelques autres rêveries de Simon, que la décence nous défend de traduire en notre langue, demande pourquoi cet imposteur, s'il était réellement la grande vertu de Dieu, comme il avait l'impudence de s'en vanter, ne s'était point donné un nom qui le distinguât, comme il en avait donné un à Hélène? Comment il s'était laissé tomber et mourir au milieu de la ville de Rome? Comment il avait souffert que saint Pierre le condamnât? Enfin, après plusieurs raisonnements tirés de l'ordre providentiel, il termine en disant que, si Simon avait créé les anges, il ne devait pas se cacher d'eux, en descendant du ciel, comme s'il les eût appréhendés. Les *ménandriens*, ainsi appelés du nom de Ménandre, leur chef, disciple de Simon, et samaritain comme lui, enseignaient les mêmes erreurs que les simoniens; seulement Ménandre se préférait à son maître. Saturnilus, auteur de la secte des *saturniliens*, répandit ses erreurs dans Antioche et dans la Syrie. Elles consistaient à admettre un Père inconnu, créateur des vertus et des puissances; à attribuer aux anges la création du monde et la formation du corps de l'homme, celle de son âme ayant passé leur pouvoir; à décrier le mariage, et à soutenir que l'Ancien Testament était en partie l'ouvrage des anges, et en partie l'ouvrage de Satan. — Basilide, d'où sont venus les *basilidiens*, après avoir été condisciple de Saturnilus, le quitta pour passer en Egypte, où il enchérit sur lui en impiété et en extravagance. Il établissait un principe de tout non engendré, et soutenait que de ce principe était venu l'entendement, de l'entendement le Verbe, du Verbe la prudence, de la prudence la vertu et la sagesse, les principautés, les puissances et les anges. Selon lui, les vertus et les anges avaient formé le premier ciel et produit d'autres anges; ceux-ci avaient produit à leur tour un second ciel avec de nouveaux anges, inconnus des premiers, et doués de la même puissance créatrice, ce qui fit que les cieux se multiplièrent jusqu'au nombre de trois cent soixante-cinq. C'est ce qui a fait composer l'année de trois cent soixante-cinq jours. Il ajoutait aussi qu'il y a dans l'homme trois cent soixante-cinq membres, à chacun desquels préside une de ces puissances. Parmi les anges du dernier ciel, c'est-à-dire celui qui est le plus rapproché de nous, il en plaçait un qu'il nommait Dieu. C'était lui qui avait créé l'homme, et à qui, dans le sort que jetèrent les anges pour se distribuer les nations, le peuple juif était échu en partage. Nicolas, dont les *nicolaïtes* tirèrent leur nom, était l'un des sept diacres choisis par les apôtres. Il était d'Antioche et marié. Voyant que les plus pieux d'entre les chrétiens s'abstenaient de leurs femmes, il fit la même chose pendant quelque temps ; mais, n'ayant pu se contenir, la crainte de se voir découvert, le porta à enseigner que celui-là ne pourrait être sauvé qui se serait abstenu, même un seul jour, de l'usage du mariage. La jalousie qu'il conçut contre sa femme, qui était belle, le fit passer à d'autres excès, et il n'y eut point d'impureté que les gnostiques, qui empruntèrent de lui une partie de leurs doctrines, ne commissent. C'est d'eux dont l'apôtre saint Jean dit dans l'Apocalypse : *J'ai en horreur les œuvres des nicolaïtes*. Les phibionites, les sectateurs d'Epiphane, les militaires, les lévitiques et les autres disciples de Nicolas s'abandonnaient également à toutes sortes de voluptés. Saint Epiphane combat toutes ces diverses erreurs par les passages de l'Ecriture, qui établissent l'unité de Dieu, qui conseillent la virginité, la continence et la chasteté.

Les gnostiques étaient ainsi nommés à cause des connaissances qu'ils se flattaient de posséder seuls. Du reste, presque tous les hérétiques, descendus de Simon le Magicien, de Basilide et de Nicolas, affectaient de se donner ce nom. Ils disaient que *Gnoia*, ou *Noria*, femme de Noé, avait souvent mis le feu à l'arche, et manifesté diverses vertus célestes. Les principaux d'entre eux reconnaissaient pour prophète un certain Barcabban ; d'autres faisaient profession de suivre un évangile apocryphe, intitulé : *De la perfection ou l'Evangile d'Eve*. Quelquefois on donnait aux gnostiques le nom de *borboriens* ou *bourbeux*, à cause de leurs infamies ; on les nommait aussi *caddiens* d'un mot syriaque, qui signifie plat, parce que personne ne voulait manger avec eux, tant on avait en horreur leurs impuretés. — Carpocrate, le père des *carpocratiens*, était de Céphalonie. Plus déréglé dans ses mœurs que tous les hérésiarques qui l'avaient précédé, il composa sa secte de toutes leurs erreurs. Suivant leur doctrine, rien n'était mauvais que dans l'opinion des hommes ; et, sur ce principe, ils s'abandonnaient aux actions les plus déshonnêtes. Ils avaient coutume de marquer ceux de leur secte, au bas de l'oreille, avec un fer chaud, un rasoir ou une aiguille. Sous le pontificat d'Anicet, une femme, nommée Marcelline, vint à Rome répandre leurs erreurs, et séduisit beaucoup de personnes. — Cérinthe avait cela de commun avec Carpocrate, qu'il enseignait, comme lui, que Jésus-Christ était né de Marie et de Joseph, et que le monde avait été fait par les anges. Mais il différait de lui en ce qu'il voulait allier les pratiques de la loi avec la religion chrétienne. Cérinthe était passé du judaïsme à la foi de l'Evangile, mais sans renoncer à la circoncision et aux autres prescriptions de la loi de Moïse. Ce fut lui qui envoya à Antioche prêcher la nécessité de la circoncision, et qui excita les Juifs à se plaindre de ce que saint Pierre avait baptisé Corneille. Saint Paul les appelle de faux apôtres et des ouvriers perfides, parce qu'ils obligeaient à la circoncision, et qu'ils niaient la résurrection de Jésus-Christ et la résurrection des morts. Après avoir mis le trouble dans les Eglises fondées par les apôtres, Cérinthe se retira en Asie, où il forma une secte qui prit son nom.

On donna d'abord aux nouveaux convertis le nom de *jesséens*, du nom de Jésus, ou, ce qui est plus vraisemblable, du nom de Jessé, père de David ; ensuite ils furent nommés *Nazaréens*, du lieu de la naissance de Jésus-Christ, et enfin chrétiens. Quelques Juifs convertis retinrent le nom de *Nazaréens*, et formèrent une secte. Comme ils n'avaient cru en Jésus-Christ qu'à cause de ses miracles et de ceux de ses apôtres, et non à cause de sa doctrine, ils continuèrent d'observer la loi de Moïse, ne différant des autres Juifs que parce qu'ils croyaient en Jésus-Christ, et différant des chrétiens, parce qu'ils observaient la loi de Moïse. Ils étaient instruits de la langue hébraïque, attendaient la résurrection des morts, et ne reconnaissaient qu'un Dieu et son Fils Jésus-Christ. Il y avait beaucoup de Nazaréens à Bérée, en Syrie, dans la Décapole, aux environs de Pella et dans la contrée de Basan, nommée Cocabé. Les Juifs avaient contre eux plus d'aversion que contre les chrétiens, et les anathématisaient trois fois par jour dans leurs synagogues, en disant : : « Seigneur, donnez votre malédiction aux Nazaréens, parce qu'étant Juifs, ils prêchent que Jésus est le Christ. » Ils conservaient l'Evangile de saint Mathieu dans la même langue que cet apôtre l'avait écrit ; mais il paraît qu'ils en avaient retranché la généalogie de Jésus-Christ. Les raisons alléguées par saint Epiphane pour les réfuter, sont, qu'étant circoncis, ils restent encore sous la malédiction et demeurent soumis à toutes les observances légales dont la plupart cependant sont devenues impraticables, depuis que le temple de Jérusalem ne subsiste plus. Avec la circoncision qu'ils regardent comme nécessaire, ils se rendent inutile Jésus-Christ. D'Ebbion vinrent les *ebbionites*. Ces hérétiques renfermaient dans leur secte le venin de presque toutes les autres. Chrétiens de nom seulement, ils n'en suivaient nullement la doctrine. L'hérésie des *valentiniens* n'était pas encore éteinte du temps de saint Epiphane, et il y avait de ces hérétiques, à la fin du IVe siècle, à Alexandrie et dans la Thébaïde tout entière. Les *secondiens* et les *ptolémaïtes* n'étaient que des rejetons de l'hérésie de Valentin. Les premiers prirent leur nom de Secundus, disciple de cet hérésiarque. Quoiqu'il n'enseignât que les erreurs de son maître, il fit grand bruit ; il divisa les huit premiers couples de trente Eones en deux quatrains, l'un droit, qu'il appelait lumière, l'autre gauche, qu'il nommait ténèbres. Sur quoi saint Epiphane dit que la droite et la gauche ne pouvant exister sans un milieu, ce milieu, qui est essentiellement un, ne peut être que Dieu ; les seconds devaient leur nom à Ptolémée, successeur de ces hérésiarques, mais beaucoup plus docte qu'eux. Il enseignait que la loi venait en partie des anciens du peuple juif, en partie de Moïse, et en partie du Dieu créateur, mais non pas du Dieu souverain. Il distinguait trois Dieux, le Père, non engendré, qui est le bien parfait ; le démon, qui est le mal, et un troisième, produit des deux autres, et qui tenait le milieu entre eux.

Troisième tome du premier livre. — Marc, chef des *marcosiens* attribuait l'humanité au Père, fondé sur ce que Jésus-Christ se dit fils de l'homme ; ne comprenant pas, comme le remarque saint Epiphane, que le Sauveur ne se donne ce nom qu'à cause de la chair qu'il avait prise de la Vierge. *Colorbase* fut d'abord disciple de Marc, mais il le quitta pour faire secte à part. Son système sur la division et la production des Eones n'est qu'une pure imagination, et on doit dire la même chose de celui d'Héracléon. Dans la secte de ce dernier, on avait coutume de laver la tête des mourants avec une certaine huile mêlée d'eau et de baume, et d'accompagner cette cérémonie de prières composées de mots hébreux et propres à chasser les démons. Saint Epiphane, après avoir fait sentir l'absurdité des opinions de toutes ces sectes, leur oppose la foi de l'Eglise, prêchée publiquement dans tout l'univers. Il prouve ensuite contre les *ophites*, ainsi nommés parce qu'ils ont le serpent en vénération, que le culte qu'ils lui rendaient, comme à l'auteur de la connaissance du bien et du mal, n'était point, ainsi qu'ils le prétendaient, fondé sur l'Ecriture. Le passage du livre des *Nombres*, où il est dit que Moïse éleva dans le désert un serpent d'airain, prouve en effet contre eux, puisque le législateur ne l'éleva que pour guérir les Israélites des morsures qu'ils avaient reçues des serpents, qui par conséquent sont dangereux et mauvais ; et cependant c'était sur ce passage qu'ils fondaient leur culte superstitieux. Les *caïnites* ne se distinguèrent que par leur penchant pour le mal. Descendus, comme ils le disaient, de Caïn, d'Esaü, de Coré, des sodomites et du traître Judas, il n'y avait sortes d'impuretés qu'ils ne commissent. Leur respect pour Judas allait jusqu'à lui attribuer un livre de l'Evangile. Ils en avaient deux autres remplis d'infamies, dont l'un avait pour titre : *Enlèvement de saint Paul*. Un de leurs dogmes principaux était qu'Adam et Eve avaient été créés par les anges. Les *séthiens* pensaient de même ; ils croyaient que Seth dont ils tiraient leur nom était le Christ, et défiguraient entièrement ce que Moïse nous apprend de la création, de la propagation du genre humain et du déluge. Saint Epiphane les réfute en leur opposant le texte de l'Ecriture et en leur montrant que Seth étant mort, il ne pouvait être le Christ qui est né de Marie. Quant aux caïnites, ils découvraient eux-mêmes le faible de leur secte, en se disant descendus de personnages que l'Ecriture flétrit, comme des scélérats et des impies ; ils objectaient : « La trahison de Judas a tourné à notre avantage. — Cela est vrai, répond saint Epiphane ; mais Judas, en trahissant Jésus-Christ, n'avait en vue que son avarice, et non notre salut. » — Ils insistaient : « Judas a fait ce que Dieu a prédit, donc il a bien fait. — Ce que nous faisons, dit saint Epiphane, nous ne le faisons point, parce que l'Ecriture l'a prédit ; mais l'Ecriture, fondée sur la prescience de Dieu, a prédit ce que nous ferons. »

Tandis que les caïnites et les séthiens infectaient l'Egypte de leurs erreurs, les *archontiques* en répandaient de nouvelles dans la Palestine. Ils avaient pour chef un nommé *Pierre*, prêtre et anachorète. Ce nom d'archontiques leur vint d'un terme grec qui signifie prince, parce qu'ils attribuaient la création du monde à diverses principautés. Aux erreurs des archontiques et des héracléonites, Cerdon, chef des *cerdoniens*, en ajoute de nouvelles, en admettant deux principes, l'un bon, inconnu et père de Jésus ; l'autre mauvais et connu, qui avait souvent apparu aux prophètes et parlé dans la loi. Il niait la réalité de la naissance de Jésus-Christ et la résurrection de la chair, et rejetait l'Ancien Testament comme ne venant point de Dieu, mais du mauvais principe. Voici le raisonnement que saint Epiphane lui oppose : « S'il y a deux principes, ou ils viennent tous les deux d'un troisième, ou l'un est la cause de l'autre, qui ne sera par conséquent que le second. S'ils viennent d'un troisième, ils ne sont plus principes, et celui seul est principe qui les a produits. Si l'un est la cause de l'autre, celui qui est cause doit être appelé principe à l'exclusion de celui dont il est la cause : ce qui revient toujours à un seul et même principe. » Il fait voir ensuite que les cerdoniens avaient tort d'attribuer le Christ et l'Ancien Testament à deux principes contraires, puisque l'Ancien Testament a prédit ce qui regarde Jésus-Christ, et que lui-même y renvoie les Juifs dans l'Evangile. Cerdon vint de Syrie à Rome, sous le pontificat d'Hygin, et y répandit ses erreurs.

Il les communiqua à *Marcion*, son disciple, qui y mêla les siennes, et se rendit dans la suite si fameux qu'il effaça son maître. Marcion admettait trois principes, le Dieu invisible, sans nom et bon, le Dieu créateur visible, juste et vengeur des crimes, et le démon qu'il appelait le principe méchant qui tenait le milieu entre le principe visible et invisible. Il exhortait à la virginité, au jeûne et à l'observation du Sabbat. Il n'admettait point la résurrection de la chair, mais seulement celle de l'âme. Il reconnaissait jusqu'à trois baptêmes ; mais on peut croire qu'il dogmatisait là dans ses intérêts ; car ayant commis le crime d'impureté avec une fille, il se fit baptiser, croyant par ce second baptême effacer, du moins en apparence, la tache qu'il avait contractée. Dans sa secte, les femmes avaient comme les hommes pouvoir de baptiser. Il célébrait les mystères en présence des catéchumènes et n'y employait que de l'eau. Il admettait la métempsycose, rejetait la loi et les prophètes, et n'admettait que l'Evangile de saint Luc, dont il avait retranché tout ce qui regarde la naissance de Jésus-Christ. Il ne recevait que dix Epitres de saint Paul, rejetant les deux à Timothée, celle à Tite et celle aux Hébreux. Dans celles même qu'il acceptait, il en avait retranché et corrompu plusieurs endroits. Ses disciples, par une superstition aussi impie qu'inutile, jeûnaient le samedi, en haine du Créateur qui avait ordonné aux Juifs d'honorer ce jour; ils s'abstenaient aussi de manger de ce qui avait eu vie, dans la crainte de manger des âmes.

Tatien fut chef des *tatianites* et des *encratites*, deux sortes d'hérétiques que saint Epiphane distingue, quoique d'autres les confondent. Les uns et les autres avaient appris de leur maître à s'abstenir de l'usage de la chair et du vin, à rejeter le mariage comme une invention du démon et à nier qu'Adam fût sauvé. Ils s'appuyaient pour cela de quelques passages de l'Ecriture mal entendus. Leur principale raison, pour condamner l'usage du vin, était l'exemple de Lot et de Noé, comme preuve qu'il conduisait aux derniers excès. « Qui ne voit, dit saint Epiphane, que ces désordres ne viennent point de l'usage modéré du vin, mais de l'abus que l'on en fait. Si la vigne était une chose mauvaise, Jésus-Christ ne s'y serait pas comparé, et il n'aurait pas consacré avec le vin, comme il le fit par ces paroles : *Je ne boirai point de ce fruit de la vigne, jusqu'à ce que j'en boive de nouveau dans le royaume de mon Père.* » D'où il conclut que les mystères des encratites, où l'on n'emploie que de l'eau, ne sont que de faux mystères et l'ombre des véritables. Le saint fait voir en même temps que si Adam, qui est la tige et la masse du genre humain, n'est point sauvé, aucune branche de cette tige, aucune partie de cette masse ne peut être sauvée. Il tourne également en preuve contre Tatien ce que cet hérésiarque dit du mariage : « Si Tatien, dit-il, qui est un fruit du mariage qu'il condamne comme mauvais, espère être sauvé, à plus forte raison Adam le sera-t-il, lui qui n'en vient pas. » Les encratites faisaient beaucoup valoir certains *Actes* qu'ils disaient être de saint André, de saint Jean et de saint Thomas.

Deuxième livre. — Saint Epiphane rapporte les commencements du *montanisme* à la dix-neuvième année du règne d'Antonin le Pieux, ce qui est loin de s'accorder avec Eusèbe qui en recule l'apparition jusqu'à la onzième année de Marc Aurèle; Montan et ses principaux disciples étaient de Phrygie, d'où leur vint le nom de *Phrygès*. Cet hérésiarque marchait habituellement accompagné de deux femmes, Priscille et Maximille, qu'il faisait passer pour prophétesses, et qui lui furent d'un grand secours pour répandre l'énorme quantité d'erreurs qu'il enseigna. Saint Epiphane n'attaque les montanistes que sur les prophéties de Montan et de ses compagnes, parce qu'elles étaient le fondement de son hérésie. Ce novateur s'appelait lui-même le Paraclet et se donnait pour Dieu le Père; sur quoi saint Epiphane lui applique ces paroles de Jésus-Christ : *Il en viendra un autre en son propre nom et ils le recevront.* Montan ne peut être le véritable Paraclet, puisqu'il n'en a pas les marques, qui sont d'être envoyé par le Christ et de le glorifier, selon cette parole du Sauveur : *Je vous envoie l'Esprit consolateur et il me glorifiera.* Montan, au contraire, est venu de lui-même; il ne glorifie pas le Christ, comme ont fait les prophètes et les apôtres, mais il se fait Dieu et se glorifie lui-même. — Les *melchisédéciens* révéraient Melchisédech comme une grande vertu et comme un être supérieur à Jésus-Christ de qui il est écrit : *Tu es prêtre selon l'ordre de Melchisédech.* Ils offraient des sacrifices en son nom et le regardaient comme l'avocat et l'intercesseur des anges auprès de Dieu dont ils le disaient fils. Mais comment Melchisédech peut-il être fils de Dieu, lui que saint Paul dit en avoir été la figure? Personne ne peut être la figure de soi-même. Si le même apôtre fait Melchisédech sans père, sans mère et sans généalogie, ce n'est pas qu'il n'ait eu ni commencement ni fin, comme le concluaient faussement les melchisédéciens, mais uniquement parce qu'il n'en est fait aucune mention dans l'Ecriture. — Les *valésiens* eurent pour chef Valens, arabe de nation, autant que son nom peut le faire conjecturer à saint Epiphane. Ces hérétiques restèrent longtemps mêlés parmi les fidèles; mais leurs erreurs venant à se découvrir, ils furent chassés de l'Eglise. Ils admettaient des principautés et des puissances, comme la plupart de ceux qui les avaient précédés; mais le point principal de leur secte était de se faire eunuques, à quoi de gré ou de force ils obligeaient tous leurs disciples. Ils défendaient la chair des animaux à ceux qui n'avaient pas encore subi cette opération, dans la crainte qu'une nourriture trop succulente ne les portât à des désirs déréglés; mais cette opération subie, on leur permettait indistinctement toutes sortes de viandes. — Saint Epiphane parlant des *cathares* ou *novatiens*, leur donne pour chef Novat, et non pas Novatien, comme ont fait presque tous les Pères grecs. Il leur joint les *donatistes* dont il ne dit autre chose, sinon qu'ils rejetaient les tombés, à l'exemple des novatiens, et pensaient comme Arius sur la divinité du Verbe.

Quoiqu'il y eût près de cent trente ans que *Sabellius* avait commencé de dogmatiser, lorsque saint Epiphane écrivait son livre des hérésies, il ne laisse pas de le considérer comme un nouvel hérétique et peu éloigné de son temps. Peut-être confond-il Sabellius avec le sabellianisme, qui, abattu par les deux saints Denis de Rome et d'Alexandrie, s'était relevé depuis peu, puisqu'il témoigne que, de son temps, les sabelliens étaient répandus en assez grand nombre aux environs de Rome et dans la Mésopotamie. Ces hérétiques avaient ajouté peu de chose aux erreurs de Noët. Ils enseignaient que le Père, le Fils et le Saint-Esprit n'étaient que trois dénominations d'une même substance; ce qu'ils prétendaient rendre sensible par plusieurs comparaisons, entre autres par celle du soleil dont la figure représentait le Père, la lumière le Fils, et la chaleur le Saint-Esprit. Ils prétendaient que pour s'incarner, le Fils s'était détaché de la divinité, vers laquelle il était retourné ensuite comme le fait un rayon de soleil. Entre plusieurs livres apocryphes, ils faisaient grand cas d'un certain évangile de la façon d'un d'entre eux et auquel ils avaient donné le nom d'Egyptien.

Non-seulement saint Epiphane ne craint pas de mettre Origène au nombre des hérétiques, mais il prétend encore que son hérésie est pire que toutes celles qui l'ont précédée. Il est à présumer qu'il s'est servi de mémoires peu fidèles, car il formule, sur le compte de ce célèbre docteur, des accusations et des faits qui n'ont jamais été rapportés par aucun des historiens de son temps. Non content d'attaquer sa doctrine et de la combattre, sa passion l'emporte jusqu'à l'accuser d'idolâtrie. Les erreurs que saint Epiphane attribue à Origène sont que le Verbe a été fait, que le Fils ne peut voir le Père, que le Saint-Esprit ne peut voir le Fils, et qu'il ne peut lui-même être vu des anges, comme les anges ne peuvent être vus des hommes; que le démon rentrera dans sa première dignité pour régner dans le ciel avec les saints; que les tuniques de peau dont Dieu revêtit Adam et Eve n'étaient autre chose que leur corps et qu'ils étaient incorporels avant le péché; que nous ne ressusciterons pas dans la même chair, et qu'en péchant l'homme a perdu sa ressemblance avec Dieu. Saint Epiphane, dans tout ce qu'il dit contre Origène, s'appuie beaucoup de l'autorité de saint Méthode, dont il ne fait presque que transcrire les paroles; mais on sait de quelle manière Eusèbe se plaint de la conduite qu'il a tenue envers ce grand docteur, et il y a tout lieu de croire que c'est à lui que s'adresse ce reproche de saint Pamphile. « quand il blâme ces hommes qui disent anathème au maître qui les a instruits, et qui, en écrivant contre lui, ne craignent pas que leurs disciples ne remarquent que les plus beaux passages de leurs livres sont empruntés d'Origène. » Quoi qu'il en soit, on peut affirmer que les sentiments de saint Méthode ne furent point uniformes à l'égard d'Origène, et que dans cette grande question il n'eut pas plus le mérite de la constance que saint Epiphane celui de la justice et de la charité.

Paul de Samosate, ainsi appelé parce qu'il était originaire de la ville de ce nom, en Mésopotamie, fut fait évêque d'Antioche, non sous Aurélien, comme l'a cru saint Epiphane, mais sous Galien, comme nous l'apprenons d'Eusèbe. Il était déjà revêtu de cette dignité lorsqu'il s'avisa de faire revivre l'hérésie d'Artémon. Il soutenait que le Verbe était dans le Père, mais sans existence personnelle et de la même manière que la parole est dans l'homme; ce qui ne peut être, puisque dans l'homme la parole n'est qu'un mouvement du cœur qui passe et ne subsiste tout au plus que dans le moment où elle est articulée par les lèvres; tandis que le Verbe est non-seulement Dieu, subsistant en Dieu, mais encore subsistant éternellement, selon ces paroles de saint Jean : *Le Verbe était dans Dieu*, c'est-à-dire dans le Père qui ne peut être lui-même le Verbe qu'il contient; et ces autres paroles du prophète : *Votre Verbe demeure éternellement*. Saint Epiphane trouve encore une preuve de la distinction du Père et du Fils dans la préposition *apud*, qu'il dit être différente de la préposition *in* que l'évangéliste, suivant lui, a omise avec intention. Mais comme on aurait pu abuser de cette distinction pour en conclure que le Verbe n'était pas de la même essence que le Père, puisqu'il était *chez lui* et non pas *dans lui*, le saint montre que quoique la particule *chez* distingue les personnes, elle n'exclut pas l'unité de substance, que saint Epiphane établit par tous les passages de l'Ecriture propres à la prouver.

Troisième livre. — Il n'y a rien dans l'histoire que saint Epiphane fait de Manès qui ne soit connu de tout le monde ; ce qui nous dispense de le rapporter. Cet hérésiarque, quelque temps avant sa mort, avait envoyé ses trois principaux disciples prêcher son hérésie, Hermas en Egypte, Addas en Orient et Thomas en Judée. Ce dernier est le même qui, selon saint Cyrille, avait composé un évangile faussement attribué à l'apôtre saint Thomas. Comme leur maître, ils enseignaient deux principes opposés ; ils trouvaient des contradictions entre l'Ancien et le Nouveau Testament ; ils soutenaient que l'âme de l'homme est une avec l'âme des bêtes et des plantes ; que c'est un crime de manger de la chair des animaux, parce qu'on mange leur âme en même temps ; que les âmes de ceux de leur secte passaient après la mort dans la lune, de là dans le soleil, et du soleil dans le séjour des bienheureux ; enfin que Manès était le Saint-Esprit. Les raisonnements que saint Epiphane oppose aux deux principes de Manès peuvent se réduire à ceci : 1° Ces principes, selon Manès, ont existé en même temps et sont par conséquent coéternels, ce qui ne peut être à moins qu'on ne les suppose dieux tous les deux, l'éternité étant une des principales prérogatives de la divinité. En ce cas, Manès ne doit pas donner deux noms différents à deux principes qui ne doivent en avoir qu'un. 2° Ces deux principes sont unis entre eux ou séparés l'un de l'autre; s'ils sont unis, ils ne peuvent être contraires : s'ils sont séparés, ils sont tous les deux circonscrits et par conséquent imparfaits. 3° Il faut en cas de séparation admettre un troisième principe qui tienne le milieu entre les deux autres. Or ce milieu est semblable à l'un ou à l'autre de ces principes, ou à tous les deux ensemble, ou bien il n'est semblable à aucun. Il ne peut être semblable à un seul, parce qu'alors il ne pourrait plus servir de milieu entre les deux, ni semblable à tous les deux, parce qu'alors il ne les séparerait plus. S'il ne ressemble à aucun de ces principes, il en constitue donc un troisième, qui, joint à celui qui a posé ce milieu, forment quatre principes tous coéternels.

Saint Epiphane est loin d'être exact dans ce qu'il écrit touchant Arius et l'arianisme, qui cependant aurait dû lui être connu, puisqu'il vit naître cette hérésie et qu'il n'était pas éloigné de l'Egypte qui fut son berceau. Malgré cela, il met la mort d'Arius avant le concile de Nicée, contradictoirement à saint Athanase et à tous les auteurs qui ont parlé de cet hérésiarque. C'est à cet anachronisme qu'il faut attribuer la confusion qui se trouve dans la plupart des faits qu'il rapporte ensuite. Voici ce qu'il dit en particulier d'Arius : « Il était non-seulement prêtre lorsqu'il commença à répandre sa doctrine, mais encore chargé du gouvernement d'une église et du ministère de la prédication. D'abord, il ne répandit ses erreurs que dans des entretiens particuliers, mais quand il se vit écouté et soutenu d'un grand nombre de sectateurs, il les prêcha publiquement. Les autres prêtres qui gouvernaient les églises d'Alexandrie se donnèrent aussi la liberté de prêcher des doctrines différentes, et le peuple prit parti pour chacun d'eux. Les plus fameux étaient Collute, Carponas et Sarmate, mais ces deux derniers se rangèrent du côté d'Arius qui attira un grand nombre de vierges, douze diacres, sept prêtres et même quelques évêques. Il avait de grands talents pour séduire : il était déjà avancé en âge ; on croyait voir en lui de la vertu et du zèle ; son extérieur était composé, sa taille extraordinairement grande, son visage sérieux et comme abattu de mortification. Ses vêtements étaient austères : il ne portait qu'une tunique sans manches et un manteau étroit ; sa conversation était douce, agréable et propre à gagner les esprits. Ce fut à la faveur de toutes ces qualités tant réelles qu'affectées qu'il vomit un nombre infini de blasphèmes contre le Fils de Dieu. » Nous nous abstiendrons d'analyser ici les réfutations que saint Epiphane oppose à chacune de ces erreurs, parce qu'elles ne diffèrent en rien de celles des autres Pères qui ont écrit sur le même sujet.

Le concile de Nicée donna naissance au schisme d'*Audius* qui, au mépris d'une de ses décisions, continua de solenniser la Pâque le 14 de la lune, prétendant que c'était une tradition apostolique que les Pères de ce concile n'avaient changée que par complaisance pour l'empereur Constantin, afin de faire concourir cette fête avec le jour natal de cet empereur, ou plutôt avec celui de son avènement à l'empire. Ce que saint Epiphane traite de calomnieux et même de ridicule, puisque, selon la correction du concile, la fête de Pâques ne peut pas être fixée à un jour déterminé mais doit changer tous les ans. Ce ne fut donc point par complaisance pour l'empereur que le concile de Nicée fit ce règlement, mais uniquement pour établir dans l'Eglise l'uniformité à cet égard et en lever ainsi tous les sujets de division dont le retour de cette fête était souvent l'occasion. La séparation d'Audius ne fut d'abord qu'un simple schisme, mais dans la suite, prenant trop à la lettre ce texte de la *Genèse* qui dit que *l'homme est fait à l'image de Dieu*, il devint anthropomorphyte. Saint Epiphane condamne le sentiment d'Audius, mais il ne dit point quelle était la croyance de l'Eglise sur cet article. « La ressemblance de l'homme avec Dieu, dit-il, est un point de foi ; mais l'Eglise n'a jamais défini en quoi consistait cette ressemblance. » Il réfute ensuite les opinions de ceux qui mettaient cette ressemblance ou dans le corps ou dans l'âme de l'homme, et conclut en disant : « Comme ce serait s'éloigner de la foi catholique de nier que l'homme ait été créé à l'image de Dieu, ce serait aussi se montrer téméraire de définir cette ressemblance et de la faire consister plutôt dans une partie de l'homme que dans l'autre. » Audius et ses sectateurs faisaient profession d'une morale très-sévère ; ils vivaient tous du travail de leurs mains, tant les laïques que les prêtres et les évêques, car Audius lui-même avait été ordonné évêque par un prélat qui comme lui s'était séparé de l'Eglise. La secte des audiens ne finit pas avec son auteur ; elle fut même fortifiée après sa mort par quelques évêques de Mésopotamie et de Gothie, entre autres par Uranus et Sylvanus, mais elle reçut un grand échec par la mort de ces deux évêques. Du temps de saint Epiphane elle se trouvait réduite à un petit nombre d'adhérents retirés dans un village sur les bords de l'Euphrate.

Les semi-ariens eurent pour chefs Basile d'Ancyre et Georges de Laodicée. On les nomma *semi-ariens*, parce que tout en reconnaissant que le Fils n'était pas une créature, ils niaient qu'il fût de la même substance que le Père, à qui ils le disaient semblable, mais sans ajouter en toutes choses. Ils rejetaient aussi le terme *consubstantiel* et le mot *essence*, afin, comme le leur reproche saint Epiphane, de pouvoir dire dans l'occasion que le Fils n'est pas semblable au Père en essence. Pour le Saint-Esprit, ils le mettaient nettement au nombre des créatures. Saint Epiphane rapporte tout entière la lettre adressée par le concile d'Ancyre aux évêques de Phénicie, dans laquelle ces erreurs étaient contenues. Il y joint la profession de foi du concile de Séleucie, souscrite par quarante-trois évêques. Voici quelques-unes des raisons alléguées par les semi-ariens : « Si le Fils est semblable au Père, il ne peut être de la même substance, celui qui ressemble ne pouvant être identiquement le même avec celui qui lui est semblable. La ressemblance du Père avec le Fils ne peut donc être que celle qui existe entre la chair de Jésus-Christ et la nôtre, entre son humanité et notre humanité. Or la chair et l'humanité de Jésus-Christ n'ont pas été en tout semblables aux nôtres, puisque sa chair n'a pas été une chair de péché comme le dit l'Apôtre, et qu'il n'a été ni conçu ni enfanté à la manière ordinaire du reste des hommes. De plusieurs semi-ariens et de quelques catholiques se forma la secte des *pneumatomaques* ou ennemis du Saint-Esprit. Pour prouver la divinité de cette troisième personne de la Trinité, niée par ces hérétiques, saint Epiphane se contente de rapporter, mot pour mot, ce qu'il avait écrit sur ce sujet dans son *Anchorat*. Ces hérétiques interprétaient en leur faveur le silence du concile de Nicée, qui, disaient-ils, n'avait point mis le Saint-Esprit au nombre des personnes divines. Mais outre que ce concile n'était pas assemblé pour cela, mais pour venger la divinité du Fils des blasphèmes des ariens, n'a-t-il pas fait assez connaître ce qu'il pensait du Saint-Esprit, lorsqu'il a déclaré qu'il croyait en lui comme au Père et au Fils?

La jalousie, qui, selon saint Epiphane, est une des sources d'hérésie, produisit celle des *aëriens*. Aërius, son auteur, vivait encore dans le temps que le saint écrivait contre lui, c'est-à-dire en 376. Il avait été d'abord compagnon d'Eusthate, et, quoique ariens, ils avaient fait ensemble profession de la vie solitaire; mais en 355, Eustathe ayant été élevé sur le siège épiscopal de Sébaste, Aërius qui désirait avec ardeur cette dignité, en conçut contre lui une grande jalousie. Eustathe qui l'aimait s'efforça de le gagner en l'ordonnant prêtre et lui donna l'intendance d'un hôpital dans son diocèse. Ces bienfaits, au lieu d'apaiser Aërius, ne firent que l'aigrir davantage. Il murmurait sans cesse contre son évêque et ne laissait échapper aucune occasion de le calomnier. Aërius, toujours attaché au parti des ariens, voyant qu'il n'avait pu parvenir à l'épiscopat, son unique ambition, crut pouvoir se venger en soutenant l'égalité des évêques et des prêtres, « erreur, remarque saint Epiphane, qui ne pouvait venir que d'un esprit furieux. » Il entraîna dans son schisme un grand nombre de personnes de tout sexe. Ils regardaient la fête de Pâques comme une superstition judaïque, se moquaient des prières et des bonnes œuvres qui se font pour les morts, prétendant que, si elles leur servaient de quelque chose, il serait inutile de se mettre en peine de bien vivre. Ils ne voulaient pas qu'il y eût dans l'Eglise aucun jeûne fixe, c'est pourquoi ils affectaient de jeûner le dimanche, et de ne le point faire les mercredis et vendredis, même pendant la semaine sainte, temps que l'Eglise destine au jeûne, à la continence et à la mortification. Ils passaient ces jours sacrés à se divertir, à se remplir de vin et de viande, et à se moquer des catholiques; ce qui les rendit si odieux qu'on les chassait des églises, des villes et des villages, en sorte qu'ils étaient obligés de fuir et de se cacher dans les bois et dans les cavernes. Les raisons d'Aërius, pour égaler les prêtres aux évêques, étaient que les prêtres imposaient les mains, baptisaient, célébraient l'office divin, et s'asseyaient sur des trônes comme des évêques; que saint Paul, écrivant aux prêtres et aux diacres, ne fait aucune mention des évêques, et qu'il ne parle point des prêtres lorsqu'il écrit aux évêques et aux diacres; d'où il s'en suit, disait-il, que le prêtre et l'évêque ne font qu'un. — Saint Epiphane répond que la preuve la plus complète de l'inégalité de l'épiscopat et du sacerdoce sont les différents effets de ces ordres différents. « Les évêques, dit-il, donnent des Pères à l'Eglise par le moyen de l'ordination, et les prêtres ne lui donnent que des enfants par le baptême, parce qu'ils n'ont aucun droit par l'imposition des mains de lui donner des Pères et des maîtres. Si donc l'Apôtre, en écrivant aux évêques, ne fait point mention des prêtres ni des évêques, lorsqu'il écrit aux prêtres, ce n'est point qu'il confonde ces deux ordres, mais c'est que le nombre des fidèles, et surtout des fidèles propres au sacré ministère, étant encore fort restreint, on n'ordonnait point d'évêques là où il y avait des prêtres, ni de prêtres là où il y avait des évêques. Mais peut-on rien de plus formel contre Aërius que ces paroles du même apôtre écrivant à Timothée qui était évêque : *Ne maltraitez point les prêtres, et n'écoutez pas contre eux toutes sortes d'accusateurs.* Il ne fait pas la même recommandation aux prêtres à l'égard des évêques, preuve de la supériorité de ceux-ci sur les autres. » Saint Epiphane s'étonne qu'un homme de rien et un nouveau venu, comme l'était Aërius, eût la témérité de vouloir abolir un jeûne aussi généralement établi que celui du mercredi et du vendredi, qui « s'observe, dit-il, par toute la terre, et cela d'autorité apostolique. Aërius était-il plus éclairé que n'ont été les apôtres et nos aïeux, ou plutôt ne faut-il pas croire qu'il est dans l'erreur? » Le saint le rappelle encore à la tradition au sujet de la prière pour les morts. « L'Eglise, dit-il, l'a toujours pratiqué ainsi, ce qu'on ne peut mépriser sans crime, puisqu'il est écrit : *Ne rejetez point les lois de votre mère.* »

Les *anoméens* furent ainsi nommés du mot grec *anomios* qui signifie dissemblable, parce qu'avec les seminariens ils niaient que le Fils fût semblable à son Père. On leur donna aussi les noms d'*aëtiens*, d'*eunomiens*, d'*eudoxiens* et de *théophroniens*, du nom des principaux auteurs de leur secte. Celui qui se distingua le plus fut Aëtius. Malgré son ignorance, son esprit bouffon et son talent pour la raillerie l'avaient fait élever au diaconat par Georges d'Alexandrie; mais dans la suite, s'étant appliqué à la philosophie d'Aristote, il se servit des lumières qu'il en tira pour inventer plusieurs blasphèmes contre le Fils de Dieu. Il osait dire qu'il connaissait Dieu comme il se connaissait lui-même, et il apprenait à ses disciples à ne considérer les actions les plus infâmes que comme des nécessités naturelles;

Dieu, disait-il, ne demandant autre chose de nous que la foi. Ces erreurs le firent exiler à Amblade, au pied du mont Taurus. Ce fut là qu'au lieu d'y renoncer, il les publia avec plus d'effronterie que jamais, dans un écrit composé de trois cents raisonnements ou syllogismes contre le mystère de la Trinité. Les anoméens rejetaient l'autorité des prophètes et des apôtres; ils rebaptisaient tous ceux qui embrassaient leur doctrine, fussent-ils ariens. La formule de leur baptême était au nom du Dieu incréé, du Fils créé et du Saint-Esprit sanctifié et procréé par le Fils créé. On dit qu'après cette cérémonie ils mettaient à leurs initiés la tête en bas et les pieds en haut, et leur faisaient jurer dans cette position qu'ils n'abandonneraient jamais la secte. On croit, car saint Epiphane n'en semble pas bien informé, qu'Aëtius, rappelé d'exil par Julien, avait été ordonné évêque par un prélat de son parti.

« Le démon qui sait mêler l'absinthe au miel, dit saint Epiphane, et qui se sert souvent pour combattre la foi de l'Eglise de ses plus respectables enfants, souleva contre elle un des premiers d'entre nous, celui-là même que tous les orthodoxes avaient exalté par leurs louanges. *Apollinaire*, ce respectable vieillard et cet homme célèbre qu'Athanase et moi chérissons uniquement, n'a pas craint d'enseigner que le Fils de Dieu avait pris le corps et l'âme de l'homme sans en prendre l'entendement. » On doit d'autant plus s'étonner de la réserve et du respect avec lesquels saint Épiphane parle ici d'Apollinaire, qu'il ne pouvait ignorer les calomnies que ce novateur avait répandues contre lui, dès le commencement de son hérésie, c'est-à-dire en 375.

Les sectateurs d'Apollinaire sont appelés dimœrites, c'est-à-dire partagés, parce qu'ils partageaient et divisaient l'humanité de Jésus-Christ, ne recevant dans leur symbole qu'une partie du mystère de l'Incarnation. Il paraît par la conférence que saint Epiphane eut à Antioche avec Vital, un des plus qualifiés d'entre eux, qu'on leur reprochait alors, pour toute chose, de nier que le Verbe eût pris l'entendement humain. On accusait encore les apollinaristes de soutenir que saint Joseph avait connu la sainte Vierge après la naissance du Sauveur; ce que saint Epiphane ne peut croire que difficilement d'Apollinaire, non plus qu'une autre accusation que l'on portait contre lui, de tenir à l'opinion des millénaires.

Ce fut néanmoins des sectateurs d'Apollinaire que vinrent les antidicomarianites ou adversaires de Marie, qui soutenaient la première de ces deux erreurs : « Soit, dit saint Epiphane, que l'aveuglement d'esprit la leur eût fait embrasser, ou que le peu de respect qu'ils avaient pour la Vierge les eût portés à la rabaisser; ou enfin qu'ils voulussent souiller la pureté de nos pensées par des idées si fâcheuses. » Le saint, ayant appris que cette impiété avait cours en Arabie, écrivit une grande lettre pour la réfuter. Dans cette même lettre, il joignait à la réfutation des *antidicomarianites* celle d'une autre hérésie tout opposée, où l'on regardait la sainte Vierge comme une divinité. On nomma ceux de cette secte *collyridiens*, parce que le culte qu'ils rendaient à la Vierge consistait principalement à lui offrir des gâteaux nommés en grec *collyridès*. Saint Epiphane juge cette superstition aussi ridicule et aussi dangereuse que la précédente. Elle s'était élevée dans le même temps et dans le même pays, c'est-à-dire en Arabie où elle avait été apportée de Thrace, et les femmes plus avides de nouveautés s'en étaient surtout infatuées. Les femmes eurent encore bonne part dans l'hérésie des *messaliens* qu'on nomma aussi *priants*, parce que leur principale occupation était la prière. Saint Epiphane met le commencement de cette hérésie sous l'empereur Constantin. Quoique les messaliens ne fussent à proprement parler ni juifs ni chrétiens, ils n'adoraient néanmoins qu'un seul Dieu, et avaient, tant en Orient qu'en Occident, des oratoires où, à la lueur d'un grand nombre de cierges et de fallots, ils chantaient ses louanges en récitant certaines hymnes que les plus habiles d'entre eux avaient composées. Il y avait encore des messaliens du temps de saint Epiphane. C'était une troupe d'hommes et de femmes, gens sans nom, sans foi, sans loi, sans pays, qui se vantaient d'avoir renoncé au monde et abandonné tous leurs biens. Sous ce prétexte, ils couraient les provinces par bandes, mendiant leur pain. Pendant l'été, ils couchaient pêle-mêle dans les places des villes et des bourgs, acceptant tous les noms qu'on voulait leur donner. Demandait-on à quelqu'un d'eux s'il était un prophète, ou le Christ, ou un ange; ils répondaient effrontément : Oui. Ils priaient fort souvent et ne jeûnaient jamais; sitôt que la faim les prenait, fût-ce à la seconde et à la troisième heure du jour ou même de la nuit, ils se remplissaient de viande. L'ignorance et la simplicité de quelques fidèles, d'ailleurs très-catholiques, avaient donné occasion à cette hérésie, en prenant trop à la lettre le conseil de Jésus-Christ, de vendre tous ses biens et de les distribuer aux pauvres; et cet autre : *Travaillez non pour la nourriture qui périt, mais pour celle qui subsiste éternellement.* Jésus-Christ, dit saint Epiphane, ne nous conseille pas de renoncer aux biens de la terre pour mener une vie oisive, mais pour travailler de nos mains, à l'imitation d'Elie, de Job, de Moïse, de saint Paul, et de ce grand nombre de moines répandus dans l'Egypte et ailleurs, et qui joignaient au travail le chant et la prière.

Voilà, dit saint Épiphane, en finissant ce grand ouvrage que nous n'avons analysé que dans ses parties les plus importantes, « voilà les quatre-vingts hérésies qui se sont élevées dans l'Eglise jusqu'à nos jours, et que l'on peut comparer aux quatre-vingts concubines du *Cantique des cantiques*, dont les enfants ne sont pas légitimes. Il n'y a de légitimes que ceux de l'épouse, cette colombe unique et seule parfaite, dont il est parlé dans le même livre. La foi de cette épouse, qui est l'Eglise, ne s'est point altérée comme celle des concubines, mais elle est restée pure et sainte. » L'exposition qu'en fait saint Epiphane mérite d'être rapportée : « L'Eglise, dit-il, enseigne une Trinité simple, consubstantielle et sans confusion, le Père, le Fils et le Saint-Esprit, par qui tout a été créé. Elle reconnaît que Dieu a formé le corps d'Adam et qu'il lui a inspiré le souffle de vie; que le Dieu que nous adorons est le même qu'adorait le peuple juif; que le Fils de Dieu s'est incarné; qu'il est né de Marie qui n'a cessé un seul instant de rester vierge. Elle croit tout ce que l'Evangile dit de Jésus-Christ, de la résurrection des morts, de la vie éternelle. La virginité, que plusieurs s'appliquent à observer, est le fondement de l'Eglise; elle y est en honneur et y occupe le premier degré de gloire. Après elle sont le célibat, la continence et la viduité, puis le mariage, principalement s'il est unique; toutefois il est permis à un homme de se remarier après la mort de sa femme, et à une femme après la mort de son mari. La source de tous ces biens et le plus haut degré d'honneur est le sacerdoce, qui se donne à des vierges pour la plupart, ou à des moines, ou à ceux qui s'abstiennent de leurs femmes, ou qui sont veufs après un seul mariage. Mais celui qui s'est remarié, fût-il veuf ou continent, ne peut être reçu dans aucun ordre du sacerdoce, ni parmi les évêques, ni parmi les prêtres, les diacres et les sous-diacres. Après le sacerdoce vient l'ordre des lecteurs qui se prend de tous les états, de la virginité, de la vie monastique, de la continence, de la viduité, du mariage, et même, en cas de nécessité, de ceux qui sont remariés, car le lecteur n'a point de part au sacerdoce. Il y a aussi des diaconesses établies pour le service des femmes seules, à cause de la bienséance dans le baptême et dans d'autres occasions semblables. Elles doivent être aussi dans la continence, ou dans la viduité après un seul mariage, ou dans la virginité perpétuelle. Viennent ensuite les exorcistes, les interprètes pour traduire d'une langue en une autre soit les lectures, soit les sermons. Restent les copiates ou travailleurs qui ont soin des corps morts et qui les ensevelissent, et les portiers avec tout ce qui appartient au bon ordre de l'église. Les assemblées ordonnées par les apôtres se tiennent principalement les mercredis, vendredis et dimanches. Le mercredi et le vendredi on jeûne jusqu'à none, parce que le mercredi est le jour où le Seigneur fut livré, et qu'il fut crucifié le vendredi. Notre jeûne est une reconnaissance de ce qu'il a souffert pour nous, et en même temps une satisfaction pour nos péchés. Ce jeûne du mercredi et du vendredi jusqu'à none s'observe toute l'année dans l'Eglise catholique, excepté les cinquante jours du temps pascal, pendant lesquels il est défendu de fléchir les genoux et de jeûner. En ce temps, les assemblées du mercredi et du vendredi se tiennent le matin, et non pas à none, comme dans le reste de l'année. Le jour de l'Epiphanie, qui est le jour de la naissance du Sauveur selon la chair, il n'est pas permis de jeûner, même quand ce jour tombe un mercredi ou un vendredi. Les ascètes observent volontairement le jeûne toute l'année, excepté le dimanche et le temps pascal, et, ce qui est très-louable, ne manquent jamais d'observer les veilles. L'Eglise catholique compte tous les dimanches pour des jours de joie; elle s'assemble le matin et ne jeûne point. Elle observe les quarante jours avant les sept jours de Pâques dans des jeûnes continuels, mais elle ne jeûne pas les dimanches, même en carême. Quant aux six jours avant Pâques, tous les peuples les passent en xérophagie, c'est-à-dire en ne prenant que du pain, du sel et de l'eau vers le soir. Les plus fervents restent deux, trois et quatre jours sans manger, et quelques-uns toute la semaine jusqu'au dimanche matin au chant du coq. On veille pendant ces six jours, et on tient tous les jours l'assemblée; on la tient aussi tout le carême, depuis none jusqu'à vêpres. En quelques lieux, on veille seulement la nuit du jeudi au vendredi, et du samedi au dimanche de la semaine d'avant Pâques. Il y a des endroits où l'on offre le sacrifice le jeudi saint, à l'heure de tierce, et en continuant la xérophagie. Il y en a d'autres où on ne le célèbre que la nuit du dimanche, en sorte que l'office finit au chant du coq du jour de Pâques. On célèbre le baptême et les autres mystères secrets, suivant la tradition de l'Evangile et des apôtres. On fait mémoire des morts, en les nommant par leurs noms, dans les prières et la célébration du sacrifice. On observe assidûment dans l'Eglise les prières du matin, avec des cantiques de louanges, et les prières du soir avec des psaumes. Il y a des moines qui habitent dans les villes; il y en a d'autres qui demeurent dans des monastères éloignés; il y en a qui portent de longs cheveux par dévotion; mais cette pratique n'est pas conforme au précepte de saint Paul. Il y a plusieurs autres dévotions particulières observées dans l'Eglise, comme de s'abstenir de la chair de toute sorte d'animaux, des œufs et du fromage. Quelques-uns ne s'abstiennent que des animaux à quatre pieds, d'autres retranchent aussi les oiseaux, et d'autres les poissons. Plusieurs couchent à terre; quelques-uns vont pieds nus; d'autres, en secret et par esprit de pénitence, portent un cilice; mais il est indécent de le montrer à découvert ou de paraître le cou chargé de chaînes, comme le font un certain nombre. La plupart s'abstiennent du bain. Quelques-uns, ayant renoncé au monde, ont inventé des métiers simples et faciles pour éviter l'oisiveté et n'être à charge à personne. La plupart s'exercent continuellement à la psalmodie, à la prière, à la lecture et à la récitation des saintes Ecritures. L'Eglise enseigne à tout le monde l'hospitalité, l'aumône et toutes les œuvres de charité; elle s'abstient de la communion de tout hérétique, quel qu'il soit; elle bannit la fornication, l'adultère, l'impudicité, l'idolâtrie, le meurtre et tous les crimes, la magie, l'empoisonnement, l'astrologie, les augures, les sortiléges et les enchantements. Elle défend les théâtres, les courses de chevaux, les combats de bêtes, les spectacles de musique, toutes médisances, toutes querelles, les disputes, les injustices, l'avarice et l'usure. Elle n'approuve pas les gens d'affaires et les met au dernier rang; elle ne reçoit les offrandes que de ceux qui vivent selon la justice et qui sont exempts de crimes. Les plus parfaits d'entre les fidèles ne jurent jamais et ne prononcent d'imprécations contre personne; plusieurs vendent leur bien et en donnent le produit aux pauvres. » Telles étaient, selon saint Epiphane, la foi et la discipline de l'Eglise catholique. Il conclut en renouvelant les recommandations d'Anatolius, qui avait écrit en notes les minutes du *Livre des hérésies*, et celles du diacre Hypatius qui l'avait mis au net sur des cahiers exprès.

De l'Anchorat. — Le second écrit de saint Epiphane, suivant l'ordre que nous avons adopté dans cette analyse, a pour titre : *Anchorat*. Le pieux docteur adressa cet ouvrage à Tarsin et à Matide, prêtres de l'Eglise de Suèdres, en Pamphilie, qui l'avaient prié de travailler à un traité de la vraie foi, pour affermir ceux qui étaient ébranlés. Il lui donna le titre d'*Anchorat*, en grec *Ancyrotos*, parce qu'il le regardait comme une ancre propre à affermir l'esprit contre tous les doutes. « Il y avait ramassé, dit-il, autant que la faiblesse de son esprit avait pu le lui permettre, tous les passages de l'Ecriture qui servent à établir notre foi, afin que, semblable à l'ancre d'un vaisseau, ce livre pût affermir les fidèles dans la doctrine orthodoxe, au milieu des tempêtes et des agitations de l'hérésie. » Cet ouvrage devint si célèbre dans l'Eglise qu'il se répandit presque par toute la terre. Il est le seul des écrits de saint Epiphane dont Sozomène fasse mention, et Socrate y renvoie pour apprendre les noms des hérésies. Photius l'appelle la *Synope* ou l'*Abrégé du livre des hérésies*, ce qui montre que cet auteur ignorait qu'il eût été écrit avant le *Panarium*. Saint Epiphane le nomme lui-même quelque part *son grand ouvrage sur la foi*.

En effet, il y traite non seulement de la Trinité, mais encore de l'Incarnation, de la résurrection des morts et de presque tous les dogmes de la religion. Il pose pour premier objet de notre foi, un seul Dieu en trois personnes, le Père, le Fils et le Saint-Esprit, toutes les trois éternelles et de même essence. Pour prouver la divinité du Fils, il apporte les mêmes autorités qu'il a employées dans son *Panarium* sur le même sujet. Il montre que le Saint-Esprit est l'esprit du Père, qu'il procède de lui et qu'il reçoit du trésor de Jésus; que nous sommes baptisés en son nom; qu'Ananie, en mentant au Saint-Esprit, avait menti à Dieu; que les justes sont appelés *les temples du Saint-Esprit*; que la doxologie céleste répète trois fois *Saint* pour les trois personnes de la Trinité; que le Saint-Esprit pénètre les profondeurs de Dieu, comme étant les siennes propres, et qu'il communique ensuite cette pénétration aux justes, afin que par son moyen ils connaissent les profondeurs de Dieu, non d'une manière imparfaite et stérile, comme les hérétiques qui n'ont point reçu le Saint-Esprit. Tels sont les ariens et tous les autres dont saint Epiphane fait l'énumération au nombre de quatre-vingts, c'est-à-dire les mêmes qui font le sujet du *Livre des hérésies* dont nous venons de parler.

Du dogme de la Trinité, le saint docteur passe à celui de la résurrection des morts qu'il traite fort au long, parce qu'il avait appris depuis peu qu'il était attaqué par quelques-uns de ceux qu'on regardait comme les premiers solitaires de la Thébaïde et de l'Egypte. Il veut parler sans doute de Rufin, de Didyme et des autres moines de Nitrie, que l'on décriait alors sous le nom d'Origénistes, et que Théophile d'Alexandrie persécuta si cruellement. Comme saint Epiphane ne se propose pas seulement d'établir la résurrection des corps contre les hérétiques, mais aussi contre les païens, il tire ses autorités et ses exemples de l'Ecriture, de la nature et de la fable. La nature nous rend la résurrection sensible par la vicissitude des jours et des nuits, par la renaissance annuelle des fruits, des arbres, des semences qui ne revivent qu'après avoir été morts; par la reproduction journalière des ongles et des cheveux. Il donne encore pour preuve de la possibilité de la résurrection, le sommeil de certains animaux, comme du rat des Alpes et de l'escarbot, sommeil que saint Epiphane prend pour une véritable mort. Rien ne serait plus convaincant que celle qu'il tire du phénix, s'il n'était à peu près reconnu aujourd'hui que tout ce que les anciens ont écrit de cet oiseau est fabuleux. Cependant saint Epiphane raconte, comme une chose que tout le monde sait, que le phénix parvenu à la cinquantième année de son âge et sentant sa fin approcher, se bâtissait un petit bûcher avec des branches d'arbres aromatiques qu'il transportait dans une ville d'Egypte, appelée par les Grecs Héliopolis; que là il allumait le bûcher avec le feu qu'il excitait lui-même par le fréquent mouvement de ses ailes, puis il s'y faisait consumer; alors un petit nuage, amené là par un secret de la Providence, venait fondre sur le feu et l'éteignait; et le même jour, des cendres du phénix il s'engendrait un ver qui, devenant ailé, se transformait insensiblement en oiseau, qui, après s'être montré aux habitants d'Héliopolis tous impatients de le contempler, s'envolait dans le pays d'où était venu le précédent.

Il convainc les païens de la possibilité de la résurrection par leurs poëtes et leurs théologiens, en rapportant ce que la fable raconte d'Alceste, femme d'Admète, qui, s'étant offerte à la mort pour conserver la vie de son époux, fut ressuscitée trois jours après par Hercule, qui la tira des enfers. Il rappelle également la fable de Pélops, fils de

Tantale, qui, ayant été coupé en morceaux par son père, fut ressuscité par Jupiter; celle d'Euclès qui le fut par Esculape, celle de Protésilaüs et de plusieurs autres. Il tira encore avantage de la coutume qu'avaient les païens de porter du vin et des viandes sur les tombeaux des morts, où ils les excitaient à boire et à manger. C'était supposer en effet que les âmes des morts étaient là en attendant la résurrection.

Il traite d'extravagante l'opinion de ceux qui voulaient que l'âme seule dût ressusciter, puisque ce qui n'est point mort n'a pas besoin de résurrection; et d'impie celle qui assure que nous ressusciterons, mais dans une autre chair, parce qu'elle anéantit la justice de Dieu, en lui faisant récompenser ou punir une chair qui n'aura fait ni bien ni mal, à la place d'une autre chair qui aura coopéré au crime ou à la vertu. Il condamne encore cette opinion, parce qu'elle est contraire à ce que dit l'Apôtre, *qu'il faut que ce corps corruptible devienne incorruptible.* D'ailleurs, notre résurrection doit être semblable à celle de Jésus-Christ; or, il est ressuscité avec le même corps qu'il avait avant de mourir; ce fut afin qu'on n'en doutât point qu'il voulut que ce corps, devenu spirituel, conservât les cicatrices de ses pieds, de ses mains et de son côté. Quant aux autorités tirées de l'Ecriture dont saint Epiphane se sert pour établir la résurrection des morts, elles sont toutes les mêmes qu'il fait valoir contre les Samaritains dans son *livre des hérésies.*

Le but de saint Epiphane, en écrivant son *Anchorat,* était non-seulement de fournir à ceux qui le lui avaient demandé des armes pour combattre l'hérésie, mais encore des moyens pour porter les païens à embrasser la foi qu'il venait d'exposer. Il leur conseilla de remettre sous les yeux des infidèles l'ignorance, la vie infâme et la mort honteuse de la plupart de ceux qu'ils adoraient comme des divinités; de les rappeler au témoignage de quelques-uns de leurs auteurs, qui ont reconnu l'unité d'un Dieu et la fausseté de l'idolâtrie. Tels ont été Héraclite qui se moquait des Egyptiens, lorsqu'ils pleuraient Osiris et les autres dieux, en leur disant : « S'ils sont dieux, pourquoi les pleurez-vous ? » Eudœmon, qui avait coutume de dire : « Je n'ose point assurer que ceux que vous adorez soient des dieux ; » et un comique (Philémon) qui a écrit que ceux qui adorent un seul Dieu doivent concevoir une ferme espérance de leur salut. Il veut aussi qu'on leur fasse honte de l'idolâtrie qui met au nombre des Dieux des hommes dont on voit encore les sépulcres, comme celui de Jupiter sur le mont Latius, dans l'île de Crète; et d'autres personnages qui ne se sont rendus célèbres que par leurs brigandages et leurs impudicités; il se propose enfin, de leur découvrir la fourberie des poëtes, qui, pour donner du merveilleux aux infamies de Jupiter, l'ont métamorphosé en pluie d'or pour qu'il pût s'insinuer dans la tour de Danaë, en cygne pour jouir de Léda, et en aigle pour enlever Ganimède; ce qui, à la lettre, ne veut dire autre chose, sinon que ce corrupteur avait gagné Danaë par ses présents, que l'ardeur de sa passion lui avait donné des ailes comme à un cygne pour enlever Léda, et que le vaisseau dont il se servit pour emporter Ganimède s'appelait l'*Aigle,* à cause de sa légèreté.

Anacéphaléose. — Il y a quelques critiques qui doutent que la récapitulation qui suit l'*Anchorat,* sous le nom d'*Anacéphaléose,* soit véritablement de saint Epiphane. Mais ils n'ont pas fait attention que ce travail n'est autre chose que la lettre de ce saint évêque à Paul et à Acace, telle qu'elle est à la tête du *Panarium,* à l'exception de quelques légères différences dont on ignore l'origine, et qui l'ont fait prendre par plusieurs pour un ouvrage séparé. Cette récapitulation se rapporte donc, non à l'*Anchorat,* mais au *Panarium.* La première différence, celle qui trompe d'abord ceux qui n'examinent pas, c'est que l'inscription et la première phrase de la lettre ne se trouvent point à la tête de l'Anacéphaléose. A la fin du préambule de cette lettre, comme à la fin du Traité, on trouve ces mots : *Voilà l'anacéphaléose de tout l'ouvrage;* et, *voici l'anacéphaléose du tome premier* ; ce qui montre clairement que la lettre et le traité sont le même travail. Mais ce qui trompe surtout les lecteurs, c'est que, dans le *Panarium,* cette lettre est coupée de manière à former une analyse particulière en tête de chaque tome, au lieu que l'*Anacéphaléose* la reproduit de suite et dans toutes ses parties. L'*Anacéphaléose* n'est donc qu'un extrait et une répétition de ce qu'on trouve dans le *Panarium* et dans l'analyse distribuée à la tête des sept tomes qui forment cet ouvrage.

Nous reproduisons ici, d'après M. Villemain et avec ses appréciations critiques, l'admirable discours de saint Epiphane sur la résurrection du Sauveur. C'est une bonne fortune dont nous savons d'autant plus de gré à l'illustre professeur que sans lui nous n'eussions jamais été à même de nous former une idée du talent oratoire de notre héros.

Comparé aux orateurs du christianisme oriental, saint Epiphane n'approche pas de leur génie : il n'eut rien de leur puissance sur la foule; il ne régna pas comme eux sur le peuple d'une grande ville. Mais à un vaste savoir, aux épreuves du désert et du monde, à l'expérience de lointains voyages, il joignait une forte imagination qui, contrainte et retenue dans l'aride exactitude de la controverse, éclate librement dans quelques homélies que nous croyons son ouvrage, malgré le doute d'un savant éditeur.

Ce ne sont plus des démonstrations purement dogmatiques ou de simples exhortations morales. On dirait plutôt les fragments d'un poëme lyrique, ou la parole soudaine d'un apôtre au milieu des monuments et sur le lieu même du christianisme naissant. Il y a là sans doute le souvenir et la trace des premières années d'Epiphane, c'est le langage du juif chrétien transplanté dans la Grèce

Ce caractère nous frappe dès la première homélie pour le dimanche des Rameaux. L'orateur ne se borne pas à célébrer un religieux anniversaire, à en tirer une leçon pour le peuple qui l'écoute. Il est à Jérusalem, il voit entrer le Sauveur ; il chante l'hymne d'espérance ; il conduit la fête. Il assiste au triomphe plutôt qu'il n'en rappelle le souvenir.

La part de l'imagination est plus grande encore dans l'homélie sur la sépulture du Christ. Les paroles : « Il est descendu aux enfers, » sont devenues l'inspiration d'un chant épique qui semble d'abord moins conforme à la sévérité du dogme qu'aux espérances charitables d'un pieux enthousiasme. Toutes les douleurs cessent ; et les lieux mêmes des supplices sont détruits. On dirait la fiction d'un poëte de nos jours devancée par un Père de l'Eglise orientale. Il n'en est rien cependant. Epiphane n'a voulu célébrer que la délivrance des justes de l'ancienne loi. Mais l'ardeur de ses expressions l'emporte plus loin ; et la poésie paraît plus que le dogme. Les images resplendissantes dont il entoure la venue du Christ, l'appareil des saintes milices, leurs hautains défis, leurs ordres menaçants aux puissances infernales, tout cela ne peut se comparer qu'au langage mystique et guerrier de Milton. Est-ce imitation directe, tradition commune ou rencontre de génie ? Qui connaît Milton doit croire que cet érudit créateur, ce peintre original à travers tant de souvenirs, avait compris les Pères de l'Eglise grecque dans ses immenses lectures, et que sa théologie sectaire et curieuse n'avait pas négligé le savant Epiphane ; et lorsqu'il décrit la victoire de l'armée céleste s'avançant jusqu'au bord extrême des cieux, penchée sur l'abîme, et du bruit de ses armes la pénétrant tout entier, ou lorsqu'il fait retentir, avant la défaite, dans le camp des anges révoltés, la voix solitaire de l'intrépide Abdiel, on croirait que dans ces créations si grandes il y a quelque souvenir de l'évêque de Salamine ; et on regrettera qu'ailleurs encore il n'ait pas voulu reproduire et surpasser cette poésie de la prédication chrétienne aux premiers temps. Oui, si après son grand poëme achevé, Milton ne tomba pas d'abord épuisé de génie, si même sous la moisson appauvrie et tardive de son *Paradis reconquis*, la cendre est tiède encore, que n'a-t-il ranimé ses derniers vers à l'inspiration de l'Israélite devenu chrétien et grec, tempérant la menace des prophètes par une loi plus douce, et montrant l'enfer vaincu et comme anéanti sous la présence divine ? Voici cette page d'homélie, ce récit merveilleux que la poésie seule pourrait agrandir :

« Lorsque ces demeures fermées et sans soleil (1), ces cachots, ces cavernes, eurent été tout à coup saisis par l'éclatante venue du Seigneur avec sa divine armée, Gabriel marchait en tête, comme celui qui a coutume de porter aux hommes les heureuses nouvelles ; et sa voix forte, telle que le rugissement d'un lion, adresse cet ordre aux puissances ennemies : « Enlevez les portes, vous « qui êtes les commandants. » Et du même coup, un chef s'écrie : « Levez-vous, portes éter- « nelles. » Les Vertus dirent à leur tour : « Retirez-vous, gardiens pervers. » Et les Puissances s'écriaient : « Brisez-vous, chaînes « indissolubles. » Puis une autre voix : « Soyez confondus de honte, implacables « ennemis. » Puis une autre : « Tremblez, « injustes tyrans. » Alors, comme par l'éclat de l'invincible armée du roi tout-puissant, un frisson, un désordre, une terreur lamentable tomba sur les ennemis du Seigneur ; et pour ceux qui étaient dans les enfers, à la présence inattendue du Christ, il se fit soudain un refoulement des ténèbres sur l'abîme, et il semblait qu'une pluie d'éclairs aveuglait d'en haut les puissances infernales qui entendaient retentir comme autant de coups de tonnerre ces paroles des anges et ces cris de l'armée : Enlevez les portes à l'avant-garde, et ne les ouvrez pas ; enlevez-les du sol, arrachez-les de leurs gonds ; transportez-les pour qu'elles ne se referment jamais. Ce n'est pas que le Seigneur ici présent n'ait la puissance, s'il le veut, de franchir vos portes fermées ; mais il vous ordonne, comme à des esclaves rebelles, d'enlever ces portes, de les démonter, de les briser. Il ordonne, non pas à la tourbe, mais à ceux qui commandent parmi vous, et il dit : « Enlevez les portes, vous « qui êtes les chefs. Voici le Christ. Apla- « nissez la voie à celui qui s'élève sur l'a- « baissement des enfers. Son nom est le « Seigneur. Il a passé à travers les portes de « la mort ; elles sont pour vous une entrée. « Il vient en faire une issue. Ne tardez pas. « Si vous résistez, nous ordonnons aux « portes de se lever d'elles-mêmes. Levez- « vous, portes éternelles. » En même temps les puissances ennemies s'écrièrent. En même temps les portes éclatèrent, les chaînes se brisèrent, les fondements des cachots s'ébranlèrent ; et les puissances ennemies se renversèrent, s'embarrassant l'une l'autre, et s'entre-criant le désespoir et la fuite. Elles frissonnaient ; elles tressaillaient ; elles couraient égarées ; elles s'arrêtaient ; elles tremblaient, et elles disaient : « Quel est ce Roi « de gloire, quel est ce puissant qui accom- « plit de si grandes merveilles ? quel est ce « Roi de gloire qui fait dans les enfers ce « que n'ont jamais vu les enfers ? quel est « celui qui brise notre force et notre audace, « et retire d'ici ceux qui dormaient depuis « le commencement des âges ? » Les Vertus du Seigneur répondaient : « Vous voulez sa- « voir, méchants, quel est ce Roi de gloire, « c'est le Dieu fort et invincible ; c'est celui « qui vous a chassés des voûtes célestes, et « vous a précipités, faibles et injustes tyrans ; « c'est celui qui vous a proscrits et vous « mène en triomphe à sa suite ; c'est celui « qui vous a vaincus, condamnés aux ténè- « bres et jetés dans l'abîme. Ainsi, ne tardez « pas à nous amener les malheureux que

(1) *Sanct. Epiph. Oper.*, t. I, p. 270.

« vous avez tenus captifs jusqu'à ce jour.
« Votre empire est détruit. »

Là, dans l'ardente illusion de l'orateur, l'enfer est en proie aux vainqueurs. Milton s'est plu à décrire les passe-temps farouches des anges tombés, les montagnes déracinées qu'ils se lancent et l'abîme ébranlé par leurs jeux. L'orateur chrétien ravage l'enfer dans une pensée plus consolante. « Les puissances célestes, dit-il, se hâtaient : les unes arrachaient la prison de ses fondements ; les autres poursuivaient les puissances ennemies qui s'enfonçaient dans les retraites les plus profondes. Ils fouillaient les donjons, les cavernes. Les uns amenaient quelque captif au Seigneur ; les autres chargeaient de chaînes quelque tyran. Les autres délivraient ceux qui étaient liés depuis le commencement des siècles. Les uns commandaient ; les autres obéissaient à la hâte. Ceux-ci précédaient le Seigneur ; ceux-là le suivaient comme un roi vainqueur, comme un Dieu. Lorsque le Seigneur allait pénétrer au plus profond de l'abîme, Adam lui-même, celui qui, né le premier, était plus avant dans la mort, entendit le bruit des pas du Seigneur venant visiter les captifs, et aussitôt, se tournant vers ceux qui étaient enchaînés avec lui, il dit : « J'entends les pas de quelqu'un
« qui s'avance vers nous. S'il daigne descen-
« dre ici, nous sommes délivrés ; si nous le
« voyons seulement, nous sommes rache-
« tés. » Comme Adam parlait ainsi à ceux qui souffraient, le Seigneur entra victorieux portant les armes de la croix. Dès qu'Adam notre père le vit, frappant sa poitrine de stupeur, il s'écria : « Dieu, Notre-Seigneur
« avec tous les anges. » Jésus répondit : « Et
« avec ton âme. » Et le prenant par la main, il lui dit : « Réveille-toi du sommeil, lève-toi
« de la mort à la lumière du Christ. »

Ici l'évêque, comme plus d'un grand poëte des temps modernes, succombe à l'œuvre impossible de faire parler la Divinité ; et le sublime lui manque là où il fallait au delà du sublime.

Traité des poids et des mesures. — L'écrit dans lequel saint Epiphane fait paraître le plus d'érudition est son *Traité des poids et des mesures.* On croit qu'il le composa sous le consulat d'Arcade et de Rufin, c'est-à-dire en 392, puisqu'il termine à cette année le Catalogue qu'il y fait des empereurs. Il manque quelque chose au commencement de ce traité, où le dessein de saint Epiphane paraît être de donner aux fidèles des instructions générales pour l'intelligence de la Bible.

Dans ce but, il commence par expliquer différentes marques ou figures qui se voyaient dans les Bibles grecques. Pour ne rien laisser à désirer à son lecteur, dans ce qui regarde l'intelligence de l'Ecriture, saint Epiphane donne ici l'histoire des six versions grecques. Dans celle des Septante il n'a fait que copier le faux Aristée, regardant comme des faits dont on ne doutait point alors, toutes les fables dont cette version a été le sujet de la part de cet auteur. Néanmoins, dans l'histoire qu'en fait saint Epiphane, on lit des particularités qui ne se trouvent point ailleurs, et plusieurs parmi les critiques l'ont regardée comme la plus véridique de toutes celles qui ont été publiées.

Voici comment il raconte ce fait : « Aristée, dit-il, dans son *Histoire des Septante interprètes*, nous apprend que Ptolémée-Philadelphe forma une bibliothèque à Alexandrie, dans le lieu nommé Bruchium, et qu'il en confia le soin à Démétrius de Phalère. » Un jour, le roi ayant demandé à Démétrius combien il avait de livres, Démétrius lui répondit « qu'il en avait environ cinquante-quatre mille huit cents ; mais qu'il serait aisé d'en avoir un bien plus grand nombre, si l'on faisait traduire ceux qui se trouvaient chez les Ethiopiens, les Indiens, les Perses, les Elamites, les Babyloniens, les Assyriens, les Chaldéens, les Romains, les Phéniciens, les Syriens, et ceux qui habitaient dans la Grèce, qui s'appelaient autrefois, dit-il, Latins, et non pas Romains. » Il veut marquer sans doute les Grecs d'Italie et de la grande Grèce. Il ajoute « que dans la Judée et à Jérusalem, il y avait plusieurs livres tout divins, écrits par des prophètes, et dont on pourrait avoir communication si on les demandait au roi des Juifs. » Le roi écrivit donc aux Juifs une lettre rapportée par saint Epiphane, et dans laquelle il les prie de lui envoyer leurs livres. Pour les y disposer, Ptolémée les fait ressouvenir de l'humanité qu'il avait exercée à l'égard de plusieurs de leur nation, pris captifs et qu'il avait renvoyés avec de l'argent. Pour dédommager les Juifs de la table d'or qui avait été enlevée dans leur temple, il leur en envoya une autre du même métal, pesant cinq cents talents et ornée de pierres précieuses, avec d'autres présents pour y être offerts. Les Juifs lui envoyèrent donc les livres qu'il leur demandait, au nombre de quatre-vingt-quatorze, savoir, vingt-deux canoniques, et soixante-douze apocryphes, tous écrits en lettres d'or. Mais comme ces ouvrages étaient en hébreu que le roi ni personne de sa cour n'entendait, il leur écrivit de nouveau, de les en faire traduire en grec. On lui envoya soixante-douze personnes choisies, six de chaque tribu. Pour rendre cette traduction la plus correcte possible, et afin que les interprètes ne pussent avoir de communication entre eux, le roi fit construire dans l'île de Paros trente-six cellules, dans chacune desquelles il enferma deux interprètes qui devaient travailler ensemble. Il leur donna des serviteurs et des copistes pour écrire sous leur dictée. Ces cellules recevaient le jour par le toit, parce qu'on aurait pu voir à l'intérieur si elles avaient eu des fenêtres. On donnait un livre aux deux interprètes qui étaient dans chaque cellule, et quand ils l'avaient traduit on le faisait passer dans la cellule suivante, et ainsi de suite jusqu'à ce que tous les livres eussent été traduits trente-six fois. Ils travaillaient ainsi enfermés depuis le matin jusqu'au soir ; et sur le soir on venait les prendre dans trente-six nacelles pour les amener au palais où ils mangeaient avec le roi; puis on les conduisait dans trente-six chambres, où ils couchaient deux dans chacune. Le lendemain, de grand matin, on les reconduisait à leurs cellules de la même manière qu'on les en avait amenés. Lorsque tout l'ouvrage fut achevé, le roi s'assit sur son trône pour en entendre la lecture. Trente-six lecteurs tenaient les trente-six exemplaires de la version, et un trente-septième tenait le texte hébreu. En confrontant toutes ces versions on trouva qu'elles étaient si parfaitement semblables, que ce que l'une avait ajouté ou retranché, l'autre l'avait également ajouté ou retranché, et que ce qui avait été retranché était inutile et superflu, comme ce qui avait été ajouté se trouvait nécessaire; ce qui fit juger que ces interprètes avaient été inspirés par le Saint-Esprit. Le roi fit mettre leur version dans la bibliothèque nommée *Bruchium*, qui était comme la mère de la seconde bibliothèque nommée *Serapœum*, parce qu'elle était dans le temple de Sérapis.

La seconde version est celle d'Aquila. Saint Epiphane le fait naître à Synope, ville du Pont. Il raconte que l'empereur Adrien, son beau-père, lui avait donné l'inspection des travaux pour le rétablissement de Jérusalem; cette mission l'ayant mis en rapport avec les disciples de Jésus-Christ, il fut si touché de la pureté de leur vie et des exemples de vertu qu'il leur voyait pratiquer, qu'il embrassa le christianisme, demanda et obtint le baptême. Il était fort attaché à l'astrologie; les chefs de l'Eglise lui en firent des reproches, et voyant qu'il ne voulait pas y renoncer, ils l'excommunièrent. Aquila renonça au christianisme et passa dans la religion des Juifs, en se soumettant à la circoncision. Alors il se mit à étudier la langue hébraïque, et entreprit de traduire l'Ancien Testament d'hébreu en grec, s'appliquant, disait-on, à détourner le sens des passages qui regardent le Sauveur, et à leur donner une interprétation opposée à celle des Septante. On doute que ces reproches soient fondés, et que le récit de saint Epiphane repose sur de sérieuses autorités.

Il met Symmaque le troisième, contrairement à saint Irénée et à saint Jérôme, qui l'ont toujours placé après Théodotion. Il en fait un Samaritain, et raconte de lui que mécontent de voir que ses concitoyens s'opposaient à son ambition, il passa chez les Juifs, et se fit circoncire pour la seconde fois. « Ce qui ne doit point étonner, dit le saint, car chez les Samaritains et chez les Juifs la circoncision se réitérait pour ceux qui passaient d'un parti à l'autre. Le but de Symmaque, en entreprenant une nouvelle version de l'Ecriture, fut de renverser les interprétations des Samaritains dont il avait abandonné le parti. » — Théodotion était natif du Pont, comme Aquila; il fut d'abord marcionite et ensuite juif. Selon saint Epiphane, sa version se rapproche plus des Septante que celle des deux autres. Les auteurs de la cinquième et sixième version sont entièrement inconnus. La cinquième fut trouvée à Jéricho, dans un tonneau rempli d'autres livres grecs et hébreux, la septième année de l'empire de Caracalla et Geta. Origène les inséra toutes deux dans ses *Hexaples*, de quoi saint Epiphane lui témoigne beaucoup de reconnaissance. Il donne de grands éloges à son travail et à son discernement, ce qui, selon la remarque de Tillemont, le justifie du reproche d'animosité, et prouve qu'il ne poursuivit Origène avec une ardeur si persévérante que parce qu'il le croyait répréhensible.

Saint Epiphane vient enfin à ce que promet son titre, c'est-à-dire à l'explication des poids et mesures dont il est parlé dans l'Ecriture : il en donne les noms, l'étymologie, la valeur. Il compte trente-une mesures creuses, tant pour le froment que pour le vin, l'huile, les parfums, le pain, la farine. Les plus connues sont le *chomer* ou *corus*, qui contenait trente boisseaux, chacun de vingt-deux setiers, et faisait la charge d'un chameau; la *léthée*, qui était la moitié du chomer; le *gomor*, qui se divisait en grand et petit : le grand était de même mesure que le léthée; le petit renfermait douze baths; le *bath* était un vase à mettre de l'huile, contenant cinquante setiers; le *léphi* ou le *chœnin*, qui était d'un peu plus de deux setiers; le *sath*, qui était de cinquante-six; le *conge* ou *chus*, qui était de huit; la *métrète*, de soixante-douze; et l'*alabastre*, qui était une bouteille en verre, contenant une livre d'huile ou demi-setier. — Les principaux poids sont le *talent*, qui valait cent vingt-cinq livres; la *livre*, qui était de douze onces; le *stater*, qui pesait la moitié de l'once; la *dragme*, qui était la moitié du stater, et le *sicle* qui en était la quatrième partie. Il y avait deux sortes d'*oboles* : l'une de fer, qui pesait une once, et une autre d'argent, mais très-petite, et qui ne faisait que la quatre-vingtième partie de l'once. La *mine*, en hébreu *mna*, venait d'Italie et pesait quarante staters ou vingt onces; enfin le petit talent était de deux cent huit deniers.

Le Physiologue. — On ne doute plus aujourd'hui que le *Physiologue* ou recueil des propriétés des animaux ne soit antérieur à saint Epiphane, puisqu'il est cité par Origène ; mais on ne peut raisonnablement ôter à ce Père les réflexions mystiques et morales qui accompagnent le texte de ce naturaliste. Elles lui sont attribuées par plusieurs manuscrits, entre autres par ceux qui se voient dans les bibliothèques du Vatican et de Saint-Marc de Venise. Le style de cet ouvrage, dont la simplicité va quelquefois jusqu'à la bassesse, en est encore une preuve, puisqu'au rapport de saint Jérôme, il se faisait lire également par les savants et par les simples. Ponce de Léon est le premier qui publia les réflexions sur le *Physiologue*, avec une traduction et des notes de sa façon à Rome, in-4°, 1587. Elles se font remarquer par la pureté de leur doctrine. Saint Epiphane expose d'abord le texte du *Physiologue* contenant une ou plusieurs propriétés d'un animal, puis il ajoute ses réflexions. Par exemple, dit-il, la femelle du pélican aime tellement ses petits qu'elle les fait mourir à force de caresses, trois jours après leur éclosion ; le mâle, à son retour, les trouvant morts, s'afflige jusqu'à se percer le flanc, et le sang qui en sort leur rend la vie. « Ainsi, dit saint Epiphane, le sang sorti du côté de Jésus-Christ a rendu la vie aux morts ; ce qui a fait dire au prophète, en parlant du Sauveur, qu'il est devenu semblable au pélican du désert. »

Des pierres précieuses. — Diodore, évêque de Tyr, ayant prié saint Epiphane de lui donner l'explication des douze pierres précieuses qui se trouvaient sur le *Rational* du grand prêtre des Juifs ; de lui en marquer les noms, la couleur ; ce qui en faisait la beauté et la distinction ; la place qu'elles occupaient sur le rational et les réflexions qu'on en pouvait tirer pour l'édification ; à quelle tribu chaque pierre se rapportait, où on l'avait trouvée, et de quel pays elle venait, le saint composa sur cette matière un traité qu'il envoya ensuite à Diodore avec une lettre, dont nous rendons ici quelques pensées. « Comme Jésus-Christ et ses disciples, dit-il, en recevant quelque chose des hommes, donnaient plus qu'ils ne demandaient ; comme Elie en demandant un peu de pain à la veuve de Sarepta, récompensa sa charité par une bénédiction abondante ; ainsi Diodore, en lui demandant cet écrit, difficile pour lui, à cause de son ignorance, lui avait obtenu par ses prières une nouvelle intelligence, de nouvelles lumières et une abondante effusion des grâces du ciel. » — On ne peut douter que les éditeurs n'aient retranché de ce livre la partie qui contenait des réflexions de piété sur chaque pierre précieuse, car il n'y a pas apparence que saint Epiphane ait omis cet article, le seul que Diodore se proposait d'obtenir en demandant l'ouvrage. D'ailleurs ce traité, tel que nous l'avons, ne répond pas à l'idée qu'en donne saint Jérôme, à qui saint Epiphane l'avait donné écrit de sa main, puisque dans une lettre à Fabiole, ce Père dit que le traité de saint Epiphane donnait une connaissance très-ample et très-détaillée, non-seulement de la nature et des pierres du Rational, mais aussi des vertus auxquelles on pourrait les rapporter ; ce que nous ne voyons nulle part dans ce qui nous reste de ce livre. Ce traité est cité par André de Césarée, et par Arétas sur le dixième chapitre de *l'Apocalypse*. En voici l'analyse sommaire, à défaut de plus amples détails.

Le rational était carré et mesurait une palme de long sur une de large. Les douze pierres précieuses étaient rangées par trois sur quatre lignes. Dans la première étaient la sardoine, la topaze et l'émeraude ; dans la seconde, l'escarboucle, le saphyr et le jaspe ; dans la troisième, la ligure, l'agate et l'améthyste, et dans la quatrième, le chrysolithe, le béryl et l'onyx. La sardoine se tire de l'Assyrie ; elle est transparente et de couleur de feu ; elle a la vertu de guérir les tumeurs et les plaies faites par le fer. La topaze est plus rouge que l'escarboucle ; on l'appelle topaze d'une ville de ce nom, située dans les Indes, et aux environs de laquelle elle se forme. On tire de cette pierre, en la frottant contre une autre pierre médicinale, un suc blanc comme le lait et propre à guérir le mal des yeux ; on en boit aussi contre l'hydropisie. L'émeraude est de couleur verte : il y en a de plusieurs sortes ; les unes se trouvent en Judée, et les autres en Ethiopie, dans le fleuve Pison, que les Grecs nomment *Indus* et les barbares le *Gange*. On contait du temps de saint Epiphane, que l'émeraude réfléchissait les objets qui lui étaient présentés, et que par son moyen on pouvait prédire l'avenir. L'escarboucle est d'un rouge éclatant, et vient de la Libye. Le saphir est de couleur pourpre foncée ; c'est une pierre très-belle et très-estimée, surtout lorsqu'elle vient des Indes et de l'Ethiopie, où elle est plus belle et plus nette qu'ailleurs. On disait que les Indiens avaient bâti un temple à Bacchus, où l'on montait par trois cent quinze degrés de saphir. Cette pierre, broyée et mêlée avec du lait, referme les plaies produites par les pustules et autres petites tumeurs. Le jaspe est d'une couleur verte comme l'émeraude, mais plus pesant et moins poli. On le trouve sur les bords du Pormon, rivière de l'Asie Mineure, et aux environs d'Amathonte, ville de Chypre. Il s'en forme encore en différents endroits et de différentes couleurs ; de blanc, de rouge et de vert mêlé de blanc. Cette pierre est, dit-on, un préservatif contre les spectres et les bêtes venimeuses, sur lesquelles on l'applique délayée dans de l'eau. Saint Epiphane témoigne qu'il n'a rien pu découvrir sur la ligure dans aucun naturaliste, ce qui lui a fait croire que cette pierre pourrait bien être la même que l'hyacinthe. Il y a des hyacinthes de plusieurs sortes, et on les trouve dans la Barbarie de Scythie. Cette pierre a la vertu d'éteindre les charbons ardents sur lesquels on l'applique. L'agate tire sur le bleu et a des veines blanches comme l'ivoire ; elle se forme en Scythie, et, délayée dans l'eau, elle sert à guérir des blessures venimeuses. L'améthyste est de couleur de vin et se tire de la Libye. Le chrysolithe est de couleur d'or mêlé de vert, et se trouve aux environs de Babylone. Le béryl est d'un vert couleur de mer, et se tire du mont Taurus ; enfin, l'onyx est d'un blanc tirant sur la couleur de l'ongle de l'homme, ce qui lui a fait donner le nom sous lequel il est connu. Sur la sardoine était gravé le nom de Ruben, sur la topaze celui de Siméon, sur l'émeraude celui de Lévi, sur l'escarboucle celui de Juda, sur le saphir celui de Dan, sur le jaspe celui de Nephtali, sur la ligure celui de Gad, sur l'agate celui d'Aser, sur l'améthyste celui d'Issachar, et sur le chrysolithe, le béryl et l'onyx, ceux de Zabulon, de Joseph et de Benjamin. Saint Epiphane croit qu'outre ces douze pierres précieuses, il y avait encore sur le rational un diamant d'une beauté extraordinaire, que le grand prêtre ne portait que lorsqu'il entrait dans le saint des saints, ce qui n'arrivait que trois fois l'année, aux fêtes de Pâques, de la Pentecôte et des Tabernacles. Ce diamant était de la couleur de l'air, et se nommait déclaration, parce que c'était par cette pierre que Dieu déclarait sa volonté. On disait que si Dieu était en colère contre son peuple pour avoir violé la loi, ce diamant devenait noir, ce qui était un signe de mortalité; et que, si Dieu voulait punir les Israélites par le glaive, le diamant prenait une couleur de sang; qu'au contraire il paraissait blanc comme la neige, lorsque Dieu était content de son peuple. Dans ce cas on célébrait la fête, et c'est ce qui arriva à la solennité de Pâques qui précéda la naissance de saint Jean-Baptiste.

Lettres. — De plusieurs lettres que saint Epiphane écrivit à différentes personnes et sur différents sujets, il ne nous en reste que deux, que saint Jérôme nous a conservées dans sa traduction. L'une est adressée à Jean, patriarche de Jérusalem, et elle a pour but de répondre aux menaces que lui avaient faites cet évêque, à cause de l'ordination de Paulinien, dont nous avons parlé plus haut, et ensuite de lui reprocher son attachement opiniâtre aux erreurs d'Origène. On a douté si la fin de cette lettre, dans laquelle le saint pontife semble désapprouver l'usage des peintures dans les églises, était véritablement de lui; mais ce doute ne paraît pas fondé, puisque les critiques les plus éclairés continuent de la lui attribuer. — La seconde est adressée à saint Jérôme. Saint Epiphane lui donne avis de la condamnation d'Origène par Théophile d'Alexandrie, et lui marque qu'il lui envoie la formule de cette condamnation, et donne de grands éloges au zèle de Théophile et de saint Jérôme. Cette lettre se trouve aussi parmi les *Lettres pascales* de Théophile. Enfin Cotelier nous a donné quelques paroles de piété attribuées à saint Epiphane, et recueillies parmi celles des anciens Pères du désert.

ÉCRITS PERDUS. — Entre les écrits perdus de saint Epiphane, on compte plusieurs lettres, entre autres celles qu'il avait écrites contre Rufin, et dont saint Jérôme fait mention, et une autre à la louange de saint Hilarion, que le même docteur déclare avoir été répandue entre les mains de tout le monde. On cite aussi un commentaire sur le *Cantiques des cantiques.* Cassiodore assure l'avoir fait traduire en latin par un autre Epiphane, son ami, avec *un discours sur le Saint-Esprit,* qu'il ne faut pas confondre avec ce qu'il dit dans son *Ancharat* de cette troisième personne de la Trinité, puisque André de Césarée, qui le cite, parle de l'hymne séraphique qui faisait partie de ce discours, et qu'on ne retrouve point dans l'*Ancharat.* Il y a aussi quelques ouvrages de saint Epiphane, qui n'ont jamais été imprimés, quoique les manuscrits en subsistent encore; tels sont : un commentaire sur le prophète Nahum, un autre sur les psaumes, un *traité de l'origine de Dieu,* et un autre des noms hébraïques, cité par Scot Erigène, dans son v° livre de la *Division de la nature.*

ÉCRITS SUPPOSÉS. — Si nous en croyons le P. Pétau, les neuf sermons et le *Traité des nombres,* qui portent le nom de saint Epiphane, ne sont point de lui, mais d'une époque plus récente, et peut-être d'un autre Epiphane, évêque de Salamine au IX° siècle, et de qui nous avons une lettre dans les prolégomènes du huitième concile général. Le *Livre de la vie et de la mort des prophètes,* également publié sous le nom du saint docteur, est si rempli de fables et d'impertinences, qu'on ne doute nullement qu'il ne lui ait été supposé. Cotelier porte le même jugement d'un ouvrage manuscrit, et qui traite des lieux où les apôtres ont prêché, de leur mort et de leur sépulture. On trouve encore dans l'*Auctuaire* du P. Combefis le fragment d'un commentaire sur l'Evangile de saint Jean, et rien n'empêche qu'il ne soit de saint Epiphane, ainsi qu'un autre petit ouvrage des septante-deux prophètes et prophétesses, publié en grec par Cotelier, et qui ne contient autre chose que des noms. Nous en pourrions dire autant d'un écrit intitulé : *La Philosophie d'Origène,* à cause du rapport qu'on lui trouve avec le *Panarium* du même Père; mais le peu qu'on en cite paraît écrit d'un meilleur grec que ne l'est ordinairement celui de saint Epiphane.

Ce que nous avons rapporté des écrits de saint Epiphane suffit pour montrer qu'il avait beaucoup de lecture et d'érudition. Aussi les anciens l'ont-ils présenté comme un homme d'une science et d'une application extraordinaires. En effet, qu'on lise son grand traité contre les hérésies, et y on trouvera non-seulement une exposition assez ample des dogmes de la religion, et des opinions mensongères des hérétiques et des philosophes, même les plus éloignés de son siècle, mais encore quantité de fragments des écrivains ecclésiastiques, et une partie considérable de l'histoire de l'Eglise. C'est sans doute ce qui a fait dire à saint Jérôme que les savants lisaient les ouvrages de saint Epiphane, pour les choses qu'ils contenaient; mais lorsqu'il ajoute que les simples le lisaient à cause des paroles, il veut apparemment caractériser son style. En effet, tous ses ouvrages sont mal écrits, d'un style bas, rampant, quelquefois obscur et embarrassé, et presque habituellement sans liaison et sans suite. Néanmoins ce saint évêque a égalé en réputation les plus illustres Pères de l'Eglise. De son vivant même on le qualifiait de Bienheureux. Père de presque tous les évêques, un reste de la sainteté ancienne lui gagnait le respect des hérétiques eux-mêmes. Bien instruit de la doctrine catholique, il la suivait avec pureté. C'était un homme admirable, plein de l'esprit de Dieu, et dont les plus grands saints s'autorisaient pour justifier leur conduite. Cependant on n'a pas laissé de l'accuser, avec raison, d'un excès de crédulité qui le fit s'engager trop légèrement dans le parti des ennemis de saint Jean Chrysostome, et consulter plus souvent son zèle que ses lumières dans les disputes touchant le dogme et la discipline.

ÉPIPHANE DE CONSTANTINOPLE. — Successeur du patriarche Jean de Cappadoce, sur le siége épiscopal de Constantinople, il fut élu en 520 par l'empereur Justin, mais avec le consentement des évêques, des moines et du peuple. Avant de parvenir à cette dignité, il avait été chargé de l'instruction des catéchumènes dans l'église de Constantinople. L'apocrisiaire de Dorothée, évêque de Thessalonique, ayant demandé, en 519, aux légats du pape Hormisdas, des députés pour recevoir les libelles de ceux qui voudraient accepter la réunion en souscrivant au formulaire, Épiphane, qui n'était encore que simple prêtre, accompagna dans cette mission l'évêque Jean, un des légats, et le comte Licinius. Il accepta lui-même, après son élévation sur le siége de Constantinople, les conditions de paix conclues entre son prédécesseur et le Pape Hormisdas, et les ratifia dans un concile qu'il tint dans sa ville épiscopale, où il reçut en même temps les décrets de Chalcédoine. Nous avons de lui cinq lettres écrites en latin et adressées à ce pape, tant pour lui donner avis de son ordination, en lui faisant remettre sa profession de foi, que pour lui déclarer qu'il condamnait tous ceux dont le pape avait défendu de réciter les noms dans les sacrés dyptiques. Le pape Jean, s'étant rendu à Constantinople en 525, fut invité par le patriarche Épiphane à célébrer les saints mystères dans son église; il accepta cette invitation après qu'on lui eut promis qu'il y occuperait la première place. Épiphane mourut en 535.

ÉPIPHANE SCOLASTIQUE. — Épiphane, que l'on a surnommé le *Scolastique*, apparemment parce qu'il remplissait les fonctions d'avocat, était italien de naissance et très-versé dans les langues grecque et latine. Cassiodore, qui connaissait son talent, l'engagea à traduire en latin les histoires ecclésiastiques de Socrate, Sozomène et Théodoret, afin, disait-il, que la Grèce ne pût se vanter de posséder seule un ouvrage aussi admirable et aussi nécessaire à tous les chrétiens. Quand Épiphane eut fini de les traduire, Cassiodore les réunit en un seul corps d'histoire, divisé en douze livres, auquel il donna le nom d'*Histoire tripartite*. Mais au lieu de s'assujettir à les rapporter dans leur ordre entier et dans l'ordre où elles avaient été écrites, il se contenta de prendre à chacune ce qu'elle lui présentait de meilleur, en citant à la marge le nom de l'auteur et les passages de son livre qu'il avait empruntés. Il suivit dans la composition de ce travail la version d'Épiphane, qui du reste ne manque ni d'exactitude ni de fidélité. On avait déjà en latin les deux livres de l'*Histoire ecclésiastique* d'Eusèbe, traduits par Rufin, qui en avait lui-même composé deux autres, dans lesquels il rapportait ce qui s'était passé depuis la vingtième année du règne de Constantin, jusqu'à la mort de Théodose le Grand, en 395. L'*Histoire tripartite* peut donc être considérée comme une continuation de celle de Rufin. Le scolastique Épiphane mit également en latin les commentaires de Didyme sur les *Proverbes* de Salomon et sur les sept épîtres canoniques, ainsi que les commentaires de saint Épiphane sur les *Cantiques*; mais, de toutes ces versions, il ne nous reste que celle des trois histoires dont nous venons de parler, avec celle des épîtres synodales, écrites, en 458, à l'empereur Léon pour la défense du concile de Chalcédoine. Le premier de ces ouvrages se trouve reproduit parmi les œuvres de Cassiodore, et le second au tome IV de la *Collection des conciles* du P. Labbe. Baluze en a donné depuis une édition plus ample et plus correcte, à l'aide de deux manuscrits très-anciens, qu'il avait trouvés à Beauvais et dans le monastère de Corbie.

ÉPIPHANE DE JÉRUSALEM. — Épiphane, moine et prêtre de Jérusalem, est auteur d'une *Description géographique de la Syrie, de la ville sainte et de tous les lieux consacrés par le passage du Rédempteur*. Léon Allatius l'a réunie à ses *Mélanges*, imprimés à Amsterdam, en 1653. L'auteur se pose comme témoin oculaire de tout ce qu'il rapporte, mais il ne dit point en quel temps il écrivait. Dom Anselme Banduri croit que ce fut lui qui, sous le nom de Polyeucte, succéda à Théophilacte, mort patriarche de Constantinople, le 27 février 956, et qu'il occupa le siége patriarcal jusqu'en 969. Ce qui donne à cette conjecture quelque vraisemblance, c'est que l'historien de Constantin Porphyrogenète donne en effet pour successeur à Théophilacte un moine de Palestine, célèbre par son savoir ou la sainteté de sa vie; mais il le nomme Polyeucte, et ne dit pas qu'il ait changé de nom en acceptant l'épiscopat. Allatius attribue encore à Épiphane une *Vie de la Vierge, mère de Dieu*, et celle de saint André, apôtre. Dans le prologue qui précède ces deux Vies l'auteur désapprouve ce que Jean de Thessalonique avait dit du trépas de la sainte Vierge, et se plaint qu'André de Crète, au lieu d'en écrire la Vie, se soit contenté d'un éloge vague, qui n'apprend rien de ses actions.

ÉRACLE, que la faveur du roi Otton fit donner pour successeur à Baudri, dans l'évêché de Liége, fut consacré en 959. L'estime de son prince ne le mit pas à couvert de l'animosité de ses diocésains. Éracle ne leur opposa que sa patience et sa douceur, pendant l'espace de douze ans que dura son épiscopat. Il mourut le 27 octobre 971. Il ne reste de lui qu'une lettre par laquelle il presse Rathérius, évêque de Vérone, de revenir à Liége. Il lui fait en même temps la relation d'une guérison miraculeuse qu'il avait obtenue au tombeau de saint Martin de Tours, d'un cancer auquel les médecins ne trouvaient point de remède. En reconnaissance de ce bienfait, Eracle fonda à Liége une église collégiale sous l'invocation de saint Martin. Il marque dans cette relation qu'il fit ce pèlerinage la seconde année qui suivit la translation des reliques de saint Martin de Tours à Liége, ce qui ne put s'accomplir qu'en 958, puisque Eracle était déjà évêque lorsqu'il alla au tombeau du saint. Cette circonstance fournit une preuve sans réplique que saint Odon, abbé de Cluny, mort en 942, n'a pu écrire l'histoire de cette translation, qui se trouve cependant inscrite sous son nom dans l'*Histoire de Cluny*.

ERCHEMBERT, issu de la noble famille des ducs de Bénévent au IXe siècle, porta les armes dans sa première jeunesse, et fut un instant prisonnier de guerre de Pandonulfe, comte de Capoue. Parvenu à s'échapper, il se retira au mont Cassin, où il prit l'habit monastique à l'âge d'environ vingt-cinq ans. Son savoir, qui égalait sa naissance, lui fit confier le gouvernement d'un monastère voisin ; mais il y fut exposé à tant de traverses, qu'il se vit encore contraint de se retirer. Ce fut dans le lieu de sa retraite qu'il écrivit une *Chronique* ou *Histoire des Lombards*, que l'on croit perdue, et un *Abrégé* de la même histoire depuis l'an 774 jusqu'en 898. Cet abrégé, qui est très-court, ne laisse pas de contenir l'histoire de plus de cent vingt ans. Aussi n'est-ce à proprement parler qu'une liste des rois qui ont régné pendant ce temps-là, et des maires du palais qui ont gouverné sous eux. Excepté l'ordre chronologique que l'auteur suit avec assez d'exactitude, il ne faut presque pas chercher d'autres faits dans cette histoire que des extraits fort succincts, empruntés à d'autres histoires plus étendues. Cependant il y parle de la prédiction de saint Colomban à Clotaire II, de l'état où étaient les affaires de la France à l'égard des Allemands sous leur duc Gotefroid, et de quelques actions de Charles Martel. Cet abrégé, vraiment curieux par la connaissance qu'il nous donne de tous les maires du palais qui ont gouverné sous chacun des rois dont il rappelle le règne, peut être considéré comme la continuation de l'*Histoire* de Paul Diacre. Antoine Caraccioli, religieux théatin, l'a publié pour la première fois, à Naples en 1626, in-4°, avec d'autres pièces. Camille Pellegrini en donna une édition plus correcte dans son *Histoire des princes lombards*, Naples, 1643, in-4°; Burman dans son *Thesaurus scriptorum italorum*, tome IX ; Muratori dans ses *Rerum italicarum scriptores*, tome II, et Eckardt dans ses *Scriptores medii œvi*, tome Ier, ont fait insérer cette chronique, que F. M. Pratitto fit réimprimer plus complète et avec des notes plus étendues dans le recueil de Pellegrini (Naples, 1750 et 1751, 3 vol. in-4°). Pierre Diacre attribue encore à Erchembert *De destructione et renovatione Cassinensis cœnobii; De Ismaelitarum incursione*; et Pagi le fait auteur d'une *Vie* en vers *de saint Landulfe, premier évêque de Capoue*, mort en 879, et des *Actes de la translation du corps de l'apôtre saint Matthieu*. La plupart des biographes font mourir Erchembert en 889 ; mais comme il fait mention dans sa chronique de la mort de Lambert, fils de l'empereur Gui, et son successeur depuis 894 jusqu'en 898, il est tout simple de penser qu'il lui a survécu, sans qu'on puisse dire positivement de combien d'années.

ERCHINFROID DE MOLCK. — Sous le règne de l'empereur saint Henri, un Ecossais nommé Colmann passa dans la Basse-Autriche, dans le dessein de se rendre de là à Jérusalem, avec quelques personnes qui l'accompagnaient. Les Autrichiens, le prenant à son extérieur pour un espion envoyé par les ennemis de l'empire, se saisirent de lui et l'emmenèrent prisonnier à Stockerau, petite ville appelée auparavant Asturis. Mais la populace, avant de l'y renfermer, lui fit subir une flagellation qui le mit tout en sang. Colmann souffrit tous ces traitements sans proférer d'autres paroles qu'une prière à Dieu, pour lui demander la patience. Le lendemain, on le fit comparaître devant le juge du lieu, qui l'interrogea sur son pays, sa profession et les motifs de son voyage. Le pieux pèlerin répondit à tout avec une grande modestie ; mais quoiqu'il exposât en toute sincérité le but de son pèlerinage, le juge, dans l'espérance de lui arracher d'autres déclarations, le soumit à la torture. Colmann s'en tint à ses premiers aveux, et sa fermeté à défendre son innocence lui valut une sentence de mort, portant qu'il serait pendu avec deux voleurs. Cette sentence fut exécutée le 13 octobre 1012 ; les corps des suppliciés furent abandonnés en proie aux bêtes de la campagne ; mais celui de Colmann n'en souffrit aucune injure, et demeura sans corruption. L'empereur le fit enterrer honorablement dans un lieu appelé Mezelikim, et où se forma depuis le célèbre monastère de Molck. Plusieurs miracles opérés à son tombeau firent mettre Colmann au nombre des saints dans le Martyrologe romain, qui le qualifie de martyr, et indique sa fête au 13 octobre. Erchinfroid, troisième abbé de Molck, a écrit l'histoire de son martyre et de ses miracles. C'est la même que Lambecius a fait imprimer au tome second de sa *Bibliothèque*, et Dom Jérôme Pez dans le premier volume des *Ecrivains d'Autriche*. Dom Mabillon cite deux chroniques manuscrites qui assignent la mort de Colmann à l'année 1012. Nous ne connaissons aucun autre ouvrage de l'abbé Erchinfroid, qui n'a pas même été mis au nombre des écrivains ecclésiastiques par l'anonyme de Molck.

ERKEMBALD, ou ARCHEMBOLD, l'un des prélats les plus distingués de la fin du Xe siècle, n'est connu ni par son pays ni par sa famille. Quelques écrivains ont avancé qu'il était d'une naissance obscure, mais cette opinion n'a pour fondement qu'un trait d'humilité par lequel le pieux évêque avoue ne tenir l'épiscopat que de Dieu, sans que sa noblesse ou sa science aient contribué en rien à le faire arriver à cette éminente dignité. On pense qu'il fut élevé parmi le clergé de Strasbourg à une époque où les études y étaient assez développées. Dès sa première jeunesse, il s'appliqua aux lettres humaines, et il fit surtout en poésie des progrès qui lui méritèrent d'être rangé parmi les enfants célèbres de son temps. Son mérite s'accrut avec l'âge; Uthon, son évêque, l'éleva au sacerdoce, puis, deux ans avant sa mort, il se l'associa dans le gouvernement de son diocèse avec le titre de coadjuteur. Il n'était point rare alors de voir les évêques en user de la sorte; cependant, quoique ces coadjuteurs reçussent rarement l'ordination épiscopale, on ne sait trop s'il ne faut point ranger Erkembald parmi les exceptions. En effet, dès le mois de novembre, on le voit parmi les évêques qui avaient accompagné Otton le Grand en Italie, et il se trouve nommé, avec cette qualité, avant Udalric d'Augsbourg et Hartbert de Coire, dans une bulle du pape Léon VIII. Quoi qu'il en soit, à la mort d'Uthon, arrivée le 27 août 965, Erkembald prit sa place aussitôt, et supposé qu'il fût déjà évêque, il fut intronisé immédiatement par Guillaume, archevêque de Mayence, son métropolitain. Dès lors il partagea son temps entre les besoins de son peuple et l'étude de la science ecclésiastique. Comme il avait toujours conservé un attrait particulier pour la poésie, il se délassait quelquefois à faire des vers; et loin d'imiter les profanes, il ne demandait ses inspirations qu'à son cœur et à ses sentiments de piété chrétienne. Il prenait surtout un plaisir singulier à celles des fonctions épiscopales qui concernent la consécration des évêques, des églises, des chapelles et des autels. On compte jusqu'à dix-sept évêques qu'il sacra de sa main, et parmi lesquels se trouvaient Hatton et Rupert, deux de ses métropolitains. Sa réputation s'étendit jusqu'à Rome, et lui attira de la part du pape Jean XIII une lettre très-honorable à sa mémoire. Ce pontife, pour quelques services rendus au Saint-Siège par notre pieux évêque, s'y répand en offres gracieuses et en sentiments de reconnaissance. Enfin Erkembald, après vingt-six ans un mois et quelques jours d'épiscopat, mourut le 10 octobre 991.

Ses écrits—Il est vraiment regrettable que ceux qui ont eu la libre disposition de ses écrits, au lieu de nous en donner une notion superficielle, ne les aient pas fait passer tous à la postérité. On peut affirmer à coup sûr que la piété chrétienne y eût trouvé plus d'un sujet d'édification; et puis d'ailleurs n'a-t-on pas accordé les honneurs de la publicité à d'autres monuments des mêmes siècles, qui certes ne le méritaient pas autant. Nous sommes autorisés à en juger ainsi par ceux qui sont arrivés jusqu'à nous.

Le premier parmi ces derniers est un assez long poëme en vers élégiaques, contenant les éloges historiques de plusieurs de ses prédécesseurs. Le poëte s'y étend principalement sur Rathold II, Otbert, qu'il donne pour un martyr, et Ruthard. Il avait eu soin d'en faire déposer un exemplaire dans la bibliothèque de son église avec les autres manuscrits qu'il y faisait amasser de toutes parts. Il fut imprimé par les soins de Henri Boëcler, à la suite de la seconde partie de l'*Histoire de l'empereur Frédéric III*, par Æneas Sylvius, Strasbourg, in-fol., 1685.

Guilliman, dans son *Histoire des évêques de Strasbourg*, nous a conservé intacte une prière de la façon de notre prélat. Il avait coutume de la faire toutes les fois qu'il entendait chanter à l'église les louanges de Dieu. C'est l'effusion d'un cœur chrétien, pénétré de son néant et de sa corruption, et vivement frappé de la majesté de Dieu, de sa toute-puissance et de l'immensité de ses miséricordes, d'un cœur qui, sentant tout le poids de ses misères, en gémit et se tourne vers son Créateur pour lui demander de la consolation. Aussi l'auteur a-t-il intitulé cette prière, gémissement, *Suspirium*. Il en a pris le modèle dans ces élévations de cœur que saint Augustin adresse si souvent à Dieu au livre de ses *Confessions*, et on voit qu'il lui a emprunté quelques pensées, avec sa manière concise de les exprimer.

Erkembald, comme nous l'avons dit, s'était exercé, dès sa jeunesse la plus tendre, à faire des vers dans lesquels on voyait percer déjà la vivacité de son génie. C'était le fruit d'une inspiration poétique animée des sentiments d'une piété aussi tendre que solide. L'auteur s'y reconnaissait pécheur avec de grands sentiments d'humilité, et il exhortait en même temps ses lecteurs à ne pas oublier qu'ils n'étaient que cendre, et qu'ils deviendraient un jour la pâture des vers. Il communiqua cette pièce à celui qui dirigeait ses études, et qui lui donna son approbation. Il fit encore d'autres vers à peu près dans le même goût, après son élévation à l'épiscopat. On sait seulement que ces vers se faisaient remarquer par les saillies de sa modestie et de son humilité. Il composa encore, en forme de poëme élégiaque, une prière à Dieu, dans laquelle il s'efforçait d'imiter celle que Jésus-Christ adressa à son Père en faveur de ses disciples, après le sermon de la dernière cène. Comme le divin Rédempteur, le pieux évêque attestait qu'il avait aimé ses frères jusqu'à la fin; il réclamait pour eux le secours de Dieu, le suppliait de les sanctifier et de le prendre sous sa toute-puissante protection. On ne sait si ce poëme, ainsi que les deux pièces précédentes, existent encore, mais aucune n'est venue jusqu'à nous.

Enfin, il nous reste du saint prélat diverses petites pièces de poésie, des monostiques, des distiques, des quatrains, qu'il avait coutume d'écrire lui-même sur les manuscrits qu'il faisait copier. Tel est le monostique suivant qui se lisait à la fin du traité des *Hommes illustres* par saint Jérôme :

Erkembald humilis præsul me scribere jussit.

Tel est encore ce distique qui venait à la suite du vers précédent sur le même livre :

A nobis oculus juste liber iste vocatus
Segnibus ac pigris plurima clausa vide.

Nous avons encore un quatrain de sa façon, qu'il avait pris l'habitude de répéter toutes les fois qu'il croyait avoir besoin d'inspirer l'horreur du mensonge et l'amour de la sincérité chrétienne. Si par la noblesse du style, l'élévation des pensées et le feu de l'inspiration, la poésie d'Erkembald n'est pas beaucoup au-dessus des autres productions des poëtes de son temps, au moins elle est plus coulante, plus naturelle, plus énergique, et se distingue surtout par les sentiments d'une piété sainte et particulière à l'auteur.

ERME (Saint) ou ERMINON, naquit, vers le milieu du VII° siècle, dans un village du territoire de Laon, auquel il a depuis laissé son nom. Sa famille était noble et d'origine française. Il avait étudié les belles-lettres et acquis l'intelligence des divines Écritures, lorsqu'il fut ordonné prêtre par l'évêque Madelguaire. Sa vie exemplaire lui attira une réputation de piété si bien méritée, que saint Ursmar, évêque et abbé de Laubes, ne négligea rien pour l'attirer à son monastère; il y réussit, malgré l'opposition de Madelguaire, qui ne consentit qu'avec peine à se voir enlever un si brillant sujet. Erme, retiré à Laubes, se proposa pour modèle la conduite de saint Ursmar, et il parvint à la copier si parfaitement, qu'il mérita de lui succéder dans sa double dignité. Il en soutint le poids avec une vigilance toute pastorale et une fermeté vraiment apostolique. Aucune considération ne l'empêcha jamais d'annoncer la parole de Dieu dans toute sa force. Il fut doué du don de prophétie, et, entre autres événements, il annonça la grandeur future de Pépin, fils de Charles-Martel. Enfin, ce grand homme mourut chargé d'ans et de mérites, le 25 avril 737, sans avoir vu les commencements du règne de Pépin qu'il avait prédits.

Anse ou Anson, qui fut, comme lui abbé de Laubes, nous apprend que notre saint avait composé un ouvrage en vers pour célébrer les vertus de saint Ursmar, son prédécesseur et son maître. Cet écrit était divisé suivant l'ordre des lettres de l'alphabet : *Juxta elementorum summam*, ou, comme on lit dans un autre écrivain : *Ad summam elementorum per alphabetum distinctus*. C'est-à-dire que c'était un poëme divisé en autant de sections qu'il y a de lettres alphabétiques. Il ne nous est pas possible d'en juger par nous-même, puisque l'ouvrage paraît perdu sans espoir. On a tout lieu de croire qu'il périt, au grand détriment de l'histoire, dans un incendie qui eut lieu en 1546. On pense généralement que l'écrit dont le même Anson déclare s'être servi pour composer en prose la *Vie de saint Ursmor*, n'est autre que le poëme de saint Erme sur le même sujet.

ERMENGARD ou ERMENGAUD, moine allemand, à la fin du XII° siècle, a composé contre les Albigeois et les Vaudois un traité que Gretzer a publié en 1614. Il y combat d'abord les erreurs des manichéens sur la loi, le mariage, l'incarnation, la passion, la mort et la résurrection de Jésus-Christ. Il passe ensuite aux autres erreurs qu'ils débitaient contre les sacrements et la discipline des églises, et prouve que l'on doit avoir des églises et des autels; que le chant des louanges de Dieu est utile et raisonnable; que le sacrement du corps et du sang de Jésus-Christ doit être célébré dans l'Église, et que les paroles de son institution doivent s'entendre d'une manière propre et non pas figurée; que le baptême est nécessaire pour le salut, et qu'on doit l'administrer aux enfants; que la pénitence est nécessaire à ceux qui sont tombés dans le péché, et qu'elle est composée de trois parties : de la contrition, de la confession et de la satisfaction, et que la confession au prêtre est nécessaire; il réfute en particulier l'usage pratiqué par ces hérétiques dans l'imposition des mains, qu'ils appelaient consolation, et qu'ils donnaient en la manière suivante : celui qui était le supérieur parmi eux, après avoir lavé ses mains, prenait le livre des Évangiles, et avertissait ceux qui venaient pour recevoir la consolation, de mettre toute leur confiance et l'espérance du salut de leur âme dans cette consolation ; et ensuite posant le livre des Évangiles sur leurs têtes, il disait sept fois l'Oraison dominicale et le commencement de l'Évangile de saint Jean, depuis *In principio* jusqu'à ces paroles : *Gratia et veritas per Jesum Christum facta est*. Ainsi finissait la cérémonie de la consolation. S'il arrive qu'il ne se trouve point de supérieur, quelqu'un des consolés fait cette cérémonie, et les femmes mêmes l'imposent aux malades en l'absence des hommes; ils croient que cette consolation remet les péchés, même mortels, et que sans elle il est impossible d'être sauvé. Enfin, ils soutiennent que ceux qui sont en péché mortel ne la peuvent donner validement. Il prouve ensuite contre eux qu'il est permis de manger de la viande et de faire serment, et établit la résurrection des morts, l'invocation des saints et la prière pour les défunts.

Ermengard ne se sert presque que de passages de l'Écriture sainte pour réfuter les erreurs qu'il attaque, et établir les vérités qu'il soutient. Il s'en trouve quelques-uns sur le grand nombre qui ne prouvent pas toujours bien clairement ce qu'il prétend démontrer.

ERMENRIC, moine et ensuite abbé d'Elwangen au IX° siècle, nous apprend lui-même qu'après avoir embrassé la profession religieuse à Elwangen, il fut envoyé tout jeune encore à l'abbaye de Fulde pour y perfectionner ses études. Il eut pour maître le savant Rudolfe dont nous parlerons à son tour, et sous ce modérateur habile, comme on disait alors, il fit de rapides progrès dans la piété et dans les sciences. Il prit également des leçons d'un nommé Goswald qui fut évêque plus tard et à qui il dédia un de ses ouvrages. Le reste de son histoire se réduit à nous apprendre qu'il fut élevé au diaconat et à la dignité d'abbé d'Elwangen, monastère situé au diocèse d'Augsbourg, et converti au XVI° siècle en un chapitre de chanoines séculiers. Ermenric entra dans cette dignité en 845, et mourut au plus tôt vers la fin de l'an 866. Il a laissé divers écrits dont l'authenticité n'est pas également attestée.

Vie de saint Sole. — On a de lui une *Vie de saint Sole*, ermite en Germanie. Il la composa n'étant encore que simple moine, et comme Raban-Maur était abbé de Fulde, c'est-à-dire avant 842, et par conséquent environ cinquante ans après la mort de son héros, arrivée en 790. Ce fut à la prière du diacre Gundramne, neveu de Raban et gardien de l'ermitage de saint Sole, qu'Ermenric entreprit cet ouvrage. Il paraît que l'érection des reliques du saint, qui se fit alors, fut la principale raison qui détermina Gundramne à faire écrire sa Vie. Ermenric tenait les événements qu'il y rapporte de personnes dignes de foi et dont la plupart avaient connu le saint ermite. L'ouvrage fini, l'auteur le dédia à Rudolfe, son ancien maître, par une épître pleine des plus beaux sentiments de reconnaissance, pour les soins qu'il avait pris de l'instruire dans sa jeunesse. Le style de cette Vie, quoiqu'un peu diffus et surchargé de termes extraordinaires, n'est pas mauvais. — Canisius est le premier qui l'ait publiée, et de son recueil elle passa plus tard dans la seconde édition de Surius au 10 décembre. Dom Mabillon l'a reproduite à son tour avec des notes et des observations préliminaires; mais soit à dessein ou autrement, il a omis de reproduire la réponse de l'auteur à Gundramne, ce qui a fait penser à Basnage que cette réponse pouvait bien n'être pas fort authentique.

Poésies. — Nous avons encore d'Ermenric deux petites pièces de poésie; l'une est une hymne dont chaque strophe est composée de trois vers iambiques en l'honneur de saint Sole, et il y a autant de strophes dans la pièce qu'il y a de lettres dans le nom latin du saint, de sorte que les lettres initiales des premiers vers de chacune forment le mot *Solus*. L'autre pièce, adressée à Rudolfe de Fulde, est en vers épodes, et il y est encore question de saint Sole. Elles se trouvent l'une et l'autre, soit à la tête, soit à la fin de la Vie du saint dans les éditions dont nous venons de parler, à l'exception pourtant de celle de Dom Mabillon, où la dernière pièce manque.

Vie de saint Hariolphe. — Possevin et après lui Bollandus nous apprennent qu'Ermenric avait écrit la *Vie de saint Hariolphe*, premier abbé d'Elwangen, dans la dernière moitié du VIIIᵉ siècle; mais quoique Bollandus se fût engagé à la faire paraître, nous ne sachions pas qu'aucun de ses successeurs ait pensé à accomplir sa promesse. C'est dom Bernard Pez qui en a fait le premier présent au public, après l'avoir tirée d'un ancien manuscrit de l'abbaye de Nerensheim. L'ouvrage est en forme de dialogue et dédié à Goswald, ce maître qui avait succédé à Rudolfe dans l'instruction de l'auteur. Du reste, c'est moins une histoire qu'un recueil de miracles et de visions, écrit en style fort simple et avant qu'Ermenric fût abbé, c'est-à-dire environ quatre-vingts ans après la mort de saint Hriolphe.

Actes de saint Magne. — Lanton, évêque d'Augsbourg, avait chargé Ermenric de retoucher et de châtier les *Actes de saint Magne*, premier abbé de Fuessen, au même diocèse. Il est hors de doute qu'il exécuta ce dessein en homme d'esprit et de savoir; mais il est arrivé, ou que ces actes qu'il avait revus et corrigés sont perdus, ou qu'ils ont été corrompus dans la suite par une main étrangère. On en juge ainsi par ceux qui nous en restent et qui sont évidemment l'ouvrage d'un imposteur. Pour mieux tromper la simplicité crédule, il s'est décoré du nom de Théodore, compagnon de saint Magne, en cherchant à faire croire que son écrit avait été trouvé dans le tombeau du saint abbé et retouché par Ermenric. Cette imposture n'a pas empêché Eccard de faire réimprimer cet ouvrage en 1730, dans la nouvelle édition qu'il a donnée du recueil de Goldast.

ERMENRIC, moine de Richenow, différent de l'abbé d'Elwangen du même nom, florissait comme lui dans la première moitié du IXᵉ siècle. Il fit profession à Richenow, et eut pour maître Walafride Strabon, sous lequel il fit de grands progrès dans presque toutes les sciences. Il savait le grec comme le latin; il possédait la fable et l'histoire ancienne, et il avait fait une étude particulière de la rhétorique et de la philosophie, sans avoir négligé pour cela la connaissance de la théologie et de la morale. Grimald, abbé de Saint-Gall et archichapelain du roi Louis de Germanie, appela Ermenric à son monastère, où il perfectionna encore les connaissances qu'il avait acquises, et fit de nouveaux progrès dans la vertu. Il retourna ensuite à Richenow, où selon toute apparence il finit ses jours. Nous ne savons de nulle part s'il exerça quelques fonctions dans son monastère ni en quelle année il mourut. On le voit à la vérité qualifié évêque dans un ancien manuscrit, mais ce titre, glissé là par l'erreur de quelque copiste, ne paraît pas autrement fondé.

Un de ses principaux écrits est une lettre qu'il eût plutôt dû intituler *Mélanges*, tant pour la prolixité que pour la diversité des matières qu'y traite l'auteur. Dom Mabillon en a publié quelques fragments. L'ouvrage est dédié à Grimald, dont nous avons parlé plus haut, et dont on lit, au commencement un magnifique éloge, sur lequel l'auteur revient encore de temps en temps dans la suite. A cet éloge Ermenric joint celui de la communauté que l'illustre abbé gouvernait alors. Il y relève non-seulement l'excellence des vertus qu'on y pratiquait, mais il fait connaître en même temps les grands hommes qui s'y distinguaient dans les lettres et les beaux arts. Après cet éloge de Grimald, l'auteur traite de l'âme et de la raison humaine. Il passe de là à l'amour du prochain sur lequel il s'étend beaucoup. Il parle ensuite des vertus cardinales, des qualités qu'il appelle intellectuelles, de diverses questions grammaticales; puis il revient encore à la morale, à l'amour du prochain, à la nature de l'âme, à la rédemption du genre humain et aux louanges de Grimald, à qui apparemment il craignait fort de ne pas rendre un juste tribut de reconnaissance. Il est facile de juger par là que cet ouvrage est écrit sans ordre et sans méthode. L'éditeur n'a pas jugé à propos de reproduire les divagations de l'auteur sur les divers sujets que nous venons d'énumérer ; mais il s'est sagement borné à ce qui lui a paru plus intéressant, comme ce qui regarde la célèbre abbaye de Saint-Gall et les différentes histoires de son saint fondateur, publiées à diverses reprises et en divers temps. Cette partie de son œuvre est vraiment curieuse, et à plusieurs titres. C'est là que nous apprenons qu'il avait composé un autre ouvrage sur l'origine du monastère de Richenow et la conduite des moines qui l'habitaient. Ermenric l'avait envoyé à un évêque qu'il nommait Gosbald, le même sans doute que Goswald, à qui Ermenric d'Elwangen avait dédié un ouvrage de même nature. Ce prélat, à qui l'auteur donne la qualification de personnage très-savant, avait trouvé l'ouvrage à son goût ; ce qui n'empêcha pas Ermenric, malgré cette approbation, de l'adresser aussi à Grimald pour en avoir son jugement. C'est tout ce que l'on sait de cet écrit, qui ne se trouve plus aujourd'hui nulle part. — A la fin du manuscrit dont nous avons parlé, se lit également le commencement d'une préface qu'Ermenric avait faite pour être mise à la tête d'une *Vie de saint Gall* qu'il avait entreprise, autant qu'on en peut juger par cet écrit. Nous verrons à l'article de Walafride Strabon que cet écrivain avait esquissé le dessein d'une Vie en vers du même abbé, et que la mort l'ayant enlevé avant qu'il eût pu mettre la dernière main à son ouvrage, un autre poëte qu'on avait fait venir de loin s'en était chargé. Néanmoins le travail de ce poëte étranger n'empêcha pas Ermenric de travailler sur le même dessein. Au commencement de sa préface que nous a conservée dom Mabillon, il fait en vers héroïques la description du Rhin et du Danube, c'est un des chapitres préliminaires par lequel il nous initie au dessein qu'il s'était proposé de commencer en vers la Vie de saint Gall. Cette pièce l'emporte pour la beauté du style et des pensées sur toutes les poésies publiées dans le même siècle, ce qui doit nous faire regretter vivement que l'auteur n'ait pas achevé son ouvrage. Folwin, abbé de Richenow, vivait encore lorsqu'Ermenric y travaillait ; ce qui nous autorise à croire qu'il se rendit à Saint-Gall après l'année 849 et qu'il en revint avant 858, année de la mort de Folwin. La prose d'Ermenric, malgré quelques répétitions et quelques mots extraordinaires, n'est pas mauvaise, mais elle est de beaucoup inférieure à sa poésie.

ERMENTAIRE est moins connu par les événements de sa vie que par ses écrits. Quelques savants supposent qu'il fit d'abord profession religieuse à l'abbaye de Jumiéges en Neustrie, d'où il serait passé ensuite à Hermoutiers qui en est une colonie sur la côte du Poitou ; mais d'autres soutiennent qu'il se consacra à Dieu, sous le gouvernement de l'abbé Hibolde, dans ce dernier monastère. Quoi qu'il en soit, il faisait partie de cette communauté lorsqu'en 835 les moines de Noirmoutiers furent contraints de quitter leur maison et de s'en aller ailleurs chercher un asile. Ils se réfugièrent d'abord, en 836, au prieuré de Déas, ou Grandlieu, aujourd'hui Saint-Philibert dans le pays Nantais ; de là ils se rendirent à Canauld, au diocèse d'Angers, puis en 862 à Meslay en Poitou, emportant partout avec eux le corps de saint Philibert leur patron. Ermentaire, qui fut de toutes ces transmigrations, se vit obligé, en 860 ou 861 d'accepter le titre d'abbé de cette communauté errante. Il ne la gouverna en cette qualité que l'espace de cinq ans et mourut à Meslay vers l'an 865.

Ermentaire, qui connaissait par expérience le pouvoir de saint Philibert auprès de Dieu, pour avoir dû à ses prières trois ou quatre guérisons, avait voué à ce saint une dévotion particulière. La reconnaissance, jointe à quelques autres motifs particuliers, lui inspira le dessein d'écrire l'histoire de ces diverses transmigrations et des miracles qui les accompagnèrent. C'est ce qu'il exécuta en deux livres composés à deux époques différentes. Le père Chifflet croit qu'il n'écrivit le premier qu'en 843 ; mais il y a des preuves qu'il l'avait fait trois ans plus tôt lorsqu'il n'était encore qu'apprenti dans les lettres, pour parler son langage. Du reste il suffit pour en être convaincu, de se rappeler qu'il l'adresse à Hilduin, abbé de Saint-Denis, mort en 840. Ce fut donc entre cette époque et celle de la première translation du corps de saint Philibert, de l'île d'Héro à Grandlieu en 836 qu'Ermentaire écrivit le premier livre de son histoire. Il ne travailla au second que vingt-sept ans plus tard, comme il le marque lui même, c'est-à-dire en 863 et lorsqu'il était abbé. Comme il y avait déjà longtemps qu'Hilduin était mort, Ermentaire ne fit point de dédicace particulière de ce second livre, se contentant de l'adresser à tous les lecteurs de bonne volonté. Il proteste qu'il n'avance rien dans cet ouvrage dont il n'ait été témoin oculaire ou qu'il n'ait appris de personnes dignes de foi. Aussi sa relation respire-t'elle un air de simplicité et de candeur, qui sont des preuves de sa sincérité. L'auteur paraît avoir eu du goût, et son style, quoique simple, est assez bon pour son siècle. Il avait conçu le dessein d'écrire sur les malheurs qui affligeaient alors la France ; mais jugeant qu'un sujet aussi triste méritait plutôt le silence et les larmes, il se borna à indiquer en général les sources d'où procédaient ces calamités. — Le père Chifflet est le premier qui ait fait imprimer les deux livres d'Ermentaire parmi les preuves de son *Histoire de Tournus*. Dom Mabillon, après les avoir collationnés sur plusieurs manuscrits, les a reproduits au tome V de ses *Actes* avec des notes et des observations préliminaires, sans oublier la double épître en vers et en prose, par laquelle l'auteur dédie ce travail à Hilduin. Comme cette dédicace était accompagnée d'une *Vie de saint Philibert*, dans l'envoi qu'il en fit à l'abbé de Saint-Denis, quelques critiques en ont fait honneur à Ermentaire; mais il est visible que cette histoire avait déjà plus d'un siècle d'existence, avant que celui-ci fût en état de rien écrire pour la postérité.

ERMOLDUS.—ERMENOLDUS NIGELLUS prend lui-même ces deux noms dans la préface du poëme que nous avons de lui. C'est donc par erreur que quelques-uns, comme Cave, le nomment ERNOLDUS ; d'autres corrompent également son nom en lui donnant celui de NIGER au lieu de NIGELLUS. Le savant Muratori croit qu'il est le même que ERMENOLDUS, abbé d'Aniane, et les raisons dont il appuie son sentiment paraissent bien fondées, puisqu'il les tire presque toutes de différents passages des poésies de notre auteur. Ermoldus vivait à la cour de l'empereur Louis le Débonnaire ; mais ayant encouru la disgrâce de ce prince, il fut exilé à Strasbourg. C'est dans cette ville qu'il termina, en 826, un poëme adressé à l'empereur, et en tête duquel se lit une petite préface en vers hexamètres dont les premières et les dernières lettres de chaque vers forment deux fois cet acrostiche :

Ermoldus Hludoïci cecinit Cæsaris arma.

Cette préface, qui n'est qu'une invocation dans laquelle l'auteur demande à Dieu de l'assister de sa grâce, révèle dès les premiers mots ce but qu'il s'y propose, qui était d'obtenir sa liberté. Dans le titre de l'ouvrage, il donne au prince, à qui il l'adresse, la qualité d'empereur très-chrétien ; ne pensant peut-être à n'exprimer par là que la piété dont Louis le Débonnaire faisait profession. Cependant, Lambecius prétend que notre poëte ne qualifie ainsi ce prince qu'en conséquence de la dignité d'empereur dont il était revêtu. Mais, s'il en était ainsi, pourquoi tous ceux qui ont dédié des ouvrages au même prince, aussi bien qu'à Charlemagne, son père, et à Charles le Chauve, son fils, après que l'un et l'autre furent parvenus à l'empire, n'en ont-ils pas usé de même? Au reste, on a déjà remarqué ailleurs que le titre de roi très-chrétien avait été donné à quelques-uns de nos rois de la première race. Le poëme est divisé en quatre livres, et le sujet principal que l'auteur s'y propose, c'est la relation des guerres et des autres actions mémorables du règne de Louis le Débonnaire. Il n'y parle d'aucun événement postérieur à l'année 826, ce qui a fait juger avec fondement que le poëte l'avait terminé en cette année-là. S'il s'arrête quelquefois à y débiter des faits peu remarquables, comme c'est assez la coutume dans ces sortes d'écrits, il ne lui arrive jamais d'y contredire la vérité. On a donc le droit d'être surpris que le P. Lelong, après lui avoir donné une place parmi les historiens, rejette son œuvre dans la classe des romans. Outre un grand nombre de faits historiques qui font son mérite aux yeux des savants, on trouve dans ce poëme le dénombrement des principaux seigneurs de la cour et des autres grands du royaume, à l'exception de Wala, abbé de Corbie. Le poëte en a usé ainsi pour gagner leur bienveillance en les flattant, et les porter par là à s'intéresser à sa liberté. On aurait tort de demander à cet écrit toutes les beautés de la poésie ; il réunit au contraire tous les défauts de son temps. La versification en est dure, traînante et sans feu; les expressions grossières et mal choisies. Il y a des passages obscurs, et une foule de détails qui n'offrent que peu ou point d'intérêt. Muratori l'a publié le premier dans le tome III de ses *Scriptores rerum italicarum;* Menckennius l'a inséré depuis dans ses *Scriptores rerum germanicarum*, et enfin, Dom Bouquet l'a reproduit dans sa *Collection des historiens de France*.

ETELVOLFE, moine anglais du viiie siècle, écrivit l'*Histoire des abbés et des hommes vertueux de l'Eglise de Lindisfarne*. Elle est presque tout entière en vers héroïques, auxquels se trouvent mêlés quelques vers élégiaques, tous d'un style dur et peu châtié. Etelvolfe l'adressa à Egbert, évêque de Lindisfarne. Il y fait mention d'Iglac, qu'il avait eu pour maître, le même qui a écrit la *Vie de saint Siguwin*, abbé du monastère de Saint-Pierre, dans l'île de Lindisfarne. Il y parle aussi d'un autre abbé du même monastère, nommé Ultan, qu'il dit avoir été très-habile dans l'art de copier des livres. L'ouvrage d'Etelvolfe est imprimé dans le tome VI des *Actes de l'ordre de Saint-Benoît*. Oudin cite des manuscrits d'Angleterre qui lui attribuent plusieurs autres écrits, savoir : une *Chronique des rois et des évêques d'Angleterre;* une traduction de la règle de saint Benoît, en langue saxonne; un *Traité de la discipline monastique, à l'usage des religieux bénédictins*. Chacun de ces manuscrits donne à Etelvolfe le titre d'évêque de Winchester.

ETHELSTAN ou ADELSTAN, fils naturel d'Edouard Ier, roi d'Angleterre, lui succéda en 925, porté au trône par le suffrage unanime des peuples, et sans aucune opposition de la part de ses frères légitimes qui, rendant d'eux-mêmes justice à son mérite, le laissèrent régner paisiblement. Il justifia les espérances qu'on avait conçues de lui. Dans un temps où il était rare de rencontrer une vertu sans tache et un héros qui ne fût pas barbare, Ethelstan est peut-être le seul qui mérite d'être cité pour n'avoir jamais versé que le sang de ses ennemis, à la tête de ses armées, et dans des guerres entreprises pour le triomphe de la justice et du bon droit. Un seigneur anglais, convaincu d'avoir conspiré contre son prince, ne subit pas d'autre punition que d'être exilé du pays qu'il avait voulu troubler par ses complots. Les Danois de Northumbrie essayèrent un instant de se détacher de la domination anglaise et de rétablir ce royaume qui avait été un des plus florissants de l'Eptarchie ; ils furent défaits, et sous la conduite d'Almoff, fils de Strick, ils se réfugièrent en Ecosse, et engagèrent dans leur parti Constantin, roi de cette contrée, qui, oubliant ses traités avec Ethelstan, fondit à l'improviste sur les provinces anglaises et porta partout le ravage et la désolation. Ethelstan, fort de la justice de sa cause, s'opposa comme une digue à ce torrent, et dans une bataille rangée qui ne dura pas moins de trente heures, il remporta une victoire complète et décisive. Cinq rois ou chefs écossais, irlandais, gallois, furent trouvés morts sur le champ de bataille parmi des milliers de leurs soldats. Ethelstan, vainqueur de l'Ecosse qu'il rendit à son roi, marcha contre les princes de Galles et de Cornouailles, qui avaient trempé dans la révolte des Danois, les dompta et les força à se cacher où à se reconnaître ses tributaires. Libre de tout ennemi et n'ayant plus de rival à craindre, il chercha une gloire plus douce et plus en harmonie avec son caractère dans les soins continuels qu'il se donna pour assurer le bonheur de son peuple. Il renouvela et perfectionna les lois de son père; infatigable dans sa vigilance pour préserver ses sujets des atteintes du crime, il se montra clément dans les peines qu'il infligeait aux coupables. Sur la fin de sa vie, il fit bâtir dans le comté de Sommerset deux monastères, où il se retirait de temps en temps pour y vaquer à ses exercices de piété. Il mourut en 941, après un règne de seize ans, qui fut trouvé trop court par le peuple dont il avait fait le bonheur. Il avait marié une de ses sœurs à Charles le Simple, et avait tenu les Etats ouverts à Louis d'Outremer son neveu, que les Français vinrent lui redemander pour roi. Il eut pour successeur son frère Edmond, l'aîné des fils légitimes d'Edouard l'Ancien.

Vers l'an 928, Ethelstan, de l'avis de l'archevêque Ulfelhme, des autres évêques de son royaume et de ses ministres, assembla à Gratlan un concile, dans lequel il fit adopter plusieurs lois tant civiles qu'ecclésiastiques. Ces lois portent en substance, que toutes les terres, même celles du domaine royal, payeront la dîme; que ceux qui tiendront des fermes de l'Etat donneront de quoi nourrir et vêtir un nombre de pauvres déterminé, et que chaque mois on mettra en liberté un esclave. Il veut qu'on punisse de mort les sorcières ou magiciennes convaincues d'avoir attenté à la vie de quelqu'un; il borne la peine à une grosse amende ou à la prison, si la preuve n'est pas complète. Cependant si elles le demandent, il leur permet de se justifier par les épreuves usitées alors, qui étaient celles de l'eau et du feu. Celui qui était soumis à l'une et à l'autre de ces épreuves, venait trois jours avant de l'entreprendre, trouver le prêtre de qui il recevait la bénédiction ordinaire. Pendant les trois jours suivants, il ne mangeait que du pain, du sel ou des légumes, et ne buvait que de l'eau. Chaque jour il assistait à la messe et faisait son offrande. Au moment de l'épreuve il recevait l'Eucharistie, et attestait par serment qu'il était innocent du crime dont on l'accusait. S'il était condamné à l'épreuve de l'eau glacée, on l'enfonçait avec une corde d'une aune et demie de longueur au dessous de la superficie de l'eau. S'il avait à subir l'épreuve du fer chaud, on enveloppait ce fer dans sa main, et on le laissait ainsi trois jours; si l'épreuve devait se faire par l'eau chaude, on attendait qu'elle fût bouillante, et alors on lui enfonçait la main ou même le bras dans cette eau, en lui attachant une pierre. Dans ces trois épreuves, l'accusateur ainsi que l'accusé, était obligé de jeûner trois jours et d'attester par serment la vérité de son accusation. Ils faisaient venir chacun douze témoins qui prêtaient serment avec eux. Il y avait d'autres lois qui défendaient de vendre et de négocier les jours de dimanche, et d'admettre à prêter serment celui qui avait été convaincu de faux. Les mesures publiques devaient être réglées sur celles de l'évêque. Tous les vendredis, les ministres du Seigneur, tant dans les monastères que dans les églises principales, devaient chanter cinquante psaumes pour le roi et pour le bonheur et la prospérité de son peuple.—On trouve le texte complet de ces lois dans presque toutes les collections des Conciles.

ETHELVOD a sa place marquée parmi les hommes de piété qui s'appliquèrent à rétablir la discipline monastique en Angleterre, au xe siècle sous le règne du roi Edgar. Né à Winchester de parents pieux, il fut placé dès son bas âge dans le monastère de Glastaud ou Glastemburi, sous la discipline de saint Dunstan, qui après l'avoir instruit lui-même, le revêtit de l'habit monastique. Ethelvod y apprit la grammaire et la rhétorique, puis il s'appliqua à l'étude de l'Ecriture sainte et des Pères de l'Eglise. Cependant il pratiquait la règle avec tant d'exactitude, il montrait une application si continuelle à la prière, aux veilles, aux jeûnes et aux exercices laborieux, que son abbé l'établit doyen de son monastère. Dans le désir de s'avancer de plus en plus dans les sciences et dans l'observance religieuse, il forma le dessein de passer en France; mais Edvige, mère du roi Eadred, en ayant eu avis, conseilla à ce prince de ne pas laisser sortir de son royaume un personnage d'un si rare mérite, mais de lui donner pour le retenir un ancien monastère appelé Abbendon, dont les bâtiments tombaient en ruine. Ethelvod s'y rendit du consentement de l'abbé Dunstan, et rétablit ce monastère, aidé des libéralités du roi. Il y fut suivi de plusieurs moines de Glastemburi, et nommément d'Osgar, qu'il envoya à Fleuri-sur-Loire, pour y apprendre l'observance régulière, et la rapporter à Abbendon. C'était vers l'an 944. Quelques années après le siège épiscopal de Winchester étant venu à vaquer, le roi Edgar, successeur d'Eadred, choisit Ethelvod pour le remplir. Il fut sacré par Dunstan archevêque de Cantorbery, le 29 de novembre de l'an 963. Les chanoines de sa cathédrale menaient une vie qui était loin de répondre à leur profession. Le nouvel évêque les avertit plusieurs fois de se corriger; mais voyant qu'ils persévéraient dans leurs débauches, il exécuta le jugement d'un concile tenu depuis peu par l'ordre du roi; chassa les chanoines et mit à leur place des moines qu'il avait fait venir d'Abbendon. Edgar avait donné cet ordre d'après l'avis de l'archevêque de Cantorbery, et il s'adressait en général à tous les ministres de l'Eglise, qui, au mépris des règles de leur état, s'occupaient de la chasse ou d'emplois lucratifs et vivaient dans l'incontinence. Trois de ces chanoines témoignèrent du repentir et embrassèrent la vie régulière; les autres eurent recours au poison pour se débarrasser d'Ethelvod; mais il sut en paralyser l'effet par sa foi et par ses prières. Le roi Edgar le consultait souvent et suivait volontiers ses avis. Ethelvod de son côté contribuait autant qu'il dépendait de lui à affermir les établissements de piété que ce prince avait formés. Il visitait les monastères d'hommes et de filles, et faisait fleurir l'observance. On raconte que dans une famine qui désola l'Angleterre, il fit mettre en pièces, à défaut d'argent monnayé, les vases du trésor de l'église, disant qu'il était impossible de les conserver aux dépens de la vie des hommes créés à l'image de Dieu et rachetés du sang de Jésus-Christ. Ethelvod mourut au mois d'août de l'an 984, la vingt-deuxième année de son épiscopat. Il est honoré parmi les saints dans l'Eglise d'Angleterre. Sa vie fut écrite d'abord par Alfric moine d'Abbendon, et ensuite par Wolstan, chantre et moine de Winchester, son disciple. C'est lui qui composa l'hymne en vers élégiaques qui fut chantée à la dédicace de l'église d'Abbendon, en 980. Ethelvod l'avait fait rebâtir et il la consacra, accompagné de huit évêques, en présence du roi Adelred, de presque tous les ducs, comtes, abbés et grands seigneurs du royaume. Cette hymne est placée dans la *Vie des Saints*. On trouve à la fin trois autres hymnes en son honneur; la première en vers élégiaques suivant l'ordre de l'alphabet; la seconde en vers saphiques; la troisième en vers endécasyllabes. Elles faisaient partie de l'office de la fête.

Pitseus, dans son livre des *Ecrivains illustres d'Angleterre*, attribue à saint Ethelvod une lettre au pape Jean XII, un livre contre les prêtres fornicateurs et leurs concubines, une *Chronique des abbés de Lindisfarne*, une autre des rois, des royaumes et des évêchés d'Angleterre, un livre sur la visite des monastères et des églises, quelques observations astronomiques, avec d'autres opuscules dont on a lieu de douter que saint Ethelvod soit auteur. On voit encore dans la bibliothèque de Cambridge les livres des abbés de Lindisfarne, des rois, des royaumes, et des évêchés de toute l'Angleterre, avec la *Chronique des rois de Bretagne*; mais on est persuadé que ces ouvrages sont d'un autre Ethelvod, plus ancien, qui florissait vers l'an 750. Il dédia son livre des *Abbés et hommes illustres de l'abbaye de Lindisfarne* à Egbert, archevêque d'Yorck, dont il était l'ami, comme il le dit en tête de son épître dédicatoire. Le seul ouvrage que l'on croit être d'Ethelvod, évêque de Winchester, est celui qui a pour titre : *De la manière de vivre des moines de l'ordre de Saint-Benoît*. Il se trouve sous son nom parmi les manuscrits de la bibliothèque Cottonienne, orné des images de saint Benoît, du roi Edgar et de sainte Scholastique. On peut lui en attribuer un second, qui est la traduction de la règle de saint Benoît, en langue saxonne; du moins porte-t-elle son nom dans un manuscrit de la bibliothèque de Cambridge. Vincent de Beauvais et saint Antonin, archevêque de Florence, font mention de son *Traité contre le mariage des prêtres*.

ETHELWERD ou Estwardus, historien anglais, florissait vers la fin du x° siècle. Les titres de patrice et de consul, qu'il se donne dans ses écrits, suffiraient pour marquer la noblesse de son extraction, quand encore il n'aurait pas soin de nous apprendre qu'il descendait de la famille d'Ethelred, roi d'Angleterre. Il est auteur d'une *Chronique*, qu'il entreprit à la prière d'une parente, et dans le but de vérifier sa généalogie en la mettant dans tout son jour. Cette parente, dont il fait l'éloge dans la dédicace de son ouvrage, se nommait Mathilde. Il lui prête de l'éloquence et de la piété, et la qualifie de vraie servante de Jésus-Christ.

Quoique très-abrégée, cette Chronique est divisée en quatre livres, dont chacun a son prologue. Il commence le premier à la création du monde, et dit que le premier jour Dieu forma la lumière et créa en même temps les anges. Il parcourt avec une grande rapidité les années du peuple de Dieu jusqu'à la naissance de Jésus-Christ, qu'il fixe à l'an du monde 5495, et sa mort à la trente-troisième année de son âge. Il rapporte à la même année le martyre de saint Étienne et la conversion de saint Paul. Deux ans plus tard, saint Pierre établit son siége à Antioche, d'où il passa à Rome, la treizième année qui suivit la passion du Sauveur; c'est-à-dire neuf ans après avoir fondé l'Eglise d'Antioche. Il souffrit le martyre avec saint Paul, l'an soixante-neuf de l'ère vulgaire. C'est dans le cours de cette même année que saint Jean écrivit son *Apocalypse* dans l'île de Patmos; quinze ans plus tard, il mourut en paix, et son corps fut inhumé à seize stades de la ville d'Ephèse. Ethelwerd ne fait pas attention ici que saint Jean avait été relégué sur la fin du règne de Domitien, en 96 et non pas en 69.

Le second livre commence à l'avénement du pape Eleuthère, qui monta sur la chaire de saint Pierre en 156. Ce Pape, suivant l'auteur, envoya des lettres à Lucius, roi de la Grande-Bretagne, pour l'exhorter à s'instruire de la religion chrétienne, et à recevoir le baptême. Le Vénérable Bède, au contraire, dit que ce fut Lucius qui écrivit au pape pour lui demander des missionnaires. A Lucius succéda Sévère, qui dans la vingt-troisième année de son règne fut élevé à l'empire romain. Il fit construire dans l'île une muraille qui allait d'une mer à l'autre, avec un fossé, des tours et autres ouvrages de défense, afin de mettre les Bretons à couvert des insultes des barbares. Il traite ensuite de l'établissement de l'Evangile en Angleterre, par le ministère du pape saint Grégoire, et la prédication de saint Augustin. Ethelwerd affirme que, de son temps, il se faisait encore des miracles au tombeau de cet apôtre des Anglais. Il parle de la propagation de la foi dans la partie occidentale de la Grande-Bretagne, par l'évêque Birinus; des écrits du bienheureux évêque Adelme, et d'un prodige arrivé en 773. La lune parut couverte de gouttes de sang, le signe de la croix parut dans les airs, après le coucher du soleil, et la partie méridionale de l'Angleterre fut infestée de serpents monstrueux.

Dans le troisième livre, Ethelwerd fait la description de l'état heureux et florissant où se trouvaient les Anglais sous le règne de Berthric, descendant de Cerdic; mais cette félicité fut troublée par l'arrivée des Danois, c'est-à-dire des Normands, 334 ans après la première descente des Saxons en Angleterre. Il parle de la cruauté des Romains envers le pape Léon, à qui ils crevèrent les yeux et coupèrent la langue, et qui fut guéri par un miracle; du grand concile de Clawesho, en 854; et du sacre d'Alfred, à Rome, par Léon IV. Il remarque qu'en vertu de l'onction royale qu'il venait de lui conférer, le pape le nomma son fils, de la même manière, dit-il, qu'en recevant les enfants au baptême de sous la main de l'évêque nous avons coutume de leur donner un nom. Athulf, père d'Alfred, fit lui-même le voyage de Rome, avec un magnifique cortége, et y demeura douze mois.

Le quatrième livre commence par le partage que l'on fit des Etats de ce prince après sa mort. Alfred réunit plus tard en sa personne toute la puissance de la Grande-Bretagne. Sous son règne les Barbares détrônèrent le roi Buréhède, et le chassèrent loin de l'Océan; mais ce prince, plein de confiance en Jésus-Christ, alla en pèlerinage à Rome où il mourut. Son corps repose dans l'église de la Sainte-Vierge, et les Anglais y érigèrent plus tard une école sous la protection de cette sainte mère de Dieu. Le Pape Marin les déchargea dans la suite du tribut qu'ils devaient payer à cette école. Ethelwerd fait un grand éloge du roi Alfred, de sa justice, de son éloquence, de son savoir. Il était si instruit des divines Ecritures, qu'il en traduisit plusieurs livres dans sa langue naturelle, et avec un style qui ne le cédait en rien aux morceaux les plus pathétiques de Boèce. En 908, l'archevêque Plegmond porta à Rome les aumônes du roi Edouard et du peuple anglais. Elfgyme, épouse du roi Cadmund, mourut en odeur de sainteté, en 948. Elle a été rangée depuis au nombre des saints, et il s'opéra beaucoup de miracles à son tombeau. La *Chronique* d'Ethelwerd finit à la quatrième année du règne d'Edgard, fils d'Edmond et petit-fils d'Alfred, dont Mathilde tirait son origine, ce qui revient à l'an 962 ou 963.

Il nous a laissé dans cet ouvrage des témoignages de sa piété et surtout de son respect envers le Saint-Siége. Il fixe rarement ses époques, et souvent même il réunit sous une seule date des événements qui sont arrivés en différents temps; ce qui le rend difficile à suivre. Son style est dur, inégal, embarrassé; on voit cependant qu'il avait à cœur de le rendre plus harmonieux, et qu'il empruntait pour cela les expressions des anciens auteurs. On ignore l'époque précise de sa mort, mais on croit généralement qu'il mourut à la fin du xe ou au commencement du xie siècle.

ETIENNE (Saint), Pape.—Nous savons peu de chose de la vie et des écrits du pape saint Etienne. On dit qu'il était Romain de naissance et fils d'un nommé Jules. Il fut archidiacre de Rome sous les pontificats de saint Corneille et de saint Luce. Le premier, plus de six mois avant sa mort, lui confia l'administration des biens de l'Eglise, et le second, en mourant, remit entre ses mains le gouvernement de l'Eglise même. Ce qu'il y a de certain, c'est que saint Luce étant mort le 4 mars 253, saint Etienne fut élu à sa place le 3 mai suivant, et gouverna l'Eglise pendant quatre ans et près de trois mois. Il mourut le 2 août de l'an 257, et fut enterré dans le cimetière de Calliste. Saint Augustin, qui ne manque jamais de donner à saint Cyprien la qualité de martyr, lorsqu'il parle de lui, ne la donne nulle part au Pape saint Etienne. L'ancien catalogue des évêques de Rome, et saint Vincent de Lérins, qui parle souvent avec éloge de ce saint Pape, ne disent rien de son martyre, et se contentent de l'appeler un pontife d'heureuse mémoire. Mais il est qualifié de martyr dans le *Sacramentaire* de saint Grégoire, dans les Martyrologes qui portent le nom de saint Jérôme, dans plusieurs autres anciens monuments, et honoré comme tel dans l'Eglise tout entière. Nous avons même les actes de son martyre; mais ils sont surchargés de tant de faits incroyables, qu'on ne saurait les accepter comme authentiques. Tillemont les a cependant rapportés dans le tome IV de son *Histoire ecclésiastique*; mais Fleury n'en dit rien, et dom Ruinart ne les a pas jugés dignes d'entrer dans son recueil. Il n'y avait pas longtemps que le pieux pontife occupait la chaire de saint Pierre, lorsque Faustin, évêque de Lyon, et saint Cyprien, lui écrivirent au sujet de Marcien, évêque d'Arles, qui s'était séparé de l'Eglise pour suivre le parti de Novatien. L'histoire ne nous a rien conservé de la réponse que leur fit le saint Pape Etienne. Nous savons seulement qu'à la demande de saint Cyprien, Marcien fut privé de la communion de l'Eglise et chassé de son siége, puisque son nom, avec celui de Saturnin, un des chefs ariens, se trouve supprimé des dyptiques de l'église d'Arles. Ce fut aussi vers le même temps qu'il se laissa surprendre par Basilide et Martial, tous deux évêques, l'un de Léon et d'Astorga, et l'autre de Mérida en Espagne. Nous avons vu, à l'article de saint Cyprien, pourquoi ces évêques furent déposés, et quel avantage ils tirèrent de s'être fait rétablir par le Pape saint Etienne, après qu'ils s'étaient jugés eux-mêmes indignes de l'épiscopat. Nous rapportons à l'année suivante les lettres de saint Etienne aux églises de

Syrie et d'Arabie. Saint Denys d'Alexandrie, qui fait mention de ces lettres, n'en dit point le sujet, mais comme il ajoute que le saint pontife entretenait les églises de ces provinces par ses charités, il y a tout lieu de croire qu'il les consolait aussi par ses lettres et les exhortait à la vertu; il pouvait également les détourner du schisme de Novatien, qui avait fait de grands ravages dans ces contrées.

Il nous reste quelques fragments de la lettre qu'il écrivit à saint Cyprien, pour répondre à celle du concile d'Afrique, qui avait ordonné de rebaptiser les hérétiques. On voit qu'il appuyait beaucoup sur la dignité de son Eglise et l'honneur qu'il avait d'être le successeur de saint Pierre. Il y soutenait cette maxime si importante de la foi, savoir : qu'il faut s'arrêter à ce que nous avons reçu de nos pères par tradition, sans en rien changer de nous-mêmes, et s'élevait avec force contre ceux qui s'éloignaient de cette règle constante, qui avait été dès le commencement la règle de l'Eglise. Il y reconnaissait pour valide le baptême des hérétiques, et jugeait qu'on devait excommunier ou même chasser de l'Eglise ceux qui seraient assez hardis pour les rebaptiser. Il écrivit sur le même sujet à saint Denys d'Alexandrie, lui témoignant qu'il ne voulait plus communiquer avec les Eglises de Cilicie, de Cappadoce, de Galatie et des provinces voisines, parce que, disait-il, elles rebaptisent les hérétiques. Comme ces lettres regardaient Hélénus de Tarse et Firmilien, ce dernier s'en plaignit dans sa lettre à saint Cyprien, et accusa le Pape d'avoir rompu la paix qui unissait entre eux un grand nombre d'évêques répandus dans le monde. Mais saint Augustin, dans plus d'un endroit de son *Traité du baptême*, remarque que saint Etienne avait agi ainsi sans faire attention que la vérité dont il s'établissait le défenseur, n'était encore pas assez éclaircie pour lever tous les doutes, ni assez catholiquement décidée pour faire autorité dans toute l'Eglise. Il ajoute néanmoins que saint Etienne et saint Cyprien, quoique d'un sentiment différent sur la question du baptême des hérétiques, ne cessèrent jamais d'être unis dans la charité. On cite, sous le nom de ce pieux Pontife, deux épîtres décrétales dont il n'est pas même nécessaire de démontrer la fausseté, tant elles paraissent peu susceptibles de supporter un examen sérieux.

ETIENNE II. — Après la mort du Pape Zacharie, arrivée au mois de mai 752, on élut unanimement pour lui succéder un prêtre nommé Etienne, qui fut mis aussitôt en possession du palais pontifical; mais comme il mourut avant d'avoir été sacré, quatre jours après son élection, il n'est point compté dans le catalogue des souverains pontifes. Il fut remplacé par un diacre nommé Etienne, comme lui, qui était Romain de naissance et fils de Constantin. Il aimait l'Eglise, en conservait avec fermeté les traditions, prêchait avec force la parole de Dieu et se montrait toujours prêt à secourir les pauvres, les veuves et les orphelins. Son premier soin, en montant sur le Saint-Siége, fut de rétablir quatre hôpitaux abandonnés dans Rome, et d'en fonder un cinquième pour cent pauvres. Il en édifia deux autres hors de la ville, près de l'église Saint-Pierre, et les dota richement. Son pontificat est remarquable par le commencement d'une grande révolution qui changea la face de l'Europe tout entière. Il y avait à peine trois mois qu'il occupait le Saint-Siége, lorsqu'Astolphe, roi des Lombards, après avoir détruit l'exarchat de Ravenne, vint attaquer les villes voisines et menacer Rome elle-même. Rien ne pouvait le fléchir, ni prières, ni présents; il venait de rompre, au bout de trois mois, une trêve qu'il avait accordée pour quarante ans, après avoir renvoyé avec mépris les députés du Saint-Siége. Dans cette détresse, Etienne s'adressa d'abord à l'empereur d'Orient, Constantin Copronyme, qui ne lui envoya aucun secours, parce que ses troupes étaient occupées contre les musulmans, et que, d'ailleurs, protecteur déclaré des iconoclastes, il portait peu d'intérêt à la destinée du Pontife romain. Cependant Astolphe menaçait les Romains de se livrer contre eux aux dernières extrémités, s'ils ne se soumettaient à sa puissance. Le Pape ordonna une procession publique, qu'il suivit pieds nus à la tête de son peuple, après avoir fait attacher à la croix le traité rompu par le prince lombard; mais en même temps il eut recours au roi Pépin et à tous les seigneurs français, en les priant avec instance de venir au secours de l'Eglise de Rome. Pépin, informé par une lettre particulière que le Pape souhaitait passer en France, lui envoya Chrodegang, évêque de Metz, avec le duc Auctuaire. Il sortit de Rome avec eux, le 14 octobre 753, et se rendit en Lombardie dans le dessein de prier Astolphe de restituer les places qu'il avait usurpées sur l'empire. Ses instances furent inutiles, mais, de son côté aussi, ce fut inutilement que le roi lombard voulut s'opposer à son voyage. L'abbé Fulrad et le duc Rotard vinrent joindre le pape à Saint-Maurice en Valais, d'où ils le conduisirent dans l'intérieur du royaume, avec les plus grandes marques d'honneur. Le roi Pépin, qui était alors à Thionville, ayant appris que le pape avait passé les Alpes, envoya au-devant de lui son fils Charles pour l'accompagner jusqu'à Pontyon en Champagne. Il s'y rendit lui-même à temps, et sachant qu'Etienne II en approchant, il alla au-devant de lui avec la reine sa femme, les princes ses enfants, et les grands seigneurs de sa cour. C'était le jour de l'Epiphanie, 6 janvier 754. Le roi, en l'abordant, descendit de cheval et se prosterna; il marcha même quelque temps à côté du cheval du Pontife en lui servant d'écuyer. Mais le lendemain le pape avec tout son clergé parut devant le roi, sous la cendre et le cilice, et, se prosternant aux pieds de Pépin, il le conjura de le protéger, lui et le peuple romain, contre les armes de son persécuteur. Pépin le promit avec serment; mais l'hiver qui s'approchait alors, ne permit de s'occuper que de négociations avec Astolphe, qui rejeta toutes les propositions du monarque français, et obligea l'abbé du Mont-Cassin à relâcher le prince Carloman, afin que sa présence pût faire diversion parmi les Français, et détourner le roi, son frère, de ses projets contre les Lombards. Le Pape passa tout ce temps dans l'abbaye de Saint-Denis, où, s'il faut en croire Grégoire de Tours, son séjour fut marqué par une maladie aux dangers de laquelle il put heureusement échapper. Au printemps suivant, Pépin célébra la fête de Pâques, le 14 avril 754, à Carisiac ou Quiercy-sur-Oise. Il y tint, en présence du pape, une assemblée des seigneurs de son royaume, dans laquelle il annonça son intention de passer en Italie. Il y fit donation au pape de plusieurs villes et territoires usurpés par les Lombards, et qui étaient en grande partie les propriétés conquises sur l'empire d'Orient, aux domaines duquel appartenait l'exarchat de Ravenne. Le 28 du même mois, Etienne, après avoir accordé à Pépin l'absolution qu'il lui avait demandée pour s'être rendu criminel en manquant de fidélité à son roi légitime, lui donna l'onction royale qu'il avait déjà reçue précédemment de la main de saint Boniface, archevêque de Mayence. Il sacra en même temps la reine Bertrade et les deux fils de Pépin, Charles et Carloman. Pour engager le roi et ses deux fils à la défense du Saint-Siége, le Pape leur conféra à tous les trois le titre de patrices romains. Il fut parrain des deux jeunes princes, et il détourna le roi Pépin du dessein qu'il avait arrêté de répudier Bertrade. Ce fut pendant le séjour d'Etienne II en France que le chant romain commença à se répandre dans plusieurs églises. La guerre étant résolue, Pépin fidèle à ses engagements passa les Alpes, et essaya d'abord, sur les instances du Pape, la voie des remontrances auprès d'Astolphe; mais il se vit obligé d'en venir aux hostilités. Bientôt pressé dans Pavie où Pépin le tenait assiégé, le prince Lombard fut réduit à traiter avec le vainqueur. Il s'engagea par écrit et sous les plus grands serments, lui et les principaux seigneurs de sa cour, à rendre Ravenne et les autres villes dont il s'était emparé. Content de cette soumission, Pépin se retira en France, amenant avec lui les ôtages des Lombards. Le Pape retourna à Rome, accompagné de Jérôme, frère de Pépin, de l'abbé Fulrad et de quelques autres seigneurs de la cour de France. Astolphe, débarrassé de la présence de son vainqueur, loin de faire la restitution promise, marcha de nouveau contre Rome, au pied de laquelle ses troupes reparurent le 1ᵉʳ janvier 755. Il tint cette ville assiégée pendant trois mois, donnant des assauts tous les jours, et promenant le fer et la flamme dans toutes les campagnes environnantes. Pressé des mêmes dangers, le Pape implora le même protecteur qui l'avait déjà délivré. Il redoubla d'instances auprès de Pépin, lui écrivit lettres sur lettres, et lui imposa comme un devoir de conscience la défense de l'Eglise. Le monarque français, à qui sa politique et sa gloire ne permettaient plus de balancer, repassa les Alpes, et entra en Lombardie avec toutes ses troupes. Bientôt Astolphe pressé de nouveau dans Pavie, fut obligé de demander quartier; et cette fois le vainqueur prit des mesures irrévocables pour assurer la restitution déjà promise et inexécutée. Avant de rentrer en France, il laissa à l'abbé Fulrad la commission de retirer toutes les places usurpées par les Lombards. Cet abbé s'en acquitta avec zèle, emporta à Rome les clefs de toutes ces villes au nombre de vingt-deux, et les déposa sur la Confession de Saint-Pierre. L'acte de cette donation perpétuelle que Pépin fit à l'Eglise romaine et au Pape, fut déposé dans les archives de cette église, et constitua ce qu'on a appelé depuis, le patrimoine de saint Pierre, et le royaume temporel des pontifes romains. Un an après ce traité, en 756, Astolphe mourut; et Didier, duc de Toscane, se fit élire pour lui succéder, au préjudice de Rachis, frère d'Astolphe. Etienne s'empressa de reconnaître ce prince, qui promit de confirmer le traité de restitution, et, il obtint aux mêmes conditions, le consentement et l'appui de Pépin. Le Pape Etienne II mourut à son tour vers la fin d'avril 757, après un pontificat de cinq ans et vingt-huit jours. Il avait accordé à Fulrad, abbé de Saint-Denis, le privilége d'avoir un évêque particulier, élu par l'abbé et les moines, et consacré par tous les évêques du pays, pour gouverner ce monastère et les autres, que Fulrad avait fondés, et qui étaient tous sous la protection du Saint-Siége. Etienne II assemblait souvent son clergé dans le palais de Latran, et l'exhortait fortement à l'étude de l'Ecriture sainte et aux lectures spirituelles, pour avoir de quoi répondre victorieusement aux ennemis de l'Eglise.

Lettres. — Nous avons de ce pape plusieurs lettres, qui toutes ont trait aux difficultés que l'Eglise eut à soutenir sous son pontificat. La première est adressée au roi Pépin, en réponse à celle qu'il en avait reçue par Chrodégang, évêque de Metz, et dans laquelle il s'agissait de favoriser le dessein que ce Pontife avait de passer en France. — Dans la seconde, il prie les ducs et tous les grands seigneurs français, d'appuyer ses demandes auprès de leur roi et de venir au secours de saint Pierre. — Dans la troisième adressée au roi Pépin qu'il appelle son compère, et à ses enfants, Charles et Carloman, à qui il donne la qualité de rois et de patrices de Rome, il les avertit des nouvelles vexations qu'Astolphe faisait subir à l'Eglise romaine, et de son refus d'exécuter le traité de Pavie. — La quatrième contient le détail des maux que les Lombards avaient causés dans Rome et les villes voisines, lorsqu'ils vinrent l'assiéger en 755. « Ils ont brûlé les églises, dit-il, brisé les images, mis dans des sacs impurs les dons sacrés du corps et du sang de Jésus-Christ, qu'ils mangeaient après s'être repus de viandes. Ils ont emporté les voiles et les ornements des autels, battu les moines, massacré les religieuses, brûlé les fermes de saint Pierre et de tous les Romains. En un mot, jamais les païens n'ont commis tant de ravages, ni ne se sont rendus coupables d'aussi grands maux. » Cette lettre, écrite sept semaines après le commencement du siége, fut apportée en France par l'évêque George, le comte Tomaric et l'abbé Verner. — La cinquième est écrite au nom de saint Pierre et adressée au roi Pépin, aux princes ses enfants, et aux Français ecclésiastiques et laïques de toutes conditions, pour implorer leurs secours. Il les conjure par « le Seigneur notre Dieu, par sa glorieuse Mère, par toutes les vertus célestes; par saint Pierre qui l'avait sacré roi, de faire rendre à la sainte Eglise de Dieu tout ce qu'on lui avait pris, suivant la donation qu'il en avait faite au prince des apôtres. Vous rendrez compte, ajoutait-il, à Dieu et à saint Pierre, au jour terrible du jugement de la manière dont vous les aurez défendus. C'est vous que Dieu a choisis pour cette grande œuvre, par sa prescience de toute éternité; car ceux qu'il a prédestinés, il les a appelés, et ceux qu'il a appelés il les a justifiés. » On a souvent reproché au pieux Pontife l'application qu'il fait ici des paroles du grand apôtre; mais en le condamnant d'avoir employé les motifs sacrés de la religion, pour des affaires temporelles, peut-être n'a-t-on pas assez réfléchi que derrière l'Etat il y avait l'Eglise, dont la liberté courait de sérieux dangers. — La sixième est une lettre de remerciements au roi Pépin, pour la liberté qu'il a rendue à Rome et à l'Eglise. Il lui mande en même temps la mort d'Astolphe, et lui annonce que Didier lui a succédé; puis il le prie de lui faire rendre quelques villes de l'exarchat et de la Pentapole, qui d'après les termes du traité, devaient lui être restituées.

Priviléges. — Ces lettres qui ne sont dépourvues ni de force, ni d'éloquence, sont suivies de quatre priviléges accordés par Etienne à Fulrad, abbé de Saint-Denis. Le premier est celui par lequel il accorde à son abbaye l'honneur d'être gouvernée par un évêque particulier; le second octroie à l'abbé Fulrad le droit de posséder pendant sa vie un hôpital, une maison et tout ce qui avait appartenu à Rome aux moines Nazaire et Ratchis. Par un troisième, il lui accorde l'exemption de plusieurs monastères qu'il avait fondés en divers endroits de la France; voulant qu'à l'avenir ils fussent soumis immédiatement au Saint-Siége. Enfin, par un quatrième, il lui accorde le droit, lorsqu'il officierait solennellement, de porter une certaine chaussure alors en usage parmi les abbés d'Italie, comme on le voit par l'exemple de saint Anselme de Monantule; mais la marque d'honneur la plus signalée, fut la permission de faire porter, pendant la célébration des saints mystères aux jours des solennités, la dalmatique à six diacres. A la suite de ces priviléges, dans la *Collection des conciles*, se trouve un mémoire du même pape, dans lequel il raconte que pendant sa maladie au monastère de Saint-Denis, se trouvant transporté sous les cloches, il aperçut devant le maître-autel saint Pierre et saint Paul qui s'entretenaient avec le saint patron de l'église. Sur la parole de saint Pierre, affirmant que Dieu lui accordait la santé du malade, aussitôt saint Denis, un encensoir et une palme à la main, vint à lui accompagné d'un prêtre et d'un diacre, et lui dit : « La paix soit avec vous, mon frère : ne craignez rien, vous retournerez heureusement à votre siége; levez-vous et consacrez cet autel en l'honneur de Dieu et de ses apôtres que vous voyez, en célébrant une messe d'actions de grâces. Il ajouta que se sentant guéri, il voulut se lever aussitôt pour accomplir cet ordre; mais que les assistants s'y opposèrent en disant qu'il rêvait. Il leur raconta sa vision, qu'il redit ensuite aux rois et aux seigneurs qui vinrent le visiter, et qui en furent tous émerveillés. Nous n'avons pas besoin d'ajouter que ce monument est d'une autorité fort contestable.

Réponses à diverses questions. — Le Pape Etienne, comme nous l'avons dit, se trouva présent à l'assemblée de tous les seigneurs du royaume, que le roi Pépin tint à Carisiac ou Quiercy-sur-Oise, pendant les fêtes de Pâques de l'an 754. Après la résolution prise d'envoyer des troupes en Italie contre le roi des Lombards, les évêques proposèrent au Pape diverses difficultés sur plusieurs points de discipline. Ses réponses sont contenues en dix-neuf articles, dont voici la substance : « Cesser le commerce qu'on avait avec une servante, pour s'unir légitimement à une personne libre, ce n'est point contracter un double mariage, mais suivre les lois de l'honnêteté publique. — Si, après le mariage contracté, il survient à l'une des deux parties une impuissance quelconque de rendre le devoir, il n'est pas permis pour cela de les séparer, à moins que ce ne soit en cas de lèpre ou de possession du démon. — Il est défendu d'épouser sa commère spirituelle, soit de baptême, soit de confirmation; ce qui indique positivement qu'on donnait aussi des parrains et marraines dans ce dernier sacrement. — Un mari qui répudie sa femme, ne peut en épouser une autre de son vivant, sous peine d'encourir l'excommunication avec celle qu'il aura épousée. — On doit mettre en pénitence celle qui se marie après avoir promis à Dieu de garder sa virginité, encore qu'elle n'aurait pas reçu le voile; mais les moines et les religieuses qui abandonnent leur monastère pour se marier, doivent être frappés d'excommunication; pourtant s'ils se repentent, l'évêque leur fera grâce, et les traitera avec miséricorde. — Le mariage entre les lépreux est défendu. — Le prêtre qui, sous prétexte qu'il ne connaissait pas celui par qui il a été ordonné, quitte ses fonctions pour se marier, doit être mis dans un monastère pour y faire pénitence jusqu'à sa mort. — On en usera de même envers celle qu'il aura épousée, si toutefois avant son mariage, elle savait qu'il avait rempli les fonctions du sacerdoce. — Quant aux enfants qu'il aura baptisés, on ne doit point leur réitérer le baptême, s'il l'a conféré au nom de la Trinité. — Le prêtre qui, ayant de l'eau, baptise avec du vin, sera mis en pénitence et même excommunié; mais il sera exempt de la peine canonique. — Ce baptême toutefois n'est point approuvé, quoique cependant il semble le déclarer valide par ces paroles : *Infantes sic permaneant in ipso baptismo.* Je sais bien que plusieurs ont considéré cette parenthèse comme une glose qui s'était furtivement glissée dans le texte; et que d'autres ont prétendu que, sur ces dix-neuf articles, il y en avait dix de supposés, au nombre desquels se trouvait celui-ci; mais tout cela nous paraît affirmé sans fondement, contre la foi d'un manuscrit aussi ancien que celui d'où ces articles ont été tirés. Pour en revenir au baptême, on approuve celui qui aura été donné en cas de nécessité, en versant de l'eau sur la tête avec une coquille ou avec les mains; ce qui montre que cette manière de baptiser, aujourd'hui la seule en usage, était rare alors, et que l'on baptisait habituellement par immersion. — On déclare bonne la forme du baptême dans laquelle le ministre par ignorance répétait, en nommant chaque personne de la Trinité, ces paroles : *Je te baptise.* — Défense aux clercs et aux moines de porter les cheveux longs. — Celle qui, croyant son mari mort à la guerre, en épouse un autre, doit reprendre le premier s'il revient, et quitter le second. — Les autres questions proposées au Pape Etienne regardent la manière dont on devait juger les évêques, les prêtres et les diacres, lorsqu'ils se laissaient tomber dans des fautes considérables. Il résout toutes ces questions par l'autorité des conciles ou des décrétales des pontifes ses prédécesseurs. On voit par ses réponses que plusieurs prêtres doutaient alors de la validité de leur ordination. Cela tenait au grand nombre de faux évêques dont se plaignait saint Boniface, dans une lettre au pape Grégoire III, et dans une autre lettre au pape Etienne II, dont la réponse n'est pas arrivée jusqu'à nous. Quelque jugement que l'on porte sur ce pieux pontife, on ne peut lui refuser un zèle ardent pour les intérêts de l'Eglise, une charité tendre pour chacun de ses enfants, avec un attachement inébranlable pour la pureté de sa doctrine et l'intégrité de sa foi.

ETIENNE III, successeur de Paul Ier, ne le remplaça pas immédiatement sur le Saint-Siége. Après la mort de ce Pontife, un duc, nommé Toton, fit élire à mains armées un de ses frères, qu'on appelait Constantin. Comme il était encore laïque, Toton employa les mêmes violences pour lui faire donner la tonsure cléricale, le sous-diaconat et les autres ordres sacrés, jusqu'à l'épiscopat. Après son ordination, il écrivit au roi Pépin pour lui en donner avis, mais ce prince ne daigna pas lui répondre. Cependant Christophe, primicier et conseiller du Saint-Siége, ne pouvant souffrir une usurpation si indigne, de concert avec son fils Sergius, trésorier de l'Eglise romaine, s'adressa à Didier, roi des Lombards, qui leur donna des troupes. Avec ce secours, ils le contraignirent d'abandonner le palais de Latran, qu'il avait occupé pendant treize mois, et ils renvoyèrent également à son monastère un moine de Saint-Vitas, nommé Philippe, que le prêtre Valdipert, soutenu de quelques Romains, avait réussi à faire proclamer, à la faveur des troubles causés par cette expulsion. C'est le premier exemple d'une pareille usurpation du Saint-Siége.

Christophe, ayant rendu la paix à Rome, assembla les évêques, les chefs du clergé et de la milice, les soldats et le peuple romain; et tous convinrent d'élire Etienne, Sicilien de naissance et fils d'Olivus. Son savoir et la pureté de sa vie lui avaient mérité l'estime et la bienveillance des Papes Grégoire III, Zacharie, Etienne II et Paul Ier. Il était prêtre du titre de Sainte-Cécile; ce fut là qu'on l'alla prendre pour le conduire au Vatican, où il fut consacré suivant les règles ordinaires. La nomination d'Etienne causa une joie universelle; mais il n'eut pas le pouvoir d'empêcher les vengeances atroces exercées contre les deux intrus et leurs partisans. Constantin fut déposé et traité avec ignominie; et le peuple romain, de son côté, voulant rendre public le regret qu'il éprouvait de ne s'être point opposé à cette intrusion, en fit par écrit une confession qui fut lue à haute voix sur l'ambon de Saint-Pierre, le jour du sacre du nouveau pontife.

Lettres à Pépin. — Un de ses premiers soins, après son intronisation, fut d'envoyer Sergius, à la tête d'une députation, au roi Pépin et aux princes ses enfants, avec des lettres dans lesquelles il les priait d'envoyer à Rome des évêques instruits des saintes Ecritures et des canons, pour y tenir un concile au sujet de l'intrusion de Constantin. Les députés, ayant appris la mort de Pépin à leur arrivée en France, remirent les lettres dont ils étaient chargés à ses fils Charles et Carloman. Ces deux princes accordèrent au pape ce qu'il leur demandait, et envoyèrent douze évêques, au nombre desquels se trouvait Lulle de Mayence. Arrivés à Rome au mois d'avril 769, le pape tint avec eux, et plusieurs évêques de Toscane, de Campanie, et de toutes les provinces de l'Italie, un concile où Constantin fut obligé de comparaître. Interrogé sur son intrusion, il protesta que le peuple l'avait porté au Saint-Siége par violence; puis se jetant à terre et les mains étendues, il s'avoua coupable et demanda miséricorde au concile. Mais le lendemain il se défendit, soutenant qu'il n'était pas nouveau que des laïques fussent élevés à l'épiscopat; que Sergius n'étant que laïque avait été fait archevêque de Ravenne et Etienne sacré évêque de Naples. Les évêques, irrités de cette insolence, le firent frapper sur le cou et chasser de l'église. Ensuite ils prononcèrent une sentence contre lui portant qu'il serait condamné à faire pénitence le reste de ses jours. On examina tout ce qu'il avait fait pendant son épiscopat, et les actes du concile qui avait confirmé son élection furent jetés au feu. Après cette sentence, le pape Etienne III se prosterna la face contre terre, ainsi que les évêques et tous ceux du peuple qui avaient communiqué avec Constantin. Le concile passa ensuite à l'examen des canons qui défendent d'élire des laïques et établit là-dessus divers règlements. Il déclara nulles les ordinations faites par Constantin, et se sépara après avoir statué aussi sur le culte des images.

Lettres au sujet de l'ordination de Michel. — Quelque temps après, Sergius, archevêque de Ravenne, étant mort, Léon, archidiacre de la même église, fut élu canoniquement pour lui succéder. Michel qui, en sa qualité de scriniaire, se croyait des droits, eut recours au duc Maurice, qui, de l'avis de Didier roi des Lombards, vint à Ravenne, le fit élire par force et le mit en possession. Michel et Maurice, avec les magistrats de Ravenne, députèrent au Pape Etienne, en le priant de consacrer cette élection. Le pape s'y refusa, et écrivit plusieurs lettres à Michel pour l'engager à se désister. Ce fut inutilement. Michel gagna par ses présents le roi des Lombards, qui le maintint dans son usurpation une année entière. Le Pape envoya des nonces à Ravenne avec les ambassadeurs du roi Charles, qui se trouvaient alors à Rome, et ils agirent avec tant de succès sur les habitants, qu'ils chassèrent Michel de l'évêché, et l'envoyèrent à Rome chargé de chaînes. De leur côté, les évêques de la province et le clergé de Ravenne amenèrent à Rome l'archidiacre Léon, qui fut sacré par le Pape. Ces lettres sont perdues.

A la reine, au roi et aux princes. — Nous en avons une adressée au roi et à la reine Berthe ou Bertrade, et dans laquelle le pontife les remercie des services qu'Ithérius, député du roi, avait rendus à l'Eglise dans 'e duché de Bénévent, et sollicite pour lui une récompense. Il congratule, dans une seconde, Charles et Carloman sur leur réconciliation, et les prie en même temps d'obliger les Lombards à restituer ce qu'ils avaient usurpé du patrimoine de l'Eglise.

Plus tard, Etienne ayant appris que la reine Berthe était dans le dessein de marier un des princes ses fils à Ermengarde, fille de Didier roi des Lombards, et leur sœur Giselle au fils du même roi, écrivit aux deux princes français pour les détourner de cette alliance. Il leur représenta les Lombards comme un peuple vil et méprisable, comme une nation dont le sang corrompu n'engendrait que des lépreux, absolument indigne de contracter alliance avec l'illustre nation des Français et la noble famille royale. « Souvenez-vous, leur dit-il, que le roi votre père a fait, en votre nom, une promesse que vous avez renouvelée vous-mêmes dans vos lettres, de demeurer fermes dans la fidélité à la sainte Eglise, l'obéissance et l'amitié des Papes; d'où il conclut qu'ils ne pouvaient se dispenser d'agir avec force contre les Lombards, et de les contraindre de rendre à l'Eglise romaine ce qu'ils avaient envahi de son patrimoine. » Il ajouta qu'il avait mis cette lettre sur la confession de saint Pierre, pendant qu'il y célébrait la messe, et qu'il l'avait retirée de ce saint lieu pour la leur envoyer avec larmes. On sait que Charlemagne, malgré ces représentations, épousa la fille du roi des Lombards, qu'il répudia ensuite pour cause de stérilité. — Il y a deux autres lettres, sous le nom d'Etienne III, dans les livres carolins. L'une n'est qu'une lettre de remerciements à Charlemagne; l'autre est moins l'œuvre de ce pontife que de Didier, roi des Lombards, qui la lui dicta, ou du moins l'obligea à l'écrire. — Christophe et son fils Sergius sollicitèrent continuellement Etienne III de presser le roi Didier de restituer ce qu'il avait usurpé sur l'Eglise romaine. Ce prince, après avoir trouvé moyen de rendre Christophe et Sergius suspects au Pape, vint lui-même à Rome, sous prétexte de conférer avec lui, mais en effet pour les faire mourir. Comme il tenait Etienne enfermé dans le Vatican, il contraignit d'écrire à la reine Berthe et à Charles, son fils, que le roi Didier lui avait restitué tout ce qui appartenait à saint Pierre; qu'il avait appris avec beaucoup de douleur que Dadon, envoyé par Carloman, s'était joint à Christophe et à Sergius pour le faire mourir; qu'ils étaient entrés avec des soldats dans le palais pontifical de Latran, et ensuite dans l'église de Saint-Théodore, où il était assis au milieu de son clergé, et qu'il ne devait qu'au roi des Lombards d'être échappé à la mort qu'ils lui préparaient. Il n'y avait rien de vrai dans son récit. Le roi Didier ne fit aucune restitution à l'Eglise romaine. Son but, en faisant passer Dadon, envoyé de Carloman, pour un séditieux, était de mettre mal ce prince avec son frère Charles, et de profiter ensuite de leur division. Le Pape, au lieu de contribuer en quelque chose à la perte de Christophe et de son fils Sergius, fit tout ce qu'il put pour les sauver; mais Paul Asiarte son chambellan, de concert avec le roi Didier, les ayant tirés de l'église de Saint-Pierre et conduits aux portes de la ville, leur fit arracher les yeux. Christophe mourut au bout de trois jours, et son fils demeura enfermé dans le cellier du palais de Latran, jusqu'à la mort d'Etienne III. Asiarte le tira alors de prison et le fit mourir secrètement.

La mort d'Etienne arriva le 1ᵉʳ février 772, après trois ans et demi de pontificat. Il était grand observateur des traditions ecclésiastiques. Il rétablit plusieurs anciens rites de l'Eglise en l'honneur du clergé. Il ordonna que tous les dimanches les sept évêques cardinaux semainiers, qui servaient dans l'église du Sauveur, célébreraient la messe sur l'autel de Saint-Pierre. Ces sept évêques étaient les suffragants du Pape; et eux seuls avaient le droit d'officier dans l'église de Latran chacun leur tour. Les lettres d'Etienne III sont écrites d'un style qui ne manque ni de chaleur ni d'élégance. On cite quelques décrets d'un concile tenu à Rome sous son pontificat. Gratien lui en attribue d'autres. Peut-être sont-ils de quelques-uns de ses successeurs.

ETIENNE V, élu pape le 25 juillet 885, était Romain de naissance, et de famille noble. Il succéda à Adrien III, qui l'avait fait sous-diacre et l'avait gardé près de lui dans son palais de Latran. Les évêques, le clergé et tout le peuple le portèrent unanimement au souverain pontificat; mais il fallut l'arracher de sa maison pour le forcer d'accepter un honneur dont il se croyait indigne. A son avénement, des malheurs de plus d'un genre affligeaient l'Etat; des sauterelles ravageaient les campagnes; Rome était menacée par les Sarrasins; la France, désolée par les courses des Normands, ne pouvait lui être d'aucun secours; les trésors des églises étaient vides. Etienne écrivit à l'empereur Basile pour en obtenir du secours, et il remédia, autant qu'il le put, à ces maux, en distribuant tout son patrimoine aux pauvres, et en admettant à sa table des orphelins qu'il nourrissait comme ses enfants. La vie d'Etienne était pure; il ne manquait jamais de célébrer la sainte messe; il donnait le jour et la nuit à la psalmodie et à la prière, et ne retranchait de ces pieux exercices que les heures qu'il devait aux fonctions indispensables de son ministère. Il mourut en 891, après un pontificat de six ans et quinze jours.

Lettre à l'empereur Basile. — Dans la réponse qu'il fit à la lettre que l'empereur Basile avait écrite à Adrien III, il lui témoigna son étonnement qu'un prince aussi éclairé et aussi équitable eût écrit une semblable lettre, quand il ne pouvait ignorer que le siége apostolique n'est nullement soumis à la puissance royale. Il lui fait observer que Dieu a créé les princes séculiers pour gouverner les choses temporelles, comme il a donné à saint Pierre et à ses successeurs le gouvernement des choses spirituelles. C'est à l'empereur à réprimer les rebelles par sa puissance, à entretenir des troupes de terre et de mer, à rendre la justice et à faire des lois; c'est au Pape à veiller sur le troupeau qui lui est confié: sollicitude spirituelle aussi élevée au-dessus de celle de l'empereur que le ciel est au-dessus de la terre. Il prie donc le monarque de s'attacher aux décrets des successeurs des apôtres, d'honorer leur nom et leur dignité, puisque, dans toutes les églises, le sacerdoce tire son origine de saint Pierre, et que c'est en son nom que partout ses successeurs prêchent la sainte doctrine, et reprennent ceux qui s'en écartent. Etienne aborde ensuite la lettre de ce prince, en blâme les termes, justifie Marin dans sa conduite à l'égard de Photius, et conjure Basile de ne rien entreprendre contre l'Eglise romaine, mais au contraire, de tout faire pour la protéger. « Envoyez-nous une flotte armée avec une garnison pour défendre nos murailles contre les incursions des barbares. » Il peint l'état de détresse dans lequel se trouvaient les Romains, et qui allait même jusqu'à manquer d'huile pour entretenir le luminaire des églises. L'empereur s'était plaint qu'on n'avait point écrit à Photius; Etienne lui répond que c'était un laïque. S'il y avait à Constantinople un patriarche, l'Eglise romaine le visiterait souvent par ses lettres; mais Constantinople était sans pasteur. Marin, en condamnant Photius, avait partagé les sentiments du pape Nicolas, dont il n'avait fait qu'exécuter les décrets. Il témoigne sa joie à Basile de ce qu'il avait destiné un de ses enfants au sacerdoce.

Réponse à Stylien. — Après l'expulsion de Photius par l'empereur Léon, second fils et successeur de Basile, Stylien, métropolitain de Néocésarée, écrivit au pape Etienne, pour obtenir qu'il confirmât dans leur dignité ceux qui avaient été ordonnés par cet intrus, à l'exemple du concile de Calcédoine, qui reçut à pénitence ceux que Dioscore avait séduits, et du second concile de Nicée, qui admit également ceux qui avaient partagé les erreurs des iconoclastes. Le pape lui répondit que, ne s'accordant pas avec l'empereur sur la manière dont Photius avait quitté le siége patriarcal de Constantinople, il ne pouvait, sans une information exacte, rendre aucun jugement, et qu'il était besoin que les deux parties envoyassent des évêques, afin que, la vérité se trouvant manifestée des deux côtés, il pût prononcer suivant la volonté de Dieu; car l'Eglise romaine, dit-il, est le modèle des autres Eglises, et ses décrets devant demeurer éternellement, il est important de ne les rendre qu'après l'examen le plus sérieux.

A Robert, évêque de Metz. — Il répondit à Robert, évêque de Metz, que le clerc Flavin, qui était venu de Rome avec une lettre de sa part, pouvait être promu aux ordres ecclésiastiques, quoiqu'il eût un doigt coupé, parce que cet accident lui étant arrivé par la violence des Normands, il était dans la règle des canons, qui ne défendent point d'élever aux ordres ceux qui ont subi de semblables amputations de la part des païens, pourvu d'ailleurs que ces clercs eussent les qualités requises. Cette lettre fut suivie d'une à Selva, en faveur de l'église de Narbonne, contre les prétentions de l'église de Tarragonne; mais on convient que c'est une pièce très-suspecte, si même elle n'est point supposée.

A Foulques de Reims. — Flodoard parle de plusieurs lettres du Pape Etienne à Foulques, archevêque de Reims, et à quelques autres archevêques des Gaules, mais il n'en donne que le précis. Il y en avait une dans laquelle il traite Foulques de frère et d'ami, et le console au milieu de ses afflictions, c'est-à-dire des maux qu'il souffrait de la part des Normands. Une autre lui était commune avec Aurélien de Lyon et les autres évêques de France, au sujet des plaintes de l'église de Bourges, contre l'invasion de Frothaire, archevêque de Bordeaux. Comme le pape Jean VIII n'avait accordé le siége de Bourges à Frothaire qu'autant que celui de Bordeaux resterait occupé par les barbares, il ordonna aux évêques de l'obliger à retourner à Bordeaux sous peine d'anathème. La troisième, dont il nous reste un fragment, regarde l'ordination de Theutbold; diacre de cette église, il en fut élu évêque par une partie du clergé et du peuple, tandis qu'une autre partie avait élu Egilon ou Geilon, abbé de Noirmoutiers. Celui-ci fut sacré par Aurélien de Lyon, et occupa le siége de Langres jusqu'à sa mort, arrivée en 888. Le parti de Teutbold voulut soutenir son élection et l'autre élut Argrim, du consentement d'Aurélien. Les premiers en portèrent leurs plaintes au Pape, le priant d'ordonner lui-même Teutbold; mais Etienne, voulant conserver les droits des églises, renvoya Teutbold à son métropolitain, avec défense d'en consacrer un autre sans son autorité. Il commit pour exécuter ses ordres Oiran, son légat, qui en fit part à Aurélien. Cet évêque promit de se trouver à Langres pour examiner l'élection de Teutbold, mais il n'y vint pas. Le parti de Teutbold s'étant pourvu une seconde fois à Rome, le Pape écrivit à Aurélien de l'ordonner ou de rendre raison de son refus. Aurélien ne fit ni l'un ni l'autre, mais il sacra Argrim et le mit en possession. On retourna une troisième fois à Rome, et le pape consacra lui-même Teutbold, qu'il renvoya avec une lettre pour Foulques, à qui il ordonnait de se transporter à l'église de Langres, de mettre en possession Teutbold, et de déclarer à tous les archevêques et évêques qu'il ne l'avait consacré que pour punir la contumace de ceux qui lui avaient résisté dans cette affaire, et pour tirer l'Eglise de Langres de l'oppression. — Le Pape écrivit encore à Foulques au sujet d'un différend entre Herman, archevêque de Cologne, et Adelgaire, évêque de Hambourg et de Brême. Il lui donna commission de tenir en son nom un concile à Vormes avec les évêques voisins; Herman et Adelgaire devaient s'y rendre, afin que leurs droits respectifs pussent être soigneusement examinés. Il invitait par la même lettre l'archevêque de Reims à venir à Rome pour conférer ensemble sur cette affaire et sur plusieurs autres.

Discours. — Par une mauvaise coutume introduite dans l'église de Saint-Pierre, les prêtres étaient obligés de payer une certaine somme par an, pour avoir le droit d'y offrir le sacrifice tous les jours. Le pape Marin s'était déjà élevé contre cet abus, mais il avait repris vigueur sous le pontificat d'Adrien III son successeur. Etienne l'abolit absolument. S'étant aperçu des immodesties qui se commettaient à l'église, où la plupart s'occupaient moins de Dieu que de discours inutiles et frivoles, averti d'ailleurs que quelques-uns pratiquaient des maléfices et des enchantements, il prononça contre eux pendant la célébration de la sainte Messe un discours que l'auteur de sa Vie a rapporté. Il est simple, mais solide et soutenu des autorités de l'Ecriture. On peut y remarquer que les saints anges assistent à la célébration des mystères; qu'ils prient pour nous et qu'ils portent nos prières devant Dieu. Il ajoute que ceux qui s'occupent de maléfices et d'enchantements ne peuvent être réputés chrétiens, et qu'ils doivent s'abstenir de la communion du corps et du sang du Seigneur, jusqu'à ce qu'ils aient fait pénitence. Le discours d'Etienne se trouve joint à ses lettres dans toutes les collections des écrits des Pères.

ETIENNE VI. — A la mort de Formose, on élut pour lui succéder Boniface, fils d'Adrien, dont le pontificat ne fut que de quinze jours, et qui fut remplacé par Etienne VI, Romain de naissance et fils d'un prêtre nommé Jean. A la nouvelle de son élection, Foulques, archevêque de Reims et un des grands partisans du pontife intrus, lui écrivit pour lui témoigner de son dévoûment au Saint-Siége, et du désir qu'il avait d'aller à Rome, s'il voulait bien lui en accorder la permission. Le Pape, ne trouvant pas cette excuse suffisante, lui répondit qu'il était dans le dessein de tenir un concile au mois de septembre de la prochaine indiction 896, et qu'il eût à s'y trouver s'il voulait éviter les censures ecclésiastiques. On ne sait pas si ce concile se tint, mais Etienne VI en assembla un l'année suivante 897, dans lequel il fit condamner Formose, son prédécesseur. Il fit déterrer son corps, ordonna qu'il fût apporté au milieu de l'assemblée, où, après l'avoir placé dans le siège pontifical, et revêtu de ses ornements, on lui donna un avocat pour répondre en son nom. Alors Etienne, adressant la parole à ce cadavre comme s'il eût été vivant : « Evêque de Porto, lui dit-il, pourquoi as-tu porté ton ambition jusqu'à usurper le siége de Rome? » Ce reproche servit de fondement à une nouvelle sentence contre Formose. On le dépouilla de ses habits sacrés, on lui coupa trois doigts et la tête, puis on le jeta dans le Tibre. Tel est le récit de Luitprad, adopté par Fleury. Platine assure qu'on se contenta de lui couper les deux doigts qui servent à la consécration, ce qui est plus vraisemblable. Il ne faut rien mêler de douteux à une procédure déjà si hideuse et si dégoûtante en elle-même. Etienne déposa ensuite tous ceux que Formose avait ordonnés et les ordonna de nouveau; mais Dieu ne tarda pas à lui faire subir la peine de ses excès. La faction des grands de Rome ayant prévalu contre Adelbert, prince de Toscane, Etienne fut pris, chassé honteusement du Saint-Siége et enfoui dans une prison obscure où on l'étrangla. Indépendamment de la lettre à Foulques, dont nous avons parlé plus haut, on trouve dans la collection des conciles deux lettres sous son nom, l'une à Arnulfe, et l'autre à Eribert, tous deux archevêques de Narbonne. La première est sans date; la seconde est du treizième des calendes de septembre, indiction quatorzième, c'est-à-dire, 20 août 896. On ne sait pas au juste l'époque de sa mort; mais on cite une charte d'Italie, suivant laquelle il vivait encore en septembre de l'an 900.

ÉTIENNE VIII, élu pape en juillet 939, succéda à Léon VII. Il était parent de l'empereur Othon, et il fut nommé par la protection de Hugues, roi d'Italie, et contre le vœu d'Albéric, alors tout-puissant dans Rome. Comme il était Allemand de naissance, les Romains, dit Martin Polonus, l'avaient pris en aversion. Après s'être révoltés contre lui, ils lui découpèrent le visage et le défigurèrent tellement qu'il n'osait paraître en public. *L'art de vérifier les dates* observe que ce fait n'est rapporté par aucun auteur contemporain. Martin Polonus n'a écrit qu'en 1277, et la liste des papes qui précède la *Chronique* de saint Vincent de Vallorno porte expressément qu'Etienne VIII était Romain. Il s'appliqua mais vainement à réconcilier Hugues avec Albéric par l'entremise de l'abbé de Cluny, qu'il appela à Rome. Ce pape mourut au commencement de novembre 942, après trois ans et quelques mois de pontificat. Les seigneurs de France refusant de reconnaître Louis d'Outremer pour leur roi, le Pape Etienne envoya Damase en France, avec la qualité de légat. Il était porteur de lettres adressées aux seigneurs et au peuple, contenant menace d'excommunication si, avant Noël de l'an 942, ils ne cessaient de faire la guerre à ce prince et ne lui obéissaient comme à leur roi. Ces lettres ne sont point venues jusqu'à nous.

ÉTIENNE IX, connu d'abord sous le nom de FRÉDÉRIC, était Lorrain de nation, frère de Godefroi le Barbu, duc de Lorraine, et fut un des trois légats que le Pape Léon IX envoya à Constantinople, en 1054. Il avait d'abord été archidiacre de Liége, d'où il fut appelé en Italie, et créé chancelier de l'Eglise romaine. A son retour de Constantinople, ayant trouvé l'empereur Henri mal disposé en sa faveur, à cause de son frère Godefroi, qu'il regardait comme son ennemi, il se fit moine au mont Cassin, et à la mort de l'abbé Richer, il fut élu d'un consentement unanime pour le remplacer, le 23 mai 1057. Il partit aussitôt pour la Toscane où se trouvait le Pape, afin de recevoir de lui la bénédiction abbatiale, suivant l'ancienne coutume des abbés du mont Cassin. Victor II, qui gouvernait alors l'Eglise, le nomma cardinal prêtre, du titre de Saint-Chrysologue, puis le consacra comme abbé le jour de la Saint-Jean-Baptiste de la même année. Frédéric revint à Rome prendre possession de son titre de cardinal. Il y avait un mois à peine qu'il était dans cette ville lorsqu'on y apprit la mort du Pape. Il fut élu pour lui succéder le 2 août, jour de la fête de saint Etienne, dont il prit le nom, en souvenir de son élection. Pendant les quatre mois qu'il demeura à Rome, il assembla plusieurs conciles, dans lesquels il s'appliqua surtout à empêcher les mariages des clercs et les mariages incestueux entre parents. Il chassa du clergé tous ceux qui, depuis la défense de Léon IX, avaient vécu dans l'incontinence; et, bien qu'ils eussent quitté leurs femmes et vécu depuis dans la pénitence, il leur défendit de célébrer à l'avenir. Il se rendit ensuite au mont Cassin, où il demeura jusqu'au 10 de février, jour de la fête de sainte Scholastique. L'amour de la propriété s'était glissé insensiblement dans ce monastère; le pieux pontife, autant par ses exhortations que par ses menaces, vint à bout de le déraciner presque entièrement. Il établit également dans l'église de cette abbaye l'usage du chant romain. Pendant le séjour qu'il y fit, il tomba dangereusement malade, et désigna pour son successeur le moine Didier; car Etienne avait conservé son titre d'abbé, et ne le quitta qu'à la mort. Comme il connaissait le mérite de Pierre Damien, abbé de Font-Avellane, il le tira de sa retraite pour le faire évêque d'Ostie et premier des cardinaux; mais il fut obligé d'en venir aux menaces d'excommunication pour lui faire accepter toutes ces dignités. Au commencement de l'an 1058, Etienne députa Didier, en qualité de légat, vers l'empereur Isaac Comnène, avec le cardinal Etienne, et Mainard, nommé depuis évêque de Blanche-Selve. Les lettres de créance accordaient à Didier le titre d'abbé du mont Cassin. Cependant, comme il se rendait en Toscane, dans le but de conférer avec Godefroi, son frère, sur les moyens de chasser les Normands d'Italie, il mourut à Florence, le 29 mars 1058, après neuf mois et vingt-huit jours de pontificat.

Lettres. — Nous avons deux lettres d'Etienne IX; l'une à Gervais, archevêque de Reims, et l'autre à Pandulfe, évêque de Marsi. Il loue Gervais de la fidélité qu'il avait promise au Saint-Siége, et l'exhorte à ne s'en pas départir, malgré les contrariétés des ennemis de l'Eglise romaine. L'archevêque avait fait part au pape de son dessein d'assembler un concile à Reims, mais il ne lui avait pas marqué qu'il en avait obtenu le consentement du roi; aussi est-il surpris de son silence à cet égard. Il ajoute qu'il ne pouvait rien statuer sur son différend avec l'archevêque de Bourges, en l'absence de Hildebrand, qui en était pleinement instruit. S'il venait à Rome avec ce légat, ils règleraient cette affaire ensemble. Enfin il lui ordonne de s'y trouver, avec ses suffragants, au concile qui devait se tenir à Rome quinze jours après Pâques. Cette lettre ne porte aucune date.

Celle qu'il écrivit à Pandulfe est datée du château de Cassin, le 5 des ides de décembre, indiction XI*, c'est-à-dire du 9 du même mois de l'an 1058. Le Pape déclare qu'il rétablit l'évêché de Marsi dans son état primitif, et annulle la division qu'on en avait faite pour en former deux évêchés. Cette réunion avait été jugée nécessaire dans le concile que le Pape Victor II avait assemblé à Rome, dans la basilique de Constantin. Il faut ajouter à ces deux lettres le décret qu'Etienne rendit dans une assemblée des évêques, du clergé et du peuple romain, avant son départ pour la Toscane. Ce décret portait défense, en cas qu'il mourût dans ce voyage, de procéder à l'élection de son successeur, avant le retour de Hildebrand, député vers l'impératrice pour des affaires d'Etat.

ETIENNE, prêtre d'Auxerre. — Etienne, comme beaucoup de ses compatriotes, sur la fin du VI° siècle, fut obligé de quitter l'Afrique où il était né, et de se réfugier dans les Gaules, pour se soustraire à la persécution des Vandales. En sa qualité de prêtre, il demanda asile à l'Eglise d'Auxerre, qui s'empressa de l'admettre au nombre de son clergé. C'était un homme de savoir, et qui écrivait également bien en vers et en prose. Saint Aunaire, son évêque, qui connaissait tout son mérite, lui fournit l'occasion d'exercer sa plume, en l'engageant à écrire en prose la Vie de saint Amateur, et à mettre en vers celle de saint Germain, deux de ses plus illustres prédécesseurs. Etienne, ne pouvant rien refuser au digne prélat qui l'avait si bien accueilli, se prêta volontiers au double dessein qu'il lui proposait, et promit d'y travailler de toutes ses forces, quoiqu'il se reconnût incapable d'y réussir. On nous a conservé sa réponse à la lettre que saint Aunaire lui écrivit à ce sujet. Elle est remplie des plus beaux sentiments de modestie et d'humilité ; mais on y trouve trop souvent aussi des traits de mauvais goût et d'une éloquence mal entendue. C'est sur ces deux lettres que nous nous fondons pour attribuer indubitablement au prêtre Etienne la longue *Histoire de saint Amateur* que les continuateurs de Bollandus ont placée au 1er mai, après l'avoir collationnée sur différents manuscrits.

Cette lettre en effet présente assez de marques d'antiquité, pour qu'on la croie de la fin du VII° siècle. L'auteur y parle des coutumes romaines à la vérité, comme passées, mais dont le souvenir était encore récent dans la mémoire des peuples. On y voit aussi, par le soin extrême qu'il prend de particulariser les choses, que l'on conservait alors des mémoires assez exacts de la vie de saint Amateur, quoique sa mort remontât à près de deux siècles. Ces caractères, sans doute, seraient capables de donner à la pièce quelque autorité, s'ils ne se trouvaient accompagnés de défauts essentiels. D'abord on rencontre çà et là, dans le corps de l'ouvrage, plusieurs choses qui se sentent de l'altération que le temps apporte toujours à la vérité ; ensuite tous les discours sont entièrement de l'invention de l'auteur ; et enfin sa narration est semée d'hyperboles et de contradictions ; de plus, le style en devient souvent obscur à force de vouloir paraître éloquent. On peut inférer de là que l'auteur n'excellait, ni par le jugement, ni par la conduite d'une histoire, pas plus qu'il ne possédait le goût de la véritable littérature. Du reste, il emprunta plusieurs passages à la Vie de saint Germain, écrite par le prêtre Constance ; et c'est peut-être ce qu'il y a de plus avéré dans son ouvrage.

Quant au dessein de mettre en vers la Vie de saint Germain, suivant la demande de saint Aunaire, on ignore si Etienne l'a exécuté. S'il l'a fait, il est à croire que son ouvrage ne subsistait plus dès le IX° siècle, puisque Lothaire, abbé de Saint-Germain d'Auxerre, engagea un de ses moines, nommé Eric, à se charger du même poëme, ce que celui-ci exécuta.

ETIENNE DE LIÉGE, déjà illustre par sa naissance, le devint encore davantage par la sainteté de sa vie et par son savoir. Issu d'une famille alliée à la couronne de France, comme il paraît par un diplôme de Charles le Simple, conçu dans les termes les plus honorables : *Stephani venerabilis Tungrorum episcopi, nostræ consanguinitatis affini dilectissimi*, il se trouvait de plus oncle maternel de saint Gérard, abbé de Brogne et célèbre réformateur des monastères de la Belgique. Dès qu'il eut atteint l'âge convenable, on le plaça à l'école du palais, où il étudia les lettres sous le philosophe Mannon. Il eut pour condisciples Radbod, depuis évêque d'Utrecht, et Marcion, qui le devint également de Châlons-sur-Marne. Plusieurs auteurs contemporains attestent les progrès qu'il fit dans les sciences, et l'un d'entre eux lui rend ce témoignage qu'il passa pour l'homme le plus éloquent de son siècle et le plus profondément versé dans la connaissance des Ecritures. Trithème ajoute qu'il possédait également la littérature profane et qu'il avait acquis des notions étendues dans la liturgie et la musique. Insensible aux délices de la cour et aux attraits des dignités séculières, Etienne se retira dans le clergé de Metz, et se contenta du titre de chanoine de la cathédrale. Son zèle à remplir les devoirs de cette charge lui mérita les louanges de la postérité. On croit que, pourvu de l'abbaye de Saint-Michel, en Lorraine, il fut le seul qui assista avec la qualité d'abbé au concile de Metz, tenu en 888. Il fut ordonné évêque de Liége à la mort de Francon, en 903. Quoique l'histoire nous le représente comme un grand évêque, cependant elle nous a conservé peu de monuments mémorables de son épiscopat. Les commencements en furent signalés par le rétablissement de quelques monastères détruits par les invasions des Normands. Il obtint du roi Louis, fils d'Arnoul, la confirmation de toutes les donations faites à son église par les empereurs et les rois ses prédécesseurs. L'acte en est daté de l'an 908. Sa qualité d'évêque de Liége lui donnait le titre d'abbé de Lobes, dont le monastère se trouvait réuni à son évêché. Il en renouvela l'église presque en entier, et en célébra la dédicace avec Dodilon, évêque de Cambrai. Enfin, il mourut le 19 mai 920, après avoir gouverné son diocèse environ dix-huit ans ; il eut pour successeur Riquier ou Richer, abbé de Prum, qui l'emporta sur Hilduin, son compétiteur. Les écrivains les plus accrédités de son époque s'accordent tous pour lui donner les plus grands éloges. Cependant, de toutes les productions dues à la plume de notre prélat, il n'y en a peut-être qu'une seule qui soit venue jusqu'à nous : c'est la *Vie de saint*

Lambert, évêque de Tongres, plus connu dans les anciens auteurs sous le nom de saint Landebert.

Cette pièce ne coûta pas grand travail à notre prélat, puisqu'il ne fit que retoucher l'ouvrage de Godescalc, diacre de son église, sur le même sujet. Il y fut déterminé par les plaintes de plusieurs savants, qui trouvaient cette première Vie écrite dans un style trop barbare. Néanmoins, malgré l'application qu'y apporta le célèbre réviseur, il ne réussit pas plus à la dégager de ses imperfections grammaticales que de plusieurs autres qui la défiguraient; ce qui n'a pas empêché quelques écrivains de louer outre mesure la politesse de sa plume. La préface, en particulier, adressée à Hérimann, archevêque de Cologne et son métropolitain, n'est rien moins que bien écrite. Le reste, quoique d'un style plus tolérable, marque encore trop de recherche et d'affectation. Ce qu'il y a de meilleur dans cet écrit, c'est que l'auteur s'y est attaché à reproduire avec la plus scrupuleuse exactitude tous les faits rapportés dans l'original. Les réflexions particulières à l'auteur et quelques épisodes qui formaient un hors-d'œuvre se trouvent remplacés par des vers de sa façon, qu'il intercale de temps en temps dans sa prose, sans en indiquer ni le motif ni le but. Cette manière d'écrire était fort du goût de son siècle et prouve qu'il avait plus profité de la lecture des poëtes que des prosateurs. Quatre écrivains après lui tentèrent, pendant l'espace de trois siècles, de perfectionner ce travail sans qu'aucun ait pu réussir à nous donner une bonne histoire de ce saint évêque. L'ouvrage d'Etienne fut publié d'abord en 1574 par Surius, qui en corrigea un peu le style, à l'exception de la préface, à laquelle il déclare n'avoir pas touché. Jean Chapeaville, chanoine de Liége, le fit imprimer depuis, en 1612, à la suite de celui de Godescalc et avec les écrits de deux autres historiens sur le même sujet. Dom Mabillon s'est contenté d'en donner la préface, persuadé que l'histoire de Godescalc devait suffire.

Autres ouvrages. — Folcuin, l'un des successeurs d'Etienne dans l'abbaye de Lobes, nous apprend que ce prélat avait tiré de la Vie de saint Lambert le sujet d'un chant mélodieux, devenu depuis très-célèbre. Quelques modernes ont cru qu'il s'agissait d'une prose en l'honneur de saint Lambert; mais Sigebert, au contraire, l'explique d'un office de la nuit, *canticum nocturnum*, ce qui, du reste, paraît confirmé par un des anciens historiens de l'Eglise de Liége. Ce bibliographe se sert même, dans la suite, du terme *cantum* ou *canticum* pour signifier un office tant du jour que de la nuit. C'est par cette expression qu'il désigne l'office de la Sainte-Trinité, dont Etienne composa les vêpres, les matines et les laudes. Pendant longtemps cet office fut attribué à Hucbald de Saint-Amand; mais la découverte du testament de Riquier, successeur de notre prélat, et qui l'en reconnaît positivement pour l'auteur, a fait cesser la méprise. Trithème assure que de son temps l'Eglise gallicane suivait cet office, au jour de l'octave de la Pentecôte, consacré à la fête de la Sainte-Trinité. Il ajoute qu'Etienne l'avait tiré en grande partie des écrits d'Alcuin sur ce mystère; expression qui ferait croire qu'il se rapproche beaucoup du Bréviaire romain, où cet office est également emprunté aux écrits du même auteur. C'est donc à tort que Cave prétend que l'office en question avait été désapprouvé et rejeté par l'Eglise romaine. S'il en est ainsi, on aurait beaucoup de peine à se persuader que l'Eglise de France l'eût adopté et fait passer à son usage. Etienne composa aussi un office pour la fête de l'invention de saint Etienne, premier martyr; s'il fallait en croire l'auteur que nous venons de citer, cet office aurait eu le même sort que le précédent, et n'aurait pas été mieux accueilli à Rome. Quoi qu'il en soit, il ne nous en reste plus rien aujourd'hui; mais s'il faut en croire le témoignage des auteurs contemporains, il régnait une harmonie admirable dans toutes les parties de ces offices, qui devaient se chanter. Son principal ouvrage était une espèce de Bréviaire, où il avait recueilli avec choix l'office propre pour chaque heure canoniale de tous les jours de l'année. Depuis Musée, prêtre de Marseille, au v siècle, plusieurs écrivains ecclésiastiques avaient composé des lectionnaires pour l'office divin, mais jusqu'à Etienne de Liége, personne n'avait encore entrepris de donner un Bréviaire. Il dédia le sien à Robert, évêque de Metz, par une préface dans laquelle il reconnaissait avoir été clerc ou chanoine de cette église. On ignore quel a été le sort de cet ouvrage. — L'anonyme de Molk parle d'un Etienne, musicien fort habile, qui, entre plusieurs ouvrages, avait laissé un traité sur la musique. Quoique ce bibliographe ne qualifie point autrement cet Etienne, il nous paraît hors de doute qu'il veut parler de l'évêque de Liége du même nom. Un évêque anonyme de la même église, qui vivait à la fin des guerres des Normands, a laissé un *Traité des merveilles de saint Martin*, qui se lisait dans un manuscrit du XII siècle, appartenant à l'abbaye de Sainte-Geneviève de Paris. Nous ne savons ce que ce manuscrit est devenu; mais la manière dont en parlent les anciens bibliographes nous porterait assez volontiers à l'attribuer à l'évêque de Liége, dont nous venons de donner l'histoire. André Duchesne, dans ses notes sur cette Bibliothèque, a imprimé un fragment d'ouvrage absolument semblable à celui dont il est ici question. Rien ne s'oppose à nous laisser croire qu'il en a été tiré.

ETIENNE, évêque du Puy, succéda à Gui, son oncle, qui l'avait désigné sans avoir obtenu l'agrément du clergé ni du peuple. Etienne rendit son ordination plus irrégulière encore en ne se faisant sacrer que par deux évêques. On en porta des plaintes au Saint-Siége. L'affaire ayant été examinée dans un concile nombreux que le Pape Grégoire V assembla à Rome, en 998, Etienne fut déposé de l'épiscopat, et Théodard, moine d'Aurillac, ordonné évêque à sa place. On ne sait pas bien ce que devint Etienne après sa déposition. Il paraît qu'après le concile de Rome, il passa au mont Cassin, et qu'aux instances des moines de cette abbaye, il retoucha les *Actes de saint Placide* et de ses compagnons, attribués alors, mais sans aucun fondement, au moine Gordien. Nous n'avons de l'ouvrage d'Etienne que la préface ou épître dédicatoire, qui est très-bien écrite. On la trouve dans le sixième volume de la grande *Collection* de Dom Martène.

ÉTIENNE DE BYZANCE, ainsi nommé pour le distinguer de plusieurs écrivains du même nom, et aussi parce qu'il avait été diacre de l'église de Constantinople, a écrit la *Vie* et les *Actes de saint Etienne le jeune*, abbé du mont Saint-Auxence, qui répandit son sang pour la défense des images, sous l'empire de Constantin Copronyme. Dom Loppin, bénédictin de Saint-Maur, après avoir confronté cette Vie sur plusieurs manuscrits, l'a publiée en grec et en latin dans le premier tome des *Analectes grecs*; Paris, 1688. Nous avions déjà une histoire du même saint retouchée par Métaphraste sur celle du diacre Etienne, et mise en latin par l'abbé de Billy, mais elle n'avait plus le mérite de l'original. Ce qui donne à celle-ci un intérêt particulier, c'est que l'auteur y rapporte un grand nombre de faits et de circonstances qui mettent dans son jour l'histoire des iconoclastes, et font voir clairement ce que les catholiques pensaient du culte des images. Il déclare que ce culte n'a point pour objet la matière dont elles sont composées, mais le prototype ou l'objet qu'elles représentent, que nous nous représentons nous-mêmes à l'esprit, lorsque nous en honorons la reproduction. Ce culte ne diffère en rien de celui qu'on rend à la croix, aux reliques des saints et à tout ce que l'on révère dans l'Eglise. Il donne pour exemple de ce culte l'honneur que l'on rend aux statues des empereurs et des rois, et dit que s'il est permis de les honorer et défendu de les insulter, parce que l'honneur ou le mépris rejaillissent jusqu'au prince même, à plus forte raison doit-il être permis d'honorer et défendu de mépriser les images des saints, parce que l'honneur ou l'insulte remontent jusqu'aux amis de Dieu représentés par ces emblèmes. Voici en substance ce que contiennent les *Actes du martyre de saint Etienne*:

L'empereur Constantin Copronyme, après avoir fait mourir André de Crète sous les verges, tourna sa fureur contre Etienne, abbé du mont Saint-Auxence, à qui il envoya d'abord pour le gagner un patricien nommé Calliste, homme très-versé dans les doctrines des iconoclastes. Cet officier présenta des dattes, des figues et quelque autre nourriture au saint abbé de la part du prince, et lui proposa de souscrire à la définition du concile qu'il avait assemblé. — « Je ne le puis, répondit Etienne, parce qu'elle contient une doctrine hérétique. » Il protesta qu'il était prêt à mourir pour le culte des saintes images ; puis, creusant sa main, il ajouta : « Quand je n'aurais que plein cela de sang, je veux bien le répandre pour l'image de Jésus-Christ. Reportez à l'empereur la nourriture qu'il m'envoie, *l'huile du pécheur ne parfumera point ma tête.* » Constantin, irrité de cette réponse, envoya des soldats pour enlever le saint de sa cellule. Ils le portèrent au cimetière de saint Auxence où ils l'enfermèrent avec ses moines. On les laissa pendant six jours sans leur rien donner à manger. Le septième, Constantin, obligé de partir pour la guerre contre les Bulgares, fit reporter Etienne dans sa cellule. Mais il l'en tira quelque temps après pour le faire conduire au monastère de Philippique, près de Chrysopolis. Pendant dix-sept jours qu'il y demeura, il ne prit aucune nourriture, quoique l'empereur lui en eût envoyé abondamment. De Chrysopolis on le fit passer dans l'île de Proconaise, où il logea dans une caverne, près d'une église consacrée à sainte Anne, se nourrissant des herbes qu'il ramassait dans le désert. Ses disciples, que l'on avait chassés du mont Saint-Auxence, se rassemblèrent auprès de lui pour vivre sous sa conduite. Le bruit de ses miracles lui attira même un grand concours de peuple; et un aveugle, entre autres, le pressant avec beaucoup d'instance de lui rendre la vue, saint Etienne, après s'en être défendu avec beaucoup d'humilité, lui dit : « Avez-vous la foi? Adorez-vous l'image de Jésus-Christ, de sa Mère et des saints? Croyez-vous en Dieu, qui guérit même par les images, comme le prouve la conversion de sainte Marie Egyptienne? — Je crois, répondit l'aveugle, et j'adore. » A quoi saint Etienne ajouta : « Au nom du Seigneur Jésus-Christ, qui a guéri l'aveugle ; au nom du Dieu, en qui tu crois et que tu adores en son image, regarde le soleil et vois! » Aussitôt les yeux de l'aveugle furent ouverts, et il s'en alla louant Dieu. L'empereur prit occasion des miracles que le saint accomplissait dans son exil pour le faire ramener à Constantinople, se plaignant qu'il ne voulait point cesser d'enseigner l'idolâtrie. Il l'interrogea lui-même en particulier, assisté seulement de deux de ses principaux officiers. « Quels préceptes des Pères avons-nous méprisés, lui dit-il, pour t'autoriser à nous traiter d'hérétiques ? — C'est, répondit le saint, que vous avez ôté des églises les images que les Pères ont reçues et adorées de tout temps. — Impie, reprit l'empereur, ne les appelle pas des images, mais nomme-les des idoles. — Seigneur, répondit le saint abbé, les chrétiens n'ont jamais adoré la matière dans les images, nous adorons le nom de ce que nous voyons, remontant par la pensée jusqu'à la réalité. Cette vue élève notre raison jusqu'au ciel, et fixe notre curiosité. — Est-il donc juste, reprit l'empereur, de faire des images sensibles de ce que l'esprit même ne peut comprendre? » Saint Etienne répliqua : « Quel est l'homme, à moins qu'il n'ait perdu le sens, qui, en adorant ce que l'on voit dans les églises, adore une créature de pierre, d'or ou d'argent, sous prétexte qu'elle porte le nom de choses saintes? Mais vous autres, sans distinction du sacré et du profane, vous n'avez pas eu horreur de traiter d'idole l'image de Jésus-Christ, comme vous eussiez fait de celle d'Apollon, et d'assimiler l'image de la Mère de Dieu à celle de Diane? Vous les avez foulées aux pieds et vous les avez brûlées. — Esprit obtus, lui dit l'empereur, est-ce qu'en foulant aux pieds les images, nous foulons aux pieds Jésus-Christ? A Dieu ne plaise ! » Alors saint Etienne qui, en se rendant à cet interrogatoire, s'était fait donner une pièce de monnaie, la tira de dessous son vêtement et dit à l'empereur : « Seigneur, de qui est cette image et cette inscription? » Le prince surpris répondit : « C'est l'image des empereurs, c'est-à-dire sa propre image et celle de son fils. — Serai-je donc puni, continua saint Etienne, si je la jette à terre et si je la foule aux pieds? » Les assistants ayant répondu que ce n'était pas douteux, puisqu'elle portait l'image et le nom des empereurs invincibles, le saint, poussant un grand soupir, répliqua : « Quel sera donc le supplice de celui qui foule aux pieds le nom de Jésus-Christ et de sa Mère dans leurs images? Ne sera-t-il pas livré au feu éternel? » En même temps il jeta la pièce de monnaie et marcha dessus. Les officiers de l'empereur se jetèrent sur lui et voulurent le mettre à mort; mais le prince, voulant le faire juger selon les lois pour avoir foulé aux pieds les images des empereurs, l'envoya lié par le cou et les mains attachées derrière le dos devant le prétoire. Etienne se prépara au martyre par un jeûne de quarante jours, qu'il passa en prières; mais il reçut pendant ce temps la visite de tant de moines, que quelqu'un alla dire à l'empereur qu'Etienne de Saint-Auxence avait changé le prétoire en un monastère où l'on passait les nuits en psalmodie. On ajouta que les habitants de Constantinople couraient à lui de toutes parts pour apprendre à idolâtrer. Constantin, irrité, se fit amener le saint sur la place publique où se trouvait un bâtiment nommé le Mille. On y avait peint autrefois les six conciles œcuméniques pour l'instruction du peuple; mais le prince les fit effacer, et peindre à la place des courses de chevaux. L'empereur s'y rendit, mais il remit à un autre temps le supplice d'Etienne, parce qu'on célébrait ce jour-là la fête païenne des Brumales, en l'honneur de Bacchus, appelé Brumus par les anciens Romains. Le lendemain matin, saint Etienne se recommanda aux prières de ses moines, et après leur avoir dit adieu, se fit ôter le scapulaire, l'écharpe et la ceinture; il voulait aussi quitter la cuculle, mais ils lui firent observer qu'il devait mourir avec l'habit monastique. A leur requête il répondit : « On se dépouille pour combattre, et il n'est pas juste que ce saint habit soit déshonoré par le peuple. » Il ne garda donc que la tunique de peau. Comme il s'entretenait de matières de piété avec les moines, une troupe de courtisans vint en fureur à la prison demander Etienne d'Auxence. Il s'avança hardiment et leur dit : « Je suis celui que vous cherchez. » Aussitôt ils le jetèrent par terre, et l'un d'eux, s'étant saisi d'un grand piston de bois qui servait à une pompe, l'en frappa sur la tête et le tua sur-le-champ. Il mourut le 28 novembre 767, âgé de cinquante-trois ans. Etienne de Byzance, qui a rapporté toutes les circonstances de sa vie et de son martyre, nous apprend qu'il les écrivait quarante-deux ans après la mort du saint, en 809, et qu'il les avait apprises de sa famille, de ses compagnons, de ses disciples et des confidents mêmes du tyran, dont la plupart vivaient encore lorsqu'il les rédigeait. Théophane, dans sa *Chronographie*, parle également du martyre de saint Etienne le Jeune.

ETIENNE D'URBAIN, fut un des élèves du bienheureux Richard, abbé de Saint-Vanne, qui lui avait fait embrasser la profession monastique. Sous cet habile maître, il fit de grands progrès dans la vie spirituelle, et se rendit surtout recommandable par son zèle à observer la discipline. Quelques jours avant sa mort, le pieux et prudent abbé voulant pourvoir au maintien de la réforme qu'il avait établie dans les monastères soumis à sa direction, désigna pour lui succéder les plus dignes parmi ses disciples. Etienne, qui se trouvait du nombre des disciples privilégiés, fut élu abbé de Saint-Urbain, au diocèse de Châlons-sur-Marne, et gouverna effectivement ce monastère après la mort du bienheureux Richard, en 1046. Trois ans plus tard, il assista en cette qualité à la dédicace de l'église de Saint-Remy de Reims, et au grand concile qu'y célébra en même temps le Pape Léon IX. Comme il n'était entré en fonctions que depuis peu de temps, il se trouva occuper à cette double cérémonie la dernière place après tous les abbés de France, mais avant ceux d'Angleterre. On croit qu'Etienne vécut au moins jusqu'en 1078, parce qu'un de ses écrits est dédié à Roger, évêque de Châlons. Il est vrai que dans le même siècle, cette église eut successivement trois évêques du nom de Roger; mais la présomption est en faveur de Roger II, ce qui confirme l'époque indiquée.

SES ÉCRITS. — L'ouvrage dédié par Etienne à ce prélat, contient les *Actes de saint Urbain*, premier pape du nom, et patron titulaire de son monastère. Dom Mabillon, qui les avait vus manuscrits à l'abbaye de Cîteaux, nous apprend qu'ils sont précédés d'une épître apologétique à l'évêque Roger, et d'une préface au lecteur qui commence par ces mots : *Sæpius rei cujuslibet*. Le corps des *Actes* qu'Etienne n'a fait que retoucher, pour en polir le style, commence par ces autres mots, qui peuvent servir à distinguer son ouvrage de tout autre sur le même sujet : *Urbanus igitur urbis Romæ episcopus*. Il n'est peut-être pas de saint sur lequel on ait plus écrit que saint Urbain. Les premiers successeurs de Bollandus comptent jusqu'à cinq ou six Vies différentes, sans y comprendre les abrégés. Ils déclarent s'être bornés à reproduire ceux qui leur ont paru les plus simples et les plus anciens; mais ces derniers même ne sont pas de grande autorité. S'il faut en juger ainsi, ceux de notre abbé méritent encore moins de créance, quoiqu'il les ait retouchés et qu'il en ait poli le style. Ses éditeurs vont même jusqu'à douter que ces *Actes* soient son ouvrage, et ils semblent plutôt disposés à lui en attribuer d'autres beaucoup plus prolixes qu'ils avaient trouvés manuscrits dans la bibliothèque de son monastère; cependant l'absence de signature sur les uns et la présence du nom d'Étienne sur les autres, les a déterminés à lui attribuer de préférence ceux qui se montraient décorés de son nom.

Quoique nous n'ayons aucune preuve de cette opinion, nous ne serions pas éloigné de lui attribuer encore l'*Histoire de la translation du corps de saint Urbain de Rome à Auxerre*, et d'Auxerre au monastère, qui commença dès lors à porter son nom. Les raisons qui nous font pencher vers ce sentiment sont, que le manuscrit sur lequel cette histoire a été imprimée se trouvait à Saint-Urbain, et ensuite, que cette histoire est évidemment beaucoup plus ancienne que la relation du miracle qui l'accompagne. Cette relation n'a été écrite qu'après l'an 1141, et il suffit d'en lire le commencement pour se convaincre qu'elle forme un écrit isolé et indépendant de l'histoire de cette translation. Il était du reste tout naturel qu'Étienne qui, pour le faire connaître, avait écrit la Vie de son saint patron, entreprît en même temps de faire savoir à la postérité comment son monastère se trouvait en possession de ses reliques, et par quelles voies elles lui étaient venues de Rome. La translation s'en fit de Rome à Auxerre en 862, et d'Auxerre au monastère dont il s'agit en 865. Il est clair, par la fin de l'histoire, que l'auteur ne l'écrivit que longtemps après, ce qui convient à notre abbé. Du reste, quel qu'il soit, l'auteur a eu besoin de bons mémoires pour entrer dans un détail aussi circonstancié de tous les lieux par où passèrent les reliques avant d'arriver à Auxerre. Cette histoire est imprimée à la suite des *Actes* dont nous avons parlé plus haut.

A la fin de son épître apologétique à l'évêque Roger, Etienne témoigne que ce prélat l'avait engagé à rendre aux Actes de saint Memmie, vulgairement saint Mauge, premier évêque de Châlons, et de deux de ses successeurs, saint Elafe et saint Leudomir, le même service qu'il avait rendu aux Actes de saint Urbain; mais on ignore s'il exécuta ce projet. Nous avons montré ailleurs, particulièrement à l'égard de saint Mauge, qu'il y avait de lui trois sortes d'Actes, dont les uns avaient été retouchés vers 868 par le célèbre Almanne d'Hautvilliers.

ÉTIENNE DE CHARTRES, fils aîné de Thibaut III, comte de Champagne, et de Gersende, fille d'Herbert, comte du Maine, était lui-même comte de Chartres et de Blois. Du côté paternel, il se trouvait arrière petit-fils d'un roi de France, et il sut soutenir dignement la grandeur de son extraction. On ignore sous quel maître on lui fit faire ses premières études, mais les écrivains de son époque nous le représentent comme un homme éloquent et d'un rare savoir : *homo facundus et singularis scientiæ*. La conduite sage qu'il tint dans sa jeunesse, et ses premiers exploits, le rendirent illustre et lui acquirent la réputation d'un homme de vertu. En un mot, il réunissait tant d'excellentes qualités, il était en même temps si brave et si généreux, qu'il ne lui manquait qu'un peu plus d'élan et une humeur plus constante pour être un parfait capitaine et un prince accompli. Dans le but de s'assurer l'amitié de Guillaume le Conquérant, un de ses plus puissants voisins, en qualité de duc de Normandie, Etienne rechercha en mariage sa fille Adèle. Geoffroi de Chaumont, l'un des braves chevaliers qui avaient accompagné le duc dans sa conquête d'Angleterre, s'entremit dans cette alliance et la fit réussir. Les noces furent célébrées à Chartres avec grand appareil, plusieurs années avant la mort du roi Guillaume. Par ce mariage, Etienne devint gendre et beau-frère de rois; et il en sortit un fils qui fut lui-même roi d'Angleterre, après la mort de Henri Ier, son oncle. Etienne soutint en tout la gloire de son illustre maison, et il imita ses ancêtres dans leur piété envers les églises et les monastères. A l'avénement d'Yves à l'épiscopat, il eut avec lui un différend, qu'il eut le bon esprit de terminer presque aussitôt par une paix entière, en renonçant généreusement à la mauvaise coutume qu'avaient les comtes de Chartres, de faire enlever, à la mort ou à la déposition de l'évêque, tout ce qui se trouvait dans la maison épiscopale et les terres de sa dépendance. Il fonda, en 1089, le prieuré de Saint-Jean en Grève, dans un des faubourgs de Blois, et l'unit à l'abbaye de Pontleroy. Sept ans plus tard, il fit encore une donation considérable à l'abbaye de Marmoutiers, où Odon, son aïeul, et Hugues, archevêque de Bourges, son grand-oncle, étaient enterrés avec leur mère. La piété d'Etienne ne pouvait résister à l'enthousiasme universel excité par la croisade. Il partit pour cette fameuse expédition, au mois de septembre 1096, dans la compagnie de Robert, duc de Flandre, et de Robert, duc de Normandie. Ce détachement de croisés prit sa route par l'Italie, et après avoir visité la ville de Rome et passé l'hiver en Campanie et en Pouille, ils s'embarquèrent au mois d'avril suivant et arrivèrent en Bulgarie. A Constantinople, l'empereur Alexis, qui s'était montré si inhumain pour les autres princes de la croisade, fit au contraire à ceux-ci le plus gracieux accueil. Il témoigna en particulier au comte Etienne une entière confiance, et le renvoya comblé d'honneurs et de présents. Il lui offrit même de prendre à sa cour un de ses fils, afin de l'élever aux premières dignités de l'Empire. Etienne, avec ses compagnons, ayant joint le gros de l'armée chrétienne qui les précédait, tous les princes croisés s'accordèrent unanimement à l'établir chef du conseil de guerre qui devait diriger toutes les opérations de la campagne. Malgré sa puissance et sa haute extraction, il ne tenait cependant que le cinquième rang parmi eux; mais il avait une prudence consommée et une habileté rare dans l'art de la guerre. Il eut beaucoup de part à la prise de Nicée, qui se rendit aux chrétiens le 20 juin 1097, et à la victoire qu'ils remportèrent le 1er juillet suivant sur les Turcs, dont l'armée fut entièrement défaite, quoique très-supérieure en nombre. Etienne, après des prodiges de valeur, parvint, avec Godefroi de Bouillon et Bohémond, à mettre le siége devant Antioche, le 21 octobre de la même année. Mais hélas! les plus grands hommes ont leur faible : il ne put supporter l'ennui et les fatigues d'un siége qui traînait en longueur, et, sous prétexte de maladie, il quitta l'armée deux jours avant qu'elle ne se rendît maîtresse de la ville. Guibert de Nogent fait tout ce qu'il peut pour excuser la désertion d'Etienne, et Guillaume de Tyr estime simplement que sa maladie était réelle; mais presque tous les autres historiens la regardent comme supposée et n'hésitent pas à attribuer à Etienne tous les préjudices qui en résultèrent pour l'armée chrétienne. Non-seulement son départ priva les croisés d'un de leurs premiers chefs, mais il entraîna encore après lui quatre mille combattants de ses sujets. On assure même que l'empereur Alexis, qui venait au secours des croisés avec une armée de cent mille hommes, fut arrêté dans sa marche par le retour d'Etienne, qui, s'il faut en croire toutes les accusations formulées contre lui, entraîna également à sa suite Gui, frère de Bohémond, qui conduisait dix mille Français à l'armée des croisés. De retour en France, Etienne y fut généralement blâmé de sa défection. La comtesse son épouse, plus que tous les autres, n'omit rien pour l'encourager à réparer son honneur. Mais le comte, connaissant par expérience les difficultés et les périls de l'entreprise, craignait de s'y exposer de nouveau. Pourtant, devenu sensible à l'ignominie dont il s'était couvert, il reprit courage ; il repartit pour la croisade avec Guillaume, comte de Poitiers et Hugues le Grand, qui y conduisaient un secours de plusieurs milliers de Français. C'était en 1101, et, dès l'année suivante, après avoir célébré la fête de Pâques à Jérusalem, le comte Guillaume reprit par mer le chemin de la France. Etienne de Chartres se mit en devoir de le suivre, mais le vent contraire l'obligea à retourner sur ses pas. Quelque temps après il perdit la vie dans une bataille imprudente que le roi Baudouin livra aux infidèles avec des forces trop inégales. On croit devoir fixer sa mort au 18 juillet 1102.

SES ÉCRITS. — Quoique Baudri, l'un des historiens de la première croisade, nous représente le comte Etienne comme un homme éloquent et d'un grand savoir pour un laïque, cependant il nous reste bien peu de chose des productions de son génie. Ses poésies, qui faisaient l'admiration d'Hildebert, évêque du Mans, sont entièrement perdues. La lettre dans laquelle ce prélat en parle avec les plus grands éloges, est à la vérité sans inscription, mais il y a toute apparence qu'elle était adressée à notre comte. Hildebert relève en même temps ses exploits guerriers et les inspirations de sa muse. Il avait peine à comprendre qu'on pût être aussi bon poète au milieu du tumulte des armes, et que le même personnage, occupé de tant d'autres soins, pût trouver encore assez de loisirs, et surtout assez de liberté d'esprit pour s'appliquer à une telle étude. « J'entends dire, ajoute-t-il, en parlant à Etienne, qu'à la guerre vous êtes un autre César; et je suis émerveillé qu'en fait de poésie vous soyez un autre Virgile. Vous imitez ce poète à faire croire que vous ne prenez aucune part aux exercices de César, ou que vous ne sentez aucunement les fatigues inséparables de la guerre. Il faut avoir un esprit supérieur pour se prêter ainsi à des occupations si opposées. » Ce passage suppose clairement qu'Hildebert avait lu au moins quelques-unes des poésies d'Etienne. Si elles avaient réellement la valeur littéraire qu'il leur attribue, il est fâcheux qu'elles n'aient pas été conservées. A la façon dont il en parle, on juge qu'elles étaient en latin ; mais cependant il est difficile de penser que notre poète, versifiant à la tête des armées et au milieu de soldats qui, presque tous, ne se servaient plus de cet idiome, n'en ait pas écrit quelques-unes en langue vulgaire.

Lettres. — Après son départ de France pour la Syrie, Etienne écrivit souvent à la comtesse son épouse, pour la tenir au courant de ses aventures et des succès de la croisade. Nous avons perdu la première de ces lettres, mais il en est fait mention dans une autre, écrite de Constantinople, et qui suivit celle-ci de quelques jours. Etienne y fait le détail de ce qui lui est arrivé de plus mémorable dans sa route, depuis le lieu de son départ jusqu'à Rome, et depuis Rome jusqu'à Constantinople, où, après avoir heureusement abordé, il s'était vu comblé d'honneurs et des caresses impériales.

Il nous reste encore deux autres lettres très-intéressantes, d'abord par plusieurs circonstances de la guerre sainte qui ne se lisent pas dans les auteurs qui en ont écrit l'histoire, et ensuite par quelques faits racontés, avec des détails plus certains, par un témoin oculaire, qui était l'âme et le conseil de l'armée chrétienne. L'une de ces lettres, la première en date, fut écrite de Nicée, aussitôt après la reddition de cette ville, et avant la victoire que les chrétiens remportèrent peu de temps après sur les infidèles, et à laquelle le comte Etienne prit une glorieuse part. On y trouve en abrégé le récit des événements qui signalèrent la marche des croisés, depuis Nicomédie jusqu'à Nicée. Les circonstances qui accompagnèrent et qui suivirent la reddition de cette ville à l'empereur Alexis, y sont beaucoup mieux détaillées que dans nos historiens. Etienne commence sa lettre en rapportant l'accueil aussi honorable que gracieux qui lui fut fait par l'empereur, lors de son passage à Constantinople. L'éloge qu'il fait de ce prince est on ne peut plus pompeux; et s'il fallait le prendre à la lettre, jamais empereur plus magnifique n'eût porté la couronne en Orient. Les présents qu'il en reçut surpassaient de beaucoup ceux que lui fit Guillaume le Conquérant, lorsqu'il épousa sa fille, la princesse Adèle. On voit que le style de cette lettre diffère essentiellement de celui de tous les historiens de la croisade, qui nous représentent Alexis comme un prince fourbe, rusé, jaloux, avare, et l'ennemi juré des Latins. Toutefois, il est possible qu'ayant éprouvé l'intrépidité et la force des armes de Godefroi de Bouillon, lorsque celui-ci passa avec son armée aux portes de Constantinople, Alexis eût appris à être plus traitable et même plus gracieux envers le comte de Chartres et les autres princes croisés, lorsqu'ils passèrent avec leur armée par sa capitale. Dans la même lettre, Etienne apprend à la comtesse son épouse, que le bras de mer entre Constantinople et Saint-Georges, qu'on dit si dangereux à traverser, lui a paru, pendant qu'il le parcourait sur les vaisseaux de l'empereur Alexis, aussi calme et aussi tranquille que les rivières de la Seine et de la Marne, et qu'on n'y courait pas plus de périls. Il finit sa lettre en rappelant à la comtesse Adèle, que la ville de Nicée, qui venait d'être conquise par l'armée chrétienne, était la même où s'était tenu le célèbre concile qui condamna l'hérésie arienne, et que sous cinq semaines au plus tard, les croisés espéraient se rendre devant Jérusalem, à moins toutefois que la ville d'Antioche ne les arrêtât, ce qui arriva effectivement. Dom Mabillon, après avoir découvert cette lettre dans un manuscrit du Vatican, l'a publiée à la suite d'une histoire anonyme de la première croisade. Cinq ans auparavant, Bernier l'avait fait imprimer parmi les preuves de son *Histoire de Blois*, mais en la donnant comme supposée. L'auteur de la *Bibliothèque chartraine* confirme cette supposition; ce qui ne nous empêche pas, avec le judicieux critique que nous venons de nommer, d'en appeler de ce jugement. Il suffit de conférer le style de cette lettre avec celui de la lettre qui suit, pour l'admettre comme authentique.

Cette autre lettre n'est pas particulière à la comtesse Adèle; mais Etienne l'adressa en même temps à ses enfants et à tous ses vassaux. Nous sommes redevables à dom Luc d'Achery, de nous l'avoir conservée. On y trouve en abrégé la suite des événements de la croisade, depuis la reddition de Nicée, dont elle ne parle pas, jusqu'à la vingt-troisième semaine du siége d'Antioche. Comme on le voit, l'auteur reprend le fil de sa narration où il l'avait laissée dans la lettre précédente, et après avoir marqué ce qui le regardait personnellement, il commence son récit par la grande victoire que les chrétiens avaient remportée sur les infidèles, le 1er juillet 1097, c'est-à-dire quelques jours seulement après la prise de Nicée par l'empereur Alexis. Ensuite Etienne parcourt à la hâte les exploits héroïques des croisés en Arménie, en Cappadoce, en Syrie, et dans le pays que l'on nommait alors la Roumélie. La lettre est datée du lendemain de Pâques 1098. L'armée chrétienne comptait alors cent soixante villes ou châteaux conquis dans la seule province de Syrie, sans y comprendre Antioche, qu'elle tenait assiégée depuis le 21 octobre de l'année précédente. Quoique Etienne passe légèrement sur ces faits, son récit cependant ne laisse pas de contenir plusieurs circonstances qu'on ne lit pas dans les autres relations. Nous citerons en particulier ce qui regarde les fortifications d'Antioche, la température du pays, les forces des infidèles, et divers avantages que les croisés remportèrent sur eux pendant le siége. L'auteur remarque, à une de ces occasions, que l'hiver est aussi rigoureux à Antioche qu'en Occident. C'est dans cette lettre qu'il apprend à la comtesse son épouse que l'armée chrétienne l'avait choisi, malgré lui, pour présider son conseil de guerre; et il finit en l'assurant qu'il se rendrait auprès d'elle le plus tôt qu'il lui serait possible. Il fut trop empressé à lui tenir parole comme on l'a vu par la suite de son histoire. Il avait alors pour chapelain un prêtre nommé Alexandre, qui lui servait en même temps de secrétaire. Peut-être en avait-il employé un autre pour écrire la lettre précédente, ou l'avait-il écrite lui-même; ce qui expliquerait certaines différences de style signalées par quelques critiques, mais que, avec la meilleure volonté, nous n'avons pu découvrir.

Nous avons encore du comte Etienne quelques écrits qui sont plutôt des monuments de sa piété que de sa science, mais qui ne laissent pas d'être intéressants par divers traits historiques qu'ils renferment. Le premier est la constitution qu'il fit à la prière d'Yves, évêque de Chartres, et par laquelle, du consentement de sa femme et des quatre princes leurs enfants, il exemptait cette église de la coutume, en vertu de laquelle les comtes ses prédécesseurs se croyaient en droit de s'emparer de tous les biens meubles de l'évêque mort ou déposé. Cette constitution fut confirmée en 1105 par le pape Pascal II, et le roi de France Philippe Ier. Les anciens auteurs en ont fait tant de cas qu'ils nous en ont laissé trois éditions. Jean Baptiste Souchet l'a imprimée dans ses notes sur les lettres d'Yves de Chartres. Jacques Petit l'a fait entrer dans le recueil qui sert d'appendice au Pénitentiel de saint Théodore de Cantorbéry. Enfin DD. Martène et Durand l'ont publiée sur un ancien manuscrit. — Le second monument laissé par notre comte est sa charte de dotation en faveur de l'abbaye de Marmoutiers; cette charte contient plusieurs traits intéressants, non-seulement pour la maison des comtes de Chartres et de Blois, mais aussi pour l'histoire de cette abbaye. On y trouve des circonstances curieuses sur le départ d'Etienne pour la croisade. Elle a été rédigée à Coulommiers, où le comte préparait tout ce qui lui était nécessaire pour son premier voyage en Orient, et doit porter par conséquent la date d'août ou de septembre 1096. Après son départ, la comtesse Adèle confirma cette charte en présence de plusieurs seigneurs dont les noms se lisent au bas avec celui de Jean, qui en fut le secrétaire.

ETIENNE (Le cardinal), qui par son zèle et son attachement pour le Saint-Siége a mérité le titre glorieux de défenseur de l'Eglise romaine, était Français d'origine, suivant le témoignage d'Alfane, archevêque de Salerne, son contemporain et son ami. On ignore cependant le lieu de sa naissance, et tout ce qu'on peut dire de sa famille c'est qu'elle était noble. A cette extraction distinguée se trouvait jointe une grande pénétration d'esprit, relevée par une probité de mœurs incomparable qui lui a mérité des éloges de la part de tous les auteurs anciens. Plusieurs écrivains modernes supposent qu'il fut moine à Cluny, sous le gouvernement de saint Odilon ; Onuphre le fait même abbé de Saint-André du mont Scaurus, à Rome ; mais Dom Mabillon, qui a étudié le fait, n'a trouvé aucune preuve suffisante pour l'affirmer. Etienne fit de bonnes études, et le fruit principal qu'il en tira fut une grande connaissance des lois de l'Eglise. Il l'employa dans la suite avec toute la vigueur d'un zèle chrétien à réprimer le vice et à soutenir l'innocence. Son savoir et sa vertu portèrent le Pape Léon IX à le créer cardinal prêtre de la sainte Eglise romaine, titre jusqu'alors inconnu. Au commencement de l'année 1058, le désir d'avancer la réunion de l'Eglise grecque avec l'Eglise latine, inspira au pape Etienne IX la pensée d'envoyer des apocrisiaires à Constantinople, comme l'avait fait déjà son prédécesseur. Il choisit pour l'exécution de ce dessein le cardinal Etienne, Didier, nouvellement élu abbé du Mont-Cassin, et Mainhard, depuis cardinal évêque de Blanche-Selve. Mais à peine les députés étaient-ils à quelques journées de Rome que la nouvelle de la mort du pape les fit revenir sur leurs pas. Le cardinal Etienne se retira au Mont-Cassin, où il passa la fête de Pâques. La confiance dont l'honorèrent les deux papes que nous venons de nommer lui fut continuée par Nicolas II et Alexandre II, leurs successeurs. Etienne fut légat en France, où il travailla pendant plusieurs années à combattre la simonie et l'incontinence des clercs et à réformer divers autres abus qui défiguraient la face de l'Eglise. Il tint à ce sujet plusieurs conciles dont nous ferons connaître les décrets en leur lieu. Dans le fameux schisme qui troubla l'Eglise, à la mort de Nicolas II, le collège des cardinaux lui confia, comme au plus capable, une légation à la cour d'Allemagne, d'où l'on espérait quelques secours ; mais empêché par diverses intrigues, il se vit contraint de revenir à Rome sans avoir rien fait. Le cardinal Pierre de Damien faisait beaucoup de cas des lumières et du mérite d'Etienne, comme on peut s'en convaincre par ses lettres. Le cardinal Hildebrand, devenu Pape sous le nom de Grégoire VII, parle de lui comme d'un légat de la plus grande autorité. Comme Etienne ne fut jamais attaché par les liens de l'épiscopat à aucune église particulière, personne ne s'est mis en devoir de conserver à la postérité l'histoire de sa vie. Nous nous trouvons privés par là de tout ce qu'il a fait pour le bien de l'Eglise et du temps précis où il a vécu. Il est certain qu'il vivait encore au mois d'avril 1068, et on croit généralement qu'il ne mourut que l'année suivante.

SES ÉCRITS. — L'histoire ne nous dit pas qu'Etienne ait employé son savoir autrement qu'à détruire le vice et à établir la vertu. Aussi, à peu de choses près, ne nous reste-t-il de lui que des décrets rédigés ou publiés en concile. Il en assembla un à Tours, dans l'église cathédrale, le 1er mars 1060. Il nous en reste dix canons avec une petite préface. On y voit que ce concile, formé de dix prélats, tant archevêques qu'évêques, dont aucun n'est nommé, et présidé par Etienne, s'était donné pour mission d'examiner soigneusement ce qu'il convenait de faire afin d'affermir l'état des églises ébranlées et presque ruinées dans les Gaules, plus encore qu'en aucune autre partie de la chrétienté. C'est dans ce but qu'ils publièrent ces canons ; car il y a toute apparence qu'ils ne furent point formés par la délibération des évêques, mais qu'ils avaient été apportés de Rome, dressés d'avance par le légat. Ce qui le prouve, c'est que les canons ou décrets d'un autre concile célébré à Vienne en Dauphiné le 31 janvier de l'année précédente, sont les mêmes, mot pour mot. La préface aussi, à l'exception des dates et du nom des villes, est exactement la même ; ce qu'Etienne renouvela probablement encore dans un troisième concile qu'il tint à Bordeaux le 1er avril 1068, et peut-être aussi dans tous ceux qu'il assembla en diverses églises de France pendant sa légation. Quoi qu'il en soit, ces canons roulent principalement sur la simonie, considérée dans toutes ses espèces, l'aliénation des biens ecclésiastiques, l'incontinence des clercs, les mariages entre parents et les moines apostats. Tous ces désordres y sont condamnés sous les peines les plus rigoureuses. C'est comme un précis de tout ce que le pape Nicolas II avait déjà prescrit, dans ses conciles de Rome, sur les mêmes points de discipline. Avant que ces actes fussent imprimés dans la *Collection générale des conciles*, Dom Luc d'Achery les avait déjà publiés dans ses *Notes sur la Vie du bienheureux Lanfranc*, mais sous le titre de *Concile d'Angers*. Il est possible que le légat Etienne les ait publiés aussi dans cette dernière ville, puisqu'il s'y trouva en 1067, comme il paraît par sa signature à une acte de la même année en faveur de l'abbaye de

Saint-Florent de Saumur, et par l'excommunication qu'il prononça contre Geoffroi le Barbu, comte d'Anjou.

Lettre. — Il est hors de doute que les fonctions de légat qu'Etienne exerça en France pendant tant d'années, l'engagèrent à écrire quantité de lettres. C'est une perte pour l'histoire de l'Eglise gallicane qu'on n'ait pas plus soigneux de nous les conserver. On y apprendrait sans doute plusieurs points de sa discipline à cette époque, et on en tirerait aussi des éclaircissements précieux qui mettraient dans leur vrai jour bien des faits difficiles à apprécier sans cela. De toutes ces lettres, il ne nous reste que celle qu'il écrivit à Jean, évêque de Dol, qui prenait encore le titre d'archevêque, pour le citer au concile de Tours, dont nous avons parlé. Elle est bien écrite, et elle nous apprend que le même prélat avait été déjà cité à un concile de Rome, auquel il avait refusé de se trouver. L'auteur, parlant de Nicolas II, lui donne le titre de pontife universel. Il en use de même dans la petite préface publiée en tête de ses décrets. Ce titre, établi dès le siècle précédent, avait déjà passé en coutume. Outre la *Collection générale des conciles* qui l'a reproduite, cette lettre d'Etienne se trouve aussi parmi les *Actes des églises de Tours et de Dol*. M. des Cordes est le premier qui l'ait rendue publique, en la plaçant à la fin de son *Appendice aux opuscules d'Hincmar de Reims.*

ETIENNE, abbé de Liége, sur l'existence duquel Possevin ne se trompe que de trois cents ans, naquit dans la dernière moitié du XI° siècle. Il est nommé aussi quelquefois STEPELIN, ce qui ne doit pas le faire confondre avec un autre Stepelin, moine de Saint-Tron, dont nous parlerons en son lieu. On ne sait pas au juste où il fut élevé, mais il avait fait de bonnes études pour son siècle, et on a tout lieu de croire qu'il embrassa la profession monastique à Saint-Jacques de Liége, où il se rendit aussi célèbre par son grand savoir que par son éminente vertu. Son mérite le fit élever à la dignité d'abbé, à la mort de Robert, arrivée en 1095. Peu de temps après sa promotion, il introduisit dans son monastère les usages de Cluny qui passaient alors pour les plus parfaits. De Saint-Jacques ils se communiquèrent à l'abbaye de Saint-Tron, par le ministère de deux moines qu'Etienne y envoya en 1103. Sous sa direction, sa communauté se distingua toujours par la doctrine la plus pure jointe à la plus exacte discipline. La bonne odeur que l'une et l'autre répandaient, pénétra jusqu'en Saxe, et lui attira les plus grands éloges de la part de l'abbé Tietmar et de toute la communauté d'Helmershausen, au diocèse de Paderborn. Il reçut de cet abbé et de ses moines une lettre conçue en termes magnifiques, et dans laquelle ils lui donnaient les titres de seigneur, de sérénissime Père, et plusieurs autres encore qu'on n'employe aujourd'hui qu'en écrivant au Souverain Pontife. La réputation d'Etienne attira à Saint-Jacques un moine de Helmershausen, chargé de faire travailler à une histoire de saint Modoald, évêque de Trèves. Ce moine, après avoir beaucoup voyagé, confia ce travail à l'abbé Etienne, comme à celui de tous qui pouvait le mieux l'exécuter. En 1107, la mort de Thierry, abbé de Saint-Tron, causa dans ce monastère des troubles qui contraignirent plusieurs religieux, et Radulphe lui-même qui venait d'être élu abbé, à chercher ailleurs un lieu de refuge. Ils se retirèrent à Saint-Jacques, où Etienne les reçut généreusement, et n'oublia rien pour les consoler de leur infortune. Il fit plus encore, il prit leur défense contre les vexations d'un violent intrus. L'empereur fit un voyage à Liége dans le but d'apaiser ces troubles scandaleux, et y convoqua une assemblée à laquelle il assista et prit part, ainsi qu'aux règlements qui y furent dressés. Il survécut à peine cinq ans à cette bonne œuvre, et mourut le 24 janvier 1112, après avoir conservé pendant dix-sept ans la direction de son monastère.

SES ÉCRITS. — S'il faut s'en rapporter à plusieurs anciens écrivains, Etienne a laissé un grand nombre d'ouvrages admirablement bien écrits : *Præclara et multa mirifice.... composuit.* Cependant jusqu'ici on n'en a publié qu'un seul, et nous n'avons qu'une connaissance très-imparfaite de tous les autres. Celui qui est entre les mains du public, est la *Vie de saint Modoald*, dont nous avons parlé plus haut, mort évêque de Trèves vers l'an 640. L'éloignement des temps ajoutait beaucoup aux difficultés d'un pareil travail, surtout pour quelqu'un qui avait à cœur d'y mettre, autant que possible, toute l'exactitude et toute la fidélité historique. Néanmoins Etienne employa tout ce qu'il avait de sagacité à s'en acquitter de son mieux. Outre les mémoires que lui fournit le moine d'Helmershausen, dont nous avons parlé plus haut, il eut recours aux anciennes chroniques et aux traditions du pays, deux sources aussi peu sûres que fidèles. Aussi, malgré toutes ses recherches, ne put-il réussir à trouver aucun monument particulier sur saint Modoald. Ceux-là, comme tant d'autres, avaient péri dans l'incendie que la ville de Trèves avait souffert de la part des barbares. Il fut donc réduit à se contenter de secours étrangers, qu'il avait tirés d'ailleurs, et avec lesquels il composa la Vie de notre saint. Elle est divisée en trois livres. Le premier contient la généalogie de son héros, qu'il suppose frère de la bienheureuse Itte, ou Iduberge, femme de Pépin d'Héristal. Le second livre, qui est le plus prolixe, fait le détail de ses actions, et rapporte les circonstances de sa mort. Enfin, le troisième livre est consacré à l'histoire de ses miracles, excepté toutefois ceux qu'il opéra de son vivant et après sa translation. Il a mis à la tête de son ouvrage une assez longue épître dédicatoire adressée à l'abbé Tietmar et à toute la communauté d'Helmershausen. En y rendant compte de l'exécution de son dessein, il nous apprend que le motif qui faisait désirer avec tant d'ardeur à ce monastère éloigné de posséder une histoire de saint Modoald, était la jouissance de ses reliques, qu'il avait obtenues de Brunon, l'un de ses successeurs, après les avoir longtemps postulées. Cecí arriva, en 1107, la vingt-septième année du gouvernement de l'abbé Tietmar. Cette date, expressément marquée par l'auteur même de cette relation, suffit pour détruire l'opinion de ceux qui voudraient transporter à un autre Etienne, troisième du nom, abbé de Saint-Jacques, l'honneur de cette *Vie de saint Modoald*. La raison est sans réplique, puisque Etienne III ne fut abbé qu'en 1134, c'est-à-dire longtemps après la mort de Tietmar, à qui l'écrit est adressé.

Cette histoire est suivie d'une longue relation rapportant tous les moyens qui furent mis en œuvre pour obtenir les reliques de saint Modoald et de quelques autres saints, avec le récit de tout ce qui se passa sur la route de Trèves à Helmershausen, lors de leur translation, et même les premiers traits de l'histoire de cette abbaye. Il n'y a pas lieu de douter que, jusqu'au nombre LIX inclusivement, cette relation ne soit due à la plume de l'abbé Tietmar ou de quelqu'un de ses religieux. C'est ce qui ressort visiblement de la dédicace qui se lit en tête. Elle est adressée à l'abbé Etienne et à toute la communauté de Saint-Jacques, au nom de Tietmar et de ses moines, qui, en reconnaissance de la *Vie de saint Modoald* qu'il avait composée pour eux, lui envoyaient la relation détaillée de tout ce qui s'était passé à la translation de ses reliques. Mais il se présente un doute touchant la suite de cette relation, telle qu'elle se lit depuis le nombre LIX jusqu'à la fin. Quelques critiques en font honneur à l'abbé Tietmar ; mais Dom Mabillon et Dom Martène ne font aucune difficulté de l'attribuer à l'abbé de Saint-Jacques. Il y a même beaucoup d'apparence qu'il a retouché l'histoire de la translation, comme l'abbé Tietmar l'en priait dans son épître. Ce qui en fait porter ce jugement, c'est la ressemblance de style dans les deux pièces que nous venons de citer; style diffus, mais fleuri et assez bon pour le temps. Surius le premier a donné une édition incomplète de l'ouvrage de l'abbé Etienne ; mais les successeurs de Bollandus l'ont fait imprimer sur des manuscrits qui le contenaient tout entier. On le trouve au 12 de mai dans ces deux recueils, mais Surius l'a enrichi de notes et fait précéder de quelques observations.

Parmi les autres écrits de l'abbé Etienne, on compte particulièrement un Répons en l'honneur de saint Benoît, qui commence par ces mots : *Florem mundi*, et un autre en l'honneur de l'apôtre saint Jacques le Majeur. Comme il était fort habile musicien, il se plaisait à faire de ces sortes de pièces ; et il paraît qu'il en composa effectivement un grand nombre, dont l'existence ne nous est pas autrement connue.

ETIENNE DE MURET (Saint), fils du vicomte de Thiers, en Auvergne, et de Candide, son épouse, naquit en cette ville en 1048, et fut élevé avec beaucoup de soin dans la piété et dans les lettres. Il n'avait que douze ans lorsqu'il fit avec son père le voyage d'Italie, et tomba malade à Bénévent. Le vicomte, obligé de poursuivre sa route, le laissa entre les mains de Milon, qui devint plus tard archevêque de Bénévent, et, comme lui, originaire de la maison d'Auvergne. Milon prit soin du jeune Etienne et se chargea de perfectionner son éducation. Il y avait alors dans la Calabre une congrégation de religieux soumis à la règle de Saint-Benoît et qui vivaient dans la plus stricte observance. Milon, qui connaissait leur vertu, avait coutume d'en faire l'éloge et ne cessait de les proposer pour modèles. Ses discours firent impression sur l'esprit du jeune Etienne et lui inspirèrent le désir de les imiter; il se retira même parmi eux, et y vécut quelque temps, mais sans toutefois prendre l'habit monastique. Il en sortit pour se rendre à Rome. Il était alors âgé de vingt-quatre ans, et il en passa quatre à la cour du pape Alexandre II, sollicitant la permission d'établir un nouvel ordre sur le modèle de la congrégation qu'il avait visitée dans la Calabre. Il ne put l'obtenir, parce que la faiblesse de son tempérament faisait craindre que l'entreprise ne fût au-dessus de ses forces. Mais ayant renouvelé ses instances sous Grégoire VII, ce Pape, pour récompenser sa persévérance, se rendit à ses vœux, et lui accorda, par une bulle donnée la première année de son pontificat, la permission d'établir un ordre monastique, selon la règle de Saint-Benoît. Il revint alors en France, et, après un séjour assez court dans sa famille, il renonça à tous les biens et à tous les honneurs de ce monde pour s'ensevelir dans la solitude et se livrer à la pénitence. Il choisit le désert de Muret, près de Grandmont, au territoire de Limoges. Là, s'étant construit une petite cabane avec des branches d'arbres entrelacées, il se consacra à Dieu d'une manière toute spéciale, et avec des formules extraordinaires, puis il scella sa consécration en se passant au doigt un anneau, le seul objet qu'il se fût réservé de tous ses biens paternels. Etienne passa la première année de sa retraite seul et sans aucune consolation humaine. La seconde année, deux compagnons se joignirent successivement à lui ; mais leur exemple fit peu d'impression ; chacun se montra beaucoup plus curieux de les admirer que pressé de les imiter. Etienne n'avait encore qu'un très-petit nombre de disciples, lorsqu'il reçut, en 1111, Hugues de Lacerta, qui fut le plus célèbre ; ce qui montre qu'on ne peut guère placer le commencement de l'ordre de Grandmont que vers la fin du XIe siècle. Nous n'entreprendrons pas de faire ici le détail des actions de saint Etienne, ni de parler de l'austérité de sa pénitence, de ses jeûnes, de ses veilles, de son humilité, de sa charité, de sa sagesse, de sa prudence, de la solidité des instructions qu'il donnait à ses disciples, des lumières que Dieu répandait dans son esprit pour les conduire à des miracles par lesquels le Tout-Puissant fit connaître la sainteté de son serviteur, avant et après sa mort. Nous nous contenterons de rapporter un trait de profonde humilité, qui rappelle assez celle du saint précurseur de Jésus-Christ. Quelque soin qu'il eût pris de vivre caché aux yeux des hommes, sa réputation s'était étendue au loin. Peu de temps avant sa mort il reçut la visite de deux cardinaux, légats du Saint-Siége en France, et qui devinrent plus célèbres dans la suite, lorsque l'un d'eux, nommé Grégoire, fut élu Pape sous le nom d'Innocent II, et l'autre, Pierre de Léon, antipape sous le nom d'Anaclet II. Ces deux prélats, après s'être instruits de sa règle, lui demandèrent si ses disciples lui étaient chanoines, moines, ou ermites. « Nous sommes, répondit le saint, des pécheurs conduits dans ce désert par la miséricorde divine, pour y faire pénitence. » Mais il ajouta, que quoique leur faiblesse ne leur permît pas d'atteindre à la perfection de ces saints ermites, qui passaient autrefois des semaines entières dans la contemplation, sans prendre aucune nourriture; cependant, comme ils s'étaient tant soit peu éloignés de la voie large, en s'efforçant d'imiter leurs frères qui servaient Dieu dans la Calabre, ils attendaient avec confiance la miséricorde de Jésus-Christ au jour de son dernier jugement. Les deux cardinaux, édifiés de la réponse d'Etienne, donnèrent à sa prudence et à son humilité les éloges qu'elles méritaient, et témoignèrent qu'ils n'avaient jamais rien vu de semblable et que l'Esprit saint parlait par sa bouche. Quelques jours après leur départ, Etienne tomba malade : ses disciples lui ayant demandé comment, après sa mort, ils pourraient vivre dans une aussi grande pauvreté, il leur fit cette belle réponse : « Je vous laisse Dieu à qui tout appartient, et pour l'amour duquel vous avez tout quitté, jusqu'à vous-mêmes. Si, en aimant la pauvreté, vous restez constamment attachés à lui, sans jamais vous écarter du vrai chemin, sa providence aura soin de vous et il vous donnera tout ce qui vous est avantageux; si au contraire, contre tous mes vœux, la poursuite des biens temporels devait vous éloigner de lui, je ne veux point, sous prétexte de vous faire subsister, vous laisser des armes pour le combattre. » Le cinquième jour de sa maladie, il se fit porter dans la chapelle, où après avoir entendu la messe, reçu l'extrême-onction et ensuite le corps et le sang de Jésus-Christ, il expira au milieu de ses disciples, en répétant ces paroles : *Seigneur, je remets mon esprit entre vos mains.* Etienne de Muret, à l'exemple de son patron, le premier des martyrs, saint Etienne, n'en voulut avoir d'autre titre que celui de diacre, et mourut dans cet ordre, le 8 de février 1124, à l'âge de quatre-vingts ans. Après sa mort, les Augustins de Limoges contestèrent à ses disciples la propriété du terrain qu'ils occupaient et les forcèrent d'abandonner Muret. Ils emportèrent avec eux le corps de leur fondateur, seul trésor qu'ils eussent à déplacer, et vinrent s'établir en un lieu voisin appelé Grandmont, d'où l'ordre a pris le nom qu'il a conservé dans la suite des temps. Dieu fit connaître la sainteté de son serviteur par un grand nombre de miracles. Le Pape Clément III lui décerna un culte public, en le mettant au rang des saints, par une bulle datée du 13 mars 1189. Ce fut à cette occasion que Gérard, prieur de Grandmont, composa la Vie de son saint fondateur. Nous en parlerons en son lieu.

SES ÉCRITS.—Après tous es critiques, nous mettrons au premier rang, parmi les écrits de saint Etienne, l'acte remarquable par lequel il s'est consacré à Dieu. Il est trop court et trop édifiant pour ne pas le rapporter ici tout entier. Le voici : « Moi Etienne, je renonce au démon et à ses pompes; je m'offre à Dieu et je me remets entre les mains du Père, du Fils et du Saint-Esprit, un seul Dieu en trois personnes, vivant et véritable. » Tel est cet acte, tel qu'Etienne l'écrivit; puis après avoir passé à son doigt un anneau, comme marque de l'alliance qu'il voulait contracter avec Jésus-Christ, il mit cet acte sur sa tête et dit : « Dieu tout-puissant et miséricordieux, Père, Fils, et Saint-Esprit, un seul Dieu en trois personnes, qui vivez et régnez éternellement, moi frère Etienne, je vous promets, que dès ce moment ce désert est la demeure et le temple où je vous servirai dans la foi catholique. C'est pour cela que je mets cet acte sur ma tête et cet anneau à mon doigt, afin qu'au jour de ma mort cette promesse et cet acte me servent de bouclier et de défense contre les embûches de mes ennemis. Rendez-moi, Seigneur, je vous en supplie, la robe nuptiale; daignez me mettre au nombre des enfants de votre sainte Eglise, et lorsque mon âme se séparera de mon corps, revêtez-la de la tunique de votre charité, et faites-la entrer dans la salle du festin des noces de votre Fils, pour régner avec tous vos saints. Sainte Marie, mère de Jésus-Christ Notre-Seigneur, je remets à votre Fils et à vous, mon âme, mon corps et mon esprit. »

Règle.—Saint Etienne a laissé à ses disciples une règle distribuée en soixante-quinze chapitres, et précédée d'un prologue très-pathétique et tout empreint des grands principes de religion dont l'auteur était pénétré et dans lesquels il avait été instruit. « Toutes les règles des divers ordres religieux, dit-il, ne sont que des ruisseaux et non la source de la religion; ce sont des feuilles et non la racine. Il y en a une qui est la règle des règles, et l'origine de toutes les autres, c'est l'Evangile. C'est là que tous les fidèles ont puisé et qu'ils puiseront jusqu'à la fin des siècles, pour y trouver les moyens d'observer les commandements de Dieu et d'arriver à la perfection. » Il veut que ses disciples répondent à ceux qui seraient curieux de savoir quelle est la règle dont ils font profession, qu'ils n'en observent point d'autre que l'Evangile. Si on leur faisait voir qu'elle contient quelque chose tant soit peu contraire à l'Evangile, il veut que l'on corrige la règle, quoiqu'il assure n'y avoir rien mis que par l'avis des docteurs et des personnes de la plus grande piété, et après avoir consulté avec un soin religieux les règles des Pères pour s'y conformer. Cette règle contient plusieurs statuts excellents. La pauvreté et l'obéissance y sont recommandées comme le principal fondement de la vie religieuse. Le quatrième est remarquable par la défense que ce législateur fait à ses disciples, d'avoir des églises et de recevoir aucune rétribution pour des messes. Les jours de dimanches et de fêtes, l'entrée de leur oratoire est interdite aux séculiers, parce qu'il convient qu'ils assistent aux offices dans leurs propres églises. Tout commerce et tous procès sont défendus par le quinzième chapitre. Le cinquante-quatrième, qui confie le soin du temporel aux frères convers, a occasionné dans l'ordre de Grandmont des troubles qui ont failli le renverser. Dans le cinquante-sixième, on voit quelle était la charité du saint instituteur à l'égard des malades, pour le soulagement desquels il ordonne qu'on vende même les ornements de l'église. Néanmoins il leur interdit l'usage de la viande, sans exception. Il prescrit un jeûne perpétuel depuis l'Exaltation de la sainte Croix jusqu'à Pâques, excepté le dimanche et le jour de Noël; avec cette différence aussi, que, pendant le carême, l'unique repas se faisait après Vêpres, et dans les autres temps après None : depuis la fête de la Toussaint jusqu'à Noël, il prescrit la même abstinence que pour le carême; dans les autres jeûnes, il leur permet l'usage des œufs et du fromage. L'élection du prieur de Grandmont se devait faire par tout l'ordre ; deux religieux de chaque monastère se rendaient au lieu de l'élection, où on en choisissait douze, six clercs et six convers, qui élisaient le prieur. Cette règle a été approuvée par plusieurs Papes, dont quelques-uns ont modifié différents articles; elle a été mitigée en particulier par Innocent IV, l'an 1247, après le concile général de Lyon; et par Clément V, à Avignon, en 1309.

L'éditeur de Rouen qui a publié cette règle, et Baillet, dans sa préface sur la traduction des *Maximes* de saint Etienne, avancent qu'il se contenta d'instruire ses disciples par ses paroles et par son exemple, *sans jamais rien écrire;* ils disent que sa règle a été recueillie après sa mort par Pierre de Limoges, et rédigée dans la forme où elle est par Gérard, septième prieur de Grandmont. Mais Dom Mabillon, et après lui Dom Martène, dans une addition qu'il a faite à son manuscrit, soutiennent que cette prétention ne repose sur aucune autorité, et qu'il suffit de lire cette règle avec quelque attention, pour être persuadé que le véritable auteur est saint Etienne, qui s'y découvre lui-même, tant dans le prologue que dans les chapitres 9°, 11°, 14°.

On a douté aussi pendant longtemps que saint Etienne de Muret et ses premiers disciples eussent fait profession de la règle de Saint-Benoît. Trithème, Yepez, Haeftenne, Lemire, Choppin et plusieurs autres ont été pour l'affirmative. Le P. Mabillon lui-même a d'abord suivi ce sentiment, dans sa préface sur la seconde partie des *Actes* du VI° siècle; mais ayant examiné ensuite avec plus d'attention les fondements sur lesquels cette opinion est appuyée, il en a reconnu le peu de solidité, et toujours conduit par l'amour du vrai, il a changé d'avis. Il est inutile de rapporter ici les raisons qui font voir que saint Etienne de Muret n'a suivi ni la règle de Saint-Benoît ni celle de Saint-Augustin, mais qu'il en a dressé une particulière. Le lecteur peut consulter là-dessus ce que dit Dom Martène dans sa préface au VI° volume de sa grande Collection, où il parle de l'ordre de Grandmont et de ses commencements. Il nous suffit de dire que, quelle que fût la règle de ce saint instituteur, ses disciples firent l'admiration et l'étonnement du siècle par leur sainteté. Tous les écrivains qui en ont parlé en ont dit des choses merveilleuses. C'étaient des *anges*, selon l'expression de Pierre de Celles, qui était persuadé que la moindre prière de ces saints solitaires pouvait lui procurer le secours du Ciel. Jean de Salisbury, auteur contemporain, nous les représente comme des hommes qui, s'étant élevés au-dessus des nécessités de la vie, étaient parvenus à vaincre non-seulement la cupidité, mais la nature même. Etienne de Tournay n'en parle pas avec moins d'éloges. Il les appelle *Bons hommes*, nom qui leur fut donné comme pour marquer le caractère particulier de leur piété; de sorte qu'on appelait *Boni-hominias* les maisons qu'ils habitaient. La règle de Saint-Etienne a été imprimée à Dijon, en 1645, petit in-12, sous ce titre : *Regula sancti Stephani confessoris, auctoris et fundatoris ordinis Grandimontensis*. Albert Barny, vicaire général de l'ordre, la fit réimprimer à Paris, in-18, en 1650, et y joignit les *Maximes* de saint Etienne, recueillies par ses disciples; les constitutions et les statuts dressés dans le chapitre général tenu en 1643, et enfin l'office du saint fondateur. Eustache Viret l'a publiée à Rouen, en 1671.

Maximes. — Indépendamment de sa règle, nous avons aussi de saint Etienne des maximes et des instructions qui n'ont été recueillies par ses disciples qu'après sa mort. Baillet prétend que les disciples de saint Etienne présentèrent ce recueil et voulurent le faire accepter pour l'unique règle de leur institut, qui, selon lui, n'en avait effectivement pas d'autre alors que l'Evangile, c'est-à-dire la règle commune de tous les disciples de Jésus-Christ, et le Testament laissé à tous ses enfants. « A dire vrai, ajoute-t-il, ces maximes ne sont autre chose que les maximes de l'Evangile même ; et l'on peut juger que saint Etienne n'avait pas eu intention de donner une autre règle à ses disciples, puisqu'à la fin de ses jours il les exhortait encore à persévérer dans la règle qu'il avait prise de l'Evangile pour les conduire : *Tantum in regula, de Evangelio per me sumpta, perseveretis.* » Ces paroles, citées par Baillet, ne semblent-elles pas prouver le contraire de ce qu'avance ici le célèbre critique ? Si absolument Etienne n'avait donné, à ses disciples d'autre règle que celle de l'Évangile, leur aurait-il recommandé de persévérer dans celle qu'il avait empruntée lui-même à l'Évangile ? Si saint Benoît avait dit la même chose à ses disciples, comme il pouvait le faire avec autant de fondement, aurait-on dû en conclure qu'il ne leur a point donné de règle particulière distinguée de l'Évangile ? D'ailleurs, la réponse même que saint Étienne veut que ses disciples fassent à ceux qui pourraient les interroger sur le genre de vie qu'ils menaient et les blâmer, est une preuve qu'il leur avait donné une règle particulière. Cette réponse comprend une partie des pratiques prescrites par la règle, et qui ne sont point expressément dans l'Évangile, mais qui en ressortent cependant, bien loin d'y être contraires. Aussi leur était-il ordonné de répondre que si ce qu'ils faisaient n'était point conforme à l'Évangile, ils étaient prêts à se corriger et à le réformer.

Il ne faut donc point confondre la *Règle* dont nous avons donné plus haut l'analyse, et que saint Étienne avait dressée en particulier pour ses disciples, avec les *Maximes* dont il s'agit ici, et qui sont communes à ses religieux et aux personnes qui venaient le consulter du dehors; c'est-à-dire que ces maximes renferment non-seulement des pratiques propres et particulières aux personnes engagées sous sa règle, mais encore des instructions générales qui conviennent également à tous les fidèles. Il est vrai que ce qui est prescrit dans la règle se retrouve dans ces maximes, qui sont au nombre de cent vingt-deux ; mais il y a plusieurs choses aussi qui regardent moins les disciples de saint Étienne que les personnes qui venaient prendre ses avis; et il y en a beaucoup d'autres encore qui sont propres à tous les fidèles. On peut même dire en général de ces maximes ce que l'on a dit des *Ascétiques* de saint Basile le Grand, que, quoique l'auteur semble avoir eu principalement en vue les personnes retirées du monde, cependant il n'y en a presque aucune qui ne soit à l'usage de tous les chrétiens, à quelque état et à quelque condition qu'ils appartiennent. Guillaume Dandina nous apprend que les maximes de saint Étienne de Muret furent recueillies après sa mort par Hugues de Lacerta, le plus célèbre de ses disciples, qui les avait souvent entendues de la bouche même de notre saint, dont il était un des assistants les plus assidus. Baillet veut qu'on les considère en même temps et selon l'esprit qui les a produites, en les tirant de leur source divine, et selon le corps dont elles sont revêtues, pour ne pas confondre ce qui appartient à saint Étienne avec ce qui n'est que de ses disciples. « Du côté de l'esprit, dit-il, elles ne seront pas un mince sujet d'admiration à ceux qui, sans s'arrêter à la surface, voudront en pénétrer la profondeur. On sera surpris d'y trouver un si grand sens et tant de solidité, joints à l'élévation de l'esprit et à la délicatesse des pensées. Le tour même que le saint y prend, pour exposer les grandes vérités dans leur jour et les agréments dont il les accompagne, ne font que trop entrevoir une finesse de goût et une politesse que le renoncement au monde et l'habitation sauvage des bois et des montagnes n'avaient pu effacer. On y trouve un sel, une vivacité, un brillant même qu'on est loin d'attendre d'un homme humilié et étouffé, pour ainsi dire, depuis tant d'années, sous les austérités de l'esprit et les mortifications du corps. »

Il y a lieu de croire que ces *Maximes*, telles que nous les avons, ne sont que la moindre partie de ce qu'on avait pu en recueillir. Cependant ce qui nous en reste offre une variété qui plaît, avec un air de nouveauté qui font juger de la fécondité du génie de l'auteur. On en trouvera la preuve, dès le premier chapitre, dans la proposition que le saint faisait à ceux qui demandaient à être reçus au nombre de ses disciples. Il leur disait en riant qu'ils seraient renfermés dans une prison qui n'avait ni porte ni trou pour en sortir, et qu'ils ne pourraient retourner au siècle que par la brèche qu'ils y feraient eux-mêmes. Si ce malheur leur arrivait, il ne pourrait envoyer après eux pour les ramener, parce que tous ceux qui s'y trouvaient avaient les jambes coupées pour le siècle aussi bien que lui. Nous voudrions pouvoir nous étendre davantage et montrer par d'autres exemples les agréments et la solidité des instructions que le bienheureux Étienne donnait à ses disciples et aux personnes du dehors que sa réputation attirait dans le désert de Muret. Quelle lumière et quelle force dans ce qu'il disait à ses disciples sur les avantages de la vie religieuse, sur les tentations dans lesquelles le démon tâche de les faire tomber, sur les moyens de s'en garantir, sur la vaine gloire et ses funestes effets, sur l'ambition de commander ou d'enseigner les autres, sur la science nécessaire pour servir Dieu comme il veut être servi, sur la miséricorde que Dieu fait à celui qui entre en religion, sur le centuple promis dans l'Évangile à ceux qui quittent tout pour Jésus-Christ. On reconnaît à chaque trait un homme pénétré et rempli de l'esprit de Dieu, et qui, suivant l'expression de l'Écriture, répand comme une pluie les paroles de la sagesse. Là, il fait sentir au pécheur combien il est horrible de se séparer de Dieu ; ici, il rassure le juste en lui montrant ce qui doit faire le sujet de sa confiance. Il apprend aux fidèles comment ils doivent se reposer des soins de cette vie sur le Seigneur. Il leur fait comprendre ses commandements et leur apprend lui-même combien ils sont doux et faciles à observer. Il leur enseigne l'obligation où ils sont d'aimer Dieu sans fin, et les moyens de posséder son amour et de le faire prévaloir sur toute autre chose. Il faudrait transcrire ces maximes en entier, si nous voulions rapporter tout ce qu'elles renferment d'utile et d'édifiant sur plusieurs points importants de la morale chrétienne. Mais nous pouvons dire, en général, qu'il est peu d'écrits en ce genre aussi instructifs, aussi lumineux et aussi exacts que le recueil des sentences de saint Etienne. Le style de ces maximes ne répond nullement à la beauté, à la justesse et à la solidité des pensées; ce qui donne lieu de croire qu'elles ont beaucoup perdu en passant par le canal de ses disciples, qui ne les auront point rendues avec la même netteté, la même force, la même beauté qu'ils les avaient reçues de leur saint instituteur. Quant à l'ordre et à la méthode dans lesquels on les a rangées, on peut dire que les éditeurs n'ont suivi d'autre règle que leur caprice, en donnant à chacune le rang qui leur était assigné seulement par le hasard de leur découverte. Nous en avons deux éditions in-12, en latin et en français. La première est de 1704, et la seconde de 1707; toutes les deux de Paris. La traduction est de Baillet, justement estimé, et comme critique et comme littérateur. Ceux qui ignorent la langue latine lui doivent de la reconnaissance pour lui avoir procuré les moyens de lire des instructions dont ils ne peuvent que tirer des fruits salutaires. Les érudits qui connaissent cette langue tireront encore de sa traduction bien des secours nécessaires pour l'intelligence de certains passages dont le sens est quelquefois interrompu ou suspendu. Le traducteur a remédié à ce défaut en suppléant à ce qui pourrait avoir été omis par ceux qui ont préparé le recueil, en achevant des pensées qui ne lui paraissaient point finies, en déterminant ou fixant un sens qui paraissait incomplet, en expliquant enfin, par l'addition de quelques mots ou par quelques phrases très-brèves, ce qui demandait à être développé. Cependant, pour rester fidèle à l'exactitude de sa traduction, et ne pas laisser confondre ces additions avec le texte original, il a eu soin de les renfermer entre des parenthèses; ce qui suffit pour les distinguer.

Nous trouvons encore quelques-unes de ses maximes ou instructions dans une courte Vie de ce saint fondateur, composée, selon le témoignage de Bernard Guidonis, par les soins d'Étienne de Lisiac, quatrième prieur de Grandmont. Cette Vie, intitulée : *Sancti Stephani dicta et facta*, est divisée en seize chapitres, qui ont été insérés dans l'*Histoire du pieux fondateur de l'ordre de Grandmont*, écrite par Gérard Ithier, qui remplissait les fonctions de prieur à l'époque de sa canonisation, c'est-à-dire en 1189. Dom Martène, en donnant au public la production de Gérard, s'étant aperçu de cet ajouté par la différence du style et par la répétition des mêmes choses, a retiré ces seize chapitres de l'ouvrage de Gérard et les a imprimés séparément. Parmi les maximes rapportées dans ces chapitres, il y en a quelques-unes qui sont les mêmes, et conçues à peu près dans les mêmes termes qu'elles se lisent dans le recueil complet dont nous venons de parler. C'est ce dont on peut se convaincre en comparant le troisième chapitre avec le cinquante-septième du recueil, et le quatrième avec le soixante-troisième. Ces chapitres, en effet, rapportent à peu près de la même façon les avis que saint Etienne donnait aux soldats, sur la manière dont ils pouvaient se sauver dans leur profession, avec quel esprit ils devaient faire les exercices militaires, et s'acquitter envers Dieu dans les services mêmes qu'ils rendaient à leurs princes. Mais il y en a d'autres, et spécialement dans le huitième chapitre de cette Vie, qui ne se trouvent point dans le *Recueil des Maximes*. Ce chapitre est intitulé : *Qua ratione meretricibus et histrionibus bona temporalia largiebantur*. Saint Etienne voulait qu'on soulageât ces sortes de personnes dans les besoins du corps, pour avoir occasion de leur procurer les biens de l'âme. « Si le pécheur, nous disait-il, est reçu avec des paroles dures, il croira que Dieu est cruel, et demeurera plus attaché à son péché; au contraire, s'il se sent soulagé dans les besoins de son corps, il écoutera plus volontiers ce qu'on lui prescrira pour le salut de son âme. » Le neuvième chapitre porte ce titre : *Qua ratione confraternitates sæcularium hominum vitabat*. Saint Etienne répondait à ceux qui lui proposaient ces sortes de confréries, que toutes les bonnes œuvres pratiquées par lui et par ses disciples étaient communes à tous les hommes, et qu'ils ne pouvaient point ajouter d'autres prières à celles qu'ils faisaient chaque jour. Ensuite, mais à ses disciples en particulier, et en leur rendant compte de ces propositions, il disait que ceux qui faisaient ces prières voulaient sans le savoir, et sous le spécieux prétexte d'un bien, les rendre coupables de simonie. « Mais à Dieu ne plaise, ajoutait-il, que nous vendions l'office divin! C'est être mercenaire que de prier lorsqu'on donne quelque chose, et de cesser ses prières lorsque cesse la rétribution. »

Dom Montfaucon avait vu, parmi les manuscrits de l'ancienne bibliothèque de Saint-Victor, à Paris, une lettre de saint Etienne de Muret, sous ce titre : *Stephani primi patris Grandimontanorum epistola*. Nous ignorons si elle a jamais été imprimée.

ÉTIENNE, abbé de Vitteby et ensuite de Notre-Dame d'York, en Angleterre, nous apprend lui-même que, vivant dans le monde, il était lié d'une étroite amitié avec le comte Alain, fils d'Eudes ou Odon, duc de Bretagne. Une telle liaison avec un prince français donne lieu de penser qu'il était Bas-Breton ou Normand, et par conséquent Français lui-même. Cette opinion se trouve encore confirmée par les fonctions d'abbé qu'il remplissait, à une époque et dans un royaume où les naturels étaient exclus des dignités ecclésiastiques. Toutefois, malgré les probabilités qu'elles nous présentent, nous sommes prêt, en cas de contestation, à faire bon marché de ces conjectures, en restituant l'abbé Etienne aux Anglais. Avant d'embrasser l'état religieux, Etienne avait donc vécu dans le monde et à la cour; mais Dieu lui fit bientôt connaître le danger où il était d'y perdre son âme. Fidèle au premier attrait de la grâce, il brisa, quoique avec peine, les liens qui l'y retenaient, et se retira à Vitteby, au diocèse d'York, solitude autrefois très-célèbre, par deux monastères que les ravages et les incursions des Danois avaient forcé d'abandonner. Guillaume, baron de Percy, seigneur du lieu, l'avait donné à un saint homme nommé Reinfrid, brave officier qui avait été au service de Guillaume le Conquérant. Reinfrid y avait déjà rassemblé quelques solitaires avec lesquels il menait une vie sainte, et qu'il gouvernait sous le titre de prieur, lorsqu'Etienne vint se jeter entre ses bras. Reinfrid lui donna l'habit religieux en 1078, et peu de temps après il lui confia l'administration du temporel. Etienne s'acquitta de cet emploi avec tant de sagesse, que Reinfrid voulut encore se décharger du soin du spirituel. Etienne, après avoir longtemps refusé, se rendit à la sollicitation de Lanfranc, archevêque de Cantorbéry, et de Thomas, archevêque d'York, et peut-être plus encore aux ordres du roi qui le forcèrent d'accepter. Il travailla avec succès à remettre les terres en valeur, à rétablir la discipline monastique et à cultiver les belles-lettres. Mais les vexations du baron de Percy, jaloux de l'état florissant d'un terrain qu'il avait donné lui-même, les incursions continuelles des pirates et de quantité de brigands qui ravageaient le pays, le forcèrent d'abord à se retirer avec ses religieux à Lestingham, dans un domaine de la couronne, à peu de distance de Vitteby, puis enfin près de la ville d'York, où le comte Alain, son ancien ami, lui avait offert l'église de Saint-Olaw avec quatre acres de terre pour y bâtir un monastère. Le roi agréa ce nouvel établissement d'autant plus volontiers que la ville était alors dans un grand débordement, et qu'il comptait sur l'exemple de ces saints solitaires pour adoucir les mœurs d'une population accoutumée à répandre le sang. L'archevêque d'York souleva quelques difficultés qui furent apaisées presque aussitôt par Guillaume le Conquérant. Ce prince étant mort peu de temps après, en 1087, Guillaume le Roux, son successeur, qui avait rassemblé son parlement à York, alla voir Etienne à Saint-Olaw. Le trouvant trop à l'étroit, il lui donna un fonds pour y bâtir une nouvelle église, et des revenus pour l'entretien des religieux qu'il affranchit à toujours de toute imposition. Le comte Alain, de son côté, abandonna le bourg qu'il possédait auprès de la ville, et, renonçant à tous ses droits, il plaça le monastère sous la protection immédiate du roi Guillaume, en le priant d'en être lui-même le défenseur. Ce généreux ami de l'abbé Etienne ne survécut que peu de temps à cette dotation et mourut dans le cours de la même année, c'est-à-dire en 1088. L'année suivante 1089, à la prière d'Etienne, comte de Richemont, le roi Guillaume le Roux confirma cette fondation et posa la première pierre de la nouvelle église, sous le titre de Notre-Dame d'York. Tel fut le commencement de ce monastère. Etienne le gouverna avec cette sagesse dont il avait donné des preuves en tant de circonstances, depuis l'époque de sa fondation, 1088, jusqu'à l'an 1112 qui fut celui de sa mort.

Harpsfeld, dans son *Histoire ecclésiastique d'Angleterre*, témoigne qu'Etienne travailla avec succès au rétablissement de la discipline monastique, presque entièrement ruinée par les incursions des Danois, et qu'il composa un écrit sur les moyens de la remettre en vigueur. Cet écrit ne nous paraît être autre chose que sa relation touchant la fondation du monastère de Notre-Dame d'York, qui se trouve imprimée dans le *Monasticon anglicanum*. Cette histoire est écrite en style du temps, mais avec beaucoup de netteté, de candeur et un parfum de piété remarquable. L'auteur y fait le détail de toutes les traverses qu'il eut à essuyer pour rétablir le monastère de Vitteby et pour fonder celui de Notre-Dame d'York; ce qui fait comme deux parties de cette petite narration. C'est apparemment ce qui a donné occasion à Boston, et aux Centuriateurs de Magdebourg après lui, d'attribuer deux écrits différents à l'abbé Etienne, quoiqu'il n'en ait laissé réellement qu'un seul, traitant en deux parties distinctes du rétablissement et de la fondation des deux monastères dont nous avons parlé. Nous ne pensons pas que ce récit d'Etienne ait eu primitivement d'autre édition que celle que nous avons indiquée plus haut; il vient d'être reproduit dans le *Cours complet de Patrologie*.

ETIENNE, chanoine régulier de Pébrac en Auvergne, florissait vers l'an 1120. Jacques Branche, dans ses *Vies des saints d'Auvergne et du Velay*, les auteurs de la *Gallia christiana* et les continuateurs de Bollandus conviennent assez unanimement de cette époque de son existence; mais ils ne sont pas également d'accord sur le temps précis auquel il composa la *Vie de saint Pierre de Chavanon*, fondateur et premier prévôt du prieuré de Pébrac, qui fut érigé plus tard en abbaye. Il entreprit ce travail par les ordres de Ponce de Montrouge, qui en fut le second abbé, à la mort de Bernard de Chasnac, en 1118. Il est assez vraisemblable que ce fut vers l'année 1120 qu'il engagea Etienne à écrire la Vie de saint Pierre de Chavanon. Cependant, en tête d'un manuscrit de Pébrac, adressé aux Bollandistes en 1663, par le P. François Boulard, assistant de la congrégation de Sainte-Geneviève, il est marqué que cette Vie fut composée vers l'an 1130. Le titre en est ainsi conçu : *La Vie de saint Pierre, premier prévôt de l'église de Notre-Dame de Pébrac, au diocèse de Saint-Flour, en Auvergne, composée vers l'an 1130*. Il est vrai que ce titre a été ajouté au manuscrit par une main étrangère, au moins deux cents ans après sa composition. Néanmoins il est à présumer que l'auteur de cette remarque ne l'a faite que sur l'autorité de quelque ancien manuscrit tiré de cette abbaye. Du reste, rien n'empêche de penser qu'Etienne commença d'écrire son histoire vers l'an 1120 et qu'il ne l'acheva qu'en 1130. Elle est précédée d'une épître dédicatoire adressée à l'abbé Ponce, par les ordres duquel il avait entrepris ce travail. Il ne prend lui-même, dans cette dédicace, que le titre de serviteur de Jésus-Christ.

Il s'en faut qu'Etienne nous ait donné une Vie aussi détaillée et aussi complète qu'on était en droit de l'attendre d'un écrivain domestique, et en quelque sorte contemporain; car saint Pierre n'était mort tout au plus qu'en 1080, et il semble que s'il n'avait pas eu l'avantage de voir lui-même le saint homme, il avait vu au moins quelques-uns de ses premiers disciples, et conversé avec plusieurs de ceux qui avaient vécu avec lui. Ce biographe s'est plutôt attaché à ce qui lui a paru éclatant et propre à relever par le merveilleux la sainteté de son héros, qu'à entrer dans les détails de sa vie. Il semble n'avoir eu d'autre but que de rapporter ses actions extraordinaires et qui tiennent du miracle. Du reste, ce défaut n'est par particulier à Etienne; il a été imité par presque tous les auteurs de légendes et de panégyriques.

Cette Vie a été publiée d'abord par dom Luc D'Achery, sur un manuscrit qu'il tenait du P. Nicolas de Boissi, savant Génovefin et prieur de Saint-Quentin près Beauvais. Les continuateurs de Bollandus l'ont insérée ensuite dans leur grande collection au 9 de septembre, après l'avoir collationnée sur la copie du manuscrit de Pébrac dont nous avons parlé, et qui diffère en beaucoup de choses de celui dont s'est servi dom D'Achery. On lit, en effet, dans l'imprimé, certains traits qui ne se trouvent point dans le manuscrit, comme on en trouve également en celui-ci qui ne se lisent point dans l'autre; mais ces omissions et ces différences n'intéressent ni le fond de l'histoire, ni l'ordre de la narration. La copie du manuscrit de Pébrac et la Vie, telle qu'il a imprimée dom D'Achery, s'accordent assez pour la substance des faits et pour les circonstances. Le P. Branche, comme nous l'avons dit plus haut, a donné en français la *Vie de saint Pierre de Chavanon*, mais sans s'astreindre au simple rôle de traducteur; c'est pourquoi les continuateurs de Bollandus témoignent qu'ils n'ont pu vérifier lequel des deux manscrits est le plus conforme à l'original. Il ne faut donc point prendre à la lettre ce qui est dit dans le second volume de la *Gallia christiana*, que le P. Branche a traduit cette Vie et l'a insérée dans son recueil des *Vies des saints d'Auvergne*. Nous venons de voir que l'auteur de ce recueil n'est ni un pur copiste, ni un simple traducteur. A la suite de cette Vie, les Bollandistes ont publié une hymne rimée contenant les miracles du saint. Cette hymne l'emporte de beaucoup sur la prose rimée qu'Etienne a insérée dans son histoire, et dontelle fait également partie. Néanmoins Jacques Branche la croit d'un auteur plus ancien, et elle ne se trouve point dans l'édition de dom Luc D'Achery.

ETIENNE DE BAUGÉ prit son surnom de la petite ville de Baugé en Anjou, dont Gauceram, son père, était seigneur. Son enfance et sa jeunesse nous sont complétement inconnues; nous ne commençons à rencontrer quelques documents sur sa personne que vers l'an 1112, époque de son élévation sur le siége épiscopal d'Autun. On le voit, trois ans après, assister à un concile de Tournus, assemblé par Gui, archevêque de Vienne et légat du Saint-Siége, pour terminer l'affaire des deux églises de Saint-Jean et Saint-Etienne de Besançon, qui se disputaient le titre d'église métropolitaine. La même année 1115, il reçut une lettre du pape Pascal II, dans laquelle ce pontife lui marque qu'il prend l'église d'Autun sous sa protection, et la confirme dans tous ses biens et priviléges. En 1129, il fut du nombre des prélats qui assistèrent à la cérémonie du sacre de Philippe, fils du roi Louis le Gros. Sa piété envers saint Lazare, patron de son diocèse, se signala par le magnifique mausolée qu'il lui fit ériger l'an 1131, après avoir transféré son corps de l'ancienne église dans la nouvelle. Il eut pour saint Bernard un attachement solide, et qui se manifesta surtout par la cession qu'il fit au saint abbé de la terre de Fontenai, près de Montbard, pour y bâtir un monastère. Ce fut de son temps, et probablement par ses soins, que les chanoines de Saint-Symphorien d'Autun embrassèrent la vie régulière. En considération de cette réforme, il augmenta leurs revenus, et ne cessa jamais de se montrer leur protecteur. Peu content d'honorer et de favoriser la profession religieuse, il résolut de l'embrasser lui-même; et dans ce dessein, après avoir abdiqué en 1136, il choisit pour retraite l'abbaye de Cluny. Il y acheva saintement ses jours avec le titre de simple moine, et non pas, comme l'avance Pictet, dans la dignité d'abbé, dont il ne fut jamais revêtu. Pierre le Vénérable, qui reçut son dernier soupir, fait son éloge en ces termes dans une lettre qu'il écrivit à Humbert, son neveu, archidiacre d'Autun : « Ce respectable prélat, dit-il, a tout méprisé, noblesse, famille, état, dignités, fortune, pour suivre Jésus-Christ pauvre et humilié. Après avoir persévéré dans cet état avec une ferveur des plus saintement soutenues, il a rendu l'esprit entre mes bras. Pleins de vénération pour un si saint personnage, ma communauté et moi nous lui avons rendu les honneurs funèbres qui convenaient à son rang et à son mérite. » Il est enterré derrière le chœur, sous une tombe marquée du numéro XXII, avec une épitaphe gravée vis-à-vis sur le mur. Ce n'est que par conjecture qu'on fixe la date de sa mort au 7 de janvier 1140.

SES ÉCRITS. — Nous avons dans les trois grandes *Bibliothèques des Pères* un *Traité du sacrement de l'autel*, qui porte le nom d'Etienne d'Autun. Bellarmin, Possevin et Lemire placent cet auteur deux siècles plus tôt; mais il est certain qu'il n'y eut point d'Etienne sur le siége d'Autun avant le XII° siècle. Dans le cours de ce siècle, on en trouve deux : celui dont nous venons de parler et un autre qui mourut le 28 mai 1189. Reste à savoir encore auquel des deux on doit attribuer cet ouvrage. Dom Mabillon, avec la foule des critiques, se prononce en faveur du premier, fondé principalement sur ce que Pierre le Vénérable le qualifie d'homme recommandable par la sagesse de sa doctrine. Il faut avouer que ce sentiment ne porte pas sur une raison absolument décisive ; mais comme nous n'en avons aucune pour le combattre, nous ne croyons pas devoir nous en écarter.

L'ouvrage est partagé en vingt chapitres, précédés d'une préface, dans laquelle l'auteur s'applique à faire voir que les sept ordres sont représentés par les sept dons du Saint-Esprit. En parlant de la tonsure, il prétend qu'elle est d'institution apostolique, et la fait venir originairement des Nazaréens. Les cinq premiers chapitres sont employés à traiter des quatre ordres mineurs et du sous-diaconat. Dans le sixième, supposant que ces ordres ont été institués par Jésus-Christ, l'auteur explique comment il a exercé les fonctions de chacun d'eux en particulier. Les chapitres suivants, jusqu'au onzième, traitent du diaconat, du sacerdoce et de la signification mystique des ornements sacerdotaux. Par rapport aux diacres, Etienne avance qu'ils peuvent remplacer le prêtre en certaines occasions, pour le baptême, par exemple, pour la communion et même pour la confession. Notre plan n'exige point que nous discutions les raisons sur lesquelles l'auteur s'appuie pour accorder aux diacres la dernière de ces trois prérogatives, en l'absence des prêtres. On trouve des textes semblables à celui-ci dans plusieurs anciens monuments de l'Eglise latine, sans parler de la lettre de saint Cyprien aux prêtres et aux diacres de Carthage sur la réconcilation des tombés, textes dont l'obscurité subsistera toujours, du moins en partie, tant qu'on n'y apportera pas d'autre solution que celles des scolastiques. La suite de l'ouvrage renferme une explication détaillée et très-instructive de toutes les parties qui composent la liturgie. Etienne insiste principalement sur le canon de la messe, et propose différentes questions relatives à la présence réelle, qu'il résout d'une manière aussi précise qu'orthodoxe. Il est à remarquer qu'il est un des premiers qui ait employé le terme de *transsubstantiation* pour exprimer le changement des matières eucharistiques. Nous disons un des premiers, car Hildebert est, à proprement parler, le premier auteur connu qui se soit servi de cette expression. Dans le dernier chapitre, il parle des additions faites à la messe en divers temps par les souverains pontifes. Ce chapitre ne fait pas preuve qu'il fût très-versé dans l'histoire ecclésiastique. Les éditeurs des *Bibliothèques des Pères* ne sont ni les seuls ni les premiers qui aient mis au jour ce traité de notre auteur. Jean de Montholon, chanoine et chantre de l'église d'Autun, les avait devancés par l'édition qu'il publia en un volume in-4°, Paris, 1517.

Les auteurs de la *Nouvelle Gaule chrétienne* nous ont également conservé deux autres pièces de notre prélat. La première est en forme de lettre pastorale adressée au clergé et au peuple de son diocèse. Etienne y déclare avoir pris l'abbaye d'Oignies sous sa protection, et défend de porter ailleurs qu'à son audience les procès que l'on voudra susciter à cette maison. La seconde est une charte par laquelle il concède une église à l'abbé et à la communauté de Citeaux, en considération, dit-il, de la bonne odeur qu'ils répandent en tous lieux. Ces deux écrits sont sans date.

ETIENNE, surnommé HARDING, troisième abbé de Citeaux, né en Angleterre d'une famille noble, fit ses premières études et prit l'habit religieux au monastère de Schirburn. Il en sortit pour passer en Ecosse et de là en France. Après avoir achevé sa rhétorique et sa philosophie dans les écoles de Paris, il eut la dévotion d'aller à Rome visiter les tombeaux des apôtres. Il se fit accompagner d'un jeune ecclésiastique de ses amis, avec lequel il garda, pendant tout le temps de son voyage, un silence rigoureux, qui n'était interrompu de temps en temps que par la psalmodie et la récitation du psautier, qu'ils ne manquèrent jamais de réciter tout entier tous les jours, malgré les incommodités de la route et quelque accident qui pût leur arriver. A leur retour en France, Etienne s'arrêta à l'abbaye de Molesme, où il ne put retenir son compagnon de voyage. Cependant cette abbaye tomba bientôt dans un extrême relâchement, effet d'une dangereuse abondance. Saint Robert, qui en était abbé, en remit la direction au prieur Albéric, et s'exila dans la solitude de Vinay. Albéric ne tarda pas à suivre Robert dans sa retraite, et le fidèle Etienne se vit forcé de les rejoindre tous les deux presque immédiatement. Toutefois, il leur offrit ses secours pour une réforme, et ils revinrent ensemble à Molesme ; mais le peu de succès qu'obtint cette nouvelle tentative les ayant découragés, ils allèrent, avec dix-huit religieux du même monastère, jeter, en 1098, les fondements de l'abbaye de Citeaux, dans une forêt au diocèse de Châlons. Avec la permission du légat du Saint-Siége et la protection du duc de Bourgogne, ils vinrent heureusement à bout de leur entreprise. Saint Etienne eut beaucoup de part à ce nouvel établissement, non-seulement par son exemple et ses conseils, mais aussi par tout ce qu'il fit pour l'affermir et lui donner sa perfection, en sorte qu'il peut être considéré comme un des principaux fondateurs de l'ordre de Citeaux. Saint Robert, qui en avait été élu premier abbé, ne remplit ces fonctions que jusqu'à l'année suivante, où des ordres du Pape l'obligèrent de retourner à Molesme. Albéric, qui le remplaça, ne se croyant pas capable de supporter seul un si pesant fardeau, le partagea avec Etienne, qu'il fit prieur du monastère. Celui-ci s'en acquitta avec tant de zèle et de sagesse, qu'à la mort d'Albéric, arrivée en 1109 ou 1110, il fut élu, quoique absent, pour lui succéder, par le conseil général des frères. Nous voudrions pouvoir rapporter dans tous leurs détails toutes les actions de ce saint homme, pendant les vingt-quatre années qu'il gouverna son monastère. Ce fut sous lui que ce nouvel établissement, qui n'était encore qu'ébauché, parvint à sa force et à sa maturité, et que cette solitude qui paraissait stérile devint si féconde qu'elle peupla de pieux solitaires non-seulement les provinces de France, mais encore les pays étrangers. Sous la conduite d'Etienne, les religieux pratiquèrent à la lettre ce précepte de l'Evangile : *Cherchez premièrement le royaume de Dieu, et le reste vous sera donné comme par surcroît.* Aussi, dans la disette où ils se trouvaient souvent, quelques aumônes qui arrivaient à propos leur semblaient venir par miracle. Etienne, en tout ennemi du luxe, le bannit même du service divin. Il remplaça l'or et l'argent par le cuivre et le fer, et ne fit grâce qu'aux calices de vermeil. Il eut à craindre un moment que cette sévérité de mœurs ne nuisît à l'accroissement de sa communauté ; plusieurs frères étaient morts en moins de deux ans, et personne ne se présentait pour les remplacer. Etienne était plongé dans une affliction profonde qui allait jusqu'à le faire douter que son établissement fût agréable à Dieu, quand arriva saint Bernard. Il venait à la tête de trente gentilshommes français solliciter leur commune admission dans un ordre dont il a fait la gloire et l'ornement. Jusque-là, on s'était contenté d'admirer la vie angélique des solitaires de la forêt de Cîteaux, sans que personne eût songé à se joindre à eux et à les imiter; mais l'exemple de saint Bernard, se présentant tout à coup avec les riches dépouilles qu'il venait d'enlever au monde, rappela dans ce corps la vie qui semblait prête à l'abandonner. Son exemple fut fécond en imitateurs : Cîteaux eut en peu de temps une surabondance de population, dont Etienne forma des colonies qui fondèrent, sous ses auspices, les monastères de La Ferté, de Pontigny, de Clairvaux et de Morimond. On a appelé ces quatre abbayes les filles de Cîteaux, filles fécondes et dont chacune devint à son tour mère de plusieurs monastères. Etienne, considérant ces rapides progrès de l'ordre, ne voulut plus être le seul juge des intérêts de tous, et convoqua, en 1116, le premier chapitre général de Cîteaux, auquel tous les abbés et les plus anciens religieux assistèrent, à l'exception de saint Bernard, retenu à Clairvaux par une maladie. Ce pieux usage, qui dut sa naissance à l'abbé Etienne, s'étendit bientôt à toutes les congrégations religieuses, qui se hâtèrent de l'imiter. Satisfait de cet essai, le saint abbé en convoqua un second en 1119, pour soumettre à son examen des statuts intitulés : *Charta charitatis*, ayant pour but de réunir en un même corps les différentes abbayes dont Cîteaux était en quelque sorte la métropole. Ces statuts, après avoir été approuvés par le chapitre, furent confirmés par une bulle du pape Calixte II, en date de la même année, et adressée à l'abbé et aux religieux de Cîteaux. En 1125, Etienne fit en Flandre un voyage dont on ignore le sujet, si ce n'est peut-être qu'il l'entreprit pour faire rentrer dans la bonne voie Arnaud, abbé de Morimond, qui, ayant abandonné son monastère, s'était retiré dans ce pays, qu'il était loin d'édifier par sa conduite. Il fit un autre voyage en Champagne en 1128, et assista avec le saint abbé de Clairvaux au concile de Troyes, convoqué par le légat Mathieu d'Albane. Quatre ans plus tard, en 1132, il alla trouver en France le pape Innocent II, et obtint de lui une exemption générale des dîmes pour toutes les terres cultivées par les religieux de son observance. L'année suivante, 1133, Etienne, cassé de vieillesse et jugeant que sa fin approchait, prit la résolution de se démettre de sa dignité avant de mourir. Ayant donc assemblé les abbés de l'ordre et réglé toutes choses avec eux en chapitre, il leur parla ainsi, comme ils étaient prêts de se séparer : « Si, fort et vigoureux, je voulais me décharger du poids sous lequel je gémis, je mériterais d'être appelé lâche et paresseux; mais accablé d'années et d'infirmités, et par conséquent obligé de me retirer plus encore par nécessité que par choix, vous devez plutôt attribuer ma démarche à la modestie qu'à la présomption. Malgré ma faiblesse cependant, je n'ai épargné ni soins ni peines pour affermir ce saint établissement. Vous voyez néanmoins que Dieu lui a donné sa bénédiction. Du seul monastère que j'ai reçu, il en est sorti une centaine : treize établis par mes mains et le reste par les vôtres. J'ai obtenu pour tous l'exemption des évêques dans les choses qui pouvaient troubler votre paix, et celle des dîmes dans ce qui pouvait être un obstacle à votre tranquillité ; non que j'aie refusé à qui que ce soit ce qui lui est dû, mais dans le but de servir le souverain maître de tous les droits avec une liberté d'esprit plus entière. Je me suis appliqué à faire prévaloir, plutôt par mes exemples que par des écrits, les lois que l'expérience m'avait fait juger les plus convenables et les plus utiles à votre perfection. C'est par la pratique de ces règles que plusieurs d'entre vous sont déjà arrivés au ciel, où ils m'ont précédé. Un grand nombre suivent la même route, et sont déjà fort avancés ; que ne les chargez-vous du soin de vous conduire ? Quant à moi, ce n'est pas la volonté, mais ce sont les forces qui me manquent. Mes yeux obscurcis m'avertissent de rentrer en moi-même, et de m'appliquer d'autant plus à scruter mon intérieur, que ce qui est au dehors m'abandonne. Laissez-moi donc reposer, puisque je ne puis plus travailler ; qu'il me soit permis de m'occuper de moi seul, puisque je ne puis plus veiller sur les autres. » Ce discours, auquel la voix cassée du saint vieillard et les soupirs dont il était entrecoupé, donnaient quelque chose de touchant et une onction qui pénétrait jusqu'au cœur, tira des larmes des yeux de tous ceux qui l'entendirent. Ces saints religieux, rompus à l'obéissance, et accoutumés depuis longtemps à n'avoir d'autre volonté que celle de leur abbé, n'osèrent s'opposer à sa résolution. Après la clôture du chapitre, les religieux de Cîteaux se réunirent en assemblée, et, sans le connaître, élurent, pour succéder à un saint, un hypocrite nommé Gui, qui, sous les dehors de la science et de la piété, cachait ses vices et la corruption de son cœur. Mais Dieu, qui avait permis que tant de saintes âmes se trompassent dans un choix aussi important, en arrêta les suites en révélant à Etienne l'indignité de son successeur. Il fut déposé au bout d'un mois, et Etienne eut la consolation de se voir donner de son vivant un successeur digne de lui, dans la personne de Rainald, religieux de Clairvaux et disciple de saint Bernard. Il survécut peu à cette dernière grâce, et mourut le 28 mars 1134. Quelques instants avant de rendre le dernier soupir, comme il entendait les religieux rassemblés autour de son grabat, s'entretenir du bonheur dont il allait jouir et de la confiance avec laquelle il pouvait paraître devant Dieu, après avoir accompli tant de bien dans sa vie, le saint vieillard recueillit le peu de forces qui lui restaient, et leur adressa ces dernières paroles : « Que dites-vous là ? Je vous assure, en vérité, que je tremble, et que je vais à Dieu avec autant d'inquiétude que si je n'avais fait aucun bien. Car s'il y en a eu en moi, et si la grâce de Dieu a opéré quelques fruits, en se servant d'un instrument aussi faible que je suis, je crains beaucoup et je tremble de n'avoir pas conservé cette grâce en moi, aussi sagement que j'en devais. » C'est dans ces pieux sentiments que cet humble abbé termina sa carrière, et passa de cette vie mortelle à la gloire de l'éternité. Sa fête, marquée au 17 d'avril, dans le Martyrologe romain, s'est toujours célébrée le 15 de juillet dans l'ordre de Cîteaux, et avec plus de solennité que celles de saint Robert, et même de saint Bernard.

SES ÉCRITS. — Quoique particulièrement voué, dans son origine, à la pénitence et aux autres pratiques de la perfection chrétienne, l'ordre de Cîteaux, cependant, a fait honneur aux lettres, et il a même eu l'avantage, en naissant, d'être gouverné par deux abbés très-instruits dans les sciences divines et humaines : le bienheureux Albéric, dont nous avons touché quelques mots, et saint Etienne, qui fait le sujet de cet article. En effet, celui-ci ne fut pas plus tôt élu abbé, qu'il signala son zèle pour les bonnes études, et en même temps pour le salut de ses frères, par la révision et la correction d'un exemplaire manuscrit de la Bible, que l'on a conservé en quatre volumes in-folio dans la bibliothèque de Cîteaux comme un monument inépuisable de la science du saint et savant abbé. Il est daté de l'année 1109, la première de son gouvernement, et la dixième de la fondation de Cîteaux. On peut affirmer, après dom Rivet, que le XII° siècle ne produisit guère de travaux plus importants et en même temps plus célèbres, que cette révision de la Bible, opérée par les soins de saint Etienne. Non-seulement il rechercha avec soin les exemplaires les plus corrects de notre Vulgate, mais il eut recours aussi aux originaux hébreux et chaldaïques qui se trouvaient alors entre les mains des Juifs. Il y a, à la fin du second volume de cette Bible revue et corrigée, un avertissement de la main même de saint Etienne, qui nous apprend quelle attention scrupuleuse on apporta à ce travail. Ce saint abbé ayant amassé plusieurs manuscrits de la Bible et s'étant aperçu qu'un des exemplaires différait essentiellement des autres, non-seulement par rapport à la version, mais encore par plusieurs additions qui ne se trouvaient nulle part ; il appela plusieurs Juifs habiles pour corriger les livres de l'Ancien Testament ; et après avoir tout examiné lui-même avec l'attention la plus assidue, il fit biffer ces additions, qui se trouvaient particulièrement dans les livres des *Rois*, et rendit une ordonnance, afin qu'elles fussent omises par ceux qui transcriraient cette Bible dans la suite. Cette ordonnance, qui se lit encore dans le manuscrit de Cîteaux, a été publiée par dom Mabillon, dans le premier volume de sa seconde édition des *OEuvres de saint Bernard*, à la fin de la Chronologie. Un travail de la nature de celui dont nous venons de parler, entrepris par saint Etienne, et à la composition duquel il eut beaucoup de part, suffit pour donner une haute idée de ses lumières, et montrer que la science et le goût des bonnes études s'accordaient parfaitement en lui avec le don de la plus haute piété. Aussi Guillaume de Malmesbury dit-il en parlant du saint abbé : *Scientia litterarum cum religione quadrabat.* Un tel exemple est bien propre aussi à justifier ce que le P. Mabillon a écrit sur les études monastiques. En effet, comme le remarque ce savant et modeste écrivain, il est visible que des hommes qui, à l'aurore d'un ordre naissant, s'appliquent à rétablir le texte des Ecritures, rassemblent des juifs et s'entourent de leurs lumières pour le faire avec plus d'assurance, n'ont pas entièrement renoncé à l'étude des lettres. Il suffit de cet exemple pour montrer que la critique même n'a pas été aussi négligée dans les cloîtres que Baillet le fait entendre. Aussi le P. Honoré de Sainte-Marie l'a-t-il combattu victorieusement en invoquant, contre son assertion, la révision des Bibles latines, retouchées sur le texte hébreu par les moines de Cîteaux, en 1109.

Discours. — On attribue à saint Etienne un petit discours adressé aux moines de Cîteaux, pour les consoler de la mort d'Albéric. Manrique, dans ses *Annales*, et Henriquez, dans son *Fasciculus*, rapporte il ce discours sur l'autorité de Bernard Brito, qui n'est pas d'un grand poids, comme nous aurons occasion de le remarquer à l'article de saint Robert. Néanmoins, le discours par lui-même n'est pas indigne de saint Etienne. Il est court, mais touchant et pathétique. Le même auteur suppose encore à saint Etienne un autre discours, que le pieux abbé aurait prononcé dans son chapitre, lorsqu'il reçut saint Bernard et ses compagnons, en 1113; mais nous ne garantissons point l'authenticité de ces pièces.

La Charte de charité. — La Charte de charité, *Charta charitatis*, que l'on attribue communément à saint Etienne, est un écrit digne de la piété de l'auteur et des premiers abbés de l'ordre de Cîteaux qui y ont eu part. Étienne, voyant que la bénédiction de Dieu se répandait sur la famille qu'il avait rassemblée, et que chaque jour voyait naître de nouveaux monastères, dressa, sous le titre de *Charte de charité*, un écrit qui ne respire en effet que les plus purs sentiments de cette vertu. Il y prescrit les moyens de la conserver, afin de tenir constamment unies entre elles toutes ces nouvelles communautés, et d'en former comme un seul corps obéissant à un même chef. Il avait toujours eu ce dessein, dès le moment que Dieu donna la fécondité à son établissement, et qu'il le vit se multiplier par la fondation des abbayes de la Ferté, de Pontigni, de Clairvaux, etc. C'est dans cette vue qu'il institua, dès 1116, les Chapitres généraux auxquels tous les abbés étaient tenus d'assister, et la visite des monastères. Enfin, désirant mettre le sceau à son œuvre, et former de toutes ces abbayes un seul corps, dont les abbés et les religieux fussent aussi étroitement unis entre eux que peuvent et doivent l'être, selon l'esprit de la règle de saint Bernard, les membres d'un seul monastère, il fit approuver, dans un chapitre général de tous les abbés de l'ordre, et confirmer par le Pape Calixte II, la célèbre *Charte de charité* dont nous parlons. Ce fut en 1119 que se tint le chapitre dans lequel fut approuvée cette charte. Il était composé de dix abbés seulement, et non de vingt, comme quelques auteurs l'ont prétendu. La *Charte de charité* fut confirmée la même année par le Pape Calixte, qui data sa bulle de Saulieu, petite ville de Bourgogne, où il se trouvait alors, dans le cours d'un voyage qu'il faisait en France. Elle est adressée à tous les abbés et religieux de l'ordre de Cîteaux, du consentement desquels saint Etienne l'avait dressée. Elle est datée du 10 des calendes de janvier, l'an de l'incarnation 1119, le premier du pontificat de Calixte II. C'est donc par méprise qu'Harpsfed la fait confirmer par Urbain II, mort plus de vingt ans plus tard. Du reste, la plupart des auteurs qui ont parlé de cette charte sont tombés dans quelques erreurs de détails, ce qui ne les a pas empêchés de s'entendre pour le fond, en l'attribuant unanimement à saint Etienne, qu'ils placent, pour cette raison, parmi les auteurs ecclésiastiques.

Cette charte célèbre est précédée d'un petit prologue destiné à faire ressortir l'esprit qui l'a dictée, et qui n'est autre que l'esprit de charité et le désir du salut du prochain.

Elle contient trente articles. — Le premier ordonne que la règle de saint Benoît sera suivie à la lettre et sans aucun changement, comme elle a été observée et comme elle s'observe encore dans le nouveau monastère; c'est le nom qu'on donnait alors à Cîteaux. — Par le second, il est prescrit que l'on se conformera, dans toutes les maisons de l'ordre, à ce qui se pratique à Cîteaux, tant pour le chant que pour les livres de l'office divin. — Il est défendu par le troisième à tout particulier de solliciter des priviléges contraires aux statuts de l'ordre. — Le quatrième règle et prescrit la manière dont l'abbé de Cîteaux doit être reçu dans les maisons de l'ordre; c'est-à-dire *tanquam abbas totius ordinis matris*. L'abbé de la communauté qu'il visitera, doit lui céder sa place de manière à ce qu'il ait partout la prééminence. Il doit cependant observer de ne rien entreprendre et de ne rien faire contre la volonté de l'abbé et des religieux de la maison qu'il visite: pourtant, s'il s'aperçoit que la règle est violée en quelque point, charitablement il doit prendre les mesures convenables pour corriger les frères, de concert avec l'abbé du lieu, s'il est présent, et, s'il n'y est point, il doit corriger lui-même les abus. — Le huitième ordonne à tous les abbés de visiter chaque année les maisons de leur dépendance. — Le neuvième donne pouvoir aux quatre premiers abbés de l'ordre de visiter tous les ans et par eux-mêmes la maison de Cîteaux. — Le dixième prescrit la manière de recevoir un abbé lorsqu'il vient dans une autre maison.— Les onzième et douzième règlent le rang que les abbés doivent tenir entre eux. — Il est ordonné par le treizième à tous les abbés de venir chaque année au chapitre, à moins que l'éloignement ou la maladie n'y mette obstacle. Ceux qui y manqueront seront tenus d'en demander pardon au prochain chapitre. Les matières qui devront y être traitées sont celles qui regardent le salut des âmes, l'observance de la règle, le bien de la paix. Si un abbé n'a pas maintenu la régularité; s'il s'est trop livré aux affaires temporelles, ou s'il s'est rendu coupable de quelque faute, il sera dénoncé au chapitre général par un autre abbé, il demandera pardon et fera la pénitence qui lui sera imposée. Si les abbés qui composent le chapitre ne s'accordent pas entre eux sur la correction de leurs frères, celui de Cîteaux terminera le différend, avec quelques autres dont il prendra les conseils. Si quelque abbé se trouvait dans une trop grande pauvreté, tous les abbés contribueront à son soulagement. Lorsqu'un abbé sera mort, celui sous la filiation duquel se trouve sa maison, donnera tous ses soins pour en faire élire un autre. A la mort de l'abbé de Cîteaux, les quatre abbés de la Ferté, de Pontigni, de Clairvaux et de Morimond, prendront soin de cette maison jusqu'à ce qu'elle ait un abbé. Pour cela, ils convoqueront tous les abbés de l'ordre et quelques autres encore, et tous ensemble ils procéderont à l'élection. L'abbé de Cîteaux peut être choisi, non-seulement parmi tous les religieux de la filiation, mais aussi parmi les abbés. Il n'est pas permis de choisir un religieux d'un autre ordre pour en faire un abbé de Cîteaux ; pas plus qu'il n'est permis à un religieux de Cîteaux d'accepter cette dignité dans une maison soumise à une autre obédience. Si un abbé de l'ordre demande sa déposition, l'abbé dans la dépendance duquel se trouve sa communauté ne doit pas lui accorder facilement sa demande; toutefois, si le cas l'exige, il convoquera quelques abbés de l'ordre, pour concerter avec eux la manière dont il doit se conduire. Si un abbé pèche contre la règle et la laisse transgresser par ses religieux, celui de Cîteaux l'avertira par lui-même ou par son prieur; si le coupable ne veut ni se corriger ni quitter sa place, on le déposera d'abord, puis, de l'avis et de la volonté du grand abbé, on en substituera un autre, qui sera choisi parmi les religieux de la maison et les abbés de la filiation, s'il y en a. Si un abbé déposé ne veut point se soumettre à sa sentence, et s'il est soutenu dans sa révolte par les religieux de sa maison, ils seront tous excommuniés par l'abbé de Cîteaux et par ses collègues. Si l'abbé de Cîteaux lui-même était prévaricateur, les quatre premiers abbés l'avertiront jusqu'à quatre fois, au nom des autres, et pratiqueront à son égard tout ce qui est marqué au sujet des abbés incorrigibles, excepté qu'ils ne l'excommunieront qu'en chapitre général, ou dans une assemblée des abbés de la filiation de Cîteaux, en cas que la grandeur du mal ne permît pas d'attendre la tenue d'un chapitre. Si l'abbé et les religieux de Cîteaux refusent de se soumettre à la sentence, les quatre premiers abbés ne doivent point craindre de les frapper du glaive de l'excommunication. Si quelques-uns d'entre eux rentrent en eux-mêmes, ils pourront se retirer dans quelques-unes des quatre premières abbayes, pour y faire pénitence. Après la déposition de l'abbé de Cîteaux, le chapitre annuel ne se tiendra point dans cette maison, mais dans celle que les quatre abbés choisiront.

Tels sont les règlements que la sagesse et la prudence ont dictés à saint Etienne dans cette *Charte de charité*, dont il est incontestablement l'auteur. Il suffit de lire le prologue qui est en tête, pour s'en convaincre. On y voit que c'est lui-même qui parle et qui adresse la parole aux autres abbés, en leur déclarant qu'il ne veut point leur imposer un joug qui les surcharge, ni les mettre à contribution ; mais que son unique dessein est de leur être utile, en ne se réservant que le soin de leurs âmes. Il est visible que ce langage ne peut convenir qu'à saint Etienne, parlant à des abbés la plupart sortis de Cîteaux, et sur lesquels il ne se réserve rien de ce qui leur appartient, excepté le soin de veiller à leur salut et de les rappeler dans la bonne voie, s'ils avaient le malheur de s'en écarter. Néanmoins, en regardant saint Etienne comme l'auteur de cet écrit, nous sommes bien loin de croire qu'il n'y parle qu'en son nom et de son autorité particulière, comme quelques-uns l'ont avancé ; nous pensons, au contraire, qu'il y parle au nom du chapitre tout entier. Autrement le saint abbé n'aurait pas dressé des statuts contre lui-même, ni donné le pouvoir aux quatre abbés de faire des visites à Cîteaux, et même de déposer et d'excommunier l'abbé, en cas de prévarication contre la règle, ce qui eut lieu de son vivant, comme nous l'avons vu dans sa Biographie. Aussi Calixte II, en approuvant la *Charte de charité* et en la confirmant, déclare la même chose. Donc, quoique saint Etienne en soit vraiment l'auteur, il ne l'a promulguée qu'au nom de tous les abbés de l'ordre, qui lui ont donné force de loi en la revêtant de leur sanction. Elle a été imprimée à Anvers, par Plantin, en 1635 ; dans le Monologue, au 4 de juillet ; à Lyon, dans le premier volume des *Annales de Cîteaux*, par Manrique, en 1642 ; à Paris, en 1645, dans le *Nomasticon Cisterciense*, où elle se trouve avec toutes les approbations des Souverains Pontifes.

Livre des statuts. — On croit que ce fut dans le même chapitre que furent dressés les statuts de Cîteaux ; cela, du reste, était nécessaire pour atteindre le but que saint Etienne se proposait dans la *Charte de charité*. En effet, comment réunir entre eux tant de monastères, si on n'établissait pas des lois et des usages communs à tous ? Aussi le *Livre des statuts*, ou pour parler plus correctement, le *Livre des Us*, se trouve-t-il joint, dans tous les anciens manuscrits, à la *Charte de charité*. Ignace de Fitero ajoute même que ce livre fut présenté avec la Charte au pape Calixte, qui les approuva tous les deux. Avant d'aller plus loin, il n'est peut-être pas hors de propos de remarquer que ces *us* ou *statuts* ne doivent point être regardés comme une nouvelle règle, pas plus que les moines pour lesquels ils ont été dressés comme un nouvel ordre religieux. Jamais ce ne fut le dessein de saint Robert, premier abbé de Cîteaux, ni d'aucun de ses successeurs, de donner une nouvelle règle ni de fonder un ordre nouveau. Tout leur but était de faire revivre celui de saint Benoît et de lui procurer de vrais enfants et de fidèles disciples, qui pratiquassent exactement sa règle, et sans rien retrancher de la rigueur de ses préceptes. Ils n'avaient quitté Molême que parce qu'ils avaient la douleur d'être tous les jours témoins des atteintes que l'on portait à cette loi sainte, qu'ils s'étaient engagés à observer par des vœux solennels. Aussi, en demandant l'agrément de Hugues, archevêque de Lyon et légat du pape, n'alléguèrent-ils pas d'autre raison pour se retirer. C'est d'après cet exposé que le légat leur permet d'habiter la forêt de Cîteaux, pour y remplir leurs obligations, en y vivant selon les saintes maximes de cette règle : *Ut professionem suam in observantia sanctæ regulæ adimplerent*. C'était leur unique but, et ils n'eurent jamais d'autre règle que celle de saint Benoît. Après cela, n'y a-t-il pas lieu de s'étonner qu'on ait voulu les faire passer pour des moines cherchant à introduire des nouveautés ? Qu'y a-t-il de nouveau à réformer les abus, non selon son caprice, mais conformément à la loi primitive que l'on s'efforce de faire revivre, et à laquelle on veut se conformer ? C'est ainsi, qu'à l'exemple de l'hérésie, le relâchement qualifie de nouveauté la respectable antiquité qui le condamne, et traite de novateurs ceux qui cherchent à le rappeler à la sévérité de l'ancienne discipline.

Les premiers moines de Cîteaux n'avaient donc, dans le principe, d'autre règle que celle de saint Benoît. Ils la pratiquaient à la rigueur et sans en rien retrancher. Si dans la suite ils y ont ajouté des statuts et des constitutions, ces constitutions et ces statuts ont toujours eu la règle pour base, ils en ont été tirés comme de leur source naturelle et dressés pour en maintenir l'exacte observance et empêcher les abus et le relâchement. C'est ce que l'on voit par les premiers règlements que fit le bienheureux Albéric, l'an **1101**, après avoir obtenu du Pape Pascal II, successeur d'Urbain, l'approbation et la confirmation de l'établissement de Cîteaux. L'abbé et les moines ne firent donc ces statuts que pour satisfaire à leur engagement d'observer la règle de saint Benoît. C'est pour cela qu'ils retranchent, ou plutôt qu'ils interdisent, car il n'y avait aucun retranchement à faire à Cîteaux, tout ce qui pourrait être contraire à son exacte observation, tant dans les habits que dans la nourriture. Ils allèrent plus loin encore, en défendant de posséder des églises, des autels, des oblations, des sépultures des décimes, etc., etc., parce qu'on ne voit nulle part ni dans la règle, ni dans la vie de saint Benoît qu'il ait possédé aucune de ces choses. Non seulement, ils pratiquaient tout ce que la règle prescrit et s'abstenaient de tout ce qu'elle défend, mais ils croyaient encore, du moins on peut le supposer, que tout ce qu'elle n'énonce pas devait leur être interdit presque généralement. Les mêmes statuts portaient qu'avec la permission des évêques, on recevrait des convers laïques et des mercenaires, parce que sans cela, ils ne pouvaient suivre le jour et la nuit tous les exercices prescrits par la règle. Ils pouvaient aussi recevoir des terres éloignées du commerce des hommes, pour s'y établir conformément à l'esprit de la règle de saint Benoît ; des vignes, des prés, des bois et des eaux pour les moulins, mais seulement pour leur usage particulier. Ce sont là les premiers règlements de Cîteaux, publiés sur la fin de l'an **1100** ou au commencement de **1101**, après le retour de Jean ou d'Idelbold qu'Albéric avait envoyé à Rome pour demander au pape la confirmation du nouveau monastère. On ne peut raisonnablement douter que saint Étienne, alors prieur de Cîteaux, n'ait eu beaucoup de part à la rédaction de ces règlements, lui qui avait été un des principaux moteurs de la réforme.

Nous ne croyons pas que les règlements rapportés dans cet exorde soient les seuls qui aient été faits à cette époque ; nous sommes mêmes portés à croire, avec l'annaliste de Cîteaux, qu'on ne négligea point d'en faire sur plusieurs autres points importants, tels que l'épreuve des novices, l'observation des jeûnes, la réception des hôtes et autres articles sur lesquels il y eut dans la suite des contestations assez vives entre les moines de Cluny et de Cîteaux. Ignace de Fitero fait mention d'un statut, dressé en cette année **1101**, et portant que toutes les églises des monastères qu'on bâtirait seraient dédiées à la sainte Vierge, ce qui a été exactement observé. Ce statut se trouve dans la compilation de Rainald, quatrième abbé de Cîteaux, mais l'année n'en est point marquée.

Pour revenir au *Livre des Us* de Cîteaux, on croit communément, comme nous l'avons déjà remarqué, qu'il fut fait dans le même chapitre où fut dressée la *Charte de charité*. Ce n'est point à dire qu'il faille dater de là l'origine de ces statuts. Ils s'observaient déjà depuis plusieurs années à Cîteaux et dans les autres maisons de la nouvelle réforme ; mais on n'avait pas jugé à propos de les réunir dans un code de lois destiné à passer à la postérité. C'est ce que l'on fit en **1119**, et ce recueil a été appelé le *Livre des Us, Liber Usuum*, comme pour marquer que ce n'étaient point des lois nouvelles, mais des lois et des statuts qui s'observaient déjà dans l'ordre avant d'avoir été rédigés par écrit. On croit encore qu'à l'exemple de son saint prédécesseur qui avait fait approuver les premiers statuts de Cîteaux par Pascal II, saint Étienne voulut aussi faire confirmer le *Livre des Us* par l'autorité du Saint-Siège : ce qu'il obtint facilement du Pape Calixte qui les approuva avec la *Charte de charité*. Quoi qu'il en soit de cette approbation, rejetée par quelques critiques, il est certain que le *Livre des Us* est du temps de la *Charte de charité*, ou du moins qu'il lui est de très-peu postérieur, puisqu'il en est fait mention dans la compilation des règlements des chapitres généraux qui finit en **1134**, et est attribuée à Rainald, quatrième abbé de Cîteaux et nommé du vivant même de saint Étienne. Il est vrai qu'on y trouve des dispositions beaucoup plus récentes ; mais c'est qu'elles y ont été ajoutées par la suite, comme il est tout naturel de le penser. En tenant compte de ces additions, rien n'empêche donc de conserver au *Livre des Us* sa prérogative d'antiquité. Du reste, ce qui la confirme encore, c'est qu'il est cité dans le sixième livre de la *Vie de saint Bernard : Exstat Liber usuum Cisterciensium*. Il paraît que ce livre ne faisait qu'un avec le petit exorde de Cîteaux, puisque c'est là qu'on lit ce qu'en cite l'auteur de la *Vie de saint Bernard*.

L'antiquité de ce livre est plus facile à constater que l'authenticité de son auteur, et les critiques sont partagés. La plupart des écrivains de la congrégation de Cîteaux

Bernard, Brito, Ignace de Fitero, Chrysostome Henriquez, etc., l'attribuent à saint Bernard. Les écrivains étrangers à l'ordre, tels que Balæus, Pitséus et Possevin, en font honneur à saint Etienne. Lequel des deux ? Nous abandonnons la question à de plus habiles ou mieux renseignés que nous. Peut-être ces deux saints y ont apporté chacun leur part de lumières et d'expérience. Du moins il paraît très-vraisemblable, pour ne pas dire certain, que saint Etienne, qui était alors abbé de Cîteaux, a dû contribuer autant qu'aucun autre aux statuts et coutumes établis de son temps : ce qui n'empêcherait pas toutefois qu'on pût en attribuer le recueil à saint Bernard.

Ce recueil est divisé en cinq parties qui renferment cent vingt-quatre chapitres. — Dans la première, qui en contient cinquante-deux, on donne la disposition du Bréviaire de Cîteaux conformément au Missel et à la règle de saint Benoît. — Dans la seconde, qui est de dix-sept chapitres, on trouve toutes les cérémonies qui doivent s'observer dans les heures canoniales, et dans la célébration de la messe, selon l'ancien usage de l'Eglise. — La troisième renferme en vingt chapitres les cérémonies qui se rattachent à la pratique des exercices réguliers. — La quatrième renferme seize chapitres de statuts sur le soin des malades et les prières pour les morts. — Enfin la cinquième et dernière partie, composée de dix-neuf chapitres, prescrit les différentes fonctions des ministres de semaine, soit à l'Eglise soit dans les autres exercices réguliers.

Quoique ce livre ne semble annoncer par son titre que des usages et des coutumes appropriés à l'état monastique, on jugera cependant en le lisant que c'est un monument précieux qui renferme des choses très-importantes sur la discipline de l'Eglise, surtout dans la première et la seconde partie. On peut remarquer en particulier, dans le cinquante-troisième chapitre, qui est le premier de la seconde partie, l'usage de la communion sous les deux espèces, non-seulement pour les ministres qui servaient à l'autel, mais encore pour tous les frères. Cet usage n'a subsisté qu'environ un siècle et demi dans l'ordre de Cîteaux. Il fut abrogé, en 1261, par un chapitre qui interdit l'usage de la coupe aux moines convers et aux religieuses de l'ordre, à cause des inconvénients qui en étaient déjà résultés et qui pouvaient se reproduire. On a plusieurs éditions du *Livre des Us* de Cîteaux, mais la plus belle de toutes est celle qu'en a donné le Père Julien Paris, abbé de Foucarmond, dans le recueil des anciennes constitutions de Cîteaux, publié sous le titre de *Nomasticon Cisterciense*, in-fol., Paris, 1664. On peut juger de l'estime dont cet ouvrage a toujours joui dans l'ordre de Cîteaux, par le règlement d'un chapitre général, tenu en 1134, et qui le met au rang des livres que les religieux doivent avoir nécessairement pour s'établir en quelque endroit. Dom Martène cite un autre chapitre général, tenu en 1188, qui rédigea un statut portant qu'on ferait lire le *Livre des Us* au commencement de la première semaine de carême, et quel'on continuerait cette lecture jusqu'à ce que le livre fût fini. C'est de ce livre qu'ont été tirés en grande partie les us et coutumes des chanoines réguliers de Montfort, au diocèse de Saint-Malo.

Petite histoire. — Nous avons sous le titre d'*Exordium parvum* une histoire abrégée des commencements de Cîteaux. Quelques-uns en attribuent la préface à saint Etienne, mais on croit que le saint abbé ne participa à cette composition que par ses conseils, en la faisant rédiger par quelques-uns de ses premiers compagnons, témoins oculaires de tous les faits qui s'y trouvent rapportés. C'est un des plus anciens monuments de Cîteaux, qui ne possédait pas plus de huit monastères lorsque saint Etienne la fit écrire. Rien de plus édifiant que ce petit ouvrage que l'annaliste de Cîteaux appelle avec raison *Aureum opus.... parvum mole, sed pondere et pretio magnum.* Ignace, abbé de Fitero, l'a publié en 1610 ; le même ouvrage a paru à Cologne en 1614 sous ce titre : *Exordium cœnobii atque ordinis Cisterciensis a primis patribus Cisterciensibus conscriptum.* Ce titre a trompé l'abbé de Fitero en lui faisant croire que l'ouvrage qui le porte avait été composé par les trois premiers abbés de Cîteaux, tandis qu'il est dû au travail des premiers Pères qui, de concert avec saint Robert, le bienheureux Albéric et saint Etienne, ont fondé cette célèbre abbaye. Le même abbé de Fitero a publié à Pampelune en 1631, une édition in-folio de ce petit exorde de Cîteaux, auquel il ajoint le grand, que par erreur, il attribue à Hélinard qui n'a jamais coopéré à sa rédaction. Bertrand Tissier a inséré l'un et l'autre dans le premier volume de sa *Bibliothèque*, en 1660. Non n'avons pas à nous occuper ici du grand exorde, écrit près de cent ans après le premier, et appartenant par conséquent au XIII° siècle.

Exhortations. — Pitséus, Gesner, Possevin, attribuent à saint Etienne un livre d'exhortations à ses religieux, *librum exhortationum privatarum ad monachos.* Cependant nous ne connaissons en ce genre d'autres productions, vraies ou fausses, sous le nom du saint abbé, que les deux discours dont nous avons parlé plus haut : l'un, fait à la mort de saint Albéric, et l'autre à la réception de saint Bernard et de ses compagnons. A propos de Possevin, nous remarquerons en passant qu'il est peu exact dans ce qu'il dit, tant sur la personne de saint Etienne qu'il fait moine bénédictin de la congrégation de Cluny, que sur ses écrits dont il marque les titres avec beaucoup de négligence.

Lettres. — De Visch, dans sa *Bibliothèque des écrivains de l'ordre de Cîteaux*, marque que saint Etienne écrivit différentes lettres, *epistolas varias*, pleines d'un zèle admirable. Cependant il n'en indique que deux qui se trouvent parmi celles de saint Bernard, et il est même assez probable qu'elles appartiennent au saint abbé de Clairveaux. La première, qui se trouve la quarante-cinquième de cette collection, est écrite au nom de saint Etienne et de tout l'ordre de Cîteaux, à Louis le Gros, roi de France, à l'occasion d'un différend entre Etienne, évêque de Paris, et Henri, archevêque de Sens, son métropolitain. Cette lettre est écrite avec beaucoup de vigueur, et une liberté de langage qui va jusqu'à menacer le roi, s'il méprise leurs prières et ne rend point justice à l'évêque de Paris, d'avoir recours au Pape. La seconde lettre, également attribuée au saint abbé, est adressée au pape Honoré II, non-seulement en son nom, mais encore au nom de Hugues de Pontigni et de saint Bernard de Clairveaux, dont le style s'y fait aisément reconnaître. Comme la première, elle a été écrite à l'occasion du démêlé de Louis le Gros avec l'archevêque de Sens et l'évêque de Paris. Elle est conçue avec plus de liberté encore que la précédente ; les termes y sont moins ménagés, et sans blesser le respect dû aux saints religieux qui l'ont écrite, on peut même dire que les expressions descendent quelquefois jusqu'à l'injure. Nous n'en citerons pour preuve que ce passage où le roi Louis se trouve comparé à Hérode : *Alter Herodes Christum non jam in cunabulis habet suspectum, sed in ecclesiis invidet exaltatum.* Il est certain, comme le remarque judicieusement Mabillon dans une note sur ce passage, que Louis le Gros n'était pas un mauvais prince. Cette comparaison a donc quelque chose de dur et d'odieux ; on peut la considérer, si l'on veut, comme l'expression d'un zèle exagéré ; mais certes les esprits les moins susceptibles jugeront toujours qu'une telle liberté a plutôt besoin d'excuses que d'éloges.

Parmi les manuscrits de la bibliothèque Jacobéenne, il y en a un sous ce titre : *Stephani abbatis speculum confessionis*. Comme nous ne connaissons cet écrit que par le *Catalogue des manuscrits d'Angleterre*, nous ne sommes nullement en état d'en rendre compte, ni de décider s'il appartient réellement au saint abbé de Cîteaux.

ETIENNE DE TOURNAI, ainsi appelé parce qu'il fut évêque de cette ville, naquit à Orléans en 1132. Elevé d'abord par les soins d'un maître particulier, le désir de compléter son instruction le conduisit par la suite des écoles de Sainte-Croix dans celles de Chartres et de Paris. Il reparut dans sa ville natale pour y puiser les premiers éléments de jurisprudence, qu'il perfectionna par ses études à Boulogne. La qualification de maître qu'on lui donne, fait préjuger qu'il obtint dans cette ville le titre de docteur en droit. Après avoir desservi comme simple clerc l'église d'Orléans, il se retira dans l'abbaye de Saint-Euverte, dont il devint abbé en 1163. Il déploya sous ce titre de tels moyens, que le concile provincial de Sens le chargea presque seul de demander à Louis le Jeune justice du meurtre commis sur la personne du doyen de l'église d'Orléans, par un seigneur du pays. Le monarque reçut si froidement l'abbé de Saint-Euverte, que les parents du meurtrier en prirent occasion de le menacer de mort s'il ne se désistait de ses poursuites. De retour dans son abbaye, Etienne en fit rétablir l'église ruinée par les Normands, avant de prendre l'administration de celle de Sainte-Geneviève dont il fut élu abbé en 1177. Son mérite y parut sous un jour si brillant, qu'il eut part aux affaires les plus importantes de son siècle. A la sollicitation de Philippe-Auguste, il se chargea d'arrêter les entreprises du duc de Bretagne ; et dans ces circonstances épineuses, il ménagea tellement tous les intérêts, que le monarque le choisit pour un des parrains de Louis VIII, son fils aîné. En 1192, Etienne devint évêque de Tournai, et sa conduite dans l'épiscopat répondit à toutes les espérances que ses talents avaient fait concevoir. Ses diocésains rendaient à son administration la plus éclatante justice, quand il mourut le 12 septembre 1203.

SES ÉCRITS. — Il a laissé, un commentaire sur le décret de Gratien dont la préface seule a été imprimée ; trente-un sermons également manuscrits, et dont quelques-uns peuvent aller de pair avec les productions les plus grotesques de Barlette et d'Olivier Maillard. Tel est, entre autres, celui dans lequel, historien d'un mariage entre le démon et l'hypocrisie, il décrit les habits des deux époux et les mets du festin nuptial. Tel encore le sermon de Noël, où il donne au Verbe divin des conjugaisons, des temps et des modes à la manière des grammairiens. Heureusement qu'il a laissé après lui, pour sauver sa mémoire, d'autres écrits, qui, bien que moins travaillés, lui font plus d'honneur ; ce sont :

Ses lettres. — Elles sont au nombre de deux cents quatre-vingt-sept, et divisées en trois parties. La première partie contient celles qu'il écrivit étant abbé de Saint-Euverte, depuis l'an 1163 jusqu'à l'an 1177. — La première qu'il récita dans le synode de la province tenu à Sens, est une plainte très-pathétique sur le meurtre commis en la personne de Jean, doyen de l'église d'Orléans, par un seigneur aux mains duquel il avait voulu arracher quelques biens usurpés sur le chapitre. Il fut chargé, par la même assemblée, d'écrire au roi pour lui demander justice de cet attentat. Il mit tout en œuvre pour l'exciter à en tirer vengeance ; mais nous avons vu déjà que cette lettre fut très-mal accueillie du roi, qui en conçut de l'indignation contre Etienne : ce qui donna lieu à ses ennemis de le persécuter et de le menacer du pillage et de la mort même, s'il ne se désistait de sa poursuite et n'abandonnait au plus tôt cette affaire. Il eut recours à Guillaume, évêque de Chartres et fils de Thibault, comte de Champagne, qui apaisa le roi, et fit rentrer Etienne dans ses bonnes grâces, comme celui-ci l'en avait prié par une seconde lettre. — La troisième est une lettre dans laquelle Ponce, évêque de Clermont, demande à Maurice, évêque de Paris, et à Etienne, abbé de Saint-Euverte, la solution d'un cas touchant la validité du baptême des enfants que l'on plonge dans l'eau en récitant : Au nom du Père, du Fils et du Saint-Esprit, sans exprimer l'action par ces paroles sacramentelles : *Je te baptise*. Un père avait ainsi baptisé son enfant, et c'était alors la coutume de baptiser de cette manière dans le cas de nécessité. — L'évêque Maurice, dans la lettre quatrième, répond que ce baptême est nul et le décide avec assurance et en peu de mots. Etienne, au contraire, répond, dans la cinquième lettre, que le baptême est bon pourvu que l'on invoque les trois personnes divines. Suivant lui, il n'est pas nécessaire d'ajouter ces mots : *Je te baptise*, parce qu'il n'est pas dit dans l'Evangile : « Allez et baptisez les nations en disant : Je vous baptise, » etc. mais seulement : « Baptisez-les au nom du Père, du Fils et du Saint-Esprit. » Il confirme son sentiment par des passages des Pères, qui ne requièrent que l'invocation des trois personnes de la Trinité pour la validité du baptême. Il prétend que ces termes, *Je vous baptise*, sont ajoutés par l'Eglise pour la solennité de l'action, sans toucher nullement à la substance du sacrement : *De solemnitate ministerii, non de substantia sacramenti*. En adoptant le sentiment contraire, il faudrait damner une infinité d'enfants baptisés ainsi par des laïques dans le cas de nécessité. Il remarque néanmoins que l'on doit reprendre et mettre en pénitence les prêtres qui, par ignorance ou mauvais vouloir, omettent quelque chose de ce qui regarde la solennité de l'administration du baptême. Mais il soutient qu'il ne faut point rebaptiser l'enfant qui l'a été au nom de la Trinité, encore qu'on n'ait point exprimé l'action du sacrement par ces paroles : *Je te baptise*. Il ajoute que celui qui baptise un enfant contracte avec la mère une affinité spirituelle qui lui interdit de l'épouser ou d'exiger d'elle le devoir conjugal, s'ils étaient mariés ensemble.

Les autres lettres contenues dans cette première partie sont ou des lettres de recommandation pour diverses personnes, ou des lettres concernant des affaires particulières, comme le rétablissement de l'église de Saint-Euverte, incendiée par les Normands, et pour laquelle il demande des secours au chapitre de Saint-Martin de Tours et à ses amis; la révocation d'un prieur qui avait dissipé le bien de son monastère; l'affaire de l'église de Saint-Samson qui avait été maltraitée par le chapitre de Sainte-Croix, et autres sujets du même genre.

La seconde partie contient les lettres écrites par Etienne de Tournai pendant qu'il était abbé de Sainte-Geneviève, depuis l'an 1177 jusqu'à l'an 1192. La plupart de ces lettres sont des compliments ou des recommandations et ne contiennent rien de bien remarquable. Il y en a plusieurs écrites en faveur de l'archevêque de Tours, à l'occasion d'un différend qu'il eut avec l'évêque de Dole; quelques-unes contre des chanoines réguliers de Saint-Jean-des-Vignes qui, se trouvant pourvus de cures, voulaient jouir de leur pécule, se soustraire à la dépendance de l'abbé et ne relever que de l'évêque. Il prétend qu'ils doivent rester soumis à l'obéissance de leur abbé et amovibles à sa volonté, suivant l'usage qu'il assure avoir toujours été pratiqué, sans quoi il y aurait autant d'abbés que de curés et c'en serait fait de la discipline régulière. — Il prouve dans la lettre soixante-onzième que ceux qui ont fait vœu de passer de l'ordre de Grandmont dans celui de Cîteaux doivent s'acquitter de ce vœu, et que généralement on peut passer d'un ordre plus relâché dans un ordre plus austère. Il rapporte dans la cent quarante-troisième, un jugement rendu par le roi en faveur de quelques élèves de l'ordre de Grandmont contre leur prieur et quelques frères convers du même ordre, et écrit au Pape tant en son nom qu'au nom des abbés de Saint-Germain des Prés et de Saint-Victor et même au nom de ses clercs, afin que ce jugement soit confirmé. — Dans la cent quarante-unième, il prie le doyen de l'église de Reims d'empêcher que les chanoines de cette cathédrale n'abolissent ce qui leur était resté de l'ancienne régularité, comme l'habitude de prendre leurs repas en commun et d'habiter dans le même cloître. — Il y a plusieurs lettres adressées au roi de Danemark ainsi qu'aux évêques de ce royaume et de la Suède, dans lesquelles il les prie de faire acheter du plomb d'Angleterre pour couvrir l'église de Sainte-Geneviève, brûlée et pillée par les Normands. Il fait ressortir très-spirituellement la différence qu'il y a entre le plomb que l'on achète à Rome pour des bulles, et celui que l'on achète en Angleterre : l'un sert à appauvrir les églises et l'autre les couvre. *Anglico plumbo teguntur ecclesiæ, nudantur Romano*. Il demande deux dispenses au Pape, l'une pour le chancelier de France qu'on refusait de recevoir dans le clergé parce qu'il n'était pas né en légitime mariage, et l'autre pour un homme qui avait été procureur fiscal, afin qu'il fût promu aux ordres sacrés. Il remarque dans la première que la loi qui défendait d'admettre dans le clergé ceux qui n'étaient pas nés en légitime mariage, n'était pas reçue dans toutes les Eglises. Il demande aussi au Pape la confirmation de l'immunité de l'abbaye de Sainte-Euverte d'Orléans, et la conservation des revenus des prébendes de la cathédrale de Paris, affectées à l'église de Saint-Victor. — Il y en a une qui traite des difficultés qui se rencontrent dans la pratique de la vie érémitique, c'est la lettre cent cinquante-neuvième. — Evrard d'Avesnes, évêque de Tournai, étant mort en 1191, le clergé choisit d'abord pour évêque Pierre, chantre de l'église de Paris, et Etienne écrivit en sa faveur, à l'archevêque de Reims, la lettre soixante-quinzième qui est la dernière de la seconde partie; mais cette élection ayant été annulée, il fut lui-même choisi pour évêque de Tournai, et fit élire à sa place son neveu pour lui succéder dans la dignité d'abbé de Sainte-Geneviève.

Les premières lettres de la troisième partie traitent de sa promotion. — Il décide, dans la deux cent deuxième, que le mariage d'un novice, sorti du noviciat pour se marier est valide. — Pour se justifier des fausses imputations de Berthier, archevêque de Cambrai, qui l'accusait de ne pas mener une vie conforme aux devoirs d'un évêque, il décrit avec détails, dans sa deux cent huitième lettre, sa manière de vivre. « Je sors fort peu de la ville. J'assiste aux offices le plus souvent que je puis. J'annonce la parole de Dieu à mes diocésains le plus chrétiennement possible. Je déclame contre les erreurs et toutes les nouveautés. Je confère gratuitement les sacrements que j'ai gratuitement reçus. Je déteste la simonie ; je ne reçois point de présents défendus. Je donne des conseils utiles à tous ceux qui viennent se confesser à moi ; je leur impose des pénitences salutaires ; je console autant qu'il m'est possible les affligés. J'emploie les heures où je ne suis point occupé à lire et à méditer l'Ecriture sainte. Je reçois mes hôtes avec plaisir. Ma table est bien couverte, et je ne mange jamais seul. Je ne prodigue point le patrimoine de Jésus-Christ aux comédiens et aux farceurs. Telle est, extérieurement, la conduite que je tiens à la vue de tous; quant à mon intérieur, il n'est connu que de Dieu. » — Les lettres deux cent vingt-quatrième, deux cent vingt-cinquième et deux cent vingt-sixième ont trait à l'abbé de Saint-Martin de Tournai, qu'il avait interdit à cause de sa conduite irrégulière, et rétabli ensuite, à la prière de l'évêque d'Arras, à la condition qu'il observerait les règles qu'il lui avait prescrites et qui se trouvent rapportées particulièrement dans la lettre deux cent vingt-quatrième. — La deux cent trente-unième et les suivantes sont dirigées contre l'interdit que le légat Mélior voulait porter contre la Flandre. — Dans la deux cent quarante-troisième et les suivantes il se plaint amèrement de l'insoumission des habitants de Tournai. — Dans les lettres deux cent quarante-huitième et deux cent quarante-neuvième, il se plaint que l'évêque d'Arras confère les ordres sacrés à des moines de Saint-Amand sans sa permission. — La deux cent cinquante-unième est une réclamation adressée au Pape contre l'abus, qui faisait négliger alors l'étude des Pères, pour s'occuper de dialectique et de décrétales. « Les étudiants, dit-il, n'ont plus de goût que pour les nouveautés; et les maîtres, qui chérissent avant tout leur gloire dans l'instruction des autres, composent tous les jours de nouvelles sommes et de nouveaux ouvrages de théologie, qui amusent les auditeurs et les trompent, comme si les écrits des Pères ne suffisaient pas, eux qui ont expliqué l'Ecriture sainte, assistés du même Esprit qui dirigeait les prophètes et les apôtres lorsqu'ils l'ont composée. Ces docteurs de fraîche date apportent des mets inconnus et étrangers quand les noces du roi sont toutes prêtes ; quand les bœufs et les volailles sont tués, et qu'il ne reste plus aux convives qu'à se mettre à table pour manger. On discute publiquement contre les décisions de l'Eglise, touchant la divinité incompréhensible. La chair et le sang discutent avec irrévérence l'incarnation du Verbe ; la Trinité indivisible, est divisée et déchirée, pour ainsi dire, dans les lieux publics, de sorte qu'il y a presque autant d'erreurs que de docteurs, autant de scandales que d'auditoires, autant de blasphèmes que de places pour les reproduire. Si de la théologie on passe au jugement des affaires qu'il faut décider par le droit canon, soit devant des juges commis exprès, soit en présence seulement des ordinaires, on nous apporte une forêt de décrétales toutes décorées du nom d'Alexandre, d'heureuse mémoire, et dont il est impossible de se tirer, et l'on ne fait aucun cas des anciens canons ; bien loin de là, on les rejette, on les méprise. Dans ces embarras, il arrive que les ordonnances salutaires des anciens conciles ne sont point suivies dans les nouveaux, et qu'on ne s'en rapporte plus à leurs dispositifs pour juger les affaires, parce que les épîtres décrétales l'emportent. On fait de ces épîtres, forgées sous le nom des Pontifes romains par quelques nouveaux canonistes, un volume qui se lit dans les écoles et que l'on vend publiquement au grand profit des écrivains, qui trouvent moins de peine et gagnent plus d'argent à copier ces ouvrages suspects. Un troisième défaut qui contribue beaucoup à la ruine des études, c'est que les arts libéraux ont perdu leur ancienne liberté, et se trouvent tellement asservis, que les chaires ne sont plus occupées que par des jeunes gens. On donne la qualité de maîtres à des personnes qui ne méritent pas même le titre de disciples, et qui, sans s'attacher aux règles de l'art, s'amusent à disposer des mots et à aiguiser des sophismes avec lesquels ils attrapent les sots, comme les mouches se laissent prendre aux toiles d'araignées. La philosophie a beau crier qu'on lui arrache son manteau et qu'on la déchire, les anciens ne sont plus là pour la consoler et pour se consoler avec elle. Ces abus, très-saint Père, demandent que vous y mettiez la main pour les réformer, et que, par votre autorité, vous établissiez une manière uniforme d'enseigner, de s'instruire et de discuter. Il y a à craindre que la théologie ne devienne méprisable, qu'il ne s'élève de faux prophètes qui crient de nouveau : « Le Christ est ici, le « Christ est là, » et qui jettent aux chiens les choses saintes et les perles précieuses aux pourceaux. » — Dans la deux cent cinquante-cinquième, il combat un autre abus, savoir : les appels interjetés au Saint-Siége par le clergé des ordres inférieurs, pour éviter la correction de ses supérieurs ecclésiastiques; il veut que les prélats et les abbés aient le pouvoir absolu de corriger leurs subordonnés et de changer les officiers de leur dépendance sans que l'appel au Saint-Siége puisse y porter le moindre empêchement. — Dans la deux cent soixante-deuxième, il fait l'éloge de la reine Ingelberge, femme du roi

Philippe ; et dans la suivante, il lui conseille de ne pas souffrir la dissolution de son mariage. — Les autres lettres ne contiennent rien de bien remarquable : aussi, bornerons-nous ici nos citations. Elles furent imprimées d'abord au nombre de deux cent quarante, en 1611, par les soins de Jean Marron de Bayeux, et le père Claude du Molinet en ajouta quarante-sept dans la seconde édition, publiée en 1682. Plusieurs d'entre elles, comme on a pu s'en convaincre, appartiennent essentiellement à l'histoire du temps. Le style en est concis et serré, et, malgré l'affectation d'antithèse et quelques expressions mal appliquées, elles se font lire agréablement, parce que les pensées en sont justes et naturelles.

ETIENNE DE CHALMET, religieux du XII° siècle, ne nous est connu que par une lettre. Elle est adressée à des novices, qui n'étant encore que dans l'année de leur probation à l'abbaye de Saint-Sulpice, ordre de Cîteaux, fondée au diocèse de Belley, en 1130, par Amédée, comte de Savoie, témoignaient le désir d'en sortir pour se faire Chartreux. Etienne leur fait envisager leur inconstance comme une tentation du démon; et pour les engager à persévérer dans l'état qu'ils avaient choisi, il leur cite ces paroles de saint Paul aux Corinthiens : *Que chacun demeure dans l'état où il était quand Dieu l'a appelé.* Il leur représente qu'il n'est pas dit : *Celui qui aura commencé,* mais : *Celui qui persévérera sera sauvé.* La miséricorde de Dieu nous ayant prévenus, il est certain qu'il ne nous retirera pas le secours de sa grâce, si nous ne l'abandonnons pas les premiers.

EUCHER (Saint), évêque de Lyon et non pas de Sion, comme l'ont affirmé quelques auteurs, est le seul évêque de ce nom qui ait gouverné cette Eglise et, sans contredit, un des prélats les plus célèbres en science et en vertu qu'elle ait possédés après saint Irénée. Selon son propre témoignage, il était enfant de la même mère que les martyrs de Lyon saint Epipode et saint Alexandre ; c'est-à-dire, qu'il descendait de la même famille qu'eux, ou qu'il avait été baptisé dans la même église. Appelé par sa naissance aux honneurs du monde, avant de l'être par sa vocation à ceux de l'Eglise, il fut d'abord sénateur, puis il épousa une femme nommée Galla dont on n'a point de connaissance particulière, mais son union avec un si haut personnage est un puissant préjugé en faveur de son mérite. Il en eut deux fils, Salonius et Véran, qui depuis furent évêques du vivant même de leur père. Dès qu'ils furent en âge de commencer leurs études, il les envoya au monastère de Lérins, que saint Honorat venait de fonder, et il alla lui-même les y rejoindre après la mort de sa femme. Mais bientôt il chercha pour lui une plus parfaite solitude, dans la petite île de Lero, voisine de celle de Lérins. Trouvant encore quelque chose à désirer dans cette nouvelle retraite, il avait formé le projet de passer en Egypte, pour fortifier sa foi par la vue des grands exemples de piété qu'offraient alors ces contrées. Mais Cassien lui épargna ce voyage, en lui adressant quelques-unes de ses conférences, où il lui mettait pour ainsi dire sous les yeux la vie des solitaires de la Thébaïde. Eucher s'appliqua au genre de vie dont cette lecture lui offrait le modèle, et devenu capable ensuite par sa propre expérience d'en apprécier tous les avantages, il écrivit sur ce sujet à saint Hilaire, moine de Lérins avant de devenir évêque d'Arles, une longue lettre sous le titre d'*Eloge du désert*. Un parent d'Eucher, nommé Valérien, vivait au milieu des richesses et des grandeurs : le saint en eut pitié et essaya de le détacher de ces vanités, par sa lettre *du Mépris du monde et de la Philosophie du siècle*. Le savoir et la vertu d'Eucher jetait trop d'éclat pour qu'il pût demeurer caché dans l'obscurité d'un désert. Le siége épiscopal de Lyon étant venu à vaquer, cette Eglise qui avait déjà le droit de revendiquer Eucher comme enfant, voulut aussi le posséder comme pasteur. On ne sait pas précisément en quelle année il fut élevé à l'épiscopat, mais il assista en qualité d'évêque au premier concile d'Orange, présidé en 441 par son ami saint Hilaire. Il est hors de doute qu'un homme aussi éminent, placé sur un des premiers siéges des Gaules, ne se soit signalé par plusieurs grandes actions; cependant nous ne connaissons aucune des particularités de son épiscopat. Mamert Claudien, qui l'avait connu non-seulement de réputation et par la lecture de ses œuvres, mais encore par les entretiens qu'il avait eus avec lui, assure qu'il surpassa de beaucoup les plus grands évêques de son temps. Les divers sermons que nous avons de lui sont une preuve du zèle qu'il mettait à instruire son troupeau. On lui attribue la fondation de quelques églises à Lyon et de quelques établissements de piété. C'est tout ce que l'antiquité ecclésiastique nous apprend du gouvernement pastoral de saint Eucher. Il finit une vie excellente par une sainte mort, dont il est aussi difficile de fixer l'époque que celle de sa promotion ; on peut seulement conjecturer qu'elle arriva sous le règne des empereurs Valentinien III et Marcien. Usuard, Adon, Raban et d'autres martyrologues plus anciens encore marquent sa fête avec de grands éloges au seizième jour de novembre.

SES ÉCRITS. — Saint Eucher se rendit célèbre par divers ouvrages qu'il écrivit pour l'édification des fidèles, et dans lesquels saint Sidoine reconnaît une éloquence vive et pressante. Gennade en recommande la lecture comme nécessaire aux ecclésiastiques et aux moines, et Mamert Claudien, s'appuyant de l'autorité du saint lui-même pour établir le dogme de la spiritualité de l'âme, fait tant d'estime de ses sentiments qu'il ne craint pas d'avancer que les condamner, c'est condamner la vérité même.

Le premier de ces ouvrages est la fameuse lettre dont nous avons déjà parlé et qu'il adressa à saint Hilaire, après que celui-ci eut quitté saint Honorat pour retourner à sa solitude de Lérins. Ce trait fournit au saint anachorète une ample matière pour s'étendre sur l'*éloge du désert*. Le désert est le temple de Dieu. On trouve Dieu dans le désert, comme on le trouvait dans le paradis terrestre qui en est la figure. C'est dans le désert que Moïse a vu le Seigneur. C'est en passant par le désert que le peuple d'Israël a été délivré; la mer s'est ouverte pour l'y faire entrer, et s'est refermée ensuite pour l'empêcher d'en sortir. C'est dans le désert qu'il a été nourri d'une manne céleste, qu'il a étanché sa soif avec des eaux miraculeuses et qu'il a reçu la loi de Dieu. David s'est sauvé dans le désert; Elie, Elisée et les prophètes ont habité des déserts. Jésus-Christ a été baptisé dans le désert; c'est là que les anges se sont approchés pour le servir et qu'il a nourri cinq mille personnes avec cinq pains d'orge et quelques poissons ; enfin c'est sur une montagne solitaire que sa gloire a paru. Il a prié dans le désert, et par son jeûne il a mis le démon en fuite. Les saints se sont retirés dans des déserts. Le séjour du désert est préférable à tout autre; on y trouve Dieu plus aisément; on y converse avec lui plus familièrement; on y mène une vie plus tranquille et plus exempte de tentations. Après cet éloge général du désert, il loue en particulier celui de Lérins, dont il fait une description aussi édifiante qu'agréable. « C'est un lieu charmant, tout peuplé de fontaines d'eaux vives, couvert d'herbes verdoyantes et émaillé de fleurs qui flattent en même temps l'odorat et les yeux; digne demeure d'Honorat qui, le premier, y a fondé des monastères que possède aujourd'hui Maxime, son successeur. Le bienheureux Loup, son frère Vincent, le vénérable Caprasius et tant d'autres saints vieillards qui habitent dans des cellules différentes ont fait refleurir parmi nous la vie des solitaires d'Egypte. » Enfin, après avoir parlé de leurs vertus, qu'il dépeint avec les détails les plus touchants, il congratule Hilaire d'être revenu habiter une aussi charmante solitude. Il le prie, en finissant, de vouloir bien lui pardonner la longueur de sa lettre; mais nous ne croyons pas nous tromper en affirmant ici que chacun, à commencer par le saint à qui elle était adressée, l'a trouvée trop courte, nonseulement à cause de l'élégance des pensées, de l'éloquence des paroles, de la beauté et de la douceur du style, mais aussi à cause des belles choses dont elle est remplie. Saint Isidore de Séville, qui en parle ainsi, est le premier qui lui ait donné le titre d'*Éloge du désert*. On ne peut douter qu'elle ne soit réellement du pieux pontife de Lyon, puisque saint Honorat de Marseille, qui écrivait dans le même siècle, en cite sous son nom plusieurs passages, et remarque que cette lettre était adressée à saint Hilaire avant qu'il fût évêque d'Arles. Du reste, elle a été si universellement estimée que les éditions s'en sont multipliées avec le temps; mais avant d'en indiquer les principales, nous avons besoin de rendre compte de sa lettre à Valérien, à laquelle on l'a presque toujours réunie.

A Valérien. — Cette lettre est intitulée par Gennade : *Du mépris du monde et de la philosophie du siècle*. Il est visible que le saint l'écrivit dans sa retraite de Lero, afin de détourner Valérien, son parent, de la fausse sagesse des philosophes profanes, en s'efforçant de le rendre sensible aux intérêts de son âme et de son salut. — Il lui représente que l'homme a deux principaux devoirs à remplir : le premier, c'est de connaître et d'adorer Dieu ; le second, d'avoir soin du salut de son âme. Ces deux devoirs sont inséparables : on ne peut point faire son salut sans adorer Dieu, et on ne saurait adorer Dieu sans avoir soin de son salut. N'est-il pas infiniment plus juste de veiller au salut de son âme que de s'occuper des besoins du corps, puisque le corps doit nécessairement finir, tandis que l'âme est éternelle, et c'est pour cela que dès cette vie il faut travailler pour l'éternité. Rien de plus facile à obtenir que ce bonheur de l'éternité, pourvu qu'on méprise une vie si pleine de misères. Le monde a pour nous retenir deux principaux attraits que nous devons également fouler aux pieds, les richesses et les honneurs. Les richesses sont la cause de toutes les injustices ; elles sont incertaines et il faut nécessairement s'en séparer à la mort. Les honneurs sont communs aux bons et aux méchants ; d'ailleurs la fortune a ses retours, et il n'y a que la piété qui soit un bien stable. Les véritables honneurs, les véritables richesses sont les richesses et les honneurs du ciel. Est-il possible de faire une sérieuse réflexion sur la brièveté de la vie et sur la nécessité de mourir, sans songer tout de bon à son salut ? Bien loin de suivre les exemples de ceux qui mènent une vie toute mondaine, nous devons nous proposer la conduite de ceux qui ont renoncé au monde pour mener une vie chrétienne, bien qu'ils fussent appelés par leur naissance à jouir de la fortune et des honneurs du siècle. Saint Clément, saint Grégoire Thaumaturge, saint Grégoire de Nazianze, saint Basile, saint Paulin de Nole, saint Hilaire d'Arles et Pétrone, sont ceux que saint Eucher propose à Valérien. Il n'oublie pas les habiles orateurs qui, méprisant les honneurs qui les attendaient dans le monde, ont mis toute leur gloire à écrire pour la religion, tels que Lactance, Minutius-Félix, saint Cyprien, saint Hilaire, saint Jean Chrysostome et saint Ambroise. Il lui propose aussi les exemples des saints rois. Enfin il invoque la nature et il appelle en témoignage le monde visible tout entier, pour prouver que l'unique emploi de l'homme doit être d'honorer le Créateur de toutes choses. Après toutes ces considérations, il lui découvre la vanité de la science des philosophes, et lui fait voir qu'il n'y a que la religion de Jésus-Christ qui enseigne la véritable sagesse et qui fasse connaître la véritable béatitude.

Cet écrit porte sa date ; il est de l'année de la fondation de Rome 1085, qui équivaut à la 432e de l'ère chrétienne. Erasme en fait un très-grand éloge et soutient qu'on y trouve toutes les grâces et tous les ornements de l'éloquence chrétienne. Ces deux petits traités, dit Ellies Dupin, en parlant de cette lettre et de la précédente, sont écrits avec une délicatesse et une élégance de style rares; les pensées en sont spirituelles et agréablement tournées. On peut dire que, pour la politesse et la pureté du discours, ces deux opuscules ne le cèdent en rien aux écrits des auteurs qui ont vécu dans les siècles où la langue était dans sa plus grande pureté. Godeau enchérit encore sur Érasme et Ellies Dupin. En parlant de la lettre que nous venons d'analyser, il prétend que toutes les beautés de l'éloquence, toutes les ressources de l'esprit, toutes les forces du raisonnement, s'y trouvent mêlées à un sentiment de piété si affectif qu'il est impossible de lire cet ouvrage sans se sentir touché du désir de fuir la société des hommes, pour aller jouir dans la retraite de la conversation des anges et de Dieu. Cependant Tillemont lui reproche un peu de prolixité et de surabondance, et avoue qu'on pourrait en retrancher quelque chose sans lui rien enlever. Mais quelque pressante qu'elle fût, cette lettre n'opéra pas la conversion de celui à qui elle était adressée; car c'est le même Prisque Valérien que nous retrouverons plus tard fort engagé dans le monde, lorsque saint Sidoine lui adressa le panégyrique de l'empereur Avite, vers l'an 456. — Cette lettre ainsi que la précédente ont eu un grand nombre d'éditions. La plus ancienne est celle de 1525, imprimée à Paris, chez Josse Bade, en un volume in-8°, avec les distiques d'un ancien philosophe et quelques autres opuscules; mais la plus curieuse, sans contredit, est celle imprimée à Anvers par Moret, avec les caractères de Plantin et des notes de Rosweyde, en 1620 ou 1621. Louis de Grenade en a publié une traduction espagnole dont l'époque nous est inconnue. Elles ont été imprimées plusieurs fois aussi en français à Paris, chez Charles Savreux, avec ce titre : *La solitude chrétienne*. La troisième édition, en un petit volume in-8°, est de 1662. Quelques années plus tard, le célèbre Arnauld d'Andilly, jugeant ce travail digne de fixer son attention et d'occuper ses loisirs, en publia une nouvelle traduction, imprimée avec le latin, à Paris, chez Pierre Petit, en 1672. Elle formait d'abord un volume in-12, sous ce titre : SAINT EUCHER, *Du mépris du monde;* mais on l'a insérée depuis dans les œuvres diverses du même traducteur. Dès 1622, Barthius, dans sa préface sur le poëte Rutilius, nous avait promis une nouvelle édition des lettres exhortatives de saint Eucher et de saint Pacien, avec des notes de sa façon, mais nous ne voyons nulle part qu'il ait tenu parole.

Des formules spirituelles. — Il s'en faut bien que ses autres traités soient aussi beaux et surtout aussi utiles que les deux que nous venons d'analyser. Le traité des formules spirituelles, *Liber formularum spiritalis intelligentiæ*, est un recueil de réflexions mystiques et spirituelles, sur des termes et des expressions de l'Ecriture. L'anonyme de Molk le marque entre les autres écrits de saint Eucher sous ce titre : *De forma spiritalis intellectus*. Sixte de Sienne rejette cet ouvrage comme une compilation faite de divers passages de saint Grégoire, de saint Isidore et de Bède. Mais ne peut-on pas dire avec autant de raison que saint Grégoire et Bède ont emprunté quelque chose à cet ouvrage, sans prétendre qu'il a été composé de passages morcelés dans les écrits de ces deux saints. Il est vrai que ce livre présente quelque chose d'assez embrouillé dans les éditions de Rome et de Bâle; mais il faut observer aussi que Salvien marque très-clairement que saint Eucher avait travaillé sur l'Ecriture pour l'instruction de ses deux fils; ce que Gennade affirme également en termes formels. Or, la préface de ce livre est certainement d'un père qui écrit à son fils. Ce fils est nommé Véran dans le titre; et les autres livres de saint Eucher sur l'Ecriture sont adressés à Salonius, son autre fils, qui paraît avoir été l'aîné. Rien n'empêche donc que le livre des *Formules* ne soit l'œuvre de saint Eucher, quoique peut-être un peu altéré par la faute des copistes. Notker le Bègue, qui écrivait à la fin du ixe siècle, donne expressément cet écrit à saint Eucher, quoiqu'il ne le reconnaisse pas pour évêque de Lyon; Ellies Dupin le lui attribue également, mais il y trouve peu de solidité. Au contraire Jean-Alexandre Brassican, professeur royal à l'université de Vienne, ne fait pas difficulté de comparer cet ouvrage à celui de Théodoret sur la même matière. C'est ce qui le porta à en donner, en 1530, une nouvelle édition plus exacte que celle qui avait été publiée à Bâle avec les instructions du même auteur. Saint Eucher, dans sa préface à Véran sur les Formules, lui prouve qu'il faut distinguer dans l'Ecriture trois à quatre sens différents : le littéral, le tropologique ou moral, autrement mystique, l'anagogique et l'allégorique. Le premier regarde la narration historique; le second la correction des mœurs; le troisième nous élève vers les choses célestes, et le quatrième nous montre dans la narration des faits une figure de ce qui doit arriver dans la suite.

Les Instructions. — Ce traité est divisé en deux livres, tous deux dédiés à Salonius, comme nous l'avons dit plus haut. Le premier porte pour titre : *Des questions les plus difficiles de l'Ancien et du Nouveau Testament;* le second est intitulé : *Explication des noms hébraïques.* Ces deux livres, comme le précédent, ont pour but de former l'esprit de ses fils, dont il avait pris tant de soin de former les mœurs, afin d'en faire des hommes aussi éminents en science qu'en piété. Il déclare lui-même à son fils Salonius, que bien qu'il eût été instruit par d'excellents maîtres, il ne se considère pas néanmoins comme déchargé du devoir de contribuer aussi à perfectionner son instruction. Ainsi, comme Salonius lui avait souvent proposé différentes difficultés sur l'Ecriture, il les recueillit toutes en un seul livre, et leur donna, sous forme de demandes et de réponses, les explications qu'il jugea les meilleures. Il lui promit en même temps d'y ajouter plusieurs autres explications, quoiqu'il ne les lui eût pas demandées. Et c'est ce qui fait la matière du second livre qui contient : 1° l'explication des noms des Hébreux ; 2° la signification de quelques-uns des termes hébraïques qui se représentent le plus fréquemment dans la Bible, tels qu'*Amen, Alleluia*, etc.; 3° l'explication de certains termes particuliers ; 4° l'explication des noms de nations, de villes et de rivières qui ne sont pas connus ; 5° celle des mois et des fêtes des Hébreux ; 6° les noms des idoles ; 7° l'explication des habits et des vêtements ; 8° celle des oiseaux et des bêtes ; 9° le rapport des poids et des mesures des Juifs, avec les poids et les mesures des Grecs et des Romains, ainsi que la signification de quelques noms grecs. On comprend aisément l'importance de cet ouvrage de critique, et combien l'exécution en était difficile. Saint Eucher n'examine pas à fond toutes ces choses, mais il se contente d'en donner une explication abrégée, sans s'étendre pour les démontrer. Il avait tiré la plupart de ces explications de divers auteurs : le plus souvent il rencontre assez juste, mais il se trompe néanmoins en beaucoup d'endroits. On remarque que de temps en temps il cite l'hébreu textuellement, ce qui porte à croire qu'il avait étudié cette langue. Il cite aussi la nouvelle version de l'Ecriture, c'est-à-dire celle de saint Jérôme, et les questions hébraïques du même Père sans néanmoins le nommer.

On croit que ce sont ces mêmes livres qu'un nommé Rustique, dont nous parlerons à son tour, emprunta pour les copier. En les renvoyant à saint Eucher, il lui marque qu'il ne saurait assez admirer la doctrine incomparable dont ils sont remplis, et que ni lui, ni aucun auteur n'en saurait faire un éloge digne de leur mérite, excepté l'auteur qui les avait composés. Nous avons une autre lettre de saint Hilaire à saint Eucher, pour le remercier de lui avoir communiqué ses livres des *Instructions* ou *Institutions*, car il leur donne l'un et l'autre titre. Comme il n'avait eu que le temps de les parcourir lorsque saint Eucher les lui redemanda, il le prie de les lui renvoyer pour les lire à loisir et en profiter davantage. Salvien, qui les avait lus, les jugea dignes de la science et de la piété de leur auteur. « Ils sont petits, lui dit-il en le remerciant de les lui avoir communiqués, si on n'en considère que le volume, mais ils sont vraiment grands pour quiconque a égard aux vérités qu'ils renferment. » Il y a quelques difficultés touchant le temps auquel saint Eucher écrivit ces livres à ses deux fils. Gennade semble insinuer que ce fut avant leur épiscopat ; mais il y a toute apparence que cet écrivain sacrifie ici la vérité du fait à une simple question de convenances. Sans doute on n'écrit point ordinairement pour instruire des évêques ; mais, outre que c'est ici un père qui parle à ses fils, le texte de Salvien ne permet point de douter que Salonius et Véran ne fussent dès lors évêques. Ainsi ces livres auront été écrits vers 441, lorsque les deux frères ne faisaient qu'entrer dans l'épiscopat. C'est apparemment à ces trois livres que saint Eucher doit d'être rangé par Cassiodore au nombre des écrivains qui ont donné des règles et des lumières générales pour entendre l'Ecriture, et dont il avait mis les ouvrages dans sa bibliothèque. — Ces deux écrits, avec la lettre à Valérien, ont été imprimés ensemble par les soins de Jean Sichard, à Bâle, chez Crataude, au mois de mars 1530, en un volume in-4°. L'année suivante, les mêmes éditeurs en ont publié une édition in-folio, en y joignant les Commentaires sur la *Genèse* et le livre des *Rois*, attribués à saint Eucher. En 1564, Pierre Galesini en donna une nouvelle édition, imprimée à Rome, avec les caractères des Manuces, en un volume in-folio ; et c'est de là que ces livres ont passé dans toutes les *Bibliothèques des Pères*.

Histoire du martyre de saint Maurice. — La première histoire que nous ayons de la passion de saint Maurice et des autres martyrs thébéens, qui souffrirent vers la fin du III° siècle à Agaune, à neuf lieues au-dessus du lac de Genève, a été composée par saint Eucher. Elle est parfaitement écrite et tout à fait digne de l'éloquence et de la réputation du saint évêque. On prétend même que c'est l'ouvrage le mieux écrit qui soit sorti de sa plume. Le saint pontife l'entreprit dans la crainte que le temps n'effaçât de la mémoire des hommes un événement si glorieux à l'Eglise. Il avait appris ce qu'il en rapporte de témoins qui disaient l'avoir su de saint Isaac, évêque de Genève, lequel pouvait l'avoir appris de saint Théodore d'Octodure qui assista au concile d'Aquilée, en 381, et qui, de la sorte, pouvait avoir vu des témoins oculaires de ce martyre arrivé dans son diocèse. Saint Eucher les appelle ses martyrs, soit que sa famille fût originaire de ce pays-là, soit qu'il en eût des reliques, ou plutôt parce qu'il les avait choisis pour ses patrons particuliers, comme il le dit expressément. Il adressa son ouvrage par une lettre séparée à l'évêque Salvius ou Silvius qui était constamment appliqué au service de ces saints ; ce qui fait croire qu'il était évêque d'Octodure d'où le siége a été depuis transféré à Sion, dans le Valais. On ne peut douter que saint Eucher ne fût dès lors évêque, puisqu'il traite Silvius de frère. Quelques critiques ont prétendu que cette histoire était d'un second Eucher, également évêque de Lyon, qui aurait vécu environ cent ans après l'autre. C'est le sentiment d'Ellies Dupin, qui ne reconnaît point dans cette pièce le style de notre saint. Mais, outre qu'il ne l'a vue apparemment que dans Surius où elle est un peu défigurée, ses raisons et celles des autres critiques qui partagent son sentiment, nous paraissent bien faibles pour les opposer à toute l'antiquité, qui n'a jamais connu qu'un Eucher parmi les évêques de Lyon. D'ailleurs, la beauté seule du style devrait suffire pour persuader que cette histoire n'est pas du milieu du vi° siècle, où assurément on n'écrivait pas dans nos Gaules avec autant de politesse et d'élégance. Enfin Silvius, à qui elle est adressée, est une autre preuve qu'elle fut écrite vers le milieu du v° siècle, puisqu'il florissait en ce temps, comme il sera facile de s'en convaincre en lisant son article. — Le premier qui ait publié cette histoire de saint Maurice et de ses compagnons, est le Père Chifflet, dans son ouvrage intitulé : *Paulinus illustratus*, qui parut à Dijon en 1662. Le Père Le Cointe nous en a donné une autre édition en 1668, au tome III de ses *Annales*; et après lui, Dom Ruinart, ayant collationné l'imprimé du P. Chifflet sur divers manuscrits dont un était ancien de neuf cents ans, l'a insérée de nouveau parmi les *Actes sincères des martyrs*. Il ne faut pas la confondre avec celle que Surius nous a donnée sous le nom de saint Eucher, au 22 septembre, avec plusieurs changements et des additions considérables. Mombritius est celui de tous qui l'a le moins défigurée. Cette histoire, rapportée par Surius, paraît être l'ouvrage d'un moine d'Agaune au vii° siècle. Il y est question, en effet, de saint Sigismond, roi de Bourgogne, tué en 524, et déjà honoré d'un culte public comme martyr. L'auteur, pour le fond des choses, a suivi saint Eucher, mais en y changeant beaucoup et en y ajoutant encore plus, comme nous l'avons remarqué. Il prête surtout à saint Maurice une fort longue harangue dont il n'a trouvé que deux mots dans l'original. Ces défauts n'ont pas empêché que cette histoire ne passât longtemps pour l'ouvrage primitif du saint évêque de Lyon; et peut-être sont-ils cause également de la méprise d'Ellies Dupin et de plusieurs autres critiques.

Abrégé des œuvres de Cassien. — Gennade nous apprend que saint Eucher abrégea les ouvrages de Cassien et les réduisit en un seul volume. Cet auteur n'en donne point d'autre raison, sinon qu'ils étaient trop diffus; mais le cardinal Baronius suppose que saint Eucher entreprit l'abrégé de ces livres pour les purger des erreurs qui s'y trouvaient; ce que Gennade n'aura pas osé dire parce qu'il les avait embrassées. Le P. Théophile Raynaud soutient aussi que saint Eucher en abrégeant Cassien l'avait purgé et corrigé. On ne peut donc pas douter que notre auteur n'ait aimé la personne et les écrits de Cassien, mais pour ses erreurs, les œuvres de saint Eucher et celles de ses deux fils, Salonius et Véran, nous donnent lieu de juger qu'ils en étaient fort éloignés. Pierre Damien dit assez clairement que l'on avait encore de son temps l'abrégé de Cassien par saint Eucher. On prétend qu'il ne se trouve plus aujourd'hui, si ce n'est peut-être cet abrégé des livres de Cassien sur l'Incarnation, dont Pithou a fait connaître, en 1734, un manuscrit fort nouveau. Cependant, dans l'édition de Rome, en 1564, on voit parmi les œuvres de saint Eucher un traité sous ce titre : *J. Cassiani librorum epitome ab Eucherio confecta*. Tillemont, qui s'est servi de cette édition, ne dit rien de ce traité et suppose même qu'il ne se trouve nulle part. Il est probable que cet abrégé est une de ces pièces supposées que Molanus dit être contenues dans cette édition des œuvres de saint Eucher. Si, néanmoins, il était constant, comme l'observent quelques écrivains, que le quatrième livre des *Vies des Pères du désert* fût de saint Eucher, il n'y aurait, ce semble, aucun lieu de douter que ce ne fût l'abrégé de Cassien dont nous parlons; car ce quatrième livre est tiré de cet auteur et de saint Sulpice Sévère.

Ouvrages perdus. — Outre ces ouvrages dont nous venons de rendre compte, Gennade et, après lui, le comte Marcellin affirment que saint Eucher en avait écrit d'autres dont la lecture est nécessaire aux ecclésiastiques et aux moines. Il est fâcheux qu'ils ne nous aient pas marqué ces écrits en détail, s'ils les connaissaient. On peut croire qu'ils désignent par là, ou au moins qu'ils comprennent sous ces expressions générales, les sermons ou homélies de saint Eucher; car on ne peut douter qu'il n'en ait fait un grand nombre dignes de passer à la postérité. Mais ou elles sont perdues, ou elles se trouvent confondues avec tant d'autres qu'il a été jusqu'ici impossible de débrouiller. « Nous en trouvons tout d'un coup, dit Ellies Dupin, cent quarante-cinq sur les dimanches et les fêtes de toute l'année, que les manuscrits du Mont-Cassin et du Vatican restituent à Brunon, évêque de Signi. » La conformité du style de ces homélies avec les autres traités du même auteur ne laisse aucun lieu de douter qu'elles ne soient de lui; ce qui réduit déjà de beaucoup le nombre des sermons attribués à saint Eucher. Les autres sont assurément d'un ou de plusieurs auteurs français. Il y a des sermons, comme celui de saint Maxime de Riés, qui ne peuvent avoir été composés que par une personne qui vivait au moment de la célébrité du monastère de Lérins. Nous lisons dans la *Vie de saint Hilaire*, écrite par saint Honorat de Marseille, qu'il y avait alors en France un évêque nommé Eusèbe, qui avait composé un grand nombre de sermons, et ce fait se trouve confirmé par les vers d'Herman, disciple de Raban, qui met Césaire et Eusèbe parmi les plus fameux évêques de France à cette époque. En effet, il y a aussi quelques-uns de ces sermons qui sont de saint Césaire d'Arles, qui en avait composé un grand nombre qu'il adressait à plusieurs évêques afin qu'ils les fissent réciter dans leurs églises. Salvien en composait aussi pour des évêques, de sorte que la multitude des sermonnaires qui vivaient en ce temps-là, a établi parmi leurs discours une grande confusion que les copistes ont encore augmentée, bien loin de la débrouiller. Il en résulte à peu près que sur la plupart des sermons attribués à saint Eucher, il y en a un peu de tous les auteurs de son époque et presque pas de lui. Cependant Mamert Claudien nous a conservé de ces homélies que le saint évêque prêchait à son peuple, un beau passage que nous nous plaisons à rapporter précisément parce qu'il ne se trouve point dans les deux recueils dont nous avons parlé plus haut. Ce passage regarde le mystère de l'Incarnation et établit en même temps la vérité que Claudien défendait contre Fauste, savoir que l'âme est incorporelle. « Quelques curieux, dit saint Eucher, cherchent des raisons pour expliquer un mystère qui s'est accompli une fois, et voudraient savoir comment Dieu et l'homme ont pu s'unir ensemble; eux qui ne sauraient expliquer ce qui se fait tous les jours, c'est-à-dire, comment l'âme s'unit au corps. Assurément, il est bien plus aisé que deux choses spirituelles, comme le sont Dieu et l'âme, s'unissent ensemble pour composer le Christ, qu'une substance incorporelle s'unisse à une substance corporelle, pour composer l'homme. Donc, de même que l'âme s'unit au corps pour faire un homme; ainsi Dieu s'est uni à l'homme pour faire le Christ. » Dans le recueil des règles fait par saint Benoît d'Aniane au IX° siècle, nous avons trois sermons sous le nom de saint Eucher. Le premier a tout à fait son air noble, élégant et même un peu diffus. C'est une exhortation à des moines, particulièrement sur l'obéissance et l'humilité, et l'auteur lui-même y témoigne beaucoup d'humilité, surtout dans le commencement. Si saint Eucher a été à Lérins après son épiscopat, comme il est facile de le présumer, il peut y avoir fait ce sermon; mais la dernière partie, depuis ces paroles : *Salvator noster loquitur*, est un autre discours qui s'adresse à un évêque, élevé du monastère et de la solitude de Lérins aux honneurs de l'épiscopat. Ce premier discours n'est pas trop long et n'a rien qui puisse empêcher de l'attribuer à notre saint. Le second, au contraire, n'a rien qui en soit digne. Il paraît être d'un abbé à ses religieux; il y manque quelque chose au commencement, et la fin ressemble à la vie, ou au moins, à la légende de quelque saint. Ces deux discours sont imprimés, parmi les œuvres de saint Eucher, dans la *Bibliothèque des Pères de Lyon*.

Le Père Labbe, dans sa *Nouvelle Bibliothèque*, nous a donné, sous le nom d'Eucher, une *lettre* à Faustin, prêtre de l'île, qui contient une petite description de la Palestine, tirée en partie de Josèphe et de saint Jérôme qui y sont nommés, et en partie aussi de ce que diverses personnes lui en avaient rapporté. On voit d'ailleurs par les autres ouvrages de saint Eucher que sa piété le portait à remarquer les plus petites choses qui pouvaient servir à l'intelligence de l'Écriture. Du reste, ce Faustin est sans doute Fauste, que l'on ne sait que trop avoir été prêtre et abbé de Lérins à cette époque. Il n'y aurait donc rien d'impossible que cette pièce fût de saint Eucher. Mais, soit faute de l'auteur ou des copistes, elle est très-obscure et ne contient rien de bien considérable. Aussi les éditeurs de la *Bibliothèque des Pères de Lyon* n'ont pas voulu la joindre aux autres écrits du saint pontife. — Le moine Hariulphe, auteur du XI° siècle, nous apprend que l'on conservait dans la bibliothèque de son monastère de Saint-Riquier, dès avant l'an 831, un livre de saint Eucher, évêque, sur les *Éclipses de soleil et de lune*, ce que nous ne pouvons entendre que de saint Eucher, évêque de Lyon. C'est là tout ce que nous en savons, et nous désespérons même qu'on puisse jamais en savoir davantage. Il faut ranger cet écrit avec ses homélies et une grande quantité de ses lettres qui sont perdues; car il est certain qu'il en avait écrit beaucoup plus qu'il ne nous en reste sous son nom. Nous en avons la preuve dans les liaisons étroites qu'il entretint avec les plus grands hommes de son temps; avec Salvien, par exemple, à qui il écrivait en toute occasion, avec saint Paulin de Nole, saint Honorat d'Arles, saint Hilaire son successeur, et beaucoup d'autres.

Ouvrages supposés. — Nous avons quelques autres ouvrages imprimés sous le nom de saint Eucher, et adressés, selon le titre, aux évêques Salonius et Véran; mais il n'est pas certain qu'ils soient de notre saint pontife. — C'est d'abord, comme nous l'avons dit plus haut, un *Commentaire sur la Genèse*, imprimé avec ses autres écrits à Bâle, en 1531. Il paraît assurément presque partout digne du saint auteur. Il est noble, grand, élevé, aisé, naturel et suit beaucoup saint Augustin sans le citer. On voit par plusieurs passages que l'auteur savait l'hébreu, ce qui convient encore à saint Eucher, selon la remarque que nous en avons déjà faite. Mais on y trouve aussi divers endroits, qui paraissent pris non-seulement de saint Ambroise et que l'auteur avait tournés à sa manière, puisqu'il ne le cite pas, mais même de saint Grégoire le Grand. On y trouve aussi des passages lus et expliqués de différentes manières. Donc quand le fond de l'ouvrage serait de saint Eucher, il faudrait au moins avouer qu'il a été altéré. Le plus que l'on puisse faire, c'est de lui attribuer les passages, où l'auteur s'applique particulièrement à donner le sens littéral et qui sont les plus beaux. Ce qu'on y lit sur les bénédictions des patriarches, et qu'on attribue tantôt à saint Jérôme et tantôt à saint Augustin, appartient à Alcuin qui en a tiré une partie de saint Grégoire.

On a également imprimé avec l'ouvrage précédent un assez long *Commentaire sur le livre des Rois*, que l'on suppose être de saint Eucher. Les savants y trouvent de l'érudition et jugent que ce commentaire mérite d'être lu. Mais, selon Sixte de Sienne et bien d'autres après lui, il est d'un auteur postérieur à Cassiodore, à saint Grégoire le Grand et à saint Augustin, apôtre de l'Angleterre; ce qui l'a fait attribuer par quelques-uns au Vénérable Bède... Ce pourrait être un Centon ou recueil de plusieurs passages empruntés à plusieurs auteurs, parmi lesquels le titre peut donner lieu de croire qu'il y a beaucoup de choses empruntées à saint Eucher. On pourrait appuyer cette opinion sur ce que l'anonyme de Molk assure que saint Eucher avait écrit des questions sur les livres des *Rois*; c'est-à-dire, qu'il avait fait pour ces livres, en particulier, ce que nous lui avons vu faire plus haut pour l'Ecriture en général. Il aura pu se rencontrer un auteur postérieur, qui, en joignant à ces questions probablement très-brèves et très-succinctes, ce qu'il aura jugé à propos des ouvrages de Cassiodore, de saint Grégoire le Grand, du Vénérable Bède sur la même matière, en aura formé le commentaire entier tel que nous le connaissons. Ces deux ouvrages ont été imprimés dans la *Bibliothèque des Pères*, à la suite des œuvres de saint Eucher, mais avec un titre qui marque qu'ils ne sont pas du saint évêque.

Erasme a attribué à saint Eucher les livres : *De la vocation des gentils*. Mais les savants jugent qu'il n'a pas eu de fondement plus solide pour asseoir son opinion, que ceux qui en ont fait honneur à saint Léon Pape, à saint Prosper, à Hilaire son collègue et à quelques autres. Il faut pourtant avouer que si le style seul était une preuve suffisante pour donner un ouvrage à un auteur plutôt qu'à un autre, on trouverait sans peine dans les livres dont nous parlons de quoi justifier le sentiment d'Erasme; car on peut assurer que pour le style, on trouve moins de conformité entre ces livres et ceux de tout autre écrivain, même de saint Léon, qu'il n'y en a entre ce même ouvrage et ceux qui nous restent de saint Eucher. Il est à présumer que, par rapport à ces livres, si quelqu'un tentait, en faveur du saint évêque, le même travail que le P. Quesnel a entrepris en faveur de saint Léon, et Antelmi en faveur de saint Prosper, ses efforts seraient couronnés d'un succès plus certain et plus complet.

Baluze, et après lui Le Laboureur, à la fin des œuvres de saint Agobard, nous ont donné, sous le nom de saint Eucher, une *lettre* adressée à un prêtre nommé Philon. L'auteur prie ce Philon d'empêcher que l'abbé Maxime n'abandonne son monastère de l'île Barbe, et ordonne de donner à ce monastère trois cents muids de blé, deux cents muids de vin, deux cents livres de fromage et cent livres d'huile. Plusieurs savants paraissent ne pas douter de l'authenticité de cette pièce; cependant nous n'y voyons rien qui montre une antiquité si reculée, et il ne paraît par aucun monument ancien que l'île Barbe fût érigée en monastère du temps de saint Eucher. Donc, pour exprimer tout ce que nous pensons de cette lettre, elle nous fait plutôt l'effet d'avoir été écrite au VIII° ou au IX° siècle qu'au V°. Il y est dit que plusieurs personnes cessaient de faire à ce monastère leurs aumônes accoutumées, par la crainte qu'elles avaient des nations étrangères ou des gentils, *propter metum gentium*. Cela ne peut naturellement s'entendre que des incursions des Sarrasins ou des Normands, au VIII° et au IX° siècle. Nous ne voyons pas qu'on puisse l'appliquer aux Bourguignons déjà maîtres du pays depuis longtemps; car, outre qu'ils étaient catholiques, leur empire fut toujours très-pacifique et très-doux. Qui empêche que du temps des Normands, l'île Barbe fût gouvernée par un abbé, nommé Maxime, qu'on ne connait point d'ailleurs il est vrai; mais est-il le seul abbé inconnu qui ait vécu dans ce siècle et dans les suivants. Rien n'empêche non plus que la lettre dont il s'agit fût sans nom d'auteur; et dans la suite que quelques-uns de ceux qui croient que saint Maxime, disciple de saint Martin, avait été abbé de l'île Barbe, se soient imaginé que c'était le même Maxime dont il est parlé dans cette lettre. De là, pour appuyer leurs prétentions, ils se seront émancipés jusqu'à imprimer le nom respectable de saint Eucher en tête de cette lettre qui se trouvait anonyme... C'est probablement à une combinaison d'incidents semblables qu'on doit de posséder aujourd'hui cette lettre sous le nom du saint évêque de Lyon, qui l'aura sauvée ainsi de l'oubli.

C'est là tout ce que nous connaissons des écrits de saint Eucher. Il ne nous reste rien à ajouter aux appréciations critiques que nous en avons faites en les analysant. On peut dire qu'ils sont aussi dignes de ce saint personnage, qu'il le fut lui-même de la grande mission qu'il eut à remplir dans l'Eglise de Dieu. Il a été honoré de l'amitié et des louanges de tous les plus grands hommes de son temps. Saint Honorat, saint Paulin, saint Hilaire d'Arles, Salvien, Mamert Claudien, saint Sidoine, Gennade, saint Isidore, Adon et beaucoup d'autres dont le témoignage, pour être moins puissant, n'en est pas moins vrai, ont entretenu avec lui des relations pleines de douceurs et d'avantages spirituels. Cassien remarque qu'il se fit admirer dans le monde par la perfection de sa vertu, qu'il brilla dans l'Eglise comme un astre d'admirable splendeur, et que sa vie servit d'exemple aux pieux solitaires qui vivaient sous la conduite de saint Honorat dans la solitude de Lérins.

EUDOXIE, impératrice d'Orient qui, avant son mariage avec Théodose le Jeune, s'appelait simplement ATHÉNAÏS, était fille d'un sophiste d'Athènes nommé Léonce. Elle avait toutes les grâces de son sexe jointes aux qualités de l'autre. Son père l'instruisit dans les belles-lettres et dans les sciences, et il en fit un philosophe, un grammairien et un rhéteur. Le vieillard crut qu'avec tant de talents joints à la beauté, sa fille n'avait plus besoin de rien, et la trouvant suffisamment dotée, il la déshérita. Après sa mort elle voulut rentrer dans ses droits, mais ses frères les lui contestèrent. Elle alla à Constantinople réclamer son héritage. Pulchérie, sœur de Théodose, gouvernait alors l'empire; elle fut touchée des grâces et de la modestie de cette jeune fille dont l'éloquence l'étonna et la captiva. Paulin, ami et confident de

Théodose, se réunit à Pulchérie, pour vanter au jeune empereur la rare beauté et les qualités séduisantes d'Athénaïs. Théodose voulut la voir, en devint épris, et la jugeant digne du trône, il l'épousa en 421, après lui avoir fait abjurer les erreurs du paganisme. C'est alors qu'elle échangea son nom d'Athénaïs contre ceux d'Élia Eudoxia, sous lesquels elle fut connue par la suite. Son premier soin, en montant sur le trône, fut de rassurer ses frères qui s'étaient cachés pour échapper à sa vengeance. Elle les fit chercher, les combla de bienfaits et les éleva aux premières dignités de l'empire. Le seul usage qu'elle fit de son pouvoir fut d'écarter de la cour l'eunuque Antiochus, favori ambitieux et détesté, qui balançait le crédit de Pulchérie près de Théodose dont il avait été le gouverneur. Athénaïs continua de cultiver les lettres et d'encourager les savants. La conformité de ses goûts, qui se trouvaient heureusement partagés, lui faisait rechercher de préférence à bien d'autres la société de Paulin, qui d'ailleurs avait contribué à son élévation. Cette liaison, malgré sa pureté, alluma la plus sombre jalousie dans le cœur du jeune empereur. Il oublia les vertus d'Eudoxie et l'amour qu'il avait eu pour elle; Paulin lui devint odieux au point qu'il lui fit ôter la vie en 440. S'il faut en croire Zonare, cette jalousie éclata au sujet d'un fruit qu'elle reçut de l'empereur et qu'elle donna à Paulin, qui, ignorant qu'il venait de Théodose, crut lui faire plaisir en le lui offrant. Ce fruit devint une vraie pomme de discorde. L'empereur demanda à sa femme ce qu'elle en avait fait; celle-ci, craignant que la vérité ne fît naître quelques soupçons dans le cœur de son mari, assura avec serment qu'elle l'avait mangé. Alors Théodose la croyant coupable congédia tous les officiers de sa maison et la réduisit à l'état de simple particulière. Eudoxie, accablée par ces soupçons flétrissants, demanda et obtint facilement la permission de se retirer à Jérusalem. Les lettres y furent sa consolation; mais la jalousie de Théodose l'y poursuivit encore. Il sut qu'elle voyait fréquemment le prêtre Sévère et le diacre Jean; le comte Saturnin envoyé aussitôt pour les faire mourir, et il exécuta sans examen cet ordre barbare. Eudoxie, exaspérée par cette cruelle persécution, ternit une vie intacte jusque-là, en faisant tuer Saturnin. Elle vécut encore vingt ans, expiant par ses larmes, son repentir et sa piété, le crime que son honneur outragé lui avait fait commettre. Elle bâtit des églises, fonda des monastères et releva les murs de Jérusalem qui tombaient en ruine. On a fait monter le chiffre de ses donations pieuses à 20,480 livres d'or, sans compter les vases sacrés. Quelques historiens rapportent qu'elle embrassa les erreurs d'Eutychès, mais que saint Siméon Stylite par ses lettres, et Euthimius par ses exhortations touchantes la ramenèrent à la foi de l'Eglise. Elle mourut vers l'an 460, en protestant jusqu'à son dernier soupir qu'elle était innocente des crimes dont son époux l'avait injustement soupçonnée.

SES ÉCRITS. — Athénaïs ou Eudoxie avait composé beaucoup d'ouvrages étant sur le trône et aussi après qu'elle en fut descendue. Photius cite avec éloge un poëme en vers héroïques grecs contenant les huit premiers livres de l'Ecriture, savoir le *Pentateuque* de Moïse, *Josué*, les *Juges* et *Ruth*. Ce n'était qu'une simple traduction, mais nette, élégante et rendant fidèlement le texte. Le savant critique lui donne un rang parmi les poëmes, quoiqu'on n'y trouve pas les grâces de l'imagination, parce que le sujet ne permettait d'y mêler ni fables ni épisodes, ni aucun des ornements poétiques, inventés, dit-il, pour flatter l'oreille des jeunes gens, ce qui n'empêchait pas que les règles de l'art n'y fussent très-bien observées. Eudoxie avait traduit de même les prophéties de Zacharie et de Daniel, et Photius en parle avec le même éloge; il trouve ce travail d'autant plus estimable qu'il était plus rare de le rencontrer au milieu des délices de la cour.

Photius attribue encore à cette princesse un poëme sur le martyre de saint Cyprien, ouvrage dont il vante le mérite, tout en convenant que la fidélité historique n'a pas permis à Eudoxie d'y mettre beaucoup de poésie. Ce poëme était divisé en trois livres. Le premier contenait la vie de sainte Justine et racontait de quelle manière Justine avait embrassé la religion chrétienne, et comment elle avait persuadé ses parents d'abandonner le culte des idoles; les efforts inutiles qu'un jeune homme d'Antioche s'était donnés pour corrompre la vertu de cette vierge; comment, par le signe de la croix, elle dissipa les effets de la magie à laquelle ce jeune homme avait eu recours pour satisfaire sa passion, la conversion de Cyprien, son renoncement à l'art magique, son baptême, son élévation aux premières dignités de l'Eglise, ses miracles. Le second renfermait l'histoire de Cyprien jusqu'à son baptême, et particulièrement le récit des voyages qu'il avait faits pour se rendre habile dans la magie. Il finissait par la conversion d'Aglaïde, qui, voyant qu'il ne pouvait surmonter la constance de Justine, prit le parti d'imiter sa vertu, donna tous ses biens aux pauvres et se fit chrétien. Eudoxie rapportait dans le troisième livre les circonstances du martyre de saint Cyprien et de sainte Justine, et le transport de leurs reliques à Rome, où une pieuse dame, nommée Ruffine, leur fit bâtir une église. Dans le manuscrit que Photius avait entre les mains, il paraît que ce poëme ne portait pas le nom d'Eudoxie comme ceux dont nous avons parlé plus haut; « mais, dit-il, on y retrouvait tous les traits de son esprit comme on retrouve ceux d'une mère dans ses enfants; » il était donc évidemment son ouvrage: il n'est pas venu jusqu'à nous, non plus que ses poëmes sur l'*Octateuque* et sur les prophéties de Zacharie et de Daniel.

On lui attribue aussi, mais avec peu de certitude, une *Vie de Jésus-Christ*, composée avec des vers pris dans Homère; idée bizarre, qui, tout en prouvant l'instruction d'Eudoxie, montre assez les rapides progrès que le mauvais goût faisait alors dans la littérature. Cet ouvrage est appelé le *Centon d'Homère*. Photius n'en dit rien, preuve qu'il ne se trouvait pas compris dans le recueil des Œuvres de cette princesse; mais Zonare le lui attribue, et dit qu'elle le fit pour achever l'ouvrage qu'un Patrice avait commencé. Quelques-uns croient que c'était le patrice Pélage, que l'empereur Zénon fit mourir vers l'an 480; mais Pélage était païen, et le poëme dont nous parlons contient la *Vie de Jésus-Christ*. Il commence à la création; puis venant à la chute de l'homme, il entre dans l'économie du mystère de l'incarnation, dont il rapporte les circonstances marquées dans les Évangiles. On fait aussi dans ce poëme un narré des principaux miracles de Jésus-Christ, du meurtre des innocents par Hérode, de la mort funeste de Judas et de plusieurs autres événements remarquables. On a imprimé ce poëme dans le tome VI de la *Bibliothèque des Pères de Lyon* 1677. Il n'y est qu'en latin, d'une traduction assez embarrassée et pour laquelle l'auteur ne s'est pas même astreint à la mesure des vers. Il se sert aussi d'une expression peu correcte en parlant de la sainte Trinité, puisqu'il avance que les trois personnes sont nées d'une même essence, ce qui n'est vrai que du Fils. Ce poëme se trouve aussi dans les *Bibliothèques* de Paris et de Cologne, et dans la collection des *Poëtes chrétiens*, à Paris, 1624. Socrate fait mention aussi d'un poëme héroïque composé par Eudoxie sur la victoire que l'empereur Théodose, son mari, avait remportée sur les Perses en 422. Nous ne l'avons plus. Toutes ces pièces cependant sont des preuves qu'Eudoxie, comme l'avance cet historien, avait été élevée dans l'amour des belles-lettres, et que son père ne négligea rien pour orner son esprit, et ajouter ainsi l'attrait des talents aux charmes que la nature lui avait prodigués. Quoiqu'il y ait eu de tout temps des femmes savantes, il en est peu néanmoins qui se soient mêlées de théologie; il n'en est donc que plus beau de voir une impératrice renoncer à la vie molle et aux plaisirs des cours pour se livrer avec ardeur à cette étude, et s'assurer par ses écrits un rang parmi les auteurs ecclésiastiques. Ses poëmes sur la Bible étaient écrits avec tant d'exactitude et de fidélité qu'on pouvait facilement se passer du texte en les lisant. Elle en conservait intégralement les pensées, elle les rendait de la même manière, sans y mettre du sien ni en rien retrancher, et, autant que possible, elle employait les mêmes termes, ou choisissait parmi les équivalents ceux qui lui semblaient se rapprocher le plus de l'original. A la fin de chaque chapitre, elle avait soin de se ménager deux vers pour marquer que c'était elle qui l'avait composé.

EUGÈNE (Saint), dont nous ne parlons ici, que parce qu'on lui attribue quelques poésies chrétiennes, était compagnon ou disciple de saint Denis, premier évêque de Paris. Quelques *Actes des Saints* le font venir de Rome dans les Gaules avec saint Denis, saint Lucien, saint Quentin et plusieurs autres; mais comme ces *Actes* ne sont point originaux, et que la vérité s'y trouve souvent violée, on pourrait tout aussi bien croire qu'il fut de ceux que saint Denis convertit dans les Gaules par ses prédications. Nous n'avons que peu de documents sur sa vie, et encore, ne nous paraissent-ils pas très-authentiques. Après avoir aidé saint Denis dans les fonctions de son apostolat, il souffrit le martyre au village de Deuil près Montmorency, vers l'an 286, c'est-à-dire peu de temps après ou même un peu avant son saint évêque. L'église de Deuil porte encore son nom, et celle de Paris l'honore comme martyr le 15 de novembre. Son corps fut porté plus tard dans l'abbaye de Saint-Denis où, vers l'an 920, les moines en donnèrent une partie à saint Gérard, abbé de Brogne, au diocèse de Namur. Dans la suite des temps, on a fait de notre saint martyr un évêque de Tolède en Espagne, mais sans appuyer cette opinion sur aucun fondement légitime. Tous les écrivains espagnols, jusqu'à l'année 1148, n'ont reconnu que deux Eugène, évêques de Tolède, et tous deux de beaucoup postérieurs à saint Denis et à ses compagnons de martyre. Voici, selon toute apparence, la source de l'erreur. Le second des deux Eugène de Tolède, ayant fait diverses poésies publiées en 1619 par le P. Sirmond, et l'abbé Hilduin ayant cité une hymne de cet Eugène en l'honneur de saint Denis, on en aura pris occasion de donner à saint Eugène, martyrisé au diocèse de Paris, la qualité d'évêque de Tolède, surtout depuis qu'on a attribué à ce saint martyr les quelques poésies chrétiennes dont nous avons déjà dit un mot. Ces poésies ne sont autre chose qu'une prière à Dieu, composée de vingt-deux vers hexamètres, que Molanus rapporte tout entière, et une *Hymne à la gloire de saint Denys l'Aréopagite*, évêque et martyr. Ces pièces, suivant Molanus, se trouvaient de son temps dans un très-ancien manuscrit de saint Eugène, appartenant à l'abbaye de Brogne. La prière, très-édifiante et très-instructive, ne peut être que l'effusion d'un cœur chrétien, qui, pénétré de ses besoins, s'adresse à Dieu pour le prier de les remplir. En effet, il y demande tout ce qui est nécessaire pour passer tranquillement et saintement sa vie. Mais quel que soit le mérite de cette pièce, elle nous paraît de beaucoup postérieure aux écrits du III° siècle. Aussi se lit-elle parmi les autres poésies d'Eugène de Tolède, auquel une équivoque l'a fait enlever pour l'attribuer à son saint homonyme. Quant à l'hymne qui commence par ces mots: *Cœli cives applaudite*, elle ne se trouve point parmi les poésies d'Eugène de Tolède; mais on l'a vue autrefois dans un manuscrit de Reims qui contenait la Vie du saint martyr Eugène dont nous parlons, et à qui cette hymne est attribuée. C'est le même apparemment que l'abbé Hilduin cite sous le nom d'Eugène de Tolède. Le bibliographe de Launoy la refuse également à tous les deux, sans en indiquer le véritable auteur ; ce qui ne nous empêche pas de nous ranger à son sentiment, parce que ni Eugène de Tolède, ni surtout Eugène le Martyr n'eussent confondu le premier évêque de Paris avec saint Denys l'Aréopagite, comme porte le manuscrit de Molanus, qui nous paraît être le même que celui de Reims.

EUGÈNE DE CARTHAGE (Saint). Nos Gaules sont en droit de revendiquer une part de l'honneur que saint Eugène a fait à l'Église par ses souffrances, et à la littérature catholique par ses écrits. L'Église de Carthage eut le bonheur de l'avoir pour évêque, et celle d'Albi, où il finit ses jours, la gloire de posséder sa dépouille mortelle. Il fut ordonné évêque vers l'an 481, c'est-à-dire environ vingt-quatre ans après saint Deogratias, dont il fut le successeur immédiat. Quand il prit possession de son siége épiscopal, il y avait à Carthage un grand nombre de jeunes gens qui n'avaient jamais vu d'évêque. Son ordination causa une joie extrême à tous les catholiques. La sagesse et les vertus qu'il déploya dans son épiscopat lui attirèrent la vénération des étrangers, comme il possédait déjà celle de ses diocésains. L'occasion se présenta bientôt de faire éclater son zèle pour la défense de la foi. La secte des ariens prévalait alors à Carthage par la protection de rois vandales qui l'avaient embrassée. Saint Eugène fut un des généreux prélats qui résistèrent avec le plus de courage aux tentatives des princes ennemis de la vraie religion. La constance et la fidélité avec lesquelles il défendit la divinité du Verbe lui méritèrent un double exil. Il fut d'abord relégué par Hunéric dans des déserts affreux, où il eut extraordinairement à souffrir de la part d'un nommé Antoine, évêque arien à la garde duquel on l'avait confié. Rappelé en 484 par Gontamond, successeur d'Hunéric, il eut assez de crédit sur ce prince arien, pour le déterminer à faire ouvrir les églises catholiques, et à rappeler sur leurs siéges les évêques qui en avaient été dépossédés. Saint Eugène employait ces moments de calme qui lui étaient donnés à consoler, instruire et affermir son peuple, lorsqu'en 496 ou 497, Thrasamond le fit arrêter de nouveau. Ses ministres l'arrachèrent à son Eglise avec tant de précipitation, que le saint évêque n'eut pas même le temps de prendre congé de son troupeau. Il fut présenté à ce prince, devant lequel il eut avec Cirilla ou Cirolle, principal chef des ariens, une longue conférence dans laquelle tout l'avantage fut pour l'évêque catholique. Ce qui acheva de déconcerter les partisans de l'erreur, c'est que le saint confesseur confirmait par des miracles la vérité de la foi qu'il défendait. Longin et Vindémial, deux saints évêques, compagnons d'Eugène dans sa confession, furent éprouvés par des tortures atroces e. perdirent la vie par l'épée. On vint ensuite à Eugène pour lui infliger le même supplice, mais le tyran le voyant bien résolu à mourir, écarta le glaive suspendu sur sa tête et commua sa peine en celle du bannissement. Eugène fut exilé à Vianne, près Albi, dans la province des Gaules nommée aujourd'hui Languedoc, où régnait Alaric, qui suivait également les erreurs d'Arius. Le saint, à l'exemple d'un grand nombre d'évêques d'Afrique, y bâtit un monastère près du tombeau de saint Amaranthe, martyr, dans un endroit situé à un quart de lieue de la ville, et qui depuis a pris le nom du saint qui l'avait fertilisé par son sang. C'est là qu'Eugène passa le reste de ses jours dans la pratique de la pénitence et des bonnes œuvres. Il mourut sous le consulat de Théodore, en 505, après un épiscopat de près de vingt-quatre ans. Sa mort est marquée à différents jours dans les Martyrologes et les calendriers, et quoique sa fête soit indiquée partout au 13 juillet, l'église d'Albi ne la célèbre que le 5 septembre.

SES ÉCRITS. — Saint Eugène composa divers écrits, tant pour la défense de la foi catholique que pour consoler son peuple et le préserver des erreurs des ariens. Gennade nous en a conservé le souvenir dans son *Catalogue des écrivains ecclésiastiques*.

Le premier parmi ceux que cet auteur lui attribue, est son *Exposition de la foi catholique*. Ce traité lui avait été demandé par Huneric, et c'est probablement le même que la profession de foi offerte par les évêques catholiques, dans la conférence dont nous avons parlé. Il est divisé en deux parties. La première est consacrée à prouver la consubstantialité du Verbe, et la seconde la divinité du Saint-Esprit. C'est ce dont l'auteur s'acquitte d'une manière invincible et en produisant des raisonnements clairs et à la portée de tout le monde, c'est-à-dire de tous ceux qui veulent faire usage de leur raison. Il appuie tout ce qu'il avance sur des passages de l'Ecriture contre lesquels il est impossible de s'inscrire en faux. Il n'y cite les Pères qu'en se servant de quelques expressions du Symbole de Nicée et en renvoyant au consentement unanime de toutes les Eglises catholiques. Il y rejette en passant l'hérésie des sabelliens, et il établit en termes formels que le saint-Esprit procède du Père et du Fils. En prouvant la divinité du Saint-Esprit, il se sert entr'autres témoignages du célèbre passage de la première Epître de saint Jean : *Tres sunt qui testimonium dant in cælo*, etc. Cette profession de foi fut présentée à Huneric le 20 avril, par quatre évêques, dont deux de la province de Numidie, et deux autres de la Byzacène. Victor de Vite, un de ces évêques, ayant occasion d'en porter son jugement, se borne à dire qu'elle était convenable et suffisante pour le but que l'on se proposait.

Gennade nous apprend encore que saint Eugène avait rédigé par écrit les disputes qu'il avait eues avec les prélats ariens et qu'il les avait envoyées à Huneric par le maire de son palais, afin qu'il en prît connaissance. Ce recueil ne se trouve plus nulle part; on croit seulement que Victor de Vite en a fait passer quelques traits dans son *Histoire*. Gennade met aussi au nombre des écrits du saint pontife diverses requêtes ou apologies, qu'il avait adressées soit au même prince soit à ses successeurs, pour les porter à rendre la paix aux catholiques. On a vu plus haut que ce fut à la prière de saint Eugène que Gontamond rappela de l'exil les évêques orthodoxes. Victor de Vite nous a conservé une de ces requêtes, dans laquelle le saint pontife prie Huneric de trouver bon qu'on appelle à la conférence convenue avec ce prince, les évêques d'au delà des mers, puisque cette cause leur était commune avec les évêques d'Afrique.

Avant de partir pour se rendre au lieu de son second exil, ce vigilant pasteur, comme le qualifie Gennade, eut soin d'adresser à son troupeau un écrit en forme de lettre, pour lui recommander de conserver précieusement la pureté de sa foi et l'unité de son baptême : c'est que les Vandales poussaient leur attachement aux erreurs d'Arius jusqu'à rebaptiser les catholiques. Nous avons encore cette lettre de saint Eugène à son peuple, grâce à saint Grégoire de Tours qui l'a insérée dans son *Histoire*. Sans cette pieuse attention, il est probable qu'elle serait perdue comme tant d'autres écrits du saint évêque. Il y exhorte tous les fidèles de Carthage à s'efforcer de fléchir la miséricorde de Dieu par leurs prières, leurs jeûnes, leurs aumônes, et à demeurer fermes dans la foi de la divinité du Verbe et du Saint-Esprit, comme aussi à repousser avec horreur un second baptême. Il s'étend particulièrement sur ce second article. Il y marque qu'il était encore dans l'ignorance du sort qui lui était réservé, et qu'il ne savait pas si on le renverrait à son église; mais il a soin d'ajouter qu'il était prêt à souffrir l'exil et la mort même, s'estimant heureux de n'avoir rien négligé pour l'instruction de son peuple. « C'est pourquoi, dit-il, je suis innocent de la perte de tous ceux qui périront; car je sais que cette lettre sera lue contre eux comme un témoignage de vérité au tribunal de Jésus-Christ ».

EUGÈNE II, successeur de Pascal Ier, fut ordonné pape le 5 juin de l'an 824. La présence d'un concurrent nuisit un peu à l'unanimité de son élection; mais il l'emporta facilement à la faveur du parti noble qui s'était déclaré pour lui. Il était d'ailleurs recommandable par des qualités et des vertus qui lui méritaient la préférence. Il était Romain de naissance, fils de Bohémond, et archiprêtre du titre de Sainte-Sabine, sur le mont Aventin. Aussitôt après son élection, Louis le Débonnaire, roi de France et empereur d'Occident, envoya à Rome son fils Lothaire, pour régler avec le pape tout ce qu'exigeait la nécessité des circonstances. Depuis plusieurs années déjà les troubles de Rome avaient excité la sollicitude de l'empereur. Lothaire se plaignit des prévarications des tribunaux et de la négligence des papes. On avait condamné injustement à mort des personnes fidèles à l'empereur et à la France : on avait exécuté des confiscations iniques. Le pape consentit aux restitutions, aux redressements de tous les griefs, et la tranquillité se rétablit, à la grande satisfaction du peuple romain. Pour affermir ces heureuses réformes, Lothaire fit publier une constitution, où il semble ajouter aux concessions de Charlemagne, en mettant sur la même ligne l'autorité du pape et celle de l'empereur. Il recommande l'obéissance entière au pape, à ses juges, à ses ducs, pour l'exécution de la justice; mais il ordonne que des commissaires, nommés par le pape et par l'empereur, rendront compte tous les ans de l'exécution des lois. Eugène II tint un concile à Rome pour la réforme du clergé. Il mourut, après un pontificat de trois ans et trois mois, le 27 août 827, justement regretté de tous les Romains. Il avait pourvu à l'abondance des blés avec une telle sagesse, que la ville de Rome était celle où on vivait à meilleur marché. Son attention particulière à soulager les indigents, les malades, les veuves et les orphelins, lui avait fait donner le titre honorable de *Père des pauvres*.

En 825 l'empereur Louis lui avait adressé Jérémie, archevêque de Sens, et Jonas, évêque d'Orléans, avec une lettre dans laquelle il le priait de conférer avec eux sur la question des images. La réponse du pape n'est pas venue jusqu'à nous; mais nous avons celle qu'il fit à Bernard, archevêque de Vienne, au sujet de quelques difficultés sur la possession des biens ecclésiastiques. Eugène y déclare qu'elle ne peut être établie que par des prescriptions qui datent au moins de quarante ans. Cette lettre est de la quatrième année du règne de l'empereur Louis, indiction XVe, ce qui ne s'accorde nullement avec l'élection d'Eugène, qui se fit en 824, comme ce prince était déjà depuis onze ans maître de l'empire. Informé par Yrolfe, archevêque de Nork, que les Moraves, les Pannoniens et autres peuples s'étaient convertis depuis peu, il leur écrivit pour les en congratuler et les exhorter à rester soumis à Yrolfe, qu'il avait établi son légat dans ces provinces. Il paraît que les évêques de ces cantons, en remerciant le pape de cette distinction accordée à leur métropolitain, lui avaient demandé en même temps le pallium en sa faveur. Eugène le lui accorda, à la condition que ces évêques continueraient de l'aider dans ses fonctions, jusqu'à ce que tous les sièges épiscopaux désignés depuis longtemps fussent remplis. On trouve, dans les *Actes du concile de Paris*, un modèle d'une lettre que les évêques lui adressèrent, afin qu'il en écrivît une semblable à l'empereur Michel. Leur but était de l'engager à ramener ce prince au milieu que l'on observait en France, par rapport au culte des images, c'est-à-dire qu'on ne les imposait ni ne les défendait à personne. Nous ignorons s'il suivit ce conseil; mais il ne nous en reste aucun monument, pas plus que de plusieurs autres lettres, que ses devoirs de souverain pontife lui avaient fait une nécessité d'écrire.

EUGÈNE III, élu Pape le 15 février 1145, le jour même de la mort de Lucius II, son prédécesseur, était abbé de Saint-Anastase, aux Trois-Fontaines, hors des murs de Rome. Né à Pise où il avait été vidame de l'église, il avait passé quelque temps à Clairvaux, sous la discipline de saint Bernard. Il était connu lui-même sous le nom de Pierre-Bernard. Arnulfe, abbé de Farfe, en Italie, ayant demandé des moines au saint réformateur de Cîteaux, pour fonder une communauté, Bernard de Pise lui fut envoyé avec quelques autres; mais le pape Innocent II les retint pour lui-même, et leur donna l'église de Saint-Anastase, dont Bernard fut le premier abbé. A la nouvelle de son élection au souverain pontificat, saint Bernard écrivit aux cardinaux pour leur témoigner son étonnement « de ce qu'ils avaient tiré un mort du tombeau pour le replonger dans les affaires, et de ce qu'ils avaient jeté les yeux sur un sujet rustique, à qui ils ôtaient la bêche et la cognée pour le revêtir de la pourpre et lui imposer un fardeau formidable aux anges mêmes. » Sa lettre à Eugène était conçue dans le même esprit : « Mon fils Bernard, disait-il, est devenu mon père Eugène. Je souhaite que l'Eglise change aussi en mieux..... Que je serais heureux si, avant de mourir, je voyais l'Eglise telle qu'elle était dans son premier âge, quand les apôtres étendaient leurs filets, non pour prendre de l'or et de l'argent, mais pour prendre des âmes. C'est ce que l'Eglise attend de vous, » etc. Une sédition, qui s'éleva dans Rome à propos du sénat nouvellement établi, et dont le peuple demandait avec instance la confirmation, l'obligea à sortir de la ville avec les cardinaux, et à se retirer au monastère de Farfe, où il fut proclamé et consacré le 4 mars suivant. Il vint à Rome, après sa consécration, et y demeura quelque temps caché dans des maisons bien gardées; mais ne s'y croyant pas en sûreté, il se retira à Viterbe. Il ne fut pas plutôt parti, que Jordanès, qui avait usurpé le titre de patrice, se rendit maître de Rome, fit piller les maisons des cardinaux et des seigneurs, bâtir plusieurs châteaux dans la ville, fortifia l'église de Saint-Pierre, et força tous les pèlerins d'y apporter leurs offrandes, qu'il s'appropria pour leur distribuer à ses créatures. Tant de violences forcèrent Eugène à recourir aux moyens de rigueur, et à réduire les Romains par la force des armes. Après avoir excommunié leur patrice, il les obligea, aidé des troupes des Tiburtains, à lui demander la paix, et à reconnaître que le sénat ne tenait son autorité que du Pape. Les Romains le reçurent avec de grands honneurs; mais ils exigèrent en même temps qu'il détruisit Tibur. Eugène, pour se dérober à leurs importunités, quitta Rome de nouveau et passa le Tibre. Ce fut vers cette même époque que la prise d'Edesse par Sengui vint consterner les chrétiens d'Orient et les mit dans l'obligation de demander des secours à toutes les puissances de l'Europe. Eugène, informé de ces désastres par Hugues, évêque de Gabela en Syrie, écrivit à Louis le Jeune, pour l'exhorter, ainsi que tous les Français, à venir au secours des croisés. Il publia, en conséquence, la seconde croisade en France, avec les mêmes indulgences accordées par Urbain II à la première. Saint Bernard lui-même prêcha cette croisade en Allemagne, où il s'efforça d'y engager le prince Conrad. Fleury observe, à ce sujet, que c'est la première fois qu'il est question dans l'histoire d'un prince chrétien appelé le *Prêtre Jean*, qui devait venir au secours des croisés. Cependant les mouvements séditieux des Romains obligèrent Eugène à s'éloigner de nouveau. Il vint en France, où le roi et l'évêque de Paris allèrent au-devant de lui et le menèrent à l'église de Notre-Dame. Il visita aussi celle de Sainte-Geneviève, où il se passa un fait scandaleux qui amena la réforme des chanoines de cette église. Il tint à Paris un concile dans lequel il fit examiner la doctrine de Gilbert de la Porée, qui séparait l'essence divine de la personne de Dieu même, et professait d'autres dogmes contraires au mystère de l'Incarnation. Gilbert, combattu par saint Bernard, prétendit ne pas avoir avancé de tels principes. La décision en fut remise au concile de Reims, qui se tint l'année suivante, et dans lequel les erreurs de Gilbert furent condamnées. En 1148, Eugène se transporta à Trèves avec dix-huit cardinaux. L'archevêque de Mayence s'y rendit avec son clergé, et le pape y tint un concile au sujet des révélations de sainte Hildegarde, religieuse très-célèbre, et qui gouvernait alors le monastère du mont Saint-Robert. Les réponses simples et naïves qu'elle fit à ceux qui l'interrogèrent, le témoignage de saint Bernard qui était présent, ne permit point à Eugène de douter de cette faveur particulière du ciel. Il lui donna une grande publicité; mais il écrivit en même temps à Hildegarde pour lui recommander de conserver par l'humilité la grâce qu'elle avait reçue, et de déclarer avec prudence ce qu'elle connaîtrait en esprit. Revenu en France, Eugène passa quelque temps à Clairvaux, où il parut en souverain pontife et vécut en simple religieux. Sous les ornements de sa dignité, il ne quitta point le cilice. On portait devant lui des carreaux de broderies, son lit était couvert de pourpre et de riches étoffes; mais par-dessous, il n'était garni que de paille battue et de draps de laine. En parlant à la communauté, il ne pouvait retenir ses larmes. Il exhorta et consola les anciens compagnons de ses premiers travaux religieux avec une tendresse toute fraternelle. Sa nombreuse suite ne lui permit pas de demeurer longtemps avec eux. Il reprit le chemin de l'Italie et revint à Rome sur la fin de l'an 1148. Après avoir soutenu plusieurs combats, il se rendit enfin maître de son église de Saint-Pierre en 1150. L'histoire ne dit plus rien de remarquable sur les actions de ce pontife jusqu'à sa mort, arrivée le 8 juillet 115... Son corps fut apporté de Tibur à Rome et inhumé dans l'église de Saint-Pierre. Geofroi, auteur de la *Vie de saint Bernard*, assure qu'il fit un grand nombre de miracles après sa mort. Quoique ce fait soit également attesté par plusieurs autres historiens, cependant l'Eglise ne l'a pas classé solennellement au nombre des bienheureux. Ce fut pour lui que saint Bernard écrivit les trois livres de la *Considération*, dans lesquels il donne d'excellents avis à ce pape, pour lequel il avait une tendresse de frère. Quelques auteurs prétendent que Gratien lui présenta son recueil de canons, et qu'Eugène l'envoya ensuite à Paris pour y enseigner le droit; mais cette assertion nous paraît dénuée de preuves. La *Vie d'Eugène III* a été écrite avec beaucoup de soin par dom Jean Delannes, bibliothécaire de l'abbaye de Clairvaux; Nancy, 1737, petit in-8°. L'auteur y développe avec netteté tous les faits du pontificat d'Eugène III, auxquels il mêle de temps en temps quelques réflexions judicieuses et très-propres à jeter du jour sur la doctrine et la discipline de l'Eglise. Il y relève également quelques fautes plus ou moins considérables dans lesquelles sont tombés des auteurs même d'un grand nom. On a de ce pontife des décrets, des épîtres et des constitutions.

La première de ses lettres est celle qu'il écrivit au roi Louis le Jeune, pour l'engager à reprendre la ville d'Edesse sur les infidèles et à défendre contre eux l'Eglise d'Orient. Elle est datée de Vétralle près Viterbe au commencement de décembre 1145. Eugène accorde à tous les Français qui se croiseront les mêmes indulgences que le pape Urbain II avait accordées lors de la première croisade. Il place les femmes, les enfants, les biens des croisés sous la protection du Saint-Siége, avec défense d'intenter contre eux aucune action jusqu'à leur retour. Il exige qu'on leur remette l'intérêt des sommes qu'ils pouvaient devoir, et permet d'engager leurs biens aux églises ou à des particuliers, sans qu'ils puissent être réclamés plus tard. Il exhorte les croisés à ne faire de dépense que pour les choses absolument nécessaires au voyage et à la guerre, et leur accorde la rémission des péchés dont ils auront fait une confession humble et pleine de repentir.

Comme Eugène se trouvait à Meaux en 1148, Bernard, évêque de Menève, vint se plaindre des prétentions de Thibaut, archevêque de Cantorbéry, qui voulait dépouiller l'église de Menève de son droit de métropole, pour la soumettre à la sienne. Thibaut se plaignit de son côté que Bernard travaillait à se soustraire à sa juridiction. Après avoir ouï contradictoirement les deux parties, Eugène ordonna que Bernard resterait soumis provisoirement à la juridiction de Thibaut, et les cita l'un et l'autre à Rome, pour la Saint-Luc de l'année suivante, afin de juger définitivement le point en litige et de terminer toute contestation.

Pendant son séjour à Trèves, à la fin de 1147, ou au commencement de 1148, Eugène, informé des grâces particulières que Dieu accordait à une sainte fille nommée Hildegarde jusqu'à la favoriser du don de prophétie, lui recommanda dans une lettre de s'appliquer à conserver humblement ces grâces du ciel; et à ne publier qu'avec prudence ce qu'il lui serait permis de révéler. — Dans une autre lettre, il ordonne à quelques ecclésiastiques de Rome, séduits par les sermons d'Arnaud de Bresse, de se séparer de lui comme d'un schismatique et de rendre à leurs supérieurs le respect et l'obéissance, sous peine de suspension de leur ordre et de privation de leurs bénéfices. — Conrad, roi des Romains, qui avait pris la croix, s'étant avancé avec son armée jusque dans la Natolie, perdit une partie de ses troupes dans cette expédition. Le Pape lui écrivit pour le consoler de ce mauvais succès; sa lettre est datée de Tusculum, 24 juin 1149. — Celle qu'il adressa l'année suivante à l'évêque Egelbert et aux chanoines de l'église de Bamberg fut écrite au delà du Tibre. Il leur donne avis de la canonisation de saint Henri, à laquelle, dit-il, il avait procédé sur leur demande et le rapport de deux légats envoyés en Allemagne, pour s'informer sur les lieux de la vie et des miracles du saint empereur. Il remarque que, pour se faire régulièrement, la canonisation des saints ne devrait être déclarée que dans des conciles généraux; mais, par l'autorité de l'Eglise romaine, qui est l'appui et le soutien de tous les conciles, il a eu égard à leur supplique, et de l'avis des évêques et autres prélats qui l'ont assisté de leurs lumières, il a placé ce prince au rang des saints. — Les évêques d'Allemagne s'efforçaient de le faire consentir à la translation de l'évêque de Naumbourg à l'archevêché de Magdebourg; mais, comme leur demande ne se trouvait fondée sur aucun des motifs exigés par les conciles pour autoriser ces sortes de translations, il leur répondit qu'ils n'agissaient dans toute cette affaire que dans la vue de plaire au roi, et que par conséquent il ne pouvait entrer dans leur dessein. — Dans une lettre datée de la neuvième année de son pontificat, il accorde aux chanoines de Saint-Pierre de Rome la quatrième partie des offrandes déposées dans cette église, afin qu'ils puissent y célébrer avec soin les offices de nuit et de jour et y offrir des messes pour les vivants et pour les morts.

Il y a plusieurs lettres du même pontife adressées à Suger, abbé de Saint-Denis et régent du royaume pendant l'absence du roi Louis le Jeune. Il approuve les soins qu'il se donnait pour gouverner l'Eglise de Paris, lui demande de lui faire connaître quelques-uns des évêques qui refuseraient de lui prêter leur concours, afin qu'il pût les en reprendre. Il le remercie de l'offre qu'il lui avait faite d'assembler un concile en tel endroit du royaume qui lui paraîtrait le plus convenable, et promet de lui rendre justice contre le duc de Lorraine, déjà excommunié pour d'autres fautes. Cette lettre est datée d'Auxerre le 6 octobre 1147. Il en écrivit deux autres de Langres, le 29 avril de l'année suivante, comme il s'en retournait en Italie. Dans l'une, il marque à Suger de placer dans l'abbaye de Sainte-Geneviève le prieur d'Abbeville, avec huit moines de Saint-Martin des Champs, afin que leurs bons exemples puissent ramener l'ordre et la discipline dans ce monastère. Dans l'autre, il ordonne aux chanoines de Sainte-Geneviève de recevoir avec déférence ce prieur et ces moines, et les assure en même temps qu'il a pourvu à leur subsistance. Comme il était à Verceil le 16 juin, il changea de sentiment et permit à Suger de mettre à Sainte-Geneviève des chanoines réguliers au lieu des moines de Saint-Martin.

Du reste, les anciens titulaires l'avaient demandé eux-mêmes, ainsi que Suger le témoigne dans sa lettre au pape. On leur donna pour abbé le prieur de Saint-Victor avec douze de ses religieux, qui furent immédiatement conduits à Sainte-Geneviève. Le pape Eugène remercia l'abbé Suger de ce qu'il avait fait dans cette occasion. Cependant cette réforme ne s'établit pas si vite, et il fallut toute la prudence et toute la fermeté de l'abbé Suger, pour maintenir les chanoines de Saint-Victor dans la possession de cette abbaye et pour les soustraire aux mauvais traitements des anciens chanoines. Hugues de Saint-Victor fut même obligé d'aller trouver le Pape pour terminer cette affaire. — Eugène III, averti que le roi Louis, après avoir beaucoup souffert dans son voyage en terre sainte, était débarqué en Sicile, en donna avis à Suger, afin qu'il vînt au-devant de ce prince avec quelques-uns de ses sujets les plus fidèles. Dans une autre lettre, il le charge de sonder l'esprit du roi, des barons et des autres grands seigneurs de France, pour savoir s'ils étaient décidés à poursuivre la croisade; dans ce cas, il avait mission de leur promettre de sa part tous les secours dont il pourrait disposer. Quelque temps après, il lui écrivit encore pour le louer de tous les soins qu'il donnait à cette grande entreprise, et le chargeait aussi de s'entendre avec l'évêque de Noyon, pour travailler à rétablir la religion dans l'Église de Compiègne.

Depuis longtemps déjà, il s'était élevé de graves difficultés entre Guillaume, comte de Nevers, et Ponce, abbé de Vézelai, et entre cet abbé et l'évêque d'Autun. Le comte prétendait priver ce monastère des priviléges qui lui avaient été accordés par le Saint-Siége; et l'évêque d'Autun, trouvant mauvais que Ponce eût fait ordonner quelques-uns de ses moines par l'évêque d'Orléans, leur avait interdit les fonctions de leurs ordres. Ces deux différends furent portés à Eugène, qui pressa vivement le comte de se désister de ses poursuites sous peine d'excommunication. Il écrivit encore là-dessus à plusieurs autres personnes, et même au roi de France.

Quant à l'autre affaire, le Pape donna jour aux parties pour les entendre; mais elle ne fut terminée que sous Anastase IV, son successeur.

Le 29 mars 1148, le Pape, qui présidait au concile de Reims, écrivit à Moïse, archevêque de Ravenne, qu'il avait confirmé l'élection de l'évêque de Plaisance, mais sans prétendre aucunement porter atteinte à ses droits; au contraire, il l'engageait à se présenter à la fête de saint Luc, pour les faire valoir avec tous ses titres et toutes ses raisons. De retour en Italie, le 10 novembre 1149, il écrit de Pise au même archevêque qu'ayant égard à ses demandes, il avait ordonné que les évêques de Plaisance recevraient de lui et de ses successeurs la consécration épiscopale; à condition toutefois que l'autorité du Siége apostolique n'en recevrait aucune atteinte. Il pria encore Moïse de recevoir avec bonté l'évêque de Plaisance, à cause de son obéissance au Saint-Siége, et surtout à cause des grands travaux qu'il avait soufferts pour l'Église de Ravenne.

Il était d'usage que les rois de France reçussent solennellement la couronne dans les principales fêtes de l'année. Samson, archevêque de Reims, la donna au roi Louis dans une assemblée qui se tint à Bourges, le jour de Noël 1145, en l'absence de Pierre, archevêque de Bourges, qui se trouvait alors à Rome. Pierre se plaignit de cette violation de ses droits, et comme l'archevêque Samson se trouvait encore accusé d'autres fautes, Eugène III lui interdit l'usage du pallium, le cita à Rome, et l'obligea de rendre à l'Église de Bourges les offrandes qu'il avait reçues en cette circonstance. La lettre est datée de Sutri, le 26 mars 1146. L'archevêque de Bourges était très-attaché à l'Église romaine, où il avait reçu les ordres sacrés et la consécration épiscopale; en cette considération, le Pape lui accorda un privilége confirmatif de son droit de suprématie sur les deux provinces de Bourges et de Bordeaux, et déclara que ses successeurs jouiraient à l'avenir de la même prérogative.

Au concile qui se tint à Reims en 1148, Raymond, archevêque de Tolède, se plaignit, au nom du roi de Portugal, que le pape Eugène III, dans l'expectative d'une redevance annuelle de quatre livres d'or, eût accordé à Alphonse Henriquez le titre de roi. Il forma également quelques plaintes contre l'archevêque de Brague et ceux de ses suffragants qui refusaient de le reconnaître pour primat. Le Pape s'expliquait sur ces deux articles dans une lettre qu'il adressa au roi de Castille. Sur le premier point, il affirme qu'il n'a jamais pensé à diminuer en rien les droits de la couronne de Castille; et sur le second, il déclare que sa volonté est que l'archevêque de Brague et ses suffragants continuent d'être soumis à l'archevêque de Tolède, comme à leur primat. Il suspend de ses fonctions l'archevêque de Brague, à cause de sa désobéissance. Par la même lettre, il donne avis au roi de Castille qu'il avait chargé l'évêque de Ségovie de lui remettre de sa part la rose d'or que le Pape a coutume de porter chaque année à la procession du quatrième dimanche de carême, en mémoire de la passion et de la résurrection de Jésus-Christ. A la prière du roi, Eugène permit à l'archevêque de Compostelle de faire porter la croix devant lui. Avant d'écrire au roi de Castille, le Pape s'était adressé à l'archevêque de Brague et l'avait sommé de reconnaître dans trois mois la primatie de l'archevêque de Tolède. Mais ce ne fut qu'après avoir été suspendu de ses fonctions épiscopales, que l'évêque se rendit et consentit à se soumettre à Jean de Ségovie, successeur de Raymond, que le Pape confirma de nouveau dans cette dignité par une bulle datée de Rome, le 13 février 1152. — Il y a encore trois lettres du pape Eugène, tant aux évêques d'Espagne qu'au clergé et au peuple de Tolède, pour soutenir la primatie de Jean, archevêque de cette ville. Dans cette dernière, on voit qu'il avait été informé que les chrétiens nommés Mozarabes refusaient d'obéir à l'archevêque, qu'ils recevaient des églises de la main des laïques et suivaient une coutume ancienne différente de celle du Siége apostolique, dans la célébration de la messe et de l'office divin, dans la tonsure cléricale et dans la coupe du vêtement ecclésiastique. C'est pourquoi il ordonne au clergé et au peuple de cette ville d'avertir sérieusement ces Mozarabes de se conformer en tous points à la pratique de l'Eglise catholique, et de se montrer très-soumis à leur archevêque, s'ils veulent continuer à demeurer dans leur province. Sous ce nom de Mozarabes, le Pape comprend les anciens chrétiens qui étaient restés en Espagne sous la domination des Musulmans.

On trouve dans le tome second des *Mélanges* de Baluze une lettre datée de Viterbe le 27 octobre 1145, par laquelle le Souverain Pontife défend aux évêques de Reggio et de Forli de rien exiger de l'Eglise de Bori, qui était sous la protection du Saint-Siége, ni d'imposer de nouvelles taxes dans leurs diocèses. Il veut qu'ils se conforment sur ce point aux usages établis sous leurs prédécesseurs. Il lance en même temps l'interdit sur les prêtres de ces deux diocèses qui se permettraient d'enterrer des excommuniés dans les cimetières ordinaires.

— Trancavelle, vicomte de Béziers, en revenant de la croisade, passa à Tusculum où se trouvait le Pape Eugène, pour lui demander la permission d'ériger une chapelle dans son palais et d'y avoir un chapelain. La grâce lui fut accordée, et le Pape écrivit en conséquence à Bermond, évêque de Béziers, pour le prier de confier le soin des âmes au chapelain que le vicomte lui présenterait, pourvu que ce fût un sujet capable ; il le charge en même temps de consacrer cette chapelle quand on l'en prierait. Cependant il stipule bien positivement que cette grâce ne préjudiciera en rien aux droits de l'évêque ni à celui de son église.

Les quinze lettres que dom Martène a insérées dans le tome second de sa grande collection, roulent sur divers sujets et sont adressées à différentes personnes. La première est un règlement des droits contestés entre l'abbesse et les religieuses de Saint-Pierre de Reims, et l'abbé et les moines de Saint-Nicaise. — Dans la seconde il parle, mais sans les nommer, de certains hérétiques qui dogmatisaient dans le diocèse d'Arras. Il paraît qu'ils erraient particulièrement sur les sacrements. — Par la troisième, il oblige les chanoines d'Orléans à rendre à Philippe, fils du roi Louis VI, une église qui lui appartenait en qualité de doyen. Ce Philippe est le même qui fut depuis archidiacre de Paris. C'était le cinquième fils de ce monarque. — Dans la quatrième, il est défendu aux moines de Lobes de manger dans un même réfectoire avec les chanoines et de chanter avec eux au chœur. — Les dix lettres suivantes regardent l'évêque et l'Eglise de Beauvais. Le Pape s'efforce d'intéresser le roi Louis à mettre fin aux vexations que l'on faisait subir à cette Eglise et à l'évêque, qui était son frère. Ces vexations étaient telles que ce prélat, qui se nommait Henri, voulut abdiquer et se démettre entièrement de l'épiscopat. Eugène III s'y opposa ; mais pour faire sa paix avec le roi Louis VII, il employa la médiation des archevêques de Rouen, de Reims et de Sens, sans en excepter Hugues d'Auxerre et saint Bernard. — La neuvième de ces lettres est adressée à Hugues, archevêque de Rouen, et l'engage à s'intéresser à la restitution d'une somme considérable. — Dans la treizième, le Pape prie Henri, évêque de Beauvais, de donner une prébende de son Eglise à Pierre Lombard, pour l'aider à poursuivre ses travaux dans l'étude de la scolastique. Saint Bernard et plusieurs autres personnages de considération avaient recommandé Pierre Lombard au Souverain Pontife.

Dom Martène a publié deux autres lettres du Pape Eugène III à l'abbé Suger ; l'une est pour lui recommander un sous-diacre de l'Eglise romaine, et l'autre pour savoir des nouvelles de l'invasion que le comte d'Angers se disposait à faire avec son armée, sur les terres de son frère Robert. Le même éditeur a publié en même temps deux bulles ; la première en faveur des abbés et moines de Redon, qu'il prend sous la protection du Saint-Siége, et à qui il permet la libre élection, suivant la règle de saint Benoît : cette bulle est de l'an 1147. — La seconde est de l'année suivante ; le Pape y accorde à Serlon, abbé de Savigny, la permission d'établir dans son monastère l'observance de Cîteaux. Cette bulle fut donnée en conséquence du règlement fait au concile de Reims en 1148, touchant la réunion de l'abbaye de Savigny à l'ordre de Cîteaux, quant à la discipline régulière. Les deux lettres à l'abbé et aux moines du Bec, rapportées dans le tome VII des *Mélanges* de Baluze, regardent la concession qui leur avait été faite de l'Eglise de Beaumont par l'archevêque de Rouen.

Le tome VI des *Annales Bénédictines* contient une lettre d'Eugène III aux abbés de Cîteaux, réunis en grand chapitre en 1150, dans laquelle il les exhorte à ne pas dégénérer de la vertu de leurs premiers fondateurs ; une autre lettre aux évêques de France, où il règle les droits de l'abbaye de Marmoutiers sur les paroisses de sa dépendance ; un privilége par lequel le Pape accorde au monastère de Ferrières la liberté d'élire son abbé et de le faire bénir par le premier évêque convenable ; des diplômes en faveur des abbayes de Marmoutiers, de Molesme, de Saint-Mihiel-sur-Meuse ; une lettre à l'abbé Suger pour l'engager à prendre la défense du monastère de Saint-Médard de Soissons ; un diplôme pour Pierre, archevêque de Bourges ; une lettre à Hugues, abbé de Saint-Remy de Reims et aux moines de son monastère, pour leur recommander les Chartreux du Mont-Dieu, et l'obéissance à leur abbé ; trois lettres à l'occasion de l'élection d'un abbé à Fulde : la première est adressée à Henri, roi des Romains, dont il implore le secours contre les factieux qui traversaient cette élection, ou qui en empêchaient la canonicité ; la seconde aux moines de Fulde, pour annuler l'élection de Ruggère et leur ordonner de prendre l'avis de quatre abbés qu'il leur indique, pour se choisir un supérieur dans un autre monastère ; la troisième à ces abbés, pour les prier de se transporter à Fulde, afin de veiller au succès de cette élection, qui devait, par des réformes utiles, renouveler la face du monastère ; enfin plusieurs bulles pour diverses communautés.

Quelques critiques ont prétendu que le Pape Eugène III avait commandé à Pierre Lombard une traduction latine des OEuvres de saint Jean Damascène, en l'encourageant en même temps à compléter le cours de théologie qui nous reste sous son nom ; mais cet écrivain n'en dit rien dans son prologue, et il est à croire qu'il n'eût pas oublié d'en faire mention. Il est plus probable que ce pontife aura chargé de cette traduction Burgondion, jurisconsulte et citoyen de Pise, connu par plusieurs versions des Pères grecs, entre autres d'un ouvrage attribué à saint Grégoire de Nysse, et qu'on croit de l'évêque Némésius, intitulé : *De la nature de l'homme*. Cette supposition paraît d'autant plus vraisemblable qu'on lui prête également une traduction des livres de saint Jean Damascène : *De la foi orthodoxe*. Eugène III fut un des pontifes les plus zélés qui aient occupé la chaire de saint Pierre. Les circonstances dans lesquelles il vécut furent grandes et laborieuses, et il est facile de se convaincre, en lisant ses lettres, qu'il comprit toujours et qu'il soulagea autant qu'il fut en son pouvoir les besoins de l'Eglise universelle.

EUGÈNE DE TOLÈDE. — Sous le nom d'Eugène, saint Ildefonse met au rang des hommes illustres deux évêques qui se succédèrent sur le siége de Tolède. Il n'attribue aucun écrit au premier ; mais le second, suivant lui, avait composé un livre *De la Trinité* ; plus deux autres petits livres, dont le premier était en vers de différentes mesures, et le second en prose. Il le loue encore d'avoir revu, augmenté et poli le poëme de Dracontius sur *l'Ouvrage des six jours de la création*, en y ajoutant ce qui est dit du septième jour, que Dracontius n'avait fait qu'effleurer imparfaitement, sans rien décrire, et surtout sans en tirer aucune de ces inductions religieuses et morales, qui servent à former la croyance et à régler la vie. Il composa aussi quelques épigrammes sur divers sujets. Nous les avons dans le recueil des OEuvres du P. Sirmond et dans le tome XII de la *Bibliothèque des Pères*. Eugène fit d'abord partie du clergé de Tolède, mais se sentant porté irrésistiblement vers les pratiques de la vie solitaire, il se retira aux environs de Sarragosse, près des tombeaux des martyrs. Il fallut lui faire violence pour l'en tirer et le placer sur le siége de Tolède, devenu vacant par la mort de l'évêque du même nom. Son épiscopat fut d'environ douze ans, depuis l'an 646 jusqu'en 657. Ses poésies sont fort édifiantes, et quoique le style n'en soit pas extrêmement châtié, les pensées en sont toujours justes et solides.

EUGÉSIPPE, auteur peu connu, a composé un *Traité de géographie de la terre sainte*, donné par Allatius, parmi sa *Collection des auteurs grecs et latins*. On pense que ce traité a été écrit vers l'an 1040.

EUGIPIUS ou EGIPIUS, abbé de Lucullano, dans le pays de Naples, composa un livre de la *Vie de saint Seurin*, qu'il dédia au diacre Paschase. Il laissa aussi en mourant une *Règle* qu'il avait écrite pour le monastère placé sous l'invocation de ce saint. C'est tout ce qu'en dit saint Isidore de Séville ; mais il y a toute apparence que cet Eugipius est le même auquel Cassiodore rend le témoignage suivant, dans le chapitre XXIII de son livre des *Lettres divines* : « Il faut que vous lisiez les OEuvres du bienheureux prêtre Eugipius que nous avons connu. Quoique peu versé dans les lettres humaines, cet homme possédait à fond la science des divines Ecritures. Il a adressé à la Mère Proba un recueil extrait des OEuvres de saint Augustin, et composé des sentiments et des pensées les plus remarquables de ce Père. C'est un très-bel ouvrage, divisé en trois cents trente-huit chapitres, et dont on ne peut contester l'utilité, puisque avec une exactitude scrupuleuse, l'auteur a réuni en un seul livre ce qu'on pourrait à peine trouver dans une bibliothèque entière. »

Sigebert de Gemblours fait également mention de cet ouvrage, mais il dit que cet Egipius vivait du temps de Pélage II et de l'empereur Tibère Constantin, c'est-à-dire sur la fin du v siècle ; ce qui a fait croire à quelques critiques qu'il était différent de l'auteur de la *Vie de saint Seurin*, que saint Isidore de Séville place sous l'empire d'Anastase, et sous le consulat d'Importunus, en 511. Mais il est facile de voir que Sigebert est ici dans l'erreur, et que l'auteur du *Recueil des pensées de saint Augustin* est plus ancien que Cassiodore, puisque son ouvrage était composé, quand celui-ci écrivait son livre des *Lettres divines*. Il y a donc bien de l'apparence que ces deux ouvrages sont du même auteur, et qu'il n'est pas différent, comme Trithème l'a remarqué, de celui à qui saint Fulgence et Ferrand ont écrit. La *Vie de saint Seurin* a été donnée en partie par Bollandus, et se trouve tout entière parmi les œuvres de Velserus. Le *Recueil des pensées de saint Augustin* a été imprimé à Bâle en 1542, et à Venise, en 1543, d'où il est passé dans les *Bibliothèques des Pères*.

EULOGE (Saint). — Devenus maîtres de l'Espagne, les rois Sarrasins fixèrent successivement leur demeure à Séville et à Cordoue, puis finirent par adopter cette dernière ville, qui prit sous leur règne les plus magnifiques développements. Dans le principe, les chrétiens n'eurent rien à souffrir de leur domination; ils leur laissèrent le libre exercice de leur religion et ne touchèrent pas même aux églises et aux monastères; mais ces dispositions favorables ne se soutinrent pas longtemps. Abdérame III fut le premier qui excita contre eux une persécution ouverte: elle commença la vingt-neuvième année de son règne, l'an 850 de l'ère commune. Toute la ville de Cordoue fut arrosée du sang des chrétiens. Saint Euloge nous a conservé les noms de ceux qui souffrirent en cette occasion. Il était né à Cordoue, d'une famille patricienne et non moins recommandable par sa piété que par sa naissance. Élevé, pour ainsi dire, à l'ombre de l'autel, et avec les jeunes élèves de l'église du saint martyr Zoïle, qui avait souffert sous Dioclétien, il avait dans ce saint asile sucé le lait de toutes les vertus chrétiennes, et y avait fait de grands progrès dans les bonnes lettres. Ayant été ordonné prêtre, son savoir lui valut la direction de l'école ecclésiastique de Cordoue, qui, à cette époque, jouissait d'une grande célébrité. Dans sa lettre à Villesind, évêque de Pampelune, saint Euloge parle d'un voyage qu'il avait fait en France, des monastères qu'il avait visités, entre autres de celui de Saint-Zacharie, situé au pied des Pyrénées, des évêques chez lesquels il avait passé et de la charité qui l'avait accueilli partout. Le motif de ce voyage était de visiter ses frères exilés sur les confins de ce royaume. Il en rapporta avec lui plusieurs manuscrits précieux, moins pour son usage particulier que pour l'utilité de ceux qui voulaient cultiver les sciences. Il se proposait également le pèlerinage de Rome, comme un moyen d'effacer les fautes de sa jeunesse; mais il en fut empêché par la persécution. Un grand nombre de chrétiens étaient arrêtés et envoyés au martyre; Euloge allait les consoler et les affermir dans la foi par ses instructions. Un nommé Récafrède, mauvais évêque, qu'on croit avoir été métropolitain de Cordoue, soit pour ne point déplaire au roi mahométan, soit qu'il craignît pour lui-même, blâmait la conduite d'Euloge. Il est probable que c'est à son instigation que l'évêque de Cordoue et plusieurs prêtres, parmi lesquels était Euloge, furent arrêtés. Néanmoins, on les élargit six jours après; mais un grand nombre de chrétiens furent exécutés. Telle était l'ardeur des fidèles, que l'Eglise d'Espagne fut obligée de la modérer, et qu'un concile tenu à Cordoue défendit de se livrer soi-même. La persécution continua, et le zèle d'Euloge ne se démentit point; il consolait ceux qu'on menait au supplice, il assistait à leur glorieux combat, il voulait être témoin de leur triomphe, qu'il ambitionnait de partager. Tandis qu'il se livrait à ces pieuses occupations, le siége archiépiscopal de Tolède vint à vaquer; tous les vœux se réunirent sur sa personne; mais avant qu'il fût sacré, une vierge nommée Léocritie, qui avait été élevée dans la religion de Jésus-Christ, quoiqu'elle appartînt à une famille musulmane, se voyant tourmentée par ses parents à cause de sa croyance, eut recours à Euloge et le pria de la soustraire à une persécution qui lui ôtait la liberté de remplir ses devoirs religieux. Le serviteur de Jésus-Christ lui procura les moyens de quitter la maison paternelle, et la tint cachée dans le logis de personnes dont il était sûr, puis, pour dépister la vigilance des persécuteurs, il la faisait souvent changer de retraite. Cependant, il continuait de l'instruire, et passait souvent les nuits en prières pour elle, dans l'église de Saint-Zoïle. Léocritie, de son côté, jeûnait et priait, couchant sur la cendre et couverte d'un cilice. Le cadi, averti un jour qu'elle était dans la maison du prêtre Euloge, les en fit tirer l'un et l'autre par des soldats qui les amenèrent en sa présence. Interrogé pourquoi il retenait cette fille dans sa maison, le saint répondit qu'un prêtre ne pouvait refuser l'instruction à ceux qui la lui demandaient. Cette réponse offensa le cadi, qui le menaça de mort. Euloge n'en fut point effrayé, mais il n'en parla que plus courageusement contre le prophète et contre la religion musulmane. Conduit au palais et devant le conseil, il en profita pour annoncer hautement les vérités de l'Evangile; ce qui le fit condamner à avoir la tête tranchée. Comme on le conduisait au supplice, un des eunuques du roi lui donna un soufflet. Euloge tendit évangéliquement l'autre joue, et en souffrit un second sans se plaindre. Arrivé au lieu de l'exécution, il pria à genoux, les mains étendues vers le ciel, traça le signe de la croix sur tout son corps et présenta lui-même sa tête au cimeterre du bourreau. Ce martyre se consomma à trois heures de l'après-midi, le samedi 11 mars 859. Le prêtre Alvar, son ami, qui a écrit l'histoire de sa vie avec celle de sainte Léocritie, dit que cette fille fut décapitée quatre jours après, et que son corps ayant été jeté dans le fleuve Bétis, en fut tiré et inhumé à Saint-Genest de

Testios. Les restes de saint Euloge furent déposés dans l'église de Saint-Zoïle.

Mémorial des saints. — Les écrits de saint Euloge ont été recueillis par Ambroise Moralès, qui en éclaircit le texte par un grand nombre de scholies ou explications; mais il retrancha des deux premiers livres du *Mémorial des saints* plusieurs passages qui regardaient Mahomet et ses dogmes, de sorte qu'il manque quelque chose à cet ouvrage. Il fut imprimé avec les autres écrits du saint martyr à Complut, 1574, par les soins de Ponce Léon; puis réimprimé dans le tome IV des écrivains qui ont travaillé sur l'histoire d'Espagne, et dans le tome XV de la *Bibliothèque des Pères*, à Lyon, 1677. Le *Mémorial des saints* ou des martyrs de Cordoue est divisé en trois livres. Avant de les rendre publics, l'auteur les envoya au prêtre Alvar, afin qu'il pût les lire et en corriger le style. La précaution était sage, surtout dans un siècle où la latinité, en Espagne, se trouvait entièrement corrompue par le mélange des Arabes et des autres peuples barbares; mais Alvar, content d'admirer l'ouvrage, n'eut garde d'y rien changer. Saint Euloge confond les genres, renverse les cas, néglige les nombres et pèche très-souvent contre les règles de la grammaire et de la syntaxe.

Dans le principe, le saint martyr n'avait composé son *Mémorial* que pour les moines qui s'étaient montrés les plus ardents à combattre les erreurs de Mahomet; mais voyant que tous les fidèles, hommes et femmes, dans les villes et dans les villages, prenaient aussi la défense de la vérité, il lui donna une publicité générale, afin que sur tous les points de l'Espagne, les chrétiens se sentissent animés par les exemples de leurs frères et par la lecture des victoires qu'ils avaient déjà remportées en répandant leur sang pour la foi. Le premier qui souffrit dans cette persécution des musulmans fut un moine nommé Isaac. Il avait quitté la charge de greffier public pour se retirer à Tabane, monastère à sept milles de Cordoue. S'étant rendu en cette ville, il alla trouver le cadi, et lui dit qu'il embrasserait volontiers sa religion s'il voulait l'en instruire. Le cadi lui répondit qu'il fallait croire ce que Mahomet avait enseigné suivant les révélations de l'ange Gabriel; mais comme il commençait à expliquer sa doctrine, Isaac l'interrompit en disant que Mahomet était maudit de Dieu pour avoir attiré avec lui en enfer tant d'âmes qu'il avait séduites : « Mais pour vous qui êtes savant, ajouta-t-il, comment ne sortez-vous pas de cet aveuglement et ne vous rendez-vous pas à la lumière du christianisme? » Le juge, irrité du discours d'Isaac, le frappa au visage, en le traitant d'ivrogne et de frénétique. « Ce n'est ni le vin ni la maladie qui me font parler ainsi, lui répond le solitaire : c'est le zèle de la vérité et de la justice pour lesquelles je souffrirai la mort, s'il est nécessaire. » On l'envoya en prison, et, sur le rapport que l'on fit au roi de ce qu'il avait dit contre Mahomet, il fut condamné à avoir la tête tranchée; ce qui fut exécuté le 3 de juin de l'an 851. — Saint Isaac ne fut pas le seul qui se présenta au martyre; son exemple fut suivi par un grand nombre d'autres chrétiens. Plusieurs en murmurèrent et prétendirent qu'on ne devait point honorer comme martyrs ceux qui avaient été mis à mort après s'être présentés eux-mêmes. Saint Euloge emploie son premier livre à réfuter leurs objections. Une de ces objections consistait à dire qu'ils ne faisaient point de miracles comme les anciens martyrs. Il répond que les miracles n'étaient point nécessaires, comme aux jours de la naissance de l'Eglise. Sur quoi il cite un passage des Morales de saint Grégoire le Grand, et fait voir que ce n'est point par les miracles que l'on doit juger de la vérité du martyre, mais par les preuves qu'ils ont données de leur foi, cette vertu par laquelle les justes vivent, et par laquelle les saints ont vaincu les royaumes, opéré la justice, et obtenu la réalisation des divines promesses. — On objectait en second lieu qu'il y avait de la vanité dans ceux qui s'offraient d'eux-mêmes, puisque les musulmans ne leur ôtaient point le libre exercice de la religion chrétienne, et ne contraignaient personne à abjurer la foi. Saint Euloge répond que c'était mériter la couronne que de résister à un faux prophète comme Mahomet, et de travailler à détruire son culte. Il avait auparavant rapporté ce que Mahomet dit des délices de son paradis, où les bienheureux se souilleront par toutes sortes de voluptés, et la réfutation qu'un abbé nommé Spera-in-Deo avait faite de cette erreur. Il ajouta, en répondant à la troisième objection, qu'aucun chrétien n'était en sûreté parmi les musulmans; que quand un chrétien paraissait en public, il était accueilli par des huées comme un insensé; que leurs enfants, non contents de ces injures et de ces moqueries, les poursuivaient à coup de pierres; que sitôt qu'ils entendaient le son des cloches des chrétiens, ils se répandaient en malédictions contre leur religion; que plusieurs parmi les musulmans ne permettaient pas aux chrétiens de les approcher, se considérant comme souillés quand un d'entre eux avait touché leurs vêtements. Il résout la quatrième objection fondée, comme les précédentes, sur la liberté de religion que les musulmans accordaient aux chrétiens, par l'exemple d'un grand nombre de martyrs, honorés comme tels dans l'Eglise, quoiqu'ils se fussent présentés d'eux-mêmes aux persécuteurs. Il cite entre autres Félix, martyr à Girone, et Eulalie, vierge, de Barcelone. Quant à ce qu'on objectait que les corps de ces martyrs étaient sujets à la corruption comme les corps du reste des hommes, il répond aussi qu'il est dit de David dans les *Actes des Apôtres*, qu'après sa mort, sa chair a vu la corruption; qu'on peut dire la même chose des prophètes, des apôtres et des martyrs, tous ayant été compris dans la sentence prononcée contre Adam : *Tu es poussière et tu retourneras en poussière.* Saint Euloge se nomme lui-même sur la fin de ce premier livre, et s'en reconnaît auteur. Il le rappelle dans la petite préface qui est à la tête du second. On ne peut donc les lui contester, pas plus que le troisième qu'il déclare être la suite des précédents. Il y donne en abrégé les actes des martyrs de Cordoue, en marquant leurs noms, leur âge, le jour de leur confession et de leur mort.

Livre deuxième. — Un prêtre, nommé Parfait, avait été élevé dès son enfance dans le monastère de Saint-Ascicle, et instruit de la science ecclésiastique. Il était connu des musulmans, parce qu'il savait parfaitement leur langue. Passant un jour par la ville, quelques-uns d'eux lui demandèrent son sentiment sur Jésus-Christ et Mahomet ; il répondit : « Jésus-Christ est Dieu, béni au-dessus de tous ; pour Mahomet, c'est un de ces faux prophètes dont parle l'Evangile, qui a séduit un grand nombre de personnes, et les a entraînées avec lui au feu éternel. » Il ajouta quantité de réflexions contre les impuretés autorisées par la loi mahométane. Les musulmans, qui lui avaient promis de ne point se fâcher de ce qu'il leur dirait, dissimulèrent leur indignation ; mais bientôt après, dans une autre rencontre, ils l'enlevèrent et le présentèrent au cadi, en disant : « Cet homme a maudit notre prophète et méprisé ceux qui l'honorent. » Le cadi le fit mettre en prison, chargé de fers, dans le dessein de le faire mourir le jour de leur fête, qui correspond à notre Pâque, et qu'ils célébraient d'une manière toute profane. Parfait, dans la prison, se livra aux jeûnes, à la prière et aux veilles, pour se fortifier dans la foi qu'il avait autrefois, par crainte de la mort, reniée devant le juge mahométan. Il prédit la mort d'un des premiers officiers du sérail, et sa prédiction se trouva accomplie. Au bout de quelques mois, le saint fut tiré de prison, et conduit au delà du fleuve Bétis, pour y être exécuté. Les peuples accoururent à ce spectacle. Parfait confessa à haute voix Jésus-Christ et répéta les malédictions qu'il avait prononcées contre Mahomet et ses sectateurs. On lui trancha la tête le vendredi 18 avril 850. Ce fut dans cette même année que commença la grande persécution à Cordoue. Au mois de juin suivant, le moine Isaac, avec un jeune laïque, nommé Sanctus, souffrirent le martyre. Le cadi en fit mourir un grand nombre d'autres, l'année suivante, parmi lesquels une multitude de moines, qui, abandonnant leurs solitudes, venaient à la ville parler contre le faux prophète et annoncer hautement Jésus-Christ.

Il y eut aussi des femmes qui répandirent leur sang pour la foi. Flore fut la première. Elle était née à quelque distance de Cordoue, d'une mère chrétienne et d'un père musulman. Son père étant mort, sa mère l'éleva dans la piété. Flore en goûta tellement les maximes, que, dès l'enfance, elle jeûnait le carême et donnait secrètement aux pauvres ce qu'elle recevait pour son dîner. La crainte de son frère, qui était musulman, ne lui permettait pas d'assister aux assemblées ; mais plus tard, ayant su qu'il était nécessaire de confesser la foi, elle se retira, à l'insu de sa mère, entraînant avec elle une jeune sœur, chez des religieuses, pour s'y trouver en sûreté. Pour s'en venger, le frère fit emprisonner quelques clercs, et fit aux religieuses tout le mal qui dépendait de lui. Flore, ne voulant pas que personne souffrît à son occasion, revint à la maison maternelle et dit à son frère : « Me voilà, puisque vous me cherchez ; je suis chrétienne ; je professe la foi catholique ; je porte les stigmates de la croix : faites-moi, si vous pouvez, abandonner la foi ; je suis prête à tout souffrir pour Jésus-Christ. » Son frère, ne l'ayant pu gagner, ni par caresses ni par menaces, la conduisit au cadi. Celui-ci la voyant ferme dans sa profession, lui fit donner tant de coups de fouet, même sur la tête, que le crâne en fut découvert. On la mit ensuite entre les mains de quelques femmes pour la panser et la pervertir ; mais quoique son frère la tînt bien enfermée, elle trouva moyen de se sauver par-dessus la muraille et de s'enfuir de Cordoue. Cependant le désir du martyre ne tarda pas à l'y ramener. Comme elle priait un jour dans l'église de Saint-Ascicle, une autre vierge, nommée Marie, y entra pour y prier aussi. S'étant communiqué l'une à l'autre leur dessein, elles promirent de ne se séparer jamais. Elles se présentèrent ensemble au cadi, déclarèrent qu'elles reconnaissaient Jésus-Christ pour Dieu, et qu'elles détestaient Mahomet. Le cadi, après les avoir maltraitées de paroles, les fit mettre en prison avec des femmes prostituées. Euloge, qui connaissait ces deux vierges, informé que des chrétiens même travaillaient à ébranler leur foi, composa pour elles une instruction qu'il leur envoya. Elle produisit l'effet qu'il en espérait. Le cadi, les ayant fait amener devant lui, demanda à Flore, en présence de son frère, pourquoi elle suivait la religion chrétienne, pendant que lui professait celle de Mahomet ? « Il y a huit ans, dit-elle, que je suivais, comme lui, l'erreur de nos pères ; mais Dieu m'ayant éclairée, j'ai embrassé la foi chrétienne, pour laquelle je suis résolue de combattre jusqu'à la mort. » Elle ajouta, en parlant de Mahomet, qu'elle en pensait comme aux jours de son premier interrogatoire, et qu'elle le regardait toujours comme un prophète de mensonge. Le juge, en colère, la menaça de mort et la renvoya en prison. Saint Euloge, qui s'y trouvait lui-même, l'alla voir, et apprit d'elle toutes les circonstances de l'interrogatoire qu'elle venait de subir. Environ dix jours après, le 24 novembre de l'an 851, Flore et Marie furent conduites au supplice. Elles firent le signe de la croix sur leur visage, et on leur trancha la tête. Le prêtre Euloge et les autres confesseurs, retenus en prison, l'ayant appris, en rendirent grâces à Dieu à l'office de None, puis célébrèrent en leur honneur les Vêpres, les Matines et la Messe, en se recommandant à leurs prières. Six jours après, suivant la promesse qu'ils en avaient reçue de ces pieuses vierges, ils furent mis en liberté.

Cependant, à la vue des supplices, plusieurs chrétiens, et même quelques prêtres, abandonnèrent leur religion pour embrasser celle des musulmans. D'autres, tant prêtres que laïques, traitaient les martyrs d'indiscrets, et ceux-mêmes qui, dans le principe, avaient approuvé leur conduite, se plaignaient hautement du prêtre Euloge, et lui reprochaient d'avoir, par ses exhortations aux martyrs, attiré la persécution. Le roi Abdérame, craignant une révolte, fit assembler un concile, où les évêques, pour contenter le roi et les musulmans, défendirent dorénavant de s'offrir soi-même au martyre. Leurs décrets étaient conçus en termes allégoriques et ambigus, qui pouvaient satisfaire les infidèles sans blâmer les martyrs; mais cependant il n'était point aisé d'y découvrir ce sens favorable. Saint Euloge désapprouva cette dissimulation, et finit son second livre par le récit de la mort inopinée du roi Abdérame, qu'il fait envisager comme un effet de la vengeance de Dieu.

Livre troisième. — Ce livre contient l'histoire de la persécution que Mahomet, fils et successeur d'Abdérame, exerça contre les chrétiens. Dès le premier jour de son avénement au trône, il fit chasser du palais tous ceux qui avaient été au service de son père. Quelque temps après, il les soumit à des impôts et enleva la solde à ceux qui avaient servi dans les armées. Il donna le commandement des villes à des officiers aussi méchants que lui, et qui, animés du même zèle contre les chrétiens, lui paraissaient propres à les opprimer et à les détruire, de sorte qu'il n'y eut plus personne qui osât parler contre le prophète de la religion mahométane. Ces officiers vinrent à bout par la crainte, d'obliger plusieurs chrétiens à embrasser leur secte. Le greffier, qui l'année précédente s'était déclaré hautement contre les martyrs, fut du nombre des apostats. Il était resté seul dans le palais parce qu'il parlait bien l'arabe; mais se voyant privé de sa charge, comme chrétien, il se fit musulman, fréquenta assidûment la mosquée et obtint par cette apostasie son rétablissement dans sa charge et son logement dans le palais. La haine de Mahomet s'étendit jusqu'aux églises; il fit abattre toutes celles qui avaient été nouvellement bâties, et tout ce qu'on avait ajouté aux anciennes depuis que les Arabes s'étaient rendus maîtres de l'Espagne. Il aurait même chassé tous les juifs et tous les chrétiens, si les révoltes survenues au commencement de son règne n'eussent formé des obstacles à l'exécution de ce dessein. Il se contenta donc de les surcharger d'impôts, dont il donna la recette à de faux frères. Les chrétiens ainsi abaissés se trouvaient en butte aux railleries des mulsumans, qui leur reprochaient leur peu de courage et d'ardeur pour la défense du christianisme. Un jeune moine, nommé Fandila, sensible à ces reproches, se présenta le premier au cadi, lui prêcha l'Evangile et lui reprocha les impuretés de sa secte. Le roi lui fit trancher la tête; mais ce supplice ne fit qu'enhardir les chrétiens. Un autre moine, nommé Anastase, le prêtre Abundius et plusieurs fidèles des deux sexes, au nombre desquels Félix, Digne, Bénigne, Colombe et Pompose, remportèrent la couronne du martyre. Par considération pour la vierge Colombe, le cadi qui avait été surpris de sa beauté, de ses discours et de sa constance, fit, après qu'elle eut eu la tête tranchée, mettre son corps revêtu de ses habits de lin dans un panier et ordonna de le jeter dans le fleuve, sans l'avoir exposé comme les autres.

Apologie des martyrs. — Cependant quelques chrétiens dont le zèle n'était pas selon la science, et qui manquaient de courage, continuaient à se plaindre des martyrs et à ne pas vouloir les honorer. C'est ce qui engagea saint Euloge à prendre une seconde fois leur défense par écrit. Il répond à quelques-unes des objections qu'il avait déjà réfutées dans son premier livre du *Mémorial des saints*, et en résout d'autres qu'on avait probablement inventées depuis. Ce second écrit est intitulé: *Apologétique des saints martyrs*. Il y reconnaît le *Mémorial des saints* pour son ouvrage. On ne peut donc douter que tous les deux soient de lui, puisqu'il se nomme également dans le premier. Les martyrs sous les musulmans ne souffraient ni de longs ni de cruels tourments; après quelques jours de prison seulement, on leur tranchait la tête. Il n'en était pas de même des premiers martyrs: on leur déchirait le corps avec des ongles de fer; on les fouettait cruellement, on les exposait aux bêtes féroces; on les faisait brûler vifs: voilà la première objection. Saint Euloge y répond qu'il importe peu par quel genre de mort le juste sort de la vie, puisque, quand même *il mourrait d'une mort précipitée, il se trouverait dans le repos*. Ce n'est point aux longues souffrances, mais à la victoire remportée qu'est promise la couronne. Dans la milice de ce siècle la palme est donnée à celui qui triomphe du tyran, l'eût-il vaincu dès le commencement du combat. Le bon larron obtint en un moment le pardon de ses crimes et l'entrée du ciel. — A la seconde objection il répond qu'on ne doit point juger de la vérité du martyre par les miracles, mais par la grandeur de la foi. Tous les miracles ne sont pas des signes certains de la sainteté, puisqu'il fut donné aux magiciens d'Egypte d'en accomplir. Il est vrai que les miracles étaient nécessaires, à la naissance de l'Eglise, soit pour la conversion des infidèles, soit pour apaiser la rage des persécuteurs; mais ils ne le sont plus en ce temps, où la religion chrétienne est suffisamment établie. Quant à ce qu'on objectait que ceux qui faisaient mourir les chrétiens n'étaient point idolâtres mais musulmans; qu'ils reconnaissaient le même Dieu que nous et détestaient l'idolâtrie, saint Euloge repond qu'encore que Mahomet n'ait point enseigné l'idolâtrie, les chrétiens doivent l'avoir en horreur, comme un faux prophète et un de ces imposteurs prédits par les apôtres; qu'ils doivent l'anathématiser surtout parce qu'il a rejeté les oracles des vrais prophètes, détesté la doctrine de l'Evangile, et combattu la divinité de Jésus-Christ, ne le reconnaissant que comme un grand prophète, semblable à Adam et nullement égal au Père. Saint Euloge place la naissance de Mahomet en la septième année du règne d'Héraclius, et remarque que lorsque les chrétiens entendaient les prêtres des musulmans appeler le peuple du haut des tours qui accompagnaient les mosquées, ils faisaient le signe de la croix et se recommandaient à Dieu, en répétant ces paroles du psaume : *Que tous ceux-là soient confondus qui adorent des sculptures et qui se glorifient dans leurs idoles.* Euloge, aïeul de notre saint, chantait dans les mêmes occasions les premiers versets d'un autre psaume : *O Dieu, qui sera semblable à vous? Ne vous taisez pas; n'arrêtez pas plus longtemps les effets de votre puissance, parce que vous voyez que vos ennemis ont excité un grand bruit et que ceux qui vous haïssent ont élevé orgueilleusement leur tête.* Il remarque encore que les prêtres en criant mettaient un doigt de chaque main dans leurs oreilles, comme pour ne point entendre eux-mêmes l'édit d'impiété qu'ils prononçaient.

Martyre des saints Rodrigue et Salomon. — A la suite de son *Apologétique*, le saint auteur ajouta l'histoire des martyrs Rodrigue et Salomon. Le premier avait deux frères dont l'un quitta la religion chrétienne pour se faire musulman, ce qui occasionna souvent des disputes avec le troisième. Une nuit qu'ils le poussaient à l'excès, Rodrigue essaya de les apaiser. Ils se jetèrent tous deux sur lui, et sans le vouloir, ils le blessèrent grièvement. Tandis que le frère chrétien tentait en vain de le coucher sur son lit, n'en ayant pas la force, le musulman le fit mettre sur un brancard et porter dans les rues du voisinage, en disant : « Voici mon frère que Dieu a éclairé; quoiqu'il soit prêtre, il a embrassé notre religion, et se sentant comme vous voyez à l'extrémité, il n'a pas voulu mourir sans vous déclarer son changement. » Au bout de quelques jours Rodrigue recouvra la santé; mais il n'avait aucun souvenir de ce qui s'était passé, n'ayant alors ni sentiment ni connaissance, tant son corps était accablé des mauvais traitements qu'il avait reçus. On lui raconta ce que son frère l'apostat avait fait, et à l'exemple du Seigneur qui crut devoir se soustraire aux embûches d'Hérode, il se retira de sa maison de campagne en un autre lieu. Obligé de venir à Cordoue pour quelques affaires, il fut rencontré par son frère qui le conduisit au cadi, l'accusant d'avoir abandonné la secte de Mahomet. Rodrigue nia qu'il l'eût jamais embrassée et déclara qu'il était non-seulement chrétien mais prêtre. Le cadi, après avoir tenté inutilement de l'ébranler, l'envoya en prison. Il y lia amitié avec Salomon emprisonné pour la même cause. Le cadi, informé de leur liaison et des bonnes œuvres qu'ils accomplissaient ensemble, les fit séparer, avec défense de leur laisser voir personne. Il les fit comparaître ensuite jusqu'à trois fois devant lui. Voyant que ses discours ne faisaient aucune impression sur leurs esprits, il les condamna à mort. Ils se préparèrent l'un et l'autre à ce supplice par le signe de la croix. Rodrigue fut exécuté le premier. Saint Euloge informé qu'ils venaient de consommer leur martyre, célébra la messe, puis il vint sur les bords du fleuve où leurs corps étaient exposés. Il y remarqua que les infidèles ramassaient les cailloux teints du sang de ces martyrs et les jetaient dans le fleuve, de peur que les chrétiens ne les gardassent comme des reliques. Ils sont honorés dans l'Eglise le 13 mars, jour de leur martyre en 857.

Discours à Flore et à Marie. — Nous avons dit que pendant que Flore et Marie étaient en prison pour la foi, saint Euloge composa pour elles une instruction, dans laquelle il les exhorta à se mettre au-dessus des menaces et des caresses des persécuteurs, et à ne point craindre les supplices, se souvenant que les prophètes, les apôtres et les martyrs n'ont passé à la céleste patrie, qu'après avoir essuyé la cruauté des tyrans. Il leur propose, pour exemple, Esther et Judith, célèbres dans l'Ecriture par leur zèle pour le salut de leur nation, qui était le peuple de Dieu. Dans la crainte qu'elles ne succombassent aux menaces qu'on leur faisait de les exposer à la prostitution, il dit que la douleur d'avoir perdu l'intégrité du corps n'est pas moins digne de récompense devant Dieu que l'intégrité elle-même. « Ce n'est point la violence, dit-il, après saint Jérôme et saint Augustin, qui salit le corps des saintes femmes, mais la volupté et le plaisir. Tant que l'âme conserve sa pureté, le corps ne perd point la sienne. » Il leur met devant les yeux la passion de Jésus-Christ, le peu de durée des souffrances temporelles, l'éternité des récompenses promises à la persévérance dans la foi et les exhorte à dire avec saint Paul : *Qui nous séparera de la charité de Jésus-Christ?* « Sera-ce l'affliction, ou les déplaisirs, ou la persécution, ou la faim, ou la nudité, ou les périls, ou le fer, ou la violence? Non, je suis assuré que ni la mort, ni la vie, ni tout ce qu'il y a dans le ciel ou dans les enfers ne nous pourra jamais séparer de l'amour de Dieu et de Jésus-Christ Notre-Seigneur. » Saint Euloge décrit le triste état où l'Eglise de Cordoue se trouvait réduite par l'emprisonnement ou la dispersion de l'évêque, des prêtres et des autres clercs. L'office divin était interrompu; on n'entendait plus nulle part le chant des saints cantiques; les lecteurs ne récitaient plus au peuple les livres sacrés, ni les diacres l'Evangile; on ne voyait plus les prêtres encenser les autels; enfin on n'offrait plus le sacrifice. La seule consolation des fidèles était toute dans la confiance qu'ils pouvaient plaire à Dieu par e sacrifice d'un cœur contrit et humilié. Il fait mention de plusieurs martyrs de Cordoue qui étaient de la connaissance de Flore et de Marie, et dit que, puisqu'ils leur ont ouvert par leur exemple la porte du ciel, ils viendront au-devant d'elles avec la reine des vierges pour les y recevoir aussitôt après leur martyre. Il leur envoya avec cette instruction une formule de prière assez longue pour demander à Dieu la grâce du martyre et la victoire de l'Eglise sur ses persécuteurs.

Lettre à l'évêque de Pampelune. — Il paraît que la fureur des impies n'en voulait qu'aux fidèles de l'Eglise de Cordoue. On est du moins autorisé à le croire, puisque dans la lettre que saint Euloge écrivit à Villesinde, évêque de Pampelune, le 15 novembre 851, il ne fait mention d'aucune persécution. Ce qu'il y dit des évêques de Sarragosse, de Complut, de Tolède, fait voir que la religion catholique se conservait dans ces églises sans aucune contradiction de la part des musulmans. Il les avait visitées en allant en France, et il avait séjourné quelque temps chez l'évêque de Pampelune, à qui il envoya depuis des reliques de saint Zoïle et de saint Aciscle. La lettre dont il les accompagna est intéressante pour l'histoire de la persécution de Cordoue dont il nomme tous les martyrs qui avaient souffert en commençant par le prêtre Parfait pour finir au moine Théodore ou Théodomir. Elle l'est encore par ce qu'il y raconte de l'observance régulière du monastère de Saint-Zacharie, situé au pied des Pyrénées. Il était composé de cent religieux ou environ. On voyait dans les uns ce degré de charité qui bannit la crainte, dans les autres une humilité profonde. Ceux à qui leur santé ne permettait pas de faire ce que faisaient les plus robustes, surmontaient par l'ardeur de leur obéissance la faiblesse de leurs corps; ils travaillaient, exerçant chacun leur art, mais toujours au profit de la communauté. Il y en avait de préposés à la réception des hôtes et des pèlerins; et sur un si grand nombre, on ne rencontrait ni murmurateurs ni arrogants. Ils gardaient un profond silence, s'occupaient toute la nuit à la prière et surmontaient les horreurs des ténèbres par la méditation des éternelles vérités de l'Evangile. Le monastère était alors gouverné par l'abbé Odoaire, homme d'un profond savoir et d'une sainteté consommée. Saint Euloge loue dans la même lettre la piété des moines de Leive qui avaient pour abbé Fortunius. Ignigo Arista, premier roi de Navarre, avait fondé ce monastère.

A Alvar. — Il y a trois lettres à Alvar. Dans la première, saint Euloge lui apprend qu'il était emprisonné pour avoir encouragé les martyrs par ses instructions; mais au lieu de s'en repentir, comme les ennemis de la foi l'espéraient, il venait d'en composer une autre pour Flore et Marie. Il prie Alvar de l'examiner et d'en polir le style avant de la leur envoyer. La seconde lettre est pour informer Alvar de la consommation du martyre de ces deux vierges et de l'interrogatoire qu'elles avaient subi avant la sentence de mort. Saint Euloge l'avait appris de la bouche même de Flore avant qu'on la renvoyât en prison. La troisième accompagnait le premier livre du *Mémorial des saints* qu'il soumettait à Alvar. Comme il souhaitait qu'il fût transmis à la postérité, il lui demande en grâce d'en corriger le style et d'ajouter à l'autorité de son ouvrage, en le signant de son nom.

A Baldegoton. — Baldegoton était frère de sainte Flore. Saint Euloge lui écrivit, pour l'informer du martyre de sa sœur et lui envoyer en même temps la ceinture dont elle s'était servie pendant tout le temps qu'elle avait passé dans la prison. Il ne s'applique point à le consoler, parce qu'il ne doutait pas qu'il ne fût convaincu comme lui que Flore jouissait déjà de la gloire des saints.

Alvar, dont nous avons parlé plusieurs fois, a écrit la Vie, et Ambroise Moralès a fait imprimer les œuvres de saint Euloge. Elles ont été insérées dans le IVe volume de l'*Hispania illustrata*, et dans la *Bibliothèque des Pères*. M. l'abbé Migne les a reproduites dans son *Cours complet de Patrologie*.

EUNOME, né à Oltifère ou selon d'autres à Dacore, villages situés entre la Cappadoce et la Galatie, quitta la charrue pour se charger de l'éducation des fils d'un de ses parents qui lui fournissait de quoi vivre. On dit aussi qu'il ajouta à ses fonctions de maître d'école celles d'écrivain public. Mais las de cette position mercenaire qui s'accordait mal avec son ambition, il résolut d'apprendre la rhétorique, et quitta son pays pour se rendre à Constantinople. Sa mauvaise conduite l'ayant forcé de renoncer au séjour de cette ville, il passa à Alexandrie, où il se mit sous la discipline d'Aétius, devint son secrétaire, et embrassa ses erreurs. Aétius était sophiste aussi subtil qu'arien déclaré. Il avait fait de la dialectique son étude favorite, et était devenu un intrépide disputeur. Eunome fit, sous un tel maître, les progrès qu'on devait en attendre. C'était vers l'an 356, alors que Georges, patriarche d'Alexandrie, accordait toute sa protection aux ariens qui en profitaient pour propager leurs erreurs. Deux ans plus tard, en 358, il vint à Antioche dans la compagnie d'Aétius, pour voir Eudoxe qui en était évêque; celui-ci l'ayant voulu faire diacre, Eunome le refusa, ne trouvant pas ce pontife encore assez instruit dans la doctrine de son maître; mais il accepta quelque temps après, et par reconnaissance, il se chargea d'aller à la cour défendre Eudoxe contre les accusations de Basile d'Ancyre semi-arien, qui était venu l'y dénoncer en son nom et au nom de son parti. Cette démarche lui devint funeste et le fit reléguer à Midé en Phrygie; mais cet exil ne fut pas long, puisque sur la fin de 359, il se rendit à Constantinople où il servit de second à Aétius. Cependant quelque lié qu'il fût avec lui, il se réunit au commencement de l'année suivante à ceux qui le condamnèrent. Il accepta même d'eux l'épiscopat et le siége de Cyzique, mais à condition pourtant qu'ils feraient rétablir Aétius dans l'espace de trois mois. Comme l'empereur favorisait les semi-ariens, Eunome dissimula quelque temps ses impiétés, suivant le conseil que lui en avait donné Eudoxe. Il célait sa doctrine et ne la débitait qu'à mots couverts; mais il ne put résister longtemps au plaisir de la prêcher publiquement, et la connaissance de ses blasphèmes excita dans Cyzique un tumulte incroyable. Eunome fut déféré à Eudoxe qui, bien que fâché qu'il n'eût point suivi ses avis, ne laissa pas de le prendre sous sa protection. Il promit à ses accusateurs d'examiner sérieusement cette affaire; mais il l'éluda par tant de délais, qu'ils se crurent obligés de le dénoncer à l'empereur lui-même. Constance commanda donc à l'évêque d'Antioche de citer Eunome devant lui, et de le dépouiller du sacerdoce, dans le cas où il le trouverait coupable. Comme Eudoxe différait de jour en jour l'exécution de cet ordre, les dénonciateurs d'Eunome s'adressèrent de nouveau à l'empereur, qui le menaça de le chasser lui-même de son siége, s'il ne punissait cet hérétique comme il le méritait. Effrayé de ces menaces, Eudoxe le manda à Constantinople pour y rendre raison de sa foi, mais en même temps, il l'avertit secrètement de se retirer de Cyzique. Eudoxe procéda donc contre lui, et après que son erreur eut été démontrée, il le déposa de l'épiscopat malgré son absence, et sur l'avis des évêques qu'il avait assemblés à Constantinople. Peu de temps après, et pour répondre à sa prière, Eunome vint en cette ville, et, en présence du clergé, il déclara qu'il croyait le Fils semblable au Père selon les Ecritures, mais non semblable en substance. Cette déclaration remplit de joie le cœur d'Eudoxe, qui permit à Eunome de prêcher dans l'église, le jour de l'Epiphanie, 361. Ce fut dans ce discours qu'il découvrit toute son impiété. Il y qualifia le Fils de Dieu d'esclave et de serviteur du Père; il donna au Saint-Esprit le même titre à l'égard du Fils, et ne rougit point de dire que Marie, sa mère, avait cessé d'être vierge, après l'avoir mis au monde. Ce fut alors qu'Eudoxe l'exhorta à retourner à Cyzique; mais il n'en fit rien, ne pouvant, disait-il, se résigner à vivre avec des personnes auxquelles il savait être suspect; et en effet, depuis ce temps-là, il cessa de remplir aucune de ses fonctions d'évêque. Il y retourna cependant en 365, mais ce fut pour obtenir de Procope la liberté de divers prisonniers. Il paraît que, par la suite, il se sépara d'Eudoxe, et professa d'autres principes qui n'étaient pas moins erronés. Il soutenait que Dieu ne connaît pas mieux son essence que nous ne la connaissons; il niait que le Fils de Dieu se fût uni à l'humanité; il rebaptisait ceux qui avaient été baptisés au nom de la sainte Trinité; il condamnait le culte des martyrs, regardait leurs miracles comme des prestiges, et ne voulait pas qu'on rendît des honneurs aux reliques. Au faste et à l'orgueil d'un sophiste, il joignait l'impiété et les blasphèmes. Esprit turbulent et perturbateur, il fut successivement exilé en Mauritanie, à Naxos et à Palmyride; mais il revint de tous ces exils, et on le retrouve à Constantinople au commencement de l'année 379. Il vivait encore en 392, et mourut à Dacore, sans qu'on puisse fixer d'une manière précise l'époque de son décès.

Ses écrits. — Tout le savoir d'Eunome consistait dans des mots et des arguties. Il connaissait peu et n'entendait point l'Ecriture sainte. De tous les ouvrages qu'il avait écrits contre l'Eglise, il ne nous reste que sa profession de foi présentée à Théodore, à Constantinople, en 383, et celui auquel il donna le titre d'*Apologie*, et qui fut réfuté par saint Basile et Apollinaire. Eunome, pour soutenir ce qu'il y avait avancé, écrivit plusieurs livres qu'il ne fit paraître qu'après la mort de saint Basile. Il composa sept livres de *Commentaires sur l'Epître de saint Paul aux Romains*. Tout ce travail, malgré la surabondance du texte, n'aboutit qu'à prouver qu'il n'avait pas même compris le sens de l'auteur qu'il voulait expliquer. Ses autres écrits, au rapport de Socrate, n'étaient pas mieux conçus. On y trouvait beaucoup de superfluités dans les paroles, une grande faiblesse dans les raisonnements et un vide complet dans les pensées. Photius, qui avait lu jusqu'à quarante lettres de cet hérésiarque, en parle avec le plus profond mépris. Il accuse Eunome d'y montrer une ignorance crasse des premières règles du genre, et défie ses compositions de soulever autre chose qu'un rire universel. Il avait également laissé à ses disciples un code de polémique qu'ils devaient suivre dans les discussions religieuses qu'ils estimaient tous au moins à l'égal de l'Evangile. Aussi étaient-ils généralement de grands ergoteurs, et ils faisaient plus de cas d'un homme de chicane, habile à forger des syllogismes pour la dispute, que d'un homme vertueux et d'une vie exemplaire, quoiqu'il fût de leur secte. Ils avaient pris son nom et s'appelaient *Eunomiens*. Ils étaient détestés même des ariens, quoique les mêmes impiétés leurs fussent communes. Saint Basile nous a laissé cinq livres contre Eunome; les deux Grégoire, de Nazianze et de Nysse, l'ont aussi réfuté, et Gratien proscrivit sa doctrine par un édit.

EUPHRONE (Saint). — L'histoire ne nous apprend rien de la naissance ni de l'éducation de saint Euphrone. On sait seulement que n'étant encore que simple prêtre, il donna des marques de sa piété sincère et de son zèle ardent pour la gloire de Dieu, en faisant bâtir dans la ville d'Autun, une église sous l'invocation de saint Symphorien. On peut juger par là que saint Euphrone était originaire d'Autun même. Il en devint évêque par la suite, et dans ce poste élevé qu'il occupa longtemps, il fut une des plus brillantes lumières de l'Eglise de France. On ignore l'époque précise de son ordination, mais on croit généralement qu'elle se fit plus de vingt ans avant celle de saint Sidoine, c'est-à-dire, v rs l'an 451 au plus tard. N'étant encore que laïque, celui-ci regardait saint Euphrone comme son père et son protecteur, et plus tard lorsqu'il fut engagé dans le saint ministère, il demanda la grâce de n'en être point éloigné, afin de pouvoir le consulter en toutes circonstances. Saint Euphrone consacrait tous ses soins à étudier les sciences nécessaires à un évêque, dans les écrits des Pères de l'Église, et principalement dans ceux d'Origène, de saint Jérôme et de saint Augustin. Cependant, quoique rempli de la doctrine de ces maîtres, il cherchait encore à s'instruire auprès de ses confrères dans l'épiscopat, et ne dédaignait pas de consulter même les évêques qui étaient beaucoup plus jeunes que lui. Ce fut dans ce dessein qu'il écrivit à saint Sidoine, pour lui demander quelques explications sur l'Écriture; mais celui-ci n'eut pas moins d'humilité pour s'en excuser. Vers l'an 470, quoique déjà fort âgé, saint Euphrone se rendit à Châlons-sur-Saône avec saint Patient de Lyon, et les autres évêques de la province, pour y ordonner un évêque à la place de Paul qui venait de mourir. Sa présence contribua beaucoup à dissiper la division qui existait entre le peuple et le clergé, et à faire tomber l'élection sur Jean, prêtre d'une sainteté reconnue, et que l'Église a honoré depuis comme un saint. Dès lors saint Sidoine estimait heureux cet évêque de Châlons d'avoir été ordonné sur le témoignage de saint Euphrone. Deux ans plus tard, en 472, saint Sidoine lui demanda son avis sur Simplice, que l'on proposait pour remplir le siège de Bourges. Rien ne fait plus d'honneur à sa mémoire, que cette lettre de saint Sidoine; mais on ignore complétement ce qu'il y répondit. Nous croyons, avec plusieurs critiques, que notre saint évêque est le même Euphrone que saint Perpétue de Tours qualifie dans son testament de collègue et très-cher frère, et à qui il donna des marques d'une estime et d'une amitié toute particulières, en lui léguant une châsse d'argent, pleine de reliques, et un livre des Évangiles écrit de la main de saint Hilaire de Poitiers. Saint Perpétue connaissait mieux que personne la pieuse vénération que le saint évêque d'Autun professait pour les saints, puisqu'il avait reçu de sa libéralité le marbre dont il couvrait le tombeau de saint Martin. On ne sait point précisément l'année de la mort de saint Euphrone; mais comme le testament dont nous venons de parler est du 1er mai 475, et que saint Perpétue vécut au moins jusqu'en 490, il y a toute apparence que le saint évêque d'Autun le précéda dans la tombe, et alla rejoindre au ciel saint Hilaire et les autres saints, dont il voulait lui laisser des reliques. Il fut enterré dans l'église de Saint-Symphorien qu'il avait bâtie, et son nom se trouve inséré dans le Martyrologe romain, au troisième jour du mois d'août. Saint Sidoine parlant d'Albison qu'on croit avoir été évêque de Langres, et de Procule diacre, dit qu'on devait les tenir pour maîtres dans la morale et la conduite chrétienne, puisqu'ils avaient eu le bonheur d'être les disciples de saint Euphrone. On ne met point d'évêque sur le siége d'Autun, entre lui et saint Pragmace, qui assista au concile d'Epaune en 517, mais il est impossible que ce siége ait subi une aussi longue vacance.

SES ÉCRITS. — De tous les écrits que saint Euphrone a pu composer dans le cours d'un long épiscopat, on n'a pu retrouver jusqu'ici qu'une lettre célèbre qui lui est commune avec saint Loup, évêque de Troyes. Elle est adressée à Talase, évêque d'Angers, en réponse au mémoire par lequel celui-ci leur avait proposé quelques difficultés sur la discipline ecclésiastique. Ces difficultés roulaient particulièrement sur la manière dont il fallait célébrer les veilles de Pâques, de Noël et de l'Épiphanie, et il y était question aussi du mariage des clercs inférieurs. Saint Loup et saint Euphrone, qui se trouvaient alors ensemble, se réunirent pour y faire une réponse que nous détaillerons plus amplement à l'article du saint évêque de Troyes. Seulement nous remarquerons ici, en faveur de saint Euphrone, que cette lettre lui est fort honorable, puisqu'on voit qu'il portait encore plus loin que son saint collègue l'exactitude de la discipline. Dans l'église de Troyes, on ne déposait et on ne privait de la communion que les sous-diacres et les exorcistes lorsqu'ils passaient à de secondes noces après leur ordination; mais dans l'église d'Autun, sous l'épiscopat de saint Euphrone, on déposait même les portiers, et on les privait de la communion lorsqu'ils avaient la témérité de se marier. Cette lettre, qui fut écrite vers la fin de 453, se trouve dans le *Recueil général des Conciles*, dans celui du P. Sirmond et dans la *Gaule chrétienne* de MM. de Sainte-Marthe.

Saint Euphrone avait écrit une autre lettre qui lui était particulière, et qui, malheureusement, n'est pas arrivée jusqu'à nous. Elle était adressée au comte Agrippin, à qui le saint évêque faisait une relation détaillée des prodiges qu'on avait vus s'accomplir dans les Gaules au mois de septembre 451 et pendant les jours de Pâques de l'an 452. C'est toute la connaissance qui nous reste de ce monument, si digne de piquer la curiosité des savants, s'il existait encore.

EUSÈBE (Saint) était originaire d'Alexandrie et diacre de cette église dès l'an 250. Il fut l'un de ceux dont saint Denys se servit avec le plus de succès pour secourir son peuple pendant la persécution de Dèce. Dieu semblait l'avoir doué d'une force particulière tout exprès pour rendre service aux confesseurs qui étaient dans les prisons, et pour ensevelir et enterrer les corps des martyrs, quoiqu'il ne pût le faire qu'en exposant sa vie. Il s'associa depuis à la confession de foi de son évêque dans la persécution de Valérien, et, selon toutes les apparences, il fut compagnon de son exil à Képhro et à la Maréole, où ils restèrent jusque vers la fin de l'an 260. Deux ans plus tard, comme le quartier qui servait de citadelle à Alexandrie était attaqué par les Romains, Eusèbe s'entendit avec Anatole pour recevoir ceux des assiégés qui voudraient en sortir et leur donner tous les secours dont ils auraient besoin après les souffrances d'un long siége. A la fin de la guerre, saint Eusèbe passa en Syrie, en 264, pour assister au concile qui se tenait à Antioche contre Paul de Samosate. Comme il se disposait à retourner en Egypte, il fut arrêté à Laodicée et sacré évêque de cette ville à la place de Socrate qui venait de mourir. Il gouverna cette église jusqu'en 269, et eut pour successeur son ami saint Anatole, qui florissait encore sous l'empire de Carus en 282 ou 283 de Jésus-Christ.

Possevin raconte que, sous le pontificat de Grégoire IX, on trouva en terre plusieurs livres écrits en arabe et en syriaque, dont un avait pour titre : *les Doctrines sacrées*, et portait le nom d'Eusèbe d'Alexandrie, évêque de Laodicée. Cet ouvrage n'a pas été rendu public, et il n'en est fait mention dans aucun monument de l'antiquité. Je ne vois pas non plus que personne lui ait attribué les dix-huit *homélies* qu'on dit avoir été dans la bibliothèque de la Grotte-Ferrée, et dont on trouve quelques fragments dans les *Parallèles* de saint Jean Damascène et dans l'*Apologie des fausses Décrétales*, par Turrien. Saint Jérôme ne l'a pas même mis au nombre des écrivains ecclésiastiques, et Eusèbe, qui en parle en beaucoup d'endroits de son histoire, ne lui attribue aucun ouvrage. Aussi voit-on par un fragment d'une de ces homélies imprimée dans le tome XXVII° de la *Bibliothèque des Pères de Lyon*, qu'elles sont d'un autre Eusèbe, évêque d'Alexandrie, et non d'Eusèbe de Laodicée, dont les écrits nous paraissent entièrement inconnus.

EUSÈBE DES GAULES. — Nous possédons, à la date du v° siècle, un recueil de cinquante-six *homélies*, qui ont paru d'abord sous le nom d'Eusèbe d'Emèse, et en dernier lieu sous celui d'Eusèbe des Gaules ou d'Eusèbe le Gaulois. Quelques savants prétendent qu'on n'a publié ces homélies sous le nom d'Eusèbe que pour marquer, en général, qu'elles étaient l'œuvre d'une personne de piété, et ils citent, à l'appui de leur opinion, les exemples de saint Vincent de Lérins, qui n'avait pris dans ses ouvrages que le titre de *pèlerin* ou d'*étranger*, et de Salvien, qui avait caché son véritable nom sous le pseudonyme de *Timothée*. Mais ces exemples prouvent d'autant moins contre l'auteur de ces homélies, que les Gaules, à cette époque, possédaient plusieurs personnages illustres du nom d'Eusèbe. A la fin du IV° siècle, on trouve un Eusèbe à qui Sulpice Sévère adresse sa lettre contre les envieux de la vertu de saint Martin. Cet Eusèbe n'était alors que prêtre ; mais, en 405, lorsque saint Sulpice écrivait ses *Dialogues*, il était revêtu de la dignité épiscopale. Le premier concile de Tours, tenu en 461, nous montre un autre Eusèbe, qui était alors évêque de Nantes dans la métropole de Tours. La Vie de saint Hilaire d'Arles nous fait connaître un troisième Eusèbe, qui, avec Sylvius qui devint évêque d'Octadure et Domnule, était un grand admirateur de l'éloquence du saint pontife et assistait habituellement à ses prédications avant le milieu du même siècle. Si l'on croit ne devoir donner quelques-unes de ces homélies, ni à Eusèbe dont parle saint Sulpice, parce que plusieurs d'entre elles ne paraissent avoir été faites qu'après les hérésies de Nestorius et d'Eutychès, quoiqu'on puisse supposer pourtant que cet évêque ait vécu jusqu'à ces temps-là ; ni à Eusèbe de Nantes, parce qu'il est visible que la plupart de ces homélies ont été prononcées à Lyon, à Arles, et dans tous les pays où l'arianisme s'était répandu à la faveur de la domination des Goths et des Bourguignons ; on ne voit pas pour cela qu'on en puisse refuser au troisième Eusèbe, qui florissait à Arles ou dans le voisinage de cette ville, puisque saint Honorat de Marseille nous le représente comme un auteur célèbre par ses écrits en le joignant à Sylvius, dont, selon toute apparence, il fut le confrère dans l'épiscopat. Il y a même des écrivains qui le donnent pour le même Eusèbe qu'Hartman invoque dans ses *Litanies* parmi les saints confesseurs pontifes, dans la société de saint Martin de Tours, de Procule de Marseille et de saint Césaire d'Arles, ce qui néanmoins ne saurait s'admettre sans difficulté, car il est plus probable qu'Hartman avait en vue saint Eusèbe de Verceil. Au reste, comme nous n'avons point de preuves positives que quelques-unes de ces homélies soient réellement de l'un ou de l'autre de ces Eusèbe, mais qu'au contraire nous sommes assuré que plusieurs appartiennent à Fauste de Riès, nous nous réservons à en parler plus amplement dans ce que nous aurons à dire sur la vie et les écrits de cet évêque.

EUSÈBE, évêque de Césarée en Palestine, fut un des plus savants hommes de son siècle. On ne sait rien de sa famille, on ignore même le lieu de sa naissance, et tout ce que l'on croit pouvoir affirmer, c'est qu'il naquit vers l'an 267, sur la fin de l'empire de Gratien. L'amitié la plus étroite l'unissait à saint Pamphile, dont il partagea même la prison jusqu'à son martyre arrivé le 5 février 309. Par respect pour la mémoire de son ami, il ajouta le nom de Pamphile à son nom d'Eusèbe, et continua après lui la célèbre école de Césarée, qui devint sous sa direction une véritable pépinière de savants. Admis dans le clergé de cette église et ordonné prêtre par l'évêque Agapius, il fut élu pour lui succéder en 313. Quelques années plus tard, vers l'an 319, lorsqu'Arius commença à dogmatiser, Eusèbe sembla pencher vers l'arianisme, mais il sut dissimuler adroitement l'intérêt qu'il portait à cette nouvelle doctrine. Au concile de Nicée, réuni en 325, ce fut lui qui porta la parole à l'empereur Constantin, à la droite duquel il avait été placé. Il anathématisa les erreurs d'Arius ; mais il eut quelque peine à souscrire au terme de *consubstantiel* ajouté par les Pères du concile à la formule de foi qu'il avait dressée lui-même. Il assista en 330, avec les évêques ariens, au concile d'Antioche, où saint Eustathe fut déposé; et ce fut alors qu'il refusa ce siége, refus dont l'empereur Constantin lui sut bon gré, et qui lui assura depuis l'estime et la confiance de ce prince. Quatre ans après, en 335, il se réunit aux ennemis de saint Athanase, et de concert avec les évêques des conciles, de Césarée et de Tyr; il condamna le pieux pontife qui avait refusé de se trouver à ces assemblées, parce qu'il détestait les artifices d'Eusèbe et qu'il redoutait son crédit. Les mêmes prélats, réunis à Jérusalem pour la dédicace de l'église, députèrent l'évêque de Césarée à l'empereur Constantin, pour défendre le jugement qu'ils avaient rendu contre le défenseur de la divinité de Jésus-Christ. Eusèbe obtint le rappel de l'hérésiarque Arius et l'exil de saint Athanase. Ce fut dans cette circonstance qu'il prononça le panégyrique de l'empereur, qui mourut la même année. Eusèbe ne lui survécut pas longtemps, et termina lui-même sa carrière vers l'an 338, après avoir composé un grand nombre d'ouvrages, tous dignes de passer à la postérité qui n'en possède qu'une partie. Comme jusqu'ici ils n'ont jamais été réunis en édition complète; nous allons suivre, pour en rendre compte, l'ordre chronologique de leur composition.

Réponse aux livres d'Hiéroclès. — Il paraît qu'un des premiers ouvrages d'Eusèbe fut sa réponse aux deux livres d'Hiéroclès intitulés *Philalethès* ou *Amateur de la vérité.* Cette réponse suivit de près la publication de ces livres, et parut vers l'an 303, c'est-à-dire dans les premières années de la persécution générale soulevée par Dioclétien. Eusèbe l'adressa à un ami dont il ne dit point le nom, et qui paraissait frappé du parallèle entre Apollonius et Jésus-Christ. Comme Hiéroclès ne fondait ces rapprochements que sur la Vie de ce philosophe, donnée par Philostrate, son adversaire, pour atteindre son but, n'a donc besoin que de détruire la vérité de cette histoire. Et c'est ce qu'il fait, comme il est facile de s'en convaincre en le lisant.

« Mon dessein, dit-il, n'est pas d'examiner lequel des deux, Apollonius ou Jésus-Christ, a mérité à plus juste titre d'être reconnu pour Dieu; lequel a fait les miracles les plus nombreux et les plus éclatants. Je ne parlerai point de l'avantage unique qu'a eu Jésus-Christ d'avoir été seul prédit par les prophètes, ni de la puissance de sa doctrine qui lui a attiré un si grand nombre de sectateurs, ni du témoignage rendu à ses actions par ses disciples, hommes simples, sincères et incapables d'en imposer, puisque tous furent prêts à souffrir la mort pour attester la doctrine de leur maître. Je ne m'arrêterai pas non plus à montrer qu'il est le premier qui ait enseigné aux hommes une vie frugale, mortifiée et pleine d'avantages pour le salut; que par la vertu divine de sa parole, il s'est fait connaître à la terre comme le Sauveur universel, en sorte que, aujourd'hui encore, plusieurs s'empressent de venir puiser la sagesse à sa source, et que cette doctrine, exposée depuis tant d'années aux contradictions et aux attaques des princes et des peuples, est demeurée victorieuse de tous leurs efforts. Enfin, sans nous attacher à donner des preuves de sa puissance, nous nous contenterons de remarquer que son nom seul suffit pour contraindre les démons impurs à sortir des corps et des âmes qu'ils possèdent. Après cela, ajoute Eusèbe, n'y aurait-il pas de la folie à regarder même comme possible une comparaison entre Apollonius et Jésus-Christ? »

Sans donc entrer dans toutes ces preuves de la divinité de Jésus-Christ, Eusèbe fait voir qu'en s'en tenant à l'histoire de Philostrate, loin de pouvoir soutenir un parallèle avec le Sauveur, cet imposteur ne mérite pas même qu'on lui donne rang parmi les philosophes et les hommes d'une probité douteuse. Il demande à Hiéroclès de lui produire quelque preuve encore subsistante de la divinité d'Apollonius. N'est-il pas absurde de penser qu'un dieu ait paru sur la terre sans y laisser aucun vestige de sa divinité, tandis que de simples architectes et autres ouvriers semblables se procurent l'immortalité par leurs œuvres? Il examine ensuite ce que Philostrate dit d'Apollonius, et montre par les contradictions dans lesquelles il est tombé que son récit ne mérite aucune croyance. Par exemple, Philostrate assure dans un endroit qu'Apollonius possédait toutes sortes de langues sans jamais les avoir apprises, et dans un autre passage il raconte qu'âgé de quatorze ans, il fut placé par son père sous la discipline d'Euthydème, Phénicien, pour y être formé à l'art de parler; il nomme aussi ses maîtres de philosophie, et rapporte que dans un voyage qu'il fit dans les Indes, il fut obligé de se servir d'interprète pour pouvoir conférer avec le roi Phraotès. Philostrate ajoute que Phraotès, ayant fait retirer l'interprète, commença à répondre en grec au discours de Philostrate, avec une pureté d'idiome qui n'annonçait rien moins qu'un roi barbare. Apollonius, surpris de l'entendre s'exprimer si facilement, demanda qui pouvait lui avoir appris cette langue parmi les Indiens.

« Cela jure un peu, dit Eusèbe, avec la suite de son histoire, dans laquelle il pose son héros comme un homme doué de connaissances surnaturelles, capable de pénétrer les plus secrètes pensées, et pour qui l'avenir n'avait rien d'inconnu. » Eusèbe relève ce sujet une autre particularité rapportée par Philostrate dans la *Vie d'Apollonius.* Vespasien l'étant venu trouver pour lui demander l'empire, le consulta en même temps sur les philosophes qu'il devait choisir pour former son conseil. Apollonius montrant du doigt Dion et Euphrate, répondit : « Ceux-ci sont gens sages et de bonnes mœurs. » Mais, s'étant brouillé depuis avec ce dernier, il n'y eut pas de crime dont il ne l'accusât, témoignant ainsi publiquement qu'il s'était trompé, en portant sur son compte un jugement si favorable. « Ce n'est pas un des moindres préjugés contre Apollonius, ajoute Eusèbe, que cet Euphrate son disciple, philosophe célèbre et estimé par tous ceux qui professaient l'amour de la sagesse, eût encouru la disgrâce de son maître pour avoir condamné ses actions. » Enfin Philostrate, parlant de la fin d'Apollonius, reconnaît que les auteurs auxquels il avait emprunté les matériaux de son histoire, ne convenaient ni du lieu, ni des circonstances de sa mort. Les uns voulaient que ce fût à Ephèse, d'autres à Lindo, dans le temple de Minerve, et d'autres dans l'île de Crète. Toutefois, et sans chercher à les mettre d'accord, il avance, comme un fait constant, que ce philosophe était monté vivant dans le ciel, et rapporte même avec un sérieux imperturbable les circonstances de cette prétendue merveille.

Après ces contradictions qui ressortent naturellement de l'histoire d'Apollonius, Eusèbe vient aux miracles que Philostrate lui attribuait. Il établit, de l'aveu même de cet auteur, qu'il n'en avait fait aucun avant son retour de l'Arabie et des Indes, où il était allé consulter les brahmanes et les magiciens; d'où l'on peut conclure que ceux qu'il fit dans la suite n'étaient que l'effet de l'art qu'ils avaient appris. « Ce qu'il y a de certain, ajoute Eusèbe, c'est qu'il fut accusé de magie, même par les païens, et, entre autres, par Euphrate dont nous avons parlé. » Ce fut un des principaux chefs d'accusation que l'on intenta contre lui devant Domitien. A Athènes, le hiérophante refusa de l'initier aux mystères d'Eleusine, comme à un magicien et un homme qui n'était pas pur du commerce avec les démons. Sur ce fondement, Eusèbe soutient qu'en reconnaissant même pour vraies les prédictions d'Apollonius, comme celle de la peste d'Ephèse qu'il avait annoncée d'avance, il y a tout lieu de croire que le démon en était l'auteur, soit par lui-même, soit par le secours de la magie. « Quant à la délivrance d'Ephèse, dit Eusèbe, il est visible que c'est une fable faite à plaisir ou au moins un prestige du démon. Quelle apparence en effet que la peste, qui n'est autre chose que la corruption de l'air, ait été apaisée par le meurtre d'un bon vieillard qui se trouva ensuite n'être qu'un chien? Comment Ephèse seule pouvait-elle être infectée de cet air corrompu, sans que les lieux circonvoisins s'en ressentissent?..... Si Apollonius chassait les démons, continue Eusèbe, ce ne pouvait être, comme on dit, que par le secours d'un autre démon; et, pour ce qui est de la fille ressuscitée à Rome, Philostrate même n'ose se promettre que l'on puisse y ajouter foi. » Aussi ne le propose-t-il qu'en doutant si cette fille n'avait pas encore un souffle de vie qui, excité par une pluie douce qui tomba pendant qu'on la portait en terre, l'ait fait revenir à soi. En effet, si ce fait eût été véritable, l'empereur et les grands de la cour l'eussent-ils ignoré? Euphrate se serait-il séparé, comme il le fit bientôt après, d'Apollonius son maître? N'eût-on rien dit de ce prodige, dans le procès qu'on lui fit, où on n'oublia pas le prétendu miracle arrivé à Ephèse?

Telles sont les principales raisons dont Eusèbe se sert contre l'histoire de Philostrate. Il termine son ouvrage par une courte réfutation des principes que cet historien prête à Apollonius; savoir, que les décrets du destin et des Parques sont tellement immuables, qu'un homme, par exemple, qui doit être roi, le sera nécessairement, fût-il mort avant celui dont il doit occuper le trône; qu'un autre destiné à être architecte, le deviendra quand même on lui aurait coupé les deux mains. Eusèbe ruine ce principe de fond en comble, d'abord en appelant à la propre conduite d'Apollonius pour le convaincre de la fausseté de son système; ensuite, en montrant que, ce système une fois admis, il ne faut plus reconnaître d'autre Dieu, d'autre providence que le destin; dès lors plus de différence entre le sage et le fou, entre le juste et l'injuste, entre le bien et le mal; en effet rien n'est digne de louange ou de blâme du moment que nous faisons nos actions par nécessité.

De la préparation et de la démonstration évangéliques. — Ce fut, autant qu'on le peut croire, vers l'an 313, dans ces premiers jours de paix que l'Eglise dut à l'édit que Constantin et Licinius publièrent à la suite de la victoire qu'ils venaient de remporter sur Maxence, qu'Eusèbe fit paraître son grand ouvrage *De la préparation et de la démonstration évangéliques.*

La première partie intitulée : *De la préparation évangélique*, contient quinze livres mentionnés par saint Jérôme et Photius. C'est un ouvrage d'une érudition profonde dans lequel Eusèbe nous a conservé des fragments précieux et considérables de plusieurs auteurs très-anciens, dont les noms ne seraient pas même connus sans lui. Il y rapporte aussi des extraits empruntés à beaucoup d'autres, auxquels il assure la propriété des ouvrages qui portent leur nom. On ne peut voir sans étonnement cette foule prodigieuse de théologiens, de philosophes et d'historiens païens, dont il entasse à plaisir les opinions les unes sur les autres, pour les battre en brèche et les faire tomber en ruine, par une espèce de guerre intestine qu'il excite entre elles. Avec Scaliger on est obligé de convenir que c'est un travail divin, pour la composition duquel il lui avait fallu fouiller toutes les bibliothèques de la Phénicie, de l'Egypte et de la Grèce, afin de prendre en défaut leurs plus célèbres écrivains, et de les convaincre d'erreur par l'autorité de la loi de Dieu, en leur montrant que ce qu'ils avaient dit de bon ils l'avaient puisé dans les livres des Hébreux. Le but de l'auteur est donc de faire voir que les chrétiens ont été bien fondés à rejeter la doctrine des Grecs pour embrasser celle des Hébreux, se réservant d'exposer ensuite, dans sa *Démonstration évangélique* les raisons qui les ont portés à embrasser la loi de Jésus-Christ à l'exclusion de celle de Moïse. C'est ainsi qu'il prépare son lecteur à recevoir les preuves de l'Evangile ; et c'est pourquoi il donne à cette première partie de son ouvrage le titre de *Préparation évangélique*.

Il commence par la définition de l'Evangile qu'il tire de l'étymologie même du mot, qui en grec signifie *bonne nouvelle*. Avant d'exposer au grand jour l'impiété et la folie du système païen, ce qu'il se propose de faire dans les six premiers livres, il rapporte les principales preuves sur lesquelles notre religion est fondée ; et une des plus évidentes est l'accomplissement des prophéties. Jésus-Christ avait prédit que sa doctrine devait se répandre par toute la terre ; que son Eglise, qui n'avait encore que de faibles commencements, se fortifierait de telle sorte, qu'elle deviendrait inébranlable aux plus violentes attaques de ses ennemis. « Qui osera nier, dit Eusèbe, que ces prédictions ne fussent vraies, puisque l'événement en est une preuve si convaincante ? Déjà la voix de l'Evangile s'est fait entendre par toute la terre ; déjà il s'est ouvert un chemin de tous côtés chez les peuples et les nations ; et le nombre de ceux qui le reçoivent s'augmente de jour en jour ; déjà l'Eglise a poussé de profondes racines, et, soutenue des prières et des vœux des hommes justes et agréables à Dieu, elle élève sa tête jusqu'au plus haut des cieux, prenant chaque jour de nouveaux accroissements qui l'affermissent, en sorte que ni les menaces de ses ennemis, ni la mort même ne peuvent l'ébranler.

« Les prophéties des Hébreux ne sont pas de moindres preuves de la vérité de notre religion. Leurs prophètes ont prédit la venue d'un Messie ; ils ont dit qu'il devait paraître une doctrine nouvelle et inconnue auparavant, qui s'étendrait par tout le monde ; ils ont prévu l'incrédulité des Juifs, leur opiniâtreté et leur endurcissement dans l'erreur ; tout ce qu'ils ont fait contre Jésus-Christ, et les malheurs qui devaient leur arriver en conséquence : savoir la ruine de Jérusalem et de tout le pays, suivie de leur dispersion chez les nations étrangères, pour y souffrir une dure servitude sous la puissance de leurs ennemis. Tout le monde a vu et voit encore aujourd'hui l'accomplissement de ces prédictions, tant pour ce qui regarde les malheurs et la réprobation de la nation juive, que pour la vocation des gentils à la foi.

« Ce sont là des preuves capables de convaincre toute personne que notre religion n'est pas d'une invention humaine, puisqu'elle a été prédite si longtemps auparavant par des hommes inspirés de Dieu. Mais, sans s'arrêter à ces preuves, peut-on voir la doctrine chrétienne en butte depuis tant d'années aux attaques secrètes des démons et aux persécutions ouvertes des princes, se soutenir néanmoins et même se fortifier de plus en plus, sans être obligé d'avouer que cette force admirable qui la rend supérieure aux attaques de ses ennemis ne peut lui venir que de Dieu, modérateur de toutes choses ? Ce qui montre encore qu'elle est véritable, c'est le progrès si rapide de l'Evangile ; le monde entier pacifié par une providence spéciale de Dieu pour faciliter ce progrès ; un changement total dans les mœurs des nations les plus barbares ; la connaissance d'un seul Dieu substituée au culte déraisonnable des idoles, des démons, des astres, des hommes, des animaux même ; la vie pure et innocente de ceux qui ont reçu cette doctrine ; l'excellence de sa morale, la grandeur de ses dogmes, en particulier de celui de l'immortalité de l'âme, que de simples filles et de faibles enfants, soutenus du secours de Jésus-Christ, établissent plus solidement par leur mépris pour la vie présente, que n'ont fait les plus habiles philosophes par leurs raisonnements. »

Ainsi Eusèbe fait voir que la foi des chrétiens n'est ni déraisonnable ni téméraire ; les uns croyant après un mûr examen, déterminés par la solidité des motifs qui les portent à croire ; et les autres, incapables d'en juger, s'appuyant sur la foi et l'autorité des premiers ; en quoi ils ne s'écartent en rien de la manière d'agir en usage parmi les hommes sensés. En effet, quoiqu'un malade ignore la vertu des remèdes qui lui sont ordonnés par son médecin, cependant il ne laisse pas de se soumettre à sa prescription, parce qu'il suppose qu'étant bien instruit de la nature de son mal, il ne lui prescrira rien que d'utile à sa santé.

C'est après avoir ainsi disposé ses lecteurs en faveur de la religion chrétienne, qu'il travaille à les convaincre de la vanité de celle des païens. Pour cet effet, il propose d'abord la théologie fabuleuse des nations les plus célèbres, d'après le témoignage de leurs propres auteurs, dont, autant que possible, il emprunte les paroles, afin qu'on ne l'accuse pas d'en imposer. Le premier qu'il met en scène est Diodore de Sicile, très-connu chez les Grecs pour avoir réuni en un seul corps de bibliothèque les histoires particulières de chaque pays. Viennent ensuite Plutarque, qui rapporte les différentes opinions des philosophes sur l'origine et les principes de toutes choses ; Socrate, qui se moque de ces philosophes ; Porphyre, qui décrit l'ancienne manière de sacrifier aux dieux ; et Sanchoniaton, sur la théologie des Phéniciens.

Dans le second livre, il continue d'exposer la théologie des païens, en produisant les témoignages de Manéthon sur celle des Egyptiens ; de Diodore, déjà cité, sur celle des Grecs ; de saint Clément d'Alexandrie qui, dans son *Exhortation aux Grecs*, réfute les fables et les mystères du paganisme ; de Platon, qui conseille d'ensevelir ces fables dans le silence, ou du moins de n'en parler qu'avec précaution, comme n'étant propres qu'à gâter l'esprit des jeunes gens. Enfin, il expose la théologie des Romains, rapportée par Denis d'Halycarnasse et entièrement contraire à celle des Grecs et des autres peuples.

Le troisième livre est employé à réfuter la théologie allégorique de quelques philosophes qui, dans les derniers temps, s'étaient avisés de donner des sens mystiques aux fables les plus grossières, et de les expliquer par les règles de la philosophie. Eusèbe montre, au contraire, que la vraie théologie des païens ne consistait que dans ces fables prises au pied de la lettre, comme les poëtes les avaient proposées, et que même, suivant les allégories des physiciens, c'était toujours une idolâtrie grossière, puisque, sous les noms de dieux et de déesses, on n'aurait adoré que les astres et les éléments, en un mot des corps et de la matière.

Dans les trois livres suivants, il réfute la théologie civile des païens, c'est-à-dire le culte des idoles, fondé sur les oracles qu'elles rendaient. Sans aller chercher une cause surnaturelle à ces oracles, en les attribuant à Dieu ou au démon, Eusèbe soutient qu'il était facile de montrer que tout ce qu'ils présentaient de merveilleux en apparence n'était ou qu'une illusion, ou des effets purement naturels qu'on n'admirait que parce qu'on n'en connaissait point la cause. Il suppose donc qu'au lieu des idoles qui paraissaient répondre à ceux qui venaient les consulter, c'étaient des hommes cachés dans les profondeurs secrètes de ces statues et qui, connaissant les plantes et leurs vertus, les causes naturelles et leurs effets, instruits en même temps par leurs espions des motifs particuliers qui amenaient chacun à l'oracle, rendaient à tous des réponses conformes à ce qu'ils désiraient, prescrivaient aux uns les remèdes convenables à leurs maladies, et annonçaient aux autres l'avenir par une longue suite de vers magnifiques, fabriqués à l'avance, et dont le sens équivoque les sauvait du reproche de s'être trompés, quoi qu'il pût arriver. Il prouve ce qu'il avance par l'aveu même des auteurs de ces fourberies; car quelques-uns de ces gens qui se faisaient gloire de porter le manteau de philosophes, et d'autres qui comptaient parmi les premiers magistrats d'Antioche, se voyant traînés aux tribunaux des Romains et mis à la question, avaient découvert toute la tromperie, et leurs dépositions se trouvaient enregistrées dans les actes publics. Eusèbe affirme ce fait comme arrivé de son temps. A cette preuve il en ajoute une autre qu'il regarde comme péremptoire : c'est que le plus grand nombre des philosophes et des sectes entières, comme les péripatéticiens, les épicuriens, les cyniques, non-seulement ne convenaient point de la vérité des oracles, mais prétendaient même qu'ils étaient inutiles, et souvent nuisibles aux Etats.

Il montre ensuite que quand il serait vrai que les idoles rendissent des oracles, c'était les mauvais génies ou démons qui en étaient les auteurs. En effet Porphyre, rapportant un oracle d'Apollon sur les différentes cérémonies qui devaient accompagner les sacrifices d'animaux, assurait qu'il n'y avait que les mauvais démons qui demandassent de pareils sacrifices. Il les accusait de plus d'avoir inventé les oracles, la divination, la magie, et il invitait les sages à renoncer à leur culte pour servir le Dieu souverain ; ce Dieu qui était si grand que tout culte extérieur, même de paroles, était indigne de lui. Il condamnait surtout la coutume barbare d'immoler des hommes aux idoles, comme une invention des mauvais démons. Or, Eusèbe démontre, d'après Porphyre et plusieurs autres, que l'on avait offert de ces sacrifices abominables à ceux qui passaient pour les plus grands dieux du paganisme, à Junon, à Minerve, à Saturne, à Mars, à Apollon et à Jupiter même ; d'où il conclut qu'ils étaient donc de mauvais démons, ou du moins qu'ils souffraient qu'on les apaisât par ces victimes, n'étant pas assez puissants sur eux-mêmes pour s'empêcher de faire du mal aux hommes.

C'est pour nous délivrer de la tyrannie de ces malins esprits que Jésus-Christ est venu sur la terre ; et en effet, depuis que sa doctrine a paru, les hommes, ramenés à des sentiments plus humains, n'ont plus cherché à se détruire les uns les autres comme ils faisaient auparavant par des guerres presque continuelles. Ils sont revenus de la peur que leur causait la méchanceté des démons, et ont cessé d'égorger sur leurs autels ce qu'ils avaient de plus proche et de plus cher. Les oracles sont devenus muets; enfin toute la puissance des démons a été abattue, ce que Porphyre même avait été obligé d'avouer : « Faut-il s'étonner, disait ce philosophe, si cette ville est affligée de maladies depuis tant d'années, puisque Esculape et les autres dieux se sont retirés de la compagnie des hommes ; car, depuis que Jésus a commencé d'être adoré, personne n'a ressenti les effets de leur protection. » Eusèbe remarque ensuite les différentes sources de l'idolâtrie, et les artifices dont les démons s'étaient servis pour attirer les hommes à leur culte ; puis il continue à montrer que les dieux adorés par les païens étaient de mauvais démons. Il le prouve par Plutarque ; par les maux qu'ils faisaient aux hommes, puisqu'à force d'enchantements et de maléfices on leur faisait faire ce que l'on voulait, comme ils l'avouaient eux mêmes ; sur quoi il rapporte un passage de Porphyre, où ce philosophe témoigne ne pas concevoir comment les dieux, étant supérieurs aux hommes, se trouvaient néanmoins obligés de leur obéir par la force de l'art magique. Il vient en particulier à l'examen des plus célèbres oracles, et pour en montrer l'illusion, il emprunte les paroles d'un certain Œnomaüs qui, ayant été trompé par un oracle d'Apollon, avait composé exprès un long discours, où il faisait voir par énumération qu'il n'y avait aucun de ces oracles que l'on ne pût convaincre de cruauté, d'ignorance, de fausseté ou d'inutilité. Que s'il arrivait qu'ils annonçassent vrai, c'était, selon Porphyre, dans des choses qui s'apprennent en étudiant le mouvement des astres; en quoi il n'y a rien que les hommes ne puissent faire. Quelquefois lorsqu'ils s'étaient trompés dans leurs prédictions, ils s'excusaient sur la force invincible du destin; car c'était l'opinion de la plupart des païens, que tout se faisait par nécessité.

C'est une occasion pour Eusèbe de réfuter cette erreur; d'abord par ses propres raisons, peu différentes de celles qu'il emploie dans sa *Réponse à Hiéroclès*, ensuite par celles des philosophes païens qui l'avaient combattue.

Venant à la doctrine des Hébreux, il en démontre l'excellence, en la comparant à toutes ces vaines théologies des autres nations. Celles-ci, pour unique et souverain bien, proposaient les voluptés du corps; et en effet, c'était le but auquel se rapportait tout le culte qu'ils rendaient aux dieux. L'autre au contraire, enseignant le mépris des plaisirs, fait consister la fin de l'homme dans son union avec Dieu. Elle apprend à penser juste de l'immortalité de l'âme et de l'unité d'un culte. Elle seule a pu jeter les fondements de la vraie piété, ainsi que l'ont prouvé, par l'innocence de leur vie, ceux qui ont observé cette doctrine, comme Enos, Enoch, Noé, Melchisedech, Abraham, et tous ceux qui ont vécu avant et même depuis la loi de Moïse, mais sans y être assujettis, comme le saint patriarche Job. Ces saints ont été nommés *Hébreux*, soit qu'ils tirassent ce nom d'*Héber*, ancêtre d'Abraham, soit qu'on le leur ait donné pour marquer, par sa signification, qui veut dire *passants*, qu'ils ne regardaient la terre que comme un passage, et qu'ils en méprisaient les biens pour s'attacher à la contemplation du Dieu tout-puissant. Eusèbe les distingue des Juifs qui étaient un peuple particulier, soumis à la loi de Moïse et à toutes ses cérémonies, tandis que les Hébreux ne suivaient que la loi de nature. Il retrace en particulier la vie de ces saints, telle que les livres de Moïse la rapportent, puis, venant à leur doctrine, il dit : « Ils croyaient un seul Dieu créateur et conservateur de toutes choses, et gouvernant tout par sa providence; après lui sa parole ou sa sagesse engendrée de lui avant toutes créatures, et par laquelle il a fait toutes choses; et en troisième lieu le Saint-Esprit. Ils croyaient aussi que le soleil, la lune, les étoiles et les astres sont l'ouvrage de Dieu; qu'il a créé des substances purement spirituelles, c'est-à-dire des anges dont le nombre infini n'est connu que de lui seul, et dont les uns sont demeurés bons et les autres devenus méchants par leur faute; qu'il a précipité ces derniers dans les enfers, pour y souffrir la peine de leur révolte; mais qu'il en a laissé une partie répandue autour de la terre, afin que les hommes, exposés sans cesse à leurs attaques, eussent toujours des occasions présentes de mériter en leur résistant. Ce sont ces démons qui ont inventé l'idolâtrie, et qui, en haine de Dieu, se sont fait adorer à sa place; abusant de la simplicité des hommes par les divinations, les oracles et autres prestiges. L'homme est composé de deux parties; d'un corps terrestre et d'une âme immortelle : et c'est dans celle-ci que Dieu a gravé son image.

Il passe à la loi de Moïse, faite pour les Juifs, et rapporte de suite l'histoire de la traduction des Septante, telle qu'elle est écrite dans Aristée. Il remarque, comme un trait particulier de la providence de Dieu, qu'il ait inspiré à Ptolémée Philadelphe le dessein de faire traduire cette loi, afin de préparer les nations étrangères à recevoir le Messie qui devait paraître bientôt. Il montre ensuite l'excellence de cette loi par les témoignages de Philon et de Josèphe; puis, pour faire voir que la distinction des viandes qui s'y trouve prescrite n'a rien de contraire à la sagesse du législateur, il rapporte le discours d'Eléazar expliquant aux envoyés du roi Ptolémée les raisons de cette mystérieuse distinction. De tous les animaux à quatre pieds, les Juifs ne pouvaient manger que celui dont la corne du pied est fendue et qui rumine, pour marquer tout à la fois le discernement qu'ils devaient faire du bien et du mal, et la méditation continuelle de la loi de Dieu. Le juif Aristobule qui, suivant Aristée, est le même dont il est parlé au second livre des *Machabées*, avait adressé à Ptolémée un écrit dans lequel il expliquait, d'une manière allégorique, les passages de l'Ecriture qui attribuent à Dieu des membres humains. Selon lui, la main de Dieu signifie sa puissance; son repos, la durée de ses ouvrages; son changement d'un lieu à un autre, ses opérations. Eusèbe justifie de même, par les explications des Juifs, d'autres endroits de l'Ecriture, dont le sens littéral semble avoir quelque chose de choquant. Il rapporte également les témoignages de plusieurs auteurs grecs sur le déluge, sur la tour de Babel, sur la confusion des langues, sur l'histoire d'Abraham, de Jacob, de Jérémie, sur la captivité de Babylone, et sur divers autres points de l'histoire des Juifs. Mais il prouve surtout l'excellence de leur religion par la sainteté de plusieurs d'entre eux, et particulièrement des Esséens, dont il rapporte la vie d'après le récit du juif Philon, et de Théophraste, et de Porphyre, païens, en prenant soin d'appuyer ce qu'il avance de témoignages désintéressés et non suspects.

Aux Grecs, qui reprochaient aux chrétiens d'avoir reçu leur religion des barbares, il répond en leur montrant qu'ils avaient eux-même emprunté leurs arts et leurs sciences aux peuples qu'ils appelaient barbares, et en particulier aux Hébreux; ce qu'il prouve, d'abord par le propre aveu de leurs auteurs, ensuite par la conformité des sentiments de Platon avec ceux de Moïse et de quelques autres Hébreux reconnus antérieurs à Platon et aux plus anciens auteurs grecs; conformité telle qu'elle n'a fait souvent que traduire en sa langue les pensées de ces écrivains sacrés. Eusèbe traite fort au long cette matière, et rapporte les passages de ce philosophe sur l'ineffabilité et l'unité de Dieu ; sur un premier, un second et un troisième principe; sur ce que Dieu seul est le souverain bien; sur les êtres incorporels, dont les uns sont bons et les autres mauvais; sur l'immortalité de l'âme; sur la création du monde; sur la lune et les étoiles, qu'il regarde comme des ouvrages du Verbe ; sur la fin de l'univers; sur la résurrection des morts, le jugement dernier, et plusieurs autres points soit dogmatiques, soit moraux, sur lesquels son sentiment est conforme à ce que les Ecritures nous en apprennent.

« Mais, disaient les Grecs, s'il est vrai que la doctrine de Platon et celle des Hébreux soient si conformes, ne valait-il pas mieux suivre ce philosophe que des étrangers et des barbares? » Eusèbe répond que, « malgré le respect que les chrétiens ont pour Platon, à cause de cette conformité, ils ne laissent pas de remarquer une grande différence entre ces lois et celles de Moïse; que les unes sont purement humaines, au lieu que celles-ci sont émanées de Dieu même; que Platon a toujours hésité sur ce qu'il fallait croire de la nature de Dieu; qu'il a cru que le ciel méritait un culte particulier; que sa morale n'est pas pure en tout, comme quand il dit que les femmes peuvent s'exercer nues à la lutte, et qu'elles doivent être communes dans une république bien réglée. » Il passe aux autres philosophes, et après avoir remarqué que la doctrine des chrétiens avait été constamment observée depuis le commencement du monde, d'abord par les Hébreux qui avaient vécu avant Moïse, ensuite par Moïse même, et par les prophètes qui lui ont succédé, sans que personne ait osé y faire aucun changement; il montre, par les disputes des écoles, qu'il y a toujours eu une extrême opposition de sentiment, non-seulement entre ceux qui adhéraient à des sectes différentes, mais encore entre ceux qui faisaient profession de suivre le même maître. Il attaque en particulier Aristote, et fait voir l'inutilité de sa physique; mais il déclare qu'il ne veut point toucher à ses mœurs, et blâme ceux qui avaient attaqué sa réputation.

Démonstration évangélique. — C'est ainsi qu'après avoir préparé l'esprit de l'homme à recevoir l'Evangile, et justifié contre les païens le choix que les chrétiens ont fait de la doctrine des Hébreux, Eusèbe répond, dans sa *Démonstration évangélique*, aux plaintes des Juifs, qui reprochaient aux chrétiens de s'approprier leurs Ecritures, en refusant de s'assujettir à leur loi. Il tire sa première raison de l'incompatibilité qui existe entre cette loi et la nouvelle alliance de Dieu avec toutes les nations du monde, si souvent prédite dans les Ecritures. Moïse ordonnait d'aller trois fois l'an à Jérusalem, aux trois grandes solennités de Pâques, de la Pentecôte et des Tabernacles, et les Juifs devaient s'y trouver en ces jours avec toute leur famille; ils étaient également obligés de s'y rendre pour plusieurs autres sujets; les femmes, pour se purifier après leurs couches, ceux qui étaient tombés en quelques fautes, même de simples fautes d'ignorance, pour les expier par des victimes, car il n'était pas permis de sacrifier ailleurs que dans le temple de Jérusalem. Ajoutez à cela les malédictions que Moïse prononce contre quiconque manquerait à un seul point de la loi. Si ces ordonnances ne sont pas pour la seule nation juive, comment les accorder avec les promesses de Dieu, de se choisir un peuple de toutes les nations, puisqu'il y en a une infinité que l'éloignement où ils sont de Jérusalem met dans l'impossibilité de satisfaire au précepte d'y aller au moins trois fois l'an.

C'est pour cette raison que Jésus-Christ envoyant ses disciples annoncer l'Evangile aux gentils, leur enjoint d'enseigner, non ce qui est prescrit dans la loi, mais ce qu'ils avaient appris de sa bouche. Car la loi de Moïse ne pouvait convenir qu'aux Juifs, au lieu que celle de Jésus-Christ doit être commune à toutes les nations, suivant ce qu'il est écrit : *Le sceptre ne sera point ôté de Juda, ni le prince de sa postérité, jusqu'à ce que celui qui doit être envoyé soit venu, et c'est lui qui sera l'attente des nations.* Ainsi David invite toute la terre à chanter au Seigneur non l'ancien cantique de Moïse, mais un cantique nouveau : *Chantez,* dit-il, *au Seigneur un cantique nouveau, chantez au Seigneur dans toute la terre.* Et ailleurs : *Venez, ô nations différentes, apportez vos présents au Seigneur ; venez offrir au Seigneur l'honneur et la gloire, venez offrir au Seigneur la gloire due à son nom.* Et encore : *Le Seigneur a fait connaître le salut qu'il nous réservait, il a manifesté sa justice aux yeux des hommes, toute l'étendue de la terre a vu le salut que notre Dieu nous a procuré.* C'est ce cantique nouveau, qui est aussi appelé dans Jérémie *la nouvelle alliance,* par opposition à celle que Dieu fit avec les Israélites à leur sortie d'Egypte. Eusèbe remarque que ce n'est qu'en ce sens qu'elle est appelée *nouvelle,* et prétend qu'en effet elle est aussi ancienne que les premiers patriarches; ce qu'il prouve par la conformité de leur foi et de leur morale avec celle que Jésus-Christ nous a enseignée. Ils croyaient comme nous en un seul Dieu créateur de toutes choses; et un Verbe de Dieu, qui leur a apparu en diverses occasions sous différentes formes : ils n'observaient ni la circoncision, ni la distinction des viandes, ni le sabbat, ni aucune autre cérémonie de la loi. Job a pratiqué par avance les préceptes évangéliques, pleurant avec ceux qui pleuraient, refusant les présents, aidant les veuves et les pupilles, revêtant les nus, ne mettant point sa félicité dans la jouissance des grands biens qu'il possédait, ni sa joie dans la perte de ses ennemis. Il n'y a pas jusqu'au nom, qui ne leur ait été commun avec nous; car c'est d'eux dont il est écrit : *Gardez-vous bien de toucher à vos oints, et ne maltraitez point mes prophètes.*

Au reste, une preuve sensible de la subrogation du Nouveau Testament à l'Ancien, c'est qu'aujourd'hui les Juifs sont hors d'état de satisfaire à leur loi, n'ayant plus ni temple, ni autel, depuis la destruction de Jérusalem, arrivée quelques années après que Jésus-Christ eut paru sur la terre. Au contraire, depuis ce temps, la connaissance du vrai Dieu s'est étendue parmi les nations. Par tout le monde, on a élevé au Seigneur l'autel des victimes non sanglantes et raisonnables, ainsi que l'exigent les nouveaux mystères du Nouveau Testament, en sorte que l'on voit à la lettre l'accomplissement de cette prophétie de Malachie : *Mon affection n'est point en vous, dit le Seigneur des armées, et je ne recevrai point de présents de vos mains; car depuis le lever du soleil jusqu'au couchant, mon nom est grand parmi les nations; et l'on me sacrifie en tout lieu, et l'on offre à mon nom une oblation toute pure.* Ce qu'il y a d'admirable, c'est que Jésus-Christ, auteur de cette nouvelle alliance, en la substituant à la loi de Moïse, non-seulement n'a point condamné cette dernière, mais a voulu l'accomplir en tout, soit en pratiquant ce qu'elle ordonne, soit en réalisant en lui-même ses prophéties. Aussi n'aurait-on pas cru qu'il fût le Messie, prédit par Moïse et par les prophètes, s'il les eût condamnés; mais en montrant qu'il les approuvait, il est venu appuyé de leur témoignage, et par conséquent ayant autorité d'établir de nouvelles lois, enseigner l'Evangile aux Juifs, car c'est de lui que Moïse avait dit : *Le Seigneur votre Dieu vous suscitera un prophète comme moi, de votre nation et d'entre vos frères; c'est lui que vous écouterez.* Ils n'ont pas voulu l'écouter et c'est la source de tous leurs malheurs : quant à nous, qui avons reçu sa doctrine, qu'avons nous fait qu'obéir à la loi de Moïse?

Eusèbe parle, en passant, de la manière dont Jésus-Christ a établi sa loi, en la gravant non sur des tables de pierre ou sur le papier, mais, comme Jérémie l'avait prédit, dans le cœur des siens. « Les apôtres, dit-il, à l'imitation de leur Maître, se sont contentés de la parole, pour confier les préceptes les plus sublimes à ceux qui étaient capables de les comprendre; mais pour s'accommoder à la faiblesse des autres, ils leur ont prescrit des règles plus communes, qu'ils leur ont laissées, partie par tradition et partie par écrit. » Il parle, à cette occasion, de deux sortes de chrétiens, dont les uns plus parfaits renonçaient au mariage, aux enfants, à la possession des biens temporels, à la compagnie des hommes, pour se consacrer entièrement à Dieu, et lui offrir continuellement, pour le reste de leurs frères, les sacrifices de leurs prières et de toutes sortes de vertus. Les autres demeuraient dans la vie commune, dans le mariage, avec le soin des enfants et d'une famille; portant les armes, labourant la terre, trafiquant, en un mot remplissant toutes les fonctions de la vie civile; mais sans négliger la piété, et se ménageant des heures réglées pour s'y exercer et s'en instruire.

Le célibat de ces chrétiens parfaits, et l'absence des sacrifices sanglants qui formait le point capital de leur religion, établissaient entre eux et les patriarches une différence, qui devint le fondement d'une objection contre ce qu'Eusèbe a avancé plus haut, savoir que leur religion était la même que la nôtre. Il la résout de cette manière : « Les patriarches avaient des femmes, parce qu'alors il était nécessaire d'en avoir pour peupler le monde encore commençant. Ils pouvaient, détachés comme ils étaient de tout autre soin que de celui de leur famille, vaquer avec elle aux exercices de piété; et la race des impies, qui s'augmentait tous les jours, demandait qu'ils fissent croître autant qu'il était en eux le nombre des justes, afin de laisser sur la terre quelque semence de la vraie piété. Les chrétiens au contraire, qui sont persuadés que la fin du monde approche, ne se soucient pas beaucoup de l'augmenter, et préfèrent le conseil de l'Apôtre : *Que ceux qui ont des femmes soient comme s'ils n'en avaient point.* Ils craignent d'ajouter les embarras du mariage à une infinité d'obstacles qu'ils ont à surmonter au dehors, et qui ne les détournent que trop du soin de plaire à Dieu. Enfin, les enfants ne leur sont point nécessaires pour l'agrandissement du peuple de Dieu, puisque les gentils viennent en foule à l'Eglise, s'empressant à l'envi de se faire instruire des préceptes de l'Evangile : en sorte qu'il ne s'agit guère que de leur trouver des docteurs, qui, libres de tout autre soin, s'occupent uniquement de celui de les enseigner. D'ailleurs, l'Evangile n'interdit point le mariage; mais seulement saint Paul veut que celui que l'on choisit pour évêque n'ait été marié qu'une fois, à l'exemple de Noé, d'Isaac, de Joseph et de quelques autres que l'on ne voit pas avoir eu plus d'une femme. Il est convenable toutefois, que quand ils sont élevés au sacerdoce, ils s'abstiennent du commerce avec leurs femmes : mais les autres chrétiens peuvent en user dans les règles prescrites par l'Apôtre : *Que le mariage soit traité de tous avec honnêteté, et que le lit nuptial soit sans taches.* A l'égard des sacrifices, si les chrétiens n'en offrent point de sanglants, c'est qu'ils ont dans la vérité celui dont les autres n'étaient que la figure, c'est-à-dire le sacrifice du corps et du sang de Jésus-Christ, dont ils renouvellent la mémoire par des signes institués à cet effet. Ils sacrifient aussi à Dieu l'encens de leurs prières, s'offrant à lui avec un corps chaste et sans tache, et un esprit épuré de toute souillure et de toute affection au péché; ce qui lui est plus agréable que l'odeur du sang ou de la graisse des animaux. »

Le second livre n'est, à proprement parler, qu'un tissu de passages tirés des prophètes et des psaumes, pour prouver la vocation des gentils à la foi et la réprobation des Juifs, à la réserve d'un petit nombre d'entre eux. Le troisième livre est plus raisonné. Eusèbe dit lui-même que les deux précédents n'en sont pour ainsi dire que le préliminaire. C'est dans ce livre qu'il commence à démontrer par des raisons solides que Jésus-Christ est le vrai Messie, et que son Evangile est une loi que tout le monde est obligé de suivre. Il s'applique donc à prouver aux Juifs que toutes les prophéties qui regardent le Messie se sont accomplies à la lettre en la personne de Jésus-Christ. Il rapporte d'abord la promesse que Dieu avait faite aux Juifs, de leur susciter du milieu de leurs frères un prophète semblable à Moïse; et par un long parallèle qu'il établit entre cet ancien législateur et Jésus-Christ, il montre clairement que celui-ci est le nouveau prophète que Dieu devait leur envoyer. Il vient aux nouvelles prophéties, et montre, suivant celle de Moïse, que Jésus-Christ règne sur toutes les nations, qui se font gloire de le reconnaître pour leur Seigneur, ce qui n'est arrivé à aucun roi des Juifs; que, suivant celle de Jacob, il est venu pendant que le sceptre était enlevé de la maison de Juda; que, suivant Michée, il est né à Bethléem; que, suivant Isaïe, il est sorti de la maison de David, né d'une vierge et a souffert la mort; que, suivant le psaume cxvi (1), il est ressuscité; enfin que les malheurs prédits aux Juifs, en conséquence de la mort qu'ils devaient faire souffrir au Messie, leur sont arrivés presqu'aussitôt après qu'ils se sont rendus coupables de celle de Jésus-Christ.

Ces preuves n'étant que pour ceux qui défèrent à l'autorité de l'Ecriture, Eusèbe a recours à un autre genre de démonstration, pour prouver aux païens la divinité de Jésus-Christ. Il demande à ceux qui le traitaient d'imposteur, s'il en parut jamais un dont la vie fut aussi admirable, la morale aussi pure, la doctrine aussi sublime. Il vient ensuite à ses miracles, et après avoir rapporté une partie des plus éclatants, il fait voir qu'ils ne sont ni des fictions de la part des disciples qui les ont écrits, ni des prestiges de la part du maître. 1° On ne peut dire que les disciples aient été portés par aucune vue humaine à nous débiter de faux miracles, eux qui avaient appris de Jésus-Christ à mépriser tout intérêt temporel. 2° Il est contre toute apparence que soixante-dix hommes soient convenus d'un commun accord d'en aller imposer à toute la terre; qu'ils aient quitté pour cela leurs maisons, leurs femmes, leurs enfants, ce qu'ils avaient de plus cher; bien plus, qu'ils se soient accordés jusqu'au point de ne rien avancer de contraire les uns aux autres, même après leur dispersion dans tant de différents endroits où ils ont prêché leur doctrine. Connaissant leur maître pour un séducteur, auraient-ils eu pour lui la vénération qu'ils lui ont portée, surtout depuis sa mort? Se seraient-ils exposés pour lui à une mort certaine, tandis qu'ils pouvaient vivre en sûreté dans leurs maisons? Eussent-ils osé entreprendre de soumettre toute la terre à ses lois, n'ayant à opposer à tant de préjugés des païens qu'un homme crucifié qu'ils leur proposaient à adorer, à la place des dieux dont le culte était autorisé par une coutume aussi ancienne que la plupart des peuples? Que pouvaient-ils espérer d'une entreprise si hardie, sinon les cachots, les chaînes, les tourments, la mort même qu'ils ont en effet endurée? On dira peut-être qu'ils n'avaient point prévu ces dangers; mais ils ne pouvaient les ignorer, sachant les lois établies chez les Romains, les Grecs et les barbares, contre quiconque voudrait introduire une nouvelle religion au préjudice de l'ancienne; et l'exemple tout récent d'Etienne, de Jacques et de quelques autres martyrisés sous leurs yeux, les avertissait assez de ce qu'ils avaient eux-mêmes à attendre. 3° Judas ne serait point tombé dans le désespoir qui le rendit son propre homicide, s'il eût connu pour un séducteur celui qu'il avait trahi.

Enfin si le témoignage de soixante-dix hommes ne suffit pas pour avérer les miracles de Jésus-Christ, il n'est plus aucun fait que l'on ne puisse révoquer en doute; d'autant que la bonne foi qui paraît dans les écrits des apôtres ne permet pas même de penser qu'ils aient voulu en imposer. On y voit pour la vérité un amour tel, qu'ils n'ont pas même omis de rapporter ce qui était à leur désavantage. Ainsi saint Mathieu avoue sans détour qu'il était publicain lorsque Jésus-Christ l'appela à lui. Saint Pierre, que l'on peut regarder en quelque sorte, comme l'auteur de l'Evangile qui porte le nom de saint Marc, puisque celui-ci n'a fait que mettre par écrit ce qu'il avait appris du prince des apôtres, saint Pierre parlant par la bouche de cet évangéliste, passe sous silence le témoignage glorieux qu'il rendit à la divinité de Jésus-Christ, et les prérogatives qu'il en reçut après cette confession; mais quand il s'agit de rapporter l'histoire de son reniement, bien loin d'en diminuer aucune circonstance, il enchérit au contraire sur ce qu'en ont écrit les autres évangélistes. Tous, avec la même sincérité, ont raconté la trahison d'un des disciples, les calomnies, les opprobres, les souffrances, la mort ignominieuse de Jésus-Christ. Si leur dessein eût été de nous tromper, ils n'auraient écrit de lui que des choses merveilleuses. Ils auraient dit, par exemple, que Judas, après sa perfidie, fut changé en pierre; que la main de celui qui frappa Jésus sur la joue se sécha à l'instant; que Caïphe perdit la vue en punition du jugement injuste qu'il rendit contre lui; que, s'étant laissé conduire devant ses juges, il s'était soustrait à leur présence, ne laissant à sa place qu'un fantôme sur lequel ils avaient exercé toutes leurs cruautés; pour mieux dire, ils auraient passé sous silence, l'histoire de sa passion et de sa mort, et l'auraient fait remonter vivant au ciel après l'établissement de sa doctrine.

---

(1) Il y a ici erreur évidente, de la part des copistes, dans l'indication de ce psaume. Eusèbe cite en effet plusieurs textes des psaumes sur la résurrection de Jésus-Christ, il cite du psaume xv : *Non relinques animam meam in inferno...*; du psaume xxxix : *Eduxisti ab inferno animam meam*, et du ix* : *Qui exaltas me de portis mortis*, etc.; mais on ne voit nulle part qu'il cite le cxvi.

Eusèbe conclut que l'on doit accepter comme vrai tout ce que les apôtres ont écrit de Jésus-Christ, et il corrobore leur témoignage de celui de l'historien Josèphe, leur compatriote et leur contemporain dans son fameux passage du dix-huitième livre des *Antiquités judaïques*.

Il répond ensuite à ceux qui traitaient de prestiges les miracles de Jésus-Christ, en faisant ressortir l'injustice de ce préjugé de l'extrême disproportion de ses mœurs et de sa doctrine avec celle des Magiciens, toujours passionés pour la gloire, avides de gain, et abandonnés aux voluptés les plus infâmes ; mais il insiste principalement sur ce que jamais l'on a pu convaincre de magie aucun de ses disciples, ni même aucun chrétien, quelques tourments qu'on leur ait fait endurer pour les forcer à s'en avouer coupables. Au contraire, il fait remarquer que dans le cours de leurs prédications, les apôtres ayant sans doute parlé contre la magie, plusieurs de ceux qu'ils avaient convertis lui apportèrent un grand nombre de livres qui traitaient de cette science, et qu'ils firent brûler sur la place publique. Il montre encore que si les plus célèbres philosophes n'ont pu donner à leur secte l'extension que Jésus-Christ a donnée à la sienne, à plus forte raison celle d'un magicien n'eût jamais obtenu un semblable succès. Aucun de ceux qui ont excellé dans l'art magique, n'a rien fait qui approchât des merveilles opérées par Jésus-Christ ; merveilles qu'il n'a point opérées par le secours du démon, puisqu'il n'y a employé ni sacrifices, ni libations, ni invocations de ces esprits mauvais. Les chrétiens, fidèles en cela à ses recommandations, aiment mieux mourir que leur sacrifier ; et ils exercent même sur eux un tel pouvoir que par le nom de Jésus, ils les obligent à sortir des corps qu'ils possèdent. D'ailleurs, la terreur que sa seule présence imprimait aux démons, la vie innocente et pure dont il nous a laissé les exemples, la prière qu'il nous a enseignée, le monde entier converti par de pauvres pêcheurs, la soumission de ses disciples quand il leur ordonna de commencer ce grand ouvrage, l'heureux succès de cette entreprise malgré leur ignorance, les persécuteurs vaincus par la constance des chrétiens, tout cela prouve invinciblement que Jésus-Christ n'a agi ni par les seules forces de l'homme, ni par le secours des démons, mais en vertu d'une puissance divine. Enfin Eusèbe remarque que l'innocence et la sainteté du Sauveur ont brillé d'une manière si éclatante, que Porphyre lui-même, un des plus grands ennemis de notre religion, a été forcé d'avouer que Jésus-Christ était un être doué d'une grande probité et que son âme avait été reçue dans les Champs-Elisées.

Dans le quatrième livre, Eusèbe traite théologiquement de la nature du Verbe. Il dit que « Dieu ayant résolu de toute éternité de créer le monde, produisit, avant toutes choses, son propre Fils, pour en être le Seigneur, l'administrateur et le conservateur ; qu'il le produisit de lui-même, seul Dieu parfait engendré de Dieu, comme le soleil produit sa lumière, et la fleur son odeur ; avec cette différence néanmoins que la lumière ne peut être séparée du soleil, qu'elle en est l'effet nécessaire, qu'elle subsiste en même temps avec lui, et qu'elle lui donne en quelque sorte son complément ; au lieu que le Fils subsiste par lui-même séparément du Père, qu'il n'a pas son essence de lui-même mais du Père, qui existait avant lui comme seul non engendré ; que le Père ne reçoit rien du Fils, quant à sa nature, et que le Fils, au contraire, tient du Père comme de sa cause, et son être et sa manière d'être ; engendré avant tous les temps, toujours coexistant au Père, Verbe, Dieu, non par séparation ou division de la substance du Père, mais par sa volonté et par sa puissance, d'une manière que nous ne pouvons concevoir ; car comme personne ne connaît le Père sinon le Fils, ainsi personne ne connaît le Fils sinon le Père qui l'a engendré. » Il prouve que ce Fils est unique ; qu'il est au-dessus de tous les êtres créés, dont il est lui-même le créateur et le conservateur ; qu'il est en tout semblable au Père ; mais il insinue toujours quelque dépendance de la part du Fils, qu'il dit avoir été produit par le Père pour être l'exécuteur et l'instrument de ses volontés. On examinera ailleurs son sentiment sur ce point.

Il traite ensuite des motifs de l'Incarnation, et dit que les hommes abusant de leur liberté pour se livrer entièrement au mal, Dieu pour ne pas les laisser à eux-mêmes sans chef ni pasteur, les mit comme en tutelle sous la conduite des anges, auxquels il distribua chaque nation, mais qu'il soumit eux-mêmes à son Fils unique, avec Jacob et Israël, c'est-à-dire, la partie des hommes qui avaient conservé le culte du vrai Dieu. Cette division est marquée, selon lui, dans Moïse en ces termes : *Quand le Très-Haut a fait la division des peuples, quand il a séparé les enfants d'Adam, il a marqué les limites des peuples selon le nombre des anges de Dieu, et il a choisi Israël pour être la portion du Seigneur, et Jacob pour être son partage*. Le Fils non-seulement conserva parmi les siens le culte du Très-Haut, mais il les amena insensiblement jusqu'au point de ne plus adorer que lui seul. Les anges, commis à la garde des autres peuples, ne pouvant leur faire concevoir l'Être suprême autrement que par ses ouvrages, les portèrent par la considération des astres, c'est-à-dire de ce qu'il y a de plus brillant dans la nature, à s'incliner devant la puissance du créateur. Mais eux confondant l'œuvre avec l'ouvrier s'accoutumèrent à considérer ces créatures comme des dieux. Telle est l'origine de l'idolâtrie qui descendit du ciel sur la terre, qui se fit un Dieu de tous les objets créés, qui envahit successivement tout l'univers, et qui étendit quelquefois sa corruption jusqu'au peuple de Dieu lui-même. C'est alors que ne voyant plus d'autres moyens d'arracher les hommes à la servitude des démons,

« Le Fils de Dieu s'est fait homme, mais sans cesser d'être Dieu comme auparavant. Comme homme il souffrait, comme Dieu il faisait des miracles ; comme homme il est mort, comme Dieu il a commandé à la mort même, en arrachant des enfers ceux qu'elle tenait dans ses chaînes. Son dessein en mourant a été d'étendre sa domination sur les morts de même que sur les vivants, de nous délivrer du péché, de s'offrir en victime pour le monde entier, d'abattre la puissance des démons, d'apprendre à ses disciples par son propre exemple à mépriser la mort dans l'attente d'une meilleure vie. Quant à la divinité, elle n'a rien souffert de son union avec la nature humaine. Lorsque Jésus-Christ comme homme, conversait avec les hommes étant présent dans un certain lieu, le Verbe remplissait en même temps tous les lieux ; il était avec le Père et dans le Père, gouvernant toutes choses au ciel et sur la terre. Elle n'a rien souffert de la mort de l'homme, non plus que le soleil en pénétrant de ses rayons un corps mort. »

C'est ainsi qu'Eusèbe explique l'économie de l'incarnation. Il traite ensuite du nom de Christ et fait voir que l'Ecriture l'attribue non-seulement à ceux qui avaient reçu l'onction matérielle, tels que les prêtres et les rois chez les Juifs, mais encore à ceux que Dieu oignait d'une manière insensible par l'effusion de son Esprit, comme Abraham, Isaac et Jacob dont il est écrit dans le psaume : *Gardez-vous bien de toucher à mes oints et ne maltraitez pas mes prophètes.* Suivant Eusèbe, c'est en ce dernier sens que le nom de Christ convient à Jésus, qui comme Verbe de Dieu est prêtre éternel selon l'ordre de Melchisédech, et oint non de la main des hommes, mais de la main de Dieu et d'une onction bien plus excellente, suivant cette parole d'un autre psaume : *Vous avez aimé la justice et haï l'iniquité ; c'est à cause de cela, ô Dieu, que Dieu vous a oint d'une huile de joie, d'une manière bien plus excellente que tous ceux qui y ont eu part avec vous.* Le Seigneur lui-même dit par la bouche d'Isaïe : *L'Esprit du Seigneur s'est reposé sur moi, c'est pourquoi il m'a consacré par son onction, il m'a envoyé prêcher l'Evangile aux pauvres.* A propos de ce texte, Eusèbe fait remarquer que le style ordinaire aux prophètes, est de parler des choses à venir comme si elles étaient déjà accomplies, puis il continue à marquer les autres passages de l'Ecriture, où il est fait mention du nom de *Christ* ou de *Jésus,* et il applique tous ces passages à Jésus-Christ.

Dans le cinquième livre et les suivants, Eusèbe traite de nouveau toute cette doctrine du Verbe, qu'il étend et prouve par les paroles des prophètes. Et d'abord il allègue en faveur de sa génération éternelle le fameux passage des *Proverbes : Le Seigneur m'a créé au commencement de ses voies, il m'a engendré avant les collines.* C'est ainsi que les Septante, qu'il suit ordinairement, rendent ce passage. Il dit que ce serait une chose impie de vouloir expliquer cette génération par des exemples tirés de la génération ordinaire des corps, et que d'un autre côté il y aurait du danger à avancer que le Fils a été tiré du néant comme toutes les autres créatures ; qu'il vaut donc mieux s'en tenir à ce que les saintes Ecritures nous enseignent là-dessus, sans prétendre approfondir la manière dont se fait la génération du Verbe, nous qui ignorons tant de choses purement naturelles. Sur quoi il apporte à diverses fois cet endroit d'Isaïe : *Qui racontera sa génération?* Il passe aux paroles du psaume : *Le Seigneur a dit à mon Seigneur.... je vous ai engendré de mon sein avant l'étoile du jour.* Et encore : *Le Seigneur a juré, et son serment demeurera immobile, que vous êtes prêtre éternel selon l'ordre de Melchisédech.* Enfin : *Il boira de l'eau du torrent dans le chemin, et c'est pour cela qu'il élèvera sa tête.* Les premières paroles prouvent la divinité du Fils, et qu'il a été engendré du Père ; les suivantes prouvent son sacerdoce éternel ; celles-ci prédisent sa passion. Dans Isaïe il est dit que *les justes l'adoreront, et qu'ils lui adresseront leurs prières, parce que Dieu est en lui, et qu'il n'y a pas d'autre Dieu que lui ;* c'est-à-dire, selon Eusèbe, qu'il faut adorer le Fils à cause du Père qui habite en lui ; de même qu'on respecte l'image d'un roi à cause de celui qu'elle représente. Il y a toutefois cette différence, selon Eusèbe même, que le Fils est l'image naturelle du Père, étant Dieu par sa nature et Fils unique de Dieu, non par adoption comme ceux qui sont élevés à cette dignité. Dans le psaume XXXII, il est appelé la parole du Seigneur, par laquelle les cieux ont été affermis ; et lui-même se rend ce témoignage par la bouche d'Isaïe : *C'est moi, c'est moi-même qui suis le premier et qui suis le dernier ; c'est ma main qui a fondé la terre ; c'est ma main droite qui a affermi les cieux... et maintenant j'ai été envoyé par le Seigneur mon Seigneur, et par son esprit.* Eusèbe fait remarquer le mot *Seigneur* répété, pour marquer le Dieu souverain ; soutenant que ce n'est pas lui qui est appelé le premier, puisqu'il est sans principe et avant le premier, c'est-à-dire, avant le Fils à qui il a donné l'existence.

Pour prouver que le Fils à son mode d'existence propre, autre que celle du Père, il apporta les passages de l'Écriture où Dieu semble tenir conseil avec un autre et lui adresser la parole ; et ceux encore où soit le Père, soit le Fils parlent d'un autre Dieu et d'un autre Seigneur. Il soutient que les passages où il est dit que Dieu apparaissait aux anciens, doivent s'entendre du Fils et non pas du Père ; ce qu'il fonde sur cette raison, qu'il n'est pas pieux de croire que Dieu se montre aux hommes sous une figure corporelle ; et sur le passage de saint Jean que *nul homme n'a jamais vu Dieu.* Il croit néanmoins que ce fut le Père qui parla à Moïse du milieu du buisson ardent, non pas à la vérité par lui-même, mais par un ange ; de même que par Isaïe, Jérémie et les autres prophètes, c'est tantôt lui qui parle, tantôt la personne du Verbe et tantôt celle du

Saint-Esprit. Cependant, comme il est écrit que celui qui parlait à Moïse était le même qui avait apparu à Abraham, Isaac et Jacob, Eusèbe se tire de cette difficulté au moyen d'une traduction d'Aquila, selon laquelle il prétend qu'on doit lire, que Dieu avait apparu à ces patriarches, non par lui-même mais par son Fils. Or, dans tous ces endroits où il prétend qu'il est fait mention des apparitions du Verbe, il a grand soin de faire remarquer que, soit en termes exprès, soit en termes équivalents, il y est toujours reconnu pour Seigneur et pour Dieu.

Il vient aux prophéties qui regardent l'avénement d'un Dieu sur la terre; les deux grands signes de cet avénement qui sont la vocation des nations à la foi, et la ruine du peuple juif en punition de son incrédulité. Il expose ensuite celles qui déterminent la forme de cet avénement, c'est-à-dire, qui marquent qu'il viendrait dans la chair et la nature de l'homme, qu'il naîtrait d'une vierge du peuple juif, de la tribu de Juda, du sang de David et de Salomon, et que Bethléem serait le lieu de sa naissance; et enfin, il prouve que toutes ces prophéties ont trouvé leur accomplissement en Jésus-Christ; et c'est cette démonstration qui forme la matière des sixième et septième livres.

Pour ce qui est du temps de l'avénement du Fils de Dieu, dont Eusèbe traite dans son huitième livre, il le détermine d'abord par la prophétie de Jacob, où il est dit que le sceptre ne serait point ôté de la maison de Juda, ni le prince de sa postérité, jusqu'à ce que Dieu eût accompli ses promesses, c'est-à-dire, selon la Vulgate, jusqu'à ce que celui qui devait être envoyé fut venu. Il montre par la suite et par ce qui précède, que cette prophétie ne peut se rapporter qu'à Jésus-Christ, qui est venu précisément dans le temps que les Juifs ont cessé d'avoir des princes de la tribu de Juda. Il soutient donc que cette tribu a fourni des chefs à la nation depuis David jusqu'à Hérode, le premier roi étranger qu'aient eu les Juifs; et qu'avant David, quoique ceux qui avaient l'autorité souveraine ne fussent point tirés de la tribu de Juda, elle ne laissait pas de dominer sur toutes les autres, comme l'on voit par cet endroit des *Nombres* : *Le Seigneur dit à Moïse : Que chacun des chefs offre chaque jour ses présents, pour la dédicace de l'autel; et le premier jour Nahasson, fils d'Aminadab, prince de la tribu de Juda, offrit son oblation.* Et ailleurs il est dit qu'après la mort de Josué, les enfants d'Israël ayant consulté le Seigneur, pour savoir qui devait être leur chef dans la guerre qu'ils allaient entreprendre contre les Chananéens, le Seigneur répondit : *Juda marchera devant vous; je lui ai livré le pays.* Eusèbe ajoute « que toutes les autres parties de cette prophétie de Jacob se sont accomplies à la lettre en Jésus-Christ; que ses frères l'ont loué quand ses disciples l'ont reconnu pour le Messie, et qu'ils l'ont même adoré depuis qu'ils eurent connu sa divinité; qu'il a poursuivi ses ennemis lorsqu'il a triomphé de la mort et de toutes les puissances des ténèbres; qu'il a joint l'ânon avec l'ânesse, lorsqu'il est entré en cet équipage à Jérusalem; qu'il a lavé ses habits dans le vin, quand il a répandu son sang sur la croix; que ses dents ont paru blanches comme du lait, et ses yeux agréables comme la couleur du vin, quand il a institué l'Eucharistie. »

Il aborde ensuite la célèbre prophétie de Daniel, qui regarde également le temps de la venue du Messie, et après quelques réflexions sur ce qu'y est dit de la *Consommation du péché, de l'avénement de la justice éternelle, de l'onction du Saint des saints*, il rapporte l'explication que Jules Africain donnait aux soixante-dix semaines, qui font en tout quatre-cent-quatre-vingt-dix ans. Cet auteur fixait leur avénement à la vingtième année du règne d'Artaxercès-Longue-Main, lorsque Néhémie fut envoyé pour rebâtir le temple de Jérusalem; cette année était la quatre-vingt-troisième olympiade. Depuis ce temps jusqu'à la seizième année de Tibère, il se trouve quatre-cent-soixante-quinze ans, qui en forment quatre-cent-quatre-vingt-dix selon la manière de compter des Hébreux, dont les années sont lunaires et composées seulement de trois-cent-cinquante-quatre jours, ce qui fait que les Juifs et ceux des Grecs qui suivent le même calcul, ajoutent ordinairement trois mois à chaque huitième année. Eusèbe, après avoir rapporté ce sentiment, donne sa propre explication. Il remarque que l'ange parlant à Daniel, distingue premièrement sept semaines, puis soixante-deux, puis une. Les sept premières qui forment quarante-neuf ans, marquent, selon lui, le temps qui fut employé au rétablissement du temple de Jérusalem, après le retour de la captivité de Babylone. Car depuis la première année de Cyrus l'Ancien, qui permit aux Juifs de retourner dans leur pays et de rebâtir le temple, jusqu'à la sixième année de Darius, fils d'Hystaspe, sous lequel il fut achevé, il y a quarante-six ans. Ce qui explique la réflexion que faisaient les Juifs à Jésus-Christ : *Quoi! on a mis quarante-six ans à bâtir ce temple, et vous le rebâtiriez en trois jours!* Or, en ajoutant encore trois années, que l'on employa, au rapport de Josèphe, pour les ornements extérieurs, cela fait juste quarante-neuf années. Les soixante-deux autres semaines, jointes aux sept premières, désignent tout le temps que les grands-prêtres possédèrent la souveraine autorité chez les Juifs, après le retour de la captivité de Babylone, c'est-à-dire, depuis la première année de Cyrus, où le grand-prêtre Josédec commença de régner, jusqu'au pontificat d'Hircon qu'Hérode fit mourir, et qu'Eusèbe compte comme le dernier *Oint* du Seigneur, c'est-à-dire, le dernier véritable grand-prêtre des Juifs. En effet, Hérode s'étant emparé du royaume après sa mort, fit remplir la souveraine sacrificature par des gens de la lie du peuple, qui n'étaient point de la race sacerdotale, et qu'il changeait même à son gré, contre la loi expresse de Dieu qui les déclarait perpétuels. Si l'on veut commencer les Septante semaines par le règne de Darius, en commençant par la seconde année de la soixante-sixième olympiade, les soixante-neuf se termineront, au temps d'Auguste et d'Hérode sous lesquels le Sauveur est né.

Quant à la soixante-dixième et dernière semaine, Eusèbe croit qu'elle n'est séparée des autres dans la prophétie que pour marquer un temps qui devrait s'écouler entre elles et les soixante-neuf premières ; de sorte qu'on la transporte jusqu'au temps où Jésus-Christ commença à prêcher son Evangile, et il l'explique ainsi :

« Dans cette dernière semaine Jésus-Christ a confirmé son alliance avec plusieurs, soit en établissant sa doctrine par lui-même ou par ses apôtres, soit en instituant le sacrement de son corps et de son sang. Au milieu de la semaine les hosties cessèrent, lorsqu'à la mort de Jésus-Christ, le voile du temple se déchira du haut en bas, pour marque de la réprobation de la Synagogue et de ses sacrifices. Or, quoique depuis ce temps les cérémonies judaïques aient encore subsisté, elles cessèrent dès lors d'être agréables à Dieu, comme se faisant sans esprit et contre ses lois. Ainsi, l'abomination de la désolation était dans le temple, et elle y continua jusqu'à ce qu'enfin elle devint entière par la ruine du temple et de toute la nation juive, qui arriva sous Vespasien. »

Eusèbe examine de même les autres signes marqués dans les prophètes, et qui devaient signaler l'arrivée du Messie, savoir : La paix générale qui devait régner par toute la terre, la destruction de Jérusalem, l'abolition de la Synagogue, la vocation des Gentils à la foi ; et montre que toutes ces prédictions se sont réalisées, ou dans le temps que Jésus-Christ a paru sur la terre, ou peu de temps après. Les passages sont tirés de Michée, d'Isaïe et de Zacharie. Il continue de confronter les prophètes avec les évangélistes et montre jusqu'à l'évidence que ceux-ci n'ont écrit de Jésus-Christ, que ce que les autres avaient prédit auparavant. L'étoile qui apparut aux mages au moment de la naissance du Sauveur, lui sert à expliquer cette prophétie de Balaam : *Une étoile sortira de Jacob*. Ce passage d'Isaïe marque évidemment sa fuite en Egypte : *Le Seigneur montera sur un nuage léger, et il entrera en Egypte*, et cet autre du livre des *Nombres*, son retour du même pays : *Dieu l'a fait sortir de l'Egypte*, comme aussi cet autre d'Osée : *J'ai rappelé mon fils d'Egypte*, ne peut s'appliquer qu'au même événement. Il cite de même plusieurs prophéties de l'Ancien Testament sur la prédication de saint Jean dans le désert, sur le baptême de Jésus-Christ, sur sa tentation après son jeûne de quarante jours, sur ses miracles, et en particulier sur le premier de ceux qu'il fit à Cana, en Galilée, et sur celui qu'il fit en marchant sur les eaux. La prédication de l'Evangile aux pauvres, la promulgation de la loi nouvelle,

l'obstination des Juifs à en méconnaître l'auteur, l'entrée solennelle de Jésus-Christ à Jérusalem ont été également le sujet de leurs prédictions. Enfin, il fait voir qu'ils ont prédit sa passion dans toutes ses circonstances, la trahison de Judas, et la fin malheureuse de ce traître, puis l'élection de saint Mathias choisi pour apôtre à sa place, l'éclipse de soleil arrivée à la mort de Jésus-Christ, la prière qu'il fit à son Père sur la croix, les insultes qu'il souffrit de la part des Juifs, le coup de lance qu'il reçut dans le côté, les clous dont ses pieds furent percés, le sort que l'on jeta sur ses vêtements et sa descente aux enfers.

Telles sont, autant qu'une simple analyse permet de les retracer, les livres de la *Préparation*, et de la *Démonstration évangéliques*, œuvre immense, le plus grand corps de controverse, sans contredit, et l'un des plus achevés que nous ait légués l'antiquité catholique. Nous n'avons plus les dix derniers livres de la *Démonstration*, mais il y a toute apparence qu'Eusèbe achevait d'y expliquer toute l'économie de la religion chrétienne, en déroulant avec la même lucidité de raisonnements les prophéties qui regardent la sépulture, la résurrection, l'ascension de Jésus-Christ, l'établissement de son Eglise et son dernier avénement. Scaliger assure les avoir vus dans la bibliothèque du Vatican, mais on croit qu'il s'est trompé et que ces livres sont les mêmes que nous avons dans nos imprimés. Saint Jérôme nous apprend que, dans le dix-huitième livre, Eusèbe expliquait quelques passages du prophète Osée, et c'est le seul renseignement positif que nous ayons sur la fin de cet important ouvrage.

Chronique d'Eusèbe. — Il est difficile d'assigner une époque à la *Chronique* d'Eusèbe. Ce qu'on en peut dire de plus certain, c'est qu'il la composa avant 313, puisqu'il y renvoie dans ses livres de la *Préparation évangélique* écrits en cette année. Cependant saint Jérôme assure qu'Eusèbe avait conduit sa chronique jusqu'à la vingtième année du règne de Constantin, c'est-à-dire, jusqu'à l'an 325 de Jésus-Christ, ce qui nous ferait croire qu'Eusèbe avait fait deux éditions de cet ouvrage, et ajouté dans la seconde beaucoup de faits qui ne se trouvaient pas dans la première.

Il faut dire encore qu'il ne travailla à cette seconde édition, qu'après avoir achevé son *Histoire ecclésiastique*, ce qui arriva en 325, car dans le dernier chapitre du dixième livre de cette histoire, il parle de Crispe, fils de Constantin, comme vivant au moment où il écrivait, tandis que dans la *Chronique*, il donne l'époque de sa mort.

Elle était divisée en deux parties, la première intitulée *Chronologie*, la seconde *Canon, Chronique*, ou *Règle des temps* ; et l'ouvrage entier avait pour titre : *L'histoire des Temps*. Dans la première partie, Eusèbe descendait dans le détail des chronologies particulières de toutes les nations anciennes ; c'est-à-dire, des Chaldéens, des Assyriens, des Mèdes, des Perses, des Lydiens, des Hébreux, des Egyptiens, des Athéniens, des Grecs, des Sicyoniens, des Lacédémoniens, des Thessaliens, des Macédoniens, et des Romains : il marquait leurs origines, l'étendue de leurs empires, les rois qui les avaient gouvernées, leurs républiques, leurs villes, les années des dictateurs avec les consuls ordinaires, la durée du règne des empereurs et des Césars, les générations des dieux, les commencements et la suite des olympiades; le temps de la venue et de la passion de Jésus-Christ; les noms des évêques de Rome, d'Alexandrie et d'Antioche, et combien de temps chacun avait gouverné; les persécutions dont l'Eglise a été agitée, et les plus illustres de ses martyrs; enfin tout ce qui est arrivé de remarquable chez toutes les nations, depuis la création du monde, jusqu'au règne de Constantin : en sorte que cette partie de sa *Chronique* pouvait passer à juste titre pour une histoire générale, comme l'appelle saint Jérôme. La seconde partie n'était à proprement parler que comme une table de la première. Elle commençait à la vocation d'Abraham, l'an du monde 2017, et finissait à la vingtième année de Constantin, de même que la première. Eusèbe n'y faisait qu'une seule chronologie, de toutes les chronologies particulières de chaque nation, en les joignant et les confrontant, pour ainsi dire, l'une avec l'autre, afin que l'on vît de suite tout ce qui s'était passé en même temps dans chaque empire, ou au moins dans une même dixaine d'années; car cette partie est divisée par dixaines d'années. C'est apparemment ce que saint Jérôme appelle l'abrégé de la *Chronique* d'Eusèbe fait par cet auteur même.

Le principal dessein d'Eusèbe dans cet ouvrage était de fixer le temps auquel Moïse a vécu. Josèphe et Juste de Tibériade, historiens juifs, et après eux saint Justin martyr, Athénagore, Théophile, saint Clément d'Alexandrie, Tatien et Jules l'Africain, le mettaient cent cinquante ans avant Inach, c'est-à-dire, cent cinquante ans avant la guerre de Troie. Eusèbe rejetait cette opinion, et faisait voir que, quoique Moïse n'eût vécu que du temps de Cécrops, il devait néanmoins passer pour plus ancien qu'Homère, Hésiode, Castor et Pollux, Esculape, Bacchus, Mercure, Apollon, Jupiter, et que tous les autres dieux et héros tant vantés pour leur antiquité par les auteurs grecs.

Dans un ouvrage de cette importance, Eusèbe eut besoin du secours de ceux qui avaient travaillé avant lui sur la même matière. Il se servit entre autres des écrits de Castor, de Manéthon, d'Apollodore, de Phlégon, de Platon, de Josèphe, de saint Clément d'Alexandrie, et surtout de Jules Africain dont la *Chronologie*, divisée en cinq livres, comprenait l'histoire de ce qui s'était passé depuis le commencement du monde, jusqu'à la troisième année du règne d'Héliogabale, 221 de Jésus-Christ. Il mit en tête ces paroles que saint Irénée avait placées à la fin de son traité de l'*Ogdoade*, c'est-à-dire des huit premiers Eons : « Qui que tu sois qui transcriras ce livre, je te conjure, par Notre-Seigneur Jésus-Christ et par ce glorieux avènement dans lequel il jugera les vivants et les morts, de le collationner après l'avoir copié, de le corriger exactement sur l'original, de transcrire également cette prière et de la consigner dans la copie. »

Les anciens ont parlé avec éloge de cet ouvrage dans lequel l'auteur n'omet presque rien de ce qui méritait d'être remarqué. Ils en ont trouvé le calcul plus sûr et plus exact que celui des autres chronologistes, et dans toutes ses parties fondé sur la vérité.

Saint Augustin émettait le vœu qu'il se rencontrât des hommes, aussi dévoués à l'utilité commune de leurs frères que l'était Eusèbe, et qui fissent pour l'intelligence de plusieurs choses marquées dans l'Ecriture, par exemple, des lieux, des animaux, des plantes, des arbres, des pierres, des métaux, etc..., ce que cet auteur avait fait pour l'éclaircissement de la chronologie sacrée dans son *Histoire des temps*.

Le texte grec en est perdu, excepté quelques fragments dispersés çà et là dans les écrits de George Syncelle et de Cédrène, sans aucune suite ni liaison. Joseph Scaliger est le premier qui les ait recueillis, et pour faire valoir son travail, il a relié ces fragments par un grand nombre de passages, empruntés à ces deux auteurs et à la Chronique d'Alexandrie, les présentant comme l'œuvre d'Eusèbe, quoiqu'ils ne soient pas cités sous son nom. Quelque opinion que l'on adopte à ce sujet, on peut dire que son travail diffère peu de la version de saint Jérôme, qui traduisit en latin les deux livres entiers d'Eusèbe sur l'*Histoire des temps*, mais en se donnant la liberté d'y ajouter ce qu'il crut nécessaire; ce qui, au moins pour quelques parties, en fait comme un nouvel ouvrage. Le même Père reprit cette *Chronique* où Eusèbe l'avait laissée, et la continua depuis la vingtième année de Constantin, jusqu'à la mort de Valens en 378, d'où elle fut poussée par le comte Marcellin jusqu'en 534. Il serait de la dernière injustice de ne pas estimer un ouvrage de cette importance, aussi épineux et d'une aussi longue haleine, pour quelques fautes qui s'y trouvent, et qui seraient sans doute en moins grand nombre, si nous l'avions dans sa pureté originale. Eusèbe comptait depuis Adam jusqu'au déluge, deux mille deux cent quarante-deux ans; depuis le déluge jusqu'à la naissance d'Abraham, neuf cent quarante-deux ans; depuis Abraham jusqu'à la sortie d'Egypte, cinq cent cinq ans; de là jusqu'à la construction du Temple par Salomon, quatre cent soixante-dix-neuf ans; depuis la construction du Temple jusqu'à son rétablissement sous le règne de Darius, roi des Perses, soixante-douze ans; et de là jusqu'à la quinzième année de Tibère, en laquelle Jésus-Christ commença à prêcher, cinq vent quarante-huit ans. Il remarque lui-même que son calcul était différent de celui des Hébreux. Car au lieu qu'il compte deumille deux cent quarante-deux ans depuis Adam jusqu'au déluge, et neuf cent quarante-deux ans depuis le déluge jusqu'à la naissance d'Abraham, les Hébreux comptaient depuis Adam jusqu'au déluge mille six cent cinquante-six ans, et deux cent quatre-vingt-quatorze depuis le déluge jusqu'à Abraham; en sorte que la supputation d'Eusèbe surpassait celle des Hébreux, à ne compter que depuis Adam jusqu'à Abraham, de deux cent trente-cinq ans.

Histoire ecclésiastique. — De tous les écrits d'Eusèbe celui qui l'a rendu le plus célèbre, est son *Histoire ecclésiastique.* Il la publia après sa *Chronique* et même après ses livres de la *Démonstration évangélique*, qui s'y trouvent visiblement indiqués dans ce passage, où il dit, qu'il avait recueilli dans un ouvrage particulier (c'est-à-dire dans ses *Eglogues prophétiques*) les prédictions qui regardent Jésus-Christ, et que dans un autre, c'est-à-dire dans sa *Démonstration évangélique*, il avait fait voir que ces prédictions ne pouvaient trouver qu'en lui leur parfaite réalisation. Il l'acheva au plus tôt en 324, puisque non-seulement il y rapporte la défaite et la mort de Licinius arrivées l'année précédente, mais encore plusieurs lois que Constantin ne rendit qu'après sa victoire sur ce prince. On peut assurer aussi que ce ne fut pas plus tard que 326, car il y parle avec éloge de Crispe, fils aîné de Constantin que son père fit périr cette année-là, et il n'y a pas d'apparence qu'il eut voulu le louer après sa mort. En effet, dans la *Vie de Constantin* qu'il écrivit plus tard, il garde partout un profond silence sur ce jeune prince, même lorsqu'il reproduit les endroits de son *Histoire ecclésiastique* où il avait fait son éloge.

Eusèbe avait déjà donné une *Histoire de l'Eglise* dans sa *Chronique*, mais il la trouvait trop succincte et confondue avec une infinité de faits qui n'y avaient que peu ou point de rapports. Il se chargea donc de refondre cet ancien travail et d'en tirer une histoire plus ample et plus correcte. Toutefois, reconnaissant qu'une telle entreprise était au-dessus de ses forces, il pria Dieu de l'assister et de lui servir de guide dans ce chemin désert qui jusqu'ici n'avait été battu de personne. En effet, quoiqu'Hégésippe, Jules Africain, saint Irénée, et quelques autres eussent écrit déjà de l'histoire de l'Eglise, aucun ne l'avait embrassée dans toute son étendue : Hégésippe, dans cinq livres que nous n'avons plus, ne commençait son *Histoire* qu'à la passion sur Jésus-Christ, et ne rapportait tout au plus que ce qui s'était passé dans l'espace de cent soixante-dix ou cent quatre-vingts ans. Quelques-uns s'étaient contentés d'éclaircir quelque point particulier, comme saint Irénée, l'histoire des hérésies qui l'avaient précédé, et Jules Africain, la chronologie ou l'ordre des temps; et d'autres, plus circonscrits encore, s'étaient bornés à la narration de quelques événements contemporains. Mais Eusèbe, réunissant en un seul corps toutes ces relations particulières, nous a laissé une histoire complète des événements les plus considérables qui se soient accomplis dans l'Eglise pendant une période de près de trois cents vingt-cinq ans, c'est-à-dire, depuis la naissance de Jésus-Christ, jusqu'au temps où il écrivait; ce qui lui a fait décerner avec justice le titre de *Père de l'histoire ecclésiastique.*

Cette histoire est divisée en dix livres dont le dernier seulement est dédié à Paulin, évêque de Tyr. L'auteur y marque exactement la succession des évêques sur tous les siéges des grandes villes du monde; il y parle des écrivains ecclésiastiques et de leurs livres; il y fait l'histoire des hérésies, et y remarque même ce qui concerne les Juifs. Il y décrit les persécutions, les combats des martyrs, les querelles, les disputes touchant la discipline ecclésiastique, en un mot tout ce qui se rattache par un endroit quelconque aux affaires de l'Eglise.

Les premiers chapitres sont purement dogmatiques : l'auteur y traite de la divinité du Verbe et de son existence éternelle. Il y fait voir que les noms de Christ et de Jésus ont été connus et honorés par les prophètes, et que bien que la religion chrétienne semblât toute nouvelle, elle n'était pas moins ancienne qu'Adam, et avait été pratiquée par tous ceux qui l'avaient imité, dans sa modestie, sa justice, sa patience, sa piété et le culte d'un seul Dieu, comme Noé, Abraham, et les autres patriarches. « J'ai été obligé, dit-il, de remarquer ces choses par avance, de peur que quelques-uns, ne considérant que le temps auquel le Sauveur a paru sur la terre dans un corps mortel, ne le prissent pour un homme des derniers siècles, et la religion chrétienne pour une religion nouvelle et étrangère. » Il donne aussi des raisons pourquoi le Verbe ne s'est pas manifesté plus tôt aux hommes : ensuite, entrant en matière, il parle de sa naissance temporelle. Il la met en la quarante-deuxième année du règne de l'empereur Auguste, au temps du dénombrement qui fut fait sous Quirin, gouverneur de Syrie, et qu'il croit être le même que celui dont Josèphe fait mention. Hérode, qui était parvenu en ce temps-là au royaume de Judée, est, selon lui, le premier roi étranger qu'aient eu les Juifs; ce qu'il regarde comme l'accomplissement de la prophétie de Jacob, que les Juifs ne cesseraient point d'être gouvernés par des rois de leur nation, jusqu'à ce que celui qui doit venir fût venu. Il ajoute, sur le témoignage de Josèphe, que ce même Hérode ne donna plus la souveraine sacrificature à ceux à qui elle appartenait selon l'ancien droit des familles, mais à des hommes obscurs et méprisables. Ainsi, dit-il, une autre prophétie fut encore accomplie; car l'Ecriture sainte ayant compté par Daniel un certain nombre de semaines qui devaient précéder la venue du Sauveur; il prédit qu'après ce temps-là l'onction serait abolie chez les Juifs.

Pour concilier les contradictions apparentes qui semblent résulter de la manière différente dont les évangélistes saint Matthieu et saint Luc ont décrit la généalogie de Jésus-Christ. Il rapporte ce qu'en avait dit Jules Africain dans sa lettre à Aristide. Il ajoute ce que ce même auteur disait avoir appris par tradition sur la naissance du roi Hérode, sur l'incendie dans lequel il avait fait brûler publiquement les archives des Juifs, afin que ne pouvant plus justifier qu'ils descendaient des patriarches il pût lui-même cacher la bassesse de son extraction. Il décrit ensuite le massacre des enfants de Bethléem commis par Hérode, sa fin malheureuse qu'il regarde comme une punition de ce crime, la fuite de Jésus en Egypte et son retour après la mort de ce persécuteur. Ce prince étant mort, Archélaüs son fils lui succéda au royaume de Judée, en vertu du testament de son père, confirmé par le jugement d'Auguste; mais en ayant été déposé dix ans après, Philippe, le jeune Hérode, et Lysanias ses frères, partagèrent le royaume, et gouvernèrent chacun leur tétrarchie. En la douzième année du règne de Tibère, successeur d'Auguste, Ponce-Pilate fut fait gouverneur de la Judée, et il y demeura dix ans, presque jusqu'à la mort de Tibère; ce qui découvre clairement, dit Eusèbe, la fausseté des actes, composés depuis peu contre le Sauveur, où sa passion est rapportée au quatrième consulat de Tibère, c'est-à-dire la septième année de son règne. Ce fut en la quinzième du règne de cet empereur, la quatrième du gouvernement de Pilate, et pendant qu'Hérode le jeune, Lysanias et Philippe, étaient tétrarques en Judée, que Jésus-Christ, âgé d'environ trente ans, reçut le baptême de saint Jean, et commença à publier son Evangile. Il employa à cette divine mission un peu moins de quatre ans, pendant lesquels quatre grands prêtres exercèrent successivement la souveraine sacrificature. Au commencement de sa prédication, il appela à lui douze apôtres, auxquels il donna ce titre d'honneur pour les distinguer des autres disciples qu'il choisit bientôt après au nombre de soixante-dix, et les envoya devant lui deux à deux, dans toutes les villes et par tous les lieux où il devait passer lui-même.

Eusèbe rapporte à peu près à ce temps la mort de saint Jean-Baptiste. Il parle à cette occasion des disgrâces d'Hérode, de la perte qu'il fit de toute son armée en combattant contre Arétas, roi d'Arabie, et de son exil à Vienne avec Hérodiade, événements qu'il présenta comme des punitions du double crime qu'il avait commis en épousant la femme de son frère et en faisant mourir saint Jean-Baptiste. Il rappelle les témoignages avantageux que le juif Josèphe avait rendus à ce saint précurseur et à Jésus-Christ; puis, revenant aux disciples du Sauveur, il dit : « que leurs noms ne se trouvaient nulle part, mais qu'on ne laissait pas de croire que Barnabé, dont il est souvent parlé dans les *Actes des apôtres* et dans l'*Epître de saint Paul aux Galates*, en était un ; que Sosthène, qui écrivit avec Paul aux Galates, en était aussi ; au moins, dit-il, c'est le sentiment de Clément dans le cinquième livre de ses *Institutions*, où il prétend encore que Céphas, dont saint Paul dit qu'*il lui résista en face à Antioche*, était un des soixante-dix disciples, qui avait le même nom que saint Pierre, apôtre. » Eusèbe dit que l'on mettait aussi de ce nombre Thadée, Mathias qui fut choisi à la place de Judas, et celui qui tira au sort avec lui pour remplir cette place « Quiconque, ajoute-t-il, voudra faire attention à un passage de saint Paul, reconnaîtra clairement qu'il a eu plus de soixante-dix disciples. » Cet apôtre assure que Jésus-Christ, après sa résurrection, *se fit voir à Céphas, puis aux douze apôtres; et qu'après il fut vu en une seule fois par plus de cinq cents frères, dont plusieurs étaient morts, et plusieurs vivaient encore, lorsqu'il rendait ce témoignage*. Le même apôtre ajoute *qu'ensuite il apparut à Jacques*, qu'on croit avoir été disciple et frère du Seigneur. Enfin, comme outre les douze apôtres il y en avait plusieurs encore à qui on donnait ce nom, comme saint Paul lui-même, il ajouta : « Ensuite il apparut à tous les apôtres. »

Cependant la divinité de Jésus-Christ, s'étant fait connaître à tous les hommes par les effets miraculeux de sa puissance, attira, dit Eusèbe, un nombre infini d'étrangers qui vinrent des pays lointains dans l'espoir d'être guéris de leurs souffrances. De ce nombre fut Abgare, roi d'Edesse, qui, consumé d'un mal incurable, écrivit à Jésus-Christ en le suppliant d'avoir la bonté de le soulager. Jésus-Christ se dispensa de l'aller trouver, mais il lui répondit en lui promettant d'envoyer un de ses disciples pour le guérir et procurer son salut et celui de son royaume. L'auteur joint à ce récit la copie des deux lettres et raconte comment, après l'ascension de Jésus-Christ, l'apôtre saint Thomas envoya Thadée, un des soixante-dix disciples, prêcher l'Evangile à Edesse et accomplir la promesse du Sauveur. Il affirme avoir tiré cette histoire des registres publics de la ville d'Edesse et l'avoir traduite du Syriaque en sa langue. Du reste on peut consulter ce que nous en avons dit à l'article ABGARE, au tome Ier de cet ouvrage, où nous avons touché un mot des écrits supposés à Jésus-Christ.

Dans le second livre, Eusèbe décrit ce qui se passa après l'ascension de Jésus-Christ : l'élection de Mathias ; l'institution des diacres ; le martyre d'Etienne ; l'installation de Jacques, frère du Seigneur et surnommé le Juste, dans le siége de Jérusalem ; la prédication de Thadée à Edesse ; la persécution des Juifs contre l'Eglise de Jérusalem, durant laquelle tous les disciples, à la réserve des apôtres, ayant été dispersés dans la Judée, quelques-uns avancèrent jusques en Phénicie, en Chypre et à Antioche, où n'osant encore prêcher la foi aux Gentils, ils se contentèrent de la prêcher aux Juifs. Et Philippe, diacre, étant entré le premier à

Samarie, fut tellement soutenu de la grâce qu'il attira à la foi un grand nombre de personnes. Simon le Magicien, surpris de la grandeur des miracles que Philippe opérait par la puissance divine, feignit de croire, et eut l'adresse d'obtenir le baptême : « Ce que nous voyons encore aujourd'hui avec étonnement, dit Eusèbe, pratiqué par ceux qui suivent son infâme hérésie. Ils s'insinuent dans l'Eglise comme une maladie contagieuse, à l'imitation de leur maître et corrompent ceux à qui ils peuvent inspirer le poison dangereux qu'ils cachent. Plusieurs ayant été découverts ont été chassés, de même que Simon fut autrefois puni par Pierre. »

Il ajoute que c'était une opinion commune que l'eunuque de la reine d'Ethiopie, baptisé par Philippe, et le premier d'entre les païens qui ait été converti à la foi, étant retourné en son pays, y publia la connaissance du vrai Dieu et l'avénement du Sauveur. Il parle ensuite de la conversion de saint Paul, raconte comment l'empereur Tibère, sur les avis que Pilate lui avait donnés de la résurrection de Jésus-Christ, de ses miracles, et de l'opinion où plusieurs étaient de sa divinité, alla jusqu'à proposer au sénat de le recevoir au nombre des dieux. Il décrit les progrès merveilleux que l'Evangile fit en peu de temps par la prédication des apôtres; l'histoire de Philon qui vivait de leur temps; les malheurs arrivés aux Juifs; la mort de Pilate qui se tua de ses propres mains, ne pouvant survivre à ses disgrâces ; la famine presque générale arrivée sous le règne de Claude et prédite par le prophète Agabe; le martyre de saint Jacques, apôtre; la mort d'Hérode Agrippa, qu'il regarde comme la peine des persécutions qu'il avait fait souffrir aux apôtres ; l'histoire de l'imposteur Theudas; la charité d'Hélène, reine des Osdroéniens ou Adiabéniens, envers les Juifs, dans la grande famine qui affligea la Judée, et durant laquelle les disciples qui étaient à Antioche, envoyèrent des aumônes par Paul et Barnabé aux frères de la Judée.

Dans le troisième livre, l'auteur continue de rapporter ce qu'il avait appris sur les apôtres, soit par tradition, soit par les écrits de ceux qui l'avaient précédé. Il dit que Thomas eut en partage le pays des Parthes pour y prêcher l'Evangile, André celui des Scythes, et Jean l'Asie; que Pierre prêcha aux Juifs dispersés dans le Pont, la Galatie, la Bythinie, la Cappadoce, l'Asie, et Paul depuis Jérusalem jusqu'en Illyrie; que Jean mourut à Ephèse, et Philippe à Hiéraple avec ses deux filles qui demeurèrent vierges jusqu'à la vieillesse. Il écrit qu'on attribuait à saint Mathias ces paroles : *Qu'il faut déclarer la guerre au corps, et abuser de lui en ne lui accordant aucun plaisir; et qu'il faut au contraire fortifier l'esprit par la foi et par la science.* Il parle des écrits des apôtres, et fait le catalogue de ceux qui étaient généralement reçus, et de ceux dont l'autorité était encore contestée. Il met au premier rang les quatre Evangiles à la fin desquels sont les *Actes des apôtres;* ensuite les *Epîtres* de saint Paul, puis la première de saint Jean et la première de saint Pierre. Enfin on y joindra, si l'on veut, l'*Apocalypse* de saint Jean, sur laquelle les opinions des critiques n'ont pas toujours été d'accord. « Voilà, dit-il, les livres qui sont reçus d'un commun consentement. L'*Epître* de Jacques, celle de Jude, la seconde de Pierre, la seconde et la troisième de Jean, soit qu'elles aient été écrites par l'Evangéliste ou par un autre de même nom, ne sont pas reçues de tout le monde. Mais il faut tenir pour apocryphes les *Actes de Paul,* le livre du *Pasteur,* la *Révélation* de Pierre, l'*Epître* de Barnabé, les *Institutions des apôtres*, et si l'on veut encore l'*Apocalypse* de Jean, que quelques-uns effacent du nombre des livres saints, et que d'autres croient devoir y laisser. Il y en a qui mettent au même rang l'Evangile selon les Hébreux, lequel plaît extrêmement aux Juifs qui ont reçu la foi. »

Eusèbe s'occupe encore dans ce livre des premiers hérétiques, de Ménandre, de Cérinthe, des Ebionites, des Nicolaïtes, qui se glorifiaient d'avoir pour chef Nicolas, l'un des sept diacres. On disait qu'ayant une belle femme dont les apôtres lui reprochèrent d'être jaloux, Nicolas l'amena devant eux et consentit à la céder à qui voudrait l'épouser. On lui attribuait aussi d'avoir dit *qu'il fallait abuser de son corps*, d'où les Nicolaïtes prenaient occasion de se livrer impudemment à toutes sortes d'impuretés. « Mais j'ai appris, dit Eusèbe, que Nicolas n'a jamais connu d'autre femme que la sienne; que ses filles ont gardé leur virginité toute leur vie, et que son fils a vécu dans un entier éloignement de tous les plaisirs charnels. Ainsi le discours qu'il tint aux apôtres en leur présentant sa femme, n'était que pour marquer l'empire qu'il avait pris sur lui-même; et ces paroles *que l'on doit abuser de son corps,* ne signifiaient autre chose, sinon qu'il faut dompter la chair par le retranchement des plaisirs. » Eusèbe parle ensuite des premiers disciples des apôtres et de leurs écrits ; des lettres de saint Ignace, de celles de saint Clément, des livres de Papias. Il décrit le martyre de saint Ignace et celui de saint Siméon, second évêque de Jérusalem, et termine son livre par ce tableau de la persécution. Ce que nous avons dit de ces trois premiers livres nous a paru nécessaire à cause de quelques particularités peu connues sur les apôtres et les premiers disciples du Sauveur. Nous bornerons donc ici cette analyse qui, du reste, nous paraît suffisante pour donner une idée de la manière dont Eusèbe traite et écrit l'histoire. Il ne raconte pas de lui-même, mais en historien, c'est-à-dire en citant presque partout les anciens auteurs auxquels il emprunte sa narration. Il en donne même de longs extraits, qu'il intercalle de temps en temps dans le corps de son récit, comme on fait quand on écrit des

Annales ou des Mémoires. Cette manière, à la vérité, est moins agréable, mais plus utile, parce qu'il n'est aucun fait qui ne porte avec lui la garantie de son authenticité, appuyé comme il se trouve sur l'autorité de témoins irrécusables. Outre cette raison générale, il en est encore une, particulière au livre qui nous occupe, et qui rend cette façon d'écrire l'histoire d'une merveilleuse et incontestable utilité; c'est que, la plupart des monuments primitifs et des anciens auteurs auxquels il puise ses documents se trouvant perdus depuis longtemps, nous lui devons au moins de nous en avoir conservé le souvenir et souvent aussi des fragments considérables. En effet, sans Eusèbe, nous n'aurions presque aucune connaissance, non-seulement de l'histoire de l'Eglise, mais même des auteurs qui écrivaient dans ces premiers siècles, et, à plus forte raison, de leurs ouvrages. Car il est à remarquer que les historiens qui l'ont suivi, comme Socrate, Sozomène et Théodoret, n'ont commencé leur histoire que là où il a fini la sienne, apparemment parce qu'ils estimaient qu'il ne restait plus rien de remarquable à recueillir après lui. Nicéphore Calliste, qui dans le XIVᵉ siècle a entrepris d'écrire une nouvelle histoire, n'a sans aucun doute mêlé tant de fables et de puérilités à sa narration que parce que, dédaignant de suivre le récit d'Eusèbe, elle ne se trouve appuyée sur l'autorité d'aucun ancien. Toutefois, si grand que soit le mérite de cette histoire, et il est incontestable, on ne doit pas cependant la lire sans discernement et sans précaution. Eusèbe, sur la foi de Jules l'Africain, y avance plusieurs faits qui se trouvent contredits par Josèphe, auteur beaucoup plus ancien et beaucoup mieux renseigné sur les annales de sa nation. A ce reproche d'inexactitude ne peut-on pas ajouter celui d'une crédulité qui va quelquefois jusqu'à accepter l'invraisemblable? Nous n'en voulons pour preuve que ce qu'il raconte, d'après Hégésippe, de la vie et du martyre de saint Jacques, premier évêque de Jérusalem. Il y a dans ce récit diverses circonstances qui paraissent difficiles à expliquer, et nous n'en citerons pour exemple que la prétendue liberté que cet apôtre possédait seul d'entrer dans le sanctuaire du temple. On sait que le grand prêtre des Juifs jouissait seul de ce privilége, dont il ne pouvait user qu'une fois par an; et saint Jacques, bien loin d'être grand prêtre, n'était pas même de la tribu de Lévi. La raison qu'Hégésippe donne de cette prérogative ne paraît pas même sérieuse; « c'est, dit-il, qu'il ne se vêtait pas de laine, mais de lin. » Rien n'est moins vraisemblable non plus que ce qu'il écrit du martyre du saint évêque. Il raconte que les Juifs, espérant par son moyen désabuser le peuple qui suivait Jésus, le firent monter sur le haut du temple, d'où les scribes et les pharisiens l'interrogèrent en lui demandant ce qu'il fallait croire de Jésus. Le témoignage avantageux qu'il en rendit les mit dans une telle fureur qu'ils montèrent après lui, le précipitèrent du haut en bas et le lapidèrent au même endroit. Est-il à présumer que les Juifs, qui connaissaient saint Jacques pour le chef des chrétiens, et qui savaient positivement qu'il venait de convertir plusieurs des leurs à la foi nouvelle, se fussent hasardés à s'en rapporter à son jugement sur ce qui regardait Jésus-Christ? Pouvaient-ils espérer qu'il démentirait en un instant ce qu'il avait prêché jusqu'alors avec tant de constance? Ajoutons à cela que le récit d'Hégésippe est entièrement contraire à celui de Josèphe, qui écrit que saint Jacques fut condamné à mort dans le sanhédrin des Juifs, avec quelques autres, accusés, comme lui, d'avoir transgressé la loi. Du reste, à part ces défauts légers, que nous ne signalons ici que pour faire la part de la critique, nous maintenons en finissant, et sans restriction aucune, tous les éloges que nous avons accordés à son histoire.

Dédicace de l'église de Tyr. — Lorsque Licinius et Constantin eurent rendu la paix au monde et fermé l'ère des persécutions, les chrétiens, autorisés par les édits des empereurs, commencèrent à rebâtir des églises avec une magnificence jusqu'alors inconnue. « C'est alors, dit Eusèbe, que nous eûmes des dédicaces solennelles, des assemblées d'évêques et des concours de peuple où les chrétiens se donnaient réciproquement les témoignages de la plus vive charité. Tous, sans distinction d'âge ni de sexe, joignaient leurs cœurs et leurs voix pour adresser à Dieu des prières ferventes, et les évêques relevaient par des discours la pompe de ces cérémonies. » Il faut rapporter à ce temps, c'est-à-dire, vers l'an 315, celui qu'Eusèbe fit à la dédicace de l'église de Tyr, et qu'il a eu soin de nous conserver dans son *Histoire ecclésiastique*. Il le prononça devant un peuple nombreux, et en présence de plusieurs évêques à qui il adresse la parole, particulièrement à Paulin, évêque de la ville et son ami.

Il le commence en ces termes : « Amis de Dieu, ô vénérables pontifes qui portez la sainte tunique et la glorieuse couronne, qui avez reçu l'onction divine et la robe sacerdotale du Saint-Esprit. » Ce qui semble indiquer que dès lors les évêques portaient quelques ornements distinctifs, au moins dans les cérémonies de l'Eglise, d'autant plus qu'il parle souvent de leur couronne. Il s'étend ensuite sur les merveilles de Dieu qui leur étaient connues, non plus par le rapport de leurs pères, mais par le témoignage de leurs propres yeux, et il exhorte tous les fidèles à adresser à Dieu des cantiques de louanges et d'actions de grâce. « Ne cessons jamais, dit-il, de louer le Père éternel, et de rendre nos actions de grâces à celui qui est après lui l'auteur de tous nos biens, c'est-à-dire à Jésus qui nous l'a fait connaître, qui nous a enseigné la vérité de la religion, qui a exterminé les impies et les tyrans, qui a réformé nos mœurs, et qui nous a sauvés lorsque nous étions perdus. Ce Fils unique de Dieu, qui a une bonté et une puissance égales à celles de son Père, s'est revêtu volontairement, par obéissance, de la faiblesse de notre nature pour guérir notre corruption ; il a considéré nos maladies comme un sage et charitable médecin, il a manié nos ulcères et nos plaies, il s'est chargé de nos misères et de nos douleurs; et nous a retirés du sein de la mort. Il n'y avait que lui, entre toutes les Vertus célestes, qui eût une puissance assez étendue pour procurer le salut d'un si grand nombre de personnes. Il nous conserve par une grâce que nous n'avions point espérée, et nous fait jouir de la félicité éternelle. Il est l'auteur de la vie et de la lumière, notre grand médecin, notre roi, notre maître et l'oint de Dieu. »

Après avoir décrit les efforts du démon pour ruiner l'édifice spirituel de l'Eglise, il relève la puissance de Jésus-Christ, qui, malgré ces attaques et la guerre incessante que les hommes lui ont faite pendant des siècles entiers, l'a rendue plus florissante de jour en jour. Il l'appelle l'ange du grand conseil, le général de l'armée de Dieu, qui, après avoir éprouvé la constance de ses soldats par les plus pénibles travaux, s'est enfin montré tout à coup, et a tellement détruit ses ennemis, qu'il n'en reste aucun souvenir, et tellement élevé ses amis, qu'il les a placés non-seulement au-dessus du ciel et des astres et de toutes les créatures insensibles, mais encore au-dessus des hommes et des anges. On voyait alors ce qui jusque-là ne s'était jamais vu, c'est-à-dire, les empereurs, pleins de reconnaissance envers Dieu pour les titres qu'ils tenaient de sa bonté, mépriser les idoles, fouler aux pieds le culte des démons, se moquer des vieilles erreurs qu'ils avaient reçues de leurs pères, ne reconnaître qu'un seul Dieu et proclamer Jésus-Christ, son fils unique, Dieu et roi du monde, déclarer par leurs édits qu'il est le Sauveur, et consacrer à la postérité par des monuments publics ses actions glorieuses et ses victoires. « Ainsi, ajoute-t-il, Jésus-Christ Notre-Seigneur n'est pas seulement reconnu par les princes, comme un roi ordinaire et mortel, mais il en est adoré comme le Fils naturel de Dieu, et Dieu lui-même par sa propre essence. »

Il passe à ce qui faisait le sujet de la cérémonie présente, c'est-à-dire à la construction de la nouvelle église de Tyr. Il loue l'ardeur de ceux qui avaient travaillé à cet ouvrage, et relève le mérite qu'ils avaient acquis devant Dieu ; mais il laisse entrevoir cependant que, parmi ceux qui avaient montré le plus de zèle pour la construction extérieure de ce temple, il y en avait peut-être qui avaient rejeté la pierre angulaire de l'édifice spirituel de nos âmes, Jésus-Christ. « Mais, dit-il, qui a droit d'en juger, si ce n'est le souverain Pontife, qui pénètre le secret des cœurs. Ce droit, ajoute-t-il parlant au peuple de Tyr, appartient encore à celui qui tient le premier lieu parmi vous après Jésus-Christ, au général de votre armée que le souverain Pontife a honoré après lui de l'honneur du sacerdoce, qu'il a établi pasteur de votre troupeau, qu'il a élevé au-dessus du peuple par l'ordre du Père, comme l'interprète de ses volontés et de ses intentions, comme un autre Aaron et un autre Melchisedech ; qui est l'image du Fils de Dieu : c'est à lui à qui il appartient, après ce souverain Pontife, de pénétrer les replis les plus cachés de vos consciences, qu'il connaît par un long usage, et de vous donner les véritables préceptes de la piété, dont depuis longtemps il s'est fait un continuel exercice. »

Ce qu'il y a de plus curieux dans ce discours, c'est la description qu'Eusèbe y fait de l'église de Tyr. Elle avait été ruinée comme les autres, et les infidèles avaient pris à tâche d'en faire disparaître jusqu'à la place, en y amassant toutes sortes d'immondices. Quoiqu'il fût facile de trouver un autre emplacement, l'évêque Paulin aima mieux faire nettoyer celui-ci, pour faire ressortir davantage la victoire de l'Eglise. Tout son peuple s'empressa d'y contribuer avec une sainte émulation ; chacun mit la main à l'œuvre, encouragé par l'évêque qui donna l'exemple, et ce nouvel édifice effaça bientôt l'ancien par son ampleur et sa magnificence. Une enceinte de murailles enfermait tout le lieu saint, dont l'entrée se révélait à l'orient par un grand portail qui se voyait de fort loin, et qui par son élévation attirait les regards des infidèles, et semblait les appeler à l'Eglise. On entrait d'abord par une grande cour carrée environnée de quatre galeries soutenues de colonnes formant un péristyle ; entre les colonnes un treillis en bois formait les galeries, mais sans intercepter le jour. Là s'arrêtaient ceux qui avaient encore besoin de recevoir les premières instructions. Au milieu de la cour, et vis-à-vis l'entrée de l'église, étaient des fontaines qui donnaient l'eau en abondance, afin qu'en entrant chacun pût pratiquer quelques ablutions, symboles de purification spirituelle. Après la cour se trouvait le portail de l'église ouvert aussi par trois portes, dont celle du milieu était beaucoup plus large que les deux autres ; ses battants de cuivre, fixés par des liens de fer, étaient ornés de sculptures. Cette porte principale ouvrait sur la nef, et donnait entrée dans le corps de la basilique; les autres correspondaient aux bas côtés ou galeries au-dessus desquelles étaient des fenêtres fermées seulement d'un treillis de bois délicatement travaillé, car dans les pays chauds, les vitres ne sont pas en usage. La basilique était grande, élevée et soutenue de colonnes beaucoup plus hautes que celles du péristyle. Le dedans était bien éclairé et brillait de tous côtés, orné des matières les plus précieuses et des travaux les plus exquis. Elle était parée de marbres divisés en très-beaux compartiments, couverte de cèdres que le voisinage du Liban fournissait en abondance. On voyait au fond des trônes, c'est-à-dire, des sièges fort élevés pour les prêtres et pour l'évêque au milieu d'eux. Ces sièges étaient disposés en un demi-cercle qui enfermait l'autel par derrière, car il n'y en avait qu'un seul, de sorte que pendant les prières l'évêque regardait le peuple en face, et était tourné à l'orient. Le sanctuaire était fermé par une balustrade de bois, d'une délicatesse de sculpture admirable, et tout le reste de la basilique était garni de bancs rangés avec un ordre parfait. Des deux côtés, en dehors, étaient de grandes salles et d'autres pièces destinées aux catéchumènes, comme le baptistère et les lieux où on les instruisait. On peut aussi compter entre ces pièces la diaconie, la sacristie et la salle d'audience. Ces pièces avaient des portes de communication pour entrer dans la basilique par les bas côtés. L'église, avec tous ces accessoires, était enfermée d'une muraille pour la séparer des lieux profanes. Cette église est la première dont nous trouvions la description, c'est ce qui nous a engagé à la reproduire ; celles qui s'élevèrent peu de temps après dans les autres pays furent construites sur le même modèle, que nous croyons par cela même appartenir à une tradition plus ancienne.

Eusèbe relève ensuite le triomphe de l'Eglise de Jésus-Christ, dont celui de la nouvelle église de Tyr n'était que la figure. Il loue la sage et prudente économie de l'évêque Paulin, qui ne brillait pas moins dans la conduite de son troupeau, que son zèle s'était fait admirer dans la construction d'un temple si magnifique ; et finit par ces paroles qui marquent qu'on était assis à son discours : « Levons-nous pour prier Dieu avec toute l'ardeur dont nous sommes capables, qu'il nous conserve dans sa bergerie, et qu'il nous fasse jouir de la paix par Jésus-Christ Notre-Seigneur, par qui gloire lui soit rendue dans toute l'éternité. Amen. »

Des martyrs de la Palestine. — Eusèbe, dans son *Histoire de l'Eglise*, promet d'écrire celle des martyrs dont il avait vu les souffrances. C'est probablement le petit ouvrage que nous avons sous le titre de *Martyrs de la Palestine,* car on ne peut douter qu'il ne soit d'Eusèbe, puisque dans un passage il renvoie aux livres qu'il avait composés longtemps auparavant sur la vie de saint Pamphile. Il n'y dit presque rien qu'il n'ait pu voir de ses propres yeux, soit à Césarée même où il faisait sa résidence pendant la persécution de Dioclétien, soit dans divers autres endroits de la Palestine, de la Phénicie et de l'Egypte, où il fit divers voyages pendant ce temps-là. Cet ouvrage, l'un de ceux qu'il a le mieux écrits, contient l'histoire des martyrs qui souffrirent en Palestine, depuis l'an de Jésus-Christ 303 jusqu'à l'an 311. On l'a confondu pendant longtemps avec son *Histoire ecclésiastique*, mais une preuve qu'il n'en fait pas partie, c'est que ni Ruffin ni Musculus ne l'ont inséré dans les traductions qu'ils ont faites de cette histoire. Quoique le but d'Eusèbe en cet ouvrage soit de ne parler que de ceux qui avaient souffert en Palestine, cependant il décrit le martyre de saint Romain à Antioche, parce qu'il était originaire de la Palestine ; celui de saint Ulpien en Phénicie, parce qu'il avait souffert en même temps et le même genre de supplice que saint Alphien ; et celui de saint Edèse à Alexandrie, parce qu'il était frère de saint Alphien. Il ne faut pas prendre à la lettre non plus ce qu'il dit de sa présence au martyre de ceux dont il rapporte l'histoire, puisqu'il ne peut avoir vu en un même jour celui de saint Alphien à Césarée, et celui de saint Romain à Antioche. M. de Valois prétend que nous n'avons plus ce livre dans son entier, et il fonde son opinion sur ce que plusieurs circonstances considérables de la vie et du martyre de saint Procope y sont omises, quoiqu'elles se trouvent dans les Actes latins du saint, qui paraissent avoir été traduits d'Eusèbe. Cela résulte encore de quelques passages du même livre, où Eusèbe témoigne qu'il a déjà dit ou qu'il va dire certaines choses que nous n'y lisons pas.

Lettre d'Eusèbe à son Eglise. — Après la conclusion du concile de Nicée, Eusèbe craignant qu'on interprétât mal la conduite qu'il y avait tenue, en rejetant d'abord, puis en recevant ensuite le terme de *consubstantiel*, exposa à son église de Césarée les raisons qu'il avait eues d'en agir ainsi, et lui marqua en même temps ce qui avait été résolu par les Pères. Nous avons encore cette lettre, conservée par saint Athanase qui la regardait comme un monument de la soumission d'Eusèbe aux décisions du concile, et un témoignage, de la part de cet évêque, que la foi qu'il y avait été déclarée était la vraie foi, celle à laquelle il fallait soumettre sa croyance. Elle se trouve aussi tout entière dans Socrate, dans Théodoret et dans Gélase de Cizique. En voici la substance : « Il est à croire que vous êtes déjà informés par la voix publique de ce qui s'est passé touchant la foi dans le grand concile de Nicée ; mais, de crainte qu'on ne vous ait rapporté les choses autrement qu'elles ne se sont passées, nous avons cru qu'il était nécessaire de vous envoyer nous-même la formule de foi comme nous l'avons proposée dans le concile, et ensuite les additions avec lesquelles les évêques ont jugé à propos de la publier. Voici donc la nôtre, telle qu'elle a été lue en présence de l'empereur, et approuvée généralement de tous; telle que nous l'avons reçue des évêques, nos prédécesseurs ; telle que nous l'avons apprise dans notre jeunesse, lorsque nous avons reçu le baptême ; telle qu'elle est contenue dans l'Ecriture sainte ; telle enfin que nous l'avons enseignée, tant dans l'ordre de prêtrise que dans la dignité épiscopale, et que nous la tenons encore aujourd'hui. Nous croyons en un seul Dieu, Père tout-puissant, qui a créé toutes choses, visibles et invisibles ; et en un seul Seigneur Jésus-Christ, Verbe de Dieu, Dieu de Dieu, Lumière de Lumière, Vie de Vie, Fils unique, premier-né de toutes créatures, engendré du Père avant tous les siècles, par qui toutes choses ont été faites, et qui s'est incarné pour notre salut ; qui a vécu parmi les hommes, qui a souffert, qui est ressuscité le troisième jour, qui est monté à son Père, et qui viendra de nouveau dans sa gloire, juger les vivants et les morts. Nous croyons aussi en un seul Saint-Esprit. En admettant l'existence et la subsistance de chacun d'eux, nous croyons que le Père est vraiment Père; le Fils vraiment Fils, et le Saint-Esprit vraiment Saint-Esprit, comme Notre-Seigneur le déclara lorsqu'il envoya ses apôtres prêcher l'Evangile, en leur disant : *Allez, instruisez tous les peuples, les baptisant au nom du Père, du Fils et du Saint-Esprit*. Nous protestons que nous tenons cette foi; que nous l'avons toujours tenue et que nous la tiendrons jusqu'à la mort. »

Eusèbe dit ensuite que le concile ayant jugé à propos de dresser un autre symbole, à l'occasion du terme *consubstantiel*, il avait d'abord refusé de s'y soumettre jusqu'à ce que, après bien des questions et des réponses, on fut convenu qu'en disant que le Fils est de la substance du Père, on n'entendait pas qu'il fût une partie du Père, mais seulement qu'il est du Père; de même quand on dit que le Fils est consubstantiel au Père, on ne veut donc dire autre chose, sinon que le Fils de Dieu n'a aucune ressemblance avec les créatures, mais qu'il est parfaitement semblable au Père, par qui il a été engendré.

« Cette doctrine ainsi expliquée, ajoute-t-il, nous avons cru la devoir approuver, et nous n'avons pas même rejeté le terme de *consubstantiel*, tant pour le bien de la paix, que pour ne pas nous mettre dans le danger de nous éloigner de la vérité, et parce que nous trouvons que d'anciens évêques et de sages écrivains se sont servis de ce terme pour expliquer la divinité du Père et du Fils. Nous avons approuvé de même ces autres termes : *Engendré et non pas fait*. Car ils disaient que le terme de *fait* est un terme commun à toutes les créatures qui ont été faites par le Fils, et auxquelles il n'est point semblable, étant d'une nature plus relevée ; puisqu'il tire sa substance du Père, selon que les saintes Ecritures nous l'enseignent. Quant à l'anathème qu'ils ont prononcé après la formule de foi, et qui défend de se servir de termes étrangers, qui ne se trouvent pas dans l'Ecriture, nous y avons consenti sans peine, et d'autant plus volontiers, que nous n'avions pas accoutumé d'user de ces termes. Nous avons anathématisé en particulier cette façon de parler : *Le Fils n'était pas avant qu'il fût engendré*. Car il n'y a personne qui ne convienne qu'il existait avant qu'il fût engendré selon la chair. Je vous écris ceci, mes très-chers frères, afin de vous montrer combien mûrement nous avons examiné toutes choses, et comment nous avons eu raison de ne pas nous soumettre à la formule de foi du concile, jusqu'à ce que nous ayons vu clairement qu'elle ne contenait rien que de conforme à celle que nous avions d'abord proposée. »

Des Topiques. — Saint Jérôme attribue à Eusèbe un livre des *Topiques*, que nous possédons encore sous le titre de *Noms des lieux marqués dans la sainte Ecriture*. C'est un Dictionnaire géographique disposé selon l'ordre des lettres de l'alphabet et qui contient presque tous les noms de villes, de montagnes, de rivières, de villages et autres endroits dont il est parlé dans l'Ecriture. L'auteur a eu soin de marquer ceux de ces lieux qui conservaient encore les mêmes noms, ceux dont ils étaient altérés ou corrompus et ceux qui en avaient entièrement changé. Il le composa après son *Histoire de l'Eglise*, et avant l'an 332, puisque Paulin de Tyr, à qui il l'adressa, est mort en cette année-là. Il y en avait une traduction latine dès le temps de saint Jérôme, mais si mauvaise que ce Père crut devoir en essayer une nouvelle.

On ne peut nier que cet ouvrage d'Eusèbe ne soit très-utile pour l'intelligence de l'Ecriture sainte et d'une grande autorité, puisque l'auteur, ayant passé presque toute sa vie dans la Palestine, a dû être bien informé de ce qui regardait ce pays. Cependant il faut avouer aussi qu'il n'est pas sans défaut et qu'il laisse beaucoup de choses à désirer. 1° Eusèbe aurait dû marquer au juste la situation des villes qui lui servent comme points de départ pour arriver à faire connaître les lieux dont il parle; par exemple, il cite la situation de plus de vingt villes, par leur distance d'Eleutheropolis, sans dire où cette ville elle-même était située. 2° Ensuite, il aurait dû déterminer plus exactement la situation relative des lieux par rapport aux différentes plages ou parties du monde, et ne pas se contenter d'indiquer en général que telle ville est située à l'orient, au midi, au nord ou à l'occident; mais indiquer encore les parties intermédiaires, et fixer autant que possible ce que nous appelons aujourd'hui les latitudes. 3° Enfin, il n'a pas toujours marqué exactement la distance d'une ville à une autre, et quelquefois aussi il place la même ville dans plusieurs tribus différentes. Ou ces sortes de fautes ont été ajoutées au manuscrit d'Eusèbe, ou il a voulu marquer par là les différentes opinions géographiques de ceux qui l'avaient précédé.

Panégyrique de Constantin. — L'an de Jésus-Christ 335, Constantin célébra à Constantinople le trentième anniversaire de son règne. C'était la coutume dans ces grandes solennités de faire un discours à la louange de l'empereur régnant; et cet honneur fut déféré à Eusèbe, qui prononça le panégyrique de Constantin en sa présence et dans son palais même. Il y déclare que son dessein n'est point de relever les grandes qualités que ce prince possédait selon le monde, mais seulement celles qui faisaient ressortir sa foi et son amour de Dieu. Il le loue des victoires spirituelles qu'il avait remportées sur les hommes et sur les démons, en détruisant l'idolâtrie; des églises magnifiques qu'il avait fait construire par tout le monde; de sa charité pour Dieu et de son zèle pour la religion; mais la partie la plus considérable de ce disours est moins un éloge qu'un traité de théologie capable de fatiguer l'esprit par la longueur et l'inutilité des détails. Il emploie beaucoup de paroles pour dire peu de choses et noie son sujet dans une foule de répétitions. Quoiqu'on y trouve plus d'élégance et de politesse que dans ses autres ouvrages, cependant on voit qu'elles ne coulent point de source, et que l'étude n'a plus de part que l'éloquence naturelle de l'auteur. Il témoigne néanmoins que Constantin l'avait écouté avec grand plaisir, et qu'il l'en avait complimenté pendant le repas, en présence des évêques qui avaient assisté à cette cérémonie. Il y a çà et là des expressions un peu dures touchant la divinité du Fils, mais il faut croire qu'on leur donnait alors un sens catholique; qu'Eusèbe n'eût rien osé avancer contre la foi de Nicée en présence de Constantin.

Contre Marcel d'Ancyre. — Ces cinq livres, dont les trois derniers sont intitulés *De la Théologie ecclésiastique,* furent écrits peu de temps après le faux concile de Constantinople, tenu en 336 et dans lequel Marcel fut déposé sous prétexte de sabellianisme. Eusèbe, qui y avait assisté avec les chefs du parti arien, fut chargé par ses confrères de justifier le jugement du concile, en montrant que les erreurs imputées à Marcel se trouvaient réellement dans ses écrits. Nous examinerons, à l'article de MARCEL, si ces erreurs étaient véritables ou supposées; ce qui paraît évident, c'est que la faction des eusébiens condamna Marcel, moins par zèle pour la foi que par ressentiment ou esprit de parti; car il s'était déclaré en toute occasion contre l'hérésie d'Arius, et dans le livre qui donna sujet à sa condamnation, il attaquait ouvertement les principaux d'entre ceux qui la partageaient, et Eusèbe lui-même. Il serait donc injuste de juger de ses véritables sentiments, par ce qu'Eusèbe en dit dans ses livres. Aussi l'ouvrage de Marcel ayant été examiné dans le concile de Sardique en 347, le concile déclara qu'après l'avoir lu dans son texte et dans son contexte, il avait jugé que ses accusateurs avaient présenté malicieusement pour ses sentiments ce qu'il n'avançait que par manière de question et pour chercher la vérité, mais que sa foi était entièrement contraire aux hérésies qu'on lui imputait.

La manière précipitée dont Eusèbe commence son premier livre contre Marcel fait juger que nous n'en avons plus la préface; mais peut-être n'y avons-nous perdu autre chose que le nom de celui à qui il adressait cet ouvrage; car, du reste, le premier chapitre en expose assez nettement le projet, et la méthode que l'auteur se propose d'y garder. Il y fait passer celui de Marcel pour un effet de sa haine et de sa jalousie contre ses frères, et lui reproche d'avoir tourné contre de saints évêques des armes qu'il aurait dû faire servir à exterminer de son Eglise et de sa province les hérétiques qui la ravageaient. Il déclare que son dessein n'est point de faire l'apologie des personnes que Marcel avait attaquées, leurs noms étant assez connus, et leur réputation assez établie, pour les couvrir contre ses calomnies. « Et parce que, dit-il, ses blasphèmes contre le Christ de Dieu sont si manifestes qu'ils sautent aux yeux des moins éclairés, je me contenterai de les rapporter dans ses propres termes, en ajoutant seulement quelques courtes réflexions, afin de ne pas faire un discours sans liaison et sans suite. » Il avertit ceux qui liront son ouvrage, et en particulier les Galates, dont Ancyre était la capitale, de se souvenir de l'anathème prononcé par saint Paul contre quiconque entreprendrait de leur annoncer un nouvel Evangile, fût-ce lui-même ou un ange du ciel; nous enseignant par là, dit Eusèbe, que nous ne devons écouter ni les évêques, ni les supérieurs, ni les docteurs, quels qu'ils soient, s'il arrivait que quelqu'un d'eux entreprît de pervertir la vérité de l'Evangile. « Il est dit dans l'Evangile, ajoute-t-il, que Jésus-Christ envoyant prêcher ses apôtres, leur ordonna de baptiser toutes les nations *au nom du Père, et du Fils, et du Saint-Esprit.* C'est cette foi de la sainte, mystique et bienheureuse Trinité, que l'Eglise garde inviolablement après l'avoir reçue de Jésus-Christ, comme le sceau du salut qui se donne par le baptême. C'est par elle que les Chrétiens se distinguent des Juifs, comme ceux-ci se séparent des gentils par le culte d'un seul Dieu. C'est donc tomber dans le judaïsme que d'enseigner, comme Marcel, que le Fils est bien la parole du Père qui l'a produite au dehors lorsqu'il a créé le monde, mais qu'avant ce temps-là elle était oisive dans le Père; que le Père et le Fils sont un en nombre, en substance, en hypostase, et qu'ils ne diffèrent que de nom; ce qui est le pur sabellianisme.

« La loi de l'Eglise, dit-il encore, ne nous permet pas d'examiner, ni même de douter ou de demander si le Fils unique de Dieu était avant toutes choses. Mais elle enseigne aussi, et avec une assurance qui repousse toute contradiction, que Dieu est le Père de son Fils unique; que le Père n'est pas le Fils, ni le Fils le Père; que le Père est non engendré, éternel et sans principe; qu'il est le premier, le seul Père adorable; que le Fils est engendré de son Père; qu'il est subsistant, seul et unique Fils, et en cette qualité Dieu véritable. » Eusèbe soutient donc « qu'encore que ce Fils soit véritablement le Verbe de Dieu, on ne doit pas s'en former une idée semblable à celle que nous avons de la parole qui n'est dans l'homme qu'accidentellement, et qui n'existe que dans l'action de parler. » Il conclut « que la génération du Verbe n'est pas moins incompréhensible que Dieu même, et que le plus sûr est de s'en tenir à ce que Jésus-Christ nous enseigne; car toutes choses lui ont été données par le Père, et nul ne connaît le Père que le Fils, comme nul ne connaît le Fils que le Père. »

C'est ainsi qu'il prouve que le Verbe même, en tant que Verbe, a sa substance qui lui est propre. Il accuse de plus Marcel d'avoir avancé que le Fils ne subsistait pas avant son incarnation; que c'est comme homme qu'il est appelé Fils de Dieu, Roi, image du Dieu invisible, premier-né de toutes les créatures; et qu'avant qu'il s'incarnât, il n'était rien de tout cela; qu'il quitterait un jour sa chair pour se réunir à son Père, et ne faire plus qu'un avec lui comme avant son incarnation; enfin que Jésus-Christ était un pur homme. Il réfute toutes ces erreurs par plusieurs passages de l'*Epître aux Galates*, qu'il choisit de préférence parce que Marcel était leur évêque. Il montre en particulier que « le Fils de Dieu subsistait réellement et séparément du Père même avant son incarnation, puisqu'il est dit dans la loi qu'il était le médiateur de Dieu et des anges, comme depuis il a été appelé le médiateur de Dieu et des hommes. Or, suivant le raisonnement de l'Apôtre, un médiateur ne l'est pas d'un seul, et il n'y a qu'un seul Dieu. Le Verbe n'est donc pas ce Dieu unique, au-dessus de toutes choses, auprès duquel il intercède; il n'est pas non plus du nombre des anges pour qui il intercède; il est donc moyen entre son Père et les anges; il est médiateur. » Nous dirons ailleurs en quel sens Eusèbe a cru que le Fils était médiateur ou, comme il l'appelle, moyen entre Dieu et les créatures; mais il est bon de remarquer ici qu'il cite mal à propos le passage de l'Apôtre, qui porte seulement que la loi a été donnée par les anges et par l'entremise d'un médiateur, qui est Moïse. Il joint aux preuves de l'Ecriture celle de l'Eglise catholique répandue depuis une extrémité de la terre jusqu'à l'autre, « et qui confirme, dit-il, par une tradition non écrite les témoignages des saintes Ecritures. »

Il entre ensuite dans un détail plus particulier de l'ouvrage de Marcel et travaille à le convaincre d'ignorance, par un grand nombre de fautes qu'il y trouve contre la vérité de l'histoire et le véritable sens des Ecritures. Il lui reproche d'avoir confondu Josué ou Jésus, fils de Navé et successeur de Moïse, avec le grand prêtre Jésus, fils de Josedec, dont il est parlé dans Zacharie, et qui ne vivait qu'au temps du retour de la captivité de Babylone; d'avoir expliqué du diable ces paroles de Jésus-Christ à saint Pierre : *Retirez-vous de moi, Satan*, etc.; d'avoir cru que le premier mort ressuscité l'avait été par Elisée, ne sachant point que le grand Elie, plus ancien qu'Elisée, avait rendu la vie au fils de la veuve de Sarephta : enfin, que le miracle de la résurrection de plusieurs corps des saints, dont il est parlé dans l'histoire de la passion selon saint Matthieu, arriva avant la résurrection de Jésus-Christ. Il l'accuse aussi d'avoir corrompu le texte de l'Apôtre ὁρισθέντος υἱοῦ Θεοῦ, au lieu de quoi il lisait προορισθέντος; « afin, dit Eusèbe, d'insinuer que le Fils est à l'égard de Dieu ce que sont les autres hommes qu'il se choisit par sa prescience. » De plus, d'avoir retranché la préposition *ex* de ce passage du psaume: *Je vous ai engendré de mon sein avant le jour*. D'avoir mis dans la bouche de Jésus-Christ ces paroles qui ne se trouvent point dans les Ecritures : *Je suis le jour.* Enfin, d'avoir donné à Salomon le titre de prophète, et à ses *Proverbes* celui de prophétie; confondant ainsi les dons du Saint-Esprit qui communique à l'un la sagesse, à l'autre la foi, et à l'autre l'esprit de prophétie : car le don de Salomon était la sagesse; et outre que sa manière de vivre n'était point conforme à celle des prophètes, on ne voit dans ses écrits aucun caractère de prophétie, tel que celui-ci : *Voici ce que dit le Seigneur*. C'est pour cela qu'il n'a donné à aucun le titre de *Prophétie*, mais conduit par l'inspiration divine, il a intitulé l'un, les *Proverbes*, un autre l'*Ecclésiaste*, un autre le *Cantique des Cantiques*. Eusèbe justifie par les propres paroles de Marcel tout ce qu'il avance contre lui; ajoutant qu'il passe sous silence une infinité d'autres fautes de la même nature, parce qu'il n'y avait personne qui, en lisant son ouvrage, ne pût aisément les remarquer.

Il passe aux accusations intentées par Marcel contre Astère, Origène, Eusèbe de Nicomédie, Paulin de Tyr et les autres évêques de leur parti. Elles se réduisaient à leur reprocher d'avoir avancé dans leurs écrits plusieurs propositions tendant à établir dans la Trinité deux ou trois substances; et il allait même jusqu'à affirmer que quelques-uns parmi eux avaient soutenu en termes exprès que le Christ n'est que le second de Dieu, et doit être rangé au nombre des créatures. Pour justifier ces propositions, il eût fallu qu'Eusèbe montrât par leurs écrits ou autrement que ces évêques professaient des sentiments tout autres que ceux qui leur étaient attribués; mais soit désespoir d'arriver à cette démonstration, soit désir d'éviter une discussion trop longue, il se contente de citer de longs extraits du livre de Marcel, comme s'il ne s'était agi que de prouver qu'en effet il les avait accusés d'hérésie. Toutefois, il lui échappe de temps en temps quelques réflexions, il accuse Marcel de calomnie, ou il attribue à sa mauvaise volonté contre ses frères tout ce qu'il avait écrit contre eux. Quelquefois aussi il veut justifier certaines propositions peu orthodoxes dans la bouche de personnages soupçonnés d'arianisme en montrant qu'elles se trouvent en termes équivalents dans les Ecritures : par exemple, lorsque Marcel lui reproche d'avoir écrit, non pas qu'il n'y a qu'un seul Dieu, mais qu'il n'y a qu'un seul vrai Dieu.

Dans le second livre, Eusèbe se propose uniquement de convaincre Marcel des erreurs que nous l'avons vu lui imputer dans le précédent; et pour cela, il rapporte fort au long les propres paroles de cet évêque. C'est tout ce qui forme la matière de ce livre à quelques raisons près, qu'il répète dans son traité de la *Théologie ecclésiastique*.

Ce traité est adressé par une lettre à Flacille ou Placille, évêque d'Antioche. Eusèbe lui marque que s'étant contenté de mettre au jour les sentiments de Marcel, sans entrer en discussion avec lui dans les deux livres dont nous venons de parler, pour donner des preuves de sa foi à la Trinité, il entreprend de le réfuter dans cet ouvrage, divisé en trois livres. Marcel, au contraire, avait enfermé toutes ses preuves en un seul, afin de mieux représenter l'unité de Dieu qu'il y défendait. Il prie Flacille de corriger avec charité les fautes qu'il pourrait y apercevoir et lui demande un souvenir dans ses prières et ses sacrifices. Il ajoute, dans une préface distincte de cette lettre, que, sans rien avancer de nouveau ni de sa propre invention, il proposera dans toute sa pureté la doctrine de l'Eglise, telle qu'elle l'a reçue de Jésus-Christ et des apôtres, et conservée depuis le commencement; puis il entre en matière et distingue trois sortes d'hérésies sur la nature du Fils. Les uns le reconnaissant pour Dieu avaient nié qu'il fût homme; d'autres avaient cru qu'il était un pur homme; et d'autres enfin, craignant d'introduire plusieurs Dieux, avaient prétendu que le Père et le Fils ne sont qu'un, et seulement distingués de nom, de sorte que le même serait à la fois Père et Fils. C'est ce qu'avançait Sabellius, que pour cette raison l'Eglise avait condamné comme athée; et c'est aussi l'erreur qu'Eusèbe reproche à Marcel, avec cette différence qu'il divisait un même Dieu en père et en fils.

Eusèbe oppose à ces hérésies la foi de l'Eglise, contenue dans le Symbole que l'on avait coutume de faire réciter aux nouveaux baptisés. Il insiste en particulier sur le premier article, où l'Eglise reconnaît qu'il n'y a qu'un Dieu, que ce Dieu est Père, qu'il est tout-puissant; profession de foi qui la distingue des païens, qui adorent plusieurs dieux; des Juifs, qui ignorent que Dieu soit Père, ne sachant pas qu'il a un Fils, et des athées ou hérétiques, qui nient sa toute-puissance. Elle confesse aussi un Fils unique de Dieu, engendré du Père avant tous les siècles, subsistant par lui-même, vraiment Fils, coexistant à son Père; Dieu de Dieu, Lumière de Lumière, Vie de Vie; engendré du Père d'une manière que nous ne pouvons ni concevoir ni exprimer, mais avant toutes les créatures, pour en être comme la base, le fondement et le soutien inébranlable : source de vie, la vie même, la lumière même, la raison même, la sagesse même ; produisant tout, vivifiant tout, gouvernant tout. Eusèbe condamne donc ceux qui osaient avancer que le Fils a été tiré du néant comme toutes les créatures; puisque, si cela était, il devrait passer pour leur frère, plutôt que pour Fils unique de Dieu. Il prouve que ce Fils est Dieu, parce que Dieu ne peut engendrer qu'un Fils qui lui soit entièrement semblable : et qu'il est véritablement Fils, parce que le terme d'*engendrer* emporte une relation naturelle du Père au Fils, et du Fils au Père. « Car, dit-il, un roi bâtit une ville, il ne l'engendre pas, et un père engendre son fils, il ne le bâtit pas; un ouvrier ne se nomme point père de son ouvrage, ni un père ouvrier de son fils; c'est pourquoi nous disons que Dieu est Père du Fils, et qu'il est créateur de l'univers. »

« Si quelqu'un, ajoute-t-il, craint que ce que nous venons de dire ne détruise l'unité de Dieu, qu'il sache qu'encore que nous confessions que le Fils est Dieu, nous croyons toutefois qu'il n'y en a qu'un seul ; savoir celui qui est seul sans principe; non engendré, qui possède en propre la divinité qu'il n'a reçue d'aucun autre, et dont le Fils tient, comme de sa cause, son existence et tout ce qui s'ensuit. Il cite les endroits de l'Ecriture où Jésus-Christ lui-même reconnaît qu'il ne vit que par son Père; où il l'appelle son Dieu; où saint Paul assure que Dieu est le chef de Jésus-Christ, comme Jésus-Christ est le chef de l'Eglise. » Enfin il n'oublie aucun des termes employés dans l'Ecriture, pour marquer la dépendance du Fils. Il reconnaît toutefois qu'il partage avec son Père la toute-puissance et l'empire sur toutes choses, dont il semblait faire un attribut propre au Père; et ce qui pourrait l'excuser sur les expressions dont il se sert en parlant du Père, c'est qu'il dit de même du Fils : que l'Eglise le reconnaît seul pour Dieu, comme étant le seul que le Père a engendré de lui-même. Quant à la manière dont s'est faite cette génération, il soutient qu'elle est incompréhensible même aux vertus supérieures, c'est-à-dire aux anges, et qu'ainsi il n'est pas étonnant que nous ne puissions l'approfondir, nous qui, revêtus d'un corps terrestre, ne connaissons pas même les choses qui nous sont le plus familières.

« Par exemple, dit-il, qui peut expliquer de quelle nature est l'union de notre âme avec le corps, comment elle s'en désunit, et comment elle y est entrée dès le commencement ? Quelle est son espèce, sa figure, sa forme, son essence ? Toutes mes recherches n'ont encore pu m'éclairer de la nature des démons; en vain j'ai cherché quelle est la substance des anges, ce que sont les Principautés, les Trônes, les Dominations; jusqu'ici je n'ai rien su découvrir des puissances qui gouvernent ce monde. Pourquoi donc approfondir des questions beaucoup plus relevées touchant la Divinité, et la manière dont Dieu engendre son Fils ; il suffit pour le salut de croire en un seul Dieu tout-puissant, et en son Fils, qui est notre Sauveur. » Il relève ensuite les grands avantages que le Fils a apportés au monde par son incarnation ; et, parce que Marcel prétendait qu'avant ce temps, l'Ecriture ne le nomme pas autrement que Verbe de Dieu, il lui cite les endroits où il est appelé Fils, lumière, pain, Jésus, Christ, Seigneur, Pontife, splendeur, caractère, image, premier-né des créatures, et divers autres noms qu'il soutient lui convenir, même avant son incarnation.

Les premiers chapitres du second livre ne sont presque qu'une répétition de ce qu'il a dit jusqu'ici des erreurs de Marcel. Il l'en convainc dans la suite avec plus d'évidence encore, et en employant contre lui des preuves plus directes. Il montre qu'en niant la substance ou l'hypostase du Fils, il en résulte que c'est le Père qui s'est engendré lui-même, qui a souffert la mort, qui s'adresse des prières, qui s'envoie ; enfin que le Père est lui-même son propre Fils, ce qui ne se peut dire sans folie et sans impiété. Il explique ce passage de l'Evangile de saint Jean : *Au commencement était le Verbe*, dont Marcel abusait pour montrer qu'alors le Fils était simplement Verbe de Dieu, sans aucune différence avec celui dont il était le Verbe, puisqu'il est écrit ensuite : *Et le Verbe était Dieu*. Eusèbe donne les différentes significations du mot grec λόγος qui, selon lui, marque tantôt le raisonnement de l'âme, tantôt la parole extérieure ou l'écriture, et quelquefois aussi la propriété que possède une semence de produire des germes, et une science quelconque de produire des œuvres. Après avoir montré qu'aucune de ces significations ne convient au Verbe de Dieu, qui subsiste par lui-même et indépendamment d'aucun sujet, il ajoute que toutes choses ont été faites par lui pour marquer que dans la création le Verbe a servi de ministre au Père, ce qui implique deux personnes différentes. Il conclut que, sans rien changer au sens de ce passage, on peut le rendre en substituant le nom de Fils à celui de Verbe, et dire ainsi : *Au commencement était le Fils, et le Fils était avec le Père, et le Fils était Dieu*. Il soutient que c'est lui ôter sa qualité de Fils que de s'obstiner à le nommer le Verbe, et il en donne pour raison qu'encore que tout homme ait son verbe, tous néanmoins ne sont pas pères.

Marcel abusant des passages de l'Ancien Testament qui établissent l'unité de Dieu, s'en servait pour détruire la pluralité des personnes ; ces termes *moi* et *je suis*, marquent, disait-il, une seule personne ; et c'est ainsi qu'il raisonnait sur l'endroit où il est dit : *Je suis Dieu, le premier et le dernier, et hors moi il n'y a point de Dieu*. Eusèbe répond que le Saint-Esprit ne pouvant donner une connaissance parfaite des personnes divines aux Juifs encore imparfaits, et de peur que cette connaissance ne les portât à adorer plusieurs dieux, s'est contenté, à cause de la dureté de leur cœur, de leur enseigner un seul Dieu. C'est pour la même raison qu'il leur a ordonné les sacrifices, la circoncision, les sabbats, l'abstinence de certaines viandes, et que Moïse, dans son histoire de la création du monde, n'a point parlé de celle des anges. Nous croyons, après saint Paul, qu'il y a des Trônes, des Principautés, des Vertus, des Dominations, des Puissances, quoique Moïse et les autres prophètes n'en parlent point. Le Sauveur lui-même nous a découvert plusieurs mystères cachés aux Juifs : faudra-t-il donc les rejeter, parce qu'il n'en est rien dit dans l'ancienne loi ? Mais il n'est pas vrai qu'il ne soit point parlé du Fils dans l'Ancien Testament ; c'est lui qui apparaissait aux patriarches ; car quel autre que lui se serait fait voir aux hommes sous une forme humaine : c'est lui qui a servi de médiateur, lorsque Dieu a donné sa loi à Moïse : c'est par lui que le Père dit : *Sachez que je suis le seul Dieu, et que hors moi il n'y a point de Dieu*. En un mot, c'est lui qui sert d'interprète au Père, toutes les fois qu'il se fait annoncer par les prophètes comme le seul Dieu. Aussi Jésus-Christ lui-même semble nous enseigner dans l'Evangile que le Père est seul Dieu ; mais, ajoute Eusèbe, c'est qu'alors comme auparavant, il fallait s'accommoder à la faiblesse des Juifs, naturellement portés à l'idolâtrie. « C'est ainsi, ajoute Eusèbe, que nous en usons à l'égard des païens ; nous nous contentons d'abord de les désabuser sur le sujet des faux dieux ; et réservant pour un temps plus favorable à les instruire de ce qu'ils doivent croire touchant Jésus-Christ, nous tâchons de leur prouver par des raisons démonstratives l'unité de Dieu. »

Le troisième livre commence par une simple explication du passage des *Proverbes*. L'auteur se propose de faire voir que le terme *créer*, tel qu'il s'y trouve, ne signifie pas toujours une création proprement dite, et il apporte plusieurs autres passages de l'Ecriture où ce terme est pris pour marquer une chose déjà existante. Il prouve, en particulier, qu'il ne peut avoir cette signification dans le passage dont il s'agit, puisqu'il y est parlé du Fils en des termes qui détruisent absolument l'idée que nous avons d'une chose créée. Mais la preuve la plus forte est tirée du texte hébreu, où il se lit comme dans la Vulgate : *Le Seigneur m'a possédée dès le commencement de ses voies*, et en effet, c'est ainsi que Symmaque, Aquila et Théodotion, l'ont traduit. Après cet éclaircissement, il relève les absurdités et les contradictions dans lesquelles Marcel était tombé en voulant adapter ce passage à Jésus-Christ comme homme ; puis il passe à l'article du Saint-Esprit, dont il niait également l'hypostase. Il prouve très-bien, par l'Ecriture, que l'Esprit-Saint a un mode d'existence propre qui le distingue du Père et du Fils ; mais, quand il en vient à vouloir expliquer sa nature, il enseigne lui-même des erreurs non moins dangereuses que celles dont il accuse Marcel. Non-seulement il croit que le Saint-Esprit est comme le Fils au-dessous du Père ; mais, il nie absolument qu'il soit Dieu ; et il s'autorise même de ce passage de saint Jean, où il est dit que toutes choses ont été faites par le Fils, pour affirmer que le Saint-Esprit a été créé par le Verbe, comme tous les êtres qu'il a tirés du néant.

Le reste de ce livre roule sur une autre erreur attribuée à Marcel. Eusèbe l'accuse d'avoir enseigné qu'après la consommation des siècles, le Verbe quitterait sa chair pour se réunir à son Père. C'est ainsi qu'il entendait ces paroles de l'Apôtre : *La créature sera délivrée de cet asservissement à la corruption, pour participer à la gloire de la liberté des enfants de Dieu*. Il prenait aussi à la lettre ce passage de saint Jean : *La chair ne sert de rien, c'est l'esprit qui vivifie* ; et cet autre de saint Paul : *Lorsque toutes choses auront été assujetties au Fils, alors le Fils sera lui-même assujetti à celui qui lui aura assujetti toutes choses, afin que Dieu soit tout en tous.* D'où il concluait que le règne du Fils finirait un jour. Eusèbe n'emploie pas d'autre moyen pour le combattre que d'expliquer le véritable sens de ces passages. Il montre que le premier, tiré de saint Paul, doit s'entendre de la glorification du corps après la résurrection, selon ce que dit ailleurs le même apôtre; *que Jésus-Christ transformera notre corps tout vil et abject qu'il est, afin de le rendre conforme à son corps glorieux.* Sur celui de saint Jean, il dit que Jésus-Christ ayant assuré les Juifs qu'ils n'auraient point la vie en eux, s'ils ne mangeaient son corps, et s'ils ne buvaient son sang, et voyant que ce discours les avait scandalisés, les avertit que c'est l'esprit qui vivifie, et que la chair ne sert de rien; comme s'il disait: Ne pensez pas que par ce que je vous ai dit, je veuille vous obliger à manger la chair dont vous me voyez revêtu, ni à boire mon sang d'une manière sensible et corporelle; mais vous n'ignorez pas que les paroles que vous avez ouïes de moi sont esprit et vie : ce sont ces paroles qui sont ma chair et mon sang, et qui comme un pain céleste donnent la vie éternelle à ceux qui s'en repaissent. Ne vous scandalisez donc point de ce que je vous ai dit de ma chair et de mon sang; ces choses entendues d'une manière sensible ne servent de rien, c'est l'esprit qui vivifie ceux qui les entendent spirituellement. Eusèbe ajoute à cette explication de vifs reproches à Marcel, pour avoir débité de son chef une circonstance qui n'est point marquée dans l'Evangile; savoir, que Jésus-Christ adressant ces paroles aux Juifs: *Ceci vous scandalise-t-il ?* avait touché sa chair en la leur montrant.

Quant au texte de l'Apôtre, qui parle de la sujétion du Fils au Père, il l'explique d'une sujétion libre et volontaire de la part du Fils, qui soumettra à son Père tous ses élus, sans toutefois se dépouiller de son empire, qui doit durer à jamais, ainsi que l'ange Gabriel l'annonça à Marie, et que les prophètes l'ont prédit. Il rapporte aux seuls élus ce qui est écrit, que Dieu sera tout en tous; et dit qu'alors eux-mêmes ne seront plus qu'un entre eux, non que leur substance doive être confondue; mais parce qu'ils n'auront plus qu'une même volonté, réglée selon la plus parfaite équité. Il finit en expliquant d'autres passages dont Marcel se servait pour nier l'hypostase du Fils. Il explique celui-ci : *Moi et mon Père nous sommes un,* par cet autre : *Je leur ai donné la gloire que vous m'avez donnée, afin qu'ils soient un comme nous sommes un.* « Par là, dit-il, Jésus-Christ enseigne que son Père est en lui de la même manière qu'il veut qu'il soit en nous, et non pas que lui et le Père ne sont hypostatiquement qu'un. Ainsi quand il dit qu'il est dans le Père et que le Père est en lui, il le dit dans le même sens que l'Apôtre a assuré plus tard, qu'après la consommation des siècles, Dieu sera tout en tous, et ailleurs, que c'est en lui que nous avons l'être, le mouvement et la vie; ce qui ne détruit point l'hypostase propre à chacun de nous. Enfin, il est écrit que celui qui voit le Fils voit le Père, parce que le Fils est l'image du Dieu invisible, et suivant l'expression de l'Apôtre, la splendeur de sa gloire et le caractère de sa substance. »

De la vie de Constantin. — On convient qu'Eusèbe composa cet ouvrage vers l'an 338, peu de temps après la mort de Constantin. Du reste cela ressort assez clairement d'un passage du premier livre où il dit qu'il va publier en toute liberté les louanges de ce prince, ce qu'il n'avait osé faire jusqu'alors, à cause des changements auxquels nous expose tous l'inconstance de notre nature, et aussi parce que l'Ecriture défend de donner à personne le titre d'heureux dans le cours de cette vie. Il prend son héros dès l'âge le plus tendre, et, comme un autre Moïse, il le montre élevé parmi les ennemis de Dieu, mais sans participer à la corruption de leurs mœurs, lui qui était spécialement envoyé pour délivrer son peuple de leur tyrannie. Il ne s'attache point à reproduire la suite de ses actions, quelque grandes que le monde les ait jugées; il ne dit rien de ses batailles et de ses victoires, ni des lois qu'il avait faites pour le bien de ses sujets. Son dessein est de le représenter comme un prince pieux et de faire ressortir son zèle pour la religion chrétienne, qu'il avait rendue respectable par sa conduite, protégée par sa puissance, défendue par ses armes, autorisée par ses lois, maintenue par son attention à y conserver intactes la pureté de la foi et la vigueur de la discipline. Enfin, il le pose comme un véritable apôtre par le soin qu'il mit à la propager, non-seulement dans l'empire, mais encore parmi les nations étrangères. Eusèbe s'attache scrupuleusement à l'ordre chronologique dans la reproduction des faits; mais il omet souvent des circonstances importantes et passe trop légèrement sur plusieurs autres qui auraient besoin d'être expliquées avec une certaine étendue. En général, on remarque dans cet ouvrage plus d'empressement et d'affectation à louer Constantin, que d'exactitude à rapporter les choses. Le style, pour être plus orné et plus fleuri que celui de ses autres ouvrages, n'en est ni plus naturel ni plus beau; il est diffus et convient mieux à un orateur qu'à un historien; aussi Socrate et Photius ont-ils donné à cet écrit le titre de *Panégyrique de Constantin.* Photius surtout, qui en a fait une critique particulière, accuse l'auteur d'avoir usé de dissimulation à l'égard d'Arius et de ses partisans; et en effet il est difficile d'interpréter autrement son silence.

Commentaires sur les Psaumes. — Il est certain qu'Eusèbe a composé des commentaires sur tous les Psaumes. Saint Jérôme les loue comme un ouvrage plein d'érudition, et on en trouve des passages cités dans Théodoret, dans le pape Gelase et dans le septième concile œcuménique. Il y en avait même une traduction latine dès le temps de saint Jérôme. Cette traduction était l'œuvre d'Eusèbe de Verceil, qui avait pris soin d'en retrancher tout ce qui pouvait favoriser l'arianisme, mais elle ne s'est point conservée jusqu'à nous. On était persuadé que l'original avait subi le même sort, car depuis Photius aucun écrivain n'en avait fait mention ; mais le Père de Montfaucon les a exhumés en 1706, et après les avoir collationnés sur trois manuscrits et sur diverses chaînes des Pères, il les a fait imprimer avec une traduction latine et en les faisant accompagner d'une dissertation préliminaire. Du reste, quoiqu'ils ne se retrouvent pas au complet et qu'ils s'arrêtent au psaume CXVIII, il est difficile d'élever des doutes sur leur authenticité. On y remarque l'érudition vantée par saint Jérôme, les passages que les anciens en ont cités, le style d'Eusèbe, la même version de l'Ecriture qu'il suit dans ses autres ouvrages, sa doctrine touchant la nature du Verbe, sa méthode de traiter l'Ecriture sainte, des réflexions et des remarques sur certains passages des écrivains sacrés, si semblables avec ce qu'il en dit dans ses autres ouvrages, qu'il paraît, pour ainsi dire, s'être copié dans ces commentaires. Cela se retrouve particulièrement dans la *Démonstration*, où il a quelquefois expliqué des psaumes entiers. D'ailleurs, il n'y a rien dans ces commentaires qui ne convienne à Eusèbe et au temps où il écrivait. L'auteur y parle comme témoin oculaire de la persécution de Maximin, de la mort des tyrans, et de la paix rendue à l'Eglise. Il dit que de son temps on avait bâti plusieurs églises magnifiques, que l'Evangile faisait des progrès merveilleux, et que les moines n'existaient encore qu'en petit nombre ; toutes circonstances qui marquent évidemment un auteur du commencement du IVᵉ siècle.

Pour ce qui regarde cet ouvrage en lui-même, on peut dire que c'est un des plus excellents que nous ayons en son genre : Eusèbe y fait preuve d'une connaissance profonde de l'Ecriture sainte, et on l'y reconnaît aisément pour cet ami du martyr saint Pamphile, qui avait travaillé si soigneusement avec lui à se former dans la science des livres saints. Ses remarques sur l'auteur de chaque psaume, sur le temps auquel ils ont été écrits, sur l'ordre et la disposition qui leur conviendrait davantage, sont autant de critique, qui peuvent servir aux plus habiles. Il entre dans un examen exact de toutes les difficultés, et il n'omet rien pour les éclaircir, soit en recourant à l'histoire, soit en rapprochant les endroits de l'Ecriture qui ont rapport à celui qu'il traite, soit en corrigeant la leçon des Septante, par l'hébreu ou par celle des autres interprètes.

Quand il explique le sens littéral, il est rare qu'il ne réussisse pas ; et ses allégories, quoique fréquentes, plaisent néanmoins, parce qu'elles sont naturelles et de bon goût. Il est attentif à accorder jusqu'aux moindres contrariétés apparentes ; mais ce qui rend cet ouvrage précieux, c'est le grand usage qu'il y fait des anciennes versions d'Aquila, de Théodotion, de Symmaque, qu'il rapporte quelquefois de suite sur des psaumes entiers. Il les préfère en plusieurs endroits à la version des Septante ; et il fait une estime particulière de celle de Symmaque, qu'il cite plus volontiers qu'aucun autre, et qu'il appelle souvent un interprète admirable. On voit en confrontant ses explications avec celles d'Origène, qu'il suit communément ce Père, et cela se remarque surtout en les lisant l'un et l'autre dans les chaînes des Pères.

Il y a un endroit de ses commentaires, où Eusèbe parle de quelques miracles qui s'étaient faits de son temps au saint sépulcre de Jérusalem ; ce qui semble marquer la manière miraculeuse dont Dieu fit connaître quelle était la vraie croix du Sauveur, entre celles des deux voleurs, avec lesquelles Hélène, mère de Constantin, la trouva confondue. On appliqua deux croix à un corps mort, dit saint Paulin, sans qu'il s'en suivit aucun effet ; mais l'attouchement de la troisième lui rendit la vie ; ce qui la fit reconnaître pour celle où la mort avait autrefois été vaincue d'une façon bien plus glorieuse. Sulpice-Sévère raconte la même chose ; mais Rufin, Socrate, Théodoret et Sozomène, ne parlent que d'une femme, malade à l'extrémité, qui fut guérie par cet attouchement. On rapporte l'Invention de la sainte Croix, au voyage qu'Hélène fit dans la terre sainte, vers 327 ; ainsi Eusèbe ne peut avoir composé plus tôt ses *Commentaires sur les Psaumes*. Le Père de Montfaucon croit même que ce ne fut que longtemps après, et dans les dernières années de sa vie. En effet, il y parle de l'église que Constantin fit bâtir pour honorer le saint sépulcre, qui ne fut achevée qu'en 335. En ce cas nous ne voyons point ce que pouvait être cette persécution, dont il dit que l'Eglise était attaquée de nouveau, car Licinius, qui recommença à la persécuter, était mort dès 323.

Commentaire sur Isaïe. — C'est encore au P. de Montfaucon que nous devons la résurrection de cet ouvrage d'Eusèbe, que l'on ne connaissait presque plus que parce que nous en apprend saint Jérôme. Il le publia en 1707 avec une traduction latine et une dissertation préliminaire après l'avoir collationné sur deux manuscrits et sur diverses chaînes également manuscrites des Xᵉ et XIIᵉ siècles. Mais il s'en faut de beaucoup que ce travail soit aussi complet que le premier. On s'aperçoit facilement et à plusieurs vides que ce sont plutôt des fragments ou des extraits des commentaires d'Eusèbe que ces commentaires eux-mêmes. Mais, à cela près, on peut se féliciter d'avoir recouvré, par les recherches de ce savant religieux, le véritable ouvrage d'Eusèbe. On y retrouve à la lettre les explications citées par saint Jérôme, et il y en a quantité d'autres que ce Père, aussi bien que Procope après lui, lui ont visiblement empruntées en écrivant sur Isaïe. Comme dans la plupart de ses ouvrages, Eusèbe y parle de la persécution de Dioclétien, dont il avait été témoin, et de la protection que Dieu avait accordée à son Eglise. Il y cite même sa *Chronique*, ce qui témoigne qu'il ne les composa qu'après l'an 313 ou même après 325, époque à laquelle il donna une seconde édition de cet ouvrage. Ce qu'il dit des empereurs Romains qui non-seulement s'assemblaient dans l'Eglise avec les fidèles, mais participaient même aux saints mystères, semble marquer qu'il écrivait après la mort de Constantin, et sous le règne des princes, ses enfants, vers l'an 338 ; car outre qu'il les nomme au pluriel, on sait que Constantin ne reçut le baptême qu'à la mort, et que quand bien même il eût été catéchumène auparavant, il n'avait aucun droit de participer aux sacrés mystères. C'est tout ce que l'on sait pour fixer l'époque de cet ouvrage.

Les explications d'Eusèbe sur Isaïe sont à peu près de même génie que ses *Commentaires sur les Psaumes* ; c'est-à-dire que sans négliger le sens littéral, il donne plus volontiers dans l'allégorie qu'il rapporte presque toujours, ou à Jésus-Christ, ou à l'Eglise, ou à la Jérusalem céleste. C'était le goût des anciens Pères de l'Eglise de tout allégoriser, et le goût ne pouvait absolument passer pour mauvais, puisqu'il leur était venu des apôtres et des plus habiles Juifs. Mais il y a des endroits d'Isaïe qu'Eusèbe n'explique qu'allégoriquement, quoiqu'il eût promis une explication historique de ce prophète. C'est ce qui fait que saint Jérôme lui reproche, qu'oubliant quelquefois son titre, il s'étendait comme Origène dans les sens allégoriques. Ce qui, soit dit en passant, prouve que ce Père n'a pas prétendu condamner les allégories en elles-mêmes, puisqu'elles sont communes dans ses propres ouvrages, et qu'il donne même des règles pour s'en servir à propos. Il ne faut pas non plus entendre généralement ce que ce saint docteur dit au même endroit ; qu'il ne s'était point servi des commentaires d'Eusèbe sur Isaïe, en expliquant ce prophète. Il est visible qu'il s'en est servi, et ce que le P. de Montfaucon a remarqué qu'il en avait tiré, n'en est que la moindre partie. On est surpris, surtout de trouver que quand Eusèbe reconnaît tenir telle ou telle explication d'un docteur hébreu, ou en général des Hébreux, saint Jérôme dise la même chose en rapportant la même explication. Il n'a donc pas prétendu lui imposer sur une chose qui pouvait être connue de tout le monde. Il avertit seulement que la manière dont il expliquait actuellement un chapitre d'Isaïe, il ne l'avait point pris d'Eusèbe, voulant faire sentir par là que ce serait à tort que ses ennemis voudraient l'accuser d'avoir tout puisé dans les Commentaires de cet évêque, sous prétexte des secours qu'il en avait tirés.

Des quatorze opuscules attribués à Eusèbe. — Nous pouvons dire en général des quatorze opuscules publiés en latin sous le nom d'Eusèbe, qu'il n'en est aucun qu'on ne puisse raisonnablement attribuer à ce Père.

Non-seulement ils portent son nom dans les deux manuscrits d'où le P. Sirmond les a tirés, et dans un troisième qu'Oudin avait vérifié dans la bibliothèque des Prémontrés de Bellevalle, près de Reims ; mais encore presque tous renferment des caractères vénérables d'antiquité qui permettent de les faire remonter jusqu'au temps où vivait Eusèbe. Dans chacun de ces discours, ou bien l'auteur réfute d'anciennes hérésies comme celles de Sabellius, ou il déclame contre les superstitions du paganisme, ou il exhorte les fidèles à souffrir avec constance les persécutions des idolâtres. On y reconnaît Eusèbe à sa façon de s'exprimer touchant la nature du Fils, et il y a même des opinions qui paraissent lui avoir été assez particulières, comme dans le sixième, intitulé *de l'Ame incorporelle*, où il admet l'opinion de certains physiciens de son temps, qui prétendaient que les pierres croissent insensiblement à peu près comme les plantes, opinion du reste qu'il a déjà émise dans son *Commentaire sur les Psaumes*. Le premier qui est contre Sabellius a beaucoup de rapports, pour la nature des preuves, avec ses livres contre Marcel d'Ancyre, et on ne doute pas que ce ne soit cet évêque même qu'il y attaque sous le nom de Galate, parce que sa ville épiscopale était la capitale de la Galatie. On trouve dans le cinquième une partie des raisons que nous lui avons vu employer si utilement, dans sa *Démonstration évangélique*, pour établir la vérité de la religion chrétienne ; de sorte que quand ce sermon ne serait pas d'Eusèbe, on ne pourrait nier qu'il n'en ait été tiré. La traduction latine de ces différents ouvrages, car l'original paraît en être perdu, est tout entière de la même main ; mais il faut peu compter sur les titres qui la plupart ne répondent point à ce qui est traité dans le corps du discours. Nous avons oublié de dire que ces opuscules étaient des sermons. Nous nous abstiendrons de rendre compte par l'analyse de chacun en particulier, ce qui nous entraînerait dans des longueurs que nous devons éviter ; mais nous nous appliquerons à donner une idée de l'ensemble et de la doctrine qui s'y trouve contenue.

L'auteur de ces sermons, qui assurément est un ancien et remonte par sa manière aux premiers siècles, enseigne que Dieu est incompréhensible, simple, invisible par sa nature et incorporel ; qu'il a une connaissance entière de toutes choses, même de celles qui nous paraissent les plus méprisables. Il confesse clairement les trois personnes : un Père, un Fils, un Saint-Esprit. « C'est, dit-il, la foi de l'Eglise qui est une : c'est le sceau d'un seul baptême. Nous ne sommes point Juifs, nous reconnaissons que Dieu a un Fils ; ni Gentils, puisque nous ne disons pas qu'il y ait plusieurs Pères : ni hérétiques, puisque nous croyons un Saint-Esprit. » Et encore : « Adorez le Père, et le Fils vous sauvera ; adorez le Fils, et par lui le Père vous recevra : confessez un Saint-Esprit, et le Fils vous communiquera son esprit. » Il dit que le Père précède le Fils, non par l'espace des temps, mais en honneur et en dignité, c'est-à-dire que, suivant le style des anciens, il lui attribue principalement la monarchie ou la puissance suprême : que le Fils est vrai Dieu; qu'il a pris une chair véritable : qu'il est en même temps Dieu et homme, et que dans ses actions, les unes se rapportent à la divinité; les autres à l'humanité : qu'il est venu au monde, pour racheter le péché d'Adam, auquel nous sommes tous sujets en naissant.

Il enseigne que la foi est le premier fondement et la source de toutes les bonnes œuvres : que l'Eglise est fondée sur saint Pierre; et il se glorifie d'être fondé lui-même sur cette pierre bienheureuse; c'est-à-dire, de communiquer avec les successeurs de saint Pierre, montrant ailleurs qu'il n'y a point de salut dans le schisme. Il est témoin en plusieurs endroits que le pouvoir de chasser les démons se perpétuait dans l'Eglise comme une semence que les apôtres y avaient déposée; qu'on voyait des chrétiens garder la continence même dans le mariage ; et enfin qu'on rendait un culte particulier aux reliques des martyrs. Il parle exactement de la nature des anges, de l'immortalité de l'âme, de la résurrection générale des bons et des mauvais. Il dit que nous ne pouvons connaître Dieu s'il ne nous éclaire lui-même; qu'il est plus facile à un poisson de vivre hors de l'eau, qu'à une âme de se sauver sans Jésus-Christ; que c'est Dieu qui nous fait désirer de le connaître et qui nous amène à lui, non en nous faisant violence, mais en domptant la résistance de notre volonté. Il ne permet point que les justes restent longtemps dans l'erreur. Pour l'aimer parfaitement, il faut l'aimer pour lui-même; et lui obéir, non par l'appréhension des peines, ce qui ne convient qu'à un mauvais serviteur, ni par rapport aux récompenses, comme le font les mercenaires, mais par un motif d'amour dépouillé de tout intérêt propre.

On y trouve aussi des règles de morale dans le genre de celles que nous citons ici pour exemple. Il n'est jamais permis de dissimuler en fait de religion. Ce qui est mauvais en soi-même est toujours mauvais, soit que nous nous en apercevions, soit que nous ne nous en apercevions pas; la seule différence, c'est que nous sommes doublement coupables, lorsque par de mauvaises habitudes nous nous sommes aveuglés de telle sorte que nous ne voyons plus le mal que nous commettons. On ne doit jamais jurer de peur que venant à s'en faire une coutume, on ne se familiarise insensiblement, même avec le parjure, ce qui montre qu'il ne condamne point le jurement en lui-même, mais à cause des suites fâcheuses qu'il peut avoir; qu'autre chose est de faire mal, et autre chose de ne faire ni bien ni mal; ce qui s'entend par rapport à l'action, qui en elle-même peut passer pour indifférente, c'est-à-dire n'être ni bonne ni mauvaise; mais non pas par rapport à la fin qui doit essentiellement être Dieu. Il ne désapprouve point la douleur d'un père qui a perdu son fils, cette douleur étant l'effet d'une commisération naturelle qui convient aux justes, mais il condamne la fausse tendresse des mères, qui, pour laisser plus de bien à leurs enfants, négligent par avarice de les faire instruire. Il témoigne qu'en certaines occasions les chrétiens étaient tenus de faire hautement le signe de la croix sur le front, et qu'il leur était permis de se trouver dans les repas des païens, pourvu qu'ils ne prissent aucune part aux cérémonies profanes qui s'y pratiquaient. On peut aussi remarquer qu'il donne le titre de martyrs aux saints Innocents, et ce qu'il dit que le baptême de saint Jean ne remettait point les péchés; que saint Pierre fut crucifié la tête en bas; que Caïn tua son frère avec une pierre; que Joseph souffrit deux années de prison de plus, pour s'être recommandé à l'échanson de Pharaon et avoir mis sa confiance en un homme. Il appelle les trois jeunes hommes de Babylone frères de Daniel, et il loue les Mages qui vinrent adorer Jésus-Christ d'avoir renoncé à l'art de la magie.

Canons évangéliques. — Les canons des Evangiles composés par Eusèbe sont très-propres à faciliter l'étude des livres saints. Ce sont des tables destinées à indiquer, au moyen de certains chiffres rangés sur des colonnes parallèles, tous les passages des évangélistes qui ont ensemble quelques rapports et même ceux qui n'en ont point. C'est pourquoi ces tables devaient être placées à la tête des exemplaires des quatre Evangiles. Les mêmes chiffres se trouvaient distribués le long des marges, à côté de chaque verset, avec le nombre du canon auquel il fallait recourir. Le chiffre qui marquait le verset était en noir, et le nombre du canon était en rouge et placé au-dessous. Ainsi, quand le lecteur voulait savoir, si tel verset de saint Matthieu, par exemple, celui où il est dit que Jésus étant descendu de la montagne, un lépreux s'approcha de lui et l'adora, en disant : *Seigneur, si vous voulez, vous pouvez me guérir,* se trouvait aussi dans saint Marc et dans les autres évangélistes, il regardait d'abord le chiffre placé à côté de ce verset, puis celui qui était au-dessous et qui marquait le nombre du canon ou de la table à laquelle il fallait recourir. Il s'arrêtait dans cette table à la colonne qui était particulière à l'Evangile de saint Matthieu; et y trouvant aussitôt le chiffre qu'il cherchait, il voyait dans les colonnes parallèles des autres Evangiles, si saint Marc, saint Luc et saint Jean, ou quelques-uns d'entre eux auraient dit la même chose. Les tables ou canons évangéliques d'Eusèbe étaient au nombre de dix. La première marquait tous les endroits qui se trouvaient dans les quatre Evangiles. La seconde, ceux qu'on ne lisait que dans saint Matthieu, saint Marc et saint Luc. La troisième, ce qui était rapporté par saint Matthieu, saint Luc et saint Jean. La quatrième, les endroits parallèles de saint Matthieu, de saint Marc et de saint Jean. La cinquième accordait saint Matthieu et saint Luc ; la sixième saint Matthieu et saint Marc ; la septième, saint Matthieu et saint Jean ; la huitième, saint Luc et saint Marc; la neuvième, saint Luc et saint Jean. La dixième, indiquait en quatre colonnes différentes ce que chacun d'eux avait dit de particulier. On peut voir ces tables à la tête de la Bible de saint Jérôme, dans le premier tome de ses œuvres, de l'édition de dom Martiani, avec la préface de ce saint docteur sur les quatre Evangiles, dans laquelle il explique au pape Damase, ce que c'était que ces canons évangéliques d'Eusèbe. Car il les avait traduits du grec, et les avait envoyés à ce saint pape, persuadé qu'ils lui seraient d'un grand secours contre le désordre et la confusion qui régnaient alors dans la plupart des exemplaires des quatre Evangiles. Car depuis longtemps on s'était donné la liberté d'ajouter à l'un ce qu'il avait de moins qu'un autre, en quelques endroits, ou qu'il n'avait pas dit dans les mêmes termes, dans la fausse persuasion que tous les Evangélistes devaient dire la même chose et dans les mêmes termes. Il arrivait de là que l'on trouvait dans saint Marc plusieurs choses qui étaient de saint Luc et de saint Matthieu, et d'autres dans saint Matthieu, qui appartenaient à l'Evangile de saint Marc; sans que le lecteur qui n'était point averti, pût distinguer ce qui était propre à chacun d'eux. Eusèbe adressa ces canons évangéliques à Carpien, par une lettre que l'on a imprimée à la tête de ces canons, dans le Nouveau Testament grec de Robert Etienne, en 1550. Saint Jérôme dit qu'il les composa à l'imitation de ceux d'Ammone. Mais il y avait cette différence entre l'ouvrage d'Ammone et celui d'Eusèbe qu'Ammone ayant détaché des Evangiles de saint Marc, de saint Luc et de saint Jean, tous les endroits qui avaient rapport à celui de saint Matthieu, en avait fait un discours suivi; au lieu qu'Eusèbe, sans déplacer les textes des quatre Evangiles, avait indiqué par des chiffres ce qu'ils avaient de commun et de particulier. Cassiodore parle de cet ouvrage dans ses Institutions.

Sur les contrariétés des Evangiles. — Eusèbe avait également composé un ouvrage dans lequel il indiquait la manière de concilier les différents passages des Evangiles qui paraissaient se contredire. Saint Jérôme nous apprend que la question touchant le père de saint Joseph y était traitée, c'est-à-dire qu'Eusèbe, autant que nous en pouvons conjecturer, y faisait voir comment Joseph était en même temps fils de Jacob selon la nature, et fils d'Héli selon la loi; c'est ce qu'il explique du reste, après Jules Africain, dans le premier livre de son *Histoire ecclésiastique*. On peut rapporter à cet ouvrage d'Eusèbe sur les Evangiles, les deux fragments qui ont été donnés sous son nom par le P. Combéfis, l'un sur l'heure de la résurrection et l'autre sur les anges qui apparurent aux femmes dans le sépulcre. On voit que le sentiment d'Eusèbe était qu'il y avait deux Madeleines, et que c'était la coutume de son temps de ne rompre le jeûne de la veille de Pâques, que le dimanche au matin, vers le chant du coq, ou au plus tôt après minuit. Victor d'Antioche a inséré dans ses *Commentaires sur saint Marc*, une partie des réflexions qui composent ces fragments, et il en fait honneur à Eusèbe. Nous croyons devoir rapporter à ce même ouvrage un grand nombre d'explications sur divers endroits des Evangiles, particulièrement sur celui de saint Luc, qui se trouvent répandues dans la chaîne des Pères grecs sur cet évangéliste, et dans la *Bibliothèque des Prédicateurs* du P. Combéfis. Voici ce qu'Eusèbe y dit de plus remarquable : que saint Jean a composé sa narration évangélique des faits qui ont précédé l'emprisonnement de saint Jean-Baptiste : et que les autres évangélistes ont écrit ce qui s'était passé ensuite : ce qui doit servir à lever les contradictions apparentes qui se trouvent entre eux; que saint Pierre a fondé l'Eglise de Césarée en Palestine; que de son temps l'Evangile de saint Jean était traduit en toutes sortes de langues; que Job descendait d'Esaü; que Jésus-Christ a prêché son incarnation aux âmes qui étaient détenues dans les enfers avant sa mort, sentiment qui est commun à plusieurs anciens Pères; que les disciples ne devaient prendre autre chose que leur nourriture de ceux chez qui ils prêchaient l'Evangile, mais qu'en sortant ils pouvaient en recevoir ce qui leur était nécessaire pour la subsistance de tout le jour; que Dieu nous ayant appelés à la foi, il dépend de nous de l'embrasser, en sorte que c'est notre faute si nous n'avons point de part au banquet céleste; que saint Matthieu a écrit son Evangile en hébreu; que le monde a été créé au printemps, et que la fête de Pâques est comme celle de la naissance du monde; que Notre-Seigneur n'a pas fait la pâque avec les Juifs, mais qu'il les a devancés d'un jour; ce qu'il prouve par le passage de saint Jean, où il est dit que les Juifs n'entrèrent point dans le prétoire, parce qu'ils devaient manger la pâque. Il prétend au reste qu'ils auraient dû la célébrer le jeudi, comme fit Jésus-Christ, et qu'ils s'éloignèrent en ce point de ce que la loi leur prescrivait; ce que saint Luc insinue en disant : *Le premier jour des azymes auquel il fallait immoler la pâque.* Eusèbe ajoute que leurs mauvais desseins contre le Sauveur étaient comme un voile qui leur couvrait les yeux et les aveuglait au point de ne pouvoir plus discerner ce qui était prescrit par la loi. On assure qu'on avait trouvé dans la Sicile trois livres de l'ouvrage dont il s'agit; mais jusqu'ici personne ne les a fait imprimer. Cave dit, sans en apporter de preuves, qu'il était adressé à un nommé Etienne.

Réponses à Marin. — Le traité des *Réponses à Marin* est reconnu pour appartenir à Eusèbe. On trouve dans une chaîne grecque manuscrite, une de ses réponses sur les contrariétés apparentes des évangélistes, et sur l'histoire de la résurrection. Dans une autre sur saint Jean, Sévère dit qu'Eusèbe a adressé à Marin sur la passion et sur la résurrection, des questions qu'il lui envoie toutes résolues, et il en rapporte une sur l'heure du crucifiement. Le P. Labbe en cite une sur les trois jours de la sépulture du Sauveur. Nous en avons encore trois dans les questions d'Anastase le Sinaïte. La première rapporte la cause de l'abandon de David et de sa chute dans le péché, aux sentiments de vaine gloire qu'une trop grande prospérité avait fait naître dans son cœur ; la seconde explique comment Jésus-Christ donna le Saint-Esprit à ses apôtres en leur soufflant au visage, et la troisième met d'accord le texte des évangélistes, sur les apparitions du Sauveur à la Madeleine et aux disciples, après sa résurrection. C'est probablement à cet ouvrage qu'Eusèbe lui-même nous renvoie à deux reprises dans le cours de sa *Démonstration évangélique;* la première fois pour rappeler comment il avait expliqué la généalogie du Sauveur; la seconde pour justifier l'Évangile qui faisant la généalogie de Jésus-Christ, la prend du côté de saint Joseph. Il cite même un premier livre de questions, ce qui marque que cet ouvrage en avait plusieurs. Suidas parle d'un écrit à Marin, où Eusèbe disait que l'Eglise propose à ses enfants deux sortes de vie : l'une qui est au-dessus de la nature et de tout ce que les hommes ont pu trouver pour régler les mœurs ; c'est la vie des moines ; l'autre inférieure et plus humaine qui condescend à la faiblesse des hommes jusqu'à leur permettre le mariage.

Eglogues prophétiques. — Dans son *Histoire ecclésiastique,* Eusèbe renvoie à deux de ses ouvrages : dans le premier il avait réuni tous les témoignages des prophètes en faveur de Jésus-Christ, et prouvé dans le second qu'ils ne convenaient qu'à lui seul. Il paraît que ces deux écrits formaient une introduction générale aux premiers principes de la doctrine chrétienne. Il ne nous reste aujourd'hui que quatre livres d'*Eglogues prophétiques* qui formaient les sixième, septième, huitième et neuvième livres de l'ouvrage complet. Ce qui prouve que cet écrit doit être attribué à Eusèbe, c'est que l'auteur y décrit la persécution de Dioclétien, comme en ayant été témoin oculaire, et qu'il y avance en même temps plusieurs choses qu'il est difficile d'expliquer d'un autre que d'Eusèbe de Césarée. On le reconnaît surtout à ses expressions peu correctes sur la nature du Fils. Le premier livre de ces Eglogues est partagé en vingt-cinq chapitres, où sont contenues et expliquées les prophéties qui se trouvent dans les livres historiques de l'Ancien Testament, touchant Jésus-Christ. Le second en a quarante-cinq et renferme celles qui sont dans les psaumes ; le troisième est divisé de même ; la matière en est prise des *Proverbes* de Salomon, de l'*Ecclésiaste*, du *Cantique des cantiques*, des livres de *Job, Osée, Amos* et des autres prophètes, à la réserve d'*Isaïe*, dont les témoignages forment le quatrième livre qui contient trente-cinq chapitres de commentaires ou plutôt d'explications.

Lettre à Constantia. — Constantia était sœur de l'empereur Constantin et femme de Licinius. Il faut mettre avant la mort de ce dernier, et par conséquent avant 323, la lettre qu'elle écrivit à Eusèbe, et dont voici l'occasion. Eusèbe avait rencontré un jour, par hasard, une femme qui promenait dans les rues un tableau représentant deux espèces de philosophes à qui elle donnait les noms de Paul et de Jésus-Christ. « Je ne sais, dit Eusèbe, d'où lui étaient venues ces figures, ni de qui elle avait appris à les nommer ainsi; mais pour éviter le scandale, je me saisis du tableau, et le retins par devers moi, jugeant qu'il n'était pas bon que de telles choses parussent en public, de peur qu'on ne nous accusât d'imiter les païens, en portant avec nous des images de notre Dieu. » Constantia écrivit donc à Eusèbe pour avoir cette image, ou au moins une copie, et Eusèbe lui répondit par une lettre que l'on trouve presque tout entière dans les remarques de M. Boivin sur Grégoras, et dont il y a des fragments considérables dans le septième concile. On voit à la manière dont il lui écrit qu'il est peu disposé à lui accorder ce qu'elle demande, mais, sans le lui refuser absolument, il s'efforce de la détacher des choses sensibles et de lui inspirer les sentiments d'une piété solide, en l'exhortant à se rendre digne par la pureté du cœur, de voir un jour Dieu, non plus en image, mais tel qu'il est et face à face.

Les iconoclastes produisirent cette lettre contre les catholiques, dans le septième concile, et sans nier qu'elle fût d'Eusèbe, on se contenta de leur répondre qu'elle ne pouvait faire aucune autorité, venant d'un arien ; à quoi l'on ajouta que ceux qui ne reconnaissaient qu'une nature en Jésus-Christ, comme faisaient les ariens, étaient généralement ennemis des saintes images. Il est vrai que les raisons qu'Eusèbe allègue à Constantia paraissent peu favorables au culte des images ; puisqu'il lui cite même la défense faite aux Israélites de ne faire aucune ressemblance de tout ce qui est dans le ciel ou sur la terre; mais il faut avouer aussi que s'il n'a pas assez ménagé ses expressions, sur une pratique que l'Église a depuis consacrée par sa décision, elles étaient en quelque façon excusables dans un temps où on ne peut nier qu'il ne fût besoin d'y apporter une extrême réserve; afin de ne pas priver les chrétiens des armes dont ils se servaient si avantageusement contre les païens, en leur reprochant la vanité de leurs idoles. Il est témoin cependant que de son temps on voyait les tableaux de saint Pierre, de saint Paul et de Jésus-Christ. Il parle aussi de la statue de Jésus-Christ, élevée à Panéade par l'Hémorroïsse de l'Evangile, et il témoigne que la renommée lui attribuait plusieurs miracles. Mais quoique par cet aveu il ait l'air d'insinuer que Dieu approuvait ces témoignages de la piété des fidèles, cependant il ne laisse pas de les attribuer à un reste de coutume païenne. C'est pourquoi il défie Constantia de lui donner aucune preuve que l'Eglise ait jamais rien pratiqué de semblable. Il y a dans cette lettre des façons de parler qui semblent dire que l'humanité de Jésus-Christ cessera de subsister après son

Ascension ; ce qui lui a été reproché dans le septième concile œcuménique. On en trouve de semblables dans quelques autres de ses ouvrages et nous avons déjà eu occasion de dire ce qu'il fallait en penser.

Lettre à saint Alexandre. — Vers la fin de l'an 320, Eusèbe écrivit plusieurs lettres à saint Alexandre d'Alexandrie, pour l'engager à se réconcilier avec Arius et ses sectateurs, qu'il avait chassés de l'Eglise. Il ne nous reste de ces lettres qu'un fragment, qui fut présenté par les catholiques au concile de Nicée, pour prouver qu'en effet Eusèbe avait été entaché d'Arianisme. C'est ainsi qu'il y parlait à saint Alexandre.

« Vous les accusez dans vos lettres de dire que le Fils a été tiré du néant, comme toutes les autres créatures. Mais ils nous ont montré la lettre qu'ils vous ont écrite, dans laquelle, exposant leur foi, ils disent en propres termes : que le Dieu de la loi, des prophètes et du Nouveau Testament a engendré son Fils unique, avant les temps éternels, et qu'il a fait par lui toutes choses, et les siècles même ; qu'il l'a engendré, non en idée, mais en vérité et réellement, par sa propre volonté, non sujet à la vicissitude et au changement, mais créature parfaite, quoiqu'il ne soit point du nombre des autres créatures. Vous avez leur lettre, qui fait foi, si cela est vrai ainsi qu'ils nous le disent. Cependant celles que vous avez écrites contre eux les chargent d'avoir enseigné que le Fils a été créé de même que les autres êtres tirés du néant, quoiqu'ils vous aient expressément déclaré le contraire. Vous les accusez aussi d'avoir dit que celui qui est a engendré celui qui n'était point. Je suis surpris même que l'on puisse parler autrement ; car si celui qui est est un, certes tout ce qui a été après lui a été fait par lui. Que si le Fils était aussi celui qui est, comment a-t-il été engendré étant déjà ? »

Lettre à Euphration. — Ce fut encore vers le même temps, c'est-à-dire peu avant le concile de Nicée, qu'Eusèbe écrivit à Euphration, que l'on croit avoir été évêque de Baagnias ou Balania, une lettre, dans laquelle il lui disait : « Nous n'avouons point que le Fils ait la même puissance que le Père ; mais nous croyons que le Père est au-dessus du Fils, puisque le Fils lui-même qui connaît tout, sachant en effet qu'il est autre et moindre que le Père, nous enseigne les règles de la vraie piété, en disant : *Mon Père qui m'a envoyé est plus grand que moi.* » Et dans un autre passage il disait encore : « Le Fils aussi est Dieu, mais il n'est point vrai Dieu. » Nous n'avons plus que des fragments de cette lettre et des précédentes, ce qui nous empêche de juger de leur véritable sens.

Trois discours prononcés devant Constantin. — Nous avons dit ailleurs, et en nous appuyant sur l'opinion qui nous paraît la mieux fondée, que ce fut Eusèbe lui-même qui prononça dans le concile de Nicée le discours adressé à Constantin, et dont il parle dans son histoire sans en citer l'auteur. Il en fit un autre en l'honneur du saint sépulcre, et il loue l'empereur d'avoir voulu l'entendre debout, malgré sa longueur et quelques instances qu'on lui fît pour le décider à s'asseoir. Nous ne croyons pas qu'il y ait lieu de le confondre avec celui des Tricennales, qu'il fit l'année suivante, 335, et le seul qui nous soit resté. Nous en avons rendu compte en son lieu.

Il est probable que le discours sur le saint Sépulcre n'avait pour but que de relever la dignité du lieu et l'ardeur avec laquelle Constantin travaillait à l'orner et à l'embellir. L'ouvrage se trouvant achevé vers l'an 335, Eusèbe lui adressa un livre, dans lequel il faisait la description de l'église du Saint-Sépulcre ou plutôt de la Résurrection, comme on l'appelait alors, et des ornements superbes dont il avait enrichi les saints lieux. Il l'avait mis à la fin des livres de la *Vie de Constantin*, avec son panégyrique, et le *Discours* de ce prince adressé *aux saints*. Ce travail est perdu, et on n'en possède plus qu'un abrégé, inséré par Eusèbe lui-même, qui ne ménage pas les répétitions, dans le troisième livre de la *Vie de Constantin*. On voit que ce prince, voulant rendre le lieu de la résurrection du Sauveur le plus célèbre et le plus respectable qui fût au monde, donna ses ordres à Dracilien, vicaire des préfets du prétoire, et à Macaire, évêque de Jérusalem, pour y faire construire un temple qui surpassât en magnificence et en splendeurs toutes les édifices publics des autres villes de l'empire. Nous croyons faire plaisir à nos lecteurs en donnant ici cette description, que les autres historiens n'ont reproduite que d'après Eusèbe.

« La caverne du saint Sépulcre, pour laquelle tout l'édifice fut bâti, était revêtue en dehors de colonnes superbes et de magnifiques ornements. De là on passait dans une grande cour toute pavée de pierres bien polies, embellie de trois côtés de très longues galeries, et dans le fond, vis-à-vis de la caverne du saint Sépulcre, était bâtie l'église de la Résurrection tournée à l'Orient. Elle était d'une hauteur et d'une grandeur prodigieuse, revêtue en dedans de marbres de diverses couleurs, et parée en dehors de pierres si unies et si bien jointes qu'elles ne cédaient guère à la beauté du marbre. Le haut fut couvert de plomb en dehors, contre les pluies de l'hiver, et le lambris doré, qui s'étendait au dedans de la basilique, ainsi qu'une vaste mer, jetait de toutes parts un éclat merveilleux. Il y avait aux deux côtés de l'église deux galeries à double étage, une basse et une haute ; elles s'étendaient par toute la longueur de l'église, et leurs voûtes étaient aussi enrichies d'or. Celles qui joignaient le corps de l'église étaient soutenues de hautes colonnes, celles qui étaient au delà s'appuyaient sur des pilastres très ornés. Il y avait trois portes tournées à l'orient, c'est-à-dire qu'on regardait l'orient en y entrant. Vis-à-vis, et au chef de tout l'édifice, était un demi-cercle couronné de douze colonnes en l'honneur des douze apôtres, et leurs chapiteaux étaient ornés de grandes coupes d'argent. Le demi-cercle était le presbytère ou le sanctuaire, au milieu duquel était l'autel. En sortant de l'église, hors la cour qui a été marquée, on trouvait une avant-cour, accompagnée de deux galeries, une de chaque côté. On en sortait par une porte qui servait d'entrée à tout le lieu saint, et donnait sur une grande place où se tenait le marché. Ce premier vestibule était magnifiquement orné, et les passants étaient frappés de ce qu'ils en découvraient au dedans. Telle était l'église du saint Sépulcre, autour de laquelle se forma une nouvelle ville qui semblait à quelques-uns être la nouvelle Jérusalem prédite par les prophètes. Ce qui est certain, c'est qu'elle n'était pas à la place de l'ancienne, hors des murs de laquelle étaient le Calvaire et le saint Sépulcre. Depuis ce temps elle perdit le nom d'Elia, que l'empereur Adrien lui avait donné environ deux cents ans auparavant : elle reprit le nom de Jérusalem, et ne cessa d'être fréquentée par les pèlerinages des chrétiens, que la piété y attirait de toutes les parties du monde.

« Pour orner la nouvelle église d'une manière qui répondît à sa munificence, Constantin, non content d'y avoir appelé le nombreux concile rassemblé à Tyr, adressa encore à plusieurs autres évêques des invitations pressantes de s'y trouver. Marien, notaire, reçut commission de l'empereur de fournir à tous les frais de la fête. C'était un homme chéri de ce prince, recommandable d'ailleurs par sa foi, sa religion, sa connaissance des saintes lettres, et qui s'était rendu célèbre dans la persécution, en confessant à différentes fois le nom de Jésus-Christ. Il traita splendidement les évêques, fit distribuer à une infinité de pauvres, de tout âge et de tout sexe, des vivres et des vêtements, et fit déposer dans les églises les riches présents envoyés par l'empereur. Cette dédicace se fit aux ides de septembre de l'an 335, sous le consulat de Constance et d'Albin. » Ceux, dit Eusèbe, qui n'étaient pas capables de parler en public, apaisaient Dieu par les prières et les sacrifices qu'ils lui offraient ; mais pour nous, qui reçûmes en cette occasion plus d'honneur que nous n'en méritions, nous honorâmes la solennité par plusieurs discours.

Théophanie. — Malgré son importance et l'ordre chronologique de sa composition, nous plaçons ici en dernier lieu seulement, et immédiatement avant la nomenclature de ses écrits perdus, la *Théophanie* d'Eusèbe, ou son Traité de la manifestation de Jésus-Christ, dont une découverte récente vient de nous mettre en possession. Jusqu'ici on n'avait de cet ouvrage, divisé en cinq livres, autre chose que des fragments, parmi lesquels on distinguait les dix-huit passages grecs, publiés par le cardinal Angelo Maï, dans la première de ses *Collections vaticanes des anciens écrivains.* Mais depuis la découverte des trésors littéraires, enfouis dans le monastère de Nitrie et devenus la propriété de l'Angleterre, le révérend Samuel Lee, de l'université de Cambridge, a mis au jour à Londres, Madden, 1842, in-8°, l'antique version syriaque de la *Théophanie*, d'après un des manuscrits rapportés de cette expédition. L'année d'après, en 1843, il fit paraître à Cambridge en un volume in-8° la traduction du même livre, précédé d'une savante introduction. Sans parler des signes externes qui établissent l'authenticité de cette version, le style original est un garant de son ancienneté. Non-seulement la langue syriaque y est employée dans sa pureté native, mais encore le traducteur a lutté habilement avec le texte d'Eusèbe, pour faire passer dans sa langue la phraséologie savante, périodique et quelquefois très-compliquée de l'auteur grec. Enfin, il n'est pas jusqu'aux termes philosophiques affectionnés par Eusèbe dont la version syriaque ne reproduise la véritable valeur ou ne donne l'équivalent. Le second livre de la *Théophanie* justifie du reste l'opinion reconnue de l'évêque de Césarée, alors qu'il réfute sous forme d'exposé apologétique les principaux systèmes de philosophie et de religion païennes. Si l'on s'en rapporte aux recherches de M. Lee, Eusèbe aurait écrit la *Théophanie* au milieu de sa carrière, après le temps des persécutions qui cessèrent avec l'avénement de Constantin et avant la composition de ses autres grands traités, la *Préparation* et la *Démonstration évangélique;* ce qui nous permettrait de conjecturer que le premier de ces ouvrages, remarquable par l'abondance des faits et par la logique de l'argumentation, a conservé aux yeux de son auteur l'intérêt général d'une exposition du christianisme, de son autorité divine et de son influence extraordinaire dans l'histoire, tandis que les écrits qui suivirent celui-ci étaient plus scientifiques dans leur forme et plus restreints dans leur but. La double publication du docteur Lee a donc un prix incontestable, en ce qu'elle offre dans son intégrité une des œuvres dogmatiques de l'antiquité chrétienne, et en ce qu'elle ouvre la voie à une appréciation nouvelle et mieux fondée des opinions et de la conduite d'Eusèbe qui ont été l'objet de tant de recherches et de controverses. La question historique de l'orthodoxie d'Eusèbe en a tiré quelque éclaircissement, sinon une solution décisive favorable à ce docteur ; toujours est-il vrai que si l'on a découvert dans ses *Eglogues prophétiques* des arguments qui fortifieraient l'accusation d'arianisme souvent portée contre lui, les pages de sa *Théophanie* en fourniraient d'opposés pour le disculper de cette même accusation. Du reste, c'est une question que nous exposons plus loin, au point de vue de ses autres ouvrages, sans avoir cependant la prétention de la résoudre.

Écrits perdus. — Nous avons parlé ailleurs de l'*Apologie d'Origène*, qu'Eusèbe composa vers l'an 309, et qu'il avait divisée en six livres. Il ne nous en reste que le premier, traduit en latin par Rufin, et publié sous le nom de saint Pamphile, avec qui

Eusèbe l'avait composé. Les quatre autres, auxquels ce saint martyr avait également collaboré, sont perdus. Nous ne possédons pas davantage les trois livres de la *Vie de saint Pamphile*, qu'Eusèbe composa vers l'an 310, peu de temps après son martyre, et lorsque le souvenir de ses actions était encore vivant. Saint Jérôme assure qu'ils étaient écrits avec beaucoup d'élégance, et qu'Eusèbe y relevait, par des éloges mérités, les vertus de saint Pamphile, et surtout son humilité. On croit en posséder un fragment considérable dans l'Histoire de ce martyr, que le P. Papebrock a fait imprimer en grec, avec une traduction latine de sa façon, sur un manuscrit de la Bibliothèque royale, et que Fabricius a reproduit après lui parmi les Œuvres de saint Hippolyte. Saint Basile témoigne avoir vu un *traité* ou série de questions où Eusèbe traitait de la *polygamie chez les anciens*. Il en fait mention lui-même dans ses livres de la *Démonstration*, et il y a toute apparence que c'est le même ouvrage dans lequel il avait déjà parlé du grand nombre d'enfants des patriarches. Anastase le Sinaïte nous a conservé deux fragments de cet écrit, dans l'un desquels on voit que le roi Ezéchias supprima les livres de Salomon qui traitaient de la vertu des simples, parce que le peuple, y trouvant les remèdes à ses maladies, ne se souciait plus d'en demander à Dieu la guérison.

Les Actes du pape saint Sylvestre portent qu'Eusèbe avait recueilli en onze titres *les souffrances de presque tous les martyrs de la terre*. Saint Jérôme, en effet, lui attribue divers opuscules sur les martyrs, et lui-même fait mention de cet ouvrage dans plusieurs endroits de son histoire. On voit par une lettre de saint Grégoire le Grand, à Euloge d'Alexandrie, qui lui avait demandé les *Actes des martyrs* recueillis par Eusèbe, qu'après les avoir exactement recherchés dans les archives de l'Église et dans les bibliothèques de Rome, on n'en avait pu trouver qu'un petit nombre réunis en un volume particulier. On a cru un instant avoir découvert ce recueil dans la bibliothèque de l'Escurial, mais on a bientôt reconnu que ce n'était autre chose que le livre des *Martyrs de la Palestine*. Cependant Baronius affirme avoir appris de Lindanus qu'il avait vu lui-même dans un catalogue des livres de cette bibliothèque de l'année 1579, qu'elle possédait en grec trois livres du *Recueil des martyrs* d'Eusèbe, dont on n'avait pas encore fait de traduction latine. Un nombre infini de légendaires déclarent y avoir puisé, et s'appuient de l'autorité de ce recueil pour faire accepter leurs compositions. D'ailleurs, s'il restait encore quelques doutes, ils se dissiperaient devant la lettre à Chromace et à Héliodore, qui se trouve à la tête du Martyrologe attribué à saint Jérôme. Quoique, selon toute apparence, cette lettre ne soit pas de lui, cependant elle ne laisse pas d'être très-ancienne, et porte textuellement que dans un voyage qu'il fit à Césarée, Constantin ayant offert à Eusèbe le choix de quelque gratification pour son Église, celui-ci lui répondit que l'Église était assez riche des biens qu'elle possédait; qu'il ne lui demandait qu'une chose, qui faisait depuis longtemps l'objet de ses désirs : c'était que par ses ordres on fît une recherche exacte, dans toutes les archives de l'empire romain, sur ce qui s'était passé à l'égard des martyrs; sous quels juges, en quelle province, en quelle ville et quel jour ils avaient souffert, et qu'on lui envoyât ces Actes. Il ne paraît pas, en effet, qu'Eusèbe ait fait lui-même aucun voyage en Occident, pour y recueillir ces sortes de monuments; mais il peut se les être procurés par une autre voie, et rien n'empêche qu'il ne les ait dus à l'obligeance de Constantin.

Écrits contre saint Eustathe. — Socrate nous apprend que, quelques années après le concile de Nicée, il s'éleva de grandes disputes entre les évêques catholiques, sans que la raison de ces différends ait jusqu'alors été bien précisée. Ceux qui n'aimaient pas le mot *consubstantiel* accusaient le parti contraire de sabellianisme, ou de montanisme; et les autres reprochaient à ceux-ci d'admettre, comme les païens, plusieurs natures en Dieu. Saint Eustathe d'Antioche, en particulier, attaqua Eusèbe de Césarée, en l'accusant d'avoir violé la foi de Nicée; Eusèbe s'en défendit, et accusa à son tour Eustathe d'être sabellien. Il y eut de part et d'autre des écrits sur ce sujet; mais ceux d'Eusèbe sont perdus, et il ne nous en reste d'ailleurs aucune connaissance. On peut rapporter ces disputes, environ, à l'an 330.

Traité de la Pâque. — Nous avons perdu aussi le *Traité de la Pâque*, adressé à Constantin et qu'Eusèbe écrivit vers l'an 334. Il y faisait une explication mystique de cette fête, traitait de son origine et de la manière dont l'Église la célèbre, en s'y préparant par des mortifications d'autant plus utiles, qu'elles sont plus grandes. Constantin l'en remercia par une lettre où il loue beaucoup cet ouvrage, ajoutant qu'il a ordonné que, conformément au désir d'Eusèbe, il fût publié et mis entre les mains de ceux qui ont un amour vrai pour la religion. « L'estime, ajoute-t-il, que je fais de vos écrits montre que, quelque difficulté qu'il y ait à conserver leur beauté en les traduisant en une autre langue, celui qui les a mis en latin n'est pas indigne du choix que vous avez fait de lui. » Ce qui marque qu'Eusèbe ne faisait pas lui-même ces sortes de traductions.

Outre les ouvrages dont nous venons de parler, Eusèbe en avait composé plusieurs autres que nous ne connaissons plus que par leurs titres, savoir : un *Commentaire* très étendu *sur la première Épître aux Corinthiens*; trente livres contre Porphyre, dans lesquels, au jugement de saint Jérôme et de Socrate, il réfutait avec beaucoup de force et de solidité les calomnies de ce philosophe contre la religion chrétienne et contre le livre de Daniel. Eusèbe avait écrit encore des livres *de la préparation et de la démonstration ecclé-*

siastiques différents de ceux dont nous avons rendu compte sous le titre de *Préparation et Démonstration évangéliques*; deux livres intitulés : *De la Réfutation et de l'Apologie*, où il se proposait diverses objections des païens, qu'il réfutait sans réplique, selon la remarque de Photius, mais non cependant sans y laisser percer quelques traits de son inclination pour la doctrine d'Arius.

Il faut ajouter à ces écrits, que nous n'avons plus, un recueil de toutes les lettres de l'empereur Constantin, si Eusèbe les a en effet réunies en un volume particulier, comme il le promet dans le troisième livre de la Vie de ce prince; et deux traités dont il parle dans le livre des *Topiques*, l'un contenant l'explication des noms que les Hébreux donnent aux autres nations, et l'autre une topographie de la terre-sainte et du temple.

Vers l'an 334, Eusèbe fit faire, par l'ordre de Constantin, cinquante exemplaires très-corrects des livres de l'Ecriture sainte que l'on avait coutume de lire à l'église. Longtemps auparavant, il avait travaillé avec saint Pamphile à une nouvelle édition de la version des Septante, tirée des *Hexaples* d'Origène. On trouve sous son nom un fragment considérable d'un livre des *Vies des Prophètes*, imprimé à la tête des commentaires de Procope de Gaze sur Isaïe ; mais, quoique l'ouvrage paraisse ancien, il n'y a point de preuve qu'il soit d'Eusèbe. Quant aux fragments d'un *Commentaire sur le Cantique des cantiques*, que Mursius a donné en grec sous son nom, quoiqu'ils puissent être de lui, il est certain que le commentaire entier n'en est pas, au témoignage de saint Athanase, de Didyme, de saint Grégoire de Nysse, de Théophilacte et de plusieurs autres écrivains encore qui vécurent après lui. Gélase de Cizyque parle d'une *Apologie d'Eusèbe* adressée à tous les évêques, pour se défendre des erreurs d'Arius qu'on lui imputait. Il y a toute apparence que cette prétendue Apologie n'est autre chose que sa lettre à son Eglise de Césarée, qu'il appelle lui-même une lettre circulaire. On trouve parmi les manuscrits grecs de la bibliothèque impériale un fragment d'Eusèbe Pamphile, sur la parenté de la bienheureuse Vierge Marie avec Elisabeth ; Vossius en reproduit un second sur les poids et les mesures ; puis on en possède un troisième sur la mort d'Hérode dans la bibliothèque de Bâle. Galeus et Hébédjésu font encore mention de divers autres traités d'Eusèbe, dont nous ne pouvons rien dire parce qu'ils restent enfouis dans le secret des bibliothèques particulières. Enfin, à la suite de l'*Histoire* de Nicéphore, patriarche de Constantinople, édition du P. Péteau, on trouve un *Tableau chronologique des empereurs*, sous le nom d'Eusèbe. Ce n'est qu'un abrégé de sa *Chronique*, auquel on a ajouté les noms de ceux qui sont venus depuis.

CRITIQUE ET JUGEMENT. — L'analyse détaillée que nous avons faite des écrits d'Eusèbe justifie pleinement le jugement avantageux qu'en ont porté ceux qui les ont examinés avant nous. Tous, comme à l'envi, ont loué son érudition, son savoir, sa doctrine, son intelligence des divines Ecritures, et son application infatigable à dégager et à éclaircir ce que l'histoire ancienne, tant sacrée que profane, avait de plus obscur et de plus épineux. Nous en connaissons peu qui, avant lui, aient poussé aussi loin la connaissance de l'histoire, de la chronologie, de la géographie et de la critique, et l'on peut dire qu'il resterait au-dessus de tous les écrivains, et par ses qualités personnelles et par l'utilité de ses ouvrages, si les liaisons qu'il ne cessa d'entretenir avec les ennemis de la vérité n'avient laissé planer un nuage sur sa réputation. Outre le grec, sa langue naturelle, il savait l'hébreu, dont il se sert avec succès dans ses *Commentaires sur l'Ecriture;* mais, comme nous avons eu occasion de le remarquer, il ne paraît pas avoir possédé aussi familièrement la langue latine. Son *Histoire ecclésiastique*, sa *Chronique*, son *Recueil des Actes des martyrs*, non-seulement de la Palestine, mais de toute la terre, ses recherches pour rassembler dans la bibliothèque de Césarée tout ce qui pouvait servir à ses études et à celles des autres, marquent un génie ardent, une nature active et créée pour le travail; mais on retrouve surtout des preuves de la solidité de son esprit et de la force de son raisonnement dans ses livres de la *Préparation et de la Démonstration évangéliques*, que l'on considère à juste titre comme son chef-d'œuvre. Le discours dans lequel il expose les preuves sensibles de la divinité de Jésus-Christ est de nature à faire respecter la religion par ceux-là même qu'une opiniâtreté invincible retiendrait encore dans l'erreur. Pourtant il faut avouer que son érudition n'est pas toujours assez digérée, qu'il force quelquefois le sens des prophéties en les expliquant, et qu'il fatigue son lecteur par de longs extraits, qu'il aurait pu facilement abréger, sans diminuer le mérite de son livre. Son style, loin d'être éloquent et agréable, est d'une sécheresse désespérante, qui exclut en même temps tout ornement et toute beauté. Si, par hasard, on y rencontre çà et là quelque trait d'éloquence, l'étude s'y révèle d'une façon si sensible, qu'on l'oublie pour ne penser qu'au travail qu'il a dû coûter. Néanmoins on peut dire qu'il atteint son but, qui est moins d'attirer par la pompe du langage que de fournir les documents nécessaires à l'étude de la vérité, qui la recherchent avec ardeur et qui aiment à la contempler toute nue et dépouillée des ornements du discours. Du reste, il profite habilement des lumières de ceux qui avaient écrit avant lui, mais, fidèle à la règle de justice qu'il s'était imposée, il ne manque jamais de leur en faire honneur.

Cependant, l'estime généralement professée pour ses ouvrages n'a pas empêché le plus grand nombre des écrivains, surtout parmi les Grecs, de condamner sa doctrine sur la divinité du Fils. Il semble que le respect dû aux grands hommes et le penchant naturel qui nous porte à excuser si facilement les fautes du génie, auraient dû désarmer ses censeurs, ou tout au moins les engager à ne le juger si rigoureusement qu'après avoir essayé de le justifier, en corrigeant quelques expressions trop dures par d'autres expressions plus orthodoxes; mais deux motifs ont pu les détourner d'user envers lui de cette bienveillance : d'abord ses liaisons avec les chefs du parti d'Arius, et ensuite la part qu'il fut censé prendre lui-même aux violences exercées contre saint Athanase, saint Eustathe et quelques autres évêques dont la foi et les vertus faisaient l'admiration de l'Eglise.

On s'est laissé facilement persuader qu'il partageait tous les sentiments de ceux dont il prenait si ouvertement le parti; puis la cause de saint Athanase étant devenue alors, pour tous ceux qui avaient pris part aux décisions de Nicée, comme la cause de l'Eglise, pour être conséquents avec eux-mêmes ils furent forcés de condamner comme ennemi de la doctrine catholique celui qui l'avait été du saint docteur. Cependant il s'est rencontré dans la suite plusieurs écrivains, aussi célèbres par leur savoir que par une foi élevée au-dessus de tout soupçon, qui ont travaillé à justifier Eusèbe de toutes ces accusations. Qu'il nous soit donc permis après eux d'examiner un instant si sa conduite peut être séparée de la cause de la foi, et si ses écrits sont réellement exempts des erreurs qu'on lui attribue.

D'abord, pour qu'aux yeux de tous la conduite d'Eusèbe ne conserve aucun rapport essentiel avec la foi, il suffit de montrer qu'il a pu agir par d'autres motifs, et par une suite de sentiments étrangers à ceux qu'on lui prête. Arius, chassé d'Alexandrie avec ses partisans, vint se réfugier à Césarée. C'était un homme extrêmement dissimulé, qui ne manqua pas de se poser devant lui comme une victime innocente, en exagérant comme des violences outrées la juste rigueur dont Alexandre, son évêque, avait usé à son égard. Ne peut-on pas dire que, par un effet de cette compassion naturelle qu'excite en nous la pensée de la persécution, Eusèbe se laissa tromper par cet homme et entreprit sa défense, mais sans aucun dessein prémédité d'appuyer ses erreurs? Cela nous paraît d'autant plus probable que, mieux informé, dans la suite, des véritables sentiments d'Arius, il ne fit aucune difficulté de l'anathématiser au concile de Nicée. Toutefois, comme pour le défendre il s'était lié avec Eusèbe de Nicomédie, Paul de Tyr et quelques autres des principaux chefs de l'arianisme, il resta dans leur faction, retenu moins par les liens du sang et de l'amitié que par la crainte que ceux du parti contraire ne voulussent établir l'erreur de Sabellius à l'abri du terme *consubstantiel*. Il ne fut jamais favorable à ce terme, et quoiqu'il l'eût reçu par respect pour l'autorité du concile de Nicée, il ne laissa pas de prendre part à plusieurs entreprises formées par les eusébiens contre ceux qui le défendaient. Il assista avec eux au concile d'Antioche, où saint Eustathe fut déposé, à celui de Tyr, où il fut un des juges de saint Athanase; mais il ne paraît pas cependant qu'il ait trempé dans les injustes accusations qu'ils inventèrent contre ces saints évêques; et s'il contribua pour quelque chose à leur déposition, rien n'empêche de croire que sa conscience avait été surprise par des ennemis assez artificieux pour revêtir une calomnie de toutes les apparences spécieuses de la vérité. Sans doute on voit dans toute cette conduite d'Eusèbe bien des faiblesses, dont les saints eux-mêmes n'ont pas été exempts, et qui ne prouvent nullement que les sentiments qu'on lui prête aient jamais été dans son cœur. D'ailleurs, l'empereur Constantin, qui n'avait en vue que le bien de l'Eglise et la pureté de sa doctrine, ne se laissa-t-il pas surprendre aux artifices d'Arius et de ses sectateurs, jusqu'à prendre leur défense contre saint Alexandre, saint Eustathe et saint Athanase?

Maintenant, si de l'examen de sa conduite nous passons à celui de ses écrits, il ne nous sera pas difficile de montrer que, bien loin de soutenir les doctrines d'Arius, il les condamne au contraire expressément en plusieurs endroits, en accordant au Fils les mêmes attributs qu'au Père; en le reconnaissant pour son fils naturel, engendré de lui-même et de sa propre substance; en un mot, en faisant profession de croire sur cet article tout ce que le concile de Nycée a décidé. Nous pourrions en apporter pour preuve sa lettre à son Eglise de Césarée, écrite immédiatement après la tenue de ce concile, et dans laquelle il rend un témoignage public de sa soumission à ses décrets, tant pour ce qui regardait la personne d'Arius que pour son symbole de foi, qu'il déclare avoir reçu intégralement, sans en excepter même le terme de *consubstantiel*. Certes, on a beau l'accuser d'hypocrisie, lui reprocher de n'avoir donné sa signature que dans l'intérêt de sa conservation temporelle et contre les dispositions de sa conscience, en un mot, représenter sa soumission apparente comme un masque sous lequel il cachait la subtilité secrète et la corruption intérieure d'un arien, toutes ces accusations ne prouvent que contre ses adversaires, en révélant en eux une haine aveugle et acharnée, qui va jusqu'à vouloir sonder les cœurs et usurper un droit qui n'appartient qu'à Dieu. Nous n'avons, pour justifier ou condamner un homme mort, que ses écrits ou ses paroles. Saint Athanase, qui vivait du temps d'Eusèbe, et qui, sur une expression équivoque dont il s'était servi dans une de ses lettres, lui reproche d'avoir été arien avant le concile de Nicée, bien loin de l'accuser de cette hypocrisie prétendue, invoque, au contraire, son autorité pour remontrer à Acace qu'en s'éloignant de la foi de ce concile il se séparait d'Eusèbe son maître. Mais poussons plus loin cet examen, et voyons si dans ses autres écrits il ne dément point ces premiers témoignages de son orthodoxie.

Les principales erreurs d'Arius consistaient à soutenir *que le Fils a été tiré du néant, qu'il n'a pas toujours été, et qu'il n'existait point avant qu'il fût engendré du Père.* Eh bien ! Eusèbe fait-il autre chose que de condamner formellement toutes ces propositions? « Le Verbe, dit-il dans son troisième livre *contre Marcel d'Ancyre* et le premier de sa *Théologie ecclésiastique*, étant, selon son propre témoignage et selon le témoignage de son Père, Fils de Dieu, on ne peut donc, sans impiété, le comparer avec le reste des créatures, puisque son nom seul de Fils indique une relation naturelle avec son Père. » Ailleurs, au livre cinquième de sa *Démonstration évangélique*, il dit : « De même qu'il y a du danger à confondre la personne du Fils avec celle du Père, de même aussi il y a du danger à prétendre que le Fils est engendré de rien comme le reste des créatures, parce qu'autre est la génération du Fils, et autre la création du monde par le Fils. » Ailleurs encore, dans le même livre et à la suite du premier passage que nous avons cité : « Après tout ce que l'Ecriture nous enseigne du Fils, vouloir encore soutenir qu'il est créature, c'est ne lui laisser que le simple nom de Fils de Dieu et nier qu'il le soit effectivement; car s'il est tiré du néant et engendré de rien, il ne peut être vrai Fils de Dieu, et ne l'est pas plus, en effet, que le reste des créatures. » Les adversaires les plus acharnés d'Eusèbe avouent que c'est de bonne foi qu'il rejette ici le blasphème d'Arius, qui enseignait que le Fils a été tiré du néant. En effet, il le rejette, non parce que cette expression est étrangère à l'Ecriture, faux-fuyant dans lequel se retranchaient les novateurs lorsqu'ils étaient contraints de la condamner, mais parce qu'elle était contraire à sa doctrine et absolument fausse. Il soutient de plus, au livre cinquième de sa *Démonstration*, « que le Fils, engendré du Père, subsiste depuis des siècles infinis, ou plutôt avant tous les siècles, et qu'il est toujours avec son Père, dont il n'est pas plus séparable que l'odeur ne l'est du baume et l'éclat de la lumière. » Suivant lui encore, et comme il le dit dans son *Panégyrique de Constantin* : « Le Fils n'est sujet à aucun changement, il est simple de sa nature, immense, incompréhensible, attributs, dit-il, qui ne conviennent qu'à un être véritablement Dieu. Considérez, je vous prie, si ce peut être autrement qu'en sa qualité de Dieu qu'adressant la parole aux êtres ignares qu'il avait choisis pour disciples, il leur dit : *Allez, et enseignez toutes les nations.* »

Mais ce qui doit le mettre à l'abri de tout soupçon, si ce texte emprunté au troisième livre de sa *Démonstration* ne suffisait pas pour l'en garantir, c'est qu'avant comme après le concile de Nicée, il a parlé de la divinité du Fils d'une manière absolument conforme aux décrets de cette assemblée. Voici comment il s'en explique : « L'Eglise, dit-il (livre premier, chapitre VIII de sa *Théologie ecclésiastique*), l'Eglise, aussi éloignée des erreurs des juifs que des impiétés des païens, enseigne un seul Dieu Père et tout-puissant, Père d'un seul Christ et créateur de toutes choses. Elle reconnaît aussi pour Fils unique de Dieu celui qui est engendré du Père avant tous les siècles, qui n'est point une même personne avec le Père, mais qui subsiste et qui vit d'une manière qui lui est propre ; véritablement Fils, coexistant au Père, Dieu de Dieu, Lumière de Lumière, Vie de Vie, seul engendré du Père, et comme lui la Vie même. » — « Il est vrai Fils et vrai Dieu, poursuit-il deux chapitres plus loin, non pas d'après une notion générale selon laquelle il est écrit : *Je dis que vous êtes des Dieux et les enfants du Très-Haut,* mais d'une manière singulière et parce qu'il est engendré du Père avec la forme de Dieu. Il est l'image du Dieu invisible et le premier-né de toute créature, et c'est pour cela que la même Eglise nous a appris à lui vouer un culte, des hommages et une adoration, comme au seul qui est en même temps notre Seigneur, notre Sauveur et notre Dieu. » Dans son discours pour la dédicace de l'Eglise de Tyr, il enseigne positivement que le Verbe est le Fils naturel de Dieu, et que c'est avec raison que nous l'adorons comme Dieu lui-même. « Nous tenons pour certain, dit-il ailleurs (*Démonstration*, liv. v), que le Sauveur, selon sa nature divine, est le Fils unique de Dieu, et son Verbe *substantiel*. Nous savons que ce Fils est engendré, non dans un certain temps, comme si jusque-là il n'eût pas existé, mais avant des temps éternels qu'il précède par son existence, puisqu'il a toujours été avec le Père comme son Fils, ayant pour principe le Père qui l'a engendré et qui seul est sans principe. »

Certes il est difficile de se persuader qu'un auteur qui parle d'une manière si orthodoxe, qui représente le Verbe comme engendré du Père d'une génération proprement dite, comme produit de ses entrailles et de sa substance, quoique sans division ni séparation ; comme participant à sa divinité et à son règne en sa qualité de Fils unique, et qui enfin reconnaît clairement l'unité d'une seule essence divine en trois personnes ; il est difficile, je le répète, pour ne pas dire impossible, de se persuader qu'un tel auteur ait cru le Fils d'une autre nature que le Père. Écoutez le raisonnement qu'il fait à ce propos : « On ne doit pas s'étonner, dit-il, que le Verbe, étant engendré du Père, soit Dieu, puisque Dieu ne pouvait rien engendrer qui ne fût parfaitement semblable à lui. » Et ailleurs : « Non-seulement, dit-il, le Fils est de la substance du Père, mais il est cette substance même, αὐτὸ οὐσία, » expression qui a quelque chose de plus fort que *consubstantiel*, et d'autant plus remarquable qu'Eusèbe l'emploie ici dans un ouvrage écrit avant toutes ces contestations. Puisque saint Athanase compte Origène au nombre de ceux qui avaient reconnu la *consubstantialité* du Fils, parce qu'il avait écrit dans un de ses ouvrages qu'il n'est pas d'une autre substance que le Père, pourquoi refuserait-on d'y admettre Eusèbe, qui reconnaît que le Fils est cette substance même? Nous pourrions insister encore sur plusieurs comparaisons qu'il apporte pour nous donner une idée de la génération du Fils, génération, du reste, qu'il présente comme incompréhensible aux anges mêmes. En effet, en disant que le Père produit le Fils, comme le soleil produit sa lumière et la fleur son parfum, ne fait-il pas assez entendre qu'il le regardait comme engendré de la substance de son Père? Mais nous laissons ces preuves et quelques autres encore pour passer à l'examen des objections que l'on oppose contre lui.

Saint Athanase lui reproche d'avoir osé dire, en écrivant à un évêque nommé Euphration, que le Fils n'est pas vrai Dieu. Cette manière de parler qui, à première vue, paraît convaincante contre Eusèbe, ne laisse pas que d'être facile à expliquer. Dire que le Fils n'est pas vrai Dieu, ou plutôt qu'il n'est pas le vrai Dieu, et dire que le Fils n'est pas le Père, est la même chose dans le langage ordinaire de cet auteur. En effet, c'est lui-même qui, accusé par Marcel d'Ancyre de s'être servi de cette expression, répond « qu'il ne l'a employée que par allusion à ce passage de l'Evangile : *Afin qu'ils vous connaissent pour seul vrai Dieu*. Au reste, ajoute-t-il, cela n'empêche pas que nous ne reconnaissions aussi que le Fils est vrai Dieu, comme étant l'image de son Père ; mais le mot *seul* s'attribue au Père, d'autant qu'il est l'archétype ou l'original du Fils, qui est son image. » Dans le second livre *contre Sabellius*, voici ce qu'il dit : « *Afin qu'ils vous connaissent pour le seul vrai Dieu*. Non pas que le Fils unique ne soit aussi vrai Dieu, mais parce qu'il ne l'est point par lui-même ou de lui-même, si l'on peut parler ainsi. Le Père, qui est la source et le principe de tous les biens, a engendré ce Fils, qui est aussi plein de bonté ; mais il attribue la bonté à son Père, non par un mensonge, mais parce qu'il le reconnaît pour son principe. » Dans le premier livre du même traité, expliquant le même passage, il parle ainsi : « Le Père est vrai Dieu, d'autant qu'il n'est point né ; le Fils aussi est vrai Dieu en tant qu'il est Fils unique ; car le Père, qui est vrai Dieu, n'a pu engendrer un fils qui ne fût pas vrai Dieu. Mais le Père est un vrai Dieu qui n'est né de personne, et le Fils est un vrai Dieu qui est né de son Père. Car ce qui est écrit du Père, qu'il a *seul l'immortalité*, est vrai en ce qu'il l'a seul par lui-même ; mais comme il a la vie en lui-même, il a aussi donné à son Fils d'avoir la vie en lui-même. »

Il est clair par ces citations que lorsque Eusèbe appelle le Père *le seul vrai Dieu*, ce qu'il répète assez souvent dans ses écrits, il ne veut dire autre chose, sinon que la divinité lui convient comme à celui qui en est le principe et la source ; et que quand il dit simplement *Dieu*, il entend le Père comme c'était la coutume alors, ainsi que Tertullien s'en explique dans son traité contre Praxéas.

Pour ce qui est de l'infériorité du Fils à l'égard du Père, quoique l'on puisse reprocher à Eusèbe de l'avoir quelquefois exprimée en termes trop durs, il est pourtant vrai qu'il l'a fait d'une manière qui n'a rien de contraire à la bonne doctrine, si, comme on le doit, on l'entend d'une infériorité d'origine et non de nature. De la sorte on peut dire que le Fils de Dieu, tout Dieu qu'il est, et de même nature que son Père, lui est néanmoins subordonné comme fils. Jésus-Christ même nous l'enseigne, quand il dit : *Le Père est plus grand que moi*, paroles que saint Athanase, saint Basile, saint Grégoire de Nazianze, saint Chrysostome, saint Cyrille d'Alexandrie, sans parler des Pères qui ont précédé le concile de Nicée, ont expliquées de Jésus-Christ comme Dieu ; au point que saint Grégoire désapprouvait complétement qu'on les expliquât de son humanité. « Si on prétend, dit-il, que ce terme *plus grand* doit se rapporter à la nature humaine, on n'avance rien là qui ne soit vrai, mais aussi cette explication n'a rien que de commun ; qu'y a-t-il de surprenant en effet que Dieu soit plus grand que l'homme ? » Nous ne nous arrêterons pas à justifier Eusèbe sur divers titres qu'il donne au Fils, comme *chef de la milice céleste*, *Ange du grand conseil*, *second principe*, et quelques autres expressions semblables que l'on ne peut pas plus condamner en lui, que dans les anciens Pères de l'Eglise avec lesquels elles lui sont communes. Quant à ce qu'il appelle une seconde substance, δευτέραν οὐσίαν, il suffit, pour l'excuser, que le sens de ces termes de *substance* et de *nature* n'eût pas encore été déterminé, comme il l'a été depuis, et qu'ils pussent s'entendre d'une personne subsistante. Cela est si vrai, que saint Grégoire de Nazianze et quelques autres, qui vivaient à une époque où ces expressions se trouvaient déterminées, n'ont pu s'empêcher d'en abuser quelquefois, en appelant le Père une *première substance* et le Fils une *seconde*, tant la force de l'habitude était grande.

Cependant, malgré toute la bonne volonté dont nous avons fait preuve jusqu'ici, nous ne voyons pas qu'il y ait moyen d'expliquer favorablement la manière dont Eusèbe parle du Saint-Esprit, qu'il affirme positivement avoir été créé par le Fils, comme les créatures ont été tirées du néant. La seule raison qui puisse l'excuser, c'est que l'Eglise n'avait encore rien déterminé sur cet article, et qu'il a cru sur le mystère de la Trinité ce qui a toujours fait l'objet de la foi des chrétiens, c'est-à-dire une seule nature divine en trois personnes. Peut-être aussi qu'à l'exemple de quelques anciens Pères, qui ont employé le mot *créer* pour marquer la génération du Fils, Eusèbe s'en est servi pour désigner la procession du Saint-Esprit. Quant à ce qu'il dit, au même endroit : « Que le Saint-Esprit n'est ni Dieu ni Fils, parce qu'il n'est point engendré du Père ; » il n'y a pas apparence qu'il ait voulu lui enlever sa qualité de Dieu, qu'il lui donne expressément ailleurs; mais on peut croire qu'il a voulu dire que le Saint-Esprit n'est point le Père, le seul que nous comprenions ordinairement sous la simple dénomination de *Dieu*, et qu'il n'est pas non plus le Fils de Dieu, puisqu'il n'est pas engendré du Père.

Il est bien entendu que, dans tout le cours de cette discussion, nous avons cherché plutôt à expliquer la pensée d'Eusèbe qu'à justifier la dureté des termes dont il s'est servi quelquefois pour la rendre. Si ces raisons ne nous paraissent pas suffisantes pour l'absoudre, elles doivent au moins nous porter à suspendre à son sujet tout jugement précipité et qu'une idée préconçue ferait incliner vers une condamnation. Sans doute, c'est un grand crime de rompre les liens de la charité par le schisme et par l'hérésie; mais est-ce un crime moins odieux d'en accuser un innocent? Il est certain qu'il a souffert la prison pour la défense de la foi, sans que jusqu'ici aucun document sérieux soit venu confirmer le reproche qu'on lui a fait de s'en être tiré par une lâcheté. Plusieurs martyrologes le mettent au nombre des saints, et il y aurait peut-être de la témérité à l'en juger indigne. Enfin c'est un évêque; il a vécu et il est mort dans la communion de l'Eglise; nous devons donc en laisser le jugement à celui qui doit venir un jour juger les vivants et les morts. Craignons de condamner un évêque catholique qui fut en même temps un confesseur de Jésus-Christ; car, en le condamnant sans y être forcé par l'évidence des choses, la prévention nous exposerait à commettre un acte injuste, et de plus, nous nous montrerions peu sensible aux véritables intérêts de l'Eglise qu'il a si avantageusement servie par ses travaux.

EUSÈBE DE NICOMÉDIE a vécu sous les règnes de Constantin et de Constance et fut un des plus fougueux défenseurs de l'arianisme. Il avait apostasié dans sa jeunesse, pour échapper à la persécution de Maximilien; mais, le danger passé, il rentra dans le sein de l'Eglise. Il était évêque de Béryte, lorsque Constantia, veuve de Licinius et sœur de Constantin, se déclara sa protectrice. Cette princesse, livrée à l'hérésie d'Arius, trouva, dans Eusèbe, un partisan déclaré d'une opinion qu'il avait peut-être même embrassée avant qu'Arius pensât à la propager. Cependant Eusèbe fut obligé d'abord de cacher la fougue de son caractère et de dissimuler sous l'apparence de la soumission son génie hardi et entreprenant. Il adressa au concile de Nicée des lettres où il énonçait hautement ses erreurs. Elles y furent déchirées avec indignation, et leur auteur prit le parti de se rétracter; mais il refusa de signer la condamnation d'Arius, et comme il continuait ses menées en faveur de l'arianisme, Constantin le fit exiler peu de temps après le concile. De nouvelles intrigues rendirent aux ariens leur crédit; Eusèbe reparut à la cour et se vit bientôt en état de faire trembler ses ennemis.

Maître de l'esprit de Constantia et de Constance son fils, il attaqua ouvertement les évêques orthodoxes. Saint Eustathe d'Antioche fut sa première victime; Eusèbe le fit déposer dans un concile qu'il rassembla furtivement dans sa ville épiscopale. Asclépas de Gaza, Eutrope d'Andrinople, furent bientôt après chassés de leur siége. Eusèbe, triomphant, ne craignait plus de poursuivre l'illustre évêque d'Alexandrie, saint Athanase qu'il n'avait pu ni tromper ni fléchir. Il multiplia les calomnies contre ce saint évêque, l'accusa d'imposture, de sédition et d'homicide. La vertu et la fermeté d'Athanase déjouèrent plusieurs fois les trames ourdies contre lui. Mais Constantin, circonvenu par les ennemis du prélat, céda enfin à leurs suggestions. Eusèbe fit alors convoquer un concile à Césarée, puis à Tyr; Athanase, forcé de s'y rendre, confondit ses accusateurs, et n'en fut pas moins condamné. Bientôt après, Eusèbe obtint son exil, en le faisant tremper dans la rébellion d'un certain Philumence et en l'accusant faussement d'avoir mis un tribut sur les Egyptiens. Il parvint également à faire recevoir Arius à la communion des évêques. Après la mort de cet hérésiarque, Eusèbe devint le chef de son parti; il domina Constantin jusqu'à sa mort, et ensuite Constance et sa famille. Il avait passé du siége de Béryte à celui de Nicomédie, qu'il occupa longtemps; mais, en 339, il parvint à se faire élire évêque de Constantinople, après avoir obtenu que Paul, évêque orthodoxe, serait exilé. En 341, il réunit à Antioche un concile dans lequel l'arianisme reçut une sanction publique qui devint le prélude des violences les plus odieuses. Il mourut quelques mois après, en 342. Eusèbe de Césarée, par suite de cette faveur secrète qu'il accorda toute sa vie aux ariens, le représente comme un pieux pontife et loue jusqu'à ses défauts, mais ce sont les éloges d'un homme de parti qui veut canoniser son chef.

L'antiquité ne nous a conservé de ses écrits que quelques mots d'une réponse qu'il fit à Arius, et une lettre adressée à Paulin de Tyr. — Arius, dans la lettre qu'il écrivit à Eusèbe, lui donne la qualité d'*homme de Dieu*, de *fidèle* et d'*orthodoxe*. Il s'y plaint des persécutions qu'il souffrait de la part de saint Alexandre; il blâme sa doctrine, et ajoute que, pour lui, il était uni de sentiments avec tous les évêques d'Orient, excepté trois, Philogone d'Antioche, Macaire de Jérusalem, et Hellanique de Tripoli, qu'il traite d'hérétiques et d'ignorants dans la foi. Il finit sa lettre en exposant à demi-mot sa doctrine impie, n'ayant pas besoin de longs discours pour la faire comprendre à Eusèbe de Nicomédie qui pensait comme lui sur la divinité de Jésus-Christ. Nous n'avons de la réponse d'Eusèbe que deux lignes qui nous ont été conservées par saint Athanase. Les voici : « Vos sentiments, dit-il à Arius, sont fort bons, et vous n'avez rien à souhaiter que de les voir embrassés de tout le monde; car personne ne peut douter que ce qui a été fait ne pouvait exister avant qu'il fût fait, puisqu'il faut avant qu'il ait commencé d'être. » La lettre qu'il écrivit à Paulin de Tyr nous est parvenue tout entière. Il y exhorte cet évêque à prendre la défense d'Arius et de sa doctrine, et, pour l'y engager, il lui propose l'exemple d'Eusèbe de Césarée, qui, dit-il, a témoigné beaucoup de zèle pour la vérité. Il le prie aussi d'écrire à Alexandre, persuadé qu'il le ferait changer de sentiments à l'égard d'Arius. Saint Athanase met Paulin de Tyr au nombre de ceux qui avaient enseigné des erreurs semblables à celles d'Arius; et il y a lieu de croire que la lettre d'Eusèbe de Nicomédie ne contribua pas peu à les lui faire embrasser.

EUSÈBE D'ÉMÈSE fut un des grands partisans de l'arianisme, au IVe siècle. Il était né à Edesse, en Mésopotamie, d'une famille considérable. Dès son enfance, il apprit les saintes lettres, suivant l'usage du pays, et il y joignit ensuite l'étude des lettres grecques, dont il se fit instruire par les maîtres qui les enseignaient dans sa ville. Il passa depuis en Palestine pour s'y perfectionner dans l'intelligence des divines Ecritures, et il y eut pour docteurs Eusèbe de Césarée, et Patrophile de Scytapolis. Il vint de là à Antioche, où il étudia sous Euphrone, qui tenait la place de saint Eustathe, relégué à Philippes, par ordre de Constantin, en 331. D'Antioche il alla à Alexandrie, tant pour éviter d'être fait prêtre que pour y étudier la science des philosophes; puis il revint à Antioche, où il lia amitié avec Placille, qui avait succédé à saint Euphrone en 333. Il y était encore en 342, lorsque les Eusébiens pensèrent à donner un successeur à saint Athanase, qu'ils venaient de condamner en concile. Ils jetèrent les yeux sur Eusèbe pour le placer sur le siége d'Alexandrie, espérant qu'il se gagnerait aisément l'affection du peuple, tant par son éloquence que par ses mœurs qui étaient irréprochables. Ils le savaient du reste très au courant de l'arianisme, qu'il avait étudié depuis longtemps sous les principaux partisans de cette erreur; mais Eusèbe, qui connaissait l'attachement que le peuple d'Alexandrie portait à saint Athanase, ne put se résoudre à accepter son siège, et les Eusébiens l'ordonnèrent évêque d'Émèse en Phénicie, près du mont Liban. Il assista en cette qualité au concile d'Antioche, dont nous venons de parler, et souscrivit à tout ce qui s'y fit. Mais il ne put se maintenir paisiblement sur son siége. Accusé d'astrologie judiciaire, le peuple d'Émèse se souleva contre lui, et il fut obligé de s'enfuir. Il se retira à Laodicée auprès de l'évêque Georges, l'un des chefs des semi-ariens. Celui-ci le conduisit à Antioche, et, par l'entremise de Placille et de Narcisse de Nérodiade, il obtint son rétablissement sur le siége d'Émèse, où il fut accusé de nouveau comme sabellien. Il assista, en 359, au concile de Séleucie. L'empereur Constance, qui l'aimait beaucoup, l'avait emmené avec lui à la guerre qu'il fit aux Perses en 338. Eusèbe mourut sous le règne de ce prince, vers l'an 360, et fut enterré à Antioche. Saint Jérôme l'appelle le porte-drapeau de la faction arienne. Théodoret, qui avait lu ses ouvrages, dit qu'on y retrouvait tous les sentiments d'Arius; ce qui n'a pas empêché Sozomène d'en parler avec une grande estime. Il en avait composé un grand nombre très-applaudis du peuple, et plus encore des déclamateurs, qui les lisaient assidûment. Les principaux étaient contre les juifs, les gentils et les novatiens. Il expliqua l'*Epître aux Galates*, en dix livres, fit quantité d'Homélies sur les Evangiles, et un *Commentaire sur la Genèse*, dont saint Jérôme blâme un passage. On cite encore autre chose de lui, et on retrouve différents fragments publiés sous son nom dans les Chaînes grecques sur l'Ecriture. Théodoret range Eusèbe au nombre de ceux qui ont écrit contre les erreurs de Marcion et de Manès; mais de tous ses ouvrages il ne nous reste plus que celui qu'il écrivit contre les juifs, et que Lambecius affirme avoir vu manuscrit dans la bibliothèque de l'empereur.

Quant aux *Homélies* imprimées sous son nom, on convient aujourd'hui qu'elles ne sont pas de lui, mais de divers évêques et auteurs latins. Des dix qui lui sont attribuées dans l'édition de Cologne, en 1531, la première, la seconde, la troisième et la huitième portent le nom de Fauste de Riez dans plusieurs manuscrits; la quatrième, la cinquième, la septième, la neuvième portent celui de saint Césaire d'Arles, dans le manuscrit de Longpont, sur lequel depuis longtemps déjà on a toujours imprimé les œuvres de ce Père. Ces dix homélies sont toutes de morale, et adressées, dans l'édition de Cologne, à des moines recommandables par leur vertu. Les cent quarante-cinq autres, imprimées à Paris en 1554, également sous le nom d'Eusèbe d'Émèse, sont toutes en l'honneur de divers saints ou sur quelques mystères. Elles passaient au XIIe siècle pour être d'Eusèbe, comme on le voit par Guitmond d'Averse, dans son troisième livre contre Béranger, et par Gratien dans son *Traité de la Pénitence*. On ne peut guère douter que ces deux écrivains n'aient eu en effet entre les mains quelques manuscrits portant en tête le nom d'Eusèbe d'Émèse. Mais, enfin, sur la foi de Pierre diacre et de plusieurs manuscrits retrouvés depuis, on les a restitués à leur véritable auteur, Brunon, cardinal évêque de Segni, dans la campagne de Rome, qui vivait sous Pascal III, c'est-à-dire vers l'an 1100, ce dont on peut se convaincre par l'édition des œuvres de ce cardinal, imprimées à Venise en 1651. Il paraît que cette édition n'était pas connue de l'éditeur de la *Bibliothèque des Pères de Lyon* en 1677, puisqu'il attribue toutes les homélies dont nous venons de parler à un certain Eusèbe, qu'il qualifie de Gaulois, et qu'il fait également auteur de quarante-six autres homélies imprimées à la suite de celles-ci dans une édition de Paris en 1575. Il paraît que Guitmond et Gratien furent la source de toutes ces erreurs; du moins c'est l'opinion de

Jean Gagneux ou de Gaigui, chancelier de l'Université de Paris, qui en fit imprimer deux cent-une sous le nom d'Eusèbe d'Emèse, comme il le témoigne lui-même dans un avis au lecteur. Toutefois l'homélie citée par Gratien, et par Guitmond lui-même, et qui se trouve la cinquième sur la fête de Pâques, renferme une preuve évidente de supposition, puisqu'on y réfute, en termes exprès, l'hérésie de Pélage, qui ne s'éleva que plusieurs années après la mort d'Eusèbe. Dans la seconde homélie, sur l'Ascension, l'auteur déclare positivement qu'il appartient à l'Eglise d'Occident, et qu'il n'a commencé à parler qu'après qu'Eutychès eut répandu ses erreurs et enseigné la confusion des natures en Jésus-Christ. Il s'exprime à peu près de même dans la première homélie sur la naissance de Jésus-Christ. Dans les homélies aux moines, il se donne assez clairement comme leur supérieur, et prend même le titre d'abbé de Lérins. Dans celle de sainte Blandine, on voit que d'abbé il était devenu évêque. Enfin, on en trouve une autre en l'honneur de saint Maxime, évêque et abbé de Lérins, dans laquelle on fit plusieurs passages à la louange de saint Honorat, fondateur de ce monastère, et mort vers 429. Nous n'avons insisté sur toutes ces homélies que parce que la tradition, trompée sur les véritables écrits d'Eusèbe, s'est obstinée à les lui attribuer : tant est grande la force de l'habitude qu'elle résiste même aux démonstrations de la science.

EUSÈBE (Saint), évêque de Samosate, était originaire de cette ville, sans qu'on puisse déterminer au juste l'époque de sa naissance. Tout ce qu'on peut affirmer de plus certain, c'est qu'il en était évêque en 361 et qu'il s'était déjà fait connaitre par son courage et son zèle à défendre la vérité. On ne peut dissimuler néanmoins que, soit surprise ou défaut de lumières, il n'ait eu le malheur de demeurer pendant quelque temps dans la communion des ariens; mais, dans la suite, il se distingua par son zèle et son attachement à la foi catholique. Il donna, au sujet de l'élection de saint Mélèce, une noble et grande marque de courage. Les ariens et ceux des orthodoxes qui étaient en communion avec eux étaient convenus d'élire Mélèce pour évêque d'Antioche, et l'élection se fit en effet. L'acte en fut remis entre les mains d'Eusèbe, que l'assemblée en fit dépositaire. Mais Mélèce s'étant aussitôt déclaré pour la foi de Nicée, les ariens regrettèrent de l'avoir choisi et prirent la résolution d'anéantir l'élection. Les ariens en ayant informé l'empereur Constance, qui les favorisait, ce prince dépêcha un courrier à Eusèbe, avec ordre de renvoyer le décret. Eusèbe s'y refusa, disant qu'ayant reçu cet acte de plusieurs personnes, c'était un dépôt qu'il ne pouvait remettre qu'en leur présence et de leur consentement. L'empereur irrité renvoya vers Eusèbe, et, pour l'épouvanter, lui écrivit que le porteur avait ordre de lui couper la main droite, s'il continuait de refuser la pièce qu'on lui demandait. Eusèbe lut la lettre sans s'émouvoir, et pour toute réponse présenta ses deux mains en disant qu'on pouvait les lui couper, parce qu'il préférait les perdre plutôt que de commettre une infidélité ; trait que l'empereur ne pût s'empêcher d'admirer, tant la vertu possède le secret de s'attirer des louanges de ceux même qui la persécutent. Eusèbe assista en 363 à un concile d'Antioche, composé de vingt-sept évêques, qui d'un commun accord présentèrent à l'empereur Jovien une lettre où ils confessaient la consubstantialité. En 371, à la prière de saint Grégoire de Nazianze, le père du théologien, il se rendit à Césarée pour l'élection de saint Basile au siége de cette ville ; mais les ariens l'ayant dénoncé comme un de leurs plus redoutables ennemis à l'empereur Valens, qui partageait leurs erreurs, il l'exila en Thrace. Loin d'affaiblir le zèle d'Eusèbe, cette disgrâce ne fit que l'animer, et sa charité ne s'en montra que plus ardente au milieu même de sa soumission aux ordres de l'empereur. Celui qui se trouvait chargé de les faire exécuter, s'étant présenté chez lui sur le soir, Eusèbe l'avertit de tenir sa mission secrète; « car, disait il, si le peuple en avait connaissance, il vous jetterait à l'eau dans un mouvement de zèle mal entendu, et on me rendrait responsable de votre mort. » Après avoir célébré l'office du soir, suivant la coutume, et lorsque tout le monde commençait à prendre le repos de la nuit, le saint vieillard sortit à pied, accompagné d'un domestique qui lui portait un oreiller et un livre. Arrivé au bord du fleuve, il monta sur une barque, et commanda aux rameurs de le mener à Zeugma, où il arriva au lever du soleil. La ville de Samosate, avertie du départ de son évêque, fit éclater tout à coup ses regrets et ses gémissements. Les amis du saint pontife coururent en si grande foule après lui que tout l'Euphrate se trouvait couvert de bateaux ; mais quelques instances qu'on lui fit de retourner, il ne voulut point se laisser fléchir, leur rappelant le précepte de l'Apôtre qui commande d'obéir aux princes. Alors les uns lui offrirent de l'or, les autres des habits, d'autres des domestiques; tous, en un mot, s'empressèrent de lui proposer tout ce qui pouvait subvenir aux besoins d'un si long voyage et adoucir son séjour dans les pays étrangers. Il n'accepta que peu de choses et se confia pour le reste aux soins de la Providence ; mais il leur donna à tous des instructions, les exhorta à soutenir généreusement la doctrine des apôtres, pria pour eux et continua sa route. Ils retournèrent à Samosate, s'animant les uns les autres à rester fermes dans la foi et à se défendre contre les loups qui ne manqueraient pas de venir les attaquer. Pendant son exil en Thrace, son zèle pour la foi lui fit braver tous les dangers de la guerre que les Goths y soutinrent dans le cours des années 377 et 378. Déguisé sous un vêtement militaire, il visitait les différentes églises, encourageait les orthodoxes, et ordonnait des prêtres où il en était besoin.

Après la mort de Valens arrivée en 378, Théodose ayant rendu la paix à l'Eglise, Eusèbe revint de son exil, et ordonna des évêques pour plusieurs villes: tels qu'Acace à Berrhée, Théodote à Hiéraple, Isidore à Tyr, tous d'un rare mérite et d'une foi éprouvée. L'année suivante il assista à un autre concile d'Antioche, où fut reçue par toute l'Eglise d'Orient une lettre d'un concile tenu à Rome sous le Pape Damase, laquelle établissait la foi de l'Eglise sur le dogme de la Trinité, et notamment sur la divinité du Saint-Esprit. Eusèbe reçut du concile l'ordre de visiter les églises d'Orient; il parcourut la Syrie et la Mésopotamie pour remplir cette mission. Arrivé à Dolique, petite ville de Syrie infectée des erreurs de l'arianisme, il résolut d'y établir un évêque. Déjà il avait ordonné Maris, et comme il se rendait à l'église pour l'introniser, une femme arienne lui lança du toit sur la tête une pierre qui le blessa à mort. Avant d'expirer, il exigea qu'on ne lui fît aucun mal; mais comme malgré cela on la poursuivait en justice, par respect pour la dernière volonté du saint évêque, les catholiques demandèrent et obtinrent sa grâce. « Telle fut, dit Théodoret, la fin d'une vie illustrée par tant de combats et de si glorieux travaux. Après avoir échappé dans la Thrace à la fureur des barbares, il ne put éviter la colère des hérétiques, mais leur vengeance ne servit qu'à lui procurer la couronne du martyre. » On ne peut guère placer la mort d'Eusèbe de Samosate avant l'année 379. L'Eglise l'honore comme martyr, et le Martyrologe Romain en fait mention au 21 du mois de juin.

Saint Eusèbe avait écrit un grand nombre de lettres, mais aucune n'est venue jusqu'à nous; nous n'en avons quelque connaissance que par celles de saint Grégoire et de saint Basile. Vers le commencement de l'an 372, saint Basile écrivit à Eusèbe pour lui demander une entrevue; mais la lettre n'ayant pas été portée, il lui en adressa une seconde pour lui indiquer une assemblée d'évêques qui devait se tenir à Phargamon, dans la petite Arménie, et dans laquelle ils pourraient se rencontrer avec saint Mélèce d'Antioche et Théodote de Nicopolis. Saint Eusèbe répondit qu'il ne pouvait y aller, ce qui empêcha saint Basile lui-même de s'y rendre. Dans une autre lettre écrite quelque temps après, saint Basile l'invite de nouveau à le venir voir à la fête de saint Eupsyque, qui se célébrait au mois de septembre, afin de l'aider à établir plusieurs évêques, et à régler des affaires importantes. Il alla lui-même à Samosate où, comme il dit, il goûta un peu le miel si doux et si agréable de cette église. Saint Eusèbe lui promit de l'aller voir à Césarée, et il rapporta cette promesse à son peuple, qui en fut ravi de joie. Mais l'arrivée de Valens dans le voisinage de Samosate ne permit pas à saint Eusèbe d'abandonner son troupeau; ce qui n'empêcha pas saint Basile de lui demander, l'année suivante 373, l'exécution de sa promesse, craignant, s'il la différait à un autre temps, de se voir privé de la consolation qu'il en attendait, car il se croyait alors aux portes de la mort. Saint Eusèbe écrivit la même année à saint Basile, en faveur d'Eusthate de Sébaste, qui, après avoir rompu avec le saint évêque de Césarée, s'étonnait que celui-ci agît avec lui en conséquence de cette rupture. Il lui écrivit encore vers le même temps, par le diacre Elpide, pour le prier de le venir voir en Syrie. En se rendant en Thrace, saint Eusèbe passa par la Cappadoce, où toutefois saint Grégoire de Nazianze ne put le voir, à cause d'une maladie dangereuse qui le retenait au lit. Il suppléa à ce défaut par une lettre à ce saint confesseur, dans laquelle il attribue à ses péchés d'avoir été privé de cette consolation. Il paraît que saint Basile fut plus heureux; du moins il est certain qu'il vit un moment le prêtre Antioque, neveu du saint, qui l'accompagnait dans ce voyage. Saint Eusèbe écrivit de Thrace à saint Grégoire de Nazianze pour lui donner de ses nouvelles. Il écrivit aussi à saint Basile dans deux circonstances différentes; l'une par les officiers d'un magistrat, et l'autre par une personne qui avait séjourné dans la Thrace, et qui pouvait s'instruire de la manière dont il supportait son exil.

Les ariens, qui avaient engagé Valens à bannir saint Eusèbe, ne laissèrent pas échapper l'occasion de placer sur le siége de Samosate un évêque de leur secte. Leur choix tomba sur un nommé Eunome, différent de l'hérésiarque de ce nom et d'un caractère extrêmement doux. Malgré cela, il n'y eut aucun habitant, ni riche, ni pauvre, ni libre, ni esclave, ni artisan, ni laboureur, ni jardinier, ni homme, ni femme, ni vieillard, ni enfant qui consentît à se trouver avec lui aux assemblées de l'Eglise; « de sorte, dit Théodoret, que se voyant l'objet de l'aversion générale, il se retira hors de la ville. » L'union de cette Eglise ne laissa pas d'être troublée par cet événement. Saint Eusèbe en ayant été informé, écrivit à son clergé une lettre dans laquelle il lui faisait les recommandations convenables en pareille circonstance; et pour empêcher que ce feu ne s'allumât de plus en plus, il envoya à Samosate son neveu Antioque qui s'empressa de l'éteindre. Saint Basile écrivit également au clergé de cette ville pour apaiser ces commencements de division. La même année saint Eusèbe écrivit à saint Basile pour se plaindre de la rareté de ses lettres, le priant de lui envoyer quelqu'un de ses ecclésiastiques, s'il ne trouvait pas d'autre moyen de communiquer avec lui. C'est un malheur que toutes ces lettres soient perdues, car la foi comme la piété du lecteur eût gagné beaucoup à pénétrer les secrets de cette correspondance.

EUSÈBE de Verceil (Saint), qui se rendit célèbre dans l'Eglise du IVᵉ siècle par son ardeur et sa constance à combattre l'arianisme, était né en Sardaigne d'une famille considérable du pays. Préférant l'action au repos et l'exil à la patrie, il quitta sa famille de bonne heure et vint à Rome. On ignore quel âge il pouvait avoir alors, mais on sait qu'il fût fait lecteur, et qu'ensuite le Pape Jules l'ordonna évêque de Verceil. C'est le premier évêque de cette ville qui soit connu dans l'histoire, et il avait été élevé à cette dignité par le consentement unanime du clergé et du peuple. Du reste, il sut justifier admirablement ce choix : non-seulement sa vie fut celle d'un saint évêque, mais il s'appliqua à sanctifier tout ce qui l'entourait. Il réunit dans sa maison tout son clergé; il y vivait en commun avec ses prêtres, imitant la vie des premiers chrétiens, s'exerçant au jeûne et à l'abstinence, et joignant à l'exercice du saint ministère les pratiques et les vertus des cénobites. De cette école sortirent plusieurs saints évêques et d'illustres martyrs. Eusèbe est le premier, en Occident, qui ait donné l'exemple de cette alliance de la vie cléricale avec les habitudes monastiques, et il faut remonter jusqu'à lui pour trouver l'origine des chanoines réguliers. Saint Ambroise fait de grands éloges d'Eusèbe; il loue sa douceur, son affabilité, sa fermeté dans la foi, sa vie mortifiée et sa patience. Le siége de Rome était alors occupé par le Pape Libère, l'empereur Constance favorisait l'arianisme, et saint Athanase était persécuté. Dans ces dangers que courait la foi, Libère imagina qu'il pourrait remédier au mal par un concile. Il députa donc Eusèbe dont le zèle lui était connu, avec Lucifer de Cagliari, vers Constance, dans le dessein d'obtenir de ce prince un concile, où toutes les difficultés qui agitaient alors l'Eglise seraient examinées. L'empereur accorda au Pape le concile qu'il lui demandait. Il se tint à Milan en 355, mais il ne remédia à rien, et l'issue fut loin d'en être favorable à Eusèbe. Après bien des difficultés, il s'y rendit sur les instances des légats du Saint-Siège, il signala d'abord son zèle pour la foi, en proposant qu'avant de traiter aucune affaire, on fît souscrire tous les évêques au symbole de Nicée; mais l'empereur Constance, qui s'était rendu maître de l'assemblée, les fit souscrire pour la plupart à la condamnation de saint Athanase. Ceux qui s'y refusèrent furent bannis, et Eusèbe était de ce nombre; il fut exilé à Scytopolis dans la Palestine : quelques-uns disent qu'il y fut renfermé dans un cachot si bas et si étroit qu'il ne pouvait s'y tenir ni debout ni couché. Il ne paraît pas néanmoins qu'il soit resté longtemps dans cette situation; mais il eut beaucoup à souffrir, et on lui fit éprouver les plus cruels traitements. Cependant Julien étant parvenu à l'empire en 361, tous les exilés furent rappelés, et Eusèbe avec eux. Au lieu de se rendre à Verceil, il alla à Alexandrie, où les intérêts de la foi l'appelaient; il voulait y voir saint Athanase et s'entendre avec lui sur les moyens de pacifier l'Eglise. Tous les deux de concert travaillèrent à assembler un concile, qui se tint en effet à Alexandrie, en 362, et se termina heureusement. On y établit la divinité du Saint-Esprit et tout ce qui concerne le mystère de l'incarnation. Parmi les signatures apposées au bas des actes de ce concile, on trouve celle d'Eusèbe, la seule qui soit en latin, d'où l'on a conclu que quoique très-savant, il ignorait les lettres grecques. D'Alexandrie Eusèbe alla à Antioche, pour y apaiser les troubles qui divisaient cette Eglise; mais il eut la douleur de voir que Lucifer avait rompu toute voie d'accommodement en ordonnant Paulin pour évêque. N'osant le blâmer ouvertement de ce qu'il avait fait, il ne voulut avoir de communication ni avec Paulin qu'il avait ordonné, ni avec les orthodoxes de l'autre parti, il se hâta de sortir d'Antioche, emmenant avec lui le prêtre Evagre, qui depuis succéda à Paulin sur le siége de cette ville. Il parcourut avec lui les provinces d'Orient faisant tout ensemble les fonctions d'évêque et de médecin, pourvoyant aux besoins spirituels et corporels des populations, rappelant à la foi ceux qui s'en étaient écartés, et la raffermissant dans ceux chez qui elle était affaiblie. Il passa d'Orient en Illyrie et laissa partout des témoignages de son zèle. Enfin il revint en Italie, qui, pour célébrer la joie de son retour, quitta ses habits de deuil, selon l'expression de saint Jérôme. Ce retour ne peut être fixé au plus tôt qu'à l'an 363. Il s'y rencontra avec saint Hilaire, et réunissant leur ardeur, ils travaillèrent ensemble à rétablir la paix avec la saine doctrine dans les églises de l'Italie et des Gaules, et à bannir l'hérésie de ses repaires les plus ténébreux, de ses sanctuaires les plus reculés. Vers l'an 364, l'empereur Valentinien, sous prétexte d'entretenir la paix et l'union des esprits dans la ville de Milan, où il faisait alors sa résidence, ordonna, par un édit, que tout le monde se soumettrait à l'évêque Auxence qui tenait le parti des ariens. Saint Eusèbe, qui dans cette ordonnance voyait la ruine de la foi à la consubstantialité qu'il avait si longtemps défendue, se joignit à saint Hilaire pour en empêcher l'exécution. Ils excitèrent le peuple catholique à désobéir; et, non content de cela, le saint évêque de Poitiers présenta à Valentinien une requête tendant à montrer qu'Auxence était un blasphémateur et un ennemi de Jésus-Christ. Touché de cette déclaration, ce prince ordonna que saint Hilaire et Auxence auraient ensemble une conférence, avec environ dix autres évêques, au nombre desquels on ne doute point qu'ait été saint Eusèbe. Le succès n'en fut pas heureux pour l'Eglise. Saint Hilaire fut obligé de sortir de Milan dont il était accusé de troubler la paix, et saint Eusèbe eut sans doute le même sort. Auxence les traita l'un et l'autre avec beaucoup d'aigreur, dans une lettre qu'il écrivit à Valentinien et à Valens à la suite de cette conférence. A son retour en Italie, Eusèbe ordonna Marcellin premier évêque d'Embrun; et lorsqu'il rentra dans son Eglise de Verceil, il y trouva tout dans le meilleur ordre, par les soins de Gaudence qu'il y avait envoyé trois ans auparavant. Il continua de la gouverner jusqu'à sa mort, arrivée selon saint Jérôme en 370, sous le règne de Valentinien et de Valens; mais selon Moreri, il vécut jusqu'à l'an 371, ou même 373.

SES ÉCRITS. — Il ne nous reste de saint Eusèbe que quelques écrits qui se trouvent tellement mêlés aux agitations de sa vie, que nous nous sentons obligé d'en rappeler les principaux événements pour les remettre à leur place. Le premier est un simple billet en réponse à une lettre dans laquelle l'empereur Constance l'engageait à se rendre au concile de Milan, et à entrer dans les sentiments et dans les vues des évêques qui en faisaient partie. Eusèbe, que les légats du Saint-Siége, Lucifer et Pancrace, pressaient, d'un autre côté, de venir au plus tôt dissiper par sa présence les artifices des ariens, crut devoir céder à tant d'instances, et fit réponse à l'empereur qu'il irait à Milan, et qu'il y ferait tout ce qui lui paraîtrait juste et agréable à Dieu.

Pendant son exil à Scytopolis, ses persécuteurs, par une recrudescence de cruauté, voulurent empêcher les prêtres et les diacres de le venir visiter, comme ils avaient fait jusque-là, et défendirent même l'entrée de sa chambre aux simples fidèles. Eusèbe, qui ne voulait recevoir aucune nourriture de la main de ces impies, leur adressa en forme de protestation un acte sous ce titre remarquable : *Eusèbe, serviteur de Dieu, avec les autres serviteurs qui souffrent avec lui pour la foi, à Pétrophile le geôlier et aux siens.* C'était l'évêque de Scytopolis qu'il nommait ainsi, et, en effet, ce Pétrophile avait été l'instrument de toutes les cruautés dont il se plaignait, et l'un de ses plus ardents persécuteurs. Après un court récit des violences qu'il venait de souffrir de leur part, il leur déclare qu'il ne mangera point de pain, et ne boira point d'eau, qu'ils ne lui aient tous promis, par écrit, de n'empêcher aucun de ses frères qui souffrent pour la même cause, de le venir voir et de lui apporter de chez eux la nourriture nécessaire. Autrement il proteste qu'ils seront coupables de sa mort, et qu'il écrira à toutes les églises, afin que le monde sache ce que les ariens font souffrir aux catholiques. Au-dessous de sa signature, il ajoutait : « Toi qui lis cette lettre, je te conjure par le Père, le Fils et le Saint-Esprit, de ne pas la supprimer, mais de la faire lire aux autres. »

Parmi les personnes qui l'avaient visité dans sa prison se trouvait le diacre Syrus qui lui avait apporté des lettres et des aumônes de l'Eglise de Verceil et de celles de Navare, de Rége et de Tortone. Celui-ci n'avait pas été arrêté avec les autres, parce qu'il était passé de Scytopolis à Jérusalem pour y visiter les saints lieux. A son retour, Eusèbe, quoique étroitement gardé en prison, trouva moyen de lui confier une lettre en réponse à celles qu'il avait reçues de ces églises. Dans cette lettre, dont nous avons tiré les particularités que nous venons de rapporter, le saint évêque leur témoigne d'abord, que quelques consolations qu'il eût reçues dans les commencements de son exil, par la visite de plusieurs frères des diverses provinces, elles n'avaient pu cependant dissiper le chagrin qu'il éprouvait de se voir privé si longtemps de leur présence, et de ne recevoir aucune de leurs lettres; mais celles qu'il avait reçues par le diacre Syrus et l'exorciste Victorin avaient changé sa douleur en joie. Il lui semblait, en les lisant, se voir tout à coup transporté vers ces églises, comme Habacuc le fut autrefois vers la prison où le prophète Daniel était enfermé. Il ajoute qu'il n'avait pu les lire sans pleurer d'attendrissement; il s'en était occupé pendant plusieurs jours, s'imaginant, par une pieuse illusion, converser avec les fidèles de ces églises. Il les loue de leur fermeté dans la foi, et en leur témoignant son amour, il les assure qu'il brûle du désir le plus ardent non-seulement de leur rendre tous les services dont son corps était capable, mais aussi de donner son âme pour leur salut; ce qu'il dit comme pour leur marquer sa reconnaissance des dons qu'il avait reçus de ces églises. « En cela, dit-il, vous avez rempli le devoir de chrétiens envers leur évêque, et d'enfants envers leur père; » ce qui semble marquer que saint Eusèbe était archevêque de toutes ces églises. Après cela, il vient aux persécutions qu'il souffrait de la part des ariens. Pour empêcher que ces églises n'en soient ébranlées, il leur représente que, comme les vieillards qui avaient voulu séduire la chaste Suzanne et se venger ensuite de sa fermeté par une mort ignominieuse, reçurent enfin le supplice qu'ils méritaient pour avoir opprimé son innocence; ainsi les ariens qui veulent dominer par la crainte et assujettir l'Eglise à leur infidélité à la persécution, ne se réjouiront pas toujours du succès de leur entreprise. Il les exhorte à bannir de leur esprit toute crainte humaine, par la consolation que Dieu leur donne, quand il dit : *Ne craignez point ceux qui peuvent faire mourir le corps et ne peuvent faire mourir l'âme; mais craignez celui qui peut envoyer l'âme et le corps à la géhenne éternelle.* « C'est un temps d'épreuve, ajoute-t-il, que Dieu nous accorde pour mettre à découvert les sentiments des véritables chrétiens. Si les ariens se sont appuyés du secours des hommes, c'est qu'ils n'ont pas celui de Dieu. S'ils l'avaient, ils se mettraient moins en peine d'opprimer, comme ils le font, les âmes des innocents, pour les assujettir par une puissance tout humaine et toute terrestre. » L'appréhension continuelle où était saint Eusèbe que ses gardes ne le surprissent pendant qu'il écrivait cette lettre, l'empêcha de s'y étendre plus au long sur les vexations des ariens. Il exhorte ces églises à veiller avec soin à la conservation de la foi; à conserver entre elles l'amour et la charité; à prier sans cesse et à se souvenir de lui dans leurs prières; enfin à demander à Dieu la paix de l'Eglise, et qu'il lui plaise de le délivrer lui-même des mains de ses persécuteurs, pour le rendre à son troupeau. Il termine sa lettre par une salutation générale, ce qu'il ne faisait pas ordinairement; mais il les prie de s'en contenter pour cette fois, « parce que, dit-il, il est trop pressé pour les nommer tous en particulier. » Il marque qu'il leur envoyait la protestation qu'il avait adressée en forme de lettre à Pétrophile, évêque de Scytopolis et son geôlier, afin qu'elle leur fît connaître que ni les menaces ni les artifices des ariens n'avaient pu l'engager à communiquer avec eux.

De Scytopolis, où il continua de souffrir des traitements dont la cruauté ne pouvait être dépassée que par la mort, Eusèbe fut relégué en Cappadoce, et de là en Egypte, dans la haute Thébaïde. Nous avons une lettre datée de ce troisième exil et adressée à Grégoire, évêque d'Elvire en Espagne. Ce prélat lui avait écrit vers l'an 359 pour lui donner avis de la résistance qu'il avait faite à Osius, après sa chute provoquée par les violences et les artifices de Constance, en 357, et de la résistance non moins énergique qu'il avait opposée aux évêques, qui, dans le concile de Rimini, avaient consenti à communiquer avec Ursace et Valens. Saint Eusèbe dans la réponse qu'il lui fit, vers l'an 360, approuve sa conduite, tant à l'égard d'Osius que des évêques tombés à Rimini. Il loue sa fermeté à maintenir la foi de Nicée, et lui promet que, s'il veut y persévérer et rejeter toute communion avec les hypocrites, il lui accordera la sienne. Il l'exhorte à s'opposer de toutes ses forces aux transgresseurs, sans craindre la puissance des rois ni celle des ariens, qui mettaient leur espérance dans la protection des hommes. « Notre force au contraire, lui dit-il, est dans le nom du Seigneur; parce que celui qui est en nous est plus grand que celui qui est dans le monde. » Il lui témoigne qu'il souhaite de vivre jusqu'à la fin dans les souffrances, pour être glorifié dans le royaume de Dieu, et prie Grégoire de lui faire connaître le nom de ceux qui demeurent fermes dans le devoir, ou qu'il y aura fait rentrer. Il le salue de la part de ses compagnons de captivité, et en particulier de la part d'un diacre qu'il ne nomme point. On remarque dans cette lettre, qui est fort courte, le zèle d'un saint évêque joint à la force et à la vigueur d'un martyr. Elle se trouve parmi les fragments de saint Hilaire avec le billet adressé à l'empereur Constance. Elle a été insérée aussi avec la *Lettre à son église* et sa *Protestation* contre les violences de Pétrophile dans la *Bibliothèque des Pères*.

On a encore de saint Eusèbe une traduction en latin des *Commentaires d'Eusèbe de Césarée sur les Psaumes*, mais saint Jérôme remarque qu'il n'en traduisit que ce qu'il y avait de meilleur, et qu'il en retrancha tout ce qui lui parut contraire à la saine doctrine. Ce Père croit qu'il ne publia cette traduction que lorsqu'il revint en Italie, sous le règne de Julien, et il lui attribue également la traduction de quelques écrits d'Origène, qu'il ne désigne pas, mais qu'on croit être de ses *Commentaires sur les Psaumes*. Il ne nous en reste aucun vestige, à moins qu'il n'ait fondu cette traduction dans la première que Jean-André Irico fit imprimer à Milan en 1743, en 2 vol. in-4°. On possède encore aujourd'hui un *Livre des Evangiles de saint Matthieu et de saint Marc*, trouvé parmi les manuscrits de l'Eglise de Verceil. On a prétendu qu'il était de la propre main d'Eusèbe; dans ce cas ce serait un des plus précieux et des plus anciens manuscrits; mais cette assertion aurait besoin de preuves. Tout ce que nous en pouvons dire, c'est que les savants qui l'ont vu, y ont trouvé çà et là un assez grand nombre de caractères différents des caractères romains, quoique tous les autres y soient assez semblables. Ce manuscrit était déjà presque entièrement usé par son antiquité, lorsqu'il y a déjà plus de huit cents ans l'empereur Bérenger le fit revêtir d'une couverture d'argent. Irico, qui l'a publié, a enrichi son édition d'une préface, de notes, et d'une concordance avec les autres manuscrits des Evangiles et les versions des saints Pères.

Les Martyrologes d'Adon, d'Usuard, et le Martyrologe romain donnent à saint Eusèbe le titre de martyr; mais ce mot doit se prendre selon l'ancien usage de l'Eglise, qui qualifiait ainsi ceux qui avaient souffert pour la foi dans les persécutions; l'entendre dans son acception rigoureuse serait contraire à toute l'antiquité. Saint Ambroise, qui ne parle jamais d'Eusèbe qu'avec éloge, ne lui donne que le titre de confesseur. Saint Antonin, qui écrivait environ mille ans après, est le premier qui ait dit que les ariens l'avaient fait mourir. Un ancien auteur, dans un panégyrique de saint Eusèbe, conservé parmi les écrits de saint Ambroise, le fait mourir à Verceil le 1er août, jour où l'Eglise célèbre le martyre des Machabées.

EUSÈBE. — Voici un Eusèbe assez inconnu. Gennade, qui lui donne place parmi les écrivains ecclésiastiques, ne dit point d'où il était ni ce qu'il était. Il remarque seulement qu'il avait écrit un *Traité du mystère de la croix*, et de la constance que sa vertu avait communiquée aux apôtres et particulièrement à saint Pierre, pour l'honneur du nom de Jésus-Christ. Il met cet auteur parmi ceux qui ont fleuri au commencement du ve siècle.

EUSÈBE succéda à Euthérius ou Æthérius sur le siége épiscopal d'Antibes, après l'an 541, puisque celui-ci assista au quatrième concile d'Orléans tenu dans la même année. Il y avait déjà quelque temps qu'Eusèbe gouvernait cette église, lorsqu'en 549, on convoqua un cinquième concile dans la même ville. Comme presque tous les autres évêques de France, il y fut invité, mais ne pouvant s'y rendre en personne, il y députa le diacre September pour le remplacer. Cinq ans plus tard, en 554, comme il n'était plus retenu par les mêmes empêchements, il se rendit à Arles et prit part aux délibérations d'un concile qui s'y réunit le 29 juin de la même année. On ne connaît point au juste la durée de son épiscopat; mais on a tout lieu de croire qu'il ne vécut guère au delà de l'an 570 ou 571. Il est au moins certain qu'avant le mois de septembre 573, Optat lui avait succédé, puisqu'il assista alors au concile de Paris en qualité d'évêque d'Antibes.

Dom Mabillon attribue à Eusèbe d'Antibes, dans la persuasion qu'il en était véritablement l'auteur, l'*Histoire de la translation des corps de saint Vincent, saint Oronce et saint Victor*, martyrs de Gironne, en Espagne, qui se fit à Embrun sous l'épiscopat de saint Marcellin, son premier évêque; et il faut convenir que cette persuasion ne paraît pas dépourvue de fondement. En effet, il est constant, par l'histoire même en question, que l'auteur était un évêque, successeur immédiat d'Æthérius; qu'il vivait du temps de Béroalde, abbé du monastère où reposaient les reliques dont il reçut une partie, et qu'enfin cela se passa au vi° siècle, à quelque distance, ou même dans la province d'Embrun, selon la remarque de dom Mabillon. Or tous ces caractères ne sauraient mieux convenir qu'à Eusèbe qui, peu avant le milieu du même siècle, succéda, comme nous l'avons vu, à Euthérius sur le siége d'Antibes, probablement déjà suffragant d'Embrun. Qu'importe que le prédécesseur d'Eusèbe soit nommé Euthérius dans les souscriptions des conciles, et Æthérius dans l'*Histoire de la translation*; c'est indubitablement le même nom écrit différemment, et on en pourrait produire des exemples. Nous ne nous arrêterons pas davantage à une question de mots qui, parmi les savants du dernier siècle, a servi de thème à toutes les conjectures. Qu'on lise *Antinciæ* ou *Antimiæ Ecclesiæ*, ou bien encore *Aventicæ* et même *Aniciæ*, peu nous importe, pourvu qu'avec autant de raison on puisse y lire *Antibiæ*; cela nous suffit, et nous dirons même que ce dernier mot nous semble ici beaucoup plus naturellement placé. Puisque tous les autres caractères conviennent à Eusèbe, qui fait le sujet de cet article, il reste donc indubitable, jusqu'à ce qu'on nous ait donné de meilleures preuves du contraire, qu'il est l'auteur de l'histoire que Dom Mabillon lui attribue.

Il l'écrivit, comme il le dit lui-même, sur les souvenirs que la tradition orale en avait perpétuée depuis l'épiscopat de saint Marcellin jusqu'à l'époque où il y travaillait. A cette histoire Eusèbe ajouta une espèce d'Appendice ou de supplément, pour apprendre à la postérité comment Ethérius, son prédécesseur, parvint à se procurer les reliques des saints martyrs pour lesquelles il bâtit le monastère de Novi, qui ne subsiste plus depuis longtemps; comment lui, Eusèbe, après que ces reliques eurent été ravies furtivement au trésor du monastère, les découvrit dans un voyage qu'il fit à Lyon par le Rhône. Enfin, il nous apprend que s'étant trouvé à un concile qu'il n'indique pas, avec un abbé espagnol, qui s'y était rendu pour le bien de l'Eglise d'Espagne, il en obtint les actes des saints martyrs; mais que les ayant trouvés écrits dans un style trop inculte, il s'était permis de les retoucher, afin de les rendre plus dignes du sujet. Bollandus nous a donné, au 22 de janvier, ces actes ainsi repolis ou plutôt défigurés par Eusèbe, avec l'histoire de la translation des corps saints, et la relation du sort qu'eut la partie de leurs reliques accordée à l'évêque Ethérius. Ces pièces sont écrites avec beaucoup de bonne foi et ne paraissent nullement surchargées de miracles. Le style en est très-simple, mais clair et jamais embarrassé. Du reste, il ne faut pas croire que ces actes fussent originaux avant qu'Eusèbe y mît la main. Ces saints martyrs avaient souffert sous Dioclétien, vers l'an 291, et leur histoire ne fut écrite que longtemps après, comme il paraît par plusieurs circonstances que nous ne pouvons reproduire en cet article.

EUSÈBE DE DORYLÉE exerçait à Constantinople la profession d'avocat, au commencement du v° siècle. Il était pieux, instruit dans la religion qu'il avait étudiée avec soin, et très-attaché à la pureté du dogme. Nestorius, patriarche de Constantinople, commençait alors à semer furtivement, dans ses sermons et ses instructions, les germes de son hérésie. Comme, pour la seconde fois, il osait avancer publiquement que partout où l'Ecriture parle de Jésus-Christ, de sa naissance temporelle et de sa mort, elle ne le nomme jamais *Dieu*, mais simplement *Christ*, *Fils* ou *Seigneur*; Eusèbe, quoique simple laïque, n'hésita pas à s'élever contre lui en pleine église, en lui opposant hautement ce démenti : « Jésus-Christ, c'est le Verbe éternel lui-même, né une seconde fois selon la chair et par l'enfantement d'une vierge miraculeusement fécondée. » A ces paroles le peuple s'émeut, les plus instruits, qui formaient aussi le plus grand nombre, donnent de grandes louanges à Eusèbe; mais les autres s'emportent et le menacent de leur fureur. Ceci se passait vers la fin de l'an 428. Au commencement de l'année suivante, comme Nestorius ne cessait de répandre son erreur en soutenant avec plus d'opiniâtreté que jamais, qu'on ne devait pas dire que « le Verbe divin fût né de Marie ou qu'il fût mort, mais seulement l'homme en qui résidait le Verbe; » alors Eusèbe dressa par écrit une protestation conçue en ces termes : « Je conjure, au nom de la sainte Trinité, quiconque recevra ce document, de le faire connaître aux évêques, aux prêtres, aux diacres, aux lecteurs, aux laïques, qui demeurent à Constantinople, et même de leur en donner copie, pour les aider à convaincre l'hérétique Nestorius, de partager les sentiments de Paul de Samosate, anathématisé il y a cent soixante ans par les évêques catholiques. » Il compare ensuite la doctrine de Nestorius avec celle de Paul, et montre, par leurs propres paroles, qu'ils établissent une différence entre le

Verbe et Jésus-Christ, au lieu de soutenir son unité comme l'enseigne l'Église catholique. Il oppose aux erreurs de Nestorius et de Paul le symbole en usage à Antioche, et qui, quoiqu'un peu différent, quant aux paroles, de celui de Nicée et de Constantinople, est cependant le même, quant à sa signification, puisqu'il ne reconnaît qu'un seul Fils unique de Dieu, né du Père avant tous les siècles, consubstantiel à son Père, par qui toutes choses ont été faites au ciel et sur la terre, et qui, sous l'empereur Auguste, est né de la vierge Marie. Il leur oppose encore le témoignage de saint Eustathe d'Antioche, l'un des trois cent dix-huit évêques qui assistèrent au concile de Nicée, et qui affirme que Jésus-Christ n'est pas seulement homme, mais Dieu, comme l'enseigne formellement le prophète Jérémie. Eusèbe n'allègue ces preuves contre Nestorius que pour montrer qu'il s'était écarté de la tradition de l'Église dans laquelle il avait été élevé. Il finissait cette protestation par un anathème à quiconque disait que le Fils, né du Père avant tous les siècles, est autre que Jésus-Christ *né de la vierge Marie*. Ce fut aussi Eusèbe de Dorylée qui s'éleva le premier contre une proposition impie d'Anastase, un des partisans de Nestorius. C'était un jeune homme hardi et entreprenant. Prêchant un jour dans l'église, il dit : « Que personne n'appelle Marie *Mère de Dieu* : Elle n'était qu'une femme, et il est impossible que Dieu naisse d'une femme! » Tout le peuple, habitué à adorer Jésus-Christ comme Dieu, fut indigné de ces paroles; mais Eusèbe témoigna hautement son indignation en les réfutant aussitôt, et en présence même de l'orateur. Tant de zèle dans Eusèbe a fait supposer aux plus savants chroniqueurs qu'on ne le laissa pas longtemps dans l'état laïque; et en effet, il paraît qu'il faisait déjà partie du clergé en 430, lorsque saint Cyrille écrivit ses cinq livres contre Nestorius. Plus tard, étant devenu évêque de Dorylée en Phrygie, il se crut plus obligé encore de défendre la foi catholique, contre ceux qui l'attaquaient.

Il était lié d'une étroite amitié avec Eutychès, prêtre et abbé d'un monastère de trois cents moines, à Constantinople. Eutychès partageait son opposition à l'hérésie de Nestorius, mais malheureusement il donnait dans l'excès contraire; et pour ne point reconnaître en Jésus-Christ deux personnes, il en était venu à n'y admettre qu'une nature. Eusèbe essaya longtemps de le ramener à la saine doctrine; mais voyant qu'il s'opiniâtrait, et qu'il s'emportait avec excès contre lui, contre les saints Pères et contre Dieu même, il en avertit Flavien de Constantinople, dans la juridiction duquel était situé le monastère dont Eutychès était abbé. Flavien réunit à Constantinople, le 8 novembre 448, un concile composé de trente évêques. Eusèbe de Dorylée, l'un des évêques assistants, se leva, présenta une requête contre Eutychès, et pressa tant qu'elle fut lue, et ensuite insérée dans les Actes par ordre de saint Flavien qui présidait à cette assemblée. Elle portait en substance qu'Eutychès ne cessait de proférer des blasphèmes contre Jésus-Christ, qu'il parlait des clercs avec mépris, et accusait Eusèbe lui-même d'être hérétique; c'est pourquoi il priait le concile d'appeler Eutychès, afin qu'il eût à répondre aux chefs d'accusations qu'il formait contre lui. Pour sa part, il affirmait avec protestation qu'il ne faisait autre chose que de suivre les sentiments du concile d'Éphèse, de saint Cyrille, de saint Athanase, d'Atticus, de saint Procle et des trois Grégoire de Néocésarée, de Nazianze et de Nysse. — Flavien pria par deux fois Eusèbe de voir et d'entretenir Eutychès, pour s'assurer s'il était dans les sentiments qu'il lui imputait, et lui représenta le danger où le jetterait une accusation de cette importance, en excitant de nouveaux troubles dans l'Église. Eusèbe répondit qu'ayant été auparavant l'ami d'Eutychès, il l'avait souvent averti de ses erreurs, mais que n'ayant pu réussir à l'en tirer, et ne se sentant pas le courage d'entendre plus longtemps ses blasphèmes, il persistait à demander qu'on le fît paraître devant le concile. Eutychès y fut appelé : il refusa d'abord de s'y rendre, et, comme tous les hérétiques, il s'enveloppa de subterfuges qu'il chercha à faire accepter comme des réponses. Eusèbe de Dorylée, craignant de passer pour calomniateur, si le concile se contentait de semblables déclarations, dit qu'il n'avait pas accusé Eutychès de l'avenir, mais du passé. Si l'on se contentait de dire aux voleurs qui sont en prison : Ne volez plus, ils le promettraient tous. Il ne prétendait donc pas avoir perdu sa cause, si Eutychès, pour céder au temps ou pour quelqu'autre motif que ce soit, consentait à recevoir une profession de foi catholique. En effet, Eutychès avait envoyé le prêtre Abraham, avec ordre de consentir en son nom à tout ce qui avait été déclaré par les Pères de Nicée, d'Éphèse, et par saint Cyrille, en indiquant un jour où il viendrait lui-même se justifier devant le concile. Il s'y rendit en effet, le lundi 22 novembre, et forcé de s'expliquer nettement, il refusa de se rétracter. Eusèbe assista en 449 au faux concile appelé *Brigandage d'Éphèse*, à cause de la confusion et de la mauvaise foi qui y régnèrent. C'était Dioscore, patriarche d'Alexandrie, et favorable aux eutychéens, qui le présidait. Cent trente évêques souscrivirent la formule qu'il leur présenta; les autres résistèrent courageusement. Eusèbe était de ce nombre; il fut mis en prison, et l'erreur prévalut. Mais, grâce aux soins du Pape saint Léon, son triomphe fut de courte durée. Un concile général ayant été assemblé à Chalcédoine, en 451, Eusèbe y accusa Dioscore. Eutychès fut condamné, et le concile définit qu'il y avait en Jésus-Christ deux natures, et une seule hypostase ou personne. Eusèbe de Dorylée eut grande part à cette heureuse issue, et la constance avec laquelle il poursuivit l'erreur, le fit ranger parmi les plus fervents défenseurs de la foi

Nous n'avons de lui d'autres écrits que ceux qui nous ont été conservés dans les Actes des conciles, auxquels il a assisté, et dont nous avons rendu compte, autant que les bornes d'une simple notice nous le permettaient.

EUSÈBE, évêque de Thessalonique au commencement du VII° siècle, avait adressé quelques écrits au Pape saint Grégoire, par son lecteur Théodore. Celui-ci les remit à un moine nommé André, qu'il avait connu autrefois dans un monastère de Rome. Or, ce moine, qui partageait les erreurs de ceux qui soutenaient que la chair de Jésus-Christ avait toujours été incorruptible, falsifia ces écrits de manière à faire croire que ce prélat avait avancé des propositions hérétiques. Mais saint Grégoire, parfaitement renseigné d'ailleurs sur le compte du moine André, qui avait déjà publié sous son nom de faux sermons grecs, découvrit la fraude et en informa Eusèbe de Thessalonique, comme on peut s'en convaincre par la lettre soixante-neuvième du neuvième livre de la collection des lettres de ce pontife. Photius nous apprend encore que le même moine avait écrit à Eusèbe une lettre qu'il le conjurait avec les plus vives supplications de daigner lire. Eusèbe l'ayant lue lui fit une réponse, dans laquelle, en relevant chacune de ses fautes, il lui prouvait qu'il ne savait pas écrire; ce qui le rendait d'autant plus coupable d'avoir quitté sa profession et renoncé au repos qu'il avait embrassé, pour se livrer à un état auquel il ne comprenait rien. Il attaquait ensuite son erreur, et lui montrait, en premier lieu, que le mot de corruption ne s'applique pas seulement au péché, mais que les saints Pères s'en sont servis aussi pour marquer la dissolution des corps. En second lieu, il le reprend d'avoir assuré que le corps de Jésus-Christ était devenu incorruptible au moment de son union avec la divinité; sentiment qui avait été celui de Julien, évêque d'Halicarnasse, chassé de son siége par l'empereur Justinien parce qu'il rejetait le concile de Chalcédoine; ce qui n'empêchait pas André de faire profession dans cette lettre d'écrire contre les erreurs de Sévère et de Julien. La troisième erreur dont Eusèbe accusait ce moine, c'était d'avoir avancé que le corps d'Adam avant sa chute n'avait pas été créé mortel et corruptible, tandis que, pour rester dans la vérité, il fallait dire que l'homme, de sa nature, était mortel et sujet à la douleur, mais que, par la grâce de Dieu, il aurait été préservé des souffrances de la mort s'il ne fût point tombé. André avait avancé que le monde était incorruptible; Eusèbe lui répondait en objectant l'expérience de tous les jours; il réfutait encore plusieurs autres de ses propositions et l'exhortait à se rétracter. Mais au lieu de suivre ce conseil salutaire, ce moine publia aussitôt un autre livre pour défendre ses erreurs. Eusèbe y répondit par un ouvrage en dix livres, dans lesquels il montrait qu'André, par une hardiesse insupportable, avait entrepris de faire une nouvelle exposition de foi, au lieu de s'en tenir à celles que les conciles nous avaient léguées; et qu'il avait corrompu et cité à contre-sens plusieurs passages des Pères. Il réfutait ensuite les quatre erreurs principales qu'il avait déjà reprises dans son premier écrit. Il exposait les différents sens qu'on peut donner au mot de corruption, et montrait, par des exemples, en combien de manières les théologiens l'avaient employé. Il apportait plusieurs passages des Pères pour réfuter ces erreurs, et découvrait les falsifications des autres passages des mêmes écrivains cités par André. Il démontrait, qu'à l'exception des passions vicieuses, qui viennent du mal et qui l'engendrent, Jésus-Christ, pendant qu'il a vécu sur la terre, a été sujet aux passions naturelles, et qu'après sa résurrection, il est devenu immortel et impassible. Il se moquait du nom de phtartolâtre, c'est-à-dire adorateur de la corruption, qu'André donnait aux catholiques, et n'oubliait rien de ce qui lui paraissait utile pour bien défendre la doctrine de l'Eglise et tourner celle de son adversaire en ridicule. Son style, quoique simple, annonçait du discernement et ne manquait point de pureté. Nous n'avons plus de cet auteur que ce que Photius nous en a conservé; et c'est en nous aidant de son travail que nous avons essayé de le faire connaître. (Voyez le volume CLXII de la *Bibliothèque* de cet auteur.)

EUSTASE (Saint). — Deux éminentes qualités, que saint Eustase réunit à un degré supérieur, lui ont acquis un double titre à trouver place en ce recueil. Il fut un apôtre et un des plus excellents maîtres de la science ecclésiastique que nos Gaules aient possédé dans le VII° siècle. Saint Eustase naquit en Bourgogne, d'une famille noble, qui avait donné un évêque à l'église de Langres dans la personne de Miget ou Mietius, dont il se trouvait le neveu par sa mère. Eustase était déjà sorti de l'adolescence, lorsque l'éclat du nouvel institut fondé par saint Colomban l'attira à Luxeuil, où il se fit moine. Il y avait à peine passé quelques années, quand saint Colomban lui donna la direction de l'école du monastère, ce qui suppose qu'Eustase avait fait de bonnes études. En effet, la suite montra qu'on ne pouvait faire un meilleur choix. Sous un aussi habile maître, cette école devint en peu de temps une des plus illustres qui fussent en France. On venait de toutes parts à Luxeuil s'instruire dans les lettres et dans la piété, et nous avons déjà eu occasion de remarquer qu'il en sortit un grand nombre d'évêques et d'abbés du premier mérite. En 610, lorsque les persécutions de Brunehaut forcèrent saint Colomban à sortir de Luxeuil, Eustase fut élu à l'unanimité pour remplir sa place et gouverner le monastère en qualité d'abbé. Il prit pour modèle la conduite de son saint prédécesseur, et l'imita si parfaitement qu'à peine les disciples du saint fondateur s'aperçurent de la perte qu'ils avaient faite par son exil. Aussi recommandable par son talent que par ses vertus, il ne tarda pas à gagner l'estime des seigneurs français, et entra même assez avant dans la confiance de Clotaire II. Ce prince, devenu seul maître du royaume sur la fin de l'an 613, et désirant y rappeler saint Colomban, lui députa Eustase, en Italie, pour l'engager à revenir. Mais le disciple ne put rien gagner sur l'esprit du maître, et tout le fruit de son voyage se borna à une lettre gracieuse qu'il en rapporta à Clotaire de la part de saint Colomban. Peu de temps après son retour d'Italie, Eustase se sentant animé d'un zèle apostolique, entreprit de travailler à la conversion des Varasques, peuples voisins de Luxeuil, sur les bords du Doubs, et dont une partie était encore idolâtre, et l'autre infectée des erreurs de Bonose et de Photin. Dieu bénit les travaux du saint abbé, et ces peuples eurent le bonheur d'embrasser la foi catholique. Ces premiers succès lui inspirèrent le désir d'en obtenir de plus grands; il alla porter la parole évangélique en Bavière, et après plusieurs conversions signalées, il y laissa des ouvriers apostoliques pour y continuer son œuvre, et s'en revint à Luxeuil reprendre le gouvernement de son monastère. A peine y avait-il goûté quelques années de repos, qu'il eut la douleur de se voir inquiété par un faux moine, son propre disciple. Agreste ou Agrestin, c'est ainsi qu'il se nommait, ayant extorqué plutôt qu'obtenu la permission d'aller en Bavière prêcher la foi aux infidèles, et voyant qu'il n'y faisait aucun fruit, se retira à Aquilée. Là, s'étant lié avec ceux qui s'étaient séparés de la communion du Saint-Siége dans la fameuse affaire des trois chapitres, il adopta tous leurs sentiments, et écrivit même à saint Attale, abbé de Bobio et successeur de saint Colomban, une lettre un peu vive, pour soutenir le parti dans lequel il était entré.

D'Aquilée, Agreste revint à Luxeuil, où il mit tout en œuvre pour inspirer ses sentiments à saint Eustase. Bien loin de l'écouter, celui-ci ne lui épargna aucune des considérations qui pouvaient l'engager à s'en départir; mais le voyant opiniâtrément attaché à son schisme, il le chassa de Luxeuil. Agreste, pour s'en venger, inventa plusieurs calomnies contre la règle de saint Colomban, et l'affaire fut même poussée si loin, que, pour l'apaiser, on assembla un concile à Mâcon, vers l'an 623. Saint Eustase s'y trouva et y défendit la justice de sa cause avec une force d'éloquence qui ne fut égalée que par sa modestie. Mais voyant qu'Agreste n'était touché ni de ses raisons ni de l'autorité des Pères du concile, le saint abbé le cita à comparaître dans l'année au tribunal de Dieu, pour y plaider sa cause avec saint Colomban lui-même. En effet, on remarque qu'Agreste mourut dans le courant de la même année, assassiné par son propre valet sur un simple soupçon. De son côté, saint Eustase ne survécut que deux ans à son triomphe, et mourut le 29 mars 625, après avoir gouverné pendant quinze ans le monastère de Luxeuil. Son corps, jusqu'aux jours de notre révolution, fut conservé dans l'abbaye des Bénédictins de Vergoville, au diocèse de Metz; mais nous ne saurions dire ce qu'il est devenu depuis.

Jonas, qui a écrit sa Vie, loue beaucoup son éloquence et la facilité qu'il avait à s'exprimer. Plusieurs critiques modernes, entre autres Baronius, Possevin, Aubert Lemire, Cave et Vossius, en ont fait un écrivain, et, à ce titre, lui ont donné un rang parmi les auteurs ecclésiastiques; mais cette opinion nous paraît moins fondée qu'ils ne l'ont pensé. En effet, ils ont supposé que saint Eustase avait accompagné saint Colomban, lorsque celui-ci se retira de France en Italie, en 613, et à ce titre ils lui ont attribué une relation de ce voyage, dans laquelle il avait marqué exactement tout ce qui s'était passé de mémorable sur la route. Ils pensent en même temps que c'est de cet itinéraire que Jonas a tiré tout ce qu'il rapporte de ce voyage dans la *Vie de saint Colomban*. Mais cette supposition est démentie par Jonas lui-même qui dit positivement que saint Eustase n'accompagna point son maître, comme il en avait témoigné le désir, et que ce fut plus tard et à la prière du roi Clotaire II qu'il fit en Italie le voyage dont nous avons parlé. Il ne nous reste donc aujourd'hui aucun monument que nous sachions du savoir de saint Eustase, sinon un précis de ce qu'il dit au concile de Mâcon en faveur de la règle de saint Colomban. Il y a toute apparence qu'après le concile il rédigea la défense qu'il y avait présentée de vive voix, et que Jonas aura puisé dans cet écrit ce qu'il nous en apprend. En effet, on remarque dans cet endroit de l'ouvrage de Jonas plus de beautés de style que dans le reste de la pièce, et on y retrouve de temps en temps quelques traits de cette éloquence et de cette justesse de raisonnement que cet écrivain attribue à saint Eustase.

Outre l'honneur que le saint fit aux lettres, et par ses prédications et par le grand nombre de savants personnages qui sortirent de son monastère, il leur rendit encore un service important en employant une partie de ses moines à copier les bons livres de l'antiquité. Jusqu'à la révolution, l'église de Saint-Pierre de Beauvais a possédé un de ces manuscrits copiés alors à Luxeuil. Il était en lettres onciales et contenait neuf homélies de saint Augustin sur la première épître de saint Jean.

EUSTATHE (Saint), originaire de Side, était évêque de Bérée en Syrie, vers l'an 323. L'avantage qu'il avait eu de confesser le nom de Jésus-Christ dans deux persécutions, son rare savoir, son zèle pour la vérité et bien d'autres qualités éminentes le rendaient dès lors recommandable dans toute l'Église. C'est pourquoi saint Alexandre lui écrivit vers ce temps-là pour le prier de n'avoir aucune communication avec les ariens par lettres ni autrement, et de contresigner l'écrit qu'il avait composé pour mettre la foi de l'Église touchant la divinité du Verbe dans tout son jour. Après quelques années d'épiscopat, il fut transféré de l'église de Bérée à celle d'Antioche, malgré lui, mais par le commun suffrage des évêques, du clergé et de tout le peuple chrétien. Théodoret dit que ce fut immédiatement après la mort de saint Philogone; mais il est nécessaire de placer entre eux deux un nommé Paulin, qui ne remplit ce siége que fort peu de temps, soit qu'il ait abdiqué ou qu'il s'en soit fait chasser par sa faute ; car il vivait encore au temps du concile de Sardique. La chronique de saint Jérôme et de Sozomène mettent ce Paulin, évêque d'Antioche, avant saint Eustathe. Mais Sozomène s'est trompé en attribuant la translation de saint Eustathe aux Pères de Nicée; il n'y a aucune apparence que ce concile, qui, dans son quinzième canon, interdit tous ces changements d'évêchés, ait en même temps autorisé le contraire par un exemple si remarquable. Ce qu'il y a de certain, c'est que saint Eustathe assista et souscrivit à ce concile en sa qualité d'évêque d'Antioche. Il y en a même qui ont cru qu'il y avait présidé, et qu'assis le premier au côté droit, à cause de la dignité de son siége, il y avait harangué Constantin au nom de l'assemblée. Quelque temps après, il assembla lui-même à Antioche un concile, où se trouvèrent saint Jacques de Nisibe, saint Paul de Néocésarée et plusieurs autres évêques au nombre de vingt-huit, appelés de toutes les provinces d'Orient soumises à son patriarcat. La lettre synodale donne lieu de croire que la déposition de Paulin avait laissé quelque semence de division parmi les chrétiens, et que ce fut pour l'étouffer qu'on assembla le concile. L'attention de saint Eustathe à ne recevoir dans son clergé que des personnes dont la foi lui était garantie par la pureté de leurs mœurs, l'empêcha d'y admettre plusieurs personnages justement suspectés d'hérésie, et dont quelques-uns devinrent évêques plus tard par le crédit des ariens. Mais son zèle ne se bornait pas à son église toute seule; il envoyait également dans les autres des hommes capables d'instruire, d'encourager et de fortifier les fidèles, et en même temps de fermer toute entrée aux ennemis de la vérité. Il attaqua en particulier Eusèbe de Césarée et l'accusa ouvertement d'avoir altéré la foi de Nicée. Eusèbe s'en défendit en accusant le saint évêque de sabellianisme, refuge ordinaire de ceux à qui le terme de *consubstantiel* faisait peine. Mais rien n'était moins fondé que cette accusation, puisque, au rapport de Socrate, saint Eustathe enseignait dans ses écrits que le Fils subsistait distinctement du Père, et que Dieu était un en trois hypostases. Patrophile de Scythople, et Paulin de Tyr, pour qui le saint pontife n'éprouvait que de l'horreur à cause de leur doctrine, se joignirent à Eusèbe, et, de concert avec plusieurs autres évêques ariens que Constantin venait de rappeler de leur exil, ils résolurent de chasser saint Eustathe de son siége. Ils se réunirent à cet effet à Antioche, et, à l'aide d'une accusation infâme, dont ils ne lui permirent pas même de se défendre, il fut condamné et déposé. Les évêques catholiques exhortèrent saint Eustathe à ne point céder à une sentence aussi injuste; le peuple s'émut à la déposition de son évêque; les magistrats et les principaux officiers prirent part à cette division, et la sédition s'échauffa de telle sorte qu'on fut prêt à en venir aux armes. Mais les ennemis du pieux pontife surent si bien accréditer leurs calomnies auprès de l'empereur, que, sans égard pour sa défense, celui-ci l'exila d'abord en Thrace, et de là en Illyrie, vers l'an 331. Le saint supporta avec beaucoup de calme l'injustice de ses ennemis, et on ne voit point qu'il se soit donné aucun mouvement pour se faire rappeler de son exil. Mais avant de quitter son église, il fit rassembler son clergé et son peuple; il les exhorta à ne point céder aux loups; mais à demeurer fermes et unis pour leur résister. « On vit par l'événement, dit saint Chrysostome, la sagesse et l'importance de ce conseil, qui sauva la plus grande partie de la ville d'Antioche en l'empêchant de devenir arienne. » On ne sait point au juste l'année de la mort de saint Eustathe, mais il y a tout lieu de croire qu'elle arriva vers l'an 337 ou même auparavant; car on ne voit point qu'il soit rentré en 338 avec tous les autres prélats exilés. Il ne parut ni dans le concile de Rome, en 341, ni dans celui de Sardique, en 347, où tous les autres évêques se plaignirent des violences qu'on leur avait fait subir. Enfin, la lettre du concile de Philippopolis, tenu en 347, remarque que Paulin, son prédécesseur, vivait encore, et garde sur saint Eustathe un silence qui fait augurer qu'il ne vivait plus. Il mourut à Philippes, en Macédoine, dans l'ancien diocèse d'Illyrie, d'où Calaudion, l'un de ses successeurs, fit rapporter son corps à Antioche, vers l'an 382.

Ses écrits contre les ariens. — Saint Jérôme appelle saint Eustathe une trompette retentissante, et lui accorde l'honneur d'avoir donné le premier signal du combat contre Arius. En effet, il attaqua cet hérésiarque et de vive voix et par un grand nombre d'écrits qui subsistaient encore au v° siècle, mais qui ne sont pas venus jusqu'à nous. Saint Euloge d'Alexandrie lui attribue, contre la doctrine d'Arius, six discours dont il rapporte un passage. Facundus cite de lui un sixième et un huitième livres, dans lesquels il expliquait divers endroits de l'Evangile et des psaumes touchant l'incarnation du Verbe, et il en allègue plusieurs passages pour défendre, ou tout au moins pour excuser certaines expressions nestoriennes que l'on reprochait à Théodore de Mopsueste. En effet, celles de saint Eustathe sont un peu dures, et il semble reconnaître en Jésus-Christ une autre personne que le Verbe, en disant que le Verbe habite dans l'humanité comme dans son temple. Il dit encore que le sépulcre et le trône que Dieu a préparés à son Fils ne conviennent ni au Père ni au Verbe, mais au Christ seul, qui, à cause de son mélange avec le Verbe divin, est le Seigneur de toutes les créatures. Mais Facundus remarque en même temps qu'il ne faut pas anathématiser la doctrine de ce Père, pour quelques expressions peu exactes dont il s'est servi dans un temps où il pouvait parler avec une simplicité exempte des précautions minutieuses qui devinrent nécessaires plus tard, parce que l'hérésie de Nestorius n'avait pas encore paru. Nous voyons, d'ailleurs, par plusieurs autres passages de ses écrits, rapportés par Théodoret, qu'il était très-éloigné des erreurs de Nestorius. Il fallait bien aussi que les Pères du concile d'Ephèse regardassent saint Eustathe comme entièrement opposé aux sentiments de ce novateur, puisqu'ils citèrent contre lui un passage des écrits du saint évêque, qui, en effet, est très-formel. Saint Ephrem, un de ses successeurs sur le siége d'Antioche, dit aussi qu'il pensait sur le dogme de l'Incarnation comme saint Cyrille. Enfin, on sait que le mot de *personne* ne se prend pas toujours à la rigueur dans les anciens, et que plusieurs se sont servi de ce terme pour désigner les deux natures en Jésus-Christ. Facundus l'affirme expressément de saint Athanase, en ajoutant qu'il pourrait en citer beaucoup d'autres qui se sont exprimés de la même manière. Parmi les passages que Théodoret nous a conservés des écrits de saint Eustathe contre les ariens, celui-ci contient des circonstances remarquables sur ce qui se passa au concile de Nicée, au sujet d'Eusèbe et des autres sectateurs d'Arius.

« Lorsqu'on eut commencé, dit-il, à examiner les questions de foi dans ce concile composé de deux cent soixante-dix évêques ou environ, alors on produisit le livre d'Eusèbe, qui contenait une preuve convaincante de ses blasphèmes. La lecture qu'on en fit devant tout le monde causa une vive douleur à tous ceux qui l'entendirent, et une confusion extrême à son auteur. La malignité d'Eusèbe et de ses partisans découverte, et leurs écrits impies publiquement lacérés, il y en eut quelques-uns encore qui, sous prétexte de rétablir la paix compromise, cherchèrent à obtenir le silence de ceux qui traitaient ordinairement ces questions d'une manière convenable. Les ariens, craignant d'être chassés de l'Eglise par le jugement d'une aussi imposante assemblée, s'avancèrent au milieu, condamnèrent la doctrine d'Arius, et souscrivirent à la formule de foi qui y avait été dressée d'un commun consentement. Mais aussitôt qu'ils se virent maintenus dans leurs évêchés, ou qu'ils eurent obtenu d'y rentrer, au lieu de garder un silence modeste, en faisant pénitence, comme ils y étaient obligés, ils recommencèrent de nouveau à soutenir leurs opinions. Ils les proclamaient tantôt en secret, tantôt publiquement, ayant soin de les appuyer de toutes les subtilités et de tous les arguments captieux capables de les faire prévaloir. Le désir qu'ils ont d'enraciner l'ivraie dans l'esprit des hommes leur fait appréhender la rencontre des personnes éclairées; ils fuient les yeux et la lumière de ceux qui sont capables de découvrir leurs erreurs, et ils font une guerre acharnée aux prédicateurs de la vérité. Mais nous ne pensons pas que des impies puissent prévaloir contre Dieu; et s'ils paraissent reprendre de nouvelles forces, ce n'est que pour justifier la prédiction d'Isaïe par une nouvelle défaite. » Saint Anastase le Sinaïte rapporte un passage tiré d'un discours de saint Eustathe contre les ariens, dans lequel le saint patriarche soutient qu'il n'est pas permis de dire que Jésus-Christ est créé et engendré selon une même nature, parce que s'il est créé, il n'est point engendré, et s'il est engendré, il n'est point créé.

Livre de l'âme, etc..... — Il nous reste aussi divers fragments du livre que saint Eustathe avait composé sur l'âme; de son discours sur ces paroles des *Proverbes* : *Le Seigneur m'a créé dès le commencement de ses voies;* de ses explications sur les psaumes XV et XCII; de son écrit sur les inscriptions et les titres des psaumes. On y voit que saint Eustathe enseignait clairement que Jésus-Christ est Dieu de sa nature, et engendré de Dieu; qu'il a eu un corps et une âme comme nous; que ce corps a été formé dans le sein de Marie, par l'opération de l'Esprit-Saint. S'il a souffert, c'est dans sa nature humaine; cette nature n'a point été changée en la nature divine, mais elles ont eu l'une et l'autre leurs opérations propres et naturelles, ce qui fait voir que le saint était entièrement éloigné de l'erreur d'Eutychès. Il enseigne encore que les œuvres du Fils sont communes au Père, et à la façon dont il s'explique sur les deux natures en Jésus-Christ, on voit qu'il ne doutait point qu'elles ne fussent unies en une seule personne. Dans le second concile de Nicée, on cite un endroit de l'explication de saint Eustathe sur ces paroles des *Proverbes* : *Mangez mon pain, et buvez le vin que je vous ai mêlé*, dans laquelle il appelait antétype le pain et le vin avant la consécration. Saint Jérôme cite son sentiment sur Melchisédech, et dit qu'il se rencontrait avec saint Irénée, Eusèbe de Césarée, Apollinaire et quelques autres, dont l'opinion veut que Melchisédech ait été Chananéen d'origine, roi de la ville de Jérusalem, d'abord appelée Salem, puis Jebus, et enfin Jérusalem, dont le nom lui est resté. Il est cité aussi par Eustrace de Constantinople, dans le chapitre 19ᵉ de son livre contre ceux qui disent que l'âme n'agit plus après sa séparation d'avec le corps; et on retrouve également son nom parmi celui de plusieurs anciens auteurs dans les œuvres de saint Jean Damascène. Quoiqu'il eût écrit une infinité de lettres, il n'en est venu aucune jusqu'à nous.

De la Pythonisse. — Nous avons en entier le livre qu'il écrivit contre Origène, sur la pythonisse consultée par Saül. C'est un des plus beaux monuments de l'antiquité sacrée. Ce livre, si remarquable par l'esprit et par le raisonnement, fut composé à la prière d'Eutrope, à qui le saint prélat le dédia, en le proclamant un prédicateur sacré de la foi orthodoxe, dont il loue le zèle fervent et l'admirable piété. Cet Eutrope, ainsi que beaucoup d'autres, avait témoigné de l'éloignement pour l'opinion d'Origène, qui affirmait que la pythonisse avait réellement évoqué l'âme de Samuel par la force de ses enchantements. Ce fut donc pour lui en inspirer plus d'horreur encore, que saint Eustathe entreprit de traiter de nouveau cette matière, et de montrer que Samuel n'était point apparu à Saül.

Il rapporte d'abord l'histoire de cette apparition telle que nous la lisons dans le chapitre XXVIII du premier livre des *Rois*; puis, venant au fond de la question, il établit pour principe que le démon n'a aucun pouvoir sur les âmes des justes, et ne peut les rappeler d'un autre monde, ce pouvoir étant réservé à Dieu seul, qui a l'empire sur toutes choses. Il se moque d'Origène, qui attribuait au Saint-Esprit les paroles de la pythonisse, et soutient que l'Ecriture ne dit nulle part que cette femme ait évoqué Samuel. « Si elle l'évoqua, dit-il, en parlant à Origène, il parut en corps ou en esprit. S'il ne parut qu'en esprit, ce n'est donc pas Samuel qu'elle évoqua, puisque Samuel était composé d'une âme et d'un corps. Si c'est en corps qu'il parut, pourquoi Saül ne le vit-il point ? » Il ajoute qu'il ne vit pas même son ombre, mais qu'ayant été frappé par les paroles extraordinaires et les mouvements violents de la pythonisse, il se jeta à terre pour l'adorer, mais sans l'avoir vue en aucune manière. Saint Eustathe montre ensuite qu'il ne faut pas toujours prendre à la lettre toutes les circonstances marquées dans les saintes Ecritures; que les écrivains sacrés parlent souvent des choses selon ce qu'elles paraissent, et non selon ce qu'elles sont en effet. Quand il est dit au livre de l'*Exode* que les magiciens de Pharaon en firent autant que Moïse, et qu'ils produisirent de même des serpents, des grenouilles, du sang, des moucherons et autres prodiges, on ne doit pas en conclure que le démon ait fait réellement les mêmes choses, et de la même manière ; mais que ces grenouilles, ces serpents n'étaient que des prestiges et n'avaient rien de réel, comme il est évident par la suite de l'histoire. Il fait à peu près le même raisonnement sur l'apparition de Samuel, qu'il prétend n'avoir été qu'un simple fantôme formé par l'opération du démon; et il soutient que si l'Ecriture donne le nom de Samuel à ce spectre, en disant qu'il parut, qu'il parla et qu'il menaça Saül, c'est que l'ombre qui représentait Samuel accomplit réellement toutes ces choses. Il tire même de toutes ces circonstances diverses preuves de la fausseté de cette histoire. Quelle apparence que Samuel ait été évoqué malgré lui, et par la force des enchantements de la pythonisse ? Si ce prophète lui eût réellement apparu à Saül, ne l'aurait-il pas repris de consulter les démons, lui qui ne pouvait ignorer les rigueurs de la loi de Dieu contre les devins et les magiciens ? Ne l'aurait-il pas exhorté à changer de vie, à retourner au Seigneur, et à le fléchir par ses larmes et par ses aumônes ? Au lieu de cela, on ne lui fait dire que des choses capables de jeter Saül dans le désespoir. *Pourquoi vous adressez-vous à moi, puisque le Seigneur vous a abandonné, et qu'il est passé à votre rival ? Le Seigneur vous traitera comme je vous l'ai dit de sa part. Il déchirera votre royaume et l'arrachera de vos mains pour le donner à un autre, c'est-à-dire à David, votre gendre. Demain, vous serez avec moi, vous et Jonathas, votre fils, et le Seigneur abandonnera aux Philistins le camp même d'Israël.* Il n'y a rien dans le commencement de cette prédiction qui oblige à recourir à Samuel, puisqu'il n'y est question que d'événements déjà prédits ou marqués par ce prophète depuis longtemps. Pour ce qui est de la fin, qui fixe au jour suivant l'accomplissement de tout ce qui avait été prédit, quelle merveille quand le démon aurait rencontré juste une fois par hasard ? Les circonstances dont il était déjà informé, le conduisaient à cette prévision ; il voyait les machines de guerre dressées sous ses yeux, et tout préparé pour un combat entre les Philistins et les Israélites ; le chef du peuple était saisi de frayeur, et Dieu s'était retiré de lui. Cela serait d'autant moins surprenant, que le démon étant l'auteur de la guerre, selon l'Ecriture, et l'artisan des plus grands maux, il est clair qu'il prévoit ceux qui sont préparés aux impies. Cependant on ne voit pas aussi clairement par la suite de cette histoire que Saül soit mort en effet le lendemain, puisqu'il est vraisemblable que la bataille ne s'est livrée que le troisième jour. Ce prince n'y périt pas seulement avec Jonathas, ainsi que ce prophète l'insinue, mais encore avec deux autres de ses fils. Enfin, cette parole : *Demain, vous serez avec moi, vous et Jonathas, votre fils*, est un vrai mensonge et une impiété ; car s'il y a, selon l'Evangile, une différence énorme dans l'autre monde, entre les lieux où résident les justes, et le séjour des impies, comment se peut-il faire que Saül, coupable de tant de crimes, pût se trouver après sa mort à côté de Samuel, et même de son fils Jonathas, le protecteur et l'ami de David, dans la vie duquel il n'y avait jamais rien eu que de bien. Si donc cette prédiction est fausse et impie, de quel droit l'attribuer à Samuel ? Saint Eustathe fait un crime à Origène de ce parti pris d'expliquer toute l'Ecriture sainte allégoriquement. Dans cette circonstance, il s'est tellement attaché au sens littéral de l'histoire de l'évocation de Samuel, qu'il a fait passer jusqu'aux paroles de la pythonisse pour le langage de l'Esprit-Saint.

Non-seulement il nie qu'elle ait pu tenir sa promesse et évoquer l'âme de Samuël, mais même qu'on puisse dire que Dieu, dans cette occasion, aurait suppléé à son impuissance, pour punir Saül de l'avoir consultée; puisque c'eût été fournir à ce malheureux prince une matière d'erreur, et lui faire ju ger en effet que le démon a véritablement le pouvoir d'évoquer les morts. Il dit que la pythonisse connaissait très-bien Saül, mais qu'elle feignit de le méconnaître; car, remarque-t-il, les démons ne disent jamais la vérité de leur propre mouvement; mais ils la disent lorsqu'ils y sont contraints par les exorcismes des chrétiens, qui ont sur eux un tel empire qu'ils peuvent les tourmenter, les chasser des corps et les mettre en fuite par l'invocation du nom du Seigneur. Il arrive quelquefois que les âmes des morts apparaissent aux vivants pendant le sommeil, sous des formes humaines, revêtues de vêtements connus, et souvent même laissant apercevoir sur leurs membres, les marques des plaies et des blessures qu'ils avaient reçues sur la terre. L'âme du Sauveur n'étant descendue aux enfers que pour en délivrer celles qui étaient retenues captives, elle remonta au ciel dès le même jour pour y recevoir celle du bon larron, suivant la promesse qu'il lui en avait faite sur la croix. En l'autre vie, il reste toujours dans l'âme même des plus grands pécheurs, un désir violent de s'échapper de leur prison souterraine et de s'élever vers le ciel. Tout est d'accord dans les divines Ecritures, un passage n'est jamais contraire à l'autre, mais il n'y a cependant que ce que Dieu y dit qui soit la pure vérité et l'objet de notre foi.

Ce qu'il remarque par rapport à l'objection d'Origène sur cet endroit : *La femme dit à Saül : Qui voulez-vous que j'évoque?* « Aucun démon n'a dit cela, remarquait Origène, mais c'est l'écrivain sacré qui raconte; or nous croyons que cet écrivain est le Saint-Esprit et non pas un homme. — Oui, sans doute, en ce qu'il raconte, répond saint Eustathe; mais il faudrait être insensé pour ne pas voir que ces paroles : *qui voulez-vous que j'évoque?* ne sont pas de celui qui raconte mais d'une femme possédée du démon. Or il n'y a que ce que Dieu dit qui soit la pure vérité, et par conséquent l'objet de notre foi... » Saint Eustathe marque un profond respect pour les moindres circonstances de l'histoire sainte, et reprend sévèrement Origène d'avoir employé le mot fable, en parlant de la manière dont il est écrit que les arbres fruitiers produisirent au temps de la création. « Il n'a pas horreur, dit-il, d'appeler fables des choses que Moïse, le très-fidèle serviteur de Dieu, a écrites. » Mais cette accusation de saint Eustathe tombe à faux, car il est clair qu'Origène n'avait employé le mot fable que comme l'équivalent de celui d'histoire ou de narration; mais on voit au moins par ce passage, combien le saint évêque était délicat sur le respect dû à nos livres saints. On y voit aussi qu'il était bien éloigné de remettre en question l'authenticité de la *Genèse* et d'en contester la rédaction à Moïse. Il attribue le livre de la *Sagesse* à Salomon et en tire des témoignages contre les juifs. Il cite l'ouvrage de saint Méthode contre Origène; se déclare partout contre ses allégories, qu'il regarde presque comme la ruine de l'Ecriture. Saint Eustathe traite partout Origène avec un grand mépris, et il y a d'autant plus lieu de s'en étonner qu'il ne s'agissait entre eux que d'une question sur laquelle l'Eglise n'a pas prononcé, et qui partage encore aujourd'hui les savants. Cet écrit de saint Eustathe fut imprimé pour la première fois à Lyon, en 1629, in-4°, grec et latin, de la version de Léon Allatius; ensuite dans le VIIIe tome des *Critiques sacrées*, et dans le XXVIIe de la *Bibliothèque des Pères*, mais seulement en latin.

Ecrits supposés à Saint Eustathe. — Léon Allatius nous a donné, sous le nom de saint Eustathe, un *Commentaire de l'ouvrage des six jours*; mais il ne le lui a attribué qu'en doutant s'il en fût le véritable auteur, ce doute est devenu aujourd'hui une vérité. C'est une compilation informe et mal digérée de divers passages de l'Ancien Testament, d'Artapanus, de Josèphe, de l'Evangile qui porte le nom de saint Jacques, d'Eusèbe, de saint Basile et de quelques autres. Elle n'a rien de la beauté du style ni de l'élevation des pensées ordinaires à saint Eustathe; et elle serait loin de lui faire honneur par la foule de réflexions minutieuses dont elle est remplie. Aucun des anciens ne lui a attribué cet ouvrage : ni saint Jérôme, ni Anastase le Sinaïte, ni Gélase de Cyzique, ni Socrate, ni Sozomène, qui cependant auraient eu lieu de le faire. Du reste, cet écrit donné à Eusèbe de Césarée le titre de saint. Est-ce ainsi que saint Eustathe l'aurait qualifié, lui qui l'accusait d'avoir violé la foi de Nicée, et qu'Eusèbe à son tour traitait de sabellien? Enfin, de l'aveu même de Léon Allatius, il y a dans ce commentaire plusieurs passages exactement conformes à l'*Hexameron* de saint Basile, soit pour le sens, soit pour les termes; il est hors d'apparence qu'un homme aussi habile et aussi éloquent que saint Basile ait emprunté de cet ouvrage pour enrichir le sien? Ce qui pourrait faire quelque difficulté, c'est que l'auteur date son commentaire de la trentième année de Constantin, qu'il dit être la 269e de Jésus-Christ; mais on peut tirer de cette époque même une preuve qu'il joignait l'ignorance à l'imposture, puisque la trentième année de Constantin équivaut à la 335e, et non à la 269e de Jésus-Christ. Ajoutez à cela qu'il affirme, à la fin de son ouvrage, que l'autel profane, élevé au pied du térébinthe d'Abraham, subsistait encore de son temps, et qu'on y immolait des holocaustes et des hécatombes; et l'histoire de Constantin porte positivement que ce prince fit abattre cet autel la vingt-sixième année de son règne. Il y a donc toute apparence que cet auteur a vécu après saint Basile, et que pour faire valoir un ouvrage qui est par lui-même très-peu de chose, il a cherché à lui revendiquer au moins le mérite de l'antiquité. Dans son explication des six jours, il y a un grand nombre de remarques sur la nature et les propriétés des animaux. Il fait ensuite l'abrégé de l'histoire de la Bible jusqu'au temps des Juges; et il l'avait même conduit jusqu'au règne d'Alexandre le Grand, si l'on en croit le P. Labbe qui dit l'avoir vu manuscrit. Il compte trois mille ans depuis Adam jusqu'à la mort de Phaleg, cinq mille cinq cent trente et un jusqu'à la résurrection de Jésus-Christ, et depuis ce temps jusqu'à la trentième année de Constantin 269 ans. — Grégoire, prêtre de l'Eglise de Césarée, rapporte en son entier tout un discours qu'il dit avoir été prononcé par saint Eustathe dans le concile de Nicée; mais à la manière dont il est conçu, on voit que ce discours est plus récent que le concile en question et postérieur même au premier concile de Constantinople, où la foi sur les trois personnes de la Trinité fut plus nettement définie que dans tous les conciles précédents, quoique avec moins de précision encore qu'elle ne l'est dans ce discours. Gélase de Cyzique ne dit rien de cette pièce qui, si elle était véritable, méritait cependant mieux de trouver place dans son histoire que les réponses qu'il attribue à notre saint patriarche contre le philosophe *Phædon*, qui discutait sur le sens de ces paroles de la *Genèse : Faisons l'homme à notre image et à notre ressemblance*. Il faut ajouter que ce Grégoire, qui n'a vécu que sur la fin du IXe siècle, ne peut être d'une grande autorité en ce qui regarde l'histoire du concile de Nicée. Le nom de saint Eustathe est célèbre parmi les jacobites orientaux, autrement appelés *monophytes*, parce qu'ils ne reconnaissent qu'une nature en Jésus-Christ; et ils ont sous son nom une *liturgie* imprimée dans le second tome des *Liturgies* de Renaudot. On l'a également imprimée dans le Missel des maronites, qui sert pour la célébration des offices suivant le rite syrien. Comme toutes les liturgies orientales, celle-ci est postérieure aux hérésies de Nestorius et d'Eutychès; et les jacobites n'ont pas eu plus de raison de l'attribuer à saint Eustathe, qu'ils n'en ont eu de donner à saint Pierre et à saint Ignace celles qui portent leur nom.

Saint Eustathe se fit admirer par la sainteté de sa vie, par son zèle pour la véritable doctrine, par la beauté de son éloquence, et par la grande connaissance qu'il avait des lettres divines et humaines. On a loué dans ses écrits la pureté du style, l'élévation des pensées, la beauté de l'expression, la délicatesse du discours; et on voit par le peu qui nous en reste, qu'il n'y a rien d'exagéré dans cet éloge. On peut même ajouter qu'il écrivait avec beaucoup de feu, qu'il pressait vivement ses adversaires, et quelquefois même avec des termes qui marquaient un peu trop la passion. Socrate, l'un des grands partisans d'Origène, parle de lui avec mépris, à cause des écrits qu'il avait publiés contre ce maître. Suivant lui, Eustathe, qui n'avait rien que de bas et de méprisable, se serait attaqué à un homme supérieur pour asseoir les fondements de sa réputation sur les débris de l'honneur le mieux mérité; mais quelque mutilés que soient les œuvres du saint patriarche d'Antioche, ce que nous avons rapporté suffit, il nous semble, pour le justifier d'une aussi odieuse inculpation. Il avait assez de mérite pour être admiré de son temps, et conserver encore les hommages de la postérité.

EUSTATHE DE SÉBASTE était originaire de la Cappadoce. Il fit ses études à Alexandrie, où il eut pour maître Arius, dont il fut un des plus zélés disciples, pendant que cet hérésiarque y publiait ses blasphèmes contre le Fils de Dieu. Il paraît qu'au sortir de cette ville il alla demander la cléricature à saint Eustathe d'Antioche, qui lui refusa cet honneur. Eulale, que Socrate appelle le père d'Eustathe, se montra moins scrupuleux, mais il n'eut pas lieu de s'applaudir de sa facilité, puisque plus tard il le retrancha de son clergé, parce qu'il ne portait pas un habit ecclésiastique. De retour en son pays, il se présenta à Hermogène de Césarée, se déclara pour la foi de Nicée à laquelle ce saint évêque était très-attaché, et renonça aux erreurs d'Arius, abjuration qui lui valut l'imposition des mains et le sacerdoce. Après la mort d'Hermogène, Eustathe dont la foi savait se ployer à toutes les circonstances, se rendit à Constantinople où il s'unit avec Eusèbe, qui comme lui suivait la doctrine impie d'Arius; mais en ayant été chassé pour des causes qui sont loin de faire honneur à la droiture de son caractère, il se retira dans son pays, où il fut obligé de nouveau de justifier sa doctrine; ce qu'il fit en des termes qui, sous une apparence orthodoxe, déguisaient la malignité de ses intentions. On ne sait par quel hasard il obtint l'épiscopat; il y fut sans doute élevé par les ariens, qui voulaient s'assurer en lui un des complices de leur conjuration. Aussi s'étant trouvé au concile d'Ancyre en 358, il vint de là à Séleucie et passa ensuite à Constantinople, où il souscrivit à tout ce que les hérétiques proposèrent; ce qui le fit chasser de son siége, dont il avait été déposé quelque temps auparavant, au concile de Mélitine. Pour se faire rétablir, il s'adressa aux évêques d'Occident, et entreprit le voyage de Rome; nous ignorons ce que le pape Libère lui proposa ni à quoi il consentit; mais nous savons que sur une lettre qu'il rapporta de sa part au concile de Thyanes, il fut réintégré dans son siége. Au retour de Rome, il se rendit en Sicile avec quelques-uns des évêques qui l'avaient accompagné dans ce voyage. Ils y firent assembler un concile des évêques du pays, en présence desquels ils approuvèrent la foi de Nicée et le terme *consubstantiel*, comme ils avaient fait à Rome. Eustathe passa ensuite en Illyrie, et on croit que ce fut lui qui engagea Germinius de Sirmium à quitter le parti des ariens. Mais plus tard, voyant que Valens s'était déclaré l'ennemi des catholiques, il signa à Cyzique une nouvelle profession de foi où, sans parler de la consubstantialité, on se contentait de dire que le Fils est semblable au Père en substance. Cette nouvelle confession le rangeait parmi les semi-ariens, et le posait comme chef de l'hérésie qui combat la divinité du Saint Esprit. Tant de variations le rendirent suspect aux catholiques, et en particulier à

Théodote, évêque de Nicopolis, capitale de la petite Arménie où Sébaste était située. Mais saint Basile ne pouvant s'imaginer qu'Eustathe eût caché tant de mauvaise foi dans les signatures qu'il avait données à Rome et à Thyanes, ne pouvait encore se résoudre à l'abandonner. Il conféra avec lui sur tous les chefs d'hérésie dont Théodote l'accusait, et quoiqu'il ne s'aperçut pas qu'il s'écartât en rien de la sainte doctrine, toutefois il exigea de lui qu'il signerait une confession de foi où le Symbole de Nicée était rapporté tout entier, et qui déclarait anathème quiconque dirait que le Saint-Esprit est créature. Eustathe signa en ces termes : « Moi, Eustathe, évêque je vous ai lu et notifié ceci, à vous, Basile, je l'ai approuvé et j'y ai souscrit en présence de notre frère Fronton, du chorévêque Sévère et de quelques autres clercs. » A la suite de cette souscription, saint Basile convoqua un concile des évêques de Cappadoce et d'Arménie, pour les réunir tous en la même communion. Eustathe promit de s'y rendre avec ses disciples; mais après s'être fait longtemps attendre, il s'excusa par lettres d'y venir, sans faire aucune mention de ce qu'il était convenu avec saint Basile. Cette réticence fit soupçonner son hypocrisie, qui se dévoila plus clairement encore lorsqu'on le vit se séparer de la communion de saint Basile; car il renonça à la communion et à l'amitié du saint archevêque de Césarée, dans la crainte que la profession de foi qu'il avait signée ne lui nuisît auprès de l'empereur. Ses mœurs étaient mieux réglées que sa foi, et Sozomène compare sa conduite à celle des personnes les plus régulières. Il faisait profession de la vie ascétique, et entretenait à Sébaste un hôpital, qu'il avait bâti pour recevoir les étrangers et les pauvres infirmes. Ses discours, soutenus d'un extérieur édifiant, engagèrent un grand nombre d'hommes et de femmes à embrasser une vie sainte et réglée. Ce fut lui qui persuada à Marathonius, depuis évêque de Nicomédie, et l'un des protecteurs de l'hérésie des macédoniens, de quitter les dignités du siècle pour vivre en solitaire. Mais sur la fin de sa vie, il poussa les choses à l'excès; il condamna le mariage et sépara les femmes de leurs maris, soutenant que les femmes mariées ne pouvaient se sauver. Il conseilla à ceux qui avaient de l'aversion pour les assemblées de l'Eglise, de se réunir entre eux, et d'en tenir de secrètes dans des maisons particulières. Il obligeait ses sectateurs à quitter leurs biens, comme incompatibles avec l'espérance du paradis. Il portait un habit de philosophe, et il fit adopter un costume particulier aux néophytes de sa doctrine. Il condamnait l'usage de certaines viandes, et voulait qu'on jeûnât le dimanche, disant que les jeûnes ordinaires de l'Eglise étaient inutiles, dès qu'on avait atteint un certain degré de pureté qu'il imaginait. Il avait en horreur les chapelles bâties en l'honneur des martyrs, et les assemblées qui s'y faisaient. Il détournait, sous prétexte de piété, les domestiques du service de leurs maîtres. Il obligeait les femmes à se couper les cheveux, et défendait formellement de prier dans les maisons des personnes mariées. Enfin il voulait qu'on évitât comme une profanation sacrilège la bénédiction et la communion d'un prêtre qui avait contracté un mariage légitime lorsqu'il n'était encore que laïque.

Plusieurs femmes séduites par ces discours quittèrent leurs maris, et un grand nombre d'esclaves s'enfuirent de la maison de leurs maîtres. Pour arrêter le cours de ces maximes dangereuses, les évêques s'assemblèrent dans la ville de Gangres, métropole de la Paphlagonie, et rédigèrent vingt-un canons qui renfermaient des maximes tout opposées. Quinze évêques y souscrivirent et les adressèrent, avec une lettre synodale qui exposait les motifs du concile, à tous les évêques d'Arménie. A la suite de ces canons qui contenaient autant d'anathèmes, contre chacune des propositions d'Eustathe, les Pères du concile ajoutaient ces réflexions : « Nous ordonnons ceci, non pour éloigner de l'Eglise ceux qui veulent s'exercer à la piété selon l'Ecriture ; mais ceux pour qui ces exercices sont une occasion de s'élever avec arrogance au-dessus d'une vie plus simple, et d'introduire des nouveautés contre l'Ecriture et les canons. Ainsi nous admirons la virginité, nous approuvons la continence et la séparation du monde; mais pourvu que l'humilité et la modestie les accompagnent. Nous honorons le mariage, et nous ne méprisons nullement les richesses, quand on en use avec justice et libéralité. Nous louons la simplicité dans les vêtements qui ne sont que pour les besoins du corps, et n'y admettons ni le luxe ni la mollesse. Nous honorons les églises et les assemblées qui s'y tiennent, sans toutefois renfermer la piété entre des murailles. Nous louons aussi les grandes largesses que les frères font aux pauvres par le ministère de l'Eglise. En un mot nous souhaitons que l'on y pratique tout ce que nous avons appris par les divines Ecritures et par les traditions des apôtres. »

Il n'est parlé d'Eustathe ni de ses sectateurs dans aucun ancien catalogue des hérétiques, et l'histoire ne nous apprend nulle part qu'ils aient continué à dogmatiser, après leur condamnation au concile de Gangres. D'où il est naturel de conclure, ou qu'ils acquiescèrent à ce qui y avait été ordonné, ou du moins que leurs erreurs finirent avec eux.

EUSTRATIUS, prêtre de l'Eglise de Constantinople, sur la fin du ve siècle, a composé sur les *Ames des morts*, un traité, dont Photius porte le jugement suivant, au codex 171 de sa *Bibliothèque :* Les pensées en sont généralement meilleures que le style, cependant l'auteur est clair dans ce qu'il dit. Il se propose de prouver trois choses ; d'abord, que les âmes agissent après être sorties du corps; non-seulement les âmes des bienheureux, mais généralement les âmes de tous les hommes, et qu'elles agissent selon la différence de leur mérite ; ensuite, que celles qui apparaissent sous différentes formes, se font voir en leur nature, et que ce n'est pas un effet unique de la divine puissance qui les fait paraître visibles, puisqu'il n'est nullement besoin pour cela d'avoir recours à des figures et à des représentations surnaturelles, les âmes pouvant seules et par elles-mêmes faire tout ce qui plaît à Dieu. Après avoir travaillé à prouver ces deux points par des passages de l'Ecriture et des Pères, l'auteur s'efforce de montrer que les oblations et les sacrifices offerts par les prêtres pour ceux qui sont morts dans la foi de l'Eglise, aussi bien que les prières et les aumônes faites à leur intention, servent pour le salut et la rémission des péchés de ceux pour qui ils sont offerts. Il remarque que c'était une coutume établie dans l'Eglise, d'en offrir trois jours après la mort, en mémoire de la résurrection de Jésus-Christ; ensuite, au bout de neuf jours, parce que Jésus-Christ se fit voir à ses disciples le neuvième jour après sa résurrection ; et enfin au bout de quarante jours, parce que c'est après cet espace de temps que Jésus-Christ est remonté dans les cieux. — Cet ouvrage, qui ne laisse pas de contenir quelques données intéressantes sur les coutumes de l'Eglise, à l'époque où vivait son auteur, a été publié par Léon Allatius dans son *Traité du Purgatoire*.

Eustratius avait été contemporain d'Eutychius, patriarche de Constantinople, et soumis à sa juridiction. « Le grand Eutychius, archevêque de Constantinople, est pour moi, dit-il, un chef sacré et respectable en toutes choses. » L'affection qu'il lui portait l'engagea à écrire sa Vie; mais c'est plutôt une oraison funèbre que le simple récit des actions de ce pontife ; ce qui nous fait supposer qu'il la publia peu de temps après sa mort, arrivée le 5 avril 582. Surius et Papebrock l'ont reproduite sous cette date dans leurs recueils.

EUTHALE. — Nous trouvons dans les Prolégomènes d'Œcuménius sur les *Actes des apôtres* une petite Histoire de saint Paul, de saint Marc et de quelques autres saints des premiers temps. Cette histoire est sans nom d'auteur, et quelques critiques, entre autres Possevin, l'attribuent à Euthale de Sulque. S'il en est ainsi, il faut nécessairement distinguer deux Euthales, un dans le IVᵉ et l'autre dans le Vᵉ siècle ; car l'auteur de cette petite histoire marque positivement qu'il l'écrivait sous le quatrième consulat d'Arcade et le troisième d'Honoré, c'est-à-dire en 396. L'autre Euthale au contraire, après avoir été diacre et prêtre d'Alexandrie, devint évêque de Sulque, et vivait encore en 490. Vers l'an 458, à la prière d'Athanase II, évêque d'Alexandrie, il avait distingué par des versets les *Epîtres* de saint Paul, les *Actes des apôtres* et les *Epîtres* canoniques. Ce qui a pu donner occasion de confondre ces deux Euthales, c'est que dans le prologue sur l'*Epître aux Romains*, l'auteur ne se distingue pas assez d'un ancien historien qui avait commencé le même travail avant lui, et précisément à la même époque et sous les deux consulats que nous avons rappelés plus haut. Cependant avec un peu d'attention il eût été facile d'éviter cette erreur, puisqu'il ajoute immédiatement que depuis cette époque il s'était écoulé un espace de soixante-deux ans, jusqu'au consulat de l'empereur Léon, sous lequel il travaillait lui-même à une nouvelle distinction des Epîtres de saint Paul par versets et par chapitres. Le passage cité de cet ancien auteur se trouve dans la petite *Histoire de saint Paul* donnée par Œcuménius. Le martyre de cet apôtre y est fixé à la soixante-neuvième année après la naissance de Jésus-Christ, et la trente-sixième après sa passion, le 29 du mois de juin.

EUTHERIUS, évêque de Thyanes et partisan acharné de Nestorius, fut un des quatre métropolitains déposés par Maximien de Constantinople, à cause des troubles qui suivirent le concile d'Ephèse en 432. Il le fut une seconde fois pour son obstination à refuser de se réunir à saint Cyrille et à Jean d'Antioche. Il en était si éloigné qu'il écrivit une longue lettre à Alexandre d'Hiéraple et aux autres évêques qui n'avaient pas encore embrassé la paix, afin de les en détourner. Saint Cyrille et Jean d'Antioche y sont fort maltraités. Il y parle au contraire avec éloge de Diodore de Tharse. Il appelle la déposition de Nestorius un fratricide, et la paix conclue entre saint Cyrille et Jean d'Antioche une vraie guerre. Il conjure ceux qui n'avaient pas encore embrassé cette paix, de rompre tout rapport avec ceux qui s'étaient réunis et de renoncer même à leur communion, parce que, disait-il, ils s'étaient souillés et rendus les ministres de l'impiété, tout en voulant paraître les défenseurs de la foi. L'empereur le fit chasser de Thyanes en 435, et reléguer à Scythopolis en Palestine, d'où ayant été chassé de nouveau, il se retira à Tyr, où il finit sa vie.

De tous les évêques du parti de Nestorius, Euthérius de Thyanes est celui qui nous a laissé le monument le plus considérable. C'est un recueil composé de dix-huit discours, ou plutôt un traité dogmatique distribué en dix-huit chapitres, et dont le premier sert de préface. Cet ouvrage, imprimé longtemps sous le nom de saint Athanase, est attribué à Théodoret par Photius ; mais nous préférons à son témoignage celui de Marius Mercator, contemporain d'Euthérius et témoin de la part qu'il avait prise dans toutes les brouilleries de son temps. Il est adressé à Eustathe, et dès le début, l'auteur y dépeint d'une façon odieuse toutes les persécutions dont ceux de son parti étaient menacés. A l'entendre, les évêques attachés à saint Cyrille devaient non-seulement continuer, comme ils avaient fait jusqu'alors, de dresser des embûches aux saints; mais, par l'autorité du souverain qui les soutenait, contraindre les autres à entrer dans leurs sentiments et exiger d'eux une prompte soumission à leurs ordres ; appeler en justice et faire punir ceux qui refuseraient de s'y conformer, noter les uns d'infamie, chasser les autres, former de fausses accusations contre ceux-ci, et priver ceux-là de leurs dignités et de leurs charges. Il ajoute qu'il veut bien leur faire la grâce de ne point parler des liens, des prisons, des infamies, des peines pécuniaires et corporelles qu'ils feront souffrir à leurs adversaires, et des tortures de ceux qu'ils feront mourir. « Mais, dit-il, ce qu'il y a de plus déplorable dans cette tragédie, c'est que des évêques en soient les auteurs. O violence profane! ô justice intolérable! quand, pendant la célébration des mystères, ils ouvrent la bouche pour instruire le peuple, leur première parole est cette douce salutation : *Que la paix soit donnée à tous;* et en effet, rien ne leur est plus recommandé dans les saintes Ecritures que la douceur. Pourquoi donc condamnent-ils sans connaissance de cause? pourquoi rejettent-ils une doctrine qu'ils n'ont jamais convaincue de fausseté? pourquoi donnent-ils le nom de force à leurs violences? et cachent-ils leurs cruautés sous l'apparence du zèle? et pourquoi enfin décorent-ils les ruses détestables de leur politique du beau titre de sagesse? Quel est le poëte tragique qui pourrait trouver un style assez lamentable pour décrire toutes ces choses? Les lamentations de Jérémie elles-mêmes suffiraient à peine à dépeindre un tel assemblage de maux. » Mais que la crainte qu'on ne crût qu'il n'avait que des plaintes à former contre ses adversaires, il établit contre eux plusieurs propositions, dont la plupart font voir ou qu'il défigurait leurs sentiments, ou qu'il ne les connaissait pas.

Ce n'est donc pas d'aujourd'hui, comme on peut s'en convaincre, que les personnes que l'on cherche à retirer de leurs erreurs font passer les rigueurs charitables destinées à les faire rentrer en elles-mêmes, pour des violences gratuites et des cruautés inouïes, en les exagérant et en les présentant sous un jour odieux et propre à soulever l'indignation.

Les principes qu'il établit dans la suite ont assez de rapports avec les principes adoptés plus tard par la réforme. Il combat dans le premier chapitre ceux qui, pour juger où est la vérité, veulent qu'on s'en rapporte à la décision du plus grand nombre. « Jésus-Christ, dit-il, est la vérité, c'est lui que nous devons consulter. Cela étant, ne doit-on pas avoir pitié des personnes qui ne jugent de la force et de l'autorité d'une doctrine que par le nombre de ceux qui l'approuvent. Notre-Seigneur Jésus-Christ a choisi douze disciples pauvres et ignorants pour convertir toute la terre. Il n'a pas voulu qu'ils suivissent un million d'hommes, mais que des millions d'hommes les suivissent. C'est ainsi que la vérité a toujours triomphé, quoiqu'elle se trouve dans le petit nombre; et quiconque, dans la crainte de ne pouvoir prouver la vérité de ce qu'il avance, a recours à l'autorité de la multitude, se confesse vaincu. Le grand nombre peut faire peur, mais il ne saurait persuader; il n'y aura que le petit nombre de sauvé. Saint Etienne, Phinées, Loth et Noé avaient la multitude contre eux; cependant, qui n'aimerait mieux être de leur parti que du parti qui leur était opposé? Ce n'est pas, continua-t-il, que je ne respecte la multitude, mais celle qui prouve ce qu'elle enseigne, et non pas celle qui refuse d'entrer en discussion; celle qui corrige avec la douceur d'un père et non celle qui combat avec l'aigreur d'un ennemi; celle qui conserve la vérité qu'elle a reçue de ses ancêtres, et non pas celle qui aime les nouveautés. Au contraire, quelle est cette multitude que vous m'opposez? Une troupe de gens corrompus par les présents et les flatteries; des ignorants qui n'ont point de lumière pour se conduire; des hommes faibles et timides qui se sont laissé vaincre, des âmes qui préfèrent pour le moment les plaisirs qu'elles trouvent dans le péché à une vie éternelle de bonheur. Ainsi, quand, pour autoriser le mensonge, vous m'opposez cette multitude, vous ne faites autre chose que de découvrir la grandeur du mal, et de démasquer le grand nombre de gens sans aveu qui sont disposés à le soutenir. »

Le second chapitre est une suite du premier. Il y combat ceux qui soutiennent qu'il est inutile de chercher dans l'Ecriture sainte ce qu'on doit croire, parce qu'il suffit à chacun de croire ce que sa foi lui enseigne, et parce que, en cherchant la vérité dans l'Ecriture, on se rend les choses beaucoup plus obscures et plus incertaines qu'auparavant. Ce n'est pas ce que dit Jésus-Christ, qui promet la connaissance de la vérité à ceux qui la chercheront. Si on néglige de la chercher dans l'Écriture, d'où l'apprendra-t-on? Il est dangereux pour cette vie, dit-on, d'ignorer les lois romaines, mais l'est-il moins pour l'autre de ne pas connaître les oracles du grand roi? L'Ecriture est la nourriture de l'âme; on ne doit donc pas laisser mourir de faim l'homme intérieur en le privant de la parole de Dieu. Il y a assez de gens qui portent des coups mortels à l'âme, pourquoi ne pas lui laisser la liberté de chercher le remède à ses maux? Il donne pour exemple de l'assiduité que l'on doit mettre à lire l'Ecriture sainte, l'eunuque de la reine de Candace, qui n'en était pas même détourné par les fatigues du voyage. Mais, dit-on, il y a dans l'Écriture des choses qui surpassent notre esprit; mais l'Écriture qui nous en avertit, nous apprend en même temps qu'il y en a d'autres dont il faut chercher l'intelligence. Or comme il y aurait une espèce d'impiété à vouloir tout approfondir, il y aurait aussi une indifférence plus qu'irrévérencieuse à négliger absolument la recherche des volontés divines. Il est du devoir de chacun de connaître ce qu'il adore, selon ce qui est écrit : *Nous adorons ce que nous connaissons.* Mais c'est le fait des insensés de demander où, comment et combien il faut adorer. Il fait envisager et il représente ceux qui détournent les autres de l'étude de l'Ecriture sainte comme des imposteurs qui craignent qu'en en pénétrant les sens profonds on ne trouve de quoi les convaincre d'erreurs. Ainsi, quand ils se sentent pressés par des témoignages péremptoires, ils interprètent à contre-sens les paroles de l'Ecriture, et s'ils en trouvent une seule qui puisse se prêter à leur sentiment, ils s'en servent comme d'une démonstration invincible.

Dans les autres chapitres il répond aux objections que les Egyptiens faisaient aux Orientaux et y combat quelques-unes de leurs expressions qui attaquaient trop directement le système de Nestorius. Ainsi il répond à l'argument que ses adversaires tiraient de ces paroles : *Le Verbe a été fait chair*, et s'applique à montrer qu'ils leur donnaient un sens contraire à celui de l'Ecriture, qui ne dit pas que le Verbe ait été changé en chair, mais seulement uni à la chair. Il combat, sans nommer saint Cyrille, l'expression d'une nature en Jésus-Christ dont ce Père s'était servi, mais dans un sens bien différent de celui que lui donne Euthérius. Comme les catholiques distinguaient en Jésus-Christ la forme de Dieu et la forme d'esclave, Euthérius en prend occasion de montrer que cette distinction introduit dans la nature divine une *quaternité* à la place de *la Trinité*. Il les accuse de ne mettre leur espérance que dans l'homme. Il leur reproche quelques-unes des expressions dont ils s'étaient servis, entre autres celles-ci : *Le Verbe a souffert d'une manière impassible*; *le Verbe a souffert dans sa chair*; comme aussi d'enseigner que Dieu a souffert parce qu'il l'a voulu. Il soutient que non-seulement on ne trouve aucune expression semblable dans les divines Ecritures, mais que les anciens Pères n'en ont jamais employé, du moins dans le même sens. Il leur prête encore d'autres propositions, comme d'avoir dit, par exemple, que de même que les anges mangèrent dans leur propre nature les aliments qu'Abraham leur présenta, de même aussi en Jésus-Christ la divinité avait bu et mangé sans l'humanité. Le reste du traité n'est pas mieux fondé que ce qui précède et ne roule presque entièrement que sur de fausses suppositions. Du reste, il est écrit avec beaucoup de sens et de netteté, et surtout avec une justesse d'expression qui n'en découvre que plus clairement la faveur que l'auteur accordait aux doctrines de Nestorius. Ce faible se trahit surtout dans sa dernière proposition, où il combat ceux qui niaient la différence des natures en Jésus-Christ après sa passion et son ascension dans le ciel.

Il nous reste aussi d'Euthérius plusieurs lettres qui se trouvent disséminées dans les œuvres des écrivains de son parti et dans les actes des conciles auxquels le Nestorianisme donna occasion. Nous n'en citerons qu'une qui lui est commune avec Hellade de Tarse, et qu'ils adressèrent au pape saint Sixte, contre la paix faite entre saint Cyrille et Jean d'Antioche, à la fin du concile d'Ephèse, dans lequel Nestorius fut déposé. Suivant eux, le saint patriarche d'Alexandrie avait enseigné dans ses douze anathématismes l'hérésie d'Apollinaire, condamnée à Rome par le pape Damase. C'était contre toute justice et contre toute vérité qu'il avait anathématisé Nestorius à Ephèse; tandis qu'au contraire lui et Memnon y avaient été justement déposés. Lorsque l'empereur eut appelé les évêques des deux partis à s'expliquer devant lui, pourquoi leurs adversaires n'avaient-ils pas voulu entrer en conférence avec eux sur les points de la foi, sinon parce qu'ils enseignaient des erreurs et en imposaient par le mensonge à ceux qui n'étaient pas de leur sentiment? Jean d'Antioche, qui avait condamné les anathematismes, n'avait-il pas prévariqué en recevant saint Cyrille et Memnon à sa communion, et surtout en levant seul l'anathème prononcé contre eux par plusieurs évêques. Cependant, non content de cela, il a anathématisé Nestorius et condamné toutes ses impiétés, sans en spécifier aucune en particulier. C'est pourquoi ils prient le Pape de vouloir, comme un nouveau Moïse, sauver Israël de la persécution des Egyptiens, et à cet effet d'ordonner qu'on fît une enquête des prétendues erreurs de saint Cyrille, de ce qui s'était passé dans le concile d'Ephèse, et de la manière dont s'était faite la réconciliation de Jean d'Antioche, afin d'apporter le remède nécessaire aux maux effroyables dont l'Eglise était affligée. Ils finissent en témoignant au saint Pontife qu'ils auraient été eux-mêmes se prosterner à ses pieds et y verser des torrents de larmes, si la crainte des loups qui les environnent ne les avait obligés à demeurer pour en garantir leurs troupeaux.

Mais toutes ces démarches ne pouvaient être d'aucun effet à Rome, où l'on avait approuvé si solennellement la doctrine de saint Cyrille, les actes du concile d'Ephèse et la réconciliation de Jean d'Antioche. Nous ne les avons consignées ici que parce qu'elles sont une preuve historique que jusqu'aux extrémités de l'Orient, les évêques étaient persuadés alors qu'ils étaient tous en droit de s'adresser au Pape, pour se plaindre des vexations de leurs supérieurs ou des désordres de l'Eglise.

EUTROPE (Saint), naquit à Marseille dans les premières années du ve siècle, d'une famille également distinguée par son rang et par sa fortune. Il apporta au monde une grande vivacité d'esprit qui ne lui servit d'abord qu'à le précipiter avec plus d'ardeur dans les excès si ordinaires à la jeunesse, lorsque la grâce de Dieu ne prévient pas sa corruption naturelle. Mais ayant eu le bonheur de faire un mariage chrétien, la chasteté exemplaire de sa femme fut un des moyens dont Dieu se servit pour inspirer à Eutrope l'amour de la vertu, aussi ne cessat-il d'en donner des exemples qui devinrent plus édifiants encore après la perte de cette digne épouse. Bientôt son changement de vie fut connu de saint Eustache, évêque de Marseille, qui l'ordonna diacre malgré ses humbles réclamations. Eutrope, revêtu de cette dignité, redoubla ses pénitences pour ne pas s'en rendre indigne, et bientôt on ne reconnut plus en lui qu'un homme d'abstinence, de jeûnes, de veilles, entièrement livré aux œuvres de la charité et à la prière accompagnée de larmes. Après quelques années passées dans ces saints exercices, il fut élu pour remplir le siége épiscopal d'Orange, devenu vacant par la mort de Juste, son évêque. Eutrope prit d'abord la fuite pour se soustraire aux obligations d'une aussi haute dignité; mais il y fut ramené par les représentations pathétiques d'Aper, qu'on croit avoir été disciple de saint Augustin. Il s'y signala particulièrement par son assiduité à la prière, et par son application au travail des mains. Adon et Usuard assurent que sa vie fut célèbre par un grand nombre de miracles, et qu'elle fut écrite par l'évêque Vérus, son successeur; mais il ne nous en reste plus que le commencement, d'où nous avons pris ce que nous venons de rapporter. On sait peu d'autres choses sur l'épiscopat de saint Eutrope; seulement il est certain qu'il commença à gouverner l'Eglise d'Orange, au moins dès l'an 463 ou 464, puisqu'il se trouva avec vingt autres prélats au concile assemblé à l'occasion de l'évêché de Die et de Saint-Mamert de Vienne. Saint Eutrope avait un don particulier et une onction infaillible pour porter les autres à la piété et les exciter à la pénitence par ses vives exhortations. C'est le témoignage que lui rend saint Sidoine, évêque de Clermont, dans une lettre qu'il lui écrivit vers l'an 474. Saint Eutrope vivait encore l'année suivante, et signa au concile d'Arles, tenu en 475, la lettre de Fauste de Riez au prêtre Lucide. Du reste il est difficile de déterminer le temps de sa mort. L'Eglise honore sa mémoire le 27 du mois de mai.

SES ÉCRITS. — Pierre de Noëls croit pouvoir sans nulle difficulté attribuer à saint Eutrope les écrits que Gennade dit avoir été composés par un prêtre du même nom. Ce sont deux lettres, ou même deux livres de consolation qu'Eutrope avait adressés à deux sœurs déshéritées par leurs parents, parce qu'elles avaient renoncé au monde pour se consacrer entièrement au service de Jésus-Christ. Le style de cet ouvrage, ajoute Gennade, est clair et élégant, et Eutrope y joint partout la force du raisonnement à l'autorité de l'Ecriture.

Nous avons, parmi les ouvrages faussement attribués à saint Jérôme, une assez longue lettre sur le même sujet, et il n'y a pas lieu de douter que ce ne soit un des écrits d'Eutrope, quoiqu'elle soit sans nom d'auteur. Du reste on y retrouve tous les caractères que Gennade vient de signaler. Elle est adressée aux filles de Géronce, et s'efforce de les consoler de la perte qu'elles ont subie en leur promettant que le Seigneur les dédommagerait de l'injustice des hommes et se ferait lui-même leur héritage. La qualité de simple prêtre que Gennade accorde à l'auteur de cette lettre ne suffirait pas pour en contester à saint Eutrope la propriété, puisqu'il a commis la même faute à l'égard de saint Eucher, évêque de Lyon, dans tous les endroits de son histoire où il parle de ce pieux pontife; mais il est une question de temps qui nous paraît difficile à concilier avec l'époque à laquelle florissait le saint évêque d'Orange. Il est visible que cet écrit fut composé lorsque saint Paulin de Nôle, et Thérasie sa femme, ne faisaient que renoncer au monde et qu'ils vivaient encore tous les deux. Ainsi ce fut donc à la fin du IV° siècle, ou tout au plus dans les premières années du siècle suivant, que cet écrit parut au jour pour la première fois, et par conséquent lorsque saint Eutrope d'Orange n'était peut-être pas encore au monde. Or, sur cette donnée, il nous paraît difficile de lui attribuer cet ouvrage, qui nous semble sous bien des rapports être le même que celui dont Gennade a fait mention. Ne serait-on pas fondé à dire que le prêtre Eutrope dont il parle était Gaulois; car, outre que ce nom était alors très commun dans les Gaules, l'Eutrope auteur de cette lettre parle de saint Paulin, né à Bordeaux, comme d'un compatriote qu'il a connu très-personnellement. D'ailleurs la place que Gennade lui donne dans son livre immédiatement après saint Paulin, et l'espèce d'attention particulière que ce bibliographe a mise à n'omettre aucun des écrivains gaulois, tout nous paraît merveilleusement concourir à appuyer cette dernière opinion.

EUTROPE, évêque de Valence, en Espagne, vers la fin du VI° siècle, avant de parvenir à cette dignité, avait été abbé d'un monastère dont les historiens ont omis de nous indiquer le nom. Il écrivit en cette qualité deux lettres, dont saint Isidore de Séville parle avec éloges. Dans la première adressée à Licinien, évêque de Carthagène, il lui demandait pourquoi on oignait de saint chrême la tête des enfants nouvellement baptisés. Cette lettre, qui soulevait des questions assez importantes, ne nous est plus connue aujourd'hui que par la réponse de ce pieux pontife. La seconde intitulée : *De l'étroite observance des moines et de la ruine des monastères*, était adressée à Pierre, évêque d'Iturbica, et contenait des avis salutaires et très-utiles pour la direction des communautés.

Eutrope y fait voir avec beaucoup de force et de solidité que les supérieurs des monastères ne doivent point garder le silence sur les fautes de leurs religieux, mais les reprendre et les corriger, dussent-ils passer pour trop sévères dans l'esprit de plusieurs. Il se fonde non-seulement sur l'autorité des divines Ecritures, dont il rapporte plusieurs passages, mais aussi sur la conduite que les saints Pères ont tenue à cet égard. Il remarque qu'en effet ils n'ont rien omis pour maintenir l'observation des règles dans toute leur pureté et dans toute leur étendue. S'il était permis de se relâcher de la sévérité de ces règles sur quelques points et cesser de corriger et de reprendre ceux qui y contreviennent, les méchants s'abandonneraient aux vices et ne suivraient bientôt plus d'autres lois que celles de leurs passions, du moment qu'ils n'auraient plus de châtiments à redouter. C'est pour empêcher ces désordres que Dieu a mis entre les mains des princes, dans l'Etat ; des évêques et des autres pasteurs, dans l'Eglise ; des abbés et des supérieurs dans les monastères, une autorité légitime pour réprimer les fautes et punir les coupables. Si nous voulons abuser des biens temporels que nous tenons gratuitement de la libéralité de Dieu, pour suivre en tout notre propre volonté, ne contrevenons-nous pas à ses préceptes qui nous ordonnent de n'user de ces biens qu'avec modération ? Quelle différence y aura-t-il entre nous et les gentils qui ne suivent point d'autre règle que celle de leurs désirs ? A quoi nous servira-t-il de lire tous les jours l'histoire des saints, si en faisant profession du même genre de vie qu'eux, nous faisons difficulté d'en remplir les devoirs ? Quel mérite aurons-nous devant Dieu d'avoir fait vœu d'une religion dont nous n'aurons que le nom et les apparences, sans en avoir saintement pratiqué les œuvres ? Saint Paul ne dit-il pas que nous devons faire le bien aux yeux de Dieu, plus encore que devant les hommes ? Nous avons remarqué qu'Eutrope n'était encore qu'abbé lorsqu'il écrivit cette lettre ; il paraît que Pierre, évêque d'Iturbica, lui avait écrit pour le prier de recevoir plusieurs personnes dans son monastère. Il répondit qu'il y était tout disposé ; mais il s'inquiétait moins du grand nombre de sujets qui se présentaient que de leurs bonnes qualités et de leurs vertus, parce que ce qui plaît à Dieu, ce n'est point la multitude de mauvais serviteurs qui ne le sont que de nom, mais le petit nombre de ceux qui vivent saintement. Il lui paraît donc plus salutaire de marcher avec peu de monde dans la voie du salut, que de s'en éloigner et de se perdre avec un grand nombre de personnes. « Nous nous en tenons, dit-il, aux règles que les fondateurs et les Pères de ce monastère nous ont transmises ; nous n'allons point au delà, mais aussi nous n'en voulons rien rabbattre. Ceux qui nous accusent d'être cause par un excès de sévérité que quelques-uns sortent de ce monastère, n'en connaissent pas la discipline, et dès lors, les reproches qu'ils nous adressent, ne retombent pas sur nous, mais sur eux-mêmes, puisque ce sont des preuves de leur ignorance. Au reste, si nous voulions être sensibles au blâme des hommes, nous ne ferions point ce qui est agréable à Dieu. » Eutrope finit sa lettre en disant à l'évêque Pierre qu'il s'était cru obligé de lui écrire dans ces termes, afin de lui apprendre qu'il ne faisait rien dans son monastère qui ne fût prescrit par la règle qu'on y observait, et que ceux qui n'en pouvaient supporter l'austérité devaient s'en prendre non à la règle, mais à leur lâcheté et à la tiédeur qui les rend presque toujours incapables d'aucune vertu.

Cette lettre, écrite d'un style fort simple, est reproduite dans la *Concorde* de saint Benoît d'Aniane, non pas sous le titre *de Distinctione Monachorum*, comme on le lit dans le texte, probablement corrompu, de saint Isidore, mais sous celui de *de Districtione Monachorum et ruina Monasteriorum*, qui paraît être son vrai titre.

EUTYCHÈS, destiné dès sa naissance à l'état ecclésiastique, était depuis longtemps abbé d'un monastère célèbre auprès de Constantinople, lorsque, vers 448, il commença à répandre ses erreurs qui excitèrent de si violents troubles dans l'Eglise. Le concile d'Ephèse et les efforts de Jean d'Antioche, après sa réconciliation avec saint Cyrille, pour faire adopter les décrets de ce concile, n'avaient point éteint le nestorianisme. Les dépositions, les exils avaient produit dans l'Orient une infinité de nestoriens cachés, qui cédaient à la tempête et qui conservaient un désir ardent de se venger de saint Cyrille et de ses partisans ; d'un autre côté, les défenseurs du concile d'Ephèse haïssaient beaucoup les nestoriens et ceux qui conservaient encore quelque reste d'indulgence pour ce parti. Il y avait donc, en effet, deux partis subsistants après le concile d'Ephèse ; l'un, opprimé, cherchait à éviter le parjure et à se garantir des violences des orthodoxes par des formules de foi captieuses, équivoques et différentes de celle de saint Cyrille ; l'autre parti, victorieux, qui poursuivait les nestoriens et leurs fauteurs dans tous leurs détours et s'efforçait de leur enlever jusqu'à leurs derniers subterfuges. Donc, pour s'assurer de la sincérité de ceux dont ils exigeaient l'adhésion aux décrets de ce concile, ce parti animé d'un zèle ardent et d'une défiance sans lumière dut les soumettre aux examens les plus contradictoires, et employer dans ses discours les expressions les plus opposées à la distinction que Nestorius supposait entre la nature divine et la nature humaine ; et par conséquent user de termes qui désignassent non-seulement l'union mais la confusion des natures. D'ailleurs, cette union des deux natures ne formant en Jésus-Christ qu'une seule personne est un mystère, et pour peu qu'on aille au delà du dogme qui nous le révèle, il est aisé de confondre ces deux natures en une seule, dans la crainte de tomber dans l'erreur de Nestorius. Cependant les nestoriens et leurs protecteurs souffraient impatiemment le triomphe de saint Cyrille et de son parti. Ils l'accusaient de renouveler l'apollinarisme, et de ne reconnaître en Jésus-Christ qu'une seule nature. En effet ils ne pouvaient manquer de peser toutes les expressions de leurs ennemis et de publier qu'ils enseignaient l'erreur d'Apollinaire, pour peu que ces expressions manquassent de la plus grande exactitude, surtout lorsqu'ils parlaient de l'union des deux natures en Jésus-Christ. Ainsi, après la condamnation de Nestorius, tout était donc préparé pour l'hérésie opposée ; et pour former dans l'Église une secte opiniâtre, fanatique, dangereuse, il ne fallait qu'un homme qui eût beaucoup de zèle contre le nestorianisme, peu de lumières, de l'austérité dans les mœurs, de l'opiniâtreté dans le caractère et quelque célébrité. Cet homme fut Eutychès. Comme tous les moines, il s'était déclaré contre Nestorius, et sa grande réputation de sainteté, jointe au crédit dont il jouissait à la cour, avait engagé saint Cyrille à le gagner à la défense de la vérité et à s'en faire un protecteur auprès de l'impératrice Eudoxie. L'âge n'avait point éteint le zèle d'Eutychès, et quoique tout cassé de vieillesse il s'appliquait à communiquer son exaltation à toutes les personnes puissantes, en leur représentant comme ennemis de la vérité tous ceux qui conservaient pour les nestoriens quelque ménagement ou quelque indulgence.

Il se montra donc un des plus chauds adversaires de l'hérésie de Nestorius ; mais l'ardeur de la dispute, la vivacité de ses opinions et l'ignorance des questions obscures qu'il agitait, l'entraînèrent lui-même hors de l'orthodoxie. Nestorius avait soutenu qu'il existait deux personnes en Jésus-Christ ; Eutychès rejeta même les deux natures reconnues par l'Église. Il enseignait positivement qu'il n'y avait qu'une seule nature en Jésus-Christ ; il ne voulait pas que l'on dît que Jésus-Christ était consubstantiel à son Père selon sa nature divine, et à nous selon sa nature humaine ; il croyait que la nature humaine avait été absorbée par la nature divine, comme une goutte d'eau est absorbée par la mer, ou comme une matière combustible jetée dans une fournaise est absorbée par le feu, en sorte qu'il ne restait plus en Jésus-Christ rien d'humain, tant l'homme s'était, pour ainsi dire, converti en Dieu. Cette erreur, en dépouillant Jésus-Christ de son humanité, lui enlevait sa qualité de médiateur, et détruisait la vérité de ses souffrances, de sa mort, de sa résurrection, puisque tous ces accidents appartiennent à la réalité d'une âme humaine et d'un corps humain unis à la personne du Verbe, et n'appartiennent pas au Verbe. En effet, si le Verbe n'a pas pris notre nature, toutes les victoires qu'il a pu remporter sur la mort et sur l'enfer ne sont point une expiation pour nous, et le genre humain attend encore sa rédemption. Les moines qui vivaient sous la direction d'Eutychès adoptèrent d'abord cette erreur ; elle transpira bientôt au dehors, se répandit en Égypte, et passa jusqu'en Orient, où les nestoriens avaient conservé des protecteurs, et où le zèle ardent du nouveau sectaire lui avait fait des ennemis même parmi les personnes les plus ostensiblement attachées au concile d'Éphèse. Les évêques d'Orient furent des premiers à l'attaquer, et dénoncèrent à l'empereur cette nouvelle hérésie.

Eusèbe de Dorylée, qui dès le principe s'était lié avec Eutychès pour combattre Nestorius, essaya de l'éclairer, mais inutilement. Pour arrêter les progrès de cette nouvelle doctrine, il présenta aux évêques assemblés en concile à Constantinople une requête dans laquelle, sans rien spécifier encore, il accusait Eutychès d'hérésie, et suppliait Flavien et le concile de ne rien négliger pour l'instruction de cette affaire où il s'engageait à soutenir son accusation. Flavien le cita devant le concile assemblé, mais Eutychès refusa de comparaître, sous prétexte qu'il avait fait vœu de ne point sortir de son monastère. Il envoya ensuite deux de ses moines dans les différents monastères disséminés autour de Constantinople, avec mission de travailler à les soulever contre Flavien, en disant aux religieux qui les habitaient qu'ils seraient bientôt opprimés par ce patriarche, s'ils ne se réunissaient à Eutychès pour le combattre. Ils leur proposaient en même temps de signer un écrit dont le contenu est resté un mystère même pour le concile. Eutychès, sur une seconde sommation qui le menaçait de le déposer, fit répondre au concile qu'il était malade et qu'il ne pouvait sortir. Enfin, après mille détours et mille mensonges, Eutychès y parut entouré d'une garde nombreuse, composée de soldats, de moines et d'officiers du prétoire, mais cet appareil n'empêcha point les évêques de le condamner, de l'excommunier, de le déposer du sacerdoce et du gouvernement de son monastère. Eutychès eut recours à l'empereur : l'austérité de ses mœurs lui avait fait des partisans ; l'eunuque Chrysophius, favori de Théodose, était son ami, et l'impératrice Eudoxie elle-même favorisait ses erreurs. Il obtint donc facilement de ce prince qu'on assemblerait un autre concile pour revoir les actes de celui de Constantinople qui l'avait condamné.

En effet, l'empereur convoqua un nouveau concile à Éphèse, y députa le conseiller Elpide et le secrétaire d'État Euloge, auxquels il donna le pouvoir de demander des troupes au proconsul, et de diriger l'assemblée selon ses vues. Dioscore, évêque d'Alexandrie, prélat orgueilleux, violent, obstiné et chaud partisan d'Eutychès, fut nommé chef du concile. Les évêques se rendirent à Éphèse ; le pape saint Léon y envoya ses légats ; mais lorsque le concile fut assemblé, on les récusa, sous prétexte qu'en arrivant ils étaient allés chez Flavien, accusateur et partie d'Eutychès ; on éluda les lettres du Souverain Pontife ; on refusa d'entendre Eusèbe de Dorylée, et l'on ouvrit le concile par la lecture des actes du concile de Constantinople. À la lecture des actes de la séance dans laquelle Eusèbe de Dorylée pressait Eutychès de reconnaître deux natures en Jésus-Christ, même après son incarnation, le concile s'écria qu'il fallait brûler Eusèbe tout vif et le mettre en pièces puisqu'il déchirait Jésus-Christ. Dioscore, président du concile, ne se contenta pas de ces clameurs ; il demanda à ceux qui ne pouvaient pas se faire entendre de lever la main pour montrer qu'ils consentaient à l'anathème des deux natures; et aussitôt tous levant les mains à la fois s'écrièrent : « Que quiconque reconnaît deux natures en Jésus-Christ soit anathème; qu'on chasse, qu'on déchire, qu'on massacre ceux qui veulent deux natures ! »

Après cela Eutychès fut déclaré orthodoxe, confirmé dans le sacerdoce, et rétabli dans le gouvernement de son monastère. Dioscore lut ensuite la défense que le concile d'Ephèse faisait de se servir d'aucune profession de foi, autre que celle de Nicée, et pria les évêques de dire si celui qui avait cherché quelque chose au delà ne devait pas être soumis à la peine ordonnée par le concile. Personne ne le contredisant, Dioscore profita de cet instant de silence, pour faire lire une sentence de déposition contre Flavien et contre Eusèbe de Dorylée. Les légats de saint Léon protestèrent contre cette sentence; plusieurs évêques se jetèrent aux pieds de Dioscore pour l'engager à la supprimer; il leur répondit, que quand on devrait lui couper la langue, il ne dirait pas autre chose que ce qu'il avait dit, et, comme il vit que ces évêques persistaient à demeurer à genoux, il fit entrer dans l'église le proconsul, avec des chaînes et un grand nombre de soldats et de gens armés. Tout était plein de tumulte; on ne parlait que de déposer et d'exiler tout ce qui n'obéirait pas à Dioscore; on ferma les portes de l'église, on maltraita, on battit, on menaça de déposition ceux qui refuseraient de souscrire à la condamnation de Flavien, ou qui proposeraient de le traiter avec douceur. Enfin un évêque déclara que Flavien et Eusèbe devaient non-seulement être déposés; mais qu'ils avaient mérité de perdre la tête. Flavien fut aussitôt foulé aux pieds, et traité avec une rage si cruelle que trois jours après il mourut de ses blessures. Dioscore déposa ensuite les évêques les plus respectables et les plus éclairés, et rétablit tous les prélats prévaricateurs que le concile de Constantinople avait condamnés. C'est ainsi que le bienheureux Théodoret, évêque de Cyr, quoique absent et éloigné d'Ephèse de plus de trente journées de marche, se vit condamné comme hérétique, avec défense à qui que ce soit de lui donner ni retraite, ni vivres. Telle fut l'issue de ce concile que les historiens ecclésiastiques ont appelé à si juste titre le *brigandage d'Ephèse*. L'empereur, abusé par son premier ministre, en fit exécuter les décisions avec violence. En vain le Pape saint Léon le conjura-t-il de convoquer un nouveau concile en Italie, Théodose s'y refusa obstinément, en déclarant que les décisions du concile d'Ephèse devaient avoir pour tous force de chose jugée.

Cependant le triomphe d'Eutychès ne fut pas de longue durée; Théodose mourut, et Marcien lui succéda en 450. Celui-ci, qui devait le trône à son mariage avec Pulchérie, partageait volontiers les sentiments de sa femme et surtout sa considération pour l'évêque de Rome. Il s'occupa donc aussitôt de calmer les troubles qui désolaient l'Eglise, et, d'accord avec le Pape saint Léon, il assembla à Chalcédoine un concile, qui se tint dans la grande église de Sainte-Euphémie, et auquel assistèrent des commissaires, des officiers de l'empereur et des conseillers d'Etat, dont la présence ne réussit pas encore à empêcher qu'il ne s'y excitât beaucoup de tumulte. Tout ce qui avait été fait à Ephèse fut anéanti à Chalcédoine; les évêques déposés furent rétablis, l'anathème prononcé contre Eutychès fut confirmé, et le concile fit une formule de foi qui contenait l'approbation des Symboles de Nicée et de Constantinople, des lettres synodiques de saint Cyrille à Nestorius et aux Orientaux, et la lettre du Pape saint Léon. Le concile déclare que, suivant les écrits des saints Pères, il fait profession de croire au seul et unique Jésus-Christ, Notre-Seigneur, Fils de Dieu, parfait en sa divinité et parfait en son humanité, consubstantiel à Dieu selon la divinité, et à nous selon l'humanité. Il reconnaît en lui deux natures, unies sans changement, sans division, sans séparation; en sorte que les propriétés des deux natures subsistent et conviennent à une même personne, qui n'est point divisée en deux, mais qui est un seul Jésus-Christ, Fils de Dieu, comme il est écrit dans le Symbole de Nicée. Cette formule fut approuvée à l'unanimité. Ainsi l'Eglise réfutait d'un seul coup deux erreurs, et enseignait en même temps contre Nestorius qu'il n'y avait qu'une personne, et contre Eutychès qu'il y avait deux natures en Jésus-Christ.

Si le Saint-Esprit n'a pas présidé aux décisions du concile d'Ephèse, si ce concile n'était composé que d'hommes factieux et passionnés, comme leur conduite ne l'a que trop bien fait voir, qu'on nous dise comment des hommes livrés à des passions violentes, et divisés en factions qui veulent toutes faire prévaloir leur doctrine et lancer l'anathème sur leurs adversaires, ont pu se réunir pour former un jugement qui condamne tous les partis, et qui n'est pas moins contraire au nestorianisme qu'aux erreurs d'Eutychès? C'est la seule réponse que nous ferons aux déclamations de Basnage et des autres ennemis du concile de Chalcédoine. A l'issue de ce concile, qui finit au commencement de novembre 451, Marcien fit une loi, par laquelle il ordonna que tout le monde en observerait les décrets; il renouvela et confirma cet édit par un second, et fit une loi très-sévère contre les sectateurs d'Eutychès, dans le but d'arrêter la fureur dogmatique des moines qui avaient causé presque tout le désordre. Le concile de Chalcédoine confirma tout ce que le concile de Constantinople avait fait contre Eutychès, et cet hérésiarque déposé, chassé de son monastère et exilé, défendit encore quelque temps son erreur; mais enfin il rentra dans l'obscurité et dans l'oubli d'où, sans son fanatisme, il ne serait jamais sorti. L'histoire ne parle plus de lui après 454, et l'on croit généralement qu'il ne survécut pas longtemps à cette condamnation; mais mort ou ignoré, ce chef de parti eut des successeurs, et sa doctrine laissa des traces qui se prolongèrent pendant un grand nombre d'années.

EUTYCHIEN, clerc de l'église d'Adan, dans la seconde Cilicie, écrivit, sous l'empire de Justinien, l'*Histoire de la conversion et de la pénitence de saint Théophile*, économe de la même église. Dépouillé de son emploi par une injustice de son évêque, Théophile eut recours au démon pour y rentrer ; ils conclurent un pacte qu'il sanctionna par un billet signé de sa main et scellé de son sceau, dans lequel il renonçait à Jésus-Christ et répudiait sa sainte Mère. Mais, frappé de l'énormité de son crime, il en fit une sévère pénitence ; et à force de prières et de larmes, il obtint de la sainte Vierge que son billet lui serait rendu. Eutychien, pour donner du poids à un récit aussi extraordinaire, assure qu'il était né dans la maison de saint Théophile, qu'il l'avait servi dès son bas âge, et qu'étant resté continuellement auprès de lui, il avait vu et entendu tout ce qu'il en racontait. Nous ne connaissons personne qui ait cité cette histoire avant Pierre Damien et saint Bernard. Elle l'a été depuis par saint Bonaventure, Albert le Grand, Fulbert de Chartres et quelques autres. Surius et Bollandus l'ont insérée dans leurs recueils au 4 février. Lambecius l'avait lue en grec parmi les manuscrits de la bibliothèque impériale. La traduction que nous en avons est attribuée à Paul, diacre de l'Eglise de Naples, le même qui, au rapport de Sigebert de Gemblours, a traduit du grec en latin la *Vie de sainte Marie Egyptienne*. Si le roi Charles, à qui Paul dédia sa traduction, est le même que Charlemagne, comme l'a cru Vossius, on ne peut douter de l'antiquité de cette histoire ; mais ce n'est pas une raison pour qu'elle paraisse plus authentique. Les grands colloques qui s'établissent entre Théophile et la Vierge, mère de Dieu, l'entrevue ménagée entre lui et le démon par les conjurations d'un juif magicien, l'apparition de la sainte Vierge, lui rapportant de sa main le billet qu'il avait remis à Satan, et plusieurs autres circonstances donnent lieu de penser que si le fond de cette histoire est vrai, la forme et le récit en ont été singulièrement exagérés par l'imagination de l'écrivain. Elle est plus ample dans Métaphraste que dans la traduction latine du diacre Paul. Henschenius a publié la même histoire en vers hexamètres, que sur des conjectures qui paraissent, du reste, assez plausibles, il croit devoir attribuer à Marbod, qui d'archidiacre d'Angers devint évêque de Rennes en Bretagne, au xie siècle.

EUTYCHIUS, né en Phrygie vers l'an 512, n'avait que douze ans lorsqu'il fut envoyé à Constantinople pour y étudier les belles-lettres. Ce fut alors qu'il conçut le dessein de se faire moine ; mais l'évêque d'Amasée, en ayant été averti, l'admit dans son clergé et le fit passer successivement par tous les degrés du ministère ecclésiastique, jusqu'au sacerdoce, qu'il reçut de ses mains. Il le destinait même à l'épiscopat ; mais, quelques circonstances inconnues ayant empêché l'effet de cette résolution, Eutychius reprit son premier dessein et embrassa la vie monastique dans un monastère de la ville d'Amasée. Il avait alors trente ans. Dix ans plus tard, en 552, son évêque, retenu par une maladie, le député à Constantinople pour tenir sa place dans le cinquième concile général. Dans une conférence préparatoire, comme on agitait, en présence de l'empereur Justinien, la question de savoir si l'on pouvait condamner les morts, Eutychius se prononça pour l'affirmative, et appuya son sentiment sur l'exemple du roi Josias, qui fit brûler les os de ceux qui avaient sacrifié aux idoles et jeter leurs cendres aux vents. Justinien et la plupart de ceux qui l'entendirent furent charmés de cette réponse, qui rentrait tout à fait dans leurs sentiments. Aussi, le patriarche Mennas étant mort quelques jours après, l'empereur, avec l'agrément du clergé et du sénat, lui donna Eutychius pour successeur. Il avait quarante ans lorsqu'il fut ordonné patriarche de Constantinople. Aussitôt après son intronisation, il envoya sa profession de foi au pape Vigile, en le priant de venir présider au concile et confirmer la paix des Eglises, par l'examen et le jugement de la question des trois chapitres. Le Pape ayant refusé de s'y rendre, Eutychius y tint la première place, avec Domnin d'Antioche et Apollinaire d'Alexandrie. Sa souscription aux actes de ce concile renferme sommairement la sentence qui fut rendue contre les trois chapitres. Quelque temps après, l'empereur Justinien ayant adopté l'opinion des incorruptibles, qui soutenaient que le corps de Jésus-Christ n'avait été susceptible d'aucune altération ni d'aucun besoin naturel, consacra ce système par un édit. Eutychius refusa de l'adopter, et, à cette occasion, il remontra fortement à ce prince qu'il résultait d'une pareille doctrine que l'incarnation n'avait été qu'imaginaire. « En effet, disait-il, comment un corps incorruptible a-t-il été circoncis, nourri du lait de sa mère, percé d'une lance et attaché par des clous à une croix ? On ne peut donc lui attribuer cette propriété que dans un sens moral, parce qu'il a été exempt de la souillure du péché et de la corruption du tombeau. » Mais tous les efforts d'Eutychius pour désabuser ce prince ne réussirent qu'à lui faire encourir sa disgrâce. Il fut envoyé en exil, après avoir été déposé dans un synode présidé en 565 par Jean le Scolastique, ordonné à sa place sur le siége de Constantinople. Mais, à la mort de cet intrus, arrivée en 575, le peuple demanda à grands cris le retour d'Eutychius. L'empereur Justin ayant fait droit à cette réclamation, le patriarche rentra en possession de son siége le 3 octobre 577, aux acclamations de toute la ville. Comme ce jour était un dimanche, il célébra la messe à Sainte-Sophie. Les fidèles montrèrent tant d'empressement à recevoir la communion de ses mains, qu'il la distribua depuis Tierce jusqu'à None, c'est-à-dire pendant l'espace de six heures. Ce fut peu de temps après son retour qu'il publia un traité de la résurrection, dans lequel il soutenait que le corps des ressuscités serait si délié, qu'il ne pourrait plus être palpable, parce qu'il aurait acquis, pour ainsi dire, la subtilité de l'air. C'était un reste des erreurs d'Origène. Saint Grégoire, qui se trouvait alors à Constantinople en qualité de nonce apostolique, se crut obligé de résister au patriarche. Ils entrèrent en conférence sur ce sujet. Saint Grégoire lui objecta les paroles de Jésus-Christ à ses disciples : *Touchez, et voyez qu'un esprit n'a point de chair et d'os.* Eutychius répondit que Notre-Seigneur en agit ainsi à l'égard de ses disciples pour leur enlever tout espèce de doute au sujet de sa résurrection. « Il est vraiment surprenant, reprend saint Grégoire, que pour ôter le doute à ses disciples, Jésus-Christ nous ait donné lieu de douter nous-mêmes. — Sans doute, répond Eutychius, le corps du Sauveur était palpable quand il le montra à ses disciples, mais il devint plus subtil après qu'il les eut confirmés dans leur foi. » A cela, saint Grégoire répliquait que, suivant l'Apôtre, Jésus-Christ ressuscité ne meurt plus, d'où il conclut qu'il n'a pu subir aucun changement depuis sa résurrection. « Mais il est dit aussi, poursuit Eutychius, que la chair et le sang ne posséderont point le royaume de Dieu. » La réponse de saint Grégoire fut que, dans le langage de l'Ecriture, la chair et le sang s'entendent de deux manières, c'est-à-dire ou de la nature humaine en elle-même, ou de la corruption du péché. Après avoir apporté des preuves de cette distinction, il conclut que dans la gloire céleste la chair continue de subsister, mais délivrée des infirmités de cette vie. Eutychius s'étant obstiné dans son opinion, saint Grégoire rompit tout commerce avec lui. L'empereur Tibère, qui avait succédé à Justin en 598, voulut les entendre l'un et l'autre discuter sur la même matière ; mais, après avoir pesé leurs raisons, il commanda de brûler le livre d'Eutychius. Au sortir de la conférence, tous deux tombèrent malades ; saint Grégoire recouvra la santé, mais Eutychius mourut un dimanche 5 avril de l'an 582. Quelques-uns de ses amis l'étant allés visiter, rapportèrent à saint Grégoire que quelques moments avant sa mort, il leur dit, en touchant devant eux la peau de sa main : « Je confesse que nous ressusciterons tous en cette chair. » Cet aveu fut cause que le saint docteur cessa de poursuivre cette erreur, qui du reste, n'avait que très-peu de partisans. Il ne nous reste, du patriarche Eutychius que sa lettre au pape Vigile, dans laquelle, après avoir déclaré qu'il recevait les quatre conciles généraux et les lettres des papes, parmi lesquels il nomme spécialement saint Léon, il invitait ce pontife à venir présider le concile assemblé, pour l'examen et le jugement des trois chapitres. Le prêtre Eustratius fait mention d'un discours du même patriarche sur la manière dont les natures raisonnables habitent dans un lieu, et il en rapporte un long fragment. Il est possible que ce discours soit le même que le *Traité de la résurrection des morts*, dont nous ne savons rien autre chose que ce que nous venons d'en dire, d'après saint Grégoire le Grand.

ÉVAGRE, que saint Jérôme appelle *Hyperborite* ou *Ponticus*, à cause de sa patrie, naquit à Ibères sur les bords du Pont-Euxin, en 345. Son père, qui était prêtre, le confia jeune encore à saint Grégoire de Nazianze, sous lequel il étudia la philosophie et les saintes lettres. Ce saint précepteur lui procura en même temps la connaissance de saint Grégoire de Nysse, son frère, et celle de saint Basile. Ce dernier le fit lecteur, et saint Grégoire de Nysse l'éleva au diaconat, à cause des grandes capacités qu'il lui avait reconnues. Evagre, en effet, avait lu un grand nombre de livres, et s'était rendu si habile dans les sciences divines et humaines, qu'il réfutait avec autant de force que de facilité toutes les hérésies. Il accompagna saint Grégoire de Nysse au premier concile de Constantinople en 381, et il remplit dans cette église les fonctions d'archidiacre. Comme il y avait alors un grand nombre d'hérétiques à Constantinople, les discours qu'il prononça contre eux le posèrent avec éclat, et il n'eut pas de peine à se faire aimer de tout le monde par la douceur de ses habitudes et l'affabilité de ses mœurs. Mais cette estime universelle cachait pour Evagre un piége dangereux : comme il était naturellement beau et qu'il aimait à être bien vêtu, il l'inspira, sans le vouloir, une passion si ardente et si déréglée, qu'il ne crut pouvoir y échapper autrement que par la fuite. Il se réfugia auprès de saint Grégoire de Nazianze, qui l'ordonna prêtre et l'emmena avec lui à Jérusalem. Evagre prêcha dans cette ville, comme il l'avait fait à Constantinople, c'est-à-dire avec les mêmes succès, mais aussi avec les mêmes dangers. Sainte Mélanie l'aïeule, qui l'avait accueilli à son arrivée, lui fit prendre l'habit de solitaire, et le détermina à passer en Egypte et à se retirer dans le désert de Nitrie. Il y demeura deux ans, sous la discipline des deux Macaires qui le formèrent à la vie monastique, et passa en 384 dans le désert des Cellules, où, pendant quatorze ans, il s'astreignit à toutes les austérités de la pénitence la plus sévère et la plus rigoureuse. C'est dans le désert des Cellules qu'il se chargea de la conduite de quelques solitaires, leur enseignant non tout ce qu'il avait appris, mais seulement ce que les anciens lui avaient appris à dire aux autres ; ce qui probablement lui a valu le titre d'abbé des Cellules de la part des anciens historiens. Pallade et Héraclide, tous deux évêques, l'un d'Hellénople et l'autre de Chypre, furent du nombre de ses disciples. On croit que c'est à Evagre qu'il faut attribuer ce que Cassien rapporte d'un solitaire originaire du Pont. « Il y avait quinze ans qu'il travaillait à purifier son cœur et à n'occuper son esprit que de la contemplation des choses célestes, lorsqu'on lui apporta plusieurs lettres de la part de son père, de sa mère, et d'un grand nombre de ses amis. En recevant ce gros paquet, ce pieux anachorète fit plusieurs réflexions et se dit à lui-même : Combien cette lecture va-t-elle faire naître en moi de pensées qui me porteront ou à une joie ridicule, ou à une tristesse inutile? combien de fois le jour détournera-t-elle mon esprit de la contemplation à laquelle je m'efforce de m'appliquer, pour reporter mes souvenirs vers les personnes qui m'écrivent? combien me faudra-t-il de temps avant de sortir du trouble où cette lecture va me jeter? combien d'efforts pour rentrer dans la paix et la tranquillité où j'ai eu tant de peine à m'établir, si mon esprit, touché de cette lecture, se retrace les visages et se rappelle les entretiens de ceux que j'ai quittés depuis si longtemps, et si je recommence en quelque sorte à les voir et à demeurer de cœur avec eux? A quoi bon m'être séparé de corps si je vis avec eux en esprit ; et que me servira d'avoir banni leur souvenir de ma mémoire, en renonçant au monde comme si je n'en étais plus, si je retourne en quelque sorte à ce que j'avais abandonné, et si je fais revivre en moi des choses que je croyais depuis longtemps étouffées? » Après toutes ces réflexions, il ne put se résoudre à ouvrir une seule de ces lettres ; il ne décacheta pas même le paquet qui les contenait, et il jeta le tout au feu en disant : « Allez, ô pensées de mon pays, brûlez avec toutes ces lettres et ne réveillez pas plus longtemps dans mon âme le vain souvenir des choses auxquelles j'ai renoncé. » Trois ans avant sa mort, c'est-à-dire en 396, Théophile d'Alexandrie l'arrêta une fois pour le faire évêque ; mais Evagre trouva le moyen de s'échapper et évita ainsi l'épiscopat. L'épuisement auquel ses austérités l'avaient réduit l'obligea, dans la seizième année de sa retraite, à changer quelque chose à son régime de vie ; mais cette grande réforme aboutit, pour toute amélioration, à prendre quelques herbes cuites, quelques légumes, de l'orge mondée et réduite en bouillie, ou quelque nourriture semblable, mais sans faire aucun usage de pain. Il vécut deux ans de cette sorte et mourut au commencement de l'an 399, le jour de l'Epiphanie, après avoir reçu la communion dans l'église de son monastère. Il n'était âgé que de cinquante-quatre ans, ce qui fait que Pallade lui a appliqué ce passage de la *Sagesse : Il a rempli en peu de temps la course d'une longue vie ; car son âme était agréable à Dieu.* Cependant malgré sa réputation de piété et de savoir, qui s'était répandue dans tout l'Orient, on l'accuse d'avoir partagé les erreurs d'Origène, et avancé des opinions adoptées depuis par les pélagiens. Plusieurs maximes extraites de ses ouvrages furent condamnées par le cinquième synode, en 553, et par le concile de Latran,

en 649. Saint Jean Climaque reproche à Evagre d'avoir confondu les principes du christianisme avec ceux des stoïciens, en supposant l'homme inaccessible aux passions, et capable d'arriver tout à coup à la perfection.

SES ÉCRITS. — Evagre, après avoir reçu le don d'intelligence, composa dans sa solitude plusieurs écrits. Nous en possédons quelques-uns, et les autres sont perdus. Le premier par ordre de date, parmi ceux que la postérité nous a conservés, est son traité du *Gnostique* ou de celui qui a reçu le don de la lumière, traduit par Gennade, et ensuite par Suarez, qui a inséré sa version avec le texte grec. C'est un recueil de cinquante sentences qui forment autant de chapitres à l'usage des personnes studieuses et éclairées.

Le Moine. — Le second est intitulé *Le Moine, ou la vie pratique.* C'est un recueil de cent sentences composées par Evagre, en faveur des moines qui vivaient dans la simplicité de l'action, sans travailler à s'élever jusqu'au sublime de la vie contemplative. Traduit par Gennade, il a été reproduit en grec et en latin par Cottelier dans ses *Monuments de l'Eglise grecque.* On y trouve ce que Socrate, Théodore d'Edesse, Dorothée et les *Vie des Pères* en ont rapporté, à la réserve cependant de ce que le premier de ces auteurs en cite sur l'immensité de Dieu ; mais on croit qu'il y a faute dans la citation, et qu'au lieu de *Discours pratique*, Socrate a voulu dire *Discours gnostique*, et en effet, ce qui regarde les attributs de Dieu est plus à la portée d'un gnostique, c'est-à-dire d'un homme intelligent et éclairé, que d'un simple moine.

Voici, en abrégé, ce que ce traité présente de plus remarquable.

Un moine, suivant le dire d'un ancien, doit toujours être prêt comme s'il devait mourir le lendemain, et user de son corps comme s'il devait vivre encore longtemps. La première pensée le rend plus occupé de son salut, et éloigne de lui la tiédeur; la seconde fait qu'il conserve son corps dans une santé égale et qu'il le tient toujours en état d'agir. — Un autre avait coutume de dire qu'un régime de vie égal et austère conduirait en peu de temps un moine à un port où il serait exempt d'agitation et de trouble. — Le même ayant su qu'un des frères était agité par certaines imaginations pendant le sommeil, l'en délivra en lui ordonnant de servir à jeûn les malades ; et comme on lui demandait pourquoi il prescrivait ce remède, il répondit : « C'est que les inquiétudes et les troubles de cette nature ne s'apaisent si vite que par les œuvres de miséricorde. » — Comme on apportait à un moine la nouvelle de la mort de son père, il dit à celui qui en était chargé : « Cesse de blasphémer, car mon père est immortel. »Pallade attribue cette réponse à Evagre même, mais il la rapporte comme d'un autre solitaire, et il y a peu d'apparence que voulant instruire ses disciples par divers exemples tirés des anciens, il se soit donné lui-même pour modèle. — Un autre solitaire qui n'avait rien à lui que le livre des Evangiles, le vendit, et, après en avoir distribué le prix aux pauvres, dit : « J'ai vendu le livre où il est écrit : *Vendez tout ce que vous avez, et donnez-en le prix aux pauvres.* » — « Il y a deux dépôts, disait un autre solitaire, que la charité ne saurait garder, l'argent et les aliments. — Il n'est pas possible que vous aimiez également tous vos frères, mais vous pouvez vivre avec tous en paix, si vous ne vous souvenez point des injures et n'avez aucune haine. — Nous devons, après Dieu, aimer les prêtres, qui nous purifient par les sacrements et qui prient pour nous. Pour ce qui est de nos anciens, il faut les respecter comme des anges, parce qu'ils nous exercent au combat et nous guérissent des plaies que nous y avons reçues de l'ennemi. » Evagre, en finissant ce traité, dit à Anatole qu'il espère arriver à la perfection, par les prières et l'intercession du juste Grégoire, qui avait déposé dans son cœur les premières semences de la piété. On voit, par le peu que nous venons d'en reproduire, que ce traité n'est qu'un tissu d'exemples et de sentences empruntés des anciens solitaires.

Antirrhétique. — Le traité qui porte ce titre contient divers passages de l'Ecriture qu'Evagre jugeait les plus propres à opposer aux tentations du démon. Il est divisé en huit parties suivant l'ordre des huit mauvaises pensées ou tentations, c'est-à-dire des huit péchés capitaux ; de sorte que, comme Jésus-Christ opposa à toutes les tentations du démon des paroles de l'Ecriture, chacune des tentations auxquelles nous sommes sujets est également combattue par divers passages tirés des saints livres. L'*Antirrhétique*, traduit en latin par Gennade, a été publié par Emeric Bigot, à la suite de la *Vie de saint Jean Chrysostome*, Paris, in-4°, 1680.

Problèmes prognostiques. — Aux trois traités marqués par Pallade, Socrate en ajoute quelques autres, à la tête desquels il place six cents problèmes prognostiques divisés par centuries. Saint Maxime cite la seconde et en rapporte deux passages : l'un qui établit l'unité de Dieu en trois personnes, et l'autre qui traite des différents ordres de vertus célestes ; il cite également la cinquième centurie. Gennade ne dit rien de ces problèmes prognostiques ; mais il parle de quelques petites sentences fort obscures, et qui ne pouvaient être entendues que par des moines, comme Evagre le reconnaissait lui-même. Gennade ne laissa pas de les traduire. Elles étaient probablement tirées de quelques ouvrages qu'Evagre avait composés exprès pour des moines, puisqu'il n'y avait qu'eux qui pussent les entendre. Il faut donc les distinguer des six cents problèmes prognostiques qui traitaient des matières les plus sublimes de la théologie. Suarez, évêque de Vaison, a traduit du grec en latin soixante-un chapitres gnostiques qu'il conjecture être la même chose que les *Sentences* dont parle Gennade, et le *Commentaire gnostique* cité par Socrate dans le quatrième livre de son *Histoire*.

Aux moines et aux vierges. — C'est encore Socrate qui attribue à Evagre deux écrits distribués par versets, et adressés, l'un aux moines qui vivaient en communauté, et l'autre aux vierges. Saint Jérôme et Gennade les citent, mais sous des titres un peu différents. Nous les avons en latin, dans le *Code des règles* de saint Benoît d'Aniane. La traduction est de Ruffin. Ils sont faits à l'imitation des *Proverbes* de Salomon, c'est-à-dire coupés par membres opposés, ce qui a fait dire à Socrate qu'ils étaient divisés par versets.

Le premier, qui est adressé aux moines, est plus long, et le second très-court, d'où vient que Gennade l'appelle un livret. Les maximes établies dans l'un et dans l'autre sont très-sages et convenables à l'état des personnes pour qui elles sont écrites. Il y apprend aux moines que le moyen de devenir insensible aux attraits de la chair est de la réduire en servitude ; que celui d'éviter les tentations est de prier souvent ; qu'aucunes fêtes, pas même celles de Pâques et de la Pentecôte, ne sont un motif de se livrer aux plaisirs du boire et du manger ; mais qu'on doit les passer dans une joie toute spirituelle, la Pâque de Jésus-Christ étant pour nous un passage du péché à la vertu, et la Pentecôte la résurrection de l'âme, et un jour dans lequel nous devons faire revivre la charité ; que celui qui dissipe la substance du monastère pèche contre Dieu, et que celui qui néglige d'en prendre soin ne demeurera pas impuni. Il parle souvent de l'impassibilité ou de l'apathie ; mais on voit bien qu'il ne croit cet état possible à un moine qu'en ce que, accoutumé à dompter sa chair par toutes sortes de mortifications, il en surmonte tellement les saillies qu'il en est toujours le maître. Aussi il met le siège de cette apathie, non dans le corps, mais dans l'âme de celui qui fait le bien. Il finit, en demandant aux moines pour qui il écrivait ces proverbes, car il les nomme ainsi, de se souvenir de lui, et de ne point l'oublier dans leurs prières.

Dans ses sentences aux vierges, il parle toujours comme à une seule ; mais ce qu'il dit à une peut aisément s'appliquer à plusieurs, et le titre de cet opuscule s'adresse *aux vierges* en général. Il leur recommande de s'aimer mutuellement, de s'appliquer à la lecture dès le lever du soleil, ensuite au travail des mains, puis à la prière ; d'éviter les assemblées d'hommes, l'animosité, la colère, l'usage du vin et de la viande, si ce n'est dans le cas de maladie ; l'amour de la paix ; de ne point prêter l'oreille à de vains discours ; de parler peu ; de s'humilier devant Dieu et de faire tout pour lui ; de ne point mépriser celle qui est infirme ; de ne se rien approprier, tout devant être commun en Jésus-Christ ; de ne point rechercher la vie des autres, ni se réjouir de la perte d'une des sœurs ; de ne point s'enfler de sa noblesse ; de psalmodier de cœur et non pas seulement de la voix. « Celle, ajoute-t-il, qui en secret médit de sa sœur, demeurera devant la porte sans pouvoir approcher du lit de l'Epoux ; elle aura beau crier à la porte, personne ne la lui ouvrira ; la lampe de celle qui est sans miséricorde s'éteindra, et elle ne verra point l'arrivée de l'Epoux. » Il les exhorte à s'attacher à la doctrine de l'Eglise, sans s'arrêter à des doctrines étrangères, comme plusieurs avaient fait, séduites par des hommes engagés dans l'erreur ; et, pour les en préserver, il leur marque ce qu'il pensait lui-même sur ces articles, disant que c'est Dieu qui a fait le ciel et la terre ; que le démon n'est pas mauvais de sa nature, ayant été créé libre de même que les anges ; que l'homme est composé de corps et d'âme raisonnable ; que Jésus-Christ est né sans péché et qu'il a été véritablement homme, qu'il a mangé et a été crucifié ; que les morts ressusciteront, que ce monde passera, que nos corps seront spiritualisés après la résurrection, que les justes hériteront de la lumière éternelle, et que les impies habiteront dans un lieu de ténèbres ; enfin il se recommande à leurs prières et les exhorte à ne point oublier la Trinité adorable et d'une même substance.

A Mélanie. — Saint Jérôme cite un livre *à Mélanie*, qu'il distingue de celui qui est adressé *aux vierges*. Nous ne l'avons plus. Il en attribue encore à Evagre un autre sur *l'Apathie*, qu'il appelle aussi *Sentences sur l'impossibilité*, ou *l'Exemption de troubles* ; mais il n'est pas venu jusqu'à nous. Ce Père prétend que, dans ce livre, Evagre exigeait que l'on fût tellement exempt de tout sentiment de passion, qu'il faudrait être ou Dieu ou pierre pour y rester insensible. Ce n'est pas ce qu'enseigne Evagre dans son écrit *aux moines*, comme nous venons de le remarquer, et on ne trouve rien de semblable dans les autres ouvrages qui nous restent de lui, quoiqu'il y parle plus d'une fois de l'Apathie.

A Anatole. — La lettre à Anatole est une réponse à celle qu'Evagre avait reçue de lui. Anatole avait écrit la sienne de la montagne de Sinaï ; celle d'Evagre est du désert de Scété. En voici l'occasion. Comme l'habit des moines d'Egypte différait de celui des autres moines, Anatole en avait demandé des raisons mystiques à Evagre, qui lui exposa sur ce sujet tout ce qu'il en avait appris des saints Pères. Les moines d'Egypte avaient une coule ou capuce sur la tête, les mains nues et découvertes, un scapulaire en forme de croix qui leur embrassait les épaules, une ceinture autour des reins, une peau de mouton et un bâton. La coule était le signe de la grâce de Jésus-Christ qui nous couvre et nous protége contre nos ennemis ; la nudité des mains, la marque d'une vie sans détours et sans hypocrisie ; le scapulaire, le symbole de la foi ; la ceinture marquait l'obligation de retrancher toutes sortes d'impuretés ; la peau de brebis, la nécessité de s'opposer à tous mauvais désirs, de se corriger de ses vices et de pratiquer la vertu ; enfin, le bâton représentait le bois de vie sur lequel nous devons nous appuyer. Evagre rapporte ensuite les instructions les plus ordinaires que l'on donnait aux moines d'Egypte sur l'utilité de la crainte de Dieu, sur la continence, sur la charité et quelques autres vertus. Il ajoute qu'il va exposer, en cent articles, ce qui regarde la vie pratique, et en cinquante autres ce qui regarde la vie spéculative, omettant plusieurs choses, et n'en marquant d'autres que d'une manière obscure, mais accessible cependant à ceux dont l'intelligence est plus développée. Ce sont les deux traités qu'on appelle le *Moine* et le *Gnostique*, que nous avons indiqués plus haut, et dont le premier est divisé en cent chapitres, et le second en cinquante. Evagre ajoute à la suite soixante-onze chapitres sur divers sujets, les uns plus courts, les autres plus longs, et dont plusieurs sont cités comme de lui dans les *Vies des Pères*, et dans les Scholies grecques sur saint Jean Climaque. On en trouve aussi dans Théodore d'Edesse, mais il ne les cite pas sous le nom d'Evagre. Saint Jean Climaque en rapporte le septième chapitre et le lui attribue, en sorte qu'on ne peut douter que la plupart de ces articles ne soient de lui. Nous en dirons un mot pour compléter ce que nous n'avons fait qu'indiquer, surtout à propos du premier de ces deux écrits.

Par exemple, il fait consister le royaume de Dieu dans la connaissance de la Trinité, connaissance qui est proportionnée à la capacité de l'âme. Il donne pour moyen de fixer un esprit qui se dissipe aisément la lecture, les veilles, la prière ; ajoutant que la faim, le travail, la retraite, éteignent insensiblement le feu de la concupiscence, que la psalmodie, la longanimité, la miséricorde apaisent la colère, pourvu que chacune de ces pratiques s'accomplisse en temps convenable et avec discrétion. Dans les moments de tiédeur et de tristesse, il conseille, pour chasser cette tentation, de chanter avec le Prophète : Mon âme, pourquoi êtes-vous triste et pourquoi me troublez-vous ? Espérez en Dieu ! Un remède contre la vaine gloire est le souvenir de nos péchés, et cette pensée que ce n'est que par la miséricorde de Jésus-Christ que nous sommes parvenus à une vie plus pure. Il appelle une âme forte et robuste celle qui, dans le temps de l'oraison, n'est troublée par aucune représentation des choses du monde ; mais il dit qu'elle ne parvient à cet état qu'autant qu'elle a rempli, avec le secours de Dieu, les devoirs de la vie active. Voilà ce qu'il entend par apathie. Elle ne consiste pas, selon lui, à n'être point touché des choses sensibles, mais à ne jamais se sentir troublé par leur souvenir. De même que les chansons mondaines, dont le démon est l'auteur, excitent la cupidité et les passions ; de même les psaumes, les hymnes et les cantiques spirituels, étouffent les mauvais désirs et portent à la vertu ; et de même que les anges se réjouissent de la diminution de nos vices, de même les démons se réjouissent de la diminution de nos vertus. Il explique fort au long comment les démons essayent de distraire ceux qui sont appliqués à la lecture, et il déclare avoir fait lui-même l'expérience de leurs artifices.

Les raisons de l'état monastique.

On trouve dans les Monuments grecs, publiés par Cotelier, un discours intitulé : *Les raisons de l'état monastique.* Il porte dans le manuscrit le nom du moine Evagre, et il lui est également attribué dans les *Vies et sentiments des Pères.* Théodore d'Edesse lui en fait hommage aussi, en lui empruntant divers passages.

C'est une instruction à un jeune homme qui voulait embrasser la profession religieuse. Evagre lui en représente les obligations, commençant par celle de la continence, qu'il dit regarder également l'esprit et le corps. Il lui représente ensuite que, pour vivre en moine, il doit abandonner tous ses biens et toutes les inquiétudes du siècle, se contenter d'une nourriture simple, de nulle valeur, et qui s'apprête facilement, sans se mettre en peine d'en avoir une plus exquise pour les étrangers, l'hospitalité pouvant s'exercer avec du pain, du sel et de l'eau, ou même, quand on manque de ces choses, en recevant ses hôtes avec affection et de bonnes paroles. Il appuie ce qu'il dit de l'hospitalité sur un passage de l'*Ecclésiastique*, qui porte que *la parole douce vaut mieux que le don;* et sur l'exemple de la veuve de l'Evangile, qui n'offrit que deux oboles, et toutefois mérita plus que les riches qui avaient offert beaucoup plus. Quant aux habillements, il lui conseille de n'en avoir que pour le besoin de se couvrir, et, soit habits, soit aliments, de n'en point refuser quand d'autres lui en offriront dans ses nécessités : comme aussi de faire part de son abondance aux nécessiteux, sans s'inquiéter d'amasser des provisions ni pour un jour, ni pour une semaine, ni pour un mois, ni pour un an; assuré que Dieu lui fournira chaque jour ce qui lui sera nécessaire, s'il cherche son royaume et sa justice. Il lui défend d'avoir un valet pour le servir, de faire des liaisons avec des hommes engagés dans le trafic, de se charger des affaires de ses parents ou de ses amis, tout cela étant capable de le tirer de sa cellule et d'en troubler le repos; fallût-il quitter son pays, pour se délivrer de pareilles incommodités, et aller chercher la tranquillité dans des lieux éloignés de celui de sa naissance. « Fuyez les villes, ajoute-t-il, et demeurez dans la solitude. Vous ne trouverez rien dans les villes qui favorise votre dessein; mais aussi n'appréhendez point de manquer du nécessaire dans le désert. Si les démons vous y apparaissent, n'en soyez point effrayé. Vous éprouverez contre eux le secours de Dieu; craignez seulement de tomber, et gardez assidûment votre cellule, sans coucher jamais dehors. Soyez sobre à la table des étrangers qui vous ont invité. S'ils vous invitent souvent à sortir de votre cellule, ne les écoutez pas, l'amitié de plusieurs vous sera nuisible, en occasionnant à votre esprit beaucoup de distractions et en troublant votre repos. Travaillez des mains jour et nuit, afin que vous ne soyez à charge à personne, et que vous puissiez même soulager les autres; mais, soit que vous vendiez, soit que vous achetiez, faites en sorte que vous soyez toujours un peu trompé dans le juste prix des choses, donnant quelque chose de plus qu'elles ne valent lorsque vous achetez, et demandant moins lorsque vous vendez. Seul, dans votre cellule, recueillez votre esprit, pensez au jour de la mort, aux souffrances de ceux qui sont dans l'enfer, au jour du jugement et de la résurrection, au bonheur des élus dans le ciel. Pleurez sur les damnés, et réjouissez-vous de la gloire des saints. Jeûnez devant Dieu, le jeûne effacera vos péchés. Ne mangez qu'une fois par jour; mais si le devoir de l'hospitalité vous engage deux et trois fois, ne vous en chagrinez pas, mais ayez-en de la joie, parce que vous n'avez mangé deux ou trois fois que pour remplir les devoirs de la charité. Usez-en de même dans vos maladies. Les travaux de la vie monastique ne sont point pour les malades; et ils doivent se relâcher de la rigueur de l'observance, afin de rétablir leur santé, et de rentrer dans la carrière de la pénitence avec plus de ferveur. Couchez sur la dure, et souffrez volontiers la rigueur des veilles et des autres austérités de la vie monastique dans la vue de la gloire future. Si vous vous sentez le courage abattu, priez, mais avec crainte et tremblement, avec mesure et attention. Si on prie ainsi les rois de la terre, à plus forte raison doit-on prier de même le Dieu Seigneur de toutes choses. »

Sur les noms de Dieu. — Le fragment d'un traité sur les différents noms donnés à Dieu dans l'Ecriture, avait déjà été imprimé, mais sans nom d'auteur, par Jean Croïus, parmi ses éclaircissements sur certains passages des écrits d'Origène, de saint Irénée, de Tertullien et de saint Epiphane. Quelques-uns l'ont attribué à l'auteur de la *Synopse* qui porte le nom de saint Athanase; mais, sur l'autorité de plusieurs anciens, Cotelier a cru devoir le restituer à Evagre. On y remarque que, chez les Hébreux, Dieu est appelé de dix noms différents, dont le premier est Adonaï, qui signifie *seigneur;* ce nom était gravé sur la lame d'or que le grand-prêtre portait sur son front. Les autres noms les plus connus sont ceux de Jéhova, d'Eloïm et de Sabaoth.

Dispute sur la foi. — Je ne sais si parmi les écrits d'Evagre on doit compter la dispute que Pallade lui prête sur plusieurs articles de la foi, avec trois démons, qui lui apparurent sous la forme d'ecclésiastiques. L'un se disait arien, l'autre eunomien, et le troisième appollinariste. La relation de cette dispute se trouve en grec et en latin dans le tome troisième des *Monuments de l'Eglise grecque* de Cotelier. Ce qu'on en peut dire de mieux, c'est qu'Evagre s'y exprime d'une manière orthodoxe sur la personne du Saint-

Esprit, qu'il dit procéder du Père, immuable de sa nature et saint substantiellement, et sur celle de Jésus-Christ qu'il affirme être né de Marie, selon sa nature humaine, et avoir eu une âme semblable à la nôtre.

AUTRES ÉCRITS. — Nous avons parmi les OEuvres de saint Nil, imprimées à Rome en 1673, plusieurs traités qui, dans les manuscrits, portent tantôt son nom, tantôt celui d'Evagre. Cette variété peut venir de deux causes : d'abord de la conformité des matières qu'ils ont traitées l'un et l'autre; et ensuite, comme le nom d'Evagre était devenu suspect après le cinquième concile général, il se peut que quelques copistes aient publié, sous le nom de saint Nil, plusieurs ouvrages qui lui appartenaient réellement. On peut mettre de ce nombre l'*histoire* d'un ermite nommé Pachon, et que Pallade rapporte dans son chapitre vingt-neuvième; une lettre dogmatique sur la Trinité, que l'auteur dit avoir composée comme il était avec saint Grégoire de Nazianze, et dans laquelle il réfute les erreurs des ariens et des macédoniens; un grand nombre de *sentences*, dont vingt-cinq sont distribuées par ordre alphabétique et citées sous le nom d'Evagre par saint Maxime, saint Jean de Damas, et dans les *Vies des Pères*; l'*Institution aux moines* et les cent trente-cinq sentences qui suivent dans les OEuvres de saint Nil. L'obscurité de la plupart de ces sentences donne lieu de croire qu'elles sont du nombre des six cents problèmes prognostiques mentionnés par Socrate, et de ces petites sentences dont nous avons parlé plus haut, et qu'Evagre lui-même déclare ne pouvoir être entendues que par des moines. Nous nous contentons ici d'analyser quelques passages de sa lettre dogmatique. L'auteur s'applique à prouver que Dieu est un en trois personnes, que le Père est Dieu, que le Fils est Dieu, que le Saint-Esprit est Dieu, que le Fils et le Saint-Esprit sont consubstantiels au Père. Il oppose aux ariens ces paroles de Jésus-Christ, dont ils tiraient leur principal argument : *Mon Père est plus grand que moi*, et en tire une preuve de la consubstantialité du Fils. « On ne fait, dit-il, de comparaison qu'entre les choses qui sont de même nature : ainsi l'on dit qu'un ange est plus grand qu'un autre ange, qu'un homme est plus juste qu'un autre homme, qu'un oiseau a le vol plus rapide qu'un autre oiseau ; puis donc que dans l'Evangile le Père comparé au Fils est dit plus grand que le Fils, il s'ensuit que le Fils est consubstantiel au Père; mais il donne en même temps à cette objection des ariens une solution assez ordinaire, savoir : que le Père est plus grand que le Fils, si l'on considère le Fils par rapport à son humanité. Il prouve la divinité du Saint-Esprit par la formule du baptême, et parce que, dans l'Ecriture, la création, la résurrection des morts, la sanctification sont attribuées au Saint-Esprit; et encore parce que c'est en son nom que l'on chasse les démons. »

CRITIQUE ET JUGEMENT. — Tant qu'Evagre vécut, il fut honoré de tout le monde, et sa modestie et son humilité l'empêchèrent seules d'être élevé aux honneurs de l'épiscopat. Quelques-uns même lui ont donné le titre de saint, et, en effet, rien de plus édifiant que la vie qu'il a menée dans sa solitude. Ses écrits furent jugés si utiles qu'on les traduisit aussitôt en latin; et dès avant l'an 415, c'est-à-dire tout au plus dix-huit ans après sa mort, on les lisait partout en Orient et en Occident. Saint Jérôme, qui les avait lus comme tout le monde, est le premier qui ait signalé à l'attention de l'Eglise un livre intitulé : *de l'Apathie*, et dans lequel il avait prétendu découvrir la doctrine de l'impassibilité et de l'impeccabilité, condamnée dans Origène. Nous n'avons plus ce traité ; mais partout où il est question de l'*Apathie*, et surtout dans les soixante-onze articles joints à la lettre d'Evagre à Anatole, il en est toujours parlé dans un sens catholique et bien éloigné de l'erreur que saint Jérôme lui attribue. Ce même Père place Evagre au nombre des prédécesseurs de Pélage, sans marquer pour quel sujet. A coup sûr, ce ne peut être à cause de ses sentiments sur la grâce, puisqu'ils sont orthodoxes, et qu'il reconnaît que nous avons besoin du secours de Dieu pour faire le bien et pour connaître la vérité. On ne trouve même rien, dans ce qui nous reste de ses écrits, qui ait rapport aux erreurs des pélagiens, ni d'aucun autre hérétique condamné pour sa doctrine. Théophile, évêque d'Alexandrie, aussi zélé contre les origénistes que saint Jérôme, ne toucha jamais à la réputation d'Evagre; au contraire, il voulut le faire évêque de son vivant; il le respecta après sa mort; et, quoique plusieurs solitaires eussent été convaincus d'origénisme devant lui, il ne comprit jamais Evagre dans leur condamnation. Pallade, Rufin, Socrate, Sozomène, saint Prosper et Gennade ne parlent de lui qu'avec honneur, et louent ses écrits qui leur semblaient aussi agréables qu'utiles, et non moins remarquables par le choix et la beauté des expressions que par la profondeur des pensées; mais depuis que plusieurs conciles ont dit anathème à Evagre, sans toutefois spécifier aucune de ses erreurs, les Grecs ne lui ont plus témoigné que du mépris, l'accusant d'avoir enseigné avec Origène l'existence des âmes avant la création, et le renouvellement de toutes les choses qui auront été. Non-seulement ses écrits n'offrent rien de semblable, mais on n'y trouve même aucune trace des impiétés qui lui furent, dit-on, reprochées, dans le concile de Constantinople, en 553. Il en est de même de quelques accusations vagues portées contre lui par saint Jean Climaque, et qui ne se trouvent justifiées par aucun passage de ses œuvres. Donc, sans nous prononcer dogmatiquement sur l'orthodoxie de cet auteur, nous pouvons affirmer que ce qui nous reste de ses écrits ne présente nulle part aucun indice des erreurs que l'antiquité lui a attribuées.

EVAGRE DES GAULES. — Nos Gaules ont

eu leur Evagre, comme le Pont et la Syrie ont eu les leurs, et à peu près dans le même temps, c'est-à-dire à la fin du IV° et au commencement du v° siècle. L'Evagre des Gaules avait embrassé la profession monastique sous le pontificat de saint Martin de Tours, et il était dans la société du saint évêque quand il guérit miraculeusement une muette lors de son passage à Chartres. Si on avait des preuves certaines qu'il eût été revêtu du sacerdoce du vivant même de saint Martin, il n'y aurait presque plus lieu de douter qu'il ne fût le même prêtre, compagnon habituel des pérégrinations du saint pontife. Ainsi, ce serait Evagre qui, mangeant avec saint Martin de Tours, à la table de l'empereur Maxime, se trouvait placé entre l'oncle et le frère de ce prince, et à qui le saint évêque, après avoir bu, présenta la coupe que Maxime s'attendait à recevoir immédiatement de ses mains. Evagre, après la mort de saint Martin, se retira, avec quelques autres disciples du pieux prélat, auprès de saint Sulpice-Sévère. Il y était au plus tard en 405, puisqu'alors il assista à la seconde conférence dans laquelle Gallus donna le détail des actions de ce grand évêque, omises par saint Sulpice dans la Vie qu'il en avait déjà publiée. Gallus l'y interpelle même comme témoin oculaire de ce qu'il avance sur ce sujet. C'est tout ce que nous possédons de positif sur l'existence d'Evagre. Nous croyons d'ailleurs avoir des preuves suffisantes pour montrer qu'il est le même auquel Gennade, et après lui le comte Marcellin, attribuent un écrit intitulé : *Dispute entre Simon, juif, et Théophile, chrétien*; et les raisons qui nous font paraître cette opinion probable sont : 1° le caractère de cet auteur, qui était un écrivain latin, revêtu du sacerdoce et moine de profession ; 2° le temps auquel Gennade place cet écrivain, qu'il a soin de distinguer de son homonyme du Pont, appuie merveilleusement notre prétention ; 3° la manière dont ce critique parle de l'écrit d'Evagre, en disant qu'il était entre les mains de tout le monde, est une preuve ou tout au moins une présomption qu'il avait pris naissance dans les Gaules ; 4° enfin, la forme dialoguée, adoptée par l'auteur, convient parfaitement au prêtre Evagre, qui avait sous les yeux l'exemple tout récent de saint Sulpice-Sévère, son condisciple et son hôte, qui venait de publier ses dialogues pour suppléer à ce qu'il avait déjà écrit sur la vie de saint Martin. Après tout, si ces raisons ne rendent pas certaine l'opinion que nous cherchons à établir, elles prouvent au moins qu'il n'est aucun auteur du nom d'Evagre à qui l'on puisse plus légitimement rapporter le passage cité par Gennade, qu'à celui qui fait le sujet de cet article. Du reste, on verra par l'histoire de ses écrits que c'était un homme profondément versé dans la science ecclésiastique, et qui, dans le secret de sa retraite, travaillait pour la gloire de la religion, sans autre ambition que celle d'être connu de Dieu.

SES ÉCRITS. — Après ce que nous venons de dire, il nous semble difficile de contester à Evagre, disciple de saint Martin, la *Dispute entre Théophile, chrétien, et Simon, juif*. Cet ouvrage, fort répandu à sa naissance, comme nous l'avons remarqué, n'apparaît qu'un instant dans un manuscrit de la bibliothèque de Saint-Riquier, où il se trouvait encore au XI° siècle, et on le croyait perdu depuis longtemps lorsque Dom Martène et Dom Durand nous l'ont donné à la tête du V° volume de leur *Trésor d'anecdotes*, après l'avoir tiré d'un ancien manuscrit de l'abbaye de Vendôme. L'antiquité du manuscrit est une preuve de l'antiquité de l'ouvrage lui-même, et les quelques fautes qui s'y sont glissées par la négligence des copistes sont peu importantes. Du reste, la pureté du style atteste que l'auteur écrivait avant l'introduction de la barbarie dans la langue latine ; et nous en trouvons une autre preuve dans l'assiduité constante avec laquelle il suit l'ancienne version de l'Ecriture. Il n'est donc plus permis de douter que ce manuscrit ne contienne le même ouvrage indiqué par Gennade et le comte Marcellin.

Du reste, on ne doit pas s'attendre à y trouver un traité complet de controverse contre les Juifs. Ce n'est, à proprement parler, qu'un essai de ce que l'on pourrait écrire sur la même matière ; et Evagre s'y attache surtout à une grande brièveté. Cependant il ne laisse pas de conduire son juif jusqu'à une entière conversion, et de répondre assez bien à toutes ses difficultés, quoiqu'il ne leur donne pas toujours toute la force qu'elles pourraient avoir, et qu'il ait recours quelquefois au sens figuré pour les résoudre. Il y établit suffisamment la filiation du Verbe, la divinité des deux avénements, la naissance, la passion et la mort du Messie. Mais il passe légèrement, et ne fait aucun usage contre son juif de l'état où se trouve sa nation depuis la destruction du temple de Jérusalem, ni du terme écoulé des semaines de Daniel, qui prouvent si clairement la venue du Messie promis par la loi et les prophètes. En lui citant le passage du psaume XXI : *Foderunt manus meas*, etc., il ne lui prête point la réponse des juifs qui prétendent que ce n'est point là la véritable leçon de ce verset ; ce qui nous fait croire que, du temps d'Evagre, les juifs n'avaient pas encore inventé cette mauvaise subtilité. L'auteur du dialogue y compte saint Matthieu au nombre des gentils qui crurent en Jésus-Christ avant sa passion. Tertullien avait été dans le même sentiment, qui depuis fut combattu et détruit par saint Jérôme. Evagre suppose aussi que Jésus-Christ, après son baptême, n'annonça l'Evangile que pendant un an, au bout duquel il souffrit la mort. C'est encore une opinion particulière à Tertullien ; mais on ne voit pas qu'à l'exception de Lactance, elle ait été suivie par les autres Pères. Il reconnaît et cite le livre de la *Sagesse*, sous le nom de Salomon, conformément à la tradition attestée par plusieurs Pères de l'Eglise, comme on peut s'en convaincre par la lecture des écrivains des premiers siècles. Evagre, qui, dans ce dialogue, remplit le personnage de Théophile, y marque clairement son sacerdoce, puisqu'il baptise et impose lui-même les mains à son juif converti. La prière qu'il met dans la bouche du nouveau prosélyte est pleine de piété et d'une vive reconnaissance envers Jésus-Christ, qui l'avait fait passer des ténèbres de l'erreur à la lumière de la vérité.

Livres des consultations, etc... — Si, comme nous l'avons montré, il ne reste plus aucun doute que le dialogue précédent appartienne à Evagre, disciple de saint Martin, on ne doit pas douter davantage qu'il ne soit également auteur d'un autre écrit, publié par dom Luc d'Achery, en tête du X° volume de son *Spicilége*. Cet autre ouvrage est divisé en trois livres, et porte pour titre: *Livres des consultations*, ou *Délibérations de Zachée, chrétien, et d'Apollonius, philosophe*. Il a été tiré primitivement de trois manuscrits, dont deux avaient appartenu à M. de Thou, et le troisième à l'abbaye de Saint-Arnoul de Metz; mais comme ces manuscrits étaient très-défectueux, quoique l'un d'eux annonçât au moins huit cents ans d'antiquité, le texte a été collationné depuis sur deux autres manuscrits également anciens, l'un de l'abbé de Vendôme, et l'autre de la main d'Adhémar de Chabannais, ou au moins copié par ses ordres, avant l'an 1010. Maintenant voici les raisons qui nous font croire que l'auteur du *Dialogue* est également l'auteur des *Consultations*. D'abord, la similitude du titre; car, bien que le second écrit soit intitulé : *Des Consultations*, cependant à la tête du texte, dans les manuscrits de saint Martial de Limoges et de l'abbaye de Vendôme, il porte pour titre : *Dispute d'Apollonius, philosophe, et de Zachée*. D'ailleurs, le second ouvrage dans ce manuscrit est immédiatement suivi du premier, comme s'il en faisait le quatrième livre. Ensuite, c'est le même génie, la même manière d'écrire et de raisonner dans les deux ouvrages, et l'un et l'autre est en forme de dialogue. Dans l'un comme dans l'autre, le philosophe et le juif proposent leurs difficultés, de manière que le chrétien qui les résout persuade et convertit ses deux interlocuteurs. Enfin le style est le même dans les deux écrits, comme il est facile de s'en convaincre par la lecture. Seulement, dans la dispute avec le juif, il est plus concis, et plus serré, parce que l'auteur s'y est appliqué à être court; au lieu que, dans la dispute avec le philosophe, il est plus diffus, parce que l'auteur y a donné plus de carrière à son esprit. Outre ces raisons, il y en a d'autres prises de l'ouvrage même, et qui militent en faveur de l'opinion qui l'attribue à Evagre. Il est certain que cet ouvrage fut écrit au commencement du v° siècle. C'est ce dont on ne peut douter en lisant, au troisième livre, la description qu'il fait des fléaux qui désolaient alors son pays, et en comparant cette peinture avec ce que les autres écrivains du même siècle nous apprennent du triste état de nos Gaules à cette époque. C'est ce qui résulte encore de plusieurs autres traits de l'ouvrage, et particulièrement de l'énumération que l'auteur y fait des hérétiques qui avaient jusqu'alors paru dans l'Eglise. En effet, il nomme les manichéens, les marcionites, les photiniens, les sabelliens, les patripassiens, les ariens, les novatiens, et ne dit pas un mot des pélagiens ni des nestoriens, quoiqu'ils fussent déjà si fameux après les dernières années du v° siècle, et que l'auteur eût occasion d'en parler, surtout au chapitre XI° du second livre. D'un autre côté, il n'est pas moins certain que cet auteur était moine de profession ; ce qui convient particulièrement à Evagre. Nous ne voyons donc plus rien qui nous empêche de lui attribuer ce livre, à moins que l'on ne nous oppose le silence de Gennade, qui lui avait si formellement fait honneur du premier ; mais qui voudrait dire que ce critique a connu tous les écrits des auteurs dont il nous a laissé le catalogue?

La *Dispute entre Zachée et Apollonius* est autrement intéressante que le *Dialogue entre Théophile et Simon*, tant par l'étendue que par les questions qu'elle aborde. L'auteur a eu soin d'y semer plusieurs traits de la doctrine de l'Eglise. Mais nous engageons les lecteurs à consulter aux notes les variantes du texte empruntées aux manuscrits que nous avons signalés. Nous avons déjà dit que l'ouvrage est divisé en trois livres. Dans le premier, l'auteur, sous le nom de Zachée, s'applique à instruire son philosophe païen des premières vérités de la religion chrétienne. Il lui fait proposer des questions et des difficultés qui le conduisent à lui expliquer la création de l'homme, le péché originel, l'histoire du déluge, l'origine des Juifs et ce que Dieu fit en leur faveur. Mais il s'arrête plus particulièrement à développer le mystère de l'incarnation du Verbe, et à éclaircir les objections que son philosophe lui propose sur les différents points de ce mystère. Il y entremêle plusieurs instructions encore sur d'autres vérités importantes, la nature de l'âme, par exemple, la résurrection des corps, la vanité des idoles, l'impossibilité du destin tel que les païens l'entendaient, la nature des anges, la chute du diable et des autres anges apostats. La théologie de l'auteur est exacte sur tous ces points. Il y établit clairement le libre arbitre de l'homme et le mérite des bonnes œuvres. Il y suppose son philosophe instruit de l'existence et de l'unité d'un Dieu, sur quoi il ne lui donne aucune instruction, et il le conduit enfin jusqu'à le persuader de la vérité de la religion chrétienne.

Zachée, après avoir amené ainsi Apollonius à la foi, entreprend, dans son second livre, de lui inspirer le désir de vivre pour Dieu et de renoncer à tout ce qui peut lui déplaire. Pour arriver à son but, il l'instruit exactement, quoiqu'en peu de mots, du mystère de la Trinité, et lui découvre les principales erreurs dans lesquelles les juifs, les manichéens et les plus fameux hérétiques jusqu'alors connus étaient tombés, pour lui en inspirer l'horreur et les lui faire éviter. Il y fait entrer à propos divers éclaircissements qui lui ont paru nécessaires. Il lui explique ce que signifiait la circoncision des juifs; pourquoi la plus grande partie de leur loi a été abolie; pourquoi il était permis aux patriarches d'avoir plusieurs femmes, et il lui donne en même temps quelques notions du grand mystère de la réprobation des juifs et de la vocation des gentils. Comme dans le premier livre il disputait avec un païen, il n'y emploie que des raisonnements naturels, l'autorité des philosophes et quelquefois même celle des sibylles; mais ici, ce païen se trouvant converti à la foi, Zachée se sert du témoignage des livres saints pour appuyer ses instructions.

Après l'avoir ainsi conduit par degrés à à la connaissance des mystères de la religion et des erreurs qui leur sont opposées, il passe à la morale, et consacre presque tout le troisième livre à former son prosélyte aux bonnes mœurs. Il commence par lui tracer un abrégé de la morale chrétienne, dans lequel il fait entrer un détail succinct des principales pratiques d'une conduite parfaite. Il rappelle, avant tous les autres, le double prétexte d'aimer Dieu de tout son cœur, de tout son esprit, de toutes ses forces, et d'aimer son prochain comme soi-même. Ensuite il lui recommande les jeûnes fréquents, l'assiduité à la prière, la pratique de l'humilité accompagnée de douceur, le mépris de soi-même, la patience dans le mépris que les autres font de nous, la frugalité dans le vivre, la pauvreté dans le vêtement qu'il veut néanmoins propre, mais sans luxe. Puis, continuant son sujet, il marque l'assujettissement de la chair à l'esprit, l'éloignement de la colère, de l'envie, de la vaine gloire, de l'arrogance, de l'ostentation, de la médisance; la circonspection et la vigilance pour éviter de voir et d'entendre tout ce qui peut nous être un sujet d'offenser Dieu par pensée ou par action. Il passe de là à la profession de l'état monastique, qu'il représente à son philosophe converti comme l'état le plus parfait, et dans lequel on évite plus aisément le péché et même l'occasion du péché. Il ne parle que de deux sortes de moines, des anachorètes et des cénobites. Tout ce qu'il dit de leur genre de vie, de leurs austérités et de leur psalmodie du jour et de la nuit, il le prouve, et par l'autorité de l'Ecriture, et par l'exemple d'Elie, de saint Jean-Baptiste et des apôtres. Il touche, en passant, la raison qui faisait que, dès ce temps-là, plusieurs personnes, et même des fidèles, n'aimaient pas les moines. Il dit d'abord que c'était une injustice, mais il ajoute aussi que cette haine pouvait venir de ce que quelques moines, oublieux de leur état, ne vivaient pas conformément à leur profession et à leurs vœux.

Cette matière le conduit naturellement à parler de la continence et de la virginité. Après avoir fait l'éloge du mariage, qu'il représente comme bon et établi de Dieu, il montre que l'état des vierges et des continents est incomparablement plus parfait, mais que toutefois il n'est que de conseil et non de commandement.

Il emploie le vii⁰ et le viii⁰ chapitre de ce troisième livre à parler de la venue de l'Antechrist, du temps et de la durée de son règne. Il dit que rien n'est plus certain que l'Antechrist; ou, comme il l'explique lui-même, le diable sous la forme d'un homme viendra avant la fin du monde, prêchera la circoncision, rétablira l'ancienne loi, et sous ce prétexte, commencera par séduire les juifs. Cette opinion a cela de remarquable qu'elle est en partie la même que celle que Gallus attribue à saint Martin, comme on le verra ailleurs; nouvelle preuve pour découvrir en cet ouvrage un disciple de saint Martin. A l'égard du temps de la venue de l'Antechrist, l'auteur assure, conformément à ce qu'en dit Jésus-Christ lui-même, que personne n'en sait rien, pas même les anges qui sont au ciel. Il augurait néanmoins de ce qui se passait sous ses yeux que le temps de cet avénement n'était pas éloigné; ce qu'il conjecturait du bouleversement général de toutes choses dans l'empire, de guerres sanglantes et cruelles, de légitimes empereurs dépouillés de leurs Etats, de fréquents tremblements de terre, des signes extraordinaires qui paraissaient dans l'air, du règne tyrannique d'une avarice insatiable qui exposait au péril continuel de perdre ses biens et sa vie, de l'extinction de la charité, de l'oubli complet de la justice, de l'anéantissement de la piété qui se voyait exilée de la terre, et dont un monde de scandales et de crimes avait pris la place. Pour ce qui est de la durée de l'Antechrist, l'auteur témoigne qu'elle ne sera pas longue, puisque Jésus-Christ ne tardera pas ensuite à paraître. Il ajoute qu'Elie viendra auparavant, qu'il annoncera pendant trois ans et demi la venue de l'Antechrist et le dernier avénement du Fils de Dieu, et qu'il mettra par là le dernier sceau à la prédication de l'Evangile. Ce sujet fait naître pour lui l'occasion de parler de la résurrection des corps, de la récompense des bons et de la punition des méchants. Il encourage ensuite son prosélyte à persévérer jusqu'à la fin dans la doctrine et la pratique de la morale qu'il vient de lui enseigner, parce que c'est à la persévérance seule que la couronne est attachée. Il l'exhorte encore à goûter le bonheur de sa conversion à la foi, à se souvenir auprès de Dieu de celui qui avait pris soin de l'en instruire, à ne se laisser affaiblir dans sa généreuse résolution ni par les menaces des hommes charnels, ni par la crainte d'aucuns maux présents; mais, si les circonstances l'exigent, à porter la constance jusqu'à confesser la foi devant les tyrans; enfin, à mettre en Dieu toute sa confiance, persuadé qu'il lui accordera la vertu de patience et la gloire du martyre. Comme l'auteur de la dispute avec Simon juif, Zachée termine aussi son dialogue en mettant dans la bouche d'Apollonius converti une prière qui est comme l'épilogue de son troisième livre. Comme Théophile dans sa *Dispute*, il y cite également le livre de la *Sagesse* en l'attribuant à Salomon. Deux preuves nouvelles que Zachée et Théophile ne sont qu'un seul et même auteur.

. Il y aurait bien d'autres remarques encore à faire sur cet ouvrage ; nous nous bornerons aux suivantes. En parlant des cérémonies légales, l'auteur dit qu'elles avaient été ordonnées aux Juifs plutôt pour humilier ce peuple rebelle que pour le justifier ; qu'à ces sacrifices sanglants a succédé dans la nouvelle loi le sacrifice pur où s'accomplit cette prophétie concernant la personne de l'Homme-Dieu : *Vous êtes le pontife éternel selon l'ordre de Melchisédech ;* le sacrifice où nous trouvons une protection spéciale contre les embûches de notre ennemi, et où, en recevant Dieu, nous devenons, pour ainsi dire, une partie de lui-même. *Æterni insuper sacrificii particeps factus, imo Deum sumendo pars ipsius.* On ne peut guère établir plus clairement la présence réelle de Jésus-Christ au sacrifice de l'autel. Ailleurs il justifie contre les novatiens le pouvoir accordé à l'Eglise de remettre tous les péchés, même les plus griefs ; mais pourtant, afin que la sentence prononcée par le prêtre sur la terre soit ratifiée dans le ciel, il exige que la pénitence soit accompagnée d'une sincère conversion. Il condamne l'opinion de ceux qui regardent l'observance des commandements de Dieu comme impossible. Il affirme que l'on voyait encore de son temps l'impression des pieds du Sauveur au lieu d'où il était monté dans le ciel. Néanmoins, en certains endroits, il semble ne pas s'éloigner assez des erreurs des pélagiens ; mais cela vient sans doute de ce que de son temps on n'avait encore ni discuté ni condamné cette hérésie. En effet, nous avons eu occasion de remarquer qu'en plusieurs autres passages il reconnaît sans détour le péché originel, la nécessité du baptême et la grâce de la rédemption. Tels sont, en résumé, les ouvrages attribués au prêtre Evagre, et nous croyons abonder dans le sentiment de tout le monde en affirmant qu'ils ne peuvent qu'honorer leur auteur.

EVAGRE, historien ecclésiastique, naquit à Epiphanie, en Syrie, au plus tard en 535, puisqu'en 542, comme il étudiait la grammaire dans les petites écoles, il fut témoin d'un prodige qu'il rapporte en son *Histoire* et par lequel la ville d'Apamée dut son salut à la protection de la vraie croix. Ces études finies, il se livra au droit, suivit le barreau et exerça à Antioche la profession d'avocat avec un succès qui lui valut le surnom de *Scholastique,* que la postérité lui a confirmé. Il se maria en cette ville, mais la joie de ses noces fut troublée par un tremblement de terre qui ébranla toute la cité, renversa quantité de maisons et ruina l'église presque tout entière. Quelques années après, il perdit sa femme, victime, avec quelques-uns de ses enfants, plusieurs membres de sa famille et un grand nombre de ses esclaves, d'une maladie contagieuse qui, dans l'espace de cinquante-deux ans, avait parcouru successivement toutes les parties de l'univers. Lui-même en avait été attaqué pendant ses premières études ; il la décrit fort au long et assure qu'on n'en avait jamais vu de semblable. Vers l'an 589, Grégoire, évêque d'Antioche, accusé de plusieurs crimes dont il n'était pas coupable, et trouvant dans Asterius, comte d'Orient, et Jean son successeur, des juges qui se portaient en même temps accusateurs et parties, en appela à l'empereur et au concile, et entreprit le voyage de Constantinople. Evagre, qui l'accompagnait en qualité de conseil, plaida sa cause et la gagna. Ce succès le fit connaître à la cour d'une manière avantageuse. Tibère le nomma questeur ; et Maurice, son successeur, garde des dépêches du préfet. Il exerça ces deux charges à Antioche qu'il avait choisie pour son séjour ; et il y a toute apparence qu'il y vécut encore plusieurs années après avoir achevé son *Histoire*. Ce fut lui qui donna avis à l'évêque Grégoire de la maladie de saint Siméon Stylite le jeune ; dans une visite qu'il lui avait faite, il avait éprouvé par lui-même la pénétration de ce saint pour découvrir les plus secrètes pensées, et le don qu'il avait reçu d'en haut d'annoncer l'avenir. On ignore les autres particularités de la vie d'Evagre, ainsi que l'époque précise de sa mort.

SES ÉCRITS. — L'Eglise doit à Evagre une *Histoire ecclésiastique,* divisée en six livres. Elle fait suite à celle de Socrate et de Théodoret, et continue leur récit, à partir du concile d'Ephèse, où Nestorius fut condamné, en 431, jusqu'à la douzième année du règne de l'empereur Maurice, c'est-à-dire en 593. Il se servit, pour la composer, des histoires qui avaient été écrites avant lui par Priscus, Eustathe d'Epiphanie, Zacharie, Procope et Jean, dont le récit s'arrêtait à la septième année de Justin l'ancien, en 524.

Premier livre. — Les douze chapitres du premier livre de l'*Histoire* d'Evagre rappellent ce qui se passa dans le concile d'Ephèse, et depuis contre Nestorius, la déposition d'Eutychès dans un concile de Constantinople sous Flavien, évêque de cette ville, et son rétablissement dans le brigandage d'Ephèse. Il remarque que s'il s'est élevé des disputes dans l'Eglise au sujet de la foi, elle n'en a point été altérée ; que tous les catholiques étaient d'accord sur les points fondamentaux de la religion, tous adorant la Trinité, tous rendant gloire à l'Unité, tous confessant que le Verbe est Dieu, et qu'ayant été engendré avant tous les siècles, il a pris une seconde naissance dans le sein de sa mère ; que les difficultés qu'il y a eues sur ce sujet ont éclairci la vérité, et relevé par occasion l'éclat de l'Eglise. Il donne ensuite la vie miraculeuse de saint Siméon Stylite l'ancien, celles de saint Isidore de Péluse, de Synesius, évêque de Cyrène ; de saint Ignace, martyr, et le récit de la translation de ses reliques sous l'empire de Théodose. Il mêle dans l'*Histoire de l'Eglise* quelques événements profanes; l'irruption d'Attila en Italie, les guerres dans cette province et dans la Perse, l'embellissement de la ville d'Antioche, le mariage de Théodose avec Eudoxie, le voyage de cette princesse à Antioche et à Jérusalem, où elle fonda des monastères et des laures. Evagre prend occasion de ces établissements pour décrire le genre de vie des moines de la Palestine. Les uns vivaient en communauté, sans posséder en propre quoi que ce fût, pas même leurs habits; un se servait aujourd'hui d'une tunique et d'un manteau, dont un autre se servait le jour suivant; ainsi la tunique et le manteau étaient à tous, ou plutôt n'étaient à aucun. La table était commune, on n'y servait rien de délicat; les herbes et les légumes en faisaient tout l'appareil, encore n'en mettait-on qu'autant qu'il en fallait pour satisfaire la nécessité de la nature. Ils priaient aussi en commun le jour et la nuit, s'imposant d'ailleurs, hors le temps de la prière, un travail si continuel, qu'ils étaient sur la terre comme des morts qui n'ont point encore de tombeaux. Ils passaient quelquefois deux ou trois jours sans manger; quelques-uns ne mangeaient que le cinquième jour; d'autres s'enfermaient seuls dans des cellules si basses et si étroites qu'à peine ils pouvaient s'y tenir debout ou s'y coucher. Il y en avait qui s'exposaient presque nus aux ardeurs du soleil et à la rigueur du froid. Quelques-uns, mais en petit nombre, après s'être élevés par un long exercice des vertus au-dessus des passions, retournaient dans les villes, où ils feignaient d'avoir perdu l'esprit, pour vaincre la vaine gloire, que Platon dit être la tunique que les plus sages ôtent la dernière. Le premier livre finit à la mort de l'empereur Théodose.

Second livre. — Le second commence à l'élévation de Marcien à l'empire. Evagre raconte comment il y parvint, les soins qu'il se donna pour la convocation du concile de Chalcédoine, ce qui se passa dans ce concile, et n'oublie pas le décret qui y fut fait, portant que le siège archiépiscopal de Constantinople, ou de la nouvelle Rome, aurait la prérogative sur les autres sièges, par la raison que la nouvelle Rome tient le second rang après l'ancienne. Il parle, après cela, de diverses séditions arrivées à Alexandrie et à Jérusalem; des stérilités, des famines et des maladies contagieuses qui affligèrent les deux Phrygies, les deux Galaties, la Cappadoce, la Cilicie, la Palestine et plusieurs autres provinces; de la mort de Valentinien et de Marcien; de la prise de Rome; du massacre de saint Protère, évêque d'Alexandrie; de l'élection de Timothée Elure, et de son bannissement par ordre de l'empereur Léon; du règne d'Anthémius; d'Olybrius et de quelques autres en Occident; de la mort de Léon, et de son successeur dans l'empire. Evagre fait en cet endroit un abrégé des Actes du concile de Chalcédoine, et finit par là son second livre.

Troisième livre. — Il remarque, en commençant son troisième livre, que l'empereur Zénon ne se vit pas plutôt en possession de l'autorité souveraine, qu'il se plongea dans les plus sales débauches, s'imaginant follement qu'il n'appartenait qu'aux personnes de basse condition de rougir de leurs crimes, en les couvrant du voile des ténèbres, tandis que les princes avaient le droit de les commettre en public, et jusque sous les yeux des hommes. Ce n'est pas, comme l'historien le remarque avec beaucoup de sagesse, par le commandement que l'on exerce sur les autres que l'on mérite le titre d'empereur, mais par celui que l'on exerce sur soi-même, par l'empire que l'on prend sur ses passions, par l'éminence de sa vertu et par le bon exemple que l'on donne aux peuples. Zénon étant devenu odieux même à ses proches, à cause de ses excès, Basilisque s'empara de l'empire, rappela Timothée Elure, condamna le concile de Chalcédoine et rendit à l'Eglise d'Alexandrie son titre patriarcal que ce concile lui avait ôté. Il ne laissa pas de condamner Nestorius et Eutychès, mais à l'avenir il interdit toutes disputes sur ce sujet, et défendit de tenir des conciles. Son règne ne fut pas long. Zénon, rétabli sur le trône, publia un édit d'union, dont la lecture eut pour effet de réunir tous les habitants d'Alexandrie à l'Eglise catholique. Cet édit, appelé *Hénotique*, et qui était adressé à tous les évêques et aux peuples d'Alexandrie, de l'Egypte, de la Libye et de la Pentapole, causa beaucoup de troubles dans les églises d'Orient, parce que, encore qu'il contînt une doctrine catholique en apparence, il renfermait cependant un venin caché, puisque, au lieu de recevoir le concile de Chalcédoine comme il recevait les trois précédents, il semblait au contraire lui attribuer des erreurs. Plusieurs évêques y souscrivirent et d'autres le rejetèrent. Pierre le Foulon, rétabli sur le siège d'Antioche, signa l'*Hénotique*, et dit anathème au concile de Chalcédoine. Acace de Constantinople, Pierre Mongus, évêque d'Alexandrie, en firent autant. Acace de Constantinople, pour avoir communiqué avec eux, fut séparé de la communion du pape Félix. Cette sentence fut suivie d'un schisme de la part des églises d'Orient; et la division y devint si générale qu'il n'y avait presque plus de correspondance parmi les évêques. Evagre s'étend là-dessus avec quelques détails, après quoi il passe à l'examen des affaires de l'empire sous le règne d'Anastase. Il parle de la défaite des Isauriens; de l'accord conclu entre les Scenites, peuples barbares, et les Romains; de la prise de la ville d'Amida, en Mésopotamie, par les Perses; de la fondation de celle de Dara, par l'empereur Anastase, qui la nomma ainsi en souvenir de la défaite de Darius, vaincu en ce lieu par Alexandre, fils de Philippe, roi de Macédoine. Il donne en même temps la description de la grande muraille que ce prince fit construire dans la Thrace, qui s'étendait d'une mer à l'autre, et qui, sur une longueur de quatre cent vingt stades, c'est-à-dire près de vingt lieues, servait à fermer le passage aux étrangers qui se répandaient dans l'empire, soit par le Pont-Euxin, soit par les Palus-Méotides. Il réfute en peu de mots les accusations que Zosime avait formulées contre l'empereur Constantin, qu'il accusait principalement d'avoir le premier établi l'impôt appelé *chrysargyre*, qui se levait sur les personnes de basse condition, en y comprenant les femmes débauchées, et d'avoir fait périr misérablement son fils Crispus. Sur le premier chef il répond qu'il est hors de vraisemblance que Constantin ait imposé un tribut si infâme; et sur le second, il allègue le témoignage d'Eusèbe de Césarée, auteur contemporain, qui ne parle de Crispus qu'avec éloge, ce qu'il n'eût pas fait si Constantin avait eu quelques raisons de condamner à mort un fils qu'il avait nommé César. Il justifie également les motifs qui portèrent Constantin à embrasser la religion chrétienne, et montre que, depuis son établissement, l'empire, au lieu de déchoir, s'était accru.

Quatrième livre. — Après la mort d'Anastase, Justin, originaire de Thrace, fut revêtu de la pourpre impériale, et eut pour successeur son neveu Justinien. Les principaux événements du règne de ces deux princes sont rapportés dans le quatrième livre d'Evagre. Ils furent l'un et l'autre défenseurs du concile de Chalcédoine. Justin fit arrêter Sévère, évêque d'Antioche, parce qu'il anathématisait ce concile; mais il sut se soustraire par la fuite à la justice qui le poursuivait. Sous le règne de ce prince, Antioche fut désolée par des incendies et des tremblements de terre. Ephrem, comte d'Orient, la soulagea; et les habitants, par reconnaissance, le choisirent pour leur évêque. Ebranlée par un second tremblement de terre, elle changea son nom en celui de Théopolis, et reçut de grands bienfaits de la part de Justin. Un moine nommé Zozimas, à qui Dieu avait accordé le don de connaître l'avenir, annonça ce tremblement de terre dans le moment même qu'il se produisait, quoiqu'il fût alors très-éloigné d'Antioche. Allant un jour à Césarée, avec un âne qui lui portait son bagage, un lion se présenta sur son chemin, qui enleva l'âne, le conduisit dans une forêt et le mangea. Zosimas qui l'avait suivi, dit au lion : « Je ne suis plus ni assez jeune ni assez fort pour porter mon bagage, si donc tu veux que je poursuive ma route, il faut que tu m'aides. » Le lion s'approcha de lui, en le caressant, comme pour lui offrir son service. Le moine chargea ses effets sur le dos du lion, qui le conduisit ainsi jusqu'aux portes de Césarée. C'est probablement là une de ces histoires pour lesquelles Casaubon reproche à Evagre d'avoir montré trop de crédulité.

Il avance ensuite, sur la foi de l'historien Procope, que les Maures sont descendants des Gergéséens, des Jébuséens, et des autres nations vaincues par Josué, et qu'avant de quitter leur pays, ces peuples avaient fait graver sur deux colonnes de marbre blanc, près d'une fontaine, cette inscription : *Nous sommes ceux qui ont été chassés de leur pays par Jésus le voleur, fils de Navé.* Il parle de la prise de Rome et de l'invasion de l'Italie par Théodoric, et du retour de cette province sous la domination de Justinien, par la valeur du général Bélisaire; de la conversion des Erules et quelques autres peuples barbares à la foi chrétienne; de la confiance du général Narsès en la protection de la sainte Vierge; de la ruine de la ville d'Antioche; de la manière dont la ville de Sergiopolis, assiégée par les Perses, fut secourue par saint Serge, martyr, dont on y conservait les reliques dans une châsse couverte d'une lame d'argent; des églises construites par l'empereur Justinien, particulièrement de celle de Sainte-Sophie, dont il donne les dimensions en ces termes : « La longueur, depuis la porte qui est vis-à-vis de la voûte au-dessous de laquelle on offre le sacrifice non sanglant, jusqu'à l'endroit où ce sacrifice est offert, c'est-à-dire jusqu'à l'autel, est de cent quatre-vingt-dix pieds; la largeur, du septentrion au midi, de cent quinze pieds; la hauteur, depuis la clef du dôme jusqu'au pavé, de cent quatre-vingts pieds; la largeur de chaque voûte est de... (le nombre manque dans le texte), et la longueur, depuis l'orient jusqu'à l'occident, de deux cent soixante pieds; la largeur des fenêtres par où le jour entre est de soixante-quinze pieds; le dôme est élevé sur quatre piliers; aux deux côtés de la grande voûte, c'est-à-dire de la nef, sont des colonnes de marbre de Thessalie, qui soutiennent des galeries qui ont des colonnes semblables; c'est de ces galeries que l'impératrice assiste à la célébration des mystères, aux fêtes solennelles. Les colonnes du côté de l'orient et de l'occident sont placées de telle sorte qu'il n'y a rien qui borne la vue. Les galeries hautes sont soutenues par des colonnes et par des voûtes qui donnent à tout l'ouvrage une beauté achevée. Il y a, outre cela, deux galeries du côté de l'occident, et des vestibules de même architecture. » Evagre raconte que du temps qu'Epiphane était patriarche de Constantinople, comme il était resté une grande quantité de pains consacrés, ce prélat selon la coutume fit venir des petites écoles plusieurs enfants innocents afin de les leur faire consommer. Or, parmi ces enfants se trouvait entre autres le fils d'un verrier juif. A son retour, ses parents lui demandèrent pourquoi il rentrait si tard, et il leur raconta ce qui s'était passé et ce qu'il avait mangé. Alors le père entrant en fureur lia son fils et le jeta dans sa fournaise. La mère affligée le cherchait par toute la ville, quand au bout de trois jours, venant à la porte de la verrerie, elle l'appela par son nom. L'enfant lui répondit du fond de son fourneau, et la mère, ayant brisé les portes, le trouva debout, au milieu des charbons ardents et sans avoir éprouvé aucun mal. On lui demanda comment il avait été préservé des flammes; il répondit qu'une dame vêtue de pourpre venait souvent apporter de l'eau pour les éteindre et qu'elle lui donnait à manger quand il avait faim. La mère fut baptisée avec son fils qui entra aussitôt dans le clergé; mais le père, ayant refusé de se faire chrétien, fut pendu au quartier de Sycé par ordre de l'empereur Justinien, comme meurtrier de son fils. Nicéphore Calliste rapporte une histoire à peu près semblable, et remarque que de son temps, c'est-à-dire au xiv° siècle, la coutume de donner aux enfants les restes de l'eucharistie se conservait encore dans l'Eglise de Constantinople. Le quatrième livre de l'histoire d'Evagre finit par un précis des actes du concile de Chalcedoine.

Cinquième livre. — Il le commence par l'avénement de Justin le jeune à l'empire. Quoique déréglé dans ses mœurs, il conserva la foi de l'Eglise sans y porter aucune atteinte ; il donna même un édit pour le rappel des évêques exilés sous le règne de Justinien son oncle, mais depuis il chassa Anastase du siège d'Antioche. On mit à sa place Grégoire, dont nous avons parlé plus haut. Justin eut des guerres à soutenir contre les Perses; ses revers le firent tomber dans une frénésie qui lui ôta le jugement. Tibère, son successeur dans l'empire, en répara les affaires. Justin, avant de quitter la dignité impériale, l'en avait revêtu, et dans un moment lucide que Dieu lui accorda alors, il dit à Tibère: « Ne vous laissez point éblouir par l'éclat de la robe de pourpre, ni par la magnificence de ces ornements qui frappent les sens. J'ai été assez imprudent pour en être surpris, par là je me suis attiré de grands maux ; réparez mes fautes par la douceur de votre gouvernement. » Puis, envisageant les magistrats qui étaient présents: « Gardez-vous bien, ajouta-t-il, de suivre leurs conseils, ce sont eux qui m'ont mis dans l'état où vous me voyez. » Il dit encore d'autres choses qui excitèrent l'admiration des assistants, et qui leur tirèrent les larmes des yeux. Tibère vainquit les Perses, leur enleva des trésors immenses, et retourna dans ses Etats, chargé de gloire. Cosroès, ne pouvant survivre à l'infamie d'une retraite honteuse, mourut misérablement, laissant son royaume à Hormisdas son fils. Tibère ne régna que quatre ans. Maurice, qui avait été général de ses armées, lui succéda. Son élévation au trône fut précédée de divers présages de sa future grandeur; Evagre en rapporte plusieurs, nous donnerons celui-ci: Une nuit que Maurice présentait de l'encens à Antioche devant l'autel de la sainte Vierge, dans l'église qu'on appelle de Justinien, le voile de l'autel parut tout en feu ; comme le prince en était surpris, l'évêque Grégoire qui était présent, l'assura que c'était un signe par lequel Dieu lui faisait de magnifiques promesses. Evagre donne, à la fin de son cinquième livre, un catalogue des historiens sacrés ecclésiastiques et profanes, où il reconnaît que Moïse est le plus ancien auteur que nous ayons.

Sixième livre. — Le sixième livre commence à la première année du règne de Maurice, et finit, comme nous l'avons dit, à la douzième qui correspond à l'année 593. Ce prince non content de ceindre son front de la couronne impériale, s'appliqua à s'en rendre digne, en se remplissant l'esprit et le cœur des vertus qui doivent caractériser un empereur. Il défit les Perses, donna retraite dans ses Etats au jeune Cosroès, fils d'Hormisdas, le traita comme son propre fils, et le rétablit sur son trône. Celui-ci, en reconnaissance des faveurs qu'il avait reçues du ciel par l'intercession des saints martyrs, fit de grands présents aux églises. En même temps, Naeman, prince des Sarrasins, embrassa la foi chrétienne avec toutes les personnes de sa suite. Au sortir du baptême, il fit fondre une Vénus d'or, dont il donna la valeur aux pauvres. Evagre, en finissant son histoire, dit qu'il avait recueilli dans un autre volume quantité de lettres, de relations, d'ordonnances, de harangues et de disputes qu'il n'avait pu y faire entrer; et il remarque que ces relations étaient sous le nom de Grégoire d'Antioche. Ce recueil n'est pas venu jusqu'à nous. On croit qu'en effet il contenait un discours de Grégoire à l'empereur Maurice, sur la naissance de son fils Théodose.

Cette histoire d'Evagre, comme on a pu s'en convaincre par la rapide analyse que nous venons d'en offrir, est fort étendue. Les détails y abondent, et l'auteur appuie ordinairement ses faits sur des actes authentiques ou sur le témoignage des historiens contemporains. Son style, un peu diffus, ne manque pas d'une certaine élégance ; et quoique l'écrivain paraisse plus versé dans l'histoire profane que dans l'histoire ecclésiastique, il a cependant un double avantage sur tous ceux qui l'ont précédé dans cette carrière ; c'est celui d'être plus impartial et de n'avoir jamais donné dans aucune secte, ni dans aucune erreur contre la foi ou la discipline de l'Eglise. Cette histoire a été imprimée pour la première fois, par le célèbre Robert Estienne et avec les magniques caractères grecs de Garamond; Paris in-fol., 1544. Cependant, malgré sa perfection typographique, cette édition a été éclipsée en 1679 par celle d'Adrien Valois, qui l'a revue sur deux manuscrits nouveaux et y a ajouté toutes leurs variantes. Cette dernière, enrichie de notes savantes et d'une version latine qui a fait oublier celles de Musculus et de Christophorson, a été réimprimée à Cambridge en 1720, avec les Histoires d'Eusèbe et de ses continuateurs, et comme ses aînées, elle a été traduite en français par le président Cousin.

EVANCE DE VIENNE. — On sait peu de choses de l'histoire de ce prélat. Son nom même se trouve différemment énoncé dans les divers monuments qui font mention de lui. Dans les uns il est nommé EVANTIUS ou EVANTUS, et dans d'autres EVENTIUS ou AVENTIUS. Il succéda à Philippe sur le siège épiscopal de Vienne quelque temps après l'an 573. Evance gouverna cette église avec tant de sollicitude, qu'il mérita d'être compté au nombre de ses plus saints évêques. Il assista aux délibérations et souscrivit les actes du premier concile de Mâcon en 582, du troisième de Lyon en 583, du troisième de Valence en 584, et du second de Mâcon en

585. Il mourut, selon saint Grégoire de Tours dans la onzième année du règne de Childebert, roi d'Austrasie, c'est-à-dire en 586. Sa fête est marquée dans nos martyrologes, tantôt au 13 janvier, et tantôt au 13 février.

On nous a conservé sous le nom d'Evance une lettre écrite contre ceux qui croyaient que le sang des animaux est impur, quoique leur chair ne le soit pas. Il y soutient qu'on peut manger du sang des bêtes, et que c'est une superstition judaïque de s'en abstenir. Il est certain néanmoins que toute l'Eglise a été longtemps dans cette pratique, et que l'Eglise grecque, au temps d'Evance, l'observait encore. — Canisius est le premier qui nous ait donné cette lettre; et de son recueil, elle est passée dans la *Bibliothèque des Pères*. Tous les critiques modernes pensent généralement que l'auteur de cette lettre, quoique qualifié abbé, n'est autre qu'Evance, évêque de Vienne. C'est ce que Possevin, Aubert Lemire, Cave, Oudin et Ellies Dupin supposent comme un sentiment reçu de tout le monde. Mais Basnage, qui l'a fait réimprimer avec le recueil entier de Canisius, prouve par de fortes raisons qu'elle est plutôt l'ouvrage d'un abbé nommé Evance, qui écrivait au VII° siècle, et cette opinion ne nous paraît pas dénuée de probabilités. Basnage se trompe cependant en faisant cet auteur espagnol; nous ne connaissons de ce nom en Espagne qu'un archidiacre de Tolède qui florissait vers l'an 630, époque qui semble favoriser son sentiment. Mais il se trouvera toujours combattu par le titre même de la lettre, qui, d'après les manuscrits, est attribuée non à un archidiacre mais à un abbé. Nous trouvons donc beaucoup plus simple d'en faire honneur à un abbé français dont nous rendons compte ci-dessous.

EVANCE, abbé de Troclar, au diocèse d'Albi, n'est autre que le personnage dont nous avons dit un mot dans l'article précédent. Il florissait au VII° siècle et il est célèbre dans la vie de sainte Sigolène, abbesse du même lieu, où il y avait un double monastère, l'un de moines et l'autre de vierges. Il y a toute apparence qu'il est auteur de la lettre citée plus haut. Quoique la plupart de nos critiques modernes s'accordent pour attribuer cette lettre au saint évêque de Vienne qui mourut en 586, cette opinion cependant nous paraît difficile à soutenir, et les raisons que nous allons en donner suffiront peut-être pour montrer qu'elle ne repose sur aucun fondement solide. En effet, cette lettre cite le *Pastoral* de saint Grégoire, en accordant à son auteur le titre de saint, ce qui prouve au moins qu'il ne vivait plus au temps où elle fut écrite. Or, cette circonstance ne saurait s'accorder avec l'époque à laquelle florissait Evance de Vienne. Au contraire, Evance de Troclar vivait au VII° siècle, temps probable de l'apparition de cette lettre, et comme l'erreur qu'elle combat était très-répandue en Espagne, particulièrement aux environs de Sarragosse, il était plus à portée qu'un autre d'avoir des relations de ce côté, puisque le pays d'Albi, où il faisait sa résidence, se trouvait dans le voisinage des Gaules soumises aux Visigoths d'Espagne jusqu'à Charles-Martel. Du reste, il paraît que de son temps les lettres étaient cultivées dans son monastère, puisque peu après un moine de sa maison écrivit la *Vie de sainte Sigolène*. Enfin quelque opinion que l'on adopte sur l'auteur de la lettre en question, on peut dire qu'il s'y montre parfaitement instruit de l'Ecriture sainte et très-versé dans la lecture des Pères de l'Eglise.

EVERHELME, neveu de saint Pappon, abbé de Stavelo, y fit profession de la vie monastique vers l'an 1020. Il passa ensuite au monastère de Haumont en Hainaut, dont il fut fait supérieur après la mort de Folcuin, qui avait occupé cette place sous les ordres du bienheureux Richard, abbé de Saint-Vannes. Quelques séjours dans l'abbaye de Blandinberg à Gand lui donnèrent de l'attrait pour cette maison; et à la mort de l'abbé Guichard, il se fit nommer pour lui succéder en 1059. Des défauts de conduite le firent dénoncer au pape Alexandre II, qui renvoya l'examen de l'affaire à Gervais, archevêque de Reims et son métropolitain. On ne sait quelle en fut l'issue. Everhelme mourut en 1069. Nous avons de lui la *Vie de saint Papon*, son oncle, dans le tome VIII des *Actes de l'ordre de Saint-Benoît*. Elle avait été commencée à sa sollicitation par Onuphre, moine de Stavelo; mais celui-ci ayant mis trop de lenteur dans l'exécution de l'ouvrage, Everhelme y travailla lui-même et l'acheva, en conservant la préface que Onuphre avait faite.

EVERVIN, prévôt des Prémontrés de Steinfeld dans les Ardennes, vers le milieu du XII° siècle, écrivit à saint Bernard pour lui dénoncer deux nouvelles sectes qui s'étaient élevées dans le diocèse de Cologne. La première avait une affinité sensible avec les nouveaux manichéens que le saint abbé de Clairvaux combattait alors dans le Périgord, et en tirait probablement son origine. En effet, ces hérétiques, suivant notre auteur, prétendaient que l'Eglise était concentrée chez eux, parce qu'eux seuls, ils étaient, marchaient sur les traces de Jésus-Christ et de ses apôtres, et méprisaient toutes les choses du monde où ils ne possédaient absolument rien. « Vous, au contraire, disaient-ils aux catholiques, vous mettez tous vos soins à étendre vos possessions, vous n'avez en vue que les biens de la terre, et ceux même qui passent chez vous pour les plus parfaits, les moines et les chanoines réguliers, quoiqu'ils ne possèdent rien en propre, ne laissent pas, grâce à leur industrie, d'être abondamment pourvus en commun. Pour nous, continuaient-ils, notre état est d'être les vrais pauvres de Jésus-Christ, de vivre sans demeure fixe, d'être réduits à fuir de ville en ville, et de partager les persécutions avec les apôtres et les martyrs. C'est pour nous distinguer vous et nous que le Seigneur a dit : *A fructibus eorum cognoscetis eos.* » Leur vie, ajoute Evervin, est effectivement très-austère. Ils ne mangent point de laitage ni rien qui soit produit par génération. Dans leurs cérémonies religieuses ils ont coutume de se couvrir le visage d'un voile. Tous leurs repas commencent par l'Oraison Dominicale, à laquelle ils attribuent la vertu de changer leurs mets et leur breuvage au corps et au sang de Jésus-Christ. Outre le baptême d'eau, ils ont encore celui du feu et de l'esprit qu'ils administrent par l'imposition des mains. Quiconque parmi eux a reçu ce nouveau baptême, ils l'appellent élu et le reconnaissent le pouvoir de baptiser les autres, et de consacrer le corps et le sang de Jésus-Christ. Il y a de plus parmi eux de simples auditeurs qui ne sont point admis à leurs mystères, mais seulement à leurs prières communes. Ils condamnent les noces. Deux de ces hérétiques, dont l'un se disait évêque, ayant été pris et conduits à l'archevêque de Cologne, furent interrogés dans une grande assemblée de clercs et de laïques. Après s'être défendus pendant quelque temps, se voyant enfin poussés à bout, ils promirent de se rendre, si leurs maîtres, qu'ils priaient de faire venir, se trouvaient hors d'état de répondre. « Autrement, ajoutaient-ils, nous sommes résolus de mourir plutôt que de changer. » Le peuple à ces mots se jeta sur eux et les brûla vifs, malgré les remontrances du clergé. Mais loin de témoigner du repentir, ces malheureux subirent leur supplice avec joie. « Saint Père, dit Evervin à l'abbé de Clairvaux, j'ai besoin ici de vos lumières. Daignez, s'il vous plaît, m'apprendre comment le diable peut communiquer ainsi à ses suppôts une confiance presqu'égale à celle des martyrs ? »

La seconde secte d'hérétiques découverts à Cologne différait de la première en plusieurs points. Ils disaient que les prêtres n'avaient plus le pouvoir de consacrer, parce qu'étant déchus de la dignité du sacerdoce, ils avaient perdu le pouvoir d'en exercer validement les fonctions. Par cette raison qu'ils n'expliquaient pas, ils rejetaient en général tous les sacrements à l'exception du baptême qu'ils soutenaient pouvoir être administré par tout homme, mais seulement aux adultes. Ils traitaient les secondes noces de fornication. Ils ne croyaient ni au purgatoire, ni au suffrage des saints. Ils méprisaient les jeûnes et les autres austérités corporelles, persuadés que la contrition du cœur suffit pour expier les péchés. Evervin prie saint Bernard d'aiguiser son style pour combattre ces deux sectes; il l'avertit que ceux d'entre eux qui revenaient à l'Eglise avaient déclaré qu'ils avaient plusieurs partisans parmi les clercs et les moines. L'abbé de Clairvaux, lié d'amitié avec Evervin, qui avait été témoin d'un de ses miracles, opéré à Cologne en 1136, répondit pleinement à ses vœux. Il attaqua ces pestes publiques dans deux sermons avec la force et toute l'énergie qui caractérisent son talent. La lettre de notre auteur précède immédiatement ces deux sermons qui sont le soixante-cinquième et le soixante-sixième sur le *Cantique des cantiques* dans la nouvelle édition de ce Père. Elle fait également partie de la *Collection des jugements contre les nouvelles erreurs*, publiée par d'Argentré.

EVODIUS, évêque d'Uzale en Afrique, est un des cinq prélats qui écrivirent à Innocent I la lettre qui se trouve classée la 95e parmi celles de saint Augustin. Il a composé un petit écrit : *Des miracles opérés par les reliques de saint Etienne*, qu'Orose avait apportées en Occident. Le P. Sirmond, sur la foi de plusieurs manuscrits, le fait auteur d'un petit *Traité de la foi ou de l'unité de la Trinité* contre les manichéens, mais il n'a pas fait attention que ces deux livres ne portent pas le nom d'Evodius, comme s'il les avait écrits, mais seulement parce qu'ils lui sont adressés. Saint Augustin fait mention du livre d'Evodius sur les miracles de saint Etienne, dans le chapitre 8e du XIIe livre de la *Cité de Dieu;* et Sigebert, après Gennade et le P. Sirmond, le met également au nombre des écrivains ecclésiastiques. On trouve cet écrit réuni à plusieurs autres à la fin des OEuvres de saint Augustin.

F

FACUNDUS, évêque d'Hermiane en Afrique, se distingua sous le règne de Justinien par le rôle qu'il joua dans les disputes théologiques qui s'agitèrent alors au sujet des *trois chapitres*, et des décisions rendues sur cet article, un siècle auparavant, dans le concile de Chalcédoine. Sous ce nom de *trois chapitres*, on désignait les écrits de trois évêques contemporains de Nestorius, et qui avaient été soupçonnés de partager ses erreurs, mais dont le concile de Chalcédoine avait admis la justification et reconnu l'orthodoxie. Les ouvrages, qui après tant d'années devenaient de nouveau un sujet de discorde et de scandale, étaient les écrits de Théodore, évêque de Cyrrhe; un *Traité de l'orthodoxie*, composé par Théodore évêque de Mopsueste, et une lettre d'Ibas, évêque d'Ephèse. Les acéphales, secte obscure et sans chef, comme le désigne son nom, mais formée des secrets partisans de l'eutychœnisme et du nestorianisme, tendirent un piége à Justinien, et crurent infirmer l'autorité du concile de Chalcédoine, en faisant eux-mêmes condamner des propositions que ce concile avait tolérées. Ce prince rendit un édit contre les *trois chapitres* et força les évêques à le signer. Plusieurs s'y refusèrent : ce fut à cette occasion que Facundus, amené à Constantinople par les affaires de son église, présenta à l'empereur l'apologie des ouvrages que l'on voulait condamner, et s'exprima avec autant de hardiesse que de fermeté. Les menaces et l'exil ne purent le faire changer d'avis. Le Pape Vigile ayant été appelé à Constantinople, en 547, pour régler cette affaire, augmenta le trouble par ses variations ; et lorsque pressé par Justinien il consentit à condamner les *trois chapitres*, Facundus et les évêques d'Afrique se séparèrent de sa communion. Ce schisme obscur et peu important dura près d'un siècle.

SES ÉCRITS. — Facundus composa plusieurs écrits dans le but de soutenir cette question, dont il s'était constitué le défenseur, persuadé qu'on ne pouvait condamner les *trois chapitres* qu'au préjudice de la foi orthodoxe et de l'autorité du concile de Chalcédoine. C'est ce que témoignent clairement saint Isidore de Séville et saint Victor de Tunes. Cet ouvrage est divisé en douze livres, et chaque livre en plusieurs chapitres ; mais cette seconde division a été ajoutée pour la facilité des lecteurs.

Premier livre. — Facundus approuve dans son premier livre la profession de foi que l'empereur Justinien avait dressée à Constantinople, en 533, et envoyée dans les diverses provinces de son empire. Il remarque que ce prince ne pouvait condamner d'une façon plus nette et plus précise les erreurs de Nestorius et d'Eutychès, qu'en reconnaissant, comme il le faisait, qu'une des personnes de la Trinité a été crucifiée, et que la sainte Vierge est vraiment et à proprement parler mère de Dieu, quoiqu'il y ait deux natures en Jésus-Christ ; mais il soutient que ce sont les eutychéens qui ont inventé la condamnation des *trois chapitres*, pour porter atteinte à l'autorité du concile de Chalcédoine ; puis les origénistes, fâchés de ce que l'empereur avait condamné Origène, s'étaient joints à eux, n'osant attaquer ouvertement ce concile. Il prouve ce fait par l'aveu de Domitien, évêque d'Ancyre, dans une lettre au pape Vigile. Les origénistes, du nombre desquels était ce Domitien, avaient avancé, suivant Facundus, que tous les eutychéens communiqueraient avec l'Eglise, si l'on condamnait la lettre d'Ibas, en niant que le concile de Chalcédoine l'eût approuvée ; et sous ce faux prétexte de réunion, on leur accorda d'anathématiser non-seulement cette lettre, mais encore tous ses approbateurs. Mais ceux-ci, pour s'opposer au succès de cette tentative, commencèrent par expliquer la foi d'Ibas sur l'incarnation de Jésus-Christ, sachant que c'était la coutume des eutychéens d'accuser de nestorianisme, tous ceux qui défendaient la vérité contre eux. Pour se justifier de l'erreur des nestoriens, dit Facundus, il n'est pas nécessaire de condamner la lettre d'Ibas ; mais il suffit de reconnaître qu'un de la Trinité a été crucifié pour nous ; que la Vierge Marie est appelée véritablement et proprement mère de Dieu et qu'il y a deux natures en Jésus-Christ, la nature divine et la nature humaine. Il y avait des catholiques qui ne voulaient pas que l'on dît *un de la Trinité*, mais une personne de la Trinité. Facundus convient que l'une et l'autre de ces propositions ont un bon sens, mais que la dernière n'exclut pas assez formellement l'erreur de Nestorius, tandis que l'autre est plus conforme aux façons de parler de l'Ecriture ; ce qu'il montre en citant plusieurs textes des saints Livres. Il ne comprend pas non plus comment quelques-uns qui voulaient passer pour catholiques, en condamnant Nestorius, refusaient de dire que la sainte Vierge est véritablement et proprement mère de Dieu ; il montre qu'elle l'est en effet, et qu'on peut dire aussi que Dieu est le père du Crucifié, sans qu'il suive de là que la divinité ait pris naissance d'une vierge, ni qu'elle ait pu être crucifiée. Il prouve que l'on doit reconnaître deux natures en Jésus-Christ, et non pas, comme le faisaient les eutychéens, une nature composée de la divinité et de l'humanité ; parce qu'avec cette nature, quoique composée des deux autres, il ne nous serait plus consubstantiel ni à son Père. Il distingue deux partis dans la secte des eutychéens ; les uns suivaient toutes les erreurs d'Eutychès, et conservaient le nom d'eutychéens ; les autres s'éloignaient de lui sur quelques points de doctrine, et s'appelaient acéphales ou monophysites, parce qu'ils n'admettaient qu'une nature en Jésus-Christ ; mais les uns et les autres refusaient de reconnaître le concile de Chalcédoine, où leur erreur avait été condamnée. Facundus allègue principalement contre eux l'autorité du concile d'Ephèse, dans lequel il dit que l'Esprit de Dieu avait parlé. Cet argument lui paraît suffisant, parce que ces hérétiques faisaient profession de suivre la doctrine établie à Ephèse. Les eutychéens et les acéphales disaient que de même que la nature humaine est composée de l'âme et du corps, de même la nature de Jésus-Christ est composée de la divinité et de l'humanité ; qu'ainsi l'on doit confesser qu'il est d'une seule nature, et non pas en deux natures. Facundus répond que la comparaison de l'âme et du corps unis en chaque homme est imparfaite, parce que ces deux parties créées l'une pour l'autre ne forment qu'une seule nature, savoir, la nature humaine. On peut bien dire que l'âme unie à la chair compose une seule nature ; mais on ne saurait dire sans blasphème que la divinité, qui de sa nature est inconvertible, compose une nature avec l'humanité. Il n'y a qu'un point sur lequel cette comparaison de l'âme et du corps soit juste, c'est que comme l'âme et le corps sont unis en une seule personne, de même la nature divine et la nature humaine sont unies en une seule personne, qui est Jésus-Christ. Il confirme cette croyance par un passage tiré de l'*Enchyridion* de saint Augustin : « Du moment que Jésus-Christ a commencé d'être homme, dit le saint docteur, il n'a pas été autre que Fils de Dieu, Fils unique et Dieu lui-même ; puisque le Verbe qui s'est fait homme est Dieu ; de sorte que de même que chaque homme, composé d'un corps et d'une âme raisonnable n'est qu'une personne, ainsi

Jésus-Christ, Verbe et homme tout ensemble est une seule personne. »

Deuxième livre. — Outre l'édit contre les *trois chapitres*, Justinien avait composé un écrit dans lequel il prétendait démontrer qu'ils étaient condamnables. C'est cet ouvrage que Facundus réfute dans son second livre. Pour le faire avec plus de liberté il feint d'ignorer que ce prince en soit l'auteur, et suppose partout qu'il est de la façon des acéphales, qui, pour lui donner plus d'autorité, l'ont publié sous le nom de l'empereur. Il dit qu'un écrit de cette nature était absolument inutile ou plutôt nuisible à l'Eglise dont il venait troubler la tranquillité, par des questions aussi vaines que dangereuses. Il y a de l'irrévérence à vouloir traiter de nouveau ce qui a été décidé dans le concile de Chalcédoine, dont les décrets sont reçus depuis environ cent ans par le consentement de l'Eglise universelle. Il était non moins inutile de discuter les écrits de Théodore de Mopsueste, mort depuis longtemps dans la paix et dans la communion de l'Eglise; « mais on n'attaque sa mémoire, dit Facundus, que parce qu'il est parlé de lui avec éloge dans la lettre du vénérable Ibas, reçue comme orthodoxe par ce concile. C'est dans la même vue d'anéantir l'autorité de ce concile que les eutychéens voulaient faire condamner les écrits de Théodoret contre saint Cyrille, parce qu'en effet Théodoret avait assisté à Chalcédoine et pris la défense de la lettre de saint Léon contre Eutychès. » Venant au fond de la lettre d'Ibas, Facundus montre que la raison principale pour laquelle on l'attaquait, était la distinction nette et précise qu'il y fait des deux natures en la personne de Jésus-Christ. C'est en vain que ses ennemis prétextaient que saint Cyrille s'y trouvait maltraité, puisqu'ils ne demandaient pas la condamnation de tous ceux qui ont écrit contre le saint docteur, comme l'ont fait Gennade de Constantinople et Isidore de Peluse, dont la réputation était beaucoup plus grande que celle d'Ibas. Il est donc visible qu'en rejetant cette lettre, ils ne cherchent qu'à affaiblir l'autorité du concile de Chalcédoine, qui, après l'avoir examinée n'a pas jugé à propos de la censurer. Entreprendre le contraire, c'est donc agir contre les décisions du pape saint Léon et les conciles d'Orient, qui tous ont déclaré que le concile de Chalcédoine avait tout réglé avec sagesse, et qu'il n'était permis d'altérer aucun de ses décrets. « Les acéphales, disaient-ils, attendaient la décision du Pape Vigile qu'ils avaient consulté; mais ajoute Facundus, ce pape ne saurait combattre les décisions de saint Léon, et de ses autres prédécesseurs qui ont approuvé le concile de Chalcédoine. Ce n'est point pour détruire les sentiments de ses Pères, mais pour les soutenir et les défendre, qu'il a été élevé à la plus haute dignité de la terre; il n'a reçu après eux de pouvoir que pour et non contre la vérité. » Il conjure Justinien d'arrêter ces sortes de disputes; et lui représente que si l'on permet une seule fois de remettre en question ce qui a été catholiquement décidé, elles n'auront plus de fin. Il rapporte quelques passages des lettres de saint Léon, dans lesquels ce pieux pontife approuve tout ce qui s'était fait à Chalcédoine sur les matières de la foi.

Troisième livre. — Il contient la justification de Théodore de Mopsueste, dont la lettre d'Ibas parle avec éloge, et qu'on ne peut par conséquent accuser d'erreur, sans condamner le concile qui en a souffert la lecture. Encore que Théodore ait été le maître de Nestorius, il était loin de partager ses sentiments sur l'Incarnation; au contraire, en défendant la foi de l'Eglise sur cet article contre Paul de Samosate, il l'avait défendue par avance contre Nestorius. Il est clair, du reste, par les écrits que nous conservons de Théodore, qu'il a rejeté l'erreur de Nestorius. S'il y a dans ses écrits quelques passages difficiles à comprendre, ils sont susceptibles d'un bon sens. C'est sans raison qu'on l'a accusé de nier que la Vierge fût mère de Dieu, puisqu'il dit en termes exprès que Dieu le Verbe s'est uni à l'homme dès le premier instant qu'il a été formé dans son sein. Ils n'ont pas rencontré plus juste, en l'accusant d'avoir nié l'union des deux natures, puisqu'en parlant de l'habitation du Verbe dans la nature humaine, Théodore fait remarquer qu'elle s'est accomplie d'une manière non commune, mais excellente. Enfin il rapporte un grand nombre de passages des écrits de Théodore, qu'il explique tous dans un sens catholique.

Quatrième livre. — Facundus demande aux eutychéens pourquoi ils suivaient saint Cyrille dans les reproches qu'il adressait à Théodore, tandis qu'ils refusaient de le suivre dans la façon outrageante dont il a traité saint Jean Chrysostome, disciple de Théodore, et Diodore de Tarse, loué par les Pères et les princes catholiques et condamné seulement par les apollinaristes et Julien l'Apostat. Il fait voir que Théodore ayant eu sur l'Incarnation la même croyance que Diodore son maître, on devait les condamner tous les deux ou n'en condamner aucun. « Après la condamnation des trois chapitres, dit-il, le Pape Vigile la désapprouva et se sépara de la communion de Mesmas de Constantinople qui y avait souscrit le premier. La plupart des églises d'Occident s'opposèrent aux entreprises des acéphales sur ce sujet, convaincues que leur dessein était de diminuer le crédit du concile de Chalcédoine. » Facundus prouve tous ces faits par des monuments authentiques. Il y eut même plusieurs évêques d'Orient qui refusèrent leur concours aux sectaires; mais l'empereur en gagna un bon nombre, soit par des menaces, soit par des présents. Ceux qui résistèrent furent envoyés en exil. Facundus rappelle ce prince au serment qu'il avait fait dans son baptême de garder invariablement le dépôt de la foi; et il rappelle en même temps les évêques prévaricateurs à l'obligation où ils sont par leur caractère de détromper les princes lorsqu'ils les voyaient engagés dans de fausses démarches par les artifices des méchants.

Cinquième livre. — Facundus entreprend de démontrer que la lettre d'Ibas a été reçue et approuvée par le concile de Chalcédoine dont il rapporte la déclaration en ces termes : « Suivant ce qui a été dit par les révérendissimes évêques, nous reconnaissons que l'innocence d'Ibas a été prouvée, et nous remarquons par la lecture de sa lettre qu'il est orthodoxe ; c'est pourquoi nous jugeons qu'il doit recouvrer l'honneur de l'épiscopat et rentrer dans son Eglise, d'où il a été injustement chassé. » Ce sont là les propres paroles des légats du Saint-Siége qui opinèrent les premiers ; mais Facundus prouve par les Actes mêmes de ce concile que Maxime d'Antioche, Eusèbe de Nicomédie, Photius de Tyr, Eustathe de Bérythe et l'immense majorité des évêques présents furent du même avis, et que Théodoret et Ibas prirent séance avec eux, aussitôt après avoir dit anathème à Nestorius ; ce qui se fit dans la huitième action, et non pas seulement après la condamnation d'Eutychès et de Dioscore, comme le soutenaient les acéphales, et que par conséquent ils avaient souscrit à la définition de foi de Chalcédoine proclamée par le Pape Léon. Il conclut qu'après une approbation de cette lettre aussi solennelle, il n'était plus permis d'exiger qu'on en démontrât la catholicité, parce qu'autrement ce serait en vain qu'on assemblerait des conciles pour terminer des disputes, qui deviendraient d'elles-mêmes interminables, avec la liberté de les remettre en question.

Sixième livre. — En déclarant orthodoxe la lettre d'Ibas, le concile a suivi l'exemple de l'Ecriture qui juge quelquefois de la qualité du tout, par la meilleure et la plus saine partie de ce qui le compose. En effet, malgré l'opinion de cet évêque sur saint Cyrille dont la croyance ne lui était pas bien connue, il suffisait, pour être déclarée orthodoxe, que sa lettre confessât en Jésus-Christ deux natures unies en une seule personne. Saint Cyrille enseignait la même doctrine, quoiqu'en écrivant contre Nestorius, qui séparait les deux natures, il n'ait pas assez insisté sur cette démonstration. Toute la querelle entre Ibas et le saint docteur ne roulait donc que sur une vaine question de mots, que Facundus compare au différend agité déjà entre les Grecs et les Latins au sujet des trois hypostases. Or, comme ni les uns ni les autres n'avaient été condamnés, Facundus en conclut qu'on ne peut taxer la lettre d'Ibas d'hérésie, qu'en prouvant qu'elle était entachée de nestorianisme.

Septième livre. — On objectait qu'Ibas avait dit que la condamnation de Nestorius s'était faite sans examen, Facundus répond qu'il ne l'a point désapprouvée, mais qu'il a seulement trouvé mauvais que l'on n'eût pas attendu les Orientaux : Au surplus il convient qu'Ibas a pu se tromper dans le jugement de Nestorius, comme Anatole s'est trompé à l'égard de Dioscore, saint Athanase à l'égard de Timothée, le concile de Palestine et le Pape Zozime à l'égard de Pélage et de Célestius ; mais il rejette comme un fait avancé sans preuves qu'Ibas eût été contraint de condamner Nestorius, puisque sa lettre l'accuse d'avoir écrit des livres pernicieux et qui causaient du scandale, en niant que la bienheureuse Vierge Marie fût mère de Dieu. Aussi Photius, Eustathe, Urénius, donnés pour juges à Ibas, le soupçonnèrent si peu de favoriser Nestorius, qu'ils ne le pressèrent jamais de lui dire anathème. Le concile de Chalcédoine de son côté ne crut point que la mauvaise opinion qu'Ibas avait de saint Cyrille fût une raison de condamner sa lettre.

Huitième livre. — Après la défense d'Ibas et de sa lettre, Facundus passe à l'apologie de Théodore de Mopsueste, et il la fonde d'abord sur les témoignages de Jean d'Antioche et des évêques d'Orient, qui, après avoir examiné celles de ses propositions que l'on taxait d'hérésies, trouvent que les anciens Pères de l'Eglise en ont avancé de semblables. Il rejette le témoignage de saint Procle, qui dans un écrit objecté n'avait pas même prononcé le nom de Théodore. Il rapporte la lettre où Jean d'Antioche, au nom de son concile, fait l'éloge de Théodore, et relève surtout son savoir, sa piété, son zèle, sa sagesse, en un mot toutes les vertus qui lui avaient attiré l'estime des évêques et celle du grand Théodose qui aimait à l'entendre et à s'entretenir avec lui. Il renvoie à la lettre du concile d'Antioche à saint Cyrille, laquelle, à part quelques passages douteux, approuve tous les écrits de Théodore ; et à saint Cyrille lui-même, qui dans sa réponse appelle l'évêque de Mopsueste un homme admirable qu'on ne peut insulter sans crime, puisqu'il a fini ses jours dans le ministère épiscopal. Comme les acéphales objectaient que saint Cyrille avait changé de sentiment à l'égard de Théodore, et qu'après l'avoir loué, il avait écrit contre lui, Facundus répond qu'on doit s'en rapporter aux Pères qui vivaient de son temps plutôt qu'à saint Cyrille seul parce qu'il est probable que Théodore eût été suspect d'hérésie, ils ne lui eussent pas donné des louanges comme à un évêque mort dans la communion de l'Eglise et avec les honneurs de l'épiscopat.

Neuvième livre. — Facundus répond aux objections que les acéphales tiraient des écrits de Théodore, pour montrer qu'il avait été dans les erreurs des sabelliens, des nestoriens et des manichéens. D'abord, on ne peut l'accuser d'avoir enseigné avec Sabellius que le Père, le Fils et le Saint-Esprit ne sont qu'une seule et même personne, puisqu'en expliquant le psaume XI, il dit que c'est faire acte de piété et de religion, de tellement glorifier le Fils de Dieu, qu'on rende aussi au Saint-Esprit l'adoration qui lui est due. Loin d'enseigner que Jésus-Christ est un pur homme, il le confesse clairement qu'il est le Dieu de l'univers et que rien n'est comparable à ce qu'il fait. Ensuite, contre l'opinion de Nestorius, il enseigne que Jésus-

Christ n'est qu'une seule personne en deux natures, qu'il est en même temps Dieu et homme, visible selon sa nature humaine, invisible selon sa nature divine ; par conséquent que c'est une folie de dire qu'il y a deux Fils, deux Christs, deux Seigneurs, puisque ces deux natures sont réunies en une seule personne. Enfin, comme les manichéens, on ne peut l'accuser d'avoir voulu détruire l'autorité des prophéties, puisque chacun de ses ouvrages a pour but d'en faire voir l'accomplissement en Jésus-Christ. Facundus établit pour règle que c'est par ces passages clairs qu'il vient d'emprunter aux écrits de Théodore, que l'on doit expliquer ceux qui sont obscurs et ambigus, comme on le fait ordinairement à l'égard des autres Pères. Du reste il a besoin d'explications lui-même lorsqu'il veut excuser Théodore de quelques aperçus douteux sur le mystère de l'eucharistie, aperçus comparatifs après tout et qu'il est facile de ramener à l'opinion d'Origène et de saint Augustin sur la même question.

Dixième livre. — Comme les deux précédents, ce livre est encore consacré à la justification de Théodore de Mopsueste. En supposant qu'il y eût quelque chose de répréhensible dans ses écrits, le concile de Chalcédoine ne devait pas les condamner, parce qu'il pouvait croire, ou que ces passages y avaient été insérés par ses ennemis, ou qu'ils étaient susceptibles d'une bonne interprétation. D'ailleurs une lettre de Jean d'Antioche témoigne que Théodore, sachant que l'on reprenait quelques façons de parler dans ses écrits, les avait corrigées lui-même ; ce qui prouve que s'il avait été dans l'erreur, au moins il n'avait pas imité les hérétiques et n'y avait pas persévéré. Peut-être n'avait-il manqué que d'exactitude et de circonspection, sans avoir avancé nulle part aucune proposition erronée. D'ailleurs pourquoi lui reprocher ces défauts, puisqu'il les avait corrigés lui-même ? Quels éloges n'a-t-on pas donnés à saint Cyprien, quoiqu'en son particulier et avec son concile il ait soutenu contre la doctrine de l'Eglise que l'on devait rebaptiser les hérétiques ? Théodore ne fut pas même accusé dans le concile de Chalcédoine, qui après tout ne pouvait condamner un homme mort dans la communion catholique. Car le Seigneur n'a donné à son Eglise aucun pouvoir sur les morts. Aussi n'a-t-elle jamais condamné saint Athanase pour avoir excusé saint Denys d'Alexandrie, qui s'était exprimé sur la nature du Fils de Dieu, en termes si durs, qu'il semblait en faire une créature à part et un être différent de la substance du Père ; ni saint Basile, pour avoir pris la défense de saint Grégoire Thaumaturge dont les expressions pouvaient paraître favoriser les ariens et les sabelliens ; ni saint Hilaire pour avoir justifié le concile d'Antioche dans la suppression du terme *consubstantiel*, et de quelques autres expressions peu convenables, prononcées au concile de Sirmium. Or, s'il a été permis à ces grands hommes d'en excuser d'autres que l'Eglise avait constitués en dignité, pourquoi ne le serait-il pas d'excuser Théodore ?

Onzième livre. — Dans ce livre Facundus rapporte plusieurs passages des écrits de saint Eustathe d'Antioche, de saint Athanase, de saint Amphiloque, de saint Grégoire de Nysse, de saint Chrysostome, de saint Cyrille d'Alexandrie, pour montrer qu'ils ont employé les mêmes expressions que l'on reprend dans Théodore de Mopsueste. La conclusion qu'il tire de ce parallèle est que si l'on excuse un défaut d'exactitude dans ces écrivains, parce que vivant avant l'hérésie de Nestorius ils ne pouvaient pas s'exprimer avec la même réserve, on doit l'excuser également dans Théodore de Mopsueste, antérieur à cet hérésiarque et ne pas lui reprocher les égards que le concile de Chalcédoine avait eus pour lui. Il donne pour règle que quand on découvre des erreurs dans les écrits des Pères, on doit d'abord les excuser en se rapportant à leur bonne intention, parce qu'on n'est pas hérétique simplement pour s'être trompé, mais parce qu'on persévère dans l'erreur.

Douzième livre. — Il continue d'établir la même règle dans son douzième livre, et fait voir qu'il y a une grande différence entre des hérétiques séparés de la communion de l'Eglise et obstinés dans l'erreur, et des catholiques qui ne s'y trouvent que par ignorance ou par malentendu, mais en demeurant constamment soumis aux décisions de la foi. Ce n'est pas l'ignorance qui rend hérétique, à moins qu'elle ne soit accompagnée de contumace et de résistance obstinée à la doctrine de la vérité, c'est de soutenir et de défendre opiniâtrément l'erreur. Or cette opiniâtreté ne se trouve point dans tous ceux qui sont dociles à la voix de l'Eglise, qui se soumettent à son autorité, qui sont disposés à apprendre d'elle la vérité, quoique jusquelà ils n'aient encore pu ni la concevoir ni la connaître. On ne doit donc point les appeler hérétiques ; cette qualification odieuse ne peut s'appliquer qu'à ceux qui par orgueil s'obstinent à défendre l'erreur ; qui, étant avertis de leurs égarements, refusent avec mépris d'acquiescer à la vérité, et qui aiment mieux être retranchés de l'Eglise que de renoncer à leurs mauvais sentiments. La conséquence qu'il tire de cette distinction est que Théodore de Mopsueste, ayant fait preuve de docilité en rétractant quelques passages de ses écrits, ne doit point être condamné comme hérétique. Il passe de là à l'autorité du concile de Chalcédoine, contre laquelle, dit-il, il n'est plus permis de revenir, en examinant de nouveau ce qu'il a décidé, soit à l'égard de la lettre d'Ibas, soit pour toute autre question qui intéresse la foi. Il prouve cette opinion par divers passages des lettres de saint Léon, et par l'édit de l'empereur Marcien, à qui l'on était redevable du salut de l'empire et de la paix de l'Eglise. Il prouve encore par ces deux autorités que, dans les matières qui concernent la foi, les princes doivent se soumettre, obéir aux décisions des évêques et ne point en usurper les droits. L'empereur Léon a donné l'exemple de cette obéissance; Marcien au contraire, et après lui Zénon par son *Hénotique*, ont introduit dans l'Eglise un schisme long et fâcheux, dont elle fut agitée pendant près de quarante ans, depuis le pontificat de Félix III jusqu'à celui d'Hormisdas, époque de la réunion des deux Eglises. Facundus profite de cette circonstance pour remontrer avec beaucoup de discrétion à Justinien que Zénon n'avait donné dans ces égarements que parce qu'il avait été séduit par des flatteurs qui avaient exalté sa sagesse jusqu'à le mettre au-dessus de tous les princes, ses prédécesseurs, et des plus sages évêques qui avaient gouverné l'Eglise dans tous les siècles. Il l'exhorte à suivre l'exemple du grand Théodose, qui croyait acquérir le salut éternel, non par la puissance humaine qui le constituait au-dessus des prêtres du Seigneur, mais par l'obéissance qu'il devait à leurs décisions. Il termine en disant qu'il suffirait d'un évêque comme saint Ambroise pour qu'on pût rencontrer encore des Théodose.

Livre contre Mucien. — Facundus ne se contenta pas de prendre par écrit la défense des *trois chapitres*; il les soutint encore de vive voix, et en les voyant condamnés par le concile de Chalcédoine, il rompit immédiatement toute communion avec les évêques qui avaient rendu cette sentence. Justinien, pour l'en punir, l'exila dans un lieu qui est resté inconnu. Sous prétexte de lui porter des condoléances, ses partisans lui avaient envoyé des députés dont la mission véritable était de l'engager à répondre à un écrit dans lequel Mucien avait réuni un grand nombre de passages de saint Augustin, pour prouver qu'on était forcé de souffrir dans l'Eglise un grand nombre de méchants sans se séparer de leur communion. Mucien comparait aux donatistes ceux qui, dans l'affaire des *trois chapitres*, s'étaient séparés des évêques qui avaient souscrit leur condamnation. Les députés trouvèrent Facundus malade et si affaibli, qu'encore qu'on fût en un temps de jeûne, il ne pouvait attendre jusqu'à la troisième heure du jour pour prendre son premier repas. Toutefois il entreprit de réfuter Mucien, mais il ne put le faire avec beaucoup d'étendue, parce qu'il manquait des livres nécessaires pour étudier la question et la traiter d'une manière convenable. Or, ceci se passait vers l'an 555 ou 556.

Dans son livre, Facundus s'applique principalement à démontrer que Mucien abusait de l'autorité de saint Augustin, comme Fauste de Riez en avait abusé sur la question du libre arbitre, faute à tous les deux d'entendre les écrits de ce Père. Il y avait suivant lui beaucoup de différence entre la cause des donatistes et celle des *trois chapitres*; au temps des donatistes, il ne s'agissait que d'un schisme; aujourd'hui c'est la foi qui se trouve mise en question. Donc, pour montrer qu'il avait eu raison de se séparer des autres évêques, il dit que ceux-ci n'ont pu condamner les *trois chapitres* qu'en se joignant aux hérétiques qui ont sollicité cette condamnation, en anathématisant le concile de Chalcédoine et les Pères qui en ont composé ou approuvé les décrets. Ces évêques se sont donc volontairement retranchés de l'Eglise, et ce n'est que par une injustice que l'on peut reprocher aux évêques d'Afrique d'avoir rejeté leur communion. Il restait à démontrer que ceux-là sont séparés de l'Eglise qui condamnent le concile de Chalcédoine, et Facundus le prouve par l'exemple de la condamnation d'Acace de Constantinople, qui entraîna celle de presque tous les évêques d'Orient, soit qu'à son imitation ils n'en reçussent pas les décrets ou qu'ils communiquassent avec les ennemis déclarés de ce concile. La sentence que le Saint-Siège prononça à cette occasion subsista depuis le pontificat de Félix III jusqu'à celui du pape Hormisdas, sans qu'il se soit rencontré personne qui, comme Mucien, prétendit qu'il fallait tolérer les méchants et rester uni de communion avec eux. Est-ce donc que l'on ne connaissait pas les écrits de saint Augustin contre les donatistes? non; mais c'est que la cause des donatistes n'était pas de la même nature que celle des *trois chapitres*. Saint Hilaire aussi se sépara de communion avec ceux qui tentèrent d'anéantir l'autorité du concile de Nicée, et il fut imité en cela par plusieurs évêques. A la rigueur, l'Eglise d'Afrique ne s'est point séparée des ennemis du concile de Chalcédoine, mais elle a seulement évité de communiquer avec ceux qui avaient mérité l'anathème pour leur opposition à ce concile. Il y aurait lieu plutôt de reprocher aux évêques d'Afrique d'avoir différé que d'avoir précipité cette séparation, comme Mucien les en accusait. Il rapporte ce qu'il avait dit dans le concile assemblé par le pape Vigile, à Constantinople, en 547, la sentence d'excommunication que ce pontife prononça contre Mennas, qui le premier avait souscrit à la condamnation des *trois chapitres*; le décret appelé *Judicatum*, où Vigile condamnait les *trois chapitres* sans préjudice du concile de Chalcédoine, puisque de son aveu il ne s'était laissé aller à la publication de ce décret que par des motifs purement humains. Il rapporte également la lettre de Sarcius à Boëthe, primat de la province Byzacène, dans laquelle il anathématise Eutychès et tous ceux qui, avec lui, rejettent le concile de Chalcédoine et la lettre d'Ibas approuvée dans ce concile. Il convient que le pape saint Etienne ne rompit point la communion avec saint Cyprien et quelques autres évêques d'Afrique dans la dispute de la rebaptisation; mais il dit que si jusque-là, il n'était intervenu aucune sentence de la part de ce pontife, il menaça d'en porter une contre quiconque oserait renouveler à l'avenir le baptême donné par les hérétiques; ce qui suppose clairement que saint Etienne pensait qu'on pouvait se séparer de la communion de ceux qui erraient dans la foi.

quoiqu'il fût permis de demeurer uni avec ceux qui n'avaient pas encore été soumis à l'anathème. C'est pourquoi il ajoute : « Quoique je condamne les Nestoriens, retranchés de l'Eglise par l'anathème, je ne condamne pas Théodore de Mopsueste, parce que cet anathème ne l'a point frappé, puisque, suivant la doctrine du concile de Rome, confirmée par le pape Gélase, il est défendu de condamner après leur mort ceux qui ont fini dans la paix de l'Eglise, qui n'a plus à juger après le jugement de Dieu.

Lettre. — Facundus revient encore sur la question des *trois chapitres* dans une lettre intitulée : *De la foi catholique.* Ceux qui les avaient condamnés disaient que, malgré cette sentence, ils ne laissaient pas d'être unis dans la même foi, dans la célébration du même sacrifice, et dans l'administration des mêmes sacrements, avec leurs défenseurs, et que leur différend sur cette matière ne portait aucun préjudice à la foi de l'Eglise. Facundus soutient que cela ne peut être, parce qu'on ne peut condamner la lettre d'Ibas, où la foi des deux natures est nettement exprimée, sans approuver le dogme des eutychéens et des acéphales, les principaux auteurs de la condamnation de cette lettre, et, par conséquent, sans enseigner avec eux qu'il n'y a qu'une seule nature en Jésus-Christ. C'est en vain qu'ils se flattent de garder le Symbole catholique, puisque, contrairement à l'article de ce symbole qui réserve au Fils de Dieu le jugement des morts, ils l'usurpent eux-mêmes en jugeant et en condamnant des évêques, morts dans la communion de l'Eglise. Il les accuse d'avoir pressé la condamnation des *trois chapitres*, par des vues d'ambition et d'intérêt, et après s'être laissé corrompre par des présents ou par des promesses flatteuses : l'affaire des *trois chapitres*, dit-il, n'est pas, comme le prétendent quelques ignorants, particulière à Ibas, à Théodore et à Théodoret; elle regarde également tous les évêques, tant ceux dont la doctrine a été approuvée au concile de Chalcédoine, que ceux qui sont morts depuis dans la communion de l'Eglise catholique. Il demande si, avant de condamner ces trois évêques, on les avait, de leur vivant, soumis à un interrogatoire, repris, corrigés, avertis, suivant la coutume et la discipline de l'Eglise; comme on en a agi envers Arius au concile de Nicée, envers Macédonius au concile de Constantinople, envers Nestorius à celui d'Ephèse, envers Eutychès et Dioscore au concile de Chalcédoine. Comme ils ne pouvaient rien prouver de semblable, il leur oppose les actes des deux conciles où Ibas, Théodore de Mopsueste et Théodoret ont été déclarés orthodoxes, et rétablis dans leurs siéges. Il leur demande encore si le concile de Chalcédoine est orthodoxe ou non. Si vous répondez qu'il est orthodoxe, vous êtes donc vous-mêmes hérétiques, puisque vous condamnez ce qu'il a approuvé, et à plus forte raison, vous l'êtes encore en déclarant le contraire. Ce qu'il dit des auteurs de la condamnation des *trois chapitres*, il l'applique à tous ceux qui lui sont unis de sentiments et de communion. Répondant ensuite à ceux qui se flattaient d'offrir le même sacrifice avec les défenseurs des *trois chapitres*, il leur fait l'application des paroles de Dieu à Caïn : *Si vous offrez bien, vous en serez récompensé; si vous offrez mal, vous éprouverez aussitôt la peine de votre péché.* Il avoue que rien n'est préférable à la paix, et il cite à ce propos quelques passages de saint Augustin; mais il dit que cette paix est impossible avec les hérétiques, les schismatiques, les juifs et les païens; du reste elle a été rompue par les auteurs de la condamnation des *trois chapitres*, et ce n'est qu'en annulant cette sentence qu'ils peuvent espérer la rétablir.

Nous ignorons si Facundus a composé d'autres ouvrages; mais on voit par ceux que nous venons d'analyser qu'il écrivait avec beaucoup de feu et de véhémence, et surtout qu'il ne laissait rien échapper de ce qui pouvait revenir à son sujet. Il possède l'art de donner à ses raisonnements un tour qui les rend plausibles, quoique pourtant il y en ait quelques-uns dont on saisisisse facilement l'endroit faible, soit qu'il en exagère les conséquences, soit qu'en réalité les principes n'en soient pas solides. — Tous ces écrits de Facundus se retrouvent au tome X de la *Bibliothèque des Pères de Lyon*, et dans le *Recueil des œuvres du Père Sirmond*, *imprimé à Paris, en* 1696.

FALCON ou **FAUCON**, moine de Tournus, florissait sur la fin du xi⁰ siècle et s'était fait une réputation de savoir. Quelques auteurs l'ont fait descendre de la maison de Mercœur, et ont prétendu qu'il était frère d'Etienne, évêque du Puy en Velay, de Guillaume, abbé de Tournus, et comme eux, neveu de saint Odilon, abbé de Cluny ; mais cette opinion se concilie difficilement avec l'époque à laquelle il écrivait. Le seul ouvrage que nous possédions de lui est dédié à l'abbé Pierre Iᵉʳ, qui ne commença à gouverner le monastère de Tournus qu'en 1066, et qui le gouverna pendant plus de quarante ans.

Cet abbé, désirant réunir et faire collationner aux ordre divers monuments historiques qui se conservaient dans les archives de son monastère, pressa Falcon, dont il connaissait la capacité, de se charger de l'exécution de ce dessein. Celui-ci, après avoir fait d'abord quelques difficultés, finit par accéder à ce désir de son supérieur ; mais il joignit à ces anciens monuments la relation des faits les plus considérables qui s'étaient passés de son temps dans son monastère. Il donna à son écrit le titre de *Chronique de Tournus*, et le dédia à son abbé, qu'il ne désigne que par la lettre initiale de son nom. Il n'en use pas autrement pour lui-même ; et sans Garnier, autre moine de Tournus, qui écrivait au commencement du siècle suivant, ces deux initiales serviraient peut-être encore de thème aux dissertations des bibliographes de nos jours.

Cette chronique est divisée en quarante-neuf articles, qu'on peut réduire cependant à quatre parties principales, comprenant, 1° les Actes de saint Valérien, martyr, qu'on regarde comme l'apôtre du pays, et dont le corps reposait à Tournus, ce qui engagea d'auteur à lui consacrer le commencement de son travail. Ce saint fut martyrisé en 179, époque bien éloignée de celle où écrivait Falcon ; mais, comme nous l'avons remarqué, il travaillait sur d'anciens monuments conservés dans les archives de son monastère. On y reconnaît quelques passages d'Eusèbe, extraits de son *Histoire des premiers martyrs de Lyon ;* mais on ne sait si l'auteur les en avait détachés de lui-même ou s'il les avait trouvés ainsi dans les mémoires dont il se servait. 2° L'Histoire abrégée de l'événement qui commença l'origine du monastère de Luçon, érigé depuis en évêché. Ce morceau d'histoire a tout à fait l'air d'un pieux roman. 3° Une autre Histoire abrégée de la translation, ou, pour parler plus juste, des pérégrinations du corps de saint Philibert depuis son départ du monastère de Hermoutiers jusqu'à son arrivée à Tournus, avec l'histoire des abbés de cette communauté errante, qui accompagnait partout les reliques de son saint protecteur. 4° Enfin, tout ce qu'il a pu apprendre des autres abbés, qui gouvernèrent le monastère de Tournus depuis 875 jusqu'en 1087, époque à laquelle se termine son ouvrage. Il est beaucoup mieux écrit que grand nombre d'autres chroniques du même siècle ; et, quoique l'auteur ne soit pas toujours exact pour le nombre et l'ordre chronologique des abbés de Tournus, son livre n'a pas laissé de servir comme de fond principal à l'Histoire de cette abbaye, convertie en collégiale de chanoines séculiers au commencement du XVIIᵉ siècle. Le P. Chifflet, auteur de la première Histoire, publiée à Dijon en 1664, et l'abbé Juenin, qui en donna une nouvelle en 1733, ont fait imprimer l'ouvrage de Falcon parmi leurs pièces justificatives. La seconde édition est préférable, en ce qu'elle corrige plusieurs fautes échappées au premier historien. Par exemple, à l'article de l'abbé Gauthier, on lit, dans l'*Histoire* du P. Chifflet, que cet abbé gouverna le monastère de Tournus, *his quaternis annis*, ce qui ne fait qu'un terme de quatre ans, tandis que celle de l'abbé Juenin lui en donne huit, en écrivant *bis quaternis*, conformément au manuscrit original. La même faute se reproduit à propos du gouvernement de l'abbé Aymin, à qui le P. Chifflet n'accorde que huit ans, tandis qu'il en a duré dix-huit, suivant le texte de la seconde édition.

Dans les premières années du XIIᵉ siècle, Garnier, autre moine de Tournus, que nous avons déjà nommé, entreprenant de donner une histoire plus ample du martyre de saint Valérien et de sa translation, se servit avec avantage de ce que Falcon en avait déjà écrit. De même, quoique dès avant la fin du XIᵉ siècle, l'abbé Ermentaire eût fait avec assez de détails l'histoire des diverses translations du corps de saint Philibert, cela n'a pas empêché dom Mabillon, en publiant l'ouvrage de cet écrivain, d'y joindre la troisième partie de celui de Falcon, qui traite du même sujet.

FARDULFE, abbé de Saint-Denis, près Paris, est devenu célèbre par les poésies qu'Alcuin et Théodulfe d'Orléans firent à sa louange. Il était Lombard d'origine, et fut amené en France, à la suite du roi Didier, après la prise de Pavie. Tant que ce prince vécut, Fardulfe lui demeura inviolablement attaché. Il ne le fut pas moins dans la suite au roi Charles, son vainqueur, à qui il découvrit la conspiration de Pépin le Bossu, l'un de ses bâtards. Charles, en reconnaissance, donna à Fardulfe l'abbaye de Saint-Denis. Cette donation est de 793, et le nouvel abbé la gouverna jusqu'à sa mort, arrivée au plus tard en 807.

Il nous reste de lui quelques épigrammes, rapportées par Duchesne, qui les croyait d'Alcuin ou de Paul Warnefride, plus connu sous le nom de Paul Diacre. La première se compose de vingt vers élégiaques, formant inscription, et destinés à être gravés au frontispice d'une magnifique résidence que l'auteur avait fait construire près de son abbaye pour y recevoir le roi. Cette épigramme se retrouve également imprimée parmi les notes du P. Sirmond sur Théodulfe et dans les *Annales* de dom Mabillon.

La seconde, de huit vers hexamètres, a trait à une chapelle que Fardulfe fit élever en l'honneur de saint Jean-Baptiste, comme il en avait fait vœu dès le commencement de son exil. La troisième, en vers élégiaques, est un salut au roi Charles. Quant à la quatrième, qui est la plus longue du recueil, elle appartient à Angilbert, abbé de Centulle ; mais la petite prose rimée que dom Martène et dom Durand ont publiée avec d'autres poésies, paraît être de la façon de l'abbé Fardulfe.

FASTIDIUS. — Nous aurions beaucoup à dire sur Fastidius, si nous pouvions nous en rapporter aux historiens anglais du XVIᵉ siècle ; mais, comme leur témoignage n'a pas même trouvé de crédit parmi les lecteurs de leur nation, nous prendrons, avec Ussérius, le parti de rejeter comme fabuleux tout ce qu'ils en ont écrit. Gennade, qui met Fastidius entre le pape saint Célestin et saint Cyrille d'Alexandrie, le fait évêque des Bretons, mais sans marquer le siège qu'il occupait. Pitseus affirme positivement qu'il était évêque de Londres, mais il n'en donne aucune preuve. Il y a même des manuscrits de Gennade, entre autres, celui de Corbie, où Fastidius n'est pas même qualifié évêque. Du reste, si l'on en juge par le commencement de son ouvrage, il était plutôt un simple moine qu'un pontife ; car, bien qu'il n'y parle qu'à une veuve, on peut dire qu'il s'y rabaisse singulièrement et pour la science et pour la vertu. Quoi qu'il en soit, Gennade lui attribue deux ouvrages intitulés, l'un : *De la vie chrétienne*, et l'autre : *Des moyens de conserver la viduité*.

Le premier a été publié par Holsténius,

sur un très-ancien manuscrit portant le nom de Fastidius avec la qualification d'évêque, et imprimé à Rome en 1663. Le second est perdu ; à moins que Gennade n'ait commis une erreur, et d'un seul écrit n'en ait fait deux. En effet, dans son chapitre xv de la *Vie chrétienne*, Fastidius traite des moyens de garder la viduité, et marque, dès le commencement de ce chapitre, qu'il avait achevé ce qu'il s'était proposé de dire touchant les préceptes de la vie chrétienne. Fastidius, dans cet écrit, s'adresse à une veuve nommée Fatale, qu'il appelle sa sœur en Jésus-Christ, qu'il qualifie de femme très-prudente et très-sainte.

Il commence son traité par l'explication du nom de Christ, qui signifie oint ou sacré. Il montre ensuite que les chrétiens ayant tiré de là le nom qu'ils portent, ils doivent imiter celui qui le leur a donné. Il fait voir que Dieu diffère pour deux raisons de punir les crimes : la première, pour laisser aux pécheurs le temps de faire pénitence ; la seconde, pour leur donner des preuves de sa patience. Si Dieu était moins patient, et s'il nous punissait aussitôt après nos crimes, il y a longtemps que le monde aurait cessé d'être, et l'on ne verrait pas les hommes passer du péché à la justice par la pénitence. Toutefois, cet auteur ne veut pas que la patience de Dieu nous autorise à pécher avec sécurité ; car s'il y en a à qui Dieu ne fait pas sentir aussitôt les effets de sa colère, il y en a beaucoup d'autres qui l'éprouvent, à cause du grand nombre et de l'énormité de leurs fautes. Il avance comme une vérité démontrée par l'expérience, qu'on ne saurait citer des personnes coupables de meurtres, de rapines, d'adultères, et autres crimes semblables, que Dieu ait laissé vivre longtemps sur la terre ; ce qui prouve qu'il était fort peu versé dans la connaissance de l'histoire, tant sacrée que profane, où les exemples du contraire abondent. Il s'applique à démontrer, par la catastrophe de Sodome et de Gomorrhe, qu'il y a une certaine mesure de crimes que les pécheurs ne sauraient dépasser sans en recevoir le châtiment. Quant aux méchants que Dieu enlève de bonne heure, il dit qu'il en arrive ainsi pour diminuer la mesure du mal et épargner des souffrances aux bons. Il compare les chrétiens qui refusent de remplir les obligations de leur état et de s'instruire, à ceux qui veulent embrasser la profession des armes sans se mettre en peine de savoir les manier.

« Celui-là seul, dit-il, est véritablement chrétien, qui ne l'est pas seulement de nom, mais d'effet, qui imite Jésus-Christ en tout ; aimant à son exemple ses ennemis, leur faisant du bien, et priant pour ses persécuteurs. » Il fait voir par un détail tiré de l'Ecriture, que si les hommes ont toujours offensé Dieu par l'infraction de ses lois, ils l'ont apaisé par la pratique de ces mêmes lois. Ce qui lui donne occasion d'examiner les préceptes de l'amour de Dieu et du prochain, qu'il fait consister dans l'observation générale des lois, puisqu'il n'est pas possible d'aimer Dieu sans lui obéir. Il donne pour règle de l'amour du prochain celle qu'on lit dans le quatrième chapitre du livre de Tobie : *Ne faites point à autrui ce que vous ne voulez point que l'on vous fasse.* Il conclut de là que celui-là n'est point véritablement chrétien qui n'en remplit pas les devoirs, qui opprime les malheureux, qui désire le bien d'autrui, qui se nourrit des larmes de son prochain, qui vit dans les voluptés, et qui s'empare des biens des autres au lieu de leur distribuer le sien. Il se moque de ceux qui se flattent d'obtenir le pardon de leurs péchés par quelques aumônes qu'ils font aux dépens même des pauvres dont ils ont usurpé les biens. Il ajoute qu'il connaissait des personnes assez déraisonnables pour croire que leur foi seule leur servirait devant Dieu, sans qu'elles fussent obligées de faire de bonnes œuvres, sous prétexte que Dieu ne condamne que ce qui est contre la foi, et non pas ce qui est contre les bonnes mœurs. Il cite sur cela plusieurs passages de l'Ecriture tant de l'Ancien que du Nouveau Testament, qui prouvent que la foi ne suffit pas pour le salut, si elle n'est accompagnée des œuvres de justice. Venant ensuite aux devoirs des veuves, il distingue trois sortes de personnes dans cette condition : celles qui, suivant le précepte de saint Luc, servent Dieu jour et nuit dans les jeûnes et dans les prières ; celles qui ont grand soin de leur maison et de l'éducation de leurs enfants, et enfin celles qui vivent dans les délices. Il applique aux premières ce que dit saint Paul à Timothée : *Honorez et assistez les veuves qui sont* vraiment veuves. Il dit que les secondes méritent moins d'attention, quoiqu'elles ne soient cependant pas indignes de la vie éternelle ; mais quant aux troisièmes, c'est d'elles que l'Apôtre a dit qu'elles sont mortes, quoiqu'elles paraissent vivantes. Il ne prescrit à Fatale, pour se conduire dignement dans la viduité, d'autres règles que celles qu'on lit dans le cinquième chapitre de la première *Epître à Timothée*, en l'exhortant toutefois à ajouter aux œuvres qui y sont recommandées, la méditation de la loi de Dieu, la prière et la récitation des psaumes ; occupation à laquelle, il veut, autant que possible, que l'on consacre tous les instants.

Gennade parle avantageusement de cet ouvrage, et dit qu'il renferme une doctrine saine et digne de Dieu ; mais il paraît que cet écrivain n'en a jugé ainsi que parce qu'il était aussi favorable aux ennemis de la grâce que l'auteur lui-même. En effet, on voit par plusieurs passages de son écrit que Fastidius était infecté du venin et de l'orgueil de Pélage, dont les erreurs s'étaient dès lors répandues en Angleterre. Il propose à la veuve qu'il instruit cette prière, que saint Jérôme reprochait si fort à Pélage, et dont on lui fit un crime dans le concile de Diospolis : *Vous savez, Seigneur, combien ces mains que j'élève vers vous sont saintes, et combien sont pures les lèvres avec lesquelles je vous demande miséricorde.* Cette prière se trouve dans le livre de Pélage, adressé à une veuve, et saint Augustin, après l'avoir rapportée, s'écrie : « Est-ce là la prière d'un chrétien, ou plutôt n'est-ce pas celle d'un pharisien orgueilleux? » Fastidius dit aussi, en parlant du péché d'Adam, qu'il a été la cause de la damnation, et que tous les hommes se damnent en imitant sa désobéissance. C'est le langage que tenaient les pélagiens. Enfin il convient que c'est la foi de tous les chrétiens, que tous les péchés nous sont remis par le baptême; mais il ne dit rien du péché originel. Du reste, son ouvrage est écrit avec netteté, et l'auteur paraît convaincu des vérités qu'il enseigne.

FASTRÈDE, que quelques-uns nomment aussi FASTRADE et d'autres FLASTER, était issu d'une noble famille du Hainaud. Formé aux lettres et à la vertu par d'habiles maîtres, il alla se consacrer à Dieu dans l'abbaye de Clairvaux, sous le gouvernement de saint Bernard. Le mérite dont il fit preuve dans cette retraite est attesté par le choix du pieux abbé qui l'envoya gouverner la nouvelle colonie de Cisterciens, établie à Cambron, en 1148. Le poste était difficile à remplir, et bien des obstacles s'opposaient à cet établissement; mais à force de prudence et de sagesse, Fastrède vint à bout de les surmonter, au grand contentement des religieux de Clairvaux, qui le rappelèrent en 1157, pour en faire leur abbé. Devenu successeur de saint Bernard, il s'appliqua à faire revivre le zèle de ce grand homme pour le maintien de la discipline régulière.

Nous avons de ce zèle un monument précieux, dans une lettre qu'il écrivit à un abbé de sa filiation. Celui-ci, sous prétexte de mauvaise santé, se permettait des adoucissements contraires à la règle, et même des superfluités dans la table et dans les habits. Fastrède l'exhorte par les motifs les plus pressants à changer de conduite. « Quel contraste, lui dit-il, entre la vie que vous menez et celle de toutes les autres maisons, sans en excepter même la vôtre. Partout dans nos monastères, on se nourrit de pain d'avoine, d'herbes cuites sans huile ni graisse, de pois, de fèves et autres légumes secs, et ce régime est si exact qu'il ne souffre pas même d'exception pour le jour de Pâques. Vous prétextez, pour vous en dispenser, vos maux de tête et d'estomac; mais vous êtes dans une illusion bien grossière, si vous pensez que les moines, dans leurs maladies, peuvent s'accorder en conscience tous les soulagements dont les séculiers font usage. Saint Bernard nous disait qu'un moine, s'il était bien pénétré de ses obligations, n'oserait pas manger un morceau de pain sans l'arroser de ses larmes; sa fonction étant d'expier par ses gémissements, non-seulement ses propres fautes, mais encore tous les péchés du peuple. Les infirmités, ajoutait-il, ne peuvent autoriser les moines à vivre dans le relâchement, puisque nos premiers pères cherchaient exprès des vallées profondes et marécageuses, pour y bâtir des monastères; afin qu'étant souvent dans le cas d'être malades, les moines eussent toujours présente l'idée de la mort, et ne s'oubliassent jamais jusqu'à vivre dans une fausse sécurité. Si ces remontrances fraternelles, continue Fastrède, ne peuvent faire sur votre cœur assez d'impression pour vous porter à vous corriger, je serai forcé d'employer le remède que mon titre de supérieur me met entre les mains. » Cette lettre a excité, au XVIIe siècle, une controverse remarquable entre deux savants et pieux solitaires, qui l'ont citée plusieurs fois en français, tantôt dans son entier, tantôt par passages. On la trouve dans son texte original parmi celles de saint Bernard.

Les intérêts de l'Eglise doivent toucher un solitaire, et un chef de solitaires surtout, encore plus vivement que tous ceux de son ordre. Pénétré de cette importante vérité, à l'exemple de saint Bernard, Fastrède se donna de grands mouvements avec plusieurs autres abbés, ses confrères, pour éteindre le schisme occasionné, en 1159, par l'élection du Pape Alexandre III, et celle de l'anti-pape Victor. Nous avons dans la lettre qu'il écrivit à Omnibon, évêque de Vérone, le détail des démarches et des voyages qu'il fit à ce sujet. Si la Providence ne permit pas que le succès répondît entièrement à ses soins, on voit aussi qu'ils ne furent pas complétement infructueux, et qu'il ne dépendit ni de lui, ni de ses collègues, qu'ils n'eussent tout l'effet qu'ils pouvaient en espérer. La lettre qui traite de cette affaire se trouve dans le tome X.e des *Conciles* du P. Labbe, dans le VIe de ceux du P. Hardouin, et dans le tome III de la *Bibliothèque de Cîteaux*.

Lambert, abbé de Cîteaux, qui avait été un des coopérateurs de Fastrède dans l'affaire du schisme, ayant abdiqué vers la fin de l'an 1161 ou au commencement de l'année suivante, l'abbé de Clairvaux fut choisi comme le sujet de l'ordre le plus capable de le remplacer. Il ne jouit pas longtemps de cette dignité nouvelle. Dans le printemps de l'an 1163, étant allé à Paris visiter le Pape Alexandre, pour différentes affaires de son ordre, et surtout pour demander la canonisation de saint Bernard, il y mourut le 21 avril, regretté du Pape et du roi qui l'honora même de ses pleurs. Son corps fut rapporté à Cîteaux, et inhumé dans le cloître auprès de ses prédécesseurs. Les martyrologes de l'ordre le comptent parmi les saints. Il ne nous reste de lui que les deux lettres que nous venons de rapporter; l'une et l'autre prouvent qu'il savait écrire, et qu'il était capable de produire des ouvrages plus sérieux.

FAUSTE était d'Autun et d'une famille illustre, qui donna dans la suite plusieurs martyrs à l'Eglise. Il vivait dans le IIe siècle, et tenait dans sa patrie le rang de patricien avec les marques de préteur; c'est-à-dire apparemment qu'il était du nombre des décurions qui formaient le conseil de la ville, et qu'il en avait été duumvir ou l'un des premiers magistrats. Dieu lui donna une épouse qui rivalisa avec lui de foi vive et zélée pour l'honneur du christianisme. De ce mariage naquit un fils nommé Symphorien, qu'ils eurent soin de faire instruire dans la connaissance des lettres et dans la science des bonnes mœurs, et qui fut depuis un des plus illustres martyrs des Gaules. On donne aussi pour sœur à Fauste une sainte dame nommée Léonille, qui demeurait à Langres, où elle se rendit célèbre par son habileté dans l'art de la médecine, et qui fut aïeule de trois martyrs connus sous le nom des trois jumeaux.

Fauste faisait déjà profession de la foi chrétienne, mais en secret, seulement à cause de la violence de la persécution, lorsque saint Bénigne, saint Andoche et saint Thyrse allèrent prêcher la foi à Autun. Il les logea chez lui avec une charité pleine de dévouement, et sachant qu'ils étaient prêtres, il leur fit baptiser sa famille et quelques-uns de ses amis. Il engagea ensuite saint Bénigne à aller à Langres rendre le même office de charité à la famille de Léonille et faire dans la ville de Langres ce qu'ils avaient déjà commencé de faire à Autun.

Après le martyre de saint Andoche et de ses compagnons, qui suivit d'assez près, et qui paraît être arrivé sous l'empire de Marc-Aurèle, Fauste, avec Symphorien, son fils, prit soin d'enterrer leur corps, et afin de conserver à la postérité le souvenir de leurs souffrances, il écrivit lui-même l'histoire de leur martyre. C'est ce qu'on apprend des actes de ces saints qui nous restent encore aujourd'hui. Le travail de Fauste n'a jamais été imprimé, peut-être n'en valait-il pas la peine ; cependant Tillemont n'a pas laissé d'en tirer plusieurs traits qui lui ont servi à composer l'histoire de ces saints martyrs. Le manuscrit de Fauste ne se retrouve plus nulle part aujourd'hui ; c'est une vraie perte, car il aurait pu éclaircir bien des points obscurs de la première prédication de l'Evangile dans les Gaules.

FAUSTE, né en Bretagne sur la fin du IVᵉ siècle, étudia de bonne heure l'éloquence et s'y rendit si habile, qu'au jugement de saint Sidoine, il possédait toutes les règles de cet art. Il s'appliqua aussi à l'étude de la philosophie, et il approfondit les systèmes des philosophes et des principaux hérésiarques, de manière à renverser leurs principes et à les vaincre avec leurs propres armes. Il sortit alors de son pays pour passer dans les Gaules, où il se retira à l'abbaye de Lérins, que les vertus de saint Honorat, son fondateur, de saint Maxime, son abbé, et de plusieurs autres saints personnages, avaient rendue très-célèbre dans l'Eglise. Il continua de cultiver dans sa retraite les études qu'il avait commencées dans le monde ; mais il s'appliqua surtout à acquérir l'intelligence des divines Ecritures et à se rendre habile dans les sciences ecclésiastiques. Ses mœurs étaient pures, et il pratiquait avec soin tous les exercices de la vie monastique. Vers l'an 432, l'évêché de Riez étant venu à vaquer, on jeta les yeux sur saint Maxime pour le remplir; Fauste élu abbé de Lérins en sa place s'acquit beaucoup de réputation par les discours qu'il faisait de vive voix à ses religieux. La Vie de saint Hilaire d'Arles nous fournit un trait qui montre quelle estime les plus grands évêques faisaient alors de son caractère. Saint Caprais vivait encore ; saint Hilaire, le sachant à l'extrémité, vint lui rendre les derniers devoirs. Soit qu'il eût amené avec lui Théodore de Fréjus et saint Maxime de Riez, soit qu'il eût trouvé ces deux évêques à Lérins, il obligea Fauste de s'asseoir entre lui et ces saints personnages ; comme s'il eût voulu faire connaître par là que Fauste, quoique simple prêtre, était digne de l'épiscopat auquel il serait élevé un jour. On ne saurait dire positivement où cet abbé puisa la doctrine qu'il opposa plus tard à celle de saint Augustin, sur la grâce et le libre arbitre. Le P. Viguier, de l'Oratoire, qui avait entre les mains d'excellents monuments de l'antiquité, prétendait posséder des preuves que Julien le Pélagien, expulsé une seconde fois de l'Italie, par le pape Sixte en 439, s'était retiré à Lérins, où pendant plusieurs mois de séjour il eut le temps de prêcher sa doctrine et d'infecter ses hôtes du venin de son hérésie. Toutes ces circonstances peuvent être fort vraies ; mais on peut croire aussi que Fauste en avait apporté le germe avec lui, en quittant la Grande-Bretagne, qui dès avant l'an 429 était étrangement troublée par l'hérésie de Pélage. Fauste était encore abbé de Lérins, lorsqu'il écrivit pour réfuter les erreurs d'un diacre nommé Gratus, qui sans le savoir avait donné dans les folies de l'eutychianisme. Il continua de gouverner ce monastère jusqu'en 454, époque où il eut avec Théodore de Fréjus, son supérieur spirituel, un grand différend qui nécessita la convocation d'un concile. Les droits de l'évêque et de l'abbé y furent définis ; ils en sortirent réconciliés, mais en conservant chacun ses attributions. Une particularité qui ressort principalement des actes de ce concile, c'est que le corps de la communauté de Lérins était alors composé de laïques qui se choisissaient un supérieur, sans que l'évêque diocésain eût part à cette élection. Enfin, après avoir gouverné son monastère pendant plus de vingt ans, Fauste fut choisi pour succéder à saint Maxime, mort évêque de Riez, le 27 novembre 455. Cette nouvelle dignité ne changea rien à sa conduite et il continua d'observer à Riez la discipline rigoureuse qu'il avait embrassée à Lérins. Quelquefois il retournait à la solitude qu'il avait quittée, comme pour s'y retremper dans les pratiques de la pénitence. Il y servait les religieux et consacrait le temps du sommeil et des repas à la prière et au chant des psaumes. Cependant il n'en veillait pas moins sur les besoins spirituels de son peuple, et dans des discours où la piété n'était égalée que par le zèle, il instruisait assidûment des mystères de la loi de Dieu.

En 462, il fut député, avec Auxonius d'Aix, pour aller soumettre à la décision de Rome l'affaire d'Hermès, qui, après avoir été ordonné évêque de Béziers par saint Rustique, s'était fait pourvoir de l'évêché de Narbonne. Il y assista au concile que le Pape saint Hilaire tint au mois de novembre de la même année, et en rapporta une lettre adressée, par le Souverain Pontife, aux évêques de la Gaule Viennoise, des deux Narbonnaises et des Alpes. Il se trouva, en 470, à la dédicace de l'église que saint Patient avait fait bâtir à Lyon, et pendant les sept jours que dura cette solennité, il prononça quelques discours à la prière des évêques présents. Saint Sidoine, qui n'était encore que laïque, fut un de ses auditeurs qui l'admirèrent le plus. Il lui adressa, vers le même temps, un poëme, pour le remercier du soin qu'il avait pris de l'éducation de son frère, et de l'accueil gracieux qu'il en avait reçu lui-même à Riez. Quelques années plus tard, il fut chargé d'écrire sur les matières de la prédestination et de la grâce, contre les erreurs d'un prêtre nommé Lucide, qui détruisait absolument le libre arbitre. Fauste essaya d'abord de le ramener à la vérité dans plusieurs entretiens qu'il eut avec lui ; mais voyant qu'il ne gagnait rien, il essaya de le combattre par un écrit qui n'eut pas plus de succès. Il fallut en venir à un concile, que l'évêque Léonce assembla à Arles, au plus tard en 480. Fauste fut chargé de recueillir ce que l'on dirait dans cette assemblée sur la grâce et la prédestination. Lucide y reconnut ses erreurs, les condamna, en protestant qu'à l'avenir il s'en tiendrait à ce qui avait été décidé par les évêques. Fauste eut quelque part aussi au traité de paix qui fut conclu, en 475, entre l'empereur Nepos et Euric, roi des Visigoths. Ce prince arien s'empara, en 481, des dernières possessions qui restaient à l'empire dans la Provence, et la ville de Riez étant tombée entre ses mains, il en bannit l'évêque. On ne connaît pas bien les motifs de cette persécution, mais on l'attribue généralement à un petit écrit que Fauste avait publié contre les ariens et les macédoniens. Il parle de cet exil dans plusieurs de ses lettres comme d'un effet de la miséricorde de Dieu, qui voulait le purifier de la rouille qu'il avait contractée dans la longue sécurité d'une paix qui jusque-là n'avait pas été troublée. On ignore le lieu de son exil, mais on croit qu'il était fort éloigné d'Arles, et que Fauste s'y retira dans un monastère. Il y fut assisté par des personnes de qualité, fidèles serviteurs de Dieu, qui, bien que très-éloignés de lui, crurent s'enrichir en venant au secours de ses besoins. Il nomme, en particulier, Rurice, qui depuis devint évêque de Limoges, et Félix, avec qui il entretint un commerce de lettres. Fauste ne recouvra sa liberté qu'en 484, à la mort d'Euric, et lorsque Dieu eut brisé le sceptre de fer avec lequel ce prince arien dominait ses sujets. A l'exception de deux lettres adressées à Rurice de Limoges, l'histoire ne fait plus aucune mention des actions de Fauste après qu'il eût été rendu à son Eglise. Gennade, contre son habitude, ne dit point sous quel empereur il mourut ; au contraire, il semble le supposer encore vivant en 493, lorsqu'il composa son *Traité des écrivains ecclésiastiques*. S'il en est ainsi, il aura réalisé la prophétie de saint Sidoine, qui lui avait promis qu'il dépasserait l'âge de cent ans. Mais cette preuve, tirée du *Catalogue* de Gennade, nous semble au moins fort équivoque, pour ne pas dire absolument fausse. Fauste était né dans l'autre siècle, et nous pensons qu'à le bien prendre, on ne peut guère prolonger ses jours au-delà de 490, ce qui nous paraît encore beaucoup.

SES ÉCRITS. — Quelque célèbre qu'ait été Fauste, ses écrits le furent encore davantage, et l'on peut même assurer qu'ils firent beaucoup plus de bruit après sa mort que de son vivant. Nous allons en rendre compte suivant l'ordre chronologique de leur publication, en renfermant néanmoins, dans un article particulier, ses sermons et ses homélies que nous placerons après les autres, moins encore parce qu'il est difficile de leur assigner une date, que parce que la plupart sont les dernières de ses productions.

Lettre à Gratus. — La *Lettre à Gratus*, que Gennade qualifie de petit livre ou traité, paraît être un des premiers écrits connus de Fauste. On croit qu'il l'écrivit vers l'an 449, quatorze ou quinze ans après qu'il eût été fait abbé de Lérins. Gratus était un diacre de l'Eglise catholique, qui vivait dans la retraite, appliqué à une lecture continuelle et soumis aux plus grandes austérités. Ce genre de vie, en lui affaiblissant l'esprit, lui enfla le cœur jusqu'au point qu'il se crut favorisé de révélations divines. Il était dans cette illusion, lorsqu'il composa un petit traité dans lequel il prétendait montrer qu'il n'y avait en Jésus-Christ, Dieu et homme, qu'une seule nature, la nature divine ; d'où il résultait qu'on ne devait point dire que Dieu fût le père de l'homme, ni la femme mère de Dieu. C'était à proprement parler l'eutychianisme, et quoique Gratus sût par la lecture des ouvrages de saint Augustin, que ce Père était dans des principes entièrement opposés, il aima mieux le condamner que de le suivre ; mais soit qu'il voulût avoir l'approbation de l'abbé de Lérins, qui jouissait alors d'une grande réputation, soit qu'il s'aperçût lui-même de la nouveauté de sa doctrine, il envoya son écrit à Fauste, en le priant de lui en dire son sentiment ; ce qui fait croire que la solitude où il vivait était dans la Provence et peu éloignée de Lérins. Fauste hésita quelque temps à répondre à Gratus dont l'écrit lui paraissait peu digne d'attention, tant il était mal digéré ; et puis il redoutait pour lui-même d'aborder une matière si élevée et si difficile. Pourtant il s'y détermina à la fin, ne voulant pas paraître négliger une personne qui l'avait consulté ; mais il tint sa réponse secrète, pour ne pas déshonorer Gratus en révélant les erreurs que son écrit renfermait. Néanmoins, elles finirent par transpirer, et la lettre de Fauste qui les réfutait était déjà publique, lorsque Gennade finit son *Catalogue des hommes illustres*, en 493. Fauste reproche d'abord à Gratus la liberté avec laquelle il condamne la doctrine de saint Augustin, parce que, encore que plusieurs personnages très-savants l'aient suspectée à bon droit sur certaines matières, personne jusqu'ici, cependant, n'a trouvé ce Père répréhensible dans ce qu'il a écrit sur les deux natures. Ceux à qui l'auteur donne ici la qualification de de très-savants hommes étaient des semipélagiens, qui n'approuvaient point les sentiments de saint Augustin sur la grâce. Il montre ensuite que Gratus, en refusant à la sainte Vierge le titre de mère de Dieu, tombait dans l'hérésie de Nestorius qui ne lui donnait que la qualité de mère de l'homme ou du Christ; hérésie condamnée dans toutes les îles et dans toutes les Eglises. Il le reprend d'avoir avancé, dans son écrit, qu'il n'y a qu'une nature de Dieu et de l'homme, et répond qu'il est bien vrai qu'en Dieu il n'y a qu'une nature en trois personnes; mais qu'en Jésus-Christ il y a deux natures en une seule personne, et que quiconque dit que Dieu, notre rédempteur, est d'une seule nature, nie ou que l'humanité soit unie à la divinité, ou que la divinité le soit à l'humanité, l'ouvrage de notre rédemption ne s'étant point accompli par une de ces deux natures, mais par toutes les deux réunies. Ne reconnaître dans le Rédempteur que la seule nature divine, c'est avouer que la divinité a souffert dans sa propre substance, qu'elle est morte, qu'elle a été ensevelie ; ce que Dieu a souffert toutefois, mais dans la nature humaine et non dans la sienne propre. Fauste prouve la réalité des deux natures par une hymne de saint Ambroise sur la fête de Noël, et par quelques passages de l'Evangile; et il montre que les ariens n'ont erré sur la divinité de Jésus-Christ que parce qu'ils n'ont ni distingué ni reconnu ces deux natures. « Pour nous, ajoute-t-il, nous croyons qu'il y a en Jésus-Christ deux natures unies en une personne, et que de même que le corps et l'âme font l'homme, de même aussi la divinité et l'humanité font le Christ. » Il allègue l'endroit d'Isaïe, où il est dit qu'*un enfant nous est né*, et qu'*un Fils nous a été donné*, pour montrer que le même qui était Fils de Dieu de toute éternité est né d'une vierge dans les derniers temps, et qu'il est conséquemment Dieu et homme. Puis s'adressant à Gratus, il lui conseille de rentrer dans la voie royale et commune qu'il avait quittée en se fiant à ses propres lumières, et pour cela de changer en une occupation laborieuse, capable de réprimer sa vanité, son application à l'étude qui ne faisait que la nourrir; de quitter la solitude, et de tempérer la rigueur de ses abstinences qui rendaient son esprit faible et malade; de ne se fier jamais à ses pensées; de songer plus à lire ce qu'il pourrait imiter, qu'à écrire ce que d'autres pourraient lire; de se retirer dans quelque monastère pour y vivre sous la discipline d'un abbé sage et expérimenté, et de se soumettre à toutes ses volontés. Fauste ne dit rien, dans cette lettre, de l'hérésie d'Eutychès, quoiqu'il eût l'occasion d'en parler; ce qui fait croire qu'elle fut écrite avant la naissance ou tout au moins avant la condamnation de cette hérésie.

Contre les ariens et les macédoniens. —Quelque temps après, Fauste fut consulté par un évêque qu'il ne nomme point, mais qui ne manquait ni de lumières ni d'érudition. Les éclaircissements qu'il lui demandait roulaient sur trois points principaux : le premier consistait à savoir ce que l'on devait répondre aux ariens, lorsqu'ils disaient que le Fils étant né du Père lui était nécessairement postérieur en âge ; le second demandait en quel sens on devait prendre l'assertion d'un certain auteur qui disait qu'en Jésus-Christ la substance divine n'a rien souffert par un sentiment de douleur, mais par l'union qui l'y faisait compatir ? C'est ce que Fauste avait avancé lui-même dans sa *Lettre à Gratus*. Dans le troisième, enfin, cet évêque lui demandait quelles sont les créatures corporelles et quelles sont les créatures incorporelles ? Quoique Fauste n'eût pas mis son nom à la tête de sa réponse, elle ne laissa pas de se répandre dans le public, et de se faire lire avec cet empressement de curiosité qui s'attache à tout ce qui est nouveau. Il y avait quelque temps déjà que cette réponse était publiée lorsqu'elle tomba entre les mains de Mammert Claudien. Il en trouva la doctrine si erronée, qu'il se crut dans l'obligation de la réfuter : ce qu'il exécuta avec succès dans un ouvrage divisé en trois livres, et dont nous rendrons compte en son lieu. Il s'arrête peu aux réponses de Fauste sur les deux premières questions, mais il s'étend beaucoup sur la troisième. En effet, ce que dit Fauste sur la première question est peu considérable, et on peut dire qu'au lieu d'éclaircir la difficulté, il l'a rendue plus obscure. Par exemple, il veut qu'on distingue entre les noms des choses et la nature des choses : il prétend que les termes *engendré* et *non engendré* sont des noms de la divinité, et non la divinité même ; qu'ils servent à nous faire connaître que le Père ne tire pas son origine du Fils, et que le Fils la tire du Père; qu'en un mot ils désignent les personnes et non les natures. Pour montrer que le nom d'*engendré* ne marque pas dans le Fils une postériorité de temps, il donne pour exemple le nom même de Fils, qui, quoique dérivé de celui de Père, est néanmoins du même temps, puisque, comme le juste ne saurait exister sans la justice, de même aussi le Fils ne saurait être sans le Père, pas plus que le Père n'a jamais pu exister sans son Fils. Il ajoute que le Fils, en se nommant lui-même dans Isaïe, l'*alpha* et l'*omega*, le premier et le dernier, ne reconnaît rien aussi ancien que lui.

Ce que Fauste dit sur la seconde question tend à montrer que la divinité est sujette aux passions, et qu'il est vrai de dire, en un sens, que la colère et le repentir, comme aussi les sentiments de compassion et de reconnaissance, ont accès dans son cœur. Il s'explique en disant que la colère de Dieu est sa justice, et que par sa fureur il faut entendre la rigueur de sa sévérité, comme on entend par son repentir le changement de ses volontés. Ce n'est pas ainsi qu'Augustin parlait de Dieu : « Vous aimez, lui dit-il, sans passion ; vous êtes jaloux, mais sans trouble ; vous vous repentez, mais votre repentir est sans douleur et sans tristesse ; vous entrez en colère, mais vous n'en êtes pas plus ému ; vous changez vos opérations, mais jamais vos desseins. »
Fauste dit, sur la troisième question que, suivant la doctrine de l'Ecriture et des Pères, Dieu est seul incorporel, et que, toutes les créatures sont corporelles, sans en excepter les anges et l'âme de l'homme. La raison qu'il ajoute à ces autorités est que toutes les créatures sont renfermées dans un certain lieu, et qu'il n'appartient qu'à Dieu, à cause de son immensité, de n'être enfermé ni borné par aucun être créé. Cela n'empêche pas que cet auteur ne convienne qu'il y a des créatures spirituelles, mais comme l'air est spirituel ; c'est-à-dire qu'elles ont un corps léger par opposition aux corps plus épais et plus pesants. On peut voir, dans l'article de Mammert Claudien, la réfutation de ce que Fauste dit sur cette matière.

Lettre à Benoît Paulin. — Il était évêque lorsqu'il fut consulté par Benoît Paulin sur diverses difficultés dont la première regardait la pénitence à l'article de la mort. Paulin demandait si, dans le cas où l'on peut se confesser, mais sans avoir le loisir de satisfaire, la pénitence d'une personne qui a vécu longtemps dans le péché et qui en gémit à ses derniers moments, peut être considérée comme bonne et suffisante pour la sauver de la damnation ? Il demandait en second lieu, si la seule croyance du mystère de la Trinité suffisait pour le salut. Troisièmement, si les âmes séparées de leurs corps perdaient le sentiment et l'intelligence. Quatrièmement, de quels maux sont délivrés ou punis après la mort ceux dont il est écrit : *Le désir des pécheurs périra.* Cinquièmement, ce que l'on doit penser de la nature de l'âme ; si elle est corporelle ou incorporelle. Sixièmement, pourquoi le péché qui se commet dans le corps devient commun à l'âme ; et si le corps comme l'âme aura part au châtiment et à la récompense. Septièmement, comment l'âme, qui est immortelle, sera punie pour des péchés qui ne durent qu'un temps. Huitièmement, si l'âme et l'esprit sont une même chose. Paulin demandait encore s'il était vrai que ceux qui avaient perdu la grâce du baptême fussent damnés pour des péchés commis depuis ; car il était persuadé que quelque péché que l'on eût fait depuis le baptême, pourvu qu'on n'eût pas violé les principaux articles de la foi, on passerait seulement par quelques peines temporelles, et qu'ensuite on serait sauvé.

Fauste répond à la première question, qu'on ne se moque pas de Dieu, et que celui-là se trompe lui-même, qui, après avoir passé sa vie dans le péché, pense à le quitter lorsqu'il est déjà à demi mort, et qui, ayant refusé de recourir au médecin lorsqu'il le pouvait, commence à vouloir le consulter, lorsqu'il ne peut plus user de ses remèdes. Il soutient sur l'autorité d'un passage de l'Ecriture que, de même que le pécheur doit demander de bouche la pénitence, il doit aussi l'accomplir par ses œuvres, c'est-à-dire qu'il doit montrer autant d'ardeur à guérir les plaies de son âme qu'il en a mis à les former. Cette doctrine de Fauste, condamnant la pratique générale de l'Eglise qui a toujours accordé la pénitence à ceux qui l'ont demandée à l'article de la mort, fut censurée depuis par saint Avit, évêque de Vienne, comme nous l'avons dit en son lieu. Il censura également la réponse de Fauste à la seconde question, parce qu'il y disait sans aucune exception que la foi sans les œuvres ne suffisait pas pour le salut, quoiqu'il y ait des cas où ces œuvres sont impossibles, comme il arrive à celui qui se convertit à l'heure de la mort. Sur la troisième question, Fauste affirme que les âmes séparées des corps conservent le sentiment et l'intelligence : ce qu'il prouve par l'affection que le mauvais riche témoigna pour ses cinq frères, lorsqu'il était au milieu des flammes, et par le soin qu'il prit de leur salut, en demandant à Abraham d'envoyer quelqu'un d'entre les morts, pour les engager à faire pénitence. Sur la quatrième il enseigne, que l'ambition et la cupidité des biens de la terre étant détruites par la mort, les sens ne seront pas pour cela détruits, mais qu'ils en deviendront d'autant plus vifs, qu'ils seront dégagés de tout autre objet que de celui de rendre compte à Dieu, et de la pensée de l'éternité. En répondant à la cinquième, il soutient, comme il a déjà fait dans une autre lettre, qu'il n'y a que Dieu seul qui soit incorporel. Il y fonde l'immortalité de l'âme sur ce qu'elle est faite à l'image de Dieu. Pour répondre à la sixième question, il en appelle à l'expérience qui nous fait connaître à nous-mêmes que notre âme est dans nous comme la maîtresse qui commande et qui exerce son empire sur la chair, qui lui obéit comme une servante. L'âme forme le dessein, la chair l'exécute : si la volonté ne commandait point, la chair n'obéirait pas. Il conclut de là que l'une et l'autre participant à l'action en reçoivent dans l'autre vie, la punition ou la récompense. Fauste parle en cet endroit du péché originel, qu'il déclare être commun à la nature humaine tout entière. A la septième question, il répond que bien que le péché prenne fin par la mort, cependant la peine due au péché sera éternelle; mais il n'en donne aucune raison, comptant apparemment cette vérité suffisamment établie dans l'Evangile. Il convient, sur la huitième, que l'homme n'est composé que de deux substances, de l'âme et du corps; qu'en regardant néanmoins l'homme sous différents aspects, on peut distinguer en lui l'âme de l'esprit, en sorte que le même homme peut être considéré, tantôt comme charnel, tantôt comme spirituel. Ceux-là sont charnels, dont Dieu dit dans l'Ecriture: *Mon esprit ne demeurera pas dans ces hommes-là, parce qu'ils sont chair;* c'est-à-dire qu'ils s'adonnent aux plaisirs de la chair. Mais l'homme commence à devenir spirituel dès lors qu'il n'a que des désirs honnêtes et qu'il ne porte sa vue que vers des objets spirituels; qu'il craint Dieu, qu'il garde la chasteté. C'est de ces sortes de personnes dont l'Apôtre dit : *Vous êtes le temple de Dieu, et son esprit habite en vous.*

Quant au doute exprimé par Benoît Paulin sur la damnation de ceux qui avaient commis des péchés considérables après leur baptême, sans les avoir effacés par la pénitence, Fauste fait voir qu'il est mal fondé, et que celui qui, après avoir été purifié dans les eaux salutaires du baptême, vit dans l'impureté ou dans d'autres crimes semblables, sera livré aux flammes destinées à punir éternellement les péchés capitaux. On met la lettre à Benoît Paulin vers l'an 470.

Lettre à Lucide. — Environ quatre ans après, c'est-à-dire à la fin de 474 ou au commencement de 475, Fauste, ayant appris par le bruit public qu'un prêtre nommé Lucide enseignait que l'homme pouvait être sauvé par la seule force de la grâce, sans aucune coopération de sa volonté, essaya de le ramener à la saine doctrine, dans plusieurs entretiens qu'il eut avec lui sur cette matière. Ces entretiens furent sans succès, et il était difficile qu'ils en obtinssent, parce que Fauste et Lucide avaient une opinion complétement opposée sur l'action de la grâce. Fauste avisa à un autre moyen, qui fut de tâcher de vaincre Lucide par écrit. Il lui adressa donc une lettre, où il lui proposait six articles à anathématiser. Il en explique le motif dès les premiers mots, et dit qu'il l'avait écrite dans un esprit de charité, afin de tâcher de ramener son frère par une voie plus douce que celle que les évêques étaient disposés à prendre en l'excommuniant. Il avertit ensuite Lucide du soin que l'on doit mettre à ne tomber dans aucun excès, lorsqu'on parle de la grâce et de l'obéissance de l'homme à ce don d'en haut, de sorte que l'on ne sépare jamais la grâce de Dieu du travail de l'homme pour y coopérer. Il veut que l'on déteste Pélage et tous ceux qui, après lui, enseignent que la prédestination se fait à l'exclusion du travail de l'homme et de la coopération de la volonté.

Après ce préambule, il expose les six articles auxquels Lucide devait dire anathème.

— Le premier est dirigé contre Pélage qui prétendait que l'homme naît sans péché, qu'il peut se sauver par son seul travail et être délivré sans la grâce de Dieu. — Le second est contre ceux qui disaient qu'un fidèle qui, après avoir été baptisé, tombe dans le péché, quoiqu'en continuant de professer publiquement la foi chrétienne, est damné à cause du péché originel. — Le troisième s'adresse à quiconque dira que l'homme est précipité dans la mort par la prescience de Dieu. — Le quatrième, à qui enseigne que celui qui périt n'a pas le pouvoir de se sauver; ce qui s'entend d'un baptisé ou d'un païen, à quelque âge qu'il ait pu croire, s'il ne l'a pas voulu. — Le cinquième, à celui qui aura dit qu'un vase d'ignominie ne peut pas s'élever jusqu'à devenir un vase d'honneur. — Le sixième, à qui soutient que Jésus-Christ n'est pas mort pour tous, et qu'il ne veut pas que tous les hommes soient sauvés. Fauste ajoute, que quand Lucide le viendra trouver ou comparaîtra devant les évêques, il s'engage à lui produire des témoignages capables de prouver les vérités catholiques et de détruire les erreurs. Il l'assure, en attendant, que celui qui périt par sa faute a pu être sauvé par la grâce, et que celui qui est sauvé par la grâce a pu tomber par sa négligence ou par sa faute; que par conséquent en suivant un sage milieu il faut joindre à la grâce, sans laquelle nous ne sommes rien, le service d'un travail volontaire qui exclut l'orgueil et la présomption, puisque nous savons qu'il est de notre devoir de travailler. Il presse Lucide de lui déclarer nettement s'il recevait ou rejetait cette doctrine, protestant qu'il prendra son silence comme une marque de son opiniâtreté dans l'erreur, ce qui l'obligera à le dénoncer et à le faire connaître tel qu'il est dans l'assemblée des évêques. « Je retiens, ajoute-t-il, une copie de cette lettre pour leur en faire lecture si cela est nécessaire; mais si vous jugez à propos de la recevoir et d'approuver la doctrine qu'elle renferme, renvoyez-la-moi, souscrite de votre main; au contraire, si vous refusez d'y acquiescer, mandez-le-moi également; en un mot, que votre réponse soit sans déguisement et sans ambiguïté. »

La lettre de Fauste, dans les Collections de conciles, est signée de lui, de dix autres évêques et du prêtre Lucide; mais on ne peut douter qu'il l'ait écrite seul, et que les différentes souscriptions qu'on y trouve n'y aient été ajoutées après coup : si les dix évêques eussent souscrit d'abord à cette lettre, elle leur eût été commune avec Fauste, de même que la réponse de Lucide. Alors, quel besoin de le dénoncer à ces évêques, dans le cas où il eût refusé de répondre et persisté dans ses erreurs? Aussi, cette lettre est-elle sans souscriptions, dans les manucrits sur lesquels Canisius et Basnage l'ont publiée; elle porte seulement en tête le nom de Fauste. Gennade n'en dit rien, ni de la réponse de Lucide, pas plus qu'il ne parle des conciles d'Arles et de Lyon, qui ne sont connus que par les lettres de Fauste; mais ce n'est pas là une raison pour rejeter toutes ces pièces. Quel est l'historien à qui il ne soit rien échappé des choses de son temps? Fauste, dans sa *Lettre à Léonce d'Arles*, a parlé de ces deux conciles et de la difficulté qui y a donné occasion. Lucide s'y rendit, rétracta sa doctrine et embrassa celle de Fauste, et, non content de prononcer les anathèmes portés dans sa lettre, il en ajouta d'autres contre plusieurs propositions que cet évêque ne lui avait pas d'abord signalées. Les voici, telles que nous les retrouvons dans les Actes de ce concile. Lucide, après avoir anathématisé les premières propositions, comme impies et sacriléges déclare : 1° qu'il confesse tellement la grâce de Dieu, qu'il joint toujours à cette grâce l'effort et le travail de l'homme ; 2° qu'il reconnaît que la liberté de la volonté humaine n'est point éteinte ni détruite, mais seulement affaiblie et diminuée; en sorte que celui qui est sauvé a été en danger de périr, et que celui qui périt a pu être sauvé; 3° que Jésus-Christ Dieu et notre Sauveur, a offert en ce qui tient aux richesses de sa bonté, le prix de sa mort pour tous les hommes ; 4° qu'il ne veut pas que personne périsse, puisqu'il est le Sauveur de tous, surtout des fidèles, et qu'il est riche envers tous ceux qui l'invoquent; 5° que Jésus-Christ est venu pour le salut des impies et de ceux qui ont été damnés sans qu'il le voulût ; 6° que par rapport à l'ordre des siècles, sous la loi de nature que Dieu a gravée dans le cœur de tous les hommes, il y en a eu de sauvés par la foi et l'espérance qu'ils ont eue dans l'avénement de Jésus-Christ ; 7° qu'aucun n'a pu être délivré du péché originel que par le mérite de son sang précieux. Enfin, il ajoute dans une huitième proposition, qu'il croit le feu de l'enfer et les flammes éternelles préparées pour ceux qui ont persévéré dans des péchés capitaux. Il termine sa rétractation en ces termes : « Pères saints et apostoliques, priez pour moi. Lucide prêtre, j'ai signé cette lettre de ma propre main. Je confesse la doctrine qui s'y trouve établie, et je condamne celle qui y est condamnée. » Fauste eut sans doute beaucoup de part à la rétractation de Lucide, mais il ne nous a pas appris comment elle avait été reçue.

Sur la grâce et le libre arbitre. — Ce fut immédiatement après ces conciles, comme Fauste nous l'apprend lui-même, qu'il fut chargé par Léonce d'Arles de recueillir et de rédiger par écrit tout ce qui y avait été décidé sur la matière de la prédestination, afin d'avoir de quoi réfuter l'erreur de ceux qui poussaient cette doctrine jusqu'à l'excès. Fauste l'entreprit dans un ouvrage divisé en deux livres intitulés, *De la grâce et du libre arbitre*, qu'il adressa à Léonce lui-même. Mais on verra, par l'analyse de ces deux livres, qu'il tomba lui-même dans l'excès opposé, et qu'en voulant réfuter le sentiment de saint Augustin sur la grâce, il donna dans l'erreur des semi-pélagiens. Il y avait longtemps déjà qu'il s'était déclaré contre ce saint docteur, puisque, dès l'an 449, il avait dit à Gratus que les plus doctes tenaient pour suspecte la doctrine de ce Père sur la grâce. Il saisit donc l'occasion de la combattre, sous le prétexte d'attaquer celle des prédestinatiens, nom que les semi-pélagiens donnaient aux disciples de saint Augustin, afin de les rendre odieux.

Premier livre. — Fauste se déclare dès le commencement contre les blasphèmes de Pélage, depuis longtemps, dit-il, réfutés par les savants, anathématisés par l'Eglise, et comme brisés par son autorité. Entre autres abominations de son hérésie, il relève surtout l'article par lequel il enseignait que le travail de l'homme peut suffire sans la grâce. Il résultait de ses principes que le libre arbitre est encore dans toute sa force, et qu'il n'a été ni blessé ni affaibli par le péché. D'autres, au contraire, soutenaient que le libre arbitre n'a plus aucune force depuis le péché ; ce qui faisait deux sentiments ou plutôt deux erreurs opposées ; les uns soutenant avec Pélage que le travail de l'homme suffit, et les autres, que la grâce seule opère dans l'homme. Fauste condamne également ces deux erreurs, qui, pour être contraires, n'en sont pas moins impies. Il dit que, même avant le péché, le libre arbitre ne se suffisait pas à lui-même sans le secours de la grâce; à plus forte raison, depuis le péché, ne peut-il se suffire. Il cite à cette occasion ces paroles de Jésus-Christ, comme propres à rabattre l'orgueil des pélagiens : *Sans moi vous ne pouvez rien faire.* Pélage ajoutait qu'Adam avait été créé mortel, et que, soit qu'il péchât ou qu'il ne péchât point, il serait mort. Fauste lui oppose l'endroit de *l'Epitre aux Romains* où saint Paul dit que *le péché est entré dans le monde par un seul homme, et la mort par le péché.* Il lui oppose aussi la menace que Dieu fit à l'homme de le punir de mort, aussitôt qu'il aurait mangé du fruit défendu. Sur quoi il fait ce raisonnement : « Si Dieu n'avait rien accordé à l'homme avant son péché, que lui a-t-il ôté pour le punir de ce péché? » Il fait remarquer que Pélage ne disait l'homme sujet à la mort par la nécessité de sa nature que parce que, niant le péché originel, il ne voulait pas reconnaître que la nécessité de mourir en fût une suite, attribuant cette nécessité à la condition de l'homme, et non à sa prévarication. Or, en niant le péché originel, c'était ôter tous les motifs de l'Incarnation, et anéantir la grâce du Rédempteur. Car en supposant, comme le supposait nécessairement Pélage, que la justice abondât sur la terre, il n'était pas besoin que le céleste médecin y descendît, puisque, dans ce cas, il n'y avait aucun infirme. Pélage objectait : « Si le péché originel est effacé par le baptême, celui qui naît de deux parents baptisés ne contracte point ce péché, puisque les parents ne peuvent transmettre à leurs enfants ce qu'ils n'ont pas. » Fauste répond, premièrement, qu'il est ridicule à Pélage de prétendre que les parents transmettent les dons de Dieu à leurs enfants.

tandis qu'il ne veut pas accorder qu'ils leur communiquent ce qui est de la nature même. Il répond ensuite que les parents engendrent selon la chair, et non selon l'esprit ou selon le don qu'ils ont reçu de Dieu, don qui est étranger à la substance humaine. Il donne pour certain que le péché originel se transmet par l'ardeur du plaisir qui accompagne l'acte conjugal; ce qu'il prouve en remarquant que celui-là seul a été exempt du péché originel, qui a été conçu du Saint-Esprit, et non par les voies ordinaires de la génération; puis encore par l'exemple d'Adam et Eve qui, formés sans le commerce de deux personnes, ont été dans leur origine exempts de ce péché. Il n'oublie pas de s'objecter, qu'en attribuant au mariage la cause de la transfusion du péché originel, c'est le rendre odieux et le condamner; mais il répond en même temps que le mariage, étant institué de Dieu, n'a rien en lui-même que de louable; ce qui est digne de reproche, c'est ce que l'homme y a ajouté par sa prévarication. Certes, la génération n'eût rien eu que de chaste, si la transgression ne fût pas intervenue. Il en est du mariage comme d'un vêtement d'une grande blancheur, sur lequel on jette de l'encre; on ne laisse pas de s'en servir après cette maculation, mais il n'a plus ni sa beauté ni son éclat.

Après avoir combattu Pélage, Fauste attaque ceux qui soutiennent que l'homme est sauvé par la grâce seule, sans y coopérer par son travail. Il leur demande si l'homme, à qui Dieu avait imposé le travail dans le paradis terrestre, a maintenant la permission de ne rien faire; puis venant à l'opinion de ceux qui disaient que l'un est prédestiné à la mort et l'autre à la vie, il les combat, en montrant que ce sentiment rendait à l'un et à l'autre le secours de la prière inutile. « Qu'aura à espérer, dit-il, celui que la grâce a adopté? Au contraire, celui qu'une prédestination fatale a condamné, comment ne se désespérerait-il pas? Dans l'un, il n'y a point de faute; la grâce n'a pas lieu dans l'autre. Ainsi, la justice de Dieu est en danger dans tous les deux. Celui-ci sera réprouvé sans avoir commis aucun crime qui le mérite; et celui-là sera sauvé sans l'avoir mérité par sa foi; c'est-à-dire qu'on donne le salut à celui qui ne le cherche pas; et qu'on en prive celui qui travaille pour l'obtenir. Mais, dites-vous, c'est pour cela qu'il doit prier, parce qu'il ne sait pas si on l'a mis du côté des élus ou des réprouvés? Qui pensera, ajoute Fauste, que ce soit là répondre avec prudence et avec sagesse? Mais, continue-t-il, que servira à l'homme de prier, puisqu'il est absolument fixé dans l'un ou l'autre de ces deux états? Car, quoiqu'il ignore auquel des deux côtés il est destiné, il n'ignore pas cependant que ces deux côtés sont fixes et immuables. Que notre adversaire (c'est de saint Augustin qu'il parle) avoue donc qu'il est inutile de prier, ou qu'il reconnaisse qu'il n'y a aucune loi ou décret de Dieu qui ait arrêté notre perte. En enseignant que l'un est réprouvé dans son origine, et que l'autre est élu dans la prédestination; voyez où cette fausse persuasion le précipite; car que dit-il autre chose, sinon que ni l'un ni l'autre n'ont besoin de recourir à la prière? En effet, la prière ne saurait être nécessaire à ceux qui sont prédestinés à la vie, et elle ne peut être utile à ceux qui sont destinés à la mort. A l'égard des prédestinés, la prière sera superflue, et à l'égard du réprouvé, elle sera inutile, puisqu'elle ne pourra le délivrer de son malheur. Si donc il croit que nous devons recourir à la prière, qu'il comprenne aussi, et qu'il ne doute pas que les décrets qui intéressent le sort des hommes ne sont point immuables. » Fauste rapporte plusieurs passages de l'Ecriture, qui établissent la nécessité de la prière. « Si elle n'était pas nécessaire, ajoute-t-il, celui-là même que nous devons prier n'en aurait pas donné une formule; et s'il était vrai, comme l'a dit un des saints (c'est toujours de saint Augustin qu'il parle) que l'un fût destiné à la perdition et l'autre à la gloire, nous ne naîtrions pas pour être jugés, puisque nous le serions dès notre naissance. » Il prouve que nos bonnes œuvres ne sont pas tellement l'ouvrage de la grâce, qu'elles ne soient aussi notre ouvrage, et que si le libre arbitre a été affaibli par le péché, comme un homme est affaibli par une longue maladie, il n'a pas été détruit, mais il survit, et avec le secours de la grâce, il peut passer du mal au bien, de l'iniquité à la justice, et de l'impudicité à la chasteté. Il explique ce que dit saint Paul en parlant de l'élection de Dieu : *Cela ne dépend ni de celui qui veut, ni de celui qui court, mais de Dieu qui fait miséricorde*, en aidant à accomplir les œuvres de la loi, car il ajoute qu'en cet endroit, l'Apôtre a pour but de réprimer l'orgueil des juifs, qui se flattaient d'être justifiés par l'observation seule de la loi de Moïse. Pour montrer ensuite que la prédestination des élus ne se fait pas gratuitement, il s'arrête à ces paroles de l'Evangile : *Le Fils de l'homme viendra dans la gloire de son Père, et alors il récompensera chacun selon ses œuvres*. Il fait remarquer que cette expression, *ses œuvres*, signifie que l'auteur de la grâce a mis le salut de l'homme, non dans la prédestination du créateur, mais dans les œuvres de la créature, et que de même qu'il a donné à chaque homme une main droite, avec pouvoir de l'étendre à volonté, même vers des objets différents, de même il a mis dans chaque âme le sens de la raison et l'arbitre de la volonté, en lui laissant le pouvoir d'en user à son choix, soit pour le mal, soit pour le bien. Ainsi, on ne peut pas dire qu'il ait donné à l'un de vouloir le bien et la justice en le refusant à l'autre; il a accordé à tous les hommes la liberté de se diriger suivant son bon plaisir ou le choix de sa conscience. Il compare la justice ou le salut à une fontaine placée au milieu du monde; elle est là pour le bien de tout le monde; chacun y peut venir puiser, et celui qui n'y vient pas se rend coupable d'ingratitude envers le Dieu qui a créé cette source pour le bien de l'humanité. Il ajoute que s'il y a un décret spécial de Dieu touchant le salut de l'homme, il ne comprend pas comment il pourra les juger tous au dernier jour; et il en donne pour raison l'impossibilité où seraient les pécheurs de se convertir et de faire pénitence, si le sort des élus et des réprouvés était arrêté d'avance par la prédestination, comme le prétend le destructeur du libre arbitre. C'est à saint Augustin qu'il en veut; il continue : « En assurant ainsi que toutes choses sont fixées et réglées d'avance par la prédestination, n'est-ce pas anéantir le remède souverain de la pénitence? Comment donc ose-t-il prêcher la grâce, lui qui nie la miséricorde ? Quoi! l'Ecriture m'ordonne de m'éloigner du mal et de faire le bien, et il n'est pas en mon pouvoir d'éviter le mal? Celui qui a publié la loi m'exhorte à me changer moi-même, et le Créateur m'a imposé une loi qu'il m'est impossible d'observer? Donc, continue-t-il, en tirant les conséquences du système de la prédestination, que personne ne veille, ne jeûne et ne s'applique à repousser les attaques de la volupté par la componction et l'abstinence. Que personne n'emploie la mortification pour livrer la guerre aux vices extérieurs, ni l'affliction salutaire pour remédier aux maux intérieurs. Que personne ne s'oppose à la cupidité, et ne recherche le travail et les macérations du corps, comme des remèdes aux crimes, et ne se munisse des forces de la croix pour repousser l'ennemi armé des charmes de la volupté charnelle; mais qu'au contraire il s'expose à découvert aux traits enflammés de cet ennemi. Que personne ne rachète par les aumônes les dettes qui l'assujettissent à la mort éternelle; que personne ne s'applique à guérir ses maladies spirituelles par les œuvres de miséricorde et de justice, mais qu'il continue de vivre ainsi jusqu'au jour du jugement. Voilà, dit Fauste, où conduit le système de celui qui passait auparavant pour le défenseur de la grâce, mais qui présentement, en ôtant aux hommes le moyen de se sauver, se trouve être l'ennemi de la grâce par laquelle on parvient au salut; et il est visible qu'il est entré dans les conseils du diable pour procurer avec lui la perte de la plupart des hommes. »

Pour montrer que le décret de la prédestination n'existe pas, Fauste remarque avec l'Ecriture, que plusieurs, qui étaient des vases d'infamie, sont devenus des vases d'honneur, et que quelques-uns sont ressuscités à la grâce après avoir été morts pendant de longues années; sur quoi il cite l'exemple de l'enfant prodigue, ce fils qui était mort, et qui est ressuscité. Il explique ainsi ce passage de saint Paul : *Je ferai miséricorde à qui me plaira.* Je ferai miséricorde à celui que je connaîtrai juste, dont j'aurai éprouvé la foi et l'obéissance à mes préceptes et à ma volonté. Mais il s'objecte : Si le décret de la prédestination n'existe pas, pourquoi de plusieurs enfants qui naissent, les uns sont-ils baptisés, tandis que les autres meurent sans baptême ? A cela il ne répond d'abord que par des injures contre ses adversaires, et conclut en disant qu'il ne nous appartient pas de vouloir approfondir les secrets de Dieu. Il donne pour principe certain que tous ceux qui ont cherché Dieu l'ont trouvé, et que ceux qui semblent ne l'avoir pas trouvé ne l'ont pas cherché. Il s'oppose ensuite cette parole de l'Evangile : *Personne ne vient à moi,* dit Jésus-Christ, *si mon Père, qui m'a envoyé, ne l'attire.* Fauste convient, en effet, qu'on ne peut nier que la miséricorde de Dieu ne nous attire; mais il dit que celui-là est impie qui refuse de confesser que cette miséricorde soit donnée à tous. Suivant lui, le Sauveur n'emploie cette façon de parler que pour rabattre l'orgueil de celui qui, présumant avec impiété du mérite de son travail, n'attribue son salut qu'à ses propres forces. « Au surplus, dit-il, la grâce agit sur un homme, non comme on meut une pierre d'un lieu à un autre, mais comme on prête la main à un malade pour l'aider à se lever; la volonté crie au secours, parce que la faiblesse ne peut rien toute seule. C'est ainsi que le Seigneur invite celui qui veut venir à lui, qu'il attire celui qui veut être attiré, et qu'il relève celui qui fait ses efforts pour se lever lui-même. Dieu nous attire encore, poursuit-il, quand il prêche sa vérité aux hommes, quand il les excite par les consolations de ses divines Ecritures, quand il les effraye par ses menaces, ou qu'il les encourage par la promesse de ses récompenses. En effet, quoique Dieu ait connu que tous n'obéiraient pas à sa voix et à ses invitations, cependant il a donné à tous le pouvoir d'obéir et de vouloir. C'est donc un effet de la grâce que l'homme soit attiré, comme c'est un effet de son obéissance quand il répond à la voix de celui qui l'appelle. »

Deuxième livre. — Sur la fin du premier livre, et au commencement du second, Fauste traite de l'endurcissement du pécheur, qu'il rejette non sur Dieu, comme faisaient ses adversaires, mais sur le pécheur lui-même, parce que de la persévérance dans le péché naît le désespoir, et du désespoir l'endurcissement du cœur. Il va jusqu'à dire que la clémence de Dieu envers les pécheurs, en les attendant à pénitence, devient pour eux une occasion d'endurcissement. Il l'affirme expressément de Pharaon, qui s'endurcissait à mesure que Dieu relâchait la rigueur des peines dont il châtiait ses crimes. En Dieu la prescience n'impose à l'homme aucune nécessité de faire le bien ou le mal. Mais autre chose est la prescience, et autre la prédestination. La prescience prévoit les actions; la prédestination prépare les récompenses. L'une appartient à la puissance de Dieu, l'autre à sa justice. Mais ni la prescience ni la prédestination n'ont aucune influence sur l'action prévue. Dieu prévoit l'homicide : dira-t-on, ou qu'il inspire la volonté de tuer, ou qu'il meut le bras de celui qui tue ? Fauste ne veut pas même que la mort, qui procura aux Innocents une vie bienheureuse, ait été une suite de leur prédestination : « Ce n'est pas Dieu, dit-il, qui disposa de leur mort; elle fut ordonnée par la puissance de l'ennemi ; mais comme il sait changer en bien les maux mêmes, il fit tourner à la gloire de ces enfants mis à mort le crime de leur persécuteur. » Fauste rejette avec mépris la doctrine de ceux qui enseignent que Dieu est miséricordieux envers ceux qu'il délivre, et juste à l'égard de ceux qu'il laisse dans la masse de perdition. « S'il est vrai, dit-il, comme on le prétend, avec une impiété pleine de blasphème, que Dieu, sans avoir égard à la justice, dispose par sa toute-puissance du sort de l'homme, il pourra peut-être arriver que celui qui a frappé n'entrera pas, et que celui qui n'aura pas cherché sera attiré au salut ; alors la miséricorde de Dieu ne se manifestera pas à l'égard des élus, parce qu'ils le seront sans l'avoir mérité, ni sa justice à l'égard des damnés, parce qu'il les aura privés de sa miséricorde, sans qu'ils aient encouru cette punition par aucun crime qui leur soit propre et personnel. Si l'un et l'autre sont coupables par nature, la justice disparaît à l'égard de celui qui est élu, sans avoir rien fait pour s'en rendre digne, comme aussi la miséricorde ne subsiste plus à l'égard de celui qui est condamné à périr, sans qu'on ait eu égard à son péché. Par quelle miséricorde sauve-t-on l'oisif et le paresseux ? Par quelle justice condamne-t-on l'innocence ? Concluons, dit-il, que ce système aboutit à ces deux conséquences : d'une part, à enlever par une ignorance grossière la liberté de l'homme, et de l'autre à pousser l'impiété jusqu'à refuser à Dieu la justice. Si vous prétendez, ajoute-t-il, que la miséricorde éclate à l'égard du prédestiné, et la justice à l'égard du réprouvé, je soutiens, moi, que ces deux vertus s'évanouissent dans l'un et dans l'autre ; car il n'y a pas de justice à choisir pour le ciel celui qui n'a donné aucune preuve de son mérite, comme aussi il n'y a ni bonté ni miséricorde à donner à celui qui ne l'a pas mérité. » Fauste veut donc qu'en Dieu la miséricorde se trouve toujours jointe à la justice, tant à l'égard des bons qu'à l'égard des pécheurs, parce qu'il les a créés également à son image, qu'il leur a distribué indifféremment à tous la lumière de l'intelligence, et qu'il les a généralement appelés à la grâce de la rédemption, sans distinction aucune de sexe, d'âge, de latitude, ni de nation.

Il objecte ensuite ce passage de saint Jean, où il est dit que les Juifs ne pouvaient croire, parce que, selon l'expression d'Isaïe, *Dieu avait aveuglé leurs yeux et endurci leurs cœurs*. Fauste prétend que l'aveuglement et l'endurcissement des Juifs n'avaient d'autre cause que leurs crimes. S'il est dit que Dieu ne voulut point les guérir, c'est qu'il savait qu'ils n'en guériraient pas, car Dieu ne refuse point la santé à ceux qui la désirent. Il applique aux Juifs et aux gentils ce que saint Paul dit de Jacob et d'Esaü dans son *Epître aux Romains : Avant qu'ils fussent nés et avant qu'ils eussent fait ni bien ni mal, afin que le décret de Dieu demeurât ferme selon son élection, non à cause de leurs œuvres, mais à cause du choix de Dieu, il fut dit à Rébecca : L'aîné sera assujetti au plus jeune, parce qu'il est écrit : J'ai aimé Jacob et j'ai haï Esaü*. Quoiqu'il convienne de l'obscurité de ce passage, il s'en tire aisément en disant que Dieu n'a décidé du sort de ces peuples qu'après avoir prévu leurs actions. Il ajoute que ces paroles, non à cause des œuvres, mais à cause du choix de Dieu, ne signifient pas que ces peuples n'aient pratiqué aucune bonne œuvre, mais seulement qu'ils n'ont point été sauvés en accomplissant les œuvres de la loi. Fauste réfute ensuite l'opinion de ceux qui, par la ressemblance divine communiquée au premier homme dès le commencement, entendaient celle de Jésus-Christ qui devait naître d'une vierge. Il montre que cette ressemblance consiste à être fait à l'image de Dieu, c'est-à-dire, créé dans la justice, la raison, la sagesse et l'immortalité. De là il prend occasion de traiter de la loi de nature qu'il appelle la première grâce de Dieu, et il fait voir par divers exemples que les saints patriarches Abel et Enoch ont mérité, en l'observant, d'entrer dans le vestibule du salut, en attendant que Jésus-Christ vint les introduire dans l'intérieur même de la félicité. Mais, en voulant montrer, par l'exemple de Job et de quelques autres, que la loi de nature n'était pas plus éteinte chez les infidèles que dans le peuple de Dieu, il avance que la foi était jointe à cette loi, et que c'est avec justice qu'on reproche aux infidèles leur incrédulité, parce qu'il était en leur pouvoir de croire, puisqu'ils avaient le libre arbitre, l'unique raison de récompenser celui qui croit et de punir celui qui ne croit pas. Ainsi, selon Fauste, la foi naît du libre arbitre, auquel il attribue deux fonctions différentes qu'il exerce pour le salut de l'homme ou pour sa damnation. « Il les exerce toutes les deux, dit-il, non-seulement dans ceux qui sont régénérés par le baptême, mais encore dans ceux qui ne le sont pas ; parce que le libre arbitre est un don de la nature, et la régénération un don de la grâce. » C'est pourquoi il soutient que les infidèles ont connu Dieu par les seules forces de la raison, et il cite à ce propos la réponse du roi Nabuchodonosor à Daniel : *Véritablement votre Dieu est le Dieu des dieux et le Seigneur des rois*.

Comme nous l'avons dit, Fauste avait adressé son ouvrage à Léonce d'Arles, par une lettre en forme de préface ou d'épître dédicatoire. Elle s'en trouve séparée dans la *Bibliothèque des Pères de Lyon*, où, je ne sais sur quel fondement, on lui a donné le titre de *Profession de foi*. Ce n'est qu'une récapitulation de ses deux *Livres de la grâce et du libre arbitre*, et encore n'en relève-t-elle que les principes généraux. Il est visible que

Fauste ne l'écrivit qu'après avoir mis la dernière main à cet ouvrage et l'avoir augmenté de la réfutation de quelques erreurs qui s'étaient produites pendant l'intervalle qui s'écoula entre le concile d'Arles et celui de Lyon. C'est ce qu'il témoigne lui-même en termes exprès dans cette épître.

Il s'en faut de beaucoup que cet ouvrage ait valu à son auteur les félicitations qu'il en attendait. A l'exception de Gennade de Marseille, qui pensait comme lui sur les questions de la grâce et du libre arbitre, il rencontra presque partout des adversaires et des contradicteurs. Le pape Gélase mit ses écrits au rang des apocryphes, et les soixante-dix évêques présents au concile de Rome, en 494, ratifièrent cette sentence. Le Pape Hormisdas, sans vouloir d'abord se déclarer contre Fauste, l'exclut néanmoins du nombre des Pères que l'on doit prendre pour juges dans les difficultés qui s'élèvent sur la doctrine. « Les écrits de saint Augustin, dit-il, et quelques décisions particulières conservées dans les archives de Rome, forment, sur ces questions du libre arbitre et de la grâce, la croyance de l'Eglise romaine, c'est-à-dire de l'Eglise universelle. » Les évêques d'Afrique, relégués en Sardaigne, examinant ces livres à la prière de Jean Maxence, trouvèrent que Fauste y attaquait artificieusement la doctrine de la grâce, et venait à bout d'y favoriser les pélagiens tout en affectant de rester catholique. Saint Fulgence, un de ces évêques, écrivit sept livres pour réfuter les deux de Fauste et empêcher autant que possible que le poison qu'ils contenaient ne vînt à se répandre. Saint Isidore de Séville, en parlant de cet ouvrage de saint Fulgence, dit qu'il y détruisait la subtilité profonde et artificieuse avec laquelle Fauste avait entrepris d'appuyer les erreurs de Pélage. En un mot, cet ouvrage fut attaqué dans tout le monde chrétien. Saint Avit de Vienne et saint Césaire d'Arles, tous deux célèbres dans les Gaules par leur savoir et leurs vertus, le réfutèrent publiquement. Le pape Félix, à l'imitation de ses prédécesseurs, le rejeta. Il eut le même sort en Orient, où il fut condamné par tous les orthodoxes et réfuté par un prêtre de l'Eglise d'Antioche, nommé Jean, de sorte qu'il n'y a lieu ni de l'excuser, ni de chercher à en justifier la doctrine. Du reste, les écrivains plus modernes en ont porté le même jugement que les anciens. Les cardinaux Bellarmin, Baronius, Noris, les PP. Velasquez, Suarez, Petau, Théophile Raynaud et une infinité d'autres, n'ont fait aucune difficulté de qualifier sa doctrine sur la grâce de semi-pélagienne. « C'est en vain, dit en particulier le cardinal Baronius, que l'on voudrait excuser un homme que tout le monde catholique a combattu; qui a usé d'artifice pour détruire toute croyance à la justification de l'homme, et qui semblait n'attaquer Pélage que pour combattre plus adroitement en sa faveur. » Malgré cela, cependant, Fauste est mort dans la paix et la communion de l'Eglise; il fut même honoré comme saint dans quelques monastères : il serait donc à souhaiter, pour sa réhabilitation, que ses apologistes vinssent à bout de prouver, comme ils l'ont promis, que ses écrits ont été altérés et corrompus.

Autres livres de Fauste. — On a cru longtemps que le *Livre du Saint-Esprit*, cité par Gennade dans le catalogue des ouvrages de Fauste, était perdu; mais on a des raisons de penser aujourd'hui qu'il est le même qui fut imprimé plusieurs fois sous le nom de Paschase, diacre de l'Eglise romaine. Nous nous réservons d'en parler à l'article de cet auteur, parmi les ouvrages duquel il figure dans toutes les *Bibliothèques des Pères*. Gennade attribue encore à Fauste un petit traité où il prouvait, contre les ariens et les macédoniens, que la Trinité est consubstantielle. Il ajoute qu'il en avait écrit un autre contre ceux qui disent qu'il y a quelque chose d'incorporel dans les créatures; ce qui peut avoir donné lieu à quelques savants de dire que ces deux traités ne sont autre chose que la seizième lettre de Fauste, dont la première partie combat les ennemis de la Trinité, et l'autre est employée à démontrer qu'il n'y a rien d'incorporel dans les créatures, et que cette qualité appartient à Dieu seul. Mais il est visible que Gennade distingue particulièrement ces deux traités, et on doit l'en croire, puisqu'il dit qu'il les avait lus; d'ailleurs, dans la lettre en question, il s'agit moins d'établir le mystère de la Trinité contre les ariens et les macédoniens, que de répondre aux difficultés que les premiers objectaient contre la divinité de Jésus-Christ. Il semble donc plus probable de dire que le petit traité de Fauste sur la Trinité est perdu, et que, outre la lettre seizième où il établit la foi à ce mystère et son sentiment sur la corporéité de tous les êtres créés, il avait composé sur la même matière un autre écrit que nous n'avons plus. Quelques critiques ont prétendu avoir retrouvé le traité de Fauste sur la Trinité dans la trente-troisième homélie de celles qui portent le nom d'Eusèbe d'Emèse, ou dans un autre écrit, imprimé sous le nom de Fauste, à Paris, en 1586, et intitulé : *Réponses à quelques objections*; et il faut avouer que le style et les raisonnements favorisent assez cette opinion. Le sermon 234, le second sur la foi catholique parmi ceux qu'on a supposés à saint Augustin, n'est qu'un extrait de ce traité, qui, dans l'édition de l'*Antidote contre toutes les hérésies*, imprimé à Bâle en 1528, a pour titre : *De la raison de la foi*.

Lettres. — Entre les lettres que Fauste ne put manquer d'écrire dans le cours d'une très-longue vie, et dont plusieurs sans doute ne sont pas venues jusqu'à nous, Gennade marque en particulier celle qui est adressée au patrice Félix, préfet du prétoire et fils du consul Magnus, qui depuis peu avait embrassé l'état religieux. Il en parle comme d'une puissante exhortation à la crainte de Dieu, capable surtout de faire impression sur les personnes qui embrassent la pénitence avec une volonté pleine et sincère. Cette lettre est imprimée avec les autres écrits du même auteur dans la *Bibliothèque des Pères*. Elle est belle, et les plus habiles critiques, loin de trouver à y reprendre, n'en ont fait que des éloges. Fauste l'écrivit pendant son exil vers 482 ou 483, et il y prescrit des maximes fort sages pour la mortification de l'esprit et du cœur. Félix était alors auprès de Léonce, évêque d'Arles, qui le formait à la piété par ses instructions et l'exemple de ses vertus. Quoiqu'il semble que Félix n'eût pas besoin d'autres avis, Fauste ne laissa pas de lui en donner, ne fut-ce que pour répondre à sa prière. Les trois remèdes qu'il lui prescrit pour se garantir du péché sont l'aveu de ceux qu'il a commis, la crainte du jugement dernier, et la terreur du feu éternel. Il lui représente le temps de la nuit comme le plus favorable à la prière et à la méditation; mais il veut qu'après ce temps de silence, il s'applique à la lecture jusqu'à l'heure de tierce, et qu'il fasse ses exercices spirituels avec tant de modération, qu'il désire les continuer toujours, sans en être jamais rebuté. Il voudrait que Dieu lui associât deux amis fidèles avec lesquels il pût se livrer aux exercices du jour et de la nuit; ou du moins qu'il reçût deux fois par semaine la visite de quelque personne qui viendrait lui apporter des consolations spirituelles. A l'égard des jeûnes, il les lui prescrit en hiver de deux jours l'un; mais il lui fait entendre qu'en se retranchant sur la nourriture, il doit aussi réprimer les passions et mortifier la chair en ne lui accordant que le nécessaire et l'indispensable. Il lui conseille encore de ne pas changer tout à coup la manière ordinaire de se vêtir, mais de le faire par degrés, dans la crainte que son cœur ne s'enflât d'un changement si subit, et que l'orgueil ne prît naissance d'une trop grande humiliation. Toutefois il lui sera facile de surmonter les tentations de la vaine gloire, en jetant les yeux sur sa vie passée. Il lui fait en peu de mots le portrait du saint homme Job, pour l'engager à l'imiter dans sa fuite de toutes les fautes, dans sa simplicité, dans sa constance qu'aucun événement de la vie ne put ébranler.

Indépendamment de cette lettre à Félix, nous en avons cinq autres dont nous avons déjà dit un mot, et que Fauste écrivit à Rurice, les trois premières avant son épiscopat et les deux dernières après qu'il fut élevé à cette dignité et placé sur le siége de Limoges. Elles contiennent divers avis que Rurice lui avait demandés sur la conduite qu'il devait tenir, soit dans l'usage des biens temporels, soit dans les exercices de la piété chrétienne. Nous nous réservons de donner l'analyse de ces lettres à l'article de ce prélat; seulement, nous remarquerons ici que, dans la première, Fauste tire de ces paroles de l'*Epître aux Hébreux* : *Le Fils est la splendeur et la gloire de Dieu*, un argument en faveur de l'éternité du Verbe. « Comme Dieu, dit-il, n'a jamais été sans splendeur, le Père ne s'est donc jamais passé de la majesté du Fils, et les noms du Père et du Fils sont donc coéternels; car si le Fils n'était point né, le Père ne pourrait être appelé Père; l'éternité du Père est donc une preuve de l'éternité du Fils. Le Fils est du Père, mais sans être postérieur au Père, pas plus que l'on ne peut dire que la face de l'homme est postérieure à sa tête, parce qu'elle naît de la tête même. » La même comparaison se trouve reproduite dans le cinquième chapitre du premier livre *sur le Saint-Esprit*, ce qui achève de prouver qu'on doit attribuer ce traité à Fauste plutôt qu'à Paschase, quoique jusqu'ici il n'ait encore paru que sous son nom.

Sermons. — Nous avons dit ailleurs que Fauste s'était rendu célèbre par ses prédications : on ne peut donc douter qu'il n'en ait composé un grand nombre et qu'il ne soit auteur de la plupart des sermons ou homélies, imprimés ordinairement sous le faux nom d'Eusèbe d'Emèse. Il les aura prononcés, soit à Lérins pendant l'espace de vingt-cinq ans qu'il en fut abbé, soit à Riez ou ailleurs, après qu'il eut été revêtu de l'épiscopat. Il faut mettre de ce nombre les deux homélies *sur la Nativité de Notre-Seigneur*; la 4e *sur l'Epiphanie* ou *les sept frères Machabées*; la 6e, 8e, 9e et 10e *sur la Pâque*; une *sur le bon larron*, la seconde *sur l'Ascension et la Trinité*, et une *sur saint Maxime*, son prédécesseur dans l'abbaye de Lérins et l'évêché de Riez; toutes les homélies aux moines, à l'exception de la 5e, 6e, 9e et 10e attribuées à saint Césaire d'Arles et qui paraissent être de son style; et enfin l'homélie *sur la fête des apôtres saint Pierre et saint Paul*. Toutes ces homélies ressemblent par le style aux deux *sur le Symbole* que l'on attribue ordinairement à Fauste de Riez, par le rapport sensible qu'elles ont avec la préface des deux livres du *Saint-Esprit*, que nous croyons maintenant pouvoir revendiquer au nom de cet évêque. On lui donne encore l'homélie *sur la veuve qui avait déposé deux oboles dans le trésor du temple*; mais il paraît par le texte même que l'auteur n'était qu'un simple prêtre parlant par l'ordre de son évêque, ce qui ne peut convenir à Fauste qu'autant qu'on supposerait qu'il l'aurait prêchée en présence de son métropolitain et à sa prière. On a publié vers le milieu du XVIe siècle une homélie *sur la Passion*, dans laquelle l'auteur remarque qu'elle avait été figurée dans Abel, Isaac, Jonas et le tombeau d'Elisée. Le style est plus clair que celui de Fauste, mais la doctrine sur la grâce est la même. Cette homélie porte le nom de Faustin dans le manuscrit d'où on l'a tirée. Sous le même nom, le *Spicilége* en reproduit une autre qui tend à justifier les jeûnes de surérogation, c'est-à-dire des cinq jours que l'on ajoutait au carême. Enée, évêque de Paris, en rapporte un fragment dans son *Traité contre les Grecs*. Il y en a une troisième sous le nom de l'évêque Faustin dans la *Bibliothèque des Pères*. C'est une exhortation à n'user ser des biens de ce monde et de la vie même que dans le but de parvenir à une vie meilleure. Le nom de Faustin se lit encore en tête d'une homélie, *contre la fête des Calendes de janvier*. L'auteur y fait une description très-pathétique des indécences qui se commettaient en ce jour. Il exhorte ses auditeurs à témoigner leur aversion pour ces sortes de réjouissances par leur exactitude à observer le jeûne que ses prédécesseurs avaient fixé à ce jour-là même, afin de l'opposer aux dissolutions dont la fête des Calendes était accompagnée. Cette homélie se retrouve dans le recueil de Bollandus au 1ᵉʳ janvier. On fait encore honneur à Fauste d'une homélie *sur saint Honorat*, imprimée parmi les discours qui portent le nom de saint Eucher; d'une autre *sur le jour de la Passion*, qui se trouve être la CLIII° de l'Appendice au V° tome de saint Augustin, et d'une troisième *sur la nativité de saint Jean-Baptiste*, parmi les autres sermons du même recueil. Le P. Sirmond parle d'un sermon de Fauste *sur la révélation du corps de saint Etienne;* mais il n'en a fait imprimer que le commencement. On voit par les lettres de saint Sidoine Apollinaire qu'il avait assisté à un sermon prêché par Fauste à la dédicace de l'église que saint Patient fit bâtir à Lyon, vers l'an 470. Nous avons trois sermons sur ce sujet, parmi ceux d'Eusèbe la Gaulois; peut-être celui de Fauste en est-il un; mais aurait-il oublié d'y marquer qu'il prêchait devant plusieurs évêques et par leur ordre?

ÉCRITS PERDUS — Certes, nous ne pouvons nous flatter de posséder tous les écrits de Fauste, ni même de pouvoir décider sûrement si tous ceux qu'on lui attribue sont réellement de lui; puisque nous n'en retrouvons que très-peu, soit dans les manuscrits, soit dans les imprimés qui portent son nom. Gennade, qui écrivait dans le même temps, convient lui-même qu'il ne connaissait pas tous ses ouvrages. Aussi ne donne-t-il le catalogue que d'une partie, c'est-à-dire de ceux qu'il avait lus. Nous n'avons plus celui dont saint Sidoine parle avec éloge. Il était écrit en forme de dialogue et divisé en quatre livres, suivant les différentes matières qui y étaient traitées. Fauste l'avait envoyé avec quelques autres écrits aux Bretons, ses compatriotes. Il avait aussi dressé des mémoires pour servir à l'histoire de l'évêque saint Maxime, son prédécesseur; mais lorsque le patrice Dyname entreprit d'écrire cette histoire sur la fin du VIᵉ siècle, il trouva les mémoires de Fauste déjà rongés des vers et gâtés par la pourriture; ce qui semblerait prouver que l'on prenait peu de soin des écrits de cet auteur, ou qu'on n'en faisait pas grand cas. On n'a aucune donnée sur le livre des *Antropomorphites* que Trithème lui attribue; il paraît que cet écrivain ne l'avait pas vu lui-même, puisqu'il n'en rapporte pas le commencement, comme il le fait à l'égard de tous les livres qu'il avait lus. Canisius a fait imprimer, dans ses anciennes leçons, une exhortation qui, dans le manuscrit d'où il l'a tirée, porte le nom de saint Fauste. Il croit qu'il faut lire Fauste, sans toutefois oser assurer que ce soit celui de Riez. Cette exhortation roule sur l'obligation où nous sommes de nous préparer à rendre compte de nos actions, lorsque nous comparaîtrons au tribunal de Jésus-Christ. L'auteur veut que nous nous disposions à ce compte, par l'examen journalier de nos actions, en nous punissant nous-mêmes de nos fautes, et en recherchant soigneusement le nombre et les circonstances de nos péchés, sans oublier de prendre note des efforts que nous avons faits pour nous avancer dans la perfection. Le style de cette petite pièce, plus simple et plus populaire que celui de Fauste, se rapproche beaucoup de la manière de saint Césaire d'Arles. Aussi est-elle comptée pour la XXXVIII° homélie de ce Père dans l'Appendice au tome V de saint Augustin.

A la doctrine près, Fauste était digne d'estime et il s'était acquis une grande réputation par sa vertu. Saint Sidoine, son contemporain, loue beaucoup sa piété, son abstinence, sa charité envers les pauvres, son amour pour ses frères, et ne fait pas difficulté de le comparer à saint Honorat et à saint Maxime, ses prédécesseurs dans la dignité d'abbé de Lérins. A l'éloge de l'homme il joint celui de l'écrivain conçu en termes non moins flatteurs. S'il faut l'en croire, Fauste semblait avoir épousé la philosophie après l'avoir rendue humble et chrétienne; il l'avait conduite à son monastère, et avait ainsi fait servir l'Académie de Platon à la défense de l'Eglise de Jésus-Christ. Il était armé d'une dialectique forte et pressante et possédait à fond la science du raisonnement jusqu'à battre ses adversaires avec leurs propres armes, en retournant contre eux les syllogismes dont ils croyaient s'être fait un bouclier et un rempart. Il traitait gravement les choses graves et sérieuses; il examinait avec soin celles qui lui semblaient obscures et difficiles; et il appuyait solidement sur les questions contestées. Son discours paraissait tantôt mâle et vigoureux, tantôt calme et limpide, mais toujours édifiant, et brillant partout des traits d'une éloquence aussi pleine de grâce que de solidité. Mais, comme nous l'avons remarqué plus haut, cet éloge s'applique particulièrement à un ouvrage que nous n'avons plus. Du reste, saint Sidoine n'est pas avare de louanges envers ses amis, et nous le verrons plus tard les prodiguer avec la même largesse à Mammert Claudien pour des ouvrages dirigés contre Fauste lui-même. A dire le vrai, il ne nous reste aujourd'hui des écrits de Fauste rien qui puisse justifier ce qu'en dit son panégyriste. Ce que nous en avons révèle en cet écrivain un homme de talent plutôt qu'un homme de génie, un esprit subtil et aisé plutôt qu'un philosophe profond et un savant. Le style en est ordinairement grave, quelquefois simple, quelquefois obscur, mais le plus souvent clair et facile, quoique haché par-ci par-là, et surchargé de redondances et de répétitions. On doute qu'il eût beaucoup de fécondité, et les mêmes phrases reproduites assez souvent dans les mêmes termes ne peuvent servir qu'à fortifier cette opinion. Peut-être qu'une des causes qui l'ont fait tomber dans l'erreur, tant sur la nature de l'âme que sur la grâce et la prédestination, c'est qu'il n'avait ni assez de lumières, ni assez de jugement, pour embrasser ces vérités dans toute leur étendue. Cependant il ne laisse pas d'abonder en maximes spirituelles et en préceptes de morale; et c'est sans aucun doute ce qu'il y a de meilleur en ses écrits.

FAUSTE, moine d'Agaune, fit profession de la vie monastique sous l'abbé saint Séverin, et fut ordonné prêtre plusieurs années avant la fin du v° siècle. Il y avait trente ans qu'il s'était attaché à ce saint abbé, lorsqu'en l'année 505 le roi Clovis Ier l'appela à Paris pour le guérir d'une fièvre invétérée qui le faisait souffrir depuis plus de deux ans. Fauste l'accompagna dans ce voyage avec un autre moine d'Agaune, nommé Vital. Après que saint Séverin eut miraculeusement rendu la santé au roi, il reprit le chemin de son monastère, mais il n'eut pas le temps de s'y rendre, et mourut à Château-Landon, en Gâtinais. Il recommanda, avant de mourir, ses compagnons de voyage à Paschase et à Ursicin, deux prêtres du pays; et il paraît que Fauste s'y établit et ne retourna plus à Agaune. C'est Fauste lui-même qui nous apprend toutes ces circonstances, dans la *Vie de saint Séverin*, qu'il composa plusieurs années après la mort de cet abbé, par ordre du roi Childebert qui avait succédé à Clovis sur le trône. Lorsqu'il entreprit ce travail, Childebert avait déjà fait bâtir sur le tombeau du pieux thaumaturge une magnifique église qui subsista jusqu'à notre révolution entre les mains des chanoines réguliers. On estime donc que Fauste entreprit ce travail, vers l'an 523, et qu'il pouvait avoir alors soixante ans.

Cette vie était fort connue jusqu'au commencement du ix° siècle, lorsqu'à la prière de Magnus ou Magnon, évêque de Sens, un anonyme entreprit de la retoucher, c'est-à-dire de la corrompre. Ce qui ne l'empêche pas de protester qu'il n'altérera rien dans l'ordre du récit, mais qu'il se contentera seulement d'en repolir le style. Et en effet, si l'on doit lui reprocher d'avoir noyé les faits dans un déluge de paroles, on doit lui savoir gré aussi d'avoir toujours respecté la vérité. L'ouvrage de cet anonyme que Bollandus a reproduit dans son grand recueil, au 11 de février, a fait négliger l'original qui est devenu fort rare. Les gens de lettres souhaitaient ardemment le voir reparaître lorsque dom Mabillon le publia au moins en partie à la suite des *Actes des Saints de l'ordre de Saint-Benoît*, après l'avoir retiré d'un manuscrit de l'abbaye de Saint-Germain des Prés. Nous disons en partie, parce qu'il est clair, par les premiers mots de cette pièce, et par l'ouvrage de l'anonyme qui l'a retouché, que le commencement y manque

Cet ouvrage a été longtemps contesté à son auteur, et, quoique dom Mabillon lui-même eût publié d'abord cette *Vie* comme un monument authentique, il a cru y découvrir plus tard des traits capables d'en affaiblir l'autorité. Mais aujourd'hui toutes ces difficultés sont résolues, et il ne reste plus rien qu'on puisse légitimement alléguer contre l'autorité de l'ouvrage de Fauste. Il a d'ailleurs tous les caractères des pièces originales. Il est écrit avec simplicité et précision; il contient peu de miracles, et circonstancie fort bien ceux qu'il rapporte. Ce qu'il dit du soin que prit Childebert de bâtir une église sur le tombeau de saint Séverin s'accorde parfaitement avec la piété connue de ce prince. Enfin, dès le commencement du ix° siècle, cet ouvrage est reconnu comme authentique par l'écrivain même qui déclare en avoir corrigé le style, mais sans en altérer le fond.

FAUSTE DE GLANFEUIL. Nous n'avons point à nous occuper ici des difficultés que plusieurs savants du dernier siècle ont fait naître sur la célèbre mission de saint Maur du mont Cassin en France. Jusqu'à ce qu'on ait détruit la dissertation française de dom Ruinart qui se trouve reproduite en latin à la fin du premier volume des *Annales* de dom Mabillon, nous restons en droit de nous en rapporter à une tradition de neuf cents ans, qui nous a toujours présenté saint Maur, fondateur et premier abbé de Glanfeuil, en Anjou, comme l'élève chéri de saint Benoît du mont Cassin. Lorsque, vers l'an 543, il fut envoyé en France, on lui donna pour compagnons de voyage quelques autres moines de sa maison. Fauste fut du nombre, et, avec le saint fondateur, il eut beaucoup de part à l'établissement du monastère de Glanfeuil, le premier de l'ordre de Saint-Benoît, en France, dans lequel il continua, pendant l'espace de quarante-six ans, de soutenir la discipline régulière. Ce long séjour, joint à l'ouvrage qu'il y composa et qui intéresse notre histoire, nous donne donc le droit de l'associer à nos écrivains. Deux ans après la mort du saint fondateur, Fauste reprit le chemin de l'Italie et se retira au monastère de Latran, à Rome, où les moines du mont Cassin s'étaient réfugiés après la destruction de leur monastère. C'est là qu'à la prière de ses frères et de son abbé, il écrivit la *Vie de saint Maur* et la présenta au Pape Boniface qui la jugea digne de son approbation. Léon de Marsi, cardinal d'Ostie, croit que c'était Boniface III, qui occupait le Saint-Siège en 606; mais il y a plus d'apparence que ce fut Boniface IV, qui lui succéda l'année suivante. Fauste finit ses jours à Rome et fut enterré dans le monastère de Latran. Il est honoré comme saint, et, en cette qualité, Bollandus rapporte ce qu'on sait de sa vie au 15 février.

Il paraît que l'ouvrage de Fauste n'était guère répandu dans le public et qu'il était même inconnu en France avant l'an 863. Alors Eudes, ou Odon, abbé de Glanfeuil, l'ayant recouvré, le publia, mais malheureusement après l'avoir retouché et ajouté de nouvelles fautes à celles de l'original, dont l'auteur écrivait dans un pays éloigné et plus de cinquante ans après l'accomplissement des faits qu'il rapportait dans son histoire. Néanmoins, cette circonstance n'a pas empêché tous les écrivains postérieurs, jusqu'à Guillaume Cave, de reconnaître cette *Vie de saint Maur* comme l'œuvre authentique de notre auteur. Tels sont Léon d'Ostie, Pierre Diacre, Sigebert, Vossius et une infinité d'autres que nous croyons inutile de nommer. Fauste y entre dans un grand détail de la vie du saint; mais il n'en rapporte pas les faits avec assez de précision. On peut lui reprocher aussi d'avoir sacrifié au génie de son siècle en donnant trop dans le merveilleux. Il adresse son écrit à tous les moines du monde chrétien par une épître en forme de dédicace, dans laquelle il a eu soin de faire un abrégé de sa propre histoire. Il s'y donne, en tête, le titre de serviteur des serviteurs de Jésus-Christ, termes consacrés à cette époque dans le langage des évêques, des abbés et des autres personnages religieux. Après Surius, Jacques Du Breuil et Bollandus, qui en ont publié différentes éditions, dom Mabillon l'a revu sur divers manuscrits, et fait entrer dans sa *Collection des écrivains de l'ordre de Saint-Benoît*. Il a eu soin d'y joindre un avertissement et des notes dans lesquelles il ne dissimule pas les fautes de l'original.

FAUSTIN, DE LYON, mérite, à plus d'un titre, de trouver place en ce recueil. Non-seulement il était en commerce de lettres avec saint Cyprien, évêque de Carthage, mais il paraît encore avoir été un prélat fort instruit de la doctrine de l'Eglise, et très-zélé pour en défendre la pureté. Il succéda à Hélie sur le siége épiscopal de Lyon, au plus tard vers l'an 250. On trouve peu de choses à dire sur son histoire; mais la conduite qu'il tint dans la grande affaire que nous allons rapporter, prouve qu'il fut un digne successeur du grand saint Irénée.

Peu de temps après qu'il eut été élevé à l'épiscopat, l'hérésie de Novatien, qui avait fait schisme sous le pontificat de saint Corneille, ayant pénétré dans les Gaules, et Marcien, évêque d'Arles, ayant eu le malheur de l'embrasser, Faustin se crut obligé d'apporter un prompt remède à un mal aussi dangereux. Pour y réussir, il écrivit au moins une fois au Pape Etienne, ce que firent aussi les autres évêques de la province, et deux fois à saint Cyprien. Les lettres de Faustin ne subsistent plus, mais elles ont donné occasion et fourni la matière à la lettre 67e de saint Cyprien au même Pape, dans laquelle on retrouve le précis de ce qu'elles contenaient.

Faustin y détaillait la chute malheureuse de Marcien, son schisme avec l'Eglise catholique, sa séparation du corps sacerdotal, pour s'attacher au parti de Novatien; la dureté de sa conduite dans le refus qu'il faisait d'accorder la pénitence à ceux qui la demandaient par leurs gémissements et leurs larmes, son obstination inhumaine qui préférait les abandonner en proie aux loups ravissants et au démon même, plutôt que de leur rendre la paix et la communion, obstination qui avait été cause que plusieurs fidèles étaient morts depuis quelques années sans avoir pu obtenir de réconciliation; de sorte que le troupeau de cette Eglise était ou dispersé, ou couvert de plaies, sans que le pasteur s'en mît en peine. Tel était le sujet des lettres de Faustin; et sans elles nous aurions ignoré un point important de l'histoire de l'Eglise des Gaules en ce siècle.

On croit que ce qui obligea Faustin à s'adresser au moins une seconde fois à saint Cyprien, fut qu'il ne trouva pas dans le Pape un zèle de correspondance aussi empressé qu'il l'espérait. Mais saint Cyprien, à sa sollicitation, sut ranimer la charité du pontife universel. Il le pressa d'écrire des lettres fortes aux fidèles de l'Eglise d'Arles et aux évêques des Gaules, afin qu'ils déposassent Marcien, déjà jugé par les prélats de sa province, et qu'ils missent un autre évêque à sa place. Il y a quelque apparence que nos évêques exécutèrent ces ordres. Ce qui le fait juger ainsi, c'est qu'on ne trouve point le nom de Marcien dans une ancienne liste des évêques d'Arles. Il est probable qu'il aura été effacé des sacrés dyptiques, comme on disait alors, c'est-à-dire de la table sur laquelle on inscrivait les noms des évêques morts dans la communion de l'Eglise.

FAUSTIN et MARCELLIN, tous deux prêtres, étaient du nombre des ministres et des compagnons du schisme de l'antipape Ursin. Comme lui ils furent obligés de sortir de Rome vers l'an 368, envoyés en exil et dispersés en divers pays. L'estime qu'ils témoignent dans leurs écrits pour Lucifer de Cagliari ne permet pas de douter qu'ils ne lui aient été attachés et à son schisme. Aussi font-ils profession, en plusieurs endroits, de ne point communiquer, non-seulement avec ceux qui avaient consenti à l'hérésie, mais encore avec ceux-là même qui communiquaient avec eux, c'est-à-dire avec tous ceux qui, suivant le sage tempérament du concile d'Alexandrie, usaient de condescendance envers ceux qui étaient tombés à Rimini, et les recevaient après une satisfaction convenable. Ce tempérament avait été reçu unanimement dans toutes les provinces, et Lucifer fut le seul qui s'y opposa; ce qui fait que Faustin et Marcellin, ses partisans, avouent qu'ils sont en petit nombre, et qu'ils évitent presque tout le monde. Leur éloignement pour l'Eglise catholique se trahit encore dans le fiel qu'ils exhalent contre le Pape Damase, contre saint Hilaire, contre saint Athanase et divers autres prélats célèbres par leur savoir, leur sainteté et la pureté de leur doctrine. Ils avaient conçu le dessein d'établir à Rome un évêque nommé Ephèse ou Eurèse, qu'ils auraient fait consacrer par les mains de Taorge, un des évêques attachés comme eux au schisme de Lucifer. On croit que c'est de ce faux Pape des lucifériens qu'il faut entendre ce que nous lisons dans une loi d'Arcade, fils de Théodose, datée du 3 septembre 395, qu'il fallait traiter comme hérétiques tous ceux qui s'écartaient tant soit peu de la doctrine catholique, et nommément un prétendu évêque appelé Eurèse.

LEURS ÉCRITS — Nous avons, sous le nom des deux prêtres Faustin et Marcellin, une *Requête* adressée aux empereurs Théodose, Valentinien et Arcade; Gratien n'y est point nommé. Ainsi cette requête est postérieure au 25 août 383, époque où il fut tué; et on ne peut la placer non plus avant cette année là, puisqu'Arcade ne fut fait empereur que dans le mois de janvier de la même année. Comme elle tend à faire cesser les persécutions que les catholiques faisaient souffrir aux lucifériens, et qu'en 384, l'empereur Théodose publia un rescrit en leur faveur, on peut la mettre sur la fin de l'année 383 ou au commencement de 384. Gennade fait mention de cette *Requête*.

Préface. — La préface qui la précède dans toutes les éditions qui sont venues jusqu'à nous, n'y a aucun rapport. Elle ne traite que du schisme d'Ursin, dont il n'est pas dit un mot dans la requête, où, au contraire, on parle beaucoup de Lucifer et avec de grands éloges; de sorte qu'on ne peut douter que cette préface, si elle est des prêtres Faustin et Marcellin, comme le porte son titre, n'ait rapport à quelques autres de leurs ouvrages que nous n'avons plus, et dans lesquels ils traitaient du schisme d'Ursin. Quelle qu'elle soit, nous allons en donner l'analyse avant celle de la requête dont elle est suivie.

L'auteur de cette préface, qui vivait du temps même d'Ursin, se déclare ouvertement pour lui contre Damase, qu'il fait passer pour un intrus sur le siége de saint Pierre. Il raconte que, du temps de l'empereur Constantius, fils du grand Constantin, les ariens ayant excité une cruelle persécution contre les chrétiens, ce prince l'approuva, et persécuta lui-même saint Athanase, parce qu'il s'opposait aux ariens, et entreprit de le faire condamner par tous les évêques; mais que le Pape Libère, saint Eusèbe de Verceil, Lucifer de Cagliari, et saint Hilaire de Poitiers refusèrent de souscrire à sa condamnation, ce qui les fit exiler. Il ajoute que Damase, alors diacre de Rome, feignit d'accompagner le Pape Libère dans son exil, mais qu'il l'abandonna en chemin pour retourner à Rome; que, le jour du départ de Libère, tout le clergé de la ville jura, en présence du peuple romain, de ne point élire d'autre évêque de son vivant; que, néanmoins, peu de temps après sa sortie, le clergé, oubliant le serment qu'il avait fait, choisit à la place de Libère l'archidiacre Félix, choix dont le peuple romain se montra si irrité qu'il ne voulut avoir aucune communication avec ce prélat qu'il regardait comme intrus. La troisième année, Libère, après avoir souscrit à la perfidie arienne, revint à Rome, parce que l'empereur Constance avait accordé son retour aux prières du peuple romain. Alors Félix eut son tour, et jusqu'à deux fois il fut chassé de Rome par le sénat et par le peuple. Il survécut encore près de huit ans à sa chute, et ne mourut que le 22 novembre 365, sous le consulat de Valentinien et de Valens. Il est à remarquer que saint Optat et saint Augustin ne mettent point Félix dans le catalogue des évêques de Rome. Après avoir parlé de ce qui se passa à l'occasion de l'anti-pape Félix, l'auteur de la préface vient au schisme d'Ursin, qui suivit de près la mort du Pape Libère arrivée le 24 septembre de l'an 366, sous le consulat de Gratien et de Dugalise. Ursin fut élu dans la basilique de Jules, n'étant encore que diacre, par les prêtres et les diacres Ursin, Amantius et Lupus, et par le peuple qui avait gardé fidélité à Libère, dans le temps même de son exil. Damase, au contraire, fut choisi dans la basilique de Lucine, c'est-à-dire de Saint-Laurent, par ceux du clergé qui avaient suivi le schisme de Félix. Ursin fut sacré évêque par Paul de Tibur ou de Tivoli. Damase le fut ensuite dans la basilique de Latran. L'auteur, qui décrit entièrement l'ordination de Damase et sa personne, ne dit point par qui il fut ordonné; mais il ne justifie point non plus l'ordination d'Ursin, qui, en effet, avait besoin d'apologie; car elle fut faite contre la règle générale de la tradition qui veut qu'un évêque soit ordonné par trois autres évêques, et contre l'usage de l'Église romaine, dont l'évêque devait être consacré par celui d'Ostie. Ursin et les ecclésiastiques qui l'avaient choisi, furent envoyés en exil par Juventius, préfet de Rome, et Julien, intendant des vivres. Mais ceux de son parti ayant obtenu son rappel de l'empereur Valentinien, il revint à Rome le 15 septembre de l'année suivante 367, avec ses diacres Amantius et Lupus. Ses partisans allèrent au devant de lui avec beaucoup de joie; son séjour y fut court, et il en sortit une seconde fois, par ordre de l'empereur, le 6 novembre de la même année, deux mois seulement après son retour. Les partisans d'Ursin rendent Damase coupable de ce second exil, qu'il obtint, disent-ils, après avoir gagné par argent toute la cour de Valentinien. Ils ajoutent qu'Ursin se livra lui-même entre les mains de ceux qui le cherchaient, pour épargner le sang du peuple, qui, après sa sortie, continua, malgré l'empereur, malgré le gouverneur, malgré tous les soins de Damase, à tenir des assemblées dans les cimetières des martyrs, sans avoir même aucun ecclésiastique pour y présider.

L'auteur finit sa préface par un trait d'histoire où il entre plus de passion que de vérité. Il dit qu'un jour ceux de son parti se trouvant rassemblés en grand nombre à Sainte-Agnès, Damase y vint en armes, se jeta sur eux avec ses satellites, et les traita avec une cruauté qui souleva contre lui les évêques d'Italie. Il rapporte aussi que ce Pape, en ayant invité quelques-uns à célébrer la fête de sa naissance et de son ordination, tâcha, par argent ou par prières, d'obtenir d'eux qu'ils condamnassent Ursin, ce qu'ils refusèrent, en disant qu'ils étaient venus pour solenniser une fête et non pour condamner un homme sans l'entendre; enfin, il rappelle que dans la suite les prêtres du parti d'Ursin eurent à endurer toute sorte de mauvais traitements, qu'on les condamna à l'exil et qu'on les dispersa en divers pays : de ce nombre, dit-il, furent les prêtres Faustin et Marcellin.

Requête aux empereurs. — La requête qui suit cette préface tend, comme nous l'avons remarqué plus haut, à faire cesser la persécution que les lucifériens se plaignaient de souffrir de la part des catholiques. Quoiqu'elle porte le nom de trois empereurs, elle ne fut toutefois présentée qu'à Théodose lorsqu'il était à Constantinople. Les deux prêtres Faustin et Marcellin s'y plaignent qu'on les persécute comme hérétiques, « quoique, disent-ils, nous montrions que nous ne le sommes pas, et que personne, pas même ceux qui nous font tant souffrir, ne puisse nous convaincre de l'être. » Ils font retomber sur les catholiques le reproche d'hérésie qui leur est adressé, et pour preuve ils les accusent d'avoir condamné la foi catholique par crainte de l'exil, lorsqu'un fidèle est obligé de souffrir tout, même la mort, plutôt que de renoncer à sa foi. Ils donnent en peu de mots l'histoire d'Arius et de son hérésie; mais ils ajoutent à la mort de cet hérésiarque une circonstance qui ne se lit point ailleurs, savoir, que son corps déjà entr'ouvert et vide de ses entrailles tomba par l'ouverture d'une fosse d'aisance; et ils regardent cette mort infâme comme une preuve de l'orthodoxie de la foi de Nicée. Ils font l'éloge de ce concile, de saint Denys d'Alexandrie, qu'ils appellent un évêque plein de foi, de sagesse, de zèle et de ferveur; et de saint Alexandre de Constantinople, qu'ils qualifient évêque saint et admirable dont la mémoire est en bénédiction. C'est à ses prières qu'ils attribuent la mort d'Arius. Ensuite ils font l'histoire des conciles de Rimini et de Séleucie, et, après avoir exagéré la faute que commirent les évêques en souscrivant au formulaire qui leur fut présenté, ils soutiennent qu'on ne peut, sans la dernière injustice, les persécuter pour ne vouloir pas communiquer avec ces évêques prévaricateurs. Ils donnent de grands éloges à Paulin de Trèves, à Lucifer de Cagliari qu'ils appellent un homme apostolique, à saint Eusèbe de Verceil, à saint Denys de Milan, à Rodane de Toulouse, tous exilés pour la foi. Ils leur joignent saint Hilaire de Poitiers; mais ils l'accusent en même temps d'avoir favorisé les prévaricateurs, et même les hérétiques contre lesquels il avait auparavant employé les forces de son éloquence. Ils louent la constance de Maxime, évêque de Naples, et sa fermeté dans la foi à l'épreuve des injures et des tourments; l'admirable simplicité de Ruffinien et sa constance encore plus admirable à répandre son sang pour la défense de la foi. Ils en appellent au témoignage des Napolitains qui conservaient quelques parties de son sang, et s'en servaient pour chasser les démons du corps des possédés. Outre ces confesseurs, ajoutent-ils, il y eut en Egypte un petit nombre d'évêques qui prirent la fuite ou furent envoyés en exil, parce qu'ils ne voulaient point communiquer avec ces prélats impies et cruels. Mais le nombre de ceux qui souscrivirent à l'impiété arienne fut beaucoup plus grand que celui des évêques qui s'y refusèrent; et ils concluent de là que la vérité est de leur côté, puisqu'ils sont en petit nombre et qu'ils évitent la multitude des prévaricateurs, contre lesquels, suivant eux, Dieu avait déjà fait éclater sa justice. Ils citent en particulier Potamius de Lisbonne, et Osius de Cordoue. Le premier, pour avoir trahi la foi qu'il avait d'abord défendue, fut affligé d'une plaie à la langue qui lui causa la mort. Le second tomba de son siège, la tête et la bouche tournées à contre sens, au moment même où il voulait prononcer une sentence de déposition contre Grégoire d'Elvire, qui lui avait reproché sa prévarication. Les autres exemples qu'ils produisent sont tout aussi vraisemblables, sans en excepter ce qu'ils disent du vicaire Clémentin, qui, chargé par l'empereur d'envoyer Grégoire en exil, et redoutant pour lui-même le sort d'Osius, se jeta à ses pieds, et lui demanda pardon, en lui protestant qu'il ne l'avait offensé que pour exécuter les ordres de l'empereur. Croira-t-on qu'un juge païen ait fait difficulté de bannir un évêque sur un ordre exprès de l'empereur, dans un temps où on en bannissait tant d'autres, sans aucune formalité. Comment saint Athanase, qui n'omet rien de ce qui peut servir à confirmer la foi à la consubstantialité, eût-il passé sous silence des punitions aussi éclatantes que celles d'Osius et de Potamius, s'il eût cru ces histoires véritables? Au contraire, il parle toujours honorablement d'Osius, et ce qui détruit absolument le récit de Faustin et Marcellin, il affirme que cet évêque n'oublia point la faute qu'il avait commise, mais que se sentant près de mourir, il voulut protester par une espèce de testament contre la violence qui lui avait arraché sa signature, anathématisa l'hérésie arienne et exhorta tout le monde à la rejeter.

On voit par la suite de la requête que les ariens dans l'Orient, et principalement en Egypte, mettaient au rang des laïques ceux qui, après avoir été ordonnés dans l'Eglise catholique, s'associaient à leur parti, et les ordonnaient de nouveau après leur avoir fait signer l'impiété arienne; faisant voir par cette conduite qu'ils condamnaient non-seulement la doctrine catholique, mais encore les ordinations faites dans l'Eglise catholique. Les deux prêtres Marcellin et Faustin font envisager à l'empereur l'ambition de ces évêques qui, pour conserver leur dignité et éviter la peine de l'exil, passaient dans le parti des ariens, comme un triomphe de l'hérésie sur l'Eglise catholique, et témoignent souhaiter que l'Eglise n'eût jamais possédé de biens temporels, puisque le désir de retenir ces biens avait été pour ces évêques une occasion de prévariquer. Ils se plaignent qu'on les traite d'impies, parce qu'ils refusent de communiquer avec eux; mais ils n'agissent ainsi que parce que les évêques, dispersés par l'exil, mais réunis en esprit, ont décidé dans des lettres pleines d'une vigueur apostolique, qu'il fallait éviter toute communication avec ces sortes d'évêques, à moins que contrits de leurs prévarications, ils ne demandassent la communion laïque. Ils demandent à l'empereur, au nom des lucifériens, en quoi ils l'ont offensé, en quoi ils ont fait tort à la république lorsqu'ils ont rejeté la paix qui admet des sacrilèges, qui honore des prévaricateurs dans la foi, qui favorise des hypocrites, qui méprise la vérité, qui constitue maîtres de l'Eglise ceux qui ont renié le Fils de Dieu, qui répand sur le peuple la tache de perfidie, qui renverse l'Evangile? « C'est pour ne pas vouloir d'une pareille paix, continuent-ils, que nous souffrons persécution sous l'autorité de votre nom de la part de ces évêques qui, combattant pour l'hérésie au gré de l'empereur qui vous a devancé, péchaient contre la foi catholique. » Ils crient à l'injustice, et se plaignent que l'impiété se couvre du nom de paix, et que l'on fasse servir le beau nom de vérité à la protection des perfides; et pour prouver qu'il ne fallait point admettre à la paix ou à la communion les évêques tombés à Rimini, quand bien même ils auraient rétracté leur signature, ils rapportent que Maxime, évêque de Naples, envoyé en exil pour la foi, prononça une sentence contre Zozime, que les ariens avaient ordonné et placé sur son siége, et que Lucifer non-seulement ne voulut point le recevoir, quoiqu'il témoignât avoir quitté l'impiété arienne, mais qu'il le menaça de la vengeance de Dieu, qui en effet éclata peu de temps après, sa langue s'enflant jusqu'à lui ôter l'usage de la parole toutes les fois qu'il entrait dans l'église, et se désenflant lorsqu'il en était sorti; ce qui l'obligea à renoncer à l'épiscopat et à passer le reste de ses jours dans la pénitence. Ils rejettent sur l'inconstance des évêques catholiques dans la foi l'opiniâtreté de l'empereur Valens dans l'hérésie, soutenant qu'il ne l'embrassa que parce qu'il voyait les hérétiques défendre avec fermeté leur sentiment, et les catholiques changer de foi. Ils se moquent des évêques (du concile d'Alexandrie) qui se firent un scrupule de rejeter ceux qui, après être tombés à Rimini, étaient revenus à résipiscence, et disent que c'en est fait de la vraie religion, s'il faut qu'elle se trouve dans une multitude impie. On n'en jugea pas ainsi au temps du déluge; au contraire, Noé devint d'autant plus agréable à Dieu, qu'il était le seul qui eût été trouvé juste. Ils font un long détail des persécutions que les catholiques avaient exercées contre plusieurs de leur parti tant en Espagne que dans les Gaules et le reste du monde; et cela, parce qu'ils refusaient de communiquer avec des perfides, c'est-à-dire avec les évêques tombés à Rimini, et parce qu'ils avaient communiqué avec Grégoire d'Elvire. Ils n'oublient pas de compter Damase au nombre de leurs persécuteurs, et ils rappellent les mouvements qu'il se donna pour chasser de Rome Eurèse, que l'évêque Taorge avait ordonné pour ceux de leur doctrine qui y tenaient des assemblées. Ils disent que c'était à tort qu'on les nommait lucifériens, puisque Lucifer n'avait pas inventé une nouvelle doctrine; qu'ils n'avaient d'autre maître que Jésus-Christ, et qu'en suivant sa doctrine et celle de ses apôtres, ils devaient être appelés chrétiens. Ils parlent avec éloge des écrits de Lucifer, et n'oublient pas de rappeler à son avantage que saint Athanase les traduisit du latin en grec. Ils s'étendent aussi beaucoup sur les qualités personnelles de cet évêque, sur son savoir, ses vertus et l'estime que faisait de lui Grégoire d'Elvire; à qui ils attribuent le don des miracles, et qui, parmi tous ceux qui défendaient l'intégrité de la foi, était le seul qui n'avait été ni chassé, ni banni, parce qu'on craignait de s'attirer quelque châtiment de Dieu en l'attaquant. Ils donnent encore de grands éloges à Héraclide, évêque d'Oxyrinque, en Egypte; à Hermione, vierge et abbesse d'un monastère de filles, à Eleuthéropolis, et à un tribun de la même ville, nommé Sévère, qui tous faisaient partie de la secte des lucifériens; mais ils s'emportent d'une façon étrange contre Théodore, évêque d'Oxyrinque qui, suivant eux, avait été assez lâche pour condamner la vraie foi et souffrir qu'un arien aussi connu que l'était George d'Alexandrie le consacrât de nouveau évêque; de sorte qu'une partie du peuple et du clergé avec un pieux solitaire nommé Paul, personnage, selon eux, aussi célèbre que saint Antoine, se séparèrent de sa communion, et célébrèrent depuis les saints mystères, n'ayant à leur tête que des prêtres et des diacres de la ville.

Faustin et Marcellin finissent leur requête en conjurant les empereurs de faire cesser contre eux la persécution, et d'empêcher qu'à leur insu on ne répande le sang des chrétiens qui défendent l'ancienne foi de l'Eglise; « car, leur disent-ils, à quoi sert que vous soyez les défenseurs de la foi catholique, si vous souffrez que ceux qui en font profession soient tourmentés, expulsés de tous les lieux, sans avoir nulle part le pouvoir de la prêcher librement; que nos adversaires aient des églises toutes brillantes d'or, revêtues des marbres les plus précieux et soutenues de magnifiques colonnes; qu'ils possèdent en grand nombre de riches fonds de terre, eux qui ont mis la foi en danger; nous ne nous en plaignons pas, pourvu qu'il soit permis à la vérité de servir et d'adorer Jésus-Christ dans de viles étables, semblables à celle où il est né selon la chair, et où il a daigné se reposer lorsqu'il était enfant. Si nous vous demandons cette grâce, ce n'est pas que nous craignions ni les tourments ni la mort; Dieu qui connaît le fond du cœur de l'homme est témoin de l'espérance certaine que nous avons de jouir de la béatitude en l'autre vie, si en celle-ci nous sommes égorgés pour la défense de notre foi; mais c'est de peur que le sang des chrétiens, en continuant de couler, n'attire la colère de Dieu sur votre empire. »

Cette *requête* eut son effet, et par une facilité que l'on ne peut excuser d'imprudence, l'empereur Théodose adressa à Cynégius, préfet du prétoire, un rescrit dans lequel il accorde aux lucifériens la même protection qu'aux catholiques. Il leur garantit le libre exercice de leur religion, avec défense de les inquiéter en aucune manière, ni de poursuivre aucun de ceux qui leur étaient unis de communion. Il leur donne même de grands éloges, qualifiant Faustin et Marcellin de prêtres pleins de foi, Grégoire d'Elvire et Héraclide d'Oxyrinque, d'évêques saints et dignes de louanges. Il paraît que ce prince s'en tint à l'exposé tracé dans cette requête, sans en avoir bien examiné la vérité, ni s'être instruit à fond de la qualité des personnes ni de leur doctrine. Il faut toutefois rendre justice à sa piété qui lui fait dire dans ce rescrit, qu'il honore, autant qu'on le peut, la foi catholique, sans laquelle nous ne pouvons être sauvés. Il remarque encore qu'il ne veut rien décider en matière de foi, et qu'il n'a pas la prétention d'y rien ajouter de sa propre autorité. Ce serait faire preuve d'un esprit déréglé que de prescrire ce qu'il faut suivre à ceux de qui on doit l'apprendre. Il ne compte donc, et chacun doit en être convaincu, que les catholiques au nombre des vrais adorateurs du Dieu tout-puissant.

Cette *requête* des deux prêtres est extrêmement longue et surchargée de beaucoup d'inutilités. Le style en est enflé, mais véhément et pathétique. On y voit percer partout un esprit d'orgueil, d'aigreur et de dureté, que la charité ne connaît point; un mépris affecté des grandeurs et des richesses, des tourments et de la mort, un éloignement entier de l'unité de l'Eglise et une vaine complaisance dans le schisme, qui leur faisait envisager comme des effets de la vengeance divine tous les accidents funestes qui par hasard affligeaient ceux qui n'étaient pas liés de communion avec eux. Cette requête se trouve parmi les opuscules recueillis par le P. Sirmond, et imprimés à Paris, in-8°, 1650; à Venise, in-folio, 1696, et dans la *Bibliothèque des Pères de Lyon*, 1677.

FELIX II ou FELIX III, suivant que l'on consent à admettre au nombre des Souverains Pontifes celui que les Ariens substituèrent au Pape Libère, fut élu le 2 mars 483, pour succéder à saint Simplice. Il était Romain de naissance, d'une famille sénatoriale, fils d'un prêtre du même nom, et prêtre lui-même du titre des Saints Nérée et Achillée. Admis dans le clergé de Rome, il paraît qu'un mérite éminent lui concilia tous les vœux et tous les suffrages pour le faire élever au trône pontifical. A peine parvenu à cette dignité, il s'occupa avec autant de zèle que son prédécesseur du rétablissement de la foi orthodoxe dans les églises d'Orient. L'évêque d'Alexandrie, Jean Talaïa, était venu se réfugier à Rome, auprès de Simplice, après avoir été chassé violemment de son siége par l'empereur Zénon, qui s'était laissé séduire par Acace, évêque de Constantinople. On avait nommé, à la place de Talaïa, Pierre Mongus, homme décrié pour ses hérésies et d'autres crimes encore. Toutes les lettres écrites depuis quelques années contre cet intrus, et adressées par le Pape Simplice, tant à Acace, qu'à l'empereur, avaient été inutiles et étaient restées sans réponse. Félix, se croyant obligé de recourir à des moyens plus forts, en délibéra avec les évêques d'Italie dans un concile qu'il tint dans l'église de Saint-Pierre. Le résultat fut que l'on enverrait des légats à l'empereur, tant pour lui porter les lettres d'ordination du nouveau Pontife, que pour travailler auprès de lui à la conservation de la foi et au maintien de la discipline de l'Eglise. Le Pape choisit les évêques Vital et Misène, avec Félix, défenseur de l'Eglise romaine. Ils étaient chargés, en remettant à l'empereur les lettres que le Pape lui écrivait sur son ordination, de lui demander que Pierre Mongus fût chassé d'Alexandrie comme hérétique, et que l'on maintînt dans l'empire l'autorité du concile de Chalcédoine. Ils devaient, en outre, signifier à Acace qu'il eût à répondre à la requête que Jean Talaïa avait présentée au Pape contre lui, et à prononcer anathème contre l'usurpateur de son siége. Félix défendit à ses légats de communiquer avec Acace s'il refusait de satisfaire à toutes ces demandes. Comme les lettres de ce pontife se trouvent essentiellement mêlées aux événements de son pontificat, nous demandons à nos lecteurs la permission d'en intercaler l'analyse dans sa biographie, persuadé qu'elles nous aideront à le bien faire connaître.

Lettre à Zénon. — Dans sa lettre à l'empereur, Félix, après lui avoir donné avis de sa promotion, se plaint avec douceur que ce prince n'eût point répondu à la lettre du Pape Simplice, sur les moyens de procurer la paix à l'Eglise d'Alexandrie, et qu'il semblât ainsi vouloir se séparer de la confession de saint Pierre, et, par contre-coup, de la foi de l'Eglise universelle. Il lui représente qu'en déchirant ainsi l'unité du Symbole qui l'avait replacé sur le trône, il s'exposait au danger d'en descendre une seconde fois. Or, comme il n'y avait plus que lui qui portât le nom d'empereur, il devait chercher à se rendre Dieu propice plutôt que d'attirer sur lui son indignation. « Je crains, lui dit-il, et je tremble que ce changement de conduite ne fasse changer pour vous la face des événements. Regardez vos prédécesseurs, Marcien et Léon, d'auguste mémoire, suivez la foi de ceux dont vous êtes le successeur légitime. Suivez celle que vous avez professée vous-même; faites chercher dans les archives de votre palais ce que vous avez écrit à mon prédécesseur, quand vous êtes remonté sur le trône. Vous n'y parlez que de conserver le concile de Chalcédoine et de rappeler Timothée le Catholique. Que l'on cherche ce que vous lui avez écrit à lui-même, pour le féliciter de son retour à Alexandrie, dont il était le véritable évêque. Ne suit-il pas de là que Pierre Mongus, qui en avait été chassé, était un faux évêque et un partisan de l'erreur? Enfin, vous avez menacé, par vos lettres, tous les évêques et tout le clergé d'Egypte que, si dans deux mois ils ne revenaient à la communion de Timothée Solophaciole, ils seraient déposés et chassés de toute la province. Vous avez voulu que ceux qui avaient été ordonnés par Pierre ou par l'hérétique Timothée, déjà mort, fussent reçus à la communion de Timothée le Catholique, s'ils revenaient dans le temps marqué. Mais vous n'avez point voulu que la cause de Pierre pût être examinée de nouveau, ni qu'il prétendît jamais gouverner des catholiques. Au contraire, vous avez déclaré que, si Timothée Solophaciole venait à mourir, vous ne souffririez point qu'on lui donnât de successeur qui ne fût pris entre les clercs catholiques et consacré par des catholiques. Comment donc souffrez-vous que le troupeau de Jésus-Christ soit de nouveau ravagé par ce loup que vous en avez chassé vous-même? » Le Pape rétablit ensuite l'autorité du concile de Chalcédoine, et montre que la doctrine en est entièrement conforme à celle des Ecritures, des conciles et des Pères; que tous les évêques du monde ayant enseigné de même, il n'est plus permis de remettre en question les erreurs que ce concile a condamnées, parce que ce qui a été universellement décidé par les anciens n'est point sujet à révision. Revenant ensuite à Pierre Mongus : « N'est-ce pas lui, dit-il, qui depuis trente ans qu'il a abandonné l'Eglise catholique, s'est fait le séide et le docteur de ses ennemis, toujours prêt à semer l'erreur et à répandre le sang? » Il en conclut que, lui abandonner l'Eglise d'Alexandrie, sous prétexte de réunir les esprits, ce ne serait pas rétablir la paix, mais céder la victoire aux hérétiques et causer la perte d'une infinité d'âmes. Il rappelle à Zénon la victoire qu'il avait remportée sur Basilique, et l'exhorte à délivrer l'Eglise de ceux qui enseignent l'hérésie, comme Dieu avait délivré l'Etat de ce tyran, et à ramener enfin le siége de saint Marc à la communion de saint Pierre. Il ne dit rien dans cette lettre de l'*Hénotique* de Zénon, probablement dans la crainte d'irriter ce prince. Il ne demande pas non plus le rétablissement de Jean Talaïa, ce qui aurait pu blesser l'empereur, qui s'était déclaré ouvertement contre cet évêque, qu'il n'aurait peut-être pas voulu souffrir à Alexandrie, à cause de son union avec le général Illus.

A Acace de Constantinople. — Dans la lettre que ses légats étaient chargés de remettre à l'évêque de Constantinople, Félix le reprend du silence obstiné qu'il avait gardé à l'égard de son prédécesseur, sur une affaire aussi grave que l'était celle de l'Eglise d'Alexandrie; et il attribue à l'orgueil la conduite qu'il avait tenue en cette occasion. « Encore que vous n'auriez pas daigné, lui dit-il, vous associer, par vos respects, aux triomphes du bienheureux apôtre, le seul souvenir de vos obligations devait vous porter à vous élever généreusement pour maintenir la pureté de la foi catholique, pour défendre les décrets de nos pères, pour soutenir les décisions du concile de Chalcédoine, qui ne fait que confirmer celles de Nicée, et pour vous montrer enfin un digne successeur des évêques de cette ville, par votre zèle à repousser les attaques de ses ennemis ; car vous n'avez pas d'autre moyen de vous faire reconnaître au nombre des membres de Jésus-Christ, qu'en cessant absolument de fomenter les maux qui se sont répandus sur toute la terre pour la désoler. Il est donc de votre devoir d'aller souvent trouver l'empereur, et de lui représenter que n'ayant vaincu son ennemi qu'en prenant la défense de la vérité, c'est par le même moyen qu'il doit se procurer le salut et conserver son empire ; de le faire souvenir de ce qu'il a fait et écrit contre Pierre en faveur de Timothée le Catholique, lorsqu'il chassa le premier de l'Eglise d'Alexandrie pour la rendre au second, et menaça les clercs et les laïques d'Egypte de les dépouiller de leurs charges et de leurs dignités, si dans deux mois ils ne revenaient à la communion de Timothée. » Il rappelle à Acace qu'il était d'autant plus en état d'adresser toutes ces remontrances à l'empereur, qu'il s'était flatté lui-même, dans ses lettres au pape Simplice, d'avoir eu une grande part à tout ce que ce prince avait entrepris contre les ennemis du Saint-Siége et du concile de Chalcédoine. Il devait donc faire tous ses efforts pour empêcher Zénon de relever l'hérésie qu'il avait abattue, dans la crainte de se rendre suspect de la favoriser lui-même ; « car, dit-il, on approuve l'erreur lorsqu'on ne s'y oppose pas, et on est censé opprimer la vérité lorsqu'on néglige d'en prendre la défense. » Il presse Acace de se servir de son crédit auprès de l'empereur, pour empêcher que le troupeau du Seigneur ne soit ravagé, et que l'Eglise ne se trouve remise en péril par l'audace de ceux qui s'élevaient contre le concile de Chalcédoine. Ces deux lettres ne disent rien de la requête de Jean Talaïa contre l'évêque de Constantinople ; mais le pape Félix l'envoya séparément avec un acte, dans lequel il presse Acace lui-même de se défendre promptement des accusations portées contre lui devant le siége de Saint-Pierre, dans l'assemblée des évêques, afin que l'on pût juger de son innocence. A cet acte, Félix en joignit un autre, qu'il intitule *Plainte*. Il est adressé à Zénon, et il s'y plaint, en effet, qu'au moment où l'on croyait l'Eglise victorieuse de tous ses ennemis, et particulièrement de Pierre Mongus, le plus dangereux de tous, on l'ait vu tout à coup assis sur le siége d'Alexandrie. « S'il en est ainsi, dit-il, la crainte de Dieu m'oblige de dire, avec toute la liberté d'un pontife, à un prince chrétien, qu'il a besoin d'expier, par des remèdes salutaires, ce qu'il a laissé faire au mépris de Jésus-Christ. » Il fait retomber la faute sur Acace, qui, suivant les lois ecclésiastiques et civiles, ne pouvait se dispenser de se purger des accusations portées contre lui dans la requête de Jean Talaïa.

Félix envoya une copie de cette requête à l'empereur, et les légats furent chargés de toutes ces pièces, avec plusieurs lettres pour des catholiques de Constantinople. Comme ils étaient en chemin pour se rendre en cette ville, le Pape reçut une lettre de Cyrille, abbé des Acémètes, qui se plaignait qu'on mît cette lenteur à agir contre Acace, lorsque la foi était blessée par tant d'excès. Félix écrivit aussitôt à ses légats de ne rien faire qu'ils n'eussent auparavant conféré avec Cyrille et appris de lui comment ils devaient se conduire ; mais on ne leur en laissa pas le temps. A peine arrivés à Abydos et au détroit des Dardanelles, on les arrêta par ordre de Zénon et d'Acace, et on les jeta en prison, après leur avoir enlevé les papiers et les lettres dont ils étaient porteurs. L'empereur profita de leur captivité pour les menacer de mort, s'ils refusaient de communiquer avec Acace et Pierre Mongus. Aux menaces il joignit les caresses, les présents et même les parjures, en s'engageant à remettre le jugement de toute l'affaire au Pape. Los légats cédèrent, et contre l'ordre de celui qui les avait envoyés, ils promirent de communiquer avec Acace. Alors ils sortirent de prison, parurent en public et célébrèrent les saints mystères avec Acace et les envoyés de Pierre Mongus, qu'ils reconnurent pour évêque d'Alexandrie, et dont le nom fut prononcé tout haut dans la récitation des sacrés dyptiques, tandis que jusque-là il n'avait été nommé que tout bas. Les hérétiques en tirèrent avantage, pour dire que Rome avait reçu Pierre Mongus à sa communion, et jeter ainsi le trouble parmi les fidèles. Les légats ne se mirent point en peine de les démentir, et ils refusèrent même de donner sur plusieurs points les éclaircissements qu'on leur demandait. Ils ne firent non plus aucune tentative pour se faire rendre les lettres qu'on leur avait prises ; mais ils mirent le comble à leur confusion, en se chargeant de remettre au Pape celles d'Acace et de l'empereur. Acace, dans la sienne, donnait de grandes louanges à Mongus qui, suivant lui, n'avait jamais été condamné, et il avouait qu'il communiquait avec lui et avec tous ceux qui le reconnaissaient pour évêque. Il s'y répandait en injures contre Jean Talaïa, sans toutefois entreprendre de répondre aux accusations qu'il avait portées contre lui devant le Saint-Siége ; puis, pour mieux cacher es fautes qu'il avait commises, il s'en déchargeait sur l'empereur. Ce prince, de son côté, témoignait dans ses lettres qu'il n'avait rien fait que par le conseil d'Acace ; et, en parlant du prétendu parjure de Talaïa, il assurait le pape que Mongus n'avait été reçu à la communion qu'après avoir signé dans l'*Hénotique* l'acceptation du concile de Chalcédoine.

Le troisième légat, Félix, défenseur de l'Eglise romaine, étant demeuré malade en chemin, n'arriva à Constantinople que lorsque les deux autres étaient déjà sortis de prison. On lui enleva également les papiers dont il était chargé, on le retint captif, et comme il ne voulut point imiter la lâcheté de ses collègues, Acace lui-même refusa de le voir. Les deux autres à leur arrivée à Rome trouvèrent le Pape bien informé de leur conduite. Ils avaient été précédés par Siméon et d'autres moines acémètes, envoyés par Cyrille et d'autres abbés de Constantinople pour instruire Félix de ce qui s'était passé. Vers le même temps, il reçut une lettre des évêques et des clercs catholiques d'Egypte, où tout en l'assurant de la pureté de la foi de Jean Talaïa et de la canonicité de son ordination, ils lui disaient beaucoup de choses contre Pierre Mongus et contre Acace et tous ceux qui communiquaient avec lui. Cette lettre avec celle des moines acémètes fut lue dans un concile que le Pape réunit dans la basilique de Saint-Pierre, sur la fin de juillet 484. Les légats, pour se justifier, prétendirent n'avoir fait qu'exécuter les ordres dont ils étaient chargés ; mais on leur montra par la lettre même d'Acace, qu'ils étaient coupables d'avoir communiqué avec cet évêque, quoiqu'ils ne pussent ignorer qu'il partageait les sentiments de Pierre Mongus. Siméon et les autres acémètes soutinrent qu'ils avaient prononcé le nom de cet intrus dans les sacrés dyptiques, qu'ils n'avaient répondu à aucune des questions que les catholiques leur avaient proposées, ni remis aucune des lettres dont ils étaient chargés pour eux. On les confronta encore avec le prêtre Sylvain, qui les avait accompagnés à Constantinople, et qui confirma ce que les acémètes avaient déposé. Les légats se trouvèrent donc réduits à s'excuser sur la violence que l'évêque de Constantinople leur avait fait subir ; mais cette excuse qui condamnait Acace ne les justifiait pas, et le Pape se vit contraint de condamner ses propres légats. Ils furent déposés de l'épiscopat et privés de la communion des saints mystères, jusqu'à ce que l'église d'Alexandrie eût reçu un évêque catholique. Ainsi ils demeurèrent excommuniés pendant ; près de quarante ans, et Vital lui-même fut frappé de mort subite, avant d'avoir été relevé de cette peine ; mais Misène, effrayé de cet accident, demanda et obtint la communion de l'Eglise dans un concile que le pape Gélase assembla en 495. Félix, après la condamnation de ses légats, prononça un nouvel anathème contre Pierre Mongus, et contre Acace qui s'était souillé par sa communion avec les hérétiques. Telle fut l'origine du schisme qui divisa pendant trente cinq ans les deux églises d'Orient et d'Occident.

Quelques critiques en ont pris occasion de censurer la conduite des Papes qui ont gouverné le Saint-Siége pendant ces temps de troubles. Ils ont prétendu que, quand même Acace eût été plus coupable, le bien de la paix exigeait qu'on ne traitât pas avec autant de rigueur un évêque, qui après tout était orthodoxe, et dont tout le crime était d'avoir encouru la disgrâce de l'évêque de Rome, en donnant trop légèrement dans les volontés de l'empereur Zénon et en appuyant de tout son crédit son *Hénotique* ou formule de foi, qu'il avait souscrite des premiers. Mais ce n'était là qu'une partie des fautes d'Acace, et quand on les connaîtra toutes, on conviendra avec Nicole, au chapitre 10e de son second livre de l'*Unité de la foi*, que l'excommunication fulminée contre cet évêque était au fond très-juste et bien méritée. Acace avait lui-même écrit au Pape Simplice contre Pierre Mongus, et l'avait dépeint comme un hérétique, comme un usurpateur, comme un enfant de ténèbres, comme un adultère qui avait voulu usurper le siége d'Alexandrie du vivant du légitime pasteur Timothée Solophaciole. Ce fut même sur cette instruction envoyée par Acace au Pape Simplice, que ce pontife condamna Mongus, dont les crimes étaient d'ailleurs très-évidents, puisqu'il avait été l'exécuteur des violences de Dioscore contre saint Flavien de Constantinople, et de Timothée Elure contre saint Protère d'Alexandrie, et qu'en outre il était ennemi déclaré du concile de Chalcédoine. Cependant, au préjudice d'une excommunication si juridique, procurée par lui-même, Acace pour chasser d'Alexandrie Jean Talaïa, archevêque de cette ville, qui n'avait pas eu assez d'égards pour lui, ne laissa pas d'y faire rétablir Pierre Mongus et de communiquer avec lui, sans la participation du Pape, ce qu'il ne pouvait faire selon les canons, puisqu'une excommunication légitime du premier siége, qui est celui de Rome, ne pouvait être levée par un évêque inférieur comme Acace. Il est vrai qu'il exigea de Mongus la promesse de ne point condamner le concile de Chalcédoine; mais outre qu'on ne pouvait croire à sa parole qu'il avait déjà tant de fois violée, il est certain qu'un hérétique, signalé par d'aussi grands excès, ne pouvait être reçu même à la communion laïque et selon l'ordre des canons. C'était donc, pour Acace, commettre une action très-irrégulière que de communiquer avec lui, comme avec l'évêque légitime d'Alexandrie. Il y avait encore dans la conduite d'Acace plusieurs infractions aux saints canons, et puis les violences dont il avait usé contre les deux légats étaient entièrement inexcusables. Aussi le Pape Félix écrivit-il à Acace lui-même pour lui marquer les motifs de sa condamnation.

Lettre à Acace. — « Vous avez, lui dit-il, au mépris des canons de Nicée, usurpé les droits des autres provinces; reçu à votre communion des hérétiques usurpateurs que vous aviez vous-même condamnés; donné le gouvernement de l'Eglise de Tyr à Jean, que les catholiques d'Apamée avaient refusé et qui avait été chassé d'Antioche; élevé à la prêtrise Hymérius, déposé du diaconat et excommunié. » Ensuite il lui reproche la protection qu'il donnait à Pierre Mongus en le maintenant sur le siége d'Alexandrie; les violences qu'il avait exercées contre ses légats, au mépris du droit des gens; le refus qu'il faisait de comparaître devant le Saint-Siége pour répondre aux accusations portées dans la requête de Jean Talaïa. Après quoi il conclut ainsi sa lettre : « Ayez donc part avec ceux dont vous embrassez si volontiers les intérêts, et sachez que, par la présente sentence, vous êtes privé de l'honneur du sacerdoce et de la communion catholique, et condamné par le jugement du Saint-Esprit et l'autorité apostolique, sans pouvoir être jamais absous de cet anathème. » Cette lettre, datée du 24 juillet 484 fut souscrite par soixante-sept évêques, non compris le Souverain-Pontife. Il ajouta avec ordre de l'afficher un acte dans lequel il déclare que la sentence du Saint-Siége a privé Acace du sacerdoce, pour avoir méprisé les deux monitions qu'on lui avait faites, et outragé le Pape en emprisonnant ses légats. En conséquence, il est défendu à tout évêque, ecclésiastiques, moines ou laïques de communiquer avec lui, après la dénonciation de cette sentence.

A l'empereur Zénon. — Félix chargea Tutus, défenseur de l'Eglise romaine, d'aller à Constantinople signifier à Acace cette dénonciation; il lui remit en même temps deux lettres, l'une pour l'empereur, et l'autre pour le clergé et le peuple. La première est une réponse à celle que Zénon avait adressée au Pape par ses deux légats. Il s'y plaint de la violence exercée envers eux, et dit qu'elle lui faisait craindre autant pour la couronne que pour le salut de ce prince. Cependant, comme cette violence ne pouvait être pour eux une excuse suffisante, on les avait déposés. Il y déclare que le Saint-Siége ne communiquera jamais avec Pierre Mongus, ne fût-ce que parce qu'il avait été ordonné par des hérétiques. « Je vous laisse donc, ajoute-t-il, en parlant à Zénon, à décider laquelle des deux communions vous voulez choisir, ou celle de Pierre Mongus ou celle de l'apôtre saint Pierre. » Pour faire connaître à l'empereur comment Mongus avait usurpé l'épiscopat, il le renvoie aux lettres qu'Acace lui-même avait écrites contre lui à Simplice son prédécesseur, et il joint la copie de ces lettres à la sienne. Il déclare ensuite à Zénon la sentence rendue contre Acace, et lui témoigne l'espérance qu'il ne s'opposerait en rien à l'exécution des lois sacrées de l'Eglise, puisque lui-même ne refusait pas de se soumettre aux lois civiles de son Etat. Il lui rappelle que les princes doivent apprendre des évêques à connaître la volonté de Dieu, et non les forcer à suivre leur volonté propre. Il ajoute que pour lui il ne souffrirait pas que personne s'opposât à l'autorité et à la liberté de l'Eglise, car il se souvient que Dieu sera un jour le juge des évêques et des empereurs.

Au clergé et au peuple de Constantinople — Félix, tenant à lever le scandale que ses légats avaient donné par leur prévarication au clergé et au peuple de Constantinople, leur écrivit que non-seulement il désavouait ce qu'ils avaient fait, mais que pour les punir de leur faute, il les avait déposés, et privés de la participation aux divins mystères. Il leur annonçe dans la même lettre la condamnation d'Acace, dont il leur adresse la copie, afin qu'ils eussent à se séparer de sa communion, s'ils ne voulaient encourir eux-mêmes la sentence d'excommunication. Comme Acace, pour plaire aux hérétiques, avait déposé le prêtre Salomon, le Pape veut qu'on le conserve dans sa dignité, lui et tous ceux qui pourraient avoir été traités de même. Le défenseur Tutus, chargé de signifier à Acace sa sentence de déposition, ne put trouver d'autre moyen que de la faire attacher au manteau de cet évêque par des moines acémètes, le dimanche, comme il allait monter à l'autel pour y offrir les saints mystères. Ceux qui l'environnaient, irrités de la hardiesse de ces moines, en tuèrent quelques-uns, en blessèrent d'autres et mirent le reste en prison. Tutus, qui s'était retiré après avoir rempli sa commission, se laissa gagner ensuite par une somme d'argent qu'un nommé Maronas lui offrit, pour l'engager à communiquer avec Acace. Basile, ayant découvert une lettre où ce fait était constaté, alla lui-même la porter au Pape, avec une autre que Rufin et Talassius, prêtres et abbés à Constantinople, lui écrivaient pour l'avertir de ce qui s'était passé. Tutus, de retour à Rome, fut convaincu en plein concile, par ses lettres et sur son propre aveu, d'avoir communiqué avec Acace. Il fut déposé de la charge de défenseur, et excommunié comme ayant trahi la foi de l'Eglise et manqué à la fidélité qu'il devait au Siége apostolique.

A Rufin et aux moines de Constantinople. — Félix répéta les mêmes avis aux abbés Rufin et Talassius, dans une lettre qu'il leur adressa pour être communiquée aux autres moines de Constantinople et de Bithynie. Il les avertit de séparer de leur communion ceux d'entre eux qui auraient communiqué volontairement avec les hérétiques, ou qui s'y seraient laissé engager par argent. Mais il veut qu'ils agissent avec plus de douceur envers ceux de leurs frères qui n'auraient cédé qu'à la violence des tourments. Il dit qu'on peut les laisser dans leurs cellules, travaillant à effacer leurs fautes par la pénitence, jusqu'à ce que l'Eglise catholique se trouve délivrée de ses ennemis. Nous avons vu ailleurs que cette délivrance se fit attendre pendant près de quarante ans.

Acace, voyant que le Pape se séparait de lui, se sépara du Pape, et retira son nom des dyptiques de son église. Non-seulement il ne tint aucun compte des censures lancées contre lui, mais il maltraita tous ceux qu'on envoya pour les exécuter et les fit périr en prison ou en exil, en sorte que l'Eglise les honore comme des martyrs le 8 février. Il chassa de leurs siéges et fit exiler tous les évêques qui refusèrent de se ranger de son parti. Enfin, il mourut excommunié du Saint-Siége en 489, après avoir gouverné l'Eglise de Constantinople dix-sept ans et neuf mois. Il eut pour successeur Flavitas, prêtre de Sainte-Thècle, au faubourg de Syques. Celui-ci se montra zélé pour la vraie foi, en refusant d'accepter le siége de Constantinople sans la participation du Pape, à qui il envoya une lettre synodale. Cette lettre avec une autre de l'empereur Zénon fut portée à Rome par des moines catholiques de Constantinople, qui étaient toujours restés séparés de la communion d'Acace et de Pierre Mongus. Flavitas faisait part au Pape de sa promotion, et lui témoignait que son consentement ne pourrait que l'affermir dans son épiscopat. Zénon, de son côté, témoignait beaucoup d'estime et d'affection pour Flavitas, et protestait qu'il n'avait travaillé à le mettre sur le siége de Constantinople, que parce qu'il l'en croyait digne, et dans la vue de cimenter l'union des deux Eglises et de raffermir l'unité de la foi. Il y témoignait en même temps un profond respect pour le Pape et un zèle ardent pour la religion, que l'on doit préférer à toutes choses, « parce que, dit-il, elle est le fondement des empires. » Félix lut ces deux lettres avec joie, et fit lire celle de l'empereur en présence de ceux qui l'avaient apportée et de tout le clergé de Rome, qui y applaudit par de fréquentes acclamations. Il y avait tout lieu de croire qu'en chargeant de sa lettre des ecclésiastiques et des moines unis de communion avec le Saint-Siége, Flavitas était décidé à prendre le même parti, et le Pape était près d'accorder sa communion aux députés, lorsqu'il leur demanda, si eux et celui qui les avait envoyés promettaient de rejeter les noms d'Acace et de Mongus des sacrés dyptiques ; mais comme ils répondirent qu'ils n'avaient point reçu d'ordre à cet égard, il différa de les admettre, se contentant de leur montrer que Pierre Mongus et Timothée Elure, étant infectés d'eutychianisme, ne pouvaient jamais être reçus dans l'Eglise comme évêques. Cependant comme il désirait ardemment la paix et l'union des Eglises, il se hâta de récrire à l'empereur et à Flavitas, afin d'en recevoir des réponses favorables. Ces deux lettres sont sans date.

A Zénon. — Félix loue ce prince d'avoir procuré la promotion d'un homme tel qu'il lui avait dépeint Flavitas, et l'assure de son désir sincère de se voir uni de communion avec l'Eglise de Constantinople. Il ajoute qu'en différant d'admettre les députés de ce pontife, il n'avait point prétendu faire acte d'autorité, mais seulement donner des marques de sa sollicitude pour le salut et la prospérité de l'empereur. Il espérait que ce prince qui ne se refusait pas même aux demandes des nations barbares, lorsqu'il s'agissait de la tranquillité de l'empire, écouterait beaucoup plus volontiers encore celles du Siége apostolique qui tendaient au repos de l'Eglise. Du reste, rien n'était plus convenable que de voir l'ancienne et la nouvelle Rome unie dans cette même foi qui, selon le témoignage de saint Paul, est prêchée par tout le monde ; en sorte que ces deux villes eussent la même croyance comme elles ont le même nom. « Pensez-vous, vénérable empereur, lui dit-il, que je ne répande aucune larme en vous écrivant ceci, et que je ne sois pas prosterné d'esprit et de cœur aux pieds de votre piété ? Ah ! pour une telle cause, je n'hésite pas à me rabaisser devant les puissances de l'empire, à l'exemple de l'Apôtre qui s'était fait le rebut et l'opprobre des hommes. » Il finit en conjurant ce prince de faire effacer des dyptiques les noms d'Acace et de Mongus.

A Flavitas. — Sa lettre à Flavitas roule sur le même sujet. Il l'assure que ce n'était qu'avec peine qu'il avait différé d'admettre ses députés à sa communion, et le prie de croire qu'en cela il n'avait pas agi par opiniâtreté, mais par le zèle qu'il était obligé de déployer pour la foi et la défense des dogmes que nos pères nous ont transmis. « En vous demandant de ne plus réciter à l'avenir les noms d'Acace et de Pierre Mongus, je ne vous impose point, dit-il, cette loi par un esprit d'empire et de domination, mais pour satisfaire à mon devoir et décharger ma conscience. Considérez, vous tous qui êtes élevés à la dignité de l'épiscopat, que nous sommes obligés de vivre et de mourir, s'il est nécessaire, pour la foi. Considérez aussi que la durée de cette vie est toujours incertaine, et que nous ne pouvons assez craindre d'être enlevés subitement, et présentés au jugement redoutable de Dieu. » Il parle du désir qu'il avait eu d'absoudre Acace s'il l'eût demandé, et dit que si l'on consent à lui accorder ce qu'il demande, il sera facile de réhabiliter, pour le bien de la paix, ceux qu'Acace avait baptisés et ordonnés. Ils craignaient en effet, qu'en souscrivant à la condamnation d'Acace, on ne les obligeât de regarder comme nuls tous les sacrements qu'il avait administrés depuis que Rome l'avait déposé. Le Pape ajoute qu'il s'était déjà expliqué là-dessus ; mais nous n'avons plus la lettre où il en parle.

A Talassius et aux autres abbés, etc. — Il défendit à Talassius et aux autres abbés de Constantinople, et il leur enjoignit de défendre à leurs moines, de communiquer avec l'évêque de cette ville, jusqu'à ce qu'ils en eussent reçu l'ordre du Saint-Siége. Le Pape ne nomme pas quel était alors cet évêque, mais il y a toute apparence que c'était Flavitas. Cette lettre, datée du 1er mai 490, est une réponse à celle que ces abbés lui avaient adressée par les députés d'Acace. On ne voit nulle part qu'ils aient porté à Rome aucune lettre de la part de Vétranion; mais Félix qui le connaissait pour un homme de zèle et de piété, capable surtout de bien défendre la vérité quand il la connaissait, lui écrivit pour l'instruire de l'affaire d'Acace et de Mongus. Après lui avoir fait brièvement, il le prie en termes très-polis d'abandonner un parti qu'il ne pouvait plus regarder que comme mauvais, et de faire tous ses efforts pour en tirer les autres. Il le conjure surtout de décider l'empereur, qu'il appelle le principal fils de la religion, à permettre qu'on enlève des dyptiques de l'Eglise de Constantinople les noms d'Acace et de Mongus, qui seuls ont soulevé toute cette tempête. Il veut qu'il emploie pour y réussir les prières les plus pressantes, jusqu'à les accompagner de larmes, afin de les rendre plus efficaces. On a joint à cette lettre un fragment de celle que le Pape écrivit à André de Thessalonique, qui avait demandé la communion du Saint-Siége, mais à d'autres conditions que celles qui avaient été prescrites par Félix lui-même. « Nous souhaiterions, lui répond le pontife, que le désir que vous témoignez de rentrer dans la communion de l'Eglise fût aussi entier que les intérêts de la foi orthodoxe le demandent. » Il y a lieu de croire que cela avait trait à la communion d'Acace, et qu'André fit sur ce point ce que le Pape demandait, puisqu'en 492, une lettre de Félix, ayant été lue à Thessalonique et en d'autres églises d'Illyrie, tout le monde dit anathème à Acace et à ceux qui s'étaient engagés dans sa communion.

Cependant Flavitas, après avoir obtenu le siége de Constantinople, cherchait à s'y maintenir par une double imposture. En même temps qu'il écrivait au Pape pour obtenir sa communion, il écrivait également à Pierre Mongus pour le prier de le conserver dans la sienne ; mais cette intrigue fut découverte par des catholiques zélés, qui entreprirent le voyage de Rome tout exprès pour remettre une copie de cette lettre au Pape. Celui-ci, convaincu de la mauvaise foi de cet évêque, renvoya ses députés sans vouloir les entendre davantage. Cependant il ne laissa pas de répondre à la lettre qu'ils avaient apportée ; mais avant que cette réponse fût arrivée à Constantinople, Flavitas était mort subitement, après un épiscopat de trois mois et dix-sept jours. Euphème, prêtre catholique, homme de savoir et de vertu, le remplaça sur son siége, et ce fut à lui que l'on remit les lettres adressées à son prédécesseur. Voyant que Mongus anathématisait dans la sienne le concile de Chalcédoine, il en eut horreur, se sépara de sa communion, et effaça de ses propres mains son nom des dyptiques sacrés pour y rétablir celui du Pape Félix; mais comme il se refusa à effacer également ceux d'Acace et de Flavitas, que ce Pape regardait comme hérétiques, il ne put obtenir la communion avec Rome.

Aux évêques d'Afrique. — L'empereur Zénon étant mort en 491, après un règne de dix-sept ans, eut pour successeur Anastase le Silentiaire. Celui-ci avait un frère nommé Cléarque, infecté de l'hérésie arienne, et, pendant quelque temps, il avait tenu lui-même des assemblées à part. Euphème, qui l'en avait repris, s'opposa donc à son élection, en disant qu'un hérétique ne méritait pas de commander à des chrétiens. Mais l'impératrice, veuve de Zénon, arienne fervente quoique dissimulée, ayant épousé Anastase, engagea Euphème à le couronner, sous la promesse qu'il fit de donner par écrit une confession de foi dans laquelle il recevrait le concile de Chalcédoine. A cette condition, Anastase fut couronné empereur le 11 avril 491. Le Pape Félix lui écrivit aussitôt pour lui témoigner sa joie de le voir élevé à l'empire. Toutefois il ne communiqua pas avec lui, mais il ne prononça pas non plus de condamnation; il suspendit son jugement jusqu'à ce qu'il fût pleinement informé de la foi du nouvel empereur.

Nous n'avons plus la lettre que Félix écrivit à Zénon pour le prier d'agir auprès des Vandales, dont il était l'allié, afin de les engager à traiter avec plus d'humanité les catholiques d'Afrique; mais il nous reste celle qu'il fit lire dans un concile tenu à Rome, le 13 mars 487, et qui est adressée aux évêques de toutes les provinces. On voit que Félix s'était appliqué avec beaucoup de zèle à rétablir la pureté de la foi dans cette Eglise troublée longtemps par l'arianisme. Les prêtres et les laïques, qui pendant la persécution s'étaient fait rebaptiser pour avoir la paix, demandaient avec instance qu'on voulût les recevoir à pénitence. Le concile dont nous avons parlé ordonna que les évêques et les prêtres perdraient leurs degrés et demeureraient trois ans dans la communion laïque, et que les séculiers resteraient pendant le même espace de temps au rang des pénitents. Toutefois le Pape laissa aux évêques d'Afrique le soin d'exécuter ce décret, avec la faculté de le modifier suivant les circonstances.

Autres lettres. — La lettre à Zénon, évêque de Séville, le même que le Pape Simplice avait établi son vicaire en Espagne, était pour lui recommander un homme de qualité nommé Térentien. On en a une aussi adressée à saint Césaire d'Arles, dans laquelle il exhorte ce pontife à n'ordonner des évêques qu'après de longues épreuves, et quand il se serait assuré par lui-même qu'ils resteront fermes dans leur devoir. Baronius rapporte cette lettre à l'an 488; mais, quoique Gennade en parle dans son livre des *Ecrivains ecclésiastiques*, on croit qu'il faut l'attribuer plutôt à Félix IV, puisque saint Césaire n'occupait le siège d'Arles qu'en 554, pendant le règne de ce pontife. On peut croire que cet article aura été ajouté au livre de Gennade, comme on l'a fait pour plusieurs autres, particulièrement pour ceux qui regardent saint Avit, Pomère et saint Honorat de Marseille. Nous ne pensons pas qu'on puisse expliquer autrement cette erreur de chronologie.

Le Pape Félix mourut vers le mois de février 492, après un pontificat de neuf ans, et avec une réputation de vertu qui l'a fait mettre au rang des saints. On dit qu'il bâtit une église à saint Agapet, près de celle de Saint-Laurent, et qu'il fut enterré dans l'église de Saint-Paul.

FÉLIX IV, élu pape le 24 juillet 526, succéda à Jean Ier. Il était Samnite de nation, et fut nommé par la faveur de Théodoric, roi des Goths, au milieu des intrigues qui agitèrent le clergé de Rome. L'histoire ne nous apprend rien de ses actions. Il a paru trois lettres sous son nom; mais les deux premières sont évidemment supposées. Elles ne contiennent qu'un tissu de passages empruntés aux lettres des Papes saint Innocent, saint Léon, saint Grégoire, et même de quelques lettres faussement attribuées à saint Clément et à Damase. Dans la troisième, adressée à saint Cesaire, évêque d'Arles, on voit seulement que Félix approuvait le règlement qui défendait d'ordonner des évêques, à moins qu'ils n'eussent servi d'abord dans le clergé. Ce Pape mourut au bout de trois ans de pontificat, et eut pour successeur Boniface II, qui fut intronisé en 530.

FÉLIX, si célèbre dans les écrits de Fortunat de Poitiers, descendait d'une des plus illustres maisons de l'Aquitaine. On croit même qu'il était issu de ce Félix qui était consul sous Théodoric, roi des Ostrogoths; mais d'autres le font naître à Bourges, vers l'an 512. Quoi qu'il en soit, il fut doué d'un génie supérieur et reçut une éducation convenable à sa naissance. Malgré le mauvais goût de son siècle, il ne laissa pas de cultiver les lettres avec distinction. Comme il avait beaucoup de facilité à s'énoncer, il devint bientôt éloquent et sut soutenir ce talent par une érudition peu commune. Mais ce qui achève encore mieux son éloge, c'est qu'il ne montra pas moins de piété que de savoir. Toutes ces grandes qualités firent jeter les yeux sur lui pour remplir le siège de Nantes, devenu vacant par la mort d'Eumère ou Evémère. Son ordination se fit en 549, après le cinquième concile d'Orléans, puisqu'on n'y vit paraître ni évêque de Nantes, ni député de sa part. Félix était marié, mais à partir de son élévation il ne considéra plus sa femme que comme sa sœur. Il sut relever son épiscopat par toutes les vertus qui font les vrais évêques. On le regardait comme la lumière de l'Armorique, et l'on estimait cette province heureuse de posséder un prélat digne d'être mis en parallèle avec les plus distingués de la Grèce et de l'Orient. Du reste, il en parlait la langue si parfaitement, qu'à l'entendre, dit son panégyriste, on eût cru que Constantinople était passé dans la Bretagne.

Il est vrai que saint Grégoire de Tours, métropolitain de Félix, n'en parle pas si avantageusement dans un passage de son *Histoire*. Il se plaint même avec amertume de quelques lettres pleines d'injures, dans lesquelles Félix, mal instruit, accusait un diacre nommé Pierre, le propre frère du saint pontife, d'avoir été tué en punition de son ambition démesurée. Mais c'est une de ces fautes qu'il faut attribuer à la fragilité humaine, qui ne permet pas toujours, même aux plus grands personnages, de se tenir en garde contre tous les faux rapports. En 557, Félix se trouva avec quinze autres prélats au troisième concile de Paris, et en 566, au second concile de Tours. Il assista encore, en 573, au quatrième qui se tint à Paris, et il eut part à tout ce qui se fit dans ces trois assemblées. On croit que ce fut à celle de Tours qu'il lia connaissance avec Fortunat, nouvellement arrivé d'Italie en France, qui commençait dès lors à devenir le pays de prédilection de plusieurs de nos grands évêques. Cette première connaissance devint le commencement d'une union intime qui persévéra jusqu'à la mort. Nous avons plusieurs ouvrages que ce poëte célèbre lui adressa. Il nous apprend que Félix fit une pompeuse dédicace de son église à laquelle se trouvèrent plusieurs grands évêques; qu'il travailla avec succès à la conversion de plusieurs Saxons, qui se trouvaient alors assez répandus dans l'Armorique, et qu'il rendit à son peuple un service important, en détournant le cours de la rivière et en lui faisant creuser un lit plus commode.

Félix se mêlait de poésie et adressait quelquefois à Fortunat des pièces de sa composition dont celui-ci fait un grand éloge. Il n'estimait pas moins l'éloquence de sa prose, et il nous reste une de ses lettres presque entièrement consacrée à louer sa manière d'écrire. Il paraît même insinuer que ce prélat avait publié, en empruntant son nom, un panégyrique en vers de sainte Radegonde. Mais les malheurs des temps nous ont privés de cette pièce, aussi bien que des autres productions de sa plume.

Félix mourut le six janvier 582, dans la soixante-dixième année de son âge et la trente-troisième de son épiscopat. Il est honoré comme saint dans l'Église de Nantes.

FERRAND (FULGENTIUS FERRANDUS), diacre de Carthage, contemporain et disciple de saint Fulgence, sous le nom duquel on l'a quelquefois confondu, florissait vers l'an 530. Son savoir rare pour son époque et l'étendue de ses connaissances le firent souvent consulter sur les questions sans cesse renaissantes par lesquelles une théologie plus subtile qu'éclairée agitait alors l'Église chrétienne. Ferrand fut un des premiers qui prirent parti dans la fameuse affaire des *trois chapitres*, et il se déclara surtout contre la condamnation de la lettre d'Ibas. Dans une lettre écrite à Anatole, diacre romain, et dans une autre adressée à Sévère, scholastique de Constantinople, il discuta et admit l'opinion qu'on peut parler d'une manière orthodoxe de la souffrance physique d'une personne de la Trinité. On connaît peu de choses de sa vie et on ignore l'époque de sa mort.

SES ÉCRITS. — On peut voir à l'article de saint Fulgence l'analyse de deux lettres dans lesquelles le diacre Ferrand lui proposait plusieurs questions qui furent résolues par le saint docteur. Nous y renvoyons également pour connaître l'exposé des deux questions soumises par le comte Réginus au jugement du saint évêque, et dont la solution fut si malheureusement interrompue par sa mort, que le diacre Ferrand fut chargé de la compléter, en répondant à la seconde question, qui regardait la vie que doit mener un homme engagé dans la profession des armes.

Ferrand propose à Réginus sept règles qu'il regarde comme suffisantes pour faire d'un soldat un homme spirituel et un bon chrétien. — La première consistait à se convaincre soi-même que le secours de la grâce est nécessaire pour chaque action, comme l'Apôtre le reconnaît quand il dit : *C'est par la grâce de Dieu que je suis ce que je suis;* d'où il conclut qu'il doit faire honneur à Dieu de tous ses exploits; car, suivant la parole du Prophète : *C'est le Seigneur qui apprend à mes mains à combattre et à mes doigts à faire la guerre.* — Il lui recommande par la seconde règle de faire en sorte que sa vie serve d'exemple à toute son armée, et il la fonde sur ce que l'exemple d'un chef a infiniment plus de force pour porter les soldats à la vertu que son autorité et son pouvoir. Il veut qu'un chef puisse dire à ses soldats, avec autant de confiance et de vérité que le disait Samuel : *Me voilà présent : qui de vous peut m'accuser de m'être servi de mon pouvoir pour lui nuire ou l'opprimer?* Et qu'on lui réponde comme les Israélites à ce Prophète : *Vous n'avez nui à aucun de nous et vous n'avez opprimé personne.* — Par la troisième règle, il lui conseille de ne souhaiter le commandement que dans le but d'être utile. Aussi blâme-t-il les généraux qui, en fatiguant les peuples par leurs exactions, les font succomber, et ne laissent à leurs successeurs que des gémissements et des larmes. — La quatrième règle consiste à aimer la république comme soi-même, en faisant tous ses efforts pour lui procurer la paix, la tranquillité, l'abondance; et à ce propos il rappelle les témoignages de dévouement que Moïse et David donnèrent à leur peuple, en suppliant le Seigneur de lui pardonner et de faire tomber sa colère sur eux-mêmes. — Dans la cinquième règle Ferrand exhorte Réginus à préférer les choses spirituelles et divines à toutes les choses de la terre. Il lui conseille d'employer son autorité à faire triompher la foi catholique, et à cette occasion il lui adresse une profession de foi dans laquelle il met dans tout leur jour et fait ressortir jusqu'à l'évidence les vérités les plus contestées; il engage Réginus à travailler à la conversion des hérétiques qui pourraient se trouver dans son armée, et à répandre les semences de la vérité dans les pays où la vraie religion ne serait point connue, s'il était appelé à y conduire son armée. — La sixième porte qu'il ne faut pas être trop juste, c'est-à-dire, ne pas exercer la justice avec trop de sévérité, mais en tempérer la rigueur par la bonté et la miséricorde. Il faut savoir dissimuler certaines choses, tolérer quelques abus, en punir d'autres légèrement, et pardonner quelques fautes à la prière des prêtres. Une justice trop rigoureuse rend terrible un général d'armée. Par une sévérité de tous les instants il ne fait que des infidèles; tandis qu'en tempérant la rigueur par la bonté, il se fait aimer, et en se faisant aimer, il fait plus de bien à la république qu'en se faisant craindre. — Il explique la septième règle ainsi conçue : *Souvenez-vous que vous êtes chrétien*, en établissant un parallèle entre les préceptes de la loi ancienne et ceux de l'Evangile. La loi permettait le meurtre, l'Evangile défend même la colère; la loi permettait de haïr ses ennemis, l'Evangile nous ordonne de les aimer, de prier pour ceux qui nous persécutent ou nous calomnient, et ne nous laisse espérer le pardon de nos fautes qu'à la condition que nous aurons pardonné à ceux qui nous ont offensé. Ce traité est très-utile et très-instructif, et il serait à souhaiter que tous ceux qui commandent à des hommes vinssent y puiser des conseils et des règles de conduite; nous sommes convaincu d'avance que leurs soldats, bien loin de penser à s'en plaindre, les en béniraient.

A Anatole et Sévère. — Les lettres de Ferrand au scholastique Sévère et à Anatole, diacre de l'Eglise romaine, sont toutes les deux sur le même sujet. Il y défend cette proposition qui faisait alors tant de bruit en Orient : *Un ou une personne de la Trinité a souffert*. La principale raison sur laquelle il s'appuie, c'est qu'on ne peut pas nier que Jésus-Christ ne soit *un ou une personne de la Trinité*, ni qu'il ait souffert : il en résulte donc qu'on peut dire, qu'une des personnes de la Trinité a souffert. Pourtant, remarque-t-il, il est bon d'ajouter qu'il a souffert dans la chair qu'il a prise; mais avec cette précaution, il veut même qu'on puisse dire que la divinité a souffert.

A Eugypius. — Nous n'avons pas en entier la lettre que Ferrand écrivit à l'abbé Eugypius; mais dans ce qui nous en reste, il établit l'unité de substance en Dieu et la Trinité des personnes, et oppose sur ce sujet la croyance des catholiques aux erreurs des ariens. Il montre aussi contre les nestoriens que le Dieu et l'homme ne forment en Jésus-Christ qu'une seule personne, et contre les eutychéens que les deux natures, divine et humaine, subsistent depuis leur union.

A Pélage et Anatole. — Ferrand, comme nous l'avons dit, fut un des premiers qui se déclarèrent par écrit contre la condamnation des *trois chapitres*, et surtout contre la condamnation de la lettre d'Ibas. Consulté sur ce sujet par Pélage et Anatole, diacres de l'Eglise romaine, qui le priaient d'en délibérer avec l'évêque de Carthage et les autres évêques d'Afrique, Ferrand fut assez longtemps sans faire de réponse; mais voyant que les évêques hésitaient à se déclarer, il répondit en son propre nom, qu'il ne lui paraissait point expédient de blâmer ce qu'avaient fait les évêques assemblés à Chalcédoine, ni d'examiner de nouveau pour la rejeter la lettre d'Ibas, qui avait été approuvée par ce concile. C'était porter atteinte à l'autorité de cette assemblée; et, en rétractant tout ce qu'elle avait fait, il était à craindre que l'on n'en fît autant à l'égard des décisions du concile de Nicée. Les conciles généraux, et ceux surtout que Rome a approuvés, ont une autorité qui approche de celle des livres canoniques, et l'on n'est pas moins obligé de leur obéir que de croire à l'Ecriture sainte. Il continue, et à propos de la lettre d'Ibas, il se demande : Que sert-il de se mettre en dispute avec les morts et de troubler l'Eglise à leur occasion? Comme on ne peut plus absoudre ceux qui sont morts excommuniés, de même on ne peut pas excommunier les morts. Si Dieu fait miséricorde aux uns, toute notre sévérité ne pourra leur nuire; et si Dieu, au contraire, a préparé des supplices aux autres, toute l'indulgence dont nous userons à leur égard ne leur servira de rien. Ferrand insistant sur ces paroles de saint Paul : *Ne vous élevez point au delà de ce que vous devez dans les sentiments que vous avez de vous-mêmes, mais tenez-vous dans les bornes de la modération*, dit qu'il peut être permis à des particuliers de dire et d'écrire leurs sentiments, mais qu'ils ne doivent point obliger les autres à les signer ni à s'y soumettre aveuglément, puisque c'est là un privilége spécialement réservé aux livres canoniques et aux décisions des conciles généraux. La conclusion de la lettre de Ferrand est donc que l'on ne doit admettre aucune révision du concile de Chalcédoine ni d'aucun autre concile semblable, mais qu'on doit au contraire se conformer entièrement à leurs décisions.

Recueil de canons. — De tous les écrits que Ferrand nous a laissés, le plus considérable est un *Recueil de canons des conciles*, pour rétablir la discipline dans l'Eglise d'Afrique. Il y a toute apparence qu'il le composa par ordre de Boniface, évêque de Carthage, après que les évêques catholiques eurent été rappelés de leur exil en Sardaigne, par le roi Hildéric. Quoi qu'il en soit, c'est une des premières et des plus anciennes collections de canons parmi les Latins. Elle est composée de deux cent trente-deux canons, qui n'y sont pas rapportés dans toute leur étendue, mais seulement par extrait et sommairement. Ils sont tirés, pour la plupart, des conciles d'Afrique; mais il y en a aussi de ceux d'Ancyre, de Laodicée, de Nicée, d'Antioche, de Gangres de Sardique et de Constantinople. Il cite également quelques épîtres décrétales des Papes et particulièrement de saint Sirice.

On attribue encore à Ferrand la *Vie de saint Fulgence*, qui certainement fut écrite par un auteur contemporain, et disciple du saint évêque. Elle est assez du style de Ferrand et se trouve sous son nom dans les anciens manuscrits; mais l'auteur, en se donnant comme disciple du saint, déclare qu'il l'avait accompagné dans ses voyages; ce qui ne saurait convenir au diacre de Carthage.

Ses lettres sont écrites avec beaucoup de feu; le style en est aisé, simple et naturel; et ses phrases, quoique concises, sont pleines de jeux de mots et d'allusions continuelles. Achille Tatius donna le premier, en 1518, une partie des ouvrages de Ferrand. Pithou a donné depuis la collection des canons, et le P. Sirmond les deux lettres à saint Fulgence. La *Vie* de ce saint se trouve dans

Bollandus. Enfin le P. Chifflet a recueilli, revu et corrigé tous les opuscules de Ferrand, diacre, et les a fait imprimer in-4° à Dijon, en 1649. On a suivi son édition dans la *Bibliothèque des Pères*. Fulgence Ferrand a été le sujet d'une discussion historique et critique entre deux jésuites, le P. Ferrand et le P. Chifflet. Leurs écrits sur cette question ont paru à Lyon, en 1650, et à Dijon, en 1656.

FERRÉOL (Saint) naquit dans le territoire de Narbonne, vers l'an 521, et eut pour père Ansbert, frère de saint Firmin, et pour mère Bathilde, fille de Clotaire Ier, roi des Français. Dès l'âge de sept ans le jeune Ferréol fut envoyé à Uzès et confié à Rurice, son grand-oncle, qui en était évêque. Ce pieux prélat le fit élever dans l'étude des belles-lettres et des autres connaissances nécessaires à un homme de sa condition. Saint Firmin, successeur de Rurice, prit soin de le former à la vie cléricale, et après sa mort, arrivée en 553, Ferréol, alors âgé de trente-deux ans, fut élu évêque à sa place, et consacré par Sapaude d'Arles, Antonin d'Avignon et Mathieu d'Orange. Dès son avénement à l'épiscopat, il montra qu'il avait un don particulier pour le gouvernement. Les fidèles de son diocèse étaient si charmés de ses instructions, qu'ils rendaient grâces à Dieu tous les jours de leur avoir donné un tel évêque. Il y avait alors beaucoup de juifs mêlés aux chrétiens. Le saint pasteur ne faisait pas difficulté de manger quelquefois avec eux, et de leur faire même quelques petits présents. Ses ennemis ou ses envieux interprétèrent mal sa conduite si pleine de charité, et trouvèrent moyen de rendre Ferréol suspect au roi Childebert. Ce prince, sans approfondir l'accusation, le manda à Paris et l'y retint pendant trois ans, comme dans une espèce d'exil. Il ne laissa pas néanmoins d'avoir pour lui les plus grands égards, jusqu'à ce qu'ayant reconnu son innocence et sa sainteté, il le renvoya à son église comblé de présents. Le clergé et le peuple d'Uzès lui ménagèrent une entrée magnifique, et le reçurent avec les démonstrations d'une joie sans égale. Le saint prélat rassembla aussitôt son synode, et, de concert avec son clergé, il prit de justes mesures pour instruire et catéchiser les juifs. Quelques-uns touchés de la grâce se convertirent; mais ceux qui persévérèrent dans leur incrédulité furent chassés du diocèse, où il ne leur fut plus permis de rentrer. Le pieux évêque établit quelque temps après, sous l'invocation de saint Ferréol, martyr, un monastère d'hommes, en faveur duquel il composa une règle dont on parlera plus amplement dans la suite. Il continua de gouverner son église avec sa vigilance ordinaire jusqu'en 581. Il mourut le 4 janvier, âgé d'environ soixante ans, après en avoir passé vingt-huit dans l'épiscopat. Quelques écrivains l'ont glorifié de la couronne du martyre; mais le plus ancien auteur de sa Vie dont une grande partie a été imprimée à la suite de l'ouvrage intitulé : *Ansberti familia rediviva*, ne lui donne que le titre de confesseur à cause de son exil. Saint Grégoire de Tours témoigne également qu'il mourut en paix avec la réputation d'un prélat d'une grande sainteté, et qui joignait au don de la sagesse une admirable intelligence.

Sa règle. — Nous avons dit plus haut que saint Ferréol avait composé pour le gouvernement de son monastère une règle que la postérité nous a conservée. Elle est divisée en trente-neuf chapitres, sans y comprendre la préface par laquelle il la soumet au jugement de Lucrèce, évêque de Die. Il prie ce prélat de la revoir et de la corriger, afin d'y ajouter par là l'autorité de son nom. La préface est suivie d'un petit exorde, où l'auteur expose les motifs qui l'ont porté à donner cette règle, et le but qu'il se propose en la faisant accomplir. « C'est, dit-il, afin que les moines, en l'observant, fassent au ciel comme une sainte violence et s'y préparent des demeures dignes de leur vertu. En méprisant ainsi les choses périssables pour se mettre à la suite de l'Agneau, ils viennent à bout de ravir les biens permanents et éternels. » Quoiqu'il y eût déjà plusieurs règles à l'usage des moines d'Occident, entre autres celle de saint Césaire d'Arles, de saint Benoît, et de saint Aurélien, sans parler de plusieurs autres ni de celles que les monastères d'Egypte nous avaient léguées, cependant il ne paraît pas que saint Ferréol en ait copié aucune, comme l'avaient fait beaucoup de ses prédécesseurs. Sans doute il a puisé dans plusieurs et il a emprunté de chacune les pratiques qui lui ont paru des plus convenables. Il n'y établit ordinairement rien sans en démontrer la nécessité ou l'utilité, soit par le raisonnement, soit par l'autorité de l'Ecriture. Aussi cette règle est-elle écrite avec plus d'art que celles de saint Césaire et des autres fondateurs d'ordres religieux.

La première vertu que saint Ferréol exige d'un moine, c'est l'obéissance, qu'il signale comme la base et le fondement de toutes les autres. Il recommande ensuite la soumission et le respect pour l'abbé, puis la charité fraternelle, qu'il appelle la mère de toutes les autres vertus. Il veut qu'il n'y ait aucun moine qui ne sache au moins lire, et il exige même que ceux qui gardent les troupeaux apprennent le Psautier. Ceux qui sont en voyage, comme ceux qui restent dans le monastère, doivent employer tous les jours à la lecture le temps du matin jusqu'à la troisième heure. Il entend même que tout le temps qu'ils ne donneront pas au travail des mains, ils l'emploient à la lecture, qui est la nourriture de l'âme. Outre l'Ecriture sainte, il recommande les Actes des martyrs et les autres Vies des saints. Il prescrit d'une façon si rigoureuse l'assistance aux offices de la nuit, que celui qui y manquera sera tenu de jeûner un nombre de fois égal à celui de ses absences. Le chapitre qui concerne l'abbé est un des plus remarquables. Il semble que saint Ferréol s'était inspiré de la règle de saint Benoît sur le même sujet. Il dit que la lecture convient mieux à l'abbé que le travail des mains, à cause de l'obligation où il est d'instruire et d'enseigner les autres. Pourtant il veut qu'il serve à la cuisine trois fois dans l'année : les jours de Noël, de Pâques, et à la fête du patron du monastère. Il ordonne, aux premiers jours de chaque mois, de lire cette règle en présence de tous les frères assemblés. Il n'entre point d'ailleurs dans le détail des observances régulières ni de ce qui regarde le service divin ; seulement il prescrit pour chaque jour et en tout temps la récitation du Psautier complet.

On peut juger de l'estime que saint Benoît d'Aniane faisait de cette règle par le grand nombre de passages qu'il en a fait entrer dans sa *Concorde*, pour expliquer celle de saint Benoît. Smaragde s'en est aussi beaucoup servi dans le même dessein. Nous l'avons toute entière dans le *Code des règles* du même saint Benoît d'Aniane, imprimé par les soins d'Holsténius. Le P. Le Cointe l'a aussi insérée, avec des éclaircissements, dans ses *Annales ecclésiastiques de France;* mais il paraît s'être écarté du véritable sens du chapitre XII, en entendant de chaque semaine la récitation du Psautier que saint Ferréol prescrit pour chaque jour.

Saint Grégoire de Tours nous apprend que le saint évêque d'Uzès avait composé quelques livres de lettres, à l'imitation de celles de saint Sidoine ; mais cet écrit ne se retrouve nulle part, et il est le seul, parmi les anciens critiques, qui en ait parlé. Dans un livre in-8°, imprimé à Cologne en 1531, on trouve sous ce titre : *De officio rectoris ecclesiæ*, des sentences sous le nom d'un Ferréol, prêtre ; mais on n'a aucune preuve qui permette de les attribuer au saint évêque d'Uzès.

FIRMILIEN (Saint), évêque de Césarée en Cappadoce au III° siècle, était né dans cette province, d'une famille illustre, mais engagée dans les superstitions du paganisme. On croit qu'il fut converti à la foi par Origène, pour lequel il conserva toujours une estime extraordinaire. Vers l'an 231, Firmilien était déjà célèbre dans l'Eglise, et sa présence au concile d'Icone ne nous permet guère de douter qu'il ne fût dès lors revêtu de la dignité épiscopale. Les persécutions de l'évêque Démétrius ayant forcé Origène à se retirer dans la Palestine, saint Firmilien allait le visiter de temps en temps, et prolongeait quelquefois son séjour auprès de lui, afin de profiter de sa doctrine et de ses lumières. Origène l'allait voir aussi en Cappadoce ; il y passa même deux ans, caché chez une vierge nommée Julienne, pour se soustraire à la persécution de Maximin. Ce fut probablement pendant ce séjour qu'il compta parmi ses élèves saint Grégoire le Thaumaturge et son frère Athénodore, qu'il eut le bonheur de convertir à la foi chrétienne. Vers l'an 251, le schisme de Novatien infestant l'Eglise d'Antioche, Firmilien, avec Hélénus de Tarse et Théoctiste de Césarée en Palestine, prièrent saint Denys d'Alexandrie de se trouver avec eux dans cette ville pour examiner ensemble les moyens de remédier à ce mal. On ne sait point au juste si ce concile se tint ou non, mais il est certain que toutes les Eglises ayant repoussé par un vœu unanime le schisme et l'hérésie de Novatien, saint Firmilien, qui y avait beaucoup contribué pour sa part, fut un de ceux qui ressentirent le plus de joie de la paix rendue à l'Eglise. Mais la dispute survenue la même année entre les évêques, au sujet du baptême des hérétiques, excita de nouveaux troubles. De concert avec saint Cyprien et les Eglises d'Afrique, et fondé d'ailleurs sur un usage établi de temps immémorial dans la Cappadoce, saint Firmilien soutenait qu'on devait rebaptiser les hérétiques. Le Pape saint Etienne s'opposa à cette pratique, et déclara qu'il cesserait de communiquer avec Firmilien, Hélénus de Tarse et plusieurs autres évêques qui partageaient leurs sentiments. Nous ne savons pas comment Firmilien accueillit cette excommunication ; mais, sur la fin de l'automne 256, il fit, à une lettre que saint Cyprien lui avait envoyée par son diacre Rogatien, une réponse que nous conservons encore et qui témoigne que, bien que d'un sentiment opposé à celui de saint Etienne sur le baptême des hérétiques, il lui restait néanmoins uni par les liens de la charité, reconnaissant que, pas plus que lui, ce saint Pontife n'était sorti de l'unité catholique. On sait que ce débat se termina heureusement et que la paix de l'Eglise n'en fut point rompue. Firmilien assista, en 264, à un concile réuni à Antioche contre les erreurs de Paul de Samosate, qui en était évêque. Il paraît même qu'il y présidait, ou du moins il présida à l'un de ceux qui furent tenus à cette occasion. Paul chercha à pallier son hérésie, et promit même de s'en désister. Firmilien et les autres Pères du concile voulurent bien se contenter de ces promesses, dans l'espoir que l'affaire se terminerait sans que l'Eglise eût à en souffrir ; mais ils comptaient sans la perfidie d'un homme qui avait renié son Dieu et abjuré sa foi, et bientôt après ils eurent la douleur d'apprendre que cet hérésiarque persistait dans son erreur et s'obstinait à la répandre avec plus d'ardeur que jamais. Un nouveau concile s'assembla vers la fin de l'an 269, et le novateur y fut déposé. Firmilien s'était mis en route pour s'y rendre ; mais arrivé à Tarse, il y mourut dans un grand âge, et autant qu'on peut le conjecturer, le 23 octobre ; du moins c'est en ce jour que l'Eglise célèbre sa fête. L'année du concile fixe celle de sa mort. Nous avons la lettre synodale de ce concile, qui le représente comme le principal agent dans toute cette affaire. « Nous avons écrit, disent les Pères du concile, à Denys d'Alexandrie et à Firmilien de Cappadoce. Le premier a répondu en adressant sa lettre à l'Eglise d'Antioche, mais sans saluer l'auteur de l'hérérésie. Le second, d'heureuse mémoire, est venu deux fois à Antioche et a condamné la nouvelle doctrine. C'est ce que nous savons et ce que nous attestons, nous tous qui avons été présents à ces assemblées, et c'est ce qu'un grand nombre d'autres savent aussi. »

On attribue à saint Firmilien l'*Histoire de saint Cyrille*, enfant martyrisé à Césarée, en Cappadoce. Saint Basile cite également de lui plusieurs discours, mais sans en marquer le nombre ni le sujet. Il faut bien que saint Jérôme n'ait eu connaissance d'aucun de ces ouvrages, puisqu'il ne met pas saint Firmilien au nombre des écrivains ecclésiastiques. Il ne nous reste donc de lui, comme œuvre bien authentique, que sa *Lettre à saint Cyprien*, qui se trouve reproduite dans la collection de ce saint évêque de Carthage. Du reste, saint Basile, saint Denys d'Alexandrie, Eusèbe, Théodoret, saint Grégoire de Nysse, regardent saint Firmilien comme un des plus saints évêques d'Orient.

FIRMUS, l'un des successeurs de saint Basile, remplaça Hellade sur le siége de Césarée en Cappadoce. Lorsqu'en 431, le concile d'Ephèse eut été indiqué pour y juger l'affaire de Nestorius, qui faisait alors grand bruit, Jean d'Antioche écrivit à Firmus dans l'espoir de l'indisposer contre saint Cyrille et de le rendre favorable à Nestorius, son protégé, qu'il croyait encore innocent; mais sa lettre, quoique très-flatteuse pour l'évêque de Césarée, ne produisit aucun effet. Présent au concile dès le moment de son ouverture, il approuva avec les autres évêques la seconde lettre de saint Cyrille à Nestorius, et souscrivit selon son rang à la condamnation de cet hérésiarque. Cette condamnation était déjà prononcée, lorsque les légats du Saint-Siége arrivèrent à Ephèse et présentèrent au concile les lettres du pape saint Célestin, en demandant qu'elles fussent exécutées; mais Firmus fit remarquer qu'elles l'étaient par le fait même de la sentence rendue contre Nestorius. Il fut du nombre des huit évêques que le concile députa à l'empereur pour défendre les intérêts de la foi et des évêques que le parti de Jean d'Antioche avait maltraités. Cette députation eut un heureux succès; l'empereur approuva la déposition de Nestorius et déféra aux députés du concile l'ordination d'un nouvel évêque de Constantinople. Le choix tomba sur Maximien, qui, de concert avec Théodote d'Ancyre et Firmus, écrivit des lettres contre Jean d'Antioche et les autres évêques orientaux, en demandant qu'on les traitât comme des excommuniés; Jean l'ayant appris, comme il passait à Ancyre pour retourner dans son diocèse, écrivit, au nom de son parti, d'autres lettres dans lesquelles il protestait ne reconnaître aucun de ces trois évêques. En effet, les Orientaux avaient prononcé des censures contre Firmus et les autres évêques du concile, comme ils étaient encore à Ephèse. Ils les renouvelèrent dans un concile qu'ils tinrent à Tarse en Cilicie et entreprirent de déposer saint Cyrille et les huit prélats que le concile d'Ephèse avait députés à l'empereur. Maximien d'Anazarbe, qui était du parti de Jean d'Antioche, refusa même de répondre aux lettres que Firmus lui avait écrites, apparemment pour le ramener à la paix et à l'unité. Eutherius, évêque de Thyanes, avait été déposé par Maximien de Constantinople en 432. Firmus, pour lui donner un successeur, assembla les évêques de la Cappadoce, et de concert avec eux ordonna un laïque assesseur de quelque magistrat. Les habitants, mécontents de ce choix, se saisirent du nouvel évêque, qui, se voyant arrêté, déclara, par crainte ou autrement, qu'il n'avait point consenti à son ordination. Théodoret raconte sur ce sujet plusieurs choses qu'il est inutile de rapporter. Firmus demeura toujours très-attaché au concile d'Ephèse et à saint Cyrille, qui de son côté lui avait voué une estime particulière, jusqu'à le consulter dans les troubles qui affligeaient alors l'Eglise. Firmus mourut en 439 et eut pour successeur Thalasse, qui avait été préfet du prétoire en Illyrie.

Ses lettres. — Nous n'avons ni la réponse qu'il fit à Jean d'Antioche, ni la lettre qu'il écrivit à Maximien d'Anazarbe, ni son avis à saint Cyrille touchant Théodore de Mopsueste; mais en 1709 Muratori a publié, sous le nom de Firmus, quarante-cinq lettres tirées d'un ancien manuscrit de la Bibliothèque Ambrosienne. On juge de leur authenticité d'abord, parce que les personnes à qui elles sont adressées vivaient au même temps que Firmus, ensuite par le rapport que quelques-unes ont avec le concile d'Ephèse; et enfin parce qu'on y retrouve ce caractère de douceur, de bonté et d'humilité que Jean d'Antioche reconnaissait lui-même en Firmus. La plupart de ces lettres sont écrites dans un genre familier et ne contiennent que peu de choses qui puissent intéresser dans un ouvrage comme le nôtre.

La première est adressée à un nommé Achille, gouverneur ou même préfet du Pont. Firmus l'exhorte à continuer de travailler à la paix et au bonheur des peuples qui lui sont soumis. — La quatrième presse le comte Cynégius de faire un voyage auquel il s'était engagé; et comme son grand âge ou ses infirmités pouvaient le rendre plus timide à l'entreprendre, il lui promet de la part de l'Eglise de Césarée, sa mère, qu'en se hâtant de la visiter, il recouvrera sa première santé. On voit par cette lettre que Cynégius était de Césarée. Un coévêque, nommé Alypius, était tombé dans une faute qui témoignait de son peu de vigueur et de fermeté à gouverner le peuple confié à ses soins; sachant que Firmus, de qui il dépendait, en était irrité, il employa pour l'adoucir l'intervention d'Himérius, qu'on croit être celui de Nicomédie. Firmus, à la considération de cet évêque, pardonna à Alypius, mais en avertissant celui-ci de se montrer à l'avenir également habile dans l'art d'obéir et de commander. — La dixième est à Géronce, prêtre de l'Eglise de Césarée. Comme il en avait été absent fort longtemps, Firmus lui écrivit qu'il eût été convenable qu'il revînt pour une fête la première de toutes et la plus remplie de mystères ; mais que, puisqu'il en avait été empêché par quelques restes de maladie, il ne devait pas différer son retour, une plus longue absence pouvant devenir préjudiciable à lui-même. Il semble par le texte de cette lettre que c'était la coutume de faire quelques largesses aux prêtres dans les grandes solennités. Géronce avait perdu celles de Pâques ; et il y avait à craindre qu'il ne perdît encore celles de la Pentecôte, s'il ne revenait pour la célébration de cette fête. Il paraît encore que Géronce s'était retiré dans une maison de campagne qui lui appartenait ; et que de là il avait envoyé à Firmus quatre perdrix, deux poulains et la moitié d'un porc gras, avec une cruche de vin vieux. Firmus l'en remercia en lui témoignant que, quelque cas qu'il fît de ses présents, il en faisait encore plus de son amitié et du plaisir de vivre avec lui. — Il dit, dans la onzième, au prêtre Auson, qu'il faut de la règle en toutes choses ; mais qu'en fait de l'amour qu'on se doit mutuellement, celui qui en a davantage est le plus agréable à Dieu. — Dans la douzième il représente à Hellade les besoins de la Cappadoce affligée d'une grande famine. Il le conjure de diminuer les contributions qu'on en exigeait à cause de la guerre, et d'empêcher le passage des armées dans cette province. — La treizième, à l'évêque Alticus, est pour lui demander, au nom de l'Eglise de Césarée, son consentement pour admettre dans le clergé de cette ville un homme d'un grand mérite, qui était apparemment du diocèse d'Alticus. Firmus s'était chargé de l'éducation d'un jeune homme que l'évêque Anthime avait adopté pour son fils. Il se glorifie de ce soin, en disant : « Nous mettons parmi nos gains les succès des jeunes gens, parce qu'ils font notre gloire et qu'ils cimentent les amitiés. » On trouve encore dans sa vingt-cinquième lettre un témoignage de sa tendresse et de sa sollicitude pour les jeunes gens dont il se chargeait. Il appelle celui dont il y est parlé son fils, sans doute parce qu'étant son élève il lui servait de père. — La quinzième est une lettre d'invitation à l'évêque Evagre pour l'engager à venir célébrer l'office dans une église de Césarée ou des environs, au jour de la fête de quelque martyr. — Sachant qu'il y avait des ordres donnés pour réparer les édifices publics de Césarée et pour ajouter quelques villes à la province de Cappadoce, Firmus écrivit les lettres seizième et dix-septième aux préfets ou à leurs vicaires, afin de leur remontrer qu'à l'illustration de sa patrie, à laquelle il s'intéressait beaucoup, il était bon d'ajouter l'autorité, en faisant en sorte que les villes réunies à la province fussent du ressort de Césarée même et du gouverneur de cette ville. — Dans la dix-huitième, adressée à Colossien, il dit que le commerce des lettres entre personnes préposées au gouvernement de la patrie est d'un grand soulagement. —

Acace, apparemment celui de Mélitine, s'était mis en route pour aller rendre visite à Firmus, mais le cheval qu'il montait s'étant abattu, il ne put continuer son chemin. Firmus, informé de l'accident qui le retenait, lui écrivit en ces termes : « Je suis surpris que vous ne vous fassiez pas traîner dans un bége attelé de chevaux blancs, ou, pour parler plus modestement, dans des chariots garnis de bandes d'airain ; mais vous aimez trop vos pégases, quoiqu'ils ne soient rien moins qu'ailés, et qu'ils aient au contraire grand besoin d'éperons. Ayez soin au moins de vous procurer un bon cheval, afin que nous puissions nous voir. » Cette lettre est la dix-neuvième. — La vingt-deuxième est une lettre de recommandation en faveur d'un homme qui avait demandé l'hospitalité à Firmus. Cet étranger venait d'Orient, muni de lettres écrites par les évêques de ce pays-là. Firmus le reçut, et pour lui ménager des secours à Constantinople, où il avait des affaires, il écrivit à Théodote, peut-être celui d'Ancyre, son ami, d'aider ce voyageur à réussir dans l'affaire qui faisait le sujet de son voyage. — Il écrivit la vingt-neuvième à Florent du rang des illustres, en lui envoyant des eulogies qu'il était d'usage de bénir à Pâques en l'honneur de Dieu. Il l'avertit de les recevoir avec respect. Lui-même recevait avec joie, et même des laïques, ces sortes de présents qui avaient été bénits sur l'autel sacré, quoiqu'ils fussent souvent peu de chose pour la matière. — Il dit dans la vingt-cinquième et la trente-deuxième, qu'il n'avait point d'autres richesses que ses amis. — Dans la trente-troisième il félicite un homme de guerre de la victoire remportée sur les ennemis ; comme il avait reçu des blessures dans le combat, Firmus lui promet d'aller lui-même prendre soin de sa guérison, et de porter avec lui des reliques des Martyrs, dont cet officier avait coutume d'orner les tombeaux. — Il prie dans la trente-sixième l'évêque Léonce de faire chercher certains domestiques qui s'étaient réfugiés dans sa ville, et de les renvoyer à leur maître sous bonne escorte. — Les lettres quarante-unième et quarante-deuxième traitent d'une matière à peu près semblable. Il s'agit dans celle-là d'une femme qui, après avoir quitté le siècle, s'était abandonnée à l'impureté, et ensuite à divers autres crimes avec les complices de ses débauches. Firmus marque à l'évêque Hellade de la retrancher de toute communion ecclésiastique, pour toujours, ou du moins jusqu'à ce qu'elle se soit corrigée. Dans celle-ci il prie l'évêque Daniel d'obliger un voleur, qui avait pillé des personnes de piété à Césarée, de leur renvoyer tout ce qu'il leur avait pris. Il ajoute que cet homme subira à Césarée la peine due à son crime, lorsqu'il en aura été convaincu ; apparemment devant le tribunal ecclésiastique, car on ne peut guère présumer que des évêques eussent voulu traduire un voleur devant les juges laïques qui l'auraient peut-être puni de mort. — La lettre trente-septième est adressée à saint Cyrille. Firmus, qui l'écrivit peu de temps après le concile d'Éphèse, prie le saint docteur de lui mander en quel état se trouvaient les affaires de l'Église, et de quels moyens lui et leurs amis communs se servaient pour réunir les esprits et ramener les Orientaux à l'unité. — Il en parle encore dans sa lettre trente-huitième, adressée à Valère, à qui il dit qu'il en était de cette affaire comme du rocher de Sisyphe, qui retombait continuellement au premier lieu d'où on l'avait détaché. « Mais vos prières, ajoute-t-il en parlant à Valère, feront que cette pierre arrivera enfin au haut de la montagne, c'est-à-dire que la réunion se trouvera accomplie. » La lettre trente-neuvième est adressée à un comte nommé Eustrate. Ce comte était de Césarée, où souvent il avait pris plaisir à entendre chanter un des chantres de l'église qui avait la voix extrêmement belle; ce chantre ayant eu depuis une affaire qui lui paraissait suscitée par la calomnie, Firmus pria Eustrate de lui être utile et de le protéger. Il l'y encouragea en lui faisant envisager le chagrin qu'il donnerait à l'Église sa mère, s'il négligeait de prêter son secours à un de ceux qui la servaient. — La quarantième est adressée à Eupnius : le saint évêque lui recommande d'examiner avec soin une affaire qui se trouvait déférée à son tribunal, et d'en saisir tellement le vrai, que tant les accusateurs contre lesquels il avait des charges que l'accusé lui-même fussent traités suivant leurs mérites. — On voit par la quarante-troisième, à Inachius, et par la réponse de celui-ci qui fait la quarante-quatrième lettre, que Firmus lui avait envoyé un chien de chasse et un faucon. — Il approuve, dans la quarante-cinquième, l'indulgence dont le coévêque Pergamus avait usé envers un vieillard coupable de quelque faute, mais dont l'esprit baissait. « Néanmoins, ajoute-t-il, prenez pour maxime de ne vous porter aisément ni à accuser personne ni à prier pour personne. »

Nous bornerons ici l'examen de ce qui nous a paru de plus remarquable dans les lettres de Firmus. En parlant aux évêques, il dit indifféremment : *Votre Sainteté*, *Votre Piété*; aux coévêques et aux autres prêtres : *Votre Piété*; et aux grands de l'empire : *Votre Magnificence* et *Votre Grandeur*. Ces lettres sont courtes, et ne manquent point de cette élégance qu'on est en droit d'exiger même dans le style familier. On y trouve aussi quelques traits d'érudition qui attestent les études de l'auteur; mais elles sont plus recommandables encore par les sentiments de bonté, de douceur, de charité, d'amitié tendre et de politesse exquise dont elles sont remplies. Elles ont été imprimées à Padoue, en 1709, par les soins de Muratori, et reproduites pour la première fois dans le *Cours complet de Patrologie*.

FLAVIEN (Saint), évêque et patriarche d'Antioche à la fin du IVe siècle, était issu d'une des familles les plus considérables de cette ville. Grave et sérieux dès son enfance, il croissait en vertu à mesure qu'il avançait en âge, et il continua jusque dans sa vieillesse à mener la vie d'un solitaire et d'un moine. Il n'était encore que simple laïque, que déjà il défendait avec vigueur la foi catholique contre les ariens. S'étant réuni à Diodore, depuis évêque de Tarse, ils s'opposèrent conjointement aux progrès de l'hérésie, favorisée par le faux patriarche Léonce, qu'on avait substitué au saint évêque Eustathe; ils forcèrent même Léonce à déposer du diaconat l'athée Aëtius... Non-seulement ils entretenaient les fidèles dans la doctrine, mais encore dans les pratiques de la piété; ils les menaient prier sur les tombeaux des martyrs; et, si l'on en croit Théodoret, ce sont eux qui dans ces réunions commencèrent à introduire la pieuse coutume de terminer le chant de chaque psaume par le *Gloria Patri*, pour graver sans doute davantage dans l'esprit des fidèles le dogme de la Trinité contre les erreurs qui s'élevaient alors, et qui contestaient la divinité des trois personnes et leur parfaite égalité. Mélèce, élevé sur le siège d'Antioche, ayant été chassé par Valens de sa ville épiscopale, Flavien et Diodore y demeurèrent. Il les avait ordonnés prêtres avant son départ, tant pour récompenser leur mérite et leur zèle que pour leur donner plus d'autorité et les rendre plus utiles au troupeau, privé de la présence de son pasteur. Ils le suppléèrent autant qu'il fut en eux, distribuant aux fidèles la nourriture de l'âme, et repoussant les attaques des hérétiques avec une fermeté inébranlable. Flavien fournissait les passages des saintes Écritures, et Diodore les appuyait de son éloquence. Ce fut vers la fin de l'an 381 que Flavien fut fait évêque. Il avait accompagné saint Mélèce au concile de Constantinople. Ce pieux pontife, qui le présidait, étant mort avant que cette assemblée finît, les Pères du concile jugèrent à propos de lui donner un successeur. Malgré l'opposition de saint Grégoire de Nazianze, qui voulait que, suivant l'accord convenu entre saint Mélèce et Paulin, on reconnût celui-ci pour évêque, Flavien fut élu. Le Pape Damase et les évêques d'Occident, qui étaient en communion avec Paulin, désapprouvèrent cette élection; mais sur la déclaration que firent les évêques d'Orient, assemblés à Constantinople en 382, que Flavien avait été élu de leur commun consentement, son élection fut maintenue. Les ennemis de Flavien en prirent occasion de l'accuser de parjure, prétendant qu'il était un de ceux qui, comme le rapportent Socrate et Sozomène, avaient juré qu'ils n'accepteraient point le siège d'Antioche que les deux prétendants ne fussent morts. Mais, outre que ces deux écrivains sont les seuls qui fassent mention de ce fait, il est certain que Paulin lui-même, pour lequel c'eût été un moyen victorieux d'infirmer l'élection de Flavien, ne s'en est jamais servi, et que la réputation de sainteté de Flavien n'en a point souffert. Paulin mourut peu de temps après; mais sa mort n'éteignit point le schisme. Il paraît même que son intention fut de le prolonger, bien loin de chercher à l'éteindre, puisqu'avant de mourir il ordonna Evagre pour lui succéder. Ce n'est que sous Innocent Ier que Flavien fut reconnu généralement et réconcilié avec les évêques d'Occident par Théophile d'Alexandrie. En 388, Flavien eut occasion de rendre à la ville d'Antioche un de ces services signalés qui marquent en même temps dans le cœur de ceux qui les reçoivent et dans les souvenirs de la postérité. Une sédition sérieuse s'était élevée dans la ville à l'occasion de quelques impôts ordonnés par Théodose, et que les besoins de l'Etat exigeaient. Le désordre fut porté à un tel point, qu'on renversa les statues de l'empereur, celles de ses enfants et de Placcille, son épouse, princesse d'une rare vertu, morte trois ans auparavant, et dont la mémoire, riche en bonnes œuvres, était en grande vénération par tout l'empire. Lorsque les esprits furent un peu calmés, le désespoir succéda à la fureur. On sentit combien l'empereur devait être irrité, et tous les yeux se tournèrent vers Flavien, comme le seul qui pût fléchir sa colère. (Voir le même fait raconté dans le premier volume, à l'article SAINT CHRYSOSTOME.) Le saint vieillard partit, malgré son grand âge et la rigueur de la saison, car on était alors au commencement du carême. Admis à l'audience de Théodose, il ouvrit sous les yeux de ce prince ses entrailles de pasteur, et le supplia avec des instances si paternelles et si pressantes, qu'il obtint la grâce de son troupeau. Le cœur de Théodose fut ému ; l'histoire rapporte qu'il fondit en larmes, et Antioche fut sauvée. L'arrivée de Flavien dans cette ville fut un vrai triomphe; les maisons étaient illuminées, et les rues jonchées de fleurs. Flavien, humble au milieu des félicitations qu'il recevait, se contentait de répondre : « Dieu a attendri le cœur de l'empereur; Dieu a tout fait. »

Pendant tout le cours de son épiscopat, Flavien se proposa pour modèle saint Mélèce, et conforma autant qu'il le put sa conduite sur celle de son saint prédécesseur. Il aimait son peuple et le traitait avec la plus affectueuse charité. Il prêchait souvent, et ses discours, pleins de sens et d'une douce abondance de paroles, étaient toujours accompagnés de la gravité convenable à son âge. Saint Chrysostome, qu'il avait élevé du diaconat à la prêtrise, prêchant un jour sur l'aumône, s'interrompit tout à coup en disant : « Mais qu'est-il besoin d'ajouter à ces exhortations quand on a sous les yeux les exemples du vénérable Flavien? » En effet, le saint évêque employait tous les biens de l'Eglise d'Antioche à soulager les pauvres, les malades, les infirmes; à assister les veuves et les vierges; à adoucir le sort des prisonniers; à exercer envers les étrangers les devoirs de l'hospitalité, et à pourvoir aux dépenses de ceux de sa ville qui avaient besoin d'entreprendre des voyages, regardant l'Eglise comme le refuge commun de tous les malheureux. Il faisait de sa maison patriarcale un hospice, où il recevait de préférence et traitait avec une prédilection paternelle tous ceux qui souffraient persécution pour la vérité, de quelque endroit du monde qu'ils vinssent implorer son secours. L'ardeur de sa charité était telle, qu'après sa réconciliation avec les évêques d'Occident, il employa tous ses soins à réunir les eustathiens, c'est-à-dire ceux du parti de Paulin et d'Evagre, au corps de l'Eglise d'Antioche, jusqu'à consentir, pour en faciliter le succès, à insérer le nom de ces deux évêques dans les dyptiques sacrés. L'Histoire de l'Eglise ne nous apprend plus rien des actions de saint Flavien, sinon qu'il ne voulut jamais consentir à la déposition de saint Chrysostome, ni souscrire à son exil, qui arriva en 404. Pour témoigner même la juste indignation que cette mesure lui avait inspirée, il écrivit sur ce sujet au clergé de Constantinople une lettre qui n'est pas venue jusqu'à nous. On croit qu'après avoir saintement gouverné l'Eglise d'Antioche pendant vingt-trois ans, ce saint évêque mourut dans les premiers jours du mois de novembre de la même année.

Le concile de Chalcédoine lui donna le titre de bienheureux; mais, quoiqu'il soit qualifié de saint, il ne paraît pas que jamais, chez les Grecs ni chez les Latins, il ait été honoré d'un culte public. Saint Jean Chrysostome, qui lui devait son élévation au sacerdoce, et qui le regardait comme son père, le met au rang des plus grands évêques.

SES ÉCRITS. — Tout ce qui nous reste des écrits de saint Flavien se réduit à quelques fragments et au discours qu'il prononça devant l'empereur Théodose, pour obtenir de lui la grâce des habitants d'Antioche. Saint Chrysostome nous l'a transmis, après l'avoir reçu d'une personne qui était présente lorsque Flavien le récita. Nous le reproduisons ici dans ses parties les plus touchantes. Arrivé à Constantinople, le saint évêque se rendit au palais et se tint assez loin de l'empereur, sans lui parler autrement que par ses larmes, la tête baissée et se cachant le visage, comme s'il eût été seul coupable du crime d'Antioche. Théodose, le voyant dans cette posture humiliée, vint à lui le premier, et, sans témoigner de colère, lui représenta les grâces qu'il n'avait cessé de faire à la ville d'Antioche pendant tout son règne, ajoutant à chaque bienfait qu'il racontait: «Est-ce donc là leur reconnaissance? quelles plaintes peuvent-ils faire contre moi? et pourquoi s'en prendre aux morts? N'ai-je pas toujours préféré cette ville à toutes les autres, même à celle de ma naissance? et n'ai-je pas continuellement témoigné le désir de la voir?» Alors le saint évêque, redoublant de larmes, lui dit d'une voix entrecoupée par les sanglots : « Seigneur, nous reconnaissons l'affection que vous avez témoignée à notre patrie, et c'est ce qui nous afflige le plus. Ruinez, brûlez, tuez, faites tout ce qu'il vous plaira, vous ne nous punirez pas encore comme nous le méritons; le mal que nous nous sommes déjà fait est pire que mille morts; car qu'y a-t-il de plus amer que d'être reconnu à la face de toute la terre pour coupable de la dernière ingratitude? Les démons ont tout mis en œuvre pour priver de votre bienveillance cette ville qui vous était si chère. Si vous la ruinez, vous faites ce qu'ils désirent; si vous lui pardonnez, vous lui ferez souffrir le supplice le plus rigoureux. Vous pouvez en cette occasion orner votre tête d'une couronne plus brillante que celle que vous portez, puisque vous la devez en partie à la générosité d'un autre; au lieu que cette gloire sera le fruit de votre seule vertu. On a renversé vos statues; mais vous pouvez en dresser de plus précieuses dans le cœur de vos sujets, et avoir autant de statues qu'il y aura jamais d'hommes sur la terre. » Il lui rappela ensuite l'exemple de Constantin, qui ne voulut point se venger de ceux qui avaient jeté des pierres à sa statue, et qui ne dit autre chose à ceux qui lui racontaient cet outrage, sinon qu'il n'en avait rien senti. Il allégua à Théodose ses propres lois pour délivrer à Pâques les prisonniers; et cette belle parole qu'il avait ajoutée: *Plût à Dieu que je pusse aussi ressusciter les morts!* « Vous le pouvez maintenant, continua Flavien, et vous ressusciterez toute la ville d'Antioche. Elle vous aura plus d'obligation qu'à son fondateur; plus que si vous l'aviez délivrée après avoir été prise par les barbares. Considérez qu'il ne s'agit pas seulement ici de cette ville, mais de votre gloire, ou plutôt de celle du christianisme. Les juifs et les païens sont informés de cet accident, et vous regardent attentivement. Si vous suivez la clémence, ils se diront les uns aux autres: « Voyez quelle est la force de la « religion chrétienne: elle a retenu un « homme qui n'a point d'égal sur la terre, « et lui a inspiré une sagesse dont un par- « ticulier ne serait pas capable; assurément « le Dieu des chrétiens est grand, puisqu'il « élève les hommes au-dessus de la nature. » Et n'écoutez point ceux qui vous diront que les autres villes en seront plus insolentes. Vous le pourriez craindre, si vous pardonniez par impuissance; mais ils sont déjà morts de peur et n'attendent à tout moment que le supplice. Si vous les aviez fait égorger, ils n'auraient pas tant souffert. Plusieurs ont été la proie des bêtes farouches, en fuyant dans les déserts; d'autres ont passé les jours et les nuits cachés dans les cavernes: non-seulement des hommes, mais aussi de petits enfants et des femmes nobles et délicates. La ville est réduite à un état pire que la captivité; tout monde le sait, et vous ne donneriez pas un si grand exemple aux peuples en la renversant de fond en comble. Laissez-la donc désormais un peu respirer; il est facile de punir, quand on est le maître; mais il est rare de pardonner. Quelle gloire pour vous, quand un jour on dira qu'une si grande ville étant coupable, tout le monde épouvanté, les gouverneurs, les juges, personne n'osant ouvrir la bouche, un seul vieillard revêtu du sacerdoce de Dieu, s'est montré et a touché le prince par sa seule présence et par son simple discours! Car notre ville, seigneur, ne vous fait pas peu d'honneur en me chargeant de cette députation; puisqu'elle juge que vous estimez plus que tous le reste de vos sujets les prêtres de Dieu, quelque méprisables qu'ils soient. Mais je ne viens pas seulement de la part de ce peuple, je viens de la part du maître des anges vous déclarer que, si vous remettez aux hommes leurs fautes, votre Père céleste vous remettra aussi vos péchés. Souvenez-vous donc de ce jour où nous rendrons compte de nos actions. Songez que si vous avez quelques péchés à expier, vous le pouvez sans autre peine que de prononcer une seule parole. Les autres députés vous apportent de l'or, de l'argent, des présents; pour moi, je ne vous offre que les saintes lois, vous exhortant à imiter notre Maître, qui ne laisse pas de nous combler de ses biens, quoique nous l'offensions tous les jours. Ne trompez pas mes espérances et mes promesses, et sachez que si vous pardonnez à notre ville, j'y retournerai avec confiance; mais si vous la rejetez, je n'y rentrerai plus, je la renoncerai pour ma patrie. »

Théodose, attendri par ce discours, avait peine à retenir ses larmes, pendant que Flavien lui parlait, et dès qu'il eut achevé, il répondit: « Qu'y a-t-il de merveilleux si nous pardonnons aux hommes, nous qui ne sommes que des hommes, puisque le Maître du monde est venu sur la terre, qu'il s'est fait esclave pour nous, et que, crucifié par ceux qu'il avait comblés de grâces, il a prié son Père pour eux? » Flavien voulait demeurer à Constantinople pour célébrer la pâque avec l'empereur; mais ce prince, pensant avec sagesse que la ville d'Antioche ne pouvait apprendre trop tôt la nouvelle de sa réconciliation, le pressa de partir en lui disant: « Je sais que votre peuple est encore dans l'affliction; allez le consoler. » Le saint évêque insistait, en priant l'empereur d'y envoyer son fils, mais il lui répondit: « Priez Dieu d'ôter ces obstacles, et d'éteindre ces guerres, et j'irai moi-même. » Flavien partit donc de Constantinople; mais ne se voulant éviter l'honneur de porter le premier à Antioche une si heureuse nouvelle, aussitôt qu'il eut passé le détroit, il dépêcha des courriers porteurs de la lettre de grâce de Théodose, aimant mieux devancer de quelques jours la consolation de son peuple que de se réserver le plaisir de lui apporter lui-même la nouvelle de sa délivrance.

Les homélies de saint Chrysostome sont remplies des éloges de Flavien. On en cite également plusieurs de lui, et en particulier une *sur saint Jean-Baptiste;* une autre sur ces paroles: *L'esprit du Seigneur est sur moi;* une *sur le dimanche de Pâques;* une *sur la trahison de Judas;* une *sur la fête de la Théophanie,* et une autre *sur l'Incarnation;* mais, comme nous l'avons remarqué, il ne nous en reste que des fragments. On voit que saint Flavien reconnaissait que Jésus-Christ est né de Dieu et de la Vierge Marie, mais, par une génération mystérieuse, qui ne ressemble en rien à celle des hommes; qu'il a été oint du Saint-Esprit dans sa nature humaine, et non dans sa nature divine; qu'en lui, la nature humaine seule a souffert, l'autre étant impassible, par la raison même de son essence; que l'union de la nature humaine à la divinité s'est faite de telle manière, que chaque nature est demeurée entière avec ses propriétés; qu'on ne peut pas dire que le Verbe ait été changé en chair, ni qu'il ait cessé d'être Dieu; mais qu'étant Dieu de toute éternité, il s'est fait chair par amour de notre salut, et a habité dans une créature paisible comme dans un temple. Théodoret cite encore de Flavien une *Explication sur l'Evangile de saint Luc,* dans laquelle il disait que Jésus-Christ a prouvé par ses œuvres miraculeuses que la divinité opérait en lui par la nature humaine.

FLODOARD ou FRODOARD, celui de tous les historiens du x° siècle qui a le plus heureusement travaillé à enrichir l'histoire, naquit à Epernay-sur-Marne, petite ville de Champagne, à cinq lieues de Reims, en 894. A peine était-il sorti de l'enfance que ses parents l'envoyèrent dans cette dernière ville pour y faire ses études. Il y étudia, non sous saint Remy d'Auxerre, comme plusieurs critiques l'ont avancé après Ellies Dupin, mais sous les disciples formés par ce grand maître et par Hucbald de Saint-Amand, après qu'ils y eurent restauré les études. Les progrès qu'il fit dans les sciences, et ses belles qualités, jointes à la sagacité de son génie, lui méritèrent la bienveillance d'Hervé et Seulfe, qui gouvernèrent successivement l'Eglise de Reims en qualité d'archevêques. Ils l'admirent dans leur clergé, lui confièrent la garde des archives de la cathédrale, l'élevèrent au sacerdoce, et le chargèrent de la cure de Cormicy, à trois lieues de la métropole. Dès l'an 933, Flodoard s'était déjà rendu si célèbre, que sa réputation avait pénétré jusqu'en Italie. Il fut un des savants à qui Rathier, expulsé du siége de Vérone, adressa l'écrit qu'il avait composé sur son exil. Trois ans plus tard, en 936, il entreprit, on ne sait à quelle occasion, le voyage de Rome. Le Pape Léon VII lui fit l'accueil le plus gracieux, l'admit à manger à sa table, lui donna sa bénédiction de pontife et son baiser de père, faveurs que Flodoard a consignées par des vers pleins de poésie et de reconnaissance, à la fin de son *Livre des pontifes romains*, dans l'article consacré à Léon VII. L'archevêque Artaud n'eut pas moins d'estime pour Flodoard que ne lui en avaient témoigné ses deux prédécesseurs. Il en fit l'homme de son conseil, et il est à croire que ce fut lui qui l'envoya à Rome. Dans une autre occasion, il le députa à Aix-la-Chapelle vers le roi Othon et le duc Conrad, au sujet des affaires de son église. De son côté, Flodoard avait voué à l'archevêque Artaud un attachement sincère, et dont il lui donna des preuves persévérantes pendant son long différend avec le jeune Hugues qui lui disputait l'archevêché de Reims. Flodoard, qui ne pouvait approuver l'intrusion de ce jeune seigneur, prit le parti de s'éloigner de Reims, sous le prétexte d'un pèlerinage à Saint-Martin de Tours; mais il fut arrêté, mis en prison, et n'en sortit, au bout de cinq mois, que pour assister au concile de Soissons, qui se tint le jour de Pâques 941, et y voir son archevêque condamné. Mais cette sentence, et les faveurs du nouveau prélat, qui le rétablit dans son titre de chanoine, et lui donna la cure de Coroy en échange de celle de Cormicy, ne purent le détacher de son ancien archevêque. En effet, dès que Louis d'Outremer eut rétabli Artaud sur son siége, la conduite de Flodoard prouva bientôt qu'il n'avait jamais cessé de lui être fidèle. Il l'accompagna aux conciles qui se tinrent à Verdun en 947, à Ingelheim et à Trèves en 948. Ces assemblées lui fournirent l'occasion de lier connaissance avec Robert, archevêque de Trèves, et de gagner son estime comme il avait déjà possédé celle de Rodoger, son prédécesseur. Il lui dédia quelques-uns de ses ouvrages, et travailla à se ménager les loisirs d'en composer d'autres. Dégoûté du monde par les contrariétés qu'il y avait éprouvées, il se retira dans un monastère dont il devint abbé. Quoiqu'on ait sur ce changement d'état des preuves incontestables, on ignore absolument le nom de la retraite qu'il se choisit; tout ce qu'on sait, c'est qu'elle était située au diocèse de Reims. Tout en se cachant dans l'obscurité d'un cloître, Flodoard ne put y ensevelir l'éclat de son mérite. Après la mort de Rodolphe, évêque de Noyon et de Tournai, le clergé et le peuple de ces deux églises élurent Flodoard pour lui succéder; mais cette élection, qui se fit le 20 juillet 951, n'eut point d'effet: Foucher, moine et doyen de Saint-Médard de Soissons, soutenu par le roi Louis d'Outremer, l'emporta, et se fit mettre en possession de cet évêché. Flodoard en eut du chagrin, et se donna même quelques mouvements pour soutenir son droit; mais il en fut empêché par Adélage, évêque de Brême, et son ami, qui le consola par ces mots d'un saint qu'il ne nomme pas: « Hélas! je serais peut-être du nombre des réprouvés si j'avais été de celui des évêques! » La lettre d'Adélage est du 30 septembre, environ deux mois après son élection. A peu près vers le même temps, il se démit de sa prélature, c'est ainsi qu'il appelle sa dignité d'abbé, entre les mains d'Odalric, son archevêque, qui la remit à Flodoard, son neveu, présenté par le choix de ses frères. Néanmoins il vécut encore trois ans, toujours appliqué à l'étude et aux exercices de piété, et mourut en odeur de sainteté le 28 mars 966, âgé de soixante-treize ans. L'anonyme qui a continué sa *Chronique* nous le représente comme un homme vénérable par la sainteté de sa vie, par une chasteté angélique, et par cette sagesse qui vient d'en haut, et qui est l'âme de toutes les vertus. Du reste, son humilité se trahit dès les premiers mots de l'épitaphe qu'il se composa lui-même, et dans lesquels il se reconnaît indigne du sacerdoce dont il avait été honoré.

SES ÉCRITS. — Celui des ouvrages de Flodoard qui paraît être le premier sorti de ses mains, et qui a dû lui coûter plus de travail, est un ample recueil de poésies, ou plutôt d'histoires écrites en vers hexamètres, et dans lesquelles il raconte la vie de plusieurs saints, et celle des Papes depuis saint Pierre jusqu'à Léon VII, mort en 939. Ce recueil, dans le manuscrit de Trèves, est divisé en quinze livres, et en quatorze dans celui des Carmes Déchaussés de Paris. C'est de ce dernier que dom Mabillon a tiré ce qu'il rapporte de cet ouvrage dans le tome IV des *Actes de l'ordre de Saint-Benoît*. Il remarque dans la préface sur le second tome, que Flodoard ne fait aucune mention de l'histoire fabuleuse de la papesse Jeanne, que quelques-uns placent indiscrètement entre Léon IV et Benoît III; mais qu'il fait succéder immédiatement Benoît à Léon, en assurant qu'il fut élu par la voix unanime du clergé et du peuple romain. C'est dans cette *Vie des Papes* que Flodoard rappelle le voyage qu'il fit à Rome, et dont il ne dit rien dans ses autres écrits. Il le fit, comme nous l'avons dit plus haut, sous le pontificat de Léon VII, et ce Pape vivait encore lorsque Flodoard rendait témoignage de l'accueil gracieux qu'il en avait reçu; ce qui prouve qu'il écrivit l'*Histoire des Papes* avant l'an 939, la dernière année du règne de ce pontife. On a objecté le silence qu'il garde sur son voyage de Rome, tant dans sa *Chronique* que dans son *Histoire de l'Église de Reims*, pour le dépouiller de son titre d'auteur, en faisant honneur à son neveu, qui, du reste, portait le même nom que lui, du livre des *Vies des Papes;* mais cette opinion ne peut se soutenir. Flodoard l'ancien était en même temps poëte et historien, ce qui paraît par la relation en vers des miracles de sainte Marie, dont il se déclare lui-même l'auteur dans son *Histoire de l'Église de Reims*, et par son épitaphe en vers élégiaques qu'il composa lui-même, et qui se lit à la fin du recueil de ses poésies, dans le manuscrit des Carmes qu'on vient de citer. A ces raisons nous pourrions en joindre d'autres, mais elles ressortiront de l'analyse même de cet ouvrage.

Il est divisé en trois parties, et chaque partie en plusieurs livres, qui traitent des triomphes de Jésus-Christ et des saints, principalement des martyrs, tant de la Palestine que d'Antioche et d'Italie. De tout cela on a rendu public ce qui regarde les Papes, depuis Grégoire II jusqu'à Léon VII. Flodoard donne en abrégé l'histoire de leur pontificat. A propos de Grégoire II, il parle de saint Boniface, archevêque de Mayence; et l'histoire d'Adrien II lui fournit l'occasion de dire un mot d'Hincmar de Reims et du roi Charles le Chauve. C'est là que l'auteur déclare nettement qu'il était du diocèse de Reims. Il le répète dans l'article du Pape Marin, en parlant de Foulques, successeur d'Hincmar; dans celui de Formose, a l'occasion de la translation des reliques de saint Callixte à Reims, et dans celui de Jean XI, en parlant d'Artaud, qu'il appelle son évêque. Il donne sept ans de pontificat à Sergius III, tandis que Baronius ne lui en donne que trois et quatre mois. Il ne dit rien de Landon, successeur d'Anastase III. Il ne donne pas quinze ans entiers de pontificat à Jean X; mais il prolonge celui de Léon VI jusqu'à sept mois et cinq jours, tandis que les modernes le réduisent à six mois et quinze jours. Flodoard s'est beaucoup plus étendu sur la vie de saint Colomban. Il est plus précis dans ce qu'il dit de saint Attale, abbé de Bobio, et de saint Bertulfe, son successeur. Dom Mabillon a encore publié les trois articles de l'ouvrage de Flodoard, sur ce qui regarde l'histoire de saint Benoît et de sainte Scholastique, avec celle de la translation de leurs reliques en France. Les *Vies des Papes* depuis Grégoire II ont été réimprimées sur l'édition de dom Mabillon, dans la seconde partie du troisième volume de la grande *Collection des Écrivains d'Italie*, par Muratori. Flodoard dédia cet ouvrage à Robert, archevêque de Trèves, mais longtemps après l'avoir composé, s'il est vrai qu'il ne fit connaissance avec Robert que vers l'an 947; mais rien n'empêche qu'il ne l'ait connu plus tôt.

Tous ces morceaux sont en vers héroïques, et il est à croire que l'auteur avait adopté la même mesure pour tout l'ouvrage. Dans l'exécution de son dessein il ne fait que suivre pied à pied et en les abrégeant les actes en prose qu'il avait sous les yeux. On juge par l'étendue de son travail qu'il en avait recueilli une grande quantité, tant vrais que faux, et qu'il avait fait des recherches prodigieuses dans l'histoire de l'Église grecque et latine. Du reste sa versification n'a rien qui l'élève au-dessus des autres poëtes de son temps. Dans les uns comme dans les autres, c'est toujours le même génie et le même goût; des vers durs, forcés, dépourvus de toute harmonie et pleins d'obscurité, et dans lesquels, au lieu des traits de la bonne poésie, on ne découvre que les défauts ordinaires à son siècle.

Histoire de l'Église de Reims. — L'amour du travail, qui se trouvait joint en Flodoard à l'ardeur de la vérité, l'engagea à faire les recherches les plus exactes et à se procurer les monuments les plus authentiques pour écrire l'histoire de Reims. Il fouilla avec une patience singulière dans les archives immenses, compulsa les lettres des pontifes, les Actes des conciles et les Martyrologes antérieurs à son temps, au rapport de Baronius, Papire Masson et Pithou, qui tous avouent, ainsi que le cardinal Grimani, que son style ne se ressentait ni de la rouille des anciens auteurs, ni de la dureté de langage habituelle aux nouveaux. Il ne rapporte point au long tous ces monuments. Il se contente souvent d'en faire des extraits; mais il est assez exact à citer les sources où il a puisé. Il fut engagé à ce travail par un évêque qu'il ne désigne que par la première lettre de son nom R. Quelques-uns ont cru que c'était Rodulphe, évêque de Laon ; mais ce prélat était mort dès l'an 948, époque à laquelle il ne paraît pas que l'ouvrage ait été achevé. On pense avec plus de vraisemblance que, par cette initiale, il faut entendre Robert, archevêque de Trèves, le même à qui il avait déjà dédié l'ouvrage dont nous venons de parler. Celui-ci est divisé en quatre livres dont le premier commence à l'origine de la ville de Reims et donne la suite des événements jusqu'à la mort de saint Remy. Il consacre deux chapitres à discuter ce qui concerne l'origine de Reims et son état jusqu'à la prédication de l'Evangile. Il y rapporte la tradition fabuleuse, qui suppose la ville fondée par Rémus, frère de Romulus, et qui accorde ainsi aux Rémois une origine commune avec les Romains ; mais il ne la rapporte que pour la réfuter, ce qu'il fait avec une grande justesse d'esprit, et une sorte de critique qui n'était pas alors très-commune. Du reste, ces deux chapitres sont une preuve que l'auteur n'était pas moins versé dans la littérature profane que dans la littérature sacrée. Il cite avec assez de choix des passages de Tite-Live, du poëte Emilius, de Salluste, de Virgile, de César, de Lucain, d'Ethicus, d'Eutrope et d'Orose. Les principales autorités qu'il allègue dans la suite du même livre, sont saint Jérôme, saint Augustin, saint Sidoine Apollinaire, saint Grégoire de Tours et saint Isidore de Séville. On voit par là et par d'autres monuments que nous avons déjà indiqués que la cathédrale de Reims possédait alors dans sa bibliothèque un assortiment assez complet de toute sorte de bons livres. Dans le récit qu'il fait de l'établissement du christianisme à Reims, Flodoard est loin de soutenir l'esprit de critique dont il a fait preuve dans la discussion des commencements de son histoire civile. Il avance sans hésiter que saint Sixte, son premier évêque, y fut envoyé par saint Pierre, le prince des apôtres. Mais ce qui peut lui servir d'excuse, c'est qu'il n'a fait que suivre en cela le génie de son siècle. En effet, une des passions dominantes à cette époque, c'était de faire remonter la fondation des églises principales jusqu'aux temps apostoliques. A cela près, il est fort succinct dans ce qu'il dit des premiers évêques ; c'est que probablement il manquait de monuments qui traitassent de ces temps reculés. On s'aperçoit, par ce qu'il rapporte des premiers martyrs de Reims, qu'il s'appliquait plus à profiter des mémoires qu'il avait sous les mains, qu'à faire un choix judicieux parmi les documents qu'ils pouvaient lui fournir. Il s'étend outre mesure sur chaque sujet, et on voit qu'il ne s'arrête que lorsque la matière lui manque. Il est fort diffus aussi sur l'article de saint Remy. Non-seulement il n'oublie rien sur ce qu'il a pu découvrir de l'histoire de sa vie ; mais i. a soin de rapporter au long tout ce qui encore regarde ses miracles, les différentes translations de son corps et les disciples qu'il forma à la piété. Nous n'avons pas besoin de dire qu'il n'a eu garde d'oublier le miracle de la sainte ampoule.

Le second livre, qui comprend vingt chapitres, est consacré à rapporter l'histoire des successeurs de saint Remy jusqu'à Hincmar exclusivement. Flodoard y raconte avec détail ce que ces évêques ont fait ou écrit de plus remarquable, et ce qui s'est passé de plus digne de mémoire sous leur épiscopat dans toute l'étendue du diocèse.

Il emploie tout le troisième livre, divisé en vingt-neuf chapitres, à donner l'histoire d'Hincmar. C'est la partie la plus intéressante de tout l'ouvrage. Non-seulement l'auteur y expose les principaux événements qui se trouvent liés à l'épiscopat de ce grand archevêque, mais il entre encore dans l'examen de ses écrits dont il donne le catalogue, sans omettre d'y comprendre les moindres lettres, dont on n'a plus aujourd'hui d'autre connaissance. Ainsi, en même temps qu'on possède dans ce troisième livre le morceau le plus curieux de l'Histoire de l'Eglise gallicane au ixe siècle, depuis 845 jusqu'en 882, on y trouve également une infinité de traits qui dessinent en quelques mots l'histoire politique et civile de la France.

On doit en dire autant du dernier livre, dans lequel on compte jusqu'à cinquante-trois chapitres. Presque tout ce qu'y rapporte Flodoard s'était passé de son temps et comme sous ses yeux. Il y fait l'histoire de Foulques et de ses successeurs Seulfe, Hervé, Artaud, sans omettre celle de Hugues, archevêque intrus. L'auteur finit cet important travail par le récit de ce qui se passa au concile d'Ingelheim, en 948 ; à quoi il ajoute l'histoire de quelques saints qui avaient vécu sous les archevêques précédents, la relation de divers miracles et la notice de plusieurs églises du diocèse.

Comme parmi les archevêques de Reims plusieurs ont joué un grand personnage dans l'Eglise de France, et se sont trouvés par conséquent en relation avec les Papes, les rois, les autres princes, et la plupart des évêques du royaume, toutes ces circonstances ont fourni à Flodoard l'occasion d'entrer dans les détails qui nous apprennent quantité de choses sur l'histoire des autres églises. La manière dont il a exécuté son dessein montre un homme d'esprit, de jugement, de bonne foi, qui avait de grandes connaissances et beaucoup d'ardeur pour le travail. Il est exact dans le récit des faits ; il les rapporte tels qu'il les a appris ou tels qu'il les a vus lui-même. Si quelquefois il a suivi de fausses pièces ou donné dans des traditions populaires, c'est le défaut de son siècle plutôt que de son génie. En effet, il ne lui manquait qu'un peu plus de critique et de bon goût pour faire un historien parfait. Son style est simple, sans ornements, peut-être un peu monotone, mais ordinairement assez clair. Seulement, en voulant user quelquefois de trop longues périodes, il s'embarrasse et se perd dans la multitude des choses, et la variété des objets qu'il cherche à embrasser. Il emploie aussi de temps en temps des expressions alors en vogue, mais qui ne sont plus comprises de nos jours.

Après les éditions de Muratori et Mabillon que nous avons indiquées plus haut, la meilleure édition de cet ouvrage curieux et intéressant pour les Rémois est celle de George Colvener, Douai 1617, in-8°. C'est à tort que l'on a publié que le cardinal Charles de Lorraine fit faire à ses frais la première édition de l'historien Flodoard. Le cardinal demanda en effet le manuscrit de cet auteur pour le faire imprimer à ses frais; — c'est tout ce qu'en dit Marlot ; mais ce projet n'eut pas de suite alors, puisque ce ne fut qu'en 1611 que le P. Sirmond donna la première édition du texte de Flodoard, imprimé à Paris par Sébastien Cramoisi. Nicolas Chesneau en avait publié une version française dès 1580, in-4°, d'après un manuscrit fautif; de sorte que la traduction française de cet historien a paru avant le texte, ce qui est assez remarquable.

Chronique. — Plusieurs écrivains ont contesté à Flodoard la *Chronique* qui porte son nom, et ils ont motivé leur jugement sur la différence de style qu'ils prétendent trouver entre cet écrit et le précédent. Mais autre est le style d'une chronique et autre celui d'une histoire suivie. Dans l'une on discute les choses, on les détaille, on les lie ensemble par des transitions, des réflexions et des raisonnements; dans l'autre on se contente de rapporter tout simplement et en abrégé les faits tels qu'ils se présentent, sans autre liaison que celle des années. Il suffit de lire avec un peu d'attention les deux ouvrages dont il s'agit ici pour y reconnaître la même plume. D'ailleurs Flodoard se nomme dans cette chronique, il y nomme aussi son neveu, et il y rapporte, à la première personne, sa renonciation à la prélature en présence d'Odalric, son archevêque. Il y a plus encore ; l'auteur anonyme de la *Chronique d'Angers* fait mention en deux endroits de celle de Flodoard, et la fait commencer en 917, ce qui prouve qu'il manque deux années dans les imprimés que nous en possédons, et qui ne la commencent qu'en 919. Certes le vide serait bien plus grand encore, s'il était certain que Flodoard l'eût commencée par l'éloge funèbre de Charles le Chauve, qui mourut en 877, époque à laquelle l'édition de Duchesne la fait commencer.

Flodoard entre dans un grand détail des événements qu'il rapporte, surtout quand ils intéressent l'église de Reims et les églises voisines de Toul, de Trèves, de Verdun, de Metz, de Soissons, de Châlons et de Laon. Quoique son objet principal soit de raconter ce qui s'est passé en France, il y mêle néanmoins quantité de faits arrivés en Allemagne, en Lorraine, en Bourgogne. Il marque la succession des évêques, des rois, des princes, des Papes, la tenue des conciles, les noms des évêques qui y ont assisté, les motifs et les occasions de ces assemblées. Cette chronique est d'un grand secours pour l'étude de l'histoire. Sans elle on posséderait bien peu de notions exactes sur les règnes de Charles le Simple, de Louis d'Outremer, et sur la première partie de celui de Lothaire, son fils et son successeur. L'auteur a cet avantage sur presque tous les chroniqueurs ou annalistes qui l'ont précédé, qu'il ne se borne pas à rattacher à chaque année deux ou trois faits principaux; mais il fait rentrer dans son cadre tout ce qu'il a vu par lui-même, ou appris par témoins, et qui lui semble mériter un souvenir, soit sous le rapport civil soit sous le rapport ecclésiastique. On y trouve des années si remplies qu'elles tiennent jusqu'à trois pages *in-folio*. Il s'étend davantage, et cela se comprend, sur les faits qui lui étaient le plus connus, au nombre desquels se trouvent naturellement ceux qui regardent l'histoire de la province de Reims. En un mot, ce travail de Flodoard est comme un flambeau lumineux qui dissipe en grande partie les ténèbres historiques de ce xe siècle. Après lui, nous tombons dans une disette absolue d'historiens français, sur le témoignage desquels on puisse sûrement compter. Raoul Glaber et Guillaume de Jumiéges qui l'ont suivi n'étaient pas encore nés lorsqu'il mourut; de sorte qu'ils n'ont puisé que dans des traditions orales ce qu'ils nous apprennent. Du reste cette *Chronique*, comme l'*Histoire de l'Église de Reims*, révèle partout la plus extrême candeur. Le style en est simple et naturel, mais quelquefois embarrassé par la longueur des périodes; les vers qu'il y intercalle çà et là ne sont intéressants que par les faits qu'ils contiennent; Flodoard était meilleur historien que poëte. — Nous avons plusieurs éditions de cette *Chronique*. Elle fut imprimée à Paris en 1588, à Francfort en 1594, dans le premier Recueil des écrivains de Pithou, et à Paris en 1636 parmi les *Historiens de France*, recueillis par Duchesne. Dans cette édition la *Chronique* de Flodoard va jusqu'en 966. Il ne rapporte que deux événements de cette année, le mariage du roi Lothaire avec la reine Emma, et l'excommunication du comte Ragenold par Odalric, archevêque de Reims. Un continuateur anonyme de cette chronique assigne au 28 mars de la même année 966 la mort de Flodoard, et le déclare positivement auteur de la chronique qui porte son nom et de plusieurs autres ouvrages qu'il oublie de détailler.

Flodoard nous apprend lui-même qu'il avait composé un ouvrage en vers qui n'est pas venu jusqu'à nous. C'était un recueil des miracles qui s'étaient opérés dans la cathédrale de Reims par l'intercession de la sainte Vierge, sous l'invocation de laquelle cette église est consacrée. Il n'avait fait entrer dans ce recueil que les miracles dont il avait été témoin oculaire, ou qui lui avaient été rapportés par des personnes qui elles-mêmes en avaient été témoins. Il en rapporte quelques-uns en prose au chapitre VI de son IIIe livre de l'*Histoire de Reims*. — On trouve la liste des autres écrits de Flodoard dans Marlot.

FLOHAIRE, dont nous ne dirons que peu de choses, parce qu'il en est peu de connues et encore moins d'assurées, ne vivait qu'au XII° siècle, s'il fallait en croire Baillet; mais cette opinion ne peut se soutenir, comme il nous sera facile de le démontrer. Ce prêtre n'est connu que par un ouvrage qu'il a laissé. Ce sont les *Actes de saint Eugène*, disciple et compagnon de saint Denis, premier évêque de Paris, qui souffrit le martyre à Deuil, vers l'an 286. Pour reculer de deux cents ans la naissance de cet auteur, il suffit de prouver que son ouvrage est antérieur au temps qu'on lui assigne. Or, une circonstance dont Baillet lui-même convient, puisqu'il la rapporte, suffirait seule pour renverser son sentiment. L'auteur, en écrivant les *Actes de la vie et du martyre de saint Eugène*, nous avertit qu'il avait recueilli ce qu'il en raconte des restes des archives qui avaient échappé aux pillages des Normands. Qu'on se transporte pour un moment jusqu'aux premières années du X° siècle, et qu'on se rappelle les motifs qui firent alors recomposer tant de légendes dont les actes originaux étaient perdus, et l'on se persuadera sans peine que Flohaire a dû être un de ceux qui consacrèrent alors leur plume à renouveler la mémoire des saints. En effet, comment aurait-on attendu jusqu'au XII° siècle pour profiter des débris du IX°? Ces débris se seraient-ils retrouvés après un si long intervalle, et un auteur se serait-il concilié beaucoup de créance en déclarant qu'il avait composé son écrit sur ce fonds. Du reste, on possède une preuve plus positive encore pour montrer que Flohaire avait composé les *Actes de saint Eugène* dès les premières années du X° siècle. Vers l'an 928, quand saint Gérard, depuis abbé de Brogne, obtint de l'abbaye de Saint-Denis une partie des reliques de saint Eugène, on possédait déjà une Vie de ce saint martyr. C'est un fait bien constaté, puisque, selon un auteur grave et presque contemporain, cette Vie fut lue et approuvée dans une assemblée d'évêques qui se tint à Liége. Deux raisons empêchent de penser que cette Vie pouvait être une ancienne histoire, supposé qu'il en ait jamais existé; d'abord les ravages des Normands auxquels n'avaient échappé que quelques bribes des actes connus du saint martyr, et ensuite l'opinion où l'on était dès lors, tant à Brogne qu'à Saint-Denis, que saint Eugène avait été évêque de Tolède. Cette opinion se trouve établie dans l'ouvrage de Flohaire, et ne paraît pas avoir eu d'autre origine. Elle prouve d'ailleurs que l'histoire qu'on avait à Brogne, dès l'an 928, est la même que celle qui nous reste aujourd'hui; de sorte que Flohaire qu'on en reconnaît pour l'auteur, devait l'avoir composée quelques années auparavant, et au plus tard vers 923 ou 924. Du reste, l'éloignement où était cet écrivain des temps du saint martyr, et la source dans laquelle il déclare avoir puisé, ne sont que de pauvres garants de la certitude des faits qu'il rapporte. Pour achever de lui enlever toute autorité, ce serait assez de la confusion qu'il établit entre saint Eugène martyr de Deuil, et l'évêque de Tolède du même nom, si elle n'avait été partagée d'ailleurs par presque tous les écrivains de son temps. Ces *Actes* inconnus à Surius et à Mosamber ont été insérés dans la dernière édition de leur recueil à la date du 15 novembre. On en a aussi un abrégé dans l'ouvrage de Molanus sur les saints de la Belgique.

FLORENT, prêtre de l'église des Trois-Châteaux, au diocèse d'Arles, florissait dans la première moitié du VII° siècle. Cet écrivain est une preuve non suspecte de ce que nous avons eu occasion d'avancer plus d'une fois déjà, que, malgré l'ignorance et la barbarie de ce siècle, il s'y trouvait encore des personnes qui avaient le talent de bien écrire. On a de lui la *Vie de sainte Rusticule*, abbesse de Saint-Césaire, morte à Arles en 632. Il entreprit cet ouvrage à la prière de Celse, qui avait succédé immédiatement à la sainte, et il le lui adresse par une préface, en tête de laquelle il nous fait connaître son nom et sa qualité. Florent écrivit peu de temps après la mort de sainte Rusticule; et on en juge ainsi, tant par l'empressement de Celse à y faire travailler, que par un passage où l'auteur témoigne craindre de renouveler la douleur que cette mort lui avait causée et à toute sa communauté, s'il s'étendait davantage sur les circonstances qui l'accompagnèrent. On peut conclure de là qu'il était contemporain des faits qu'il rapporte. Ce furent probablement ou la réputation qu'il avait d'exceller dans les lettres, ou ses liaisons avec saint Césaire, ou peut-être ces deux motifs à la fois, qui engagèrent Celse à s'adresser à lui. Elle eut soin de lui envoyer de bons mémoires ; et, sur ces monuments avec ce qu'il apprit de témoins oculaires dignes de foi, il composa son ouvrage. Il est écrit avec beaucoup d'ordre, de piété et de candeur. L'auteur, ayant à parler de quelques personnes qui avaient offensé la sainte, et particulièrement de Maxime d'Avignon, n'use d'aucunes invectives contre elles, et se contente de dire de celui-ci qu'il portait son nom sans rien faire pour le mériter. Son style est simple, mais clair et noble; et, quoiqu'il sacrifie un peu au goût de son siècle, en donnant dans le merveilleux, il ne perd point de vue son objet principal, qui est de nous instruire des actions de la sainte dont il écrit la Vie. Il entre dans d'assez grands détails, et a soin de les accompagner de toutes les circonstances nécessaires pour les faire comprendre, jusqu'à nommer les personnes dont il s'est trouvé obligé de parler. Enfin, il s'y montre partout un homme fort instruit et absolument maître de sa matière.

On apprend, dans cet ouvrage, beaucoup de choses qui regardent les coutumes en usage alors dans les monastères d'Arles et d'ailleurs, comme de donner des noms au baptême et de faire le signe de la croix toutes les fois qu'on buvait. — André Duchesne avait déjà publié quelques fragments de ce livre au tome Ier de ses *Historiens de France*, lorsque dom Mabillon l'a fait imprimer en entier au second siècle de son recueil.

FLORENT, d'abord moine de Corbie, en fut tiré pour gouverner le monastère de Saint-Josse dans les premières années du xie siècle. Il vivait encore en 1015 ; c'était un homme d'esprit et de savoir, et surtout capable de bien diriger les âmes. Son style fait voir aussi qu'il n'écrivait pas mal pour son temps. Il est probable qu'il parvint à la dignité d'abbé, après que le bienheureux Richard de Saint-Vanne eut établi la réforme dans le monastère de Saint-Josse, qui lui avait été confié. Il nous reste de lui une Vie abrégée du saint patron de son monastère. Il nous déclare lui-même qu'il ne la composa que sur celles qui en avaient été publiées avant lui, et en faisant un tout des principales choses qu'il leur empruntait. Seulement, il y a ajouté à la fin quelques miracles choisis entre ceux qui s'étaient opérés de son temps. Il adresse son travail à tous les fidèles, mais particulièrement à tous les confrères de Saint-Josse, répandus en France et en Allemagne. C'étaient ces derniers qui le lui avaient demandé, afin de posséder une connaissance suffisante du saint qu'ils honoraient d'un culte de prédilection. Il résulte de cet aperçu que la dévotion de Saint-Josse formait, dès cette époque, ce qu'on a appelé depuis confrérie ou association. Florent, dans cet écrit, parle en son nom et en celui de sa communauté, et s'y donne le titre d'abbé par la miséricorde de Dieu : *Divina miseratione abbas indignus*.

FLORIEN, autant qu'on en peut juger par la suite de sa vie, naquit, au plus tard, dans les premières années du vi^e siècle. Il nous apprend lui-même qu'il était originaire de Milan, mais qu'il fut baptisé par saint Ennade, évêque de Pavie. Après avoir reçu, auprès de ce grand prélat, les premières notions religieuses, il passa les Alpes et vint achever ses études à l'école de Saint-Césaire d'Arles. Il y obtint des succès qui eussent pu devenir plus brillants, s'il eût moins donné dans le travers de la recherche et de l'affectation ; mais il ne semblait viser à l'éloquence que pour en faire parade et se distinguer des autres. Il allait jusqu'à importuner ses amis de ses lettres, afin d'avoir occasion de faire ressortir les beautés peu naturelles de son style. Saint Ennade, qui était sans doute un de ceux que cette correspondance fatiguait le plus, ne put supporter ces défauts dans une personne qu'il aimait sans chercher à l'en corriger. Il est à croire que Florien profita de ses avis ; car on juge, par les quelques pièces qui nous restent de lui, qu'il corrigea entièrement sa manière d'écrire. De l'école d'Arles il se retira à Roman-Moutier, dans le diocèse d'Avenche, et il étudia l'Ecriture sainte, sous la direction du saint abbé Théodad. Il y embrassa la vie monastique, et y fit de tels progrès dans la vertu, qu'il fut jugé digne, dans la suite, de succéder au bienheureux abbé. Quoique chargé du gouvernement d'un monastère, Florien ne laissait pas de trouver du temps à consacrer à l'étude des ouvrages anciens. C'est cette étude que le poëte Arator le prie d'interrompre, afin de donner aussi quelques moments à la lecture de son poëme, sur les *Actes des Apôtres*, qu'il lui adressa vers l'an 544. La lettre en vers élégiaques qui accompagnait cet envoi exalte beaucoup le mérite de l'abbé Florien, et relève surtout son érudition, par le soin particulier qu'il prenait d'enrichir sa bibliothèque. Il y a quelque lieu de croire que Florien passa de Roman-Moutier à l'abbaye de Lérins, et qu'il est le même abbé de ce nom qui, suivant un ancien catalogue de ce monastère, le gouvernait en 550. Il survécut de plusieurs années à saint Nicet de Trèves, et on croit généralement qu'il mourut au plus tôt en 577 ou 578.

Ses écrits. — On nous a conservé deux lettres écrites par Florien après qu'il eut été revêtu de la dignité d'abbé. Elles sont adressées l'une et l'autre à saint Nicet, évêque de Trèves. La réputation de sainteté dont jouissait ce grand prélat fit naître dans l'âme de Florien le désir d'en être connu. C'est ce qui le porta à lui écrire sa première lettre, dans laquelle, après lui avoir raconté les principales aventures de sa vie, il fait l'éloge de saint Ambroise de Milan, où il était né, de saint Ennode de Pavie, qui l'avait baptisé, de saint Césaire, qui l'avait instruit, et du bienheureux abbé Théodat, dont il avait été le successeur. Il y ajoute celui de saint Dace, évêque de Milan, son contemporain, qu'il recommande instamment aux prières de saint Nicet. Selon toute apparence, saint Dace était encore à Constantinople, où la persécution qu'il eut à souffrir de la part des Goths l'avait obligé de se réfugier en 539. Cette première lettre, cependant, ne fut écrite qu'après l'an 542, époque de la mort de saint Césaire, dont Florien parle comme ayant satisfait à la dette de l'humanité, et jouissant devant Dieu du prix de ses travaux.

Dans sa seconde lettre, Florien prie saint Nicet d'employer son crédit à obtenir de Théobald, roi d'Austrasie, qu'il voulût bien prendre sous sa protection l'île de Lari, et presser l'exécution des promesses faites aux moines de Roman-Moutier. Cette lettre ne put être écrite avant l'an 548, le premier du règne de Théobald. Comme dans la première, Florien s'y étend sur les louanges de saint Nicet, mais il y prend le titre de serviteur de Jésus-Christ, ce qu'il n'avait pas fait dans l'autre.

Nous avons aussi deux lettres de saint Ennade, adressées à Florien, et qui attestent, comme nous l'avons remarqué plus haut, que dans sa jeunesse il en avait écrit un assez grand nombre au saint évêque. Mais aucune n'est venue jusqu'à nous, et nous n'avons pu en caractériser le style que par la critique des écrivains de son siècle.

FLORUS, un des hommes qui font le plus d'honneur à la littérature du ix° siècle, naquit vers l'an 779, en Espagne selon quelques-uns, à Lyon même, ou au moins dans le diocèse selon le plus grand nombre. Il apporta en naissant beaucoup de vivacité, de justesse et de pénétration d'esprit avec une foule d'autres qualités excellentes. Doté de si riches avantages, Florus ne pouvait faire que de rapides progrès dans les lettres. Il les étudia précisément à l'époque où l'on travaillait avec le plus d'ardeur à les ressusciter. L'Eglise de Lyon se distinguait surtout dans ce mouvement intellectuel. Ce fut là qu'il reçut sa première éducation et qu'il s'engagea plus tard dans l'état ecclésiastique. Deux titres achevèrent de l'y attacher inviolablement, celui de chanoine et celui de diacre. C'est sous ce dernier qu'il est le plus connu, quoique dans la suite il ait été élevé à la dignité du sacerdoce ; ce qui est attesté par un manuscrit de l'abbaye de Saint-Gall, ancien de plus de neuf cents ans et qui lui donne le titre de prêtre. Le mérite et la vertu de Florus lui attirèrent l'estime et la confiance de quatre grands archevêques, Laidrade, Agobard, Amolon et Remy, qui gouvernèrent successivement l'Eglise de Lyon, et dont quelques-uns partagèrent avec lui le ministère de la parole. On peut juger par ses écrits des grands succès qu'il dut y obtenir. La variété de ses connaissances le rendant également apte à tous les emplois, on le choisit pour présider aux écoles de la cathédrale, qui ne manquèrent pas d'acquérir un nouveau relief sous sa direction. Cette dignité, jointe à sa supériorité littéraire bien établie, lui fit donner le titre de maître par excellence, *Magister Florus*, comme on le trouve qualifié dans quelques anciens auteurs, et même à la tête de plusieurs de ses ouvrages. Sa vie, comme celle de tous les hommes d'étude, offre peu de variété ; il partageait tout son temps entre les fonctions de son ordre, la prière et les travaux de l'intelligence, de sorte qu'on peut dire qu'il brilla plus par son savoir que par ses actions. Sa réputation commença à percer dès l'an 825, et elle se répandit en peu de temps jusqu'aux extrémités de l'empire français. Walafride Strabon, déjà en relation avec Agobard, son archevêque, se crut obligé de féliciter ce prélat du bonheur qu'avait eu son Eglise de produire une fleur aussi rare et dont le parfum, quoiqu'à peine épanoui, avait déjà pénétré jusqu'aux rives du Rhin. C'est ainsi qu'il désignait le savant diacre, et cet emblème n'était qu'une allusion à son nom de Florus. Wandalbert, qui avait tiré un grand secours de la lecture de ses écrits, loue son ardeur persévérante à étudier les saintes lettres, son zèle à se former une bibliothèque nombreuse et composée des meilleurs ouvrages, et l'empressement plein d'obligeance avec lequel il consentait à les envoyer jusqu'à son abbaye de Prum, au diocèse de Trèves. Tant de rares qualités le firent donc connaître des savants ; et ce qui achève son éloge, c'est que sa piété ne faisait que grandir à mesure que la célébrité s'attachait à son nom. Cependant, quoique son amour de l'étude lui fît préférer la retraite à tout, il fut obligé d'en sortir quelquefois, et il parut avec distinction dans plusieurs assemblées. Voici quelle en fut l'occasion : Amalaire, prêtre du diocèse de Metz, remplit pendant quelque temps les fonctions de chorévêque dans l'Eglise de Lyon. Il fit des avances à Florus et parut d'abord vouloir vivre avec lui en bonne intelligence ; mais celui-ci ne put jamais goûter les raisons mystiques que le chorévêque donnait de certaines parties de la liturgie, ni les réflexions allégoriques dont il les accompagnait. Cependant il garda le silence sur son compte, en voyant qu'Agobard, son archevêque, prenait soin de réfuter lui-même ses écrits. Ce ne fut qu'après que ce prélat eut été expulsé de son siége, pour les raisons que nous avons dites ailleurs, que Florus s'éleva contre le chorévêque. Il le cita d'abord, en 835, à une assemblée de Thionville, où ils comparurent l'un et l'autre ; mais l'issue ayant trompé ses espérances, il s'adressa à l'assemblée de Querci-sur-Oise, qui se tint peu à près, puis à une autre assemblée de Thionville, qui ne tarda pas à suivre la précédente. Il porta dans ces deux assemblées les accusations les plus graves contre Amalaire, et parvint à faire censurer sa nouvelle liturgie. Mais il faut avouer que, dans ces circonstances, Florus laissa échapper de ces traits d'aigreur qui ne sont pas toujours excusés par le zèle ; la charité et l'amour du vrai peuvent avoir leur pointe et leur aiguillon, mais ils ne laissent jamais d'amertume dans la blessure. Il est vrai que de son côté Amalaire avait vivement piqué notre diacre, en l'accusant d'avoir trempé avec Agobard, son archevêque, dans l'odieuse révolte qui éclata alors contre Louis le Débonnaire. L'étroite union qui existait entre lui et ce prélat rendait l'accusation plausible ; mais on peut dire qu'il s'en défendit avec une force d'arguments qui équivalut à une justification. — L'opinion qu'il avait donnée de ses talents et de son attachement éclairé à la pureté des sentiments de l'Eglise primitive, le fit choisir par l'assemblée des fidèles de Lyon, pour réfuter l'ouvrage du fameux Jean Scot Erigène sur la prédestination divine. Ce livre avait été dénoncé à l'Eglise de Lyon comme rempli des erreurs les plus pernicieuses. Florus s'acquitta de cette tâche aux grands applaudissements de son Eglise qui adopta son travail, et fit paraître cette réponse sous son nom. Il publia encore quelques autres ouvrages en faveur de la vérité, obscurcie si souvent par les nuages que répandaient nécessairement dans les esprits les disputes si fréquentes de ce temps-là. Plusieurs écrivains croient que s'il n'est pas l'auteur des autres écrits du même temps, imprimés au nom de l'Eglise de Lyon et attribués communément à Remy son archevêque, il y eut au moins beaucoup de part. Florus vivait encore, lorsque Hincmar de Reims entreprit son grand ouvrage sur la prédestination, et il avait cessé de vivre lorsqu'il le publia en 861 ou 862, ce qui nous autorise à placer sa mort en 859 ou au plus tard en 860.

SES ÉCRITS. — Il est peu d'auteurs dont les écrits soient plus disséminés que ne le sont encore aujourd'hui ceux de Florus. Ce n'est donc pas un médiocre travail que d'entreprendre de les réunir afin d'en donner au lecteur, par une discussion d'ensemble, une idée juste et suivie. Or, sans prétendre diminuer en rien le mérite d'aucun des critiques nos prédécesseurs, nous croyons pouvoir affirmer que jusqu'ici ce travail n'a été que très-imparfaitement exécuté. Donc pour éviter la confusion, nous séparerons la poésie de la prose, et, comme, autant que possible, nous suivons l'ordre chronologique dans la discussion des écrits de nos savants, nous commencerons le catalogue de ceux de Florus par son premier opuscule intitulé : *De l'élection des évêques.*

Il composa vers l'an 822, et autant qu'on peut en juger, à l'occasion de l'ordonnance que Louis le Débonnaire publia à cette époque, pour faire à l'Eglise son entière liberté dans ses élections, habituellement si troublées par la puissance séculière, depuis la domination des Francs et des autres barbares dans les Gaules. Florus lui-même insinue que l'écrit suivit cette ordonnance et qu'il tend à l'appuyer. Quelque court que soit ce traité, qui ne semble pas même complet, et qui pour sa plus grande partie a été pris des anciens monuments ecclésiastiques, l'auteur ne laisse pas de s'y montrer très-versé dans le droit canonique et civil ainsi que dans la connaissance de l'histoire ecclésiastique. Toutefois il suppose, ce qui n'est pas exactement vrai, que l'élection et la consécration de l'évêque de Rome se faisaient et s'étaient toujours faites, sans prendre l'avis de l'empereur. On ne saurait du reste trop applaudir à la discrétion et à la prudence avec lesquelles il s'explique sur la part que les puissances séculières prennent aux élections des évêques. Il est aisé de reconnaître dans ce traité un élève de l'Eglise de Lyon dont il cite les coutumes et les usages. A cette occasion il parle avec éloge d'une *Vie de saint Eucher* que nous n'avons plus, et l'idée qu'il en donne ne permet pas de la confondre, comme le fait Baluze, avec celle qui a été publiée par le P. Chifflet. — Papire Masson a publié ce traité avec les œuvres d'Agobard en 1605; Baronius en faisait tant de cas, qu'il lui a donné place dans son appendice au XII° tome de ses *Annales.* Baluze l'a réimprimé également en 1666, immédiatement à la suite des opuscules d'Amalon, dans l'édition qu'il a donnée des écrits d'Agobard. De là il est passé dans le tome XV° de la *Bibliothèque des Pères,* mais dépourvu des notes dont il avait enrichi le précédent éditeur.

De l'explication de la messe. — Un des ouvrages les plus importants de Florus est son beau traité sur le canon de la messe, *De actione Missarum,* ou de l'explication de la messe, *De expositione Missarum,* comme porte une autre édition généralement considérée comme la meilleure. Il paraît être un des premiers écrits de l'auteur, et il est vraisemblable qu'il le composa peu de temps après qu'Amalaire eut publié ses livres sur la liturgie. Cette matière, traitée sous ses yeux par Agobard son archevêque, put fort bien donner à Florus du goût pour ces matières, et lui inspirer le dessein de ce livre. Il est certain qu'il l'exécuta avant sa fameuse dispute avec Amalaire, car on n'y trouve rien qui ait le moindre trait à ce différend, quoique l'occasion cependant se présentât comme d'elle-même, de marquer son opposition aux sentiments de son adversaire. Ce fut donc avant 834 que Florus entreprit ce travail, et même, autant qu'on en peut juger, avant que Paschase Radbert publiât son *Traité de l'Eucharistie.* L'auteur a pris des anciens Pères de l'Eglise, qu'il a soin de citer, tout ou presque tout ce qu'il dit dans cet ouvrage. Ces Pères sont saint Cyprien, saint Ambroise, saint Jérôme, saint Augustin, Sévérien, Vigile, saint Avit de Vienne, saint Fulgence, saint Isidore et le Vénérable Bède; mais il a plus emprunté à saint Augustin seul qu'à tous les autres ensemble. Cependant, quoique le nom de saint Avit ne soit cité qu'à la préface, et non point aux marges comme tous les autres, il est certain que Florus s'est servi de ses écrits, comme on peut s'en convaincre par l'explication qu'il donne de l'*Ite, Missa est.* Cette omission vient de la faute des copistes qui probablement auront confondu son nom avec celui de saint Augustin en l'abrégeant.

Quoique cet ouvrage ne soit qu'un recueil des Pères, cependant il a dû coûter à son auteur un autre travail que celui de la simple lecture, ou le soin d'en faire des extraits. On en peut juger par le discernement et la justesse qui se révèlent dans le choix et l'arrangement des passages rapportés, qui semblent écrits tout exprès pour remplir le dessein de l'auteur. Ce dessein est d'expliquer le canon de la messe avec la préface qui le précède. Florus l'explique de manière à réveiller la foi, à ranimer la charité des fidèles et à leur inspirer une piété aussi tendre que solide et éclairée. Le traité est tout dogmatique, et l'auteur le commence par établir le sacrifice de la nouvelle loi, figuré par tous ceux de l'Ancien Testament, dont il est l'accomplissement et la fin; sacrifice qui n'est autre que celui du corps et du sang de Jésus-Christ, dont il prouve invinciblement la présence réelle dans ce mystère. On voit par cet ouvrage, qui fait beaucoup d'honneur à la sagacité de Florus, que la liturgie pour le fond et le canon mot à mot étaient alors les mêmes qu'ils sont encore aujourd'hui dans l'Eglise catholique. On y faisait la même invocation des saints qui suppose leurs mérites et leur intercession. Les prières pour les morts étaient aussi les mêmes. Florus s'arrête avec plaisir sur ce point de discipline et dit à ce sujet de très-belles choses. Il prouve que cette pratique, établie dans les livres des *Machabées*, et observée avec tant de religion et d'uniformité par l'Eglise universelle, ne peut lui venir que par la tradition des apôtres. Le P. Cellot, dans sa grande *Histoire de Gothescalc*, a cru trouver dans ce que dit ici Florus l'erreur des millenaires mitigés, ou le délai de la vision béatifique pour les justes; mais le passage qu'il cite est emprunté à Vigile de Tapse, qui y parle du purgatoire, comme il est facile de s'en convaincre en lisant la suite. Une preuve incontestable que Florus n'a pas été dans cette erreur, c'est qu'immédiatement avant cette citation il rapporte des textes de l'Ecriture et des Pères qui la détruisent sans retour.

Ce traité fut imprimé à Paris, sans nom d'auteur, par les soins de Martial Masure, docteur et pénitencier de Paris. Cette édition, rare et très-recherchée des connaisseurs, est aussi la plus parfaite qu'on ait eue jusqu'en 1677, quoique cependant le texte en ait été tronqué en une infinité d'endroits. En 1677, lorsqu'il s'agit d'insérer l'ouvrage dans la *Bibliothèque des Pères de Lyon*, Desport remplit toutes ces lacunes et rétablit le texte entier, au moyen d'un manuscrit de l'abbaye de Bolerne, qui lui avait été communiqué par le P. Chifflet. Dom Martène et dom Durand ont reproduit ce traité tout entier sur un manuscrit du x° siècle, ayant appartenu autrefois à la reine Christine de Suède. Cette édition, publiée au IX° volume de leur collection, n'offre d'autres avantages sur les précédentes, que la division du texte en nombres ou sections pour le soulagement des lecteurs. Les passages de l'Ecriture y sont en italique, et les noms des Pères, indiqués en marge, à la suite des textes que l'auteur leur emprunte. A cela près, les deux éditions sont entièrement semblables.

Commentaire sur saint Paul. — Florus travailla beaucoup sur les *Epîtres* de saint Paul, et composa deux commentaires pour les expliquer, l'un tiré de divers Pères, et l'autre uniquement pris des ouvrages de saint Augustin. Personne ne lui conteste le premier, qui est encore manuscrit; mais il n'en est pas de même du second, comme nous le verrons tout à l'heure. Ce premier commentaire se trouvait dans la bibliothèque de la grande Chartreuse, sous le nom de Florus, qui y était qualifié de maître, *Magister*. L'abbaye de Saint-Germain des Prés en possédait également, en deux volumes in-folio, une copie faite sur le manuscrit précédent par les soins du P. Chifflet, qui en fit hommage à dom Luc d'Achery. Possevin et Sandérus témoignent également qu'en leur siècle on conservait le même ouvrage à Saint-Laurent de Liége et à l'abbaye de Combron. L'auteur s'est servi de douze Pères de l'Eglise pour le composer : saint Cyprien, saint Hilaire de Poitiers, saint Grégoire de Nazianze, saint Ambroise, saint Pacien, saint Ephrem, Théophile d'Alexandrie, saint Cyrille son successeur, saint Léon Pape, saint Paulin de Nôle, saint Avit de Vienne et saint Fulgence, aux explications desquels il a ajouté divers extraits des lettres des Papes et des canons des conciles. L'ouvrage est divisé en douze parties, autant que l'auteur y fit entrer de Pères; mais toutes ces parties ne formaient qu'un seul volume.

Il y en a cependant un second, dans lequel il a recueilli tout ce qui a trait au même apôtre dans les écrits de saint Augustin; ce qui forme comme une treizième partie de son ouvrage, et ce qui constitue en même temps le second commentaire dont Sigebert ne parle qu'avec admiration. Quoiqu'il fût répandu sous le nom de Florus, dès le IX° siècle, on ne laissa pas de douter, quelques siècles après, et plus encore dans la suite, qu'il en fût véritablement l'auteur. Robert de Torigni, abbé du mont Saint-Michel, au XII° siècle, est le premier qui lui ait contesté ce travail, et presque tous les critiques des siècles suivants ont pensé de même, jusqu'à dom Mabillon, qui, après avoir partagé ce doute avec tout le monde, parvint cependant à l'éclaircir et à en restituer l'authenticité au nom de Florus, par une savante dissertation.

Ce qui a donné lieu à ce point de controverse entre les critiques, c'est qu'avant Florus de Lyon, deux auteurs, savoir : Pierre, abbé dans la province de Tripoli, et le Vénérable Bède, avaient exécuté le même dessein; d'où est venue l'habitude d'attribuer à l'un ou à l'autre le commentaire de notre diacre, beaucoup plus répandu en France que les leurs. On a fait plus; on l'a imprimé parmi les œuvres du Vénérable Bède, où il occupe presque tout le VI° volume. Dès 1522, Josse Bade l'avait fait paraître sous le même nom. L'édition est in-folio et fort belle. On y a ajouté, à la fin, six homélies de saint Jean Chrysostome *sur les Epîtres de saint Paul*. On y reconnaît l'attention habituelle de l'auteur d'indiquer les écrits de saint Augustin, auxquels il emprunte tout ce qu'il rapporte. Pour empêcher qu'on ne pensât à transporter ce commentaire à un autre qu'au Vénérable Bède, l'éditeur a eu soin de mettre à la tête une courte préface, dans laquelle il a fait entrer ce que cet écrivain dit de lui-même et de son travail sur saint Paul. Mais il est bon de voir les choses par soi-même et de les approfondir. Sans s'arrêter à ce que cette préface peut présenter de spécieux, dom Mabillon a découvert et prouvé solidement que ce commentaire, quoique décoré du nom de Bède, appartient néanmoins au diacre Florus. Il l'établit invinciblement, en montrant, d'une part, que celui du Vénérable Bède, qui se trouve manuscrit, diffère de l'imprimé; et de l'autre, que celui qui est imprimé est le même qui porte le nom de Florus dans plusieurs anciens manuscrits. Tel est celui de la bibliothèque de Saint-Gall, en caractères du temps de Charles le Chauve; tel est celui de l'abbaye de Corbie, fait en 1164, et divisé en deux volumes. Non-seulement le nom de Florus se lit à la tête du premier volume, mais il est encore répété au commencement et à la fin de chaque épître. Tel est enfin le manuscrit dont s'est servi Trithème, et qui l'a induit en erreur, en lui faisant croire que Florus, dont il y voyait le nom, avait été moine de Saint-Tron, parce que le manuscrit appartenait à cette abbaye. Nous supprimons bien d'autres preuves encore, persuadé que celles que nous venons de fournir sont déjà plus que suffisantes pour attester la vérité du fait en question. On ignore du reste en quelle année Florus publia ce double commentaire sur saint Paul, et il serait très-difficile de la fixer. Tout ce qu'on en peut dire de moins incertain, c'est qu'il n'a pas été le travail d'une seule année, et que l'auteur apparemment le composa à mesure qu'il lisait les Pères.

Écrits contre Amalaire. — On a plus de lumières pour rattacher des époques aux écrits qu'il publia contre Amalaire. Il nous en reste trois, et il est probable qu'il n'en fit pas davantage. Le premier est une plainte adressée à Drogon, évêque de Metz et archichapelain ; à Hetti, archevêque de Trèves ; Aldric du Mans, Albéric de Langres, et Raban, abbé de Fulde, qui se trouvaient assemblés pour un concile qu'on croit être celui qui se tint à Thionville en 835. Florus, qui avait hérité de l'antipathie d'Agobard, son archevêque, contre les livres liturgiques d'Amalaire, les dénonce en cet écrit comme remplis de nouveautés inouïes, et contenant des sentiments dangereux, opposés à l'Ecriture, à la doctrine des anciens Pères et à la croyance commune de l'Eglise ; mais il le fait avec véhémence et en employant des termes durs, injurieux, offensants, qui forcent à avouer que son zèle, en cette occasion, n'était pas dirigé par les motifs de la justice et de la charité.

Cet écrit n'ayant pas eu l'effet qu'en espérait l'auteur, il s'adressa à un autre concile qui se tint peu après à Quierci, et qui fit droit à ses plaintes en censurant la doctrine d'Amalaire. Cette censure devint pour Florus le sujet d'un nouvel écrit, où il retrace quelques traits de ce qui se passa dans cette circonstance ; mais il s'est beaucoup plus arrêté cependant à réfuter les erreurs qu'il attribuait au chorévêque, qu'à donner une relation historique. Quoique l'auteur se montre plus modéré que dans l'écrit qui précède, on peut lui reprocher encore de n'y pas observer assez de mesure. Il assure pourtant qu'il n'a fait qu'abréger les discours et les résolutions des Pères du concile. Cet écrit servit d'arsenal aux écrivains de la réforme, qui en tirèrent quelques arguments contre la présence réelle ; mais ils ne le firent qu'en tronquant les textes, en les falsifiant, et en les détournant du sens de l'auteur, pour les faire abonder dans leur sens réprouvé.

Après l'abrégé des Actes du concile de Quierci, vient une autre lettre contre Amalaire, à qui il paraît que Florus ne voulait point faire grâce. Elle est adressée aux Pères d'un second concile qui se tenait encore à Thionville, peu de temps après le précédent, et sous le règne de l'empereur Louis. On en juge ainsi par la fin de la lettre, où l'auteur reproche à Amalaire de se servir de la protection impériale pour persister dans ses sentiments ; ce qui ne peut s'entendre que de Louis le Débonnaire. C'est donc sans fondement et contre la vérité même du fait, que quelques savants ne fixent qu'à 850 la publication de la première lettre contre Amalaire. Le but dont il est question dans celle-ci est d'engager l'assemblée de Thionville à confirmer le jugement porté dans celle de Quierci, en censurant les livres liturgiques de cet écrivain. Florus s'y laisse encore aller à l'invective, mais avec moins de véhémence ; et quoiqu'à cette époque son adversaire ne fût plus chorévêque de Lyon, il ne laisse pas de le qualifier de prélat de cette Eglise : *Prælatus. Ecclesiæ Lugdunensis.* Dom Mabillon avait tiré ces trois pièces de Florus de deux manuscrits anciens de huit cents ans, et dont l'un avait appartenu à Achille de Harlay. Dom Martène, après les avoir insérées par lambeaux dans ses écrits sur la liturgie, et dans ses *Annales de l'ordre de Saint-Benoît*, les a fait imprimer dans son *Amplissima collectio* des anciens monuments de la littérature.

Collection de décrets. — Pendant que notre écrivain poursuivait Amalaire avec tant de chaleur, l'Eglise de Lyon était privée de son archevêque, pour les raisons que nous avons indiquées plus haut. Il travailla aussi, vers le même temps, à une collection de décrets tirés du code Théodosien et de divers conciles. Nous en possédons un fragment considérable au tome XIIᵉ du *Spicilége*. Ce qui prouve que ce recueil appartient à cette époque et à celui dont il porte le nom, c'est d'abord le récit de ce qui se passait alors à Lyon, tant par les violences qu'y exerçaient les juifs, que par la conduite de Modoin, évêque d'Autun, envers cette Eglise, pendant la vacance du siége épiscopal, et ensuite les reproches qu'il lui en fait dans un poëme composé à cette occasion : pour s'en convaincre, il suffit de conférer les passages du poëme, cités à la marge avec le fragment du recueil en question, qui roule particulièrement sur la défense de traduire les clercs à d'autres tribunaux que ceux de leurs évêques ; ce qui regardait précisément la conduite de Modoin, et sur le baptême conféré aux juifs. On possède à ce sujet un fragment curieux d'une lettre adressée par un évêque à l'empereur, pour le prier d'interposer son autorité, afin que cinquante-trois jeunes juifs, qui avaient été baptisés de leur plein gré, ne fussent point inquiétés dans la profession du christianisme qu'ils avaient embrassé. Ce qu'on a dit ailleurs des juifs de Lyon, où ils étaient en grand nombre et fort puissants, fait naître la pensée que ce fragment de lettre pourrait bien être, ou d'Agobard, ou de Laidrade, son prédécesseur. Quelques éditeurs ont tenté de ravir à Florus les honneurs de cette *Collection* et de son petit *Traité de l'élection des évêques*, sans autres motifs que certains passages qui s'en trouvent reproduits dans une collection plus ample, et appartenant à un évêque anonyme. Mais ce motif n'en est pas un, et tout ce qu'on en peut légitimement conclure, c'est que la *Collection* de Florus a précédé celle de l'évêque anonyme qui s'en sera servi, ou qu'ils ont puisé tous les deux à la même source.

Martyrologe. — Il est constant que Florus a fait un *Martyrologe*, en tout ou en partie, mais il est difficile de dire précisément en quoi consiste son travail en ce genre de littérature. Wandalbert de Prum, Adon de Vienne, et Usuard, trois auteurs contemporains, et qui ont écrit sur la même matière, attestent le premier point et ont donné lieu à l'incertitude du second. Usuard dit clairement que Florus avait fait deux *Martyrologes* : l'un où il laissa plusieurs vides, et l'autre où il ajouta ce qui manquait au premier. Adon, de son côté, ne reconnaît à Florus d'autre ouvrage en ce genre que les additions qu'il fit au *Martyrologe* du Vénérable Bède. Mais quelles sont ces additions, et où se trouvent-elles ? Ce sont là des difficultés qui ont exercé la sagacité des plus habiles critiques des deux siècles qui nous ont précédés et qui les ont partagés en différentes opinions. Les uns, comme le père Lecointe, s'en tenant à l'autorité d'Usuard, ont cru que Florus avait réellement composé deux *Martyrologes*; les autres, comme Henschenius et Papebroch, s'en rapportant à Adon, sont restés convaincus que le travail de Florus consistait en des additions faites au *Martyrologe* du Vénérable Bède, et que ces additions sont les mêmes qu'ils ont publiées en différents caractères avec ce *Martyrologe* lui-même, à la tête du IIe volume de Mars, dans le grand recueil de Bollandus. Mais personne n'a éclairci ces difficultés avec plus de lumière que le Père du Sollier; nous ne pensons pas qu'il y ait rien à ajouter à la curieuse et savante dissertation qu'il a publiée à la tête de son édition d'Usuard, et nous croyons autorisé à conclure avec lui, d'abord que Florus n'a fait qu'un seul *Martyrologe*, et qu'Usuard n'en compte deux que parce qu'il lui attribue celui d'Adon ; ensuite que le *Martyrologe* de Florus consiste en des additions à celui du Vénérable Bède, beaucoup plus amples que le texte sur lequel il a travaillé; enfin que ce texte original avec les additions qui y ont été réunies ne forment plus qu'un seul ouvrage, dans lequel il serait très-difficile de distinguer ce qui appartient à l'un ou à l'autre de ces deux auteurs. Henschénius et Papébroch l'ont tenté sans pouvoir y réussir; le P. du Sollier a-t-il été plus heureux dans le discernement qu'il a essayé d'en faire ? c'est ce que nous laissons à l'examen et au jugement de critiques plus habiles et surtout plus versés que nous dans ce genre d'antiquités ecclésiastiques. On a peine à comprendre, après toutes les preuves que nous venons d'indiquer, comment des écrivains aussi érudits que Cave, par exemple, transportent ce *Martyrologe* à un autre Florus qu'ils supposent avoir été moine de Saint-Tron, au diocèse de Liége, au moins un siècle avant celui dont nous examinons les écrits. Ils invoquent à l'appui de leur sentiment Adon et Usuard, qui assurément ne disent pas un mot qui puisse le favoriser. Au contraire, il est visible que ces auteurs n'entendent point parler d'un autre Florus que celui dont Wandalbert fait l'éloge, et qu'il reconnaît positivement pour avoir appartenu à l'Eglise de Lyon.

Sur la prédestination. — Florus, comme nous l'avons remarqué ailleurs, prit beaucoup de part à la fameuse dispute sur la prédestination. Le premier écrit qu'il publia à ce sujet est un discours pour répondre à certaines personnes qui, à l'occasion des erreurs reprochées alors au moine Gothescalc, lui avaient demandé ce qu'il fallait croire touchant ces matières. Il paraît que ce fut peu de temps après que ce moine eut été condamné au concile de Mayence, ce qui arriva en octobre 848. Florus n'était pas encore bien au courant de ces matières, comme il est facile de s'en convaincre par la manière embarrassée dont il en parle ici, et si différente des termes avec lesquels lui et Remy, son archevêque, s'en expliqueront dans la suite. Quoique ce discours ne soit pas de longue haleine, l'auteur, en y suivant les principes de saint Augustin, développe avec autant de lumière que de précision ce qu'on doit croire de la prescience de Dieu, de la prédestination, de la grâce et du libre arbitre. Ce qu'il y a surtout de remarquable, c'est qu'il y établit clairement le dogme de la double prédestination, qui était l'origine des accusations intentées contre Gothescalc; mais il a soin d'écarter en même temps les fausses conséquences que tiraient de ce dogme ceux qui ne le comprenaient point. — Il y avait quelques années que cet écrit était sorti des mains de son auteur lorsque Hincmar, archevêque de Reims, en reçut deux exemplaires dont le texte différait en quelques passages. Quoique cette différence ne fût pas essentielle, Hincmar l'a respectée dans l'exemplaire de cet écrit, qu'il présenta copié de sa main au concile de Bonœil, en 855, et plus tard elle a été reproduite avec des variantes par tous les éditeurs. Le P. Sirmond a publié cet ouvrage sous le nom d'Amalon; mais Baluze, en l'insérant dans l'*Appendice aux écrits de saint Agobard*, l'a restitué à son véritable auteur, et son exemple a été suivi par les éditeurs de la *Bibliothèque des Pères de Lyon*.

Réfutation de Jean Scot Erigène. — Un des meilleurs ouvrages de Florus, et le plus important peut-être de tous ceux qui parurent dans le cours de ces disputes, c'est la réfutation qu'il fit des erreurs de Jean Scot Erigène, contre la prédestination et plusieurs autres vérités capitales de la foi catholique. Cette réfutation, tant dans les imprimés que dans plusieurs manuscrits, porte le nom de l'Eglise de Lyon qui l'avait adoptée, pour des raisons que nous avons dites plus haut, mais elle porte aussi le nom de son véritable auteur dans plusieurs anciens manuscrits, tels que ceux qui se voyaient autrefois à Corbie et à la grande Chartreuse. Du reste, les critiques les plus habiles s'accordent aujourd'hui à considérer cette réfutation comme le propre ouvrage de Florus, ce qui passait déjà pour constant dès le siècle de Matthieu de Westminster. Florus le composa quelques années après la prison de Gothescalc, et lorsque Prudence, évêque de Troyes, travaillait à réfuter le même adversaire, ce qui se rapporte à l'année 852.

Les extraits dénoncés du livre d'Erigène étaient au nombre de dix-neuf ; Florus consacre autant de chapitres à les discuter, ce qui forme la division de son ouvrage. Il expose d'abord dans une courte préface l'occasion et les motifs qui l'ont déterminé à écrire ; il donne ensuite une idée générale du livre et de l'auteur qu'il entreprend de réfuter. L'auteur était un sophiste subtil, hardi, plein d'érudition, mais d'une érudition toute profane, un grand parleur qui, par l'étalage de ses vains discours, avait déjà séduit beaucoup de monde. Pour son livre, ce n'était qu'un tissu de sophismes d'une dialectique purement humaine, et où la hardiesse téméraire et les raisonnements d'une fausse philosophie tenaient lieu de l'autorité de l'Ecriture et des Pères, quoiqu'il s'agît des matières de la foi et des vérités les plus hautes de la religion chrétienne.

A la tête de chacun des chapitres de sa réponse, Florus rapporte les extraits de son adversaire et le suit pied à pied. Tout en démêlant ses sophismes, il a soin de lui faire sentir de temps en temps la monstruosité de cette méthode qui pousse la prétention jusqu'à attribuer à la seule raison humaine, dépourvue de tout secours surnaturel, la décision des dogmes et des articles de la foi. Il lui montre, comme conséquence inévitable de cette méthode, qu'il n'est pas étonnant qu'il ait donné, tant sur le dogme que sur la morale, dans des opinions aussi dangereuses et dans des erreurs aussi grossières. Il le rappelle aux véritables règles, qui sont l'Ecriture sainte et la tradition, et ce sont les seules armes qu'il emploie pour combattre ce nouvel ennemi de l'Eglise ; ce qu'il fait avec autant de force et de solidité que de lumière et de précision. On aperçoit sans peine, dans tout ce qu'il écrit, un esprit net et pénétrant, juste et méthodique, qui, sans prendre le change ni s'arrêter à ce qui sort de la question, va droit à son but, sait choisir ses preuves et en déduire les conséquences, aime le vrai en tout, doute où il faut douter et ne donne pour certain que ce qui l'est réellement ; en un mot, n'avance rien qu'il ne le prouve d'une manière aussi claire qu'invincible. Il met une attention particulière à ne se servir que d'expressions tirées de l'Ecriture ou de la tradition, et consacrées par l'usage catholique, et il ne peut souffrir qu'en pareille occasion on en use autrement. Entre tous les Pères dont il invoque l'autorité, on voit que son auteur favori est saint Augustin. Telle est la méthode, tels sont les principes sur lesquels le diacre Florus établit contre son adversaire la double prédestination, la nécessité de la grâce, la faiblesse du libre arbitre, la réalité des peines de l'enfer, et les autres vérités catholiques, que ce philosophe orgueilleux et enflé d'une science toute mondaine osait attaquer sans les comprendre. Florus ne laisse passer aucun de ses arguments sans y opposer une réfutation décisive et complète. — Le président Mauguin, qui a recueilli toutes les pièces publiées sur cette matière, a inséré cet ouvrage de Florus dans son premier volume, après l'avoir revu sur deux manuscrits, l'un appartenant à M. de Thou, et l'autre à l'abbaye de Corbie. Ce dernier manuscrit lui a servi à remplir quelques lacunes et à rendre son édition plus parfaite que toutes celles qui l'avaient précédée. Comme Matthieu de Westminster accusait l'auteur d'avoir altéré les extraits de Scot afin d'avoir plus sujet de le condamner, l'éditeur a jugé à propos de joindre à son avertissement les extraits de Scot rapportés et combattus par Florus, et d'en justifier la sincérité en les comparant avec les passages originaux empruntés textuellement au livre même de ce sophiste. Cet ouvrage se trouve également imprimé au tome XV de la dernière *Bibliothèque des Pères*, avec des notes d'André Duval insérées dans le texte même de cette collection.

POÉSIES. — Nous avons remarqué ailleurs que Florus s'était beaucoup livré à la versification ; et, en effet, quoique probablement nous ne possédions pas toutes les productions de sa muse, il nous reste de lui un assez grand nombre de poésies publiées en plusieurs recueils et à des époques différentes.

Premier recueil. — Le premier de ces recueils dont nous ayons connaissance est celui que Guillaume Morel donna en 1560 avec les poésies de Cl. Marius-Victor et de quelques autres poètes du même temps. Celles qui appartiennent à Florus furent insérées ensuite par Georges Fabricius dans sa *Collection des Poètes chrétiens*, imprimée à Bâle en 1562 et 1567, d'où elles sont passées dans toutes les *Bibliothèques des Pères*, depuis celle de Cologne jusqu'à la dernière de Lyon inclusivement, et dans le recueil d'André Rivinus, imprimé à Leipsick en 1633. Mais dans toutes ces éditions, les poésies du diacre sont attribuées, sans qu'on en puisse comprendre le motif, à un Drepanius Florus, que quelques savants ont confondu avec le même Drepanius dont parle saint Sidoine Apollinaire. Après tout, l'erreur, quoique grossière, fait honneur à notre poète, puisqu'on a trouvé dans ses vers assez de beautés pour se croire en droit de les faire remonter à un siècle où il restait encore quelques étincelles du génie poétique des anciens. D'autres, comprenant que cette opinion ne pouvait se soutenir, se sont bornés à faire de ce Drepanius un poète du VIIe siècle ; témoin les éditeurs de la *Bibliothèque des Pères de Lyon*, et Ellies Dupin, qui toutefois a rectifié cette faute dans la suite. Pourtant le nom seul de Modoin, évêque d'Autun, placé en tête d'une de ses poésies, suffisait pour faire éviter ces anachronismes où plusieurs critiques sont tombés. Quoi qu'il en soit, tous les savants de nos jours sont convaincus que ce Drépanius Florus n'est autre que le célèbre diacre de l'Eglise de Lyon, à qui probablement l'on aura donné le prénom de Drépanius, suivant la coutume en usage, parmi les gens de lettres de ce temps-là, d'ajouter ou de laisser ajouter à leur nom propre un surnom arbitraire et quelquefois mystérieux. Cependant on n'en a d'autre preuve, par rapport à Florus, que le frontispice du recueil dont il est ici question.

Ce recueil contient neuf pièces de vers de différentes mesures. Les trois premières sont des paraphrases des psaumes XXII, XXVI et XXVII, et la quatrième une paraphrase du cantique que les trois jeunes Hébreux chantèrent dans la fournaise. La cinquième est un *Hymne en l'honneur de l'archange saint Michel*, où l'auteur prend pour sujet de son éloge ce qui est dit de lui dans l'Ecriture. C'est assez mal à propos qu'on a intitulé la sixième : *du Cierge pascal*, puisqu'il n'y est question que d'une assemblée du peuple chrétien pour quelque cérémonie qui se célébrait la nuit de Noël, ou peut-être de Pâques, sur laquelle le poète appelle toutes les grâces et toutes les bénédictions de Dieu, en exhortant toutes les créatures à bénir et à exalter son nom trois fois saint. Il y est question de cierges, à la vérité, mais de cierges ordinaires et allumés pour éclairer une cérémonie nocturne. La septième pièce, en vers élégiaques, est adressée à Modoin. Son titre, *Exhortation à la lecture des livres saints*, n'est pas moins impropre que celui de la précédente. Il ne donne pas une juste idée du poëme et renferme, d'ailleurs, une inconvenance. On ne comprend guère, en effet, qu'un jeune diacre prenne sur lui d'exhorter un évêque déjà ancien dans la prélature à une lecture qu'il devait lui supposer ordinaire. Aussi la pièce n'est-elle qu'un remerciement de Florus à ce prélat, pour quelque poëme qu'il en avait reçu et dont le sujet était pris de l'Ecriture. Du reste, c'est ce que suppose évidemment le distique suivant :

Hausisti placidas Jesu de fontibus undas,
Unde meam recreas, doctor, abunde sitim.

Florus y loue Modoin d'avoir choisi un sujet de piété pour exercer sa muse, et en prend occasion d'exalter la riche abondance de matières que l'Ecriture peut fournir aux poètes chrétiens, sans qu'ils aient besoin de recourir jamais aux sources profanes. La huitième pièce est un petit poëme adressé par Florus à un de ses amis pour le remercier d'avoir pris en son absence le soin de le défendre et de lui avoir envoyé quelques-uns de ses écrits et de ces petits présents si en usage dans les correspondances de cette époque. La neuvième et dernière pièce est adressée au grammairien Wlfin, dont nous parlerons en son lieu, pour se plaindre de son silence à l'égard de l'auteur. Il paraît, par la manière avec ce s'énonce, qu'il était en grande liaison dont il grammairien et qu'ils se communiquaient réciproquement leurs écrits.

Deuxième recueil. — On est redevable des six poëmes qui composent ce recueil à dom Mabillon, qui les publia au premier volume de ses *Analectes* avec quelques notes choisies d'Adrien Valois, auxquelles il joignit les siennes.

Le premier, composé de cent soixante-douze vers hexamètres, est intitulé : *Querela*. C'est une plainte ou gémissement sur la division de l'empire après la mort de Louis le Débonnaire. On voit par là qu'il fut composé en 841 ou en 842, et la matière que l'auteur y traite justifie la justesse de son titre. Florus y donne une description pathétique des maux et des désordres que les guerres civiles entre les fils du monarque défunt avaient causés dans tous les Etats de l'empire. Il le commence par une apostrophe aux choses inanimées, en invitant les montagnes et les vallées, les rochers et les bois, les rivières et les fontaines, à déplorer le malheur de la nation française. Et pour mieux faire sentir la grandeur du mal, il oppose, par un contraste frappant, la situation brillante où était la monarchie sous les règnes de Charlemagne et de Louis, son successeur, à l'état déplorable où elle se trouvait alors réduite. Au feu qui révèle le génie poétique et les ardeurs d'une sainte charité, Florus a su réunir là tendresse compatissante d'un bon citoyen, et les sentiments d'une foi qui perce au delà des temps pour envisager l'éternité. Aussi, sur la fin du poëme, qui offre des beautés incontestables, il exhorte les gens de bien à souffrir tous ces malheurs en patience, à gémir, à prier, et à obtenir, par leurs prières et par leurs larmes, qu'ils contribuent à leur salut. Il s'adresse lui-même à Dieu pour lui demander cette faveur. Le poëme suivant a cent soixante vers élégiaques. Il est adressé à Modoin, évêque d'Autun, pour lui reprocher les vexations qu'il faisait souffrir à l'Eglise de Lyon, dans laquelle néanmoins il avait été élevé. On a déjà vu qu'en un effet ce prélat, pendant l'absence d'Agobard, avait exercé bien des violences parmi le clergé de cette Eglise. Florus, quoiqu'il eût été auparavant un de ses meilleurs amis, les lui reproche ici sans ménagements, et on peut même dire avec beaucoup de dureté. Les termes sont pourtant un peu plus mesurés dans la longue prosopopée où il met l'Eglise en scène et lui fait adresser ses plaintes à son propre persécuteur. Ce poëme fut fait après 833 et avant 840, par conséquent avant celui qui précède. Florus n'y entre point dans le détail de ce qu'il reproche à Modoin. Il faut cependant que le sujet ait été bien grave pour avoir mis en si mauvaise humeur la muse du poëte. Le troisième et le quatrième poëme du recueil sont deux hymnes; l'une de quarante-huit vers élégiaques en l'honneur des deux frères Jean et Paul, qui souffrirent le martyre sous Julien l'Apostat; et l'autre de cinquante-trois vers en l'honneur de saint Etienne, le premier diacre de l'Eglise, qui fut aussi le premier de ses martyrs. Le poëte l'appelle son père nourricier, parce qu'il avait été élevé dès son enfance dans l'Eglise de Lyon, dont il est un des patrons titulaires. Les deux dernières pièces ne sont que des épigrammes ou inscriptions en vers hexamètres : l'une pour orner le lieu où reposaient les reliques de saint Cyprien et des autres martyrs, apportées d'Afrique à Lyon du temps de Charlemagne; et l'autre contient une description du maître autel de la cathédrale sous lequel ces saintes reliques étaient déposées.

Troisième recueil. — C'est aux recherches de dom Martène et de dom Durand que nous devons le troisième et dernier recueil de ce qui nous reste des poésies de Florus. Ces éditeurs les ont tirées d'un manuscrit de M. Bigot qui, par l'antiquité de ses caractères, paraît approcher du temps même de l'auteur, et les ont placées au tome V de leur *Thesaurus anecdotorum*. On y compte cinq poëmes assez longs et deux petites épigrammes, le tout en vers héroïques, excepté l'avant-dernière pièce. Dans le premier poëme, qui comprend environ deux cent cinquante vers, le poëte donne un abrégé de tout l'*Evangile de saint Matthieu*, sans en omettre aucun fait ni aucune parabole. Le second n'est que le commencement d'une pièce beaucoup plus longue et dont on ne donne ici qu'une centaine de vers. On juge par le peu qu'on en possède que le dessein de Florus était d'y faire la vie de Jésus-Christ, suivant la concorde des quatre évangélistes. Il y a toute apparence que c'est le même poëme que dom Mabillon avait peut-être vu tout entier dans le manuscrit qui lui a servi à publier ces poésies du même auteur. Il y porte pour titre : *Récapitulation des quatre Evangiles.* Cet éditeur témoigne avoir eu des raisons de ne le pas imprimer avec ce qu'il a donné de Florus. Dans la troisième pièce, l'auteur fait un abrégé de l'*Evangile de saint Jean,* comme il en avait déjà fait un de l'*Evangile de saint Matthieu.* La pièce qui suit a plus de deux cents vers; c'est une prière à Jésus-Christ. Florus, qui s'y nomme, prend pour sujet de son poëme quelques-uns des événements miraculeux de l'Ancien Testament. Il la commence par ces deux vers qui lui servent de transition pour passer d'un événement à l'autre et les lier ainsi ensemble :

O virtus æterna Dei, quam machina mundi
Suscipit auctorem, cui servit terra polusque.

Le cinquième poëme, presque aussi long que le précédent, porte le titre d'épigramme. C'est un *Eloge du Lectionnaire,* ou recueil d'homélies pour servir à l'office des fêtes dans le cours de l'année. Florus le commence et le finit en exhortant ses lecteurs à en faire une étude assidue, afin d'y puiser du goût pour la piété et le désir des biens futurs. Si le poëte a été exact à nommer toutes les fêtes de l'année qu'on célébrait alors, il faut convenir qu'elles étaient en bien petit nombre; et si le Lectionnaire était à l'usage de l'Eglise de Lyon, il est étonnant de n'y voir faire aucune mention des premiers martyrs de cette Eglise, saint Irénée, saint Epipode, saint Alexandre, saint Cyprien et tant d'autres. L'avant-dernière pièce est une épître en vers élégiaques, adressée à Modoin, évêque d'Autun. Florus, en le remerciant de celle qu'il avait reçue de lui, loue la haute naissance et le grand savoir de ce prélat. Enfin la dernière pièce du recueil n'est qu'une inscription de six vers pour orner la châsse de saint Just.

OUVRAGES INÉDITS OU DOUTEUX. — Baluze parmi ses manuscrits, qui sont passés plus tard à la Bibliothèque du roi, possédait un Homiliaire à l'usage de l'Eglise de Lyon. C'est probablement le même pour lequel était fait le poëme dont nous venons de parler. Malgré cela, dom Mabillon veut que l'on compte cet Homiliaire au nombre des ouvrages de Florus.

Il avait fait aussi, sur les cinq livres de saint Irénée contre les hérésies, une préface qui se trouvait à la suite d'une lettre d'Agobard dans un manuscrit de la grande Chartreuse. Le P. Sirmond l'y avait vue, et l'ancien catalogue de cette bibliothèque fait mention du manuscrit qui contenait cette préface; mais on ne l'y retrouve plus aujourd'hui.

Possevin, l'un des critiques qui distinguent le savant diacre de Lyon de Drépanius Florus, lui attribue un *Commentaire sur les psaumes,* qui de son temps se conservait manuscrit dans l'abbaye d'Afflighem, près de Bruxelles. Il ne nous en donne pas d'autre connaissance. Peut-être, en y regardant de plus près, aurait-il trouvé que le commentaire en question n'est autre chose que la paraphrase en vers des trois psaumes dont nous avons parlé. Ce qui le fait présumer, c'est d'abord que ni les anciens, ni aucun autre moderne que Possevin, ne font mention de cet ouvrage; ensuite c'est qu'on n'en retrouve aucun vestige dans les divers manuscrits qui contiennent les autres productions de Florus.

Plusieurs critiques se croient fondés à attribuer à notre auteur tous les écrits qui parurent de son temps, sous le nom de l'Eglise de Lyon, touchant les matières de la prédestination, de la grâce et du libre arbitre. On remarque, en effet, beaucoup de conformité entre le style de ces ouvrages et celui de la réfutation du livre de Jean Scot, qui appartient incontestablement à Florus; mais cette conformité ne pourrait-elle pas s'entendre de l'espèce de collaboration qu'il aura prêtée à saint Remy, son archevêque, auquel, avec un grand nombre de critiques, nous croyons devoir les conserver.

Du reste, comme on a dû s'en convaincre d'après l'aperçu qui précède, Florus peut revendiquer des titres beaucoup plus incontestables à la reconnaissance de la postérité. Parmi les savants de son siècle, il fut un des hommes les plus fortement attachés à la pureté du dogme catholique. Il ne pouvait souffrir qu'on y portât atteinte, et il était si éloigné de donner lui-même dans des idées nouvelles, qu'il aurait préféré, comme il le dit quelque part dans un de ses écrits contre Amalaire, se voir couper les trois doigts dont il se servait pour écrire, plutôt que de donner jamais son assentiment à quelque proposition qui lui aurait paru suspecte d'erreur. Sans doute ce zèle pour la vérité serait beaucoup plus louable, s'il avait su la défendre sans amertume; mais il ne ménageait ni les personnes ni les expressions et traitait quelquefois ses adversaires avec une grande dureté. Cependant il écrivait avec beaucoup d'ordre, de précision et de clarté. La lecture assidue des Pères et l'usage habituel qu'il faisait de leurs écrits ont sans doute contribué à former son style. De là cette gravité, cette onction, ce parfum de piété, qui se font sentir dans presque tous ses ouvrages; de là ce choix dans les termes et cette pureté de langage si rare parmi les écrivains de son siècle. On voit qu'il avait été élevé à l'école du bon goût et qu'il en avait conservé de précieux souvenirs; et en effet, on retrouve presque partout dans ses écrits des traits d'une critique sage et éclairée. Ses poésies même ne manquent pas d'agrément; ses vers sont plus doux et plus harmonieux que ceux de la plupart des poètes ses contemporains. Malheureusement il ne se tient pas toujours à la même hauteur, et on en pourrait citer quelques pièces qui ne conservent de la poésie que la mesure et la contrainte des vers.

FOLCARD, d'abord moine de Saint-Bertin en Flandre, y acquit dans ses études un grand fonds d'érudition. Il s'appliqua particulièrement à la musique et à la grammaire, et s'y rendit très-habile. Son savoir, loin de lui inspirer de l'orgueil, ne l'avait rendu que plus aimable et plus gracieux envers tout le monde. Il s'était déjà fait connaître par plusieurs écrits tant en prose qu'en vers, lorsque Guillaume le Conquérant l'appela en Angleterre presque immédiatement après la conquête de cette île. Folcard habita d'abord le monastère de la Trinité, à Cantorbéry, comme on le voit par un ouvrage qu'il y publia à la prière d'Aldrède, archevêque d'York, qui l'avait comblé de bienfaits à son arrivée dans cette terre étrangère. Les premiers bibliographes anglais, et après eux quelques écrivains qui les ont suivis, ont pris de là occasion de distinguer deux auteurs contemporains du nom de Folcard, l'un moine de Saint-Bertin et l'autre de la Trinité, à Cantorbéry. Mais Cave, écrivain anglais lui-même, et tous ceux qui ont voulu y regarder de plus près, conviennent que c'est un seul et même auteur. En effet, le passage de Folcard de France en Angleterre se trouvant aussi bien constaté, cette prétendue distinction n'a plus le moindre fondement. Vers l'an 1068, le roi Guillaume confia à Folcard le gouvernement du monastère de Torney. Il le dirigea en qualité d'abbé, sans toutefois avoir reçu la bénédiction abbatiale, l'espace de seize ans. Mais un différend, dont on ignore le sujet, s'étant élevé entre lui et l'évêque de Lincoln, il se démit et se retira, soit à Saint-Bertin, comme le suppose Cave, soit à la Trinité de Cantorbéry, ou en quelque autre monastère d'Angleterre. Il eut pour successeur à Torney Gontier, Manceau d'origine, qui, ayant passé dans cette île, devint archidiacre de Salisbury, et se rendit ensuite moine à Saint-Martin-la-Bataille. Ce nouvel abbé commença, dès l'an 1085, à élever à Torney une magnifique église qui ne fut achevée que dans les premières années du siècle suivant. On juge de là que Folcard avait dès lors abdiqué sa dignité d'abbé. On ignore l'époque de sa mort.

SES ÉCRITS. — Pour mettre plus d'ordre dans l'examen de ses ouvrages, nous distinguerons ceux qu'il composa en France de ceux qu'il a publiés plus tard après sa translation en Angleterre.

Vie de saint Bertin. — Le premier par ordre de date est la *Vie de saint Bertin*, premier abbé de Sithieu, monastère qui dans la suite a retenu son nom. On en a deux différentes, l'une très-courte et l'autre beaucoup plus étendue. Il est visible qu'elles sont dues toutes les deux à la plume de Folcard. La première est dédiée à Bavon, abbé de Saint-Bertin, sous qui l'auteur y avait été élevé. Elle dut être écrite avant l'an 1065, époque de la mort de cet abbé. On n'en a publié que l'épître dédicatoire avec les premiers mots de la préface. La seconde, promise dans la précédente, ne tarda pas à la suivre. Elle est divisée en deux livres. Le premier est consacré à raconter la vie du saint, et le second à faire l'histoire de ses miracles. Il y avait alors trois cent cinquante ans que saint Bertin était mort, distance énorme et qui explique l'absence de faits et le manque de détails qu'on reproche à cette histoire. Cependant nous ne possédons rien de meilleur sur ce sujet, et l'on voit par le grand nombre de chartres qui y sont citées que Folcard n'avait pas négligé de recourir aux sources que lui fournissait son monastère. La préface est la même que celle qui se trouve en tête de la *Vie de saint Omer.* — La seconde partie, qui contient les miracles de saint Bertin, est divisée en deux livres; mais les cinq premiers chapitres du premier livre et plusieurs des derniers du second n'appartiennent pas à Folcard; les uns sont la production d'un auteur plus ancien que lui, et les autres ont été ajoutés à son ouvrage par des écrivains postérieurs. On a dans Surius un petit abrégé de la *Vie de saint Bertin;* mais on ne saurait dire positivement s'il a précédé ou suivi le travail de Folcard. Dans le premier cas, il pourrait bien être de Folcuin, abbé de Laubes, qui a écrit quelque chose sur le saint fondateur de Sithieu, et Folcard y aurait puisé pour l'histoire du saint et la relation de ses miracles. Dom Mabillon, après avoir collationné cet ouvrage sur deux manuscrits, l'un de l'abbaye de Saint-Bertin et l'autre de Saint-Vaast d'Arras, l'a publié avec de savantes observations préliminaires et des notes au bas des pages. Il y a ajouté ce que l'abbé Bavon avait écrit sur le même sujet, afin de compléter ce qui nous reste de l'histoire de saint Bertin.

Vie de saint Omer. — Le même bibliographe, suivi de Vossius, d'Oudin et de plusieurs autres, donne à Folcard une *Vie de saint Omer*, évêque de Térouane au VII° siècle. On en possédait déjà une écrite peu de temps après sa mort. Celle de Folcard est la même qui se trouve dans Surius au 9 septembre. Du reste elle ne diffère de la première que par quelques changements assez légers et de petites additions. Mais elle est devenue à peu près inutile depuis que dom Mabillon a publié l'original.

Poëme. — Hariulphe, dans sa *Chronique de Saint-Riquier*, rapporte sous le nom de Folcard un poëme en l'honneur de saint Vigor, évêque de Bayeux, dont le corps reposait à l'abbaye de Centule. Ce poëme, composé de vingt-sept vers héroïques, fut écrit du temps de Gervin Ier, abbé de ce monastère depuis l'an 1045 jusqu'en 1074. Cette époque, jointe au nom du poète, ne permet presque pas de douter que la pièce n'appartienne à Folcard de Saint-Bertin. Cette pièce est peu de chose, et à quelques particularités près de la vie de saint Vigor, elle ne peut guère servir qu'à montrer que Folcard n'était ni bon poète ni heureux dans le choix des rimes qu'il a affecté de placer à l'hémistiche et à la fin du vers. Ces trois écrits que nous venons d'analyser avaient été composés en France; ceux qui vont suivre le furent en Angleterre.

Vie de saint Oswald. — Ces derniers étaient en grand nombre et presque tous dignes de passer à la postérité; *plures dictatus memoria dignos*. Orderic Vital cite expressément une *Vie de saint Oswald*, évêque de Worchester, puis archevêque de Cantorbéry, et mort en 992. Warton prétend que cet écrit de Folcard est perdu; mais dom Mabillon soupçonne qu'il est le même qu'il a publié au VII° volume du Recueil de ses *Actes*, d'après Capgrave et les premiers successeurs de Bollandus, et que Surius a imprimé sous le même titre, après l'avoir défiguré sous prétexte de le repolir le style. Cette vie est fort bien écrite pour le temps et conserve les caractères de style qu'Orderic Vital reconnaît à tous les ouvrages de Folcard sur les mêmes matières; caractères qui, suivant lui, consistent en un style agréable et coulant, ce qui rendait ses écrits faciles à chanter dans l'office divin : *delectabiles ad canendum historias suaviter composuit*. Cependant, malgré ces preuves qui suffiraient pour déterminer des écrivains moins timides, nous n'osons pas affirmer que cet écrit soit réellement de Folcard.

Vie de saint Jean de Beverley. — Nous avons des motifs beaucoup plus plausibles pour lui attribuer la *Vie de saint Jean de Beverley*, ainsi surnommé du monastère de ce nom, dont il fut abbé avant de devenir archevêque d'York, où il mourut en 721. Maintenant qu'on sait qu'il ne faut plus distinguer entre Folcard de Saint-Bertin et Folcard de Cantorbéry, il est hors de doute que l'auteur de cette *Vie*, qui s'est nommé lui-même, n'est autre que Folcard de Saint-Bertin. Il entreprit cet ouvrage, comme nous l'avons déjà dit, à la prière d'Aldrède, archevêque d'York et son bienfaiteur. Il est à croire que ce prélat lui fournit les mémoires nécessaires pour l'exécution de son dessein. La préface en forme d'épître est un peu longue, parce que l'auteur s'y arrête à décrire la situation du monastère où il faisait alors sa résidence. Son exorde est de bon goût, plein de piété et semé partout de traits de théologie et d'histoire. Il nous apprend que la lumière de l'Evangile ne pénétra dans la Grande-Bretagne que longtemps après qu'elle eut éclairé les Gaules. Dans le corps de l'ouvrage, il s'étend beaucoup plus sur les miracles du saint, opérés avant et après sa mort, que sur ses autres actions, quoique pourtant il n'ait omis aucune de celles qui sont venues à sa connaissance. Malgré cela, tout en s'étendant comme il l'a fait sur le chapitre des miracles, il n'en a rapporté encore que la moindre partie, comme on peut s'en convaincre par l'ample relation que Guillaume Kecelle y ajouta peu de temps après. On est redevable de l'écrit de Folcard aux savants continuateurs de Bollandus, qui l'ont publié sur un manuscrit d'Angleterre avec des remarques et des observations historiques et critiques. Dom Mabillon en avait déjà donné un petit abrégé, tiré d'un manuscrit de l'abbaye de Saint-Gildas; mais cet abrégé est peu de chose et ne porte le nom d'aucun auteur. — Avant de travailler à la *Vie de saint Jean*, Folcard avait composé des répons pour l'office de sa fête et les avait notés lui-même, avec tout le goût musical dont il était si richement pourvu. L'archevêque Aldrède qui les lui avait demandés en fut si content qu'il pressa l'auteur de composer aussi la Vie du saint.

Vie de saint Botulfe. — Un manuscrit de la bibliothèque Cottonienne, réunie aujourd'hui à l'une de nos bibliothèques nationales, conserve sous le nom de Folcard une *Vie de saint Botulfe*, abbé d'Ikanoam, en Angleterre, et mort à la fin du VII° siècle. On ne peut douter que cet ouvrage n'appartienne réellement à notre écrivain. Il est adressé à l'évêque Walchelme ou Walkelin, qui fut élevé au siège de Winchester en 1070. Folcard était alors abbé de Torney, où saint Adewolde, fondateur du monastère, avait mis en dépôt le corps de saint Botulfe. C'était un acte de zèle et de piété pour Folcard de faire connaître un saint dont son abbaye se trouvait dépositaire et de lui composer une légende, s'il n'en avait pas encore pour l'office de sa fête. Dom Mabillon, et après lui les continuateurs de Bollandus, ont publié une Vie du même saint, sans aucun nom d'auteur, mais qu'à certains caractères d'antiquité on a lieu de croire contemporaine du saint abbé. Les Bollandistes y ont même ajouté l'abrégé d'une autre Vie qui leur a semblé et tout aussi ancienne et beaucoup plus entière que la précédente.

On a aussi attribué à Folcard, mais uniquement parce qu'elle était l'œuvre d'un moine de Saint-Bertin, une petite histoire mal intitulée : *Eloge de la reine Emma*. L'auteur, en effet, appartenait à ce monastère ; mais comme il n'est question dans son livre que d'événements postérieurs à l'an 1044, on est autorisé à croire qu'elle fut composée avant que Folcard fût capable d'écrire. D'ailleurs le style est fort différent du sien ; c'est un style de maître, et Folcard à cette époque n'était encore qu'un écolier.

FOLCUIN, abbé de Laubes ou Lobes, au diocèse de Liége, est différent d'un autre Folcuin dont nous parlerons dans la suite et qui, comme lui, avait été moine de Saint-Bertin. Celui dont il est question ici naquit en Lorraine, vers l'an 935, d'une famille distinguée *quæ non erat infima*, dit-il modestement lorsqu'il est obligé d'en parler. Il avait un frère, nommé Godescalc ; ses autres parents sont restés inconnus. Dès son enfance il se voua à la vie monastique et se retira à l'abbaye de Saint-Bertin, où il étudia successivement les lettres divines et humaines. Doué d'un esprit vif et pénétrant, il sut mettre à profit ces heureuses dispositions et fit de grands progrès. Les livres qu'il a laissés prouvent qu'il avait acquis des connaissances assez étendues. Son style est plus soigné et plus poli que celui des autres écrivains de son siècle, et l'on voit que ses principes de théologie étaient conformes à la bonne et saine doctrine. Il était jeune encore lorsqu'Eracle, évêque de Liége, le fit élire abbé de Laubes. Il y succéda à Alétran, homme d'esprit et de savoir, mort en octobre 965. L'acte de son élection ayant été lu en présence de l'empereur Othon, il reçut la bénédiction abbatiale sous les yeux de ce prince, dans une grande assemblée qui se tint à Cologne, le jour de Noël de la même année. Le nouvel abbé gouvernait tranquillement son monastère, lorsque Rathier, autrefois moine de Laubes, et depuis évêque de Vérone, le fit prier de lui envoyer des chevaux et des gens pour se rendre à Laubes. Folcuin s'empressa de rendre ce service à un ancien confrère, constitué en dignité et alors malheureux. Rathier avait été tourmenté dans son évêché de Vérone, et déjà il avait été forcé de le quitter pour éviter diverses sortes de persécutions. Folcuin l'accueillit avec amitié et lui assigna même, du consentement des moines, quelques terres dépendantes de son abbaye, afin qu'il pût y vivre honorablement. Cette attention fut mal payée ; Rathier porta le trouble dans le monastère de Laubes, et, aidé de quelques religieux brouillons, il en fit sortir Folcuin et s'en empara. Néanmoins, environ un an après, Notdger, évêque de Liége, homme recommandable par son mérite et par son savoir, ayant succédé à Eracle, qui protégeait Rathier, le réconcilia avec Folcuin, et celui-ci rentra dans son abbaye. Redevenu paisible possesseur, il mit toute son application à la bien gouverner, tant au spirituel qu'au temporel. Il fit des règlements pour le maintien de la discipline, donna l'exemple de la piété et de la pratique des vertus religieuses, encouragea les études, augmenta et enrichit la bibliothèque. Quoique l'église fût grande et décorée, il y fit divers embellissements. On cite surtout la construction d'un jubé d'un travail curieux ; il construisit un réfectoire et multiplia les aumônes. Enfin, après vingt-cinq ans d'un gouvernement plein de sagesse et de bonnes œuvres, Folcuin mourut l'an 990 et fut enterré dans la chapelle de saint Ursmar, autrefois aussi abbé de Laubes, et à côté de l'évêque Rathier, décédé plusieurs années auparavant.

SES ÉCRITS. — L'application qu'apporta Folcuin à encourager les études des autres et à remplir toutes les obligations attachées à sa dignité, ne l'empêcha pas d'étudier sérieusement pour son propre compte. Il exerçait déjà les fonctions d'abbé lorsqu'il composa les ouvrages qui nous restent de lui.

Vie de saint Folcuin. — Le premier de ces écrits par ordre de date est la *Vie de saint Folcuin*, évêque de Térouane, mort en 855. Deux motifs le déterminèrent à l'entreprendre : le premier, c'est que, voyant que personne ne songeait à conserver à la postérité l'histoire d'un pontife aussi éminent par ses vertus, il craignait d'en voir peu à peu s'effacer tous les souvenirs ; le second, c'est la vénération particulière qu'il lui avait vouée. Folcuin écrivit cette Vie sur les traditions du pays, encore récentes. Il recueillit d'abord avec soin tout ce qu'il en put découvrir, puis il fit un choix et ne publia que ce qui lui parut le plus autorisé. On juge, par les vers qu'il emprunte à cet homonyme dont nous avons déjà dit un mot, qu'il ne négligea rien pour la perfection de son dessein. Son ouvrage fini, il le retint quelques temps encore, afin de le relire à tête reposée avant de le livrer au public ; puis enfin il l'adressa *à ses très-chers frères les moines du monastère de Sithieu* (c'est-à-dire de Saint-Bertin) *et à leur vénérable abbé Vauthier, avec qui il était lié d'une amitié très-étroite*. Ce sont les propres termes dont il se sert en tête de son livre, et dans le cours de son épître dédicatoire. Pour lui, il n'y prend point d'autre qualification que celle de pécheur, qui flattait sa modestie et son humilité. Il ajoute cependant le public lui donnait le titre d'abbé de Laubes : *Quem Laubiensium dicunt abbatem ;* ce qui donne lieu de conjecturer qu'il publia cet écrit quelque temps après avoir cédé sa place à Rathier, c'est-à-dire vers l'an 970, environ cent quinze ans après la mort du saint. Quoique cette Vie ne soit pas l'œuvre d'un auteur contemporain, et que la narration des faits n'y soit pas aussi complète qu'on pourrait le désirer, cependant pour les raisons que l'on vient de voir, elle ne laisse pas d'avoir son mérite et de faire autorité. Il s'y trouve, à la vérité, des lieux communs, mais moins que Baillet ne l'a voulu dire. D'ailleurs tous les faits qui s'y lisent sont confirmés par le diacre Folcuin, proche parent du saint pontife. Ajoutez à cela qu'elle est écrite avec esprit, méthode, clarté, et qu'elle exhale partout cette douce onction qui annonce la piété du cœur. — Dom Mabillon l'a publiée avec des observations critiques et des extraits empruntés à l'écrit de l'autre Folcuin dans le tome V des *Actes de l'ordre de Saint-Benoît.*

Les Gestes des abbés de Laubes. — Un autre ouvrage de notre auteur, mais beaucoup plus connu que le premier, c'est l'histoire, ou plutôt, comme il l'intitule lui-même, *Les Gestes des abbés de Laubes*, depuis la fondation de ce monastère par saint Landelin et saint Ursmar, au VII° siècle, jusqu'au temps de l'auteur. Trithème après avoir attribué cette histoire à Hilduin, surnommé Tasson, l'a restituée à son véritable auteur qui s'y nomme en effet de manière à ne pouvoir être méconnu. Voici ses termes : *Après cela, Eracle donne pour abbé aux religieux de Laubes Folcuin, vraiment pécheur, mais jeune.* Quel autre aurait osé parler ainsi de Folcuin que lui-même? D'ailleurs son nom se lit en tête du manuscrit sur lequel dom Luc d'Achery a fait imprimer cette histoire. Aubert Lemire et Sigebert de Gemblours l'en reconnaissent positivement pour l'auteur. On ne voit pas qu'il se soit proposé d'autre fin en écrivant cette histoire, que celui d'apprendre aux siècles à venir les principaux événements qui se sont accomplis dans un monastère célèbre, dont la Providence l'avait fait abbé. Il débuta par une préface qui restera toujours, comme un monument authentique de sa foi et de sa piété. Remontant jusqu'à la cause première de tous les êtres, il y donne une juste idée de la toute-puissance de Dieu dans la création de l'univers et de sa souveraine sagesse dans le soin qu'il prend de le gouverner. Par là il détruit l'opinion insensée du hasard et du destin, qui avait alors quelques partisans, comme elle en conserve encore aujourd'hui. Mais en représentant la volonté divine comme l'arbitre souverain de tous les événements, il a soin de faire observer qu'il est loin de penser à nier le libre arbitre que Dieu a donné à l'homme pour réfléchir et décider ses actions. A ces traits de théologie il en joint d'autres qui prouvent qu'il n'était pas plus ignorant des faits de l'histoire ancienne que des plus hautes questions de dogme qui aient été agitées dans tous les temps. Il dit quelque chose de la succession et de l'instabilité des empires ; et venant à celui des Français, on remarque qu'il avait épousé le préjugé qui donne aux anciens Franks une origine commune avec les Romains, en les faisant descendre des Troyens, les uns par Anténor et les autres par Enée. Quant au corps de l'ouvrage, il est intéressant pour l'histoire des Normands, des Hongrois, de l'évêché de Liége, et surtout pour la vie de saint Ursmar en l'honneur duquel il revendique plusieurs miracles dont il avait été témoin. C'est là que les Bollandistes ont puisé pour compléter la Vie de ce saint personnage, qu'ils ont publiée au 18 avril. Quelques écrivains ont même regardé cette partie de son livre comme formant un travail séparé, et en ont pris occasion de dire que Folcuin avait fait un traité des miracles de saint Ursmar. Cependant la méprise était facile à éviter en observant que notre auteur s'était engagé à en parler dans son *Histoire de Laubes*, lorsqu'il en serait venu au temps de ce second fondateur. Ce qui le détermina à s'étendre sur ce sujet fut la multiplicité de ces miracles, surtout depuis l'exaltation de son corps en 823, et le silence obstiné que l'on gardait depuis à leur égard. Cependant il ne rapporte que les principaux : ceux qui lui étaient attestés par des personnes dignes de foi, et préférablement encore ceux qui s'étaient accomplis sous ses yeux. On lui reproche aussi quelques autres digressions qui l'éloignent de son sujet. Tels sont certains détails sur les ravages des Normands en France et dans les pays voisins ; sur le différend entre Riquier ou Richer et Hilduin, au sujet de l'évêché de Liége, et sur les aventures de Rathier, évêque de Vérone, son antagoniste et l'usurpateur de son autorité. Mais ce qu'il en dit est moins une digression qu'un appendice à son travail et un coup-d'œil général jeté sur l'histoire. Aussi quand la matière est trop longue et que ses développements sont de nature à interrompre la marche du récit, les renvoie-t-il à la fin, comme il a fait pour les miracles de saint Ursmar, qui y occupent quatorze chapitres entiers, au nombre desquels, un chapitre très-curieux où il nous apprend diverses particularités peu connues de l'histoire des Hongrois. Tous les autres faits qu'il a fait entrer dans le corps de son récit, le rendent intéressant surtout pour l'histoire de son siècle ; et le style avec lequel il le raconte est simple, naturel et partout dans les convenances du sujet. On le blâme cependant de n'avoir pas rendu à l'évêque Rathier et à l'abbé Erluin toute la justice qui leur était due ; mais les écrivains les plus impartiaux ne sont pas toujours inaccessibles à la prévention qui naît de la calomnie. Du reste, il ne parle de lui-même qu'à la troisième personne, et partout avec un langage modeste et une retenue vraiment remarquable. Il avait commencé cette histoire avant la mort d'Adalbéron, archevêque de Reims ; mais on juge par la description qu'il donne des édifices, des embellissements et des réparations qu'il fit exécuter dans son monastère, qu'il ne la termina que peu de temps avant sa mort.

Dom Luc d'Achery a fait imprimer l'ouvrage de Folcuin, sur un manuscrit de Laubes même, au VI° volume de son *Spicilége*. Cet écrit a beaucoup servi aux continuateurs de Bollandus, qui en ont tiré des chapitres entiers, par exemple, les chapitres IV, V, IX et X, pour suppléer à ce qui manque à la Vie originale de saint Ursmar. Parmi les continuateurs de cette histoire, il en est un qui écrivait du vivant même du pieux abbé et peut-être par son ordre, en qualité de moine de Laubes. Il n'est pas connu autrement, et sou écrit est fort peu de chose. Nous rendrons compte des autres à leur tour, et quand l'ordre alphabétique nous les présentera.

AUTRES ÉCRITS. — Quelques-uns ont attribué à Folcuin des Vies de saint Omer, de saint Bertin, de saint Vinoc et de saint Silvin. Il paraît au contraire que ces Vies, du moins les trois premières, sont plus anciennes que lui, puisqu'il les cite dans son prologue sur celle de saint Folcuin de Térouane. On n'est pas mieux fondé à lui attribuer des sermons sur différents sujets. Trithème, que l'on cite pour garant, les donne à l'évêque Hilduin avec les *Gestes des abbés de Laubes*. André Valère assure que de son temps on voyait manuscrite, sous le nom de notre abbé dans l'église de Saint-Martin de Louvain, une homélie sur la parabole de l'ivraie, que l'homme ennemi sema dans le champ du père de famille.

Folcuin fit quelques règlements pour entretenir le bon ordre dans son monastère; mais il n'en reste presque plus rien, excepté ce qui concerne la distribution des aumônes, comme de nourrir trois pauvres par jour, et d'en vêtir quelques autres dans le cours de l'année. On doit regretter davantage la perte de l'inventaire des ornements de son église, et le catalogue des livres de sa bibliothèque dont il avait dirigé la rédaction lui-même. Ces anciens catalogues sont toujours précieux en ce qu'ils nous font connaître divers écrits qui n'existent plus aujourd'hui; ou même qu'ils nous aident quelquefois à en découvrir que l'on croyait perdus.

FOLCUIN, moine de saint Bertin, ne doit pas être confondu avec l'abbé de Laubes du même nom, dont nous avons esquissé la vie et analysé les œuvres dans l'article précédent. Comme lui, il naquit en Lorraine, mais d'une maison bien plus illustre, et qui avait donné plusieurs saints à l'Eglise, entre autres saint Folcuin, abbé-évêque de Térouane, et saint Adelard, abbé de Corbie. Son père, qui descendait en ligne directe de Jérôme, fils de Charles Martel, se nommait aussi Folcuin, et sa mère Tiédale. Peut-être sont-ce les mêmes seigneurs qui, vers le milieu de ce siècle, donnèrent à l'abbaye de Gemblours la terre de Dorp, en Brabant. Dès 948, les parents du jeune Folcuin, à raison sans doute de quelque vœu, vinrent, suivant un usage fort commun alors, l'offrir à Dieu dans l'abbaye de Saint-Bertin, pour y être élevé dans la vie religieuse et y vivre sous la règle de saint Benoît. Ils le remirent entre les mains de l'abbé Wolmar, qui le fit instruire dans les saintes lettres, et le revêtit de l'habit religieux. Folcuin, enfant soumis, ratifia quand il fut en âge, un sacrifice qui n'était point de sa volonté, et renonça de bon cœur aux avantages que sa naissance lui promettait dans le monde. L'humble modestie avec laquelle il parle lui-même de la manière dont il soutint dans la suite cet engagement fait juger qu'il fit de solides progrès dans la vertu. Il est parlé dans la *Vie de saint Folcuin*, évêque de Térouane, d'un moine de Saint-Bertin du même nom, qui fut guéri miraculeusement d'une longue infirmité, qui lui avait ôté l'usage de ses jambes, par l'intercession et au tombeau du saint prélat. Il y a toute apparence que c'est le même dont nous parlons. La tradition de son monastère porte qu'il fut élevé à l'ordre du diaconat, et qu'il mourut dans un âge peu avancé. Il ne paraît pas effectivement qu'il ait vécu au delà de l'an 975.

SES ÉCRITS. — Malgré le témoignage d'un écrivain de son temps, qui nous le représente comme un homme très-versé dans la connaissance des belles-lettres, cependant il ne nous reste de lui qu'un petit nombre d'ouvrages.

On lui attribue l'*Epitaphe de saint Folcuin*, son parent, en six vers élégiaques, et on les regarde comme un monument de sa gratitude envers ce saint prélat, au tombeau duquel il avait été guéri miraculeusement d'une longue maladie. C'est ce que dit l'auteur de sa légende, qui dans le prologue se nomme Folcuin et abbé de Laubes, ce qui suffit à le distinguer du moine du même nom dont il rapporte les vers.

Recueil des chartes de Saint-Bertin. — Son écrit le plus intéressant est un recueil de pièces concernant l'histoire de son abbaye, depuis sa fondation jusqu'au temps où il vivait. Ce recueil est composé de diplômes, chartes, et monuments relatifs au monastère de Saint-Bertin. Ces pièces sont d'autant plus précieuses qu'elles ont été transcrites avec la plus scrupuleuse fidélité. L'auteur ne s'y est pas même permis de marquer les époques par les années de l'Incarnation, lorsqu'elles n'étaient point désignées de cette manière, de peur que cette liberté n'en fît soupçonner de plus grandes; mais tout dans le recueil est rangé méthodiquement et suivant l'ordre chronologique. L'auteur a joint à ces anciens monuments des notes judicieuses qui retracent l'histoire des abbés de Saint-Bertin, et qui éclaircissent ce qui pourrait s'y rencontrer d'obscur. Folcuin entreprit ce travail par l'ordre de l'abbé Adelonga, à qui il le dédia. Dans un catalogue des moines qui vécurent avec lui sous cet abbé, il fait mention d'un Folcuin qui ne peut être que celui qui fut plus tard abbé de Laubes. Ce recueil est précédé d'une courte préface, et divisé en quatre-vingt-un chapitres, suivis de onze autres touchant les aumônes. Le titre qui se lit en tête énonce fort bien ce que renferme le corps de l'ouvrage. C'est ce recueil qui a servi de guide, et fourni les matériaux à ceux qui ont travaillé à la première partie de la fameuse *Chronique de Saint-Bertin*, continuée par Jean d'Ypres jusqu'en 1294. Dom Mabillon a extrait de ce recueil un grand nombre de morceaux qu'il a insérés dans sa *Diplomatique*, dans sa collection d'*Actes* et dans ses *Annales*. C'est là qu'on apprend en détail la généalogie de saint Folcuin de Térouane et divers autres traits de son histoire, qui ne se trouvent ni dans sa légende ni ailleurs.

A ce cartulaire général, Folcuin ajouta un recueil particulier des chartes des différents monastères, entrepris pour l'usage des officiers de la maison, et rédigé dans un si bel ordre que chacun y trouvait ce qui se rapportait à l'office qu'il avait à remplir. Ce cartulaire se retrouve dans le tome III des *Anecdotes* de dom Martène.

FOLMAR, prévôt de Triefenstein en Franconie, dans le diocèse de Virtzbourg, répandait, vers le milieu du XII° siècle, diverses erreurs sur l'Eucharistie. Il ne craignit point de les proposer à Eberhard, archevêque de Salzbourg, dans une lettre qu'il lui écrivit vers l'an 1160, et où il s'exprimait ainsi : « Lorsque j'approche de l'Eucharistie, je ne doute point que je n'y boive le sang, sous la saveur et l'espèce du vin, mais seul et pur, sans la chair. Je crois aussi que sous la saveur et l'espèce du pain, je mange la seule et pure chair de Jésus-Christ, mais sans os et sans membres corporels. Je confesse que je mange la chair du fils de l'homme, mais non le fils de l'homme. » L'archevêque fit combattre ces erreurs par une lettre adressée à Folmar, et dans laquelle on lui fait cette objection qui sert de réfutation à sa doctrine : « Si vous buvez le sang de Jésus-Christ sans manger sa chair, dites-nous si vous ne buvez qu'une partie de ce sang, ou si vous le buvez tout entier. Si ce n'est qu'une partie, dites-nous de quel membre vous le tirez ; si vous le buvez tout entier sans la chair ; dites encore ce que devient cette chair sèche, morte, vide de sang ? » Folmar ne pouvant rien répliquer de raisonnable, l'auteur de la lettre conclut que les fidèles reçoivent le sang de Jésus-Christ non séparé de sa chair, mais avec sa chair ; en un mot, Jésus-Christ tout entier, et les deux substances du corps et du sang tout entières. Avant d'écrire à l'archevêque de Salzbourg, Folmar avait adressé à l'abbé d'Ebrach et à plusieurs hommes de lettres et de piété de la Bavière des lettres dans lesquelles il cherchait à répandre le poison de ses fausses doctrines. Géroch, prévôt de Reichersperg, ayant eu connaissance de ces menées, écrivit d'abord à l'abbé d'Ebrach, puis composa son traité de l'*Antechrist* pour réfuter ce nouveau disciple de Bérenger. L'abbé d'Ebrach lui répondit que Folmar lui avait lu sa profession de foi qui lui avait paru ne rien contenir de mauvais, et que d'ailleurs ayant été cité devant l'évêque de Bamberg, il avait désavoué ses erreurs et embrassé la doctrine de l'Eglise. Outre ses opinions sur l'Eucharistie, Folmar avait encore avancé sur l'Incarnation des propositions qui rappelaient le nestorianisme. Il eut pour nouvel adversaire sur ce double terrain, Arnon, frère de Géroch et son successeur dans la prévôté de Reichersperg, qui écrivit contre lui un long ouvrage, dans lequel, tout en vengeant la mémoire de son frère, des injures que Folmar lui avait adressées, il rétablit la doctrine de l'Eglise sur les deux points, que son hérésie avait remis en question. Siévart et plus tard Basnage n'ont publié que le prologue de ce grand ouvrage que l'on conserve tout entier dans les bibliothèques de Bavière. Quoi qu'il en soit, Folmar désavoua de nouveau ses erreurs sur l'Eucharistie, dans une lettre qu'il adressa à l'abbé d'Ebrach, et généralement à tous les prélats de la Bavière et de l'Autriche. Il reconnut sincèrement et sans arrière-pensée que l'Eucharistie contient non-seulement le vrai corps de Jésus-Christ, mais aussi qu'il y est plein, entier et parfait, et qu'on l'y reçoit d'une manière admirable et invisible sous une autre espèce. On ne dit pas que Folmar ait changé de sentiments, ni désavoué aucune des propositions erronées qu'il avait avancées sur l'Incarnation. Les documents nous ont manqué pour compléter cet article qui, outre les lettres de Folmar, auraient pu donner une idée de ses autres écrits, et mettre ainsi le lecteur en mesure de les apprécier. En effet, Folmar avait composé d'autres ouvrages, dont il nous a été impossible de nous procurer même les titres.

FORMOSE, évêque de Porto, succéda au Pape Étienne V le 19 septembre 891. C'est le premier évêque transféré d'un autre siège à celui de Rome, et cette translation fut un des griefs articulés contre sa mémoire. Il jouissait d'une grande réputation de science et de vertu. Il en avait fait preuve en Bulgarie, où il avait été envoyé légat par le Pape Nicolas, et où il avait opéré beaucoup de conversions. Pour en assurer le succès, Michel roi des Bulgares, avait demandé pour lui le titre d'archevêque de Bulgarie ; mais cette grâce lui fut refusée. De retour à Rome, Formose rendit compte de sa mission et obtint quelque emploi dans la cour pontificale. L'opposition qu'il manifesta contre l'élection du Pape Jean VIII, et celle de Charles le Chauve comme empereur, eurent pour lui des suites fâcheuses. Ce Pape le priva de toute communion ecclésiastique et le dépouilla de tout ministère sacerdotal, dans un concile qu'il tint à Rome, en 876, dans l'église de Notre-Dame des Martyrs. Cette sentence fut renouvelée en 878 au concile de Troyes qui y ajouta l'anathème sans espérance d'absolution. Toutefois il fut réhabilité par Marin II, vers l'an 884, et élu Pape au mois de septembre 891, après la mort d'Etienne V. Formose, déjà évêque, ne reçut point de nouvelle imposition des mains, il fut seulement intronisé, le 9 septembre, le dimanche qui suivit son élection. Devenu Pape, Formose ne se démentit point. Sa conduite dans la condamnation de Photius et de ses adhérents fut pleine de douceur et de tolérance. La lettre qu'il écrivit à Stylien sur ce sujet prouve qu'il était indulgent pour les erreurs, zélé pour les principes, mais sensible au repentir. Il mourut en 896 après avoir couronné empereur Arnoul, roi de Germanie. Il ne siéga que quatre ans et demi sur la Chaire de saint Pierre et eut pour successeur immédiat Boniface VI, qui ne régna que quelques jours et fut remplacé par Etienne VI. Celui-ci signala son avénement à la tiare par un acte de barbarie qui n'a de nom en aucune langue. Il fit déterrer le corps de Formose et le fit apporter au milieu d'un concile pour le condamner. On le mit sur le siége pontical, revêtu de ses ornements, et on lui donna un avocat pour répondre en son nom. Alors Etienne s'adressant au cadavre comme s'il eût été vivant : « Pourquoi, lui dit-il, évêque de Porto, as-tu porté ton ambition jusqu'à usurper le siège de Rome ? » L'évêque de Porto, répondant par la bouche de son avocat, fut condamné. On le dépouilla des habits sacrés ; on lui coupa trois doigts et ensuite la tête et on le jeta dans le Tibre. Mais Jean IX rassembla à Rome, en 898, un concile qui cassa les articles du synode convoqué par Etienne VI, et réhabilita la mémoire de Formose.

Ses lettres. — *A Stylien.* — Le schisme suscité par Photius continuant de jeter le trouble dans le clergé de Constantinople, et par contre-coup dans toute l'Eglise d'Orient, on résolut d'en finir en en appelant sincèrement à la décision de Rome ; mais la députation envoyée de Constantinople au Pape Etienne V n'étant arrivée à Rome qu'après l'intronisation de Formose, ce fut lui qui reçut les députés et qui répondit à la lettre de Stylien, évêque de Néocésarée, dont ils étaient chargés. Stylien y disait nettement que, conformément au jugement des Papes Nicolas et Adrien, et du concile œcuménique de Constantinople, il ne reconnaissait dans Photius aucune trace du caractère sacerdotal ; mais il demandait indulgence pour ceux qui avaient été ordonnés par cet intrus, ou qui avaient communiqué avec lui. Formose répondit qu'encore que l'Eglise de Constantinople méritât d'être purifiée par une très-sévère pénitence, il voulait bien écouter les sentiments de la douceur et de l'humanité ; qu'en conséquence il envoyait des légats pour régler toutes choses avec les évêques d'Orient ; à condition que la condamnation de Photius demeurerait perpétuelle et irrévocable. Il ajoutait qu'à l'égard de ceux que Photius avait ordonnés, il leur accordait grâce, et la communion des fidèles comme laïques, pourvu que par un libelle ils reconnussent leur faute et en demandassent pardon, avec promesse de n'y plus retomber.

Lettres à Foulques. — Nous parlerons dans l'article de FOULQUES, archevêque de Reims, des lettres qu'il écrivit au Pape Formose, et de la réponse de ce Pape, dont Flodoard a donné l'extrait. On y voit que Formose avait invité Foulques au concile qui devait se tenir à Rome le 1er mars 893 ; que dans une lettre précédente il avait encore invité cet archevêque à un autre concile, confirmé les priviléges de l'Eglise de Reims, et fait part à Foulques du couronnement de l'empereur Guy, duc de Spolète. Flodoard fait mention d'une troisième lettre de Formose confirmative des donations faites à la même Eglise, et dans laquelle il apprenait à Foulques le couronnement de Lambert, fils de Guy. Formose reprenait dans la même lettre quelques laïques du diocèse de Reims, qui refusaient de se soumettre à leur archevêque ; mais toutes ces lettres sont perdues, ainsi que celle qu'il écrivit au roi Charles le Simple, et en sa faveur à Arnoult, roi de Germanie, puis au roi Eudes en lui remontrant qu'il était raisonnable que Charles possédât au moins une partie des Etats de son père. Il ne se contenta pas d'écrire aux archevêques et aux évêques des Gaules d'avertir en commun le roi Eudes ; il l'avertit lui-même de changer de conduite, de mettre fin à ses excès, et de cesser ses hostilités contre Charles jusqu'à ce que Foulques vînt à Rome. Cet archevêque avait consulté le Pape sur trois personnes frappées d'anathème, pour avoir maltraité Theutbolde, évêque de Langres, et Vautier, archevêque de Sens, et demandé s'il pouvait les recevoir à pénitence. La réponse de Formose fut que Foulques assemblerait ses suffragants, et qu'il confirmerait avec eux ce jugement. Il lui fit des reproches de n'avoir pas voulu sacrer évêque de Châlons le prêtre Berthier, élu par le clergé et le peuple du consentement du roi Eudes, et d'avoir au contraire donné cette Eglise, comme en fief, à Hériland, évêque de Térouane. La conduite de Foulques à l'égard de cet évêque était toute de charité il l'avait seulement fait visiteur de l'Eglise de Châlons pendant la vacance du siége afin qu'il pût en tirer sa subsistance, puisque son évêché avait été ruiné par les Normands. Aussi dans la lettre qu'il ne manqua pas d'écrire au Pape Formose, ne fut-il pas difficile d'en obtenir sa justification.

Lettre à Bernon. — Le cartulaire de l'Eglise de Grenoble fournit une lettre du Pape Formose à Bernon, abbé de Gigny dans le territoire de Lyon. Elle a été publiée par Baluze dans le tome II, de ses *Mélanges.* Cette lettre est de l'an 896 ; en voici la substance : Bernon ayant fondé avec un de ses cousins le monastère de Gigny, supplia le Pape Formose de confirmer la donation qu'ils avaient faite de tous leurs biens à cet établissement. Le Pape la confirma en effet, en accordant aux moines le droit de se choisir un abbé après la mort de Bernon, et de prendre l'un d'entre eux selon la règle de saint Benoît. Sur les réclamations de Bernon qui se plaignait qu'on lui fît payer la dîme des biens qu'il avait consacrés à la fondation de ce monastère, Formose déclare que ces biens étaient exempts de dîmes, puisqu'il est écrit qu'on ne doit point contraindre les prêtres à les payer.

Lettre supposée. — Il est fait mention dans les Actes d'un concile qu'on suppose avoir été tenu en Angleterre, sous le règne d'Edouard l'Ancien, d'une lettre de Formose aux évêques de ce royaume, afin de les engager à remplir les siéges vacants et à rétablir la discipline. Cette lettre est attribuée quelquefois aussi à Léon V ; mais il paraît qu'elle n'est ni de l'un ni de l'autre. Léon V ne fut élu Pape qu'en 906, et le concile qui rapporte cette lettre est daté de 904, c'est-à-dire deux ans avant son élection, et huit ans après la mort de Formose. D'où vient cette erreur exprimée en toutes lettres dans les Actes du concile? Est-ce une faute de date; est-ce une faute de nom? Nous laissons aux savants à décider.

Couronnement d'Arnoul. — Quelque temps avant sa mort, Formose, que ses ennemis retenaient prisonnier dans Rome, fut mis en liberté par l'arrivée d'Arnoul, roi de Germanie. Il était entré en Italie dans le dessein de se faire déclarer empereur, et sa démarche lui réussit. Formose, brouillé depuis quelque temps avec Lambert, duc de Spolète, qu'il avait consacré en 892, conduisit Arnoul dans l'église de Saint-Pierre, et lui donna l'onction impériale avec les titres de César et d'Auguste. Le nouvel empereur délivra le pape de ses ennemis, fit couper la tête à quelques-uns de ceux qui l'avaient outragé, et envoya les autres en exil. Il voulut même partager avec le Souverain Pontife le serment de fidélité qu'il exigea des Romains. Il était conçu en ces termes : « Je jure par tous les saints mystères, que, sauf mon honneur, ma loi et la fidélité que je dois à Mgr le Pape Formose, je suis et je serai fidèle tous les jours de ma vie à l'empereur Arnoul. »

Luitprand, de qui nous apprenons toutes ces circonstances, dit que Formose fut élu Pape, pour sa religion sincère, sa connaissance des saintes Ecritures et sa capacité dans toutes les sciences ecclésiastiques.

FORTUNAT, évêque en Lombardie sans qu'on ait jamais découvert ni son Eglise ni son siége, a été confondu par quelques auteurs avec Venance Fortunat qui devint évêque de Poitiers à la fin du VI° siècle. Cette erreur doit d'autant moins surprendre, qu'outre l'identité de nom qui suffisait à l'établir, plusieurs choses encore leur sont communes. Tous deux étaient Italiens et vinrent s'établir en France; tous deux furent liés avec saint Germain de Paris; mais l'évêque Lombard était né à Verceil; et quoiqu'il fût habile dans les lettres, on ne voit point qu'il fit des vers. Sa science lui avait fait donner le titre de *philosophe des Lombards.* On ignore le motif qui l'attira en France. Peut être fut-il chassé par les Barbares qui infestaient l'Italie. Il s'établit dans le voisinage de Chelles, au diocèse de Sens, à peu près à six lieues de Paris. Ayant appris que saint Germain était tombé malade, il se mit en route pour l'aller visiter; mais il fut arrêté lui-même par une maladie qui le fit passer de la terre au ciel avant son saint ami. On croit qu'il mourut à Chelles même, vers l'an 569. Sa fête y est marquée au 5 mai et au 18 juin, comme celle d'un saint évêque confesseur. Quatre Martyrologes de l'Eglise de Paris font mention de ce saint, et le lieu où il fut inhumé porte encore aujourd'hui son nom. Ses reliques s'y sont gardées longtemps avec beaucoup de respect, et son culte a passé successivement à plusieurs endroits circonvoisins. On y voit même deux églises érigées en son honneur. Nous pensons que ces circonstances doivent suffire pour effacer quelques traits de ressemblance, et faire distinguer ce saint évêque de Fortunat, évêque de Poitiers.

Ses écrits. — *Vie de saint Marcel.* — C'était un fait littéraire, qui passait pour constant avant la fin du XV° siècle, que la *Vie de saint Marcel,* évêque de Paris, avait eu pour auteur saint Fortunat dont nous venons de donner l'histoire. C'est ce que Jean le Munérat, docteur de Paris, atteste dans ses *Remarques sur le Martyrologe d'Usuard* qu'il publia en 1490. Divers écrivains des siècles postérieurs, et Tillemont, entre autres, n'ont fait aucune difficulté d'embrasser cette opinion. D'autres l'ont regardée comme appuyée sur de faibles conjectures, et quelques-uns l'ont rejetée entièrement, pour attribuer cet ouvrage à Fortunat de Poitiers. Sans prétendre rien décider sur ce sujet, et en attendant de plus amples lumières, nous allons marquer ici tout simplement les motifs qui nous rendent la première opinion préférable à la seconde. 1° D'abord, l'inscription de cette Vie donne à Fortunat le titre d'évêque, sans déterminer le siége de son épiscopat, et, quoiqu'il écrivît en France, il ressort positivement de sa préface qu'il était un évêque étranger. Il est vrai que ces deux caractères conviennent également à Venance Fortunat, comme lui d'origine italienne et nommé plus tard évêque de Poitiers; mais presque toutes les inscriptions des Vies que ce dernier a composées, telles que les Vies de saint Aubin d'Angers et de saint Médard de Noyon, ne lui donnent que le simple titre de prêtre, ou bien si quelques-unes le qualifient évêque, c'est toujours en y joignant le nom de son Eglise. 2° Ensuite le style de la *Vie de saint Marcel* diffère, suivant-nous, du style de Fortunat de Poitiers; c'est-à-dire qu'il nous semble plus simple et moins étudié, moins diffus et plus concis. 3° Il faut remarquer aussi que cette pièce fut composée plusieurs années avant la mort de saint Germain de Paris, entre 560 et 570; or, il ne paraît pas qu'à cette époque Venance Fortunat, qui ne faisait qu'arriver en France, eût encore pensé à écrire des Vie des saints; ce ne fut qu'assez longtemps après qu'il prêta sa plume à ce pieux et noble travail. 4° Enfin saint Grégoire de Tours, qui avait lu la *Vie de saint Marcel,* la cite sans en nommer l'auteur. Au contraire, lorsqu'il parle des Vies écrites par Fortunat de Poitiers, il a grand soin de lui en faire honneur, en les désignant comme son ouvrage. Pourquoi n'en fait-il pas autant de celle-ci? S'il en était véritablement l'auteur, lui, qui était son ami particulier, ne pouvait ignorer qu'il l'eût composée. Ces raisons, si minimes qu'elles soient, nous paraissent suffisantes pour trancher la question en attendant mieux.

Saint Fortunat entreprit la *Vie de saint Marcel* à la prière et aux instances de saint Germain de Paris, à qui il la dédia par une préface dans laquelle il marque un grand respect et témoigne une déférence profonde aux désirs de ce saint prélat. Il s'excuse d'abord avec beaucoup de modestie, d'entreprendre un ouvrage qu'il regardait comme au-dessus de ses forces. Mais enfin, les sollicitations de saint Germain à qui il ne pouvait rien refuser finirent par triompher de son humilité. Il y avait près de deux cents ans que saint Marcel était mort lorsque Fortunat entreprit d'en écrire l'histoire. Il n'eut pour s'aider aucun monument écrit, et ne composa son travail que des faits qu'il put recueillir de la tradition. C'est pourquoi ils sont si rares dans cette pièce, dont, suivant le génie du siècle, les miracles remplissent la plus grande partie. Tous ceux qui dans la suite ont entrepris de parler de saint Marcel, à commencer par saint Grégoire de Tours, ont puisé dans cette Vie, comme dans le monument le plus antique qui nous reste, pour composer son histoire. Elle se trouve dans le recueil de Surius au premier jour de novembre.

Vie de saint Hilaire de Poitiers. — On attribue aussi à saint Fortunat la *Vie de saint Hilaire*, évêque de Poitiers, divisée en deux livres; mais d'autres critiques, en plus grand nombre, croient devoir en faire honneur à Venance Fortunat, et il faut avouer qu'à la première vue, la présomption paraît être en sa faveur. En effet, cette Vie est signée du nom de Fortunat et dédiée à un évêque de Poitiers, qui gouvernait cette Eglise dans les premières années que le prêtre Fortunat y établit sa résidence; il semble donc beaucoup plus raisonnable de l'attribuer à celui-ci, qui a écrit tant d'autres Vies de saints, et qui fut à son tour un des successeurs de saint Hilaire, que d'en faire auteur un étranger qui peut-être n'est jamais passé à Poitiers. Mais si, mettant de côté les apparences, on considère l'ouvrage en lui-même, pour peu qu'on soit versé dans les écrits de Venance Fortunat, on conviendra sans peine que le style du premier livre n'est point le sien. Cette raison, jointe à quelques autres, nous engage à prendre un milieu, en attribuant le premier livre de cet ouvrage à saint Fortunat, évêque de Lombardie, qui l'aura composé avant que le prêtre Fortunat se retirât à Poitiers, et le second à Venance Fortunat, qui l'aura ajouté dans la suite au premier, afin de réunir les miracles du saint à l'histoire de sa vie. Ce qui nous fait adopter cette opinion, c'est d'abord la différence de style entre le premier et le second livre, différence qui ne se retrouve pas entre celui-ci et les autres écrits de Venance Fortunat. Ensuite, on retrouve dans la préface du premier livre plusieurs pensées et beaucoup des expressions qui se lisent dans la préface de la *Vie de saint Marcel de Paris*. Enfin, ces deux livres, quoiqu'ils ne contiennent que l'histoire d'un seul et même saint, sont néanmoins entièrement indépendants l'un de l'autre. Le premier ne fait point espérer le second, et le second ne dit rien du premier. Celui-ci se trouve même seul dans plusieurs manuscrits. Il est vrai, ce qui pourrait former quelque difficulté, que saint Grégoire de Tours, citant la relation des miracles de saint Hilaire, désigne manifestement le second livre ou sa Vie plutôt que le premier. Cependant il ne l'attribue point à Fortunat de Poitiers, comme nous avons déjà observé qu'il en usait, en parlant des autres Vies de saints qui sont de lui. Pourquoi donc n'en use-t-il pas ici comme ailleurs? Est-ce par ignorance? Elle ne s'expliquerait pas. Nous croyons plutôt que c'est pour éviter de donner lieu à l'erreur qui n'aurait pas manqué de lui attribuer également le premier livre s'il lui avait fait honneur du second. En cherchant bien, nous ne pensons pas qu'on puisse trouver de meilleures raisons de son silence.

Rien n'empêche donc que saint Fortunat, évêque de Lombardie retiré en France, ne soit regardé comme auteur du premier livre de la *Vie de saint Hilaire*. Il le composa à la prière de Pascence, second du nom, à qui il le dédia par une préface qui se lit en tête de l'ouvrage; à peu près comme il en avait déjà usé envers saint Germain de Paris en lui dédiant la *Vie de saint Marcel*. L'auteur ne se montre que médiocrement instruit des actions de saint Hilaire. Aussi sa relation est-elle fort imparfaite. Il n'y parle ni du faux concile de Béziers, ni de l'affaire de Saturnin d'Arles, ni de ce que fit le saint à Milan, après avoir rétabli l'intégrité de la foi dans les Gaules. C'est sur ces réticences que nous nous appuyons pour nier que ce premier livre puisse avoir été l'ouvrage d'un disciple de saint Hilaire, comme plusieurs autres écrivains l'ont avancé. Du reste, il n'est pas mal écrit pour le siècle où il a paru, et contient fort peu de miracles. Ce fut pour y suppléer que Fortunat de Poitiers y ajouta dans la suite le second livre, qu'il dédia au même évêque et à tous les fidèles de l'Eglise de Poitiers.

Surius nous a donné cet ouvrage tout entier, au 13 de janvier, mais sans retoucher au style contre son habitude ordinaire. Il s'est contenté seulement d'ajouter à l'inscription du premier livre que Fortunat n'était encore que simple prêtre lorsqu'il le composa. Il partageait l'erreur de ceux qui attribuaient à Venance Fortunat ce travail complet. Mais cette particularité ne se trouve point dans les manuscrits qui portent tout simplement *Auctore Fortunato*. Bollandus l'a également inséré dans sa grande collection, au même jour que Surius, et après eux, dom Constant l'a fait réimprimer à la tête des Œuvres de saint Hilaire qu'il publia à Paris en 1693.

FORTUNAT (VENANCE), en latin *Venantius, Honorius, Clementianus, Fortunatus*, naquit vers l'an 530, près de Ceneda, ville du Trévisan en Italie. Ses historiens ne nous apprennent rien de sa famille; seulement on conjecture, par ce qu'il en dit lui-même en termes aussi modestes qu'enveloppés, qu'elle occupait un rang distingué dans le pays. On a dit qu'elle était originaire de Poitiers; mais aucune preuve n'appuie cette conjecture. Fortunat fut élevé à Ravenne, une des villes d'Italie où les lettres étaient en plus grande faveur. Il y apprit la grammaire, la rhétorique, la poétique et aussi un peu de jurisprudence. Il y cultiva surtout l'éloquence et s'exerça à la versification pour laquelle il avait un goût dominant et une grande facilité. L'habileté qu'il acquit dans ces diverses facultés, lui a fait donner par Hilduin, abbé de Saint-Denis, le titre de *Scolasticissimus*. Né avec du génie et du feu dans l'imagination, il fût l'un des meilleurs poëtes de son temps. On ignore la véritable raison qui le fit passer d'Italie en France, quoique lui-même semble en marquer deux motifs différents; l'un de reconnaissance et de piété et l'autre de nécessité et de contrainte. Peut-être voulut-il échapper aux ravages dont son pays était devenu le théâtre par l'invasion des Barbares; mais il est plus probable qu'il accomplissait un vœu fait à saint Martin, pour avoir été guéri d'un mal d'yeux, après se les être frottés avec l'huile d'une lampe qui brûlait devant l'image du saint, peinte sur les murs d'une église de Ravenne.

Quelle qu'ait été la cause du voyage de Fortunat, il fut accompagné pour lui des circonstances les plus flatteuses. Son esprit, son savoir, les charmes de sa conversation, et peut-être encore d'autres belles qualités qui nous sont moins connues, firent accueillir partout le poëte avec de grands égards. Princes, évêques, grands seigneurs, tout ce qu'il y avait d'hommes de distinction s'empressèrent de lui donner des témoignages de leur estime. Arrivé en France dans les premières années du règne de Sigebert, roi d'Austrasie, dont il fut reçu avec bienveillance, il assista à ses noces avec Brunehaut, composa un épithalame pour cette cérémonie, et célébra en beaux vers les grâces et les rares qualités de la nouvelle reine. Presque tous les historiens fixent à l'an 562 l'arrivée de Fortunat en France; mais comme le mariage de Sigebert n'eut lieu qu'en 566, nous pensons qu'on ne peut guère placer avant cette époque le séjour du poëte à la cour de ce prince. Quelques-uns prétendent qu'il lui donna des leçons de politique; mais cette particularité ne s'accorde guère avec le caractère connu de Fortunat, ni avec la nature de ses talents. L'année suivante il partit pour Tours dans le dessein d'accomplir son vœu. Il visita le tombeau de saint Martin, vit saint Euphrone, qui était alors évêque de Tours, et se lia d'amitié avec lui. De là, après quelque temps de séjour, il se rendit à Poitiers, sans qu'on sache précisément quel motif l'y conduisait, à moins qu'il n'en fût réellement originaire, comme quelques-uns l'on prétendu, et qu'il cédât en cette circonstance à l'attrait de la patrie. Sainte Radegonde, épouse du roi Clotaire, rétirée dans cette ville avec la permission de ce prince, y habitait un monastère qu'elle avait fondé, et dont elle avait fait Agnès, sa sœur, abbesse. Instruite du mérite de Fortunat, et mêlant elle-même à ses exercices de piété la culture des lettres, elle voulut le voir et en fut assez satisfaite pour l'attacher à sa personne, d'abord en qualité de secrétaire et d'intendant, et, quand il fut ordonné prêtre, en qualité d'aumônier et de chapelain. Fortunat continua de cultiver les lettres près de son auguste protectrice.

Il ajouta même de nouvelles connaissances à celles qu'il avait déjà acquises, en étudiant la philosophie et les sciences ecclésiastiques, et passa le reste de sa vie à composer des vers et des livres, et à édifier l'Eglise encore plus par ses vertus que par ses écrits. Il fut lié avec Grégoire de Tours qui avait succédé à Euphrone, et avec les plus saints évêques de son temps. Lui-même enfin fut élevé sur le siége de Poitiers, où il succéda à l'évêque Platon, quoique plusieurs lui disputent ce titre d'évêque, fondés sur ce que Grégoire de Tours ne lui donne que celui de prêtre, et que lui-même n'en prend point d'autre dans ses écrits. Mais pour que cette difficulté s'évanouisse, il suffit que Fortunat n'ait été élevé à l'épiscopat qu'après la mort de saint Grégoire de Tours, et quand ses ouvrages avaient déjà paru. En effet, Grégoire de Tours mourut en 595, et suivant le P. Le Cointe, Fortunat ne fut évêque qu'en 599. Il est d'ailleurs impossible de récuser le témoignage de Baudonivie, religieuse de Sainte-Croix, sa contemporaine, celui de Paul, diacre d'Aquilée, un des plus savants hommes du siècle suivant, qui avait été instruit de son histoire sur les lieux mêmes; celui de Sigebert, de Gemblours et d'une infinité d'autres auteurs, qui n'écrivirent que longtemps après, et qui tous lui donnent le titre d'évêque. Fortunat ne put occuper longtemps le siége de Poitiers, auquel il n'arriva que dans un âge très-avancé. Aussi s'accorde-t-on à fixer sa mort au commencement du XII° siècle, mais sans pouvoir en préciser l'année; quelques-uns cependant la fixent à l'an 609. Du reste Fortunat ne se rendit pas moins célèbre par sa piété que par son savoir. La vie toute pure et toute angélique que mena sainte Radegonde, dont il était le directeur et l'aumônier est un fait qui dépose en faveur de sa propre vertu. On peut juger aussi, par deux homélies qui nous restent de lui sur le *Pater* et le *Credo*, qu'il prit un soin particulier d'instruire son peuple. L'Eglise de Poitiers l'honore comme un saint et en fait l'office le 14 décembre. Il est nommé en cette qualité dans les litanies des saints du Poitou. Dès le VIII° siècle on le révérait comme tel, et Paul, diacre, passant par Poitiers, alla prier sur son tombeau. Ce fut là qu'à la prière d'Aper, abbé de Saint-Hilaire, où le saint évêque avait été inhumé il composa l'épitaphe que nous connaissons, et dans laquelle il relève la beauté de son génie, la pénétration de son esprit, la douceur de ses vers, et le service qu'il a rendu à la France en écrivant les Vies de ceux qui l'avaient édifiée par l'éclat de leur sainteté. Il félicite cette nation de conserver un dépôt si précieux. Cependant nous remarquerons que le titre de prince des poëtes qu'il lui accorde ne peut se soutenir qu'à la condition de le comparer aux autres poëtes du même siècle.

SES ÉCRITS. — POÉSIES. — Fortunat, comme nous l'avons remarqué plus haut, écrivit tant en vers qu'en prose plusieurs ouvrages qui nous ont été presque tous conservés;

Le plus considérable et celui qui doit tenir le premier rang est un recueil de poésies, presque toutes en vers élégiaques, et dont les poëmes généralement peu étendus roulent sur différents sujets. Ce recueil est divisé en onze livres et dédié à saint Grégoire de Tours qui l'avait demandé à l'auteur. Fortunat se décida difficilement à le rendre public, persuadé que ces productions péchaient beaucoup sous le rapport du travail et de l'art, tout en révélant de l'imagination et une certaine force de génie créateur. En effet, il les avait composées pour la plupart dans le cours de ses voyages; éloigné des livres et du repos du cabinet, deux conditions nécessaires pour polir ces sortes d'ouvrages. Aussi prie-t-il saint Grégoire de garder ce recueil pour lui seul, ou, s'il juge à propos de le communiquer, de ne le faire qu'à des amis sages et prudents et avec la plus grande discrétion. On trouvera peut-être que c'est beaucoup de modestie dans un poëte; mais il ne faut pas oublier que ce poëte fut un saint.

Premier livre. — Le premier livre commence par un poëme en l'honneur de Vital, évêque de Ravenne, et il se trouve immédiatement suivi d'une pièce de vers écrite à l'occasion de l'église de Saint-André que le même prélat avait bâtie dans sa ville épiscopale, et dans laquelle il avait mis des reliques de saint Pierre, de saint Paul, de saint Pisine, de saint Alexandre, de sainte Cécile et de quelques autres martyrs. Il est probable que ces deux poëmes furent composés avant que l'auteur quittât l'Italie pour venir en France. On lit avec plaisir les vers qu'il écrivit sur la cellule bâtie à l'endroit même où saint Martin avait donné une partie de son manteau à un pauvre pour l'en revêtir. — Le poëme sur la dédicace de l'église de Saint-Vincent nous apprend qu'un possédé du démon fut délivré par les reliques du saint martyr, au moment même où on les transportait dans la nouvelle église. — Les autres poëmes sont ou des descriptions d'églises, de lieux, de rivières, ou des éloges de Léonce, évêque de Bordeaux. Ce prélat avait renouvelé l'église de Saint-Eutrope, et orné ses murailles de diverses peintures. Il en avait bâti d'autres à neuf, et une particulièrement en l'honneur de la sainte Vierge, qu'il avait pourvue de tous les vases nécessaires pour conserver le corps et le sang de Jésus-Christ.

Deuxième livre. — Il ne comprend que dix-sept poëmes. Les six premiers sont en l'honneur de la croix. On y remarque trois acrostiches fort ingénieux et qui ont dû demander beaucoup d'art et d'attention, principalement le troisième qui est en forme de croix. Fortunat y fait profession d'adorer la croix, qu'il porte partout avec lui, comme son refuge dans ses besoins et le gage assuré de son salut. Il y a toute apparence qu'il composa ces poëmes à l'occasion du bois de la vraie croix que sainte Radegonde obtint de l'empereur Justin pour son monastère de Poitiers. Pourtant il faut en excepter le troisième qu'il fit pour une église de Tours, consacrée par saint Grégoire sous l'invocation de la croix. Quant au *Vexilla Regis*, personne ne doute que cet hymne n'ait été composé pour la cérémonie de Poitiers, et il y a même des strophes qui ne sont pas les mêmes dans le poëme de Fortunat que dans l'office de l'Église; mais nous devons remarquer en même temps que c'est à tort qu'on a inséré parmi les poésies de Fortunat le *Pange, lingua, gloriosi prœlium certaminis*, qui est de Mamert Claudien, comme nous le montrerons en son lieu. — La plupart des autres hymnes ou poëmes contenus dans ce livre sont à la louange de plusieurs saints évêques, comme saint Saturnin de Toulouse, saint Hilaire de Poitiers et saint Médard de Noyon; les autres sont sur divers sujets. — Le dixième fait l'éloge du zèle et de la piété du clergé de Paris, et l'onzième contient une description de l'église de cette ville. Fortunat la compare au temple de Salomon et dit qu'elle le surpassait en beauté, puisque les ornements de ce temple n'étaient que matériels, tandis que l'église de Paris était teinte du sang de Jésus-Christ. Il remarque apparemment comme une chose nouvelle et rare, qu'elle recevait le jour par des fenêtres vitrées. Il composa son poëme en l'honneur du clergé de Paris, comme saint Germain en était évêque; et c'était l'usage dès lors que les ministres de l'autel fussent vêtus de blanc dans l'exercice de leurs fonctions. — Launebade avait bâti à Toulouse une église en l'honneur de saint Saturnin, Fortunat, dans son neuvième poëme, cite cet acte de piété, ainsi que l'attention continuelle de ce saint homme à nourrir les pauvres et à les vêtir, « en quoi, dit-il, il est secondé par sa femme qui vivait également dans la pratique des vertus. » — Le sujet du douzième est un baptistère que saint Sidoine avait fait construire dans son église de Mayence. Le poëte reconnaît que Dieu, par les eaux médicinales du baptême, nous rachète de la mort encourue par le péché de notre origine. — Comme le même évêque avait dédié une église à saint Georges, Fortunat dans son troisième poëme, fait l'éloge de ce martyr, et insinue qu'il était mort par le supplice du feu, après avoir souffert la prison, la faim, la soif, le froid et plusieurs autres mauvais traitements pour la foi de Jésus-Christ. — Dans l'éloge de saint Hilaire, il exalte les victoires que ce saint docteur avait remportées sur les Ariens. — Celui de saint Médard contient plusieurs particularités sur sa vie, avec la relation de quelques miracles opérés à son tombeau. — Enfin dans un poëme à la louange de saint Maurice, il déclare ce saint martyr chef de la légion thébéenne.

Troisième livre. — Il est composé de trente-sept lettres, partie en vers, partie en prose, et adressées presque toutes à des évêques, à des prêtres, à des abbés et à des diacres, tous hommes de mérite et avec lesquels notre poëte était en relation d'amitié. — Il traite dans la neuvième du mystère de la résurrection, c'est de là qu'on a tiré la première strophe du répons, qui se chante en forme de refrain dans les processions du jour de Pâques, et qui commence par ces mots : *Salve, festa dies*. — La dixième contient un éloge pompeux de Félix de Nantes, qui avait su aplanir une montagne et changer le cours d'une rivière, pour procurer aux peuples les moyens de vivre en lui donnant des terres à cultiver. — Il fait mention dans la onzième lettre des forteresses que Nicet, évêque de Trèves, avait construites sur les bords de la Moselle. — La quatorzième est une description du pays Messin et des deux rivières dont il est arrosé, la Moselle et la Seille; il représente surtout la ville de Metz comme bien fortifiée. — La vingt-neuvième est un éloge de saint Ayric, évêque de Verdun, qui malgré les dépenses énormes qu'il faisait tous les jours pour le soulagement des pauvres, trouvait encore moyen de restaurer les anciennes églises et d'en construire de nouvelles; il consacre également la trentième à louer son savoir et son assiduité à instruire son peuple. — On voit par la trente-deuxième que l'abbé Paterne l'avait prié de corriger un livre que Fortunat avait écrit de sa propre main, et dans lequel il s'était glissé des fautes qu'il avoue lui être assez ordinaires. — Il parcourait l'Armorique et se trouvait du côté de Nantes lorsqu'il écrivit à Draconer ou Drucon, diacre de l'Eglise de Paris; voici au moins quelques vers qui nous le font supposer:

Nos muris oceani tumidum circumfluit æquor,
Te quoque Parisius, care sodalis, habet.
Sequana te retinet, nos unda Britannica cingit.

Quatrième livre. — Le quatrième livre est un recueil de vingt-huit épitaphes. — Les dix premières sont consacrées à la mémoire de différents évêques, célèbres dans les Gaules au VIe siècle, et elles répandent beaucoup de jour sur leur histoire. — Les autres sont pour des personnes de diverses conditions. Nous ferons remarquer cependant que la vingt-cinquième consacre le souvenir de la reine Théodechilde, femme du roi Charibert, dont il est parlé dans l'*Histoire* de saint Grégoire de Tours.

Cinquième livre. — Vingt-trois lettres, dont trois sont en prose, forment le cinquième. — La première est adressée à Martin, évêque de Dume, en Galice. Il habitait déjà ce pays lorsqu'on y apporta au roi Théodemir des reliques de saint Martin de Tours, et ce fut lui qui donna aux Suèves la première règle de la foi. Aussi Fortunat lui prodigue-t-il les plus grands éloges, l'appelant l'apôtre de la Galice, et le conjurant de se faire son intercesseur auprès de saint Martin, et de lui demander sa protection, tant pour luimême que pour la reine Radegonde et Agnès, sa sœur, abbesse de Poitiers. Cette lettre est en prose; mais la seconde, adressée au même prélat, est en vers. Fortunat y marque les pays où les apôtres avaient annoncé l'Evangile: saint Pierre à Rome, saint André en Achaïe, saint Matthieu en Ethiopie, saint Thomas en Perse, saint Barthélemi dans les Indes, saint Paul en Illyrie et en Espagne. Il suivait en cela l'opinion de plusieurs anciens auteurs, et en particulier de saint Sulpice Sévère, de l'auteur des *Actes de saint Saturnin*, et de saint Grégoire de Tours lui-même, dont il confirme le sentiment, en accordant à saint Martin l'honneur d'avoir été l'apôtre des Gaules, sans dire cependant qu'il en ait été le premier. Fortunat parle dans la même lettre du monastère de Poitiers et de la règle que saint Césaire y avait établie; et il recommande à l'évêque Martin, Agnès, qui en était abbesse, et sainte Radegonde, qui l'avait fondé. — La troisième lettre est adressée aux fidèles du diocèse de Tours, pour les congratuler sur le choix qu'ils avaient fait de saint Grégoire pour évêque. Il le compare à saint Athanase, à saint Basile, et aux plus grands pontifes des siècles précédents. Il en fait encore l'éloge dans trois distiques qui suivent cette lettre, et qu'on l'avait prié de composer pour être récités pendant l'office qui se célébrait au jour de la naissance et peut-être de l'ordination de saint Grégoire. — La cinquième a trait à la conversion de plusieurs Juifs, opérée par le ministère d'Avit, évêque de Clermont. Cette lettre est suivie d'un éloge de ce prélat, dans lequel Fortunat reconnaît qu'on ne peut louer les ministres de Jésus-Christ dans la conversion des peuples, sans louer Jésus-Christ lui-même, qui inspire la bonne volonté, et sans lequel il ne se fait rien de bien, puisque c'est lui qui remplit de ses lumières ses prophètes et ses apôtres, afin qu'ils engendrent la foi dans le cœur de ceux qui les écoutent. Or, cette foi consiste à croire qu'il n'y a qu'un Dieu en trois personnes : le Père, le Fils et le Saint-Esprit, qui n'ont qu'un même droit et une même puissance. Abraham, qui reconnaissait que ces trois personnes étaient égales en tout, et ne faisaient qu'un même Dieu, lava les pieds à trois, mais ne pria et n'adora qu'un seul. Fortunat s'était proposé de composer un acrostiche qui réunît autant de lettres que Jésus-Christ avait passé d'années sur la terre, et de renfermer dans ce poëme l'histoire de la création de l'homme, de sa chute et de sa rédemption. Quelque difficile que paraisse l'exécution d'un pareil dessein, Fortunat réussit à s'en tirer ; mais nous sommes obligé de dire que ce fut sans créer un chef-d'œuvre. Il l'envoya à Syagrius, évêque d'Autun, mais en l'accompagnant d'une lettre explicative qui lui rendait compte de son travail, et lui indiquait la manière de le lire. — Les autres lettres n'ont rien d'intéressant. La plupart sont adressées à saint Grégoire de Tours, pour le remercier des présents que l'auteur en avait reçus, ou pour lui recommander quelques personnes qui se rendaient dans sa ville épiscopale.

Sixième livre. — Il ne contient que douze poëmes, qui roulent presque tous sur des matières profanes. C'est là qu'on trouve l'épithalame du roi Sigebert et de la reine

Brunehaut, dont nous avons dit un mot dans la biographie de notre auteur. Ce poëme est le second du livre. — Le quatrième est remarquable par les louanges exagérées qu'il donne au roi Charibert ou Caribert : jusque-là saint Grégoire de Tours n'avait parlé que de ses vices, et surtout de son incontinence, qui le fit excommunier par saint Germain, évêque de Paris. Fortunat, au contraire, exalte ses vertus et s'applique à le montrer comme un prince sage, modéré, équitable, plein de zèle pour la justice et l'observation des lois, libéral, honnête, l'oracle de son conseil, le protecteur des lettres, et aussi habile lui-même à parler le latin que le français. — Le sixième est un éloge de Bertéchilde, de sa modestie, de sa prudence, de son amour pour les pauvres et de ses autres vertus. — Le septième célèbre le mariage de Galswinde avec Chilpéric ; elle était fille d'Athanagilde, roi des Visigoths d'Espagne ; comme sa sœur Brunehaut, elle quitta l'hérésie arienne pour embrasser la foi catholique. Tous ces poëmes paraissent avoir été composés du temps que Fortunat était à la cour d'Austrasie, ce qui nous autorise à croire que l'ordre chronologique n'a pas été très-scrupuleusement observé dans la division des ouvrages du poëte.

Septième livre. — Tout ce qu'il y a de plus intéressant dans le septième livre, composé de trente-un poëmes, est le douzième, où l'auteur établit un parallèle entre les sages et les savants du paganisme et les vrais chrétiens. Il n'est rien à ceux-là qu'une vaine réputation, tandis que les autres seront encore honorés des hommes, tout en jouissant dans le ciel des biens de l'éternité, parce qu'il n'y a point de salut à espérer, point d'honneur solide et permanent qu'à la condition de se rendre, par la vertu, agréable à Dieu, qui est un en trois personnes. On peut encore remarquer ces deux distiques sur la brièveté de la vie :

Vita brevis hominum, fugiunt præsentia rerum :
Tu cole quæ potius non moritura manent.
Erige justitiam, cole pacem, dilige Christum,
Expete delicias quas sine fine geras.

La vie des hommes est courte ; tout passe en un clin d'œil ; nous devons donc nous attacher aux biens qui ne meurent point. Soyons justes, cultivons la paix, aimons Jésus-Christ, et cherchons des délices dont nous puissions jouir pendant l'éternité.

Huitième livre. — On compte vingt-trois poëmes dans le huitième livre. — Le premier contient des détails sur le lieu de sa naissance et sur les différents séjours où il s'arrêta, avant de s'attacher à sainte Radegonde, dont il décrit la vie et les vertus qu'elle pratiquait dans son monastère de Poitiers. — Il parle dans le second de la peine qu'il éprouvait à quitter cette sainte reine, pour aller rendre visite à saint Germain de Paris. — Le troisième est un hymne sur la Nativité de Notre-Seigneur ; mais le quatrième, sur la virginité, et le cinquième sur l'enfantement de la Vierge, sont, sans contredit, les pièces les plus importantes et les plus belles de notre auteur. Il appelle Marie, Mère de Dieu, et dit que sa virginité seule l'a rendue digne de mettre au monde le Tout-Puissant. « C'est une vertu si haute et si relevée, dit-il, que les expressions manquent pour en exalter le mérite. » Fortunat y fait une description admirable du ciel, où il donne la première place à la Vierge-Mère, puis aux patriarches, aux prophètes, aux apôtres, aux martyrs et aux vierges. Il marque les lieux où, suivant l'opinion commune, étaient morts les apôtres, les évangélistes, et la plupart des martyrs les plus connus. Il confesse que Dieu en se faisant homme ne s'est pas changé en chair, mais que, sans subir aucune altération, il s'est incarné et a pris des membres humains, pour se produire d'une façon visible au milieu des hommes. Jésus-Christ est un en deux natures, et vrai dans chacune d'elles, c'est-à-dire vrai Dieu et vrai homme, égal à sa mère par son humanité, et par sa nature divine, égal à son Père, qui est Dieu. Il n'a rien confondu de ce qui lui appartenait, mais il s'est uni tout ce que nous avions, excepté le péché ; c'est du Père qu'il tire sa divinité ; il tire son humanité de sa mère. Très-haut par son origine céleste, très-bas par son origine humaine, il est moindre que son Père par la naissance qu'il tient de sa mère, et qui le rend égal à l'humanité. Fortunat rapporte les prophéties et les figures qui ont annoncé la venue de Jésus-Christ, et montre qu'elles ont été accomplies dans sa personne. Il donne à la Vierge les titres magnifiques d'*autel de Dieu*, d'*ornement du Paradis*, et de *gloire du céleste royaume* ; puis il ajoute qu'elle sera bénie, et son nom à jamais honoré parmi les enfants des hommes. — Les récompenses promises aux vierges font le sujet du sixième poëme ; et après les prophètes et les apôtres, l'auteur avoue qu'elles partagent le premier rang avec les martyrs. — Les six poëmes suivants sont à la louange de sainte Radegonde, et les douze derniers en l'honneur de saint Grégoire de Tours. On voit qu'à chaque printemps, la pieuse reine consacrait les prémices des fleurs à l'ornement des autels, et qu'elle avait l'habitude de s'enfermer un mois avant la fête de Pâques, afin de s'y préparer. Parmi les poëmes adressés à saint Grégoire de Tours, et qui ne sont presque que des billets de congratulation, se trouve une lettre dans laquelle Fortunat lui recommande la cause d'un prêtre qui avait besoin de sa protection.

Neuvième livre. — Il contient seize poëmes, dont quelques-uns ont moins de mérite que de longueur ; mais les deux premiers peuvent passer pour de belles pièces, meilleures, sans contredit, que le sujet qui les inspirait. En effet, l'éloge de Chilpéric ne suffit pas pour détruire les mauvaises impressions que les historiens du temps nous ont laissées de ce prince ; et on en peut dire autant de celui de la reine Frédegonde, son épouse. — Fortunat fit les épitaphes des deux fils de Chilpéric, Dagobert et Clodobert; le premier, mort auprès du tombeau de saint Médard, où on l'avait porté dans l'espérance d'obtenir sa guérison, et enterré à Saint-Denis; et le second, inhumé dans l'église des Saint-Crépin et Crépinien. — Il y a deux poëmes aussi qui servent de réponse à une lettre en vers que lui avait écrite saint Grégoire de Tours. — Le neuvième est un éloge de saint Sidoine, évêque de Mayence; et, dans le seizième, Fortunat fait celui du général Chrodin.

Dixième livre. — Il est composé de plusieurs pièces tant en prose qu'en vers. Celles-ci sont au nombre de dix-huit, la plupart très-courtes, quoique la seconde cependant soit plus considérable; elle contient une description de l'église de Saint-Martin, que saint Grégoire de Tours venait de rétablir. — On trouve aussi la relation poétique d'un voyage que Fortunat fit sur la Moselle, depuis Metz jusqu'à Andernach, dans l'évêché de Cologne; un poëme en l'honneur d'une église où l'on révérait particulièrement l'archange saint Gabriel, et qui possédait des reliques de saint Georges, de saint Cosme et de saint Damien, et de quelques autres martyrs; un autre à la louange d'Armentaire, mère de saint Grégoire de Tours, qu'il compare à la mère des Machabées, soit pour la vertu, soit pour le nombre des enfants; un autre encore au comte Sigoald, dans lequel l'auteur fait l'éloge de l'aumône, parce que ce seigneur était chargé de distribuer celles du roi Childebert.—Les autres poëmes, enfin, sont sans importance et sur des sujets divers. — Les pièces en prose sont trois lettres adressées à un seigneur de la cour, appelé Mommolène, et dont le nom se trouve défiguré dans quelques éditions de notre poëte; deux de ces lettres sont des lettres de consolation sur la mort d'une jeune fille de dix ans, que ce seigneur avait perdue. Elles sont toutes les deux fort belles et fort touchantes. Mais avant ces lettres, et à la tête du livre, se trouve une explication de l'Oraison dominicale, qui est bien, sans contredit, le plus excellent de tous les écrits de Fortunat, celui qui respire la piété la plus sincère, et dans lequel l'auteur fait preuve de connaissances théologiques assez étendues. Le style, lui-même, en est beaucoup plus net, plus naturel et plus précis que celui de ses autres pièces en prose. On n'y lit point comme dans ses lettres cet enchaînement de grands mots enchevêtrés les uns dans les autres, et qui ne servent qu'à embrouiller le discours. L'auteur, dans cette explication, exprime fort bien les sentiments de saint Augustin sur la grâce, et s'y montre disciple intelligent et convaincu de ce saint docteur. Il semble qu'il ait pris à tâche de combattre en particulier les opinions des pélagiens et des semi-pélagiens. Il est étonnant qu'une pièce aussi édifiante soit si peu connue, et on a lieu de croire que c'est un des discours qu'il adressait à son peuple pour l'instruire. Quoi qu'il en soit, nous allons essayer de mettre nos lecteurs à même d'en juger par l'analyse.

Il n'appartenait qu'au Fils de Dieu de nous apprendre à bien prier le Père, puisque le Père est tout entier dans son Fils par l'unité de substance, et qu'ainsi le Fils connaît mieux le Père que jamais aucun des patriarches et des prophètes ne l'ont connu. Nous appelons Dieu *notre Père*, parce que, en renaissant dans les eaux du baptême, nous devenons les enfants de Dieu, non par nature, comme l'est Jésus-Christ, né de la substance même du Père, mais par grâce et par adoption. Nous ne disons point au singulier, *mon Père*, mais au pluriel, *notre Père*, parce que nous ne devons pas seulement prier pour nous, mais pour tous les hommes, qui sont nos frères, et comme nous les membres inséparables d'un même corps, qui est l'Eglise de Jésus-Christ. Mais, pour avoir le droit d'appeler Dieu *notre Père*, il est nécessaire que nous croyions en Jésus-Christ, et que nous le reconnaissions pour ce qu'il est, vrai Dieu et vrai homme. Dieu n'est donc point le père des ariens, des juifs, des photiniens, des manichéens, des sabelliens, ni des autres hérétiques qui n'ont pas une foi pure en Jésus-Christ. Pour nous, qui confessons sur la terre que Jésus-Christ est le Fils de Dieu, nous avons un Père dans le ciel. — Quand nous disons : *Que votre nom soit sanctifié*, nous ne prétendons point que l'on puisse ajouter à la sainteté de Dieu; nous demandons seulement que son nom soit béni et loué continuellement, partout et dans toutes les langues; c'est-à-dire que ceux qui gémissent encore dans les ténèbres de l'infidélité apprennent à le connaître pour louer et bénir son saint nom. — Quand nous prononçons ces paroles, *Que votre règne arrive*, nous ne devons plus conserver aucun doute que Dieu n'ait régné partout et que son règne ne soit éternel; mais nous devons souhaiter que le règne qu'il nous a promis nous soit accordé par Jésus-Christ, notre médiateur, de sorte que nous ne mettions notre espérance ni dans les richesses, ni dans les choses créées, mais en Dieu seul. — Il en est de même lorsque nous demandons que sa volonté soit faite : nous ne pensons pas que quelqu'un puisse résister à cette volonté, ni empêcher que le Tout-Puissant ne fasse ce qu'il veut; mais la fin de cette prière est que la volonté de Dieu s'accomplisse en nous malgré tous les efforts que l'ennemi de notre salut oppose à son exécution. Mais quelle est cette volonté de Dieu? Elle nous est marquée dans le Décalogue, et Jésus-Christ nous l'a enseignée dans son Evangile. Donc, du moment qu'elle nous est connue, nous n'avons plus d'excuses qui puissent nous dispenser de l'accomplir. Jésus-Christ disait à son Père : *Que votre volonté soit faite et non la mienne*. Comment donc l'homme peut-il élever son orgueil jusqu'à dire que la volonté qui lui conseille le bien vient de lui-même et non de Dieu? Si la bonne volonté est de l'homme sans que Dieu la lui ait inspirée, que le chrétien se contente donc de dire dans l'Oraison dominicale : « Que ma volonté se fasse puisqu'elle est bonne. » Mais à Dieu ne plaise que quelqu'un marque autant de présomption ; au contraire, que chaque chrétien prie, afin que la volonté de Dieu s'accomplisse dans l'homme, qui lui-même n'a de bon vouloir qu'autant que Dieu le lui inspire, suivant cette parole du Psalmiste : *Mon Dieu, votre miséricorde me préviendra.* Ce n'est donc pas la volonté de l'homme qui prévient Dieu, mais c'est Dieu qui prévient l'homme, lors même qu'il ne veut pas. Fortunat prouve cette vérité par divers passages des *Epîtres* de saint Paul. « C'est quelque chose d'admirable, dit-il ensuite, que Dieu, qui dans les trois demandes précédentes ne nous a appris à ne solliciter que des biens spirituels, nous apprenne dans la quatrième à demander aussi les biens temporels par ces paroles : *Donnez-nous notre pain quotidien;* c'est qu'en cette vie ce pain nous est nécessaire pour acquérir la vie éternelle ; car ce pain n'est pas seulement celui qui est destiné à la nourriture du corps, mais encore celui qui nourrit l'âme, c'est-à-dire Jésus-Christ lui-même. La demande suivante, *Remettez-nous nos péchés*, n'a pas seulement pour but d'en obtenir la rémission, mais encore de nous entretenir dans les sentiments d'humilité, car celui-là n'a pas sujet de se glorifier qui prie pour obtenir le pardon de ses fautes. Or, ce pardon ne nous est promis qu'à la condition que nous pardonnerons nous-mêmes aux autres. Du reste, c'est une loi que nous consentons à subir, puisque nous demandons à Dieu de nous remettre dans la mesure que nous remettons nous-mêmes. Mais pourquoi, au sortir du baptême ou de la communion, demandons-nous que nos péchés nous soient remis, si ce n'est qu'en raison de notre faiblesse naturelle, nous ne pouvons conserver notre innocence qu'autant que Dieu, par sa grâce, daignera nous garantir? » L'explication de la dernière demande n'est pas achevée. Il paraît que Fortunat avait prononcé de vive voix cette paraphrase du *Pater* comme il était évêque et qu'il gouvernait l'Eglise de Poitiers. Ce qui nous le fait croire, c'est qu'il adresse la parole à des auditeurs qu'il appelle ses très-chers enfants.

Onzième livre. — L'explication du Symbole des apôtres, dont nous venons de dire un mot, se trouve parmi les pièces du onzième livre. Elle s'y trouve à la tête de vingt-cinq petits poëmes, tous adressés à sainte Radegonde ou à l'abbesse de son monastère, sur divers sujets peu importants. Elle est courte, et comme l'explication du *Pater*, elle semble avoir été prononcée devant le peuple de Poitiers. Fortunat, avec les anciens Pères, établit que le Symbole fut composé par les apôtres lorsqu'ils se trouvaient encore réunis, mais au moment de leur dispersion, afin qu'en prêchant l'Evangile ils pussent communiquer à toutes les nations de la terre une règle de croyance qui fût invariablement la même. Elle est appelée *symbole*, parce qu'ils se consultèrent pour la rédiger, et *jugement*, parce qu'elle doit servir de règle pour juger de la droiture de la foi.

Nous y faisons, d'abord, profession de croire en Dieu, c'est-à-dire en une substance éternelle ; car Dieu est sans commencement et sans fin ; simple, incorporel, incompréhensible. Nous l'appelons Père, parce qu'il a véritablement un Fils, participant de sa nature et égal à lui en toutes choses. C'est en vain qu'on chercherait comment s'est accomplie cette génération ; elle est incompréhensible aux anges ; les prophètes en ont parlé sans la connaître ; le Père seul en possède tous les secrets avec le Fils qu'il a engendré ; et cependant nous devons le croire, mais sans chercher à l'approfondir. Le mot de Jésus, en hébreu, signifie *sauveur*, celui de Christ signifie *oint* ou *sacré*, et l'un et l'autre se disent de Jésus-Christ, parce qu'il est notre Sauveur et qu'il a été consacré pontife éternel. Nous disons qu'il est Fils unique parce qu'il l'est en effet, et qu'il n'a rien qui permette de le comparer avec les créatures, qui n'existent que parce qu'il les a tirées du néant. Les hommes sont appelés fils de Dieu par grâce et par adoption ; Jésus-Christ est Fils de Dieu par nature, né du Père avant tous les siècles, mais né de Marie dans les derniers temps, sans avoir contracté aucune tache du péché, puisqu'il a été formé dans le sein de sa mère par l'opération du Saint-Esprit ; ce qui prouve l'existence de cette troisième personne en Dieu. Il a souffert sous Ponce-Pilate, et réalisé dans sa passion toutes les circonstances que les prophètes avaient marquées longtemps avant sa venue. Sa mort a été notre salut ; sa croix le char de son triomphe. Il a choisi ce genre de supplice pour nous délivrer du péché originel, la source de tous nos maux. Ce n'est pas sans raison que les apôtres ont remarqué qu'il était mort sous Ponce-Pilate, mais afin que le temps de sa passion fût certain et incontestable. Sa descente aux enfers n'a rien d'ignominieux. Y a-t-il de la honte, en effet, quand un prince descend dans les prisons, non pour y rester, mais pour en faire sortir ceux qui y languissent. Jonas, renfermé dans le ventre de la baleine, figure le temps que Jésus-Christ devait demeurer dans le tombeau. Il en est sorti le troisième jour, au moment marqué par les prophètes, qui avaient prédit aussi son ascension glorieuse dans le ciel. Quand nous disons que nous croyons au Saint-Esprit, nous achevons de confesser notre foi à la sainte Trinité, reconnaissant qu'il y a un Père, un Fils et un Saint-Esprit qui ne font qu'un, quoique nous les exprimions en termes différents pour marquer la distinction des personnes. Nous faisons également profession de croire qu'il n'y a qu'une seule Eglise, comme il n'y a qu'une seule foi, qu'un seul baptême. Nous croyons la rémission des péchés, parce que nous ne doutons nullement que Dieu, qui a pu former l'homme d'une masse de boue, peut également le purifier de ses fautes et lui rendre la justice. Nous croyons la résurrection de la chair, parce qu'elle a été prédite par les prophètes et enseignée par Jésus-Christ. Enfin, par les vivants et par les morts qui seront jugés au dernier jour, quelques-uns entendent les justes et les pécheurs; d'autres, ceux qui seront encore vivants et ceux qui auront subi la mort au dernier avénement du Sauveur : Fortunat croit qu'il faut entendre les âmes et les corps, parce qu'ils seront également jugés.

Avant de finir ce qui regarde les poésies diverses de Fortunat, nous avons besoin de repousser de toutes nos forces une accusation, provoquée sans doute par quelques petites pièces de vers adressées, soit à la reine Radegonde, soit à Agnès, sa sœur, en leur envoyant des fleurs, des fruits, ou d'autres bagatelles. Nous ne mentionnons ici ces productions légères, que parce que la malignité, qui corrompt tout, a pris occasion de la douce familiarité que permet cette espèce d'écrits, et de quelques mots également propres à exprimer un attachement innocent et un sentiment plus tendre, pour calomnier un commerce dont l'esprit et la vertu étaient le seul lien, et que le caractère seul des personnages, comme aussi leur liaison intime avec les plus saints évêques du temps, devaient suffire pour garantir de l'ombre même d'un soupçon. Prétendre autoriser les bruits que la malignité inventa dans le temps, sur les pensées ingénieuses, sur les expressions vives et recherchées de deux ou trois pièces que l'on peut regarder comme de très jolis madrigaux, c'est ignorer, dit du Radier, jusqu'où peut aller la sécurité de l'innocence. D'ailleurs ces pièces sont accompagnées de beaucoup d'autres qui respirent la piété la plus pure. Ajoutons que le mot *amor*, employé quelquefois par Fortunat, offre un tout autre sens en français qu'en latin, où cette expression ne désigne que l'amitié et la charité chrétienne. Aussi Baillat, en parlant des liaisons de Fortunat avec sainte Radegonde, n'en fait-il mention dans la Vie de cette sainte, que comme des bruits répandus par la méchanceté des ministres de Satan.

Vie de saint Martin. — Saint Germain gouvernait encore l'Eglise de Paris, lorsque Fortunat composa ses quatre livres de la *Vie de saint Martin*; ce qui nous autorise à fixer sa publication avant le 28 mai 576, époque de la mort de ce prélat. Ces livres sont écrits en vers, à l'exception de l'épître dédicatoire qui est en prose, et adressée à saint Germain de Tours à qui l'auteur rend compte de son travail, que, du reste, il n'avait entrepris qu'à sa prière. En effet, saint Grégoire avait déjà commencé ses quatre livres des *Miracles de saint Martin*, lorsqu'il invita Fortunat à traiter en vers le même sujet. Celui-ci, sans attendre l'ouvrage de saint Grégoire, choisit un autre thème plus susceptible de versification, et plus capable d'inspirer sa muse. Il eut recours à la *Vie de saint Martin*, écrite par Sulpice Sévère et aux dialogues si faciles et si diserts de cet écrivain. Cependant, sans s'éloigner entièrement du dessein que saint Grégoire lui proposait, il ne fit que changer de canevas, et retint dans son poëme la division adoptée par le saint évêque de Tours dans sa relation distribuée en quatre livres. La *Vie de saint Martin* a servi de thème aux deux premiers livres du poëme de Fortunat, et les dialogues aux deux autres. Il dit quelque part qu'il n'a mis que deux mois à composer cet ouvrage, qui de son aveu n'est pas trop poli. Ce n'est que la vérité; et la prose de Sulpice Sévère est incomparablement au-dessus des vers du poëte. Au reste, comme, vingt-six ans auparavant, Paulin de Périgneux avait entrepris et exécuté le même dessein, il y a lieu de s'étonner que Fortunat ait pensé à le reprendre en sous-œuvre et à l'accomplir, pour ainsi parler, sur nouveaux frais. Pouvait-il ignorer ce fait, dont saint Grégoire parle dès les premières pages de son ouvrage, en confondant ce Paulin, avec le célèbre évêque de Nole? Ce qu'il y a de certain, c'est que Fortunat n'avait pas encore reçu l'écrit de saint Grégoire lorsqu'il commença de travailler à son poëme, comme il est facile de s'en convaincre en lisant sa préface, et l'ouvrage de Paulin pouvait être assez rare, pour qu'aucun exemplaire ne fût venu à sa connaissance. En effet, s'il l'avait connu, il est probable qu'il eût renoncé à entreprendre un travail que Paulin avait beaucoup mieux exécuté que lui-même. Quoi qu'il en soit, Fortunat, comme il le dit lui-même, composa ce poëme avant la mort de sainte Radegonde, par conséquent, avant l'année 587, peu de temps après l'ordination de saint Grégoire de Tours. Il raconte de suite, et avec quelques détails, toutes les circonstances remarquables de la vie de saint Martin; ses combats avec les hérétiques, ses voyages pour le bien de l'Eglise, ses miracles, son respect pour les prêtres, qui allait jusqu'à les lui faire préférer aux rois, ses prédictions, les attaques qu'il eut à souffrir de la part des démons qu'il vint toujours à bout de dominer, sa charité envers les pauvres et les captifs, ses discours de piété, les visions dont Dieu le favorisa, enfin, son pouvoir sur les éléments et sur lui-même. Il finit cette Vie, en suppliant son héros d'être son intercesseur auprès de Dieu, et de lui servir de médiateur pour en obtenir le pardon de ses fautes; puis, s'adressant à son ouvrage lui-même, il lui ordonne d'aller d'abord à Tours, où reposaient les reliques de saint Martin; de passer de là à Paris dont l'Eglise était gouvernée par saint Germain, puis à Reims, célèbre par le tombeau de saint Remy, ensuite à Noyon où fut inhumé saint Médard, après quoi il lui conseille de continuer son chemin par l'Austrasie, la Souabe, le Tyrol, l'Etat de Venise et toutes les villes d'Italie jusqu'à Ravenne, où il avait étudié les premiers éléments de la littérature et de la poésie. Il est probable que Fortunat conservait dans ces différents lieux des personnes avec qui il était lié d'amitié, et auxquelles il était désireux de communiquer ce qu'il avait écrit en l'honneur de saint Martin.

Quelques petits poëmes. — Dès l'an 531, le roi Thierri d'Austrasie, après avoir vaincu Ermenfroi, roi de Thuringe, avait réduit sa capitale en cendres et emmené ses habitants en esclavage; et quatre ans plus tard le roi Clotaire avait achevé de les soumettre, en mettant tout à feu et à sang dans le pays. La destruction de ce royaume fut le sujet d'un poëme dans lequel Radegonde, nièce d'Ermenfroi, déplore la perte d'un royaume qui lui avait donné naissance, et celle de ses parents les plus proches enveloppés dans la ruine de leur pays.

Dans un poëme adressé à l'empereur Justin le Jeune et à l'impératrice Sophie, Fortunat loue ce prince de la pureté de sa foi, de son attachement aux décrets du concile de Chalcédoine, et surtout du rappel des saints évêques exilés pour avoir pris la défense de la vérité; mais il semble faire un honneur particulier à l'impératrice Sophie du morceau considérable de la vraie croix qu'elle avait envoyé à sainte Radegonde. Il n'oublie pas de marquer combien était grande la vénération de cette pieuse reine pour ce bois précieux, qu'elle adorait tous les jours, en adressant des vœux à Dieu pour la prospérité de ceux qui le lui avaient envoyé.

On trouve à la suite un poëme adressé à Artaches, cousin germain de sainte Radegonde, pour le consoler de la mort d'Ermenfroi, son père, que Thierri, roi d'Austrasie, avait fait jeter du haut d'une muraille dans un fossé où il expira sur-le-champ; puis une épigramme en quatorze vers élégiaques, dont chacun n'offre qu'un jeu de mots à la louange du roi Childebert II. Fortunat s'y nomme et recommande à ce prince un nommé Andulphe.

Vies de Saints. — Nous avons aussi de Fortunat un grand nombre de *Vies de Saints* que nous allons nous contenter d'indiquer, sans en donner l'analyse, pour ne pas nous laisser entraîner dans des longueurs. Nous connaissons, entre autres, celle de saint Germain, évêque de Paris, imprimée dans Surius, dans Bollandus, et dans le tome I*er* des *Actes de l'ordre de Saint-Benoît.* Jean Gallery, curé de Villeneuve-Saint-Georges, au diocèse de Paris, l'a traduite en français et publiée en 1623. La Vie de saint Aubin, évêque d'Angers, se trouve dans les mêmes recueils, ainsi que celle de saint Paterne, évêque d'Avranches. Fortunat l'écrivit à la prière de Marcien, et Dom Mabillon l'a reproduite à la fin du tome II des *Actes.* La meilleure de toutes ces Vies est celle de sainte Radegonde, divisée en deux livres, dans le tome I*er* des *Actes des Bénédictins.* Le premier livre est de Fortunat, plus au courant que personne des actions de cette sainte reine; le second est de Baudonivie, religieuse du monastère de Poitiers, qui crut devoir rendre publiques plusieurs circonstances que Fortunat avait oubliées. Le P. Labbe a fait imprimer dans le tome II de sa *Bibliothèque des Manuscrits*, une Vie de saint Amand, évêque de Rhodez. Elle est assez du style de Fortunat; mais on ne peut la lui attribuer qu'en supposant qu'il sera passé par Rhodez dans le cours de ses voyages, puisque l'auteur dit avoir été témoin, avec toute la ville, d'un miracle opéré au tombeau du saint. On donne encore à Fortunat un abrégé de la Vie de saint Remy, qu'on lit dans Surius au 1*er* octobre; et la Vie de saint Médard, évêque de Noyon, qui fut écrite sous le règne de Théodebert. Un auteur du XI*e* siècle attribue à Fortunat la Vie de saint Gildard et de saint Médard son frère; elle a été inconnue aux écrivains des siècles précédents; mais après le témoignage de saint Grégoire de Tours, nous ne pouvons douter que Fortunat n'ait travaillé à une Vie de saint Séverin qui n'est pas parvenue jusqu'à nous. La Vie de saint Maurille, évêque d'Angers, n'est pas de Fortunat, comme l'avance Trithème, trompé par une lettre faussement attribuée à saint Grégoire de Tours, mais de Rainou, évêque d'Angers, au commencement du X*e* siècle. Quant à la Vie de saint Marcel, évêque de Paris, et à la première partie de celle de saint Hilaire de Poitiers, généralement attribuée à Venance Fortunat, nous avons dit ce que nous en pensions à l'article précédent. Les Actes de saint Denis, évêque de Paris, dont Bosquet fait honneur à Fortunat de Poitiers, paraissent avoir été écrits à la fin du VII*e* siècle ou au commencement du siècle suivant, autant qu'on en peut juger par leur conformité avec la Vie de saint Gaudence, évêque de Novare, écrite sous le règne de Pépin le Bref, qui commença en 752. On ne voit pas sur quel fondement on a pu donner à Fortunat la Vie de saint Lubin, évêque de Chartres; elle n'est point de son style, et il y a tout à croire qu'elle est l'œuvre de quelque clerc de cette Église, qui pour contribuer au culte du saint déjà établi, composa une légende de sa vie et de ses miracles, afin qu'on en pût faire le récit au jour de sa fête. Cette Vie se trouve dans le tome I*er* des *Actes de l'ordre de Saint-Benoît* dans le second de la *Bibliothèque* du P. Labbe, et dans les Bollandistes.

Ouvrages perdus. — Outre la *Vie de saint Séverin* dont saint Grégoire de Tours fait honneur à Fortunat, nous avons perdu les hymnes qu'il avait composées pour toutes les fêtes de l'année. Paul, Diacre, et Sigebert en font mention, et, à la manière dont ils en parlent, on est porté à juger que ces hymnes étaient en grand nombre. Trithème, en effet, en comptait jusqu'à soixante-dix-sept. On trouve parmi ses autres poésies quelques hymnes pour les fêtes de Noël, de Pâques et de la Sainte-Croix, mais elles font partie de ses livres, et paraissent étrangères au recueil dont parlent ses écrivains. On doit distinguer aussi quelques descriptions de voyages que Fortunat fait dans ses poëmes, d'avec l'*Itinéraire* que Sigebert lui attribue. Cet ouvrage était en vers, et contenait selon toute apparence le récit de tout ce que l'auteur avait vu lors de son voyage d'Italie en France, et de son séjour à la cour du roi d'Austrasie. Quoique cet écrit ne soit pas venu jusqu'à nous, nous pouvons nous en former une idée par la lettre de Fortunat à saint Grégoire de Tours et par la dernière partie de son quatrième livre de la *Vie de saint Martin.* Platine, dans sa *Vie du pape Jean III,* le fait auteur d'un traité adressé à Sigebert et intitulé : l'*Art de régner;* nous ne trouvons rien de semblable dans les écrits qui nous restent de Fortunat. Le *Spicilége* de Dom Luc d'Achery en cite un autre sous le titre de *Medictas Fortunati;* ce n'est, sous un autre nom que le recueil de ses poésies. Divers auteurs, entre autres Gaspar Barthius et Samuel Bochard, ont cru devoir donner à Fortunat un poëme intitulé : *du Phénix,* et dans lequel il est parlé d'Apollon comme d'une divinité véritable, et du Phénix comme d'un prêtre admis à célébrer ses mystères ; nous pensons que ces raisons suffisent pour lui dénier cet ouvrage aussi bien qu'à Lactance à qui plusieurs critiques l'avaient également attribué.

Fortunat était un de ces génies heureux à qui il en coûte peu pour dire de belles choses. Outre cette facilité surprenante qui règne partout dans ses vers, on y trouve une grande douceur et une simplicité unie qui ne fatigue jamais l'esprit du lecteur en lui laissant quelque chose à deviner. Il est toujours neuf, souvent original, rarement imitateur, et comme tant d'autres moins féconds, on ne s'aperçoit pas qu'il se copie lui-même. Cependant on ne laisse pas de distinguer aisément les vers qu'il improvisait sur-le-champ, sans effort et sans méditation d'avec ceux auxquels il apportait plus d'étude : les uns sont plus clairs, plus ornés, et plus remplis des agréments du genre; les autres quelquefois obscurs présentent habituellement moins d'harmonie. La relation du voyage qu'il fit par eau, de Metz à Andernach montre qu'il possédait un vrai talent pour le genre descriptif. On lui reproche avec raison plusieurs fautes contre la prosodie et la pureté de la langue latine. Souvent il fait brève une syllabe qui est longue de sa nature ; il confond à dessein le passif avec l'actif, écrit indifféremment le singulier pour le pluriel, et défigure les mots auxquels il ajoute et retranche à volonté et sans autre raison que les exigences de la mesure. Les éditeurs ont inséré à la suite de ses poëmes un grand nombre d'exemples de ces sortes de licences poétiques. Ses écrits en prose sont d'un style dur et embarrassé. Du reste c'était assez le génie de son siècle d'embrouiller le discours jusqu'à le rendre presque inintelligible, à force de vouloir faire parade d'une fausse éloquence. Presque toutes les lettres de Fortunat, et chacune des préfaces qu'il a placées en tête de ses *Vies de Saints,* sont écrites dans ce style. Cependant on doit dire qu'il est plus clair dans ses écrits dogmatiques, qui pour la plupart sont traités avec plus de simplicité et dégagés de l'embarras ordinaire des longues périodes et d'une surabondance de mots qui n'ajoutent rien à la pensée. C'est un éloge que nous avons donné plus haut à ses explications de l'oraison dominicale et du Symbole des apôtres. Cet éloge nous semble juste, et nous n'en rétractons rien ici, surtout à l'égard de la première de ces deux pièces. Aux titres de poëte et d'orateur, nous devons dire aussi que Fortunat joignait celui de savant, pour le siècle où il vivait. On a vu déjà qu'il avait fait une étude spéciale de la littérature dans sa jeunesse, et ses écrits font juger qu'il possédait la mythologie et l'histoire profane. On ne doit pas douter d'avantage, qu'après sa retraite en France, il ne se soit appliqué à la lecture des auteurs ecclésiastiques, puisque sainte Radegonde, dont il était le directeur, les lisait elle-même. Son explication du *Pater* est une preuve incontestable qu'il avait beaucoup étudié saint Augustin. Du reste, ce n'est pas le seul ouvrage où il ait fait passer les sentiments de ce saint docteur. On en retrouve aussi plusieurs traits dans ses *Vies de Saints* et jusque dans ses poésies. Enfin, pour avoir quelques notions de la doctrine de Fortunat sur les autres points du dogme catholique, il n'y a qu'à lire son exposition du *Credo.* A part son opinion sur le jugement des vivants et des morts qui paraîtra peut-être un peu hasardée, on trouve là un abrégé fort juste de tout ce que l'on doit écrire sur cette matière.

Les œuvres de Fortunat ont été publiées à Cagliari en 1573, 1574, et 1584 ; à Cologne, en 1600 ; mais toutes ces éditions sont incomplètes et fautives. Le P. Christophe Bronner, jésuite allemand, prit beaucoup de soins pour en donner une bonne qu'il publia avec des notes en 1603, à Fulde, in-4°, et qui reparut à Mayence en 1617 avec les poëmes de Raban Maur. C'est sur la seconde édition de Bronner que les ouvrages de Fortunat ont été insérés dans le troisième volume de la grande *Bibliothèque des Pères de Lyon,* en 1677. Ils sont passés de là dans le *Cours complet de Patrologie.*

FORTUNATIEN, évêque d'Aquilée, était Africain d'origine. Ses connaissances jointes à son zèle pour la foi le firent estimer du pape Libère, qui lui écrivit en 354 pour le prier de se réunir à ses légats afin d'obtenir de l'empereur Constance la tenue d'un concile, de régler leur prudence par ses avis, et de les assister même de sa présence s'il en était besoin. Mais Fortunatien ne répondit pas longtemps à l'idée avantageuse que Libère avait conçue de lui. En 355, il signa au concile de Milan la condamnation de saint Athanase. Comme il y avait été forcé par les mauvais traitements de Constance, il crut pouvoir se justifier de cette faute en adressant à plusieurs évêques une lettre qu'on croit être celle du concile de Sardique, à laquelle il avait eu probablement quelque part, puisqu'il assistait à cette assemblée tenue en 347. S'il faut en croire saint Jérôme, il fut le premier à solliciter le Pape Libère de se rendre aux volontés de l'empereur en souscrivant la condamnation de saint Athanase ;

et il ne lui laissa point de repos en effet qu'il n'eût obtenu sa signature. Aussi regarde-t-on Fortunatien comme l'un des principaux auteurs de la chute de ce pontife : non que Libère ait jamais souscrit à aucune formule de foi condamnée, mais parce qu'en signant la condamnation de saint Athanase, il avait embrassé la communion des Orientaux qui étaient ariens. Libère, après cette démarche, écrivit à Constance, et pria Fortunatien d'être porteur de la lettre. Il le chargea de solliciter auprès de ce prince son rappel et celui des autres évêques exilés avec la permission pour lui de retourner à Rome. Il chargea encore Fortunatien de deux autres lettres, l'une pour les Orientaux et l'autre pour l'empereur. Tout ceci se passait en 357, et depuis ce temps-là, il n'est plus question de Fortunatien dans l'histoire de l'Église. Il avait accompagné saint Athanase dans l'audience que l'empereur Constant lui accorda à Milan, en 345.

Fortunatien composa, sous le règne de Constance, des *Commentaires sur les Evangiles*, dans lesquels, sans suivre le texte ni le reproduire en son entier, il expliquait ce qui lui paraissait le plus remarquable. Saint Jérôme dit qu'ils étaient écrits avec beaucoup de précision, quoique d'un style peu châtié; néanmoins il en faisait du cas et regrettait fort de ne pas les avoir pour s'en servir à composer ses commentaires sur saint Matthieu. C'est pourquoi il écrivait à Paul de Concorde, en le priant de les lui envoyer avec quelques autres livres dont il avait besoin. Nous ne les avons plus aujourd'hui.

FOULCHER était originaire de Chartres ou des environs, puisqu'il ne parle jamais de lui-même sans y ajouter le surnom de Chartrain, *Fulchérius Carnotensis*, ce qui lève tous les doutes. On peut affirmer d'une manière aussi certaine qu'il naquit en 1059, puisqu'en rapportant dans son *Histoire* ce qui s'était passé en 1125, il marque positivement qu'il avait alors soixante-six ans. Il n'est pas aussi facile de déterminer ce qu'il était. Ellies Dupin, dans sa *Bibliothèque*, le fait moine de Chartres, mais sans preuves; Cave ne sait s'il était moine ou prêtre; mais Guibert de Nogent dissipe ce doute en l'appelant tout simplement prêtre de Chartres, *Carnotensem presbyterum*. Pourtant cette dernière opinion, quoiqu'elle semble la meilleure, n'a pas empêché les auteurs de la *Nouvelle Gaule chrétienne* de le confondre avec Foucher de Mongervilliers, élu abbé de Saint-Père en Vallée, à Chartres, en 1151, et mort en 1171, ce qui ne s'accorde nullement avec les autres traits de sa vie et le prolongerait au delà de cent ans. André Duchesne veut à toute force que le pape Pascal II en ait fait un cardinal, et il se félicite de cette particularité qu'il a découverte dans un manuscrit de Pithou, où elle est appuyée du témoignage d'un autre Italien qui écrivait environ deux cents soixante ans après la mort de cet auteur. Nous laissons cette assertion pour ce qu'elle vaut, en affirmant sur des données positives que Foulcher n'était pas encore cardinal en 1126, c'est-à-dire environ huit ans après la mort de ce pontife. Or, s'il n'a été ni moine, ni abbé, ni cardinal, il faut donc se contenter avec Guibert de Nogent de lui donner le titre de simple prêtre. Foulcher suivit à la conquête de la terre sainte Robert, duc de Normandie, et Etienne, comte de Blois, son seigneur. Il s'attacha ensuite à Baudouin, premier roi de Jérusalem, qui le fit son chapelain. Il joignait à un esprit assez cultivé pour le temps où il vivait, toutes les qualités d'un guerrier, et il parut souvent avec honneur dans les rangs des croisés. Après la conquête il fit sa résidence ordinaire à Jérusalem, et il semble même insinuer qu'il était chanoine du Saint-Sépulcre. On ignore l'époque précise de sa mort.

SES ÉCRITS. — Sous le titre d'*Histoire de Jérusalem*, Foulcher nous a laissé l'histoire chronologique de l'expédition dont il fit partie. Elle est divisée en trois livres et contient, à peu d'exceptions près, la plupart des événements de la croisade, depuis le concile de Clermont où elle fut résolue, en 1095, jusqu'à l'an 1127. Baugars remarque que l'auteur a repris son ouvrage à plusieurs fois et qu'il n'a pas attendu, pour le publier, qu'il l'eût entièrement fini. On n'en saurait douter d'ailleurs, puisque Guibert de Nogent, mort en 1124, et dont l'ouvrage se termine en 1112, avait vu celui de Foulcher et s'en était même servi, ce qu'il n'aurait pu faire, si cet auteur n'avait donné par parties l'histoire de Jérusalem qu'il ne termine qu'à l'an 1127. Ce travail est d'autant plus important que l'auteur n'y rapporte que ce qu'il a vu lui-même ou appris de témoins oculaires. Il a même la modestie de dire que, malgré son ignorance et son incapacité, il a mieux aimé courir le risque de passer pour téméraire, en entreprenant d'écrire cette histoire, que de laisser tomber dans l'oubli tant de belles actions, si dignes de passer à la postérité. Il prie le lecteur de ne considérer que ses bonnes intentions, et lui laisse la liberté de corriger son style s'il le juge à propos. Cependant il veut que l'on conserve l'ordre qu'il a suivi dans la disposition des événements, pour ne pas confondre la vérité des faits. C'est ainsi qu'il s'exprime à propos de l'année 1105, ce qui donna lieu de penser qu'il avait d'abord terminé son histoire à cette année-là. Il s'est particulièrement appliqué, ainsi qu'il le déclare en plus d'un endroit, à être court; néanmoins on y trouve presque tous les événements remarquables de la campagne, soit siéges et prises de villes, soit batailles ou autres faits intéressants; mais il en a abrégé les récits, pour ne pas tomber dans des détails ennuyeux. Il s'est surtout donné de garde de ne rien dire que de vrai et de certain pour ne point tromper ses lecteurs. Cependant Guibert l'accuse d'avoir avancé quelques faits controuvés, et lui reproche en particulier ce qu'il raconte de certains croisés qui périrent en mer et dont les corps furent jetés sur le rivage. Foulcher rapporte qu'après qu'ils eurent été dépouillés on trouva imprimées sur leurs épaules des croix semblables à celles qu'ils portaient sur leurs habits. Guibert ne nie point la possibilité du fait, « mais celui qui l'a écrit, dit-il, doit, s'il vit encore, examiner si la chose est vraie. » Il relève encore deux ou trois autres faits, par exemple, l'apparition de Jésus-Christ à Pyrrhus pour l'engager à livrer Antioche aux Français; l'invention de la lance qui avait percé le côté du Sauveur, et enfin, l'apparition d'une grande lumière en forme de croix pendant le siége de la ville d'Antioche. L'abbé de Nogent borne là sa critique qu'il ne veut pas pousser plus loin; quoique pourtant il convienne ailleurs que les faits dont il suspecte la vérité, et sur lesquels il n'est pas d'accord avec l'auteur sont en petit nombre; mais il se dédommage sur le style et lui reproche à bon droit ses efforts, son embarras et son enflure.

Malgré la censure de Guibert, on peut regarder l'*Histoire* de Foulcher comme un bon ouvrage, pour ne pas dire comme un des meilleurs de la collection de Bongars. Elle est écrite en forme d'annales, avec ordre et méthode, et nous pouvons ajouter, quoi qu'en ait dit Guibert, avec sincérité. Après tout, la critique qu'il en a donnée ne tombe que sur trois ou quatre faits isolés, qui peuvent être faux sans que le fond de l'histoire en souffre en aucune manière. Peut-être même qu'un lecteur judicieux, qui voudra examiner sérieusement les faits en litige, trouvera le censeur plus sévère que solide. Orderic-Vital et Guillaume de Malmesbury portent, de Foulcher de Chartres, un jugement plus favorable, et le regardent l'un et l'autre comme un auteur sincère et véridique. Génébrard n'en juge pas moins favorablement, lorsqu'il assure qu'il a écrit l'histoire de vingt-neuf ans avec une grande fidélité, *cum magna fide*. L'abbé Lebeuf, en partageant les historiens du XIIe siècle en trois classes, place Foulcher parmi celle des écrivains qui, « dans le cours de leurs narrés, aimaient mieux se taire sur certaines choses, que d'écrire des faussetés ou des faits douteux. » A l'égard du style, Guillaume de Malmesbury en juge d'une manière fort sensée lorsqu'il dit que, sans être précisément barbare, il n'a, à la vérité, ni beauté ni élégance. Du reste, c'est une justice que l'auteur lui-même s'est rendue, puisqu'il a eu la modestie de convenir d'avance de tous les reproches qu'on pourrait lui adresser sur cet accessoire de son travail. Mais, pour ce qui est essentiel, pour ce qui tient au fond même de l'histoire et à la vérité des faits, cet ouvrage est d'autant plus important et l'auteur plus digne de croyance, qu'il ne rapporte rien que sur le témoignage de ses propres yeux, rien qu'il n'ait vu lui-même, *secundum quod oculis meis vidi*, ou dont il ne se soit assuré par d'exactes informations, *vel a relatoribus veridicis perscrutans diligenter didici*. Ajoutons, comme cela nous paraît certain, que si Foulcher, chapelain de Baudouin et historien de la croisade, est le même que celui dont parle Gilon de Paris dans son poëme, il ne fut pas seulement témoin des événements qu'il raconte, mais il eut aussi sa part dans leurs dangers. C'est l'idée que nous en donne le poëte : il nous représente Foulcher comme un guerrier intrépide qui marche sans crainte vers l'ennemi, exhorte les autres par ses paroles et par son exemple, escalade les murs, égorge les sentinelles, et entre victorieux dans les villes. C'est ainsi que Foulcher se montra au siége d'Antioche, qui fut emportée d'assaut par les croisés en 1098.

Natus Carnoti, proceres præcedere mille
Non timet, invictæ properans ad mœnia villæ.
Non hunc tardat onus clypei, sed ardua pronus
Evolat arma gerens, scalæque viriliter hærens...
. . . .
Ut stetit in muris Fulcherius, ense necantur
Fulmineo vigiles et ad infima præcipitantur.
Exsultat victor, etc....

Foulcher est un des historiens de la croisade qui a apporté le plus d'attention à marquer, avec exactitude, les jours, les mois et les années auxquels sont arrivés les événements les plus remarquables parmi ceux qu'il rapporte. Il affecte même, quelquefois, d'exprimer les dates de ces événements en vers de sa façon, qui ne donnent pas une idée bien avantageuse de son talent pour la poésie. Le lecteur peut en juger par l'échantillon suivant, dans lequel il nous donne l'époque de la prise de Jérusalem :

Julius effervens ter quina luce calebat,
Undecies centum numero si dempseris unum,
Dicebant annos Domini tunc esse peractos
Cum nos Hierusalem, gens Gallica, cœpimus urbem.
Ter quinta Julius splendebat luce micanti,
Urbem cum Franci capiunt virtute potenti,
Anno milleno centeno, quominus uno,
Virginis a partu genuit quæ cuncta regentem.

Foulcher, suivant le génie de son siècle, observe scrupuleusement les comètes et les autres phénomènes dont il ne manque pas de tirer des pronostics pour l'avenir. Il ne néglige pas non plus l'histoire naturelle du pays, il recherche la source des fleuves et décrit leurs cours ; mais il garde un profond silence sur l'origine des peuples, dont il parle continuellement. Il ne manque pas d'une certaine érudition, et on le voit citer familièrement Polin, Ménandre, Josèphe, Orose, saint Jérôme et Boëce. Nous remarquons encore que l'auteur fait mention de galères à trois rangs de rameurs parmi les différents vaisseaux dont les Vénitiens se servaient.

L'ouvrage de Foulcher a été inséré par Bongars, au tome Ier des *Gesta Dei per Francos*, et publié sous ce titre : *Fulcherii Carnotensis, gesta peregrinantium Francorum cum armis Hierusalem pergentium*. Le récit s'arrête à l'an 1124. Mais André Duchesne ayant trouvé, dans un manuscrit de l'abbaye du mont Saint-Quentin, la même histoire continuée par l'auteur jusqu'en 1127, en a publié une édition plus ample et plus correcte au tome IV des *Francorum historiæ scriptores cœtanei*. Il faut y joindre les notes de Gaspar Barth, insérées au tome III des *Reliquiæ manuscriptorum omnis ævi*.

C'est ici le lieu de parler de deux anonymes contemporains de Foulcher, et qui ne sont, à proprement parler, que ses abréviateurs. L'ouvrage du premier est intitulé : *Gesta Francorum expugnantium Hierusalem*, et celui du second : *Historia Hierosolymitana*. L'un et l'autre font partie du recueil de Bongars.

Le premier déclare positivement que son dessein est d'abréger et d'éclaircir l'*Histoire des croisés* écrite par Frère Foulcher de Chartres (ce titre de frère s'accordait alors à quiconque était revêtu du sacerdoce, sans qu'il eût pour cela besoin d'être moine). Cependant, en abrégeant le texte de Foulcher, l'historien anonyme est loin de le suivre servilement ; mais il se l'approprie par la manière dont il exécute son projet. Quoiqu'il en retranche tout ce qui n'a pas un rapport direct à son but, il ne laisse pas d'y ajouter de lui-même différentes particularités intéressantes qu'il avait apprises d'ailleurs. Il paraît s'être conformé aux désirs de Foulcher lui-même, en corrigeant son style sans toucher au fond de sa narration ; l'ordre et l'arrangement sont les mêmes, surtout pour la date des événements. Rarement il s'écarte de son auteur, ou, s'il le fait, ce n'est que pour expliquer ou développer ce qui lui semble ou trop concis ou trop obscur. Il sème de temps en temps, à l'exemple de Foulcher, quelques mauvais vers, après les événements les plus mémorables, pour en fixer l'époque. Il s'étend beaucoup sur la description de la ville et des environs de Jérusalem, et veut y trouver tous les lieux où se sont opérés nos saints mystères, malgré les différentes révolutions qui s'y sont succédé. Il termine son histoire en rapportant plusieurs prodiges : il parle surtout d'une comète qui parut pendant plus de cinquante jours ; et il prétend que ces phénomènes, quoique les hommes en ignorassent le but et la fin, étaient cependant des signes pour l'avenir, le présent et même le passé. Il termine son histoire à l'an 1106, sans doute parce que la copie, qu'il possédait du manuscrit de Foulcher, ne s'étendait pas plus loin ; ce qui confirme l'opinion que nous avons déjà émise, que Foulcher avait publié son travail par partie, et que ce qu'il en avait composé jusque-là ne s'étendait pas au delà de cette année. Nous en trouvons une preuve non équivoque dans le passage où l'écrivain anonyme, en parlant de la ville de Tripoli, insinue qu'elle n'était pas encore au pouvoir des chrétiens. Or, Foulcher nous apprend qu'ils s'en emparèrent en 1109. Il est donc visible que l'anonyme, qui a abrégé Foulcher, a composé son ouvrage avant l'an 1109, et que celui de Foulcher paraissait alors non en son entier, ce qui ne pouvait être, mais en partie, et jusqu'à l'an 1106.

L'ouvrage du second abréviateur de Foulcher était primitivement divisé en deux parties : on n'en possède plus aujourd'hui que la seconde, sous ce titre : *Secunda pars Historiæ Hierosolymitanæ*. Vossius s'est mépris sur ces deux anonymes, en prétendant que c'est l'histoire du premier, *de gestis Francorum expugnantium Hierusalem*, qui était divisée en deux parties, dont la première est perdue ; et que c'est du second anonyme dont Gautier de Térouane fait mention au troisième chapitre de la *Vie de saint Charles*, comte de Flandres. L'histoire de ce second anonyme, qui fait suite à la précédente dans la collection de Bongars, commence à l'an 1100, au départ de Baudouin, comte d'Edesse, pour se rendre à Jérusalem, et finit à l'an 1124, au siège de Tyr, dont il ne rapporte point la prise. Cet écrivain, en abrégeant Foulcher, a suivi sa méthode, de rapporter les événements selon l'ordre des temps où ils sont arrivés. On y trouve plusieurs choses intéressantes qui ont échappé à l'écrivain original, et des détails mieux circonstanciés. L'auteur fait de temps en temps, sur les divers événements qu'il raconte, des réflexions qui marquent une piété éclairée, et donnent une idée avantageuse de sa personne.

Selon toute apparence, les deux anonymes dont nous venons de parler étaient Français : quant aux lieux de leur naissance, ils nous sont inconnus, et nous ne trouvons rien dans leurs écrits qui puisse nous les faire soupçonner. Leur style, en général, est meilleur que celui de l'auteur qu'ils ont abrégé ; et, quoique leurs deux recueils ne paraissent être que des redites, néanmoins ils peuvent être d'un grand secours à un écrivain qui voudrait composer l'histoire des croisades. On trouve, dans l'un, des détails intéressants sur des événements, des batailles, des sièges, des rencontres qui ne se trouvent pas dans l'autre, ni même dans Foulcher. On peut dire la même chose de ce qu'ils rapportent des chefs de la croisade.

FOULCOIE, le poëte le plus fécond et l'un des plus célèbres du XIe siècle, naquit à Beauvais, vers l'an 1020, de parents nobles, mais privés des biens de la fortune. Son père s'appelait Ambroise, et l'exiguité de sa taille lui avait fait donner le surnom de *petit* ; sa mère s'appelait Emone. Le savant abbé Lebeuf fait de Foulcoie un disciple de Fulbert de Chartres ; mais il était trop jeune encore lorsque ce docte prélat mourut. Il y a beaucoup plus d'apparence qu'il fit ses études à l'école de Reims, où il eut pour maître le célèbre Herman, dont il fit plus tard l'épitaphe en lui donnant cette qualité. Il vint ensuite à Meaux, dont le séjour lui parut si agréable qu'il résolut de s'y fixer. Ayant embrassé l'état ecclésiastique, il fut ordonné sous-diacre ; mais il ne voulut pas recevoir les autres ordres, dans la crainte d'être privé de la liberté dont il avait besoin pour se livrer à l'étude. Il visitait souvent l'abbaye de la Celle à quatre lieues de Meaux. L'aspect charmant de ce lieu, qu'il représente comme le séjour des Muses, *Musis gratissima sedes*, lui inspira des vers qui commencèrent sa réputation. Elle s'étendit bientôt dans toute la France et même en Italie, comme on l'apprend par les vers qu'il adressa aux Papes Alexandre II et Grégoire VII, au légat Hugues de Die et à Gervais, archevêque de Reims. Il paraît cependant que sa muse n'était pas entièrement désintéressée, quoiqu'elle se montrât reconnaissante des gratifications qu'elle recevait. C'est ce que lui-même n'a pas dissimulé. « Qu'avez-vous reçu, lui dit-il, en l'apostrophant au sujet des poésies qu'elle avait envoyées à Rome? *Quid tibi divisit?* On vous a répondu en vers, c'est-à-dire on ne vous a rendu que des sons pour des sons, *carmen pro carmine misit.* » Mais il n'en était pas de même de la ville de Reims, et de toutes les personnes que Foulcoie a louées dans ses vers. Manassès, son archevêque, fut celui qui se montra le plus reconnaissant. Aussi lui conserva-t-il un souvenir inaltérable de sa générosité, en lui demeurant attaché, même après sa disgrâce, et quand tout le monde l'abandonnait.

Mercedemque dedit quæ non a mente recedit.

Cependant la muse de Foulcoie n'était pas tellement mercenaire, qu'elle ne travaillât souvent aussi sans aucune vue d'intérêt. On peut s'en convaincre par la lecture de ses œuvres, qui ne sont pas toutes consacrées à célébrer les vivants, mais aussi à faire l'éloge des morts, à retracer la vie et les actions des saints, à reproduire en vers les tableaux les plus saillants de l'Ecriture sainte, et quelquefois encore à traiter des sujets d'histoire et de simple littérature. Foulcoie n'était pas seulement un poète distingué pour le siècle où il vivait; il était encore un très-habile grammairien et passait pour versé dans la connaissance des lois. Il mourut à Meaux vers l'année 1083, et la plupart des auteurs contemporains déplorèrent sa perte dans des vers qui ont été en partie conservés.

Ses écrits. — Pour se faire une idée claire et distincte des poésies de Foulcoie, il est bon de recourir à une préface qui se lit dans un manuscrit de la Bibliothèque nationale, contenant une partie des œuvres de notre poëte. Cette préface, qui est d'un écrivain étranger de la fin du même siècle, nous apprend que tous les écrits de Foulcoie étaient divisés en trois tomes, et le premier était intitulé: *Utrum*; le second: *Neutrum*, et le troisième: *Utrumque*. C'est ce qu'avait déjà remarqué un poëte dans des vers lugubres où il fait parler la ville de Beauvais sur la mort de l'auteur:

Scripsi bis quino trinoque volumine libros.
Cujus utrum, cujus neutrum, cujus sed utrumque
Nomen et est; arat hoc, serit istud, colligit illud.

Suivant l'idée exprimée dans ces vers, le premier volume ne fait que préparer la terre, le second y jette la semence, et le troisième offre la moisson à recueillir. L'auteur anonyme de la préface déjà citée explique lui-même ces titres singuliers de la manière suivante:

Le premier volume, dit-il, est intitulé *Utrum*, parce que Foulcoie y a réuni les pièces de peu d'étendue, par lesquelles il préludait à des compositions plus dignes de son génie. Ce sont des épîtres, des épitaphes et autres petites pièces de circonstance. Il y en a à la louange des plus éminents personnages de l'époque, tels que les deux papes que nous avons cités plus haut, les archevêques de Reims, Gervais et Manassès, Richer de Sens, Hugues de Die, l'empereur Henri le Noir, Guillaume le Conquérant, roi d'Angleterre, le bienheureux Lanfranc, saint Anselme, Herman de Reims. Parmi les épitaphes, dont le recueil est adressé à Yves Ier, abbé de Saint-Denis, on distingue celles du roi Henri Ier et de quelques évêques de Meaux, celle d'Adélaïde, mère de l'archevêque Manassès, celles du père, de la mère et des frères de notre poëte, d'Esceline sa nourrice, d'Herman son maître et de plusieurs autres personnes, au nombre desquelles on compte Gautier Saveyr, évêque de Meaux; Otger et Benoît, moines de Saint-Faron du temps de Charlemagne, et un certain Hugues qui abandonna la carrière des armes pour se consacrer à Dieu dans un monastère.

Le second volume est intitulé *Neutrum*, parce que l'auteur y a rassemblé des ouvrages plus importants que dans le premier, quoique pourtant très-inférieurs encore à ceux du troisième. Il est divisé en deux livres, et contient des légendes et des Vies de saints du diocèse de Meaux. On y remarque la Vie de saint Blandin, inhumé à la Celle en Brie, la Vie de saint Faron, évêque de Meaux, dont Foulcoie avait emprunté le sujet et les développements à la Vie écrite par Hildegaire, mais sans s'astreindre à reproduire littéralement dans ses vers le texte original. Cette vie est accompagnée d'un éloge du même saint; puis viennent ensuite les Vies des moines Otger et Benoît dont nous avons vu déjà qu'il avait composé l'épitaphe. Le *Catalogue de la bibliothèque du monastère de Saint-Faron* la montre si pauvre et si dénuée de manuscrits que plusieurs critiques y ont trouvé une raison suffisante pour affirmer que ce catalogue remontait jusques au temps du saint abbé lui-même. On y trouve enfin une Vie de saint Aile et des vers sur saint Fiacre. Quoique l'œuvre d'un poëte, ce morceau est peut-être préférable, pour la vérité des faits, aux mauvaises légendes du même saint qui vivait au viie siècle. Les unes le font descendre de race royale et supposent qu'il refusa la couronne de son père Eugène IV, roi d'Hibernie, ce qui n'est pas supportable. Les autres avancent quantité de faits tout aussi extraordinaires et qui ne méritent pas plus de croyance. Surius, et après lui dom Mabillon ont publié une Vie de saint Fiacre; elle est d'un écrivain postérieur à Foulcoie de près d'un siècle, qui paraît lui avoir emprunté ce qu'il rapporte de plus vraisemblable.

Enfin, le troisième volume est intitulé *Utrumque, de nuptiis Ecclesiæ*, parce que le poëte, en réunissant l'Ancien et le Nouveau Testament en Jésus-Christ, le Verbe du Père, l'auteur de la grâce, le médiateur céleste qui des deux peuples n'en a fait qu'un, a fiancé à cet unique époux l'Eglise comme une vierge toute pure. Ce long poëme forme un dialogue en sept livres entre l'esprit et l'homme. Il est dédié à Manassès, le Mécène chéri du poëte, qui a joint à sa dédicace d'autres vers, adressés au Pape Alexandre II et à l'archidiacre Hildebrand, depuis pape lui-même, sous le nom de Grégoire VII. On peut conclure de là que l'ouvrage fut fini avant le mois d'avril 1073, époque à laquelle cet archidiacre fut promu au suprême pontificat. L'abbé Lebeuf a publié ces derniers vers, moins dans le but d'éclaircir un point d'histoire, que pour montrer combien le rhythme et la quantité étaient alors négligés dans la versification. Il y a toute apparence que le corps de l'ouvrage n'est pas plus correct. Cependant l'auteur de la préface déjà citée ne parle de ce long poëme que comme d'un ouvrage admirable, *mirifico carmine composuit*. Il est vrai que c'est un écrivain de la fin du xi⁰ siècle qui parle ainsi, et l'on connaît la valeur de ces éloges en fait de poésie. Du reste, les titres singuliers que l'auteur a donnés à son triple recueil suffiraient seuls pour faire douter de l'habileté de l'exécution. On peut en dire autant de la façon burlesque dont il termine un écrit aussi sérieux que l'est son dialogue sur les noces de l'Eglise. Il nous apprend, comme s'il n'avait pas eu quelque chose de mieux à nous dire, que son cheval l'attend, et qu'après l'avoir nourri d'abord dans les prairies qui bordent la rivière de Thairain, il le fait paître maintenant dans les champs élyséens de la Marne. Certes, on a le droit d'être surpris qu'un poëte, qui nous est présenté partout comme un homme de sens et de jugement, qui avait de la piété, comme il est facile de s'en convaincre par les traits qu'il a répandus dans ses écrits, ne termine pas plus noblement un poëme où il vient de traiter une matière si riche et si sublime, et qui eut donné lieu à de si magnifiques développements entre les mains d'un homme de génie.

A ce grand nombre de poésies dont nous venons de faire l'énumération, Foulcoie promettait d'ajouter un poëme sur les arts libéraux. Sans doute l'exécution d'un tel dessein est bien capable de piquer la curiosité des amateurs; mais si l'auteur l'a rempli, on doit croire que le manuscrit en est perdu. Nous avons déjà fait sentir ailleurs que la poésie de Foulcoie n'a rien qui la relève au-dessus de celle des autres versificateurs de son siècle. Il était plus laborieux que délicat, plus fécond que scrupuleux, et l'on vient de se convaincre qu'il était entièrement dépourvu de goût. — Dom Mabillon, dom Toussaint Duplessis et l'abbé Lebeuf ont publié quelques petites pièces avec des fragments de Foulcoie. L'abbé Lebeuf a inséré une *Notice* sur ce poëte dans le tome II du recueil de ses *Dissertations sur l'histoire de la ville de Paris*.

FOULQUES, issu d'une ancienne et illustre maison, comptait parmi ses plus proches parents, Gui de Spolète et Lambert son fils, qui furent l'un et l'autre empereurs d'Occident. Il avait pour frère un nommé Rampon qui fonda un monastère au diocèse de Sens. Dès son enfance, Foulques fut élevé dans l'Eglise de Reims, et, s'il faut en croire les auteurs de l'*Histoire littéraire de la France*, il en fut chanoine. Ceux du *Gallia Christiana* le font chanoine de Saint-Omer, bénéfice qu'il aurait quitté plus tard pour prendre l'habit monastique à l'abbaye de Saint-Bertin. Mais, s'il ne fut pas religieux dans ce monastère, il est certain du moins qu'il en devint abbé en 877. Sa naissance, ses qualités personnelles, sa réputation d'éloquence, de sagesse et d'habileté dans les affaires, engagèrent Charles le Chauve à l'appeler à sa cour. Il est à croire qu'il exerça dans le palais du prince divers grands emplois, puisque les historiens disent en parlant de lui : *Palatinis officiis assuetus*. Tel était Foulques lorsque quelques mois après la mort d'Hincmar, archevêque de Reims, le clergé et le peuple, de concert avec les évêques de la province, l'élurent pour le remplacer. Il fut ordonné dans les premiers jours de mars 883. Aussitôt il envoya sa profession de foi au Pape Marin qui lui accorda l'usage du pallium dont avaient joui ses prédécesseurs. Il avait eu occasion de connaître ce Pape dans le voyage qu'il avait fait à Rome, en 877, à la suite de Charles le Chauve, lorsque ce prince alla s'y faire couronner empereur d'Occident. Les Normands ravageaient alors la France et y commettaient d'horribles dégâts. Ils pillaient les églises, les dévastaient et exerçaient leurs fureurs sur les reliques des saints. Un des premiers soins du pieux archevêque fut de garantir de leurs outrages sacriléges ces précieuses dépouilles. Il fit rapporter le corps de saint Remi du monastère d'Orbois, et celui de saint Gibrien de Châlons-sur-Marne à Reims. Son Eglise avait beaucoup souffert, il y avait à réformer et à rétablir ; il mit incontinent la main à l'œuvre. Les études ecclésiastiques avaient été négligées dans ces temps de désordre. L'école des chanoines et celle des jeunes clercs étaient tombées ; il les releva, et, pour piquer l'émulation des élèves, il ne dédaignait pas de donner lui-même l'exemple de l'assiduité aux leçons qu'on y faisait. Dans le but d'en assurer le succès, il fit venir de Saint-Germain d'Auxerre et de Saint-Amand, deux savants religieux, qu'il mit à la tête de ces écoles. Après avoir pris ces soins, il s'occupa de garantir sa ville et les provinces de sa métropole des ravages de la guerre et de l'oppression des Normands. Il fit construire divers châteaux forts et entoura Reims d'un nouveau mur. Les débris de l'ancien servirent aux réparations de sa cathédrale. Ses diocésains ne fixèrent pas seuls son attention ; il étendit sa charité aux étrangers qui avaient recours à lui, offrant à tous un asile, mais surtout aux prêtres et aux moines devenus l'objet particulier de la persécution des barbares. Il fit aussi restituer à son Eglise quelques domaines qui lui avaient été enlevés, et lui procura, par son crédit et par la faveur des grands, une augmentation de dotation. Aimé des princes, estimé des Papes, consulté par les uns et par les autres, il eut part aux plus grandes affaires de son temps. La crainte des personnes puissantes n'arrêta point son zèle, quand il crut l'intérêt de l'Église ou celui des mœurs compromis. Il écrivit avec force à l'impératrice Richilde, seconde femme de Charles le Chauve, sur la conduite de laquelle, après la mort de ce prince, il s'était élevé des bruits fâcheux. Il fallait que le scandale fût poussé bien loin, puisqu'il se crut obligé de menacer des censures ecclésiastiques une personne aussi considérable. Il ne ménagea pas davantage le comte Baudouin, avide des biens de l'Église, persécuteur de ses ministres et coupable d'autres excès. Il est vraisemblable que les reproches qu'il lui fit, quoique tempérés par la charité, ne contribuèrent pas peu à la haine que ce comte lui voua et dont les suites furent si funestes. Foulques se rendit surtout recommandable par sa fidélité envers son prince, et par le soin qu'il prit de conserver la couronne dans la ligne de l'hérédité.

Après la mort de Carloman, Charles, depuis surnommé le Simple, fils de Louis le Bègue comme Carloman, mais d'une autre mère, était appelé au trône. Il avait à peine sept ans ; et le royaume menacé au dehors par les Normands, déchiré au dedans par les factions, aurait été mal défendu par des mains aussi faibles. Le seul moyen de sauver l'Etat était de confier les rênes du gouvernement à Charles, dit le Gros, déjà empereur et oncle du prince enfant. Foulques en donna le conseil et le fit adopter par les grands du royaume. Mais à la mort de Charles le Gros, Eudes, fils de Robert le Fort, s'étant fait reconnaître pour roi, au préjudice de l'héritier légitime, le fidèle Foulques fit proclamer le jeune Charles dans un concile tenu à Reims, en janvier 893, et le couronna solennellement. Il rendit à la France un service encore plus essentiel en conciliant les deux rivaux. Charles devait trop à Foulques pour ne pas lui donner des marques de sa reconnaissance. Il le fit chancelier du royaume, le nomma à l'abbaye de Saint-Martin de Tours, que Foulques posséda pendant quelque temps, et ensuite à celle de Saint-Vaast d'Arras. Cette grâce aigrit le ressentiment de Baudouin, qui souffrait déjà avec peine de voir dans son comté de Flandre, entre les mains de Foulques, la riche abbaye de Saint-Bertin, dont il convoitait les revenus. Dans l'impossibilité de résister à un ennemi si violent, Foulques échangea avec le comte Altmar, plus en état de résister à Baudouin, l'abbaye de Saint-Vaast pour celle de Saint-Médard de Soissons, dont Altmar était pourvu ; et il lui céda en outre le château d'Arras qu'il avait pris à Baudouin. Ce dernier, outré de dépit, fit tuer l'archevêque par Wincmar, l'un des officiers de la cour, le 17 juin de l'an 900. Foulques avait occupé l'épiscopat dix-sept ans trois mois et quelques jours, comme le marque son épitaphe rapportée par Flodoard. Les auteurs du *Gallia Christiana* donnent à Foulques le titre de *saint* et le qualifient de *martyr*, parce que son courage à défendre les biens de l'Eglise contre les entreprises de Baudouin, fut le motif de son assassinat ; on ne voit point qu'aucun de ces deux titres lui ait été confirmé.

SES ÉCRITS. — Si Foulques a laissé d'autres écrits que des lettres, ils ne sont point parvenus jusqu'à nous, et celles-ci même sont perdues. Il ne nous en reste que les extraits conservés par Flodoard qui en avait eu en sa possession un recueil de plus de cinquante, adressées aux Papes, aux empereurs, aux rois de son temps et à d'autres personnages considérables. Ces lettres méritent d'être regrettées. Le peu qu'on en connaît laisse apercevoir qu'on en aurait tiré beaucoup de lumières pour l'éclaircissement de différents points de l'histoire, soit ecclésiastique, soit civile de ces temps d'obscurité.

Au Pape Marin. — Nous avons vu déjà qu'aussitôt après son élection il en donna avis au Pape Marin par une lettre qui contenait en même temps sa profession de foi. Il lui écrivit une seconde fois pour lui demander la confirmation des priviléges de l'Eglise de Reims, et lui recommander le roi Carloman. Dans cette lettre il rappelait au Pape qu'ils s'étaient vus à Rome, en 875, sous le pontificat du Pape Jean VIII.

Au Pape Adrien. — Adrien III, étant monté sur le Saint-Siège, le 1ᵉʳ mars 884, Foulques l'en congratula par lettres, lui témoignant le désir qu'il avait d'aller à Rome après le rétablissement de la paix. Il le priait aussi de confirmer les priviléges accordés à l'Eglise de Reims par les Papes Léon, Benoît et Nicolas, ses prédécesseurs, et de presser les archevêques de Rouen et de Sens d'agir contre Ermenfroi, qui s'était emparé d'un monastère fondé par Rampon son frère. Il disait aussi quelque chose en faveur de Frotaire, transféré de l'Eglise de Bordeaux à celle de Bourges, par le suffrage du clergé et du peuple de cette Eglise avec les évêques de la province.

Au Pape Etienne V. — Sa lettre au Pape Etienne, successeur d'Adrien, est pour le remercier de celle qu'il en avait reçue et dans laquelle ce Pape le consolait au milieu de ses afflictions, le traitant de frère et d'ami. Foulques répond qu'il ne prétendait point à des titres si honorables, et qu'il n'en méritait d'autres que ceux de serviteur et de sujet, assurant le Pape qu'il serait déjà parti pour aller le voir, s'il n'en eût été empêché par les païens, c'est-à-dire par les Normands, qui n'étaient qu'à dix milles de Reims. Il ajoute qu'il y avait huit ans qu'ils désolaient le royaume ; de sorte que personne n'osait s'éloigner tant soit peu des châteaux. Il dit encore qu'il avait appris que des méchants formaient des entreprises contre le Pape ; que n'étant point en état de l'assister, selon ses désirs, il pouvait du moins l'assurer de son attachement et du dévouement de toute sa famille, entre autres de Guy, duc de Spolète, son allié, que le Pape avait adopté pour son fils. Il répond à l'offre qu'Etienne lui avait faite de confirmer les droits de l'Eglise de Reims, que c'était un nouveau motif de lui être encore plus fidèle avec ses suffragants; que cette Eglise avait toujours reçu des marques d'honneur de la part des Papes, plus que toutes celles des Gaules, puisque saint Pierre, le premier des apôtres, lui avait envoyé saint Sixte pour premier évêque, et accordé la primatie de tout le royaume, et que le Pape Hormisdas y avait fait saint Remy son vicaire. Il prie Etienne de continuer d'honorer l'Eglise de Reims, en confirmant les priviléges que Marin et Adrien III lui avaient accordés; d'engager les archevêques de Rouen et de Sens à excommunier sans délai Ermenfroi, usurpateur du monastère fondé par Rampon, et d'employer son influence sur l'esprit de l'empereur pour décider ce prince à achever envers l'Eglise les restitutions qu'il avait si heureusement commencées.

Foulques, chargé par Etienne de se transporter à Langres pour mettre Teutbolde en possession de cet évêché, n'ayant pu remplir sa mission, donna avis au Pape de la résistance qu'il avait éprouvée, et le pria de lui renvoyer par écrit sa décision sur cette affaire. Il lui posait en même temps cette question et le priait de lui récrire, si les évêques ses suffragants pouvaient sacrer un roi ou faire quelque autre fonction semblable sans sa permission. On croit que cette question regardait le roi Eudes, élu malgré la résistance de Foulques qui avait dessein de donner Gui de Spolète pour roi à la France Romaine. C'est ainsi qu'on nommait alors tout le pays situé en-deçà du Rhin; et c'est peut-être pour cette raison que le roi Eudes ne fut sacré ni par l'archevêque de Reims, ni par aucun des évêques de la province, mais par Vautier, archevêque de Sens. Du reste, on ignore quelle fut la réponse du Pape à cette question.

Au Pape Formose. — Foulques rendit compte de sa commission, non au Pape Etienne qui était mort quelque temps après l'avoir donnée, mais à Formose, son successeur, le priant de lui donner ses ordres sur ce qu'il y avait à faire. Formose ayant différé quelque temps de répondre, Foulques lui écrivit une seconde lettre sur le même sujet. Il se plaignit au Pape que quelques évêques des Gaules demandaient au Saint-Siége le pallium sans aucun droit, et au mépris de leurs métropolitains, disant que cela pourrait altérer la charité, et produire dans l'Eglise une grande confusion; c'est pourquoi il conjurait Formose de ne point accorder ces sortes de grâces, sans un consentement général et par écrit de ceux à qui il appartenait, afin de ne point avilir l'honneur de la dignité ecclésiastique. Le Pape dans sa réponse exposa à Foulques la fâcheuse situation où se trouvait l'Eglise romaine, les hérésies qui troublaient depuis longtemps celles d'Orient; les schismes qui divisaient les évêques d'Afrique, et la résolution où il était d'assembler un concile général le 1er mars 893, pour chercher les moyens de remédier à tous ces maux. Il invita l'archevêque de Reims à se rendre à Rome pour cet effet, et d'y venir au plus tôt, afin de pouvoir s'entretenir ensemble à loisir, et rendre des réponses plus amples à ceux qui l'avaient consulté sur toutes ces matières. Il marquait à Foulques dans la même lettre qu'il n'avait point reçu sa première; qu'il avait couronné empereur Gui, duc de Spolète, et confirmait tous les priviléges de l'Eglise de Reims, tous ses droits et toutes les donations qui lui avaient été faites.

En 893, Foulques tint un concile à Reims, où, de l'avis des évêques et des seigneurs, il fit reconnaître roi, Charles, surnommé le Simple, alors âgé d'environ quatorze ans. Il fut question dans cette assemblée des excès du roi Eudes. Foulques donna avis au Pape de tout ce qui s'y était passé, et lui demanda ses secours et ses conseils. Formose écrivit en conséquence au roi Eudes pour l'exhorter à se corriger; lui demandant de ne faire aucun tort au roi Charles ni dans sa personne ni dans ses biens, et de lui accorder une trève jusqu'à ce que l'archevêque de Reims pût aller à Rome. Ce Pape écrivit sur le même sujet aux évêques des Gaules et à Foulques, qui de son côté adressa plusieurs autres lettres à Formose sur quelques affaires particulières, et sur la restitution des biens enlevés à son église. Il le remercia aussi d'avoir couronné Lambert, fils de Gui de Spolète et son parent.

Au Pape Etienne VI. — Boniface, successeur de Formose, n'ayant occupé le Saint-Siége que quinze jours, fut remplacé par Etienne VI. A la nouvelle de son intronisation, Foulques lui écrivit pour l'en féliciter, et lui témoigna le désir qu'il avait eu souvent d'aller à Rome, sans avoir pu vaincre les obstacles qui s'étaient opposés à ce voyage. Le Pape, peu content de ces excuses, lui enjoignit de se rendre à Rome pour un concile qui devait s'y tenir, au mois de septembre 896, le menaçant de punir son absence par une censure canonique. Foulques, accoutumé à ne recevoir des Papes que des lettres pleines de douceur, fut surpris de la dureté de cette réprimande; il ne refusa pas d'obéir, mais ne pouvant exécuter le voyage que ce pontife exigeait de lui, il s'en excusa avec vigueur, quoique sans sortir des bornes de la modération et de la charité. Dans la pensée que l'on aurait prévenu le Pape contre lui, il lui rend compte de sa vie depuis sa première jeunesse. « Dès l'enfance, lui dit-il, j'ai été élevé dans la discipline canonique, jusqu'à ce que le roi Charles, fils de l'empereur Louis, m'eut pris avec lui et attaché au service de son palais; j'y suis resté jusqu'au temps du roi Carloman, et c'est alors que choisi par le clergé et par le peuple de Reims, les évêques de la province m'ont donné la consécration épiscopale. D'autres pourront vous dire comment j'ai trouvé mon Eglise ravagée par les incursions des barbares, et quelles peines je me suis données pour lui procurer la paix. Vous pouvez donc juger par la vie que j'ai menée avant l'épiscopat qu'il a été pour moi plutôt un fardeau qu'un avantage. »

Au roi Charles le Gros, etc. — La part qu'il prenait aux affaires de l'Etat le mit dans l'obligation de communiquer avec le roi Charles le Gros, fils de Louis de Germanie, pour le prier de protéger la France contre les Normands qui la ravageaient, en lui montrant que la reddition de Paris, qu'ils tenaient assiégée, occasionnerait la ruine de tout le royaume. Par une autre lettre, il priait le même empereur de lui obtenir du Pape le pallium, et la confirmation des priviléges accordés autrefois à son Eglise par le Saint-Siége. Il écrivit à Arnoul, roi de Germanie, pour lui recommander les intérêts du roi Charles le Simple. Rendant raison du choix qu'on en avait fait pour le placer sur le trône, il disait que Charles était fils de roi, frère des deux derniers rois, et l'unique en France de la postérité masculine de Charlemagne; que ceux qui l'accusaient d'avoir proposé ce jeune prince, afin de faire passer le royaume à Gui, duc de Spolète, son parent, étaient des calomniateurs; il n'y avait pas plus de fondement dans le bruit que l'on faisait courir que Charles n'était point fils de Louis le Bègue; il suffisait de l'envisager pour y reconnaître les traits de visage de son père; d'ailleurs, le royaume de France étant héréditaire, on ne pouvait le contester à Charles. Il appuyait le droit de succession à la couronne par un passage de saint Grégoire, Pape. Comme on avait procédé au couronnement du jeune roi, sans en donner avis au roi Arnoul, il dit qu'on n'en avait agi ainsi que parce que ce n'était point la coutume en France d'attendre le consentement des autres princes sur une affaire de cette nature, le royaume appartenant à Charles par droit de succession. Enfin, il assurait le roi Arnoul, qu'en accordant son amitié au roi Charles, ce jeune prince serait en tout soumis à ses avis et à ses volontés, et qu'il observerait inviolablement la foi des traités. Dans une lettre au roi Eudes, Foulques le prie de laisser à l'Eglise de Laon la liberté d'élire un évêque à la place de Didon, mort depuis peu, et montre qu'on ne devait pas user de violence dans l'élection d'un pasteur. Averti que le roi Charles était sur le point de faire alliance avec les Normands pour s'en servir à recouvrer ses Etats, il lui représenta qu'en se joignant à ces peuples impies et barbares, au lieu de remonter sur le trône avec leurs secours, ils le perdraient, en attirant sur lui la colère de Dieu; que ses ancêtres ayant quitté les idoles pour mettre leur confiance en Dieu, avaient régné heureusement et transmis leur puissance à leurs descendants; qu'il devait se désister d'un dessein qui ne pouvait lui avoir été suggéré que par des infidèles; qu'en les écoutant, il perdrait également le royaume temporel et l'éternel; que pour lui, il se joindrait aux autres évêques des Gaules pour l'excommunier, et le condamner à l'anathème. « Je vous écris ceci en gémissant, ajoutait Foulques, parce que je vous suis fidèle, et que je souhaite que vous parveniez au royaume qui vous est dû, non par le secours de Satan, mais par celui de Jésus-Christ. »

A l'empereur Lambert, etc. — Il écrivit à l'empereur Lambert pour le congratuler des marques d'amitié qu'il avait reçues du Saint-Siége, et l'exhorter à l'honorer et à le respecter, comme le vrai moyen d'obtenir le secours du Ciel, de rendre son règne stable, et de vaincre ses ennemis. Il lui donnait pour exemple Lambert, son oncle, qui, pour avoir manqué envers le Saint-Siége, avait péri malheureusement. Comme le Pape avait excommunié Rampon, et l'avait dénoncé à tous les évêques d'Italie et des Gaules, Foulques prie Lambert d'intervenir pour Rampon, leur parent commun, afin de faire lever cette censure. Sa lettre à Alfred, roi d'Angleterre, est pour le remercier d'avoir procuré l'archevêché de Cantorbery, à Plegmond, homme vertueux, bien instruit des règles de l'Eglise, et propre à déraciner par ses instructions une ancienne erreur qui venait du paganisme, savoir, que les évêques et les prêtres pouvaient avoir des femmes auprès d'eux; et qu'il était permis à chacun d'épouser ses parentes, ou des religieuses, et d'avoir avec sa femme une concubine. Foulques fait voir par l'autorité des Pères, que ces abus étaient contraires à la saine doctrine de l'Eglise. Informé que l'impératrice Richilde, veuve de Charles le Chauve, menait une vie peu chrétienne, et peu conforme au voile de viduité, c'est-à-dire à la condition d'une veuve consacrée à Dieu, il lui écrivit pour tâcher de la ramener à son devoir, par les voies de remontrances, lui faisant entendre qu'au cas qu'elle persévérât dans les excès qu'on lui reprochait, il ne pourrait s'empêcher de la réduire, en employant contre elle l'autorité et la vigueur des canons de l'Eglise.

A différents évêques. — L'Eglise de Reims possédait des terres dans les diocèses de Bordeaux et d'Arles, ou dans le voisinage. Foulques, averti que quelques-uns s'en emparaient, pria Frotaire et Rostaing de les excommunier s'ils refusaient de restituer, et de veiller à l'avenir sur les biens dépendants de sa métropole. Il écrivit pour le même sujet à Herman, archevêque de Cologne. Dans une autre lettre, il l'invita à une conférence où l'on pût prendre les moyens de s'opposer aux courses des Normands. Il le prie encore de veiller sur les biens d'une abbaye que le roi lui avait donnée dans les dépendances de Cologne. Foulques eut un démêlé avec l'abbesse Hildegarde dans le diocèse de Sens. Il en écrivit à Vautier qui en était archevêque, le priant d'obliger Hildegarde à se trouver à jour nommé à l'assemblée réunie pour terminer l'affaire. — Il congratula l'évêque de Plegmond sur les soins qu'il se donnait, pour extirper les désordres des ecclésiastiques d'Angleterre. Dans sa lettre à Jean, prélat romain, après lui avoir rappelé leur ancienne amitié, il le priait de lui ménager les bonnes grâces du Pape Etienne. — Il adressa également deux lettres à Dadilon, archevêque de Cambrai : l'une pour l'inviter à l'assemblée, où devait se traiter l'affaire d'Hildegarde et d'Hermengarde; et l'autre pour le remercier d'y être venu. — Dans une lettre qu'il écrivit à Didon, évêque de Laon, il se plaignait qu'il eût refusé les sacrements de pénitence et d'Eucharistie à Walcher, qu'on allait faire mourir pour crime de lèse-majesté, quoiqu'il les eût demandés; il lui reprochait d'avoir défendu qu'on lui donnât la sépulture, ni qu'on fît des prières pour lui. Il prouvait par des témoignages de l'Ecriture et des Pères que sa conduite à cet égard était répréhensible. C'est pourquoi il lui ordonne de faire enterrer le corps de Walcher dans le cimetière commun des fidèles, et de faire prier pour lui.

A divers abbés, etc. — Il écrivit une lettre de consolation à l'abbé Etienne, qui s'était vu priver d'un évêché auquel il avait été nommé. Il reprit fortement Baudoin, comte de Flandre, des vexations qu'il avait exercées, soit contre des prêtres, soit contre des églises ou des monastères, en le menaçant des censures canoniques, et particulièrement de l'excommunication, s'il persévérait dans ses désordres. — Dans une autre lettre écrite au nom du concile tenu à Reims en 892, il le reprenait de son mépris pour les lois civiles et ecclésiastiques, de son avidité à s'emparer des biens de l'Eglise, usurpant des honneurs qui ne lui convenaient point, jusqu'à se donner le titre d'abbé. — L'évêché de Senlis étant venu à vaquer, Foulques prescrivit au clergé et au peuple la manière de procéder à l'élection d'un évêque. — Il en usa de même pendant la vacance du siège de Laon, et envoya au clergé de cette Eglise la formule de la lettre qu'il fallait écrire au roi Eudes, pour obtenir de ce prince la liberté d'une élection canonique. Les moines de Corbie, après avoir déposé leur abbé, l'avaient relégué en un lieu indécent et hors de l'enclos du monastère, sans aucun respect pour ses infirmités. Foulques les en reprit sévèrement, et leur montra qu'ils avaient outrepassé leur pouvoir en déposant un homme que son archevêque avait institué selon les règles et après avoir constaté la canonicité de son élection. Il leur commande de le recevoir chez eux et de l'honorer comme leur père, jusqu'à ce que lui-même représentât au roi la nécessité de lui donner un successeur, à cause de l'impossibilité où il était de gouverner par lui-même son monastère. Il y a beaucoup de feu, dans cette lettre; et en général on remarque un génie ardent dans la plupart de celles dont Flodoard nous a laissé des passages. Zélé pour les priviléges de son Eglise, Foulques fit tous ses efforts pour les maintenir. Il ne se montra pas moins attentif à remettre en vigueur les canons des conciles, et il travailla toute sa vie à corriger les abus et à réformer les mœurs.

Au roi Alfred. — Le P. Alford a rapporté dans ses *Annales de l'Eglise anglicane*, une lettre de Foulques au roi Alfred, qu'il dit avoir tirée des *Annales* manuscrites de Winchester. C'est une réponse à celle que ce prince lui avait écrite, pour lui demander le prêtre Grimbald, moine de Saint-Bertin, comme capable de rétablir les lettres dans ses Etats. Il demandait aussi quelques autres savants pour l'aider dans cette mission. On doute de l'authenticité de cette lettre, parce qu'il n'en est rien dit dans Flodoard, et que Grimbald y est qualifié d'évêque : ce qu'on ne lit point ailleurs. Ajoutons que Flodoard ne parle pas même de l'envoi de Grimbald en Angleterre : événement qu'il n'aurait pas dû passer sous silence, puisqu'il ne pouvait que faire honneur à Foulques, s'il y avait eu part.

FOULQUES, surnommé LE BON à cause de sa piété et de la douceur de son caractère, était le plus jeune des trois fils de Foulques le Roux, comte d'Anjou, à qui il succéda, selon la chronique de Tours, la seconde année du règne de Louis d'Outremer, c'est-à-dire, en 937. Dès son enfance on veilla avec le plus grand soin à son instruction. Il étudia la grammaire, l'éloquence, la philosophie, et passa pour un des seigneurs les plus lettrés de son siècle. Mais son application à l'étude ne l'empêcha point de se former aux exercices des armes, et de s'y signaler. Il acquit la réputation d'un grand capitaine et eut part sans doute aux fréquentes victoires qu'Ingelger, le second de ses frères, remporta sur les Normands. L'éducation que Foulques avait reçue de ses parents, il eut soin de la faire donner à ses fils. Il en eut trois : Geoffroi, surnommé *Grisegonesse* qui, en sa qualité d'aîné, lui succéda et se rendit fameux par ses exploits militaires; Gui et Drogon, qui, après de brillantes études, devinrent successivement évêques du Puy en Velay. Avant même de porter le titre de comte d'Anjou, Foulques était ami particulier d'Abbon, seigneur de mérite et de piété, et père de saint Odon, depuis abbé de Cluny. L'amitié qu'il avait pour le père s'étendit sur le fils; Foulques le fit élever quelque temps auprès de sa personne, et lorsqu'Odon, après avoir embrassé l'état ecclésiastique, eut été nommé chanoine de Saint-Martin de Tours, il lui donna une maison près de l'église et lui fit assigner une pension sur le revenu de l'abbaye. La France jouissait d'une grande tranquillité lorsque Foulques succéda à son père; les Normands convertis à la foi et concentrés dans la Neustrie avaient cessé d'en troubler le repos. Il employa les moments de calme que lui donnait la paix à faire fleurir les arts et l'abondance. Il encouragea le défrichement des terres, favorisa la population et chercha à fixer près de lui par des bienfaits, les hommes les plus savants de son siècle. Il avait une dévotion singulière pour saint Martin de Tours, et il ne croyait pas déroger en prenant l'habit de chanoine dont il s'était fait donner le titre, et en chantant au chœur avec les clercs, ce qui supposait alors une instruction peu commune. Le roi Louis d'Outremer le raillait un jour de son goût pour les lettres et de ses habitudes cléricales. « Sachez, sire, lui dit Foulques, qu'un prince non lettré est un âne couronné. » Le zèle du pieux comte pour le service divin fut récompensé aux yeux des hommes par une mort aussi précieuse qu'édifiante. Après avoir reçu la sainte communion à la messe solennelle de la fête de Saint-Martin d'hiver, il retourna au chœur et se trouva mal. L'indisposition, qui ne paraissait que légère, le conduisit presque immédiatement au tombeau. Il mourut entre les bras des chanoines ses confrères, et fut enterré auprès de son père dans la même église. Les auteurs sont partagés sur l'année de sa mort : le chroniqueur de Tours la met en 955, celui d'Anjou en 958, et Raoul Dicoto la renvoie encore plus loin; mais Bourdigné, au contraire, la place dès 949, et son opinion nous paraît plus probable. Il faut se souvenir que Foulques était plus âgé que saint Odon, qui cependant avait atteint sa soixante-troisième année lorsqu'il mourut en 942.

Sa dévotion envers saint Martin l'engagea à composer le peu d'écrits que l'antiquité lui attribue. Elle ne nous en fait point connaître d'autres que les douze répons qu'il fit pour l'office de ce grand évêque. S'ils étaient réellement tels qu'on nous les représente, ils valaient bien la peine d'être conservés à la postérité. Peut-être en reste-t-il quelque chose dans les différents offices du saint qui se célèbrent dans son église. On en loue non-seulement le sujet qui était pris de l'histoire, mais aussi l'élégance du style et l'harmonie des airs sur lesquels ils étaient notés. Foulques, qui avait étudié les arts libéraux, avait déployé dans ces chants tout ce que ses connaissances musicales avaient pu lui apprendre

Toutes les éditions de l'*Histoire de la translation des reliques de saint Martin de la ville d'Auxerre à Tours* reproduisent, sous le nom du comte Foulques, une lettre écrite à ce sujet à saint Odon, abbé de Cluny, avec la réponse de ce dernier. Mais ces deux pièces, ainsi que la relation qui les suit, sont reconnues aujourd'hui pour avoir été inventées par un seul et même auteur qui, par cet artifice spécieux, a voulu en imposer à la postérité. La lettre en particulier par laquelle l'imposteur, au nom de Foulques, presse saint Odon d'écrire l'histoire en question, est une pièce étudiée et faite à loisir. L'artifice s'y montre à découvert, et la plupart des locutions, qui semblent familières à l'auteur, suffisent pour en faire reconnaître la supposition. Cependant il faut avouer que cette lettre est ancienne, puisque, dès le commencement du XIII° siècle, on la regardait comme un monument sincère et authentique. C'est ce dont ne faisait aucun doute l'auteur de l'*Histoire des comtes d'Anjou*.

FOULQUES, surnommé LE RECHIN, naquit en 1043, à Château-Landon en Gâtinais, de Geoffroi, seigneur du lieu, et d'Ermengarde, fille de Foulques Nerra, comte d'Anjou. Dès l'âge de dix-sept ans, le jour de la Pentecôte de l'an 1060, il fut armé chevalier par son oncle Geoffroi Martel, qui le chargea de défendre la Saintonge contre les aggressions des peuples voisins. Son oncle, en mourant, partagea ses Etats entre Foulques et Geoffroi le Barbu, son frère aîné. Foulques eut pour sa part l'Anjou et la Saintonge; mais peu satisfait de ce lot, il déclara la guerre à son frère, le vainquit et le fit prisonnier; puis l'ayant relâché à la demande du Pape Alexandre II, il s'empara une seconde fois de sa personne, sous un faux prétexte, et l'enferma au château de Chinon, où celui-ci termina ses jours. Evénement déplorable qui fut une source de divisions entre les seigneurs du pays, et de fâcheuses révolutions dans tout le comté d'Anjou et les contrées voisines. Foulques fut le seul qui en profita, en ajoutant à ses Etats la Touraine, dont il avait dépouillé son frère, ce qui le rendit un prince très-puissant. Il fut en guerre avec Guillaume le Conquérant, duc de Normandie, au sujet du comté du Maine; puis une seconde fois, par les menées du seigneur Jean de la Flèche, allié de ce prince et son ennemi déclaré; mais ils se réconcilièrent et vécurent depuis en bonne intelligence. Tandis que l'on fermait les yeux sur la conduite de Foulques à l'égard de son frère, une querelle qui s'éleva entre ce prince et Raoul, archevêque de Tours, faillit causer sa perte. Foulques, frappé d'excommunication, fut obligé de comparaître devant les commissaires nommés par le Pape Urbain II, et de leur rendre compte de sa conduite; mais ses grandes libéralités envers les moines et les gens d'église lui méritèrent l'indulgence de ses juges, et il fut déclaré absous de tous les reproches qu'on lui imputait. Au bout d'environ dix-huit mois, Urbain II, à son retour du concile de Clermont, passant par Angers pour se rendre à Tours, le comte Foulques l'y accompagna et assista à la procession solennelle qu'y fit ce Pontife. Il en reçut même en cadeau la rose d'or qu'il portait à la main pendant cette cérémonie. Il fut si sensible à cet honneur, que pour en mieux conserver le souvenir, il ne manqua jamais depuis de la porter tous les ans à la procession des Rameaux. Il prit même des mesures pour que ses successeurs en usassent ainsi après sa mort. Ce prince vécut jusqu'à l'âge de soixante-six ans et en régna au moins trente après l'emprisonnement de son frère. Il mourut le 14 avril 1109, et fut enterré dans l'église du prieuré de Levière à Angers, comme il l'avait réglé lui-même de son vivant. Foulques avait eu trois femmes : il répudia les deux premières, et Bertrade de

Montfort, la troisième, le quitta après lui avoir donné un fils, pour épouser Philippe Iᵉʳ, roi de France; c'est ce fils qui, sous le nom de Foulques, devint roi de Jérusalem.

SES ÉCRITS. — Foulques est auteur d'une *Histoire des comtes d'Anjou*, qui commence au règne de Geoffroi Grisegonelle; mais malheureusement on n'a plus que la première partie de cet ouvrage et le commencement de la seconde. La perte en est d'autant plus regrettable que la partie qui nous manque était la plus intéressante, puisque Foulques l'avait consacrée à écrire sa propre histoire, qui ne se trouve que dispersée et très-imparfaite dans les autres écrivains du même siècle et des siècles suivants. On comprend d'ailleurs quel avantage a sur toutes les autres histoires celle qui n'a qu'un même personnage pour narrateur et pour héros.

Foulques, entreprenant d'écrire pour la postérité, a eu soin de consigner dans son ouvrage des circonstances que les autres écrivains négligent trop souvent de remarquer dans les leurs. Il débute par faire connaître son nom, sa famille, les dignités qu'il a remplies, et l'époque à laquelle il a commencé à écrire. C'est ainsi que nous apprenons qu'outre la Touraine et l'Anjou, il fut aussi quelque temps maître des comtés de Nantes et du Maine. Il y avait vingt-huit ans passés qu'il était paisible possesseur de ses Etats lorsqu'il travailla à exécuter le projet qu'il avait conçu d'écrire une Histoire. Ce passage de son écrit, rapproché d'un autre où il fait mention de la troisième année depuis la prise d'Antioche par les croisés, montre qu'il écrivait au plus tôt en 1101. Quant au dessein de l'ouvrage, il se propose d'y faire l'histoire de tous les comtes d'Anjou, depuis Ingelger qui avait reçu ce comté de la libéralité de Louis le Bègue, fils de Charles le Chauve, jusqu'au temps où il écrivait. Sur ce plan il distingue deux parties principales: la première qu'il consacre à parler de ses prédécesseurs, et la seconde qui devait comprendre sa propre histoire. Sans doute Foulques fut exact à suivre son plan; mais le manuscrit sur lequel on a imprimé son ouvrage ne s'est trouvé contenir que la première partie avec quelque chose des préliminaires de la seconde. Les feuilles qui contenaient cette dernière partie en avaient probablement été détachées, et sont peut-être aujourd'hui perdues sans ressource.

Foulques, en écrivain prudent, plutôt que de s'exposer à rapporter des choses qu'il ignore, se contente de nommer tout simplement trois de ses prédécesseurs, Ingelger, Foulques le Roux, et Foulques le Bon, parce que, se trouvant trop éloigné du temps où ils avaient régné, il n'était pas assez instruit de leur histoire. Comme nous l'avons dit, il ne commence donc, à proprement parler, la première partie de son ouvrage qu'à Geoffroi Grisegonelle; encore est-il fort succinct sur son article: ce qu'il en rapporte comme ce qu'il dit de ses successeurs, il témoigne l'avoir appris de Geoffroi Martel, premier du nom, son oncle maternel. On voit par là qu'il n'a pas voulu se donner la peine de recourir aux anciens monuments, et qu'il ne parle ni de Torquace ni de Tertulle, que Jean, moine de Marmoutier, autre historien des comtes d'Anjou, donne à Ingelger pour prédécesseurs. Il ne dit rien non plus de Maurice, que cet écrivain fait succéder à Geoffroi Grisegonelle. Mais Foulques a raison en ceci, puisque Maurice, quoique le plus jeune des fils de Grisegonelle, mourut avant son père. L'ouvrage de Foulques, au reste, n'est, à le bien prendre dans sa première partie, qu'un abrégé d'histoire. Il y avait beaucoup plus de choses à dire sur Foulques Nerra, son aïeul, et Geoffroi Martel, son oncle, qu'il n'en rapporte en réalité. Mais ce qu'il nous en apprend porte un autre cachet de certitude que ce qu'en ont écrit les historiens qui lui ont succédé. A propos de Geoffroi Martel, il a touché quelques traits de sa propre histoire, en la liant ainsi naturellement à celle de son oncle, qui l'avait fait son héritier; mais il ne parle encore de lui qu'avec mesure; parce qu'il se préparait à en parler plus amplement dans la seconde partie.

Cependant il crut devoir la faire précéder de la relation de quelques événements singuliers arrivés de son temps et concernant l'histoire générale. C'était le goût alors, la mode si l'on veut, d'observer les phénomènes qui se produisaient dans le ciel et d'en instruire la postérité; ce qui se pratiquait, comme nous aurons l'occasion de l'observer plus d'une fois, plutôt en astrologue qu'en astronome. Or, suivant les expressions mêmes de Foulques, il y avait eu alors une espèce de chute d'étoiles, dont toute la France avait été témoin; ce qui apparemment n'était rien autre chose que la lumière boréale, fort peu connue en ces temps-là. On ne manqua pas de prendre ce phénomène comme le présage de quelque calamité publique. Aussi notre historien assure-t-il qu'il fut suivi d'une grande mortalité et d'une disette extrême dans tout le royaume. « Dans la seule ville d'Angers, dit-il, il mourut cent des premiers citoyens, et plus de deux mille personnes du petit peuple. » Un autre événement général que Foulques a fait entrer dans son Histoire, c'est la première croisade dont il donne un abrégé fort exact, depuis le passage du Pape Urbain II par Angers, où il prêcha la guerre sainte, jusqu'au siège et à la prise d'Antioche. C'est là que finit le manuscrit tel que les mutilations nous l'ont laissé. Cependant, comme il y fait mention de la troisième année qui suivit le départ de cette expédition, il est à présumer qu'il y continuait l'histoire des croisés, au moins pendant ces trois ans, c'est-à-dire jusqu'en 1101. Dès le commencement de ce récit, Foulques nous apprend lui-même l'honneur que lui fit à Tours le Pape Urbain, en lui présentant la rose d'or.

Dom Luc d'Achery a inséré ce qui nous reste de cet ouvrage dans le tome X de son *Spicilége*, sous ce titre: *Historiæ Andegaven-*

sis fragmentum. L'abbé de Marolles l'a traduit en français et publié dans ses *Histoires des anciens comtes d'Anjou,* avec la chronique du moine Jean de Marmoutier et la relation de la construction d'Amboise, en un volume in-4°, Paris, 1681.

FOULQUES DE DEUIL. — Foulques, prieur de Deuil, dans la vallée de Montmorency, au commencement du XII° siècle, était contemporain et ami d'Abailard. Il n'est connu que par la lettre de consolation qu'il lui adressa, après la violence exercée sur lui, et lorsque celui-ci était allé cacher ses larmes et sa honte dans l'abbaye de Saint-Denis. Cette lettre, où les motifs de consolation sont presque aussi singuliers que l'événement qui y donnait lieu, existe, et se trouve parmi les œuvres d'Abailard, publiées par Duchesne. Nous en donnons ici l'analyse.

Elle roule sur deux points principaux : les dangers attachés à la bonne fortune et les avantages qui résultent de la mauvaise. La première produit l'orgueil, l'amour du monde et l'oubli de Dieu. Le prieur Foulques montre à son ami qu'il avait fait une triste expérience de cette vérité. Il lui rappelle à cette occasion la grande affluence d'écoliers, qui de toutes les parties de l'Europe accouraient se ranger autour de sa chaire, et qui, après l'avoir entendu, ne tarissaient plus sur son compte, et s'en allaient publiant partout l'éloge de son génie. Il lui parle des avantages que sa figure, ses manières agréables et l'enjouement de sa conversation lui donnaient auprès des femmes, des jalousies qui s'élevaient entre elles à son sujet, et des efforts qu'elles faisaient pour l'attirer à elles et le gagner. « Au milieu de tant de prospérités, lui dit-il, comment vous êtes-vous conduit? quel usage avez-vous fait de ces talents qui ne vous étaient donnés que pour acquérir la véritable sagesse? Hélas! au lieu de les faire servir à une fin si noble et si légitime, vous en avez abusé pour vous livrer à la vanité la plus ridicule; c'est au point, s'il faut en croire ceux qui ont fréquenté votre école, que vous ne craigniez pas de vous élever au-dessus de tous les grands hommes qui avaient cultivé les sciences divines et humaines avant vous. Mais Dieu qui, par sa miséricorde toute-puissante, dissipe quand il lui plaît le vent de l'orgueil pour y substituer la vertu solide de l'humilité, et qui sait également appliquer aux autres maladies de l'âme les remèdes qui leur conviennent, Dieu, dis-je, a eu compassion de vous : il a guéri l'enflure de votre cœur et subjugué l'insolence de vos yeux par cette salutaire mutilation. »

Mais comme Abailard pouvait objecter que son humanité avait été ainsi dégradée, Foulques lui rappelle qu'un philosophe comme lui, loin de s'arrêter aux aveugles préjugés du vulgaire, ne doit consulter en tout que la droite raison et la pure vérité. Là-dessus il entre dans un détail circonstancié des avantages spirituels ou temporels qu'il doit savoir retirer de son état. Les avantages spirituels seront d'abord : de le retenir dans les bornes de la modestie, en ne lui permettant plus de se préférer orgueilleusement à tout le reste du genre humain; ensuite de le rendre maître de plusieurs de ces passions malheureuses qui tourmentent tous les hommes, mais terrassent de préférence ceux qui mettent son aventure au rang des plus grands malheurs; enfin, d'éteindre dans la chair les ardeurs de la volupté, qui répandent souvent, même dans les âmes les plus saintes, d'épaisses vapeurs qui les troublent et interrompent le cours de leurs méditations. « Délivré de ces mouvements importuns, et de leurs suites peut-être plus importunes encore, vous pouvez maintenant, lui dit-il, sans craindre les distractions involontaires, vous recueillir tout entier en vous-même, et rechercher, avec une pleine liberté, les secrets de la nature. » Au nombre des avantages temporels qu'il doit retirer de ce qu'il appelle sa honte, il place en première ligne la situation où il se trouve, et qui va devenir pour lui une source de profits et d'épargnes. Jusque-là la débauche avait tellement absorbé le gain considérable qu'il retirait de ses leçons, et l'avait réduit à une misère si grande qu'il ne lui restait plus que des haillons lorsque son malheur lui est arrivé. Mais désormais, ce qu'il pourra gagner avec la permission de ses supérieurs, deviendra un bien dont il aura la jouissance, et qui n'ira plus se précipiter et s'enfouir dans ce gouffre honteux. Il lui compte aussi pour beaucoup l'accès facile que sa nouvelle position va lui ouvrir dans toutes les maisons, incapable désormais de causer de l'ombrage aux maris, dont il était auparavant la terreur. Enfin, pour dernière consolation, il lui remet devant les yeux la consternation universelle que sa disgrâce avait répandue dans toutes les classes de la société; tous les ordres religieux et tous les ordres civils, chanoines, clercs, magistrats, bourgeois, tous regardaient leur ville comme souillée par l'effusion de son sang. Mais il lui peint surtout les femmes déplorant ce malheur avec autant d'amertume que si la guerre leur eût enlevé un époux ou quelque chose de plus cher encore. « Un deuil si général, lui dit Foulques, un deuil si vivement caractérisé ne doit-il pas vous faire oublier la perte que vous avez faite? Tant qu'on reste heureux, on ignore si l'on est véritablement aimé; mais vous avez aujourd'hui un gage de l'affection publique, auquel vous eussiez préféré vous-même toutes les richesses imaginables si vous l'aviez pu prévoir. *Nescit se felix amari. Habes arrham dilectionis in te; quam si prius agnovisses, nullas meo judicio divitias illi comparabiles æstimares.* »

Foulques avait ouï dire que, mécontent du jugement ou plutôt des modifications que l'évêque et le clergé de Paris voulaient apporter postérieurement à la sentence qui condamnait ses assassins, Abailard pensait à poursuivre sa vengeance jusqu'en cour de Rome. Il fait tous ses efforts pour le détourner de ce dessein. Il lui représente qu'à Rome tout est vénal; que la justice surtout ne s'y rend qu'à prix d'argent, et que, ne pouvant espérer de ses parents ni de ses amis des sommes assez considérables pour être sûr de réussir, il court risque de ne rapporter d'un voyage si pénible et si dispendieux que la honte avoir échoué.

Cette lettre est le seul monument qui ait transmis le nom de Foulques à la postérité. Elle prouve qu'il ne manquait ni d'érudition ni de talent pour écrire.

FOULQUES, en latin *Fulco*, que la ressemblance de noms a fait confondre quelquefois avec Foulcher de Chartres, et même avec le comte Foulques, roi de Jérusalem, ne nous est connu que par un poëme historique en trois livres, qu'il composa sur la première croisade. On ne possède aucuns renseignements sur son origine, mais on croit qu'il vivait en même temps que le cardinal Gilon, qui s'est exercé sur la même matière, c'est-à-dire dans les commencements du xii° siècle. Voici le début de cet ouvrage:

Inclyta gesta ducum perscribere magnanimorum
Fert animus, patrum qui fortia facta suorum
Non solum magnis successibus æquiparare,
Sed majore fide certarunt exsuperare.
Ardor inest, inquam, sententia fixaque mente
Versibus et numeris transmittere posteritati,
Qualiter instinctu Deitatis et auspice cultu
Est agressa via memorando nobilis actu,
Quo sacrosancti violantes jura sepulcri
Digna receperunt meriti commercia pravi.

Pour donner une idée succincte de ces trois livres, qui ne renferment rien qu'on ne rencontre ailleurs, nous dirons que dans le premier, après avoir raconté l'étonnante révolution que la prédication de la croisade produisit dans toutes les âmes, l'auteur nomme les principaux chefs de cette expédition, décrit leur départ et marque la route que chacun d'eux fit prendre à la division qui marchait sous ses drapeaux. Dans le second, il rapporte les différentes aventures qui arrivèrent aux croisés pendant leur marche jusqu'aux portes de Constantinople; enfin le troisième rappelle les différends entre Godefroi de Bouillon, général en chef de toute l'armée qu'il avait réunie en Thrace, et l'empereur Alexis Comnène, différends dont la pacification laissa le chemin libre aux croisés pour aller à Nicée. C'est là que s'arrête la narration de Foulques qui, pour apprendre la suite de cette expédition gigantesque, renvoie au poëme de Gilon par ces quatre vers:

Hæc de principiis callis Hierosolymitani
Scripsimus, ut nostræ permissum rusticitati.
Cætera describit domnus Gilo Parisiensis,
Cujus turpatur nostris elegantia nugis.

Cette espèce de poëme, ou si l'on veut de chronique rhythmée, se trouve à la fin du tome IV des *Historiens français*, d'André Duchesne, et précède immédiatement l'ouvrage de Gilon.

FRANCON ou FRANKON, scholastique, ou, comme on disait alors, écolâtre de Liége, florissait en 1066. Quelques-uns, et Du Boullay entre autres, imités en cela par un savant du xvii° siècle, en font un disciple de Fulbert de Chartres; mais il y a loin du mois d'avril 1029, époque de la mort de ce prélat, jusqu'en 1083, où Francon vivait encore. Il est vrai que le fameux Bérenger, qui avait étudié sous le même maître, prolongea au delà de ce terme sa longue existence. Malgré cela, au témoignage des historiens modernes, nous préférons celui des anciens qui lui font faire ses études dans l'école de l'Eglise de Liége, sous le célèbre Adelman, savant religieux de l'abbaye de Stavelo, et le présentent comme son successeur. Devenu écolâtre à son tour, il soutint l'honneur de cette dignité par l'intégrité de ses mœurs et par un grand fonds d'érudition et de savoir. Il était philosophe, mathématicien, astronome et musicien très-distingué. Mais l'étude des lettres humaines et le goût des arts ne l'avaient point détourné de l'étude des saintes Ecritures, dans lesquelles on dit qu'il était fort instruit. Sigebert, son contemporain, assure qu'il commença à se faire connaître comme savant dès l'an 1047. Il est vrai, au moins, qu'il avait écrit sur la quadrature du cercle avant 1055, époque de la mort d'Hériman, archevêque de Cologne, à qui son ouvrage est dédié. Francon vécut au moins jusqu'en 1083, et remplissait encore la place d'écolâtre à la cathédrale de Liége. Ce fut en cette année que Henri, son évêque, et Hériman de Metz, le choisirent pour assesseur et le conduisirent avec eux à l'abbaye de Saint-Tron, où des troubles s'étaient élevés au sujet de l'élection d'un abbé pour succéder à Adelard II qui venait de mourir. La mémoire de notre pieux scholastique y était encore si célèbre plusieurs années après sa mort, que le chroniqueur de ce monastère n'a pu apprendre cette particularité de sa vie sans faire son éloge en des termes pompeux, mais fondés sur la vérité: *Affuit*, dit-il, *et magnæ vitæ et nominis Franco, magister scolarum sancti Lamberti religiosus.* On ignore en quelle année il mourut.

SES ÉCRITS. — On a de Francon un *Traité sur la quadrature du cercle*, dédié, comme nous l'avons déjà dit, à Hériman, second du nom, et archevêque de Cologne. Recherche aussi vaine que pénible, et dans laquelle avaient échoué tous les anciens philosophes, ce qui a fait dire si spirituellement à Aristote que si cette connaissance est à la portée de l'esprit humain, il faut qu'il ait été bien maladroit, puisqu'il n'est pas encore parvenu à l'acquérir. Francon ne fut pas plus heureux que ceux qui l'avaient précédé, et il est probable que ceux qui viendront après lui ne le seront pas davantage. Il fut aidé dans son travail par Falchalin, savant moine de Saint-Laurent de Liége, qui, après avoir étudié sous l'écolâtre Louis l'Ancien, y dirigeait alors les écoles. Giles d'Orval, écrivain du xiii° siècle, parlant de cet écrit de Francon, dit qu'il se trouvait dans la bibliothèque de son monastère. Trithème ne pourrait, comme il le fait, le qualifier d'ouvrage ingénieux et excellent, *subtile opus et egregium*, s'il n'avait existé de son temps, et s'il n'en avait eu connaissance. Nous ne savons aujourd'hui ce qu'est devenu cet ouvrage, mais nous pensons que la postérité se sera aisément consolée de sa perte.

Nous apprenons encore de Sigebert que Francon fit un *Traité sur le comput*, c'est-à-dire, comme l'explique Trithème, sur le calendrier, afin d'apprendre à fixer par des calculs le jour de Pâques et des autres fêtes mobiles qui en dépendent.

Francon se réunit de nouveau avec Falchalin pour composer un écrit sur le jeûne des quatre-temps. On le conservait encore au siècle de Valère-André parmi les manuscrits de Saint-Laurent de Liége. Il ajoute qu'on voyait également de son temps, au monastère de Sept-Fonds, à Bruxelles, un manuscrit sous le nom de notre écolâtre, et intitulé : *des Louanges de la sainte Vierge*. Mais il est probable qu'il confond ici Francon de Liége avec Francon d'Afflighem, et qu'il attribue à l'un les ouvrages de l'autre ; ce qui peut d'autant mieux s'expliquer que ce dernier a composé sur la sainte Vierge plusieurs discours qu'on retrouve dans le catalogue de ses ouvrages.

Trithème dit que Francon passait pour avoir écrit plusieurs traités sur l'Ecriture sainte; mais il n'en juge ainsi que sur un mot de Sigebert qui, après avoir parlé de l'ardeur avec laquelle il s'était livré à cette étude, ajoute immédiatement qu'il laissa plusieurs écrits de sa façon, *et plura scripsit*; mais cette expression s'applique plutôt à ses ouvrages en général qu'aux livres saints en particulier. Cependant Ellies Dupin n'a pas eu besoin d'autre preuve pour le soutenir.

On peut affirmer avec plus de certitude que Francon avait écrit sur la musique. On voyait encore avant notre révolution, parmi les manuscrits des bibliothèques religieuses, quelques-uns de ses traités sur cette matière. La bibliothèque de l'abbaye de Lire en Normandie possédait un manuscrit in-folio avec ce titre : *Ars magistri Franconis de Musica mensurabili*. Cette qualification de maître ne peut guère s'appliquer à d'autres qu'à l'écolâtre de Liége. On doit porter le même jugement d'un autre traité, divisé en six chapitres et intitulé : *Magistri Franconis Musica*, qui se trouvait parmi les manuscrits de Thomas Bodlay. Peut-être ne diffère-t-il du précédent que par le titre. Les mêmes manuscrits nous offrent aussi, du même auteur, un autre traité avec cette inscription : *Compendium de discantu tribus capitibus*.

On a des preuves aussi que Francon s'est exercé sur la sphère, puisque quelques-uns de ses traités ont été commentés au XIII° siècle par saint Thomas. En effet, entre quatre ou cinq ouvrages de ce saint docteur, découverts par dom Bernard Pez lors de ses voyages en Allemagne, on en voit un intitulé de la sorte : *Super tractatus Spheræ magistri Franconis*. Cependant cet écrit n'a pas été compris dans la grande édition des œuvres de ce savant docteur.

Enfin, un manuscrit du collège de la Trinité de Dublin contient l'abrégé d'un autre ouvrage, qui atteste que Francon avait écrit sur le bois de la vraie croix. Cet abrégé porte pour titre : *Gerlandus ex libro Mag. Franconis Legiensis de ligno crucis*. On ne peut mieux désigner notre scholastique que par sa qualité de Liégeois, et son abréviateur florissait dans les premières années du XII° siècle.

FRANCON, dont on ignore la naissance et la patrie, embrassa la vie monastique à l'abbaye d'Afflighem, ordre de Saint-Benoît, dans le Brabant, autrefois du diocèse de Cambrai, et maintenant de celui de Malines. Cette maison, fondée en 1086, était encore dans sa première ferveur lorsqu'il y entra. L'abbé Fulgence la gouvernait depuis son établissement, avec une sagesse dont les fastes du monastère ont consacré le souvenir. Francon, sous ce respectable supérieur, acquit un grand fonds de science et de vertu ; et à sa mort, il fut choisi d'un consentement unanime pour le remplacer. Les critiques ne sont pas d'accord sur l'année de cette élection. Trithème et Valère-André la placent en 1109 ; Ellies Dupin la met en 1112, et Possevin l'avance jusqu'en 1103. Tous ces auteurs nous paraissent avoir anticipé considérablement sur la véritable date. Il est certain que l'abbé Fulgence était encore plein de vie au 3 de février 1121, puisqu'on a une bulle de Calixte II, qui lui est adressée le même jour. Il peut se faire qu'il ait continué de vivre tout le reste de cette année, et même une partie de la suivante ; du moins Francon n'est nommé pour la première fois, avec la qualification d'abbé, que dans une charte donnée par Burchard, évêque de Cambrai, en 1123. L'abbaye d'Afflighem, déjà considérable du temps de l'abbé Fulgence, et réunissant sous sa dépendance plusieurs monastères de l'un et de l'autre sexe, vit encore s'étendre sa juridiction sous le nouvel abbé, car Geoffroy le Barbu, duc de Lorraine et comte de Louvain, ayant fondé l'abbaye de l'Ulierbek pour les hommes, en 1125, et le grand Bigard ou Bigarden, pour les filles, en 1133, il confia, par estime personnelle, le gouvernement de ces deux monastères à l'abbé d'Afflighem. Du reste, ce prince ne fut pas le seul qui honora le mérite de Francon. Dans un voyage que ce dernier fut obligé de faire en Angleterre, le roi Henri lui prodigua les marques de son estime et de sa libéralité. L'accueil que lui firent les prélats et les seigneurs anglais ne fut pas moins flatteur. Charmés de son éloquence et de sa modestie, ils se disputaient à qui le posséderait. Les abbés les plus zélés pour l'observance le priaient d'entrer dans leurs chapitres et de dire quelques mots d'édification à leurs communautés. Pour gage de sa reconnaissance envers le monarque anglais, Francon, à son retour, lui fit ériger une statue sur une des portes du monastère, qui continua de s'appeler depuis porte Royale; et ce monument se voyait encore au milieu du XVII° siècle. La grande réputation du pieux abbé attira à l'abbaye d'Afflighem plusieurs prosélytes illustres par leur naissance et leurs richesses. Les dons qu'ils apportèrent furent consacrés à la décoration des édifices, et surtout à la construction d'une magnifique église. Outre cela, notre abbé ramassa quantité de bons livres, dont il composa une des plus riches bibliothèques de la Flandre. Ces soins, quoique importants, étaient subordonnés à une vigilance extrême pour le maintien de la régularité; persuadé que le troupeau doit, non-seulement ne pas dépérir, mais même s'améliorer entre les mains du vrai pasteur, il travailla sans relâche à délivrer ses religieux de leurs imperfections et à les faire croître en vertus. L'histoire ne donne point d'autres détails de son gouvernement : il mourut saintement comme il avait vécu, et fut enterré sous une tombe simple et modeste, que le temps respecta après avoir détruit les tombeaux fastueux des autres abbés. Les auteurs du nouveau *Gallia christiana* fixent sa mort au 13 septembre 1135. Francon était grand théologien, et écrivait avec une égale facilité en prose et en vers. Trithème et Sigebert en parlent comme d'un homme éloquent, plein de connaissances, estimé des princes, des évêques et des personnages les plus illustres de son temps. Il a laissé plusieurs écrits.

Traité de la grâce. — Le premier et le plus considérable des écrits de Francon est son *Traité de la grâce*, travail heureux, qui se trouva être en même temps une preuve de son obéissance et un fruit de son érudition. L'abbé Fulgence, voulant exciter dans le cœur de ses religieux la reconnaissance pour les bienfaits du Seigneur, lui ordonna de composer un traité sur ce sujet et lui en traça le plan par écrit, en ces termes : « Vous commencerez à la création du monde, et vous continuerez jusqu'au dernier jour, c'est-à-dire jusqu'au jour du jugement universel. Cependant, quand vous en serez au temps de la Passion de Notre-Seigneur, et à ce moment de sa dernière scène, où il dit : *Prenez et mangez : ceci est mon corps*, je vous prie de vous arrêter à ces paroles et de traiter avec le plus d'attention et d'exactitude qu'il vous sera possible ce don de son amour ineffable pour nous. » Francon exécuta de point en point ce qui lui était prescrit. Il partagea son travail en douze livres, et l'intitula : *de Gratia et beneficientia Dei*. A la tête, il plaça l'ordre qu'il avait reçu de son abbé en forme de lettre, pour l'opposer, dit-il dans la préface, comme un édit impérial, à ceux qui pourraient l'accuser d'avoir osé entreprendre une pareille tâche par esprit de présomption et de vanité. Cet ouvrage, dont chaque livre est précédé d'un prologue particulier, n'est nullement dans le genre polémique et ne renferme ni controverse ni dispute de théologie. Ce ne sont que des instructions familières, où l'on rappelle les principaux événements de l'histoire sainte, relatifs à la bonté de Dieu, dans la conduite qu'il a tenue à l'égard de ses élus, avant la Loi, sous la Loi, et pendant le temps que Jésus-Christ a conversé parmi les hommes. Ces récits sont accompagnés de réflexions pieuses, morales et allégoriques; le tout pour apprendre à l'homme que, n'ayant de son propre fonds que le mal, il est redevable à Dieu de tout le bien qu'il fait, pour le convaincre par là de son indignité et lui inspirer en conséquence des sentiments d'humilité, de confiance, de gratitude, à la vue des bienfaits qu'il reçoit de l'auteur de son être. Au reste, quoique le but de Francon ne soit point d'établir par système la gratuité de la grâce, il n'en est ni moins suivi dans sa méthode, ni moins exact dans ses principes. Les mouvements tendres de sa piété ne le jettent jamais dans des écarts hors de propos, ni ne l'emportent au delà des bornes du vrai. Il est affectueux et pathétique sans être enthousiaste, et plein de zèle pour la saine morale sans être outré. Enfin, on peut dire qu'il manie son sujet en maître, et que, partout, il étale une doctrine puisée avec soin aux plus pures sources de la religion. Parlant de la résurrection spirituelle, il assure que, ni la Loi ni les Prophètes ne peuvent rendre la vie à un homme mort par le péché. *Non meritum, non legis opera, sed gratia solum. Per quem? Non per hominem, non per legislatorem, non per ipsam denique legem, sed per Jesum Christum qui legem condidit et hominem.* Sur la nécessité de la grâce pour opérer toute bonne action, il faudrait copier une partie de son ouvrage, pour faire sentir combien il était attaché à ce point essentiel de la religion. *Manifeste enim in Deum impius est*, dit-il dans un endroit, *qui meritis suis ascribit quod gratiæ Dei est.* — On peut voir dans le onzième livre, comment il explique les motifs qui ont porté le Verbe à s'incarner. — Au douzième, il prouve par l'exemple de saint Paul et celui de la femme pécheresse, que le don de la foi n'est ni la suite ni l'effet de la prévision des mérites. — L'Eucharistie fait le principal sujet du dixième livre : l'auteur y établit d'une manière claire, simple et persuasive, la présence réelle et le changement de substance. Il dit ces paroles remarquables sur la docilité avec laquelle on doit croire ce sacrement et tous les autres mystères de notre religion : « C'est une espèce de folie que de vouloir soumettre aux faibles raisonnements de la sagesse humaine les œuvres d'une vertu divine, tels que les mystères de notre foi, et d'oser, pour ainsi dire, resserrer la toute-puissance de Dieu dans les bornes étroites de notre pouvoir. En effet, vouloir comprendre tout ce qu'opère un Dieu par les seules lumières de notre raison, n'est-ce pas comparer l'homme à l'être suprême, et mettre une telle proportion entre l'intelligence du premier et la puissance du second, qu'il soit impossible à celui-ci de faire ce que l'autre ne peut comprendre? Eh! quel serait le mérite de la foi, si sur chaque objet qu'on lui propose, elle trouvait de quoi se convaincre dans le témoignage des sens? Non, la sagesse humble et sobre du christianisme ne préfère pas une incrédulité que Dieu réprouve à la croyance docile et pieuse des dogmes qu'il a révélés. Heureuse autant que circonspecte, elle a pour prix de sa soumission Dieu lui-même, à la parole duquel elle a cru. Jugez du mérite de la foi chrétienne par la grandeur de la récompense qu'elle reçoit. »

Francon a mêlé quelques vers à sa prose. Il y en a cinq assez bons sur la conversion de saint Paul. Pour terminer son ouvrage d'une manière agréable, il a joint à la description du jugement dernier, une peinture de l'état des bienheureux en vers élégiaques dont voici le commencement et la fin :

Luctus ibi resonat nullus, quia nec dolor ullus,
Nil ibi quod pigeat, tædeat, aut pudeat.
Non ibi peccatum quod possidet hic dominatum.
Quod servit vitio non ea scit regio.
. . . .
Tanta suis natis confert pia gratia gratis,
Ipsum velle tuum noveris esse suum.

Le lecteur remarquera sans doute la rime qui se trouve à l'hémistiche et à la fin du vers; c'était le goût du siècle, nous en avons déjà cité plusieurs exemples.

Fulgence était mort lorsque Francon mit la dernière main à son travail. On s'en aperçoit par la conclusion qui contient son éloge funèbre. Aussi s'est-il appliqué à relever les vertus de son prédécesseur avec autant de soins qu'il en a pris de s'humilier lui-même. Il termine en disant que si le lecteur trouve à s'instruire et à s'édifier dans ce qu'il vient d'écrire, il doit attribuer ce bien à la grâce divine, et mettre sur le compte de l'auteur toutes les fautes et toutes les imperfections qui auront pu le choquer.

Lettres. — A *Lambert.* — Ce fut peut-être dans le cours de cet ouvrage que Francon fut consulté par un nommé Lambert sur cette question, savoir, si un moine pouvait en sûreté de conscience quitter son état et son habit. Du moins ne paraît-il pas qu'il fût encore abbé lorsquil fit la réponse. Elle commence ainsi : « Frère Francon, moine par l'habit, plût à Dieu que je pusse ajouter aussi par les mœurs, à Lambert, appelé par la grâce divine au nombre des enfants d'adoption. » Francon y prouve qu'il n'y a point de salut pour un moine apostat, à moins qu'il ne rentre dans son cloître. Celui pour qui Lambert l'avait consulté prétendait qu'il était libre de faire ce qu'il jugeait le plus convenable, et en conséquence il avait pris l'habit de clerc et vivait en particulier. Notre auteur fait voir le ridicule de cette prétention, et l'instabilité d'état perpétuelle qui en résulterait. « Avec un tel principe, dit-il, hier moine, aujourd'hui clerc, demain il serait soldat, s'il ne craignait pour sa peau. *Quidquid libet licere si asserit, ut pridie monachus, hodie sit clericus, cras vel perindie, nisi quod corio suo metuit, miles futurus.* »

Aux religieuses de Bigard. — Il faut mettre un grand intervalle de temps entre cette lettre et celle que Francon écrivit aux religieuses de Bigard. Il était abbé depuis onze ans lorsque cette communauté fut établie et confiée à sa direction. Les filles de Vorst, en latin *Forestum,* le reconnaissaient vraisemblablement aussi pour supérieur, puisqu'il prie celles de Bigard de leur communiquer sa lettre. *Obsecro etiam ut hanc charitatis admonitiunculam, charissimis mihi in Christo sororibus Forestum dirigatis.* On ne sait pourquoi les éditeurs ont donné à cette lettre le titre d'épître consolatoire. Elle ne renferme qu'une exhortation morale et pathétique aux personnes qui en sont l'objet, de vivre d'une manière conforme à leur état, d'oublier le monde, de s'étudier à plaire à leur époux, et de mériter par une fidélité constante à remplir leurs obligations, qu'il les admette aux délices du céleste banquet.

Ces trois ouvrages, dont nous venons de rendre compte, ont été imprimés plusieurs fois, ensemble ou séparément. La première édition des livres de la *Grâce* fut faite à Anvers, chez Tavernier, un vol. in-8°, 1561. Elle fut renouvelée au même lieu par les soins de Jean Montanus, moine d'Affligem, qui la dédia à son abbé, Arnoul de Motman en 1565. Il y eut aussi deux éditions du même ouvrage à Fribourg ; l'une est de 1615 et l'autre de 1620. Quelques années plus tôt, en 1613, il en avait paru une édition à Cologne, où ces trois ouvrages se trouvaient réunis. Depuis ils ont été insérés dans le XXI° volume de la *Bibliothèque des Pères de Lyon,* le seul recueil de ce genre où ils se trouvent, quoi qu'en dise Oudin, qui les place indifféremment dans toutes les *Bibliothèques des Pères.*

On possède encore de Francon une pièce en cinquante vers latins, intitulée : *de Statu futuræ gloriæ.* Fabricius l'a insérée dans sa *Bibliotheca mediæ et infimæ latinitatis.* Ellies Dupin pense que ces vers ne sont pas différents de quelques vers sur le même sujet, qui se trouvent à la fin de son douzième livre des *Grâces de Dieu.* On lui attribue aussi des sermons sur la sainte Vierge ; nous ne les avons plus.

L'abbaye de Saint-Laurent de Liége conservait deux traités, sous le nom de notre auteur, savoir : un traité du jeûne des quatre-temps, et un autre qui a pour titre : *Franconis monachi Planctus,* Dom Martène déclare avoir vu, dans l'église du Christ, à Tongres, un manuscrit intitulé : *Franco humilis monachus, de institutione Eucharistiæ.* Ce savant nous aurait fait plaisir d'en rapporter au moins la première ligne. Par là nous serions en état de décider si cet ouvrage diffère ou non du dixième livre de la *Grâce,* qui roule sur le même sujet. Enfin Casimir Oudin cite un autre monument de la même Bibliothèque, portant cette inscription : *Franconis monachi, de Cursu vitæ spiritualis.* Il dit que l'auteur l'avait divisé en douze tomes ou parties et n'en donne pas d'autres renseignements.

FRECULPHE, nommé aussi RADULPHE dans

les catalogues des évêques de Lisieux, naquit vers la fin du VIIIe siècle. C'est un des savants de cette époque qui firent le plus d'honneur aux lettres, moins à la vérité par le grand nombre que par l'utilité de leurs ouvrages et le bon goût avec lequel ils les ont composés. On en fait communément un moine de l'ordre de Saint-Benoît, et on lui assigne l'abbaye de Fulde comme lieu de sa profession; mais dom Mabillon avoue que, malgré ses recherches, il n'a rien trouvé dans les anciens auteurs qui puisse justifier cette opinion. Fréculphe étudia sous le célèbre Elisachar, devenu chancelier de l'empire et abbé de plusieurs monastères, entre autres de Saint-Riquier et de Saint-Maximin de Trèves. Il le reconnaît positivement pour son maître, mais sans indiquer le lieu où il suivit ses leçons. Ses habitudes et son étroite liaison avec Raban, avant que celui-ci fût archevêque de Mayence, font présumer que ce lieu ne pouvait être éloigné du monastère de Fulde. Quoi qu'il en soit, Fréculphe, s'étant fait connaître par son mérite et par son savoir, se vit obligé d'accepter l'évêché de Lisieux, suffragant de la métropole de Rouen. On ne possède aucun document qui permette de fixer d'une manière précise l'époque de son ordination. Seulement il est certain qu'elle se fit quelque temps avant 825, et qu'elle ne peut être antérieure à l'an 822, dans lequel Raban fut fait abbé de Fulde. Nous aurons occasion d'ailleurs de revenir sur cette question. Le nouvel évêque trouva son Eglise dans un état déplorable, dont il nous a laissé lui-même une triste description. Depuis longtemps son peuple subissait une affreuse disette de la parole du salut, et la subissait sans la sentir et sans y désirer un remède qu'il ne soupçonnait même pas. Le premier soin de Fréculphe fut donc de travailler à le retirer de ses ténèbres et de sa léthargie. Mais le défaut de livres nécessaires à l'exécution de son dessein le jeta dans l'embarras. Il avait trouvé sa maison épiscopale, non-seulement sans bibliothèque, mais sans même un seul exemplaire de l'Ecriture sainte. Cependant il ne laissa pas de distribuer à son troupeau une nourriture convenable à sa faiblesse, c'est-à-dire le lait spirituel destiné à le préparer à une nourriture plus fortifiante et plus solide. Le bon pasteur avait réussi déjà à lui faire désirer l'un et l'autre, lorsqu'il s'adressa à son ami Raban, abbé de Fulde dès cette époque, afin qu'il lui vînt en aide et lui fournît de quoi rassasier ce pauvre peuple affamé. Raban, sensible à ses besoins, lui envoya successivement sur chacun des livres de Moïse des commentaires abrégés qui en expliquaient le sens moral et spirituel. A ces écrits, qui lui vinrent d'Allemagne, le pieux prélat réussit en peu de temps à en joindre un grand nombre d'autres, composés sur toutes sortes de matières, mais particulièrement sur l'histoire tant sacrée que profane, ce dont les fréquentes citations qu'il fait des auteurs anciens dans sa *Chronique* ne nous permettent pas de douter.

La bibliothèque de Lisieux devint donc, sous l'épiscopat de Fréculphe, aussi riche en bons livres qu'elle en était auparavant dépourvue. On peut juger de la grande réputation de ce prélat par le choix que fit de lui la cour de France pour l'envoyer à Rome dans une circonstance aussi importante que délicate et difficile. Il s'agissait d'obtenir du Pape la permission de soumettre à l'examen d'hommes instruits la fameuse question du renversement des images, que dès 814 Léon IV, empereur d'Orient, avait fait briser dans les églises de ses Etats. L'empereur Louis tenait surtout à posséder cet agrément du Souverain Pontife, afin que l'examen se faisant en conséquence, il ne pût se refuser à reconnaître la vérité. Cette affaire demandait donc autant de sagacité que de prudence, et l'on peut dire que sa solution ne manquait pas même d'importance sous le rapport des arts, puisque si elle eût été résolue pour l'affirmative, la renaissance de la peinture et de la sculpture n'eût pas eu lieu en Italie quelques siècles plus tard; mais à l'époque dont nous parlons elle n'intéressait encore que la foi. Fréculphe s'en chargea et partit pour Rome avec Aldégaire qui lui avait été associé dans cette mission. Il en conféra avec le Pontife romain, qui était alors Eugène II, avec les évêques d'Italie et avec les ministres de son conseil. De retour en France en 825, il assista, le 1er novembre, au concile de Paris, convoqué pour l'examen de cette question, et y rendit compte de sa négociation d'une manière qui lui attira les applaudissements de l'assemblée. Il y a toute apparence que la cour fit appel aux talents reconnus de Fréculphe dans d'autres circonstances encore; car dans une lettre à un de ses amis, il se plaint de ce que le soin des affaires publiques, tant de l'Eglise que de l'Etat, lui enlevait le temps qu'il aurait voulu consacrer à l'étude. Il ne laissa pas cependant d'entreprendre et d'exécuter la *Chronique* que nous possédons encore sous son nom; ouvrage d'une lecture prodigieuse et d'un travail immense, dans lequel il a laissé des témoignages publics de son attachement pour l'empereur Louis, l'impératrice Judith et le jeune prince Charles, leur fils. Il résulte de là que Fréculphe ne trempa en rien dans la faction des évêques qui se révoltèrent alors contre leur souverain. Au contraire, l'empereur Louis le Débonnaire était si convaincu de sa fidélité et de son dévouement, qu'il lui confia la garde d'un des plus coupables d'entre eux. Ebbon, archevêque de Reims, qui, abusant du pouvoir excessif qu'usurpait alors le clergé, avait osé dégrader et soumettre à la pénitence le fils de Charlemagne. Il paraît hors de doute que Fréculphe assista au concile de Thionville, où ce prélat fut déposé en 835. Six ans auparavant, il avait assisté au concile de Paris, si célèbre par les beaux règlements qui y furent dressés. Dans la suite on ne le voit plus paraître nulle part, excepté à un concile de quatre provinces, réuni dans la même ville, vers l'automne de 849. Il y eut part à ce qui s'y passa et à la longue lettre que les Pères écrivirent à Nomenaï, duc de Bretagne. C'est le dernier événement de sa vie qui nous soit connu. On croit communément qu'il mourut l'année suivante, 850; et ce qu'il y a de certain c'est qu'Airard, son successeur, assista en sa qualité d'évêque de Lisieux au second concile de Soissons, tenu en 853.

Son Histoire. — L'ouvrage que nous possédons de Fréculphe est peut-être le plus intéressant, le plus curieux et le mieux exécuté de tous ceux qui nous restent du IXe siècle. En dehors de la théologie, sans sortir cependant des limites de cette science, qui faisait à cette époque la principale étude de nos écrivains, il a trouvé moyen de composer mieux que des Annales, ces amas bruts et informes de faits, alors si communs, et qui coûtaient si peu à leurs auteurs, mais une véritable histoire, une histoire en forme, générale et complète, commençant avec le monde et finissant au VIe siècle de l'Eglise; quoique, par modestie, l'auteur ne lui ait donné que le simple titre de *Chronique*. — Elle est divisée en deux parties. La première, contenant sept livres qui se subdivisent eux-mêmes en plusieurs chapitres pour aider l'intelligence du lecteur, commence à la création du premier homme, et finit à la naissance de Jésus-Christ. — La seconde partie, divisée en cinq livres, et chaque livre en plusieurs chapitres, conduit la suite des événements publics, jusqu'au Pape saint Grégoire le Grand et à l'établissement de la puissance des Français et des Lombards.

Fréculphe entreprit la première partie, à la sollicitation d'Elissachar, son maître, qui en avait tracé le plan, et à qui il l'adressa. Il eut beaucoup de peine à s'y déterminer d'abord; mais la crainte de déplaire à un homme à qui il avait tant d'obligations, lui fit vaincre toutes ses répugnances et surmonter tous les obstacles. Il était déjà évêque, et même engagé dans les affaires publiques, lorsqu'il entreprit de l'exécuter. Cependant, d'après le cadre qu'il devait remplir, le dessein demandait un homme tout entier. Il s'agissait, comme il le dit lui-même, de recueillir, avec autant de précision que de clarté, tous les traits intéressants qui se trouvent dans les historiens grecs, latins et hébreux, c'est-à-dire sacrés et profanes; d'apporter une attention particulière et de répandre un nouveau jour sur les premiers âges du monde jusqu'au déluge, et depuis le déluge jusqu'à la naissance d'Abraham, et au règne de Ninus, premier roi des Assyriens, tout en éclaircissant les questions difficiles, qui se rencontrent çà et là dans les livres de Moïse, et qui touchent à la vérité de l'histoire pendant cette longue période. Il fallait ensuite faire connaître ce qui s'est passé de plus mémorable dans les différentes parties du monde, soit sous les rois des Assyriens, des Mèdes, des Perses et des Grecs, soit parmi le peuple de Dieu, sous les patriarches, les juges, les rois, les grands prêtres, et reproduire tous ces événements avec le cortège de circonstances qui les avaient accompagnés; puis donner une notice de tous ceux qui ont régné dans les plus grands empires, ou qui ont gouverné le peuple de Dieu, en marquant les années de leur règne et de leur gouvernement; et enfin de ranger, en observant un certain ordre, ce qui est arrivé aux Juifs depuis la destruction de leur premier temple jusqu'à la naissance du Sauveur, et d'en écarter la confusion que semblaient y avoir jetée les diverses calamités. Tel est le plan sur lequel Fréculphe exécuta la première partie de cet ouvrage. Plan vaste et magnifique; mais qui, outre des recherches infinies, une lecture prodigieuse et un travail immense, exigeait plus de goût, et surtout un esprit de critique, qu'on ne possédait pas encore en ce temps-là. C'est un plan, du reste, sur lequel ont travaillé depuis, avec autant de gloire que de succès, deux des plus grands hommes de la France, le premier de ses historiens et le plus sublime de ses génies, Rollin et Bossuet. La seconde partie ne succéda à la première qu'au bout de quelques années. Fréculphe l'entreprit à la prière de l'impératrice Judith, qui lui conseilla de continuer sa *Chronique* jusqu'à la chute de l'empire romain. Il suivit ce conseil, et l'on voit qu'en effet son histoire finit vers l'année 600. Il la dédia à cette princesse par une épître toute remplie de ses louanges et écrite à peu près dans le goût de toutes celles que nos écrivains modernes ont composées depuis pour s'assurer la protection de leurs Mécènes. Il nous la représente comme une femme amie des beaux-arts, profondément versée dans la connaissance de l'Ecriture sainte, et dont il admirait lui-même le grand fonds de littérature.

Quelques difficultés que présentât l'exécution d'un aussi vaste dessein, pour un homme du IXe siècle, cependant Fréculphe n'a pas laissé d'y réussir au delà de toute comparaison avec aucun de ses contemporains. Sigebert, qui n'avait lu que la première partie de son ouvrage, juge que les difficultés s'y trouvent si bien éclaircies, que l'histoire sacrée s'y concilie partout avec l'histoire profane, de manière à ne laisser subsister ni une objection ni un doute. Le premier éditeur, Melchior Navésianus, dans la préface qui se lit en tête de cette édition, renchérit encore sur cet éloge, et ne fait pas difficulté de comparer la chronique de Fréculphe, pour la vérité historique, avec les livres de saint Augustin *de la Cité de Dieu*, et avec les abrégés de Justin et de Florus, pour la brièveté du discours. Son style sans prétention et sans fard convient parfaitement à son sujet, et se montre partout plus solide que brillant. Quant au discernement, qui est une des qualités essentielles à l'historien, Fréculphe en fait preuve par la justesse avec laquelle il sait choisir, entre les différentes opinions, celles qui concilient le mieux les difficultés qui ressortent de l'histoire des temps ou des interprétations de l'Ecriture.

Ce jugement est peut-être un peu flatté. Cependant il faut convenir que l'ouvrage a un mérite réel, et qu'il présente un grand fonds d'érudition. Il est peu d'historiens de la plus haute antiquité dont Fréculphe ne fasse un fréquent usage; mais il est vrai pourtant que ses principaux guides sont : Josèphe, Eusèbe, saint Jérôme, et surtout saint Augustin, pour lequel il professe un respect filial, et à qui il donne le titre de père. On ne peut lui refuser la justice de les avoir suivis fidèlement, et de s'être montré attentif à puiser à ces sources véridiques les événements les plus célèbres, qu'il accompagne de réflexions brèves mais judicieuses, et qu'il réunit ensemble, de manière à en former une histoire universelle. Sans doute on n'y trouve pas cette variété d'ornements dont Sulpice Sévère embellit son *Histoire sainte;* mais, à part cette richesse, que son siècle ne connaissait pas, on peut dire que sa narration n'est nullement désagréable; elle plaît même par la variété des faits et par la manière aisée quoique concise, simple quoique jamais rampante, avec laquelle ils sont rapportés. Ce qui ajoute encore aux charmes de son livre, c'est que l'auteur s'est appliqué à faire connaître les hommes qui ont excellé dans les lettres ou dans les arts, à toutes les époques de l'humanité, et qu'il en trace le portrait en peu de mots, et avec une sobriété de couleurs qui le maintient toujours dans les limites de son sujet. On pourrait lui reprocher néanmoins de ne s'être pas toujours montré assez judicieux dans plusieurs endroits de son ouvrage, de n'avoir pas su douter quand le doute était le seul parti de l'historien, d'avoir tranché trop aisément des difficultés de chronologie qui ont paru presque insurmontables aux plus habiles chronologistes des derniers temps : pourtant nous remarquerons, sur ce dernier point, que l'auteur, ayant adopté pour l'histoire hébraïque la version des Septante, il a dû quelquefois, par rapport aux dates, et même à plusieurs faits, différer des écrivains qui depuis ont traité les mêmes matières, d'après la Vulgate qui, par exemple, fixe à l'an 1656 le déluge, que Fréculphe place en 2242. Mais tous ces défauts, et quelques autres encore que nous ne relevons pas, n'enlèvent rien au mérite de son œuvre, et ne doivent pas empêcher que l'on regarde l'auteur comme le plus savant historien et l'un des écrivains les plus judicieux et les plus polis de son siècle.

Si nous avions le temps et l'espace, et si nous pouvions nous étendre au delà de certaines limites marquées, sa *Chronique* nous présenterait quantité de remarques curieuses à faire; mais notre dessein ne nous permet pas de nous y arrêter. Nous sommes donc réduits à nous borner aux suivantes, qui suffiront, nous l'espérons, à révéler quelques traits du génie de l'auteur, et à faire ressortir la justesse habituelle de ses pensées.

Quand, en suivant le cours de son récit, il arrive à l'époque d'Alexandre le Grand, il s'exprime ainsi sur sa naissance : « Alors naquit Alexandre, véritable abîme de misères et cruel désolateur de tout l'Orient. » En parlant de la version des Septante, il rejette la fable qui les fait travailler séparément, dans le seul but d'y faire admirer un prodige. Il paraît n'avoir nullement douté que saint Paul et Sénèque n'aient été amis, et qu'ils se soient écrit mutuellement quelques lettres. Il est vrai qu'ici, comme en tout ce qui concerne les auteurs ecclésiastiques dont il parle, il ne fait presque que copier le traité de saint Jérôme sur ces écrivains.

En adressant, comme nous l'avons remarqué, la préface de la première partie de sa *Chronique* à Elisachar, il y a joint une épigramme, explicative de son dessein, qui témoigne que l'auteur n'avait guère moins de talent pour écrire en vers qu'en prose. Ce n'est pas sans fondement que nous avons observé ailleurs que la seconde partie ne fut publiée que quelques années après la première, et lorsque celle-ci était déjà très répandue. Il est certain que Sigebert et Trithème n'ont eu connaissance que de la première partie de cette *Chronique :* ce qui nous autorise à penser qu'il y avait des manuscrits dans lesquels cette partie ne se trouvait pas jointe à l'autre.

La *Chronique* de Fréculphe fut d'abord imprimée à Cologne par Melchior Navésianus, en 1530, en un volume in-folio, puis réimprimée dans le même format et au même lieu, en 1539. Jérôme Comelin la reproduisit simultanément à Heidelberg, in-fol., et à Paris, in-8°, en 1597. Elle a passé depuis dans les différentes éditions de la *Bibliothèque des Pères*. Elle se trouve au tome XIV° de l'édition de Lyon ; mais le texte en est rempli de fautes, et les noms propres y sont presque partout défigurés. Il manque aussi quelque chose à la fin du premier livre de la première partie ; mais cette lacune qui, suivant l'éditeur, n'est pas considérable, doit se retrouver également dans les éditions précédentes.

Outre cette *Chronique*, nous avons encore de Fréculphe une lettre adressée à Raban Maur, pour l'engager à travailler sur les cinq livres de Moïse. Elle est imprimée à la tête des commentaires de cet archevêque, qui n'était encore qu'abbé de Fulde lorsqu'il les composa. C'est dans cette lettre que notre zélé pontife fait la description du triste état dans lequel il trouva l'Eglise de Lisieux.

FRÉDÉGAIRE, surnommé LE SCHOLASTIQUE, titre qui ne s'accordait alors qu'aux savants, florissait dans la première moitié du VII° siècle. C'est le plus ancien historien que nos Gaules puissent revendiquer après saint Grégoire de Tours. On croit généralement qu'il naquit en Bourgogne, parce qu'il se montre très-versé dans l'histoire de cette nation, et qu'il en rapporte certaines particularités qu'on ne retrouve dans aucun des écrivains de ce temps-là. Une autre raison qui peut encore venir à l'appui de ce sentiment, c'est que Frédégaire commence sa *Chronique* par l'éloge de Gontran, roi de Bourgogne, et qu'il en compte les années par celles du règne de ce prince et de ses successeurs. Il ne dit rien de Childebert II, roi d'Austrasie, ou il n'en parle que d'une manière très-vague, jusqu'à ce que la mort de Gontran l'eût mis en possession de son royaume. Il en use de même à l'égard de ses deux fils Théodebert et. Théodoric, et ne parle que du second, parce qu'il avait hérité des Etats de son père. Il ne commence même à parler de Clotaire II° que lorsque, ayant réuni toute la monarchie sous sa dénomination, la Bourgogne devint une province de son royaume. Cette conjecture, qui tend à faire de Frédégaire un Bourguignon, paraît donc fondée sur assez de vraisemblance, pour que, réunies ensemble, elles puissent tenir lieu de preuves positives. Adrien Valois pousse même encore plus loin les suppositions en insinuant que Frédégaire était originaire d'Avenches, ancienne capitale des Helvétiens, appartenant alors aux rois de Bourgogne; et la raison qu'il en allègue, c'est qu'il ne parle de cette ville qu'avec éloge, et qu'il est le seul auteur qui nous apprenne qu'elle fut ruinée par les Germains sous l'empire de Gallien. Du reste si les détails manquent sur sa naissance, on en possède encore moins sur la vie et la profession de cet écrivain. Il n'est pas même certain qu'il soit connu aujourd'hui sous son véritable nom. Joseph Scaliger et Marquard Fréher sont les premiers qui l'aient nommé Frédégaire. Il est probable qu'ils ne l'ont pas inventé, mais qu'ils l'ont trouvé ainsi dans quelques anciens manuscrits. Cependant dom Ruinart, dernier éditeur de Frédégaire, assure n'avoir lu ce nom dans aucun de ceux dont il s'est servi, pas plus que dans les anciens auteurs qu'il a été obligé de consulter. L'époque même de sa mort ne peut être connue que par induction. En effet, quoique Frédégaire n'ait pas poussé sa *Chronique* au delà de l'an 641, néanmoins on croit pouvoir tirer de son ouvrage même des preuves qu'il vécut au moins jusqu'en 658, puisqu'il y parle d'un marchand français nommé Samon, qui, vers la quarantième année du règne de Clotaire, c'est-à-dire en 623, se rendit en Sclavonie, où il fut élu roi et régna pendant trente-cinq ans. Il rapporte également plusieurs autres faits plus connus, et qui ne s'accomplirent qu'après la mort de Clovis II. On ne sait sur quel document Cave et Oudin se fondent pour ne placer Frédégaire qu'après le milieu du VIII° siècle. Serait-ce une inadvertance de la part de ces écrivains; ou bien plutôt, ne se seraient-ils point contentés de suivre et de copier Aubert Lemire qui, attribuant à cet historien le premier et le second appendice de sa *Chronique* qui s'étend jusqu'à l'an 768, ne le fait vivre que vers ce temps-là? Mais c'est une erreur solidement réfutée par Adrien Valois, historien d'ailleurs aussi profond que critique exact et judicieux.

SES ÉCRITS. — Il ne nous reste de Frédégaire que le grand travail historique dont nous avons parlé, et nous ne pensons pas qu'il en ait jamais composé d'autres. Ce travail du reste renferme dans un cadre assez étendu différentes compilations qu'il emprunta, en les conservant sous le nom de leurs véritables auteurs, et dans lequel il fait rentrer aussi, avec un choix habituellement très-judicieux, les principaux événements de son temps. Cette *Chronique*, dont le collége de Louis le Grand a longtemps possédé un manuscrit qui remonte jusqu'au siècle de l'auteur, est divisée en cinq livres, comme Frédégaire en avertit lui-même.

Le premier est une chronologie qui s'étend depuis la création du monde jusqu'à l'établissement du royaume d'Assyrie, et contient une description de la terre, sa division entre les trois fils de Noé, avec l'origine des différentes nations et des monarchies qui les ont gouvernées. Il est suivi de trois catalogues : 1° des empereurs romains, depuis Auguste jusqu'à Alexandre Sévère; 2° des rois d'Israel; 3° des Papes, depuis saint Pierre jusqu'à Théodore. Entre ces deux derniers catalogues se trouve placée une supputation des temps, depuis Adam jusqu'à Jésus-Christ. Enfin, ce premier livre se termine par une petite chronique, allant depuis le commencement du monde jusqu'à la 31° année du règne d'Héraclius, de notre ère commune 641 : nouvelle preuve que l'auteur écrivait à cette époque, comme nous croyons du reste l'avoir suffisamment établi. Il est visible que ce premier livre est particulièrement tiré de Jules l'Africain, qui florissait sous Alexandre Sévère, et dont la préface se lit en tête, quoique Frédégaire ne le nomme point, pas plus qu'il ne nomme plusieurs auteurs grecs beaucoup plus récents, auxquels il a également emprunté. Toutefois, il fait cet honneur à saint Jérôme et à différents écrivains latins qui ne paraissent pas y avoir eu plus de droits. Ce livre, dans l'ancien manuscrit dont nous avons parlé, ne porte pas d'autre titre que celui de *Liber generationum*.

Le second, qui dans le même manuscrit se trouve joint au troisième, commence à Ninus, premier roi des Assyriens, et finit à la mort de l'empereur Valens. C'est à proprement parler une compilation tirée des *Chroniques* d'Eusèbe et de saint Jérôme. C'est pourquoi dans les manuscrits il porte les titres suivants qui rappellent toute la grossièreté des expressions particulières au siècle de l'auteur : *Incipit capitolare chronece Gironimi Scarpsum; Incipiunt capitula chronicæ Iheronimi excarsum*. Du reste Frédégaire répète au début de son troisième livre ce qu'il dit ici de l'histoire des Franks.

Ce livre commence à l'empereur Théodose et conduit jusqu'à la victoire de Justinien, sur les Vandales, et à la mort de Bélisaire. On lit en tête une partie de la préface d'Idace. Aussi ce livre n'est-il qu'une assez mauvaise compilation du travail de cet écrivain, au récit duquel Frédégaire a ajouté plusieurs fables sur Aétius, Théodoric, roi des Ostrogoths, Paterne, ambassadeur de Clovis, les femmes de Justinien et de Bélisaire, et Gélimer, dernier roi des Vandales, fables qu'Aimoin et Roricon ont empruntées plus tard à Frédégaire pour en grossir leurs ouvrages.

Le quatrième livre, qui n'est marqué que le troisième dans le manuscrit du collége Louis le Grand dont nous avons parlé, est un abrégé des six premiers livres de l'*Histoire* de saint Grégoire de Tours. Frédégaire ne possédait pas d'autres documents historiques lorsqu'il entreprit ce travail. Cet abrégé, conformément à la première édition de l'œuvre originale, commence à l'arrivée des Huns dans les Gaules et finit à la mort du roi Chilpéric Ier. L'abréviateur a reproduit la préface entière de saint Grégoire; ce qui ne l'a pas empêché d'insérer dans le corps de l'ouvrage plusieurs particularités étrangères, dont quelques-unes sont fausses, sans doute, mais dont le plus grand nombre aussi sont vraies, assez importantes par elles-mêmes, et qu'on chercherait vainement ailleurs.

Enfin le cinquième livre est une chronique qui commence où finit l'abrégé dont nous venons de parler, et conduit l'histoire jusqu'à la quatrième année du règne de Clovis II, c'est-à-dire à la 641e de Jésus-Christ. Frédégaire y a recueilli avec soin ce qu'il avait lu dans les auteurs contemporains de l'époque qu'il entreprenait de parcourir. Il nous fait connaître lui-même dans une préface placée en tête de ce dernier livre, les écrivains dont il s'est servi pour composer son ouvrage; et il cite saint Jérôme, Idace, saint Isidore de Séville, saint Grégoire de Tours, et un certain philosophe qu'il ne désigne que par ces deux mots latins *cujusdam sapientis*. On ne sait si dans son intention cette expression générale doit s'appliquer à Jules l'Africain ou à Eusèbe, auxquels il a emprunté comme aux précédents. Continuant donc de rendre compte de son dessein, notre chroniqueur assure dans cette préface qu'il a indiqué avec soin, en tête de chaque livre, le titre des ouvrages auxquels il a puisé, tant pour ne laisser aucun doute dans l'esprit de ses lecteurs, que pour les mettre en état de juger par eux-mêmes de la vérité des faits qu'il avance. Non-seulement il a nommé ses auteurs, mais il a même rapporté leurs préfaces en tout ou en partie, comme nous avons eu occasion de le remarquer. Il ajoute qu'après avoir épuisé la *Chronique* de saint Grégoire, il a recueilli çà et là, avec beaucoup de peine, et partout où il a pu, la connaissance des événements qu'il a fait entrer dans la suite de son ouvrage. Il en a lu une partie dans les historiens, appris une autre partie de vive voix et il a été témoin oculaire du reste. Il ne rapporte pourtant rien dont il n'ait vu les preuves, et qu'il ne puisse au besoin certifier par lui-même. Ce cinquième livre est très-important. Adrien Valois avoue qu'il en a tiré un grand secours ; et c'est en effet le seul morceau historique où se trouvent rapportés avec quelque étendue les règnes de Clotaire II, Dagobert Ier et Clovis le Jeune. Cependant, pour éviter la confusion que toute différence chronologique met dans l'esprit du lecteur, nous observerons que Frédégaire prévient d'un an le calcul de saint Grégoire. Il déclare lui-même qu'il s'est attaché à être bref, et à marquer d'une manière précise les années des rois sous le règne desquels se sont passés les événements dont il parle. Nous avons déjà dit que son objet principal dans ce cinquième livre avait été l'histoire du royaume de Bourgogne ; cependant il ne se borne pas tellement à ce qui intéresse ce pays et le reste de la France, qu'il ne se permette de temps en temps quelque excursion dans les Etats voisins, et qu'il ne rapporte au moins sommairement les faits les plus signalés qui se sont accomplis en Espagne, en Lombardie, en Sclavonie et même dans l'empire d'Orient. De même aussi la brièveté qu'il s'impose n'est pas toujours si rigide qu'il ne s'en relâche quelquefois ; comme il le fait, par exemple, à propos de l'histoire de saint Colomban, de l'empereur Héraclius et des incursions des Sarrasins. Quant au style, tous ceux qui l'ont lu savent qu'il a écrit d'une manière rustique et sans art, comme il a pu, ou plutôt, pour employer ses propres expressions, comme son talent le lui a permis : *Ut rusticitas et extremitas sensus mei valuit*. Cependant sa préface est une preuve qu'il aurait pu écrire moins grossièrement. Du reste, il paraît partout animé d'une grande crainte de Dieu et plein de foi en la Providence.

Les trois premiers livres de la *Chronique* de Frédégaire ont été insérés par Henri Canisius dans ses *Antiquæ lectiones*, sous ce titre : *Collectio historico-chronographica ex Idatio et aliis*. Le cinquième livre a été ajouté en forme d'*appendice* aux œuvres de saint Grégoire de Tours, Bâle, 1568 et 1610, in-8°, sous ce titre : *Fredegarii Scholastici Chronicon quod ille, jubente Childebrando comite, Pipini regis patruo, scripsit*. Le quatrième et le cinquième livre se retrouvent dans les *Scriptores rerum francicarum*, par Fréher; dans les *Scriptores coætanei*, tome Ier, par Duchesne ; dans l'édition des OEuvres de saint Grégoire de Tours, par Ruinard, et dans le tome II du *Recueil des historiens de France*, par dom Bouquet. On peut consulter, pour plus de détails sur cet ouvrage, la *Dissertation sur Frédégaire* d'Arien Valois, et ses écrits au tome II de son *Histoire de France ;* la *Préface* de dom Ruinard sur les OEuvres de saint Grégoire de Tours; l'*Histoire littéraire de France* par dom Rivet, tome III, et surtout l'*Apologie de l'Histoire de Frédégaire* par l'abbé Vertot, dans le premier volume des *Mémoires de l'Académie des inscriptions*.

Quatre écrivains anonymes ont fait des additions à la *Chronique* de Frédégaire, et l'ont poussée de cette manière, jusqu'à l'année 768. La première de ces continuations, qui a moins d'autorité que les autres, commence au chapitre XCI^e de Frédégaire, et comprend les cinq chapitres suivants. Elle paraît ajoutée après toutes les autres, afin de remplir le vide qui se trouvait entre Frédégaire et son premier continuateur. Les faits en sont tirés de plusieurs anciens auteurs, plus amateurs de fables que de vérité, et elle ne rapporte que confusément et sans précision ce qui s'est passé depuis 642 jusqu'en 680. La seconde partie comprend un espace de cinquante-six ans, et s'étend jusqu'à l'an 736. Elle remémore avec assez d'exactitude les événements qui se sont accomplis pendant cette période, surtout dans le royaume d'Austrasie. La troisième partie commence où finit la précédente, et conduit l'histoire jusqu'au commencement du règne de Pépin, en 752. Elle fut écrite par ordre de Childebrand, oncle paternel du même roi. La quatrième et dernière partie, qui va jusqu'à la mort de Pépin et au commencement du règne de Charlemagne, en 768, fut ajoutée aux précédentes par ordre de Nibelung, fils de Childebrand. Il y a beaucoup d'apparence que l'auteur de cette dernière partie a réuni toutes les autres en un corps d'ouvrage; du moins est-il certain que, dès le commencement du ix⁰ siècle, toutes ces parties ne formaient qu'un seul corps d'histoire, comme nous les possédons encore aujourd'hui. Mais de toute cette chronique, enrichie du travail de plusieurs continuateurs, il n'y a que les quatre-vingt-dix premiers chapitres qui soient de Frédégaire. C'est ce que plusieurs savants ont démontré d'une manière si solide, que ce point de critique se trouve complétement éclairci. On retrouve cette continuation à la suite de toutes les éditions de la *Chronique* de Frédégaire.

FRÉDÉGISE ou **FRIDUGISE**, surnommé NATHANAEL, parmi les savants du ix⁰ siècle, fut disciple d'Alcuin, qui l'amena avec lui d'Angleterre en France, au commencement du règne de Charlemagne. Il ne tarda pas à se faire une réputation assez étendue; et comme le savoir conduisait alors aux emplois, il lui fut ainsi facile d'en obtenir un à la cour. L'abbé de Longchamps a fait de Frédégise une espèce d'intrigant sans talent et sans délicatesse, négligeant ses devoirs, et cherchant par tous les moyens à éloigner ceux dont il pouvait redouter la supériorité. Mais on voit d'un autre côté qu'Alcuin lui fut toujours attaché : il n'en parle que dans les termes les plus flatteurs; il se plaît à lui donner le titre de son très-cher fils, et l'on doit convenir que le témoignage d'un homme aussi respectable est une grande preuve en faveur de Frédégise. Cependant on ne peut pas dissimuler que celui-ci n'ait eu quelques torts, et il faut peut-être lui reprocher d'avoir contribué par son exemple à introduire le relâchement dans les monastères dont il était le chef. Il avait succédé à Alcuin dans sa place d'abbé de Saint-Martin de Tours. La discipline régulière, déjà fort ébranlée dans cette communauté, lorsqu'Alcuin en prit le gouvernement, acheva de succomber tout à fait sous l'administration de Frédégise; de sorte qu'aussitôt après la mort de Charlemagne, tous les moines se hâtèrent de se séculariser. Il eut ensuite l'abbaye de Sithieu ou Saint-Bertin, à laquelle il réunit celle de Cormeri. Il est nommé le premier des quatre abbés, qui souscrivirent en 811, avec plusieurs évêques, le testament de Charlemagne. Il eut assez de crédit sur l'empereur Louis le Débonnaire pour se faire nommer son chancelier, dignité importante et qu'il conserva jusqu'à sa mort, arrivée en 834. Il avait été trente ans abbé de Saint-Martin, et quatorze ans abbé de Sithieu. Adalard lui succéda dans le premier de ces monastères, et il fut remplacé dans le second par Hugues, fils de Charlemagne.

SES ÉCRITS. — On croit que Frédégise avait composé plusieurs ouvrages qui sont entièrement perdus; mais on doit peu les regretter si l'on juge de leur mérite par ceux qui nous ont été conservés, ou dont il reste des fragments. Le premier de ces écrits est une lettre ou petit traité philosophique sur le néant et les ténèbres, *Epistola de nihilo et tenebris*, adressé aux seigneurs du palais. L'inscription ne donne à l'auteur que la qualité de diacre, ce qui nous autorise à penser qu'il le publia avant d'être élevé à la dignité d'abbé, et par conséquent avant l'an 804.

La première partie est consacrée à prouver que le néant est quelque chose de réel, puisque suivant les Ecritures, Dieu en a formé le monde que nous voyons. Il raisonne à perte de vue sur cette donnée, et après avoir longtemps discouru, il est obligé de convenir que l'on ne comprend pas très-bien la vérité qu'il prétend avoir établie. Mais il s'en console en disant qu'il en est de cette vérité comme de plusieurs autres, qui ne sont pas moins certaines, quoiqu'on ne puisse les comprendre. Il s'était flatté d'abord avec une confiance imperturbable qu'il allait développer et mettre au grand jour la question du néant, qui avait été si longtemps agitée, sans que personne eût encore pu la résoudre. Il se regardait comme si assuré du succès, que d'avance il avait pris des mesures pour faire passer sa démonstration à la dernière postérité. Cependant, malgré l'évidence prétendue où il se glorifie d'avoir mis cette difficulté, on continuera de se demander longtemps encore si le néant est quelque chose de réel. — Dans la seconde partie, Frédégise s'attache à démontrer que les ténèbres sont une substance corporelle, et pour y réussir il a bien plus souvent recours aux passages de l'Ecriture où il est question de ténèbres qu'au raisonnement. Mais il confond presque partout la privation de la lumière, dont il s'agit uniquement dans sa discussion, avec des substances opaques et ténébreuses qu'il ne définit pas, ou, pour parler le langage de l'école, il confond partout l'abstrait avec le concret. Au reste ces deux questions font voir quel était le goût des philosophes de ce temps. Frédégise montre dans cette lettre un esprit subtil et orné; le style en est clair, pur et même coulant, malgré les épines de la philosophie; mais il lui était difficile de faire un plus mauvais usage de son talent.

Poésies. — Frédégise n'était pas seulement philosophe, mais il joignait à ce titre celui de poëte, et l'on verra par l'ouvrage suivant qu'il se piquait aussi de théologie. Il composa plusieurs pièces de vers imprimées avec celles d'Alcuin, dont jusqu'ici on n'a pu les distinguer ; mais la description du monastère de Cormeri est certainement de Frédégise. Cette description ne manque pas de charmes ; elle peint agréablement le site et les alentours du monastère, puis elle finit par une plainte dans laquelle l'auteur regrette la perte de cette maison, qui, en passant sous la direction d'un abbé particulier, allait cesser d'être dépendante de Saint-Martin de Tours. Cette pièce porte le n° 222 parmi les poésies d'Alcuin.

Réfutation des erreurs d'Agobard. — La critique que fit Frédégise de quelques sentiments erronés d'Agobard de Lyon, ne subsiste plus. On ne connaît de cet ouvrage que les passages qu'Agobard lui-même a insérés dans sa réponse. On ne saurait dire au juste s'il avait raison sur tout ce qu'il trouvait de répréhensible dans son adversaire ; mais il est certain qu'en relevant les fautes d'Agobard, il donna lui-même dans quelques erreurs que cet archevêque ne manqua pas de condamner à son tour. Frédégise, par exemple, soutenait que Jésus-Christ, ayant été véritablement humble, s'était reconnu en cette qualité sujet à l'erreur ; que les interprètes de l'Ecriture sainte, non plus que les écrivains sacrés eux-mêmes, n'avaient commis aucune faute contre les règles de la grammaire ; que le Saint-Esprit avait non-seulement inspiré aux prophètes et aux apôtres le sens de ce qu'ils ont dit ou écrit, mais qu'il avait même formé dans leur bouche les paroles dont ils s'étaient servis, comme il en avait usé à l'égard de l'ânesse de Balaam ; que les âmes avaient été créées en un certain lieu avant de passer dans les corps qu'elles animent ; qu'autre chose est Dieu, et autre chose la vérité ; enfin que tous les anciens patriarches n'ont pas été chrétiens, et qu'il n'est point question de Jésus-Christ dans l'Ancien Testament.

FRÉDÉRIC fut choisi pour gouverner l'Eglise de Liége en 1119. Après la mort d'Otbert, le clergé, les nobles et le peuple, s'étant partagés pour lui donner un successeur, cette Eglise se trouva exposée à de grands troubles qui occasionnèrent un schisme fâcheux. Alexandre, trésorier et l'un des archidiacres de Liége, après s'être fait un parti considérable par tous les moyens que l'astuce et la simonie mettaient à sa disposition, alla trouver l'empereur Henri V, auquel il remit, suivant le bruit public, une somme de sept mille livres d'argent, et en reçut l'investiture de l'évêché qu'il ambitionnait. L'archevêque de Cologne, informé de ce qui s'était passé, fit défense aux Liégeois de reconnaître Alexandre, et cita devant lui les parties. L'intrus n'ayant point comparu, malgré trois citations, le métropolitain tint une assemblée, dans laquelle Frédéric, frère du comte de Namur, fut élu par le concours du clergé et du peuple pour remplir le siége de Liége. Frédéric était plus recommandable encore par la pureté de ses mœurs et l'étendue de son savoir que par sa haute naissance. Il accepta ce fardeau et se soumit au joug qu'on lui imposa, quoiqu'il n'ignorât pas qu'il lui en coûterait la vie. Il partit immédiatement pour Reims, où le Pape Calixte II, qui y tenait un concile au mois d'octobre 1119, lui imposa les mains. Le nouveau prélat prit ensuite la route de Liége et la fit à pieds nus. L'élection canonique de Frédéric ne mit pas fin aux maux de cette Eglise : Alexandre, son concurrent, soutenu par le duc de Louvain, continua de susciter du trouble et causa beaucoup de maux. Comme Frédéric demeurait maître de Liége et qu'il avait toujours l'avantage sur le parti d'Alexandre, on eut recours au poison pour se défaire de lui. Parmi les officiers du prélat, il y en eut un qui voulut bien se prêter à un crime aussi horrible : ce fut son échanson. Frédéric, après avoir pris du poison, traîna quelque temps encore une vie languissante ; mais comme la mort ne venait pas assez promptement au gré de ses ennemis, on réitéra la dose jusqu'à trois fois, c'est-à-dire jusqu'à ce qu'il eût succombé. Au milieu des douleurs les plus violentes, il fit paraître une patience et une charité admirables. Non-seulement il pardonna généreusement à ses meurtriers et à ses ennemis, mais il pria pour eux. Il en fit même venir quelques-uns, se jeta à leurs pieds, et leur demanda lui-même pardon pour tâcher de les toucher et de leur inspirer le repentir de leurs crimes. Ce fut dans ces sentiments que mourut Frédéric, évêque de Liége, un vendredi de la fin du mois de mai ou juin 1121. Dieu fit connaître la sainteté de son serviteur, selon la prédiction d'un solitaire, par plusieurs merveilles arrivées à sa mort, et par un grand nombre de miracles, qui, continuant de se renouveler pendant douze ans à son tombeau, y attirèrent une foule de malades qui y recouvrèrent la santé. Les auteurs de la *Nouvelle Gaule chrétienne* n'osent pas affirmer que Frédéric soit mort du poison. Cependant l'auteur de sa Vie, que l'on peut regarder comme un contemporain, puisqu'au temps où il écrivait, plusieurs des ennemis du saint prélat vivaient encore, le déclare d'une manière si formelle, en détaillant les effets du poison, qu'il n'est pas possible d'en douter. Le même auteur qualifie Frédéric de saint et même de martyr, en assurant qu'il avait subi une mort plus cruelle que ne l'eût été la mort par le fer ou par le feu. On peut voir aussi dans Molanus et dans les *Trophées du Brabant* de Butkens les éloges que font ces auteurs de la vie du saint prélat.

Nous sommes redevables à dom Martène, non-seulement de la Vie de Frédéric qu'il a publiée sur un manuscrit de l'abbaye d'Aulne, mais encore d'une lettre du même évêque, qu'il a insérée dans sa grande collection. — Dans cette lettre adressée à l'Eglise de Malines, Frédéric entreprend de justifier le grand prévôt de cette ville, qui, après avoir obtenu sa liberté sur un serment qu'il avait fait de retourner en prison, ne s'y était point rendu. Comme quelques-uns pouvaient lui reprocher d'avoir manqué à sa parole et à son serment, notre prélat déclare que le prévôt n'a rien fait que par son conseil et par celui de toute l'Eglise de Liége, qui l'avait prié d'interposer son autorité pour l'empêcher de se rendre en prison comme il l'avait promis et pour l'absoudre de son serment. Le prévôt, par lui-même, était tellement disposé à l'observer, qu'il avait fallu le retenir de force et même le lier pour empêcher qu'il ne se rendît au jour et aux lieux marqués. Il fut même si touché de se voir retenu de la sorte et mis hors d'état de satisfaire à ses engagements, qu'il en devint furieux jusqu'à paraître avoir perdu la raison. Après avoir exposé le fait, Frédéric rapporte plusieurs exemples pour faire voir qu'on n'est point obligé d'exécuter ce qu'on a promis, même avec serment, quand ce serment a été obtenu par la contrainte. Il n'oublie pas, parmi ces exemples, celui de Pascal II, qui, bien loin de se croire obligé d'accorder à l'empereur Henri V ce qu'il lui avait promis avec serment, cassa son traité dans un concile qu'il assembla pour ce sujet. Mais comme ces exemples pouvaient paraître insuffisants, parce que c'étaient des exemples domestiques et qui ne rappelaient que des faits modernes, Frédéric remonte plus haut et rapporte que le Pape Jean VIII dispensa l'empereur Louis du serment qu'il avait fait, par crainte de la mort, à Adalgise, duc de Bénévent, de ne jamais rentrer dans ses Etats. L'apologiste du prévôt de Malines cite en sa faveur l'autorité de Cicéron, qui, au troisième livre de son traité des *Offices*, décide qu'il y a des occasions où l'on peut, sans parjure, manquer à sa parole et à son serment, comme lorsqu'on a promis de l'argent à des voleurs pour sauver sa vie. La raison qu'en donne Cicéron, c'est qu'un pirate étant l'ennemi commun de tous les hommes, on ne doit rien avoir de commun avec lui, ni fidélité, ni serment : *Pirata communis est hostis omnium, cum hoc nec fides, nec jusjurandum potest esse commune.*

Frédéric, après avoir ainsi justifié le prévôt de Malines, prie ceux à qui sa lettre est adressée de la lire et de la faire circuler ensuite, afin qu'on la lise et qu'on ait de quoi répondre à ceux qui osent blâmer sa conduite. Elle était d'autant moins condamnable qu'il avait donné, depuis sa sortie de prison, l'argent dont il était convenu pour sa personne. D'ailleurs, on ne peut pas lui faire un crime de n'être point retourné en prison, puisqu'il en a eu la volonté et qu'on l'en a empêché, et qu'enfin il n'était point obligé de garder la parole qu'il avait jurée, non à un ennemi juste et légitime, mais à un voleur, à un brigand, à un tyran. Cette lettre est bien écrite ; on y trouve du feu, de la justesse, de l'éloquence et de l'érudition.

FRÉDÉRIC, surnommé Barberousse, à cause de la couleur de sa barbe, fils de Frédéric, duc de Souabe, et duc de Souabe lui-même, naquit en 1121, et obtint la couronne impériale à la mort de son oncle Conrad III, en 1152. Nous laissons à d'autres le soin de raconter l'histoire de ses querelles avec les trois Papes Adrien IV, Alexandre III et Urbain III, ainsi que les guerres qu'il eut à soutenir contre les Milanais et dans la Lombardie. Nous n'avons à le présenter ici que comme auteur, et il suffit d'ajouter qu'après avoir pris la croix et pénétré jusqu'en Syrie, il mourut à Tarse pour avoir voulu imiter Alexandre en se baignant dans le Cidnus le 10 juin 1190.

Il nous reste de lui une lettre adressée à Wibaud, abbé de Stavelo et de Corbie, qui avait été ministre de son prédécesseur, et qui dirigeait encore dans les premières années de son règne les affaires de l'empire. « Ce que la renommée publie, votre conduite le prouve, lui dit-il. Entre les différentes vertus dont votre âme est ornée, la fidélité tient le premier rang et d'une façon si admirable, qu'il vous serait aussi difficile de vous en départir qu'au soleil de perdre sa lumière. Aussi l'entière confiance que nous avons en votre sagesse nous porte-t-elle à régler sur vos avis les plus importantes affaires de l'empire ; et comme vous êtes le plus distingué de nos fidèles par votre droiture, votre zèle et votre capacité, nous voulons aussi que vous soyez le premier et le plus assidu à nos conseils. Si nous avons attendu quelque temps avant de vous appeler auprès de nous, c'est qu'après les fatigues incroyables que vous avez essuyées dans votre expédition d'Italie et dans votre ambassade de Grèce, nous avons cru devoir vous laisser prendre quelque repos. Une autre raison, c'est que nous ne nous sommes point approchés assez près de vos cantons pour vous faire venir à notre cour sans vous incommoder. Mais maintenant que nous nous dirigeons vers les Pays-Bas avec la résolution de suivre vos conseils pour régler les affaires de cette province, nous vous prions de venir nous joindre à Nimègue le troisième dimanche après Pâques. Nous vous mandons en outre qu'ayant appris depuis peu que les Grecs étaient entièrement chassés de la Pouille, nous avons jugé à propos de dispenser les princes de l'expédition que nous avions arrêtée à Wirzbourg pour ce pays-là, bien persuadé que notre attention doit se tourner de préférence sur des objets qui intéressent la gloire de l'empire, et sur des injures que nous ne pouvons dissimuler plus longtemps sans compromettre notre honneur. Nous voulons parler de l'insolence et de la témérité, si funestes aux églises et aux cités de la Lombardie qu'ils détruisent chaque jour au mépris des traités et pour l'opprobre de notre empire. Certes, si nous n'employons notre puissance et si nous n'usons de célérité pour prévenir leurs desseins, l'empire est menacé des plus grands désastres. C'est pour cela que dans les diètes de Fulde et d'Ulm, nous avons, de l'avis des princes, déterminé l'expédition de Milan, qui doit commencer la veille de la Pentecôte prochaine dans un an. Nous vous notifions cette délibération et nous en recommandons le succès à votre prudence. De plus, comme c'est à vous et à votre génie que nous devons l'avantage de posséder un sceau gravé à nos armes, nous vous prions de faire graver également celui de l'impératrice et de nous l'apporter à Aix-la-Chapelle. » Cette lettre est de l'an 1157 et prouve que Frédéric ne manquait ni d'éloquence ni de savoir dans un siècle barbare, où presque aucun prince allemand ne savait ni lire, ni signer son nom.

FRIDEGOD, Anglais de naissance et moine de l'ordre de Saint-Benoît, où il avait été élevé à la dignité de diacre, se rendit recommandable par son savoir sous le règne d'Othon Ier, et d'Edgard, roi d'Angleterre. Il possédait à fond la langue grecque, ce qui était rare en ce temps-là. A la prière de saint Odon, archevêque de Cantorbéry, il composa en vers héroïques la *Vie de saint Wilfride*, archevêque d'York. On la retrouve imprimée au tome III des *Actes de l'ordre de Saint-Benoît*. Sa poésie tient un peu de la prose et les termes grecs qu'il y mêle de temps en temps la rendent obscure et presque barbare. — Surius, imité depuis par plusieurs critiques qui l'ont cru sur parole, le fait auteur d'une *Vie de saint Ouen*, archevêque de Rouen, dont la reine Emma, mère du roi Edouard, avait fait transporter les reliques en Angleterre; mais on ne voit pas trop sur quels fondements il appuie son opinion. Guillaume de Malmesbury qui traite en particulier des écrivains qui ont travaillé sur la vie de saint Ouen, ne dit rien du moine Fridegod, qu'il n'eût probablement pas omis de nommer, s'il avait été l'auteur de l'ouvrage qu'on lui attribue. C'est avec plus d'apparence qu'on lui restitue un poëme publié par Galéus en 1691, sous le nom d'Alcuin. L'auteur de ce poëme se trouve réuni avec plusieurs autres écrivains qui n'ont vécu que dans le IXe siècle, entre autres avec l'Écossais Sédulius, qui, selon Hepidame, moine de Saint-Gall, florissait en 818. Cet auteur ne peut donc être Alcuin qui était mort avant ce temps-là. Du reste la conformité du style toute seule, à défaut de toute autre présomption, suffit pour le faire assigner à Fridegod. Ce poëme, quel qu'en soit l'auteur, traite des évêques, des rois et des saints du territoire d'York. Baléus et Cave après lui donnent à Fridegod divers traités de morale sur la femme pécheresse, sur la vision béatifique et sur plusieurs sujets qu'ils indiquent; mais ces traités n'existent plus.

FRODON, qui fait le sujet de cet article, est fort différent d'un savant d'Angers, son homonyme et son contemporain, qui alla mourir en Angleterre. A la qualité de chanoine de l'Église cathédrale d'Auxerre, il réunissait le titre d'archiprêtre et florissait dans la dernière moitié du XIe siècle. Le Nécrologe de son église, qui marque sa mort au 5 mai, le représente comme un ecclésiastique fort lettré : *Litteris bene eruditus.* Toutefois il ne paraît pas par ses œuvres qu'il eût le talent de mieux écrire que le commun des auteurs de son siècle. Il nous apprend lui-même qu'il avait vécu sous l'épiscopat de Geoffroi de Champelaman et sous celui de Robert de Nevers, mort en 1084, ce qui forme un espace de trente-deux ans, depuis qu'il était en possession de son canonicat. Il vécut encore au moins trois ans après, mais on ignore l'époque précise de sa mort.

SES ÉCRITS. — On a de lui les éloges historiques des deux évêques d'Auxerre que nous venons de nommer. Il fit celui de Geoffroi Champelaman, aussitôt après sa mort qui arriva le 28 décembre 1076. C'était une coutume établie depuis longtemps dans cette Église d'écrire pour la postérité un abrégé de la Vie de chaque évêque dès les premiers jours qui suivaient la fin de leur épiscopat. C'est ainsi qu'on en a usé jusqu'à la fin du dernier siècle dans toutes les églises ou monastères, où l'on avait soin de dresser des Nécrologes. Mais un concours fatal de circonstances contraires ayant forcé de négliger cette louable pratique, à la mort de Robert de Nevers, on fut trois ans entiers sans rien écrire de la vie de ce prélat. Ce fut au bout de ce terme que le nouvel évêque et le chapitre entier engagèrent Frodon à payer à sa mémoire le même tribut d'éloges qu'il avait déjà payé à celle de Geoffroi, son prédécesseur. Frodon se prêta à ce qu'on exigeait de lui ; il nous instruit lui-même de ces circonstances dans un petit avertissement qu'il a placé en tête de cet éloge, et où il parle de lui-même avec la plus profonde modestie. Si on l'en croit, il n'était rien moins que savant, et tout autre que lui eût été beaucoup plus capable de bien remplir le dessein qui lui était proposé.

Ces deux éloges font partie des *Actes des évêques d'Auxerre*, publiés par les soins du P. Labbe. Ils sont écrits avec beaucoup de simplicité et de candeur, et respirent un certain parfum de piété qui en fait aimer la lecture. Ils méritent aussi d'autant plus de créance que la certitude des faits y est garantie par l'auteur lui-même, qui affirme n'avoir rien avancé dont il n'ait été le témoin. A la suite de l'éloge de Robert de Nevers se lit un huitain de Frodon, qui n'a d'autre but que d'apprendre à la postérité qu'il est l'auteur de cet éloge et du précédent; vient ensuite, en quatorze vers hexamètres, l'épitaphe du même évêque. Quoique le nom de Frodon ne s'y trouve pas, on ne peut guère douter qu'elle ne soit de sa façon. Quand il n'en dise rien, on y reconnaît la même touche et le même caractère. D'ailleurs la place qu'occupe cette épitaphe dans les manuscrits et les imprimés ne permet presque pas de la lui contester. En somme, ces deux pièces ne valent ni mieux ni pis que les autres poésies du même temps.

A propos de Frodon, nous croyons devoir ajouter un mot sur les *Actes des évêques d'Auxerre* où se trouvent insérés les deux morceaux que nous venons d'analyser. La première partie de ces *Actes* a été rédigée sur d'anciens mémoires par deux chanoines de la cathédrale qui s'aidèrent du travail du moine Héric, leur compatriote et leur contemporain. Elle subsiste encore aujourd'hui telle qu'elle sortit de leurs mains, vers l'an 876. La suite de ces *Actes*, au moins jusqu'en 1277, a eu presque autant de continuateurs que cette Église a eu d'évêques. On peut s'en convaincre par le manuscrit sur lequel l'abbé Lebeuf a fait imprimer ces *Actes*, et par celui que Geoffroi de Champaleman fit rédiger sur un autre qui datait du IX° siècle. Dans chacun de ces manuscrits, chaque éloge historique est l'œuvre d'un auteur particulier, et le recueil ne se grossit qu'à mesure que la mort couche un évêque dans la tombe. Jusqu'en 1277 les additions s'y succèdent avec une suite et une variété qui ne laissent pas d'assurer une très-grande autorité à ces *Actes*. Non-seulement les auteurs étaient contemporains, mais la plupart avaient été témoins oculaires des faits qu'ils rapportaient. C'étaient ordinairement des chanoines de la même église qui ne disaient que ce qu'ils avaient vu, et qui le disaient avec autant de sincérité que de bonne foi. Ce que Frodon dit de lui-même, à propos des deux Vies qu'il a écrites, l'équité veut que nous le pensions de tous ceux qui l'ont précédé ou suivi dans les mêmes travaux :

Fidus eas egi, quia non nisi cognita dixi.

Indépendamment de l'édition du P. Labbe dont nous avons parlé plus haut, cet ouvrage a été imprimé à Auxerre, au moins pour sa première partie, en un volume in-4°, avec ce titre : *Autricum Christianum, seu Gesta pontificum Antissiodorensium*, par Louis Noël surnommé d'*Ame*, mort en 1686.

FROLLAND n'est point connu avant son épiscopat. Il fut élevé à cette dignité en 1043, et succéda à Gui, surnommé *le Bon*, sur le siége de Senlis. C'est donc par erreur que quelques critiques lui font adresser la lettre quarante-neuvième de Fulbert de Chartres, mort dès le mois d'avril 1029. Le nom de l'évêque de Senlis n'est désigné dans cette lettre que par un R, et il y a tout à croire que c'était Rodulfe, prédécesseur de Gui. Frolland fut un des évêques qui assistèrent, en 1049, au célèbre concile de Reims, présidé par le Pape Léon IX. Quatre ans plus tard, vers 1053, il se trouva à l'assemblée de Saint-Denis, près Paris, dans laquelle on ouvrit la châsse et on vérifia les reliques de ce saint évêque, que les moines de Saint-Emmeram se vantaient de posséder. Il assista aussi, en 1059, au couronnement du prince Philippe, fils du roi Henri Ier. On ignore l'époque précise de sa mort, mais Yves II remplissait le siége épiscopal de Senlis en 1074.

Nous ne possédons de lui qu'une lettre adressée au fameux Bérenger de Tours. Elle mérite d'être connue. Elle est bien écrite pour le temps, et toute remplie de témoignages d'estime et d'affection pour cet archidiacre scolastique. Frolland, malgré sa dignité d'évêque, le traite de frère et très-cher seigneur, et contre l'usage des autres pontifes écrivant à leurs inférieurs, il le nomme avant lui dans l'inscription de sa lettre. La grande confiance avec laquelle il réclame ses prières montre qu'il le regardait comme un homme d'une rare piété ; ce qui lui faisait souhaiter ardemment de jouir de sa présence dans la double infirmité dont il était alors affligé. Il est visible par ce qu'il dit à la fin de cette lettre, qu'elle fut écrite au temps où Bérenger cherchait partout des protecteurs qui l'aidassent à regagner les bonnes grâces du roi Henri qu'il avait perdues. Il y a bien de l'apparence aussi que notre prélat ne connaissait pas encore les vrais sentiments de Béranger, ou, s'il en avait connaissance, qu'il ne lui témoignait tant d'estime et d'amitié que pour le ramener à la croyance commune des fidèles. Dom Luc d'Achery, le premier qui découvrit cette lettre, la publia au second volume de son *Spicilége* ; quelques années après, Du Boulay la fit réimprimer parmi les monuments de son *Histoire de l'Université de Paris*, et Oudin l'a insérée depuis dans son *Histoire de Bérenger*.

FROTHAIRE, placé dès sa jeunesse à l'abbaye de Gorze, à trois lieues de Metz, y fit ses premières études. Il devint dans la suite abbé de Saint-Evre, à Toul, et conserva toute sa vie beaucoup d'affection pour ce monastère. Le soin qu'il prit de le bien gouverner lui fraya la voie à l'épiscopat, et le siége de Toul étant venu à vaquer sur ces entrefaites, Frothaire fut élu pour le remplir. Quelques auteurs placent son ordination dès l'an 804, mais il est plus vraisemblable qu'elle ne se fit qu'en 813, le 22 mars, pendant le concile qui se tenait alors à Reims. Frothaire, devenu évêque, se montra digne de son titre et en remplit saintement les obligations. On voit par ses lettres combien il mit de zèle à rétablir, orner et embellir les églises. Il n'en montra pas moins à conserver purs et intacts les temples vivants du Saint-Esprit, les fidèles de son diocèse, dont le salut était confié à sa sollicitude pastorale. Aussi déplorait-il avec amertume la nécessité qui le forçait à porter ailleurs son attention. Louis le Débonnaire, ayant résolu d'ajouter quelques nouveaux bâtiments à son palais d'Aix-la-Chapelle, confia la direction de ces travaux à Frothaire, dont les connaissances en architecture lui étaient connues ; mais notre évêque n'oublia rien auprès des ministres du prince pour se faire décharger d'une telle commission. Il était même résolu, si l'on continuait à le tenir éloigné de son troupeau, de se démettre de l'épiscopat. Quelques calamités publiques qui désolèrent son diocèse lui fournirent l'occasion de déployer sa foi. Cependant, tout en recommandant d'avoir recours à Dieu par la prière, le jeûne et la pénitence sous le sac et sous la cendre, il ne laisse pas de rechercher et d'indiquer à son peuple tous les préservatifs que la prudence peut suggérer en semblable circonstance. Il assista, en 821, au concile de Thionville ; c'est la seule assemblée à laquelle on le voit paraître, si toutefois l'on en excepte celle qui se tint au même lieu en 835, pour faire le procès aux évêques qui avaient trempé dans la révolte de Lothaire et de ses frères; ce qui nous fait présumer que notre prélat resta constamment fidèle à l'empereur Louis. Cependant, après la mort de ce prince, il assista, en 840, au parlement d'Ingelheim, où Ebbon de Reims, déposé cinq ans auparavant au concile de Thionville, fut solennellement rétabli. Après un épiscopat de trente-cinq ans, Frothaire mourut le 22 mai 848, et fut inhumé dans le cimetière de l'abbaye de Saint-Evre, où il avait rétabli la discipline régulière douze ans avant sa mort.

SES ÉCRITS. — On nous a conservé de Frothaire un recueil de trente-deux lettres; mais sur le nombre, il y en a dix qui ne lui appartiennent pas. Quoique généralement ces lettres ne soient pas fort intéressantes par elles-mêmes, cependant elles ne laissent pas de contenir plusieurs détails qui peuvent servir à l'histoire de ce temps-là. Duchesne est le seul qui les ait publiées dans ses *Monuments historiques*, après les avoir extraites de vieux parchemins trouvés à Chartres. Outre le secours qu'on en peut tirer pour l'histoire de France en général, on y retrouve également plusieurs circonstances de la vie de l'auteur dont nous n'avons reproduit que les principaux traits dans sa biographie.

Il y en a une à l'empereur Louis, une autre à l'impératrice Judith, sa femme; quatre à Hilduin, archichapelain du palais; quatre à Gérungue qui occupait une charge considérable à la cour; une autre à Hugues, fils naturel de Charlemagne, et alors moine à Charroux. Presque toutes les autres sont écrites à des évêques, tels qu'Hetti de Trèves et Drogon de Metz, ou à des abbés. Dans les inscriptions de la plupart de ces lettres, Frothaire emploie les titres pompeux et affectés en usage aux VIe et VIIe siècles. Son style sans art et à peine dégrossi est surchargé de termes barbares.

Parmi les dix lettres qui ne sont pas de Frothaire, la première qui se présente porte le nom d'un abbé nommé Wicard, à qui notre prélat adresse la dix-neuvième des siennes pour le prier de lui envoyer à Aix-la-Chapelle trois voitures de vin de Beaune, dans le territoire duquel cet abbé avait probablement son monastère. Wicard, dans sa lettre, remercie Frothaire, tant en son nom qu'au nom de sa communauté, de leur avoir envoyé la Vie et les reliques de saint Evre. Il y a deux lettres qui appartiennent à saint Aldric, archevêque de Sens; trois autres écrites au nom de l'Eglise de Sens, et adressées, l'une à Hilduin, l'autre à Eginhard, et la troisième à l'impératrice Judith, à propos de certaines difficultés qui se rencontraient dans l'élection d'un archevêque, après la mort de Jérémie, en 828. Nous avons aussi deux lettres adressées à Frothaire par Hetti, archevêque de Trèves, qui, en conséquence de son titre d'envoyé du prince, lui donnait divers avis. C'était un prélat de haute naissance et d'un mérite distingué. Il avait pour frère Grimoald, abbé de Saint-Gall, archichapelain de Louis, roi de Germanie, et pour sœur, Varentrude, abbesse de Palz. Lui-même était abbé de Médeloc, lorsqu'en 814 il fut élevé sur le siège archiépiscopal de Trèves, qu'il remplit jusqu'en 847 selon quelques-uns, ou plutôt, suivant le plus grand nombre, jusqu'en 851. Nous avons encore une lettre de Jérémie, archevêque de Sens, qui écrivait à Frothaire pour le prier de lui envoyer du sel, que l'abondance des pluies avait rendu fort rare en ce temps-là. C'est le seul monument qui nous reste de cet archevêque. Les deux dernières lettres, parmi les dix dont nous avons parlé, sont adressées à Frothaire par Albéric, évêque de Langres, qui paraît avoir tenu ce siège depuis 817 jusqu'en 838. L'une regarde l'ordination d'un clerc, et l'autre quelque différend entre lui et Frothaire, à propos de la dépendance d'un village.

A la suite des lettres de Frothaire, Duchesne en a fait imprimer trois autres qui ne sont guère plus intéressantes que celles dont on vient de parler, si toutefois on en excepte la dernière. Les deux premières sont écrites à l'empereur Louis le Débonnaire : l'une par un prêtre, nommé Attotan, qui lui demande justice des mauvais traitements qu'il avait eu à subir pendant assez longtemps de quelques particuliers; la seconde par un Saxon, fils d'un nommé Richard, qui implore l'autorité du prince pour rentrer dans ses biens que les Saxons idolâtres avaient envahis, en haine de la religion chrétienne. La troisième est adressée à Louis, roi de Germanie, par l'Eglise de Mayence, pour lui demander le rappel d'Otger, ou Otgaire, son archevêque, exilé depuis plusieurs années pour avoir trempé dans la révolte de Lothaire.

Mais revenons à Frothaire que le catalogue de ces lettres nous a fait un instant perdre de vue. Il nous reste de lui quatre chartes en faveur de l'abbaye de Saint-Evre, dont l'une, assez remarquable, est peut-être un des plus anciens monuments de ces hommages singuliers qui devinrent plus tard si communs dans les siècles du bas âge. En reconnaissance des dons qu'il avait faits à cette abbaye, Frothaire veut que tous les ans les moines donnent à l'évêque un repas au jour de la fête de Saint-Evre, avec un cheval de la valeur de trente sols, ou le prix en espèces, un bouclier, une lance, deux cuirs, deux cilices, c'est-à-dire deux surtouts, et en temps de guerre, une charrette attelée de bœufs. Il faut se souvenir que nos évêques alors étaient guerriers.

FROWIN, abbé du mont des Anges, plus vulgairement connu sous le nom d'Engelbert dans le canton de Zurich en Suisse, se rendit recommandable par ses vertus et son savoir, vers l'an 1131. Il avait succédé à Adelhème, premier abbé de ce monastère. Dom Mabillon dans un séjour qu'il fit à Einsidlen ou Notre-Dame des Ermites, découvrit deux ouvrages de Frowin parmi les manuscrits du monastère. — Le premier était une explication de l'oraison dominicale, adressée à Berthold, son disciple, et le second un *Traité du libre arbitre*, divisé en sept livres, dans lesquels l'auteur développait les principales questions de la théologie, contre certains novateurs qui se faisaient gloire alors de leurs nouvelles inventions. Il est probable que l'auteur se proposait pour but de combattre les doctrines d'Abailard. Dès le même temps Gerhoh, prévôt de Reichersberg, écrivait contre les disciples de cet écrivain ; il n'y aurait donc rien de surprenant que ses nouveautés fussent passées de la Bavière en Suisse qui n'en est pas fort éloignée. Dom Mabillon, pour exciter les possesseurs de ces écrits à les mettre au jour, a publié dans l'Appendice au tome VI de ses *Annales* les prologues ou préfaces des deux ouvrages dont nous venons de parler, avec les sommaires de tous les chapitres dont le *Traité du libre arbitre* est composé. Dans son prologue sur l'oraison dominicale, Frowin remarque qu'il ne dira rien de neuf sur cette prière, mais qu'il se contentera de rapporter ce que les Pères en ont dit. Il paraît par la préface des livres du *Libre arbitre*, que le moine Adelbert l'avait engagé à écrire sur ce sujet, et que Frowin intitula son ouvrage : *Eloge du libre arbitre* (Ad laudem liberi arbitrii), parce qu'en effet le libre arbitre l'emporte sur tous les autres dons dispensés par le Créateur à la créature raisonnable, et que toutes les vertus de l'homme, sa sagesse, sa justice, sa félicité, sont fondées sur le libre arbitre. Frowin citait contre les erreurs nouvelles non-seulement les sentiments des docteurs des siècles qui l'avaient précédé, mais encore les opinions émises par les savants de son siècle.

FRUCTUEUX (Saint), issu du sang royal des Goths, était fils d'un général qui faisait sa demeure ordinaire sur le territoire de Vierze, entre les montagnes de la Galice et de Léon. Après la mort de ses parents, il reçut la tonsure des mains de Conantius, évêque de Palencia, et le désir de la perfection évangélique le porta à se dépouiller de ses biens, dont il distribua une partie aux églises, aux pauvres et à ses esclaves à qui il rendit la liberté. Mais il en consacra la partie la plus considérable à fonder le monastère de Complute, où il réunit une communauté nombreuse. Fatigué des visites que sa réputation lui attirait, il alla se cacher dans une solitude, et ses disciples eurent besoin d'user d'une sainte violence pour l'en faire sortir et le ramener à eux ; mais il les quitta quelque temps après pour aller fonder d'autres monastères. Les moines y affluèrent en si grand nombre que le gouverneur de la province écrivit au roi d'y mettre ordre, dans la crainte qu'il ne restât plus personne pour le service de l'armée et de l'Etat. Il méditait un voyage de terre sainte, lorsqu'averti par un religieux, le roi le fit arrêter afin de le retenir en Espagne. Il fut ordonné évêque de Dume, puis transféré, en 656, à l'archevêché de Brague devenu vacant par la démission volontaire de Potamius. Cette haute dignité ne lui fit rien changer à sa manière de vivre ; il continua de porter l'habit monastique et de suivre pour la nourriture le régime de sa communauté. Il fit construire l'abbaye de Montel entre Dume et Brague, et y choisit sa sépulture. L'année de sa mort n'est pas certaine ; mais elle arriva avant l'an 675, puisque Léodécisius souscrivit en qualité d'archevêque de Brague au troisième concile qui se tint en cette ville la même année. Saint Fructueux avait assisté au dixième concile de Tolède, en 656.

Règles. — Le *Code des règles* en contient deux sous le nom de ce saint évêque. La première, composée de vingt-cinq chapitres, est pour des moines. La seconde, qui n'en a que vingt, est appelée la *Règle commune*, parce que le saint fondateur la composa pour des communautés d'hommes et de femmes, et particulièrement pour les maisons qui servaient de retraite, soit à des pères qui s'y retiraient avec leurs fils, soit à des mères qui avec leurs filles venaient y vivre sous sa discipline. La première a beaucoup de rapports avec celle de saint Benoît, quoique cependant elle renferme plusieurs statuts particuliers. Par exemple, on lit dans le vingtième capitule que les religieux tiendront chapitre trois fois la semaine, et qu'outre l'exhortation du supérieur, ils entendront encore la lecture des règles des saints Pères. Or, cette prescription ne se trouve pas dans la règle de saint Benoît. Le dixième capitule de la *Règle commune* porte que les abbés des monastères voisins s'assembleront en un même lieu, au commencement de chaque mois, pour y faire des prières et conférer entre eux des devoirs de leurs charges. Saint Fructueux voulant empêcher que le relâchement ne s'introduisît parmi ses disciples, leur interdit tout commerce avec les faux monastères. Il entendait par là les communautés que des particuliers érigeaient de leur autorité et sur un fonds qui leur appartenait, et dans lesquelles ils vivaient en société avec leurs femmes, leurs enfants, leurs serfs et quelquefois leurs voisins, mais sans règle et sans supérieur, ou, s'ils en avaient un, il ne l'était que de nom. Il y avait encore d'autres faux monastères, fondés par des prêtres, dans le but de passer pour vertueux, ou dans la crainte de perdre leurs revenus et leurs dîmes. Ils croyaient se les assurer par ces établissements qui étaient du goût des peuples. Pour grossir leur communauté, ils y recevaient indifféremment tous ceux qui s'y présentaient. Le défaut de discipline et d'observance non-seulement rendait ces assemblées indignes du nom de monastères, mais elles étaient encore contraires aux anciens règlements de l'Eglise d'Espagne, dont on cite un décret portant défense de tenir pour vrais monastères ceux qui n'auront pas été bâtis avec la permission de l'évêque diocésain, ou dont il n'aura pas confirmé la règle. Au reste, quoique saint Fructueux admît également dans les siens des hommes et des femmes, les pères avec leurs fils et les mères avec leurs filles, tous cependant n'étaient pas ensemble dans un même monastère. Les hommes et les femmes étaient séparés, et il y avait même pour chaque sexe un oratoire particulier. C'est ce que l'on voit aux sixième et quinzième chapitres de la *Règle commune*. Ces deux règles se trouvent reproduites en leur entier au *Code des règles*, où elles remplissent quatorze pages de la seconde partie.

FULBERT, évêque de Chartres et l'un des principaux ornements de l'Eglise gallicane, florissait à la fin du xe et au commencement du xie siècle. Ce ne fut ni par la noblesse du sang ni par l'abondance de la fortune qu'il s'ouvrit un chemin à la chaire épiscopale ; il ne dut son élévation qu'à son mérite personnel, et avec une humilité vraiment digne d'un évêque, il ne fait pas difficulté de reconnaître qu'on le tira de la poussière pour le faire asseoir parmi les princes de l'Eglise :

Sed recolens quod non opibus, nec sanguine fretus,
Conscendi cathedram, pauper de sorde levatus.

On ignore l'époque et le lieu de sa naissance, comme aussi le nom de la famille qui lui a donné le jour. Suivant dom Mabillon, il était Romain ou au moins Italien. La *Bibliothèque des auteurs chartrains* le fait naître en Aquitaine. Ses liaisons avec le duc Guillaume V, à qui cette province obéissait, forment en faveur de cette opinion un préjugé qui acquiert la force de preuve, lorsqu'on voit Fulbert dans ses lettres se représenter comme un sujet de ce prince, à qui il accorde le titre de Seigneur, *herus meus*. Cependant d'autres veulent qu'il soit originaire de Chartres ou des environs. Quoi qu'il en soit, la science lui tint lieu de fortune, et il sut racheter l'obscurité de sa naissance par l'éclat de sa réputation. De quelque part qu'il lui vînt, il eut un avantage plus précieux que celui de la noblesse et des titres : ce fut, comme il s'en félicite lui-même, d'être placé dès l'enfance entre les mains de bons maîtres :

Nam puero faciles providit adesse magistros.

A l'âge convenable, il alla étudier à Reims, sous le célèbre Gerbert, qui devint pape sous le nom de Silvestre II, et à l'école duquel il eut pour condisciple Robert, fils de Hugues Capet, et roi de France après la mort de son père. Fulbert devint bientôt en état d'enseigner lui-même. On ignore les motifs qui le déterminèrent à se retirer à Chartres. Il avait connu à Reims un Chartrain nommé Herbert, qui, de juif s'étant fait chrétien, devint un des plus grands hommes de son siècle. Peut-être fut-il engagé par cet ancien condisciple à venir ouvrir une école dans sa ville natale ; ou bien, comme d'autres le prétendent, il se peut aussi que sur sa grande réputation, Odon, évêque de Chartres, l'ait appelé pour lui confier les écoles de son Eglise, dont il le fit chanoine et chancelier. Ce qu'il y a de certain, c'est qu'il fut chargé de la direction de ces écoles, et que le bruit de son savoir lui attira de toutes parts un grand concours de disciples, qui se répandirent ensuite non-seulement dans toute la France, mais encore en Italie et en Allemagne. Sous un maître aussi habile, l'école de Chartres devint à juste titre la plus célèbre école de l'Europe ; et ce fut partout un honneur et une recommandation d'avoir suivi, comme on le disait alors, les leçons du vénérable Socrate qui la dirigeait. Cependant ses travaux littéraires ne furent pas sans récompense. Guillaume, comte de Poitiers et duc d'Aquitaine, dont nous avons déjà dit un mot, prince lettré et protecteur du savoir et du mérite, appela Fulbert près de sa personne et le combla d'honneurs. Entre autres faveurs il lui conféra la trésorerie de Saint-Hilaire de Poitiers que Fulbert retint longtemps, même après son épiscopat, mais qu'il remit avant sa mort entre les mains de son bienfaiteur. Rien ne prouve que Fulbert ait été moine de Saint-Père en Vallée, comme Baronius l'a prétendu. La lettre vingt-unième sur laquelle il établit son opinion, et qui au premier coup d'œil semble la favoriser, la détruit entièrement, puisqu'on y lit les noms de tous les moines qui composaient alors cette communauté, et que celui de Fulbert ne s'y trouve point. Cave, Baillet, et après eux, le P. Lelong, sont encore moins recevables à le faire abbé de Ferrières avant 1004, puisque Rainard, abbé de ce monastère à la même époque, le gouvernait en cette qualité depuis l'an 997. Ce qu'il y a de vrai, c'est qu'il était lié avec tout ce que le clergé régulier possédait alors de personnages distingués, tels qu'Odilon de Cluny, Abbon de Fleury, le bienheureux Richard de Saint-Vanne, plusieurs autres saints et célèbres abbés, et qu'il conserva toujours une affection pleine d'intérêt pour l'ordre monastique. Aux connaissances qu'il avait acquises dans l'école de Reims, il joignait celle de la médecine, et il exerçait cette profession, qui s'alliait alors avec la cléricature ; mais il cessa de s'en occuper lorsqu'il devint évêque, se regardant comme obligé de consacrer tout son temps à ses nouvelles fonctions. C'est en 1007 qu'il fut élevé sur le siège épiscopal de Chartres, après la mort de l'évêque Rodolphe. Le roi Robert, qui depuis les écoles de Reims avait conservé pour lui une grande estime, contribua sans doute à son élévation ; mais le mérite de Fulbert, sa science et la sainteté de sa vie y contribuèrent encore davantage. Il eut au reste occasion de témoigner sa reconnaissance à ce prince, en déterminant Lautheric, archevêque de Sens, à remettre entre ses mains sa ville épiscopale, qui était pour lui une place très-importante. Chartres était alors suffragant de Sens, et Fulbert fut consacré par Lautheric, à la fin de septembre ou au commencement d'octobre, autant qu'on en peut juger par le terme de son épiscopat. Les nouvelles fonctions dont il se vit chargé ne lui firent point interrompre les leçons qu'il donnait à ses disciples, et il est certain qu'il continua d'enseigner, au moins pendant quelques années; mais à ces deux sortes d'occupations s'en joignait une autre qui exigeait un temps considérable. En devenant évêque, il devint l'oracle de presque toute la France. Les princes, les évêques, les seigneurs et jusqu'aux simples particuliers avaient recours à ses conseils, et le recueil de ses lettres est une preuve incontestable des lumières qu'ils durent en tirer. Peu de temps après son ordination, au mois de mai de l'an 1008, Fulbert assista au concile que le roi Robert tint dans son palais de Chelles, et y reçut des marques publiques du respect et de la vénération qu'on lui portait. En effet, par honneur pour sa personne, on exigea qu'il en souscrivît les décrets immédiatement après les métropolitains, et avant onze autres évêques, dont plusieurs, comme Adalberon de Laon, étaient fort anciens dans l'épiscopat. Cette distinction est une preuve évidente que ses collègues le regardaient dès lors comme leur docteur et leur maître. On est peu instruit des particularités de l'épiscopat de Fulbert. Une des plus mémorables fut la réédification de sa cathédrale qui avait été réduite en cendres dans l'incendie qui embrasa la ville de Chartres en 1020. Fulbert entreprit de la rétablir, et la reconstruisit en effet avec beaucoup de magnificence. Estimé comme il l'était des princes et des grands, il trouva dans leur amitié et leur munificence des ressources que ses moyens n'auraient pu lui offrir; il fut puissamment aidé par Canut, roi d'Angleterre et de Danemark, et par Guillaume d'Aquitaine, son illustre bienfaiteur. La dévotion singulière qu'il avait vouée à la Vierge, sous l'invocation de laquelle sa cathédrale était consacrée, le porta à y établir la fête de sa Nativité, dont l'institution était encore toute récente, et à composer des hymnes et des proses pour cette nouvelle solennité. A défaut d'histoire suivie des actions de notre prélat, nous retrouvons dans ses lettres quantité de traits de sa conduite pastorale. On voit qu'à une fermeté vraiment épiscopale il avait su réunir en sa personne une noble douceur et une humilité sans bassesse; et il était attentif à n'user de l'une et de l'autre qu'avec la plus sage discrétion. Lorsque la nécessité le forçait d'employer son zèle à réprimer les désordres et à corriger les abus, il le faisait toujours sans blesser le respect que l'on doit aux puissances. Il aimait tendrement son prince et avait pour lui un sincère attachement. Ayant eu occasion d'encourir sa disgrâce, il ne se donna point de repos qu'il n'eût reconquis son amitié. Joignons à ces traits généraux et à ceux que nous fournissent ses épitaphes, ce qu'il dit lui-même des devoirs d'un évêque, et nous aurons de lui un portrait ressemblant. Il n'a pu écrire autrement qu'il n'agissait; en exposant ce que doivent être les bons évêques, il a donc réussi à se peindre lui-même. Cependant, malgré son assiduité à remplir ses devoirs de pontife, Fulbert craignit d'être mal entré dans l'épiscopat, et il songeait à se démettre de son siége. Il fit part de ses scrupules à saint Odilon de Cluny, qui lui conseilla de demeurer évêque. Après avoir mis la dernière main à la restauration de son église, il voulut donner au culte une solennité plus majestueuse. Gui d'Arezzo venait d'inventer la musique à parties; le pieux prélat fut un des premiers qui l'introduisirent dans le chant de l'office, et la fit exécuter par un chœur de musiciens. Fulbert prit part aux affaires de son temps, auxquelles, du reste, les évêques restaient rarement étrangers. Il fit partie des conseils du prince, mais ce ne fut jamais que pour donner à l'autorité légitime des témoignages de fidélité, et pour empêcher les abus, ou pour en demander la répression. Après l'assassinat de Hugues, favori de Robert, tramé par Foulques de Néra, comte d'Anjou, pour servir l'ambition et la vengeance de la reine Constance, Fulbert écrivit à ce comte, et lui reprocha avec fermeté l'énormité de son crime. Il prit le parti du jeune Hugues, fils aîné de Robert, déjà couronné roi, et persécuté par la reine sa mère, qui voulait lui substituer le troisième de ses fils nommé Robert. Il osa résister aux vues injustes de Constance, et rejeta les conseils de quelques évêques *courtisans*, qui l'avertissaient du danger que l'on court à se montrer plus juste qu'il ne faut, *plus œquo justus*. Il refusa d'assister, en 1016, au sacre de Théodoric, nommé évêque d'Orléans, et la raison qu'il en donne, c'est que l'interdit jeté sur cette Eglise n'ayant pas été levé, les canons avaient été enfreints, et il n'y avait pas eu de liberté dans l'élection de cet évêque. Le Courvoisier, dans son ***Histoire des évêques du Mans***, écrit que Fulbert fut arbitre de quelques différends soulevés entre Avesgaud, l'un d'eux, et Herbert, comte du Maine. Il le fut aussi d'un différend survenu entre les moines de Saint-Denis et Adéolde de Nogent. Enfin ce pieux et savant prélat, un des plus beaux caractères et une des plus brillantes lumières de son siècle, mourut plein de jours et de bonnes œuvres, le IV des ides d'avril, c'est-à-dire le 10 du même mois 1029, après vingt-un ans et demi d'épiscopat. Cette date est contestée: les uns avancent de deux ans la mort de Fulbert, et la placent en 1027; les autres au contraire la retardent jusqu'en 1031. Nous aimons mieux nous en rapporter au sentiment des auteurs du *Gallia Christiana* et de ceux de l'*Histoire littéraire de France*, qui du reste présentent de bonnes raisons de la maintenir à l'époque que nous avons indiquée. Fulbert fut inhumé dans l'église de Saint-Père en Vallée, sépulture de plusieurs évêques ses prédécesseurs. Jusqu'ici l'Eglise de Chartres n'a décerné aucun culte public à sa mémoire, quoique sa sainteté, dit-on, ait été attestée après sa mort par plusieurs miracles. Bucelin, dans son *Ménologe*, le qualifie bienheureux. Grand nombre d'auteurs ecclésiastiques lui confirment ce titre et lui donnent même celui de saint, sous lequel M. de la Roche-

Pasai, évêque de Poitiers, a inséré son nom dans les litanies de son diocèse.

SES ÉCRITS. — Quoique l'Eglise n'ait pas inséré dans ses fastes le nom de Fulbert de Chartres, cependant on n'a pas laissé de le mettre au rang de ses Pères et de ses docteurs. On s'est habitué à le considérer comme leur égal, et c'est un honneur qu'il doit à ses écrits et surtout à la pureté de la doctrine qui s'y trouve renfermée. On a de Fulbert des lettres, des sermons, des poésies, quelques hymnes, des proses et des parties d'offices ecclésiastiques. Nous allons en rendre compte en commençant par ses lettres qui sont au nombre de 134, dont 102 sont de lui, et le reste de différentes personnes, la plupart d'un haut rang.

A Adéodat. — La première de ces lettres, la plus prolixe de toutes, parce qu'elle est la plus importante, est une lettre dogmatique adressée à Adéodat, sur trois points essentiels de la foi chrétienne, savoir : le mystère de la Trinité, la nature du baptême, et, comme il les appelle, les sacrements de la vie qui contiennent le corps et le sang de Jésus-Christ. Nous ne nous arrêterons point à rapporter ce qu'il dit sur les mystères de la Trinité et de l'Incarnation ; il nous suffira de remarquer qu'il les explique avec la plus grande exactitude, et qu'il rejette bien positivement toutes les erreurs des ariens, des nestoriens, des eutychéens sur cette matière. Sur les sacrements en général, il dit qu'il ne faut pas s'arrêter aux signes extérieurs et visibles, mais faire attention à la puissance invisible des mystères et à leur opération qui s'accomplit intérieurement dans les âmes. « Nous savons, dit-il, et c'est une vérité de foi, que nous avons été souillés par notre première naissance, et que nous sommes purifiés par la seconde. C'est pourquoi nous sommes ensevelis et nous mourons en Jésus-Christ, pour renaître et revivre avec lui. L'eau et le Saint-Esprit sont unis dans ce sacrement ; l'eau pour la sépulture, et le Saint-Esprit pour la vie éternelle. De même que Jésus-Christ est resté enseveli trois jours sous la terre, de même l'homme est plongé et comme enseveli jusqu'à trois fois dans l'eau, pour ressusciter par le Saint-Esprit. » Fulbert prouve ensuite que c'est Dieu qui baptise, et encore que ce sacrement serait administré par un mauvais prêtre, il ne laisse pas de remettre les péchés, parce qu'il n'en est pas l'auteur, mais seulement le ministre, comme il le reconnaît lui-même quand il dit : « Que celui qui vous a régénéré par l'eau et par le Saint-Esprit vous donne l'onction du chrême du salut. C'est Dieu qui est l'auteur de la grâce et le dispensateur spirituel qui remet les péchés. Sur le troisième article, qui traite du mystère de l'Eucharistie, Fulbert, après avoir parlé de sa grandeur et de son incompréhensibilité, ajoute que Dieu ayant pitié de notre fragilité, nous a procuré un remède contre nos fautes journalières, en nous laissant le gage salutaire de son corps et de son sang. Ce n'est pas le symbole d'un vain mystère, dit-il, mais c'est le vrai corps de Jésus-Christ que sa vertu secrète produit tous les jours d'une manière invisible, sous la forme visible de la créature dans nos sacrées solennités. Il établissait ce mystère lorsqu'il dit à ses apôtres peu de temps avant sa passion : *Ceci est mon corps et ceci est mon sang;* et il en tirait les conséquences, lorsqu'il ajoutait : *Celui qui mange ma chair et boit mon sang demeure en moi et moi en lui.* Instruits donc par la volonté de ce vrai maître, nous devons, toutes les fois que nous participons à son corps et à son sang, reconnaître que nous sommes changés en sa substance, non-seulement par l'union de la volonté, mais par la vérité de la nature qui nous est unie. « Il ne faut pas croire, dit-il, qu'il soit indigne d'un Dieu descendu dans le sein d'une Vierge, de se rendre présent dans le pain et le vin, qui, avant d'être consacrés, sont aussi des créatures, mais qui par le mystère des paroles sacramentelles, de substances simples et terrestres qu'ils étaient, deviennent des substances célestes et divines auxquelles la majesté suprême se communique, puisque ce qui paraît extérieurement du pain est devenu intérieurement le corps et le sang de Jésus-Christ. » Pour enlever tous les doutes sur la possibilité de ce changement et le rendre croyable, il le compare à la création de l'univers, et dit que, si Dieu a pu le créer de rien ; il peut, à plus forte raison, changer une de ses créatures en une nature beaucoup plus excellente et la convertir en son corps.

A Einard. — Un seigneur nommé Einard, et non pas Finard, comme le portent quelques imprimés, consulta Fulbert sur l'usage établi en plusieurs Eglises de donner aux prêtres, après leur ordination, une hostie consacrée qu'ils conservaient, pour s'en communier pendant quarante jours. Fulbert qui croyait cet usage universel, parce qu'il l'avait trouvé établi dans la province où il avait pris naissance, fut surpris de la question d'Einard. Avant d'y répondre, il remarque que bien que les usages ne soient pas les mêmes dans toutes les Eglises d'Orient et d'Occident, cependant ils ne sont pas tous différents, et ces Eglises se rencontrent en plusieurs points ; au reste, la variété de la discipline ne nuit point à l'unité de l'Eglise, quand le symbole est le même et que la foi est une. Venant ensuite à la question proposée, il raconte qu'un prêtre, ayant reçu à l'ordination l'hostie de la main de l'évêque, l'enveloppa dans un parchemin destiné à cet usage. Tous les jours, en célébrant la messe, il l'ouvrait et en prenait une parcelle ; mais un jour, après la célébration du sacrifice, il oublia en pliant les ornements et le corporal, le parchemin où était l'hostie ; le lendemain, à l'heure du sacrifice, quelques recherches qu'il fît il ne put la trouver. Il en ressentit une affliction extrême, et l'évêque, informé de l'événement, ordonna à tous les frères de faire pénitence pour ce prêtre, et lui imposa à lui-même une pénitence sévère pour le punir de sa négligence. Fulbert prit occasion de cet accident pour demander à cet évêque s'il ne serait pas mieux de consommer l'hostie le premier ou le second jour, parce qu'en la gardant si longtemps, il y a peu de prêtres qui soient capables d'en prendre un si grand soin. L'évêque répondit qu'on les obligeait à prendre cette hostie pendant quarante jours, afin de les faire souvenir des quarante jours pendant lesquels Jésus-Christ avait apparu à ses disciples pour les fortifier dans leur foi encore chancelante. « Mais, répliqua Fulbert à l'évêque, ne pourrait-on pas suppléer à ce mystère par le pain que le prêtre consacre tous les jours ? — Faites attention, mon fils, lui répondit le prélat, qu'encore qu'il y ait plusieurs Eglises répandues par toute la terre, elles ne forment néanmoins qu'une seule Eglise catholique, parce qu'elles n'ont qu'une même foi ; de même plusieurs hosties offertes par plusieurs fidèles ne font qu'un même pain à cause de l'unité du corps de Jésus-Christ. » Il ajoute que le pain consacré par l'évêque et le pain consacré par le prêtre sont changés au même corps de Jésus-Christ par la vertu secrète d'une même puissance opérante ; cependant, comme on peut dire que le corps de Jésus-Christ, né de la Vierge et attaché à la croix, diffère en quelque sorte du corps de Jésus-Christ ressuscité, de même le pain consacré au jour de l'ordination et réservé par les prêtres, peut avoir aussi une signification particulière différente de celle du pain consacré tous les jours. Le premier pourrait représenter le corps de Jésus-Christ ressuscité et placé dans le ciel et qui conséquemment ne meurt plus ; le second, Jésus-Christ qui meurt et ressuscite pour nous, qui se montre à nous et se donne en nourriture.

Les deux lettres suivantes sont adressées au roi Robert pour l'engager à faire démolir deux châteaux bâtis par le vicomte Geoffroi, et qui incommodaient beaucoup l'église de Chartres. — Dans la septième, il priait Lauthéric, archevêque de Sens, de prêter son secours à Avesgaud, évêque du Mans, contre les spoliations du comte Herbert qui s'emparait des maisons, des terres, des revenus de l'évêché, et même des prébendes canoniales de l'Eglise. Il lui conseillait de menacer ce comte d'excommunication s'il ne restituait les biens usurpés et ne rendait le repos à son évêque. — La lettre huitième ne regarde point Avesgaud, mais Azelin, évêque de Paris ; ce qui a trompé quelques savants, et Dupin en particulier. Cet évêque s'était plaint que Lauthéric et Fulbert eussent publié sa confession. Ce dernier lui marque qu'il a tort de s'arrêter à cette pensée ; ils n'ont jamais publié que ce qui était à son avantage et ce qui pouvait servir à le justifier contre ceux qui l'accusaient d'avoir quitté son évêché par lâcheté, par avarice ou par quelque autre cause honteuse ; mais qu'il n'avait pas dépendu d'eux d'empêcher de circuler dans le public des choses connues d'ailleurs soit avant soit après sa confession.

— Dans une autre lettre, il s'excuse auprès de l'évêque de Paris de n'avoir point excommunié une personne qui s'était emparée des biens de cette Eglise. « Je ne l'ai point fait, dit-il, parce que je n'ai trouvé personne qui eût osé lui signifier la sentence d'excommunication ; parce qu'il était inutile que cet homme fût excommunié dans l'Eglise de Chartres sans en rien savoir, et enfin parce que j'ai pensé que cela se pourrait plus utilement dans le concile des évêques de la province. » Comme dans cette même lettre il se plaignait de son archidiacre, Fulbert lui répond qu'il n'était pas son juge, et que d'ailleurs il ne pouvait le condamner sans l'entendre.

A Abbon de Fleury. — Les .ettres suivantes jusqu'à la vingt-unième contiennent peu de matières ecclésiastiques ; mais celle-ci contient un fait fort remarquable sur lequel le pieux abbé de Fleury avait consulté Fulbert. Abbon avait un certain intérêt à obtenir ces renseignements, parce que le monastère de Saint-Père de Chartres, où le fait s'était passé, avait été réformé par des moines de son abbaye. Le voici sommairement, autant qu'il nous a été possible de l'abréger sur le récit de Fulbert. Gisbert, abbé de Saint-Père, était dangereusement malade, mais sain d'esprit, lorsqu'un moine nommé Magenard sortit de nuit du monastère, et alla demander l'abbaye au comte Thibaud qui était alors à Blois. Le comte, après l'avoir entendu, le renvoya le lendemain avec ordre aux moines de le recevoir en qualité d'abbé. Cet ordre surprit d'autant plus que Gisbert vivait encore, et que, d'ailleurs, Magenard, bien loin d'être moine de Saint-Père, n'avait pas même reçu la tonsure. On refusa donc de le reconnaître, et il s'en retourna vers le comte Thibaud, auquel il fit partager son mécontentement. Cinq jours après, l'abbé mourut ; on assembla le chapitre auquel les chanoines furent convoqués. Fulbert, qui était de ce nombre, demanda aux moines s'il y en avait parmi eux qui favorisassent l'entreprise de Magenard. Tous répondirent négativement ; sur quoi on députa au comte Thibaud pour lui donner avis de la mort de l'abbé, et demander la permission de procéder à une élection régulière. Au sortir du chapitre, deux moines, qui avaient des prévôtés au dehors, se rendirent à Blois et allèrent dire au comte que Magenard avait été élu du consentement de tous les frères. C'était un mensonge, mais le comte en profita pour donner à Magenard le bâton pastoral. Les moines de Saint-Père, informés de la fourberie, dressèrent une protestation qu'ils signèrent à l'unanimité. Mais cela n'empêcha pas Thibaud d'amener Magenard à Chartres et de le faire entrer de force au monastère. Les moines sortirent de leur communauté et furent accueillis par l'évêque Rodolphe, qui avait succédé depuis peu à Odon sur le siège de Chartres. Il parait même qu'il se refusa à bénir l'intrus, puisque cette cérémonie fut faite par un évêque de Bretagne, dans un des faubourgs, en l'absence du clergé, aux grands murmures du peuple, malgré les protestations des moines et les réclamations formelles du député de l'archevêque. Fulbert déplore cet attentat aux lois ecclésiastiques, et regrette surtout la triste situation de l'Eglise de France, où l'on ne connaissait plus les vertus qui avaient illustré les Denis, les Martin, les Hilaire et tant d'autres saints personnages. Il prie, en finissant, le pieux abbé Abbon de s'employer pour les pauvres moines de Saint-Père.

Au Pape Jean. — Le comte Rodolphe avait usurpé les biens de l'église de Chartres et en avait tué un clerc. Cité à la cour du roi et au tribunal de l'Eglise, il ne comparut point. Fulbert l'excommunia. Le comte prit le parti d'aller à Rome pour se faire absoudre. L'évêque de Chartres écrivit au Pape Jean XVIII, pour le prier de ne pas recevoir à sa communion un homme que la loi divine éloignait de l'Eglise comme un païen.

A Lauthéric. — Il y a une suite de douze lettres adressées à Lauthéric, archevêque de Sens, métropolitain de Fulbert, et de qui il avait reçu la consécration épiscopale; ce qui l'attachait extrêmement à ce prélat. En répondant à une de ses lettres, Fulbert lui conseille de renvoyer un prêtre simoniaque dans le diocèse de l'évêque qui l'avait ordonné, et, dans le cas où il s'obstinerait à demeurer dans celui de Sens, de le suspendre de toute fonction ecclésiastique. Il lui marque dans une autre lettre de dégrader un prêtre ordonné pour de l'argent, de le mettre en pénitence pour deux ans, et de le rétablir ensuite, non en le réordonnant, mais en le réhabilitant dans ses ordres, par la remise des ornements propres à chacun d'eux. L'amitié que Fulbert avait pour Lauthéric ne l'empêchait pas de lui écrire vivement, quand il se croyait blessé dans les droits de son Eglise. L'archevêque de Sens avait ordonné quelques évêques, sans son conseil et sans l'appeler à ces ordinations; Fulbert s'en plaint amèrement et lui reproche surtout d'y avoir appelé l'évêque de Troyes qui en était incapable. Dans une autre lettre, qui se trouve la trentième du recueil, il lui dit : « Ce n'est point moi qui ai choisi l'évêque d'Orléans, comme on vous l'a rapporté; mais, sachant qu'il avait été élu par le clergé et par le peuple, je l'ai ordonné prêtre, et, par honneur pour vous, je lui ai persuadé de ne point aller à Rome se faire sacrer évêque. » Il loue Lauthéric d'avoir admis dans son conseil l'abbé Odilon et quelques-uns de ses moines, et lui dit que c'était là un moyen de sauver son âme et de rétablir sa réputation.

A l'Eglise et au clergé de Paris. — Lauthéric et Fulbert écrivirent conjointement à l'Eglise et au clergé de Paris, à l'occasion des maux que l'on faisait souffrir à leur évêque. Ces deux prélats témoignent leur étonnement que les clercs de cette Eglise admettent à leur communion des hommes impies, qui n'avaient de soumission ni pour les lois divines ni pour leur pasteur. Ils se plaignent en particulier de l'archidiacre Lisiard, qui au lieu d'être, comme sa charge l'y obligeait, l'œil de l'évêque, l'économe des pauvres, le catéchiste des ignorants, était, au contraire, comme un clou qui perçait l'œil de son évêque, un déprédateur du bien des pauvres et un guide de l'erreur, qui trouble son prélat dans l'exercice de son saint ministère, et qui enlève aux autels les dîmes et les oblations qui sont le patrimoine des pauvres, pour les donner à des séculiers, sans la participation de son supérieur. Ils déclarent Lisiard séparé de leur communion, et, s'il ne se corrige, ils le menacent de le frapper d'anathème perpétuel dans le premier concile plénier de la province. Ils ordonnent que cette lettre soit lue, afin que la vue du danger l'engage à l'éviter.

A Guy de Senlis. — Consulté par Guy, évêque de Senlis, sur la punition qu'on devait infliger à un diacre qui, feignant d'être prêtre, avait célébré la messe, répondit qu'il fallait le déposer de son ordre et le mettre en pénitence parmi les laïques. Il n'en fixe point le temps et laisse à l'évêque la faculté de l'abréger ou de l'étendre suivant la ferveur du pénitent. Comme ce prélat craignait de prendre part à l'ordination d'Ebal ou Ebles, archevêque de Reims, parce qu'il avait été élu n'étant encore que simples laïque, il le rassure en lui remontrant qu'il ne devait faire aucune difficulté là-dessus, s'il était vrai, comme on le disait, qu'Ebles avait été élevé dès son enfance dans la religion chrétienne; qu'il était sain d'esprit, instruit des divines Ecritures, sobre, chaste, de bonne réputation, amateur de la paix, et que son élection s'était faite du consentement du clergé et du peuple de la ville. Il rapporte les exemples de saint Ambroise et de saint Germain d'Auxerre qui avaient été choisis parmi les laïques, et il lui représente le besoin où était l'Eglise de Reims de se relever de sa chute.

A Adalberon. — Le sous-doyen de l'Eglise de Chartres étant mort, Robert, évêque de Senlis, demanda ce bénéfice pour lui-même ou pour Guy, son frère. Fulbert lui fit réponse que ce bénéfice ne convenait ni à lui, parce qu'il était évêque, ni à son frère, parce qu'il était trop jeune. Il le donna donc à un de ses prêtres, nommé Evrard, homme de savoir et de vertu. L'évêque de Senlis et sa mère en furent si irrités, qu'ils firent de grandes menaces à Evrard en présence de témoins. Quelques jours après, les domestiques de Robert étant venus à Chartres attaquèrent ce prêtre comme il se rendait à matines, et le tuèrent à coups de lances et d'épées. Les auteurs du crime furent découverts. Fulbert en écrivit à Adalberon, évêque de Laon, comme au plus ancien de la province de Reims, dont le siège était vacant, en le priant d'excommunier les coupables. Il prononça lui-même une sentence d'excommunication contre eux, et refusa ce qu'ils offraient pour se faire absoudre. L'évêque de Senlis lui écrivit plusieurs fois sur cette affaire, mais Fulbert ne consentit jamais à se relâcher de sa rigueur.

La lettre cinquantième décide qu'une femme, qui s'était engagée avec serment d'épouser un homme, ne pouvait se marier avec un autre qu'après la mort du premier ou de son consentement. La lettre suivante résout un cas de même nature. Une femme se sépara de son mari dont les mœurs lui étaient insupportables. Comme celui-ci voulait l'obliger à retourner avec lui, elle répondit qu'elle préférait renoncer au monde et se faire religieuse. Le mari demandant la permission d'en prendre une autre, l'archevêque de Rouen consulta Fulbert, qui fut d'avis de ne point obliger cette femme à retourner avec son mari, et de ne point permettre à celui-ci d'en prendre une autre que la première ne fût morte ou religieuse. — L'évêque de Lisieux avait interdit des prêtres dépendants du chapitre de Chartres, qui avaient des églises dans son diocèse, parce qu'ils ne payaient pas un certain droit qu'il appelle le *droit de synode*. Fulbert en écrivit à cet évêque pour lui dire que ce droit leur avait été remis dans le diocèse de Chartres par ses prédécesseurs, mais que cet acte de libéralité de leur part ne pouvant préjudicier aux droits établis dans le diocèse de Lisieux, ces prêtres se soumettront à le lui payer, pourvu qu'il les rétablisse dans les fonctions de leur ministère.

A Théodoric. — Théodoric, ou Thierri d'Orléans, s'attendait à voir l'évêque de Chartres assister à la cérémonie de son sacre. Il se plaignit lui-même de son absence dans une lettre qu'il écrivit tant en son nom qu'au nom de ses amis et même à celui du roi Robert. Fulbert lui explique, dans sa réponse, les raisons qu'il avait eues de s'abstenir. D'abord, il n'avait été invité ni par lettres, ni par députés des évêques de la province; ensuite il avait vu un interdit du Pape fulminé contre lui, à cause d'un crime d'homicide dont il était accusé : d'ailleurs, il s'était avoué lui-même indigne de l'épiscopat; et enfin on se plaignait que son élection eût été faite par l'autorité du prince, contre la volonté du clergé et du peuple. « Ce sont là, lui dit-il, les raisons qui m'ont empêché de vous imposer les mains, dans la crainte de me priver du droit de les imposer aux autres. » Il reproche encore à Thierri de s'être fait ordonner par violence, et d'avoir ensuite célébré les saints mystères dans une église violée avant qu'elle eût été réconciliée ; ce qui était rigoureusement défendu par les canons. Fulbert reconnut depuis l'innocence de Thierri, et ils vécurent en bonne intelligence.

Dans la lettre quatre-vingt-troisième adressée à l'économe de l'Eglise d'Orléans, il traite la question de savoir quelle peine mérite un prêtre qui a célébré sans communier, et il la décide ainsi : « S'il l'a fait par infidélité, ou parce qu'il s'est senti coupable de quelque crime d'ivrognerie ou d'impureté, on doit le tenir en pénitence jusqu'à ce qu'il soit entièrement converti; s'il l'a fait par dégoût, à cause de la fréquente célébration du saint sacrifice, on doit l'en éloigner pendant une année; s'il l'a fait par scrupule ou pour une faute légère, il suffit de l'en reprendre avec douceur; enfin, si c'est par faiblesse de tête ou par infirmité d'estomac, il doit s'abstenir de célébrer les saints mystères jusqu'à ce qu'il soit remis en santé. »

Au roi Robert. — Le roi Robert lui ayant demandé son avis sur l'élection de Francon, à qui il destinait l'évêché de Paris, Fulbert lui répondit que si Francon était un homme de lettres et qu'il prêchât facilement, « ce en quoi, dit-il, les évêques ne doivent pas être moins experts que dans la conduite et l'administration, » il donnait son consentement à l'élection, quand elle aurait été jugée canonique par l'archevêque de Sens et les autres évêques de la province. — Dans une autre lettre du même prince à Fulbert, il lui marquait qu'il devait passer à Orléans les fêtes de Noël et y tenir avec les princes de ses Etats une assemblée pour y traiter de la paix. Fulbert lui fait là-dessus des remontrances : il lui rappelle que la ville d'Orléans, à la suite d'un incendie, ayant été profanée par plusieurs sacriléges et excommuniée, il ne pouvait y célébrer dignement cette solennité, c'est-à-dire assister aux offices et participer à la sainte Eucharistie, sans qu'auparavant les églises de cette ville eussent été réconciliées. Pour cela, il devait donc pardonner à l'évêque et le rappeler, afin qu'il accomplît cette réconciliation. Le même prince fut prié par Guillaume d'Aquitaine de consulter les savants de son royaume sur une pluie de sang qui était tombée le long des côtes de la mer qui bordent ses Etats, trois jours avant la fête de saint Jean de l'an 1022. Cette pluie était de telle nature qu'on n'en pouvait enlever les taches sur la chair, sur les étoffes ou sur la pierre, tandis que les empreintes qu'elle avait laissées sur le bois s'effaçaient d'elles-mêmes. Le roi Robert en écrivit à Gauslin, archevêque de Bourges, et à Fulbert de Chartres, les priant de rechercher dans les annales de l'histoire s'ils n'y trouveraient pas quelques exemples d'un prodige semblable, et de lui marquer en même temps les conséquences qui en étaient résultées dans la destinée des peuples. Gauslin rapporta au roi un grand nombre d'exemples à peu près de la même nature, et prétendit que cette pluie de sang était le présage d'une guerre. Le sang tombé sur la pierre et qui ne pouvait être lavé était la figure de l'Eglise, qui, quoique fondée sur la pierre, c'est-à-dire sur Jésus-Christ, est sujette aux tribulations ; le sang tombé sur le bois et qui se lavait facilement signifiait le bois de la Croix et les œuvres de la pénitence qui effacent nos péchés. Les explications mystérieuses qu'il donne des autres circonstances du même prodige sont à peu près dans le même goût; Fulbert, de son côté, n'en donna pas de plus concluantes; il se contenta de rapporter, d'après Grégoire de Tours, l'exemple d'une pluie de sang tombée à Paris, et qui, la même année, fut suivie d'une peste affreuse qui décima une partie de la population.

Au roi Canut et à d'autres princes. — Les lettres de Fulbert à Canut, roi d'Angleterre et de Danemark, établissent d'une manière incontestable la preuve que ce prince l'avait aidé par ses libéralités à rebâtir son église, et que ce fut lui qui fournit, de ses Etats et à ses frais, cette admirable charpente, si malheureusement détruite par l'incendie de 1836. Fulbert, dans une lettre au comte Foulques, lui reproche durement d'avoir protégé des sujets du roi Robert, rebelles à leur souverain, et de leur avoir donné une retraite dans ses Etats. Il le menace de l'excommunication s'il ne les abandonne à la justice et au châtiment qu'ils ont mérité.

A Hildegaire. — Hildegaire ou Hildier était un des plus célèbres disciples du pieux évêque de Chartres, qui l'avait envoyé à Poitiers pour y gérer les affaires de sa trésorerie de Saint-Hilaire. Cet emploi ne l'empêcha pas d'y ouvrir une école et d'y enseigner la doctrine de son maître, dont il était devenu un si parfait imitateur, qu'il en reproduisait jusqu'aux manières, au regard et au ton de la voix. Il quitta Poitiers, après avoir remis sa charge à Réginold ou Rainold, doyen de Saint-Hilaire, et revint à Chartres, où il fut pourvu d'un canonicat; il se trouvait encore sous-doyen du chapitre en 1040. On a douze lettres de lui parmi celles de Fulbert; il s'y montre partout un fidèle disciple de ce grand homme, dont il partage tous les sentiments, particulièrement sur l'Eucharistie et sur la grâce de Jésus-Christ.

On a deux lettres de Fulbert adressées à ce savant disciple. La première est sur l'administration des revenus ecclésiastiques, et sur l'usage qu'on peut faire en certains cas des vases destinés au sacré ministère. Sur le premier point, Fulbert prouve par l'autorité des Pères, surtout de saint Jérôme et de saint Isidore, qu'on ne saurait apporter trop de précaution dans la distribution des revenus de l'Eglise. Les biens de l'Eglise sont le patrimoine des pauvres; ceux qui en ont l'administration, après en avoir prélevé ce qui est nécessaire aux besoins de la vie, ne peuvent les employer à d'autres usages qu'au soulagement des pauvres, au rachat des captifs ou à quelques autres œuvres de piété. A l'égard du second point, Fulbert expose les cas où, suivant les canons et la doctrine de saint Ambroise, il est permis de vendre les vases sacrés. « On peut, dit-il, dans les pressants besoins de l'Eglise ou des fidèles, mettre ces vases en pièces, mais jamais les employer à des usages profanes, ni les déposer en gage entre les mains d'un traitant; toutefois avant de les briser on doit prendre du trésor de l'Eglise l'or et l'argent monnayés, ensuite les vases qui ne sont point encore consacrés, et enfin ceux qui le sont, si la nécessité des temps et des personnes l'exige. » Fulbert établit ces règles pour tous ceux qui sont préposés à la distribution des biens de l'Eglise, et parmi les pauvres qui doivent ressentir les bienfaits, il compte les moines, les chanoines réguliers et tous les religieux qui vivent en commun. Il veut qu'on pourvoie à leurs besoins avec discrétion et en évitant la prodigalité. Pour preuve du respect dû aux vases sacrés, il rappelle le châtiment de Balthasar, qui avait profané les vases enlevés par son père au temple de Jérusalem; et il rapporte en même temps un prodige arrivé depuis peu en Bretagne. Un banquier avait pris en gage les vases de l'Eglise et les gardait dans un coffre; or il arriva que de jeunes enfants montèrent sur le coffre et tombèrent en démence, et des chiens qui par hasard y étaient montés aussi furent à l'heure même atteints de la rage. Le banquier, effrayé, courut à l'Eglise, où il raconta tout ce qui était arrivé, et rendit les vases sacrés avec autant de crainte qu'en éprouvèrent autrefois les Philistins à la vue des calamités dont ils étaient menacés, si, contre la volonté divine, ils continuaient de garder en leur pouvoir l'arche d'alliance.

Dans la seconde lettre à Hildegaire, Fulbert se plaint de l'abus que certains évêques faisaient de leurs revenus, qu'ils employaient à enrôler des soldats, soit pour exciter des séditions, soit pour venger leurs injures personnelles. Il les blâme de ce qu'ils dirigeaient eux-mêmes leurs troupes, et de ce qu'ils possédaient le métier de la guerre aussi bien que n'importe quel capitaine. Suivant lui, ils méritaient plutôt le nom de tyrans que le vénérable titre d'évêques. Il cherche autant qu'il le peut à les ramener à la douceur de l'Evangile, et il leur en cite plusieurs passages dans le but de leur inspirer un esprit de mansuétude et de paix. Il rapporte aussi des extraits des Pères de l'Eglise et un édit du roi Charles, portant défense aux évêques et aux prêtres de porter les armes, d'aller à la guerre et de se battre contre l'ennemi. Du reste, ce prince ne voulait à la suite de ses armées qu'un ou deux évêques, avec quelques prêtres, pour la célébration des mystères, l'administration du sacrement de pénitence.

Sermons. — Un évêque aussi pieux, aussi zélé que Fulbert, ne pouvait manquer d'instruire son peuple, en lui distribuant avec abondance cette parole de Dieu qui est le pain miraculeux destiné à nourrir les multitudes, en les faisant vivre, dès ici-bas, de la vie de l'éternité. Cependant, il ne nous reste de lui que dix sermons, et encore ne méritent-ils pas tous ce titre. Les deux premiers sont très-courts et contiennent les premières instructions que l'on donne aux fidèles sur les mystères de la Trinité et de l'Incarnation, sur la fuite du péché et l'obligation d'en faire pénitence. Il est visible que le premier n'est que le simple fragment d'un plus long discours, dans lequel il s'appliquait à établir la foi d'un Dieu en trois personnes. On voit que pour rendre ce mystère sensible autant qu'il pouvait l'être, il apportait l'exemple du soleil, dans lequel, dit-il, sont trois choses : la sphère, la chaleur, la clarté ; et cependant ce ne sont pas trois soleils, mais un seul. — Dans le second, il traite en peu de mots du baptême et de la pénitence, qui n'est utile qu'autant qu'elle corrige un pécheur de ses fautes ; « car, dit-il, il faut, avant tout, que le pécheur mette fin à ses désordres, et qu'il les expie ensuite par la pénitence, les aumônes et la prière. » — Le troisième fut prononcé le jour de la Purification de la sainte Vierge, et contient une explication succincte de l'origine de cette fête et de la manière de la célébrer. Jésus-Christ et la Vierge ne se présentèrent au temple que pour obéir à la loi : nous célébrons ce souvenir avec l'oblation des cierges ; leur cire nous rappelle sa chair virginale, et leur lumière, l'éclat de sa divinité. — Il y a trois sermons sur la Nativité de la sainte Vierge, qui, comme nous l'avons vu, devait son institution à Fulbert, et que les peuples célébraient avec beaucoup d'empressement. On ne doutait pas alors que cette naissance n'eût été miraculeuse et annoncée par un ange, que Marie ne fût née à Nazareth, que saint Joachim et sainte Anne ne l'eussent consacrée à Dieu dès l'âge de trois ans, et qu'à l'âge de quatorze elle n'eût voué à Dieu sa virginité, ce qu'aucune vierge n'avait fait avant elle. Fulbert dit qu'elle fut enterrée dans la vallée de Josaphat, où l'on bâtit une église en son honneur. Il rejette les livres apocryphes de la naissance de la Vierge et de l'enfance de Jésus-Christ, avec une prétendue généalogie de cette sainte mère, qu'on supposait faussement écrite par saint Matthieu. — Le troisième discours finit par deux vers hexamètres dans lesquels l'orateur a recours à l'intercession de la Vierge pour obtenir le pardon de ses fautes et son avancement dans la vertu.

Les trois sermons qui suivent sont intitulés : *Contre les juifs ;* mais c'est à tort qu'on les a divisés en trois et qu'on leur a donné le titre de sermons. Il ne s'y lit pas un mot qui marque qu'ils aient été prononcés de vive voix. Ce n'est autre chose que le *Traité contre les juifs* que Henri de Gand et l'anonyme de Molk attribuent à notre savant évêque. La notice publiée par le premier de ces deux bibliographes ne permet plus d'en douter. « L'auteur, dit-il, entreprit ce traité, pour prouver, contre le sentiment commun des juifs, que la célèbre prophétie de Jacob : *Le sceptre ne sera point ôté à Juda,* etc., avait eu son accomplissement en Jésus-Christ. » Tous les juifs ne produisaient pas les mêmes raisonnements pour la défense de leur religion. Les uns disaient : « Il n'est pas surprenant que nous soyons réduits en captivité, et que, ne possédant plus la ville de Jérusalem, nous n'ayons pas de rois de notre nation. Il en a été de même au temps de la captivité de Babylone ; et nous avons espérance de retourner dans notre patrie, quand il plaira à Dieu. — Il se peut, disaient les autres, qu'il y ait, dans quelque partie du monde que nous ne connaissons point, une multitude de juifs avec un roi de la nation, et dans ce cas, cela suffirait pour affirmer qu'elle jouit encore du sceptre de Juda. Ne peut-on pas dire aussi que le sceptre est entre les mains de ces juifs sages et puissants, qui gouvernent leurs maisons et leurs familles avec la verge de la prudence ? » — Fulbert répond que, si tel est le sens de la prophétie de Jacob, non-seulement le Messie n'est pas venu, mais il ne viendra qu'après la mort de tous les juifs, puisqu'il ne s'en trouve plus aucun qui sache gouverner sa famille. C'est renvoyer sa venue à la fin du monde, et dès lors la rendre inutile. C'est sans fondement et par une fausse application de la prophétie que les juifs attribuent le sceptre de Jacob à tous les pères de famille qui gouvernent sagement leur maison ; car le patriarche parle d'un sceptre royal, et quand même les juifs posséderaient plusieurs rois de leur nation, ils ne pourraient en conclure que le Messie n'est pas venu, et qu'ils conservent encore le sceptre de Juda. Trois choses sont nécessaires pour constituer un royaume : le sol où le pays, le roi qui le gouverne et le peuple qui l'habite. Le sol du pays de Juda est la province de Jérusalem qui est appelée dans l'Ecriture *terre de Juda.* Le peuple de cette terre fut la tribu de Juda, et jusqu'à la venue du Messie, c'est de cette tribu que sont sortis tous les rois qui l'ont gouverné. Mais depuis, la province de Jérusalem est tombée en la puissance de rois étrangers, et la tribu de Juda qui formait son peuple a été dispersée parmi toutes les nations. A Hircan qui gouvernait au nom de César Auguste, succéda Hérode sous lequel Jésus-Christ est né. Pour preuve que la prophétie de Jacob a trouvé en lui son accomplissement, c'est que depuis sa venue les sacrifices de l'ancienne loi ont cessé ; il s'est introduit avec lui un sacerdoce différent de celui d'Aaron, une loi différente de celle de Moïse. Fulbert explique également la prophétie de Daniel, et montre que Jésus-Christ a réalisé dans sa personne tout ce que les prophètes avaient annoncé, et il cite comme autant de preuves de sa divinité, le mystère de sa naissance, les miracles de sa vie, les prodiges de sa résurrection.

Afin de mettre cette vérité dans un plus grand jour, il donne la suite de tous ceux qui ont gouverné le peuple de Juda, depuis Moïse jusqu'à Hircan, et dit que le premier roi étranger qu'eut ce peuple fut Hérode, sous lequel Jésus-Christ naquit à Bethléem suivant la prophétie de Michée. Sans égard pour la loi de Moïse qui voulait que les prêtres se succédassent dans une même famille, ce prince les établissait à sa guise, et limitait lui-même le temps de leur sacerdoce. Il enferma sous clef les vêtements du grand prêtre et ne permit à personne de s'en servir. Sa conduite fut imitée par Archélaüs, son successeur, et par les Romains, jusqu'à la destruction de Jérusalem. Depuis cette époque, les juifs, dispersés parmi les nations.

n'ont plus eu ni cité, ni prêtres, ni rois, et ont cessé de former un peuple. C'est en vain qu'ils observent qu'il pourrait y avoir dans quelque contrée inconnue une multitude de juifs gouvernée par un roi; mais quand encore il en serait ainsi, cette objection ne serait point fondée; un semblable royaume ne serait point le royaume de Juda, situé dans la terre de Juda, et devant avoir un roi de la tribu même de Juda. En effet, si le sceptre appartenait au chef qui commandait les deux tribus de Juda et de Benjamin, à l'exclusion des chefs des dix autres tribus, qui régnaient à Samarie, à plus forte raison ne saurait-il appartenir à ce roi imaginaire dont le peuple, la terre et la tribu sont également supposés. Enfin, Fulbert expose que la situation de la nation juive est loin d'être aujourd'hui ce qu'elle était au temps de la captivité de Babylone. Alors le peuple était réuni; il avait avec lui son roi et ses prêtres, et le terme de son retour à Jérusalem était fixé; depuis la mort de Jésus-Christ, les juifs dispersés ne conservent ni rois ni prêtres, et n'ont reçu de la part de Dieu aucune promesse de retourner à Jérusalem.

Le dernier discours attribué à Fulbert est un tissu de passages empruntés à différents écrits dans lesquels l'auteur s'applique à démontrer que Dieu est un en trois personnes, dont la seconde s'est faite homme pour nous racheter. Suivent deux listes des différents degrés de péchés capitaux avec les pénitences canoniques qui y étaient encore attachées du temps de Fulbert. L'une de ces listes regarde les hommes et l'autre les femmes. Fulbert ne paraît pas fonder grande espérance sur la pénitence demandée à l'article de la mort; cependant il est d'avis qu'on ne la refuse point à ceux qui la réclament. L'anonyme de Molk, après avoir parlé du traité de Fulbert contre les juifs, ajoute qu'il en avait composé d'autres contre les mauvais chrétiens, ce qui supposerait des sermons de morale. Or, il ne s'en trouve point de cette nature parmi ceux qui nous restent de Fulbert, et qui sont, comme on l'a vu, ou des pièces de controverse, ou des panégyriques, ou des instructions sur nos mystères.

OEuvres poétiques de Fulbert. — Le recueil des œuvres de Fulbert finit par divers écrits de piété, tant en prose qu'en vers, dont plusieurs pièces ont été notées pour les offices divins. Il y a des proses *sur saint Pantaléon, sur la Nativité de Notre-Seigneur, sur saint Gilles et sur saint Martin;* des hymnes en l'honneur de saint Piat et de la sainte Trinité; un invitatoire avec des répons pour la fête de saint Gilles. Il y a encore quelques petites pièces en l'honneur de la sainte Vierge, de saint Lambert, et une prière à Dieu pour la prospérité des armes du roi Robert. — Suivent plusieurs petits poëmes, la plupart en vers hexamètres et quelques-uns aussi en vers élégiaques et même en vers d'une autre mesure. — Il y en a un *sur la croix*, deux *sur la crainte, l'espérance et l'amour;* deux autres où Fulbert parle de lui-même, avec autant de piété que de modestie; un poëme sur l'année avec ses divisions en mois, jours et heures et la manière de trouver les épactes et les années bissextiles; un autre à la louange du rossignol, un en l'honneur de saint Chéron, un *sur la chasteté et les moyens de la conserver;* une *prière à Dieu*, des *litanies*, trois hymnes : une *sur les rois mages*, une autre *sur le Saint-Esprit*, et la troisième *sur la fête de Pâques*. — Il ne faut pas oublier une petite histoire en vers dans laquelle Fulbert raconte avec beaucoup de naïveté et d'agrément, comment un moine, peu expérimenté dans la vie érémitique, résolut de l'embrasser, afin de vivre, disait-il, comme un ange. Les remontrances d'un bon frère, son compagnon de cellule, qui lui représentait toutes les difficultés de l'entreprise, loin de le rebuter, ne firent que l'affermir dans sa résolution. Il se rendit au désert, mais il en revint au bout de huit jours chassé par la faim. Il rejoignit son compagnon, et n'ayant pu devenir un ange dans la solitude, il continua de se montrer un bon religieux dans son couvent.

Autres ouvrages attribués à Fulbert. — Casimir Oudin découvrit dans l'abbaye de Long-Pant, ordre de Cîteaux, au diocèse de Soissons, un traité de Fulbert sur ces paroles du douzième chapitre des *Actes des apôtres: En ce temps-là le roi Hérode employa sa puissance pour maltraiter quelques-uns de l'Eglise*, et le fit imprimer à Leyde en 1692, avec quelques autres opuscules. On trouve sous le nom de Fulbert, dans les manuscrits du Vatican, un *Traité des Vertus*, un recueil de sentences des Pères *sur le souverain bien; des vers sur la paix;* d'autres vers *sur la livre et ses parties, sur l'once et ses parties, sur le scrupule et ses parties.* Trithème attribue à Fulbert plusieurs pièces en l'honneur de la Vierge, « dans lesquelles, dit-il, l'auteur montrait beaucoup d'érudition; » il est question de ces chants, dans les *Gesta Anglicorum* de Guillaume de Malmesbury, à l'occasion de l'argent que le roi Canut avait envoyé pour le rétablissement de l'église de Chartres. Bellarmin attribue également à Fulbert un *Traité de la variété des offices divins*, imprimé suivant lui au tome III de la *Bibliothèque des Pères*, édition de Paris; nous ne le trouvons ni dans cette édition ni dans celle de Lyon, et il est probable que ce bibliographe se sera perdu dans ses souvenirs. Enfin la plupart des critiques s'accordent à attribuer à notre prélat une *Vie de saint Aubert*, évêque d'Arras et de Cambrai, mort en 669. Ce qui paraît favoriser ce sentiment, c'est que cette Vie a été écrite de son temps, c'est-à-dire quelques années après que Gérard, évêque de Cambrai, eut transféré les reliques du saint au monastère qui porte son nom, ce qui s'accomplit en 1015. La *Chronique de Cambrai*, en parlant de cette Vie, dit qu'elle avait pour auteur le célèbre docteur Fulbert, auquel elle ne donne point le titre d'évêque. Cependant, malgré ces preuves spécieuses, nous avons peine à regarder cette Vie comme l'œuvre de l'évêque de Chartres. Outre que l'on n'est nullement renseigné sur la circonstance particulière qui aurait pu déterminer l'évêque de Chartres à entreprendre un écrit de cette nature, l'auteur, quel qu'il soit, s'y représente positivement comme un clerc, et comme une brebis du troupeau dont saint Aubert avait été le pasteur, et qu'il protégeait encore de tout le pouvoir dont il jouissait auprès de Dieu. Il est probable que l'auteur de cette Histoire était quelque moine nommé Fulbert, à qui sa science et son talent d'écrire auront fait décerner le titre de docteur. Cette supposition est d'autant plus vraisemblable, qu'on retrouve au xi° siècle plusieurs écrivains du nom de Fulbert.

Fulbert mérite comme écrivain la supériorité qu'il s'était acquise comme maître, et en effet pour le talent comme pour le style il est au-dessus de tous les autres écrivains de son siècle. Cependant on ne peut nier que ses poésies ne se ressentent de la barbarie de son époque; ce qui ne les empêche pas d'être précieuses, en ce qu'elles établissent, comme adoptés alors universellement, deux points religieux depuis si vivement contestés; nous voulons dire le culte des reliques et l'efficacité de la prière pour les morts. Les sermons, ordinairement très-courts, renferment une saine doctrine, et sont une preuve du savoir et de la piété de leur auteur. Les hymnes et proses parurent aux contemporains avoir assez de mérite pour qu'on les adoptât et qu'on les chantât dans plusieurs églises. Mais ce qui vaut le mieux des œuvres de Fulbert, ce sont ses lettres, écrites en général avec esprit et d'un style plein de délicatesse et de pureté. Elles sont d'un grand intérêt pour l'histoire et pour la connaissance des usages et des mœurs de ces temps reculés.

Dès 1595, Papire Masson avait donné une édition des œuvres de Fulbert en un petit volume in-8°, imprimé à Paris chez Dupré; Charles Devilliers en donna une nouvelle en 1608. Quoique plus complète que la précédente, elle ne laisse pas que de retenir encore plusieurs défauts qui malheureusement ont passé depuis dans toutes les *Bibliothèques des Pères*. Dom Luc d'Achery, dom Martène et Casimir Oudin ont fait imprimer quelques opuscules de Fulbert, dont ils ont été mis en possession par des découvertes récentes. Il est probable que des recherches sérieuses feraient découvrir d'autres pièces encore dont s'enrichirait une nouvelle édition.

FULBERT, archidiacre de Rouen, conseiller de l'archevêque Maurille, et sophiste, c'est-à-dire, selon le langage du temps, instruit dans les lettres et la philosophie, florissait vers l'an 1055. Orderic Vital nous apprend qu'en 1056 Fulbert, Ansfrai de Préaux, et Lanfranc, prieur du Bec, avec quelques autres personnes de distinction, accompagnèrent Maurille et Hugues, évêque de Lisieux, dans une visite qu'ils firent à l'abbaye de Saint-Évroul, afin d'y rétablir la paix et le bon ordre. L'historien qui nous sert de guide ne qualifie point ce Fulbert d'archidiacre, mais il est hors de doute que c'est le même qui remplissait cette dignité dès l'année précédente, et dont on lit la suscription au bas de quelques chartes après celles des évêques de la province. Nous n'osons pas affirmer que ce soit le même Fulbert qui, dès 1034, signa, en qualité de simple prêtre, une autre charte, par laquelle le bienheureux Hellouin léguait à son nouveau monastère la troisième partie de la terre de Bourneville. On le trouve encore nommé dans un diplôme de Philippe Iᵉʳ, roi de France, donné en 1091; mais on croit généralement qu'il mourut l'année suivante 1092.

SES ÉCRITS. — *Vie de saint Romain*. — On a de lui une *Vie de saint Romain*, évêque de Rouen, mort en 639, après avoir consacré saint Ouen comme son successeur. Depuis que dom Martène et dom Durand ont publié l'épître dédicatoire qui se trouvait originairement en tête de cette Vie, il n'est plus guère possible de la contester à Fulbert, archidiacre de l'Église de Rouen. Non-seulement il est nommé avec cette qualification dans le titre de l'ouvrage, mais il se nomme lui-même dans l'inscription de son épître, où il se représente clairement comme un des chanoines de cette Église, quoique, par modestie, il n'y prenne que le titre de pécheur. La même modestie se révèle encore par la peine extrême qu'il eut à se résoudre à écrire pour le public. Ses confrères, qui connaissaient son mérite et son habileté, le pressèrent longtemps d'écrire cette Vie, mais il ne s'y laissa déterminer que par une vive remontrance d'un de ses plus intimes et plus anciens amis. Ces instances des chanoines et le soin avec lequel Fulbert s'applique à les satisfaire, supposent qu'ils n'avaient plus les deux Vies du même saint, écrites en vers et en prose, par Gérard, doyen de Saint-Médard de Soissons, qui, plus de cent cinquante ans auparavant, les avait envoyées à Hugues, archevêque de la même Église. Fulbert le donne également à entendre, et insinue même qu'on ignorait de son temps qu'elles eussent jamais été composées. Peut-être avaient-elles disparu dans quelque incendie ou par tout autre malheur arrivé peu de temps après qu'on en eut reçu les premières copies de Soissons.

Ce travail de Fulbert existait déjà, lorsque Thierry, moine de Saint-Ouen, écrivit les *Actes des archevêques de Rouen* vers l'an 1082, puisque cet historien assure que la Vie de saint Romain, avec celles de saint Ouen, de saint Ansbert et de Gildard, se conservaient dans son monastère, où on les regardait comme des ouvrages fort bien écrits, et par des auteurs d'une grande réputation : *a probatissimis viris luculenter apud nos conscripta habentur*. Sans souscrire entièrement à cet éloge, le chancelier de Thou trouve cependant que cette Vie est assez bien écrite : *Tota illa narratio non inculto sermone scripta*. Sans doute ils ont raison, s'ils ne parlent que du style qui est aisé et fleuri, quoique un peu diffus, et des traits de piété dont cette narration est semée; mais l'auteur était trop éloigné des temps du saint évêque pour être bien instruit de ses actions. Aussi voit-on qu'il a suppléé à la disette des faits par l'abondance des paroles, s'appliquant à embellir de tous les ornements du discours le peu qu'il savait de son histoire. L'ordre qu'il a observé dans son écrit, la plupart des événements qu'il y raconte, comme aussi quelques autres circonstances, pourraient faire croire qu'il avait sous les yeux la Vie en vers du même saint dont nous avons parlé plus haut; mais l'identité de circonstances et de faits, qui se trouve entre ces deux écrits, pouvait tout aussi bien venir de la tradition de l'Église de Rouen, où l'on conservait de vive voix sur saint Romain ce qu'on en avait lu autrefois dans deux légendes antérieures à celle qu'en fit notre archidiacre. Du reste, l'assurance presque positive avec laquelle il se plaint de la négligence qu'on avait mise à écrire l'histoire de ce prélat, *Sarcinam a viris peritissimis prætermissam*, ne permet guère d'en juger autrement. D'ailleurs, la légende en vers contient plusieurs faits dont Fulbert ne dit rien, tels sont, par exemple, les moyens employés par saint Romain pour détruire l'avarice et la simonie qui régnaient de son temps; telle est aussi l'ordination de saint Ouen qu'il avait choisi pour être son successeur. De son côté, Fulbert rapporte aussi plusieurs circonstances remarquables touchant l'élection de saint Romain dont il n'est question nulle part dans l'ouvrage du poëte. On voit encore que du temps de notre archidiacre les savants n'attribuaient pas d'autre cause au flux et reflux de la mer que les influences de la lune, dont les phases croissantes ou décroissantes servaient dès lors à pronostiquer la hauteur des marées.

Nicolas Rigault est le premier, et peut-être jusqu'ici l'unique éditeur qui ait publié cette Vie, mais dépourvue de l'épître dédicatoire dans laquelle l'auteur se nomme lui-même, qui ne fut découverte que plus tard et imprimée, comme nous l'avons dit, par les soins de dom Martène et dom Durand. L'édition de Rigault est de 1609, un volume in-8°, sorti des presses de Rolin, Thierre et Pierre Chevallier. Elle est enrichie de quelques notes de l'éditeur et précédée d'une longue préface, dans laquelle il attaque particulièrement le fameux privilége de la fierte ou châsse de saint Romain; ce qui ne l'a pas empêché d'imprimer tout à la fin du volume les lettres patentes du roi Louis XII, qui le confirment. On nomme ainsi à Rouen le privilége dont jouit le chapitre métropolitain, de délivrer un prisonnier au jour de l'Ascension. Ce qu'il y a de vrai, c'est que ni la Vie du saint, écrite par Fulbert, ni la légende en vers, beaucoup plus ancienne encore, ne contiennent rien qui approche du prodige extraordinaire détaillé dans les lettres patentes comme motif du privilége en question. Outre ces pièces, l'éditeur a encore enrichi son volume d'un abrégé de la *Vie de saint Romain* tiré du Bréviaire de son église, mais il y a inséré des faits qui ne devraient pas s'y trouver et qu'on chercherait en vain dans l'écrit de Fulbert.

Vie de saint Remy. — La vie de saint Remy, archevêque de Rouen, mort le 19 janvier 771, ne porte pas le nom de Fulbert; mais le sentiment qui la lui attribue nous paraît établi sur des conjectures assez fortes pour que nous n'ayons pas besoin d'autres preuves : 1° on ne peut contester que cette Vie ne soit l'œuvre d'un chanoine de la cathédrale de Rouen, puisque dans sa préface l'auteur reconnaît la sainte pour son patron et déclare qu'il avait à sa disposition les archives de cette église; 2° il s'y représente comme fort éloigné du temps auquel le saint prélat vivait, et nous avertit que dans ce long intervalle on avait négligé d'écrire sa Vie, ou que, si on l'avait écrite, elle était perdue; 3° cette Vie, quoique tardivement entreprise, était devenue publique avant que Thierry ne travaillât aux *Actes des archevêques de Rouen*, comme on peut s'en convaincre par son écrit même où il déclare y avoir puisé. D'ailleurs, cette Vie se termine par la translation des reliques du saint de la cathédrale de Rouen à l'église Saint-Médard de Soissons, sans dire un mot de leur transport de Soissons à Rouen en 1090, circonstance qu'il n'aurait certainement pas oubliée s'il n'avait écrit qu'après cette date; 4° le style de cet écrit est le même que nous avons déjà remarqué dans la *Vie de saint Romain*, aussi pur, aussi élégant, aussi fleuri, mais moins diffus, parce que cette Vie était destinée à servir à l'office du saint, comme on le voit par une de ses éditions où elle est divisée en neuf leçons qui devaient être chantées aux matines; 5° enfin dans cette Vie, comme dans celle de saint Romain, l'auteur s'abstient d'employer les termes d'archevêché et d'archevêque pour désigner un métropolitain et une métropole.

Trois cents ans de distance entre saint Remy et son historien n'ont pas permis à celui-ci de connaître à fond l'histoire de sa vie. Aussi s'est-il borné à n'en reproduire que ce qu'il avait pu en apprendre de la tradition, ou en tirer des monuments de son Église sans enrichir ce fonds autrement que par les ornements du style et les traits ordinaires de sa piété. L'événement sur lequel l'historien s'arrête avec les détails les plus circonstanciés, est la mission du prince Carloman, frère de l'évêque Remy, que ses confrères du mont Cassin députèrent en France pour revendiquer le corps du patriarche saint Benoît. Il est à remarquer qu'il n'écrivait ce trait historique qu'après la date de la prétendue bulle du Pape Léon IX sur se sujet, et que le même fait fut presque immédiatement répété dans les Actes des archevêques de Rouen.

On possède deux éditions de cette Vie : la première, divisée en neuf leçons, a été publiée par Lambécius sur un manuscrit de la Bibliothèque impériale; la seconde est de dom Durand et dom Martène qui l'ont extraite d'un manuscrit de l'abbaye de Saint-

Ouen, ancien dès lors de plus de cinq cents ans.

Autres ouvrages. — Dom Mabillon, à la suite des *Actes des archevêques de Rouen*, a publié deux petits traités : l'un, *de l'Ordre et de la manière de célébrer le concile provincial* ; et l'autre, *de la Manière d'ordonner un évêque*. Ce double recueil, qui consiste entièrement en rites, formules, professions de foi, prières, en un mot tout ce qui doit être uniformément observé en ces sortes de circonstances, n'a pas dû coûter beaucoup de travail à quiconque a pris soin de le diriger. Néanmoins on doit lui en savoir gré, puisqu'il a réussi à conserver à la postérité des monuments ecclésiastiques dignes de la curiosité des savants, et de l'attention spéciale des hommes du sacerdoce. L'éditeur, qui les a enrichis de quelques notes de sa façon, observe que les cérémonies prescrites dans ces traités sont les mêmes qu'on suivait alors généralement dans toute l'Église de France. L'ordre qui regarde la célébration du concile, quoique différent sous plusieurs rapports, convient cependant en quelques points avec les rites prescrits dans ce qu'on nomme l'ordre romain, et ceux qu'Isidore Mercator a tirés du quatrième concile de Tolède.

Nous n'avons que de légers indices pour attribuer à l'archidiacre Fulbert le soin d'avoir dirigé ces deux petits recueils ; mais il est à peu près certain qu'ils ont été faits de *son temps*. On peut s'en convaincre par le Bénédictionel manuscrit de la cathédrale de Rouen, d'où dom Mabillon les a tirés. Les premières pièces contenues dans ce manuscrit sont d'une écriture des premières années du XIe siècle. Celles dont il est ici question y ont été ajoutées plus tard, mais cependant dès le pontificat de Guillaume Bonnâme et peut-être même de Jean de Bagneux, son prédécesseur. Ce qui en fait juger ainsi, c'est qu'il y est question du bienheureux Maurille comme déjà mort, tandis qu'on y adresse directement la parole aux évêques de la province qui avaient assisté au concile tenu par ce prélat contre les erreurs de Bérenger. Or, Fulbert qui, comme nous l'avons dit, était conseiller de l'archevêque Maurille, ne pouvait manquer d'avoir eu quelque part à la condamnation de ces erreurs, non plus qu'à l'excellente profession de foi promulguée dans ce concile. Il avait donc plus d'un motif de travailler à en conserver le souvenir à la postérité. Aussi la retrouve-t-on précieusement enchâssée dans le premier de ces deux petits recueils.

FULBERT, religieux de Saint-Ouen et contemporain du précédent, vivait sous la discipline de l'abbé Nicolas, sous la direction duquel il avait entrepris ses ouvrages. Il se donne, en termes très-positifs, pour religieux de ce monastère ; d'où il suit qu'il doit être distingué de l'archidiacre du même nom. On n'a pas d'autres données sur son histoire. Seulement on sait qu'il était homme de lettres et qu'il les cultivait avec plusieurs de ses frères, qui en faisaient comme lui une de leurs principales occupations. Mais Fulbert éprouvait une répugnance extrême à livrer ses écrits au public, et il fallait une espèce de révélation pour l'y déterminer. Il redoutait son incapacité, mais plus encore la censure des envieux. Il appuie ce dernier motif surtout d'une vérité qui est de tous les temps : c'est que quand l'envie vous a inspiré une prévention contre un écrivain, il dirait les meilleures choses du monde qu'on ne les goûterait pas. Il faut ajouter pourtant qu'il se trouve toujours quelques personnes équitables qui savent lui rendre justice. On doute généralement que Fulbert ait vécu au delà de l'année 1092, qui est celle de la mort de l'abbé Nicolas. Il avait commencé à écrire avant la conquête d'Angleterre par Guillaume le Bâtard, comme nous allons nous en convaincre par l'analyse du premier de ses ouvrages.

Vie de saint Ouen. — Cet ouvrage est la vie de saint Ouen, patron de son monastère, dont il rapporte les miracles avec des détails très-circonstanciés. Personne, parmi les savants, ne conteste plus aujourd'hui cet écrit au moine Fulbert. Si l'on s'en rapporte aux termes de dom Mabillon, il semble même qu'il est précédé, dans les manuscrits, d'une épître par laquelle l'auteur le dédiait à l'abbé Nicolas, en s'y nommant expressément ; mais cette épître ne se retrouve point dans l'imprimé. Seulement il est fait mention de cet abbé dans la préface où Fulbert déclare que c'est par son ordre qu'il a entrepris ce recueil de miracles, afin qu'on le pût joindre à la Vie du saint évêque. C'est probablement sur cette donnée que dom Mabillon aura cru que Fulbert avait également composé une *Vie de saint Ouen* ; mais s'il l'a fait en réalité, on ne la reconnaît dans aucune des deux qui nous ont été conservées, et qui sont beaucoup plus anciennes que cet auteur.

Fulbert s'est borné à rapporter les miracles du saint opérés depuis sa mort, et plus spécialement au siècle où il écrivait. Il en rapporte un, entre autres, qui s'opéra lors du transport que l'on fit à Caen de ses reliques que notre auteur accompagnait. C'était du temps du duc Guillaume, mais avant qu'il eût conquis l'Angleterre ; ce qui prouve que Fulbert devait être bien instruit de ce qu'il raconte. Son recueil est divisé en deux parties, dont la première fut écrite avant 1066, puisque Guillaume n'y est point encore qualifié roi, comme il s'y trouve dans la seconde qui fut écrite par conséquent quelques années après la première. Elle n'est pas même finie, la doxologie ordinaire y manque, ce qui montre que l'auteur avait l'intention de la continuer. On a quantité d'exemples d'autres recueils de miracles qui n'ont été faits de la sorte qu'à différentes reprises, et quelquefois à mesure qu'ils s'opéraient. Cela n'a pas empêché les doctes continuateurs de Bollandus de distinguer, en publiant l'ouvrage de Fulbert, cette seconde partie de la première, et de lui donner même un titre particulier qui l'attribue à un anonyme. Il est vrai qu'ils l'ont trouvé ainsi dans le manuscrit qui leur avait été confié; mais avec un peu d'attention, il leur eût été facile de rectifier cette erreur. Outre que le dessein et le style de cette seconde partie sont les mêmes que pour la première, l'auteur rappelle expressément qu'il y a fait mention du duc Guillaume, auquel il donne ici le titre de roi. On ne peut donc raisonnablement lui contester cette seconde partie. Fulbert, dans cette relation, déploie un talent d'écrire rare pour son siècle; seulement on regrette qu'il n'ait pas eu à l'exercer sur un sujet plus intéressant.

Vie de saint Achard. — On a encore de lui une *Vie de saint Aicadre,* second abbé de Jumiéges, plus vulgairement connu sous le nom de saint Achard, mais le fonds de ce travail n'est pas de lui, et Fulbert n'a fait que retoucher une autre Vie du même saint antérieure de deux siècles. Pour peu qu'on la lise avec attention, il est impossible qu'on ne reconnaisse pas dans cette seconde Vie l'auteur de l'*Histoire des miracles de saint Ouen;* non-seulement c'est la même façon d'écrire dans l'une et dans l'autre, mais c'est encore le même motif qui a porté l'auteur à l'entreprendre, et il a peut-être eu plus de soin encore d'y exprimer son nom.

Fulbert entreprit ce travail aux instances des religieux du monastère de Jumiéges, et il le leur dédie, en les qualifiant ses seigneurs et très-saints frères. Son dessein d'abord était de refondre entièrement la première Vie qu'il avait entre les mains; mais il s'est borné à repolir le style, à circonstancier quelques faits, et à débarrasser le discours des ornements superflus qui le surchargeaient. S'il fallait en croire dom Mabillon, il n'aurait pas réussi à effacer l'ancienne, dans laquelle cependant on ne lit rien d'un prétendu Hugues, archevêque de Rouen et fils de Charlemagne. Ce qu'il y a de plus remarquable dans l'écrit de Fulbert, c'est le style, dans lequel on découvre des grâces qui n'étaient pas communes à beaucoup d'autres écrivains du même siècle, et qui devrait bien engager ceux du nôtre à ménager leur censure. Vossius a loué son style sans restriction, et, contre sa coutume, Surius ne l'a point retouché en publiant l'ouvrage. Le P. du Moustier en a reproduit une grande partie dans sa *Neustria pia;* mais dom Mabillon s'est contenté de réimprimer la Vie originale qui lui a paru suffisante.

FULGENCE (Fabius Claudius Gordianus Fulgentius), issu d'une ancienne famille sénatoriale de Carthage, que l'invasion des Vandales et la persécution de Genséric avait fait tomber dans l'abaissement, naquit à Télepte, dans la Byzacène d'Afrique, en 463, selon l'opinion commune, ou, si l'on en croit quelques chroniqueurs, en 468. Son père se nommait Claude. Marianne, sa mère, restée veuve, lorsque Fulgence était encore en bas âge, prit soin de son éducation et lui donna des maîtres habiles, sous lesquels il fit de rapides progrès. Il acquit en peu de temps une connaissance parfaite des langues grecque et latine. Son mérite lui valut la charge de procurateur de la province ou receveur des deniers publics; mais les rigueurs que cet emploi l'obligeait d'exercer envers les pauvres le lui rendirent odieux, et il le quitta. Elevé pieusement, et touché de la lecture d'un sermon de saint Augustin sur la vanité du monde, il résolut d'y renoncer. Il communiqua son dessein à un bon évêque nommé Fauste, qui s'était retiré dans un monastère voisin de son évêché. Celui-ci l'approuva, en pressa l'exécution, et, après quelques épreuves, admit Fulgence dans sa communauté. Marianne, éplorée, courut au monastère, redemandant son fils avec des cris déchirants. La vocation du nouveau religieux eut à soutenir un rude assaut; mais la grâce l'emporta. La persécution qu'éprouvaient alors les catholiques ayant forcé l'évêque Fauste de quitter son monastère, Fulgence, par son avis, se retira dans un autre dont l'abbé se nommait Félix. Celui-ci trouva Fulgence si avancé dans la vie spirituelle, qu'il se l'associa dans le gouvernement, et le chargea de l'instruction des moines. Mais bientôt une nouvelle incursion de barbares les força de quitter leur monastère. Ils sortirent avec toute la communauté, et, après un assez long voyage dans les régions inconnues de l'Afrique, ils s'arrêtèrent à Sicca-Vénérea, attirés par la fertilité du lieu et par la charité de quelques fidèles qui les avaient accueillis. Ils eurent à y souffrir de cruels traitements en haine de la foi de Nicée, par les ordres d'un prêtre arien. Celui-ci s'apercevant que le nom de Fulgence devenait célèbre dans ces cantons, le prit pour un évêque déguisé en moine, et craignit qu'il ne ramenât à la foi catholique ceux qu'il avait engagés dans l'erreur. En effet, Fulgence travaillait de toutes ses forces à réconcilier les peuples, en les invitant, par de salutaires instructions, à se convertir. Le prêtre arien mit donc des sentinelles sur leur passage, afin de les arrêter. Amenés devant lui, il leur demanda d'une voix terrible pourquoi ils avaient quitté leur pays, chargés d'une mission secrète contre le service des princes chrétiens? Comme ils se préparaient à répondre, le prêtre, sans leur en donner le temps, les fit frapper. Alors Félix, poussé d'un mouvement de charité, s'écria : « Epargnez mon frère Fulgence, qui n'a pas la force de souffrir les tourments, et tournez plutôt votre colère contre moi qui suis cause de tout ; je sais que répondre. » Etonné de cette grandeur d'âme, l'arien fit éloigner un peu Fulgence, et ordonna à ses gens de frapper rudement Félix; mais il revint ensuite à son compagnon de voyage, dont le tempérament délicat ne put supporter longtemps les coups de bâton. Pour obtenir quelque relâche, il s'écria qu'il avait quelque chose à dire; et alors il commença à raconter l'histoire de son voyage avec tant d'agrément, que le prêtre arien pensa oublier toute sa cruauté; mais dans la crainte de paraître vaincu, il ordonna cependant de le frapper une seconde fois, en disant : « Je pense qu'il travaille à me séduire. » Enfin, il leur fit raser la tête à l'un et à l'autre, et, après les avoir dépouillés, il les chassa de sa maison. Ils rendirent grâce à Dieu des souffrances et des ignominies qu'ils avaient endurées pour l'amour de la religion. Néanmoins, pour éviter de nouvelles cruautés de la part de ces hérétiques, ils abandonnèrent cette province, et revinrent habiter non loin de celle qu'ils avaient quittée. Ils y fondèrent un monastère où saint Fulgence ne séjourna que peu de temps. Il avait formé le dessein de visiter les solitaires d'Egypte et de se fixer dans quelque désert de la Thébaïde. Accompagné d'un seul moine, nommé Redemptus, il s'était embarqué à Carthage, où il avait fait voile pour Alexandrie, et de là était passé jusqu'à Syracuse; mais l'évêque Eulalius, à qui il fit part de son dessein, lui adressa quelques observations qui le lui firent abandonner. « Le pays où vous allez, lui dit-il, est séparé de la communion de saint Pierre par un schisme perfide. Tous ces moines, dont on loue l'abstinence admirable, ne communiqueront point avec vous au sacrement de l'autel. Que vous servira-t-il d'affliger votre corps par les jeûnes, si votre âme, qui vaut mieux, manque des consolations spirituelles? Retournez, mon fils, de peur de mettre votre foi en danger. Avant d'être évêque, j'avais formé le même dessein que vous ; mais cette raison a suffi pour m'en détourner. » Fulgence renonça donc à ce voyage; mais avant de retourner en Afrique il voulut aller saluer le tombeau des saints apôtres. Il était alors abbé, sans qu'on sache ni quand ni comment il avait été élevé à cette dignité. Il arriva à Rome l'an 500, justement lorsque Théodoric, roi des Goths, y faisait son entrée solennelle. Fulgence fut frappé de l'éclat de cette pompe, mais comme un saint pouvait l'être, en comparant la gloire mondaine, qui ne fait que passer, avec la gloire réservée aux enfants de Dieu, laquelle ne passera point. Après avoir satisfait sa dévotion, Fulgence retourna en Afrique, où il fonda quelques monastères, et fut quelques années après, en 508, ordonné, malgré lui, évêque de Ruspe. Son élévation ne lui fit rien changer à sa manière de vivre. Il conserva la même simplicité dans son vêtement, la même humilité dans son maintien, la même austérité dans son régime de vie, continuant à s'abstenir de viandes, et ne se permettant qu'un peu de vin mêlé de beaucoup d'eau. Il partagea le sort des autres évêques d'Afrique, et fut exilé avec eux en Sardaigne, par Thrasimond, roi des Vandales, prince arien et grand persécuteur des catholiques. Quoiqu'il ne fût pas un des plus anciens, cependant l'habitude qu'ils avaient de se servir de son intelligence et de sa plume pour la défense de leur cause, le leur avait fait considérer comme le chef de l'épiscopat dans cette province. Aussi le roi Thrasimond, ayant entendu parler du grand savoir de Fulgence, l'appela à Carthage, et lui fit remettre un recueil d'objections touchant l'arianisme, auxquelles il lui ordonna de répondre. Fulgence obéit ; mais encore que Thrasimond admirât la force et la clarté des réponses, il resta dans ses préjugés, et renvoya le saint en exil. En 523, Hildéric, ayant succédé à Thrasimond, rappela les évêques, et leur rendit leurs priviléges et leurs églises. Leur arrivée à Carthage fut un triomphe. Fulgence, de retour à Ruspe, continua d'édifier son diocèse et de servir l'Eglise par ses écrits. Il mourut à Ruspe en 533, âgé de soixante-cinq ans, et dans la vingt-cinquième année de son épiscopat. Le Martyrologe romain fait mention de saint Fulgence sous le titre de confesseur, au 1ᵉʳ janvier. Sa *Vie*, écrite par un auteur contemporain, a été longtemps attribuée au diacre Ferrand, son disciple; mais quoique dans plusieurs manuscrits elle se trouve parmi les œuvres de Ferrand, il est reconnu aujourd'hui qu'il n'en est pas l'auteur.

SES ÉCRITS. — Saint Fulgence a beaucoup écrit, ce qui nous oblige à abréger singulièrement l'analyse de ses ouvrages, en même temps que leur importance nous fait un devoir de les mentionner tous. Le premier de ces écrits, dans l'édition la plus connue des Œuvres du saint docteur, est celui qui porte pour titre : *Trois livres à Monime*.

Monime était un des principaux amis de saint Fulgence. Il lui avait écrit pour lui demander son sentiment sur plusieurs difficultés qu'il ne pouvait résoudre lui-même, quoique pourtant il ne fût pas sans érudition. Le saint évêque, chargé de plusieurs travaux à la fois, et ne se trouvant pas en état de répondre à temps, ne le fit que lors de son second exil en Sardaigne, c'est-à-dire vers l'an 521. Il renferma dans trois livres ses réponses aux difficultés proposées par son ami. La première touchait à la doctrine de saint Augustin sur la prédestination. Saint Fulgence consacre son premier livre tout entier à prouver que, d'après les sentiments du saint évêque d'Hippone, Dieu ne prédestine point les hommes au péché, mais seulement à la peine ou au supplice qu'ils ont mérité par leurs péchés. Ce saint docteur, en disant qu'il y a des hommes prédestinés à la mort, n'a pas entendu par ce terme la première mort de l'âme dans laquelle les enfants naissent, ou celle que nous nous donnons nous-mêmes par nos propres crimes ; mais la seconde mort, c'est-à-dire les tourments dont nous méritons que Dieu punisse nos péchés, soit ceux que nous avons commis avant le baptême, si nous mourons sans avoir été régénérés, soit ceux que nous commettons après le baptême, si nous mourons sans les avoir effacés par la pénitence. Donc, comme en Dieu il n'y a point de péché, le péché ne peut venir de lui ni être son ouvrage. Or, il ne prédestine que ce qu'il fait ou ce qu'il veut faire; le mal ne peut donc être un effet de sa prédestination. Il en résulte donc que les méchants ne sont point prédestinés à faire le mal, mais seulement à souffrir la peine due au mal qu'ils auront commis. Par conséquent la prédestination ne renferme point une nécessité de contrainte pour la volonté humaine, mais une juste, miséricordieuse et éternelle disposition de l'œuvre de Dieu, par laquelle il accorde gratuitement le pardon à un misérable, tandis qu'il en punit un autre; le tout par un conseil secret, mais juste, de sa volonté... Dieu prévient, par sa miséricorde, celui qu'il veut sauver, quoiqu'il en soit indigne, tandis qu'il trouve l'autre digne de sa colère. Il donne sa grâce gratuitement à celui qui en est indigne : Par elle l'impie se trouvant justifié est éclairé par la bonne volonté qu'elle lui inspire, et reçoit en même temps le pouvoir de faire de bonnes œuvres; en sorte qu'il commence à vouloir le bien par la miséricorde de Dieu, qui le prévient ; et comme cette même miséricorde le suit et l'accompagne, il peut faire le bien qu'il veut. Il montre, par les paroles du Psalmiste, que la miséricorde de Dieu prévient notre volonté, et qu'elle la suit pour l'empêcher de tomber dans le mal. Elle prévient l'impie, afin qu'il devienne juste, et alors elle le suit, dans la crainte qu'il ne redevienne impie ; elle prévient l'aveugle, pour lui communiquer une lumière qu'il n'avait pas ; elle le suit lorsqu'il voit, afin de lui conserver la lumière qu'elle lui a donnée. Ainsi la grâce ne rappelle pas seulement au bon chemin, en justifiant celui qui était dans l'égarement ; elle le garde encore dans le chemin, afin de le conduire au don de la gloire éternelle. Or toutes ces choses, c'est-à-dire les commencements de notre vocation, les accroissements de la justice et les récompenses de la gloire, ont toujours été renfermées dans la prédestination de Dieu, parce qu'il a prévu les œuvres futures de sa grâce dans la vocation, dans la justification et dans la glorification des saints. C'est ce que l'Apôtre exprime positivement, dans son *Épître aux Romains*, ch. VIII, v. 29. Dieu a donc pu en prédestiner quelques-uns à la gloire, comme il a voulu également en prédestiner d'autres à la peine due à leurs péchés. Ceux qu'il a prédestinés à la gloire, il les a prédestinés à la justice ; mais ceux qu'il a prédestinés à la peine, il ne les a pas prédestinés au péché. Il couronne dans les saints la justice qu'il leur a donnée gratuitement, qu'il a conservée, consommée, perfectionnée en eux gratuitement ; mais il condamnera les méchants pour leur impiété et leur injustice, qui leur sont propres. Dans les uns Dieu glorifie ses œuvres ; dans les autres il condamne des œuvres qui ne sont pas les siennes. Saint Fulgence examine ensuite si Dieu a prédestiné les méchants pour faire le mal qu'il devait punir en eux, ou s'il les a prédestinés au supplice, parce qu'il a prévu qu'ils feraient de mauvaises actions. Il pose deux principes : l'un, que l'orgueil est le commencement de tout péché ; l'autre, que la volonté dans toute créature raisonnable ne peut subsister sans quelque chose vers laquelle elle se porte comme vers l'objet de son amour. Il en résulte qu'étant établie entre le souverain bien pour lequel elle a été créée, et les biens inférieurs au-dessus desquels elle est élevée, il faut ou qu'elle s'arrête misérablement aux biens inférieurs, ou qu'elle se repose heureusement dans le souverain bien. Saint Fulgence conclut de tout cela que l'orgueil, le principe de la mauvaise volonté, n'étant pas de Dieu, la mauvaise volonté n'en est pas non plus, et par conséquent Dieu la punit justement. Il n'a donc point prédestiné l'homme à la mauvaise volonté, puisqu'il ne saurait ni la donner, ni la produire. La prédestination divine n'est autre chose qu'une préparation éternelle des œuvres futures, dans laquelle on ne trouvera aucune cause du mal, parce que l'origine du péché n'a jamais procédé de Dieu. D'ailleurs on ne donne point de raison qui nous porte à croire que Dieu prédestine au péché ; n'est-il pas écrit, au contraire, que Dieu *n'a pas fait la mort ; qu'il est juste et qu'il aime la justice?* Disons donc que Dieu a prévu toutes les actions des hommes, bonnes ou mauvaises, mais qu'il n'a prédestiné que les bonnes, et seulement prévu les actions des impies. En conséquence, par un effet de sa miséricorde, il a prédestiné les bons à la gloire ; et par un effet de sa justice, il a prédestiné les méchants aux supplices qu'ils ont mérités. En effet, il montre que les méchants ayant abandonné Dieu les premiers, en se livrant à leur mauvaise volonté, c'est avec justice que Dieu les abandonne et les livre à la punition ; leurs péchés sont la seule cause qui les fait prédestiner à la seconde mort, puisqu'ils sont cause eux-mêmes de la première, c'est-à-dire de celle qui a tué leur âme. La première mort vient de l'homme ; la seconde vient de Dieu ; la première est la cause de la seconde, et la seconde est la peine et le châtiment de la première. La conclusion à tirer est donc que Dieu a prévu les mauvaises actions des pécheurs, mais que, ne les ayant point préordonnées, il est équitable dans la peine qu'il leur destine.

Deuxième livre. — La seconde question de Monime consistait à savoir si le sacrifice du corps et du sang de Jésus-Christ n'était pas seulement offert à Dieu le Père, comme quelques docteurs semblaient l'avoir assuré ? Cela fournissait un argument aux ariens pour contester la divinité du Verbe, en prouvant que ce sacrifice ne devait être offert qu'au Père seul et non pas à toute la Trinité. Saint Fulgence, pour les réfuter, fait voir, dès le commencement du second livre, que les sacrifices de l'Ancien et du Nouveau Testament ont été offerts au Fils et au Saint-Esprit aussi bien qu'au Père ; et quoique cette première personne s'y trouve quelquefois nommée seule, on doit comprendre toute la Trinité sous son nom. Dans cette proposition qui consistait à ne faire offrir le sacrifice de la messe qu'au Père, les ariens trouvaient encore un argument pour attaquer la divinité du Saint-Esprit, en disant qu'il était moindre que le Père et le Fils, puisqu'il était envoyé par eux. Saint Fulgence répond qu'on pourrait objecter le même raisonnement contre la divinité du Fils, puisqu'on lit aussi quelque part que le Père et le Saint-Esprit l'ont envoyé : « Mais, ajoute-t-il, la mission du Fils et du Saint-Esprit n'est point locale, mais spirituelle, comme c'est également la venue du Père dans les âmes, suivant cette parole de l'Evangile : *Si quelqu'un m'aime et garde ma parole, mon Père l'aimera, et nous viendrons à lui, et nous établirons en lui notre demeure.* Il montre ensuite par l'Ecriture que l'immensité est un attribut commun aux trois personnes de la Trinité, aussi bien au Saint-Esprit qu'aux deux autres. « Sous le nom du Saint-Esprit, dit-il, souvent on entend ses dons et les effets qu'il produit, et non pas sa personne. Par exemple, dans le sacrifice de la messe, quand on demande que le Saint-Esprit descende et sanctifie l'assemblée, on demande la charité, la paix, l'union, qui sont des dons du Saint-Esprit et de toute la Trinité. » Il conclut que le Saint-Esprit n'est point chez les hérétiques, et que, par conséquent, leurs sacrifices ne sauraient être agréables à Dieu, puisqu'en rompant avec l'Eglise ils ont rompu avec la charité. Monime avait encore demandé l'explication d'un passage où saint Paul, dans sa première Epître aux Corinthiens, dit que la virginité est une chose de conseil et non pas de précepte. Saint Fulgence convient qu'en cet endroit et en quelques autres, l'Apôtre parle des œuvres de surérogation; puis après avoir allégué ce que saint Ambroise, saint Augustin et Optat de Milève ont pensé sur cette matière, il dit qu'il importe peu en quel sens on entende les œuvres de surérogation, pourvu que l'on regarde la virginité comme une chose de volonté et non de nécessité, c'est-à-dire comme une vertu de conseil à laquelle Dieu promet de grandes récompenses.

Troisième livre. — Il traite du vrai sens de ces paroles de saint Jean : *Le Verbe était en Dieu,* et répond aux difficultés impertinentes que les ariens tiraient de ce passage. « Autre chose, disaient-ils, est d'être avec quelqu'un ou chez quelqu'un, et autre chose d'être en lui, » et ils apportaient pour exemple un vêtement, qui est avec nous lorsque nous le portons, mais qu'on ne saurait dire être en nous. Saint Fulgence, après avoir fait ressortir l'indécence de la comparaison par rapport au Verbe, montre que si tout ce qui est avec Dieu est extérieur à Dieu, et que si tout ce qui est en lui lui est intérieur, il s'ensuit que nous lui sommes plus intimes que son propre Fils. En effet, il est dit de lui qu'*il était avec Dieu dès le commencement;* au lieu qu'il est dit de nous que *c'est en lui que nous avons l'être, le mouvement et la vie;* et ailleurs, que *tout est de lui, par lui et en lui.* Il rapporte divers passages de l'Ecriture, où ces paroles *dedans* et *avec se* prennent indifféremment. D'où il conclut que lorsqu'il est écrit : *Le Verbe était avec Dieu,* c'est comme si l'Evangéliste disait : *Le Verbe était en Dieu,* puisque le Fils affirme lui-même *qu'il est dans son Père et que son Père est en lui.* Il est vrai que nous sommes en Dieu, mais c'est par grâce et par adoption ; Jésus-Christ est en Dieu par nature : il a été formé de la substance du Père et il est né éternellement de Dieu.

Livre contre les ariens. — Ce livre, qui répond à dix objections proposées par les ariens, paraît être, suivant l'ordre chronologique, le premier des écrits de saint Fulgence. Il le composa, comme nous l'avons dit, par ordre du roi Thrasimond, qui l'avait fait venir de Sardaigne à Carthage pour éprouver son savoir. Les objections sont courtes, obscures et mal digérées ; les réponses, au contraire, sont claires, méthodiques et d'une juste étendue. Essayons de donner une idée et des unes et des autres.

Les ariens disaient : « Les noms de Père et de Fils sont différents : leur nature aussi est donc différente. » Saint Fulgence répond, qu'en Dieu la différence des noms marque la distinction des personnes, et non pas une diversité de nature. Les noms de Père et de Fils sont des noms relatifs, qui ne séparent point la nature de celui qui engendre de la nature de celui qui est engendré ; mais qui, au contraire, signifient la même nature dans le Père et dans le Fils. Cela est vrai parmi les hommes, pourquoi n'en serait-il pas de même en Dieu?

Les ariens ajoutaient : « La génération du Fils est ineffable. » C'est vrai, répond saint Fulgence ; mais si l'on ne peut raconter cette génération ni expliquer de quelle manière elle s'est accomplie, il n'est pas écrit qu'on ne puisse la connaître. De ce qu'une chose est inexplicable, il n'en résulte pas qu'elle soit impossible. On ne peut dire de Dieu tout ce qu'il est, et cependant il n'est pas permis d'ignorer qu'il existe. Il en est de même de la génération de Jésus-Christ, qui s'est accomplie sans que nous puissions l'expliquer.

Les ariens objectaient encore divers passages où le Fils est appelé créature, entre autres celui-ci : *Le Seigneur m'a créé le commencement de ses voies.* Cela, dit saint Fulgence, doit s'entendre de la génération temporelle du Fils, selon laquelle il est né de la Vierge, et a été créé le commencement des voies du Seigneur, non pour donner l'être à de nouvelles créatures, mais pour réparer les anciennes ; ce qu'il a fait par ses apôtres, en les établissant eux-mêmes le commencement de cette création, comme saint Jacques l'affirme de Dieu le Père : *C'est lui qui, par le mouvement de sa volonté, nous a engendrés par la parole de vérité, afin que nous fussions comme les prémices de ses créatures.* Ainsi, en distinguant en Jésus-Christ les deux natures, les termes s'expliquent et ne présentent plus de difficultés. Il est engendré selon sa naissance ineffable du Père ; il est créé selon sa naissance humaine ; par l'une il est né d'une servante et serviteur lui-même ; par l'autre, il est Dieu, puisqu'il est né de Dieu.

« Mais pourquoi, poursuivaient les ariens, dites-vous que le Fils est né de la substance du Père ? » C'est, répond le saint docteur, que nous ne pouvons adorer que ce qui est substantiellement Dieu. Or, nous voyons tellement un Dieu Père, que nous croyons aussi un Fils et un Saint-Esprit. Il prouve ce que la foi nous enseigne sur ce sujet par un grand nombre de témoignages de l'Ecriture ; mais il insiste surtout sur ce passage d'Isaïe où il est dit que deux séraphins répètent jusqu'à trois fois : *Saint, saint, saint*, tandis qu'ils ne disent qu'une fois, *le Seigneur Dieu des armées*, pour nous apprendre qu'il y a en Dieu trois personnes et une seule substance. En effet, à quoi bon répéteraient-ils trois fois *saint*, s'il n'y a pas en Dieu trois personnes, et pourquoi ne diraient-ils qu'une seule fois *le Seigneur Dieu*, s'il y a en Dieu autre chose qu'une seule substance? Il faut donc s'en tenir à la règle de la vraie foi, par laquelle nous croyons que le Fils est Dieu, de la substance du Père, né d'une manière ineffable et sans commencement.

« Le Fils, concluaient les ariens, n'est donc pas semblable au Père, puisqu'il est engendré, et que le Père ne l'est pas ? » Saint Fulgence prétend au contraire qu'il faudrait nier cette égalité entre le Père et le Fils, s'ils étaient tous les deux non engendrés. Dans deux êtres non engendrés, la divinité doit être différente ; au contraire, dans deux êtres dont l'un est engendré de l'autre, l'unité de nature se trouve infailliblement ; d'où il est impossible de conclure que Jésus-Christ, étant né de la substance du Père, n'est pas une même chose avec lui. Du reste, il marque assez clairement cette égalité, lorsqu'il dit : *Ego et Pater unum sumus*.

Les ariens insistaient : « Autre est le Père de la lumière, et autre est la lumière elle-même ; le Père est l'auteur de la lumière et le Fils est la lumière : donc ils ne sont point égaux. » Saint Fulgence répond que le Père et le Fils sont substantiellement la même lumière ; et il le prouve par ce passage de saint Jean, où il est dit : *Ce que nous vous enseignons c'est que Dieu est la lumière même*. D'où il suit que celui qui est Dieu est lumière, et que celui qui n'est pas la lumière n'est pas Dieu. Le Fils donc est lumière de lumière, parce qu'il est né Dieu de Dieu.

« Le Père est autre que le Saint-Esprit, disaient les ariens, puisque le Fils dit : *Mon Père vous donnera un autre consolateur*; le Fils aussi est donc autre que le Père, puisqu'il dit lui-même : *Il y en a un autre qui rend témoignage de moi?* » Le mot *autre*, répond saint Fulgence, est employé dans ces deux endroits, pour distinguer les personnes de la Trinité, et non pour marquer entre elles une différence de nature et de substance. En effet, si le Père rend témoignage au Fils, on ne peut douter qu'il ne soit une personne distincte du Fils, comme on ne peut douter également qu'il ne soit de même nature que lui, s'il est véritablement son Père. C'est pourquoi le Fils déclare positivement : *Mon Père et moi sommes une même chose*.

« C'est faire injure au Père, disaient les ariens, de croire que le Fils lui soit égal. » Au contraire, répond saint Fulgence, bien loin de faire injure à Dieu, la foi apostolique l'honore, en assurant que la substance divine ne peut être ni diminuée ni changée. C'est pour cela qu'elle enseigne le Fils égal à son Père, parce que l'unité de substance dans tous les deux conserve à chacune de ces personnes la plénitude de ses perfections. Il applique le même raisonnement au Saint-Esprit, et déclare que si le Seigneur eût voulu qu'on le regardât comme une créature, il n'eût pas dit à ses apôtres : *Allez, enseignez toutes les nations; baptisez-les au nom du Père, du Fils et du Saint-Esprit*.

En parlant de la génération du Fils, l'Ecriture dit qu'il a été engendré du *sein* avant l'aurore ; ce qui, suivant les ariens, ne pouvait s'entendre que d'une génération charnelle. Saint Fulgence répond que cette expression doit se prendre dans un sens métaphorique, et que l'Ecriture se sert souvent de figures semblables lorsqu'elle parle de Dieu, comme on le voit dans le livre des *Proverbes*, où nous lisons que *les yeux de Dieu considèrent les bons et les mauvais*. Par le terme *sein* on doit donc entendre la nature divine, comme aussi cette expression, *avant l'aurore*, marque que la naissance a commencé avant le temps, et que par conséquent elle est éternelle.

« Il n'est pas permis de dire que Dieu soit composé de trois parties. » C'est la dernière objection des ariens, et saint Fulgence y répond, que l'Eglise enseigne avec vérité qu'il y a en Dieu trois personnes et une seule substance. Si par le nom de Dieu, on ne doit entendre que le Père seul, il en résultera que seul il doit être adoré, puisque tout ce qui n'est point Dieu ne mérite aucune adoration. Comment donc l'Ecriture, en parlant du Fils, dit-elle que les anges et toutes les vertus l'adorent et le louent continuellement dans le ciel ? Et ailleurs, que tous les rois de la terre l'adoreront, et que toutes les nations s'empresseront de le servir ? Serait-il adoré des hommes et des anges, s'il n'était pas de la substance de Dieu ? Il rapporte ensuite un grand nombre de passages, pour prouver la divinité du Fils et du Saint-Esprit, entre autres celui de la première Epître de saint Jean, où il est dit : *Il y en a trois qui rendent témoignage dans le ciel, le Père, le Verbe, et le Saint-Esprit, et ces trois ne sont qu'un*. Il en ajoute un autre tiré de l'Epître de saint Cyprien sur l'unité de l'Eglise, et finit sa réponse en disant : que nous n'adorons pas un Dieu composé de trois parties, mais que, conformément à la règle de foi apostolique, nous confessons que le Fils est co-éternel à son Père, né de lui sans commencement, et avec lui d'une égale puissance et d'une égale perfection ; que le Saint-Esprit est Dieu, et que, sans différer ni du Père ni du Fils, il n'est confondu ni dans l'un ni dans l'autre. L'esprit du Père et du Fils est un et le même ; et quoiqu'il procède tout entier du Père, il est néanmoins tout entier dans l'un et dans l'autre sans être divisé dans les deux.

Avant d'envoyer cet écrit au roi, saint Fulgence l'examina avec plusieurs théologiens habiles qui l'approuvèrent. Ce prince le lut sans en être touché; mais le peuple, à qui on l'avait communiqué, triompha de la victoire que la foi catholique venait de remporter sur l'erreur.

Trois livres à Thrasimond. — Les trois livres à Thrasimond sont du même temps. Ce prince, voulant éprouver de nouveau le savoir de saint Fulgence, lui adressa, par un de ses officiers nommé Félix, d'autres questions, avec ordre de les lire seulement une fois devant lui, mais sans lui permettre d'en prendre copie. En effet, Thrasimond craignait qu'il n'insérât dans sa réponse les propres paroles de l'écrit, comme il l'avait fait déjà en répondant aux objections des ariens, et que le peuple ne fût de nouveau témoin d'une seconde victoire remportée sur eux. Saint Fulgence fit d'abord quelques difficultés de répondre à un écrit dont il savait à peine le contenu; mais, pressé par ce prince, il lui adressa trois livres que nous avons encore, et qu'il composa à Carthage quelque temps après le précédent.

Premier livre. — Après avoir rappelé au prince les difficultés que ses exigences avaient apportées à son travail, il le loue de son zèle pour la vérité, tout en lui faisant remarquer cependant qu'elle ne se découvre tout entière qu'à ceux qui la recherchent sincèrement. Après ce préambule, il fait observer que presque toutes les hérésies ne sont venues que faute d'avoir bien compris le mystère de l'Incarnation. Pour les réfuter et établir en même temps la foi catholique sur ce mystère, il entreprend de montrer qu'il y a en Jésus-Christ, médiateur entre Dieu et les hommes, deux natures parfaites, unies en une seule personne. Il allègue un grand nombre de passages de l'Ecriture, qui prouvent qu'il y a en Jésus-Christ une chair, une âme raisonnable et la divinité. Il s'applique surtout à démontrer l'existence de cette âme et son intelligence. A ceux qui la niaient, il demande si l'âme n'a point été créée de Dieu, si elle n'a point été viciée par le péché, si elle est d'une nature plus vile que le corps, ou si enfin Dieu ne pouvait la guérir de sa blessure. Or on ne peut nier que l'âme ait été créée de Dieu ni qu'il lui soit possible de la guérir de la plaie qu'elle a reçue par le péché. D'un autre côté, il ne serait pas moins absurde d'avancer qu'elle est d'une nature inférieure au corps, puisque c'est elle qui lui donne la vie, ou qu'elle a été moins blessée que le corps, puisqu'à raison de son intelligence elle était plus capable de résister au tentateur. Il résulte donc de tous ces précédents que, l'homme entier ayant été blessé par le péché, Dieu aussi a sauvé l'homme entier en le prenant, afin que l'on connût que le créateur de l'homme en était devenu le réparateur. Il conclut en disant que cette qualité de médiateur, que l'Ecriture donne à Jésus-Christ, suppose nécessairement qu'il est Dieu parfait et homme parfait. Aussi l'Evangile, après avoir établi sa divinité par ces paroles : *Au commencement était le Verbe, et le Verbe était Dieu*, établit-il ensuite son humanité, en ajoutant : *Et le Verbe a été fait chair, et il a habité parmi nous.*

Deuxième livre. — Quoique le second livre ait pour titre : *De l'immensité du Fils de Dieu*, saint Fulgence ne laisse pas d'y traiter encore de la réparation du genre humain par le sang de Jésus-Christ. Quel homme aurait pu être le médecin du genre humain, puisque tous avaient tiré leur origine d'une source corrompue? Les anges eux-mêmes ne pouvaient réparer la chute de l'homme, puisqu'ils avaient été capables de tomber par leur nature. Il n'y avait donc que la vertu divine, c'est-à-dire le Fils de Dieu, qui est la sagesse du Père, qui pût rétablir l'homme après sa chute, comme il a empêché par son secours la chute des anges qui ont persévéré dans le bien. L'auteur rentre ensuite dans le sujet énoncé par son texte, et dit : « Le Fils étant Dieu par nature, il est immense, éternel. Comme le Père est dans le Fils, le Fils est dans le Père. Or, cette égalité naturelle entraîne avec elle l'égalité des personnes; l'infini n'a pu engendrer que l'infini, et Jésus-Christ est ainsi né du Père, sans que celui-ci ait rien perdu de son immensité. Le Père a tout fait par le Fils; autrement on ne pourrait pas dire que le Fils est la vertu, la sagesse et la main de Dieu, comme l'affirme l'Ecriture, qui atteste en même temps que rien de tout ce qui est fait n'a été fait sans lui. » Il explique le terme de commencement dans le sens d'éternel. C'est ainsi que Jésus-Christ dit de lui-même : *Je suis le principe et la fin* : le *principe*, parce que les choses qui n'étaient pas ont eu par lui leur existence; la *fin*, parce que plusieurs choses qui ont commencé d'être lui doivent de pouvoir exister toujours. Il soutient que l'Ecriture établit clairement l'immensité du Fils, lorsqu'elle dit qu'il est la splendeur de la gloire du Père, le caractère de sa substance, et qu'il soutient tout par la puissance de sa parole. Il explique ensuite plusieurs termes que l'Ecriture n'emploie que pour se proportionner à notre infirmité, et montre qu'ils ne contrarient en rien la pensée de l'immensité divine, puisque ces termes s'appliquent indistinctement aux trois personnes de la Trinité. Enfin saint Fulgence tire sa dernière preuve de l'immensité du Fils, de la forme du baptême. Selon le précepte du Seigneur, le baptême doit être conféré au nom du Père, du Fils et du Saint-Esprit. Si donc les trois personnes de la Trinité sanctifient dans le baptême, il est évident que ce sacrement s'administrant en même temps dans toutes les parties du monde, les trois personnes doivent y être présentes, et dès lors on ne peut plus contester l'immensité au Fils, autrement il faudrait ôter son nom de la forme du baptême.

Troisième livre. — Saint Fulgence revient dans ce livre sur le mystère de l'Incarnation, qu'il avait déjà traité avec assez d'étendue;

et il attaque surtout ceux qui enseignaient que la divinité avait souffert, et que par conséquent elle avait été détériorée en Jésus-Christ par son union avec la nature humaine. Le but de ce troisième livre est donc de montrer qu'il y a en Jésus-Christ deux natures: une nature divine, qui a toujours été impassible; et une nature humaine, qui a souffert la mort. Or, ces natures unies en une seule personne conservent en Jésus-Christ chacune leurs propriétés. « Nous croyons, dit ce Père, que le Fils de Dieu est né avant tout commencement, de la substance du Père, Dieu de Dieu, et Seigneur de Seigneur ; qu'il n'a pas d'autre nature que celle du Père, parce qu'il n'existe rien de coéternel à Dieu qui ait pu donner naissance au Fils. Il n'y a donc qu'un Fils engendré de la nature du Père, avec lequel il est inséparable à cause de l'unité de nature, et avec lequel cependant il ne doit pas être confondu à cause de la propriété des personnes. Il est vrai que le Fils a donné à tous ceux qui l'ont reçu le pouvoir d'être faits enfants de Dieu; mais enfants adoptifs, qui n'ont de commun avec le Fils unique que le nom et la gloire, et non la nature et la dignité. Étant vrai Dieu, il s'est fait homme; mais en prenant la forme d'esclave, il est demeuré plein de grâce et de vérité. Devenu, par son incarnation, passible et mortel, il n'a pas senti comme Dieu l'aiguillon de la mort, puisqu'il l'a vaincue lui-même et ensevelie dans son triomphe. Toutefois c'est le même et unique Jésus-Christ qui a fait et enduré toutes ces choses, parce que la nature divine et la nature humaine ont demeuré dans un seul et même Christ. Dieu n'a pas été confondu mais uni à l'homme, de manière à donner, dans une seule et même personne, des preuves évidentes de l'existence des deux natures. Il s'est montré Dieu par ses miracles, et homme par les infirmités de sa chair. C'est pourquoi l'Apôtre appelle le seul et même Jésus-Christ crucifié la sagesse et la vertu de Dieu. Dieu a donc été fait homme sans aucun changement de sa substance; on ne peut pas dire qu'une partie de la divinité soit demeurée dans le Père, et l'autre dans le sein de la Vierge. Le Fils est demeuré dans le Père tout ce qu'il était, et il s'est fait dans le sein de la Vierge tout ce qu'il n'était pas. Le remède à notre infirmité et l'économie de notre rédemption demandaient que comme l'unité de nature demeure dans le Père et le Fils, de même l'unité de personne demeurât en Jésus-Christ, et que comme la distinction personnelle ne fait pas deux substances dans le Père et dans le Fils, de même la distinction des deux natures ne fît pas deux personnes en Jésus-Christ. Mais cela devait s'accomplir de telle sorte, qu'encore que le Christ ne puisse être divisé ni confondu, cependant le seul et même Christ accomplit en même temps ce qui appartient à l'homme et à Dieu. L'Apôtre marque clairement la distinction des deux natures, lorsqu'il dit : *Encore qu'il ait été crucifié selon la faiblesse de la chair, il vit néanmoins par sa vertu de Dieu.* »

Après avoir ainsi posé la distinction des natures et l'unité de personne en Jésus-Christ, saint Fulgence répond aux objections de ceux qui voulaient que la divinité, bien qu'impassible, eût souffert depuis son union avec le corps. Il prouve par divers passages de l'Ecriture qu'elle est en même temps immuable par elle-même et unie à l'homme en Jésus-Christ; que, n'étant susceptible d'aucun changement dans le Père, elle n'en peut être susceptible dans le Fils, puisqu'à ce qui est immuable de sa nature, le temps ne saurait rien ajouter ni rien retrancher. C'est à cause de l'unité de personne qu'on dit de Jésus-Christ que le Seigneur de gloire a été crucifié et l'auteur de la vie mis à mort. Mais, en expliquant ce qui est propre à chacune des deux natures, il est facile de se convaincre que cela ne doit s'entendre que de la nature humaine. Ainsi les pleurs que Jésus-Christ versa sur le Lazare, le trouble qu'il ressentit en son âme la veille de sa Passion, toutes les infirmités de son enfance, l'accroissement de son âge et de sa sagesse, les mouvements de joie, de tristesse, d'ennui, de crainte, appartiennent visiblement à la nature humaine. Mais quoiqu'il ait eu les infirmités de notre nature, on doit dire néanmoins qu'il les a eues volontairement, comme aussi c'est volontairement qu'il a souffert la mort. C'est ce qu'il témoigne dans saint Jean, lorsqu'il dit : *J'ai le pouvoir de quitter la vie, et j'ai le pouvoir de la reprendre.* Au reste, ce n'est ni dans son âme, ni dans sa divinité, mais dans son corps seul qu'il est mort. Cependant la divinité n'a point abandonné son corps dans le sépulcre, ni son âme dans les enfers, mais c'est elle qui a empêché la corruption de ce corps dans le tombeau, comme elle a empêché que l'âme fût sensible à la douleur de l'enfer, parce qu'il n'était pas juste qu'une chair exempte de la corruption du péché l'éprouvât dans le tombeau, ni qu'une âme exempte de son esclavage en souffrît quelque chose dans l'enfer. Saint Fulgence finit son troisième livre par une récapitulation qui renferme tout ce que l'on doit croire sur le mystère de l'Incarnation, et par un détail des erreurs qui se sont élevées contre la croyance de ce mystère, et il affirme que ceux qui persévéreront dans ces erreurs jusqu'à la mort seront infailliblement condamnés. Il rapporte aussi quelque chose des hérésies qui ont attaqué la divinité du Saint-Esprit, et montre qu'il est vrai Dieu, puisqu'il n'y a que Dieu seul qui puisse sanctifier dans le baptême, répandre sa charité parmi les hommes et habiter dans le cœur des fidèles. Il prie Dieu de rendre le roi Thrasimond attentif à la parole de vérité, et de l'éclairer de manière qu'il croie au Fils de Dieu et qu'il rende à Jésus-Christ les mêmes honneurs qu'il rend au Père. Le roi admira la réponse du saint évêque, et, pour l'honneur de son parti, il n'osa plus lui faire de questions.

Cet écrit fut réfuté par un évêque arien nommé Pinta; mais saint Fulgence lui opposa aussitôt une réponse dans laquelle, suivant l'auteur de sa Vie, il montra que ses adversaires, terrassés par son premier écrit, ne lui avaient objecté que des raisons vaines et sans consistance. Nous avons sous le nom de saint Fulgence un écrit qui porte le titre de *Réponse à Pinta*; mais, pour des raisons qui nous semblent péremptoires, les plus habiles critiques s'accordent unanimement à le refuser au saint docteur. D'abord ce traité ne répond nullement aux trois livres adressés au roi Thrasimond; le nom de Pinta ne s'y trouve nulle part; le style diffère essentiellement de celui du savant évêque; la version de la Bible dont il se sert n'est pas la même, et il résulte de l'ouvrage aussi que l'auteur de ce traité n'était pas fort habile en grec, ce qui ne saurait convenir au saint évêque de Ruspe, qui, comme nous l'avons remarqué, avait appris cette langue avant sa langue maternelle.

De la foi orthodoxe. — Donat, à qui ce livre est adressé, était un jeune seigneur attaché à la vraie doctrine, mais qui se trouvait embarrassé d'une difficulté qui lui avait été proposée par les ariens, sur les mystères de la Trinité et de l'Incarnation. Il s'adresse à saint Fulgence, qui lui répond par un livre. Ce Père le loue de sa fermeté dans la foi qui ne s'était point laissé ébranler par un argument dont il n'avait pu donner la solution; puis, pour le mettre en état de répondre dans la suite aux difficultés que les hérétiques pourraient lui adresser sur ces mystères, il lui en donne une explication exacte et complète. « Croyez, lui dit-il, que la sainte Trinité est un vrai Dieu; qu'elle est d'une seule nature, d'une seule essence, d'une seule toute-puissance, et qu'elle renferme dans ses attributs la même bonté, la même éternité, la même immensité; d'où il résulte que lorsque vous entendez dire : Un seul Dieu Père, Fils et Saint-Esprit, vous devez comprendre qu'il n'y a qu'une nature dans la Trinité, et lorsque vous l'entendez nommer, vous devez reconnaître que les trois personnes du Père, du Fils et du Saint-Esprit sont une même divinité. Comme il y a trois personnes, on l'appelle Trinité; mais comme ces trois personnes n'ont qu'une substance unique, c'est avec raison que les fidèles appellent cette Trinité un seul Dieu. Qu'il y ait trois personnes, c'est ce que l'Ecriture exprime clairement. *Je ne suis pas seul*, dit le Sauveur dans saint Jean, *mais mon Père, qui m'a envoyé, est avec moi*. Et en parlant du Saint-Esprit, il dit : *Je prierai mon Père, et il vous donnera un consolateur, l'Esprit de vérité*. Néanmoins, on ne peut pas dire qu'il y ait trois dieux, puisqu'il y a unité de nature entre les trois personnes, et par là même égalité substantielle, quoique chacune ait ses propriétés distinctes. » Saint Fulgence rapporte plusieurs passages de l'Ecriture, qui montrent que la Trinité est un seul Dieu; mais comme les hérétiques n'appliquaient ces passages qu'à une seule personne, il les presse par ce raisonnement : La loi ne permet point aux fidèles d'adorer plusieurs dieux; il faut donc ou qu'ils croient que le Père et le Fils ne sont naturellement qu'un seul Dieu, ou qu'en reconnaissant le Fils pour Dieu, ils refusent l'adoration au Père. Mais comme les ariens reconnaissaient la divinité du Père et ne contestaient que celle du Fils, il allègue contre eux ces paroles de saint Thomas : *Mon Seigneur et mon Dieu!* Il fait encore un autre argument : « Si le Fils n'était point un seul Dieu avec le Père, il ne serait pas de la même nature que lui; par conséquent il serait créature, et alors l'Ecriture sainte ne nous commanderait pas de l'adorer. Il y a plus, elle le nomme expressément Dieu : *Nous savons*, dit saint Jean, *que le Fils de Dieu est venu et qu'il nous a donné l'intelligence, afin que nous connaissions le vrai Dieu, et que nous soyons en son vrai Fils, qui est le vrai Dieu et la vie éternelle*. Il suit de là que le Fils, selon sa nature divine, n'est pas moindre que son Père, mais égal à son Père, parce qu'il est tellement vrai Dieu que le Père ne l'est pas davantage. Mais, comme le Fils est né de la nature de Dieu le Père, il est né aussi de la nature de la Vierge sa mère; il est donc en même temps vrai Dieu et vrai homme : égal au Père comme Dieu, et comme homme son inférieur, égal au Père selon la nature, par laquelle il est le créateur des anges; inférieur au Père selon la nature, par laquelle il est le Rédempteur des hommes. »

« La vraie foi, poursuit saint Fulgence, nous enseigne également que le Saint-Esprit est Dieu. Comment pourrait-on le nier, puisque le Prophète lui attribue la création de toutes choses; puisque l'Apôtre déclare que nous sommes le temple du Saint-Esprit de la même manière que nous le sommes du Père et du Fils; puisque le Sauveur a voulu que nous fussions renouvelés dans le baptême au nom de la Trinité, à l'image de laquelle nous avons été créés. » Saint Fulgence regarde ce point comme si essentiel, qu'il dit que le baptême serait nul si on y omettait le nom du Fils ou du Saint-Esprit. Voici les règles qu'il donne à Donat pour lui apprendre à distinguer l'erreur de la vraie foi : « Il n'y a qu'un Dieu en trois personnes dont la nature est la même. Si donc vous voyez quelqu'un, confessant l'unité de nature du Père, du Fils et du Saint-Esprit, vouloir soutenir qu'il n'y a aussi qu'une personne, regardez-le comme un hérétique sabellien. Si vous en trouvez d'autres confessant tellement trois personnes qu'ils veuillent faire admettre également trois natures, ne doutez pas que ce ne soient des ariens. Si quelqu'un vous confesse que la nature du Père et du Fils est la même, et que celle du Saint-Esprit est différente, en sorte qu'il avoue que le Fils est égal au Père et que le Saint-Esprit leur est inférieur, celui-là est infecté de l'hérésie de Macédonius, et doit être rejeté par tous les fidèles. » Il ajoute que pour ne point tomber dans les erreurs des manichéens, des photiniens, des ariens, des nestoriens et des eutychéens sur l'Incarnation, il faut reconnaître qu'il y a en Jésus-Christ deux natures unies sans confusion en une seule personne. C'est le même Verbe qui est né de Dieu, et le même qui, s'étant fait chair, est sorti comme un époux de sa chambre nuptiale; le même qui, ayant conservé la propriété de ses deux natures, a été crucifié selon la faiblesse de la chair, et vit selon la vertu de Dieu. Il exhorte Donat à s'appliquer à l'étude des écrits des saints Pères pour se confirmer de plus en plus dans la doctrine de la foi.

Livre de la foi. — Cet ouvrage, longtemps attribué à saint Augustin, avait été mis au nombre de ses œuvres; mais Jean Molanus l'a fait restituer à saint Fulgence. On ne sait pas au juste en quel temps il fut écrit, mais on croit généralement que le saint évêque le composa après son second retour en Afrique, c'est-à-dire après l'an 523. Il est adressé à un laïque nommé Pierre, qui, allant à Jérusalem et craignant d'être surpris par les hérétiques dont l'Orient était rempli, souhaitait, avant de partir, avoir une instruction qui pût lui servir de règle de foi et qui en expliquât tous les articles, afin que, sachant ce qu'il devait croire, il pût échapper plus facilement aux pièges de l'erreur.

Saint Fulgence le loue d'abord de son zèle pour la pureté de la foi, et lui représente que, sans cette vertu, il est impossible de plaire à Dieu, puisque la foi est le fondement de tous les biens et le commencement du salut. Il lui explique ensuite ce qu'il doit croire sur les mystères de la Trinité et de l'Incarnation ; puis, passant à l'économie de la création, il lui rappelle que tous les êtres, soit spirituels soit corporels, sont l'ouvrage de Dieu, qui les a créés. Les êtres spirituels et intelligents doivent subsister éternellement par la volonté de Dieu. Les anges ont été créés libres, avec le pouvoir de mériter par eux-mêmes la béatitude ou de la perdre éternellement; une partie est tombée par sa faute; une autre partie a été confirmée dans l'amour de Dieu qu'elle ne peut plus perdre. Le premier homme aussi avait été créé entièrement libre; mais, en tombant dans le péché, il a fait entrer la mort dans le monde et a assujetti tout le genre humain à ses coups. Sans doute Dieu n'a pas permis que toute la masse du genre humain fût perdue à jamais; il en a délivré plusieurs par sa grâce, avec le secours de laquelle on peut vivre vertueux et acquérir la vie éternelle. Cependant Dieu n'a donné aux hommes que le temps de cette vie pour mériter et faire pénitence; encore cette pénitence n'a d'effet que dans l'Eglise catholique, hors de laquelle elle ne saurait compter pour le salut. Il en est de même des œuvres de miséricorde, qui serviront peut-être à diminuer la force des tourments, mais qui ne placeront jamais personne au rang des enfants de Dieu, si elles ne sont faites dans le sein de l'Eglise. Tous les hommes ressusciteront un jour; ceux qui sont morts en grâce, pour le bonheur; ceux qui sont morts en état de péché, pour le supplice et la damnation. Mais Dieu, pour nous donner les moyens de parvenir à la gloire, a institué les sacrements. Depuis l'institution du baptême, personne ne peut parvenir au salut que celui qui reçoit ce sacrement dans l'Eglise, ou qui verse son sang pour Jésus-Christ. Tout homme donc qui reçoit le baptême au nom du Père, du Fils et du Saint-Esprit, soit dans la foi catholique, soit dans le schisme ou l'hérésie, reçoit, à la vérité, ce sacrement; mais il ne reçoit la vertu du sacrement, qui est le salut, que dans l'Eglise catholique. C'est pourquoi il doit retourner à l'Eglise, non pour y être baptisé une seconde fois, ce qui n'est pas permis, mais pour mériter la vie éternelle, qu'on ne peut acquérir qu'en restant en communion avec l'Eglise. Ceux qui, après avoir reçu le baptême, vivent dans la pratique des vertus chrétiennes, doivent s'appliquer à produire des œuvres continuelles de miséricorde, pour effacer les péchés que les justes commettent tous les jours. C'est pour éviter ces péchés que les humbles serviteurs de Jésus-Christ fuient le mariage et s'abstiennent de manger des viandes ou de boire du vin, non qu'ils regardent l'usage de ces choses comme défendu, mais parce qu'ils sont persuadés que la virginité est préférable au mariage, et que l'abstinence éloigne du péché. Les secondes et les troisièmes noces ne sont pas même défendues, mais elles doivent être chastes ; car l'excès dans l'usage du mariage ne saurait être exempt au moins de péché véniel. Quant à ceux qui ont fait vœu de continence, ils commettent en se mariant un sacrilège digne de damnation, puisqu'ils violent la foi qu'ils ont donnée à Jésus-Christ. Mais ceux-là posséderont le royaume des cieux promis aux saints, qui, sachant qu'une chose est permise et qu'elle peut contribuer aux progrès d'une meilleure vie, font vœu de l'observer et l'observent en effet fidèlement et sans retard. Saint Fulgence réduit ensuite tout ce qu'il a dit à quarante articles qu'il estime être autant d'articles de foi. Il les commence tous par ces paroles : *Tenez pour certain et ne doutez nullement*, et il en finit l'énumération en recommandant à Pierre de fuir comme une peste et d'abhorrer comme un hérétique quiconque enseignera des propositions contraires à ces quarante articles de foi.

Livre de la Trinité. — Félix, à qui l'on donne ici la qualité de notaire, se trouvait souvent avec des hérétiques qui s'efforçaient de l'engager dans leurs erreurs. Voulant non-seulement éviter les pièges qu'ils lui tendaient, mais les ramener lui-même à la vérité de la foi catholique, il pria saint Fulgence de l'instruire exactement de la doctrine de l'Eglise sur la Trinité. Le saint évêque lui répondit par le traité que nous allons analyser.

« La foi que nous voulons vous faire connaître, lui dit-il, est celle qui a justifié les patriarches, les prophètes, les apôtres et par laquelle les martyrs ont été couronnés ; celle que la sainte Eglise, répandue par toute la terre, a professée jusqu'ici, et qui a été enseignée successivement par tous les évêques qui se sont assis, à Rome ou à Antioche, sur la Chaire de saint Pierre, à Alexandrie sur la Chaire de saint Marc, à Ephèse sur la Chaire de saint Jean, et à Jérusalem sur la Chaire de saint Jacques. Contraignez donc les ariens, les donatistes, les nestoriens et les autres hérétiques de communiquer avec ces Eglises auxquelles les apôtres ont présidé. S'ils n'y veulent pas consentir, c'est que, s'étant séparés de l'unité de l'Eglise par une croyance erronée, ils aiment mieux faire un parti. Il lui rappelle encore que cette foi est la même dans laquelle Félix avait été régénéré au nom du Père, du Fils et du Saint-Esprit ; il aborde ensuite le mystère divin et il reconnaît en Dieu l'unité de nature et la trinité des personnes ; nature identique que les uns ont sans les confondre, trinité coexistante et consubstantielle qui les distingue sans les séparer. Dieu est un en nature ; il est trois en personnes ; car autre est la personne du Père, et autres celles du Fils et du Saint-Esprit. Le Père n'est point engendré ; le Fils est engendré du Père, et le Saint-Esprit procède du Père et du Fils. Ces noms relatifs font la Trinité ; les essentiels ne se triplent pas. Toutefois, quelque nom que vous prononciez de ces trois, il signifie une même chose, parce que l'essence est la même dans le Père, le Fils et le Saint-Esprit. Il y a donc trois coéternels, trois consubstantiels, trois coessentiels. Quand on a demandé aux saints Pères ce que c'était que ces trois, ils n'ont pas osé dire que c'étaient des essences, des substances ou des natures, de peur qu'on établît entre elles une différence ; mais ils ont dit trois personnes et une essence, afin que l'unité d'essence marquât l'unité de Dieu, et la diversité des personnes la sainte Trinité. Cette Trinité immuable, inséparable, ne saurait donc admettre trois dieux, puisqu'elle n'admet qu'une seule essence. Pour prouver la Trinité des personnes en une seule nature, et l'unité de nature dans la Trinité des personnes, saint Fulgence allègue plusieurs passages de l'Ecriture, et divers exemples tirés des objets créés, qui ont été trop souvent reproduits pour que nous nous croyions obligé de les répéter après tant d'autres. Il passe du mystère de la Trinité à celui de l'Incarnation, et dit qu'elle n'appartient pas aux trois personnes, mais au Fils seul. Il n'est pas permis de croire que le Père et le Saint-Esprit se soient faits hommes, ni qu'ils aient souffert dans cette nature. Il appelle mission du Saint-Esprit son apparition en forme de colombe et de langue de feu ; mais il met cette différence entre la mission du Fils et du Saint-Esprit, que celle-ci n'a eu qu'un temps, au lieu que la mission du Fils qui consiste dans son union personnelle avec l'humanité durera toujours. Il enseigne que c'est par la toute-puissance de la Trinité que toutes choses ont été créées. Il s'étend sur la nature des anges, les premiers et les plus excellents des êtres créés ; sur la perte des uns, sur la persévérance des autres, et sur la béatitude que Dieu leur a accordée pour récompense. C'est pour réparer la perte des anges tombés que Dieu a créé l'homme, en le formant d'un corps et d'une âme. Son âme est raisonnable et immortelle, et il aurait même été immortel selon le corps, si par son péché il ne l'eût pas rendu sujet à la mort. Pour le racheter, le Fils unique de Dieu s'est fait chair, afin de pouvoir remplir ses fonctions de médiateur entre Dieu et les hommes. Ce n'est donc point en lui-même que l'homme doit se glorifier de sa délivrance, mais dans le Seigneur de qui il a reçu gratuitement tous les dons.

« Ce n'est pas à dire, ajoute le saint docteur, que nous soutenions que le genre humain ait perdu son libre arbitre : il l'avait avant d'être délivré par la grâce du Sauveur ; mais alors ce libre arbitre était porté au mal et non au bien : c'est pourquoi l'homme avait besoin d'être délivré. En effet, comme le remarque un saint Père, il faut que la grâce prévienne l'homme, afin de le faire vouloir lorsqu'il ne veut pas encore, et qu'elle le suive afin de le faire vouloir efficacement. Ainsi, avant que l'homme ait la foi il a le libre arbitre, mais pour le mal ; et lorsqu'il a la foi, il a le libre arbitre pour le bien, parce qu'alors il a été délivré par la grâce de Dieu. »

Il distingue, avec saint Augustin, la grâce des deux états, celle qui se trouvait dans Adam avant son péché et celle par laquelle les hommes sont rachetés de la masse de perdition. Il enseigne qu'après le baptême il reste un moyen d'effacer le péché par la pénitence ; et enfin, il admet une différence dans la pratique de la vertu et proportionne la gloire que les hommes posséderont dans le ciel aux mérites qu'ils se seront acquis sur la terre par la perfection de leurs œuvres.

Contre le sermon de Fastidiosus. — Fastidiosus avait d'abord été moine et ensuite prêtre ; mais ayant quitté l'état monastique et les fonctions du sacerdoce pour mener une vie licencieuse, il avait abandonné la foi catholique et s'était mis dans le parti des ariens, dont il prêchait publiquement les erreurs. Un de ces discours étant tombé entre les mains d'un nommé Victor, celui-ci l'envoya à saint Fulgence avec une lettre très-humble, dans laquelle, tout en se recommandant aux prières du saint évêque, il le priait de réfuter Fastidiosus. Saint Fulgence répondit par un livre, après la mort de Thrasimond, au retour de son second exil, en 523.

Les catholiques enseignaient que la Trinité était indivisible et inséparable ; Fastidiosus en concluait qu'il fallait dire que toute la Trinité s'était incarnée, avait souffert la mort et était sortie du tombeau en ressuscitant le troisième jour; mais saint Fulgence fait voir que la Trinité est indivisible et dans sa nature et dans ses opérations. Elle est indivisible dans ses opérations, puisque les trois personnes opèrent inséparablement, puisqu'il n'est aucune œuvre accomplie par le Père que le Fils et le Saint-Esprit ne l'aient également accomplie. Il cite là-dessus un grand nombre de passages de l'Ecriture, dont le plus précis est celui où Jésus-Christ dit dans Saint-Jean : *Tout ce que le Père fait, le Fils le fait de même*. Elle est inséparable de sa nature, puisqu'elle est une. D'ailleurs, il est certain que Dieu est charité, et il y aurait folie à dire que la charité est séparable.

« Cependant, poursuit-il, il n'y a que le Verbe qui se soit incarné, et dire que la Trinité tout entière s'est faite chair, ce serait tomber dans l'erreur des sabelliens qui n'admettaient en Dieu qu'une seule personne et une seule nature. L'Eglise catholique enseigne qu'il n'y a qu'une nature dans la Trinité; mais aussi elle sait donner à chaque personne ce qui lui est propre. Or elle croit que c'est le Fils seul qui s'est fait homme pour nous racheter. La raison, c'est qu'il a pris un corps et une âme non dans l'unité de nature, mais dans l'unité de personne qui n'est pas la même que dans le Père et le Saint-Esprit. Comme l'unité de personne n'a pas fait qu'il y eût deux personnes en Jésus-Christ, quoiqu'il y eût deux natures, elle n'a pas non plus rendu l'Incarnation commune à toute la Trinité. L'Incarnation est bien l'ouvrage de la Trinité, mais elle est particulière à la personne du Fils qui seul s'est revêtu de la chair. »

Pour donner quelque jour à ce raisonnement, il remarque que l'unité de nature et la trinité de personnes sont clairement marquées dans ces paroles de la *Genèse*, où Dieu dit : *Faisons l'homme à notre image et à notre ressemblance.*

« Ce n'est pas sans dessein, dit-il, mais au contraire par une inspiration d'en haut, que l'écrivain sacré a mêlé le singulier avec le pluriel, l'un pour marquer l'unité de nature, et l'autre pour signifier la Trinité des personnes. L'image selon laquelle l'homme a été formé s'applique à l'homme intérieur qui renferme trois choses, et désigne naturellement, la mémoire, l'intelligence et la volonté. Encore que ces trois choses ne soient pas des personnes subsistantes, néanmoins elles sont distinguées l'une de l'autre. » Voici l'application qu'il fait de cet exemple : « De même que la pensée, qui est notre Verbe, a besoin pour se manifester au dehors de la voix corporelle, de même, pour se manifester aux hommes, le Verbe divin a eu besoin de prendre un corps. Ainsi, quoique l'Incarnation soit l'ouvrage de la Trinité, c'est donc le Fils seul qui s'est incarné, et qui, dans la chair qu'il a prise, a souffert la mort et est ressuscité glorieux du tombeau. Rien de tout cela ne se peut dire du Père et du Saint-Esprit, parce que leur personne n'est pas la même que celle du Fils. — Si Fastidiosus, ajoute saint Fulgence, n'avait pas misérablement abandonné cette foi, il pourrait encore espérer le salut; mais il l'a niée dans ses paroles et dans ses actes, est-il donc surprenant qu'avec une conduite aussi corrompue dans les œuvres que dans la pensée, il soit devenu l'ennemi de la lumière ? »

A Ferrand. — Ferrand, disciple de saint Fulgence, lui exposait quelques doutes sur le baptême. Voici ce qui y avait donné lieu. Un homme de piété avait un serviteur éthiopien qu'il fit instruire de notre religion et admettre au rang des catéchumènes. Il avait subi son temps d'épreuves, appris le Symbole, reçu les instructions ordinaires, et les exorcismes de l'Eglise, après avoir solennellement renoncé au démon, à ses pompes et à ses œuvres; en un mot, il était complètement disposé au baptême, lorsqu'il fut saisi d'une fièvre violente qui mit ses jours en danger. Lorsqu'on le porta à l'église, il n'avait plus ni connaissance, ni parole, ni mouvement, et il était aussi incapable d'un sentiment que d'une pensée. Cependant on ne laissa pas de le baptiser, quoiqu'il ne pût répondre; il mourut quelque temps après, sans même savoir qu'il eût reçu le baptême. Or ce fait donnait lieu à trois questions que Ferrand adressait à saint Fulgence. La première consistait à savoir si le baptême donné à un adulte sans qu'il eût de connaissance, ni qu'il pût parler et répondre pour lui-même, l'a mis en état de salut. La seconde s'il aurait été sauvé, quand bien même il n'aurait pas reçu le baptême. La troisième demandait pourquoi nous ne baptisons pas les morts, surtout quand de leur vivant ils se sont distingués par une foi pleine de piété et de ferveur.

Saint Fulgence, avant de répondre à la première question, montre d'abord, par l'autorité de l'Ecriture, que le baptême sans la foi ne sert de rien aux adultes, et ensuite que les enfants eux-mêmes, en recevant le baptême, reçoivent la grâce de la foi. Ceci posé, il décide qu'on ne peut douter du salut de ce jeune Ethiopien, puisque, ayant eu la foi et le sacrement, il est impossible qu'il n'en ait pas ressenti l'effet qui consiste dans la régénération. Pourquoi la perte de la parole et le défaut de connaissance auraient-ils pu lui nuire, puisqu'à l'heure du baptême on ne devait plus l'interroger sur la foi qu'il avait confessée en récitant le Symbole? Comme donc il a cru quand il connaissait, et qu'il a reçu le sacrement étant encore en vie, nous affirmons sans crainte qu'il est sauvé; parce que telle est la vertu du sacrement de baptême, qu'il efface non-seulement le péché originel, mais encore tous les péchés commis avant cette régénération. C'est dans ce sens qu'il faut entendre ce passage de saint Paul, dans son Epître aux Romains : *Par le jugement de Dieu, nous avons été condamnés pour un seul* péché, au lieu que par la grâce nous sommes justifiés après plusieurs péchés.

Sur la seconde question, saint Fulgence répond qu'encore que cet Ethiopien ait eu la foi, il n'aurait pas été sauvé sans le baptême, parce que Jésus-Christ demande l'un et l'autre pour le salut. Le chemin qui conduit au salut est la foi, mais le salut est dans le baptême. De même qu'à cet âge la foi ne lui aurait servi de rien sans le baptême, de même le baptême lui aurait été inutile sans la foi.

Il répond ainsi à la troisième question : « Nous ne baptisons point les morts, parce que tous péchés, soit originel, soit actuels, étant commutés à l'âme et à la chair, aucun n'est remis si l'âme est séparée de la chair; chacun devant être jugé, dit l'Apôtre, suivant ce qu'il a fait avec son corps, soit en bien, soit en mal. D'ailleurs la chair ne peut être baptisée sans l'âme, parce que, sans elle, elle ne peut recevoir la rémission de ses péchés. En effet, de même que ce qui est sans vie ne peut pécher, de même aussi ne peut-il mériter le pardon de ses péchés. Les mystères qui s'accomplissent dans l'Eglise avant le baptême font bien concevoir, mais ne font pas renaître l'homme spirituel. » Après ces réponses, il dit en général que c'est avec raison qu'il est ordonné dans les canons de baptiser les malades, quoiqu'ils ne puissent pas répondre eux-mêmes de leur foi, pourvu qu'il y ait des témoins qui répondent de leur volonté. Enfin il examine si une personne qui a été baptisée peut être sauvée, encore qu'elle mourrait sans avoir reçu l'Eucharistie. Il répond affirmativement, parce que le baptême, en nous faisant les membres de Jésus-Christ, nous rend participants de sa chair. Il cite un passage d'un sermon de saint Augustin qui explique dans ce sens, ce que Jésus-Christ dit dans saint Jean de la nécessité de manger sa chair pour avoir la vie.

Au même. — Il y a un autre écrit de saint Fulgence, en réponse à cinq questions qui lui avaient été proposées par le même diacre Ferrand. Par la première, il lui demandait si les trois personnes de la Trinité sont séparables. Saint Fulgence lui répond que ces personnes ne peuvent être séparées, parce que tous les attributs qui conviennent à l'une conviennent également aux autres, à l'exception des propriétés relatives des personnes, qui marquent nécessairement l'union de l'une avec l'autre.

La seconde question consistait à savoir si l'on peut dire que la divinité de Jésus-Christ ait souffert et qu'elle soit morte; comme on dit habituellement qu'un Dieu a souffert et qu'il est mort. Saint Fulgence répond que cette expression ne peut être condamnée, et s'efforce de la justifier par des passages de saint Augustin, de saint Léon, du pape Gélase et de saint Ambroise.

Ferrand demandait en troisième lieu si l'âme de Jésus-Christ connaît la divinité. Saint Fulgence se trouve fort embarrassé pour répondre ; cependant il décide la question en disant que l'âme de Jésus-Christ connaît parfaitement la divinité, avec laquelle elle ne fait naturellement qu'une personne ; mais qu'elle ne la connaît pas comme la divinité se connaît : elle la connaît autant, mais pas de la même manière ; en un mot, elle connaît pleinement la divinité, mais elle n'est pas la divinité.

La quatrième question regarde la formule qui termine presque toutes les prières de l'Eglise, qui sont les mots : *Par Notre-Seigneur Jésus-Christ qui vit et règne avec le Père dans l'unité du Saint-Esprit.* Cette expression, suivant Ferrand, semblerait insinuer que le Saint-Esprit ne règne pas comme le Père et le Fils, mais les unit seulement dans le règne. Saint Fulgence répond que l'on prie le Père par le Fils, parce que dans le sacrifice le Fils est en même temps prêtre et victime et médiateur entre Dieu et les hommes, et que l'unité du Saint-Esprit marque l'unité de nature avec le Père et le Fils. Or, l'unité de nature dans ces trois personnes, qu'est-elle autre chose qu'un seul Dieu en trois personnes ? et que signifie-t-elle sinon l'unité de règne dans ces trois personnes ? La diversité de nature peut marquer la diversité de puissance dans un règne ; mais là où il y a unité naturelle de règne, il n'y a qu'une seule et égale puissance de régner.

Par la cinquième question, le diacre Ferrand demandait comment l'on devait entendre ce que dit saint Luc en parlant de la cène du Seigneur, qu'il prit premièrement le calice et le donna à ses disciples ; puis, ayant pris le pain, il leur dit : *Ceci est mon corps;* enfin, après avoir soupé, il reprend le calice et dit : *Ce calice est la nouvelle alliance de mon sang qui sera répandu pour vous.* « Est-ce, demandait Ferrand, un même calice donné deux fois, ou bien faut-il entendre deux calices différents ? » Saint Fulgence répond que, selon les uns, c'est un seul et unique calice donné une seule fois. C'est par anticipation que saint Luc avait dit d'abord que Jésus-Christ le distribua à ses disciples. Selon les autres, c'est le même calice donné deux fois. Le saint docteur avoue que ces deux sens sont catholiques ; mais il penche beaucoup pour le dernier dans lequel il découvre plusieurs mystères. Suivant lui, la double distribution du même calice signifie les deux Testaments. C'est pour cela que dans la même cène, Jésus-Christ mangea la Pâque judaïque et établit la Pâque nouvelle dans l'institution du sacrement de son corps et de son sang. Quoique ces deux Testaments paraissent différents par la célébration de leurs sacrifices, cependant l'un est la figure de l'autre, et l'agneau pascal représente Jésus-Christ, l'agneau de Dieu, qui devait s'immoler pour le salut du genre humain. Il n'y a donc qu'une foi de l'Ancien et du Nouveau Testament. Par elle les anciens Pères croyaient les promesses dont nous possédons l'accomplissement.

Sur l'Incarnation et la grâce. — Ce traité est une réponse à des députés des moines de Scythie, qui consultèrent les évêques d'Afrique, relégués en Sardaigne, sur des questions relatives à l'Incarnation et la grâce. Ces députés s'étaient déjà adressés à Rome pour y soutenir leurs sentiments; mais n'ayant pas trouvé dans cette Eglise l'appui qu'ils en attendaient, ils eurent recours aux évêques exilés par Thrasimond. Ils leur envoyèrent donc, en 521, un écrit en forme de lettre, dans lequel ils exposaient leur croyance sur ces deux questions, et l'appuyaient du témoignage des Pères. C'était une profession de foi, où sur l'Incarnation ils déclaraient s'en tenir à la décision du concile de Chalcédoine, en admettant en Jésus-Christ deux natures unies en une seule personne sans mélange, sans confusion, sans changement. En conséquence, ils reconnaissaient que la Vierge est véritablement mère de Dieu; mais ils disaient que la chair étant devenue propre à une personne de la Trinité, on pouvait dire qu'un de la Trinité a souffert, qu'il a été crucifié en sa chair et non pas en sa divinité. Outre le concile de Chalcédoine, ils faisaient profession de reconnaître ceux de Nicée, de Constantinople et d'Ephèse avec les lettres de saint Léon, et de condamner tous ceux que le Saint-Siége avait régulièrement condamnés. Sur la grâce, ils suivaient la doctrine de saint Augustin, et reconnaissaient avec ce Père que l'homme créé d'abord avec une entière liberté de faire le bien et le mal, étant devenu par son péché esclave du péché même, n'avait pu être délivré que par la grâce de Jésus-Christ; sans cette grâce il ne peut plus penser ni désirer aucun bien; c'est elle qui le lui fait faire, non par une nécessité de violence, mais par une douce insinuation du Saint-Esprit. Ainsi, c'est de Dieu que viennent et le commencement des bonnes pensées, et le consentement au bien, et l'accomplissement des bonnes œuvres. Ils appuyaient cette doctrine de plusieurs passages des Pères et des conciles, et finissaient en anathématisant Pélage, Célestius, Julien et tous leurs sectateurs, mais plus particulièrement les livres que Fauste de Riez avait écrits contre la vérité de la prédestination. Cette profession de foi est signée de Pierre, diacre, de Jean et de Léonce, moines, et d'un maître Jean qui prend le titre de lecteur. Ils prient les évêques d'Afrique de l'approuver, afin que, soutenus par l'autorité de leur parole, ils puissent fermer la bouche à leurs détracteurs.

Les évêques exilés prièrent saint Fulgence de répondre en leur nom, et quinze d'entre eux souscrivirent à sa réponse. Il la commence, en disant que le salut de l'homme en cette vie consiste dans une foi pure et droite, qui opère par la charité; puis, après avoir rapporté quelque chose de la profession de foi de ces moines sur l'Incarnation, il établit la doctrine des deux natures unies en Jésus-Christ, de manière à ne former qu'une seule personne. Il montre que le Fils de Dieu s'est non-seulement fait chair, mais qu'il a pris cette chair dans le sein de la Vierge, en sorte qu'il est vrai de dire que la Vierge est mère de Dieu. Dieu dans Jésus-Christ a pris l'homme entier, afin de réparer tout ce qu'il lui avait donné dans la création. Saint Fulgence dit de la chair de Marie, qu'elle a été une chair de péché, puisqu'elle a été conçue comme les autres hommes; mais que la chair que le Verbe a prise dans son sein n'a eu que la ressemblance du péché, c'est-à-dire la mortalité. Le Verbe, avant de se faire homme, n'était point le Christ; il ne l'est devenu que lorsque, prenant la forme d'esclave, il s'est anéanti lui-même. Au contraire, la chair de Jésus-Christ n'a jamais été sans le Verbe; c'est dans le Verbe de Dieu qu'elle a pris son commencement personnel. Ce n'est point la Trinité qui s'est incarnée, c'est le Fils seul, c'est-à-dire une personne de la Trinité, Jésus-Christ, Fils unique de Dieu, Dieu sur toutes choses, Dieu parfait et homme parfait. Aussi est-ce pour nous en convaincre qu'il a ordonné à ses apôtres d'aller enseigner toutes les nations, et de les baptiser au nom du Père, du Fils, et du Saint-Esprit. La forme du baptême elle-même nous enseigne que nous ne devons point séparer les natures dans le Fils, ni croire que la nature humaine n'ait point eu de part à l'œuvre de notre rédemption, ni admettre deux personnes en Jésus-Christ, puisque c'est le même fils de Dieu, qui a créé le monde, et répandu son sang pour nous. Il assure que Jésus-Christ a non-seulement effacé nos iniquités par sa mort, mais qu'il nous a encore rendu la faculté des saintes pensées, que Dieu avait accordée au premier homme dans sa création. Il s'étend beaucoup sur les preuves du péché originel, sur la nécessité de la grâce pour le commencement de la foi, sur son efficacité dans une âme, et sur l'insuffisance du libre arbitre pour opérer le bien sans elle. Il avoue que la grâce ne nous ôte pas notre liberté; mais il soutient que notre libre arbitre, qui sans la grâce n'était propre qu'à servir au péché, est délivré par elle de cette servitude, et que par conséquent c'est la grâce qui nous rend à la liberté. Il convient que l'on peut dire en un sens que l'homme peut croire naturellement, quoique le don de la foi vienne de Dieu, qui l'a créé pour croire, et qu'il est même contre la nature de l'homme de ne pas croire en Dieu, parce qu'alors son incrédulité ne lui vient pas de la création, mais de la transgression volontaire des lois du Créateur; mais il convient en même temps que l'homme, depuis sa chute, ne peut avoir la foi ni faire le bien si Dieu ne lui donne ce pouvoir, comme l'âme donne la vie au corps, qui sans elle ne peut être animé. Lorsque l'Apôtre dit qu'il y a des peuples qui font naturellement ce que la loi commande, cela se doit entendre des peuples fidèles et convertis, qui, sans avoir la lettre de l'Ancien Testament, en exécutaient les préceptes par la grâce du Nouveau. La connaissance de Dieu ni la foi ne servent de rien sans la charité, et si Dieu ne donne pas la foi à tous, il faut adorer en cela la profondeur de ses jugements, se contenter de reconnaître qu'il exerce gratuitement sa miséricorde envers ceux qui sont sauvés; adorer sa justice à l'égard de ceux qui sont condamnés. En expliquant ces paroles de saint Paul : *Dieu veut que tous les hommes soient sauvés et qu'ils parviennent à la connaissance de la vérité*, saint Fulgence soutient que ceux-là se trompent qui prétendent que l'Apôtre suppose en Dieu une volonté générale et égale de sauver tous les hommes, aussi bien les réprouvés que les élus. L'exemple des enfants morts sans baptême, et condamnés à des supplices éternels (c'est l'expression de saint Fulgence) sans avoir commis une seule faute volontaire, les confond. On doit donc entendre le passage de l'Apôtre en ce sens, que personne n'est sauvé que par la volonté de Dieu, parce qu'il ne se peut pas faire que la volonté de Dieu ne soit pas accomplie, ni que son effet soit empêché par la malice des hommes. Tous ceux donc que Dieu veut sauver sont effectivement sauvés, parce que ce n'est point par leur propre volonté, mais par la volonté de Dieu qu'ils obtiennent le salut. Ainsi, quand on parle de tous les hommes, on ne doit pas entendre absolument et entièrement tout le genre humain, mais seulement la totalité de ceux qui seront sauvés ; du reste cette expression de l'Ecriture se trouve reproduite dans plusieurs passages qu'il rapporte, et toujours dans le même sens. Saint Fulgence donne une autre explication aux paroles de l'Apôtre : *Dieu veut sauver tous les hommes*. De même qu'on dit que toutes choses ont été créées par Jésus-Christ, parce qu'il n'est rien que le Père n'ait créé dans son Fils et par son Fils ; de même doit-on dire que tous sont réconciliés avec Dieu en Jésus-Christ et par Jésus-Christ, parce qu'il n'est aucun homme qui soit réconcilié avec Dieu autrement que par la rédemption de Jésus-Christ. Par cette règle, ainsi appuyée sur l'autorité des Ecritures, nous devons donc comprendre, que de tous les élus, il n'en est pas un seul qui ne soit sauvé par la bonté gratuite du Sauveur. Enfin le saint docteur termine par une récapitulation de tout ce qu'il a dit sur le mystère de l'Incarnation et sur la grâce. Puis il ajoute que Dieu, qui a créé l'homme, lui a préparé, par le décret de sa prédestination, la foi, la justification, la persévérance et la gloire ; et que quiconque ne reconnaît point la vérité de la prédestination par laquelle saint Paul dit que nous avons été élus en Jésus-Christ avant la création du monde, ne sera point du nombre des prédestinés et n'aura point de part au salut, s'il ne renonce à cette erreur avant de mourir. Il dit néanmoins que l'on ne doit point cesser de prier pour ces sortes de personnes, afin que Dieu les éclaire par sa grâce, qui fait fructifier la parole divine, parce que c'est en vain qu'elle frappe nos oreilles, si Dieu par un don spirituel n'ouvre l'entendement de l'homme intérieur.

A Jean et à Vénérius. — Les livres de Fauste de Riez sur la grâce, ayant été publiés à Constantinople, y causèrent beaucoup de bruit, parce qu'il y établissait des principes tout contraires à la discipline de l'Eglise sur cette matière. Jean Archimandrite et Vénérius, diacre, envoyèrent ces livres à saint Fulgence, qui composa, pour les réfuter, sept livres que nous n'avons plus. Mais après son retour en Afrique, il écrivit, sur le même sujet et d'après les mêmes principes, les trois livres de la *Prédestination* et de la *Grâce*, adressés à Jean et à Vénérius. Comme le saint docteur y reproduit beaucoup de preuves qu'il avait déjà données dans ses autres ouvrages, nous nous contenterons de les analyser très-sommairement. Il montre dans le premier livre que la prédestination est toute gratuite, et qu'elle ne se fait point en vue des mérites de l'homme. L'exemple des enfants est un de ses arguments les plus forts. Mais comme on s'esquivait en disant que Dieu permettait qu'ils reçussent le baptême ou qu'ils en fussent privés, suivant la connaissance du bien ou du mal qu'ils auraient fait s'ils avaient vécu, il rejette cette solution, et se contente de montrer que, dans l'un comme dans l'autre cas, Dieu est juste.

Le dessein du second livre est de prouver que le libre arbitre est dans les bons et dans les méchants, avec cette différence que dans les bons il est aidé et élevé par la grâce du Rédempteur, au lieu que dans les méchants il est délaissé et puni par l'équité et la justice d'un Dieu vengeur. C'est Dieu qui nous convertit et qui nous fait vouloir le bien ; c'est lui qui nous inspire la pensée et qui nous donne la volonté de prier ; et toutes les fois qu'elle se porte au bien, la volonté de l'homme suit toujours la grâce de Dieu qui la précède. Sur la fin il réfute le sentiment de ses adversaires, qui, par les vases d'honneur dont parle l'Apôtre, entendaient les grands, les riches et les puissants du siècle ; et par les vases d'ignominie, les clercs, les moines et les pauvres. Il soutient que cette idée est fausse, et que saint Paul n'a voulu parler ici que des réprouvés et des prédestinés. Il dit à cette occasion, « qu'en ce monde il n'y a point de dignité dans l'Eglise au-dessus de celle d'évêque, ni dans le siècle, au-dessus de celle d'empereur chrétien : mais que pour cela tous les évêques et tous les empereurs ne sont pas des vases de miséricorde, mais ceux-là seulement qui s'acquittent de leurs devoirs. Un évêque, dit-il, ne sera pas sauvé parce qu'il est évêque ; mais il le sera s'il veille sur son troupeau, s'il prêche la parole de Dieu à temps et à contre-temps, s'il reprend les pécheurs, s'il leur fait des prières et des reproches avec toute sorte de patience et de douceur, s'il n'a point l'esprit de domination et d'orgueil ; si, suivant le précepte de l'Apôtre, il sert d'exemple à tout son troupeau. De même un empereur n'est pas un vase de miséricorde, destiné à la gloire, parce qu'il a la souveraine puissance ; mais il le sera, s'il vit dans la foi orthodoxe ; si, pénétré d'une vraie humilité, il fait servir à la religion la dignité royale ; s'il aime mieux servir Dieu avec crainte, que commander à son peuple avec orgueil; s'il modère sa sévérité par un esprit de douceur; si sa puissance est accompagnée de bonté; s'il aime mieux être aimé que craint; s'il ne songe qu'au bien de ses sujets; s'il aime la justice sans oublier la miséricorde; s'il se souvient en toutes ses actions qu'il est le fils de l'Eglise, et qu'il doit faire servir sa puissance à son repos et à sa paix. Car le respect pour l'Eglise rend les empereurs plus grands et plus florissants que ne le font toutes les batailles et toutes les victoires. » Saint Fulgence revient encore dans son troisième livre sur la question de la prédestination, puis après avoir avancé qu'elle est gratuite, que la vocation, la justification et la gloire en sont les effets; qu'elle est infaillible et certaine; que le nombre des élus est déterminé, et qu'il est impossible d'en ajouter ou d'en retrancher quelques-uns, il répond à cette grande objection, ou plutôt à cette conséquence fausse, que les hommes du siècle avaient coutume d'en tirer, en disant: « S'il en est ainsi, nous ne devons donc ni veiller ni prier, mais suivre nos volontés, puisque, si nous sommes du nombre des prédestinés, nous serons infailliblement sauvés, tandis qu'autrement, quoi que nous fassions, nous ne saurions l'être. » Il compare cette objection à celle d'une personne à qui Dieu aurait promis une longue vie, et qui, fondée sur cette promesse, ne voudrait plus rien prendre de ce qui est nécessaire à sa conservation de la vie. Cette personne, encore qu'elle le pourrait, agirait-elle avec raison? Comme donc l'amour de la vie nous fait chercher les choses nécessaires à la soutenir, de même la grâce que Dieu nous a préparée par sa prédestination, nous fait infailliblement veiller, travailler et prier. Il s'étend ensuite sur l'explication de ce passage: *Dieu veut que tous les hommes soient sauvés,* dont, suivant lui, le vrai sens est: *Dieu veut qu'il y ait des hommes sauvés de toutes les nations, de tous les âges, de toutes les conditions;* ce qui ne signifie pas que Dieu veuille le salut de tous les hommes en particulier, puisqu'il a refusé de se faire connaître à quelques-uns qui auraient cru en lui s'ils l'eussent connu. De là il passe à la différence de l'état du premier homme et du nôtre. Le premier homme était entièrement et pleinement libre; rien ne le portait au mal, et il pouvait faire le bien avec le secours de la grâce, grâce toujours présente, dont il pouvait user ou ne pas user à volonté. Mais depuis le péché, la liberté de l'homme a été corrompue; son libre arbitre est devenu l'esclave du péché, et il a besoin d'une grâce forte et prévenante, pour le délivrer de la nécessité malheureuse de pécher et pour le rendre victorieux des tentations.

Il aborde enfin la question de l'origine des âmes, savoir, si elles sont créées en même temps que le corps qu'elles doivent habiter, ou si elles sont produites comme le corps par la propagation? Il approuve, en l'imitant, la sage retenue de saint Augustin, qui, ayant à traiter la même question, l'a laissée indécise. Cependant il fait voir combien il est difficile d'accorder la première opinion avec la croyance du péché originel, et la seconde avec la manière dont se fait la génération. Ainsi, sans rien déterminer sur cette question, il se contente de dire qu'il faut croire que l'âme est un esprit et non un corps; qu'elle n'est nullement une portion de la substance même de Dieu, mais une créature; qu'elle n'est point mise dans le corps comme dans une prison, pour ses péchés passés, mais qu'elle est mise dans le corps selon l'ordre de Dieu, pour la faire vivre, et qu'étant unie à la chair, elle contracte le péché originel dont elle doit être purifiée par le baptême. Il réfute en peu de mots toutes ces erreurs et ceux qui les avaient avancées.

Aux mêmes. — Saint Fulgence, en adressant ces deux livres à Jean et à Vénérius, leur écrivit, au nom de tous les évêques d'Afrique, une lettre souscrite par douze d'entre eux, et contenant les mêmes principes et la même doctrine sur la grâce et la prédestination. Il y remarque que Dieu permet ainsi que quelques personnes élèvent le libre arbitre au-dessus de la grâce, pour faire ressortir davantage la force de cette grâce, que l'on ne connaît point tant qu'on ne l'a pas reçue, et que l'on combat tant qu'on ne l'a point, parce que sans elle on ne connaît aucune vérité, on ne possède aucune lumière. Après cette préface, il avance et soutient en leur nom les propositions suivantes: 1° que la prédestination est purement gratuite, et qu'elle ne se fait point en vue des mérites; 2° que les enfants, qui meurent après avoir été baptisés, sont sauvés par la miséricorde toute gratuite de Jésus-Christ, et que ceux qui meurent sans baptême sont damnés à cause du péché originel; 3° que ceux qui croient que la grâce est donnée à tous les hommes ne sont pas dans des sentiments catholiques, puisque non-seulement tous les hommes n'ont pas la foi, mais qu'il y a même des peuples entiers qui n'ont point entendu parler de l'Evangile; 4° que l'on peut dire que l'homme est sauvé par la grâce et par ses bonnes œuvres, pourvu qu'on avoue que la grâce et la miséricorde de Dieu préviennent la volonté de l'homme, et opèrent en lui le vouloir; 5° que tous ceux dont Dieu veut le salut sont prédestinés, parce que la volonté toute-puissante de Dieu a toujours son effet, *sa puissance ne pouvant être vaincue;* 6° que le libre arbitre, qui était sain et entier dans le premier homme, est devenu faible par le péché, mais qu'il est relevé et fortifié par la grâce; 7° qu'il ne faut pas agiter la question de l'origine des âmes, ou qu'il faut la traiter sans aigreur; mais qu'on ne doit point douter qu'elles ne contractent le péché originel.

De la rémission des péchés. — L'auteur de la *Vie de saint Fulgence* rapporte au temps de son second exil, ses deux livres de la *Rémission des péchés*. Il les composa pour répondre à une double question proposée par Euthyme, et qui consistait à demander qui sont ceux à qui Dieu remet les péchés en cette vie, et s'il ne les remet qu'en cette vie. Saint Fulgence, après avoir expliqué en quoi consiste cette rémission, qui arrache l'homme à la puissance des ténèbres pour le transférer dans le céleste royaume, montre qu'on ne peut l'obtenir ni être sauvé hors de l'Eglise, et que nul de ceux qui sont dans l'Eglise ne l'obtiendra s'il n'est véritablement converti, et s'il ne cesse de commettre le péché et d'aimer la créature pour s'attacher au Créateur. Il exhorte donc tous ceux qui sont hors de l'Eglise, à y rentrer au plus tôt, en leur promettant le pardon, s'ils y rentrent avec une vraie foi et un sincère repentir. Il combat, en passant, ceux qui niaient que l'Eglise eût le pouvoir de remettre les péchés, et soutient qu'il n'en est aucun qu'elle ne puisse remettre, et que le péché qu'elle n'aura pas remis en ce monde ne pourra être remis dans l'autre. Selon lui, le péché contre le Saint-Esprit, que l'Ecriture déclare irrémissible, est l'impénitence finale.

Dans le second livre, saint Fulgence prouve, par plusieurs raisonnements fondés sur des passages de l'Ecriture sainte, que l'on n'obtient la rémission des péchés qu'en cette vie, et que tous ceux qui mourront sans l'avoir obtenue, seront damnés sans miséricorde. Ce qui fait comprendre qu'il ne parlait que de péchés mortels qui méritent la damnation. Il parle de la confession qui justifie et de celle qui laisse l'homme coupable; de la pénitence qui sauve et de celle qui est impuissante à procurer le salut; et, pour achever de démontrer que l'homme n'a que la vie présente pour travailler à se sauver, il rappelle ce qui est dit dans l'Evangile des différentes heures auxquelles le père de famille envoya des ouvriers travailler à sa vigne. Il prétend que ces heures marquent les différents âges du monde et des hommes, et dit qu'en tout temps de la vie présente, un pécheur véritablement converti à Dieu en obtient aussitôt la rémission de ses péchés; mais aussi que personne ne sort avec sécurité de cette vie, si, avant de la finir, il ne renonce à l'iniquité.

Contre Fabien. — Nous n'avons que des fragments des dix livres, que saint Fulgence composa contre un arien célèbre, nommé Fabien.

Le premier livre était intitulé : *du Très-Haut, du Consolateur, de la qualité d'envoyé, de Docteur et de Juge*, et il y montrait que toutes ces qualifications convenaient au Père et au Fils. — Dans le second il expliquait comment les fonctions de demander, de prier, de gémir, attribuées au Saint-Esprit, ne sont pas contraires à sa divinité. — Il prouvait dans le troisième que l'immensité convient aux trois personnes divines. — Dans le quatrième, en démontrant que le Père, le Fils et le Saint-Esprit sont également adorables, il distingue entre le culte de *latrie* et le culte de *dulie*. Le premier ne convient qu'à Dieu, et le second peut convenir aux créatures. Il y parlait aussi des propriétés particulières à chacune des trois personnes. — Le cinquième expliquait cette qualification d'*image* et de *ressemblance* donnée au Fils, en montrant qu'il est tellement l'image du Père, qu'il est avec lui une même nature. — Il prouvait dans le sixième que le Fils est coéternel au Père, qui a pu l'engendrer sans commencement, parce que celui qui n'a pas commencé d'être n'a pu commencer d'engendrer. — Le septième avait pour titre : *De l'égalité et de l'unité du Saint-Esprit avec le Père et le Fils*, et établissait la divinité de cette troisième personne par plusieurs passages de l'Ecriture. — Le huitième, intitulé : *De la mission du Saint-Esprit*, la faisait consister dans la communication de ses dons. — Le titre du neuvième était : *De l'invocation de la sainte Trinité*. Il faisait voir que l'on invoque le Fils et le Saint-Esprit aussi bien que le Père; que l'on offre des sacrifices au Fils et au Saint-Esprit aussi bien qu'au Père, et qu'on leur rend de pareilles actions de grâces. — Le dixième est tout entier sur le Symbole des apôtres, qu'il définit un pacte ou *abrégé de la doctrine chrétienne*, et il ne doute pas que les apôtres n'en soient les auteurs. Il montre ensuite, que tout ce qui dans le Symbole est attribué à la personne du Père, convient également à la Trinité.

Lettres de saint Fulgence. — La plupart des lettres de saint Fulgence ont été écrites pendant le temps de son exil. La première est sur un cas particulier, qui n'est pas un des moins intéressants de la théologie morale; le voici : Deux époux, dont l'un s'était lié dans un moment de maladie grave par une promesse solennelle, avaient demandé à saint Fulgence si une personne mariée était obligée de garder un vœu de continence? Le saint docteur, pour résoudre cette question, fait plusieurs remarques sur l'usage du mariage, et sur l'obligation des vœux. Il remarque, sur le premier chef, que l'usage du mariage est permis, quand il a pour fin d'avoir des enfants; mais quand on ne s'y propose pas d'autre but que le plaisir, quoique cet acte ne soit pas un crime comme l'adultère, c'est toujours un péché léger qui ne s'efface que par la prière et les bonnes œuvres. Sur le vœu, il dit qu'il est hors de doute que le vœu impose l'obligation de s'acquitter de la chose qu'on a promise; mais il soutient que le vœu de continence fait par une personne mariée ne saurait obliger son conjoint, ni dispenser celui des deux époux qui a fait le vœu, de rendre à l'autre le devoir conjugal s'il le réclame. Ces principes posés, il conclut que si les personnes qui l'ont consulté avaient fait toutes deux le même vœu de continence, elles étaient obligées de le garder, et qu'au cas où elles se sentiraient tentées des désirs de la chair, elles devaient demander à Dieu avec humilité la grâce d'y résister. Au contraire, s'il n'y avait qu'une des deux qui eût fait vœu de continence, elle se trouvait liée toute seule et devait rendre le devoir à son conjoint. Il finit par quelques réflexions sur les devoirs des personnes mariées, et il insiste particulièrement sur l'éducation des enfants.

Dans une lettre adressée à Proba, dame romaine de l'illustre famille des Anicius, il relève l'excellence de la virginité, à la condition pourtant qu'elle aura soin d'y joindre l'humilité, comme la plus sûre gardienne de toutes les vertus. Il lui donne en même temps plusieurs instructions très-utiles à une vierge chrétienne. Une seconde lettre adressée à la même personne contient une instruction sur la prière et la componction du cœur. Ces deux vertus étant un don de Dieu, saint Fulgence exhorte Proba à les lui demander, comme essentielles à la perfection. La componction du cœur excite l'affection à la prière, et la prière mérite le secours de Dieu; la componction du cœur rend attentif à ses plaies, et la prière demande à Dieu le remède de la santé. Il avait composé aussi, à la prière de cette vierge, deux traités de l'oraison et du jeûne, que nous n'avons plus.

Par une autre lettre, saint Fulgence console une dame romaine de la perte de son mari. Cette dame s'appelait Galla, et on croit qu'elle était fille du consul Symmaque. Le saint évêque, ayant appris qu'elle avait résolu de demeurer veuve, lui écrit pour l'engager à persévérer dans ce dessein; il l'entretient du bonheur de cet état et lui donne quelques instructions sur les moyens de profiter de toutes les grâces qui y sont attachées.

Il écrivit à Théodore, sénateur romain, pour le confirmer dans la résolution qu'il avait prise de quitter les emplois du monde, afin de se donner à Dieu, et il l'avertit que c'était à la grâce de Dieu qu'il était redevable de cette conversion.

La lettre à Eugipius, en reconnaissance d'une lettre et d'un présent qu'il avait reçus de cet abbé, roule tout entière sur la charité qu'il déclare n'être pas autre chose que l'amour même. Il n'en est pas de cette vertu comme des autres affections du cœur de l'homme. Il peut souhaiter avoir beaucoup d'argent et d'autres biens temporels, sans les avoir en effet; il peut désirer même certains dons spirituels, comme le don des langues et le don de prophétie, sans les avoir; mais il ne peut désirer ni aimer la charité, sans l'avoir en même temps. Saint Fulgence établit donc le domicile de cette vertu dans le cœur d'un homme de bonne volonté.

A la prière d'un de ses amis, nommé Junilius, saint Fulgence écrivit une lettre de pénitence à une femme inconnue appelée Venantie. Il lui dit qu'on peut obtenir en cette vie la rémission des péchés commis après le baptême, pourvu qu'on les expie par une sincère pénitence; d'où il conclut que les pécheurs ne doivent point se désespérer, mais qu'ils ne doivent pas non plus s'en tenir à espérer sans travailler et sans faire pénitence.

La lettre à Scarilas mérite plutôt le titre de traité et de livre que celui de simple lettre. Celui-ci s'étant trouvé à table chez un catholique nommé Eventus, la conversation tomba sur le mystère de l'Incarnation. Quelqu'un de la société avança que ce n'était pas le Père, mais le Fils qui s'était incarné; un autre dit en général qu'un Dieu en trois personnes s'était fait chair pour nous délivrer de la servitude du péché; puis, quand cette matière parut épuisée, un troisième affirma que ce n'était pas Dieu qui avait créé les mouches, les scorpions, ni les autres animaux vénimeux. Tout le monde s'opposa à cette dernière proposition, et il fut convenu que l'on consulterait saint Fulgence sur cet article, ainsi que sur celui de l'Incarnation.

Le saint évêque, après avoir établi sur cette matière tous les principes que nous avons déjà vus developpés dans plusieurs de ses ouvrages précédents, décide la question en disant que c'est le Fils seul qui s'est incarné, et qu'on ne peut pas le soutenir d'un autre, suivant cette parole de saint Jean : *Nous avons vu sa gloire, comme du Fils unique du Père plein de grâce et de vérité;* et ailleurs: *Dieu a tant aimé le monde, qu'il a donné son Fils unique;* et ailleurs encore: *Dieu n'a pas envoyé son Fils dans le monde, pour condamner le monde, mais afin que le monde fût sauvé par lui.* Si la Trinité fût venue elle-même dans la chair, Dieu le Fils ne se dirait pas envoyé du Père pour sauver le monde. Or, Jésus-Christ n'a pu mentir; il faut donc croire qu'une personne de la Trinité a été envoyée par le Père, et que cette personne est le Fils. Si la Trinité s'était faite chair, comme par la participation de la chair nous devenons frères de celui qui s'est incarné, il s'ensuivrait que nous ne sommes pas seulement les enfants du Père, mais encore les frères de toute la Trinité. Peut-on rien concevoir de plus absurde?

Saint Fulgence répond à la dernière question, que l'Écriture nous assurant que Dieu a fait toutes choses, et que rien n'a été fait sans lui, il faudrait donner un démenti à l'écrivain sacré si l'on voulait soutenir que les mouches, les scorpions et les autres insectes ne sont point l'ouvrage de Dieu. C'est Dieu qui a formé lui-même dans le temps de la création tous les animaux que la terre et les eaux produisent, comme il a fait les cieux, la terre et tout ce qu'ils contiennent. A l'égard des insectes qui s'engendrent de la corruption de la chair et des fruits, il ne les a pas formés dans les six premiers jours de la création; mais il a créé les choses dont ils devaient être un jour formés. Il distingue entre les fautes des justes et les fautes des méchants; les unes sont une nécessité de la faiblesse, les autres un effet de la mauvaise volonté. Dans les justes, la volonté de pécher n'est pas suivie de l'effet; car si l'infirmité fait naître en eux le désir du péché, il est aussitôt surmonté par la grâce de Dieu; les méchants, au contraire, destitués de ce secours, sont précipités par leur mauvaise volonté, partout où la passion les entraîne. C'est pour cela que les fautes des saints sont appelées des péchés, et non pas des crimes, parce qu'ils sont repris et châtiés par le Père, de manière à ne pouvoir plus être condamnés par le juge.

A Réginus. — Le dernier ouvrage de saint

Fulgence est sa lettre ou plutôt son traité au comte Reginus. Ce comte lui avait proposé deux questions : la première, une question de doctrine, demandait si le corps de Jésus-Christ était corruptible ; la seconde, une question de morale, regardait la vie que doit mener un homme engagé dans la profession des armes. A la première de ces questions, saint Fulgence répondit que la chair de Jésus-Christ n'était pas corruptible, si par corruption on entendait le péché ; mais qu'elle était corruptible, si par ce mot l'on entendait l'altération sensible des parties du corps, par suite de sa séparation avec l'âme. La mort empêcha saint Fulgence de répondre à la seconde question de Reginus qui s'adressa au diacre Ferrand, lequel compléta la solution demandée, comme on peut s'en convaincre en lisant l'article que nous lui avons consacré.

Sermons et homélies. — La science, le zèle et la facilité d'élocution qui distinguaient saint Fulgence, ne nous permettent pas de douter qu'il n'ait composé plusieurs sermons ; mais parmi ceux qui sont imprimés sous son nom, il n'en est que très-peu qui soient dignes de lui. Les derniers éditeurs de ses OEuvres n'en ont trouvé que dix qui pussent lui être attribués avec une certaine vraisemblance : encore ont-ils repoussé dans la préface le panégyrique de saint Vincent, comme rempli d'allusions qu'ils estimaient indignes du saint docteur. Voici une idée abrégée de ces discours : le premier est intitulé : *Des dispensateurs ou économes.* La matière en est tirée de la parabole de l'Evangile où il est dit : *Qui est le dispensateur fidèle et prudent que le maître établira sur ses serviteurs, pour distribuer à chacun dans le temps la mesure de blé qui lui est destinée?* Saint Fulgence s'applique à montrer que la qualité de dispensateur appartenait non-seulement aux apôtres, mais également aux évêques, qui sont chargés par leur ministère de distribuer à chacun le pain de la divine parole, figurée par la mesure de blé dont parle l'Evangile. — Le second sermon traite des deux naissances de Jésus-Christ. Selon la première, il est né du Père avant tous les siècles ; selon la seconde, il est né de la Vierge dans les derniers temps. Il montre dans l'Incarnation une grande preuve de l'amour de Dieu pour les hommes ; puis comparant le premier homme avec le second, Adam avec Jésus-Christ, et Eve avec Marie, il fait voir que si Adam a souillé le monde par son péché, l'Adam nouveau, Jésus-Christ, l'a purifié par son sang ; et que si le démon s'est servi d'Eve pour nous ôter la vie, l'ange est venu annoncer à Marie que par elle la vie nous serait rendue. — Le troisième est en l'honneur du martyr saint Etienne. Il dit que la charité servit d'armes à ce soldat de Jésus-Christ. Ce fut par la force de cette vertu, qu'il vainquit si bien la cruauté de Saul, qu'après l'avoir eu pour persécuteur sur la terre, il mérita de l'avoir pour compagnon dans le ciel. — Il traite trois sujets différents dans son quatrième discours ; de la fête de l'Epiphanie qu'il appelle *manifestation*, parce qu'en ce jour le Fils de Dieu s'est manifesté aux Mages ; de la mort des Innocents massacrés par la jalousie d'Hérode, et des présents que les Mages offrirent à Jésus-Christ en venant l'adorer. Il trouve dans ces présents de quoi confondre toutes les hérésies qui se sont élevées sur l'Incarnation parce qu'ils prouvent, à n'en pas douter, que Jésus-Christ est vrai Dieu, vrai roi et vrai homme. — Le cinquième discours est *sur la charité*; il enseigne que nous la devons à tous et en tous temps ; que la charité s'augmente en nous à mesure que la cupidité diminue ; qu'elle rend libre celui que l'amour du monde ne captive point, et qu'elle est la racine de tous les biens, comme la cupidité est la racine de tous les maux. — Le sixième, *sur saint Cyprien*, nous représente en peu de mots sa constance, son zèle, sa vigilance pastorale, sa charité et la grandeur de sa foi. — Le septième, *sur le larron crucifié avec Jésus-Christ*, n'est ni aussi grave, ni aussi soutenu que les précédents ; ce qui fait que les critiques l'ont contesté à saint Fulgence. — Dans le huitième, *sur la fête de la Pentecôte*, l'auteur résout cette objection qu'il pose lui-même à son auditoire : « Si quelqu'un vous dit : « Vous avez reçu le Saint-Esprit, pourquoi « donc ne parlez-vous pas toutes sortes de langues ? » Vous répondrez que vous parlez toutes sortes de langues, parce que vous êtes dans le corps de Jésus-Christ, c'est-à-dire dans l'Eglise qui parle toutes sortes de langues. » Nous doutons fort que l'on trouve cette réponse digne de saint Fulgence. — L'Eloge de saint Vincent, martyr, dont nous avons parlé plus haut, n'est pas de saint Fulgence, mais de saint Augustin, et il se trouve imprimé parmi ses OEuvres sous le nombre 276. — Le dixième enfin est sur ces paroles du prophète Michée : *Je t'apprendrai, ô homme, ce que c'est que le bien et ce qui t'est utile ; c'est d'agir suivant la justice et d'aimer la miséricorde.* Saint Fulgence veut que tout homme agisse envers soi-même, comme les juges de la terre agissent envers les prévenus qui sont traduits devant leurs tribunaux. Ils renvoient l'innocent et punissent le coupable selon la rigueur des lois. Soyons nos propres accusateurs ; examinons les replis les plus secrets de notre âme, et condamnons tout ce que nous avons fait de mal. Punissons nos fautes par une sincère pénitence ; voilà le jugement que Dieu veut que nous rendions contre nous-mêmes. Il demande encore que nous fassions justice aux autres, c'est-à-dire que nous désirions, et au besoin que nous fassions pour eux tout le bien que nous souhaitons pour nous. Quant à la miséricorde, il y a deux manières de l'exercer ; l'une en reprenant celui qui pèche, ou en lui accordant son pardon lorsqu'il promet de se corriger ; l'autre en prenant pitié de l'indigent et en venant au secours de sa misère.

On cite encore deux discours tirés d'un manuscrit de la Bibliothèque Vaticane. Le premier, *sur la Circoncision de Jésus-Christ*, peut bien être de saint Fulgence; mais le second, *sur la Purification de la Vierge*, n'est certainement pas de lui, puisque l'institution de cette fête est postérieure à son siècle. Tous les autres sermons publiés sous son nom sont évidemment supposés, et c'est avec raison qu'on les a rejetés à la fin du recueil.

ECRITS PERDUS. — C'est là tout ce qui nous reste des OEuvres de saint Fulgence. Nous avons perdu son vrai *Traité contre Pinta*, sa *Conférence avec le roi Thrasimond*, son livre de la *Procession du Saint-Esprit* à Abragilas, sa *Lettre aux catholiques de Carthage*, deux traités *du Jeûne et de l'Oraison*, deux lettres écrites à Stéphanie au nom des évêques relégués en Sardaigne, une lettre à un évêque nommé Jean, dans laquelle saint Fulgence rappelait que la douceur chrétienne ne permet pas de livrer un coupable aux juges séculiers. Nous n'avons plus que des fragments de ses dix livres contre Fabien; mais les sept livres qu'il écrivit contre Fauste de Riez sont entièrement perdus.

Le *Traité de la prédestination et de la grâce*, quoi qu'en dise Théophile Raynaud, n'est point de saint Fulgence; ce n'est ni son style, ni sa manière large et assurée d'envisager cette matière, et de la traiter sans hésitation. On voit au contraire que l'auteur de ce livre n'avait sur la question de la grâce aucuns principes arrêtés. Tantôt il en raisonne en semi-pélagien, et l'on reconnaît les arguments avancés par Cassien dans ses conférences; et tantôt il se rattache à la doctrine de saint Augustin. Enfin on ne retrouve nulle part cette netteté et cette abondance qui se rencontrent partout dans les ouvrages de saint Fulgence. Quel que soit l'auteur de ce livre, il est très-ancien, et paraît remonter à l'époque du saint docteur.

Le savoir et la vertu de saint Fulgence en ont fait un des plus beaux ornements de l'Eglise d'Afrique. Vrai disciple de saint Augustin, il ne se contenta pas d'en épouser les sentiments, mais il en imita la conduite, et comme lui il fut le défenseur de la grâce de Jésus-Christ contre les semi-pélagiens, et de sa divinité, contestée pas les sectateurs d'Arius. Son style, moins pur et moins châtié que celui de son maître, mais aussi moins hérissé de pointes et moins chargé de jeux de mots, est partout net, facile, sans ambiguité et sans confusion. Il avait l'esprit vif et subtil, comprenait facilement les choses, et exposait les matières les plus abstraites sous un jour si lumineux, qu'il savait les rendre intelligibles aux esprits les moins pénétrants. Toutefois, soit crainte de ne les avoir pas assez développées, soit par tout autre motif que nous ne saisissons pas, il tourne et retourne les mêmes choses, et ne se lasse pas de les reproduire sous des termes différents, jusqu'à ce qu'il croie les avoir épuisées. Cette habitude lui occasionne des redites qui le rendent diffus et le font pécher par trop d'abondance; et en même temps elle ôte du nerf à son discours, qui sans cela serait partout plein de force et de vigueur. Il ne décide jamais sans s'appuyer sur l'autorité des saintes Ecritures qu'il possédait à fond; il allègue aussi les témoignages des Pères et particulièrement de saint Augustin. Il donne pour maxime, et il la suivait lui-même, que dans toutes les questions qui pouvaient présenter quelque doute par leur obscurité, il fallait s'en tenir à leurs définitions. Dieu, suivant lui, les avait éclairés gratuitement et par une grâce de choix afin de les faire croire; puis il les avait remplis de son Esprit afin qu'ils pussent enseigner les autres.

Ses OEuvres, imprimées par parties à différentes époques dont la plus reculée remonte à 1556, ont été réunies en un seul volume in-4° à Paris, 1684. Casimir Oudin fait l'éloge de cette édition. En effet, l'éditeur a collationné les ouvrages de saint Fulgence sur plusieurs manuscrits, et les a enrichis de variantes que le P. Chifflet lui avait communiquées, après les avoir tirées lui-même de divers manuscrits de la bibliothèque de la Chartreuse des Portes. Il ne manque à cette édition que quelques notes théologiques et historiques et un peu plus d'ordre dans le classement des ouvrages, pour lequel on n'a suivi ni la chronologie, ni l'importance des matières. Ces défauts se trouvent corrigés dans le *Cours complet de Patrologie*.

G

GALBERT, syndic, ou, suivant l'expression du temps, pensionnaire de la ville de Bruges, nous a laissé une relation ample et détaillée de l'assassinat de Charles le Bon, comte de Flandre. Il avait vécu dans l'intimité de ce prince qui l'honorait de sa confiance; il était dans Bruges lorsqu'il y fut mis à mort, et il fut témoin des malheurs qu'entraîna ce tragique événement. L'agitation qu'ils lui causèrent ne l'empêcha pas d'en remarquer avec attention toutes les circonstances. Il eut soin, comme il le dit lui-même, d'écrire les faits sur des tablettes, à mesure qu'ils se passaient : *Summam rerum in tabulis notavi*. Son dessein dès lors était d'en donner une relation suivie aussitôt après le retour du calme. C'est ce qu'il exécuta vers l'an 1130. Ce morceau d'histoire est divisé en deux parties. Dans la première, Galbert rapporte tout ce qui s'était passé depuis le 2 mars 1127, date funeste de cet abominable parricide, jusqu'à la punition complète des coupables, arrivée le 30 avril 1128. La seconde partie n'est, au jugement des éditeurs, qu'une addition qui n'entrait point dans le premier plan de l'écrivain. Quoi qu'il en soit, elle renferme le récit de la révolte des Flamands contre Guillaume le Normand, investi du comté de Flandre par le roi Louis le Gros, après la mort de Charles, l'élection séditieuse de Thierri d'Alsace, la guerre que ces deux princes se firent jusqu'à la mort du premier, enfin les contradictions que le survivant eut encore à subir, jusqu'à la paisible jouissance de sa conquête. Galbert dans l'une et l'autre partie suit la même méthode qui consiste à placer chaque événement sous sa date précise, en forme de journal. Cette relation porte l'empreinte visible de la droiture et de la bonne foi.

Ce qui fait le mérite de ce morceau d'histoire, c'est qu'il est écrit par un homme d'État. Galbert y montre une grande connaissance des affaires publiques, et démêle avec une rare sagacité les intérêts qui mettaient en mouvement les différents partis. Il décrit avec des détails techniques les différents systèmes de fortification, les opérations des siéges, les machines qu'on y employait, soit pour l'attaque soit pour la défense. Il parle de l'état des lettres en Flandre, et de la jurisprudence qui régissait le pays. Il s'en faut de beaucoup que la latinité de Galbert soit marquée au bon coin, et porte le cachet des bons écrivains. Il en convient lui-même, et demande grâce au lecteur pour la grossièreté de son style, en faveur de la sincérité de sa narration. Les curieux, et surtout les glossographes, lui pardonneront aisément ce défaut, du reste surabondamment compensé par un grand nombre d'usages anciens que ses expressions barbares donnent lieu de découvrir. Du Cange et ses continuateurs ont profité de son travail et peut-être auraient-ils pu en tirer un meilleur parti.

On est redevable de cette production aux soins des Bollandistes. Elle fait suite dans leur recueil à la relation de Gauthier de Térouane sur le même sujet. Nous renvoyons à son article ceux de nos lecteurs qui auraient perdu de vue le souvenir de ce tragique événement. Ces deux relations, qui ont leur place marquée parmi les pages les plus curieuses de l'histoire du moyen âge, sont précédées d'une savante dissertation, et accompagnées de notes qui répandent un grand jour sur le texte. André Duchesne avait déjà donné des extraits de la première partie de l'écrit de Galbert dans son *Histoire généalogique des maisons d'Ardres et de Guine*; mais la seconde n'a paru que dans la *Collection des Actes des Saints*.

GALBERT, ou WALBERT, nous a transmis lui-même le récit des principaux événements de sa vie, récit d'autant moins suspect qu'il n'est nullement flatteur, et aussi peu intéressant par la médiocrité de celui qui en est l'auteur et l'objet. Galbert était Flamand d'origine; dès son enfance il fut mis au monastère de Marchiennes, où il fit profession de la vie religieuse à l'âge d'environ seize ans; mais il ne tarda pas à se repentir de cet engagement. Ce qui contribua le plus à le dégoûter fut le relâchement où était tombé le monastère sous le gouvernement de l'abbé Richard, et le peu de secours qu'il pouvait espérer de ses confrères pour son instruction. Il le quitta furtivement et s'en fut étudier les belles-lettres à Utrecht sous un célèbre professeur nommé Lambert. Comme la vanité était le mobile de ses études, à peine eut-il fait quelques progrès dans cette école qu'il voulut faire parade de son petit savoir. L'école de Bourges était alors dans sa splendeur; Galbert s'y rendit, non pour y puiser de nouvelles connaissances, mais dans la vue de s'escrimer avec quelques-uns des savants qu'elle renfermait; mais le silence qu'il garde sur le succès de ces combats donne lieu de présumer qu'il n'y acquit pas beaucoup de gloire. Il erra de la sorte de pays en pays, pendant l'espace d'environ trente-deux ans, étudiant parfois, et se livrant sans réserve à tous les plaisirs que le monde pouvait lui offrir. Sur la fin de ses courses, il revint trouver le professeur Lambert, qui continuait toujours ses leçons. Les passions amorties par l'âge lui laissant alors un peu de liberté de faire des retours sur lui-même, il eut honte de ses égarements; il invoqua sainte Rictrude, patronne de Marchiennes, et prit la résolution de rentrer dans son monastère. L'abbé Amand, qui le gouvernait alors, reçut avec bonté le fugitif repentant, et l'éleva au sacerdoce, après s'être assuré par de longues épreuves de la sincérité de sa conversion. On ne sait pas au juste l'époque de sa mort; nous nous en rapportons à la conjecture des Bollandistes, qui l'assignent à l'an 1134.

SES ÉCRITS. — Galbert n'attribuait pas seulement sa conversion à sainte Rictrude; mais il croyait encore lui être redevable de la guérison d'une paralysie qui avait résisté à tous les remèdes, et dont les médecins lui avaient dit qu'il ne pouvait revenir à cause de son âge avancé. La reconnaissance de ce double bienfait l'engagea à composer deux livres des miracles de la sainte. L'ouvrage, publié par les Bollandistes, au 14 mai, est dédié à un nommé Saswalon, chanoine et secrétaire de Robert, évêque d'Arras, le même qui avait conféré le sacerdoce à l'auteur. Parmi les merveilles qu'il y trouvent rapportées, celle-ci nous paraît digne d'être notée à part, parce qu'elle aide à juger du discernement de Galbert. « Un militaire, nommé Baudouin, avait embrassé la vie de brigand, et s'était rendu par ses forfaits la terreur de toute la contrée. Une nuit, comme il dormait plus profondément qu'à l'ordinaire, il se vit transporté en songe dans l'église de Marchiennes, et ce qui paraît plus singulier, c'est qu'il y aperçut sainte Rictrude, qui célébrait la messe en habits sacerdotaux, assistée d'un jeune moine, nommé Anselme, neveu de l'abbé Amand. Saisi de frayeur, il sortit et se tint caché dehors à côté de l'église. Mais la bienheureuse prêtresse s'étant retournée vers le peuple après l'Evangile, découvrit Baudouin à travers l'épaisseur de la muraille, tant sa vue était perçante. Elle ordonne aussitôt à sa fille Eusébie, qui était auprès d'elle, de le lui amener. La jeune vierge obéit, va saisir le coupable et le traîne de force, tremblant, pleurant, sanglotant aux pieds de Rictrude. Baudouin s'étant éveillé là-dessus, n'eut rien de plus pressé que de se rendre à Marchiennes, pour faire part de son rêve à l'abbé Amand et lui demander ses conseils. Il y reconnut parmi les moines Anselme qu'il n'avait jamais vu, ce qui le confirma dans la pensée que son rêve était une vraie révélation. Aussitôt il demande avec les instances les plus vives à être admis dans le monastère. On hésite quelque temps, dans le doute où l'on était de la sincérité de son changement. Il persiste, il se lamente, il se désole, et enfin il est exaucé.

La plupart des autres miracles, décrits par Galbert, sont des punitions divines exercées contre les usurpateurs des biens du monastère. On y voit peu de guérisons. Il est vrai qu'il parle fort au long de la sienne ; mais dans ce qu'il en dit, on n'aperçoit pas des caractères bien sensibles de l'intervention surnaturelle et divine. C'est dans le prologue et dans d'autres endroits du même ouvrage qu'il rapporte les divers événements de sa vie. Lorsque ces deux livres parurent, on trouva que Galbert n'y avait pas fait entrer tout ce que l'on connaissait de merveilles opérées par la sainte. On lui fournit sur ce sujet de nouveaux mémoires à l'aide desquels il composa un second écrit dans le genre du premier, et qui peut en être regardé comme le supplément. Il est adressé à un nommé Gérard qui, de clerc de l'église de Saint-Tron, s'était fait moine dans le même lieu. L'auteur nous initie à une dévotion de son temps qui paraît fort étrange, mais qui nous est attestée par d'autres écrivains : c'est que quand les saints différaient trop longtemps d'exaucer les prières qui leur étaient adressées, on fouettait leurs reliques à coups de verges, par une espèce d'impatience qu'on croyait propre à les fléchir.

Le style de Galbert est affecté, diffus ; sa narration manque de méthode et de précision, ses réflexions sont puériles, alambiquées et rarement à leur place. Il avait néanmoins quelque érudition et possédait assez bien ses auteurs profanes et ecclésiastiques ; mais toute cette science était mal digérée, faute de jugement. L'*Histoire de sainte Rictrude*, comme il le dit lui-même, n'était ni le seul, ni le premier ouvrage de ce genre sorti de sa plume ; mais les autres ne sont pas venus jusqu'à nous. Il se mêlait aussi d'écrire en vers. L'assassinat de Charles le Bon, comte de Flandre, avait exercé sa verve, comme celle de beaucoup de poëtes du même siècle ; mais le temps nous a encore envié ce morceau. Si la poésie de Galbert était à la hauteur de sa prose, on peut facilement s'en consoler.

GALFRÈDE, plus vulgairement connu sous le nom de Geoffroi le Gros, était moine de Thiron, lorsque Godefroi gouvernait l'Eglise de Chartres. Il lui dédia la *Vie de saint Bernard*, fondateur de son monastère. Bernard était abbé de Saint-Cyprien de Poitiers, dès l'an 1100 ; mais, dégoûté de sa charge et entraîné par l'amour de la solitude, il se retira, avec quelques disciples, dans une campagne du Perche, au milieu d'un bois appelé Thiron, du nom du ruisseau qui l'arrose. Il y bâtit un monastère, avec l'agrément d'Yves de Chartres, son évêque diocésain, de qui il reçut la bénédiction. Le monastère de Thiron s'accrut en peu de temps par les libéralités du comte Rotrou, et devint chef d'une congrégation nombreuse. Galfrède assure qu'à l'époque où il écrivait, il y avait déjà cent maisons de son ordre, répandues tant en France qu'en Angleterre et en Ecosse. La renommée que Bernard s'était acquise par ses vertus fit souhaiter à Louis le Gros, roi de France, à Guillaume, duc d'Aquitaine, à Foulques, comte d'Anjou, à David, roi d'Ecosse, et à plusieurs autres princes, de le voir. Il mourut le 25 avril 1116, et Galfrède, son disciple, écrivit sa Vie, sur ce qu'il en avait vu par lui-même, ou appris par des personnes dignes de foi. Elle fut imprimée à Paris en 1649, avec le *Catalogue des abbés de Thiron*. On la trouve encore au tome II d'Avril, dans la collection des Bollandistes.

GALL (Saint), fondateur et premier abbé du monastère qui porte son nom, est appelé aussi Gall d'Hibernie, parce qu'il était né en Irlande. Dès son enfance, il fut consacré à Dieu et placé dans le monastère de Bangor, où florissait alors une école célèbre, dirigée par saint Colomban. Gall fut un des plus illustres parmi ses disciples. Sous un aussi bon maître, il ne tarda pas à se rendre habile dans la grammaire, la poésie et la science de l'Ecriture ; et avec de tels exemples sous les yeux, il se forma promptement à la piété et aux autres vertus religieuses. Vers l'an 585, Colomban, dévoré du zèle de gagner des âmes à Jésus-Christ, obtint de son abbé la permission de quitter le monastère de Bangor et de passer en France. Gall fut un des douze religieux qui l'accompagnèrent pour l'aider dans son pieux dessein. Ils vinrent en Austrasie, où, accueillis par le roi Thierry II, ils prêchèrent la foi sous sa protection. Mais Colomban ayant osé reprocher à ce prince le concubinage dans lequel il vivait, se vit condamné à l'exil, en récompense de sa liberté, et contraint de repasser en Italie. Gall, déjà prêtre, retenu par une maladie grave, ne put le suivre, et resta dans la partie du royaume d'Austrasie, qui depuis a porté le nom de Suisse, où il y avait encore du bien à faire. Il bâtit quelques cellules dans le voisinage de Bregentz, à deux lieues du lac de Constance, et travailla avec zèle à la conversion des idolâtres qui habitaient sur ses bords. Tels furent les humbles commencements de la célèbre abbaye de Saint-Gall, dotée si richement par Charles Martel et ses descendants, et érigée en principauté souveraine par Henri Ier ; mais qui sut aussi se procurer dans la suite, par le goût et la culture des bonnes études, une illustration plus honorable que ces nobles et magnifiques prérogatives. A la mort de saint Eusthase, arrivée en 625, les moines de Luxeuil lui députèrent six de leurs frères, venus comme lui d'Hibernie pour le conjurer de se charger de leur conduite; mais son humilité ne put être vaincue, et il refusa constamment cette charge, dans laquelle il ne voyait qu'une haute dignité. Il mit la même opiniâtreté modeste à refuser le siége de Constance, et proposa Jean, son disciple, qui l'avait accompagné dans toutes ses courses et secondé dans tous ses travaux, comme la personne la plus digne de le remplir. Jean fut agréé, et Valafride Strabon, historien de saint Gall, fixe sa mort peu de temps après cette époque; mais Dom Mabillon a prouvé qu'il fallait la reculer jusqu'au 16 octobre 646, jour auquel l'Eglise honore sa mémoire.

Le seul écrit de saint Gall qui soit parvenu jusqu'à nous, est un discours qu'il prononça dans l'église de Saint-Etienne, le jour de la consécration de Jean, élu évêque de Constance. C'est un abrégé fait avec beaucoup de méthode de l'histoire de la religion. Il commence par rapporter le péché des anges et la création de l'homme; puis, touchant légèrement l'histoire des patriarches et la succession des rois, il passe à la naissance de Jésus-Christ, dont il rappelle le baptême, les tentations dans le désert, les miracles, la mort, la résurrection, et finit à la descente du Saint-Esprit sur les apôtres, en exhortant les fidèles à vivre conformément aux engagements qu'ils avaient pris de renoncer au démon, à ses pompes et à ses œuvres. Il enseigne que les anges ont été créés avant le monde, et que leur péché est antérieur à notre création qui ne s'est faite dans la suite que pour remplir le vide causé par leur apostasie. Ce sentiment du reste a été commun à beaucoup d'anciens. Il croit que le don des langues accordé aux apôtres et à leurs disciples, consistait à se faire entendre dans la langue de tous les peuples auxquels ils annonçaient l'Evangile, mais sans qu'ils cessassent de parler leur langage. Le style de ce discours est simple, plein de force et d'onction, et soutenu d'une érudition qui étonne pour ces temps-là. On le trouve dans les deux éditions des *Anciennes leçons* de Canisius; dans le *Manuel biblique* imprimé à Francfort en 1610; dans la *Bibliothèque des Pères* de Paris 1644, et de Lyon 1677. Son titre le plus commun est celui de *Discours* ou *Sermon;* mais il porte aussi les titres d'*Abrégé de l'Ecriture sainte*, d'*Abrégé de la doctrine chrétienne*, et enfin de *Discours et manière de gouverner l'Eglise*.

GALLUS, Gaulois d'origine et disciple de saint Martin de Tours à l'abbaye de Marmoutiers, lui resta attaché jusqu'à sa mort. On peut juger de l'estime que le saint professait pour son mérite par le choix qu'il avait fait de lui pour l'accompagner dans tous ses voyages. Il se trouva présent au miracle qu'il opéra à Chartres en ressuscitant un mort. Il lui dut également la guérison miraculeuse d'un de ses oncles, et reçut de lui en toutes circonstances des marques de pieuse et sainte affection. A la mort de son saint protecteur il se retira auprès de saint Sulpice Sévère, à qui il fournit le fond de ses deux dialogues sur les actions de saint Martin. Nous en rendrons compte dans l'examen des écrits de ce saint auteur. On ignore l'époque de la mort de Gallus, qui resta simple moine, refusant par humilité de prendre aucun degré dans la hiérarchie ecclésiastique.

GALON, que l'on a souvent confondu avec un cardinal du même nom, qui ne florissait que dans les premières années du siècle suivant, était d'une honnête famille du diocèse de Beauvais. Entré de bonne heure dans l'institut des chanoines réguliers de Saint-Quentin, il eut l'avantage d'y être élevé sous les yeux et par les soins du célèbre abbé Yves, qui devint dans la suite évêque de Chartres. C'est à son école qu'il acquit ce fond de savoir et cette connaissance de la discipline ecclésiastique qui lui ont mérité des éloges de la part de tous ceux qui l'ont connu. A la science il sut joindre les bonnes mœurs, et passait pour un homme d'une vie exemplaire et d'une grande piété, *vir bene religiosus*. Saint Anselme qui l'a beaucoup connu pendant son séjour en France, lui rend ce témoignage qu'il n'a jamais rien découvert dans sa conduite ni rien appris sur son compte, qui ne pût lui faire honneur. Un mérite aussi réel et aussi généralement reconnu, fit choisir Galon pour succéder à son maître dans sa dignité d'abbé, lorsque celui-ci fut promu à l'épiscopat en 1091; mais il ne tarda pas à s'y voir élevé lui-même. Vers l'an 1101, Etienne de Garlande, élu évêque de Beauvais par la volonté du roi Philippe 1er, et de la fameuse reine Bertrade, ayant été déclaré indigne de l'épiscopat, on procéda à une seconde élection, et l'abbé Galon fut choisi par la plus saine partie du clergé, de l'avis des seigneurs et avec le consentement du peuple. Tous les gens de bien, Yves de Chartres à leur tête, applaudirent à ce choix, et ce prélat se hâta d'en informer Manassès, archevêque de Reims et métropolitain de la province, en le priant d'accélérer la consécration du nouvel élu; mais les brigues d'Etienne de Garlande, et l'opposition du roi la retardèrent. Yves de Chartres et saint Anselme de Cantorbéry écrivirent au Souverain Pontife pour appuyer son élection. Enfin, on réussit à l'ordonner; mais il ne fut pas possible de le mettre en possession de son siége, parce que le roi Philippe avait juré qu'il ne serait jamais évêque de Beauvais. Dans cette extrémité, Galon prit le parti d'aller à Rome. Son ordination y fut confirmée; et pour que ses talents ne fussent pas inutiles à l'Eglise, le Pape l'envoya en Pologne avec la qualité de légat du Saint-Siége. Galon, après avoir remédié aux abus qu'il trouva dans ce pays, revint à Rome rendre compte de sa légation. Il eut la consolation d'y revoir saint Anselme de Cantorbéry, avec lequel il séjourna quelque temps, et qu'il retrouva encore à Lyon lors de son retour en France. Ceci se passait en 1103. Cependant Foulques de Paris étant mort le 8 avril 1104, le clergé et le peuple s'accordèrent à élire Galon pour lui succéder. Le roi Philippe, revenu de ses préventions, y souscrivit d'autant plus volontiers, qu'il savait que pendant son séjour à Rome, ce prélat avait agi en sa faveur auprès du Souverain Pontife; mais il fallut du temps pour lever les obstacles que faisait naître sa translation d'un siége à un autre. Galon fut même obligé d'entreprendre un second voyage de Rome, d'où le Pape Pascal, après lui avoir fait l'accueil le plus favorable, le renvoya dans les premiers jours d'avril de l'année suivante, 1105, avec une lettre de recommandation pour l'Eglise de Paris qu'il félicite d'avoir rencontré un si digne évêque. Ce ne fut donc qu'en cette année qu'il prit possession de son évêché. Sitôt qu'il fut entré dans le ministère pastoral, il figura dans toutes les affaires de l'Eglise de France. Dès le 4 octobre 1105, il se trouva avec Yves de Chartres et Geoffroi de Beauvais, à l'élection de Raoul, nommé pour succéder à Odon, qui l'avait remplacé lui-même dans le gouvernement de l'abbaye de Saint-Quentin. Le 2 décembre suivant, il fit partie de la célèbre assemblée qui se tint à Paris, pour absoudre le roi Philippe de l'excommunication qu'il avait encourue à cause de son alliance avec Bertrade. En 1106, le Pape Pascal s'étant réfugié en France, asile ordinaire des Papes persécutés, Galon l'alla visiter à La Charité-sur-Loire, et en obtint la permission d'expulser de leur communauté les religieuses de Saint-Eloi, dont la conduite plus qu'irrégulière était devenue un scandale, et de convertir leur maison en un prieuré dépendant de Saint-Maur-des-Fossés. Philippe, roi de France, étant mort à Melun le 24 juillet 1108, Galon fut un des premiers qui conduisirent son corps à Saint-Benoît-sur-Loire, où ce prince avait choisi sa sépulture. De là il se rendit à la cérémonie du sacre de Louis le Gros, qui se fit à Orléans le 2 août suivant. Anselme, ancien chanoine de Notre-Dame de Paris, et alors chantre du Saint-Sépulcre à Jérusalem, voulant donner à son ancienne église quelques marques de son souvenir, lui envoya en 1109 une portion de la vraie croix, qui s'y trouve encore conservée. La relique et les lettres dont elle était accompagnée furent adressées à l'évêque Galon et à ses chanoines. Daïmbert, archevêque de Sens, et les évêques de sa province, croyant devoir s'opposer au privilége que l'empereur Henri V avait extorqué du Pape Pascal au sujet des investitures, tinrent un concile en 1111. Galon fit partie de cette assemblée, souscrivit à la lettre adressée à Josceranne, archevêque de Lyon et à tous les autres règlements qui y furent arrêtés. En 1113 il souscrivit à Châlons-sur-Marne, avec l'archevêque de Reims et huit autres évêques, le diplôme pour la fondation de l'abbaye de Saint-Victor de Paris.

A la mort de Geoffroi, évêque de Beauvais, Etienne de Garlande se donna des mouvements pour y faire transférer Galon, et occuper le siége de Paris à sa place; mais ses menées n'obtinrent aucun succès, et Galon continua de gouverner son Eglise jusqu'à sa mort, qui arriva le 23 février 1116. Le *Nécrologe de l'abbaye de Saint-Quentin* lui donne le titre d'évêque de sainte mémoire; et son épitaphe composée par Hildebert, évêque du Mans, le représente comme un appui de la foi, et un grand partisan de la justice et de la simplicité.

SES ÉCRITS. — La confusion introduite entre Galon, évêque de Paris, et Galon, cardinal au commencement du XIII° siècle, a fait attribuer au premier plusieurs écrits qui appartiennent au second; mais aujourd'hui que la critique a fait la part de chacun, il est facile de préciser ceux qui sont réellement de notre prélat.

D'abord il y a de lui une *Constitution*, pour convertir, en raison des motifs qui y sont exposés et dont nous avons dit un mot plus haut, l'abbaye de Saint-Eloi de Paris, habitée jusque-là par des filles, en un prieuré dépendant de l'abbaye de Saint-Maur-des-Fossés, qui portait encore à cette époque le titre de Saint-Pierre. Ce changement fut fait avec le concours des deux puissances, c'est-à-dire avec la permission du Pape et l'assistance de l'autorité royale. Cet écrit, daté de l'année 1107, est intéressant à plusieurs égards. Ce qui le rend ainsi, ce n'est pas seulement l'histoire de la conversion d'une maison considérable en une autre maison, qui a subi encore avec les siècles un autre changement, en passant aux Barnabites; mais c'est qu'on y trouve le nom de tous les chanoines qui composaient alors le chapitre de la cathédrale avec leurs dignités et leurs grades de prêtres, diacres et sous-diacres. On y voit de plus quelles étaient les coutumes établies alors entre les deux églises, c'est-à-dire entre Notre-Dame et Saint-Eloi. Enfin, l'ouvrage est de bon goût et bien écrit pour son siècle. Il a été jugé si intéressant qu'on en a donné au public plusieurs éditions. Les auteurs de l'ancienne et de la nouvelle *Gaule chrétienne* l'ont fait entrer dans leurs recueils. Jacques Petit, éditeur du *Pénitentiel de saint Théodore de Cantorbéry*, l'a inséré parmi les pièces curieuses qui composent le second volume de cet ouvrage; et le P. Dubois de l'Oratoire l'a publié dans son *Histoire de l'Eglise de Paris*.

On nous a conservé un autre écrit de l'évêque Galon sur la liturgie. C'est une assez longue lettre en réponse à la prière que Lambert, évêque d'Arras, son ami, lui avait faite de l'instruire sur la manière de célébrer l'office canonial. Lambert était persuadé que les églises particulières devaient se conformer sur celle de Rome, non-seulement en ce qui regarde la doctrine et l'administration des sacrements, mais encore pour la célébration de l'office divin. En conséquence, Galon lui détaille ce qu'il avait observé pendant le séjour qu'il avait fait à Rome. Dans ce qu'il dit sur les petites Heures, il ne fait aucune mention de tierce, par la raison apparemment qu'il n'y avoit rien de remarquable à en dire. Il s'arrête principalement sur la manière de célébrer la messe et les Vigiles ou Matines, et touche quelques mots en passant, de ce qui s'observait dans la chapelle du Pape. Déjà l'Eglise romaine avait retranché le *Gloria Patri* à l'Introït du dimanche de la Passion, et des jours suivants, ainsi que cela se pratique encore aujourd'hui, et récitait sans antiennes et sans répons les petites Heures des trois jours qui précèdent Pâques. Galon, qui paraît n'avoir pas eu tout le temps qu'il aurait souhaité pour écrire cette lettre, promet à Lambert de lui en dire plus long à leur première entrevue. A l'exemple de plusieurs autres grands prélats de son temps, il ne prend pas par modestie que le titre de simple prêtre dans l'inscription. C'est ainsi que saint Gébouin, archevêque de Lyon, le légat Hugues, son successeur, et Lambert d'Arras lui-même en usaient quelquefois à la tête de leurs lettres.

Il s'est perdu quelques autres écrits de notre prélat, tels que mémoires, consultations, etc, comme il paraît par les lettres que le Pape Pascal et Yves de Chartres lui ont adressées. Le premier fait mention particulièrement d'un mémoire qui lui avait été adressé par Galon sur les serfs de son église, que le roi avait déclarés habiles à témoigner en justice devant les tribunaux publics, ce qui fut confirmé par le Pape en 1114. Galon est nommé dans l'inscription d'une longue lettre à l'archevêque de Lyon, avec un ouvrage d'Yves de Chartres qui s'y trouve également désigné.

GALON, professeur à Paris dans le XIIe siècle, ne nous est guère connu que par le démêlé qu'il eut avec l'évêque diocésain, Etienne de Senlis, et dans lequel il engagea toutes les écoles ; démêlé qui fut poussé très-vivement de part et d'autre, sans qu'on en puisse marquer bien positivement l'origine et le résultat. Voici ce que les monuments du temps nous apprennent sur ce fait et les conséquences qu'on en tire. Vers l'an 1134, Algrin, chancelier de l'Eglise de Paris, ayant été outragé par Galon à la tête des autres maîtres et des écoliers, en porta plainte devant l'évêque. Galon cité refusa de comparaître; et en conséquence de ce refus, le prélat le suspendit de ses fonctions et mit toute la montagne de Sainte-Geneviève en interdit. Galon se pourvut devant le métropolitain, Henri Sanglier, archevêque de Sens. De leur côté, les chanoines de Sainte-Geneviève, alors séculiers, eurent recours au Pape pour faire lever l'interdit dans lequel ils se trouvaient alors enveloppés. Les deux appels furent accueillis favorablement. Le Pape Innocent II enjoignit à l'évêque de Paris de rétablir le service dans les églises du mont Sainte-Geneviève; et sa première lettre étant restée sans effet, il en écrivit une seconde pour se plaindre de l'inexécution de ses ordres. L'archevêque de Sens le prit sur le même ton. Etienne, n'ayant pas voulu reconnaître sa compétence dans cette affaire, en reçut une lettre pleine de reproches et de menaces. Nous n'avons point sa réponse au Pape; mais celle qu'il fit à son métropolitain est ferme et respectueuse, comme doit l'être la réclamation d'un évêque qui connaît ses droits et qui veut les conserver. Cependant Galon continuait ses leçons, malgré les censures épiscopales, se croyant à couvert de tout par son appel. L'évêque, étonné de cette obstination, consulta ses collègues qui se trouvaient à la cour, et le roi lui-même sur ce qu'ils avaient à faire. Tous furent d'avis que loin de reculer, il devait pousser ce réfractaire et l'excommunier. Il suivit ce conseil, mais la querelle n'en devint que plus envenimée. Inutilement le légat qui se trouvait en France s'interposa entre les deux partis pour les réconcilier, son projet d'accommodement fut rejeté par les écoles de Paris; mais surpris dans la suite par les faux rapports de leurs partisans, il imputa le mauvais succès à l'inflexible entêtement de l'évêque. Il lui écrivit en conséquence, mais Etienne lui répondit d'une manière digne et bien propre à le désabuser. La suite de cette affaire est demeurée dans l'oubli; mais l'histoire nous apprend que dans le cours du même siècle, et au commencement du suivant, l'Université gagna trois choses; la première, que les chanceliers ne pourraient rien exiger pour les lettres de maîtrise, ce qui fut statué par Alexandre III ; la seconde, que l'évêque de Paris aurait pour assesseur l'abbé de Sainte-Geneviève, dans le jugement des causes qui concerneraient ce chapitre : ce fut Célestin III qui fit ce règlement; la troisième enfin, que personne, excepté le Pape, ne pourrait frapper d'excommunication, ni le recteur, ni les maîtres, ni les écoliers. On rapporte ce privilége à Innocent III. Pour revenir à Galon, le combat opiniâtre qu'il osa soutenir contre son évêque, la multitude de ses adhérents, les grands noms qui le protégèrent, donnent tout lieu de croire qu'il n'était pas un simple professeur, mais le chef de toute l'école de Paris. Il fallait sans doute qu'il eût un savoir peu commun pour être parvenu à cette place. Jean de Salisbery le loue en effet comme un homme fort versé dans le dialectique ; et Wibaud, abbé de Starélo, lui fait le même honneur.

SES ÉCRITS. — Nous avons, sous le nom de Galon, une lettre qui annonce réellement un homme chargé du soin d'enseigner. Elle est adressée à un évêque Allemand, nommé Widon, dont le siège nous est inconnu. Nous la trouvons intitulée ainsi dans un manuscrit dont les caractères portent l'empreinte du XIIe siècle : *Domino venerabili Widoni, gratia Dei episcopo, Walo peccator omnium servitium.* L'auteur, après avoir déclamé contre les vaines disputes qui s'agitaient dans les écoles, parle en général des maux dont l'Eglise est inondée, et témoigne qu'ils prenaient leur source dans la révolte des grands contre l'autorité de l'Eglise. Ensuite, il prie le prélat d'avertir leur souverain, qu'il appelle un grand prince, d'être plus religieux et plus soumis envers cette mère des fidèles. Il dit qu'on raconte de ce monarque des choses très-fâcheuses et qu'il n'ose rapporter. Pour lui, ayant eu l'honneur de l'approcher depuis peu, il en avait d'abord été comblé de politesses et de présents; mais bientôt après, il s'aperçut qu'il n'était pas en sûreté à la cour d'un tel prince. On ne voit point d'empereur dans l'histoire de ce temps-là à qui ces traits conviennent mieux qu'à l'empereur Henri V. Ainsi, cette lettre doit avoir été écrite, avant l'an 1123, pendant les divisions du sacerdoce et de l'empire sous ce monarque. L'auteur dit en finissant, que se trouvant à l'abbaye de Sibourg, il avait été sur le point d'aller voir le prélat auquel il écrivait; mais qu'au moment où il se disposait à partir, un courrier vint lui annoncer qu'il était au-delà du Danube, occupé aux affaires de l'empire. Tel est le précis de cette lettre. Pour l'attribuer à Galon, professeur à Paris, il faut nécessairement supposer qu'il était Allemand d'origine, et qu'après avoir été dans sa patrie un personnage distingué dans la littérature et dans les sciences, il la quitta et vint à Paris, attiré par la considération qu'on y portait aux savants.

Duboulai attribue encore au même Galon l'épitaphe de Guillaume Cliton, rapportée par Henri de Huntington dans son Histoire. Elle est composée de dix vers élégiaques, qui peuvent compter parmi les meilleurs de cette époque. Alford la transcrite dans ses *Annales de l'Eglise d'Angleterre*, ainsi que Pictet dans son *Histoire universelle*. L'un et l'autre s'accordent avec l'historien de l'université de Paris sur l'auteur de cette pièce. Mais Konig, contre toute vraisemblance, la transporte à un autre Galon, qui ne florissait que vers l'an 1190, et dont Bolæus et Pitseus font l'éloge, mais sans lui attribuer l'écrit en question. Ils disent qu'il était du pays de Galles, qu'il versifia dans sa patrie et se distingua surtout dans le genre satirique. Pitseus lui attribue sans fondement une satire sanglante contre les moines, qui commence par ce vers terrible :

Sacrilegis monachis emptoribus ecclesiarum.

Mais il est certain que ce poëme fut composé en France, puisqu'il fut concerté avec un Français pour être dédié à un autre Français, comme le témoignent évidemment ces trois vers qui viennent à la suite du premier :

Composui satiram, carmen per sæcula clarum,
Quam quia vir magnus corroborat Hugodiensis
Noster eam legat Otto Suessonensis.

En supposant donc avec tous les bibliographes que l'auteur de cette satire se nommait Galon, il n'y a presque pas de doute que ce ne soit le professeur de Paris. Du reste, nous ignorons quels sont les savants dont il parle. On trouve cette satire, qui ne comprend que trente-trois vers, parmi les *Poésies des hommes doctes et pieux*, recueillies et publiées à Bâle en 1557 par les soins de Mathias Florus, et dans le tome IV° du *Moyen et bas âge* de Fabricius.

GARIBALD, ou plutôt GERBAUD, évêque de Liége, gouverna cette Eglise pendant vingt-cinq ans, et mourut en 808 ou 809. Ce prélat ne nous est connu que par deux écrits qui paraissent avoir été composés en conséquence d'une lettre de Charlemagne, dans laquelle le prince se plaignait que des parrains de son diocèse s'étaient présentés pour les cérémonies du baptême, sans connaître même les premiers principes du christianisme. Pour remédier aux maux qui pouvaient résulter d'une pareille ignorance, Gerbaud adressa une instruction à tous les fidèles répandus dans les différents pays qui composaient alors le diocèse de Liége et qu'il désigne par leur nom. Après avoir touché en peu de mots les principaux devoirs d'un évêque, il passe aux obligations des particuliers qu'il expose en détail avec autant de précision que de solidité. Il loue dans ses diocésains les vertus qu'il leur reconnaissait, et en prend occasion de les presser à y faire de nouveaux progrès. Il leur recommande en particulier d'avoir soin que ceux qui se présenteraient pour tenir des enfants sur les fonts du baptême fussent capables de répondre aux articles du symbole des apôtres et de l'oraison dominicale. On voit par cette pièce qu'à cette époque le baptême ne se conférait encore qu'à Pâques et à la Pentecôte. La seconde pièce est une lettre pastorale beaucoup plus courte que l'instruction dont nous venons de parler, et adressée à tous les prêtres du diocèse que le prélat appelle ses chers coopérateurs. Il leur rappelle la lettre et les plaintes de l'empereur Charles, et s'en sert comme d'un pressant motif pour les engager à donner toute leur attention à instruire les peuples confiés à leurs soins, et surtout à leur apprendre l'oraison dominicale et le symbole des Apôtres. Le style de ces deux pièces est simple, mais clair, quoiqu'on y trouve plusieurs fautes contre la construction et la pureté du langage. — A la suite de cette lettre pastorale se trouvent deux capitulaires que nous croyons du même auteur, et dans lesquels il expose avec plus de développements ses instructions à ses prêtres. Les articles de ces capitulaires sont répétés, pour la plupart, de ceux de Charlemagne. Dans sa lettre pastorale comme dans son instruction à ses diocésains, l'évêque de Liége emploie à peu près les mêmes formules dont on se sert encore de nos jours dans ces sortes d'écrits.

GARNIER ou WARNIER, religieux de Westminster à la fin du XI° siècle, s'est rendu célèbre par ses sermons qui l'ont fait surnommer l'*Homiliaire*. Ce nom de Garnier désigne évidemment un Français ou un Normand. On sait, d'ailleurs, que l'Angleterre était alors sous la domination des Normands, et qu'il y avait un grand nombre de Français dans ce royaume; de plus il est certain que sur la fin du XI° siècle l'abbaye de Westminster n'était, pour ainsi dire, remplie que de moines normands ou français d'origine; ce qui nous fait conjecturer, mais sans rien affirmer pourtant, que Garnier était passé, comme tant d'autres, de France en Angleterre. Quoi qu'il en soit, Garnier florissait à Westminster en 1092, sous le règne de Guillaume le Roux, et du temps que Gilbert Crispin en était abbé. On ignore l'époque de sa mort; mais comme il se trouva le 17 octobre 1106 à la translation du corps de sainte Witburge dans le monastère d'Ely, on pense qu'il survécut peu à cette solennité et qu'il mourut à la fin de cette année ou dans le cours de l'année suivante; car, suivant la remarque de Thomas, historien de l'Eglise d'Ely, il était alors dans un âge très-avancé.

Garnier composa un grand nombre d'homélies pour toute l'année et s'acquit beaucoup de réputation. Pitseus fait de lui un grand éloge, et loue surtout la pureté de ses mœurs, la solidité de sa science et l'éloquence de sa parole. Il ajoute que, voulant se rendre utile à la postérité, il a composé 1° un écrit sous ce titre: *Fasciculus temporum*; 2° un livre d'homélies très-savantes, *homiliarum doctissimarum*, auxquels il ajoute un troisième écrit, *Deflorationes sanctorum Patrum*, imprimé à Bâle en 1494. C'est probablement l'ouvrage intitulé: *Jerneri abbatis Deflorationes super Evangelia de tempore per anni circulum*; Basileæ, 1494. Vossius parle de Garnier aussi avantageusement que Pitseus et lui attribue les mêmes ouvrages, en citant pour garant Boston de Bury. Néanmoins Fabricius remarque que Boston de Bury et Balæus n'attribuent à Garnier ou Warnier que des homélies et rien davantage. Quant à l'écrit qui a pour titre: *Fasciculus temporum*, dont Vossius et Pitseus le font auteur, c'est une méprise de ces deux écrivains qui ont confondu Warnier avec un auteur beaucoup plus récent que lui. Cet auteur est un savant chartreux allemand, nommé Werner Roclevinck, qui a réellement composé, sous le même titre, un ouvrage imprimé dans le *Recueil des historiens d'Allemagne* de Pistorius. Fabricius et Sandius, dans leurs notes sur les *Historiens latins de Vosius*, ont relevé sa méprise ainsi que celle de Pitsens, et restitué le *Fasciculus temporum* à son véritable auteur. Sandius ajoute qu'il ignore ce que c'est qu'un *fasciculus temporum*, imprimé à Cologne en 1541, et dont Charles du Moulin parle dans son ouvrage de la *Monarchie française*. Ce dernier *Fasciculus* est d'un auteur qui n'écrivait que sous le règne de François Iᵉʳ.

GARNIER, abbé de Rébais, a composé sur saint Vincent, martyr de Sarragosse, un poëme qui n'a pas encore vu le jour. Cependant la poésie en est assez bonne, *carmen haud inelegans*, au jugement de dom Mabillon, qui en a copié, sur un manuscrit de Gemblours, plusieurs vers qu'il a rapportés dans la première partie du ivᵉ siècle des *Actes des saints*. Les auteurs de la nouvelle *Gaule chrétienne* placent la mort de Garnier au 7 décembre de l'an 1138. Cependant, s'il faut s'en rapporter à dom Mabillon, Noël son successeur, était déjà abbé de Rébais en 1130. Peut-être Garnier s'était-il démis, dans sa vieillesse, de la charge du monastère.

GARNIER, moine de Tournus, dans les premières années du xiiᵉ siècle, entreprenant de donner une histoire plus détaillée du martyre de saint Valérien et de la translation de ses reliques, se servit avec avantage de l'écrit que Falcon avait composé sur le même sujet.

GARNIER, chanoine et sous-prieur de Saint-Victor de Paris, a composé, sur la fin du xiiᵉ siècle, un traité intitulé *Grégorien*, et qui contenait sur la Bible des explications allégoriques tirées des livres de saint Grégoire, Pape. Cet ouvrage a été imprimé à Paris en 1608.

GARSIAS, moine de Saint-Michel de Caxane ou Cusan au diocèse d'Elne, aujourd'hui de Perpignan dans le Roussillon, avait eu pour maître un certain Arnal, qui ne nous est pas autrement connu. Il publia, vers l'an 1040, et dédia à Oliva, évêque de Vic et en même temps abbé de Cusan, un écrit dans lequel il raconte l'origine de son monastère, la cérémonie de la dédicace de son église et le grand nombre de reliques qu'on y conservait alors. L'énumération qu'il en fait est accompagnée d'une notice assez intéressante des saints auxquels on croyait qu'elles avaient appartenu. Il y joint une description détaillée du maître-autel qu'Oliva y avait fait construire; puis il finit par une exhortation qu'il avait adressée lui-même à ses frères, le jour de la fête de cette dédicace; de sorte que son écrit se trouve composé de deux parties, l'une historique et l'autre morale. Quoique écrite d'un style diffus, embarrassé et plein de fautes de grammaire, cette notice mérite d'être connue. Baluze nous l'a conservée dans son appendice au *Maria Hispanica*.

GAUDENCE (Saint), évêque de Bressé en Lombardie, vivait dans le ivᵉ siècle. L'histoire ne nous apprend rien ni du temps ni du lieu de sa naissance, et nous ne sommes pas mieux renseigné sur sa famille. Cependant il y a tout lieu de croire qu'il fut élevé sous les yeux de saint Philastre, puisqu'il l'appelle son père; et si l'on a égard à l'empressement que témoignèrent le peuple et le clergé de Bresse à l'élever à l'épiscopat, on ne pourra guère douter que cette ville n'ait été son berceau. Dans une lettre qu'il écrivit à un diacre, nommé Paul, il l'appelle son très-cher frère, et dit qu'il l'était par une double fraternité, celle de la chair et celle de l'esprit. Il est donc permis d'en conclure que Paul était réellement son frère, ou tout au moins son proche parent. Du reste, les détails sur la vie de ce saint évêque se réduisent à un petit nombre que nous lisons dans le recueil de Butler. Sa science, sa piété, lui ayant fait dès son jeune âge une réputation, et attiré des honneurs qui blessaient sa modestie, il résolut de se dérober à cette dangereuse célébrité, et entreprit par dévotion le voyage de Jérusalem. C'est alors que, passant par Césarée en Cappadoce, il alla visiter dans leur monastère les sœurs et les nièces de saint Basile, qui lui donnèrent des reliques des quarante martyrs de Sébaste et de quelques autres saints, ne doutant point qu'il n'honorât ces gages précieux de son affection, comme elles les avaient honorées elles-mêmes. Il était en Orient lorsque saint Philastre mourut ; le clergé et le peuple de Bresse le demandèrent pour évêque, et s'engagèrent même par serment à n'en point accepter d'autre. Ils savaient quels fruits avaient produits ses instructions, et ils étaient d'ailleurs persuadés qu'en le choisissant pour pasteur, ils mettaient à leur tête un modèle de toutes les vertus chrétiennes. Saint Ambroise, métropolitain de Bresse, approuva ce choix et en informa Gaudence ; mais, comme il connaissait sa répugnance pour toute sorte d'élévation, il lui enjoignit d'accepter l'épiscopat sous peine d'excommunication. Gaudence obéit et fut sacré évêque vers l'an 387. Il prononça à cette occasion un discours dans lequel il révéla les sentiments d'humilité profonde dont il était pénétré. L'Eglise de Bresse connut bientôt tout le prix du trésor qu'elle possédait dans la personne d'un tel pasteur. Il travaillait avec un zèle infatigable à nourrir son peuple du pain de la parole divine. Il y avait alors à Bresse un seigneur rempli de vertus, nommé Bénévale. L'impératrice Justine l'avait disgracié sur le refus constant qu'il avait fait de rédiger un édit en faveur des ariens. Le mauvais état de sa santé ne lui permettant pas d'aller entendre son évêque, il le pria de lui donner une copie de ses discours afin qu'il pût les lire. C'est à cette circonstance que nous devons probablement que certains de ces discours soient parvenus jusqu'à nous. Saint Gaudence fit bâtir une nouvelle église à Bresse et invita plusieurs évêques à la cérémonie de sa dédicace. Il prononça en leur présence un discours dans lequel il déclare avoir déposé dans le nouveau temple les reliques dont nous avons parlé plus haut. L'évêque de Bresse fut un des députés que le concile de Rome, tenu en 405, et l'empereur Honorius envoyèrent en Orient, pour défendre la cause de saint Jean Chrysostome devant Arcade. Le saint archevêque de Constantinople lui écrivit à cette occasion une lettre que nous avons encore. Mais cette députation n'eut point le succès qu'on en espérait. Gaudence et ses compagnons éprouvèrent, de la part d'Arcade, toutes sortes de mauvais traitements, et furent même mis en prison. Cette rigueur n'intimida point Gaudence : généreux défenseur de l'opprimé, il refusa constamment de communiquer avec Attique, intrus placé sur le siège de Constantinople, après la mort d'Arsace substitué à saint Jean Chrysostome. Néanmoins Gaudence et ses compagnons de captivité furent élargis quelque temps après, et on les fit embarquer sur un vaisseau tout pourri. Ils échappèrent cependant au danger auquel on voulait exposer leur vie, et il n'en périt aucun. Le temps de la mort de ce saint pontife n'est pas plus assuré que celui de sa naissance. Quelques-uns la placent en 410 ; il est plus probable qu'il vécut jusqu'en 420, et même, suivant le P. Labbe, jusqu'en 427, date du commencement de l'épiscopat de Paul son successeur. Rufin l'appelle la gloire des docteurs de son siècle, et dit de lui qu'il avait un génie si beau, si fécond et si puissant, que, soit dans ses instructions improvisées, soit dans les discours qu'il préparait pour les débiter en public, tout ce qu'il disait méritait d'être conservé par écrit pour l'instruction de la postérité. Les discours que nous avons de ce saint évêque sont au nombre de vingt-un, tous adressés à Bénévale, pour la raison que nous avons indiquée plus haut.

Premier discours. — Le premier de ces sermons fut prononcé par Gaudence le jour de sa consécration. Après avoir parlé de lui dans les termes les plus humbles, il témoigne que c'est avec la plus grande répugnance qu'il s'est chargé du fardeau de l'épiscopat, assurant qu'il n'aurait jamais consenti à l'accepter sans l'autorité de saint Ambroise et des autres prélats qui s'étaient engagés par serment à le faire souscrire à son élection, et s'il n'eût appréhendé d'ailleurs l'excommunication dont les évêques d'Orient l'avaient menacé. Il y parle des devoirs d'un évêque, et prie saint Ambroise, qu'il appelle le Père commun, d'instruire lui-même le peuple qu'on venait de lui confier.

Deuxième discours. — Il parle de l'Eucharistie et de la transsubstantiation d'une manière si précise, qu'il est impossible de douter que ce ne fût dès-lors un dogme reconnu par l'Eglise. En effet, est-il rien de plus décisif sur la foi de la présence réelle que les textes que nous allons transcrire? « Parmi les circonstances diverses rapportées au livre de l'*Exode*, lorsqu'il décrit la célébration de la Pâque, nous ne parlerons maintenant que de celles qui ne peuvent être expliquées devant les catéchumènes, mais qu'il est néanmoins nécessaire d'expliquer à ceux qui ont été nouvellement baptisés. Dans les ombres et les figures de l'ancienne Pâque, ce n'était pas une seule victime qui était immolée, mais plusieurs. Chaque maison avait son agneau pascal, parce qu'un seul n'eût pu suffire à tout le peuple. Cette mystérieuse immolation n'était que la figure du sacrifice, dont la mort de Jésus-Christ devait offrir la réalité. La figure d'une chose n'est pas la chose elle-même ; elle n'en est que la représentation et l'image. Mais aujourd'hui que, dans la vérité de la loi nouvelle, un seul agneau est mort pour tous, il est certain qu'étant aussi immolé par toutes les maisons, c'est-à-dire sur les autels de toutes les églises, il nourrit, sous le mystère du pain et du vin, ceux qui l'immolent. C'est là véritablement la chair de l'agneau ; c'est là le sang de l'agneau ; car c'est ce même pain vivant, descendu du ciel, qui a dit : *Le pain que je donnerai, c'est ma propre chair.* Son sang est aussi fort bien représenté dans l'espèce du vin, puisqu'en disant dans l'Evangile, *Je suis la vraie vigne*, il témoigne assez que le vin que l'on offre dans l'église, en figure et en mémoire de sa passion, est son propre sang. C'est donc ce même Seigneur, ce même Créateur de toutes choses, qui, de la terre ayant formé du pain, forme de nouveau de ce même pain son propre corps, parce qu'il le peut faire et qu'il l'a promis; et c'est lui-même qui, ayant autrefois changé l'eau en vin, change maintenant le vin en son propre sang.

« L'Ecriture que l'on a lue, concluant par une fin excellente et mystérieuse, ajoute : *Car c'est la Pâque du Seigneur*. O sublimité des richesses de la sagesse et de la science de Dieu! c'est la Pâque du Seigneur, dit l'Ecriture, c'est-à-dire le passage du Seigneur, afin que vous ne preniez pas pour terrestre ce qui a été rendu tout céleste par l'opération de celui qui a voulu passer lui-même dans le pain, en le faisant devenir son corps et son sang. Car ce que nous avons ci-dessus exposé en termes généraux, touchant la manière de manger l'agneau pascal, nous le devons particulièrement observer dans la manière de recevoir les mêmes mystères de la passion du Sauveur. Vous ne devez donc pas les rejeter, en considérant cette chair comme si elle était crue, et le sang comme s'il était tout cru, ainsi que firent les Juifs, ni dire avec eux : *Comment peut-il nous donner sa chair à manger?* Vous ne devez pas non plus considérer ce sacrement comme une chose commune et terrestre, mais plutôt vous devez croire avec fermeté que, par le feu du Saint-Esprit, ce sacrement est en effet devenu ce que le Seigneur assure qu'il est. Car, ce que vous recevez est le corps de celui qui est *le pain vivant* et céleste, et le sang de celui qui est la vigne sacrée ; et nous savons que, lorsqu'il présenta à ses disciples le pain et le vin consacrés, il leur dit : *Ceci est mon corps, ceci est mon sang*. Croyez donc, je vous prie, à celui auquel nous avons déjà cru; la vérité est incapable de mensonge. Si, après, il reste quelque chose que vous n'ayez pas bien compris dans cette explication, il faut achever de le confirmer entièrement par l'ardeur de la foi. Car, notre Dieu est un feu qui consume, qui purifie et qui éclaire nos esprits, pour nous faire concevoir les choses divines, afin que, découvrant les causes et les raisons mystérieuses de ce même sacrifice tout céleste, institué par Jésus-Christ, nous puissions lui rendre d'éternelles actions de grâces d'un don si grand et si ineffable. Car, c'est le véritable héritage de son Nouveau Testament, qu'il nous a laissé dans la nuit même de sa passion, comme le gage de sa présence. C'est le viatique dont nous sommes nourris et fortifiés dans le pèlerinage de cette vie, jusqu'à ce que nous arrivions dans le ciel, et que nous jouissions pleinement et à découvert de celui qui, étant sur la terre, nous a dit : *Si vous ne mangez ma chair et ne buvez mon sang, vous n'aurez point la vie en vous*. Il a voulu que nous jouissions toujours de ses grâces et de ses bienfaits ; il a voulu que son précieux sang sanctifiât continuellement nos âmes par l'image de sa passion. C'est pourquoi il commanda à ses fidèles disciples, qu'il avait établis pour être les premiers pasteurs de son Eglise, de célébrer sans cesse ces mystères de la vie éternelle, jusqu'à ce que Jésus-Christ descendît de nouveau du ciel; afin que les pasteurs et tout le reste du peuple fidèle ayant tous les jours devant les yeux l'image de la passion de Jésus-Christ, la portant en leurs mains, et même la recevant dans leur bouche et dans leur estomac, le souvenir de notre rédemption ne s'effaçât jamais de notre mémoire, et que nous eussions toujours un remède favorable et un préservatif assuré contre les poisons du diable. Recevez donc, aussi bien que nous, avec toute la sainte avidité de votre cœur, ce sacrifice de la Pâque du Sauveur du monde, afin que nous soyons sanctifiés dans le fond de nos âmes et de nos entrailles par Notre-Seigneur Jésus-Christ, lequel nous croyons être lui-même présent dans ses sacrements.

« *Vous mangerez l'agneau pascal, ayant ceint vos reins* (est-il dit au livre de l'*Exode*). La ceinture autour des reins signifie la mortification des vices. En conséquence de ce précepte, nous sommes obligés de mortifier premièrement les convoitises de la chair, et, après cela, de recevoir le corps du Seigneur, qui a été immolé pour nous, lorsque nous étions assujettis à la servitude d'Egypte, ce qui fait dire à l'Apôtre : *Que l'homme s'éprouve donc*, etc.

« Le Seigneur a ordonné pour deux raisons qu'on offrît le sacrement de son corps et de son sang sous les espèces du pain et du vin : la première, afin que l'agneau sans tache donnât à un peuple pur une hostie pure à célébrer, sans feu, sans sang et sans les apprêts dont on use pour les autres chairs dont on veut manger, et qu'ainsi cette oblation fût prompte et facile pour tout le monde ; l'autre, que l'on trouvât dans le pain, qui est composé de plusieurs grains de blé, réduits en farine, pétris ensemble avec de l'eau, et ensuite cuits au feu, une image du corps de Jésus-Christ, qui, emprunté à la masse de la nature humaine, a été fait un seul corps et accompli par le feu du Saint-Esprit.

« Lorsque la Loi a ordonné qu'on mangeât du pain sans levain avec des herbes amères, elle a voulu nous apprendre que personne ne peut mener une vie pure et sincère, sans qu'elle soit mêlée d'amertumes et de déplaisirs... Mais quand vous sortirez de l'Eglise de ce monde par la mort, c'est alors que vous mangerez la nourriture de la manne, c'est-à-dire que vous recevrez le pain et le sacrement du ciel, alors qu'étant introduits dans cette terre des saints, qui vous a été promise, vous jouirez tout ensemble de la beauté du paradis et des délices inépuisables que le Seigneur réserve aux saints dans l'éternité. C'est là une amertume bien douce, puisqu'elle est suivie d'une récompense aussi délicieuse. »

Troisième discours. — Il est consacré à montrer que Jésus-Christ a réuni toutes les figures de l'Agneau pascal. Pour expliquer comment devait être celui dont la loi de Moïse prescrivait l'immolation, il ne considère Jésus-Christ comme agneau que depuis son baptême dans les eaux du Jourdain, et dit que, depuis ce temps jusqu'à sa mort, il ne s'est écoulé qu'une année ; et c'est pendant cette année qu'il a fait tous les discours et tous les miracles rapportés par les évangélistes.

Quatrième discours. — Il montre que la loi de Moïse a fini à la mort de Jésus-Christ. Son but principal est d'engager les néophytes à entretenir la grâce qu'ils ont reçue dans le baptême, à nourrir et à augmenter leur foi, à renoncer complétement à leurs anciennes habitudes, et à faire paraître en eux Jésus-Christ par toutes les vertus qui peuvent le représenter.

Cinquième discours. — C'est une instruction purement morale, dont le saint docteur tire des conséquences pratiques des rites observés dans la célébration de l'ancienne Pâque. « Comme donc, dit-il, il est observé dans l'ancienne loi de manger la tête de l'Agneau pascal avec ses pieds, nous devons maintenant dans la loi nouvelle manger tout ensemble la tête de Jésus-Christ, qui est sa divinité, avec ses pieds, qui sont son humanité, lesquels sont unis et cachés dans les sacrés et divins mystères ; en croyant également toutes choses, ainsi qu'elles nous ont été laissées par la tradition de l'Eglise, et en nous gardant de briser cet os, qui est très-solide, c'est-à-dire cette vérité sortie de sa bouche : *Ceci est mon corps, ceci est mon sang.* »

Sixième discours. — Dans ce discours, saint Gaudence explique la mort des premiers-nés parmi les Egyptiens, et montre comment Jésus-Christ dans la Pâque, ou dans son passage de cette vie à l'autre, a affaibli la force des démons figurés par ces premiers-nés de l'Egypte, et rappelé à lui toutes les créatures que ces mauvais esprits s'étaient assujetties. Il exhorte son peuple à célébrer dignement la fête de Pâques, afin de ne point donner entrée à l'ange exterminateur, mais plutôt pour se trouver compris parmi les Israélites garantis par la protection du Seigneur.

Septième discours. — Il traite du pain azyme, dont les Israélites devaient se nourrir pendant les sept jours de la fête de Pâques. Marcion et les manichéens accusaient de cruauté le Dieu de l'Ancien Testament pour avoir ordonné au peuple juif une semblable nourriture pendant le temps de la Pâque ; mais saint Gaudence justifie le commandement du Seigneur par plusieurs raisons, dont la plus naturelle est que Dieu en avait agi ainsi pour empêcher ce peuple ingrat de perdre le souvenir des bienfaits dont il l'avait comblé en le délivrant de la servitude des Egyptiens. Il ajoute que, sous le nom de ferment ou pain levé, interdit aux Juifs pendant la semaine des azymes, on peut entendre les hérésies, les impiétés et tout ce qui est contraire à la dignité d'un chrétien.

Autres discours. — Sans nous astreindre à analyser chacun des discours du saint évêque, nous nous contenterons d'en extraire quelques pensées, que nous reproduirons çà et là, pour faire connaître sa manière et surtout sa simplicité.

Dans un de ses discours, saint Gaudence soutient que la sainte Vierge, qui avait conçu le Fils de Dieu, sans perdre sa virginité, le mit aussi au monde sans intéresser sa pudeur. Et, pour le prouver, il dit qu'il n'était pas plus difficile à Jésus-Christ de sortir du sein de sa mère ni d'y entrer, que d'entrer, les portes fermées, dans le cénacle où étaient les disciples.

Il ne craint pas d'avancer que cette sainte mère du Seigneur, la fille des patriarches et des prophètes, a intercédé pour nous, gentils, auprès de son Fils.

Parlant en présence d'un grand nombre d'évêques, le jour de la consécration de son église, il les appelle l'assemblée des saints. « Pour rendre cette consécration plus solennelle, la bonté divine nous a mis en possession de précieuses reliques, du dernier et du plus grand des prophètes, saint Jean-Baptiste, des apôtres saint André, saint Thomas, de l'évangéliste saint Luc, des martyrs saint Gervais et saint Protais, qui ont daigné se révéler, il y a quelques années, dans la ville de Milan, à Ambroise son évêque ; d'autres saints confesseurs et des quarante martyrs de Sébaste (dont il fait le panégyrique).

« Toutes les fois que les persécuteurs faisaient jeter les eaux les cendres des martyrs qu'ils avaient condamnés au feu, il ne manquait pas de pieux fidèles qui allaient ou les enlever clandestinement, ou se les procurer à prix d'argent. »

Cependant ce ne sont pas là les seuls avantages à recueillir des instructions du saint évêque. Il en est qui s'adressent à d'autres qu'à des catéchumènes et conviennent à toutes les classes de chrétiens. Telles sont les pensées que nous détachons de ses homélies.

« Nous voyons les méchants prospérer, tandis que la plupart des justes sont éprouvés par les tribulations. Elie est réduit à fuir, quand l'impie Jésabel est sur le trône. — Le plus grand des prophètes, Jean-Baptiste, après avoir langui chargé de chaînes, dans l'obscurité d'un cachot, y reçoit la mort, tandis que l'infâme Hérode, qui commande cette mort, siège à table avec ses officiers et ses courtisans, enivré, non pas de vin seulement, mais du sang de l'homme juste. — La doctrine de la vérité donne la vie à ceux qui s'y soumettent, et la mort à ceux qui y résistent. Elle abat le vice et rehausse la vertu ; elle accable les incrédules et élève les fidèles, parce que Jésus-Christ, que les apôtres ont annoncé au monde, est venu pour la ruine et la résurrection de plusieurs. — Ce qui nous sauve est ce qui tourmente les démons. »

Ailleurs, il conclut ainsi un sermon sur

l'aumône : « J'ai dit le fleuve des aumônes, *fluvium diximus eleemosynarum*, pour vous faire sentir avec quelle abondance vous devez donner. Mais, combien sont rares ceux qui, je ne dis pas versent des fleuves d'aumônes, mais qui répandent seulement des gouttes de pluie et de rosée, pour procurer quelque rafraîchissement à leurs âmes !

« Le chrétien sort de l'église, et ses oreilles étant sourdes à la prière du pauvre, il passe sans lui rien donner. C'est ainsi que le Seigneur l'écoutera dans ses prières.

« L'Ecriture dit que le jeûne est avantageux quand il est accompagné de l'aumône. Il faut donc pratiquer l'un et l'autre, pour apaiser la colère du Seigneur. Mais peut-être ne pouvez-vous pas jeûner. Si cela est ainsi, au moins donnez à manger à ceux qui ont faim. Si, pour jeûner, il ne vous est pas possible de retarder seulement de quelques heures votre repas ordinaire, jugez par là de la peine que doit éprouver celui que sa misère et votre dureté obligent de jeûner, et dont vous ne soulagez pas la faim, tandis que vous, vous siégez à une table opulente. Vous alléguez, pour prétexte de vos refus, la stérilité des saisons ; vous vous rejetez sur de prétendues nécessités. Ingrat ! vous outragez Dieu lui-même par vos fausses plaintes. Eh bien ! je le suppose ; dites-moi, êtes-vous le seul qui sentiez la misère du temps ? ce pauvre ne la sent-il pas comme vous ? Mais vous, comment l'endurez-vous ? Vous empêche-t-elle de vous livrer aux caprices de votre luxe ? Pour moi, je n'y pense qu'avec douleur, et je ne le dis qu'avec honte. Combien y a-t-il de ces pauvres qui, étant dans la dépendance des riches, seraient morts de faim, si l'Eglise n'était venue à leur secours ! »

Panégyriques. — Outre ces homélies, l'éditeur a recueilli quelques panégyriques prononcés par saint Gaudence. Ce sont les panégyriques des Macchabées, des apôtres saint Pierre et saint Paul, de saint Philastre son prédécesseur. Butler compte quatorze éloges du même saint évêque par saint Gaudence. Il n'y a d'authentique que celui qui se trouve dans l'édition de Paul Galéard. Plusieurs de ces mêmes homélies se rencontrent sous le nom de saint Zénon de Vérone.

Saint Gaudence est quelquefois mentionné dans nos chaires chrétiennes, et toujours indiqué comme témoin de la tradition, plutôt que cité comme orateur. Ses instructions familières et ses traités, publiés dans la forme simple des catéchèses, exposaient aux néophytes, ou à ceux qui se préparaient à l'être, les principaux articles de la croyance chrétienne, et n'étaient par conséquent point susceptibles des mouvements de l'éloquence. Mais nous ne pensons pas que ce soit là une raison suffisante pour déterminer la sévérité du jugement qu'en porte Dupin. Qu'on doive reprocher à cet évêque l'abus de l'allégorie, son éditeur lui-même en convient : c'était le goût dominant de son siècle ; mais dire « qu'il soit plein d'allégories forcées, de pensées extraordinaires et d'allusions éloignées ; que le style en soit simple et négligé ; que ses discours manquent de force, d'éloquence, d'exactitude, » c'est outrer la critique, et laisser croire que l'on n'a pas même lu ce que l'on juge. Tillemont est bien plus équitable. « Quoique son style soit assez simple, dit-il, néanmoins il a de l'élégance, et on y voit un génie fort doux et en même temps fort agréable. Mais pour le fond des choses, la doctrine et les instructions sont excellentes. »

GAUNILON, moine de Marmoutiers vers le milieu du xi° siècle, trouva dans cette célèbre abbaye tous les moyens de se former à la piété et de faire de bonnes études. Son génie le porta principalement vers celle de la philosophie, et il paraît qu'il avait quelques dispositions pour la métaphysique. Saint Anselme venait de publier son *Prologse*, c'est-à-dire l'un de ses premiers traités philosophiques dans lequel il établit, par la seule force du raisonnement, l'existence de Dieu et de ses divins attributs. L'écrit tomba entre les mains de Gaunilon, qui le lut avec avidité, mais en même temps avec des yeux de philosophe et de critique. Il y découvrit, de son propre aveu, de grandes beautés, bon nombre de choses aussi vraies qu'utiles, qui ne respiraient que la piété, et dites même avec une onction à laquelle on ne pouvait trop applaudir. Mais il ne put goûter, ou plutôt, malgré la pénétration de son esprit, il ne put comprendre comment on ne pouvait avoir l'idée d'un être souverainement parfait sans le concevoir existant, comme le démontre en effet saint Anselme. Gaunilon prit donc le parti d'écrire sur ce sujet, et, après avoir jeté ses idées sur le papier, il les mit en ordre et en forma un opuscule qu'il publia sous ce titre : *Traité en faveur de l'insensé contre le raisonnement d'Anselme dans son* PROLOSGE. Ce titre fait allusion au second chapitre du livre de saint Anselme, dans lequel il déclare avoir particulièrement en vue l'insensé dont parle le psaume qui a dit dans son cœur : *Non est Deus.* Gaunilon lui objecte tout ce qu'on peut apporter de plus subtil et de plus plausible en apparence pour attaquer ce raisonnement. Sitôt que saint Anselme eut connaissance de l'attaque de son critique, il y répliqua par un écrit intitulé : *Apologétique contre Gaunilon, qui a pris le parti de l'insensé*, et dans lequel il prouve avec une nouvelle solidité que l'existence étant une perfection, elle entre nécessairement dans l'idée de l'être souverainement parfait. Comme Gaunilon n'avait pris la plume que dans le but d'éclaircir la vérité, ainsi qu'il le déclare lui-même, il rend hommage à saint Anselme, le remercie de sa critique, lui demande pardon de celle qu'il s'était permise sur son livre, et lui avoue qu'il n'avait pas bien pris son raisonnement. L'écrit de Gaunilon est imprimé entre le *Prologse* de saint Anselme et son *Apologétique*. Le nom de l'auteur était resté inconnu jusqu'à l'édition des œuvres du saint archevêque de Cantorbéry, publiée par dom Gerberon, qui, l'ayant retrouvé sur quelques anciens manuscrits, l'a restitué au public sur la foi de ces documents. François Picot, faute d'avoir lu attentivement la réponse de saint Anselme, avait attribué la critique de Gaunilon à Robert Olkod, qui ne vécut que deux cents ans après.

GAUSBERT, archevêque de Limoges, qu'il ne faut pas confondre avec un autre Gausbert, grammairien et archidiacre de la même église, qui florissait un siècle plus tard, est moins connu par le mérite de ses écrits que par son titre d'écrivain mercenaire et complétement livré au mauvais goût de son siècle. Il était chorévêque ou coadjuteur de l'évêque Hildégaire, qui occupa ce siége jusqu'en 987. On a de lui les *Actes de saint Frond*, premier évêque de Périgueux dans la métropole de Bordeaux. Plus d'une fois déjà nous avons eu occasion de remarquer qu'une des passions dominantes des écrivains de ce siècle était de faire remonter l'origine de nos Eglises jusqu'aux temps apostoliques, ou du moins jusqu'aux temps voisins des apôtres. Les Périgourdins, piqués d'entendre les peuples des provinces voisines se vanter de ce privilége, ne voulurent pas rester en arrière; ils empruntèrent, ou, pour mieux dire, ils achetèrent la plume de Gausbert, qui leur fabriqua des Actes de saint Frond, qui pouvaient rivaliser avantageusement avec ceux de saint Martial de Limoges, de saint Ursin de Bourges, et de saint George du Puy. C'est cette espèce de pieux roman que D. Bosquet a eu la complaisance de reproduire dans son *Histoire de l'Eglise gallicane*, après l'avoir tiré d'anciens manuscrits. Quoique l'auteur s'écarte de la route suivie jusque-là par d'autres légendistes du même genre, et qu'il n'ait pas jugé à propos de faire de saint Frond un des soixante-douze disciples du Sauveur, comme en avaient usé les auteurs des Actes que nous avons cités plus haut, cependant il ne laisse pas d'atteindre le même but en présentant son saint comme un disciple de saint Pierre, qui, selon lui, l'ordonna à Rome et le renvoya ensuite à Périgueux sa patrie. Que cet écrit soit de Gausbert, on en a une preuve incontestable dans les Actes du concile tenu à Limoges en 1031, au sujet de l'apostolat de saint Martial. Un clerc de l'église de Périgueux présent à cette assemblée ayant voulu représenter, sur l'autorité des Actes de saint Frond, que cet évêque pouvait tout aussi bien que saint Martial porter le titre d'apôtre, l'abbé de Sollignac lui imposa silence en lui faisant voir que ces Actes étaient insuffisants pour établir sa prétention; et il appuie son opinion sur la publication récente de ces Actes composés par Gausbert, chorévêque d'Hildégaire de Limoges, qui n'y avait travaillé qu'à prix d'argent : *Gausbertus noster edidit lucri causa.* Il ajoute de plus que ces Actes, en supposant que saint Frond avait reçu les premières notions du christianisme et la tonsure à Périgueux sa patrie, annonçaient par conséquent que la religion chrétienne y était déjà établie avant lui. Enfin ces Actes le représentaient plutôt comme un solitaire que comme un évêque. Quelque mauvais que soit l'écrit de Gausbert, il s'est cependant trouvé un écrivain anonyme assez courageux pour en faire un petit abrégé que Barali a fait imprimer dans sa *Chronologie de Lérins.* Ce n'est pas sans raison que tous les bons critiques se sont récriés contre cette multitude d'Actes qu'ils regardent non-seulement comme faux et insoutenables, mais encore comme capables de faire douter de ceux qui sont vrais et authentiques. Nous nous associons de bon cœur à leur condamnation, et nous regrettons le temps que nous perdons à en parler; mais nous avons promis de reproduire au moins le croquis de la littérature chrétienne en chaque siècle, et il faut bien que nous tenions notre engagement.

GAUSBERT, moine de Marmoutiers, fut choisi en 1085 pour succéder à Frodin, abbé de Tulle, érigé depuis en évêché. On y vivait dans l'observance exacte de la règle; Gausbert la maintint; ce qui n'empêcha pas Hugues, abbé de Cluny, et Adhémar, de Saint-Martial de Limoges, de blâmer son élection comme irrégulière. Gausbert se mit en devoir de la soutenir. Il fit sur cela un écrit en forme de lettre qu'il adressa à l'abbé Adhémar. Une partie de cet écrit est consacrée à montrer la canonicité de son élection; dans l'autre partie, il reproche à cet abbé l'injure qu'il lui avait faite en lui refusant l'hospitalité, et lui en demande justice. Il ne nous reste que le prélude de cet ouvrage, que Baluze a fait imprimer parmi les *Preuves de l'histoire de Tulle*, à Paris, in-4°, en 1717.

GAUSLIN, ou GAUZELIN, qui passait pour un des premiers philosophes de son temps, et un prélat de grande autorité, était fils naturel de Hugues Capet, qui devint depuis roi de France, et enta sur le vieux tronc de la royauté la branche dite des Capétiens. Dès sa plus tendre jeunesse, Gauzelin fut placé au monastère de Fleury, où il suivit les leçons du grand Abbon, qui dirigeait alors cette abbaye. Sous un maître aussi distingué, il ne fit pas moins de progrès dans la piété que dans les lettres, et on ne parlait jamais de sa science que pour avoir occasion de louer sa vertu. C'est ainsi, pour parler le langage d'un auteur contemporain, qu'il se disposa à devenir un jour l'appui de la foi orthodoxe, et le soutien de la piété chrétienne. Tant de belles qualités contribuèrent, plus encore que la proximité du sang, à le rendre cher au pieux roi Robert. Ce prince avait tant de confiance en ses conseils, qu'il n'entreprenait presque rien d'important sans avoir auparavant pris son avis. A la mort d'Albon, arrivée, comme nous l'avons dit ailleurs, le 13 novembre 1004, Robert lui donna l'abbaye de Fleury. Les moines eurent beau opposer le défaut de sa naissance, la volonté du roi prévalut. Il épousa d'abord les querelles que son prédécesseur avait eues avec Foulques, évêque d'Orléans, au sujet de la justification; mais de l'avis de Fulbert de Chartres, il donna ensuite satisfaction à cet évêque, qui l'avait excommunié avec toute sa communauté, et pressa les autres évêques d'en faire autant. En 1013, lorsque le roi Robert le nomma à l'archevêché de Bourges, le défaut de sa naissance lui fut encore objecté ; mais Gauslin fit un voyage à Rome, d'où il revint avec un rescrit du Pape Benoît VIII, qui confirmait son élection. Il assista en 1020 au concile d'Airy, convoqué pour le rétablissement de la paix dans la Bourgogne. Deux ans plus tard, le roi Robert ayant assemblé un autre concile à Orléans, pour juger quelques rejetons des manichéens qui troublaient alors l'Eglise de France, Gauslin y joua un grand personnage, et comme évêque et comme abbé ; car il conserva le titre d'abbé de Fleury jusqu'à sa mort. En 1026, le 30 de juillet, un funeste incendie ayant réduit en cendres ce monastère, le généreux abbé entreprit de le rebâtir, et l'exécuta dans l'espace de deux ans. Trois ans plus tard, en 1029, il se trouva avec deux autres métropolitains et plusieurs évêques à la dédicace de l'église de Saint-Aignan d'Orléans, à laquelle le roi Robert assista avec toute sa cour. Il ne survécut pas longtemps à cette cérémonie, et mourut le 2 septembre de l'an 1029, dans le cours de la visite de son diocèse. Son corps fut porté à Fleury, et inhumé dans la principale église, comme il l'avait demandé de son vivant. André, un de ses moines, composa presque immédiatement sa Vie, qui n'a jamais été imprimée.

Ses écrits. — Gauslin, malgré sa grande réputation, ne laissa presque aucun monument sérieux de son savoir. L'auteur de sa Vie, il est vrai, fait mention d'un discours qu'il avait prononcé à Rome, et qui lui avait attiré les applaudissements de toute l'assemblée ; mais il ne nous dit point si ce discours méritait de passer à la postérité, soit par la matière qui en faisait le sujet, soit par la façon dont l'orateur l'avait traité. Le même écrivain parle également d'une profession de foi que Gauslin prononça en 1022, au concile d'Orléans, mais il ne dit point si l'écrit avait assez d'étendue et touchait à des détails assez sérieux pour qu'on pût le regarder comme un traité dogmatique.

On sait aussi que Gauslin écrivit un grand nombre de lettres pour différentes affaires qui le regardaient personnellement, ou dans lesquelles il était obligé d'entrer. Tel fut, entre autres, son différend avec Foulques d'Orléans ; telle fut la déposition de Tedfroi, abbé de Bonneval, qui, s'étant retiré près de notre prélat, l'avait engagé à prendre ses intérêts. Il y a de Fulbert de Chartres, sur ces deux affaires, quatre lettres à Gauslin, qui en supposent au moins autant de sa part. Ces lettres font mention d'une cinquième qu'il écrivit à Arnoul, abbé de Saint-Père en Vallée. Il eut encore occasion d'en écrire une autre, à propos de la résistance qu'on opposa à sa promotion à l'archevêché de Bourges. Il répondit également à Hadvise, duchesse de Bretagne, aux princes Alain et Eudes, ses fils, et à l'évêque de Vannes, au sujet de Félix, moine de Fleury, qu'ils demandaient pour abbé de Saint-Gildas de Ruys. De toutes ces lettres, qui nous donneraient des lumières sur les événements de cette époque, il ne nous en reste plus aucune aujourd'hui. Les seules que nous possédions se réduisent à deux, et sont adressées, l'une à Oliba, évêque de Vich en Catalogne. C'est un compliment de condoléance, en réponse à la lettre par laquelle cet évêque lui avait annoncé la mort de Bernard, comte de Besalu, son frère. La seconde est plus intéressante. C'est une réponse au roi Robert, qui lui avait écrit, et à d'autres savants de son royaume, au sujet d'une pluie de sang, dont nous avons déjà parlé, et qui était tombée sur une des côtes maritimes du royaume d'Aquitaine. Ce prince lui demandait, comme aux autres personnages qu'il consultait, si l'antiquité fournissait quelque exemple d'un semblable phénomène, et quel fâcheux événement s'en était suivi. Gauslin montra au roi, par le recueil de Valère-Maxime, la *Chronique* d'Eusèbe, l'histoire des Lombards, et d'autres anciens monuments, qu'on avait en effet remarqué autrefois des phénomènes approchant de celui dont il était question, et qu'ils avaient été suivis de calamités publiques dont ils sont infailliblement des présages. Quant à la nature différente des taches qu'imprimait cette pluie de sang, il n'y répond que par des raisonnements mystiques et moraux. Fulbert de Chartres, qui avait été consulté sur le même phénomène, a fait une réponse à peu près semblable. Du reste, cette double réponse était dans le génie du siècle.

On a inséré dans les *Actes du concile de Limoges*, tenu en 1031, un assez long discours que Gauslin avait tenu autrefois à la cour, en présence du roi Robert, contre ceux qui, refusant de reconnaître saint Martial pour apôtre, lui accordaient au moins le titre de confesseur. Entre les raisonnements employés par notre archevêque, on en remarque quelques-uns tirés des faux actes du saint ; ceux qui viennent de lui n'ont guère plus de force que les autres. Par exemple, il soutient que saint Martial devait être reconnu pour apôtre, parce qu'il était né de la race d'Abraham, parent de saint Pierre et de saint Etienne et qu'il était disciple du Seigneur. Il avait été baptisé par son ordre et de la main de saint Pierre, ordonné évêque par Jésus-Christ même, le jour de son Ascension, et envoyé par lui dans les Gaules, après avoir reçu le Saint-Esprit avec les apôtres. Ce discours, malgré l'étrangeté de ses assertions, fut approuvé du roi et des assistants, imbus des mêmes préjugés que l'archevêque. C'est Odolric, abbé de Saint-Martial, et grand partisan de son apostolat qui le produisit dans l'assemblée du concile, en faisant un grand éloge de l'auteur. Il paraît qu'il le possédait par écrit.

Gauslin fit présent à son abbaye de Fleury d'un morceau du suaire de Notre-Seigneur ;

enfermé dans un reliquaire d'or en forme de bras, et sur lequel il fit graver ces quatre petits vers probablement de sa façon :

GAUSSELME, ou GAUCELIN, abbé de Saint-Victor de Marseille, abdiqua sa dignité et alla s'enfermer dans la grotte de la Beaume, poussé par le désir d'une plus grande perfection. Le supérieur lui écrivit au nom de toute la communauté, pour se plaindre du mépris qu'il avait fait d'eux, en les abandonnant. Gausselme, du lieu de sa retraite, qu'il n'indique que par le nom de grotte, fit à cette lettre une réponse pleine de tendresse et de charité. Il déclare que ce n'est point par mépris qu'il les a abandonnés, mais qu'il continue d'être toujours avec eux d'esprit et de cœur. Ensuite il se plaint à son tour, mais sans aigreur quoique avec force, des mauvais traitements qu'il avait reçus d'eux, et de la façon outrageante dont ils en avaient agi à son égard. Il promet pourtant de se rendre à l'abbaye pour la fête de saint Victor, pourvu qu'on vienne le chercher, d'une manière convenable. Il promet même qu'il donnera son consentement à l'élection d'un nouvel abbé; mais à la condition qu'elle se fera conformément à la règle de saint Benoît, sans brigues ni cabales, dans la paix et la charité. Il proteste que si l'élection ne se fait pas régulièrement, et que si une partie de la communauté, contre l'avis de ceux qui craignent Dieu, choisissait un sujet capable de favoriser leurs désordres, non-seulement il ne lui remettrait aucun des ornements de sa dignité, mais il s'y opposerait encore de toutes ses forces. Cette lettre est fort belle : la douceur, la tendresse, la modestie et l'humilité s'y trouvent jointes à un zèle intelligent et à une fermeté inébranlable. Dom Martene l'a publiée sur une copie du manuscrit de l'abbaye de Saint-Victor de Marseille, qui lui avait été communiquée par dom Fournier, religieux de cette maison. Gausselme survécut peu à cette lettre, et mourut dans le cours de la même année, c'est-à-dire en 1129, et non pas en 1109, comme on le lit dans la petite *Chronique de Marseille*, publiée par le P. Labbe, chronique d'ailleurs si remplie de fautes, qu'elle ne mérite sérieusement aucune considération.

Gaudia læta
Fert manus ista,
Sindone Christi
Plena refulgens.

GAUTHIER, historien de saint Anastase, moine et ermite, mort vers l'an 1086, paraît avoir écrit ce qu'il nous en apprend, neuf ou dix ans, après la mort du pieux solitaire. On en juge ainsi par la lecture de son ouvrage et par le peu de miracles qui s'étaient opérés jusque-là au tombeau du saint, et qu'il rapporte à la suite de la relation de sa vie. Gauthier est un auteur grave, mais inconnu. Il paraît cependant qu'il était prêtre, et même curé de la paroisse de Daydes, alors nommée *ad Devotas*, dans le diocèse de Rieux, où le saint reçut la sépulture. Il est vrai au moins que ce fut aux instances de Pierre, sous-diacre de cette paroisse, et de Bernard son frère, qu'il composa cet écrit dont la préface leur est adressée. Il est court mais assez bien ordonné; car, malgré la brièveté de la narration, on y trouve cependant les principales actions de la vie du saint. Dom Mabillon qui le devait à la politesse de M. Bertier, évêque de Rieux, l'a donné au public avec ses notes et ses observations ordinaires.

GAUTHIER, né à Lille en Flandre, reçut sa première éducation dans sa ville natale et fit de grands progrès dans l'étude de l'Ecriture sainte, à laquelle il s'appliqua de préférence, sans pourtant négliger les sciences profanes qu'il n'ignorait pas. Il entra dans le clergé et fut prélat du chapitre de Lille avant de passer au siége de Maguelone sur lequel il fut élevé au plus tard en 1104. Il assista en 1112 au concile de Vienne et en 1115, à une célèbre assemblée d'évêques, tenue au mois d'octobre, pour la consécration de l'église du monastère de Cassan, au diocèse de Béziers. Etabli, en 1124, par le Pape Calixte II, un des arbitres dans la querelle entre le comte de Substantion et le seigneur de Montpellier, il eut le bonheur de voir se terminer ce différend par la paix. Gauthier vivait encore en 1129 puisqu'il mit à exécution une bulle datée du 31 mai de cette année, par laquelle le Pape Honoré II ordonnait à Pierre, abbé d'Aniane de lui rendre obéissance, mais il mourut peu de temps après, puisque Raymond, son successeur, était placé sur le siége de Maguelone, au mois de juillet ou au plus tard au mois d'août de la même année.

SES ÉCRITS. — Quoique Gauthier fut très-estimé de son temps, pour son érudition, son éloquence et surtout sa connaissance approfondie de l'Ecriture sainte dont il avait fait une étude particulière, cependant il ne nous reste que très-peu de choses de lui. Trithème lui attribue les *Fleurs des psaumes* et quelques lettres. Quant au premier ouvrage, nous ferons voir plus tard qu'il appartient à Lietbert, abbé de Saint-Ruf. Ce qui a trompé les bibliographes sur ce point, c'est que Gauthier envoya ce commentaire avec une lettre écrite de sa main à Robert, prévôt de Lille. Mais outre cet ouvrage qui ne lui appartient pas, on a de Gauthier lui-même une *Exposition sur les psaumes* tirée pour la plus grande partie de l'écrit de Lietbert. On est redevable de cette découverte à l'abbé de Villebrun curé de Sainte-Anne de Montpellier qui publia sur ce sujet une dissertation qui parut depuis dans le *Mercure de France* du mois de novembre 1739. Dans le manuscrit découvert par l'abbé de Villebrun, l'évêque de Maguelone se trouve qualifié de saint à la suite du titre de son ouvrage.

Pour ce qui est des lettres de notre prélat, nous avons d'autres témoignages que celui de Trithème qui attestent qu'il en avait écrit plusieurs; mais elles ne sont pas venues jusqu'à nous. Nous n'avons que celle qu'il écrivit à Robert, prévôt non de l'île de Médoc au diocèse de Bordeaux, mais de Lille en Flandre, en lui envoyant les *Fleurs des psaumes* recueillies par Lietbert. Elle sert de préface à cet ouvrage, auquel Gauthier n'a d'autre part, comme nous l'avons dit, que de l'avoir publié. Dom Mabillon l'a insérée parmi ses *Analectes*.

Raoul de Rive, doyen de Tongres, cite dans son ouvrage *De canonum observantia*, publié par Melchior Hittorpius, une lettre qui parait être de Gauthier, et adressée aux chanoines réguliers de Chamousey en Lorraine. On voit par cette lettre que Gauthier n'approuvait pas saint Norbert en certaines choses.

Dom Martène assure avoir vu parmi les manuscrits de la cathédrale de Bourges les commentaires de Gauthier sur les psaumes; et parmi ceux de l'abbaye de Barzelle, au même diocèse, les *Sentences* de Gauthier *sur l'Apocalypse*. Nous ignorons si le commentaire qu'a vu dom Martène est l'ouvrage de Lietbert ou celui de Gauthier. Pour ce qui est des *Sentences sur l'Apocalypse*, nous ne savons que ce qu'en dit dom Martène, sans pouvoir décider si le Gauthier, auteur de ces sentences, est le même que l'évêque de Maguelone.

GAUTHIER DE TÉROUANE, chanoine et archidiacre de l'église épiscopale de cette ville, vivait vers l'an 1120. Valère André le confond avec Gauthier le chancelier, et Casimir Oudin semble incliner vers la même opinion; le chancelier, dit-il, ayant pu, après son retour d'Orient, être nommé chanoine de Térouane. Dom Rivet décide formellement la question, fondé sur la différence de style entre les deux auteurs; différence si sensible, selon lui, qu'il est impossible d'y reconnaître la même plume. D'ailleurs le chanoine de Térouane dans ses écrits ne dit pas un mot du voyage d'Orient, quoique cependant il parle de ces contrées, à l'occasion de celui qu'y fit le jeune Robert qui avait suivi la croisade. Les Bollandistes partagent le même sentiment. Quoi qu'il en soit, il est certain que c'est à Gauthier chanoine de Térouane que l'on doit l'*Histoire de la vie et du martyre de Charles le Bon*, comte de Flandres, assassiné le mercredi des cendres 2 mars 1127, à Bruges, dans l'Eglise de Saint-Donatien. Il composa cette histoire par ordre de Jean, son évêque, et à la prière du doyen et des autres chanoines ses confrères. Mais, non content de raconter la fin tragique de Charles, il crut devoir retracer les principales actions d'un souverain, si digne de servir de modèle à ses semblables par ses vertus militaires, politiques et chrétiennes. Après un prologue dans lequel il proteste de sa docilité, de son exactitude et de sa sincérité, il commence par décrire l'origine de son héros. Fils et cousin de rois honorés de la couronne du martyre, Charles semblait prédestiné par sa naissance à la fin glorieuse de ses ancêtres. Les persécuteurs de son père l'ayant spolié du royaume de Danemark, son patrimoine, il se réfugia, dans un âge fort tendre, auprès du comte de Flandre, Robert le Frison, son aïeul maternel. Il reçut à la cour de ce prince une éducation noble et chrétienne, et montra de bonne heure qu'il n'avait pas dégénéré de la vertu de ses ancêtres. Ses premières armes furent consacrées à la défense de la religion. Il accompagna son oncle Robert le Jeune à la croisade et combattit avec distinction sous ses enseignes. De retour en Flandre, il rendit des services importants à sa patrie par sa valeur et son habileté dans le maniement des affaires. Baudouin à la Hache, fils du second Robert et son successeur dans le comté de Flandre, voulut couronner par une récompense éclatante le mérite extraordinaire du jeune Charles. Se voyant sans enfants, il l'institua son héritier au préjudice de Guillaume d'Ypres, son parent dans un égal degré, mais dans la ligne masculine. Les Etats du pays ratifièrent cette disposition. Gauthier parle ensuite des contradictions qui furent suscitées au nouveau comte par la princesse Clémence mère de Baudouin, des intrigues qu'elle fit jouer pour le dépouiller et lui substituer son rival, des princes et seigneurs qu'elle engagea dans son parti, des guerres que Charles eut à soutenir en conséquence, des victoires qu'il remporta, et de la possession paisible qu'elles lui assurèrent. De là il passe à la conduite du comte, par rapport à l'intérieur de ses Etats. Il peint sa bonté toujours attentive aux besoins de son peuple; sa charité compatissante envers les pauvres et prodigue dans les temps de calamité; son respect pour les choses saintes et leurs ministres; son zèle pour le maintien des lois, zèle qu'il renferma toujours dans les véritables bornes, et dont il devint néanmoins la victime. Instruit comme il l'était des sourdes menées des mécontents pour le perdre, on voit l'intrépidité de son âme dans le courage avec lequel il continua de poursuivre les brigands et de réprimer les perturbateurs du repos public. Arrivé à la cruelle catastrophe qui signala le mercredi des cendres de l'an 1127, Gauthier donne l'essor à sa douleur, et montre qu'elle était encore bien récente par les transports avec lesquels il s'efforce de l'exprimer. Il rapporte en détail les supplices que l'on fit subir aux assassins du malheureux prince, après les avoir forcés dans les postes où ils s'étaient retranchés. Il raconte enfin plusieurs miracles opérés par l'intercession de celui qu'il appelle un martyr, et donne pour garants de leur vérité des témoins respectables par leur état et par leur religion.

Cet écrit, où la candeur, l'onction et la piété se font sentir presque à chaque ligne, n'a été imprimé pour la première fois qu'en 1618, sans nom d'auteur, par les soins du P. Sirmond, sur un manuscrit de l'abbaye d'Igny. Les continuateurs de Bollandus l'ont réimprimé parmi les *Actes des Saints*, sous la date du 2 mars d'après quatre anciens manuscrits qui l'attribuent à Gauthier.

GAUTHIER, abbé de Saint-Amand, succéda à Bavon, mort le 9 décembre 1121 et abdiqua en 1123. C'est tout ce que nous en apprend la *Chronique de Saint-Amand*, qui marque que Gauthier fit faire une croix d'or, pour y enchâsser une dent de saint Etienne avec d'autres reliques. Nous avons de lui une *Charte* adressée aux abbés, ses successeurs et à tous les fidèles, pour leur faire part de la mauvaise conduite de Bavon l'Ancien, mort abbé de Saint-Amand en 1085, après avoir pillé le trésor de son église, et engagé les biens de son monastère. Aubert Lemire a publié cette Charte dans sa *Notice sur les églises de Flandre*. Dom Martène l'a insérée dans son *Thesaurus Anecdotorum*, où elle est précédée d'une lettre, écrite par un abbé de Saint-Amand, qu'il croit pouvoir attribuer à l'abbé Gauthier. Cette lettre, qui n'est signée que d'un R, est adressée à F., archevêque de Césarée, dont l'auteur se dit neveu, pour lui demander des reliques. La conjecture de dom Martène s'accorde du reste parfaitement avec la circonstance que nous avons relatée plus haut d'après la *Chronique de Saint-Amand*.

GAUTHIER, moine de l'abbaye de Saint-Pierre de Melun, écrivit en 1136, comme il le déclare lui-même, l'histoire des miracles opérés, vers le commencement du XII° siècle, au tombeau de saint Liesne ou Leunius, l'un des patrons de la ville de Melun. La lecture de cet ouvrage qui n'a pas encore été livré au public, n'attache pas moins, si l'on en croit Bouillard, par l'élégance du style que par l'intérêt de la matière. Le continuateur de l'*Histoire littéraire de la France* n'a pas reconnu, à beaucoup près, ce degré de mérite dans l'exemplaire qu'il avait entre les mains. Il est vrai que cet exemplaire était une copie, faite avec assez peu de soin au commencement du XVII° siècle. Quoi qu'il en soit, voici, d'après son article, ce qu'elle porte en substance.

L'auteur avoue dans sa préface qu'il ne reste aucune lumière sur les événements de la vie du saint, ni sur ce qu'il a été, ni sur le temps où il a vécu. Mais il prétend que cette incertitude ne doit nullement préjudicier à son culte, puisque Dieu a attesté sa vertu par un grand nombre de miracles, opérés en divers temps. Il ne se donne pas pour témoin oculaire de ceux qu'il va raconter ; il déclare seulement les avoir appris de deux de ses confrères, Robert et Renaud. L'occasion suivante donna, selon lui, naissance à ces merveilles. Gauthier, abbé de Saint-Père, mort vraisemblablement avant que notre historien eût fait profession, ayant voulu par respect faire ouvrir le tombeau de saint Liesne, placé dans l'église de son nom, le moine Evrard, employé à cette opération, n'eut pas plutôt levé le couvercle, qu'il aperçut des gouttes de sang en montra ses mains qui en étaient teintes. L'abbé, n'osant passer outre pour le moment, mit des gardes autour du tombeau. Une grande lumière éclaira l'église pendant la nuit suivante. Le lendemain une religieuse, vénérée pour la pureté de sa vie, tira du tombeau le linceul qui fut porté dans l'église de l'abbaye. Alors le peuple vint en foule honorer les reliques du saint patron, et plusieurs malades furent guéris par son intercession.

Malgré la confiance, avec laquelle il les affirme, nous ne voudrions pas garantir la certitude de tous les prodiges rapportés par Gauthier. Il y en a quelques-uns qui ne paraissent fondés que sur un excès de prévention ou de crédulité ; mais nous croyons encore moins devoir en révoquer en doute la totalité. C'est une inconséquence que le bon sens et la religion réprouvent également. Ce que nous regrettons, c'est que les auteurs n'aient pas apporté plus d'esprit de critique dans la composition de ces sortes d'ouvrages.

GAUTHIER, né à Compiègne, se fit moine à l'abbaye de Marmoutiers au commencement du XII° siècle. Il devint ensuite le premier prieur de Saint-Martin en Vallée, monastère dépendant de Marmoutiers, dans un des faubourgs de Chartres. Il souscrivit, en cette qualité, une charte datée de 1131 et rendue par Geoffroi II, évêque de Chartres. On ignore l'année de sa mort ; mais il survécut à l'abbé Garnier, mort en 1155, et dont il parle dans ses écrits comme n'étant déjà plus. C'est à lui, et non pas à Gauthier de Cluny, comme le prétend Papillon d'après le P. Labbe, que nous sommes redevables d'un *Recueil de miracles de la sainte Vierge*, publié par ce dernier dans sa *Nouvelle bibliothèque*, sous le titre fautif : *De miraculis B. Mariæ Virginis, autore Gauterio monacho Cluniacensi*. La preuve que cette relation appartient à Gauthier de Compiègne se tire de différentes circonstances empruntées à l'ouvrage même, et qui décèlent un auteur qui avait vécu à Tours et qui écrivait à Chartres. D'abord, c'est à un moine de Saint-Venant de Tours, monastère renfermé dans l'enceinte de l'abbaye de Saint-Martin, que cette relation est dédiée ; ensuite, tous les miracles de la Mère de Dieu qu'on y rapporte concernent l'Eglise de Chartres ; enfin, cette histoire se termine par le récit d'un miracle dû à l'intercession de saint Martin : ce qui dénote un écrivain qui s'intéressait particulièrement à la gloire de ce grand pontife. L'auteur déclare avoir appris de Geoffroi II, évêque de Chartres, les merveilles qu'il rapporte, excepté la dernière.

C'est encore au même Gauthier que nous croyons devoir attribuer un fragment d'histoire de l'abbaye de Marmoutiers, inséré par dom Mabillon dans le tome IX des *Actes des saints Bénédictins*. Il est impossible, en effet, de ne pas y reconnaître au style, au génie et à la façon de penser et de narrer, l'auteur de la relation précédente. On y lit même une vision de Foulques, comte d'Anjou, copiée mot pour mot dans le livre intitulé : *Gesta consulum Andegavensium*. Or l'auteur de ce dernier ouvrage déclare s'être aidé des écrits de Gauthier de Compiègne ; ce qu'il faut entendre sans doute d'une histoire complète de Marmoutiers, dont ce fragment faisait partie. Quant au mérite de ces deux productions, les seules que nous puissions revendiquer à Gauthier, elles nous paraissent l'une et l'autre fort insipides. Nous jugeons surtout la première inutile à tous égards et même dangereuse. L'auteur, voulant inspirer la dévotion envers la sainte Vierge, la fonde sur des faits aussi peu vraisemblables que propres par leur nature à inspirer aux plus grands pécheurs une assurance téméraire et funeste à leur salut. Certainement, en tirant cette pièce des ténèbres où elle était, l'éditeur n'a pu avoir d'autre vue que de grossir son recueil, car elle ne répand aucun jour sur l'histoire. La seconde du moins à cet avantage qu'elle nous apprend de l'abbaye de Marmoutiers des usages respectables dont l'auteur avait été témoin. Voici ceux qui nous ont paru les plus dignes d'être remarqués. Le nombre des prêtres était considérable dans ce monastère, et chaque jour on y célébrait des messes depuis l'aurore jusqu'au dîner. Cela se faisait avec tant de révérence et de dignité qu'on croyait plutôt voir des anges que des hommes à l'autel : *Quæ tam digne ac reventer fiebat, ut magis angelica quam humana exhibitio putaretur.* C'était une ancienne coutume, lorsqu'un frère venait de mourir, que toute la communauté interrogeât son confesseur sur la pénitence qu'il lui avait imposée. « Sitôt qu'il l'avait déclarée, vous eussiez vu, dit l'auteur, les frères se la partager à l'envi entre eux; l'un prenait pour lui les psaumes, l'autre les messes; celui-ci les jeûnes, celui-là les disciplines, de sorte que cette parole de l'Apôtre se trouvait accomplie à lettre : *Alter alterius onera portate.*» Dans les calamités publiques, les religieux de Marmoutiers allaient en procession, pieds nus, au tombeau de saint Martin. On voit aussi que le terme de *Bréviaire* était dès lors en usage pour marquer le livre des Heures canoniales.

GAUTHIER DE MAURITANIE OU DE MORTAGNE, ainsi nommé du lieu de sa naissance, enseigna la rhétorique avec réputation sur le mont Sainte-Geneviève à Paris, depuis l'an 1136 jusqu'en 1148. Ce fut alors qu'il compta Jean de Salisbury au nombre de ses écoliers. Il dut à ses succès une chaire de philosophie, puis enfin de théologie, qu'il occupa successivement dans la même ville. Du Boulay parle de ses lettres et de ses traités au quatrième siècle de son *Histoire de l'Université de Paris*. Il paraît qu'il avait fait ses études à Reims, sous le célèbre Raoul, avec lequel il eut un démêlé qui le força de quitter son école. Il en ouvrit une autre de son côté, s'y posa en concurrence avec son ancien maître et lui enleva beaucoup de ses écoliers. Mais l'envie ou le ressentiment ne lui permirent pas d'exercer longtemps en paix : il quitta Reims pour aller s'établir comme nous l'avons vu, et de là il passa à Laon, où à la dignité d'écolâtre il joignit successivement celles de chanoine, puis de doyen de la cathédrale, et enfin il fut nommé évêque de cette ville, en 1155, à la mort d'un autre Gauthier son prédécesseur. Il assista en 1159 à l'accommodement qui se fit entre Odon, abbé de Saint-Denis, et Hugues comte de Rociac, et en 1163, au concile de Tours. Il mourut en 1174, et fut enterré dans l'église de Saint-Martin. Son épitaphe est rapportée dans le tome IXᵉ de la *Gaule chrétienne*. Il nous reste de lui des lettres qui ont été recueillies par dom Luc d'Achery, et imprimées dans le tome II du *Spicilége*. Elles se trouvent également, dans l'*Histoire de l'Université* de du Boulay, à l'année 1129.

La première de ces lettres est adressée à un moine nommé Guillaume, qui ne croyait pas que les enfants baptisés avant l'âge de discrétion par les hérétiques, reçussent la grâce du baptême. Gauthier prouve que la qualité du ministre n'influe pas sur l'effet de ce sacrement parce que c'est Dieu, c'est Jésus-Christ qui baptise et qui confirme, c'est-à-dire qui opère la grâce dans le baptême et la confirmation. Il allègue sur cela l'exemple de Judas qui, ayant reçu comme les autres le don des miracles, la grâce de lier et de délier, n'en fut pas privé tant qu'il demeura avec le Seigneur, quoique dans son cœur il l'eût déjà trahi; de Caïphe qui prophétisa par le privilège attaché à sa dignité de pontife, quoiqu'il en fût indigne ; des scribes et des pharisiens, à qui leurs mauvaises mœurs n'ôtèrent pas le pouvoir que leur donnait le droit qu'ils avaient de s'asseoir dans la chaire de Moïse : enfin l'autorité de saint Augustin, du Pape Nicolas Iᵉʳ, qui ont reconnu pour bon tout baptême donné au nom de la Sainte-Trinité, eût-il été conféré par un adultère, un homicide et même par un païen.

Dans la seconde, Gauthier traite du mystère de l'Incarnation, à propos d'une proposition qu'il avait avancée, et dans laquelle il disait que l'homme pris par le Verbe est Dieu. Il fait entendre que de semblables propositions, qui sont assez ordinaires, ne signifient autre chose, sinon que l'homme, c'est-à-dire le corps et l'âme auxquels le Verbe s'est uni, est Dieu, parce que l'union des deux natures, de l'humanité et de la divinité, s'est faite en une seule personne qui est Dieu ; mais il ajoute que cette union s'étant faite sans le mélange ni la confusion des deux natures, on ne peut dire séparément que la nature humaine est Dieu, ni que la nature divine est homme, l'une de ces deux natures ne pouvant être changée en l'autre, au lieu qu'on dit bien, en vertu de l'union personnelle des deux natures : Jésus-Christ a toujours été, il est éternel, ce qui ne signifie pas que le Fils de Dieu ait toujours été homme, mais que celui qui s'est fait homme dans le temps a toujours subsisté.

Par la troisième lettre, Gauthier réfute le sentiment d'un docteur nommé Thierry, qui assurait que Dieu était par sa toute-puissance, mais non par son essence. Il montre que cette proposition se détruit d'elle-même, puisque Dieu ne pourrait exercer sa toute-puissance partout, s'il n'était pas partout essentiellement. Dira-t-on d'un roi puissant qu'il est par tout son royaume, parce que sa volonté est exécutée dans toutes les villes de ses Etats? D'ailleurs, l'essence divine est incirconscriptible, et ne peut être dans un lieu plutôt que dans un autre; elle est partout, dans le ciel, sur la terre et dans le monde entier.

Un autre docteur, appelé Albéric, l'histoire ne dit pas si c'était le même avec qui il eut des démêlés à l'école de Reims, avait avancé que Jésus-Christ n'avait en aucune manière appréhendé la mort, et qu'au moment de sa passion il n'avait ressenti ni trouble ni tristesse. Gauthier montre d'abord que Jésus-Christ s'était assujetti à toutes les infirmités de la nature humaine, excepté le péché; ensuite, il rapporte les passages de l'Evangile où le Sauveur lui-même nous apprend que son âme fut agitée de trouble à la résurrection de Lazare; qu'aux approches de sa passion il commença à s'attrister; que son âme fut triste jusqu'à la mort dans son agonie, et qu'il demanda à son Père de l'en délivrer, et, si cela était possible, d'éloigner de lui ce calice. Aux témoignages de l'Ecriture, Gauthier ajoute ceux des Pères de l'Eglise qui enseignent unanimement que Jésus-Christ a redouté la mort, et que les sentiments de trouble et de tristesse se sont opérés en lui comme en nous, avec cette différence qu'il était le maître de ne pas les ressentir et qu'ils dépendaient de sa volonté, au lieu qu'ils sont une suite de la corruption de notre nature. Il cite quelques Pères qui semblent avoir dit que Jésus-Christ ne craignait pas la mort, et pour les concilier avec ceux qui disent nettement qu'il l'avait appréhendée, il distingue entre une crainte excessive et une crainte modérée, telle qu'en eut le prophète Elie à l'égard de Jézabel dont il craignait la cruauté, et celle qu'avait saint Paul d'être livré aux Juifs. C'est cette crainte modérée qu'éprouvait Jésus-Christ. Il n'eut ni une frayeur excessive de la mort, ni des agitations, ni des douleurs véhémentes qui s'expriment par des larmes et par des sanglots.

La cinquième lettre est adressée à Pierre Abailard, à qui Gauthier se plaint de quelques discours que ses disciples répandaient dans le public. Ils disaient, entre autres choses, que Pierre, leur maître, était si subtil, qu'il connaissait parfaitement comment l'essence divine était une en trois personnes, comment le Fils était engendré du Père, et comment le Saint-Esprit procédait du Père et du Fils. Gauthier avait peine à ajouter foi à ces discours, parce qu'il arrive souvent que les disciples, entendant mal les sentiments de leur maître, s'en éloignent, ou par ignorance, ou en voulant donner dans des nouveautés, et s'appuyer toutefois de l'autorité de ceux dont ils ont pris des leçons. Cependant étant tombé sur la première partie d'un traité d'Abailard intitulé: *Livre de Théologie*, il y remarque que ce docteur s'était proposé de montrer dans une autre partie de son traité, comment le Fils est engendré du Père, et comment le Saint-Esprit procède des deux premières personnes; et que le même docteur disait encore que dans une introduction à l'intelligence des divines Ecritures, il suivait plutôt ses opinions particulières que la vérité du texte. Abailard y enseignait aussi que la puissance du Père était la plus grande, et celle du Fils la moindre. Telles sont les erreurs que Gauthier réfute dans sa lettre. Il demande à Abailard s'il est jamais arrivé à aucun docteur catholique de proposer ses opinions particulières à la place de la vérité. Il lui fait voir par l'autorité des Ecritures que l'on ne peut sans témérité enseigner que la toute-puissance du Père est plus grande que celle du Fils, puisque le Fils est égal à son Père et un avec lui. Il estime comme une vanité et même comme une folie dont il a peine à croire qu'il soit coupable, qu'un homme en cette vie puisse se flatter de connaître parfaitement le mystère de la Trinité. *Qui pourra*, dit le Prophète en parlant de la génération du Verbe, *qui pourra la raconter*? N'est-il pas dit dans l'Evangile que *Personne ne connaît le Père sinon le Fils, et celui à qui il voudra bien le révéler*?

La sixième lettre de Gauthier est une réponse à Hugues de Saint-Victor, qui lui avait adressé son *Traité de l'âme en Jésus-Christ*. Hugues soutenait dans ce livre que l'âme, en Jésus-Christ, avait une force égale à la science de la nature divine. Gauthier le reprend en ami et avec politesse du peu d'exactitude de cette proposition, et, distinguant en Jésus-Christ les deux natures, il dit qu'étant selon la nature divine l'égal de son Père, il possède selon cette nature tout ce que son Père possède lui-même, et conséquemment la plénitude de sa science; mais qu'étant moindre que son Père selon la nature humaine, il a aussi une science inférieure à la sienne. — Cette lettre ne se lit pas à la suite des autres dans le *Spicilége*, parce qu'elle avait été imprimée dans les notes de dom Mathoud sur Robert Pullus. Au lieu de Gauthier, on y lit Guillaume, parce que son nom n'était marqué dans le manuscrit que par sa lettre initiale. Du Boulay a commis la même faute.

Le nom de Gauthier de Mortagne se lit dans un acte de donation qu'il fit en 1152 à l'église de Prémontré. Il en est parlé dans le *Catalogue des doyens de la cathédrale de Laon*, à la suite des ouvrages de Guibert de Nogent. Les lettres de Gauthier sont écrites avec élégance, les raisonnements en sont solides et proposés avec beaucoup de netteté. L'importance des matières discutées dans ces lettres leur mériterait à bon droit le titre de traités. Certes, il y en a beaucoup de plus volumineux qui sont moins concluants.

GAUTHIER LE CHANCELIER, en latin *Gualterius* ou *Gualterus*, était Français et florissait au XIIe siècle, comme le prouve fort bien Bongars dans la préface de sa collection. On ignore son origine, le lieu et la date de sa naissance. L'auteur du *Supplément au Dictionnaire de Moréri* dit qu'il accompagna Godefroi de Bouillon dans son expédition de la terre sainte; mais on ne trouve rien dans ses écrits qui puisse appuyer cette opinion. On y apprend seulement qu'il passa en Palestine avec les croisés, et que dans ce voyage il devint chancelier de Roger, prince d'Antioche. C'est le titre qu'il se donne lui-même dans le prologue de la seconde partie de son histoire : *Ego ipse Gualterius cancellarius*. Il a éprouvé, dit-il, la bonne et la mauvaise fortune, et l'expérience qu'il a faite de l'une et de l'autre, lui a appris que la prospérité est encore plus préjudiciable à l'âme que l'adversité ne l'est au corps. En effet, il partagea la fortune du prince au service duquel il était attaché. Roger, après avoir remporté sur les Turcs une victoire signalée et mis la ville d'Antioche dans un état florissant, leur ayant livré imprudemment une seconde bataille en 1119, la perdit complétement et y périt. La plus grande partie de son armée fut détruite, et ce qui échappa à la mort tomba dans la plus dure captivité. Gauthier fut une des victimes de la barbarie du vainqueur : et il eut tant à souffrir de ses mauvais traitements, qu'il avoue que sa tête s'affaiblit par la dureté de sa prison. En effet, les persécutions de tous genres que les barbares infligèrent aux prisonniers, et dont il fait la description, étaient bien capables de produire cet effet. On lit encore dans le *Supplément au Dictionnaire de Moréri* que Gauthier, revenu de ce voyage, écrivit l'histoire du siége d'Antioche et de tous les faits dont il avait été témoin jusqu'en 1119. Ce récit n'est pas exact. D'abord on ne voit nulle part dans son ouvrage la relation du siége d'Antioche ; ensuite il ne résulte ni des prologues qui se trouvent en tête de chaque partie, ni du corps même de l'ouvrage que l'auteur l'ait composé après son retour. Au contraire, il y a beaucoup plus d'apparence qu'il le composa sur les lieux mêmes où s'étaient accomplis les événements qu'il raconte. Tout concourt du moins à en donner cette idée. L'auteur déclare qu'un des motifs qui l'ont engagé à l'écrire, c'est le désir d'instruire les personnes sages et les princes destinés à succéder à Roger, en leur mettant sous les yeux les vertus et les défauts de ce capitaine. D'ailleurs les exhortations qu'il adresse en divers passages aux chrétiens du pays pour les porter à la pénitence et les engager à réformer leurs mœurs dont il fait une peinture affreuse, montrent assez qu'il écrivait pour eux, et sur les lieux mêmes. Cet ouvrage est divisé en deux parties : La première contient les succès des chrétiens, les victoires remportées par Roger, et tout ce qui a rapport à son administration, tant qu'il gouverna l'État d'Antioche. A la tête de cette première partie se lisent deux vers qui nous en apprennent le sujet avec le nom de l'auteur :

*Exstitit hic victor, Gualterius indicat auctor,
Antiochenorum dominus Rotgerius, et dux.*

La seconde partie contient les malheurs de ce prince digne d'un meilleur sort, sa défaite, sa mort et les suites fâcheuses qu'elle eut pour sa principauté. Le sujet, comme celui de la première, est renfermé dans ces deux vers :

*Princeps valde probus Rotgerius Antiochenus.
Qualiter occubuit, Gualterius hic recitavit.*

Bangars a publié cette histoire, et elle tient le septième rang dans sa *Collection des historiens de la croisade*. Sans doute ce savant éditeur ne l'aurait pas crue digne de voir le jour, si tout ce qui est historique ne devait pas être conservé à tout prix, quel qu'en soit le style. Cette relation, à la vérité, est mal écrite, mais elle n'en est pas moins intéressante. C'est un témoin oculaire qui rend un compte fidèle et exact de ce qu'il a vu ; c'est un historien qui rapporte dans un grand détail des faits importants, et cela avec tant de candeur, de bonne foi et de simplicité, qu'on ne peut douter de la vérité de ce qu'il raconte ; et que son récit se fait même lire avec plaisir, malgré les défauts de diction qui s'y rencontrent ; enfin, c'est un chrétien plein de religion, qui écrit avec piété, qui découvre la main de Dieu dans tous les événements, regardant les succès heureux comme un effet de sa bonté, et la mauvaise issue des combats comme la punition des péchés des hommes qui se glorifient des biens qu'ils ont reçus. Certes, quoi qu'en dise dom Ceillier, un tel écrit méritait de voir le jour. L'auteur l'a composé après plusieurs années de captivité, c'est-à-dire après l'an 1119, où il fut fait prisonnier à la suite des désastres qui précipitèrent la fin de cette principauté. C'est tout ce que l'on peut dire du livre et de l'historien. Du reste, nous ne savons ni le temps, ni le lieu de sa mort, ni s'il mourut en France ou en Orient. Il est fort incertain, pour ne rien dire de plus, que Gauthier soit jamais revenu en France.

GAUTHIER, chanoine régulier de Saint-Victor, entreprit, sur la fin du xiie siècle, de combattre la méthode des nouveaux théologiens, et composa un traité qu'il intitula : *Contre les quatre labyrinthes de la France*, Pierre Abailard, Gilbert de la Porée, Pierre de Poitiers et Pierre Lombard. Il les accuse d'avoir avancé plusieurs erreurs en traitant des mystères ineffables de la Trinité et de l'Incarnation en suivant la méthode scolastique, qui est incertaine, et les principes d'Aristote dont ils étaient remplis. Ce reproche, sans doute, peut s'adresser avec justice à trois de ces auteurs, mais il ne saurait tomber sur Pierre Lombard, dont l'ouvrage n'est qu'un tissu de passages des Pères parmi lesquels Aristote ne se trouve jamais cité. Cependant on est forcé de convenir qu'il se rencontre dans le Maître des sentences, comme dans les autres, quantité d'opinions qui ont été abandonnées depuis par les théologiens, et dont la Faculté de théologie de Paris a fait dresser, dans le xiie siècle, un catalogue sous ce titre : *Articles sur lesquels on ne suit pas communément le Maître des sentences*. Le principal point sur lequel Gauthier attaque le Maître des sentences et les autres théologiens est celui qui consiste à soutenir que Jésus-Christ n'est pas *aliquid* en tant qu'homme. Il les traite d'hérétiques à ce propos et les appelle antitrichilistes. Il réfute cette opinion dans son premier livre. Dans le second, dirigé contre un traité attribué à Abailard, et intitulé : *Sentence de la divinité*, il attaque cet écrivain et Pierre Lombard en même temps sur la signification qu'ils donnent au mot *personne*. Dans le troisième il rejette plusieurs sentiments, ou, pour parler plus juste, plusieurs locutions des théologiens scolastiques sur Jésus-Christ et l'Eucharistie, et blâme leur méthode. Enfin, dans le quatrième, après avoir attaqué en particulier Pierre de Poitiers, et blâmé l'application qu'il fait de sa méthode philosophique aux démonstrations de la théologie, il n'épargne pas saint Jean Damascène, qu'il va jusqu'à accuser d'hérésie. En un mot, aux sentiments et aux expressions des scolastiques, il oppose dans ces quatre livres le témoignage de plusieurs autorités qu'il cite, et établit ainsi une opposition de foi entre eux. On peut voir un long extrait de ce traité dans le tome II de l'*Histoire de l'Université*, par du Boulay.

GAUTHIER, originaire de la province de Galles, en Angleterre, archidiacre, et même, selon quelques-uns, évêque d'Oxford au XIIe siècle, a traduit de l'anglais en latin l'histoire d'Angleterre composée par Godefroi de Montmouth et l'a continuée jusqu'à son temps.

GAUTHIER DE CHATILLON, originaire de Lille et auteur de l'*Alexandréide*, ou poëme des actions d'Alexandre, imprimé à Strasbourg en 1531, et à Lyon en 1558, vivait à la fin du XII^{er} siècle. Il a aussi composé contre les juifs trois livres en forme de dialogues que le P. Oudin avait vus manuscrits dans la bibliothèque du monastère de Prémontré de Braine.

GAUZBERT, moine de Fleury, ne nous est connu que par un poëme en vers élégiaques en l'honneur de saint Benoît. Aimon, moine du même monastère, le fit entrer dans un discours qu'il composa à la louange du même saint, et qui se trouve dans le tome Ier de la *Bibliothèque de Fleury*, publié par Jean Dubois, Célestin, et imprimé à Lyon en 1605. Gauzbert avait placé ce poëme en tête de la *Vie de saint Benoît*, écrite par le pape saint Grégoire, et transcrite tout entière de sa propre main. Il en composa un second en vers acrostiches en l'honneur de Guillaume, comte de Blois. On le trouve dans l'*Ansberti familia rediviva* de Marc-Antoine Dominici, et dans l'*Histoire de Blois* de Jean Bernier.

GÉBÉHARD, archevêque de Salzbourg, prit la défense de Grégoire VII contre les partisans du roi Henri et de l'antipape Guibert, dans une lettre assez longue qu'il écrivit à Herman, évêque de Metz. Celui-ci, qui connaissait le mérite de Gébéhard, et qui avait grande confiance en sa vertu, l'avait consulté par deux lettres sur la conduite à tenir dans ces temps de schisme et de division. L'origine de cette division venait de ce que les partisans de Guibert et du prince communiquaient sans scrupule avec les excommuniés et prétendaient qu'on le devait faire, tandis que les catholiques soutenaient que cela n'était pas permis, surtout à l'égard de ceux qui avaient été excommuniés par le Saint-Siège. Gébéhard appuie ce dernier sentiment et montre que tant que l'excommunication n'a point été cassée par un examen canonique, on ne doit jamais communiquer avec celui qui l'a encourue. Ensuite il fait voir que l'on n'avait gardé dans la déposition de Grégoire VII aucune des formalités requises même pour la déposition d'un simple évêque, qu'il n'avait été ni convaincu, ni entendu, ni appelé, ni averti. « Voilà pourquoi, ajoute-t-il, nous ne communiquons point comme eux avec les excommuniés, et que nous ne voulons point renoncer au Pape Grégoire, ni en reconnaître un autre tant que celui-ci vit encore et qu'il demeure uni avec l'Eglise romaine. » Il répond ensuite aux invectives des schismatiques contre Grégoire VII : « Sachez que si nous lui obéissons, ce n'est pas en considération de sa vie ni de sa conduite, mais à cause des pouvoirs que lui donne sa haute dignité. » Ils reprochaient aux catholiques, et même au Pape, d'avoir violé le serment qu'ils avaient fait au roi Henri, et soutenaient par divers passages de l'Ecriture qu'il n'est aucun cas où l'homme puisse être délié du serment de fidélité. Gébéhard répond que les évêques, dans leur ordination, font serment de soumission et de fidélité au Pape; que ce serment, qui se fait devant l'autel et les saintes reliques, en invoquant le nom de Jésus-Christ, ne saurait être comparé à celui qui se prête dans une salle et au milieu du bruit à l'empereur; qu'il est des cas où le serment n'oblige point, comme lorsqu'il tend au mal, et que c'était un serment de cette nature que de se séparer du Pape pour obéir au roi. Au reste les schismatiques sont la première cause des maux, puisqu'ils se sont assemblés à Vormes et qu'ils y ont déposé Grégoire VII avant que celui-ci eût prononcé aucune sentence d'excommunication ou d'anathème contre eux ou leur roi. Cette lettre se lit parmi les anciens monuments recueillis par Sébastien Tegnagelle, et imprimés à Ingolstadt en 1612, in-4°. Les Bollandistes l'ont publiée au 16 juin, à la suite de la Vie de l'auteur.

Gébéhard se trouva en 1081 à l'assemblée de Capoue, ainsi appelée parce qu'elle se tint dans un lieu qui dépendait de la ville de ce nom. Les évêques et les seigneurs saxons qui connaissaient sa prudence, le prièrent de parler pour eux. Il ouvrit la séance par un discours dans lequel il montra que le roi Henri, au lieu de reconnaître leur attachement pour sa personne et pour son service, avait ravagé la Saxe, dépouillé les évêques et les prêtres de leurs églises et de leurs biens, et donné le patrimoine des pauvres aux complices de ses crimes. Il pria les évêques et les seigneurs attachés au parti de ce prince de finir leurs hostilités. « Nous sommes vos frères en Jésus-

Christ, leur disait-il, vos parents selon la chair ; nous vous pardonnons volontiers les maux que vous nous avez fait subir, et nous les regarderons comme la peine due à nos péchés si à l'avenir vous nous laissez en repos. Quant au seigneur Henri, nous sommes en état de prouver que ni les clercs ni les laïques ne le peuvent reconnaître pour roi, sans risque de leur salut. De deux choses l'une : ou prouvez-nous qu'il doit être reconnu pour roi ; ou laissez-nous la liberté de vous montrer qu'il ne peut être véritablement roi. » Les partisans de ce prince répondirent qu'ils n'étaient point venus pour agiter cette question, qu'ils ne s'y étaient pas préparés, et qu'il en fallait renvoyer la discussion vers le milieu du mois de juin, c'est-à-dire à quatre mois, car l'assemblée de Capoue se tint au mois de février 1081. Nous ne connaissons ce trait d'histoire que par Brunon, et c'est d'après lui que les Bollandistes l'ont rapporté.

Les deux partis s'assemblèrent encore au mois de janvier 1085 à Derchach en Thuringe. Gébéhard fut chargé de parler au nom des Saxons, et Vecilon de Mayence, pour le roi Henri. Le premier soutint que depuis que le Pape avait dénoncé aux Saxons le roi Henri comme excommunié au concile de Rome, ils ne pouvaient se dispenser de l'éviter. Le second répondit que le jugement rendu en ce concile n'était point équitable, parce que le roi Henri, se trouvant dès lors spolié par l'élection du roi Rodolphe, n'avait pu être appelé en jugement, ni condamné. Gébéhard répliqua qu'il ne leur appartenait point d'examiner le jugement du Saint-Siège, et que leur seul parti était d'y obéir. Au surplus un particulier dépouillé de son bien n'était point pour cela dispensé des lois divines. Il y a donc beaucoup moins de raison d'en croire le prince dispensé, lui qui ne peut regarder l'État comme son patrimoine, puisqu'il appartient à Dieu qui le donne à qui lui plaît. — Chaque parti applaudit aux réponses de ses orateurs, et on se sépara sans avoir rien fait.

Aux fêtes de Pâques de la même année, Gébéhard assista au concile qui se tint à Quedlimbourg et prit part à la sentence qui interdisait toute communication avec les excommuniés, et à l'anathème fulminé contre l'antipape Guibert et ses fauteurs. L'histoire ne nous apprend plus rien de Gébéhard, excepté qu'il mourut le 15 juin de l'an 1088, regretté de tous les catholiques pour son zèle à défendre la cause du Saint-Siège contre les schismatiques qu'il combattit publiquement en toute occasion, de vive voix et par écrit. C'est le témoignage de Berthold de Constance, écrivain contemporain. Gébéhard avait d'abord été archichapelain de l'empereur Henri III, puis du roi Henri IV, son fils. L'archevêché de Salzbourg étant venu à vaquer, Gébéhard fut élu en 1060 pour le remplir. En 1072, il fonda l'évêché de Gurca dans la Carinthie. On voit encore les lettres du Pape Alexandre II et du roi Henri, confirmatives de cette érection. Deux ans plus tard, en 1074, il fit bâtir en l'honneur de la sainte Vierge et de saint Blaise, un monastère où il mit douze moines prêtres, pour y célébrer le service divin, et leur fournit abondamment de quoi subsister et nourrir les pauvres. Ce monastère situé dans la Bavière était connu sous le nom d'Aymont.

GÉBOUIN (Saint), plus vulgairement connu sous le nom de SAINT JUBIN, était fils de Hugues III, comte de Dijon. Il embrassa de bonne heure l'état ecclésiastique, et après avoir rempli avec une approbation générale les fonctions d'archidiacre dans le diocèse de Langres, il fut choisi au concile qui se tint à Autun, en 1097, pour remplir la place d'Humbert, archevêque de Lyon, déposé pour crime de simonie. Tous les Pères du concile furent unanimes pour le porter à ce siége ; Gébouin fut le seul qui s'y opposa, et afin de se soustraire à leur dessein, il alla s'attacher à un angle de l'autel, dans la pensée qu'on n'oserait pas l'arracher à un aussi saint asile. Mais il fut trompé dans son espérance. C'était le cinquième jour et la cinquième session du concile ; on le tira violemment de sa retraite, et on le garda à vue jusqu'au dimanche suivant 17 septembre, où il fut sacré par le légat Hugues de Die qui présidait le concile. Aussitôt le consécrateur en donna avis au Pape, et demanda le pallium pour le nouvel archevêque. Gébouin fit quelque temps après le voyage de Rome, et ce Pape lui confirma la primatie sur les quatre provinces de Lyon, de Rouen, de Tours et de Sens, et pour lui donner des preuves de sa confiance, Grégoire VII l'associa à son légat Hugues, dans le jugement du procès que le doyen de Langres avait avec les chanoines de la cathédrale. On rapporte à Gébouin l'établissement des chanoines réguliers de Saint-Ruf, dans la ville de Lyon. La mort du saint archevêque est marquée, dans divers nécrologes, au 17 ou 18 avril de l'an 1082.

On a de lui six lettres. La première est adressée à Raoul, archevêque de Tours. Gébouin le prie de demander à l'abbé de Marmoutiers un de ses moines pour gouverner le monastère de Savigny. Gébouin ne prend dans cette lettre que la qualité d'indigne prêtre de Lyon, et il en use de même dans toutes. Du reste l'archevêque Raoul ne se donne pas d'autre qualification dans sa réponse à Gébouin. Notre saint primat craignant que la légation dont le Pape avait chargé Amé, évêque d'Oléron, pour la province de Tours ne portât préjudice à la primatie de Lyon, tâcha par cette lettre d'engager Raoul de Tours et Eusèbe d'Angers à ne pas reconnaître Amé pour légat. Il fournit à Raoul un moyen de ne pas assister au concile indiqué par Amé, en lui ordonnant, en sa qualité de primat, de venir à Lyon, dans le temps même où devait se tenir ce concile. Le prétexte de Gébouin pour ne pas reconnaître ce légat était que le Pape Grégoire VII avec qui il s'était entretenu sur beaucoup de choses à Rome, ne lui avait rien dit de cette légation; et qu'Amé lui-même ne la lui avait pas fait connaître. — Dans deux autres lettres publiées par Baluze dans l'Appendice aux dissertations de De Marca, Paris, 1669, Gébouin donne avis à Raoul qu'il avait reçu le pallium, de la part du Pape Grégoire VII, avec la confirmation de la primatie de Lyon; dans l'autre il mande au même archevêque, à ses suffragants et à divers abbés que c'était sans raison que l'on avait expulsé l'abbé de Saint-Pierre de la Culture dans la ville du Mans. Il leur ordonne d'anathématiser le moine qui l'avait accusé et dépossédé, et de suspendre de ses fonctions l'évêque du Mans, qui avait donné à l'intrus la bénédiction abbatiale. — Des trois autres lettres de Gébouin que Baluze rapporte au même endroit, il y en a une qui se trouve dans le livre V de la *Concorde du Sacerdoce*, par De Marca; les deux autres sont les mêmes qui se trouvent dans l'Appendice des Œuvres d'Hincmar. Baluze met à la tête de ses lettres le décret de Grégoire VII pour la primatie de Lyon.

GÉLASE (Saint), évêque de Césarée en Palestine, était neveu de saint Cyrille de Jérusalem et Fils de sa sœur. Ce fut ce saint qui le fit évêque de Césarée vers l'an 367. Néanmoins les ariens, favorisés par Valens, eurent le crédit de l'empêcher d'en remplir les fonctions, et de mettre à sa place Euzoïus qui partageait leur erreur; mais Valens étant mort, Gélase fut rétabli sur son siége, qu'il occupa jusqu'en 395. Il était un des cent cinquante Pères qui composaient le concile œcuménique de Constantinople en 381; il se trouva à la dédicace de l'église des Apôtres dans le faubourg du Chesne, et à un autre concile qui se tint dans la même ville le 24 septembre 394. Il mourut quelque temps après, et certainement avant le mois de mars ou d'avril de l'année suivante, puisque Jean, qui lui succéda, avait dès lors ordonné saint Porphyre, évêque de Gaza. Gélase s'était rendu recommandable autant par la pureté de sa vertu que par l'éminence de sa doctrine, et le zèle infatigable avec lequel il cultivait son Eglise.

Gélase composa plusieurs ouvrages dont il ne nous reste aujourd'hui que quelques fragments. Théodoret en rapporte un tiré d'un discours de ce saint évêque sur l'Epiphanie et l'Incarnation du Sauveur : nous en reproduirons seulement ces paroles : « Apprenez la vérité de Jean le pêcheur. Lorsqu'il dit : *Le Verbe s'est fait chair*, il n'entend pas qu'il ait rien changé à son être, mais seulement qu'il est venu habiter en nous comme dans un tabernacle. Autre est le tabernacle et autre est le Verbe; autre est le temple et autre est le Dieu qui l'habite. » Léonce de Byzance en cite également deux extraits, empruntés l'un et l'autre à l'explication que Gélase y faisait du Symbole : « La langue humaine, dit-il, a peine à exprimer ce que la nature ne saurait comprendre. Dieu et l'homme se sont rencontrés dans un seul être; l'homme pour lui donner un corps, et l'homme pour se servir de ce corps comme d'un instrument, afin de manifester ses actions. Dans cet être tout est double; et cependant tout est vrai, tout est parfait. Donc, que toutes lèvres hérétiques se taisent; Dieu est avec nous; oui, nous avons avec nous celui qui est avec son Père, et nous avons avec nous celui qui est issu de nous; car ma chair, dit-il, est issue de leur chair, *caro mea ex ipsis*. L'un existe avant tous les siècles, l'autre a commencé d'exister pour nous. Sans jamais cesser d'être Dieu, il a pris notre humanité par amour et afin de nous sauver. » Voici le second extrait du même discours reproduit comme le premier par Canisius et Basnage : « Illuminés maintenant par la lumière du Verbe divin, sachons garantir de toute injure la noblesse de notre premier né; ne répudions point le Verbe à cause de la bassesse de la chair; ne méprisons point la chair à cause de la sublimité de Dieu; mais au contraire adorons le Verbe parce qu'il est Dieu, et honorons la chair parce qu'il en a fait son temple. » Ces deux passages, comme on voit, sont on ne peut plus formels contre les hérésies d'Eutychès et de Nestorius.

Photius attribue à Gélase une *Histoire ecclésiastique*, pour faire suite à celle d'Eusèbe; mais après avoir parlé de cet ouvrage, il semble douter que le fond lui en appartienne, ayant lu quelque part, dit-il, que Gélase avait seulement traduit en grec l'histoire de Rufin; ce qui, suivant Tillemont ne paraît nullement fondé, puisque Gélase était mort avant que Rufin commençât à écrire son histoire, laquelle ne fut finie qu'en l'année 400. D'ailleurs, dans le prologue qu'il a mis en tête de son ouvrage, Gélase déclare lui-même l'avoir entrepris à la prière de saint Cyrille, son oncle; ce qui en recule encore davantage la composition. Il est vraisemblable que Gélase de Césarée avait composé d'autres écrits. Saint Jérôme dit qu'il cachait ceux qui sortaient de sa plume, s'abstenant sans doute d'y mettre son nom par humilité. Léonce de Byzance lui donne le titre de confesseur, ce qui semble insinuer que sa mémoire a été autrefois honorée par l'Eglise, quoique nos Martyrologes ne fassent de lui aucune mention.

GÉLASE DE CYZIQUE, ainsi appelé du nom de sa ville natale, était, comme il nous l'apprend lui-même, fils d'un prêtre attaché à l'Eglise de sa ville natale, et florissait vers la fin du v° siècle. Il paraît qu'il était déjà instruit lorsqu'il fit un voyage dans la Bithynie, vers l'an 476. C'était sous l'empire de Basilisque. La protection que ce prince accordait aux eutychéens les rendait hardis, et ils en prenaient occasion de maltraiter les catholiques. Dans une dispute que Gélase eut avec eux, ils espérèrent le surprendre en se vantant de suivre la foi de Nicée; mais il n'eut pas de peine à leur montrer qu'ils étaient dans l'erreur, et qu'ils avançaient des choses qu'ils n'avaient jamais vérifiées. Lui-même, de son côté, leur produisit des passages empruntés aux Actes de ce concile, que les principes de leur secte les obligeaient à anathématiser. Encouragé apparemment par le succès, il résolut de faire des recherches, afin de se procurer le plus de documents possible sur ce qui s'était passé dans cette grande assemblée, et il n'épargna pour cela ni peine ni travail. C'est ce qu'il affirme lui-même, et dès lors il rend son témoignage suspect; car il s'était flatté, quelques lignes plus haut, d'avoir trouvé chez son père un livre très-ancien, qui avait appartenu autrefois à Dalmace, archevêque de Cyzique, et qui contenait généralement le récit de tout ce qui s'était passé dans le concile de Nicée. A l'entendre, ce livre était si volumineux, qu'il le compare en quelque sorte à une mer. S'il était réellement possesseur de ce livre, qu'avait-il besoin de plus grandes recherches pour se procurer les Actes de ce concile, puisque ce livre renfermait tout, jusqu'aux moindres détails; mais il est vraisemblable qu'il ne l'avait pas emporté avec lui dans son voyage en Bithynie. Il fut donc obligé d'avoir recours à ceux qui avaient traité cette matière avant lui, particulièrement à Eusèbe de Césarée, à Rufin, dont il fait un prêtre de Rome et un des assistants du concile. Il se servit encore des cahiers d'un prêtre, nommé Jean, qu'on ne connaît point d'ailleurs, et qui, suivant lui, avait beaucoup écrit. Mais toutes ces recherches ne lui donnèrent pas les moyens de composer une histoire de ce concile, aussi bien suivie que le livre qu'il avait lu comme il était à Cyzique. Cependant il ne laissa pas d'en former un corps d'ouvrage, qui n'est qu'un recueil de pièces et de documents ramassés de toute main, sans discernement et sans choix. Quoique cette compilation ne contienne rien que d'orthodoxe, elle ne doit pas être lue sans précaution, parce qu'elle présente beaucoup de faits ou douteux ou manifestement faux. Par exemple, dès le commencement de son recueil, il dit que les ariens, du temps de ce concile, blasphémaient déjà, non-seulement contre le Fils de Dieu, mais encore contre le Saint-Esprit. Or, il est constant, d'après saint Épiphane, que l'hérésie de ceux qui combattaient la divinité du Saint-Esprit ne s'éleva qu'après le concile de Nicée. Saint Basile dit aussi qu'on n'y parla du Saint-Esprit qu'en passant, et sans examiner la question qui regarde sa divinité, qui n'était alors contestée par personne. Malgré la grande admiration avec laquelle il parle d'Eusèbe de Césarée, il n'a pas cru néanmoins devoir le suivre dans le récit qu'il fait des événements de ce concile. La harangue qu'il prête à l'empereur Constantin est toute différente, et beaucoup plus longue que celle que nous lisons dans Eusèbe. Il semble qu'il eût été bien aise de faire croire qu'il avait ajouté lui-même à cette harangue, puisqu'après l'avoir rapportée, il dit : « Ce prince sage prononça ces paroles et d'autres semblables. » Mais s'il nous a appris avec détail plusieurs faits que les anciens historiens de ce concile ont ignorés, il en a supprimé aussi beaucoup d'autres dont ceux-ci ont parlé. Saint Athanase et Théodoret nous apprennent qu'on y fit la lecture des écrits d'Arius et de la lettre d'Eusèbe de Nicomédie. Le Pape Jules nous assure que l'on examina les Actes du concile d'Alexandrie au sujet de cet hérésiarque. Il n'y a rien de tout cela dans l'écrit de Gélase de Cyzique; ce qui prouve son peu d'exactitude. Ajoutons qu'il s'est souvent contenté de transcrire Socrate, Sozomène et Théodoret, sans même dire qu'il se fût servi de leur histoire, précaution qu'il a bien prise pour celle d'Eusèbe de Césarée et de Rufin. On voit que cet auteur a travaillé sur de mauvais mémoires, et son élocution est loin de racheter ses autres défauts. Son ouvrage est divisé en trois livres. — Le premier commence à la guerre de Constantin contre Maxence, et finit à la victoire qu'il remporta sur Licinius. — Il signale dans le second la naissance et les progrès de l'hérésie arienne, et raconte en détail tout ce qui se passa dans le concile à son occasion. C'est dans ce livre qu'il rapporte les disputes des philosophes ariens avec les évêques catholiques, sur la divinité du Saint-Esprit, dispute qu'on doit regarder comme fabuleuse, puisque cette matière ne fut jamais agitée dans le concile. — Le troisième livre n'est composé que de trois lettres détachées de l'empereur Constantin.

Malgré tous ses défauts, cette histoire, néanmoins, a été imprimée plusieurs fois en grec et en latin.

Le P. Labbe parle d'une édition donnée par Robert Balfour, écossais, Paris, chez Morel, 1599. Cette édition ne contient que les deux premiers livres. Le troisième a été imprimé à Rome dans le tome V des *Conciles généraux*, et on le retrouve aussi dans les *Bibliothèques des Pères*.

Le P. Labbe parle d'un autre Gélase, évêque de la même ville, et qu'on croit être celui de Césarée, si Photius, en lui attribuant le *Traité contre les anoméens*, ne l'en distinguait formellement. « Le style de ce dernier, dit-il, est beaucoup plus élevé que celui du neveu de saint Cyrille. »

GÉLASE (Saint), successeur du Pape saint Félix, fut élu le 2 mars 492. Il était Africain de naissance, et son père se nommait Valère. Peu de temps après son ordination, Euphémius, patriarche de Constantinople, lui écrivit pour se plaindre de ce que, suivant l'ancienne coutume de l'Eglise, il ne lui avait pas adressé de lettre de communion. Gélase répondit qu'il n'avait point rempli cette formalité d'usage envers celui qui s'éloignait de sa communion, en refusant de souscrire à la condamnation d'Acace. En effet, le décret rendu contre la mémoire de cet évêque déplaisait souverainement aux Grecs. Gélase mit tous ses soins à le justifier, en démontrant que son prédécesseur n'avait fait qu'exécuter les statuts du concile de Chalcédoine, et qu'il en avait le droit. Tel est, en peu de mots, le sommaire de la première lettre du Pape saint Gélase. — La seconde est une lettre circulaire aux évêques d'Illyrie, contenant une profession de foi ou déclaration de doctrine, dans laquelle il condamne particulièrement les erreurs des eutychéens, et établit la différence des deux natures. Il leur témoigne en même temps la joie qu'il éprouve de ce qu'ils ont suivi le jugement de son prédécesseur contre Acace et anathématisé cet évêque. — La troisième est une autre circulaire adressée aux évêques de Dardanie pour les exhorter à condamner les eutychéens et tous ceux qui communiquaient avec eux. On voit par leur réponse qu'ils accomplirent les intentions du saint pontife. — Dans la quatrième lettre adressée à Fauste, ambassadeur de Théodoric à Constantinople, il se plaint de l'obstination des Grecs à exiger le pardon d'Acace; comme si on pouvait pardonner à un homme mort hors de la communion de l'Eglise, ni le délier de son excommunication. L'antiquité n'offrait aucun exemple d'une pareille absolution. — Gélase ayant appris que l'hérésie de Pélage menaçait de renaître en Dalmatie, adressa sa cinquième lettre à Honorius, évêque de cette contrée, pour l'exhorter à s'y opposer vigoureusement. Cet avertissement le surprit, et il ne put s'empêcher d'en témoigner son étonnement au Pape, qui lui répondit par sa sixième lettre qu'il ne devait pas trouver à redire à sa vigilance pastorale. — La septième lettre est adressée aux évêques de la Marche d'Ancône. Gélase l'écrivit particulièrement contre un vieillard qui renouvelait les erreurs de Pélage, en enseignant qu'il n'y a point de péché originel, que les enfants qui meurent sans baptême ne sont pas damnés, et que l'homme peut être heureux, éviter le mal et faire le bien, sans la grâce qui est donnée aux mérites. Gélase, après avoir réfuté fort au long ces erreurs, accuse encore ce prêtre d'avoir permis à des religieux de demeurer avec des vierges consacrées à Dieu, ce qu'il condamne. « Car, dit-il, si l'esprit de ceux même qui n'ont aucune communication avec les femmes est tourmenté par de sales imaginations, quelle impression ne doit point faire la présence des filles sur l'esprit de ceux qui les voient continuellement? » Il défend donc cet abus, et menace de punir ceux qui le souffriront. Cette lettre est datée du 1er novembre 493. — La huitième lettre est adressée à l'empereur Anastase qu'il exhorte à suivre le jugement du Saint-Siége en faisant condamner la mémoire d'Acace. Cette lettre contient plusieurs choses remarquables, mais ce que nous y trouvons de plus frappant, c'est la distinction qu'il établit entre le sacerdoce et la puissance royale. Il y pose en principe que les évêques et le Pape étant soumis aux rois dans tout ce qui tient à l'ordre politique, les rois à leur tour doivent se soumettre aux décisions de l'Eglise, dans tout ce qui appartient à la religion. Nous en extrayons ce passage traduit par Ellies Dupin : « Il y a deux puissances, dit-il, qui gouvernent souverainement le monde, l'autorité sacrée des évêques, et l'autorité royale. La charge des évêques est d'autant plus grande, qu'ils doivent rendre compte au jour du jugement des actions des rois. Vous savez, Sire, que quoique vous soyez souverain, et que votre dignité surpasse celle de tous les autres, vous êtes obligé de vous soumettre à la puissance des ministres des choses sacrées ; que vous leur demandez les sources de votre salut, et que vous devez suivre les règles qu'ils vous prescrivent pour recevoir les sacrements, et pour disposer des choses ecclésiastiques. Car si les évêques, persuadés que Dieu vous a donné un souverain pouvoir sur les choses temporelles, obéissent à vos lois et se soumettent à votre puissance dans les choses civiles, avec quel respect ne devez-vous pas être soumis, dans ce qui regarde le spirituel, à ceux qui sont destinés à vous distribuer les divins sacrements ? Et si tous les fidèles doivent être soumis généralement à tous les évêques qui s'acquittent dignement de leurs fonctions, à combien plus forte raison doit-on se rendre au jugement de l'évêque du Saint-Siége, que Dieu a établi le premier des évêques, et que l'Eglise a toujours reconnu pour tel? » — Gélase s'occupa avec un soin particulier de remédier aux maux que les Eglises avaient souffertsen Italie, par suite des guerres soulevées entre Théodoric et Odoacre. Afin de donner plus tôt à ces Eglises les pasteurs dont elles étaient privées, il se relâcha de la rigueur des règles canoniques, et rapprocha les intervalles des ordinations. Mais comme on pouvait abuser de cette condescendance, Gélase fit les règlements suivants qui forment le fond de la lettre neuvième : 1° Il ordonne qu'on suivra les anciens canons, à moins qu'une nécessité pressante n'oblige d'en dispenser. Il permet de conférer les ordres sacrés aux moines, pourvu qu'ils ne soient retenus par aucun empêchement canonique, qu'ils n'aient jamais commis de grands crimes, ni contracté un double mariage. Si d'ailleurs ils réunissent toutes les autres conditions requises, de liberté, de science et de bonnes mœurs, on peut les ordonner aussitôt *lecteurs ;* trois mois après acolytes, sous-diacres au bout de six mois, diacres à l'expiration du neuvième mois, et prêtres à la fin de l'année. 2° Si c'est un laïque que l'on admet dans le clergé, Gélase veut qu'on l'examine davantage, et qu'on s'attache principalement à bien connaître sa conduite et ses mœurs, dans la crainte que le besoin que l'on a de ministres, ne devienne un prétexte d'introduire dans l'Eglise des personnes vicieuses. Du reste, le saint pontife remarque positivement qu'il n'abrège le temps des ordinations qu'en faveur des églises qui se trouvent privées de prêtres ; quant aux autres, il maintient toute la rigueur des anciens canons. 3° Il fait défense aux évêques de consacrer les Eglises nouvellement bâties sans avoir obtenu les pouvoirs nécessaires, ni de rien entreprendre sur le clergé des autres diocèses. 4° Il leur interdit encore de rien exiger pour le baptême ou la confirmation. 5° Il défend aux prêtres de chercher à s'élever au-dessus de leur rang, en consacrant le chrême, en conférant la confirmation ou en donnant quelque bénédiction réservée. Il ne veut pas même qu'ils célèbrent devant l'évêque à moins d'en avoir obtenu la permission. 6° Il prescrit aux diacres de se tenir dans les bornes de leurs attributions, sans exercer jamais aucune des fonctions réservées aux prêtres. 7° Enfin il les avertit de ne point se mettre au rang des prêtres, ni de distribuer le corps de Jésus-Christ en leur présence ou en présence de l'évêque. Après avoir ici recommandé l'observation exacte des canons, il défend de baptiser en d'autres temps qu'aux fêtes de Pâques et de la Pentecôte, à moins que celui à qui on confère le baptême ne soit en péril de sa vie. Il défend encore de célébrer les ordinations, si ce n'est aux Quatre-Temps, à la mi carême et au samedi saint sur le soir, et il ne croit point qu'il y ait aucun cas qui puisse obliger d'ordonner un prêtre ou un diacre dans un autre temps. A l'égard des vierges, il dit qu'on ne leur doit donner le voile qu'au jour de l'Epiphanie, au temps de Pâques ou aux fêtes des apôtres. Il défend de le donner à une veuve. Il ne veut pas que l'on ordonne, ni que l'on reçoive dans un monastère un esclave ou une personne vouée à quelque condition servile. Il défend aux clercs de faire négoce, ou d'exercer un trafic honteux. Il renouvelle ensuite les anciens canons qui déterminent les qualités des personnes que l'on doit ordonner et les devoirs qu'elles ont à remplir; puis il traite des biens de l'Eglise.

Il veut que l'on en fasse quatre parts, dont l'une pour l'évêque, l'autre pour le clergé, la troisième pour les pauvres, et la quatrième pour la fabrique. Il ajoute que l'évêque ne doit rien diminuer de la part du clergé, ni le clergé rien prendre de celle de l'évêque; l'évêque doit employer fidèlement la part qui est destinée pour les bâtiments de l'église, sans en rien convertir à son profit; il faut que l'usage qu'il en fait paraisse; et à l'égard de la part des pauvres, quoiqu'il en doive un jour rendre compte à Dieu, il faut qu'il fasse aussi connaître qu'il s'en acquitte fidèlement. Gélase finit en enjoignant à tous les clercs de lui faire savoir ceux qui contreviendront à ces règlements. Cette lettre est datée du 10 mars de l'an 494. Dans la dixième lettre, adressée aux évêques de Sicile, il leur rappelle qu'ils doivent consacrer leur bien au soulagement des pauvres et à l'entretien des ministres, puis il ajoute que les biens dont les églises sont en possession depuis trente ans leur appartiennent d'après la loi des princes, et doivent être considérés comme propriétés ecclésiastiques.— La onzième lettre est adressée aux évêques de Dardanie, à propos de l'affaire d'Acace. Gélase les loue du zèle qu'ils avaient mis à se ranger du côté du Saint-Siége, en abandonnant les évêques de Thessalonique et de Constantinople qui avaient refusé de souscrire à sa condamnation. — La lettre suivante, adressée à l'évêque d'Arles, est une lettre de communion, par laquelle Gélase lui fait part de son exaltation sur le trône pontifical, et lui témoigne le désir de vivre en union de foi avec les évêques de France.— La treizième lettre, adressée de Louveau aux évêques de Dardanie, est une espèce de manifeste dans lequel Gélase montre qu'Acace a été légitimement et juridiquement condamné par le Saint-Siége. Sa principale raison, c'est que l'évêque de Rome n'a fait dans cette circonstance qu'exécuter le décret du concile de Chalcédoine, ce qui appartient particulièrement au Siége apostolique. Il n'était donc pas besoin d'un nouveau synode, puisque la chose ayant été déjà jugée, Acace se condamnait lui-même, en se joignant à des personnes condamnées. Il rapporte ensuite cette affaire avec tous ses détails, tels qu'on peut les lire dans le *Dictionnaire des conciles*. — La quatorzième lettre est le fragment d'un autre mémoire contenant les actes qui servaient à justifier la condamnation d'Acace. — La quinzième est un manifeste aux évêques d'Orient, qui contient à peu près les mêmes choses.

Les lettres tirées de la collection du cardinal Deusdedit sont des commissions qui ont trait à différentes affaires. Elles sont au nombre de dix. On y peut joindre la lettre à Rustique, publiée par le P. d'Achery dans le tome V° de son *Spicilége*. Il remercie cet évêque de Lyon du secours qu'il lui avait donné et l'entretient en même temps des embarras que lui causait l'affaire d'Acace. Mais des critiques sérieux doutent que cette lettre soit du Pape saint Gélase, parce qu'ils n'y reconnaissent pas son style.

Du lien de l'anathême. — Nous avons en outre quelques petits traités écrits par ce zélé pontife. Nous avons déjà remarqué que parmi ses lettres, il y en a plusieurs qui peuvent passer pour des ouvrages, des mémoires ou des factums. En voici encore un de même nature, c'est le traité du *Lien de l'anathême*. Gélase commence par répondre à l'objection de ceux qui se plaignaient qu'il fît tant valoir l'autorité du concile de Chalcédoine dans l'affaire d'Acace, tandis qu'il ne voulait pas reconnaître les priviléges que ce concile avait accordés à l'évêque de Constantinople. Il réplique à cela que toute l'Eglise reçoit ce que ce concile a défini suivant l'Ecriture sainte, la tradition des saints Pères, et les règles de l'Eglise touchant la vérité catholique et la foi commune; mais qu'à l'égard des autres choses qu'on y avait traitées sans l'autorisation du Saint-Siége, malgré l'opposition de ses légats, et qui se trouvaient contraires aux priviléges de toute l'Eglise, on ne pouvait les défendre en aucune manière.

Il traite ensuite de l'excommunication et de l'absolution. Il avoue que tous les pécheurs peuvent être absous en cette vie, s'ils font pénitence. Quoiqu'il ait été dit dans la sentence rendue contre Acace, qu'il ne serait jamais délié de l'anathême prononcé contre lui, cela se devait entendre en cas qu'il ne fît pas pénitence; s'il l'eût faite pendant sa vie, on lui eût pardonné; mais ayant persévéré, et étant mort en cet état, il ne pouvait plus être absous. Le jugement d'absolution que l'empereur avait fait prononcer en faveur de Pierre d'Alexandrie était nul, parce qu'il avait été fait par son autorité, en dehors des règles de l'Eglise, et sans qu'on y eût appelé l'évêque du Saint-Siége, par l'autorité duquel il avait été condamné.

Contre Andromaque. — Le second traité de Gélase est un discours contre Andromaque, sénateur de Rome, et les autres personnes qui voulaient rétablir les Lupercales, entièrement abolies de son temps, croyant par une vaine superstition, que les maladies dont cette ville était affligée, venaient de ce qu'on les avait négligées. Ce Pape reprend fortement ceux qui tenaient ce discours, et fait voir qu'ils sont indignes du nom et de la profession de chrétien; qu'ils commettent un adultère spirituel, et qu'ils tombent dans une espèce d'idolâtrie, qui mérite qu'on les sépare du corps de Jésus-Christ, et qu'on les mette en pénitence. Au reste, leur pensée est une folle imagination qui n'a aucun fondement; les Lupercales n'ont point été établies pour détourner les maladies, mais pour rendre les femmes fécondes, comme il est rapporté dans la seconde décade de l'*Histoire* de Tite-Live. La peste et les maladies n'ont pas été moins communes dans le temps que l'on célébrait encore les Lupercales; si Rome est affligée de maladie, de peste, de stérilité, etc., elle doit s'en prendre aux dérèglements des mœurs de ses habitants. Si les Lupercales sont quelque chose de divin, il faut les célébrer avec les mêmes cérémonies, et de la même manière qu'on les célébrait autrefois; et cependant personne n'osait plus faire les mêmes impudences. C'était un reste du paganisme qu'il a eu raison d'abolir, et quoique l'usage en soit demeuré fort longtemps sous des empereurs chrétiens, il ne s'ensuit pas qu'on ait dû le conserver toujours; on n'a pas tout d'un coup aboli toutes les superstitions; cela ne s'est fait que peu à peu. Enfin, il leur déclare qu'un chrétien baptisé ne peut ni ne doit le faire. Si ses prédécesseurs l'ont toléré, il faut qu'il y ait eu des raisons qui les aient empêchés de venir à bout de l'abolir, mais il ne doute point qu'ils ne l'aient tenté.

Contre les pélagiens. — Dans son traité contre les pélagiens, le Pape saint Gélase entreprend de réfuter cette proposition qui consiste à soutenir que l'homme peut passer sa vie sans commettre aucun péché; et il raisonne ainsi : « Si l'on dit qu'il le peut sans le secours de la grâce, c'est une erreur; si c'est avec ce secours, la proposition est soutenable, parce que tout est possible avec la grâce de Dieu. Mais y a-t-il quelqu'un qui ait effectivement vécu sans péché ? » Le Pape répond que comme le fait n'est point clairement constaté, il ne veut ni l'assurer ni le révoquer en doute. Ainsi il prend le parti de montrer en général par un grand nombre de passages de l'Ecriture, que « tous les hommes ont péché, à l'exception du seul Agneau sans tache, par qui les péchés ont été remis aux autres, soit dans les temps qui ont précédé la loi de Moïse, soit sous cette loi, soit sous la loi de l'Evangile. Avant la Loi, tous expiaient leurs péchés par des oblations mystiques : sous la Loi, les prêtres offraient des sacrifices, non-seulement pour l'expiation des péchés du peuple, mais aussi pour les leurs propres. Les apôtres, dans leurs écrits, répètent continuellement que personne n'est exempt de péché. L'oraison dominicale le suppose, puisque nous y demandons et le pardon de nos fautes et le secours pour n'y plus retomber. Gélase met le péché des anges dans la complaisance qu'ils ont eue dans la beauté de leur être; en sorte qu'ils se sont préférés à Dieu, et ont négligé de lui rendre l'honneur qui lui était dû. Pour montrer la force de la grâce, il dit que sans elle l'homme n'aurait pu persévérer dans l'innocence qu'il avait reçue dans sa création; et qu'avec elle l'homme tombé pouvait recouvrer l'innocence qu'il a perdue par le péché. Il donne pour raison de l'Incarnation, la réparation du genre humain, ajoutant que Jésus-Christ a non-seulement vaincu le démon qui avait séduit l'homme, mais qu'il a encore accordé à l'homme de vaincre par sa grâce et par la vertu de la foi celui par qui il a été vaincu. Ensuite il explique en quel sens saint Paul a dit que les enfants des fidèles sont saints, et que la femme fidèle sanctifie l'homme infidèle. Les enfants des fidèles sont saints en comparaison de ceux qui naissent de parents infidèles. Les parents fidèles procurent le baptême à leurs enfants; ils les exhortent à la piété; ils prient pour eux, ce sont tout autant de moyens de sanctification pour leurs enfants; et c'est là la vraie raison pourquoi il est dit que leurs enfants sont saints. Il en est de même d'un mari infidèle qui épouse une femme fidèle. Celle-ci peut l'engager par les mêmes moyens à la sanctification : et pour preuve que l'alliance d'un infidèle avec une femme fidèle ne sanctifie pas seule, saint Paul ajoute : *Que si le mari infidèle se sépare d'avec sa femme qui est fidèle, qu'elle le laisse aller.* Il explique encore ce que c'est que de *parvenir,* selon ce même apôtre, *à l'état d'un homme parfait.* Il l'entend de l'union de toute l'Eglise avec Jésus-Christ, qui en est le chef, la vertu et la perfection. Car cette Eglise, qui est l'épouse et la chair de Jésus-Christ, est composée de deux sexes, ils sont un en lui. »

Des deux natures en Jésus-Christ. — Le traité le plus considérable du pape Gélase est celui des *Deux natures en Jésus-Christ,* contre Eutychès et Nestorius. Les critiques ont douté d'abord qu'il fût réellement de ce Pape; Baronius a affirmé avec plus de confiance que personne qu'il était l'œuvre de Gélase de Cyzique, et Bellarmin a suivi son jugement. Quoique les raisons qu'ils apportent présentent assez de vraisemblance, cependant nous aimons mieux nous en tenir sur l'opinion du plus grand nombre, opinion qui nous semble reposer sur des documents plus certains et des faits plus péremptoires.

Après avoir dit que le mystère de l'Incarnation ne s'est point accompli en différents temps, mais qu'il a commencé par l'union parfaite des deux natures, et que cette union s'est accomplie dans un seul instant, le Pape Gélase montre, par les paroles de l'ange à la sainte Vierge, l'existence des deux natures en Jésus-Christ. C'est de *vous-même*, lui dit l'ange, que naîtra ce fils : ce qui marque la propriété de notre nature que ce fils devait prendre dans le sein de sa mère : il ajoute que le fruit qui naîtra d'elle *sera saint*, pour marquer qu'il devait être conçu sans la contagion d'aucune concupiscence charnelle ; enfin qu'il sera appelé *le Fils de Dieu*, pour faire connaître le mystère de l'union qui devait se faire de la nature divine avec la nature humaine, par la conception de ce fruit dans le sein de Marie ; selon qu'il est écrit : *Le Verbe a été fait chair, et il a habité parmi nous*. Ce principe établi, voici comment il raisonne. Quoique Notre-Seigneur Jésus-Christ soit un; que Dieu soit homme, et l'homme-Dieu; que le Dieu-Homme s'approprie tout ce qui est de l'humanité; et que l'Homme Dieu ait tout ce qui est de Dieu; néanmoins pour que cette union mystérieuse subsiste en son entier, il faut que l'homme demeure Dieu comme il l'est par cette union, et que Dieu conserve aussi tout ce qui est de l'homme. Car s'il se faisait quelque séparation en Jésus-Christ de la divinité ou de l'humanité, dès lors le mystère ne subsisterait plus. Il montre par l'autorité de l'Evangile qu'il subsistait après la résurrection de Jésus-Christ, lorsqu'il est monté au ciel, et que selon les écrits des prophètes et des apôtres, cette union doit subsister éternellement. Il fait voir que l'erreur des eutychiens ne combat pas moins ce mystère que celle des nestoriens, et que quoiqu'elles semblent opposées, elles reviennent au même point, qui est d'anéantir l'Incarnation, en assurant, comme faisaient les eutychiens, que les deux natures, qui étaient distinctes avant l'union, ont été confondues par l'union. Gélase cite un grand nombre de passages du Nouveau Testament, qui marquent clairement la distinction des deux natures en Jésus-Christ. Comme Dieu-homme, il est mort, il a été enseveli; comme homme-Dieu il est ressuscité, il est entré au cénacle les portes fermées, il est monté au ciel.

Gélase convient que par une figure de rhétorique, qui consiste à prendre la partie pour le tout, l'Ecriture, en parlant de Jésus-Christ, l'appelle tantôt un homme et tantôt un Dieu, sans exprimer dans le même endroit les deux natures. Mais il soutient que ces sortes de propositions ne sont point exclusives. Celles qui ne parlent que de la divinité n'excluent point l'humanité, et celles qui ne parlent que de l'humanité n'excluent pas davantage la divinité, parce qu'elles ne doivent pas se prendre à la rigueur. — Il dit aux eutychiens qu'en disant une nature incarnée, ils étaient nécessités de reconnaître deux natures : celle de la divinité qui s'unit à la chair; et celle de la chair à laquelle la divinité est unie. Ils objectaient qu'en admettant deux natures, il fallait admettre deux Christs. Gélase répond que quoiqu'il y ait deux natures dans l'homme, l'âme et le corps, il n'y a toutefois qu'une personne, et que ces deux natures ne font qu'un seul homme; qu'à plus forte raison, l'unité de personne se trouve dans une union aussi ineffable et aussi indivisible que l'est celle de la divinité et de l'humanité en Jésus-Christ. Mais l'Apôtre ne dit-il pas que les Juifs ont crucifié le *Seigneur de gloire et de majesté?* Cela est vrai; et il l'est aussi, que celui qui est appelé le Seigneur de majesté, est encore appelé Fils de l'homme. Comme Seigneur de majesté, il est impassible; comme Fils de l'homme il a souffert. Saint Pierre explique toute cette difficulté en disant que Jésus-Christ est mort pour nous en sa chair. Gélase proteste que c'est là la foi qu'il a apprise de tous les Pères et les maîtres de l'Eglise catholique; et pour en donner des preuves, il rapporte les propres paroles d'un grand nombre d'entre eux; savoir de saint Ignace martyr, d'Eustathe d'Antioche, de saint Hippolyte martyr, de saint Athanase, d'Eusèbe de Césarée, de saint Grégoire de Nazianze, de saint Basile, de saint Grégoire de Nysse, de saint Amphiloque, d'Antiochus, évêque de Ptolémaïde, de Sévérien de Gabales, de saint Ambroise, de saint Chrysostome, et du Pape Damase.

A l'imitation de saint Chrysostome et de Théodoret, le Pape Gélase emploie l'exemple de l'Eucharistie pour expliquer comment la nature humaine demeure en Jésus-Christ sans être absorbée par la nature divine. « Les sacrements du corps et du sang de Jésus-Christ que nous recevons sont une chose divine et nous rendent participants de la nature divine; néanmoins la substance et la nature du pain et du vin ne cessent point d'être. Or on célèbre dans l'action des mystères, l'image de la ressemblance du corps et du sang de Jésus-Christ : et cela nous fait voir avec assez d'évidence, que ce que nous croyons, célébrons et prenons dans l'image de Jésus Christ, nous le devons croire en Jésus-Christ même; et que comme par l'opération du Saint-Esprit, ces choses passent en cette substance divine, quoique leur nature conserve ses propriétés, elles nous marquent aussi que ce mystère principal, c'est-à-dire l'Incarnation dont elles nous rendent présentes l'efficace et la vertu, consiste en ce que les deux natures demeurent proprement, et il n'y a qu'un Christ, qui est un, parce qu'il est entier et véritable. » Ce passage, qui paraît d'abord embarrassant pour la transsubstantiation, ne l'est plus si l'on fait attention que Gélase combat les eutychiens, qui, enseignant qu'il n'y avait qu'une nature en Jésus-Christ, en concluaient que la nature humaine avait perdu toutes ses propriétés, en sorte qu'elle n'était plus ni visible, ni palpable, ni circonscrite; qu'elle ne conservait plus son espèce, et qu'elle avait été changée en la nature divine. Ainsi ce que Gélase tâche particulièrement d'établir, est que Jésus-Christ n'a rien perdu de tout cela, qu'il était palpable après sa résurrection comme auparavant, et qu'il avait toutes les autres qualités du corps humain. Dans ce dessein il allègue l'exemple de l'Eucharistie, dans laquelle les symboles ne laissent pas d'être palpables, visibles et figurés comme auparavant, et retiennent toutes les autres qualités du pain et du vin, pour en conclure que le corps de Jésus-Christ retenait aussi ces mêmes qualités. C'est cette même pensée qu'il exprime, quand il dit que la nature du pain et du vin ne cesse pas et demeure, puisque cet amas de qualités qui demeure dans l'Eucharistie s'appelle nature dans le langage des anciens, comme on l'a fait voir dans l'article de Théodoret; en un mot, l'argument de Gélase se réduit à ce raisonnement : Les symboles dans l'Eucharistie ne deviennent point invisibles, impalpables, sans figures, sans circonscriptions : donc le corps de Jésus-Christ n'est point devenu invisible, sans figure, sans circonscription et sans les autres qualités d'un corps humain. Ainsi de ce qu'il reconnaît que la nature commune du pain et du vin, c'est-à-dire les qualités de ces substances demeurent, il ne faut pas conclure que la nature individuelle du pain et du vin n'est point changée, puisqu'il assure formellement le contraire, en disant *que le pain et le vin passent en cette divine substance*, c'est-à-dire au corps de Jésus-Christ.

AUTRES ÉCRITS. — *Sacramentaire.* — A l'imitation de saint Ambroise, le Pape Gélase avait composé des *hymnes*, ainsi que des *préfaces* et des *oraisons* pour le saint sacrifice et l'administration des sacrements. C'est pourquoi on lui attribue avec beaucoup de vraisemblance un ancien *Sacramentaire* de l'Eglise romaine, qui contient les messes de toute l'année et les formules de tous les sacrements. Ce Sacramentaire, découvert dans la bibliothèque de Saint-Benoît-sur-Loire, après avoir passé des mains du fils de Paul Pétau dans la bibliothèque Christine, fut envoyé au P. Thomasi qui le fit imprimer à Rome, en 1680. Il est regardé comme le plus ancien que nous connaissions, et est divisé en trois livres. Le premier est intitulé *Du cours de l'année*, le second *Des fêtes des saints*, et le troisième, *Des dimanches de l'année*. Il est à remarquer que le symbole s'y trouve sans la particule *Filioque*. En effet, c'est dans le concile de Gentilly près Paris, tenu en 767, en présence de la plupart des évêques de France, des légats du Pape Paul 1ᵉʳ et du roi Pepin, qu'on statua contre les Grecs sur la *procession* du Saint-Esprit, et que la formule *Filioque* fut ajoutée au symbole.

Décret sur les livres. — Outre ces ouvrages qui sont de lui seul, on peut aussi lui attribuer le décret sur les livres apocryphes et canoniques, dressé ou plutôt approuvé dans un concile de soixante-dix évêques tenu à Rome en 494. Ce décret, qui en effet est l'ouvrage de Gélase, contient d'abord le catalogue des livres de l'Ancien et du Nouveau Testament que l'Eglise romaine reconnaît pour canonique. Il ne diffère de celui du concile de Trente qu'en ce qu'il n'admet qu'un livre des *Machabées*. Il établit ensuite la primauté de l'Eglise romaine, non sur aucun décret des synodes, mais sur les paroles mêmes de Jésus-Christ à saint Pierre. Ainsi le premier siège des Eglises du monde est celui de Rome; le second, celui d'Alexandrie fondé par saint Marc; et le troisième, celui d'Antioche que saint Pierre a gouverné avant de venir à Rome.

Cette déclaration est suivie du Catalogue des synodes et des livres que l'Eglise romaine reçoit : savoir, les quatre premiers conciles généraux, et les autres synodes reçus et autorisés dans l'Eglise; les Œuvres de saint Cyprien, de saint Grégoire de Nazianze, de saint Basile, de saint Athanase, de saint Cyrille d'Alexandrie, de saint Jean de Constantinople, de Théophile d'Alexandrie, de saint Hilaire, de saint Ambroise, de saint Augustin, de saint Jérôme, de saint Prosper; la lettre de saint Léon à Flavien, tous les Traités des Pères orthodoxes morts dans la communion de l'Eglise, et les Décrétales des Papes. Pour les Actes des martyrs, il remarque que, quoique l'on ne doute point qu'il n'y en ait de véritables, cependant l'Eglise romaine ne les lit point, parce que les noms de ceux qui les ont écrits sont ignorés; qu'il y en a même de supposés par des ignorants ou par des infidèles, et d'autres pleins de faussetés, tels que sont ceux de saint Quirice, de sainte Julite, de saint Georges, et de plusieurs autres. Elle reçoit néanmoins les Vies de saint Paul, de saint Arsène, de saint Hilarion, et des autres religieux; mais celles-là seulement qui sont écrites par saint Jérôme.

Il loue quelques ouvrages de Rufin et d'Origène, quoiqu'il ne veuille pas s'écarter du jugement qu'en a porté saint Jérôme, ni approuver ce qu'il y a condamné. Il ne rejette pas tout à fait l'*Histoire ecclésiastique* d'Eusèbe de Césarée, à cause des faits importants qu'elle apprend, quoiqu'il condamne les louanges qu'il a données à Origène. Il loue encore l'*Histoire* d'Orose, l'*Ouvrage pascal* de Sedulius, le poëme de Juvencus.

Enfin, il fait le catalogue de quelques-uns des ouvrages apocryphes que l'Eglise rejette. On y voit après les Actes du concile de Rimini, les faux Evangiles et les autres livres apocryphes de l'Ecriture, les ouvrages des hérétiques, et ceux de quelques auteurs catholiques qui se sont éloignés des sentiments de l'Eglise en quelque chose, tels que sont Eusèbe, Tertullien, Lactance, Africanus, Commodianus, Clément d'Alexandrie, Arnobe, Tyconius, Cassien, Victorin de Petabione, et Fauste de Riez. Gélase mourut en 496, l'année même où Clovis, qui régnait alors en France, embrassa la religion chrétienne. Il fut un modèle de pureté, de zèle, de simplicité dans sa conduite. Ses mœurs répondaient à sa doctrine. Son style est noble et poli, mais quelquefois obscur et embarrassé. Facundus, qui écrivait quelques années après sa mort, en parle comme d'un homme aussi célèbre par la sainteté de sa vie que par son savoir. Le Martyrologe Romain l'a mis au nombre des saints, et l'Eglise honore sa mémoire le 21 novembre, jour de sa mort.

GENNADE (Saint). — Tous les anciens qui nous ont parlé de saint Gennade nous l'ont représenté comme un homme très-mortifié et cependant très-doux. Il était né avec un esprit vif et pénétrant qu'il avait fortifié par l'étude. Il parlait avec facilité, avait une connaissance profonde des saintes Ecritures, et passait pour éloquent.

Vers l'an 431 ou 432, comme la dispute entre saint Cyrille et les Orientaux durait encore, Gennade publia contre ce saint évêque un écrit dans lequel il traitait sa doctrine et ses anathématismes avec un grand mépris, parce que, ne les entendant pas, il ne pouvait les concilier avec la foi de l'Eglise. C'est une faute, du reste, qu'il partagea avec beaucoup d'autres évêques d'Orient qui s'étaient faussement persuadés que saint Cyrille, en combattant Nestorius, était tombé dans l'hérésie d'Apollinaire. Mais ils ne persévérèrent pas longtemps dans leurs préjugés, et on ne peut douter que Gennade n'ait été un des premiers qui se réunirent au saint patriarche d'Alexandrie. Gennade était prêtre d'une église de Constantinople lorsqu'il en fut fait évêque, après la mort d'Anatole arrivée au mois de juillet 458. Il tint en 459 un synode composé de soixante-treize évêques, outre les légats du Saint-Siège, pour terminer les disputes qui divisaient l'Eglise d'Orient, au sujet du concile de Chalcédoine. On fit des règlements de discipline dans cette assemblée. Il y fut arrêté qu'on ne pourrait être ordonné prêtre, à moins qu'on ne sût le Psautier par cœur; et l'on y prit des mesures contre la simonie. Gennade réforma les abus qui s'étaient glissés dans son clergé, et gouverna avec sagesse. Il mourut sous le règne de l'empereur Léon, en 471. On prétend qu'il fut averti de sa mort par l'apparition d'un spectre qui lui prédit en même temps les troubles dont son Eglise devait être agitée après lui. Gennade de Marseille, son contemporain, lui a consacré un article dans son traité des *Ecrivains ecclésiastiques*.

Saint Gennade avait laissé plusieurs écrits; entre autres un Commentaire littéral sur Daniel qu'il expliquait mot à mot; un grand nombre d'homélies; une lettre synodique contre les simoniaques : celle sans doute qui fut composée dans le concile qu'il avait tenu; le livre qu'il avait composé pour combattre les *Anathématismes* de saint Cyrille, et deux livres adressés à Parthène. Il ne nous reste de tout cela que deux fragments, l'un du second livre à Parthène, rapporté par Léonce dans les lieux communs de l'origine de l'âme; et l'autre par Facundus. Saint Gennade dit dans celui-ci : « Malheur à moi de vivre dans un temps où l'Eglise est affligée de si grands maux. Hélas! par où commencerai-je que par là, dans le temps où nous sommes? Combien ai-je entendu de blasphèmes de Cyrille d'Egypte? Malheur au fléau d'Alexandrie! » Voici le second fragment : « Pouvons-nous assez déplorer ce qu'il a corrompu et ce qu'il corrompt? Il n'y a point de blasphème qu'il ne vomisse contre les saints Pères, contre les apôtres, contre Jésus-Christ même. Il détruit l'humanité que le Verbe a prise de nous et pour nous, et il veut rendre passible sa nature impassible. » Gennade entremêle cette déclamation des passages de l'Ecriture les plus forts contre les machinations des méchants. Sur le premier anathématisme de saint Cyrille, il dit : « Dieu vous anathématisera vous-même, muraille blanchie : car il est très-juste qu'aiguisant votre langue contre les disciples de Jésus-Christ à l'imitation d'Ananie, prince des prêtres juifs, vous receviez un pareil traitement que lui. » Facundus ne trouve point d'autre moyen d'excuser des termes si vifs contre saint Cyrille qu'en disant que Gennade ne comprenait pas le sens des *Anathématismes* de ce Père. On peut ajouter qu'étant alors fort jeune, la chaleur des contestations entre l'évêque d'Alexandrie et les Orientaux, avait pu donner sujet aux emportements qu'il fit paraître dans son ouvrage contre les *Anathématismes*.

GENNADE DE MARSEILLE, qui nous a fait connaître tant d'écrivains, est peut-être un de ceux sur la vie et les œuvres duquel l'antiquité ecclésiastique nous fournit le moins de documents. Quelques écrivains modernes et même plusieurs écrivains du moyen âge l'ont fait évêque; les uns, comme Sigebert de Gemblours, sans lui assigner aucun siège; d'autres, comme Platine dans la *Vie du Pape Symmaque*, en le comptant au nombre des évêques de Marseille; et quelques-autres enfin, comme Notker, moine de Saint-Gall, en lui faisant honneur de l'Eglise de Tolède en Espagne. L'erreur serait moins grossière si, au lieu de Tolède, on lui donnait Toulon; car il est certain que Gennade était Gaulois de naissance, et qu'il n'a jamais habité que sa province natale. Aujourd'hui tous les savants sont détrompés sur le fait prétendu de son épiscopat; il est certain que Gennade ne fut que simple prêtre, et il ne se donne jamais d'autre titre dans ses ouvrages. Il florissait sur la fin du ve siècle, et vécut jusque sous le pontificat du Pape saint Gélase, à qui il adressa sa profession de foi, vers l'an 494. Gennade était très-versé dans les langues grecque et latine; il avait étudié l'Ecriture et les Pères, et n'était point étranger à la littérature profane. C'était d'ailleurs un écrivain laborieux et de beaucoup de lecture, mais ayant plus d'érudition que de goût et de solidité. Il nous donne lui-même la liste de ses ouvrages, à la fin de son *Traité des auteurs ecclésiastiques*. « J'ai écrit, dit-il, contre les hérésies, huit livres ; contre Nestorius, six ; contre Pélage, trois ; un traité des mille ans, et de l'*Apocalypse*, ce traité-ci, c'est-à-dire celui des *Écrivains ecclésiastiques*, et le traité de ma doctrine adressé au Pape Gélase. » De tous ces ouvrages, il n'en est venu que deux jusqu'à nous.

Des écrivains ecclésiastiques. — Le plus connu, le plus estimé et le premier selon l'ordre des temps, est son traité des hommes illustres ou auteurs ecclésiastiques. Quelques-uns pensent qu'il fut composé sous le pontificat du Pape Gélase ; d'autres qu'il peut l'avoir été dès l'an 477 ; mais on est certain qu'il n'a été achevé que plus tard, puisqu'il contient l'éloge de ce pontife. Ce catalogue est regardé avec raison comme la suite de celui de saint Jérôme, et on les joint ordinairement ensemble. L'usage de réunir ces deux ouvrages remonte à une haute antiquité. On en trouve des traces dès le vi⁰ siècle, au temps de Cassiodore ; et ils sont joints dans un manuscrit de Corbie qui compte plus de neuf cents ans d'ancienneté. Le livre de Gennade est écrit sans art et avec beaucoup de simplicité, mais avec concision et une sorte d'élégance. L'auteur y a conservé, touchant les écrivains dont il parle, beaucoup de traits historiques qu'on chercherait inutilement ailleurs, et il y donne la connaissance d'un grand nombre d'ouvrages qui n'existent plus. Ce livre est composé de cent articles, depuis l'an 330 de Jésus-Christ jusqu'à l'an 492. Outre qu'il est inséré dans presque toutes les éditions de saint Jérôme, il a eu cependant un grand nombre d'éditions particulières. Martianay, en 1706, l'a mis à la tête de son V⁰ volume de saint Jérôme ; et le savant Fabricius l'a fait entrer dans sa *Bibliothèque ecclésiastique*, publiée in-folio à Hambourg, en 1718.

Des dogmes ecclésiastiques. — L'autre traité qui nous reste de Gennade est celui qui porte pour titre *Des dogmes ecclésiastiques*. Cet ouvrage est attribué à saint Augustin dans un grand nombre de manuscrits, et il est quelquefois cité sous son nom par le Maître des sentences. Il a même été inséré parmi ses Œuvres, quoique les sentiments qui s'y trouvent soient fort opposés à ceux de ce saint docteur. Trithème le donne à Alcuin ; Ratramne, moine de Corbie, le croyant l'œuvre d'un Grec, le cite sous le nom de Gennade, évêque de Constantinople. La plupart des anciens le maintiennent à Gennade de Marseille, et les plus vieux manuscrits le lui attribuent. Dès le viii⁰ siècle, ce traité se trouvait sous son nom dans la bibliothèque de Saint-Vandrille de Rouen. Il paraît d'ailleurs, et c'est le sentiment de Bellarmin ainsi que de plusieurs autres, que c'est le même ouvrage que la profession de foi envoyée par Gennade au Pape Gélase. Adrien I⁰ʳ dans sa lettre à Charlemagne, voulant établir le culte des images et des reliques des saints par le témoignage des anciens Pères, cite sous le nom de Gennade de Marseille tout ce qu'il en est dit dans le traité dont nous parlons. Toutes ces autorités réunies en faveur de la dernière opinion la mettent hors de doute, et la rendent pour ainsi dire incontestable. Ce traité est évidemment l'exposition de sa doctrine qu'il déclare avoir adressée en forme de lettre au Pape saint Gélase. En effet, c'est un abrégé des principaux dogmes de la religion. On l'a réduit dans les dernières éditions à cinquante-cinq articles ou chapitres ; mais il en contenait primitivement un bien plus grand nombre, parce qu'on y en avait inséré un bien plus grand nombre tirés de la lettre de saint Célestin aux évêques, des Actes des conciles de Milève, de Carthage et du second concile d'Orange.

Ce traité est en forme de confession de foi. Gennade y réfute, en les nommant, tous ceux qui ont erré, soit sur les mystères de la Trinité et de l'Incarnation, soit sur les autres dogmes de la religion, et il expose en les réfutant l'opinion contraire, comme la seule catholique et la seule vraie. Il reconnaît qu'il n'y a qu'un seul Dieu, Père, Fils et Saint-Esprit ; que le Père est appelé de ce nom parce qu'il a un Fils ; le Fils parce qu'il a un Père ; et le Saint-Esprit, parce qu'il est du Père et du Fils. C'est le Fils qui s'est incarné, afin que celui qui était Fils de Dieu devînt aussi fils de l'homme. Il n'y a pas néanmoins deux Fils ; c'est le même qui est Dieu et homme en deux substances unies sans confusion et sans mélange. Le Fils de Dieu est né de l'homme et non par l'homme, c'est à-dire, par les voies ordinaires ; il a pris chair dans le sein d'une Vierge, et ne l'a point apportée du ciel : en sorte que comme il est vrai Dieu parce qu'il est né de Dieu, il est aussi vrai homme parce qu'il est né de l'homme. En prenant la chair avec tous ses sens, par lesquels il pût souffrir véritablement, il a pris aussi une âme raisonnable. Comme le Fils et le Saint-Esprit sont consubstantiels au Père selon la divinité, de même le Fils nous est consubstantiel selon son humanité. Gennade, après s'être expliqué sur ces mystères, dit qu'on ne doit reconnaître qu'une seule résurrection de tous les morts, et qu'elle se fera en même temps dans la même chair qui aura souffert la mort ; que cette chair sera véritable, quoique incorruptible : et que la résurrection devant être générale tant pour les justes que pour les pécheurs, la chair dans les uns pourra être récompensée de la gloire éternelle à cause de leurs mérites, comme elle pourra souffrir les supplices dans les autres à cause de leurs péchés. Il croit néanmoins que l'on peut dire de ceux qui seront en vie à l'avènement du Seigneur, qu'ils ne mourront pas, mais qu'ils seront seulement changés de mortels en immortels, ce qui leur tiendra lieu de résurrection, sans avoir subi la loi de la mort. Mais il soutient qu'ils seront jugés alors comme tous les autres hommes, soit justes, soit pécheurs. Il rejette l'opinion qui veut que les démons et les impies après avoir été purifiés par les supplices, soient rétablis, ceux-là dans leurs dignités, et ceux-ci dans la société des justes, comme s'il était de la piété de Dieu de ne point permettre qu'aucune des créatures raisonnables pérît pour toujours. Il ajoute que l'on doit en croire au juge de toutes les créatures, qui a prononcé que les impies iraient aux supplices éternels, et que les justes seraient récompensés d'une félicité qui n'aura point de fin. Il enseigne que Dieu avait déjà créé le ciel et la terre, lorsqu'il donna l'être aux anges et à toutes les autres vertus célestes; qu'il n'y a que Dieu qui soit incorporel et invisible de sa nature, et que toutes les créatures, même les anges et les vertus célestes, sont corporelles, puisqu'elles sont circonscrites dans un lieu, comme l'âme humaine est renfermée dans la chair : toutefois les natures intellectuelles sont immortelles, parce qu'elles n'ont point de chair qui les rendent sujettes à la mort : les âmes des hommes n'ont point été créées dès le commencement avec les autres natures intellectuelles; elles ne sont pas non plus produites par propagation ; Dieu les crée et les met en même temps dans le corps lorsque ce corps est formé, afin que l'homme composé d'âme et de corps dans le sein de sa mère, en sorte vivant et homme parfait ; l'homme seul a une âme qui subsiste séparément du corps, lorsqu'elle en est désunie; au contraire l'âme des bêtes meurt avec leur corps; l'homme n'est composé que de deux substances, l'âme et le corps, et il n'en existe point une troisième en lui, l'Apôtre entendant par l'esprit qu'il joint à l'âme et au corps, la grâce du Saint-Esprit dont nous avons besoin pour vivre saintement; l'homme ayant été créé libre, a perdu par son péché la vigueur de son libre arbitre; mais il n'a pas perdu pour cela le pouvoir de choisir le bien et de fuir le mal, ni de chercher son salut, puisque Dieu l'avertit, l'excite et l'invite à faire et à choisir ce qui est nécessaire pour l'acquérir. Ainsi le commencement de notre salut nous vient de la miséricorde de Dieu; mais il est en notre pouvoir d'acquiescer à ses salutaires inspirations. Acquérir ce que nous souhaitons en nous rendant dociles à ses avertissements, c'est un don de Dieu; et ne pas déchoir de l'état de salut que nous avons une fois acquis, c'est l'effet de notre travail et du secours d'en haut, mais nous devons attribuer notre chute à notre négligence et à notre mauvaise volonté.

Il passe ensuite aux sacrements. Il n'y a qu'un baptême, il ne faut point rebaptiser ceux qui l'ont été par des hérétiques, en invoquant le nom de la Trinité; mais il faut baptiser ceux qui n'ont point été baptisés au nom de la Trinité, parce qu'un tel baptême n'est pas véritable. Il ne loue ni ne blâme la pratique de ceux qui communient tous les jours, mais il exhorte et il recommande de communier tous les dimanches, pourvu que l'on n'ait point d'attache au péché : car ceux qui ont de l'attache au péché, sont plutôt chargés que purifiés par la communion; mais celui qui ne sent plus de volonté de pécher, peut s'approcher de l'Eucharistie, quoiqu'il ait péché, ce qui s'entend, dit-il, de celui qui n'a point commis de péchés capitaux et mortels. Car quiconque a commis de ces péchés après le baptême, je l'exhorte à satisfaire par une pénitence publique, et à revenir à la communion de l'Église par la sentence du prêtre, s'il ne veut pas recevoir sa condamnation en recevant l'Eucharistie. Ce n'est pas que je nie que les péchés mortels ne puissent être remis par une pénitence secrète; mais c'est en changeant d'habit et de vie par une tristesse continuelle, et en ne communiant que quand on vit tout autrement qu'on n'avait vécu. La pénitence véritable est de ne plus commettre ce dont on s'est repenti, et la vraie satisfaction consiste à couper la racine des péchés, et à ne plus donner lieu aux tentations. Il rejette l'opinion des millénaires, soit dans le sens de Papias, soit dans celui de Cérinthe. Il croit que personne ne parvient au salut qu'il n'y soit invité de Dieu, et que celui-là même qui y est invité de Dieu, n'opère point son salut sans le secours de Dieu; que personne ne mérite ce secours qu'en le demandant; que Dieu ne veut point que personne périsse, mais qu'il le permet pour ne pas blesser la liberté de l'homme, afin que le pouvoir du choix qui lui a été une fois accordé, ne dégénère point en une nécessité servile. Il ajoute que le mal n'a point été créé de Dieu, mais inventé par le diable, qui lui-même a été créé bon, et qui étant devenu mauvais par son propre libre arbitre, a, par un mouvement d'envie, persuadé aux autres de l'être; qu'il résulte de là qu'il n'y a d'immuable par nature, que Dieu le Père, le Fils et le Saint-Esprit, qui est tellement bon de sa nature, qu'il ne peut être autre chose; que les saints anges ont persévéré volontairement dans l'état de félicité et dans la fidélité qu'ils devaient à Dieu, tandis que les mauvais anges se sont éloignés de l'un et de l'autre par leur libre arbitre; que l'usage du mariage est bon, quand il a pour but la génération des enfants ou d'éviter la fornication; que quoique la continence soit meilleure, elle ne suffit pas néanmoins pour la béatitude, si on ne la garde que par amour seul de la pureté, et non pas dans la vue de servir Dieu avec plus d'affection et de liberté; que la virginité est un bien au-dessus du mariage et de la simple continence, parce qu'elle surmonte la nature et qu'elle remporte la victoire dans le combat; que tout ce que Dieu nous a donné à manger est bon, quand on le prend avec action de grâces; que ce n'est pas néanmoins un mal de s'abstenir de quelques aliments, pourvu qu'on ne les regarde pas comme mauvais, mais seulement comme non nécessaires; et que c'est le propre des chrétiens d'en user avec modération selon le temps et la nécessité. Il condamne les hérétiques qui disaient que le mariage était mauvais, ou qui l'égalaient à la virginité consacrée à Dieu. Il dit qu'il est de foi, que la bienheureuse Marie, Mère de Dieu, a conçu et engendré étant vierge, et qu'elle est demeurée vierge après son enfantement. Il ne croit pas qu'au jour du jugement les éléments doivent être détruits par le feu, mais seulement changés en mieux. Il exclut de la cléricature celui qui, depuis son baptême, a eu deux femmes, ou qui a épousé une concubine, une veuve, une femme répudiée, une personne publique. Il en exclut aussi les usuriers, les comédiens qui ont joué sur le théâtre; les pénitents condamnés publiquement pour des fautes mortelles, les fous et les possédés du démon, ainsi que ceux qui par ambition ont offert de l'argent pour être admis dans les ordres. « Nous croyons encore, dit Gennade, que l'on doit honorer sincèrement le corps des saints, et surtout les reliques des martyrs, comme les membres de Jésus-Christ. Il est de la piété d'aller prier dans les basiliques qui portent leurs noms. Les catéchumènes, quoique morts dans la pratique des bonnes œuvres, sont exclus de la vie éternelle, excepté ceux qui finissent par le martyre, dans lequel s'accomplissent tous les mystères du baptême. Le baptisé reçoit le Saint-Esprit par l'imposition des mains; le martyr devient l'instrument du Saint-Esprit, puisque ce n'est pas lui qui parle, mais l'esprit du Père qui parle en lui. Le baptisé participe à l'Eucharistie en mémoire de la mort du Seigneur; le martyr meurt avec Jésus-Christ même. L'un fait profession de renoncer à tous les actes du monde; l'autre même à la vie. A celui-là tous les péchés sont remis par le baptême; dans celui-ci ils sont éteints par le martyre. On ne doit point offrir de l'eau pure dans l'Eucharistie, mais du vin mêlé avec de l'eau; parce que le vin est entré dans l'économie de notre rédemption, suivant cette parole de Jésus-Christ : *Amodo non bibam de hac generatione vitis, donec*, etc. L'eau qui sortit avec le sang lorsque son côté fut percé d'une lance, nous apprend encore que le vin a été tiré avec l'eau, de sa chair qui est représentée par la vigne. » Suivant Gennade, la chair de l'homme est bonne, puisqu'elle a pour auteur un Dieu bon; mais elle devient mauvaise ou conserve sa bonté selon que notre âme en use par son libre arbitre; à la résurrection la différence des sexes ne sera point ôtée, parce qu'autrement ce ne serait pas une véritable résurrection; les âmes des justes avant la passion du Sauveur étaient détenues dans les enfers en vertu de la dette contractée par la prévarication d'Adam, et elles ont été transportées au ciel avec Jésus-Christ après son ascension, où elles attendent la résurrection de leurs corps pour jouir ensemble de la béatitude éternelle, de même que les âmes des pécheurs sont détenues dans l'enfer, attendant avec crainte la résurrection de leurs corps avec qui elles seront livrées à des supplices éternels; les péchés sont remis par la pénitence, quand même on ne le ferait qu'au dernier soupir de la vie; le décret de Dieu par lequel il a résolu de sauver tous les hommes étant immuable; le diable ne connaît pas les secrètes pensées de l'homme, il les conjecture seulement par les mouvements du corps; nos mauvaises pensées ne viennent pas non plus toujours du diable, mais quelquefois de notre libre arbitre; mais les bonnes ont toujours Dieu pour auteur; le diable, lorsqu'il opère en nous, n'entre pas dans notre âme, mais il s'y unit et s'y joint; les signes et les prodiges que les pécheurs font quelquefois au nom de Jésus-Christ ne les rendent pas meilleurs, ils en deviennent, au contraire, plus méchants lorsqu'ils en tirent vanité; il n'y a aucun saint ni juste exempt de péché, mais ils ne cessent pas pour cela d'être saints et justes par le désir qu'ils ont de la sainteté; nous n'acquérons point par les forces de la nature, mais par le secours de Dieu; ainsi tous les saints peuvent dire véritablement qu'ils sont pécheurs, parce qu'ils ont toujours de quoi pleurer, ne fût-ce que l'inconstance de leur nature portée au péché, quand même leur conscience ne leur reprocherait rien; on ne peut pas célébrer la fête de Pâques avant que l'équinoxe du printemps soit passé, et que le quatorzième de la lune née dans le même mois ne soit expiré.

Tel est en résumé le *Traité des dogmes ecclésiastiques* de Gennade. Il aurait dû y apporter plus d'ordre et plus d'exactitude, surtout, s'il est vrai, comme on le croit communément, que ce soit la confession de foi qu'il adressa au Pape Gélase. Les critiques ont remarqué au sujet de ce traité, qu'il y avait plus d'érudition que de jugement; que de simples opinions y étaient données comme des vérités dogmatiques, et que des sentiments très-catholiques y étaient condamnés; que l'auteur s'y trouvait évidemment en opposition avec saint Augustin et d'accord avec Fauste de Riez sur la grâce, le libre arbitre et la corporéité des âmes. Sur d'autres points cependant, il s'exprime d'une manière très-catholique. — On pourrait appliquer les mêmes critiques et peut-être avec moins de réserves encore à son *Traité des hommes illustres*, qui certainement inspire plus de doutes sur son orthodoxie, et fait présumer avec trop de vraisemblance qu'il était engagé dans les erreurs des semi-pélagiens. Dès le VI° siècle l'Eglise de Lyon crut apercevoir dans ses écrits des traces de pélagianisme; quoique pourtant il y eût attaqué Pélage. Vossius a beau le défendre contre cette imputation, et le Pape Adrien, dans la lettre que nous avons mentionnée plus haut, parler de lui comme d'un saint personnage, il est difficile néanmoins de le justifier à cet égard; car le livre que nous venons de citer confirme pleinement cette idée. Il s'y déclare aussi contre la doctrine de saint Augustin, et fait de ce Père un éloge équivoque; il relève au contraire le mérite d'Evagre, que saint Jérôme accuse d'être un origéniste, de Rufin qui partageait la même erreur, et loue complétement Fauste de Riez, bien connu pour être semi-pélagien. Il parle avantageusement des *Eulogies* de

Pélage, que saint Jérôme taxe d'hérésie, et improuve le livre de saint Prosper contre Cassien, pour lequel il témoigne, lui, une estime particulière. On ne doit donc lire ses écrits qu'avec une grande précaution et toute la réserve d'un théologien catholique qui connaît le prix du trésor de la foi.

AUTRES ÉCRITS. — Honorius d'Autun et Trithème marquent, dans le Catalogue des OEuvres de Gennade, onze livres contre Eutychès. Il ne nous en reste rien : mais, à la suite du livre des *Hérésies*, composé par saint Augustin, on trouve dans un manuscrit de la bibliothèque de Saint-Victor, sous le nom de Gennade, une description assez courte de l'hérésie des prédestinatiens, des nestoriens, des eutychiens et des timothéens. Le nom de Gennade ne se lit point dans les autres manuscrits, et il n'y est rien dit non plus des prédestinatiens, mais seulement des timothéens, des nestoriens et des eutychiens. Hincmar cite cet écrit sous le nom de Gennade. Cet auteur avait traduit le livre d'Evagre du Pont *sur les huit vices capitaux;* et il témoigne qu'en le traduisant en latin il avait gardé la même simplicité qu'il avait trouvée dans l'original grec. Il traduisit du même Evagre le traité intitulé : *Des cent et des cinquante sentences,* de même que les petites sentences, qu'il dit être très-obscures. Le premier de ces ouvrages avait déjà été traduit en latin, mais peu fidèlement : ce qui obligea Gennade d'en donner une autre traduction. Ses frères le prièrent de traduire encore l'ouvrage de Timothée Elure, adressé à l'empereur Léon contre le concile de Chalcédoine. Gennade, en mettant cet écrit en latin, eut soin d'en faire remarquer les erreurs. Son style est simple, net et concis. Nous ne connaissons que deux éditions particulières de son *Traité des dogmes ecclésiastiques;* l'une et l'autre à Hambourg, savoir en 1594 et 1614. On trouve dans celle-ci les lettres qui portent le nom de saint Martial, évêque de Limoges, et une homélie d'un ancien théologien. Geverhart Helmenhorstius a pris soin de ces éditions.

GEOFFROI, abbé de la Trinité de Vendôme et cardinal, était né à Angers, d'une famille illustre et qui comptait parmi ses proches Renaud, seigneur de Craon. Le jeune Geoffroi fut élevé par Garnier, archidiacre d'Angers, qui lui donna pour maître un nommé Guillaume. Ses parents le destinaient à de hauts emplois civils, mais il préféra entrer dans le monastère qui avait été fondé à Vendôme par Geoffroi Martel, comte d'Anjou. Il y fit des progrès si rapides dans la piété et dans les sciences, que, n'étant encore que novice et simple diacre, il fut jugé digne de remplir le siége abbatial, après la démission ou, selon quelques auteurs, après la destitution de l'abbé Bernon. Il reçut la bénédiction des mains d'Yves de Chartres le 24 août 1093, trois jours après son élection, et partit la même année pour aller à Rome. Il y rendit un service signalé au Pape Urbain II que les troubles avaient forcé de se cacher, en lui fournissant l'argent nécessaire pour recouvrer le palais de Latran et la tour Crescentia, appelée aujourd'hui château Saint-Ange, et occupée alors par la faction de l'antipape Guibert. Après que le Pontife fut rentré dans son palais, Geoffroi fut le premier qui lui baisa les pieds dans cette chaire pontificale, où depuis longtemps aucun Pape catholique ne s'était assis. Urbain II l'ordonna prêtre, et le fit cardinal du titre de Sainte-Prisque que le Pape Alexandre II avait accordé à Ordric, abbé de Vendôme, pour lui et pour ses successeurs. Geoffroi revint en France en 1094, comblé d'honneurs et de dignités, et fut employé dans les plus grandes affaires de l'Eglise et de l'Etat. L'année suivante, 1095, il assista au fameux concile qu'Urbain II tint à Clermont en Auvergne. Ce Pape conserva toujours pour Geoffroi une vive reconnaissance du service qu'il lui avait rendu ; il lui fit même l'honneur de le visiter à Vendôme, où il passa huit jours dans son abbaye. Il en confirma tous les priviléges, et cassa la profession d'obéissance qu'Yves de Chartres avait exigée de Geoffroi, en lui donnant la bénédiction. Pascal II, successeur d'Urbain, ne témoigna pas moins d'affection à Geoffroi ; il lui confirma en 1102 la dignité de cardinal, et lui accorda la mitre et tous les ornements qui y sont attachés. Il vint même à Vendôme comme son prédécesseur et y demeura onze jours. On voit par les lettres de Geoffroi l'intime liaison qui l'unit au Pape Calixte II dont il obtint en 1119, c'est-à-dire la première année de son pontificat une bulle pour sa dignité de cardinal. Ce Pape le qualifiait ordinairement du nom de frère. L'attachement de Geoffroi pour le Saint-Siége, le zèle qu'il fit paraître pour les Papes; les peines et les dépenses qu'il s'imposa pour eux méritaient bien de leur part ces marques d'affection. Il passa douze fois les Alpes, fut trois fois prisonnier de leurs ennemis et courut souvent risque de la vie. Après la mort de Calixte, il écrivit à Honorius II pour le féliciter sur son élection, son âge et sa santé ne lui permettant plus d'entreprendre le voyage de Rome. Honorius hérita de l'affection de ses prédécesseurs pour l'abbé de Vendôme et lui en donna des marques en différentes circonstances, et particulièrement en 1129, lorsqu'il lui accorda une ample confirmation de tous les priviléges de son abbaye ainsi que du titre de cardinal de la sainte Eglise romaine. Le mérite de cet abbé était si généralement connu que Louis le Gros le choisit pour arbitre d'un différend qu'il avait avec Foulques le Rechin, comte d'Anjou. Geoffroi eut personnellement à soutenir un procès contre des évêques, des abbés et des seigneurs relativement aux droits de son monastère, droits qu'il conserva et parvint même à augmenter. Par sa douceur et sa prudence, il triompha des intrigues d'un de ses religieux, apostat, qui l'avait brouillé avec Geoffroi de Preuilly, comte de Vendôme. En différentes occasions, il exigea la réparation d'outrages ou d'atteintes portées à ses priviléges, et cela d'une manière qui prouve bien quel était alors l'ascendant des gens d'Eglise sur les plus grands seigneurs, quoique ceux-ci eussent la puissance des armes, et plusieurs d'entre eux une disposition à peu près permanente à en abuser. Le train de l'abbé de Vendôme était, dit-on, si considérable, qu'un évêque du Mans le pria de ne point passer par sa ville, attendu qu'il ne se trouvait pas en état de recevoir un si riche abbé. Du reste, soignant le temporel et le spirituel avec un zèle égal, il entretenait la régularité et la ferveur parmi ses religieux, et faisait admirer les qualités de l'âme réunies en lui à celles de l'esprit. Indépendamment de la considération qu'avaient pour lui les Papes, il fut regardé comme une des lumières de son siècle. En 1132, Geoffroi, étant allé à Angers pour rétablir le monastère de Lévières qui avait été réduit en cendres, et pour prendre soin des religieux de cette maison, tomba malade et mourut le 26 mars de la même année. Il y fut enterré, comme nous l'apprend le P. Labbe dans sa *Chronique d'Angers.* Il paraît que le P. Sirmond n'avait pas connaissance de cette Chronique, puisqu'il témoigne ne rien savoir du lieu ni des circonstances de sa mort, sinon qu'il vécut jusque dans les dernières années d'Honorius II, comme on le voit par les lettres qu'il écrivit à ce Pape en 1129. Il composa divers ouvrages dont nous allons rendre compte, en commençant par

SES LETTRES. — Les lettres de Geoffroi sont partagées en cinq livres. Le premier en contient trente-une qui sont adressées aux Papes Urbain, Pascal, Calixte, Honorius et aux légats de ces Souverains Pontifes. La plus grande partie a été écrite pour implorer la protection du Saint-Siège contre ceux qui attaquaient les priviléges de son abbaye, et en enlevaient ou retenaient les biens. Il appuie sa demande sur ce que son monastère était par fondation un alleu du Saint-Siége. En effet, c'est ce que portent la plupart des titres de l'abbaye de Vendôme. Il rapporte à ce sujet la charte par laquelle Geoffroi Martel, fondateur de cette abbaye, en cédant à Foulques, fils de sa sœur, le comté de Vendôme, excepte l'abbaye qu'il déclare être le patrimoine de l'Eglise romaine, et ne se réserve, pour lui et ses successeurs, que la défense et la protection de ce monastère. On trouve dans cette charte l'origine des comtes de Vendôme. — Dans la troisième, Geoffroi se plaint au Pape Pascal de la comtesse de Vendôme, qu'il ne nomme point; de l'évêque du Mans, qui retenait un de ses religieux; de celui d'Angers, qui avait autorisé l'établissement d'une chapelle dans une paroisse de son diocèse appartenant à l'abbaye de Vendôme. Ce qui prouve que les abbés poussaient leurs prétentions jusqu'à défendre d'ériger sans leur consentement aucune chapelle dans les terres de leur dépendance. Cela du reste est conforme à la lettre, ou plutôt à la bulle du Pape Luce II en faveur de l'abbaye de Cluny. — La quatrième lettre est encore adressée au Pape Pascal II au nom de toute la communauté et de l'abbé de Vendôme, qui se plaignent des vexations qu'ils éprouvent de la part de l'évêque de Chartres. — Dans la septième, Geoffroy exhorte Pascal II à révoquer le traité qu'il avait fait avec Henri V. Ce Pape ayant été surpris et arrêté dans Rome par l'empereur lui accorda les investitures pour sauver la ville et l'Italie de leur ruine, et les prisonniers de la mort dont ils étaient menacés. Quoique la nécessité et les circonstances où s'était trouvé Pascal semblassent devoir porter à excuser sa démarche, elle fut néanmoins blâmée hautement et en particulier par l'abbé de Vendôme qui lui écrivit sur ce sujet avec beaucoup de force. Après lui avoir remis devant les yeux les travaux des apôtres saint Pierre et saint Paul, le zèle avec lequel ils ont prêché la foi; le courage qu'ils ont montré en répandant leur sang pour sa défense; la gloire dont ils jouissent dans le ciel où ils attendent leurs successeurs qui ne dégénèreront pas de leur courage; il ajoute que celui qui, étant assis sur leur siége, a renoncé à la glorieuse destinée de ces saints, par une conduite opposée à la leur, doit casser ce qu'il a fait et réparer sa faute, en pleurant comme un autre Pierre. Si la faiblesse de la chair l'a fait tomber, que la force de l'esprit le relève et qu'il ne rougisse pas de se corriger. Geoffroy réfuta ensuite ce qu'on pouvait alléguer en faveur du Pape qui craignait pour la vie des prisonniers que l'empereur avait entre les mains, s'il lui refusait les investitures. Il soutient que la faute est inexcusable, et qu'en voulant la pallier on ne fait que l'augmenter; aussi, faut-il la réparer promptement, en renonçant à l'erreur, afin que l'Eglise, notre mère spirituelle, qui semble sur le point de rendre le dernier soupir, ne meure pas. — Après plusieurs autres traits aussi vifs que ceux que nous venons de rapporter, l'auteur ajoute qu'il ne parle ainsi que parce que le prophète s'étant laissé corrompre par Satan, il est nécessaire que l'ânesse sur laquelle il était monté lui reproche sa folie. — Dans une lettre adressée à Conon, légat en France vers l'an 1115 et qui se trouve la dix-huitième du premier livre, Geoffroi assure que huit Papes, Benoît IV, Clément II, Victor II, Alexandre II, Grégoire VII, Urbain II, Pascal II, dont on possède encore les lettres, avaient confirmé les priviléges de l'abbaye de Vendôme, et qu'ils s'étaient réservé à eux seuls le pouvoir de la gouverner, à l'exclusion des évêques, des légats et de toute autre personne. Un de ces priviléges était que l'abbé de Vendôme ne pouvait être appelé au concile ni par l'évêque diocésain, ni même par le légat apostolique, mais seulement par le Pape.

Deuxième livre. — Il contient trente-deux lettres, dont dix-neuf sont adressées à Yves de Chartres et les autres à Geoffroy, son successeur. Notre auteur y défend avec beaucoup de respect et de fermeté les priviléges de son abbaye contre l'évêque de Chartres qui en lui donnant la bénédiction abbatiale, avait exigé de lui une profession qui y était contraire et qui fut cassée par les Papes Urbain et Pascal. — Les douze lettres suivantes adressées à l'évêque Geoffroi, ont pour la plupart le même objet que les précédentes. Il paraît que ce prélat trouvait mauvais que le Pape accordât aux abbés l'usage des ornements épiscopaux, et qu'il les exemptât de la juridiction de l'Ordinaire, ce qui fait qu'il les appelait acéphales. Geoffroi lui répondit que le Saint-Siége n'usait pas d'une plus grande indulgence, en accordant aux abbés les ornements pontificaux, que l'on n'en usait envers celui qui est choisi évêque et promu aux ordres sans le mérite d'une bonne vie. « Au reste, ajoutait-il, nous ne sommes pas acéphales pour cela, puisque nous avons Jésus-Christ pour chef et le Pape après lui; notre monastère l'a eu pour chef dès le commencement, et l'aura, Dieu aidant, jusqu'à la fin. » Il rapporte le décret du Pape Urbain II qui annule la profession d'obéissance que Geoffroi avait faite à Yves de Chartres, et un autre décret du même Pape qui déclare tous les moines de Vendôme exempts de la juridiction des évêques. Quelque zèle au reste que Geoffroi ait fait paraître pour la défense des priviléges de son monastère, il a toujours témoigné un profond respect pour les évêques contre lesquels il les défendait. Il proteste qu'il n'a jamais rien voulu enlever à l'église de Chartres; mais seulement conserver à l'abbaye de Vendôme, la possession de ce qui lui fut accordé lors de sa fondation, et qu'il rendra à l'évêque de Chartres tout ce qu'il s'était réservé alors dans cette abbaye.

Troisième livre. — Le troisième livre des lettres de Geoffroi en contient quarante-trois, écrites à différents évêques, particulièrement aux évêques du Mans et d'Angers. — Dans la huitième, adressée à Renaud d'Angers, l'abbé de Vendôme parle d'un moine de Saint-Nicolas, qui avait répondu aux accusations formées contre lui par son abbé, en se servant non de la langue latine, parce qu'il était laïque et qu'il ne l'avait point apprise, mais de sa langue naturelle; ce qui prouve que dès le XIIe siècle le latin n'était plus la langue vulgaire, et que les laïques en avaient une autre qui s'appelait la langue maternelle. Cela peut encore nous expliquer comment nous possédons les sermons de saint Bernard en latin et en français. — Nous avons quatre lettres écrites à propos d'un religieux qui avait fui l'abbaye de Vendôme, et que l'évêque du Mans retenait, quoiqu'il eût promis de le renvoyer à son abbé qui le redemandait. — Dans les vingt-sixième et vingt-septième lettres, il reproche modestement à Hildebert de lui avoir manqué de parole en n'exécutant pas celle qu'il lui avait donnée, parce que le clergé de Tours s'y opposait. Geoffroi regarde cette opposition comme un attentat contre la dignité d'Hildebert, et une insulte faite à l'Église du Mans de la part de ces clercs qui, au mépris de toutes les règles, se sont élevés au-dessus d'un évêque qu'il ne leur est pas même permis de reprendre, sinon dans le cas où il s'écarterait de la foi. « L'archevêque de Tours lui-même, ajoute notre abbé, quoique supérieur de ses clercs, n'aurait aucun droit de vous empêcher de me faire la grâce que je vous suppliais de m'accorder; et s'il avait voulu s'y opposer, vous n'auriez point dû obéir. A la vérité, on doit obéir à son supérieur, non pas précisément dans tout ce qu'il commande, mais dans tout ce que Dieu commande : car si le supérieur ordonne quelque chose de contraire à ce que Dieu ou les Pères ont prescrit, il perd l'autorité de commander et on ne doit pas lui obéir, comme les apôtres nous l'apprennent par leur exemple. Ils avaient assurément appris les règles de l'obéissance sous un bon maître, qui leur avait donné cette instruction en parlant des scribes et des pharisiens : *Faites tout ce qu'ils vous diront.* Cependant, quand, dans la suite, les scribes et les pharisiens leur défendirent de prêcher au nom de Jésus-Christ, ils surent éviter sagement de tomber dans le piége d'une fausse obéissance, en répondant qu'*il faut obéir à Dieu plutôt qu'aux hommes.* » — Dans la trente-neuvième lettre, adressée à Pierre, évêque de Saintes, notre abbé prie ce prélat d'empêcher un duel entre un clerc et un moine, ce qui n'était permis ni par les lois ni par les canons. L'éditeur, dans une note curieuse sur cette lettre, rapporte trois exemples de ces sortes de combats : le premier, entre Haimeric, vicomte de Thouars, et Thierry, abbé de Saint-Aubin, au sujet d'une redevance exigée par le vicomte et refusée par l'abbé comme n'étant point due. Le vicomte se désista de sa demande, et le duel n'eut pas lieu. Dans le second exemple, le combat se livra en présence de Hamelin, évêque de Rennes, du comte Conon, de Robert de Vitrey, alors excommunié, etc. La querelle fut accommodée, et le combat suspendu. Enfin, dans le troisième exemple, le duel s'exécuta entre Etienne, champion du comte d'Angoulême, et un nommé Guillaume qui défendait une femme accusée de maléfices. Etienne fut victorieux et Guillaume remporté du champ clos, tout brisé des coups qu'il avait reçus. Ainsi, le zèle que témoigna notre abbé contre un usage si contraire à la loi de Dieu ne fut suivi d'aucun succès. Plût à Dieu que le duel eût été tellement aboli dès cette époque, qu'il n'en fût resté aucune trace dans les siècles suivants, et surtout dans le nôtre, où, malgré la civilisation des mœurs et ce qu'on est convenu d'appeler la progression des idées, cet absurde et brutal préjugé fait tous les jours encore de nombreuses victimes.

Quatrième livre. — Il contient cinquante lettres écrites à des abbés ou à des moines. La plus remarquable et la seule dont nous rendrons compte est sans contredit celle qu'il écrivit à Robert d'Arbrissel, fondateur de l'abbaye de Fontevrault. C'est l'épanchement d'un ami qui avertit charitablement son ami que des bruits désavantageux, scandaleux même, courent sur son compte, afin que celui-ci se corrige si ce que l'on dit de lui est vrai. Geoffroi a l'air de ne pas croire au fait singulier rapporté dans cette lettre,

Le P. Sirmond se repentit de l'avoir imprimée, d'autant plus qu'elle était démentie par plusieurs auteurs, c'est-à-dire attribuée à d'autres qu'à l'abbé Geoffroi ; mais la lettre existe dans les manuscrits de l'abbaye de la Couture du Mans et de la Trinité de Vendôme. Deux moines de Fontevrault, envoyés pour l'enlever dans cette dernière ville, le tentèrent sans succès, n'ayant pu soustraire qu'un seul feuillet du livre, qui est déposé aujourd'hui à la bibliothèque de Vendôme. Il est assez vraisemblable que cette lettre fut écrite dans le temps que Robert allant prêcher de côté et d'autre, était suivi d'une grande affluence de personnes des deux sexes qui logeaient dans les hôpitaux. Or, on sait combien il est ordinaire au peuple de calomnier les ecclésiastiques lorsqu'ils ont des relations avec les personnes du sexe, fût-ce même pour des raisons de piété et de religion. Qu'on se rappelle ce qui arriva à saint Jérôme, pour avoir persuadé à beaucoup de dames romaines de quitter l'éclat du monde afin de mener une vie cachée en Jésus-Christ. La calomnie n'épargna pas davantage Robert d'Arbrissel, et peu s'en fallut que l'on n'attentât à sa vie. Les écrivains contemporains rendirent un témoignage public à sa vertu. Le Pape Pascal II l'appelait un homme de grande piété ; Robert du Mont un homme propre à gagner les âmes à Dieu ; Pierre évêque de Poitiers, un homme apostolique plein de zèle pour la prédication de la parole de Dieu, et qui par le tonnerre de ses prédications avait retiré des dangers du monde un grand nombre de personnes des deux sexes. Geoffroi de Vendôme se convainquit par lui-même de la fausseté des bruits répandus contre la conduite de Robert et de ses disciples. Il entra en société de prières avec la communauté de Fontevrault, dont il parle comme d'une maison composée de filles agréables à Dieu.

Cinquième livre. — Il contient vingt-huit lettres. Dans la seizième, Geoffroi enseigne la nécessité de la confession à Guillaume qui avait été son maître. Ce Guillaume prétendait qu'il n'y avait que quatre sortes de péchés que l'on fût obligé de confesser, et que Dieu remettait les autres sans aucun aveu de la part du coupable ; il s'appuyait même d'un passage du Vénérable Bède pour soutenir son sentiment. Mais le disciple, plus éclairé et plus habile que le maître, lui expose le vrai sens des paroles de Bède, et lui prouve que la confession et la pénitence lui sont nécessaires pour tous les péchés ; et en effet rien n'est plus certain. — On voit dans la dix-huitième lettre un trait remarquable de la fermeté de Geoffroi et de son zèle pour le bon ordre, qui le faisait passer par-dessus tout respect humain.

Guillaume, duc d'Aquitaine lui ayant demandé de renvoyer un moine nommé Rainaud dans une obédience d'où il l'avait retiré, et où il était utile au duc et nécessaire à la maison, Geoffroi lui répondit que l'âme de ce religieux dont il rendrait compte au jour du jugement, devait lui être plus chère que tous les intérêts temporels. Il finit sa lettre en le priant de ne point se mêler de ce qui regarde le salut des âmes confiées à ses soins.

Du corps et du sang de Jésus-Christ. — Les lettres de Geoffroi sont suivies de plusieurs opuscules, où il traite avec assez d'ordre et de lumière divers points de doctrine et de discipline ecclésiastiques. Le premier par ordre de date est le traité qui a pour titre : *Du corps et du sang de Jésus-Christ*, et dans lequel l'auteur établit de la façon la plus claire la présence réelle de Jésus-Christ dans le sacrement de l'Eucharistie. « On met d'abord, dit-il, du pain et du vin sur l'autel ; mais de même qu'avant la consécration il n'y a que du pain et du vin, de même après la consécration, il ne reste du pain et du vin que la saveur, l'apparence et l'odeur, et cela, à cause de la faiblesse et de l'infirmité de l'homme ; car si la chair glorieuse de Jésus-Christ et son sang sacré paraissaient dans leur nature propre, les hommes n'en pourraient pas soutenir l'éclat et n'auraient plus le mérite de la foi... Croyons donc fermement et sans aucun doute, que ce que les chrétiens reçoivent à l'autel après la consécration, n'est autre chose que ce que la Vérité elle-même déclare en disant : *Recevez, ceci est mon corps...* C'est cette même, unique et véritable chair qui a été conçue par l'opération du Saint-Esprit, qui est née de la Vierge Marie ; qui a été attachée à la croix, qu'il a ressuscitée par la toute-puissance de sa divinité, étant Dieu lui-même. Les méchants le reçoivent, mais comme ils le reçoivent mal, ils en deviennent plus méchants. Les bons qui le reçoivent avec la charité dans l'âme en deviennent meilleurs. » Ce traité, dans sa brièveté, renferme tout ce que l'Église enseigne aux fidèles touchant l'auguste mystère de l'Eucharistie, et renverse tout ce que les novateurs des derniers siècles ont inventé de sophismes pour l'attaquer.

De l'ordination des évêques, etc. — Pierre de Léon, cardinal de l'Église romaine, avait consulté Geoffroi sur les investitures. Cet abbé lui répondit par un traité qui a pour titre : *De l'ordination des évêques et de l'investiture des laïques*. Il y enseigne que comme le baptême fait un homme chrétien, ainsi l'élection et la consécration font un évêque. De même qu'il est impossible d'être chrétien sans avoir reçu le baptême, de même on ne peut pas être évêque sans élection et sans consécration. Ces deux choses sont tellement nécessaires, que l'élection sans la consécration, et la consécration sans l'élection ne suffisent pas. La consécration est nulle si l'élection ne l'a canoniquement précédée. Le clergé tient la place de Jésus-Christ dans l'élection, et l'évêque dans la consécration. Tous les autres peuvent bien demander un évêque ; mais pas l'élire ni le consacrer. Ainsi tous ceux qui arrivent à l'épiscopat par une autre voie n'entrent pas par la porte, et doivent être considérés comme des voleurs. Il rejette l'opinion de ceux qui avançaient que tout est permis à l'Eglise romaine, et qu'elle peut faire par dispense le contraire de ce qui est prescrit dans les livres saints. « Cette Eglise, dit-il, n'a pas plus de pouvoir que saint Pierre ni que Jésus-Christ, qui n'est pas venu pour abolir la loi, mais pour l'accomplir. Elle doit donc user de la puissance que Jésus-Christ lui a donnée, non suivant sa volonté, mais suivant la tradition. S'il arrive que le Pape soit averti, par quelqu'un de ses inférieurs, de corriger ce qu'il a fait de mal en excédant les bornes de la justice, il doit recevoir cet avis comme saint Pierre reçut celui de saint Paul. » Quant à l'opinion de ceux qui croyaient que les laïques pouvaient donner l'investiture d'un évêché et autres bénéfices, il la taxe d'hérésie, et soutient qu'elle est simoniaque, puisque les laïques ne la donnent que pour quelque intérêt temporel, c'est-à-dire à la condition de recevoir de l'argent, ou de s'assujettir les évêques. Sa raison de traiter cette opinion d'hérésie est que l'anneau et le bâton pastoral, par lesquels se confère l'investiture, sont les signes sensibles de la puissance spirituelle de l'évêque, et, par conséquent, appartiennent au sacrement et à l'ordination. C'est sur ce principe qu'il soutient encore, dans un autre traité adressé au Pape Pascal, que l'investiture est une hérésie comme la simonie.

Des investitures accordées aux rois. — Dans le traité suivant, qui se trouve le quatrième parmi ses opuscules, Geoffroi distingue deux sortes d'investitures : l'une qui ajoute le dernier degré à l'ordination de l'évêque ; l'autre qui le nourrit. L'une est de droit divin, et l'autre de droit humain, et les rois peuvent l'accorder à l'évêque, après l'élection canonique et la consécration, parce que les biens temporels que l'Eglise possède, elle les tient de la libéralité des princes. C'est la doctrine de saint Augustin. Mais comment peuvent-ils donner cette investiture ? Geoffroi dit qu'ils le peuvent en leur accordant la possession de leurs revenus, leur secours, leur protection, et qu'il importe peu par quel signe les rois accordent cette investiture aux évêques. Il ajoute que l'Eglise a son règne, sa justice, sa liberté ; mais qu'elle doit prendre garde de ne jamais excéder dans l'usage de ses censures, de peur de rompre le vase dont elle veut seulement enlever la rouille. Il cite un passage de saint Augustin contre Parménien, pour montrer qu'on ne doit pas excommunier celui qui a la multitude de son côté, parce qu'il est plus expédient de pardonner à un coupable, que d'exciter un schisme. On remarque que Geoffroi est le premier qui ait employé l'allégorie des deux glaives, pour marquer les deux puissances. « Notre bon Seigneur et maître Jésus-Christ a voulu, dit-il, que le glaive spirituel et matériel servissent également à la défense de son Eglise. Si l'un émousse l'autre, c'est contre son intention, c'est ce qui enlève la justice à l'Etat, et la paix à l'Eglise, ce qui cause les scandales et les schismes qui entraînent presque inévitablement la perte des corps et des âmes. »

Des dispenses. — Le cinquième opuscule, adressé au même pontife, traite des dispenses. Geoffroi y établit les règles que l'Eglise doit suivre en accordant ces sortes d'exemptions. « Il faut, dit-il, accorder quelquefois des dispenses dans l'Eglise, non par intérêt et par faveur, mais par une pieuse condescendance, en permettant pour un temps quelque chose de moins parfait, plutôt que de mettre la foi en péril, mais avec l'intention de rétablir la règle dans un temps convenable. C'est par cette raison que les apôtres saint Pierre et saint Paul ont quelquefois pratiqué les cérémonies de la Loi, pour empêcher que les Juifs fussent scandalisés. On peut aussi, et on doit même en certains cas, changer les coutumes des églises et des monastères, mais pour y établir un plus grand bien, et pour y faire régner une plus grande perfection. Il ne faut jamais permettre le mal ni le faire, à moins qu'il n'y ait du péril pour la foi, et qu'on ne puisse ensuite corriger ce mal. Car ceux qui font du mal, dans l'espérance qu'il en arrivera du bien, sont condamnés par saint Paul. »

Des qualités de l'Eglise. — Il y a un troisième traité, adressé au Pape Calixte, dans lequel Geoffroi établit pour principe, que l'Eglise doit toujours être catholique, libre et chaste ; catholique, parce qu'elle ne peut être ni vendue ni achetée ; libre, parce qu'elle ne doit pas être soumise à la puissance séculière ; chaste, parce qu'elle ne doit pas être corrompue par les présents. Si une de ces trois qualités manquait à l'Eglise, elle ne pourrait être regardée comme la véritable épouse de Jésus-Christ, qui, en sa qualité de bon pasteur, demande une épouse fidèle, libre et chaste.

De l'arche d'alliance. — Geoffroi adressa son septième opuscule à deux de ses disciples, Hamelin et André. C'est une explication allégorique de l'arche d'alliance et de la sortie d'Egypte. L'auteur entend par l'Egypte, le monde ; et par Pharaon, le démon ; par le peuple hébreu, les fidèles ; et par Moïse, Jésus-Christ ; par la mer Rouge, le baptême et la pénitence ; par le tabernacle, l'Eglise ; c'est-à-dire l'assemblée des Justes ; par les peaux qui couvraient le tabernacle, la mortification des passions vicieuses. Il expose en peu de mots ce que la foi nous oblige de croire, touchant le mystère de la Trinité ; et pour rendre ce mystère croyable, il rapporte divers exemples des choses naturelles, où une même nature et une même substance appartiennent également à trois personnes. La même eau produit une fontaine, un ruisseau, un étang. Continuons son allégorie, il dit : « Nous offrons de l'argent pour la décoration du tabernacle, lorsque par une vraie et sainte confession nous purifions nos âmes de toute contagion du péché. Mais où, à qui et quand se doit faire cette confession ? Dans l'Eglise catholique, à son propre pasteur, surtout lorsqu'on est en santé, sans attendre qu'on se trouve en maladie et à l'extrémité; parce qu'il est rare que ceux qui attendent au dernier jour pour se confesser, parviennent au salut. L'arche d'alliance renfermait la loi ; elle était composée de bois de Sethim, qui est incorruptible ; pour nous apprendre que notre âme et notre mémoire doivent avoir présents les commandements de Dieu, les observer assidûment, et rester, pour ainsi dire, l'armoire de la pureté et le sceau de la chasteté. »

Du baptême. — Dans le huitième écrit, Geoffroi explique quels sont dans une âme chrétienne les effets du baptême, de la confirmation, et de l'onction des malades. Dans le baptême, on reçoit la rémission de ses péchés par la vertu du Saint-Esprit. Dans la confirmation on invoque le Saint-Esprit, afin qu'il vienne faire sa demeure dans l'habitation qu'il a sanctifiée, pour la protéger et la défendre. Ce sacrement est conféré par l'évêque pour marquer qu'il donne la dernière perfection ; on le reçoit sur le front, parce que ce sont les parfaits qui font une profession ouverte du nom de Jésus-Christ. Dans l'onction des malades, on reçoit la rémission des péchés par la vertu du Saint-Esprit, afin que la miséricorde du Seigneur ne manque point aux chrétiens, ni pendant la vie, ni à la mort. Enfin, dans la communion du corps et du sang de Jésus-Christ, l'âme chrétienne est guérie de la maladie de ses vices, rétablie dans un état de salut éternel, et fait un même corps avec Jésus-Christ.

Des bénédictions des évêques. — Nous les recevons gratuitement; nous devons donc les administrer gratuitement. C'est sur ce principe que Geoffroi enseigne qu'il n'est pas permis à un évêque d'exiger quelque chose pour les bénédictions et les consécrations. Non-seulement c'est une simonie de recevoir de l'argent pour la consécration d'un abbé ; mais il y en a encore à l'obliger de faire une profession par laquelle il s'engage envers lui à des choses qui sont contraires à la profession chrétienne. Il trouve dans cette profession extorquée les trois espèces de simonie, que l'on distinguait autrefois dans les écoles. On commet la simonie de la langue, lorsqu'on lit publiquement cette profession ; on la commet avec la main lorsque l'on dépose sur l'autel le papier sur lequel elle est écrite ; enfin, on la commet de service lorsqu'on rend à l'évêque celui qu'on ne lui a promis que par indiscrétion.

Le onzième écrit est un règlement de discipline monastique, qui prescrit aux religieux la manière dont ils doivent s'accuser et se défendre dans le chapitre.

Dans le douzième, il parle des trois vertus nécessaires aux pasteurs de l'Eglise, pour travailler utilement au salut des âmes qui leur sont confiées, et même pour subvenir aux besoins du corps. Ces vertus sont la justice, la discrétion et la prévoyance. Si l'une ou l'autre manque à un pasteur, il ne fera aucun bien. S'il est équitable dans ses jugements et indiscret dans ses commandements, son indiscrétion détruira le bien qu'il pourrait attendre de l'équité de ses commandements.

Le treizième est un entretien entre Dieu qui reproche au pécheur ses crimes et son ingratitude, et le pécheur qui, reconnaissant sa faute, implore la miséricorde de celui qu'il a offensé.

Le quatorzième est aussi en forme d'entretien. Dieu y exhorte le pécheur à reconnaître ses crimes et à en faire pénitence. Il lui remet devant les yeux les bienfaits dont il l'a comblé ; la patience avec laquelle il a attendu son retour, la bonté qu'il a mise à le rechercher et à le rappeler lorsqu'il s'éloignait de lui. Le pécheur avoue ses crimes et prie le Seigneur de ne pas permettre qu'il périsse ; mais de lui faire la grâce de se reconnaître véritablement pécheur, et de satisfaire à sa justice par de dignes fruits de pénitence, avant que de mourir. Il le prie de lui inspirer une tendre compassion pour ses frères, afin qu'il les reprenne dans leurs fautes avec douceur et charité, et qu'il les corrige sans haine et sans hauteur.

Le quinzième est une confession et un gémissement du pécheur qui déplore son état en exposant toutes ses misères à Dieu, qui a tout fait pour lui. Après avoir confessé ses crimes et reconnu l'impossibilité où il est d'en sortir par lui-même, il se rassure par la vue de la toute-puissance et de la miséricorde de Dieu qui ne permet pas à un pécheur pénitent de désespérer de son salut. Il espère qu'en confessant humblement sa misère et son impuissance, et en s'appuyant fermement sur la toute-puissance de Dieu, il obtiendra le pardon qui fut accordé aux larmes de Madeleine.

Hymnes. — Ces traités sont suivis de quatre hymnes, dont la première est en l'honneur de la Vierge, Mère de Dieu, et les trois autres sur la pénitence de sainte Marie-Madeleine. La première est pour l'office des vêpres, la seconde pour l'office de la nuit, et la troisième pour les Laudes.

Sermons. — Il nous reste de Geoffroi de Vendôme onze sermons ; quatre sur la naissance de Jésus-Christ; un sur sa résurrection ; un sur son ascension ; deux sur la Purification de la sainte Vierge et ses autres fêtes ; un sur sainte Madeleine ; le dixième sur le bon larron, et le onzième sur saint Benoît. Geoffroi définit la pénitence, l'humble satisfaction des péchés passés, et une prévoyante sollicitude pour les éviter à l'avenir, parce que nous devons tellement pleurer nos fautes passées que nous n'en commettions plus dans la suite. Il dit qu'il y a en Jésus-Christ trois substances unies en une personne; la divinité, le corps et l'âme. Comme le Père, le Fils et le Saint-Esprit sont trois personnes en une seule substance, de même le Verbe, la chair et l'âme sont trois substances unies en une seule personne. On ne doit pas douter que Marie-Madeleine ne soit la même que la femme pécheresse qui alla trouver le Sauveur chez Simon le Pharisien, et qui fut la première à qui il apparut après sa résurrection. Le bon larron se nommait Dimas, et était crucifié à la droite de Jésus-Christ. La vie monastique doit être regardée comme un second baptême, parce qu'en observant les règles prescrites par ce saint législateur, on efface les péchés passés, et on se prémunit contre les péchés futurs, par une force semblable à celle que le chrétien reçoit dans le sacrement de confirmation.

Commentaire sur les Psaumes. — On a conservé jusqu'à la révolution, dans l'abbaye de Saint-Germain-des-Prés, un manuscrit contenant des Commentaires sur les cinquante premiers psaumes de David, sous le nom de Geoffroi, abbé de Vendôme. L'ouvrage est plutôt une glose assez étendue qu'un commentaire en forme. L'auteur y donne différentes interprétations morales de certains mots, sans s'astreindre à une explication suivie des versets. C'était le génie de son siècle. Il cite quelquefois les Pères et surtout saint Augustin ; ce qui ne l'empêche pas de faire usage des auteurs profanes, mais très-rarement. Térence, Juvénal, Horace, Lucain, s'y trouvent cependant cités.

L'explication du premier psaume est précédée d'une préface dans laquelle l'auteur donne d'abord la définition de la prophétie en général. C'est, dit-il, une inspiration divine: *Prophetia est divina inspiratio.* Il en distingue de trois sortes : par rapport au présent, à l'avenir et au passé. Il la divise encore en prophétie exprimée par paroles, par vision, ou par action. Le Psautier est une prophétie exprimée par paroles. Selon la méthode des philosophes, il considère dans ce livre la matière, l'intention et la fin. Deux corps, dont le premier a Jésus-Christ pour chef, et l'autre le diable, forment, selon lui, la matière du Psautier. Ces deux corps se font une guerre continuelle. Celui qui a Jésus-Christ pour chef veut le salut des hommes ; l'autre ne cherche qu'à les dévorer. L'intention de l'auteur des *Psaumes* est de délivrer l'humanité de trois genres de mort, désignés dans l'Evangile, par la mort de la jeune fille ressuscitée dans sa maison ; par celle du jeune homme qu'on portait hors de la ville de Naïm, et par celle du Lazare. La mort de la jeune fille est une image de ceux qui pèchent par pensées ; la mort du jeune homme est l'image de ceux qui à la mauvaise pensée joignent la mauvaise action. Enfin Lazare est la figure de ces pécheurs invétérés qui ont vieilli dans le crime. A l'occasion de la résurrection du Lazare, Geoffroi établit de la façon la plus précise la nécessité de la confession. Il n'est pas moins exact lorsqu'il parle de l'*Eucharistie*, du péché originel, de la différence des deux alliances, de la force et de la gratuité de la grâce, de la bonne volonté que Dieu donne par miséricorde, etc. La fin qu'il se propose est de nous faire arriver à Jésus-Christ pour lui demeurer éternellement unis. Geoffroi est persuadé que David a composé les psaumes, sans leur donner aucun titre, ni aucun ordre, et que c'est Esdras qui leur a donné les titres qu'ils portent aujourd'hui, et l'ordre dans lequel ils sont rangés. Du reste cette opinion ne lui est pas personnelle, et se trouve partagée par plusieurs.

L'abbé Geoffroi a toujours été regardé avec raison comme une des lumières de son siècle. Les écrits que nous avons de lui donnent une idée très-avantageuse de sa capacité. On y reconnaît, à première vue, qu'il était très-versé dans la connaissance de l'Ecriture et des Pères, et dans la lecture du droit canon. Il avait un courage ferme et intrépide ; sans respect humain, plein de zèle pour la foi, le bon ordre et la discipline ; et toujours prêt à en prendre la défense contre quiconque y portait atteinte. Les qualités du cœur répondaient en lui à celles de l'esprit, et sa piété égalait, ou même surpassait sa science. Il était libéral, bienfaisant, ennemi du vice, de la flatterie et de la dissimulation. Par là il s'acquit l'estime des Papes, des cardinaux, des princes et des princesses, des prélats et de tous les grands hommes de son siècle avec lesquels il fut en relation, comme on peut s'en convaincre par ses lettres. Il y en a quelques-unes de fort vives, même parmi celles adressées à des Papes et à des évêques ; mais on doit regarder cet e vivacité comme l'effet de son zèle et de l'horreur qu'il éprouvait pour tout ce qui lui paraissait contraire à l'équité, au bon ordre et aux saintes règles. Il y a plus de grandeur d'âme et de noblesse dans les écrits de Geoffroi, que de politesse et d'élégance ; mais il s'exprime clairement, avec facilité et avec force. Il presse vivement ses adversaires et soutient avec feu ses droits et ceux de son monastère. Le P. Sirmond a publié une édition complète de ses ouvrages en 1610 ; elle a été reproduite par le *Cours complet de Patrologie*.

GEOFFROI DE MALATERRA à qui Possevin et Vossius attribuent une origine espagnole, parce que ses OEuvres se trouvent dans la collection des écrivains de cette nation, naquit, selon toutes les apparences, en Normandie. Il dit lui-même qu'il était venu en Pouille d'au delà des Alpes ; et la description qu'il fait de la Normandie prouve clairement que cette province lui avait donné le jour. Il prend en tête de son ouvrage le titre de frère, suivant l'usage de ceux qui faisaient profession de la vie monastique.

Geoffroi entreprit d'écrire l'*Histoire des conquêtes des Normands en Italie*, par ordre de Roger, comte de Sicile, qui avait enlevé cette île sur les Sarrasins. Elle est divisée en quatre livres dans lesquels il rapporte avec beaucoup d'ordre et d'exactitude les faits les plus mémorables des princes normands en Italie. A l'imitation de plusieurs écrivains de son temps, Geoffroi a intercalé son récit de prose rimée à laquelle il donne le nom de vers. Il mit à la fin la bulle qu'Urbain II fit expédier de Bénévent, le 4 de juillet 1098, en faveur du comte Roger. Baronius la croit supposée, et prétend que ce Pape ne se trouvait point à Bénévent lors de la date de cette bulle; mais il se trompe d'indiction et d'année, et il est certain qu'en 1098 Urbain II se retira à Bénévent, après avoir passé quelque temps au camp des princes normands qui assiégeaient Capoue. Outre l'épître dédicatoire à Ansgiar, évêque de Catane, il y en a une autre adressée à tous les évêques et clercs de la Sicile, et dans laquelle il demanda leur protection pour son ouvrage. Orderic Vital loue l'élégance de son style, et en effet, il est clair, naturel, et le récit marche et se suit bien.

On cite une traduction de l'*Histoire* de Geoffroi en langue romane et dédiée à l'abbé Didier, moine du mont Cassin; mais comme Geoffroi nous déclare lui-même qu'il y travaillait encore au mois de juillet 1098, il n'est pas vraisemblable qu'on ait fait une traduction de son ouvrage sous l'abbé Didier, qui fut élu Pape en 1086, et mourut au mois d'octobre de l'année suivante.

GEOFFROI DE LORIOLE OU DU LOROUX, ainsi nommé du lieu de sa naissance, qui était un bourg de la Touraine situé sur les confins du Poitou, s'était acquis, dès le commencement du xiie siècle, un grand crédit par son savoir et ses vertus. Saint Bernard lui écrivit dans ces termes pour l'engager à prendre hautement le parti du Pape Innocent II, en travaillant de toutes ses forces à la destruction du schisme suscité par l'antipape Léon : « Vous avez, lui dit le saint abbé de Clairvaux, une grande autorité dans le monde et dans l'Eglise; vous possédez la science, la fermeté, le don de la parole, une éloquence forte, persuasive, insinuante; avec un si beau talent, si vous êtes vraiment ami de l'Epoux, pourriez-vous abandonner l'Eglise de Jésus-Christ ? Je sais bien qu'étant un enfant de paix, vous ne vous laisserez jamais aller à rompre l'unité; mais ce n'est pas assez, vous devez la défendre et combattre de toutes vos forces ceux qui veulent la détruire. » Saint Bernard ne donne pas à Geoffroi le titre d'archevêque, parce que cette lettre fut écrite avant l'an 1136, qui fut le premier de son épiscopat. En effet, ce fut cette année que Geoffroi fut élu canoniquement pour remplacer Gérard sur le siège de Bordeaux qu'il avait usurpé. Il essuya de longues et fâcheuses contradictions de la part du chapitre de sa cathédrale à l'occasion de la règle de saint Augustin qu'il voulait y établir. Le Pape Innocent et le roi Louis le Jeune le favorisaient dans cette entreprise; mais les chanoines s'y opposèrent. Après avoir essayé vainement toutes les voies d'insinuation pour les gagner, l'archevêque employa celles de la rigueur. Il excommunia les plus mutins parmi les chanoines et les priva de leurs bénéfices, procédures qui furent confirmées par le Saint-Siège. Nullement abattus par ces coups d'autorité, les chanoines persistèrent dans leur opposition. Le prélat, également inflexible, en vint aux moyens extrêmes : il jeta l'interdit sur la cathédrale et s'éloigna de la ville. Ce dernier remède ne servit qu'à aigrir le mal. On laissa partir l'archevêque, et l'interdit fut observé pendant plusieurs années, sans qu'on se mît en peine de le faire lever. Enfin, le cardinal Alberic et saint Bernard, passant par l'Aquitaine pour aller combattre les Albigeois, furent invités par Geoffroi à se rendre à Bordeaux; lui-même les accompagna. L'éloquence de l'abbé de Clairvaux, à laquelle la victoire semblait attachée, agit en cette circonstance avec son efficacité ordinaire. Il persuada aux chanoines d'en venir à un accommodement qui consistait de leur part à consentir que leurs prébendes après leur mort passassent à des chanoines réguliers. Ainsi finit, en 1145, cette division qui avait affligé pendant cinq ans l'Eglise de Bordeaux. Geoffroi assista, en 1148, au concile de Reims, où il parut favoriser le parti de Gilbert de la Porée; ce qui ne l'empêcha pas, l'année suivante 1149, de lui faire perdre un procès qu'il avait avec l'abbé et les moines de Saint-Cyprien de Poitiers. Il fut aussi du nombre des évêques assemblés à Beaugency en 1152, qui, à la requête du roi Louis le Jeune prononcèrent la dissolution de son mariage avec la reine Eléonore. Nous ferons remarquer en passant que l'union entre ces deux époux avait été bénie solennellement par notre métropolitain dans son église cathédrale, en 1137. « Mais, disent à ce propos les auteurs de l'Histoire littéraire de la France, il y avait alors, surtout entre les personnes du premier rang, tant de cas problématiques sur la validité de l'union conjugale, qu'il n'était nullement difficile de décider le pour et le contre, suivant l'exigeance des parties ou la nécessité des conjonctures. » Les autres événements de la vie de Geoffroi sont demeurés inconnus. Il mourut au milieu de son peuple le 18 juillet 1158, et emporta dans le tombeau la réputation d'un des prélats les plus éloquents et les plus réguliers de son siècle.

Ses lettres. — Le temps nous a conservé très-peu des productions dues à la plume de l'archevêque Geoffroi. Les seules même que nous puissions lui attribuer avec certitude sont cinq lettres adressées à l'abbé Suger et reproduites parmi celles de cet abbé. Elles sont écrites avec une grande brièveté et regardent les affaires de son diocèse et de la province de Gascogne. — On voit par la troisième que le Pape l'avait chargé d'une commission pour l'archevêque de Bourges, et d'une autre pour l'abbé de Fontevrault. — Il nous marque dans la quatrième qu'il avait assisté avec ses suffragants, les grands du pays et l'envoyé du roi, à l'assemblée tenue à Saint-Jean-d'Angély le second dimanche après Pâques, pour consolider la paix et maintenir l'honneur du royaume. — Dans la cinquième, il témoigne son chagrin de n'avoir pu se trouver à l'assemblée indiquée à Chartres par l'abbé Suger, ses infirmités ne lui ayant pas permis de continuer son chemin.

Geoffroi composa aussi plusieurs sermons très-élégamment écrits, sur les dimanches et les fêtes de l'année, que l'on trouve manuscrits dans plusieurs bibliothèques de France.

On lui attribue encore, mais sans certitude, un *Commentaire sur les cinquante premiers psaumes de David.* D'autres le donnent à Godefroi de Vendôme, et quelques-uns à Godefroi, quatrième abbé de Clairvaux. Geoffroi du Vigeois, parlant de la translation que l'empereur Frédéric Ier fit faire des trois rois mages de Milan à Cologne, dit que notre archevêque de Bordeaux a marqué leurs noms dans ce distique :

Tarcensis præcedit, Arabs subit, inde Sabæus :
Nomina sunt Gaspar, Balthasar, Melchior illis.

Il paraît que ces deux vers sont tirés d'un poëme que Godefroi avait fait sur l'Epiphanie. Le style de Godefroi est clair, élevé quelquefois, et ne manque jamais d'onction. Ses sermons sont une preuve qu'il possédait bien l'Ecriture et qu'il savait l'appliquer à propos ; ils répondent assez à l'idée que Robert du Mont nous donne de son éloquence quand il l'appelle : *Verbi Dei seminator egregius.*

GEOFFROI, dont nous ne connaissons que la mère nommée Evemburge, embrassa la vie religieuse à Saint-Nicaise de Reims, et ne tarda pas à en devenir prieur. Les moines de Saint-Thierry de la même ville le tirèrent de ce poste, en 1112, pour le faire leur abbé. C'est en cette qualité qu'il assista, en 1119, au concile de Reims, où il s'acquit l'estime du Pape Calixte II et du roi Louis le Gros, qui le firent transférer à l'abbaye de Saint-Médard de Soissons. Divers abus qu'il trouva dans cette communauté lui donnèrent lieu d'exercer son zèle. Pour le seconder dans cette pieuse entreprise, il fit venir de l'abbaye d'Anchin un religieux de mérite appelé Gaswin, qu'il nomma prieur ; et comme les études entraient dans son plan de réforme, il se mit lui-même à la tête de l'école qu'il établit à Saint-Médard. Le succès avec lequel il remplit cette fonction lui fit une grande réputation parmi les gens de lettres. Guibert de Nogent, peu versé dans l'art de la flatterie, lui rend ce témoignage, en lui dédiant son *Commentaire sur Abdias,* qu'il ne se rendait pas moins recommandable par son savoir que par son éminente piété. A l'amour des lettres et de la vertu, Geoffroi réunissait un caractère de douceur et une politesse qui lui gagnaient tous les cœurs. On ne pouvait le voir sans l'aimer, ni l'entendre sans se laisser convaincre. Les affligés surtout étaient sûrs de puiser dans ses entretiens une consolation à leurs douleurs. Abailard en fit la douce expérience, lorsque par la sentence du concile de Soissons, il se vit relégué à l'abbaye de Saint-Médard. Geoffroi, qui se trouvait présent à cette assemblée, tenue en 1121, emmena son prisonnier, mais avec des sentiments bien différents de ceux des promoteurs de sa condamnation. Il n'y eut sorte de bons procédés que lui et ses religieux ne missent en usage pour lui adoucir l'amertume de sa position. Aussi, sensible à des attentions aussi délicatement généreuses, l'illustre infortuné se fit-il un devoir d'en faire passer le souvenir à la postérité. Geoffroi ne borna pas sa sollicitude pastorale à la seule abbaye de Saint-Médard, mais, autant qu'il put, il l'étendit à toutes les maisons de l'ordre de Saint-Benoît. Ce fut par ses soins, et probablement sous sa présidence, que se tint à Saint-Médard, en 1130, le premier chapitre général des moines noirs. Saint Bernard, qui y avait été invité, n'ayant pu s'y rendre, écrivit aux capitulans une lettre très-pathétique pour les exhorter à pourvoir, par de bons règlements, au rétablissement de la discipline monastique. Ce saint donna, peu de temps après, une preuve non équivoque de son estime pour Geoffroi, quand, après avoir refusé l'évêché de Châlons, il proposa cet abbé pour le remplir. La proposition fut acceptée avec applaudissement et confirmée par le consentement unanime du clergé et du peuple. Le nouvel élu dut être sacré au plus tard dans le mois de septembre 1131, puisque Odon, son successeur à Saint-Médard, fut béni le 30 du même mois à Orléans, par le Pape Innocent II. Geoffroi montra beaucoup de zèle pour la cause de ce pontife, qui, du reste, se servit souvent de ses conseils. La même année 1131, le Pape l'adjoignit à son légat Matthieu d'Albane, pour aller consoler de sa part le roi Louis le Gros de la mort funeste de son fils, le roi Philippe. L'évêque de Châlons, à son retour, accompagna le Pape à Reims, où il assista au concile qui faisait l'objet de son voyage. Neuf ans plus tard, en 1140, il se rendit au concile de Sens, où, malgré le tendre intérêt qu'il portait à Abailard, il ne put s'empêcher d'adhérer au jugement de cette assemblée contre sa doctrine. Il souscrivit ensuite avec son métropolitain et ses comprovinciaux la lettre rédigée par saint Bernard, pour rendre compte au Souverain Pontife de la décision du concile. L'histoire n'entre dans aucun détail de son gouvernement épiscopal. Elle se borne à nous apprendre, en général, qu'il édifia son peuple par ses exemples, l'éclaira par sa doctrine et le réforma par son zèle. Il mourut le 27 mai 1143.

SES ÉCRITS. — Les écrits de Geoffroi se réduisent à trois lettres, quelques sermons et des chartes. La première de ces lettres, imprimée dans la *Bibliothèque de Cluny,* est adressée à Pierre le Vénérable, pour le remercier des bontés qu'il avait témoignées à son fils spirituel, ou plutôt à son *Ethiopien,* comme l'appelle l'auteur, en le faisant prieur d'une maison voisine de Châlons-sur-Marne ; « En quoi, lui dit-il, je m'aperçois de votre ingénieuse charité, car vous avez voulu lui procurer par là une ressource prompte et commode dans tous ses besoins. C'est ainsi que vous avez coutume d'en user avec vos amis. Outre cela, vous m'imposez de nouvelles charges pour me faire éviter l'oisiveté. » Il lui dit ensuite qu'il doit se rendre à Etampes pour le Dimanche du bon Pasteur, d'où il compte aller voir à Cluny, à moins que le roi ne le retienne, ou que la maladie n'y mette obstacle. Pierre le Vénérable lui fit une réponse très-gracieuse, dans laquelle, après l'avoir remercié des services qu'il rendait à son ordre, il le loue sur l'observance régulière qu'il avait fait refleurir dans un grand nombre de monastères, et sur son zèle à maintenir la discipline canonique dans son diocèse. Il convient ensuite qu'en effet il a résolu de ne le point laisser dans l'inaction ; « et pour preuve de cette disposition, lui dit-il, je vous envoie le frère Garnier, notre sous-prieur, afin que, par vos soins et vos instructions, il devienne un homme de bien, sage, lettré, semblable, en un mot, à celui que vous m'avez remis. » Dom Mabillon conclut de ce texte, et, ce nous semble, avec raison, que Geoffroi tenait dans l'épiscopat une école, comme il avait fait étant abbé. — La seconde lettre est adressée à Etienne, évêque de Paris ; elle est publiée dans le tome III du *Spicilége*, et l'éditeur la rapporte à l'an 1132. Elle a pour objet d'engager ce prélat, au nom de l'abbé de Vertus et de sa communauté, à leur envoyer un religieux de Saint-Victor de Paris pour les gouverner. Cet abbé, résolu d'abdiquer, promettait de remettre sa crosse à celui qu'Etienne aurait choisi pour le remplacer. Geoffroi s'excuse ensuite de ne pouvoir se trouver à l'assemblée à laquelle l'évêque de Paris l'avait invité, parce qu'il apercevait dans sa ville épiscopale certaines semences de division qui exigeaient sa présence, s'il ne voulait les voir éclore. — La troisième lettre, insérée dans le tome V des *Mélanges* de Baluze, est adressée au Pape Innocent II, dans le but de justifier la sentence de déposition prononcée par Alvire, évêque d'Arras, contre Gauthier, abbé de Saint-Vast, dans la même ville. Geoffroi prie le Pape de mettre à l'écart tout préjugé dans l'examen de cette affaire, d'appuyer la procédure de l'évêque dont il détaille les motifs, et d'ordonner qu'on nomme un successeur à cet abbé. Il parle à ce pontife avec une liberté qui montre qu'il y avait entre eux une grande intimité. Néanmoins il ne réussit pas à le faire revenir de ses préventions, non plus que saint Bernard, qui lui avait écrit sur le même sujet et dans les mêmes vues ; car, vers l'an 1141, Geoffroi ayant été nommé par Innocent avec Hugues d'Amiens, archevêque de Rouen, les évêques Josselin de Soissons et Milon de Térouane, pour revoir l'affaire de Gauthier, le rapport de ces commissaires, quoique défavorable à cet accusé, ne produisit aucun effet.

On conservait, à l'abbaye de Saint-Thierry, vingt-quatre sermons de Geoffroi, qui n'ont jamais été publiés. Ils roulent sur différents sujets et contiennent une morale pure et évangélique, mais ils manquent d'élévation. Du reste, suivant le goût du temps, ils sont remplis d'allégories, et l'on a souvent peine à saisir la pensée de l'auteur.

Nous avons six chartes de notre prélat. La première fait partie des preuves de l'*Histoire de Lorraine*, par dom Calmet ; quatre autres sont insérées dans le tome X de la *Nouvelle Gaule chrétienne*. La dernière, parmi celles-ci, a pour objet la fondation d'une messe de la Vierge à perpétuité, dans l'église de l'abbaye de Morimont, et contient cette clause remarquable : « Au cas, dit Geoffroi, qu'il ne se trouve qu'un seul prêtre, et qu'il soit obligé de célébrer une autre messe, même des morts, il récitera l'office de la Vierge en particulier, ou avec ses ministres, jusqu'à la secrète ; puis, après avoir fait le sacrifice comme il convient, il dira d'abord la secrète de la Vierge, et, après la communion, il récitera la collecte de l'office qu'il aura célébré. » La sixième charte a été publiée par Petit, dans son édition du *Pénitentiel de Saint-Théodore*. Elle est commune à Geoffroi, et à Hugues de Mâcon, évêque d'Auxerre. C'est un accommodement fait, par l'ordre du Pape Innocent, entre l'abbaye et le curé de Faremoutier, au diocèse de Meaux. Les deux commissaires y règlent, entre autres choses, que le curé recevra de la main de l'évêque diocésain son institution, ainsi que le saint chrême, et l'eau pour la réconciliation des églises, dans le cas où elles auraient été profanées. Bossuet s'est servi de cette charte dans son recueil des *Pièces concernant l'état de l'abbaye de Jouarre*.

GEOFFROI, d'abord chanoine régulier de Sainte-Barbe en Neustrie, et ensuite abbé de Breteuil, au XIIe siècle, nous a laissé un grand nombre de lettres rapportées au t. Ier des *Anecdotes* de dom Martène. La plupart sont adressées à l'abbé et aux moines de Beaugency, ordre de Cîteaux, qui faisait alors partie du diocèse de Tours. Geoffroi, élevé depuis peu à la dignité d'abbé, se plaignait, pour en remplir les fonctions, de se voir obligé de quitter la méditation des choses spirituelles, afin de se livrer aux choses temporelles ; de se plover aux mœurs différentes de ses frères, et d'enseigner souvent ceux qui en savaient plus que lui. L'abbé de Beaugency lui répondit qu'il pouvait, en se déchargeant sur des officiers subalternes du soin des affaires temporelles, continuer à jouir du plaisir qu'il trouvait dans l'étude des sciences et la pratique des exercices spirituels, et maintenir en même temps la régularité de la discipline dans son monastère. Dans une autre lettre au même abbé, Geoffroi le prie, au nom de sa communauté, de faire mémoire, au sacrifice de la messe, du cellérier de son monastère, qui était mort depuis peu. Il regardait une bibliothèque comme aussi nécessaire à un monastère, qu'un arsenal l'est à une forteresse, et voulait que tout âge, tout sexe et toute condition, pussent y trouver, surtout dans la lecture des livres saints, des instructions pour le salut éternel. Geoffroi fut chargé lui-même, par l'abbé de Beaugency, d'en acheter une, qu'on lui avait dit être fort bien pourvue, et qui se trouvait à vendre. Geoffroi souhaitait avec ardeur que Hugues, moine, et ensuite prieur de Saint-Martin de Séez, écrivît la vie de Vauthier, ou Gauthier de Mauritanie, dont nous avons quelques lettres dans le tome II du *Spicilége*. Pour l'engager à ce travail, il lui faisait entrevoir, dans la lettre qu'il lui écrivit à ce sujet, que la matière en était noble et agréable, et qu'il serait secondé par la grâce de Dieu, qui le récompenserait de ses peines. Les lettres de Geoffroi sont pleines de sentiments, et appuyées partout sur l'autorité de l'Ecriture et des Pères. Il cite même les poëtes profanes, et particulièrement le comique Turpilius. Toutes finissent par une épigramme en vers de diverses mesures. Il paraît, par la quarante-quatrième de ces lettres, qu'il avait composé un recueil de cantiques spirituels, adressé à un de ses amis nommé Augustin. Ce recueil nous est inconnu.

GEOFFROY, surnommé LE GROS, eut l'avantage d'être formé à la vie religieuse par le bienheureux Bernard, fondateur de l'abbaye et congrégation de Thiron, et de faire profession entre ses mains. Ce fut vraisemblablement un de ses derniers disciples. La reconnaissance, le respect, l'admiration, le portèrent plus tard à écrire la Vie de son pieux bienfaiteur. L'ouvrage est dédié à Geoffroi, évêque de Chartres, qui mourut le 14 de janvier de l'an 1148. Geoffroi avait divisé son histoire en trois parties ; mais les copistes, au lieu de cette division, se sont accordés à la partager en soixante-dix chapitres, à la tête de chacun desquels ils ont mis un vers hexamètre qui en renferme le précis, quoique d'une manière imparfaite. Sanchet, chanoine de Chartres, a suivi ce partage dans l'édition qu'il publia de cet ouvrage, à Paris, en 1649. Les Bollandistes, en reproduisant dans leur grand recueil la pièce de Geoffroi, sous la date du 14 avril, ont jugé plus convenable de la diviser en quatorze chapitres.

L'*Histoire de la vie du bienheureux Bernard* est une des mieux écrites et des plus avérées du XII° siècle. L'auteur proteste qu'il n'avance rien qu'il n'ait vu lui-même, ou qu'il ne tienne de témoins non suspects. Il rapporte peu de miracles, et s'applique dans sa préface à démontrer qu'on ne doit pas faire dépendre le mérite des saints de cette sorte de preuve. Il aurait bien fait d'observer la même sobriété sur les révélations. Parmi celles qu'il attribue à son héros, il en est quelques-unes qui semblent un peu produites par l'imagination. On peut aussi lui reprocher d'avoir mis trop souvent le diable de la partie, pour exprimer certains contretemps que rien n'empêche d'expliquer naturellement. Du reste, ses réflexions sont pieuses, solides, tirées du fond du sujet, et placées à propos. Sa narration est suivie, et son style poli ne manque ni d'harmonie ni d'élévation. Il mêle de temps en temps à sa prose des vers de sa façon, qui peuvent trouver leur place parmi les meilleurs de son siècle. En un mot, Geoffroi le Gros, par son ouvrage, est une preuve vivante que le saint fondateur de Thiron regardait l'étude comme un moyen propre à maintenir et à illustrer son établissement, loin de la croire incompatible avec l'esprit et les devoirs de l'état monastique. On trouve, dans le cinquante-deuxième chapitre de l'édition de Sanchet, un passage qui a donné de la torture à ce critique, et que les Bollandistes ont essayé en vain d'éclaircir en le corrigeant. Parlant de la célébrité de son héros, l'auteur dit : *Unde factum est ut non solum Gallicanæ regionis partes proximas impleverit (illius fama), verum etiam Burgundionum, Alanorum, Aquitanorumque ultimos fines pertransierit.* Dans une note sur ce mot *Alanorum*, Sanchet disserte fort au long sans rien expliquer. Les Bollandistes, reconnaissant la fidélité de la version de Sanchet, après l'avoir collationnée sur plusieurs manuscrits, prétendent que l'on doit substituer *Catalanorum* ou *Almannorum* au terme *Alanorum*, sous prétexte qu'il n'est plus parlé des Alains dans les Gaules, après qu'ils eurent passé en Espagne et enfin en Afrique, vers les commencements du v° siècle. Mais on trouve, dans la *Vie de saint Germain d'Auxerre*, par Constance, et dans la *Chronique* de Prosper, qu'après l'émigration de ce peuple, il en était resté une colonie dans la partie méridionale des Gaules ; et rien ne prouve qu'ils se soient confondus avec les Francs avant le XII° siècle.

GEOFFROI ou **GAUTHIER DE VINESAUF**, quoique d'origine normande, naquit en Angleterre, vers le milieu du XII° siècle. Après avoir fait ses études dans son pays, il voyagea beaucoup dans les pays étrangers, où il acquit une certaine réputation. Il est auteur d'un ouvrage en vers hexamètres, adressé au Pape Innocent II, et intitulé : *De la nouvelle poésie, ou de l'art de parler.* Il a composé aussi un *Traité de la culture des arbres.* Ces deux ouvrages ne sont que manuscrits ; mais on possède, dans le second volume des *Historiens d'Angleterre*, imprimé à Oxford, en 1689, une *Histoire* ou *Itinéraire du roi Richard à la terre sainte*, attribuée pendant longtemps à d'autres auteurs, mais reconnue aujourd'hui pour être l'œuvre de Geoffroi. On trouve également dans le même recueil des vers de sa façon sur le roi Richard.

GEOFFROI (ARTHUR), archidiacre de Saint-Asaph, fut élu évêque de cette Eglise en 1151. Peu de temps après, quelques troubles survenus dans la province de Galles, l'ayant forcé de quitter son évêché, il se retira près de Henri II, roi d'Angleterre, qui lui donna en commende l'abbaye d'Abbandon. Dans le concile tenu à Londres en 1175, le clergé de Saint-Asaph fit proposer à Geoffroi de revenir à son évêché ou de permettre qu'on mît un autre évêque à sa place. Dans l'espoir de conserver son abbaye, Geoffroi refusa ; mais on pourvut à ces deux bénéfices, et il se trouva sans titre. Il a écrit, ou plutôt il a traduit de l'anglais en latin une *Histoire de la Grande Bretagne*, depuis son origine jusqu'au temps de l'auteur. Cette histoire, pleine de fables, et divisée en douze livres, est adressée au duc de Glocester. Elle a été imprimée à Paris en 1517, et à Lyon en 1587. On la trouve également parmi les *Historiens d'Angleterre*, imprimés la même année à Heidelberg. On lui attribue encore la traduction en latin des anciennes poésies de Merlin, imprimées, avec des remarques d'Alanus, à Francfort, en 1603.

GEORGE de Laodicée était prêtre de l'Eglise d'Alexandrie lorsque Arius commença à débiter ses erreurs. Il entra dans les intérêts de cet hérésiarque et soutint son impiété, tout en feignant de s'établir médiateur entre Alexandre et lui. Nous avons deux lettres de George dans le *Livre des synodes* de saint Athanase; l'une est adressée à Alexandre, et l'auteur s'efforce de lui persuader qu'il y avait eu un temps où le Fils de Dieu n'était point. Dans la seconde, George conseille aux sectateurs d'Arius d'avouer que le Fils était du Père et de Dieu, puisque toutes choses sont de Dieu. Alexandre le chassa de l'Eglise et pour son hérésie et pour d'autres motifs que l'histoire ne nous apprend pas. Excommunié à Alexandrie, George voulut se faire recevoir dans le clergé d'Antioche; mais Eusthate l'ayant rejeté, il se retira à Aréthuse, où l'on croit qu'il fut admis, puisque Constantin l'appelle prêtre d'Aréthuse. Ordonné ensuite évêque de Laodicée, il assista, avec les eusébiens, aux conciles de Tyr et d'Antioche. Les Occidentaux prononcèrent contre lui une sentence de déposition dans le concile de Sardique. Il se déclara depuis l'ennemi des eunomiens, et devint le chef du parti des semi-ariens. Ce fut lui qui écrivit aux évêques de son pays une lettre conjointement avec Aétius et Eudoxe, rapportée par Sozomène au 14e chapitre du ive livre de son *Histoire*, et dans laquelle il les exhortait à s'assembler pour condamner ces impies, ce qu'ils firent au concile d'Ancyre en 358. George mourut quelque temps après avec la réputation d'un habile philosophe. Théodoret assure qu'il avait écrit contre les manichéens, et Socrate cite un ouvrage qu'il avait composé sur la vie d'Eusèbe d'Emèse.

GEORGE, évêque des Arabes, que l'on croit avoir été contemporain de Jacques d'Edesse et de saint Jean Damascène, est auteur d'un *Commentaire* sur l'Ecriture sainte, et d'une *Chronique* ou *Calendrier* dans lequel il donne le moyen de trouver les fêtes mobiles, avec un *Traité du cycle solaire et lunaire des mois et des semaines*, et autres choses qui ont rapport au comput ecclésiastique. Ce dernier écrit est en vers. Ces ouvrages se trouvent reproduits dans la *Bibliothèque orientale* d'Assémani. Comme il nous a été impossible de nous la procurer, nos lecteurs voudront bien nous tenir quitte de plus amples indications.

GEORGE, évêque de Tagrit, écrivit en faveur du concile de Chalcédoine, et pour la défense des deux natures, une lettre qu'il adressa aux moines de Saint-Matthieu, monastère situé dans le voisinage de la ville de Ninive. Il composa également un *Livre contre Probus et contre Jean le Grammairien*, surnommé *Philipponus*. Or comme de ces deux hérétiques, l'un vivait encore dans le viie siècle, et que l'autre excita des troubles à Antioche sous l'épiscopat de Pierre le Jeune, patriarche des monophysites, vers l'an 580, on en doit conclure que George de Tagrit vivait lui-même sur la fin du vie ou au commencement du viie siècle. Son *Livre contre Probus et Philipponus*, ainsi que sa *Lettre aux moines de Saint-Matthieu*, sont cités dans une lettre apologétique d'Elie, évêque des Jacobites, à Léon, évêque de Charras, à qui il explique les raisons qui l'avaient déterminé à passer de la foi orthodoxe de Chalcédoine à l'hérésie des monophysites, c'est-à-dire de ceux qui confondaient les deux natures.

GEORGE, neveu de saint Jean l'Aumônier, lui succéda sur le siége patriarcal d'Alexandrie, et l'occupa depuis l'an 620 jusqu'en 630. Dès l'année 616, les Perses s'étaient emparés de l'Egypte, et le saint patriarche Jean avait été obligé d'abandonner son siége et de se réfugier dans l'île de Chypre, où il mourut, sans laisser d'autre écrit que son testament, et d'autre fortune qu'un quart de sou qu'il ordonna de distribuer aux pauvres. Il remarque qu'à son avénement à l'épiscopat, il avait trouvé près de quatre mille livres d'or dans le trésor de son église; mais c'est ainsi que les saints comprennent l'économie; ils se font pauvres des biens de la terre pour s'assurer une fortune dans le ciel; ils sont riches quand ils ont soulagé bien des misères, car c'est en agissant ainsi qu'ils gagnent la bonne part et le royaume qui ne leur sera point enlevé. Mais revenons à notre sujet, dont nous ne nous sommes écartés un instant que parce que la nature de notre travail nous interdit toute espérance d'avoir à décrire une si belle vie, un si pieux caractère. L'Eglise d'Alexandrie gémissait donc de la persécution qui lui avait enlevé son saint patriarche, lorsque George en prit le gouvernement. Il eut à soutenir et à consoler son troupeau; et quoique l'on possède peu de documents sur sa vie et ses actions, on sait qu'il s'acquitta de ce devoir de manière à prouver que le successeur de saint Jean l'Aumônier était aussi de sa famille.

Est-il auteur de la *Vie de saint Jean Chrysostome* dont Photius fait mention? Photius dit qu'il n'oserait l'assurer; mais Casimir Oudin penche pour l'affirmative, et dans le doute, nous nous rangeons à son avis. Cette Vie est écrite avec plus d'étendue, mais avec moins d'exactitude que celle publiée par Pallade. L'auteur avance même beaucoup de choses, qui non-seulement paraissent peu vraisemblables, mais qui se trouvent combattues par les témoignages des auteurs contemporains. Le style en est simple, d'une construction gênée et pèche en beaucoup d'endroits contre les règles de la grammaire. Photius en a fait l'analyse; Tilman, chartreux de Paris, très-habile dans les lettres grecques, a donné une version latine de cette Vie, Paris, in-folio, 1557. Elle se trouve en grec au VIIIe volume de l'édition des Œuvres de saint Chrysostome, imprimée en 1613, par les soins de Henri Saville, prévôt du collége d'Eton. On la trouve également dans Surius, au 27 de janvier. George cite dans cette Vie plusieurs lettres aux empereurs Arcade et Honorius, ainsi qu'au Pape Innocent I".

Le même Oudin, à l'avis duquel nous nous sommes déjà rangés, pense qu'il faut encore attribuer à George d'Alexandrie, le *Chronicon Alexandrinum*, découvert dans une ancienne bibliothèque de Sicile par Jérôme Zurita, écrivain espagnol. Le Jésuite Matthieu Sanderus, fit imprimer cette chronique en grec et en latin à Munich, l'an 1615. C'est un ouvrage utile en chronologie; et l'on y trouve des extraits de Jules Africain et d'Eusèbe de Césarée, qu'on chercherait vainement ailleurs. On croit que George mourut en 630.

GEORGE PISIDÈS, diacre, garde des chartes et grand référendaire de l'église de Constantinople, florissait en 630. On a de lui un ouvrage en vers ïambiques grecs, sur la création du monde, intitulé *Hexaemeron* ou ouvrage des six jours qu'il dédia à Sergius, patriarche de Constantinople. Cet ouvrage, autrefois célèbre, contenait au rapport de Suidas au moins trois mille vers; le temps l'a réduit de moitié : il en est resté dix-huit cents, et c'est bien assez, puisque personne ne les lit plus.

La première édition de ce livre fut faite à Paris en 1584, in-4°, par Frédéric Morel sur un manuscrit de la bibliothèque du cardinal Sirlet. A la suite de l'*Hexaemeron* se trouvent quelques fragments du même auteur, parmi lesquels on distingue un poëme sur *la vanité de la vie*. Guillaume Cave et Léon Allatius, tout en indiquant l'édition de Paris, ont cité comme édition *princeps*, celle de Rome, in-8°, 1590, qui ne contient que le texte publié par le jésuite Jérôme Bruneau; l'ouvrage de George s'y trouve sous le nom de saint Cyrille, patriarche d'Alexandrie, quoique pourtant aucune note critique discutant la notoriété de l'édition de 1584 et les droits incontestables de Pisidès ait pu balancer ni donner quelque poids à cette véritable erreur, qui a été bien réparée dans les éditions suivantes. Toutes celles de la *Bibliothèque des Pères* reproduisent l'*Hexaemeron*. Il a été imprimé avec soin dans le *Recueil des poëtes grecs, tragiques, comiques, lyriques, épigrammatiques*, qui parut en grec et en latin à Genève, 2 volumes in-folio en 1606 et 1614. Mais l'édition la plus recherchée, sans que cependant on puisse la regarder comme la meilleure, est celle qui parut à Heidelberg, chez Commelin en 1596. George Pisidès était un auteur très-fécond, car la liste de ses productions est fort longue. Toutes n'ont pas vu le jour; la plupart sont des poésies ïambiques relatives aux événements de l'histoire contemporaine. Le recueil le plus complet de ses OEuvres se trouve dans la belle collection connue sous le nom de Byzantine. Voici le titre des principaux ouvrages de Pisidès qu'elle renferme : 1° *De expeditione Heraclii contra Persa, aeroases tres*; 2° *Bellum Abaricum*; 3° *Hexaemeron, seu de opere dierum*. Cette édition contient de plus que les précédentes une centaine de vers, qui ne rendent pas le poëme beaucoup plus précieux. 4° *De vanitate vitæ*. Le texte de ces deux derniers ouvrages est accompagné de la version latine, en vers ïambiques de l'édition de Paris. 5° *Contra Severum*. 6° *Encomium in sanctum Anastasium martyrem*. 7° Le poëme en vers ïambiques sur le temple de la mère de Dieu à Constantinople a été donné par Du Cange dans ses notes sur Zonare.

C'est à tort que dans un Dictionnaire on décide que les écrits de Pisidès n'offrent ni poésie ni élégance. En général, eu égard au temps où il vivait, ses vers sont harmonieux et d'une belle facture. Son style pèche plutôt par redondance et par les défauts opposés à la sécheresse, qui ne se fait apercevoir que dans le choix et la composition de ses sujets également dénués de charme, de naturel et d'intérêt.

Cependant Pisidès fut regardé chez les Grecs comme un grand écrivain. Rien n'égalait l'enthousiasme qu'on avait conçu pour son talent poétique. On le comparait fréquemment à Euripide, et dans ces siècles dégénérés il se trouva même quelques petits aristarques qui n'hésitèrent point à le mettre au-dessus du prince des tragiques. De si bons juges ne seront certainement pas accusés d'une aveugle prévention en faveur de l'antiquité. George Pisidès vivait encore à la fin du règne d'Héraclius, dont il avait chanté les exploits. On lui attribue aussi plusieurs sermons sur la conception de la Vierge, sur celle de sa mère, sur sa nativité, sa présentation au temple, sa présence au pied de la croix et devant le tombeau de Jésus-Christ; mais ces déclamations d'écolier, remplies de phébus et de galimatias ne sont pas de lui, mais d'un autre George, qui, sur la fin du IX° siècle, devint de garde-chartes dans l'église de Constantinople, évêque de Nicomédie. Le P. Combefis qui les avait d'abord attribués à Pisidès, s'est rétracté, et les a restitués depuis à leur véritable auteur. On les trouve dans le tome I" de son *Auctuarium*, avec d'autres homélies sur saint Côme et saint Damien; et des fragments de discours à la louange de saint Jean Chrysostome et des Pères du concile de Nicée.

GEORGE, syncelle du patriarche Taraise de Constantinople, c'est-à-dire, suivant l'usage de l'Eglise orientale, celui des clercs qui demeurait dans la chambre de l'évêque pour le servir et être le témoin habituel de sa conduite fut désigné par quelques-uns pour lui succéder, mais il se vit préférer Nicéphore qui avait été secrétaire de son prédécesseur. George est auteur d'une *Chronographie* ou abrégé de l'histoire universelle qu'il avait l'intention de poursuivre depuis la création du monde jusqu'à l'an 800. La mort ne lui permit de la conduire que jusqu'au règne de Dioclétien. Toutefois comme il tenait à son dessein et avait à cœur de le voir réussir, quelque temps avant sa mort, il pria l'abbé Théophane, son ami, de continuer l'ouvrage. George composa sa *Chronographie* sur les *Chroniques* de Jules Africain, d'Eusèbe et de plusieurs autres anciens écrivains, mais sans s'assujettir à suivre leur plan ni à embrasser leurs opinions. S'il copie quelquefois Eusèbe, il relève aussi ses fautes quand il croit en apercevoir. Il en commit lui-même plusieurs, qui ont été remarquées par Joseph Scaliger; ce qui ne l'a pas empêché de tirer de grands secours de la *Chronographie* de George, dans les observations qu'il a publiées sur Eusèbe. Théophane préfère l'ouvrage de George, syncelle, à tous ceux qui ont été composés avant lui sur la même matière. Il y traite de l'origine et du gouvernement de toutes les nations, des anciens rois et des années de leur règne. Il en use de même à l'égard des évêques des grands siéges de Rome, de Constantinople, d'Alexandrie, d'Antioche, de Jérusalem, qu'ils y soient parvenus canoniquement ou contre les règles de l'Eglise; qu'ils aient été d'une doctrine orthodoxe ou qu'ils aient favorisé l'hérésie. Le P. Goar a fait imprimer cette *Chronographie* à Paris, en 1652, sur un manuscrit de la Bibliothèque royale daté de 1021. Depuis elle a été réimprimée à Venise en 1729 avec les autres manuscrits anciens qui forment le corps de l'histoire Byzantine. L'ouvrage de George, tel que nous l'avons n'est pas entier. Le P. Labbe avait promis d'en remplir les lacunes à l'aide de quelques manuscrits qu'il possédait; mais il est mort avant d'avoir accompli sa promesse. George, syncelle, avait embrassé l'état monastique dès sa jeunesse; son zèle pour la défense du culte des images lui mérita la haine des iconoclastes qui le tourmentèrent de toutes les façons. Longtemps il porta la marque des coups qu'ils lui avaient donnés : Anastase le Bibliothécaire fait son éloge en disant qu'il fut approuvé du Saint-Siége et loué publiquement dans le septième concile général.

GEORGE DE NICOMÉDIE, surnommé aussi GEORGE CHARTOPHYLAX parce qu'il avait été garde-charte de la grande église de Constantinople, reçut l'ordination des mains de Photius et aimait à s'instruire auprès de lui. Parmi les lettres de ce patriarche nous en comptons jusqu'à onze qui sont adressées à l'archevêque de Nicomédie, et dont la plupart contiennent des réponses aux difficultés qu'il lui proposait. George se trouva avec plusieurs autres métropolitains au concile que Photius assembla à Constantinople en 879, pour autoriser son rétablissement sur le siége patriarcal de cette ville.

Il nous reste de lui dix homélies que le P. Combefis a publiées en grec et en latin dans son *Auctuarium*, en les attribuant à George Pisidès, mais il reconnut depuis son erreur et la corrigea. La première est sur la conception de la sainte Vierge. Jusque-là personne n'avait encore parlé de cette fête que l'Eglise grecque célébra bien longtemps avant l'Eglise latine. Les louanges qu'il donne à la sainte Vierge sont entremêlées des éloges de saint Joachim et de sainte Anne. — La seconde est sur la conception de sainte Anne. Ce que George y dit de la stérilité de cette sainte aïeule du Christ et de la conception de la Vierge est tiré d'un livre apocryphe intitulé *le Frère du Seigneur* ou de quelque tradition orale dont on trouve des vestiges dans saint Epiphane et dans saint Jean Damascène. — Il en est de même de la troisième homélie qui ne contient qu'un tissu de faits avancés sur l'autorité de ce livre. Elle traite en même temps de la conception et de la naissance de Marie. — La quatrième est sur sa présentation au temple et sa consécration à Dieu, comme elle n'était encore âgée que de trois ans. — Les trois suivantes roulent sur le même sujet, et c'est toujours le même livre apocryphe qui fournit la matière.

— La huitième représente Marie, mère de Jésus, au pied de la croix, et ce qui se passa à la sépulture du Sauveur le jour du vendredi saint. George de Nicomédie dit qu'elle ne se trouva point à la cène mystique avec les douze apôtres, quoiqu'elle fût alors dans la maison où le Sauveur célébra ce repas mystérieux ; mais il ne doute pas qu'elle n'ait suivi le Sauveur dans tous les lieux où on le traîna le jour de sa passion. Il met dans la bouche de cette sainte mère de longs discours empruntés probablement au même livre, ainsi que ceux qu'il lui prête dans la neuvième homélie, où il parle de la résurrection de Jésus-Christ. — La dixième est à la louange de saint Côme et de saint Damien à qui il donne le titre de médecins des corps et des âmes. Il y a peu à profiter dans ces discours, qui sont loin de faire regretter la perte de quelques autres qui portent le nom du même auteur. Peut-être sa *Chronique* est-elle plus intéressante. Elle se conserve manuscrite à la bibliothèque de l'Escurial, et n'a jamais été publiée.

GEORGE, moine de l'abbaye de Breteuil au diocèse de Beauvais, dans le XIIe siècle, est auteur d'un *Commentaire sur l'Exode*, qui n'a pas encore été publié. Nous ignorons même ce qu'est devenu le manuscrit de cet ouvrage, conservé jusqu'à l'époque de notre révolution, dans l'abbaye de Preuilly, au diocèse de Sens. Nous ne le connaissons que par l'épître dédicatoire qui le précède, et que Dom Martène a placée en tête du tome Ier de ses *Anecdotes*. George l'adressa à quatre abbés de différents ordres ; savoir, l'abbé de Châlis, cistercien ; l'abbé de Sainte-Geneviève, chanoine régulier ; l'abbé de Saint-Lucien de Beauvais, bénédictin ; et l'abbé de Sélincourt, prémontré. Le motif qui l'a porté à choisir pour Mécènes quatre Pères d'autant de congrégations différentes, c'est, dit-il, qu'ils représentent les quatre roues du chariot d'Elie. Il les prie de faire lire son ouvrage dans toutes leurs communautés. Ce prologue respire une grande humilité, mais il est loin de marquer un égal discernement ; nous n'en citons pour preuve que la comparaison que nous venons de rapporter. Il est difficile de bien fixer le temps où vivait l'auteur ; nous ne le plaçons ici que parce que ses expressions et le tour de sa phrase semblent désigner un écrivain du xii° siècle.

GEORGE XIPHILIN, élu patriarche de Constantinople en 1193, a écrit, outre un *décret sur le droit des territoires*, imprimé dans la Collection du droit grec-romain, deux statuts synodaux *sur le droit de consacrer des églises en y plantant des croix*. Allatius en fait mention dans son *Traité des Georges et de leurs écrits*. Cet auteur est mort en 1199.

GEORGES, métropolitain de Corfou vers la fin du xii° siècle, ne nous est connu que par ses *Lettres*, qui nous apprennent les affaires moitié politiques et moitié religieuses auxquelles il se trouva mêlé de son temps. L'empereur Manuel Comnène, informé que Frédéric, roi des Romains et schismatique, avait des vues sur l'empire d'Orient, fit tous ses efforts pour engager le Pape Alexandre III et les Lombards à faire échouer ses desseins. Frédéric pensait d'abord à s'emparer de l'île de Corfou. Il en écrivit à Georges, qui en était métropolitain. Ce prélat le détourna d'une pareille entreprise, en lui remontrant qu'elle pouvait être d'une dangereuse conséquence pour ses Etats, et de peu d'utilité, encore qu'il réussirait. D'ailleurs, il ne pouvait, sans blesser l'équité, chercher à s'emparer du bien d'autrui, surtout d'un empereur recommandable par toutes sortes de vertus. Manuel Ducas avait donné ordre à Georges de mettre Corfou en état de défense, ce qui engagea cet archevêque à lui rendre compte de l'état des forteresses et des travaux qu'on y faisait pour les rendre capables de résister. Ce prince, avant sa mort, disposa de l'île de Corfou en faveur de sa sœur Comnène, à qui il en accorda la propriété. Georges l'en félicita, en l'assurant que, pour une action aussi louable, Dieu ne manquerait pas de prolonger ses jours. — Le Pape Alexandre III ayant indiqué un concile à Rome pour le premier dimanche de carême de l'an 1179, l'empereur Manuel Comnène y députa le métropolitain de Corfou, qu'il chargea également d'aller trouver de sa part l'empereur Frédéric; mais Georges étant tombé malade à Otrante, où il était arrivé le 15 octobre 1178, y séjourna six mois, pendant lesquels le concile se tint dans l'église de Latran. Nectaire, abbé des Casules, y assista pour les Grecs. Georges écrivit à l'empereur Frédéric pour lui donner avis de l'ordre qu'il avait reçu de Comnène, et de la maladie qui l'avait empêché de l'exécuter. Pendant qu'il en était attaqué, il reçut de Siméon, patriarche d'Antioche, une lettre de condoléance sur les afflictions dont il était accablé; Georges dans sa réponse lui témoigne que cette attention l'avait touché jusqu'aux larmes, et qu'il avait demandé à Dieu avec ferveur de le tirer lui-même des afflictions bien plus grandes, quoique d'une autre nature, qui fondaient sur lui de toutes parts. — On voit par sa lettre à Jean, notaire de l'empereur, qu'aussitôt après sa convalescence, il s'était proposé de passer d'Otrante à Rome, lorsque Comnène le rappela pour assister à Constantinople à un concile indiqué par le patriarche de cette ville.

Nectaire, qui avait été le représentant des Grecs à celui de Latran, était l'homme le plus obstiné de sa nation, dans les erreurs qui la divisaient avec les Latins. Ce fut dans ces dispositions qu'il se présenta à cette assemblée, et il en sortit aussi inflexible qu'il y était entré, mais non sans avoir disputé avec chaleur contre ses adversaires. Les Grecs le reçurent à son retour, comme on recevait jadis ceux qui avaient remporté le prix dans les jeux olympiques. C'est ce que l'on voit par la lettre que Georges lui écrivit. Elle est pleine d'adulation, et écrite dans un style qui tient plus de l'ancienne éloquence attique, que de la piété chrétienne. La seconde lettre de Georges à cet abbé des Casules est dans le même goût. L'abbé Nectaire étant mort, Georges de Corfou écrivit en son honneur une monodie, dans laquelle il relève d'un style pompeux les vertus et le savoir du défunt, et lui donne des regrets, qu'il ne pouvait, dit-il, bien exprimer, tant il était pénétré de douleur de la perte d'un si grand homme. Il cite quelques ouvrages de l'abbé des Casules, écrits en grec et en latin, et d'autres qu'il avait traduits de l'hébreu. Georges, en parlant de la procession du Saint-Esprit, dit qu'il la croit du Père, de quelque manière qu'elle s'accomplisse.

Baronius, de qui nous tenons toutes ces lettres dont nous venons de parler, en cite une dernière, adressée en 1188 par Georges, métropolitain de Corfou, à Athanase, patriarche de Jérusalem, avec la réponse de ce prélat. Il lui témoigne son ardent désir d'aller visiter les saints lieux et surtout le patriarche, et le regret qu'il éprouvait de ne pouvoir l'accomplir à cause d'une maladie cruelle qui le tenait cloué sur un lit de douleur. Athanase lui répond que, dans la disposition pieuse où il se trouvait, il obtiendrait les mêmes grâces que s'il fût venu sur les lieux et qu'il eût répandu ses prières dans les tabernacles mêmes de la maison du Seigneur. Les deux lettres à Nectaire, abbé des Casules, font partie des Actes du troisième concile de Latran. Elles se trouvent également avec toutes celles dont nous avons parlé dans le grand recueil de Baronius, depuis l'année 1176 jusqu'à l'année 1188.

GÉRARD ou GÉRAULD, à qui quelques biographes donnent le titre de saint, fut moine de Fleury et disciple de saint Abbon, qui lui adressa deux lettres qui ne sont pas encore imprimées. Il composa un poëme de plus de cinq cents vers *sur la translation des reliques de saint Benoît en France*. Il prit pour matière de son travail ce que le moine Adalbert avait écrit en prose sur le même sujet, environ cent cinquante ans auparavant; de sorte qu'il n'y a de Gérard dans cet ouvrage que la mesure des vers, qui ne sont d'ailleurs ni coulants ni polis. Bollandus l'avait tiré d'un manuscrit du Vatican, avec un autre poëme du même auteur composé de cent quatre-vingts vers élégiaques, en l'honneur du même saint, dans le dessein de les joindre l'un et l'autre à la Vie de ce patriarche, au 21 mars; mais, en réfléchissant sur la longueur de la pièce, il n'en a fait imprimer que les quatre premiers vers. Il cite encore de Gérard un poëme en l'honneur de la sainte Vierge, et un autre dans lequel il relève les grandes actions de Vautier, roi d'Aquitaine. Ce dernier écrit est dédié à Erchambauld, archevêque de Tours.

GÉRARD, qui fait le sujet de cet article, n'est connu que par la préface d'un de ses écrits, dans lequel il se donne le titre de doyen de Saint-Médard de Soissons. Il y a toute apparence qu'il avait embrassé la vie monastique dans cette abbaye qui, comme une infinité d'autres, à la même époque, soumise à des abbés non réguliers, était gouvernée par des doyens ou prévôts, que l'on nommait aussi quelquefois *pro-abbates*. Il succéda dans cette charge à Fouleaire, qui fut promu à l'évêché de Noyon en 932. Il était déjà vieux, puisque dans un de ses écrits, composé peu de temps après, il se trouvait si caduc qu'il attendait continuellement sa dernière heure. Cependant le soin qu'il prenait de sa communauté ne l'empêchait pas de consacrer son temps à l'étude; car, encore qu'on ne lui reconnaisse qu'un seul ouvrage, nous croyons néanmoins avoir des preuves qu'il en composa plusieurs.

Vie de saint Romain. — Il travailla à une nouvelle Vie de saint Romain, évêque de Rouen, mort en 639, et nous apprend lui-même à quelle occasion il l'entreprit. Il avait une nièce, religieuse à Notre-Dame de Soissons, qui, ayant reçu d'un clerc du diocèse de Rouen la Vie de ce saint évêque écrite en prose et en vers, en fit présent à Gérard. La nouvelle de cette découverte ne tarda pas à arriver jusqu'à Hugues, archevêque de Rouen, qui pria Gérard de lui communiquer ces deux pièces. Le doyen, trouvant le manuscrit de celle de ces deux Vies qui était écrite en prose rongé par la vétusté, en composa une nouvelle sur le modèle de celle qu'il conservait entre ses mains, et adressa son ouvrage à Hugues, et le manuscrit complet de celle qui était en vers. Il nous est impossible de faire la part de Gérard dans cet écrit; pour en juger sainement, il nous faudrait avoir en main et l'ancienne Vie sur laquelle il travailla, et la nouvelle Vie qu'il composa sur ce modèle. La première est perdue et n'est point la même que celle publiée par Nicolas Rigault, comme l'a pensé dom Mabillon; la seconde n'a jamais été imprimée, à l'exception de l'épître dédicatoire à l'archevêque de Rouen, avec les premiers mots de la préface et du corps de l'ouvrage. Cependant, comme ce manuscrit est plus ancien d'environ deux cents ans que celui de Fulbert de Rouen, publié par Rigault, peut-être méritait-il la préférence. Il est vrai qu'on ne peut lui contester l'avantage d'avoir été composé sur la Vie originale du saint, et peut-être bien aussi d'avoir servi de modèle à l'écrit de Fulbert. L'inscription de l'épître dédicatoire est remarquable par sa singularité. L'auteur s'y qualifie: Gérard, par la grâce de Dieu, vénérable père des cénobites, *Gerardus, gratia Dei, venerabilis pater cœnobitarum*. Peut-être n'employa-t-il cette expression de vénérable qu'à raison du grand âge où il était alors parvenu. Il finit son épître par trois vers héroïques qui contiennent des vœux de prospérité pour l'archevêque, pour son chapitre et pour les moines de Saint-Ouen, aux prières desquels il supplie le prélat de vouloir bien le recommander.

Vie de saint Remy. — Dom Martène et dom Durand nous ont donné une *Vie de saint Remy*, autre archevêque de Rouen, mort en 771, dans laquelle on découvre plusieurs caractères qui conviennent à Gérard et qui nous paraissent suffisants pour la lui attribuer. Cette Vie est l'ouvrage d'un moine, qui paraît assez clairement avoir appartenu à l'abbaye de Saint-Médard, et qui semble n'avoir entrepris son travail que pour nous apprendre que le corps du saint évêque avait été transféré dans l'église de son monastère, où on le conservait avec vénération. L'époque de cette translation trouve sa date naturelle dans la prise de Rouen par les Normands en 842, lorsqu'on fut obligé de porter au loin les reliques des saints pour les soustraire à la fureur de ces barbares. Or, quoique l'écrit en question soit de beaucoup postérieur à ce fait historique, cependant il a dû être composé avant que le corps du saint fût reporté à Rouen en 1190. Cette date convient donc parfaitement au temps où florissait Gérard, doyen de Saint-Médard de Soissons.

Cette *Vie de saint Remy* est courte, mais bien écrite pour le temps. Une des principales causes de sa brièveté, c'est que l'auteur, comme il s'en plaint lui-même, n'avait que des traditions orales pour la composer, et encore ces traditions n'étaient-elles pas fort nombreuses à Soissons. Si l'ouvrage avait été écrit à Rouen, où la vie de saint Remy était plus connue, l'auteur aurait eu plus de matériaux à sa disposition. Aussi, à cinq ou six événements près, comme la naissance, l'éducation du saint évêque, son élévation à l'épiscopat, son voyage à Fleury avec son frère Carloman, sa mort et la translation de son corps à Saint-Médard, tout le reste de la pièce ne présente que des digressions ou des lieux communs. Encore les événements qu'on vient d'indiquer n'y sont-ils touchés que très-succinctement. Il n'y a que le voyage à Fleury, entrepris à l'occasion des reliques de saint Benoît, réclamées par les Italiens, qui y soit traité avec quelque détail. Notre écrivain se permet, à ce sujet, une digression sur le prince Carloman, devenu moine à Mont-Cassin, et l'on voit qu'il s'y arrête avec une certaine complaisance. Cette Vie a échappé aux recherches du laborieux Bollandus, qui, pour y suppléer, a été obligé de recourir à des monuments étrangers.

On voyait encore à la fin du siècle dernier dans les carreaux de l'église de Saint-Médard de Soissons une pierre où se lisait, quoiqu'avec peine, une épitaphe en cinq vers héroïques, qui ne sont pas absolument mauvais pour le siècle où ils furent composés. C'était celle de la reine Ogire ou plutôt Edgive. Comme cette princesse, d'abord femme de Charles le Simple, et mariée ensuite à Héribert, comte de Troyes, fut enterrée dans cette église du temps de Gérard, son épitaphe pourrait fort bien être l'œuvre de ce doyen, qui se mêlait quelquefois d'écrire en vers, comme on le voit par la fin de son épître à Hugues, archevêque de Rouen.

GÉRARD, un des prélats qui se distinguèrent le plus dans le XIe siècle, et par la doctrine et par la vigueur épiscopale, naquit sur les frontières de la France et de la Lorraine, d'une famille noble et bien posée. Il eut pour père Arnoul, seigneur de Florines et de Rumigny, et pour mère Ermentrude. Dès sa première jeunesse, il fut élevé dans le clergé de Reims, sous les yeux de l'archevêque Adalberon, son proche parent, et instruit dans l'école de cette église, confiée alors aux soins du docte Gerbert. Gérard y fit de grands progrès dans les lettres humaines et la science ecclésiastique.

De Reims Gérard passa à la cour du roi Henri, qui le prit pour son chapelain, quoiqu'il ne fût encore que diacre. A la mort d'Eluin, évêque d'Arras et de Cambrai, arrivée au mois de février de l'an 1012, malgré plusieurs concurrents qui se présentèrent pour lui succéder, le roi Henri préféra Gérard, qui toutefois ne fut sacré qu'un an après, le lendemain de la Purification. La cérémonie eut lieu à Reims. Le roi désirait vivement qu'elle se fit à Bamberg, à la dédicace de la nouvelle cathédrale qu'il venait d'ériger ; mais Gérard, craignant de donner par là atteinte au droit commun, préféra recevoir l'ordination des mains de l'archevêque Arnoul, son métropolitain. A peine eut-il pris le gouvernement de son Église, que tout s'y ressentit de sa vigilance pastorale. Il acheva le monastère de Saint-Gingulphe de Florines, que son père avait commencé pour une communauté de clercs, et en fonda un second pour des moines sous l'invocation de saint Jean-Baptiste. Son affection pour l'ordre religieux parut encore dans la fondation d'un autre monastère à Cateau-Cambrésis, et dans le rétablissement de l'abbaye de Marolles, où il remit des moines à la place des clercs qui s'y étaient introduits. Tant de dépenses pour toutes ces fondations ne ralentirent ni son zèle, ni sa charité. Il sut trouver des ressources pour d'autres entreprises plus grandes encore. L'église cathédrale de Cambrai menaçait ruine, il commença à la rebâtir en 1023, et il en fit la dédicace solennelle en octobre 1030. A peine avait-il terminé ce somptueux édifice, que la cathédrale d'Arras fut réduite en cendres par le feu du ciel, le 30 juillet de la même année. Le vigilant évêque ne borna pas son attention à ces édifices extérieurs, mais il l'appliqua encore à faire observer les canons parmi son clergé, et à maintenir la saine doctrine dans toute l'étendue de son diocèse. Trois ans après sa promotion à l'épiscopat, en 1015, il souscrivit au concile de Reims avec l'archevêque Arnoul ; en 1022, à celui d'Aix la Chapelle ; et en 1025, aux décrets du concile d'Arras contre les nouveaux manichéens, dont nous ne disons ici qu'un mot, parce que nous aurons occasion de nous étendre longuement sur cette matière. Quelque temps auparavant, c'est-à-dire, en 1022, il fut député avec l'abbé Richard par l'empereur Henri vers le roi Robert, pour l'inviter au colloque d'Yvois ; il y assista avec ces deux princes et quantité de seigneurs de France et d'Allemagne. Il s'opposa en 1033 aux règlements de la Trêve de Dieu, ne croyant pas qu'on dût s'engager par serment à des règlements qui n'avaient pas encore été en usage. Nous avons vu ailleurs que ces règlements consistaient à jeûner au pain et à l'eau les vendredis, et à faire du samedi un jour d'abstinence ; mais depuis il changea de sentiment. On trouve son nom dans la charte de fondation de la collégiale de Sainte-Gudule à Bruxelles, en 1047. Il mourut le 4 mars 1051, et non en 1048, comme plusieurs l'ont avancé. Radulphe, historien de saint Liethert, successeur immédiat de Gérard, dit en termes exprès que ce saint pontife ne fut ordonné qu'en 1051.

SES ÉCRITS. — Jusqu'au XVIIe siècle, aucun bibliographe n'avait fait entrer l'évêque Gérard dans ses catalogues d'auteurs ; cependant il méritait d'y occuper une place honorable, comme on pourra s'en convaincre par l'analyse que nous allons donner de ses œuvres.

On a de lui les Actes du synode qu'il tint à Arras en 1025. Monument précieux qui peut entrer en parallèle avec tout ce que l'antiquité catholique nous a légué de meilleur en ce genre. Nous allons rappeler en quelques mots quelle fut l'occasion de ce concile. Pendant que l'évêque Gérard s'occupait à Arras de ses fonctions épiscopales, on lui donna avis qu'il était arrivé depuis peu d'Italie un certain nombre de novateurs qui s'efforçaient de séduire les peuples. Faisant profession d'une certaine justice, qui, suivant eux, suffisait à purifier, ils ne reconnaissaient dans l'Église aucun sacrement utile au salut. Gérard les fit comparaître devant lui et les interrogea sur leurs croyances. Ces novateurs répondirent qu'ils étaient disciples d'un nommé Gondulphe, Italien d'origine, qui leur avait appris à ne point reconnaître d'autre écriture que l'Evangile et les écrits des apôtres ; à avoir en horreur le mystère du baptême ; à rejeter le sacrement du corps et du sang de Jésus-Christ ; à regarder la pénitence comme inutile à ceux qui étaient tombés dans le crime après leur profession ; à mépriser les églises et les mariages ; et à ne point reconnaître pour saints les confesseurs, mais seulement les apôtres et les martyrs. Convaincu par leurs propres aveux qu'ils étaient dans l'erreur, Gérard les fit mettre en prison pour deux jours, pendant lesquels il ordonna aux clercs et aux moines un jeûne pour la conversion de ces hérétiques. Le troisième jour, qui était un dimanche, il tint un synode dans l'Eglise de Notre-Dame, avec les abbés, les moines et les archidiacres. Ayant fait amener les prisonniers, il adressa, à leur sujet, un discours au peuple, puis il les interrogea sur leur doctrine. Leur réponse fut conforme à celle qu'ils avaient déjà donnée.

Voulant donc réfuter leurs erreurs par ordre, l'évêque commença par le baptême, et montra qu'on ne pouvait admettre, comme ils le faisaient, le livre des Evangiles sans reconnaître aussi la nécessité du baptême, qui s'y trouve clairement établie. Ils objectaient que le baptême était inutile pour trois raisons, la mauvaise vie des ministres, la rechute dans les péchés, et aussi parce qu'il n'est pas vraisemblable que la foi et la volonté d'autrui puissent être utiles à un enfant pour le salut. Pour eux, ils faisaient consister leur justice à quitter le monde, à réprimer les désirs de la chair, à vivre du travail de leurs mains, à ne faire de tort à personne, et à exercer la charité envers tous ceux qui favorisaient leur secte. Gérard répondit qu'on ne pouvait douter de la bonté du baptême, puisque Jésus-Christ lui-même l'a reçu; puisque saint Pierre l'administra à Corneille, quoiqu'il possédât déjà le Saint-Esprit; puisque l'indignité du ministre ne forme aucun obstacle à la validité du sacrement, parce que c'est le Saint-Esprit qui opère. Les enfants peuvent être sauvés par la foi d'autrui; comme le paralytique fut guéri par la foi de ceux qui le présentèrent à Jésus-Christ, la fille de la Chananéenne par la foi de sa mère, et le serviteur du centenier par la foi de son maître.

Il vient ensuite au sacrement de l'Eucharistie, et dit : « Quand nous offrons ce sacrifice, le pain et le vin mêlé d'eau, sanctifiés d'une manière ineffable sur l'autel, par la croix et les paroles de Jésus-Christ, deviennent un vrai et propre corps, et son vrai et propre sang, quoiqu'ils paraissent être autre chose. On voit, en effet, un pain matériel, mais il devient véritablement le corps de Jésus-Christ, comme la Vérité l'atteste elle-même. Gérard » rapporte pour le prouver les paroles de l'institution ; ensuite il répond à l'objection que faisaient ces hérétiques, la même à peu près que les capharnaïtes, et montre que l'on ne mange pas le corps de Jésus-Christ à la manière des aliments ordinaires, en le déchirant par morceaux, mais qu'il est la nourriture de l'âme; nourriture qui procure aux fidèles, lorsqu'ils le reçoivent dignement, la vie éternelle. Ils demandaient comment il était possible que le corps de Jésus-Christ fût distribué dans toutes les églises, et tous les jours, sans cesser d'être. L'évêque de Cambrai répond, que Jésus-Christ étant Dieu, il ne lui est pas impossible de conserver son corps, qui est éternel et incorruptible, dans le ciel; et de nous communiquer sur la terre le sacrement de ce même corps par le ministère des prêtres, en la manière qu'il l'a ordonné, lorsque, leur donnant le pain et le calice, il leur dit : *Faites ceci en mémoire de moi*. Pour prouver la vérité du changement du pain et du vin au corps et au sang de Jésus-Christ, il rapporte plusieurs histoires miraculeuses, qui du moins peuvent servir de témoignage à sa croyance sur la présence réelle et la transsubstantiation. Les fidèles n'en purent soutenir le récit sans verser des larmes. Les hérétiques mêmes, n'ayant rien à répliquer, demandèrent pardon, prosternés par terre. Gérard le leur fit espérer de la part de Dieu, s'ils rejetaient de bonne foi toutes leurs erreurs.

Il combattit ensuite le mépris qu'ils professaient pour les églises matérielles, en ne les considérait que comme des amas de pierres. Il montre, par l'autorité des divines Ecritures, qu'elles sont la maison de Dieu, un lieu de prières, et de sanctification, où l'on célèbre les plus saints mystères, où l'on entend la divine parole, où l'on chante les louanges du Créateur, où l'on vient offrir des vœux à Dieu. Il fait voir aussi que l'usage des encensements et des cloches n'a rien que d'utile; il démontre la nécessité de tous les ordres ecclésiastiques pour les fonctions du sacré ministère, la décence des cérémonies de la sépulture, l'utilité de la pénitence, non-seulement pour les vivants, mais même pour les morts, lorsqu'on offre pour eux le sacrifice du Médiateur, ou qu'on fait pour eux des prières et des aumônes. « Un ami, dit-il, peut suppléer à la pénitence que son ami n'a pu accomplir, parce qu'il a été surpris par la mort. » Il appuie ce sentiment sur le témoignage de saint Grégoire et de l'Ecriture, puis il ajoute : « C'est donc avec raison que les saints docteurs reconnaissent un feu purifiant appelé *purgatoire*, parce qu'il purifie certains péchés, et ceux qui en cette vie ont mérité par leurs bonnes œuvres que les suffrages des survivants leur soient utiles, soit en donnant pour eux des aumônes, soit en faisant offrir le sacrifice; » sur quoi il a cité le passage du second livre des *Machabées*, rapporté par saint Paul.

Venant au mariage que ces hérétiques déclaraient contraire à l'Evangile, il montre, par plusieurs passages de l'Ancien et du Nouveau Testament, que Dieu en est l'instituteur; mais que, comme on ne doit point le défendre généralement, il ne faut pas non plus le permettre indistinctement à toute sorte de personnes, particulièrement à celles qui se sont consacrées au service de l'Eglise. Il fait voir que si les confesseurs n'ont pas répandu leur sang comme les martyrs, ils ont du moins souhaité le répandre et ont souffert beaucoup par leurs travaux; ainsi ils méritent un culte particulier. La psalmodie usitée dans les églises tire son origine du chant des anges dans le ciel, et on en trouve des exemples dans l'Ancien Testament. Le culte que l'on rend à la croix et aux images est relatif et se rapporte aux prototypes dont ils ne sont que la figure et la représentation. En glorifiant la croix du Seigneur, nous l'invoquons comme y étant attaché lui-même; et nous adorons celui que nous invoquons. Prosternés de corps devant la croix, notre âme s'humilie devant Dieu. Ce n'est point le trône de bois que nous adorons. On ne fait point d'images dans les églises pour les adorer, mais pour nous exciter à imiter les vertus de ceux qu'elles représentent. Quant à la hiérarchie ecclésiastique, elle est d'institution apostolique, formée sur la hiérarchie céleste et les divers ministères en usage dans le culte du Seigneur, sous la loi de Moïse. Enfin l'évêque Gérard enseigne qu'il n'y a aucune justice, ni aucune action méritoire, sans la grâce de Jésus-Christ, qui prépare lui même gratuitement la volonté de l'homme, et lui donne gratuitement la grâce qui l'aide à faire le bien et qui le consomme.

La séance dura jusqu'au soir; mais aussi le succès en fut heureux. Les novateurs s'avouèrent convaincus par les raisons de l'évêque, et reconnurent que la doctrine du salut était celle-là seule qu'il leur avait enseignée. Gérard en conséquence leur ordonna de condamner leurs erreurs et ceux qui les avaient inventées, et en prononça la condamnation avec tous les abbés, les archidiacres et le clergé en ces termes : « Nous condamnons et anathématisons cette hérésie qui, contrairement à la vraie et catholique Eglise, dit que le baptême ne sert de rien pour effacer le péché originel et les péchés actuels; que les péchés ne peuvent être remis par la pénitence; que la sainte Eglise de Dieu, le saint autel et le sacrement du corps et du sang de Jésus-Christ ne sont autre chose que ce que l'on voit des yeux du corps, et qui rejette les mariages légitimes. Nous condamnons cette hérésie et tous ceux qui la soutiennent; et nous faisons profession de croire que personne ne peut être sauvé que par l'eau du baptême; que les péchés commis depuis sont remis par la pénitence; que hors de l'Eglise il n'y a point de salut; que le sacrement du corps et du sang du Seigneur est la même chair qui est née de la Vierge, qui a souffert sur la croix, qui, étant sortie du sépulcre, a été élevée au-dessus des cieux, et est assise à la droite du Père, et que ce mystère ne peut être sanctifié que sur le saint autel. » Ce décret fut prononcé en latin; mais comme ceux qui avaient professé cette hérésie n'entendaient pas bien cette langue, on le leur expliqua dans la langue vulgaire, après quoi, ils le souscrivirent comme ils purent en faisant une croix. L'évêque Gérard envoya les actes de ce synode à un évêque voisin, qu'on croit être Renaud de Liége, pour le précautionner contre ces hérétiques dont quelques-uns avaient su si bien se déguiser dans son diocèse qu'il les avait laissés aller impunis, ne les croyant pas coupables. Ces Actes sont imprimés dans le tome XIII du *Spicilége*, avec la lettre de Gérard à Renaud, en forme de préface.

LETTRES.—La *Chronique de Cambrai* nous a conservé huit lettres de l'évêque Gérard, dont la première est adressée aux archidiacres de Liége, à qui il fait des reproches de ce qu'ils accordaient la sépulture ecclésiastique à des personnes excommuniées ou qui avaient vécu dans le déréglement, et n'avaient donné à la mort aucun signe de repentir. Il fait voir qu'en cela ils agissaient contre les règles de l'Eglise. Cette lettre semble supposer que le siége épiscopal était vacant.—La seconde est à Adalbéron, évêque de Laon, qui, dans un âge très-avancé, pensa à se donner un successeur, et choisit Widon ou Gui, neveu de Berthold, évêque de Soissons. Gérard, en ayant eu avis, lui écrivit pour l'en détourner comme d'une nouveauté exécrable; parce qu'il n'était pas permis à une église d'avoir deux évêques. Il en écrivit également à Ebles, archevêque de Reims, et à Berthold de Soissons. Par son zèle pour la discipline, il fit échouer le dessein d'Adalbéron qui eut pour successeur Gebuin, et non pas Gui. Gérard n'obtint pas le même succès dans son opposition à l'élection d'Ebles, à la mort d'Arnoul. Il prétendit qu'Ebles, étant néophyte et peu instruit, ne pouvait être élu; mais on passa outre, de l'avis de Fulbert de Chartres. Ces trois lettres à Adalbéron, à Ebles et à Berthold, ont été imprimées dans l'*Histoire de l'Eglise de Reims* par Marlot.—La cinquième est adressée à Leduin, abbé de Saint-Wast d'Arras. L'Eglise cathédrale de cette ville ayant été brûlée par le feu du ciel, le 30 juillet de l'an 1030, cet abbé en témoigna sa douleur à l'évêque Gérard, qui l'en remercia, en lui demandant à lui et à sa communauté des prières et des jeûnes pour fléchir le Seigneur, que les désordres du siècle ne pouvaient manquer d'irriter. Il répond dans la même lettre aux insultes des libertins qui attribuaient ces calamités à la vie licencieuse des ecclésiastiques. Gérard rebâtit l'église d'Arras, et la fit plus belle qu'elle n'était auparavant.—On ne sait point le nom de l'abbé à qui la sixième était adressée. En voici le sujet : Un nommé Ezelin s'était séparé de sa femme, nièce de l'évêque; l'affaire fut portée devant les archidiacres de Liége, qui donnèrent gain de cause à Ezelin. Gérard s'en plaignit, en disant que cet homme, après dix-huit ans de mariage, ne pouvait refuser d'habiter avec sa femme.—Dans la septième lettre, il prie Foulques, évêque d'Amiens, de s'intéresser auprès du roi Robert en faveur de Drogon, évêque de Térouane, chassé injustement de son siége par Baudouin, comte de Flandre, et d'engager l'archevêque de Reims et ses suffragants à demander le secours du roi pour ce prélat.—La huitième lettre est à l'empereur Henri III, dit le Noir; elle a pour but d'exciter ce prince à protéger l'Eglise.

Sur la Trêve de Dieu.—On a dit plus haut que Gérard s'était opposé à l'établissement de la Trêve de Dieu, dont les évêques de Bourgogne avaient été les principaux auteurs. Il donnait pour raison de son opposition qu'il appartient aux rois de réprimer les séditions par la force, de terminer les guerres, et faire la paix; mais que le devoir des évêques était d'avertir les rois de combattre vaillamment pour le salut de la patrie, et de prier Dieu de leur donner la victoire. Il croyait aussi qu'on devrait porter les armes, et faire rendre ce qui avait été pris par la force; qu'il n'était pas expédient d'imposer à tout le monde le jeûne du vendredi et du samedi, parce que tous n'ont pas la même force; ni de les obliger par serment à ces pratiques, parce que c'était les exposer au parjure. Enfin il trouvait dur d'excommunier ceux qui ne voulaient pas s'y soumettre, de refuser la visite aux malades et la sépulture aux morts; toutefois, pressé par les abbés Leduin et Roteric, il consentit, quoiqu'à regret, à cette paix comme les autres; mais l'événement fit voir la justesse et la solidité de son opposition : la plupart de ceux qui avaient juré la Trêve de Dieu se parjurèrent.

Sur le jeûne des Quatre-Temps.—En 1036, on assembla par ordre de l'empereur, à Tibur ou Teuver, près de Mayence, un concile, où il fut question du jeûne du premier mois, c'est-à-dire des Quatre-Temps qui arrivent ordinairement en mars. Plusieurs évêques étaient d'avis de célébrer ce jeûne avec celui du mercredi des Cendres, quand ils se rencontraient ensemble. Mais Gérard, et quelques-uns avec lui, s'y opposèrent, et demandèrent que, suivant l'ancienne coutume, ce jeûne fût renvoyé à la semaine sainte, où les trois jours de Quatre-Temps ont un office particulier. Ce dernier trait de la vie de l'évêque Gérard achève de nous convaincre qu'en toute occasion il se déclarait avec fermeté pour le maintien de la discipline; comme aussi il n'en laissait échapper aucune de défendre la pureté de la foi; mais son zèle n'avait rien d'amer, et il règne dans ses écrits un air de politesse qui sied bien à la véritable piété.

GÉRARD, neveu de saint Lietbert, lui succéda dans l'évêché de Cambrai, après sa mort, arrivée en 1076. Comme il avait reçu l'investiture d'Henri IV, roi d'Allemagne, son élection parut douteuse au Pape Grégoire VII, qui la fit rectifier par Hugues, évêque de Dié et son légat en France. Il assista à plusieurs conciles, particulièrement à celui de Soissons en 1084, et l'année suivante à celui de Compiègne. Sigebert place sa mort en 1094. Il composa des statuts pour les moines de Saint-Guillain. Personne n'était plus en état que lui de régler un monastère, puisqu'avant son épiscopat, il avait gouverné celui de Saint-Wast d'Arras, en qualité de prévôt. On a de lui une lettre en forme de concile, adressée à Hubert, évêque de Térouane, par laquelle il permet à Baudri, auteur de la *Chronique de Cambrai*, de passer dans ce diocèse. Gérard fut le dernier des pontifes qui réunit les deux évêchés d'Arras et de Cambrai. Colvenier a imprimé sa lettre en tête de la *Chronique de Cambrai*, et Levasseur l'a publiée dans les *Annales de l'Église de Noyon.*

GÉRARD, ou GIRARD et même GÉROLD suivant une autre version, était neveu de Valkelin, évêque de Winchester, et de Siméon, abbé d'Ely. Il se trouvait, par là même, parent de Guillaume le Conquérant, et était né en Normandie. On ignore les premiers événements de sa jeunesse; mais à quelque école qu'il ait été formé aux lettres, il s'y rendit habile et y acquit surtout un grand fonds d'érudition : *vir admodum litteratus.* C'est le témoignage que lui rend saint Anselme, et Guillaume de Malmesbury reconnaît la même chose. Suivant ce dernier, Gérard avait même de l'éloquence, mais il ne savait pas toujours la contenir dans de justes bornes. Admis dans le chapitre métropolitain de l'Église de Rouen, il en devint grand chantre, et remplissait cette dignité lorsqu'il passa en Angleterre, où il fut appelé, apparemment par l'évêque son oncle. Ce fut le même prélat, sans doute, qui lui procura une place dans la chapelle du roi Guillaume le Roux. Il entra si bien dans la confiance du prince, que celui-ci le choisit avec un autre de ses chapelains pour aller s'enquérir à Rome de l'état des choses, lors de son différend avec saint Anselme. A son retour, le siège épiscopal d'Herford se trouvant vacant par la mort de Robert, arrivée le 26 juin 1095, Gérard fut élu au bout d'un an pour lui succéder. Mais comme il n'était encore que sous-diacre et qu'il y avait nécessité pressante, saint Anselme l'ordonna diacre et prêtre le même jour, puis le lendemain dimanche, jour de la Trinité 1096, il le sacra évêque, assisté de ses quatre suffragants. La cérémonie s'en fit à Londres, au lieu que l'ordination précédente s'était faite dans le voisinage de cette ville. L'histoire ne nous apprend rien de mémorable sur l'épiscopat de Gérard jusqu'à sa translation à l'archevêché d'York. Il y succéda à Thomas Ier, mort en novembre 1100, et alla aussitôt à Rome recevoir le pallium. Quoiqu'il y fût déjà connu, il se munit cependant d'une lettre de recommandation, adressée par saint Anselme au Pape Pascal II. Anselme, en priant ce pontife de confirmer la translation de Gérard, le lui représentait comme un des prélats qui pouvait rendre le plus de services à l'Église d'Angleterre. Il ajoutait qu'il se croyait disposé à le faire réellement, parce qu'il possédait tous les talents nécessaires pour bien remplir ce grand siège. En effet, outre l'esprit, la science et autres les belles qualités qui le distinguaient, Gérard était encore fort versé dans la discipline ecclésiastique. De retour en Angleterre, il ne se montra rien moins que reconnaissant envers saint Anselme. Non-seulement il lui refusa la protestation d'obéissance que les archevêques d'York lui devaient comme à leur primat; mais il prit encore parti contre lui, dans son différend avec le roi Guillaume. Cependant, sur une réprimande du Pape Pascal II, il rendit à ce prélat ce qu'il lui devait et ne cessa depuis de lui rester étroitement uni. En 1102, il assista au grand concile que saint Anselme tint à Londres, et eut quelque part aux beaux règlements qui y furent faits. L'année suivante, Gérard ayant appris que le saint archevêque, obligé une seconde fois de quitter l'Angleterre, s'arrêterait à Lyon à son retour de Rome, comme il avait déjà fait quelques années auparavant, passa la mer avec quelques autres évêques, et vint en France pour le consoler. En attendant son arrivée, il se tint à Marseille un concile où il assista, avec les évêques ses compagnons de voyage. C'est au retour de cette visite, et après être rentré dans son église, que Gérard écrivit à saint Anselme plusieurs lettres dont quelques-unes nous ont été conservées. Gérard, qui n'avait gouverné le diocèse d'Herford qu'environ quatre ans et demi, ne demeura sur le siége d'York que l'espace de sept ans et quelques mois. Il mourut, en 1108, d'une maladie, légère en apparence, et qui trompa tous ceux qui l'entouraient jusqu'au point de leur faire oublier de lui administrer les derniers sacrements. Ce fut un prétexte pour ses chanoines, soit par défaut de lumières ou autrement, de lui refuser la sépulture dans leur église, de sorte qu'il fut inhumé à la porte. Peut-être aussi le bruit qui courut alors, qu'on avait trouvé sous le chevet de son lit, au moment de sa mort, les ouvrages de Julius Firmicus dont on savait qu'il faisait ses lectures ordinaires l'après-dîner, contribua-t-il plus que tout le reste à le faire priver de cet honneur. Nous ne rapportons ces circonstances que pour faire connaître l'esprit de cette époque.

SES ÉCRITS. — Gérard, malgré sa grande réputation de savoir, ne nous a laissé que peu d'écrits. A part quelques-unes de ses lettres qui sont venues jusqu'à nous, on ne trouve sous son nom qu'un seul monument qui nous apprend qu'il s'exerçait quelquefois à la versification. Mais on ne nous fournit pas sur ce point assez de lumières, pour satisfaire ceux de nos lecteurs qui voudraient savoir s'il a beaucoup écrit en ce genre et de quelle manière il y a réussi. On se borne à nous annoncer que la bibliothèque Cottonienne possède un manuscrit contenant des vers de notre archevêque, avec ce titre : *Versus Girardi archiepiscopi Eboracensis.*

Lettres. — Quant à ses lettres, elles sont pour nous des preuves de ses liaisons avec saint Anselme, quelques-unes même sont très-intéressantes, surtout celles qui regardaient les différends survenus entre cet archevêque et les rois Guillaume et Henri Ier. Nous en avons six de saint Anselme à l'archevêque d'York, et aucune des trois qui nous restent de Gérard n'y répond ; ce qui en suppose au moins six autres de son côté.

La première des trois qui nous ont été conservées forme la trente-neuvième du quatrième livre de celles de saint Anselme, et lui fut adressée dans le temps de son second séjour à Lyon. Elle tend à détruire les fausses impressions que l'on voulait donner à cet archevêque, en lui faisant accroire que l'auteur avait abandonné sa cause et sa personne. Gérard y avoue avec candeur qu'il avait autrefois manqué de zèle pour la cause de ce saint pontife, parce qu'il avait ouï dire qu'Anselme n'avait pas pris toute la part qu'il devait à l'affliction qu'il avait eue lui-même à souffrir. Mais il l'assure qu'il peut désormais compter sur son attachement, sa fidélité et son ardeur à défendre avec lui la cause de Dieu. Il ajoute qu'il a fait éclater plus d'une fois, non-seulement en présence de ses amis, mais même en présence du monarque et des grands de sa cour, l'affection qu'il a pour lui. — La seconde lettre qui fait aussi partie de celles de saint Anselme, et qui se trouve enchâssée dans l'*Histoire* d'Edmer, fut écrite au même archevêque, peu de temps après la précédente et comme il était encore à Lyon. Elle lui est commune avec cinq autres évêques d'Angleterre, qui tous de concert, et Gérard à leur tête, conjurent saint Anselme par les motifs les plus pressants de venir au plus tôt se réunir à eux, afin de combattre tous ensemble pour la cause du Seigneur. L'auteur y compare saint Anselme au vieillard Mathatias, et l'assure qu'il trouverait des Jonathas et des Simon parmi les évêques qui lui écrivent. Le saint répondit à cette lettre par la cent vingt-deuxième de son troisième livre, qui Edmer a eu soin de mettre à la suite de celles des six évêques. — Enfin la troisième lettre de Gérard ne porte pas son nom ; mais nous n'en sommes pas moins persuadé qu'elle lui appartient. Voici les raisons qui ne nous permettent pas d'en douter. Edmer, qui nous l'a conservée, dit qu'elle fut écrite par une personne d'une grande autorité, qui s'intéressait beaucoup au retour de saint Anselme en Angleterre. Il ne nomme pas cette personne et ne dit pas pourquoi, mais nous apprenons par la première lettre de Gérard qu'il ne voulait pas être nommé : *tacitis itidem nominibus nostris, mihi scribere non pigritimini.* Or, tous ces caractères réunis ensemble désignent clairement l'archevêque d'York. Il n'y avait point de prélat en Angleterre qui eût plus d'autorité que lui, en l'absence de l'archevêque de Cantorbéry ; et l'on a vu que Gérard et Gondulfe de Rochester étaient les deux évêques qui désiraient le plus ardemment le retour de saint Anselme. Du reste, cette lettre, que le saint à qui elle fut adressée, reçut au Bec, après avoir quitté la ville de Lyon, est faite sur le même plan que la seconde de Gondulfe et tend au même but ; c'est-à-dire, à rappeler au plus tôt saint Anselme en Angleterre, en lui représentant les désordres qui s'étaient produits en son absence. (*Voy.* GONDULFE.)

GÉRARD, que les frères de Sainte-Marthe appellent mal à propos GÉRARD DE BLAYE, *de Blavia*, était Normand, et originaire du diocèse de Bayeux. Son père, nommé Giraud, homme du bas peuple et très-mal assorti des biens de la fortune, n'avait ni la pensée, ni le moyen de lui procurer une éducation au-dessus de sa naissance. Le jeune homme, dès qu'il se connut, franchit de lui-même les obstacles que la misère opposait à son avancement. Il trouva un maître qui lui enseigna gratuitement les belles-lettres. Muni de ce savoir, il entra dans le clergé, et s'adonna ensuite à des études plus relevées, particulièrement à la théologie et au droit canon. Les progrès qu'il fit dans tous les genres de littérature le mirent en état de donner des leçons. Gérard ne manqua pas de suivre cette voie ouverte à ses talents. Il quitta sa patrie, où la bassesse de son extraction faisait une tâche à son mérite, et passa en Aquitaine. Là, s'étant érigé en professeur, il attira autour de lui une grande foule de disciples. Il n'eut point d'école fixe, et il enseigna, tantôt à Périgueux, tantôt à Angoulême, ou dans les bourgs voisins de ces deux villes. Les chanoines de Périgueux lui firent l'honneur de l'admettre dans leur corps; mais dans la suite les habitants d'Angoulême lui donnèrent un gage bien plus éclatant de leur estime, en le choisissant pour évêque à la place d'Adhémar, mort en 1101. Son élévation ne se borna pas à l'épiscopat; cinq ans après son élection, en 1106, Gérard, s'étant fait connaître du Pape Pascal II pendant le séjour que ce pontife fit en France, reçut de lui le titre de légat du Saint-Siége. Sa légation, d'abord limitée à la Bretagne, s'étendit ensuite aux provinces de Tours, de Bourges, de Bordeaux et d'Auch. Sa conduite, pendant l'exercice de ce pouvoir, est bien diversement jugée, suivant que l'historien se pose en ami ou en ennemi de notre prélat; toutefois comme quatre pontifes lui conservèrent successivement cette dignité, il est à croire qu'il s'acquitta fidèlement des obligations qu'elle lui imposait. Néanmoins il est possible que, dans le grand nombre d'affaires appelées à son tribunal, il n'ait pas tenu toujours la balance égale, qu'il ait profité de sa position pour augmenter sa fortune, et qu'il ait soutenu avec hauteur les prérogatives et les prétentions de son rang; mais en cela il n'avait rien qui le distinguât du commun de ses collègues. Voici un trait qui fera juger combien les ressources de son génie furent utiles aux Papes dans les circonstances difficiles où ils se trouvèrent, et combien son courage était à l'épreuve des dangers, lorsqu'il s'agissait de les en délivrer eux-mêmes. Le Pape Pascal II, ayant accordé malgré lui le droit d'investiture à l'empereur Henri V, assembla, en 1112, un concile dans l'église de Latran, pour aviser aux moyens de rompre avec honneur cet engagement. Il fallait un expédient qui mît à couvert les intérêts du Saint-Siége, sans déroger à la religion du serment qui liait le Pape à l'empereur. Tous les Pères de l'assemblée, consultés sur ce point, se trouvèrent en défaut. Gérard seul saisit le nœud gordien et le délia de la manière suivante. Il était dit par le traité que le Pape ne pourrait excommunier l'empereur pour avoir donné l'investiture. Notre légat s'attacha à cette clause, et prétendit que Pascal, en y demeurant fidèle, pourrait s'affranchir de toutes les autres, c'est-à-dire, qu'il serait libre, pourvu qu'il épargnât la personne de l'empereur, de révoquer les investitures et d'excommunier ceux qui les recevraient de sa main. Quoique cet expédient ne fût qu'un moyen ingénieux, et à coup sûr peu chrétien, d'éluder la promesse jurée, tous les Pères, applaudissant à ce conseil, s'écrièrent à l'envi : « Ce n'est pas vous qui venez de parler, c'est le Saint-Esprit qui a parlé par votre bouche. *Non tu locutus es, sed Spiritus sanctus in ore tuo.* » Le Pape, transporté de joie, le chargea de rédiger avec quelques prélats le canon qui devait foudroyer les investitures. Mais il restait ensuite à le notifier à l'empereur, commission hasardeuse que personne ne paraissait empressé de prendre pour soi. Gérard l'accepta sans hésiter, partit pour l'Allemagne, parut devant l'empereur avec toute l'intrépidité que peut inspirer la meilleure cause, lui annonça la décision du concile, et l'exhorta par un discours pathétique à s'y conformer. Nullement effrayé des symptômes de surprise et d'indignation qu'il remarqua sur le visage de Henri et parmi les courtisans, il se retira tranquillement après cet exploit, au palais de l'archevêque de Cologne, Frédéric de Carinthie, qui avait été son disciple. Celui-ci, craignant pour la vie du légat, voulut en vain lui communiquer sa frayeur; mais Gérard ne fut nullement déconcerté. L'empereur Henri ne put lui refuser les éloges dus à son courage, à sa prudence et à son savoir; il lui accorda une seconde audience et le renvoya comblé d'honneurs et chargé de présents. Gélase et Calixte, successeurs de Pascal, n'éprouvèrent pas des effets moins sensibles du zèle et de la capacité de Gérard. Il soutint avec vigueur les intérêts de ce dernier pontife, dans le concile de Reims, tenu en 1119 contre l'empereur; ce fut lui qui ouvrit l'avis d'excommunier ce prince pour le réduire. Honorius, en montant sur le Saint-Siége, hérita pour Gérard des sentiments de ses prédécesseurs. Aussitôt après son élévation, il lui expédia un renouvellement de pouvoirs, dans lequel il fait de sa conduite passée l'éloge le plus complet. Mais, à la mort de ce pontife, sa légation lui fut enlevée par le Pape Innocent II. Gérard en éprouva tant de dépit, que, pour se maintenir dans cette dignité, il prit parti pour l'antipape Pierre de Léon, plus connu sous le nom d'Anaclet. Rien ne put le retirer de ce parti, et les prières de saint Bernard lui-même furent inutiles. On dit qu'il fut trouvé mort dans son lit vers l'an 1135, le corps extraordinairement enflé et couvert de taches livides. Il avait tenu huit conciles et bâti un grand nombre d'églises. Arnaud de Bonneval rapporte qu'il s'était fait élire archevêque de Bordeaux et que son corps, enterré dans une église particulière, en fut tiré par ordre du légat apostolique, pour être transporté dans un autre lieu; mais ces faits sont contestés par de Besly et quelques autres écrivains, fondés sur l'*Histoire des comtes et des évêques d'Angoulême*, publiée par le P. Labbe, au tome II de sa *Bibliothèque nouvelle*, et par messieurs de Sainte-Marthe dans la *Gaule chrétienne*. Ainsi finit Gérard, qui ne fut ni aussi méchant que ses ennemis ont voulu le dépeindre, ni aussi estimable que ses panégyristes ont essayé de le représenter.

SES ÉCRITS. — Quoique sa plume n'ait pas été, à beaucoup près, aussi féconde en productions que son esprit l'était en ressources et en intrigues, néanmoins il est constant que le peu qui nous reste de lui, ne forment pas la totalité de tous ses écrits, et encore moins de ceux qui furent rédigés sous sa direction. Nous n'avons plus, par exemple, les Actes des conciles auxquels il présida, et que ses adversaires lui reprochaient de multiplier à l'excès et sans nécessité. Le premier de ceux que l'on connaît fut tenu à Dol en 1108, pour réformer divers abus qui s'étaient glissés dans le clergé de Bretagne. Le Pape fut si satisfait des règlements qu'y fit son légat, qu'à sa recommandation il accorda le pallium à Baudry, évêque de Dol, que Pascal avait lui-même ordonné. C'est ce que nous apprend une lettre de ce pontife, en réponse à celle que Gérard lui avait écrite pour lui rendre compte des résultats de cette assemblée. Il convoqua à Loudun, l'année suivante, un autre concile auquel assistèrent douze évêques et quatre abbés. On voit encore deux jugements qu'il y rendit, le premier entre les chanoines de Nantes et les moines de Tournus, le second entre les moines de Marmoutiers et les chanoines de Chemillé; l'un et l'autre pour des intérêts temporels. Mais Gérard qui parle seul dans ces décrets, suppose que leur objet ne fut que l'accessoire des matières agitées dans le concile.

L'abbaye de Quimperlé a conservé, comme souvenir historique, les principales pièces d'un fameux procès que Gérard termina en 1117 en sa faveur. Il s'agissait de la propriété de Belle-Ile qui lui était injustement disputée par l'abbaye de Redon, appuyée de l'autorité de Conan le Gros, comte de Bretagne. Les religieux de Quimperlé, voyant qu'ils ne pouvaient obtenir justice à la cour de ce prince, se pourvurent devant le légat. On envoya des députés de part et d'autre à Angoulême où il tenait alors un concile. Les moines de Redon obtinrent d'abord un délai pendant lequel ils s'emparèrent de Belle-Ile à main armée, puis, à l'expiration du terme, ils refusèrent de répondre, en alléguant une défense du comte de porter les affaires hors de la province. Gérard, indigné de ces supercheries, après avoir entendu leurs adversaires, prononça une sentence par laquelle il leur adjugeait le fonds contesté. Il écrivit six lettres dans la même année pour faire exécuter son jugement. Dom Mabillon et les deux historiens de Bretagne les ont publiées avec la sentence dont nous venons de parler, l'un parmi les preuves de ses *Annales*, et les autres parmi les pièces justificatives de leur *Histoire*. La première de ces lettres, adressée à Conan fait voir sur quel ton les légats le prenaient alors avec les princes souverains. Gérard, après avoir complimenté le comte sur la réputation de justice qu'il s'était acquise, l'exhorte à mériter, par son respect envers l'Eglise, que Dieu continue de protéger ses Etats. Il lui recommande ensuite le monastère de Quimperlé, et il ajoute : « Nous avons appris, avec beaucoup d'étonnement, la défense que vous avez faite à vos sujets de porter leurs causes au tribunal de l'Eglise romaine, défense que aucuns rois ni princes n'ont jamais osé porter, et qui vous convient moins qu'à tout autre, puisqu'il est constant, comme de actes authentiques en font foi, *sicut in scripturis reperitur*, que vos prédécesseurs ont reconnu tenir leur principauté du successeur de saint Pierre. » C'est dommage que Gérard n'allègue pas ces Actes qui établissaient, selon lui, ce que l'on appelait alors la mouvance de la Bretagne envers l'Eglise romaine. Il finit par lui enjoindre de lever incessamment cette défense, et de faire restituer Belle-Ile aux religieux de Quimperlé, sous peine de voir tirer contre lui le glaive du Prince des apôtres.

Les menaces du légat étaient sérieuses; et il eut soin d'en assurer l'effet d'avance, en mandant à l'évêque de Quimper d'excommunier le comte et de mettre ses terres en interdit, si, dans le délai d'un mois, il ne s'était soumis à ses ordres. Même ordre à l'évêque de Vannes par rapport aux moines de Redon, ses diocésains. Gérard écrivit à tous les évêques de Bretagne une lettre par laquelle il les chargeait, chacun respectivement et dans leurs diocèses de déclarer ces rebelles excommuniés. En même temps, par une lettre fort dure, il cita l'abbé de Redon à comparaître au concile qu'il devait célébrer au carême de l'année suivante 1118, dans sa ville épiscopale; et pour lui ôter tout prétexte de s'abstenir, il donna par une autre lettre commission à l'évêque de Vannes, de lui signifier cet ordre dans les formes.

Quant à Conan, la princesse Ermengarde, sa mère, fut tellement effrayée des foudres prêts à tomber sur lui qu'elle n'eut rien de plus pressé que d'écrire au légat pour les prévenir. La lettre qu'elle lui adressa de Fontevrault, où elle était alors retirée, porte en substance que le comte, son fils, en accordant sa protection à l'abbaye de Redon contre celle de Quimperlé, n'a cru rien faire que de conforme aux intentions du Pape et à celles du légat lui-même, qu'il est prêt à réparer, suivant le jugement des évêques de ses Etats, le mal qu'il a pu commettre et qu'il consent même à comparaître devant lui, pourvu que ce soit dans un lieu convenable. En conséquence de ces dispositions, elle le conjure d'accorder à son fils et aux religieux de Redon un délai jusqu'au prochain concile. Toute humble et toute respectueuse que fut cette lettre, elle était moins propre à calmer qu'à aigrir l'esprit du légat. C'était le blesser à l'endroit le plus sensible que de lui donner à entendre qu'on ne souffrirait pas que cette affaire fût évoquée hors de la Bretagne. Telle était en effet la disposition persévérante de Conan. Il écrivit à

Gislebert, archevêque de Tours, pour le prier de venir sur les lieux entendre les parties dans un concile de ses comprovinciaux. L'archevêque s'en défendit sur ce qu'il avait vu des lettres de Rome qui approuvaient la conduite du légat. Ces lettres étaient réelles, le comte lui-même en reçut une de Pascal II qui confirmait ce que Gislebert lui avait mandé. Alors tout fut obligé de ployer; Gérard tint son concile dans le lieu et à l'époque qu'il avait marqués. L'assemblée fut nombreuse; il s'y trouva même des prélats qui n'étaient pas du ressort de sa légation, tels que Gislebert de Paris, Jean d'Orléans, Manassé de Meaux, et Guillaume de Châlons-sur-Marne. Cette assemblée en effet n'était pas convoquée seulement pour une cause particulière, mais pour la réforme générale de l'Eglise de France, comme l'annonce Gérard dans sa lettre à l'évêque de Vannes, mentionnée plus haut. Le comte de Bretagne y fit remettre un acte par lequel il renouvelait la donation faite de Belle-Ile par ses ancêtres à l'abbaye de Quimperlé. L'abbé de Redon, après s'être désisté en personne, se trouva trop heureux d'obtenir son absolution et celle de sa communauté à cette condition.

Le P. de la Mainferme nous a conservé un autre jugement rendu par Gérard dans le même concile, entre les moines de Nanteuil et les religieuses de Fontevrault. Il y maintient celles-ci dans la possession d'un domaine qui faisait la matière du procès. Nous sommes encore redevable au même auteur de la publication de deux pièces qui montrent l'estime et la vénération de Gérard pour la maison de Fontevrault. La première est une lettre circulaire à tous les prélats de son ressort, pour leur recommander les personnes que ces religieuses envoyaient faire la quête. — La seconde est la ratification en termes très-obligeants d'une donation qui leur avait été faite par un nommé Giraud. — Dans le moment qu'il méditait de s'emparer du siège de Bordeaux au nom de l'antipape Anaclet, il fit expédier, en faveur de l'abbaye de Sainte-Croix, deux chartes qui furent conservées longtemps dans les archives de ce monastère. Dans la première, il y fit, dit-il, apposer le sceau de l'Eglise d'Angoulême parce qu'il n'en avait pas encore pour celle de Bordeaux. — Gérard avait aussi consacré sa plume à la défense du schisme. Raimbaud, clerc de Liége, avait écrit à l'occasion de la mort d'un abbé, partisan d'Anaclet, et dans laquelle il s'appliquait à justifier l'obédience de cet antipape. Les religieux de Cluny la déchirèrent sans daigner la lire, et toutes les autres communautés lui firent le même accueil. Raimbaud blâme cette précipitation, car il y avait dans cet écrit de la subtilité, de la force et beaucoup de vraisemblance.

Tels sont les débris des œuvres de Gérard que le temps a épargnées; on a perdu jusqu'au souvenir de presque toutes les autres. Mais il est aisé de se figurer qu'une légation des plus étendues, exercée pendant le cours de vingt-quatre ans, dut le mettre dans la nécessité d'écrire un grand nombre de lettres, de règlements et d'autres actes de cette nature.

GÉRAULD, à qui l'on donne le titre de saint et la qualité de moine de Fleury, ou Saint-Benard sur Loire, est absolument inconnu dans les monuments de cette abbaye. Dom François Chazal qui a écrit l'histoire de cette maison, sur ses propres titres, lorsqu'il en était prieur, ne dit pas un seul mot de ce Gérauld. Cependant il a apporté une attention particulière à recueillir tout ce qu'il pouvait déterrer de curieux sur les hommes de lettres qui sont sortis de ce monastère. Cela n'empêche pas néanmoins qu'un manuscrit de la Bibliothèque nationale, appartenant autrefois à celle de Colbert, et coté sous le numéro 6388, ne nous présente un poëme sous le nom de saint Gérauld, moine de Fleury. Ce poëme, que l'auteur adresse à Erchambauld, archevêque de Tours, célèbre les hauts faits de Walter ou Vautier, qui y est qualifié de roi d'Aquitaine. Erchambauld florissait sur le siége de Tours, quelques années avant la fin du Xe siècle, vers l'an 986. C'est par là qu'on a connaissance du temps où écrivait cet auteur. Nous laissons à ceux qui s'occupent de l'histoire d'Aquitaine le soin d'examiner et d'apprécier son poëme. La notice générale que nous venons d'en donner suffit pour notre dessein.

GÉRAULD (Saint), né à Corbie en Picardie vers l'an 1025, fut consacré au service de Dieu par ses parents dans l'abbaye de Saint-Pierre de la même ville. L'abbé Foulques l'en établit cellerier et le choisit pour l'accompagner dans le voyage qu'il fit à Rome sous le pontificat de Léon IX. Ce Pape les ordonna prêtres tous les deux. Gérauld, à son retour en France, fut choisi pour gouverner l'abbaye de Saint-Vincent de Laon à la place de Reginer, son frère, mais voyant qu'il ne pouvait en ramener les moines au devoir, il abdiqua cette dignité. Elu ensuite abbé de Saint-Médard de Soissons, il préféra la retraite à tous les honneurs, et alla se cacher dans une forêt du diocèse de Bordeaux, où, grâce aux libéralités de Guillaume VIII, duc d'Aquitaine et comte de Poitiers, il fonda le monastère de la Sauve-Majour en 1080. Il y établit une discipline rigoureuse, et étendit son zèle jusque sur les peuples du voisinage, qu'il civilisa et instruisit des maximes de la religion. Dieu l'honora du don des miracles, avant comme après sa mort qui arriva le 5 avril de l'an 1093. Nous avons sa Vie écrite par un moine anonyme dans le tome IXe des *Actes de l'ordre de Saint-Benoît*, avec les éloges que les écrivains contemporains ont faits de son savoir et de ses vertus. Il fut mis au nombre des saints par le Pape Célestin III en 1197.

Vie de saint Adalhard. — Vers l'an 1054, comme il était moine de Saint-Pierre, il retoucha par l'ordre de Foulques, son abbé, la

Vie de saint Adalhard, abbé de Corbie, écrite par Paschase Ratbert. On la trouvait diffuse et chargée d'épisodes et de digressions qui interrompaient à chaque instant le fil de l'histoire. Gérauld lui donna plus de suite et de précision. Les Bollandistes l'ont publiée au 2 de janvier, et dom Mabillon dans le Ve tome des *Actes*. Il paraît qu'il mit depuis la Vie du même saint en vers hexamètres. Nous ne connaissons de lui en vers de cette mesure, d'autres poésies qu'une églogue, dans laquelle il introduit en les personnifiant l'ancienne et la nouvelle Corbie, pour pleurer la mort de leur saint abbé. Dom Mabillon l'a publiée à la suite de la Vie du même saint par Paschase Ratbert. Gérauld composa encore des antiennes et des répons pour l'office de sa fête, et recueillit, comme il était encore jeune, les miracles opérés par son intercession. Il fut engagé à ce travail par un motif de reconnaissance, ayant dû la guérison d'une maladie à l'intercession de saint Adalhard. Cette relation, qui ne contient que huit miracles, se trouve dans Bollandus et dans le tome V des *Actes de l'ordre de Saint-Benoît*. Dom Mabillon, dans ses observations préliminaires sur la vie de saint Gérauld, rapporte le mémoire qu'il fit dresser lors de sa fondation de la Sauve-Majour; les difficultés qu'il eut avec l'abbé de Malaisais, sur le terrain qui lui fut accordé par Ogérius et quelques autres seigneurs; ses statuts en faveur de Sanche, roi d'Aragon et de Guillaume, duc d'Aquitaine, l'un et l'autre bienfaiteurs de la Sauve-Majour. Par le premier statut il est ordonné qu'à la demande du roi Sanche on nourrira à perpétuité un pauvre de ce monastère; le second porte que l'on dira toutes les semaines une messe pour le duc Guillaume, et que chaque jour on donnera aux pauvres une prébende semblable à celle des moines. Il prescrit aussi en détail les prières que l'on doit faire pour les défunts soit du monastère, soit parmi les associés ou bienfaiteurs. Il veut que l'on écrive leurs noms dans le Nécrologe, et que chaque année on en fasse mémoire au jour de leur mort.

GÉRAULD D'ORLÉANS, dont le poëte Baudry nous a laissé l'épitaphe, vivait au milieu du XIe siècle. Suivant l'idée qu'on nous en donne, c'était un docteur éminent, un orateur disert et un grand philosophe. Mais ce qui relevait encore plus son mérite, c'est qu'il joignait à la science une haute vertu qui le faisait regarder comme l'appui du clergé et du peuple, le soutien de l'Église et la ressource assurée des veuves et des orphelins. En un mot, il passait pour la lumière de son époque, et l'Orléanais se faisait gloire de le posséder. Nous n'en parlons que d'après Baudry qui lui donne tous ces éloges dans l'épitaphe dont nous avons déjà dit un mot. Il est vraiment fâcheux qu'on possède si peu de documents sur un homme aussi célèbre. Adelmanne, dans l'écrit qu'il a fait à la gloire des plus illustres disciples de Fulbert de Chartres, y nomme un Girard des bords de la Loire : ce qui pourrait fort bien s'entendre d'Orléans, d'autant plus qu'il n'y a pas grande différence entre *Girardus* et *Geraldus*, et que les anciens auteurs ont souvent confondu ces deux noms; mais ce Gérard, qui portait aussi le surnom de Gilbert, était mort lorsque Adelmanne en faisait l'éloge avant le milieu du XIe siècle. On ne peut donc le confondre avec Géraud qui vécut au moins jusqu'en 1080. On trouve encore un autre Gérard d'Orléans qui a composé en seize vers élégiaques l'épitaphe du prince Hugues, fils du roi Robert, et couronné roi du vivant de son père. Mais si ce poëte est le même que Gérauld dont il est ici question, il faut dire, ou qu'il composa cette épitaphe étant encore bien jeune, ou qu'il ne l'écrivit que longtemps après la mort de son héros, qui arriva en 1024 selon la *Petite chronique de Saint-Denis*, ou plus vraisemblablement, selon d'autres, en 1028. Du reste, on retrouve grand nombre d'épitaphes composées ainsi après coup. Celle-ci n'a presque rien qui la distingue des autres poésies du même siècle, sinon qu'elle retrace assez bien les principaux traits du caractère du prince. Elle nous apprend que les Romains avaient formé le dessein de le choisir pour leur roi sans doute en 1024, à la mort de l'empereur saint Henri. Cette épitaphe se trouve dans le recueil d'André Duchesne et parmi les preuves de l'*Histoire des comtes de Poitiers*.

GÉRAULD, premier historien de saint Robert, fondateur et abbé de la Chaise-Dieu, dans les montagnes d'Auvergne, et mort en 1067, est nommé aussi GÉRAULD DE LA VENNE, du lieu de sa naissance, situé près de Buillon, au même pays. Il avait été disciple et chapelain du saint abbé et se trouvait par là même mieux instruit que personne de chacune de ses actions. Aussi, de l'aveu de tous ceux qui avaient lu son ouvrage, avait-il parfaitement réussi à rapporter les choses comme elles s'étaient passées. Il l'avait divisé en deux livres, suivant la méthode du temps : le premier était consacré à rapporter l'histoire de la vie du saint, et le second contenait la relation de ses miracles. L'ouvrage fini, l'auteur le porta lui-même à Rome et le présenta au Pape Alexandre, qui, après l'avoir fait lire en plein consistoire, ordonna que la fête du saint abbé serait célébrée dans la suite comme celle d'un confesseur. Géraud, de retour en France, fit convoquer une assemblée générale de tous les moines de la dépendance de la Chaise-Dieu. Le décret de Rome y fut notifié, et on décida qu'on s'y conformerait dans toutes les maisons de la congrégation. Ceci se passa comme on voit, aussitôt après la mort de Robert, puisque, dès le 22 avril 1073, Grégoire VII avait succédé à Alexandre II. Ce que l'on possède de l'ouvrage de Gérauld se réduit à ces préliminaires; ce qui a causé sa perte, c'est le service que Marbode, alors archidiacre d'Angers, et bientôt après évêque de Rennes, entreprit de lui rendre, à la prière de l'abbé et des moines de la Chaise-Dieu. On convenait que l'ouvrage était écrit avec fidélité, mais on en trouvait le style embarrassé et diffus. Marbode ne fit donc, comme il le déclare lui-même, que le mettre dans un style plus clair, plus châtié, plus concis ; de sorte qu'on peut dire que l'ouvrage de Gérauld subsiste encore, au moins pour le fonds, dans celui de Marbode qui est venu jusqu'à nous, et dont nous rendrons compte en son lieu.

GÉRAULD ou GÉRAULD DE VILLACÈSES, abbé de Saint-Augustin de Limoges, reçut en son temps le titre de *grammairien* à cause de son grand savoir. Il embrassa d'abord la profession monastique à Saint-Martial, où il fut instruit sur les belles-lettres et la science ecclésiastique, autant qu'on pouvait l'être de son temps. Après avoir rempli la dignité de prévôt de Saint-Valery, il fut élevé à celle d'abbé de Saint-Augustin dans sa ville épiscopale. On croit qu'il en remplissait les fonctions au moins dès l'année 1095 et qu'il fut le successeur immédiat d'Adalbert. Son gouvernement fut avantageux pour sa maison dont il augmenta singulièrement les dépendances. Il eut soin aussi de fournir à l'église d'ornements précieux et de la bibliothèque d'excellents livres. Le corps de Gui de Loron, évêque diocésain, ayant été inhumé dans sa cathédrale, contre la coutume qui ne permettait pas encore d'enterrer dans l'enceinte de la ville, Gérauld, du consentement, et même, autant qu'on en peut juger, en présence de Guillaume, duc d'Aquitaine, le fit enlever et l'inhuma dans son église avec une grande pompe religieuse. Sa réputation paraît avoir souffert des grands et fâcheux débats qu'il eut avec Adémar, abbé de Saint-Martial. Il fut frappé de la lèpre sur la fin de ses jours et mourut en juillet 1104. Il fut inhumé dans son église à la tête de l'évêque Gui de Loron.

SES ÉCRITS. — Comme il n'était encore que simple moine, Gérauld composa douze répons pour l'office de Saint-Martial ; et on les chantait encore sur la fin du siècle dernier. Le premier de ces répons commençait par ces mots : *Læta dies nobis*. Il eut aussi la principale part de deux hymnes à la louange de sainte Valérie, honorée d'un culte particulier à Limoges. Il les avait composées de concert avec Pierre Petit, un des moines ses confrères. C'est là tout ce que Geoffroi, prieur du Vigeois, auteur du même siècle, nous apprend des écrits de l'abbé Géraud. Collin ajoute qu'il fit une prose en l'honneur de sainte Flavie et qu'il se plaisait à composer des hymnes. Pour établir ce dernier fait, il produit les premiers mots du répons de l'office de Saint-Martial, preuve évidente que cet auteur a confondu. Geoffroi du Vigeois copie également, mais à coup sûr et le manuscrit sous les yeux, les premiers mots des deux hymnes, en l'honneur de sainte Valérie. L'une commence ainsi : *Festiva lux*, et la seconde : *Jucundis pondere mentibus*.

GÉRÉMAR, moine de Saint-Bertin, sur la fin du XIe siècle, se mêlait aussi de versification, mais sans y réussir mieux que la plupart des poètes de cette époque. On en juge ainsi par une de ses pièces qui est venue jusqu'à nous. C'est l'épitaphe de saint Arnoul, évêque de Soissons, mort en 1087, un peu plus de trois semaines avant Guillaume le Conquérant. Cette pièce se compose de dix-huit vers élégiaques, rimés à l'hémistiche et à la fin. Du reste, c'est une composition plate et rampante, qui tire tout son mérite des traits historiques qu'elle renferme. Cependant Hariulphe, abbé d'Oldenbourg, n'a pas laissé de la faire entrer dans la Vie du saint prélat, qu'il composa quelques années après sa mort. Nous ne lisons nulle part que Gérémar ait laissé d'autres productions de sa muse.

GERLAND, nommé quelquefois aussi GARLAND et JARLAND, était originaire de la Lorraine. L'histoire ne dit pas où il fit ses études, mais ses progrès dans les sciences donnent à penser qu'il étudia sous de bons maîtres. Dans un séjour qu'il fit à Besançon, il y fut pourvu d'un canonicat, et exerça pendant plusieurs années les fonctions d'écolâtre dans l'église collégiale de Saint-Paul, dont il devint le premier prieur régulier, après la réforme introduite dans ce chapitre, en 1131. Fier de la réputation qu'il s'était acquise dans l'enseignement de la littérature et des arts libéraux, il se mêla aussi de théologie, mais avec moins de bonheur. Il tomba dans les erreurs de Bérenger, qu'il continua d'enseigner, même après la condamnation de cet hérésiarque, malgré les efforts de Hugues Métellus, son ami, pour le ramener. Toutefois, les ténèbres n'obscurcirent pas longtemps son intelligence ; il ouvrit les yeux à la lumière, et se rétracta avant que ses erreurs eussent produit une sensation durable. Tous les anciens historiens qui ont parlé de lui semblent avoir oublié cette tache, pour ne faire mention que de son mérite ; mais aucun d'eux ne nous apprend, comme semble l'avancer dom Rivet, que notre Gerland soit le même qui fut évêque de Girgenti en Sicile, et mourut au commencement du XIe siècle. Nous n'avons rien qui nous aide à fixer la mort du prieur de Saint-Paul ; mais ce qu'il y a de certain, c'est qu'il ne se rencontre plus dans l'histoire après l'an 1148.

SES ÉCRITS. — Son ouvrage le plus important, et le seul qui ait encore vu le jour, est celui qui est intitulé dans plusieurs manuscrits : *Candela studii salutaris*, et dans d'autres : *Candela juris pontificii*. La ressemblance des titres l'a fait confondre avec la *Candela evangelica*, publiée par Jean Juste, chartreux, in-8°, Cologne 1527. Dom Martène en a publié le prologue dans le premier volume de son *Thesaurus Anecdotorum*. L'auteur s'intitule : *Jarlandus Chrysopolitanus, sancti Pauli scholarum præceptor et canonicus*. Il déclare avoir tiré son ouvrage des écrits des docteurs, et principalement de saint Ambroise, de saint Jérôme et de saint Augustin. Ce n'est en effet qu'une compilation des textes des auteurs ecclésiastiques, distribuée suivant l'ordre des matières. Il y traite de Dieu, de la Trinité, de l'Incarnation, du

Verbe, des anges, de la création de l'homme, de sa nature, de son excellence originelle, de sa chute, de sa réparation, de l'Eglise, de la primauté de saint Pierre, de l'élection du Pape, de celle des évêques, de leur dignité, du pallium, de l'anneau, du bâton pastoral, des légats du Saint-Siége, des chorévêques, des clercs, des moines, des laïques, des empêchements pour les ordres, des cas dirimants du mariage, de la liturgie et des offices divins ; en un mot, c'est un abrégé de théologie, de jurisprudence canonique, et de science liturgique dans lequel l'auteur cite souvent les fausses Décrétales, emploie quelquefois des écrits supposés des Pères, et insiste beaucoup sur les raisons mystiques des cérémonies de l'Eglise. Du reste la doctrine en est saine et conforme à l'enseignement de l'Eglise.

Comput ecclésiastique. — Le second écrit de Gerland est son *Traité du Comput ecclésiastique* intitulé dans les manuscrits, tantôt *Computus*, tantôt *Abacus*, et quelquefois *Tabula Gerlandi*. Bède est l'auteur qui lui a servi pour la composition de cet ouvrage. Cependant il ne craint pas de relever de temps en temps les erreurs de Bède, de l'Anglais Hilpéric, et même de Denis le Petit. Voici comme il s'exprime dans la courte préface qu'il a mise en tête de ce traité : « Après avoir examiné à plusieurs reprises les volumes de Bède sur la science du calcul, et découvert qu'ils différaient en plusieurs points de la tradition des docteurs de notre temps, plein de confiance en l'assistance divine que j'ai souvent implorée pour mon dessein, j'ai tiré de l'ouvrage de ce grand homme les choses qui m'ont paru les plus utiles ; j'en ai fait un recueil, et je les ai jointes à d'autres, puisées à différentes sources. » La méthode suivie par Gerland dans ce traité ne fit pas fortune; un anonyme qui travailla sur le même sujet, peu de temps après lui, le blâme hautement dans son prologue, et déclare qu'il ne s'y conformera pas, attendu qu'elle est pleine d'embarras et d'obscurités. Il est remarquable que Gerland, comme tous les autres computistes de son temps, n'emploie que des chiffres grecs et romains, quoique les chiffres arabes fussent connus en France depuis plus d'un siècle.

Enfin, un troisième ouvrage attribué à Gerland est une *Dialectique*. Elle existe encore dans une de nos bibliothèques, sous ce titre : *Incipiunt regulæ magistri Gerlandi de Dialectica*. L'ouvrage est divisé en cinq livres et commence par ces mots : *Cum prolixitas et difficultas logicæ disciplinæ*, etc. Un des auteurs de la *Biographie universelle* pense que ces deux derniers ouvrages appartiennent à Jean de Garland.

GERLAND, chanoine régulier de l'église de Saint-Paul, à Besançon, et professeur de théologie, composa, vers le milieu du xii° siècle, un traité dogmatique et moral divisé en vingt-six articles, et qu'il intitula : *Chandelle évangélique*, parce qu'il prétendait chasser de l'esprit toutes les ténèbres qui l'obscurcissaient, et l'éclairer des vérités de la religion. Gerland avait puisé ses connaissances dans les livres saints, dans les décrets des Papes et dans les écrits des saints Pères, surtout de saint Ambroise, de saint Jérôme, de saint Augustin et de saint Grégoire. Nous n'avons que le prologue de cet ouvrage dans le premier tome des *Anecdotes* de dom Martène. Le tout se trouve parmi les manuscrits enlevés à l'ancienne abbaye de Saint-Victor.

GERMAIN (Saint), évêque d'Auxerre, naquit en cette ville, d'une famille illustre, plusieurs années avant la fin du iv° siècle. Dès son enfance, il fut élevé dans l'étude, où son application, jointe à la facilité de son génie, lui firent faire de grands progrès. Au sortir des écoles des Gaules, il alla à Rome étudier le droit civil et se former à l'éloquence. Il se mit ensuite à plaider, et il le fit avec succès devant les préfets du prétoire, dans des causes importantes. C'est ainsi, remarque l'auteur de sa Vie, que, par un dessein secret de Dieu, Germain se préparait, sans le savoir, à remplir un jour les fonctions d'un apôtre. L'éloquence à laquelle il s'exerçait dans le barreau le disposait à la prédication de la parole sacrée, comme la science du droit développait en lui le zèle et l'amour de la justice. Un mariage honorable qu'il contracta vers le même temps avec une femme d'une haute naissance et d'une grande régularité de mœurs, le porta avantageusement à la cour de l'empereur Honorius, où son mérite ne tarda pas à être connu. Ce prince lui confia le gouvernement de la ville d'Auxerre, avec la charge de duc ou général des troupes de plusieurs provinces. Germain était chrétien; mais, jeune encore, il avait les goûts de son âge, et se montrait surtout passionné pour la chasse, où il se piquait d'habileté. Il aimait à en étaler les preuves, et faisait suspendre à un grand arbre, sur la place publique, les têtes des bêtes qu'il avait tuées. Cette coutume ayant quelques rapports avec certaines superstitions païennes, saint Amator, évêque d'Auxerre, lui fit représenter qu'il convenait à un chrétien de s'en abstenir. Germain n'en tint compte; mais un jour qu'il était absent, le saint prélat fit abattre l'arbre, et disperser loin de la ville ces trophées d'une puérile vanité. Germain, irrité de cette audace, s'oublia jusqu'à menacer l'évêque de sa vengeance; mais Dieu en disposa autrement. Le saint vieillard Amator, à qui Dieu avait révélé sa mort prochaine, et sous des dehors dissipés découvert en Germain des qualités propres à faire un grand évêque, convoqua dans son église une assemblée de fidèles. Germain s'y étant trouvé, l'évêque le saisit, lui donna la tonsure cléricale, et le revêtit de l'habit ecclésiastique, sans lui laisser le temps de se reconnaître, le prévenant qu'il devait lui succéder. En effet, Amator étant mort le 1ᵉʳ mai 418, le clergé, la noblesse et le peuple n'eurent qu'une voix pour proclamer Germain son successeur. Dès lors tout changea en lui. Il foula aux pieds les pompes du siècle, il distribua ses biens aux pauvres pour embrasser la pauvreté, sa femme devint sa sœur. Tout le cours de son épiscopat, qui dura assez longtemps, ne fut qu'une suite continuelle d'austérités, qui seraient incroyables si elles n'étaient indubitablement attestées. Ce ne fut qu'un enchaînement d'actes d'une vertu héroïque, soutenue d'une foi vive, et accompagnés du don non interrompu des miracles. Les pélagiens, quoique condamnés par l'Eglise, en 418, ne se rendirent point à son jugement. Quelques-uns d'entre eux allèrent inutilement chercher des protecteurs en Orient; d'autres retournèrent dans la Grande-Bretagne, d'où ils étaient sortis, et y corrompirent les peuples par leur pernicieuse doctrine. En peu de temps, presque toute cette grande île fut infectée de l'erreur. Les catholiques, alarmés, envoyèrent des députés au Pape Célestin et aux évêques des Gaules, pour leur représenter le péril où ils étaient, et la nécessité de venir promptement au secours de la foi orthodoxe. Ceux-ci tinrent une grande assemblée en 428 ou 429, et, d'un commun avis, on pria Germain avec saint Loup, évêque de Troyes, doués tous deux de la vertu apostolique, de se charger de cette importante mission. Plus elle paraissait pénible, plus nos deux saints héros s'empressèrent de l'accepter. Ils partirent aussitôt, et, à leur arrivée dans l'île, ils commencèrent à prêcher, d'abord dans les églises, puis en pleine campagne, à cause de la foule qui accourait à leurs prédications. On remarquait en eux une autorité vraiment apostolique, un savoir éminent, une puissance qui supposait de grands mérites, et un talent particulier pour établir la vérité qu'ils annonçaient. Les catholiques s'affermirent dans la foi; ceux qui avaient été séduits reconnurent leur erreur et l'abjurèrent, et presque tous les Bretons embrassèrent la vérité. Il ne restait plus que les chefs de l'erreur, qui se tenaient cachés sans oser paraître. Enfin la honte les tira de leur retraite. Ils résolurent de hasarder une conférence publique en présence de tout le peuple, qu'ils acceptaient comme témoin et comme juge. On convint du lieu, et, au jour marqué, ils s'y rendirent avec beaucoup de faste et d'ostentation; mais, accablés sous les textes de l'Ecriture, et pressés par la force des raisonnements de nos deux saints apôtres, ils eurent la honte de se voir confondus publiquement, et surent s'estimer heureux d'échapper à l'indignation du peuple. Vainqueurs de l'hérésie, saint Germain et saint Loup revinrent en France, avec la consolation d'avoir délivré la Grande-Bretagne de cette plaie. Elle y reparut néanmoins dix-sept ou dix-huit ans après; Germain y retourna avec saint Sévère, évêque de Troyes; et, pour cette fois, l'hérésie pélagienne y fut complétement extirpée. Pour en empêcher le retour, Germain établit dans la Grande-Bretagne des écoles qui en bannirent l'ignorance, et qui devinrent célèbres dans la suite. A peine était-il revenu à Auxerre, que les Armoriques le firent prier d'employer en leur faveur sa médiation auprès d'Evaric, envoyé par Aétius pour les châtier d'une rébellion qu'on leur imputait. Le saint évêque, qui ne savait point donner de bornes à sa charité, entreprit de s'opposer seul à ce roi barbare. Il alla à sa rencontre, et l'arrêta avec une liberté qui lui inspira du respect et de l'admiration; mais cette affaire ne pouvait se terminer sans l'aveu de l'empereur; Germain se rendit à Ravenne, où était la cour, et fut reçu avec beaucoup d'honneur par Placidie, mère du jeune Valentinien III. Cette œuvre de charité fut la dernière du saint évêque; il mourut dans cette ville le 31 juillet 448, après trente ans d'épiscopat. Il est aisé de juger, par le détail de sa vie, que ce n'est point lui qui alla à Rome, en 405, avec le diacre Cassien, pour la défense de saint Chrysostome, comme Simler l'a soupçonné. On peut assurer également, malgré plusieurs affirmations contraires, que ce n'est pas saint Germain non plus qui fit revenir le prêtre Léparius de ses erreurs. Mais nous ne devons pas oublier de marquer ici que l'illustre patronne de Paris, sainte Geneviève, se glorifiait d'avoir eu saint Germain pour maître. Il est certain qu'en passant par Nanterre pour aller dans la Grande-Bretagne, il remarqua la jeune Geneviève, la bénit, et, prévoyant ce qu'elle serait un jour, lui donna les premières instructions pour vivre en vierge chrétienne; et qu'une autre fois, dans une seconde visite qu'il lui rendit, il dissipa, par sa présence, l'effet de certains discours fâcheux que des gens mal intentionnés tenaient sur sa vertu. C'est à juste titre aussi que l'on peut mettre saint Patrice, l'apôtre de l'Irlande, au nombre des disciples de saint Germain, puisqu'à deux reprises différentes il passa auprès de lui plus de trois ans, et en apprit les connaissances les plus nécessaires à l'exercice du saint ministère. Saint Hilaire d'Arles avait pour saint Germain un respect particulier et l'honorait comme un apôtre. Il l'avait connu à Arles, où le saint avait fait un voyage, pendant lequel ils reçurent conjointement les plaintes sur lesquelles Quélidoine, évêque de Besançon, fut déposé en 444.

SES ÉCRITS. — Il est probable qu'un évêque, aussi instruit que l'était saint Germain, n'est point mort sans avoir laissé quelques écrits; aucun n'est parvenu jusqu'à nous. Cependant, les Bénédictins, qui ont donné l'édition des OEuvres de saint Ambroise, ont pensé qu'on devait peut-être attribuer au saint évêque d'Auxerre un ouvrage intitulé : *Liber sancti Ambrosii in laude sanctorum compositus*, conservé dans la bibliothèque de Saint-Gall, et dont le manuscrit aurait aujourd'hui plus de onze cents ans. Dom Mabillon s'en était procuré une copie pour l'insérer dans l'édition de saint Ambroise; mais les savants éditeurs ont reconnu bien vite que cet ouvrage ne pouvait être du saint évêque de Milan; et la mention d'un voyage en Angleterre ayant un rapport frappant avec celui qu'y fit saint Germain d'Auxerre, leur a fait penser qu'il pouvait en être l'auteur. On a encore la messe qui se disait autrefois, selon la liturgie gallicane, le jour de la fête de saint Germain. On dit que les Actes qui contiennent l'histoire de la mission qu'il fit avec saint Loup dans la Grande-Bretagne sont encore aujourd'hui la propriété d'une bibliothèque particulière; si ces Actes existent réellement, la présomption doit nous les faire regarder comme l'œuvre de saint Germain; dans ce cas-là, nous ne saurions faire de compliments au trop discret détenteur.

GERMAIN (Saint), évêque de Paris, et l'un des plus célèbres prélats du vi⁰ siècle, naquit au territoire d'Autun, de parents nobles et distingués. Son père se nommait Eleuthère et sa mère Eusébie. Après avoir fait ses études dans la petite ville d'Avallon, il se retira à Luzy, près d'un parent nommé Scopilion, qui s'appliqua à perfectionner son éducation et à le former aux bonnes mœurs. Il y passa environ quinze ans, au bout desquels Agrippin, évêque d'Autun, charmé de son savoir et de sa bonne conduite, lui donna le diaconat en 533, et, trois ans après, l'éleva au sacerdoce. Nectaire, successeur d'Agrippin, l'établit ensuite abbé de Saint-Symphorien, monastère situé dans un des faubourgs de sa ville épiscopale, et le mena avec lui, en 549, au cinquième concile d'Orléans. Une affaire ayant conduit Germain à Paris, en 554, et le siège épiscopal de cette ville étant alors vacant par la mort de Libanius, comme l'affirme Moréri, ou par la mort d'Eusèbe, suivant le témoignage de la *Biographie universelle*, Germain fut élu pour lui succéder. Cette nouvelle dignité ne lui fit rien changer à sa manière de vivre. Il fut aussi simple, aussi détaché du monde qu'auparavant, et il ne semble avoir été élevé aux plus hauts honneurs que pour joindre les vertus épiscopales à l'humilité et aux austérités monastiques. Childebert, régnait alors à Paris : Germain sut s'en faire estimer, et gagna sa confiance. Bientôt l'exemple de l'évêque influa sur le prince, dont les mœurs devinrent plus chrétiennes; les pauvres furent soulagés par d'abondantes aumônes; de pieux établissements s'élevèrent et des églises furent bâties. On compte, parmi celles-ci, l'église de Sainte-Croix, sous l'invocation de saint Vincent, aujourd'hui Saint-Germain des Prés. Ce fut Germain qui en fit la dédicace; il y joignit un monastère qu'il dota, et qu'il exempta de toute juridiction. Le pieux évêque avait conservé des rapports avec sainte Radegonde; il fit exprès le voyage de Poitiers pour la visiter, et ce fut lui qui institua Agnès abbesse du monastère que cette reine avait fondé. Germain assista à divers conciles tenus de son temps : au troisième de Paris, en 557; au second de Tours, en 564; au quatrième de Paris, en 573. Dans tous il parut avec éclat et eut la plus grande part aux sages règlements qui furent dressés dans ces assemblées. Childebert était mort en 558, et, après lui, de honteuses amours, l'inceste, l'adultère, des répudiations scandaleuses, n'étaient devenus que trop communs dans la famille royale. Charibert avait renvoyé sa femme légitime pour épouser Miroflée, fille d'un ouvrier en laine, et l'avait bientôt remplacée par Marcovèse, sa sœur, quoique celle-ci eût pris le voile et se fût consacrée à Dieu. Germain s'éleva contre ces unions criminelles. Il avertit le prince de se corriger, et, n'en ayant point obtenu de satisfaction, il n'hésita point à le retrancher de la communion de l'Église, lui et sa complice. Aussi soigneux de conserver la paix entre les princes que de réprimer leurs désordres, il ne négligea rien pour réconcilier Chilpéric et Sigebert, prêts à en venir aux mains, et écrivit à Brunehaut pour qu'elle ménageât un accommodement entre les deux frères. Ce grand évêque mourut le 21 mai de l'an 576, jour où l'Église célèbre sa fête. Il était âgé de quatre-vingts ans, et fut enterré dans l'église de Saint-Vincent. Chilpéric, au témoignage d'Aimoin, lui composa une épitaphe honorable que cet écrivain a conservée. Saint Germain est regardé comme un des évêques qui ont le plus honoré le siége de Paris et l'Église de France. Fortunat, qui avait connu particulièrement ce saint pontife avant de devenir lui-même évêque de Poitiers, écrivit sa Vie peu de temps après sa mort. Il eut pour principaux disciples saint Doctrovée, qu'il établit premier abbé du monastère de Sainte-Croix, qui prit plus tard le nom de Saint Germain des Prés, et saint Bertran, évêque du Mans, qui se félicite, dans un de ses écrits, d'avoir reçu de lui, ou plutôt puisé dans ses leçons et dans ses exemples, les plus pures notions de la science et de la vertu.

Liturgie. — Un des principaux ouvrages de saint Germain est une explication de l'ancienne liturgie gallicane; du moins dom Martène et dom Durand, qui l'ont publiée sur un ancien manuscrit de l'abbaye de Saint-Martin d'Autun, la lui attribuent. Ce saint, en effet, ayant été moine, puis abbé de Saint-Symphorien dans la même ville, il est assez naturel que ses écrits soient restés en vénération dans ce monastère, et qu'on ait pris soin de les conserver à la postérité. Celui dont nous allons rendre compte porte avec lui beaucoup de marques qui attestent son antiquité, et l'on ne peut guère douter qu'il ne soit antérieur à la fin du vi⁰ siècle. Malgré quelques défauts qui appartiennent plutôt à son époque qu'à l'auteur, cet ouvrage a du prix à cause des détails curieux qu'il donne sur notre ancienne liturgie. Il est divisé en deux parties.

La première contient une description de la messe solennelle, et l'auteur explique dans un sens habituellement mystique chacune des cérémonies qui s'y rattachent. Il fait observer d'abord l'objet qu'on s'y propose. C'est d'honorer la mort de Jésus-Christ, en l'offrant pour le salut des vivants et pour le repos des morts. Il entre ensuite dans le détail et explique chaque partie du sacrifice. On le commençait par une antienne que nous appelons encore aujourd'hui *Introït*. Pendant que le chœur la chantait, le célébrant, personnification de Jésus-Christ, sortait de la sacristie et montait à l'autel, où, après que le diacre avait fait faire silence, il lisait la préface au peuple, pour l'avertir de se préparer à la consommation des mystères. Après quoi il saluait l'assistance, comme on le fait encore aujourd'hui. Ici, il n'est point parlé de collecte; mais on voit, par quelques sermons de saint Césaire d'Arles, que l'évêque la chantait, tous les assistants étant à genoux. Suivait le *Sanctus* que le chœur chantait en grec et en latin, pour marquer l'union des deux Testaments; on y répondait *Amen*, pour joindre la langue hébraïque aux deux autres. Puis trois enfants chantaient le *Kyrie eleison*, à quoi le chœur ajoutait le cantique de Zacharie : *Benedictus Dominus Deus Israel*. Cela fait, on lisait quelque chose des Prophètes et des Épîtres de saint Paul successivement. Au lieu de cette dernière leçon, on lisait quelques passages des *Actes des apôtres* ou de l'*Apocalypse* au temps de Pâques, et les *Actes des martyrs* aux jours de leur fête. Ces leçons étaient suivies du *Cantique des trois jeunes Hébreux*, chanté par des enfants. Pendant que le diacre, précédé de sept chandeliers avec leurs cierges qui marquaient les sept dons du Saint-Esprit, allait à l'ambon pour lire l'Évangile, le clergé chantait encore le *Trisagion* en grec. On répondait aux premières paroles de l'Évangile, *Gloria tibi, Domine*, comme cela se pratique encore. L'Évangile fini, et pendant que le diacre retournait à l'autel, le clergé répétait le *Trisagion* en latin. Alors l'évêque, ou quelque prêtre de son choix, faisait au peuple une homélie sur ce qu'on avait lu, soit de l'Évangile, soit des autres parties de l'Ancien et du Nouveau Testament. Il avait soin de mesurer son discours de manière à se tenir à la portée des intelligences les plus incultes, sans choquer cependant le goût des savants. Si pour cause d'indisposition ou par défaut du don de la parole, l'évêque ne pouvait prêcher par lui-même, ni se faire suppléer par un autre, il faisait lire quelque homélie sur le même sujet.

Ensuite les diacres récitaient sur les catéchumènes les prières accoutumées, pendant lesquelles le célébrant restait prosterné devant l'autel. Après quoi les portiers faisaient sortir de l'église tous ceux qui, n'ayant pas reçu le baptême, n'étaient point initiés aux mystères. On recommandait de nouveau le silence aux fidèles qui restaient, puis on allait chercher la sainte Eucharistie consacrée le jour d'auparavant. On la portait ordinairement à l'autel dans un vase en forme de tour; et on présentait en même temps les oblations du pain et du vin qu'on devait consacrer. Cependant le chœur chantait une antienne qui revenait à notre offertoire. On mêlait de l'eau avec le vin, tant pour marquer l'union du peuple avec Jésus-Christ, que pour honorer l'eau qui sortit du côté du Sauveur sur la croix. La consécration se pratiquait comme elle se pratique encore aujourd'hui, et lorsqu'elle était finie, on chantait l'*Alleluia* qu'on répétait jusqu'à trois fois pour marquer les temps avant la loi, sous la loi et sous la grâce. On récitait les dyptiques, c'est-à-dire les noms des fidèles défunts; on se donnait le baiser de paix, puis, après avoir averti les assistants d'élever leur cœur à Dieu, le célébrant rompait et mêlait la sainte Eucharistie, pendant que le clergé chantait une antienne. Il récitait ensuite l'oraison dominicale, donnait la bénédiction au peuple, et lui distribuait enfin l'Eucharistie. Pendant cette distribution, le chœur chantait le *Trecanum*, pour exprimer sa foi sur la Trinité. Il y a beaucoup d'apparence que ce *Trecanum* n'était autre chose que le *symbole des apôtres*, auquel on substitua depuis celui de Constantinople. — Dans cette première partie, on trouve des preuves bien marquées de la transsubstantiation du pain et du vin au corps et au sang de Jésus-Christ, et de sa présence réelle au sacrement de l'autel. L'auteur remarque, en passant, que saint Matthieu fut le premier qui écrivit l'Évangile, et qu'il l'écrivit en Judée et en hébreu. Les autres livres du Nouveau Testament furent écrits en grec, et il prétend que ce fut en cette langue que les apôtres annoncèrent la foi dans le monde. Nous ne pourrions répondre jusqu'à quel point cette opinion peut se soutenir.

Dans la seconde partie, saint Germain donne l'explication et indique l'origine des antiennes, des répons et des cantiques que l'on récitait aux offices de l'Église. Il remarque qu'en carême on ne chantait point les cantiques *Benedictus* et *Benedicite omnia opera Domini*, non plus que l'*Alleluia*, et que le baptistère demeurait fermé. Il traite aussi des ornements à l'usage des ministres et des rites usités dans l'administration des sacrements. L'antienne est ainsi appelée parce qu'on la dit avant le psaume qu'elle annonce; c'est pourquoi l'antienne était ordinairement un verset tiré du psaume même; on le terminait toujours par la glorification de la sainte Trinité. Le répons tire son origine du cantique que Marie, sœur de Moïse, chanta après le passage de la mer Rouge. Marie commençait et le peuple répondait. Le *Sanctus* ou *Trisagion* se chantait en tout temps, même en carême. Il entrait du baume dans la consécration du saint chrême; c'était une espèce de résine qui coulait d'un arbre nommé lentisque par l'incision de son écorce. On croyait que c'était de ce bois que les Juifs avaient formé la partie de la croix où les mains du Sauveur furent attachées avec des clous. En parlant du baptême, il décrit avec assez de détails les cérémonies qu'on observait en donnant le symbole aux compétents. C'était l'usage de couvrir de rouge le livre des Évangiles, comme figure du sang de Jésus-Christ. Dès le milieu de la nuit de Pâques, on reprenait tous les cantiques de joie que l'on avait supprimés pendant le carême, et tout le peuple fidèle mangeait l'agneau, c'est-à-dire la chair et le sang de Jésus-Christ. Il paraît que pendant le temps pascal, le voile qui couvrait la tour où l'on réservait l'Eucharistie était chargé de sonnettes, comme autrefois la tunique du grand prêtre. L'évêque ne se servait que de vêtements blancs dans l'administration du baptême et dans la solennité de Pâques. Le pallium ou rational enveloppait son cou et descendait sur sa poitrine. Les aubes à l'usage des diacres devaient aussi être blanches, en signe de la pureté intérieure. Ils mettaient par-dessus une étole. L'évêque et les prêtres portaient une chasuble et un manipule. Ils ceignaient leurs aubes avec un cordon blanc; mais les diacres portaient la leur flottante et suspendue. Enfin il termine la liturgie par des explications mystiques des divers ornements qui servaient au ministère de l'autel.

Cet écrit de saint Germain suffirait seul pour détruire l'opinion de ceux qui prétendent que l'ancienne liturgie gallicane a été prise de la liturgie mosarabique, en usage parmi les Goths d'Espagne. Cette dernière, en effet, est postérieure à l'autre, puisqu'on en rapporte l'origine à saint Isidore de Séville, qui ne florissait qu'après les temps de saint Germain de Paris. Du reste, on trouve beaucoup de conformité entre la liturgie dont on vient de donner une idée, et celle dont saint Grégoire de Tours nous a laissé plusieurs traits répandus dans ses œuvres.

Lettre à Brunehaut. — Nous avons dit plus haut, dans la biographie du saint évêque, à quelle occasion cette lettre fut écrite. Le royaume était en péril, et Sigebert, pour se défendre contre les forces de son frère Chilpéric, avait appelé au secours les barbares d'au-delà du Rhin. La circonstance était pressante; saint Germain, qui connaissait le pouvoir que Brunehaut exerçait sur l'esprit de son mari, et qui savait d'ailleurs que la haine qu'elle portait à Frédégonde, femme de Chilpéric, avait été le grand mobile de cette guerre, entreprit de lui écrire pour l'engager à la faire cesser. Il fit porter sa lettre par un de ses ecclésiastiques nommé Gondulfe. Le saint évêque y décrit, en des termes très-touchants, les misères du royaume déchiré par une guerre civile, dont les ravages portent surtout la désolation dans les environs de Paris. Il ne lui dissimule point que l'opinion publique l'accusait d'avoir provoqué cette guerre en excitant son mari à l'entreprendre; mais, quoiqu'il eût peine à le croire et qu'il trouvât plus simple de l'attribuer aux péchés des princes, il pensait cependant qu'il importait à son honneur de reine de détromper l'opinion à cet égard, en portant efficacement le roi à se réconcilier avec son frère. Il insinue qu'il en avait touché quelque chose à ces deux princes, mais sans avoir pu obtenir aucun rapprochement, parce qu'ils s'accusaient mutuellement de toutes ces divisions. Il veut que ce soit à elle que le peuple soit redevable de la paix, et pour l'engager à la procurer, il lui représente, d'un côté, combien elle y est intéressée pour elle-même et pour ses enfants, puisqu'une longue guerre est aussi funeste à l'Etat qu'à ceux qui le gouvernent; et de l'autre, combien est honteuse la victoire remportée sur un frère, puisqu'elle est nécessairement suivie de la ruine de leur propre maison et de l'héritage que leurs parents leur ont laissé et qu'ils auraient dû transmettre à leurs enfants. Caïn, pour avoir tué son frère Abel, transmit à ses enfants une malédiction qui les poursuit encore; les frères de Joseph, pour l'avoir vendu par jalousie, devinrent ses esclaves; Absalon, pour avoir tué son frère et tenté de ravir le royaume à son père David, fut mis à mort. Il conjure Brunehaut de travailler comme Esther au salut du peuple, afin de mériter comme elle l'honneur de l'avoir sauvé; il la presse et la supplie de faire à sa lettre une réponse qui remette la joie dans son cœur. Le saint évêque avait chargé Gondulfe d'adresser encore à la reine quelques autres représentations, mais toutes ses démarches furent inutiles. Sigebert ne voulut rien écouter. Il vint à Paris avec sa femme et ses enfants. Comme il se disposait à en partir pour aller assiéger Chilpéric dans Tournai, et le faire mourir avec toute sa famille, saint Germain, à qui il ne dissimula pas même ses intentions, lui dit : « Seigneur, Dieu est un grand maître qui ne peut approuver ces haines et ces vengeances. Si, outre la victoire que vous désirez, vous avez encore l'intention de répandre le sang de votre frère, vous devez redouter la colère du Tout-Puissant; mais si au contraire vous épargnez sa vie, vous vivrez, et reviendrez victorieux. » Sigebert méprisa les avis si salutaires; mais arrivé près de Douai, il fut massacré par deux assassins que Frédégonde, femme de Chilpéric, avait apostés sur son passage. Ainsi cette lettre et ce discours, si dignes d'un évêque par la sagesse et la gravité des motifs qui les avaient inspirés, demeurèrent sans effet, et les passions continuèrent de l'emporter sur les bons conseils.

Fortunat fait mention d'une autre lettre de saint Germain adressée à Flamer ou Flamir, abbé de Chinon en Touraine; mais il ne nous apprend point ce qu'elle contenait. Il dit seulement que Dieu s'en servit pour opérer un miracle.

On met encore au rang des écrits de ce saint évêque le privilége qu'il accorda au monastère de Saint-Germain des Prés, dont l'église porte encore aujourd'hui le nom, et qui se trouvait situé alors à quelque distance de Paris. Ce privilége, cité par Gislemar, écrivain du IXe siècle, est souscrit de saint Germain, de la reine Ultrogothe et des deux princesses ses filles; on y lit également la signature de saint Nicet ou saint Nizier. Il porte que ce monastère sera exempt de toute autre juridiction que de celle du roi, et qu'il aura la liberté de se choisir un abbé. L'original de cette pièce, que le moine Aimoin rapporte en entier et qui a passé dans divers recueils, écrit sur l'écorce d'arbre, avait été jusque dans les derniers temps conservé dans les archives de cette célèbre abbaye. — Les OEuvres de saint Germain, répandues jusqu'ici en plusieurs recueils, ont été reproduites entièrement dans le *Cours complet de Patrologie.*

GERMAIN, fils du patrice Justinien, que l'empereur Constantin Pogonat fit mourir, comme complice du meurtre de son père, fut d'abord métropolitain de Cyzique, puis, après la déposition du patriarche Jean, choisi pour lui succéder sur le siége de Constantinople. L'acte de sa translation porte qu'elle s'était faite par le suffrage et avec l'approbation des prêtres, des diacres, de tout le clergé, du sénat et du peuple, en présence de Michel, prêtre et apocrisiaire du Siége apostolique, et de plusieurs autres prêtres et évêques, sous le règne de l'empereur Anastase. Ce prince fut déposé dans la même année et remplacé par Théodose, qui, après quatorze mois de règne, céda l'empire à Léon l'Isaurien, qui commandait les troupes des provinces orientales. Vers la dixième année de son règne, ce prince se déclara contre les images et proclama publiquement que c'était une idolâtrie d'en faire et une idolâtrie plus grande de les adorer. Ce discours fit gémir le peuple de Constantinople; mais Germain, prenant la parole, résista fortement à l'empereur, et soutint que les images avaient toujours été en vénération dans l'Eglise. Comme il savait que plusieurs évêques et principalement Constantin, évêque de Nacolie en Phrygie, appuyaient ce prince dans son erreur, il s'efforça de les ramener à la raison; mais ses efforts n'eurent d'autre résultat que de le faire chasser du siége patriarcal et envoyer en exil, où il mourut en 733, âgé de quatre-vingt-quinze ans, avec une grande réputation d'esprit et de vertu.

LETTRES. — Nous avons de lui trois lettres à ce sujet. La première est adressée à Jean, évêque de Synnade en Phrygie et métropolitain de Constantin. Le pieux patriarche y fait un précis de l'entretien qu'il avait eu avec lui sur le culte des images. Cet évêque avait allégué les paroles de l'Ecriture : *Tu ne feras aucune image pour l'adorer, soit de ce qui est au ciel, soit de ce qui est sur la terre.* Il ajoutait qu'il ne faut point adorer les ouvrages des hommes, quoique pourtant il crût les martyrs dignes de tout honneur. « Je lui ai répondu, dit Germain, que la foi chrétienne, son culte et son adoration se rapportaient à Dieu seul; que nous n'adorions aucune créature, et ne rendions point à des serviteurs le culte qui n'est dû qu'à Dieu; que quand nous nous prosternions devant les empereurs, ce n'était pas pour les adorer comme Dieu; que le prophète Nathan ne fut point repris pour s'être prosterné devant David; que si l'on permettait de faire des images, ce n'était pas pour diminuer la perfection du culte divin; que puisque le Fils de Dieu a bien voulu se faire homme, nous faisons l'image de son humanité, pour fortifier notre foi, en montrant qu'il s'est incarné réellement, et non pas en apparence, comme quelques hérétiques l'ont enseigné; que nous faisons de même l'image de sa sainte Mère, pour nous rappeler le souvenir qu'elle a conçu et enfanté le Dieu tout-puissant; que nous peignons les images des apôtres, des prophètes, des martyrs et de tous les autres saints, en mémoire de leur courage et des honneurs qu'ils ont rendu à Dieu : non que nous prétendions leur rendre l'adoration due à Dieu seul, mais pour montrer l'affection que nous leur portons, et pour fortifier par la peinture la croyance des vérités que nous avons apprises par les oreilles. » Germain disait à la fin de sa lettre qu'il avait exposé tout cela à Constantin, qui l'avait reçu, après avoir déclaré devant Dieu que c'était aussi sa doctrine. Sur cet aveu, Germain ne fit aucune difficulté de confier sa lettre à cet évêque; mais au lieu de la rendre à Jean de Synnade, son métropolitain, il la tint secrète.

A Constantin. — Germain écrivit donc à Constantin lui-même, avec ordre d'aller porter incessamment à son métropolitain la lettre qu'il l'avait chargé de lui rendre, de se soumettre entièrement à lui, suivant l'ordre de l'épiscopat, et de s'en tenir sur le fait des images à ce qu'il lui en avait dit dans leur entretien. Mais craignant qu'il ne fît difficulté d'obéir, il ajoutait : « Sachez que jusqu'à ce que vous ayez rendu ma lettre à votre métropolitain, je vous défends, au nom de la très-sainte Trinité, de faire aucune fonction d'évêque, aimant mieux user de quelque rigueur envers vous, que de me rendre moi-même coupable devant Dieu. »

A Thomas. — Le patriarche Germain ayant appris que Thomas, évêque de Claudiopolis, s'était déclaré contre les images en les faisant ôter, lui écrivit que l'on devait éviter en tout les nouveautés, mais surtout quand cela pouvait être une occasion de scandale au peuple fidèle, et que l'on s'opposait à une coutume établie depuis longtemps dans l'Eglise. Il le prie de faire attention que si les infidèles cherchent continuellement à noircir l'Eglise par leurs reproches et leurs calomnies, c'est aux évêques à les réfuter et à montrer sa divine immobilité. Les reproches que les Juifs faisaient aux chrétiens n'étaient pas nouveaux; et ils étaient d'autant moins raisonnables de leur part, qu'ils ne pouvaient ignorer l'attachement de leurs pères au culte des idoles, et qu'ils contrevenaient eux-mêmes à tout moment à la loi qu'ils se glorifiaient d'observer en offrant dans toutes les parties du monde des sacrifices qui, selon la loi, ne devaient être offerts que dans un même lieu, c'est-à-dire à Jérusalem. Germain reproche aux Sarrasins le culte qu'ils rendaient à la pierre noire de la maison carrée de la Mecque, et plusieurs autres vaines superstitions. Il dit que cette pierre se nommait *Chobar.* Pour montrer ensuite la pureté de la religion chrétienne, il en expose la foi en peu de mots, et fait voir qu'elle n'a pour objet d'adoration qu'un seul Dieu en trois personnes, c'est-à-dire en la Trinité, incréé, éternel, incompréhensible, d'une même substance : au lieu que les idolâtres, en formant une idole, croient faire un Dieu qui n'existait point auparavant; et quand cette idole est détruite, ils pensent n'avoir plus de Dieu s'ils n'en font un autre semblable : les honneurs même qu'ils rendent à leurs faux dieux sont accompagnés de toutes sortes d'actions honteuses et de paroles déshonnêtes. Il n'en est pas ainsi des chrétiens : les images des saints qui ont versé leur sang pour la foi ne servent qu'à les exciter à la pratique de la vertu et à glorifier Dieu à qui ces saints ont été agréables pendant cette vie; elles font sur eux les mêmes impressions que feraient les discours des gens de bien. Car la peinture, suivant la remarque de saint Basile, est une histoire abrégée : où tout se rapporte à la gloire du Père céleste. Lors donc que nous adorons les images de Jésus-Christ et de sa glorieuse Mère, nous n'adorons pas les couleurs appliquées sur du bois : c'est le Dieu invisible qui est dans le sein du Père que nous adorons en esprit et en vérité. Depuis la fin des persécutions on a tenu plusieurs conciles généraux qui ont fait des canons sur des sujets de moindre importance que celui des images : l'auraient-ils laissé sans examen, si l'usage ancien de les honorer dans l'Eglise eût conduit, comme on le prétend, à l'idolâtrie? Il est vrai que l'Ecriture défend de faire aucune image de ce qui est au ciel ou sur la terre : mais il est visible que cette défense regarde la nature divine, qui, étant incompréhensible, et n'ayant rien de semblable avec les images corporelles, ne peut et ne doit être représentée par aucunes figures d'or ou d'argent, ou de quelque autre matière que ce soit. Comme nous ne croyons qu'en un seul Dieu, nous n'adorons que lui, et nous n'offrons qu'à lui le sacrifice de louanges par Jésus-Christ. Nous ne permettons pas non plus que l'on donne le nom de Dieu à aucun des saints, quoique Dieu l'ait lui-même donné à ceux qui lui ont été agréables, ainsi qu'on le lit dans les Psaumes. Nous ne rendons point de culte aux images de nos parents ou de nos amis; mais en regardant l'image d'un saint, nous rendons gloire à Dieu. Au reste, personne ne doit être scandalisé de ce qu'on présente aux images des luminaires ou des parfums : ce sont des symboles de leurs vertus pour signifier leur lumière spirituelle, et la grâce du Saint-Esprit dont ils ont été remplis.

Au Pape Grégoire. — Germain écrivit au Pape Grégoire pour le mettre au courant de ce qui se passait à Constantinople, au sujet des images. Nous n'avons plus cette lettre, mais on trouve la réponse du Souverain Pontife dans les Actes du second concile de Nicée. Nous en reproduisons ici l'analyse, ce qui nous dispensera d'y revenir quand nous ferons l'examen de ses œuvres.

Le Pape, après l'avoir félicité sur la vigueur avec laquelle il défendait la doctrine de l'Eglise, l'explique lui-même en disant que l'honneur rendu par elle aux images n'avait rien de commun avec la pratique des païens: selon saint Basile cet honneur passait à la personne représentée, et il fallait plutôt regarder l'intention que l'action. « Si les prophéties, ajoute-t-il, n'ont pas été accomplies par l'Incarnation du Fils de Dieu, s'il n'est pas né à Bethléem de la glorieuse Marie, si les Mages ne lui ont point offert de présents; s'il n'a pas été reçu dans les bras du vieillard Siméon; s'il n'a pas ressuscité les morts, guéri les lépreux, les sourds, les aveugles, il ne faut pas peindre ce qui n'a pas été : mais puisque toutes ces choses sont arrivées, qu'il est né, qu'il a fait des miracles, qu'il est ressuscité, plût à Dieu que le ciel, la terre, la mer, tous les animaux et toutes les plantes pussent raconter ces merveilles par la parole, par l'écriture ou par la peinture. On donne le nom d'idole aux images de ce qui n'est point, et qui n'a d'existence que dans les fables du paganisme. Mais l'Eglise n'a rien de commun avec les idoles. Jamais nous n'avons adoré le veau d'or, ni regardé la créature comme un Dieu; si quelqu'un veut, à l'imitation des Juifs, faire à l'Eglise les mêmes reproches qu'on faisait autrefois aux adorateurs des idoles, à cause du culte qu'elle rend aux images, nous le regardons comme un chien qui aboie en vain, et nous lui dirons comme aux Juifs : Plût à Dieu qu'Israël eût profité des choses sensibles que Dieu lui avait données pour le mener à lui; qu'il eût aimé le saint autel plutôt que les vaches de Samarie; la verge d'Aaron et non pas Astarté, et la pierre dont l'eau était sortie plutôt que Baal. » Il exhorte Germain à continuer de défendre la cause de l'Eglise, et dit que si autrefois la ville de Béthulie a été sauvée par la main d'une femme, il ne doit pas craindre d'attaquer les ennemis de la foi, secouru non-seulement par les prières de Judith, mais de tous les saints.

De la rétribution légitime. — Nous avons perdu le *Traité de la rétribution légitime*, dans lequel Germain prenait la défense de saint Grégoire de Nysse contre ceux qui l'accusaient d'avoir enseigné avec Origène que les supplices des damnés auraient une fin, et que les démons mêmes seraient rétablis dans leur premier état. Les ennemis de saint Grégoire de Nysse, qui lui avaient imputé une semblable erreur, ne l'avaient pu faire qu'en changeant quelques-uns de ses textes, en donnant aux autres une mauvaise interprétation, parce qu'ils ne comprenaient pas ou ne voulaient pas comprendre ce que ce Père avait écrit sur l'éternité des peines dans plusieurs de ses ouvrages. Ceux dont le patriarche de Constantinople prend la défense, sont : le *Dialogue à Macrine*, dans lequel saint Grégoire traite de l'âme; le livre intitulé *Catéchiste*, et celui qui traite de la vie parfaite. Germain, dans sa défense, réfutait d'abord l'erreur de ceux qui enseignaient que les supplices des démons et des damnés n'étaient que temporels, et il s'appuyait sur divers passages de l'Ancien et du Nouveau Testament, qui prouvent clairement que de même que la félicité des justes sera éternelle, de même aussi les supplices des méchants ne sauraient avoir de fin. Il établissait ensuite la même vérité par les témoignages des saints Pères; et pour montrer que Grégoire de Nysse ne s'était point éloigné des sentiments de l'Ecriture ni des docteurs, il rapportait plusieurs passages de ses écrits. Photius, qui nous a fourni ces renseignements sur l'ouvrage de Germain, nous apprend en même temps que le style en était pur et facile, que ses figures étaient heureuses, ses phrases élégantes et polies ; qu'il n'était ni froid ni ennuyeux, qu'il savait s'attacher à son sujet sans s'en écarter, sans y rien mêler d'inutile, comme aussi sans rien oublier de ce qui était nécessaire à son plan : preuve qu'il savait atteindre son but et démontrer ce qu'il avait avancé.

Des six conciles généraux. — Justelle, et après lui le P. Hardouin, nous ont donné un *Traité des six conciles généraux*, sans en indiquer l'auteur et sans même le reproduire tout entier. Etienne Lemoine, qui l'a étendu, mais sans le compléter, soutient qu'il est de Germain de Constantinople, à qui il est en effet attribué dans un manuscrit d'Angleterre. La circonstance de temps semble d'autant plus favorable à ce sentiment qu'il n'y avait eu que six conciles œcuméniques, lorsque Germain écrivait : or un auteur qui aurait traité cette matière après le second concile de Nicée, n'eût certainement pas manqué d'en compter sept ; ce qui nous fait supposer, après plusieurs autres, que ce travail est réellement l'œuvre de Germain. Du reste l'auteur, quel qu'il soit, marque exactement sous quels empereurs et sous quels Papes ces conciles se sont tenus; quels sont les hérétiques qui y ont été condamnés, quelles étaient leurs erreurs et combien d'évêques s'y sont trouvés. Il y rappelle aussi en peu de mots les définitions de foi de ces conciles, et compte les années d'intervalle qui se sont écoulées entre chacun.

ECRITS ATTRIBUÉS A GERMAIN. — Quelques écrivains l'ont encore fait auteur d'un ouvrage mystique sur les cérémonies de la liturgie, imprimé dans les *Bibliothèques des Pères* sous le titre de *Théorie;* mais l'opinion la mieux fondée le donne à un autre Germain, qui fut patriarche de Constantinople vers le commencement du XIII° siècle. Il faut aussi lui attribuer plusieurs hymnes et plusieurs discours imprimés dans les recueils du P. Combéfis et de Fronton Le Duc, savoir : un discours sur la Présentation de la sainte Vierge au temple; deux sur sa mort; un sur son Annonciation ; un sur la dédicace d'une église érigée en son honneur et sur les langes de Notre-Seigneur Jésus-Christ; un sur la Nativité de Marie, et quelques autres qui sont encore en manuscrit dans les bibliothèques.

GÉROCH, après avoir fréquenté successivement les écoles d'Hildesheim en Saxe et celles d'Augsbourg, entra dans le clergé de cette ville, où l'évêque Hermann lui donna un canonicat et l'ordonna diacre. Mais cet évêque ayant donné dans le parti des schismatiques, c'est-à-dire de l'antipape Bourdin et de l'empereur Henri V, Géroch, qui était attaché au Pape Calixte II, quitta Augsbourg pour se retirer dans un monastère de chanoines réguliers à Reitenburch. Chunon, évêque de Ratisbonne, l'ordonna prêtre et lui confia le soin d'une paroisse. A la mort de ce prélat, Conrad, archevêque de Salzbourg, l'attira près de lui. Géroch avait l'esprit cultivé et des mœurs très-exemplaires. Conrad le députa à Rome pour les affaires de son Eglise. Vers l'an 1132, Gothescalc, prévôt de Reicherspcrg, ayant résigné sa dignité entre les mains de l'archevêque, celui-ci en revêtit Géroch, qui la posséda pendant près de quarante ans, c'est-à-dire jusqu'à l'an 1169, qui fut celui de sa mort. Il s'était occupé constamment à la méditation des livres saints, à la prédication de la parole de Dieu, à la défense de la foi et de l'unité de l'Eglise, et à la composition de divers ouvrages très-utiles, dont le catalogue est rapporté dans la *Chronique de Reicherspcrg*, imprimée avec le *Recueil des écrivains de Bamberg*, à Francfort et à Leipsik, en 1718, par les soins de Jean-Pierre Ludevig.

SES ÉCRITS. — L'auteur de la Chronique dont nous venons de parler, cite en général divers opuscules adressés aux Papes Innocent et Eugène et aux cardinaux; grand nombre de lettres recueillies en un registre composé de deux volumes; un *Traité de l'Incarnation;* un *Commentaire sur les Psaumes* en huit volumes; un *Traité contre les disciples de Pierre Abailard* adressé à Otton, évêque de Frisingue, et frère du roi Conrad; divers opuscules à ceux de Frisingue, et à Daniel, évêque de Prague; un *Livre de la foi*, fait à la prière du cardinal Henri ; un opuscule au Pape Adrien ; un *Dialogue entre les Grecs et les Latins ;* un petit écrit *Sur la glorification du Fils de l'homme*, à Eberhard, archevêque de Salzbourg; quelques autres opuscules au Pape Alexandre, aux cardinaux et aux évêques. Géroch composa encore plusieurs autres ouvrages que l'auteur de la Chronique a supprimés pour éviter la longueur.

Sur l'état corrompu de l'Eglise. — Ce traité sur l'état de l'Eglise sous les règnes des empereurs Henri IV et Henri V, et sous le pontificat de Grégoire VII et de ses successeurs, fut imprimé à Ingolstadt, en 1611, par les soins de Gretzer. Il est divisé en deux parties dont la première est précédée d'une lettre à Henri, cardinal-prêtre, à qui il présenta cet ouvrage, après l'avoir offert au pape Eugène III. Il roule sur la distinction des deux glaives, des deux luminaires, c'est-à-dire du sacerdoce et de l'empire, de la puissance temporelle et de la puissance spirituelle. Géroch trouve mauvais qu'au lieu de dire comme anciennement l'Eglise romaine, on dise la cour de Rome ; nom qui ne convient qu'au séjour de la mollesse, ou à des juges destinés à répandre le sang des coupables.

Première partie. — Géroch donne d'abord

une explication morale et allégorique du psaume LXIV ; puis venant aux auteurs du schisme, à ceux qui voulaient détruire les murs de Jérusalem et rebâtir ceux de Babylone, comme il le dit, et rendre païen le royaume de Jésus-Christ; il rappelle qu'étant à Rome, un avocat ennemi de l'Eglise lui avait objecté que les priviléges accordés par l'empereur Constantin n'étaient pas recevables, parce que ce prince avait été baptisé par Eusèbe de Nicomédie, évêque arien ; il lui soutint au contraire, qu'il avait été baptisé par le Pape saint Sylvestre, et que quand même il l'eût été par un évêque arien, ses donations devaient avoir leur effet, comme l'édit de Cyrus, quoiqu'il fût idolâtre, eut son effet pour le renvoi des captifs de Babylone en Judée. Il rapporte, d'un côté, les édits des successeurs de Constantin, princes aussi pieux que lui et aussi disposés en faveur de l'Eglise, et le changement des temples des idoles en églises chrétiennes; et de l'autre, il détaille les maux que l'Eglise a soufferts de la part des princes simoniaques et impies qui, sans égard pour les saints canons, donnaient les prélatures et autres bénéfices à qui bon leur semblait. De cet abus en naissaient beaucoup d'autres. Les évêques ainsi pourvus n'observaient aucune règle ; on ne les reconnaissait ni à leurs habits, ni à leur manière de vivre. Ils suscitaient des guerres justes ou injustes ; mettaient à mort souvent des innocents, et réunissaient en leur personne l'office de prêtres et de soldats ; ne tenaient aucun compte de l'observation des canons, et n'obéissaient pas au Saint-Siége. Quoique excommuniés, ils trouvaient des approbateurs et des gens qui ne faisaient aucune difficulté de communiquer avec eux de vive voix et par écrit.

Seconde partie. — Il oppose à la constitution de l'empereur Louis le Débonnaire, qui fit distribuer aux riches les biens destinés aux pauvres et à l'entretien de ceux qui vivaient en commun dans ce qu'on appelait alors les églises matrices, les décrets des Papes Urbain II et Pascal II, touchant la vie commune des clercs et la possession des biens nécessaires à leur subsistance. Il rejette cette constitution comme dénuée de toute autorité, en disant qu'il n'appartient pas aux princes de la terre, mais à saint Pierre et à ses successeurs, de confirmer leurs frères dans un genre de vie. Sur les ordinations simoniaques, il dit, après le Pape Nicolas II, que celui qui s'est fait ordonner par un évêque convaincu de simonie, doit être déposé avec son consécrateur, faire pénitence et rester privé de sa dignité ; mais pourtant qu'il ne faut rendre cette sentence qu'après avoir consulté le Saint-Siége.

Contre les simoniaques. — Géroch s'explique ainsi à l'occasion de certains clercs qui, n'ayant aucun titre qui les attachât à une église particulière, exerçaient partout leur ministère pour de l'argent. Il composa contre eux un traité exprès dont nous avons donné le titre plus haut. Dom Martène l'a inséré dans le V° tome de ses *Anecdotes*, après l'avoir emprunté à un manuscrit du monastère de Dunes à Bruges. Géroch adressa son livre à saint Bernard qu'il avait pu voir à Rome ou en Allemagne. Suivant lui on peut tolérer ces prêtres mercenaires et communiquer avec eux, tant qu'ils ne sont pas dénoncés publiquement ; mais il faut les éviter comme hérétiques et ennemis de l'Eglise, après la sentence de l'évêque diocésain. Il déclare simoniaques non-seulement les clercs, mais aussi ceux qui les employaient et les salariaient ; et quoiqu'il ne doute pas que les sacrements conférés par eux ne soient bons, quand ils les administrent suivant la forme ordinaire de l'Eglise, il pense qu'ils ne produisent pas la grâce dans celui qui les reçoit. Au reste, il soumet ses sentiments et son livre à saint Bernard.

De la glorification du Fils de l'homme. — Il soumit également à la censure d'Eberhard, archevêque de Salzbourg, l'écrit qui a pour titre : *De la glorification du Fils de l'homme*, et l'envoya depuis à Hartmann, évêque de Bresse, et au pape Eugène III, qui l'en remercia par une lettre dans laquelle il loue son zèle à poursuivre les nouveautés de doctrines qui s'élevaient dans l'Eglise. Les Papes Anastase et Adrien ne firent point de réponse aux lettres qu'il leur écrivit en leur adressant quelques-uns de ses ouvrages. Géroch ne s'en offensa pas, mais il attribua leur silence à leurs grandes occupations. Il fut très-sensible à la lettre par laquelle Alexandre III l'assurait qu'il continuerait de lui porter la même affection que ses prédécesseurs avaient eue pour lui.

Il paraît que Géroch avait écrit ce traité pour réfuter certaines expressions des scolastiques, qui, ne distinguant pas assez les deux natures ni les suites de leur union personnelle en Jésus-Christ, disaient qu'il n'est ni aussi puissant ni aussi grand que son Père. Il entreprit de prouver le contraire et de détruire en même temps les hérésies d'Eutychès et de Nestorius. Pour le faire clairement, il distingue avec l'Eglise en Jésus-Christ la nature humaine de la nature divine, parce que la divinité n'est pas l'humanité, ni l'humanité la divinité. Moindre que son Père selon l'humanité par laquelle il est homme ; égal au Père selon la divinité par laquelle il est Dieu : ce sont ses termes. C'est sur ce principe qu'il enseigne que nous devons à l'homme en Jésus-Christ le culte de *latrie* ; parce que, selon saint Augustin, on ne peut concevoir Jésus-Christ homme, qu'on ne le conçoive uni au Verbe de Dieu ; et qu'il dit qu'on doit l'adorer dans l'Eucharistie, où il est réellement présent, et où il nous nourrit du même corps qu'il a pris dans le sein de la Vierge, et non en figure, comme l'ont avancé Bérenger et après lui Folmar. Ce dernier disait de plus que le corps de Jésus-Christ est seulement dans le ciel et non ailleurs jusqu'au jour du jugement, s'appuyant sur un passage de saint Augustin, tiré d'un exemplaire défectueux de ses ouvrages. Géroch rétablit le vrai texte et montre par le témoignage de ce Père, que le vrai corps de Jésus-Christ est sur les autels où se célèbre le sacrifice dans les églises catholiques, et, qu'il est en même temps au ciel. Il combat ensuite les façons de parler usitées parmi les scolastiques, lorsqu'ils traitaient du mystère de l'Incarnation, et montre qu'elles sont étrangères au langage de l'Eglise et favorables aux erreurs de Paul de Samosate, de Nestorius et de Photin. Pour lui, il ne parle que d'après les Pères de l'Eglise les plus célèbres, dont il cite un grand nombre de passages. Ce traité se trouve dans le premier tome des *Anecdotes* de dom Bernard Pez.

Contre deux hérésies. — Les deux hérésies dont il est question dans ce livre sont empruntées, l'une aux doctrines des nouveaux nestoriens, et l'autre à la conduite de ceux qui admettent les prêtres excommuniés et les sacrements qu'ils confèrent. L'ouvrage est adressé à Geoffroi, abbé des Monts. Il cite au commencement sa lettre à Eberhard, abbé de Bamberg, dans laquelle il faisait voir que saint Hilaire ne pensait pas autrement que l'auteur du symbole qui porte le nom de saint Athanase. L'un et l'autre enseignaient également que le Fils de l'homme est égal au Père selon la divinité, et qu'il est moindre que le Père selon l'humanité. C'est sur cette distinction que Géroch fonde tout ce qu'il dit, tant dans le *Traité des deux hérésies* que dans la lettre à l'évêque de Bamberg jointe à ce traité, dans le second volume des *Anecdotes* de dom Bernard Pez. Il parle aussi d'une conférence qu'il avait eue avec l'abbé Rupert sur cette matière.

A l'égard des prêtres excommuniés et des sacrements administrés par eux, il rapporte une lettre de l'abbé Rading, où il dit que celui que Jésus-Christ a privé du ministère sacerdotal par l'autorité de son Eglise, soit en l'excommuniant ou en le déposant, n'étant plus ministre de Dieu, ne fait rien à l'autel s'il entreprend d'y offrir. Il dit la même chose des schismatiques et des hérétiques, fondé sur ce principe qu'il n'y a point de lieu pour le vrai sacrifice hors de l'Eglise catholique. Géroch embrasse ce sentiment, mais il convient avec Rading que cela ne s'entend point des sacrements nécessaires au salut, comme le baptême dont l'administration n'est interdite à personne, ni des ministres qui se sont rendus indignes par leurs mauvaises mœurs du sacré ministère. Tant qu'ils ne sont point séparés de la communion de l'Eglise, ni privés des fonctions de leur ordre, ils consacrent réellement et validement.

Questions entre les Grecs et les Latins. — Dom Bernard Pez, dans ses *Anecdotes*, parle de quatre lettres dans lesquelles il est fait mention de l'ouvrage de Géroch sur les différends entre les Grecs et les Latins. La première est de Vauthier, évêque de Laon; la seconde est de Géroch à un de ses amis, qui lui avait conseillé d'envoyer à Rome son *Traité de la glorification du Fils de l'homme*, pour qu'il y fût examiné; la troisième est adressée au cardinal Henri, à qui il envoya son *Explication du psaume* LXIV; la quatrième est encore adressée par lui à Otton, évêque de Frisingue, qu'il établit juge de son *Commentaire sur les psaumes*. Le Pape Eugène approuva l'*Explication du psaume* LXIV, comme on le voit par sa lettre à Géroch, rapportée dans les *Mélanges* de Baluze.

AUTRES LETTRES. — Géroch, accusé d'avoir contribué à la déposition de l'abbesse de Prague, s'en justifia en disant que cette abbesse ayant mérité, par sa désobéissance au légat, d'être déposée, il lui était impossible de ne pas consentir à sa déposition. Au reste, il s'était intéressé pour lui procurer quelques consolations de la part de l'abbesse qu'on avait mise à sa place. La lettre de l'abbé d'Ege est un éloge de la doctrine de Géroch et de ses écrits. On voit qu'il avait combattu les sentiments du prévôt de Triph ou Triefensten, et que celui-ci y avait renoncé en présence de cet abbé et de l'évêque de Bamberg. — Nous avons encore, dans le recueil de dom Bernard Pez, les Vies des deux abbés de Formbach, Bérenger et Wirnton, écrites par Géroch. Ce qu'il y rapporte des miracles opérés par ces deux saints est d'autant plus digne de foi, qu'il déclare les avoir vus de ses yeux ou appris de personnes non suspectes.

De l'édifice de Dieu. — Ce fut à la prière, ou, comme il le dit lui-même, par ordre de Chunon, évêque de Ratisbonne, qu'il composa l'ouvrage intitulé : *De l'édifice de Dieu*. Il n'y mit pas son nom, et ne se fit connaître que sous le titre d'idiot et de pécheur. Il distingue, dans cet édifice, l'architecte, qui est Dieu; les matériaux, qui sont les élus; les instruments et les aides, c'est-à-dire les réprouvés et les créatures inanimées dont Dieu se sert pour cet édifice. Il veut qu'on en défende l'entrée et le séjour aux clercs propriétaires, et qui ne suivent pas la vie commune. En conséquence, il blâme les décrets de Louis le Débonnaire, qui leur permettent de demeurer dans des maisons particulières, et d'y avoir des biens en propre, et dit anathème au livre qui contenait ces décrets. Il ne laisse pas de croire que ce prince sera sauvé, mais après avoir été purifié par le feu du purgatoire. Géroch, parlant de l'usage des biens de l'Eglise, dit qu'ils n'appartiennent pas au roi, mais aux ministres de l'Eglise et aux pauvres. Si le roi en demande, l'évêque doit répondre avec saint Ambroise : « Il ne m'est pas permis de vous les donner; il ne vous est pas expédient de les recevoir. » Il remarque que si Jésus-Christ paya le tribut, ce ne fut point de la bourse de Judas, dépositaire des deniers destinés à la subsistance du collège des apôtres, mais d'ailleurs. A son exemple, l'évêque doit, s'il est possible, tirer d'ailleurs que du trésor de l'Eglise de quoi donner au roi et à ses soldats. Il excepte le cas où le roi mettrait sur pied une armée pour la défense de l'Eglise.

Il dit que les premiers empereurs, Constantin, Constance, Valentinien et les autres; puis, après la division de l'empire, les Othon, les Henri ont enrichi les églises que leurs successeurs ont dépouillées. Dans les premiers siècles, les princes ne s'arrogèrent rien dans l'élection des évêques; il y avait même peine de déposition et d'anathème, tant contre les évêques et les prêtres qui se faisaient ordonner par la puissance laïque, que contre leurs consécrateurs; de sorte qu'alors les élections étaient libres et se faisaient suivant les prescriptions des canons, sans que les princes se plaignissent que leur autorité fût méprisée; mais dans les siècles suivants, les puissances séculières n'eurent plus la même attention pour l'Eglise. Géroch conseille de faire gérer les biens de l'Eglise par des clercs, et d'en ôter l'administration aux laïques; de confier le soin des âmes à ceux qui auparavant ont mené la vie commune dans les cloîtres, de la faire observer dans les chapitres de chanoines, et d'y contraindre les clercs de mauvaises mœurs. Il donne des instructions aux évêques sur la façon de se conduire envers le clergé, sur l'usage des biens de l'Eglise, sur l'éloignement des affaires temporelles et militaires; sur le bon ordre qu'ils doivent observer dans les monastères de filles, les peines qu'ils sont obligés de faire subir à celles qui vivent mal, et aux clercs tombés dans des excès. Puis il finit son livre en montrant que, dans la distribution des dîmes, on doit donner la quatrième partie aux veuves et aux pauvres, et qu'il n'est pas permis aux évêques d'aliéner pour toujours celles de leurs églises.

Livre épistolaire. — Le livre qui porte ce titre est adressé au Pape Innocent Ier, et a été publié également par dom Bernard Pez. C'est un dialogue entre un clerc régulier et un clerc séculier, dans lequel chacun fait voir tour à tour la différence qui existe entre leur état. Géroch s'y explique encore sur la règle qu'il attribue si souvent à Louis le Débonnaire, parce qu'elle fut faite par son ordre dans une assemblée d'évêques et de clercs, qui décida que les chanoines auraient la permission de vivre dans des maisons séparées. Cette assemblée n'est autre que le concile d'Aix-la-Chapelle, qui se tint en 816. Il traite encore dans ce dialogue de la validité des sacrements administrés par les hérétiques et les excommuniés, et suit là-dessus les sentiments qu'il a déjà exposés dans plusieurs autres ouvrages.

Lettre à l'abbé d'Ebrach. — Nous avons rappelé ailleurs, à l'article de FOLMAR, les erreurs que celui-ci avait avancées sur l'Eucharistie dans quelques écrits et dans plusieurs lettres adressées à l'abbé d'Ebrach, à l'archevêque de Salzbourg et à d'autres personnes de science et de piété dans la Bavière. Ces écrits de Folmar renouvelaient les erreurs de Bérenger. Géroch entreprit de les réfuter dans une lettre qu'il adressa à l'abbé d'Ebrach. Voici à peu près son raisonnement : Dans Jésus-Christ ressuscité, tout Jésus-Christ se retrouve, la chair, les os, le sang, le souffle humain et divin. Séparer ce souffle de vie, ou la chair des os, ou le sang du corps, ce serait de nouveau crucifier Jésus-Christ. Encore qu'on le reçoive sous les deux espèces du pain et du vin mêlé d'eau, il est en lui-même indivisé et complet; tout entier sur l'autel, dans le ciel et dans la bouche de celui qui mange son corps et boit son sang. Géroch ajoute que Folmar, en disant que l'on mange à la table sacrée, non le Fils de l'homme, mais la chair du Fils de l'homme, raisonnait comme Nestorius qui tomba dans l'erreur pour s'être persuadé que la chair que l'on mange à l'autel n'était point vivifiante, parce qu'elle était la chair d'un homme sanctifié par l'inhabitation d'un Dieu, mais incapable de vivifier celui qui la mangeait.

Traité de l'Antechrist. — Géroch, dans ce traité, s'applique particulièrement à réfuter le nestorianisme de Folmar, mais s'il faut en croire Stevard, il approche de l'erreur des Eutychéens et des Ubiquistes d'Allemagne, en avançant que l'humanité, par la communication des perfections divines, est égale à la divinité. Mais cet écrit de Géroch n'a jamais été publié : nous avons besoin pour le justifier de recourir à ses autres ouvrages, notamment à celui qui a pour titre : *De la gloire et de l'honneur du Fils de l'homme.* Nous pouvons dire que l'auteur y condamne également l'erreur d'Eutychès et celle de Nestorius, la distinction des personnes en Jésus-Christ et la confusion des natures. Il y enseigne qu'encore que nous honorions dans la personne de Jésus-Christ la grande union de l'homme avec Dieu et de Dieu avec l'homme, qui fait que l'homme a part aux actes de Dieu, et Dieu aux actes de l'homme, on doit néanmoins distinguer tellement la propriété des actes, que l'on donne à Dieu ceux qui sont de lui, et à l'homme ceux qui sont de l'homme, parce que la nature divine et humaine opèrent dans une même personne. Tout ce que Géroch dit dans ce traité à l'avantage du Fils de l'homme, c'est toujours en supposant l'union intime des deux natures divine et humaine en une seule et même personne qui est Dieu, et par conséquent égale à Dieu.

S'il faut en croire Marc Hansitzius, il se tint en 1130 à Francfort un concile où l'on désapprouva la censure trop sévère que Géroch avait faite de la conduite des clercs séculiers. La *Chronique de Reichersperg*, au contraire, loue son zèle pour le rétablissement de la discipline dans ce monastère, et le bon ordre qu'il y rétablit dans la célébration des offices divins, dans la conduite des clercs et dans leurs occupations en leur prescrivant à tous des heures particulières pour la prière, pour la lecture et pour le travail des mains. Les uns s'occupaient à transcrire des livres, et les autres à divers arts suivant leur aptitude et leurs talents. Géroch avait un goût prononcé pour l'étude, et ses écrits sont une preuve qu'il s'était appliqué de bonne heure à la lecture des livres saints, des écrits des Pères, des décrets des Papes et des conciles. Il cite souvent les fausses décrétales, mais cela est très-commun parmi les écrivains du moyen âge qui n'en connaissaient pas encore la fausseté.

GÉROCH, moine cistercien dont on ignore le monastère, était contemporain de saint Bernard. Son zèle contre la simonie, une des grandes plaies de cette époque, se manifesta par un ouvrage qu'il écrivit sur ce sujet, et qui fut longtemps conservé manuscrit à l'abbaye des Dunes en Flandre. C'est tout ce que nous en apprennent Sanderus et dom de Visch, les seuls qui nous fassent connaître et l'ouvrage et l'auteur. Nous ne savons si depuis un siècle ce manuscrit a été imprimé.

GÉROÏE, qui vivait dans la dernière période du xi° siècle, peut passer pour le Jérémie de son temps, suivant l'idée que nous en donne Orderic Vital. Il s'exprime beaucoup plus noblement que tous les poëtes ses contemporains. Pour mettre le lecteur à même d'en juger, nous citerons quelques-uns de ses vers dans lesquels il déplore les malheurs de son époque.

Virtutum lampas, qua pristina splenduit ætas,
Transtulit omne suum prorsus in astra jubar.
Temporibus nostris tenebris involvitur orbis,
Nec valet exstinctus jam relevare caput.
Nec probus est hodie, nec curans de probitate,
Nec pretium, nec honor, nec probitatis amor.

Ces vers sont tirés d'une lettre de Géroïe à Gilbert Malminot, évêque de Lisieux de 1078 à 1101, prélat fort savant, mais qui n'a rien écrit. Cette lettre doit suffire pour nous faire connaître la patrie de Géroïe et l'époque à laquelle il florissait. Orderic Vital parle assez au long d'un Géroïe, fameux chevalier normand, au commencement de ce siècle, et qui avait une nombreuse postérité; mais il ne dit ni n'insinue que notre poëte descendit de cette famille. Ce Géroïe cependant avait eu un septième fils du même nom, mais qui n'était pas celui qui fait l'objet de cet article, comme on peut s'en convaincre par ce qu'il nous apprend de son sort. Il y avait encore sur la fin du même siècle un autre Géroïe, petit-fils de Géroïe le Grand; mais les lumières nous manquent pour pouvoir assurer qu'il soit réellement le poëte dont nous parlons. Quoi qu'il en soit, le peu de vers que l'on possède de lui fait vivement regretter la perte des autres. Nous n'hésitons pas à dire qu'ils feraient plus d'honneur à son siècle que la plupart des compositions des poëtes ses contemporains.

GERVAIS, dont la chronique de Reims fixe la naissance au 2 février de l'an 1007, était fils d'Aimon, seigneur de Château-du-Loir, et d'Hildeburge de Beleyme, sœur d'Avesgaud, évêque du Mans. Cette ville possédait alors une école assez célèbre. Gervais y fit de très-grands progrès. A un esprit fin, pénétrant, solide et capable des plus grands desseins, il joignait le savoir, l'éloquence, le zèle, la vigilance, les bonnes mœurs, sans repousser cependant une magnificence bien entendue. Bref, il se montra de bonne heure digne de l'épiscopat, et on ne lui reprocha jamais que quelques défauts d'humeur et quelques manières dures et hautaines dont il sut se corriger, sur les remontrances du bienheureux Thierri, abbé de Saint-Hubert, dans les Ardennes. Avesgaud, son oncle, étant mort à son retour de la terre sainte en 1036, Gervais fut ordonné évêque du Mans le 18 décembre de la même année. Quoique d'une sagesse et d'une probité reconnues, son élection cependant rencontra des opposants. Herbert Bavon, gouverneur du Maine pendant la minorité de Hugues, héritier légitime de ce comté, et Geoffroi Martel, comte d'Anjou, furent les plus acharnés. Celui-ci le mit en prison, et ne le lâcha, au bout de sept ans, qu'après qu'il lui eût cédé son château du Loir, et qu'il eût consenti à ne jamais rentrer dans sa ville épiscopale, tant que ce comte serait maître du Maine. Gervais se retira en Normandie auprès du duc Guillaume, qui lui fit un gracieux accueil. Il y était encore en 1055, lorsque l'archevêché de Reims vint à vaquer par la mort de Gui. Le roi Henri, qui voulait s'attacher Gervais, le nomma à ce siége, du consentement du clergé et du peuple, le 11 octobre de la même année. Avant de quitter le Mans, Gervais y avait fait beaucoup de bien. Il avait fondé à Château-du-Loir une collégiale de chanoines, rétabli l'abbaye de Saint-Vincent, dans laquelle il avait mis des moines, après leur avoir donné pour abbé Avesgaud, son parent, et fait restituer à ce monastère tous les biens qui lui avaient été injustement enlevés; mais il n'en fit expédier les lettres qu'après sa translation à l'archevêché de Reims. En 1059, le jour de la Pentecôte, il sacra le roi Philippe Ier, fils du roi Henri, qui vivait encore. Les légats du Pape, un grand nombre d'évêques, d'abbés et de seigneurs assistèrent à cette cérémonie, et appuyèrent de leurs suffrages l'élection du jeune roi, suivant le désir de son père. Cette consécration ne se fit qu'après que l'archevêque eut expliqué la foi catholique au prince, qui promit de l'observer et prêta serment de maintenir les droits de l'Eglise suivant les canons, et de rendre la justice au peuple selon les lois. Alors Gervais, prenant en main le bâton pastoral de saint Remy, fit un discours dans lequel il revendiqua, comme un apanage de son évêché, la primatie des Gaules, le droit de consacrer les rois de France et la dignité de grand chancelier du royaume. Il en fit les fonctions du consentement du roi, et signa de ce titre les lettres par lesquelles le jeune prince confirma les droits de l'Eglise de Reims. Gervais, par son savoir et sa vertu, mérita l'estime et l'affection des Papes Victor II, Nicolas II et Alexandre II. Il aurait vivement désiré que quelqu'un de ces pontifes vînt tenir un concile à Reims, comme Léon IX l'avait fait au mois d'octobre 1049. Il en écrivit même à Etienne IX, successeur de Victor II, avec lequel il avait déjà pris des mesures pour la convocation de cette assemblée; mais des circonstances imprévues l'empêchèrent de réussir. Il rebâtit l'abbaye de Saint-Nicaise et y rétablit la discipline monastique; mit des chanoines réguliers dans l'abbaye de Saint-Denis, située dans un faubourg de Reims; engagea l'abbé Hérimar à réparer la collégiale de Saint-Timothée, dans la même ville, et fit revivre les études dans l'école de sa cathédrale, en lui donnant pour maître le célèbre Bruno, qui institua depuis l'ordre des Chartreux. Il mourut le 4 juillet 1067, après avoir déclaré, en présence des chanoines et des autres clercs de son Église, qu'il croyait que la sainte Eucharistie contenait réellement le corps et le sang de Jésus-Christ.

Écrits de Gervais. — Il fut en commerce de lettres avec tous les Papes de son temps, qui lui écrivaient assez volontiers, puisqu'il nous reste plus de vingt de leurs lettres qui lui sont adressées sous le titre d'archevêque de Reims. Il y en a d'Eugène IV et de Nicolas II; mais le plus grand nombre est d'Alexandre II. Il n'en reste plus de Victor II, mais on a des preuves qu'il entretenait également avec lui une correspondance. Toutes ces lettres en supposent au moins autant de la part de Gervais; et si on avait été soigneux de les conserver, il est hors de doute qu'elles formeraient un recueil aussi considérable qu'intéressant pour l'histoire du diocèse, de la province ecclésiastique de Reims, et même de la France tout entière; et qu'elles éclairciraient bien des points douteux sur la discipline en usage dans ce temps-là. Il est aisé d'en juger par celles des Papes et le peu qui nous reste des lettres de Gervais. Voici un de ces points de discipline sur lesquels notre prélat consultait Alexandre II. Il s'agissait d'un clerc qui avait été ordonné diacre et ensuite prêtre, sans avoir passé par le sous-diaconat, ce qui était arrivé non par ambition, mais par pure négligence. Il serait difficile qu'avec les précautions que l'on prend aujourd'hui, un pareil cas pût se présenter jamais. Le Pape consulté répond à cette difficulté par une lettre, qu'on suppose être la même qu'il adressa à Rumold, évêque de Constance, en disant que, si la conduite du clerc dont il est question se trouve d'ailleurs irréprochable, il s'abstiendra des fonctions de ses ordres, jusqu'aux premiers Quatre-Temps. Alors il se présentera à l'évêque avec ceux qui doivent être ordonnés sous-diacres, et, après avoir reçu cet ordre, il pourra reprendre l'exercice de ceux du diaconat et de la prêtrise.

A Nicolas II. — La lettre où Gervais exposait cette difficulté est perdue; il en est de même de toutes celles qu'il eut occasion d'écrire, soit aux Souverains Pontifes, soit à d'autres personnes, à l'exception de deux. L'une est adressée à Nicolas II, et l'autre à Alexandre. Elles ont été insérées dans le recueil de Duchesne, dans la *Collection des conciles* et parmi les *Lettres* de Gerbert. La première fut écrite peu après le 4 août 1060, époque de la mort du roi Henri Ier, que Gervais annonce au Pape; mais ce n'était pas là le principal motif de sa lettre. On avait formé à Rome diverses accusations contre lui. Gervais y envoya des députés pour sa justification. Ils furent écoutés, et persuadèrent au Pape Nicolas II que l'archevêque de Reims n'avait jamais été rebelle envers le Saint-Siége. Il l'assure lui-même, dans cette lettre, de son respect et de sa soumission, et proteste qu'il s'abstiendra de communiquer avec quiconque refusera de se soumettre aux ordres du Siége apostolique. Gervais, du vivant du roi Henri, avait témoigné le désir de voir le Pape Nicolas II en France. Il prend Dieu à témoin que ce désir n'est point changé; que sa joie sera parfaite s'il peut avoir l'honneur de le recevoir, et qu'il fera tous ses efforts pour lui préparer une réception digne de sa personne et de son rang suprême; en un mot, tel qu'il convient de le faire envers le successeur de saint Pierre et le vicaire de Jésus-Christ. « Car nous vous croyons, dit-il, digne des mêmes honneurs que le Sauveur a accordés au Prince des apôtres, en l'élevant à la principauté de l'Église. » Il témoigne au Pape sa reconnaissance pour les services qu'il avait rendus à ses députés, et surtout pour la sépulture honorable qu'il avait accordée à l'un d'entre eux, après avoir daigné le visiter plusieurs fois pendant sa maladie.

A Alexandre II. — La seconde lettre, adressée à Alexandre II, roulait sur des sujets beaucoup plus importants pour l'histoire; mais, par malheur, la partie la plus intéressante nous manque. Gervais y disait un mot des troubles que le second mariage de la reine Anne, veuve du roi Henri Ier, avec Raoul, comte de Crespy, causait dans tout le royaume. Ces troubles exigeaient la présence de l'archevêque en France, et l'empêchaient de pouvoir accomplir le dessein, qu'il avait formé depuis longtemps, d'aller visiter les tombeaux des apôtres et rendre au Saint-Siége tous les services dont il était capable. Le comte Raoul avait répudié son épouse qui en avait porté ses plaintes au Pape Alexandre. Gervais lui expliquait toute cette affaire dans sa lettre. C'est précisément ce détail qui manque dans les manuscrits et dans les imprimés; mais on sait d'ailleurs que les suites allèrent jusqu'à l'excommunication de Raoul.

Relation des miracles de saint Melaine. — On a de Gervais une relation courte, mais bien écrite, de quelques miracles opérés par la vertu des reliques de saint Melaine, évêque de Rennes. Gervais, qui était déjà archevêque de Reims, l'écrivit à l'occasion du cadeau qu'il fit d'une portion de ces reliques à Evan, abbé de Saint-Melaine à Rennes, qui les lui avait demandées avec beaucoup d'instances. Il nous apprend par quelles voies ces reliques étaient venues en sa possession. Rosance, sa bisaïeule, qui était une dame d'Argentré, près de Laval, les avait léguées en mourant à Aimon, son petit-fils et père de notre prélat. Les miracles qu'il rapporte s'étaient tous accomplis, soit dans sa famille, soit dans la ville de Château-du-Loir, dont son père était seigneur, et Gervais avait été lui-même témoin de quelques-uns. Il est visible que la fin manque à cet écrit qui a été publié dans Bollandus, au 6 de janvier, à la suite de la Vie du saint.

Actes du sacre de Philippe. — L'acte du sacre et de l'élection du roi Philippe doit être regardé comme l'œuvre de Gervais. Il serait à désirer seulement qu'il y eût inséré les deux discours qu'il tint en présence de cette assemblée; l'un pour instruire ce jeune prince des principaux articles de la foi catholique, et l'autre pour montrer que l'élection et la consécration du roi lui appartenaient, depuis que saint Remy avait baptisé Clovis; mais il s'est contenté de remarquer seulement qu'après avoir expliqué à Philippe la foi de l'Eglise, et lui avoir demandé s'il la croyait et s'il la voulait défendre, sur la réponse affirmative de ce prince, il lui avait présenté la formule du serment. Philippe la lut et la souscrivit. Cette formule portait qu'il conserverait aux évêques et à leurs Eglises leurs droits suivant les canons, et les défendrait, comme c'est le devoir d'un roi, et qu'il rendrait la justice suivant les lois. Ayant remis ce serment entre les mains de l'archevêque de Reims, celui-ci prit le bâton pastoral et dit : « C'est par ce bâton que le Pape Hormisdas donna à saint Remy le droit de sacrer les rois, avec la primatie de toute la Gaule; et que le Pape Victor II avait transmis le même pouvoir à lui et à son Eglise, en lui envoyant le pallium. » On lit dans cet acte les noms de tous les évêques, abbés, et grands seigneurs qui assistèrent au sacre. Il y avait en tout vingt-quatre prélats tant de France que de Bourgogne et d'Aquitaine, vingt-neuf abbés et plusieurs seigneurs. Tous donnèrent leurs suffrages pour l'élection du roi, sans en excepter même les légats du Saint-Siége, quoique cette mesure ne fût pas nécessaire. Le pontife cria trois fois : « Nous l'approuvons, nous le voulons. » Ensuite le nouveau roi confirma par un diplôme les droits de l'Eglise de Reims, et Gervais souscrivit comme grand chancelier. Tout ceci se passa avant la lecture de l'Épître de la messe; alors l'archevêque étant retourné à son siége, on apporta le privilége que le Pape Victor II lui avait accordé, et on en fit lecture en présence des évêques. Duchesne est le premier qui ait publié cet acte; le P. Chifflet l'a reproduit ensuite parmi les preuves de l'abbaye de Tournus, puis on lui a donné place dans la *Collection générale des conciles* et dans l'*Histoire de l'Église de Reims.*

AUTRES ÉCRITS. — L'auteur de son épitaphe attribue à l'archevêque Gervais une Vie de saint Donatien, évêque de Reims à la fin du IVe siècle. Elle lui est également attribuée dans l'ancienne *Gaule chrétienne*; mais on n'en a pas d'autres preuves que le témoignage de Convenier, écrivain du XVIe siècle. Les trois vers suivants, qui, selon toute apparence, sont de la façon de Gervais, font penser qu'il accordait de temps en temps quelques moments à la versification. Ils se lisaient sous le ventre d'un grand cerf de bronze, qu'il avait fait élever sur un piédestal, à la porte de son palais archiépiscopal. Gervais y a exprimé lui-même le motif qui lui avait fait ériger un pareil monument. C'était pour lui rappeler le souvenir du pays où il était né, plus abondant en cerfs que la Champagne; les voici :

*Dum Cemanorum saltus lustrare solebat
Gervasius, cervos tunc sufficienter habebat;
Hunc, memor ut patriæ sit semper, condidit ære.*

En lisant ces vers, on ne peut s'empêcher de penser que Gervais, dans sa jeunesse, avait aimé la chasse et qu'il regrettait de ne pouvoir s'y livrer dans les plaines de son nouveau séjour. Quoi qu'il en soit, on ne trouve point dans ce petit morceau de poésie la rudesse et la platitude presque inséparables de toutes les autres pièces de vers du même temps. Toutefois, cette circonstance de sa vie, si elle est véritable, lui fait moins d'honneur que l'attention qu'il eut, étant évêque du Mans, de subvenir aux besoins des ministres des autels, en leur fournissant de son propre patrimoine. L'acte de ses donations fait partie de l'*Histoire des évêques du Mans,* imprimée dans les *Annales* de dom Mabillon. Ces chartes ne sont point de ces actes communs, qui ne contiennent que des formalités triviales et grossières, exprimées le plus souvent en termes barbares. On y découvre au contraire une plume exercée et un bon goût qui alors n'était pas ordinaire. Les dispositifs de celles qu'il fit en faveur du chapitre de la cathédrale du Mans, et de l'abbaye de Vendôme en particulier, annoncent un prélat qui avait une grande connaissance de l'Ecriture sainte et qui savait en faire une heureuse application. Outre les traits de son savoir, on en découvre d'autres d'une grande modestie et d'une profonde humilité, qui prouvent que l'humeur dure et fâcheuse qu'on lui a reprochée ne le dominait pas toujours. Il est aimable, il est doux de voir ce grand prélat qualifier les chanoines de son Eglise de ses tendres enfants et ses chers associés dans le service commun qu'ils rendaient à l'Epouse de Jésus-Christ.

GERVAIS, moine de Cantorbéry à la fin du XIIe siècle, a composé sur l'histoire d'Angleterre plusieurs traités qui se trouvent dans le *Recueil des historiens anglais* de Seldenus, savoir : un *Traité de l'embrasement et de la restauration de l'église de Cantorbéry*; un autre intitulé : *Image des discordes entre les moines de Cantorbéry et Beaudouin, leur archevêque*; et enfin une Chronique de cette église avec la Vie de ses archevêques, depuis l'an 1122 jusqu'en 1199.

GERVOLDE, clerc du palais et contemporain d'Eginhard, copia de sa main la *Vie de Charlemagne* écrite par cet auteur, et mit à la fin six vers élégiaques de sa façon à la louange de Louis le Débonnaire, à qui le manuscrit était destiné. Lambécius, Duchesne et dom Mabillon ont publié ce sixain, dans lequel Gervolde donne à entendre que ce n'était pas la seule pièce de vers qu'il eût faite à la louange de ce prince

GÉRY (Saint) a pour patrie la ville d'Yvois, où il est né vers 540. Après la mort de Védulfe, évêque d'Arras et de Cambrai, le clergé et le peuple le demandèrent au roi Childebert pour pasteur. Il y consentit avec joie et le fit sacrer vers 580. Clotaire II, qui connaissait la charité du saint prélat, le chargea, en 613, du soin de distribuer ses aumônes, et il s'acquitta avec vigilance de cet emploi si analogue à sa tendresse envers les pauvres. Masseneuw, dans le livre XIII de ses *Chroniques* (Anvers, 1540), nous apprend que Géry avait converti ce prince à la foi catholique. Il ne se montra pas toujours reconnaissant envers le prélat : celui-ci osa le lui reprocher de vive voix, et il lui adressa même plusieurs lettres à ce sujet. Le Carpentier, dans son *Histoire de Cambrai*, tome Ier, IIe partie, en rapporte une pleine de nerf et tracée avec une liberté vraiment apostolique. Elle a trait à l'usurpation de quelques domaines ecclésiastiques. La voici telle qu'elle est relatée dans une ancienne légende latine, rapportée par cet historien : « Ma vie est semée de beaucoup de soucis que ma place m'oblige de dévorer; mais je dois avouer que rien ne porte de coup plus sensible à mon cœur, que l'étrange tyrannie que Votre Majesté exerce à l'égard des ministres des autels, par le ravissement de leurs biens. Dieu nous commande de porter sa parole à la face des rois, sans rougir de la justice. La grâce du Christ me sera toujours plus chère que la faveur des Césars, et jamais je n'adulerai un homme contre le cri de ma conscience; et je profite à tous lorsque je dévoile la vérité aux grands. Je vous ai déjà dit de bouche, Sire, quand vous commençâtes à ravir les droits de Dieu et de son Église, que vous vous rendiez le ministre des fureurs des païens, qui n'ont rien tant à cœur que de voir les chrétiens à la cadène; que vous les feriez triompher de nos autels; qu'ils ne tarderaient pas à mettre nos larmes et nos afflictions au nombre de leurs jours de fête, si vous ne cessiez de souiller votre âme par des sacriléges intentés contre le Christ. Mais comme vous êtes sourd à ma voix et à mes prières, je vous adresse cette lettre pour rappeler à votre souvenir les reproches que je vous ai déjà faits dans l'intérêt de votre salut. Si vous y résistez encore, je serai forcé de dire que vous avez revêtu l'âme d'un Dioclétien ou d'un Néron, plutôt que celle d'un Constantin ou d'un Théodose, et que la somme de vos iniquités vous rendra bientôt le compagnon de leurs tourments. Sire, je ne m'érige point en censeur des libéralités que vous faites encore aux païens; mais je suis l'interprète de votre foi, puisque vous avez voulu que j'en fusse le régulateur. Vous pouvez combler les gentils de vos dons, mais vous ne donnerez rien des droits de nos églises, que je n'y résiste, selon toute l'étendue de mon pouvoir, protestant plutôt de souffrir le martyre que de laisser molester mon troupeau. Voilà, Sire, ce que je n'aurais pu vous céler sans trahir mon ministère. »

Certes cette lettre est noble, courageuse et vraiment digne d'un pontife. Géry en écrivit d'autres aussi fermes à Clotaire. Ce prince promit de changer de conduite, et les donations qu'il fit dans la suite aux églises prouvent qu'il fut religieux observateur de ses promesses. Le saint évêque mourut le 11 août 619, après trente-neuf années d'épiscopat. Ses frères saint Landon et saint Taurin, natifs d'Yvois comme lui, marchèrent sur ses traces, et méritèrent aussi les honneurs de la canonisation.

GÉZON, premier abbé de Saint-Pierre et Saint-Martien à Tortone en Ligurie, écrivit pour défendre la présence réelle dans le mystère de l'Eucharistie, et fit entrer dans l'exécution de son dessein presque tout ce que Paschase Radbert avait écrit sur le même sujet. Dom Mabillon ayant déterré cet ouvrage dans la bibliothèque de San-Benedetto, en publia la préface et la table des chapitres. Depuis, Muratori a donné l'ouvrage tout entier au IIIe tome de ses *Anecdotes*, après en avoir séparé tout ce qui appartenait à saint Paschase, excepté ses vers acrostiches à l'abbé Placide ou Warin. Gézon vivait au Xe siècle.

GIBELIN, archevêque d'Arles, quoique déjà fort avancé en âge, fut envoyé par le Pape Pascal XI pour remédier aux troubles occasionnés dans l'Eglise de Jérusalem, par l'expulsion de Daimbert, qui en était patriarche, et l'intrusion d'Ebremar, qui avait usurpé son siége. Gibelin réunit un concile des évêques du royaume. La cause de Daimbert y fut examinée ainsi que celle d'Ebremar. On prouva par témoins que le premier avait été dépouillé sans aucune raison légitime et qu'Ebremar n'était qu'un usurpateur. Il fut donc déposé par l'autorité du Pape et du concile, et Gibelin mis à sa place. Sous son pontificat, qui fut de cinq ans, le roi Baudouin demanda au Pape que toutes les villes et les provinces qu'il pourrait conquérir sur les infidèles fussent de la dépendance de l'église de Jérusalem. Cette grâce lui fut accordée, et Pascal XI ajouta que cette Eglise aurait sous sa juridiction les villes déjà conquises, et que leurs évêques obéiraient au patriarche de Jérusalem. Bernard, patriarche d'Antioche, adressa sur ce sujet des plaintes et des remontrances au Pape, qui lui répondit qu'il n'avait point prétendu toucher aux limites de l'Eglise d'Antioche, et que son intention était de conserver les droits de toutes les Eglises. Aussitôt que Gibelin eut été élu patriarche de Jérusalem, il écrivit au clergé et au peuple de l'Eglise d'Arles, et à tous les suffragants de cette métropole, de se choisir un archevêque, qui en remplît mieux les devoirs qu'il n'avait fait lui-même. Son dessein était de leur dire bien des choses dans sa lettre; mais le souvenir de leur amitié et de leur bonté à son égard lui faisait tomber les larmes des yeux et arrêtait sa plume. Baronius a rapporté cette lettre dans ses *Annales*, et Pierre Saxi, dans l'*Histoire des archevêques d'Arles*. Il ne s'en trouve qu'une partie dans la *Nouvelle Gaule chrétienne*. On y lit également la lettre adressée par le Pape Pascal XI au clergé et au peuple d'Arles, à qui il rend compte des motifs qu'il avait eus d'envoyer leur évêque à Jérusalem, et que la manière dont il avait été proclamé patriarche l'avait obligé de consentir à son élection. Il finit sa lettre en les exhortant à se choisir au plus tôt un pasteur selon Dieu. Guillaume de Tyr place la mort de Gibelin sur la fin de l'année 1111 ; mais on montre des lettres écrites en 1112, et auxquelles il souscrivit comme légat du Saint-Siége.

GIBUIN, ou, par corruption, LIBUIN, est un nom commun à deux évêques de la même famille qui se succédèrent à la fin du xi° siècle sur le siége de Châlons. Gibuin l'ancien, qui, selon Flodoard, était d'une famille noble, fut ordonné dès l'an 947, et, suivant un ancien catalogue, gouverna cette Église pendant cinquante-trois ans, ce qui nous conduirait jusqu'en l'an 1000 ; mais il est indubitable que l'auteur de ce catalogue aura confondu l'oncle et le neveu, puisqu'une lettre de Gerbert, écrite après son expulsion du siége de Reims, c'est-à-dire en 996 ou 997, parle clairement de Gibuin II comme ayant succédé à son oncle, dont Glaber fait concourir la mort avec celles de saint Maïeul et de Hugues de Flavigni, vers 991. Gibuin Ier signala son épiscopat par des travaux d'art qu'il fit exécuter dans sa cathédrale par un moine nommé Hugues, ce qui prouve que, malgré l'ignorance et la grossièreté des mœurs, ce siècle possédait encore le goût du beau et n'a pas laissé de produire des artistes habiles. On a sous le nom de Gibuin, mais seulement en manuscrit, une espèce de poëme dans le goût du temps, sur le paradis. Du Cange, qui le cite, ne nous le fait point autrement connaître, et on ne saurait décider positivement auquel des deux Gibuin il appartient. Si l'on s'en rapporte à ce critique, le poëme en question serait l'œuvre du premier de ces deux prélats ; mais il y a peut-être plus de vraisemblance à en transporter l'honneur au second. En effet, c'était un évêque d'un savoir peu commun et d'une grande sagacité, qui, sur la fin de l'an 1000, employa avec succès ces deux talents, à convaincre de contradiction et d'extravagance le fameux Leutard, qu'on peut considérer, à juste titre, comme le précurseur de cette multitude de manichéens qui, dans le siècle suivant, se répandirent dans les différentes provinces de la France. Raoul Glaber, dans l'éloge qu'il fait de ce prélat, nous apprend qu'il parvint à désabuser son peuple que ce fanatique avait séduit.

GIBUIN, archidiacre et chancelier de l'Église de Troyes, dont nous avons parlé à l'article d'ATTON, évêque de la même ville, souscrivit le décret de ce prélat contre les chanoines forains. Il avait du talent pour la parole, et la bibliothèque de Saint-Victor possédait sous son nom un Recueil manuscrit de sermons sur différents sujets.

GILBERT ou GISLEBERT, moine de Saint-Remy-de-Vareilles, au diocèse de Sens, florissait vers le milieu du xi° siècle. Fabricius l'a incontestablement confondu avec un autre écrivain du même nom, et plus célèbre que lui, lorsqu'il lui a donné la ville d'Auxerre pour patrie. Dom Mabillon, en le plaçant dans un monastère de la même ville, n'a pas fait attention non plus aux caractères sous lesquels Gilbert se présente lui-même, c'est-à-dire comme un moine du lieu où reposaient les reliques de saint Romain lorsqu'il en écrivait la *Vie*, lieu qu'il nomme expressément et qui n'est autre que l'abbaye de Vareilles.

Son ouvrage est divisé en deux parties. Dans la première, Gilbert fait l'histoire de la vie de saint Romain et des différentes translations de ses reliques ; dans la seconde, il rapporte les miracles opérés par l'intercession de ce pieux serviteur de Dieu, s'étendant particulièrement sur ceux qui s'étaient accomplis depuis sa dernière translation dans l'église de son monastère. Il avoue ingénument, dans sa première partie, que la Vie de son héros ayant été perdue par le malheur des guerres, il n'avait pu se procurer aucun document pour recomposer son histoire. C'est ce défaut de matière qui l'a engagé à commencer son écrit par une espèce d'exorde, comme s'il eût voulu faire une exhortation au lieu d'écrire une légende, et à tirer ce qu'il raconte, de la Vie de saint Benoît par saint Grégoire, et de celle de saint Maur par Fauste. Gilbert se croyait d'autant plus autorisé à en user de la sorte, que, de son temps, on croyait que le saint dont il écrivait l'histoire était le même qui pendant quelque temps avait été le père nourricier de saint Benoît au mont Cassin. Ce fait seul suffit à démontrer quel fond l'on peut faire sur cette première partie de l'ouvrage de Gilbert. Il s'y trouve du reste quantité de fautes que les éditeurs ont eu soin de relever dans leurs notes.

Mais il n'en est pas de même de la seconde partie. Les mêmes éditeurs en font cas, et reconnaissent que les faits qui y sont rapportés se trouvent d'accord avec les anciennes chroniques. Cependant ils ont peine à croire que les miracles écrits en prose cadencée sur la fin de l'ouvrage, soient du même auteur que les précédents. Ils n'en allèguent aucune raison, et la chose, en effet, n'est pas assez intéressante pour mériter d'être discutée. Il parait cependant que Gilbert, en enchâssant ainsi de la prose cadencée dans sa prose ordinaire, n'aurait fait qu'obéir au goût de son siècle. Plusieurs fois déjà, nous avons eu l'occasion de remarquer que les écrivains de cette époque avaient la passion d'intercaler ainsi des vers dans leur prose. Du reste on s'aperçoit que dans sa prose même Gilbert vise à la poésie et affecte un goût particulier pour les consonnances ; il n'y aurait rien d'étonnant qu'il s'y fût entièrement livré, pour raconter au moins quelques-uns de ces miracles en vers. Son écrit a été imprimé pour la première fois dans la *Bibliothèque de Fleury*, mais sans distinguer la prose ordinaire de la prose cadencée ;

dom Mabillon l'a inséré ensuite dans son *Recueil d'actes choisis*, mais en retranchant une partie des miracles rapportés à la fin et en l'accompagnant de quelques notes; et enfin les successeurs de Bollandus l'ont reproduit tout entier avec de nouvelles observations.

GILBERT, surnommé CRISPIN, parce qu'il était issu de la noble famille de ce nom, naquit en Normandie et fit profession de la vie monastique à l'abbaye du Bec, où saint Anselme enseignait avec une grande réputation. Le désir de s'avancer de plus en plus dans les sciences lui inspira la pensée de fréquenter les plus célèbres académies. Dans ce but, il parcourut la France et l'Italie, alla jusqu'à Rome, et revint dans sa patrie en passant par l'Allemagne, qui possédait alors des écoles très-célèbres. « Cet esprit avide de savoir, dit Pitseus, désirait se remplir de toute la science qui se trouvait à cette époque répandue parmi les nations. » De retour à l'abbaye du Bec, Lanfranc, archevêque de Cantorbéry, l'appela en Angleterre, où il le fit abbé de Westminster. Saint Anselme écrivit alors à Gilbert une lettre qui lui fait honneur. Il lui rend témoignage que la grâce l'a toujours conservé, et qu'ayant été nourri dans la piété, une éducation aussi sainte ne peut donner que de grandes espérances pour l'avenir. Gilbert réalisa toutes ces espérances et répondit par une conduite pleine de sagesse au choix du bienheureux Lanfranc. Il gouverna pendant trente-deux ans l'abbaye qui lui avait été confiée. Ce fut sans doute ce long séjour en Angleterre qui inspira à quelques écrivains anglais l'idée de le placer parmi les savants de leur nation. Gilbert était né dans le voisinage du Bec, où il avait été élevé, et Cave reconnaît lui-même qu'il était Normand. On place l'élection de Gilbert en 1082. En 1107, Henri, roi d'Angleterre, le députa à saint Anselme, pour faire conférer la bénédiction abbatiale à Hugues, moine du Bec, élu abbé du monastère de Saint-Augustin. Les historiens ne s'accordent pas sur l'époque de sa mort, qui nous paraît cependant facile à fixer par une de ses lettres dans laquelle il adresse son *Traité contre les Juifs* à Alexandre, évêque de Lincoln, qui ne fut élevé à cette dignité qu'en 1123. Il en résulte que l'abbé de Westminster vécut au moins jusqu'à cette année-là, et qu'on ne doit pas placer plutôt l'époque de sa mort.

SES ÉCRITS. — Pitseus nous représente Gilbert comme un homme comparable aux plus grands personnages de son siècle, aussi bien pour la science que pour la piété. Il donne un catalogue de ses ouvrages que nous ne suivrons pas, car il lui en attribue un grand nombre qui ne sont pas de lui, et il ne dit pas un mot de quelques autres dont il est incontestablement l'auteur. De ce nombre est la *Vie de saint Herluin*.

Cet écrit, sans aucun doute, appartient à l'abbé de Westminster, qui le composa comme il n'était encore que simple religieux du Bec. Guillaume de Jumièges en parle en des termes très-avantageux et y renvoie tous ceux qui désirent être instruits à fond de ce qui regarde la conversion et la vie du bienheureux Herluin. Il assure que ceux qui liront cet écrit « composé par Gilbert Crispin, abbé de Westminster, également distingué par sa science et la noblesse de son origine, y trouveront de quoi se satisfaire. » Il le loue comme un ouvrage écrit avec élégance. Il était permis à un écrivain du siècle de Guillaume de Jumièges de parler ainsi de l'ouvrage de Gilbert et d'en louer l'élégance, *qui eleganti sermone conscriptus est*. En effet, il est assez bien écrit pour son temps; de plus il est très-intéressant pour le fond; et on y trouve véritablement de quoi satisfaire sa curiosité par les détails qu'il renferme. L'auteur y décrit d'une manière fort vive le zèle qu'employait le saint abbé à faire avancer ses disciples dans la piété et dans les sciences, et l'accueil qu'il faisait aux gens de lettres quand ils se présentaient à lui pour embrasser la vie religieuse. Quoiqu'elle n'ait pas toute l'élégance de style que lui attribue Guillaume de Jumièges, cette histoire se lit avec plaisir; on y découvre sans peine que l'auteur était homme d'esprit, de jugement et de piété, et il mérite au moins une partie des éloges que lui ont donnés Guillaume de Jumièges, Pitseus, Harpsfeld, Possevin, Du Boulay et autres. Ces auteurs n'ont fait pour la plupart que copier ce que Balæus avait dit avant eux à la louange de Gilbert. La *Vie du bienheureux Herluin* a été imprimée à Paris en 1648, dans l'Appendice aux Œuvres de Lanfranc publiées par dom Luc d'Achery. Dom Mabillon en a donné une nouvelle édition dans le tome IX des *Actes des saints de l'ordre de Saint-Benoît*, Hugues de Menard a publié un Abrégé de cette vie, dans ses *Observations sur le Martyrologe Bénédictin*. Nous pouvons joindre à la *Vie du bienheureux Herluin*, trois épitaphes de ce saint abbé. Dom Mabillon, qui a publié les deux premières, se contente de dire qu'elles sont de l'auteur de cette Vie ou de quelqu'autre écrivain du même temps.

Conférence avec un Juif. — Le plus connu des ouvrages de Gilbert, et celui que tous les écrivains lui attribuent unanimement, est son *Traité contre les Juifs*. Dom Gerberon l'a publié parmi les Œuvres de saint Anselme, mais sous le nom de Gilbert, et avec ce titre : *Disputatio Judæi cum Christiano, de fide christiana, scripta a domino Gisleberto, abbate Westmonasterii*. Cet ouvrage est donc incontestablement l'œuvre de celui dont il porte le nom. C'est à tort qu'on l'a imprimé sous celui de Guillaume de Champeaux, dans la *Bibliothèque des Pères de Lyon*. Des manuscrits des anciennes bibliothèques de Saint-Remy de Reims, de l'abbaye de Saint-Germain des Prés, et de Saint-Victor de Paris, lèvent toutes les difficultés sur ce sujet. Cet écrit en forme de dialogue est précédé d'une lettre par laquelle l'auteur le soumet au jugement et à la censure de saint Anselme, archevêque de Cantorbéry à qui il le dédie. Il y rend compte ainsi des circonstances qui avaient donné lieu à cet ouvrage. Dans le cours des voyages qu'il avait entrepris pour s'instruire à la fin de ses études, Gilbert, se trouvant à Mayence, y avait lié connaissance avec un juif très-instruit de sa loi et même de celle des chrétiens. Ce Juif visitait souvent Gilbert qui lui rendait des services importants. Chaque fois que les deux amis se rencontraient, leurs conversations roulaient sur l'Ecriture et la religion chrétienne. Un jour la Providence leur ayant procuré plus de loisir, l'entretien fut plus long qu'à l'ordinaire, les deux amis dissertèrent de ce qui avait coutume de faire le sujet de leurs conversations. Le juif proposait des difficultés avec beaucoup d'ordre et de méthode et en les appuyant sur l'autorité de l'Ecriture sainte. Gilbert puisait ses réponses à la même source, et réfutait les objections du Juif avec tant de justesse et de force, que plusieurs de ceux qui avaient assisté à la conférence l'engagèrent à en écrire la relation, l'assurant qu'elle pourrait être utile à d'autres. C'est ce que fit Gilbert, dans un écrit en forme de dialogue, où il supprima son nom et celui du juif son interlocuteur. Dans son épître dédicatoire, il prend le titre de procureur et de serviteur du monastère de Westminster. Il prie saint Anselme de faire à son ouvrage tous les retranchements qu'il jugera nécessaires et même de le supprimer entièrement s'il le trouve indigne d'être publié; il se soumet d'avance à toutes ses décisions. Cependant il ne lui dissimule pas que cette relation, aidée de la grâce de Dieu, avait touché un juif de Londres, qui, s'étant converti, avait non-seulement demandé et reçu le baptême, mais même embrassé la profession religieuse dans l'abbaye de Westminster. Le P. Mabillon doute si ce juif converti n'est pas le même que saint Anselme recommande à Ernulphe, prieur de Cantorbéry, et à son archidiacre Guillaume. Quoi qu'il en soit, voici l'analyse abrégée de l'ouvrage de Gilbert.

La première question du juif regardait la haine que les chrétiens portaient ordinairement à ceux de sa nation. « Montrez-nous, dit-il à Gilbert, pourquoi vous nous blâmez d'observer la loi que Dieu nous a donnée, et d'obéir à Moïse, notre législateur. N'est-il pas écrit, que celui-là est maudit qui n'observe pas tout ce qui est écrit dans cette loi? Le législateur n'en excepte rien. » Gilbert répond : « Nous reconnaissons que la loi est bonne, qu'elle a été donnée de Dieu et que l'on doit conséquemment observer tout ce qu'elle prescrit; mais il faut distinguer les temps où Dieu a voulu que ces choses fussent observées. A prendre les ordonnances de la loi à la lettre, et à n'en juger que par les lumières de la raison humaine, il se trouverait des contradictions dans l'Ecriture, puisque les mêmes animaux que Dieu avait trouvés bons dans la création, Moïse défend non-seulement de les toucher, mais il va même jusqu'à menacer de mort ceux qui les auront touchés. Il y a dans cette défense quelque chose de caché et de mystérieux, comme dans beaucoup d'autres préceptes de la loi. Ils ont dû être observés jusqu'à ce que la vérité dont ils étaient la figure se fût manifestée. Mais quant aux autres préceptes qui ne sont point figuratifs, qui ne vont qu'à établir la vérité et la foi, qui ne commandent que la charité, l'observation n'en est pas prescrite pour un temps seulement, mais pour toujours. C'est de ces préceptes qu'il est dit que la parole de Dieu demeure éternellement. La loi de Moïse défend l'homicide et l'adultère; Jésus-Christ défend même la haine et les mauvais désirs. Mais la défense que la loi fait de manger de la chair de porc, n'étant que figurative, elle ne subsiste plus depuis que Jésus-Christ, qui est la vérité, a fait cesser par sa venue toutes les figures de la loi qu'il venait abolir. » Telle est la distinction que Gilbert apporte pour répondre aux autres questions du juif: — L'immutabilité de Dieu et son immensité lui faisaient trouver l'Incarnation impossible, parce que Dieu ne peut être renfermé dans un corps semblable à celui de l'homme, ni devenir corruptible. Il ajoutait que quand il est dit dans Isaïe, que *le Messie s'appellera Emmanuel*, c'est-à-dire Dieu avec nous, cela ne veut pas dire qu'il sera Dieu, mais seulement, qu'il sera en si grande dignité auprès de Dieu, et rempli de tant de grâces, qu'en lui et par lui la vertu du Seigneur sera avec nous. Lorsque chez les chrétiens le prêtre qui célèbre la messe dit aux assistants, *Le Seigneur est avec vous*, s'ensuit-il qu'aussitôt Dieu se fasse homme, ou qu'étant fait homme il se trouve au milieu de l'assemblée? — Gilbert rapporte les passages de l'Ecriture qui prouvent clairement que Dieu s'est fait homme; qu'il est né d'une Vierge, qu'il a conversé parmi nous, qu'il n'y a pas habité de la même façon que le prêtre qui célèbre les saints mystères souhaite qu'il se trouve parmi le peuple assemblé; mais réellement et sous la forme humaine, comme le prophète Isaïe l'explique clairement dans ces paroles: *Un enfant nous est né et un fils nous a été donné; il s'appellera le Dieu fort, le père du siècle futur, le prince de la paix*. A l'égard de sa naissance d'une Vierge, Gilbert dit qu'il n'était pas plus difficile à Dieu de se former un corps dans le sein d'une Vierge, sans le ministère d'aucun homme, que de former sans aucun secours le corps d'Adam. Dieu s'est donc fait homme, non en cessant d'être Dieu, mais en prenant la nature humaine qu'il n'avait pas. Ce n'est que par l'Incarnation que l'homme a été rétabli dans l'état d'où il était déchu par le péché d'Adam, et il n'y avait pas d'autre moyen de le réhabiliter.

Il se présenta entre le juif et Gilbert quelque difficulté sur certains endroits de l'Ecriture, que le premier ne lisait pas dans ses exemplaires de la même façon que les chrétiens; entre autres celui-ci de Jérémie, allégué par Gilbert: *Après cela, Dieu a été* vu sur la terre et il a conversé avec les hommes. « Ce que nous citons comme écrit dans la Loi et les Prophètes, dit Gilbert, nous avons appris de vous qu'il était écrit ainsi ; c'est de vous que l'Eglise a reçu la Loi et les Prophètes ; et ce qu'elle a reçu de vous, elle l'a gardé jusqu'à aujourd'hui sans aucun changement. Les Septante ont traduit la Loi et les Prophètes de l'hébreu en grec, et les nôtres les ont traduits du grec en latin. Lisez les anciens exemplaires de nos Bibles, lisez les nouveaux, vous n'y verrez aucune variété dans le texte, et dans tous se trouve ce passage allégué de Jérémie, non qu'on le lise précédemment dans le livre qui porte son nom, mais dans celui de Baruch, ce qui revient au même, parce que Baruch était secrétaire de Jérémie, et qu'il l'a écrit sous sa dictée. » Le juif ne connaissait pas la version que l'on appelle des Septante, Gilbert la lui fit connaître. Il répond ensuite à l'objection qu'il adressait aux chrétiens d'adorer la croix et les images, ce qui était défendu dans le livre de l'*Exode*. Voici le résumé de sa réponse. Les chrétiens ne rendent de culte divin à aucune créature ; ils se contentent d'honorer les images des choses sacrées après qu'elles ont été bénites par l'évêque, et reconnaissent que les images, soit de la croix, soit des saints, n'ont en elles-mêmes ni par elles-mêmes aucune vertu.

Le dialogue de Gilbert est suivi de sa lettre à Alexandre, évêque de Lincoln, à qui il l'adressa pour le corriger. Cette lettre avait sa place naturelle à la tête du traité, comme l'indiquent les derniers mots qui la terminent. Dom Gerberon qui l'a publiée parmi les OEuvres de saint Anselme, y a inséré également un autre dialogue entre un juif et un chrétien, sous le nom de l'abbé Rupert, dont nous rendrons compte en son lieu. Il y a aussi, dans le tome V des *Anecdotes* de dom Martène, un *Dialogue entre la Synagogue et l'Eglise*, sous le nom de Gilbert, mais on n'y retrouve ni le style ni la solidité de celui dont nous venons de parler. Il faut que ce dialogue soit d'un autre écrivain du même nom. Celui que nous avons analysé se trouve, comme nous l'avons dit, dans les deux éditions des OEuvres de saint Anselme, publiées à Paris en 1675 et 1721. Il avait été imprimé, mais moins correct et sans nom d'auteur, à Cologne, en 1537. Il est aussi dans le tome XX de la *Bibliothèque de Lyon*, sous le nom de Guillaume de Champeaux, édition de 1677.

Nous avons un *Dialogue sur la procession du Saint-Esprit*, qui ne peut appartenir qu'à Gilbert. Il est probable qu'il aura composé cet écrit à l'imitation de saint Anselme, son maître, et qu'il l'a réduit en forme de dialogue, pour le mettre plus à la portée de tous les esprits. Cave met au rang des écrits de Gilbert Crispin un *Commentaire sur les Prologues de saint Jérôme*, et un *Livre sur les péchés de pensée, de parole et d'action;* ce dernier se trouvait manuscrit dans la bibliothèque de Gaultier Cope.

L'ouvrage de la chute du diable, *De casu diaboli*, n'est autre indubitablement que le dialogue de saint Anselme sur le même sujet et imprimé parmi ses œuvres par les soins de dom Gerberon. Les *Homélies sur le Cantique des cantiques* sont de Gilbert de Hoyland, disciple de saint Bernard, et abbé de Swinshad, au diocèse de Lincoln, mort en 1172. L'identité de nom aura fait confondre ces deux auteurs. Il en est de même des *Commentaires sur Isaïe et Jérémie* que Pitseus et du Boulay attribuent à l'abbé de Westminster et qui appartiennent à Gilbert l'Universel, évêque de Londres. Nous en dirons un mot à son article. L'écrit sur l'état de l'Eglise, *De statu Ecclesiæ*, est de Gilbert, évêque de Limerik en Ecosse et qui florissait dans le même temps. Quelques auteurs, en attribuant cet ouvrage à Gilbert Crispin, sont tombés dans une autre erreur, et l'ont fait lui-même évêque de ce diocèse. C'est la remarque de Harpsfeld, qui cite Jean Leland pour garant de tout ce qu'il avance touchant l'abbé de Westminster. On lui attribue encore un traité de l'âme, *De anima*, qui n'est autre très-vraisemblablement que le traité *De spiritu et anima*, imprimé dans l'Appendice au tome VI des OEuvres de saint Augustin. Mais les éditeurs ont découvert depuis, que cet ouvrage appartenait à Alcher, moine de Clairvaux, qui vivait en 1160. On peut consulter son article dans le premier volume de ce *Dictionnaire*, page 176. — Il n'est pas hors de propos de faire remarquer que tous les ouvrages, dont nous venons d'indiquer les titres, sont attribués à Gilbert Crispin, par Balæus, Pitseus, Cave et autres écrivains anglais, à l'autorité desquels il ne faut pas facilement s'en rapporter, toutes les fois qu'il s'agit d'écrits attribués aux auteurs de leur pays, ou qu'ils revendiquent comme compatriotes parce qu'ils l'ont habité. Gilbert est du nombre de ces derniers ; il n'est donc pas surprenant qu'ils se soient appliqués à l'enrichir.

GILBERT, d'abord clerc séculier, fut élevé à la dignité de prêtre, puis de doyen de l'église de Saint-André, dans la dépendance du monastère d'Elnone ou Saint-Amand, au diocèse de Tournai ; mais, bientôt dégoûté du monde, il la quitta et se rendit moine dans ce monastère, où il brilla par sa vertu, son zèle et son savoir. Mais il n'en fut jamais abbé, comme Casimir Oudin l'a avancé sans preuves. Il y était déjà au mois de février 1066 ou 1067, lorsque cette maison fut réduite en cendres par un incendie inopiné. Les supérieurs ne trouvèrent pas d'autre moyen, pour le rétablir, que de porter les reliques du saint par les villes et les villages, pour exhorter les fidèles à contribuer de leurs aumônes aux frais de cette restauration. Ce transport dura un mois, depuis le 4 juin jusqu'au 4 juillet de la même année. Gilbert fut l'un des moines qui accompagnèrent la châsse par tous les lieux où elle passa. Il mit par écrit tout ce qui s'était passé dans cette procession à travers la

Flandre, le Cambrésis et une partie de la France, avec la relation détaillée des miracles qui s'y opérèrent. Il paraît avoir commencé ce travail aussitôt après le retour des reliques dans leur église. Personne n'était plus capable que lui de réussir dans la narration des faits dont il avait été témoin oculaire; aussi proteste-t-il, en commençant, d'une exactitude et d'une sincérité auxquelles les clercs, les moines et les laïques instruits s'empressaient eux-mêmes de rendre témoignage. Cet ouvrage, dans les manuscrits du temps, était divisé en quatre livres, qu'on a réduits à quatre chapitres dans les imprimés, sans compter la petite préface qui se lit en tête. Ces chapitres sont eux-mêmes fort courts; le troisième et le quatrième sont écrits partie en prose, partie en vers, qui n'ont rien qui les relève au-dessus de la versification des poëtes du même temps. Cet écrit a d'abord été imprimé parmi les Œuvres de Philippe Harving, abbé de Bonne-Espérance, qui parurent à Douai en 1621. Le texte y est imparfait, ce qui n'a pas empêché quelques critiques de l'attribuer à cet auteur. Les premiers continuateurs de Bollandus, après avoir revu cette édition sur deux anciens manuscrits, réimprimèrent l'ouvrage tout entier, à la suite des Actes de saint Amand. Dom Mabillon s'est borné à en publier quelques extraits choisis.

Gilbert composa aussi un poëme sur l'incendie de son monastère à l'époque que nous avons précédemment indiquée. Quelques-uns semblent avoir confondu cet ouvrage avec le précédent; mais, outre qu'il n'y est dit que deux mots de cet incendie, l'endroit où il en est question est écrit en prose et non en vers, ce qui ne remplit pas l'idée que nous donne de cette pièce un moine du temps, lorsqu'il dit à ce sujet:

Susceptam querulo Gilberius carmine cladem
Concelebrat, mæstis prosequiturque modis.

Valère André fait juger qu'il avait vu ce poëme dans les manuscrits, lorsqu'il dit qu'il était divisé en quatre livres et bien écrit pour ce temps-là : *Scripsit eleganti carmine de incendio Elnonensi libros IV.* Cependant on regarde ce poëme comme perdu. Gilbert avait écrit des *Commentaires sur les Épîtres de saint Paul.* Cet ouvrage se conserva longtemps parmi les manuscrits de la bibliothèque de Saint-Amand, avec un *Recueil de Sermons* pour toutes les fêtes et portant également le nom de notre auteur. Bollandus a rapporté les premières phrases de celui qui est en l'honneur du saint patron de ce monastère. Il fait encore mention d'un autre écrit qui avait pour titre : *De reparatione ejusdem cœnobii.* Si cette partie d'histoire n'était pas traitée dans le poëme sur l'incendie de ce monastère, ce serait un écrit de plus à ajouter aux autres écrits de Gilbert. Cet écrivain mourut en 1095, le 7 décembre, et fut enterré dans l'église des Saints-Apôtres. Son épitaphe, en quatre vers héroïques, nous le représente comme un pasteur plein de zèle pour l'instruction des peuples.

GILBERT était prévôt de l'église de Saint-Germain de Mons, et chancelier du comte de Hainaut, Baudouin IV, surnommé le Magnanime. Ce sont les titres qu'il se donne en tête de sa *Chronique du Hainaut,* et les seuls renseignements que nous ayons pu recueillir sur sa personne. Fabricius avance que son ouvrage remonte jusqu'à la création du monde. C'est une méprise échappée à l'exactitude habituelle de ce bibliographe. Il est certain que la *Chronique* de Gilbert n'embrasse que l'espace de temps qui s'est écoulé depuis l'an 1060 jusqu'en 1146. Elle est écrite en latin et non en français, comme l'a supposé Vossius, qui paraît ne l'avoir connue que d'après une citation de Jacques Meyer sur l'an 1071. Gilbert est un des historiens dont le P. de Leuvarde invoque le témoignage avec le plus de confiance dans son *Histoire générale du Hainaut.* Nous ignorons si cette *Chronique* a été publiée; mais, au dernier siècle, on n'en connaissait qu'un seul exemplaire manuscrit, qui se conservait chez les chanoinesses de Sainte-Vautru de Mons.

GILBERT, nommé évêque de Limerick en 1110, gouverna cette église jusqu'en 1139. Il fut légat du Saint-Siége en Hibernie, et y tint un concile en 1110, pour régler les limites des évêchés dans ce royaume. Se trouvant en Angleterre en 1115, il assista à l'ordination de Bernard, qui fut consacré évêque de Saint-Davids dans l'abbaye de Westminster. En 1139, son grand âge et ses infirmités ne lui permettant plus de remplir ses fonctions de légat, il pria le Pape de l'en décharger et mourut quelque temps après.

SES ÉCRITS. — Nous avons de lui une lettre circulaire à tous les évêques et prêtres d'Hibernie, intitulée : *Des usages ecclésiastiques.* Elle a pour but d'établir l'uniformité des offices divins dans le clergé catholique de ce royaume, où il y avait encore beaucoup de schismatiques. Cette lettre est comme le prologue d'un petit ouvrage que Gilbert a intitulé : *De l'état de l'Église,* et que plusieurs écrivains ont attribué faussement à Gilbert, abbé de Westminster. Il y distingue tous les degrés de la cléricature, et les offices attachés à chacun; les monastères et les officiers destinés à les gouverner; puis les gens mariés et leurs devoirs. C'est à l'évêque de consacrer et de bénir tous les vases et les ornements destinés au saint ministère; d'ordonner les prêtres, les diacres, et autres ministres inférieurs, les abbés et les abbesses, de confirmer les baptisés, de faire la dédicace des églises, d'indiquer et de tenir le synode; de bénir une reine et une vierge en lui donnant le voile. Il peut faire aussi ce que font les autres ministres qui sont au-dessous de lui. Il porte les ornements, symbole de sa dignité, le bâton pastoral, l'anneau, la mitre, la dalmatique et les sandales. L'archevêque a de plus le pallium; c'est lui qui sacre l'évêque aidé des évêques de sa métropole. La consécration de l'archevêque appartient au primat, et celui-ci doit être sacré à Rome par le Pape. Les primats tiennent chez nous la place que les patriarches occupent en Orient.

Les fonctions du prêtre sont d'administrer le baptême sous une triple immersion; d'offrir souvent le sacrifice du corps et du sang de Jésus-Christ; d'instruire le peuple tous les dimanches; d'oindre les fidèles, une fois en chaque maladie dangereuse; de donner la communion aux baptisés aussitôt après le baptême; à tous les fidèles trois fois l'année, à Pâques, à la Pentecôte et à Noël; et aux moribonds, lorsqu'ils demandent la communion de vive voix ou par signe; de donner des cendres au commencement du carême; d'excommunier ceux qui sont tombés dans de grands crimes; d'éloigner de la communion les pécheurs d'habitude et d'empêcher qu'ils n'aient de communication avec les autres fidèles. Ils peuvent, mais avec la permission de l'évêque, recevoir à l'unité de l'Eglise ceux qui à l'article de la mort témoignent du regret d'en avoir été séparés pour leurs crimes. Gilbert détaille plusieurs autres fonctions du ministère sacerdotal qui sont connues. Il ne dit rien en particulier de l'office des diacres et des sous-diacres. A propos des portiers, nous remarquerons qu'ils étaient chargés d'empêcher qu'aucun Juif ni païen, pas même les catéchumènes, ne demeurassent à l'église dans le moment du saint sacrifice; comme aussi ils devaient en faire sortir les chiens et les excommuniés. Les moines faisant profession de vaquer à la prière et à la contemplation, sans se mêler aux affaires du siècle, doivent s'abstenir de baptiser, de communier et de remplir toute autre fonction ecclésiastique à l'égard des laïques, à moins qu'il n'y ait nécessité et que l'évêque le leur ordonne. Quant aux laïques, ils ne doivent pas contracter mariage, jusqu'au sixième ou septième degré de parenté, ni prendre pour femme leur commère spirituelle. Il leur est ordonné de fréquenter les églises, de payer fidèlement les prémices, les offrandes et les dîmes de leur fruits. Les prêtres y avaient part. Gilbert veut qu'ils possèdent tous le texte des Evangiles, le Psautier, un Missel, un Bréviaire, et le livre synodal, avec une boîte pour mettre les ablutions c'est-à-dire pour conserver l'Eucharistie. Il remarque, à propos du Pape, qu'il a seul la prééminence sur l'Eglise universelle, qu'il ordonne et juge tous, qu'il est aussi ordonné de tous, parce que les Romains l'intronisent du consentement de toute l'Eglise; qu'il s'habille chaque jour d'un manteau rouge afin de montrer qu'il est toujours prêt au martyre.

Lettre à saint Anselme. — Ce traité, dans le *Recueil des lettres hibernoises* d'Usserius, est suivi de la lettre que Gilbert écrivit à saint Anselme pour lui témoigner sa joie et sa gratitude, de ce que, par ses soins et ses travaux, il était venu à bout d'obliger les Normands à se conformer aux décrets des saints Pères, dans l'élection et la consécration des évêques et des abbés. Il joignit à sa lettre un petit cadeau pour l'archevêque de Cantorbéry, qui l'en remercia par une réponse, dans laquelle il l'exhorte à extirper les mauvaises mœurs dans le royaume d'Hibernie, et à y faire fleurir la piété en persuadant au roi et aux évêques de ce royaume de l'assister dans cette bonne œuvre; cette lettre de saint Anselme est la cent quarante-troisième du troisième livre, dans l'édition que Gerberon a donnée de ses Œuvres. Nous ne connaissons pas d'autre édition des écrits de Gilbert que celle qu'Usserius en a donnée dans ses *Lettres hibernoises* en 1696.

GILBERT L'UNIVERSEL, évêque de Londres, naquit en Angleterre suivant quelques-uns, ou dans cette province de la France qui porte le nom de Bretagne, suivant le plus grand nombre. Le titre de Breton, que lui donnent plusieurs écrivains, semble confirmer cette dernière opinion; car les préventions du roi Henri Ier contre les anciens Bretons du pays de Galles ne permettent pas de penser qu'il eût été choisir un homme de cette contrée, pour lui confier un siège aussi important que celui de Londres. L'historien Edmer déclare positivement qu'il n'en élevait aucun aux dignités civiles et religieuses de ses Etats. Quoi qu'il en soit, nous voyons par un Acte de l'abbaye de Fleury que, dès l'an 1110, Gilbert faisait partie du clergé d'Auxerre. Le titre de *magister*, que cet acte lui accorde, semble même indiquer qu'il dirigeait les écoles de cette ville. Il eut aussi la conduite de celles de Nevers; du moins il y enseignait publiquement et avec beaucoup d'éclat, lorsqu'il fut choisi, en 1127, pour remplir le siège de Londres.

Son habileté dans l'interprétation des Ecritures et la grande étendue de ses connaissances lui avaient acquis le titre d'*universel*. Sa réputation était si grande qu'on ne croyait pas qu'il y eût en Europe aucun savant qui lui fût comparable. C'est Harpsfeld qui en parle ainsi. Tel était celui que le roi, de concert avec l'archevêque de Cantorbéry, et du consentement du peuple, pourvut de l'évêché de Londres. Il fut sacré par l'archevêque Guillaume, au mois de janvier 1128, et mourut en se rendant à Rome au mois d'août 1134. L'église d'Auxerre, à qui il légua quelque chose en mourant, l'inscrivit dans son Nécrologe, et fonda pour le repos de son âme un service anniversaire. Saint Bernard, dans une lettre qu'il lui écrivit, parle de lui comme d'un homme célèbre par son savoir, mais plus admirable encore par le mépris qu'il faisait des richesses. « Que Gilbert, dit-il, ait été élevé à l'épiscopat, rien d'extraordinaire; mais qu'un évêque de Londres vive dans la pauvreté, c'est vraiment une chose merveilleuse. » Qui croirait qu'un évêque, dont saint Bernard fait un tel éloge, ait été accusé d'avarice ? C'est pourtant ce qui est arrivé au sujet de Gilbert, tant les jugements des hommes sont différents.

Henri d'Huttington, qui vivait dans le même siècle, après avoir rendu justice aux talents et aux autres belles qualités de ce prélat, ajoute : « Gilbert avait été accueilli comme un homme de qui on espérait beaucoup; il trompa l'attente de tout le monde en se laissant aller à l'avarice; il recevait des deux mains et donnait peu; il ne fit aucun don à sa mort, et laissa des trésors immenses; ses coffres furent trouvés remplis d'or et d'argent, que le roi Henri fit mesurer dans les bottes de l'évêque défunt et emporter au trésor royal. » Que conclure de cette contradiction? Que les jugements des hommes sont sujets à l'erreur; mais entre deux sentiments si opposés, nous aimons mieux embrasser celui de saint Bernard.

SES ÉCRITS. — Ce n'est pas chose facile que de discerner aujourd'hui les véritables productions de Gilbert. Les auteurs sont assez unanimes dans les éloges qu'ils décernent à ses grands talents. Tous s'accordent également à lui attribuer une Glose sur l'Ecriture. Malgré le portrait désavantageux qu'il a fait de ce prélat, Henri d'Huttington convient que de Londres jusqu'à Rome il n'avait pas son semblable dans la science : *Non fuit usque ad Romam par ei scientia*. Saint Bernard, après avoir dit que toutes les sciences n'avaient été qu'un jeu pour lui, *In cunctis hujus mundi sapientium litteris et studiis ludens*, ne craint pas d'y ajouter qu'il entreprit et qu'il réussit même, en quelque sorte, à renouveler toute l'Ecriture. Le saint abbé de Clairvaux fait sans doute allusion ici au Commentaire ou à la Glose attribuée à Gilbert, sur toute l'Ecriture sainte. Mais, quoi qu'il en soit de cet ouvrage, suivant la remarque du savant abbé Lebeuf, on ne peut plus discerner aujourd'hui, dans la Glose générale, ce qui appartient particulièrement à Gilbert. Nous ajouterons même volontiers, toujours d'après cet écrivain, qu'on ne peut guère lui attribuer comme authentique qu'un *Commentaire sur les Lamentations de Jérémie*, à la fin duquel il a mis son nom et sa qualité de diacre d'Auxerre.

On a conservé longtemps dans l'abbaye de Saint-Aubin d'Angers deux exemplaires manuscrits de cet ouvrage, tous les deux très-anciens, et l'un même semblant appartenir au temps de l'auteur. Gilbert fait surtout usage du commentaire de Paschase Ratbert sur le même livre, et le nomme souvent. Il y explique le texte sacré selon les trois sens, historique, allégorique et moral; il le termine par ces paroles : *Sufficiant hæc ad expositionem Lamentationum Jeremiæ, quæ de Patrum fontibus hausi ego Gislebertus Antissiodorensis Ecclesiæ diaconus*. Comme cet écrit, qui est certainement de Gilbert, se trouve joint, dans quelques manuscrits, à d'autres commentaires sur différents livres de l'Ecriture, sur *Isaïe* par exemple, sur *Jérémie*, sur les *Psaumes*, etc., cela a donné lieu de lui attribuer toutes ces productions, quoiqu'on n'ait pas la même certitude qu'il en soit l'auteur. Cave assure qu'il avait donné, n'étant encore que diacre, une explication de tout l'Ancien Testament, mais qu'il n'en reste aujourd'hui qu'un commentaire entier sur les *Psaumes* et sur les *Lamentations de Jérémie*. Warthon témoigne avoir vu ces commentaires manuscrits. Le continuateur d'Henri de Gand lui attribue une Glose sur le Psautier et sur plusieurs autres livres. Parmi les manuscrits de l'abbaye de Wissemar, au diocèse de Constance, l'annaliste de Prémontré en cite un qui renferme le texte d'Isaïe et de Jérémie, avec une Glose et une explication des *Lamentations*. Dans le *Catalogue des manuscrits de l'abbaye de Saint-Martial de Limoges*, imprimé à Paris en 1730, on indique deux manuscrits in-folio. Le premier, vieux d'environ cinq cents ans, contient une *Glose sur Isaïe et Jérémie* par Gislebert, diacre d'Auxerre, et on ajoute : *Subscripsit ipse Gislebertus*. Le second, plus jeune environ d'un siècle, contient une Glose du même auteur sur les quatre Evangiles. On voyait autrefois dans la bibliothèque de Saint-Victor de Paris, et on trouve aujourd'hui encore dans celle de Cambridge, une *Glose sur Job et les Lamentations de Jérémie*, avec le nom de Gilbert d'Auxerre. L'abbé Lebeuf, après avoir parlé de ce dernier ouvrage qui, dit-il, est certainement de Gilbert l'Universel, témoigne avoir vu dans la bibliothèque de Vauclair, au diocèse de Laon, des explications sur quelques autres livres de la Bible, où le nom de Gilbert se trouvait spécifié, entre autres sur les *Psaumes*. Ces autres livres de la Bible, que l'abbé Lebeuf n'indique point, sont probablement les petits prophètes et saint Matthieu, sur lesquels on trouvait dans la même abbaye des Gloses que le P. Lelong attribue à notre prélat, mais sans dire précisément qu'ils portent son nom.

Malgré l'autorité de tant de manuscrits et l'autorité non moins imposante de tant d'auteurs, aux nom desquels nous pourrions en ajouter encore beaucoup d'autres, il est à peu près impossible de démêler ce qui appartient réellement à Gilbert l'Universel; d'abord parce que les manuscrits varient dans les titres; les uns portent, Gilbert, diacre à Auxerre; d'autres, Gilbert d'Auxerre et d'autres tout simplement, *Altissiodorensis*. On en rencontre même un inscrit sous le nom de Guillaume, *Guilelmus Altissiodorensis in Jeremiam;* ensuite parmi les bibliographes et les autres écrivains qui attribuent à notre auteur les Commentaires que nous venons de citer, il en est beaucoup qui peuvent se tromper, en se persuadant faussement que tout ce qu'ils trouvent sous le simple nom de Gilbert revient de droit à l'évêque de Londres. C'est ainsi, par exemple, que Jacques Philippe de Bergame, en parlant de Gilbert sur le témoignage d'autres écrivains, lui attribue des Commentaires sur les livres *de la Trinité* de Boëce, et beaucoup de sermons qui ne sont certainement pas de l'évêque de Londres, mais de Gilbert de la Porée, évêque de Poitiers. La conclusion à tirer de tout ceci, c'est qu'à l'exception des *Commentaires sur les Lamentations* qui nous semblent porter avec eux des caractères d'authenticité incontestable, on peut dire que les autres ouvrages de notre auteur ont perdu leur physionomie originale entre les mains des éditeurs qui les ont fondus et comme engloutis dans la Glose générale sur l'Ecriture sainte, et les deux Testaments.

GILBERT, élève de l'abbé Waselin II dans le monastère de Saint-Laurent de Liége, vers le milieu du XIIᵉ siècle, était, au rapport de Renier, auteur du Catalogue de cette abbaye, un esprit vif et brillant, *agile clarumque ingenium*, et continuellement occupé à méditer et à écrire. Il se livra surtout à la poésie et composa trois poèmes considérables. Le premier retraçait l'histoire du patriarche Joseph; le second, divisé en douze chants, célébrait les hauts faits de David ; et le troisième avait pour sujet le Cycle pascal. Ce dernier finissait par les vers suivants que le moine Renier nous a conservés :

Carmina composui gratoque labore peregi,
Sane difficilem proponendo mihi legem.
Lex fuit ut verbum curarem reddere verbo.
Ardua res certe multa dignissima laude,
Et labor egregius est ex sermone pedestri,
Ex humili prosa salienti currere versu,
Atque sequi Cyclum patulum ; sic ut sibi quivis
Speret idem, sudet multum, frustraque laboret
Ausus idem.

Ce morceau est peut-être le seul vestige qui nous reste des œuvres poétiques de Gilbert, qui, selon Renier, avait aussi du talent pour la musique. Cet historien en cite pour preuve les beaux chants qu'il avait composés sur saint George, sainte Ragenuffe et sainte Begge. Ces chants ont subi le sort de ses vers; musique et poésie, le temps nous a tout enlevé.

GILBERT, abbé d'Hoïlande, petite île située entre l'Angleterre et l'Ecosse, où il y avait un double monastère dépendant de l'évêché de Lincoln, a continué le Commentaire de saint Bernard sur le *Cantique des cantiques*. Cette continuation, comme l'ouvrage lui-même, est divisée en quarante-huit sermons qui ne passent pas le 10ᵉ verset du chapitre Vᵉ. On la trouve parmi les OEuvres de saint Bernard, où elle est suivie de sept autres traités ascétiques et de quatre lettres du même auteur. Gilbert, qui était de l'ordre de Cîteaux, mourut en 1172, dans un monastère du diocèse de Troyes en Champagne. Quoique ses discours ne manquent pas d'une certaine beauté, ils ne sont ni aussi sublimes, ni aussi pleins d'onction que ceux de son admirable maître sur le même sujet ; mais la lecture en sera toujours très-édifiante, non-seulement pour des moines, mais pour tous les ecclésiastiques. Nous transcrivons ici son témoignage sur la transsubstantiation du pain et du vin au corps et au sang de Jésus-Christ dans le mystère de l'Eucharistie : « Qu'y a-t-il de plus nouveau, dit-il, que ce qui se passe dans le mystère du corps du Seigneur, où la matière est changée quand l'espèce demeure? L'ancienne forme reste, mais c'est une nouvelle grâce, parce que c'est une nouvelle substance ; nouvelle, non en elle-même, mais dans cette espèce. C'est en effet quelque chose de nouveau que la substance de la chair du Sauveur, prise sous une autre espèce, confère à l'âme la vertu de sanctification, et que cette chair immaculée purifie dans le mystère de l'autel la substance spirituelle de l'âme. Chose encore nouvelle et qui ne se trouve point dans l'usage des autres sacrements, c'est que non-seulement la grâce de sanctifier est donnée dans l'Eucharistie, mais la substance naturelle du pain et du vin est changée; car par la bénédiction du sacrement, le pain offert reçoit ce changement ineffable de la consécration mystique, de même que de l'union du Verbe vivant surabonde une grâce vivifiante en la chair de Jésus-Christ. »

GILBERT DE SEMPRINGHAM, fondateur de l'ordre des chanoines, surnommés Gilbertins en Angleterre, fleurit sur la fin du XIIᵉ siècle. Il a composé pour son ordre deux livres de constitutions qui se trouvent dans le *Monasticon Anglicanum*.

GILBERT, surnommé DE LA PORÉE, naquit à Poitiers vers l'an 1070. Après y avoir fait ses premières études sous le professeur Hilaire, il alla les perfectionner à Chartres sous le célèbre Bernard Sylvestris, d'où il fut attiré à Laon par la réputation des deux frères Anselme et Raoul, qui passaient alors pour les plus habiles maîtres en théologie. « Gilbert, dit Otton de Frisingue, puisa dans ces différentes écoles, non des connaissances légères et superficielles, mais un savoir profond et étendu. La régularité de sa conduite et la gravité de ses mœurs répondaient à son ardeur pour les sciences. » On récompensa son mérite par la chancellerie de l'église de Chartres. Comme cette place emportait les fonctions de l'enseignement, Gilbert les exerça en homme supérieur à sa profession. La jeunesse accourut de toute part à ses leçons, et sa réputation s'étendit jusqu'à Paris, où il fut appelé pour remplir une chaire de dialectique et de théologie. Partisan de la doctrine des *réalistes*, il la fit valoir avec d'autant plus de facilité, que le parti des *nominaux* venait d'éprouver un cruel échec par la condamnation d'Abailard. On prétend que ce fameux dialecticien ayant aperçu Gilbert parmi ses juges à l'assemblée de Sens, l'apostropha par ce vers d'Horace :

Non tua res agitur paries cum proximus ardet ;

Application qui fut regardée depuis comme une prédiction de ce qui devait lui arriver. Nommé en 1141 à la Scholastique de Poitiers, il eut à peine occupé cette chaire l'espace d'un an, que ses concitoyens le choisirent pour succéder à Grimoard, leur évêque, mort au commencement de 1142. Accoutumé aux travaux de l'intelligence, l'épiscopat ne pouvait être pour lui un titre à l'oisiveté. Il prêchait souvent ; mais dans ses prédications, il mêlait imprudemment des opinions philosophiques qui altéraient la pureté de la parole divine. Il lui arriva même d'avancer un jour en plein synode des propositions contraires à la vraie croyance, ou du moins au langage commun sur la Trinité. Deux de ses archidiacres, Calon et Arnaud, surnommé à bon droit *qui ne rit pas*, en furent scandalisés au point qu'ils allèrent le dénoncer au Pape Eugène III qui se trouvait alors à Sienne, où il se préparait à passer en France. Ce pontife répondit qu'il ferait examiner l'affaire dans une assemblée de prélats. Les accusateurs prévinrent son arrivée et répandirent l'alarme partout sur leur passage. Ils allèrent à Clairvaux pour engager le vainqueur d'Abailard à se déclarer contre l'évêque de Poitiers. Le détail des propositions qu'ils venaient de dénoncer suffit à saint Bernard pour le faire entrer dans leurs vues. Gilbert cependant, peu effrayé de ces mouvements, se disposait à braver l'orage, et avait même composé un écrit pour défendre sa doctrine. Les deux archidiacres, impatients de voir la réunion du concile que le Pape leur avait fait espérer, revinrent à Auxerre où il se trouvait pour le rappeler à sa promesse. Le concile fut convoqué à Paris pour les fêtes de Pâques de l'an 1147. L'évêque de Poitiers y comparut, et saint Bernard y remplit les fonctions de promoteur, comme il avait fait au concile de Sens contre Abailard; mais il ne trouva pas dans ce nouvel adversaire un théologien aussi facile à démontrer que le premier. Les propositions soumises au jugement de l'assemblée étaient : 1° que l'essence divine n'est pas Dieu; 2° que les propriétés des personnes divines ne sont pas les personnes mêmes; 3° que les attributs divins ne tombent pas sur les personnes divines; 4° que la nature divine ne s'est pas incarnée, mais seulement la personne du Verbe; 5° qu'il n'y a point d'autres mérites que ceux de Jésus-Christ; que le baptême n'est réellement conféré qu'à ceux qui doivent être sauvés. Comme on n'avait pas les écrits de Gilbert pour vérifier ces propositions, Adam de Petitpont et Hugues de Champfleury déclarèrent avec serment lui en avoir entendu avancer quelques-unes. Gilbert, interpellé sur ces propositions, n'en disconvint pas tout à fait; mais il s'efforça de leur donner un sens favorable, et plusieurs appuyèrent ses explications. Bref, il mit tant d'adresse et de subtilité dans sa défense que les Pères, embarrassés, renvoyèrent la décision à un autre concile, qui se tint à Reims le 22 mars 1148. Mais tous ceux qui le composaient ne furent pas admis à l'examen de cette affaire. Le Pape choisit un petit nombre de théologiens, parmi lesquels il n'eut garde d'omettre saint Bernard, et tint avec eux un consistoire particulier sur ce sujet. Préparé à ce second assaut, Gilbert se présenta muni d'une multitude de volumes d'où il prétendait tirer sa justification. Il en lut un grand nombre de passages, et comme cette lecture se prolongeait au delà des bornes, le Pape l'interrompit en ces termes : « Mon frère, vous rapportez là bien des choses, et des choses, peut-être, que nous n'entendons pas. Répondez-moi simplement : Cette souveraine essence que vous confessez être un Dieu, en trois personnes, croyez-vous qu'elle soit Dieu? — Je ne le crois pas, » répondit le prélat. Le lendemain il voulut expliquer cette réponse, en disant que Dieu signifiant tantôt la nature, et tantôt la personne, il n'avait entendu ce terme qu'au second sens. — Alors saint Bernard prit la parole, et dit : « A quoi bon tant de discours? L'unique source du scandale est que vous passez dans l'esprit de plusieurs, pour enseigner et croire que l'essence et la nature de Dieu, sa divinité, sa sagesse, sa bonté, sa grandeur, ne sont pas Dieu, mais seulement la forme par laquelle il est Dieu. Est-ce là votre sentiment, oui ou non? » La réponse fut affirmative ; sur quoi l'abbé de Clairvaux demanda qu'on en prit acte, et l'obtint. Ces points éclaircis, les trois suivants se présentèrent à leur tour. Nouveaux combats où la victoire fut longtemps balancée entre les partis. Il ne tint pas même aux cardinaux, la plupart favorables à l'accusé, qu'elle ne demeurât encore indécise, par la tentative qu'ils firent de se réserver à eux seuls le droit de prononcer. Mais les évêques de France ne donnèrent point dans le piége; et pour rompre ces mesures calculées par l'intérêt ou l'amitié, ils opposèrent aux propositions de Gilbert une profession de foi, qu'ils chargèrent l'abbé Suger avec trois d'entre eux de présenter au Pape. Gilbert souscrivit lui-même cette formule, et par là s'évanouit toute cette grande contestation. De retour dans son diocèse, l'évêque de Poitiers retrouva dans son peuple le même attachement et le même respect qu'auparavant. Sa modération ramena ceux qui lui avaient été contraires, et ses deux archidiacres devinrent, par la suite, ses plus intimes amis. Une seule affaire depuis cette époque altéra la tranquillité de son gouvernement : ce fut le procès qu'il s'avisa d'intenter à l'abbaye de Fontevrault, pour la soumettre à sa juridiction. Ses efforts furent sans succès; lui-même reconnut plus tard l'injustice de ses prétentions, et la répara par les faveurs dont il ne cessa de combler ce monastère. Aux travaux du cabinet et à l'exercice continuel des fonctions pastorales, il joignit un grand zèle et un goût décidé pour la décoration de son église. « Dans ses mains, dit un de ses panégyristes, l'argent se transformait en vases et en meubles consacrés au service de l'autel. L'art et l'élégance de ces ouvrages en surpassaient encore la matière. L'or était employé aux mêmes usages; il se changeait en lames de vermeil destinées à ajouter par leur éclat à la splendeur de nos mystères..... « Mais, ajoute le même auteur, ce qui mérite surtout d'être rapporté, c'est le nombre presque infini de volumes qu'il plaça dans la bibliothèque de son église, après les avoir amassés avec beaucoup de peines avant son épiscopat. » Enfin, arrivé au terme d'une assez longue carrière, le pasteur mourut au milieu de ses ouailles, le 4 septembre de l'an 1154, emportant dans le tombeau leurs regrets et l'estime de ses confrères. Geoffroi du Loroux, archevêque de Bordeaux, célébra ses funérailles, assisté des évêques de Saintes, de Périgueux et d'Angoulême. Son corps fut déposé dans l'église de Saint-Hilaire, d'où les calvinistes retirèrent ses ossements pour les brûler. Laurent, alors doyen de l'église de Poitiers, et plus tard un de ses successeurs, exprima ses mérites, et le deuil que sa perte causa dans son diocèse, dans un éloge funèbre, dont nous n'avons cité plus haut qu'un fragment, mais qui mériterait d'être rapporté tout entier.

SES ÉCRITS. — Gilbert composa un grand nombre d'écrits, mais il n'y en a que quatre ou cinq tout au plus qui aient été imprimés. — Le premier est un *Commentaire sur les Livres de la Trinité* de Boëce. On le trouve dans l'édition générale des OEuvres de cet auteur publiée à Bâle en un volume in-folio, en 1470. C'est ce commentaire qui a donné le plus de prise aux adversaires de Gilbert. Au concile de Paris on en produisit des extraits qu'il désavoua comme infidèles; et dans celui de Reims il en apporta lui-même un exemplaire authentique, dont le Pape, après l'avoir examiné, défendit la lecture, jusqu'à ce qu'il eût été corrigé par le Saint-Siége. Le style en est concis jusqu'à la sécheresse, dur et embarrassé. Bien loin de lever les obscurités du texte, cette Glose aurait besoin elle-même d'un commentaire pour être entendue. Dans un manuscrit de l'ancienne bibliothèque des Carmes, ce commentaire se trouve suivi de l'éloge versifié de l'auteur. Il est également rapporté dans l'*Histoire de l'Université de Paris*, et dans le tome II de la *Nouvelle Gaule chrétienne*. Un manuscrit de Saint-Amand présente à la tête du même ouvrage le portrait de l'auteur, avec cette inscription : *Magister Gislebertus Pictaviensis episcopus altiora pandit philosophiæ secreta diligentibus attentis et pulsantibus discipulis quatuor, quorum nomina subscripta sunt, quia digni sunt.* Au-dessous de ce portrait sont ceux de trois de ses disciples; celui du quatrième est dans la lettre initiale de ce Commentaire. L'inscription de leurs noms porte, Jourdain Fantome, Yves, doyen de Chartres, Jean Belet et Nicolas d'Amiens.

La seconde production imprimée, due à la plume de Gilbert, est une lettre à Mathieu, abbé de Saint-Florent de Saumur, et depuis évêque d'Angers. C'est une réponse à celle que cet abbé lui avait écrite pour le consulter sur le cas suivant. Un prêtre de son monastère, après la consécration du pain, avait prononcé sur un calice vide les paroles sacrées. S'en étant aperçu à la fraction de l'hostie, il fit une nouvelle consécration de l'une et de l'autre espèce. Mathieu demandait quelle pénitence méritait la faute de ce prêtre. — Gilbert dans sa réponse dit qu'un cas semblable s'étant déjà présenté de son temps, il ne peut mieux faire que de conformer sa décision à celle que rendirent alors des personnes sages et éclairées. En conséquence, il est d'avis que le prêtre dont il s'agit s'abstienne pendant quelque temps de célébrer la messe. Il convient aussi de lui imposer des jeûnes et d'autres macérations corporelles, et de lui ordonner des prières pour l'expiation d'une telle faute. Il ajoute que ce prêtre, outre qu'il n'aurait pas dû recommencer la consécration du pain, pouvait s'abstenir même de celle du vin, et continuer le sacrifice sous la première espèce, attendu que Jésus-Christ est aussi bien tout entier sous une espèce que sous toutes les deux. Il cite en preuve l'usage de l'Eglise, de ne communier les enfants que sous l'espèce du vin, et les malades que sous celle du pain. On trouve sur un pareil cas une décision à peu près semblable, dans une lettre de saint Bernard à Gui, abbé des Trois-Fontaines. Hugues de Saint-Victor, auteur contemporain, dit que pour administrer l'Eucharistie aux enfants sous l'espèce du vin, le prêtre leur donnait son doigt à sucer après l'avoir trempé dans le calice. Dom Luc d'Achery a publié cette lettre dans ses *Notes sur Guibert de Nogent;* dom Martène, dans le tome Ier de ses *Anecdotes*, et dom Mabillon, au tome VI de ses *Annales*.

Le troisième écrit de notre auteur reproduit par l'impression est son *Traité des six principes*, ouvrage philosophique, qui se trouve parmi ceux d'Aristote, dans la traduction d'Hermolaüs Barbarus, immédiatement après celui du même philosophe intitulé *De prædicamentis*. Pendant plusieurs siècles ce traité fut en grande vogue dans les écoles. Plusieurs savants lui firent l'honneur de le commenter. De ce nombre sont Albert le Grand, dont on a un écrit intitulé : *De sex principiis Gilberti Porretani tractatus VIII*, dans le premier volume de ses OEuvres, édition de Lyon en 1651; Geoffroi de Cornouailles, religieux carme du XIVe siècle, qui fit sur le texte de Gilbert une Glose qui n'a pas encore été mise au jour; Antoine André, franciscain espagnol du même siècle, dont le Commentaire sur les *Six principes* fait partie du recueil de ses OEuvres publié à Venise en 1481, 1509 et 1517; Bonne-Grâce d'Esculo dominicain qui, parmi ses écrits également imprimés à Venise en 1481, en a un intitulé *Commentaria in Sex principia Gilberti Porretani*.

Le quatrième ouvrage de notre auteur qui ait été mis au jour est un *Commentaire sur l'Apocalypse*. La préface se trouve à la tête des *Postilles* de Nicolas de Lyra sur ce livre, et le corps de l'ouvrage dans une compilation de plusieurs anciens interprètes de l'*Apocalypse*, publiée à Paris en un volume in-8°, en 1512.

Nous ne saurions garantir l'impression d'un cinquième ouvrage de Gilbert, c'est-à-dire un *Commentaire sur les Psaumes*, tiré des anciens docteurs, que sur la foi de Lipen qui en cite une édition in-folio de l'an 1527, mais sans indiquer le lieu ni le nom de l'imprimeur. Fabricius ne l'a point connue, et les auteurs de l'Histoire littéraire de la

Franco ont fait d'inutiles recherches pour la découvrir. Quoi qu'il en soit, ce commentaire existe manuscrit dans plusieurs bibliothèques. Dans un exemplaire de l'église de Saint-Omer, le Commentaire de Gilbert se trouve confondu avec un autre de Nicolas d'Amiens son disciple, dont le but était d'expliquer l'œuvre de son maître; ce qui prouve que le travail de Gilbert n'était pas bien clair par lui-même. Geoffroy de Clairvaux, dans sa lettre au cardinal d'Albane, rapporte un texte où Gilbert parlant de l'adoration qui est due à la chair de Jésus-Christ, dit nettement « que ce n'est point une adoration de *latrie* telle qu'on la doit au seul Créateur; mais seulement une adoration au-dessus de celle de *dulie*; car l'adoration de *dulie*, ajoute-t-il, se rend même à la créature, et on en distingue de deux sortes : l'une qui a pour objet les hommes indifféremment, et l'autre qui ne se rend qu'à la seule humanité de Jésus-Christ. » Cette doctrine, dont Gilbert paraît être l'auteur, eut dans la suite un grand nombre de partisans, comme on le verra à l'article de PIERRE LOMBARD.

OUVRAGES MANUSCRITS. — Les écrits de Gilbert, qui n'ont jamais été imprimés, se trouvent répandus dans presque toutes les bibliothèques de l'Europe. Pour ne pas tomber dans des longueurs, nous nous contenterons d'en exposer le titre et le sujet, mais sans indiquer les sources qui les possèdent.

Ainsi, il nous reste encore de cet auteur, des *Questions diverses sur toute l'Ecriture sainte*; des *Gloses sur le prophète Jérémie, sur le Cantique des cantiques, sur l'Evangile de saint Jean, sur les Epîtres de saint Paul*. C'est dans cet ouvrage, comme l'a remarqué Geoffroi de Clairvaux, que Gilbert enseigne que le nom de Dieu et de Fils de Dieu n'est donné à l'homme en Jésus-Christ que par adoption. Du reste, toutes ces Gloses ne sont qu'une extension de celles d'Anselme de Laon, qui servirent de canevas, pour ainsi parler, à tous les glossateurs de l'Ecriture qui vinrent après lui dans les siècles qu'on est convenu d'appeler siècles de basse latinité.

Il y a encore un Commentaire très prolixe, et d'ailleurs assez peu intelligible, comme presque tous ceux de Gilbert, sur le traité de Boëce, *Des deux natures en Jésus-Christ*. La date de cet écrit précède le concile de Reims où Gilbert fut cité, puisque peu avant l'ouverture de ce concile, il en adressa au Pape Eugène un exemplaire que celui-ci remit à Gothescalc, alors abbé du mont Saint-Martin, près d'Arras, et depuis évêque de cette ville, pour l'examiner. Le jugement que celui-ci en porta ne fut pas favorable; il en tira même quelques propositions qui lui parurent erronées, et leur opposa des passages des Pères. Il y a de plus un autre Commentaire sur l'écrit attribué à Mercure Trimégiste : *De hebdomadibus, seu de dignitate theologiæ*, et un livre *De causis*.

Casimir Oudin met aussi sur le compte de notre auteur un traité en forme *De la Trinité*; mais comme ce traité ne se trouve plus nulle part, nous pensons qu'il se trompe, et qu'il confond cet ouvrage avec le Commentaire de Gilbert sur les *Livres de la Trinité* de Boëce. — Gilbert avait également composé une prose rimée sur la Trinité, laquelle fut produite contre lui au concile de Paris; mais nous croyons cette pièce perdue, du moins n'en avons-nous aucune connaissance. Enfin il faut mettre parmi les productions de Gilbert, que le temps nous a enlevées, ses *Sermons*, dont Pierre de Celles faisait un si grand cas qu'il ne craignait pas de les comparer à ceux de saint Bernard.

Tels sont les ouvrages connus de Gilbert de la Porée. Leur multitude et leur étendue font connaître son amour constant de l'étude et du travail, le grand nombre de citations qu'ils renferment sont une preuve de sa science et de son érudition; plusieurs difficultés importantes du dogme et de la morale, qu'on y trouve résolues, montrent la profondeur de son génie. Mais le défaut de méthode qui règne dans la plupart de ces productions, l'affectation qu'on y remarque de ramener tout aux opinions sophistiquées de l'école, sans parler de l'obscurité et de la sécheresse du style, les ont fait tomber dans un oubli presque complet.

GILDAS (Saint), surnommé LE BADONIQUE, naquit en Écosse vers l'an 494. Il eut pour père un seigneur breton nommé Caünus, homme de distinction et de piété, qui prit un grand soin de son éducation. Il fut mis, dès sa première jeunesse, sous la discipline de saint Iltut et élevé dans le monastère de ce savant et saint abbé, à qui l'on attribue l'établissement de la vie monastique en Angleterre. Il y eut pour condisciples saint Paul et saint Samson, qui, plus tard, furent élevés à l'épiscopat, le premier à Léon, et le second à Dol, dans la Gaule armoricaine. Il fut élevé lui-même au sacerdoce, et son zèle pour le salut des âmes le fit passer dans la province septentrionale de la Grande-Bretagne, où il convertit un grand nombre de païens et d'hérétiques; puis de là en Irlande, où il rétablit la pureté de la foi et de la discipline. Il y bâtit aussi plusieurs monastères, dont il fit autant d'écoles pour former les jeunes gens dans la science et dans la vertu. Sa dévotion lui fit entreprendre ensuite le voyage de Rome et de Ravenne, pour y visiter le tombeau des saints apôtres et celui de saint Apollinaire. Enfin, il vint fixer son séjour dans l'Armorique ou Petite-Bretagne, aux environs de Vannes, et y construisit le monastère de Rhuis, qui a subsisté jusqu'à ces derniers temps. Après y avoir réuni un nombre suffisant de religieux et établi une bonne discipline, il se retira de l'autre côté du golfe, dans une grotte solitaire, pour s'y livrer avec plus de liberté à la prière et aux exercices d'une vie pénitente. Cela ne l'empêchait pas de visiter quelquefois le monastère pour y entretenir la ferveur et donner ses soins à la direction de quelques personnes pieuses qui avaient recours à lui. Il mourut dans l'île d'Houat, en 570 selon

Ussérius, et selon d'autres en 581. Le surnom de *Badonique* lui fut donné parce qu'il naquit l'année de la victoire remportée par les Bretons sur le mont Badon. Saint Gildas est patron de la ville de Vannes, et le Martyrologe en fait mention au 29 de janvier.

SES ÉCRITS. — Nous avons de lui quelques canons de discipline et deux *Discours* sur la ruine de la Grande-Bretagne et sur les déréglements du clergé. Quelques-uns lui ont contesté ces discours, soit parce qu'ils sont remplis de fautes contre la vérité de l'histoire, soit parce que l'auteur y parle de plusieurs princes comme s'ils eussent vécu de son temps, soit enfin parce qu'il ne rend pas bien les termes de la langue du pays. Mais on peut répondre que des fautes de chronologie dans un discours ne sont pas toujours des preuves de sa supposition ; que les princes auxquels il s'adresse pouvaient avoir en même temps de l'autorité dans le royaume, sans avoir tous la principale et porter le titre de roi, et enfin qu'il est difficile de montrer que Gildas se soit trompé sur la signification des termes usités dans le pays, puisque la langue bretonne, comme les autres, a eu ses variations. Comment lui contester d'ailleurs des discours qui sont cités sous son nom par l'auteur même de sa Vie, par le Vénérable Bède, par Alcuin, et par un grand nombre d'écrivains postérieurs, parmi lesquels nous nous contenterons de signaler Rapin-Thoiras, dans le premier livre de son *Histoire d'Angleterre*.

Premier discours. — Le premier de ces deux discours est sur la ruine de la Grande-Bretagne, qu'il attribue aux mœurs corrompues de ses habitants, à leur manque de cœur quand il fallait aller à l'ennemi, à leur inclination pour les guerres civiles, à leur éloignement pour la vérité et pour la paix, et à leur penchant pour le mensonge. On ne consultait plus le Seigneur dans l'élection des rois ; on élevait à cette dignité ceux que l'on connaissait comme les plus cruels. Il suffisait à un roi d'avoir de la douceur et l'amour de la vérité, pour encourir la disgrâce de ses sujets et être considéré comme le destructeur de l'Etat. Telles étaient les dispositions des Bretons lorsque les Pictes les attaquèrent et les vainquirent. La guerre fut suivie d'une famine et d'une peste qui dépeuplèrent tout le royaume. Jusqu'au siège du mont Badon, que Gildas dit s'être fait dans l'année de sa naissance, la Bretagne avait été sagement gouvernée. Les rois, les évêques, les ecclésiastiques, les moines et le peuple, tout était dans l'ordre ; mais quelque temps après, cet ordre fut renversé si ouvertement, que les nations voisines disaient : « La Bretagne a des rois, mais ce sont des tyrans ; elle a des juges, mais ce sont des impies ; elle a des guerriers, mais qui ne savent combattre que dans les guerres civiles. » Il décrit les crimes horribles dont Constantin, Conan, Vortipar, Euneglas et Maglocus s'étaient souillés, leurs meurtres, leurs sacriléges, leurs adultères, leurs parjures. Il leur applique les reproches les plus vifs que les prophètes faisaient aux rois d'Israël et de Juda, et les menace de la colère du Seigneur. Il rejette l'amertume et la dureté de ses expressions sur la nécessité de crier contre le vice, et d'invectiver contre les pécheurs, et témoigne de son côté un désir ardent de les voir rentrer en eux-mêmes et vivre conformément aux lois de l'Evangile.

Second discours. — Ses invectives contre les désordres du clergé ne sont ni moins vives ni moins amères. L'avarice, la supercherie, la gourmandise, étaient des vices communs parmi les ministres de l'Eglise. Cependant les pasteurs ne laissaient pas de prêcher, mais ils vivaient mal ; ils offraient aussi quelquefois le saint sacrifice ; mais avec un cœur souillé. Leur vie déréglée ne leur permettait pas de reprendre ni de corriger les pécheurs. Ils n'enseignaient que faiblement l'obligation de faire l'aumône, parce qu'ils ne donnaient pas eux-mêmes une obole aux pauvres. Ceux qui au dehors paraissaient être exempts de défauts grossiers, ne faisaient point de difficulté de donner ou de recevoir de l'argent pour l'épiscopat ou la prêtrise. Quels secours les peuples pouvaient-ils attendre de semblables ministres, plus dignes des flammes de l'enfer que de paraître au saint autel ? Gildas convient que tous n'étaient pas méchants au même degré, et qu'il y avait des évêques et des prêtres qui avaient su se garantir de l'infamie de l'impureté, qu'il y en avait de chastes et de bons ; mais il soutient qu'ils manquaient de zèle, et qu'ils n'avaient pas la force nécessaire pour défendre la vérité aux dépens de leur vie. Sur quoi il leur met devant les yeux la constance admirable de saint Ignace d'Antioche dont il cite l'*Epître aux Romains* ; l'exemple de saint Polycarpe, évêque de Smyrne, et de saint Basile évêque de Césarée, qui, supérieurs à toutes les menaces et à tous les tourments, défendirent la vérité de la religion jusqu'à la mort. Il rapporte un grand nombre de passages de l'Ecriture, dans laquelle Dieu se plaint des mauvais pasteurs, de leur indolence à enseigner les peuples, des mauvais exemples qu'ils leur donnaient, en les laissant périr faute de nourriture, parce qu'ils n'avaient pas la vertu de leur montrer par leurs actions le bien qu'il fallait faire. Il semble dire que ceux-là ne sont ni prêtres ni évêques qui ne remplissent pas les fonctions de leur ministère ; mais on voit par ce qui précède et par ce qui suit, qu'il ne veut dire autre chose, sinon que ne faisant point ce qui est de leur charge, ils en sont indignes, et qu'il leur serait plus avantageux de la céder à d'autres qui rechercheraient dans l'épiscopat moyen, non de s'enrichir, mais d'être plus utiles au salut des peuples. — Les deux *Discours* de Gildas furent imprimés pour la première fois à Londres, en 1525, par les soins de Polydore Virgile, qui y joignit une préface de sa façon. Josselin, secrétaire de Matthieu, archevêque de Cantorbéry, en donna une seconde édition en 1568. On les trouve aussi dans les *Histoires ecclésiastiques de la Grande-Bretagne*, et dans les *Bibliothèques des Pères* de Paris, Cologne et Lyon. Mais on a oublié dans cette dernière édition la préface que Gildas avait placée en tête des deux discours, pour disposer les lecteurs à lire des choses aussi affligeantes. Il proteste qu'il ne s'était décidé à les écrire qu'après une délibération de plus de dix années, et dans la seule vue de déplorer avec les gens de bien la ruine de sa patrie et les désordres qui l'ont occasionnée. Il donne à son écrit le titre de *Lettre*. La distinction qu'on en a faite en deux discours ne paraît pas être de lui. La fin du premier, qui se trouve lié naturellement avec le commencement du second, fait voir que, dans le principe, ce n'était qu'un seul et même discours, ou une seule lettre, comme il l'appelle.

Canons sur la discipline. — Nous avons encore de saint Gildas quelques canons ou règlements de discipline dans un recueil de canons à l'usage de l'Eglise d'Hibernie ou d'Irlande. Dom Luc d'Achery l'a publié dans le tome IX de son *Spicilége* sur un manuscrit de l'abbaye de Corbie. Les canons insérés sous le nom de Gildas sont au nombre de huit. Le premier porte qu'il faut réserver à Dieu le jugement des évêques, des prêtres et des abbés, et que le mieux est de ne juger personne; — le second, que l'abstinence des aliments est inutile sans la charité; et que ceux qui, sans faire de longs jeûnes et de dures abstinences, ont le cœur pur, sont préférables à ceux qui tirent vanité de leurs mortifications; — le troisième, que la vérité est recevable de quelque bouche qu'elle nous vienne; — le quatrième qu'on ne doit pas condamner les princes pour des fautes légères; — le cinquième, que chacun doit demeurer dans l'état auquel Dieu l'a appelé. Les clercs irlandais portaient une tonsure différente de celle des clercs de l'Eglise romaine, et se faisaient raser le devant de la tête d'une oreille à l'autre. Saint Gildas remarque que ce n'était pas seulement dans cet usage qu'ils se distinguaient des Romains; mais en tout, et jusque dans la liturgie. — Le sixième canon défend à ceux qui ont le pouvoir d'excommunier d'en user avec précipitation. — Le huitième est contre ceux qui se croient justes, parce qu'ils font quelques bonnes œuvres, mais qui ne le sont pas en effet, parce qu'ils manquent de charité pour leurs frères. — Le Recueil de ces *canons* paraît avoir été fait dans le viiie siècle par un clerc nommé Aberdoc. Il en rapporte quantité d'autres tirés de divers conciles d'Irlande, et en particulier de ceux qui s'étaient tenus du vivant de saint Patrice. Le huitième canon attribué à Gildas suppose que ce saint abbé avait écrit plusieurs lettres. Nous n'en avons aucune; mais il s'en trouve quelques fragments dans un manuscrit de la Bibliothèque Cottonienne. Balæus lui attribue également un livre de *sermons*, qu'il dit être extrêmement satiriques; et un *Traité de l'Immortalité de l'âme*. Ils n'ont pas encore été rendus publics. Quelques critiques le font encore auteur d'une *Histoire des actes des Bretons*; mais d'autres l'attribuent à Nennius. Ce serait le déshonorer que de lui attribuer certaines prophéties qui portent son nom. Le poëme intitulé *Querulus*, que quelques-uns lui accordent, ne peut être de lui, puisqu'il fut adressé à Rutilius Numantius vers l'an 410, c'est-à-dire au moins quatre-vingt-quatre ans avant sa naissance. Ce poëme se trouve imprimé à la fin des comédies de Plaute.

GILDUIN, originaire de Paris, succéda à Guillaume de Champeaux, fondateur de la célèbre abbaye de Saint-Victor, et n'eut, comme lui d'abord, que le titre de prieur; mais une bulle du Pape Pascal II, datée de l'année 1114, lui décerna le titre d'abbé. Son administration sage et édifiante lui attira une foule de disciples, recommandables par leurs mérites et leur sainteté, au nombre desquels nous citerons le bienheureux Thomas, et le célèbre cardinal, si connu sous le nom de Hugues de Saint-Victor. Concentré dans son cloître, la faveur des grands vint l'y chercher. Le roi Louis le Gros, instruit du mérite de Gilduin, voulut l'avoir pour dépositaire et guide de sa conscience. Etienne, évêque de Senlis, se l'associa dans le gouvernement de son évêché, et accorda à son abbaye toutes les grâces dont il pouvait disposer. Le roi Louis le Jeune hérita des sentiments de son père pour l'abbé de Saint-Victor, et son ministre, l'abbé Suger, confia à ses moines le gouvernement de l'abbaye de Sainte-Geneviève: nous avons dit ailleurs à quelle occasion. Gilduin, pendant sept ans qu'il vécut encore, eut la satisfaction de voir ces deux maisons fleurir comme à l'envi, et par une louable rivalité. Comblé d'années et de mérites, il mourut le 13 avril 1155, après avoir gouverné son monastère pendant quarante-trois ans.

Dom Martène a publié, dans le tome IVe de sa grande *Collection*, une lettre et une charte de l'abbé Gilduin. La lettre adressée à Geoffroi, évêque de Beauvais, a pour objet de lui recommander un prêtre, dont le frère était mort intestat, excepté qu'il avait légué son cheval aux chanoines réguliers de Saint-Quentin, près Beauvais, dans le territoire desquels il avait établi sa demeure. Ceux-ci, s'étant saisis du mort, l'avaient enterré chez eux, et s'étaient approprié tout ce qui lui appartenait. Gilduin supplie le prélat de rendre justice à ce prêtre, et de lui faire restituer le bien de son frère. — La charte est un échange fait avec les religieux de Longpont, d'une prébende et de quelques autres droits, que l'abbaye de Saint-Victor possédait dans l'église de Montlhéry, contre d'autres propriétés dont les premiers jouissaient ailleurs. Du Cange, et après lui Fabricius, attribuent à Gilduin le *Livre de l'ordre de Saint-Victor*.

GILLES, Gaulois de naissance, gouvernait un monastère dans la Gaule Narbonnaise, au commencement du vi^e siècle. Il accompagna saint Césaire, évêque d'Arles, dans un voyage qu'il fit à Rome, accompagné du prêtre Messien, qui lui servait de secrétaire. De concert avec ce dernier, l'abbé Gilles présenta au pape Symmaque une supplique, que nous avons encore, et dans laquelle ils demandent l'un et l'autre que l'Eglise d'Arles soit maintenue dans les priviléges qui lui avaient été accordés par le Saint-Siége. Ils réclamaient en particulier que l'évêque d'Aix fût tenu de se rendre à Arles quand il y serait mandé par l'évêque de cette ville, soit pour les conciles, soit pour d'autres affaires ecclésiastiques. Il paraît que cette supplique n'avait pour but que d'appuyer celle que saint Césaire avait présentée lui-même à Symmaque. Ce Pape lui répondit par une lettre, datée du 11 juin 514, dans laquelle il confirme les priviléges de l'Eglise d'Arles, et accorde à saint Césaire le pouvoir d'assembler les évêques des Gaules et de l'Espagne, quand il en sera besoin.

GILON, surnommé DE PARIS, à cause du long séjour qu'il fit en cette ville, naquit à Toucy dans le comté d'Auxerre. Moréri, qui le confond avec Giles de Paris, plus récent que lui d'un siècle, avance, par suite de cette méprise, qu'il enseigna les belles-lettres dans la capitale. Ce qu'on peut dire de plus certain, c'est qu'après y avoir fait ses études et pris l'habit ecclésiastique, il continua d'y demeurer, et s'acquit une grande réputation par ses connaissances étendues, et surtout par son talent pour la poésie. Désabusé du monde, il y renonça en 1119, et se retira à l'abbaye de Cluny. S'il fuyait l'éclat en se confinant dans ce monastère, il ne rencontra pas ce qu'il cherchait. Le Pape Calixte II, dans un voyage qu'il fit en France, eut occasion de connaître Gilon et de l'apprécier. Il l'emmena à Rome, et le nomma, peu de temps après, évêque de Tusculum et cardinal. Honoré II, successeur de Calixte et héritier de son estime pour Gilon, le revêtit du titre de légat, et l'envoya, en 1127, pour apaiser les troubles qui divisaient le clergé de la terre sainte. Nous avons encore les lettres de ce Pape à Bernard d'Antioche, le principal auteur de ces querelles, par lesquelles il lui enjoint de rendre au légat Gilon l'honneur et l'obéissance dus à son caractère. Du reste, celui-ci s'acquitta de sa mission avec autant de prudence que d'habileté; et, à son retour à Rome, le pape lui en témoigna sa satisfaction, en le nommant son légat en Pologne. Quoiqu'on ne sache ni l'objet ni la nature de cette seconde légation, il est à croire qu'il y soutint la haute idée qu'il avait donnée de son talent, et qu'il s'en acquitta avec le même succès. Après la mort d'Honoré II, Gilon eut le malheur de se déclarer pour l'antipape Anaclet, et il soutint le parti qu'il avait embrassé avec une opiniâtreté qui ne céda ni au temps, ni aux instances pieusement réitérées de Pierre le Vénérable. Après la mort de cet antipape, on le voit, en 1134, exercer en son nom les fonctions de légat d'Aquitaine, avec le fameux Gérard, évêque d'Angoulême. Cependant dom Mabillon assure, d'après Ughelli, que Gilon reconnut enfin son erreur; mais les auteurs de l'*Histoire littéraire de la France* remarquent que ce fait n'est pas prouvé. La date de sa mort n'est point certaine : s'il est vrai, comme le pensent quelques critiques, qu'il ait vécu jusqu'en 1142, on a peine à se persuader qu'il ne soit pas venu à résipiscence, d'autant plus qu'alors le schisme était éteint jusqu'à sa dernière étincelle.

SES ÉCRITS. — On possède, mais non dans leur intégrité, deux écrits de Gilon. Le premier est un poëme historique en six livres sur la première Croisade; et le second, une *Vie de saint Hugues*, abbé de Cluny. La première de ces productions a été imprimée d'abord sur un manuscrit défectueux, dans les *Scriptores rerum Francicarum*, d'André Duchesne, à la suite de l'*Histoire de l'expédition des chrétiens à la terre sainte*, par un poëte nommé Foulques, dont nous avons parlé en son lieu. Dom Martène a jugé à propos de la faire reparaître dans le tome III de ses *Anecdotes*, d'après un exemplaire beaucoup plus complet de l'abbaye de Saint-Germain-des-Prés. Cependant cette seconde édition n'est pas tellement parfaite, qu'elle ne laisse encore plusieurs vides à remplir. Dom Martène reconnaît lui-même qu'il aurait pu la rendre beaucoup plus satisfaisante, s'il eût eu connaissance d'un autre manuscrit qu'il a découvert depuis à l'abbaye de Marchiennes. Cet exemplaire a pour titre : *Historia Gilonis cardinalis, episcopi, de Via Hierosolymitana*; et à la fin, on lit : *Explicit libellus Gilonis Parisiensis clerici, postea Cluniacensis monachi, inde cardinalis, episcopi, de Via Hierosolymitana, quando, expulsis et occissis paganis, devictæ sunt Nicæa, Antiochia et Hierusalem a Christianis*. On voit là tous les états par où passa Gilon, et en quelques mots tout le précis de l'ouvrage. Les mêmes paroles se retrouvent à la fin d'un autre manuscrit de ce poëme pour le moins aussi ancien, et qu'on peut lire à la Bibliothèque nationale. Ce manuscrit, plus complet encore que celui de Marchiennes, renferme un prologue en vers élégiaques qu'on ne rencontre dans aucun des autres. En voici les premiers distiques, qui prouveront, je pense, que l'auteur n'en était pas à son coup d'essai.

Hactenus intentus levibus puerilia dixi,
Materia puero conveniente levi.
Nec Turno dedimus carmen, nec carmen Achilli;
Sed juvenis juveni carmina plura dedi.
Materiamque gravem penitus mens nostra refugit :
At levibus nugis dedita tota fuit.
Ætas mollis erat, teneriosque lusibus apta,
Quæque gravant mentem ferre nequibat ea.
Ausus eram, memini, de bellis scribere; sed ne
Materia premeret, Musa reliquit opus.

A cet extrait du prologue, nous joindrons le début du poëme, ce qui suffira, nous l'espérons, pour mettre le lecteur en état d'apprécier la versification de Gilon :

Est ope divina Turcorum facta ruina.
Hoc pro laude Dei, licet impar materiei,

Carmine perstringo facili, nec ludicra fingo.
Christe, meæ menti tua bella referre volenti
Adsis, laus cujus series est carminis hujus,
Ut bene proveniant, et te duce carmina fiant.

Il termine ce poëme historique en déclarant son nom, sa patrie et sa demeure dans ces deux vers :

Hæc ego composui Gilo nomine, Parisiensis
Incola, Tuciaci non inficiandus Alumnus.

Il n'était donc pas encore moine de Cluny quand il mit la dernière main à cet ouvrage, mais habitant de Paris. Cependant Baudouin, second roi de Jérusalem, qui mourut en 1118, n'existait déjà plus, puisqu'il en parle comme d'un prince dont le gouvernement était expiré. C'est donc avec raison que nous avons retardé la profession religieuse de Gilon jusqu'en 1119.

Mais il avait passé de l'état monastique à l'épiscopat, lorsqu'il entreprit d'écrire la *Vie de saint Hugues.* C'est lui-même qui déclare ce changement d'état dans son épître dédicatoire à Ponce, successeur du saint abbé dans le gouvernement de Cluny. On ne peut expliquer dans un autre sens les regrets qu'il exprime d'être rentré dans le monde, après l'avoir quitté, et d'avoir perdu à Rome ce qu'il avait amassé à Cluny. Cette épître est bien écrite et pleine de grands sentiments. Dom Martène l'a insérée dans le tome Ier de ses *Anecdotes.* Les Bollandistes n'ont donné que des extraits de l'ouvrage de Gilon, ainsi que de celui d'Ezelin sur le même sujet. On les trouve au 29 avril dans leur collection.

Sur le témoignage de Guillaume de Tyr, on ne peut que présumer favorablement des lettres qu'il écrivit au clergé d'Antioche pendant sa légation en Palestine. Le temps nous les a enviées, et nous ne les connaissons que par les éloges que cet historien en a fait. Elles avaient pour objet d'engager ce clergé et son patriarche à restituer à l'archevêque de Tyr plusieurs églises que ce prélat revendiquait. Ces lettres produisirent leur effet ; c'est la meilleure preuve de l'éloquence du légat.

GIRALD, Français de nation, chanoine de l'Eglise de Compostelle et curé de la paroisse de Sainte-Anastasie, a continué l'histoire de cette église, une des plus célèbres de l'Espagne. On voit par le prologue qu'il a mis en tête de son travail, adressé à Didace Gelmire, premier archevêque de Compostelle, qu'il l'avait entrepris par l'ordre de ce prélat. L'auteur, ne voulant pas se faire honneur de ce qui ne lui appartient pas dans cette histoire, a soin d'avertir qu'il n'a fait que continuer et finir cet ouvrage, commencé par deux savants et respectables écrivains, savoir : Hugues Munio, évêque de Mondognado ; et l'autre, archidiacre de Compostelle. Cette histoire se conserve, manuscrite, dans plusieurs bibliothèques d'Espagne, entre autres, dans celles de Saint-Sauveur, de Salamanque et de Tolède, et contient l'origine et les progrès de l'Eglise de Compostelle, *Primordia, successus et incrementa Ecclesiæ Compostellanæ.* C'est apparemment le titre de l'ouvrage. Vasæus assure qu'il y a trouvé plusieurs choses intéressantes, dignes de voir le jour, et qu'il se propose de communiquer. Rodric de Cunha, dans son *Histoire des évêques de Porto,* rapporte une partie du prologue de Girald. Mais l'ouvrage tout entier n'a jamais vu le jour, *par un effet de la négligence innée des Espagnols,* dit un historien de cette nation. Ce même auteur en a tiré ce qu'il rapporte, à l'an 808, de la découverte qu'on fit cette année en Espagne du corps de l'apôtre saint Jacques de Zébédée, *à qui,* dit-il, *les Espagnols sont redevables, quoi qu'on en dise, des premières lumières de l'Evangile.* Girald écrivait vers le milieu du xiie siècle ; on ignore l'époque de sa mort.

GIRAUD, abbé de Tournus au diocèse de Châlons-sur-Saône, où il succéda à Guillaume en 1061, ne gouverna ce monastère que cinq ans, et mourut en 1066. C'était un homme de lettres qui a laissé après lui quelques productions de sa plume ; mais Falcon, moine du même monastère, qui florissait dans le même siècle, ne nous fait pas connaître autrement ses écrits. Tout ce qu'il nous en apprend, c'est qu'on s'en servait encore de son temps à l'église ; d'où nous croyons pouvoir inférer avec raison que l'abbé Giraud avait composé quelques *Homélies* ou *Légendes* réduites en leçons, des *Répons,* des *Proses,* des *Hymnes,* ou autres parties de l'office divin destinées à célébrer les mystères du Seigneur ou les fêtes des saints.

GISLEMAR, que certains critiques ne font vivre qu'au xiie siècle, florissait plusieurs années avant la fin du ixe. Il était moine de Saint-Germain-des-Prés, à Paris, et se donne pour tel en plusieurs endroits de l'ouvrage qui nous reste de lui. C'est une *Vie de saint Doctrovée,* premier abbé de ce monastère et disciple de saint Germain de Paris. Le motif qui le porta à entreprendre ce travail fut de réparer la perte de la Vie originale du même saint, consumée dans les deux incendies que ce monastère eut à souffrir de la part des Normands, en 845 et en 853. Comme cette maison fut incendiée une troisième fois en 886, et que Gislemar ne dit pas un mot de ce dernier sinistre, on se croit fondé à placer entre ces deux époques la composition de son ouvrage. Il s'y prit en habile homme. Privé de mémoires particuliers sur les actions du saint abbé, il eut recours pour l'exécution de son dessein aux monuments publics, d'où il tira tout ce qui se rapportait à son sujet. Tels sont l'*Histoire générale des Francs,* la *Vie de saint Germain* et les poésies de Fortunat de Poitiers, dont il transcrit quelquefois jusqu'aux propres paroles. Il joignit à tout cela ce que la tradition de son monastère lui avait appris de plus avéré sur son saint fondateur, et réussit ainsi à nous donner l'ouvrage dont nous rendons compte. On ne doit donc pas s'attendre à y trouver une histoire complète et suivie. L'auteur, pour remplir ses pages, a eu recours à quelques digressions qui rappellent moins les actions du saint que les différents événements qui s'accomplirent de son temps. L'écrit cependant ne laisse pas d'avoir son mérite et d'être intéressant pour l'histoire de l'abbaye de Saint-Germain. Les Bollandistes, et après eux dom Mabillon, l'ont publié avec des notes et des remarques, sur un même manuscrit qui appartenait à la bibliothèque de la maison, les premiers au 10 de mars, et le second dans son premier siècle bénédictin ; mais sans nom d'auteur. Mais ce nom se trouve dans les vers acrostiches qui suivent la préface de cet ouvrage et dont les initiales réunies forment l'indication suivante : *Gislemarus edidit hæc.* On ne doute point, du reste, que ce Gislemar ne soit le même qui se trouve nommé parmi les moines de Saint-Germain, qui s'associèrent, au IX° siècle, avec ceux de Saint-Remi de Reims. Quoique ces éditeurs se soient servis du même manuscrit, l'ouvrage cependant est plus exact dans l'édition de dom Mabillon. Néanmoins les défauts du manuscrit n'ont permis ni aux uns ni autres de reproduire cet écrit tout entier. Ils auraient bien fait de prévenir le lecteur de cette lacune, d'autant plus que la doxologie qui se trouve à la fin pourrait faire croire qu'il n'y manque rien.

GLABER, dont le nom primitif était RODULPHE ou RAOUL, avait été appelé ainsi parce qu'il était chauve. Suivant l'opinion la plus commune, il naquit en Bourgogne, au XII° siècle, et les auteurs de l'*Histoire littéraire de la France*, qui lui donnent cette province pour patrie, appuient leur conjecture de fortes présomptions. Sa jeunesse fut très-dissipée. Un de ses oncles crut arrêter ses désordres en le faisant admettre dans un couvent dès l'âge de douze ans ; mais il convient lui-même que cet état n'était pas de son choix. « Je ne changeai que d'habit, dit-il, mais non de mœurs ni de caractère. Je rejetais avec orgueil tous les avis salutaires que mes maîtres spirituels et mes confrères me donnaient. Indocile envers mes anciens, fâcheux pour mes égaux, à charge à ceux qui étaient plus jeunes que moi, en un mot, insupportable à tous, c'était débarrasser la communauté que de m'en éloigner. » On peut juger de la sincérité de cet aveu par ce qui fut l'occasion de son inconstance. Un jour, quelques moments avant matines, un homme, dont il fait une peinture affreuse, lui apparut, l'obligea de se lever, et lui dit jusqu'à trois fois : « Tu ne demeureras pas ici plus longtemps. » Effrayé de cette vision, qu'il croyait réelle, il court à l'église, se jette aux pieds de l'autel de saint Bernard, y confesse à Dieu tous les péchés qu'il avait commis depuis son bas âge et en demande pardon. Cet homme qui, suivant lui, ne pouvait être que le démon, lui apparut plusieurs fois encore dans les divers monastères où il demeura. De Saint-Léger, où il avait fait profession, il passa au monastère de Saint-Bénigne de Dijon, de là à celui de Moutiers, au diocèse d'Auxerre, ensuite à Bèze, et enfin à Cluny. Pourtant ces changements ne vinrent pas toujours de son inconstance. Ses confrères, ne pouvant le souffrir à cause de ses mauvaises mœurs, le chassaient du monastère, persuadés que son savoir le ferait toujours accueillir dans un autre. Et en effet cela arrivait ordinairement ainsi. Guillaume, abbé de Saint-Bénigne de Dijon, ayant démêlé ses heureuses dispositions pour les lettres, le choisit pour compagnon de ses voyages et l'emmena avec lui à Suze, en Italie. Glaber fit preuve en cette ville de sagacité et de courage en démasquant un fourbe qui abusait le peuple par de fausses reliques. Mais il était d'un caractère trop indocile pour goûter les conseils de l'abbé Guillaume. Il le quitta furtivement, et après avoir passé par les divers monastères que nous avons cités, il alla mourir à Cluny, vers l'an 1050, après avoir déploré ses égarements.

Son histoire. — Il nous reste de Glaber une chronique qu'il avait entreprise pour plaire à l'abbé Guillaume, et qu'il termina à la prière de saint Odilon, abbé de Cluny, à qui elle est dédiée. Il expose lui-même dans l'épître dédicatoire les motifs qui le portèrent à entreprendre ce travail. Ses confrères se plaignaient souvent que personne ne pensât à transmettre à la postérité les événements considérables qui s'étaient accomplis depuis plus d'un siècle, soit dans l'Église, soit dans l'État. Lui-même était sensible à cette indolence, qui avait été poussée si loin que, depuis le vénérable Bède et Paul Warnefride, son continuateur, qui tous deux avaient écrit l'histoire de leur nation, aucun écrivain n'avait pensé à relater les principaux événements de l'empire romain, des provinces d'outre-mer ou des nations barbares, quoique pourtant il s'en fût passé de remarquables, ce qui faisait un vide de près de deux cents ans pour l'histoire générale, tant civile qu'ecclésiastique. Glaber ne se chargea pas de le remplir, il se proposa seulement de raconter ce qui était arrivé depuis l'an 900 jusqu'à l'an 1046, et de comprendre dans son Histoire, non-seulement ce qui s'était passé en France, mais encore dans toutes les provinces dont l'empire romain était composé.

Cette chronique est divisée en cinq livres.

Au commencement de son premier livre, après quelques allégories sur le nombre *quatre*, qui, suivant lui, est celui des sens corporels de l'homme, des Évangiles, des fleuves qui sortaient du paradis terrestre, Glaber donne en peu de mots ce qui concerne les règnes du roi Rodolphe, fils de Richard, duc de Bourgogne ; du roi Lothaire et des empereurs romains, à dater d'Othon, fils d'Henri, roi des Saxons ; puis il parle des ravages que les Sarrasins, sortis d'Espagne, firent en Italie, les Normands et les Hongrois en France, et de la conversion de ces deux peuples à la religion chrétienne. A propos du couronnement de l'empereur Henri, qui se fit à Rome le 22 février

1014, Glaber dit que Benoît VIII, qui devait en faire la cérémonie, avait auparavant fait fabriquer une pomme d'or, ornée de deux cercles de pierreries croisés, avec une croix d'or plantée dessus. La pomme d'or représentait le monde, la croix figurait la religion, dont ce prince devait être le protecteur, et les pierreries les vertus qui devaient lui servir d'ornements. Le Pape, en présence de tout le monde, donna cette pomme d'or à l'empereur Henri, qui la reçut avec plaisir et qui lui dit en l'acceptant : « Très-saint Père, vous voulez m'apprendre par là comment je dois gouverner ; mais ce présent ne peut mieux convenir qu'à ceux qui ont foulé aux pieds les pompes du monde pour suivre plus librement la croix de Jésus-Christ. » Il l'envoya au monastère de Cluny, regardé alors comme le plus régulier de tous, et à qui il avait déjà fait d'autres cadeaux. Il remarque au même endroit que c'est une coutume très-bien établie pour le maintien de la paix, que personne ne puisse prendre le titre d'empereur que celui que le Pape aura choisi à cause de son mérite, et à qui il aura conféré les marques de cette dignité.

Son second livre commence à l'élection de Hugues Capet, en 987. Glaber raconte les guerres entre Conan, duc des Bretons, et Foulques, comte d'Anjou ; le voyage de celui-ci à Jérusalem pour l'expiation de ses péchés, et les oppositions qu'il rencontra pour la fondation du monastère de Loches, plus connu sous le nom de Beaulieu. Après que l'église en fut achevée, le comte pria Hugues, archevêque de Tours, d'en faire la dédicace. Celui-ci s'en excusa jusqu'à ce que Foulques eût rendu les biens qu'il avait enlevés à l'Eglise de Tours. Le comte, indigné de ce refus, alla à Rome, exposa l'affaire au Pape Jean, qui députa le cardinal Pierre, avec ordre d'accomplir ce que Foulques ordonnerait. La dédicace se fit dans le mois de mai 1004. Mais le même jour, vers l'heure de none, quoique l'air fût serein, il s'éleva un orage qui emporta le toit de l'église avec la charpente. Cet accident fut regardé comme une punition de la violation des canons en cette circonstance. « Car encore, dit Glaber, que la dignité du Siège apostolique rende le Pape plus respectable que tous les évêques du monde, il ne lui est permis en rien de violer les canons ; et comme chaque évêque est l'époux de son église, dans laquelle il représente le Sauveur, il ne convient à aucun évêque de rien entreprendre dans le diocèse d'un autre. » Glaber rejette sur les ordinations simoniaques et les autres défauts du clergé les mœurs dépravées du peuple ; et s'attachant à ce qui lui paraissait plus mémorable, il rapporte divers fléaux dont Dieu avait châtié les hommes, les dévastations des provinces, les incendies, les famines, les pestes. Vers l'an 1000, un nommé Leutard, né au bourg de Vertus, dans le diocèse de Châlons-sur-Marne, s'érigea en prophète. Il quitta sa femme, et étant entré dans une église il brisa la croix avec l'image du Christ, persuadant à ceux qu'il avait séduits qu'il n'agissait ainsi que par suite de révélations divines. Il enseignait qu'on ne devait croire qu'une partie de ce qu'avaient dit les prophètes, et qu'il était inutile de payer les dîmes. L'évêque Gebouin le fit venir, l'interrogea, le convainquit d'erreur et désabusa le peuple. Leutard, se voyant abandonné, se jeta dans un puits, où il périt. Un autre fanatique, nommé Vilgard et grammairien de profession, se révéla à Ravenne. Persuadé qu'il avait vu en songe Virgile, Horace et Juvénal qui le remerciaient de son attachement pour leurs ouvrages, il commença à débiter plusieurs choses contre la foi de l'Eglise, soutenant que l'on devait croire en tout ce que les poëtes avaient enseigné. Pierre, évêque de Ravenne, le convainquit d'erreur et le condamna. Plusieurs de ceux qu'il avait infectés de sa doctrine furent arrêtés en divers endroits de l'Italie et mis à mort par le fer et par le feu. Il s'éleva en même temps, dans l'île de Sardaigne, divers hérétiques qui corrompirent une partie des chrétiens d'Espagne ; mais ces novateurs furent exterminés par les catholiques. On crut, à ce débordement d'erreurs, que la prophétie de saint Jean était accomplie, et que Satan était lâché après une captivité de mille ans.

Mais, comme le remarque Rodolphe dans la préface du troisième livre, on eut lieu d'être détrompé par les exemples de vertus que donnèrent presque aussitôt, tant dans les Gaules qu'en Italie, les ecclésiastiques et les laïques. En effet, les Hongrois, à l'imitation d'Etienne leur roi, embrassèrent la religion chrétienne ; on rétablit les cathédrales et les monastères ; on s'appliqua à faire revivre la pureté de l'ancienne discipline ; on découvrit quantité de corps saints à qui jusque-là on n'avait rendu aucun culte ; l'église du Saint-Sépulcre, qui avait été détruite par les artifices des Juifs, fut rendue au culte par la mère du prince de Babylone, qui était chrétienne et se nommait Marie. Les évêques firent défense à tous les catholiques d'avoir commerce avec les Juifs ; plusieurs furent chassés des villes et d'autres mis à mort ; quelques-uns, pour éviter le supplice, demandèrent le baptême, pour devenir bientôt après des apostats. A Orléans, deux clercs de la cour du roi Robert se laissèrent séduire par une femme venue d'Italie, qui leur inocula l'hérésie des Manichéens. L'un se nommait Etienne et l'autre Lisoye. Ils rejetaient tout ce que les divines Ecritures nous apprennent de la sainte Trinité, croyaient le monde éternel ; niaient que Jésus-Christ fût né de Marie, qu'il eût souffert, qu'il fût ressuscité ; que le baptême lavât les péchés ; que le corps et le sang de Jésus-Christ se fissent par la consécration du prêtre. Ils enseignaient qu'il était inutile de prier les saints, de faire de bonnes œuvres, condamnaient le mariage et défendaient de manger de la chair. Glaber réfute ces erreurs et remarque qu'après plusieurs efforts pour en retirer ceux qui en étaient infectés, comme on les trouva endurcis, on en fit brûler quelques-uns par ordre du roi, et que de treize que l'on conduisait au supplice, il n'y eut qu'une religieuse et qu'un clerc qui se convertirent. Les autres, commençant à sentir le feu, se mirent à crier qu'ils avaient été trompés ; on en retira quelques-uns, mais inutilement, parce qu'ils étaient presque réduits en cendres. Il n'est pas aisé de concilier l'historien avec lui-même dans ce qu'il dit de Hugues, fils du roi Robert. Hugues, selon lui, fut couronné à l'âge de dix ans et mourut à dix-huit ; ce qui ne l'empêche pas, dans l'éloge qu'il fit de ce prince, en vers iambiques, de lui donner vingt-huit ans de vie. Il décrit dans un autre poëme le luxe et la dépravation des mœurs occasionnés par le mariage du roi Robert avec Constance, fille du comte d'Arles, « luxe effréné, dit-il, et dépravation qui jusque-là n'avait pas eu d'exemple. »

Le prologue qui se lit en tête du quatrième livre, contient en abrégé ce qui se passa, lors de l'avènement de Conrad à l'empire, après la mort de l'empereur Henri, qui ne laissa point de postérité. Glaber, dans le corps du livre, rapporte les tentatives qu'Eustache, patriarche de Constantinople, fit conjointement avec l'empereur Basile, pour obtenir du Pape Jean XIX la permission de prendre le titre d'évêque universel de l'Eglise orientale, comme le Pape le prenait lui-même pour toute la catholicité. Il reproduit la lettre que Guillaume, abbé de Saint-Bénigne de Dijon, écrivit au Pape pour le détourner de consentir à la demande des Grecs ; il signale en Italie la naissance d'une nouvelle hérésie qui tenait en même temps des superstitions du judaïsme et du paganisme. A l'occasion de cet imposteur qu'il avait démasqué à Suze pendant qu'il trompait le peuple avec de fausses reliques, il dit que Dieu, pour punir les péchés des hommes, permet quelquefois aux esprits malins de faire des prodiges. Il rapporte l'année 1033 une famine à peu près générale dans tout le monde, mais si affreuse en France, que plusieurs furent brûlés pour avoir mangé de la chair humaine. Pour subvenir à la misère publique, on vendit les ornements des églises et on épuisa leurs trésors. Cette calamité dura trois ans, et elle fut suivie d'une grande fertilité, ce qui donna lieu à de fréquentes assemblées d'évêques et d'abbés, dans lesquelles il fut résolu d'un consentement unanime que l'on s'abstiendrait de vin tous les vendredis de l'année et de chair les samedis, à moins de cas de maladie grave ou de fête solennelle tombant ce jour-là ; alors on était obligé de racheter cette abstinence par la nourriture de trois pauvres. Il se fit, vers le même temps, un grand concours de peuple de toutes les parties du monde, au Saint-Sépulcre de Jérusalem. Les Sarrasins persécutèrent les chrétiens en Afrique ; mais ceux-ci en eurent raison dans plusieurs combats. Les Leuticiens, peuples barbares du Nord, ainsi nommés des marais qu'ils habitaient, firent également endurer aux chrétiens de cruelles persécutions ; mais enfin l'empereur Conrad en triompha. Glaber finit son quatrième livre par la description d'une éclipse terrible qui répandit partout la terreur et la consternation. Comme tous les historiens de cette époque, il ne manque guère de rapporter ces sortes de phénomènes, qui alors n'étaient presque pas compris.

Il commence son cinquième livre en rapportant diverses apparitions arrivées à lui et à d'autres personnes, et il les raconte de façon à faire voir qu'il ne les révoquait pas en doute. Il trouve dans la verge miraculeuse de Moïse, dans le serpent d'airain, dans le passage de la mer Rouge, les figures des mystères de la nouvelle Loi. Il ne doutait point de la présence réelle de Jésus-Christ dans l'Eucharistie, et remarque qu'il était d'usage de la conserver dans un vase précieux ; quelquefois on s'en servait pour découvrir le crime ou l'innocence d'un accusé, quand on manquait d'autres preuves ; l'huile sainte rendait souvent la santé aux malades, quand ils la recevaient avec foi ; présentée devant les maisons en feu, elle l'éteignait, ou empêchait les flammes de se communiquer à d'autres bâtiments ; quelquefois on apportait aussi l'Eucharistie pour arrêter les incendies ; on punissait sévèrement les négligences commises dans la célébration ou l'administration des mystères ; de sorte que, si un prêtre avait laissé tomber ou le corps du Seigneur ou son sang précieux, il était mis en pénitence ; ou bien on faisait expier cette faute à d'autres. Il rapporte divers exemples pour montrer que le sacrifice de la messe est utile aux morts, et parle d'un monastère d'Afrique, où pour cette raison on disait des messes depuis l'aurore jusqu'à l'heure de none sans discontinuation.

Vers l'an 1031, les évêques, les abbés et les seigneurs assemblés avec les principaux du peuple, avaient élaboré divers règlements pour le maintien de la paix entre les hommes libres et les serfs. Entre autres choses on avait décidé que tous marcheraient sans armes, que ceux qui pilleraient ou usurperaient le bien d'autrui seraient punis de peines pécuniaires ou corporelles ; que les églises serviraient d'asile à tous ceux qui s'y réfugieraient, pour quelque crime que ce fût, excepté ceux qui auraient violé cette paix ; que les clercs, les moines et les religieuses seraient en sûreté dans leurs voyages, ainsi que toutes les personnes de leur escorte. Mais la plupart des articles de cette paix ayant rencontré beaucoup de difficultés, on se réduisit à une trêve pour certains jours, c'est-à-dire que, depuis le mercredi soir jusqu'au lundi matin, personne ne prendrait rien par force, ne tirerait vengeance d'aucune injure, et n'exigerait aucun gage de caution. Quiconque contreviendrait à ces contraventions payerait la composition des lois, comme ayant mérité la mort, ou serait excommunié et banni du pays. On nomma cette convention la Trêve de Dieu ou du Seigneur, parce qu'on crut que Dieu l'avait approuvée par un grand nombre de punitions exemplaires exercées contre les violateurs. Cette trêve fut observée assez exactement dans les Gaules; mais les Neustriens refusant de s'y soumettre, malgré les exhortations de saint Odilon de Cluny et de Richard de Saint-Vanne, furent attaqués d'un feu qui leur dévorait les entrailles; ce qu'on a appelé dans ce temps-là la maladie *des ardents*.

Après la mort du roi Robert, Henri, son fils, qu'il avait fait sacrer depuis quelques années, entra en possession du royaume; mais il eut des guerres à soutenir contre les fils du roi Eudes, Robert et Etienne. Toutefois ces guerres tournèrent à son avantage. Il y eut aussi des contestations au sujet de l'archevêché de Lyon, vacant par la mort de Bouchard. Le Pape Jean XIX, jugeant les prétendants indignes d'un aussi grand siége, y nomma Odilon, abbé de Cluny. Le saint homme, ne croyant pas cette dignité compatible avec la profession humble qu'il avait embrassée, refusa l'archevêché. Henri, roi d'Allemagne, y nomma Odalric, archidiacre de Langres, qui accepta et gouverna dignement l'Eglise de Lyon. Le même prince s'appliqua en même temps à extirper la simonie qui n'infestait pas moins l'empire que le royaume de France, et qui s'étendait même jusqu'à Rome.

Benoît IX, qui occupait alors le Saint-Siége, avait été élu à l'âge de douze ans, mais à force d'argent; il fut chassé, et on mit à sa place un homme très-pieux, Romain de naissance, qui prit le nom de Grégoire VI. Sa bonne réputation répara tout le scandale qu'avait causé l'élection prématurée de son prédécesseur. C'est par ce trait que Glaber finit son histoire, ce qui ferait présumer qu'il l'acheva en 1045; mais on voit, par le premier chapitre du cinquième livre, qu'il l'écrivait après le mois de novembre 1046, puisqu'il y raconte qu'en certains endroits on fit cette année deux récoltes de grains, dont la seconde arriva au mois de novembre.

Glaber ne s'est donc point attaché à l'ordre des temps. Au chapitre quatre du quatrième livre, il rapporte ce qui s'est passé en 1038, et dans le neuvième il décrit les événements de l'an 1000. Il serait aisé de donner d'autres exemples de transposition. Il n'est pas non plus toujours exact dans sa chronologie, et il emploie quelquefois certaines manières de compter que l'on n'entend que difficilement. Son Histoire serait plus utile s'il y avait plus d'ordre, plus de suite et plus de clarté; mais on doit lui savoir gré de son travail, puisqu'il nous apprend quantité de faits qu'on ne lit point ailleurs. Nous terminerons par le jugement qu'en a porté l'auteur de l'article *Glaber*, dans la *Biographie universelle*. « Cet ouvrage, dit-il, offre l'assemblage de tous les défauts du siècle où il a été composé; mais on n'en doit pas moins le regarder comme un des monuments les plus précieux de notre ancienne histoire. » — « C'est là, dit La Curne Sainte-Palaye, qu'on voit changer pour ainsi dire toute la face de notre gouvernement, que l'on voit l'origine de plusieurs maisons qui, tirées d'un état médiocre, quelquefois même de l'état le plus abject, s'élevèrent à l'ombre de l'autorité de Hugues Capet, oublièrent depuis ce qu'elles lui devaient, osèrent se révolter contre lui, et établirent plusieurs des grands fiefs, dont la puissance contrebalança souvent depuis celle dont ils étaient émanés. » La *Chronique* de Glaber a été imprimée pour la première fois dans les *Historiæ Francorum* de Pithou, Francfort, 1546, in-folio. Elle l'a été depuis d'après un manuscrit de la bibliothèque de De Thou, dans les *Scriptores coætanei Francorum* de Duchesne, tome IV; et dans les *Rerum Gallicarum Scriptores* de dom Bouquet, tome X.

Vie de saint Guillaume. — On a encore de Glaber une Vie du bienheureux Guillaume, abbé de Saint-Bénigne de Dijon, sous ce titre: *Wilhelmi abbatis gestorum liber*. Il en parle lui-même dans le quatrième livre de son *Histoire*, et dit qu'il l'avait écrite longtemps auparavant. Hugues de Flavigny renvoie ceux qui voudront connaître les actions de l'abbé Guillaume à ce que Glaber en a écrit. Il était plus en état qu'un autre de les raconter, puisqu'il en avait été témoin, et qu'il avait vécu à Saint-Bénigne avec plusieurs disciples du saint, auprès desquels il avait pu s'instruire des autres faits qu'il n'avait pas vus de ses yeux. C'est ce qu'il assure dans le prologue qu'il a mis en tête de cet ouvrage, qui vaut mieux pour le style et la coordination des matières que son histoire. Cette Vie a été insérée dans l'*Histoire de l'abbaye de Réomé* au Moustier Saint-Jean, par Pierre Rouvière, Paris, 1637, in-quarto; dans les *Acta sanctorum* de Bollandus au 1er janvier, et dans les *Actes des saints de l'ordre de Saint-Benoît*, par dom Mabillon, tome VIII.

Poésies.— On a également de Glaber deux petites pièces de poésie: l'une en vers iambiques sur la mort du roi Hugues; l'autre en vers hexamètres sur les désordres introduits en France par les peuples d'Auvergne et d'Aquitaine, à la suite du mariage du roi Robert avec Constance, fille de Guillaume, comte d'Arles. Il rapporte également que, dans le temps qu'il demeurait à Saint-Germain d'Auxerre, il renouvela les inscriptions des autels, en composa d'autres en l'honneur des saints martyrs dont on y possédait les reliques, ou qui y étaient honorés particulièrement, et qu'il fit des épitaphes pour être gravées sur les tombeaux de quelques personnages de piété enterrés dans l'église de ce monastère. Glaber était homme d'esprit et habile pour son temps

GLYCAS (MICHEL), selon la remarque de Boivin, était non de Sicile, mais de Constantinople, et écrivait vers l'an 1150. Le surnom de *Glycas* lui fut donné probablement lorsqu'il prit l'habit monastique. Nous avons de lui des *Annales*, divisées en quatre parties dont la première traite de ce qui s'est fait les six premiers jours de la création; la seconde rapporte la suite des événements depuis la création jusqu'à la naissance de Jésus-Christ;

la troisième, ce qui est arrivé dans les premiers siècles de l'Église jusqu'au règne du grand Constantin; la quatrième s'étend jusqu'à la mort d'Alexis Comnène en 1118. Cette Chronique est encore tous les jours consultée avec fruit, non-seulement pour quelques faits historiques, mais encore pour des notions qui servent à l'intelligence des livres de la Bible, et qu'il a tirées d'auteurs que nous n'avons plus. Leunclarius, qui publia cet ouvrage en latin à Bâle, en 1572, y ajouta une cinquième partie qui conduit jusqu'à la prise de Constantinople. Meursius donna une partie du texte grec et y joignit une version latine, avec des notes, à Leyde, 1618, in-4°. Enfin l'ouvrage entier, grec et latin, fut publié in-folio par le P. Labbe, Paris, 1660. Cette édition, la plus complète et la seule qui soit recherchée, fait partie de la *Collection byzantine*.

Glycas est encore auteur de plusieurs lettres qui sont aussi instructives que curieuses. La plupart roulent sur des matières théologiques. On en trouve quatre-vingt-treize dans un manuscrit de la bibliothèque de Turin. Le P. Lami n'en a publié qu'un petit nombre d'après un manuscrit de la *Ricardiana* qui n'en contient que quatorze. Matthæi en a publié quelques-unes d'après un manuscrit de Moscou, Leipzig, 1777. La première de ces lettres est adressée à Jean Sinaïte, moine et stylite. Glycas y enseigne qu'on ne doit pas accorder facilement l'Eucharistie aux pécheurs. Il faut à leur égard suivre la disposition des saints canons et les purifier avant de leur accorder la chair du Seigneur, de peur que cette nourriture salutaire ne soit pour eux un poison. Il cite sur cette conduite l'autorité de saint Basile, qui dit d'après saint Paul: « Ne livrez pas le Fils de Dieu entre les mains des indignes. » Il prescrit aux directeurs spirituels la méthode que suivent les médecins dans les maladies du corps, et veut de deux choses l'une, ou que les pécheurs se corrigent peu à peu, ou qu'on les abandonne, s'ils sont réfractaires aux ordres de ceux qui les dirigent. Dans la seconde lettre adressée à Maxime Smeniote, Glycas prouve que Dieu a créé le premier homme incorruptible, et que ce n'est que par le péché qu'il est devenu sujet à la mort; l'homme ne s'est point trouvé dans un état moyen entre la corruption et l'incorruptibilité. Ce que cet auteur ajoutait de la nature de l'arbre de la science du bien et du mal est perdu, au grand regret des deux Églises, s'il faut en croire Allatius. L'auteur appuie tout ce qu'il dit de passages empruntés aux Pères grecs. Glycas composa divers autres opuscules, par exemple : Un *Traité sur la procession du Saint-Esprit*; un *sur le pain dont Jésus-Christ se servit dans la dernière cène*, et un autre *sur l'état des âmes séparées des corps*. Aucun de ces ouvrages n'a encore été publié.

GODEFROI de Bouillon, duc de Lorraine et premier roi chrétien de Jérusalem, naquit au village de Bézy près de Nivelle, dans un château dont les restes subsistaient encore à la fin du siècle dernier. Il était fils d'Eustache II, comte de Boulogne et de Sens, et sa mère était fille de Godefroi le Barbu, qui comptait Charlemagne parmi ses ancêtres. La Providence, qui le réservait à de grandes choses, le fit naître avec toutes les dispositions de l'esprit et du cœur nécessaires pour soutenir glorieusement sa destinée. Toutes ses inclinations semblaient le porter naturellement à la vertu. Il possédait en lui un riche fonds de bonté, de compassion, de générosité, dont il usait même envers les coupables, et il savait allier toutes les vertus qui font le chrétien à une probité de mœurs exempte de tout nuage et de tout soupçon. Doué d'un esprit vif, aisé, pénétrant, capable de s'élever jusqu'à l'intelligence des plus hautes entreprises, il savait encore trouver en lui le courage calme et intrépide si nécessaire pour les faire triompher. Avec tant d'heureuses dispositions, le jeune Godefroi ne pouvait faire que de merveilleux progrès dans l'exercice des armes et la conduite des affaires auxquelles on prit soin de le former. Il excella dans toutes ces connaissances, sans que l'éminente piété dont il fit toujours profession en souffrît le moindre affaiblissement. Sa conduite était si réglée qu'on l'aurait tout aussi bien pris pour un supérieur de moines réformés, que pour un chef destiné à commander à des armées innombrables. Il trouvait tant d'attraits à l'église, qu'il y demeurait après l'office fini, jusqu'au point d'impatienter ceux qui devaient manger à sa table. Rien de plus digne d'éloges que l'alliance admirable qu'il avait su faire de ces deux professions qui semblent si incompatibles à la plupart des gens du monde. S'agissait-il de l'art militaire? il y excellait autant que le comte son père, qui s'y était acquis une brillante réputation de guerrier. Au contraire, était-il question du culte de Dieu, Godefroi s'en acquittait avec la même piété que sa vertueuse mère, qui dès-lors passait pour une sainte dans tout le pays. Elle avait retiré trop de fruits de l'étude des belles-lettres en sa jeunesse pour négliger d'en faire instruire ses enfants. S'il faut en croire un historien contemporain, Baudouin son frère s'y rendit habile; mais pourtant Godefroi le surpassa encore sur tous les autres. Nous n'en voulons pour preuve que sa lettre au prince Boémond. Ce morceau, qui lui est particulier, démontre, sans laisser aucun doute, qu'il savait parler latin aussi purement qu'aucun écrivain de son temps. On peut tirer la même induction d'une de ses harangues que Guillaume de Tyr a eu soin de nous conserver. S'il a dicté lui-même les Chartes qui nous restent de lui, il n'y a plus à douter de ce que nous avançons. À la connaissance du latin, Godefroi joignait celle de l'ancienne langue française, appellée primitivement langue romane, et de la langue teutonique. Il possédait même toutes les beautés dont ces dialectes nouveaux pouvaient alors être susceptibles, et s'en servit efficacement dans plusieurs circonstances qui se présentèrent, pendant le cours de la croisade, pour apaiser les différends et les querelles qui s'élevaient entre les Allemands. Le rôle brillant que Godefroi remplit en tant de circonstances, soit dans les combats, soit dans le choix des campements, soit au siége des villes, soit dans les négociations ; enfin le bon gouvernement qu'il sut établir dans son royaume de Jérusalem, quoique son règne ait été très-court, tout cela prouve jusqu'à l'évidence qu'il possédait toutes les connaissances convenables à un grand capitaine, à un habile politique, à un sage souverain. Tel était Godefroi, lorsqu'en 1076, à la mort de Godefroi le Bossu, son oncle maternel, il lui succéda dans son duché de Bouillon, dont il prit aussitôt le titre sous lequel il est connu, et qu'il a si glorieusement immortalisé. Il devait lui succéder également dans ses autres Etats, puisque cet oncle, qui était mort sans enfants, l'avait adopté pour fils et établi son héritier. Mais l'empereur Henri IV, regardant les fiefs de cette succession comme lui étant dévolus, revêtit Conrad, son fils, du duché de Lorraine, et donna au jeune Godefroi le marquisat d'Anvers, en dédommagement. Toutefois, dans la suite, Conrad ayant donné quelques sujets de mécontentement au prince son père, celui-ci lui retira la Lorraine, et la rendit à Godefroi, à qui elle appartenait de droit, et qui d'ailleurs l'avait bien méritée par les services signalés qu'il avait rendus à Henri. Godefroi eut à se défendre contre Théodoric ou Thierry, évêque de Verdun, et Albert, vicomte de Verdun, ennemis puissants que lui avait suscités la politique impériale, et il lutta contre eux, sinon avec succès, du moins avec une grande valeur. Dans la suite, la guerre ayant éclaté entre le Pape et l'empereur, Godefroi prit parti pour celui-ci, et entra le premier dans Rome avec les armées impériales; mais une maladie grave l'ayant frappé à la suite de cette guerre, il la regarda comme un châtiment envoyé du ciel, pour le punir d'avoir porté les armes contre le Saint-Siége, et fit vœu de se rendre à Jérusalem, non comme pèlerin, mais comme défenseur des chrétiens. Godefroi donna encore de nouvelles preuves de son courage dans la révolte des Saxons, qui voulaient élever au trône Rodolfe ou Raoul, duc de Souabe; ayant rencontré ce prince dans la mêlée, il l'étendit à ses pieds. Cependant il arriva que celui qui avait si glorieusement servi son prince se vit dans la triste nécessité de lui déclarer la guerre. Henri avait honteusement outragé l'impératrice Praxède, sœur de Godefroi; notre héros, sensible au point d'honneur, arma contre lui, et fut assez heureux pour le battre et le mettre en fuite. Cependant l'Occident, animé par les prédications de Pierre l'Ermite et saisi d'un pieux enthousiasme, se levait en armes pour marcher à la conquête de la terre sainte. Godefroi, lié par son vœu, prit la croix, et pour subvenir aux frais de la croisade, il permit aux habitants de Metz, dont il était le suzerain, de racheter leur ville, vendit la principauté de Stenay à l'évêque de Verdun, et céda ses droits sur le duché de Bouillon à l'évêque de Liége. Sa renommée et son exemple attirèrent sous ses drapeaux ce que la noblesse avait de plus distingué en preux chevaliers ; il partit pour Constantinople le 15 août 1096. Godefroi établit dans ses troupes une discipline sévère, et s'efforça d'effacer la mauvaise impression qu'avait laissée le passage des premiers croisés. Bien qu'il ne fût revêtu d'aucun commandement général, chaque chef conduisant un corps de troupes soumis à ses ordres particuliers, néanmoins il jouissait d'une influence acquise par sa renommée. En approchant de Constantinople, on apprit que l'empereur Alexis Comnène retenait captifs Hugues le Grand, frère de Philippe, roi de France, et quelques autres seigneurs : Godefroi demanda leur liberté, et, sur le refus qu'en fit l'empereur, il livra la campagne au pillage : tout le peuple prit la fuite vers Constantinople et y jeta la terreur. L'armée des croisés, continuant sa marche, vint camper devant la capitale ; alors Alexis, intimidé, souscrivit aux propositions de Godefroi, et la liberté fut rendue aux captifs. Pendant leur séjour sur les terres de Constantinople, les croisés eurent à se garantir de la perfidie et des embuches des Grecs. La sagesse et la fermeté du duc triomphèrent de ces obstacles, et forcèrent l'empereur à changer de politique. Par les traités qu'il fit avec ce prince, il s'engageait à lui rendre les places de l'empire qu'il prendrait sur les infidèles, à condition qu'il fournirait à l'armée des vivres et des troupes. Mais Alexis craignit pour ses propres Etats, et mécontent d'ailleurs de ce que les croisés avaient pillé les environs de Constantinople, il ne tint rien de ce qu'il avait promis. Godefroi alla mettre le siége devant Nicée, s'en rendit maître, et en continuant sa route prit un grand nombre de places dans l'Anatolie. L'armée des croisés était composée alors de cent mille cavaliers, et de cinq cent mille hommes d'infanterie, sans y comprendre un grand nombre de religieux, dont plusieurs, animés d'un saint enthousiasme, et d'autres ennuyés du cloître, avaient quitté leurs cellules. On y voyait jusqu'à des femmes qui, lasses de leurs maris, avaient suivi en Palestine l'objet de leur passion. La croisade conduite par Godefroi ne fut pas plus exempte de corruption et de désordres que celles qui la suivirent, mais elle fut plus heureuse. Antioche fut prise par des intelligences le 3 juin 1098. Trois jours après il survint une armée immense qui assiégea les croisés renfermés dans la ville. Comme ils étaient sans provisions, ils se virent réduits à manger les chevaux et les chameaux. Dans cette triste extrémité, Godefroi, qui ne savait rien craindre sous la protection de Dieu, eut recours à son éloquence, et secondé par l'évêque Adhémar, il réussit par ses remontrances pathétiques à retenir un grand nombre de chrétiens qui étaient résolus de fuir et de tout abandonner. Il n'y eut qu'Etienne, comte de Chartres, qui quitta l'armée, comme nous l'avons dit à son article ; les autres, au contraire, reprirent courage ; et pleins d'une nouvelle confiance en Dieu par la découverte de la sainte lance, ils firent un tel effort, que, le 28 du même mois, ils mirent les ennemis en fuite, s'emparèrent de leur camp et firent sur eux un butin immense. Godefroi commandait l'aile droite au commencement du combat ; il enfonça l'ennemi qui lui était opposé et fit des prodiges de valeur. Telle était la détresse où l'avait réduit sa générosité envers ses compagnons, que ce jour-là il fut obligé, pour combattre, d'emprunter un cheval au comte de Toulouse. Enfin l'armée arriva devant Jérusalem. L'honneur de monter des premiers à la brèche et d'entrer dans la ville était réservé à Godefroi ; à Eustache, son frère, et à un petit nombre de braves ; et il n'en fallait pas davantage pour satisfaire toute l'ambition du pieux héros. Le duc de Lorraine s'élança donc sur les murs, pénétra dans l'intérieur de la ville, s'empara de la porte de Saint-Étienne et l'ouvrit aux chrétiens qui poursuivirent les musulmans dans les rues, renversant les barricades derrière lesquelles ils cherchaient un dernier asile. Godefroi, qui s'était abstenu du carnage après la victoire, laissa ses compagnons livrés à l'excès de leur joie, et, suivi de trois serviteurs, se rendit sans armes et pieds nus dans l'église du Saint-Sépulcre. Cet acte de dévotion édifia toute l'armée et lui rappela les devoirs de la piété ; aussitôt toutes les vengeances, toutes les fureurs, s'apaisent ; les croisés se dépouillent de leurs habits sanglants, font retentir Jérusalem de leurs gémissements, et, conduits par le clergé, marchent ensemble, pieds nus, la tête découverte, vers l'église de la Résurrection. Dix jours après la prise de Jérusalem, on s'occupa d'en rétablir le royaume, et de lui donner un chef qui pût défendre et conserver une aussi précieuse conquête. Le choix des croisés fut unanime, et Godefroi fut élu roi de la ville et du pays ; mais ce prince ne voulut jamais porter une couronne d'or, dans une ville où Jésus-Christ avait été couronné d'épines. Il refusa le titre de roi et se contenta de celui de baron et de défenseur du Saint-Sépulcre. Le sultan d'Egypte, appréhendant que les chrétiens, après un si grand avantage, ne pénétrassent dans son pays, et les voyant tellement affaiblis que de trois cent mille hommes qui avaient pris Antioche, il en restait à peine vingt mille, envoya contre eux une armée de quatre cent mille combattants. Godefroi les mit en déroute, et en tua, dit-on, plus de cent mille. Cette victoire lui donna la possession de toute la terre sainte, à l'exception de deux ou trois places. Il songea moins à étendre ses nouveaux Etats qu'à les conserver et à y mettre une bonne police. Il établit un patriarche, fonda deux chapitres de chanoines, l'un dans l'église du Saint-Sépulcre et l'autre dans celle du Temple, et un monastère dans la vallée de Josaphat.

Après cela, il donna un code de lois à ses nouveaux sujets, qui eurent la douleur de le perdre après un an de règne, car il mourut le 18 juillet de l'an 1100. Son corps fut déposé dans l'enceinte du Calvaire, près du tombeau de Jésus-Christ, qu'il avait conquis avec tant de vaillance. Ce nouveau royaume subsista quatre-vingt-huit ans. « Jamais, dit l'abbé de Choisy, dans le *Journal des Savants*, 1712, page 1119, jamais l'antiquité fabuleuse ne s'est imaginée un héros aussi parfait en toutes choses que la vérité de l'histoire nous représente Godefroi de Bouillon. Sa naissance était illustre ; mais ce fut son mérite qui l'éleva au-dessus des autres, et l'on peut dire de lui que sa grandeur fut l'ouvrage de sa vertu. » Ajoutons aux différents traits qui caractérisent ce grand homme, le passage suivant que nous extrayons de l'*Histoire des Croisades*. « La mort de Godefroi fut pleurée par les chrétiens dont il était le père et l'appui, et par les musulmans qui avaient plusieurs fois éprouvé sa justice et sa clémence. L'histoire peut dire de lui ce que l'Ecriture dit de Judas Machabée : ce fut lui qui accrut la gloire de son peuple ; semblable à un géant, il se revêtait de ses armes dans les combats, et son épée était la protection de tout le camp. Godefroi de Bouillon surpassa tous les capitaines de son siècle par son habileté dans la guerre ; s'il eût régné plus longtemps, on l'eût placé parmi les grands rois. Dans le royaume qu'il avait fondé, on le proposa souvent pour modèle aux princes comme aux guerriers. Son nom rappelle encore aujourd'hui les vertus des temps héroïques, et doit vivre parmi les hommes aussi longtemps que le souvenir des Croisades. »

Assises de Jérusalem. — Un des premiers soins de Godefroi, après son élévation au trône, fut de réunir dans sa capitale des hommes éclairés et pieux, qui formèrent les *Etats* ou *Assises* de ce royaume. Cette assemblée solennelle sanctionna un certain nombre de lois, qui réglaient les droits des seigneurs envers leurs vassaux, et des vassaux envers leurs suzerains ; les devoirs et les engagements des princes à l'égard du roi : ces lois furent déposées en grande pompe dans l'église du Saint-Sépulcre, et reçurent le nom d'*Assises de Jérusalem*. Voici le titre qu'elles portent dans le plus ancien manuscrit qui soit arrivé à notre connaissance : *Cy commence le livre des Assises et des bons Usaiges dou royaume de Jérusalem, qui furent establies et mises en escrit par le Duc Godefroy de Bouillon, lequel fu elheu à Roy et Seignor doudit royaume, et par le conseil des autres Roys, princes et barons, que aprez le Duc Godefroy furent, et par l'ordenement dou Patriarche de Jérusalem.* Dans un manuscrit de René Chopin, elles sont intitulées : *Des Assises et des Usages et des Plais de la haute Cort dou royaume de*

Jerusalem; et dans Guillaume de Tyr : *Le droit coutumier, suivant lequel se gouvernait le royaume d'Orient.* Ce code était écrit en lettres majuscules dont la première était en or, et la table en rouge. On croit généralement qu'il y en eut dans le principe deux exemplaires, l'un et l'autre signés du roi, du patriarche et du vicomte, et scellés de leurs sceaux. L'un de ces exemplaires était à l'usage de la haute cour, ou cour souveraine dont le roi était le premier juge ou président; et le second à l'usage de la cour des bourgeois à laquelle présidait le vicomte. On n'ouvrait ces exemplaires déposés, comme nous l'avons dit, sous l'autel du Saint-Sépulcre, qu'en présence du roi, ou d'un des grands officiers, de deux de ses hommes liges ou vassaux, du patriarche ou du prieur du Saint-Sépulcre en son absence, de deux chanoines, du vicomte et de deux jurés de la cour des bourgeois. Le lieu où ce code était conservé lui a fait donner aussi quelquefois le nom de *Lettres du Saint-Sépulcre.*

Godefroi le commence en invoquant le nom de la sainte Trinité, Père, Fils et Saint-Esprit, et en déclarant les motifs qui le lui ont fait entreprendre et le but qu'il s'est proposé dans son exécution. Ce qu'il dit en cet endroit est parfaitement digne de sa tendre piété, et annonce un prince également préoccupé du bonheur spirituel et temporel de ses sujets. De là il examine en détail les qualités que doivent réunir, d'abord le seigneur de Jérusalem, qu'il porte le titre de roi ou tout autre, ce qui fait reconnaître la noble modestie de Godefroi de Bouillon; ensuite les qualités des barons et autres seigneurs du royaume qui ont droit de justice. Entre ces qualités, ils doivent être instruits de la jurisprudence, et s'appliquer à bien gouverner leurs seigneuries. Puis venant aux juges chargés de la justice ordinaire, il décrit fort bien et en peu de mots leurs obligations essentielles; il leur recommande surtout de craindre plus Dieu que les hommes, et d'avoir plus d'égard au salut de leur âme et à leur propre honneur qu'à leur intérêt temporel. Il recommande les mêmes qualités et signale les mêmes devoirs à ceux qui plaident les causes des parties; puis viennent à la suite les instructions concernant les préliminaires de la procédure. Il serait fort difficile de déterminer sur l'exemplaire imprimé de ces *Assises*, ce qui appartient originairement à Godefroi, parce qu'elles ont été rectifiées, augmentées et peut-être changées en certains points par les rois, ses successeurs. On connaît deux collections de ces coutumes ou ordonnances. La première fut faite vers l'an 1250 par Jean d'Ibelin, comte de Jaffa et d'Ascalon; la seconde, vers l'an 1369, par Jean de Lusignan, prince d'Antioche, et bailli de Pierre de Lusignan, son neveu, roi de Chypre. Jean de Lusignan y employa seize personnes choisies dans l'assemblée des États du royaume, et leur rédaction fut déposée au trésor de l'église de Nicosie, dans un coffre scellé de quatre sceaux. C'est apparemment dans cette dernière rédaction qu'on ajouta ce qui regarde le royaume de Chypre. Ces additions considérables remplissent les vingt-deux derniers chapitres, sans parler d'une infinité de traits sur le même sujet, intercalés dans les chapitres précédents. Cependant, à travers toutes ces rédactions étrangères, on s'aperçoit encore assez facilement que la rédaction originale et primitive commençait au chapitre cinquième de celle qui est arrivée jusqu'à nous. Il n'est pas moins visible que ce chapitre et les suivants, jusqu'au vingtième, ont été plus respectés que les autres, et qu'à peu de chose près, ils sont aujourd'hui tels que Godefroi les avait rédigés. Le seul changement qu'on y ait introduit, c'est d'avoir un peu poli la langue romane dans laquelle ces *Assises* avaient été rédigées; et encore cette langue retient-elle plus de son ancienne barbarie, dans ces chapitres que dans le reste de l'ouvrage. Pour ce qui est des quatre premiers chapitres, nul doute qu'ils n'aient été ajoutés, ou par Jean d'Ibelin, ou par les derniers rédacteurs.

L'ordre établi par Godefroi, et respecté par ses continuateurs, est juste et naturel. Il avait divisé son Code en chapitres, dont les premiers traitent de la procédure et de tout ce qui y a trait, en commençant, comme nous l'avons vu, par caractériser les juges et les autres gens de justice. Il employait les chapitres suivants à traiter des appels, des gages de bataille et des duels. Cette partie est curieuse parce qu'elle décrit toutes les cérémonies et autres circonstances qui devaient accompagner les combats particuliers entre deux ou plusieurs champions. Une autre partie était consacrée à établir ce qui concerne les baux et les gardes; une autre à discuter les matières féodales, et principalement les services dus par les vassaux en temps de guerre, en justice et à propos de leur mariage. C'est ce morceau en particulier qui montre que le fond de ces *Assises* est tiré de notre ancienne jurisprudence française, et qu'elles sont une des sources les plus antiques et les plus pures de notre droit coutumier. — Dans une cinquième partie, Godefroi traitait de diverses matières qui n'entrent point dans les précédentes, et dans une sixième, des droits du roi, et des grands officiers de la couronne. On a conservé le même ordre dans les rédactions qui ont suivi la première, et on y compte aujourd'hui trois cent trente-un chapitres, en y comprenant les additions. Ces *Assises* ont été longtemps célèbres en Orient, où elles avaient force de loi. Baudouin, premier empereur français de Constantinople, en 1204, les fit apporter de Jérusalem, et ordonna qu'elles seraient observées dans les pays de son obéissance. C'était par conséquent avant que Jean d'Ibelin en eût altéré la rédaction. En France, nos jurisconsultes des derniers siècles, ainsi que plusieurs écrivains, au nombre desquels je ne citerai que Du Cange dans sa belle édition de la Vie et des établissements de saint Louis, en ont fait un grand usage. Cependant il paraît que les anciens manuscrits de ce Code sont fort rares, et qu'on n'en connaît point d'autre que celui de la bibliothèque du Vatican, sur lequel ont été faites toutes les copies que l'on retrouve en France. Si l'on pouvait en rencontrer un exemplaire qui remontât jusqu'au XII° siècle, et qui reproduisît l'ouvrage tel qu'il était avant la rédaction de Jean d'Ibelin, il serait au-dessus de toute valeur et de tout prix; tandis que ceux de la dernière rédaction ont perdu beaucoup de leur mérite depuis qu'ils ont été imprimés. Thaumas de la Thaumassière en a donné une édition avec des notes, in-folio, Paris, 1690. On en trouve une partie dans les *Deliciæ equestrium ordinum* de François Mennens, Cologne, 1613.

LETTRES DE GODEFROI. — Nous avons sous le nom de Godefroi de Bouillon plusieurs lettres, dont quelques-unes lui sont particulières, et les autres communes avec d'autres princes ou prélats croisés. Quoique ces dernières ne soient pas toutes des productions de sa plume, cependant plus d'une raison exige que nous en rendions compte. D'abord elles portent son nom, et par conséquent elles lui appartiennent à quelque titre, ne fût-ce qu'à celui de général en chef de l'armée chrétienne; et puis elles méritent d'être connues, puisqu'elles concernent les aventures si intéressantes des croisés, et que l'occasion se présente on ne peut plus favorable pour les publier.

La première, par ordre de date, est une lettre particulière à notre héros. Elle fut écrite des environs de Constantinople, au mois de mai 1096. C'est une réponse au comte Bohémond, qui lui avait écrit pour lui faire connaître le caractère de l'empereur Alexis Comnène, afin qu'il s'en méfiât, et qui l'engageait à quitter Constantinople au plus tôt, et à s'avancer vers Andrinople, où l'armée pourrait trouver des vivres en abondance. Godefroi répond au comte qu'il connaissait la malignité de cet empereur, et que sa propre expérience lui en apprenait chaque jour quelque chose; mais que la crainte de Dieu l'empêchait d'employer contre un peuple chrétien des armes qui ne devaient servir qu'à combattre les infidèles. Cette lettre est parfaitement écrite sous tous les rapports, et nous a été conservée par Guillaume de Tyr, qui lui a donné place dans son histoire de la guerre sainte.

Au Pape Urbain II. — Foucher de Chartres, autre historien de la croisade, nous a transmis une autre lettre adressée au Pape Urbain II. Après la réduction d'Antioche, au mois de juin 1098, l'armée des croisés fut attaquée d'une maladie contagieuse, qui emporta beaucoup de monde; entre autres, Adhémar, évêque du Puy et légat du Saint-Père. Les seigneurs écrivirent à ce sujet au Pape Urbain une lettre, signée dans cet ordre des noms de Bohémond, prince d'Antioche, de Raymond, comte de Saint-Gilles, de Godefroi, duc de Lorraine, de Robert, comte de Normandie, de Robert, comte de Flandre, et d'Eustache, comte de Boulogne. La première partie de cette lettre roule principalement sur la manière dont ils s'étaient emparés de la ville d'Antioche; sur ce qu'ils eurent à souffrir lorsque, trois jours après, ils s'y virent assiégés par une foule innombrable d'infidèles. Ils rappellent la découverte de la sainte lance, qu'ils regardent comme un gage de la protection de Dieu et la victoire signalée qu'ils remportèrent sur leurs ennemis, après vingt-cinq jours de privations et de souffrances. L'autre partie est consacrée à annoncer au Pape la triste nouvelle de la mort de l'évêque du Puy, qu'il avait établi son vicaire pour la croisade, et à le presser de venir en personne le remplacer. Pour l'y déterminer, les princes croisés se servent des motifs les plus puissants, et finissent par demander à Dieu qu'il lui fasse exécuter ce pieux dessein. Baluze, qui reproduit cette lettre dans ses *Miscellanea*, y a ajouté un *post-scriptum* qui manque dans l'exemplaire de Foucher, et qui en fixe la date précise au 11 septembre de l'an 1098. L'addition a pour but de se plaindre que le Pape, qui avait été le prédicateur et le principal auteur de cette pieuse entreprise, accordait cependant à quelques croisés dispense du voyage auquel ils s'étaient engagés, ce qui portait un préjudice réel à l'exécution du grand dessein projeté. On y donne également avis au pontife romain, que l'empereur de Constantinople n'avait tenu aucune de ses promesses, mais, au contraire, avait nui aux croisés de tout son pouvoir.

Lettre à tous les fidèles. — Il est question du traité conclu avec l'empereur de Constantinople, dans une lettre adressée à tous les fidèles du monde catholique, au nom de tous les seigneurs croisés, et en particulier, de Bohémond, de Raimond, de Godefroi et de Hugues le Grand, frère du roi Philippe. Alexis Comnène était convenu avec eux, sous la foi du serment et en livrant son gendre et son neveu pour otages, qu'il se garderait à l'avenir de faire aucun tort à ceux qui se rendaient en pèlerinage au Saint-Sépulcre, et il publia, en conséquence, dans toute l'étendue de ses États une défense expresse et sous peine de mort de se conduire autrement. Ce traité, ainsi que la lettre le porte, fut conclu à la mi-mai de l'an 1096. Sur la fin du même mois, les croisés livrèrent bataille aux Turcs, à qui ils tuèrent trente mille hommes, sans perdre plus de trois mille des leurs. Cette victoire fut suivie de la prise de Nicée, de plusieurs autres places et de la ville beaucoup plus importante d'Antioche. La réduction de cette ville leur coûta dix mille hommes. Ils en tuèrent soixante-neuf mille aux infidèles. Après ce détail, la lettre donne avis à tous les chrétiens, que le roi de Perse se disposait à les attaquer le jour de la Toussaint, avec la résolution arrêtée de se joindre au roi de Babylone et aux autres princes païens, pour la destruction complète du nom chrétien, dans le cas toutefois qu'il remporterait la victoire; mais si au contraire il perdait la bataille, il se rendrait chrétien et engagerait tous les autres à en faire autant; c'est pourquoi les seigneurs croisés conjurent tous les fidèles de leur obtenir le secours de Dieu par leurs prières, leurs jeûnes, leurs aumônes, et la célébration des saints mystères, surtout le troisième jour avant cette solennité qui, cette année-là, tombait un vendredi, jour auquel, en mémoire du triomphe de Jésus-Christ sur la mort, ils devaient attaquer le roi de Perse. La lettre de ces seigneurs était circulaire. Hugues, qui avait été sacré évêque de Grenoble en 1081 par le Pape Grégoire VII, la fit passer à Radulphe II, archevêque de Tours, et à ses chanoines, les priant de la répandre autant qu'ils pourraient. Comme elle ne fut écrite qu'après la prise d'Antioche, on ne peut la placer avant le commencement de juin de l'an 1098. Dom Martène et dom Durand ont publié cette lettre dans leur Collection.

Au Pape Pascal II. — Dodechin, dans sa continuation de la *Chronique* de Marien Scot, nous a conservé une autre lettre du roi Godefroi, qui, par une humble modestie, n'y prend que le simple titre d'avoué de l'église du Saint-Sépulcre. Cette lettre lui est commune avec Daïmbert, archevêque de Pise établi patriarche de Jérusalem, et Raimond, comte de Saint-Gilles. Elle est adressée au Pape Pascal II, successeur immédiat d'Urbain, et fut écrite peu de temps après la célèbre victoire que l'armée chrétienne remporta sur les infidèles près d'Ascalon, le 4 août 1099, et dont elle fait un récit très-circonstancié. Le Pape cependant la reçut un peu tard, puisqu'il n'y répondit que le 4 mai de l'année suivante. Ce retard fut causé sans doute par les mesures qu'il fut obligé de prendre pour envoyer un légat aux croisés. Il paraît que l'intention des auteurs de la lettre était qu'elle fût circulaire, autant qu'on en peut juger par l'inscription qui joint au Pape tous les fidèles du monde chrétien. Outre la relation de la journée d'Ascalon, cette pièce contient encore une récapitulation succincte de toutes les conquêtes des croisés, depuis la prise de Nicée jusqu'au départ du duc de Normandie et du comte de Flandre pour retourner dans leurs Etats, ce qui eut lieu peu de temps après la victoire d'Ascalon. Les auteurs finissent par conjurer ceux à qui elle est adressée de secourir autant qu'il était en eux ceux des croisés qui s'en retournaient dans leur patrie, et de les aider à payer les dettes que ce voyage les avait forcés de contracter. Cette lettre se trouve également dans le premier tome des *Anecdotes* de dom Martène: le texte de cette édition est un peu plus entier que dans l'exemplaire de Dodechin. Valère André fait mention d'une lettre du duc Godefroi au Pape; mais il ne la rapporte pas, et ne nous apprend point à quel Pape elle était adressée, ni si elle était particulière à ce duc. Dans ce dernier cas, elle mériterait qu'on la recherchât et qu'on l'offrît à la curiosité des savants, qui y découvriraient peut-être des faits, ou des circonstances de faits qui ne se lisent point dans les autres.

Discours. — De tous les discours qu'adressa Godefroi, soit aux croisés en qualité de général en chef, soit à ses sujets comme souverain, on ne nous a conservé que la harangue qu'il fit au siège d'Antioche, lorsque toutes choses paraissant désespérées pour l'armée chrétienne, elle était sur le point de se retirer. Nous en sommes redevables à Guillaume de Tyr, qui la fait entrer dans sa belle *Histoire de la croisade.* Cette harangue est courte, mais pathétique, puissante en raisons et pleine de traits de piété et de grandeur d'âme. « S'il est vrai, dit-il, comme on nous l'a annoncé, que les ennemis de la foi et du nom chrétien aient triomphé de nos seigneurs et de nos frères, que nous reste-t-il, sinon, ou de mourir avec eux, ou de venger l'injure faite à Jésus-Christ? C'est en pareille circonstance que la vie ne doit pas nous être plus chère que la mort. N'en doutez pas, nos ennemis, enflés de leur victoire, se conduiront imprudemment à l'avenir; car il arrive ordinairement que la prospérité fait oublier les précautions, tandis que ceux qui sont dans l'adversité savent se tenir sur leurs gardes. Ayez donc plus de confiance en celui pour lequel nous combattons. » Ce discours produisit son effet; on livra la bataille, et les ennemis furent vaincus.

Le style de cette pièce et celui de la lettre particulière à Godefroi montrent que leur auteur parlait le latin assez purement, et même avec une certaine élégance bien rare pour son siècle. On remarque la même chose dans trois ou quatre chartes qui nous restent de lui, et qui toutes sont écrites en faveur de quelques monastères.

GODEFROI, qui fait le sujet de cet article, ne nous est connu que par sa qualité de prévôt ou prieur de Stavelo, au diocèse de Liège, et par un ouvrage qui est arrivé jusqu'à nous. Cet ouvrage, qui dans le siècle dernier a été attaqué avec une violence insigne par un auteur allemand, a trouvé dans dom Martène un puissant défenseur. Il est intitulé *Le triomphe de saint Remacle sur le monastère de Malmedy.* On trouvera plus bas la raison de ce titre. L'auteur n'y est nommé nulle part; mais il s'y donne visiblement pour un moine de Stavelo, et s'y montre partout bon écrivain et homme de jugement. C'est sur ces caractères, que François du Laurent a jugé que l'ouvrage appartenait à Godefroi, issu des comtes de Viane, qui remplissait la place de prévôt ou prieur sous l'abbé Thierry. Chapeauville ne le fait fleurir qu'en 1100; mais il est certain, par son propre écrit, qu'il florissait dès l'an 1064, puisqu'il se donne pour témoin de tout ce qu'il rapporte.

Cet ouvrage est divisé en deux livres dont chacun a sa préface particulière. Godefroi, qui adresse son livre à tous les enfants de l'Eglise répandus sur la surface de l'empire romain, l'a consacré à retracer l'historique du différend qui exista entre Annon, archivêque de Cologne, et l'abbaye de Stavelo, au sujet du monastère de Malmedy. Saint Remacle, qui en était le fondateur, l'avait soumis à Stavelo, qui doit son établissement au même saint. Annon, profitant du grand crédit qu'il avait à la cour d'Allemagne, entreprit de renverser cette disposition du saint fondateur, et de se soumettre Malmedy, malgré les justes défenses de l'abbé et des moines de Stavelo. Notre auteur, comme témoin oculaire de tout ce qui s'était passé dans le cours de ce procès, depuis 1064 jusqu'en 1071, a fort bien exécuté cette première partie de son dessein. Ce qui la rend surtout intéressante, c'est qu'il y fait entrer plusieurs traits historiques, concernant le roi Henri IV, depuis empereur, les ducs de Lorraine, Frédéric et Godefroi, saint Annon, archevêque de Cologne, le pays de Liége et les contrées circonvoisines.

Dans le second livre, adressé à Thierry, abbé de Stavelo, Godefroi rapporte, en entrant dans des détails fort circonstanciés, tous les moyens employés par les moines de ce monastère pour se faire rendre justice. Ces moyens, quoique singuliers, ne laissèrent pas d'avoir leur effet. Sachant que le roi devait tenir sa cour à Liége, aux fêtes de Pâques de l'année 1071, ils s'avisèrent d'y porter solennellement et en grande pompe le corps de saint Remacle, qu'ils posèrent sur la table même où mangeait le roi. Ce prince, frappé de ce spectacle et des miracles qui s'opérèrent à Liége, pendant que les pieuses reliques y demeurèrent, ordonna que les choses fussent remises sur le pied de leur origine, et que le monastère de Malmedy cessât d'être indépendant. Ainsi l'abbaye de Stavelo gagna sa cause, et c'est pour cela que l'écrit de Godefroi fut intitulé : *Triomphe de saint Remacle sur Malmedy*. L'auteur a soin de faire dans cette seconde partie la relation des miracles qui s'opérèrent en cette circonstance, et à l'accomplissement desquels il se trouva présent, puisqu'il ne perdit pas de vue un seul instant les saintes reliques. Il y a également inséré quelques vers de sa façon, qui du reste sont fort loin de valoir sa prose. Il y a fait mention de ces *cantadours* ou jongleurs, qui commencèrent à se multiplier vers la fin de ce siècle, et qui faisaient des chansons sur les principales aventures de leur temps. Godefroi nous apprend qu'à leur imitation il en fit lui-même, en 1071, sur ce qui venait de se passer, à l'occasion de saint Remacle. On trouve l'ouvrage de Godefroi dans le recueil de Chapeauville, qui l'a publié sur un manuscrit de Stavelo, et y a joint une bulle du Pape Léon IX, qui, en rappelant les anciens titres de cette abbaye, lui confirme son droit sur celle de Malmedy.

C'est donc à tort qu'Ignace Roderic, l'auteur allemand dont nous avons dit un mot plus haut, accuse Godefroi de n'avoir débité dans son ouvrage que des mensonges et impostures. Le principal événement qui fait le sujet de son écrit est attesté et confirmé par les plus graves écrivains du temps ; par exemple, par Théoduin, évêque de Liége, où les choses se passèrent ; par Lambert de Schnasnebourg, dans sa *Chronique sur l'année* 1071 ; par Frédéric, successeur de saint Annon sur le siége de Cologne, quoiqu'il fût partie intéressée dans cette affaire ; et par le diplôme déjà cité de l'empereur Henri IV, ainsi que par les anciens Actes de l'abbaye de Stavelo.

GODEFROI, scolastique de Reims, naquit en cette ville et y fit ses études avec un succès qui lui permit plus tard d'enseigner les autres. Il devint chancelier de la cathédrale, et possédait encore cette dignité en 1094. L'année suivante, elle était occupée par un nommé Raoul, ce qui nous fait croire que Godefroi mourut au commencement de 1095. En effet, sa mort est marquée au 4 de janvier dans l'Obituaire de Reims. Godefroi joignait à des grâces naturelles et à de grands biens, un génie heureux, des mœurs pures, un esprit pénétrant, beaucoup d'éloquence et d'érudition ; qualités qui lui attiraient des disciples de toutes parts. Nous n'avons de lui que quelques poëmes ; un en vers élégiaques, adressé à l'archidiacre Ingelramme, et intitulé : *Des mœurs*, et un autre qui a pour titre : *Songe d'Odon d'Orléans*, qui fut évêque de Cambrai ; un troisième adressé à une vierge, et un quatrième en vers hexamètres léonins, adressé à Gebouin, archidiacre de Langres, et élu archevêque de Lyon en 1077. Tous ces ouvrages sont manuscrits, excepté quelques fragments du second poëme, publiés par dom Mabillon dans l'Appendice, au tome V des *Annales bénédictines*. Voici quelle fut l'occasion de ce chant, dont nous allons transcrire un morceau pour donner une idée de la poésie au XII° siècle, et du génie particulier de l'auteur. Avant qu'Odon quittât la ville d'Orléans, lieu de sa naissance, et par conséquent lorsqu'il était encore jeune, il avait déjà composé un poëme sur la fameuse guerre de Troie. Godefroi, ami particulier de l'auteur, ayant ouï parler de cette production de sa muse, ne lui laissa point de repos qu'il ne la lui eût communiquée. La lecture de cet écrit lui fit naître la pensée de faire à la louange du poëte une longue et assez ingénieuse pièce de vers qu'il intitula : *Le songe d'Odon d'Orléans*. On ne trouve plus aujourd'hui ce poëme d'Odon, qui paraît avoir été le premier de ses écrits, et il ne nous est connu que par les vers suivants de Godefroi. L'auteur nous représente Odon porté sur les vents d'Orléans à Reims, pour lui offrir lui-même son poëme, en lui tenant ce langage :

Sic ergo me ventis credens te propter, amice,
Non timui dubias pendulus ire vias.
Et quia nostra tibi sunt semper opuscula cordi,
Nec sunt arbitrio projicienda tuo :
Attulimus qui bella canit Trojana libellum,
Quem tu sæpe mihi me recitare facis.

Au reste, dans les vers qui précèdent ceux qu'on vient de lire, Godefroi relève beaucoup la douceur et la cadence harmonieuse de ceux de son ami. Si le poëme sur la guerre de Troie avait réellement toutes les beautés qu'y découvrait ce scolastique, la perte en serait infiniment regrettable ; mais c'est un poëte du XII° siècle qui en loue un autre ; on sait par là à quoi s'en tenir.

GODEFROI, prieur de Winchester, illustra l'Eglise d'Angleterre par son savoir et par ses vertus. Il était né à Cambrai. Après s'être livré avec succès à l'étude des belles-lettres, il passa en Angleterre, et se retira dans le monastère de Winchester, dont les moines desservaient alors la cathédrale. Siméon Ely, qui en était prieur, ayant été promu au gouvernement de l'abbaye, l'évêque Valkelin donna à Godefroi la qualité de prieur, en 1082. Depuis longtemps l'office divin ne se faisait plus avec la décence convenable : Godefroi lui rendit tout son luxe et toute sa magnificence. Il rétablit l'hospitalité, et fit observer aux moines une exacte discipline. Son caractère respirait la douceur et l'humilité ; il semblait ignorer sa science, bien loin de s'en enorgueillir. Enfin, afin qu'il ne manquât rien à sa perfection, il eut occasion d'exercer sa patience dans une longue maladie qui termina ses jours le 20 décembre 1107. Il est mis au rang des bienheureux dans le Martyrologe bénédictin.

SES ÉCRITS. — Guillaume de Malmesbury, qui nous a conservé les principales circonstances de la vie de Godefroi, avait vu de lui un *Recueil de lettres familières*, qui se ressentaient toutes de la bonté de son cœur ; un autre livre d'*Epigrammes* remplies des traits de son érudition ; et les *Eloges* en vers des primats d'Angleterre ; c'était, comme on s'en souvient, les archevêques de Cantorbéry qui jouissaient de cette dignité. On trouve encore d'autres ouvrages sous son nom dans les bibliothèques d'Angleterre, savoir : quatre livres de *Rhythmes moraux* pour réformer les hommes, en leur indiquant un plan de vie morale et chrétienne ; un livre des *Proverbes*, et une préface sur l'*Epithalame de la sainte Vierge* ; ce qui nous marque que cet ouvrage était d'un autre écrivain. De tous les écrits de Godefroi, on n'a imprimé que l'*Epitaphe de Serlon*, abbé de Glocester, et celle de Valkelin, évêque de Winchester. La première est rapportée sous son nom par Guillaume de Malmesbury, et la seconde se lit dans le tome Ier de l'*Angleterre sacrée*. Quoique son nom ne s'y lise pas, on ne peut douter qu'elle ne soit de Godefroi. Il survécut à cet évêque qui l'avait nommé prieur de Winchester, et cette épitaphe est dans le goût de celle de Serlon. On cite encore de Godefroi une *Description de la pièce de monnaie*, sans nous dire en quoi consistait cette description.

GODEFROI, de la noble famille des seigneurs de Lèves et chanoine de l'Eglise de Chartres, fut élu pour succéder à Yves, sur le siége épiscopal de cette église célèbre, après sa mort arrivée en 1115. Thibaud, comte de cette ville, s'opposa d'abord à cette élection ; mais il y consentit quelque temps après sur les remontrances de Robert d'Arbrissel. Ce ne fut pas le seul service qu'il rendit à l'Eglise de Chartres ; il en bannit la simonie qui l'infectait depuis longtemps, et ce fut probablement par ses avis que Godefroi, du consentement de ses chanoines, rendit un décret portant qu'aucun d'eux ne donnerait ni ne recevrait rien pour les places d'honneur ou pour les prébendes. Le Pape Calixte II confirma ce décret par une bulle datée de Reims en 1119, et adressée à l'évêque de Chartres. Godefroi assista, en 1128, au concile de Troyes, où l'on donna une règle aux chevaliers du Temple, avec l'obligation de porter l'habit blanc. En 1130, il accompagna le Pape Innocent II dans son voyage d'Orléans à Chartres, et fit en sa présence un discours dans l'église de Maurigny, à la consécration de l'autel de Saint-Laurent. On croit que ce fut vers ce temps-là que le Pape lui donna sur les provinces de Bourges, de Bordeaux, de Dol et de Tours, une juridiction dont il s'acquitta avec autant d'honneur que d'intégrité et à ses frais. C'est le témoignage que lui rend saint Bernard au chapitre 5e du quatrième livre de la *Considération*. Godefroi mourut le 24 janvier 1148.

Ses lettres. — Le recueil des lettres de Godefroi, abbé de Vendôme, en contient plusieurs adressées à l'évêque de Chartres, ce qui suppose visiblement entre eux un échange de communications ; cependant il n'en reste aucune de notre évêque à l'abbé de Vendôme. Mais nous en possédons une adressée à Hubert, successeur de Godefroi, au sujet de la profession de foi que les évêques de Chartres voulaient exiger des abbés de ce monastère, lorsqu'ils les consacraient, comme ils l'exigeaient des autres abbés du diocèse. L'abbé Godefroi refusa de la donner ; Fromond, son successeur immédiat, en usa de même. Ils se fondaient sur un Indult d'Urbain II et de Pascal II, qui défend aux abbés de Vendôme de faire cette profession devant l'évêque de Chartres, lors de leur consécration, et en cas de refus de la part de cet évêque, leur permet de se faire bénir par tout évêque qu'il leur plaira de choisir. Godefroi ayant vu ces bulles, bénit non-seulement les trois abbés qui se succédèrent pendant son épiscopat ; mais il confirma encore les priviléges de l'abbaye de Vendôme, et tout ce qu'elle possédait en dîmes et en terres, avec pouvoir aux moines de s'adresser à tout autre évêque que lui pour l'ordination. Il y a encore des lettres de Godefroi dans les tomes III et XIII du *Spicilége* : dans l'une il recommande à Henri, archevêque de Sens, Archambaud, sous-doyen de l'Eglise d'Orléans, et maltraité par Jean, son archidiacre ; dans l'autre il permet aux chanoines de Chartres de se choisir un doyen.

GODEFROI, premier abbé des Monts, monastère de Styrie, fondé au XI° siècle par Gébéhard, archevêque de Saltzbourg, avait gouverné pendant quelques années celui de Weingarten. Profès de l'abbaye de

Saint-Georges, dans la forêt Noire, il y avait été formé à la pratique exacte de la règle de saint Benoît, suivant les usages d'Hirsauge. Il les fit observer à Weingarten, et ensuite à l'abbaye des Monts, où il s'acquitta, autant par ses exemples que par ses discours, de tous les devoirs de sa dignité. On venait de toutes parts lui demander quelques-uns de ses disciples pour les mettre à la tête des abbayes vacantes ; il en fournit même quelquefois pour remettre en vigueur la discipline régulière dans des monastères de filles, où elle était tombée en désuétude par suite du relâchement. Les progrès de l'abbaye des Monts furent arrêtés un instant par un incendie qui la réduisit en cendres, ainsi que le monastère de femmes qui lui était adjacent; mais tout fut rétabli dans l'espace d'une année par les libéralités des bienfaiteurs du monastère. Tout était splendidement restauré, lorsque Godefroi mourut au mois de juin 1165, vingt-huit ans après sa promotion au titre d'abbé.

Ses écrits. — Godefroi a illustré son nom non-seulement par les monuments de sa piété et de son zèle pour la discipline monastique, mais aussi par un grand nombre d'*Homélies* que dom Bernard Pez a jugées dignes du public, et qu'il a fait imprimer en deux volumes in-folio, à Augsbourg, en 1725. Elles roulent partie sur les dimanches, partie sur les fêtes de l'année, suivant l'ordre dans lequel on les célébrait au siècle de Godefroi. Il y a quelquefois plusieurs homélies pour un même dimanche, mais elles ne sont pas toujours sur l'Evangile du jour. L'orateur en faisait également sur les Epîtres qu'on lisait à la messe, et sur les leçons du premier Nocturne de l'office de Matines. Souvent il fait des réflexions sur l'Introït et l'Oraison de la messe, pour montrer la liaison qu'ils ont avec l'Evangile du jour. Il suit dans toutes ses homélies les sens allégorique, dogmatique et moral, comme les plus propres à éclairer la foi et à former les mœurs des moines auxquels il adressait ses discours, comme on le voit par la préface sur les homélies d'été. Il s'applique surtout à leur inspirer des sentiments de componction, afin de les engager à confesser et à expier leurs fautes. C'est dans ce dessein qu'il fait revenir dans ses discours tous les passages de l'Ecriture qui ont rapport à ces matières. Sa méthode dans la correction des mœurs est de n'être ni trop sévère, ni trop relâché, mais de garder un juste milieu. Il suit dans les matières de la grâce et de la prédestination les sentiments de saint Augustin, et ceux de saint Bernard ainsi que de plusieurs anciens sur la conception de la sainte Vierge. Ce ne fut qu'au siècle suivant que l'on agita parmi les théologiens la question de l'immaculée conception. Ainsi, Godefroi ne peut être accusé d'avoir pris parti à cet égard, puisque de son temps et avant lui il n'y avait là-dessus aucune contestation.

Homélies du premier volume. — Il commence par celles qui sont sur les dimanches de l'Avent, et l'on y trouve à la suite des homélies sur les dimanches de l'Epiphanie, sur les dimanches et les fériés du Carême, et sur les dimanches d'après Pâques et d'après la Pentecôte. Il y en a six sur le premier dimanche de l'Avent. La première explique le passage du XXIe chapitre de saint Matthieu, où il est parlé de l'entrée triomphante de Jésus-Christ dans Jérusalem. Il paraît qu'au temps de Godefroi on lisait ce jour-là l'Evangile qui se lit aujourd'hui au dimanche des Rameaux. — La seconde et la troisième homélie sont encore sur le même sujet. — Il dit dans la quatrième que bien que le livre du *Cantique des cantiques* puisse se rapporter à l'Eglise et à l'âme fidèle, à cause de leur union avec Jésus-Christ, il a néanmoins un rapport particulier à la sainte Vierge, comme mère de Jésus-Christ, sauveur du monde. Après avoir affirmé que la Vierge, comme le reste du genre humain, a été soumise à la loi du péché originel, il ajoute que le Saint-Esprit, en survenant en elle, l'en a purifiée, ainsi que de tout péché actuel, si elle pouvait en avoir commis. Il attribue au baptême le pouvoir de remettre et le péché originel et tous les péchés actuels. — A propos de l'Eucharistie, il enseigne que le Fils unique de Dieu, qui s'est immolé une fois pour nous sur l'autel de la Croix, est chaque jour mis à mort par la consécration de son corps et de son sang pour le salut des fidèles. En recevant visiblement, c'est-à-dire sous des espèces visibles son corps et son sang, notre âme en est nourrie et rassasiée invisiblement. — Dans l'homélie sur la Samaritaine, au vendredi d'après le troisième dimanche de Carême, Godefroi distingue exactement les deux natures en Jésus-Christ, et dit que selon la nature divine il ne pouvait jamais être fatigué, mais qu'il le pouvait selon la nature humaine, dont il a pris toute les infirmités, excepté le péché. Il veut qu'il y ait un si grand secret entre le confesseur et le pénitent, qu'ils soient les seuls qui entendent les péchés, afin qu'ils ne puissent être connus de personne, et qu'ainsi la confession ne devienne pas publique.

Homélies du second volume. — Dans la distribution des homélies sur les fêtes de l'année, on a suivi l'ordre qu'elles tenaient dans le calendrier de l'Eglise aux XIe et XIIe siècles. Ainsi, dans le tome II de l'édition de dom Bernard Pez, elles commencent par l'homélie sur la fête de saint André, et sont absolument dans le même goût que les homélies sur les dimanches, c'est-à-dire, remplies d'allégories et de moralités, ce qui ne nous fournit presque rien d'intéressant pour notre sujet. — Dans les homélies sur la fête de la Nativité de Jésus-Christ, Godefroi parle des trois messes qu'on y célébrait : l'une à minuit, l'autre à l'aurore et la troisième au jour ; il en rapporte les *Introït* qui sont les mêmes qu'aujourd'hui, et il donne de chaque messe une explication spirituelle et morale. — Dans l'homélie sur la Chaire de saint Pierre à Antioche, il admet sans difficulté l'histoire du baptême de l'empereur Constantin par le Pape saint Sylvestre, et la donation que cet empereur lui fit; on n'avait pas encore à cette époque découvert la fausseté de ces pièces. — Dans sa première homélie sur la fête de Pâques, il confond Marie Madeleine, sœur de Lazare, avec la femme pécheresse. Il croit que la Vierge a été réellement enlevée au ciel, « afin, dit-il dans l'homélie sur l'Assomption, qu'étant élevée au-dessus des chœurs des anges, elle intercède avec plus de confiance pour nos péchés. » Il est d'avis qu'avant la venue de Jésus-Christ le mystère de la sainte Trinité était inconnu au monde, ou du moins qu'il n'était connu que de très-peu de personnes.

L'Appendice de ces deux volumes contient dix-sept homélies sur divers sujets. On ne peut douter qu'elles ne soient de Godefroi, puisqu'elles se trouvent dans les manuscrits d'où ont été tirés celles dont nous venons de rendre compte. La première est sur la députation d'Eliézer pour le mariage d'Isaac avec Rébecca. Dans les suivantes, Godefroi explique plusieurs passages des cinq *Livres de Moïse*, de *Josué*, des *Juges*, des *Rois*, des *Proverbes*, de l'*Ecclésiastique*, de *Daniel* et des *Machabées*, qu'on lisait dans l'office de l'Eglise.

AUTRES OUVRAGES. — On trouve dans le même Appendice, à la suite des homélies dont nous venons de dire un mot, plusieurs opuscules du même auteur. D'abord, le *Livre des bénédictions de Jacob*, telles qu'il les donna à ses enfants au lit de la mort, et en suivant l'ordre dans lequel elles sont rapportées au chapitre XLIX° de la *Genèse;* ensuite le *Livre des dix calamités annoncées par le prophète Isaïe à Babylone, à Damas, à l'Egypte, à Moab et à divers autres peuples*. Ce livre avait d'abord paru sous le nom du vénérable Isimbert, frère de Godefroi, et son successeur à l'abbaye des Monts, au tome II des *Anecdotes* de dom Bernard Pez; mais cet éditeur qui ne lui avait attribué ce commentaire que sur quelques conjectures, en a rencontré depuis de plus fortes et de plus convaincantes pour le rendre à l'abbé Godefroi, comme à son véritable auteur. Enfin on a de lui une lettre adressée à un moine, qui avait été autrefois au nombre de ses religieux, et qui était passé depuis à un autre monastère. Godefroi lui demande par cette lettre, de lui faire transcrire ou de transcrire lui-même l'ouvrage de Josèphe, qui traite de la prise de Jérusalem et du triomphe de Vespasien et de Titus à Rome.

GODEFROI DE VITERBE, ainsi appelé du nom de sa patrie, prêtre, aumônier et secrétaire des empereurs Conrad III, Frédéric Ier et Henri VI, est auteur d'une Chronique universelle adressée au Pape Urbain III, et intitulée *Panthéon*, à cause du grand nombre de faits qu'elle renferme. Elle finit à l'an 1186, et on la trouve parmi les *Historiens d'Allemagne* recueillis par Pistorius, et imprimés à Francfort en 1584. On dit que cet auteur avait consacré quarante ans à voyager dans tous les pays, et que dans ses voyages il avait fait un recueil prodigieux de toutes sortes d'observations. Il avait appris les langues grecque, latine, hébraïque et chaldaïque. Lambécius fait mention d'un autre ouvrage du même auteur intitulé *Miroir des rois*, et contenant les généalogies de tous les rois et empereurs depuis le déluge jusqu'à Henri VI. Il est resté manuscrit dans la bibliothèque impériale.

GODEHARD, qui se rendit célèbre par ses vertus et mérita le titre de saint, naquit vers la dernière moitié du X° siècle, dans un lieu appelé Rittenbach, au diocèse de Passau et de la dépendance du monastère d'Altach, occupé alors par des chanoines. Ses parents l'offrirent à Dieu dans ce monastère; mais Chrétien, son évêque diocésain, à qui il avait plu par la pureté de ses mœurs, se l'attacha et en fit son chancelier. Godehard, craignant que les affaires dont il était chargé ne fissent naître en lui le goût du siècle, sollicita son retour dans le monastère et l'obtint. L'évêque de Passau l'avait ordonné sous-diacre, et quelque temps après il avait été promu au diaconat. Othon Ier avait tenté vainement de rétablir la profession monastique à Altach; Othon III y réussit en 990 dans la septième année de son règne. Plusieurs chanoines prirent la réforme, et Godehard fut un des premiers. Il était alors dans la trente-unième année de son âge, et ses progrès dans la piété furent tels qu'on le jugea digne d'y former les autres. Henri, duc de Bavière, successeur d'Othon III, lui donna l'abbaye d'Altach et successivement plusieurs autres à réformer; puis à la mort de Bernouard, évêque d'Hildesheim, arrivée en 1022, ce prince nomma Godehard pour lui succéder. Il était déjà vieux; il se fit de son âge un prétexte pour s'opposer aux volontés du prince. A cette raison il en ajouta une autre, et fit observer qu'il avait abandonné de grandes richesses tout exprès pour servir Dieu avec plus de liberté, et attendre avec plus d'assurance la fin de sa vie dans l'observation de la pauvreté évangélique. Mais l'empereur persista dans son sentiment et Godehard obéit. Il occupa le siège épiscopal d'Hildesheim jusqu'au 4 mai 1038, qui fut le jour de sa mort. Ses austérités l'avaient tellement desséché que c'est à peine si les nerfs de son corps conservaient leurs liaisons naturelles. Le Pape Innocent II le mit au nombre des saints dans le concile de Reims. Wolferus qui l'avait connu particulièrement, écrivit sa Vie, à la prière d'Athelbert, abbé d'Altach, et la dédia à Albuin, son maître. Quelques-uns l'attribuent à Arnold; mais il y a apparence que celui-ci ne fit que revoir le travail du premier historien et y ajouta quelques miracles oubliés, ou accomplis depuis sa publication. Cette Vie se trouve dans le tome VIII des *Actes de l'ordre de Saint-Benoît*, avec l'Histoire de la canonisation de saint Godehard, et de la translation de ses reliques. Il y est fait mention de plusieurs conciles auxquels le saint évêque assista. On en parlera ailleurs.

Ses lettres. — Dom Mabillon a fait imprimer dans ses *Analecta* une vingtaine de lettres tirées de l'abbaye de Tégernsé en Bavière, parmi lesquelles il y en a plusieurs de Godehard; une aux moines de ce monastère, dans le temps qu'il en était abbé, mais absent, parce que le duc Henri l'avait envoyé à Cremsminster pour y rétablir la discipline monastique. Il marque dans sa lettre que les moines de cette abbaye l'avaient reçu avec honneur et charité, et qu'ils accomplissaient avec un zèle pieux les exercices qu'il leur prescrivait. Il prie ceux de Tégernsé, de lui envoyer le livre d'Horace et les *Epîtres* de Cicéron. — La lettre suivante est adressée à Théodule, évêque de Frisingue, qui lui avait fait un crime de s'être emparé de l'abbaye de Tégernsé. Godehard proteste qu'il n'a usurpé les droits ni de l'Eglise de Frisingue, ni de qui que ce soit, et qu'il a tout reçu de l'empereur Henri; qu'à l'égard de la défense d'obéir, qui, suivant lui, était marquée, pour certains cas, dans la règle de saint Benoît, il n'y lisait rien de semblable. — Dans une autre lettre, il avertit l'abbé de Mansée que l'évêque de Passau le menaçait d'excommunication si, dans quatorze nuits, il ne paraissait. Il ne devait donc pas différer plus longtemps de venir, après toutefois en avoir obtenu la permission de Gérard, évêque de Ratisbonne. — Godehard, ayant reçu chez lui une religieuse qui était sortie de son monastère, l'y renvoya avec une lettre pour l'abbesse qu'il pria de la recevoir avec bonté, de lui fournir le nécessaire et de l'associer aux ouvrages de ses servantes, enfin, d'empêcher qu'elle ne sortît du monastère, pour sauver au moins l'honneur de sa profession et de son habit. — Après qu'il eut établi la réforme à Tégernsé, on élut pour abbé de ce monastère Eberhard, mais l'empereur Henri négligea de le pourvoir des choses nécessaires à la vie. Eberhard s'en plaignit plusieurs fois à Godehard qui fit là-dessus des remontrances à ce prince, le priant en même temps de laisser ces religieux jouir du droit d'élection, selon la règle et les privilèges accordés à leur monastère par les empereurs. Godehard écrivait avec simplicité, mais son style naturel et sans recherches rendait facilement ce qu'il voulait dire.

GODESCALC, diacre de l'Eglise de Liége au viii° siècle, écrivit, par l'ordre d'Agilfrid, son évêque, la *Vie de saint Lambert*, évêque de Mastrecht. Il y joignit une relation de plusieurs miracles opérés par l'intercession du saint pontife, avec l'histoire de la première translation de ses reliques à Liége. Toutes ces pièces, publiées d'abord par Canisius, ont été reproduites par Chapeauville, et plus tard par dom Mabillon. On en trouve aussi quelques fragments dans le tome I° des *Historiens de France* d'André Duchesne. Saint Lambert, après avoir été sept ans hors de son siége, y fut rétabli vers l'an 681, et Pharamond, usurpateur de l'évêché de Mastrecht, chassé par ordre de Pépin. Pendant que le saint était occupé, dans les environs de sa ville épiscopale, à la conversion des païens, deux frères, nommés Gallus et Riold, pillèrent les biens de l'Eglise de Mastrecht. Les parents et les amis du saint prélat, ne pouvant supporter plus longtemps leurs violences, les tuèrent. Dodon, parent de ces deux frères, résolut de venger leur mort sur l'évêque lui-même. Comme ce prélat se reposait un jour après Matines, il entre, à la tête d'une troupe de gens armés, dans sa maison, et passe au fil de l'épée tout ce qu'il y rencontre. Un de ses gens étant monté sur le toit de la chambre où le saint dormait étendu et les bras en croix, le perça d'un coup de flèche, dont il mourut le 17 septembre 708. Saint Lambert est honoré comme martyr.

GOISBERT, moine et écrivain du xi° siècle, révisa les Actes de saint Savinien, martyr honoré à Troyes, en Champagne, et les amplifia. Son ouvrage, imprimé d'abord dans le *Promptuaire* de Camusat, a été inséré plus tard dans la Collection de Bollandus.

GONDEBAUD, troisième roi de Bourgogne, était fils de Gonderic, autrement appelé Gondioc, et descendant d'Athanaric, roi des Goths, si fameux dans l'histoire par sa persécution contre les chrétiens. A la mort de son père, il partagea ses Etats entre ses trois frères, Chilpéric, Gondemar et Gondégisile, qui prirent comme lui le titre de roi, et Gondebaud fit de Lyon la capitale de son royaume et le siége ordinaire de sa cour. Dès les premières années de son règne, il fit mourir inhumainement ses deux frères Chilpéric et Gondemar, et s'empara de leurs possessions. Vers l'an 491, il porta la guerre en Italie, pilla et ravagea la Ligurie et l'Emilie, se rendit maître de Pavie, et répandit partout la terreur et la désolation. Au retour de cette sanglante expédition, il donna Clotilde, sa nièce, en mariage à Clovis; mais cette union n'empêcha pas celui-ci de se joindre contre Gondebaud à Gondégisile. Cet usurpateur fut défait, et s'enferma dans Avignon l'an 500. Obligé de racheter sa vie et son royaume, le vaincu accepta les conditions que le vainqueur voulut lui imposer; mais à peine se vit-il délivré qu'il reprit les armes. Il alla assiéger Gondégisile dans Vienne, le prit et le fit égorger au pied des autels dans une église où il s'était réfugié, et devint ainsi triplement fratricide. Depuis cette expédition, Gondebaud resta paisible possesseur de son royaume jusqu'à sa mort arrivée en 516, après un règne de vingt-cinq ans. Il laissa le trône à son fils Sigismond, qu'il avait fait reconnaître par les grands de ses Etats.

Si l'on en croit Héracle, qui avait été ambassadeur près de lui, Gondebaud réunit en sa personne un assemblage incompréhensible de bonnes et de mauvaises qualités. Il avait beaucoup de feu, une belle imagination et une facilité d'élocution qui s'élevait quelquefois jusqu'à l'éloquence ; ce qui ne l'empêchait pas d'écouter avec une attention particulière ce qui se disait dans les conseils afin de profiter de tout. Saint Ennode, qui l'avait connu particulièrement, lui rend le même témoignage, et ce qu'il rapporte d'un de ses discours confirme pleinement l'éloge qu'il en fait. Saint Avit de Vienne loue également, dans Gondebaud, une grande pénétration d'esprit, et, quoiqu'il fût arien, une connaissance approfondie de la religion catholique. Il aimait à se mêler de questions doctrinales, et il eut avec ce savant évêque de fréquentes conférences, tant de vive voix que par écrit, sur des matières de religion. Il se trouva présent et prit part à celle qui se tint avec tant d'éclat à Lyon en 499, entre les évêques catholiques et les ariens ; mais, quoiqu'il vît clairement de quel côté se trouvait la vérité, il n'eut pas la force de rendre hommage à la lumière et finit ses jours dans l'hérésie. Mais quelques qualités de l'esprit ne suffisent pas pour racheter les vices du cœur, ni pour effacer les crimes affreux qui déshonorèrent les premières années de son règne. C'était un prince rusé, plein d'astuce et de finesse, et par conséquent suspect à tout le monde dont il s'aliénait encore l'attachement par une ambition démesurée qu'il poussa souvent jusqu'à la plus odieuse cruauté.

Ses lois. — Tout barbare qu'il était, ce prince fit des lois très-sages. Les Bourguignons en possédaient déjà quelques-unes, lorsque Gondebaud commença à les gouverner en qualité de souverain ; mais comme ces lois conservaient encore beaucoup de leur première barbarie et que d'ailleurs elles étaient insuffisantes, il les retoucha, y fit des additions et les rendit plus dignes d'une nation que le christianisme commençait à civiliser, quoiqu'elle fût tombée dans les erreurs des ariens. Suivant saint Grégoire de Tours, le but politique que se proposait Gondebaud, c'était de porter ses Bourguignons à bien vivre avec les naturels des pays qu'ils avaient conquis, c'est-à-dire avec les anciens Gaulois, qui appartenaient auparavant à la domination des Romains. Du reste, ce dessein se laisse apercevoir d'une façon très-sensible dans un grand nombre de ses ordonnances.

Nous avons encore un recueil dans lequel ces lois sont divisées en quatre-vingt-neuf titres, sans y comprendre deux suppléments, et chaque titre subdivisé en plusieurs nombres comme la loi salique. On y trouve plusieurs dates différentes, ce qui montre qu'elles n'ont pas toutes été faites dans le même temps. La première est de la seconde année du règne de Gondebaud ; la seconde des nones de septembre, sous le consulat d'Avienus, c'est-à-dire le troisième jour du même mois de l'année 501 ; la troisième est marquée du 5 des calendes de juin ou 28 mai 502 ; enfin, une quatrième et dernière date du 4 des calendes d'avril, sous le consulat d'Agapitus, ce qui équivalait au 27 mars de l'an 517, un an après la mort de Gondebaud ; ce qui nous fait présumer que les lois contenues dans ce dernier titre auront été ajoutées par Sigismond après la mort du roi, son père. Quant aux lieux où ces lois furent promulguées, elles ne nous en indiquent que deux, Lyon et Ambérieux, où se tint une assemblée des Etats, à cinq ou six lieues de cette ville. La seconde année du règne de Gondebaud, marquée par la première date, doit s'entendre du temps où il commença à régner seul, après s'être défait de Gondégisile, en 500. Ce fait nous paraît ressortir de la seconde date qui porte l'an 501.

On peut dire, en général, que ces lois sont très-honorables à la mémoire du prince qui les a faites. On y remarque partout un grand fond d'équité, beaucoup de pénétration d'esprit, une attention singulière à prévenir les moindres différends et pour le temps une science politique peu commune, avec une sagesse digne d'un prince chrétien. Gondebaud a étendu sa prévoyance jusqu'au droit d'hospitalité, qui y est recommandé sous peine d'une amende, plus ou moins considérable suivant la qualité des personnes. Le divorce y est permis au mari en cas de crime d'adultère, de maléfice ou de violation des tombeaux de la part de la femme. On voit ici que les Bourguignons n'avaient pas moins de respect pour les tombeaux de leurs morts que les anciens Français. Cependant parmi ces lois il y en a quelques-unes qu'on pourrait trouver trop sévères. Un juif qui osait porter la main sur un chrétien devait avoir le poing coupé ; s'il frappait un prêtre, on le faisait mourir. L'adultère était puni de mort. Si une fille de condition libre péchait avec un esclave, ils étaient mis à mort l'un et l'autre ; une femme qui abandonnait son mari était étouffée dans la boue. Il y a d'autres lois qui paraissent peu réfléchies. Ceux qui n'avaient point de bois pouvaient en aller couper dans les forêts des autres. La plus fameuse de toutes ces lois et dans laquelle le défaut de réflexion se fait peut-être le plus sentir, est celle qui permet le duel ou les combats singuliers. Il est vrai que Gondebaud ne la fit que pour éviter le parjure ; mais il faut avouer qu'en cette circonstance il ne sut pas faire usage de ses lumières, puisqu'il n'évita un inconvénient que pour tomber dans un autre. Dans les procès civils ou criminels, on en était quitte presque toujours en jurant qu'on était innocent. Si la partie adverse ne voulait pas s'en rapporter au serment, on ordonnait le duel ; et si celui qui voulait prêter serment était tué, tous les témoins qui avaient juré avec lui payaient trois cents sous. On croyait que celui qui était mort était le coupable, et on nommait *Jugement de Dieu* cette singulière manière de finir les procès. Ce qu'il y a de surprenant, c'est qu'une loi si bizarre ne laissa pas d'être en vigueur pendant plus de trois cents ans, tant dans l'ancienne Bourgogne qu'à Lyon même, où saint Agobard se plaint qu'elle était plus religieusement observée que les décrets mêmes des conciles. Ce grand prélat, qui en connaissait les funestes conséquences, en écrivit fortement à l'empereur Louis le Débonnaire; et afin de porter ce prince à l'abroger, il la lui représente comme une loi contraire à la foi et à la charité chrétienne, et que saint Avit, de Vienne, avait déjà combattue comme pernicieuse au bien public et subversive de toute justice et de toute vérité dans les jugements. Il est à croire qu'elle contribua à étendre et à accréditer parmi les Français l'habitude des combats singuliers, ce préjugé cruel que la foi et la civilisation ne sont pas encore parvenues à détruire.

Mais à ces quelques défauts près, toutes les autres lois de ce recueil ne sont pas moins honorables pour l'ancienne nation des Bourguignons que pour la mémoire de leur législateur. En effet, elles supposent les peuples, pour qui elles ont été faites, déjà civilisés et polis. On n'y découvre rien qui tende à corriger en eux ces mœurs féroces, trop communes parmi les nations barbares qui inondèrent nos Gaules à la fin du siècle précédent. Elles nous apprennent quels étaient leurs usages, leurs maximes, leurs mœurs, la forme de leur gouvernement et les différentes charges qui s'y rattachaient. On peut juger de l'estime où étaient ces lois par l'usage qu'en fit Charlemagne dans ses *Capitulaires*. Pour leur donner plus de force et pour les rendre plus stables, Gondebaud les fit souscrire par les principaux de son royaume, assemblés à Lyon. On y lit encore les noms de trente-deux comtes qui, en les souscrivant, promirent de les observer, eux et leur postérité.

A la tête de ce recueil se trouve un petit avertissement dans lequel ce prince rend compte en peu de mots de son dessein. Il dit qu'il ne se proposait d'autre but que la tranquillité et le bonheur de ses sujets; et ce n'est qu'après avoir mûrement examiné toutes choses avec les grands de son royaume et pris leur avis, qu'il a cru devoir régler et fixer pour toujours, conformément au bon ordre, aux usages légitimes, à la raison et à l'équité, les cas particuliers qui pourraient faire naître des différends et des contestations. A la suite de cet avertissement vient une préface digne de toutes sortes d'éloges, et par les vues qu'il y témoigne, et par les mesures qu'il y prend pour arriver à faire rendre gratuitement la justice. Après avoir déclaré qu'il n'a fait ses ordonnances que par l'amour de cette justice qui rend Dieu favorable aux souverains, et qui contribue plus que tout le reste à soutenir leur autorité, il s'adresse à tous les juges du premier et du second ordre tant des villes et des villages de Bourgogne que des pays occupés par les Romains, et leur recommande l'équité et l'intégrité dans l'exercice de leurs fonctions. Il leur fait défense de recevoir des présents de qui que ce soit ou sous quelque prétexte que ce puisse être. Il va plus loin et condamne même à mort les juges qui seraient convaincus d'avoir vendu la justice; et afin de leur donner lui-même un exemple d'intégrité et de désintéressement, il veut que son fisc ne puisse exiger autre chose des plaideurs ou des criminels que les amendes réglées par les lois. Le latin de cette préface et de l'avertissement qui la précède est beaucoup meilleur et plus clair qu'on ne l'écrivait communément au commencement du vi^e siècle. Le style du corps de l'ouvrage n'est pas mauvais non plus; on n'y trouve nulle part cette multitude de mots barbares qui défigurent la loi salique. — Nous avons dit qu'à ces lois, comprises en quatre-vingt-neuf titres, on a ajouté deux suppléments. L'un contient vingt titres et a pour but de régler divers points omis dans les lois précédentes; l'autre, qui n'en comprend que treize, est destiné à éclaircir certaines difficultés de ces lois et à prescrire des règlements nouveaux. Le plus remarquable entre ces derniers est celui qui traite des monnaies. On ne saurait dire précisément si ces deux suppléments sont l'œuvre de Gondebaud ou de quelqu'un de ses successeurs. Cependant la petite préface qui se lit en tête du second semble insinuer qu'il serait plutôt de Gondebaud que de tout autre. Cependant le mot de Gothie laisse des doutes, employé pour exprimer les provinces que les Goths occupaient dans les Gaules. Toutes ces lois de Gondebaud, avec les deux suppléments qui les accompagnent, forment le recueil connu sous le nom de *loi Gombette*. Nous n'avons point d'éditions particulières de ces lois des Bourguignons, établies par Gondebaud; mais elles ont été souvent imprimées dans les divers recueils ou codes de lois anciennes. Le premier de ces recueils, dont la date nous soit connue, fut imprimé à Bâle en 1557, en un volume in-folio, et réimprimé depuis à Francfort en 1613; c'est le plus correct. On les trouve encore dans un autre recueil publié en un volume in-16, à Paris en 1573. Nous n'avons point de commentaire particulier sur ces lois, comme il y en a sur la loi salique; aussi n'en ont-elles aucun besoin, tant elles sont claires et faciles à comprendre. Presque tous ceux qui ont écrit sur l'histoire de Bourgogne en ont dit quelque chose. Le P. Menestrier, en particulier, en parle avec éloge dans son *Histoire civile de la ville de Lyon*. Il y a même inséré presque tous les sommaires des titres avec la préface tout entière.

AUTRES ÉCRITS. — Gondebaud avait adressé à saint Avit de Vienne un grand nombre de lettres, qui roulaient toutes sur des matières de religion. On juge, par les réponses du saint prélat, qu'il devait y en avoir de très-importantes. Il est probable que quelques-unes n'étaient autres que ces conférences qu'il entretenait par écrit avec le pieux évêque de Vienne, et dont nous avons dit un mot plus haut, d'après le témoignage d'Agobard. On sait d'ailleurs qu'une de ces lettres avait pour but d'engager saint Avit à écrire l'eutychianisme qui troublait encore l'Eglise de son temps. Mais, de toutes ses lettres, il ne nous reste que celle qu'il adressa à son saint correspondant, pour lui demander l'explication de deux passages de l'Ecriture, l'un pris du chapitre II d'*Isaïe*, vers. 5, et l'autre du troisième livre des *Rois*, chapitre III°, vers. 21. Cette lettre est la dix-neuvième parmi celles de saint Avit. On ne nous a pas conservé davantage les lettres que Gondebaud écrivit aux princes, ses voisins. Il y en a deux de Théodoric, roi des Ostrogoths d'Italie, qui lui sont adressées, et qui en supposent au moins autant de sa part. Dans une de ces lettres, Gondebaud le priait de lui envoyer une clepsydre, ou horloge d'eau, qu'on ne connaissait point encore dans les Gaules. Théodoric la lui envoya, avec une autre qui marquait tous les mouvements de la sphère. Il fit accompagner ces deux machines par les mécaniciens qui les avaient construites, afin qu'ils lui apprissent la manière de s'en servir.

Saint Ennode, dans la *Vie de saint Epiphane*, évêque de Pavie, a cru devoir insérer la réponse que fit Gondebaud à la harangue de ce prélat, lorsque celui-ci fut député vers lui, en 494, pour racheter les Italiens qu'il avait faits prisonniers dans ses guerres contre Théodoric. Soit que saint Ennode la rapporte textuellement, soit qu'il n'en ait pris que le sens, ce passage est d'un style beaucoup plus pur que tout le reste de l'ouvrage, qui passe cependant pour un des mieux écrits qu'ait composés le pieux auteur.

GONDULFE, l'un des plus grands évêques de l'Eglise anglicane, et l'ami qui témoigna le plus de dévouement à saint Anselme, lors de ses disgrâces, naquit dans le diocèse de Rouen, et eut pour père Hategouin, et pour mère Adélésie. Après avoir reçu les premières notions des lettres dans sa famille, il alla à Rouen continuer ses études, et s'y distingua par des succès marqués ; mais le désir de servir Dieu plus parfaitement le porta à entrer dans le clergé de la cathédrale, où il devint bientôt l'exemple des autres clercs, par sa sagesse et sa vertu. L'archidiacre Guillaume, qui depuis fut archevêque de cette Eglise, l'avait pris en si grande affection, qu'il le choisit pour l'accompagner dans un pèlerinage à Jérusalem. Ils firent le voyage presque toujours à pied, avec des fatigues et des périls extrêmes, et, assaillis au retour par une tempête furieuse, ils s'engagèrent par vœu à se faire moines, s'ils échappaient au danger. Le calme succéda à l'orage ; ils achevèrent leur course en paix, et, à leur arrivée à Rouen, Gondulfe n'eut rien de plus pressé que d'accomplir son vœu. Il se rendit au Bec, où il embrassa la profession monastique, sous le bienheureux abbé Hellouin et le célèbre Lanfranc, qui était alors prieur de la maison. La même année, par conséquent en 1059, la Providence y amena Anselme, dans le même dessein. Les deux néophytes ne se furent pas plus tôt connus que l'âme de l'un s'attacha à l'âme de l'autre. Jamais on ne vit union plus parfaite ni plus persévérante. Il n'y avait guère moins d'affection entre Gondulfe et Lanfranc : Lanfranc l'aimait pour sa piété, son zèle et les rares talents dont Dieu l'avait enrichi ; Gondulfe

était attaché à Lanfranc comme un bon disciple au meilleur des maîtres. Il le suivit à Saint-Etienne de Caen, lorsqu'il en fut nommé abbé en 1063, et plus tard en Angleterre, lorsqu'en 1070 Lanfranc se vit contraint d'accepter l'archevêché de Cantorbéry. Gondulfe fut chargé du soin du temporel, et s'en acquitta avec tout le zèle qu'on pouvait attendre de sa vertu. L'Eglise de Rochester ayant perdu son évêque, au mois de juillet 1076, Lanfranc jeta les yeux sur Gondulfe pour remplir ce siége vacant. Sans lui rien communiquer de son projet, il le députa en Normandie, où se trouvait alors le roi Guillaume, pour obtenir son consentement. Ce prince, qui connaissait le mérite du sujet qui lui était proposé, et qui aimait à mettre en place des personnes de ce caractère, entra dans les vues de Lanfranc, et renvoya Gondulphe en Angleterre, avec des lettres, au contenu desquelles il était loin de se croire aussi personnellement intéressé. Instruit de la volonté du roi, Lanfranc la notifia aussitôt aux principaux du clergé de Rochester. Tous y souscrivirent avec joie ; malgré ses réclamations, Gondulfe fut proclamé évêque, et peu après consacré dans la cathédrale de Cantorbéry, le 19 mars de l'an 1077. Gondulphe trouva sa nouvelle Eglise dans un état déplorable ; c'est pour cela même que Lanfranc la lui avait destinée. Il ne s'y trouvait que cinq chanoines qui manquaient même du nécessaire. Un des premiers soins du zélé prélat fut de substituer des moines à leur place ; et en peu de temps il en rassembla jusqu'à soixante, qui donnèrent, sous ses yeux, l'exemple de la plus parfaite régularité, et rendirent à cette Eglise désolée son ancienne splendeur. La sainteté du pieux pontife était si généralement reconnue, que le roi Guillaume le Roux, qui n'avait que de la dureté pour les autres évêques, honorait Gondulfe, jusqu'au point de lui donner toute sa confiance, et d'enrichir son Eglise des dépouilles qu'il enlevait aux autres. L'évêque de Rochester était regardé comme le premier suffragant du siége métropolitain et primatial de Cantorbéry. C'était à lui d'y remplir les fonctions pastorales pendant la vacance du siége, ou en l'absence de l'archevêque.

Il y avait près de quatre ans déjà qu'il gouvernait ce diocèse avec le sien, lorsque la Providence envoya pour succéder au bienheureux Lanfranc, Anselme du Bec, le seul ami qui fût capable de le consoler de la perte de son prédécesseur. Quelle joie pour l'un et l'autre de se voir ainsi rapprochés après une aussi longue séparation ! Nous avons dit ailleurs tout ce que saint Anselme eut à souffrir, tant de la part des deux rois Guillaume le Roux et Henri I°, que de celle des évêques politiques, ses collègues. Gondulfe sut se comporter avec tant de prudence dans ces temps orageux, qu'il resta toujours étroitement attaché au saint archevêque, sans jamais offenser ses adversaires. A la mort du roi Guillaume, le prince Henri, son successeur, éprouva de la part des Anglais les contradictions qui menaçaient de dégénérer en guerre civile. L'évêque Gondulfe, qui était singulièrement chéri et honoré du peuple, trouva moyen d'apaiser les troubles, et contribua plus que personne à affermir la couronne sur la tête du nouveau roi. Aussi eut-il l'insigne honneur de baptiser de sa main et de tenir sur les fonts du baptême le premier prince issu du mariage de Henri et de la reine Mathilde, et héritier présomptif de cette couronne qu'il avait conservée à son père. Il ne profita de cette faveur que pour le bien de son Eglise et des monastères qu'il avait fondés. Environ un an avant sa mort, Dieu, pour achever de le purifier, permit qu'il fût attaqué d'une maladie de langueur, pendant laquelle il montra le calme le plus profond, la résignation la plus parfaite et édifia tous ceux qui l'entouraient par l'exemple des plus touchantes vertus. Saint Anselme, son ancien et intime ami, vint lui rendre visite et lui administra les derniers sacrements. Il vécut cependant encore plusieurs jours; mais lorsqu'il sentit que sa dernière heure approchait, il voulut finir en moine, se fit étendre sur un cilice, et rendit ainsi le dernier soupir, le 8 mars 1108, qui, cette année-là, se trouvait être le troisième dimanche de carême, c'est-à-dire le jour même où il avait été sacré évêque. Il était dans la quatre-vingt-cinquième année de son âge, et la trente-unième, moins onze jours, de son épiscopat. Sa Vie, écrite quelques années après par un moine de sa cathédrale, se trouve au tome II de l'*Anglia sacra*, et mérite d'autant plus de croyance que l'auteur avait vécu plus longtemps avec le saint personnage qui en fait le héros. On y voit qu'aux miracles près, Gondulfe réunissait en lui tous les caractères auxquels on reconnaît les saints.

Ses écrits. — Un des travaux auxquels le saint pontife consacra spécialement son savoir, fut la correction des anciens livres et surtout des livres de l'Ecriture sainte. On a vu que c'était une des occupations littéraires du bienheureux Lanfranc, son maître, de saint Anselme, son condisciple, et de plusieurs autres élèves de l'école du Bec, où il avait perfectionné ses études. C'est peut-être à ce travail, qui suppose un grand fonds d'érudition et une connaissance parfaite de la critique, que nous devons d'avoir conservé la tradition dans son intégrité et de posséder aujourd'hui, dans sa pureté native, le texte des anciens auteurs. Du reste, les Eglises de France et d'Angleterre en ont tiré beaucoup de fruits, dès le siècle même où ces grands hommes s'appliquaient à lui procurer cet avantage. Il nous reste encore aujourd'hui un illustre monument qui atteste la part que l'évêque Gondulfe y prit en particulier. C'est une grande Bible en parchemin, écrite sur deux colonnes et en assez beaux caractères, dont la première partie annonce dès le frontispice qu'elle est l'œuvre de Gondulfe évêque de Rochester : *Prima pars Bibliæ per bonæ memoriæ Gundulphum Roffensem episcopum.*

Le pieux et savant prélat en fit d'abord présent au monastère de sa cathédrale; et de concert avec le prieur et tous les prêtres qui le composaient, il rendit un décret portant excommunication contre quiconque enlèverait, cacherait ce volume ou en effacerait l'inscription qui atteste qu'il appartient au monastère de Rochester. Ce décret fut copié à la tête du volume, ce qui n'empêcha pas qu'il ne fût enlevé dans la suite des temps, probablement lors de la fatale révolution qui bouleversa l'Eglise d'Angleterre sous le règne de Henri VIII. Ce précieux trésor, après avoir passé par les mains de différentes personnes, était entre celles de Herman Van de Wal, bourgmestre d'Amsterdam. A sa mort, arrivée en 1734, il fut vendu aux enchères avec les autres livres de sa bibliothèque, et depuis on l'a tout à fait perdu de vue.

Lettres. — L'ancienne et étroite union qui existait entre saint Anselme et Gondulfe dut produire, après leur séparation, un grand nombre de lettres échangées entre les deux amis. Il nous en reste plus de vingt de la part du premier, ce qui en suppose au moins autant de la part de l'évêque de Rochester. Ces lettres formeraient un recueil aussi agréable qu'intéressant, si on avait eu soin de nous les conserver. Nous y découvririons, encore mieux que dans son histoire, l'esprit, le cœur, en un mot, l'heureux caractère de ce grand évêque. D'ailleurs, les traits d'amitié chrétienne dont elles étaient remplies, comme le font supposer celles de saint Anselme, et même, à ce défaut, leur style tout seul suffirait pour les faire estimer; car on sait que les élèves du Bec, à cette époque, avaient le talent de mieux écrire que presque tous leurs contemporains. Nous pouvons en citer comme exemple Gondulfe lui-même, dans ses deux lettres échappées aux malheurs des révolutions qui nous ont privés des autres.

La première est écrite à ses chers amis les moines du Bec, comme il les qualifie lui-même dans l'inscription, pour leur annoncer qu'après une vacance de près de quatre ans, le siége primatial de Cantorbery vient d'être pourvu par la nomination d'Anselme, leur abbé, qui se trouvait alors en Angleterre pour les affaires de sa maison. Par conséquent, cette lettre est du mois de février 1093. Il était à craindre que les moines du Bec, justement attachés à leur abbé, n'apportassent quelque obstacle à cette élection, qu'il regarde comme providentielle, ce qui aurait causé un grand préjudice à l'Eglise d'Angleterre, qui avait besoin d'un tel primat. Gondulfe s'efforce de prévenir cet inconvénient, et presse ceux à qui il écrit et qu'il console en même temps de donner leur consentement au plus vite, et de ne pas s'opposer à la volonté de Dieu, qui venait de se manifester. — L'autre lettre ne porte pas le nom de Gondulfe, mais on a des preuves qu'elle lui appartient. Elle est adressée à saint Anselme, et lui fut envoyée à Lyon pendant le second séjour qu'il y fit, depuis la fin de l'année 1103 jusqu'en avril 1105. Le but de l'auteur est de déterminer le saint archevêque à revenir au plus tôt en Angleterre. Dans cette vue, il lui expose les raisons qu'il croit les plus pressantes ; le renversement du bon ordre dans tous les États, les églises dépouillées, le sanctuaire souillé, le sacerdoce avili, les veuves et les vierges opprimées, les évêques sans vigueur et presque sans action, et plusieurs autres désordres qu'il rejette tous sur son éloignement, et auxquels sa présence pourrait remédier. — Que cette lettre appartienne à l'évêque Gondulfe, les réflexions suivantes ne permettent pas d'en douter. Edmer, qui l'a enchâssée dans son *Histoire* sans en nommer l'auteur, dit, néanmoins, qu'il était homme de piété, ami de Dieu, et l'un de ceux qui désiraient le plus ardemment le retour de saint Anselme. L'auteur, de son côté, s'y donne lui-même pour un évêque tout dévoué au saint prélat, toujours prêt à lui obéir, que son absence accablait de tristesse, et qui, malgré la liberté avec laquelle il se croyait obligé de lui écrire, conservait toujours la même affection pour sa personne. Tous ces caractères rapprochés du portrait que nous avons tracé de Gondulfe ne permettent pas de le méconnaître. Ajoutons, pour confirmer cette ressemblance, que l'auteur, dans l'inscription de sa lettre, prend un titre qui semble désigner clairement l'évêque de Rochester, en s'y qualifiant *le serviteur de toute la maison du Seigneur*. A qui ce titre convient-il mieux, en effet, qu'au pontife qui suppléait aux absences de l'archevêque de Cantorbery, primat de toute l'Angleterre?

Si la perte des autres lettres de Gondulfe est regrettable, combien doit l'être davantage encore celle qu'on a faite de ses sermons ! Nous en jugeons ainsi sur l'idée que les critiques nous en donnent, et sur divers traits que l'écrivain anonyme en a insérés dans son histoire. Le saint évêque était si vivement touché lui-même des grandes vérités qu'il annonçait à son peuple, que, souvent, les gémissements et les larmes lui coupaient la parole ; ce qui ne manquait jamais d'arriver, lorsqu'il lui prêchait la pénitence. Aussi ses discours faisaient-ils tant d'impression sur l'âme de ses auditeurs, qu'ils ne pouvaient s'empêcher de gémir et de pleurer comme lui. Ses discours particuliers et sa conversation habituelle n'étaient pas moins pathétiques que les sermons qu'il prononçait dans l'église et en présence d'une grande assemblée. « Rien de plus touchant, poursuit son historien, que ce qu'il disait sur la nécessité de la mortification, et contre le vice de la vaine gloire ! »

GONTBERT, fils d'un grand seigneur, et moine de Saint-Bertin, florissait au commencement du XIᵉ siècle. Il fit l'ornement de son abbaye par sa science et un admirable talent de copiste. Il employa l'une à composer un *Traité sur le calcul ecclésiastique*, et à renouveler les livres de la bibliothèque. On parle surtout avec éloge de trois Antiphoniers, qu'il copia pour des églises, et dont l'un était écrit en lettres d'or.

GONTHIER, archevêque de Cologne, premier chapelain du roi Charles le Chauve, se trouva, en 859, aux conciles de Metz et de Toul, où il se distingua par ses lumières et ses talents. Mais la complaisance qu'il eut pour sa sœur, ou selon d'autres pour sa mère Valdrade, fut pour lui une source de chagrins. Lothaire II, roi de Lorraine, aimait cette dame, et pour l'épouser, il voulut répudier sa femme Tietberge. Gonthier seconda ses vues, accusa dans un concile cette reine de plusieurs crimes et la fit répudier ; mais celle-ci en ayant appelé au Saint-Siège, la démarche de Gonthier fut condamnée. Ce prélat mourut dans le repentir, au mois d'août 873.

SES ÉCRITS. — Il ne nous reste de lui qu'un *Mémoire* en forme de plainte contre le Pape Nicolas Iᵉʳ qui l'avait déposé de l'épiscopat, et deux lettres, l'une à Hincmar de Reims et l'autre aux évêques du royaume de Louis de Germanie. Le *Mémoire* se trouve en partie dans les *Annales de Fulde*, et plus entier dans celles de saint Bertin. Après l'avoir envoyé à ses confrères, les évêques du royaume de Lothaire, pour les indisposer contre le Pape qu'il traite avec un mépris suprême, il l'envoya à Rome, par Hilduin, son frère qui avait ordre de le déposer sur le tombeau de saint Pierre, au cas que Nicolas refuserait de le recevoir, comme il le refusa en effet. Il reconnut depuis la justice de la sentence portée contre lui, et sur la protestation qu'il fit de se montrer désormais soumis au Saint-Siége, Adrien II lui accorda la communion laïque. — Dans la première de ses lettres qui porte aussi les noms de Theutgand de Trèves et d'Harduic de Besançon, il somme Hincmar de comparaître au concile de Metz, pour exposer les raisons qui lui avaient fait refuser d'ordonner Hilduin que le roi Lothaire avait fait nommer à l'évêché de Cambrai, devenu vacant par la mort de Thierry. — La seconde lettre est pour exhorter les évêques de Germanie à prendre avec lui et ceux qui sont nommés dans l'inscription, les mesures nécessaires pour faire cesser la division qui existait entre Rothade de Soissons et Hincmar de Reims. Nous n'avons plus la relation que Gonthier avait faite des dommages causés à son église par un violent orage arrivé le 15 septembre 857. Il l'avait envoyée à l'évêque Alfride, et on en fit lecture dans le concile tenu à Mayence au mois d'octobre de la même année. Il en est parlé dans les *Annales de Fulde*.

GONTIER était évêque et chancelier de l'empereur Henri IV, sous le pontificat du Pape Nicolas II. On a de lui une lettre adressée à ce pontife à l'occasion du décret publié par le concile de Rome, en 1059, contre le mariage des prêtres. Gontier se plaint de la sentence d'excommunication portée par ce concile, contre les prêtres, les diacres et les sous-diacres, qui auroit épousé publiquement une concubine, ou qui ne l'auront pas abandonnée après l'avoir épousée. Il dit que le mariage n'est interdit aux prêtres ni dans l'ancienne ni dans la nouvelle Loi ; que l'Apôtre veut sans distinction que chacun ait une femme pour éviter le danger de la fornication ; à l'exception de ceux qui, par un vœu particulier, se sont engagés à observer la continence. Le concile de Nicée ayant voulu l'imposer aux ministres, Paphenuce, l'un des confesseurs qui avaient souffert dans la persécution de Maximien, s'y opposa. C'est en vain que les défenseurs de la continence des clercs s'autorisent du sentiment de saint Grégoire sur ce point, puisque ce saint Pape s'était repenti lui-même du décret qu'il avait publié à ce sujet ; ce qu'il prouve par une histoire fabuleuse, inconnue de tous ceux qui ont écrit aux VII° et VIII° siècles. Il prie le Pape Nicolas de révoquer son décret, de peur d'exposer les clercs à de grands crimes, en les privant d'une femme qu'ils auront épousée légitimement. Cette lettre a été publiée par Eccard dans le tome II des *Écrivains du moyen âge*, sur un manuscrit de la bibliothèque de Hanovre qui ne désigne que par une lettre initiale le nom de l'auteur. C'est ce savant critique qui s'est chargé de le compléter, d'une façon au moins probable, sinon tout à fait péremptoire.

GONTIER, moine d'Elnone ou Saint-Amand, au diocèse de Tournai, se fit quelque réputation par son savoir, son génie, dès l'an 1064, et vivait encore en l'an 1100. Sigebert, en le plaçant à la fin de son *Catalogue* immédiatement avant Ives de Chartres et saint Anselme de Cantorbéry, donne à entendre qu'il était encore au monde au commencement du XII° siècle ; et il paraît en effet, par un de ses écrits, où il rapporte un événement arrivé en 1107, qu'il vécut au moins jusqu'à l'année suivante. On l'a souvent confondu avec un autre Gontier qui ne florissait que soixante ans plus tard, ce qui fait qu'on lui a attribué des écrits qui ne lui appartiennent pas. Voici ceux qu'on ne peut raisonnablement lui contester.

Sigebert, son contemporain, assure qu'il avait écrit en vers les *Actes du martyre de saint Cyriaque*. Trithème, qui avait lu l'ouvrage, atteste la même chose, et ajoute que le nom de ce saint, tel que l'exprime Sigebert, est celui que lui donnent les Grecs. C'est pourquoi il le nomme Dominique, qui a la même signification en latin. Il est à croire cependant que l'inscription du poème et le corps de la pièce portaient le nom de Cyriaque. Bollandus et ses doctes continuateurs, qui ont parlé de plus de trente saints de ce nom-là, ne disent rien du travail de Gontier ; ce qui forme un puissant préjugé que son poème est perdu sans ressource. D'autres, comme Sanderus et Aubert Lemire, confondant saint Cyriaque avec saint Cyr, fils de sainte Juliette, se sont imaginé que ce poème est le même que celui que l'on possède sur ce jeune martyr ; mais ils n'ont pas fait attention que cet écrit est dû à la plume d'Hucbald, autre moine de Saint-Amand, et antérieur à Gontier de deux siècles entiers.

Trithème attribue à Gontier une *Vie de saint Amand* également en vers ; mais toute l'antiquité n'a jamais connu d'autre poème sur la vie de ce saint que celui que Milon, autre écrivain de la même abbaye, publia au IX° siècle, et dont nous rendrons compte à son article. Il y a toute apparence que ce bibliographe confond ici deux ouvrages différents. Tout ce que Gontier a écrit sur saint Amand et dont nous ayons quelque connaissance, se borne à la relation des miracles qui s'opérèrent par son entremise, lors du transport circulaire que l'on fit de ses reliques pour les besoins du monastère, pendant l'octave de la Pentecôte de l'an 1107. L'auteur était du nombre de ceux qui accompagnaient les saintes reliques, et il fut témoin oculaire de presque tous ceux qu'il a fait entrer dans sa relation. Elle est écrite avec piété, beaucoup de bonne foi, une noble simplicité et une grande concision de style. Philippe, abbé de Bonne-Espérance l'ayant jointe aux autres monuments qui composent l'histoire entière de saint Amand, et auxquels elle forme une suite naturelle, elle a été d'abord imprimée parmi les Œuvres de cet abbé. Ensuite Bollandus et ses collaborateurs, ont revu sur divers manuscrits le texte de cette édition, et ont réimprimé cette relation avec leurs notes et observations ordinaires au 6 de février, où on peut la lire dans leur Collection.

Trithème attribue encore à Gontier des *sermons* ou *homélies* prononcés devant ses frères, ainsi que quelques *lettres* ; mais comme il n'affirme point les avoir vues, il laisse douter que cette assertion soit fondée.

GONTRAN, roi d'Orléans et de Bourgogne, et fils de Clotaire Ier, prit les rênes du gouvernement à la mort de son père arrivée en 561, et fixa le siège de sa domination à Châlons-sur-Saône. Les Lombards se répandirent dans ses États et les ravagèrent. Mummal, un des plus heureux généraux de son siècle, les poursuivit jusqu'en Italie, et les tailla en pièces. Gontran, délivré de ces barbares, tourna ses armes contre Récarède, roi des Goths, mais sans obtenir aucun succès. Il fut plus heureux dans la guerre contre Haroc, duc de Bretagne. Ce duc fut forcé de lui rendre hommage en ces termes : « Nous savons, comme vous, que les villes armoricaines appartiennent de droit aux fils de Clotaire, et nous reconnaissons que nous devons être leurs sujets. » Chilpéric, lequel il était alors en guerre, ayant été tué, Gontran, loin de profiter de sa mort, se prépara à le venger. Il servit de père à Clotaire son fils, et défendit Frédégonde, sa veuve, contre la juste vengeance que Childebert et Brunehaut auraient pu en tirer. Ce prince mourut sans postérité, après trente-trois ans de règne, le 28 mars 593, à l'âge de soixante-huit ans, et fut enterré dans l'église de Saint-Marcel, à Châlons, où il avait fondé un monastère et établi la psalmodie perpétuelle comme saint Sigismond l'avait fait dans le monastère d'Agaune. Quelques années avant sa mort, il avait fait assembler à Valence un concile de dix-sept évêques, à qui il demanda de confirmer les donations faites ou à faire aux lieux saints, soit par lui, soit par Clodeberge et Clodehilde, deux princesses consacrées à Dieu. Le concile acquiesça à ses demandes, principalement à l'égard des donations faites aux églises de Saint-Marcel de Châlons et de Saint-Symphorien d'Autun, et défendit, sous peine d'anathème, aux évêques et aux rois de rien retrancher de ces biens à l'avenir. Saint Grégoire de Tours attribue à ce prince des miracles qu'il aurait opérés même de son vivant, et il est le premier de nos rois que l'Eglise ait mis au nombre des saints. Il aima la paix, la justice et donna des preuves de bienfaisance.

Ses lois. — Le second concile de Mâcon, tenu en 585, avait recommandé l'observation du dimanche alors fort négligée, et défendu de plaider ce jour-là sous peine de perdre sa cause. Il y avait également une défense sous peine de coups de bâton aux paysans et aux esclaves de se mettre dans la nécessité d'atteler les bœufs. L'intention du concile était qu'on passât ce saint jour à chanter des hymnes et à louer Dieu. Il voulait que chacun se rendît à l'église la plus voisine de sa maison pour prier avec larmes en levant ses mains au ciel, afin d'en recevoir du secours; enfin, conformément à ce qui est écrit dans la Loi et les Prophètes, il voulait que ce jour, dans lequel nous avons été délivrés de l'esclavage du péché, fût pour nous un jour de repos et de sanctification. Le roi Gontran confirma les canons de ce concile par une ordonnance datée du 10 novembre de la vingt-quatrième année de son règne, c'est-à-dire 585. Il s'arrête principalement à ce qui regarde la sanctification des dimanches et des autres solennités de l'année, et veut que les évêques et les juges de son royaume, à qui cette ordonnance est adressée, veillent soigneusement à la faire observer dans tous ses points. Il dit aux évêques qu'ils ne seront pas exempts de péché, s'ils négligent de corriger ou de reprendre les prévaricateurs, comme lui-même ne se croyait pas à couvert de la colère de Dieu de qui il tenait sa couronne, s'il manquait de sollicitude envers ses sujets. Il représente aux juges séculiers la nécessité qui leur est imposée par leur charge de suivre exactement les règles de la justice et de l'équité, dont la principale est de contenir les peuples dans leurs devoirs à l'égard de Dieu. « C'est pour cela, ajoute ce prince, que nous ordonnons de célébrer le jour de dimanche qui nous rappelle la résurrection, et toutes les autres solennités où le peuple a coutume de s'assembler dans les églises. Nous voulons qu'en ces saints jours chacun s'abstienne de tout travail manuel, excepté de celui de préparer à manger. » Il défend même la plaidoirie et veut que les prévaricateurs, s'ils sont clercs, soient punis suivant les canons; et suivant la rigueur des lois civiles, s'ils sont laïques. Le droit d'asile avait été confirmé par le huitième canon de ce concile; le roi Gontran fut le premier à l'observer religieusement; voici à quelle occasion : célébrant à Châlons-sur-Saône la fête de saint Marcel, au moment où il s'approchait de l'autel pour communier, un homme s'avança comme pour lui parler; mais, dans l'empressement où il était d'accomplir son coup, un couteau lui tomba des mains. Il fut arrêté aussitôt, et on en trouva un autre sur lui. Conduit hors de l'église et appliqué à la torture, il confessa qu'il avait été envoyé pour tuer le roi, et qu'on avait choisi l'église pour cet attentat, parce qu'il n'y était pas gardé comme ailleurs. Il déclara ses complices qui furent punis de mort; mais le roi lui accorda la vie, parce qu'il avait été pris dans une église.

Discours. — A la suite de cette ordonnance, on trouve, dans le cinquième tome des conciles, un long passage de saint Grégoire de Tours, qui contient une grande partie du discours que Gontran adressa aux généraux de son armée : voici à quelle occasion. Après s'être chargé de la guerre contre les Espagnols, Gontran avait fait entrer son armée dans le Languedoc, se promettant bien d'enlever toutes ces provinces aux Goths. Mais cette guerre ne lui fut pas avantageuse; ses troupes, contraintes de se retirer, éprouvèrent de grandes pertes, et, en rentrant sur les terres de France, elles y continuèrent le pillage comme en pays ennemi. Ce n'était partout que meurtres, brigandages, incendies, et les églises mêmes n'étaient pas épargnées. Gontran, indigné du mauvais succès de l'entreprise et de la licence des soldats, résolut de faire le procès aux généraux qui se réfugièrent à Autun dans l'église de Saint-Symphorien. Le roi s'y rendit le 22 août, jour de la fête de ce saint en 585, et nomma quatre évêques avec quelques seigneurs de la cour, pour faire rendre compte aux généraux de leur conduite. Ils sortirent de leur asile sur la parole qui leur fut donnée qu'ils auraient la liberté de se justifier. Le roi leur fit de grands reproches sur les désordres qu'ils avaient commis, et il insista principalement sur les incendies et le pillage des églises; sur la manière indigne dont on avait traité les reliques des martyrs, pour emporter l'or, l'argent et les pierres précieuses de leurs châsses, et sur les mauvais traitements qu'on avait fait subir aux prêtres et aux ecclésiastiques; puis il ajouta : « Faut-il s'étonner que nos guerres aient des succès malheureux quand on les fait plus contre Dieu que contre les ennemis de l'Etat? Nous brûlons les églises que nos ancêtres ont bâties; nous trempons nos mains dans le sang des ministres de l'autel, pour lesquels ils professaient tant de respect et de vénération. Je suis responsable à Dieu de tous ces désordres, et, pour en détourner le châtiment, je n'épargnerai pas les vôtres. » Celui des généraux qui était chargé de répondre pour tous montra qu'il n'y avait point de leur faute dans tous ces excès. Depuis longtemps l'armée ne connaissait plus aucune discipline; le soldat était en possession de mépriser les ordres des ducs et des comtes; s'il arrivait à quelqu'un d'entre eux de vouloir empêcher le pillage, sa vie n'était pas en sûreté; si l'on entreprenait de faire un exemple de sévérité, aussitôt il s'élevait une sédition dans le camp; enfin, la trop grande bonté du roi empêchait que les généraux ne fussent maîtres de leurs troupes. — Toute la colère du prince aboutit à déclarer qu'à l'avenir on punirait de mort tous ceux qui contreviendraient aux ordonnances qu'il avait faites pour la discipline des troupes.

On trouve aussi dans le même volume des conciles le traité de paix entre Gontran et Childebert. Ce traité fut projeté dans la ville d'Andlau, en Alsace, autrefois ville impériale, et conclu au mois de novembre 587, en présence de plusieurs évêques et des grands du parti des deux rois. Le but de ce traité était d'assurer la succession de Gontran à Childebert, et d'enlever tous les sujets de brouillerie que la mort de Chilpéric avait causée. A la fin de ce traité, les deux rois jurèrent, par le nom du Dieu tout-puissant, par l'inséparable Trinité et par le terrible jour du jugement, d'en observer tous les articles qui peuvent se réduire à dix ou onze. — On attribue encore au roi Gontran quelques autres lois; mais ce ne sont que des canons des deux conciles de Mâcon, ou des fragments de quelques discours de ce prince, rapportés par Grégoire de Tours.

GONZON était un nom assez communément répandu en France dans le cours du x° siècle. Nous avons une lettre d'un Gonzon diacre de l'église de Novare, adressée à Atton, évêque de Verceil. Orderic Vital nous fait connaître un autre Gonzon, prêtre en Lorraine, sur lequel s'opéra un miracle éclatant, par l'intercession de saint Josse, après l'invention de ses reliques, en 977. On trouve encore un troisième Gonzon, abbé de Sainte-Colombe à Sens, sous le règne de Hugues-Capet. Enfin un écrit du même siècle sur des matières grammaticales nous présente pour auteur un quatrième Gonzon, à qui pour cette raison nous croyons pouvoir donner le titre de grammairien. Voilà, ce semble, au premier coup d'œil quatre Gonzon différents l'un de l'autre; mais si l'on veut y regarder de plus près, et approfondir leur histoire, il en résultera peut-être que ces quatre personnages, distingués en apparence par leurs caractères extérieurs, se réduisent réellement à deux. Il est hors de doute que la diversité d'état et la variété de résidence ne sont pas des raisons suffisantes pour diviser ou multiplier les personnes en qui elles se rencontrent. On en a une preuve sans réplique dans la personne de saint Jérôme et de Didier, prêtre d'Aquitaine. Sur ce principe, il peut donc aisément se faire que Gonzon, diacre de l'Eglise de Novare, soit le même que Gonzon, prêtre en Lorraine, et que ce prêtre soit l'auteur de l'écrit dont nous avons parlé, et par conséquent le même que Gonzon le grammairien. Il ne s'agit plus que de preuves pour montrer que ces divers caractères peuvent se trouver réunis dans la même personne. D'abord on ne peut douter de la preuve qui résulte de la convenance des temps.

C'était vers le milieu du x° siècle que Gonzon exerçait le diaconat dans l'église de Novare; ce fut quelques années après, comme on le fera voir, que l'écrit en question fut composé, et le prêtre Gonzon, comme on l'a vu plus haut, vivait encore en 977, quoique sans doute dans un âge avancé. Autant les différentes époques qu'on vient d'indiquer conviennent à une même personne, autant lui convient également la variété de résidence. Gonzon le grammairien nous apprend lui-même que le roi Othon Ier l'appela d'Italie dans ses Etats dont la Lorraine faisait alors partie, et ce qu'il dit des livres qu'il emporta avec lui nous donne à connaître le véritable motif de cette transmigration. Il suffit du reste de se rappeler ici le soin que prenait Brunon d'attirer à la cour du roi son frère tous les savants étrangers dont il entendait parler, et dès lors on ne pourra raisonnablement douter que Gonzon n'ait été de ce nombre. De ce fait ainsi établi, il en résulte un autre, c'est-à-dire que ce Gonzon, appelé d'Italie à la cour d'Othon Ier, à cause de son savoir, est vraisemblablement le même que le diacre de Novare, qui passait alors pour si érudit, que le savant Atton, évêque de Verceil, avait recours à ses lumières. Cette vraisemblance reçoit encore une nouvelle force de ce que dit notre grammairien des moyens que l'on mit en usage pour lui faire quitter l'Italie. « Le roi Othon, dit-il, me demanda souvent aux princes régnants; mais comme ma condition libre ne donnait à personne le droit de m'y contraindre, il prit le parti de m'en prier moi-même et je lui promis de venir. » L'histoire ne nous apprend rien de la vie de Gonzon à la cour de ce prince; mais la vraisemblance doit suppléer à ce défaut. Il y a tout lieu de croire que Brunon, ayant tiré de ce savant diacre, les secours littéraires qu'il en attendait, l'éleva au sacerdoce, et lui donna quelque bénéfice en Lorraine, dont il était duc, quoiqu'il fût en même temps archevêque de Cologne. Ce prince, qui avait à cœur d'instruire et de civiliser les Lorrains, avait dû placer au milieu d'eux des hommes capables de le seconder dans l'exécution de son dessein. Gonzon, qui avait du savoir et qui possédait une bibliothèque très-riche pour le temps, était plus propre qu'un autre à y réussir. Suivant ce plan qui semble tout naturel, parce qu'il se trouve tracé sur ce qui se passa alors, il ne paraît plus extraordinaire que la même personne qui était revêtue du diaconat en Italie, se trouve élevée au sacerdoce en Lorraine. Pareille chose se voit encore tous les jours. Maintenant est-il possible de confondre Gonzon le grammairien avec Gonzon ou Guncion, abbé de Sainte-Colombe de Sens? Nous ne le pensons pas. D'abord il est constant que Gonzon le grammairien ne fut jamais moine; cela résulte, non-seulement de ce que l'on vient de rapporter des différents événements de sa vie, mais encore de plusieurs endroits de son propre ouvrage dans lesquels, voulant montrer le mépris qu'il professait pour le moine de Saint-Gall contre lequel il écrit, il le désigne par la dénomination humiliante de froqué, *Cucullatus*, langage, certes, qui ne convient nullement à un écrivain qui aurait été moine lui-même. Ensuite la dispute dont nous venons de parler et l'écrit qui en fut la conséquence se produisirent avant l'an 960, tandis que l'abbé de Sainte-Colombe ne commença à être connu que sous le règne de Hugues-Capet, vers 988, et qu'il vivait encore sous celui de Henri Ier, son petit-fils, au moins jusqu'à l'an 1027, c'est-à-dire longtemps après la mort de Gonzon le grammairien, qui, à l'époque de sa dispute, approchait déjà de la vieillesse. Nous avons besoin de dire un mot de cette dispute, qui fut l'occasion du principal écrit que nous possédions de cet auteur.

Gonzon, en quittant l'Italie, passa par l'abbaye de Saint-Gall avec l'intention d'y séjourner un peu. Dans un entretien qu'il eut avec le scholastique Ekkehard en présence de ses élèves, il lui échappa une faute contre la grammaire. Les esprits pédantesques sont de tous les pays et de tous les temps ; Ekkehard releva cette faute d'une manière si impolie, pour ne pas dire si grossière, que Gonzon en fut vivement piqué, et conçut dès lors le projet d'en tirer vengeance ; mais il dissimula cependant, et en remit l'exécution à l'ouvrage dont nous allons rendre compte. On s'oublia même à son égard jusqu'à joindre à l'impolitesse l'insulte. Non-seulement on lui dit qu'une telle faute aurait mérité la punition d'un écolier, quoique celui qui l'avait commise fût déjà avancé en âge ; mais on s'appliqua encore à lui faire entendre qu'un homme capable de commettre de semblables, n'était rien moins que propre à remplir les vues que l'on avait sur lui, et qu'on lui conseillait de s'en retourner d'où il était venu. L'avis était trop humiliant et trop déplacé pour que Gonzon le suivît. Il continua sa route et se rendit dans les Etats du roi Othon, emportant avec lui au moins cent volumes, parmi lesquels il y avait des écrits de Platon, d'Aristote, de Cicéron et de Martianus Capella sur les arts libéraux. Ceci se passa en 957, au retour de la seconde expédition que le roi Othon fit en Italie, contre le roi Bérenger et son fils Adalbert. On ignore le lieu où Gonzon avait fait ses études ; mais on voit par ses écrits qu'il avait acquis une connaissance des belles-lettres aussi étendue qu'on pouvait la posséder de son temps. Il continua, sans doute, de la cultiver jusqu'à sa mort, dont l'année nous est inconnue, quoiqu'on sache cependant qu'il a vécu au moins jusqu'à l'an 977, puisque c'est à cette époque qu'il fut favorisé du miracle dont nous avons parlé.

SES ÉCRITS. — Dans la supposition déjà établie, et on peut dire aussi prouvée, que notre grammairien est le même que Gonzon, diacre de Novare, on doit compter au nombre des productions de sa plume la lettre qu'il écrivit en cette qualité à Atton, évêque de Verceil. Cette lettre, qui nous a été conservée, se trouve parmi celles de ce prélat, dans le tome VIII du *Spicilége* de dom Luc d'Achery. Atton, qui apportait une attention particulière à faire observer les canons dans tous leurs points, avait consulté Gonzon sur l'affinité spirituelle qui peut exister entre le filleul et la fille du parrain, en lui demandant si cette affinité pouvait apporter empêchement au mariage. Gonzon se borna presque à lui transcrire le rescrit du Pape Zacharie à Théodore, évêque de Pavie, sur le même sujet. C'est ce rescrit, avec un petit exorde en tête et quelques lignes à la fin, qui forme toute sa réponse à la lettre d'Atton.

Aux moines de Richenou. — Mais l'ouvrage principal de Gonzon est une lettre adressée aux moines de Richenou, et qui, par sa longueur et la variété des matières qui y sont traitées, mériterait mieux le nom de traité ou d'opuscule que celui de simple lettre. Elle fut écrite à l'occasion de la faute grammaticale que l'auteur avait commise lors de son passage à Saint-Gall, et en réponse à la critique grossière du scholastique Ekkehard. Gonzon l'écrivit peu de temps après l'événement, c'est-à-dire aussitôt qu'il fut arrivé à la cour du roi Othon. On voit qu'il est tout occupé à se venger de la censure peu mesurée qu'on avait faite de cette faute, et de l'insulte grossière qu'il avait subie à cette occasion. Pour se faire une juste idée de son écrit, il faut le considérer tout à la fois, et comme une satire des plus vives et des plus piquantes, et comme un riche morceau d'érudition, surtout pour le siècle qui l'a produit. A proprement parler, c'est un tissu d'injures ; mais d'injures, quoique souvent grossières, toujours accompagnées cependant de quelques traits de science rare et consommée. En général, ce morceau est très-spirituel, mais on y trouve rarement cet esprit fin, délicat, enjoué, qui fait tout le prix de ces sortes d'écrits. La passion s'y montre trop, et le style y révèle autant d'arrogance et de présomption que de mépris et de grossièreté. Il y a même des passages où l'auteur descend jusqu'à la puérilité. Telle est, entre autres, la comparaison maligne qu'il établit entre Ekkehard, son censeur, et Achan, dont il est parlé au livre de *Josué*, comparaison sur laquelle il insiste néanmoins avec une certaine complaisance. Gonzon, instruit comme il l'était, pouvait se venger avec plus d'avantage en le faisant avec plus de noblesse. Rien ne sied mieux aux muses que la politesse et la modestie ; lorsqu'elles manquent de ce double ornement, on peut dire qu'elles sont dépossédées de presque toutes leurs grâces. La faute, si insolemment reprochée à Gonzon, consistait à avoir employé un accusatif à la place d'un ablatif. En conséquence, il s'applique à démontrer qu'une pareille faute, échappée dans le discours familier ou plutôt dans la conversation, n'était nullement une preuve qu'il ne fût pas bien instruit de la grammaire et des belles-lettres. Après avoir fait voir, par un grand étalage de littérature et par une multitude de citations tirées des anciens orateurs, poëtes et historiens, que les meilleurs auteurs de l'antiquité latine ont quelquefois employé un cas pour un autre, dans des écrits soit en prose, soit en vers, il rappelle que, dans le discours, on doit avoir moins d'égard à la lettre qu'à la signification. Il discourt ensuite sur presque toutes les sciences alors connues et sur les arts libéraux. Quoiqu'il le fasse avec une ostentation trop marquée, et presque toujours accompagnée d'injures et d'un mépris souverain pour son censeur, il faut avouer cependant qu'il s'en acquitte en homme qui possède bien sa matière pour le temps. Il y parle non-seulement en grammairien, mais aussi en physicien et en astronome. A propos de l'astronomie, il reproche avec raison à Ekkehard de blâmer ceux qui en faisaient l'objet de leurs études. En traitant cette matière, il pose à son adversaire cette question très-pertinente et surtout très-curieuse à résoudre, savoir: si, lorsque Josué arrêta le cours du soleil, les autres astres s'arrêtèrent aussi, ou bien poursuivirent leur carrière. Il n'oublie pas la musique dont il fait en peu de mots un très-bel éloge. Une preuve incontestable qu'il ne manquait ni de discernement ni de goût, c'est le peu de cas qu'il fait de la poésie de son siècle. Il doutait tout de bon et sérieusement, qu'il se trouvât alors quelqu'un capable de faire une pièce de vers qui méritât à juste titre le nom de poëme. Enfin, après s'être bien épuisé en injures, il en vient au précepte de prier pour ses ennemis; c'est ce qu'il fait lui-même par une prière qu'il adresse à Dieu en trente-deux vers hexamètres, qui prouvent qu'il s'était appliqué à la versification avec plus de fruit que presque tous les poëtes de son temps. C'est par ce morceau qu'il termine son écrit, qui serait vraiment estimable s'il avait su le dégager des injures, des traits de mépris, des airs de vanité, de folle présomption et de fade suffisance, qui ne le déparent que trop habituellement. Du reste l'érudition y est semée à pleines mains. On y trouve des citations de plus de vingt auteurs; entre lesquels Homère, Platon, Aristote, Térence, Cicéron, Salluste, Stace, Horace, Virgile, Cinna, Ovide, Perse, Juvénal, Lucain, Servius, Porphyre, Priscien, Donat, Boëce, Fabius, Planciades, Fulgentius, ont fourni le plus d'emprunts. Parmi les Pères de l'Eglise, il ne cite que saint Grégoire le Grand et saint Jérôme. Cet ouvrage, enseveli dans l'obscurité jusqu'en 1724, a été publié par dom Martène et dom Durand, sur un manuscrit de l'abbaye de Saint-Amand, l'unique peut-être qui subsistât encore à cette époque.

GONZON, frère de Wason, évêque de Liége, fit profession de la vie monastique dans l'abbaye de Florenne, située au même diocèse. Il en fut le quatrième abbé et le restaurateur de la discipline que le bienheureux Richard, abbé de Saint-Vanne, y avait établie. Le zèle de Gonzon, pour la stricte observance, le fit aimer du Pape Léon IX. Il assista, avec plusieurs évêques et abbés, au sacre du roi Philippe Ier, qui se fit à Reims en 1059. On a de lui la relation des miracles opérés par saint Gengoul. Il assure n'y avoir fait entrer que ceux dont il avait été témoin, ou qu'il avait appris de personnes dignes de foi. Les Bollandistes l'ont publiée au 10 de mai avec la Vie de ce saint. Valère André lui attribue un écrit sur la fondation d'un monastère de Saint-Gengoul, destiné à des clercs. Cet écrit ne nous est pas autrement connu.

GORDIEN. — Le moine Gordien n'a trouvé place parmi les écrivains ecclésiastiques, que parce qu'on le suppose auteur des *Actes du martyre de saint Placide*, disciple de saint Benoît; mais cette opinion, qui a eu cours pendant quelques siècles, est rejetée aujourd'hui presque unanimement. Du reste, il ne faut que lire ces Actes, qui portent le nom de Gordien, pour en connaître la supposition. L'auteur, qui se donne pour compagnon du voyage de saint Placide en Sicile, se trahit lui-même lorsqu'en marquant le nombre des Papes qui ont confirmé les donations faites en Sicile par Tertullus, il en compte quarante-neuf depuis Vigile; ce qui montre clairement que l'imposteur vivait sous le pontificat de Jean VIII, qui occupa le Saint-Siége pendant dix ans et mourut au mois de décembre de l'an 882, c'est-à-dire près de trois cent quarante-huit ans après la mission de saint Placide en Sicile.

GOSCELIN, qui dans son temps a fait revivre le Vénérable Bède, par son application à illustrer l'histoire d'Angleterre de la vie de quelques nouveaux saints, naquit dans le diocèse de Térouane, et étudia au monastère de Saint-Bertin. Il y fit profession de la règle de saint Benoît, et, selon l'usage du temps, il s'appliqua tellement à la musique, qu'on ne connaissait qu'Osberne, chantre de la cathédrale de Cambrai qui le surpassât dans ce genre de talent. En 1049, il accompagna à Rome Herman, évêque de Salisbury, qui à son retour se rendit moine à Saint-Bertin, vers l'an 1052. Quelques années après, il emmena Goscelin avec lui, lorsqu'il retourna prendre soin de son diocèse. Goscelin demeura d'abord au monastère de Ramsey; puis il se retira dans celui de Saint-Augustin, à Cantorbéry. Comme il avait formé le dessein d'écrire l'histoire des saints, honorés d'un culte public dans l'Eglise anglicane, il parcourut plusieurs diocèses pour recueillir des mémoires sur leurs vies, leurs vertus, leurs miracles. Il composa aussi des hymnes en leur honneur; mais ce qui l'honorait surtout lui-même aux yeux des hommes, c'est qu'il retraçait dans sa conduite les actions des héros dont il écrivait la vie, ou dont il chantait les louanges dans ses vers. Il vivait encore en 1099. L'Obituaire de Saint-Augustin de Cantorbéry fixe sa mort au 15 mai, mais sans en marquer l'année.

SES ÉCRITS. — Guillaume de Malmesbury,

le plus ancien historien de Goscelin, tout en ne nous parlant de ses ouvrages qu'en général, nous en dit assez cependant pour nous faire comprendre qu'il en écrivit un nombre prodigieux. Nous nous contenterons d'en indiquer quelques-uns.

Vie de saint Augustin. — Un des principaux ouvrages de Goscelin est la Vie de saint Augustin, premier apôtre de l'Angleterre. Il était encore moine lorsqu'il entreprit de l'écrire et il la composa double; l'une, beaucoup plus détaillée, à l'usage des moines, de son monastère; et l'autre, beaucoup plus courte, pour l'édification des fidèles. Dom Mabillon a fait entrer la plus longue dans le tome Ier des *Actes de l'ordre de Saint-Benoît*, avec le *Livre des miracles de saint Augustin*. Elle se trouve aussi dans les Bollandistes au 26 mai. Warthon a publié la seconde dans le tome II de l'*Angleterre sacrée*; dom Luc d'Achery l'avait déjà imprimée dans l'Appendice aux OEuvres de Lanfranc, en 1648; l'une et l'autre de ces deux Vies ne contiennent presque rien qui ne se trouve dans le Vénérable Bède, si l'on en excepte quelques visions et autres faits peu intéressants. Goscelin écrivit aussi l'*Histoire de la translation des reliques de saint Augustin*, et la dédia à saint Anselme, alors archevêque de Cantorbéry. Cette cérémonie avait eu lieu le 6 de septembre de l'an 1091, mais il ne la mit par écrit que sept ans après, c'est-à-dire en 1098. L'ouvrage est divisé en deux livres. — Le premier contient la relation de la translation des reliques de l'apôtre des Anglais et de ses compagnons d'apostolat. — On a décrit dans le second quelques autres translation de reliques, faites antérieurement à celle de saint Augustin. Toute cette histoire est également rapportée au 26 de mai dans les Bollandistes. Dom Mabillon, qui leur en avait communiqué le manuscrit, ne l'a fait imprimer que dans le tome IX des *Annales* de l'ordre.

Vies des évêques de Cantorbéry. — Goscelin composa les Vies des six premiers successeurs de saint Augustin sur le siége de Cantorbéry; c'est-à-dire de saint Laurent, Mellite, Juste, Honoré, Dieudonné et Théodore. Guillaume de Malmesbury, qui avait eu connaissance de cet ouvrage, témoigne que l'auteur y avait recueilli tout ce qu'il avait trouvé dans les anciens monuments du pays, et qu'il y avait ajouté ce qu'il avait lu par lui-même ou appris de personnes dignes de foi. Ces dernières circonstances ne peuvent s'appliquer qu'aux miracles de ces saints ou à la translation de leurs reliques. C'est ce que confirme Warthon, qui avait vu ces Vies dans un manuscrit de la bibliothèque Cottonienne. « Pour les composer, dit-il, Goscelin n'a fait qu'amplifier avec art ce qu'il a tiré du Vénérable Bède, et ajouter à chacune de ces Vies un grand nombre de miracles opérés par les saints qui en sont les héros. Il s'applique en particulier à concilier aux miracles, opérés par l'invocation de saint Laurent, la croyance de ses lecteurs. Les Vies de ces six évêques de Cantorbéry avec

ce que l'auteur avait écrit sur saint Augustin leur prédécesseur, se trouvaient autrefois parmi les manuscrits de la bibliothèque du baronnet Simon d'Erres, sous le titre général d'*Histoire ecclésiastique*. Possevin atteste en particulier qu'il avait vu la Vie de saint Laurent, et il en cite même les premiers mots. Cependant dom Mabillon se plaint de n'avoir pu la retrouver. Capgrave aura probablement fait de ce recueil de Vies ce qu'il a déjà fait de plusieurs écrits de Goscelin, c'est-à-dire, qu'il les aura fondues ou extraites dans sa légende Anglicane.

Vie de saint Yves. — Goscelin a écrit, ou plutôt retouché et amplifié la Vie de saint Yves, évêque en Perse, et mort en Angleterre, comme l'auteur le dit expressément; tandis que Possevin semble insinuer qu'il n'y fut transféré qu'après sa mort. Dès l'an 1020, Andréas Leucander, abbé de Ramsey, l'avait écrite sur ce qu'il avait appris de l'histoire du saint dans un voyage qu'il avait fait en Grèce. Cependant les faits historiques qu'il nous en apprend se réduisent, à peu de chose près, à relater ce qui passa dans son voyage de Perse en Angleterre. Le reste consiste en des visions, des révélations et des lieux communs tout à fait dans le goût de son siècle. Il ne paraît pas avoir eu d'autre motif d'écrire cette légende, sinon que ce saint était honoré d'un culte particulier dans son monastère. Ce fut probablement le même motif qui porta Goscelin à la retoucher à son tour. Il le fit de manière à réduire son écrit à une juste étendue, sans toutefois s'écarter trop de l'original; c'est-à-dire qu'en le polissant, il l'abrégea plutôt qu'il ne l'amplifia. Il dédia cette histoire ainsi corrigée, à Herbert, abbé de Ramsey depuis 1087, et quatre ans plus tard, évêque de Norvic. Cette circonstance fait présumer que Goscelin habitait alors ce monastère, et que c'est là un des premiers ouvrages qu'il écrivit après son arrivée en Angleterre. Du reste, on y reconnaît parfaitement tous les caractères de son style. Les Bollandistes, en le publiant pour la première fois, l'ont illustré de plusieurs observations préliminaires de leur façon, qui peuvent servir à jeter quelque jour sur l'histoire monastique d'Angleterre; mais certains indices font juger que l'écrit n'est pas entier.

Vie de sainte Wéréburge. — Les mêmes éditeurs ont encore publié sous le nom de Goscelin, la Vie d'une sainte vierge, nommée Wéréburge, et fille d'un roi des Merciens qui vivait vers le commencement du VIIIe siècle. Il est vrai que le manuscrit qui la leur a fournie et que Rosweide avait reçu d'Angleterre ne portait aucun nom d'auteur; mais Bollandus, qui avait un talent tout particulier pour juger sainement des anciennes pièces, avait reconnu dans celle-ci tout le génie de Goscelin. Il n'y a qu'à le lire en effet pour se confirmer dans cette opinion. L'auteur n'y dit point qu'il ait travaillé d'après quelque autre écrivain plus ancien; ce qui nous autorise à regarder cette Vie comme une œuvre qui lui est complètement personnelle. Mais il vivait dans des temps bien éloignés de ceux de la sainte, et on s'aperçoit qu'il a manqué des mémoires nécessaires pour bien exécuter son dessein. Le vide se fait sentir, et à la généalogie près de la sainte, et quelques-unes de ses actions en général, le reste se réduit à des lieux communs et à des miracles. Il y rappelle la Vie de sainte Amalberge qu'il dit avoir remise en son style ; on ne peut douter qu'elle ne soit réellement l'œuvre de Goscelin.

Vies de sainte Edgite, etc. — Les autres Vies que l'on attribue encore à Goscelin, sont celle de sainte Edgite, fille d'Edgard, roi d'Angleterre, et morte en 984. Elle a été publiée par Surius au 16 de septembre, et par dom Mabillon dans le VII° tome des *Actes* ; la Vie de saint Pithouin, évêque de Winchester, mort en 872. Surius et Bollandus l'ont donnée au 2 juillet, et dom Mabillon dans le tome VI des *Actes*; celle de saint Erkerwald, évêque de Londres au VII° siècle, dont on a quelques circonstances dans la *Légende générale* de Capgrave ; celle de sainte Milburge, vierge en Angleterre dans les commencements du VIII° siècle : on ne l'a point encore imprimée, ni celle de saint Létard qui se trouve parmi les manuscrits de la bibliothèque Cottonienne, à la suite des deux livres de la translation de saint Augustin, ainsi que la Vie de sainte Mildrède, la translation de ses reliques et l'établissement de son monastère dans l'île de Tanet. Cette sainte était fille de Méréwalde, roi des Merciens, et abbesse de ce monastère à la fin du VII° siècle. L'abrégé de cette Vie se trouve dans la *Légende* de Capgrave, publiée par les Bollandistes au 13 de juillet. Quelques-uns prétendaient que le corps de sainte Mildrède reposait dans l'église de Saint-Grégoire à Cantorbéry ; Goscelin réfuta cette opinion dans un petit écrit, où il s'applique à prouver que ces restes reposent dans l'église ou monastère de Saint-Augustin, et qu'ils y ont été transférés par l'abbé Eltitan, sous le règne du roi Canut. Capgrave nous a donné encore l'abrégé de la Vie d'Arien, abbé de Saint-Augustin, composée par notre auteur ; les Bollandistes ont suivi cet abrégé pour la reproduire. Quant à la Vie de saint Guthlac, prêtre et anachorète de Croyland en Angleterre, il ne paraît pas que Goscelin y ait mis la main. On n'a pas de preuves non plus qu'il soit auteur de la Vie de saint Grimbald, moine de Saint-Bertin, puis abbé de Winchester ; si quelques-uns lui ont attribué une Vie de sainte Witeburge c'est pour l'avoir confondue avec celle de sainte Wéréburge, dont nous avons rendu compte en son lieu.

AUTRES OUVRAGES. — On cite encore sous le nom de Goscelin une *prose* ou *séquence en l'honneur de sainte Ethelrède* ; une traduction latine du *Catalogue des saints inhumés en Angleterre*, et écrit originairement en saxon ; une *Chronique* que l'on ne croit pas différente des mémoires qu'il avait recueillis de tous les côtés pour l'*Histoire des saints d'Angleterre*; et un livre intitulé : *Liber confortatorius*, que Fabricius dit avoir été tiré de la bibliothèque de Menars, et vendu avec les autres manuscrits de cette maison, à La Haye en 1720. Il faudrait avoir la faculté de le lire pour pouvoir en donner une idée. — Goscelin jouit dans son temps d'une grande réputation de savoir et d'éloquence ; on n'en jugerait pas de même aujourd'hui ; son style est trop affecté et trop diffus, ce qui le rend obscur, difficile et sans grâce.

GOTTESCHALK, célèbre bénédictin nommé aussi FULGENCE, naquit en Allemagne vers l'an 806 et prit l'habit monastique à Orbais, au diocèse de Soissons où il fut élevé au sacerdoce. Après s'être rempli de ce qu'il croyait être la doctrine de saint Augustin, il passa à Rome et de là en Orient, où il répandit ses sentiments sur la prédestination. De retour en Italie en 847, il s'entretint sur cette matière, qui était pour lui aussi sublime qu'obscure, avec Northingue, évêque de Vérone. Ce prélat, effrayé de ses principes, le déféra à Raban, archevêque de Mayence. Celui-ci, persuadé que le bénédictin enseignait que Dieu nécessite les hommes à se sauver ou à se perdre, l'anathématisa en 848 dans un concile. Il écrivit contre lui à Hincmar, archevêque de Reims, dans le diocèse duquel Gotteschalk avait reçu le sacerdoce. Hincmar convoqua un concile l'année d'après à Quierzy-sur-Oise. Le malheureux Gotteschalk fut dégradé du sacerdoce, fouetté publiquement en présence de Charles le Chauve, et ensuite enfermé dans l'abbaye de Hautvilliers, où il mourut en 868 victime de ses rêveries.

Confessions de foi. — On a de lui deux confessions de foi qu'il écrivit dans sa prison, et qui traitent toutes les deux de la même matière, c'est-à-dire de la double prédestination. Dans la première, il dit que Dieu a prédestiné gratuitement les élus à la vie éternelle, mais que les réprouvés et les démons ont été, en conséquence de la prévision de leurs démérites, prédestinés par un juste jugement à la mort éternelle ; dans la seconde, que Dieu n'a prédestiné que les biens et non les maux, et que ceux qu'il a prévus devoir, par leur propre misère, persévérer dans les crimes, il les a prédestinés à la mort. C'était dire assez clairement que les péchés des réprouvés étaient la seule cause de leur réprobation, et que Dieu ne les prédestinait qu'aux supplices et non au péché. Mais Hincmar, qui soupçonnait des subterfuges dans les expressions de Gotteschalk, ne voulait pas que l'on dit que Dieu prédestine les réprouvés à la mort éternelle, croyant qu'il suivait de là que Dieu les prédestine aussi au péché : erreur de ceux que l'on a appelés prédestinatiens. Gotteschalk appuie sa doctrine de plusieurs passages de l'Ecriture et des Pères, en particulier de saint Augustin, de saint Grégoire, de saint Isidore et de saint Fulgence, auquel il était tellement attaché, qu'on lui a donné le surnom de *Fulgence*. Quoiqu'il admette une double prédestination par rapport à ses effets, il enseigne toutefois qu'elle n'est qu'une en elle-même. Il demande à Dieu qu'il lui plaise qu'on tienne une assemblée publique, où il puisse en faveur des moins instruits établir sa doctrine, qu'il croyait être la vérité ; et la prouver ensuite par l'épreuve de l'huile bouillante et du feu, disant que s'il en sortait sain et sauf, ce serait une preuve de la vérité de son sentiment, et que s'il refuse d'entrer dans les tonneaux d'huile bouillante, et ne passe pas par quatre tonneaux de suite, il consent qu'on le fasse périr par le feu. Les deux confessions de Gotteschalk se trouvent dans l'Appendice de son Histoire faite par Ussérius, et imprimée à Dublin in-4° en 1631, à Hanau en 1662, et à la tête des deux volumes du président Mauguin sur la *Prédestination*, à Paris en 1650, avec quelques fragments de la profession de foi que Gotteschalk présenta à Raban dans le concile de Mayence.

Lettre à Ratramne. — La lettre que Gotteschalk écrivit à Ratramne n'a aucun rapport à la prédestination, mais uniquement à la vision de Dieu promise aux bienheureux après cette vie. Cette lettre a été publiée par le P. Célat. Gotteschalk avait proposé la même question à Loup, abbé de Ferrières, et lui avait demandé en même temps des éclaircissements sur quelques termes grecs. Nous avons la réponse de cet abbé, mais la lettre de Gotteschalk est perdue, ainsi que celles qu'il avait écrites à Marcaud et à Jonas sur le même sujet.

Traité dogmatique. — C'est encore Hincmar qui nous a conservé le traité que Gotteschalk composa pour montrer que les termes de *Trina Deitas*, que l'Eglise chante dans l'hymne des martyrs ne contiennent rien de contraire à la doctrine catholique. La raison qu'il en donne c'est que le mot *Trina* ne tombe pas sur la nature divine qui est une, mais sur les trois personnes de la Trinité.

POÉSIE. — On a publié dans le dernier siècle une petite pièce de poésie sous le nom de Gotteschalk. Les vers finissent tous par la même rime ; c'est un morceau sans importance ; ce moine se plaint à un de ses amis, que son exil sur les bords de la mer ait tari en lui les sources de la poésie. Lebeuf, chanoine d'Auxerre a fait imprimer cette pièce dans ses *Dissertations sur l'histoire de la France*, à Paris, en 1739.

ÉCRITS PERDUS. — C'est là tout ce qui nous reste des écrits de Gotteschalk. Il paraît par Hincmar qu'il en avait composé un plus grand nombre, et Amolon, archevêque de Lyon, en avait lu quelques-uns sur la prédestination qui ne sont pas venus jusqu'à nous. Nous n'avons plus son acte d'appel au Saint-Siége, ni les pièces justificatives dont il ne manqua pas de l'accompagner. Amolon se plaint des injures dont il chargeait ses adversaires en les traitant d'hérétiques et de rabaniques. Ces écrits différaient donc de ceux que nous possédons, dans lesquels on ne trouve rien de semblable. Ses façons de parler autant que ses sentiments lui attirèrent beaucoup d'ennemis. Il trouva cependant quelques défenseurs qui, comme saint Remy, archevêque de Lyon, sans accepter les conséquences rigoureuses qu'il tirait de ses doctrines protestèrent contre la dureté des châtiments qu'on lui faisait subir. « Les hérétiques des siècles passés, disait-il, ont été condamnés du moins pour des raisons. » Gotteschalk était un esprit inquiet, pétulant, qui aimait à s'occuper de questions inutiles. C'est le reproche que lui fait Loup de Ferrières dans la lettre qu'il lui écrivit. Hincmar lui fit refuser les sacrements et la sépulture. Cet archevêque peint le bénédictin comme un homme rustique, bizarre et inconstant. C'est sous ces traits, dit-il, qu'on le connaît dans son monastère. On ne saurait nier néanmoins qu'il eût du savoir, de l'esprit, de la subtilité, mais il avait encore plus d'amour-propre et d'entêtement.

GOZECHIN ne nous est connu que par sa *Lettre à Velcher*, qui avait été son disciple, dans le temps qu'il gouvernait l'école de la cathédrale de Liége. Il quitta cette fonction pour se retirer à Mayence, ne pouvant pas supporter plus longtemps le séjour de Liége, à cause des troubles que les nouvelles doctrines, et particulièrement l'erreur de Bérenger y avaient excités. Mais comme il ne trouvait pas à Mayence tous les livres dont il avait besoin, il les demandait à Velcher, qui les lui copiait, et qui en les lui envoyant pressait son retour de revenir à Liége. Gozechin ne se laissa pas vaincre ; mais il rendit compte des motifs de sa retraite. Sa Lettre fut écrite peu de temps après la mort de Lintbald, archevêque de Mayence, c'est-à-dire, en 1059 ou 1060. Dom Mabillon l'a donnée dans ses *Analectes* sur un manuscrit du collége de Saint-Jérôme à Dôle.

Le commencement de cette Lettre est un éloge de Velcher ; l'auteur y loue son attachement pour son maître, son exactitude à ses devoirs, ses progrès dans l'étude, progrès tels qu'en l'absence de Gozechin il expliquait les leçons aux écoliers. Tous ses disciples n'imitèrent pas Velcher ; ils lui manquèrent de reconnaissance et le traitèrent mal ; de sorte qu'à l'exception de celui-ci, il n'en trouvait aucun qui voulût lui servir de soutien dans sa vieillesse. Quoiqu'il fût honoré à Mayence, et qu'on lui fournît en abondance les besoins de la vie, il lui aurait toutefois préféré le séjour de Liége, dont il fait une fort belle description, relevant surtout l'application qu'on y portait aux sciences, ce qui en faisait comme une nouvelle Athènes. Il répond aux divers reproches que Velcher lui avait adressés, et proteste que sa retraite n'a point été l'effet d'une légèreté d'esprit ni d'inconduite, et qu'en passant d'une église à une autre, il n'a point violé les canons qui ne défendent ce changement que lorsqu'il est sans raison. Il convient que plusieurs anciens évêques ont passé leur vie en combattant pour la religion ; mais il cite d'autres grands saints qui se sont occupés de la Vie contemplative. Il déplore les maux de son temps, le renversement de la discipline ecclésiastique, et les nouveautés que Bérenger, l'*Apôtre de Satan*, introduisait dans l'Eglise, en disant que les sacrements célestes qui se consacrent sur l'autel, ne sont que l'ombre et non la vérité; ce que l'on ne peut entendre qu'avec horreur. Il prie Dieu d'anéantir le levain de cette doctrine mortelle, avant qu'elle n'ait corrompu toute la masse; et se plaint que personne ne travaille, soit à détruire l'erreur, soit à rétablir la discipline, ou bien qu'on laissait sans récompense ceux qui s'y consacraient; ce qui diminuait le nombre des ouvriers évangéliques, en les obligeant à rester dans l'inaction, rebutés qu'ils étaient par les contrariétés qu'on leur suscitait de toutes parts dans leur travail. Il met de ce nombre Hérimar de Reims, Drogon de Paris, Emorémann de Spire, Mainhard de Bamberg, et dit, qu'à leur exemple, il avait abandonné les disputes, pour ne s'appliquer qu'à la théologie dans la retraite et le repos. Il oppose à l'état de trouble où se trouvait alors l'Eglise dans ces contrées, l'état florissant qui l'avait précédé et dont il avait été témoin dans un âge moins avancé, et il remonte jusqu'à l'épiscopat de Notger de Liége, sous lequel la miséricorde et la vérité, la justice et la paix régnaient ensemble. Après avoir fait une triste peinture des désordres qui déshonoraient le clergé et le peuple, il dit qu'il était à craindre que Dieu, pour les punir, n'envoyât les trois fléaux dont parle le prophète, le glaive, la famine et la peste qui commençaient déjà à se faire sentir. Cette lettre intéresse le lecteur par la clarté, la douceur et la politesse du style; elle peut servir de modèle dans les répliques aux reproches que s'adressent quelquefois les amis. Gozechin ne s'éloigne ni des règles de la charité, ni des devoirs de l'amitié, ni de la tendresse qu'un maître doit conserver pour ses disciples. La Lettre de Velcher n'est point venue jusqu'à nous. Il l'avait ornée de quelques vers d'Horace qui donnaient aux reproches qu'il adressait à son maître un air de satire; mais Gozechin ne s'en montra nullement ému.

GOZPEN fut d'abord moine de Ratisbonne, puis successeur d'Hartwic, dans le gouvernement de l'abbaye de Tegernsé en Bavière, à la fin du X° siècle. Il nous reste de cet abbé quatre lettres. La première est adressée à Uton son neveu, pour le prier de faire payer les dîmes qui étaient dues à son monastère, et qu'on employait au service des pauvres et des étrangers. Dans la seconde, il supplie le comte Adalpert, bienfaiteur, de lui procurer du poisson pour la communauté, dans le cas où la pêche de ses étangs serait abondante. Il lui donne pour motif de ses instances, l'obligation où se trouvaient ses moines, d'après les règles de leur institut, de s'abstenir de viande, et la difficulté qu'il y avait à se procurer du poisson à Tégernsé. Dans une certaine année qu'il ne marque pas, la récolte des fruits y fut si médiocre, que les religieux y manquaient presque du nécessaire. Enfin, il écrivit à Arnold, neveu de ce comte, et à sa nièce, pour les prier de lui prêter secours dans cette occasion, et l'aider à faire vivre sa communauté. On ne possède aucun autre renseignement sur la vie de ce respectable religieux qui gouverna l'abbaye de Tegernsé peu de temps après la réforme qui y fut établie par saint Go-lehard.

GRATIEN, célèbre canoniste du XII° siècle, était né à Chiuse, petite ville de Toscane dans le Siennois. Suivant l'opinion la plus commune, il avait embrassé la vie religieuse à Bologne, dans le monastère de Saint-Félix et de Saint-Nabor. C'est là qu'il écrivit le livre auquel il dut sa célébrité, et qui est connu sous le nom de *Décret*, ou *Concordantia discordantium canonum*, parce qu'il s'attache à y concilier, soit par l'autorité, soit par le raisonnement, les canons qui se contredisent. Ce travail parut en 1151, et l'on prétend qu'il coûta vingt-quatre années de travail à l'auteur. C'est une compilation des textes de l'Ecriture, des écrits des saints Pères, comme saint Grégoire, saint Jérôme, saint Augustin, etc.; des décrets des conciles, au nombre de cent cinq, dont les neuf premiers sont œcuméniques; des décrétales des Papes, sans en excepter celles du faux Isidore, et même des lois des princes, puisqu'on y trouve des articles du Code Théodosien et des Capitulaires de nos rois. D'autres écrivains avaient entrepris avant lui des compilations analogues. Dès la fin du IX° et au commencement du X° siècle, Réginon, abbé de Prum, composait un recueil de canons et de règlements ecclésiastiques. Burchard ou Bouchard, évêque de Worms, en l'an 1000, donna aussi un *Recueil de canons*, divisé en vingt livres. Enfin Yves de Chartres, mort en 1115, avait formé un pareil recueil. Gratien profita de leur travail, quelquefois, il est vrai, avec trop peu de choix, et eut pourtant sur eux l'avantage d'éviter dans son recueil la confusion dont ils n'avaient pas su garantir les leurs. On assure que le Pape Eugène III approuva cet ouvrage, et que les professeurs de droit canon le suivirent d'abord dans l'Université de Paris. Nous n'avons point de preuves de ce fait. S'il était vrai, Gratien aurait pu voir, à Paris, Pierre Lombard, dit *le Maître des sentences*, et Pierre Comestor ou le *Mangeur*. De là viendrait probablement l'origine de cette fable qui a supposé que ces trois grands hommes avaient été frères. Gratien, dans sa collection, ne rangea pas les canons suivant l'ordre chronologique des conciles ni des Papes; mais suivant un ordre particulier qu'il s'était fait, ou plutôt suivant les matières qu'il voulait traiter, ainsi qu'en avaient usé avant lui les compilateurs que nous avons nommés plus haut. Comme les choses, les actions et les jugements sont l'objet du droit, Gratien divise son ouvrage en trois parties. — La première comprend cent et une distinctions, qui ont rapport aux ministres de l'Eglise et aux personnes ecclésiastiques; la seconde comprend trente-six causes, où il est statué sur la matière et la forme des jugements ; et enfin, la troisième, qu'il intitule : *de Consecratione*, traite des choses sacrées, et est composée de cinq distinctions qui règlent ce qui regarde les sacrements et les cérémonies qui les accompagnent. La compilation de Gratien dut à cette méthode d'éclipser toutes les autres, même celle d'Yves de Chartres, laquelle avait joui d'une grande autorité. Le *Décret* fut reçu avec une sorte d'enthousiasme dans l'école de Bologne, au sein de laquelle il était né, et de cette école, l'une des plus fameuses de l'époque, il passa en France, à Paris comme nous l'avons dit, à Orléans et dans les autres universités. Bientôt il devint le texte unique que les professeurs en droit canon commentaient dans leurs leçons et dans leurs écrits. Il s'en fallait de beaucoup néanmoins qu'il fût exempt de taches puisque les fausses décrétales s'y trouvaient mêlées avec ce que l'antiquité religieuse offre de plus authentique, et y étaient présentées comme revêtues de la même autorité. A mesure que les lumières s'étendirent, ces défauts furent mieux sentis. Trois Français, Antoine de Mouchi, surnommé le *Démocharès*, Antoine Lecomte et Pierre Dumoulin travaillèrent à corriger le *Décret*. Antoine Augustin, évêque de Tarragone, publia dans le même dessein, au commencement du XVIe siècle, son livre, *de emendatione Gratiani*. Des Papes mêmes crurent cette correction nécessaire. Pie IV et Pie V y employèrent plusieurs savants, dont les noms sont cités, à la suite de l'ouvrage d'Antoine Augustin. Grégoire XIII, successeur de Pie V, qui n'était connu alors que sous le nom de Hugues Buoncompagno, fut de ce nombre, comme il n'était encore que professeur de droit. Devenu Pape, il fit imprimer le *Décret* ainsi corrigé, le publia en 1540, et l'approuva par une bulle. Ce livre ne sortit pas toutefois de la main des correcteurs romains dans l'état de perfection qu'on aurait désiré. Ils n'en avaient banni ni les décrétales d'Isidore, ni rien de ce qui favorisait la puissance exorbitante des Papes et les prétentions ultramontaines. Ils y avaient laissé beaucoup de canons sans autorité, ou attribués faussement à des conciles auxquels ils n'appartiennent pas. Ce n'est que sur la fin du XVIIIe siècle que le savant Charles Sébastien Bérardi, professeur à Turin, donna sur ce sujet un ouvrage qui ne laisse rien à désirer sous le rapport de la critique. *Gratiani canones genuini ab apocryphis discreti, corrupti ad emendatiorum codicum fidem exacti ; difficiliores commoda interpretatione illustrati* ; Venise 4 volumes in-4°. Le livre de Gratien jouit longtemps de la plus haute réputation ; et l'on ne puisait que dans ce recueil la connaissance des canons. L'avocat général Riant, au milieu du XVIe siècle, en recommandait l'étude, « comme la plus profitable de ce qui s'enseignait dans les écoles, » et se plaignait qu'on la négligeât. Quelques écrivains dans les derniers temps ont parlé du *Décret* d'une manière bien différente, et accusent Gratien d'avoir affermi et étendu l'autorité des fausses décrétales, d'avoir même enchéri sur elles, en enseignant que le Pape n'était point soumis aux canons. Cette inculpation perd un peu de sa force, si l'on songe que Gratien était Italien et soutenait l'opinion du pays et du temps qui l'avaient vu naître. On s'étonnera plus encore d'entendre un moderne qualifier de *Moine ignorant* Gratien, que Bouchaud proclame « un des hommes les plus savants de son siècle, malgré, dit-il, le grand nombre de fautes qu'on lui reproche avec raison. » Concluons-en que le *Décret* est un des plus beaux monuments qu'on ait élevés, dans le moyen âge à la science du droit canon ; et que malgré l'alliage impur mêlé à la matière précieuse de ce riche recueil, son auteur a quelque droit à la reconnaissance de la postérité. On sait que Gratien mourut à Bologne dans le monastère de Saint-Félix, mais on ignore en quelle année. La première édition avec date du *Décret* de Gratien, est celle de Strasbourg, 1471, in-folio, chez Henri Eggestein, édition d'autant plus remarquable, qu'elle est en même temps le premier monument typographique, daté de la ville de Strasbourg. Le même imprimeur l'y reproduisit l'année suivante ; et Pierre Schœffer en donna aussi, en 1472, une édition, à Mayence, en deux volumes in-folio. Depuis, l'ouvrage a été souvent réimprimé et il forme le premier volume du *Corps de droit canonique*.

Nous nous sommes assez étendu sur la contexture, les divisions et la matière de ce décret pour n'avoir pas besoin d'y revenir. Seulement nous nous permettrons quelques réflexions sur les changements qu'y a introduits Antoine Augustin, archevêque de Tarragone, dans ses deux livres de dialogues qu'il intitula : *De la correction de Gratien* ; et nous mettrons nos soins à faire ressortir la doctrine de ce savant canoniste sur le sacrement de l'Eucharistie. Baluse, dans la seconde édition qu'il publia à Paris, en 1672, de l'ouvrage de l'archevêque de Tarragone, le fit précéder d'une préface très-savante, et répandit dans tout le corps du livre des notes très-instructives. Ce prélat, dans le seizième dialogue du premier livre, rapporte le jugement que saint Antonin, archevêque de Florence, a porté sur le *Décret* de Gratien, en disant qu'il y avait plusieurs choses dans ce *Décret* qui ne sont plus en usage ; d'autres qui, après avoir été établies par les Papes ou par les conciles, ont été révoquées ou ont cessé d'être observées par une coutume généralement contraire. Il en donne pour exemple le jeûne du carême, que les clercs, suivant le *Décret* de Gratien, devaient commencer à la Sexagésime, et qu'ils ne commencent aujourd'hui qu'avec les laïques ; les jours des Rogations où, suivant les conciles de Lyon et d'Orléans cités par Gratien, on devait s'abstenir de travail et jeûner, sont observés tout différemment. Il en est de même de la semaine de Pâques que ces conciles, cités encore par Gratien, ordonnaient de chômer tout entière. Le travail n'y est plus défendu que le jour de la solennité, et les deux jours suivants ne sont plus fêtes que de simple dévotion. Saint Antonin allègue plusieurs autres exemples d'usages établis dans le *Décret* de Gratien et qu'on avait déjà cessé de suivre aux xiii° et xiv° siècles.

Mais il est important de remarquer que ces changements ne tombent que sur des points de discipline, et que ce que l'on trouve dans le *Décret* touchant les mystères de la foi a été enseigné invariablement jusqu'à nos jours. Ce fait n'étant contesté de personne, nous nous contenterons de rapporter ce qu'il a dit de la transsubstantiation, ou du changement réel du pain et du vin au corps et au sang de Jésus-Christ, afin de continuer la chaîne de la tradition sur cet article. Il l'établit du reste par le témoignage des anciens Pères de l'Eglise, et par l'abjuration que Bérenger fit de l'erreur contraire, dans le concile de Rome sous le Pape Nicolas II, en présence de cent treize évêques. Il reconnut ceux-là étaient dignes d'un anathème éternel, qui ne confessaient pas que le pain et le vin offerts sur l'autel sont, après la consécration, non-seulement sacrement, mais aussi le vrai corps et le vrai sang de Notre-Seigneur Jésus-Christ, qui est, en vérité et non en figure, manié par les mains du prêtre, rompu et lacéré par les dents des fidèles. Ensuite il s'explique lui-même plusieurs fois sur ce mystère. « Le pain, dit-il, qui est sur l'autel, est du pain ordinaire avant que le prêtre ne prononce les paroles sacramentelles ; mais par la consécration le pain est changé à la chair de Jésus-Christ. Mais comment ce qui est pain peut-il être fait le corps de Jésus-Christ ? Par la consécration. Par quelles paroles se fait cette consécration, et de qui sont ces paroles ? Du Seigneur Jésus ; car tout ce qui a précédé ces paroles dans le canon de la messe, n'est qu'une louange à Dieu et une prière pour le peuple, pour les rois et pour les autres membres de l'Eglise. Mais lorsque le prêtre arrive au moment de consacrer le vénérable sacrement, il n'emploie plus ses propres paroles, il se sert de celles de Jésus-Christ. C'est donc la parole de Jésus-Christ qui fait ce sacrement. Mais quelle est cette parole ? Celle par qui toutes choses ont été faites. Le Seigneur a commandé, et le ciel a été fait ; le Seigneur a commandé, et la terre a été faite. S'il y a dans sa parole assez de puissance pour faire les choses qui n'étaient pas, à plus forte raison peut-elle faire que celles qui existent soient changées en d'autres choses, et que ce qui était pain avant la consécration, soit corps de Jésus-Christ après la consécration ; parce que la parole de Jésus-Christ change la créature, et alors il arrive que du pain est formé son corps, et du vin mêlé d'eau, son sang par la consécration du Verbe céleste. » Gratien rapporte les paroles textuelles de la consécration, en remarquant que celles qui précèdent sont de l'Evangéliste et non de Jésus-Christ.

Il ajoute qu'encore que la figure du pain et du vin restent après la consécration, on doit croire toutefois qu'il n'y a réellement que la chair et le sang de Jésus-Christ ; la même chair et non une autre que celle qui est née de la Vierge Marie, qui a souffert sur la croix et qui est ressuscitée du sépulcre. On mange tous les jours le corps de Jésus-Christ dans le sacrement de l'autel, et il demeure tout entier dans le ciel. Fût-il divisé par parties, sous les espèces, cette division qui ne se fait qu'en figure ne nuit point à l'intégrité du corps de Jésus-Christ, que chaque fidèle reçoit tout entier. Les prêtres doivent toujours avoir l'Eucharistie en réserve pour en communier les infirmes, afin qu'ils ne meurent pas sans communion.

Dans cette troisième partie intitulée *de la consécration*, il n'est parlé que des trois sacrements de l'Eucharistie, du baptême et de la confirmation ; mais dans la trente-troisième cause de la seconde partie, Gratien avait traité fort au long du sacrement de pénitence, du mariage dans la cause vingt-septième, et de l'extrême-onction dans la distinction quatre-vingt-quinzième de la première partie.

Après avoir établi, dans la première question de la cause vingt-cinquième, que les Papes ont le droit de faire de nouvelles lois, pourvu qu'elles ne soient pas contraires aux statuts des saints Pères, et avoir montré que les Papes mêmes se reconnaissent obligés à l'observation des canons et des décrets de leurs prédécesseurs, et qu'ils ne peuvent accorder aucun privilège contre les canons, Gratien soutient cependant que les Papes ne sont point liés par les canons, quoiqu'ils leur donnent la force et la vigueur, et qu'ils peuvent quand ils le veulent y déroger. Il le prouve par trois exemples : 1° par celui de Jésus-Christ, qui, en touchant un lépreux pour le guérir, agit contre la Loi qui défendait de toucher ces sortes de malades ; 2° par l'exemple des apôtres qui cueillirent des épis et les froissèrent entre leurs mains, pour s'en nourrir le jour du sabbat, quoique cela fût défendu par la Loi ancienne ; transgression que Jésus-Christ justifia par l'exemple de David qui, contre la défense de la même Loi, mangea, dans un moment de besoin, les pains de proposition qu'il n'était permis qu'aux prêtres de manger ; 3° par un autre exemple du Sauveur qui enseignait dans le temple les scribes et les pharisiens pour leur montrer qu'il était le maître de la Loi. Gratien ajoute que l'observation des canons de la part des Papes a pour but de montrer que ces canons ne sont pas à mépriser, et sur cela, il allègue encore l'exemple de Jésus-Christ, qui a reçu le premier les sacrements qu'il a prescrits à son Eglise, parce qu'il a voulu les sanctifier en sa personne. Il conclut de tout cela que le Siége apostolique doit observer les lois qu'il a faites, et dont il a ordonné l'observation ; non qu'il y ait pour lui obligation de les observer, mais pour leur donner plus d'autorité par son exemple. Il dit encore que dans les cas où le Pape contrevient aux canons, il le fait par manière de dispense, puisque les canons mêmes laissent toujours au Saint-Siége le droit de les interpréter. On a eu soin dans l'édition de Paris de 1612, de mettre en lettres italiques tout ce que Gratien dit sur cette matière, afin de faire remarquer qu'il parle ici de lui-même. Toutefois dans les trois siècles suivants, on a mis cette doctrine en pratique, et on a eu recours au *Décret* de Gratien comme à la source la plus pure de la discipline ecclésiastique.

GRATUS, diacre de l'Eglise catholique dans le ve siècle, vivait dans une retraite de Provence peu éloignée du célèbre monastère de Lérins, où il pratiquait de grandes austérités et passait ses jours dans une lecture continuelle. Un genre de vie si extraordinaire lui enfla le cœur et lui affaiblit l'esprit, au point qu'il s'imagina avoir eu des révélations qui assurément ne venaient pas de l'esprit de Dieu. Fauste, alors abbé de Lérins, en ayant eu connaissance, l'exhorta à rentrer dans la vie commune et à se mettre sous la conduite de quelque abbé expérimenté. Mais il n'en voulut rien faire et continua de rester dans sa solitude, où, dans l'illusion de ses rêves, il composa un petit *traité* dans lequel il prétendait montrer qu'il n'y avait en Jésus-Christ, Dieu et homme, qu'une seule nature, savoir, la nature divine; d'où il suivait qu'on ne devait pas dire que Dieu est le père de l'homme, ni la femme mère de Dieu. C'était à proprement parler l'eutychianisme, de sorte que Gratus était eutychéen, avant même que l'hérésie d'Eutychès eût éclaté. Il envoya son écrit à Fauste, qui hésita d'abord à répondre; mais qui opposa dans la suite aux opinions de Gratus une forte et solide réfutation, comme nous l'avons remarqué en son lieu.

GRÉGENTIUS (Saint) ne nous est connu que par un *Dialogue* dont l'authenticité ne nous paraît rien moins qu'établie. Suivant ce qui est écrit, il fut archevêque de Taphor, ville célèbre de l'Arabie heureuse, où les rois des Homérites faisaient leur résidence ordinaire. Il gouverna l'Eglise de Taphor dans le même temps qu'Abramius régnait sur ces peuples. Ce prince ne faisait rien que par le conseil de l'archevêque. Abramius mourut dans la trentième année de son règne, et saint Grégentius le suivit de près dans le tombeau. Il avait occupé aussi pendant trente ans le siége épiscopal de Taphor. Cette coïncidence fixe la mort de ces deux personnages en 554. Mais ici l'auteur du *Dialogue* ne s'accorde pas avec Procope, qui depuis la défaite de Dunaan, usurpateur du royaume des Homérites, leur donne plusieurs rois jusqu'en 554. C'est cette raison qui a fait regarder le dialogue en question comme une pièce supposée, et de même nature que la *Dispute* apocryphe, publiée sous le nom de saint Athanase et Darius. Mais nous en avons d'autres preuves encore qui se révéleront d'elles-mêmes, dans l'examen que nous allons faire de ce dialogue.

Herban, qui prend la défense de la religion juive contre le christianisme, demande à Grégentius de lui faire voir Jésus-Christ, que celui-ci disait être monté au ciel, après avoir été mis à mort par les Juifs. Le saint évêque, qui voyait dans ce miracle la conversion d'Herban et de ceux de sa suite, se met en prières et demande à Jésus-Christ de se manifester à ce peuple. A peine le roi Abramius, les grands seigneurs de sa cour et tous les chrétiens présents eurent-ils répondu : *Amen*, que les portes du ciel s'ouvrirent; Jésus-Christ apparut à toute l'assemblée, se promenant majestueusement sur une nuée couleur de pourpre. Il s'arrêta auprès de l'archevêque, à une hauteur d'environ deux cents coudées; ce qui le rendit visible à tout le monde. Herban, saisi de terreur, gardait le silence; alors on entendit une voix qui adressa ces paroles aux Juifs : *C'est à la prière de l'archevêque que j'apparais à vos yeux, moi que vos pères ont crucifié!* Tous entendirent cette voix qui les remplit de crainte, mais tous ne virent pas Jésus-Christ; il fallut le baptême pour ouvrir les yeux aux Juifs. Le premier d'entre eux qui le reçut, eut aussitôt les yeux ouverts. Ce nouveau prodige produisit encore plus d'effet que le premier. Tous se firent baptiser, et purent ainsi contempler ce qu'ils ne voyaient pas auparavant. — Nous nous permettrons de demander ce qu'on appelle une histoire fabuleuse, si celle-ci n'en est pas une ? Dieu a accordé aux apôtres le don des miracles, qui s'en est opéré un nombre infini à la conversion des infidèles. Mais on ne voit nulle part que ces saints ministres du salut aient jamais prié Jésus-Christ de se faire voir à ceux qu'ils entreprenaient de convertir. Ils parlaient toutes les langues, guérissaient les malades, ressuscitaient les morts, chassaient les démons et faisaient tous les autres miracles qui, selon la promesse de Jésus-Christ, devaient accompagner la prédication de l'Evangile. Jamais aucun d'eux n'a eu l'idée de tenter ce que l'auteur du *Dialogue* attribue à saint Grégentius, qui ne pouvait ignorer que Jésus-Christ avait refusé de descendre de la croix, malgré la promesse que les Juifs lui faisaient de croire en lui. Il faut ajouter encore que cet auteur, en faisant parler Herban pour la défense des Juifs, lui fait tirer avantage du verset 37 du chapitre IIIe de la prophétie de Baruch que l'archevêque avait cité sous le nom de Jérémie. Il y a évidemment ici une double erreur; car non-seulement les Juifs ne croyaient pas que le livre de Baruch fût de Jérémie, mais ils ne recevaient pas même ce livre au nombre de leurs livres canoniques, comme saint Jérôme nous l'affirme dans sa préface sur ce prophète. Il paraît du reste que l'on n'a décoré ce dialogue du nom de saint Grégentius, que parce que l'on suppose qu'il conféra en effet avec Herban, docteur juif; mais il est impossible de le lui attribuer tel que nous l'avons. Son éloge s'y retrouve en plus de cinquante passages; et il y est parlé de sa mort et de sa sépulture.

C'est donc l'œuvre d'un auteur anonyme,

qui, sachant ou feignant de savoir qu'il y avait eu sur la religion une dispute entre cet archevêque et Herban, en présence du roi des Homérites, en a fait le sujet d'un livre dans lequel il a donné libre champ à son imagination. Il est divisé en quatre parties, parce que l'auteur suppose que la dispute se continua pendant quatre jours. Cette pièce, traduite en grec avec des notes de Nicolas Goulu, fut imprimée à Paris en 1586. Fronton Le Duc lui donna place dans le tome I*er* de son *Auctuarium*, également imprimé à Paris en 1624. On la trouve encore dans le tome I*er* de la *Bibliothèque grecque et latine des Pères* de Paris et dans le tome VI de celle de Lyon.

Lambécius compte parmi les manuscrits de la bibliothèque de Vienne un Code de lois rédigées par saint Grégentius, sous le nom d'Abramius, roi des Homérites. Ce code, qui n'a pas encore été rendu public, est divisé en vingt-trois titres. Les Grecs en parlent dans leurs *Ménées*, et il en est également question dans le Dialogue entre ce saint archevêque et Herban. Le premier titre traite de l'homicide; le second des enchantements; le troisième du faux témoignage et du vol, et le quatrième de la fornication et de l'adultère.

GRÉGOIRE, évêque de Néocésarée dans le Pont, vivait au III*e* siècle. Il portait avant son baptême le nom de Théodore, et était né de parents nobles et riches, mais engagés dans les ténèbres de l'idolâtrie. Il avait quatorze ans lorsqu'il perdit son père, et était déjà avancé dans les lettres humaines; il avait surtout fait de rapides progrès dans l'étude de l'éloquence et du latin. Enfin son précepteur, qui avait quelque connaissance du droit romain, lui en donna des leçons. Il y avait alors à Bérite une célèbre école de jurisprudence. La sœur de Grégoire devant se rendre à Césarée, qui n'était pas loin de cette ville, lui, et son frère Athénodore qui suivait les mêmes études, résolurent de profiter de cette occasion, pour aller s'instruire à fond dans cette science; mais Dieu avait sur eux d'autres vues. Arrivés à Césarée, ils y trouvèrent Origène, qui y avait ouvert une école, où sa réputation attirait un grand nombre de disciples. Ils furent si charmés de ses leçons qu'ils renoncèrent à tout autre projet. Origène les initia aux préceptes d'une sage philosophie, aux leçons de la morale, et aux mystères des saintes Ecritures, et les conduisit ainsi insensiblement jusqu'aux lumières de la foi. Ils reçurent le baptême à Alexandrie, où ils s'étaient retirés en 235, lors de la persécution de Maximien; et ils revinrent à Césarée lorsqu'Origène reprit ses leçons en 238. Ils passèrent encore un an ou deux avec lui, après quoi ils retournèrent auprès de leur mère. Arrivé à Césarée, Grégoire y montra tant de science, de vertu et de modestie, que, malgré sa jeunesse, Phédime, son métropolitain, résolut de l'en faire évêque. Grégoire fit tout ce qu'il put pour se dérober à cet honneur; mais il fallut céder et recevoir l'onction épiscopale; on croit que ce fut en 240. A peine le troupeau confié à ses soins était-il composé de quelques fidèles. Son zèle, les prodiges qu'il opérait, en augmentèrent tellement le nombre, qu'il fut obligé de bâtir une église pour recevoir tous ceux qui se convertissaient. Le nouvel évêque ne se contenta pas de la moisson que lui offrait son diocèse, il portait la foi dans les provinces voisines, et établissait des pasteurs où il en était besoin. Appelé à l'élection d'un évêque pour la province de Caumane, il détermina le choix en faveur d'Alexandre le Charbonnier, qui, dans ce vil état et sous ses pauvres vêtements, cachait des vertus vraiment épiscopales. Une nouvelle persécution s'étant élevée, sous Dèce, en 250, Grégoire conseilla aux chrétiens de son Eglise de fuir, ne voulant pas les exposer aux dangers du combat. Par cet acte de prudence, il eut la consolation de ne voir aucun d'eux tomber dans l'apostasie. Lui-même se retira dans le désert, où un miracle le fit échapper aux recherches des persécuteurs. L'année suivante, la persécution ayant cessé, Grégoire revint à Néocésarée; mais bientôt après, une peste terrible qu'il avait prédite, y exerça ses ravages, et s'étendit dans toute la province de Pont. Ce fléau accrut merveilleusement les conversions, et fut dissipé par les prières du saint pasteur. Grégoire assista, en 264, au concile d'Antioche assemblé contre Paul de Samosate. On attribue aux soins de Grégoire et à sa vigilance pastorale l'extirpation entière du sabellianisme dans la province du Pont. Ce grand évêque mourut, selon quelques-uns, en 264, mais plus probablement en 270 ou 271, le 19 novembre, jour où le Martyrologe romain en fait mention. Il n'y avait dans son diocèse que dix-sept chrétiens quand il parvint à l'épiscopat; il n'y restait à sa mort que dix-sept infidèles, dont il demanda à Dieu la conversion. Saint Grégoire de Nysse et saint Basile, son frère, ont rapporté les miracles qui ont fait regarder l'évêque de Néocésarée comme un autre Moïse, et qui paraîtraient incroyables s'ils n'étaient appuyés de témoignages aussi véridiques et aussi respectables. Ces deux saints les tenaient de Macrine, leur aïeule, qui dans sa jeunesse avait connu Grégoire, et l'avait entendu prêcher. Ce sont ces prodiges, qui lui étaient habituels, qui lui ont fait donner le surnom de *Thaumaturge*. Il a laissé quelques écrits dont nous allons rendre compte.

Discours en l'honneur d'Origène. — Le premier, sans contredit, est son discours de remerciement à Origène, qu'il prononça devant un nombreux auditoire et avant de se séparer de ce maître célèbre qui l'avait initié à tous les secrets de la doctrine et du langage. C'est une pièce de la plus haute éloquence, et un des plus beaux monuments littéraires de l'antiquité. Nous l'allons faire connaître d'après la traduction, qui s'en trouve dans la *Bibliothèque choisie des Pères de l'Eglise*, de l'abbé Guillon:

« S'il est à propos, dans une foule de circonstances, de savoir se taire, c'est particulièrement dans une occasion telle que celle-ci, où, malgré moi, je me verrai contraint de me renfermer dans le silence. Tout à fait étranger aux artifices du langage, j'ai vécu depuis huit ans éloigné de tout commerce avec les exercices de l'éloquence, sans avoir de rapport qu'avec quelques hommes excellents, qui font leur étude de la philosophie; et ceux-là ce n'est pas aux paroles qu'ils s'attachent. Ils ne recherchent pas plus qu'ils ne dédaignent l'élégance du discours. Il leur suffit que leurs pensées soient exprimées avec la clarté nécessaire pour se faire bien entendre. Mais ce qui ajoute encore à l'embarras de la situation où je me trouve, c'est le sujet même dont j'ai à vous entretenir, sujet relevé, ce semble, au-dessus de l'humanité. S'il y a de ma part quelque témérité à l'avoir entrepris, mon excuse sera dans le sentiment qui m'a conduit. Je serais coupable d'ingratitude si je gardais le silence; et, quelle que soit la modicité du tribut que la reconnaissance vient payer aujourd'hui par la bouche du dernier des orateurs, l'Ecriture m'apprend que l'obole de la pauvre veuve est plus agréable au Seigneur que tous les trésors de l'opulence. Qui donne tout ce qu'il possède est plus magnifique que le riche qui ne distribue qu'une partie de sa richesse.

« Tous les biens dont nous jouissons remontent à Dieu, qui en est l'unique source; et c'est par son divin Fils que lui parviennent les hommages de notre reconnaissance. Et c'est aussi à sa Providence que je dois le bienfait d'avoir connu le grand homme qui a bien voulu me servir de guide dès ma plus tendre jeunesse. Il fut pour moi l'ange du patriarche Jacob. Je ne tenais à lui par aucun des liens qui unissent ordinairement les hommes. J'étais bien jeune encore lorsque je vins à perdre mon père engagé dans les superstitions du paganisme. Ma mère voulait me faire suivre le plan d'éducation que mon père avait tracé : elle me destinait au barreau. »

L'auteur passe en revue ses premières études à Béryte, où il y avait une célèbre école de droit romain, puis à Césarée. Origène s'était retiré dans cette dernière ville vers 231, pour éviter les poursuites de Démétrius, évêque d'Alexandrie. Ce grand homme y ouvrit une école, et sa réputation lui attira bientôt une foule d'auditeurs. Grégoire s'y rendit accompagné d'Athénodore, son frère (1). Dans la première entrevue qu'il eut avec Grégoire et Athénodore, il découvrit qu'ils avaient l'un et l'autre une capacité extraordinaire pour les sciences, et des dispositions rares pour la vertu. Origène travailla avec un soin particulier à leur inspirer l'amour de la vérité, et un désir ardent de travailler à la connaissance et à la possession du souverain bien.

« Il commença par faire à ses disciples l'éloge de la philosophie et de ceux qui s'y appliquaient. Il observait que le premier pas que doit faire un être raisonnable est de se connaître soi-même; qu'on ne mérite pas ce titre lorsqu'on ignore les moyens de parvenir à cette connaissance et de perfectionner ses facultés; que, de plus, il faut connaître les obstacles à surmonter, et quelles sont les actions permises ou défendues. Rien, disait-il, n'est plus ridicule pour un homme, que de vouloir connaître ce qui est hors de lui-même, et d'ignorer ce qu'il y a de plus important pour lui et ce qui doit faire son bonheur. Il doit donc tourner ses recherches du côté du vrai bien et du vrai mal, afin d'embrasser l'un et d'éviter l'autre. Il traita ces sujets plusieurs jours de suite, mais sans avoir l'air d'un homme qui aime la dispute, et qui cherche à embarrasser ou à confondre ses adversaires. Ses raisonnements étaient pleins de force, mais il les présentait avec tant de douceur qu'il était impossible d'y résister. Ses discours enflammaient mon cœur et le pénétraient de la plus vive affection, tant pour la doctrine que pour le maître. Mon âme s'attachait à la sienne comme l'âme de Jonathas à celle de David.

« Il nous fit commencer par la logique le cours de philosophie. Cette logique avait pour objet d'enseigner à n'admettre et à ne rejeter aucune preuve légèrement, mais à faire examiner le fond d'un raisonnement sans s'arrêter aux termes. A cette science succéda la philosophie naturelle, qui expose la puissance et la sagesse infinies de Dieu, et qui le fait admirer dans l'œuvre admirable de la création : puis l'étude des mathématiques, qui embrasse la géométrie et l'astronomie. Il s'en servait comme d'échelons pour nous amener par degrés à la connaissance des choses célestes.

« Une étude bien plus importante encore était celle de la morale. Il nous apprenait l'art de modérer nos passions, de nous élever au-dessus des faiblesses de l'humanité, de travailler à nous rapprocher de la Divinité, de retenir en nous son image; nous enseignant par l'exemple de ses vertus, plus encore que par l'autorité de son éloquence. Sa vie était en effet le modèle de la plus parfaite sagesse. Il ne manquait à son bonheur que de trouver en moi un disciple plus digne d'un tel maître.

« Voici quelle méthode il employait pour nous faire parvenir à la connaissance la plus précieuse, la plus nécessaire de toutes, celle d'une première cause : il voulait que cette étude commençât par l'exposition de tout ce que les philosophes et les poëtes avaient dit sur la Divinité, à la réserve de ceux où l'athéisme était professé, c'est-à-dire ceux où l'on nie l'existence ou la providence de Dieu. Peut-on fréquenter les temples et conserver quelque sentiment religieux avec une âme souillée par le commerce de l'impiété ? Non. Pas un de ces livres ne doit se rencontrer dans des mains chrétiennes. Les autres, on peut les parcourir indifféremment, sans adopter une secte de préférence à une autre.

(1) Evêque dans la province du Pont. Il est mis également au nombre des saints.

Il est bon de connaître ce qu'il y a de vrai ou d'erroné dans la doctrine de chacun. Une fois prévenu en faveur d'une opinion, on l'adopte, on l'embrasse avec chaleur, on s'y enfonce, on n'en veut plus revenir : semblable au voyageur qui, engagé dans une route où il marche avec une sécurité qui le trompe, chemine et s'avance sans soupçonner même qu'il y en ait d'autres. Origène voulait qu'on les examinât toutes, mais avec la précaution de diriger lui-même ses disciples, et de les conduire comme par la main à travers le vaste labyrinthe des systèmes humains. Ce en quoi il excellait surtout, c'était l'intelligence des livres saints. L'Esprit lui-même l'avait choisi pour être le digne interprète de ses sacrés oracles. Personne, quelque rebelle qu'il pût être, qui ne se rendît à l'évidence de ses démonstrations. Le même Dieu qui inspira ses prophètes nous donne seul la clef des prophéties. Aussi, grâces à l'habileté d'un tel maître, étions-nous parvenus à pénétrer tous les secrets de ces divins livres, et nous y trouvions une source féconde des plus admirables connaissances.

« Nous avons goûté, dans la compagnie de ce grand homme, les plus pures, les plus ravissantes délices. Pourquoi faut-il que le cours en soit interrompu? Tel que notre premier père obligé de s'exiler du paradis, ou que les Juifs s'éloignant de leur pays pour aller subir la captivité de Babylone, j'irai désormais errer sur les bords des fleuves étrangers, condamné aux pleurs, et sans pouvoir adoucir l'ennui de la séparation que par le souvenir des heureux moments que j'ai passés auprès de lui. »

Symbole de saint Grégoire. — Quelque temps après son retour à Néocésarée, Grégoire fut ordonné évêque, mais avant d'entrer dans l'exercice de son ministère, il pria Phédime, qui l'avait ordonné, de lui accorder un peu de loisir pour s'instruire plus exactement de nos mystères, et demanda à Dieu de lui en accorder la connaissance. Une nuit, comme il était fort occupé à dégager les doctrines chrétiennes des erreurs qu'y mêlaient certains philosophes en voulant les expliquer par le raisonnement humain, il vit paraître devant lui un vieillard aussi vénérable par sa figure que par l'éclat de ses vêtements. Grégoire, étonné de cette apparition, se leva de son lit, demanda au vieillard qui il était et pourquoi il était venu. Celui-ci le rassura d'une voix grave, et lui dit que Dieu l'avait envoyé pour lui découvrir les vérités de la foi ; puis étendant la main il lui montra à son côté une femme qui paraissait au-dessus de la condition humaine. Grégoire épouvanté tenait ses yeux baissés, et pouvait à peine supporter l'éclat de cette vision ; car bien que la nuit fût très-obscure, ces deux personnages resplendissaient d'une vive lumière. Cependant il entendit que la femme, en s'adressant au vieillard, l'appelait Jean l'Évangéliste et l'exhortait à découvrir à ce jeune homme le mystère de la vraie religion ; tandis que Jean répondait qu'il était prêt à le faire, puisque la Mère du Seigneur l'avait pour agréable. Après que cette vision se fut évanouie, saint Grégoire écrivit aussitôt ce qu'il avait vu et entendu. C'est cet écrit qu'on appelle son *Symbole*, et dont voici la teneur :

Il n'y a qu'un Dieu, Père du Verbe vivant, de la sagesse subsistante, de la puissance du Créateur éternel, Père parfait d'un Fils unique. Il n'y a qu'un Seigneur, seul d'un seul : Dieu de Dieu : caractère et image de la Divinité : Verbe efficace ; Sagesse qui comprend l'assemblage de toutes choses, et puissance qui a fait toutes les créatures : vrai Fils d'un vrai Père : Fils invisible d'un Père invisible : Fils incorruptible d'un Père incorruptible : Fils immortel d'un Père immortel : Fils éternel d'un Père éternel ; et il n'y a qu'un seul Saint-Esprit qui tient son être de Dieu, et qui par le Fils a paru aux hommes : image du Fils, parfaite comme lui : vie cause des vivants ; source sainte, sainteté qui donne la sainteté, par qui est manifesté Dieu le Père, qui est sur tout et en toutes choses, et Dieu le Fils, qui est par toutes les choses. Trinité parfaite, sans division, ni changement, en sa gloire, en son éternité, en son règne. Il n'y a donc rien de créé, ou d'esclave dans la Trinité, rien d'ajouté, rien d'étranger, rien qui n'ait pas été pendant un temps et qui depuis ait commencé d'être : le Père n'a jamais été sans le Fils, ni le Fils sans le Saint-Esprit ; mais la Trinité a toujours été immuable et invariable.

Tel est le Symbole qui fut donné à saint Grégoire dans une vision. Il enseigna toujours dans l'Eglise conformément à cette règle divine. Il la transmit à ses successeurs comme le patrimoine ou l'unique héritage qu'il leur laissait. On s'en servait à Néocésarée, pour préparer les catéchumènes au baptême, ou pour initier le peuple, comme parle saint Grégoire de Nysse, qui semble le regarder comme le moyen dont Dieu s'était servi pour conserver cette Eglise pure de toutes les hérésies jusqu'à ce temps. Elle en conservait encore à cette époque l'original écrit de la main du saint évêque. Depuis il a été traduit dans toutes les langues, et a eu les honneurs d'une foule d'éditions.

Exposition de foi. — Il faut distinguer ce *Symbole* de l'*Exposition de foi*, ou de la dispute que saint Grégoire eut sur les matières de religion avec un gentil nommé Elien. Il y disait « que le Père et le Fils sont deux, selon la pensée, et un selon l'hypostase. » Comme les sabelliens abusaient de cette manière de parler pour autoriser leurs erreurs, et prétendaient mettre saint Grégoire Thaumaturge de leur côté, saint Basile en prit la défense, et fit voir qu'outre les fautes des copistes qui se trouvaient en grand nombre dans cet écrit, il était visible que saint Grégoire, occupé à combattre son adversaire, n'avait pu s'appliquer à parler avec la même exactitude qu'il eût fait s'il eût alors traité à dessein ces points de la foi pour les expliquer. « Ils ont fait, dit-il, en parlant des sabelliens, quelque tentative sur Anthime évêque de Thiane, qui est dans les mêmes sentiments que nous; ils n'ont pas compris que Grégoire, qui a dit dans son *Exposition de foi* que le Père et le Fils son deux selon la pensée, et ne sont qu'un selon l'hypostase, ne l'a point dit dogmatiquement, mais en disputant contre Elien. Ils n'ont pas fait cette réflexion, eux qui s'applaudissent de leur subtilité. Ceux qui ont écrit cette dispute ont fait plusieurs fautes en écrivant, comme je le ferai voir par les paroles expresses avec la grâce de Dieu. Il faut ajouter que Grégoire, ayant pour but d'amener un païen à la foi, ne prenait pas garde à l'exactitude de ses expressions; il s'accommodait en certains endroits à l'usage de celui contre qui il disputait, afin qu'il ne s'opiniâtrât pas contre les points principaux. Voilà pourquoi on trouve dans cette dispute beaucoup d'expressions qui favorisent les hérétiques, même les ariens dont l'erreur était directement contraire à celle de Sabellius; savoir les termes de *fait* et de *créé*, et quelques autres semblables qui regardent l'humanité, mais qui pourraient être rapportés à la Divinité par des gens qui prendraient grossièrement les choses à la lettre, comme font ceux qui nous objectent ces difficultés. » C'est tout ce que nous savons de la dispute de saint Grégoire avec Elien; il y a apparence que Facundus n'en savait pas davantage, et que cette pièce était perdue dès lors, puisqu'il n'en rapporte autre chose que ce que nous en trouvons dans saint Basile.

LETTRES. — Saint Jérôme, et après lui Suidas et Honorius d'Autun attribuent plusieurs lettres à saint Grégoire Thaumaturge, mais sans en indiquer le sujet ni le nom des personnes à qui elles étaient adressées. Nous n'en possédons aujourd'hui qu'une seule, mais unanimement acceptée comme authentique et vraiment digne d'un homme aussi saint et aussi apostolique que l'était Grégoire. Elle porte le titre d'*Epître canonique* et se trouve citée ainsi dans le second canon du concile *In Trullo*, et par Zonare et Balsamon qui l'ont commentée avec les autres Epîtres canoniques. On croit que saint Grégoire l'écrivit vers l'an 258, dans le temps que les Goths et les Borades, profitant de la faiblesse de l'empire de Gallien, après avoir couru la Thrace et la Macédoine, passèrent dans l'Asie et le Pont, où ils exercèrent les plus grands ravages. Des chrétiens, en assez grand nombre, n'eurent pas honte de se joindre à eux, et de commettre sous leur conduite toutes sortes d'excès. Un évêque du Pont, dont le nom nous est inconnu, demanda à saint Grégoire des règles pour mettre les coupables en pénitence; le saint prélat lui répondit en ces termes :

« Très-saint Père,

« Ce qui nous fait peine, ce ne sont pas les viandes que les captifs peuvent avoir mangées, telles qu'elles leur étaient offertes par leurs vainqueurs, puisque l'on croit universellement que ces barbares qui ont parcouru nos contrées, n'ont point sacrifié aux idoles. L'Apôtre dit : *La viande est pour l'estomac, et l'estomac est pour les viandes, et Dieu un jour détruira l'un et l'autre*. Le Seigneur, qui purifie toutes les viandes, dit : *Ce n'est pas ce qui entre qui souille l'homme, mais ce qui sort*. Nous ne sommes pas non plus si touchés des violences qu'ont souffertes les femmes captives ; car, si avant cet accident, il y en avait dont la vie fût notée, l'habitude criminelle forme contre elles un grand soupçon pour le temps de la captivité; et elles ne doivent pas être facilement admises à la communion des prières ; mais s'il y en a quelqu'une qui ait vécu dans une parfaite continence, qui se soit conservée pure, même de tout soupçon, et qui maintenant soit tombée par violence dans un malheur inévitable, nous avons un exemple dans le *Deutéronome*, d'une jeune fille qu'un homme aurait forcée en pleine campagne : *Vous ne lui ferez rien*, dit la loi, *et elle n'est pas digne de mort*. En effet, c'est comme quand un homme s'élève contre son prochain et le tue : la fille a crié, et il ne s'est trouvé personne pour la secourir. »

Saint Grégoire décide ensuite que les usurpateurs du bien d'autrui doivent être bannis de l'Eglise et excommuniés, de peur que la colère de Dieu ne tombe sur tout le peuple, et premièrement sur les prélats qui n'en feraient pas justice. A propos de quoi il rapporte l'exemple d'Achan, au livre de *Josué*, puis il ajoute : « Que personne ne se trompe soi-même, sous prétexte qu'il a trouvé ce qu'il a emporté ; il n'est pas permis de profiter de ce que l'on trouve. Le *Deutéronome* dit : *Si tu trouves le veau ou la brebis de ton frère égarés dans le chemin, tu ne les négligeras pas* : et dans l'*Exode*, il en est dit autant des bêtes de l'ennemi : il est ordonné de les lui ramener. Si, dans la paix, il n'est pas permis de profiter aux dépens d'un frère, ou d'un ennemi qui néglige son bien par paresse ; combien moins aux dépens d'un malheureux qui l'abandonne par la nécessité de fuir les ennemis. D'autres se trompent en retenant le bien d'autrui, au lieu du leur qu'ils ont perdu. Ainsi, parce que les Borades et les Goths ont exercé contre eux des hostilités, ils sont eux-mêmes Borades et Goths pour les autres. Nous avons donc envoyé notre frère le prêtre Euphrosime vers vous pour ce sujet, afin que, suivant la forme que nous observons ici, il nous marque ceux dont il faut recevoir les accusations, et ceux qu'il faut exclure des prières.» Il regarde comme une chose incroyable que quelques chrétiens soient allés jusqu'à cet excès d'inhumanité, de retenir en captivité ceux qui fuyaient, et ordonne qu'on en envoie quelques-uns dans le pays, apparemment pour faire finir une oppression si criante, de peur que la foudre ne tombe sur les coupables. « Quant à ceux, ajoute-t-il, qui se sont enrôlés avec les barbares dont ils étaient captifs, qui se sont mêlés à leurs courses, sans se souvenir qu'ils étaient Pontiques et chrétiens, et qui sont devenus barbares jusqu'à étrangler leurs compatriotes, ou les tuer à coups de bâtons, et montrer aux ennemis les chemins ou les maisons qu'ils ne connaissaient pas ; ceux-là doivent être exclus, même du rang des auditeurs, jusqu'à ce que l'on en ait ordonné en commun dans l'assemblée des saints où présidera le Saint-Esprit. »

A l'égard de ceux qui avaient eu la hardiesse d'entrer dans les maisons d'autrui, s'ils sont accusés et convaincus, « ils seront, dit saint Grégoire, privés même du rang des auditeurs ; s'ils se dénoncent eux-mêmes et qu'ils restituent, ils se prosterneront au rang des convertis. Ceux qui ont trouvé dans la campagne ou dans leurs maisons quelque chose que les barbares avaient laissé, s'ils sont accusés et convaincus, ils seront aussi entre les prosternés ; s'ils se dénoncent eux-mêmes et qu'ils restituent, ils seront même admis à la prière. » Il veut que ceux qui accomplissent les commandements de Dieu le fassent sans aucun intérêt sordide, sans rien demander, ni pour avoir indiqué, ni pour avoir sauvé, ni pour avoir trouvé, ni sous quelque autre prétexte que ce soit. Telle est l'*Epître canonique* de saint Grégoire Thaumaturge. On y voit plusieurs degrés de pénitence distingués dès lors : quelques-uns étaient admis aux prières publiques, mais prosternés ; d'autres n'étaient admis qu'aux instructions ; d'autres en étaient même exclus. On y voit encore, comme dans celle de saint Denys d'Alexandrie, que ces anciens casuistes décidaient tout par l'autorité de l'Ecriture, non par des opinions humaines.

La Lettre canonique de saint Grégoire est distribuée dans l'édition de Vossius, en onze canons. Mais il y a tout lieu de croire que l'onzième a été ajouté après coup pour expliquer ce qui est dit dans les précédents des divers degrés que l'Eglise avait établis pour la pénitence. Aussi ne se trouve-t-il pas dans Zonare, ni dans le *Nomocanon* grec. Mais Balsamon l'a commentée. Les quatre degrés des pénitents y sont marqués fort distinctement, même les places de l'Eglise qui leur étaient propres.

Paraphrase sur l'Ecclésiaste. — On n'hésite plus aujourd'hui à attribuer à saint Grégoire la *Paraphrase sur l'Ecclésiaste*, que nous lisons parmi ses Œuvres. Le passage cité par saint Jérôme s'y retrouve mot à mot ; et, au témoignage de ce Père, on peut ajouter ceux de Rufin, de Suidas et d'Honorius. L'auteur se contente de donner aux pensées de Salomon un tour nouveau, en les présentant d'une manière plus développée.

— Mais, pour ce qui est du *Traité de l'âme* et des quatre sermons que Vossius a publiés sous le nom de notre Thaumaturge, on convient communément que ce sont des pièces supposées. On n'y retrouve ni la politesse ni l'élégance de style habituelles au saint auteur, et on a plusieurs raisons de penser que l'ouvrage appartient à cette époque du moyen âge, où la philosophie d'Aristote commençait à reconquérir du crédit.

Nous ne reconnaissons donc pour ouvrages de saint Grégoire que son *Discours en l'honneur d'Origène*, son *Symbole*, son *Epître canonique*, et sa *Paraphrase sur le livre de l'Ecclésiaste*. Les anciens en connaissaient un plus grand nombre, qui ne sont pas venus jusqu'à nous ; mais on ne peut douter que saint Jérôme n'ait eu en vue ceux qui nous restent, quand il accorde à saint Grégoire de faire paraître dans ses ouvrages une science profonde de la philosophie humaine et des saintes Ecritures. Son éloquence, ses vertus, ses miracles, l'ont rendu célèbre dans l'Eglise ; et il nous apparaît aujourd'hui, dans le lointain des premiers siècles, comme une vive lumière et une lampe éclatante qui, par la puissance que le Saint-Esprit lui communiquait, mettait en fuite tous les esprits de ténèbres.

Ses écrits, publiés d'abord par Vossius, à Mayence, en 1604, in-4°, et à Paris, in-folio, en 1622, ont passé plus tard dans toutes les *Bibliothèques des Pères*.

GRÉGOIRE (Saint) **DE NAZIANZE**. — La grande époque de l'Eglise primitive et l'âge d'or de la littérature chrétienne, sans contredit c'est le iv° siècle. « Dans l'ordre social, dit M. Villemain, c'est alors que l'Eglise se fonda, et devint une puissance publique ; dans l'éloquence et les lettres, c'est alors qu'elle produisit ces sublimes et brillants génies, qui n'ont eu de rivaux que parmi les orateurs sacrés de la France au xvii° siècle. Que de grands hommes, en effet, que d'orateurs éminents ont rempli l'intervalle de saint Athanase à saint Augustin ! Quel prodigieux mouvement d'esprit dans tout le monde romain ! Quels talents déployés dans de mystiques débats ! Quel pouvoir exercé sur la croyance des hommes ! Quelle transformation de la société tout entière, à la voix de cette religion qui passe des catacombes sur le trône des Césars, qui dispose du glaive, après l'avoir émoussé par ses martyrs, et n'est plus ensanglantée que par ses propres divisions ! »

Cependant il faut tenir compte de cette différence ; « dans nos temps modernes, et surtout dans la France au xvii° siècle, le christianisme était en quelque sorte aidé par la civilisation, il s'épurait avec elle et brillait de la même splendeur que les arts. Nos orateurs sacrés, soutenus et inspirés par tous les génies qui les entouraient, réfléchissaient dans leur langage cet éclat de magnificence et de politesse qu'ils reprochent à la cour de Louis XIV ; ils en étaient eux-mêmes revêtus et parfois éblouis....

Mais dans le iv° siècle, la sublimité de l'éloquence chrétienne semble croître et s'animer en proportion du dépérissement de tout le reste. C'est au milieu de l'abaissement le plus honteux des esprits et des courages, c'est dans un empire gouverné par des eunuques, envahi par les barbares, qu'Athanase, un Basile, un Grégoire de Nazianze, un Chrysostome, un Ambroise, un Augustin, font entendre la plus pure morale et la plus haute éloquence. Leur génie seul est debout dans la décadence de l'empire. Ils ont l'air de fondateurs, au milieu des ruines. C'est qu'en effet ils étaient architectes de ce grand édifice religieux, qui devait succéder à l'empire romain. »

Certes, pour le chrétien, comme pour le philosophe, nous comprenons tout ce qu'il peut y avoir d'intérêt à étudier le génie de ces hommes, en les confrontant avec leur siècle, et en les replaçant au milieu des passions et des idées qu'ils s'appliquaient à propager ou à combattre. Aussi, dit encore M. Villemain, « souvent j'ai passé de longues veilles à feuilleter les recueils de la doctrine et de l'éloquence des premiers siècles chrétiens; il me semblait que je devenais le spectateur de la plus grande révolution qui se soit opérée dans le monde. Lecteur profane, je cherchais dans les bibliothèques théologiques les mœurs et le génie des peuples. La vive imagination des orateurs du christianisme, leurs combats, leur ardeur, faisaient revivre sous mes yeux un monde qui n'est plus, et que leurs paroles expressives et passionnées semblent nous avoir transmis, bien mieux que ne l'a fait l'histoire. Les questions les plus abstraites se personnifiaient par la chaleur de la discussion et la vérité du langage; tout prenait de l'intérêt et de la vie parce que tout était sincère. De grandes vertus, des convictions ardentes, des caractères fortement originaux animaient ce tableau d'un siècle extraordinaire, tout passionné de métaphysique et de théologie, et pour qui le merveilleux et l'incompréhensible étaient devenus l'ordre naturel et la réalité. »

Sans doute ces réflexions s'appliquent également à tous les écrivains catholiques du IVe siècle; mais parmi ceux qui surent mêler la parole à l'action et l'image à la parole; parmi ceux qui appelèrent à leur secours toutes les inspirations et tous les artifices du talent oratoire, et qui, rendant la langue grecque docile à leur génie, la forcèrent d'exprimer toutes les nouveautés de la foi chrétienne, tout en paraissant encore l'idiome antique des Lysias et des Platon, nous n'en connaissons aucun, entre saint Basile et saint Chrysostome, à qui elles puissent mieux convenir qu'à Grégoire de Nazianze. En lui comme en eux, on retrouve le génie grec presque dans sa beauté native, doucement animé d'une teinte orientale, plus abondant et moins attique qu'aux beaux jours du siècle de Périclès, mais toujours harmonieux et pur. A côté de saint Basile, Grégoire de Nazianze est le premier modèle de cette pieuse et docte éloquence, consacrée tout entière à l'enseignement régulier du peuple, avec moins de force peut-être, mais avec quelque chose dans l'imagination de plus brillant et de plus gracieux.

Mais nous nous apercevons que ce préliminaire se prolonge, et qu'il est temps de satisfaire la curiosité du lecteur, impatient de lier connaissance avec notre héros. Rien de plus simple que cette exigence; rien de plus juste dans le cas présent, et nous avons hâte de nous conformer aux devoirs qu'elle nous impose. La biographie de saint Grégoire de Nazianze nous sera d'autant plus facile à esquisser, que c'est à un de ses poèmes que nous en emprunterons les détails. Il y a là, suivant nous, double avantage : avantage pour le lecteur qui ne peut que gagner au récit d'un auteur qui raconte lui-même sa vie, surtout quand cet auteur s'appelle Grégoire de Nazianze; et puis, pourquoi ne le dirions-nous pas? avantage pour nous aussi, qui par ce stratagème trouvons le moyen d'échapper au double travail d'une analyse, sur laquelle nous aurions été obligé de revenir ailleurs. Laissons donc parler le solitaire d'Arianze, et puisqu'entre les mains du poëte, la plume est un pinceau, *ut pictura poesis*, laissons Grégoire se peindre lui-même.

« J'entreprends l'histoire de ma vie, dit-il. Les mêmes événements en paraîtront heureux ou malheureux, suivant les différentes impressions du lecteur. Je ne prononcerai point d'après ma seule manière de voir; mon jugement pourrait paraître suspect.... C'est à vous que ce discours s'adresse, vous qui avez été mon peuple et qui ne l'êtes plus; chrétiens fidèles, chrétiens dyscoles, aujourd'hui vous me serez tous favorables. Les muets et les morts n'ont plus d'ennemis... Tout s'altère, tout s'affaiblit avec le temps. Ce que nous avions de mieux a disparu; ce qui nous reste ne vaut pas la peine d'être compté. Ainsi les pluies violentes qui ont entraîné les sillons ne laissent après elles, que du sable et des cailloux..... Cependant je dois détruire les calomnies publiées contre moi. Les méchants rejettent volontiers leur perversité sur ceux qui en sont les victimes. C'est un moyen presque infaillible de détourner de leur personne des accusations méritées..... Voilà mon exorde; j'entre en matière :

« J'avais un père singulièrement recommandable par sa probité. Vieillard simple dans ses mœurs, sa vie pouvait servir d'exemple (1). C'était un second Abraham. Bien différent des hypocrites de nos jours, il cherchait moins à paraître vertueux qu'à l'être en effet. Engagé d'abord dans l'erreur, depuis chrétien fidèle, ensuite pasteur zélé et l'ornement de son troupeau. Ma mère (2), pour la louer en peu de mots, ne le cédait en rien à ce digne époux. Sortie d'une race sainte, et surpassant encore la piété de ses ancêtres, elle n'était femme que par son sexe, et supérieure aux hommes par ses mœurs. Tous deux, également célèbres, partageaient l'admiration publique. Mais quelle preuve

(1) Nommé comme lui Grégoire et évêque de Nazianze avant son fils. Celui-ci n'en parle jamais qu'avec la plus vive effusion de tendresse et de vénération.

(2) Sainte Nonne, fille de saints et mère d'une famille qui fut pour l'Église et pour le ciel une véritable colonie de saints.

apporterai-je ici des faits que j'avance? Qui me servira de témoin? Ma mère! Sa bouche était celle de la vérité. » Et il raconte ensuite les vertus de sa mère, son humilité, sa crainte de Dieu, et comment dans le désir d'avoir un fils elle avait fait vœu de le consacrer au Seigneur, ce qui lui fait dire que dès le moment de sa naissance il ne s'appartenait pas, et ce qui nous donne aussi jusqu'à un certain point le droit de supposer qu'il était l'aîné des trois enfants qu'eut son père. Il naquit à Arianze, dans la partie de la Cappadoce appelée Tibérine, et sur le territoire de la ville de Nazianze. « Nourri dès le berceau, dit-il, parmi les vertus les plus rares, j'eus bientôt dans mon extérieur quelque chose qui tenait de la modestie grave des vieillards..... Ma raison croissait à mesure que j'avançais en âge ; j'aimais les livres qui vengeaient la cause de Dieu, et je recherchais la société des hommes les plus vertueux. Tel fut le commencement de ma carrière. Comment m'y prendrai-je pour en continuer le récit? Cacherai-je les merveilles de Dieu..... ou bien raconterai-je publiquement ses faveurs? N'y aurait-il pas de l'ingratitude à me taire? n'y aurait-il pas de la vanité à parler? Non, je ferai mieux de garder le silence. Il suffit que je le sache. Ce que je suis aujourd'hui paraîtrait, hélas! trop différent de ce que j'étais alors. Ne disons donc que ce qu'il est bon de publier. »

Il raconte ensuite comment, n'étant pas encore sorti de l'enfance, il se sentait déjà embrasé pour l'étude d'une ardeur à laquelle les aliments ordinaires ne suffisaient plus. Il cultivait en même temps les lettres sacrées et les lettres profanes, mais avec une prédilection toute marquée pour la science de Dieu. A Césarée et à Alexandrie, où il avait étudié sous les plus habiles maîtres, il s'était également distingué par son esprit et par ses mœurs. Plein du désir de visiter la Grèce, et surtout de fréquenter cette célèbre école d'Athènes, dont il fallait avoir suivi les cours pour être consacré maître, il partit d'Alexandrie dans une saison peu favorable à la navigation, et où la mer commençait à devenir dangereuse. Le signe du Taureau paraissait, et, de l'aveu des pilotes les plus expérimentés, il y avait témérité à s'embarquer sous cette constellation. Le vaisseau côtoyait l'île de Chypre, lorsqu'il fut assailli par une tempête dont nous voudrions pouvoir reproduire la poésie, en traduisant la description que le brillant auteur nous en a laissée : « Une nuit profonde nous environne ; elle couvre la terre, la mer et le ciel ; les éclats du tonnerre accompagnent les éclairs. Les cordages font un bruit affreux sous le poids des voiles gonflées ; le mât chancelle. On n'est plus maître du gouvernail : il entraîne quiconque y veut mettre la main ; les vagues remplissent le fond du vaisseau. On n'entend que des gémissements et des cris : matelots, esclaves, maîtres, passagers, tous d'une commune voix invoquent le Christ ; ceux même qui ne le connaissent pas l'implorent. La crainte est une puissante instruction... Le plus grand de nos maux était de manquer absolument d'eau douce. Les secousses violentes du vaisseau avaient jeté dans la mer le tonneau qui renfermait ce précieux trésor des navigateurs. Outre la soif, nous avions à combattre la faim, les flots et les vents. Nous allions succomber, lorsque, par un secours inattendu, Dieu nous délivra.

« Des marchands phéniciens nous aperçurent. Quoiqu'ils eussent lieu de craindre pour eux-mêmes, l'extrémité du danger où nous étions les toucha. Leur équipage était vigoureux ; à force de rames et d'avirons, ils atteignirent notre vaisseau. Leur humanité nous sauva la vie..... Nous étions à demi-morts, semblables à des poissons qui, sortis de l'onde, viennent expirer sur le rivage, ou à des lampes qui s'éteignent faute d'aliment. La mer n'était pas plus calme. La tempête dura plusieurs jours. Errants au gré des flots, nous ne savions plus où nous allions. L'espérance, à la fin, nous avait abandonnés. Tous attendaient avec terreur une mort prochaine ; mais j'étais, en secret, plus effrayé que les autres. Hélas! menacé du naufrage, je n'avais pas encore été purifié dans les eaux qui nous unissent à Dieu. C'était le sujet de ma douleur et de mes larmes, et ce qui m'arrachait des cris lamentables. J'avais déchiré mes vêtements. Couché par terre, élevant les mains au ciel, je les frappai l'une contre l'autre, avec un bruit qui se faisait entendre au milieu de celui des vagues ; mais ce qui paraîtra peut-être incroyable, quoique vrai, c'est que mes compagnons de voyage, oubliant leur propre danger, donnaient des pleurs à mon infortune. Leur piété, dans nos périls communs, joignait ses vœux à mes regrets ; tant ils étaient touchés de ma funeste situation!

« O Christ! vous fûtes alors mon sauveur, vous l'êtes encore dans les tempêtes qui m'agitent. Plus de ressource humaine pour échapper au danger. Nos yeux n'apercevaient rien qui pût adoucir notre désespoir. Point d'île, point de continent, point de montagne, point de fanal, point de ces signaux qui sont les astres des navigateurs. N'attendant plus rien ici-bas, ce fut vers vous que je tournai mes regards, vous qui êtes la vie, l'âme, la lumière, la force, le salut de ceux qui vous implorent ; vous qui épouvantez, qui frappez et soulagez, qui guérissez et tempérez toujours les maux par les biens. J'osai vous rappeler vos anciens prodiges ; ces merveilles qui firent connaître à l'univers votre bras tout-puissant, les mers ouvrant un passage aux tribus fugitives d'Israël, l'Egypte frappée de plaies terribles, Amalec vaincu par la seule élévation des mains de Moïse, des pays entiers réduits en servitude avec leurs rois, des murs renversés par la marche seule de votre peuple au son des trompettes. J'osai joindre enfin à ces miracles célestes ceux que vous aviez déjà faits en ma personne. « Je suis à vous, « m'écriai-je, ô mon Dieu, je suis à vous

« plus que jamais! daignez me recevoir deux
« fois. L'offrande est de quelque prix. Je
« suis un don de la terre et de la mer, con-
« sacré par le vœu de ma mère et par la
« violence de mon effroi. Je vivrai pour vous
« si j'évite les périls où je me trouve; si je
« péris, vous perdrez un adorateur. Votre
« disciple est au milieu de la tempête; éveil-
« lez-vous, marchez sur les flots, et que nos
« frayeurs se dissipent. »

A peine eut-il achevé ces paroles que la fureur des vents s'apaisa, les flots tombèrent, et le vaisseau continua sa course. « Mais, ô fruit inestimable de la prière, remarque le saint auteur, tous les passagers se trouvèrent convertis à Jésus-Christ. »

Après avoir laissé derrière eux l'île de Rhodes, poussés par un vent favorable, ils arrivèrent en peu de temps au port d'Egine, d'où Grégoire se rendit à Athènes, vers l'an 344, et en fréquenta les écoles. Il se rencontra dans cette ville avec saint Basile, que le même motif y avait amené peu de temps après lui. Tous deux se connaissaient déjà et s'estimaient également. Voici comme il en parle : « Le ciel m'avait accordé une faveur bien précieuse en me donnant pour ami le plus sage, le plus respectable, le plus savant des hommes. Si l'on me demande qui, il me suffira de prononcer son nom pour le faire connaître. C'était Basile, ce Basile qui a rendu de si grands services à tout son siècle. Je partageais sa demeure, ses études, ses méditations, et, je l'ose dire, nous formions un couple qui faisait quelque honneur à la Grèce. Tout était commun entre nous. Il semblait qu'une seule âme animât nos deux corps. Mais ce qui acheva principalement de confirmer entre nous deux cette union si intime, c'est le service de Dieu et l'amour de toutes les vertus. Dès que nous fûmes parvenus à ce point de confiance mutuelle, de n'avoir plus rien de caché l'un pour l'autre, nous sentîmes que les liens de notre amitié se resserraient encore : la conformité des sentiments est le nœud des cœurs. » Ce fut à l'école d'Athènes qu'ils eurent pour condisciple le fameux Julien, depuis empereur, et si connu sous le nom d'Apostat. Bien qu'alors il professât extérieurement le christianisme, nos deux illustres amis n'avaient pas été longtemps sans découvrir ses secrètes dispositions, qui leur avaient fait présager d'avance son apostasie.

Mais le moment approchait de retourner dans leur patrie et de prendre un état. Basile partit le premier; Grégoire, qui touchait à sa trentième année, ne tarda pas à le suivre. C'est alors qu'il connut toute la tendresse que ses condisciples lui portaient. Le jour du départ fut un jour de combats et de douleurs, et c'est avec tout le charme du souvenir qu'il décrit ces embrassements, ces discours mêlés de pleurs, ces derniers adieux, où la séparation semble grandir l'amitié. Maîtres, condisciples, étrangers, tous joignirent leurs supplications et leurs prières; et on alla même jusqu'à la violence pour le retenir. Un instant il se laissa fléchir; et s'il faut en croire l'ancien auteur de sa Vie, la promesse d'une chaire publique l'aurait presque déterminé à se fixer à Athènes. Mais comme il n'avait cédé qu'à la force, l'amour de son pays, l'espérance de s'y livrer sans obstacle à la philosophie chrétienne, le désir de revoir ses vieux parents, accablés sous le poids de leurs longs travaux; tous ces motifs, ou plutôt tous ces sentiments impérieux, finirent par l'emporter dans son cœur. Il se déroba à Athènes furtivement, et il arriva dans sa patrie, où son premier soin fut de se disposer à recevoir le baptême; puis, ce grand acte accompli, il fallut s'occuper d'une vocation.

« Je me trouvai dans une terrible perplexité, dit-il, quand il fut question de choisir un état de vie. J'avais résolu depuis longtemps de garder la chasteté. Mais en examinant les voies du Seigneur, il ne m'était pas aisé de démêler celle qui serait la plus agréable et la plus parfaite à ses yeux. Chacune avait ses avantages et ses inconvénients; c'est le sort de toutes les choses qu'on veut faire. Je peindrai mieux mon état par une comparaison. On eût dit que je méditais un long voyage; et que, pour éviter les fatigues et les dangers de la mer, je cherchais le chemin qui me serait le plus commode et le plus sûr. Je me retraçais Elie, sa retraite, et sa nourriture sauvage sur le Carmel; les déserts, unique possession du saint précurseur; la vie pauvre et misérable des enfants de Jonadab. D'un autre côté, je cédais à ma passion pour les divines Ecritures, pour ces enseignements lumineux de l'Esprit-Saint, qui éclairent notre raison; mais une solitude entière, un silence perpétuel ne favorisent pas ce travail. Après bien des considérations, inclinant tantôt d'un côté, tantôt d'un autre, j'apaisai ces mouvements contraires et je fixai par un juste tempérament l'incertitude de mon esprit. — J'avais remarqué que ceux qui se livrent aux travaux d'une vie agissante sont utiles aux autres, et inutiles à eux-mêmes; entravés par mille embarras, une agitation continuelle trouble leur repos. D'une autre part, ceux qui se retirent tout à fait de la société sont, à la vérité, plus tranquilles; leur esprit, dégagé de soins, est plus propre à la contemplation; mais aussi ils ne sont bons que pour eux seuls; leur bienfaisance est resserrée, et la vie qu'ils mènent n'en est ni moins triste ni moins dure. Je pris donc le milieu entre ceux qui fuient les hommes et ceux qui les fréquentent, m'appliquant à méditer avec les uns, et à me rendre utile avec les autres. »

Des motifs plus pressants encore le déterminèrent: il se voua à l'assistance qu'il crut devoir à ses parents, et se chargea du soin de la maison paternelle; employant toute sa philosophie à cacher son goût pour la vie ascétique, et à devenir serviteur de Dieu plutôt qu'à le paraître. Et cependant, quoique vivant au milieu des hommes, le désir de la vie solitaire embrasait son cœur. « Je respectais le trône épiscopal, mais de loin. J'en détournais mes regards, comme des yeux faibles fuient l'éclat du soleil. Je ne pensais pas qu'aucun événement pût jamais m'y conduire. Hommes sujets à l'erreur, ne parlons point légèrement des grandes choses. L'envie combat toujours l'élévation. Qu'avons-nous besoin d'en chercher ailleurs d'autre exemple, quand le mien peut suffire ? Mon père connaissait bien mes sentiments. Animé néanmoins de je ne sais quels motifs, excité peut-être aussi par l'amour paternel, et corroborant cet amour de toute l'autorité que lui donnait son caractère pontifical, mon père voulut m'enchaîner par des liens spirituels. Pour me décorer de tous les honneurs dont il disposait, il me fit asseoir à la seconde place sur le trône sacerdotal. »

Cette violence lui causa une douleur mêlée de tant d'effroi, qu'il abandonna sur-le-champ parents, amis, patrie. Il gagna le Pont. Il alla chercher du soulagement à ses peines dans la société de Basile; et ses entretiens calmaient sa douleur. Cependant son père, vieillard vénérable, désirait avec passion son retour, et le conjurait, au nom de la piété filiale, d'accorder cette faveur à ses dernières années. Le temps avait adouci ses chagrins; Grégoire céda de nouveau, et courut, comme il le dit lui-même, se jeter dans l'abîme. En effet, une tempête terrible l'accueillit à son retour. Il subit malgré lui la consécration épiscopale, comme il avait déjà subi le sacerdoce; saint Basile le consacra évêque de Sazime, et l'ordination se fit, autant qu'on ne peut croire, dans l'église de Césarée, vers le milieu de l'an 372. Voici la description que le nouvel évêque nous a laissée de l'Eglise qu'il était appelé à gouverner. « Il y a dans la Cappadoce, sur la grande route de cette province, une méchante bourgade, située dans un lieu sec et aride, habitation indigne d'un homme libre. Dans cette demeure triste et resserrée, tout n'est que poussière, bruit tumultueux de chariots, plaintes, gémissements, bourreaux, chaînes et tortures. On n'y voit pour tous citoyens que des voyageurs et des vagabonds. Telle est Sazime; telle fut mon église !...... »

Cette ordination forcée refroidit l'affection qui unissait les deux anciens condisciples, et interrompit même pendant quelque temps leurs relations. « Je baissais la tête sous l'orage, dit-il, mais mon esprit ne ployait pas. Je pris la fuite une seconde fois, et je m'enfonçai dans les montagnes, pour y mener furtivement la vie qui a toujours fait mes délices. Quel avantage m'en revint-il ? Je n'étais plus ce fugitif inflexible dont on avait autrefois éprouvé la fermeté. Invincible jusqu'alors, une seule chose pouvait me vaincre. Je ne supportai pas l'indignation de mon père. Son premier effort fut pour Sazime, où il voulait me fixer. N'ayant pu y réussir, il m'attacha à sa personne en qualité de coadjuteur, et m'associa ainsi dans les travaux de son ministère... Je me persuadai qu'il n'y avait nul inconvénient pour moi à seconder ses désirs, en évitant toutefois de monter dans la chaire épiscopale. On ne pouvait m'y attacher malgré moi. Je n'avais point été proclamé. Je n'avais rien promis; j'étais seulement vaincu par la crainte. »

En effet, saint Grégoire n'acceptait qu'une mission temporaire. Il le déclara formellement dans le discours qu'il prononça peu après son installation. Il ne s'était engagé à l'Eglise de Nazianze que pour secourir son père, et avec l'intention de faire ensuite ce que l'Esprit-Saint lui inspirerait; le gouvernement ecclésiastique étant libre et exempt de toute contrainte. Aussi, quand, après la mort de son père, il consentit à prendre soin de l'Eglise qu'il avait gouvernée, ce fut en administrateur étranger d'un bien qui ne lui appartenait pas; et sitôt qu'il s'aperçut qu'on voulait faire de lui un évêque en titre, il profita de sa liberté pour se retirer encore une fois dans la solitude. Il s'enfuit à Séleucie, où il demeura pendant près de cinq ans, partageant avec les autres défenseurs de la foi les maux que les ariens faisaient souffrir aux fidèles de cette province et de la Cappadoce. Il espérait qu'avec le temps on se déterminerait enfin à confier à un autre la place qu'il refusait; mais rien de ce qu'il avait espéré n'arriva ; et tout ce qu'il avait fui se réunit de nouveau pour le tourmenter. Voici comme il expose les raisons qui le portèrent à accepter le siége de Contantinople :

« Je sens qu'ici mon esprit s'allume. Ce que je vais dire est connu de ceux à qui je parle ; je le sais; mais je veux, quoique éloignés de moi, qu'ils aient la satisfaction de m'entendre. Ce discours les consolera. Il couvrira d'opprobre mes ennemis; il servira de témoignage à mes amis des injustices que j'ai essuyées sans avoir jamais offensé personne. La nature n'a pas deux soleils. Elle a cependant deux Romes, vrais astres de l'univers ; l'une ancienne, l'autre nouvelle. Différentes par leur situation, la première brille aux lieux où le soleil se couche ; la seconde le voit sortir des mers. Toutes deux sont égales en beauté. A l'égard de la foi, celle de l'ancienne Rome a toujours été pure et sans tache depuis la naissance de l'Eglise; elle se soutient encore. Sa doctrine unit tout l'Occident dans les liens salutaires d'une même foi. Elle mérite cet avantage par sa primauté sur toutes les Eglises, et par le culte parfait qu'elle rend à l'essence et à l'harmonie divines. La nouvelle Rome avait autrefois été ferme et inébranlable dans sa foi. Hélas! elle en était bien déchue. Cette Eglise, autrefois la mienne, et qui ne l'est plus, se voyait plongée dans les abîmes de la mort, depuis qu'Alexandrie, ville insensée et turbulente, où se commettent tant de crimes, où naissent tant de querelles et tant de troubles, avait produit Arius, l'abomination de la désolation ; Arius qui, le premier, osa dire : « La Trinité ne « mérite point nos hommages. Qui donc « s'ingère jusqu'à trouver des différences « dans une seule et même nature et parta-

« ger en personnes inégales une essence « indivisible? »

« Cependant cette ville malheureuse, ainsi livrée à ses erreurs et morte misérablement à la vérité, conservait encore une faible semence de vie, c'est-à-dire quelques âmes fidèles dont le nombre était petit, quoique grand devant Dieu, qui ne compte pas la multitude mais les cœurs. Le Saint-Esprit daigna m'envoyer au secours de ces plantes choisies, de ces restes précieux. On s'était persuadé, malgré ma vie agreste et sauvage, que je pourrais travailler avec succès pour le Seigneur. Parmi les pasteurs et parmi le troupeau, plusieurs m'invitaient à venir répandre le rafraîchissement de la parole sur ces âmes arides et flétries; à ranimer par des flots d'huile une lumière prête à s'éteindre; à rompre l'effort de ces raisonnements trompeurs, de ces arguments artificieux qui séduisent la foi des simples; à détruire, par des discours énergiques, ces vils travaux d'araignées, filets sans consistance, liens qui entraînent les esprits faibles, et que les âmes fortes méprisent; à délivrer enfin de ces pièges ceux qui avaient eu le malheur d'y tomber. »

Tel était l'état de cette Église, quand saint Grégoire fut invité à s'y rendre. Les maladies et les austérités avaient épuisé ses forces. Le même homme, qui n'avait cédé que par contrainte au devoir de partager avec son père le fardeau de l'administration sacerdotale, pouvait-il accepter des fonctions bien plus laborieuses et sans espoir de récompense? Ses ennemis lui pardonneraient-ils une résignation dont il leur était si aisé de calomnier les motifs? Tant d'orages inévitables, tous prévus, tous calculés par notre saint, valaient-ils le sacrifice de sa chère solitude? Ces considérations se présentaient à la fois à son esprit; il les communiqua avec franchise à ceux de ses amis qui le pressaient de venir au secours de l'Église de Constantinople. « Troupeau désolé par les loups, et dissipé çà et là dans les ténèbres d'une nuit obscure. » Le ciel parla plus haut. C'est sans doute à cette époque qu'il faut placer la lettre que lui écrivit Pierre, archevêque d'Alexandrie, par laquelle il l'investissait de l'autorité épiscopale, et lui envoyait toutes les marques de cette dignité, bien qu'une simple lettre ne fût pas suffisante pour lui conférer canoniquement tous ces pouvoirs. Grégoire finit par céder, estimant avec l'Apôtre le salut de tant d'âmes préférable à son repos. La persécution l'attendait dans cette ville et ne cessa de se déchaîner contre lui. Les sectes diverses qui la partageaient se réunirent pour le déchirer par des diffamations publiques, et souvent aussi pour attenter à sa vie. Son extérieur était peu propre à lui concilier le respect des hérétiques et des gens du monde. Il portait son corps courbé sous le poids des années. Sa tête était chauve, son visage desséché par les larmes et les austérités. Il avait le parler rude et étranger. Avec cela, il était mal vêtu, sans argent, et c'est à peine si l'on connaissait le lieu de sa naissance. Aussi fut-il d'abord très-mal reçu. Les préfets, d'accord avec les ariens, joignirent leurs mauvais traitements aux fureurs de la populace, ce qui apparemment lui a mérité le titre de *confesseur* que lui donne Vincent de Lérins.

En arrivant à Constantinople, il descendit chez des parents qui lui donnèrent une généreuse hospitalité. Aussi, compare-t-il leur maison à celle de la Sunamite qui recevait Élisée. Ce fut là que les catholiques commencèrent à s'assembler secrètement, et bientôt après, lorsqu'ils l'eurent convertie en église, cette maison devint célèbre sous le nom d'*Anastasie*, ou église de la *Résurrection*, nom qui lui fut confirmé par plusieurs événements merveilleux.

Saint Grégoire, qui n'était venu à Constantinople que pour prendre part aux maux que les catholiques y souffraient, et assister autant qu'il serait en lui cette Église veuve et abandonnée depuis si longtemps, ne s'occupa que de ce soin, sans songer nullement à jouir des délices de la ville impériale. Il sortait rarement, rendait peu de visites, aimait à demeurer seul chez lui, où il s'occupait à la méditation et aux travaux de la pensée. Sa table était servie avec la plus grande simplicité; il se contentait, pour ainsi dire, de la nourriture des bêtes et des oiseaux, ne donnant aux viandes d'autre assaisonnement que le sel, et condamnant avec mépris toute superfluité dans la bonne chère. On lui fit un crime de cette frugalité, comme on lui en avait déjà fait un de la modestie de son extérieur et de la pauvreté de ses vêtements. Mais cette réserve pleine de gravité lui était nécessaire dans une ville où les choses les plus saintes n'étaient point à couvert de la raillerie. Avec cette philosophie simple sans bassesse, il sut s'attirer l'affection du peuple. Sa profonde connaissance des divines Écritures, la force de ses raisonnements, la beauté et la fertilité de son imagination, sa facilité merveilleuse à expliquer les mystères les plus relevés de la croyance catholique, le rendirent l'admiration de tout le monde. Les catholiques, altérés de vérité, accouraient à ses discours comme à une fontaine qui contenait les eaux vives de la vie éternelle; les hérétiques et les païens venaient s'y instruire de sa doctrine ou goûter le plaisir de son éloquence. Pour l'entendre, on forçait les balustrades qui fermaient le sanctuaire d'où il parlait; et souvent l'admiration éclatait par des acclamations et des applaudissements. Souvent on écrivait ses discours sur place pour les retenir ou les propager. Toutes ces circonstances faisaient plaisir à Grégoire, non parce qu'elles flattaient sa vanité, personne plus que lui ne détestait les louanges; mais parce qu'elles lui aidaient à retirer son peuple de l'état abject où depuis si longtemps il avait été forcé de languir. La matière de ses discours était la défense de la foi et la réfutation des erreurs; ce qui ne l'empêchait pas de s'appliquer à former les mœurs, en apprenant à tous à conformer leur vie à leur croyance, et à ajouter le mérite des bonnes œuvres au don de la foi. Aussi ne tardèrent-ils pas à produire des fruits de bénédiction. Son troupeau, d'abord si petit, s'accrut à l'envi et devint en peu de temps très-nombreux. Chacun de ses jours était marqué par la conversion de quelques hérétiques. En un mot, il parvint à purger si complétement son peuple du venin qui le corrompait, que ces nouveaux néophytes ne dataient plus leur vocation au christianisme que du moment où ils avaient ouvert leurs yeux à la vérité. Saint Jérôme, qui fit le voyage de Constantinople tout exprès pour l'écouter, lui rend ce glorieux témoignage.

Mais tous ces succès, bien loin de les désarmer, ne faisaient que prêter de nouveaux aliments à la haine de ses ennemis. Les persécutions continuaient de marcher leur train, et lui préparaient dans l'ombre de nouvelles douleurs. « Que de maux, dit-il, fondirent sur moi par la suite ! comment en ferai-je le récit ? Démon funeste, cruel artisan de tant de malheurs, par quels moyens as-tu consommé tes desseins sinistres ? Qui a pu me réduire à de si cruelles extrémités ? La légèreté d'un Egyptien. Je vais en raconter l'histoire. Il est nécessaire de la publier, car il faut flétrir sa mémoire d'une éternelle ignominie.

« Il y avait autrefois dans cette ville un personnage efféminé, un fantôme égyptien, une espèce de monstre..... La renommée nous a instruit des aventures flétrissantes de sa vie. Nous n'en ferons pas le récit. Que ceux qui ont du temps à perdre s'en occupent. Son histoire est dans les registres publics des magistrats. Il réussit enfin à se placer sur le siège de cette ville. On ne peut douter qu'il ne soit pénétrant et habile. Il fallait, en effet, autant d'habileté que de malice pour nous chasser d'un trône épiscopal que nous ne possédions pas, nous qui n'avions d'ailleurs aucune dignité, ni d'autre emploi que celui de veiller sur le peuple et de l'instruire. Mais le chef-d'œuvre de son habileté est de s'être servi de moi-même sans le secours d'autrui, pour exécuter son projet. Il avait sur moi l'avantage que tout scélérat expert et réfléchi dans le crime a sur un homme à qui la ruse et la fraude sont étrangères. Ce genre de talent m'était inconnu. J'avais appris seulement à mettre quelque sagesse dans mes discours, à l'admirer dans ceux des autres, et à pénétrer le véritable esprit des livres divins.... La bonté crédule est si facilement surprise par la méchanceté ! Voulez-vous savoir comment la chose se fit ? Regardez ce nouveau Protée égyptien. Il était au nombre de ceux sur l'attachement et la fidélité desquels je comptais le plus. Hélas! rien ne valait alors pour moi ce Maxime. Il partageait ma maison et ma table ; je l'associais à mes enseignements ; il entrait dans nos conseils. Qu'on n'en soit point surpris : il se déchaînait alors contre les hérétiques ; il ne parlait de moi qu'avec admiration. C'est pourtant alors qu'entraîné par des ecclésiastiques en grade, il contracta des sentiments de jalousie, sentiments qu'enfante l'orgueil, ce premier péché de l'homme. Une envie implacable, vice dont les racines sont si profondes et si difficiles à arracher, dominait alors dans ces lieux... Je vous prends à témoin, ô Christ, ô juge infaillible, s'il est permis toutefois d'attester le Christ pour de pareils intérêts : versai-je assez de larmes ?...

« Il était nuit, et j'étais malade.... Les amis de Maxime, accompagnés d'une troupe mercenaire des mariniers d'Alexandrie, entrent furtivement dans l'église, et commencent l'ordination de l'intrus, sans en avoir averti le peuple ni les magistrats, sans avoir daigné nous en prévenir nous-mêmes. Ils agissaient par ordre, disent-ils encore aujourd'hui pour se justifier (1). C'est ainsi qu'Alexandrie honore les travaux et le mérite. Ah ! Je vous souhaite à tous un juge plus favorable ! Le jour parut. Les clercs qui logeaient aux environs de l'église, instruits de cet attentat, en furent irrités. Le bruit s'en répandit bientôt de bouche en bouche. L'indignation fut générale : elle s'empara des magistrats, des étrangers, des hérétiques mêmes. Tous voyaient avec étonnement que mes peines fussent si mal récompensées ! Que dirai-je enfin ? Les Egyptiens, outrés et confus, sortirent de l'église ;.... mais pour conduire la pièce à son dénouement,... ils entrèrent dans la maison d'un joueur de flûte, où ils coupèrent les cheveux à Maxime, et achevèrent ainsi la consécration du plus méchant des hommes, sans qu'il s'y opposât, sans qu'il y fût contraint par aucune force, par aucune autorité. Rien n'arrêtait son impudence.... On choisit donc ce pasteur parmi les loups; mais il redevint bientôt loup en perdant son titre usurpé de pasteur. »

L'ordination de Maxime lui attira la haine de la ville tout entière. Partout on le chargea de malédictions, on publia ses crimes, et enfin il fut chassé justement et avec éclat d'une ville où il avait suscité tant de troubles et de désordres. Saint Grégoire, que tous ces événements avaient pénétré d'une vive douleur, avait pris également, de son côté, la résolution d'en sortir ; mais un mot, arraché de ses entrailles paternelles à la fin d'un de ses discours, avait trahi son secret. Les catholiques rassemblés avec lui dans l'église d'Anastasie, considérant cette parole comme un adieu de leur pasteur, redoublèrent de vigilance autour de lui, et malgré sa résistance, qui alla jusqu'aux larmes, il fut obligé de suspendre l'exécution de son dessein jusqu'à l'arrivée de quelques évêques, que tant d'agitations faisaient attendre alors avec une vive impatience. Cependant Maxime,

---

(1) Les évêques qui se prêtèrent à cet infâme ministère avaient été en effet envoyés par leur archevêque, Pierre d'Alexandrie, qui, après avoir établi saint Grégoire sur le siège de Constantinople, se déclara à cette occasion contre lui pour Maxime on ne sait par quel motif.

accompagné des prélats qui venaient de l'ordonner, s'était rendu à Thessalonique, dans le but d'obtenir la protection de Théodose ; mais ce prince le rejeta avec indignation. Le Pape Damase, informé de ce qui s'était passé par saint Aschola et plusieurs autres évêques de Macédoine, déclara cette ordination nulle et déposa l'usurpateur. Repoussé du Pape et de l'empereur, Maxime tourna une seconde fois ses efforts du côté d'Alexandrie. Il s'adressa à l'archevêque Pierre, le même qui l'avait fait consacrer, le menaçant, s'il ne le maintenait dans la chaire de Constantinople, de le chasser lui-même de celle d'Alexandrie. Mais le préfet d'Égypte, craignant avec raison que cette étincelle ne rallumât d'anciennes flammes, chassa ce brouillon.

Cependant Théodose, vainqueur de tous ses ennemis, réunissant sous sa protection les deux empires d'Occident et d'Orient, et rendant à Rome une gloire qu'elle n'avait pas eue depuis un siècle, se déclara tout à coup favorable au parti catholique, et l'appuya de ses édits et de ses armes. Etant venu à Constantinople, sur la fin de l'an 380, dans le dessein de rendre la paix à l'Église, et de réunir les esprits dans une même croyance, il proposa à Dénophile, évêque des ariens, de recevoir la foi de Nicée ; et, sur son refus, il s'empara des églises dont son parti était en possession, et le chassa hors de la ville. Ce fut un jour mémorable, jour de triomphe pour les uns, de malédiction et d'effroi pour les autres, que celui où l'empereur vint, avec des soldats, s'emparer de la grande église de Sainte-Sophie, pour la placer sous l'autorité pastorale de saint Grégoire.

« Dieu se sert de moi, lui dit-il, pour vous accorder cette église ; vous auriez peine à le croire si vous ne le voyiez. La ville est là-dessus dans une si grande émotion, et le demande avec tant de chaleur, qu'elle ne s'en départirait pas, ce me semble, quelque chose qu'il lui en pût arriver. Elle paraît même dans la disposition de me faire violence pour m'y contraindre ; mais elle sait qu'il ne m'en faut pas une bien grande pour m'y faire consentir. » Après ce discours du prince, le saint évêque n'avait plus qu'à le suivre ; il se mit à son côté, marcha accompagné de son escorte, et arriva presque sans s'en apercevoir jusque dans l'enceinte du temple, où, après le chant des premières hymnes, une multitude innombrable le demanda pour évêque avec des applaudissements et des acclamations universelles. « Je priai alors ; car la voix et les forces me manquaient, j'étais saisi de frayeur ; je priai un de mes collègues de se lever, et je dis par sa bouche ce peu de mots : « Contenez-vous, « retenez vos cris. Il ne faut penser en ce « moment qu'à rendre des actions de grâces « au Seigneur. Renvoyons à un autre temps « les grands intérêts qui nous occupent. » Le peuple applaudit avec transport ; l'empereur se retira en me comblant de louanges. L'assemblée se sépara. » Cependant le refus du saint patriarche fut vaincu quelques jours après par le zèle et l'impatience du peuple, au point qu'il se plaignit dans un de ses discours d'avoir été élevé au siège épiscopal par une violation des canons. En effet, il y avait un canon du concile d'Antioche qui défendait à un évêque de s'emparer d'une Église vacante, sans l'autorisation d'un concile légitime et présidé par le métropolitain. D'ailleurs l'ordination de Maxime, toute irrégulière qu'elle était, ne laissait pas de fournir des prétextes de chicane à ses ennemis, qui poussèrent même l'animosité jusqu'à faire attenter à sa vie. Voici comme il raconte lui-même cet événement.

« J'étais retenu chez moi par une incommodité que les fatigues du jour m'avaient causée ; mes envieux publiaient que ce n'était qu'une feinte. Quelques personnes du peuple entrèrent brusquement dans ma chambre. Il y avait dans cette troupe un jeune homme pâle, avec des cheveux longs, et dont le vêtement en désordre annonçait une affliction extrême. Effrayé à cette vue, j'avançai un peu les pieds hors du lit pour me lever. Après avoir rendu grâce à Dieu et à l'empereur de leur avoir donné une si heureuse journée, après m'avoir honoré de quelques éloges, ils se retirèrent. Le jeune homme se jeta aussitôt à mes pieds sans parler, et comme saisi de frayeur. Je lui demande qui il est, d'où il vient, ce qu'il veut ; mais, au lieu de répondre il poussait des cris, il gémissait, il soupirait, il se tordait les mains. Ce spectacle m'arracha des larmes. Mais ne pouvant lui faire entendre raison, on le tira de force d'auprès de moi.

« C'est, dit quelqu'un des assistants, un des « assassins qui vous auraient égorgé si vous « n'eussiez été sous la protection de Dieu. « Meurtrier aveugle, sa conscience est son « bourreau. Il vient s'accuser lui-même ; il « répand des pleurs pour le sang qu'il vou- « lait verser. » Ces paroles m'attendrirent, et je rassurai ce malheureux par ces mots : « Que Dieu te conserve, puisqu'il m'a con- « servé moi-même. Ferai-je un grand effort « d'être humain à ton égard ? Tu m'es livré « par ton crime ; songe à te rendre digne « de Dieu et de moi. » Ce trait de clémence, qui ne pouvait rester inconnu, adoucit sur-le-champ toute la ville. »

L'empereur avait déjà mis Grégoire en possession de la maison épiscopale et des revenus de l'église de Constantinople, lorsque les évêques d'Orient s'assemblèrent dans cette ville, pour travailler à la réunion des églises. Un de leurs premiers soins fut d'annuler l'ordination de Maxime, et de confirmer celle de Grégoire, en l'installant solennellement sur la chaire épiscopale, malgré sa résistance et sans faire attention à ses gémissements et à ses cris. Saint Mélèce qui présidait le concile, étant mort sur ces entrefaites, Grégoire devint le chef de cette assemblée. « Aussitôt, dit-il, on mit en délibération des choses qu'on n'aurait pas dû seulement proposer. Des hommes factieux et méchants voulaient que l'on donnât un successeur à Mélèce, au préjudice de Paulin qui se trouvait par sa mort seul et légitime possesseur de son siège. Des deux côtés on fit des propositions ; les unes respiraient la paix; les autres ne tendaient qu'à aigrir le mal. Pour moi je dis courageusement ce qui me paraissait le plus utile et le plus nécessaire. » C'est-à-dire, qu'il prononça un long discours pour exhorter les évêques à laisser Paulin gouverner paisiblement l'église d'Antioche. Il était vieux ; il n'avait plus que peu de temps à vivre; sa mort terminerait bientôt cette affaire. Alors, avec l'assistance du Saint-Esprit, on donnerait un digne pasteur à cette Église. C'était l'unique moyen d'en finir d'un seul coup avec le schisme qui la divisait. Ces remontrances, toutes judicieuses qu'elles étaient, ne furent point écoutées, et Grégoire pensa plus que jamais à quitter l'épiscopat. Il commença dès lors à se retirer de ces assemblées qu'il voyait pleines de confusion. Sa santé lui devint un prétexte de s'en absenter. Il changea même de maison, et quitta celle qui touchait à l'église où se tenait le concile, et qui, selon toute apparence, était la maison épiscopale.

Quelques personnes cependant qui lui étaient affectionnées, surtout parmi le peuple, ne doutant plus qu'il ne fût dans la disposition de les quitter, vinrent le conjurer en pleurant de ne pas les abandonner. Leurs larmes l'attendrirent, mais ne le fléchirent pas. « Et cependant, ô tendresse, ô larmes, dit-il, quelle âme n'en eût pas été touchée ? Mon cœur était déchiré, mais il fut inflexible. » Un nouvel incident qui ne tarda pas à se produire acheva de le déterminer à fuir Constantinople. On appela au concile les évêques d'Egypte et de Macédoine. Les premiers avaient à leur tête Timothée d'Alexandrie, et les seconds Aschola de Thessalonique. Tous, indisposés contre Grégoire, se plaignirent qu'on eût enfreint les canons en l'ordonnant évêque de Constantinople, lorsqu'il l'était déjà d'un autre siège. Comme il le remarque fort bien, c'était invoquer contre lui des lois qui n'étaient plus en vigueur, et qui dans le cas présent ne pouvaient pas même avoir d'application, puisque depuis longtemps déjà il avait quitté son évêché de Sazime, et qu'il n'avait jamais gouverné celui de Nazianze qu'en qualité d'évêque étranger. Mais, ravi de trouver une occasion de rompre sa chaîne et de rentrer dans sa solitude, il la saisit avec joie. Il se rendit au concile et parla en ces termes : Prélats que Dieu a rassemblés ici pour y prononcer des décrets qui lui soient agréables, ne vous occupez de ce qui me regarde qu'après avoir statué sur des objets essentiels. La décision de mon sort est d'une médiocre importance pour tant d'évêques assemblés ; élevez plus haut vos pensées ; réunissez-vous enfin, réunissez-vous, il est temps. Jusqu'à quand vos divisions vous rendront-elles la risée du public ? On dirait que toute votre science est l'art de combattre. Embrassez-vous les uns les autres, et vous réconciliez sincèrement. Je serai Jonas, je me livre pour le salut du vaisseau. Quoique je n'aie point excité la tempête, jetez-moi dans la mer ; j'y trouverai l'hospitalité dans le sein de la baleine. Que ce soit là le commencement de votre réunion. Vous penserez ensuite au reste. Ce sera pour moi une gloire si vous persévérez dans l'union, mais un déshonneur, si c'est contre moi seul que cette union se soutient. La loi que je vous recommande est de combattre pour les lois. Si vous êtes animés de cet esprit, rien ne vous sera difficile. Je fus installé malgré moi sur ce siège ; je le quitte de mon plein gré ; la faiblesse de mon corps m'en donnerait seule le conseil. Je ne dois payer qu'une seule fois le tribut à la mort, et c'est Dieu qui en a marqué l'heure. Ô Trinité sainte, c'est vous seule dont la cause m'intéresse ! Quelle bouche assez savante, du moins assez libre, assez zélée, osera vous défendre ? Adieu, mes collègues, souvenez-vous au moins de mes travaux. »

« Tel fut le discours que je leur tins, dit le saint Prélat, à qui nous laissons raconter le dénouement de cette grande affaire. Ils marquèrent un grand embarras. Je sortis de l'assemblée avec une satisfaction mêlée de tristesse. L'idée du repos dont j'allais jouir après tant de fatigues, me remplissait d'une douce joie. Mais le sort de mon peuple m'inquiétait. Qu'allait-il devenir ? Eh ! quel père se sépare de ses enfants sans regret ? Telle était ma situation. Dieu sait, au surplus, et ces prélats le savent bien eux-mêmes, si ce qu'ils m'avaient dit était sincère, et si leurs paroles n'étaient pas de ces écueils cachés qui sont les embûches de la mer et la perte des vaisseaux. Plusieurs n'ont pas craint de le dire ; pour moi, je me tais. Je ne perdrai pas mon temps à fouiller dans des cœurs tortueux. La simplicité fut toujours le partage du mien. C'est avec elle qu'on fait son salut ; et ç'a toujours été là mon unique préoccupation.

« Mais ce qui m'est bien connu, et que je voudrais pouvoir ignorer, c'est que ma démission fut reçue avec le consentement le plus prompt et le plus unanime. Voilà comme la patrie récompense les citoyens qu'elle aime.

« Que me vit-on faire ensuite à l'égard du prince ? Me vit-on l'aborder en suppliant, embrasser ses genoux, baiser sa main, lui adresser d'humbles prières ; solliciter le crédit de mes amis, la protection des courtisans à qui j'étais cher ; employer le secours si puissant de l'or, pour me soutenir sur un siège si éminent ? C'est ainsi qu'en usent les hommes inconstants et légers. Non ; j'allai sur-le-champ trouver l'empereur ; et en présence de plusieurs personnes qui l'environnaient :

« Seigneur, lui dis-je, je viens à mon
« tour, comme tant d'autres, vous demander
« une grâce. Je l'attends d'un prince dont
« la libéralité est aussi grande que le pou-
« voir. Ce n'est ni de l'or, ni des marbres

« précieux, ni de riches étoffes pour cou-
« vrir la table sacrée, ni des gouvernements
« pour mes proches, ou des dignités qui
« les attachent à votre personne : ce sont
« là de médiocres objets d'ambition. Je crois
« mériter quelque chose de plus grand. Ac-
« cordez-moi, c'est la seule grâce que je
« sollicite, accordez-moi la consolation de
« céder à l'envie. J'aime à rendre hommage
« aux puissances, mais de loin ; je suis de-
« venu odieux à tous, même à mes amis,
« parce que je ne puis avoir d'égard que
« pour Dieu seul. Obtenez d'eux, seigneur,
« qu'ils s'accordent enfin, et qu'ils mettent
« bas les armes, au moins par considération
« pour leur prince, si ce n'est par la crainte
« de Dieu et de ses vengeances. Elevez un
« trophée qui n'aura point coûté de sang,
« vous qui avez terrassé l'insolente audace
« des barbares. Rendez la liberté à un vieillard
« qui, pour servir l'univers, a blanchi sous
« le poids des travaux, encore plus que
« sous celui des années. Vous savez com-
« bien c'est malgré moi que vous m'avez
« placé sur ce siège. »

« L'empereur loua publiquement mon
discours ; ses courtisans l'applaudirent, et
j'obtins mon congé. Le prince ne me l'accorda, dit-on, qu'à regret ; mais enfin il
me l'accorda.

« Que me restait-il à faire pour prévenir
tout accident ? De calmer les esprits, de les
porter à la patience et à la modération ;
d'empêcher que, par amour pour moi et par
haine pour les méchants, ils n'en vinssent
à des partis extrêmes. Je flatte, je caresse, je
donne même des louanges à des personnes
qui n'en méritaient pas. Je console le clergé,
le peuple, tous les enfants qui regrettaient
un père, et enfin ceux des prélats du concile
que cet événement affligeait. Car je comptais
bien des amis encore dans cette grande
assemblée ; et il y en eut plusieurs qui s'enfuirent pour n'être pas témoins de l'élévation d'un autre sur le trône d'où je descen-
dais (1)

« Il est temps de finir. Voici ce cadavre
vivant, voici ce même homme vainqueur à
la fois et vaincu ; lequel, au lieu d'une dignité passagère et d'une pompe vaine, possède Dieu lui-même et les vrais amis de
Dieu. Insultez-moi, triomphez insolemment
et avec joie, ô sages du siècle ! Que dans
vos assemblées, dans vos repas, dans vos
fonctions sacrées, mes infortunes soient le
sujet de vos chants. Imitez l'animal superbe
qui célèbre son propre triomphe. Que l'air
altier de vos visages, que vos gestes désordonnés annoncent votre allégresse aux partisans de vos succès. Un seul a cédé volontairement la victoire, et vous croyez tous

(1) En effet, c'est après avoir obtenu le congé de
l'empereur, et avant de s'éloigner de son troupeau,
que le saint évêque prononça dans la grande église
de Constantinople, en présence des Pères du concile,
le discours célèbre, si connu sous le titre de *Discours des adieux*, et dont nous rendons un compte
très-détaillé au trente-deuxième discours de l'*Analyse de ses œuvres*.

l'avoir remportée. Si j'ai quitté ma place de
moi-même, oserez-vous bien vous vanter
de m'avoir contraint à m'en démettre ? Si
ma démission a été forcée, vous condamnez
vous-mêmes vos actions. Hier, vous m'éle-
viez sur le trône, aujourd'hui c'est vous
qui m'en chassez ! »

« Où irai-je me réfugier en quittant ces
lieux ? Dans la société des anges. Là, je ne
craindrai plus de haine, je n'aurai plus besoin de faveur. Vains discours de la multitude, discours plus légers que les vents,
perdez-vous avec eux dans les airs. Je ne
vous ai que trop écoutés. Je suis las, je suis
rassasié de censures et de louanges. Je
cherche un désert impénétrable aux méchants, un asile où mon esprit ne s'occupe
que de Dieu seul, et où l'espérance du ciel
soit l'aliment de ma vieillesse. Que donne-
rai-je aux églises ? Des larmes. C'est à quoi
me réduit la Providence, après avoir agité
ma vie par tant de vicissitudes. Où se terminera, grand Dieu ! ma misérable carrière ?
Ah ! j'espère que vous daignerez m'ouvrir
vos tabernacles éternels. J'y verrai dans
tout son éclat l'unité brillante des trois
personnes qui ne font qu'un seul Dieu.
J'y contemplerai face à face la majesté
divine, que nos yeux mortels ne sauraient
voir ici-bas qu'à travers des ombres ! »

Descendu volontairement du siége de
Constantinople, saint Grégoire fit route
vers la Cappadoce, s'arrêta à Césarée pour
rendre les derniers devoirs à son cher Basile ; ce qu'il fit par le célèbre panégyrique
qu'il prononça devant le clergé et le peuple
de cette ville, s'excusant sur son voyage de
Constantinople d'avoir mis tant de retard à
s'acquitter de cette dette de l'amitié. Il revint ensuite à Nazianze, où il fit peu de
séjour, la trouvant infectée de l'hérésie des
apollinaristes. Cependant il parut un moment céder au désir de reprendre le gouvernement de cette Eglise ; mais il se contenta d'y faire nommer Eusèbe, le seul
peut-être qui pût consoler son peuple de l'a-
voir vainement espéré de le posséder lui-
même pour évêque. Il se retira à la campagne, partageant ses loisirs entre les exercices de la piété et le commerce de lettres,
qu'il entretenait tant avec ses amis qu'avec
d'autres personnes, charmant, comme il le
dit lui-même, par ses poésies, les souvenirs d'une vie traversée par tant d'orages.
Le prêtre Grégoire dit qu'il mourut dans
une vieillesse très-avancée. *In extrema tan-
dem senectute caducam hanc vitam cum me-
liori permutavit*. Il veut dire apparemment
que ses extrêmes fatigues avaient anticipé
pour lui le temps de la vieillesse ; car il est
constant qu'il n'avait pas plus de soixante-
un à soixante-deux ans, quand Dieu l'appela
pour le faire jouir à jamais de la couronne
si noblement gagnée par tant de travaux
glorieux et de services signalés rendus à
l'Eglise.

Saint Grégoire nous a laissé parmi ses
poésies une épitaphe qui forme en quelque

sorte l'abrégé de sa vie; en voici la traductions:

« O mon roi et seigneur Jésus-Christ! pourquoi m'avez-vous ainsi engagé dans les filets de la chair? et d'où vient que vous m'avez fait entrer dans une vie si fort exposée aux contradictions et aux combats? J'ai eu pour père un homme divin, et pour mère une femme supérieure à son sexe; je suis redevable de ma naissance à ses prières: je n'étais encore qu'un faible enfant, lorsqu'elle me voua et me consacra au Seigneur. Je fus épris d'amour pour la virginité sainte dans un songe et une vision de nuit. Mais tout le cours de ma vie n'a été rempli que de tempêtes. Quelle violence il m'en a coûté pour ravir les biens spirituels! mais mon corps est tombé dans la défaillance. J'ai fourni ma carrière au milieu de pasteurs et d'amis dont la manière d'agir m'a fait éprouver des choses tout à fait incroyables. J'ai perdu mes chers enfants; et je me suis vu accablé de chagrins et d'afflictions. Voilà quelle a été jusqu'ici la vie de Grégoire.

« Auteur de la vie, ô Jésus! prenez soin de l'avenir. Que ces lignes soient gravées sur la pierre de mon sépulcre. »

ANALYSE DE SES OEUVRES. — Saint Grégoire n'avait accepté le sacerdoce que par une obéissance qu'il se reprochait à lui-même. A peine avait il reçu les ordres sacrés, qu'il avait fui jusque dans le Pont, moins pour se soustraire à son fardeau que pour échapper aux honneurs d'une mission aussi sublime. Bientôt cependant, rappelé par les sentiments du devoir, il revint exercer auprès de son père des fonctions qui ne cessèrent jamais de lui paraître redoutables, quand les autres n'y voyaient qu'une profession lucrative. Ceux-là blamèrent hautement sa conduite; saint Grégoire crut nécessaire de la justifier. C'est ce qu'il fit en traitant à fond de la dignité, des devoirs et du péril du sacerdoce dans les discours que l'on appelle son *Grand apologétique*, et qu'on a publiés en tête de tous les autres, à cause de l'importance du sujet. On pense qu'il prononça le premier de ces deux discours après les fêtes de Pâques de l'année 362.

Saint Grégoire le commence en reconnaissant qu'il y a dans l'Eglise une subordination établie de Dieu, et suivant laquelle les uns sont soumis, et les autres préposés pour la gouverner. Cette subordination est utile et nécessaire, non-seulement pour corriger les pécheurs et les ramener dans le bon chemin; mais encore pour la beauté de l'Eglise, qui se trouverait défigurée si elle était sans pasteur, sans sacerdoce, sans sacrifice, et hors d'état de rendre à Dieu le culte mystique et sublime, qui forme la plus grande et la plus auguste fonction du christianisme.

S'il a fui le sacerdoce, ce n'a point été par le chagrin de ne s'être pas vu élevé à un degré plus haut. « Je connais trop, ajoute-t-il, la grandeur de Dieu et la bassesse de l'homme, pour ignorer que le plus grand honneur qui puisse arriver à une créature, c'est d'approcher de la Divinité, de quelque manière que ce soit. » Mais il rejette la cause de sa fuite sur ce qu'on l'avait appelé au ministère sans son consentement; sur son amour de la vie solitaire, dont il avait déjà goûté les douceurs, et sur la crainte de se voir replongé dans l'embarras des affaires du siècle; enfin sur la difficulté qu'il y a de bien user de l'autorité que la loi de Dieu donne aux prêtres. Il entre dans le détail de leurs obligations, et compte parmi les principales celle de donner de bons exemples. « Il faut, dit-il, qu'il n'y ait en eux aucun endroit faible, afin que, de quelque côté qu'on les regarde, ils paraissent un or pur et sans alliage; le moindre de tous les défauts en eux étant capable de causer la perte de ceux qui leur sont soumis. Ce n'est pas assez qu'ils soient parvenus à détacher des cœurs la semence des vices, ils doivent y semer la vertu, se rendre plus recommandables par leur probité que par leur rang, ne mettre aucune borne à leur piété, ne pas croire faire beaucoup, s'ils la poussent plus loin que le commun du peuple, et la régler non sur le modèle des personnes vertueuses, mais sur les maximes établies dans la loi de Dieu. »

Il passe ensuite à la conduite des âmes, qu'il se représente comme l'art des arts et la plus sublime de toutes les sciences. « Rien, en effet, de plus difficile que de connaître et de guérir les mœurs, les inclinations et le penchant des hommes. Ennemis de leur salut, ils déguisent, ils excusent, ils défendent leurs désordres. La différence d'état, de situation, d'âge, de sexe, de caractère, d'esprit, exige différentes méthodes dans la conduite des âmes: on ne doit pas prétendre gouverner un homme comme une femme; les personnes mariées comme celles qui vivent dans le célibat; ceux qui ont l'esprit content comme ceux qui sont dans la tristesse; les esprits grossiers comme ceux qui ont plus de délicatesse. Il y a des lâches qu'il faut exciter par de vives exhortations; des fervents, dont on doit modérer le zèle. Il est utile de louer les uns et de corriger les autres, soit en public, soit en particulier; mais la difficulté est de prendre son temps avec les lâches, pour ne pas tout gâter: car il en est à qui une réprimande faite en public ou sans ménagement fait perdre toute retenue, qui, au contraire, se corrigent plus aisément si on les reprend en secret. Il s'en trouve d'autres qu'il faut suivre pas à pas, pour examiner jusqu'à leurs moindres démarches, parce qu'ils ont grand soin de les cacher; il est besoin, à leur égard, de dissimuler quelquefois leurs défauts, de peur qu'en les reprenant sur tous, on ne les jette dans le désespoir. Il faut en traiter d'autres de telle manière, que, sans se fâcher, on leur témoigne de la colère, et qu'on paraisse les mépriser, sans toutefois avoir du mépris pour eux, et qu'on semble douter de leur salut, sans les jeter dans le désespoir: » Enfin saint Grégoire veut que l'on use de rigueur ou de modération suivant la nature des circonstances, à peu près comme dans les maladies du corps, où le même régime qui guérit le mal de l'un peut aggraver la position de l'autre. Telles sont les difficultés qu'il entrevoit dans la direction des âmes dont la fin, suivant lui, est de les enlever au monde pour les attacher à Dieu.

Il demande encore dans un prêtre la doctrine nécessaire pour instruire de la vérité de nos dogmes ceux qui sont sous sa conduite, pour leur donner la connaissance de l'un et de l'autre monde, de l'esprit et de la matière, des anges et des démons, de la Providence qui connaît et règle tout, de la manière dont l'homme a été créé, du mystère de sa résurrection, de la différence des deux Testaments, des deux avénements de Jésus-Christ, de son incarnation, de sa mort, de sa résurrection, du jugement dernier, et particulièrement de ce qui regarde la sainte Trinité. C'est que les erreurs d'Arius et de Sabellius rendaient alors cette matière difficile; et il y avait à craindre qu'en voulant établir l'unité de nature dans le Père, le Fils et le Saint-Esprit, ou faire sentir la distinction et la réalité des personnes, on ne donnât dans des erreurs opposées. Ce n'est pas même assez à un évêque d'avoir de la science, il doit, dans ses instructions, se conformer au génie de chacun, nourrir les uns du lait, c'est-à-dire des sciences les plus simples et les plus communes; donner aux autres une nourriture plus forte, c'est-à-dire ce qu'il y a de plus sublime dans la sagesse, parce qu'ils ont appris par un long usage à discerner le vrai d'avec le faux. Saint Grégoire désapprouve la conduite des orateurs mercenaires et complaisants qui, s'accommodant aux caprices de leurs auditeurs, s'étudient à flatter leurs passions, et ne s'inquiètent que de rendre leur nom célèbre sans s'apercevoir qu'ils causent la perte des âmes simples dont Dieu leur demandera un compte sévère.

Il s'étonne que, le ministère de la parole étant d'une aussi haute importance, on n'eût pas encore indiqué l'âge auquel on pouvait permettre de l'exercer, comme on l'avait fixé chez les Hébreux pour la lecture de certains livres. Il montre combien il est dangereux d'admettre à cette fonction des jeunes gens qui, n'ayant qu'une connaissance superficielle de l'Ecriture, veulent cependant se poser comme des maîtres consommés dans la science, quand ils ne sont pas même débarrassés du premier levain du péché. Il rapporte les menaces que l'Ecriture fait aux mauvais pasteurs, les châtiments dont Dieu a quelquefois puni leurs fautes; les règles de conduite qui leur sont prescrites dans les livres saints, en particulier celles de saint Paul aux évêques et aux prêtres; à quoi il ajoute : « Que, pour un ministère si important, ce n'est pas trop d'attendre l'extrême vieillesse, » un défenseur de la vérité ne pouvant être formé dans un jour comme une statue, lui qui doit converser avec les anges, glorifier Dieu avec les archanges, partager le sacerdoce avec Jésus-Christ, réformer la créature, la former pour le ciel. « Je n'ignorais pas, dit-il, que personne n'est digne d'offrir le sacrifice au Seigneur en qualité de pontife, à moins que de s'être rendu une hostie vivante et sainte, et de s'être mis en état de lui plaire par le sacrifice et la contrition du cœur. Pouvais-je avec ces connaissances me hasarder de prendre l'habit et le nom de prêtre, et d'offrir le sacrifice qui est le symbole des plus sublimes mystères? Ne fallait-il pas auparavant purifier mes mains par la pratique des bonnes œuvres, accoutumer mes yeux à ne regarder la créature que par rapport au Créateur; rendre mes oreilles dociles à la saine doctrine et aux maximes de la sagesse; mettre le Saint-Esprit dans ma bouche, sur ma langue et sur mes lèvres, pour me disposer à expliquer ses mystères et ses dogmes, et à chanter ses divines louanges; fixer mes pieds sur la pierre, afin que tous mes pas tendissent vers Dieu sans s'écarter jamais; faire enfin de tous mes membres des armes de la justice, après avoir secoué le joug de la mort? Un homme, continue-t-il, peut-il souffrir tranquillement qu'on le mette à la tête du troupeau de Jésus-Christ, sans s'y être préparé par la méditation de la parole de Dieu, sans avoir acquis l'intelligence des divines Ecritures, sans être entré dans ces trésors inconnus à la multitude, et y avoir puisé assez largement pour pouvoir enrichir les autres? Se jugeant, dit-il, infiniment au-dessous de cette perfection, il a cru devoir laisser à de plus dignes les fonctions du ministère ecclésiastique. » Il esquisse rapidement le portrait de saint Paul, et le présente comme le modèle et l'honneur éternel du sacerdoce. « Voilà, dit-il, quel a été Paul, et quels ont été tous les autres vrais pasteurs animés de son esprit. Mais nous-mêmes, qui sommes nous? Doutera-t-on, après ce que j'ai dit, que les peines qui se rencontrent dans le sacré ministère ne soient infinies, les travaux immenses et les difficultés presque insurmontables? » Il emprunte à l'Ecriture de nouveaux traits pour percer *ces prélats jeunes d'âge, plus jeunes encore d'inclinations et de mœurs, pasteurs incapables de consoler le troupeau et de parler au cœur de Jérusalem.* Il rappelle et commente avec chaleur les anathèmes dont les prophètes Osée, Michée, Habacuc, Malachie, Zacharie, Daniel, Ezéchiel, Jérémie ont frappé les mauvais prêtres; puis il s'excuse de ne pas insister plus longtemps sur ces détails, dans la crainte que sa franchise ne l'expose à trop de haine.

Toutefois saint Grégoire de Nazianze s'était vu contraint de sortir de sa retraite, et de se charger du sacré ministère. Il emploie le reste de ce discours à justifier son obéissance; et démontre, par les plus sages réflexions sur l'histoire de Jonas, qu'il n'y aurait pas moins de mal à se soustraire opiniâtrement aux vues de la Providence, quand elle nous appelle aux fonctions du sacerdoce, que de s'y ingérer quand elle ne nous y appelle pas. Il finit donc son discours par ces paroles adressées à son père qui se trouvait parmi ses auditeurs : « Vous voyez un fils parfaitement obéissant, et qui se soumet à votre autorité plutôt pour l'amour de Jésus-Christ que par la crainte des lois humaines. Puisque je vous donne une preuve de mon obéissance, rendez-moi votre bénédiction, soutenez-moi de vos prières, servez-moi de guide par vos discours, fortifiez-moi de votre esprit; *car la bénédiction du père affermit la maison du fils.* »

Deuxième discours. — Ce discours, qui n'est qu'un complément du premier, fut également prononcé à Nazianze, en présence de Grégoire, son père, qui en était évêque. Le saint orateur se plaint qu'après l'avoir appelé à si grands cris et arraché de force à sa chère solitude, le peuple de Nazianze ne montrât pas plus d'empressement à venir l'entendre. Ce discours presque tout entier n'est qu'une application de la parabole des noces à l'indifférence pour la parole divine. Nous allons en reproduire ce passage d'après la traduction de l'abbé Guillon, dans sa *Bibliothèque choisie des Pères.* « Je ne dissimulerai pas la profonde impression de tristesse dont m'affecte le petit nombre de fidèles ici rassemblés, et le mépris qu'il laisse craindre pour nos instructions... S'il est parmi vous quelqu'un dont l'extrême sensibilité ait à se plaindre de ne pas trouver de retour dans le cœur des personnes qui lui sont les plus chères, celui-là pourra apprécier ma douleur, et pardonnera à l'amertume de ce reproche, le dernier sans doute de ce genre que j'aurai à vous adresser. Et peut-être ai-je à me reprocher à moi-même de vous causer ici une trop vive peine, vous, troupeau qui m'êtes si cher! vous, les brebis privilégiées du divin pasteur, et son plus précieux héritage ! vous qui faites toute la richesse de mon père, et le consolez de tout ce qui lui manque! Oui, ô mon père, je puis vous appliquer les paroles du psaume : *Le sort vous est échu d'une manière très-avantageuse, car votre héritage est excellent.* Ce ne sera pas moi qui préférerai à cette église aucune des cités les plus opulentes, aucun des troupeaux les plus considérables. Pour être inférieure à toute autre par le nombre; pour être la moindre des tribus de la maison d'Israël, et mériter à peine d'être comptée parmi les milliers d'habitants de Juda, elle n'en est pas moins pour nous une autre Bethléem, où Jésus-Christ est connu, où il est honoré; où la Trinité sainte reçoit les hommages qui lui sont dus... Et vous si vous me rendez quelque affection, vous le champ, la vigne que Dieu cultive par mes mains, ou plutôt par celles de notre commun père, qui vous a enfantés à Jésus-Christ, en vous communiquant la lumière de son Evangile; vous, partie de moi-même, accordez-moi aussi à moi-même quelque retour de tendresse et de considération. Le pourriez-vous refuser à l'homme qui vous a préférés à tout? Vous m'en êtes témoins, vous et celui de qui je tiens, soit l'autorité, soit le ministère que j'exerce auprès de vous. Ah! si l'amour ne se paie bien que par l'amour, que ne me devez-vous pas en échange de celui qui m'engage à vous? Pour l'acquitter, ce que nous vous demandons, c'est de garder fidèlement le dépôt de la foi, dans laquelle vous avez été élevés. La vraie piété ne consiste pas à parler beaucoup et souvent de Dieu; elle se manifeste bien mieux par le silence. La langue, à moins que la raison ne la gouverne, est sujette à pécher: aimez à écouter plutôt qu'à discourir; et vous témoignerez à Dieu votre amour, en observant la loi bien mieux qu'en louant le législateur. » Le reste de ce discours rappelle les préceptes généraux de la morale chrétienne; et l'orateur le finit en félicitant Grégoire, son père, sur la beauté et la richesse de son troupeau. Passant des reproches aux louanges, il appelle les fidèles de Nazianze son champ, sa vigne, ses entrailles. Il compare leur ville à celle de Bethléem, à cause de la pureté de sa foi; car on n'y mesurait point la Divinité, comme le faisaient les ariens, qui, dans la Trinité céleste, voulant trop élever une personne audessus de l'autre, les déshonoraient toutes également, et confondaient et détruisaient toutes choses. Pour eux ils rendaient au Père les honneurs qu'il mérite; ils croyaient que le Fils est consubstantiel à son Père, et que le Saint-Esprit est égal au Père et au Fils.

Invectives contre Julien. — Julien l'Apostat étant mort le 27 juin de l'an 363, les païens s'efforcèrent de s'en consoler par les vains éloges qu'ils lui donnèrent. Libanius, entre autres, consacra son éloquence à déplorer dans deux discours une perte qu'il déclarait également funeste à la philosophie et au culte des dieux. Mais plus les païens se montraient sensibles à la mort de cet adorateur des démons, plus les chrétiens témoignaient de joie de se voir délivrés d'un persécuteur aussi dangereux. Cette joie éclatait partout, dans les églises, dans les oratoires des martyrs, et jusque dans les théâtres même, où le peuple insultait publiquement à sa mémoire. C'est dans cette occasion que saint Grégoire, qui l'avait connu, prononça contre lui ces deux fameuses *Invectives,* où respire toute la véhémence des *Philippiques* et des *Catilinaires.* Le début de la première est remarquable par une sorte d'enthousiasme qui rappelle le langage des prophètes. Nous le transcrivons ici d'après la traduction dont s'est servi M. l'abbé Guillon.

« Peuples, écoutez ce que je vais dire; vous qui habitez la terre, soyez attentifs à mes paroles. Je vous appelle tous comme d'une éminence située au milieu du monde, d'où je voudrais que ma voix retentit aux deux extrémités de l'univers. Ecoutez, peuples, tribus, langues, hommes de toute condition comme de tout âge; vous tous qui vivez maintenant, ou qui vivrez dans les siècles à venir. Et afin que ma voix s'étende plus loin encore, je voudrais qu'elle pénétrât jusqu'aux cieux, pour se faire entendre parmi les chœurs des anges qui ont exterminé le tyran. Celui que leurs mains viennent d'immoler, ce n'est ni un Séhon, roi des Amorrhéens, ni un Og, roi de Bazan, faibles monarques qui tenaient sous le joug la terre de Juda, une si faible contrée perdue dans l'immensité de la terre ; c'est le serpent tortueux, c'est l'apostat, ce grand et rare génie, le fléau d'Israël et du monde, qu'il persécuta tout entier ; de qui les fureurs et les menaces ont laissé partout des traces profondes, et dont la bouche insolente osa s'élever contre le Très-Haut... Réveille-toi, cendre du grand Constantin! S'il reste encore quelque sentiment sous la tombe, âme héroïque, écoute mes paroles. Ranimez-vous à ma voix, ô vous tous qui gouvernâtes l'empire avant lui, fidèles serviteurs de Jésus-Christ! Celui de tous nos princes qui étendit le plus loin l'héritage de Jésus-Christ, qui surpassa la gloire de tous ses prédécesseurs, combien il s'est mépris dans le choix de l'homme qui devait le remplacer! Un empereur chrétien nourrissait, sans le savoir, le plus mortel ennemi de Jésus-Christ ; et sa bienfaisance, pour cette seule fois aveugle et trompée, se prodiguait à celui de tous les hommes qui le méritait le moins. Ainsi, tout ce qu'on appelle la puissance et la science du siècle marche en aveugle, et tout ce qui s'éloigne de la vérité vient tôt ou tard se briser contre elle. »

Le premier reproche que le Démosthène chrétien adresse à l'ennemi du Christianisme est dirigé contre ce fameux décret qui interdisait à tous ceux de cette communion de tenir des écoles et d'enseigner les lettres. C'était, selon saint Grégoire, un attentat à la propriété commune de tout le genre humain.

« Bien que la culture de l'esprit, dit-il, soit une faculté également accordée à tout être doué de raison, il voulait en réserver pour lui seul le privilége, alléguant ce ridicule prétexte, que les lettres grecques n'appartenaient qu'à ceux qui suivaient la religion grecque (c'est-à-dire le paganisme). Par cette grossière équivoque, il nous présentait comme des spoliateurs d'un bien qui n'était pas à nous. C'était, pour un homme aussi connaisseur en éloquence qu'il avait la prétention de l'être, la plus étrange de toutes les méprises. Il s'imaginait que nous ne soupçonnerions pas son secret, et qu'il n'aurait pas l'air de nous priver d'un bien fort considérable, vu le peu de cas que nous faisons de ces lettres humaines. Son vrai motif était la peur qu'on ne les fît servir à la réfutation de son impiété ; comme si les coups que nous lui portons tiraient leur force de l'élégance des paroles et de l'artifice du langage, plutôt que du solide raisonnement que fournit la vérité. Il n'est pas plus possible de nous attaquer de cette manière que de nous empêcher de louer Dieu tant que nous aurons une langue... Par là, Julien ne faisait que manifester sa faiblesse. Certes, il ne nous aurait pas défendu de parler, s'il eût cru que sa religion était bonne, et pouvait se soutenir par la discussion. Un athlète qui voudrait mériter la gloire de surpasser tous les autres, et qui demanderait que le public l'établît, par un suffrage universel, en possession de cette gloire, donnerait des marques de sa timidité plutôt que de son courage, s'il prétendait aux plus forts et aux plus généreux de descendre dans l'arène pour s'y mesurer avec lui. Les couronnes sont pour les combattants, et non pour les spectateurs ; pour celui qui a déployé toute l'énergie de sa force, et non pas pour celui qui n'apporte que le reste d'un corps mutilé. Vous craignez d'en venir aux mains : par là même vous reconnaissez votre vainqueur, vous avouez votre infériorité. J'ai vaincu sans livrer de combat, puisque tous vos efforts n'ont abouti qu'à éviter les chances d'une bataille. »

Mais le prince apostat devait s'apercevoir à son tour qu'on ne pouvait échapper à Dieu. Tôt ou tard il devait être vaincu par ce Galiléen qu'il avait insulté, après avoir tenu rang parmi ses disciples et marché sous l'étendard de sa croix. Saint Grégoire célèbre le nouveau triomphe que le Seigneur a remporté sur son ennemi. C'est le saint enthousiasme de Moïse chantant la victoire du Tout-Puissant sur Pharaon. Du reste, il s'approprie ses paroles :

« *Chantons la gloire du Seigneur : il s'est signalé avec magnificence, en précipitant le cheval et le cavalier,* non dans la mer, comme autrefois, mais en le faisant périr de la manière qu'il l'a voulu dans sa justice. Le prophète Amos, raisonnant sur la toute-puissance de Dieu, disait avec l'accent de l'inspiration : *Il fait tout, il change tout. L'ombre de la mort devient une lumière éclatante entre ses mains, il couvre la clarté du jour des ténèbres de la nuit.* Il gouverne le monde enchaîné ainsi que dans un cercle où il roule perpétuellement. Placé au centre de tous les événements, sa providence ordonne les révolutions qu'elle diversifie à son gré, les précipite ou les arrête par les moyens les plus contraires à nos vues, souvent même dans un apparent désordre, ne découvrant à nos regards que les résultats, enfermant leurs ressorts cachés dans un secret impénétrable ; seule constante, seule immuable, dans ce flux et reflux de toutes nos vicissitudes humaines.

« C'est lui qui renverse les puissances de leur trône et fait monter à leur place des hommes de néant. Il donne aux plus faibles une force qui leur était inconnue, et abat la force et le courage du méchant. Il permet que l'impie s'élève par-dessus les cèdres du Liban, et que, renversé tout à coup, il ne laisse pas même les traces de son passage. Oh! qui pourra parler dignement de la puissance du Seigneur? Quelle voix, quels accents égaleront jamais la grandeur du prodige que nous avons vu? quelle main a brisé les armes et le glaive, a comprimé les fureurs de la guerre, a enchaîné le serpent ennemi?.... »

Tout cela est pris de l'Ecriture ; l'auteur ne permet pas qu'on l'oublie. Il est tellement plein de l'Esprit de Dieu, que ses paroles, dit-il, viennent d'elles-mêmes se ranger sous sa plume, comme autant de notes destinées à composer les modulations de son chant triomphal. Il parcourt ensuite les divers actes d'accusation dont l'histoire a chargé la mémoire de Julien; et dressant, selon sa belle expression, une colonne d'infamie sur laquelle la postérité viendra lire son opprobre, il remonte jusqu'au temps où il n'était encore que César et chrétien. S'il est possible de lui contester l'exactitude de quelques faits rapportés d'après des bruits populaires, tels que la mort de Constance, par qui il avait été élevé à l'empire; sur le plus grand nombre, l'ardent orateur n'a point à craindre le reproche d'exagération. On sait avec quelle complaisance la philosophie moderne a exalté ce prince, sans doute en reconnaissance de la persécution ouverte qu'il fit subir au christianisme. Elle n'a pas même essayé de répondre aux inculpations précises qui lui sont faites. Des louanges intéressées peuvent-elles prévaloir contre des faits reconnus par Julien lui-même, prouvés par tous les actes de son règne, racontés unanimement par de respectables contemporains, tels que saint Grégoire de Nazianze, saint Jérôme, Théodoret, saint Augustin, saint Jean Chrysostome, et avoués par un écrivain païen (Ammien Marcellin), attaché à la personne même de l'empereur? Saint Grégoire expose ensuite la persécution déclarée au christianisme par cet empereur philosophe, qui avait effacé le signe de la croix sur le labarum qui marchait en tête des armées. Il traite d'aveuglement son dessein arrêté de dérober aux martyrs les honneurs de leurs sacrifices, comme s'il eût pu empêcher qu'on ne reconnût pour qui ces chrétiens souffraient, et quel était le motif de leurs souffrances. « Est-ce que vous auriez nourri la prétention sérieuse d'anéantir ce peuple immense de chrétiens répandus par tout l'univers ?

« Qui? vous dont on connaît si bien et le caractère et l'origine, qui donc êtes-vous pour vous élever contre l'héritage de Jésus-Christ? qui ne finira jamais, dût-on l'attaquer avec plus de fureur encore que vous ne faites; qui s'agrandira sans cesse par des conquêtes nouvelles, nous en avons pour garants les anciennes prophéties, et les événements qui se passent sous vos yeux... Vous, lutter avec vos sacrifices et vos expiations contre le sacrifice de Jésus-Christ! opposer le sang de vos victimes à ce sang qui a purifié le monde! lever un bras impie contre ces mains percées de clous pour votre salut! quel trophée espérez-vous ériger contre sa croix? Quoi! la tyrannie et l'oppression, contre les victoires de sa mort! la révolte et l'insurrection, contre la gloire de son tombeau! et pas même les martyrs, contre la foule immense de ses confesseurs! Vouloir le persécuter, après Hérode, le trahir, après Judas, le condamner, à la suite d'un Pilate; et vous déclarer l'ennemi de Dieu, à l'exemple du peuple déicide!... Vous comptez pour rien les victimes illustres qui se sont laissé égorger pour le nom de Jésus-Christ? Vous ne craignez pas les athlètes invincibles qui ont combattu sous sa bannière, Jean, Pierre, Paul, Etienne, André... tant d'autres qui, soit avant, soit après, ont défendu la vérité au mépris de tous les périls, ont affronté généreusement le fer et le feu, les fureurs et des animaux féroces et des tyrans, souffrant avec joie comme s'ils n'avaient point eu de corps? Eh! quel mobile les portait à soutenir d'aussi horribles tortures, sinon le respect pour la vérité, qu'ils auraient craint de trahir par le plus léger mensonge? Les pouvez-vous braver impunément ces illustres martyrs de Jésus-Christ, en l'honneur de qui ont été instituées de pompeuses solennités, dont la puissance se fait sentir par les miracles qui s'opèrent à leurs tombeaux, chassant les démons, guérissant les maladies, faisant connaître l'avenir par les songes et les prédictions, et dont les précieux restes n'ont pas moins de pouvoir que leurs âmes saintes? une seule goutte de leur sang, que dis-je? les instruments de leur martyre n'ont pas moins de force que leurs corps eux-mêmes? Mais ces objets de notre vénération ne font qu'exciter vos mépris. Votre culte à vous, c'est un Hercule victime de sa brutale passion; un Mythras, non moins infâme; une Diane, dégouttante du sang des étrangers immolés sur son autel, etc. Vos héros, un Socrate qui boit la ciguë; un Anaxarque mourant parce qu'il n'était pas maître de vivre; un Pythagore, un Appollonius de Thyane avec leurs ridicules initiations. »

Comme Julien, en sa qualité de philosophe, affectait une mise simple et un extérieur négligé, saint Grégoire lui oppose des modèles qu'il avait tous les jours sous les yeux, dans la personne des premiers solitaires chrétiens.

« Les voyez-vous ces hommes pauvres, sans autre toit que le ciel, couchant sur la dure, exercés par la faim, par l'intempérie des saisons; à qui vous croiriez à peine un corps dont ils se dépouillent afin de se mettre mieux en rapport avec la Divinité;... que l'humilité courbe jusqu'à terre, et que leur foi élève au-dessus de tout ce qui tient de la terre;.... libres jusque dans les fers; que la tyrannie enchaîne, et qu'aucun lien ne captive; qui ne possèdent rien dans le monde, et qui possèdent tout ce qui est au-dessus du monde;.... étrangers aux affections mondaines pour se livrer tout entiers aux saintes flammes du divin amour: leurs rochers et leur abjection, leurs solitudes et leurs privations, voilà leur trône et leurs délices, leur univers et la source des purs et ineffables plaisirs qui les inondent dès cette vie... Ce sont leurs larmes qui purifient le monde, leurs mains élevées vers le ciel qui éteignent les feux de l'incendie, désarment les animaux féroces, émoussent les pointes des épées, mettent les armées en fuite, et quelque jour enfin arrêteront le cours de votre impiété, quelque succès que vous vous promettiez, et quelque personnage que vous jouiez avec vos démons. »

Pour faire ressortir davantage l'extravagance de Julien, et montrer qu'il ne raisonnait pas même en politique, lorsque, considérant que les persécutions précédentes n'avaient excité aucun trouble sérieux dans l'Etat, il en concluait que celle qu'il faisait subir aux chrétiens n'aurait pas d'autres conséquences, saint Grégoire a soin de faire remarquer que les circonstances ne sont plus les mêmes. Dans les premières persécutions, peu de gens connaissaient la Vérité; la doctrine chrétienne n'avait pas encore répandu toute sa lumière; dans le siècle de Julien, au contraire, elle s'était étendue, elle avait conquis le royaume des âmes, de sorte que vouloir la changer, c'était ébranler la puissance romaine elle-même, et mettre en péril tout l'Empire. Il rit de la teneur d'un édit rendu par Julien, et portant qu'à l'avenir les chrétiens ne seraient plus désignés que par le nom de Galiléens; « comme si en changeant notre nom, dit le saint orateur, il eût pu changer nos mœurs et notre doctrine ! » Il passe ensuite à la morale des païens, et montre que leurs fables en renversent les premiers et plus solides principes, comme la concorde, par exemple, ce fondement de l'union et de la société civile; comme l'honneur et le respect des enfants envers leurs parents, cette première vertu de la famille; comme le mépris des richesses et des gains illégitimes, cette base des transactions; comme la pudeur, la modestie, la continence et la sobriété. En effet, de quels exemples les poëtes se servaient-ils pour inspirer aux hommes le goût de ces vertus? Serait-ce en leur racontant les querelles et les révoltes de leurs dieux; l'insulte que Saturne fit au Ciel pour l'empêcher d'engendrer; l'adresse de Mercure à commettre des larcins; les impudicités de Jupiter et d'Hercule; les emportements de Mars, et l'intempérance de Bacchus? « Ce n'est pas là, ajoute ce Père, ce que notre religion nous inspire, lorsqu'elle nous prescrit de régler l'amour que nous devons avoir les uns pour les autres sur celui que nous avons pour nous-mêmes, et de les traiter comme nous nous traitons. Non-seulement elle condamne les actions mauvaises, mais elle punit les mauvais désirs. La chasteté nous est si recommandée, que nous n'avons pas la liberté de regarder les objets qui pourraient la blesser; bien loin de nous permettre la violence, on nous défend la colère; les parjures sont pour nous des crimes abominables; la plupart renoncent aux richesses, et se condamnent à une pauvreté volontaire; la gourmandise n'est le vice que de la plus abjecte populace, et il y en a parmi nous qui vivent comme s'ils n'avaient point de corps, tant ils se font de violence pour résister à la faiblesse naturelle; ils se font une loi de ne se permettre aucuns crimes, pas même les plus légers; ceux qui chez nous souffrent persécution, sont obligés de céder; ceux à qui on enlève les habits se dépouillent volontairement et prient pour leurs persécuteurs, afin de vaincre par la douceur leur audace et leur insolence; enfin, on exige de nous que nous possédions la plupart des vertus, et que nous nous appliquions sérieusement à acquérir celles qui nous manquent, jusqu'à ce que nous arrivions à la fin pour laquelle nous avons été créés. »

Seconde invective. — Ce second discours est plus historique qu'oratoire et porte sur deux des événements les plus célèbres de la vie de Julien : son projet de rebâtir le temple de Jérusalem pour faire mentir les oracles du christianisme, et sa guerre contre les Perses, au retour de laquelle il espérait bien triompher de la religion chrétienne. Il est avéré que ce prince, voulant saper le christianisme jusque dans ses fondements, entreprit de mettre Dieu en contradiction avec sa parole, en donnant un démenti à la prophétie qui annonçait que le temple de Jérusalem serait détruit, sans pouvoir jamais être relevé de ses ruines. Si ce projet eût pu réussir, c'en était fait de notre religion; son auteur n'était point Dieu, ni le Messie annoncé par les prophéties de l'Ancien-Testament. La révélation judaïque et la révélation chrétienne se trouvaient vaincues d'un seul coup, et le paganisme en triomphait de la manière la plus éclatante. Mais jamais peut-être l'iniquité n'a plus menti à elle-même que dans cette circonstance. Tout le monde sait comment Dieu a su tirer sa gloire des efforts même tentés pour faire subir une humiliation à sa parole. Nous n'avons donc pas besoin de rapporter après le saint docteur les prodiges qui donnèrent raison au Seigneur et à son Christ. Il nous suffira, nous l'espérons, d'exposer les conclusions qu'il en tire, ne serait-ce que pour montrer à nos lecteurs comment il savait profiter de sa victoire. « Que nous répondent à cela les sages du siècle, avec leurs fastueuses paroles, leur manteau de philosophe qu'ils savent ajuster avec tant d'art sur leurs épaules? Osez me démentir, ô vous de qui la plume mensongère se vante de posséder les secrets du ciel, qu'elle nous débite en longs discours! vous qui lisez dans la conjonction des astres l'histoire des événements humains, interrogez votre étoile. Moi, j'en vois une dont les rayons m'éclairent plus sûrement, celle-là qui conduisit les mages près du berceau de mon Sauveur, celle-là que Jésus-Christ vient d'attacher à la voûte du firmament pour en faire le présage de sa victoire sur l'impie. »

Après avoir ajouté que ce prodige détermina la conversion d'un grand nombre de gentils qui en avaient été les témoins, le saint docteur raconte comment Julien, au moment de partir pour son expédition contre les Perses, fit vœu, s'il en revenait victorieux, d'exterminer tous les chrétiens. Mais Dieu confondit ses projets; il fut tué dans la bataille, et sa mort sauva d'un même coup l'Eglise et l'empire. « Les auteurs, ajoute-t-il, ne s'accordent pas sur les circonstances de cette mort; les uns disent qu'il fut tué par un de ses gardes; les autres, par un fou qui suivait l'armée pour divertir leurs chefs pendant leurs repas, et quelques-uns enfin par un Sarrasin. Il fait ensuite un parallèle entre les funérailles de Julien, et celles de Constance, qui furent accompagnées des prières de l'Eglise et des honneurs de la guerre. Les restes de Julien ne furent suivis que de quelques comédiens et d'une troupe de bouffons qui lui reprochaient son apostasie, sa défaite et sa mort, de la façon la plus comique et la plus ridicule. C'est dans cette occasion que saint Grégoire excuse Constance de la persécution qu'il fit subir aux catholiques, jusqu'à exiler quelques prélats parce qu'ils ne voulaient pas renoncer à la foi de Nicée. Il en rejette tout le crime sur ses courtisans et il justifie également Jovien de la paix honteuse qu'il fut obligé de conclure avec les Perses. Il l'attribue au mauvais état dans lequel il trouva l'armée, après la défaite de Julien. Il trace un portrait assez exact de ce prince persécuteur, puis il ajoute, en rappelant les reproches ordinaires que les païens adressaient aux chrétiens.

« Voilà ce que nous racontons, nous qui ne sommes que de pauvres Galiléens, adorateurs du Crucifié, disciples des pêcheurs et des ignorants; nous qui chantons assis avec de vieilles femmes, consumés par de longs jeûnes et demi-morts de faim, passant la nuit en des veilles inutiles, et des stations nocturnes à l'exemple du roi Ezéchias, qui, désespérant de pouvoir résister à Sennachérib par la force de ses armes, eut recours à Dieu dans la prière. Nous n'avions d'autres armes, d'autre défense que l'espérance en Dieu, étant entièrement destitués de tout secours humain. Et pouvions-nous chercher un autre protecteur que Dieu, pour nous mettre à couvert de l'orgueil et des menaces de nos ennemis » ?

Cet éloquent discours est terminé par deux avis importants que saint Grégoire donne aux fidèles de tout âge et de tout rang : de profiter des maux qu'ils avaient soufferts pendant la persécution de Julien, la regardant comme un châtiment que la justice du ciel leur avait infligé pour les arracher à leur assoupissement, redoutant le calme après la tempête, et n'oubliant pas la maladie après le retour à la santé.

« Purifiés par le feu de la persécution, nous devons faire voir en nous moins des coupables que Dieu ait livrés aux gentils, que des enfants que Dieu a corrigés dans sa paternelle bonté. Quel étrange renversement ne serait-ce pas si d'humbles et de patients que nous étions dans l'adversité, nous allions redevenir fiers et insolents dans la prospérité, abandonnés aux mêmes désordres qui attirèrent nos disgrâces! *A Dieu ne plaise, ô mes enfants!* dirai-je avec le grand-prêtre Héli, etc. Il est plus aisé de recouvrer la félicité qu'on a perdue que de fixer le bonheur dont on jouit; on s'expose à la perdre bientôt par l'abus que l'on en fait. Livrons-nous à la joie, mais à une joie chrétienne, non en imitant les joies dissolues des païens. Répandons autour de nous la lumière par nos vertus et par nos bons exemples. Celle-là sera bien plus vive, bien plus éclatante que les profanes illuminations dont les infidèles font la pompe de leurs solennités. »

Le second avis sur lequel le saint ne dissimule pas l'appréhension de trouver moins de docilité dans les esprits porte sur la conduite à tenir à l'égard des infidèles.

« Il semble que le désir de se venger de son ennemi soit un sentiment naturel. On se permet aisément de faire ce que l'on condamnait dans les autres. Pour nous, ne nous permettons aucune violence. Nous sommes assez vengés de nos ennemis par leur propre conscience et par la crainte dont ils sont tourmentés à leur tour. Quand nous chercherions à nous venger, quels dédommagements seraient en proportion avec les maux qu'ils avaient cherché à nous faire? Pardonnons de bon cœur, puisque nous ne saurions être suffisamment vengés. C'est ainsi que nous nous élèverons au-dessus de ceux qui nous ont offensés. Montrons-leur quelle différence il y a entre les maximes que Jésus-Christ nous enseigne et la doctrine qu'ils ont reçue des démons. Faisons à Dieu le sacrifice de tous nos ressentiments, en reconnaissance de ses bienfaits... Dieu n'a pas besoin du secours de ses serviteurs pour se venger de ses ennemis; il a fait assez reconnaître sa toute-puissance et sa justice par le châtiment de Julien. La mort de cet impie, voilà le trophée qu'il s'est érigé à lui-même; monument plus glorieux, plus élevé que les colonnes d'Hercule. Celles-ci, pour les voir, il faut les aller chercher dans la contrée lointaine où elles furent placées; mais ici tout l'univers a des yeux pour y voir l'éloquente instruction que Dieu donne à tous les hommes de ne pas se révolter contre lui, pour ne pas s'exposer à un semblable châtiment. »

Cinquième discours. — Saint Grégoire, ramené à Nazianze par les instances de son père et de saint Basile, justifie son retour, quoiqu'en regrettant encore la solitude à laquelle on l'avait arraché pour l'ordonner prêtre malgré lui et lui confier le soin d'une Eglise.

« Il n'est rien de plus fort que la vieillesse, rien d'engageant comme l'amitié. Telles sont les douces mais irrésistibles chaînes qui m'ont ramené près de vous. Je m'étais cru invincible dans mes résolutions, et attaché pour jamais au dessein qui m'avait entraîné dans le désert. Je ne demandais au ciel qu'un coin de terre, où je pusse demeurer caché à tous les yeux. S'il y a moins de gloire, il y a bien plus de sûreté dans ce genre de vie. Songe agréable dont se berçait ma pensée. Voilà que l'amitié et les cheveux blancs de mon père ont triomphé de moi. Plus de résistance, plus de ressentiment. Ces mains, dont j'accusais la violence qu'elles m'avaient faite, aujourd'hui je les envisage avec calme. Je m'étais dit : Non désormais je ne veux plus croire à l'amitié. Tous les hommes sont trompeurs; tous, hélas ! ne sont-ils point pétris du même limon, tous pénétrés des sucs d'un même arbre empoisonné? Il n'y a entre eux de différence que le masque. A quoi m'a servi cette amitié si tendre dont on parlait tant, où tout était commun entre nous; quand je ne lui dois pas même le faible avantage de pouvoir rester dans mon obscurité? Tels étaient les nuages que la tristesse répandait sur ma raison. Maintenant je dois tenir un langage et plus vrai et plus digne de nous. Ma bouche s'est rouverte à votre commandement, ô mon père! La preuve de ma soumission est le discours même que je prononce en votre présence. C'est vous qui avez appelé Barnabé auprès de Paul, pour étendre, par mes faibles mains, le royaume de Jésus-Christ. »

Sixième discours. — Saint Grégoire de Nazianze était encore à Césarée quand saint Grégoire de Nysse y vint pour le consoler et adoucir l'amertume qu'il ressentait au sujet de son ordination. Saint Grégoire de Nazianze l'en remercia dans son sixième discours, qu'il prononça un jour de fête de martyr; mais il lui reprochait en même temps d'être arrivé trop tard, et après que la cérémonie de son sacre était déjà consommée.

« Car à quoi sert le secours, dit-il, quand les ennemis ont tout ravagé? de quelle utilité est le pilote quand on a fait naufrage? » C'est saint Grégoire de Nysse qu'il dépeint au commencement de ce discours sous le portrait d'un ami fidèle, et il le fait avec beaucoup de délicatesse. La suite est une exhortation sur la manière dont les chrétiens doivent célébrer les fêtes des saints. « Purifions, dit-il, nos cœurs pour honorer les martyrs qui se sont lavés dans leur sang, et qui ont sacrifié leur vie pour confesser la foi de Jésus-Christ; effaçons toutes les taches de la chair et de l'esprit; lavons-nous pour devenir purs; offrons à Dieu nos corps comme une hostie vivante, sainte et agréable à ses yeux, pour lui rendre un culte raisonnable et spirituel. Dieu, qui est un pur Etre, n'estime rien tant que la pureté; combattons à la gloire des athlètes, vainquons pour honorer leur victoire; rendons, à leur exemple, témoignage à la vérité : les combats qu'ils ont livrés doivent nous encourager à bien combattre, pour avoir part à leurs triomphes et à la gloire qu'on leur rend sur la terre et dans le ciel, qui n'est que faiblement représentée par tout ce que nous voyons de nos yeux. Nous avons à combattre contre les principautés, contre les princes du monde, contre ces tyrans et ces persécuteurs invisibles, contre les esprits de malice répandus dans l'air. Nous avons à soutenir une guerre intestine que nos passions nous livrent; nous sommes obligés de nous roidir contre les événements divers qui arrivent chaque jour. Il faut modérer la colère, amortir le feu de la concupiscence, n'ouvrir nos oreilles qu'à propos, mortifier la curiosité de nos regards, tempérer la vivacité du goût et du toucher, nous interdire les ris immodérés, réprimer l'avarice, ne rien tant appréhender que de déshonorer l'image de Dieu par le dérèglement de notre vie; nous couvrir du bouclier de la foi pour repousser les traits du démon. Si ce sont là, ajoute-t-il, les motifs qui nous rassemblent, cette fête sera très-agréable à Jésus-Christ; c'est le moyen de glorifier les martyrs, et d'avoir part à l'honneur de leur victoire. Mais si nous nous assemblons pour faire bonne chère, et pour nous abandonner à des plaisirs d'un moment, si nous déshonorons ces lieux par nos débauches, si nous donnons au négoce et à nos affaires particulières un temps qui devrait être employé à nous élever jusqu'à la Divinité, si cette expression n'est point trop hardie, de quel secours nous peuvent être les martyrs, et quelle utilité retirerons-nous d'une occasion si précieuse? » Il ne défend pas néanmoins toutes sortes de divertissements en ces jours, mais l'excès et l'insolence; et finit en souhaitant que ses auditeurs défendent jusqu'au dernier soupir, avec le même courage, le dépôt de la foi que les Pères voisins des premiers siècles nous ont laissé.

Septième discours. Ce discours fut prononcé en présence de quelques évêques, apparemment ceux qui avaient assisté à son sacre et au nombre desquels se trouvaient son père et saint Basile, ainsi que les députés envoyés par l'Eglise de Sazyme pour la représenter à cette cérémonie. On l'a intitulé *Apologie*, parce que l'auteur y justifie la crainte dont l'avait pénétré sa promotion à l'épiscopat. Il le commence ainsi : « On m'a donné une nouvelle onction, et par là je me vois condamné à de nouveaux chagrins. Ma douleur ne doit pas vous surprendre; j'ai devant les yeux l'exemple de saint Pierre qui est honoré comme la base et le fondement de l'Eglise. Cet apôtre redoutant la présence de Jésus-Chris, parce qu'il se jugeait indigne de le voir et de lui parler, tant il se sentait saisi d'admiration, le priait de s'éloigner de sa barque. Moi aussi je me regarde comme un enfant que les éclairs éblouissent et à qui ils causent un plaisir mêlé de frayeur; l'Esprit divin m'inspire en même temps de l'amour et de l'effroi, et j'ai besoin de réfléchir un peu avant de revenir de mon trouble. » Cependant, dit-il ensuite, il se soumet et il prend sur lui le soin d'instruire le peuple et de n'oublier rien pour le retirer du monde et le rapprocher de Dieu; in il demande à ses amis et à ses collègues de lui enseigner l'art de bien conduire le troupeau du Seigneur, de lui montrer les bons pâturages et les sources les plus pures. Quels ménagements faut-il avoir avec les autres pasteurs; comment fortifier ce qui est faible, relever ce qui est à terre et ramener dans le bon chemin ce qui s'en est écarté? « Montrez-nous la voie, dit-il, en s'adressant à saint Basile, marchez à la tête du troupeau et des pasteurs; nous sommes bien résolus de vous suivre. Enseignez-nous à imiter la charité qui vous anime pour vos ouailles, votre esprit de conduite dans le gouvernement, le zèle infatigable que vous apportez à tous les besoins, l'empire que vous donnez à l'esprit sur la chair, cet heureux mélange de sévérité et de douceur, cette tranquillité d'âme que rien ne trouble, qualité peut-être la plus rare de toutes. Apprenez-nous à vous ressembler, et dans les généreux combats que vous a fait soutenir le salut de votre troupeau, et dans les victoires que Jésus-Christ vous a fait remporter. Dites-nous à quels pâturages, à quelles sources d'eaux vives je dois mener le troupeau qui m'est confié, quels sont ceux d'où je dois l'écarter; dans quelles circonstances il faut employer ou la houlette ou la voix, le mener dans la prairie ou l'en tenir éloigné; comment l'on doit s'y prendre, soit pour le garantir des attaques de l'ennemi des troupeaux, soit pour se ménager avec les pasteurs de nos jours; de quelle manière il faut s'y prendre pour fortifier ce qui est faible, relever ce qui est à terre, ramener ce qui est égaré, aller à la recherche de ce qui est perdu, conserver ce qui est sain. »

Huitième discours. — Ce discours contient des conseils donnés publiquement un jour de fête des martyrs, à Julien, collecteur des tailles, mais conseils profitables à tous les chrétiens. Le premier est celui de la discrétion à observer dans ses paroles, et il se propose lui-même pour exemple. « Voyant, dit-il, qu'il m'était impossible de réprimer la témérité avec laquelle on se permet, la plupart du temps, de traiter du ton le plus doctoral les matières les plus relevées dans l'ordre spirituel, je tentai un autre moyen que je crois en effet et plus simple et plus efficace, ce fut de garder le silence dans ces sortes de conversations pour apprendre aux autres à se taire. Voici le raisonnement que je me faisais à moi-même. En supposant que ces personnes aient de l'estime et de la considération pour moi, le respect les obligera à ne pas vouloir faire plus qu'un homme qu'elles regardent comme au-dessus d'elles. Si elles n'ont pas de moi une idée plus avantageuse que je ne mérite, elles imiteront du moins la réserve de leur égal. Voilà ce qui explique ma taciturnité habituelle. » Le saint docteur passe ensuite à des conseils de détail qu'il adresse aux pécheurs pour les réformer; aux justes pour exciter leur surveillance et leurs efforts afin de tendre à une plus grande perfection, et aux laïques afin qu'ils ne se laissent pas entraîner au delà des bornes jusqu'à vouloir enseigner les pasteurs ; puis revenant à Julien, il lui recommande la fidélité, l'humanité, la douceur dans l'exercice de sa charge, l'avertissant de s'y conduire comme un disciple de celui qui a bien voulu se faire homme pour nous, et être inscrit sur les rôles de la taille; de ne point accroître par de violentes exactions le poids d'un office déjà si onéreux par lui-même, et qui était l'effet du péché du premier homme, par l'inégalité des conditions introduites dans la société humaine. « Viendra un autre rôle, dit-il, un autre exacteur devant lequel nous serons tous cités pour lui rendre compte de nos œuvres, tenant dans ses mains un registre rigoureux, où se trouve inscrit le nom de chacun de nous, sans égard pour la richesse de l'un ni pour l'indigence de l'autre; auprès de qui la faveur ni les préventions n'ont point d'accès comme il n'arrive que trop souvent près des tribunaux humains. » Il termine enfin en lui présentant les pauvres, les ecclésiastiques et les religieux, qu'il appelle les philosophes : « N'ayant rien en ce monde que leurs corps et ne les possédant pas même en propre; rien qui soit de la dépendance de César, parce qu'ils ont tout donné à Dieu; dont tous les biens sont les hymnes, les prières, les veilles, les larmes, sorte de richesse qui n'est pas au pouvoir de la violence des hommes. »

Neuvième discours. — *Eloge funèbre de saint Césaire.* — Ce discours et le suivant contiennent les éloges funèbres que saint Grégoire prononça en l'honneur de saint Césaire, son frère, et de sainte Gorgonie, sa sœur, devant leur tombeau et en présence de son père et de sa mère. Césaire était mort peu de temps après le tremblement de terre de Nicée, c'est-à-dire sur la fin de l'an 368. Il venait de recevoir le baptême, n'avait jamais été engagé dans les liens du mariage, et laissait tous ses biens aux pauvres. On ne sait pas le lieu de sa mort, mais il est certain qu'il fut inhumé à Nazianze, et autant qu'on peut le croire, dans une église des martyrs, où il y avait un tombeau préparé pour son père et sa mère. Saint Grégoire dit : « qu'il ne veut pleurer son frère, et le louer, que selon les règles de la modération, et autant qu'il est nécessaire pour satisfaire à une coutume établie par un long usage, coutume qui n'a rien de contraire aux maximes du christianisme, puisque le Sage dit qu'il faut se souvenir des gens de bien en les louant, et répandre des pleurs sur un mort. » Il fait d'abord l'éloge de son père et de sa mère, qui vivaient encore et étaient présents. Ensuite, passant aux vertus de son frère Césaire, il loue la vivacité et la grandeur de son esprit, sa soumission à ses maîtres, la pureté de ses mœurs; ses progrès dans toutes sortes d'arts et de sciences, surtout dans la médecine, qui le firent désirer et même demander à l'empereur par les habitants de Byzance pour médecin et citoyen de leur ville; son amour pour sa patrie, à qui il sacrifia ses propres intérêts; son humilité au milieu des emplois les plus distingués, sa complaisance envers ses égaux, la liberté avec laquelle il agissait avec les grands; ses combats pour la défense de la vérité sous Julien l'Apostat, qui ne pouvant le porter à abandonner la vraie foi, s'écria devant tout le monde, en admirant son savoir et sa vertu : *Heureux père d'enfants malheureux;* sa probité dans l'exercice de la charge de questeur de la Bithynie sous l'empereur Jovien; son attachement aux biens du ciel, son mépris pour ceux de la terre, enfin sa mort qu'il ne doute point avoir été précieuse devant Dieu, puisque son âme venait d'être purifiée par le Saint-Esprit dans les eaux du baptême. Il ajoute qu'il a vu souvent son frère, soit en songe, soit autrement, dans un état qui marquait évidemment que Dieu l'avait admis dans sa gloire. Il se plaint qu'au lieu d'imiter David, qui regardait le monde comme une maison de ténèbres, un pays de peines et d'afflictions où l'on ne vit qu'à l'ombre de la mort, les hommes y tiennent, et s'affligent de le quitter. Il les exhorte à mépriser la vie présente, à marcher dans la voie étroite qui conduit au ciel, à supporter pour l'amour de Dieu tout ce qui leur arrive de fâcheux, à le remercier dans l'adversité comme dans la prospérité, puisque l'une et l'autre peuvent également contribuer au salut; enfin, à lui recommander leurs âmes et les âmes de ceux qui ont pris le devant, et qui, comme Césaire, sont retournés vers la patrie.

« Pleins de ces pensées, cessons de pleurer Césaire, puisque nous savons de quels maux la mort l'a affranchi. Si nous pleurons encore, que ce soit sur nous-mêmes, qui restons condamnés à tant de maux, dont le poids ne fera qu'augmenter, si nous refusons de nous attacher sincèrement à Dieu, en nous élevant au-dessus des choses qui nous échappent, pour tendre de tous nos efforts à la vie immortelle, planant au-dessus de cette terre, bien que nous y soyons enchaînés, dociles aux sublimes mouvements de l'esprit qui nous porte vers le ciel. Ces efforts, qui effraient la pusillanimité, coûtent peu au courage. Puisons dans ces réflexions des consolations nouvelles. Césaire n'aura plus à commander; mais aussi il n'a plus à obéir. Il n'a plus personne à qui imprimer la crainte; mais il n'a plus à redouter les caprices d'un maître fâcheux, et trop souvent indigne même de l'obéissance qu'on lui rend. Il n'a plus à amasser des richesses, mais aussi plus de jaloux à qui porter ombrage. Plus de risques à courir par d'équivoques acquisitions, ni par une soif insatiable de fortune, soif toujours croissante à mesure qu'on la satisfait. Car telle est la maladie attachée à ces richesses, de ne connaître pas de bornes, et de ne chercher de remède à la fièvre qui la dévore, qu'en l'attisant par le breuvage même qui l'excite. Plus de sciences, plus de livres qui l'occupent : non; mais plus sous ses yeux de ces orgueilleux ignorants, étalant avec tant de faste la science qu'ils n'ont pas... Il ne sera ni époux, ni père;... mais il n'aura point de larmes à verser ni à faire répandre... Il ne recueillera point de riches successions; mais il laisse après lui des héritiers qu'il s'est choisis, s'enrichissant lui-même en se dépouillant pour les pauvres, et emportant ses vrais biens avec lui.

« Voyez, dit-il plus loin et en finissant, voyez jusqu'où la progression de ce discours nous a fait aller. Peu s'en faut que je ne tire un sujet de joie de la calamité qui en fait l'objet... Plaise à Dieu du moins que nos espérances soient accomplies !... Elles le seront, si l'amour, la confiance que nous lui devons, nous fait supporter tous nos maux, si nous lui rendons d'égales actions de grâces pour tout ce qui nous arrive de désirable ou fâcheux; si nous lui recommandons avec nos propres âmes celles de nos frères, qui, mieux disposés pour le commun voyage, arrivent les premiers au terme de la route. Ce devoir acquitté, mettons fin, moi, à ce discours, vous, à vos larmes; après quoi nous nous acheminerons vers le sépulcre de famille. C'est là le triste, mais unique présent que Césaire nous demande désormais. Ce n'était pas lui qui devait, ce semble, le réclamer sitôt. Le cours des années appelait d'autres à sa place. Adorons les conseils de la Providence, qui règle et gouverne toutes choses. Seigneur, qui avez créé tout ce qui existe, et particulièrement ce corps de l'homme, père et modérateur universel, arbitre souverain de la vie et de la mort, vous qui disposez de nos âmes et les comblez de biens, qui faites tout avec mesure, dirigeant toutes choses dans le plan de votre profonde et impénétrable sagesse ! recevez, nous vous en supplions, l'âme de Césaire que nous vous offrons comme prémices de notre pèlerinage. Si vous avez voulu que le plus jeune vous fût donné le premier, vous nous voyez résignés. Recevez-nous à notre tour, quand nous aurons fourni la carrière que vous avez marquée à chacun de nous. »

Dixième discours. — *Éloge funèbre de sainte Gorgonie.* — Nous empruntons ici au travail de l'abbé Guillon sur les Pères l'appréciation critique qu'il a faite de ce discours, appréciation très-succincte et qui cependant, dans sa forme abrégée, ne laisse rien à désirer.

La mort de sainte Gorgonie suivit de peu de temps celle de Césaire. Saint Grégoire, leur frère, fut encore appelé à rendre à celle-ci les mêmes devoirs. Le discours qu'il prononça durant ses obsèques offre la même supériorité de talent, mais dans un autre genre. Celui-ci est simple comme la pieuse héroïne qu'il célèbre. Saint Grégoire avait-il le pressentiment des honneurs que l'Église devait décerner à la mémoire de sa sœur? Il en fait le panégyrique plutôt que l'oraison funèbre. Dans l'éloge de Césaire, il s'abandonne à toute la chaleur d'un sentiment partagé entre les vives émotions de la nature et les sublimes espérances de la religion. Ici il y a moins d'élévation; le sujet ne le comportait pas. Le tableau des vertus domestiques est plutôt fait pour les méditations tranquilles que pour les mouvements de l'imagination. L'orateur habile qui le présente fait ressortir ses images par les oppositions. Aux portraits généraux qu'il puise dans le code de la loi divine, il entremêle des témoignages particuliers que lui fournit la vie du saint personnage qu'il célèbre. Il ne s'arrête sur les bords de la tombe que pour s'élever jusqu'au séjour de l'immortelle béatitude, faire de la proie de la mort la conquête de la grâce, et inviter aux mêmes récompenses par les mêmes sacrifices.

Tel est l'esprit de cette oraison funèbre

qui occupera toujours un rang distingué parmi les discours consacrés aux regrets de l'amitié, ou à la gloire des vertus chrétiennes; vrai modèle en ce genre, disent unanimement tous les critiques. Nous n'en reproduirons ici que que le tableau qui retrace ses derniers instants. « Gorgonie touchait à son dernier moment. Autour d'elle étaient rangés en grand nombre ses parents, ses domestiques, des étrangers même, qui étaient venus payer à la piété chrétienne le tribut accoutumé, sa mère d'un âge si avancé dans les déchirements d'une séparation qu'elle eût voulu partager. Toutes les âmes étaient en proie à la plus vive douleur, avides d'entendre sortir de ses lèvres quelques paroles qui pussent être par la suite un gage de souvenir. On eût désiré même lui adresser quelques mots, mais on était retenu par la crainte. Partout des larmes muettes, le pressentiment d'une affliction inconsolable, le secret reproche de plaindre une si belle fin; un silence profond; cette mort dans son auguste appareil avait l'air d'une cérémonie sacrée. Elle, cependant, à juger par ce que l'on voyait, ne respirait point; plus de mouvement, plus de voix; cette apparente mobilité laissait croire qu'elle n'était plus. Quand tout à coup le saint pasteur qui l'assistait, attentif à tout ce qui se passait sous ses yeux, s'aperçut d'un léger mouvement sur ses lèvres; il approche son oreille avec la sainte confiance que lui donnait et son caractère et l'état de son cœur. Mais que ne prenez-vous vous-même la parole pour nous expliquer ce mystérieux silence? Personne au monde ne suspectera votre récit. C'était une psalmodie qu'exprimait sa bouche mourante, une psalmodie du genre de celles dont nous accompagnons le départ de la vie, et bien véritablement le témoignage de l'entière liberté avec laquelle elle s'en allait. Heureux! heureux, celui à qui il sera donné d'expirer au milieu de semblables paroles! Qu'étaient-elles donc? les voici : *In pace, in idipsum dormiam, et requiescam;* c'est pour cela que je dormirai dans la paix et que je me reposerai. Tel fut le cantique que vous fîtes entendre, ô héroïne incomparable! et ce cantique était votre propre histoire; c'était là l'épitaphe que vous-même imprimiez sur la pierre du sépulcre... Votre mort ne fut que le sommeil où dorment les amis de Dieu. Ah! sans doute, les biens dont vous jouissez maintenant ne peuvent entrer en comparaison avec ce qui se découvre à nos sens; vous participez aux saints cantiques qui célèbrent les immortelles béatitudes; votre voix se mêle aux chœurs des anges, à la céleste hiérarchie; vous en contemplez la gloire, vous plongez dans les mystères ineffables de cette Trinité adorable qui se communique à vous tout entière; non plus comme au temps où l'âme, appesantie encore par les liens de la prison mortelle, n'en pouvait soutenir les rayons, mais sans nuage, mais pour vous pénétrer et vous inonder de ses inépuisables clartés. »

Onzième discours. — Il fut prononcé lors de la réunion des moines de Nazianze avec son père qui en était évêque. Ce saint vieillard s'était laissé surprendre par certains écrits ambigus et captieux, que son amour exagéré de la paix ne lui avait pas permis d'examiner comme il l'aurait dû faire. Cette précipitation souleva contre lui la partie la plus fervente de son Eglise, et cette division subsistait encore au moment de la mort de Julien l'Apostat; mais elle finit, au plus tard, l'année suivante, puisque saint Grégoire affirme positivement qu'elle fut de peu de durée.

On peut donc fixer l'époque de ce discours à l'année 363, ou, au plus tard, au commencement de l'année 364. On l'avait demandé à saint Grégoire avec une violence qui lui parut douce, et il n'eut pas beaucoup de peine à l'accorder au bien de la paix, quoique, jusque-là, il l'eût refusé à toutes autres instances. Il y témoigne d'abord, en termes très-touchants, le chagrin que ce schisme lui avait causé; puis il ajoute que, dans sa joie de le voir terminé, il offre à Dieu sa voix et sa parole, comme un témoignage de sa reconnaissance, comme un sacrifice plus précieux que l'or et les diamants, plus saint que les victimes de la loi ancienne, puisque c'était la seule richesse qu'il eût à offrir. Il fait une peinture admirable de la vie que menaient ces moines, de leurs abstinences, de leurs austérités, de leur pauvreté, de leur mortification, de leur silence, de leur modestie, de leur humilité, de leur charité; mais il leur reproche doucement néanmoins d'avoir troublé la paix d'une Eglise, qu'il compare à l'arche de Noé, à cause de ses sentiments de piété incomparable. Pourtant, puisqu'ils s'étaient réunis à leur évêque, il les félicite de cette bonne intelligence, et les exhorte à la maintenir par la considération des avantages que produisent la paix et l'union, et des maux inséparables du schisme. La révolte des anges contre Dieu les a fait condamner à d'éternelles ténèbres; tandis que les autres, pour avoir été pacifiques, se sont conservé leur rang et leur dignité. Ceux qui aiment la paix ressemblent davantage à Dieu, qui est un en essence. Tandis que chaque élément se tient dans les bornes qu'il a prescrites, la beauté du monde est parfaite; mais toute cette beauté se détruit au moment que la paix qui en unit les parties commence à s'altérer. Il en est de même des peuples, des empires, des villes, des armées, des familles, des mariages, des communautés, qui se conservent par la paix et se perdent par la discorde. Saint Grégoire ne veut pas toutefois que l'on souscrive indifféremment à toute sorte de paix; comme il y a des divisions utiles, on pourrait trouver des espèces de paix très-pernicieuses : mais il parle de celle qui est fondée sur de bons motifs, et qui porte à Dieu. « Il ne faut donc, dit-il, être ni trop empressé, ni trop indolent : la légèreté ne doit pas nous attacher indifféremment à tous, ni la fierté nous séparer de tout le monde; l'un et l'autre de ces caractères est également dangereux et contraire à la société. Mais quand l'impiété se montre ouvertement, nous devons alors ne craindre ni le fer, ni le feu; ne considérer ni le temps, ni les puissances, et nous exposer à toutes sortes de dangers, plutôt que de prendre la moindre part au mauvais levain, et de nous soumettre à ceux qui en sont infectés. Nous n'avons rien tant à craindre, que de craindre quelque chose plus que Dieu, et d'abandonner, comme des perfides, la doctrine de la foi et de la vérité, nous qui sommes les serviteurs de la vérité. Mais, lorsque ce n'est qu'un simple soupçon qui nous inquiète, et que notre crainte n'est fondée sur aucune preuve certaine, au lieu de rien précipiter, il faut user de beaucoup de patience, et condescendre avec douceur plutôt que de résister avec opiniâtreté. Il vaut beaucoup mieux demeurer tous unis dans un même corps, et nous aider mutuellement par des avis réciproques, que de nous perdre nous-mêmes, en nous séparant malheureusement les uns des autres, et de gouverner, non plus avec une charité de frères, mais avec une hauteur de tyrans, après avoir été dépouillés de toute autorité légitime par le schisme. » Il exhorte ses auditeurs, en signe d'une parfaite réunion de cœur et de sentiments, à s'embrasser mutuellement et à se donner le baiser de paix, et finit par cette profession de foi : « Conservons fidèlement le dépôt que nos pères nous ont laissé; adorons le Père, le Fils et le Saint Esprit; reconnaissons le Père dans le Fils, et le Fils dans le Saint-Esprit, au nom desquels nous avons été baptisés, auxquels nous croyons, et sous les auspices desquels nous sommes enrôlés. Nous les divisons avant de les unir, et nous les unissons avant de les diviser. Nous ne confondons point les trois personnes dans une; car la nature de ce nom est telle qu'ils peuvent subsister par eux-mêmes, et qu'on ne les attribue point à une seule personne, comme si ce mystère ne consistait que dans des noms, et non pas dans des choses réelles. Nous ne croyons point aussi que les trois personnes n'en fassent qu'une : l'unité ne regarde que la divinité; elle ne regarde nullement les personnes. Nous adorons l'unité dans la Trinité et la Trinité dans l'unité; elle est incréée et invisible; elle est avant le temps; elle seule se comprend. »

Douzième discours. — Les deux discours suivants sont encore des exhortations à la paix; mais ils furent prononcés longtemps après celui qui précède, et dans une autre occasion. La dispute qui divisait alors l'Eglise d'Antioche avait passé jusqu'à Constantinople, où les uns prenaient parti pour Mélèce, et les autres pour Paulin; saint Grégoire, qui n'avait accepté le gouvernement de cette Eglise que pour travailler à la paix de l'Orient et de l'Occident, refusa de prendre part à cette division. Convaincu, au contraire, qu'elle faisait un tort énorme à son église encore naissante, et qu'elle donnait lieu aux hérétiques, fort nombreux alors à Constantinople, d'insulter à l'orthodoxie des chrétiens fidèles, il ne négligea rien pour les réunir. Dans le premier discours qu'il prononça à cette occasion, il fait entendre aux hérétiques que c'était en vain qu'ils prétendaient tirer avantage de cette division pour établir leurs erreurs. Les orthodoxes, parfaitement d'accord entre eux sur la foi, tenaient tous le même langage, et glorifiaient de concert le Père, le Fils et le Saint-Esprit. Il ne s'agissait entre eux que de décider à qui l'on devait donner la préférence sur deux évêques qui occupaient le même siège. « Mais, ajoute-t-il, ces querelles sont apaisées, et maintenant je puis me porter garant de la paix. » Il réfute ensuite l'arianisme et les erreurs de Sabellius, et termine son discours par cette invocation à la Trinité : « Trinité sainte, adorable et patiente Trinité (combien vous l'êtes pour supporter si longtemps ceux qui vous divisent!), Trinité, qui avez daigné me choisir pour être votre ministre fidèle, et venger vos mystères! Trinité, que tous reconnaîtront un jour, soit par votre manifestation, soit par vos vengeances, faites que ceux qui vous outragent se rangent enfin parmi vos adorateurs, que nous n'en perdions aucun, non pas même des moins considérables; quand je devrais, pour cela, être privé d'une partie de votre grâce; car je n'oserais pousser mon zèle aussi loin que l'Apôtre. »

Treizième discours. — Ce discours fut prononcé dans le fort de la division causée par cette querelle dans l'Eglise de Constantinople. Dès le début, l'orateur témoigne désirer que la paix qu'il venait de donner au peuple, et qu'il avait reçue de lui, fût sincère, et non pas un mensonge proféré aux yeux de Dieu. « Chère paix, dit-il, dont le nom seul est si délicieux; paix que je viens de donner à mon peuple, et qu'il m'a rendue à son tour! aimable paix, l'objet de tous mes vœux, mon plus beau titre de gloire; vous qui êtes l'ouvrage de Dieu, sa propre essence, puisque nous l'entendons s'appeler lui-même, dans ses saintes Ecritures, *le Dieu de la paix!* paix enchanteresse, bien inestimable que tout le monde loue, et que si peu de personnes savent conserver! où vous étiez-vous retirée, pendant un si long temps que vous étiez loin de nous? quand reviendrez-vous près de nous? De tous les cœurs qui sont sur la terre, il n'en est point qui vous désire avec plus d'ardeur que moi, vous recherche avec plus d'empressement, vous chérisse avec plus de tendresse, quand nous jouissons de vous; qui vous rappelle, quand vous nous fuyez, avec un plus vif sentiment de regret de votre absence. Ce sont alors les sanglots de Jacob, redemandant son fils Joseph, qu'il croit avoir été dévoré par une bête féroce; couvrant de ses larmes sa robe ensanglantée : ce sont les gémissements de David, pleurant la perte de son cher Jonathas, exhalant sa douleur en imprécations contre les montagnes de Gelboé. » Il montre ensuite combien la discorde est honteuse dans son origine, qu'elle ne peut tirer que de l'ambition, de l'avarice, de la haine ou de l'orgueil; combien elle est injuste dans ses jugements, puisqu'elle nous fait regarder aujourd'hui comme impie, impudique et traître, celui que nous trouvions hier homme de bien, chaste et fidèle; enfin, combien elle est dangereuse par les avantages qu'elle offre aux ennemis de l'Eglise, d'exposer jusque sur la scène de leurs théâtres la parodie de ses malheurs. Il déclame, en passant, contre les dogmes pernicieux de Montan, de Novat, d'Arius, de Sabellius et d'Apollinaire.

Ce dernier, qu'il ne nomme pas, n'avait commencé que depuis peu à répandre ses erreurs, qui consistaient à dire que Jésus-Christ n'avait point d'âme et que la divinité y suppléait; que le corps du Sauveur était venu du ciel, et qu'il avait passé par le sein de Marie comme par un canal.

« Fallait-il, demande saint Grégoire, en combattant cette nouvelle hérésie, qu'après avoir avoué que la divinité était unie, on divisât l'humanité; et que des hommes, d'ailleurs si intelligents des choses spirituelles, tombassent dans une erreur si grossière, en affirmant que la divinité tenait lieu de l'entendement humain? Puisque ma chute fut entière, et que j'ai été condamné pour la désobéissance du premier homme, et par les artifices du démon, pourquoi ma rédemption ne serait-elle pas entière? Pourquoi diminuer le bienfait de Dieu et l'espérance de mon salut? Embrassons cette paix que Jésus-Christ, en quittant la terre, lui avait léguée; ne connaissons d'ennemis que ceux du salut; ne refusons pas le nom de frères à ceux mêmes qui ne partagent point nos sentiments, s'ils veulent l'agréer de notre bouche. Faisons quelques sacrifices, s'il le faut, pour obtenir le plus grand des biens, qui est la paix. »

Quatorzième discours. — Une grêle désastreuse, qui désola les campagnes et ruina les moissons, en 372, donna occasion à ce discours. Les historiens en parlent comme d'un événement extraordinaire qui avait été précédé de deux autres fléaux: une épizootie et une sécheresse également funestes.

Saint Grégoire, qui prononçait ce discours en présence de son père, remarque que cette allocution aurait beaucoup mieux convenu au saint vieillard qu'à lui-même.

« Serait-ce à Eléazar à parler en présence d'Aaron? L'éloquence du jeune prédicateur ressemble à un torrent passager qui bouleverse la terre, mais sans produit pour l'agriculture; celle du vieillard, moins impétueuse, mais bien plus pénétrante, ressemble à ces pluies douces qui, tombant sans fracas, humectent les campagnes, s'insinuent profondément, et font mûrir les moissons. Le premier a peut-être flatté agréablement les oreilles de son auditoire; a-t-il cessé de parler, tout est oublié avec l'orateur. L'autre a laissé les âmes pleines d'une onction céleste, et quelques paroles lui ont suffi pour amener une abondante récolte.

« Il conviendrait à mon père, plutôt qu'à moi, de parler dans cette circonstance. Il nous apprendrait les causes du fléau qui nous afflige, les justes jugements de Dieu, l'alliance de la justice et de la miséricorde, les secrets de sa providence, que l'impie méconnaît, abandonnant à un hasard aveugle la conduite des choses d'ici-bas, et le profit que nous devons faire de ce châtiment pour notre instruction..... Le malheur qui vient de nous arriver n'est rien; ce n'est qu'une épreuve ménagée par la miséricorde elle-même, un essai de châtiment, une correction paternelle qui nous est infligée pour ramener au devoir une jeunesse indocile, et le témoignage de la clémence et de la bonté du Seigneur. Ce n'est là encore que la fumée du feu de sa colère, le prélude des supplices que préparent ses vengeances. Ce ne sont point encore là ces charbons allumés, ni ce feu dévorant, ni ces tourments extrêmes dont il nous menace, qu'il nous a déjà fait souffrir en partie, et dont il a arrêté le cours pour nous rendre sages par des menaces, par des peines effectives, et par un mélange de douceur et de sévérité. Il commence par des punitions supportables, afin de ne pas recourir à des châtiments plus rigoureux; viendront les remèdes plus violents, si les premiers ne suffisent pas. » Il leur expose le compte rigoureux que Dieu exigera au dernier jour, et les conjure de travailler à se ménager un arrêt favorable en se repentant de leurs fautes; en marquant leurs actions et leurs pensées au sceau du Sauveur; en fléchissant sa miséricorde par leurs prières; en effaçant leurs crimes par les larmes; en changeant de vie, et en réformant leurs mœurs par des jeûnes communs à tous les âges, à toutes les conditions, à toutes les dignités. Cependant, tandis que le peuple de Nazianze était réduit à cette extrémité, les populations voisines regorgeaient de grains et de fruits. « Quelle est donc, dit-il, la cause de notre malheur? Faisons-nous justice à nous-mêmes, sans attendre les reproches des autres. » Il invective ensuite contre les riches qui opprimaient les pauvres, en leur enlevant une partie de leurs biens, en empiétant sur leurs héritages ou exigeant d'eux des usures immenses, et en profitant du malheur des temps pour vendre leurs blés à des prix excessifs, dont ils employaient les fruits à entretenir leur luxe et à vivre dans la mollesse. Il invite son père à leur faire part de ses lumières, en leur apprenant à soulager les misères du pauvre, à donner du pain à ceux qui en manquent, et un abri à ceux qui n'ont point de maison. « Tenez-nous aujourd'hui de Moïse et de Phinées, lui dit-il; calmez par votre intercession le courroux de Dieu, et délivrez-nous des fléaux qui nous menacent encore. Dieu se laisse attendrir par les larmes d'un père qui prie pour ses enfants; demandez miséricorde pour nos péchés passés; promettez que nous vivrons plus régulièrement à l'avenir; présentez-lui ce peuple que la crainte et ses infortunes ont sanctifié; demandez aussi des aliments pour le faire subsister, quand il en devrait faire tomber du ciel par un miracle; si vous vous chargez de cette commission, vous nous réconcilierez avec le ciel, qui nous communiquera ses eaux le soir et le matin : le Seigneur donnera sa bénédiction, la terre nous donnera ses fruits et notre pain quotidien, tandis que nous produirons des fruits dignes de l'éternité. »

Quinzième discours. — Dans ce discours intitulé : *De l'amour des pauvres*, saint Grégoire compare ensemble les vertus chrétiennes, la foi, l'espérance, la charité ; assigne à chacune leur caractère ; et, avec l'Apôtre, il donne la préférence à la charité, comme étant le sommaire de la Loi et des Prophètes, le premier et le plus grand des commandements.

La charité se manifeste par la miséricorde envers les pauvres. Point de culte plus agréable au Seigneur... Le précepte qui nous recommande de nous réjouir avec ceux qui sont dans la joie, de pleurer avec ceux qui pleurent, nous ordonne en même temps de secourir les pauvres et de soulager les malheureux, de quelque nature que soient leurs maux, quelle que puisse être la cause de leurs souffrances. Ne sommes-nous pas hommes comme eux ? Ils sont malheureux ; c'en est assez. Ils nous implorent en tendant vers nous des mains suppliantes, comme nous implorons la miséricorde de Dieu dans les besoins qui nous pressent. Tous ont un droit égal à notre assistance ; mais plus particulièrement ceux qui sont moins accoutumés à la souffrance.

Il parcourt les divers genres d'infortunes qui peuvent affliger l'humanité : l'indigence, les maladies, fléaux d'autant plus déplorables qu'ils ne laissent plus d'amis, qu'ils éloignent souvent jusqu'à l'espérance, la dernière consolation des malheureux. Les abandonner, c'est renoncer au pacte de famille ; c'est renoncer à son propre salut. Ce qui le ramène à solliciter une commisération plus particulière en faveur des malades incurables qui souvent quittaient le lit de la souffrance pour venir se présenter aux regards sur les places publiques, ou à l'entrée des églises.

« A quoi bon, m'allez-vous dire, dans un jour de fête étaler sous nos yeux d'aussi lugubres images ? Pourquoi ? Parce que je n'ai pu réussir encore à vous persuader qu'une sainte tristesse vaut mieux qu'une indiscrète joie. Ces infortunés, vous avez beau ne pas le vouloir, ils sont nos frères, pétris du même limon que nous, comme nous enfants de Dieu, les images de Dieu, participant comme nous aux mêmes sacrements, appelés aux mêmes espérances ; peut-être même ont-ils su mieux conserver que nous l'empreinte céleste de la main divine qui les a formés, plus fidèles que nous à la grâce de Jésus-Christ. Aujourd'hui les compagnons de ses souffrances, un jour viendra qu'ils le seront de sa gloire... Voilà ce que Jésus-Christ leur réserve. Mais nous, nous chrétiens, nous les disciples du maître miséricordieux qui a bien voulu s'assujettir à nos propres infirmités, imiterons-nous, à l'égard des pauvres, l'exemple de la commisération qu'il a témoignée à notre égard ? Ou bien persisterons-nous à les accabler de nos mépris, à les rebuter, à les ranger dans la classe des morts que l'on fuit avec horreur ? Ce n'est pas nous, du moins, nous brebis fidèles du bon pasteur qui court après la brebis qui s'égare et la charge sur ses épaules pour la ramener au bercail. Quoi ! nous les laisserions exposés aux intempéries de l'air, tandis que nous habitons des maisons commodes et magnifiques, enrichies de pierres de toutes sortes de couleurs, où l'or et l'argent brillent de toutes parts, où les peintures les plus recherchées attirent et fixent les regards ? Nous n'avons pas assez des maisons que nous occupons : il faut en bâtir de nouvelles ; pour qui ? pour des héritiers, qui ne les posséderont pas ; peut-être pour des étrangers, pour des envieux, pour des ennemis. Les pauvres mourront de froid sous leurs habits déchirés et sous les haillons qui les couvrent à peine ; nous, nous traînons après nous de longues robes flottantes, tissues de lin et de soie ! Les pauvres manqueront des aliments les plus nécessaires ; et moi je nage dans les délices ! Quelle honte pour moi, quelle douleur pour eux !

« Mes frères, mes chers amis ! voilà pour nos âmes des maladies bien plus graves que celles dont les corps de ces malheureux sont affligés ; car les nôtres, c'est nous qui les donnons à nous-mêmes ; eux ne sont pas maîtres de s'en affranchir. Eux, la mort les en délivrera ; nous, les nôtres descendront avec nous dans la tombe. Pourquoi donc ne profitons-nous pas du temps que nous avons encore pour subvenir aux maladies diverses qui affectent notre condition mortelle ? Pourquoi, tant que nous sommes dans la chair, ne secourons-nous pas les faiblesses de la chair ? Pourquoi, investis comme nous sommes des misères de nos frères, ne sommes-nous occupés que de nos jouissances ? Non, je ne consentirai pas à être riche quand mes frères manquent de tout ; à soigner ma santé, que je n'aie soulagé les blessures de mon frère ; à m'asseoir près d'une table opulente, tandis que lui il n'a pas un morceau de pain, pas un toit pour y dormir. »

Il énumère ensuite à ses auditeurs les bienfaits qu'ils ont reçus dans l'ordre de la nature et dans l'ordre de la grâce. Après une digression sur l'inégalité des conditions actuelles dans laquelle il nous la représente comme le crime de l'orgueil, de l'ambition, de l'avarice qui l'ont introduite dans la société, il ajoute :

« Réparez ce désordre par les bienfaits de l'aumône. Remettez l'homme en possession de sa noblesse originelle ; respectez-vous vous-même dans votre égal. Effacez la tache qui flétrit ce membre de votre famille. Vous qui êtes fort, tendez une main secourable à celui qui est faible ; montrez-vous reconnaissant envers le Dieu qui vous a ménagé le bonheur de faire des heureux, d'exercer la miséricorde plutôt que d'avoir à l'inspirer. Soyez riche, non pas seulement par votre or, mais par votre charité ; méritez de paraître valoir mieux que les autres, dans ce sens que vous êtes plus bienfaisant ; devenez le Dieu des pauvres, en ressemblant à Dieu par la miséricorde. »

A l'appui de sa doctrine, saint Grégoire allègue les témoignages de nos livres saints sur le devoir de l'aumône. Point de précepte dont la nécessité soit plus fréquemment recommandée et avec plus d'autorité. Ordonnances et exhortations, menaces, promesses, exemples, tout est prodigué pour laisser l'infidélité sans excuse. Les textes, produits avec goût, sont discutés avec éloquence. Il ne permet pas à la charité d'être simplement libérale, il veut qu'elle soit de plus, bienfaisante, empressée, jamais chagrine de ses dons. Enfin il termine son discours par ce mouvement :

« Croyez-vous que l'aumône ne soit que de conseil, et qu'il n'y ait point de loi expresse qui l'ordonne ? Je le voudrais : mais les menaces de l'Evangile m'épouvantent. Ces boucs qui seront à la gauche, les reproches insultants qui leur seront adressés, cette colère qui viendra fondre sur eux, et pourquoi ? non pour avoir dérobé le bien d'autrui, non pour avoir profané les temples, commis des adultères, ou fait quelque autre action criminelle, mais seulement pour avoir négligé Jésus-Christ, en négligeant les pauvres. En faut-il davantage pour nous faire de l'aumône un rigoureux commandement ? »

Seizième discours. — Il fut prononcé en présence du gouverneur de la province, à l'occasion de quelques soulèvements excités dans la ville de Nazianze. Le saint orateur y donne d'utiles leçons sur la soumission due aux puissances, sur l'usage des adversités et l'exercice du pouvoir. « Les choses humaines, s'écrie-t-il, roulent dans un cercle continuel. Dieu se sert de moyens opposés pour nous instruire..... Les épaisses ténèbres qui nous offusquent nous empêchent de pénétrer dans cet abîme des décrets de Dieu : ce sont des énigmes pour nous, et nous ne pouvons connaître que par conjectures les raisons pourquoi il nous gouverne de la sorte ; soit qu'il veuille humilier notre orgueil, et nous faire comprendre combien nous sommes faibles et ignorants en comparaison de cette sagesse éternelle, soit qu'il veuille nous faire connaître qu'il est notre fin, et l'unique source où nous devons puiser des lumières pour nous éclairer, ou nous attacher aux biens solides et éternels, après que nous aurons connu l'inconstance et la vanité des biens sensibles. Rien qui soit fixe et permanent, rien qui se ressemble constamment à soi-même, ni la joie ni la tristesse, ni l'abondance ni la pauvreté, ni la force ni la faiblesse, ni la santé ni la maladie, ni le présent ni l'avenir. Rien ici-bas de constant que l'inconstance. L'envie fait le contre-poids de la prospérité ; la miséricorde, la compensation de l'infortune ; sage économie qui ne laisse pas l'adversité sans dédommagement, ni la prospérité sans instruction. Pensons à la tempête pendant le calme, et quand l'orage gronde, pensons à celui qui tient le gouvernail. »

Parmi les avis que saint Grégoire adresse aux magistrats, et en particulier aux gouverneurs de la province, nous distinguons ceux-ci : « Vous partagez avec Jésus-Christ l'emploi que vous exercez ; c'est de lui que vous tenez l'épée, et vous devez vous en servir plutôt pour effrayer et pour faire craindre que pour frapper..... Vous êtes l'image de Dieu, mais nous la sommes aussi. La vie présente n'est qu'un passage à une autre, où nous allons tous nous rendre après une apparition d'un moment dans cette terre d'exil, d'épreuves ou d'illusions. Il n'y a rien dans l'homme qui le rapproche plus intimement de la divinité que de faire du bien : il ne tient qu'à vous de vous élever sans peine à la participation des divins attributs..... Unissez la clémence à la sévérité ; tempérez la crainte par l'espoir..... Ne vous permettez jamais rien qui déroge à la dignité de votre commandement. *Aimez à faire grâce pour en obtenir vous-même.* Serai-je parvenu à vous intéresser par ce discours, vous qui, plus d'une fois, avez témoigné m'entendre avec quelque bienveillance, ô le plus illustre de nos magistrats ! et il ne tient qu'à vous que j'ajoute : et le plus clément. Oserai-je, à défaut de requête, vous présenter mes cheveux blancs, et cette longue suite d'années passées dans les laborieux exercices d'un ministère rempli sans reproche, auquel les anges eux-mêmes, ces pures, ces célestes intelligences, ne refusent pas l'hommage de leur vénération ? Cette image produit-elle quelque impression sur votre cœur ? ou bien dois-je ajouter autre chose ? Eh bien ! la douleur me rend entreprenant. Je vous présente Jésus-Christ, ses anéantissements, les souffrances qu'il a bien voulu endurer, sa croix, ses clous par lesquels il nous a affranchis du péché, son sang, son tombeau, sa résurrection, son ascension, cette table eucharistique dont nous approchons tous pour communier, ces paroles et ces mystères de salut qu'exprime la même bouche dont les sons frappent en ce moment votre oreille, avec elles le sacrifice auguste qui nous transporte aux pieds du trône de Dieu. Je vous laisse en présence de Dieu et de ses anges, avec tout ce peuple qui s'unit à mes supplications. Vous avez dans le ciel un maître qui vous jugera comme vous aurez jugé ceux qui sont soumis à votre juridiction. »

Dix-septième discours. — *Panégyrique de saint Cyprien.* — Dans ce discours cité par saint Jérôme et Suidas, il est reconnu aujourd'hui que l'orateur confond saint Cyprien, évêque de Carthage, avec un autre martyr du même nom, qui avant sa conversion s'était adonné à la magie, et depuis avait répandu son sang en Orient pour la confession du nom de Jésus-Christ. — Quoique plusieurs motifs nous portent à la vertu ; la raison, par exemple, la Loi, les Prophètes, les Apôtres, les souffrances de Jésus-Christ, saint Grégoire trouve cependant que l'exemple des martyrs, ces victimes parfaites et si dignes de Dieu, nous y portent beaucoup plus efficacement. C'est avoir des pensées trop basses que de croire que l'on diminue leur gloire, en racontant des choses qui ne sont point à leur louange, et il appuie ce principe sur l'exemple de saint Matthieu et de saint Cyprien qui a fait lui-même un long détail des désordres de sa vie, racontant comment avant d'être chrétien, il était adonné à l'art magique et à toute sorte de débauches. Il ajoute à ce narré celui de sa conversion dont il rapporte cette circonstance remarquable, qu'après avoir reçu le baptême, il demanda avec de grandes instances qu'on lui imposât le soin de balayer l'église afin de dompter son orgueil par des exercices d'humilité. Il s'arrête beaucoup sur les détails de son martyre, qu'il place sous l'empire de Dèce, et invite son auditoire à honorer les lieux où ses reliques furent déposées. « Si vous avez de la foi, leur dit-il, vous devez être persuadés que les cendres de Cyprien opéreront en votre faveur de grands prodiges. Elles vous aideront à chasser les démons, elles guériront vos maladies, elles vous apprendront l'avenir. Ceux qui en ont fait l'expérience et qui nous ont transmis les miracles qu'elles ont opérés, pourront encore en instruire la postérité. » Outre les offrandes matérielles, il exhorte encore ses auditeurs à lui en faire de spirituelles, en pratiquant chacun les vertus de son état : « Ce culte, dit-il, sera beaucoup plus agréable au saint, que tous les honneurs extérieurs. » Pour lui, il le prie de l'aider à régler sa vie et ses paroles, de l'assister dans la conduite de son troupeau, de chasser loin du bercail les loups qui épiloguent sur les syllabes et sur les mots, afin qu'il puisse faire briller de plus en plus la doctrine de la Trinité.

Dix-huitième discours. — *Oraison funèbre de son père.* — Le saint vieillard Grégoire étant mort, après avoir vécu bien loin au delà des bornes communes que David assigne à l'existence, laissa sa femme, son fils et son peuple dans une profonde affliction; mais Dieu les consola par la présence de saint Basile, qui vint les visiter autant pour prendre part à leur douleur qu'aux devoirs qu'ils allaient rendre à la mémoire du défunt.

C'était en 374 ; saint Grégoire de Nazianze prononça en sa présence l'oraison funèbre de son père, et lui adressa la parole en ces termes :

« Homme de Dieu, serviteur fidèle et dispensateur éclairé des divins mystères !... d'où venez-vous ? dites-moi quel motif a guidé vos pas en ce lieu, quel avantage recueillerons-nous de votre présence ? Je sais bien que, dans toutes vos démarches, c'est le mouvement de l'esprit de Dieu qui vous dirige, le zèle de sa gloire qui vous anime, l'intérêt de vos frères qui vous amène au milieu d'eux. Est-ce moi que vous venez visiter ? est-ce le pasteur que vous cherchez ? est-ce le troupeau que vous avez l'intention d'examiner ? Si c'est pour moi, vous me trouverez à peine vivant et comme frappé de mort dans la plus chère partie de moi-même, accablé par le seul aspect de ce lieu où tout nous rappelle celui que nous avons perdu, ce directeur si sage, qui éclairait nos pas, en portant le flambeau devant nous, en nous montrant la lumière pour nous conduire dans les sentiers du salut ; un pasteur orné de toutes les vertus et de toute la science du saint ministère, consommé par une expérience de tant d'années, plein de jours et de prudence, dont la vieillesse, pour emprunter les paroles de Salomon, fut une couronne d'honneur. Vous voyez un troupeau abattu, désolé, plongé dans la plus extrême affliction : plus de pâturages où il puisse chercher le repos ; plus de source salutaire où il aille se désaltérer : il erre dans des lieux sauvages, à travers les solitudes et les précipices, à la veille de s'y perdre et de s'y anéantir, désespérant de trouver jamais un pasteur qui remplace, par sa sagesse et ses talents, celui dont il est privé ; trop heureux d'en pouvoir rencontrer un autre, non pas qui égale le premier, mais qui ne lui soit pas trop inférieur. Sans doute ces trois motifs concouraient à la démarche que vous faites. C'est moi, c'est le troupeau, c'est le pasteur, qui vous ont amené ici. Eh bien ! appliquez au mal présent les remèdes que votre prudence vous inspire ; tâchez de vous persuader que ce bon pasteur, qui s'est sacrifié pour son troupeau, ne nous a pas entièrement abandonnés, qu'il est ici, qu'il nous conduit toujours. Je ne doute nullement que ses prières ne soient maintenant aussi efficaces que sa doctrine l'était autrefois, pour empêcher que les âmes ne s'écartent du chemin de la vérité, parce qu'il est plus proche de Dieu, étant dégagé des liens qui l'attachaient à la terre. »

Venant ensuite aux détails de la vie de son père, il ne s'attache point à relever d'abord ses grandes qualités. Ce saint évêque n'était pas né chrétien ; son panégyrique nous apprend qu'il avait été d'abord engagé dans la secte des *hypsistaires*, composé monstrueux de paganisme et de judaïsme, qui faisait profession de ne reconnaître qu'un seul Dieu tout-puissant, de rejeter les idoles et les sacrifices, en rendant un culte spécial au feu et aux flambeaux, observant le sabbat et méprisant la circoncision. Mais à peine ses yeux eurent-ils rencontré la lumière de la vérité qu'il s'y attacha avec une ardeur telle, qu'on ne sait ce que l'on doit le plus admirer, ou de la grâce puissante qui l'appelle, ou de sa docilité à suivre le mouvement de la grâce. Ici l'orateur s'introduit sans efforts dans son sujet. Les vertus de son héros se rangent d'elles-mêmes sous sa plume : sa tempérance, son désintéressement, sa prudence. La foi en fut la récompense, et son épouse l'instrument de sa conversion. C'était l'illustre Nonne que l'Église a rangée au nombre des saintes. L'éloge de celle-ci était inséparable de celui de son époux. Saint Grégoire le fait avec une double effusion de l'admiration et de la tendresse filiale. Il s'arrête sur chacune des vertus éminentes de None, qu'il relève par l'art des contrastes; puis, après un détail circonstancié de la vie édifiante de cette sainte femme, il rappelle tous ses efforts, toutes ses sollicitations, toutes ses prières, pour obtenir du ciel et de lui-même la conversion de son époux. Il était impossible que l'eau, tombant goutte à goutte, ne finît par creuser la pierre, et que, avec le temps, des efforts aussi bien soutenus ne remportassent la victoire. » Grégoire converti fut bientôt admis au baptême. La cérémonie en fut accompagnée de circonstances surnaturelles. Avant de les raconter, notre saint évêque use de cette précaution : « Je ne parle que pour les âmes pieuses qui m'entendent; ce qui sort de l'ordre commun ne trouve point de créance chez les profanes... Comme Grégoire sortait de l'eau, il parut environné d'une lumière éclatante, témoignage des vives dispositions avec lesquelles il avait reçu le don de la foi. L'évêque qui faisait la cérémonie, frappé du prodige, ne put se retenir, et s'écria que c'était là le successeur que le ciel lui destinait. »

L'orateur rapproche ce fait d'autres miracles semblables rapportés dans les livres saints. La suite ne démentit point ces heureux commencements. Admis au sacerdoce et à l'épiscopat, il se pénétra bientôt des fonctions augustes du saint ministère, par la méditation des livres saints, par des études profondes, qui en peu de temps l'égalèrent aux plus savants théologiens. Mais son zèle ne se borna point à la science. Sa vie fut véritablement celle d'un saint ; les traits qu'en rapporte son éloquent panégyriste y laissent reconnaître un évêque digne des temps apostoliques.

« La situation où Grégoire trouva son église de Nazianze le plaçait au milieu d'une forêt inculte, abandonnée, hérissée d'épines, où tout était à réformer, tout à créer. Il vint à bout d'en faire une nouvelle Jérusalem, une seconde arche portée sur les flots, l'image de Bethléem devenue la capitale du monde pour avoir été le berceau de Jésus-Christ, créateur et vainqueur du monde. Au dehors, l'hérésie et le schisme menaçaient l'unité catholique ; l'autorité de ses vertus et la pureté de sa croyance ramenèrent à nous ceux qui s'en étaient séparés, et rétablirent la paix dans l'Église. Le moyen, au reste, de parcourir en détail tant d'éminentes qualités, ou de discerner ce qu'il y aurait à omettre, dans l'impuissance de tout dire? Ce que l'on se rappelle semble effacer toujours ce que l'on vient de raconter. Ainsi je me sens plus embarrassé de ce que je dois taire, que les autres panégyristes ne le sont de ce qu'ils doivent exprimer; et l'abondance même de la matière devient une cause de stérilité. » Cependant l'orateur n'en poursuit pas moins le tableau de son administration tant publique que particulière; et sa brillante et féconde imagination lui fournit sans cesse de nouvelles couleurs pour peindre les vertus diverses de son héros. Il raconte les progrès qu'il fit faire à son Église par ses travaux, sa ferveur, son application; comment il en adoucit les esprits et y maintint la pureté de la foi contre les erreurs d'Arius et de Sabellius ; comment il ramena à l'unité la partie la plus fervente de son troupeau, qui s'était trouvée un instant séparée de lui ; avec quel soin il maniait les affaires publiques ; avec quelle compassion il secourait les pauvres : il n'était que l'économe d'un bien étranger, et son patrimoine appartenait tout entier à cette nation si méprisée du genre humain. Quel zèle il avait pour les autels, pour venger les outrages que l'on faisait à Dieu, pour retrancher les profanes de la table sacrée, et pour terminer les disputes et les procès ! quelle vigilance il exerçait sur tous les fidèles, mais particulièrement sur les solitaires qui, pour plaire à Dieu, avaient quitté le monde et s'étaient voués au célibat ! Il rappelle son humilité, sa modération, sa modestie dans les vêtements, sa simplicité et sa droiture de cœur, et son oubli des injures, qui ne souffrait aucun intervalle entre l'offense et le pardon. Il fait envisager, comme une récompense de ses vertus, divers signes extraordinaires que Dieu opéra en sa faveur ; entre autres sa guérison miraculeuse arrivée un jour de Pâques, dans un moment où il n'attendait plus que la mort, et comme tout le monde était en prière pour demander son rétablissement. A la suite de ce fait, saint Grégoire raconte d'autres prodiges qu'il assure avoir été opérés par les prières de son père et de sainte None, et il attribue aux prières de l'un et de l'autre le danger qu'il évita sur mer, dans un voyage d'Alexandrie en Grèce. La constance de son père à défendre son Église contre ceux qui étaient venus s'en emparer au nom de Julien l'Apostat, et à maintenir l'élection d'un archevêque de Césarée, contre cet empereur, qui voulait la faire annuler, lui fournit de nouveaux sujets d'éloges. Voici en quelques mots comment il rapporte la conclusion de ce différend, dans lequel le vieux Grégoire joua un rôle si honorable:

« Le gouverneur de la province, ennemi personnel de l'archevêque, secondait les vues de l'empereur. Il écrivit fortement pour enjoindre à ceux qui l'avaient nommé de se porter ses accusateurs, et ses lettres respiraient la menace. Mon père, à qui une de ces lettres fut adressée, sans se laisser émouvoir, sans balancer, répondit (Ecoutez, Messieurs, avec quelle liberté et dans quel esprit il répondit) : « Illustre gouverneur, « nous n'avons d'autre maître, d'autre juge « de nos actions que le Dieu à qui l'on fait « maintenant la guerre. C'est à lui à exami-« ner l'élection que nous avons faite légiti-« mement, conformément à notre discipline « et à sa volonté. Il dépend de vous, si vous « le voulez, de nous poursuivre ; il ne dé-« pend pas de vous de nous faire condamner « ce que nous avons fait et dans les règles, à « moins que vous ne prétendiez nous pres-« crire des lois dans une matière qui ne re-

« garde que nous et notre religion » Cet'e généreuse réponse excita l'admiration du gouverneur lui-même, comme nous l'avons appris de ceux qui étaient dans sa confidence, bien qu'il eût paru d'abord s'en irriter. Elle arrêta les projets hostiles de l'empereur, sauva Césarée du péril qui la menaçait, et nous-mêmes du compromis auquel nous nous étions exposés. »

Après la mort de cet archevêque, la même ville se trouva agitée de nouveau pour une cause semblable. Il s'agissait de lui donner un successeur, et ce successeur fut saint Basile. « Nulle équivoque, dit-il, à propos de cette élection, sur la supériorité du candidat et sur son mérite incontestable, comme parmi les astres on n'a pas besoin de nommer le soleil. Tous les connaissaient et bien plus particulièrement encore la partie la plus distinguée et la plus saine tant du peuple que du clergé, à qui seul, ou du moins de préférence à tout autre, devrait appartenir le droit des élections. Nos Eglises s'en trouveraient beaucoup mieux que de l'abandonner à quelques privilégiés ou bien à une multitude ignorante, emportée, et par une conséquence inévitable, à ce qu'il y a de vénal et de plus vil dans cette même multitude. » Cependant cette élection de Basile n'attendait plus pour être canonique que la présence d'un évêque dont la voix était indispensable. « Grégoire, tout accablé qu'il était sous le poids des ans et de la maladie, s'arrache de son lit pour se rendre à la ville avec l'ardeur d'un jeune homme, ou plutôt il y fait porter son corps expirant et à peine animé d'un faible souffle, persuadé que, s'il y avait quelque accident à courir, sa vie ne pouvait être terminée avec plus de gloire que par un semblable dévouement. Ici encore, le ciel fit un miracle qu'il est impossible de contester. Rajeuni par la fatigue même, rendu à sa première vigueur, il poursuit l'affaire, se prépare au combat, place l'évêque sur le trône épiscopal, et se fait ramener sur un chariot, qu'auparavant on eût pris pour son tombeau, mais changé en une arche sacrée. »

Cette victoire suscita au saint vieillard des inimitiés qui ménagèrent à sa douceur et à son extrême patience autant de nouveaux triomphes. Mais il ne survécut guère que quatre ans à la promotion de saint Basile. Il termina sa carrière dans une honorable vieillesse, et mourut âgé de près de cent ans, après en avoir passé quarante-cinq dans l'épiscopat. Il finit en priant et dans la posture d'un homme qui prie, laissant plusieurs témoignages de ses vertus sans le mélange d'aucun vice. « De là cette vénération si tendre, si générale, qui s'est attachée à sa mémoire. C'est ainsi que Grégoire a vécu, c'est ainsi qu'il est mort. »

Jaloux de laisser après lui un monument de sa généreuse munificence, le saint évêque de Nazianze avait fait ériger un temple à la gloire de Dieu, et pour l'usage des fidèles. D'après la description historique que son fils en a faite, c'était un vaste édifice octogone, bâti presque tout entier à ses frais, recevant le jour par le haut, soutenu par des colonnes et des pilastres qui s'élevaient jusqu'aux lambris ornés de riches peintures; le marbre y était prodigué, et la magnificence des détails soutenait dignement l'étendue des dimensions. — Un autre temple, dont l'érection après Dieu fut son ouvrage, bien plus durable que le marbre des édifices sacrés, bien mieux fait pour assurer à jamais sa mémoire, c'était ce même fils qu'il avait orné de tant de vertus, ce même Grégoire qu'il s'était associé déjà à l'administration de son Eglise dont il portait tout le poids, et qui dans ce moment, rendait un si magnifique hommage à la cendre de son père. Tant de circonstances qui leur avaient été communes, en particulier, cette église élevée par les mains de son père et dont lui-même allait continuer de prendre soin, à titre d'administrateur et non comme titulaire, l'obligeaient nécessairement à parler de lui-même. Il le fait avec autant de modestie que de dignité, comme le lecteur peut s'en convaincre par ce passage que nous reproduisons de son discours.

« Ce temple avait besoin d'un prêtre : Grégoire a eu soin de l'en fournir, et de sa propre maison. Est-il digne ou non de la majesté du lieu? Ce n'est pas à moi à le dire. Il fallait des victimes; elles n'ont pas manqué, c'est-à-dire les épreuves de son fils, ses propres souffrances endurées avec tant de résignation, holocauste spirituel non moins agréable aux yeux du Seigneur que les victimes légales. J'entends votre voix, ô mon père!.. Vous m'ordonnez de mettre fin à ce discours.. Toutefois, avant de le terminer, permettez que j'y ajoute ce peu de paroles : Faites-nous connaître quelle gloire, quelle lumière vous environnent. Protégez et votre épouse, qui ne doit pas être longtemps séparée de vous, et vos enfants condamnés à vous survivre, et moi pour quelque temps encore en butte aux misères de cette vie. Et, avant le jour qui doit nous réunir aux mêmes tabernacles, recevez-nous à vos côtés sous la pierre du tombeau réservé par vos soins à votre famille. »

Saint Grégoire entreprend après cela de consoler sa mère, et il le fait en termes que nous aimons mieux reproduire qu'analyser.

« Il ne me reste plus qu'à porter mes accents funèbres à l'oreille de cette vertueuse Sara, dont les jours ont égalé déjà la durée des jours de son illustre époux. Non, ô ma mère! la condition de Dieu et des hommes n'est pas la même; ou, pour parler autrement, ce qui est au-dessus de nous et ce qui rampe sur la terre est d'une espèce bien différente. Sa nature et tout ce qui en constitue l'essence est durable, immortel. Notre nature à nous, qu'est-elle? Fragile, périssable, sujette à de continuels changements. La vie et la mort, qui pourtant semblent si opposées entre elles, communiquent l'une à l'autre et se succèdent alternativement.... La véritable vie c'est de s'occuper de la vie éternelle. La vraie mort c'est le péché, puisqu'il donne la mort à l'âme. Tout le reste auquel on s'abandonne avec si peu de retenue, fantômes imposteurs, songes enfantés durant les ténèbres, illusions vaines qui dérobent aux choses l'aspect de leur réalité. Pénétrons-nous bien de ces pensées, ô ma mère, et la vie ne sera plus pour nous un bien si désirable, ni la mort un mal si fort à craindre. Est-ce donc un si grand mal que d'être mis en possession de la véritable vie; que de n'avoir plus à redouter les inconstances, les révolutions, les dégoûts et ce honteux tribut que nous devons à la mort, que d'échanger tant de misères contre des biens assurés et impérissables; et d'être transportés au sein de la cour céleste, astres lumineux, éclatants d'une gloire qui ne le cède qu'à celle de Dieu même?

« Mais, allez-vous me dire, les amertumes, les déchirements de la séparation! — N'avez-vous pas l'espérance d'être réunis? — Mais jusque-là, rester veuve? — Ne l'est-il pas, lui? Où est la charité, de vouloir pour soi ce qui est plus commode, et de rejeter le joug sur autrui? Après tout, à l'âge où vous êtes parvenue, de quoi auriez-vous à vous plaindre dont vous ne deviez être bientôt débarrassée? Il n'est pas loin, ce moment marqué par les décrets du ciel. N'aggravons point par de timides considérations un fardeau facile à porter. Nous sommes privés d'un trésor inappréciable; mais nous en avons joui. Perdre, c'est le sort commun; posséder, c'est un avantage bien rare. Bien loin donc de nous abattre, livrons nos cœurs à la consolation. Il est juste que la partie la meilleure l'emporte. Vous avez perdu des fils dans la force de l'âge, pleins de vie; et vous l'avez supporté avec autant de courage que de sagesse. Aujourd'hui que vous avez vu succomber un corps écrasé sous le poids des ans, et qui se survivait à lui-même, bien que la vigueur de son âme ait maintenu chacun de ses sens dans toute son intégrité, montrez-vous aussi ferme. Vous n'avez plus personne qui prenne soin de vous? N'avez-vous pas toujours votre Isaac qu'il vous a laissé pour vous tenir lieu de tout le reste? Hélas! quelques faibles services domestiques, voilà tout ce que vous pouvez attendre de mon zèle. Je vous en demande moi, de bien plus importants : votre maternelle bénédiction et l'assistance de vos prières pour mon émancipation future. De semblables avis vous feraient-ils de la peine? Je ne vous en blâme pas; ce sont les mêmes que vous donniez la première à tous ceux qui dans le cours de votre longue vie, aimaient tant à se régler sur vos conseils. Ce n'est donc pas à vous qu'ils s'adressent, à vous la plus sage des femmes; je les présente à tous les cœurs affligés. Mortels, n'oublions pas que ceux que nous avons à pleurer furent mortels. »

Dix-neuvième discours. — *Oraison funèbre de saint Basile.* — Saint Grégoire, destiné, comme il dit lui-même, à prononcer les oraisons funèbres de tous les membres de sa famille, remplit également ce pieux devoir envers la mémoire de saint Basile, le plus intime de ses amis. Mais il fut empêché de s'en acquitter aussitôt après sa mort, par le voyage qu'il fit alors à Constantinople; ce ne fut qu'après avoir quitté l'épiscopat de cette grande ville, qu'il prononça à Césarée même, en présence de tout le clergé et du peuple de cette église, le discours dont nous allons rendre compte. C'est un morceau excellent dans lequel l'éloquence du saint panégyriste n'est égalée que par la ferveur de l'amitié qu'il portait à son héros. Il n'oublia rien de ce qui pouvait contribuer à rendre sa mémoire immortelle.

Il y fait un détail de sa vie, de ses travaux, et de ceux de ses ancêtres pendant les persécutions; de ses études, de la manière dont il parvint au sacerdoce et à l'épiscopat; de sa conduite dans l'exercice des fonctions qui y sont attachées. Il fait l'éloge de sa piété, de son zèle, de sa fermeté à maintenir la pureté de la foi, de sa prudence dans les circonstances épineuses, de sa générosité à s'exposer aux plus grands périls pour la cause de l'Eglise, de son amour pour les pauvres; de son application à la méditation des divines Ecritures, pour en développer les endroits les plus obscurs et les plus sublimes; de ses combats contre les ariens et contre l'empereur Valens, qui s'était déclaré hautement pour leur parti; de son ardeur à protéger l'innocence opprimée, de son désintéressement, de son amour pour la pauvreté, pour la virginité, pour la retraite; de son attention à procurer le soulagement des malades. Il relève jusqu'à son enjouement dans les sociétés; à quoi il ajoute que ses réprimandes n'avaient rien de fier, et son indulgence rien de trop mou, parce qu'il savait garder un juste tempérament entre ces deux extrémités. Mais ce qu'il n'oublie pas surtout, c'est de rappeler le commerce intime qui le lia à son illustre ami. On voit, en le lisant, qu'il a mis de l'amour et de la complaisance à décrire; que le lecteur en juge lui-même :

« Lorsque insensiblement de mutuelles confidences nous eurent fait connaître que notre vœu commun était d'embrasser la vraie philosophie, alors chacun de nous devint tout pour l'autre. Même toit, même table, un seul cœur, une même pensée, chaque jour nouveaux soins pour enflammer et fortifier notre amitié mutuelle. L'amour sensuel, qui ne s'attache qu'à des jouissances fugitives, s'évapore bientôt comme elles avec la rapidité des fleurs du printemps; la flamme s'éteint quand la matière est consumée : ainsi les désirs meurent, quand ce qui les a fait naître ne subsiste plus. Mais l'amitié chaste, et que Dieu approuve, est bien autrement durable, parce que même objet s'embellit à ses yeux, plus la chaîne qui unit ces âmes, ainsi rapprochées par les mêmes affections, devient étroite et invincible. Tel est le privilège de l'amitié dont Dieu est le principe... Hélas! comment en parler encore, sans répandre des larmes? Nous avions tous deux une égale prétention à la science, la chose du monde qui excite les plus violentes jalousies parmi les hommes; et nul sentiment de jalousie: l'émulation seul fécondait notre ardeur. Nous di-putions, non pas à qui remporterait la palme, mais à qui le céderait; parce que la gloire de l'un faisait la gloire de l'autre. Il semblait qu'une seule âme nous animât en deux corps. Notre commune occupation était de cultiver la vertu, de rendre notre vie digne des espérances éternelles, de nous retirer de cette terre avant que d'en sortir. C'était là le but auquel se rapportaient toutes nos actions, dirigées tant par la loi de Dieu, que par l'émulation d'un mutuel exemple; et trouvant, si je puis m'exprimer ainsi sans une sorte d'orgueil, trouvant, dis-je, dans l'imitation fidèle que nous nous rendions l'un à l'autre, la règle de nos devoirs et la mesure du bien et du mal. »

Ailleurs, après avoir tracé le tableau des sublimes vertus pratiquées par le saint archevêque, il s'exprime ainsi sur son savoir et son génie:

« Mais qu'est-ce encore que ces qualités, si vous les comparez à ces prodiges d'éloquence et d'érudition par lesquels il semble avoir rapproché les parties les plus éloignées de l'univers? Nous ne sommes encore qu'au pied de la montagne, à une grande distance du sommet. Nous sommes encore à traverser le détroit, quand nous sommes appelés sur la vaste étendue de l'Océan. S'il y eut jamais, si même il peut jamais y avoir de trompette dont les sons éclatants pénètrent jusqu'à la plus sublime région de l'air; si la voix de Dieu retentit jusqu'aux extrémités de la terre, ou si l'on a vu de violentes secousses et des tremblements extraordinaires ébranler le monde: ces images pourront vous fournir quelque idée de cette éloquence et de ce génie, aussi fort au-dessus de celui des autres hommes, que ceux-ci l'emportent sur les animaux par l'excellence de leur nature. Qui jamais apporta de plus sérieuses préparations, pour se rendre le digne organe des oracles de l'Esprit-Saint? quel homme a été plus éclairé des rayons de la science? a pénétré plus avant dans la profondeur des divins mystères? a porté une lumière plus vive sur les choses de la religion? Qui jamais sut donner à sa pensée une expression plus claire, comme à son expression un sens plus profond?... Il avait puisé dans la méditation les connaissances nécessaires pour enseigner à toutes sortes de personnes à régler saintement leurs mœurs, à parler dignement de nos augustes vérités, à détacher leurs esprits des choses périssables pour les élever vers les choses éternelles. David loue la beauté du soleil, qu'il compare à celle d'un jeune époux; sa grandeur à celle d'un géant; la rapidité de sa course, comme parcourant tous les jours la terre d'une extrémité à l'autre; sa vertu merveilleuse, qui ne diminue point par ses influences continuelles et universelles. La beauté de Basile a été sa vertu; sa grandeur, la manière sublime dont il a parlé de Dieu; sa course a été son avancement continuel vers Dieu; son activité, cette application infatigable à donner et à répandre partout ses instructions: en sorte que je ne crains pas de lui appliquer ce mot de l'Ecriture: Que le son de sa voix a retenti par toute la terre, et s'est fait entendre jusqu'aux extrémités de l'univers. Ses doctes écrits font aujourd'hui les délices de toutes les assemblées, du barreau, des églises, des monastères, de ceux qui ont renoncé au tumulte des affaires, et de ceux qui sont encore dans l'embarras du siècle, de ceux qui se livrent à des études profanes, comme de ceux qui ont embrassé notre discipline. Tous ceux qui ont écrit après lui empruntent de ses livres la matière de leurs ouvrages. On ne parle plus des anciens qui se sont appliqués à l'interprétation de l'Ecriture; c'est Basile que l'on cite. C'est être savant que de le bien posséder: éloquent que de le répéter. Il peut seul tenir lieu de tous les autres livres. Lorsque j'ai dans les mains ou sur les lèvres son *Hexaéméron* (l'œuvre des six jours), transporté avec lui sur le trône du Créateur, je comprends toute l'économie de son ouvrage; j'apprends à admirer le sublime auteur de toutes choses, plus que je n'avais fait en les contemplant. Lorsque je lis les réfutations diverses qu'il a publiées, je crois voir le feu qui consuma Sodome, réduire encore en cendres les langues sacrilèges des impurs habitants de cette ville, où la vengeance tomber sur cette tour de Babel, dont le ciel arrêta l'orgueilleuse construction. Ce qu'il a écrit sur le Saint-Esprit: j'y trouve le Dieu que j'adore, et je prêche la vérité avec une ferme assurance, dirigé que je suis par le flambeau que me présente ce grand théologien; les explications qu'il a composées pour des intelligences moins relevées, il les partageait dans les trois sens (littéral, moral et allégorique): je ne m'arrête pas à l'écorce extérieure de la lettre, je vais plus avant; j'entre de profondeur en profondeur; d'un abîme j'invoque un autre abîme, et je passe d'une lumière à une autre, jusqu'à ce que je sois enfin parvenu au sommet de la vérité; ses éloges des martyrs: plein de mépris pour ma chair, je me sens transporté dans la compagnie de ces généreux confesseurs, et prêt à m'associer à leurs combats; les harangues qu'il a prononcées sur la règle et la conduite des mœurs: mon cœur, ma chair elle-même purifiée, se transforment en un temple consacré par la présence du Très-Haut, en un instrument dont l'Esprit-Saint anime les cordes pour chanter sa gloire et sa puissance. Ces pieux écrits m'apprennent à me corriger de mes défauts, à orner mon cœur des vertus chrétiennes, à devenir tout différent de moi-même par un changement tout divin. »

De là saint Grégoire de Nazianze venge saint Basile contre les interprétations des hérétiques qui abusaient de sa condescendance pour insulter à sa foi. Il le compare avec chacun des plus célèbres patriarches de l'Ancien et du Nouveau Testament. Le parallèle qu'il en établit avec saint Jean-Baptiste pourrait sembler trop hardi, si le saint panégyriste ne se hâtait d'aller lui-même au-devant de l'objection :

« Je ne prétends pas assimiler Basile à celui qui n'a point eu d'égal parmi les enfants des hommes, moins encore l'élever au-dessus du saint précurseur : ce que je veux dire, c'est qu'il l'avait pris pour modèle, et qu'il en a retracé dans sa personne les principaux traits. Ce n'est pas un mérite médiocre d'imiter, même de loin, la plus sublime perfection. Or, ne retrouvons-nous pas dans Basile la vive empreinte de cet ange du désert ? l'un fut le précurseur de Jésus-Christ ; celui-ci en fut le héraut. Les peuples, mêmes les plus éloignés, accouraient aussi vers lui pour l'entendre. »

Le saint orateur finit l'éloge de son héros en racontant ainsi les particularités de sa mort :

« Ce qui me reste à dire, je ne me sens pas la force de l'exprimer, et pourtant il faut bien achever : ce serait à un autre à vous le raconter ; tous mes efforts échouent contre ma douleur, et le sentiment profond d'une perte que l'univers tout entier partage. Il était étendu sur le lit de mort ; les chœurs célestes s'apprêtaient à recevoir cette âme dont les regards se dirigeaient depuis si longtemps vers eux : la ville entière s'était rendue près de lui, accablée du chagrin de le perdre, gémissant de cette cruelle séparation comme d'une tyrannie, et prête à faire violence à son âme pour la retenir, si elle avait pu l'être. L'affliction ressemblait au délire ; personne qui n'eût voulu racheter sa vie au prix de la sienne propre : il fallut céder (il fallait que la mort le frappât, pour faire reconnaître que Basile n'avait été qu'un homme). Après avoir donné à ceux qui l'entouraient diverses instructions de piété, le saint acheva sa vie par ces paroles : *Je remets, Seigneur, mon esprit entre vos mains*, et rendit son âme avec joie au milieu des anges qui la portèrent dans le ciel... C'est là qu'il est maintenant ; et là, sans doute, il offre pour nous des sacrifices, il prie pour son peuple ; car en s'éloignant de nous il ne nous a pas abandonnés. Mais Grégoire son ami, mais moi, que cette cruelle séparation condamne à survivre à la plus douce partie de moi-même, traînant désormais une vie triste et languissante, que vais-je devenir, privé de ses salutaires leçons ? Mais non, il ne m'a pas délaissé ; durant les songes de la nuit, sa voix m'avertit encore et me reprend, sitôt que je m'écarte du devoir.

« Mais sera-ce assez de mêler nos pleurs à son éloge ? Plutôt, en traçant le tableau de sa vie, que l'image de ses vertus, offerte par mes faibles mains, devienne, et pour chacun de nous et pour tous les fidèles répandus dans l'Eglise chrétienne, le portrait et la loi vivante de nos mœurs ! Vous qu'il a formés à à la doctrine sainte ! le fruit que vous devez recueillir de ce discours, c'est de prendre Basile pour votre modèle, d'agir comme s'il était sans cesse devant vous...

« Recevez, ô Basile, cet hommage d'une voix qui vous fut chère, d'un homme que les années et les honneurs rapprochaient de vous. Si peut-être ce discours n'est pas indigne de vous, c'est qu'il est votre ouvrage ; je ne l'avais entrepris que grâce à votre secours. Si je suis resté trop au-dessous de mon sujet et de vos espérances, pouvais-je mieux faire, faible orateur accablé sous le poids de l'âge, des maladies et de mes regrets ? Mais le Seigneur nous sait gré de faire ce que nous pouvons. Pour vous, âme sainte et bienheureuse, du haut du ciel où vous êtes, abaissez sur nous vos regards.

« Aidez-nous par vos prières à triompher de la chair dont l'aiguillon nous a été donné pour servir d'exercice à la vertu ; dirigez chacun de nos pas vers le terme où doivent tendre nos souhaits les plus ardents... J'ai prononcé votre éloge funèbre : qui donc, après ma mort, entreprendra le mien, si toutefois je puis mériter d'en obtenir un en Jésus-Christ Notre-Seigneur à qui la gloire appartient dans les siècles des siècles ? Amen. »

Vingtième discours. — Panégyrique de saint Athanase. — Ce discours est moins un éloge funèbre qu'un panégyrique. La douleur n'y éclate point en regrets, et comme les précédents il ne fut point prononcé aux obsèques du saint personnage. Saint Athanase était mort sous l'empire de Valens, et saint Grégoire, sur la demande de Théodose, composa son panégyrique à Constantinople, autant qu'on en peut juger par cette réflexion du saint orateur, qui parlait, dit-il, dans une ville que plusieurs exemples de vertu pourraient à peine sauver, et qui se faisait un jeu des choses divines, à peu près comme des spectacles du cirque et du théâtre. Il débute ainsi :

« L'éloge d'Athanase sera le panégyrique de la vertu ; l'un se confond avec l'autre. Ce grand homme réunissait toutes les vertus ; disons mieux, il les réunit encore ; car, même après la mort, on est toujours vivant devant Dieu, quand on a vécu selon Dieu. C'est pour cela que Dieu s'appelle lui-même le Dieu d'Abraham, d'Isaac et de Jacob, le Dieu des vivants et non le Dieu des morts. L'éloge de la vertu remontera naturellement à son principe sublime, à Dieu, de qui les lumières, qu'il daigne nous communiquer, nous élèvent, ou plutôt nous ramènent à lui comme à leur centre... Dieu est, à l'égard des choses intellectuelles, ce que le soleil est par rapport aux objets sensibles ; il répand sa lumière sur le monde soumis à nos regards : Dieu éclaire le monde qui échappe à nos sens. Le soleil, par l'action qu'il exerce sur nos regards, nous met à portée d'apercevoir ses rayons : Dieu, en imprimant à nos âmes un rayon de sa divine essence, nous fait participer à elle-même ; et de même enfin que le soleil, qui dispose et les yeux à voir et les objets à être vus, est la plus belle de toutes les choses sensibles, ainsi Dieu, qui donne aux substances intellectuelles la faculté d'atteindre par la pensée les choses les plus éloignées de la portée des sens, est le premier de tous les êtres spirituels, le terme de tous les efforts de l'intelligence : il n'est pas possible d'aller au delà. La philosophie la plus élevée dans ses spéculations, l'imagination la plus ardente dans ses recherches, ne conçoit, et ne concevra jamais rien de plus sublime..........

« Les bornes d'un simple discours ne permettent pas de parcourir toutes les actions qui remplissent une si belle vie; le détail en appartient à l'histoire plutôt qu'au panégyrique. Je voulais, pour l'instruction de la postérité, écrire sa vie, comme lui-même, en décrivant celle de saint Antoine, a tracé les règles de la vie monastique; mais ici!, pour satisfaire à notre commun empressement, et payer à cette fête le tribut qu'elle réclame, je me contenterai de choisir dans la foule des grandes actions que présente son histoire, quelques traits des plus connus et des plus éclatants, tels qu'ils viendront s'offrir à ma mémoire, au risque d'en omettre plusieurs qui ne le sont pas moins. »

L'orateur décrit ensuite l'éducation de son héros, chez qui la culture du cœur fit mieux que précéder, mais domina toujours celle de l'esprit. Formé dès son enfance aux bonnes mœurs, appliqué plus tard à l'étude des arts libéraux et à la science des divines Écritures, il passa par tous les degrés des ordres ecclésiastiques avant de se voir élevé sur le trône patriarchal d'Alexandrie. « Athanase, dit-il, nous fut donné comme le digne athlète que le Fils de Dieu associait à ses combats, comme la bouche par laquelle le Saint-Esprit énonçait ses oracles. Appelé donc par les suffrages de tout le peuple, Athanase ne dut point son élévation à ces manœuvres si ordinaires de nos jours, où nous voyons les élections souillées par le meurtre et le brigandage. La sienne, tout apostolique, dirigée par l'Esprit-Saint, le porta sur le trône de saint Marc, à qui il succédait par sa piété non moins que par sa dignité... Il fut l'héritier de sa foi aussi bien que de sa chaire... Ce n'est pas le nom qui établit la succession, c'est la doctrine. Porter dans une église une autre foi que celle de ses saints prédécesseurs; ce n'est pas soutenir l'héritage, c'est s'en détacher et s'en déclarer l'ennemi; à moins que l'on ne prétende leur succéder aux mêmes titres que la maladie succède à la santé, la nuit au jour, la tempête au calme, et que la démence vient après le bon sens. » Il se comporta d'une manière conforme à son élection; sa vie fut une copie des vertus que saint Paul demande à un évêque. Arius et Sabellius avaient donné dans des extrêmes en disputant sur la divinité; saint Athanase, pour éviter cet inconvénient, conserva l'unité dans la divinité, et la Trinité des personnes, pour ne pas confondre la divinité par l'unité ou la diviser par la Trinité. Son zèle pour la foi commença à éclater dans le concile de Nicée. Il y soutint divers combats contre Arius, le confondit et contribua à établir la consubstantialité du Verbe. Telle fut la source de la haine que les ariens ne cessèrent de porter à ce digne évêque. Ils mirent à sa place un nommé George, originaire de Cappadoce, qui avait été obligé de fuir de Constantinople pour avoir mal administré les finances. L'éloquent orateur en fait le portrait le plus repoussant. C'était un être méprisable par la bassesse de son extraction, mais bien plus encore par la perversité de son âme; moitié libre, moitié esclave, sorte d'amphibie comme on en voit dans la nature, parasite sans pudeur et qui se serait vendu pour un plat de légumes, parce qu'il rapportait à son ventre et tout son langage et toutes ses actions. C'est devant un tel homme que saint Athanase se vit obligé de fuir. Condamné à l'exil, il se retira dans les monastères de l'Égypte, où il sut allier la vie solitaire à la société religieuse, et montrer que la retraite et l'épiscopat n'étaient point incompatibles, et qu'on pouvait accorder le repos de la solitude et le travail de son ministère avec une telle harmonie, que tout le monde restât persuadé que la vie solitaire consistait dans le calme et l'uniformité des actions plutôt que dans la séparation extérieure; mais son éloignement devint funeste à son église. Le concile de Séleucie, que saint Grégoire compare à la tour de Babel, composé d'évêques ariens, renversa toute l'économie de la religion, en abolissant le terme de *consubstantiel* qui est comme la marque et le caractère distinctif de la saine doctrine sur le mystère de la Trinité. Saint Athanase était encore en exil lorsque l'empereur Constance mourut. A ce moment solennel, ce prince témoigna qu'il se repentait de trois choses qui avaient déshonoré son règne : la mort des princes de son sang, au nombre desquels se trouvait Gallus; l'élévation à l'empire de Julien l'Apostat, et l'acharnement qu'il avait mis à soutenir de nouveaux dogmes en matière de foi. Après sa mort, la saine doctrine reprit le dessus; George fut chassé d'Alexandrie et saint Athanase y rentra triomphant. Il ne se comporta pas dans cette occasion comme le font ordinairement ceux que la colère aveugle, et qui maltraitent tout ce qui s'oppose à leur passage: au contraire, il traita avec tant de douceur et d'humanité ceux qui l'avaient offensé, qu'ils n'eurent aucune raison de s'inquiéter de son retour. Cependant il chassa du temple les sacrilèges qui le profanaient en faisant trafic de leur ministère; mais au lieu des fouets, il n'employa que la parole et les moyens de la persuasion. « Il réconcilia tous ceux qui étaient divisés, soit entre eux, soit avec lui-même, sans avoir besoin pour cela d'intermédiaire. Tous ceux qui avaient à se plaindre de la tyrannie, il les réhabilita dans leurs droits, sans considérer s'ils avaient été pour ou contre lui. La vérité abattue se releva. La Trinité sainte d'une seule divinité fut remise sur le chandelier, dégagée des ombres qui en avaient offusqué la lumière, et rendue à toute la liberté de l'enseignement catholique. Redevenu comme le législateur du monde entier et le modérateur de tous les esprits, écrivant aux uns, conférant avec les autres de vive voix, soit qu'il les eût appelés, soit qu'ils fussent venus le consulter d'eux-mêmes; fondant sur leur volonté propre l'empire de la loi, persuadé que c'était là le meilleur secret pour les gagner à la vertu. S'il avait eu la force du diamant pour résister à la persécution, il avait aussi l'attrait de l'aimant pour rapprocher les substances les plus dures, c'est-à-dire pour unir les esprits les plus opposés. »

L'envie ne put voir l'Eglise reprendre sa première splendeur; on aigrit Julien l'Apostat contre le saint évêque, et ce prince le chassa publiquement de la ville. Jovien, son successeur, rappela saint Athanase et voulut apprendre de lui à connaître la vraie foi. Saint Athanase lui rédigea lui-même une instruction exacte sur la doctrine de l'Eglise, alors embarrassée par tant d'opinions et de sectes qui la déchiraient, afin de pouvoir réunir la terre dans une même profession, par l'assistance du Saint-Esprit, ou du moins de s'éclairer lui-même pour sa propre conduite, désirant l'appuyer de son autorité comme aussi en recevoir l'appui; sentiments nobles et vraiment dignes d'aussi grands intérêts. Ce fut pour Athanase l'occasion de signaler la pureté et l'inaltérable constance de sa foi. « Trois partis, dit son panégyriste, divisaient alors notre Eglise chrétienne. Les uns variaient sur la divinité du Fils; d'autres, en plus grand nombre, erraient sur le Saint-Esprit. C'était être pieux que d'être moins impie; et il s'en trouvait très-peu qui n'eussent pas été atteints par la contagion. Athanase presque seul se déclara pour la vérité, sans équivoque, sans ménagement. Il confessa par écrit l'unité de l'essence divine avec la trinité des personnes, et fit, par inspiration divine, pour établir la divinité du Saint-Esprit, ce que les Pères avaient fait pour la divinité du Fils. Tel fut le royal présent qu'il offrit à l'empereur. » L'éloquent orateur prodigue les éloges à la conduite de saint Athanase, qui sut mener cette dispute, une des plus dangereuses que l'Eglise ait eues à soutenir, à une heureuse et catholique solution; puis enfin il termine le panégyrique de son héros par le détail de ses vertus morales, qui lui méritèrent, après sa mort, d'aller prendre place parmi les Pères, les patriarches, les prophètes, les apôtres et les martyrs qui avaient combattu comme lui pour la vérité.

« Traçons en peu de mots son épitaphe, dit-il, en terminant son discours : Son départ de ce monde fut accompagné d'un cortége plus magnifique que jamais aucune de ses entrées; sa pompe funèbre fut le deuil universel et le souvenir profond qu'il laissa dans tous les esprits. Pontife respectable et cher, vous qui, entre autres qualités éminentes, connaissiez si bien quand il faut parler ou se taire! permettez que j'arrête ici ce discours... Du haut du ciel, jetez sur nous un regard favorable. Continuez de gouverner ce peuple : attaché inviolablement à la très-sainte Trinité, qu'il mérite de la contempler dans les personnes adorables du Père, du Fils et du Saint-Esprit! Et moi, si la paix nous doit être rendue, daignez me protéger durant ma vie, m'assister dans la conduite de mon troupeau! Que si le feu de la guerre doit embraser encore l'Eglise, appelez-moi près de vous, donnez-moi, s'il n'y a point trop de hardiesse dans un tel souhait, donnez-moi place à vos côtés, dans la sainte compagnie où vous êtes, au sein de Notre-Seigneur Jésus-Christ, à qui soient à jamais la gloire, l'honneur et l'empire dans les siècles des siècles. Amen. »

Vingt-unième Discours. — En l'honneur des Machabées. — Ce discours ne porte aucun caractère qui puisse nous aider à en fixer l'époque, ni marquer le lieu où il fut prononcé. C'est un éloge des Machabées dont on célébrait annuellement la fête dans l'Eglise. « Qu'était-ce que les Machabées, dit le saint orateur, en commençant leur éloge? Si l'on nous demande pourquoi cette solennité, que quelques Eglises seulement ont reconnue, parce que ces saints martyrs furent antérieurs à Jésus-Christ, nous répondrons que toutes leur doivent l'hommage d'un culte public, en récompense du généreux dévouement avec lequel ils ont enduré les plus cruelles souffrances pour la défense des lois et des institutions de leur pays. Des hommes qui, avant la sanglante mort de Jésus-Christ, se sont exposés au martyre, qu'auraient-ils faits, s'ils eussent vécu après Jésus-Christ, et s'ils avaient eu pour objet d'imitation le sacrifice du Dieu mort pour notre salut? Et puisque, sans être soutenus par un tel exemple, ils ont fait éclater une si admirable vertu, peut-on douter que, s'ils l'avaient eu sous les yeux, ils n'eussent développé encore plus de courage et de magnanimité dans leurs épreuves? Pas un de ceux qui avant Jésus-Christ ont eu l'honneur de souffrir le martyre n'est étranger à la foi de Jésus-Christ... Bien loin donc d'être dédaignés, parce qu'ils vécurent avant Jésus-Christ, les Machabées méritent et nos éloges et nos panégyriques, pour avoir réglé leur vie sur le modèle de la croix. Ce n'est pas que nous puissions rien faire pour leur gloire; car de quoi sert un discours à des héros dont la vie et les actions furent si éclatantes? Il n'y a de gloire à prétendre que pour ceux qui les louent, et pour ceux dont l'émulation, s'enflammant au récit de ces saints exploits, leur suscitera des imitateurs.

Et là-dessus l'éloquent orateur entre dans le détail des luttes, des résistances, des combats, que ces sept admirables enfants, à l'exemple du vieil Eléazar leur père, opposèrent à la tyrannie d'Antiochus; et il va sans dire, qu'une bonne part de cet éloge revient de plein droit à la mère qui leur inspira le courage des souffrances et partagea avec eux leur martyre; car elle mourut sept fois dans chacun de ses fils, avant de livrer elle-même sa vie pour la gloire du Dieu d'Israël. « Certes, s'écrie saint Grégoire, cette action est plus grande et mieux concertée que le vœu de Jephté ; au moins elle n'a été inspirée ni par la ferveur d'un vœu inconsidéré, ni par le désir extrême d'une victoire désespérée. Ils se sacrifièrent de plein gré et en bornant aux biens éternels toutes leurs espérances. Non, ce combat ne le cède point à celui de Daniel dans la fosse aux lions ; il n'eut besoin que d'étendre les mains pour dompter les bêtes farouches ; il égale celui des enfants captifs en Assyrie, qu'on ne put jamais obliger à violer les lois de leur pays en mangeant des viandes consacrées aux idoles. Enfin ils n'ont pas acquis moins de gloire que tant d'autres illustres victimes, immolées depuis pour Jésus-Christ, et qui, du reste, n'ont fait que suivre l'exemple de ce Rédempteur qui s'était sacrifié pour leur salut. Les Machabées, eux, n'avaient point de pareils exemples pour les encourager ; et cependant toute la Judée admira leur vertu et applaudit à leur triomphe. Les menaces d'Antiochus se changèrent en étonnement ; ce prince, contraint d'abandonner son entreprise, loua Seleucus son père de la liberté rendue aux Juifs, et des magnifiques présents qu'il avait faits au temple de Jérusalem ; il en vint même jusqu'à regretter les cruautés qu'il avait commises dans cette guerre. » De cet exemple donné par sept enfants d'Israël, saint Grégoire sait tirer une instruction puissante, qu'il adresse également à toutes les classes de la famille et de la société.

« Prêtres, mères, enfants, imitons l'exemple que nous ont donné les saints Machabées. Prêtres ! Eléazar nous apprend, par ses discours et par ses œuvres, ce que nous devons faire. Mères ! la généreuse mère de ces héros vous apprend comment vous devez aimer vos enfants, en les donnant à Jésus-Christ, pour sanctifier le mariage par un sacrifice aussi saint. Enfants ! l'héroïsme de ces intrépides jeunes gens vous apprend à vaincre les passions honteuses, et à combattre sans relâche contre les Antiochus secrets que nous portons tous au-dedans de nous, tyrans domestiques qui nous attaquent, non par le glaive, mais par tous les artifices... Que l'antiquité nous serve de leçon aussi bien que les histoires modernes ; et que le Vieux Testament conspire avec le Nouveau, pour glorifier Dieu dans le Fils et le Saint-Esprit. Ainsi soit-il. »

Vingt-deuxième discours. — Éloge du philosophe Hiéron. — Ce discours occupe un rang distingué parmi les beaux ouvrages de saint Grégoire de Nazianze. On veut que ce philosophe ait été le trop fameux Maxime, surnommé le Cynique, qualification qui n'a pas besoin de commentaire. Il avait fait paraître quelque zèle pour la foi chrétienne, en écrivant contre l'arianisme, ce qui lui valut un exil honorable, et l'hommage solennel que lui rend ici l'éloquent panégyriste. C'est au retour de cet exil que saint Grégoire lui adressa ce discours, comme à l'un des martyrs de la vérité. L'illusion ne fut pas longue ; Maxime s'étant déclaré le persécuteur du saint évêque et de l'unité catholique, s'attira le discours véhément, où le même saint démasque ses fourberies et le cynisme de ses mœurs. Il se trouve aussi parmi ses œuvres, sous ce titre : *Harangue contre Maxime*. Ce ne serait donc pas le même personnage ; mais cette discussion nous est étrangère ; nous ne parlons ici de cet éloge que pour en extraire des pensées applicables à de plus dignes sujets ; et encore nous bornerons-nous à ce qui regarde l'arianisme que l'auteur peint à grands traits.

« Il fut un temps où notre Eglise jouissait du calme le plus heureux ; les tempêtes de l'hérésie ne l'agitaient pas. On ne parlait plus d'un Simon, d'un Marcion, d'un Valentin, d'un Basilide, d'un Cerdon, d'un Cérinthe, d'un Carpocrate, dont les dogmes extravagants et monstrueux avaient déclaré à Dieu une guerre impie. Il n'était plus question ni du mauvais esprit de Montan, ni du ténébreux système de Manès, ni de l'étrange réforme de Novat, ni de la réduction ou plutôt de l'anéantissement des personnes divines imaginé par Sabellius. Ces hérésies s'étaient ou combattues les unes par les autres, ou discréditées par leur propre nature. Plus d'obstacle à la tranquillité de l'Eglise. Les persécutions elles-mêmes et les supplices n'avaient fait que lui donner un plus vif éclat ; lorsque tout à coup, dans l'intervalle de quelques années, une nouvelle tempête vint menacer l'Eglise Un homme, abîme profond de crimes, légion à lui seul d'esprits malfaisants, dont la langue, déchaînée contre Jésus-Christ, exhalait le blasphème et l'impiété, ce mutilateur de la divinité, dont l'audacieuse témérité et l'horrible fin ont reproduit le perfide apôtre qui avait conspiré contre la vie de notre divin Sauveur ; Arius, en un mot, si digne par ses fureurs du nom qu'il portait ; Arius, dis-je, après avoir jeté dans Alexandrie, où il avait pris naissance, le plan de son abominable système, en vit s'étendre les ravages dans une grande partie de l'univers, comme un vaste incendie qu'alluma une faible étincelle. La flamme en fut d'abord étouffée par la foi de nos pères, rassemblés au concile de Nicée. La doctrine de la divinité du Verbe fut établie sur des principes et des termes immuables qui confondaient l'impiété. Le retour d'un mauvais gouvernement ramena le mal, qui, semblable à une plaie mal guérie, ranima ses poisons, et répandant d'un côté et d'autre ses malignes influences, dévora bientôt tout le corps de l'Eglise. On vit les prêtres divisés d'avec les prêtres, et les peuples se déchaîner contre les peuples avec une aveugle impétuosité. On vit un empereur livrer lui-même pleine carrière à l'impiété, l'armer de sa puissance, promulguer des lois contre la doctrine orthodoxe, et donner un pernicieux exemple, bientôt suivi par ces êtres vils qui semblent ne faire partie d'aucun sexe.

« Comment raconter et déplorer avec l'énergie convenable les malheurs de ces temps funestes, les exils, les proscriptions de tout ce qu'il y avait de vertueux, les flétrissures infamantes, tant de milliers de victimes, les cités entières dépeuplées, leurs habitants allant au loin chercher des lieux solitaires où ils pussent tenir leurs assemblées, bravant les saisons, les pluies et les frimas, sans pouvoir encore trouver au fond même de leurs déserts une retraite assurée contre les menaces et les dangers? Comment retracer et les tortures et les sanglantes exécutions auxquelles étaient condamnés les évêques, les religieux, sans distinction de sexe ni d'âge? Que dirai-je, entre autres, de ces gouverneurs, dont les uns inventaient des supplices jusque-là inconnus, d'autres enchérissaient sur l'horreur des supplices usités, prêtant leur ministère à tous les raffinements de l'impiété, ambitionnant de se rendre fameux par la cruauté avec laquelle ils outre-passaient les ordres de leur empereur?......

« Vous représenterai-je le sanctuaire jonché de cadavres, les femmes foulées sous les pieds, parmi lesquelles se trouvaient des mères ; les vierges consacrées, arrachées sans pitié de leurs retraites, en proie aux plus brutales fureurs ;.. les meurtres succédant aux meurtres, le carnage appelant le carnage, tout ce qu'il y avait de plus saint roulé dans la poussière et dans la fange ; les autels servant de théâtre à des jeux obscènes, à d'impudiques chants, et de jouets à d'infâmes bateleurs, lesquels, m'a-t-on dit, et ma langue osera-t-elle le répéter ? lesquels insultaient, par leurs dégoûtantes parodies et leurs danses sacriléges, à la majesté du Dieu que nous y adorons? Ajoutez les blasphèmes proférés sans pudeur du haut de nos chaires usurpées par le crime, nos mystères saints livrés à des railleries outrageantes, le chant des psaumes interrompu, un silence funèbre qu'entrecoupaient de lugubres gémissements, le sang coulant par torrents, les larmes par flots, les prêtres et les moines traînés sanglants, déchirés par lambeaux. Ainsi, les Assyriens désolèrent autrefois la sainte Jérusalem par des calamités que ni personne ni moi n'aurions la force de décrire, et dont vous-même n'auriez pas le courage d'entendre le récit. »

Vingt-troisième discours. — *En l'honneur des Égyptiens.* — L'année suivante, c'est-à-dire en 380, Maxime, chassé de Constantinople, vint à Alexandrie menacer Pierre de le chasser de son siége s'il ne s'empressait de le faire réintrôniser dans celui qu'il venait de perdre. Cette insulte suffit pour ouvrir les yeux au patriarche d'Alexandrie, et le réunir à saint Grégoire. Ce fut apparemment par l'ordre du même pontife que les Égyptiens, qui sur la fin de cette année conduisaient la flotte de blé à Constantinople, se joignirent aussi à saint Grégoire et vinrent l'écouter publiquement. Il leur adressa, à ce sujet, un discours, qui prouve que sa charité savait facilement pardonner les injures. Quoique Pierre et plusieurs autres évêques d'Égypte eussent eu part à l'ordination de Maxime, il ne laisse pas de leur adresser des louanges, et de féliciter en particulier saint Athanase. « Peuple, dit-il, que je mets au-dessus de tous les peuples du monde et pour votre vertu et pour l'amour que vous avez pour Jésus-Christ ; peuple digne de ceux qui vous gouvernent, je vous tends la main devant cette foule de témoins en signe de paix et d'union ; cette nouvelle marque d'amitié fera tomber, je l'espère, les anciennes calomnies. » Il rappelle avec éloge une fête pompeuse que les Égyptiens avaient donnée depuis peu sur le rivage, et les félicite sur le choix qu'ils avaient fait de sa communion, préférablement à celle d'une multitude indisciplinée. Pour leur faire connaître qu'il avait sur la Trinité les mêmes sentiments qu'eux, il taxe de fureur la doctrine d'Arius, et d'impiété celle de Sabellius, et reconnaît qu'en Dieu il y a plusieurs personnes distinguées l'une de l'autre sans confusion, et dans ces personnes une seule et même nature sans division. Il établit nettement la divinité de chacune des trois personnes, et n'oublie pas d'apporter en preuve la formule du baptême ; puis il ajoute :
« Lorsque vous lisez ces paroles : *Mon Père et moi nous ne sommes qu'un*, entendez-les de la même essence ; celles qui suivent : *Nous viendrons dans lui et nous ferons avec lui notre demeure*, marquent la distinction des personnes sous le nom de Père, de Fils et de Saint-Esprit. » Ce qu'il dit sur la fin est remarquable. « Parlez, dit-il, des choses divines, comme l'Apôtre qui fut ravi jusqu'au troisième ciel. Il fait quelquefois mention de trois personnes sans garder le même ordre en les nommant, pour montrer que ce n'est qu'une même nature ; quelquefois il ne fait mention que d'une personne ; une autre fois de deux ou des trois ensemble. Il attribue quelquefois au Saint-Esprit les opérations de Dieu, sans apporter aucune distinction ; une autre fois il parle de Jésus-Christ comme du Saint-Esprit ; mais lorsqu'il veut distinguer les personnes, voici comment il s'explique : *Il n'y a qu'un Dieu Père de tous, qui est au-dessus de tous, qui étend sa providence sur tous, et qui réside en nous tous*; il n'y a qu'un Seigneur Jésus-Christ qui a tout fait, et nous avons été faits par lui. Et lorsqu'il parle d'un seul Dieu, il s'exprime ainsi : *Tout est de lui, par lui et dans lui*, savoir, par le Saint-Esprit, comme on le prouve par plusieurs endroits de l'Écriture. »

Vingt-quatrième discours. — *Apologie de sa conduite.* — Les ariens étaient encore en possession des églises de Constantinople, lorsque saint Grégoire prononça ce discours pour se défendre contre leurs injures, ce qui lui a fait donner le titre d'*Apologie*. Il rapporte une partie des violences qu'ils avaient exercées contre l'Église, et leur demande si jamais les catholiques ont rien fait de semblable contre eux. Les ariens reprochaient à saint Grégoire d'être né dans une ville peu considérable, de n'être pas riche et d'avoir un extérieur négligé ; mais il n'a pas de peine à faire sentir tout ce que ces reproches ont de ridicule. Si sa ville natale était petite, on ne pouvait lui en attribuer la faute ; si c'était un mal d'y être né, on devait l'en louer, puisqu'il le supportait de bonne grâce et avec le courage d'un philosophe. D'ailleurs, la terre n'est-elle pas notre mère, et ne sommes-nous pas tous égaux ; la Loi, les Prophètes et les mérites de Jésus-Christ ne nous appartiennent-ils pas également, puisque nous avons tous été rachetés sans aucune exception? L'obscurité de Samuel ne l'empêcha pas d'être consacré à Dieu, même avant sa naissance ; David fut tiré de la bergerie pour être placé sur le trône ; Amos conduisait les chèvres lorsqu'il fut mis au rang des prophètes. Du reste, tous les grands hommes n'ont qu'une patrie : la céleste Jérusalem. Nous n'avons tous qu'une même naissance, très-méprisable par rapport au corps, qui n'est que poussière ; la véritable noblesse consiste donc dans la régularité et la sainteté de la vie ; les différences de qualité et d'origine ne sont que des accidents et des jeux de cette vie fragile et périssable. Il justifie son austérité, sa patience, sa douceur, sur l'obligation où nous sommes d'imiter Jésus-Christ, qui a été couronné d'épines, abreuvé de fiel et qui a souffert sans se plaindre. Les ariens lui objectaient encore l'exiguité de son église et le petit nombre de ses ouailles. « Ils ont des temples, leur répondait-il, mais nous possédons Dieu. Nous sommes nous-mêmes les temples vivants, des sacrifices parlants par la grâce de la Trinité que nous adorons ; ils sont à la tête d'un grand peuple, les anges sont de notre côté ; ils sont téméraires, nous sommes fidèles ; ils menacent, nous prions ; ils frappent, nous souffrons ; ils ont de l'or et de l'argent, notre doctrine est pure et orthodoxe ; ils ont des logements commodes, mais ils ne valent pas le ciel où nous aspirons tous. Mon troupeau est petit, il est vrai, mais il ne tombe point dans les précipices, il sera plus grand quelque jour ; mes brebis entendent ma voix, je leur fais part de ce que j'ai appris des saintes Écritures et des saints Pères ; ma doctrine n'a jamais varié, je mourrai dans les sentiments dans lesquels je suis né : elle n'admet ni la division de Valentin, qui reconnaît deux créateurs, l'un bon, l'autre mauvais ; ni le Dieu que Marcion compose de différents éléments, ni l'esprit efféminé de Montan, ni la matière ténébreuse de Manès, ni la confusion que Sabellius a introduite dans la Trinité en réduisant les trois personnes à une seule ; ni la diversité des natures qu'Arius et ses sectateurs ont imaginée, n'attribuant la divinité qu'au Père ; ni l'impiété de Photin, qui disait que le Messie était purement homme, et qu'il tirait toute son origine de Marie. Les véritables fidèles dont je parle adorent le Père, le Fils et le Saint-Esprit, une divinité parfaite en trois personnes parfaites, qui subsistent séparément, distinguées par le nombre, quoique ce soit la même divinité. Souvenez-vous de la formule du baptême : avez-vous été baptisé au nom du Père ? ce n'est pas assez, cela sent encore le judaïsme : au nom du Fils ? fort bien, il n'y a plus de judaïsme à craindre ; mais cela ne suffit pas : au nom du Saint-Esprit ? ce baptême est parfait. Mais ne peut-on pas trouver un nom qui convienne aux trois personnes ? oui, c'est le nom de Dieu : croyez donc en ce nom, vous parviendrez à la félicité de l'autre vie, qui consiste dans une connaissance plus distincte et plus parfaite. »

Vingt-cinquième discours. — De la modération dans les disputes. — Les ariens avaient été chassés de Constantinople et les églises rendues aux catholiques, dont le nombre était très-considérable, lorsque saint Grégoire prononça ce discours. Le but qu'il s'y propose est de prescrire la règle que l'on doit suivre dans les disputes, et particulièrement dans celles qui intéressent la religion. Grégoire dit que les troubles et les hérésies qui divisaient alors l'Église en plusieurs factions avaient été causés par de grands esprits, sans doute, mais qui joignaient beaucoup d'orgueil et une témérité excessive à une profonde ignorance. Sous ce rapport, les petits génies sont moins dangereux, parce qu'étant faibles et bornés ils ont moins d'ardeur pour le vice et pour la vertu. Il en attribue également la cause à une foi flottante et mal réglée, et à une ferveur inconsidérée qui ordinairement va trop loin et ne sait point garder de mesure. C'est pourquoi il ne veut pas que l'on soit sage au delà de ce qu'il convient de l'être, ni qu'on s'élève au-dessus des préceptes divins. Comme c'est le bon ordre qui fait subsister le monde et rend sa beauté inaltérable, c'est lui aussi qui conserve à l'Église toute sa splendeur, et qui fait que les uns sont au rang des brebis et les autres au rang des pasteurs ; que les uns commandent et que les autres obéissent ; que l'un est comme la tête, et les autres comme les pieds, les mains et les yeux. « Respectons, dit-il, cette économie ; que l'un soit l'oreille, l'autre la langue, l'autre la main ou quelque autre membre ; que l'un enseigne, que l'autre apprenne ; que l'un travaille de ses mains pour avoir de quoi donner aux pauvres ; que l'autre préside et qu'il gouverne, tandis que l'autre méritera d'être justifié par ses bonnes œuvres ; que celui qui enseigne le fasse avec modestie, que celui qui apprend le fasse avec humilité ; il est beau d'enseigner, mais il y a moins de péril à apprendre. Pourquoi vous ingérez-vous dans le ministère de pasteur, puisque vous n'êtes qu'une brebis ? exercez votre talent quand on vous en chargera. » Il donne à sentir le danger qu'il y a à vouloir donner des lois aux autres et à parler de Dieu ; non que cela soit défendu, puisque l'Écriture affirme positivement le contraire, mais parce qu'il est difficile de le faire d'une manière digne de sa grandeur. Voici la règle qu'il prescrit pour ce qui regarde l'intelligence des mystères : « Ne vous tourmentez point pour approfondir la nature du Père, la génération du Fils, la gloire et la puissance du Saint-Esprit; cette essence unique et indivisible qui se communique à trois personnes et qui fait toute l'espérance des fidèles ; attachez-vous aux termes et aux sentiments que vous avez sucés avec le lait; abandonnez aux docteurs le soin de disputer et d'éclaircir les matières les plus subtiles. » En voici une autre touchant les disputes : « Il vaut mieux, si vous êtes habile, faire paraître votre douceur et votre prudence, en cédant à propos, que de donner des marques de votre insolence et de votre témérité. Si vous êtes un ignorant, pourquoi trouveriez-vous mauvais de ne pas dominer dans toutes les disputes, de ne pas décider sur toutes les questions qu'on propose, et de trouver des gens qui ont la réputation d'être plus habiles que vous ? » Il conseille de s'en tenir à ce que l'usage autorise, d'éviter toute nouveauté, de s'appliquer à se connaitre soi-même et à méditer les mystères; de disputer, si on aime la discussion, sur des matières qui ne présentent aucun danger ; de ne condamner aucun de nos frères, quand bien même nous croirions leur salut désespéré ; de les reprendre doucement, sans perdre jamais le souvenir de nos propres infirmités; enfin d'employer tous nos efforts pour les guérir et les retirer de l'abîme du péché.

*Vingt-sixième discours.—Apologie.—*Saint Grégoire occupait depuis peu de temps le siège de Constantinople et commençait à en remplir les fonctions. Averti que ses envieux l'accusaient de n'être venu dans cette ville que pour s'en faire élire évêque, il crut devoir détruire publiquement cette calomnie dans un discours apologétique; qu'il prononça, sur la fin de l'an 380, en présence de Théodose et de toute sa cour. C'est une réponse à ses détracteurs, une plainte contre les prédicateurs qui introduisaient dans le sanctuaire le ton du théâtre et du barreau ; une invective contre l'envie dont il déplore les tristes effets, non pas parce qu'il en est la victime, Dieu est témoin de son innocence ; les jugements des hommes, si défavorables et si nombreux qu'ils soient, ne peuvent le rendre ni meilleur ni pire. C'est donc mal à propos que ses amis rougissent des reproches qui lui sont adressés, puisqu'ils n'ont rien de légitime, puisqu'il n'y a donné lieu par aucun mauvais procédé, et que la raison et la volonté de Dieu lui ont toujours servi de conseil et de règle. Il n'abandonnera pas la vérité pour se ployer aux vains caprices des hommes ; d'ailleurs, quel progrès fait-on dans la vertu quand on s'y attache par quelque secret intérêt ? Au contraire, quand on l'aime pour elle-même, ne l'aime-t-on pas pour toujours ? S'adressant ensuite à son peuple, il lui dit : « Vous êtes ma gloire et ma joie ; vous me servez de justification contre ceux qui me censurent, et il me suffit de vous montrer pour faire taire mes calomniateurs. Confessez constamment le Père, le Fils et le Saint-Esprit, sans rien ajouter à la divinité et sans en rien retrancher, et faites toujours que la régularité de votre vie réponde à la sainteté de la doctrine que vous professez. » Ces conseils à son peuple lui fournissent l'occasion d'adresser aux empereurs ces belles paroles que notre grand Bossuet a reproduites littéralement dans un de ses discours :

« O princes, respectez votre pourpre, révérez votre propre puissance, et ne l'employez jamais contre Dieu, qui vous l'a donnée. Connaissez le grand mystère de Dieu en vos personnes. Les choses hautes sont à lui seul; il partage avec vous les inférieures. Soyez donc les sujets de Dieu, et soyez les dieux de vos peuples. »

Vingt-septième discours. — Le saint évêque, rappelé à Constantinople d'où la persécution l'avait forcé de s'éloigner, prononça à sa rentrée un discours où la tendresse et la sollicitude pastorale se manifestent par le langage de la plus ardente charité. Le commencement surtout est remarquable par un accent de sensibilité vive et profonde, de familiarité noble et délicate, et d'un abandon délicieux qui pénètre même les âmes les plus froides. C'est un père qui, après une longue absence, se trouve tout-à-coup au milieu d'une famille chère à son cœur. Il parle de lui-même et des autres ; il interroge, il presse les questions, il s'occupe des moindres détails, il voudrait tout apprendre à la fois. Tel est saint Grégoire de Nazianze rendu à son troupeau dont la tempête l'avait éloigné. Inquiet si pendant son absence les fidèles confiés à ses soins avaient mis en pratique les avis salutaires qu'il leur avait donnés avant son départ, il leur en demande compte; et lui-même leur rend compte à son tour de ce qu'il avait fait pendant son exil.

« Combien je souhaitais de vous revoir, mes enfants ! Sans doute, j'aime à me le persuader, vous n'étiez pas moins empressés à revoir votre père. S'il m'est permis de l'attester par serment, *je vous en assure par la gloire que je reçois de vous, en Jésus-Christ, notre Seigneur.* Telle est la formule de serment que le Saint-Esprit m'a dictée. C'est par son inspiration et par son ministère que je me suis rendu auprès de vous, afin d'acquérir au Seigneur un peuple choisi. Voyez tout ce que la foi a d'énergie. Car ici je vous découvre tous mes sentiments, et je réponds des vôtres à mon égard. M'en étonnerai-je ? Il n'y a, dans tous ceux que dirige le même esprit, qu'un même sentiment et une même foi. On ne croit pas volontiers qu'un autre éprouve le sentiment que l'on n'a pas soi-même ; mais aussi, quand on aime, on se persuade aisément que l'on est payé de retour. Il m'était impossible, malgré toute mon aversion pour le tumulte et les intrigues des villes, de soutenir une plus longue absence ; et j'ai cédé, sans beaucoup d'effort, aux mouvements de la tendre affection qui me ramenait vers vous. Pour des cœurs fortement épris, un jour de tourment parait aussi long que la vie entière. Il semble qu'un plaisir qu'on achète doive en paraître plus vif. Quand j'étais journellement au milieu de mon peuple, j'en goûtais moins le bonheur. A peine je vous avais quittés, que déjà je me sentais tourmenté par l'impérieux besoin de me retrouver au milieu de vous... Eh ! pouvais-je, sans une frayeur mortelle, penser que des loups furieux assiégeaient mon troupeau, et profitaient des ténèbres pour l'attaquer plus sûrement et en faire leur proie ?..... Quelles artificieuses manœuvres n'invente pas l'ennemi du salut ? Guides trompeurs qui ne s'unissent aux troupeaux que pour en écarter le vrai berger; pasteurs d'un jour, sans titres et sans mission, qui ne savent que dissiper et détruire ce que les autres ont fait. Hélas ! il ne faut qu'un moment pour dissiper et perdre.... Je ne suis point de ces pasteurs qui boivent le lait de leurs troupeaux, qui se couvrent de leur toison, qui s'engraissent de leur suc, les égorgent et trafiquent de leur chair, comme ceux que je vous désigne s'en applaudissent en disant : Dieu soit béni, nous avons fait fortune !.... Ce ne sont pas ceux qui s'écrieront avec l'Apôtre : *Qui est malade que je ne le sois, qui est scandalisé que je ne brûle?*. Je ne cherche point mes intérêts, moi, je ne cherche que vous. Voilà dans quels sentiments je vous reviens, et je ne doute pas que ces sentiments ne soient aussi les vôtres. Voyons donc ce que nous avons fait, vous et moi, pendant notre séparation. Rendons-nous compte réciproquement, comme nous aurons à le rendre au tribunal du grand Dieu. Dites, ô mes enfants, quel usage avez-vous fait des instructions que je me plaisais tant à vous donner sur le Dieu que nous servons, et sur les divers points de notre croyance? Je ne vous demanderai point seulement; où est le talent que je vous avais confié; j'en veux avoir aussi l'intérêt. L'avez-vous enfoui dans la terre sans le faire valoir ? Peut-être en ce moment quelques-uns de vous accusent le créancier d'être un exacteur dur et sévère. Où est le bien que vous avez fait? Par quelles œuvres votre foi s'est-elle manifestée ; car il n'en existe point sans les œuvres ?....

« Je vais maintenant vous instruire de ce que j'ai fait après vous avoir quittés. Elie se retirait sur la montagne du Carmel pour s'appliquer avec plus de liberté à la pratique de la vertu; Jean-Baptiste vivait dans le désert ; Jésus-Christ opérait ses miracles en présence de tout le peuple, mais il cherchait les solitudes écartées pour prier, afin de nous apprendre, par son exemple, à aimer la solitude. Quel fruit ai-je recueilli de ma retraite ? Je vais vous le dire. Un jour que je me promenais sur le bord de la mer, pour jouir de la fraîcheur du soir et de l'aspect de ses eaux tranquilles, qui venaient doucement baigner le rivage, je la vis tout à coup qui s'agitait, soulevée par un vent impétueux qui en enflait les vagues et la rendait menaçante. Ses flots arrivaient de loin, et venaient se briser en mugissant contre le rivage ou contre les rochers voisins, qui les repoussaient sans en être ébranlés, et les faisaient dissoudre en une pluie écumante, entraînant pêle-mêle les cailloux, les plantes marines et les coquillages. Ce spectacle semblait m'offrir l'image de ma situation actuelle, et fut pour moi une source d'instruction. N'est-ce point là, me disais-je à moi-même, le tableau fidèle de la vie humaine ; et toutes les choses de ce monde ne ressemblent-elles pas à la mer, dont elles ont l'amertume et l'instabilité ? Les tentations et tant d'événements divers qui nous surprennent ne sont que trop bien représentés par ces vents, dont la violence soudaine portait le désordre dans cet élément que j'avais sous les yeux. Le prophète David s'en plaignait quand il disait : *Sauvez-moi, Seigneur, mon âme est comme noyée dans les eaux ; retirez-moi de l'abîme où je me vois précipité. Je suis tombé sous la profondeur de la mer, et la tempête m'a submergé.* Ils cèdent à la moindre tentation ces corps légers et sans consistance ; mais ils résistent à tous ces chocs, ceux-là qui, semblables au rocher, s'élèvent au-dessus des faiblesses vulgaires, surmontent avec une inébranlable fermeté tous les accidents humains, et contemplent de loin ceux qui ont fait naufrage, soit pour gémir sur leur peu de courage, soit pour les plaindre....

« Les poëtes nous parlent d'un certain arbre qui fleurit lorsqu'on le coupe, qui résiste au fer, et qui, pour me servir de leurs expressions figurées, trouve un renouvellement de vie dans la mort même. Ce n'est là qu'une fiction ; mais elle me rappelle l'idée d'un vrai philosophe, tel que le christianisme seul peut le former.

« Il triomphe dans les épreuves ; et ce qu'on appelle ordinairement les malheurs de la vie ne sont pour lui qu'une plus ample moisson de mérites et de gloire.... Qu'on l'appelle un samaritain, un possédé du démon, il se souvient que Jésus-Christ a été traité de la sorte, et il se glorifie de participer aux souffrances de Dieu.... A quelques épreuves qu'il soit réduit, il ne parviendra jamais à souffrir le fiel, le vinaigre, la couronne d'épines, le roseau, la robe de pourpre, la croix, les clous, la compagnie des voleurs, les blasphèmes des passants, et tout ce qu'un Dieu a souffert. »

Le saint docteur revient au philosophe dont il trace le portrait. « Rien de plus fort, de plus indomptable qu'un homme de cette trempe? Jamais liberté ne fut plus entière que celle dont il jouit. Docile lorsque son devoir ne se trouve point compromis ; inflexible lorsqu'on lui demande une chose injuste.

« En vain prétendrez-vous le dépouiller de ses biens, le priver de l'univers entier; il a les ailes et le vol rapide de l'aigle ; il vous échappe ; il s'élèvera où vous ne sauriez atteindre ; il ira se reposer dans le sein de Dieu, qui est son maître et son protecteur.

« En un mot, on avoue qu'il y a deux choses que rien au monde ne saurait surmonter, Dieu et l'ange. Mais j'en connais moi-même une troisième : c'est un homme du caractère de celui que je représente ici.

« Immatériel dans la plus noble partie de lui-même, quoique encore composé de matière; sans bornes par la grandeur et l'activité de ses désirs, quoique encore renfermé dans un corps mortel; vivant sur la terre, mais déjà citoyen du ciel par la grandeur de sa foi et par la solidité de ses espérances ; inébranlable enfin au milieu de toutes les agitations humaines, il souffrira d'être vaincu en tout le reste, mais jamais en magnanimité; ou s'il paraît succomber dans son corps à la violence et à la fureur des persécutions, ce sera en demeurant victorieux dans son âme, et en triomphant de ceux mêmes qui ont cru le vaincre. »

Saint Grégoire entre ensuite dans le détail des maux et des persécutions que ses ennemis lui avaient fait subir et pouvaient lui ménager encore, et témoigne n'en être point ébranlé. « Diront-ils que je suis un ignorant? En effet, je ne possède d'autre science que cette crainte de Dieu, appelée par l'Ecriture le commencement de la sagesse, la fin et l'abrégé de tout discours, et le tout de l'homme.... Me reprocheront-ils ma pauvreté ? C'est elle-même qui fait toute ma richesse.... M'appelleront-ils un proscrit, un exilé ? Ce serait bien vil de la part des hommes à qui je dois mon bannissement. Ai-je donc une patrie déterminée ici-bas, moi qui ai l'univers tout entier pour patrie, ou plutôt qui ne reconnais ma vraie patrie dans aucun lieu de cet univers ?.... Me feront-ils un crime de ma vieillesse ? mais si j'ose le dire et me donner des louanges, mes austérités et leurs persécutions n'ont pas peu contribué à l'avancer... Entreprendront-ils de me priver du trône épiscopal ? En quoi a-t-on vu que je l'aie jamais désiré? M'arracheront-ils de l'autel visible de la terre ? Il m'en restera toujours un autre dont l'Esprit saint est l'architecte et où l'on s'élève par la contemplation.... Peut-être me chasseront-ils de la ville ? Du moins ils ne me banniront pas de la céleste patrie.... Ils m'enlèveront mon argent, mais quel argent ? Si c'est le bien de mon Eglise, il a été la matière funeste de nos guerres et de nos dissensions.

« Ils me banniront de ma maison; ils m'interdiront l'usage de tous les plaisirs; ils me feront perdre la bienveillance de mes amis. Ma maison : je n'en ai point d'autre que celle où j'ai été reçu ici, comme Elisée le fut autrefois chez la Sunamite. Les plaisirs : si je les recherche, puissé-je être livré en proie à la fureur de mes ennemis! je ne saurais former de plus terribles imprécations contre moi. Mes amis : les uns me fuiront, je n'en suis que trop convaincu, et n'attendront pas même qu'ils soient attaqués ; à l'égard des autres, je suis depuis longtemps accoutumé à souffrir leur orgueil et leurs mépris....

« Je fais si peu d'état de tout ce qu'il y a de plus formidable au monde, que, m'oubliant totalement moi-même, je ne songe qu'à déplorer le sort funeste de mes persécuteurs. O vous qui étiez autrefois les membres de Jésus-Christ, et qui n'avez pas cessé de nous être chers bien que la corruption vous ait gâtés ! membres d'un troupeau que vous avez livré avant qu'il fût rassemblé, comment vous êtes-vous dispersés, comment en avez-vous dispersé d'autres? Comment avez-vous élevé autel contre autel? Comment vous êtes-vous ainsi ruinés et détruits tout d'un coup? Comment vous êtes-vous donné la mort à vous-mêmes, par votre séparation, et nous avez-vous causé à nous d'inconsolables regrets ? Comment avez-vous abusé de la simplicité des pasteurs, pour dissiper et perdre tout le troupeau ? car ce n'est pas à eux que mes reproches s'adresseront; leur peu d'expérience les a trompés ; mais vous, quelle excuse donner à votre artificieuse perversité ? O Israël ! qui guérira votre corruption? quels remèdes appliquerai-je à d'aussi vives plaies? quelles paroles, quelles supplications employer désormais pour vous arracher au profond abîme où vous vous êtes plongé ? J'aurai du moins recours au Seigneur. Trinité sainte, lui dirai-je, adorable et parfaite Trinité, que nous adorons et que nous prêchons hautement ! Il n'appartient qu'à vous de réparer un mal aussi funeste : vous seule pouvez opérer un si grand ouvrage. Daignez nous rendre ceux qui se sont détachés de nous, et faites même que leur séparation leur apprenne à aimer et à conserver la paix et l'union. Quant à nous, après les tribulations et les travaux de cette vie, faites-nous arriver à la contemplation de votre divine essence, et à la jouissance de ces biens célestes que l'on possède sans division et sans trouble ! »

Vingt-huitième discours. — Il est intitulé : *Du dogme, et de l'établissement des évêques.* — On n'y trouve rien qui détermine le temps ni le lieu où il fut prêché. Le commencement est une invective contre ceux qui, avant d'avoir assujetti les sens à l'esprit, en purifiant également l'âme et le corps, et en s'instruisant par la méditation des choses célestes, s'ingéraient dans les dignités ecclésiastiques et se mêlaient de distribuer la parole de Dieu aux peuples, sans posséder aucun des talents nécessaires pour accomplir un aussi grave et aussi important ministère. La suite est une explication exacte et méthodique du ministère de la Trinité. Comme nous avons eu, et comme plusieurs fois encore nous aurons occasion d'exposer la doctrine du saint docteur sur ce dogme fondamental de notre religion, le lecteur nous fera grâce d'une analyse qui ne serait qu'une répétition et qui d'ailleurs ne lui apprendrait rien.

Trentième discours. — *Eloge d'Eulalius.* — Saint Grégoire passant par Doare, bourgade de la seconde Cappadoce, vers l'an 373, y prononça à la louange d'Eulalius que les catholiques venaient d'en établir évêque, un discours qui se trouve le trentième dans le recueil de ses *Sermons*. La probité seule de ce pontife l'avait fait élever au trône épiscopal, occupé auparavant par un hérétique qui venait d'étre chassé. On voit que l'Eglise de Doares avait souffert, apparemment de la part des hérétiques, une grande persécution qui se trouvait apaisée, lors du passage de saint Grégoire, puisqu'il en rend grâces à Dieu, qui avait changé tout à coup la tempête en calme.

Trente-unième discours. — Sur le divorce. — Ce discours est une explication de la réponse de Jésus-Christ aux Pharisiens, qui lui avaient demandé dans quelles circonstances un homme pouvait se séparer de sa femme. Il fut prononcé à Constantinople, après que les églises eurent été rendues aux catholiques. L'opinion des Juifs alors était que les maris pouvaient quitter leurs femmes, sans que les femmes eussent le droit de se séparer de leurs maris. Saint Grégoire fait remarquer que les hommes ont agi avec peu d'équité dans toutes les lois qui regardent les femmes, comme aussi lorsqu'ils ont attribué toute puissance aux pères sur leurs enfants. « Dieu, dit-il, en a agi tout autrement, en nous commandant d'honorer nos pères et nos mères, et en condamnant à mort celui qui s'oublierait jusqu'à leur donner des malédictions. Nous venons tous de l'homme et de la femme, tous deux poussière et image de Dieu. De quel front exigez-vous que votre femme soit chaste si vous ne l'êtes pas? Pourquoi une loi différente à propos d'un corps qui mérite qu'on l'honore également? Si la femme a péché, Adam la fait de même ; le serpent les a séduits tous deux, et la femme n'a pas montré plus de faiblesse que l'homme. D'ailleurs, Jésus-Christ est mort pour les sauver tous les deux ; et il avait les mêmes intentions de salut pour l'homme et pour la femme lorsqu'il s'est revêtu d'un corps. Il est beau, suivant la pensée de l'Apôtre, que la femme honore Jésus-Christ dans son époux, et que l'homme honore l'Eglise en honorant sa femme. Donc, hors le cas d'adultère, le seul où Jésus-Christ permet aux maris de répudier leurs femmes, ils doivent supporter patiemment en elles tous les autres défauts, et s'efforcer de les en corriger. » Au sujet de la réponse que les Pharisiens firent à Jésus-Christ, saint Grégoire demande s'il est expédient de se marier, et répond ainsi : « Un chaste mariage est honorable; mais il ne convient qu'à des personnes modérées, que le libertinage et la débauche n'ont pas corrompues, et qui ne ressentent pas trop d'emportement vers les plaisirs de la chair. Le mariage qui n'est autre chose que l'union de l'époux et de l'épouse, avec le désir légitime d'avoir des enfants, est louable, parce qu'il unit des chrétiens pour servir Dieu ; mais s'il ne sert qu'à allumer le feu de la concupiscence, et s'il devient une occasion de péché, je dis alors qu'il n'est pas expédient de se marier. Le mariage est bon et honnête, mais je n'ai garde de le mettre au-dessus de la virginité, qui ne serait qu'une vertu bien ordinaire, si elle n'avait pas quelque chose qui l'élève au-dessus de ce qui n'est qu'effectivement louable. Les vierges qui n'ont aucun commerce avec la chair, et dont l'esprit est chaste comme le corps, ont choisi un état qui les approche des anges. » Le saint docteur condamne, en passant, l'opinion de la préexistence des âmes, et sur la fin de son discours, il ordonne aux laïques, aux prêtres, aux empereurs d'appuyer la saine doctrine, et exhorte tous ceux qui dans les troubles précédents avaient souffert, soit dans leurs personnes, soit dans leurs biens, à le supporter avec patience.

Trente-deuxième discours. — Adieux de saint Grégoire à son peuple. — « Théodose, dit M. Villemain dans son beau travail sur l'éloquence chrétienne au IVe siècle, avait convoqué dans Constantinople un grand concile de tous les évêques d'Orient. Cette assemblée devait régler divers débats sur la possession légitime des sièges, pendant la longue domination de l'arianisme. Les droits même de Grégoire de Nazianze au siège de Constantinople, n'étaient pas encore régulièrement établis, puisque nous avons vu plus haut qu'ils lui avaient été contestés par un philosophe cynique, qui avait su intéresser à sa cause les évêques d'Egypte et le patriarche d'Alexandrie. Le concile de Constantinople se hâta de reconnaître et de consacrer Grégoire de Nazianze ; mais bientôt des factions se formèrent dans cette assemblée contre le vertueux archevêque ; on lui reprochait de ne pas poursuivre les anciens ennemis de la religion alors triomphante; on traitait sa charité de tiédeur pour la foi.

« Grégoire de Nazianze, ami du repos et de la solitude, n'essaya pas de lutter contre ces orages. Il offrit sa démission dans le concile; il l'offrit à l'empereur, et sa vertu ne put le sauver d'un mouvement de surprise et de douleur, en voyant avec quelle promptitude elle était acceptée. Alors il n'hésita plus, et rassemblant le peuple et le concile dans l'église de Sainte-Sophie, il annonça par un dernier discours sa résolution et sa retraite. L'intérêt d'un tel spectacle était grand dans les mœurs de ce siècle, et le génie de l'orateur ne parut jamais plus brillant et plus élevé. Il rend compte avec simplicité de sa vie, de ses épreuves, de sa foi, de ses efforts pour le salut du peuple. Après avoir caractérisé énergiquement les ambitions et les intrigues des évêques, qu'il compare aux rivalités bruyantes du cirque et aux évolutions du théâtre, il répond au reproche que lui fait le parti vainqueur.

« Tu es placé, me dit-on, depuis telle époque, à la tête de l'Église, favorisé par le temps et par la puissance de l'empereur. Quel signe d'un heureux changement a brillé pour nous? Que d'hommes nous ont autrefois outragés! Que n'avons-nous pas souffert! etc... Puisque, par le retour des choses humaines, nous pouvons nous venger, il fallait punir ceux de qui nous avons reçu tant d'injures. Eh quoi! nous sommes devenus les plus puissants, et nos persécuteurs ont échappé! Oui, sans doute : car, pour moi, c'est une assez grande vengeance que de pouvoir me venger. » Et il se plaint alors avec éloquence de ces hommes si exacts et si justes à rendre le mal qu'ils ont souffert, et qui ne voient leur délivrance que dans la terreur qu'ils inspirent à leur tour. Il répond aussi au reproche de n'avoir pas une table fastueuse, un magnifique cortége. « Je ne savais pas, dit-il, que nous dussions disputer de luxe et de magnificence avec les consuls et les généraux d'armées. Si telles furent mes fautes, pardonnez-les-moi; nommez un autre évêque qui plaise à la foule, et accordez-moi la solitude et le repos des champs....

« Tant et de si puissants motifs ont-ils déterminé vos cœurs? Ai-je gagné ma cause? Faut-il quelque chose de plus fort et de plus convainquant? Je vous en supplie, au nom de la Trinité même que nous adorons de concert, au nom de nos communes espérances; je vous en supplie, ne me refusez pas la grâce que je vous demande. Consentez à ma retraite, donnez-la-moi par écrit, comme les empereurs la donnaient par écrit aux soldats après de longs services. Si j'ai pu mériter quelque bienveillance de votre part, rendez-moi un témoignage honorable, afin que ma réputation soit en sûreté; sinon, faites ce que vous jugerez à propos; je n'entrerai point en jugement contre vous. Que Dieu prenne soin de moi, il ne me reste plus de vœux à former.... Recevez donc et mes adieux et les dernières paroles que je vous adresse avant de vous quitter. » En achevant ces mots, l'éloquent orateur salue tous les lieux qui sont présents à sa mémoire, tout ce qu'il aimait, tout ce qu'il abandonne.

« Adieu, église d'Anastasie, toi qui tirais ton nom de notre pieuse confiance, adieu, monument de notre commune victoire, nouvelle Siloé où nous avons, pour la première fois, planté l'arche sainte, depuis quarante ans agitée et errante dans le désert; adieu aussi, grand et célèbre temple, notre nouvelle conquête, qui dois à la parole sainte ta grandeur présente, bourgade de Jébus dont nous avons fait une Jérusalem; adieu, vous toutes, demeures sacrées de la foi, les secondes en dignité, qui embrassez les diverses parties de cette ville, et qui en êtes comme le lien et la réunion; adieu, saints apôtres, célestes colonies, qui m'avez servi de modèles dans mes combats; adieu, chaire pontificale, honneur envié et plein de périls, conseil des pontifes, orné par la vertu et l'âge des prêtres; vous tous, ministres du Seigneur à la table sainte, qui approchez de Dieu quand il descend vers nous; adieu, chœur de Nazaréens, harmonie des psaumes, veilles pieuses, sainteté des vierges, modestie des femmes, assemblée des orphelins et des veuves, regards des pauvres tournés vers Dieu et vers moi; adieu, maisons hospitalières, amies du Christ, et secourables à mon infirmité. Adieu, vous qui aimiez mes discours, foule empressée, où je voyais briller les poinçons furtifs qui gravaient mes paroles. Adieu, barreaux de cette tribune sainte, forcés tant de fois par le nombre de ceux qui se précipitaient pour entendre la parole. Adieu, ô rois de la terre, palais des rois, serviteurs et courtisans des rois, fidèles à votre maître, je veux le croire, mais certainement la plupart infidèles à Dieu. Applaudissez, élevez jusqu'au ciel votre nouvel orateur; elle s'est tue, la voix incommode qui vous déplaisait. Adieu, cité souveraine et amie du Christ (car je lui rends ce témoignage, quoique son zèle ne soit pas selon la science); et le moment de la séparation adoucit mes paroles); approchez-vous de la vérité, corrigez-vous, quoique bien tard. Adieu, Orient et Occident, pour lesquels j'ai combattu, et par qui je suis accablé. J'en atteste celui qui pourra vous pacifier, si quelques autres évêques savent imiter ma retraite. Mais je m'écrierai surtout : Adieu, anges gardiens de cette Eglise, qui protégiez ma présence et qui protégerez mon exil; et toi, Trinité sainte, ma pensée et ma gloire! Puissent-ils te conserver, et puisses-tu les sauver, sauver mon peuple! et que j'apprenne chaque jour qu'il s'est élevé en sagesse et en vertu! Enfants, gardez-moi le dépôt sacré; souvenez-vous de ma lapidation. Que la grâce de Notre-Seigneur Jésus-Christ soit avec vous tous. »

« Après avoir prononcé ces paroles, d'une émotion et d'une grâce infinies dans le texte original, l'éloquent archevêque, toujours en butte à des haines que le talent et la vertu ne désarment pas, quitta Constantinople. »

Qu'il nous soit permis de rapprocher de cette appréciation, due à la plume de M. Villemain, le jugement porté sur cet admirable discours et, en particulier, sur la péroraison qui le termine, par Mgr Guillon, lorsqu'il était, lui aussi, professeur d'éloquence sacrée à la Faculté de théologie de Paris. Après un parallèle brillant entre cette péroraison et celle de Cicéron, à la fin de son discours *pro Milone*, que La Harpe regarde comme le chef-d'œuvre de cet orateur, parallèle tout entier à l'avantage du Père de l'Eglise, voici comment le savant professeur résume son opinion et justifie cette préférence.

« Dans celle que nous venons de traduire, rien d'emprunté à l'art ni à la fiction; rien que de légitime; rien qui n'émane de la nature et d'un pathétique vrai. Ici tout va au cœur, parce que tout sort du cœur. Ici ce n'est pas seulement la piété qui obtient des larmes, sans avoir besoin de les invoquer; c'est l'autorité et la tendresse d'un père qui commande le plus vif attendrissement. C'est un vieillard à cheveux blancs, se plaçant entre le ciel et la terre, entr'ouvrant la tombe où il va bientôt descendre, et montrant du doigt la commune patrie où il doit se retrouver un jour avec le troupeau à qui il a consacré sa vie tout entière; un père environné d'une famille nombreuse à qui il lègue ses dernières dispositions en présence du sénat le plus auguste. Une semblable perspective est bien différente assurément de tous les tableaux factices que l'on peut embellir, mais dont on ne corrige pas le fond. Ici tout le pathétique habilement manié tient à la vérité de la cause et au caractère des personnages, bien plus qu'au talent de l'orateur. Cicéron implorant la pitié pour Milon, pour un assassin banni par décret du sénat, et l'implorant au nom d'êtres fantastiques, vaut-il saint Grégoire, un évêque chargé d'ans et de vertus, sollicitant son propre exil au nom de tout ce qu'il y a, en effet, de plus sacré? Encore une fois, la péroraison latine se réduit tout entière à cette seule pensée, que Milon ayant dédaigné de descendre au rôle de suppliant, Cicéron le prend pour lui-même; par là, nécessairement, l'intérêt s'affaiblit en se divisant. Dans la péroraison grecque, point d'intermédiaire. Saint Grégoire parle dans sa propre cause. En réunissant les plus puissants intérêts, non-seulement sur sa personne, mais sur tant d'objets divers que sa retraite va laisser dans le deuil, bien loin de s'affaiblir, l'émotion se propage et s'accroît. Aussi, quelle foule d'images! quelle progression dans les mouvements, quelle chaleur et quelle plénitude de pathétique résulte de cet admirable tableau que nous venons de mettre sous les yeux du lecteur. Que l'on juge d'après cela si notre éloquence chrétienne peut redouter aucune espèce de parallèle! »

Trente-troisième discours. — Contre les Eunomiens. — Les trois discours suivants traitent des plus hautes matières de la théologie. L'essence de Dieu et ses attributs ineffables, la divinité du Verbe et sa parfaite égalité avec Dieu son Père, celle du Saint-Esprit, sa consubstantialité avec les personnes divines, ses mystérieuses opérations en font le sujet. Partout, le saint docteur expose et développe les articles de la croyance catholique, avec la précision la plus rigoureuse et la plus sublime élévation des vues. On dirait qu'il les a puisées dans une communication intime avec Dieu lui-même. Ces seuls discours suffisent pour justifier l'éloge qui lui a été décerné par l'Eglise grecque, et que tous les siècles chrétiens lui ont confirmé, quand ils l'ont appelé le *Théologien,* « à cause, dit Bossuet, qu'il y défend, avec une force invincible, dans sa manière précise et serrée, la théologie des chrétiens sur le mystère de la Trinité. » Le premier de ces discours, intitulé: *Contre les Eunomiens,* sert de préface aux trois autres. Les hérétiques, qu'il désigne sous ce nom, sont les disciples d'Eunome, évêque de Cyzique, qui, après avoir suivi l'école d'Aétius, forma lui-même une secte à part. C'étaient des sophistes, grands parleurs, cultivant volontiers la satire, et beaucoup plus appliqués à bien dire qu'à bien faire. Le barreau retentissait de leurs disputes; la paix des maisons, la joie des repas en étaient troublées; le sexe lui-même y prenait part, et les femmes les plus ignorantes s'érigeaient en docteurs. Cependant, saint Grégoire ne laisse pas de les traiter de frères et d'amis, « quoiqu'ils soient loin, dit-il, d'avoir pour les catholiques des sentiments fraternels. » Mais il les prie en même temps de ne pas s'offenser si, par la suite, il parle contre leurs pensées et leurs maximes, en leur prescrivant celles qu'il faut observer pour bien parler des mystères. Il n'appartient pas à tous de parler de Dieu et d'expliquer ses mystères. Cette fonction n'a rien de trivial, rien qui convienne à des âmes basses, à des esprits charnels et rampants. Quelque sujet que l'on traite, il faut toujours l'aborder avec sagesse et l'approfondir avec discrétion.

« Qui donc peut parler de Dieu et annoncer ses oracles? Celui qui s'est longtemps éprouvé, qui a pénétré et approfondi les vérités chrétiennes par la prière et la contemplation, et qui s'est appliqué à purifier son corps et son âme de toute souillure, ou qui, du moins, s'y applique sans relâche. Car, comme il est dangereux de regarder le soleil avec une vue faible et des yeux malsains, de même, c'est risquer infiniment que de toucher, étant souillé, à ce qui est souverainement pur.

« Quand doit-on entreprendre d'expliquer les mystères? C'est lorsqu'on est éloigné du bruit et du tumulte du monde, et dégagé de toute affection charnelle. Car, tous ces vains fantômes et toutes ces images importunes, qui naissent de l'illusion des sens et des passions, altèrent la paix de l'âme, qui ne saurait connaître Dieu si elle ne jouit d'une tranquillité parfaite; répandent le trouble et la confusion dans nos idées, et ressemblent à des traits informes et grossiers, mêlés avec de hardis et excellents coups de pinceaux, ou à une mauvaise odeur répandue parmi des parfums exquis. A qui doit-on faire part de ces grandes vérités? A ceux qui y prêtent toute leur attention et qui les traitent sérieusement: car tel est l'aveuglement et la corruption de plusieurs, que, mettant au nombre de leurs divertissements des choses aussi saintes, ils réduisent, en plaisantant, les plus hauts mystères à de vaines subtilités. Quels sont, enfin, les sujets que l'on doit traiter, et quelle mesure doit-on y apporter? On peut parler de ce qui est proportionné à nos lumières et à notre intelligence, mais on ne doit point se flatter de pouvoir expliquer ce qui est impénétrable à la raison humaine. Il faut encore que tout ce que l'on dit soit à la portée de ceux qui nous écoutent. Car, de même que les cris excessifs blessent les oreilles, une trop grande abondance de viande nuit à la santé, de trop pesants fardeaux accablent ceux qui les portent, de même, un discours embarrassé de questions trop subtiles accable l'auditeur, et n'est propre qu'à épuiser ses forces et son attention. »

Trente-quatrième discours. — Le discours suivant commence par un exorde qui paraît avoir inspiré Bossuet, lorsqu'en méditant le mystère de l'éternelle génération du Verbe, il s'écrie: « Où vais-je me perdre? Dans quelle profondeur? dans quel abîme? » De même, le saint docteur de Nazianze paraît d'abord succomber sous le poids de la majesté divine, dont il entreprend de dévoiler la mystérieuse essence?

« Au moment de m'élever sur la montagne, je me sens glacé d'effroi. Si l'espérance me rassure, ma faiblesse me déconcerte et m'abat. Dieu m'ordonne de pénétrer la nue pour m'y entretenir avec lui. Si, du moins, quelque Aaron voulait bien m'accompagner et me prêter une main secourable jusqu'à l'entrée du sanctuaire. Mais que tout ce qui est peuple s'arrête au pied de la montagne, sous peine d'être chassé sévèrement. Ceux-là seulement qui ont apporté quelque soin à se purifier pourront entendre, mais de loin, le son des trompettes, c'est-à-dire le simple exposé des mystères. Mais qu'ils se gardent bien d'approcher plus avant ; la montagne est couverte de feu et de fumée. »

Suivant lui, la nature de Dieu n'est connue que de lui-même ; il est d'une impossibilité absolue d'expliquer ce qu'elle est ; l'entendement humain ne saurait la comprendre, et il paraît même douteux que les esprits célestes, quoique dégagés de la matière, et tout resplendissants de la lumière qu'il leur communique, connaissent l'essence divine ; mais, pour comprendre qu'il y a un Dieu, c'est-à-dire une première cause dont toutes les autres dépendent, il suffit d'avoir des yeux et d'observer les lois de la nature ; on connaît son existence par les créatures qu'il a tirées du néant et qu'il conserve. Saint Grégoire donne trois raisons qui expliquent pourquoi Dieu a voulu être incompréhensible. La première, parce que nous ne l'estimerions pas assez ; la seconde, pour ne pas nous exposer au malheur de Lucifer, car, peut-être, nous révolterions-nous contre Dieu, si nous étions environnés des lumières qui ont ébloui cet ange rebelle ; la troisième, parce que nous ne saurions, à travers les ténèbres qui nous environnent, voir un Etre, qui, selon l'expression de David, est renfermé dans sa propre gloire comme dans un refuge inviolable. Quelque effort que fasse notre âme pour se détacher des choses sensibles et s'élever au-dessus de la matière, il y a toujours quelque chose de grossier, de matériel, jusque dans les idées qu'elle cherche à se former de la Divinité. C'est ce que saint Grégoire rend sensible par cette induction : « On donne à Dieu les noms de souffle, de feu, de lumière, d'esprit, de charité, de sagesse, de justice et de Verbe. Or, pouvez-vous concevoir le souffle sans quelque mouvement, le feu sans matière, sans mouvement, sans chaleur ; l'esprit, sans qu'il soit joint à quelque autre chose ; la sagesse, autrement que comme une qualité habituelle qui nous sert à contempler les choses divines et humaines ; la charité et la justice, que comme des inclinations louables, dont l'une s'oppose à l'injustice et l'autre à la haine ? » Il ajoute que l'impossibilité de connaître Dieu a été l'origine de l'idolâtrie. Les hommes ont adoré le soleil, la lune, les astres, le ciel, parce qu'ils ne connaissaient rien de plus parfait, tandis qu'ils auraient dû s'aider de la beauté et de l'ordre de la création pour s'élever jusqu'à la connaissance de Dieu. En effet, le désir qui nous porte vers cet Etre suprême étant réglé par la raison, qui nous apprend que le monde ne peut se passer d'un chef qui le gouverne, cette même raison nous empêche de nous fixer aux choses sensibles, et nous oblige à élever notre vue au-delà de tout ce qui a été créé. « Quand l'Ecriture dit, en parlant des patriarches et des prophètes, qu'ils ont connu Dieu, elle ne parle que comparativement au reste des hommes, pour dire qu'ils en ont eu une connaissance un peu moins imparfaite.

« Toutes les recherches que l'on fait pour y parvenir sont pénibles autant qu'infructueuses. C'est vouloir faire de grandes choses avec de petits instruments. Salomon, déclaré le plus sage des hommes, convient que plus il s'enfonce dans cet océan sans fond, moins il avance dans la découverte de la vérité. Saint Paul, après de longs efforts pour connaître les jugements de Dieu, n'ose porter ses regards sur sa nature, persuadé qu'elle est au-dessus de toutes nos intelligences. Dans cet abîme impénétrable des divines perfections, il sent qu'il est impossible de fixer un point d'appui, comme de déterminer aucun terme à des recherches aussi laborieuses et toujours renaissantes, et, satisfait d'admirer ce qu'il ne comprendra jamais ici-bas, il s'écrie : *O profondeur des trésors de la sagesse et de la science divine ! Que ses jugements sont impénétrables, et ses voies incompréhensibles !*

« Quoi ! la raison de l'homme échoue à tous moments contre les objets qui sont le plus à sa portée. Tout ce qui l'entoure, ce qui est au-dessus, à côté de lui, lui-même, son propre corps, le mécanisme des sens, les phénomènes de sa mémoire, de son intelligence, l'alliance intime de deux substances, aussi étrangères l'une à l'autre que le sont l'âme et le corps, la formation des animaux divers, leur instinct, les prodiges de leur industrie, l'harmonie qui règne dans la nature, autant d'énigmes dont nous ne comprenons pas le secret ; et nous voudrions connaître le mystère de l'essence divine ! »

Chacun de ces détails, dit l'abbé Guillan, fournit à la brillante imagination de saint Grégoire de Nazianze autant de tableaux, où l'éloquence soutenue par le langage des prophètes semble prendre l'essor et les vives couleurs de la poésie. Il s'arrête avec complaisance sur chacune des merveilles qui embellissent la scène du monde. Ce qui a fait dire à Bossuet : « Le théologien d'Orient, saint Grégoire de Nazianze, contemplant la beauté du monde, dans la structure duquel Dieu s'est montré si sage, si magnifique, l'appelle élégamment en sa langue, le plaisir et les délices de son créateur. » A travers ces belles descriptions l'orateur sème les réflexions les plus philosophiques et arrive à cette conclusion logique et rationnelle : « C'est donc la foi plutôt que la raison que nous devons prendre pour guide. » Il finit son discours par une réflexion sur les anges, dont la nature, dit-il, est intellectuelle et les qualités au-dessus de notre entendement. « Ce que nous savons, c'est qu'il y a des anges, des archanges, des trônes, des puissances, des principautés, des dominations, des créatures intellectuelles et de purs esprits ; des natures pures qui n'ont nul penchant au mal, ou du moins qui n'y tombent pas aisément. Ce sont les ministres de la volonté divine. Ils ont naturellement et aussi par communication une force extraordinaire ; ils vont partout dans un moment tant par la légèreté de leur nature, que pour s'acquitter de leur ministère avec plus de promptitude. Dépendant en toutes choses de la volonté de Dieu, ils ne suivent point d'autre règle ; on donne aux uns le soin de veiller sur quelque partie de l'univers ; ils chantent les louanges de cette divine majesté, et contemplent perpétuellement cette gloire éternelle ; non que leurs éloges lui donnent de l'accroissement, mais afin que ces natures sublimes qui sont les premières après Dieu soient comblées de nouveaux bienfaits. »

Trente-cinquième discours. — *De la théologie.* — Saint Grégoire dans ce discours traite de la consubstantialité du Verbe et par conséquent de la divinité du Fils. « Qu'il n'y ait qu'un Dieu, dit-il, il ne s'ensuit pas qu'il n'y ait qu'une personne ; mais la pluralité des personnes ne fait pas une pluralité de puissances. L'unité passant par deux s'arrête à la Trinité : voilà ce qui fait que nous reconnaissons le Père, le Fils et le Saint-Esprit. Le Père engendre (et produit) sans passion d'une manière incorporelle, avant le temps : l'un est engendré, l'autre procède. On ne sait de quels termes se servir pour exprimer des choses qui ne tombent point sous les sens. Mais, demandez-vous, quand est-ce que tous ces mystères se sont opérés ? S'il faut le dire hardiment, ils sont coéternels au Père, qui n'a jamais commencé d'être, non plus que le Fils et le Saint-Esprit. Si vous demandez quand le Fils a été engendré, je vous réponds qu'il n'a point de commencement, non plus que le Père ; et il faut dire la même chose du Saint-Esprit ; il procède sans commencement, et cette génération et cette procession passent les forces de l'entendement humain. Mais, objecterez-vous si le Fils et le Saint-Esprit sont coéternels au Père, pourquoi ne dira-t-on pas qu'ils sont sans principe comme lui ? C'est qu'ils viennent de lui, quoiqu'ils ne lui soient point postérieurs : ce qui n'a point de principe est nécessairement éternel ; mais il n'est pas nécessaire que ce qui est éternel n'ait point de principe. Le Fils et le Saint-Esprit reconnaissent donc un principe ; mais il est évident que la cause n'est pas toujours antérieure à l'effet pour la durée, comme nous le voyons dans le soleil à l'égard de la lumière. Vous demandez comment il est possible que cette génération soit exempte de passion ? c'est qu'elle est incorporelle. » Ce mystère, continue saint Grégoire, n'aurait rien d'admirable, si vous pouviez le comprendre, puisque vous ne concevez pas même comment vous êtes venu au monde. Combien est-il plus difficile de connaître la nature de l'homme que celle de Dieu, et cette sublime génération que la vôtre ? Si vous niez qu'il a été engendré, parce que vous ne sauriez comprendre ce mystère, combien faudra-t-il, par ce principe, que vous retranchiez de choses de la nature que vous ne connaissez point ? Ne raisonnez donc pas de cette nature incorporelle comme vous raisonnez de la matière et des corps. Il faut honorer ce mystère par un silence respectueux, c'est assez pour vous de savoir que le Fils a été engendré, les anges eux-mêmes ne le comprennent pas. Il l'a été de la manière que le sait le Père qui l'a engendré, et comme le sait également le Fils qui a été engendré ; le reste est couvert d'un nuage épais et se dérobe aux faibles lumières de notre intelligence. »

Les eunomiens, continuant leurs subtilités, disaient : « Le Père a engendré un Fils qui existait ou qui n'existait pas. » — « Ce raisonnement, remarque saint Grégoire, pourrait s'appliquer à nous qui venons en quelque sorte de l'être et du non-être, comme Lévi venait d'Abraham ; mais pourrait-il s'appliquer à la Trinité ? » Pour leur en faire sentir le ridicule, il leur adresse cette question : « Le temps est-il dans le temps ou non ? S'il y est, dans quel temps se trouve-t-il, comment en est-il contenu ? S'il n'est pas dans le temps, quelle est cette nouvelle philosophie qui admet le temps hors du temps ? » Il n'y a donc rien dans l'Ecriture ni ailleurs qui puisse les autoriser à ne reconnaître dans le Fils, qu'une divinité équivoque et de nom. Le Verbe, en revêtant un corps, n'a point changé de nature ; s'il est né, il a été engendré ; sa naissance n'admet point de père ; sa génération n'admet point de mère, et cependant l'un et l'autre marquent sa divinité. S'il a été enveloppé de langes, il a brisé, en ressuscitant, les liens dont son corps était enchaîné dans le tombeau ; s'il a été baptisé comme homme, il a effacé les péchés comme Dieu ; s'il a eu faim, il a nourri plusieurs milliers de personnes et il est le pain céleste qui donne la vie. Le saint orateur témoigne qu'il lui en coûte d'avoir à établir sur de pareils raisonnements la divinité du Fils. « Mais, dit-il, on est obligé de s'accommoder au génie des gens et d'approprier les remèdes au mal que l'on veut guérir. C'est un moyen de faire sentir à nos adversaires que leurs querelles interminables n'auront jamais la force d'affaiblir l'Evangile. C'est une mauvaise ressource que d'abandonner la foi pour s'appuyer sur des raisonnements humains, et de négliger l'autorité de l'Esprit saint pour des questions frivoles. On est accablé par la grandeur de son sujet ; les termes manquent parce que l'esprit n'y suffit pas, et la faiblesse des expressions devient un prétexte d'accuser la religion ; et cependant, comme le remarque l'Apôtre, les termes recherchés, les vaines subtilités de paroles anéantissent la croix de Jésus-Christ ; la foi doit donc être le supplément de notre doctrine. »

Trente-sixième discours. — L'auteur le commence par cet exorde :

« Aidés de la lumière de l'Esprit saint, nous avons discuté et confondu dans nos précédents discours, et les raisonnements de l'hérésie, et les objections qu'elle fonde sur des passages de l'Ecriture, que l'on affecte de détourner de leur véritable sens pour répandre les ténèbres sur la route de la vérité. Il est impossible avec de la bonne foi de ne pas rendre cette justice à la clarté de nos preuves. » En effet, tous les siècles ont souscrit à ce jugement, qu'ils ont même étendu aux deux discours qui suivent, le premier sur la divinité du Verbe, le second sur la divinité du Saint-Esprit, et qui complètent ce que l'on appelle les discours théologiques du saint orateur. L'arianisme et les erreurs des macédoniens y sont poursuivis jusque dans leurs derniers retranchements. Dans le premier, celui que nous analysons, saint Grégoire, après être revenu sur quelques-uns des textes dont les ennemis de la consubstantialité appuyaient leur doctrine impie, explique les noms divers sous lesquels nous adorons Jésus-Christ. « Le nom de Père est affecté à celui qui n'a point de principe ; nous appelons Fils celui qui est engendré, et Saint-Esprit celui qui procède du Père et du Fils.

« La seconde personne de la Trinité s'appelle *Fils*, parce qu'il est de la même essence que le Père, et qu'il vient du Père ; *Fils unique*, non-seulement parce qu'il est seul, mais parce qu'il est engendré d'une manière toute spéciale, et qui ne convient nullement au corps ; *Verbe*, parce qu'il a la même relation avec son Père que la parole avec l'esprit, non-seulement en vertu de la génération, mais aussi parce qu'il est uni à son Père, et qu'il le fait connaître... On le nomme *Sagesse*, parce qu'il connaît les choses divines et humaines, car pourrait-il ne pas connaître ses ouvrages ? *Puissance*, parce qu'il conserve ce qu'il a fait ; *Vérité*, parce que sa nature est simple ; la vérité est une, le mensonge a plusieurs faces... *Lumière*, parce qu'il éclaire l'âme ; si l'ignorance et le péché sont comparés aux ténèbres, la science et la vie divine sont une véritable lumière ; *Vie*, parce qu'il anime toutes les créatures raisonnables ; c'est par lui que nous sommes, que nous vivons, et que nous avons le mouvement ; il nous fait respirer ; il nous communique le Saint-Esprit... *Justice*, parce qu'il récompense ou qu'il punit... *notre Rédemption*, parce qu'il nous a délivrés de l'esclavage du péché, et qu'il s'est livré pour racheter le genre humain ; *notre Résurrection*: nous étions morts par le péché, et il nous a ramenés à la vie. Tous ces noms lui conviennent en tant qu'homme, et en tant que Dieu ; en voici d'autres qui sont particulièrement attachés à l'humanité. On l'appelle *homme*, non-seulement parce qu'il s'est rendu visible, d'invisible qu'il était, mais aussi parce qu'il sanctifie l'homme en se répandant comme le levain, par toute la masse de la nature humaine, et qu'il s'est uni à l'humanité pour la délivrer des peines auxquelles elle avait été condamnée ; il s'est fait en tout *semblable à nous, à la réserve du péché*. Il est devenu un Dieu visible, et *Fils de l'homme*, parce qu'il est descendu d'Adam, par le ministère d'une Vierge, selon les lois et contre les lois de la génération ordinaire. Il est le *Christ* à cause de la divinité, qui est comme l'onction de son humanité et qu'elle ne sanctifie pas seulement par l'opération comme dans les autres christs. Il est la *voie* qui nous conduit ; la *porte* par où il faut entrer ; le *pasteur* qui nous mène dans les pâturages et aux fontaines pour nous désaltérer. Il nous montre la route par où nous devons marcher ; nous guérit de nos infirmités et de nos blessures ; nous conserve tandis que nous sommes en santé, et nous ouvre la porte pour la vie éternelle. Il est une *brebis* destinée pour être victime ; c'est un *agneau* parfait, c'est le *pontife* qui offre le sacrifice, véritable Melchisédech, roi de paix et de justice. »

Trente-septième discours. — Il est dirigé contre l'hérésie des Macédoniens, ainsi nommés de Macédonius, qui, après s'être vu déposer, en 360, du siége épiscopal de Constantinople, commença à répandre contre la divinité du Saint-Esprit des opinions, qui, bien que blasphématoires, ne laissèrent pas de rencontrer un grand nombre de partisans. Dans le langage de ces hérétiques, le Saint-Esprit était un Dieu étrange, un Dieu de nouvelle fabrique. Saint Grégoire établit la foi de sa divinité et la parfaite égalité des trois personnes divines sur les témoignages de l'Ecriture.

« Ceux qui ne veulent pas souscrire à ce dogme, dit-il, eh bien qu'ils le rejettent ! s'ils se plaisent dans leur impiété qu'ils y restent. Quant à nous, nous prêchons ce qui nous a été manifesté. Nous porterons notre chaire sur le lieu le plus élevé, s'il le faut, et là, nous proclamerons la divinité du Saint-Esprit. Nulle crainte n'affaiblira notre voix ; nous n'en aurons d'autre que celle de ne pas nous faire entendre, jamais de parler.

« S'il a pu exister un temps où le Père n'était pas, il y en a eu un aussi où le Fils et le Saint-Esprit n'étaient pas. Si le Père est dès le commencement, le Fils et le Saint-Esprit sont aussi dès le commencement. Retrancher une des personnes, c'est anéantir les trois. Plus de Trinité, plus de Dieu.

« Nous disons que le Saint-Esprit procède du Père. Cette procession n'en fait point une créature... Mais qu'est-ce que cette procession ? Commencez par me répondre : comment le Père n'est pas engendré, et ce que c'est que la génération du Fils ? alors je tâcherai de vous expliquer la procession du Saint-Esprit ; et, dans ce cas, il y aura de part et d'autre une égale témérité à prétendre expliquer les mystères de l'essence divine.

« Que manque-t-il donc au Saint-Esprit, me direz-vous, pour être Fils ? Je réponds qu'il a tout ce qu'a le Fils, étant Dieu comme lui. Il n'y a de différence que dans les rapports de l'un à l'autre, et dans la qualification que nous leur donnons.

« Le Fils n'est pas le Père, d'autant qu'il n'y a qu'un Père ; mais le Fils est ce qu'est le Père. Le Saint-Esprit n'est pas le Fils, parce qu'il n'y a qu'un Fils unique ; mais il est ce qu'est le Fils. Ces trois personnes ne font qu'une seule et même divinité. L'unité dont je parle, ne favorise ni l'erreur de Sabellius ni la division d'Arius. Le Saint-Esprit est-il Dieu? Oui. Il est donc consubstantiel? Oui puisqu'il est dieu. Vous voudriez que je vous expliquasse comment il est possible que la même substance soit le Fils, et cependant qu'elle ne soit pas le Fils. Mais il n'est rien de créé qui puisse nous donner quelque idée de cette nature supérieure. Ce serait une extrême folie de chercher parmi des choses si basses quelque similitude avec des choses si sublimes. C'est comme si l'on cherchait des vivants parmi les morts, selon l'expression du prophète Isaïe. Toutefois, pour donner une comparaison imparfaite : Adam et Eve, et leur fils Seth étaient tous trois de même nature. Adam était l'ouvrage de Dieu, Eve une portion d'Adam, et Seth son fils; Eve et Seth étaient sortis d'Adam mais diversement.

« S'il ne faut pas adorer le Saint-Esprit, comment peut-il sanctifier par le baptême? S'il faut l'adorer, ne lui devons-nous pas un culte particulier? L'un suit nécessairement l'autre. Appelons l'Ecriture en témoignage : les textes naissent en foule pour la confusion de ceux qui nous combattent... Jésus-Christ vient au monde, c'est l'Esprit saint qui l'annonce; on le baptise, l'Esprit saint lui rend témoignage; il est tenté, le Saint-Esprit le délivre; Jésus-Christ fait des miracles, le Saint-Esprit l'assiste ; il monte au ciel, le Saint-Esprit en descend. Rien de grand et d'auguste qui ne soit son ouvrage. Un saisissement religieux me pénètre à la seule pensée de tant de noms divins que lui donne l'Ecriture. Il y est appelé l'esprit de Dieu, l'esprit et l'âme de Jésus-Christ, l'esprit du Seigneur, le Seigneur lui-même; l'esprit d'adoption, de vérité, de liberté, de sagesse, de prudence, de conseil, de force, de science, de piété, de crainte de Dieu ; il remplit tout par son essence; il contient tout, mais le monde ne peut le contenir, ni borner son pouvoir (1). Il est bon, juste, il dirige, il sanctifie, il n'est point sanctifié ; il mesure, il n'est pas mesuré, il donne, il remplit, il contient; il est glorifié, il est dans le même rang que le Père et le Fils; c'est le doigt de Dieu, il est feu comme Dieu (2).... C'est le Saint-Esprit qui crée, qui donne une seconde naissance par le baptême; il connaît tout; il souffle où il veut, et quand il veut (3); il va devant, il parle, il envoie, il sépare; il donne la vie et la lumière, il est la lumière et la vie; il perfectionne, il déifie ; il fait tout ce que Dieu fait, il dispense les dons; il a fait les apôtres, les prophètes, les évangélistes, les pasteurs, les docteurs (4).

« Au reste, gardons-nous bien de chercher parmi les images terrestres, quelques objets de comparaison avec nos mystères. Toutes similitudes, tirées des créatures, et appliquées à la trinité, sont imparfaites, et par conséquent dangereuses, si l'on ne s'attache au seul point de comparaison, en écartant avec grand soin toutes les différences.

« L'ancien Testament parle clairement du Père, et avec quelque obscurité du Fils ; le Nouveau parle clairement du Fils, et obscurément de la divinité du Saint-Esprit; mais le Saint-Esprit, qui habite maintenant parmi nous, explique plus nettement ce mystère. Il n'était nullement à propos de parler de la divinité du Fils avant que l'on connût nettement celle du Père; ni de publier ouvertement la divinité du Saint-Esprit, avant que d'être persuadé de la divinité du Fils. Il fallait aller pas à pas, et nous élever comme par degrés, jusqu'à la fin; le mystère de la divinité du Saint-Esprit était un des points qui ne devaient être communiqués aux disciples, que quand ils auraient vu le Fils ressuscité des morts, et qu'après sa glorieuse ascension dans le ciel, ayant reçu le Saint-Esprit sous la forme de langues de feu, il leur serait devenu impossible de douter du mystère, après un miracle si éclatant de sa puissance. »

Richard Simon, qui a osé attaquer la théologie de saint Grégoire de Nazianze, l'accuse ici d'être plus fécond en mouvements oratoires que fort de raisonnements et de l'appui que donnent les témoignages des livres saints. Bossuet, dans sa *Défense de la Tradition et des saints Pères*, a répondu à ce reproche en empruntant ses moyens de défense aux écrits du saint docteur, et particulièrement à ses discours contre les Eunomiens.

Trente-huitième discours. — *Sur la nativité de Jésus-Christ.* — Saint Grégoire prononça ce discours dans un lieu où il était étranger. On croit que ce fut à Constantinople, vers la fin de l'an 380. Les bibliographes lui donnent indistinctement le titre de *Nativité* et celui de *Théophanie*, ce qui nous autorise à penser qu'à cette époque, on célébrait dans un même jour la fête de la naissance de Jésus-Christ et celle de l'adoration des Mages, comme les Grecs continuent encore de les célébrer aujourd'hui. Le saint orateur s'y applique à décrire les circonstances admirables de l'incarnation.

« Jésus-Christ vient au monde : glorifiez-le, mes très-chers frères. Il descend du ciel : allez au-devant de lui. Il s'abaisse jusqu'à venir sur la terre : élevez-vous, peuple qui habitez la terre ; chantez les louanges du Seigneur... Jésus-Christ paraît revêtu d'un corps, faites paraître de la crainte et de la joie : de la crainte, c'est le péché qui l'oblige à ces abaissements ; de la joie, il vient opérer l'œuvre de notre rédemption. Jésus-Christ naît d'une vierge; femmes, respectez la virginité, si vous voulez être les mères de Jésus-Christ.

« Qui n'adorera celui qui est dès le commencement ! Qui ne louera celui qui ne fait que de naître ! La nuit du mensonge et de

---

(1) *Sap.* I, 7; *Eccli.* XV, 5; XXXIX, 8; *Isa.* XI, 2; XXVIII, 6 : *Luc.* I, 18; *II Cor.*, III, 3, 17; *Gal.* IV, 16; *Ephes.* I, 17; *Rom.* VIII, 15.
(2) *Sap.* XIII, 2; *Joel.* II, 28.
(3) *Joan.* III, 8.
(4) *Matth.* III; *Luc.* I, 17, 67 ; III, 16 : *Joan.* VI, 64; *Act.* VII, 26, 39; XIII, 2 ; *Rom.* VIII, 26 : *I Cor.*, XIII, 8; XIV, 32.

l'erreur va se dissiper; l'Egypte est replongée dans d'épaisses ténèbres; Israël est éclairé par une colonne de feu; le peuple qui gémissait dans une profonde ignorance, a reçu des connaissances qu'il n'eut jamais. *Ce qui était vieux est passé;* tout est devenu nouveau; la lettre cède, l'esprit prend le dessus; les ombres passent, la vérité se manifeste... Que Jean crie dans le désert: *Préparez les voies du Seigneur;* moi, à sa suite, je crierai pour faire connaître la puissance et la solennité de ce jour: Celui qui n'avait point de corps s'est incarné, le Verbe devient palpable; il était invisible, et il se fait voir; il était avant le temps, et il commence d'exister... Dieu s'est manifesté aux hommes; il s'est fait homme pour notre salut; il nous avait donné la vie, il a voulu la rendre heureuse; le péché nous avait fait déchoir de notre première dignité, la divine incarnation nous réhabilite dans tous nos droits.

« Le Fils de Dieu, dit-il, s'est revêtu d'un corps pour guérir les faiblesses de la chair; il a pris une âme semblable à la nôtre, afin que le remède fût proportionné au mal; il s'est chargé de toutes les misères humaines, à la réserve du péché; il a été conçu dans le sein d'une Vierge, dont le Saint-Esprit avait purifié l'âme et le corps; Dieu s'unit à l'humanité pour faire un composé admirable de deux contraires, c'est-à-dire de la chair et de l'esprit. J'avais été fait à l'image de Dieu, mais je n'ai pas conservé cette image. Pour réparer cette perte, et pour immortaliser ma chair, le Verbe a pris une chair toute semblable à la mienne. Il vient contracter avec nous une alliance nouvelle, plus merveilleuse encore que la première. Il nous avait donné ce qu'il y a de plus excellent (à savoir sa propre image); aujourd'hui il prend pour lui notre chair, c'est-à-dire ce qu'il y a de plus dégradé.

« Que répondront à cela ces rigides censeurs de la Divinité, qui blâment ce qui mérite de plus grandes louanges? Ingrats, pour qui Jésus-Christ est né, pour qui il est mort, est-ce ainsi que vous faites à Dieu un crime de ses bienfaits? Cesse-t-il d'être grand, parce qu'il s'abaisse par amour pour nous? Vous le voyez naître dans une étable: attendez un moment, vous l'allez voir purifier les eaux du Jourdain par son baptême, les cieux s'ouvrir, et le Saint-Esprit en descendre pour lui rendre témoignage. Vous l'allez voir servi par les anges dans le désert, guérir les malades, ressusciter les morts; et plût au ciel qu'il vous ressuscitât aussi vous-mêmes, vous qui êtes morts par votre impiété! chasser les démons, soit par lui-même, soit par le ministère des apôtres; nourrir avec quelques pains plusieurs milliers d'hommes; marcher sur les flots. Il sera trahi et crucifié, pour faire mourir les vices; il sera immolé comme un agneau, s'offrant lui-même en qualité de prêtre; il sera enseveli comme homme; il ressuscitera comme Dieu; il montera au ciel; enfin il en descendra dans toute sa gloire.

« Réjouissez-vous donc à la naissance du Sauveur. Si vous ne pouvez donner les mêmes signes de joie que Jean-Baptiste, qui tressaillit dans le sein de sa mère, réjouissez-vous du moins comme David, lorsque l'arche se reposa; respectez cette nativité qui brise les chaînes de votre naissance; honorez cette pauvre Bethléem qui vous a ouvert les portes du paradis. Accourez avec l'étoile; offrez des présents avec les mages, de l'or, de l'encens, de la myrrhe, comme à un roi, comme à un Dieu, comme à un homme qui meurt à votre place; joignez-vous aux pasteurs pour célébrer ses louanges; chantez des hymnes avec les chœurs célestes... De toutes les circonstances qui accompagnent cette nativité, n'en détestez qu'une; je veux dire le massacre des innocents, qu'Hérode fit égorger; honorez ces innocentes victimes qui furent immolées avec Jésus-Christ. »

Trente-neuvième discours. — *Sur le baptême de Jésus-Christ.* — La fête du baptême de Jésus-Christ suivait de près celle de sa naissance, et son nom de fête des Lumières venait de ce que le baptême était appelé *illumination,* parce qu'il nous transfère des ténèbres de notre nature à l'admirable lumière de la vérité évangélique. L'Église latine en a conservé la tradition dans la cérémonie des cierges allumés au jour de la Purification appelée pour cela fête de la Chandeleur.

Il commence son discours par des rapprochements et des comparaisons qui font ressortir l'excellence du baptême. « Qu'étaient-ce que les cérémonies légales, dit-il, qu'étaient-ce surtout que les superstitions de la gentilité, si on les compare avec la lumière dans laquelle nous sommes introduits par le baptême? » Il s'attache surtout à démontrer la futilité, l'extravagance et l'impiété des mystères du paganisme. Puis, entrant en matière, il dit: « L'objet de la fête que nous célébrons en ce jour est de nous faire souvenir de Dieu. Les bienheureux n'ont point d'autre occupation que de chanter éternellement ses louanges..... Je tremble; ma langue, mes pensées, mon esprit sont mal assurés, quand je suis obligé de parler de Dieu. Commençons par nous purifier; et nous pourrons ensuite approcher d'un Dieu qui est la pureté et la sainteté mêmes, et participer à sa divine lumière. Autrement, craignons qu'il ne nous arrive ce qui arriva au peuple juif, de ne pouvoir soutenir l'éclat d'une telle majesté; ou de ressentir ce qu'éprouva Manué : *O ma femme, nous avons vu Dieu, nous sommes perdus!* C'est ainsi qu'il parlait, lorsqu'il eut été frappé de certains traits qui n'étaient qu'une ombre légère de la divinité. »

Pour préparation au baptême, il recommande les sentiments d'humilité dont était pénétré le centenier de l'Evangile; le zèle de Zachée pour voir le Seigneur. « Alors, dit-il, le même Verbe qui est formidable et inaccessible par sa nature aux indignes, veut bien par sa miséricorde se rendre accessible à ceux qui sont saintement disposés. » Le saint docteur, après avoir établi en quelques mots les mystères de la Trinité et de l'Incarnation, explique toutes les circonstances du baptême conféré à Jésus-Christ par le saint précurseur.

« Le Sauveur n'est baptisé qu'à l'âge de trente ans, avant d'avoir commencé l'exercice de son ministère. Pourquoi ? Pour nous apprendre qu'avant de nous ingérer dans le gouvernement des autres, nous devons nous être purifiés, et soumis avec humilité aux ordres d'autrui : qu'il n'est point permis de se livrer à la prédication, que l'on n'ait atteint l'âge de la maturité et de la perfection, tant pour les forces du corps que pour les dispositions de l'esprit. Ce que je dis, pour servir de leçon à ces jeunes téméraires, à qui une confiance présomptueuse laisse croire que tout âge est bon pour dispenser l'enseignement et s'immiscer dans les fonctions du sanctuaire. Jésus commence par se purifier : vous vous imaginez n'avoir pas besoin de l'être ! Jésus se soumet à Jean : vous, vous refusez d'obéir à vos supérieurs, mandataires auprès de vous des divins oracles ? Jésus-Christ attend sa trentième année : vous, à peine sortis du premier âge, vous avez la prétention d'enseigner les vieillards. Je ne vous parle que de votre âge ; que serait-ce si j'interrogeais vos mœurs ? »

Enfin, il attaque, en passant, l'hérésie des novatiens qui refusaient de recevoir à la pénitence ceux qui avaient commis quelques péchés après le baptême.

« Vous rejetez la pénitence, dit-il, en s'adressant au chef de cette erreur ; nouveau pharisien, vous ne voulez pas qu'on pleure. Plaise au ciel que vous trouviez des juges plus indulgents pour vous, que vous ne l'êtes pour autrui ! Vous n'êtes point touché de la douceur de Jésus, qui s'est assujetti à nos faiblesses et à nos infirmités ; qui n'est point venu *appeler les justes*, mais exhorter les pécheurs à la pénitence ; Jésus qui préfère la miséricorde au sacrifice et ne met point de bornes à sa bonté. Votre état serait fort heureux, sans doute, si cette pureté, dont vous vous vantez, n'était point imaginaire, et au-dessus des forces humaines. Vous réduisez les hommes au désespoir de ne pouvoir se convertir. Il est également funeste ou de pardonner les péchés sans les châtier par la pénitence, ou de les châtier sans laisser l'espérance du pardon : l'un amène la licence par le relâchement ; l'autre, le désespoir par une excessive rigueur... Quoi ! pas même grâce pour David, ni pour Pierre, à qui Jésus pardonna son triple reniement ! Mais l'apôtre saint Paul ne se montra point aussi impitoyable à l'égard de l'incestueux de Corinthe : vous, croyez-vous donc valoir plus qu'un saint Paul ? comme si vous aviez été élevé à un quatrième ciel, et qu'on vous eût révélé à vous des mystères dont la communication n'aurait pas été donnée au plus sublime des apôtres.

« Si nous ne pouvons vous émouvoir, nous verserons des larmes sur vous. Si vous ne voulez pas suivre la route que nous tenons, et que Jésus-Christ a tracée, marchez donc tout seul dans celle que vous vous êtes ouverte. Peut-être un nouveau baptême vous attend dans l'autre monde ; mais baptême de feu, le dernier, le plus long et le plus douloureux de tous les baptêmes. »

Quarantième discours. — Dans le discours qui suit, saint Grégoire parle encore du baptême et y traite ce sujet beaucoup plus dogmatiquement et avec plus d'étendue.

« L'Ecriture nous parle de trois espèces de nativités : celle des corps, celle du baptême et celle de la résurrection. La première est basse, servile, toute charnelle ; la seconde est le remède à nos inclinations vicieuses, et à la faiblesse humaine : c'est la porte de la vie éternelle ; la troisième est courte, mais favorable : elle rassemblera dans un moment toutes les créatures raisonnables pour les présenter au Créateur, qui leur demandera un compte exact de leur vie. Il est certain que Jésus-Christ a honoré ces trois nativités : la première, par le souffle de vie dont il a été animé ; la seconde, par son incarnation et son baptême ; la troisième, par sa résurrection. Nous ne traiterons ici que la seconde. L'effet du baptême est d'éclairer les âmes, de leur donner une nouvelle vie... Il soutient notre faiblesse, il amortit la concupiscence, nous assujettit à l'Esprit, et nous communique le Verbe ; il redresse la nature, efface le péché, dissipe les ténèbres, nous conduit à Dieu, nous associe à Jésus-Christ... Il nous donne une vie nouvelle, nous délivre de la servitude, nous remet dans notre premier état ; c'est le plus grand de tous les bienfaits de Dieu...

« On donne plusieurs noms à Jésus-Christ qui l'a institué ; nous en donnons aussi plusieurs au baptême... Nous l'appelons : don, grâce, baptême, onction, illumination, symbole d'incorruption, régénération, sceau ; *don* et *grâce*, parce qu'on le reçoit sans y avoir rien contribué de sa part ; *baptême*, parce que le péché s'y trouve enseveli dans un bain sacré ; *onction*, parce qu'il imprime un caractère divin et royal ; *illumination*, parce qu'il dissipe les ténèbres et donne la lumière ; *bain*, parce qu'il lave nos souillures ; et *sceau*, parce qu'il nous marque pour le salut...

« Qu'est-ce donc que le baptême ? La force et la vertu de ce sacrement consiste principalement dans le pacte que nous faisons avec Dieu, de mener une seconde vie plus pure et plus parfaite que la première. Que si les hommes prennent Dieu à témoin pour affermir une alliance qu'ils font avec d'autres hommes, combien n'est-il pas plus important de bien prendre garde de ne pas violer celle que nous avons contractée avec lui-même, de peur de nous rendre coupables, non-seulement des autres péchés, mais encore de celui d'avoir manqué à la parole que nous avons si solennellement jurée devant le tribunal de la vérité souveraine. »

Le saint docteur s'élève avec force contre la coutume où l'on était de renvoyer le baptême à un temps reculé et souvent même à l'extrémité de la vie. « C'est un artifice de l'ennemi du salut pour nous frustrer de ses bienfaits : la pénitence est un remède qui guérit nos blessures ; mais il est bien plus sûr de n'en avoir pas besoin, et de s'en tenir au baptême qui n'est point pénible et qui convient également à tout le monde. Que de larmes faut-il répandre pour égaler la vertu du baptême! Qui nous répondra que nous aurons le temps de faire pénitence? Si le tentateur vous attaque après votre baptême, opposez-lui l'eau dans laquelle vous avez été baptisé, et elle éteindra tous les traits enflammés de votre ennemi. » Saint Grégoire rapporte ensuite les différents artifices dont le démon se sert pour nous tenter, et indique en même temps les moyens de lui résister avec succès ; puis, continuant à combattre la coutume qui s'était introduite de différer indéfiniment le baptême, il dit : « Ne différons point notre baptême au lendemain ; ne regardons point cette grâce comme une peine, et surtout n'attendons point que nous soyons accablés de péchés, afin d'obtenir un plus ample pardon. C'est quand vous avez l'esprit libre et que vous jouissez d'une santé parfaite, que vous devez vous hâter de recevoir la grâce qu'on vous offre et qui ne dépend que de vous. N'attendez pas que votre langue, épaissie par les infirmités, ou glacée par le froid de la mort, ne puisse plus articuler les paroles que doivent prononcer ceux qui sont initiés à ce mystère. Pourquoi devoir cette grâce à la fièvre, plutôt qu'à Dieu ? Puisque cette eau pénètre jusqu'à l'âme, pourquoi en faire une eau funèbre qui ne lave que le corps ? Est-ce donc une peine que de recevoir le salut ? ... Pourquoi consultez-vous le temps plutôt que la raison ?... J'emprunterai la voix éclatante de l'Apôtre pour vous crier : Voici maintenant le jour favorable, le jour de salut. Maintenant, vous dit-il, car, maintenant, à cette heure, vous pouvez mourir... »

Saint Grégoire remarque ensuite que les veilles, les jeûnes, les mortifications, les prières, les larmes, la compassion envers les pauvres, les aumônes, sont les dispositions nécessaires pour mériter, recevoir et conserver la grâce du baptême ; et il prend occasion de là d'exhorter ses auditeurs à la pratique des bonnes œuvres, sans lesquelles, dit-il, la foi est morte, comme les bonnes œuvres elles-mêmes ne servent de rien, si la foi ne les vivifie. Enfin, il termine son discours en leur demandant le secret sur les mystères qu'il venait de leur confier. « Je vous ai révélé sur nos mystères tout ce qu'il est permis d'en divulguer au peuple ; vous apprendrez le reste par une révélation intime de la Trinité, et vous tiendrez toutes ces choses secrètes et comme scellées du sceau du baptême. N'oubliez pas que toutes les cérémonies en sont mystérieuses : la station que vous faites en sortant des fonts avant d'entrer dans le sanctuaire marque la gloire de la vie future ; le chant des psaumes est le prélude de la psalmodie céleste ; les flambeaux qui y sont allumés sont le symbole des lampes que nous porterons à la main lorsque nous irons au devant de l'époux. »

Quarante-unième discours. — *Sur la Pâque.* — Ce discours, le premier selon l'ordre des temps, fut prononcé à Nazianze, le jour de Pâques de l'an 362. Saint Grégoire, qui venait d'être ordonné malgré lui, le commence par justifier sa retraite et ses refus sur les exemples de Moïse et de Jérémie ; puis il montre la Pâque des chrétiens figurée par celle des Hébreux, dont les cérémonies sont le symbole de ce que nous devons faire pour célébrer dignement la résurrection du Sauveur. « Nous avons échappé à la tyrannie de Pharaon, dit-il ; crucifiés hier avec Jésus-Christ, nous sommes aujourd'hui glorifiés avec Jésus-Christ. Il est mort, mourons avec lui ; il est ressuscité, ressuscitons avec lui. Sacrifions tout pour celui qui s'est sacrifié lui-même comme le prix de notre rédemption ; faisons pour lui ce qu'il a fait pour nous. » Il revient ensuite sur son ordination, et sur le choix que son père venait de faire de lui pour les gouverner et les nourrir de la parole divine ; et leur promet que, dans ses discours, il cherchera moins à flatter leurs oreilles qu'à graver dans leurs cœurs les préceptes de l'Esprit saint.

Quarante-deuxième discours. — *Sur le même sujet.* — Ce discours, prononcé après le retour de saint Grégoire de Constantinople à Arianze en 381, commence par un exorde écrit dans le style des prophètes :

« *Je demeurerai ferme dans le lieu où l'on m'a mis en sentinelle ; je me tiendrai immobile dans ma forteresse, et je regarderai attentivement pour remarquer ce que Dieu me dira au dedans de moi.* Ce sont les expressions du prophète Habacuc. Et moi aussi, pour n'être pas au-dessous du ministère que le Saint-Esprit m'a confié, je considérerai attentivement tout ce qu'il voudra me dire ou me faire voir. J'ai regardé en silence, avec réflexion, et j'ai vu un homme qui s'élevait au-dessus des nues. Il ressemblait à un ange par son visage. Ses habits étaient resplendissants comme le feu des éclairs. Il a étendu sa main vers l'Orient ; il a crié à haute voix ; ses cris étaient plus éclatants que le bruit d'une trompette. Il me semblait voir autour de lui une armée céleste ; il a parlé en ces termes : « C'est « aujourd'hui que le monde visible et in- « visible a été sauvé : Jésus-Christ est res- « suscité ; il faut que vous ressuscitiez avec « lui ; il est sorti du tombeau, brisez les liens « du péché dont vous êtes enchaînés ; les por- « tes de l'enfer ont été ouvertes, et la mort « est vaincue. Le vieil Adam est détruit ; un « nouvel Adam est venu à sa place. Vous « aussi, devenez de nouvelles créatures en « Jésus-Christ. » — « Voilà les paroles qui sortaient de sa bouche, et les armées célestes répondaient à sa voix, en répétant le chant de triomphe qu'elles firent entendre au jour de sa naissance : *Gloire à Dieu, au plus haut des cieux, et paix sur la terre aux hommes chéris de Dieu.* Je vous adresse les mêmes paroles, et je voudrais avoir la voix d'un ange pour me faire entendre jusqu'aux extrémités de la terre. »

Il appelle la fête de Pâques la fête des fêtes, la solennité des solennités, la vraie pâque ou le passage de la terre d'Egypte à la terre promise, de la mort à la vie ; ce qui lui fournit de solides instructions. Il parcourt les principaux événements de la vie du Sauveur pour en tirer des moralités édifiantes. Il prouve l'analogie des deux Testaments dans un morceau dicté par la plus profonde théologie. Il explique en détail les cérémonies de la pâque chez les Hébreux, et les applique aux devoirs de la vie chrétienne ; enfin il termine son discours par cette invocation : « Verbe divin, qui êtes la lumière, la vie, la sagesse éternelle et la souveraine puissance ; le Fils, la progression et le sceau de Dieu ; Verbe intellectuel, homme visible, dont le pouvoir unit et rassemble toutes choses ! recevez ce discours, non pas comme des prémices, mais comme la dernière offrande que je vous ferai. Je vous la présente par deux motifs : pour vous remercier des bienfaits dont vous m'avez comblé, et pour vous prier de ne pas ajouter de nouvelles afflictions à celles que nous ne pouvons nous dispenser de souffrir. Vous voyez, Seigneur, combien est grande la tyrannie de nos corps ; si notre vie se termine aussi heureusement que nous le souhaitons, et si nous avons le bonheur d'être admis dans les tabernacles éternels, peut-être vous offrirons-nous, dans le séjour de la gloire, des sacrifices qui vous soient agréables. Père, Fils et Saint-Esprit, c'est à vous que la gloire, l'honneur et l'empire appartiennent dans les siècles éternels. Amen. »

Quarante-troisième discours. — Pour le nouveau dimanche. — On appelait ainsi le premier dimanche qui suivait la fête de Pâques. Ce discours fut prononcé à Nazianze, dans l'église du martyr Saint-Mamas. Suivant le pieux orateur, l'ancienne coutume de renouveler, chaque année, la mémoire des fêtes est très-utile pour ranimer notre zèle, et empêcher que l'idée des meilleures choses ne s'efface par un long oubli ; mais, pour solenniser dignement des fêtes aussi célèbres que celles de notre rédemption, il faut s'appliquer à produire des actes de vertu. Si nous eussions persévéré dans notre premier état en obéissant au précepte de Dieu, nous serions demeurés immortels. La mort n'est entrée dans le monde qu'à la suite du péché, et c'est lui qui a été cause de celle de Jésus-Christ. « Le fruit qui nous a causé la mort, dit-il, était agréable à la vue et au goût ; ne regardons donc point avec trop de complaisance les beautés de la terre ; mettons au contraire toute notre application à nous considérer nous-mêmes. Puisque nous avons l'honneur d'être le temple et la maison de Dieu, travaillons à nous défaire du vieil homme, et ne conservons de colère que contre le serpent qui nous a séduits. » Le renouvellement de l'année donne lieu à une description du printemps, qui semble plutôt appartenir à la poésie qu'à l'éloquence. L'orateur termine son discours par une circonstance de la vie de saint Mamas. « La vie des martyrs, dit-il, rassemble tout le peuple, afin qu'il soit témoin de leurs combats. Mamas est de ce nombre : ce pasteur illustre, ce saint martyr, qui vivait autrefois du lait des chèvres qui accouraient en foule pour nourrir miraculeusement un homme aussi extraordinaire, nourrit à son tour tout le peuple de la métropole. »

Quarante-quatrième discours. — Pour la fête de la Pentecôte. — Ce discours, dans lequel le saint docteur prouve la divinité du Saint-Esprit contre les manichéens, fut prononcé à Constantinople, où les hérétiques étaient nombreux, et jouissaient d'un assez grand crédit pour pouvoir inspirer des craintes à leurs adversaires. Aussi, le saint orateur, qui savait mieux prévoir le danger que composer avec sa conscience, termine-t-il sa démonstration par ces paroles pleines d'une noble et sainte résignation chrétienne : « C'est ce divin Esprit qui me fait parler aujourd'hui avec une entière confiance. Si je n'en dois pas souffrir, Dieu soit loué ; si ma liberté m'attire quelques souffrances, Dieu soit loué encore ; qu'il soit loué, s'il épargne ce péché à mes ennemis ; mais qu'il soit loué surtout, s'il permet qu'une mort sanglante me sanctifie et couronne par la palme du martyre mon ministère dans la prédication de l'Evangile. » Il pénètre ensuite dans le mystère de la sainte Trinité, et démontre la consubstantialité des trois personnes divines. Bossuet en a emprunté cette sublime théologie, expression littérale des pensées du savant orateur. « Comme la Trinité très-auguste a une source et une fontaine de divinité, ainsi que parlent les Pères grecs, un trésor de vie et d'intelligence que nous appelons Père, et où le Fils et le Saint-Esprit ne cessent jamais de puiser, de même l'âme raisonnable a son trésor qui la rend féconde. Tout ce que les sens lui apportent du dehors, elle le ramasse au dedans ; elle en fait comme un réservoir que nous appelons la mémoire. Et de même que ce trésor infini, c'est-à-dire le Père éternel, contemplant ses propres richesses, produit son Verbe, qui est son image ; ainsi l'âme raisonnable, pleine et enrichie de belles idées, produit cette parole intérieure, que nous appelons la pensée ou la conception, ou le discours qui est la vive image des choses. »

Quarante-cinquième discours. — On a fait d'une lettre au moine Evagre le quarante-cinquième discours de saint Grégoire ; mais tout le monde convient aujourd'hui que cette pièce n'est point de lui. On n'y retrouve ni son style, ni la noblesse, l'élévation et la solidité habituelle de ses pensées. Ce discours, du reste, répond à cette difficulté proposée par Evagre, savoir : comment la Divinité peut être simple, s'il y a trois personnes en

Dieu; mais cette réponse est embarrassée, et les comparaisons dont l'auteur se sert pour expliquer son sujet ne sont pas toujours justes ni intelligibles.

Les discours qui suivent, depuis le quarante-cinquième jusqu'au cinquante-troisième, sont moins des sermons que des traités ou des lettres. On n'est pas même d'accord sur leur véritable auteur. Quelques passages recueillis çà et là parmi les discours du saint évêque, et quelquefois répétés mot pour mot dans ceux dont nous parlons, au lieu de tromper les éditeurs, auraient dû leur en démontrer la supposition. Cependant nous ne saurions en dire autant des deux lettres à Clédonius qui forment les deux avant-derniers discours. Clédonius était prêtre de l'Eglise de Nazianze, et chargé de la gouverner pendant l'absence du saint docteur. Comme les apollinaristes l'avaient infectée du venin de leur hérésie, Grégoire lui écrivit afin de le prémunir contre les dangers de leurs fausses doctrines, en lui expliquant dogmatiquement le mystère de l'Incarnation. Comme plusieurs fois déjà nous avons eu occasion de revenir sur ce sujet dans le cours de cette étude, nous nous croyons dispensé de reproduire une analyse qui n'ajouterait rien aux précédentes démonstrations. A plus forte raison nous abstiendrons-nous de rendre compte des discours douteux ou supposés.

LETTRES. — Grégoire de Nazianze, ce théologien si élevé, cet orateur si sublime, savait aussi s'abaisser à propos. Nous avons de lui un assez grand nombre de lettres, la plupart familières et écrites dans l'abandon de l'amitié. Il y en a très-peu qui portent sur des questions de dogme et de discipline : quelques-unes même ne sont qu'un jeu d'esprit. Par exemple, la première, adressée à Célansius : « Vous blâmez mon silence et la vie retirée que je mène à la campagne. Laissez-moi vous répondre par un apologue qui ne vous déplaira pas. » Et il lui raconte la fable des *Cygnes et des hirondelles*, celle que La Fontaine a mise en si beaux vers, sous le titre de *Philomèle et Progné*. Toutes ces lettres respirent le naturel le plus facile et le plus délicat. Génie souple, fécond, vraiment inépuisable, unissant l'atticisme à la philosophie, la grâce la plus aimable à une érudition variée, Grégoire de Nazianze est celui de tous les anciens qui a porté le plus loin la supériorité dans tous les genres. Il serait vraiment à désirer qu'une plume exercée enrichît le public de la traduction de ce précieux recueil, qui comprend en tout deux cent quarante-deux lettres, au nombre desquelles il y en a plusieurs de saint Basile. Ce serait faire, à la jeunesse surtout, un présent plus utile, et pour le moins aussi agréable que celui des lettres de Pline et de Cicéron.

A Nicobule. — Saint Grégoire a tracé les règles du style épistolaire dans une réponse à un de ses amis nommé Nicobule, qui lui avait demandé si une lettre devait être longue ou courte, et en quoi l'excès était le plus répréhensible. Après avoir observé que la mesure d'une lettre était son utilité, le saint docteur ajoute : « A quoi bon écrire longuement, si l'on n'a que peu de choses à dire, ou se borner à quelques lignes, quand on aurait beaucoup à se communiquer? Il faut donc éviter l'un et l'autre défaut, et se tenir dans un juste milieu.... » Il remarque plus loin :

« La précision que je demande, dans une lettre, c'est la clarté, qui consiste à éviter, autant que possible, de s'embarrasser dans un flux de paroles stériles, qui ne prouvent autre chose que la démangeaison de parler. Car enfin, le principal mérite, dans ce genre, c'est de se faire également goûter des ignorants et des savants; des premiers, en leur parlant un langage qui ne s'éloigne pas de l'intelligence la plus bornée; des seconds, en s'exprimant dans un style qui ne soit pas celui du commun, et qui pourtant se fasse comprendre sans aucun effort; car rien ne fatigue, dans une lettre, comme l'embarras d'avoir un logogriphe à expliquer, et le besoin de commenter ce que l'on vous écrit. Après, vient le mérite de l'agrément. N'en espérez point d'un sujet maigre et dépourvu d'intérêt, d'un style qui manque d'élégance et d'ornement, fait seulement pour inspirer le dégoût et l'ennui; qui ne se prête point aux sentences, aux allusions, à rien de ce qui assaisonne et relève le discours; non qu'il soit permis dans aucun sujet d'en faire abus; j'y veux de la réserve. Surtout, ce qui doit y régner, c'est le naturel. Les oiseaux voulurent un jour se donner un roi. Chacun vantait ses qualités. L'aigle fut choisi; on le jugea le plus beau des oiseaux, précisément parce qu'il n'avait pas la prétention de l'être. » Ce peu de mots vaut mieux que bien des traités publiés de nos jours sur le style épistolaire.

A saint Césaire. — Césaire, frère du saint docteur, exerçait à Constantinople la profession de médecin et était reçu en cette qualité auprès des princes et des empereurs. C'est probablement en apprenant la nouvelle de cette élévation que saint Grégoire lui écrivit la lettre suivante : « Vous nous avez jetés dans une étrange confusion. Je ne vous parle pas de l'affliction que j'ai ressentie; qu'ai-je besoin d'en assurer celui des hommes qui en est le plus intimement persuadé? Non, je ne vous parlerai pas de moi, du profond chagrin, et des inquiets pressentiments que me donnent les bruits fâcheux répandus contre vous. Oh! si vous étiez ici parmi nous, pour y entendre ce que disent de vous ceux de la famille, les étrangers et tout ce qu'il y a de chrétiens qui nous connaissent! ce n'est qu'une voix pour blâmer votre conduite. « Le fils d'un évêque servir à la cour! « rechercher la puissance et la gloire du « siècle, se laisser prendre, comme tant d'au- « tres, à l'appât de l'argent, au risque de « son salut, plutôt que de mettre la gloire « et la richesse à lutter contre le torrent, à « se conserver dans une noble indépen- « dance, à fuir du plus loin possible « la contagion du vice et de l'infidélité.

« Comment les évêques pourront-ils exhor-
« ter les autres à ne pas céder au temps, à
« se tenir en garde contre toutes les séduc-
« tions, à craindre jusqu'à l'approche de l'i-
« dolâtrie, pour n'être pas infecté de ses
« vapeurs? De quel droit viendraient-ils
« désormais reprocher à d'autres leurs lâ-
« ches connivences, quand leur propre
« maison leur présente de quoi rougir pour
« eux-mêmes? » — Tels sont, je ne dis pas
tout encore, les discours que tiennent nos
amis et ceux qui ne le sont pas. Moi surtout,
qui ai résolu de consacrer ma vie au service
de Dieu seul, n'espérant d'autre bien que
de mériter les espérances de la vie future,
puis-je les entendre sans en être douloureuse-
ment affecté? Notre vénérable père en est
dans un chagrin qui lui rend la vie insupportable. Je ne le console qu'en me rendant
caution de votre foi, et lui garantissant que
vous ne persisterez pas longtemps dans ce
qui nous cause tant d'alarmes. Pour ma
mère, elle n'en sait rien encore. Nous avons
pu réussir jusqu'à présent à le lui cacher;
mais si elle venait à l'apprendre, elle en
mourrait de chagrin, elle qui, à toute la
délicatesse de son sexe, joint une piété si
fervente, qui l'a détachée de toutes choses
de ce monde. Si donc vous êtes touché de
vos intérêts et des nôtres, attachez-vous à
un parti à la fois plus honnête et plus sûr.
Nous avons des biens suffisants pour nous
procurer une existence libre, honorable,
telle que peut la désirer un homme dont
l'ambition n'est point insatiable, et que la
soif de l'or ne dévore pas. Je ne vois même
point ce qui pourrait vous retenir et vous
empêcher d'exécuter, dès à présent, une
retraite, dont, plus tard, l'occasion ne se
retrouverait pas. Que si vous persistez, je
m'abstiendrai d'exprimer des sentiments
qui vous seraient peu agréables. Je me ré-
duirai à vous dire qu'il faut de deux choses
l'une : ou être chrétien, en se résignant à
vivre dans l'obscurité, ou poursuivre la
carrière de l'ambition, au risque de compromettre des intérêts d'une tout autre importance que les vaines espérances de la terre,
et de ne recueillir qu'un peu de fumée, et
peut-être pis. »

A saint Basile. — Parmi les lettres adressées à saint Basile, la huitième est en réponse à la douleur que ce pieux ami lui
avait témoignée de s'être vu ordonné prêtre
malgré lui, et pour lui communiquer en
même temps le dessein qu'il avait d'abandonner l'Église pour se retirer dans la solitude. « J'approuve le commencement de
votre lettre, lui dit son fidèle correspondant,
et pourrais-je ne pas approuver tout ce qui
vient de vous? Vous avez donc été pris
comme moi, et tous deux nous sommes
tombés dans le même piége? On nous a
contraints d'être prêtres, quoique ce ne fût
nullement notre dessein. Certes, nous pouvons nous rendre l'un à l'autre ce témoignage, que nous avons toujours aimé la vie
la plus humble et la plus cachée. Il nous
eût peut-être été plus avantageux de n'être
pas élevés au sacerdoce; au moins je n'ose-
rai penser autre chose jusqu'à ce que Dieu
ait manifesté ses desseins sur nous. Mais
puisque c'est un fait accompli, je crois, pour
mon compte, que dans les circonstances où
nous sommes, quand les langues des hérétiques nous attaquent de tous côtés, il y a
obligation de nous soumettre et de ne rien
faire qui soit indigne de l'espérance qu'on
a conçue de nous, ni de la vie chrétienne
que nous avons menée jusqu'ici. »

A Eusèbe de Césarée. — Cette lettre fût
écrite à l'occasion d'un différend survenu
entre saint Basile et cet archevêque. La
plupart des historiens, entre autres Fleury
et Tillemont, n'assignent pas d'autre cause
à ce différend que la jalousie éveillée dans
le cœur d'Eusèbe par le succès des prédications de saint Basile. Il lui interdit l'exercice du ministère et c'est alors que l'éloquent orateur retourna dans ses solitudes du
Pont. Quoique la lettre de saint Grégoire de
Nazianze soit écrite tout entière dans le
but d'obtenir une réconciliation, cependant
elle ne dit pas un mot des motifs qui avaient
amené cette séparation entre le prélat et
son subordonné. Que le lecteur juge lui-
même, voici la lettre :

« Je connais la franchise de votre caractère, toute dissimulation vous déplaît; et
de quelques détours que le mensonge s'enveloppe, personne au monde ne sait mieux
que vous l'y poursuivre et le démasquer. Je
puis me rendre aussi le même témoignage.
Je ne suis pas moins éloigné de tout déguisement, soit par mon naturel, soit par l'é-
tude que j'ai faite de nos saintes Écritures.
Ma plume n'a jamais trahi ma pensée. Ne
vous offensez pas de la liberté de mes
expressions, ou du moins ne vous en prenez
qu'à moi si elles vous déplaisent et comman-
dez-moi de renfermer dans mon cœur un
sentiment pénible qui ne s'y concentrerait
que pour s'aigrir encore. En m'appelant
aux assemblées et aux conférences spirituelles qui se faisaient dans votre diocèse, vous m'avez prévenu par des témoignages de considération, qui, je ne saurais
le dissimuler, puisque je suis homme,
m'ont vivement touché. Mais le peu de
justice de vos procédés à l'égard de Basile,
le plus cher de nos frères, procédés qui
durent encore, ont répandu l'amertume dans
mon âme.

« Les plus tendres liens m'ont de tout temps
uni à lui : mêmes affections, mêmes études,
même goût pour les hautes spéculations de
la philosophie; et je n'ai jamais eu à me
repentir de l'impression favorable que j'a-
vais conçue d'un tel mérite. Je n'en dis pas
davantage de peur qu'en louant mon ami,
je ne paraisse faire mon propre éloge. M'accorder à moi une estime que vous refusez à
Basile, c'est me caresser d'une manière en
me soufflant de l'autre; c'est renverser
l'édifice par le pied pour décorer quelques
pierres. Ce que je vous demande, c'est de
faire ce que vous croirez pouvoir m'accorder,
et la justice le demande avec moi. Tous les

égards que vous aurez pour Basile, vous les recevrez de lui; mais je le suivrai de près, comme l'ombre n'est jamais bien loin du corps. Car nous ne sommes pas de ceux qui cultivent la philosophie et qui en négligent la partie principale, la première de nos lois, à savoir, la pratique de la charité; surtout quand elle a pour objet un homme tel que vous, un évêque aussi recommandable par ses mœurs, son éloquence et l'autorité de son âge? La peine que l'on éprouve ne doit point prévaloir sur la vérité. »

Lettre de Grégoire le père. — Grégoire le père, évêque de Nazianze, écrivit aux évêques assemblés à Césarée, pour donner un successeur à Eusèbe; mais s'il faut en croire Hermant qui écrivit la Vie de saint Grégoire, les quelques lettres que nous possédons sous le nom de ce saint vieillard sont assurément de son fils. Quoi qu'il en soit, nous leur conservons leur titre, et nous les offrons à l'appréciation de nos lecteurs, telles que la postérité nous les a léguées, c'est-à-dire affaiblies par l'épreuve d'une double traduction.

« Je ne suis, dit le saint évêque, que le faible pasteur d'un bien faible troupeau, et j'occupe un des derniers rangs parmi les ministres spirituels; mais la grâce n'est pas resserrée par la petitesse des lieux. Vous ne refuserez pas aux plus faibles la permission de parler avec confiance, principalement lorsqu'il s'agit d'objets aussi importants, qui intéressent le bien public, et l'on apporte à la délibération quelque chose de plus que la prudence ordinaire au commun des hommes. Je me présente à vous au nom, tant de l'Eglise pour laquelle Jésus-Christ est mort, que de celui qui doit le présenter à Dieu, et lui servir d'introducteur auprès de sa majesté sainte. *L'œil est le flambeau de l'âme,* selon la doctrine de l'Écriture; et cette parole ne doit pas s'entendre seulement de celui du corps qui voit les objets sensibles, mais de celui de l'âme qui contemple spirituellement les vérités spirituelles, et qui est lui-même un objet de contemplation. L'évêque est aussi le flambeau de l'Eglise; et quand vous ne liriez pas cette vérité dans cette lettre que je vous adresse, vous en êtes convaincus comme d'une chose manifeste. Comme donc c'est une conséquence infaillible, que tandis que l'œil du corps est pur et sain, tout le corps est en bon état; et qu'au contraire, tout le corps est malade, quand l'œil commence à l'être; ainsi la disposition de tout le corps de l'Eglise dépend de celle de l'évêque, elle partage avec lui ou le péril ou le salut, selon les différents états où il se trouve.

« Si toutes les Eglises du monde méritent que l'on prenne un soin si exact de leur conservation, comme étant le corps de Jésus-Christ même, il y a des raisons particulières qui obligent à considérer la vôtre plus qu'aucune autre; puisque l'on peut dire, en quelque manière, qu'elle a été de toutes les églises, qu'elle l'est encore maintenant, et qu'elle passe pour telle, et que tout le monde la considère comme le centre qu'un cercle environne de toutes parts, non-seulement pour la pureté de la foi, qui l'a toujours rendue si recommandable et si célèbre, mais aussi à cause de la grâce que Dieu lui a faite si visiblement de jouir d'une concorde et d'une union si merveilleuses.

« Puisque vous m'avez appelé suivant les canons, et que je suis retenu par la vieillesse et la maladie : si le Saint-Esprit me donne la force d'assister en personne à l'élection, je m'empresserai de m'y rendre, pour prendre ma part de la commune bénédiction. Mais si l'infirmité y met obstacle, je concours autant que peut un absent. Je ne doute pas que dans une aussi grande ville, et qui a toujours été en possession d'être gouvernée par des hommes du plus grand mérite, il n'y ait plus d'une personne digne de la première place; mais de tous ceux que vous honorez de vos suffrages, il n'en est point que je préfère à notre cher fils le prêtre Basile. C'est un homme, je le dis en présence de Dieu, dont la vie et la doctrine sont pures; le seul, ou du moins le plus propre de tous à s'opposer aux hérétiques, et à l'intempérance de la langue qui règne à présent. J'adresse cette lettre au clergé, aux moines, au sénat, et à tout le peuple. Si mon suffrage est approuvé comme juste et venant de Dieu, je suis présent spirituellement, ou plutôt j'ai déjà imposé les mains. Si l'on est d'un avis contraire; si l'on juge par cabale et par intérêt de famille; si le tumulte l'emporte sur les règles; faites entre vous ce qu'il vous plaira; pour moi je me retire. »

Le même à Olympe. — A l'occasion d'un soulèvement qui avait eu lieu à Diocésarée, le vieux Grégoire emprunta de nouveau la plume de son fils pour écrire en ces termes à Olympe, gouverneur de Cappadoce:

« Voici une occasion nouvelle d'exercer votre clémence, et vous me voyez une seconde fois y recourir. Y a-t-il de ma part une confiance téméraire de vous demander par écrit une grâce aussi importante que celle dont il s'agit? Le mauvais état de ma santé ne me laisse pas d'autre moyen d'arriver jusqu'à vous. De quoi s'agit-il donc? Daignez m'écouter avec bonté. C'est toujours une calamité de perdre un homme, aujourd'hui vivant, demain condamné à mourir pour ne plus jamais revenir au monde. Ce n'est rien auprès de la ruine de toute une ville, d'une ville fondée par l'empereur, et dont le temps avait accru la prospérité. Je parle de Diocésarée, que naguère on comptait au rang des cités et qui bientôt en sera effacée, si vous persistez dans la résolution de la détruire. Représentez-vous-la prosternée à vos pieds, suppliante, en habits de deuil, et vous adressant ces lamentables paroles : « Ayez pitié « de la détresse où je suis réduite, n'ajoutez « pas au malheur des temps une exécution « plus désastreuse encore, laissez subsister

« ce qui a échappé aux fureurs des Perses ;
« mettez votre gloire à conserver, plutôt
« qu'à détruire ; à sauver, qu'à anéantir !
« N'aurait-elle subsisté jusqu'à vous que
« pour cesser d'être en passant sous vo-
« tre gouvernement ? De grâce, ne four-
« nissez pas à ceux qui viendront après
« nous un prétexte d'injurier votre admi-
« nistration, en se plaignant qu'une ville,
« autrefois si florissante, ait été par vous
« changée en un affreux désert, où la
« place qu'elle occupa n'est plus reconnais-
« sable que par des décombres. »

« Après avoir fait parler cette malheureuse ville, permettez que je vous manifeste à mon tour les sentiments d'un homme qui vous aime. Je ne vous demande pas une grâce pleine et entière en faveur des coupables : je ne me le permettrais pas, bien qu'on assure qu'il n'y a point eu là de sédition concertée de la part des habitants, mais une simple effervescence de quelques jeunes emportés. Seulement, consentez au sacrifice d'une partie de votre ressentiment, et portez vos vues plus loin. Ils s'étaient exaspérés de voir leur ville natale sous le joug de décrets homicides. Des citoyens ne pouvaient supporter l'idée d'être sans cité ; une indignation aveugle les a entraînés ; ils ont méconnu les lois ; le désespoir a grossi à leurs yeux des maux auxquels ils n'étaient pas accoutumés ; et leur raison s'est perdue. Faut-il pour cela détruire toute une ville ? Loin de vous une aussi funeste résolution ! Laissez-vous fléchir aux supplications de tous les magistrats qui vous implorent par ma voix, n'osant pas le faire par eux-mêmes. Glacés par la terreur de votre autorité, ils sont réduits à gémir en silence. Ne rejetez pas la prière d'un vieillard, à qui il serait bien pénible, qu'ayant eu autrefois une grande ville, il vint à n'en plus avoir du tout, et à ne rencontrer qu'un repaire d'animaux féroces là où s'élevait avec majesté le temple que mes mains ont bâti, qu'elles avaient enrichi de pompeux ornements. Je n'aurais à regretter que les statues qui le décorent, c'en serait assez pour me plonger dans la plus amère douleur, bien que je sache qu'il est des intérêts bien plus graves. Mais comment me consoler jamais de la perte d'une ville entière, renommée par les magnificences d'un autre genre, si elle allait périr de mon vivant, sous mes yeux, après les témoignages que vous m'avez donnés de votre estime, et quand on me croit quelque crédit auprès de vous ? C'est vous en dire assez sur un aussi triste sujet. Tout ce que je pourrais dire encore n'ajouterait rien au poids de considérations que vous puiserez dans la sagesse de votre administration, et à l'importance des mesures auxquelles vous vous déterminerez. Seulement, je dois vous faire observer que ceux des habitants que vous avez à discrétion sont des malheureux, indignes de votre colère, et qui n'ont participé en rien au soulèvement, ce que je tiens d'une foule de dépositions. En prononçant sur leur sort, pesez les raisons que vous présentent, et les intérêts de votre gloire, et les espérances de la vie future. Si le ressentiment l'emporte dans votre âme, ce sera de tous les malheurs celui dont je me consolerai le moins ; et je n'aurai plus qu'à verser des larmes sur le tombeau qui remplacera l'antique Diocésarée. »

A saint Grégoire de Nysse, son condisciple et son ami, pour le prévenir de certains bruits désavantageux que l'on faisait circuler sur son compte, et le détourner d'accomplir la résolution que ces discours semblaient confirmer :

« La nature m'a doué d'un sens droit : me pardonnerez-vous de parler de moi-même avec cette confiance ? Cette disposition d'esprit fait que je n'épargne ni mes amis ni moi, pour peu qu'une chose soit contre la règle. Il existe entre tous ceux qui vivent sous la loi de Dieu et marchent sous la bannière du même évangile une sainte association qui les unit intimement les uns aux autres. Lorsque quelque bruit injurieux circule dans l'ombre, trouveriez-vous mauvais que j'eusse la franchise de vous en avertir ? On dit donc, et il n'y a rien là d'avantageux pour vous, que le démon de l'ambition, comme parle le poëte grec (Euripide), vous entraîne, sans que vous y preniez garde, dans une mauvaise route. Quel changement s'est-il opéré dans vous ? En quoi vous trouviez-vous moins parfait, pour abandonner, comme vous venez de le faire, nos livres sacrés, dont vous faisiez la lecture aux peuples, pour les livres profanes ; et vous être décidé à embrasser la profession de rhéteur, plutôt que celle de chrétien ? Moi, j'avais fait tout le contraire, et j'en rends grâces à Dieu. Ne persistez pas, je vous en conjure, dans ce dessein. Redevenez ce que vous fûtes, le plus excellent des hommes.

« N'allez pas me dire : Ai-je pour cela renoncé à la vie chrétienne ? Non, à Dieu ne plaise ! pas tout à fait, peut-être, mais en partie du moins. N'y eût-il que l'occasion ou le prétexte du scandale que vous donnez, ce seul motif suffit pour vous détourner de votre entreprise. A quoi bon justifier les discours même de la malignité ? On n'est pas au monde uniquement pour soi, mais pour les autres ; et ce n'est pas assez de se rendre témoignage à soi-même, il faut mériter l'estime d'autrui. Je vous ai donné mon avis ; vous excuserez ma franchise, en faveur de l'amitié que je vous porte, de la peine que j'éprouve, et du zèle qui m'enflamme pour votre intérêt, celui de tout l'ordre sacerdotal et de tous les chrétiens. Désormais, aurai-je à prier avec vous ou pour vous ? Dans tous les cas, j'implore dès aujourd'hui l'assistance du Dieu qui peut rappeler les morts mêmes à la vie. »

A Saturnin. — Dans une lettre à Saturnin, consul et général, il le prie d'employer tout son crédit pour obtenir le rétablissement de la paix. Quant à ce qui le regarde personnellement, rien ne pourrait lui arriver de plus agréable que de se voir déchargé pour toujours de l'épiscopat de Constantinople, et de passer sa vie dans la solitude, où il s'est retiré comme dans un port après la tempête.

A Amazone. — C'est ainsi qu'il s'exprimait sur sa retraite avec ses amis, comme on peut s'en convaincre par sa lettre écrite à Amazone, dans la même année 382 : « Si quelqu'un de nos amis communs, que je crois en très-grand nombre, lui dit-il, vous demande où est maintenant Grégoire et ce qu'il fait, ne craignez pas de lui répondre qu'il s'occupe, dans un repos paisible, des saints exercices de la philosophie chrétienne, sans se mettre plus en peine de ceux qui l'ont traité si injustement, qu'on ne se met en peine de ceux qui sont encore à naître, tant sur ce point son courage est ferme et sa résolution inébranlable! Mais si la même personne vous demande comment Grégoire supporte la douleur d'être séparé de ses amis, oh! n'ayez pas la présomption de lui dire que Grégoire est un philosophe qui ne manque ni de résolution ni de vertu ; avouez-lui plutôt qu'il se conduit comme un homme sans courage, et qui se laisse abattre par le cœur. Il y a, dans le monde, des personnes qui sont faibles, et qui se laissent vaincre par les autres ; pour moi, la seule faiblesse que je me reconnaisse, c'est de me laisser surmonter par l'amitié et par mes amis. »

A Léonce, un autre ami de ce saint pontife, comme son cœur savait si bien les gagner, il écrivait dans les mêmes circonstances et sur le même sujet : « Quel avantage n'ai-je pas tiré de la jalousie de mes ennemis et des embûches qu'ils m'ont dressées, puisque, grâce à leur persécution, me voici sorti de l'embrasement de Sodome et déchargé de l'épiscopat. Mais pour vous, je vous prie, dites-moi comment vont les affaires de votre Église. Quant nous avons souhaité que des choses de cette importance se maintiennent en bon état, abandonnons les autres à leur courant, et laissons-les aller comme elles pourront. Le temps n'est pas loin où je verrai ceux qui m'ont maltraité, dans ce grand jour où toutes nos actions seront examinées par le feu. »

A Théodore de Thyane. — Théodore de Thyane était encore un ami particulier de saint Grégoire. C'était un homme de bien, né comme lui à Arianze, et qui l'accompagna à Constantinople, où il fut témoin des persécutions qu'il eut à subir. Il paraît même qu'il les avait ressenties plus vivement que le saint pontife, puisque celui-ci lui écrivit pour l'empêcher d'en porter ses plaintes à l'empereur.

« J'apprends, lui dit-il, combien vous avez été sensible aux mauvais traitements que m'ont fait essuyer les moines (ariens) unis à la populace de cette ville. C'est le dernier degré de la licence, il faut en convenir. Profaner à ce point la majesté des autels, sans respect pour les saints mystères ; au moment où je célébrais l'auguste sacrifice se livrer contre nous aux plus violents outrages, nous accabler de pierres, quand nous n'opposions à tant de fureur d'autres armes que la prière. Des femmes fouler ainsi aux pieds la pudeur habituelle de leur sexe ; des hommes consacrés à la solitude, abjurer toute retenue pour se mêler à nos assassins ; des pauvres renoncer à l'unique ressource qui leur reste dans leur misère, se déchaîner contre leur bienfaiteur ! Toutefois, il vaut mieux peut-être n'employer que la douceur et la clémence, et donner un grand exemple de résignation. La plupart des hommes sont moins touchés des discours que des actions. Il est bon de faire punir les coupables pour la correction des autres ; mais il est meilleur et plus divin de souffrir. Le châtiment arrête les méchants ; la patience les rendra bons. Nous pouvons profiter, et à grand intérêt, de la persécution exercée contre nous. Elle nous apprend à pardonner, pour qu'il nous soit pardonné à nous-mêmes. Prévenons la miséricorde par la miséricorde. Phinées et Moïse ont été loués pour leur zèle à réprimer les transgressions faites à la loi : ils l'ont été bien davantage pour avoir rempli l'office de médiateurs en faveur des coupables. Ninive, menacée de sa ruine, se repent ; Dieu lui pardonne. Les apôtres de Jésus-Christ demandaient à leur Maître de faire descendre le feu du ciel sur une criminelle cité ; Jésus-Christ ne le permit pas. Il a pardonné à ses ennemis, et veut, dans son Évangile, que nous remettions à ceux qui nous ont offensés. Réprimons-les par la crainte et non par le châtiment ; surmontons-les par la douceur ; essayons de les ramener, plutôt par les reproches de leur conscience que par des représailles. Tant que le figuier peut porter du fruit, ne le condamnons point comme inutile ; peut-être ne faudra-t-il qu'un jardinier habile et vigilant pour lui rendre sa vigueur. Ne perdons point, par notre précipitation, le mérite d'une œuvre suscitée par la malice et l'envie du démon. Écoutons ceux qui nous parlent de modération, plutôt que ceux qui nous excitent à la vengeance. Observez d'ailleurs que ce serait encore un préjugé défavorable contre nous, de nous porter pour accusateur des pauvres. Quelques torts qu'ils puissent avoir, ce sont des pauvres ; et leur misère est toujours sûre d'exciter leur commisération. Figurez-vous donc que tous les pauvres et avec toutes les personnes qui se font un devoir de les assister dans leurs besoins, nos religieux et nos vierges chrétiennes, viennent vous demander grâce pour eux. Si vous éprouvez une peine si amère de ce qu'ils en ont mal agi avec moi, pensez que ce doit en être une non moins vive de vous refuser à mes prières. »

A Timothée. — Timothée était un prêtre de l'Église de Constantinople, qui avait autant de piété que de savoir, et qui, de concert avec le saint prélat, avait défendu de tout son pouvoir la foi à la Trinité. Comme il était tombé dans une affliction qu'il ne supportait pas avec assez de courage, saint Grégoire l'en reprit dans une lettre, et l'exhorta à chercher sa consolation dans la lecture des livres saints. Cette lettre écrite à Arianze est datée de 382; la voici :

« L'on me dit que vous ne montrez pas beaucoup de philosophie dans le malheureux événement qui vient de vous frapper. Est-ce là une conduite louable? On ne doit écrire que pour dire la vérité, surtout quand on écrit à son ami, à un homme aussi vertueux que vous l'êtes. Je vous dirai franchement mon avis sur ces sortes d'événements, et je me crois fondé à en garantir la sagesse. Je n'approuve ni une froide insensibilité ni une affliction qui passe les bornes. L'un n'est pas dans la nature, l'autre est contre les maximes de la sagesse. Ce que nous devons faire, c'est de tenir un juste milieu pour être à la fois et plus sages que ceux qui s'abandonnent à une tristesse immodérée, et plus humains que ceux qui confondent la philosophie avec la dureté.

« Si j'écrivais à tout autre que vous, j'aurais pu m'étendre davantage : emprunter tantôt le langage de la douleur, tantôt celui de l'exhortation, même celui du reproche. C'est un puissant ressort pour consoler une personne affligée que de lui témoigner de la commisération ; tout malade appelle à son secours celui qui se porte bien. Mais avec un homme aussi pénétré que vous l'êtes des vrais principes, il me suffit d'effleurer la matière. Je me bornerai donc à vous dire : Rentrez en vous-même ; revenez à ces livres dont vous faisiez votre société habituelle. Ils vous offriront les exemples les plus variés ; de quoi charmer ou du moins soulager votre chagrin. C'est une chaîne tissue par les mains de Dieu, où tout se correspond. Il voulait nous apprendre qu'il n'est point ici-bas d'affliction sans remède ni de joie sans instruction. Du spectacle de ces vicissitudes attachées à toutes les choses de la terre, il est naturel de remonter jusqu'à lui comme à l'auteur de tout. Je vous présente ce puissant motif de consolation : si vous rencontrez parmi ces vénérables modèles un seul à qui l'on donne des éloges pour s'être livré sans réserve à l'excès de sa douleur, ou qui en ait retiré quelque profit; je vous permets alors de vous abandonner aux larmes, et de jouir de votre affliction. On ne porte point envie au malheureux qui se désespère ; au contraire, on le blâme. Sommes-nous faits pour ressembler sur ce point aux hommes du commun? Notre loi sainte nous prêche une autre morale. Elle veut que nous nous élevions, par un généreux essor, au-dessus de toutes les choses présentes, comme n'étant que des ombres vaines, bientôt évanouies. Pas plus de réalité dans la mauvaise que dans la bonne fortune. Plaçons ailleurs et notre vie et nos pensées, et nos affections. Qu'il n'y ait pour nous qu'un seul mal, le péché; qu'un seul bien, la vertu et l'espérance de nous unir inséparablement à Dieu. Dites-vous cela à vous-même, et vous vous en trouverez mieux. J'ai même la confiance de croire que vous n'avez pas attendu ma lettre pour vous tenir ce langage. »

A Dioclès. — Cette lettre fut écrite à l'occasion d'un mariage auquel le saint docteur prenait beaucoup d'intérêt. Il y prescrit les règles de la modestie qui doit s'observer dans les noces chrétiennes. « Faisons en sorte, dit-il, que Jésus-Christ y assiste; car partout où il est, la modestie s'y trouve aussi. Que les bouffons ne s'y mêlent point avec les évêques; les éclats de rire avec les prières, et les chants profanes des joueurs d'instruments avec les saintes psalmodies. »

Réponse à Théodore de Thyane — Cet évêque avait consulté saint Grégoire sur la valeur d'un serment ou plutôt d'une simple affirmation donnée par écrit dans une transaction. Celui qui avait fait cette transaction ne voulant plus la tenir, fit assigner celui avec lequel il avait transigé, et casser ce traité par une sentence judiciaire. On demandait si cet homme devait être traité comme un parjure, parce qu'il n'avait pas fait un serment solennel, accompagné des formes ordinaires. Saint Grégoire répond qu'il n'est point de l'avis de ceux qui croient qu'il n'y a que les serments faits de bouche, et dans les formes ordinaires, en touchant les saints Evangiles, qui obligent en conscience, et que les affirmations faites par écrit n'engagent pas de la même manière. « Car, dit-il, si les contrats faits par écrit engagent plus un débiteur que les simples promesses verbales; pourquoi les serments mis par écrit n'auraient-ils pas au moins autant de force que ceux que l'on prononce de bouche ? En un mot, le serment est-il autre chose que l'affirmation de celui qui promet ou qui assure quelque chose ? » D'où il conclut que cet homme, qui avait intenté une action pour faire résilier la transaction, qu'il s'était obligé par serment de faire exécuter, quoiqu'il eût gagné sa cause, était coupable d'un parjure, et qu'il devait faire pénitence de son péché.

POÉSIES. — Les poëmes de saint Grégoire de Nazianze sont de différentes mesures et au nombre de cent cinquante-huit, sans parler de ceux que Jacques Tollius a fait imprimer en un volume in-4°, publié à Utrecht, en 1696, parmi les monuments les plus remarquables de son *Itinéraire italique*, et sous le titre de *Carmina cygnea*, soit parce que l'auteur les avait composés dans sa vieillesse, soit à cause de l'harmonieuse douceur de leur style ; sans parler non plus d'un recueil considérable d'épigrammes, sur divers sujets, publiées par Muratori (1 vol. in-4°, Padoue, 1709); ni d'une tragédie intitulée *Le Christ souffrant*, que l'on a eu raison de contester à notre saint docteur, dont elle n'a ni la verve ni la sagesse, et dans laquelle dom Ceillier relève même des sentiments condamnables, comme nous aurons lieu de le remarquer plus loin. Les autres poëmes soutiennent la comparaison avec ce que l'antiquité profane a de plus délicat. On s'étonne que nos anciennes corporations savantes, si jalouses de ne confier à la jeunesse que des ouvrages également propres à former l'esprit et le cœur, aient légué à un avenir incertain le soin de composer une édition vraiment classique, de nos poëtes chrétiens, à la tête de laquelle saint Grégoire de Nazianze eût paru avec tant d'éclat. Plusieurs de ces poëmes sont historiques et se rapportent aux principaux événements de sa vie, comme on a pu s'en convaincre par celui qui nous a aidé à composer sa biographie ; d'autres traitent des sujets de morale ; d'autres sont des élégies dans lesquelles l'auteur déplore les calamités et les vicissitudes humaines ; et quelques-uns enfin, comme plusieurs de ses épigrammes, ne sont que de simples jeux d'esprit. Nous ne saurions mieux les faire connaître et en inspirer le goût à nos lecteurs, qu'en empruntant à M. Villemain, quelque chose de son beau travail sur cette partie des OEuvres de notre saint docteur, partie si intéressante, que nous n'abrégeons qu'à regret et en sacrifiant tous nos goûts littéraires à nos devoirs de patrologue et de théologien.

« La plupart des poésies de saint Grégoire de Nazianze, dit le célèbre professeur que nous venons de nommer, sont des *Méditations religieuses*, qui, malgré la différence des génies et des temps, ont plus d'une affinité avec les rêveries de l'imagination poétique dans nos jours de satiété sceptique et de progrès social. Il en est une surtout dont le charme austère nous semble avoir devancé les plus belles inspirations de notre âge mélancolique, tout en gardant l'empreinte d'une foi encore nouvelle, et candide dans son trouble même. C'est celle qui est intitulée : l'*Homme*, la voici :

« Hier, tourmenté de mes chagrins, j'étais
« assis sous l'ombrage d'un bois épais, seul
« et dévorant mon cœur ; car dans les maux,
« j'aime cette consolation de s'entretenir en
« silence avec son âme. Les brises de l'air,
« mêlées à la voix des oiseaux, versaient un
« doux sommeil du haut de la cime des ar-
« bres où ils chantaient, réjouis par la lu-
« mière. Les cigales, cachées sous l'herbe,
« faisaient résonner tout le bois ; une eau
« limpide baignait mes pieds, s'écoulant dou-
« cement à travers le bois rafraîchi ; mais
« moi, je restais occupé de ma douleur, et
« je n'avais nul souci de ces choses ; car lors-
« que l'âme est accablée par le chagrin, elle
« ne veut pas se rendre au plaisir. Dans le
« tourbillon de mon cœur agité, je laissais
« échapper ces mots qui se combattent :
« Qu'ai-je été ? Que suis-je ? Que deviendrai-
« je ? Je l'ignore. Un plus sage que moi ne le
« sait pas mieux. Enveloppé de nuages, j'erre
« çà et là, n'ayant rien, pas même le rêve
« de ce que je désire ; nous sommes dé-
« chus et égarés tant que le nuage des sens
« est appesanti sur nous ; et celui-là paraît plus
« sage que moi, qui est le plus trompé par le
« mensonge de son cœur. Je suis ; dites,
« quelle chose ? car ce que j'étais a disparu
« de moi, et maintenant je suis autre chose.

« Que serai-je demain, si je suis encore ?
« Rien de durable. Je passe et me précipite,
« tel que le cours d'un fleuve. Dis-moi ce que
« je te parais être le plus, et t'arrêtant ici
« regarde, avant que j'échappe. On ne re-
« passe pas les mêmes flots qu'on a passés ;
« on ne revoit pas le même homme qu'on a
« vu. J'ai existé dans mon père ; ensuite ma
« mère m'a reçu, et je fus formé de l'un et
« de l'autre. Puis, je devins une chair inerte,
« sans âme, sans pensée, enseveli dans ma
« mère. Ainsi, placés entre deux tombeaux,
« nous vivons pour mourir. Ma vie se com-
« pose de la perte de mes années. Déjà la
« vieillesse me couvre de cheveux blancs.
« Mais si une éternité doit me recevoir,
« comme on le dit, répondez : Ne vous sem-
« ble-t-il pas que cette vie est la mort, et
« que la mort est la vie ? »

« Dans les élans inquiets de sa curiosité, le poëte continue d'interroger notre double et mystérieuse nature. « Mon âme, s'écrie-
« t-il, quelle es-tu ? D'où viens-tu ? Qui t'a
« chargée de porter un cadavre ? Quel pou-
« voir t'a liée des chaînes de cette vie ? Com-
« ment es-tu mêlée, souffle à la matière, es-
« prit à la chair ? Si tu es née à la vie en
» même temps que le corps, quelle funeste
« union pour moi ? Je suis l'image d'un
« Dieu, et je suis fils d'un honteux plaisir.
« La corruption m'a enfanté. Homme aujour-
« d'hui, bientôt je ne suis plus homme,
« mais poussière ; voilà les dernières espé-
« rances. Mais si tu es quelque chose de cé-
« leste, ô mon âme ! apprends-le-moi ; si tu es,
« comme tu le penses, un souffle et une par-
« celle de Dieu, rejette la souillure du vice
« et je te croirai divine. »

« Au milieu de ses incertitudes, tout à coup le poëte s'arrête effrayé ; il blâme et rétracte ses paroles ; il se prosterne devant la Trinité qu'il adore : « Aujourd'hui les ténèbres,
« dit-il, ensuite la vérité ; et alors, en con-
« templant Dieu, ou dévoré par les flammes,
« tu connaîtras toutes choses... Quand mon
« âme eut dit ces paroles, ma douleur tomba ;
« et, vers le soir, je revins de la forêt à ma
« demeure, tantôt riant de la folie des hom-
« mes, tantôt souffrant encore des combats
« de mon esprit agité. »

« Il y a sans doute un charme singulier dans ce mélange de pensées abstraites et d'émotions, dans ce contraste des beautés de la nature avec les inquiétudes d'un cœur tourmenté par l'énigme de notre existence, et cherchant à se reposer dans la foi. Ce n'est pas la poésie d'Homère ; c'est une autre poésie qui a sa vérité, sa nouveauté, et dès lors sa grandeur. Je la préfère de beaucoup aux imitations artificielles, où Grégoire de Nazianze et d'autres chrétiens cherchaient à saisir et à transporter sur des sujets religieux les formes de l'ancien idiome des muses. Là souvent le travail devait être faible et faux. » L'auteur en apporte pour preuve la tragédie du *Christ souffrant*, qu'il attribue à saint Grégoire, malgré les assertions contraires d'une foule de critiques et de savants, comme nous le montrerons en son lieu.

« Et cependant, dit-il, parmi les langueurs fréquentes d'un cento d'Euripide, cette pièce nous offre encore quelques grands traits de pathétique. On y admirera surtout une création touchante et hardie à côté de l'Evangile : le moment où, au pied de la croix, la Mère des douleurs obtient de son Fils mourant le pardon de l'apôtre Pierre, qui a péché, dit-elle, par la crainte des hommes.

« Mais c'était dans les formes neuves d'une poésie contemplative, dans cette tristesse de l'homme replié sur lui-même, dans cette mélancolie mystique, si peu connue des poëtes anciens, que l'imagination chrétienne devait surtout lutter contre eux sans désavantage. Là naissait d'elle-même cette poésie que cherche la satiété moderne, poésie de réflexion et de rêverie, qui pénètre dans le cœur de l'homme, décrit ses pensées les plus intimes et ses plus vagues désirs.

« Ici, le génie poétique de saint Grégoire se confond avec son éloquence, et nous fait mieux comprendre les talents d'une espèce nouvelle suscités par le christianisme et l'étude des lettres profanes ; cette nature à la fois attique et orientale, qui mêlait toutes les grâces, toutes les délicatesses du langage à l'éclat irrégulier de l'imagination, toute la science d'un rhéteur à l'austérité d'un apôtre, et quelquefois le luxe affecté du langage à l'émotion la plus naïve et la plus profonde. Nulle part ce caractère, qui fut si puissant sur les peuples de Grèce et d'Italie, vieillis par le malheur social, mais toujours jeunes d'esprit et de curiosité, nulle part ce charme de la parole, qui semble une mélodie religieuse, n'est porté plus loin que dans les écrits de l'évêque de Césarée. Ses éloges funèbres sont des hymnes ; ses invectives contre Julien ont quelque chose de la malédiction des prophètes. On l'a appelé le *théologien de l'Orient* (1), il faudrait l'appeler surtout le *poëte du christianisme oriental*.

« Cette poésie sans doute n'échappe pas à l'influence qu'on peut appeler alexandrine, qui marque chez les différents peuples les époques tardives de l'art; mais elle a deux dons précieux : la grâce naturelle et la mélancolie vraie; elle passe lentement de l'une à l'autre; c'est là toute sa variété, mais c'en est une ; c'est le mouvement qui vous porte et vous entraîne sur le cours un peu monotone de tant de *méditations* échappées du même cœur et de la même pensée. On sent une âme d'abord douce et tendre, qui s'attriste par la vie, se trouble et s'aigrit par le malheur, puis absorbée dans l'affliction, n'a plus que ses austérités pour consolation de ses regrets, et que ses inquiétudes pour distraction de sa douleur. L'épreuve est un peu longue à suivre dans le recueil original, formant plus de vingt mille vers (2). Mais si on choisit et si on abrége, que de beautés neuves et touchantes ! et quel demi-sourire

---

(1) Il y a évidemment ici erreur de la plume du savant écrivain, qui accorde à saint Grégoire le titre qui appartient à saint Basile.
(2) Saint Jérôme et Suidas en élèvent le nombre jusqu'à plus de trente mille.

d'une âme innocente et poétique éclaire parfois ce fonds uniforme de tristesse chrétienne ! Prenez quelque sujet cent fois traité, le *beatus ille* de ce siècle et de ce rêveur, et voyez ce que son cœur y met :

« Heureux qui mène une vie solitaire, et
« qui, loin des hommes attachés à la terre
« que foulent leurs pas, élève à Dieu son
« âme! heureux encore qui, mêlé à la mul-
« titude, ne se laisse pas ravir au même
« tourbillon qu'elle, mais donne à Dieu tout
« son cœur! heureux qui, au prix de tous ses
« biens abandonnés, acquiert Jésus-Christ
« et porte haut la croix, son seul héritage !
« heureux qui, maître de possessions légi-
« times, peut tendre aux indigents une main
« secourable ! heureuse la vie chaste qui, se
« dépouillant de la chair, s'approche de la
« divine pureté ! heureux encore celui qui,
« après avoir cédé quelque peu aux lois du
« mariage, réserve pour le Christ la meil-
« leure part de son amour! heureux qui,
« placé dans les rangs des chefs du peuple,
« par l'offrande de ses vertus, attire Dieu
« vers les hommes! heureux qui, par les
« élans d'une âme pure, atteint aux splen-
« deurs de la divine lumière! heureux qui,
« du travail de ses mains, sert le Seigneur, et
« fait de sa vie une règle pour beaucoup d'au-
« tres! Ce sont là de pleines vendanges pour
« le pressoir céleste qui recueille le fruit de
« nos âmes. Chaque vertu porte sa récom-
« pense ; car il y a dans la maison de Dieu
« diverses demeures pour divers mérites.
« Heureux celui que l'Esprit Saint a rendu
« pauvre de passions et de vices, qui mène
« ici-bas une vie d'affliction, est insatiable
« du pain céleste, et méritant les biens su-
« prêmes par son humilité, s'est attiré par sa
« bonté la miséricorde de Dieu ! De toutes ces
« voies, prends celle qu'il te plaira. Si tu les
« prends toutes, c'est le mieux ; si tu en suis
« plusieurs, c'est un second degré de mérite;
« si tu en suis parfaitement une seule, c'est
« encore un titre ; car une récompense pro-
« portionnée est réservée à tous, aux parfaits
« et à ceux qui le sont moins. La vie de
« Raab n'était pas honnête, mais son zèle
« hospitalier l'honora. Par l'humilité, le pu-
« blicain l'emporta sur le pharisien, dont le
« cœur s'élevait trop haut. Le célibat est en
« soi meilleur ; mais s'il se mêle au monde
« et devient terrestre, il ne vaut pas une sage
« union. La vie pauvre des ermites de la
« Montagne est une noble vie, mais souvent
« leur orgueil les a ravalés. Ne se mesurant
« pas avec ceux qui leur sont supérieurs,
« ils conçoivent un fol amour-propre ; et par-
« fois dans leur ardeur, comme de jeunes
« chevaux indomptés, ils posent le pied hors
« de la barrière. Pour toi, prends ton vol
« d'une aile rapide, ou ne quitte pas la terre,
« de peur que tes plumes ne te manquent,
« et qu'élevé dans les airs, tu ne retombes
« brusquement.

« Une petite barque, dont les parois sont
« fortement clouées, porte un fardeau plus
« lourd qu'un navire aux jointures désu-
« nies. L'entrée des parvis célestes est étroite ;

« mais bien des routes y conduisent. Que
« chacun prenne celle où sa nature le con-
« vie ! Qu'on les choisisse diverses, mais tou-
« jours laborieuses ! Une même nourriture
« ne plaît pas à tous ; un seul genre de vie ne
« convient pas aux chrétiens. Le mieux pour
« tous, ce sont les larmes, les veilles, l'em-
« pire sur les passions mauvaises, la lutte
« contre les dégoûts, l'obéissance sous la
« main du Christ, et le tremblement dans
« l'attente de notre dernier jour. Si tu suis
« cette route, tu ne seras plus un homme,
« mais un des anges. »

« Il y a là sans doute de la sérénité dans
la mélancolie, de l'indulgence dans l'austérité chrétienne. Le poëte n'est pas encore
brisé par la douleur ; et la religion lui donne
moins d'effroi que d'espérance. Ailleurs cette
contemplation de l'âme méditant sur elle-
même lui communique un véritable enthousiasme et presque l'accent de l'apothéose.
Troublé par le problème de la destinée humaine, il parcourt rapidement les systèmes
divers qui font de l'âme un feu, un souffle,
une harmonie, ou la promènent sous mille
formes, lui faisant changer de corps comme
de vêtements ; puis il s'écrie dans la confiance de sa foi : « Écoute maintenant notre
« grande tradition sur l'origine de l'âme...
« Il fut un temps où le Verbe suprême, obéis-
« sant à la voix du Dieu tout-puissant, forma
« l'univers qui n'existait pas. Il dit, et tout
« ce qu'il voulait fut. Quand toutes les cho-
« ses qui sont le monde eurent été formées,
« et le ciel, et la terre, et la mer, il chercha
« un témoin intelligent de sa sagesse, un roi
« de la terre qui fût semblable à Dieu ; et il
« dit : Déjà de purs et immortels esprits ha-
« bitent pour me servir l'immensité des cieux,
« rapides messagers et chantres assidus de
« ma gloire ; mais la terre n'est encore ha-
« bitée que par des êtres sans raison. Il me
« plaît à moi de créer une race mêlée de ces
« deux natures, qui tienne le milieu entre
« les substances mortelles et les immortelles,
« l'homme, être raisonnable, jouissant de
« mes ouvrages, sachant explorer les cieux,
« roi de la terre, et comme un second ange
« suscité d'en bas pour louer mes grandeurs
« et ma sagesse. Il dit, et prenant une par-
« celle de la terre nouvellement créée, de ses
« mains vivifiantes il façonna mon corps, et
« le douant de sa propre vie, il lui commu-
« niqua son souffle, fragment détaché de la
« divine essence. Ainsi j'ai été fait de pous-
« sière et d'esprit, mortelle image de Dieu.
« La nature de l'âme, en effet, touche à ces
« deux extrêmes. Par le côté terrestre, je
« tiens à cette vie d'ici-bas ; par l'émanation
« divine, je porte dans mon sein l'amour d'une
« autre vie. »

« A ces élans de pieuse joie, le prêtre solitaire d'Arianze mêle souvent une douleur
métaphysique et tendre, un deuil de l'âme
sur elle-même ; c'est la nouveauté qu'il a
portée dans la poésie, et qu'il reproduit sans
cesse. Vous pourrez vous en lasser. Mais
quoiqu'elle revienne toujours, comme un
cri profond et monotone, il en varie les accidents par toutes les impressions qu'il reçoit de la nature ; car si son cœur n'a qu'un
sentiment qui l'obsède, son imagination est
parée de mille souvenirs, et ses yeux encore
pleins des spectacles du monde qu'il a fui.
C'est ainsi qu'empruntant à la Grèce idolâtre
les touchantes images qu'elle mêlait aux
douleurs de la piété domestique, il chante
ce qu'il appelle la monodie, le chant funèbre
de l'âme.

« Quelquefois une jeune fille dans la mai-
« son de sa mère, devant le corps inanimé
« de son fiancé chéri, nouvelle épouse en-
« core toute parée, malgré son pudique em-
« barras, commence la plainte funèbre ; puis
« ses esclaves et ses compagnes, debout sur
« deux rangées, gémissent tour à tour pour
« donner trêve à son chant lamentable. Quel-
« quefois une mère pleure un fils adolescent
« qui n'est plus ; et après la douleur de l'en-
« fantement, elle connaît de plus grandes dou-
« leurs. Un homme pleure sa patrie que l'im-
« pitoyable guerre a ravagée ; un autre sa
« maison brûlée par le feu du ciel ; et toi,
« mon âme, quelle douleur sera digne de toi
« et de ta perte ? Pleure, pécheur, c'est là
« ton seul allégement. Je laisserai les festins
« et les gracieuses compagnies de la jeunesse ;
« je laisserai la gloire de l'éloquence, l'or-
« gueil du rang, les plaisirs, les richesses ;
« je laisserai la lumière du jour et des astres,
« brillante couronne de la terre ; je laisserai
« tout à mes successeurs, et la tête envelop-
« pée de bandelettes, cadavre glacé, je serai
« étendu sur un lit, donnant à la douleur la
« consolation de pleurer, et emportant quel-
« ques éloges et quelques regrets qui ne du-
« reront pas longtemps ; ensuite une pierre
« funèbre et le travail éternel de la destruc-
« tion. Mais ce n'est pas là ce dont s'inquiète
« mon âme ; et je ne tremble que de la jus-
« tice de Dieu. Où fuir, malheureux, où fuir
« ma propre perversité ? Me cacherai-je dans
« les abîmes de la terre, ou dans les nues ?
« Que n'est-il quelque part, pour m'y réfu-
« gier, un lieu impénétrable au vice, comme
« il en est, dit-on, à l'abri des bêtes féroces
« et des contagions ? Un homme en prenant
« la route de terre évite la tempête ; le bou-
« clier repousse la lance ; le toit d'une mai-
« son défend contre la froidure. Mais le vice
« nous environne et est partout avec nous,
« hôte inévitable. Élie est monté au ciel sur
« un char de feu, Moïse a survécu aux or-
« dres d'un tyran meurtrier, Daniel a échappé
« aux lions, et les enfants à la fournaise ;
« mais comment échapper au vice ? Sauve-
« moi dans les bras, ô Christ, ô mon roi ! »

« Ailleurs, le poëte s'adresse tantôt à son
Dieu, tantôt à son âme ; et dans l'uniformité
de sa mélancolie, la variété de ses expressions est inépuisable. « Tu as une tâche,
« ô mon âme ! une grande tâche, si tu le
« veux. Examine qui tu es, où tu vas, d'où
« tu sors, et où tu dois t'arrêter. Regarde si
« ta vie présente ou la vie, et s'il n'y a pas
« quelque chose de mieux. Tu as une œuvre
« à faire, ô mon âme ! épure ta vie, et par la
« pensée vois Dieu et les secrets de Dieu, et

« ce qui était avant l'univers, et ce que l'uni-
« vers est pour toi, et d'où il est sorti, et ce
« qu'il deviendra. Tu as une œuvre à faire,
« ô mon âme ! épure ta vie, cherche com-
« ment Dieu gouverne et fait mouvoir le
« monde, pourquoi certaines choses sont
« immuables et d'autres changeantes, et nous
« surtout plus mobiles que le reste. Tu as
« une œuvre à faire, ô mon âme ! regarde
« vers Dieu seul; sache pourquoi ce qui était
« naguère ma gloire est maintenant mon igno-
« minie ; quel est mon lien avec le corps, et
« quel sera le terme de ma vie ; enseigne-
« moi ces choses, et tu fixeras mon errante
« pensée. Tu as une œuvre à faire, ô mon
« âme ! ne te laisse pas vaincre à la dou-
« leur. »

« Mais le poëte s'exhortait vainement lui-
même. Quelquefois il paraît succomber sous
le poids de sa douleur, lorsqu'à ce fonds mélancolique de la vie humaine il joint encore
le tourment de ses souvenirs et les transes
de sa foi. Rarement une âme que la religion
soutient, mais sur l'abîme, éprouva plus amère
tristesse. Dans un dialogue intérieur, plein
de ce découragement qui touche au désespoir, mais n'y tombera pas, il se dépeint errant, infirme, sans patrie, sans l'avenir d'un
tombeau assuré, et, à force de malheur, indifférent à tout, hormis à Dieu, sa terreur et
son espérance. A cette tristesse profonde, à
cette maladie de l'âme, on voudrait quelque
repos, et le mélange de quelques pensées
plus douces. Le beau génie de la Grèce semble s'obscurcir; un nuage a voilé sa lumière;
mais c'est un des progrès moraux que le
christianisme apportait au monde, un progrès de douleur sur soi et de charité pour
les autres. Le cœur de l'homme a plus gagné
dans ce travail que son imagination n'a
perdu, Grégoire de Nazianze en est la preuve.
L'orateur si brillant, si paré, a fait place au
rêveur mélancolique ; mais qui n'aimerait
mieux que ses discours quelques-uns des
soupirs vrais exhalés dans ses vers? »

Le Christ souffrant. — Nous avons dit que
la tragédie qui porte ce titre avait été rejetée par plusieurs critiques comme une pièce
supposée. En effet, Tillemont, au tome IX de
son *Histoire*, Ellies Dupin, au tome II de sa
Bibliothèque, Baillet, dans ses *Jugements des
savants*, tome IV, Baronius, au tome Ier de
ses *Annales*, dom Rivet, dans sa *Critique sacrée*, Vossius, dans ses *Institutions poétiques*,
Bellarmin, dans ses *Ecrivains ecclésiastiques*,
et le P. Labbe, dans un ouvrage qui porte le
même titre, sont unanimes pour déclarer
que cette pièce ne réunit ni la noblesse, ni
la gravité qui règne ordinairement dans les
poésies de saint Grégoire ; le style n'en est
ni aussi pur ni aussi varié, et il s'en faut que
les pensées aient la même justesse et la
même élévation. On n'y trouve presque aucunes des comparaisons qui sont si fréquentes dans les poésies du solitaire d'Arianze. La
Vierge qui, après le Christ, forme le principal personnage de ce grand drame de la
Rédemption, y joue un rôle indigne de son
caractère, qui suppose en elle les faiblesses
les plus ordinaires de la nature, et descend
même jusqu'à trahir des sentiments peu ré-
glés et peu chrétiens. Tantôt on la voit scan-
dalisée de la mort d'un Dieu ; ainsi quand
le chœur vient lui dire : Votre Fils n'est plus :
Periit Filius tibi, et tamen tam crebra jactas; elle
ne sait que crier au sacrilége et répondre par
un anathème : *Vox o dira quæ excidit ! An
non premes os? Tu putas mundi istius periisse
servatorem?* « Ce serait quelque chose d'i-
nouï, ajoute-t-elle, que la main des mortels
pût répandre ainsi le sang d'un Dieu, et que
celui-là devînt victime de la mort, qui ne
peut cesser d'être immortel. » Tantôt elle
paraît troublée jusqu'au délire ; *Eheu ! quid
hic jam consilii captem?* abattue jusqu'à la
défaillance : *Exsangue mihi cor concidit;*
faible jusqu'à répandre des larmes sur elle-
même et à mendier des consolations : *O me
miserrimam, ut fleam... ah ! ah ! pessumdata,
misera perii !...* et, enfin, agitée d'une crainte
basse et tout à fait indigne de cette constance que les Pères de l'Eglise lui attribuent,
mais plus indigne encore d'une mère, qui
ne manque jamais d'oublier ses propres
dangers, quand c'est la vie de son enfant
qui se trouve aux prises avec la mort. Aussi
ne comprenons-nous rien aux préoccupations qui l'agitent, aux idées de fuite qui
s'emparent de son cœur, et au désespoir
qu'elle témoigne lorsqu'elle s'aperçoit que
toute issue lui est fermée? *Eheu! quid ego
agam? qui manus misera populi fugiam?
Rudentes hostis omnes explicat tenditque,
non est expedita mihi via, meme extricandi!*
Certes, ce n'est pas là la figure calme et
forte de la mère que saint Ambroise nous
représente debout et intrépide au pied de la
Croix, quand les disciples eux-mêmes l'a-
vaient abandonnée. *Stabat ante crucem ma-
ter, et fugientibus viris, stabat intrepida*
(AMBROS., *De Institut. virgin.*, cap. 7). Ce
n'est ni cette sainte Marie, ni cette vierge
forte qui contemplait, immobile, la passion
de son Fils unique, et dont il dit dans son
oraison funèbre de Valentinien : *Stantem il-
lam lego, flentem non lego.* Que dirons-nous
encore de ces emportements, de ces imprécations, de ces injures atroces, de ces malédictions inouïes dont elle poursuit les meurtriers de son Fils? *Improbe, scelerate,... pa-
trasti hæc ut hunc bene meritum proderes?
Tua hæc omnia, nequissime dæmon, tua hæc
sunt..... Abi in malam rem, perdite, effere,
barbare, peri, male.....* Nous ne le dissimu-
lons pas ; nous sommes ici de l'avis de M.
Villemain; oui, nous l'aimons mieux quand
elle demande le pardon de Pierre, que lorsqu'elle maudit les mains cruelles qui ont
versé le sang du Créateur, qu'elle appelle
les vengeances du ciel sur un peuple de
bourreaux, en témoignant que la punition
s'aggrave et se perpétue de père en fils jusqu'aux dernières générations, qu'elle renonce pour ses fils, et qu'elle déclare son
cœur de mère à jamais fermé aux descendants
de ces hommes pour lesquels le Christ est
mort en implorant leur pardon. Oui encore
une fois, nous comprenons mieux la prière

qui crie grâce, que la prière qui brise en eux jusqu'à l'espérance, en sollicitant qu'ils soient déchus du bonheur, et que le ciel leur reste éternellement fermé. *Sed ipse, o animæ pars meæ longe optima, effice fruantur luce ne læta ætheris purum micantis.* Cette donnée nous semble s'éloigner de la foi de l'Eglise, dont tous les mystères nous montrent la Vierge associée au Rédempteur, et coopérant avec lui au salut de l'humanité. Certes, saint Grégoire avait le sentiment trop chrétien pour donner dans un pareil écueil, et il avait lui-même trop souffert de la part des persécuteurs, pour n'avoir pas contracté le goût et l'habitude du pardon. Cette raison seule, à défaut de toutes les autres, suffirait pour nous confirmer dans notre opinion.

Mais nous avons d'autres motifs encore de considérer la composition de ce poëme comme postérieure de près d'un siècle à l'existence du grand docteur de Nazianze. Par exemple, ce que la Vierge y dit de sa naissance, de ses premières années passées dans le temple de Jérusalem, où elle fut miraculeusement nourrie par un ange, puis, quand le temps fut venu, fiancée par tout le sénat à un homme de probité qu'on lui avait choisi, toutes ces circonstances, dis-je, nous paraissent tirées de quelque livre apocryphe, ou de toutes autres sources semblables auxquelles le savant évêque n'avait pas l'habitude de puiser. D'ailleurs l'auteur y suppose assez nettement que de son temps on voyait des églises érigées partout en honneur de la Vierge, et que tous les peuples à l'envi s'empressaient de l'honorer par de belles et touchantes solennités ; ce qui montre qu'il vivait tout au plus vers le milieu du v° siècle, puisque l'histoire nous apprend que ce ne fut qu'après le concile d'Ephèse, en 431, c'est-à-dire, lorsque le titre de *Mère de Dieu* lui fut assuré, que l'on commença à bâtir des églises sous l'invocation de la Vierge, à Constantinople et dans toutes les autres villes de l'empire. Cette raison nous empêche également de faire honneur de ce poëme à l'hérésiarque Apollinaire, contemporain du saint docteur, et qui comme lui cultivait la poésie avec succès. Mais rien n'empêche de l'attribuer à un autre Grégoire qui gouvernait l'Eglise d'Antioche, vers l'an 572, si ce n'est qu'Evagre, qui a écrit son histoire et donné la liste de ses ouvrages, ne dit pas un mot de ce poëme ; cependant il remarque qu'il s'occupait de poésie et qu'il avait une rare facilité à faire des vers. Enfin on trouve encore dans cette pièce une opinion qui doit faire douter qu'elle soit de saint Grégoire. L'auteur, quel qu'il soit, veut que Jésus-Christ se soit montré à la sainte Vierge aussitôt après sa résurrection. Or on ne trouve rien de semblable, ni dans l'Evangile, ni dans aucun des anciens Pères qui ont vécu avant notre saint docteur. Le prêtre Sédulius, qui écrivait vers le milieu du v° siècle, est le premier qui dans son *Livre Pascal* ait avancé ce sentiment. Du reste, notre saint patriarche a assez de titres à l'admiration des savants, sans que nous lui en revendiquions de douteux, encore moins de supposés.

Nos appréciations ont si habituellement accompagné l'analyse que nous venons de faire de ses œuvres, qu'il nous reste peu de choses à dire pour achever de le faire connaître. Personne n'a jamais contesté à saint Grégoire de Nazianze d'avoir été l'orateur le plus éloquent de son siècle. Ses ennemis mêmes, c'est-à-dire, les ennemis de la foi, car il n'avait pour adversaires que ceux dont il combattait si fortement les erreurs, ont été obligés de convenir que sa vie, ses écrits, ses discours possédaient des charmes si infaillibles, qu'il manquait rarement d'attirer à sa communion toutes les âmes tant soit peu sensibles à l'impression des grandes choses. En effet, c'était un homme incomparable en tout, dit Rufin, aussi grand par la parole que par les œuvres, en même temps le docteur de la piété et le défenseur de la foi, de sorte qu'il serait difficile de dire quels dons le ciel fit éclater en lui avec plus de magnificence, ou ceux de la nature ou ceux de la grâce. Né avec un génie sublime, un esprit fin et pénétrant, un jugement sain et solide, une expression continuellement heureuse, il sut encore embellir chacun de ses talents de tout ce que les sciences divines et humaines ont de plus rare et de plus relevé. Il n'est presque pas un de ses ouvrages qui n'en offre la preuve. Partout, à côté de cette vaste érudition profane qu'il avait acquise dans les écoles d'Athènes et d'Alexandrie, et dont il n'use que sobrement et pour rendre plus sensibles et plus frappantes les vérités de la religion, on admire cette connaissance approfondie des divines Ecritures, qui, entre tous les Pères de l'Eglise, lui a mérité le titre glorieux de *Théologien*, à cause de l'exactitude infaillible avec laquelle il développait nos mystères. Ce qui a fait dire à Rufin qu'il suffisait de s'opposer en quelque chose à la doctrine de ce Père pour être considéré comme hérétique. Saint Jérôme, qui avait été son disciple, se glorifie de l'avoir eu pour maître, et défie l'éloquence latine de lui opposer un égal parmi tous ses docteurs. Ses discours sont méthodiques et composés avec un art infini, ce qui n'empêche pas le style d'en être naturel, exact et admirablement varié. Ses phrases sont courtes sans obscurité, et quoique fréquemment coupées elles se soutiennent partout. Soit qu'il fasse un éloge, soit qu'il entreprenne de persuader ses auditeurs, soit qu'il combatte un ennemi de la religion, il ne reste jamais au-dessous de sa matière. Vif et pressant dans ses déclamations, il n'épargne ni les vices, ni les personnes vicieuses, et fussent-elles placées au plus haut rang, ses coups n'en ont que plus de force pour les atteindre. Malgré la concision extrême de ses lettres, on peut dire qu'elles ne laissent pas d'être longues par le grand sens qu'elles renferment. Il en est peu qui ne soient assaisonnées de quelque sentence ou d'une fine raillerie qui pique la curiosité ou déride le front du lecteur. Les similitudes, les comparaisons, les figures embellies et ornées ne sont pas moins fréquentes dans ses discours que dans ses vers. Toutefois nous ne dirons rien de sa poésie; c'est un sujet que M. Villemain a trop merveilleusement bien traité pour que nous nous permettions de le gâter, en le retouchant après lui. Dans un tableau aussi riche de tons et de couleurs, la brosse se ferait trop sentir à côté du pinceau du maître.

GRÉGOIRE de Nysse, frère de saint Basile, et aussi célèbre que lui dans les annales ecclésiastiques, ne saurait trouver la même place dans l'histoire de l'éloquence. Nous avons eu occasion d'observer déjà qu'à cette époque le zèle religieux saisissait presque toujours des familles tout entières. On voyait, comme dans la tribu de Lévi, des pontifes remplacés par leurs fils, et plusieurs frères entrant à la fois dans le sacerdoce. Ce frère de saint Basile, qui portait le même nom que le célèbre orateur de Nazianze, naquit, autant qu'on le peut croire, à Sébaste, vers l'an 331 ou 332. Ses parents lui firent étudier les lettres humaines, dans lesquelles il fit de grands progrès; cependant, on ne voit nulle part qu'il ait accompagné son illustre frère aux écoles d'Athènes et d'Alexandrie. Il s'était marié, et enseignait la rhétorique, profession si honorée à cette époque, où cependant l'art de la parole, privé des grandes occasions que donnent les États libres, n'avait plus d'exercice réel que dans l'Église chrétienne. Suivant une pratique commune alors, il se sépara de sa femme pour entrer dans l'état ecclésiastique. C'était une dame vertueuse, nommée Théosébie, dont saint Grégoire de Nazianze fait un grand éloge, et qui se fit *diaconesse* après l'ordination de son mari. Celui-ci avait reçu l'ordre de *lecteur*, et il en exerçait les fonctions en lisant les livres saints aux fidèles ; mais le goût des lettres et de la philosophie profane l'entraînait toujours. Il abandonna cette fonction sacrée et rentra de nouveau dans la vie séculière pour donner des leçons d'éloquence à des jeunes gens. Son frère et ses amis avaient beau l'en blâmer, il hésitait entre Platon et l'Évangile; et la trace de ses longues incertitudes se retrouve dans les abstractions philosophiques qui bigarraient sa théologie. Mais saint Grégoire de Nazianze, à force de lui reprocher vivement cette espèce d'apostasie, parvint à le ramener au service des autels.

On croit que pour faire pénitence, il se retira pendant quelque temps dans la solitude auprès de Macrine, sa sœur, qui y gouvernait une communauté de vierges. Saint Basile ayant été élevé, en 370, sur le siège métropolitain de Césarée, appela Grégoire près de lui pour lui faire partager ses travaux, et s'en aider dans le gouvernement de son nouveau diocèse; mais en 371 ou 382, l'évêché de Nysse s'étant trouvé vacant, Grégoire, malgré sa résistance, fut appelé à le remplir. Son élection se fit du consentement unanime de tous les évêques de Cappadoce ; on n'eut égard ni à ses prières ni à ses larmes, et on lui fit violence pour l'obliger d'accepter l'épiscopat.

Grégoire avait toujours montré un grand attachement à la foi de Nicée ; son élection ne pouvait manquer de déplaire aux ariens, alors fort protégés par l'empereur Valens. Ils soutinrent que les règles canoniques n'y avaient pas été observées, et accusèrent même le saint évêque d'avoir détourné l'argent de son église. Ils firent tant que leurs accusations parvinrent jusqu'à Démosthène, vicaire du Pont et grand ennemi des catholiques, qui envoya des soldats pour l'arrêter. Grégoire obéit sans résistance ; mais ne pouvant obtenir de ces satellites les égards et les soulagements que réclamait sa santé débilitée, il s'échappa de leurs mains et se cacha dans un lieu retiré. Saint Basile excusa sa fuite et demanda qu'il fût jugé dans un concile. Les ariens s'empressèrent de remplir son siège par un homme de leur parti. C'est alors que Grégoire prit la résolution de quitter le pays, et de se réunir aux évêques catholiques exilés pour la même cause. Mais la mort de Valens, arrivée en 378, changea cet état de choses. Gratien, son successeur, rappela tous les évêques exilés et fit rendre aux catholiques les églises usurpées par les ariens. Grégoire recouvra son siège; mais la joie qu'il ressentit de son retour à Nysse fut bientôt troublée par la mort de saint Basile, qui succomba le 1er janvier de l'an 379. S'il n'eut pas la consolation de l'assister à ses derniers moments, au moins sa présence à ses funérailles le rendit témoin des devoirs pieux qu'on s'empressa de rendre à la mémoire de ce grand évêque.

La même année, au mois d'octobre, il se trouva au concile d'Antioche, assemblé pour la réforme des abus qui s'étaient introduits sous le règne de Valens, et pour rendre la paix à l'Église. On croit que c'est dans ce concile que Grégoire reçut la commission d'aller visiter les Églises d'Arabie, et même celle de Jérusalem, où s'étaient élevées de fâcheuses divisions ; mais il ne fit ces deux voyages que l'année suivante, c'est-à-dire, en 380.

Au sortir d'Antioche, Grégoire alla rendre visite à sainte Macrine, sa sœur qu'il n'avait pas vue depuis près de huit ans. Il avait besoin, pour se consoler de la mort de saint Basile, d'aller s'entretenir de ses vertus avec une personne qui devait d'autant mieux partager tous ses sentiments qu'elle avait les mêmes motifs que lui de déplorer cette perte; mais il trouva en arrivant un nouveau sujet de douleur. A l'approche du monastère gouverné par sa sœur, il rencontra les moines de son frère Pierre qui venaient au-devant de lui, et qui l'accompagnèrent jusqu'à la porte de la communauté. Les vierges l'attendaient dans l'église, où après une prière, elles reçurent sa bénédiction et se retirèrent la tête baissée, sans qu'il en restât une seule auprès de lui, parce que Macrine, leur supérieure n'y était pas. Ses grandes infirmités, fruits de ses pénitences, la forçaient de garder sa cellule, où saint Grégoire la trouva couchée, non sur un lit, ni sur un matelas, mais par terre, sur un ais recouvert d'un cilice, et la tête appuyée sur un autre morceau de bois qui lui servait d'oreiller. Il serait difficile de reproduire avec la plume, cette entrevue des deux saints personnages, dans laquelle ce fut la femme et la mourante qui donna à l'évêque des leçons de vertu et de résignation. Dans un entretien que Grégoire eut avec elle avant le dîner, la conversation tomba naturellement sur saint Basile, dont la mort était encore toute récente. « Mon âme, dit Grégoire, fut toute bouleversée à ce souvenir, l'abattement se peignit sur mon visage et il me fut impossible de retenir mes larmes. Mais Macrine, bien loin de se laisser abattre, à mon exemple, me dit sur la providence de Dieu et sur les félicités de la vie future des choses si merveilleuses et si chrétiennement senties, que j'en fus tout transporté hors de moi-même. » Dans un second entretien qu'ils eurent après le dîner, sainte Macrine lui raconta tout ce qui s'était passé dans sa famille depuis leur séparation, les années de son enfance, les premières ferveurs de sa jeunesse, et tous les élans de son âme vers les perfections de la vie contemplative, jusqu'au moment de ses vœux et de sa profession monastique; alors, pour ne pas rester en demeure avec elle, le saint évêque lui raconta à son tour ses peines, ses travaux, ses fatigues pendant les troubles de l'Eglise, et les disgrâces qu'il avait eues à subir de la part de l'empereur Valens qui l'avait envoyé en exil. « Eh quoi, lui répliqua la pieuse anachorète, prenez-vous donc cela pour des disgrâces? Mais ce serait être ingrat envers la Providence que de ne pas les regarder comme de grandes faveurs du ciel. » Saint Grégoire prenait tant de plaisir à l'entendre, qu'il eût souhaité prolonger sans fin ces sublimes conversations; mais la position de sa sœur et ses habitudes de régularité le forcèrent de les interrompre. Ayant entendu chanter les vêpres, il se retira pour y assister. Le lendemain lorsqu'il retourna près de Macrine, il la trouva tellement épuisée par la fièvre, qu'il dut juger qu'elle ne pourrait passer la journée. Mais elle, surmontant la violence de son mal, et la difficulté qu'elle avait de respirer, s'efforçait de dissiper, par ses entretiens, la faiblesse de la nature, et le chagrin qui paraissait sur le visage de son frère. Elle faisait succéder la prière aux discours, et on la voyait, en la finissant, tracer le signe de la croix sur ses yeux, sur sa bouche et sur son cœur. Enfin sentant sa dernière heure approcher, elle tendit encore sa main jusqu'à son front pour le marquer de ce signe du salut, puis après un profond soupir, elle exhala son âme dans une prière. Saint Grégoire qu'elle avait chargé de lui rendre les derniers devoirs, trouva ses paupières sur ses yeux, comme si elle eût été endormie, sa bouche fermée, ses mains croisées sur sa poitrine, et enfin tout son corps si parfaitement disposé qu'on n'eut pas besoin d'y toucher pour l'ensevelir. On la revêtit de la robe blanche des épouses, sur laquelle on jeta un manteau noir pour l'exposer aux regards des vierges de sa communauté. Son corps fut transporté à sept ou huit stades de là, dans l'église des Quarante-Martyrs, où elle fut inhumée à côté de sainte Emmelie, sa mère. Saint Grégoire fit lui-même la cérémonie de ses obsèques, assisté de l'évêque diocésain Arianus et d'un grand nombre de diacres et de ministres. Les femmes avec les vierges, les hommes avec les moines, accompagnaient le corps en chantant des psaumes. On nous pardonnera d'avoir insisté, dans cette notice, sur ces particularités qui ne furent que des accidents dans la vie de notre héros, afin de n'être pas obligé d'y revenir en rendant compte de ses ouvrages.

Saint Grégoire, après avoir rendu les devoirs de la sépulture à sa sœur, s'en retourna à Nysse, sur la fin de l'an 379, et y resta jusqu'à ce que la belle saison lui permît d'aller remplir, en Arabie et dans la Palestine, la commission dont il avait été chargé au concile d'Antioche. La piété de l'empereur Théodose lui rendit ce trajet facile, en mettant un char public à sa disposition. A couvert par là de la fatigue et des distractions presque inséparables de ces sortes de voyages, il employait les heures de la route à chanter des psaumes avec ceux qui l'accompagnaient. L'histoire ne nous dit point ce qu'il fit en Arabie, ni quels abus il y réforma. A Jérusalem, au contraire, il nous apprend lui-même que ce fut avec bonheur, et le cœur plein d'amour et de reconnaissance, qu'il visita Bethléem, le Calvaire, la montagne des Oliviers, le saint Sépulcre, qu'il appelle la *Résurrection*, en un mot, tous les lieux honorés par la présence du Sauveur, qui conservent encore les traces de son passage, et qui perpétueront, jusqu'à la fin des siècles, les souvenirs de la rédemption; mais à part ces consolations spirituelles, si précieuses pour le cœur d'un évêque, il convient qu'il ne rapporta d'autres fruits de son pèlerinage que la conviction qu'il y avait moins de piété en Palestine que dans la Cappadoce, où l'on voyait, dit-il, presque autant d'autels consacrés à la gloire de Dieu que dans le reste de l'univers. Cependant, il eut la consolation de trouver à Jérusalem des personnes d'une grande vertu, entre autres deux sœurs, Eusthatie et Ambrosie, qui y faisaient profession d'une piété très-éminente, et Basilisse, qu'il appelle sa fille très-honorée; mais les mœurs déréglées des chrétiens de cette ville le pénétrèrent de douleur. Quoique unis dans une même confession sincère de la Trinité, ils étaient pleins d'animosité les uns contre les autres, et il y en avait un grand nombre, qui, par la haine de leurs frères, aimaient mieux déchirer la robe de l'Eglise et élever de nouveaux autels que de se réconcilier avec eux. Ils refusèrent même d'admettre le saint évêque de Nysse à leur communion, sous pretexte qu'il communiquait avec saint Cyrille, alors évêque de

Jérusa1em; de sorte que Grégoire se vit obligé de retourner dans son pays, sans avoir pu réunir cette Eglise.

Peu de temps après son retour, il assista en 381, avec les principaux évêques d'Orient, au concile que l'empereur Théodose fit assembler à Constantinople et auquel les évêques occidentaux ont donné depuis un consentement qui l'a fait accepter dans l'Eglise comme le second concile œcuménique. Saint Grégoire y prononça l'oraison funèbre de sainte Macrine, et fut un des évêques choisis pour être le centre de la communion catholique dans la province du Pont. Il assista encore à deux autres conciles de Constantinople tenus l'an 382 et l'autre en 383; il prononça dans ce dernier un discours que nous avons encore sur la divinité du Saint-Esprit. Enfin le 29 septembre de l'an 394, il y eut à Constantinople un quatrième concile, auquel Grégoire assista. Les Actes de ce concile le placent même au rang des métropolitains, apparemment en vertu d'un droit qui lui avait été conféré par le concile œcuménique de 381. Il est difficile de préciser l'époque de sa mort. Dans son livre de la *Vie de Moïse*, il parle souvent de son grand âge, de ses cheveux blancs, de ses membres courbés par la vieillesse; ce qui donne lieu de croire qu'il vécut encore au delà de cet année 394, puisqu'alors il ne pouvait avoir tout au plus que soixante-quatre ans. Cependant l'histoire ne fait aucune mention de lui lors des troubles excités, en 403 et 404, par Théophile d'Alexandrie contre saint Jean Chrysostome. On peut donc croire qu'il ne les vit pas et qu'il n'existait plus à cette époque. Quelques historiens placent sa mort en 396, d'autres la mettent en 400, le 10 janvier ou le 9 mars. Les Grecs célèbrent sa fête à la première de ces dates, et les Latins à la seconde.

Les anciens ont comblé saint Grégoire des plus grands éloges. Saint Vincent de Lérins l'appelle un digne frère de saint Basile, à cause de sa foi, de la sainteté de sa vie, de l'intégrité de sa doctrine et de la sagesse de ses conseils. Saint Grégoire de Nazianze le présente comme la règle et la loi de toutes les vertus, et déclare qu'à l'exemple de son illustre frère, il fut un modèle accompli de la modération que l'on doit garder dans la prospérité et de la force avec laquelle on doit supporter les disgrâces et les douleurs de la vie. Le second concile de Nicée, en l'appelant *le Père des Pères*, regarde cette dénomination comme consacrée par l'usage, et comme un titre reconnu de tout le monde. Du reste, telle était son autorité parmi les Pères du concile d'Ephèse, que son seul témoignage suffit pour entraîner la condamnation de Nestorius.

Grégoire de Nysse a laissé un grand nombre d'ouvrages dont nous allons essayer de donner une idée à nos lecteurs par une rapide analyse.

Hexaémeron. — L'*Hexaémeron* de saint Grégoire de Nysse est un supplément aux Homélies de saint Basile sur l'œuvre des six jours. C'est à tort qu'Ellies Dupin l'attribue à saint Basile lui-même, puisque saint Grégoire de Nysse réfute positivement cette assertion, en s'excusant sur les prières de ses amis et, en particulier, sur les instances de son frère Pierre, alors abbé d'un monastère dans le Pont et depuis évêque de Sébaste, qui lui avaient commandé cet ouvrage. D'ailleurs, en rapprochant son travail de celui de son frère qu'il s'efforçait de compléter, il se compare au jardinier qui introduit sous l'écorce d'un arbre vigoureux un faible rameau qui, nourri et développé par une sève hospitalière, s'accroît et se confond bientôt avec la substance de l'arbre qui l'a reçu. Voici donc les raisons qui l'avaient déterminé à enter son travail sur celui de son frère. Quelques personnes, ignorant le but que saint Basile s'était proposé dans ces homélies, lui reprochaient de n'avoir traité que superficiellement certaines questions qui leur semblaient exiger une explication plus ample et plus étendue, et d'en avoir laissé plusieurs autres sans réponse. C'est pour faire taire ces plaintes et pour résoudre ces questions que saint Grégoire entreprit cet ouvrage. Il excuse saint Basile en disant qu'ayant à parler devant un public nombreux, il avait cru devoir passer légèrement sur des difficultés qui ne pouvaient être entendues que de peu de personnes, et traiter le sujet de la création d'une manière aisée, édifiante et instructive. Pour lui, comme il n'a d'autre but que d'exercer son esprit, on ne doit donc pas être surpris s'il dit quelque chose d'extraordinaire; « Son dessein, ajoute-t-il, n'est pas d'établir des dogmes, mais de concilier quelques passages de l'Ecriture qui paraissent avoir un sens opposé; » ce qu'il fait par des raisonnements subtils et des explications recherchées où, sans blesser toutefois la lettre de l'Ecriture, il laisse à ses lecteurs la liberté de suppléer aux vides qu'ils croiront remarquer dans son ouvrage. On y trouve assez de méthode; saint Grégoire y suit l'ordre de la création jusqu'au quatrième jour, telle qu'elle est écrite dans la *Genèse*. C'est probablement ce qui a fait placer cet écrit dans l'édition de ses Œuvres avant le *Traité de la formation de l'homme* qui lui est antérieur.

L'auteur explique solidement certains phénomènes de la nature, et, par le mécanisme prodigieux des choses créées, il sait faire admirer la puissance et la sagesse du Créateur : sa puissance; avant la création, rien n'existait que Dieu; rien, ni le ciel, ni la terre, ni la matière dont le tout-puissant Architecte a composé l'universalité des choses créées; sa sagesse, qui a rangé toutes choses dans un ordre si admirable, éclate par le magnifique témoignage que lui rendent les œuvres de la création. Nous ne voyons que les effets; à Dieu seul appartient de connaître les causes.

Il paraît que saint Grégoire fait consister l'essence de la matière dans l'assemblage des différents accidents qui la composent; car, s'étant objecté comment Dieu, qui est d'une nature spirituelle, invisible et sans étendue, avait pu créer la matière, qui est corporelle, étendue et visible, il répond que le Créateur, par un effet de sa puissance infinie, ayant allié la pesanteur et la fluidité, le dur et le mou, l'humide et le sec, le froid et le chaud, la couleur et la figure qui, séparées, ne sont que de pures notions, en avait formé la matière. Nous donnons une idée de sa manière par cette citation : « Dieu dit : *Que la lumière soit*, et, avec la rapidité de la flèche qui fend l'air pour atteindre le but, la lumière, ce feu recelé dans les éléments divers, s'est dégagée de ses liens pour aller se fixer aux lieux où la volonté souveraine du Créateur l'a appelée, et, du haut du firmament, dominer le reste de l'univers..... L'historien de la *Genèse*, dit-il, nous fait voir partout la parole de Dieu agissante, pour nous convaincre que rien n'a été exécuté que par son ordre, et par la contemplation des merveilles étalées sous nos yeux, nous faire remonter à leur sublime Auteur. »

Il se livre ensuite à des recherches philosophiques sur l'eau, l'air, le feu, sur les harmonies de la nature, sur les effets du mouvement et de l'attraction, sur l'origine des sources et des fontaines, etc., etc. Nous ne le suivrons pas dans ces détails étrangers à notre sujet; nous nous bornerons seulement à rapporter sa conclusion. « Telles sont, dit-il, les solutions que j'apporte aux demandes qui m'ont été proposées. Je n'ai point mêlé d'explications morales et allégoriques à mes réponses, purement puisées dans l'ordre de la nature. »

De la formation de l'homme. — C'est dans le même esprit que fut composé le *Traité de la formation de l'homme*, c'est-à-dire, pour suppléer à ce qui manquait à l'*Hexaéméron* de saint Basile. Celui-ci est distribué en chapitres au nombre de trente. Le saint philosophe y décrit l'homme tel qu'il était au moment de sa création, tel qu'il est aujourd'hui, et tel qu'il sera au jour du jugement, après la résurrection. L'homme ne fut créé qu'après le monde. Il était convenable que celui qui devait commander comme roi à toutes les choses créées trouvât son palais achevé et ses sujets disposés à recevoir ses ordres. Avant d'introduire le convive dans la salle du festin, il fallait bien que le banquet fût préparé.

Dieu, qui d'une parole avait fait sortir l'univers tout entier du néant, délibère au moment où il s'agit de créer l'homme; il tient conseil, il semble dessiner à l'avance l'ouvrage nouveau qui va sortir de ses mains. Il s'arrête, se parlant à lui-même : *Faisons l'homme*, dit-il, *à notre image et à notre ressemblance; qu'il commande à tous les animaux, qu'il exerce son empire sur toute la terre.* Chose remarquable! le soleil, le firmament, les deux productions jusque-là les plus admirables de ses mains divines, ont été formés sans préliminaire. L'historien sacré ne nous apprend point de quelle manière ils ont été produits autrement que par la féconde parole du Tout-Puissant. Pour l'homme seul, un conseil, un examen réfléchi, une nature préexistante, un dessein particulier qui exprime la forme dans laquelle il va paraître, et le magnifique original dont il doit recevoir l'empreinte! Parce qu'il est destiné à l'empire, son auteur en a tracé les caractères sur tout son être, tant dans les qualités de son âme, que dans la forme de son corps. Tout en lui respire le commandement, tout annonce le roi de la nature. Et c'est moins encore dans sa forme extérieure qu'éclate sa beauté principale, que dans la faculté d'être heureux par l'exercice de la vertu.

Le saint docteur donne ici à cette pensée des développements que notre grand Bossuet n'a fait que traduire dans la seconde partie de son admirable *Discours sur l'histoire universelle.* « Cette âme dont la vie devait être une imitation de la sienne, qui devait vivre comme lui de raison et d'intelligence, qui lui devait être unie, en le contemplant et en l'aimant, et qui, pour cette raison, était faite à son image, ne pouvait être tirée de la matière; l'âme donc, faite à son image et qui peut être heureuse en le possédant, doit être produite par une nouvelle création; elle doit venir d'en haut, et c'est ce que signifie ce souffle de vie que Dieu tire de sa bouche. La Trinité commence à se déclarer en faisant raisonnable la créature dont les opérations intellectuelles sont une image imparfaite de ces éternelles opérations par lesquelles Dieu est fécond en lui-même. »

L'auteur réfute en passant les anoméens qui repoussaient toute similitude entre le Père et le Fils. « L'homme, dit-il, est l'image des trois personnes de la Trinité, désignées par le mot *faisons*. Or, comme plusieurs objets dissemblables ne sauraient être représentés par la même image, il s'ensuit que cette image se trouvant semblable au Père et au Fils, le Père est semblable au Fils et le Fils semblable au Père; puisqu'il est reconnu que deux objets qui sont semblables à un troisième doivent être également semblables entre eux. » L'auteur revient ensuite à la formation de l'homme et explique ainsi les raisons de l'empire qu'il exerce sur toute la création :

« Que veut dire dans l'homme cette attitude élevée vers le ciel? Pourquoi le Créateur n'a-t-il pas donné à son corps, ainsi qu'à celui des autres animaux, les moyens naturels de défendre son existence contre les dangers qui la menacent de toutes parts? Vous le voyez qui entre dans le monde, faible, débile, privé de tout ce qui est nécessaire à la vie, vraiment misérable. Est-il armé de cornes robustes, d'ongles qui l'aident à déchirer sa proie? Non. S'il en avait, à quels excès de cruauté ne se porterait-il pas? C'est parce qu'il n'en a point, qu'il s'est vu obligé de suppléer, par les ressources de son industrie, à ce que l'Auteur de la nature lui a refusé. Faible, il domptera le taureau et le cheval, pour l'aider à supporter ses fatigues, à tirer du sein de la terre l'aliment qui le nourrit. Nu, il dérobera à la brebis sa toison, pour s'en faire un tissu, dont il se défendra contre l'inclémence de l'air, » etc.

Suit une description circonstanciée des différentes parties du corps, du mécanisme de la parole, des organes assortis entre eux avec la plus parfaite harmonie, des sens qui servent à l'âme d'instruments pour l'exécution de ses volontés. « Vainement, dit le saint docteur, chercheriez-vous à comprendre la nature de l'âme humaine. Parce qu'elle fut créée à l'image de Dieu, elle est incompréhensible comme la divine essence. Elle ne serait pas conforme à son prototype qui est incompréhensible, si elle ne l'était pas elle-même. » Grégoire attaque fortement l'opinion des matérialistes, qui, de son temps comme du nôtre, plaçaient le siége de l'âme dans le cœur ou dans le cerveau. Il établit que sans être enfermée dans aucun espace, elle anime tous les membres du corps, auxquels elle donne un mouvement plus ou moins régulier, selon qu'ils sont bien ou mal disposés. Mais d'où vient, dit-il, l'union de l'âme avec le corps? Mystère impénétrable à l'homme! L'âme dans celui qui se laisse conduire par les passions du corps en est l'esclave; mais elle est souveraine dans celui où règne la vertu. Il n'y a rien à proprement parler qui mérite le nom d'âme que celle de l'homme, puisqu'elle est seule intelligente et raisonnable. Elle n'est point, comme l'ont imaginé quelques philosophes, un petit monde, ni un composé d'éléments..... On pourrait en dire autant du ciel, de la terre, de chacun des objets créés, tous sujets au changement. Toute l'Eglise chrétienne donne à l'âme une origine bien plus excellente. Elle fut faite à l'image de son divin Créateur. Ce sont les passions qui dégradent en nous cette auguste ressemblance, en nous ravalant jusqu'à celle des animaux sans raison. » Saint Grégoire réfute l'opinion de l'éternité de la matière, et conclut que, par cela seul que le monde a eu un commencement, il aura une fin; ce qui l'amène au dogme de la résurrection, prouvée tant par les témoignages des Livres saints que par les arguments naturels.

Denys le Petit, qui a traduit ce traité, en fait un grand éloge, ce qui ne l'empêche pas cependant de reprocher à saint Grégoire d'avoir donné dans l'erreur; mais sans dire en quoi il s'est trompé. Peut-être veut-il parler de quelques sentiments particuliers au saint docteur, mais nullement opposés à ceux de l'Eglise. On convient généralement que ce traité est curieux et plein d'érudition.

Homélies. — Il est suivi dans l'édition de ses œuvres de deux homélies sur la même matière. Nous avons dit ailleurs que ces deux discours ne pouvaient être attribués à saint Basile; nous ne pensons pas qu'il y ait plus de raisons de les attribuer à son frère. Ils n'ont rien de son style, et il ne nous paraît pas probable que le saint docteur n'ayant composé son livre de la *Formation de l'homme* que pour suppléer à ce qui manquait dans l'*Hexaéméron* de l'évêque de Césarée, il ait abordé une seconde fois le même sujet, sans le traiter aussi complétement. En effet ces *Homélies* ne sont qu'un abrégé des deux ouvrages que nous venons d'analyser. Aussi nous contenterons-nous d'en extraire ce passage qui nous a paru remarquable et que nous réduisons encore en le reproduisant :

« *Que l'homme commande aux bêtes* (Gen. I, 26). — Règne sur toutes les bêtes qui sont en toi. — Que voulez-vous dire? des bêtes dans moi? — Oui, et en grand nombre. Ce langage vous étonne? Ecoutez-moi. N'est-ce pas une bête féroce que la colère, que la fourberie, que la vengeance, que l'avarice, que l'impureté? Certes, et des bêtes plus féroces que le chien, que l'ours, la vipère, le loup, etc. Que vous sert d'avoir l'empire au dehors, quand vous êtes esclave au dedans? de commander aux animaux, quand vous êtes subjugué par vos passions? Commencez donc par vous rendre maître de vous-même. On ne vous fera pas un crime de ne point dompter de lions : mais ne pas réprimer sa colère, faiblesse impardonnable. »

Vie de Moïse. — Ce livre, auquel Théodoret a emprunté un passage en l'appelant le livre *de la perfection de la vie*, est adressé à un jeune homme nommé Césaire, homme de Dieu par excellence, qui s'exerçait heureusement à la pratique de toutes les vertus, et qui avait demandé au saint docteur des conseils qui l'aidassent à les porter jusqu'à la perfection. Grégoire qui, par humilité, ne se croyait pas capable de comprendre, encore moins d'exprimer la perfection de la vie en elle-même, prit le parti de raconter l'histoire du législateur des Hébreux, telle qu'elle se trouve dans nos livres sacrés, en ajoutant au récit des événements des explications allégoriques et morales, qui en représentent le héros comme le modèle de la plus haute perfection.

« La vertu véritable, dit-il, tend à s'unir à Dieu, en imitant sa nature qui n'a point de bornes. Elle ne s'arrête donc jamais, mais aspire toujours à monter. Non qu'elle puisse atteindre à la perfection absolue; mais elle s'efforce d'y arriver conformément à l'oracle de l'Evangile : Soyez parfaits comme votre Père céleste est parfait. Vous ne parviendrez jamais à lui ressembler en tout; mais il est toujours avantageux d'acquérir une partie de ce qui est bon de sa nature, lorsqu'on ne peut avoir le tout. » Saint Grégoire fait sur l'éducation de Moïse une remarque dont on ne retrouve rien dans l'Ecriture, savoir qu'on fut obligé de lui donner sa mère pour nourrice, parce qu'il éprouvait une aversion naturelle à se laisser allaiter par une étrangère. « Cependant l'homme vertueux, dit-il, tant qu'il est encore dans l'enfance de la perfection, peut se faire adopter par une mère stérile et étrangère, et passer pour son fils adoptif, autant de temps qu'il lui en faut pour s'instruire, c'est-à-dire, pour acquérir les connaissances humaines, qui bien que stériles comme leur mère, ne laissent pas néanmoins d'avoir leur utilité. Toutefois l'étude des livres profanes ne doit pas l'empêcher d'étudier la science et la discipline de sa propre mère qui est l'Eglise. L'Hébreu et l'Egyptien qui se combattent, nous représentent la foi aux prises avec l'impiété. A l'exemple de Moïse, qui tue l'Egyptien, l'homme courageux doit s'élever contre tous les pervers qui en veulent à la vraie foi ; comme ce saint législateur, il doit sacrifier à la piété tout ce qui s'oppose à elle. La querelle des deux Hébreux, que Moïse ne put accorder, est une figure de celles qui s'élèvent tous les jours à propos des dogmes de l'Eglise; sans ces disputes entre des hommes qui professent la vraie religion, il n'y aurait point d'hérésies. Si, en les combattant, nous nous trouvons trop faibles pour soutenir la bonne cause, ayons recours à la doctrine céleste et même aux sciences humaines, qui peuvent nous aider à confondre les faux docteurs. Le serpent auquel fût changée la verge de Moïse était la figure du péché; ce changement, la figure de l'incarnation du Fils de Dieu qui s'est fait pécheur pour nous. L'homme parfait peut, à l'imitation de Moïse qui s'allia avec une femme étrangère, s'appliquer aux sciences humaines, car la philosophie naturelle et morale n'est pas incompatible avec la plus haute perfection ; cependant un chrétien doit circoncire cette philosophie, c'est-à-dire en retrancher tout ce qui n'est point conforme à la croyance qu'il professe, s'il veut éviter le glaive de l'ange exterminateur. Il y a certaines choses qu'il faut abandonner à la connaissance de l'Esprit-Saint; il est inutile par exemple de chercher à pénétrer le mystère de la substance divine, ni le secret de ce qui existait avant la création, et bien d'autres questions encore, toutes aussi dangereuses qu'inutiles. »

Saint Grégoire ne pense pas qu'on puisse expliquer à la lettre le commandement de Moïse aux Israélites d'emprunter les meubles des Egyptiens pour se les approprier. « Nous devons croire, dit-il, que ce législateur qui défend l'injustice en tant d'endroits de ses livres, n'a pas voulu la commander en celui-ci. Il ne sert de rien non plus de répondre, comme le font quelques-uns, que les Israélites pouvaient par ce moyen se payer de leur travail; car il s'en suivrait que si Moïse n'a pas autorisé le vol, il a au moins permis la fraude, puisque les Israélites ne peuvent éviter de passer pour trompeurs dans cette occasion. »

Il croit donc qu'on peut donner un sens plus sublime à ce passage de l'Ecriture, et dire que par là elle veut engager ceux qui marchent dans la voie de la perfection à s'enrichir des sciences profanes dont les païens se font honneur, en les faisant servir à l'ornement du temple du vrai Dieu. « C'est ce qu'ont fait, dit-il, plusieurs grands hommes, qui ont consacré au service de l'Eglise l'érudition qu'ils avaient puisée dans les livres des gentils, entre autres le grand Basile qui, s'étant chargé dans sa jeunesse de ces précieuses dépouilles de l'Egypte, en a heureusement enrichi l'Eglise. » Il indique à cette occasion les qualités que doit avoir celui qui est chargé de la conduite des âmes. « Si c'est un Moïse, dit-il, ou quelque pasteur qui lui ressemble, il opposera le conseil à la terreur des ennemis, et relèvera par l'espérance du secours divin les cœurs que la crainte tient abattus; mais, pour y réussir il faut que le cœur de ce supérieur parle à Dieu. Car, ajoute-t-il, il y en a plusieurs, établis dans les charges et les prélatures de l'Eglise, qui n'ont d'autre soin que de régler l'extérieur, sans se mettre en peine de ce qui est caché et ne peut être connu que de Dieu. Moïse n'en a point usé de la sorte; au contraire, pour animer le peuple d'Israël et lui inspirer de la confiance, il lui témoigne qu'il crie vers Dieu, même quand il ne prononce aucune parole ; parce que la parole la plus éclatante et celle qui monte jusqu'aux oreilles de Dieu, c'est moins le cri qu'on pousse avec effort que le désir formé par une conscience pure. »

Selon saint Grégoire, le passage de la mer Rouge était l'image du baptême; les douze fontaines d'Elim figuraient les douze apôtres, et les soixante-dix palmiers les autres disciples du Sauveur, qui, suivant l'histoire, dit-il, furent en même nombre que ces palmiers. Le raisin que pendait à la branche de vigne que les Israélites rapportèrent de la terre promise, marquait Jésus-Christ attaché à la croix, et dont le sang est devenu un breuvage salutaire pour tous les fidèles. Il s'étend aussi sur la vertu de la croix de Jésus-Christ, figurée par le serpent d'airain suspendu dans le désert, et sur les qualités des ministres de la loi nouvelle exprimées par le fruit que produisit la verge d'Aaron. Ce fruit que saint Grégoire appelle une noix, *nuces*, d'après les Septante, et que la Vulgate a traduit par amandes, *amygdalæ*, nous apprend que la vie d'un prêtre doit être dure et austère au dehors, mais intérieurement remplie de douceurs. « Donc, si vous voyez, dit ce Père, un prêtre qui se plaise à vivre au milieu des parfums et des roses, à briller sous la soie et la pourpre, à couvrir sa table des viandes les plus délicates et les plus recherchées, à boire le vin le plus exquis, à se parfumer des senteurs les plus précieuses, à jouir en un mot de toutes les douceurs d'une vie mondaine; alors vous pouvez dire de ce prêtre ce qu'en dit l'Evangile : Je vois ici un fruit, mais à ce fruit je ne reconnais pas l'arbre sacerdotal : le fruit que produit l'arbre sacerdotal est tout différent de celui-ci. Il produit la tempérance, et je ne vois que des délices, il ne tire pas sa nourriture et son accroissement de la terre, et celui-ci est arrosé par les ruisseaux de tous les plaisirs. »

Enfin, le saint docteur termine son livre par cette réflexion qu'il adresse à Césaire, pour qui il l'avait entrepris : « La perfection consiste à ne pas s'éloigner du mal par la crainte du châtiment, comme le fait l'esclave; à ne point opérer le bien, dans la seule vue de la récompense, comme le marchand fait son commerce; mais à accomplir l'un et à éviter l'autre, sans même s'embarrasser des récompenses qui nous sont promises en l'autre vie; à ne craindre qu'un seul mal, celui de déchoir de l'amitié de Dieu; à ne désirer qu'un seul bien, celui de rester uni à Dieu par son amour. » Cette maxime pourrait être dangereuse, si on l'appliquait trop à la lettre. Pour n'être pas exposés à en abuser, nous recommanderons les sages explications que nos docteurs en ont données. On peut voir à ce sujet les deux écrits de Bossuet, intitulés : *Mystici et schola in tuto*, et ce que dit le savant évêque sur toute cette matière, dans son *Instruction sur les états d'oraison*, particulièrement dans son livre IX°.

Deux traités des psaumes. — Un autre ami que saint Grégoire ne désigne que sous le titre d'*homme de Dieu*, lui ayant demandé des éclaircissements sur les inscriptions des *psaumes*, le saint docteur crut qu'avant d'en expliquer les titres, il était nécessaire de donner une idée générale des psaumes eux-mêmes; ce qu'il fait dans le premier de ces deux traités. Dans le second, il donne sur les titres de chaque psaume des explications allégoriques et morales. Il paraît qu'il ne comptait en tout que cent quarante-cinq psaumes.

L'objet que le saint docteur se propose dans ce travail est de conduire l'homme par degrés à la béatitude, en le plaçant sur les voies qui y mènent, et en l'éloignant de celles qui pourraient l'en détourner. C'est le même qu'avait en vue le divin Psalmiste, dans ces chants sacrés, où le charme de l'harmonie invite tous les hommes à venir puiser les plus salutaires leçons. Aussi les a-t-on sans cesse à la bouche; en santé, en maladie, dans la prière comme en voyage. On les chantait aux festins et dans les noces; mais plus encore pendant les veilles des églises. « La béatitude de l'homme, dit-il, consiste dans la participation de celle de Dieu, qui seul mérite à proprement parler le nom de bien; ce qui fait que Dieu se multiplie, pour ainsi dire, en autant de créatures qu'il y en a d'heureuses. La vertu se fait connaître par le plaisir qu'elle cause à l'esprit, et le vice, par celui dont il flatte les sens, ce qui met entre l'un et l'autre une différence si évidente qu'ils ne peuvent pas être confondus. On ne peut rien faire de bon ni d'honnête sans la volonté de Dieu; l'homme, par son libre arbitre, peut persévérer dans le bien ou dans le mal, selon son bon plaisir; Dieu, qui n'estime que le présent, sans faire aucun cas du passé, oublie la vie du pécheur quand il s'est retiré de ses crimes, et fussent-ils infinis en nombre, ils seront réputés pour rien. Au contraire, il compte pour beaucoup la vie du pécheur qui persévère dans l'iniquité, fût-elle de courte durée. Le pardon que Dieu accorde à nos péchés est un motif plus efficace pour nous convertir, que la peine dont il pourrait les punir. La grâce est une lumière qui dissipe les ténèbres du vice et nous éclaire du beau jour de la vertu. Jésus-Christ a souffert pour tous les hommes, et n'en a laissé aucun sous l'empire de la mort qu'il a détruit. La grâce du Saint-Esprit sert à l'âme comme de mât pour la conduire au port du salut par de bonnes pensées; la raison tient le gouvernail et dirige le vaisseau. Comme celui qui est en Dieu existe véritablement; de même celui qui en est séparé rentre en quelque façon dans le néant par la privation de la justice, privation qui a passé de notre premier père à tous ses descendants. La crainte est d'un grand secours pour faire le bien; lorsqu'elle domine, elle retient le penchant que nous avons au mal. L'oraison consiste dans la bonne vie et non dans les paroles; ainsi celui qui veut s'approcher de Dieu par la prière, doit donc auparavant régler ses mœurs de manière à ce qu'il n'y ait rien d'irrégulier dans sa conduite. Celui qui persévère dans le bien, passe immédiatement de cette vie dans le sein d'Abraham, où il jouit avec les anges de la plénitude de la félicité. »

Homélies sur l'Ecclésiaste. — Suidas parle de plusieurs discours de saint Grégoire sur l'*Ecclésiaste*, mais sans en indiquer le nombre. Il ne nous en reste que huit, et encore le dernier ne va-t-il pas jusqu'à la fin du troisième chapitre. Si, comme on a lieu de le croire, le saint docteur a expliqué ce livre tout entier, il s'en est beaucoup perdu avec le temps. Ces homélies sont précédées d'une espèce de prologue qui n'est autre chose que l'éloge du livre.

Suivant saint Grégoire, l'*Ecclésiaste* est un livre d'une doctrine sublime et inspirée de Dieu. C'est la voix de notre Église chrétienne, la voix de l'Esprit saint qui l'a dicté. Les livres historiques de l'Ancien Testament présentent à la curiosité des récits d'événements, bien faits sans doute pour l'intéresser, mais qui ont un rapport moins direct avec la piété. Celui-ci parle à toutes les classes de la société; il embrasse toutes les circonstances de la vie humaine; il est, en quelque sorte, l'Évangile anticipé, parce que tout s'y rapporte aux maximes de la vie spirituelle. Ce que l'on appelle vanité, c'est ce qui n'a rien de solide dans sa nature, rien d'assuré dans ses résultats. Vanité des vanités, c'est tout ce qu'il y a de plus stérile en soi et dans les conséquences qui s'y rattachent. Telles sont les choses du monde présent par rapport à celles du monde futur. Tout l'ouvrage n'est que le commentaire de cette proposition.

A l'occasion de ces paroles : *J'ai possédé des serviteurs et des servantes.* — « Possédé, dites-vous ? mais quel autre en est le possesseur que Dieu; de quel droit ? Ces hommes que vous dites vous appartenir, Dieu ne les avait-il pas faits libres ? Commandez aux animaux brutes, à la bonne heure; mais ne dégradez pas l'image de Dieu. Soumettez à votre empire les bœufs des campagnes, faites-en vos esclaves, à la bonne heure ; mais les hommes sont-ils de vils troupeaux pour être mis à l'encan ? Et à quel prix ? En est-il qui puisse payer un être créé à l'image de Dieu ? Le monde tout entier lui-même est sans nulle proportion avec la dignité de cette âme où le Très-Haut a imprimé le sceau de sa ressemblance. Ce monde périra, l'âme de l'homme est immortelle. Montrez-moi donc quelque part les titres de votre possession. Cet étrange privilège, qui vous l'a donné ? Votre nature ? Elle est la même que celle des serviteurs Même origine, mêmes destinées ! »

Saint Grégoire combat avec une égale vigueur l'amour des richesses et des plaisirs, mais en évitant tous les détails qui pourraient être une occasion de chute pour les hommes à passions vives, sur qui ses paroles auraient pu produire quelque impression désordonnée. « Si Salomon goûta des plaisirs et des délices de la vie, ce ne fut, dit-il, que pour en faire l'expérience, et voir s'ils étaient capables de le conduire à la véritable sagesse ; mais il ne s'en laissa pas dominer. » Sur ces paroles : *Il y a temps d'enfanter et temps de mourir.* « La naissance et la mort, dit-il, ne dépendent ni de celui qui meurt ni de celle qui enfante, et ne peuvent passer pour vice ni pour vertu. La naissance qui dépend de nous est celle par laquelle l'âme ayant reçu la crainte de Dieu, enfante son salut avec douleur ; la mort qui arrive en son temps, est celle qui nous fait mourir tous les jours en Jésus-Christ. » Il explique ces autres paroles : *Il y a temps de pleurer,* de tout le cours de cette vie mortelle ; et il applique les suivantes : *Il y a temps de rire,* à l'éternité.

Après avoir exposé d'une façon assez singulière un sentiment qui nous semble erroné sur l'observance du sabbat, saint Grégoire conclut ainsi : « Cet homme qui a consumé laborieusement sa vie à la recherche de ces diverses vanités, que lui en revient-il à la fin ? Parvenu au terme de la vie, il en sort abandonné de tout ce qui lui avait été si cher, nu, n'emportant avec lui rien de ce qu'il avait possédé, rien que ses œuvres. A quoi ont abouti tant de veilles et de fatigues ? Où sont ces magnifiques habitations, ces riches amas d'or et d'argent, ces statues de bronze, ces panégyriques que lui décernaient ses flatteurs ? A la place de tout cela, un lieu de supplice, un jugement sévère et irrévocable. Imprudent ! Dieu n'avait mis à votre disposition tant de biens que pour vous élever par leur contemplation, vers un autre bien, seul réel et permanent. »

Sur le Cantique des cantiques. — Ce commentaire, composé de quinze homélies, fut demandé à saint Grégoire par une pieuse veuve, nommée Olympiade, qui lui avait remis plusieurs sommes d'argent pour les distribuer aux pauvres de son Eglise. Le saint docteur se livra à ce travail avec d'autant plus de joie, qu'il était bien convaincu qu'elle ne recherchait dans l'explication de ce livre que ce qui pouvait convenir à la vie pure qu'elle avait embrassée. Mais en donnant au texte un sens allégorique et mystérieux, il crut qu'il était nécessaire de montrer l'utilité de ces sortes d'applications, et de réfuter quelques catholiques qui, trop attachés à la lettre de l'Ecriture, soutenaient que le Saint-Esprit n'avait pas caché sous des énigmes les instructions qu'il veut que nous puisions dans les Livres saints. Il le fait dans un prologue qu'il a mis en tête de ces homélies, et dans lequel il soutient, que non-seulement on peut chercher dans l'Ecriture des sens mystiques ; mais encore qu'il y a des livres entiers qu'on ne peut expliquer à la lettre, sans perdre tout le fruit qu'on en pourrait tirer.

Il relève beaucoup l'excellence du *Cantique des cantiques*, et veut qu'on le lise avec un cœur pur, et dégagé de toute image corporelle : toute autre disposition ne pourrait être qu'un obstacle à l'intelligence des mystères cachés sous l'écorce de la lettre. Il trouve dans ce livre le moyen le plus sûr et le plus parfait pour arriver, au salut par la charité. Tendre à la perfection, non par la vue seule des récompenses, mais pour Dieu même ; c'est l'aimer de tout son cœur, de toute son âme. Le Salomon qui nous enseigne cette perfection sublime n'est pas le fils de Betsabée, que l'amour d'une étrangère jeta dans le crime ; mais un autre Salomon, né comme celui-ci du sang de David, roi de paix, vrai monarque d'Israël, dont la science embrasse tout, dont la sagesse est infinie. Le premier Salomon ne fut que l'instrument employé par celui-ci pour nous faire entendre ses oracles, d'abord dans le livre des *Proverbes,* puis dans celui de l'*Ecclésiaste,* et enfin dans ce Cantique où, sous l'image d'une alliance nuptiale, se découvrent à nous les chastes délices de l'union de l'âme fidèle avec son Dieu. Aussi ne doit-on point s'arrêter, dit-il, aux termes de *bouche* : de *baiser,* de *parfums,* de *vin,* de *lit* et autres semblables, qui s'y trouvent répétés, mais s'en servir pour s'élever jusqu'à la parfaite jouissance de la sagesse incréée. *Qu'il me donne un baiser de sa bouche.* « C'est Jésus-Christ qui parle ainsi, remarque le saint docteur ; Jésus-Christ, la source de vie, qui veut que tous les hommes soient sauvés, donne ce baiser à tous ceux qui le sont réellement ; et c'est par ce baiser, c'est-à-dire par son union avec l'âme, qu'il la purifie de toutes ses taches. » Sur ces paroles : *Le nard dont j'étais parfumé a répandu sa bonne odeur ;* « Comme le même parfum qui donne la mort à l'escarbot rend la colombe plus forte et plus robuste, de même les prédicateurs de l'Evangile sont aux uns, c'est-à-dire à ceux qui se perdent, une odeur de mort qui les fait périr, et aux autres, c'est-à-dire à ceux qui se sauvent, une odeur de vie qui les conserve jusqu'à l'éternité. » Il applique à Jésus-Christ ces paroles de l'époux : *J'irai sur la montagne de la myrrhe.* « C'est de lui-même, dit-il, qu'il va sur la montagne et non en considération de nos œuvres, mais par un pur effet de sa grâce qui l'a porté à se soumettre à la mort pour le salut des pécheurs. »

Il entend par les mains de l'époux, celles qui dispensent les biens de l'Eglise, suivant les usages prescrits par les saints préceptes ; par le jardin dans lequel l'époux est descendu, le mystère de l'humiliation du Fils de Dieu ; et par l'unique épouse, préférée aux soixante reines et aux quatre-vingt femmes du second rang, l'Eglise qui est la colombe et l'épouse unique de Jésus-Christ. Sur ces paroles : *Venez, ma colombe,* « l'âme va à Dieu, dit-il, de son propre mouvement sans y être entraînée par aucune nécessité, parce que la vertu doit être volontaire. » Enfin, après un grand nombre d'autres explications dans lesquelles nous ne pouvons entrer, voici l'ordre qu'il prescrit pour la charité : « Vous devez aimer Dieu de tout votre cœur, de toute votre âme, de toute votre puissance, de tous vos sens. Votre prochain, vous devez l'aimer comme vous-même, et votre femme, si elle vit dans la piété, comme Jésus-Christ aime son Eglise ; si elle mène une vie plus commune et moins dégagée des passions, vous devez toujours l'aimer comme votre propre corps, ainsi que l'Apôtre vous l'ordonne. »

Le premier amour doit donc être pour Dieu, et tout le reste ne doit être aimé qu'en Dieu. D'où il arrive nécessairement, que quiconque se détache de celui qui demeure toujours immuable, est continuellement agité avec tous les êtres qui sont mobiles ; et que quiconque abandonnant celui qui est stable, suit ce qui passe, les perd tous deux. Il perd l'un en le quittant, et l'autre en ne pouvant le retenir.

Traité de la prière. — Le traité de saint Grégoire qui porte ce titre, est composé de cinq homélies qu'il avait prêchées devant son peuple. Rien de plus instructif et de plus utile que ces discours. Ils sont cités avec éloge par saint Jean Damascène et saint Anastase le Sinaïte. Euthymius en rapporte un fragment qu'on a imprimé à la fin de la troisième homélie, à laquelle il déclare l'avoir emprunté.

Première homélie. — A l'occasion du précepte qui recommande l'assiduité à la prière : *Sine intermissione orate,* saint Grégoire établit la nécessité de la prière en général et il en montre les avantages pour y exciter ses auditeurs.

« Dans le siècle où nous sommes, on s'occupe de tout autre chose que de la prière ; et de là le désordre de nos mœurs. Si la prière marchait en tête de chacune de nos actions, il n'y en aurait pas une de criminelle : *Quod si oratio negotium præcesserit, peccatum adversus animam aditum non inveniet.* La pensée de Dieu, toujours présente à l'esprit, écarterait les manœuvres de l'ennemi du salut..... La prière est la sauvegarde de la pureté, le frein de l'emportement, le remède à l'orgueil, au ressentiment. Elle est en fuite l'envie, l'injustice, l'impiété..... Elle est le sceau de la virginité et de la foi conjugale. Elle protège contre les dangers du voyage et de la navigation, nous garde durant le sommeil. Elle assure la fertilité de nos compagnes. Elle console la captivité, calme les douleurs, essuie les larmes, adoucit les horreurs et les regrets de la mort.

« La prière est un entretien avec Dieu. Egalement ingrats sur les bienfaits que nous avons reçus, indifférents sur ceux que nous attendons encore, nous négligeons la prière, le seul moyen par lequel nous puissions nous acquitter envers sa providence..... Et qui donc (après avoir tout préparé sur la terre pour en faire sa demeure) a organisé cette vile poussière qu'on appelle l'homme, lui a donné à la fois la vie et l'intelligence, a gravé sur ce peu de boue qu'il est l'empreinte de la divine ressemblance ? Et après que cette image a été obscurcie par le péché, qui est-ce qui l'a rétablie dans son ancienne beauté ?

« On prie ; mais sans réfléchir sur la sublime puissance de celui à qui l'on adresse sa prière. On en dégrade la majesté divine par des vœux sordides et par des affections rampantes. On se présente à Dieu comme ferait un malheureux qui, ne connaissant pour tout bien que des vases de terre, irait trouver le prince au moment où ses mains s'ouvriraient pour distribuer des dons et des dignités, et lui demanderait de faire de ces vases de terre quelque chose de plus à son gré. On expose sous ces yeux à qui rien n'est caché les mouvements désordonnés dont on est travaillé, non pour en obtenir la guérison, mais pour l'engager à y condescendre, en lui demandant ce qui ne ferait que les enflammer davantage ; et l'on se plaint de lui quand on n'en a pas été exaucé, comme pour lui reprocher de n'être pas vindicatif, avare, orgueilleux, comme nous. » Cependant, après avoir remarqué qu'il n'est pas défendu de demander des biens temporels, pourvu que l'on subordonne cette demande à la volonté de Dieu qui est le souverain dispensateur, et l'estime de ces biens à celle que l'on doit faire des trésors de l'éternité, saint Grégoire passe de cette introduction à l'Oraison dominicale dont l'explication doit faire le sujet de ses autres discours.

« Le grand législateur des Hébreux, voulant les disposer à recevoir la loi qui allait être donnée sur le mont Sinaï, ne crut pas que son peuple méritât de paraître en présence du Seigneur avant de s'y être préparé par la chasteté, par l'aspersion de l'eau, et par diverses purifications qu'il institua particulièrement pour cette auguste solennité ; et encore à la suite de ces préliminaires, ne purent-ils pas soutenir l'aspect de la majesté divine, mais tout ce qui vint frapper leurs yeux et leurs oreilles, les flammes, l'obscurité sombre, les tourbillons de fumée, le son des trompettes, les pénétra de terreur, au point que, s'adressant au saint législateur, ils le conjurèrent de s'interposer entre Dieu et son peuple, sentant bien que, par eux-mêmes, ils n'étaient pas capables de s'approcher de Dieu, et de soutenir sa présence. Mais notre souverain législateur Jésus-Christ ne nous amène point à un mont Sinaï qu'environne une nuée épaisse, étincelante de feux ; il ne fait pas retentir à nos oreilles le bruit effrayant des trompettes ; il ne nous ordonne point les ablutions corporelles ; il ne retient point le peuple au pied de la montagne pour ne permettre qu'à un seul homme de monter jusqu'au sommet, et d'y voir la gloire du Seigneur à travers une ténébreuse obscurité ; mais d'abord, au lieu d'un mont Sinaï, c'est le ciel, rouvert par sa vertu, à quoi il nous appelle pour nous rendre non pas seulement spectateurs, mais participants à sa puissance, associés à sa divine nature ; il n'enferme pas sous les voiles d'une nuée les rayons de sa gloire, pour en éloigner les regards étrangers ; mais, dissipant les ténèbres par la clarté qui échappe de sa doctrine, il manifeste aux cœurs purs sa lumière ineffable, sans nuages et sans mélange. »

Deuxième homélie. — Le saint docteur donne pour règle de ne rien demander à Dieu, qu'auparavant on ne lui ait offert quelque chose. « C'est, dit-il, semer pour recueillir. » Il entre ensuite dans l'explication de l'Oraison dominicale et la commence par ces paroles : *Notre Père, qui êtes aux cieux* ; puis il s'écrie aussitôt : *Qui me donnera des ailes comme à la colombe ?* dit quelque part le divin Psalmiste. Et moi aussi, qui me donnera les mêmes ailes ? Qui prêtera l'essor à mon imagination et à mon langage pour m'élever au-dessus de la terre, au-dessus des espaces de l'air et du firmament, bien loin par delà les astres, etc..... pour aller plus loin encore,... pour m'élancer jusqu'au centre de cette nature immuable, résidente en elle-même, que nulle vicissitude ne saurait atteindre, de qui tout dépend et qui gouverne tout,... non-seulement pour connaître sa divine essence, mais pour m'entretenir familièrement avec elle en l'appelant mon père ! Quels sentiments, quelle confiance ne suppose pas un tel langage?... Mais oserez-vous bien lui donner ce nom quand vous ne trouverez en vous rien qui lui ressemble ! Le Dieu, dont la nature est d'être bon, peut-il être le père de celui qui n'est pas bon ? Le Dieu trois fois saint, le Dieu immuable, le Dieu de pureté et de toutes les vertus, le père de tout bien, en un mot, peut-il être le père de celui dont la vie est souillée de crimes ? Oser, avec une conscience chargée d'iniquités qui n'ont pas été expiées par la pénitence, appeler Dieu son père, c'est lui faire outrage, c'est le donner pour auteur de son iniquité. Ce mot de père rappelle le principe de qui on a reçu la naissance. Or, *quelle alliance,* demande l'Apôtre *entre la lumière et les ténèbres?* La lumière ne s'allie qu'avec la lumière, la justice qu'avec la justice, les contraires avec ce qui leur ressemble ; car un bon arbre ne produit pas de mauvais fruits. Proférer mensongèrement les paroles de l'Oraison dominicale, ce n'est donc pas invoquer le Père céleste, mais le démon, le père du mensonge et de toutes les œuvres de mensonge..... Car la vérité éternelle ne peut nous apprendre à mentir. Vous êtes asservis à vos penchants déréglés et vous dites à Dieu : *Mon Père !* Que voulez-vous que vous réponde celui à qui votre vie tout entière est présente, et qui entend votre prière ? Sa famille à lui ressemble à son céleste auteur.

« *Notre Père qui êtes au ciel.* Ces paroles nous remettent sous les yeux, et la patrie que nous avons perdue, et la famille d'où nous sommes déchus. Elles se rattachent à l'histoire de l'enfant prodigue que l'Evangile nous raconte. Ce n'est qu'après avoir senti l'humiliation de son état présent, et qu'après avoir fait sur lui-même un sincère retour de pénitence, qu'il s'écrie : *Mon père, j'ai péché contre le ciel et contre vous.* Pourquoi *contre le ciel ?* Parce qu'il y reconnaissait la patrie que le péché lui avait fait perdre ; et c'est cette reconnaissance qui lui facilite le retour à son père. Aussi voyez-vous celui-ci le prévenir, accourant au-devant de lui, l'embrassant, le revêtant d'une robe, et de laquelle ? non pas d'une autre, mais de la première robe dont il avait été dépouillé par le crime de sa désobéissance. Or, il n'y a qu'un chemin pour arriver au ciel, c'est de fuir le péché ; par là nous devenons semblables à Dieu, participants à ses vertus. »

Troisième homélie. — « Sous la loi mosaïque, il était difficile d'aborder Dieu. Le prêtre même ne pouvait pénétrer dans le Saint des saints qu'après des ablutions, des sacrifices expiatoires et revêtu des ornements pontificaux. Sous la loi nouvelle, une conscience pure, une vie de bonnes œuvres, animée par la charité, soutenue par l'espérance des biens à venir, suffisent aux chrétiens comme aux prêtres pour pénétrer jusque dans le sanctuaire et s'entretenir avec la Divinité.

« *Que votre nom soit sanctifié ; que votre règne arrive.* Mais quand je ne le demanderais pas, le nom du Seigneur en sera-t-il moins saint, sa puissance moins souveraine, moins universelle ? Quel est donc le sens de ces paroles ? Le Seigneur veut être glorifié par la vie de ses serviteurs. Nous lisons dans l'Ecriture que Dieu condamne ceux qui sont causes qu'on insulte son nom. Par exemple, les infidèles observent avec grand soin la vie de ceux qui ont embrassé la foi chrétienne. Quand ils leur voient des mœurs contraires à leur profession,..... ils accusent la doctrine elle-même d'autoriser ces sortes d'excès. De là les anathèmes dont l'Ecriture frappe ceux qui provoquent de tels jugements de la part des infidèles. Par une conséquence naturelle, je dois donc établir en principe que ma vie doit être telle qu'elle n'occasionne point de semblables jugements, mais qu'au contraire, elle porte à faire glorifier et sanctifier le nom du Seigneur. Car quel est l'homme assez étranger à tout sentiment de justice et d'humanité pour que, à la vue d'une conduite pure, vertueuse, irréprochable, signalée par la tempérance, par la sagesse et par la fermeté à résister aux assauts des passions, aux amorces de la volupté, aux séductions de la mollesse et de la sensualité, à tous les mouvements de l'orgueil, n'usant de ses biens qu'autant que le besoin l'exige, luttant contre la chair, faisant consister dans a vertu seule et toutes les richesses, et toute la puissance, il ne s'empresse pas de glorifier le saint nom qu'il voit invoqué par de telles mœurs? C'est pourquoi celui qui dit : *Que votre nom soit sanctifié,* exprime à la lettre ces paroles : Seigneur, qu'à l'aide de votre secours, soutenu de votre grâce, je devienne exempt de toute faute, juste, pieux ; que j'évite toute action coupable, ne disant rien que de vrai, ne faisant rien que de légitime, marchant dans la voie droite, enflammé d'un saint désir pour le ciel, plein d'un généreux mépris pour les choses d'ici-bas, aspirant à la perfection des esprits célestes! C'est là ce que sous-entend cette courte parole : *Que votre nom soit sanctifié.* Pas d'autre moyen pour l'homme de glorifier Dieu, que de témoigner par ses œuvres, qu'il les doit à l'assistance de la puissance divine.

« *Que votre règne arrive.* Demandons-nous par là qu'il soit le monarque du monde ? Il l'est de toute éternité. Il l'est sans avoir à craindre de révolution, de changement, sans qu'on puisse supposer pour lui aucune augmentation de puissance, de bonheur. *Que votre règne arrive* : parole pleine de charmes! C'est comme si nous lui disions : Que les puissances des ténèbres soient vaincues, et l'armée de l'étranger mise en déroute ; que la guerre de l'esprit contre la chair soit terminée, que l'ennemi du salut ne fasse plus de notre corps son asile et sa citadelle : que la cour de mon roi se déploie, que les célestes légions renversent à leurs pieds les insolents ennemis qui combattent contre lui. *Que votre règne arrive,* pour bannir la douleur, la tristesse et les gémissements, et amener le triomphe de la paix et de l'éternelle joie. »

Quatrième homélie. — « *Que votre volonté soit faite sur la terre comme au ciel.* Le crime et le malheur de l'homme furent d'obéir à sa volonté propre, en désobéissant à celle du Seigneur. Quand nous disons à Dieu, que votre volonté soit faite, nous lui demandons de détruire la nôtre, c'est-à-dire le penchant que nous avons au mal, et de nous faire accomplir la sienne en nous donnant de l'attrait pour le bien. C'est comme si nous lui disions : Que votre volonté soit faite, que celle du démon soit détruite ; et qu'en croyant accomplir la nôtre nous ne fassions que suivre nos bonnes inspirations. Pourquoi *sur la terre comme dans le ciel ?* Jésus-Christ nous apprend à purifier notre âme de tout péché ; afin que nous élevant à la perfection d'une vie toute céleste, la volonté de Dieu ne trouve plus en nous d'obstacle à son entier accomplissement. C'est comme si l'on disait : De même que votre volonté s'exerce avec un empire absolu sur les trônes et les principautés, sur les dominations et sur toute l'armée céleste, où nulle affection contraire n'empêche l'action du bien ;

ainsi que le bien se fasse et se perfectionne en nous tellement que, sans aucun mélange de volonté contraire de notre part, votre volonté seule domine souverainement dans nos âmes. — Mais peut-être dira-t-on : comment avec des corps sujets à tant de besoins, atteindre à la perfection des anges?» Le saint docteur qui a prévu l'objection la résout par l'explication de la demande suivante.

« Les anges n'adressent point à Dieu de semblable demande ; non sans doute, parce que leur nature toute spirituelle les met au-dessus de tous les besoins. Il n'en est pas ainsi de l'homme, obligé de réparer ses forces à mesure qu'elles s'échappent. Mais se borner au simple nécessaire, tel que l'exige notre nature, sans étendre leurs besoins au delà, c'est se rapprocher presque de la nature des anges, et transporter au sein de la frugalité humaine toute l'abondance de ces esprits bienheureux. Nous disons à Dieu : *Donnez-nous le pain.* Nous ne lui disons pas : Accordez-nous les richesses, les plaisirs de l'opulence, des habits de pourpre, de l'or et des pierreries, des commandements d'armées et de provinces, de nombreux troupeaux d'hommes ou de bêtes asservis à notre luxe, les talents qui font l'orateur, les récompenses que les hommes décernent au mérite ; tout cela ne fait que détourner l'âme de ce qui doit faire son premier besoin : nous lui demandons du pain. Dans ce seul mot quelle profonde philosophie ! Cessez, ô mortels, de vous répandre en vaines et frivoles sollicitudes ; cessez d'aggraver les laborieux embarras qui vous pressent. Ce que demande la nature se réduit à bien peu de chose... Dites à celui qui fait sortir le pain du sein de la terre, dites à celui qui donne aux corbeaux leur nourriture, qui donne à toute chair sa subsistance, qui n'a qu'à ouvrir sa main pour que tout ce qui respire soit comblé de sa bienfaisance ; dites-lui : Donnez-moi du pain, et qu'il soit le prix de mon travail légitime. Je dis légitime, car puisque Dieu est le principe de la justice, ce n'est pas de ses mains que l'on reçoit le pain acquis par des moyens injustes.

« *Donnez-nous aujourd'hui.* Pourquoi *aujourd'hui ?* Pour nous avertir que nous ne devons point être inquiets du lendemain. La même Providence qui nous fait jouir du jour présent, nous met aussi en possession des biens qui tiennent au jour suivant. Qui a fait naître le soleil? Qui met en fuite les ténèbres de la nuit ? Qui fait briller à nos yeux les rayons de la lumière ? Qui ordonne les mouvements et les révolutions du ciel, pour suspendre ainsi sur la terre le flambeau qui l'éclaire. Celui qui créa pour vous ces merveilles a-t-il besoin de vous pour donner à votre corps ce que ses besoins exigent ? Voyez les animaux, ce n'est pas la raison qui leur fournit les aliments nécessaires à leur subsistance : ils n'en ont pas. Montrez-moi les plaines qu'ensemencent les corbeaux ; montrez-moi les greniers de l'aigle. Eh ! n'est-ce pas la divine Providence, dont la bienfaisance universelle a pourvu à tous leurs besoins ? Le bœuf et l'âne puisent dans leur instinct toute la philosophie nécessaire pour se donner ce qui leur convient ; ils s'inquiètent peu du lendemain. Et nous, il nous faut des conseillers pour nous faire comprendre combien est fragile et incertaine cette vie d'un jour que nous passons dans la chair ! Manquons-nous donc d'expériences qui nous l'apprennent, et bien capables de réformer nos erreurs sur les intérêts de notre vie ? Que servit au riche de l'Evangile ce vaste amas de grains, sur quoi se fondait l'orgueil de ses vaines et avides espérances, abattant, construisant, s'abandonnant à d'ambitieux projets ; et cette longue suite d'années dont chacune allait enfouir de nouveaux trésors ? Une seule nuit a confondu ces rêves brillants, et n'en a fait qu'un vain songe. La vie du corps appartient au temps présent ; mais celle qui repose sur l'espérance est la part de l'âme. Mais les hommes s'abusent également sur l'une et sur l'autre. Ils prolongent la première par leurs espérances ; ils sacrifient l'autre à la jouissance des biens présents, dont elle ne saisit encore qu'une ombre fugitive, et détournent leurs regards de la perspective des biens futurs. D'où vient qu'ils les manquent tous à la fois ? Sachons donc ce qu'il nous faut demander, et pour le jour présent et pour le temps à venir ; à savoir, le pain, c'est-à-dire les choses nécessaires à la conservation du corps, et les béatitudes qui vous sont promises dans le royaume du ciel. »

Cinquième homélie. — « Par les paroles qui suivent : *Pardonnez-nous nos offenses comme nous pardonnons à ceux qui nous ont offensés,* Jésus-Christ nous conduit à la plus haute perfection, et nous apprend à atteindre jusqu'au faîte de la plus sublime vertu en nous indiquant ce que doit être le chrétien qui s'unit à Dieu dans la prière. Il ne semble plus tenir à l'humanité, mais s'identifier avec la Divinité elle-même en faisant ce qu'elle seule a le droit de faire. En effet, que veut-il nous faire entendre par là ? Dieu qui est un modèle à imiter par ceux qui font des actions saintes, selon ces termes de l'Apôtre : *Soyez mes imitateurs, comme je le suis de Jésus-Christ,* veut ici, au contraire, que la disposition de votre cœur soit le modèle et l'exemple de Dieu même, pour faire le bien : il semble que l'ordre soit renversé en quelque manière, et que nous osions nous promettre que comme le bien s'opère en nous par l'imitation de Dieu, ainsi Dieu nous imitera lui-même à l'avenir, lorsque nous aurons fait cette bonne œuvre ; c'est comme si nous disions à Dieu : Faites ce que je viens de faire ; imitez votre serviteur, vous qui êtes le Seigneur et le maître ; imitez le pauvre et le mendiant, vous qui êtes le roi de l'univers : j'ai remis la dette à celui dont j'étais le créancier ; ne rebutez point celui qui se présente devant vous en posture de suppliant : j'ai renvoyé mon débiteur très-joyeux et très-content pour le bon traitement que je lui ai fait ; faites la même chose envers moi ; ne permettez pas que votre débiteur s'en retourne plus triste que le mien ; que l'un et l'autre aient un sujet égal de remercier ceux qui ont droit d'exiger d'eux le payement de leurs dettes : prononçons en même temps l'arrêt favorable d'une même rémission à votre débiteur et au mien ; cet homme est mon débiteur et je suis le vôtre ; que le jugement que j'ai prononcé à son égard soit la règle de celui que j'attends de vous : je lui ai relâché sa dette ; relâchez-moi aussi la mienne ; je lui ai pardonné la faute qu'il avait commise contre moi ; pardonnez-moi toutes les miennes : j'ai usé d'une grande miséricorde envers mon prochain ; imitez, Seigneur, la grande douceur de ce chétif serviteur qui vous offre sa prière. Il est vrai que les péchés que j'ai commis contre vous sont tout autrement énormes que ceux dont je lui ai accordé le pardon, je ne le nie point ; mais considérez combien vous me surpassez en toutes sortes de biens : car il est juste, qu'autant que votre puissance est au-dessus de la nôtre, vous nous fassiez ressentir à proportion de plus grands effets de votre miséricorde, après les péchés que nous avons commis contre vous. Je n'ai fait paraître en cette occasion qu'une douceur et qu'une bonté peu considérable ; ma nature n'était pas capable d'une plus grande ; mais le défaut de pouvoir ne peut empêcher la grandeur de votre magnificence, jusqu'à quel degré il vous plaise la faire monter. Celui, au contraire, ajoute saint Grégoire, qui est assez téméraire pour demander à Dieu le pardon de ses offenses, après l'avoir refusé aux autres, ne peut s'attendre qu'à ce sanglant reproche de la part de Dieu : *Médecin, guérissez-vous vous-même :* vous m'exhortez à l'humanité, et vous la refusez à votre prochain : vous voulez que je vous remette ce que vous me devez ; comment donc osez-vous poursuivre votre débiteur jusqu'à l'étouffer ? Vous me priez d'effacer la cédule qui vous rend mon débiteur, vous qui gardez avec soin les promesses et les contrats de ceux qui vous doivent ; vous exigez de moi un oubli total de ce que vous me devez, tandis que vous augmentez par des usures un argent qui ne vous appartient pas : votre débiteur est en prison, et vous me priez de vous en faire sortir ; il est tourmenté à cause de ses dettes, et vous voulez que je vous remette les vôtres ! Allez, je ne puis écouter votre prière ; le bruit de la voix de votre débiteur que vous faites tourmenter, empêche que je n'entende la vôtre ; faites-lui ôter les fers qui tiennent son corps en esclavage, et je romprai ceux qui tiennent votre âme captive ; pardonnez-lui et je vous pardonnerai ; je vous fais votre propre juge ; vous êtes le maître du pardon que vous me demandez ; la conduite que vous tiendrez envers ce misérable, sera la règle de celle que je tiendrai envers vous.

« Lorsque nous disons à Dieu : *Ne nous induisez point à la tentation, mais délivrez nous du mal* ; nous lui demandons la grâce de renoncer au monde et de nous en séparer ; parce que tout le monde étant plongé dans le mal, quiconque veut s'éloigner du mal doit nécessairement se séparer du monde. »

Traité des huit béatitudes. — Ce fut également en présence de son peuple que saint Grégoire expliqua les huit béatitudes prononcées par Jésus-Christ sur la montagne et rapportées au chapitre v de saint Matthieu. Comme la matière était abondante, il consacra une homélie entière à l'explication de chaque verset, et il suit dans ses développements sa méthode ordinaire, c'est-à-dire qu'il accorde beaucoup au sens allégorique.

« 1° *Bienheureux les pauvres d'esprit* — La béatitude de l'homme étant une participation de celle de Dieu, l'homme ne peut être heureux qu'autant qu'il ressemble à celui qui l'a créé à son image ; mais comme il ne peut lui ressembler à tous égards, son bonheur ne peut être parfait. La première des béatitudes est celle que Jésus-Christ fait consister dans la pauvreté d'esprit.

« Par la pauvreté d'esprit, dit le saint docteur, j'entends l'humilité dont Jésus-Christ nous a donné le modèle dans sa personne. Parce que l'orgueil a perdu l'homme, Jésus-Christ, pour le réparer, a fait de l'humilité la première des vertus et la source de ses béatitudes. Pour bien connaître la vanité de l'orgueil, il suffit de considérer l'homme en lui-même, et non dans ce qui est autour de lui. Qu'est-ce donc que l'homme ? Celui de tous les livres où il soit parlé avec le plus de pompe de la dignité de l'homme, fait remonter son origine à un peu de boue. Que si, du berceau commun du genre humain, vous descendez à la naissance des individus qui le composent.... mais plutôt, jetons un voile sur ce mystère : *Ne révélez pas,* nous dit l'Ecriture, *la honte de votre père et de votre mère!* Argile animée, bientôt poussière infecte, vous ne rougissez pas de vous livrer à l'orgueil ! Vous oubliez donc les deux extrémités de la vie humaine, le point d'où vous partez et celui auquel vous allez aboutir ? Ce qui vous enfle, c'est votre jeunesse, votre beauté, l'agilité de vos muscles, la richesse ou l'élégance de votre parure : tout cela n'est pas vous. Regardez-vous au miroir, et apprenez à vous connaître. Vous n'êtes donc pas allé apprendre les secrets de notre nature dans quelqu'un de ces lieux destinés aux sépultures ? Vous n'êtes pas allé contempler ces amas d'ossements confusément épars, accumulés les uns sur les autres ? ces crânes dépouillés, ces têtes mutilées, dont l'aspect imprime l'effroi et le dégoût, ces profondes cavités qui en remplacent les yeux, ces restes d'une bouche sans forme, ces débris de membres sans liens qui les attachent à un même corps. Voilà votre image. Cherchez-la, cette fleur d'une jeunesse brillante, cette fraîcheur du coloris, ces lèvres riantes, ces yeux éclatants d'où jaillissent l'arrogance et le dédain, cette chevelure flottante sur vos épaules, ces mains si habiles à lancer la flèche ou le javelot, ces pieds si souples et si vougoureux. Cherchez-la, cette riche pourpre qui vous décore. Qu'est devenu tout cela ? Un vain songe dont il ne reste plus de traces !...

« Que l'on soit pauvre d'esprit ; que l'on prenne modèle sur le Dieu qui a bien voulu se faire pauvre, indigent, pour l'amour de nous ; que l'on arrête ses regards sur la commune condition de tous les hommes ; et l'on bannira de son cœur tout ce faste emprunté. Cette pauvreté d'esprit n'exclut pas une autre pauvreté d'esprit qui sert à acquérir les richesses du ciel. L'une et l'autre mènent à la béatitude. Quel est donc le pauvre d'esprit ? C'est celui qui échange une opulence terrestre contre les biens spirituels, qui se dégage de tout attachement humain pour prendre un essor plus libre vers la Divinité.

« 2° *Heureux ceux qui sont doux, parce qu'ils auront la terre pour héritage.* La terre dont il est ici question, ce n'est pas celle où nous sommes, qui n'est faite que pour voir mourir, qui reprend bien vite ce qui est venu d'elle ; mais celle que David nomme *la terre des vivants,* où il n'y a plus de mort, plus de péché. Qu'est-ce que la douceur, et la douceur qui mène à la béatitude ? Car toute douceur n'est pas vertu. Il est une douceur de tempérament, qui n'est que lenteur, pusillanimité ; ce n'est point avec celle-là que saint Paul s'élançait au combat, opposant avec ardeur son corps aux attaques de l'ennemi. Ainsi, la douceur est une disposition habituelle, permanente, à réprimer les assauts de la tentation. Semblable à la flamme qui s'élance et monte, mais ne sait point descendre, la vertu, toujours ardente à s'élever, ne se replie point en arrière et dans une direction opposée, parce qu'il y a dans notre nature une activité qui l'entraîne vers le mal ; la douceur qui comprime cette malheureuse inclination est justement appelée heureuse. Ce caractère se saisira mieux par les oppositions. Pour bien juger de la colère, de l'orgueil, de l'envie, de la haine, faites-les contraster avec la patience, la modestie, la bienveillance, la charité. Ainsi, la douceur deviendra la persévérance à résister à l'impétuosité des passions et à tenir l'âme constamment en garde contre tous les emportements de la colère et de l'orgueil.

« 3° *Heureux ceux qui pleurent, parce qu'ils seront consolés.* Une semblable morale, bien loin de plaire aux amateurs du monde, ne fera qu'exciter leurs mépris. S'il faut, nous dira-t-on, estimer heureux ceux qui pleurent, il faudra donc regarder comme misérables ceux qui n'ont ni chagrins ni souffrances. Et là-dessus, de faire la longue énumération des calamités humaines, pour insulter à la morale évangélique, d'exagérer encore les désagréments du veuvage, l'amertume des séparations, les pertes, les naufrages, la captivité, ou le dépouillement à quoi la guerre ou des arrêts injustes vous exposent, les confiscations et le bannissement, les flétrissures publiques, les maladies, telles que la cécité, les mutilations, les infirmités de toutes sortes, en un mot, les accidents divers qui viennent affliger le corps ou l'esprit : d'où l'on conclura qu'il est absurde de prétendre que l'on puisse être heureux quand on pleure.

« Pour nous, sans nous embarrasser des jugements de ceux qui portent sur les conseils de la Providence une vue étroite et rampante, pénétrons le secret de ces paroles, et voyons combien peu les pensées charnelles se rapprochent des pensées sublimes qui prennent leur source dans le ciel.

« Et d'abord, on peut trouver du bonheur à pleurer, quand on le fait pour l'expiation de ses péchés, suivant la doctrine de saint Paul. Il y a plusieurs sortes de tristesse. Il y a une tristesse mondaine qui conduit à la mort, et il y a une tristesse selon Dieu, qui sauve par la pénitence. Et certes, on ne contestera pas que celle-ci ne rende heureux, comparativement aux malheurs du péché qu'elle répare.

« Mais les consolations et la béatitude ne sont-elles promises qu'aux pleurs de la pénitence? Le juste, qui n'a rien à expier, serait-il sans espérance parce qu'il est sans péché? Il serait absurde de le croire. Mais lui-même fut-il jamais sans affliction? Eh! n'est-ce pas pour le juste un sujet de tristesse assez légitime, que d'être enfermé dans cette vie comme dans une prison, de n'apercevoir que comme à travers des ténèbres épaisses les rayons de la vérité, d'être enchaîné à un corps qui le tient exilé loin de la patrie céleste, d'avoir à gémir sur les infirmités de la vie, sur la faiblesse de sa nature, sur la perte des heureuses prérogatives dont le péché nous a fait déchoir?

« Que les esclaves du monde bornent leur félicité aux choses de ce monde; mais que David, parvenu au dernier terme des prospérités humaines, soupire et verse des larmes, qu'il s'écrie en gémissant : *Quand donc arrivera le terme de mon pèlerinage?* Et voilà ceux de qui il est dit : *Heureux ceux qui pleurent, parce qu'ils seront consolés.*

« 4° *Heureux ceux qui ont faim et soif de la justice, parce qu'ils seront rassasiés.* On définit communément la justice une disposition habituelle à rendre à chacun ce qui lui est dû. La justice du magistrat consiste à ne point connaître d'acception de personnes, à ne point se laisser prévenir par la faveur ou par l'inimitié, à absoudre ou à punir selon le droit ou l'équité, etc. Mais cette définition ne concerne qu'un petit nombre de personnes, celles qui ont autorité sur les autres. L'Evangile est fait pour tous, pour ceux qui obéissent comme pour ceux qui commandent. La justice que demande l'Evangile s'étend à tous les devoirs de la vie chrétienne. Avoir faim et soif de la justice, c'est être saintement affamé de cette perfection qui s'attache à la pratique de toutes les vertus, et qui s'y attache avec constance et en renonçant à la recherche de tout autre bien.

« 5° *Heureux les miséricordieux, parce qu'ils obtiendront eux-mêmes miséricorde.* La miséricorde, au sentiment de saint Grégoire, est celle de toutes les vertus qui nous rend plus semblables à Dieu. Elle marque dans une âme la force et l'accroissement de la charité. » Ce Père la définit : « Une tristesse volontaire produite par la misère d'autrui, et un amour compatissant pour ceux que l'adversité a jetés dans l'affliction. Outre la miséricorde que recevront au jour du jugement ceux qui l'auront exercée envers leur prochain, ils auront encore la consolation de voir leurs bienfaits publiés à la face de l'univers par tous ceux à qui ils auront profité. Au contraire, à ceux qui auront été sans entrailles pour leurs frères, on dira : Vous avez laissé la miséricorde sur la terre, il n'y en a plus pour vous dans ce monde nouveau; vous n'y retrouverez point ce que vous n'y avez pas envoyé. On ne recueille point sans avoir semé; ce que vous avez semé, ce fut la dureté pour les pauvres; vous l'avez semée en grains, moissonnez-la en gerbes présentement. Vous avez fui la miséricorde, à son tour elle s'éloigne de vous; vous avez méprisé les pauvres, à votre tour soyez méprisés de celui qui s'est fait pauvre pour l'amour de vous. Quand on fera ce reproche aux avares, à tous les cœurs durs et sans pitié, leur or leur servira-t-il à les garantir des flammes, et empêchera-t-il de les dévorer le ver qui ne doit jamais mourir?

« 6° *Heureux ceux qui ont le cœur pur parce qu'ils verront Dieu.* — Je me trouve, dit saint Grégoire, dans la situation d'un homme qui, du sommet d'un lieu élevé, contemple une vaste mer. C'est Dieu lui-même, c'est son immensité qu'embrassent mes regards. Mais comment voir Dieu? I. échappe même à notre intelligence. Voir Dieu, c'est le posséder, et avec lui la vie immortelle, l'incorruptible éternité, sa félicité inépuisable, son royaume sans fin, ses joies sans mélange, sa lumière véritable, ses ravissants entretiens, sa gloire incommunicable, en un mot, le composé de tous les biens. Ce bonheur, qu'il est impossible même de définir et d'exprimer, comment l'acquérir? A quoi bon en faire de si magnifiques descriptions, si, en enflammant nos désirs, elles ne nous montraient que l'impossibilité d'y atteindre? Mais quoi! le Seigneur nous les proposerait-il, en nous exhortant à les mériter, si elles étaient au-dessus de nos efforts? Gardons-nous de le croire. Sans doute que l'essence même de sa divine nature surpasse toutes nos compréhensions; c'est-à-dire que nous ne pouvons embrasser la plénitude de ses perfections : mais nous voyons ces mêmes perfections éclater dans ses œuvres; et c'en est assez pour nous montrer le sublime ouvrier qui les a faites. A qui donc sera-t-il donné de voir Dieu? à ceux qui ont le cœur pur,

Or, la pureté de cœur n'est pas au-dessus de nos forces. *Nous possédons en nous-mêmes*, selon l'expression de l'Ecriture, *le royaume de Dieu*. O vous, dans qui respire quelque étincelle du désir de voir le souverain bien! lorsque l'on vous dit avec vérité que notre faible nature est incapable de saisir et de comprendre cette majesté divine, si fort élevée au-dessus des cieux, ne vous laissez point abattre par le découragement ou du moins vous pouvez l'entrevoir, vous le portez dans votre cœur; car la pureté de cœur n'est autre chose que l'empreinte de sa divine beauté. C'est là le miroir où se réfléchissent les rayons de ce soleil de justice dont les yeux ne sauraient fixer l'éclatante lumière. C'est là l'échelle de Jacob, le char de feu qui transporte le prophète loin de la terre, et jusque dans le ciel. Fuir le vice, voilà le premier degré par lequel on y monte; le second c'est la pratique de la vertu.

« 7° *Heureux les pacifiques, parce qu'ils seront appelés les enfants de Dieu.* — Voir Dieu, c'est un bien supérieur à tous les autres; mais être l'enfant de Dieu n'est-ce pas encore quelque chose de bien plus fortuné? Qu'est-ce que l'homme? qu'est-ce que Dieu? Et pourtant l'abîme immense qui sépare l'homme d'avec la Divinité est comblé par cette qualité d'enfant de Dieu. Car, du moment où l'on acquiert cette glorieuse qualification, on s'élève à la dignité de Dieu lui-même; on a droit à l'héritage du bien paternel. Et telle est la récompense qui nous attend au terme du combat. Mais ce combat, quel est-il? Si vous êtes pacifiques, une glorieuse adoption vous introduira dans la famille de Dieu. Quoi de plus doux que la paix? Quels que soient les biens dont on jouit, c'est la paix qui les assure. Sans elle point de bien. Mais qu'est-ce que le pacifique? qu'est-ce que la paix? Le pacifique, c'est celui qui donne la paix à un autre. Eh! peut-on la donner, quand on ne l'a pas? La paix, c'est une affection pour le prochain, puisée dans la charité. Par cette simple définition, vous écartez tout ce qui met obstacle à la paix, les haines, les emportements, l'envie, les ressentiments, les dissimulations, la guerre avec les fléaux qu'elle entraîne à sa suite. Semblable à ces baumes précieux dont le parfum s'exhale au loin, la paix répand autour d'elle ses douces influences. La paix est à l'âme ce que la santé est au corps. Avec celle-ci, plus de maladies; avec l'autre, plus de ces passions violentes ou honteuses qui portent le trouble dans l'âme et le désordre dans les sens. »

Saint Grégoire fait une description de l'envie et l'appelle un *péché de désespéré*. Le mot est bien rude, mais il est vrai dans le sens que ce Père l'entend. C'est-à-dire qu'on s'en corrige rarement; c'est-à-dire que presque habituellement on le rend incurable; c'est-à-dire que, sans une grâce particulière de Dieu, on n'en guérit jamais; c'est-à-dire que trop souvent, hélas! on trouve dans les envieux les mêmes marques, les mêmes symptômes que les médecins distinguent dans les malades qui ne laissent plus d'espérance. « Et qu'est-ce qui la provoque, dit-il? C'est la vue du succès et du bonheur d'autrui. Oh! l'étrange crime! En vouloir à quelqu'un parce qu'il n'est pas malheureux! le haïr, non pas pour en avoir été offensé, mais parce qu'il vit comme bon lui semble, et qu'il est dans la prospérité! Mais que vous a-t-il fait? qu'avez-vous à vous en plaindre? Il est heureux : voilà tout son crime. Et pour cela, vous vous rongez d'inquiétudes,... et vous formez contre lui des vœux homicides? Ainsi Caïn, animé contre son frère Abel d'une fureur jalouse parce qu'il était agréable au Seigneur, l'attira frauduleusement dans la plaine, loin de tout secours, pour mieux s'assurer de sa victime. Au contraire, que la paix règne dans les cœurs; avec elle règnent la charité, la joie, la bienveillance, la douceur, tous les biens.

« 8° *Heureux ceux qui souffrent persécution pour la justice, parce que le royaume du ciel est à eux.* Voilà le terme de nos combats, le dénoûment de nos épreuves, la récompense des travaux entrepris pour la cause du Seigneur, le prix de nos sueurs, un royaume où il n'y a plus de vicissitudes : s'il est douloureux de souffrir, envisageons le terme. Que l'on eût dit à Joseph : La persécution que vous faites subir l'envie de vos frères, sera l'instrument de votre élévation, il aurait eu de la peine à le croire, et la prédiction n'en eût pas moins été justifiée par l'événement. Ici, c'est la parole du Tout-Puissant qui nous en assure. Plein de cette sublime espérance, saint Etienne se rit des pierres qui pleuvent sur lui de toutes parts : pour lui, une grêle de cailloux n'est plus qu'une douce rosée. Il voit ce qu'il avait espéré, le ciel ouvert, et Dieu présent au combat, qui couronne son athlète. Et certes, comment renoncer à tous les agréments de la vie, résister à la violence des persécutions, à l'amertume des séparations les plus douloureuses, à moins d'être assisté par le Dieu qui, selon l'Apôtre, justifie et glorifie ceux qu'il a prédestinés. Mais alors ce qui fixe les regards, ce n'est plus ce que l'on quitte; mais le lieu où l'on va. Ce n'est plus la perte des choses de la terre qui afflige, mais la possession du ciel qui enflamme; les plus affreuses tortures ne sont que l'instrument désirable qui transporte au terme de nos vœux. La flamme des bûchers n'est plus qu'une épuration; le glaive ne fait que détacher l'âme des liens malheureux qui l'unissaient à une matière charnelle! Heureux donc, nous dit le Seigneur, ceux qui souffrent persécution pour son amour. Heureux, parce qu'ils échappent à cette fatale concupiscence qui menace l'âme tout le temps qu'elle reste enchaînée au corps; heureux, parce qu'ils sont affranchis désormais de l'ignorance, de la corruption, de l'esclavage du péché; heureux, parce que leur affranchissement les met en possession du céleste royaume. »

Sur la Pythonisse. — Le traité sur la pythonisse, que tous les éditeurs, sur la foi d'un ancien manuscrit, ont attribué à saint Grégoire, ne contient rien qui soit indigne de lui. Il est en forme de lettre et adressé à l'évêque Théodose qu'il appelle son fils et son Timothée, apparemment parce qu'il était encore jeune et qu'il avait été son disciple. Théodose lui avait présenté plusieurs questions sur Moïse, sur Élie, sur les sacrifices de l'ancienne loi, sur l'évocation de Samuel et sur la nature et le chef des démons. Le saint docteur, en donnant à chacune de ces questions une réponse fort précise, s'étend davantage sur l'évocation de Samuel ; ce qui a fait intituler cet écrit : *Discours sur la Pythonisse.*

Après avoir remarqué que d'autres avaient déjà traité la même question, saint Grégoire rejette l'opinion de ceux qui voulaient que l'âme de Samuel eût véritablement apparu à Saül. Il s'appuie sur l'Évangile qui nous apprend qu'entre les bienheureux et les damnés, il y a un espace immense, un chaos infranchissable qui ne leur permet pas de passer dans le séjour, les uns des autres.

« Samuel n'a donc pu, selon lui, étant du nombre des bienheureux, être contraint par le démon de se transporter ailleurs, parce qu'il aurait fallu, pour cela, que le démon même se transportât dans le lieu où était Samuel, ce qui lui était impossible. On ne peut pas dire non plus que Samuel ait traversé, de son plein gré, l'espace qui le séparait des démons, parce qu'il ne voulait ni ne pouvait se mêler avec les méchants ; et quand bien même il l'eût voulu, la nature s'y fût opposée. » Saint Grégoire déclare ensuite « que son sentiment est, que ce fut le démon, sous la figure de Samuel, qui parla à Saül » : et ce sentiment a été suivi de plusieurs. « Cet esprit malin, pour mieux se cacher, prit autant qu'il était en lui, la figure et la voix du prophète ; et conjecturant par la disposition des choses, prédit à Saül ce qui arriva en effet. » Pour montrer que c'était le démon, et non pas Samuel, qui parlait à Saül, saint Grégoire allègue pour preuve ces paroles du faux Samuel à Saül : *Demain, vous et Jonathas serez avec moi.* » On ne peut, dit le Père, les attribuer à Samuel, avec qui un homme chargé de crimes, comme était Saül, ne pouvait se trouver ; cela ne convient qu'au démon. » Les démons suivant lui étaient des anges, mais leur chef devait être un archange, puisqu'il paraît n'avoir engagé dans sa rébellion que ceux qui lui étaient subordonnés.

Antirrhétique. — Ce traité contre Apollinaire, dont pendant longtemps on ne connaissait qu'un fragment, a été publié tout entier en 1698, par Laurent Zacagnius, bibliothécaire du Vatican, sur un manuscrit de cette bibliothèque, ancien de plus de sept cents ans. Léonce de Byzance, Euthymius et saint Jean Damascène en rapportent quelques passages sous le nom de saint Grégoire, et il lui est également attribué par le sixième concile général ; de sorte qu'on ne peut douter qu'il en soit l'auteur, d'autant plus qu'on y reconnaît son style, et des phrases à peu près semblables à celles qu'il emploie dans ses autres ouvrages. Il attaque ouvertement Apollinaire et le compare à Arius et à Eunome. Il le commence en avertissant ses lecteurs de se garder des faux prophètes qui venaient à eux vêtus de peaux de brebis, mais qui au dedans étaient des loups ravissants. Cette précaution était nécessaire contre Apollinaire dont les mœurs furent toujours extérieurement très-édifiantes. Saint Grégoire ajoute que l'on connaît le bon pasteur au fruit que produit sa doctrine, c'est-à-dire à l'augmentation du troupeau. Le mauvais pasteur, au contraire, est celui qui, abandonnant la tradition de ses pères, néglige l'accroissement du troupeau qui lui est confié. C'est à ces marques qu'il veut que l'on juge si Apollinaire est un bon ou un mauvais pasteur. Après ce préambule, il aborde la réfutation du livre de cet hérésiarque et en attaque d'abord le titre ainsi conçu : *Démonstration de l'incarnation divine faite à la ressemblance de l'homme.* Saint Grégoire oppose à ces termes ceux de l'Écriture où nous lisons que *le Verbe s'est fait chair ;* que *la gloire a habité sur la terre ;* que *Dieu s'est fait voir dans la chair et a conversé parmi nous.*

En parlant de l'incarnation du Verbe, Apollinaire s'exprimait en termes si équivoques qu'on ne savait s'il voulait dire que le Verbe en s'incarnant avait été changé en chair, ou si, demeurant dans sa substance divine, il ne s'en serait point fait une à part, composée des deux natures divine et humaine. « Mais, dit saint Grégoire, cette substance ne peut pas être Dieu ; la divinité est simple de sa nature et sans composition. Elle ne peut non plus être homme, puisque l'homme est composé d'un corps et d'une âme intellectuelle. Ce qu'ajoutait Apollinaire, que l'incarnation divine s'était faite à la ressemblance de l'homme, n'est pas plus intelligible. Quand s'est faite cette incarnation divine ? Est-ce dans les derniers temps ? Pourquoi Apollinaire ne dit-il rien du mystère de la Virginité ? Car Notre-Seigneur n'a pas été fait chair par la voie de la génération comme les autres hommes, mais par la divine puissance et par l'opération du Saint-Esprit. Dira-t-il que cette incarnation s'est faite avant les siècles ? Mais comment ce qui était alors aurait-il été fait à la ressemblance de ce qui n'était pas ? » Le saint docteur réfute de même toutes les autres assertions de cet hérésiarque, et le combat dans tous ses retranchements avec une force d'arguments invincibles. Les bornes de cette analyse et la longueur du traité lui-même ne nous permettent pas de les indiquer, encore moins de les reproduire.

Sur l'amour des pauvres. — Ce discours a pour texte ces paroles de l'Évangile : *Autant de fois que vous avez fait l'aumône à l'un des plus petits de mes frères que voilà, c'est à moi que vous l'avez faite.* La vue des lépreux avait souvent fait verser des larmes à saint Grégoire. Pour engager son peuple à les secourir dans leurs misères, il ne trouva point de moyen plus puissant que de l'en presser par la considération de ce qui se passera au jugement dernier, dans ce grand jour où Dieu distribuera ses châtiments ou ses récompenses à ceux qui auront soulagé ou négligé les pauvres.

« J'ai encore devant les yeux le spectacle de ce terrible avénement dont l'Evangile nous trace la peinture. Je reste encore frappé d'épouvante, et glacé d'effroi, à l'aspect toujours présent à ma pensée de ce monarque formidable des cieux, qui vient s'asseoir sur un trône éclatant de gloire, de ces légions innombrables d'esprits célestes, rangées autour de lui; à ses pieds le genre humain tout entier, tel qu'il exista depuis la naissance du premier homme, jusqu'à ce terrible jour de sa venue; distribuant à chacun d'eux les récompenses ou les châtiments que ses bonnes ou mauvaises actions lui auront mérités; rangeant les uns à sa droite, en leur disant : *Vous êtes les bien-aimés de mon Père*, les autres à sa gauche, avec ces foudroyantes paroles : *Allez, maudits....* De ces arrêts si différents, comment mériter le premier, comment éviter le second ? Le même Evangile nous l'apprend : *J'ai eu faim, j'ai eu soif*, nous est-il dit; *j'étais sans asile, nu, souffrant, en prison; tout ce que vous avez fait pour le dernier de mes frères, c'est à moi que vous l'avez fait. C'est pourquoi venez, ô les bénis de mon Père.* La bénédiction ou la malédiction sont dans nos mains; c'est à nous à choisir la bénédiction, et nous l'obtiendrons par la miséricorde envers nos frères.

« Motifs qui doivent déterminer. Motifs de religion : Si les anges qui sont d'une nature beaucoup plus excellente que la nôtre, ne dédaignent pas de communiquer avec nous; si le maître même des anges et le roi des cieux a bien voulu se revêtir de notre chair, afin de nous guérir; ne serait-il pas indigne à nous de repousser ceux qui sont d'une nature semblable à la nôtre? Motifs d'humanité : Ce pauvre est notre frère, homme comme nous; comme nous créé à l'image de Dieu et pourvu des mêmes priviléges.

« Mais, dit-on, vous êtes repoussé par l'aspect hideux que ces pauvres présentent à vos regards. Souvent pour exciter votre compassion, des imposteurs affectent d'étaler sous vos yeux des misères artificielles; ils ont à vous raconter des aventures extraordinaires dont ils accompagnent le récit d'accents lamentables. Ici ce ne sont pas des questions vaines et mensongères; ce ne sont pas des calamités étrangères; ce sont des infortunes personnelles et trop véritables. Quels récits! quels accents! entendez-les vous dire comment leurs parents les ont chassés loin du toit paternel, sans qu'ils eussent pourtant mérité un si barbare traitement; comment ils sont repoussés des villes et du commerce de la société; sont-ce des malfaiteurs, des meurtriers, pour être ainsi condamnés à un perpétuel bannissement? On les traite comme si c'étaient des ennemis publics. J'en ai vu, de ces malheureux, se prosterner, se traîner aux pieds des passants. Etaient-ce, dirai-je des hommes, ou plutôt des restes d'hommes, se survivant en quelque sorte à eux-mêmes, mutilés qu'ils étaient par la souffrance et par leurs longues infirmités? Je l'ai vu, et mes yeux se sont baignés de pleurs; j'ai accusé la nature; et dans ce moment encore, leur seul souvenir porte le trouble dans mon cœur. Suffit-il de les plaindre de loin, de déplorer leur infortune en termes pathétiques? Non, il faut témoigner par des faits que l'on y est sensible, et qu'on les aime véritablement. *Ce ne sont pas les paroles, mais les œuvres qui opèrent le salut*, nous dit le Seigneur lui-même. C'est donc à nous à plaider leur cause et à faire exécuter en leur faveur le décret du Seigneur. N'allez pas nous dire que vous les assistez, en leur procurant des aliments dans les retraites reculées qu'ils habitent, loin de nos regards. Ce n'est point là de la commisération ni de la bienveillance; ce n'est qu'une insidieuse mesure pour éloigner de nous des hommes dont l'aspect nous est importun. Nous rougissons de les voir si près de nous; et cependant nous ne rougissons pas de loger dans nos maisons les animaux qui servent à nos usages ou aux caprices de notre luxe.

« Vous fuyez ce pauvre, dites-vous, parce qu'il est malade. Est-ce là un crime dont il faille le punir?... Mais vous-mêmes, êtes-vous exempts de maladies? Et lorsque quelque partie de votre corps est en souffrance, les autres lui refusent-elles leur service? La véritable cause de votre indifférence, la voici : vous ne redoutez pas la menace terrible du Dieu qui a dit : *Retirez-vous de moi, maudits; parce que tout ce que vous avez fait au dernier de mes frères, c'est à moi-même que vous l'avez fait.* Cet étranger, ce pauvre mourant de faim, accablé par la maladie, relégué loin de vous, banni de vos regards, c'est Dieu, Dieu lui-même. Rejeter ce pauvre, c'est rejeter notre Seigneur; c'est violer à la fois tous ses commandements, puisqu'il les renferme tous dans le précepte de la charité. *Semons*, nous dit saint Paul, *dans la bénédiction, pour moissonner dans la bénédiction.* La charité est cette semence féconde, qui croît pour le ciel, et amasse des trésors pour l'éternité. Ces pauvres que vous dédaignez, ils seront vos introducteurs auprès de Dieu. Cette main mutilée qui vous demande l'aumône, c'est elle qui vous ouvrira les portes de son royaume. Ne vous arrêtez pas à cet extérieur abject et rebutant, il n'est que momentané. Alors que de cette enveloppe dégradée se sera échappée une âme immortelle, ce corps lui-même régénéré se verra un jour rendu à sa première beauté. Le mauvais riche dont l'Evangile nous parle, cet homme accoutumé à une vie molle et délicate, implore l'assistance de la main du pauvre Lazare; il lui demande d'approcher seulement de ses lèvres desséchées par la soif le bout de son doigt, et qu'il en fasse découler dans sa bouche une goutte d'eau, pour calmer les ardeurs qui le dévorent. Et s'il lui avait été permis de revenir au monde, dans quelle condition aurait-il voulu vivre? parmi les heureux du siècle ou parmi ceux qu'on y appelle des misérables? »

Contre le destin. — Saint Grégoire s'étant rencontré à Constantinople avec un philosophe païen, essaya dans une conférence qu'il eut avec lui, de le porter à embrasser la religion chrétienne. Le philosophe, très-versé en toute sorte de sciences, était si ignorant sur la Providence, qu'il n'en admettait aucune et faisait tout dépendre du destin. Quand on le pressait de se convertir, il répondait toujours que cela ne dépendait point de sa volonté; et quelque peu solide que fût cette réponse, elle lui servait cependant à éluder la plupart des raisonnements du saint docteur. A la prière d'un évêque de ses amis, Grégoire écrivit plus tard l'entretien qu'il eut avec ce personnage, et dans lequel il combattait son principe en montrant que rien n'arrive par le destin, mais que tout est réglé par un ordre de la Providence. Ce livre, qui porte aussi quelquefois le titre de *lettre*, fut écrit dans les voyages que le saint prélat fit à Constantinople, pour assister aux conciles qui s'y tinrent dans les années 381, 382 et 383.

Ce livre est en forme de dialogue. Grégoire demande d'abord à son adversaire, si ce qu'il appelait destin était un Dieu dont le pouvoir s'étendait sur tout. — Le philosophe, après s'être beaucoup récrié sur cette demande, et avoir taxé saint Grégoire d'ignorance, répond que le destin est le principe de cet ordre constant et immuable, qui s'observe dans les divers événements des choses. — Ce principe, lui réplique saint Grégoire, est-il une substance libre, l'Etre suprême, ou quelque autre chose? — Au lieu de répondre directement, le philosophe s'étend beaucoup sur l'astrologie judiciaire, et dit enfin que le destin est un enchaînement réglé et immuable d'événements nécessaires, causés par l'influence des astres. — Saint Grégoire attaque cette définition et dit : « Si l'influence des astres est le principe de toutes choses, elle doit précéder ce dont elle est le principe : or, ce qui précède une chose ne peut faire aucune impression sur elle, d'où il s'ensuit que ceux, par exemple, qui naissent, ne peuvent recevoir aucune influence des astres, puisque cette influence est supposée antérieure à la naissance dont elle est le principe. De plus, lorsque deux corps se meuvent également et en même temps, on ne peut déterminer lequel des deux mouvements précède l'autre : or, les astres et le corps de l'homme se meuvent également et en même temps; il est donc incertain lequel de ces deux mouvements précède, et duquel dépend le mouvement de l'autre; enfin si la naissance des hommes était un effet nécessaire du cours des astres, la distance qui se trouve entre la naissance de l'un et celle de l'autre ne pourrait se concevoir, parce que le cours des astres étant continuel, il faudrait que génération le fût aussi. »

Le philosophe attribuait au destin un pouvoir absolu et sans bornes, qu'aucune puissance ne pouvait entraver, qu'aucune limite ne pouvait circonscrire; sur quoi saint Grégoire lui répond : « Si le destin peut tout en tout temps, son pouvoir est le même à l'égard de tous les hommes; ils devraient donc tous naître avec les mêmes inclinations, vivre aussi longtemps et dans le même bonheur; ce qui est contraire à l'expérience. D'ailleurs, pourquoi faire dépendre le sort des hommes plutôt du mouvement des astres que de celui des rivières? et pourquoi de tous mouvements qui sont dans les êtres créés, n'y a-t-il que celui des astres à qui l'on donne le nom de *destin*? » Saint Grégoire presse encore son adversaire par ce raisonnement : « Si Mars, le Bélier, ou quelques autres constellations ont la vertu de produire, ou de bonnes, ou de mauvaises influences, elles l'ont, ou de leur choix, ou malgré elles : si c'est de leur choix, celles-là sont bien malheureuses, qui ont fait choix de n'envoyer que de mauvaises influences, lorsqu'elles pouvaient en envoyer de bonnes : si c'est malgré elles, il faut reconnaître un autre destin qui les y contraint, ce qui ira à l'infini. »

Le philosophe objectait encore que l'on avait vu plusieurs astrologues prédire l'avenir par la combinaison des nombres, et que leurs prédictions s'étaient réalisées. « A cela il n'y a rien de merveilleux, réplique saint Grégoire; les médecins en font autant par le moyen de leur art, et par les connaissances qu'ils ont de la disposition du corps humain; et puis les astrologues devinent souvent l'avenir par le secours des démons; et enfin la plupart de leurs prédictions sont incertaines. » Il le prouve par l'exemple récent d'un homme qui, flatté par la prédiction d'un astronome qui lui promettait l'empire, périt victime de son ambition. Ce livre est cité par Anastase le Sinaïte.

Des notions communes. — Le traité qui porte ce titre est une exposition philosophique des idées générales et des termes dont les anciens se servaient habituellement pour expliquer le mystère de la Trinité. Aussi est-il très-obscur et peu intelligible. Le saint docteur s'applique à démontrer cette proposition catholique, qu'il n'y a qu'un Dieu, quoiqu'il y ait trois personnes, parce que le nom de Dieu ne s'applique pas aux personnes, mais à l'essence divine que chacune possède tout entière.

A Létoïus. — Nous avons de saint Grégoire une épître canonique qu'il adressa dans sa vieillesse à Létoïus, évêque de Mélitine en Arménie, qu'il appelle *son fils spirituel*. Cette épître semble faire partie d'une lettre pascale et les règles de pénitence que le saint docteur y donne, sont plus rigoureuses que celles de saint Basile, son frère, quoique fondées également sur la tradition des anciens, ce qui montre la différence des traditions, à cette époque, même entre les Eglises voisines. — Pour l'apostasie, la pénitence est de la vie tout entière; le pénitent reste exclus des prières publiques, mais il peut prier en son particulier, quoiqu'il ne puisse espérer la communion qu'à la mort. S'il a apostasié par faiblesse et à force de tourments, il ne sera soumis qu'à la pénitence imposée à la fornication, c'est-à-dire, à la pénitence de neuf ans. Les personnes qui consultent les enchanteurs et les devins, par un mépris formel de la religion, sont traités comme apostats; mais si c'est par faiblesse et par petitesse d'esprit, ils sont traités comme ceux qui ont cédé aux tourments. Pour la simple fornication, il y a neuf ans de pénitence; trois ans entièrement exclus de la prière, trois ans auditeurs, trois ans prosternés. Pour l'adultère le temps de la pénitence est double dans les mêmes états; les péchés contre nature sont mis au rang de l'adultère. Selon saint Basile, la pénitence pour crime de fornication n'est que de quatre ans, et celle pour adultère de quinze ans. Pour homicide volontaire, saint Grégoire marque trois fois neuf ans de pénitence dans chacun des trois degrés que nous avons indiqués plus haut. Saint Basile assigne dix ans à l'homicide involontaire. En général, saint Grégoire s'étonne que la tradition des Pères n'ait pas prescrit des peines plus sévères pour réprimer l'avarice; et loin de se plaindre de leur rigueur, il admire au contraire leur indulgence sur plusieurs points. Malgré cette sévérité cependant, il veut que celui qui vient confesser sa faute soit traité plus doucement que celui qui en est accusé et convaincu malgré lui; et l'évêque, suivant la ferveur du pénitent, peut et doit abréger le temps de l'épreuve. Toutefois celui à qui, dans un moment de danger de mort, la communion a été accordée, doit, s'il revient en santé, accomplir ce qui lui manquait. — Après plusieurs autres prescriptions pénitentielles, le saint docteur termine ainsi sa lettre à Létoïus : « Voilà, homme de Dieu, ce que j'ai recueilli avec beaucoup de soin pour vous l'envoyer, parce qu'il faut obéir aux ordres de ses frères. N'interrompez point les prières que vous offrez habituellement à Dieu pour moi. Vous devez dans sa vieillesse nourrir du fruit de vos oraisons celui qui vous a engendré selon Dieu, si vous tenez à accomplir le précepte qui ordonne d'honorer ses parents, afin de vivre longtemps sur la terre. Vous recevrez cette lettre comme un symbole sacerdotal, et j'espère que vous ne dédaignerez pas ce présent, quoiqu'il soit si peu proportionné à la grandeur et à la sublimité de votre génie. »

Contre les usuriers. — Un jour que, dans l'assemblée des fidèles, le lecteur avait lu quelques passages des prophètes où l'usure est condamnée, saint Grégoire en prit occasion de traiter cette matière; mais il crut devoir s'excuser auprès de ses auditeurs d'oser aborder un tel sujet après qu'il avait déjà été développé par le grand saint Basile, cet homme dont la réputation, si élevée qu'elle fût, avait peine à égaler le savoir et le génie. « Mais, dit-il, c'est ainsi qu'on voit souvent une chaloupe suivre en pleine mer un grand vaisseau, et les enfants imiter les combats des gladiateurs. »

Après cette excuse, qui marque bien l'humilité du saint orateur, il s'adresse aux usuriers et leur dit : « Aimez les hommes et non leur argent; dites à vos usures ce que saint Jean-Baptiste disait aux Juifs : *Races de vipères, éloignez-vous de moi*, vous qui faites périr et ceux qui vous retiennent et ceux qui vous reçoivent; car, d'abord vous flattez agréablement, mais insensiblement vous répandez votre venin, vous faites passer l'âme du plaisir à la douleur, vous lui fermez les portes du ciel. Après cela, continue saint Grégoire, renoncez à votre superflu et à vos usures, excitez en vous l'amour des pauvres, et ne rejetez point avec mépris celui qui vous prie de lui prêter; c'est dans le besoin qu'il a recours à vous, soulagez sa misère; mais en lui prêtant à usure, vous faites tout le contraire : bien loin de lui prêter secours, vous devenez son ennemi, vous semez des maux sur son affliction, vous ajoutez de nouvelles douleurs à ses douleurs; en apparence vous lui faites plaisir, mais au fond vous causez sa perte. Semblable à celui qui, vaincu par les importunités d'un fiévreux, lui présente du vin qui le réjouit pour un instant, mais qui l'instant d'après, le rend dix fois plus malade qu'il n'était, l'usurier ne soulage nullement la nécessité de celui à qui il prête, il ne fait qu'augmenter sa misère. »

Saint Grégoire montre ensuite qu'un usurier n'est d'aucune utilité pour la société humaine. « Il n'est ni laboureur, ni marchand; fixé à sa maison, il y mène une vie oisive; et toutefois, il veut que tout lui produise, quoiqu'il ne sème ni ne laboure; sa plume est sa charrue, le papier son champ, l'encre sa semaille, la pluie, le temps, qui par de secrets accroissements augmente son argent; la répétition qu'il en fait à son débiteur est sa faucille, son cabinet est l'aire où il vanne la fortune des misérables; il souhaite du mal à ceux qui ont du bien, afin qu'ils soient obligés de recourir à lui; il hait ceux qui se contentent de ce qu'ils possèdent, et met au nombre de ses ennemis ceux qui ne lui doivent rien. Il se chagrine quand il voit son argent rester oisif dans ses coffres; tout opulent qu'il est, souvent il ne se réserve pas même une obole, tant il place toutes ses espérances dans les titres et dans les contrats. »

Voici les motifs qu'emploie saint Grégoire pour porter ses auditeurs à prêter sans intérêt : « Lorsqu'un débiteur vous fait sa promesse et vous donne sa signature, vous y ajoutez foi, malgré sa misère et son dénûment; Dieu est riche, et cependant vous ne l'écoutez pas, lorsqu'il vous dit : *donnez et je vous le rendrai*. C'est dans son Evangile qu'il prend cet engagement; dans cette cédule publique, écrite par quatre témoins, dont la signature dans l'univers entier a plus de valeur que celle de tous les notaires. Eh bien ! dans cette cédule, Dieu, pour vous assurer votre argent vous donne hypothèque sur son paradis. Si cette garantie ne vous suffit pas, et si vous en cherchez une autre, rappelez-vous que le débiteur qui contracte avec vous cet engagement, est le maître de l'univers, et que le monde tout entier lui appartient. Soyez donc prudent et équitable; ne faites pas injure à Dieu; traitez-le au moins comme un banquier à qui vous prêteriez sans hésiter, s'il vous signait sa promesse. Donnez à une caution qui est immortelle; fiez-vous à une promesse invisible, il est vrai, mais qui ne peut se perdre. N'exigez aucun lucre; prêtez sans espérance de gain, et vous verrez que Dieu vous rendra avec usure ce que vous lui aurez prêté. » Saint Grégoire appuie cette assertion du passage de l'Evangile dans lequel Jésus-Christ promet le centuple en ce monde et la vie éternelle en l'autre, à ceux qui auront tout quitté pour l'amour de lui. Puis il ajoute :

« L'usurier, en voulant faire profiter son argent, attente à la puissance de Dieu, à qui seul il appartient de faire sortir l'eau d'un rocher; l'usure est condamnée dans les divines Ecritures; un usurier ne peut, avec confiance dire à Dieu dans l'oraison dominicale : *Remettez-nous nos dettes comme nous les remettons aux autres.* Qu'avez-vous quitté, dit-il, aux autres, pour demander à Dieu qu'il vous quitte? De qui avez-vous eu compassion, pour lui demander miséricorde? Quand vous feriez des aumônes des sommes amassées par ces exactions injustes, ces aumônes ne se ressentiraient-elles pas des larmes, des gémissements et de la misère d'autrui? Si le pauvre, à qui vous donnez, savait d'où lui vient cette aumône, il la refuserait, et ne voudrait pas se nourrir de la chair et du sang de son frère. Il vous dirait sans doute : ne me nourrissez pas, je vous prie, des larmes de mes frères; ne nourrissez pas le pauvre d'un pain que vous avez arraché à d'autres pauvres; rendez-le à celui à qui vous l'avez pris; que vous sert-il de nourrir un pauvre, pendant que vous en appauvrissez un grand nombre? S'il n'y avait pas tant d'usuriers, il y aurait moins de pauvres. Dissipez cette multitude d'usuriers, et chacun aura suffisamment. Tout les condamne, la loi, les prophètes, les évangélistes; et cependant l'usure ne cesse pas. Pour pallier leurs crimes, ils appellent les fruits de l'usure qu'ils reçoivent une reconnaissance honnête; imitant en cela les païens, qui donnent des noms de douceur aux furies de l'enfer, en les appelant *Euménides.* »

Le saint docteur passe ensuite aux prétextes dont les avares cherchaient à couvrir leurs usures : « Leur défendre de prêter à intérêt, disaient-ils, c'était enlever aux pauvres un secours dont ils avaient besoin; car, si on ne leur prêtait pas, comment pourraient-ils se tirer de la misère? » « Mais, leur répond saint Grégoire, dans ces occasions vous êtes obligés de donner aux pauvres; en toute autre circonstance, c'est encore un don, en quelque sorte, si vous le faites sans usure, c'est-à-dire, sans rien exiger au delà du capital; car, ajoute-t-il, celui qui ne prête pas au pauvre est aussi coupable que celui qui lui prête à usure; la dureté de l'un mérite la même condamnation que le gain honteux de l'autre. » Enfin, le saint docteur termine son discours en renvoyant les usuriers à ce que le divin Basile avait écrit contre eux. C'est ainsi qu'il qualifie son frère.

Réfutation d'Eunomius. — L'ouvrage le plus étendu qu'ait publié le saint évêque de Nysse, est la *Réfutation d'Eunomius.* Cet hérétique, si solidement combattu par saint Basile, avait répliqué par une prétendue *apologie,* dans laquelle il se donnait à lui-même les plus fastueux éloges, et enchérissait sur ses premières erreurs. Saint Grégoire de Nysse avait à venger, et la mémoire de son frère, et la vérité catholique. Il le fait avec la plus éclatante supériorité, dans ce savant traité qu'il a partagé en douze livres. C'est le plus beau monument de son zèle pour la foi à la consubstantialité du Verbe et à la divinité du Saint-Esprit. Nous allons en donner un aperçu par quelques extraits, entremêlés de temps en temps d'une analyse sommaire, suffisante pour que le lecteur puisse s'en former une idée.

« La foi des chrétiens, dit-il, ne leur vient pas des hommes, mais de Jésus-Christ, Verbe de Dieu, qui la leur a fait connaître, tant par sa propre bouche, pendant le séjour qu'il a fait sur la terre, revêtu d'une chair semblable à la nôtre, que par la voix de ses apôtres. Il n'est permis d'y rien changer, ni d'y rien ajouter. Telle est la règle de la vérité, hors de laquelle il n'y a que mensonge. Père, Fils et Saint-Esprit, un seul Dieu en trois personnes, tel est le dogme fondamental de notre foi chrétienne. Produire d'autres expressions que celles qui nous ont été transmises par ces augustes fondateurs de notre foi chrétienne, devient une impiété sacrilège. » Il expose ensuite la croyance de l'Eglise sur l'essence du Père, la consubstantialité du Fils, sa plénitude de divinité, l'éternité de sa génération au sein de Dieu, sa qualité propre de médiateur, sa parfaite ressemblance avec Dieu, sa toute-puissance personnelle; puis il s'écrie : « O Paul! et vous, fils du tonnerre, apôtres, évangélistes! quels sont donc ces hommes qui osent élever, à l'encontre de votre doctrine, leurs paroles empoisonnées? quels démons sortis de l'enfer osent mêler leurs blasphèmes à vos accents? Que dit-il donc, ce fils du tonnerre? »

Cette apostrophe lui sert de transition pour arriver à présenter les preuves de la divinité du Saint-Esprit; il les tire toutes du témoignage des Livres saints, et les résume par des arguments de raisons qui nous paraissent sans réplique. « Si l'on nous objecte, dit-il, que les principes que nous avançons ici comme établis, ont besoin d'être prouvés par des raisons et par des arguments, nous n'hésiterons pas à répondre qu'il nous suffit, pour toute démonstration, d'avoir pour nous la tradition de nos pères, qui leur venaît des apôtres; tel est l'héritage que nous ont transmis par succession ces saints personnages, qui ont succédé aux apôtres. C'est aux novateurs seuls à s'embarrasser dans les raisonnements et les captieuses paroles. Tant que les paroles de nos Evangiles, qui déclarent Jésus-Christ Fils unique de Dieu, prévaudront, l'hérésie aura beau faire, elle sera réduite à se combattre et à se détruire elle-même par ses vaines subtilités. Puisque la désignation de fils suppose nécessairement rapport avec un père, où est l'esprit assez dépourvu de sens pour préférer aux déclarations précises qu'en font nos saints prédicateurs les chicanes d'un Eunomius? Eh! qu'est-ce donc que cet Eunomius? Qui en a fait le docteur des chrétiens? Peut-être, toutefois, que la chaleur du zèle et le profond sentiment de l'indignation qui m'enflamme contre de pareils blasphèmes, m'emporte au delà de mes intentions; mais le moyen de s'en défendre, en voyant le Dieu, maître et seigneur de l'univers, l'auteur de la vie, le Sauveur du genre humain, outragé de la sorte par des êtres sortis du néant? Quoi! l'insolent qui, en ma présence, attaquerait l'honneur de mon père et de mon bienfaiteur, exciterait à bon droit mon courroux: quelle proportion y a-t-il entre les hommes, quels qu'ils soient, et cette majesté souveraine, devant qui tout genou fléchit au ciel, sur la terre et dans les enfers? Ici donc l'indignation n'est-elle pas bien légitime? »

Dans sa réplique à saint Basile, Eunomius reprochait à son éloquent réfutateur de rougir de la croix, d'avoir parlé peu respectueusement des saints, d'avoir réduit Jésus-Christ à n'être qu'un pur homme, de soutenir qu'il y avait deux christs et deux dieux, etc.; Grégoire de Nysse réfute ces impostures par les propres paroles de saint Basile, dont il justifie la doctrine par des arguments théologiques.

« S'il ne nous sert de rien de proclamer les noms adorables de la sainte Trinité, il ne nous sert pas davantage de reconnaître dans l'Eglise des rites et cérémonies qui en deviennent le sceau. A quoi nous servent la prière, le baptême, la confession des péchés, une loi de pénitence, des commandements qui nous obligent à la tempérance, à la vigilance sur nous-mêmes; si rien de tout cela n'a d'influence sur la sage direction des mœurs; s'il n'est pas vrai que nos sacrements et nos mystérieux symboles soient les moyens les plus efficaces pour s'y maintenir, comme nous faisons la profession de le croire? Il en faudra conclure que ce sont de pures séductions du malin esprit; et le paganisme a raison de s'en moquer... Pourquoi le Sauveur ressuscité s'est-il fait voir d'abord à Madeleine? J'en donnerai cette raison que me fournit la doctrine de l'Apôtre: parce que, dit-il, une femme fut l'instrument de la prévarication, il a voulu qu'une femme fût le premier organe de sa résurrection, et qu'elle réparât en quelque manière la perte que son sexe nous avait causée. Qu'Eunomius mêle le sarcasme aux attaques violentes qu'il dirige contre nous; ce n'est pas à moi à le combattre par les mêmes armes. Que ceux-là qui trouvent du plaisir dans la raillerie se livrent avec avidité à la lecture de ses écrits. Quant à nous, autant nous apporterons de franchise et d'ardeur à la réfutation de ses dogmes impies, autant nous nous abstiendrons des plaisanteries et des personnalités que nous abandonnons à la satire. »

Cependant l'histoire nous apprend qu'Eunomius ne s'en tint pas là; il publia ce qu'il appelait un second combat, ce qui obligea saint Grégoire de rentrer dans la lice. Il y revint, dit-il, non pour couper la tête du nouveau Goliath, mais pour montrer qu'elle est tombée sous le glaive de saint Basile. « Aujourd'hui que la cité de Dieu, c'est-à-dire son Eglise, est assiégée, que ses murailles sont ébranlées par l'hérésie, que la parole de Dieu court le danger d'être mise en captivité par l'armée du démon, il m'eût semblé honteux, dans ce commun péril des chrétiens, de demeurer dans l'inaction. Mettant donc ma confiance dans celui qui dresse mes mains au combat et mes doigts à la guerre, j'ai formé le dessein de m'opposer de toutes mes forces aux attaques de l'hérésie. »

Ces réflexions servent pour ainsi dire de préface au douzième livre, qui, beaucoup plus long que les autres, semble former un traité à part, où toute la question se trouve approfondie. Les mêmes arguments s'y reproduisent, parce que l'adversaire, dans sa réplique, ne faisait que répéter ses objections, bien qu'elles eussent été foudroyées déjà par ses deux savants antagonistes. Théodoret, Facundus, Gennade, saint Ephrem d'Antioche, Léonce de Byzance, l'empereur Justinien, les Pères du sixième concile œcuménique et ceux du grand concile de Rome, tenu sous le pape Martin Ier, ont cité avec éloge les livres de saint Grégoire contre Eunomius. Photius les préfère pour la force du raisonnement et les grâces qui s'y trouvent répandues, aux écrits que Théodote et Sophronius avaient composés contre le même hérésiarque, écrits qui ne sont pas venus jusqu'à nous. Il trouvait dans ces livres un vrai style d'orateur, où les agréments de la phrase se montrent admirablement unis à la clarté de la raison. Saint Jérôme nous apprend qu'il en avait entendu la lecture des lèvres mêmes de l'auteur, et en présence de saint Grégoire de Nazianze, probablement à Césarée, lorsque cet exilé de Constantinople y prononça en passant l'éloge de saint Basile.

De la Trinité. — C'est faussement qu'on a attribué à saint Grégoire un livre adressé à Eustathe, et intitulé : *De la Trinité;* nous avons montré ailleurs qu'il était de saint Basile; mais on ne peut lui contester un autre ouvrage sur le même sujet, avec ce titre: *Qu'il ne faut pas dire trois dieux,* puisle Pape Jean II en cite un passage, sous son nom, dans sa lettre à Aviénus, écrite en 532, et que le cardinal Bessarion en rapporte un autre, en l'attribuant au même docteur.

Ablavius, à qui ce livre est adressé, paraît avoir été du nombre des disciples du saint docteur, qui l'appelle son fils en le décorant du titre de *vaillant soldat de Jésus-Christ*. Il avait eu une discussion avec les ennemis de la foi, et comme leurs objections l'embarrassaient, il les avait envoyés à saint Grégoire en le priant d'y répondre. Le saint prélat le satisfit par l'ouvrage que nous allons analyser.

Voici une des premières objections que les adversaires d'Ablavius lui présentaient : « Pierre, Jacques et Jean, disaient-ils, quoique d'une même nature humaine, passent cependant pour trois hommes ; pourquoi donc ne dirait-on pas aussi que le Père, le Fils et le Saint-Esprit sont trois Dieux ? — C'est abusivement, répond saint Grégoire, qu'en parlant de personnes qui ne sont pas différentes en nature, on leur donne au pluriel le nom de cette nature, et qu'on dit *plusieurs hommes*, puisque cette façon de parler revient à celle-ci : *plusieurs natures humaines* ; toutefois cet usage ayant prévalu, on ne doit point s'y opposer, puisqu'il n'en résulte aucun inconvénient, et qu'au contraire, c'est un moyen de s'entendre ; mais il n'en est pas de même dans les choses divines ; l'Ecriture sainte ne reconnaissant qu'un seul Dieu, nous devons n'en confesser qu'un seul. » Et il cite, à l'appui de sa décision, ce passage du *Deutéronome : Ecoutez, Israël, le Seigneur votre Dieu est le seul Seigneur*.

La seconde objection adressée à Ablavius était conçue en ces termes : « La Divinité est un nom propre de la nature ; puis donc qu'on le donne à trois personnes, il y a trois Dieux. — Le terme de divinité, répond saint Grégoire, marque l'action de Dieu et non sa nature, qui ne peut être exprimée par aucun nom Tout ce que l'on dit de Dieu dénote ce qui a rapport à sa nature et non sa nature même ; car le nom de Dieu signifie *voir*, et la vue est une propriété qui appartient aux trois personnes. » Mais comme on pourrait encore inférer de là qu'il y a plusieurs dieux, comme on conclut la pluralité des orateurs ou des géomètres, lorsque plusieurs exercent ces différents arts, saint Grégoire nie la conséquence et en donne cette raison : « Quoique, parmi les hommes, plusieurs exercent le même art, ils travaillent néanmoins séparément ; tandis qu'en Dieu, toute action extérieure vient d'un même principe, qui prend son commencement dans le Père, son progrès dans le Fils et sa perfection dans le Saint-Esprit. » Il répond de nouveau à la seconde objection, et soutient « que la Divinité n'est pas un nom qui exprime la nature, puisque celle de Dieu étant infinie et incompréhensible, ne peut être définie, et que ne pouvant être définie, on ne peut lui donner de nom qui en fasse connaître l'essence. En supposant même que la Divinité fût un nom de nature, on ne pourrait en conclure qu'il y eût trois dieux, parce que ce qui est infini ne peut se nombrer ; il n'y a que les substances bornées qui puissent se compter. »

On objectait encore : « Si la nature n'est ni distinguée ni différente dans les trois personnes, ces personnes sont donc confondues. — Non, répond saint Grégoire, parce qu'autre chose est d'être, et autre chose d'être d'une certaine manière. Les trois personnes sont distinguées entre elles, non à raison de leur nature, puisqu'elle est la même, mais à raison de la manière dont elles ont leur être : le Père est sans principe ; le Fils et le Saint-Esprit tirent de lui leur origine. »

De la Foi. — Ce traité adressé au tribun Simplicius, se trouve presque tout entier sous le nom de saint Grégoire, dans la *Panoplie* d'Euthymius, et nous ne voyons pas qu'il lui soit contesté par personne. L'auteur se propose d'y établir la divinité du Fils et du Saint-Esprit ; ce qui fait qu'on peut diviser ce petit traité en deux parties. Dans la première, saint Grégoire dit : « Le Fils n'a pas été créé, autrement il serait un Dieu nouveau, un Dieu étranger ; or il nous est défendu, dans les prophéties, de reconnaître pour Dieu un dieu nouveau, et d'adorer un dieu étranger. Il faut donc, ou ne pas adorer le Fils, ce qui est judaïque, ou reconnaître qu'il n'est pas créé, mais éternel. » Il explique ces paroles des *Proverbes : Le Seigneur m'a créé dès le commencement de ses voies*, de la nature humaine à laquelle le Verbe s'est uni pour nous remettre dans la voie du salut ; et à ceux qui avaient peine à comprendre que le Fils, étant de toute éternité, eût été engendré, il dit : « On ne doit pas établir de parallèle entre la naissance d'un Dieu et la naissance des hommes. De même qu'on ne peut pas dire de la splendeur du soleil : si elle était, elle n'a pas été produite ; de même on ne peut pas dire : si le Fils était, il n'a pas été engendré, lui qui est la splendeur du Père. » A ceux qui disaient : le Fils est moindre que le Père, puisqu'il est de lui, saint Grégoire répond : « Ce n'est point à vous de mesurer ce que l'apôtre déclare incommensurable ; la substance du Père ne peut être moindre en substance que le Père même ; et selon saint Jean, rien ne manque au Fils de ce qui est au Père, puisqu'il dit : *Au commencement le Verbe était en Dieu et le Verbe était Dieu*. » Il montre aussi, par l'exemple d'Adam et d'Abel, qu'on ne peut pas dire que le Fils soit d'une nature différente de celui qui l'a engendré.

Dans la seconde partie, il établit la divinité du Saint-Esprit, d'abord, parce que toute créature n'est bonne que par participation du souverain bien ; elle est dirigée par l'Esprit de Dieu ; elle en est consolée, délivrée, enseignée ; au lieu que le Saint-Esprit est bon de sa nature ; c'est lui qui dirige les créatures, qui les console, qui les délivre de la servitude, qui leur enseigne la vérité. Ensuite, presque les mêmes noms et les mêmes attributs que l'Ecriture accorde au Père et au Fils, elle les donne également au Saint-Esprit ; tels sont ceux d'*incorruptible*, de *sage*, de *bon*, de *juste*, de *saint*. Si (d'après la version des Septante), il est dit dans un prophète : *C'est vous, Seigneur, qui affermissez le tonnerre et qui créez l'esprit;* il faut entendre ce passage de la régénération spirituelle des hommes par la foi de l'Evangile, qui dans le langage mystique est appelé *un tonnerre.*

Grande catéchèse. — La méthode de l'enseignement doit être différente, selon le caractère des sujets que l'on traite et des adversaires que l'on veut ramener. Comme saint Cyrille de Jérusalem, le saint évêque de Nysse n'entreprend pas ici d'instruire ceux que l'on disposait à recevoir le baptême, mais les catéchistes mêmes, à qui il enseigne à prouver, par le raisonnement, les mystères de la foi à ceux qui ne défèrent pas à l'autorité de l'Ecriture. La discussion est toute théologique. L'auteur y réfute les juifs, les manichéens et les autres hérétiques de son temps.

Les juifs, comme les gentils, niaient également l'Incarnation, parce que suivant eux, il était indigne d'un Dieu de se faire homme. Pour leur rendre ce mystère probable, saint Grégoire leur dit d'abord, « qu'ils ne peuvent disconvenir que c'est à celui qui a fait l'homme, de le relever, s'il vient à tomber. » Or, ajoute-t-il, c'est le Verbe qui a fait l'homme dès le commencement du monde, et cet homme est déchu par son libre arbitre, de l'état de sagesse et d'immortalité dans lequel il avait été créé; et sa nature a été corrompue par le péché. C'était donc au Verbe à lui rendre la vie qu'il avait perdue. Qu'on ne dise pas qu'il était indigne de Dieu de naître d'une vierge, de croître, de manger, de boire, de dormir, de pleurer, de mourir, d'être enseveli : toutes ces choses ne sont ni criminelles, ni déshonnêtes; au contraire, la naissance, l'éducation, l'accroissement, sont des choses bonnes et honnêtes. Il est vrai que la nature humaine est bornée, et que Dieu est infini; mais Dieu n'est point renfermé dans cette nature comme dans un vase; il lui est uni, comme l'âme l'est au corps : et comme nous ignorons la manière de cette union, nous ne pouvons non plus définir comment se fait celle des deux natures en Jésus-Christ : seulement il est certain que la Divinité, étant unie à la nature humaine, ne perd point ses qualités divines, comme l'âme ne perd point ses qualités spirituelles par son union avec le corps. Et de même que l'on prouve par les œuvres, que le corps est animé, de même aussi les miracles de Jésus-Christ ont prouvé qu'il était Dieu. Vous direz qu'il est né, et qu'il est mort; ce qui est le propre d'une nature corporelle : mais ajoutez qu'il est né d'une vierge, et qu'étant mort, il est ressuscité; alors vous concevrez en Jésus-Christ ce qui est de Dieu. Si ce qu'on vous dit de lui est au-dessus de la nature, ces choses mêmes que vous avez peine à croire sont des preuves de sa divinité. Celui qui a rapporté que Jésus-Christ était né, nous a en même temps rapporté de quelle manière il était né. Il en est de même de la résurrection; nous l'apprenons par le témoignage de ceux-mêmes qui nous ont appris sa mort : si sa résurrection est une chose au-dessus de la nature, il ne faut pas s'en étonner, puisque sa manière de naître a été aussi au-dessus de la nature.

« La raison qui l'a porté à se faire homme, c'est la bonne volonté qu'il a eue pour les hommes, c'est sa miséricorde envers le genre humain. Notre nature malade avait besoin d'un médecin; l'homme était tombé, il fallait le relever, lui rendre la vie qu'il avait perdue; le rappeler à la participation du vrai bien dont il était déchu, éclairer ses ténèbres, le délivrer de ses liens et du joug de la servitude dont il était accablé. Tous ces motifs n'étaient-ils pas assez puissants pour engager la bonté de Dieu à descendre sur la terre, afin de secourir la nature qu'il avait créée, » et non-seulement afin de la secourir, mais afin de la relever, de la purifier, de la sauver?

Mais peut-être, dira-t-on, si l'Incarnation est un si grand bien, pourquoi ne s'est-elle pas accomplie plus tôt ? Saint Grégoire, qui a prévu l'objection, y répond : « C'est en cela que Dieu a donné des marques de sa sagesse. Comme un médecin attend que le mal pousse au dehors, de même Dieu a attendu que l'impiété fût parvenue à son plus haut point, et même qu'il n'y eût plus, pour ainsi dire, de sorte de crimes que l'homme n'eût commis. Si l'on nous objecte que depuis l'avénement de Jésus-Christ, les hommes ne laissent pas de pécher, nous dirons que c'est qu'il en est du péché comme d'un serpent : écrasez la tête de ce reptile, la queue animée d'un reste de vie continuera de remuer encore. Ainsi le péché, blessé mortellement par l'Incarnation, nous inquiète encore par ses suites... » Saint Grégoire répond à ceux qui n'approuvaient pas que Jésus-Christ fût mort, au moins d'une mort ignominieuse : « Jésus-Christ a dû mourir pour être en tout semblable à nous; parce qu'il était né pour mourir, et pour assurer notre résurrection par la sienne; il a voulu mourir sur la croix par une raison mystérieuse, qui nous apprend que la Divinité pénètre tout; raison marquée, ajoute-t-il, par la figure de la croix, dont les quatre extrémités signifient la largeur, la longueur, la hauteur et la profondeur de ce mystère. Au reste, ce que Jésus-Christ a fait depuis sa résurrection prouve clairement sa divinité. Il a apparu à ses disciples toutes les fois qu'il a voulu; il s'est trouvé au milieu d'eux sans que personne lui ait ouvert les portes; il est monté au ciel, sans qu'aucune puissance d'en haut lui ait tendu la main. »

Après avoir établi la vérité de l'Incarnation, saint Grégoire traite du baptême et de l'Eucharistie. « Il y a plusieurs choses dans le baptême qui nous conduisent à la vie éternelle : la prière, par exemple, l'eau, l'invocation de la grâce et la foi. On doit attribuer la régénération qui se fait dans le baptême, non à l'eau, mais à la vertu divine. Dieu lorsqu'il est invoqué se trouve dans cette purification suivant sa promesse l'homme descendu et plongé dans l'eau jusqu'à trois fois, représente la mort, la sépulture et la résurrection de Jésus-Christ. Personne ne ressuscite à la vie éternelle, s'il n'a lavé ses fautes dans cette eau mystique. La régénération se fait également par les trois personnes divines : le Père, le Fils et le Saint-Esprit. Le baptême, en régénérant ceux qui le reçoivent, leur communique le pouvoir de devenir les enfants de Dieu. Or, celui qui devient l'enfant de quelqu'un, participe à la nature de celui qui l'a engendré. Puis donc que nous sommes devenus les enfants de Dieu, faisons reconnaître par nos œuvres le Dieu que nous avons pour père. »

Sur l'Eucharistie. — Voici en quels termes il explique le changement des espèces du pain et du vin au corps et au sang de Notre-Seigneur. « L'homme étant composé de deux parties, du corps et de l'âme mêlés et unis ensemble, il faut nécessairement que ceux qui doivent être sauvés communiquent par l'un et par l'autre avec celui qui mène à la vie, c'est-à-dire, avec Jésus-Christ. Ainsi l'âme, en s'unissant à lui par la foi, arrive au salut par cette voie, ce qui est uni à la vie participant sans doute à la vie. Mais il faut que le corps trouve une autre voie pour se mêler et s'unir à celui qui le doit sauver. Car de même que ceux qui ont été empoisonnés, s'ils veulent détruire la violence mortelle du poison par un remède qui le combatte, ont besoin que ce contre-poison salutaire entre dans leur corps, ainsi qu'a fait le poison même, afin de répandre et d'insinuer sa vertu dans toutes les parties que le venin a pénétrées : de même, après que nous avons pris le poison funeste du péché, qui détruit notre nature, il est absolument nécessaire que nous preniions un remède qui répare et rétablisse ce qui avait été corrompu et altéré, afin que le puissant antidote, introduit dans notre substance, chasse et répare, par une vertu contraire, le mal que le poison cause dans notre corps par sa malignité et sa contagion. Et quel est cet antidote ? Il n'y en a point d'autre que ce divin corps, qui a fait voir qu'il était plus fort que la mort même, et qu'il était le principe de notre vie. Le Seigneur nous fait part de ce don divin, lorsqu'il change et transforme en son corps la nature des espèces visibles, par la vertu de la bénédiction sacrée..... Ainsi le Verbe communique sa chair à tous les fidèles, en s'insinuant et se mêlant à leurs corps, par le moyen du pain et du vin, afin que l'homme étant uni à ce corps, qui est immortel, devienne aussi par cette union immortel et incorruptible. » Le saint docteur finit sa *Catéchèse* par une réflexion sur le feu de l'enfer qui ne s'éteindra point, et sur le ver rongeur qui ne mourra jamais.

De la Virginité. — Quoique l'on trouve dans ce livre toutes les qualités et tous les défauts du style de saint Grégoire, cependant il y a des critiques qui le lui ont contesté, parce que l'auteur indique assez clairement qu'il était engagé dans le mariage; mais cette raison ne prouve rien puisque, comme nous l'avons dit ailleurs, saint Grégoire avait épousé Théosébie dont il se sépara pour se consacrer à Dieu. Ainsi, nous nous croyons autorisé à le lui conserver. Ce livre est divisé en vingt-quatre chapitres, non compris le prologue. Saint Grégoire y fait l'éloge de la virginité, dont il exalte l'excellence et les prérogatives. Il expose ensuite les embarras du mariage, ses peines, ses inquiétudes, ses dangers, et montre que la virginité en affranchit. Aussi, Élie et saint Jean-Baptiste ne sont-ils d'aussi parfaits modèles de toutes les vertus que parce que, dès leur jeunesse, ils se sont séparés de la société des hommes pour vivre seuls dans la solitude, sans préoccupation d'épouse et de famille, mais uniquement occupés à la contemplation de Dieu.

« Toutefois, dit-il, on aurait tort de conclure qu'il faille condamner le mariage : non, sans doute, puisque Dieu l'a béni. Ne blâmons point celui qui en use avec modération. Toujours faut-il savoir y défendre son cœur contre des affections trop sensibles, qui déroberaient à Dieu l'amour qui lui est dû. Dieu, vraie beauté : nulle comparaison à faire entre lui et tout ce que les hommes admirent ; il n'est pas possible de servir les voluptés du corps et les saintes règles de la tempérance.

« Deux excès également à craindre : l'un d'ensevelir son âme dans les sensualités du corps, l'autre d'énerver son âme par d'indiscrètes austérités. Dans tout ce qui regarde la direction spirituelle, s'en remettre aux avis d'une personne éclairée à qui l'on donne toute sa confiance. »

Contre les manichéens. — Le petit traité contre les manichéens est composé de dix syllogismes, par lesquels saint Grégoire prouve contre ces hérétiques que le mal n'est point une nature incorruptible et incréée, non plus que le démon qui en est le père et l'auteur. Les raisons qu'il en apporte sont que le mal est corruptible; c'est un accident et non une substance; il est sujet au changement, puisque celui qui est mauvais peut devenir bon; il donne la mort, et, avec le démon, il peut faire condamner une âme aux supplices de l'éternité.

De l'âme et de la résurrection. — Le traité qui porte ce titre est un dialogue que saint Grégoire eut avec sa sœur, dans la visite qu'il lui fit peu de temps après la mort de saint Basile, visite dans laquelle il assista lui-même aux derniers instants de sainte Macrine, lui ferma les yeux et lui rendit les devoirs funèbres, comme nous l'avons vu dans la notice placée en tête de cet article. Cet écrit, qui renferme des idées et des propositions singulières, a été tellement altéré, tellement corrompu par les hérétiques, et surtout par les fauteurs d'Origène, que nous nous abstiendrons de l'analyser, dans la crainte de ne pas assez distinguer la doctrine du saint docteur des erreurs qui la défigurent. Ce danger nous semble d'autant plus difficile à éviter que nulle part peut-être le pieux écrivain, en expliquant l'Ecriture sainte, n'a fait un plus grand abus du sens allégorique.

Contre les apollinaristes. — Nous avons dit ailleurs, en rendant compte de l'Antirrhétique, que les apollinaristes ne trouvaient pas de moyen plus sûr pour établir leur doctrine que d'attribuer à l'Eglise des erreurs opposées. Ainsi ils l'accusaient, entre autres choses, d'enseigner qu'il y avait en Jésus-Christ deux personnes, et ils répandaient surtout cette calomnie en Egypte, où ils étaient en grand nombre. Saint Grégoire, dont le zèle et la charité ne se bornaient pas aux limites de son diocèse, crut devoir en écrire à Théophile, qui succéda à Timothée sur le siége d'Alexandrie, en 385. Il le prie de s'opposer à cette hérésie avec toute la force de la grâce et toute l'autorité qu'il tient de son caractère épiscopal. Ces novateurs, en ne reconnaissant qu'une nature en Jésus-Christ, qu'un Verbe charnel, un fils de l'homme, créateur des siècles, et une divinité passible, ne faisaient, disaient-ils, que s'opposer à quelques catholiques qui enseignaient qu'il y a deux fils en Jésus-Christ, l'un naturel et l'autre adoptif, l'un fils éternel selon la nature, et l'autre fils dans le temps par adoption. — Saint Grégoire déclare qu'il n'avait jamais su que personne eût enseigné une semblable erreur, et, pour ôter tout prétexte aux apollinaristes de calomnier les catholiques, il la combat, en montrant d'abord « que la distinction alléguée par les apollinaristes nous mènerait, non-seulement à reconnaître deux fils, mais même plusieurs; puisqu'il faudrait en compter autant qu'il s'est fait d'apparitions, aussi bien avant qu'après l'Incarnation. Ainsi le fils qui parla à Abraham aurait été différent de celui qui apparut à Isaac, et celui-ci autre que celui qui lutta contre Jacob, et ainsi de ceux qui se sont fait voir à Moïse, Job, Isaïe, Ezéchiel et aux apôtres, ce qui est également absurde et impie. »

Il montre ensuite que toutes ces apparitions sont d'un seul et même fils, qui, voulant les proportionner à l'intelligence de ceux pour qui elles ont été faites, s'est montré dans la chair lors de son incarnation, parce que, plus charnels que ceux qui les avaient précédés, les hommes qui vivaient alors n'auraient pu supporter une apparition plus dégagée et plus parfaite. Suivant lui, cette apparition dans la chair n'eût pas été nécessaire si tous les hommes avaient ressemblé à Moïse et aux autres patriarches, c'est-à-dire si, comme eux, ils eussent été capables de contempler Dieu dans sa gloire. « Par son union avec la nature humaine, dit-il, le Verbe n'a point participé à ses infirmités; au contraire, il a rendu la nature humaine immortelle et incorruptible, de mortelle et de corruptible qu'elle était. N'étant donc qu'un et toujours Verbe avant et après l'Incarnation, toujours Dieu, toujours lumière, il ne reste aucune raison de le diviser. Il est vrai que la nature humaine subsiste en Jésus-Christ après l'union, mais on ne peut en conclure deux fils ou deux personnes, parce que la nature humaine n'y est point avec toutes ses propriétés, qui y ont été perdues comme celles d'une goutte de vinaigre jetée dans la mer. Les deux natures sont néanmoins tellement unies en une seule personne dans le Sauveur, qu'il y a communication de propriétés de l'une à l'autre; en sorte que l'on attribue à l'homme ce qui est de Dieu, et à Dieu ce qui est de l'homme, et que l'on dit : Le Seigneur de gloire a été crucifié, il a souffert, il a été percé de clous; et celui qui est adoré par toutes les créatures, dans le ciel, sur la terre et dans les enfers, est appelé Jésus. »

De la perfection chrétienne. — Ces traités, au nombre de trois, sont des entretiens de piété que le saint évêque avait eus avec Harmonius, son ami et son disciple. Il paraît qu'il était fort âgé lorsqu'il les écrivit.

Dans le premier, il examine à quoi nous obligent le nom et la profession de chrétien. Qui veut mériter ce nom doit travailler à acquérir toutes les vertus renfermées dans l'idée qu'il présente. On ne peut s'en rendre digne que par la fidèle imitation de Jésus-Christ, *expressa Christi figura.* « Chacun, dit saint Grégoire de Nysse, est le peintre et le sculpteur de sa vie. Nous ne sommes chrétiens qu'autant que nous sommes les images de notre divin modèle. Celui-là donc est un faux chrétien, de qui la vie et la conduite ne sont point conformes à la doctrine du maître ni à ses vertus. *Frustra appellamur Christiani, si imitatores non sumus Christi.* »

Le second développe les mêmes maximes et est adressé au moine Olympius, qui avait demandé à saint Grégoire des règles pour arriver à la perfection.

Le troisième s'adresse particulièrement aux religieux et porte pour titre : *Le but du chrétien,* parce que les maximes les plus saintes du christianisme y sont exposées et mises dans tout leur jour. Comme dans les deux précédents, le saint évêque y fait consister toute la perfection du chrétien dans l'imitation de Jésus-Christ; dans la fuite de l'orgueil et de tous les vices qui effacent dans une âme cette divine ressemblance; dans la pratique de l'humilité, de l'obéissance, du renoncement, en un mot de toutes les vertus capables de faire revivre les traits de ce divin modèle. « Les vertus sont tellement unies entre elles, dit saint Grégoire, que dès que l'on en possède une, les autres viennent de suite. Rien n'est plus propre à éloigner de nous le tentateur que la prière, le jeûne et les veilles, qui pourtant ne sont d'aucune utilité, s'ils ne produisent dans celui qui les pratique, la simplicité, la charité, l'humilité, la patience et l'innocence qui en sont les fruits. Au contraire, quand cet artisan de malice a trouvé une âme qui ne se donne pas tout entière à Dieu, et qui est vide de son amour, il s'en rend facilement le maître. Tantôt il lui fait trouver les commandements de Dieu difficiles et pesants, et tantôt il l'enfle d'orgueil. Ceux qui n'ont pas encore le don de la prière, et qui ne possèdent pas ce qu'il y a de plus sublime dans la vie spirituelle, ne doivent pas se décourager, mais pratiquer l'obéissance et l'humilité. Personne ne doit prétexter sa faiblesse, car Dieu ne commande pas l'impossible; et ce qu'il y a de pénible dans les commandements de Dieu est doux et facile à tous ceux qui l'aiment. Puisqu'il promet une récompense éternelle à celui qui aura donné un verre d'eau en son nom, la récompense suivra infailliblement nos actions, soit grandes, soit petites, si nous les faisons dans la crainte de Dieu, et en son nom; au lieu qu'il ne nous en reste aucune à attendre, si nous les faisons par vanité. »

Sur la correction. — Ce discours est une preuve de la fermeté de saint Grégoire et un modèle de vigueur épiscopale. Le désordre qui l'occasionna était arrivé un samedi. Le saint évêque en étant informé reprit sévèrement les coupables, et, autant qu'on peut croire, leur interdit l'entrée de l'église et la fréquentation des sacrements. Irrités de cette sévérité, ils s'emportèrent contre leur évêque, et se répandirent en plaintes et en murmures. Saint Grégoire n'en fut point ébranlé. Le lendemain dimanche, il monta en chaire, leur fit une nouvelle réprimande dans laquelle il leur représenta les suites fâcheuses de l'excommunication. Il reproche aux coupables d'avoir prostitué le don de Dieu à la gourmandise, à l'impudicité, au sommeil, à la paresse; d'avoir refusé de se rendre aux avis de ceux qui voulaient leur faire connaître ce qui leur était utile; de s'être emportés contre leur évêque et de l'avoir traité injurieusement. « Ce n'est point ainsi, dit-il, que doivent agir ceux qui ont besoin d'être instruits; ce n'est point là l'obéissance des vrais disciples, mais une opposition opiniâtre de personnes indociles et séditieuses... Liés par leur évêque et séparés des sacrements, ils sont couverts de chaînes invisibles; s'ils ne font pénitence, ils seront perdus éternellement; car cette pratique de séparer les hommes des sacrements est ancienne dans l'Eglise. Le prêtre doit traiter avec sévérité ceux qu'il met en pénitence; néanmoins il doit tempérer et diversifier sa conduite, selon les mœurs et les dispositions de ceux qui lui sont soumis. « Une personne de grande déférence et de beaucoup de docilité d'esprit doit être traitée avec douceur : un opiniâtre et un indocile a besoin d'être battu pour se corriger. » Il leur déclare qu'il ne sera point surpris de les voir se mettre en colère contre lui, et prouve par divers exemples tirés de l'Ecriture, que la vérité suscite toujours des persécuteurs et des ennemis à ceux qui l'aiment, qui la défendent, et qui la publient. « Y eut-il jamais un pasteur plus excellent que Moïse? Il fut toutes choses à son peuple, son nourricier, son général, son prêtre, son père : toutefois ce peuple excita des séditions contre lui, comme contre un homme injuste et un méchant. Isaïe n'a-t-il pas été scié, parce qu'il enseignait la vertu et la piété aux hommes? Jérémie n'a-t-il pas vu tout le monde crier contre lui, parce qu'il voulait bannir l'idolâtrie? Jésus-Christ, qui était le pasteur souverain, n'a-t-il pas été tué par ses brebis? Qui a fait trancher la tête à saint Paul, qui a fait crucifier saint Pierre, sinon ceux à qui ils apprenaient la pratique de la vertu? Quant à nous, nous n'avons point encore été frappés pour l'avoir soutenue; nous n'avons point encore été en danger de souffrir quelque mal sur notre corps. Comment donc pourrions-nous trouver étrange qu'on murmurât contre nous, nous qui sommes disciples d'un Dieu crucifié? Criez donc, tant que vous voudrez; je souffrirai votre animosité et votre insolence, comme un père ou une mère souffre celle de ses enfants. »

Sur la mort prématurée des enfants. — Ce traité fut écrit à la prière d'Hiérius, gouverneur de la Cappadoce, qui désirait apprendre du saint docteur ce que l'on doit penser des enfants morts en bas âge. Grégoire examine à ce propos plusieurs questions, et particulièrement celle-ci : Pourquoi Dieu permet-il que tant d'enfants meurent avant l'âge de raison? Pour y répondre, il distingue entre ceux qui meurent d'une mort violente, et ceux qui succombent naturellement. « On ne peut pas, dit-il, attribuer à Dieu la mort des premiers, puisqu'il en punit les auteurs; mais il abrège les jours des derniers, pour les empêcher de tomber dans des désordres où il prévoit qu'ils tomberaient s'ils vivaient plus longtemps. Il appartient autant à la Providence de prévenir les maux, que de les guérir. » Le saint docteur se fait ensuite une objection : Pourquoi Dieu permet-il que tant de méchants vivent, puisqu'il leur eût été mieux, de ne pas naître, ou de mourir jeunes? — « Dieu en use ainsi, répond-il, parce qu'il sait tirer le bien du mal même, parce que le supplice des méchants est un exemple de sa justice, et en même temps un motif de consolation pour les justes, qui voient avec joie la différence que Dieu met entre les hommes vertueux et les pécheurs. » Il conclut ce traité en disant, qu'il ne peut croire que les enfants morts en bas âge souffrent en l'autre monde quelque douleur, ni qu'ils y soient dans la tristesse; cependant il ne peut croire non plus qu'ils jouissent de la gloire dans un même degré que ceux qui pendant toute leur vie se sont appliqués à la vertu. — Il y a encore dans ce traité quelques passages qui semblent appuyer l'erreur des origénistes, touchant le salut général de tous les hommes, après une purgation de plusieurs siècles par le feu. C'est ce qui a fait douter à quelques critiques que saint Grégoire en fût l'auteur; mais qui empêche qu'on y ait inséré cette erreur, comme on l'a déjà fait à l'égard de plusieurs autres, ainsi que nous avons eu occasion de le remarquer d'après Photius et saint Germain de Constantinople?

Sur la nativité de Jésus-Christ. — Ce discours traite tout ensemble et de la naissance du Sauveur, et du massacre des innocents; c'est pourquoi il est intitulé dans les manuscrits : *De la naissance de Jésus-Christ et des enfants tués à Bethléem par Hérode.* Saint Grégoire prend pour texte ces paroles du psaume LXXX que l'on chantait à la fête des Tabernacles : *Sonnez de la trompette en ce nouveau mois, en ce jour célèbre de votre solennité.*

« La trompette chrétienne, dit-il, c'est la prière ;..... la fête des Tabernacles de la Loi nouvelle, c'est celle de la naissance du Sauveur, qui, en apparaissant dans le tabernacle de sa chair, a relevé les nôtres que la mort avait renversés.....

« Pourquoi Dieu a-t-il différé si longtemps sa venue parmi les hommes ? Il a dû attendre que le péché fût parvenu à son comble. Comme l'habile médecin n'administre point ses remèdes dès les premières agressions du mal, mais laisse à la fièvre le temps de développer son intensité, avant de s'occuper à la combattre, pour mieux l'attaquer dans son principe : ainsi fallait-il que l'iniquité, à laquelle la nature humaine était en proie, eût parcouru tous ses progrès, et fût arrivée à son dernier degré, afin que tous eussent leur guérison. C'est ce que l'Apôtre fait entendre aux Athéniens, quand il leur dit : *Que Dieu, après avoir longtemps dissimulé les temps d'ignorance, s'annonce maintenant qu'il n'y avait plus personne qui le connût.* La lumière a paru au moment où la plus profonde nuit couvrait la terre.

« Mais, nous dira-t-on, puisqu'il venait abolir l'iniquité, pourquoi donc toujours des crimes sur la terre ? Je réponds à la difficulté par une comparaison : Vous tuez un serpent, en lui écrasant la tête ; ce qui n'empêche pas qu'il ne reste dans les autres membres de l'action et de la vie. Ainsi le vainqueur du serpent infernal qui s'était accru par la succession des siècles, en lui écrasant la tête, principe de tous les maux qu'il répand, a laissé subsister les autres parties, pour ne point laisser à leur tour les hommes sans combat. Il a détruit son empire ; il l'a désarmé dans le principe de sa force, et se réserve d'achever sa victoire à la consommation des temps, où il n'y aura plus d'épreuves pour les justes.

« Jésus-Christ a pris naissance dans le sein de Marie. Prodige au-dessus des forces de la nature. Une vierge devient mère, et cette mère ne cesse pas d'être vierge. Ici, ces deux noms se confondent. La virginité n'empêche point l'enfantement, et l'enfantement ne détruit point la virginité. Il convenait que le Dieu fait homme, pour rétablir l'homme dans sa pureté primitive, prît naissance au sein de la pureté ; mystère autrefois présagé par le buisson que Moïse avait vu entouré de flammes, sans en être consumé ; annoncé récemment par le miraculeux enfantement d'Elisabeth, stérile, et dans une âge avancé.

« La voix des anges se fait entendre aux pasteurs. C'est à nous aussi, pasteurs des peuples, qu'elle s'adresse, pour annoncer à nos peuples ce qui doit être pour tous un grand sujet de joie, et faire retentir avec les chœurs célestes, ce chant de triomphe : Gloire à Dieu dans le ciel, et paix sur la terre aux hommes de bonne volonté ! Paix sur la terre ! Jusque-là elle fut frappée de malédiction ; fertile seulement pour produire des ronces et des épines ; théâtre de guerres, lieu d'exil, où les fils d'Adam subissent l'arrêt de leur condamnation. »

Le saint docteur explique ensuite allégoriquement les circonstances de la nativité du Sauveur. « Ce ne sont pas seulement les prophètes et les anges qui nous révèlent la gloire de celui qui vient de naître, mais le ciel par les prodiges qu'il envoie. Ce ne sont pas seulement les habitants de la Judée qui sont appelés à jouir du bienfait de cet avènement : ce sont des hommes étrangers à la promesse faite à nos pères. Des Mages précèdent le peuple d'Israël dans la connaissance du Messie. Fidèles à suivre le rayon de l'étoile miraculeuse, ils viennent reconnaître, dans l'humble étable de Bethléem, le Roi de la nature, lui offrir leurs présents, déposer à ses pieds leurs hommages, et font éclater leur joie d'avoir trouvé celui qu'ils cherchaient, tandis que ceux à qui il se donne le persécutent et lui tendent des pièges, que Jérusalem tout entière, avec son roi, se trouble de sa venue, et cherche à l'anéantir dans le massacre de tous les nouveaux nés. Comment peindre l'horreur de cette épouvantable exécution ? Comment retracer ces images de deuil et de carnage ? les cris lamentables des victimes expirantes, les sanglots des pères, des mères, mêlés aux barbares menaces que font retentir les bourreaux ; d'un côté, les efforts de la tendresse accourue pour sauver le fruit de ses entrailles, disputant à la main des soldats le fer dont elle est armée, se précipitant au-devant de ses coups, essayant de lui arracher sa proie, au risque d'en offrir une de plus à sa rage ; de l'autre, les accents féroces des meurtriers, saisissant d'une main le fils attaché au sein de sa mère, et de l'autre, plongeant le glaive dans ses flancs, confondant le fils et la mère dans un même meurtre, et recevant à la fois le sang de l'un et de l'autre ? Comment se représenter le désespoir des pères, leurs gémissements, leurs prières, en faveur de ces enfants qu'ils viennent d'embrasser pour la dernière fois ? Mais laissons l'infortunée Rachel pleurer ses enfants qui ne sont plus, pour nous livrer, avec le Sage, à la sainte joie que commande cette auguste solennité. Aujourd'hui, une femme purifie le genre humain qu'une femme avait corrompu. Eve se laisse entraîner par les suggestions perfides du serpent ; Marie nous donne celui qui a triomphé de ses ruses. Eve a introduit le péché par le fruit de l'arbre ; Marie fait naître celui qui sauvera le monde par un autre bois, où son sang sera versé pour la rédemption des hommes. Aujourd'hui commence le sacrifice de la victime de propitiation ; et la fête de sa naissance n'est que le prélude à celle de la Pâque. Dès aujourd'hui écrions-nous donc avec le prophète : *Voici le jour que le Seigneur a fait, réjouissons-nous et tressail-*

lons d'allégresse; puisque tous les miracles de sa vie sont renfermés déjà dans celui de sa naissance. Aujourd'hui il guérit nos infirmités; il nourrit, dans son indigence, un peuple affamé; il arrache les morts au tombeau; il chasse les démons, rend aux paralytiques l'usage de leurs membres, la vue aux aveugles par l'étoile qui illumine les mages, répand sa doctrine céleste et nous révèle nos sublimes destinées, en nous affranchissant du honteux esclavage où nous étions tombés.

« Si l'on nous demande pourquoi Dieu s'est abaissé jusqu'à prendre notre nature, nous répondrons : Que désiriez-vous de sa bonté? qu'il vous sauvât? Eh! que vous fait le monde? De quel droit prescririez-vous à votre bienfaiteur la manière dont il doit vous faire du bien? Quelles preuves de plus vouliez-vous qu'il vous donnât de sa bonté? Elle éclate par son amour envers les ingrats qui l'avaient abandonné; de sa sagesse? En se faisant esclave pour nous affranchir, il nous apprend à quel esclavage nous étions réduits; de sa justice? Il se fait notre otage pour nous faire sentir quelle dette nous avions contractée; de sa puissance? Il ne permettra pas que sa chair éprouve la corruption, et se fera ainsi reconnaître pour l'auteur de la vie. »

Panégyrique de saint Etienne. — De deux discours prononcés au jour de la fête de saint Etienne, le premier des martyrs, il n'y en a qu'un seul qui mérite, à proprement parler, le titre de panégyrique ; c'est celui dont nous allons rendre compte, en en mettant quelques extraits sous les yeux du lecteur. Le second contient aussi bien les éloges des apôtres saint Pierre, saint Jacques et saint Jean, que celui de ce héros, qui le premier dans la Loi nouvelle eut la gloire de verser son sang pour attester la divinité de son fondateur.

« Quel heureux concours de solennités ! s'écrie le saint docteur. Hier nous avons célébré, avec la naissance du Fils de Dieu, le bienfait de la grâce qui nous a été donnée ; aujourd'hui, la fête du premier de ses martyrs nous présente un des plus parfaits imitateurs de ce divin Maître. Jésus-Christ vient terrasser la mort. Etienne insulte à la mort qui le terrasse... Voilà Etienne offert, selon l'expression de saint Paul, en spectacle au monde, aux anges et aux hommes. Autour de cette arène où paraît le généreux athlète de la foi chrétienne se trouvent groupées toutes les légions célestes descendues du ciel pour l'animer au combat.

« Au jour de la descente du Saint-Esprit sur les apôtres, quel prodigieux changement s'opère dans le monde ! Cette foule d'étrangers, de tant de nations et de langues diverses, qui se rencontraient alors dans Jérusalem, s'étonne d'entendre les disciples, sans études, sans aucune éducation, parler et répondre à chacun d'eux dans un idiome qui leur est devenu tout à fait familier. Il fallait bien que le genre humain, si fort partagé dans son langage, depuis la confusion dont le ciel punit autrefois l'orgueil des enfants des hommes, au moment de la construction de la tour de Babel, se trouvât rapproché par l'unité du langage pour l'établissement d'une Eglise qui allait en embrasser toutes les familles. Telle était la sage et bienfaisante dispensation qui allait signaler la grâce de l'Esprit-Saint. Que la prédication de l'Evangile eût été bornée à un seul peuple, faute de pouvoir être entendue ailleurs, elle restait sans fruits pour tous les autres.

« C'était le démon lui-même qui venait combattre la vérité dont le saint diacre était l'organe. Pour cela, il empruntait la ressemblance des ennemis d'Etienne, il excitait leurs fureurs ; la vérité allait triompher du mensonge.

« Le meurtre d'Etienne fut l'essai des persécuteurs de l'Eglise, et du signal donné par les apôtres pour commencer la mission qui les appelait dans toutes les parties de l'univers. Sans la mort d'Etienne, peut-être que la prédication de l'Evangile eût été renfermée dans l'enceinte du pays de la Judée. La persécution, en les obligeant à s'éloigner de Jérusalem, les dispersera dans toutes les contrées du monde ; elle répandra avec eux la semence de la divine parole, et propagera jusqu'à ses extrémités la connaissance des divins mystères. »

Les Juifs, irrités contre saint Etienne, comme ils l'avaient été contre le Sauveur, lui reprochaient d'abolir la loi. A quoi l'orateur répond : « Si le tribunal d'où sont sortis ces arrêts iniques subsistait encore de nos jours, je lui demanderais : Cette Loi, en faveur de laquelle vous témoignez un si ardent intérêt, qu'est-elle devenue? Où est aujourd'hui ce temple célèbre avec ses magnifiques constructions? Où sont, et les trésors que l'on y tenait accumulés, et les pompeux sacrifices prescrits par cette Loi? Si vous condamnez Etienne pour en empêcher la destruction, dites-nous ce que vous en avez conservé ; et si vous avez tout perdu, à quoi bon l'avoir condamné? »

Sur le baptême de Jésus-Christ. — Le discours sur le baptême de Jésus-Christ, qui, dans quelques éditions, est intitulé *Sur le jour des lumières*, fut prononcé à la fête de l'Epiphanie, jour auquel, en mémoire du baptême du Sauveur, on avait coutume de baptiser les catéchumènes dans les églises de Cappadoce. Saint Grégoire le commence ainsi :

« C'est maintenant que je reconnais mon troupeau; je vois aujourd'hui ce qu'on peut appeler une assemblée et une Eglise. Négligeant les soins des choses temporelles, vous êtes accourus en foule pour rendre à Dieu vos hommages. L'église se trouve trop petite pour contenir tout le peuple, qui entre même jusque dans le sanctuaire. Ceux qui ne peuvent plus entrer, parce que l'église est trop pleine, remplissent les vestibules comme des abeilles qui voltigent et font du bruit autour de la ruche, pendant que les autres y sont renfermées et occupées à travailler. Continuez, mes chers enfants, et que votre zèle ne se ralentisse jamais. Je me trouve vraiment à votre égard dans la même disposition où sont les bergers envers leurs brebis, et je suis ravi de voir de cette chaire où je suis élevé, le troupeau rassemblé de toutes parts autour de moi. La joie que je ressens en de pareilles occasions est extrême; elle éclate dans mes discours, comme les bergers manifestent la leur par leurs airs champêtres; mais, au contraire, lorsque je vois que vous vous laissez aller aux égarements des païens, comme il vous arriva dimanche dernier, j'en suis sensiblement affligé; je ne puis me résoudre à parler, je ne pense qu'à m'enfuir, et je cherche le Carmel du prophète Elie, ou quelque rocher inhabité; car les personnes affligées n'aiment rien tant que la solitude et l'éloignement des compagnies. »

Ensuite il félicite en même temps les fidèles et les catéchumènes; les uns parce qu'ils avaient reçu le fondement de toutes nos espérances, les autres parce qu'ils allaient le recevoir avec l'expiation des péchés inséparable du baptême. Il dit à ces derniers : « L'eau n'est qu'un signe extérieur de cette purification mystérieuse qui se fait par le Saint-Esprit, lequel bénit également, et l'eau dans laquelle on baptise et celui qui est baptisé. Après cette bénédiction, l'eau ne doit plus être regardée comme une chose commune, puisqu'une pierre brute une semblable bénédiction fait un autel sans tache que les prêtres osent seuls toucher. » A ceux qui ne pouvaient concevoir comment se fait la régénération dans le baptême, il demande « s'ils conçoivent la génération qui se fait par la chair; l'une est aussi incompréhensible que l'autre. L'eau a été choisie pour nous régénérer, parce qu'étant l'élément qui s'approche le plus de la terre, nous nous ensevelissons pour ainsi dire comme le Sauveur fut enseveli dans son tombeau. Le baptême nous est donné par trois immersions, d'abord parce qu'il nous ressuscite, et que la résurrection du Sauveur ne s'est accomplie qu'après qu'il eut passé trois jours dans le tombeau; ensuite, parce qu'il y a trois personnes divines au nom desquelles chacun est baptisé. » Le saint orateur attaque ensuite les macédoniens, qui, dans l'administration du baptême, séparaient, contre le précepte de l'Ecriture, le Saint-Esprit du Père et du Fils. Il trouve dans l'Ancien Testament diverses figures du baptême, et veut que « celui qui a reçu ce sacrement se fasse connaître par son nouveau genre de vie, à sa haine du vice et à son amour pour la vertu. » Il avertit les nouveaux baptisés « qu'ils doivent se préparer au combat, et s'attendre que le démon, jaloux de ce qu'ils lui sont échappés, redoublera ses efforts pour les faire tomber; qu'alors ils doivent lui opposer ces paroles de l'Apôtre : *Nous qui avons été baptisés en Jésus-Christ, nous avons été baptisés dans sa mort*. Fuis donc, doivent-ils lui dire, exécrable et malheureux : prétends-tu dépouiller un mort? Un mort n'a d'inclination ni pour les corps ni pour les richesses; il n'est sujet à aucun vice : j'ai choisi une vie nouvelle; le monde m'est crucifié. »

Sur la résurrection. — Nous avons, sous le nom du pieux évêque de Nysse, cinq discours sur la résurrection; mais il n'y a que le premier, le troisième et le quatrième qui soient réellement de lui. Comme le troisième est le seul qui ne lui soit contesté par personne, c'est celui que nous choisirons de préférence pour en rendre compte, ou plutôt pour en citer de longs extraits, que nous croyons propres à enflammer le génie des orateurs chrétiens. Ce discours est composé de deux parties. Dans la première, saint Grégoire fait l'éloge de la fête de Pâques et invite tout le monde à louer Dieu, en passant ce jour dans la joie qui convient à un chrétien; dans la seconde, il prouve que la résurrection de la chair est nécessaire, et qu'elle n'est pas impossible.

« C'est aujourd'hui que Notre-Seigneur Jésus-Christ est ressuscité, affranchi désormais de toutes les misères humaines, vivant d'une vie immortelle. Suspendez un moment vos indécentes railleries, ô incrédules! et consentez à nous entendre. Nous disons que ce n'est ni la nécessité qui lui fait quitter le ciel, ni un secours étranger et inattendu qui l'a fait sortir du tombeau, mais un conseil de sagesse, fondé sur la connaissance qu'il a de toutes choses; sa divine prescience ayant, bien longtemps avant l'événement, exposé sous ses yeux les diverses circonstances qui devaient accompagner sa mort, et la terminer par la gloire de sa résurrection. Tel que les cœurs généreux qui, voyant un infortuné prêt à être entraîné par le cours d'une eau débordée, ne craignant pas, malgré toute l'évidence du danger qu'ils ont eux-mêmes à courir, de s'exposer, de le sauver, à l'impétuosité du torrent : ainsi, dans sa tendre commisération pour le genre humain, notre bienfaisant Sauveur est entré volontairement dans la carrière des souffrances et des ignominies, pour voler au secours de ceux que l'artifice de l'ennemi avait entraînés à leur perte. Il est descendu dans le monde, parce qu'il savait bien qu'il en sortirait glorieusement. Il s'est laissé condamner à la mort, parce qu'il avait arrêté sa future résurrection. Car n'allez pas croire que, comme le commun des hommes, il s'exposât au danger sans l'avoir calculé, abandonnant l'événement au hasard; mais, parce qu'il était Dieu, il avait tout réglé pour une fin certaine et déterminée.

« La résurrection de Jésus-Christ assure la nôtre. Grâce à sa divine résurrection, nous sommes devenus les héritiers de Dieu, les cohéritiers de Jésus-Christ. Que nos corps aient été la proie des oiseaux dévorants, des animaux féroces ou des monstres de la mer; qu'ils aient été consumés par la flamme ou rongés par le ver du tombeau, ils nous seront rendus tout entiers.

« Dieu, en créant l'homme, l'avait d'abord

destiné à être immortel. Dégradé par le péché, il perdit cet heureux privilége; mais l'intention du Créateur était qu'il lui fût un jour rendu. Sa bonté, sa puissance, lui permettaient-elles de ne pas se montrer aussi bienfaisant à l'égard de l'œuvre de ses mains, que les hommes le sont à l'égard de ce qui leur est soumis? Or, nous avons partout le témoignage que les hommes veulent voir se propager et se multiplier ce qui leur appartient. L'intention du Créateur a donc été que l'homme corrompu par le péché fût un jour réformé et renouvelé. L'incrédule ne combat cette assertion que par l'opinion où il est que Dieu ne peut pas ressusciter un corps anéanti par la mort; et il mesure la toute-puissance de l'Etre souverain par sa propre faiblesse. Il est facile de tirer d'objets existants ou qui ont existé autrefois la preuve de la vérité de cet ordre de choses à venir, dont on accuse l'impossibilité. Un peu de boue façonnée par les mains du Créateur a fait l'homme. Vous le savez. Apprenez-moi, je vous le demande, vous, dont la science prétend pénétrer tous les mystères, par quel mécanisme un peu de poussière s'est transformée en chair; comment un limon grossier a produit et les os et la peau; et toute la structure de l'homme, tant à l'extérieur que dans les parties diverses qui composent cette substance si savamment organisée, et qui, toutefois, n'est qu'une si faible portion dans l'universalité des êtres. Ce mystère vous échappe; vous ne concevez rien à la naissance de l'homme, et, pourtant, vous ne pouvez la nier. Pourquoi nieriez-vous sa régénération? Car c'est le même Dieu qui opère dans l'une ou dans l'autre. Il sait bien comment il s'y prendra, pour rendre à sa première forme le corps tombé en dissolution. Il est tout-puissant; vous ne lui contesterez pas, sans doute, cette qualité... Que la résurrection des morts soit possible, le fait le prouve, puisque plus d'un mort a été ressuscité. Lazare était depuis quatre jours enfermé dans le tombeau; Lazare fut ressuscité. Le fils unique de la veuve de Naïm, ressuscité, fut rendu à sa mère au moment où on l'allait emporter de sa maison. Non-seulement notre Dieu a exercé par lui-même le pouvoir de ressusciter les morts, il l'a encore donné à ses apôtres. Il suffit d'une seule résurrection bien authentique pour conclure en faveur de toutes. Qui peut faire l'une peut aussi bien faire les autres. Dans les arts mécaniques, ceux qui sont chargés de grandes et vastes constructions, commencent par les exécuter en petit, et par en tracer les modèles sur des plans d'une moindre dimension. Ainsi, le Créateur de l'univers, en formant le ciel, ce merveilleux ouvrage de ses mains, n'a voulu exposer à notre admiration qu'un échantillon de sa sagesse et de sa puissance, afin que nous remontions du peu que nous voyons à ce que nous ne pouvons ni voir ni comprendre..... Le potier qui a fait un ouvrage de terre, peut le refaire quand il vient à se briser; et le Tout-Puissant ne pourrait refaire son propre ouvrage! Ecoutez saint Paul: Quand vous jetez en terre une semence, ce que vous semez n'est pas la substance elle-même, qui doit en provenir dans son temps, mais il le deviendra. Ce grain, par exemple, que vous répandez au hasard sur la terre, il s'y corrompt; il a apparence de la mort; bientôt vous le verrez qui lève, devient épi, se développe; il a repris la vie pour se multiplier. L'homme renaîtra, mais pour n'être que ce qu'il était. Son renouvellement n'est pas un accroissement comme celui du blé; c'est donc quelque chose de plus aisé à concevoir que cette foule de phénomènes qui accompagnent la résurrection d'un simple grain. Tout, autour de nous, présente à nos regards une scène continuelle de mutation et de renouvellement. La vie de l'homme n'est qu'une longue suite de morts, de résurrections anticipées; le sommeil lui-même n'en est que l'image journalière, etc.

« Ah! de grâce, ne nous enlevez pas notre plus glorieuse espérance, le soutien et le remède de notre faiblesse, la seconde naissance, qui nous enfantera à une vie nouvelle, où l'on ne meurt plus; nous en avons Dieu lui-même pour garant. Et quels sont les ennemis de cette foi? Des hommes ennemis de toute vertu, âmes basses et dégradées par la passion et par le crime, plongées tout entières dans les brutales voluptés des sens. Que ceux-là repoussent la résurrection, ils ont trop d'intérêt de la craindre; ils s'effraient, avec raison, d'un renouvellement qui les fera comparaître par-devant le souverain Juge, pour y recevoir le châtiment d'une vie toute pleine d'iniquités; serviteurs infidèles, qui, après avoir dissipé les biens qui leur avaient été confiés, se livrent, contre leurs maîtres, aux plus insolents complots, s'étourdissent sur les suites, et s'imaginent que rien n'arrivera qu'en conséquence de leurs vœux et de leurs espérances. Loin de tout esprit sage de semblables pensées. A quoi servirait-il de pratiquer la justice? Quel avantage recueillerait-on d'avoir été vrai, bon, honnête? Quels fruits promettrait-on à ses laborieux sacrifices? S'il n'y a pas de résurrection, à quoi sert de s'appliquer à l'étude de la sagesse, de maîtriser ses sens, de dompter ses passions, d'obéir aux saintes lois de la tempérance et de la pudeur; de n'accorder au sommeil que peu de temps, d'endurer les plus dures privations? S'il n'y a point de résurrection, plus de vie après la mort. La mort est l'anéantissement. Supprimez et toute législation qui condamne le crime, et tous les tribunaux qui les punissent. Qu'il soit permis à l'homicide de tremper impunément ses mains dans le sang de sa victime; laissez l'adultère violer librement la sainteté du nœud conjugal; que le riche avare, que le spoliateur du bien d'autrui, jouissent en paix du fruit de leurs rapines; qu'aucun frein n'arrête ni le calomniateur, ni le parjure: tout est égal à la mort entre eux et l'homme juste, fidèle observateur de sa parole et de tous ses devoirs: car s'il n'y a point de châtiment pour le crime, il n'y a point non plus de récompense pour la vertu. On peut être sans pitié pour le pauvre, puisqu'il n'y a rien à attendre pour le miséricordieux. Une pareille doctrine, à quoi est-elle bonne ? A verser dans la société un déluge de crimes : la raison elle-même s'en révolte ; elle ne peut convenir qu'à des scélérats et à des brigands, pour les exciter au crime et leur en assurer l'impunité.

« Il n'y aurait pas de résurrection ? Mais que deviennent les oracles de nos Livres saints ? Ce ne serait donc plus qu'une fable que l'histoire de Lazare et du mauvais riche de l'Evangile, que la prophétie d'Ezéchiel, alors que, transporté en esprit dans une vaste plaine couverte d'ossements, il vit tous les morts se lever sur leurs pieds, leurs chairs se réunir et reprendre la vie, image frappante de la résurrection générale? Ce n'est point l'âme qui ressuscitera ; immortelle de sa nature, elle n'avait pu mourir. Il faudra donc qu'au jour du jugement, elle retrouve le même corps dont elle avait fait, durant leur commun séjour sur la terre, le compagnon de ses bonnes ou de ses mauvaises actions. Chaste ou adultère, innocente ou criminelle, elle n'avait pas été seule ; le corps avait été de moitié dans ses œuvres, plus souvent encore il avait été l'instrument des prévarications de l'âme coupable; et l'âme serait jugée indépendamment du corps ? S'il fut son complice, il doit être puni comme elle. S'il fut associé à ses sacrifices, il doit être récompensé comme elle. Aussi, voyez, quand l'Ecriture nous raconte les tourments des enfers, elle parle de feux, de ténèbres, d'un ver dévorant. Est-ce pour l'âme, est-ce pour le corps ? Mais l'âme séparée du corps ne donnerait point de prise ni à l'activité du feu, qui n'agit que sur les sens, ni à l'obscurité des ténèbres, qui ne tombent que sur l'organe de la vue ; ni à la dent du ver, qui ne pourrait rien contre un pur esprit. »

Sur l'Ascension. — Le discours sur l'Ascension fait l'éloge des psaumes de David, et, en particulier, des psaumes XXIII et XXIV, qu'on avait chantés ce jour-là, parce qu'ils convenaient parfaitement à la solennité. Saint Grégoire, dans l'analyse qu'il en fait, trouve que tous les devoirs du chrétien y sont expressément marqués, et les explique en détail à ses auditeurs.

Sur la divinité du Fils et du Saint-Esprit. — Ce discours, que Théodoret a intitulé : *Sur Abraham*, est cité par le pape Adrien, par les Pères du septième concile général et par saint Jean Damascène. Il fut prononcé à Constantinople, pendant la tenue d'un concile, en 383. On avait probablement traité, dans cette assemblée, de la divinité du Fils et du Saint-Esprit, attaquée alors par les ariens et les eunoméens, hérétiques si répandus dans Constantinople, que dans les rues, sur les places publiques, dans les marchés, on était tout surpris de rencontrer des marchands, des changeurs, des vivandiers, disputant de théologie. « Si, dit le saint docteur, vous consultez un changeur sur quelque espèce d'argent, on vous fait de longs raisonnements sur la nature de l'engendré et du non-engendré ; si vous marchandez du pain, on vous répond que le Père est plus grand que le Fils, et que le Fils est soumis au Père ; si vous vous informez de la qualité du bain, on vous assure que le Fils est fait du non-être. Je ne sais, ajoute, saint Grégoire, quel nom on doit donner à ce mal ; l'appellerons-nous *frénésie* ou *fureur*, ou inventerons-nous un nom à part pour désigner le mal qui s'est répandu dans le peuple, et qui lui a entièrement tourné la cervelle ? C'est un crime plus grand et moins pardonnable que n'était l'erreur des stoïciens et des épicuriens, contre qui saint Paul disputa à Athènes. Les stoïciens croyaient Dieu matériel, et ceux-ci croient que le Fils de Dieu est créé, ce qui revient à peu près au même. Les épicuriens niaient la Providence, attribuant tout au hasard, ou, plutôt, ils niaient qu'il y eût un Dieu, ce que font aussi ceux qui ont du Fils une idée si basse. Qu'on ne dise point, ajoute-t-il, que les anoméens croient du moins la divinité du Père, ce que ne faisaient pas les épicuriens, car je soutiens que ceux-là, en niant la divinité du Fils, nient aussi celle du Père, puisqu'il y a une telle relation entre l'un et l'autre, que ce que l'on nie de l'un, on le nie également de l'autre. Or, les anoméens nient que le Fils ait toujours été ; ils ne croient donc pas non plus que le Père soit éternel, car le Père ne peut être sans le Fils, qui est sa splendeur et l'image de sa substance, sa puissance, sa sagesse; qui possède, en un mot, tous les attributs, sans lesquels il ne peut y avoir de Dieu. »

Les hérétiques s'appuyaient sur le passage de l'Evangile où il est dit que *le Fils a été envoyé par le Père*, et sur ce que le Fils dit lui-même : *Mon Père est plus grand que moi;* mais saint Grégoire leur oppose ces autres paroles de Jésus-Christ : *Celui qui m'a envoyé est avec moi;* et celles-ci : *Je suis dans le Père, et le Père est en moi*. Ce qui ne serait pas vrai, si le Père était plus grand que le Fils, puisqu'une grande chose ne saurait être contenue dans une petite, et qu'une petite ne saurait en remplir une grande.

Après quelques autres objections, qu'il résout, comme il l'avait déjà fait dans ses livres contre Eunomius, il prouve la divinité du Fils par ce raisonnement : « Dieu, selon l'Apôtre, n'ayant rien de plus grand que lui par qui il pût jurer à Abraham, jura par lui-même toutes les promesses qu'il fit à ce patriarche. Or, celui qui jura ainsi n'était pas le Père, puisqu'il est dit que ce fut l'ange du Seigneur. Ce fut donc le Fils, qui, en effet, est appelé par un prophète *Ange du grand conseil*. Ainsi, ce Fils, n'ayant rien de plus grand que lui-même, on ne peut nier qu'il ne soit Dieu. » A l'occasion de cette promesse faite à Abraham, saint Grégoire raconte, avec un style plein de grâce et de sentiment, l'histoire du sacrifice de ce patriarche, et dit qu'il en avait vu une peinture qui le représentait d'une manière si vive et si frappante, que souvent il en avait été ému jusqu'aux larmes. C'est probablement ce qui a donné lieu d'intituler cet écrit *Discours sur Abraham.*

Il répond ensuite aux objections des macédoniens contre la divinité du Saint-Esprit. Celui, disaient-ils, à qui on ne donne point le nom significatif de la Divinité, n'y participe pas ; or, nulle part l'Ecriture ne donne le nom de Dieu au Saint-Esprit ; il n'est donc pas Dieu. Saint Grégoire répond qu'il n'y a point de terme, même celui de Dieu, qui soit significatif de la Divinité, parce que la nature de Dieu ne peut être exprimée par aucun nom, A quoi il ajoute que l'Ecriture donne au Saint-Esprit le nom de Dieu, aussi bien qu'aux deux autres personnes, puisqu'il est écrit, au livre des *Actes des apôtres*, que Ananie, en mentant au Saint-Esprit, avait menti à Dieu.

Panégyrique de saint Basile. — Nous avons remarqué ailleurs qu'après la mort de saint Basile, les plus saints évêques se firent un devoir de relever ses vertus par des éloges publics. Saint Grégoire de Nysse qui ne le cédait à personne, en respect et en reconnaissance pour cet illustre mort qu'il regardait plutôt comme son maître que comme son frère, prononça aussi son éloge dans l'église de Césarée, le jour même qu'on y célébrait sa fête, un an après sa mort, c'est-à-dire le 1ᵉʳ janvier 380.

Il commence son discours en louant le bel ordre que Dieu a établi dans son Eglise pour la célébration des fêtes, et remarque que cet ordre n'est autre que celui que saint Paul a signalé, lorsqu'il dit, que Dieu a établi dans son Eglise premièrement des prophètes et des apôtres, puis des pasteurs et des docteurs. La supériorité de la fête de Noël l'empêche de la compter parmi les autres. Il commence l'ordre des fêtes à celle de saint Etienne et met ensuite celles des apôtres, des pasteurs et des docteurs ; ce qui l'amène naturellement à parler de saint Basile, qui suivant lui réunit tous ces titres à la vénération du monde chrétien.

« Nous rangeons parmi les hommes apostoliques ce Basile, grand par la sainteté de sa vie, non moins grand par son éloquence, honoré dès ses plus jeunes années des faveurs particulières de la bonté divine, de qui l'enfance même eut toute la maturité de l'âge le plus avancé ; nouveau Moïse, versé comme lui dans toutes les sciences, même étrangères, consommé surtout dans l'intelligence de nos saintes Ecritures, qui lui servait si puissamment à terrasser tous les ennemis de la vérité. »

Il rappelle ses victoires sur les ariens, sur Eunomius, sur Eudoxe et sur les autres hérétiques de son temps ; puis il exalte la constance de son courage à supporter les persécutions.

« Intrépide en présence des magistrats, des généraux d'armées, des gouverneurs de provinces, des empereurs eux-mêmes, prêchant avec liberté dans les églises, instruisant, à l'exemple de Paul, par ses lettres ceux qui étaient loin, sans jamais donner aucune prise à ses ennemis. On mettait ses biens à l'encan : quels biens pouvait regretter un homme qui s'en était dépouillé lui-même pour ceux du royaume à venir! On le menaçait de l'exil : il ne connaissait de patrie que le ciel ; la terre tout entière était pour lui un lieu d'exil. On voulait lui faire peur de la mort, à lui qui mourait tous les jours, par la mortification volontaire qu'il imposait à ses sens. »

Il le compare à l'apôtre saint Paul pour l'ardeur et l'étendue de sa charité, à saint Jean-Baptiste pour ses austérités, à Moïse et au prophète Elie, parce que, comme eux, il puisait l'intrépidité de son courage dans son amour pour son Dieu.

« En quoi Basile s'est il rapproché de ces admirables modèles? Ç'a été par la vivacité de sa foi, la ferveur de son zèle, son détachement de toutes les choses sensibles, le caractère de perfection qui éclate dans toutes ses œuvres, l'austérité de sa vie, une gravité sans nulle affectation, une éloquence qui s'imprimait à son silence même et le rendait plus énergique que les paroles; tout entier à la recherche et à la contemplation des objets qui fondent nos espérances et plein d'un généreux mépris pour tous ceux de la terre. » Le saint orateur finit cet éloge en disant, qu'on ne peut mieux honorer la mémoire de son héros qu'en s'efforçant d'imiter sa vie.

Panégyriques des quarante martyrs. — Saint Grégoire prononça trois discours en l'honneur des quarante martyrs ; mais le second paraît n'être qu'une suite du premier, qui, s'étant trouvé interrompu le jour de leur fête à cause du grand concours de peuple, fut continué le lendemain. On ne doit pas être surpris que saint Grégoire ait fait plusieurs fois l'éloge public de ces glorieux martyrs. Sa famille était originaire de Sébaste et se faisait gloire de leur appartenir ; ce fut apparemment pour cette raison que sainte Emmelie voulut avoir de leurs reliques qu'elle déposa dans l'église d'Annèses, village où elle faisait sa résidence habituelle et qui appartint depuis à saint Grégoire. Il prononça ces discours à Sébaste, probablement dans le temps que son frère en était évêque, et vers l'an 380 lorsqu'il fit un voyage en Arménie. Cet éloge est un témoignage de reconnaissance qu'il croit devoir à sa patrie. Cependant il passe sous silence tout ce qui pouvait illustrer la ville de Sébaste, et fonde toute sa gloire sur celle de ces quarante athlètes de Jésus-Christ, qu'elle avait comptés au nombre de ses enfants. Il décrit l'histoire de leur martyre, leur constance devant les juges et au milieu des supplices. Dans l'opinion de saint Grégoire, les martyrs dont il s'agit ici servaient dans cette fameuse légion Thébéenne qui avait obtenu par ses prières la délivrance de l'armée entière, menacée de mourir de soif dans une campagne. Jaloux de leur vertu, le démon se déchaîna contre eux, comme autrefois contre le saint homme Job. Il persuada au chef de cette milice que, pour s'assurer la victoire contre les barbares, il fallait commencer par sacrifier les chrétiens. D'après leur généreuse confession, celui-ci avait d'abord résolu de les faire périr par le glaive. Ce n'était pas assez pour la haine du démon. On déploya sous leurs yeux l'appareil des supplices. Leur unique crainte était de n'être pas réunis à Jésus-Christ. Le tyran essaya un nouveau genre de tourments. Il ordonna que les confesseurs fussent exposés tout nus sur un étang glacé. Ils y demeurèrent pendant trois jours entiers; ils y étaient tous morts de froid, à l'exception d'un seul qui avait encore sa mère. Celle-ci était accourue près de son fils expirant. Héroïne vraiment chrétienne, bien loin de s'abandonner à la douleur : « Tu n'es pas mon fils, s'écrie-t-elle; tu appartiens à Dieu ; hâte-toi d'aller à ton père. » Et sans répandre une larme, sans proférer une seule parole indigne de la générosité, elle l'accompagna jusqu'au bûcher avec un visage plein de joie.

Le troisième, ou, si l'on veut, le second panégyrique de ces martyrs, ne fut pas prêché à Sébaste comme le précédent, mais dans une église que saint Grégoire avait fait bâtir en leur honneur et dans laquelle il avait mis quelque chose de leurs reliques. On croit que c'était à Nysse même, ou au moins dans une église de son diocèse, puisqu'il avait annoncé leur fête dès la veille, ce qu'il n'eût pas fait sans doute dans un diocèse étranger. Il remarque que saint Basile avait fait avant lui l'éloge de ces martyrs avec beaucoup d'applaudissements, et que, s'il entreprend de les louer, ce n'est pas pour disputer d'éloquence avec lui, mais seulement pour ranimer la piété de ses auditeurs. Il s'efforce d'y réussir, en mettant la constance de ces martyrs dans tout son jour, par des réflexions très-instructives sur leur combat, sur leur victoire et sur les diverses circonstances de leur martyre. Il dit qu'il a fait enterrer son père et sa mère auprès de leurs reliques, afin qu'ils pussent ressusciter avec plus de confiance au dernier jour. Il finit son panégyrique en rapportant la guérison miraculeuse d'un soldat boiteux. Il assure avoir été lui-même témoin de ce miracle, opéré dans l'église d'Annésés, et il ne doute nullement qu'il ne soit dû à l'intercession de ces martyrs.

Oraison de Pulchérie. — Les deux oraisons funèbres de Pulchérie et de Placille peuvent être comparées à tout ce que l'antiquité nous a légué en ce genre de plus éloquent et de plus parfait. Pulchérie, fille de l'empereur Théodose, étant morte à Constantinople en 385, âgée de six ans seulement, Grégoire, qui se touvait dans cette ville, assista à ses obsèques et fut chargé de faire son oraison funèbre. La veille de la mort de cette princesse, Nectaire, évêque de cette ville, avait apporté la triste nouvelle des ravages qu'un tremblement de terre avait faits dans une ville voisine. Ces deux événements avaient jeté le peuple de Constantinople dans une grande consternation. Plus sensible néanmoins à ce dernier accident qu'au premier, il se montrait inconsolable. C'est donc sur la mort de Pulchérie que saint Grégoire insiste et cherche surtout à apaiser les larmes et les gémissements. Il applaudit aux regrets que tout le monde lui avait témoignés dans la pompe funèbre que l'Eglise s'empressait de lui offrir. « Il semble, dit-il, que l'univers tout entier soit accouru pour prendre part à votre affliction. L'église, le vestibule, la place, les rues, les carrefours étaient remplis, tout jusqu'aux toits mêmes était couvert de monde. A la vue de cette fleur sacrée portée dans une litière d'or, la tristesse s'est emparée de tous les visages. Ce n'a plus été que torrents de larmes, et confusion de soupirs et de gémissements. L'or, l'argent, les pierres précieuses, les cierges allumés en grand nombre semblaient avoir perdu leur éclat. Les psaumes de David étaient accompagnés de plaintes et de lamentations. Rien de plus touchant qu'un pareil spectacle. Rien de plus capable de faire naître la douleur dans une âme; mais, dit-il, le chrétien doit avoir des motifs de consolations... L'espérance de la résurrection doit nous empêcher de nous affliger comme les gentils. Pulchérie en mourant n'a fait qu'échanger une vie de misères contre une vie de bonheur, la terre contre le ciel, la nourriture vide des hommes, contre les festins des anges. » Il rapporte l'exemple d'Abraham, qui, pour obéir aux ordres de Dieu, n'hésite pas à sacrifier son fils Isaac, et celui de Job à qui la perte de tous ses enfants ne put arracher une seule plainte contre celui qui les lui avait donnés.

Oraison funèbre de Placille. — Placille ne survécut pas longtemps à la fille qu'elle pleurait ; elle était allée prendre les eaux dans un lieu de la Thrace appelé *Scotoumin*; mais, au lieu d'y trouver du soulagement, elle y mourut et son corps fut rapporté à Constantinople. Elle était généralement aimée, et la douleur que causa sa mort fut si violente, que Nectaire ne voulait pas que l'on prononçât d'oraison funèbre, dans la crainte d'augmenter l'affliction du peuple au lieu de le soulager. Cependant il changea d'avis quelque temps après, et pria saint Grégoire de rendre ce dernier hommage aux vertus de cette pieuse impératrice. Après de grandes louanges accordées à Nectaire, le saint évêque s'adresse à ses auditeurs et leur parle ainsi : « Je ne prétends pas vous consoler de la perte que vous venez de faire, mais, au contraire, je viens donner un libre cours à vos larmes, parce que le temps de pleurer est venu. Je ne sais, si, même dans les *Lamentations* de Jérémie, l'Ecriture peut fournir des expressions assez touchantes, pour déplorer le malheur qui vient de fondre sur nous, et qui surpasse encore toutes nos calamités passées. Celles de Job furent grandes sans doute, mais elles ne regardaient que la famille d'un particulier ; les tremblements de terre, les guerres, les inondations, n'ont rien qui approche de notre infortune; ces fléaux ne ravagent que certains pays : la mort de Placille afflige tout l'univers. » C'est pourquoi le saint orateur, employant les expressions que l'Ecriture prête à Nabuchodonosor, s'écrie : *C'est à vous que je parle, peuples de toutes tribus et de toutes langues*, comme s'il invitait toutes les nations à pleurer la perte de cette souveraine. « Le monde tout entier a perdu son plus bel ornement, la justice son gouvernail, l'humilité sa plus noble image, l'Eglise celle qui en était l'appui, les pauvres et les affligés leur soutien et leur asile. Que les vierges fondent en larmes; que les veuves gémissent; que les orphelins s'abandonnent à la douleur; que tous connaissent le bien qu'ils viennent de perdre, après qu'ils ont cessé de le posséder. Mais à côté de la blessure il place le baume; à côté de la douleur, la consolation, en assurant que Placille avait mérité le bonheur sans fin par ses vertus, par son humilité au milieu des grandeurs, et par son zèle à détruire jusqu'aux dernières racines de l'hérésie. » Point d'exagération dans cet éloge; Théodoret parle des vertus de cette princesse avec les mêmes sentiments d'estime et de vénération. Saint Ambroise l'a exaltée aussi magnifiquement; et l'Eglise grecque l'a mise au nombre des saintes. Il n'est pas jusqu'aux païens mêmes qui n'aient rendu un témoignage pompeux aux grandes vertus de cette princesse.

Vie de saint Grégoire Thaumaturge. — Comme c'est à ce travail que nous devons les détails biographiques publiés en tête de l'article que nous avons consacré à la vie et aux travaux de cet admirable pontife, nous nous croyons dispensés du devoir de l'analyser. Tous les saints ne parlent de ce héros que comme d'un homme de prodiges, rare même entre les saints, et comparable aux plus illustres patriarches, aux apôtres et aux prophètes, autant par ses miracles que par ses vertus. Cette Vie est écrite plutôt dans le style du panégyrique que dans celui de l'histoire.

Vie de sainte Macrine. — Ce fut à la prière d'Olympius, le même à qui il avait adressé son traité de la *Perfection du chrétien*, que Grégoire se décida à écrire la Vie de sainte Macrine, cette admirable sœur dont nous avons déjà eu occasion de louer les vertus, dans la notice abrégée que nous avons publiée sur chacun des deux grands pontifes qui furent ses frères. Il ne nous reste donc que peu de chose à reproduire de ce travail, où le récit est d'autant plus fidèle que le narrateur avait été témoin de la plupart des faits qu'il raconte. Macrine fut appelée ainsi d'un nom que son aïeule maternelle avait rendu célèbre dans sa famille. Comme sa mère était près de la mettre au monde, un homme d'une taille majestueuse lui apparut, qui donna à l'enfant le nom secret de Thècle. Dès qu'elle fut en âge d'apprendre, on ne lui enseignait rien qu'elle ne le comprît aussitôt. Au lieu de la lecture des poëtes, sa mère lui apprenait les passages de l'Ecriture les plus appropriés à son âge et les plus faciles à comprendre. Elle l'accoutumait surtout à chanter des psaumes, à en méditer la morale et à se pénétrer des doux sentiments de piété qu'ils renferment. Les occupations ordinaires de la jeune Macrine étaient le travail de l'aiguille, et dès que le temps de l'établir fut venu, son père lui choisit pour époux un homme sage et de bonne maison. Après la mort de son mari, quoiqu'elle fût fort jeune, il fut impossible de lui en faire épouser un autre. A ceux qui l'en pressaient, elle avait coutume de répondre que la foi qu'elle avait en la résurrection l'obligeait de croire que celui à qui elle avait été fiancée n'était pas mort, mais seulement parti pour un voyage, et que par conséquent elle se rendrait coupable si elle lui manquait de foi pendant son absence. C'est ainsi qu'après avoir retranché toutes les occasions qui pouvaient la faire retomber dans les liens du monde, elle vint à bout de fonder, avec sa mère, un monastère de filles, où elles se retirèrent et vécurent dans la pratique des plus sublimes vertus, pratique qu'elle porta jusqu'à la perfection depuis que le ciel lui eut retiré sa mère jusqu'au moment de sa mort. Nous avons rapporté ailleurs les détails plus édifiants encore que curieux de ses derniers instants.

Panégyrique de saint Théodore. — Saint Théodore, que l'on avait surnommé *Tyron*, parce qu'il était nouvellement engagé dans l'armée romaine, mourut martyr de la foi sous l'empire de Galère et de Maximin, l'an de Jésus-Christ 306. Ce panégyrique est un des plus beaux morceaux d'éloquence que nous ait légués le saint orateur de Nysse. Aussi nous permettrons-nous d'en multiplier les citations, avec d'autant plus d'abandon que nos lecteurs y remarqueront, comme nous, une preuve de l'antiquité du culte que l'Eglise rend aux saints. « Troupeau sacré de Jésus-Christ, vous que le Sauveur a choisi pour son peuple, nation sainte, race royale honorée du sacerdoce, troupes nombreuses de fidèles qui accourez en ce lieu des villes et des campagnes, quel sujet vous y amène? qui vous a portés à quitter vos foyers, à entreprendre un voyage long et pénible dans une saison rigoureuse? Est-ce le saint martyr dont nous célébrons aujourd'hui la mémoire qui a sonné de la trompette pour vous attirer de toutes parts, et fait de son tombeau comme un rendez-vous général, où l'on se rassemble; non pour marcher à l'ennemi, mais pour se réunir sous les enseignes de la paix chrétienne? Oui, c'est lui-même; car nous en sommes tous convaincus : c'est lui qui, l'an dernier, conjura par ses prières l'orage dont nos provinces étaient menacées, arrêta cette inondation de barbares, ce déluge de Scythes dont nos champs allaient être couverts, s'il n'eût été au-devant d'eux, répandit la terreur dans leurs bataillons, se montrant à leurs yeux armé non du casque ou du glaive, mais de la croix de Jésus-Christ, de cette croix devant qui les maux les plus horribles prennent la fuite, de cette croix féconde en miracles, de cette croix enfin à qui notre saint doit toute sa gloire.

« Sa grande âme, en quittant la terre, est allée prendre sa place dans le ciel, associée aux esprits bienheureux à qui elle ressemblait; tandis que son corps repose ici parmi nous dans un magnifique tombeau, l'objet de notre vénération et de notre culte, et qu'il reçoit l'honneur auquel a droit celui dont la pureté ne fut souillée jamais par l'atteinte du vice. Ses reliques sacrées sont comme un dépôt précieux que chaque siècle conserve soigneusement pour le représenter au jour de la résurrection générale. Corps bien différent des autres corps dont la mort a été commune et vulgaire : car, à la vue de ceux-ci, on se sent pénétré d'une certaine horreur; on fuit l'aspect des tombeaux, on redoute de pénétrer de l'œil l'intérieur d'un sépulcre; et si nos regards viennent à rencontrer la triste dépouille qu'il recèle, l'âme, glacée par un subit sentiment d'effroi, se replie à l'instant sur elle-même pour gémir de la malheureuse condition des hommes. Il n'en est pas ainsi des tombeaux des saints, de ces lieux pareils à celui où nous sommes aujourd'hui rassemblés, où le juste est honoré, où ses reliques deviennent l'objet de la vénération des peuples. Les yeux sont d'abord arrêtés agréablement par la pompe des premiers aspects qui viennent les frapper : un temple d'une magnifique architecture, où l'art a attaché mille ornements; ici des bas-reliefs que le génie de la sculpture semble avoir animés; là, des tableaux qui représentent au naturel les scènes diverses qu'ils rappellent. Vous y voyez toute l'histoire de notre saint confesseur; vous assistez à son martyre. Le voilà en présence du tyran, et l'horreur qu'il a du sacrifice abominable qu'on lui propose est exprimée sur son visage; là, on aperçoit divers instruments de supplice; ici, une fournaise qu'on allume pour y jeter le saint; Jésus-Christ paraît comme juge du combat : en un mot, la main savante qui a tracé toutes ces figures nous met devant les yeux comme un grand livre où nous pouvons lire agréablement les travaux, la victoire, la mort heureuse, et l'entrée triomphante du saint martyr dans la gloire. Le pavé même de cet auguste temple (ouvrage à la mosaïque) est un tableau où l'assemblage surprenant d'un million de petites pierres de différentes couleurs achève d'apprendre aux pieux voyageurs l'histoire du saint qu'on y révère. »

Saint Grégoire ajoute que les fidèles priaient prosternés devant ces précieuses reliques; qu'ils se disputaient la faveur de pouvoir emporter la poussière de ce tombeau, comme un trésor d'un grand prix; qu'ils regardaient comme un bonheur inestimable d'appliquer sa dépouille mortelle sur leurs yeux, sur leur bouche, sur leurs oreilles et sur les autres organes de leurs sens. « Les yeux baignés de larmes, s'adressent au saint martyr, comme s'il était présent; ils prient, ils invoquent celui qui est devant Dieu, et qui obtient toutes les grâces qu'il y demande. Concevez de là, mes frères, de quelle gloire Dieu prend plaisir à combler ses saints, et combien leur mort est précieuse devant lui; quel est le monarque, quel est le conquérant qui ait triomphé plus glorieusement durant sa vie que les serviteurs de Dieu après leur mort? Où sont les grands, les puissants de la terre? qu'ils nous disent si jamais pareils honneurs ont accompagné leur sépulture? quels vœux les hommes ont-ils portés à leurs tombeaux? Qui de ces preneurs de villes, de ces dompteurs de peuples, de ces fameux conquérants, a vu sa mémoire célébrée par tout le monde, chantée par toutes les nations, son nom exalté, annoncé par des milliers de bouches, comme l'est aujourd'hui la mémoire d'un pauvre soldat que Paul arma de sa main, que les anges préparèrent au combat, que Jésus-Christ a couronné?

« L'heureuse région qui a vu naître notre illustre soldat est la même qui fut le berceau du bienheureux Job. S'étant enrôlé dans les troupes romaines, il vint avec sa légion passer l'hiver à Amasée. En ce temps-là une guerre sanglante s'éleva tout à coup dans l'empire, non par l'incursion inopinée des Barbares, mais par les manœuvres, les intrigues de Satan. Un empereur, son supposé, en fit publier la déclaration impie qui attaquait Dieu directement, en obligeant les chrétiens ou à le renoncer ou à perdre la vie. Théodore ne dissimula point sa foi : il la portait en quelque sorte imprimée sur son front. Nulle précaution pour se soustraire au danger, nulle inquiétude sur les suites, nulle molle réserve dans ses réponses. Traduit devant le tribun de sa légion et le gouverneur de la province, on lui demanda comment il osait professer une religion que les empereurs avaient proscrite sous peine de mort. « Je ne connais point vos dieux, « répondit-il, j'adore Jésus-Christ, Fils uni- « que de Dieu. Je vous abandonne mon « corps, vous pouvez le déchirer, le mettre « en pièces, le livrer aux flammes. » Les juges, affectant d'être touchés de compassion pour sa jeunesse, lui donnèrent du temps pour délibérer, et le renvoyèrent.

« Théodore employa ce temps à demander à Dieu la persévérance; et, pour convaincre ses juges qu'il était inébranlable dans sa première résolution, il mit le feu à un temple de Cybèle, qui était au milieu de la ville, et le réduisit en cendres. Une impulsion extraordinaire l'avait poussé à cette action (1). » Les juges le citent une seconde fois; il comparaît comme s'il n'eût eu rien à craindre et leur parle avec une liberté à laquelle ils étaient bien loin de s'attendre. On eût dit le juge interrogeant un criminel, plutôt que l'accusé comparaissant devant son juge.

« On le frappa cruellement de verges, on l'étendit ensuite sur le chevalet, on déchira tout son corps avec des ongles de fer. Durant ce supplice Théodore ne perdit rien de

(1) BUTLER, *Vie du saint*, t. XI, p. 53.

sa tranquillité, on l'entendait répéter ce verset du psaume : *Je bénirai le Seigneur en tout temps; sa louange sera toujours dans ma bouche*. Les juges voyant que tous leurs efforts ne servaient qu'à rendre l'admirable Théodore plus ferme et plus inébranlable dans sa foi, il fallut en venir à la sentence de mort, par laquelle il fut condamné à être brûlé tout vif. Ainsi a-t-il achevé sa course ; mais, en mourant, il nous a laissé sa vie pour nous servir d'exemple, et sa mort pour être l'objet de notre vénération. Il rassemble depuis un siècle les fidèles autour de son tombeau; de là il enseigne l'Eglise, il met en fuite les démons, il rappelle les anges de paix, il prie pour nous, il demande, il obtient... Pour nous qui avons le bonheur de solenniser ce jour que le cours du soleil ramène régulièrement chaque année, nous venons tous ensemble, bienheureux martyr, renouveler la mémoire de votre triomphe, et adorer sous vos auspices le Dieu tout-puissant qui vous a fait vaincre.

« Venez donc, ô grand saint ! présider à cette fête, venez honorer de votre présence un peuple qui vous implore. Ce n'est plus une troupe impie d'idolâtres qui se fait un spectacle agréable de vos tourments; c'est une assemblée de fidèles serviteurs de Jésus-Christ, qui aime à vous contempler par les yeux de la foi, environné de la gloire dont vous jouissez dans le ciel. Nos besoins sont grands : intercédez auprès du grand roi en faveur de votre patrie; car la patrie d'un martyr c'est le lieu où il a reçu la mort. L'ennemi assiège nos frontières : comme soldat, combattez pour nous; comme martyr, parlez librement pour nous. Demandez la paix, afin que nos saintes assemblées ne soient point interrompues et dissipées par la guerre; que le soldat idolâtre ne vienne point d'une main sacrilége nous arracher des autels et de votre tombeau. Que l'hérésie, cette plante malfaisante, ne croisse point dans la vigne du Seigneur; que l'ivraie n'étouffe pas le bon grain; que les pierres et la terre stérile et sans humidité, qui ne peuvent donner de nourriture à la parole, soient jetées hors du champ de l'Eglise; mais que, par votre puissante intercession, la république devienne une contrée fertile ; qu'elle soit couverte de riches moissons, qu'elle soit abondante en fruits, que tous les habitants y cueillent en toutes les saisons ceux de la vie éternelle. »

Eloge de saint Mélèce. — Ce discours fut prononcé le jour même des obsèques du saint, en 381 en présence des évêques réunis en concile à Constantinople, et du peuple de cette ville. Nous n'en reproduirons qu'un tout petit passage.

« Un nouvel apôtre s'est allé réunir au collége apostolique. Les bienheureux habitants du ciel ont appelé, ils ont reçu celui qui leur avait ressemblé sur la terre; il est allé partager leur gloire et leurs triomphes. Essuyons nos larmes. Mélèce n'est point perdu pour nous. Il réside encore au milieu de nous, bien que nos yeux ne l'aperçoivent pas. C'est que notre pontife est renfermé dans son sanctuaire. Dégagée de sa prison terrestre, son âme est allée prendre possession du temple où Jésus-Christ nous a devancés. Il n'est plus dans la dépendance des ombres de la vie présente, il jouit de la réalité; ce n'est plus à travers les énigmes et par la fente d'un rocher, c'est face à face qu'il contemple la gloire de la divine essence. »

Eloge de saint Ephrem. — Le pieux orateur ne parle de saint Ephrem qu'avec un respect singulier, et en l'appelant partout son père, son maître et le docteur de l'univers.

« Parlerai-je de la noblesse de son extraction, des succès de ses premières études, des avantages qu'il avait reçus de la nature ? ce n'est point par là que les saints ont droit à nos éloges. Bien qu'ici le panégyriste eût de quoi s'étendre, ce n'est point là qu'est le mérite personnel. En dire du mal, manque de justice ; en dire du bien, manque de bon sens. Comment voudrait-on se faire de la naissance un titre d'éloge, quand on n'a pour la noblesse et la pompe du siècle qu'un généreux dédain ? et que sont tous les titres de la vanité humaine auprès de la dignité d'enfants de Dieu, quand on peut l'acquérir par les bonnes œuvres ? Quelle gloire mettre au nom de sa patrie quand on se croit étranger dans toute l'étendue de la terre ?

« Saint Ephrem avait reçu de la nature le don des larmes. Elles mouillaient continuellement ses yeux ; il en versait nuit et jour sur les calamités publiques, sur ses propres misères, sur celles du moins dont il s'accusait lui-même. On connaîtra, en le lisant, ce qui les faisait couler. Chacun de ses traités est en quelque sorte pénétré de ses larmes ; l'onction qui y respire passe aisément dans l'âme du lecteur pour le ramener dans la véritable voie ; car il est impossible, quelque dur, quelque insensible que l'on soit, de n'en être pas attendri, ému profondément, converti. Pouvez-vous lire la peinture qu'il a tracée du dernier jugement, sans croire assister à cette épouvantable scène, sans être glacé d'effroi, comme si déjà vous entendiez l'arrêt qui doit vous juger ?

« A la suite d'une vie toute pleine de miracles, Ephrem est allé se reposer au sein de Dieu, comme dans un port à l'abri des orages. Au moment où cette âme bienheureuse entrait en possession du royaume des immortelles béatitudes, je me figure que toutes les vertus qu'il avait cultivées durant sa vie marchaient au-devant de lui ; qu'à leur tête paraissait la Charité, lui tenant ce langage : Venez, ô âme bienheureuse, contempler les trésors que je vous ai procurés. Après elle, l'Humilité, et successivement les autres vertus. »

Sur ceux qui dorment. — Il est peu de discours que les hérétiques aient plus altéré que celui qu'il prononça sur la mort, ou, comme on le disait à cette époque, sur le sommeil de la mort. On n'en doit lire le texte original qu'avec prudence, et avec la disposition arrêtée d'avance d'en interpréter favorablement les passages douteux. Le but du saint orateur est de s'élever contre les témoignages de tristesse excessive auxquels la plupart s'abandonnaient à la mort de leurs proches, en proposant à son peuple les motifs de consolation qu'un chrétien doit envisager dans ces sortes d'événements.

« L'affliction démesurée que donne quelquefois la mort de nos proches et de nos amis prend sa source dans l'ignorance où l'on est de ce qui constitue le bien véritable. Il est donc important de rectifier ici les idées communes. Le vrai bien ne saurait consister dans les choses créées, puisque souvent celles qui sont utiles aux uns sont nuisibles aux autres, comme le feu, le soleil ; et que celles dont les hommes font le plus de cas, comme la force, la beauté, la puissance, n'ont qu'un temps. Ce qui n'est pas bon pour tous, ou qui ne l'est pas toujours, ou qui ne l'est pas par soi-même, n'a pas proprement la nature de la bonté. Lors donc que la mort nous enlève à ces biens créés, elle ne nous prive point du véritable bien. Au contraire, elle nous en fait jouir, en nous délivrant, d'un côté, des misères de ce monde, et nous ouvrant, de l'autre, l'entrée dans un monde nouveau, séjour de paix et de félicité parfaite. Où donc est la raison de se tant affliger ?

« Notre être se compose de deux substances, l'une terrestre, l'autre spirituelle ; *tandis que la première se dissout, l'autre se renouvelle.* L'une apparente, extérieure, la seule visible ; l'autre invisible, formée à l'image de son créateur, comme lui, n'a ni corps ni figure, rien de ce qui distingue la matière et la rend palpable aux sens. De même que le corps, parce qu'il est tout matière, est assujetti au sort de ce qui est matière, périssable comme elle ; de même l'âme, associée à une nature intellectuelle et divine, est impérissable comme elle. La mort n'a donc pu frapper que la chair ; elle a dégagé l'âme d'une surcharge étrangère, d'un habit de théâtre, d'un alliage impur d'éléments divers, auxquels elle se trouvait enchaînée, et l'a rendue à sa beauté propre. Qu'est-ce donc que la mort a de si redoutable ? Avant d'arriver à l'âge de la maturité, il a fallu passer par les âges précédents, jusqu'à l'enfance, jusqu'à ce commencement d'existence où, n'étant encore qu'un germe informe déposé dans le sein maternel, l'enfant attendait le moment d'éclore et de paraître à la lumière du jour. Alors la nature pourvoyait aux besoins de l'être dont bientôt elle allait faire un homme : ce moment arrivé, il est sorti de son obscure retraite, en paraissant la regretter ; puisqu'en prenant possession de la vie, il a semblé témoigner par ses pleurs la peine de son changement. Était-il plus malheureux de naître ? L'était-il, en passant de l'enfance à la jeunesse ? L'est-il davantage, en passant de cette vie misérable à la véritable vie où la mort va l'introduire ? Ses premiers changements n'avaient été que le développement progressif de la vie qui devait se terminer par la mort ; le nouveau changement que la mort vient opérer n'est donc que le passage à un perfectionnement plus désirable. Se plaindre de la nécessité de mourir, c'est accuser la nature de ne nous avoir pas condamnés à une enfance perpétuelle. Le temps présent n'est que l'enfance de la vie : sa maturité, sa perfection est hors de ce monde. La vie n'est qu'une mort prolongée ; le sommeil, une image de la mort. *Nous ne voulons pas,* écrivait saint Paul aux Thessaloniciens, *que vous ignoriez ce que vous devez savoir, touchant ceux qui dorment, afin que vous ne vous en attristiez pas, comme font les autres hommes, qui sont sans espérance.* S'il est une tristesse légitime, c'est celle qui naît de la pénitence, en considération de ses péchés ; ou du désir de la vie éternelle, en considération des peines de la vie présente. »

LETTRES, ET ÉCRITS PERDUS. — Nous nous sommes assez étendu sur l'analyse des OEuvres du saint évêque de Nysse, pour être exempté de l'obligation de rendre compte de ses lettres qui ne nous ont rien présenté de bien intéressant, ni qui mérite d'être particulièrement signalé.

On cite des Commentaires de saint Grégoire sur la *Genèse* qu'on dit exister manuscrits dans une bibliothèque de Venise. Possevin les y a cherchés inutilement, et semble accuser Diègue Hurtado de les avoir enlevés. Ce qu'il ajoute paraît plus vraisemblable, quand il dit que ces commentaires ne sont autre chose que le traité intitulé *De la formation de l'homme.* Saint Grégoire cite lui-même l'explication qu'il avait donnée du psaume LXI, si toutefois le discours où il en parle est de lui. Il y a lieu de croire qu'avant d'expliquer l'*Ecclésiaste*, il avait commenté le livre des *Proverbes*, puisqu'il dit qu'il avait éprouvé par lui-même la difficulté qu'il y a de bien expliquer les *Proverbes*, non seulement en les étudiant pour lui, mais encore en les examinant pour les faire entendre aux autres. Saint Jean Damascène rapporte sous le nom de saint Cyrille un long passage tiré d'un traité sur ces paroles de l'Évangile : *Celui-ci est mon Fils bien-aimé.* Saint Cyrille d'Alexandrie en rapporte un autre d'un commentaire sur *l'Epître aux Philippiens*, qu'il dit être de l'évêque Grégoire. On croit qu'il s'agit de celui de Nysse ; et c'est apparemment sur ce témoignage que Sixte de Sienne lui attribue un commentaire sur cette Epître. Nous n'avons plus le Livre qu'il promit d'envoyer à l'évêque Théodose, dans lequel il expliquait comment Corneille avait reçu le Saint-Esprit avant le baptême. Nous avons perdu aussi l'apologie que saint Grégoire avait faite de sa propre conduite à l'égard des disciples de Marcel d'Ancyre. Il avait écrit à ce sujet plusieurs lettres, dans lesquelles il faisait voir qu'il avait eu raison de les admettre à sa communion, et qu'en cela il n'avait rien fait contre les canons de l'Eglise ni la foi des saints Pères. Euthymius, dans sa *Panoplie*, cite d'un écrit de saint Grégoire de Nysse à Ablavius quelque chose que nous ne lisons point dans le traité qui lui est adressé : ce qui donne lieu de croire qu'il lui en avait adressé d'autres. On lui attribue encore sur les psaumes un Commentaire qu'on dit être en grec dans la bibliothèque du Vatican. Saint Jean Damascène cite de lui une Lettre à un moine nommé Philippe, dont nous n'avons pas d'autre connaissance. La première de saint Grégoire à Flavien, sur ses difficultés avec Hellade, n'est pas même venue jusqu'à nous. Il en parle dans la seconde que nous avons encore, et dont nous n'avons pas cru devoir rendre compte, pour les raisons que nous avons dites.

Jugement critique de ses oeuvres. — Saint Grégoire de Nysse est moins connu parmi nous que saint Grégoire de Nazianze et saint Basile dont il fut le contemporain, le frère et l'ami. Il est rarement cité dans nos chaires. Les anciens rendaient plus de justice à son éloquence. Rufin le place non-seulement au même rang que le grand archevêque de Césarée, il semble même lui accorder quelque supériorité. Nous ne partageons point cette opinion. Nous croyons qu'il peut suffire à sa gloire d'avoir mérité d'être distingué parmi les écrivains illustres de ce temps, pour l'abondance et l'agrément de son élocution et surtout pour son imagination riche et luxuriante. Mais chez lui ces qualités se trouvent réunies à leurs excès. Il s'abandonne à un luxe d'allégories dont souvent le moindre défaut est d'être arbitraires et inutiles. Il essaye de s'en justifier dans un de ses livres, mais par des raisons plus subtiles que convaincantes. Saint Grégoire de Nysse est bon à connaître, mais par extraits. Aussi appliquerons-nous à son éloquence le même jugement que le P. Tillemont a porté sur sa doctrine. Si les vérités que nous y lisons ne doivent point faire recevoir ce que l'autorité de l'Eglise nous apprend être contraire à la vérité, ses fautes aussi ne doivent point nous faire mépriser les grandes vérités dont ils sont pleins.

GRÉGOIRE le Grand (Saint). — Il n'est personne, même parmi les communions dissidentes et étrangères, qui ait jamais contesté au saint pontife dont nous allons esquisser la vie le surnom de *Grand*. Cave lui-même, quoique protestant, convient qu'il l'a mérité par l'éclat de ses actions et de ses vertus : *Magnus a rebus gestis dictus*. Sa vie forme une des parties les plus considérables de l'histoire ecclésiastique de son siècle.

Né à Rome, en 540, d'une famille aussi illustre que vertueuse, il eut pour père le sénateur Gordien, qui, après la naissance de son fils, embrassa l'état ecclésiastique et devint diacre régionnaire. Sylvie, sa mère, imita l'exemple de son mari, et quitta aussi le monde pour se consacrer au service de Dieu. Dans sa jeunesse, Grégoire étudia la grammaire, la rhétorique et la philosophie, ensuite le droit civil et canonique. En 573, il fut créé préteur par l'empereur Justin II, dignité correspondante à celle de consul ou premier magistrat de Rome. Le signe distinctif de cette dignité était une robe de soie, enrichie d'une magnifique broderie et recouverte de pierres précieuses, qu'on nommait *trabée*; mais, quoiqu'il n'eût encore que trente-quatre ans, loin d'être ébloui par cet éclat extérieur, son mépris pour les grandeurs humaines et son amour pour les choses célestes lui faisaient consacrer à la prière et à la méditation tous les instants qu'il pouvait dérober aux obligations de sa place, et il n'était heureux que quand il pouvait se rendre dans quelque église, ou converser de Dieu avec quelques fervents religieux. Après la mort de son père, il fonda six monastères en Sicile, où il possédait une partie de ses biens. Il fonda aussi à Rome, dans sa propre maison, le monastère de Saint-André, où il prit l'habit en 575. L'ardeur avec laquelle il se livra dans cette retraite à l'étude de l'Ecriture sainte, aux jeûnes et aux autres pratiques de la mortification, lui occasionnait une telle faiblesse d'estomac, qu'il tombait en syncope lorsqu'il ne prenait pas fréquemment de nourriture. Ce qui l'affligeait le plus dans cet état c'est qu'il ne pouvait jeûner le samedi saint, jour où tout le monde jeûnait, sans même en excepter les enfants. Il s'adressa à saint Eleuthère, qui, après avoir été abbé de Saint-Marc près de Spolète, était alors religieux au monastère de Saint-André, et le conjura de demander pour lui au Seigneur la grâce de pouvoir au moins jeûner ce saint jour. Eleuthère se rendit à l'église avec Grégoire, et après avoir prié ensemble, ce dernier se trouva guéri tout à coup, et en état de faire plus qu'il n'avait demandé.

C'est vers le même temps qu'il projeta la conversion des Anglais, et voici à quelle occasion : Passant un jour sur le marché de Rome, il y vit exposés en vente des esclaves d'une grande beauté. S'étant informé de leur pays et de leur religion, on lui répondit qu'ils étaient païens et originaires de l'île de Bretagne. « Quel dommage, s'écria saint Grégoire, que des créatures aussi belles soient sous la puissance du démon, et qu'un tel extérieur ne soit pas accompagné de la grâce de Dieu ! » Il alla trouver aussitôt le Pape Benoît Ier pour le prier instamment d'envoyer des prédicateurs évangéliques dans cette île; et comme personne ne se sentait le courage de se dévouer à une mission aussi difficile, il demanda au Pape la permission de s'y consacrer lui-même. A peine l'eut-il obtenue qu'il partit, avec quelques religieux de son monastère ; mais le peuple de Rome n'eut pas plutôt appris son départ qu'il s'attroupa autour de Benoît Ier, comme il se rendait à l'église de Saint-Pierre, et lui cria : « Saint Père, qu'avez-vous fait? En laissant partir Grégoire, vous avez détruit Rome ; vous nous avez réduits à l'état le plus déplorable, et vous avez offensé saint Pierre. » Le Pape, voyant cette manifestation populaire, dépêcha des courriers qui atteignirent Grégoire, qui était déjà à trois journées de Rome, et le firent retourner.

Peu après il fut mis au nombre des sept diacres de l'Eglise romaine, qui avaient beaucoup de part à l'administration des affaires. Pélage II, qui savait apprécier sa sagesse et sa capacité, puisqu'il en avait fait son secrétaire, l'envoya à Constantinople en qualité d'apocrisiaire ou de nonce apostolique pour implorer le secours de l'empereur Tibère II contre les Lombards. La réception pompeuse que lui fit Tibère et les marques d'honneur qu'il lui prodigua n'altérèrent en rien l'humilité de Grégoire, qui, pendant son séjour à Constantinople, vécut en moine avec les religieux de sa suite, formant ainsi au milieu de la cour une petite communauté. Il fit en Orient la connaissance de saint Léandre, évêque de Séville, à la prière duquel il écrivit ses morales sur Job, ouvrage dont l'Eglise a toujours fait le plus grand cas.

Eutychius, patriarche de Constantinople, qui avait mérité le titre de confesseur de la foi sous Justinien, enseigna ensuite que les corps des bienheureux ne seraient plus palpables après la résurrection, et qu'ils deviendraient plus subtils que l'air ; il composa même un ouvrage pour soutenir son sentiment. Saint Grégoire, à la vue de cette hérésie naissante, voulut avoir avec le patriarche des conférences particulières sur ce sujet, une entre autres, en présence de l'empereur Tibère, dans laquelle il démontra clairement par les Ecritures que les corps des saints ne différeraient de ceux qu'ils avaient eus sur la terre qu'en ce qui porte l'empreinte de la mortalité, et qu'ils seraient palpables comme celui de Jésus-Christ après sa résurrection. Eutychius, qui avait d'ailleurs d'excellentes qualités et une conduite irréprochable, eut le bonheur d'ouvrir les yeux à la vérité, et donna une rétractation publique de son erreur. Maurice, gendre de Tibère, lui ayant succédé en 581, voulut que Grégoire fût le parrain de son fils aîné.

En 584, Pélage II ayant rappelé Grégoire, celui-ci rapporta à Rome un bras de saint André et le chef de saint Luc, dont l'empereur lui avait fait présent. Il plaça ces deux précieuses reliques dans son monastère de Saint-André. Le chef de saint Luc fut transféré depuis à l'église de Saint-Pierre, où il se garde avec beaucoup de vénération. Grégoire, heureux d'être rendu à sa chère solitude, fut élu, quelque temps après, abbé de son monastère, et il en conserva toujours le gouvernement, même après son élévation à la papauté. Un de ses moines, nommé Juste, ayant caché trois pièces d'or, révéla sa faute comme il était sur le point de mourir. Le saint abbé, pour punir d'une manière frappante cette infraction à la règle, qui interdisait aux religieux de posséder rien en propre, défendit à la communauté de visiter le malade et d'aller prier autour de lui, comme cela se pratiquait ordinairement. Il se borna à lui envoyer un prêtre pour l'exhorter à la pénitence et l'assister dans ses derniers moments. Il fit ensuite enterrer les trois pièces d'or dans un tas de fumier avec leur possesseur ; mais comme celui-ci était mort repentant, s'il le priva de la sépulture chrétienne, il ne voulut pas le priver en même temps des prières de l'Eglise, et il fit offrir pour le repos de son âme le saint sacrifice pendant trente jours consécutifs. On lit dans les *Dialogues* de saint Grégoire, qu'après la messe du trentième jour, Juste apparut à un de ses frères, et lui apprit qu'il venait d'être délivré des peines qu'il avait endurées après sa mort.

Après la mort du Pape Pélage II, qui succomba à l'épidémie qui ravageait Rome, au mois de janvier 590, les vœux réunis du sénat, du clergé et du peuple romain, appelèrent Grégoire à lui succéder sur la chaire pontificale. Lui seul s'opposa à son élection, et comme selon l'usage de ce temps elle devait être confirmée par l'empereur d'Orient, il écrivit à l'empereur Maurice, sur lequel il avait beaucoup de crédit, une lettre très-pressante, pour le conjurer de ne pas ratifier le choix qu'on avait fait de lui pour successeur de saint Pierre. Il écrivit aussi dans le même sens à Jean, patriarche de Constantinople et à d'autres personnages influents. Nous reproduisons ici quelques passages de ces lettres, afin de n'avoir pas à y revenir ailleurs.

Il écrivait à la princesse Théoctiste, sœur de l'empereur : « J'ai perdu tous les charmes du repos ; je n'aspirais qu'à vivre éloigné des choses sensibles, pour être uniquement occupé de la contemplation des biens célestes. Ne désirant et ne craignant rien en ce monde, je m'imaginais être élevé au-dessus de tous les objets terrestres, quand l'orage est venu me jeter au sein des alarmes et des dangers. » Au patrice Narsès : « Je suis tellement accablé de douleur que je puis à peine parler. Mon esprit est environné d'épaisses ténèbres ; je ne vois rien que de triste ; je ne trouve que dégoût et affliction dans tout ce qui semble le plus agréable au reste des hommes. » Mais Germain, préfet de Rome, informé à temps, écrivit à l'empereur pour lui demander de confirmer le décret d'élection. Il fallut le chercher trois jours et trois nuits, dans les bois, dans les cavernes, loin de la ville, où il était allé se cacher à la nouvelle de sa promotion ; et cependant Rome, tout entière en pleurs aux pieds des autels, demandait à Dieu Grégoire pour évêque. Aussi en quittant cette retraite écrivait-il à saint Léandre de Séville : « Je ne saurais retenir mes larmes toutes les fois que je pense à quel port heureux l'on vient de m'arracher : mon cœur soupire à la seule pensée de cette terre ferme, où il ne m'est plus possible d'aborder. »

Comme la peste, qui avait si malheureusement emporté son prédécesseur, continuait ses ravages, Grégoire, touché de l'affliction de ses concitoyens, leur fit un discours touchant pour les exhorter à fléchir la colère de Dieu par de dignes fruits de pénitence; ensuite il proposa une procession solennelle qui fût aussitôt résolue. Les fidèles, divisés en sept chœurs, partirent de sept églises différentes, pour se rendre dans celle de Sainte-Marie-Majeure, en chantant des litanies. Il y eut quatre-vingts personnes de la procession qui moururent en moins d'une heure, pendant la cérémonie, tant le fléau sévissait avec violence. Grégoire, occupé à consoler et à secourir le peuple, paraissait ne plus songer aux suites de son élection; mais ayant appris qu'elle avait été confirmée par l'empereur, sachant d'un autre côté qu'on avait placé des gardes aux portes de la ville pour empêcher une nouvelle évasion de sa part, Grégoire ne crut pas pouvoir résister plus longtemps à la volonté divine, et se laissa sacrer le 3 septembre 590. Ayant été conduit, selon la coutume, à la Confession de saint Pierre, il y fit une profession de foi qui est parvenue jusqu'à nous, et qu'il adressa, après son exaltation, aux patriarches du monde chrétien. Il y déclare qu'il reçoit les conciles généraux avec autant de respect que les Evangiles.

Un des premiers actes de son pontificat fut la réforme du chant de l'Eglise. Il réforma ensuite le Sacramentaire qui renfermait ce que nous appelons aujourd'hui le Missel et le Rituel. Il adressait de fréquentes instructions au peuple, et l'on voit par les quarante homélies qu'il a laissées sur les Evangiles, et par les treize homélies sur Ezéchiel, qu'il parlait avec autant de clarté que de simplicité, et qu'il possédait l'éloquence du cœur, plus persuasive que celle que l'on puise dans les traités de rhétorique. Sa charité pour les pauvres était immense, et accompagnée de tant d'égards et de déférence, qu'il allait jusqu'à donner le nom de pères à ceux qui étaient d'un âge avancé. Ayant fait dresser une liste exacte de tous les indigents, il leur distribuait, au commencement de chaque mois, les provisions dont ils avaient besoin. Chaque jour, il envoyait des secours aux malades et aux infirmes, et il ne prenait jamais ses repas sans avoir distribué à quelques malheureux une partie de sa nourriture. Ayant appris qu'un mendiant était mort de faim au coin d'une rue, on dit qu'il s'abstint plusieurs jours de célébrer les saints mystères, dans la crainte de s'être rendu coupable de négligence à rechercher les malheureux. Il secourait aussi les étrangers qui venaient à Rome, et il en nourrissait douze à sa table tous les jours. Ses aumônes n'étaient pas toutes concentrées dans la ville, mais elles parvenaient encore jusqu'aux contrées les plus reculées. Il n'oubliait pas dans ses œuvres de bienfaisance les temples du Seigneur; il pourvut plusieurs églises des choses nécessaires au culte divin, celles surtout qui avaient le plus souffert en Italie des incursions des Lombards. Ces peuples ayant fait beaucoup de prisonniers, le saint Pape s'employa de tout son pouvoir à les rendre à la liberté, et engagea les évêques de Fano et de Messine à y contribuer en vendant jusqu'aux vases sacrés.

Plein de douceur envers les hérétiques, il ne voulait employer pour les convertir d'autres armes que celles de la persuasion. Il écrivit à l'évêque de Naples de les recevoir dans le sein de l'Eglise, dès qu'ils se présenteraient pour y rentrer. « Je prends, sur moi, disait-il, les inconvénients qui pourraient résulter de leur prompte réconciliation; une trop grande sévérité serait préjudiciable au salut des âmes. » C'est ainsi que les saints, guidés par l'esprit de Dieu, savent tempérer à propos les sages rigueurs des canons de l'Eglise. Il montra aussi une grande modération envers les schismatiques et les Juifs d'Istrie : Pierre, évêque de Terracine, ayant enlevé à ces derniers leurs synagogues, Grégoire lui ordonna de la leur rendre, et lui recommanda de n'employer à l'avenir que des moyens propres à gagner les cœurs. Il tint la même conduite à l'égard des Juifs de Sardaigne et de Sicile. Mais cette condescendance ne dégénérait pas en faiblesse, et jamais il ne se relâcha en rien de la sévérité de l'Evangile. Sa fermeté était d'autant plus inébranlable, quand il le fallait, qu'elle avait Dieu pour principe. « Vous connaissez mon caractère, écrivait-il à Sabinien, son nonce à Constantinople, et vous savez que je patiente longtemps; mais lorsqu'enfin le devoir m'y oblige, ma patience se change en courage, et j'affronte gaiement tous les dangers. »

D'une humilité profonde, il se regardait comme le dernier des hommes, comme un misérable pécheur qu'une indigne lâcheté empêchait de marcher dans les voies de la perfection. Son plus grand désir était d'être méprisé des hommes. Dans sa dix-neuvième homélie sur Ezéchiel, il s'applique à lui-même tout ce que ce prophète dit des pasteurs indolents et mercenaires, et déplore amèrement le malheureux état dans lequel il se croit plongé. C'est par un effet du même sentiment qu'il prenait dans ses lettres le titre de *Serviteur des serviteurs de Dieu*, formule que ses successeurs ont adoptée après lui. S'il eût été moins humble, son cœur n'eût pu se défendre du poison de la vaine gloire, au milieu des louanges et des applaudissements qu'il recevait de toutes parts, au sujet de ces ouvrages. Marinien, évêque de Ravenne, lut ses *Commentaires sur Job*, aux fidèles assemblés dans l'Eglise. Grégoire affligé de voir qu'on faisait à ses écrits le même honneur qu'à ceux des Pères, écrivit à cet évêque que son livre ne méritait pas d'être lu dans l'assemblée des fidèles, et qu'il ferait bien mieux d'y lire les Commentaires de saint Augustin sur les *Psaumes*. Rien dans son palais ne ressentait le luxe ou le faste; tout au contraire respirait la simplicité chrétienne. Sa table était frugale, malgré les richesses que possédait déjà l'Eglise romaine, et les biens considérables qu'il avait hérités de sa famille.

Il savait cependant déployer dans l'occasion une magnificence digne de son rang suprême. Protecteur éclairé des sciences et des arts, il encourageait et récompensait les talents; la ville de Rome surtout lui doit beaucoup sous ce rapport.

Lorsqu'il monta sur la chaire de saint Pierre, l'Eglise d'Orient était agitée par les hérésies de Nestorius et d'Eutychès, et l'affaire des trois chapitres n'était pas encore terminée. En Occident, l'Angleterre était encore plongée dans les ténèbres du paganisme. Les Visigoths avaient établi l'arianisme en Espagne; les donatistes troublaient l'Afrique; un schisme déplorable désolait l'Istrie et les provinces voisines. L'Eglise de France était souillée par la simonie, et l'Italie gémissait sous la domination des Lombards, dont les uns étaient ariens, et les autres idolâtres. Pour remédier à tant de maux qui affligeaient la chrétienté, il fallait un homme tel que Grégoire; un homme d'une sainteté consommée, d'une haute capacité, d'une fermeté à toute épreuve et d'un caractère conciliant. Il réussit à guérir toutes ces plaies de l'Egypte, et y employa la plus grande partie de son glorieux pontificat.

Les Lombards, pour se venger de Romain, exarque de Ravenne, qui avait violé un traité conclu avec eux, reprirent Pérouse et les places dont il s'était emparé, et vinrent jusqu'aux portes de Rome, dont ils firent le siège. Mais Grégoire, à force de prières et de présents, parvint à les éloigner avant qu'ils ne se fussent emparés de la ville. Ayant ensuite reproché à Romain l'infraction du traité, infraction qui avait été suivie de tant de maux, sa généreuse liberté lui attira l'indignation de l'exarque et même celle de l'empereur. Le saint Pape, sans s'inquiéter de leurs sentiments à son égard, ne crut pas pouvoir se taire à la vue des exactions, des injustices et des violences dont se rendaient coupables, en Italie, les officiers de l'empereur. Les choses étaient poussées à un point, qu'en Corse on força des familles d'infortunés à vendre leurs enfants pour acquitter les impôts. Cette cruauté inouïe émut le cœur de Grégoire, et il écrivit à l'impératrice Constantine, la conjurant de la manière la plus touchante de s'intéresser au sort de tant d'infortunés, et de représenter fortement à l'empereur qu'il répondrait à Dieu de la conduite de ses employés, s'il ne réprimait pas de tels excès. La même année 592, l'empereur Maurice publia un édit qui défendait à tous ceux qui étaient fonctionnaires de l'Etat d'entrer dans le clergé, avant d'avoir rendu compte de leur administration, et à ceux qui étaient engagés sous les drapeaux d'embrasser la vie monastique. L'édit fut envoyé au Pape et aux patriarches. Grégoire, qui était malade quand il le reçut, l'envoya aux évêques, quoiqu'il n'en approuvât pas la première partie; mais aussitôt qu'il put écrire, il adressa à Maurice une lettre aussi ferme que respectueuse, dans laquelle il le conjure de modérer la rigueur de sa loi relativement aux soldats; de leur permettre de passer de la milice du siècle dans celle de Jésus-Christ, parce que leur fermer l'entrée des monastères serait souvent leur fermer l'entrée du ciel. Ce n'est pas qu'il prétendît qu'on dût recevoir sans examen, à la profession monastique, ceux qui se présenteraient, mais seulement ceux qui paraîtraient avoir une véritable vocation. L'empereur, déjà prévenu contre le saint pontife, fut piqué des observations que contenait sa lettre, et lui donna dans plusieurs circonstances des marques de son ressentiment. Cependant il finit par modérer la rigueur de sa loi, et permit de recevoir les soldats à la profession monastique, après trois ans de noviciat. Grégoire, par une lettre adressée aux évêques de l'empire, témoigna la joie qu'il en ressentait. Il envoya à l'impératrice Constantine un voile qui avait touché les corps des saints Apôtres, l'assurant qu'il s'était opéré plusieurs miracles par la vertu de semblables reliques; et lui promit aussi de lui envoyer de la limaille des chaînes de saint Pierre. On voit par plusieurs traits de sa vie qu'il voulait qu'on respectât la croix, les reliques et les images des saints. Serenus, évêque de Marseille, ayant mis en pièces quelques images de saints auxquelles des personnes grossières et nouvellement sorties du paganisme rendaient un culte superstitieux, Grégoire lui écrivit pour le louer de son zèle à réprimer les abus; mais il le blâma en même temps d'avoir brisé les images.

Sa sollicitude pastorale embrassait toutes les Eglises du monde chrétien. Jean le Jeûneur, patriarche de Constantinople, ayant fait battre un moine faussement accusé de manichéisme, celui-ci en appela à Grégoire du jugement porté contre lui. Le saint Pape cassa la sentence du patriarche, lui fit une sévère réprimande, l'exhortant à demander pardon à Dieu, et à renvoyer un favori qui abusait de sa confiance. « Si vous refusez, lui disait-il, de garder les canons de l'Eglise, je ne sais plus qui vous êtes. » Après avoir reçu la profession de foi du moine, il le rétablit dans tous ses droits. Il renvoya également absous Jean, prêtre de Chalcédoine, contre lequel on avait prononcé une injuste sentence, au nom du même Jean le Jeûneur, qui avait pris, dès l'an 589, le titre de patriarche œcuménique dans un concile de Constantinople. Le Pape Pélage II cassa les Actes de cette assemblée. Saint Grégoire condamna aussi ce titre nouveau et fastueux, dont on pouvait abuser, et fit faire des observations au patriarche Jean, par son nonce qui était à Constantinople. Il lui écrivit même plusieurs lettres à ce sujet; mais ce moyen ne lui ayant pas réussi, il employa une autre voie, et ne prit lui-même que des titres très-simples.

On le consultait de toutes parts comme un oracle. Dans le nombre de ceux qui recouraient à ses avis, on cite une dame, nommée Grégoria, attachée à l'impératrice, et qui était tourmentée de scrupules par rapport à ses péchés passés, quoiqu'elle en eût déjà fait une confession exacte et sincère. Elle lui exposa par lettres l'état de son âme, et lui déclara que ses inquiétudes de conscience ne cesseraient que quand il lui aurait assuré qu'il savait par révélation que tous ses péchés lui étaient remis. — « Ce que vous me demandez, lui répondit Grégoire, est une chose aussi difficile qu'inutile : difficile, parce que je suis indigne d'avoir des révélations; inutile, parce que vous devez toujours trembler pour vos péchés, et les pleurer jusqu'à la fin de votre vie, afin de les expier de plus en plus. Paul, qui avait été enlevé jusqu'au troisième ciel, craignait d'être réprouvé.... La sécurité est la mère de la négligence. » C'est en 596 qu'il envoya en Angleterre des prédicateurs évangéliques, à la tête desquels il mit saint Augustin, prieur du monastère de Saint-André. Sa joie fut grande à la nouvelle des succès qu'ils obtinrent dans cette île; il les félicitait par lettres, leur donnait des conseils et des encouragements. Il ménagea aussi une paix solide avec les Lombards, après avoir ramené à l'unité leur roi Agilulfe, qui était arien.

L'empereur Maurice ayant été détrôné et mis à mort, en 602, par Phocas, celui-ci ne fut pas plutôt en possession de l'empire, qu'il envoya à Rome son portrait et celui de sa femme Léontia; ils furent reçus dans cette ville aux acclamations du peuple. Grégoire crut devoir adresser au nouvel empereur une lettre de félicitation sur son avènement à la couronne, l'exhortant à mettre fin aux injustices du règne précédent, et à faire jouir ses sujets de la liberté et de la paix. Quelques critiques ont blâmé cette lettre, parce qu'elle attaque la mémoire de l'infortuné Maurice, et qu'elle semble approuver l'élévation de Phocas, son meurtrier; mais il est facile de justifier le saint Pape. Sans doute, il était loin d'approuver l'élévation de Phocas; mais le bien général de l'Italie exigeait qu'il ménageât un homme qui possédait le souverain pouvoir. On lui reproche aussi la lettre qu'il adressa à Brunehaut, si décriée par quelques historiens; mais cette reine a eu des apologistes qui l'ont vengée de la plupart des forfaits dont on l'accuse. D'ailleurs ne doit-on pas des égards et du respect même aux mauvais souverains, quand on leur écrit? Le saint pontife ne manquait ni de zèle, ni de fermeté envers les princes, lorsqu'il s'agissait des intérêts de Dieu ou du salut des âmes, comme nous avons pu nous en convaincre à propos de l'édit de l'empereur Maurice.

L'application continuelle qu'il donnait aux affaires de l'Eglise augmentait encore les infirmités dont il était accablé depuis longtemps. Quelques semaines avant sa mort, il donna à l'église de Saint-Paul plusieurs fonds de terre pour subvenir aux frais du luminaire. Il mourut le 12 mars 604, dans la soixante-quatrième année de son âge, après un pontificat de treize ans et demi. Sa mémoire est en grande vénération chez les Grecs et les Latins. On garde ses reliques dans l'église du Vatican, où l'on a conservé longtemps son pallium, sa ceinture et le reliquaire qui pendait à son cou. Un concile d'Angleterre, tenu à Cliffe, en 747, ordonna à tous les monastères de l'île de célébrer la fête de saint Grégoire; et le concile d'Oxford, tenu en 1222, la rendit obligatoire pour tout le royaume.

De tous les Papes saint Grégoire le Grand est celui qui nous a laissé le plus d'écrits; mais ce qu'on admire le plus dans les compositions du saint docteur, ce n'est pas précisément le style, qui manque quelquefois de correction et de pureté, mais c'est son talent comme moraliste; ses pensées sont nobles, vraies et solides. Sa composition, sans être bien relevée, a de la facilité et du nombre. Il est difficile de concevoir qu'il ait pu laisser autant d'écrits, quand on considère que, pendant son pontificat, il fut sans cesse occupé du gouvernement de l'Eglise, qu'il eut à traiter une infinité d'affaires importantes, qu'il était sujet à des infirmités continuelles, et qu'il consacrait une partie de son temps à la prière. Il tint plusieurs conciles à Rome pour maintenir la discipline ecclésiastique, et pour réprimer l'incontinence des clercs. Il assujettit au célibat les sous-diacres qui avaient été rangés jusqu'alors parmi les clercs inférieurs. Son pontificat est une réfutation de fait de tout ce que les ennemis du Saint-Siège ont imaginé touchant les prétendus effets des fausses Décrétales. Depuis Isidore Mercator l'autorité des Papes n'a pas été plus clairement et plus généralement reconnue dans l'Eglise que sous le pontificat de saint Grégoire. Il écrivait aux évêques avec toute la dignité et la fermeté du chef de l'Eglise; il avertissait, instruisait et reprenait les rois; et ces grands de la terre l'écoutaient comme leur père. Son pontificat représente le tableau d'une vaste théocratie, où la religion, plus puissante que les lois et les armes, réunissait toutes les nations chrétiennes par la voix de son pontife, et, en se couvrant elle-même de gloire, faisait leur félicité temporelle des peuples. L'union de toutes les églises occidentales, sous un pontife souverain, facilitait le commerce des nations et tendait à faire de l'Europe une vaste république; la pompe et la splendeur du culte, qui appartenaient à un établissement si riche, contribuaient en quelque sorte à l'encouragement des beaux arts, et commençaient à répandre une élégance générale de goût en la conciliant avec la religion. On peut dire, jusqu'à un certain point, que le pontificat de Grégoire le Grand fut comme l'aurore qui annonçait l'éclat de celui de Léon X. Sa Vie, écrite par Guillaume Bessin, de la congrégation de Saint-Maur, et imprimée à Rouen, in-4°, en 1697, est préférable à l'Histoire de son pontificat, par Mainbourg.

Morales sur Job. — Le premier des ouvrages de saint Grégoire, selon l'ordre des temps, est son livre de *Morales*, ou *Commentaire sur Job*, composé de six parties qui se distribuent en trente-cinq livres, divisés par chapitres. Saint Grégoire l'entreprit à la prière de saint Léandre, archevêque de Séville, et aux instances réitérées des moines de son monastère de Saint-André, qu'il avait emmenés avec lui à Constantinople, lorsqu'il y alla en qualité de nonce du Pape Pélage. Après avoir donné tous ses soins aux affaires dont il était chargé, il employait le reste de son temps en de saintes lectures et de salutaires entretiens, qui, en lui permettant de respirer dans la compagnie de ses frères, le retrempaient tous les jours dans une vie nouvelle. Ces pieux compagnons le prièrent de leur expliquer le livre de *Job*, c'est-à-dire, après leur avoir découvert les mystères profonds qui s'y trouvent cachés, de leur exposer le sens allégorique de cette histoire et d'en tirer des moralités qu'ils pussent mettre en pratique dans la conduite de la vie chrétienne. Certes, c'était là une grande tâche, et le savant Grégoire avoue lui-même qu'il en fut d'abord effrayé jusqu'à succomber au découragement, mais qu'ayant élevé ses pensées vers le souverain distributeur de toutes les grâces, il ne tarda pas à être convaincu que ce que ses frères demandaient de lui n'était pas impossible. Il commença d'abord à leur expliquer de vive voix les premiers chapitres du livre; puis il leur dicta des homélies sur le reste. Dans la suite, ayant eu plus de loisirs, il repassa tout l'ouvrage, fit des additions, des corrections, des retranchements, et après avoir remis le tout dans un meilleur ordre et un meilleur style, parvint à en former le Commentaire suivi que nous entreprenons aujourd'hui d'analyser.

Saint Grégoire expose dans une préface les différentes opinions des critiques sur l'auteur du livre de *Job*, sur sa patrie et les vertus du saint patriarche, sur les épreuves et les souffrances qu'il eut à subir, sur son invincible patience, qui en a fait l'image anticipée de Jésus-Christ. Il affirme que c'est une histoire réelle, écrite par le héros lui-même pour l'instruction et la consolation de tous les hommes frappés, comme lui, par la maladie ou l'adversité. Il se propose de l'expliquer dans le sens littéral, moral et allégorique, ce qu'il exécute constamment en suivant l'original, verset par verset.

Dans ce plan, qui ouvrait à la plume du saint docteur une carrière aussi vaste que diversifiée, il n'était plus possible de l'assujettir à un ordre précis et déterminé. Tout ce qui lui présente un objet d'instruction utile, saint Grégoire le saisit avec empressement; il l'embrasse, et le développe sous toutes ses faces, et paraît s'abandonner à la fécondité de son imagination. Un goût naturel pour l'allégorie, qui d'ailleurs formait un des caractères particuliers de son siècle, l'entraîne peut-être au delà des justes bornes; du moins c'est un reproche qu'on lui a fait. Mais qu'importe, pouvons-nous répondre avec saint Paul, pourvu que ce soit la vérité de Jésus-Christ qui soit annoncée, n'importe de quelle manière, par occasion ou par un dessein méthodique? Ce qu'il faut envisager par-dessus tout, c'est le résultat, c'est l'édification, c'est cette impression vivifiante de l'Esprit-Saint, qui se fait sentir dans les explications toujours graves et profondes que donne le savant interprète. Et voilà surtout l'inestimable avantage à recueillir de cet ouvrage. C'est le corps le plus complet que l'antiquité nous ait transmis des vérités morales et des saintes règles de la vie intérieure. Une foule d'explications curieuses, d'aperçus ingénieux, de pensées délicates et touchantes, dédommagent bien le lecteur de l'apparente prolixité qui s'y trouve répandue. Nous n'entreprendrons donc point de faire de ce livre une analyse régulière : il ne nous en semble point susceptible; mais nous avons de quoi satisfaire nos lecteurs, en leur mettant sous les yeux un choix des sentences les plus importantes dont il est plein.

Première partie. — Dieu, dit le saint docteur, nous a proposé l'exemple de Job pour nous ôter toute excuse dans nos prévarications. Un homme sans la Loi l'a observée : n'y a-t-il pas là de quoi confondre l'obstination et l'injustice de tous ceux qui vivent sous la Loi, ne l'observant pas? Sa patience a mis le comble à ses vertus; Dieu lui-même lui rend le témoignage qu'il n'a pas commis un seul péché de paroles : n'y aurait-il pas de la témérité à vouloir relever dans ses discours quelques expressions comme trop rudes, peu mesurées, et quelquefois aussi trop flatteuses pour lui-même? Après ces réflexions préliminaires, saint Grégoire aborde le texte de Job, qu'il explique dans les trois sens que nous avons marqués plus haut. Le lieu de sa demeure est indiqué. *Il y avait un homme dans la terre de Hus*, pays habité par des infidèles, afin que ce fût pour lui un plus grand sujet de louanges d'avoir été bon parmi les méchants. L'Ecriture marque le nombre de ses enfants. *Il eut sept fils et trois filles*. Malgré cela, pour nous donner une idée de ses vertus et de la grandeur de son désintéressement, elle ajoute aussitôt qu'il était fort soigneux d'offrir des sacrifices, et qu'il se montrait très-libéral envers les pauvres. A mesure que ses fils avançaient en âge, plus attentif à leur donner une sainte éducation qu'à leur amasser des richesses, il dépensait encore son bien, en offrant des holocaustes pour les purifier de leurs péchés, surtout dans les jours qui suivaient les festins qu'ils se donnaient entre eux. Offrir un holocauste, c'est brûler entièrement l'hostie que l'on immole. Nous offrons donc un holocauste, lorsque notre esprit est tellement embrasé du feu de la componction, qu'il brûle entièrement notre cœur sur l'autel de l'amour divin, et consume toutes les impuretés de nos pensées, qui sont comme les fautes de nos enfants. L'Ecriture sainte ne se contente pas de nous faire connaître les vertus des saints ; elle nous découvre aussi quelquefois leurs fautes, afin que, nous représentant dans leurs victoires ce que nous avons à imiter, elle nous fasse connaître par leurs chutes ce que nous avons à craindre. En parlant des saints anges, elle dit « que lorsqu'ils vinrent se présenter devant le Seigneur, Satan s'y trouva aussi avec eux ; et ailleurs, qu'ils voient sans cesse la face de Dieu. Comment peuvent-ils contempler Dieu sans cesse, et être envoyés quelquefois pour le salut des hommes? » Pour répondre à cette question, il ne faut que faire attention à la sublimité et à l'excellence de la nature angélique : les anges ne s'éloignent jamais de la présence de Dieu, jusqu'à être privés de la joie de le contempler intérieurement ; puisque, s'ils perdaient la vue bienheureuse de leur Créateur lorsqu'il les envoie, il ne leur serait pas possible de répandre sur les aveugles cette lumière qu'ils auraient perdue en s'éloignant de celui qui en est la source. Ils sont donc en présence de Dieu dans le moment qu'ils en reçoivent leur mission, parce qu'étant des êtres bornés et circonscrits dans des limites certaines, il est vrai de dire qu'ils partent et qu'ils s'éloignent ; mais comme Dieu ne cesse jamais de leur être intérieurement présent, il n'est pas moins vrai d'affirmer qu'ils ne s'éloignent jamais ; ainsi ils voient toujours le visage de Dieu, et cependant ils ne laissent pas de venir à nous, parce que, tout en quittant le ciel selon leur présence locale, ils conservent toujours par une contemplation intérieure la vue de Dieu d'auprès duquel ils sont partis. Il est dit que Satan se présenta aussi devant le Seigneur : ce qui n'est point aisé à comprendre, puisque, selon l'Evangile, *il n'y a que ceux qui ont le cœur pur qui verront Dieu*; mais il faut remarquer qu'il est seulement écrit que Satan se trouva devant le Seigneur, et non qu'il le contempla ; il ne se présenta devant la majesté divine qu'afin d'en être vu, et non de la voir. Il parut en la présence de Dieu ; mais Dieu ne parut pas en la sienne : un aveugle est éclairé des rayons du soleil ; mais il ne voit point le soleil qui l'éclaire. Le démon n'a de pouvoir de nous tenter qu'autant que Dieu lui en donne. La volonté de Satan est toujours injuste ; mais la puissance qui lui est donnée ne l'est jamais, parce que Dieu ne lui permet qu'avec équité d'exécuter ce qu'il désire avec injustice. Le sens de ces paroles, *Satan sortit aussitôt de devant le Seigneur*, ne renferme rien de contraire à l'immensité de Dieu : elles signifient seulement que le démon, qui était auparavant lié, parce qu'il n'avait pas le pouvoir de nuire à Job, fut en quelque sorte déchaîné contre lui aussitôt qu'il obtint permission de le tenter. Sur le passage où il est dit qu'*un jour les fils et les filles de Job buvaient et mangeaient dans la maison de leur frère aîné*, saint Grégoire remarque qu'il y a certains temps plus propres et plus favorables au démon pour tenter les hommes, et les grands repas sont de ce nombre, parce qu'il est rare qu'ils se passent sans péché. Il se sert aussi du relâchement des supérieurs pour tenter les simples, et c'est alors qui reçoit plus de pouvoir pour leur nuire. En effet, il commença ses combats contre Job, lorsque ses enfants se livraient à la bonne chère chez leur frère aîné. En expliquant ce passage, où il est dit de Job *qu'il se leva et déchira ses vêtements*, il y a des hommes, remarque le saint docteur, qui font consister les plus sublimes efforts de la philosophie à se montrer insensibles à la douleur. D'autres s'en laissent tellement accabler qu'ils s'échappent en murmures et en emportements. L'exemple de Job confond les uns et les autres. Il déchire ses vêtements, mais il se prosterne à terre, adorant la main qui le frappe. Le vrai courage n'est ni une froide insensibilité ni un lâche abattement.

Job, par ce sentiment d'amour que l'on doit aux siens, témoigna de l'affliction en apprenant la perte de ses enfants ; mais, pour ne pas manquer à l'amour qu'il devait à Dieu, il lui adressa ses prières au plus fort de la douleur.

Afin de modérer ses larmes par la patience, il considère ce qu'il était en venant au monde, et, pour la conserver, il examine ce qu'il sera en en sortant, c'est-à-dire nu. Frappé par la perte de ses biens et de sa famille, il change ses afflictions en louanges : *Le Seigneur me l'avait donné, le Seigneur me l'a ôté ; que son nom soit béni*, surmontant ainsi par sa soumission et son humilité l'orgueil de son ennemi. Lorsque Dieu permet l'affliction de ses élus, ce n'est pas toujours pour les punir de leurs fautes, c'est souvent pour l'accroissement de leurs mérites ; en même temps qu'il paraît les abandonner aux tentations, il les protége, en ne souffrant pas qu'ils soient tentés au-dessus de leurs forces. La vertu de Job n'était d'abord connue que de Dieu, qui la rendit publique, afin qu'elle pût être imitée de tous ; il fallait pour cela qu'il souffrît la tentation, autrement il n'aurait pu donner aux autres de si grands exemples de patience : *Je l'abandonne entre tes mains*, dit Dieu à Satan, *mais surtout garde son âme*; de sorte que Job était comme retenu dans le cœur de Dieu avec sa main toute-puissante, en même temps qu'il était livré entre les mains du démon. Garder, en cet endroit, est la même chose que n'oser attaquer. Satan, après lui avoir enlevé ses biens, ses enfants, sa santé, sans avoir pu le vaincre, l'attaqua d'une manière plus cachée, en employant contre lui sa femme et ses amis ; mais leurs paroles offensantes, et leurs douleurs excessives, du moins en apparence, opérèrent un effet tout contraire à leurs desseins. Celui qui veut consoler un affligé doit mettre des bornes à la douleur qu'il lui fait paraître, de crainte qu'au lieu d'adoucir l'esprit de son ami, il ne le porte jusqu'au désespoir par l'excès de l'affliction avec laquelle il compatit à la sienne. Il y a dans la suite de l'histoire de Job des paroles qui ne sont conformes ni à la raison, ni à la piété; telles sont celles-ci : *Périsse le jour auquel je suis né, et la nuit dans laquelle on a dit : Un homme est conçu.* Peut-on en effet souhaiter qu'un jour qui n'est plus périsse ? Saint Grégoire conclut de là que Job ne nous exprime point littéralement ses pensées en cet endroit, et que celui-ci est du nombre de ces contradictions apparentes qui se rencontrent dans la lettre de l'Ecriture, et qu'on doit lever en leur donnant un sens spirituel. Il croit donc que ces malédictions ne partaient pas d'un cœur ému qui se laisse emporter à maudire des choses justes et véritables; mais qu'en pensant que ses amis, pour qui les prospérités temporelles étaient tout, jugeaient de ses dispositions par les leurs, il fit éclater extérieurement une plainte remplie d'amertume pour blâmer de pareils sentiments. C'est comme s'il eût dit : Périsse cette espérance trompeuse que ce jour et cette lueur de fausses promesses couvrent d'épaisses ténèbres. Quand la prospérité du monde nous sourit, c'est comme le jour ; mais ce jour se change en nuit, parce que souvent la prospérité temporelle conduit aux ténèbres des tribulations. Les saints ont toujours plus appréhendé la prospérité que l'adversité, dans la conviction où ils étaient que lorsque l'esprit est attiré au dehors par un charme quelconque, il se laisse facilement entraîner ; au lieu que quand l'homme extérieur se trouve véritablement affligé, l'homme intérieur rentre plus librement en lui-même pour y rechercher les seuls biens véritables.

Seconde partie. — Saint Grégoire commence la seconde partie de ses *Morales* en expliquant d'une manière mystique ce que l'on doit entendre par Job, sa femme et ses amis. Il dit à ceux qui pourraient avoir des doutes sur les discours du saint patriarche dont quelques-uns paraissent sortir des bornes de la patience, qu'ils doivent les juger en les comparant avec le commencement et la fin de son histoire, puisque partout Dieu lui donne également des louanges : ce qu'il n'aurait pas fait, s'il eût été répréhensible en quelque chose.

N'as-tu point considéré mon serviteur Job ? dit Dieu au démon dans le premier chapitre. *Il n'a pas son semblable sur la terre. C'est un homme simple et juste, qui craint Dieu et qui fuit le mal.* Et après l'avoir éprouvé en tant de manières, il reprend, dans le quarante-deuxième chapitre qui est le dernier, ses amis, en leur disant : *Vous n'avez pas aussi bien parlé devant moi, que l'a fait mon serviteur Job.* Saint Grégoire, dans l'explication de ces paroles du septième chapitre, *La vie de l'homme est comme une milice sur la terre,* dit « que l'ancienne version, au lieu d'écrire *milice* écrit *tentation;* mais que ces deux mots forment une même idée, parce que tentation n'est autre chose que cette fâcheuse guerre que nous avons à soutenir continuellement contre les ennemis de notre salut. Notre nature, déchue volontairement de l'état d'innocence dans laquelle Dieu l'avait formée, se trouve dans la misère et dans la corruption; en sorte qu'elle trouve en elle-même sa peine et son mal, par le changement continuel auquel elle est exposée. Si elle veut s'élever, par ses désirs, aux choses sublimes, elle en est aussitôt repoussée par sa mutabilité, et elle retombe misérablement en elle-même. Il est vrai que l'homme ne manque pas de moyens de vaincre la tentation, mais à peine a-t-il retranché ce que son infirmité avait fait naître, que cette même infirmité engendre de quoi retrancher de nouveau ; c'est ainsi que sa vie est une milice ou un combat continuel. C'est donc avec raison que Job disait : *La vie de l'homme est une tentation sur la terre;* mais il n'a pas moins sujet de comparer nos jours à ceux d'un mercenaire, qui souhaite que son temps finisse bientôt, afin d'obtenir le prix de ses peines et de son travail; parce qu'en effet l'homme sage considère la vie présente comme un chemin, et non comme sa patrie ; comme le temps de ses travaux, et non de sa récompense ; et se regarde d'autant plus éloigné du prix éternel auquel il aspire, qu'il lui tarde davantage d'arriver à la fin de sa vie mortelle. *Dieu est très-sage et très-puissant...... S'il vient à moi, je ne le verrai point; s'il s'en éloigne, je n'en saurai rien.* L'homme, exclu des joies intérieures en punition de son péché, a perdu la vue de l'âme, et ne sait plus où le conduisent les pas incertains de ses mérites. » Souvent il attribue à la colère de Dieu ce qui est un pur effet de sa grâce; et souvent ce qu'il considère comme une grâce n'est qu'un effet de sa colère. Qui d'ailleurs se croira abandonné de la grâce de Dieu, lorsqu'après avoir donné quelque solide témoignage de son amour pour la pureté, il souffre de nouveau les tentations de la chair, que les pensées déshonnêtes ne sortent point de son esprit, et que ces images impures et criminelles lui remplissent sans cesse l'imagination ? Cependant, quand toutes ces tentations ne font que le peiner et le fatiguer, et qu'elles ne le surmontent point, il est sans doute qu'au lieu de le faire mourir par un consentement impudique, elles le maintiennent par humilité, parce que l'âme, reconnaissant sa faiblesse dans l'effort des tentations, met tout son secours dans l'assistance divine, et perd toute confiance en ses propres forces, de sorte qu'il arrive qu'elle est plus étroitement unie à Dieu, par cela même qui la faisait soupirer dans la crainte d'en être plus éloignée. Nous sommes donc incapables de reconnaître quand nous nous approchons, ou quand nous nous éloignons de Dieu, tant que la fin des choses douteuses n'est point arrivée, puisqu'à l'égard des tentations, nous ignorons si elles nous éprouvent ou si elles nous tuent; puisque, par rapport aux dons de Dieu, nous ne savons pas davantage s'ils servent de récompenses temporelles à ceux qui sont abandonnés pour l'éternité, ou bien s'ils nous soutiennent pendant cette vie pour nous conduire à la vie future.

Troisième partie. — Elle est composée de

six livres, et comprend l'explication de douze chapitres du livre de *Job.* Voici comment le saint docteur explique ce passage : « Si Dieu détruit, il n'est personne qui édifie ; si Dieu fait un homme captif, il n'est personne qui le puisse élargir. Dieu détruit quand il abandonne le cœur de l'homme ; il édifie quand il le remplit des dons de sa grâce ; car ce n'est pas en le surmontant et en l'abattant par l'effort de sa puissance qu'il le détruit, mais seulement en se retirant, puisqu'il suffit à l'homme pour se perdre d'être abandonné de son Créateur ; ce qui fait qu'il arrive souvent que le cœur des auditeurs n'étant pas rempli de sa grâce en punition de leurs fautes, c'est en vain que le prédicateur les instruit et les exhorte ; et la bouche de celui qui parle est comme muette, si celui qui inspire les paroles qui se font entendre au dehors ne crie au dedans du cœur ; ce qui fait dire à David dans un psaume : *Si le Seigneur ne bâtit lui-même une maison, c'est en vain que travaillent ceux qui la bâtissent ;* et il ne faut pas s'étonner si un simple prédicateur n'est écouté d'un cœur réprouvé, puisque Dieu trouve quelquefois de la résistance dans les mœurs dépravées de ceux à qui il parle lui-même. *Je sais que mon Rédempteur est vivant.* Job ne dit pas Créateur, mais *Rédempteur,* afin de nous mieux marquer celui qui, après avoir créé toutes choses, s'est fait homme pour nous racheter de la servitude, et nous a délivrés de la mort éternelle que nous avions méritée. Les infidèles n'en croiront peut-être autre chose, sinon qu'il a été fouetté, moqué, souffleté, couronné d'épines, enfin qu'on l'a fait mourir ; mais moi, je crois avec une foi certaine, et je confesse hautement que mon Rédempteur, qui est mort entre les mains des Juifs, est vivant après sa mort. *Je sais qu'au dernier jour je ressusciterai de la terre,* parce que le Seigneur accomplira en nous une résurrection pareille à celle qu'il a fait premièrement paraître en sa personne. *Je serai de nouveau environné de ma peau :* expression par laquelle Job ôte tout le doute qu'on pourrait avoir d'une véritable résurrection. » Saint Grégoire donne en cet endroit l'abrégé des conférences qu'il eut à Constantinople avec le patriarche Eutychius, qui était dans l'erreur au sujet de la résurrection des corps, en s'imaginant qu'ils deviendraient impalpables et plus subtils que l'air et le vent. Eutychius rétracta son erreur au lit de la mort lorsque, prenant la peau de ses mains, il dit hautement en présence de ses amis : « Je confesse que nous ressusciterons tous en cette chair. » Job lève toute difficulté qui pourrait rester encore dans l'esprit sur ce sujet, lorsqu'il ajoute : *Je verrai Dieu dans ma chair, je le verrai moi-même, et ce ne sera pas un autre, et mes yeux le contempleront.*

Quatrième partie. — Dans cette partie saint Grégoire s'applique à montrer que Job a figuré et par son nom et par ses souffrances celles du Sauveur et de l'Eglise, qui est son corps ; car le nom de Job signifie *affligé ;* or personne ne l'a été plus que celui dont il est écrit dans Isaïe : *Il a porté nos langueurs, et il a souffert nos douleurs et nos maladies.* Il montre également que les amis de Job représentent les hérétiques, qui offensent Dieu, sous prétexte de défendre ses intérêts. Il traite du nombre des anges, et montre que Dieu en a établi pour le gouvernement des nations et des empires, et que, dans la conservation des intérêts qui sont si souvent opposés, ils n'agissent que par la volonté divine et les principes d'une parfaite équité. On peut encore appliquer aux anges ce qui est dit ensuite : *Les colonnes du ciel tremblent et sont dans l'épouvante au moindre signe de sa volonté ;* parce qu'encore qu'ils voient Dieu sans cesse, ils ne le contemplent jamais cependant sans trembler d'une frayeur respectueuse, qui en eux est plutôt un mouvement d'admiration que d'épouvante. Le passage suivant est appliqué aux pécheurs : *Dieu se jettera sur lui et ne l'épargnera pas.* En effet, toutes les fois que Dieu corrige un pécheur par ses fléaux, il ne se jette d'abord sur lui que pour l'épargner ; mais si, malgré cette épreuve, le pécheur continue à l'offenser, alors ce n'est plus pour l'épargner que Dieu se jette sur lui, mais pour le punir. *J'ai fait accord avec mes yeux,* continue le saint Arabe, *que je ne penserais pas seulement à regarder une fille.* L'âme, substance invisible, ne saurait être sensible par elle-même aux plaisirs des choses terrestres et corporelles ; mais comme elle est intimement unie au corps, les sens deviennent pour elle comme autant d'ouvertures et de passages par lesquels elle se répand au dehors. La vue, l'ouïe, le goût, l'odorat, le toucher, sont les canaux par lesquels elle se porte vers les objets extérieurs ; ce sont des fenêtres à travers lesquelles elle contemple les choses sensibles, et les désire en les contemplant. C'est ce qui a fait dire au prophète Jérémie : *La mort a monté par nos fenêtres, et elle est entrée dans nos maisons.* Quiconque, en effet, s'arrête inconsidérément à regarder par ces fenêtres corporelles, est souvent attiré malgré lui par de dangereuses délectations, puis insensiblement gagné par des désirs illicites ; il commence à vouloir ce que jusque-là il ne voulait pas. Job, qui, en juge équitable et prudent, présidait avec soin sur tous ses sens, regardait le péché de loin, et, longtemps avant de pouvoir y tomber, fermait les fenêtres de son corps à la mort spirituelle, dans la crainte d'en être surpris. Afin donc de se conserver toujours chaste, il fait un accord avec ses yeux de ne regarder aucune des beautés qu'il craignait d'aimer, quand même il ne les regarderait pas à mauvais dessein. En effet, le poids de la chair, qui nous attire sans cesse en bas est d'une pesanteur si prodigieuse, que quand l'image de quelque beauté terrestre a pénétré par les yeux jusque dans le cœur, il faut de grands efforts et de grands combats pour l'en effacer. Le moyen de n'avoir rien d'impur dans sa pensée est de ne point regarder ce qu'il n'est point permis de désirer. Job ajoute : *Quelle part Dieu prendrait-il de moi là-haut?* comme s'il disait : Si je laisse souiller mon âme par des pensées impures, je ne pourrai jamais être l'héritage de celui qui est l'auteur et le principe de toute pureté : car tous les biens que l'on peut avoir sont inutiles, s'ils ne sont soutenus devant Dieu par le témoignage de la chasteté.

Cinquième partie. — Elle embrasse six chapitres, depuis le trente-unième du livre de *Job* jusqu'au trente-septième inclusivement. Après que les amis de Job eurent parlé, un jeune homme, nommé Eliu, dit : *Je répondrai aussi à mon tour et je ferai connaître ma science.*

Le caractère du présomptueux est moins d'être savant que de le paraître. Tous ses discours ne tendent qu'à faire parade de sagesse, non à la posséder en effet. Les saints prédicateurs, au contraire, se contentent de contempler dans le secret de leur cœur le don de lumière qu'ils ont reçu de Dieu : ils le goûtent au dedans, où ils l'ont reçu, et non au dehors, où ils sont obligés de le manifester. Mais lors même que le devoir les oblige à le manifester; comme c'est toujours un motif de charité qui les anime, ils ne sentent de joie que du bien spirituel qu'en tirent leurs auditeurs, et non de l'estime et des applaudissements que cet éclat fait rejaillir sur eux. *Ecoutez, sages, mes paroles, et vous, savants, soyez attentifs à ce que je dis.*

Il faut être bien présomptueux pour s'imaginer qu'il n'y a que les sages et les savants qui soient dignes d'entendre ce que nous disons. Le vrai prédicateur de la sagesse en parle bien différemment, sachant qu'il est redevable aux savants et aux ignorants. Le premier ne veut être écouté que des savants, parce qu'il ne prêche pas pour rendre sages ses auditeurs, mais il en cherche qui le soient déjà, afin de faire éclater devant eux la subtilité de son esprit et l'étendue de son savoir. Il pense moins à instruire qu'à briller. Il ne se préoccupe pas si ceux qui l'écoutent en deviendront plus justes et plus parfaits : que lui importe? Il vise à la réputation de savant, et tout est gagné s'il parvient à l'obtenir.

Dieu n'écoutera point en vain, et le Tout-Puissant examinera la cause de chacun en particulier. L'Ecriture marque ici deux choses : l'une, que Dieu n'écoute pas en vain ceux qui crient à lui; et l'autre, qu'il regarde ceux qui souffrent. Il ne faut pas croire que Dieu nous néglige lorsqu'il diffère de nous écouter; souvent il arrive qu'il exauce nos désirs, lorsqu'il ne nous en accorde pas sitôt l'effet, et que les choses dont nous demandons promptement l'accomplissement trouvent, dans le retard, un succès plus heureux et plus favorable. Nos prières sont exaucées en cela même que Dieu semble différer de les exaucer; nos désirs s'étendent à mesure que Dieu semble les négliger, et en croissant de la sorte, ils se fortifient et deviennent capables de recevoir leur véritable accomplissement. Le travail du combat est prolongé, afin que la couronne de la victoire en soit plus riche et plus glorieuse. Quand donc le Seigneur n'exauce pas promptement les siens, il les attire véritablement à lui lorsqu'il semble qu'il les repousse; c'est un médecin intérieur et spirituel, qui retranche dans le fond de l'âme toute la corruption qu'il ne peut y souffrir, qui fait sortir toute la pourriture de notre cœur par le feu de la tribulation, et qui guérit d'autant mieux les maladies spirituelles, qu'il écoute moins la voix des malades.

Sixième partie. — Elle continue l'explication du livre de *Job*, depuis le chapitre trente-septième jusqu'au quarante-deuxième, qui est le dernier. Le Seigneur répondant à Job du sein d'un tourbillon, lui dit : *Qui est celui qui mêle des sentences parmi des discours impertinents?* Si Job eût été dans un état de santé et de prospérité, Dieu lui eût parlé d'un lieu plein de calme et de tranquillité; mais comme il adressait son discours à un homme accablé de douleur et d'affliction par la perte de ses biens, la mort de ses enfants, les plaies dont son corps était couvert, les paroles impertinentes de sa femme, et les discours injurieux de ses amis, il est dit qu'il lui parla du milieu d'un tourbillon et du sein de la tempête. En effet, lorsque Dieu touche intérieurement le cœur de ses serviteurs par un sentiment de componction, il leur parle d'une manière bien différente que lorsqu'il les châtie par la rigueur de ses fléaux, pour empêcher qu'il ne s'élèvent de vaine gloire. Dans le premier cas, sa parole s'insinue doucement dans l'âme, pour la faire avancer dans le chemin de la vertu; dans le second, elle réprime et détruit fortement en elle ce qui l'empêche d'avancer; l'une lui apprend ce qu'elle doit rechercher, et l'autre ce qu'elle doit craindre. Dieu avait résolu de rendre à Job le double de ce qu'il avait perdu; et pour empêcher que sa victoire ne le fît tomber sous l'épée mortelle de la vanité, ou de la complaisance en lui-même, il le reprend ici sévèrement, pour lui conserver la vie de l'âme, en le tenant dans l'humilité : *Savez-vous*, lui dit-il, *quand vous deviez naître, et connaissez-vous le nombre de vos jours? Connaissez-vous l'ordre du Ciel, et en marquerez-vous bien les raisons sur la terre?* Dieu parle ainsi à l'homme, afin de lui apprendre qu'il ne se connaît pas lui-même; que, sachant qu'il ne se connaît pas, il craigne; que craignant, il s'humilie et ne présume rien de soi; que, ne présumant rien de soi, il ait recours à l'assistance de son Créateur, et qu'étant mort pour avoir mis sa confiance en lui-même, il revienne en recherchant le secours de celui qui l'a formé. Alors Job répondant au Seigneur, lui dit : *Je sais que vous pouvez tout, et que nulle pensée ne vous est cachée : c'est pourquoi j'ai parlé comme un insensé, et j'ai dit des choses qui surpassaient infiniment ma connaissance.* Notre sagesse, en comparaison de la sagesse souveraine, n'est que folie; Job avait parlé sagement aux hommes, mais ayant entendu les oracles de la bouche de Dieu, il reconnaît encore avec plus de sagesse qu'il n'est point sage.

Saint Grégoire finit ses *Morales sur Job* par une prière à tous ceux qui les liront. Il les conjure de penser à lui devant le tribunal du souverain Juge, de le recommander à son indulgence, de laver eux-mêmes dans l'eau de leurs larmes toutes les taches qu'ils auront remarquées dans son cœur en lisant ses écrits. C'est bien là la précaution d'un saint qui ne juge de lui-même qu'avec humilité, et qui veut qu'on lui pardonne comme des fautes ce que la postérité ne pourra lire qu'avec respect et admiration. Quelque sobre de réflexions que nous nous soyons montré dans le cours de cette analyse, nous en avons assez rapporté cependant, pour donner aux lecteurs une idée de ce commentaire, et pour les mettre en état de juger quelle édification peuvent en tirer ceux qui aiment à s'instruire dans la science des saints. C'est pour eux particulièrement que cet ouvrage a été entrepris. Aussi le saint docteur ne s'y est-il pas attaché à approfondir la lettre de l'Ecriture, encore moins à parler avec l'élégance et la méthode des orateurs; il s'est peu arrêté aux paroles, comme il le dit lui-même, afin de s'appliquer davantage aux choses. Aussi, comme le remarque Butler dans l'article qu'il lui a consacré dans ses *Vies des saints*, « les plus belles maximes de la vie chrétienne, les règles les plus importantes de la piété et de la morale, se trouvent décrites dans ses livres d'une manière toute sainte et toute pleine de grâce, de sagesse et d'onction. » C'est là que saint Isidore de Séville, et saint Thomas d'Aquin, sans parler de beaucoup d'autres, ont puisé les maximes sublimes que nous admirons dans leurs écrits. Il serait donc honteux à un prêtre exerçant la profession de prédicateur de ne pas connaître, au moins sommairement, la doctrine d'un pontife toujours vivant dans l'Eglise de Dieu pour lui communiquer sa lumière, et lui aider à perpétuer la tradition des célestes doctrines.

Homélies sur Ezéchiel. — On croit généralement aujourd'hui, d'après le témoignage de Paul Diacre, que saint Grégoire prononça ses homélies sur Ezéchiel en 592, dans le temps qu'Agilulfe, roi des Lombards, quitta Pavie, où il faisait sa résidence ordinaire, pour venir avec une armée puissante reprendre Pérouse, et mettre le siège devant Rome. Ces homélies sont au nombre de vingt-deux, divisées en deux livres, dix dans le premier et douze dans le second. Le premier livre contient l'explication des trois premiers chapitres de cette prophétie et le commencement du quatrième. Le second n'explique qu'un chapitre de la vision d'Ezéchiel. Les événements de la guerre, et les troubles qui en sont le résultat inévitable, empêchèrent le savant pontife de compléter cette explication, comme on peut s'en convaincre par cette réflexion, qu'il adresse à ses auditeurs en terminant la dernière. « Vous voyez quelles sont nos afflictions : le glaive nous environne de toutes parts; les uns reviennent avec les mains coupées; les autres sont pris et plusieurs ont trouvé la mort. Quand on en est réduit à craindre tous les jours pour sa vie, comment pourrait-on expliquer les mystères de l'Ecriture ? Il ne reste plus alors qu'à rendre grâces avec larmes à celui qui nous frappe pour nos péchés. » Saint Grégoire adressa ses vingt-deux homélies à l'évêque Marien qui les lui avait demandées. Le style en est simple et généralement peu élevé, comme il convient à des discours adressés à tout un peuple. Saint Grégoire commmence ordinairement par l'explication littérale, pour se livrer ensuite à des applications morales ou spirituelles, qu'il fortifie de passages de l'Ecriture interprétés dans un sens allégorique. En voici les endroits les plus remarquables.

« Nous lisons dans l'Evangile que Jésus-Christ, à l'âge de douze ans, alla s'asseoir dans le temple, interrogeant les docteurs de la loi, les consultant, ne les enseignant pas. Celui qui, dans le ciel, instruit les anges, veut bien interroger des hommes, pour nous apprendre par son exemple à ne pas nous charger du ministère de la prédication dans un âge peu avancé.

« Il y a une honte qui est louable dans le mal, et une autre qui est criminelle dans le bien. Rougir de mal faire, c'est une marque de sagesse; rougir de bien faire, c'est une marque de folie : rougir d'offenser Dieu, c'est une marque de bonne conscience; mais rougir de s'humilier devant lui par la pénitence, c'est une marque d'une conscience mauvaise. »

Saint Pierre voulant que la loi fût maintenue quant à la circoncision, saint Paul lui résista en face, comme étant *répréhensible*; et c'est lui-même qui l'a consigné dans ses Epîtres. Saint Pierre, de son côté, jugeait qu'il y avait dans les Epîtres de saint Paul des endroits difficiles à entendre, bien qu'il y reconnaisse des choses admirables. Il n'en eût pas porté ce témoignage s'il ne les avait pas lues. En les lisant, il n'a pas manqué d'y voir que saint Paul l'accusait d'avoir été répréhensible. Mais l'amour de la vérité l'emportant sur toute considération personnelle, il n'a pas craint d'en faire l'éloge, approuvant la censure que son inférieur faisait de lui, et se montrant par là le premier par humilité comme il l'était par la prééminence de son apostolat. Réfléchissez bien, mes frères, sur cette conduite du prince des apôtres. Quel empire sur lui-même ! quelle douceur, quel calme d'esprit, quelle gravité ! Il ne rappelle pas qu'il fut avant lui appelé à l'apostolat, que c'était à lui qu'avaient été données les clefs du royaume du ciel; il ne parle ni de ses privilèges ni de ses miracles. Rien de tout cela; il ne pense qu'à nous donner l'exemple de l'humilité. Je vous le demande, quel est celui d'entre nous qui, s'il eût été favorisé le moins du monde du don des miracles, permettrait à son frère de lui adresser des reproches ? Nous sommes bien loin, nous, d'avoir fait de ces œuvres extraordinaires ; et que l'on vienne à censurer quelqu'une de nos actions, nous nous enflons, nous nous imaginons être grands, nous rappelons aussitôt les vertus que nous n'avons pas.

Dites-moi, qu'y a-t-il dans le monde qui doive nous y attacher ? Partout ce n'est que deuil et gémissements. Nos cités sont renversées, nos camps en déroute, nos campagnes désolées ; cet empire n'est plus qu'une vaste solitude ; partout le silence de la mort, et le petit nombre qui a pu échapper au carnage est en proie à des calamités sans cesse renaissantes. Il n'existe plus sous nos yeux que les restes du genre humain. Les fléaux de la colère céleste n'ont point de terme, parce que les crimes qui les ont provoqués n'en ont point. Vous voyez les uns traînés en captivité, les autres mutilés, les autres égorgés sans pitié. Encore une fois, qu'avons-nous dans le monde qui mérite de nous y retenir ? Aimer encore ce monde, c'est aimer, non ses plaisirs, mais ses maux. Cette Rome, autrefois la maîtresse de l'univers, qu'est-elle aujourd'hui ? Elle succombe sous le poids des tribulations qui l'accablent. Abandonnée par ses citoyens, insultée par ses ennemis, elle n'est plus qu'un monceau de ruines. Qu'est devenu son sénat ? qu'a-t-elle fait de son peuple ? que parlé-je des hommes, quand ses édifices mêmes ne sont plus ; quand vous en chercheriez en vain les murailles ? où sont-ils, ceux-là qui s'énorgueillissaient de sa gloire ? Ses joies bruyantes, ses pompeux spectacles, tout s'est évanoui. Plus de courtisans qui viennent y chercher la fortune ; plus de jeunesse qui afflue dans son enceinte pour venir s'y disputer les avantages du siècle, plus d'oppresseur qui vienne s'y repaître du sang de ses victimes. Pas une ville n'a été plus épargnée que cette capitale. Toutes sont ou dévorées par le glaive, ou ravagées par la famine, ou englouties par les tremblements de terre. Puisque ce monde s'écroule de toutes parts, sortons donc de toute l'enceinte de ce monde.

Il est des hommes qui se croient des modèles de patience : c'est qu'ils n'ont point rencontré de contradicteurs. Ils se vantent en eux-mêmes d'être arrivés au comble de la perfection. Où sont les disgrâces qu'ils aient eues à essuyer ? Si nous nous souvenions dans la prospérité des maux qui nous sont arrivés ou qui peuvent nous arriver, notre cœur ne s'en enflerait pas, parce que sa joie serait modérée par l'appréhension des malheurs qui peuvent survenir. Et si dans l'adversité, nous nous rappelions le bonheur que nous avons eu, ou que nous pouvons goûter encore, nous ne serions ni abattus par les disgrâces ni enorgueillis par la prospérité.

Homélie sur les Evangiles. — Jean Diacre observe que saint Grégoire régla à Rome les stations, c'est-à-dire, les églises où l'on devait s'assembler pour célébrer l'office de chaque jour ; et, chose digne de remarque, on y lit encore aujourd'hui presque tous les mêmes passages de l'Evangile qu'il y avait expliqués, tant l'Eglise est exacte à consacrer les anciens usages. Ce fut à chacune de ces stations que pendant quarante jours on fit lire, quand il n'avait pas la force de les débiter lui-même, ses quarante homélies sur les Evangiles. Elles furent accueillies avec des applaudissements si unanimes qu'on en tira une grande quantité de copies que le saint docteur fut obligé de retoucher pour les rendre fidèles. Il les réunit en deux livres, dont le premier contient vingt homélies qu'il avait dictées à ses secrétaires, et le second celles qu'il a prononcées lui-même.

Première homélie. — *Sur le jugement dernier.* — Les guerres, les pestes, les tremblements de terre qui ravageaient l'Italie et plusieurs autres provinces, lui donnaient lieu de croire que le temps du jugement dernier arrivait. Il prit donc occasion de ces calamités pour disposer son peuple à se préparer à ce jour terrible, dont le Seigneur ne nous a ôté la connaissance qu'afin qu'une crainte salutaire nous le fasse envisager toujours comme prêt à fondre sur nous.

« Vous venez de voir les effets d'un simple ouragan. En un moment vous avez vu des arbres d'un siècle déracinés, des maisons renversées, des églises abattues. Combien d'hommes à la fin du jour, pleins de force et de vigueur, méditaient des projets pour le lendemain, enveloppés tout à coup dans les filets de la mort, sont tombés, avant le retour du lendemain, de leur lit dans le tombeau ! Si Dieu, qui tient dans sa main les vents et les tempêtes, a fait éclater sa puissance d'une manière si formidable, sans se montrer, sans emprunter d'autre instrument qu'un tourbillon d'un moment et une nuée sans consistance, que sera-ce quand il viendra en personne dans tout le terrible appareil de sa justice vengeresse ? Il lui suffit d'agiter l'air, et la terre est ébranlée : que sera-ce quand le ciel tout entier sera dans l'agitation ? Les fléaux qui nous désolent, voilà les hérauts des vengeances divines : que sera-ce quand sa propre voix se fera entendre ? »

Deuxième homélie. — Prêchée comme la première dans la basilique de saint Pierre, elle explique le passage du dix-huitième chapitre de saint Luc, où nous lisons que Jésus-Christ, ayant pris à part ses douze apôtres, leur prédit sa passion, et qu'en passant par Jéricho, il guérit un aveugle de naissance.

Jésus-Christ notre Rédempteur, prévoyant que sa passion jetterait le trouble dans l'âme de ses disciples, leur prédit ses souffrances et sa mort longtemps avant qu'elles arrivent, et il leur prédit aussi la gloire de sa résurrection qui les doit suivre, afin que, lorsqu'ils le verraient mourir, ainsi qu'il le leur avait annoncé, ils ne doutassent pas qu'il ne dût ressusciter aussitôt. Mais parce que les disciples, encore charnels, étaient peu propres à entrer dans ces mystères, Jésus-Christ opère un miracle devant eux ? Il guérit un aveugle en leur présence, afin que s'ils avaient de la peine à comprendre les mystères qu'il leur annonçait, ils n'en eussent pas à croire des événements qu'ils voient attestés par des merveilles divines.

« Mais, mes très-chers frères, il faut considérer les miracles de notre Sauveur en deux manières, et comme des événements certains qu'il faut croire, et comme des emblèmes qui nous instruisent de quelque autre mystère dont ils sont la figure. Car toutes les œuvres de Jésus-Christ nous présentent un effet merveilleux et sensible, qui nous apprend quelque mystère que nous ne voyons pas. L'histoire nous laisse ignorer, par exemple, quel fut cet aveugle guéri; mais nous savons quel mystère il représentait. Nous savons qu'il est la figure du genre humain, qui, chassé du paradis dans la personne de ses premiers pères, et privé de l'éclat de la lumière céleste, se trouve plongé dans les ténèbres auxquelles il a été condamné, jusqu'à ce qu'il soit éclairé par la présence de son Rédempteur, et que, commençant à apercevoir la lumière éternelle par les yeux du cœur, il puisse rentrer par elle dans le chemin de la vie.

« Que celui donc qui connaît son aveuglement et ses ténèbres crie du fond de son cœur, et dise par la voix de ses désirs : *Jésus, fils de David, ayez pitié de moi.* Mais écoutons ce que l'on dit à cet aveugle : *Ceux qui précédaient Jésus-Christ voulaient l'empêcher de crier.* Que marquent ici ceux qui précèdent Jésus-Christ, si ce n'est la multitude des désirs charnels, et le tumulte des vices qui, précédant Jésus-Christ dans nos âmes, dissipent nos esprits par mille pensées, et troublent les mouvements de nos cœurs dans la prière? Mais écoutons ce que fait cet aveugle qui veut être guéri. Il crie encore plus fort : *Jésus, fils de David, ayez pitié de moi.* A mesure qu'on le reprend, et qu'on veut lui imposer silence, il crie davantage, pour nous apprendre que plus nous sommes tourmentés et dissipés par des idées charnelles, plus nous devons faire instance dans la prière. C'est alors que Jésus-Christ, arrêtant sa marche, consent à s'établir dans nos cœurs; et la lumière nous est rendue. *Que voulez-vous que je fasse pour vous?* demande-t-il à l'aveugle. Quoi donc! ne le savait-il pas à l'avance, lui qui pénètre le fond des cœurs? Oui, sans doute, mais il veut qu'on le prie, qu'on le sollicite. — *Seigneur, faites que je voie.* Ce que demande cet aveugle, ce n'est point de l'or, mais la lumière. A son exemple, demandons au Seigneur, non des richesses terrestres et périssables, mais la lumière; et laquelle? Non cette lumière qui se renferme dans un espace de lieu et de temps, mais celle qui n'a ni commencement ni fin, celle qui ne se communique qu'aux Esprits célestes. Mais celle-là on ne l'obtient que par la foi. Et Jésus répond : *Voyez. Votre foi vous a sauvé.* A l'instant, l'aveugle vit, et il suivit Jésus-Christ. Suivre Jésus-Christ, c'est marcher sur ses traces dans la voie laborieuse de l'humilité et des souffrances.

Est-ce là ce que vous faites, vous, esclaves de l'avarice, de l'orgueil, de l'envie, » etc.

Troisième homélie. — Elle est sur ces paroles de Jésus-Christ dans saint Matthieu : *Celui-là est mon frère, ma sœur, ma mère, qui fait la volonté de mon Père qui est dans les cieux.* Elle fut lue dans l'église de Sainte-Félicité, au jour de la fête de cette martyre, et contient son éloge. Cette sainte avait souffert la mort, après ses enfants, sous la persécution de Marc-Aurèle. « Mère de sept enfants, cette héroïne chrétienne craignait plus de les laisser sur la terre après elle, que les autres mères ne craignent de survivre aux leurs. Elle fut plus que martyre, puisqu'elle eut à souffrir en quelque sorte ce que souffrait chacun de ses enfants; ayant commencé son martyre dans l'aîné de ses fils et ne l'ayant consommé que dans sa propre mort. Comme mère, elle éprouvait tout ce que la nature fait endurer en pareille circonstance; mais elle se réjouissait dans son cœur par les sentiments que l'espérance lui inspirait... Souvent un mot nous trouble, la moindre contradiction nous irrite ou nous décourage, et cependant les supplices et la mort même ne purent ébranler l'âme courageuse de Félicité. Nous pleurons sans cesse lorsque Dieu nous redemande les enfants qu'il nous avait donnés, tandis que Félicité se réjouit de voir les siens sceller leur foi par l'effusion de leur sang. »

Quatrième homélie. — Elle fut prêchée dans l'église de Saint-Étienne, martyr. Saint Grégoire traite de la mission que le Sauveur donna à ses apôtres, d'aller prêcher l'Évangile partout, excepté chez les Gentils et les Samaritains. Le saint docteur remarque que Jésus-Christ, après leur avoir donné le pouvoir de prêcher et de faire des miracles nécessaires alors pour la conversion des peuples, ajouta : *Donnez gratuitement ce que vous avez reçu gratuitement;* regardant cet ordre comme nécessaire, parce qu'il prévoyait qu'à l'avenir, il y en aurait qui feraient un commerce de la prédication, et qui chercheraient à satisfaire leur avarice, même par le don des miracles. Il traite, à cette occasion, des diverses espèces de simonie, et remarque qu'elle ne consiste pas seulement dans un trafic formel des choses saintes, mais qu'il y a simonie également à rechercher dans l'ordination quelque faveur humaine. On se paye par des louanges aussi bien que par de l'argent. On satisfait son orgueil, comme on satisfait son avarice, et les distinctions terrestres achetées au prix d'un de ces dons du ciel dont on possède le trésor spirituel, peuvent être considérées comme un de ces marchés de Judas, où c'est le sang d'un Dieu qui paye la satisfaction d'un vice.

Cinquième homélie. — Elle fut lue dans l'église de Saint-André, le jour de la fête de cet apôtre. La vocation de saint Pierre et de saint André à l'apostolat fait tout le sujet de ce discours.

« Sur la simple parole de Jésus-Christ, Pierre et André ont abandonné leur barque et leurs filets pour le suivre. Ils ne l'avaient pas encore vu faire de miracles, ni entendu promettre un royaume des cieux; n'importe, ils ont tout quitté. Nous, nous sommes entourés de ses miracles; les fléaux de sa justice nous frappent et nous poursuivent; sa voix nous presse et nous sollicite par les plus terribles menaces; et nous refusons de le suivre. Ce n'est plus un Dieu caché sous les voiles de son humanité qui nous parle, c'est un Dieu triomphant dans le ciel, qui nous crie de faire pénitence. Il foudroie sous nos yeux toutes les pompes du siècle par les désastres journaliers dont il nous afflige; il nous appelle à la pensée du formidable jour de ce dernier jugement qui s'apprête; et notre vanité indocile et superbe ne consent pas à se détacher de ces biens périssables qui tous les jours nous échappent malgré nous (1). Qu'aurons-nous donc à lui répondre à ce jour terrible, nous dans qui ni ses commandements ni ses châtiments ne peuvent étouffer l'amour que nous avons pour les choses présentes ?

« Peut-être m'interrompez-vous au fond de vos cœurs pour me demander: Mais qu'ont abandonné ces pêcheurs, puisqu'ils ne possédaient rien ? — Je réponds qu'il faut considérer dans leur action, moins encore ce à quoi ils renoncent que le sentiment par lequel ils y renoncent. Celui-là a quitté beaucoup qui ne se réserve rien. Pierre et André sacrifient tout, puisqu'ils renoncent même au désir d'avoir (2). Vous n'avez rien : mais vous donnez beaucoup, si vous renoncez à toute affection mondaine. Vous n'avez en propre que votre cœur : donnez-le tout entier à votre maître qui vous le demande. »

Sixième homélie. — Elle fut prêchée, le troisième dimanche d'Avent, dans l'église des saints martyrs Pierre et Marcellin. Saint Grégoire y expliqua l'endroit de l'évangile selon saint Matthieu, où il est dit que saint Jean ayant appris en prison les œuvres miraculeuses de Jésus-Christ, lui fit demander par ses disciples : *Etes-vous celui qui doit venir?* Ce n'est pas que saint Jean doutât que Jésus-Christ fût le Messie, puisqu'il l'avait montré aux Juifs, et qu'il l'avait baptisé; mais il voulait savoir si, étant venu pour sauver les hommes, il mourrait pour eux, et descendrait jusqu'aux enfers pour en délivrer ceux qui y étaient en captivité; afin que, mourant avant Jésus-Christ, il pût annoncer sa venue dans ces lieux souterrains, comme il l'avait annoncée sur terre. On a marqué à la tête des autres homélies les églises et les jours où elles furent prononcées; ce qui est remarquable, pour connaître les différentes stations établies par saint Grégoire; il y en a pour les basiliques de la Sainte-Vierge, de Saint-Sylvestre, de Saint-Pierre, de Sainte-Agnès, de Saint-Félix, martyr, de Saint-Paul, de Saint-Jean-de-Latran, de Saint-Laurent et de Saint-Jean-Baptiste.

(1) Imité par La Rue, *Panégyr. de saint André*, t. II, p. 67.
(2) BOURDALOUE, *Serm. sur le renoncement religieux*, à la suite des *Panégyr.*, t. II, p. 208.

Septième homélie, pour le quatrième dimanche d'Avent. — Saint Grégoire y donne l'explication du témoignage que saint Jean rendit à Jésus-Christ, et qu'il se rendit à lui-même, en confessant qu'il n'était pas le Christ, ni Elie, ni prophète, mais seulement la voix de celui qui crie dans le désert. Sur quoi ce saint Pape le loue de ce qu'il trouvait sa joie dans l'accroissement du vrai Messie, et de son propre abaissement; et il dit qu'en refusant de passer pour le Christ, saint Jean devint, par l'humble connaissance de sa faiblesse, un des plus nobles membres de Jésus-Christ et enfant de Dieu. Il ajoute que saint Jean, en niant qu'il fût Elie, ou un prophète, ne disait rien contre la vérité, parce qu'encore qu'il eût l'esprit et la vertu d'Elie, il était différent de lui personnellement, et qu'il n'était point un prophète, en la même manière que tous les anciens qui avaient prédit Jésus-Christ longtemps avant son avènement, au lieu qu'il le montrait à ceux qui voulaient le voir.

Huitième homélie. — Elle est sur la naissance du Sauveur, dont l'histoire est rapportée dans le second chapitre de saint Luc. Cette homélie est fort courte, parce que l'usage étant, à Rome, de dire trois messes le jour de Noël, en différentes églises, il restait peu de temps pour l'explication du mystère.

Neuvième homélie. — Elle regarde la parabole des cinq talents, qui sert d'évangile au jour de la fête de saint Sylvestre. Il n'est personne qui n'ait reçu de Dieu quelque talent; l'un l'intelligence, l'autre le don de la parole; celui-là des richesses, celui-ci la connaissance de quelque art; un autre, la faveur de personnes puissantes. Ce sont autant de moyens de se rendre utiles aux autres, et autant de talents dont Dieu demandera compte. Il le demandera à celui qui, étant en pouvoir auprès d'un homme riche, n'en aura pas profité pour soulager la misère du pauvre.

Dixième homélie. — Saint Grégoire explique l'évangile que nous lisons le jour de l'Epiphanie. Il y fait sentir l'affreux aveuglement des Juifs qui méconnaissent Jésus-Christ, quand les nations infidèles et tous les éléments lui rendent témoignage. « Tous les éléments, dit-il, ont rendu hommage à la divinité de Jésus-Christ, durant sa vie et à sa mort; le ciel, en lui envoyant une étoile, au jour où il naquit; la mer, en s'affermissant sous ses pieds; le soleil, en voilant ses rayons quand il le vit sur la croix; les rochers, quand ils se fendirent au moment de sa mort; les sépulcres, en rendant les cadavres qu'ils tenaient renfermés. La nature entière a reconnu dans Jésus-Christ son créateur et son maître : le juif seul s'est montré plus dur que les rochers, plus froid que les sépulcres. »

Onzième homélie. — Dans cette homélie, qui explique la parabole du trésor caché dans un champ, le saint docteur fait, en peu de mots, l'éloge de sainte Agnès, dont on célébrait la fête avec beaucoup de solennité. « Cette illustre martyre ne l'aurait pas été;

elle n'aurait pas eu le courage de souffrir les tourments les plus cruels, ni de résister aux plus séduisantes promesses, de mourir à la chair, si elle n'avait commencé par mourir à toutes les affections de la terre. Qu'avons-nous à répondre à cet exemple, nous, esclaves de notre orgueil, de notre luxe, de nos ressentiments, de notre cupidité ? Dieu ne dit maintenant à aucun de nous : Meurs pour ma gloire. Tout ce qui nous est commandé, c'est de sacrifier de criminelles affections. Si lâches dans la paix, quel courage aurions-nous dans la guerre ? »

Douzième homélie. — Elle fut prononcée pour la même fête; saint Grégoire y explique la parabole des dix vierges, et sur ces paroles : *Veillez et priez, parce que vous ne savez ni le jour, ni l'heure*, il rapporte l'histoire d'un nommé Chrysorius, homme superbe, avare et voluptueux, qui, se trouvant à l'article de la mort, aperçut autour de lui les esprits mauvais sous des figures noires et affreuses, qui s'empressaient de le conduire en enfer. Il demanda quelques heures de délai, mais il mourut sans avoir pu les obtenir. Saint Grégoire cite encore le même fait dans le IVe livre de ses dialogues.

Treizième homélie. — Elle traite encore de la vigilance, et a pour texte ces paroles de Jésus-Christ dans saint Luc : *Ayez dans vos mains des lampes ardentes, parce que le Fils de l'homme viendra à l'heure que vous n'y penserez pas.* L'Evangile marque trois veilles différentes, ou trois heures particulières, auxquelles le Seigneur peut venir ; ce qui désigne les trois âges de la vie. « Le temps passé, dit le saint docteur, ne doit donc pas être pour nous un sujet de désespoir, puisque c'est pour nous convaincre de la patience admirable avec laquelle il nous attend, que Dieu nous dit que s'il vient à la seconde, ou même à la troisième veille, et qu'il nous trouve dans l'attente, nous serons heureux. »

Quatorzième homélie. — Elle est sur l'Evangile du second dimanche d'après Pâques, où Jésus-Christ donne les marques distinctives du bon pasteur et du mercenaire. Ces marques, selon saint Grégoire, ne s'aperçoivent bien que dans les temps de troubles et d'agitations; pendant la paix, le mercenaire, comme le bon pasteur, veille à la garde de son troupeau sans le quitter ; mais si le loup vient, s'il se présente quelqu'un qui persécute, qui opprime les fidèles, c'est alors qu'on distingue le vrai pasteur d'avec le pasteur mercenaire. Celui-ci s'enfuit, non de corps, mais de cœur, n'ayant pas la force ni le courage de soulager son peuple, et de le défendre contre l'ennemi qui le maltraite; au lieu que celui-là résiste courageusement au loup, à l'injustice, pour en délivrer ses ouailles.

Quinzième homélie. — La parabole des semences, rapportée dans l'évangile du dimanche de la Sexagésime, fait le sujet de cette homélie. Saint Grégoire y fait voir « que comme il est nécessaire au laboureur d'attendre en patience que la terre produise ses fruits, nous ne produisons nous-mêmes aucuns fruits des bonnes œuvres, si nous ne supportons avec patience les défauts de notre prochain ». Cela lui donne occasion de rapporter un exemple de patience dont lui-même et toute la ville de Rome avaient été témoin. C'est celui de saint Servule qui, paralytique de tout son corps dès sa jeunesse, rendait grâces à Dieu au milieu de ses plus grandes douleurs, chantant des hymnes jour et nuit en son honneur, ce qu'il continua de faire jusqu'à sa mort. Quoiqu'il n'eût point appris à lire, il savait par cœur la sainte Ecriture, pour l'avoir entendu lire souvent à de pieux religieux qu'il recevait chez lui, partageant avec lui les aumônes qu'on lui faisait, dans un portique qui est sur le chemin qui conduit à l'église de Saint-Clément.

Seizième homélie. — Elle est sur l'Évangile ou premier dimanche de Carême. « Il est des personnes qui doutent par quel esprit Jésus-Christ fut conduit dans le désert, à cause qu'il est dit : *Le démon le porta dans la ville sainte.* Il est cependant clair et certain qu'il y fut conduit par le Saint-Esprit, afin que ce fût son Esprit même qui le menât dans le lieu où le malin esprit devait le tenter. Mais d'un autre côté, lorsqu'on entend dire que le Fils de Dieu fait homme est porté par le démon ou sur une haute montagne ou dans la ville sainte, l'esprit humain a peine à le croire, et les oreilles pieuses sont surprises de l'entendre. Cela néanmoins ne nous paraîtra point incroyable, si nous considérons d'autres événements de la vie du Sauveur. Qu'y a-t-il d'étonnant à ce que Jésus-Christ ait permis au démon, chef des méchants, de le porter sur une montagne, puisqu'il a permis aux méchants de le crucifier? Il n'était pas indigne de notre Rédempteur de se laisser tenter, puisqu'il était venu pour être mis à mort. Il était juste au contraire qu'il surmontât nos tentations par les siennes, comme il était venu vaincre notre mort par sa mort. »

Saint Grégoire ne compte que trente-six jours de jeûne dans le Carême, en en retranchant les dimanches où l'on ne jeûnait point ; ce qu'il regarde comme la dixième partie de l'année que nous donnons à Dieu en pratiquant la mortification ; mais il veut que cette abstinence soit accompagnée d'aumônes, et que nous reversions dans le sein des pauvres ce que nous nous retranchons.

Dix-septième homélie. — Elle fut prêchée dans l'église de Latran, en présence de plusieurs évêques ; c'est pourquoi le saint orateur y explique avec quelques détails les principaux devoirs des pasteurs envers leurs peuples. Il veut qu'ils vivent d'une manière si pure, que tous ceux qui s'approchent d'eux en rapportent la saveur de la vie éternelle; qu'ils donnent à chacun les avis et les avertissements convenables; que leur zèle soit accompagné de douceur. Il leur fait de vifs reproches de ce que plusieurs d'entre eux ne faisaient aucune difficulté de vendre les ordinations, et de ce qu'affectant une vie sainte aux yeux des hommes, ils ne rougissaient pas de commettre aux yeux de Dieu des fautes considérables; de ce que la plupart, s'adonnant aux soins et aux affaires du siècle, négligeaient le ministère de la prédication. Ne pouvant assez déplorer des abus qui déshonoraient si fort l'Eglise, il emprunte, pour les pleurer, ces paroles de Jérémie : *Comment l'or s'est-il obscurci? comment a-t-il changé sa couleur qui était si belle? comment les pierres du Sanctuaire ont-elles été dispersées aux coins de toutes les rues?* Il rejette sur les mauvais évêques la cause des calamités publiques, et les menace du terrible jugement de Dieu.

Des trois homélies suivantes, l'une est sur l'évangile du dimanche de la Passion, l'autre sur celui du dimanche de la Septuagésime, et la troisième sur celui du samedi des Quatre-Temps de décembre. Il entend par les différentes heures auxquelles le père de famille envoya des ouvriers à sa vigne, les divers âges des hommes; et par le denier qui fut donné en salaire aux ouvriers, le royaume du ciel. « Tous reçurent ce denier, c'est-à-dire une même récompense, quoique leur travail eût été inégal; parce que le royaume des cieux est toujours un don de la bonne volonté de notre Dieu à l'égard de ceux qui ont travaillé longtemps, comme à l'égard des autres qui n'ont travaillé que peu de temps. Il y aurait donc de la folie à l'homme de se plaindre de Dieu dans ce qui dépend de sa bonté. Il doit s'estimer heureux de pouvoir espérer une place dans son royaume.

Vingt-unième, vingt-deuxième, vingt-troisième homélies. — Comme nous l'avons remarqué plus haut, le second livre comprend les vingt homélies que saint Grégoire prêcha lui-même. La vingt-unième est sur l'évangile du dimanche de Pâques, et fut prononcée dans la basilique de Sainte-Marie. La vingt-deuxième, qui fut prêchée dans l'église de Saint-Jean, appelée Constantine, est sur l'évangile du samedi d'après Pâques, et la vingt-troisième sur l'évangile du lundi de Pâques. Saint Grégoire y établit deux vérités importantes : la première, qu'à la fin du monde les Juifs se convertiront à la foi chrétienne; la seconde, que pour célébrer dignement la fête de Pâques, il ne suffit pas d'y recevoir de bouche le corps et le sang de Jésus-Christ, si l'on ne pratique en même temps des œuvres de piété et de miséricorde, si l'on ne fait pénitence de ses péchés, et si l'on n'en quitte l'habitude. Il y établit encore la nécessité d'exercer l'hospitalité envers les étrangers, par l'exemple des disciples d'Emmaüs, qui contraignirent Jésus-Christ de demeurer avec eux, parce qu'il était tard. Ils dressent la table devant lui; ils lui présentent à manger, et reconnaissent pour leur Dieu, dans la fraction du pain, celui qu'ils n'avaient pas reconnu sur le chemin, malgré l'émotion qu'ils ressentirent en leur cœur lorsqu'il leur expliquait les divines Ecritures.

Vingt-quatrième homélie. — Elle fut prononcée dans l'église de Saint-Laurent, hors des murs de Rome, le mercredi d'après Pâques. Elle a pour objet l'apparition de Jésus-Christ sur les bords du lac de Tibériade, et le saint docteur y explique de l'Eglise militante et de l'Eglise triomphante les deux pêches miraculeuses que le Sauveur fit faire à ses apôtres, l'une avant sa passion et l'autre après sa résurrection.

Vingt-cinquième homélie. — Saint Grégoire la prononça le jeudi de la même semaine. Il y insiste sur la nécessité de la persévérance dans les bonnes œuvres, à l'exemple de Marie-Madeleine, qui, pour être restée seule à chercher Jésus-Christ, fut aussi la seule à qui il se fit voir. Saint Grégoire, dans toute cette homélie, ne fait qu'une même personne de la femme pécheresse, de Marie sœur de Lazare, et de Marie-Madeleine; plusieurs savants les distinguent, et en font trois saintes différentes.

Vingt-sixième homélie. — Dans cette homélie, qui est pour le dimanche de l'octave de Pâques, le saint docteur s'applique à montrer que Jésus-Christ étant sorti du sein de sa mère, sans rompre le sceau de sa virginité, a bien pu, étant ressuscité, entrer dans le lieu où les disciples étaient assemblés, quoique les portes en fussent fermées, de peur des Juifs; que c'est de nous particulièrement qu'il est dit, *Heureux sont ceux qui ont cru sans avoir vu,* parce qu'en effet sans avoir vu Jésus-Christ dans la chair, nous croyons en lui par une foi vive et animée de bonnes œuvres; que ce ne fut pas sans raison que Dieu permit le doute de saint Thomas, afin que cet apôtre, convaincu par l'attouchement des plaies du Sauveur, guérît en nous les plaies de l'infidélité; qu'ainsi son incrédulité a plus servi à l'affermissement de notre foi que la croyance des autres apôtres.

Vingt-septième homélie. — Ce discours recommande le précepte de l'amour du prochain et de la prière. Saint Grégoire le prononça dans l'église de saint Pancrace, au jour de la fête de ce martyr. Les fidèles s'y étaient rendus, en foule, et, les genoux en terre devant son tombeau, ils frappaient leur poitrine, ils priaient avec larmes. « Faites attention à vos prières, leur dit ce Père, voyez si vous demandez au nom de Jésus-Christ, c'est-à-dire si vos prières ont pour fin les joies du salut éternel. Dans la maison de Jésus-Christ vous ne le cherchez pas lui-même, si vous ne lui demandez que des choses temporelles. L'un dans sa prière demande une femme, l'autre une métairie, celui-là un habit, celui-ci des aliments. Lorsque ces choses manquent, il faut les demander à Dieu; mais souvenez-vous qu'il vous ordonne de chercher premièrement le royaume et la justice de Dieu, et qu'il vous promet toutes ces choses comme par surcroît. Les autres conditions de la prière sont de pardonner à ses ennemis, et de prier même pour eux, quelques dommages qu'ils nous aient causés. »

Vingt-huitième homélie. — Il la prononça

dans l'église des saints martyrs Nérée et Achillée, le jour de leur fête. L'évangile qu'on y lisait était tiré du quatrième chapitre de saint Jean, où nous voyons que le fils d'un officier fut guéri à Capharnaüm par la parole seule de Jésus-Christ, quoique absent. Saint Grégoire demande pourquoi le Sauveur, invité d'aller guérir ce malade, refuse d'y aller, au lieu qu'il ne fit aucune difficulté de se transporter dans la maison du centenier pour rendre la santé à son serviteur. Il répond qu'il en a agi ainsi pour confondre notre orgueil, qui nous porte à respecter dans les hommes, non l'image de Dieu, mais les honneurs et les richesses, au lieu que nous devrions considérer ce que nous sommes, et non pas ce que nous avons. Pour inspirer à ses auditeurs le dégoût du monde et de ses vanités, il fait une vive description des calamités dont les provinces étaient affligées, et insiste particulièrement sur l'inconstance des biens et des plaisirs du siècle.

Vingt-neuvième homélie. — C'est une explication de l'évangile qu'on lit le jour de l'Ascension. Jésus-Christ, avant de monter au ciel, ordonna à ses Apôtres d'*aller prêcher l'Evangile à toutes les créatures.* Il ne prétendait pas, sans doute, qu'ils dussent l'annoncer à des bêtes brutes ou à des choses insensibles; mais parce que toutes les créatures qui sont dans le monde ont été faites pour l'homme, et qu'il n'y a point de créature qui n'ait quelque chose de commun avec l'homme, sous le nom général de *créatures*, Jésus-Christ a entendu l'homme. Il peut aussi avoir eu en vue les Gentils; car après avoir dit à ses apôtres : *N'allez point vers les Gentils*, il leur commanda d'aller prêcher sans distinction l'Evangile à toutes les créatures.

Trentième homélie. — Dans ce discours, dont le sujet est emprunté à l'Evangile de la fête de la Pentecôte, saint Grégoire y explique comment le Saint-Esprit descend sur nous, comment il demeure en nous, de quelle manière il prie pour nous, comment il nous enseigne intérieurement. D'une même substance avec le Père et le Fils, il est écrit qu'il prie pour les pécheurs, parce qu'il les fait prier en leur en inspirant le désir et la volonté. Il vient dans le cœur de quelques-uns, mais il n'y demeure pas; parce que, contrits de leurs péchés, ils le reçoivent d'abord avec respect; mais le temps de la tentation vient, ils oublient leurs bons propos, ils ils retombent et le Saint-Esprit se retire. Il fait, d'après saint Paul, le dénombrement des dons du Saint-Esprit; et pour montrer de quelle force et de quel courage les apôtres furent remplis après l'avoir reçu, il fait un parallèle entre ce que saint Pierre était, lorsqu'à la parole d'une servante il renia Jésus-Christ, et de ce qu'il était lorsqu'il dit avec fermeté aux magistrats des Juifs qui voulaient l'empêcher de prêcher l'Evangile : *Il vaut mieux obéir à Dieu qu'aux hommes.*

Trente-unième et trente-deuxième homélies. — La première est sur la parabole du figuier. Le père de famille étant venu trois ans de suite pour y chercher du fruit, et n'en trouvant point, ordonna de le couper. Ces trois années peuvent désigner les trois états ou les trois âges différents, pendant lesquels Dieu a fait connaître aux hommes ce qu'ils lui devaient et ce qu'ils devaient à leur prochain, sans que la plupart aient fait ni l'un ni l'autre. Avant la loi, il les a instruits par la connaissance naturelle; sous la loi, il les a instruits par le ministère de Moïse; et depuis la grâce de la rédemption, il les instruit lui-même. Saint Grégoire explique, dans l'homélie suivante, ce que c'est que de renoncer à soi-même pour suivre Jésus-Christ. Elle fut prononcée dans l'église des martyrs saint Processe et saint Martinien.

Trente-troisième homélie. — Dans cette homélie qui fut prêchée dans l'église de Saint-Clément le vendredi des quatre-temps de septembre, saint Grégoire explique ce qui se passa pendant le repas que le pharisien Simon donna à Jésus-Christ. Il y confond la femme pécheresse, à qui tous les péchés furent remis, avec Marie-Madeleine, sœur de Marthe et de Lazare.

« Qui doit le plus exciter notre admiration dans la conversion de Madeleine, ou de son empressement à se rendre auprès de Jésus-Christ, ou de l'indulgente commisération du Sauveur à la recevoir? A ce propos, il est bon d'examiner, dit-il, pourquoi Jésus-Christ déclare que la conversion d'un pécheur cause plus de joie dans le ciel, que la persévérance des justes? Pourquoi cette différence? Si ce n'est parce qu'il est d'expérience que la plupart de ceux qui ne se sentent pas coupables de grands péchés, quoiqu'ils demeurent dans la voie de la justice, et qu'ils s'éloignent du crime, ne soupirent pas avec assez d'ardeur vers la céleste patrie. Ils se permettent d'autant plus l'usage des choses qui ne sont pas défendues, qu'ils croient pouvoir se rendre témoignage de n'en avoir point abusé. Aussi sont-ils ordinairement lâches et indolents dans la pratique du bien, se croyant très en sûreté parce qu'ils n'ont point de crimes à se reprocher. Au contraire, il n'est pas rare que ceux qui se sentent coupables de péchés considérables entrent dans les sentiments d'une vive componction, qui les enflamme d'un ardent amour pour Dieu. Ils se portent aussitôt à la pratique des plus éminentes vertus. Non-seulement ils sont prêts à triompher des plus grands obstacles, mais ils aiment même à en rencontrer pour marquer à Dieu plus d'amour. Pleins d'un généreux mépris pour le monde, ils fuient les hommes, ils se réjouissent des humiliations et des mépris; parce qu'ils se reconnaissent grandement coupables aux yeux de Dieu, ils s'efforcent de réparer par d'éclatantes vertus les fautes qu'ils ont commises, et voudraient pour ainsi dire se dédommager d'avoir aimé Dieu si tard, en l'aimant davantage. Il est donc vrai qu'il y a plus de joie dans le ciel pour la conversion d'un pécheur, que pour la persévérance d'un juste. C'est ainsi qu'un général d'armée fait plus d'accueil à un soldat qui, après avoir pris la fuite, revient courageusement charger l'ennemi, qu'à celui qui n'a jamais fui, mais qui n'a jamais rien fait d'éclatant dans le combat.

« La pénitence interdit à l'homme pécheur non-seulement les attraits du péché, mais encore les douceurs qui peuvent être permises à l'homme innocent. La condition du criminel ne doit pas être aussi favorable que celle du juste... et il faut dans la pénitence se priver d'autant de plaisirs permis que l'on a eu le malheur de s'en accorder de défendus. »

C'est alors que l'orateur revient à sainte Madeleine, et qu'il la présente comme un modèle de pénitence. « Avec quel courage elle renonce à toutes les actions du péché ! Avec quelle application elle tâche d'effacer dans son humeur, dans ses appétits, dans ses passions, tout ce qui était capable de la disposer au péché ! Et par un soin tout opposé, changeant le nombre de ses crimes en un pareil nombre de vertus, trouvant en elle-même de quoi faire autant d'holocaustes à Dieu qu'elle avait fait de sacrifices au plaisir, elle consacre par la mortification des sens la chair qu'elle a souillée par la volupté. »

Trente-quatrième homélie. — Saint Grégoire remarque, au commencement de ce discours qu'il prononça le troisième dimanche d'après la Pentecôte dans l'église de Saint-Jean et Saint-Paul, que les chaleurs de l'été étaient très-contraires à sa santé, ce qui l'empêchait de prêcher aussi souvent qu'il l'aurait souhaité. Ses forces étant revenues, il fit un assez long discours sur l'Evangile de ce jour, où il est dit que les publicains et les gens de mauvaise vie se tenant auprès de Jésus pour l'écouter, les pharisiens et les docteurs de la loi en murmuraient. Il montre que ceux qui sont véritablement justes sont pleins de compassion pour les pécheurs, mais qu'ils ne laissent pas de les traiter avec dureté, lorsqu'ils les voient persévérer dans leurs péchés.

Trente-cinquième homélie. — Le saint pontife la prêcha dans l'église de Saint-Mennas, martyr. Il y explique toutes les persécutions que les prédicateurs de l'Evangile et les défenseurs de la vérité devaient souffrir de la part des ennemis de Jésus-Christ, selon qu'il est rapporté dans le vingt-unième chapitre de saint Luc; mais il remarque que le Sauveur, en les avertissant de ce qu'ils auraient à souffrir, les assure de son secours, en promettant de leur donner une sagesse à laquelle personne ne pourra résister, et il apporte un grand adoucissement à leur peine par l'espérance de la résurrection. Il dit à ses auditeurs, « qu'encore que l'Eglise fût en paix, ils avaient lieu de mériter la couronne du martyre, non en répandant leur sang, mais en souffrant les injures, en aimant ceux dont ils étaient haïs, en recevant avec patience tous les événements fâcheux. » Il donne pour exemple de patience un abbé nommé *Etienne*, dans les environs de Riéti, qui, après avoir renoncé à tout ce qu'il possédait dans le monde, s'exerça tellement à cette vertu, qu'il comptait pour ses amis tous ceux qui lui faisaient quelques insultes.

Trente-sixième homélie. — Dans cette homélie, qui est pour le second dimanche d'après la Pentecôte, il donne l'explication de la parabole des conviés qui s'excusent de venir au festin du père de famille. Il en fait trois classes, mettant dans la première les avares, dans la seconde les curieux, dans la troisième les voluptueux; il distingue aussi ceux qui vinrent au festin après y avoir été invités de ceux que l'on força d'y venir. Il entend, par ces derniers, ceux à l'égard desquels Dieu use de différentes afflictions pour les détacher des plaisirs et des honneurs du monde, qu'ils aiment avec trop d'ardeur; il les frappe par l'adversité, il permet qu'ils languissent dans de longues maladies, qu'ils se laissent abattre par les injures, afin que, convaincus par eux-mêmes que le monde n'est qu'affliction et qu'inconstance, ils se repentent de s'y être attachés, et se convertissent à Dieu. « Dieu nous appelle en différentes manières, par lui-même, par ses anges, par les patriarches, par les prophètes, par les apôtres, par nos pasteurs, par nous-mêmes, quelquefois par des miracles, souvent par des tribulations, d'autres fois par la prospérité, et plus souvent par l'adversité. Que personne ne méprise sa vocation, de peur qu'après s'être excusé d'entrer dans la salle du festin, la porte ne lui en soit fermée quand il voudra y venir. »

Trente-septième et trente-huitième homélies. — La première fut prêchée dans l'église de Saint-Sébastien, au jour de sa fête. Saint Grégoire en emploie une bonne partie à faire l'éloge de Cassius, évêque de Narnie, qui vivait avec tant de pureté, qu'il offrait presque chaque jour le saint sacrifice, s'offrant lui-même à Dieu à la même heure avec une componction si vive, qu'il fondait en larmes. Il explique de l'Eglise ce qui est dit des noces qu'un roi fit de son fils. Dans son sein, comme dans la salle du festin, se trouvent des bons et des mauvais; des personnes qui ont la robe nuptiale, d'autres qui n'en ont point, c'est-à-dire, qui manquent de la charité, qui est appelée robe nuptiale, parce que c'est par la charité seule que le Fils unique de Dieu s'est uni les âmes des élus. C'est le sujet de l'homélie suivante, où saint Grégoire prouve, par des exemples tirés de sa propre famille, qu'il y a beaucoup d'appelés, mais peu d'élus.

Trente-neuvième homélie. — Elle contient l'explication des malheurs que Jésus-Christ prédit à Jérusalem, après qu'il eut regardé cette ville en pleurant sur elle. Saint Grégoire s'étend peu sur le sens de la lettre, qui était connu de tous ceux qui savaient que cette ville avait été détruite par Vespasien et Titus; mais il s'étend sur le sens moral, et considère dans la ruine de Jérusalem celle des hommes charnels, qui, tout occupés des plaisirs sensibles, ne prévoient point les maux dont ils sont menacés, et ne font aucune attention aux différentes manières dont Dieu les visite pour les engager à rentrer dans les voies du salut.

Quarantième homélie. — Elle explique la parabole du mauvais riche et de Lazare.

« L'Evangile, dit le saint docteur, ne marque point le nom de ce riche, mais seulement celui du pauvre, contrairement aux usages du monde, où l'on connaît beaucoup plus les noms des riches que ceux des pauvres. Il n'en est pas de même pour Dieu qui connaît les humbles et qui dédaigne les superbes. Peut-être que ce mauvais riche aurait pu s'excuser de n'avoir pas soulagé Lazare, s'il ne l'eût pas vu exposé sous ses yeux, et accablé de pauvreté et de misères; mais Dieu voulut exercer en même temps et sur le même sujet deux sortes de jugements, en mettant devant la porte du riche un homme si couvert d'ulcères, et si nécessiteux; il augmenta par cette vue même la condamnation de celui qui n'avait aucune pitié de son frère, et en exposant tous les jours aux yeux du pauvre cet homme riche et impitoyable, il éprouvait sa vertu de plus en plus : car quelle tentation n'est-ce pas à un pauvre qui meurt de faim, de voir devant ses yeux un homme riche, qui vit dans les délices et dans l'abondance? Mais par un juste jugement de Dieu, il arriva un changement bien étrange; le riche devint le suppliant de Lazare, et il eut besoin de sa table, lui qui l'avait vu auparavant dans la faim et dans la misère, couché à sa porte. Ce riche qui avait refusé de donner les miettes qui tombaient de sa table, désire à son tour une goutte d'eau, et ne peut l'obtenir. » Saint Grégoire veut que les riches tremblent au milieu de leur abondance, de peur qu'elle ne soit toute la récompense qu'ils ont à attendre, et que le souverain Juge, qui leur accorde en ce monde les biens extérieurs, ne les prive des biens intérieurs dans l'autre. Il nous recommande de chercher dans les pauvres, en leur faisant l'aumône, des intercesseurs auprès de Dieu; s'il y en a quelques-uns d'entre eux dont les mœurs soient répréhensibles, ce n'est pas un motif pour leur refuser la nourriture dont ils ont besoin, mais une raison de les aider encore d'une autre manière en les corrigeant de leurs défauts, par de salutaires réprimandes..........

« Le crime que le mauvais riche expie dans les enfers, ce n'est pas d'avoir dérobé le bien d'autrui, mais seulement de n'avoir pas donné le sien. Et l'on s'imagine être à l'abri du châtiment, parce que l'on n'aura pas été un ravisseur!.... L'Evangile reproche à ce mauvais riche le luxe de ses vêtements. Si ce n'était pas un grand mal, l'Evangile le condamnerait-il avec tant de sévérité? Pourquoi l'affecte-t-on, si ce n'est par un sentiment d'orgueil, qui aspire à se distinguer des autres? »

Discours sur la mortalité. — A la suite de ces homélies sur les Evangiles, se rencontre le discours que saint Grégoire avait prononcé à Rome avant son pontificat, pendant que cette meurtrière contagion, à laquelle le Pape Pélage, son prédécesseur, venait de succomber, exerçait encore ses ravages. Ce discours nous a été conservé par saint Grégoire de Tours et le diacre Paul.

« Nous devons craindre du moins les fléaux de Dieu lorsque nous les sentons, puisque nous n'avons pas su les prévenir lorsque nous en étions menacés. L'affliction où ils nous jettent doit nous exciter à une conversion sincère, et briser la dureté de nos cœurs. Vous voyez le peuple entier frappé par le glaive de la colère céleste; personne n'est épargné; la mort vient nous saisir sans être attendue; point de maladie qui la précède; point de langueurs qui déclarent la maladie; la mort prévient, elle enlève le pécheur sans lui laisser le loisir de recourir aux larmes de la pénitence. Considérez dans quelle situation se trouve celui-là qui, n'ayant pas eu le temps de pleurer ses péchés, comparaît tout d'un coup en présence du juge terrible. Encore s'il n'y avait qu'une partie des citoyens qui fût immolée! Mais tous périssent, tous tombent à la fois; les maisons restent vides d'habitants; les pères et les mères voient mourir leurs enfants, moissonnés eux contre l'ordre naturel, avant ceux à qui ils auraient dû survivre. Quelle ressource avons-nous donc au milieu d'aussi déplorables calamités? de recourir aux larmes de la pénitence tandis qu'il en est temps encore, et qu'il nous est donné de pouvoir expier nos fautes, avant que le coup mortel vienne nous frapper. Celui qui nous crie par la bouche de son prophète : *Je ne veux point la mort du pécheur, mais qu'il se convertisse et qu'il vive*, nous donne de la confiance au milieu de nos craintes. Que personne donc ne désespère à cause de l'énormité de ses crimes : une pénitence de trois jours a suffi pour effacer les péchés dans lesquels les Ninivites avaient vieilli; le larron fut pardonné au moment même de sa mort. Celui qui nous avertit de l'invoquer nous fait assez connaître qu'il veut pardonner à ceux qui l'invoquent. »

Pastoral. — De tous les livres du saint pontife, le *Pastoral* est celui que son importance et sa méthode recommandent le plus éminemment à nos méditations; vrai chef-d'œuvre de prudence, a dit Bossuet, et le plus accompli de ses ouvrages. On ne saurait énumérer les témoignages d'estime et de vénération particulière qu'il a obtenus dans tous les siècles. Le saint docteur en indique la distribution en quatre parties. Dans la première, il expose par quelle voie on doit entrer dans le saint ministère. Dans la seconde, quels sont les devoirs à remplir quand on s'y trouve engagé. Dans la troisième, de quelle manière il faut instruire les peuples, et dans la quatrième comment, en travaillant à leur sanctification, il faut s'appliquer à la sienne propre, sans jamais perdre de vue sa faiblesse, afin de ne point perdre le prix de ses efforts par une secrète complaisance pour soi-même. Chacune de ces propositions s'y trouve développée avec une connaissance profonde du cœur et de ses misérables passions si souvent déguisées sous le masque du zèle et de la vertu, avec l'autorité grave qui convient si bien au chef de tout l'ordre sacerdotal. Aussi tous les écrivains qui nous ont laissé des traités ou des discours sur l'excellence et les obligations du sacerdoce, n'ont-ils pas manqué d'aller puiser à cette mine. Massillon, qui cite peu les Pères, doit à l'étude particulière qu'il avait faite du *Pastoral* de saint Grégoire, la substance dont il a pénétré ses discours synodaux et ses belles conférences ecclésiastiques, bien supérieures à toutes ses autres compositions. Nous allons emprunter, pour rendre compte de cet ouvrage si sérieux et si important, l'analyse et les extraits qu'en a donnés Mgr Guillon dans sa *Bibliothèque choisie des Pères de l'Eglise*.

Première partie. — « S'il n'est point permis à un homme d'enseigner un art qu'il n'a point appris, quelle témérité n'est-ce pas de s'ingérer inconsidérément dans les fonctions pastorales, puisque le gouvernement des âmes est l'art des arts, et la science des sciences. Jésus-Christ qui était non-seulement pour nous racheter, mais aussi pour nous enseigner, refuse l'honneur de la royauté qui lui était offerte, et à laquelle il avait tant de droits; il se dérobe à l'empressement des peuples, lui que l'on verra courir au devant de la croix et des plus cruelles humiliations; et il se rencontre des hommes qui n'ont d'ardeur que pour les dignités ecclésiastiques, que de l'éloignement pour les travaux du saint ministère. Une fois qu'ils y sont arrivés, ils s'engagent dans un cercle de distractions continuelles où ils ne pensent plus à rien. Ils ne marcheraient que d'un pas chancelant dans les lieux mêmes les plus unis, et on les voit courir gaiement sur les bords d'un précipice... Dans un poste élevé, on s'oublie facilement; pour nous ramener à nous-mêmes, il nous faut l'aiguillon de la disgrâce et de l'adversité. Voyez Saül : avant qu'il fût roi, il se croyait indigne de l'être, et fuyait les honneurs du rang suprême; à peine y est-il parvenu, son cœur s'est enflé d'orgueil. Aussitôt que David cessa d'être affligé, il s'oublia jusqu'à se rendre meurtrier (1). D'autres, entrés dans le sacerdoce avec le désir de bien faire, même avec quel-

(1) Massillon, citant saint Grégoire, profite de ces exemples, mais pour en faire une autre application : « Saul est réprouvé, quoique appelé du ciel, parce qu'il ne reçut qu'une partie de la grâce de la royauté, lorsqu'il fut oint prince d'Israël, et que le Seigneur ordonna à Samuel de répandre seulement sur lui une petite mesure d'huile, figure de la grâce céleste. David, au contraire, devient un roi selon le cœur de Dieu, parce que la grâce de la consécration est plus abondante, et que Samuel a ordre du Seigneur de remplir un vase entier d'huile, et de la répandre sur la tête de ce prince, etc. » L'orateur tire de cette différence les inductions les plus solides sur la nécessité de la vocation au saint ministère sous peine de se perdre soi-même, et les autres avec soi. (*Conf*ér., t. I, p. 135.)

ques-unes des dispositions nécessaires pour y réussir, s'y abandonnent, par amour du repos, à une négligence coupable, qui rend leurs vertus et leurs talents stériles pour les peuples. Ils préfèrent le loisir et la tranquillité de la solitude, de la prière, de l'étude, au travail et à l'agitation des fonctions publiques. Ils craignent le péril de la dissipation, et ils ne craignent pas celui d'une vie inutile; ils se persuadent qu'il suffit à un prêtre d'édifier l'Eglise par ses exemples, sans l'aider de ses soins; d'être irréprehensible aux yeux des hommes, sans leur être utile, en un mot, en travaillant à son salut, d'acquérir le droit de négliger le salut de ses frères. C'est un goût d'oisiveté auquel ils se livrent sans scrupule... « Mais, dit saint « Grégoire, comment peuvent-ils préférer « les douceurs et la sûreté du repos et de la « retraite au salut et à l'utilité de leurs frères, « depuis que le Fils unique de Dieu lui-« même n'a pas refusé de sortir du sein du « repos éternel, pour venir se rendre utile « aux hommes, et leur apporter la vie, la « vérité et le salut? » Si Jésus-Christ demanda à saint Pierre, pour preuve de son amour, qu'il prît le soin de paître ses brebis, comment ceux qui possédant les vertus nécessaires à cet emploi refusent de s'en charger, peuvent-ils se flatter d'aimer celui qui en est le souverain pasteur? L'opiniâtreté à s'y refuser rend alors aussi coupable que la précipitation à s'y ingérer sans y être appelé.

« Il en est que la seule passion de dominer entraîne dans le formidable ministère. Ils abuseront des paroles de l'Apôtre : *Que si quelqu'un souhaite l'épiscopat, il désire une fonction et une œuvre sainte.* « C'est l'ap-« pât ordinaire des ambitieux. Quoiqu'ils « aspirent à ces places par des vues d'am-« bition, ils se promettent cependant, dit « saint Grégoire, d'y faire de grandes mer-« veilles. Au milieu de ces grands desseins « et de ces pensées chrétiennes, on s'engage « bien avant dans des poursuites ambitieu-« ses, dans l'amour du monde; on prend « l'esprit de ce siècle; on devient mondain « et ambitieux; et quand on est arrivé au « but, on oublie aisément tous ces projets si « religieux; et peu à peu tous les beaux « desseins se perdent, et s'évanouissent « ainsi qu'un songe. » Tel est le caractère de l'ambition : elle est timide quand elle cherche; superbe et audacieuse quand elle a trouvé.

« Mais on se trompe soi-même, on ment à son esprit et à sa propre conscience : *Sæpe sibi de se mens ipsa mentitur*

« Massillon conclut, d'après le saint Pape, *contre l'ambition des clercs :* « Que tout dé-« sir de s'élever dans la maison de Dieu est « une disposition criminelle qui nous en « ferme l'entrée, et la marque la plus infail-« lible, la plus évidente que l'on n'y était « pas appelé. »

Deuxième partie. — « Le premier soin du vrai pasteur, c'est de dégager son cœur et son esprit des créatures. Il est obligé à plus de perfection qu'aucun autre, parce que, son élévation lui imposant le devoir de diriger les autres dans les voies de la sainteté, il est tenu de leur en présenter un modèle dans la perfection et la sublimité de la sienne. Il doit tellement s'abaisser, par un sentiment de compassion vers ses inférieurs, qu'en prenant soin de ceux qui sont faibles, il ne retranche rien de son application à Dieu. La contemplation élevait saint Paul jusqu'au troisième ciel; sa sollicitude pastorale le faisait descendre dans tous les détails de la vie privée. Il doit allier la fermeté à la douceur. Lorsqu'il trouve en faute Ananie et Saphire, qu'il ne craigne point de faire éclater contre eux sa puissance. Il doit aimer son peuple, mais sans mollesse; le reprendre, mais sans aigreur; avoir du zèle, mais sans emportement; de la douceur, mais sans trop d'indulgence. La justice et la clémence doivent se trouver tellement unies en lui, qu'il n'y ait rien dans sa fermeté qui ne soit capable de gagner ceux qu'il conduit, et rien dans sa douceur qui leur puisse faire oublier le respect qui lui est dû. C'est aux séculiers à régler les affaires du siècle : l'occupation du pasteur a un objet plus relevé, qui est le salut des âmes.

« Il y a des fautes qu'il faut savoir dissimuler par prudence, mais en faisant connaître qu'on a bien voulu les dissimuler, afin que ceux qui en sont coupables, se voyant découverts, en conçoivent une honte salutaire, qui les empêche d'y retomber. Dieu dissimula de la sorte les crimes de la Judée, mais en lui faisant connaître qu'il les avait vus. Il y a d'autres fautes, même toutes visibles, que l'on doit dissimuler, à cause de l'indisposition de ceux qui les commettent. Une plaie que l'on ouvre avant le temps devient plus dangereuse par l'inflammation que cette incision y cause. Il y a des fautes secrètes qu'il faut tâcher de découvrir avec adresse, en jugeant de ce qui est caché dans le cœur du pécheur par les dehors de la conduite. C'est, suivant le langage de l'Écriture, *percer la muraille* du cœur, *y faire brèche*, pour en découvrir les abominations intérieures. Tous les devoirs du prêtre se trouvant exprimés en détail dans les livres saints, il ne saurait trop les lire et les méditer. L'un des plus essentiels est d'éviter de ressembler à ces prêtres qui ne savent, dit saint Grégoire, être ministres que pour eux-mêmes, et qui cherchent plus à se faire aimer qu'à faire aimer la vérité à leur peuple : *Ne se magis a subditis diligi, quam veritatem ament* (1). »

Troisième partie. — « De la manière dont il faut instruire les peuples. — Elle doit être différente selon les âges, le sexe, les conditions, les humeurs et les caractères, selon les vices et les vertus de ceux à qui l'on parle, des fautes plus ou moins considérables.

« Les pécheurs, toujours superbes, ne « peuvent endurer qu'on les reprenne. Quel-

(1) MASSILLON, *Disc. synod.*, *Confér.*, t. II, p. 369.

« que véritables que soient les reproches, « ils ne manquent point d'artifices pour les « éluder, et après, ils se tourneront contre « vous. C'est pourquoi le grand saint Gré- « goire les compare à des hérissons. Étant « éloigné de cet animal, vous voyez sa tête, « ses pieds et son corps ; quand vous appro- « chez pour le prendre, vous ne trouvez plus « qu'une boule, et celui que vous découvrez « de loin tout entier, vous le perdez tout à « coup, aussitôt que vous le tenez dans les « mains. Il en est ainsi de l'homme pé- « cheur : vous avez découvert toutes ses me- « nées et démêlé toute son intrigue ; enfin, « vous avez reconnu tout l'ordre du crime ; « vous voyez ses pieds, son corps et sa tête : « aussitôt que vous pensez le convaincre en « lui racontant ce détail, par mille adresses « il vous retire son pied, il couvre soigneu- « sement tous les vestiges de son crime, il « vous cache sa tête, il recèle profondément « ses desseins ; il enveloppe son corps, c'est- « à-dire toute la suite de son intrigue dans « un tissu artificieux. » Ainsi, étant retran- « ché et enveloppé en lui-même, il ne vous « présente plus que des piquants ; il s'arme « à son tour contre vous, et vous ne pouvez « le toucher sans que votre main soit ensan- « glantée, je veux dire votre honneur blessé « par quelque outrage.

« C'est par la vanité que nous parvenons « à l'iniquité, et nous y parvenons infaillible- « ment lorsque notre volonté, accoutumée à « de petits péchés, n'est plus touchée de « l'horreur des crimes, tellement que, par « cette habitude, dont elle s'est en quelque « façon nourrie et fortifiée, elle acquiert en- « fin dans la malice, je ne dis pas seulement « de l'impunité, mais de l'autorité (1).

« Comme Dieu, dans la profondeur de ses « miséricordes, laisse quelquefois dans ses « serviteurs des désirs imparfaits du mal, « pour les arracher dans l'humilité, aussi « l'ennemi de notre salut, dans la profon- « deur de ses malices, laisse naître souvent « dans les pécheurs un amour imparfait de « la justice, qui ne sert qu'à nourrir leur « présomption... Tremblez donc, tremblez, « ô pécheurs, qu'une douleur imparfaite « n'impose à vos consciences, et que, comme « il arrive souvent que les bons ressentent « innocemment l'attrait du péché auquel ils « craignent d'avoir consenti, ainsi vous ne « ressentiez en vous-mêmes un amour in- « fructueux de la pénitence, auquel vous « croyez faussement vous être rendus. »

Quatrième partie. — « Le prêtre doit surtout veiller avec une extrême circonspection sur lui-même, de crainte qu'après avoir instruit et édifié les autres par ses paroles et par ses actions, il n'en prenne occasion de s'enfler d'une vanité secrète. Il se préservera des pièges de l'amour-propre, en considérant moins le bien qu'il a fait, que celui qu'il a négligé de faire ; afin que son

(1) Traduit par Bourdaloue, *Parfaite observance de la loi*, Carême, t. II, p. 171.

cœur étant comme abattu et anéanti par le souvenir de ses faiblesses, se fortifie et s'affermisse encore davantage dans la vertu, aux yeux de Dieu qui, seul, inspire les sentiments d'une véritable humilité. »

Un de nos prédicateurs ramène à ces trois points vue la morale répandue dans ces excellents livres : « Nos obligations doivent se régler sur les besoins des peuples, et ces besoins se réduisent ordinairement à trois, ou à l'ignorance, ou au scandale, ou à la pauvreté. Ces obligations demandent de la capacité pour dissiper cette ignorance, du zèle pour arracher ce scandale, et de la charité pour soulager cette pauvreté. »

Dialogues. — Il suffit de lire les *Dialogues* de saint Grégoire, pour se convaincre qu'ils ne pouvaient être attribués à un autre qu'à lui. On voit, en effet, que l'auteur était moine, et qu'il a composé cet ouvrage dans un monastère de sa fondation qu'il gouvernait avec le titre de supérieur; mais qu'il en fut tiré pour aller remplir à Constantinople les fonctions de Nonce apostolique, et que plus tard ayant été élevé sur le Saint-Siége, il avait adressé au peuple romain plusieurs homélies sur les Evangiles. Or, si tous ces traits ne conviennent pas à saint Grégoire, à qui pourront-ils convenir?

On objecte qu'il n'est pas vraisemblable qu'un homme d'un aussi grand mérite que saint Grégoire, ait rempli ses écrits de tant de visions et de miracles. Sur ce pied il faudrait donc aussi rejeter ses quarante homélies sur les Evangiles, puisqu'il y en a onze dans lesquelles il rapporte des événements miraculeux, qu'il a pour la plupart répétés dans ses *Dialogues.* Il faudrait rejeter plusieurs de ses *Lettres*, et même ses *Morales sur Job*, où il parle souvent des miracles opérés par les petites clefs qui avaient touché le tombeau de saint Pierre, et des prodiges que les religieux, envoyés par lui en Angleterre, y avaient faits. Il faudrait aussi mettre au rang des apocryphes quantité d'écrits de Tertullien, de saint Cyprien, de saint Athanase, de saint Hilaire, de saint Sévère Sulpice, et un grand nombre de Vies de saints et d'Actes de martyrs, comme ceux de sainte Perpétue, de sainte Félicité, de saint Fructueux, et les Histoires d'Evagre, de Procope, d'Agathias, puisque dans tous ces monuments il est parlé de visions et de miracles; néanmoins on n'a jamais contesté à Tertullien les *Livres de l'idolâtrie et des spectacles*, ni à saint Cyprien ceux de la *Mortalité* et des *Tombés dans la persécution*, ni à saint Sulpice Sévère ses *Dialogues*, ni à saint Athanase la *Vie de saint Antoine*, pas plus que l'authenticité des Actes de sainte Perpétue. Saint Grégoire rapporte, il est vrai, un grand nombre de faits miraculeux, mais il a soin d'avertir qu'il ne rapporte que ceux dont il avait été témoin lui-même, ou qu'il avait recueillis d'après une notoriété publique. On nous dispensera volontiers d'entrer dans d'autres détails, puisque tous ces faits appartiennent à nos annales ecclésiastiques.

Le saint docteur explique en ces termes les circonstances qui donnèrent lieu à cet ouvrage : « Un jour, accablé des importunités de quelques gens du monde qui exigent de nous, pour la conduite de leurs affaires, des attentions et des conseils que nous ne leur devons point, je m'étais retiré dans un lieu écarté, afin de pouvoir réfléchir librement à tout ce qui me déplaisait dans mes occupations. » Ce lieu de retraite était son monastère de Saint-André. « Comme j'y étais assis et plongé dans un profond silence, ayant à côté de moi le diacre Pierre, l'ami de ma première jeunesse et le compagnon de mes études sur l'Ecriture sainte; celui-ci, voyant mon affliction, me demanda si j'avais quelque nouveau sujet de gémir.

«Je lui répondis : « Ma douleur est vieille par
« l'habitude que j'en ai formée, et nouvelle
« en ce qu'elle augmente tous les jours. Je
« me souviens que mon âme, dans le mo-
« nastère, était au-dessus de toutes les
« choses périssables, uniquement occupée
« des biens célestes, sortant de la prison de
« son corps par la contemplation, désirant
« la mort, que la plupart regardent comme
« un supplice, et l'aimant comme l'entrée
« de la vie et la récompense de son travail.
« Maintenant, à l'occasion du soin des âmes,
« je suis chargé des affaires séculières; et
« après m'être répandu au dehors par con-
« descendance, je reviens plus faible à mon
« intérieur. Le poids de mes souffrances
« augmente par le souvenir de ce que j'ai
« perdu; mais c'est à peine s'il m'en sou-
« vient, car, à force de déchoir, l'âme en vient
« jusqu'à oublier le bien qu'elle pratiquait
« auparavant. Pour surcroît de douleur, je
« me rappelle la vie de quelques saints per-
« sonnages qui ont entièrement renoncé au
« monde, et l'élévation de leur détachement
« me fait comprendre avec plus d'amertume
« encore la profondeur de ma chute. — Je
« ne sais, lui répondit Pierre, de qui vous
« voulez parler, car je n'ai appris nulle part
« qu'il y ait eu en Italie des gens d'une
« vertu extraordinaire, ou du moins qui
« aient fait des miracles. » — « Cependant,
lui répartit saint Grégoire, le jour ne me suffirait pas si je voulais raconter tout ce que j'en sais, soit par moi-même, soit par des témoins d'une probité et d'une fidélité reconnues. » — Pierre le pria de lui raconter au moins quelques-uns de ces faits, pour l'édification de ceux qui ont besoin d'être touchés par quelques exemples frappants pour mieux goûter la doctrine. Saint Grégoire y consentit et ajouta : « Pour ôter tout prétexte de doute, je marquerai à chaque fait le nom des personnes de qui je l'ai appris; autant que possible, je rapporterai leurs propres paroles; mais plus souvent, je serai obligé de les corriger, car la langue latine étant devenue trop rustique, c'est-à-dire tellement corrompue déjà dans la bouche du peuple, leurs expressions seraient indécentes dans un ouvrage sérieux. »

Premier livre. — Cet écrit de saint Grégoire est divisé en quatre livres, dans lesquels le saint docteur continue son dialogue avec le diacre Pierre. Il commença le premier par la vie et les miracles de saint Honorat, abbé d'un monastère qu'il avait établi à Fondi, aujourd'hui ville épiscopale de la Campanie, en Italie. Il avait sous sa conduite environ deux cents moines, auxquels il servait de modèle dans la pratique de toutes les vertus religieuses. Il mourut vers l'an 550. Saint Libertinus, l'un de ses disciples, et prévôt du même monastère, du temps de Totila, roi des Goths, se rendit célèbre par sa patience. La vertu d'Hortulan, également moine de Fondi, était si grande que les serpents lui obéissaient. Saint Equice fut père de plusieurs monastères dans la Valérie, aujourd'hui l'Abruzze ultérieure. Se trouvant harcelé dans sa jeunesse de rudes tentations de la chair, il s'appliqua à l'oraison avec plus d'assiduité. Ses prières furent exaucées, et depuis il ne ressentit plus aucune tentation semblable. Il y avait auprès de la ville d'Ancône une église sous le nom de Saint-Étienne, dont un mansionnaire, nommé Constance, avait la garde. C'était un homme détaché de toutes les choses de la terre, et qui n'avait d'affection que pour les biens célestes. La sainteté de sa vie était connue fort loin. Un jour que l'huile manquait dans cette église, il remplit toutes les lampes d'eau, y mit des mèches comme à l'ordinaire, et les alluma; les lampes brûlèrent aussi bien que s'il y avait eu de l'huile. Marcellino, évêque d'Ancône, arrêta un incendie que l'on avait tenté inutilement d'éteindre, en se faisant placer, par ses domestiques, sur le côté vers lequel les flammes s'élançaient avec plus de fureur. Nonnose, abbé du Mont-Soracte, ne trouvant aucun moyen de faire transporter un rocher d'un lieu où il était besoin d'établir un jardin pour l'usage de ses frères, recourut à Dieu, passa la nuit en prières sur le lieu même. Le matin, lorsque les frères vinrent au travail, ils trouvèrent que le rocher s'était éloigné de lui-même et leur avait laissé un long espace pour y planter un jardin. L'abbé Anastase, Boniface, évêque de Ferente, Fortunat, évêque de Todi, firent également des miracles, ainsi que Martyrius, moine de la province de Valérie, et le prêtre Sévère. C'était l'usage, dans cette province, d'imprimer le signe de la croix sur les pains avant de les mettre au four ou sous la cendre, de sorte qu'ils paraissaient coupés en quatre.

Second livre. — Il contient l'histoire de la Vie de saint Benoît, depuis son enfance jusqu'à sa mort. Devenu célèbre par ses vertus et par ses miracles, il lui vint de toutes parts un grand nombre de disciples, pour qui il bâtit douze monastères, mettant en chacun douze moines sous un supérieur. Les plus nobles de Rome lui donnèrent leurs enfants à élever. Equitius lui confia son fils Maur, et Tertullus son fils Placide, encore enfant. Cédant à l'envie d'un prêtre, nommé Florent, il se retira avec quelque peu de moines sur une montagne appelée Cassin, dans le pays des Samnites, où il bâtit un treizième monastère. Il avait laissé les douze autres sous la conduite des supérieurs qu'il leur avait donnés. On voyait encore à Cassin un ancien temple d'Apollon, et tout autour des bois consacrés, où les paysans faisaient des sacrifices. Saint Benoît brisa l'idole, renversa l'autel, coupa les bois consacrés, et, dans le temple même d'Apollon bâtit un oratoire à saint Martin et un autre à saint Jean, à l'endroit où était l'autel du faux dieu; et par ses instructions il attira à la foi tous les peuples du voisinage. Le démon s'en vengea par diverses prévarications dans lesquelles il engagea les moines de Cassin; mais elles servirent à faire connaître que saint Benoît avait reçu de Dieu le don de prophétie, avec la faculté de découvrir les choses les plus cachées. Le roi Totila, voulant mettre ce don à l'épreuve, envoya un de ses écuyers, nommé Riggon, à qui il fit prendre sa chaussure et ses habits royaux, en lui donnant pour l'accompagner les trois seigneurs qui étaient ordinairement le plus près de sa personne, avec des écuyers et un grand cortége; pour lui, il s'arrêta assez loin du monastère, et manda qu'il allait venir. Riggon étant entré, saint Benoît, qui était assis, lui cria de loin : « Mon fils, quittez l'habit que vous portez ; il ne vous appartient pas. » Riggon, et tous ceux qui l'accompagnaient, se jetèrent par terre tout effrayés; et, sans oser approcher, ils retournèrent vers Totila, à qui ils racontèrent, en tremblant, comment ils avaient été découverts. Le roi vint lui-même, se jeta aux pieds du saint, qui l'exhorta à mettre fin à ses injustices. Il lui prédit qu'il entrerait dans Rome, qu'il passerait la mer, et qu'après avoir régné neuf années, il mourrait la dixième. Il prédit aussi à l'évêque Canose que Rome serait battue de tempêtes, de foudres et de tremblements de terre, en sorte qu'elle s'affaiblirait comme un arbre qui sèche sur sa racine. Dieu lui fit connaître la ruine de son monastère de Cassin, quarante ans avant qu'elle arrivât. Il accorda à ses prières la résurrection d'un enfant; il lui fit voir l'âme de sa sœur entrant au ciel en forme de colombe, et celle de saint Germain, évêque de Capoue, qui y était portée par les anges sous la forme d'une sphère ou globe de feu. L'année même de sa mort, il la prédit à quelques-uns de ses disciples, donnant à ceux qui étaient absents et éloignés des signes pour la connaître. La veille de sa mort, il s'y prépara, en recevant le corps et le sang de Notre-Seigneur. Le jour qu'elle arriva, deux moines, dont l'un était dans le monastère, l'autre en était éloigné, eurent la même vision. Ils virent un chemin couvert de tapis, et éclairé d'une infinité de flambeaux, qui s'étendait vers l'orient, depuis le monastère jusqu'au ciel. Un personnage vénérable y paraissait, qui leur demanda pour qui était ce chemin. Ils dirent qu'ils n'en savaient rien. « C'est, leur dit-il, le chemin par où Benoît, le bien-aimé de Dieu, est monté au ciel. » Il se fit les miracles dans la caverne même de Sublac qu'il avait habitée. Une femme, qui avait perdu l'esprit, y étant entrée, sans le savoir, après avoir couru jour et nuit les montagnes et les vallées, les bois et les campagnes, en sortit parfaitement guérie, et conserva jusqu'à la mort sa présence d'esprit. Au reste, ce ne fut pas seulement par ses miracles, que l'homme de Dieu se rendit célèbre dans le monde ; il y acquit aussi de la réputation par sa doctrine, dont il a laissé des monuments dans sa Règle, qui est en même temps un témoignage de la sainteté de sa vie, puisqu'il n'a pu enseigner autrement qu'il a vécu.

Troisième livre. — Il y est parlé de plusieurs grands évêques et de quelques papes. Dans le temps que les Vandales emmenaient plusieurs captifs de la ville de Nole, saint Paulin, n'ayant rien à donner à une pauvre veuve qui lui demandait de quoi racheter son fils, se fit esclave pour lui, de l'agrément du gendre du roi des Vandales. (Si ce trait de charité est du grand saint Paulin, comme saint Grégoire semble le dire, il s'est glissé visiblement une faute dans le texte de cette histoire, où l'on a mis les Vandales pour les Goths, qui, en effet, firent des incursions en Italie, et prirent la ville de Nole en 410. Les Vandales ravagèrent aussi l'Italie; mais ce ne fut qu'en 431, l'année de la mort de saint Paulin. Saint Augustin, qui parle souvent de lui, ne dit rien de cette captivité volontaire, ni Uranius son panégyriste. On peut en faire honneur à son successeur, qui se nommait Paulin, et sous lequel il est fort possible que les Vandales aient pillé Nole ou les environs.) Le Pape Jean I*er*, envoyé en ambassade à Constantinople par Théodoric, roi d'Italie, rendit la vue à un aveugle à l'entrée de cette ville, en mettant la main sur ses yeux, en présence de tout le peuple qui était venu au-devant de lui. Agapet, que Théodat, roi des Goths, obligea aussi d'aller à Constantinople, étant arrivé en Grèce, on lui présenta un homme qui ne pouvait ni parler, ni se lever de terre. Il demanda à ses parents qui le lui avaient amené s'ils croyaient qu'il pût le guérir. Ils répondirent qu'ils en avaient une ferme espérance, par la puissance de Dieu et l'autorité de saint Pierre. Alors le Pape se mit en prières et commença la messe, après laquelle, sortant de l'autel, il prit le boiteux par la main, le leva de terre, le fit marcher à la vue de tout le peuple; et ayant mis dans sa bouche le corps de Notre-Seigneur, sa langue fut déliée. Frigidien, évêque de Lucques, changea, par ses prières, le lit de la rivière de Serchio, que les habitants n'avaient pu détourner après de longs et pénibles travaux. Sabin, évêque de Plaisance, ordonna aux eaux du Pô, qui désolaient la campagne, de rentrer dans leur lit; elles obéirent à l'instant. Il avait chargé de cet ordre un de ses diacres, qui ne fit qu'en rire. Le saint évêque envoya chercher un notaire, à qui il dicta l'ordre en ces termes : *Sabin, serviteur de Notre-Seigneur Jésus-Christ, avertissement au Pô. Je te commande, au nom de Notre-Seigneur Jésus-Christ, de ne plus sortir de ton lit dans ces endroits-là, et de ne point endommager les terres de l'Eglise.* Il ajouta, en parlant au notaire : « Allez, écrivez cet ordre, et jetez-le dans le fleuve. » Le notaire obéit, et les eaux se retirèrent à l'instant. Saint Cerbonei de Populonium avait donné l'hospitalité à des soldats; dans le temps qu'ils étaient dans sa maison, survinrent des Goths. Cerbonei, craignant pour la vie de ses hôtes, les cacha. Le roi Totila, en ayant été averti, fit prendre l'évêque, et l'exposa à un ours furieux, en présence de son armée; mais cet animal, oubliant sa férocité, vint lécher les pieds de Cerbonei, ce qui jeta tous les assistants et le roi même dans l'admiration. Environ à quarante milles de Rome, il y avait un jeune moine, nommé Benoît, qui vivait séparément dans une cellule. Les Goths l'ayant trouvé du temps de Totila, leur roi, il résolurent de le brûler avec sa cellule : mais le feu ne consuma que ce qui était autour. Fâchés de n'avoir pas réussi, ils jetèrent Benoît dans un four où l'on avait mis le feu pour cuire du pain, et en fermèrent l'entrée. Benoît y resta jusqu'au lendemain sans que lui ni ses habits en fussent endommagés. Quarante paysans ayant refusé de manger des viandes offertes aux idoles, les Lombards les tuèrent, et ils en firent mourir d'autres, qui ne voulurent point adorer avec eux la tête d'une chèvre qu'ils avaient sacrifiée au démon. Un de leurs évêques, qui était arien, s'étant emparé, à mains armées, d'une église dans la ville de Spolète, devint aveugle dans le moment qu'il y entra, en sorte qu'il fallut le reconduire chez lui. Ce miracle obligea les Lombards à respecter les lieux qui appartenaient aux catholiques. Dans la persécution des Vandales en Afrique, leur roi Hunéric fit couper la langue à plusieurs évêques, qui ne laissèrent pas de parler librement, sans se sentir de ce supplice. Saint Grégoire rapporte ce fait d'après un ancien évêque, de qui il l'avait appris lorsqu'il était nonce apostolique à Constantinople. Il ajoute « qu'un de ceux qui avaient conservé l'usage de la parole après avoir eu la langue coupée, étant tombé dans un péché d'impureté, perdit aussitôt la liberté de parler, par un juste jugement de Dieu. »

Quatrième livre. — Son but est d'affermir la foi de quelques personnes qui doutaient de l'immortalité de l'âme et de la résurrection des corps. Comme ils pouvaient avoir été induits dans cette erreur par ces paroles du livre de l'*Ecclésiaste: Les hommes meurent comme les bêtes, et leur sort est égal* ; il fait voir que Salomon, dans ce livre, avance certaines choses sous forme de question, et qu'il en décide d'autres par les lumières de la raison et de la foi; qu'il parle quelquefois au nom d'une personne encore attachée aux plaisirs du monde, et plus souvent au nom d'un homme sage, qui ne dit rien que de conforme à la vérité et aux règles de la morale la plus pure. L'homme sensuel et terrestre dit dans le cinquième chapitre : *Il me semble qu'il est bon que l'homme mange et boive, et qu'il jouisse de la joie qui est le fruit de son travail.* L'homme vertueux dit dans le septième : *Il vaut mieux aller à une maison de deuil qu'à une maison de festin ;* et il en marque l'utilité, en disant : *Lorsqu'on va à une maison de deuil, on est averti de la fin de tous les hommes ; et celui qui est encore en vie est excité à penser à ce qu'il sera un jour, et à ce qui doit lui arriver.* Le libertin dit : *La mort de l'homme est la même que celle des bêtes, et leur condition est égale. Comme l'homme meurt, les bêtes meurent aussi ; les uns et les autres respirent de même, et l'homme n'a rien au-dessus de la bête.* Le sage détruit ce sentiment, en disant : *Qu'a le sage plus que l'insensé, et qu'a aussi le pauvre plus que lui, sinon qu'il va au lieu où est la vie ?* Par ces paroles, Salomon fait voir que le sage a non-seulement quelque chose au-dessus de la bête, mais encore au-dessus de l'homme imprudent, puisqu'il *va au lieu de la vie,* où l'insensé ne va point ; on ne peut donc pas dire que la mort de l'homme soit la même que celle de la bête, puisque celle-ci ne vit plus après sa mort ; tandis que l'homme, même après sa dissolution, vit encore dans la meilleure partie de lui-même, qui est son âme. Pour rendre son immortalité sensible aux hommes les plus grossiers, il rapporte plusieurs apparitions des âmes, soit dans le temps de leur séparation d'avec le corps, soit quelque temps après. Saint Benoît vit au milieu de la nuit l'âme de saint Germain, évêque de Capoue, s'élever dans le ciel sous la forme d'un globe de feu. Le moine Grégoire, quoique dans un monastère fort éloigné de celui où demeurait Spécieux, son frère, vit son âme au moment qu'elle sortit de son corps. Il raconta sur-le-champ sa vision à ses confrères, alla au monastère de Spécieux, et le trouva déjà enterré. Le prêtre Nurfin vit à l'heure de sa mort les apôtres saint Pierre et saint Paul qui l'invitaient à venir avec eux dans le ciel. Saint Juvénal et saint Eleuthère apparurent à Probus, évêque de Rieti, au moment de sa mort. Saint Grégoire ne doute pas que ceux qui sont parfaitement justes en sortant de ce monde ne jouissent d'abord de la félicité éternelle ; mais il croit qu'elle est différée à ceux à qui il manque quelque degré de cette parfaite justice. Il ajoute : « Encore que les justes jouissent dès aujourd'hui de la gloire, elle augmentera à leur égard au jour du jugement, par celle qui sera accordée au corps après la résurrection ; car il est de la justice de Dieu de récompenser les bons dans le ciel, sans qu'elle puisse se dispenser de punir les méchants dans l'enfer ; il est aussi facile que le feu matériel agisse sur l'âme, qu'il l'est qu'elle soit renfermée dans un corps. Il n'y a rien d'assuré sur le lieu de l'enfer ; mais l'Ecriture semble le placer sous la terre. Comme la joie des bons ne finira point, ainsi les supplices des méchants n'auront point de fin. Si l'on dit que Dieu n'a menacé les pécheurs d'une peine éternelle que pour les obliger à s'abstenir de pécher, il faudra dire aussi qu'il nous a fait de fausses promesses pour nous attirer à la vertu. » Il paraît, dira-t-on, peu conforme à la justice de punir, par un supplice qui n'aura point de fin, une faute qui est finie et qui a des bornes ; mais il faut faire attention que Dieu n'a pas seulement égard à l'action du péché, mais encore à la disposition du cœur de l'homme, qui est telle que s'il avait à vivre sans fin, il pécherait sans fin ; ainsi il est de la justice exacte du souverain Juge, que ceux qui, pendant leur vie, n'ont jamais voulu être sans péché, ne soient jamais sans supplice après leur mort. On dira encore que lorsqu'un esclave commet des fautes, son maître ne le fait battre que pour le corriger ; et que les pécheurs, livrés au feu de l'enfer, ne pouvant se corriger, il est inutile de les faire brûler éternellement. Saint Grégoire répond : « Dieu étant juste, il ne cesse de venger les crimes pour ne pas manquer à sa justice ; au surplus les supplices des damnés augmenteront la reconnaissance des bienheureux, qui verront en Dieu, avec plus de plaisir, le bonheur qu'ils possèdent, en considérant dans les damnés les supplices qu'ils ont évités par la grâce divine. » Mais si les bienheureux sont saints, comment ne prient-ils pas pour les damnés ? Dieu, qui écoute les prières de ceux qu'il aime, les exaucerait sans doute. « Mais, nous objecte-t-on, est-ce que les prières des bienheureux qui sont dans le ciel ne pourraient pas obtenir grâce pour les réprouvés qui sont dans les enfers ? Les saints prient pour les pécheurs, tant qu'ils peuvent espérer leur conversion ; mais les damnés ne pouvant plus se convertir, ni faire une pénitence salutaire, les prières que les bienheureux feraient pour eux seraient inutiles ; d'où vient que nous ne prions point pour les démons, que nous savons être condamnés sans retour à des châtiments éternels. »

La narration est suivie de sentences dont nos sermonnaires ont profité. Nous en rapporterons quelques-unes : « Quiconque pense souvent qu'il doit mourir, n'a pas beaucoup de peine à mépriser toutes choses. *Facile contemnit omnia qui semper se cogitat moriturum.* » (LA COLOMBIÈRE, *Serm.*, t. III p. 250, pensée empruntée à saint Jérôme.) Il définit la mort :

« Séparation d'avec le monde, séparation de l'âme d'avec le corps, entrée dans l'éternité : *Amissio mundi, dissolutio corporis, ingressus æternitatis.* » Trois propositions sur lesquelles le P. de Marole fonde le dessein de son sermon *sur la pensée de la mort* (t. I, pag. 87). La foi chrétienne, dans la pensée de saint Paul, expliquée par saint Grégoire, Pape, est tellement et si essentiellement simple, que vouloir seulement l'éclairer du flambeau de la raison, c'est en anéantir tout le mérite : *Fides non habet meritum, ubi humana ratio præbet experimentum.* (L'abbé CLÉMENT, *Sur la foi, Carême,* t. II, pag. 94.)

LETTRES DE SAINT GRÉGOIRE. — Entre les écrits des grands hommes, ceux que l'on préfère ordinairement à tous les autres, ce sont leurs lettres; parce qu'elles initient le lecteur aux secrets de leur génie, et qu'elles mettent mieux en relief les qualités de l'esprit et du cœur. Saint Grégoire s'est si bien peint dans les siennes qu'on y reconnaît sans peine le portrait qu'en ont tracé ses historiens. La plupart de ces lettres concernent la discipline. Toutes attestent l'infatigable activité de leur auteur dans le gouvernement, la sagesse autant que l'ardeur de son zèle pour la gloire de Dieu et le salut des âmes, sa connaissance dans les lois divines et humaines. C'est la plus fidèle expression d'une charité qui embrasse tous les besoins, et que les obstacles de toute sorte qu'elle eut à combattre ne faisaient que développer. Partout, sous les dehors de l'homme pieux et du pontife modeste, les lettres révèlent l'homme intelligent et le grand docteur. Elles forment un recueil de quatorze livres, et composent l'histoire la plus complète de son pontificat. Comme nous leur avons beaucoup emprunté déjà pour composer sa biographie, nous nous croyons d'autant plus autorisé à en abréger l'analyse, que le nombre de ces lettres s'élève à plus de huit cents. Nous ne ferons donc mention que de celles qui nous paraissent les plus intéressantes.

Premier livre. — *Lettres au sous-diacre Pierre et à Justin.* — Toutes les lettres du premier livre sont de la neuvième indiction, c'est-à-dire, de l'an 590. C'était l'usage des Papes d'avoir un vicaire dans la Sicile, dont les Eglises étaient plus particulièrement soumises au Saint-Siége, parce qu'elles étaient du nombre des suburbicaires que le sixième Canon de Nicée assujettit à l'évêque de Rome, suivant l'ancienne coutume. Saint Grégoire nomma pour cet office le sous-diacre Pierre, qui avait l'administration du patrimoine de saint Pierre en cette île. Il en donna avis aux évêques, en leur ordonnant de tenir des conciles chaque année à Syracuse ou à Catane, pour le règlement des affaires ecclésiastiques de la province, pour le maintien de la discipline, et pour chercher les moyens de fournir aux besoins des pauvres. Pierre devait présider à ces assemblées comme légat du Saint-Siége. Il paraît qu'il n'y avait pas encore de métropolitain dans la Sicile. Justin en était alors préteur. Un des devoirs de sa charge était d'envoyer à Rome la provision de blé; l'hiver approchait, et il n'avait encore rien envoyé. Saint Grégoire lui écrivit pour lui représenter que si cette ville venait, par sa négligence, à manquer de blé dans un temps où elle ne pouvait en tirer d'ailleurs, étant bloquée par les Lombards, il serait coupable de la mort de tout un grand peuple.

A Anthime. — Dans diverses lettres à Anthime, sous-diacre, et recteur des patrimoines d'Italie, saint Grégoire le charge de soulager plusieurs personnes qui se trouvaient dans le besoin par suite des calamités publiques; de donner à des religieuses de la ville de Nole quarante sous d'or, deux sous d'or à un prêtre nommé Paulin, qui demeurait dans le monastère de Saint-Erasme, à côté du mont Soracte, et deux sous également à deux moines, qui desservaient un oratoire de Saint-Michel, dans le château de Lucullanum ; d'offrir à Patéria, tante du saint, quarante sous d'or pour la chaussure de ses domestiques, et quatre cents boisseaux de blé pour leur nourriture ; à Palatine, veuve d'Urbicus, vingt sous et trois cents boisseaux; à Vivienne, veuve de Félix, autant; de donner trente sous d'or par an à Palatine, femme du rang des illustres, ruinée par les guerres continuelles; d'empêcher que les pauvres fussent opprimés, et le fils de la veuve Sirica réduit en servitude; enfin, de faire restituer à la veuve Théodora la maison de Pétrone, son mari.

A Venance. — Nous avons deux lettres de saint Grégoire à Venance, qui, après avoir embrassé l'état monastique, l'avait quitté, s'était marié, et exerçait la charge de chancelier d'Italie; elles sont l'une et l'autre pour l'exhorter à reprendre l'habit et la profession qu'il avait abandonnés. « Si mon zèle, lui dit-il, vous est suspect, j'appellerai toute l'Eglise au concile, et je souscrirai sans peine à ce qui sera décidé d'un commun consentement. » Venance ne se convertit point ; mais le saint, le sachant à l'extrémité, écrivit à Jean, évêque de Syracuse, de le presser de nouveau de reprendre son premier état, sous peine d'être condamné éternellement au jugement de Dieu.

Au sous-diacre Pierre. — En établissant le sous-diacre Pierre son vicaire dans la Sicile, il lui donna ses instructions par écrit. Dans la suite il l'avertit de les relire souvent, et de veiller avec soin à ce que les évêques ne se mêlent point d'affaires séculières, à moins qu'ils n'eussent besoin de prendre la défense des pauvres. Il ne veut pas que les officiers de l'Eglise romaine vexent personne, soit dans leurs biens, soit dans leurs esclaves. Il lui recommande de faire restituer ce qui lui paraîtrait enlevé injustement, de ne jamais employer la force pour maintenir les droits de l'Eglise, de s'appliquer à se faire aimer par son affabilité envers tout le monde, et de détourner les évêques de venir à Rome, au jour de son intronisation, les engageant, si ce voyage leur paraît nécessaire, à le remettre à la fête du Prince des apôtres. Il réforme ensuite les droits excessifs pour les mariages, et les réduit à un sou d'or, même pour les riches, et à quelque chose de moins pour les pauvres, voulant que cette redevance tournât au profit du fermier, sans entrer dans les comptes de l'Eglise. Il donne à Pierre pour règle générale de ne point souiller les coffres de l'Eglise par des gains sordides. Le droit qu'on exigeait pour les mariages était purement seigneurial, et une sorte de tribut sur ces paysans qui étaient demi-serfs. Depuis trois ans on avait ordonné dans toute la Sicile aux sous-diacres de vivre dans la continence, suivant que cela se pratiquait dans l'Eglise de Rome. Saint Grégoire trouve cette loi dure pour ceux qui s'étaient engagés dans le ministère sans se croire obligés à la continence. Il n'impose donc aucune peine aux prévaricateurs ; mais il défend de les promouvoir à un degré supérieur : voulant que dans la suite les évêques n'ordonnent pour sous-diacres que ceux qui promettront de vivre dans le célibat. Il règle, dans la même lettre, diverses affaires particulières, et fait plusieurs donations en forme de charité.

Aux évêques d'Arles et de Marseille. — Quelques juifs d'Italie s'étaient plaints, que lorsqu'ils allaient à Marseille pour leur commerce, on contraignait un grand nombre des leurs, plutôt par force que par persuasion, à recevoir le baptême. Le saint pontife, qui aimait mieux la douceur que la violence, écrivit en ces termes à Virgile, évêque d'Arles, et à Théodose, évêque de Marseille : « Je loue, leur dit-il, votre intention, et je ne doute pas qu'elle ne soit fondée sur l'amour que vous portez à Notre-Seigneur ; mais si elle n'est réglée par l'Ecriture, je crains qu'elle ne nuise à ceux mêmes que vous voulez sauver, et que, venant au baptême par nécessité, ils ne retournent plus dangereusement à leur première superstition. Contentez-vous donc de les prêcher et de les instruire pour les éclairer et les convertir solidement ; vous en recevrez la récompense, et, avec la grâce de Dieu, vos exhortations les conduiront à la régénération de la vie éternelle. »

A Félix de Messine. — On voit des preuves du désintéressement de saint Grégoire dans sa lettre à Félix, évêque de Messine, à qui il dit : « Nous devons abolir les coutumes que nous savons être à charge aux églises, afin qu'elles ne soient point obligées d'apporter en ce lieu, d'où elles devraient plutôt recevoir. A l'égard des autres clercs, vous devez leur envoyer tous les ans ce qui est établi par l'usage ; mais pour nous, nous vous défendons de nous rien envoyer à l'avenir. Nous n'aimons pas les présents ; et quoique nous ayons reçu les palmes que vous nous avez envoyées, nous les avons fait vendre et commandé qu'on vous en remît le prix. Dispensez-vous du voyage de Rome ; mais ne nous oubliez pas dans vos prières, afin que, même en restant éloignés par la distance des lieux, nous soyons unis en esprit par les liens de la charité. »

Deuxième livre. — Il renferme les lettres que saint Grégoire écrivit pendant la sixième indiction, et à commencer au mois de septembre 591, c'est-à-dire, à la seconde année de son pontificat.

A Jean, évêque d'Illyrie. — Le vigilant pontife confirma l'ordination de Jean, évêque de la première Justinienne en Illyrie, le constitua vicaire du Saint-Siège et lui accorda l'usage du pallium. Dans la lettre qu'il lui écrivit sur ce sujet, il lui recommande d'user d'une telle modération envers ceux qui lui sont soumis, qu'il s'en fasse plutôt aimer que craindre ; de punir les fautes en père ; de s'appliquer tout entier à gagner les âmes à Dieu ; de se souvenir qu'on n'est point pasteur pour dormir, mais pour travailler ; de n'admettre dans le ministère ecclésiastique que ceux qui en sont dignes, et de ne rechercher dans les ordinations aucun intérêt temporel, mais seulement la gloire de Dieu.

A Rusticienne. — L'empereur Justinien avait fait bâtir sur le mont Sinaï une église sous l'invocation de la sainte Vierge, à l'usage des moines qui vivaient sur cette montagne dans le mépris des plaisirs et des richesses du siècle, et dans une continuelle méditation de la mort. Leur vertu attirait la curiosité des étrangers, qui allaient les voir pour en être édifiés. Rusticienne, dame de grande condition, qui faisait son séjour à la cour, fit part à saint Grégoire du dessein qu'elle avait d'aller visiter les saints lieux ; elle tarda quelque temps de l'accomplir, mais elle entreprit enfin ce voyage. Le saint pontife, qui lui avait fait d'abord des reproches de ce qu'elle avait tardé à se mettre en chemin pour le mont Sinaï, lui en fit de nouveaux parce qu'elle était revenue avec trop de précipitation, sans avoir pris le loisir de contempler la vertu de tant de solitaires, et de goûter les douceurs de la retraite. Il ajouta qu'il craignait qu'elle n'eût porté que les yeux du corps dans ces saints lieux, sans ouvrir ceux du cœur sur tant d'objets édifiants, puisque leur vue n'avait pas réussi à bannir de son cœur l'amour de la ville de Constantinople et de la cour. Il l'exhorte à venir visiter le tombeau de saint Pierre à Rome, l'assurant qu'avec la protection du Prince des apôtres, il n'avait rien à craindre des armées qui inondaient l'Italie. Rusticienne fit beaucoup de présents aux églises et distribua de grandes charités aux pauvres. Elle envoya à saint Grégoire dix livres d'or pour le rachat des captifs, des voiles pour orner le tombeau de saint Pierre, et des aumônes pour le monastère de Saint-André.

A Jean, évêque de Ravenne. — Jean, évêque de Ravenne, lui avait proposé de réitérer une ordination. Saint Grégoire répond : « qu'il n'est pas plus permis de réitérer l'ordination que le baptême ; mais que si quelqu'un est parvenu au sacerdoce chargé d'une faute légère, il doit en faire pénitence, et demeurer dans l'ordre qu'il a reçu. » Quelque temps après, Jean, sous prétexte du séjour que les empereurs avaient fait à Ravenne, et de la résidence que les exarques y faisaient, voulut se distinguer non-seulement des autres évêques, mais aussi des métropolitains, en portant le pallium, même dans les processions. Saint Grégoire l'en reprit. Jean lui répondit par une lettre fort soumise en apparence, mais où il soutenait son droit prétendu, et celui que ses prêtres et ses diacres avaient de porter, même à Rome, le manipule, c'est-à-dire, une serviette que les prêtres et les diacres portaient lorsqu'ils servaient à l'autel. Le Pape, peu content de cette réponse, lui écrivit une lettre, où il lui disait, en parlant des processions : « Comment se peut-il faire que dans ce temps de cendres et de cilices, au milieu des gémissements du peuple, vous portiez par les rues cet ornement que vous vous défendez d'avoir porté dans la salle secrète de l'église? Vous devez vous conformer à l'usage de tous les métropolitains, ou montrer un privilége du Pape, si vous prétendez en avoir. »

Lettre à tous les évêques. — Sa lettre à tous les évêques regarde l'affaire des *Trois chapitres.* C'est pourquoi il faut supposer qu'elle s'adresse, non à tous les évêques du monde, mais à ceux-là seulement qui refusaient de condamner les trois chapitres, ce qui fait qu'elle est intitulée dans un ancien manuscrit : *A tous les défenseurs des trois chapitres.* Ces évêques avaient écrit au Pape pour se plaindre des persécutions qu'on leur faisait souffrir. Saint Grégoire leur témoigne qu'il a reçu leur lettre avec bonheur, mais qu'il en aurait éprouvé beaucoup plus encore de leur retour à l'unité. Les persécutions dont ils se plaignaient ne pouvaient leur être utiles, parce qu'ils ne les souffraient pas pour la vérité; que la condamnation des trois chapitres n'avait porté aucune atteinte à la foi, et que, dans le cinquième concile général où il en fut question, on ne traita que des personnes, dont une, savoir Théodore de Mopsueste, avait donné lieu à sa condamnation par ses écrits, qui étaient évidemment contraires à la vraie foi. Il ajoute qu'ils raisonnaient mal, en disant que l'Italie n'avait été si fort maltraitée, à l'exclusion des autres provinces, que parce qu'elle avait erré en condamnant les trois chapitres; qu'au contraire les calamités qu'elle souffrait étaient une preuve de l'amour que Dieu lui portait, selon qu'il est écrit : *Le Seigneur châtie celui qu'il aime.* Pour les détromper il dit qu'il leur envoie le livre que Pélage, son prédécesseur, avait écrit sur cette matière; ce qu'il faut entendre de la septième lettre de ce pontife.

Troisième livre. — Les lettres du troisième livre sont de la onzième indiction, c'est-à-dire de l'an 592.

A Scholasticus. — Les fidèles de Naples avaient choisi pour évêque Florent, sous-diacre de l'Eglise de Rome, qui, ne pouvant se résoudre d'aller à Naples, prit la fuite pour éviter l'épiscopat. Saint Grégoire en fut affligé; mais, ne voulant pas laisser cette église sans évêque, il écrivit à Scholastique, juge de la Campanie, d'assembler les principaux et le peuple de Naples pour procéder avec eux à l'élection d'un autre évêque; à quoi il ajouta : « Si vous ne trouvez personne dont vous puissiez convenir, choisissez du moins trois hommes dont la droiture et la sagesse soient connues, et les envoyez ici au nom de toute la communauté; peut-être trouveront-ils à Rome quelqu'un capable d'être votre évêque. » (Voilà un exemple d'élection par compromis.)

A l'empereur Maurice. — Le grand écuyer de l'empereur Maurice apporta à Rome l'édit dont nous avons parlé, et qui défendait de recevoir, soit dans le clergé, soit dans les monastères aucun de ceux qui exerçaient quelque charge publique, ou qui avaient pris quelque engagement dans l'armée. Saint Grégoire reçut cet édit dans un moment où il était malade, ce qui l'empêcha de répondre aussitôt à l'empereur. Voici la substance de sa réponse : Sans désapprouver que ce prince eût défendu d'admettre dans le clergé ceux qui étaient obligés de rendre compte de quelque administration ou qui avaient exercé des charges publiques, parce que la plupart d'entre eux ne s'engageaient dans la cléricature que par des vues d'ambition ou d'avarice, il trouvait injuste qu'on fermât l'entrée des monastères aux gens de guerre qui avaient si grand besoin de pénitence, parce que c'était leur fermer l'entrée du ciel. Il demande donc à l'empereur que ce qui leur avait été permis jusque-là, le fût encore à l'avenir. Il convient qu'il y en a plusieurs qui sous un habit séculier peuvent mener une vie religieuse; mais que cependant la plupart ne peuvent être sauvés, s'ils n'abandonnent tout. Puis il ajoute : « Sachez, grand empereur, que la souveraine puissance vous est accordée d'en haut, afin que la vertu soit aidée, que les voies du ciel soient élargies et que l'empire de la terre serve à l'empire du ciel. C'est pour cela que vous êtes grand, afin que ceux qui veulent le bien soient secourus, et que vous les aidiez à gagner les biens de l'éternité; or l'édit nouvellement publié me paraît contraire à cette disposition, puisqu'il déclare nettement qu'après avoir été enrôlé dans la milice séculière, il n'est plus permis d'entrer dans la milice de Jésus-Christ, qu'autant que les années de service sont révolues, ou que l'on s'en retire brisé de fatigues et le corps criblé de blessures. » Il représente à ce prince les grandes faveurs qu'il avait reçues de Dieu, en passant successivement par tous les degrés d'honneur; d'abord notaire, c'est-à-dire secrétaire d'État, puis comte, ensuite capitaine des gardes, et enfin César et empereur; il lui rappelle le pouvoir qui lui avait été accordé sur les évêques et les prêtres, d'où il conclut qu'il ne pouvait sans ingratitude détourner ses soldats du service de celui de qui il avait reçu tant de bienfaits. Aucun de ses prédécesseurs n'avait rendu une pareille ordonnance. Il est dur de défendre d'abandonner le siècle à des hommes qui sentent qu'ils approchent de leur fin. Si on doute qu'il y ait des soldats qui se fassent moines avec une droite intention, il est en état d'en citer plusieurs qui de son temps avaient mené une vie si édifiante après leur conversion, que leur sainteté avait éclaté par des miracles. Il conjure donc l'empereur, ou de changer cette loi, ou de la modifier par une nouvelle interprétation. Par là, bien loin d'affaiblir ses armées, celles qui combattent contre les ennemis de l'Etat; au contraire il les fortifiera, en grossissant le nombre des armées du Seigneur, celles dont les prières sont les armes les plus puissantes et les plus redoutables. « Au reste, ajoute ce saint Pape, j'ai fait passer votre ordonnance dans toutes les parties du monde, après avoir pris la liberté de vous représenter qu'elle ne s'accorde pas avec les vues du Tout-Puissant. Ainsi je me suis acquitté d'une double obligation. D'une part j'ai obéi à l'empereur en publiant son édit; de l'autre, je ne me suis pas tu lorsqu'il a fallu soutenir les intérêts de Dieu. »

A Théodore. — Saint Grégoire eut recours en même temps aux personnes les plus influentes, et qui avaient le plus de crédit à la cour, particulièrement à Théodore, premier médecin de Maurice. Il avoue dans sa lettre que Julien l'Apostat avait publié un édit semblable; mais il ne croit pas que ce prince, ennemi de Dieu, doive servir de modèle à des empereurs chrétiens. Soit que Théodore eût employé son crédit auprès de Maurice, soit que ce prince eût été frappé des remontrances de saint Grégoire, il modifia sa loi, et permit dans la suite de recevoir des soldats à la profession religieuse, après les avoir éprouvés par un noviciat de trois ans. Il finit sa lettre en recommandant à Théodore la lecture des livres saints, qu'il représente comme la parole du divin rédempteur et la lettre du Dieu tout-puissant à sa créature. « Si vous viviez loin de la cour, lui dit-il, et qu'il vous vînt une lettre de la part de l'empereur, vous n'auriez point de repos, vous ne voudriez pas vous mettre au lit sans l'avoir lue. L'empereur du ciel, le souverain maître des hommes et des anges, vous adresse des lettres, où il s'agit de votre vie; et vous ne témoignerez aucune ardeur à les lire! Etudiez, je vous en conjure, méditez tous les jours les paroles de votre créateur. »

A Domitien. — La dernière lettre de ce livre est adressée à Domitien, évêque de Mélitine et métropolitain d'Arménie. Il le congratule de son application à l'étude des saintes Ecritures, et loue le zèle avec lequel il s'était empressé de prêcher la foi à l'empereur des Perses. Quoique ce prince n'en eût pas profité, il assure Domitien que la récompense de ses travaux n'en sera pas moins grande. Un Ethiopien entre noir dans le bain et il en ressort noir, et cependant le baigneur reçoit son salaire et le prix de son bain.

Quatrième livre.—*A Constantius de Milan.* — Toutes les lettres du quatrième livre sont de la douzième indiction, c'est-à-dire, de l'an 593. Le Pape, en parlant du concile de Constantinople que quelques-uns, observet-il, nomment le cinquième, disait à Constantius, depuis évêque de Milan : « Vous devez savoir qu'il n'a rien décidé contre les quatre précédents; car on n'y a point traité de la foi, mais seulement de quelques personnes dont il n'est rien dit dans le concile de Chalcédoine; seulement après avoir fait les canons, on agita quelque dispute sur ces personnes, et l'on examina leur cause dans la dernière action. » Ainsi saint Grégoire ne comptait pour Actes du concile de Chalcédoine que les sept premières actions qui comprenaient la définition de la foi et les canons. Les citoyens de la ville de Bresse voulaient obliger Constantius, évêque de Milan, de déclarer avec serment qu'il n'avait pas condamné les trois chapitres. Saint Grégoire lui écrivit sur cela : « Si votre prédécesseur ne l'a pas fait, on ne doit pas vous le demander; s'il l'a fait, il a faussé son serment, et s'est séparé de l'Eglise catholique, ce que je ne crois pas. Mais pour ne point scandaliser ceux qui vous ont écrit, envoyez-leur une lettre, où vous déclariez avec anathème que vous n'affaiblissez en rien la foi du concile de Chalcédoine; que vous ne receviez point ceux qui l'affaiblissent; que vous condamnez tous ceux qu'il a condamnés, et justifiez tous ceux qu'il a justifiés. Quant au scandale qu'ils prennent de ce que vous ne nommez pas à la messe notre frère Jean, évêque de Ravenne, il faut vous informer de l'ancienne coutume, et la suivre. Sachez aussi s'il vous nomme à l'autel : car s'il ne le fait pas, je ne vois rien qui vous oblige à le nommer. » C'était donc l'usage alors de nommer à l'autel les évêques vivants des grands siéges, comme nous y nommons le Pape.

Aux évêques de Sardaigne. — Les prêtres de l'île de Sardaigne marquaient à l'imitation des Grecs, avec qui ils étaient en relation, les enfants baptisés sur le front avec le saint chrême. Les évêques, à qui ce droit appartenait, suivant l'ancienne tradition de l'Eglise, marquaient une seconde fois les enfants sur le front avec le saint chrême, lorsqu'ils leur donnaient la confirmation. Saint Grégoire, trouvant de l'abus dans cette double chrismation sur le front, la défendit; et pour conserver aux évêques leurs droits, il ordonna que les prêtres ne marqueraient plus sur le front avec le saint chrême les enfants baptisés, et qu'ils se contenteraient de leur faire l'onction sur la poitrine, afin que les évêques leur fissent ensuite celle du front. Ayant appris depuis que quelques-uns avaient été scandalisés de cette défense, il permit aux prêtres de faire aux baptisés l'onction du chrême sur le front, au défaut des évêques, disant « qu'il ne l'avait défendu d'abord qu'eu égard à la coutume ancienne de l'Eglise de Rome, qui réservait cette chrismation à l'évêque. » On voit par là que les usages étaient différents sur ce point entre les Eglises d'Occident, comme ils le sont encore entre les Grecs et les Latins.

A l'impératrice Constantine. — L'impératrice Constantine lui avait demandé le chef de saint Paul, ou quelque autre partie de ses reliques pour mettre dans l'église que l'on faisait bâtir en l'honneur de cet apôtre, dans le palais de Constantinople; saint Grégoire lui répondit qu'il ne pouvait ni n'osait faire ce qu'elle lui demandait. Les tombeaux des saints apôtres étaient si redoutables par leurs miracles, qu'on ne pouvait en approcher, même pour prier, sans être saisi de terreur. Il rapporte à ce sujet plusieurs faits miraculeux qui contribuaient à entretenir cette crainte religieuse. « Sachez donc, Madame, lui dit-il, que la coutume des Romains quand ils donnent des reliques, n'est pas de toucher les corps des saints, mais de mettre seulement dans une boîte un linge que l'on dépose auprès du corps saint; ensuite on l'en retire, et on l'enferme avec la vénération convenable dans l'église que l'on doit dédier, et il s'y fait autant de miracles que si l'on y avait transféré les corps. Il arriva du temps de saint Léon, d'heureuse mémoire, que, des Grecs doutant de la vérité de ces reliques, il se fit apporter des ciseaux, et coupa le linge, dont il sortit du sang, ainsi que le rapportent nos anciens. Non-seulement à Rome, mais dans tout l'Occident, on regarde comme un sacrilége de toucher aux corps saints. » Il en conclut « qu'il y aurait de la témérité, non-seulement de toucher à ces corps, mais même de les regarder; que le commandement que lui faisait l'impératrice ne venait point d'elle, mais de ceux qui voulaient lui faire perdre les bonnes grâces de cette princesse. » Il refusa aussi d'envoyer à Constantine le suaire de saint Paul, qu'elle avait demandé; la raison de ce refus était que, ce suaire étant avec le corps, il n'était pas plus permis de le toucher que d'approcher du corps lui-même; mais, afin de ne pas frustrer son pieux désir, il lui promet de lui envoyer incessamment quelque particule des chaînes que saint Paul avait portées au cou et aux mains, et qui faisaient beaucoup de miracles, si toutefois il pouvait en emporter quelque chose avec la lime : « car on vient souvent, dit-il, demander de cette limaille; l'évêque prend la lime, et quelquefois il en tire des particules en un moment, quelquefois il lime longtemps sans rien tirer. »

Cinquième livre. — *A Venance.* — Toutes les lettres du cinquième livre sont de la treizième indiction, c'est-à-dire de l'an 594. Dans celle qui est adressée à Venance, évêque de Huna, saint Grégoire lui ordonne de déposer pour toujours un prêtre, un diacre et un sous-diacre, coupables de péchés d'impureté, et de leur accorder la communion seulement parmi les laïques, après toutefois qu'ils auront fait pénitence. Il ajoute qu'il lui envoie un vêtement pour une femme qu'il devait baptiser, et un exemplaire de son Pastoral pour le prêtre Colomb. Dans une autre lettre à Venance, il lui dit « d'examiner s'il était vrai que le prêtre Saturnin, déposé pour crime, eût célébré depuis sa déposition; qu'en ce cas il lui interdit la communion du corps et du sang de Jésus-Christ jusqu'à la mort, où il recevait seulement le viatique; que si le fait n'était point vrai, et que Saturnin eût fait pénitence, il lui accordât la communion parmi les laïques. »

A Jean de Constantinople. — Jean, patriarche de Constantinople, ayant rendu un jugement contre un prêtre accusé d'hérésie, en envoya les actes à saint Grégoire, dans lesquels il prenait presqu'à chaque ligne le titre de *Patriarche universel*. Le saint Pape, pour garder les règles de la correction fraternelle, lui fit dire deux fois par son nonce de s'abstenir de ce titre fastueux; puis il lui en écrivit une assez longue lettre, datée du 1er janvier de l'an 595. « Vous vous souvenez, lui dit-il, de quelle paix jouissaient les Eglises, lorsque vous avez été élevé à l'honneur de l'épiscopat; et je ne sais d'où vous peut venir la prétention de prendre un titre nouveau, capable de scandaliser tous vos frères. Ce qui m'étonne de votre part, c'est qu'après avoir fui l'épiscopat, vous en usiez aujourd'hui comme si vous l'aviez recherché par un motif d'ambition. Vous vous déclariez alors indigne du nom d'évêque, maintenant vous vous en prévalez au point de vouloir l'être seul. Fermez, je vous en supplie, l'oreille à la voix des flatteurs, qui vous persuadent de vous donner un nom qui ne respire qu'orgueil et extravagance. Vous ne pouvez ignorer que les Pères de Chalcédoine ayant offert ce titre aux évêques de Rome, pas un ne consentit à le recevoir, pour ne point paraître s'attribuer tout l'honneur de l'épiscopat et en dépouiller les autres. »

A l'empereur Maurice. — Dans sa lettre à l'empereur Maurice, sur le même sujet : « Le gouvernement et la primauté de toute l'Église a été donnée à Pierre; toutefois on ne l'appelle pas Apôtre universel. Voyez : toute l'Europe est livrée aux Barbares, les villes sont détruites, les forteresses ruinées, les provinces ravagées, les terres incultes, les idolâtres maîtres de la vie des fidèles; et les évêques, qui devraient pleurer prosternés sur la cendre, cherchent de nouveaux titres pour contenter leur vanité. Est-ce ma cause particulière que je défends? N'est-ce pas celle de Dieu et de l'Église universelle? Nous savons que plusieurs évêques de Constantinople ont été non-seulement hérétiques, mais hérésiarques comme Nestorius et Macédonius. Si donc celui qui remplit ce siége était évêque universel, toute l'Église serait exposée à tomber avec lui. Pour moi, je suis le serviteur de tous les évêques, tant qu'ils vivent en évêques; mais si quelqu'un élève sa tête contre Dieu, j'espère qu'il n'abaissera pas la mienne avec le glaive. Ayez donc la bonté de juger vous-même cette affaire, et d'obliger Jean à quitter sa prétention. Pour obéir à vos ordres, je lui ai écrit avec humilité et douceur : s'il veut m'écouter, il a en moi un frère entièrement dévoué; sinon il aura pour adversaire celui qui résiste aux superbes. »

A saint Euloge. — C'est encore à propos des prétentions du patriarche de Constantinople qu'il écrit à saint Euloge d'Alexandrie : « Vous me mandez que, conformément *à mes ordres*, vous ne donnez plus à Jean le nom de patriarche universel : effacez ce mot, *à mes ordres*. Je sais qui je suis, et qui vous êtes; vous êtes mon frère par l'épiscopat et mon père par votre vertu. Je ne vous ai point donné d'ordres; je n'ai fait que vous représenter ce que j'ai cru utile, et je ne vois pas que vous l'ayez fait avec exactitude. Car je vous observais qu'un tel titre ne convient ni à Jean, ni à moi, ni à personne ; et cependant vous me le donnez au commencement de votre lettre. Supprimez tout ce qui sent l'orgueil, et blesse la charité. »

A l'empereur Maurice. — Dans une autre lettre à l'empereur Maurice, le saint Pontife se plaint que ce prince ait traité de simplicité sa confiance aux paroles d'Ariulfe, roi des Lombards.

« J'avoue, lui dit-il, que je le mérite ; car, si j'avais été sage, je ne me serais pas exposé à ce que je souffre ici au milieu des armés des Lombards. Quant à ce que j'ai dit d'Ariulfe, qu'il était disposé à traiter de la paix avec la République, et à faire alliance avec elle, non-seulement on ne me croit pas, mais on m'accuse de mensonge. Je passerais volontiers sous silence cette moquerie, si je ne voyais la servitude de ma patrie croître à tous moments ; mais je suis sensiblement affligé, faute de croire mes avis, on laisse augmenter excessivement les forces des ennemis. Pensez de moi, seigneur, tout le mal qu'il vous plaira ; mais ne prêtez pas facilement l'oreille à tout le monde sur l'intérêt de l'Etat et la perte de l'Italie ; croyez aux effets plus qu'aux paroles. Ne vous laissez point aller si aisément à mépriser les évêques, à cause de la puissance terrestre que vous avez. Mais appliquez-vous à être leur maître de façon à les respecter, en considération de celui dont ils sont les serviteurs. Souvent les Ecritures leur donnent le nom d'*anges*, et quelquefois aussi ils y sont appelés des dieux. » Il rapporte l'exemple du grand Constantin, qui, ayant reçu des libelles de diffamation contre des évêques, les brûla en présence de quelques prélats, leurs confrères, en leur disant : « Vous êtes des dieux établis par le vrai Dieu ; allez juger entre vous vos propres affaires, car il ne nous appartient pas de juger des dieux. » Des empereurs païens, qui n'adoraient que des dieux de bois et de pierre, portaient du respect à leurs prêtres et à leurs sacrificateurs.

A Virgile d'Arles. — Deux grands abus régnaient dans les Gaules et la Germanie, la simonie et l'ordination des néophytes. Saint Grégoire écrivit à Virgile, évêque d'Arles, pour lui recommander la réforme de ces abus. Il l'établit en même temps son vicaire dans les Eglises de l'obéissance de Childebert, sans préjudice du droit des métropolitains, et lui envoya le pallium avec ordre de ne s'en servir qu'à l'église et pendant la messe.

« S'il arrive, lui dit-il, que quelque évêque veuille faire un long voyage, il ne le pourra sans votre agrément. S'il survient quelque question de foi, ou quelque autre affaire difficile, vous assemblerez douze évêques pour la juger ; si elle ne peut être décidée, vous nous renverrez le jugement après l'avoir examinée. » Le Pape donna avis à tous les évêques des Gaules qui se trouvaient dans le royaume de Childebert, des pouvoirs qu'il avait accordés à Virgile d'Arles, en leur ordonnant de lui obéir, de venir au concile quand il les y appellerait, et de ne point faire de grands voyages sans sa permission. Il écrivit aussi au roi Childebert, pour lui marquer qu'à sa demande il avait accordé le pallium à l'évêque d'Arles, et pour le prier d'appuyer cet évêque dans la réformation de la simonie et de l'ordination des néophytes. Il en rend l'abus sensible, en disant à ce prince « que, puisqu'il ne donnait le commandement de ses armées qu'à des gens dont il connaissait la valeur et l'expérience, il était contre le bon ordre de confier l'épiscopat à des personnes sans vertu et sans science, qui n'avaient pas encore fait les premiers exercices de la milice spirituelle. » L'Austrasie, où régnait Childebert, s'étendait fort avant au delà du Rhin ; c'est pour cela que saint Grégoire joint dans ses lettres la Germanie à la Gaule.

Sixième livre. — Les lettres de saint Grégoire rassemblées dans le sixième livre sont de la quatorzième indiction, la sixième de son ordination, et par conséquent de l'an 595. Jean, évêque de Ravenne, était mort au mois de février de la même année, après avoir fait un testament qui causait du préjudice à son Eglise. Les prêtres et les diacres s'en plaignirent au Pape, qui écrivit à Marinien, son successeur, qu'il fallait distinguer dans ce testament les biens de l'Eglise de Ravenne et ceux que Jean avait acquis pendant son épiscopat, d'avec ce qu'il possédait en propre avant d'être évêque ; qu'il n'avait pu disposer des premiers, mais seulement de ceux-ci, pourvu encore qu'il n'en eût pas fait d'abord une donation à son Eglise. Il déclare qu'à l'égard de ce que Jean avait donné à un monastère qu'il avait bâti près de l'église de Saint-Apollinaire, il voulait que cette donation subsistât en son entier ; non parce qu'il en faisait mention dans son testament, mais parce qu'il lui avait promis de son vivant qu'il l'agréerait. On voit dans les conciles d'Agde et d'Epaone que les anciens faisaient une distinction entre les biens propres aux ecclésiastiques, et les biens qu'ils recevaient de l'Eglise en qualité de clercs : ils pouvaient donner ceux-là ; mais il ne leur était pas permis de disposer de ceux-ci en faveur de leurs héritiers : c'était l'Eglise où ils servaient qui en héritait.

A Jean de Constantinople. — Jean, patriarche de Constantinople, avait envoyé à Rome des députés avec des lettres dans lesquelles il prétendait montrer qu'Athanase, prêtre et moine du monastère de Saint-Mile en Lycaonie, ainsi que les moines ses confrères, avaient parlé contre la décision du concile d'Ephèse. Pour le prouver, il avait chargé ses députés de produire certains articles comme extraits du même concile, et portant anathème à qui dirait que l'âme d'Adam mourut par son péché et que le diable entra dans le cœur de l'homme. Il avait envoyé en même temps un livre trouvé dans la cellule de ce moine et contenant des hérésies. Saint Grégoire ayant examiné ce livre, y découvrit en effet des dogmes manichéens ; mais il remarqua en même temps que l'auteur des notes écrites sur ce livre pour en faire ressortir les erreurs, était tombé dans l'hérésie pélagienne, et qu'il reprenait comme hérétiques des propositions catholiques, celle-ci entre autres : *L'âme d'Adam mourut par son péché*. Il examina ensuite le concile d'Éphèse, et n'y ayant rien trouvé de semblable, il fit apporter de Ravenne un exemplaire très-ancien qui se trouva entièrement conforme à celui de Rome. Il fit entendre aux députés de Jean que cette proposition, *l'âme d'Adam mourut par son péché*, ne devait pas s'entendre de la mort de l'âme en tant que substance, mais de la perte qu'elle avait faite de l'innocence et de la béatitude. Si Pélage avait soutenu que l'âme d'Adam n'était point morte par son péché, ce n'était que pour montrer que nous n'avions pas été rachetés par Jésus-Christ ; erreur qui fut condamnée dans le concile d'Éphèse. Saint Grégoire, après avoir exposé toutes choses en détail, dit à Narsès, un des envoyés du patriarche Jean : « J'ai examiné avec soin le concile d'Éphèse, et n'y ai rien trouvé touchant Adelphius, Sava et les autres, qu'on dit avoir été condamnés. Nous croyons que, comme le concile de Chalcédoine a été falsifié en un endroit par l'Église de Constantinople, on a fait quelque altération semblable au concile d'Éphèse. Cherchez donc les plus anciens exemplaires de ce concile ; mais ne croyez pas aisément aux nouveaux : les Latins sont plus véritables que les Grecs ; car nos gens n'ont pas tant d'esprit, et n'usent point d'impostures. Il ajoute qu'à l'égard du prêtre Jean, accusé de l'hérésie des marcianistes par des personnes qui avaient avoué ne pas savoir ce que c'était que cette hérésie, il avait trouvé sa profession de foi orthodoxe, et en conséquence cassé la sentence rendue contre lui par les juges que le patriarche de Constantinople lui avait donnés. » Saint Grégoire écrivit sur ce sujet à ce patriarche, à l'empereur Maurice, et à Théoctiste, parent de ce prince.

Septième Livre. — Toutes les lettres qui forment le septième livre furent écrites après le mois de septembre de l'an 596, commencement de la quinzième indiction.

Cyriaque ayant été élu patriarche de Constantinople après la mort de Jean, envoya au Pape, suivant la coutume, sa lettre synodale, avec sa profession de foi, qu'il lui fit présenter par le prêtre George et le diacre Théodore. Grégoire reçut très bien ces envoyés du nouveau patriarche et les chargea à leur retour de deux lettres, l'une publique en réponse à sa lettre synodale, et l'autre familière et remplie de témoignages d'amitié, car il l'avait connu particulièrement lorsqu'il était nonce à Constantinople. Il dit dans la première : « qu'encore qu'on puisse aimer le repos, le travail est préférable quand il peut tourner au salut de plusieurs ; que la dignité d'évêque est inséparable de soins et d'inquiétudes, n'étant pas possible de bien gouverner le vaisseau dont on s'est chargé, sans s'occuper à prévoir les tempêtes qui peuvent le submerger, ou de travailler à les dissiper lorsqu'elles se sont élevées ; qu'il doit néanmoins tellement tempérer ses soins qu'il n'en soit point accablé. » Il approuve sa profession de foi ; mais il dit « qu'elle ne suffit pas pour la conservation de la paix des cœurs, qu'il doit encore renoncer au titre d'*évêque universel*, » qu'il avait apparemment mis dans la lettre synodale, puisque saint Grégoire dit en avoir été scandalisé.

Dans la seconde lettre le saint pontife Grégoire recommande à Cyriaque le prêtre Jean et le moine Athanase, l'assurant qu'ils étaient l'un et l'autre d'une doctrine orthodoxe et chrétienne.

A George et Théodore. — Pendant que George, prêtre, et Théodore, diacre, députés de Cyriaque, patriarche de Constantinople, étaient à Rome, ils avancèrent, en présence de quelques diacres de l'Église romaine, que Jésus-Christ étant descendu aux enfers, en avait délivré tous ceux qui l'avaient reconnu pour Dieu. Saint Grégoire ne fut averti qu'ils pensaient ainsi qu'après leur départ pour Constantinople. Il leur écrivit donc pour les détromper, et leur faire voir que Jésus-Christ n'avait délivré de l'enfer que ceux-là seuls qui, ayant cru en lui avant son avénement, avaient, pendant leur vie, gardé ses préceptes ; parce que si la foi seule avait été suffisante pour sauver dans la loi ancienne et avant l'Incarnation, cet état aurait été préférable à l'état de grâce, où nous ne pouvons espérer le salut que par une foi vive et animée par de bonnes œuvres. Il appuie cette doctrine de divers passages de l'Écriture, et d'un endroit du livre de Philastre sur les hérésies, où il met au nombre des hérétiques ceux qui disent que Notre-Seigneur étant descendu aux enfers, y annonça sa divinité à tous ceux qui s'y trouvaient captifs, afin que, croyant en lui, ils fussent sauvés.

Huitième Livre. — Le cycle des indictions n'étant que de quinze années, les lettres de ce livre datent de la première indiction de ce cycle, qui commença en septembre 597.

La lettre à Euloge d'Alexandrie est remarquable. Cet évêque ayant demandé les Actes de tous les martyrs recueillis par Eusèbe de Césarée, « Je vous rends grâce de m'avoir instruit, lui répond saint Grégoire, car avant votre lettre j'ignorais que ces Actes eussent été recueillis. A l'exception de ce qu'on en trouve dans les livres du même Eusèbe, c'est-à-dire, dans son *Histoire ecclésiastique*, je ne sache pas qu'il s'en trouve, ni dans les archives de notre église, ni dans les bibliothèques de Rome, sinon quelque peu dans un volume qui contient les noms de tous les martyrs, le lieu et le jour de leur supplice, mais sans donner aucun détail de leurs souffrances. » Ce livre n'était qu'un calendrier ou martyrologe, et vraisemblablement celui qui porte le nom de saint Jérôme.

A Anastase. — Il ne put s'empêcher de verser des larmes en lisant dans la lettre d'Anastase, patriarche d'Antioche, le détail des maux dont il était accablé dans sa vieillesse. Pour l'en consoler, il le fait ressouvenir qu'il occupait la Chaire de Saint-Pierre, à qui Jésus-Christ dit ces paroles : *Lorsque vous serez vieux, un autre vous ceindra et vous mènera où vous ne voudrez pas.* Il tâche de le fortifier encore contre les hérésies qui s'élevaient, et dont les auteurs s'efforçaient d'énerver toutes les vérités établies dans les écrits des prophètes, des évangélistes et des Pères, en lui faisant espérer le secours de Dieu pour les combattre et les renverser.

Neuvième livre. — Les premières lettres sont du mois de septembre 598, seconde indiction, et adressées à Janvier, évêque de Cagliari en Sardaigne.

Ce prélat était alors fort avancé en âge, mais aussi facile à émouvoir que s'il eût été jeune; sensible aux injures, faible et aisé à se laisser entraîner à de mauvais conseils. Irrité contre un particulier, il envoya un dimanche au matin ravager sa moisson et y passer la charrue; ensuite il chanta la messe, puis il alla en personne arracher les bornes du même champ. Saint Grégoire eut peine à croire un tel excès; mais s'en étant assuré par l'abbé Cyriaque qui l'avait appris sur les lieux, il en fit à Janvier une sévère réprimande, et excommunia pour deux mois ceux dont il avait suivi les conseils en cette occasion. Il écrivit à Vital, défenseur de Sardaigne, de mettre cette sentence en exécution, et de faire réparer le tort. Il défendit au même évêque de rien exiger pour le lieu de la sépulture, lui permettant seulement de recevoir ce qu'on offrirait pour le luminaire. Janvier ayant témoigné du repentir de sa faute, saint Grégoire l'assura que les reproches qu'il lui avait faits au sujet de la moisson renversée, ne venaient d'aucune aigreur, mais d'une charité fraternelle. Il le fit souvenir qu'en qualité d'évêque, il était chargé, non du soin des choses terrestres, mais de la conduite des âmes; qu'il devait y mettre toute son application, et ne penser qu'à leur avantage, afin qu'il ne portât point devant Dieu le seul nom d'*évêque*, qui ne servirait qu'à sa condamnation. Un des Juifs de Cagliari, s'étant fait chrétien, s'empara, dès le lendemain de son baptême, c'est-à-dire, le jour de Pâques, de leur synagogue, et y mit une image de la sainte Vierge, une croix et l'habit blanc qu'il avait reçu en sortant des fonts. Saint Grégoire loua Janvier de n'avoir pas consenti à cette violence, et l'exhorta à faire ôter l'image et la croix avec la vénération qui leur était due, et à rendre la synagogue aux Juifs, disant que, « comme les lois ne leur permettaient pas de bâtir de nouvelles synagogues, elles ne souffraient pas non plus qu'on les troublât dans la possession des anciennes. »

Sur la liturgie. — On s'était plaint de l'introduction de quelques usages particuliers à l'Eglise de Constantinople. Saint Grégoire s'en justifia en faisant voir que, sans imiter la nouvelle Rome, dans ce qui paraissait nouveau, il n'avait fait que rétablir d'anciennes coutumes qui avaient été négligées. Et sur ce qu'on paraissait craindre que les Grecs ne se prévalussent de ce procédé : « Qui doute, réplique-t-il, que cette Eglise ne soit soumise au Saint-Siége, comme l'empereur et l'évêque de Constantinople le déclarent en toute occasion ? Si cette ville ou toute autre moins considérable a quelque bonne pratique qui lui soit particulière, je suis prêt à imiter jusqu'au dernier de mes inférieurs. Le dédain ou l'indifférence ne fait pas la prééminence, et le bien ne consiste pas dans le mépris de ce qu'on peut apprendre de meilleur. »

A Sérénus de Marseille. — Sérénus, évêque de Marseille, voyant quelques personnes adorer les images de l'église, les avait brisées et jetées dehors. Saint Grégoire, approuvant le motif, mais blâmant l'action, lui écrivit pour le reprendre d'avoir brisé ces images. « On les place dans nos églises, lui dit-il, afin que ceux qui ne savent pas lire voient sur les murailles ce qu'ils ne peuvent apprendre dans les livres. Vous deviez les garder, détourner le peuple de pécher en adorant la peinture, et lui montrer par l'Ecriture sainte qu'il n'est pas permis d'adorer l'ouvrage de la main des hommes. Ceux qui veulent en faire, ne les empêchez point; empêchez seulement qu'on ne leur rende un culte qui n'est dû qu'à la très-Sainte Trinité. »

Dixième livre. — Les lettres de ce livre remplissent la troisième indiction et commencent en septembre 599. Saint Euloge d'Alexandrie avait informé saint Grégoire que quelques moines de Palestine devaient faire le voyage de Rome, pour savoir ce qu'il pensait de l'hérésie des agnoïtes, c'est-à-dire, de ceux qui abusaient de quelques passages de l'Evangile pour attribuer l'ignorance à Jésus-Christ. Ces novateurs, en effet, reprochaient à Jésus-Christ d'avoir cherché des figues hors de la saison; d'avoir dit, en parlant du jugement, *qu'il ne savait ni le jour, ni l'heure;* d'avoir répondu à sa mère : *Qu'y a-t-il de commun entre vous et moi ?* et d'avoir demandé, en parlant de Lazare mort : *Où l'avez-vous mis ?* Le saint docteur reproduit sur ces passages les explications de saint Augustin. Avec ce Père, il entend par le figuier stérile la Synagogue, qui n'avait plus que les feuilles de la loi; car en prenant ce texte à la lettre, il faudrait dire que Jésus-Christ aurait été le plus ignorant des hommes, qui tous connaissent la saison dans laquelle le figuier porte son fruit. Quant au jour et à l'heure du jugement, Jésus-Christ ne les connaissait pas comme homme, mais il ne pouvait les ignorer comme Dieu consubstantiel à son Père. Lorsqu'il répond à sa mère : *Qu'y a-t-il de commun entre vous et moi ? mon heure n'est pas encore venue,* c'est comme s'il lui disait : Je ne vous connais point; la nature que j'ai reçue de vous ne me donne aucun pouvoir d'accomplir le miracle que vous me demandez; mais quand l'heure de ma mort sera arrivée, c'est alors que je vous reconnaîtrai, parce que c'est de vous que je tiens la nature qui me rend mortel. — Si de ces paroles aux sœurs de

Lazare : *Où l'avez-vous mis?* on infère qu'il ne connaissait pas le lieu de sa sépulture, il faudra conclure aussi que Dieu ignorait le lieu où Adam s'était caché après sa faute, puisqu'il l'appelle en lui disant : *Adam, où êtes-vous?* Le saint docteur ajoute que les agnoïtes, partageant les mêmes principes que les nestoriens, ne pouvaient, sans entrer en contradiction avec eux-mêmes, se déclarer pour la secte d'Eutychès dont, en effet, ils faisaient partie. Il s'excuse ensuite sur sa santé qui ne lui avait pas encore permis de répondre à une objection que son nonce à Constantinople lui avait présentée pour en avoir la solution. Cette objection consistait à savoir comment Jésus-Christ, quoique éternel, avait bien voulu se soumettre au temps, et condamner en quelque sorte son immortalité à la mort. Le saint docteur répond que la sagesse de Dieu s'est chargée de l'ignorance pour nous délivrer de notre ignorance, comme elle s'est soumise à la mort pour nous donner la vie, et aux vicissitudes du temps pour nous procurer l'éternité.

Onzième livre. — Il commence au mois de septembre de l'année 600, et contient les lettres de l'indiction quatrième. La lettre à Conon, nouvellement élu abbé de Lérins, est une instruction sur la manière dont il devait gouverner ce monastère. « Que les bons, lui dit-il, vous trouvent doux et les méchants sévère ; gardez un tel ordre dans vos corrections que vous paraissiez aimer les personnes et haïr les vices, de peur qu'en agissant autrement, vos corrections ne ressentent la cruauté et que vous perdiez ceux que vous voulez corriger, et qu'en enfonçant le fer trop avant dans la plaie, vous ne nuisiez à celui que vous cherchez à guérir. Mêlez dans vos corrections la sévérité avec la douceur, afin que l'amour tienne les bons sur leur garde, et que la crainte apprenne aux méchants à aimer leur devoir. »

A l'apôtre Augustin. — Les nouvelles qu'il reçut de la conversion des Anglais, lui causèrent, et à tous les fidèles de la ville de Rome, une joie inexprimable. Il en félicita Augustin, par qui Dieu avait opéré cette merveille ; mais, dans la crainte que la grandeur des miracles accomplis par son ministère dans la conversion de cette nation, ne lui fût une occasion de s'oublier, il le fit ressouvenir que, quand les disciples disaient à leur divin Maître : *Seigneur, en votre nom, les démons mêmes nous sont soumis ;* il leur répondit : *Ne vous en réjouissez pas, réjouissez-vous plutôt de ce que vos noms sont écrits au ciel.* Les noms de tous les élus y sont écrits, néanmoins ils ne font pas tous des miracles ; or, les disciples de la Vérité ne doivent pas se réjouir d'un bien passager et particulier pour eux, mais du bien qui leur est commun avec tous, et dont ils se réjouiront éternellement. C'est pour cela que le Seigneur rappelle ses disciples de la joie particulière que leur causait le don des miracles, à la joie éternelle, en leur disant : *Réjouissez-vous de ce que vos noms sont écrits au ciel.* Saint Grégoire veut donc que, tandis que Dieu agissait ainsi au dehors par le ministère d'Augustin, il se jugeât sévèrement au dedans, et qu'il s'appliquât à se bien connaître lui-même. « Si vous vous souvenez, lui dit-il, d'avoir offensé Dieu par la langue ou par les œuvres, ayez toujours ces fautes présentes à l'esprit pour réprimer la gloire qui s'élèverait dans votre cœur, et songez que ce don des miracles ne vous est pas donné pour vous, mais pour ceux dont vous devez procurer le salut. Lorsque Moïse, ce grand serviteur de Dieu, après tant de miracles, fut arrivé à la terre promise, le Seigneur lui reprocha la faute qu'il avait faite trente-huit ans auparavant, en doutant s'il pourrait tirer l'eau de la roche. Combien donc devons-nous trembler, nous qui ne savons pas encore si nous sommes élus ? Vous savez ce que dit la Vérité même dans l'Evangile : *Plusieurs viendront me dire en ce jour-là : Seigneur, nous avons prophétisé en votre nom ; nous avons chassé les démons et fait plusieurs miracles : et je leur déclarerai que je ne les ai jamais connus.* Je vous parle ainsi pour vous humilier ; mais votre humilité doit être accompagnée de confiance ; car, tout pécheur que je suis, j'ai une espérance certaine que tous vos péchés vous seront remis, puisque vous avez été choisi pour procurer la rémission aux autres, et donner au ciel la joie de la conversion d'un si grand peuple. » Rien ne prouve mieux la vérité des miracles d'Augustin, que ces avis si sérieux de saint Grégoire.

Au même. — Augustin, en envoyant à Rome le prêtre Laurent, pour demander de nouveaux missionnaires, le chargea d'un mémoire, dans lequel il proposait diverses difficultés à saint Grégoire. Le saint y répondit par la même voie ; ces difficultés, sont distribuées en onze articles. Par le premier, Augustin demande de quelle manière les évêques devaient vivre avec leurs clercs, et combien il fallait faire de portions des biens de l'Eglise, ou des oblations des fidèles. Saint Grégoire répond « qu'il est d'usage de faire quatre portions de tous les revenus de l'Eglise : la première, pour l'évêque et sa famille, à cause de l'hospitalité ; la seconde, pour le clergé ; la troisième, pour les pauvres ; la quatrième, pour les réparations. » Il ne prescrit point de règles générales sur la vie que les évêques doivent mener avec leurs clercs ; mais, parce qu'Augustin avait été instruit dans la vie monastique, il lui dit « de ne point se séparer de ses clercs, mais d'établir dans la nouvelle Eglise des Anglais, la vie commune de l'Eglise naissante, où personne n'avait rien en propre. »

Augustin demande dans le second, si les clercs, qui ne peuvent garder la continence, peuvent se marier ; et si, après s'être mariés, ils doivent retourner dans le siècle. A cela, saint Grégoire répond : « Les clercs qui ne sont pas dans les ordres sacrés, et qui ne peuvent garder la continence, doivent se marier et recevoir leurs gages hors de la communauté; mais en fournissant à leurs besoins, il faut avoir soin qu'ils vivent selon la règle de l'Eglise, qu'ils chantent les psaumes, et que leurs mœurs soient pures ; à l'égard de ceux qui vivent en commun, il n'y a point de portions à faire pour l'hospitalité, ni pour les pauvres; tout ce qui reste, après le nécessaire, devant être employé en œuvres pies. »

Le troisième article porte : La foi étant une, pourquoi les coutumes des Eglises sont-elles si différentes? A Rome, la manière de célébrer les messes n'est pas la même que dans les Gaules. « Vous savez, répond saint Grégoire, la coutume de l'Eglise romaine où vous avez été élevé; mais je suis d'avis que, si vous trouvez, soit dans l'Eglise romaine, soit dans celle des Gaules, soit dans quelque autre, quelque chose qui vous paraisse plus agréable à Dieu, vous le choisissiez avec soin pour l'établir dans la nouvelle Eglise des Anglais : car nous ne devons pas aimer les choses à cause des lieux; mais les lieux à cause des bonnes choses. Choisissez donc, de toutes les Eglises, les pratiques saintes, pieuses et solides, et faites-en un recueil à l'usage des Anglais. »

Le quatrième regarde le vol fait à l'Eglise. La réponse de saint Grégoire est « que celui qui aura dérobé quelque chose à l'Eglise, doit être puni selon la qualité de la personne; mais toujours avec une charité paternelle, qui ait pour but de corriger le coupable, et de lui faire éviter les peines de l'enfer. Si celui qui a volé a du bien, il faut le punir d'une autre manière que celui qui a volé n'ayant rien. Il y en a d'autres qu'il faut punir plus légèrement, d'autres plus sévèrement; les uns, par une amende pécuniaire; les autres, par des peines corporelles. Il faut obliger le voleur à restituer la chose dérobée; mais, sans augmentation, afin qu'il ne semble pas que l'Eglise veuille profiter de sa perte. »

La question proposée dans le cinquième article, est de savoir si deux frères peuvent épouser les deux sœurs. Celle du sixième est touchant les degrés de consanguinité qui empêchent le mariage. Saint Grégoire répond « que deux frères peuvent épouser les deux sœurs, ne voyant rien dans l'Ecriture qui soit contraire à cette disposition; la Loi romaine permet les mariages des cousins germains, mais l'Eglise le défend, comptant ce degré de consanguinité pour le second, et permet de se marier au troisième et au quatrième; c'est un crime d'épouser la femme de son père, ou de son frère, c'est-à-dire sa belle-mère, ou sa belle-sœur; et ce fut pour avoir repris Hérode d'un mariage de cette nature, que saint Jean-Baptiste eut la tête tranchée. »

Il dit dans sa réponse au septième : « que, parce qu'un grand nombre d'Anglais avaient contracté, avant leur conversion, des mariages illicites, il fallait les avertir de se séparer, par la crainte du jugement de Dieu, sans néanmoins les priver de la communion du corps et du sang de Notre-Seigneur, de peur qu'on ne parût les punir de ce qu'ils avaient fait par ignorance avant d'être baptisés : car, alors, l'Eglise punit avec zèle quelques abus; elle en tolère quelques-uns par douceur; elle en dissimule d'autres par certaines considérations, pour les corriger plus facilement : mais il faut avertir tous ceux qui viennent à la foi, de s'abstenir de ces alliances illicites; et, s'ils y tombent ensuite avec connaissance, il faut les priver de la communion du corps et du sang du Seigneur. »

Dans le huitième article, Augustin demande s'il était besoin dans l'ordination d'un évêque, qu'il se fît assister de plusieurs évêques, lorsqu'il ne pouvait en avoir que difficilement, à cause de la trop longue distance des lieux. Saint Grégoire répond : « Dans l'Eglise des Anglais, où vous êtes encore seul évêque, il faut bien que vous en ordonniez sans être assisté d'autres évêques ; mais, dès qu'il viendra des évêques des Gaules, ils assisteront comme témoins de l'ordination. Quant aux évêques que vous ordonnerez en Angleterre, nous prétendons qu'ils ne soient point trop éloignés ; afin que rien ne les empêche de s'assembler au nombre de trois ou quatre; pour en ordonner d'autres comme dans le monde on assemble des personnes déjà mariées, pour prendre part à la joie des noces. » Saint Grégoire fait cette comparaison, parce qu'il regarde l'ordination d'un évêque comme un mystère, par lequel l'homme est uni à Dieu.

Il déclare à Augustin, dans sa réponse à la neuvième question, qu'il ne lui attribue aucune autorité sur les évêques des Gaules, au préjudice de l'archevêque d'Arles, qui, depuis longtemps, avait reçu le pallium des Papes ses prédécesseurs. « Si donc, lui dit-il, il vous arrive de passer en Gaule, vous devez agir auprès de lui pour corriger les évêques, et l'exciter, s'il n'était pas assez fervent. Nous lui avons écrit de concourir avec vous pour cet effet; mais vous n'avez point de juridiction sur les évêques de la Gaule, et vous ne pouvez les réformer que par la persuasion et le bon exemple : car il est écrit dans la Loi, que celui qui passe dans la moisson d'autrui, ne doit pas y mettre la faucille. Quant aux évêques de Bretagne, nous vous en commettons entièrement le soin, pour instruire les ignorants, fortifier les faibles, et corriger les mauvais. » C'étaient les évêques des Bretons, anciens habitants de l'île, chrétiens depuis longtemps, mais tombés dans l'ignorance et la corruption des mœurs. Saint Grégoire envoya à Augustin des reliques du martyr saint Sixte, qu'il lui avait demandées, pour les exposer à la vénération des fidèles d'un certain pays, à la place des reliques d'un autre Sixte, que ce peuple disait avoir été martyr, mais sans en avoir de preuves solides. Le Pape dit à Augustin : « Que s'il ne se faisait pas de miracles au tombeau de ce Sixte, et si les anciens ne se souvenaient pas d'avoir entendu raconter à leurs ancôtres les actes de son martyre, il eût soin de fermer le lieu où il reposait, et d'empêcher les fidèles de continuer à lui rendre un culte. »

La dixième difficulté était de savoir si l'on devait baptiser une femme enceinte, et combien de temps elle était obligée de s'abstenir de l'entrée de l'Eglise, après ses couches; si elle devait s'en abstenir aussi dans d'autres temps, à cause de certains accidents naturels, et s'éloigner de la sainte communion. Saint Grégoire répond, « que l'on peut baptiser une femme enceinte, puisque la fécondité est un don de Dieu; qu'on peut encore la baptiser aussitôt qu'elle est délivrée, et l'enfant d'abord après sa naissance, s'il y a danger de mort; qu'il n'y a point de temps réglé après les couches, où la femme doive s'abstenir d'entrer dans l'Eglise : ce qui en est dit dans l'Ancien Testament, doit s'entendre dans un sens mystérieux; elle ne doit pas non plus se l'interdire dans le temps de ses accidents naturels, puisqu'ils ne peuvent être imputés à péché; et, par la même raison, elle peut s'approcher de l'Eucharistie en ces jours-là, quoiqu'elle soit louable, si elle s'en prive par respect; » mais il veut que les maris s'abstiennent de leurs femmes tant qu'elles sont nourrices, à quoi il ajoute : « qu'elles ne peuvent pas se dispenser de nourrir elles-mêmes leurs enfants, l'usage contraire n'ayant été introduit que pour favoriser l'incontinence. » Il pense que les illusions nocturnes, quand elles n'ont point été occasionnées par des péchés de pensées, le jour précédent, ne doivent empêcher ni de communier, ni d'offrir le sacrifice.

Au même. — Outre cette lettre particulière qu'il écrivit à saint Augustin pour l'éclaircissement des difficultés que cet homme apostolique lui avait proposées, il lui en adressa une autre, qu'il devait rendre publique, parce qu'elle regardait l'établissement des évêchés en Angleterre.

« La nouvelle Eglise des Anglais, lui dit-il, se trouvant établie pour la gloire de Dieu, par son secours et par vos travaux, nous vous accordons l'usage du pallium, mais seulement pour la célébration des mystères, et à la charge d'établir douze évêques qui vous soient, soumis; de sorte que l'évêque de Londres soit toujours à l'avenir consacré par son propre concile, et reçoive le pallium du Saint-Siége. Vous enverrez, pour évêque à York, celui que vous jugerez à propos; à condition que, si cette ville et les lieux voisins reçoivent la parole de Dieu, il ordonnera aussi douze évêques, et sera leur métropolitain. Nous nous proposons de lui donner le pallium, et nous voulons qu'il soit soumis à votre conduite; mais, après votre mort, il sera le supérieur des évêques qu'il aura ordonnés, sans qu'il dépende en aucune manière de l'évêque de Londres. Le rang entre l'évêque de Londres et celui d'York, se réglera suivant l'ordination, et ils agiront de concert pour le bien de la religion. Outre les évêques ordonnés par vous et par celui d'York, nous voulons aussi que tous les évêques de Bretagne vous soient soumis, de sorte qu'ils apprennent de votre bouche et de vos exemples ce qu'ils doivent croire et pratiquer. »

A Mellitus. — Saint Grégoire, inquiet du succès du voyage de l'abbé Mellitus, lui écrivit pour lui faire part de ses anxiétés, et pour le charger, aussitôt après son arrivée en Angleterre, de dire à Augustin, de ne point faire abattre les temples des Anglais, mais seulement les idoles qui étaient dedans. Il suffisait de consacrer de l'eau bénite, d'en arroser ces temples, d'y dresser des autels et d'y déposer des reliques. « Car si ces temples sont bien construits, dit ce saint Père, il faut les faire passer du culte des démons au service du vrai Dieu, afin que cette nation, voyant qu'on lui conserve les lieux auxquels elle est accoutumée, s'y rende plus volontiers pour prier. Comme dans leurs sacrifices aux démons, ils sont dans l'usage d'immoler beaucoup de bœufs, il faut établir quelques solennités, comme la dédicace et les fêtes des martyrs dont ils possèdent les reliques, et alors leur permettre de faire des feuillées autour de ces temples convertis en églises et célébrer ces solennités par des repas modestes. Par ce moyen, au lieu d'immoler des animaux au démon, ils les tueront pour eux, et, en en mangeant la chair, ils rendront grâce à Dieu qui les nourrit. C'est ainsi qu'en leur laissant quelques réjouissances sensibles, il deviendra plus aisé de leur insinuer les joies intérieures. Il n'est pas possible d'enlever à des esprits encore incultes toutes leurs coutumes à la fois. On ne monte pas à un lieu haut en sautant, mais on y arrive pas à pas. C'est ainsi que Dieu en a agi avec le peuple d'Israël. Il se fit connaître à lui d'abord, pendant qu'il était en Egypte. Comme ce peuple était dans l'usage de sacrifier aux idoles, il lui permit d'immoler des animaux, comme par le passé; seulement il le fit changer d'objet; de sorte que ce qu'ils offraient auparavant aux idoles, ils l'offrirent au vrai Dieu. » Cette lettre est du 15 des calendes de juillet, par conséquent du 17 juin de l'année 601.

Douzième livre. — Toutes les lettres contenues dans ce livre sont de l'indiction cinquième, qui correspond à l'année 601. Nous n'en abrégerons que celle qui est adressée au sous-diacre Jean. Après la mort de Claude, abbé de Classe, les moines prièrent saint Grégoire de leur donner pour supérieur le moine Constantius. Le saint le refusa, parce que c'était un homme qui aimait la propriété, et qui laissait voir par sa conduite qu'il n'avait pas le cœur d'un moine. Ils choisirent donc le cellérier d'une autre monastère, nommé Maur, dont ils disaient beaucoup de bien. Saint Grégoire avant de l'approuver, ordonna à Jean, sous-diacre de Ravenne, de s'informer de la vie et des qualités de Maur, et ensuite de le faire ordonner abbé par l'évêque Marinien, puis de prier cet évêque de tâcher de bannir la propriété de ce monastère, en lui observant que si cet esprit y persévérait, il n'y aurait ni concorde, ni charité : car qu'est-ce que la vie monastique, sinon le mépris du monde? Et comment peut-on dire qu'on le méprise quand on aime l'argent? Il le chargea en même temps de retirer tous les écrits de l'abbé Claude. C'était un recueil de ce qu'il avait entendu dire à saint Grégoire sur les *Proverbes*, le *Cantique*, les livres des *Rois* et l'*Heptateuque*. La raison qu'il eut de les retirer, fut que se l'étant fait lire par l'abbé même, il trouva qu'il avait altéré le sens en beaucoup d'endroits. Il donna encore commission au sous-diacre Jean d'empêcher qu'on lût publiquement à Ravenne ses *Commentaires sur Job* aux veilles de la nuit; disant comme nous l'avons remarqué dans sa biographie, qu'il ne verrait qu'avec peine ses écrits devenir publics de son vivant; il valait mieux lire dans l'église les *commentaires sur les Psaumes*, probablement ceux de saint Augustin ou de saint Ambroise. Il se plaint qu'Anatole, son nonce à Constantinople, ait donné à l'empereur un exemplaire de son *Pastoral*, et qu'Anastase, patriarche d'Antioche, l'ait traduit en grec. Dans la troisième partie de ses *Commentaires sur Job*, à l'endroit où il est dit : *Je sais que mon Rédempteur est vivant*, l'exemplaire de Marinien de Ravenne ne s'accordait pas avec l'original que l'on conservait dans les archives de l'Eglise romaine. Saint Grégoire prie le sous-diacre Jean d'y faire suppléer les quatre mots qui manquaient, et dont le défaut pouvait causer de l'embarras aux lecteurs.

Treizième livre. — Les lettres contenues dans ce livre sont de l'an 602, le treizième après son ordination, et de l'indiction sixième. Ayant appris dans le cours de cette année qu'à Rome même, on semait des erreurs qui tenaient des superstitions Judaïques, et défendaient de travailler le samedi, et même de se baigner le dimanche, le saint pontife crut devoir s'opposer à ces nouveautés, ou plutôt à ce retour charnel vers les pratiques de l'ancienne loi. Il adressa aux citoyens romains, un mandement dans lequel il s'appliquait à montrer que nous devons interpréter dans un sens spirituel tout ce que l'Ecriture recommande pour l'observation du Sabbat, et qu'il y avait même sous la loi, certaines choses qu'il était permis de faire en ce jour; ce qu'il prouve par ces paroles du Sauveur aux Juifs : *Y a-t il quelqu'un parmi vous qui ne délie son bœuf ou son âne le jour du Sabbat ne les tire de l'étable pour les mener boire?* Puis il ajoute : « S'il faut garder à la lettre le précepte du Sabbat, il faut donc aussi observer la circoncision, malgré la défense de saint Paul? Mais l'un et l'autre ne sont plus observés que spirituellement. Quant au bain, si on veut le prendre par volupté, nous ne le permettons en aucun temps; au contraire, si c'est par nécessité, nous ne le défendons pas même le dimanche; autrement il ne faudrait pas même en ce jour se laver le visage. Or s'il est permis de se laver cette partie du corps, pourquoi pas le tout? Il ne s'agit ici que du travail corporel et terrestre, et l'on doit s'en abstenir le dimanche afin d'avoir tout le temps de s'appliquer à la prière et expier ainsi les négligences des six autres jours de la semaine. »

A l'empereur Phocas. — Le successeur de Maurice dans l'empire fut Phocas, qui, d'abord centurion, puis exarque des centurions, fut couronné empereur le 23 novembre de l'an 602. Son image et celle de l'impératrice Léontia furent apportées à Rome le 25 avril de l'année suivante. Le clergé et le sénat les reçurent avec les acclamations ordinaires, et le saint pontife, après les avoir fait placer dans l'oratoire de saint Césaire au palais, écrivit à l'empereur pour le féliciter de son avénement à la couronne. « Gloire dans le ciel au Dieu tout-puissant, qui change à son gré les temps, transporte ainsi qu'il lui plaît les couronnes, de qui les desseins impénétrables ordonnent les vicissitudes et les révolutions romaines, et quelquefois permettent, pour le châtiment des peuples, qu'il s'élève une puissance, sous le joug de laquelle tous doivent se courber avec résignation. N'en avions-nous pas déjà fait la trop longue expérience? Mais, aujourd'hui que la miséricorde divine consent, à la fin, à se laisser fléchir, elle appelle un nouveau maître, dont la présence comble de joie tous les cœurs. Telle est l'impression qu'a fait naître en nous votre avènement à la couronne. Que le ciel et la terre fassent éclater leur allégresse, et que, dans l'attente des bienfaits que vous lui préparez, l'empire tout entier se relève enfin de la profonde affliction où il était plongé. Que l'orgueil de vos ennemis cède à votre autorité; que tous vos sujets, prince, commencent à respirer. Puisse le ciel vous inspirer une vertu qui vour rende formidable à vos ennemis, une piété qui vous rende cher à vos peuples! Puissions-nous voir cesser les surprises dans les testaments, et les violences qui s'exerçaient dans les actes de donation; les droits légitimes de la propriété reconnus et respectés, et tous les particuliers jouir de la liberté qu'ils ont droit d'attendre d'un gouvernement dirigé par la religion. Il y a cette différence entre les empereurs romains et les rois des autres nations, que ceux-ci commandent à des esclaves, et vous à des hommes libres. »

Cette lettre, dit dom Ceillier, est une preuve que saint Grégoire n'était pas content du gouvernement de l'empereur Maurice. Ce fait ne résulte pas moins d'une autre lettre qu'il fit en réponse à Phocas, qui s'était plaint de n'avoir pas trouvé de nonce de service à Constantinople. « Ce n'est pas, lui dit-il, l'effet de ma négligence, mais d'une dure nécessité. Tous les ministres de notre Eglise fuyaient avec terreur une aussi dure domination; de sorte qu'il n'était possible d'obliger aucun d'aller à Constantinople, pour demeurer dans le palais. Mais, depuis qu'ils sont informés que, par la grâce du Tout-Puissant, vous êtes parvenu à l'empire, ils en éprouvent une telle joie, que ceux qui craignaient auparavant de se trouver à la cour, s'empressent d'aller se mettre à vos pieds. » Il lui recommande le diacre Boniface, qu'il lui envoyait avec le titre de nonce, et le prie instamment de secourir l'Italie contre les Lombards qui la désolaient depuis trente-cinq ans.

A Didier. — Nous ne disons un mot de la lettre à Didier que pour avoir occasion de réfuter les calomnies auxquelles elle a donné lieu. — Didier, évêque de Vienne, tenait école de littérature profane, enseignant dans les académies et y expliquant les auteurs païens. Saint Grégoire l'en reprend avec force : « Les louanges de Jupiter, lui dit-il, ne doivent point sortir d'une bouche dévouée à chanter celles de Jésus-Christ. Un évêque peut-il se permettre ce qui ne serait pas même bienséant à un laïque religieux ? »

C'est là sans doute ce qui aura fourni à quelques écrivains protestants, copiés par des catholiques, un prétexte pour calomnier notre saint pontife, en l'accusant de s'être déclaré contre les sciences et les lettres, jusqu'à ordonner, disent-ils, l'incendie de la bibliothèque du Mont-Palatin à Rome. Un écrivain sans critique, du XII° siècle, l'avait avancé; on l'a répété comme un fait positif. (*Voy.* Brucker, *Hist. crit. philos.*, pag. 479 de la seconde édition; Formey, *Hist. abrégée de la philos.*, pag. 201, etc.) L'assertion est démentie par les preuves les plus indubitables. Saint Grégoire n'avait sur cette bibliothèque aucun droit, ni comme particulier, ni comme chef de l'Eglise romaine. Il est plus que probable qu'il n'y en avait plus au temps de saint Grégoire, après tous les pillages et saccagements que Rome avait essuyés. La vie tout entière de saint Grégoire dépose à elle seule contre le fait qu'on lui suppose. (*Voy.* l'*Hist. crit. de l'Eclect.*, t. II, pag. 302 et suiv.; *Dictionn.* de Chaudon et de Fellert, art. *Saint Grégoire.*) Toute la question vient se réduire à savoir s'il peut être permis à un évêque de se livrer à l'étude des sciences et des lettres humaines. Répondons qu'elle a ses bornes dans l'exercice de l'épiscopat. Un évêque est étroitement obligé de tourner au profit de son ministère les talents naturels qu'il a reçus de Dieu, et les connaissances humaines dont il a enrichi son esprit; toute autre destination lui est interdite. M. l'archevêque de Vienne (Le Franc de Pompignan) fait, de cette question, le sujet d'une de ses *Lettres adressées à un évêque*, dans le recueil qui en a été publié par M. Emery, supér. génér. de Saint-Sulpice (2 vol. in-8°, Paris, 1802, tom. I*er*, p. 220 et suiv.). C'est la quatrième.

Au défenseur Jean. — Janvier évêque de Malgue en Espagne, se plaignit à saint Grégoire d'avoir été déposé et chassé de son siège par injustice et par violence. Un autre évêque espagnol, nommé Etienne, mais dont le siège est inconnu, adressa aussi les mêmes plaintes. Le saint pontife, pour en juger avec connaissance de cause, députa sur les lieux le défenseur Jean, pour examiner ces deux affaires, et lui donna deux mémoires, en forme d'Instructions. Le premier de ces mémoires porte textuellement : « S'il n'y a contre l'évêque Janvier aucun crime prouvé qui mérite l'exil ou la déposition, il doit être rétabli sur son siège et dans son degré d'honneur; et celui qui a été ordonné à sa place de son vivant et contre les canons, déjà privé du sacerdoce, doit l'être aussi de tout ministère ecclésiastique, et livré à l'évêque Janvier pour le tenir en prison, ou nous l'envoyer. Quant aux évêques qui l'ont ordonné, ou qui ont consenti à son ordination, ils seront privés, pour six mois, de la communion du corps et du sang de Notre-Seigneur, et feront pénitence dans un monastère. »

Le second mémoire est intitulé : *Capitulaire des lois impériales pour l'immunité des clercs.* C'est un extrait des lois qui pouvaient établir le droit des principaux articles de la commission donnée à Jean ; savoir, qu'un prêtre ne doit être jugé que par son évêque, ainsi qu'il est porté dans la *Novelle* de Justinien, qui traite des évêques, des clercs et des moines; que la violence commise contre un évêque dans son église, est un crime capital et public, comme celui de lèse-majesté, ainsi qu'il est déclaré au premier livre du Code, titre sixième de la constitution dixième, que l'évêque ne doit point être traduit malgré lui devant le juge laïque, ni jugé par les évêques d'une autre province: c'est ce que porte la *Novelle* de Justinien. Et parce qu'on aurait pu répondre qu'Etienne n'avait ni patriarche ni métropolitain pour le juger, saint Grégoire prévient cette objection, en disant « qu'il pouvait être jugé, comme il l'avait demandé, par le Siége apostolique, qui est le chef de toutes les Eglises. » Il rapporte encore là-dessus des extraits de lois qui défendent de recevoir l'accusation d'un esclave ou d'un serviteur contre son maître; car on disait que l'évêque Etienne était dans ce cas, et que les témoins produits contre lui étaient des gens de vile condition ; sur quoi il cite le passage de l'*Authentique* qui a pour titre : *Des témoins;* puis il ajoute : « Si l'on accuse Etienne du crime de lèse-majesté, il ne faut pas s'arrêter à cette accusation, à moins que sa vie passée ne forme là-dessus un préjugé contre lui. »

Quatorzième livre. — Ce livre contient les lettres de la septième indiction, c'est-à-dire celles que le saint Pape écrivit pendant l'année 603 et les premiers mois de l'année 604, qui fut la dernière de son pontificat.

L'indolence et les infirmités de Janvier, évêque de Cagliari, soulevaient contre lui divers sujets de plainte. Les hôpitaux de cette île étaient fort négligés, et on y confiait le gouvernement des monastères à des moines tombés dans des fautes connues. Janvier tirait de son clergé tous les évêques qu'il ordonnait pour les églises vacantes, et souvent quand il célébrait les saints mystères, il se trouvait si pressé de son mal, qu'à peine après un long intervalle, s'il pouvait revenir à l'endroit du canon qu'il avait été forcé de laisser, ce qui faisait que plusieurs doutaient s'ils devaient communier avec les espèces qu'il avait consacrées. Saint Grégoire écrivit sur tous ces points à Vital, défenseur de l'île de Sardaigne. Il le chargea en même temps d'avertir ceux qui doutaient que Janvier eût consacré, lorsque ses infirmités l'obligeaient de mettre quelque intervalle dans la récitation du canon de la messe, de communier hardiment, parce que la maladie du célébrant ne profanait pas la bénédiction du sacré mystère. Il veut néanmoins qu'il avertisse cet évêque de ne point paraître en public lorsqu'il se trouvera mal, de peur de se rendre méprisable, et de scandaliser les faibles. Saint Grégoire est le premier qui ait appelé *canon* cette partie de la liturgie qui se dit après le Trisagion ou *Sanctus*. Le Pape Vigile, dans sa lettre à Profuturus, évêque de Brague, l'appelle *Prières canoniques*.

A Jean. — Après la mort de l'évêque d'Ancône, on élut trois sujets pour lui succéder, Florentin, archidiacre, Rusticus, diacre de la même Église et Florentius, diacre de Ravenne. Saint Grégoire, qui s'était informé du mérite personnel de chacun de ces candidats, en écrivit ainsi à un évêque nommé Jean, dont le siége ne se trouve indiqué nulle part : « Selon ce qu'on nous a dit, l'archidiacre Florentin connaît l'Écriture ; mais il est accablé de vieillesse et si parcimonieux que jamais un ami n'entre chez lui pour y manger ; de plus il a fait serment de n'être jamais évêque ; le diacre Rusticus est un homme vigilant, mais il ne sait pas les psaumes ; Florentius, qui paraît avoir réuni tous les suffrages, est un homme fort appliqué, mais, comme nous ne connaissons pas son intérieur, nous vous prions de vous rendre promptement à Ancône, avec notre frère Arménius, visiteur de la même Église, pour vous informer exactement des mœurs et des qualités de ces trois compétiteurs, savoir s'ils ne sont point coupables de quelques crimes qui les éloignent de l'épiscopat, et si ce que l'on dit de chacun d'eux est vrai. Si le choix tombe sur Florentius, diacre de Ravenne, il faudra obtenir de son évêque un consentement, qui soit autre chose que l'obéissance à notre mandement, dans la crainte qu'il n'ait l'air de le donner malgré lui. »

A Théodelinde. — Théodelinde, reine des Lombards, ayant fait baptiser son fils Aldoalde le 7 avril qui était le jour de Pâques, de l'année 603, en donna avis à saint Grégoire, et lui marqua qu'elle l'avait fait lever sur les fonts par l'abbé Secondin dont elle honorait la piété. Elle lui envoya par la même occasion quelques écrits que cet abbé avait composés sur le cinquième concile, en le priant d'y répondre. Le saint pontife dans sa réponse se réjouit avec cette princesse de ce qu'un fils lui était né et la félicite de l'avoir fait régénérer dans les eaux du baptême, en disant que la piété dont elle faisait profession ne permettait pas d'attendre moins d'elle que de mettre sous la protection de Dieu et dans l'Église catholique l'enfant qu'elle avait reçu de lui. Il l'exhorte à l'élever dans la crainte et l'amour du Seigneur, afin que, grand par sa dignité parmi les hommes, il ne le devînt pas moins aux yeux de Dieu par ses bonnes œuvres. Quant aux écrits de l'abbé Secondin, il regrette que sa maladie ne lui permette pas d'y répondre. Ses souffrances étaient si violentes, qu'elles lui ôtaient jusqu'à la liberté de parler, comme elle pouvait s'en convaincre par ses envoyés ; mais il promet de s'en occuper aussitôt que Dieu lui aura rendu la santé. En attendant il chargea les députés de la reine Théodelinde d'un exemplaire des Actes du concile tenu sous Justinien, afin qu'en les lisant, elle pût reconnaître la fausseté de tout ce qu'elle avait entendu débiter contre l'Église catholique et le Saint-Siége. « Dieu nous garde, lui dit-il, d'adopter les sentiments d'aucun hérétique, ou de nous écarter en quoi que ce soit de la lettre de saint Léon et des quatre conciles. Nous recevons tout ce qu'ils ont reçu, et nous réprouvons tout ce qu'ils ont condamné. » — Saint Grégoire envoya en même temps au jeune prince Aldoalde une croix avec du bois de la vraie croix et un Évangile dans une boîte de Perse ; et à la princesse sa sœur trois bagues ornées de pierres précieuses. Il pria la reine Théodelinde de remettre elle-même ces cadeaux à ses enfants, afin qu'ils eussent encore plus de prix pour eux en passant par ses mains. Il la conjure aussi de rendre grâce, en son nom, au roi son mari, de la paix qu'il avait faite à l'Italie, et de l'exciter comme elle l'avait déjà fait à l'entretenir.

A Félix. — Félix, évêque de Messine, avait ouï-dire que saint Grégoire, en répondant aux difficultés d'Augustin, avait décidé que le mariage était permis entre les parents au quatrième degré. L'usage était contraire à Rome et en Sicile, où le mariage était défendu jusqu'au septième degré de consanguinité, et cet usage était fondé sur les décrets des Papes et des conciles, nommément de celui de Nicée. Félix demandait donc pourquoi on avait excepté de cette règle l'Église naissante d'Angleterre. Il se plaignait aussi au Pape des vexations que les évêques souffraient en Sicile de la part des laïques. Enfin il lui demandait, si, dans le doute où l'on était que certaines Églises eussent été consacrées, il était permis d'en renouveler la consécration. Ce doute était fondé sur l'antiquité de ces monuments, et sur la négligence de ceux qui en avaient la garde.

A la première de ces questions, saint Grégoire répond, que toute la ville de Rome pouvait lui rendre ce témoignage qu'il n'avait permis le mariage au quatrième degré qu'aux Anglais, et seulement pour un temps ; c'est-à-dire, que lorsque cette Église se trouverait plus solidement établie, les mariages y seraient défendus, comme partout ailleurs, jusqu'au septième degré de consanguinité. Cette indulgence lui avait paru nécessaire dans les commencements ; et ces nouveaux convertis devaient être traités avec la même attention que ceux dont parle saint Paul, quand il dit : Je ne vous ai nourris que de lait et non de viandes solides, parce que vous n'étiez pas encore capables de les supporter.

Il répond à la seconde, « que les évêques étant les oints du Seigneur, et appelés les Thrônes de Dieu, ils ne doivent être maltraités ni en paroles ni en actions, pas plus par les princes que par les sujets, ni en public qu'en particulier ; » ce qu'il prouve par divers passages de l'Ecriture. Il soutient que quand même les pasteurs seraient répréhensibles dans leur conduite, ceux qui leur sont soumis ne seraient pas pour cela dispensés de leur témoigner du respect.

Pour ce qui regarde la troisième question, il la résout en disant : « Toutes les fois qu'il y a du doute sur la consécration d'une église, c'est-à-dire, toutes les fois qu'on ne peut prouver ni par témoins, ni par écrit qu'une église a été consacrée, il faut la consacrer de nouveau. On doit observer la même règle envers ceux dont le baptême ou la confirmation présentent des doutes fondés, parce que, dans l'ignorance, on n'est pas censé réitérer le sacrement, tandis qu'une conduite contraire pourrait occasionner du scandale parmi les fidèles. »

Nous bornons ici l'analyse des lettres de saint Grégoire qui, dans toutes les éditions modernes, sont suivies d'un appendice ou recueil de pièces qui y ont du rapport, telles que chartes, priviléges, constitutions, formules, décrets, et jusqu'à la profession de foi qu'il prononça après son ordination. La tâche eût été trop grande, et nous aurions dépassé les bornes qui nous sont assignées, si nous avions voulu rendre compte de tout.

Sacramentaire. — Après les lettres vient le *Sacramentaire* de saint Grégoire, sur l'ordre des prières et cérémonies qui avaient lieu dans l'administration des sacrements, et particulièrement dans la célébration des saints mystères. Il est facile d'y reconnaître que tout ce que l'Eglise catholique pratique aujourd'hui nous vient de la plus haute antiquité; car saint Grégoire lui-même n'a fait que réduire à un nouvel ordre et dans un seul livre, ce qui s'observait au temps de ses prédécesseurs, ainsi qu'on le voit dans le *Sacramentaire de l'Eglise romaine*, attribué au pape Gélase, et lequel se trouvait partagé en trois livres. Nous nous contentons de reproduire ici quelques réflexions de dom Ceillier, sans entrer avec lui dans l'analyse détaillée d'un livre qui ne nous rappellerait que ce qui se pratique encore tous les jours.

« Notre saint pontife, dit-il, à propos de ce *Sacramentaire* et de quelques autres livres qui regardent la célébration de l'office divin, notre saint pontife avait également composé un chant ecclésiastique, appelé encore aujourd'hui le chant grégorien. Le *Sacramentaire*, dont il est auteur, a été si unanimement adopté dans l'Eglise, qu'on le trouve, sans exception, dans tous les missels et bréviaires anciens et nouveaux, où l'arrangement, les oraisons, les Evangiles, offertoires, postcommunions du Sacramentaire sont de saint Grégoire. Ce bréviaire et ce chant ayant souffert quelque altération en France, Pépin, Charlemagne et ses enfants le rétablirent en sa pureté, et firent venir des chantres de Rome, qui, par leurs ordres, ouvrirent deux écoles de plain-chant à Metz et à Paris. Il a toujours été suivi depuis. Le Bréviaire romain fut toujours le seul bréviaire des églises du patriarchat d'Occident, sauf quelques ordres religieux, tels que celui de Saint-Benoît et des Chartreux, et trois ou quatre Eglises particulières comme Milan, qui a retenu le rite Ambrosien, Tolède, le rite Mosarabe, jusqu'à l'archevêque de Gondi qui, en 1643, y fit le premier quelques légers changements. Sous prétexte de perfectionnement, l'esprit d'innovation a depuis toujours été en croissant : encore quelques *améliorations*, et la majestueuse simplicité des temps antiques aura complétement disparu.

« Saint Grégoire ne se contenta pas de mettre dans un meilleur ordre les prières qui se disaient dans l'administration des sacrements, principalement de l'Eucharistie, il en régla aussi le chant, et composa un Antiphonaire où il renferma tout ce qui devait se chanter en notes à la messe, savoir l'introït, le graduel, l'offertoire, la post-communion. Pour conserver le chant qu'il avait réglé, il établit à Rome une école de chantres, qu'il dirigea lui-même, et qui servit de modèle pour celles que l'on vit bientôt s'établir dans plusieurs provinces de l'Occident. Il avait, dit l'historien de sa Vie, le goût exquis et l'oreille d'une justesse parfaite. Charlemagne, voulant aussi se conformer au chant romain, laissa, étant à Rome, deux habiles ecclésiastiques de sa suite auprès du Pape Adrien, afin qu'ils se formassent dans la vraie méthode de chanter. (D. CEILLIER.)

Les novateurs des derniers siècles ont affecté de répandre par tout le monde chrétien, que la messe des catholiques était un amas de nouveautés et d'institutions humaines ; leur prévention les a étrangement aveuglés. Ils ont dit que les prières du saint sacrifice et la foi de la présence réelle n'avaient d'origine qu'à dater du IX° siècle, au temps de Paschase Radbert. Bossuet répond : « Or, je dis qu'il faut avoir un front d'airain pour nier que les prières ne soient plus anciennes, car les auteurs renommés pour avoir travaillé aux sacramentaires que nous avons produits sont un saint Léon, un saint Gélase, un saint Grégoire; c'est, dans l'Eglise gallicane, après saint Hilaire, un Musens, un Salvien, un Sidonius; c'est, dans l'Eglise d'Espagne, un Isidore de Séville, auteurs dont le plus moderne passe de plusieurs siècles Paschase Radbert, et le travail qu'ils ont fait n'a jamais tendu à rien innover dans la doctrine; on ne les en a jamais soupçonnés. Ils ont ordonné l'office, réglé et fixé les leçons et les antiphoniers ; ils ont composé quelques collectes, quelques préfaces, et cela, sans rien dire au fond qui fût nouveau; on ne les aurait pas non plus écoutés que les autres novateurs, et le peuple aurait bouché ses oreilles. » (BOSSUET, *Explication de la messe*.)

ÉCRITS DOUTEUX. — Suivent plusieurs Commentaires sur divers livres de l'Ancien Testament, comme le premier livre des *Rois*, le *Cantique des cantiques*, les *Psaumes pénitentiaux* avec une concordance de quelques passages de l'Ecriture; mais tous ces écrits ne sont pas également reconnus pour être de saint Grégoire. Il suffit qu'ils lui soient contestés pour que nous n'ayons pas à nous en occuper. Les avoir indiqués, cela suffit, surtout dans une étude où les matières sont si abondantes. La couronne du saint pontife est assez richement pourvue pour pouvoir se passer de fleurons empruntés.

Ce saint docteur ne dut pas moins son surnom de *Grand* à l'étendue de ses connaissances et à l'excellence de ses écrits qu'à l'éminence de ses vertus. On conçoit difficilement qu'il ait pu en laisser un si grand nombre à l'admiration de la postérité, surtout lorsque l'on vient à considérer que pendant les treize années que dura son pontificat, il fut sans cesse occupé des moyens de procurer la gloire de Dieu et de l'Eglise par la réformation des mœurs et l'édification des fidèles, de soulager les pauvres, de consoler les affligés, de maintenir la discipline ecclésiastique, de travailler à l'accroissement de la piété et de la religion. L'étonnement et l'admiration redoublent, si l'on fait attention à la faiblesse de sa santé, à ses maladies continuelles, et au temps considérable que lui emportait l'exercice de la prière et de la contemplation. Il observait de la vie monastique tout ce qui était compatible avec sa dignité. Il avait même auprès de lui plusieurs de ses religieux, qu'il quittait le moins qu'il lui était possible, afin de ne jamais perdre de vue ses engagements. Il leur faisait souvent de pieuses conférences, et c'est à cette occasion qu'il composa ses *Morales*, qui ont toujours été en si grande estime dans l'Eglise. Qu'il n'ait pas tout à fait échappé aux défauts de son siècle, on doit en être peu surpris; il n'est point dans la puissance humaine de faire rétrograder un torrent. Dans des circonstances aussi graves que celles où fut appelé ce saint pontife, il avait autre chose à faire qu'à soigner des phrases et à polir son langage. Il faut en convenir avec son savant éditeur : « Les saints Pères s'occupent peu, en général, de ce qu'il y aurait de plus châtié et de plus élégant à insérer dans leurs compositions. » Bérault-Bercastel convient avec franchise que son style est celui de son siècle, c'est-à-dire obscur, embarrassé, chargé de locutions vicieuses et déjà barbare; défaut, ajoute-t-il, avantageusement compensé par l'onction divine qui fait le caractère de son éloquence. L'abbé Fleury reproche en particulier à saint Grégoire d'avoir trop donné dans l'allégorie. Saint Bernard lui-même n'en sera pas exempt. Mais, dans l'un comme dans l'autre, ce défaut est souvent réparé par la solidité de l'instruction; témoin les fréquentes applications qu'en ont faites nos sermonaires.

Il s'était fait peindre dans son monastère de Saint-André, pour que la vue de son portrait rappelât à ses religieux l'esprit de ses leçons et de leur profession. Il était d'une taille petite; son visage tenait de la longueur de celui de son père et de la rondeur de celui de sa mère. Sa barbe était médiocre, ses cheveux noirs et frisés; chauve sur le devant, avec deux petits toupets sur les côtés et la couronne largement marquée. Il avait pour vêtement une planète marron sur une dalmatique, et portait le pallium enroulé autour des épaules et pendant sur le côté. Sa main gauche était appuyée sur l'Evangile, et de la droite il faisait le signe de la croix. Le diacre Jean, son historien, ajoute à la description qu'il nous en a laissée cette particularité, savoir, que dans les copies qui s'en répandirent, on avait coutume de peindre le Saint-Esprit en forme de colombe sur la tête de ce Père, tant on était convaincu de l'assistance qu'il en recevait et dont la divine onction se fait encore sentir dans la lecture de ses œuvres, écrits pleins de lumière et de chaleur, d'une doctrine toujours exacte, contenant presque à eux seuls tout l'ensemble de la religion, les vérités de la foi et de la morale dans leur plus grande pureté.

Tel fut Grégoire! Tel fut dans l'ordre des temps le dernier de ces quatre Pères qu'on a cru pouvoir comparer aux quatre évangélistes; tel fut dans l'ordre du mérite un des plus illustres docteurs extraordinairement suscités pour répandre sur tous les siècles à venir les dons lumineux du bel âge de l'Eglise, auquel il conserva jusqu'à la fin du sixième siècle cette honorable qualification.

GRÉGOIRE II, élu Pape le 11 mai 715 pour succéder à Constantin, mérita les honneurs de la double clef par le succès avec lequel il avait rempli plusieurs missions importantes. Il avait accompagné à Constantinople le Pape son prédécesseur, et donné dans cette circonstance des preuves de son savoir, en satisfaisant à toutes les questions de l'empereur Justinien. Il était Romain de naissance et signala son pontificat par son zèle. Il rétablit le monastère de Mont-Cassin, convoqua deux conciles, l'un en 721, contre les mariages illicites, et l'autre en 729, contre les iconoclastes. Il envoya saint Boniface prêcher en Allemagne, et mourut en 731, regretté pour ses vertus, son zèle et ses lumières. Son pontificat fut de quinze ans, huit mois et vingt jours, et il régna sous quatre empereurs, Anastase, Théodose et Constantin. On a de ce Pape quinze lettres, et un mémoire donné à ses envoyés en Bavière, sur divers points de discipline. L'Eglise l'a mis au nombre des saints et honore sa mémoire le 12 février.

LETTRES. — La première de ces lettres, datée de la troisième année du règne de l'empereur Léon, c'est-à-dire de l'an 719, est adressée au prêtre Boniface, à qui Grégoire donne permission d'annoncer la foi aux infidèles d'Allemagne. Elle est suivie de la formule du serment que Boniface prêta au Souverain Pontife, le jour où il fut ordonné évêque. Boniface y promet une soumission entière au Saint-Siége, et jure de conserver la foi et l'unité catholique, sans y donner jamais atteinte ; comme aussi de n'avoir jamais aucune communication avec les évêques à qui il arriverait de s'éloigner de la doctrine et des statuts des anciens Pères de l'Eglise. Il signa cette formule, la mit sur le corps de saint Pierre, et prit Dieu à témoin de la volonté où il était d'en exécuter le contenu. — La seconde lettre est adressée à Charles Martel, maire du palais. Le Pape lui recommande Boniface en le priant de lui prêter secours dans le dessein où il était d'annoncer l'Evangile aux peuples d'Allemagne, encore enveloppés dans les ténèbres de la gentilité, et particulièrement à ceux qui demeuraient sur les bords du Rhin. — Le Pape Grégoire écrivit sur le même sujet une lettre-circulaire à tous les évêques, prêtres, diacres, seigneurs, comtes, et généralement à tous les chrétiens chez qui Boniface devait passer. Cette lettre, qui se trouve la troisième, est de l'an 723. — La quatrième, qui est de la même année, est adressée au peuple à qui Boniface est envoyé comme évêque. C'est une formule qui s'adressait ordinairement en pareille circonstance, et qui contient les règles des ordinations, de l'administration des sacrements, et de l'usage que l'évêque devait faire des biens de l'Eglise. — Le Pape congratule dans la cinquième les grands seigneurs de la Thuringe de leur constance dans la foi qu'ils avaient embrassée, et les exhorte à obéir en tout à leur évêque. — Il fait les mêmes exhortations dans la sixième à tout le peuple de Thuringe, en leur marquant qu'il ne leur avait point envoyé Boniface par des vues d'intérêts temporels, mais uniquement pour le salut éternel de leur âme. Il veut donc qu'ils écoutent ses instructions ; qu'ils reçoivent le baptême de sa main ; qu'ils lui bâtissent une maison pour sa demeure, et des églises où ils puissent faire ensemble leurs prières. — La septième est adressée à tout le peuple de la Saxe, à qui il donne des instructions particulières, touchant la pureté des mœurs convenables à ceux qui ont quitté le culte des idoles pour ne plus adorer que le vrai Dieu. — On voit, par la lettre suivante, que Boniface était passé en France pour demander la protection de Charles Martel, qui en effet lui donna une lettre adressée à tous les évêques, ducs, comtes, vicaires, domestiques et autres officiers, afin qu'il pût aller librement et en tout temps, avec une telle sauvegarde, partout où il voudrait. Charles signa cette lettre de sa propre main, et la scella de son anneau. — Le Pape Grégoire, dans sa huitième lettre, congratule l'évêque Boniface des progrès qu'il faisait dans la conversion des infidèles, et l'exhorte à continuer son ministère avec zèle. Il paraît par cette lettre que Boniface s'était plaint qu'un évêque qui avait commencé à prêcher l'Evangile aux peuples d'Allemagne ne le faisait plus qu'avec beaucoup de tiédeur ; et que, cherchant plutôt ses propres intérêts que ceux de Jésus-Christ, il s'était attribué une certaine étendue de pays, comme pour en former son Eglise particulière. Le Pape assure Boniface qu'il avait écrit à Charles Martel pour faire rentrer cet évêque dans son devoir. Cette lettre est de la huitième année de l'empereur Léon, c'est-à-dire de l'an 724. — Les neuvième, onzième et douzième lettres sont adressées à Germain de Constantinople et à l'empereur Léon. Elles regardent le culte des images et elles se trouvent reproduites parmi les actes du second concile de Nicée. Nous renvoyons nos lecteurs au *Dictionnaire des conciles*.

La dixième est adressée à Ursus, duc de Venise, que le Pape exhorte à se joindre à l'exarque de Ravenne, pour reprendre cette ville sur les Lombards et la remettre sous l'obéissance de l'empereur Constantin. — La treizième lettre est une épître canonique dans laquelle Grégoire répond à plusieurs difficultés que Boniface lui avait proposées. Il décide qu'encore que les mariages doivent être défendus entre parents, tant que la parenté peut se reconnaître ; toutefois, pour user d'indulgence surtout envers une nation si barbare, on peut leur permettre de se marier après le quatrième degré de parenté. Si une femme est attaquée d'une maladie qui la rende incapable du devoir conjugal, le mari sera libre d'en épouser une autre, mais en donnant à la femme malade les secours nécessaires. Gratien observe que cette décision, prise à la lettre, serait contraire à l'Evangile et à saint Paul, si on ne la regardait comme une condescendance pour les Germains nouvellement convertis. Le Pape ajoute que si un prêtre est accusé par le peuple, sans témoins certains, il sera reçu à prouver son innocence par serment. On ne pourra réitérer la confirmation donnée par un évêque ; dans la célébration de la messe, on ne mettra sur l'autel qu'un seul calice ; à l'égard des viandes immolées aux idoles, il ne sera permis à personne d'en manger avec connaissance, quand même on ferait dessus le signe de la croix. Les enfants offerts dès leur bas âge pour la vie monastique n'auront plus la liberté de se marier, parce qu'ils sont consacrés à Dieu par cette offrande. On ne doit pas rebaptiser ceux qui l'ont été au nom de la Trinité, même par de mauvais prêtres ; mais s'il n'y a point de preuves qu'un enfant ait reçu ce sacrement, il faut le lui donner. On ne doit point refuser la communion du corps et du sang de Jésus-Christ aux lépreux ; cependant il ne faut pas leur permettre de manger avec ceux qui se portent bien. S'il arrive une mortalité ou une maladie dangereuse dans un monastère, ceux qui n'en seront pas atteints ne doivent pas chercher à se sauver pour éviter le péril; parce que nul ne peut échapper à la main de Dieu. Grégoire finit sa lettre en disant à l'évêque Boniface : « Vous ne devez pas éviter de parler ni même de manger avec les évêques dont la vie est scandaleuse et corrompue, parce que souvent on les ramène plutôt par cette condescendance que par les réprimandes. Vous devez en user de même à l'égard des seigneurs qui vous accordent des secours. » Cette lettre est datée du 10 des calendes de décembre 726. C'est donc à tort que Gratien l'attribue à Grégoire III, qui ne fut élu qu'en 731. — Grégoire II, informé que Sérénus, patriarche d'Aquilée, résidant à Frioul, s'efforçait d'attenter aux droits du patriarche de Grade, lui écrivit de s'en désister, dans une lettre datée de 729, et dont il envoya le contenu aux patriarche de Grade, aux évêques, au duc Marcel, aux peuples de l'Istrie et de la Vénétie, en les avertissant de prendre garde que les Lombards ne profitassent de ce différend entre les évêques pour entreprendre sur leur pays.

Mémoire. — Ces lettres sont suivies d'un Mémoire dont nous avons dit un mot au commencement de cet article. Grégoire II, voyant que les conversions se multipliaient en Allemagne, y envoya l'évêque Martinien, George prêtre et Dorothée sous-diacre, avec un mémoire ou capitulaire daté du 15 mars 716. Ce mémoire contenait des instructions sur ce qu'ils devaient faire en ce pays. Il paraît qu'ils étaient aussi porteurs de lettres adressées de sa part au duc; puisqu'ils marquent qu'après avoir remis ces lettres, ils délibéraient avec lui pour former une assemblée des prêtres, des juges et des principaux de la nation, qui s'occuperaient des moyens de pourvoir aux besoins les plus pressants de chaque église. Leurs instructions les obligeaient à s'occuper le plus activement possible de tout ce qu'il était important de régler pour l'établissement des églises, pour les ordinations des évêques, et pour le règlement de la discipline. Il les avertit de laisser les évêques qui se trouveront être dans la foi de l'Eglise et dont l'ordination a été canonique, de leur donner permission de célébrer l'office à la romaine; mais d'ôter ceux dont la foi est suspecte, ou l'ordination vicieuse; de régler l'office suivant l'usage de Rome; d'établir dans les provinces un nombre suffisant d'évêques avec un archevêque, et de régler les limites des provinces et des diocèses; d'enjoindre aux évêques de ne point ordonner des bigames, ni des ignorants, ni des personnes estropiées, ni ceux qui ont été pénitents publics, ou qui sont esclaves ou assujettis à quelque servitude, ni des africains; de leur recommander d'avoir soin du bien des Eglises, d'en faire quatre parts, une pour lui, la seconde pour les clercs, la troisième pour les pauvres et les pèlerins, et la quatrième pour la fabrique; de ne point faire d'ordinations hors les Quatre-Temps; de n'administrer le sacrement de baptême qu'à Pâques et à la Pentecôte, si ce n'est en cas de nécessité; d'observer les règlements de l'Eglise de Rome; de ne point souffrir qu'un homme ait plusieurs femmes, ni qu'on épouse ses nièces; d'estimer plus la virginité que le mariage; de ne réputer impures d'autres viandes que celles qui ont été offertes aux idoles; d'éviter toute sorte de superstition; d'enseigner qu'il n'est point permis de jeûner le dimanche, ni aux jours de Noël, de l'Epiphanie, de l'Ascension; de ne point recevoir les offrandes de ceux qui sont ennemis, à moins qu'ils ne se réconcilient; de faire pénitence des fautes quotidiennes, d'instruire les peuples sur la résurrection et le jugement.

GRÉGOIRE III, Syrien d'origine et prêtre, fut élu après une vacance de trente-cinq jours, pour succéder à Grégoire II, en 731. C'était un homme extrêmement doux, sage et instruit des saintes Ecritures, qui savait le grec et le latin, parlait ces deux langues avec une égale facilité et prêchait avec une force et une onction incomparables. Un de ses premiers soins, en arrivant au pontificat suprême, fut d'écrire à l'empereur Léon, pour lui faire de vifs reproches de ce qu'il persistait à soutenir les iconoclastes; mais sa lettre n'eut aucun effet. Il reçut une réponse dans laquelle, en parlant des saintes images, ce prince lui disait qu'elles tenaient la place des idoles, et que ceux qui les adoraient étaient des idolâtres. Grégoire lui fit là-dessus une réponse fort vive, qui se trouve insérée dans les Actes du septième concile, où nous engageons nos lecteurs à la consulter. C'est dans ce concile assemblé par lui, en 732, qu'il excommunia ces hérétiques. Les Lombards faisaient tous les jours de nouvelles entreprises contre les Romains. Le Pape, pressé par ces barbares, implora le secours de Charles Martel. Les légats envoyés à ce prince lui promirent, de la part du Souverain Pontife, que, s'il le secourait, Grégoire se soumettrait à sa domination, et le reconnaîtrait pour consul et patrice de Rome, attendu que l'empereur, en abandonnant l'Italie, cessait de la regarder comme sa propriété, puisqu'il ne la défendait ni lui portait de secours d'aucun genre quoiqu'on l'en eût beaucoup sollicité. Du reste, c'était de la part des princes et du peuple romain, que Grégoire envoyait à Charles Martel cette légation, qu'on regarde comme l'origine des nonces apostoliques en France. Elle ne produisit rien. Charles Martel la reçut avec honneur et la renvoya avec des présents; mais il était trop occupé en France contre les Sarrasins pour aller se battre en Italie contre les Lombards. Ce Pape mourut peu de temps après, avec la réputation d'un pontife magnifique et charitable. Il répara et embellit plusieurs églises de Rome, entre autres celle de Saint-Pierre, où il fit construire un oratoire en l'honneur de tous les saints, avec ordre aux moines qui desservaient les trois monastères de cette église d'y venir célébrer les vigiles et les heures, et aux prêtres semainiers d'y dire leurs messes. Nous avons de lui sept lettres qui font partie de la *Collection des conciles*. Nous allons rendre compte des plus intéressantes.

A Boniface. — Saint Boniface, ayant appris l'élection du Pape Grégoire III, lui envoya des députés avec des lettres, pour l'assurer de sa soumission, lui rendre compte des progrès de l'Evangile en Allemagne, et lui demander l'éclaircissement de plusieurs difficultés. Le Pape le félicita sur le succès de son ministère, lui envoya le pallium, et l'honora du titre d'archevêque. Il joignit à toutes ces marques d'estime divers présents, des reliques des saints, avec une lettre dans laquelle il lui ordonnait d'établir des évêques dans les lieux où le nombre des fidèles en exigerait, en l'avertissant de prendre garde de ne pas avilir l'épiscopat, et de ne point faire de consécrations d'évêques, sans en appeler deux ou trois à cette cérémonie. Il dit ensuite que le prêtre qui l'était venu trouver n'avait reçu de lui aucune absolution, comme il s'en était vanté; que seulement il lui avait demandé des lettres de recommandation pour le roi Charles. Puis, venant aux difficultés proposées par saint Boniface, il décide que ceux qui ont été baptisés par des païens doivent une seconde fois être baptisés au nom de la sainte Trinité; de même que ceux qui doutent s'ils ont été baptisés; il doit en être de même de ceux qui ont reçu le baptême par un prêtre qui sacrifie à Jupiter, et mange des viandes immolées aux idoles. A l'avenir on ne permettra à personne de manger de la chair de cheval sauvage, et on imposera une pénitence aux chrétiens qui en auront mangé : le prêtre fera mémoire dans le sacrifice, pour les morts qui ont été véritablement chrétiens pendant leur vie; mais non pour les impies, quoiqu'ils aient été chrétiens : on observera les degrés de parenté pour les mariages, jusqu'à la septième génération. Il exhorte saint Boniface d'empêcher, autant qu'il lui sera possible, celui qui est veuf, de se remarier plus de deux fois; et veut que ceux qui ont tué leur père, leur mère, leur frère, leur sœur, ne reçoivent la communion qu'à la mort, par forme de viatique; qu'ils s'abstiennent toute leur vie de chair et de vin, et jeûnent le lundi, le mardi et le vendredi. Il impose la même pénitence aux homicides, à ceux qui vendent leurs esclaves aux infidèles, pour les immoler. Pour bien entendre ces décisions, il faudrait savoir les circonstances des cas proposés par saint Boniface.

Autres lettres à saint Boniface. — Le Pape Grégoire III écrivit diverses autres lettres au sujet de l'apostolat de saint Boniface, savoir : une à tous les évêques, prêtres et abbés de toutes les provinces par où le saint apôtre devait passer pour se rendre de Rome en Allemagne. Le Pape les exhorte à concourir avec ce pieux évêque à l'œuvre de Dieu, et à lui permettre de prendre parmi leur clergé des ouvriers pour sa mission ;— une autre est adressée aux peuples d'Allemagne nouvellement convertis, pour les exhorter à se rendre dociles aux instructions de Boniface; à recevoir les évêques et les prêtres qu'il ordonnera, en vertu de la puissance apostolique qui lui a été conférée; et à concourir avec lui pour ramener ceux qui s'écarteront du droit chemin de la foi ou de la discipline canonique. Le Pape les exhorte encore non-seulement à s'abstenir de tout culte idolâtre, mais encore à en détourner les autres; à rejeter les devins et les sorciers, les sacrifices des morts, le culte des bois et des fontaines, les augures, les maléfices et les enchantements; en un mot, toutes les superstitions qui avaient cours dans le pays. — Il y en a une troisième adressée aux évêques de Bavière et d'Allemagne, pour les engager à recevoir Boniface, à écouter favorablement ses instructions, à rejeter les rites et les cérémonies du paganisme, les faux évêques et les hérétiques, de quelque part qu'ils vinssent, mais surtout des Bretons; enfin à délivrer, par des avertissements salutaires, les peuples de tous les restes de superstition qui infestaient encore le pays, et à célébrer un concile sur les bords du Danube, à Augsbourg ou en toute autre ville que Boniface jugera à propos de choisir.

Lettres à Charles Martel. — Cependant l'Italie était troublée par la révolte de Trasimond, duc de Spolette, contre le roi Luitprand. Grégoire III qui favorisait Trasimond, voyant qu'il ne pouvait résister à Luitprand, roi des Lombards, demanda du secours à Charles Martel, à qui il envoya des légats avec des présents et une lettre dans laquelle il lui représentait l'extrême affliction de l'Eglise romaine ravagée par les Lombards. Cette lettre n'ayant eu aucun résultat, le Pape en écrivit une seconde pour presser ce prince de venir au secours de l'Italie. En parlant des désastres causés par l'ennemi, il dit : « Ils ont enlevé tout ce qui était destiné au luminaire de Saint-Pierre et tout ce qui avait été offert par vos parents et par vous. L'église de Saint-Pierre est dépouillée et réduite à la dernière désolation. » Il ajoute que le porteur de cette lettre lui communiquera de vive voix bien d'autres circonstances capables de l'émouvoir. Cette lettre n'eut pas plus de succès que la première, parce que, comme nous l'avons dit, Charles Martel avait besoin des Lombards pour l'aider à repousser les Sarrasins qui menaçaient d'envahir la France, et qui y entrèrent en effet en 737.

A saint Boniface. — Mais ce prince favorisait de tout son pouvoir la mission de saint Boniface, qui avait déjà converti en Allemagne plus de cent mille âmes. Le saint apôtre en donna avis au Pape, qui en rendit grâces à Dieu et approuva l'établissement de nouveaux évêchés en Bavière. Dans la réponse qu'il lui adressa à ce sujet, il dit : que si l'on ne connaissait pas ceux qui avaient ordonné les prêtres, il fallait les ordonner de nouveau, à la condition toutefois qu'ils seraient catholiques et de bonnes mœurs. Quant à ceux qui avaient été baptisés suivant les différentes langues de ces peuples, leur baptême était bon, pourvu qu'il eût été conféré au nom de la sainte Trinité ; dans ce cas, il suffisait de les confirmer par l'imposition des mains et du saint chrême. Il ajoute : « Pour ce qui est du concile que vous voulez tenir sur le Danube, nous exigeons que vous y soyez présent. L'œuvre que vous avez entreprise ne vous permettant pas de demeurer en un lieu, allez, prêchez partout où Dieu vous ouvrira le chemin, et ordonnez des évêques dans tous les lieux où vous jugerez à propos d'en établir. » Cette réponse est du 29 octobre 739.

Recueil de canons. — Les lettres de ce Pape sont suivies, dans les collections des conciles, d'un *Recueil de canons* tirés des anciens Pénitentiels et des écrits des Pères, nommément de saint Isidore, de saint Augustin, de saint Grégoire, de Bède, de Gélase, du Pape Innocent, de Théodore de Cantorbéry, de Cassien, d'Egbert, et de plusieurs autres qui ont vécu en même temps que Grégoire III, et même depuis : ce qui suffit pour ne lui pas attribuer ce recueil. Nous en avons vu un autre dans le quatrième tome des *Anecdoctes* de D. Martène. L'auteur y cite un canon du concile tenu à Rome en 721 par le Pape Grégoire II, et dit, en le citant, que ce Pape gouvernait actuellement l'Eglise romaine. Il écrivait donc avant l'an 731, auquel Grégoire II mourut. Il l'appelle Grégoire le Jeune ; mais on a quelquefois qualifié de même Grégoire III, surtout chez les Grecs. Les autorités qu'il cite sont à peu près les mêmes que celles qui sont alléguées dans le *Recueil des canons* qui porte le nom de Grégoire III, excepté qu'il ne cite ni Bède, ni Egbert. Il y eut un concile à Rome en 732 sous Grégoire III, au sujet du culte des images.

GRÉGOIRE IV, Romain de naissance, aussi recommandable par son savoir que par sa piété, obtint la couronne pontificale en 827, mais ne fut consacré que le 5 janvier 828. Ce fut lui qui entreprit de rebâtir la ville d'Ostie, pour défendre l'embouchure du Tibre contre les incursions des Musulmans, qui s'étaient emparés de toute la Sicile ; il la nomma Grégoriopolis. Dans le temps des troubles entre Louis le Débonnaire et ses fils, Grégoire vint en France, à la prière de Lothaire, pour tâcher d'y mettre la paix. Le bruit courait qu'il voulait excommunier les évêques fidèles à l'empereur ; mais ces prélats lui firent répondre qu'il s'en retournerait excommunié lui-même, s'il entreprenait de les excommunier contre les canons. Ce n'était pas l'intention du Pape, qui voulait seulement se poser comme arbitre d'une malheureuse querelle. « Sachez, dit-il à l'empereur, que je ne suis venu que pour procurer la paix que Notre-Seigneur nous a tant recommandée. » Il se retira à Rome, aussi mécontent d'un parti que de l'autre, et y mourut le 25 janvier 844. Grégoire était d'un caractère doux, pieux, affable, plein de courage, et très-instruit dans les divines Écritures. C'est à sa sollicitation, que l'empereur Louis ordonna, en 835, que la fête de tous les saints serait célébrée par toute la Gaule et la Germanie le 1er novembre de chaque année. Cette ordonnance fut rendue du consentement de tous les évêques. Cette fête, établie à Rome depuis environ deux cents ans, commença ainsi à devenir universelle. On a de Grégoire IV trois lettres et quelques décrets contestés, dans la *Collection des conciles*, et dans les *Miscellanea* de Baluze. Ces lettres ont trait aux difficultés de son époque ; nous en avons dit un mot, aux articles de SAINT ALDRIC et de CHARLES LE CHAUVE, et nous serons obligé d'y revenir, toutes les fois que l'occasion se présentera de parler de la querelle des enfants de Louis le Débonnaire.

GRÉGOIRE V, nommé auparavant BRUNON, Allemand d'origine et neveu de l'empereur Othon III, fut élu Pape après la mort de Jean XV, en mai 996. Crescentius, sénateur et consul de Rome, qu'il avait protégé auprès de l'empereur, eut l'ingratitude de lui opposer un Grec nommé Philagate, évêque de Plaisance, et de le chasser de la ville pontificale. Grégoire se retira à Pavie, où dans un concile nombreux il excommunia Crescentius. Philagate, qui avait pris le nom de Jean XV, fut également excommunié par tous les évêques de l'Italie, de l'Allemagne et des Gaules. L'empereur Othon, qui, après son couronnement, était retourné en Germanie, reprit le chemin de Rome, avec son neveu Grégoire V. A leur approche l'antipape Jean sortit de la ville, et Crescentius se retira au château Saint-Ange. Mais Othon, qui trouva moyen de l'en faire sortir, lui fit couper la tête. De leur côté les serviteurs de ce prince s'étant rendus maîtres de l'antipape Jean, lui coupèrent la langue, lui arrachèrent les yeux et le jetèrent en prison, à l'insu du Pape légitime qui ignora tous ces mauvais traitements. Grégoire V, devenu paisible possesseur de son siége, tint en 998 un concile de vingt-huit évêques, auquel l'empereur assista. Il survécut peu de temps à cette assemblée, et mourut le 18 février 999.

Décrets. — Grégoire V était le premier Allemand qu'on eût élevé sur le Saint-Siége. Voulant faire honneur à sa patrie, il ordonna dans un concile que les Allemands auraient seuls le droit d'élire le roi des Romains, qui, après avoir été couronné par le Pape, prendrait le titre d'empereur et d'Auguste. Il donna le pallium à Héribert élu archevêque de Cologne, et en fit un des électeurs à qui le droit de choisir un empereur était dévolu. Herlouin, évêque élu de Cambrai, ne pouvant se faire ordonner par l'archevêque de Reims, son métropolitain, à cause de la dispute survenue entre Arnoul et Gerbert, qui prétendaient tous les deux à ce siége, fit un voyage à Rome, où il fut consacré par le Pape Grégoire. Il en obtint en même temps une lettre pour réprimer les seigneurs laïques qui pillaient les biens de l'Eglise de Cambrai. Cette lettre est datée du mois de mai 996. Le Pape y défend à toutes sortes de personnes de s'emparer des biens que les prêtres de cette Eglise laissaient en mourant. Il prend dans la suscription le titre de Pape et pontife de l'Eglise universelle.

Lettre à Jean de Ravenne. — Au mois de juillet de l'an 997, Grégoire V écrivit à Jean, archevêque de Ravenne, pour lui mander qu'eu égard à ses remontrances, il lui rendait l'Eglise de Plaisance que Jean XV, son prédécesseur, lui avait enlevée injustement pour en faire un archevêché en faveur de Philagate. Il lui soumettait également l'évêché de Montefeltro, ainsi que toutes ses dépendances, avec ordre aux évêques de cette Eglise de lui rendre la même soumission que les autres suffragants de Ravenne.

A Gerbert. — L'année suivante le Pape envoya à Gerbert, successeur de Jean dans l'évêché de Ravenne, le pallium, avec une lettre par laquelle il faisait de grandes donations à cette Eglise, et confirmait tous ses anciens priviléges. Il cite au nombre de ces donations la monnaie, ce qui signifie le droit de battre monnaie.

Aux moines de Mont-Majour. — L'abbaye de Mont-Majour, située près d'Arles, en Provence, étant devenue vacante par la mort de son abbé, les moines, après une délibération de trois jours, réunirent tous leurs suffrages en faveur de Riculphe, évêque de Fréjus, qui avait été élevé dans ce monastère. Riculphe refusa d'accepter cette charge qu'il regardait comme incompatible avec l'épiscopat, à moins d'y être autorisé par une dispense du Saint-Siége. Pendant qu'on postulait à Rome pour l'obtenir, un moine de Saint-Gilles de Septimanie, soutenu par plusieurs grands seigneurs, s'empara à main armée de l'abbaye de Mont-Majour, et menaça de chasser les moines s'ils ne consentaient à le recevoir pour abbé. Ils s'enfuirent tous, et adressèrent au Pape Grégoire V une lettre rédigée de concert, pour se plaindre et le prier de porter remède aux troubles de leur monastère. La lettre est rapportée dans le tome IV des Annales de l'Ordre, par dom Mabillon. La réponse du Pape fut favorable; il ordonna que les moines rentreraient dans leur abbaye, qu'on en chasserait l'intrus, et que Riculphe serait leur abbé. Il leur accorda même, au mois d'avril de l'an 998, un privilége qui les confirme dans tous leurs droits et possessions, et leur garantit pour l'avenir, comme pour le passé, la liberté de choisir eux-mêmes leur abbé. Il leur accorda encore à la part de l'Eglise romaine sur un château situé dans le diocèse de Carpentras, à la réserve de trois livres d'oliban payables tous les cinq ans sur l'autel de Saint-Pierre. Baluse a rapporté ce privilége dans le tome IV de ses Mélanges.

Au mois d'avril de l'an 998, Grégoire V fit expédier un privilége confirmatif des droits et possessions du monastère de Saint-Ambroise à Milan. — Dans le mois de novembre de la même année, il écrivit à la reine Constance, femme du roi Robert, pour la prier de faire punir ceux qui avaient pillé et brûlé les métairies appartenant à Julien, que l'on croit avoir été évêque d'Angers. Dans une autre lettre adressée à Abban de Fleury, on voit combien Grégoire V aimait cet abbé. C'est une réponse aux lettres qu'il avait reçues de lui. Il le prie de lui envoyer un de ses religieux pour lui donner des nouvelles de sa santé et de celle d'Elfric, archevêque de Cantorbéry, et le mettre au courant des suites qu'avait eues la promesse du roi Robert de se séparer de la reine Berthe, qu'il avait épousée contre les règles de l'Eglise, puisqu'ils étaient parents dans un degré où il n'était pas permis de contracter mariage. Le Pape finit sa lettre en demandant à Abban de se souvenir de lui dans ses prières et au sacrifice de la messe. Il accorda à son monastère un privilége qui portait entre autres clauses que l'évêque d'Orléans n'y viendrait point sans être invité, et qu'aucun évêque ne pourrait le mettre en interdit, quand même on y mettrait toutes les Gaules. L'empereur Othon fit également accorder par Grégoire V un privilége à l'abbaye de Cluny, pour la conservation des biens et des droits de ce monastère. Il est adressé à l'abbé Odilon, successeur de saint Maïeul, et qualifié lui-même *d'heureuse mémoire*.

GRÉGOIRE VI, Romain et archiprêtre de l'Eglise romaine, nommé auparavant JEAN GRATIEN, fut ordonné Pape en 1044, après avoir acheté la démission de Benoît IX. Ce pontife trouva le temporel de son Eglise tellement diminué, qu'il fut obligé d'excommunier avec éclat ceux qui l'avaient usurpé. Cet anathème ne fit qu'irriter les coupables, qui vinrent en armes jusqu'à Rome; mais Grégoire les chassa, retira plusieurs terres de l'Eglise, et rétablit la sûreté des chemins, tellement remplis de voleurs, que les pèlerins étaient obligés de s'assembler en grandes troupes pour se défendre contre eux. Cette sage conduite déplut aux Romains, accoutumés au brigandage. Le feu de la sédition allait se rallumer, lorsque l'empereur Henri III vint en Italie et fit assembler un concile à Sutri, près Rome, en 1046, où Grégoire VI abdiqua le pontificat. Le P. Papebroch, dans une dissertation particulière, insérée dans le *Propilæum ad Acta sanctorum*, montre qu'on doit regarder Grégoire VI comme Pape légitime, et nullement simoniaque : une des raisons qu'il allègue, c'est que Grégoire, ainsi que le clergé, ont cru de bonne foi pouvoir faire renoncer au pontificat l'indigne Benoît IX, à prix d'argent, et la mettre un terme à un très-grand scandale dans l'Eglise. Il ajoute que le concile de Sutri lui ayant fait sentir qu'il y avait du doute si son élection n'était point simoniaque, Grégoire ne tarda pas à se dépouiller des ornements pontificaux, et à remettre le bâton pastoral; ce qui est digne du plus grand éloge. Il se retira ensuite dans le monastère de Cluny, où il termina ses jours dans les exercices de la vie religieuse. Nous avons, dans l'Appendice au tome IV des *Annales* de dom Mabillon, une bulle de Grégoire VI, accordée à Henri, roi de France, en faveur du monastère de Saint-Quentin, par laquelle ce Pape, qui n'avait pas encore renoncé à sa dignité, défend à toutes personnes de s'emparer des biens de ce monastère, dont il fait le dénombrement. Il était alors gouverné par l'abbé Walerann.

GRÉGOIRE VII. — La vie de Grégoire VII se trouve tellement mêlée à ses écrits qu'il nous a semblé comme impossible de l'en séparer. L'analyse et la biographie iront donc de pair dans cet article, et les lettres de notre héros serviront de commentaire à ses actions.

Né au commencement du XI° siècle, à Soano dans la Toscane, Grégoire s'appelait HILDEBRAND avant son élévation à la papauté. Fils d'un simple charpentier, il fut élevé par un oncle, abbé du monastère de Sainte-Marie sur le mont Aventin. Le pape Grégoire VI, ayant abdiqué en 1046, voulut être accompagné dans ses voyages par Hildebrand, dont il avait entendu parler avec les plus grands éloges. Ayant passé par Cluny, pour visiter cette abbaye, alors une des plus célèbres du monde, saint Odilon, qui en était abbé, eut bientôt deviné les éminentes qualités du jeune Toscan, et le détermina à rester à Cluny, où il passa sept ans et fut pour la communauté entière un modèle de régularité et de ferveur. Etant devenu prieur, sa réputation s'étendit hors de l'enceinte du monastère, et lorsque Brunon, évêque de Toul, passa par Cluny en se rendant à Rome, pour y prendre possession du siège apostolique sur lequel il venait d'être élevé, il crut devoir soumettre à Hildebrand les doutes qu'il éprouvait sur la canonicité de son élection, laquelle avait eu lieu dans la diète de Worms, sur la proposition de l'empereur Henri III. L'austère religieux le blâma d'avoir accepté de l'empereur, son parent, une dignité qu'il ne devait tenir que du clergé et du peuple romain; mais le voyant prêt à retourner à son évêché, et touché de ses dispositions humbles et soumises, il l'engage à continuer sa route, à condition qu'à son arrivée à Rome, il fera ratifier son élection. Devenu Pape, sous le nom de Léon IX, Brunon invita Hildebrand à retourner à Rome, où il le fit cardinal sous-diacre de l'Eglise romaine et supérieur du monastère de Saint-Paul, à la place d'Airard, nommé à l'évêché de Nantes. Hildebrand fit disparaître les abus qui s'étaient introduits dans la communauté, remit en vigueur l'observation de la règle, et bientôt la maison de Saint-Paul marcha sur les traces de celle de Cluny, grâce au nouvel abbé, qui montra dans cette circonstance les qualités qu'il déploya plus tard dans le gouvernement de l'Eglise.

Sous Victor II, successeur de Léon IX, il fut envoyé en France, pour extirper la simonie dont la plupart des membres du clergé de ce royaume étaient infectés. Dans un concile qu'il tint à Lyon en 1055, un archevêque, qui avait gagné par argent les témoins appelés à déposer contre lui, se présenta hardiment devant ses juges, et dit au légat que Rome écoutait trop facilement les calomnies inventées par de vils délateurs contre les prélats et les membres les plus distingués du clergé. En conséquence il demanda que ses accusateurs fussent confrontés avec lui. Hildebrand, sans répondre à ses déclamations, lui demanda simplement s'il croyait que le Père, le Fils et le Saint-Esprit eussent une seule et même nature, une seule et même divinité. — *Je le crois*, répondit l'archevêque. — En ce cas, reprit le légat, pour preuve de votre innocence, dites à haute voix : *Gloire au Père, au Fils, et au Saint-Esprit.* » Le coupable essaya, mais en vain, de répéter ces paroles : troublé et confus, il se jeta aussitôt à ses pieds confessant son crime et demandant pardon. Plusieurs autres qui étaient dans le même cas imitèrent son exemple et furent comme lui condamnés à une sévère pénitence, après avoir été déposés. Dans un autre concile qu'il assembla à Tours, la même année, Bérenger abjura ses erreurs par une rétractation solennelle qu'il signa, en s'engageant par serment à soutenir la doctrine catholique sur la présence réelle. Le légat, qui le crut converti, le reçut dans la communion de l'Eglise.

Le cardinal Hildebrand, de retour à Rome, continua à jouir de la plus grande influence dans les affaires, sous les Papes Etienne IX, Nicolas II et Alexandre II, qui n'entreprenaient rien d'important sans ses conseils, toujours aussi pleins de sagesse que de fermeté. Aussi l'Eglise prit-elle dès lors une face nouvelle, heureux présage de ce qu'elle allait bientôt devenir quand elle l'aurait pour chef. Alexandre II, qui lui devait son élection, l'éleva successivement à la dignité de diacre, puis d'archidiacre qui lui donnait rang parmi les cardinaux, puis le créa chancelier de l'Eglise romaine. A la mort de ce pontife, arrivée en 1073, les cardinaux assemblés pour lui donner un successeur passèrent d'abord trois jours dans le jeûne et la prière ; ils se rendirent ensuite processionnellement dans l'église de Saint-Pierre, où les attendait une foule immense qui, en les voyant arriver, s'écria : *Saint Pierre a choisi pour Pape le cardinal Hildebrand. Nommez-le, c'est lui que nous voulons !* On essaya de faire cesser ces cris; mais les cardinaux, voyant qu'on ne pouvait obtenir le silence, se rendirent à des vœux si unanimes et si hautement manifestés. L'évêque Hugues, chargé de proclamer l'élection d'Hildebrand, déclara, au nom des cardinaux, qu'ils l'avaient choisi d'un commun accord, et qu'ils le jugeaient, comme le peuple lui-même, seul digne d'occuper la chaire de saint Pierre. Cette élection se fit le 2 des calendes de mai, c'est-à-dire le 22 avril 1073. Hildebrand prit le nom de Grégoire VII et fut intronisé, selon la coutume, revêtu d'une chape rouge et ayant en tête la mitre papale ; mais il ne fut sacré que le 29, parce qu'il voulut donner avis de son élection à l'empereur Henri IV. C'est le dernier des Papes qui ait observé cet usage. Le prince accorda son consentement et députa aussitôt Grégoire, évêque de Verceil, pour le notifier, et assister en son nom à la consécration du nouvel élu.

Lettres sur son élection. — Le lendemain de son élection, Grégoire VII écrivit à Didier, abbé du Mont-Cassin, pour l'avertir que, de concert avec les cardinaux, il avait indiqué un jeûne de trois jours, des processions, des prières et des aumônes, pour disposer les âmes à l'élection; mais que dans le moment même où l'on enterrait le Pape Alexandre II dans l'église du Sauveur, tous s'étaient jetés sur lui comme des insensés pour le proclamer Pape. Il invita l'abbé à le venir trouver au plus tôt, afin de l'aider de ses conseils. Il salue dans cette lettre l'impératrice Agnès, qui se trouvait alors à Mont-Cassin et qui y passa six mois.

Grégoire écrivit aussi sur son élection à Guibert, évêque de Ravenne, en protestant qu'on lui avait fait violence pour l'élever sur le Saint-Siége. — Dans sa réponse à Godefroi, duc de Toscane, qui l'avait félicité sur son élévation, il témoigne qu'elle est pour lui un sujet de crainte; il tremble à la vue des difficultés inséparables d'un gouvernement aussi étendu que l'est celui de l'Eglise universelle, troublée plutôt que défendue par un grand nombre de prélats, plus occupés de satisfaire leur ambition et leur avarice que des véritables intérêts de la religion. Il ajoute, en lui parlant de l'empereur Henri : « Nous avons résolu de lui envoyer des nonces aussitôt que les circonstances nous le permettront, pour l'avertir paternellement de ce qui regarde le bien de l'Eglise et l'honneur de sa couronne. S'il nous écoute, nous aurons autant de joie de son salut que du nôtre; si, ce qu'à Dieu ne plaise, il reconnaît notre amour par de la haine, nous ne voulons pas nous attirer cette menace de Jérémie : *Maudit celui qui n'ensanglante pas son épée!* car nous ne sommes pas libre de préférer la loi de Dieu à la faveur de qui que ce soit. Pour entendre ces paroles du saint pontife, il faut remarquer que, depuis quelques années, l'empereur Henri IV vivait dans le déréglement le plus honteux; il avait à la fois deux ou trois concubines; il suffisait qu'une femme lui plût pour se débarrasser du mari par la mort; et après avoir épousé Berthe, fille d'Othon, marquis d'Italie, il avait mis tout en œuvre pour obtenir le droit de la répudier.

A son avénement au pontificat, le nouveau Pape trouva donc l'Eglise dans un état déplorable. La simonie et le concubinage des clercs régnaient universellement dans le clergé. L'empereur Henri trafiquait ouvertement des bénéfices et des dignités ecclésiastiques, nommant aux évêchés des sujets indignes, au point que celui qui offrait la plus grosse somme était sûr d'être préféré. Ce prince violent et brutal, sans foi et sans mœurs, ne visait à rien moins qu'à réduire les évêchés et les grandes abbayes au rang de fiefs séculiers, à s'emparer de l'autorité spirituelle; à traiter le Souverain Pontife comme un simple vassal de l'empire, et à dépouiller l'Eglise de la liberté et de l'indépendance qu'elle tient de son divin époux, deux choses auxquelles est attachée son existence même. C'est dire assez combien il était urgent de porter un remède efficace à tant de maux. Sans le zèle énergique du grand Pape que la Providence daigna donner à l'Eglise à cette désastreuse époque, il est impossible de dire ce qu'il serait advenu. Grégoire s'attaqua d'abord à la simonie, comme à la cause principale des vices qui infestaient le clergé. Il adressa, en conséquence, des lettres pressantes à tous les évêques de la chrétienté, leur recommandant de surveiller avec soin la manière dont on obtenait les bénéfices, et de punir sévèrement les ecclésiastique qui se rendraient coupables de quelque fait simoniaque.

A Anselme de Lucques et à Hugues de Die.
— L'évêché de Lucques étant venu à vaquer par la mort d'Alexandre II, qui le conserva jusqu'à la fin de sa vie, Anselme fut élu pour lui succéder. Grégoire VII, qui connaissait son mérite, le recommanda à Béatrix, comtesse de Toscane; mais il écrivit en même temps à Anselme pour lui défendre de recevoir l'investiture de son évêché de la main de l'empereur, jusqu'à ce que prince fût réconcilié avec le Saint-Siége. Anselme se présenta pour être ordonné par le Pape, sur la fin de l'année 1073; mais des députés de l'empereur Henri se présentèrent, en même temps, pour prier Grégoire VII de suspendre l'ordination d'Anselme et de Hugues, évêque de Die, parce que ni l'un ni l'autre n'avaient reçu l'investiture de ses mains. Le Pape s'étant relâché en faveur d'Anselme, il fut ordonné après s'être soumis à cette exigence; mais il en éprouva tant de repentir, qu'abandonnant son évêché, il alla se faire moine à Cluny. Grégoire l'obligea de retourner à son église et le rétablit dans ses fonctions, après toutefois qu'il eut remis entre ses mains l'anneau et le bâton pastoral qu'il avait reçus du roi. — L'opposition de ce prince fit renvoyer l'ordination de Hugues jusqu'à la première semaine de carême de l'an 1704. Le pape l'ordonna prêtre le samedi, et après l'avoir sacré évêque le lendemain, il le renvoya dans son diocèse avec une lettre par laquelle il ordonnait à Guillaume, comte de Die, de réparer les torts qu'il avait faits à cette église pendant la vacance du siége.

A Roclen de Châlons. — Cependant le zèle de ce saint pontife se trouvait encore excité par les excès de simonie que commettait tous les jours le roi Philippe de France; néanmoins il crut devoir le modérer sur la promesse d'un nommé Albéric, chambellan de ce prince, qui vint à Rome, en 1073, pour l'assurer de la part de son maître qu'il se corrigerait; mais la conduite du maître prouva bientôt qu'il ne prenait pas au sérieux la promesse engagée par son serviteur; l'Eglise de Mâcon étant devenue vacante, on choisit Landri pour la remplir, et le roi refusa de lui accorder gratuitement l'investiture. Le Pape employa la médiation de Roclen, évêque de Châlons-sur-Saône et ami du roi, pour l'engager à laisser pourvoir selon les canons l'Eglise de Mâcon et les autres églises qui viendraient à vaquer. Il disait dans sa lettre à Roclen : « Ou le roi renoncera à la simonie, ou les Français, frappés d'un anathème général, refuseront de lui obéir, à moins qu'ils n'aiment mieux renoncer au christianisme. » Il ordonna en même temps à Humbert, archevêque de Lyon, de sacrer Landri, sans avoir égard à l'opposition du prince, ni même au refus de l'évêque nommé, qui, s'il croyait avoir quelque sujet de craindre, pouvait venir à Rome, où il s'empresserait de le sacrer lui-même. Landri prit ce dernier parti et fut sacré par le Pape. Ces deux lettres de Grégoire sont du 4 décembre 1073. On rapporte à la même année la fondation de l'ordre de Grammont par Etienne, fils du vicomte de Thiers, en Auvergne. La bulle d'érection est du 1ᵉʳ mai.

Aux habitants et à l'évêque de Carthage. — Au mois d'octobre suivant, le Pape écrivit deux lettres en Afrique, l'une aux habitants et l'autre à Cyriaque, évêque de Carthage. Quoique, dès le VIIᵉ siècle, les Sarrasins eussent renversé les murs de cette ville, elle continuait cependant d'être peuplée, et plusieurs de ses habitants professaient la religion chrétienne. Ils accusèrent leur évêque devant les Sarrasins qui le dépouillèrent et le frappèrent de verges comme un voleur. Grégoire VII, informé de ces faits, écrivit aux accusateurs, et les menaça d'excommunication, s'ils ne faisaient pénitence de leur faute. — Il écrivit également à l'évêque Cyriaque pour le consoler et pour louer sa constance à supporter les tourments. Carthage obéissait alors à Tamimus, roi de l'Afrique mineure, qui s'étendait depuis Tabarea jusqu'à Tripoli.

A Rodolphe, duc de Souabe, etc. — Cependant le Pape songeait toujours aux moyens de faire revenir l'empereur Henri de ses désordres et de le rattacher à l'unité de l'Eglise. C'est dans ce dessein qu'il écrivit à Rodolphe, duc de Souabe, à Rainald, évêque de Côme, et à Brunon, évêque de Vérone, qui avaient de l'accès à la cour de ce prince. Il écrivit aussi à l'empereur lui-même, pour lui faire des remontrances sur le honteux trafic qu'il faisait des choses saintes. Henri, engagé contre les Saxons dans une guerre dont l'issue était assez incertaine, répondit au pontife par de belles promesses; ce qui engagea Grégoire VII à écrire à Vezel, archevêque de Magdebourg, au marquis Dedi, et à d'autres seigneurs de la Saxe, pour les exhorter à une suspension d'armes, comme il y avait exhorté l'empereur lui-même, au nom des apôtres saint Pierre et saint Paul. Mais ces lettres n'eurent aucun résultat et les hostilités continuèrent de part et d'autre. L'empereur, après avoir triomphé de ses ennemis, se conduisit comme par le passé.

A Hugues de Cluny. — Voyant qu'il ne pouvait réformer les Eglises d'Allemagne, où le mal cependant était plus grand qu'ailleurs, Grégoire tomba dans un profond découragement, et il eut même la pensée d'abandonner à d'autres le gouvernement de l'Eglise. Voici ce qu'il écrivait à Hugues, abbé de Cluny : « Je voudrais pouvoir vous peindre les tourments qui m'agitent au dedans, les travaux journaliers qui m'accablent au dehors... J'ai souvent conjuré Jésus-Christ de me retirer de ce misérable monde, s'il ne m'est pas donné de servir avec plus de succès notre mère commune. Une douleur inexprimable, une tristesse mortelle, empoisonnent ma vie. Je vois l'Orient séparé de nous par l'instigation du démon; et lorsque je reporte mes regards vers l'Occident, j'y trouve à peine quelques évêques dignes de leur titre, et qui gouvernent leur troupeau d'après les règles de l'Evangile... Parmi les princes de la terre, aucun à qui sa propre gloire ne soit plus chère que celle de Dieu, et qui ne soit disposé à sacrifier la justice à un gain sordide. Si je me considère moi-même, je sens que je succombe sous le poids de mes péchés, et ma seule ressource est dans l'immense miséricorde de Jésus-Christ. Si je n'avais l'espérance de réparer mes fautes passées par une conduite plus chrétienne, et si je ne croyais pouvoir être encore utile à l'Eglise, j'en prends Dieu à témoin, rien ne pourrait me retenir plus longtemps à Rome, où, depuis vingt ans, je suis forcé de rester malgré moi. »

CONCILE DE ROME EN 1074 ET LETTRES A CETTE OCCASION. — Quoique Grégoire vît son zèle paralysé en Allemagne par la mauvaise volonté de l'empereur, qui, loin de le seconder, protégeait au contraire les prélats scandaleux et simoniaques qui étaient ses créatures, cela ne l'empêcha pas de prendre quelques mesures vigoureuses. Il déposa l'évêque de Bamberg, qui affichait publiquement les mœurs les plus dissolues, et qui était accusé de simonie et de concubinage; mais comme il ne pouvait rien gagner sur l'esprit de Henri, il convoqua à Rome un concile, pour le rétablissement de la discipline et la réformation des mœurs du clergé. Ce concile fut indiqué pour la première semaine de carême de l'an 1074. Grégoire y appela les évêques et les abbés de la Lombardie, par deux lettres, dont l'une adressée à Sicard, archevêque d'Aquilée, et l'autre aux suffragants de l'Eglise de Milan, parce que l'excommunication de l'archevêque Godefroi l'empêchait de communiquer avec lui. Le motif avoué de ce concile était l'ancienne coutume de l'Eglise romaine d'en assembler un chaque année; mais le vrai but était de remédier aux maux dont l'Eglise était affligée. Grégoire VII a donné lui-même le précis de ses actes dans la lettre qu'il écrivit à Otton, évêque de Constance, et qui le résume ainsi : 1° Il est ordonné que tous les clercs parvenus aux ordres sacrés par simonie seront privés à l'avenir de toute communion. 2° Ceux qui ont obtenu des églises à prix d'argent ne pourront les retenir; à l'avenir il ne sera permis à personne de vendre ni d'acheter les droits de l'Eglise. 3° Tout clerc convaincu d'incontinence sera interdit des fonctions ecclésiastiques. 4° Le peuple n'assistera point aux offices des clercs dont la conduite sera en opposition déclarée avec les constitutions apostoliques.

Aux évêques des Gaules. — Après la publication de ces décrets par toute l'Italie, le Pape les adressa à plusieurs évêques des Gaules, en les priant de les faire observer dans leurs Eglises, et d'obliger, sous peine d'anathème, les clercs concubinaires à se séparer de leurs femmes ; mais la faction de ces incontinents s'éleva contre Grégoire VII avec de grands murmures, l'accusa d'hérésie et protesta que chacun d'eux quitterait plutôt le sacerdoce que de lui obéir. Sigebert de Gemblours, écrivain très-attaché au parti de l'empereur, cria comme les autres contre le décret de ce concile, et prétendit qu'en défendant aux clercs la célébration des offices divins, et en déchargeant les peuples de l'obligation d'y assister, il avait contrevenu inconsidérément aux décisions des saints Pères, qui ont enseigné que les sacrements de baptême, de confirmation et d'Eucharistie, administrés dans l'Eglise par de mauvais ministres, sont aussi valides que s'ils étaient administrés par de saints prêtres, parce que c'est le même Esprit de Dieu qui produit intérieurement l'effet de ces sacrements. Mais ce chronologiste a mal pris le sens des paroles du concile et du Pape. Ni le Pape ni le concile ne disent que les sacrements administrés par des prêtres mariés ou concubinaires soient nuls ; mais ils se contentent seulement de défendre au peuple d'assister à leurs messes, afin que ce mépris public les engage à vivre dans la continence. C'est la raison qu'en donne Grégoire VII lui-même dans sa lettre à l'évêque Otton. Un écrivain anonyme mais contemporain a fait l'apologie du Pape et de son décret.

LETTRES ÉCRITES PENDANT LE CONCILE. — Pendant la tenue de ce concile, Grégoire VII écrivit à Arnould, abbé de Saint-Sévère, pour lui reprocher de ne s'y être pas rendu, et lui annoncer en même temps qu'on y avait confirmé la sentence portée contre lui parce qu'il n'avait pas encore restitué ce qu'il avait enlevé au monastère de Sainte-Croix. — Il écrivit aussi à Manassé, archevêque de Reims, sur le choix qu'il avait fait d'Arnoul, qui gouvernait déjà une abbaye à Metz, pour le mettre à la tête du monastère de Saint-Rémi. Cet abbé, qui tenait à conserver son premier bénéfice, pria le Pape de pourvoir à l'abbaye de Saint-Rémi ; et c'est ce qui fait le sujet de la lettre du pontife à Hériman, évêque de Metz. — Dans sa lettre aux chanoines de Saint-Hilaire, il leur apprend que le concile avait décidé qu'ils continueraient de recevoir dans leur église les chanoines de la cathédrale de Poitiers lorsqu'ils y viendraient en procession, le jour de leur fête patronale et à la solennité de tous les Saints, et qu'il serait permis à l'évêque, ou en son absence au doyen, d'y célébrer la messe. Ces chanoines avaient envoyé des députés au concile pour y défendre leur cause. — Le Pape adressa une autre lettre aux suffragants de l'Eglise d'Auch, pour les contraindre d'obéir à leur métropolitain, selon l'ordre qu'ils en avaient reçu de son légat Girald. — Philippe, roi de France, avait demandé au Pape l'absolution de l'évêque de Châlons ; Grégoire y consentit, mais à condition que ce prélat viendrait vider à Rome le différend qui le mettait en division avec son église. — Il ordonna aussi à Guillaume, évêque de Pavie, de se rendre à Rome avec le marquis Azon, qui avait été accusé dans le concile d'avoir commis un inceste avec la sœur de cet évêque. Cependant l'accusation formée contre Azon n'empêchait pas le Pape de l'honorer de sa confiance, puisqu'il mandait à Gieza, duc des Hongrois, de lui faire connaître ses intentions par ce seigneur.

LETTRES DU MÊME TEMPS. — Dès le commencement de son pontificat, Grégoire VII avait pensé à introduire le chant romain en Espagne à la place du gothique, que saint Isidore y avait établi, et il y avait même envoyé des légats qui s'étaient acquittés de leur mission avec assez de succès. Plusieurs évêques d'Espagne, présents au concile de Rome en 1074, promirent en effet de se conformer à ses décisions à cet égard, et de quitter l'office en usage dans leur église pour adopter le rite romain. Ce fut une raison pour le Pape d'exhorter par lettres Alphonse, roi de Castille, et Sanche, roi d'Aragon, de le faire recevoir aussi dans leurs Etats. Il ajoute à ce propos que les Eglises d'Espagne avaient reçu la foi de saint Paul, et ensuite de sept évêques envoyés de Rome par saint Pierre et saint Paul, et qu'elles avaient continué de se conformer au rite romain dans la célébration des offices jusqu'aux temps où les priscillianistes, les ariens et les Goths vinrent les infecter de leurs erreurs.

RÉTABLISSEMENT DE L'ÉVÊCHÉ D'OLMUTZ ; LETTRES. — L'évêché d'Olmutz en Moravie, uni depuis longtemps à celui de Prague, en fut distrait du consentement de l'évêque Sévère, à la prière de Wratislas, duc de Bohême ; mais à la mort de Sévère, Jaromir, frère de ce duc, ayant été élu pour lui succéder sur son siège, il entreprit de faire casser l'acte de désunion ; Wratislas le soutint, et l'un et l'autre envoyèrent des députés au pape Alexandre II, sous le pontificat duquel l'affaire ne put être décidée. Grégoire VII députa deux légats en Bohême pour le même sujet, mais Jaromir, qui à son avènement avait pris le nom de Gérard, refusa de se soumettre. Les légats prononcèrent contre lui une suspense, et s'en retournèrent sans avoir pu terminer cette affaire. Leur sentence fut confirmée par le Pape en 1073 ; mais l'année suivante il rétablit l'évêque de Prague, sans toutefois le remettre en possession de ses revenus. Il lui défendit aussi de toucher aux biens de l'évêché d'Olmutz, et lui ordonna de venir à Rome avec l'évêque Jean, pour le dimanche des Rameaux. Gérard se rendit à Rome où, après s'être justifié devant le Pape des reproches formés contre lui, il fut rétabli dans tous ses droits, à l'exception des revenus de l'église d'Olmutz, dont il donna provision à l'évêque Jean, malgré son absence, remettant le jugement définitif de cette affaire au prochain concile.

CONCILE D'ERFORD. — Les légats que Grégoire VII s'était proposé d'envoyer en Allemagne pour en apaiser les troubles, y arrivèrent, vers le mois de mai de l'année 1074, avec l'impératrice Agnès. Ils demandèrent la tenue d'un concile; les évêques s'y opposèrent, déclarant qu'ils n'accorderaient à personne qu'au Pape la prérogative de présider à leur assemblée; le roi au contraire souhaita cette réunion, et son sentiment prévalut. On assembla le concile à Erford, au mois d'octobre 1074. L'archevêque de Mayence, nommé Sigefroi, pressa plus vivement que jamais l'exécution du décret contre les prêtres mariés ou concubinaires, et voulut les obliger à renoncer sur-le-champ à leurs femmes, ou à quitter le service de l'autel. Ils alléguèrent plusieurs raisons pour éluder ses instances et annuler le décret; mais voyant qu'ils ne gagnaient rien, et que Sigefroi leur opposait toujours l'autorité du Saint-Siége, ils se retirèrent du concile, résolus de n'y plus rentrer. Tous, cependant, ne partagèrent pas cet avis; quelques-uns rentrèrent au concile, avec l'intention préméditée de mettre à mort l'archevêque, avant qu'il ne prononçât contre eux. Ils voulaient que cet exemple jetât la terreur dans tous ceux qui voudraient à l'avenir contraindre les clercs à garder la continence. Un différend que le même prélat eut avec les Thuringiens, à propos des décimes dont le traité de Gersting les avait exemptés, le força de quitter le concile et de se retirer à Helgenstad, pour échapper à leur vengeance.

LETTRES SUR L'INCONTINENCE DES CLERCS. — Les tentatives d'Altman, évêque de Passau, pour faire valoir le décret du concile de Rome, n'eurent pas un plus heureux succès. Du reste, il n'était guère possible que ni lui ni l'archevêque de Mayence réussissent dans cette commission, puisqu'ils témoignaient l'un et l'autre qu'ils ne s'en acquittaient qu'avec peine, et uniquement pour obéir aux ordres du Pape. Grégoire VII s'en plaignit à l'archevêque de Mayence, et lui ordonna de se trouver au nouveau concile indiqué à Rome pour la première semaine de carême de l'an 1075, avec tous ses suffragants, ou, au moins, d'y envoyer des députés, s'il ne pouvait s'y présenter en personne. Il y appela aussi Liémar, archevêque de Brême; et, parce qu'il ne s'était pas trouvé à Rome le jour de la Saint-André, comme il avait été cité à y comparaître, le Pape le suspendit de toute fonction épiscopale. Il avait d'ailleurs donné au Pape d'autres sujets de mécontentement, en empêchant Albert de Préneste et Girald d'Ostie de tenir un concile. Grégoire VII n'était pas plus satisfait de la conduite d'Otton de Constance. Il avait envoyé à cet évêque les actes du premier concile de Rome, avec le décret contre les concubinaires, sans que celui-ci se mît en peine de le faire exécuter. Au contraire, il laissa vivre les clercs de son diocèse dans leurs anciens désordres, et permit même à ceux qui n'avaient point de femmes d'en prendre. Ce mépris formel des décrets apostoliques lui attira de vifs reproches de la part du saint Père, et un ordre de se trouver au concile indiqué pour la première semaine de carême. En même temps le Pape écrivit au clergé et au peuple de Constance de ne rendre aucune obéissance à leur évêque, tant qu'il persévérerait dans son endurcissement. Otton refusa de se présenter au concile, et sa désobéissance fut punie d'excommunication. Il mourut à Bâle sans avoir été absous. — Rodolphe, duc de Souabe, et Berthold, duc de Carinthie, étaient zélés pour le bon ordre. Grégoire VII leur écrivit le 11 de janvier, pour les prier d'empêcher, autant que possible, les clercs simoniaques ou incontinents de servir aux saints mystères, et d'employer même, s'il en était besoin, la force du bras séculier.

A l'empereur Henri. — Quelques jours auparavant, c'est-à-dire à la fin de décembre de l'année précédente, il écrivit deux lettres à l'empereur d'Allemagne. Dans l'une il le remercie du bon accueil qu'il avait fait à son légat. Il l'assure en même temps qu'il faisait mémoire de lui lorsqu'il offrait le sacrifice sur le tombeau des saints apôtres, et le prie d'obliger les évêques de la province de Mayence d'assister au concile. Dans l'autre, il lui donne avis des persécutions que les chrétiens d'outre-mer enduraient de la part des païens. Il lui fait part des dispositions où étaient les Italiens et les autres nations d'au delà des monts de leur porter secours, résolus de marcher à main armée contre les ennemis de Dieu et de pousser leurs conquêtes jusqu'au tombeau de Jésus-Christ. « Ils me désirent pour chef de cette expédition, lui dit-il, et ce qui m'excite puissamment à accepter cette proposition, c'est que l'Eglise de Constantinople, divisée avec nous au sujet de la procession du Saint-Esprit, demande à se réunir au Saint-Siége. La plupart des Arméniens sont éloignés de la foi catholique, et presque tous les Orientaux attendent que la foi de saint Pierre décide entre leurs opinions. Nos pères ont souvent passé par ces pays pour y confirmer la foi; et nous aussi, nous sommes tenus d'y aller, s'il plaît à Dieu de nous en ouvrir le chemin. Mais un si grand dessein ne peut s'exécuter sans votre conseil et sans votre secours; c'est pourquoi je vous demande l'un et l'autre. Si j'entreprends ce voyage, après Dieu, c'est à vous que je confie l'Eglise romaine, pour la défendre comme votre mère. » Mais ce projet de croisade ne s'exécuta que vingt ans après.

A l'empereur Michel, etc. — On pense que la lettre écrite au Pape au commencement de son pontificat, par l'empereur Michel, avait rapport à cette guerre. Cette lettre n'avait pour but que d'accréditer ce que les ambassadeurs devaient lui dire de vive voix. Grégoire VII envoya sa réponse par Dominique, patriarche de Venise, à qui il confia également de vive voix ce qu'il devait dire à ce prince. Les revenus du patriarche de

Venise étaient si modiques, qu'ils auraient à peine suffi à un simple évêché. Le Pape exhorta les Vénitiens à relever la dignité patriarcale, en augmentant les biens temporels de celui qui la possédait. Sa lettre à Guillaume, comte de Bourgogne, a trait également à ce projet de croisade, ainsi que toutes les lettres adressées en général à ceux qui voudraient défendre la foi chrétienne, et à tous les fidèles de saint Pierre.

Aux évêques de France. — Le roi Philippe occasionnait en France toutes sortes de désordres, et par la faiblesse de son gouvernement et par la dépravation de ses mœurs. Le Pape s'en prit aux évêques du royaume, et les accusa de fomenter les crimes de ce prince, en ne s'y opposant pas avec toute la vigueur que leur donnait le caractère épiscopal. Il leur ordonna de s'assembler, et par une délibération commune d'aviser aux moyens d'engager ce prince à rétablir la justice dans ses Etats, et à y faire revivre les bonnes mœurs en réformant les siennes. Dans le cas où il se montrerait incorrigible, il veut qu'ils le menacent des censures apostoliques, qu'ils se séparent de sa communion, qu'ils interdisent par toute la France la célébration publique de l'office divin, et les menace eux-mêmes de les priver des fonctions épiscopales s'ils montrent trop de faiblesse à agir en cette circonstance. Le Pape, dans une lettre à Guillaume, comte de Poitiers, lui recommanda aussi de se joindre aux autres seigneurs de France, pour obliger le roi à se corriger et à empêcher les violences qui se commettaient dans son royaume, contre les commerçants étrangers. Il ajoute que, si ce prince persévère dans ses dérèglements, au prochain concile de Rome, il le séparera de la communion de l'Eglise, lui et tous ceux qui lui rendront honneur et obéissance. Nous n'avons pas besoin de rappeler que toutes ces lettres restèrent malheureusement sans effet.

Au roi de Danemark. — Nous avons deux lettres du Pape Grégoire à Suénon, roi de Danemark; l'une est du 25 janvier, et l'autre du 17 avril 1075. Le Pape ignorait sans doute la mort de ce prince arrivée l'année précédente. Dans chacune de ces lettres, il lui faisait des offres pour l'établissement d'une métropole, que Suénon avait demandée à Alexandre II; mais dans la première, il le priait de lui marquer la quantité de troupes que l'Eglise romaine pourrait attendre de lui, dans le cas où elle en aurait besoin contre les ennemis de la religion. Il ajoutait que si, comme on le disait, il envoyait un de ses fils, son désir serait de le voir s'établir dans une province voisine de l'Italie, province très-riche, mais possédée par de lâches hérétiques, dont il n'aurait pas de peine à se rendre le maître, en se posant comme le défenseur de la foi dans ces contrées.

CONCILE DE ROME EN 1075. — Le concile indiqué pour la première semaine de carême eut lieu. Le Pape y avait appelé des évêques d'Italie, de France, d'Angleterre et d'Allemagne. Les séances durèrent depuis le 24 février jusqu'au dernier jour du même mois; et on eut soin d'écrire jour par jour ce qui s'y passait; mais les actes entiers de ce concile ne sont pas venus jusqu'à nous. Il ne nous en reste qu'un précis dans les Annales de Baronius, et encore, ce précis n'est-il pas exact puisqu'il n'y est fait aucune mention des investitures. Cependant il est certain, par les témoignages de Hugues de Flavigny, d'Anselme de Lucques, et de l'historien Arnoul, qu'il y fut défendu, sous peine d'anathème et de déposition, à tous les membres du clergé, de recevoir des mains d'une personne laïque un évêché ou une abbaye; et aux empereurs, ducs, marquis, comtes, et tous autres personnages constitués en dignité, de donner, sous la même peine d'anathème, l'investiture d'un évêché ou de quelque autre dignité ecclésiastique. On y confirma le décret contre les simoniaques et les clercs concubinaires; et comme plusieurs parmi ces derniers déclarèrent qu'ils aimaient mieux garder l'interdit lancé sur eux par le Saint-Siège, que de renvoyer leurs femmes, il fut défendu par le concile à tout chrétien d'entendre la messe d'un prêtre marié. On comptait dans cette assemblée cinquante prélats tant archevêques qu'évêques, grand nombre d'abbés, de clercs et de laïques. Cinq des serviteurs de l'empereur Henri y furent excommuniés, pour avoir conseillé à ce prince de vendre ses églises; mais on ménagea sa personne, parce qu'il donnait encore quelques marques de soumission aux décrets dirigés contre les simoniaques et les clercs incontinents. Philippe, roi de France, fut menacé d'excommunication s'il ne se corrigeait. A l'égard des évêques, il y en eut de suspendus et d'autres de déposés. On confirma l'excommunication prononcée contre Guiscard, duc de Pouille, dans le concile précédent. Quoique Gérard de Prague et Jean d'Olmutz assistassent au concile, leur difficulté ne put être terminée; on se contenta d'ordonner qu'ils se partageraient leurs revenus par moitié, jusqu'à ce que leurs droits fussent plus éclaircis.

Comme la question que plusieurs historiens ont appelée la *querelle des investitures* était une question de vie et de mort pour l'Eglise, Grégoire, qui le comprenait mieux que personne, lui porta le dernier coup dans ce concile, par le décret qui défendait à tout séculier, quels que fussent son pouvoir et sa dignité, de donner l'investiture des bénéfices ecclésiastiques. Cette grande résolution fut notifiée par des brefs dans la chrétienté. Henri IV, irrité du coup qu'on venait de lui porter, voulut le parer à sa manière, et soudoya des assassins pour se défaire du saint Pontife. Ces scélérats se jetèrent sur lui au moment où il allait célébrer la messe de Noël, et ils l'auraient infailliblement massacré, si le peuple, averti par le tumulte, n'eût volé au secours de son pasteur. Cet attentat, ajouté à tant d'autres, détermina Grégoire à citer l'empereur à

Rome. Il le somma de comparaître devant lui, pour y rendre compte de sa conduite, et pour se justifier des crimes qu'on lui imputait. Henri de son côté assembla à Worms un prétendu concile d'évêques de ses Etats, qui étaient ses complices, et par conséquent intéressés comme lui au maintien des abus et des désordres que le saint Pape voulait détruire. Il fit prononcer contre lui une sentence de déposition, et en lui notifiant cet attentat schismatique, il ne lui donne que le nom de moine Hildebrand.

A cette nouvelle, Grégoire, de l'avis unanime des évêques qui se trouvaient réunis autour de lui, dans un troisième concile tenu à Rome en 1076, fulmina une bulle d'excommunication contre Henri et renouvela celles qui avaient déjà été lancées contre la plupart des évêques de son parti. Aussitôt après la clôture du concile, il en publia le décret par une lettre encyclique adressée à tous les fidèles. Cette lettre contenait le décret et les motifs contre lequel prononcé contre ce prince; ce qui ne l'empêcha pas de célébrer la fête de Pâques à Utrecht, où l'évêque Guillaume cherchait à lui témoigner son attachement, en débitant tous les jours contre le Pape des discours semés des traits les plus envenimés. S'il faut en croire un historien du temps, cet évêque ne tarda pas à subir la peine d'une adulation qui le conduisit presque jusqu'à l'apostasie. On dit que, saisi tout à coup d'une maladie dangereuse, il mourut sans avoir fait pénitence ni reçu la communion.

Cependant Guibert, archevêque de Ravenne, et les autres évêques schismatiques, ayant appris ce qui s'était passé au concile de Rome, s'assemblèrent à Pavie, où ils excommunièrent le Pape une seconde fois. Quelques seigneurs du royaume, incertains s'ils devaient déférer à cette sentence, consultèrent des gens habiles qui leur répondirent que le Pape, ne pouvant être jugé par personne, ne pouvait être excommunié. D'autres doutaient cependant que l'on encourût l'excommunication en communiquant avec l'empereur, parce qu'ils n'étaient pas certains qu'une pareille sentence pût l'atteindre. Le Pape traite ces deux questions dans une de ses lettres à Herman, évêque de Metz, qui avait quitté le parti de l'empereur pour se réunir au Saint-Siége.

Lettre sur l'excommunication des rois. — Le saint Pontife décide dans cette lettre 1° que tous ceux qui communiquent avec ce prince sont excommuniés, comme il l'avait été lui-même avant le décret du concile, en communiquant avec ses amis excommuniés pour cause de simonie. 2° Il y a de la folie et de l'impertinence à soutenir qu'un roi ne peut être excommunié. Le Pape Zacharie déposa Childéric, roi de France, et déchargea tous les Français de leurs serments envers lui. Saint Grégoire le Grand déclara excommuniés et même déchus les rois et les princes qui portaient atteinte aux priviléges accordés à des Eglises par le Saint-Siége. Saint Ambroise excommunia l'empereur Théodose, et lui défendit de demeurer à la place des prêtres dans l'église. Jésus-Christ, en donnant à saint Pierre le pouvoir de lier et de délier, n'a excepté personne, et n'a soustrait qui que ce soit à la puissance de cet apôtre. Celui qui nie que l'Eglise puisse le lier, doit nier également qu'elle puisse l'absoudre. Enfin si le siége apostolique a reçu de Dieu le pouvoir de juger les choses spirituelles, pourquoi ne jugerait-il pas aussi les choses temporelles? Si les hommes spirituels sont jugés quand il le faut, pourquoi les séculiers seraient-ils exempts de rendre compte de leurs mauvaises actions? S'imaginent-ils que la dignité royale est au-dessus de l'épiscopat? Qu'ils se détrompent, en remarquant que l'une a été inventée par l'orgueil humain, l'autre instituée par la bonté de Dieu; celle-là ne poursuit que la vaine gloire; celle-ci aspire continuellement à la vie céleste. C'est pour cela que saint Ambroise ne craint pas de dire que l'épiscopat l'emporte autant sur la royauté que l'or l'emporte sur le plomb; aussi l'empereur Constantin prit la dernière place parmi les évêques. Le Pape appuie toutes ces preuves et tous ces exemples de la lettre de saint Clément à saint Jacques, lettre que l'on regardait alors comme véritable, mais reconnue apocryphe depuis longtemps. Il donne ensuite avis à Hermon que, sur des lettres qu'il avait reçues de plusieurs évêques et ducs excommuniés, il leur avait permis de se faire absoudre; mais à l'égard de l'empereur Henri, il ne voulait que personne lui donnât l'absolution que sur des témoignages bien certains de son repentir et de sa pénitence. Il charge l'évêque de Metz d'avoir une entrevue avec l'archevêque de Trèves, pour invalider ensemble ce que l'évêque de Toul avait statué contre l'abbesse de Remiremont, et l'avertir de ne rien entreprendre à l'avenir contre les droits de ce monastère.

Aux évêques et aux seigneurs d'Allemagne. — Quelques jours après, Grégoire VII écrivit aux évêques, aux seigneurs et aux fidèles du royaume d'Allemagne, pour justifier l'excommunication prononcée contre l'empereur Henri, et sa déposition. Accoutumé dès sa jeunesse à des actions honteuses, ses iniquités s'étaient accrues avec l'âge. En vain le Pape l'invita à se corriger et à faire pénitence, il persévéra dans ses désordres et les poussa même jusqu'à vendre des évêchés et des abbayes à des personnes qu'il connaissait indignes. « Cependant, en voyant les Saxons prendre des forces, il craignit un instant, il vint à nous, demanda pénitence et la reçut de nos légats; mais aussitôt après sa victoire sur ces peuples, il oublia toutes ces promesses, se rejoignit aux excommuniés, remit les Eglises dans leur première confusion; et autant qu'il put séduire d'évêques en Italie et en Allemagne, il les obligea à renoncer à l'obéissance qu'ils avaient promise au Saint-Siége. » Tel est en peu de mots l'exposé des raisons qui portèrent le concile de Rome à excommunier et à déposer l'empereur Henri.

Dans une autre lettre, le pape exhorte les prélats et les seigneurs allemands à recevoir ce prince avec bonté, s'il donne de véritables signes de pénitence, en éloignant de lui les mauvais conseillers et en les remplaçant par des hommes intègres et craignant Dieu; mais il défend à qui que ce soit de l'absoudre sans le consentement du Saint-Siége. Au cas qu'il ne se corrigerait pas, il leur conseille d'élire un autre monarque pour les gouverner, pourvu que cette élection se fasse du consentement de l'impératrice Agnès, et avec l'approbation du Siége apostolique. Telles étaient les conditions que Grégoire posait à sa réhabilitation.

Cette excommunication souleva l'Allemagne tout entière contre l'empereur, qui se vit abandonné de tout le monde, tant il était méprisé pour sa conduite et détesté pour sa tyrannie. Les grands de l'empire s'assemblèrent en diète générale à Tribur, sur le Rhin, le 15 octobre 1076, et décidèrent que si, dans un an, la sentence d'excommunication qui pesait sur Henri n'était pas levée, il serait déchu de l'empire. Henri que ce dernier coup venait d'abattre, en passa par tout ce que voulut la diète. Une nouvelle assemblée des principaux seigneurs s'étant réunie à Ausbourg, le 2 février de l'année suivante 1077, afin de mettre un terme aux divisions qui désolaient l'Eglise et l'empire, Grégoire se mit en route pour s'y rendre en personne, malgré la rigueur de la saison, et il était déjà à Verceil, lorsqu'il apprit que Henri venait à sa rencontre pour lui donner pleine satisfaction. Il alla l'attendre à Canosse, ville des Etats de la comtesse Mathilde, où le prince arriva bientôt après. Le Pape, qui se défiait, avec raison, de sa sincérité, voulut l'éprouver, et avant de lever la sentence d'excommunication, il le fit attendre pendant trois jours dans l'intérieur de la forteresse, nu-pieds, le corps couvert d'un cilice et à jeun depuis le matin jusqu'au soir. Le quatrième jour il l'admit en sa présence, et, après une réprimande forte et paternelle, il convint de l'absoudre, mais à condition qu'il s'en rapporterait au jugement du Pape sur les plaintes formées contre lui par les seigneurs allemands; qu'il lui accorderait sûreté entière pour se transporter au delà des monts ou ailleurs, et que, dans le cas où il manquerait à quelqu'une des conditions portées dans l'acte qui en fut dressé, les seigneurs auraient la liberté de choisir un autre roi. Henri et ses médiateurs promirent par serment d'exécuter tout ce que le Pape exigeait. Il n'y eut que l'abbé Hugues qui refusa de jurer, en disant que sa profession de moine ne le lui permettait pas; mais il donna sa parole en présence de Dieu. Alors le Pape leva la sentence d'excommunication et déclara l'empereur absous. Ensuite il célébra la messe. Après la consécration, l'ayant fait approcher de l'autel avec tous les assistants, il prit en main le corps de Notre-Seigneur, et harangua le prince en ces termes: « Depuis longtemps, lui dit-il, j'ai reçu de vous des lettres dans lesquelles vous m'accusiez d'avoir usurpé le Saint-Siége par simonie, et d'avoir commis, tant avant mon épiscopat que depuis, des crimes qui, selon les canons, me fermaient l'entrée aux ordres sacrés. Il me serait facile, pour me justifier, d'en appeler au témoignage de ceux qui savent comment j'ai vécu depuis mon enfance, comme aussi de ceux qui ont été les auteurs de ma promotion; mais, pour éviter toute ombre de scandale, je veux que le corps de Notre-Seigneur que je vais prendre, soit aujourd'hui une preuve de mon innocence, et que Dieu me fasse mourir subitement si je suis coupable. » Après ces paroles, il prit une partie de l'hostie et la consomma; puis s'adressant de nouveau au roi, il lui dit: « Faites, s'il vous plaît, mon fils, ce que vous m'avez vu faire. Les seigneurs allemands vous chargent d'une infinité de crimes, qui, suivant eux, méritent non-seulement que vous soyez interdit de toute fonction royale et privé de la communion ecclésiastique, mais même de tout commerce de la vie civile. Eh bien, si vous vous sentez innocent, délivrez l'Eglise de ce scandale, et tirez-vous vous-même de cet embarras qui vous ôte la liberté d'agir efficacement. Prenez cette autre partie de l'hostie, afin que cette preuve de votre innocence ferme la bouche à tous vos ennemis, et vous assure dans ma personne le défenseur le plus ardent à vous réconcilier avec les seigneurs et à vous aider à terminer la guerre civile. » L'empereur, effrayé de cette proposition, pria le Pape de renvoyer l'affaire à un concile général. Le Pape y consentit, donna la communion au roi, acheva la messe; et l'ayant invité à dîner, il le traita avec beaucoup d'honneur. Enfin, après lui avoir donné ses dernières instructions, il le congédia et le remit entre les mains de ses gens qui l'attendaient hors du château.

Aux seigneurs allemands. — Aussitôt après cette cérémonie, le Pape donna avis aux seigneurs allemands de ce qui s'y était passé. Il ajoute au récit qu'en a fait Lambert de Schafnabourg, que le roi fut trois jours à la porte, demandant miséricorde et sollicitant son pardon avec tant de larmes que ceux qui en étaient témoins ne pouvaient retenir les leurs, et priaient instamment pour lui, tout en l'accusant, non de sévérité, mais de cruauté. Enfin le Pape promet à ces seigneurs de passer en Allemagne le plus tôt qu'il lui sera possible, pour procurer avec plus d'assurance la paix de l'Eglise et de l'Etat.

Cependant Henri, qui avait fait au Pape les plus belles promesses, s'en était allé absous, mais non changé. A peine arrivé en Allemagne, il s'occupa des préparatifs d'une expédition en Italie, expédition dirigée surtout contre Grégoire. Mais ces projets de vengeance furent blâmés hautement par les évêques et les seigneurs de ses Etats. Pour empêcher de nouveaux malheurs, ils s'assemblèrent à Forcheim, où Henri refusa de se rendre. Grégoire, de son côté, lança une nouvelle bulle d'excommunication, et déclara ses sujets déliés du serment de fidélité. En conséquence, la diète le déposa, et les électeurs de l'empire nommèrent, pour lui succéder, Rodolphe, duc de Souabe. Rodolphe, aussitôt après son élection, s'empressa d'en donner avis au Pape, sans que celui-ci s'empressât de la valider, en la déclarant conforme aux canons. Dans les lettres qu'il écrivit à ses légats, on voyait même le nom de l'empereur Henri figurer avant celui du nouvel élu. Ses partisans s'en plaignirent, en disant qu'ils n'avaient agi que d'après les instructions du Pontife, et dans le but de venger les injures faites au Saint-Siége. Grégoire, pour le moment, ne leur fit aucune réponse.

Lettre à l'évêque de Die. — Gérard, archevêque de Cambrai, n'ayant eu aucune connaissance du décret contre les investitures ni de l'excommunication de l'empereur Henri, avait reçu son évêché de ce prince, avec les cérémonies ordinaires. Il fit le voyage de Rome, avoua sa faute au Pape, qui, convaincu de la canonicité de son élection et de la probité de ses mœurs, le laissa en paisible possession de son siége. Il en écrivit à Hugues, évêque de Die, son légat en France; et, afin que cet exemple ne tirât point à conséquence, il lui ordonna d'assembler un concile, pour y terminer plusieurs affaires. Il place en premier lieu celle de l'archevêque de Cambrai, et veut que son légat l'oblige à déclarer par serment, devant les évêques de sa province, qu'il n'avait eu aucune connaissance du décret contre les investitures, ni de l'excommunication de l'empereur Henri. Le légat avait ordre, en outre, de publier ce décret dans le concile et de le faire confirmer par les évêques. Ce concile se tint à Autun, du consentement de Hugues I*er*, duc de Bourgogne, en 1077.

Le séjour forcé que le Pape fut obligé de faire, cette année-là, dans les Etats de la comtesse Mathilde, pour échapper aux mauvais desseins que l'empereur avait formés contre lui, l'empêcha de réunir son concile à Rome, selon sa coutume. Mais, au mois de janvier 1078, il en indiqua un qui se tint la première semaine de carême. C'est le quatrième de son pontificat. Cent évêques, sans compter les abbés et les clercs, y furent présents. Guibert, archevêque de Ravenne, quoique invité, n'y vint pas, et son exemple fut suivi de plusieurs évêques de la Romagne et de la Lombardie. Le concile renouvela l'anathème déjà prononcé contre lui et contre Tetald, archevêque de Milan. Arnoul de Crémone, convaincu de simonie, fut déposé; Roland, évêque de Trévise, encourut la même peine, et on confirma la déposition du cardinal Hugues le Blanc et de Guifroi, archevêque de Narbonne. Il y eut aussi une excommunication générale contre les Normands, qui pillaient les terres de saint Pierre, et diverses censures prononcées contre les évêques qui n'étaient pas venus au concile et contre ceux qui s'emparaient des débris des naufrages. Mais le Pape, prévoyant les suites fâcheuses que pouvaient avoir toutes ces excommunications, surtout en s'étendant à ceux qui communiquaient avec les excommuniés, déclara qu'il en exemptait leurs femmes, leurs enfants, leurs domestiques, leurs serfs; ceux qui communiquaient avec eux par ignorance; les pèlerins, les voyageurs qui, passant dans un pays frappé d'excommunication, ne pouvaient s'empêcher de recevoir des excommuniés les choses nécessaires à la vie; il en exempta même ceux qui les leur fournissent, pourvu que ce ne soit point au mépris de l'excommunication.

Aux seigneurs allemands. — On résolut dans le même concile d'envoyer des légats en Allemagne pour y tenir une assemblée générale du royaume, afin d'y rétablir la paix avec connaissance de cause, c'est-à-dire après avoir examiné auxquels des deux rois la couronne devait appartenir. En conséquence de ce décret, le Pape, qui jusque-là n'avait fait aucune réponse aux lettres des seigneurs allemands, leur écrivit pour les exhorter à réunir une assemblée où l'on pût, en présence de ses légats, pacifier les troubles de l'Allemagne. Il pria en particulier Udon, archevêque de Trèves, de travailler à la paix et de faire rendre la justice à qui de droit. Grégoire VII ne regardait donc pas l'empereur Henri comme privé irrévocablement de la royauté; mais dans les circonstances présentes, il ne savait trop lequel il fallait reconnaître pour monarque de Henri ou de Rodolphe. Il écrivit aussi aux Français pour leur faire part des délibérations du concile, en leur faisant remarquer que l'on n'y avait pas suivi les canons à la rigueur, envers les évêques de France et de Bourgogne condamnés ou suspendus par son légat. Les archevêques de Reims, de Besançon, de Sens de Bourges, de Tours, et l'évêque de Chartres, furent rétablis dans leurs fonctions, à des conditions faciles à remplir.

A Hugues de Cluny. — Le Pape avait une confiance particulière dans l'abbé de Cluny. Il l'avait invité, dès la première année de son pontificat, à le venir voir à Rome. En cette année 1078, il lui renvoya ainsi qu'à Hugues de Die, son légat en France, le jugement d'une difficulté entre Manassès, archevêque de Reims, et Garmond, archevêque de Vienne. En d'autres occasions, il lui ouvrait son cœur sur les peines et les chagrins que lui causait le gouvernement de l'Eglise, comme nous avons eu occasion de le remarquer. Ce fut à lui aussi qu'il demanda quelques moines habiles pour le service de l'Eglise; et entre autres, Hugues lui envoya Odon, à qui le pape donna l'évêché d'Ostie, et dont il fit ensuite son confident en l'attachant à sa personne.

AFFAIRE DE DOL EN BRETAGNE. — Johoneé, évêque de Dol en Bretagne, avait obtenu ce siége par simonie, s'était depuis marié publiquement, et avait doté ses filles avec les biens de l'Eglise. Cité à Rome par le Pape Nicolas II que l'on avait informé de ce scandale, il refusa de comparaître. Grégoire VII le déposa et ordonna à sa place Evan, abbé de Saint-Mélaine, à qui il donna le pallium, avec ordre aux évêques de la province de lui rendre obéissance, sans préjudice toutefois des droits de l'archevêque de Tours. Celui-ci, qui se regardait comme métropolitain de la Bretagne, se plaignit au Pape de la prérogative accordée à l'évêque de Dol. Le Pape répondit qu'il ne lui avait accordé le pallium que parce que les seigneurs avaient déclaré qu'ils renonçaient à l'ancien abus de donner l'investiture et d'exiger de l'argent pour les ordinations. Au reste, il avait pris les précautions nécessaires pour conserver à l'église de Tours sa dignité. Johonée, pour rentrer dans son siége, ne négligea aucun effort, jusqu'à mettre dans ses intérêts le roi d'Angleterre. Grégoire VII fit réponse à ce prince qu'il enverrait des légats sur les lieux pour examiner l'affaire, et qu'ils auraient soin de lui faire connaître le résultat de leurs investigations. Il y a une autre lettre du Pape sur le même sujet, adressée aux seigneurs bretons.

Au mois de novembre de la même année, Grégoire VII réunit un nouveau concile à Rome. Nous n'entrerons pas dans le détail de ses décrets; nous nous contenterons de remarquer seulement que Bérenger, qui y assista, y présenta une courte profession de foi. Afin qu'il pût abjurer ses erreurs avec connaissance de cause, on lui accorda un délai jusqu'au concile de l'année suivante.

A l'abbé de Cluny. — L'abbé de Cluny avait reçu dans son abbaye Hugues, duc de Bourgogne, qui s'y était retiré pour vaquer à son salut, vers la fin de l'an 1078, après avoir gouverné le duché de Bourgogne environ trois ans. Le pape, considérant que par cette retraite les peuples perdaient un protecteur, s'en plaignit à cet abbé, comme s'il eût commis une faute en recevant ce prince dans le cloître. « On trouve, lui dit-il, assez de moines et de particuliers craignant Dieu, mais à peine trouve-t-on un bon prince. »

Au mois de février suivant le Pape tint son sixième concile à Rome dans l'église du Sauveur. Cent cinquante évêques y assistèrent; Bérenger s'y trouva, et on traita en sa présence la matière de l'Eucharistie. Le plus grand nombre des évêques présents soutinrent que par les paroles divines, la consécration du prêtre et la vertu du Saint-Esprit, le pain et le vin sont changés substantiellement au corps de Notre-Seigneur, le même qui est né de la Vierge et qui a été attaché à la croix, et au sang qui a coulé de son côté. Ils prouvèrent leur sentiment par des passages empruntés aux Pères grecs et latins. Quelques-uns, aveuglés par de faux préjugés, n'y voulaient reconnaître que des figures, et soutenaient que le corps substantiel est assis à la droite du Père. Mais avant même la troisième séance, ils furent si clairement convaincus, qu'ils cessèrent de combattre la vérité, et que Bérenger lui-même, inventeur de cette hérésie qu'il enseignait et défendait depuis si longtemps, confessa en pleine assemblée qu'il s'était trompé, demanda son pardon et l'obtint, en confessant que le pain et le vin que l'on met sur l'autel, par le mystère de l'oraison sacrée et les paroles de notre Rédempteur, sont changés substantiellement en la chair propre et vivifiante et au sang de Notre-Seigneur Jésus-Christ; qu'après la consécration c'est son véritable corps, qui est né de la vierge Marie, qui a été offert sur la croix, qui est assis à la droite du Père, et le vrai sang de Jésus-Christ qui a coulé de son côté. Le Pape, au nom du Dieu tout-puissant et des apôtres saint Pierre et saint Paul, lui défend de disputer à l'avenir sur cette matière, à moins que ce ne soit pour ramener à la vérité ceux qu'il avait engagés dans l'erreur. Il lui donna une lettre de recommandation adressée à tous les fidèles, avec ordre de le reconnaître pour enfant de l'Eglise romaine, et défense de le taxer d'hérésie ni de l'inquiéter dans sa personne ou dans ses biens. — Les ambassadeurs du roi Rodolphe se plaignirent au concile des torts que le roi Henri faisait, en Allemagne, à la religion, aux églises et aux personnes consacrées à Dieu. La plupart des évêques étaient d'avis qu'on employât les censures contre lui. Le Pape crut qu'il fallait différer; sur quoi les envoyés de ce prince promirent en son nom qu'il obéirait à tout ce qui serait ordonné par la conférence qui devait se tenir en Allemagne. Ceux de Rodolphe firent la même promesse pour leur maître. Ce concile renouvela les excommunications prononcées contre les évêques de Lombardie ainsi que contre les clercs et les laïques qui leur étaient attachés.

SUR LA PRIMATIE DE LYON. — La même année, Grégoire VII s'employa, mais inutilement, à réconcilier les enfants de Raimond Béranger, comte de Barcelonne. — Geboin, archevêque de Lyon, fit exprès le voyage de Rome pour demander le pallium et la confirmation de la primatie, qu'il disait appartenir à son Eglise sur les provinces de Lyon, Rouen, Tours et Sens. Le Pape, supposant que cet archevêque ne demandait que la confirmation d'un droit dont avaient joui ses prédécesseurs, lui accorda sa demande par une lettre qu'il lui adressa à cette occasion. Il en écrivit une autre aux métropolitains des trois provinces dont nous venons de parler, pour leur enjoindre de reconnaître pour prince l'archevêque de Lyon. Il parle à cette occasion de l'ancienne division des provinces, et des degrés de la hiérarchie ecclésiastique, conformément à ce qu'il en avait lu dans la fausse décrétale qui porte le nom d'Anaclet, et dans une lettre supposée à saint Clément. Ces deux lettres sont du 20 avril 1079. Le même jour, il en écrivit une troisième aux chanoines de Lyon, à qui il fait savoir que l'un d'eux, leur doyen, avait remis entre ses mains les bénéfices dont il s'était emparé sans le consentement des frères. Il leur ordonne par la même lettre de remettre eux-mêmes entre les mains de leur archevêque les bénéfices qu'ils avaient obtenus par simonie, ou au mépris de l'excommunication prononcée dans leur chapitre par Landri, évêque de Mâcon.

Aux rois d'Angleterre, de Suède et de Norwége. — Dans le recueil des lettres de Grégoire VII, il y en a deux à Guillaume, roi d'Angleterre. Dans l'une, il loue ce prince de son amour pour la justice ; dans l'autre, qui regardait la déposition de Johonée, évêque de Dol, en Bretagne, il marque qu'il avait chargé son légat Hubert de presser ce prince de prêter au Saint-Siége le serment de fidélité, et d'envoyer l'argent que ses prédécesseurs avaient coutume d'envoyer. Le roi Guillaume refusa le serment, sous prétexte qu'il n'était pas d'usage ; mais il promit de faire passer à Rome tout l'argent que la collecte avait produit. Ce refus mécontenta le Pape ; il s'en plaignit à son légat, en regrettant surtout que ce prince empêchât les évêques d'Angleterre d'aller à Rome. « Ordonnez, lui disait-il, aux Anglais et aux Normands d'envoyer, de chaque archevêché, au moins deux évêques, au concile que nous tiendrons le carême prochain. » — En 1078, le Pape écrivit à Olof, roi de Norwége, que soit à cause de l'éloignement des lieux, soit à cause de la différence des langues, il n'était pas aisé de lui envoyer de Rome des missionnaires pour instruire ses peuples et les fortifier dans la religion chrétienne. Il le priait, comme il en avait déjà usé à l'égard du roi de Danemark, d'envoyer à la cour apostolique des jeunes gens choisis parmi la noblesse du pays, pour y être instruits de la loi de Dieu, et la cultiver ensuite eux-mêmes, à leur retour en Norwége. Il ne demanda point de jeunes gens au roi de Suède, mais quelques évêques, ou autres personnes considérables du clergé, qui pussent informer le Saint-Siége des mœurs de la nation, des dispositions des habitants, et reporter ensuite les ordres du Pape en ce royaume. Cette lettre est du 4 octobre 1080.

Aux Arméniens. — Le 6 juin de la même année, Grégoire VII écrivit à l'archevêque de Synnade en Phrygie ; voici à quelle occasion. Un prêtre nommé Jean était venu à Rome se plaindre, de la part de cet archevêque, qu'un certain Machar, chassé d'Arménie pour ses erreurs, les avait enseignées dans sa ville épiscopale, en les donnant comme la pure doctrine des Arméniens. Le prêtre Jean assura le Pape qu'ils ne pensaient point ainsi, et lui donna une profession de foi orthodoxe. Le Pape, informé que Machar s'était retiré dans le diocèse de Bénévent, manda à l'archevêque de se réunir à quelques évêques et à l'abbé de Mont-Cassin, pour juger cet hérétique, et de le bannir de son diocèse après l'avoir fait marquer d'un fer chaud. Cependant, voulant s'assurer de ce que l'on pensait en Arménie sur les matières de la foi, il pria par lettre l'archevêque de Synnade de lui dire ce qu'il en croyait ; lui demandant en particulier s'il était vrai qu'au saint sacrifice il ne mêlait point d'eau parmi le vin ; s'il faisait le saint chrême, non avec du baume, mais avec du beurre ; s'il honorait et approuvait l'archidiacre Dioscore, quoiqu'il eût été condamné et déposé dans le concile de Chalcédoine ; et s'il recevait les cinq premiers conciles généraux. Il l'exhorte à ne plus ajouter au Trisagion ces paroles : *Qui avez été crucifié pour nous*, puisque l'Eglise d'Orient et celle de Rome ne l'ajoutaient pas, et à continuer de célébrer le saint sacrifice avec du pain azyme, sans s'inquiéter des reproches que les Grecs pouvaient lui faire à ce sujet, puisqu'ils en adressaient de même à l'Eglise romaine. « Nous avons, lui dit le Pape, des raisons invincibles de soutenir l'usage du pain sans levain dans le sacrifice ; mais nous ne condamnons ni ne réprouvons le pain fermenté des Grecs, ayant appris de l'Apôtre *que tout est pur pour ceux qui sont purs*.

Cependant l'empereur Henri, cherchant tous les moyens de mettre le roi Rodolphe hors d'état de lui disputer le trône, lui livra bataille le 27 janvier 1080. La victoire se déclara pour Rodolphe, qui aussitôt en donna avis au Souverain Pontife. Il tenait à Rome son septième concile, lorsque les ambassadeurs de ce prince y arrivèrent. Ils renouvelèrent leurs plaintes contre l'empereur Henri, l'accusant de mettre tout à feu et à sang, de chasser les archevêques et évêques de leurs siéges pour les donner à ses partisans, de brûler les églises, et de tourmenter de toutes les manières ceux qui refusaient de lui obéir. Si la conférence ordonnée par le dernier concile pour la pacification de l'Allemagne ne s'était point tenue, il ne fallait s'en prendre qu'à ce prince. Il se trouvait à ce concile un grand nombre d'archevêques, d'évêques, d'abbés, de clercs et de laïques. Le Pape résuma tous les sujets de plainte que le roi Henri avait donnés à l'Eglise et à l'Etat ; puis il l'excommunia lui et ses fauteurs, et lui ôta le royaume d'Allemagne et d'Italie, pour les transporter à Rodolphe, en accordant à tous ceux qui lui seraient fidèles le pardon de leurs péchés au nom des apôtres saint Pierre et saint Paul. L'acte de la déposition du roi Henri est du 7 mars 1080. En mémoire de cet événement le Pape mit cette inscription sur la couronne qu'il envoya à Rodolphe : *Petra dedit Petro, Petrus diadema Rodulpho*. A la nouvelle de son excommunication, le roi Henri fut pénétré d'une vive douleur. Après bien des perplexités, il résolut de convoquer une assemblée à Brinn dans le Tyrol. Trente évêques et un grand nombre de seigneurs s'y rendirent, et le cardinal Hugues le Blanc, déposé et anathématisé dans tous les conciles de Rome, la présida. Henri fit prononcer à son tour une sentence de déposition contre Grégoire, et élire à sa place Guibert, ancien chancelier de l'empire, qui, devenu archevêque de Ravenne, avait été excommunié pour avoir dépouillé son Eglise. Cet antipape prit le nom de Clément III, et Henri marcha sur Rome avec une armée, pour le placer de force sur le Saint-Siége. Grégoire, plein de confiance dans la justice de sa cause, vit sans crainte l'orage qui se formait sur sa tête, et il attendait avec calme ce qu'il plairait à la Providence d'ordonner de lui. Sa personne ne l'inquiétait guère, mais les maux de l'Eglise le plongeaient dans une douleur profonde. Pendant que son ennemi s'avançait à marches forcées, il présidait tranquillement un synode à Rome, et faisait dresser de sages ordonnances sur les points les plus importants de la discipline ecclésiastique. Dans les lettres qu'il écrivit, dans cette circonstance critique, aux évêques et aux princes d'Italie, on remarque un grand amour pour l'Eglise, une piété sincère et une abnégation touchante de lui-même et de ses propres intérêts.

. LETTRES A CETTE OCCASION. — Il avait écrit plusieurs lettres à Guillaume, roi d'Angleterre, à la reine Mathilde, son épouse, et au prince Robert, leur fils, pour leur demander du secours contre les ennemis de l'Eglise. Il leva aussi l'excommunication qui frappait Robert Guiscard, duc de Pouille, Jourdain, prince de Capoue, et les principaux des seigneurs, à la condition qu'ils viendraient secourir l'Eglise dans sa détresse. Nous avons encore les actes passés avec le duc Robert en cette occasion, et l'on voit, qu'en jurant fidélité à l'Eglise romaine, il s'engageait à défendre le Pape envers et contre tous. Il envoya également des légats dans la Pouille et dans la Calabre, avec une lettre aux évêques de ces provinces pour les engager à secourir l'Eglise et par leurs prières, et par tous les moyens dont ils pouvaient disposer. Il leur renouvelle le souvenir de l'ancienne conspiration de Guibert, et des crimes qui l'avaient fait noter d'infamie par tout le monde chrétien. Il leur adressa encore une seconde lettre pour les exhorter à encourager les troupes de Robert Guiscard qui devaient aller en Grèce au secours de l'empereur Michel, déposé injustement deux ans auparavant. Dans la lettre qu'il adressa aux fidèles de saint Pierre, il leur dit qu'avec les secours que plusieurs seigneurs lui avaient promis, il irait délivrer par la force des armes l'Eglise de Ravenne de la main des impies. On ne voit pas que le Pape ait exécuté ce projet; mais après avoir exhorté le clergé, le peuple de Ravenne et les évêques voisins, à choisir un autre pasteur, il envoya Richard, clerc de l'Eglise romaine, pour le mettre sur le siége de Guibert.

Le 15 octobre 1080, il y eut une sanglante bataille sur la rive de l'Esler; l'armée du roi Henri fut mise en déroute par les Saxons; mais la mort du roi Rodolphe leur ôta le fruit de leur victoire. Dans le même temps, le fils du roi Henri livra bataille à l'armée de la comtesse Mathilde et remporta la victoire. Alors son père, ne trouvant plus d'obstacles, marcha droit sur Rome, en pillant et saccageant tout sur son passage. Dans ces conjonctures, le Pape écrivit à Altmon, évêque de Passau, et à Guillaume, abbé d'Hirsauge, ses légats en Allemagne, que depuis la mort de Rodolphe tous ses amis lui conseillaient de se réconcilier avec l'empereur Henri, à qui presque tous les Italiens obéissaient. La comtesse Mathilde elle-même ne paraissait pas avoir d'autre parti à prendre que de faire sa paix avec ce prince. Au surplus, ils devaient exhorter Guelfe, duc de Bavière, à demeurer fidèle à l'Eglise romaine, et à empêcher d'élire aucun roi à la place de Rodolphe, à moins qu'il n'eût les qualités et les talents nécessaires à cette dignité. Le Pape écrivit encore à Didier, abbé de Mont-Cassin, le priant de s'informer auprès de Robert, duc de Calabre, pour savoir s'il viendrait au secours de l'Eglise romaine. Ce duc, à qui le roi Henri avait également demandé des secours, n'en accorda ni à l'un ni à l'autre. Il paraît seulement qu'il avait donné ordre à son fils Roger, gouverneur de la Pouille, de défendre le Saint-Siége contre le roi Henri quand il en serait prié.

Cependant le roi Henri arriva devant Rome avec son antipape le 23 mai 1081; mais les Romains l'empêchèrent d'y entrer, de sorte qu'après avoir ravagé le pays, il fut contraint de retourner en Lombardie. Dans une pareille extrémité, on proposait à Grégoire d'employer les biens et les revenus du Saint-Siége à se procurer des troupes pour sa défense; il repoussa cette proposition et répondit qu'il ne voulait pas faire de ces biens un pareil usage. Henri revint et mit le siége devant Rome, la veille de la Pentecôte, 1082; mais il ne put s'en rendre maître que le jeudi de la Passion 1084. Le lendemain, Guibert prit possession du trône papal. Il se fit sacrer le jour des Rameaux dans l'église de Saint-Pierre, et le jour de Pâques, il couronna Henri roi des Romains. Le Pape Grégoire, qui était bloqué dans le château Saint-Ange, en fut tiré par Robert Guiscard, prince de la Pouille, qui était accouru à son secours. Parti de Rome, il se réfugia d'abord au Mont-Cassin, puis à Salerne qui était une ville fortifiée. Le dépérissement de ses forces et l'affaiblissement de sa santé lui faisaient sentir que sa fin approchait. Alors, il ne songea plus qu'à se préparer à paraître devant le souverain Juge. Il protesta, en présence des cardinaux, qu'il n'avait jamais eu en vue que le bien de l'Eglise, la réforme du clergé et le rétablissement des mœurs parmi les fidèles. Il les fit assembler plusieurs fois autour de lui, et leur recommanda, avec les plus vives instances, de ne choisir pour lui succéder que celui qu'ils croiraient, devant Dieu, capable de conduire la barque de Pierre dans des temps aussi orageux, et leur désigna même ceux d'entre eux qu'il croyait les plus dignes de la tiare. Trois jours avant sa mort, il leva toutes les sentences d'excommunication qu'il avait lancées, à l'exception de celles qui tombaient sur Henri et sur Guibert. Il conserva sa présence d'esprit jusqu'à sa mort, qui arriva le 25 mai 1085. Avant d'expirer, il prononça ces paroles du Psalmiste : *Dilexi justitiam et odivi iniquitatem*, et ajouta : *Propterea morior in exsilio*. Son corps fut enterré dans l'église de Saint-Matthieu à Salerne, et il s'opéra plusieurs miracles sur son tombeau. Le nom de saint Grégoire VII fut inséré dans le Martyrologe romain, par ordre de Grégoire XIII, en 1580. Benoît XIII fit placer son office dans le Bréviaire, avec une légende qui a été supprimée comme contraire aux droits des souverains, par les parlements en France, et par l'empereur d'Allemagne dans ses Etats.

SES ÉCRITS. — Après un détail aussi long et aussi largement circonstancié de la vie du saint Pape Grégoire VII, il nous semble inutile de revenir sur ses lettres pour en faire l'analyse, puisque c'est de là que nous avons tiré tout ce qui regarde son histoire. Celles que nous n'y avons point fait entrer concernent des affaires particulières ; nous nous contenterons donc d'en signaler quelques passages qui ont trait à la discipline de l'Eglise. Par exemple, lorsqu'un évêque se trouvait par ses infirmités (1) hors d'état de remplir les fonctions de son ministère, on ne pouvait sans son consentement lui en substituer un autre, si ce n'est dans le cas d'imbécillité. Alors on procédait à l'élection d'un évêque pour remplir ce siége qui était censé vacant. — On obligeait un évêque (2) qui avait dilapidé les biens et les ornements de son Eglise à restituer le tout, sous peine d'anathème. — Les séculiers usurpateurs des biens de quelque Eglise étaient, sous la même peine, obligés à restitution (3). — Si, dans des contestations, il arrivait que l'on produisît quelques priviléges justement suspectés de fausseté (4), on renvoyait à quelque évêque l'examen de ces priviléges. — Quelquefois aussi, on commettait sur les lieux (5) des commissaires pour juger définitivement des procès entre différentes Eglises ; mais lorsqu'un évêque était accusé personnellement, il était obligé de se justifier devant une assemblée d'évêques (6). — Il était d'usage que les évêques ou archevêques qui demandaient le *pallium* (7), l'allassent recevoir à Rome. — Un prêtre coupable d'homicide (8) était privé pour toujours du ministère de l'autel ; mais s'il témoignait un regret sincère de son crime, on lui fournissait la subsistance sur les rétributions ecclésiastiques. — L'élection d'un évêque (9), pour être légitime, devait se faire par le clergé et le peuple, d'un consentement unanime et en toute liberté. — Si une veuve épousait en secondes noces quelqu'un de ses parents dans les degrés prohibés (10), elle ne pouvait prendre sa dot sur les biens de son mari, ni en tirer aucun avantage, parce que son mariage était nul. — Il serait contre les canons d'élever à l'épiscopat (11) celui qui n'est pas né d'un légitime mariage. — Le Pape Grégoire exhortait la comtesse Mathilde (12) à communier souvent, et lui recommandait la dévotion envers la sainte Vierge. Il regardait la communion comme une des plus fortes armes que nous puissions opposer à l'ennemi de notre salut ; et il appuie ce qu'il en dit à cette princesse de l'autorité de saint Ambroise, de saint Grégoire le Grand et de saint Jean Chrysostome. Quant à la sainte Vierge, il dit que plus elle est sainte et élevée au-dessus de toutes les mères, plus grande aussi est sa clémence envers les pécheurs convertis, et plus prompte sa miséricorde à les secourir. — Les lettres de saint Grégoire, recueillies au nombre de près de quatre cents, sont partagées en neuf livres et ont toutes été écrites depuis l'an 1073 jusqu'en 1085, c'est-à-dire pendant son pontificat, qui fut de douze ans.

OUVRAGES SUPPOSÉS. — On trouve, à la suite de la cinquante-cinquième lettre du second livre, vingt-sept articles ou maximes, sous le titre de *Dictatus Papæ*, ou *Décisions du Pape*. C'est un tissu d'impostures, dans la trame duquel quelques vérités utiles ne sauraient racheter le mensonge. Cette œuvre est tout à fait indigne du caractère connu de Grégoire, et on peut affirmer à coup sûr qu'elle lui a été faussement attribuée. On peut en dire autant d'un *Commentaire sur les Psaumes pénitentiaux*. Il y a toute apparence que ces deux pièces, remarquables par les prétentions extraordinaires qu'elles renferment, ont été composées, ou par un ennemi qui voulait le rendre odieux, en lui prêtant les vues les plus ambitieuses ; ou par un imbécile sottement entêté des maximes de ce pontife et les exagérant jusqu'à la folie ; ou par un lâche flatteur, qui voulait aller à la fortune par cette bassesse. La Vie de ce pontife a été écrite par Paul de Bernried, auteur contemporain du parti de l'empereur Henri. Quoiqu'assez impartialement racontée, on ne doit cependant la lire qu'avec précaution. On peut encore mettre au nombre des historiens de Grégoire VII saint Anselme de Lucques, Lambert de Schafnabourg, Hugues de Flavigny, Berthold, Marianus Scot, et plusieurs autres qu'il est inutile de nommer.

Il est surprenant que l'on ne nous ait conservé aucun des discours de Grégoire VII. Il s'était exercé de bonne heure à la prédication, et l'empereur Henri III avouait qu'il n'avait jamais entendu annoncer la parole de Dieu avec autant d'assurance. Les évêques les plus expérimentés ne l'écoutaient qu'avec admiration, et se sentaient dans le ravissement des paroles de grâce qui sortaient de sa bouche. On ne saurait donc trop regretter la perte de ses discours ; quoique ses lettres nous fournissent des preuves qu'il savait parler le langage de la foi, et annoncer avec la même fermeté, aux grands et aux petits, les vérités de la religion. Elles ont de plus le mérite de la clarté et de la brièveté ; de la noblesse dans les sentiments ; de l'élégance et de l'onction dans le style ; de la force dans les expressions ; et révèlent partout un esprit vif, pénétrant, cultivé, bien instruit et capable des plus grandes affaires. Les

---

(1) Lib. v, epist. 19.
(2) *Ibid.* epist. 20.
(3) Lib. vi, epist. 8 et 9.
(4) Lib. ix, epist. 19 et 31.
(5) Lib. ii, epist. 49.
(6) Lib. vi, epist. 5.
(7) Lib. i, epist. 24.
(8) *Ibid.* epist. 34.
(9) Lib. v, epist. 3, 5, 6.
(10) Lib. i, epist. 5.
(11) Lib. ii, epist. 50.
(12) Lib. i, epist. 47.

partisans de l'empereur Henri, et surtout les clercs concubinaires que ce Pape avait excommuniés ou déposés, ne manquèrent pas de l'accuser lui-même d'un excès de familiarité avec la comtesse Mathilde; mais la vie tout apostolique de Grégoire le met à couvert de cette calomnie. Aussi le cardinal Bennon, qui s'est appliqué à noircir sa mémoire, ne dit rien contre la pureté de ses mœurs, et ne parle au contraire qu'avec vénération de la comtesse Mathilde. On ne peut donc lire sans horreur la lettre que dix-neuf évêques du parti de Henri écrivirent à Mayence le jour de la Pentecôte de l'an 1080; ni celle des trente évêques assemblés à Brinn, au mois de juin de la même année. Il n'est pas de crime dont ils ne chargent le Pontife. A les entendre, il ne serait arrivé au Saint-Siége que par la simonie et le parjure; il aurait jeté le trouble dans l'Eglise et dans l'Etat, semé partout la discorde, causé des divorces dans les mariages, attenté à la vie de l'empereur et exercé la nécromancie. Mais quelle foi ajouter à des accusateurs de ce caractère? Toutes ces déclamations ne révèlent que la volonté de gens résolus à persévérer dans leurs crimes, parce qu'ils ont perdu l'espérance d'en obtenir le pardon. Nous regretterions de perdre même une minute à les réfuter. Nous avons à repousser des reproches plus sérieux et qui demandent de notre part des réponses qui puissent au moins être acceptées comme plausibles.

Des écrivains modernes ont reproché à ce Pape, aussi zélé que courageux, d'avoir outrepassé les limites de l'autorité que Jésus-Christ a confiée à son vicaire, et cela, au préjudice de la puissance temporelle, sur laquelle ils l'accusent d'avoir empiété. Sans établir ici une discussion que notre plan ne comporte pas, nous ferons remarquer qu'il est difficile de juger un siècle avec les idées d'un autre siècle; que la puissance impériale dans le moyen âge n'avait pas dans l'esprit des peuples, ni même dans l'esprit des princes, la même extension qu'elle acquit plus tard. Cela est si vrai que l'empereur Henri IV lui-même, tout en prétendant que sa déposition était injuste, reconnaissait dans une lettre qu'il écrivait à Grégoire, qu'un souverain ne pouvait être déposé pour aucun autre crime que pour celui d'avoir abandonné la foi. Telles étaient alors les idées reçues; ce qui le prouve, c'est que l'opinion publique en Allemagne se tourna du côté du Pape, et que la diète générale de Tribur décida que, si Henri ne se faisait pas absoudre dans l'année, il serait déchu de l'empire, sans espérance de remonter jamais sur le trône. Cette résolution de la diète, qui nous paraît exorbitante, paraissait toute simple alors, puisque personne ne réclama, pas même celui qu'elle atteignait. Ce qui se passa à Canosse serait inexplicable dans notre siècle; mais qu'on se figure qu'Henri, voyant s'approcher la fin de l'année, n'avait d'autre parti à prendre, pour échapper à la déchéance conditionnelle prononcée contre lui, que de se faire absoudre. Il sentait que ses destinées étaient entre les mains de Grégoire: de là cette démarche humiliante dont il ne pouvait se dispenser sans renoncer à la couronne. On a taxé Grégoire de dureté, de barbarie; mais, si l'on envisageait bien sa position vis-à-vis de Henri, peut-être serait-on disposé à lui reprocher le contraire, pour l'avoir absous, sur des protestations hypocrites, arrachées par le seul désir de conserver le pouvoir. Si Grégoire ne se fût pas laissé fléchir en lui refusant l'absolution, il délivrait l'empire d'un tyran et l'Eglise d'un oppresseur.

Quoi qu'il en soit pourtant, l'Eglise, en mettant ce pontife au nombre des saints, n'a pas canonisé par là même les principes d'après lesquels il se régla en quelques circonstances; mais elle a proposé à nos hommages et à notre imitation une vie consacrée à la pratique de la vertu, dévouée au bien de la religion, et suivie d'une mort illustrée par des miracles. Saint Grégoire VII, sorti des derniers rangs de la société, ne dut son élévation qu'à son seul mérite. Homme en quelque sorte phénoménal par son grand caractère, sa fermeté héroïque et son esprit transcendant, il pesa sur son siècle de tout le poids de son génie, et le vaste plan qu'il avait conçu pour régénérer la société chrétienne eût peut-être reçu son accomplissement, sans l'opposition qu'il rencontra de la part de l'empereur Henri. Nous ajouterons que celui qui lit avec attention l'histoire d'Allemagne est porté à penser que les empereurs n'étaient élus qu'à la condition d'être déposés s'ils manquaient aux engagements qu'ils prenaient en montant sur le trône. Or, l'un de ces engagements, dans le moyen âge, était de protéger l'Eglise. Ainsi, un empereur qui violait le serment qu'il avait prêté en recevant le pouvoir, était censé abdiquer par là même, et les électeurs de l'empire rentraient dans leur droit. Si ce droit n'était pas formulé d'une manière explicite, on voit qu'il était dans les esprits et qu'on agissait sous son influence.

Les lettres de Grégoire VII, insérées dans toutes les collections de conciles, ont été reproduites dans le *Cours complet de Patrologie*.

GRÉGOIRE VIII, appelé auparavant ALBERT DE MORA, était originaire de Bénévent. Cardinal et chancelier de l'Eglise romaine, il succéda au Pape Urbain III, le 21 octobre 1187, fut sacré à Ferrare le 25 du même mois, et mourut le 17 décembre suivant, à Pise, après avoir réconcilié cette république avec celle de Gênes et exhorté les princes chrétiens à une nouvelle croisade. Hugues d'Auxerre le représente comme un pontife savant, éloquent, de mœurs pures et exemplaires et d'un zèle vif et entreprenant. On a de lui trois lettres qui se trouvent dans les Collections des conciles.

Dans la première, adressée à tous les fidèles, il témoigne une douleur profonde de la prise de Jérusalem, et particulièrement de la perte de la vraie croix, qui, à la bataille de Tibériade où on l'avait portée selon la coutume, était tombée au pouvoir des ennemis. Quoiqu'il ne doutât point que tous ces malheurs ne fussent arrivés en punition des péchés des peuples, cependant il les exhorte à ne pas perdre courage, mais à apaiser Dieu par des larmes de pénitence et par toutes sortes de bonnes œuvres. C'est alors qu'à l'exemple des Macchabées, ils pourront retourner à l'ennemi pour défendre la religion et délivrer leurs frères. En conséquence il promet, à ceux qui entreprendront le voyage de terre sainte, l'indulgence plénière et la protection de l'Eglise romaine, pour eux, leur famille et leurs biens temporels, à partir du moment même qu'ils se seront enrôlés sous la croix.

Dans sa seconde lettre également adressée à tous les fidèles, il marque à chacun la pénitence qu'ils doivent faire pendant cinq ans. Tous les vendredis, au moins, ils devaient jeûner comme en carême, et ce jour-là la messe ne pourrait pas se célébrer avant None; ils s'abstiendraient de manger de la chair les mercredis et les samedis, à l'exception des malades.

Quiconque y manquerait serait traité comme s'il avait rompu l'abstinence du carême. Le pontife ajoute, en parlant de lui-même et de sa cour : « Pour nous et nos frères, nous nous en abstiendrons encore le lundi, ainsi que nos domestiques. »

La troisième lettre est adressée aux prélats de l'Eglise, auxquels il donne avis que pour ne point occasionner de nouveaux frais à ceux qui avaient obtenu des lettres du pape Urbain, son prédécesseur, pour faire juger leurs affaires sur les lieux, il valide et confirme toutes les commissions données par lui trois mois avant sa mort. Cette lettre est datée de Ferrare le 27 octobre 1187. C'est que, selon les règles du droit, les commissions cessent par la mort de celui qui les a données.

La précaution du pape Grégoire n'était pas sans motif.

Baluze, dans le tome septième de ses *Mélanges*, a fait imprimer une lettre sous le nom de Grégoire VIII, mais en faisant remarquer qu'elle est plutôt de l'antipape Bourdin, qui prit le même nom. En effet, dans cette lettre adressée à l'empereur Henri V, l'auteur se plaint que le prince, qui était son plus grand appui, ne le soutenait pas assez dans ses prétentions sur le siége apostolique de Rome, et que les secours militaires qu'on lui avait promis lui étaient plus nuisibles qu'utiles. Tout cela convient à Bourdin et ne peut avoir aucun rapport avec l'histoire de Grégoire VIII.

GRÉGOIRE D'ELVIRE, surnommé le *Bétique*, du nom de la province d'Espagne dans laquelle était situé son siége épiscopal, ne commence à être connu dans l'histoire de l'Eglise que vers l'an 357. Il était dès lors évêque d'Elvire et très-zélé défenseur de la consubstantialité. Osius ayant communiqué la même année avec Ursace et Valens dans le concile de Sirmium, Grégoire lui résista en face et se sépara de sa communion. En 359, il refusa de consentir à la prévarication des évêques de Rimini, se déclara contre eux et se sépara de leur communion. Depuis, ayant eu occasion de communiquer avec saint Eusèbe de Verceil, alors en exil dans la Thébaïde, il lui donna avis de la conduite qu'il avait tenue tant envers Osius qu'à l'égard des autres évêques prévaricateurs; ce saint approuva ce qu'il avait fait, l'exhorta à continuer sans rien craindre, l'assura de sa communion, et le pria de lui marquer les noms de ceux qui seraient demeurés fermes dans la vérité, ou qu'il y aurait fait rentrer par ses remontrances; mais quelques années après, Grégoire quitta lui-même le parti de la vérité pour entrer dans la secte des Lucifériens, dont il devint comme le chef. Aussi est-il loué à outrance dans les écrits des deux prêtres Faustin et Marcellin, qui en font comme le centre de leur communion. Ils lui attribuent le don des miracles, et soutiennent que de tous ceux qui défendaient l'intégrité de la foi, il était le seul qui n'eût été ni chassé ni banni, parce qu'on craignait de s'attirer quelque châtiment de Dieu en l'attaquant. On ne sait pas au juste l'année de sa mort; mais on ne saurait douter qu'il n'ait vécu au moins jusqu'au règne de Théodose, si c'est de lui qu'il est parlé dans le Rescrit par lequel ce prince, à la prière de Faustin et de Marcellin, accordait le libre exercice de la religion à ceux qui communiquaient avec les saints et louables évêques Grégoire d'Espagne et Héraclide d'Orient. Il semble même qu'il vivait encore lorsque saint Jérôme écrivait son livre des *Hommes illustres*, en 392. Cependant ses paroles sont susceptibles d'un autre sens, et peuvent se rapporter au traité de la foi dont le savant critique parle immédiatement auparavant.

Suivant ce Père, Grégoire d'Elvire avait composé divers ouvrages d'un style médiocre, mais un de la foi qui était bien écrit. Il y a tout lieu de croire que ce livre de la foi est le même dont on a fait la quarante-neuvième oraison de saint Grégoire de Nazianze. Car, encore qu'il soit marqué dans le titre qu'elle a été traduite du grec par Rufin, elle a plus l'air néanmoins d'une pièce originairement écrite en latin que d'une traduction. L'Ecriture n'y est pas citée suivant les Septante, mais d'après une version latine qu'on appelle vulgairement Italique. Il faut ajouter que l'auteur parle des Grecs comme lui étant étrangers. Il est vrai que saint Augustin l'a citée sous le nom de saint Grégoire, évêque d'Orient, et que c'est ainsi qu'il désigne quelquefois saint Grégoire de Nazianze. Mais comme ce traité n'est pas indigne de ce Père, saint Augustin a pu aisément se laisser aller à le lui attribuer, sur la foi de quelque manuscrit, et prendre ainsi un Grégoire pour un autre. Mais si le témoignage de saint Augustin ne suffit pas pour assurer ce traité à saint Grégoire de Nazianze, il servira du moins à prouver qu'il n'appartient pas à saint Ambroise, parmi les ouvrages duquel on le trouve sous le titre de *Livre sur la divinité et la consubstantialité du fils contre les ariens*. Il n'est pas à présumer que ce saint docteur, qui connaissait parfaitement les écrits de saint Ambroise, dont il avait été le disciple, ait attribué un de ses ouvrages à saint Grégoire de Nazianze. Son témoignage prouve encore qu'il n'est point de Vigile de Tapse, sous le nom duquel le P. Chifflet l'a fait imprimer, puisque Vigile n'a écrit qu'après la mort de saint Augustin. Cette variété de sentiments, au sujet du *Livre de la foi* de Grégoire d'Elvire, a été cause qu'on lui en attribue un autre sur le même sujet. Il se trouve dans le tome V de la *Bibliothèque des Pères*; mais on convient aujourd'hui qu'il est du prêtre Faustin. En effet, Gennade dit que Faustin écrivit contre les ariens et les macédoniens un traité divisé en sept livres et adressé à une impératrice, nommée Flacilla. Au lieu de Flacilla, on lit dans Gennade Galla Placidia. Ce qui embarrasse, c'est qu'on ne connaît point dans le IV° siècle d'impératrice qui ait porté ces deux noms. Peut-être qu'au lieu de Galla, il faut lire Flaccilla que les Grecs appellent aussi Placidia. Ce traité n'est pas divisé en livres, comme le dit Gennade, mais en chapitres, ce qui toutefois ne fait pas une difficulté, parce qu'on appelle aujourd'hui chapitres ce que l'on appelait livres au temps de Gennade.

GRÉGOIRE, abbé d'un monastère dans la Palestine, sur la fin du IV° siècle, était très-connu et très-estimé de saint Epiphane, comme on le voit par la lettre de ce saint évêque à Jean de Jérusalem, traduite en latin par saint Jérôme. De la Palestine Grégoire passa dans l'île de Chypre, où il gouverna un monastère et établit sa demeure, comme on le voit par une note écrite au dos d'un manuscrit renfermant un discours de cet abbé, et par une de ses lettres dans laquelle il appelle saint Epiphane son fils, et l'exhorte à s'exercer aux rigueurs de la vie monastique. Il y a eu plusieurs abbés du même nom, entre autres un qui vivait dans un monastère situé sur les bords de l'Euphrate, et un autre qui était archimandrite du monastère de Saint-Théodose, dans le désert de Jérusalem; mais ils furent postérieurs à notre abbé Grégoire, qui mourut ou avant saint Epiphane ou peu après. Grégoire écrivit en syriaque un livre dont nous ne connaissons ni le titre ni la matière, dix discours ascétiques et trois lettres; la première au moine Théodose et les deux autres à saint Epiphane.

GRÉGOIRE, un des plus beaux ornements de l'Eglise de Tours, après saint Martin, sortait d'une des plus riches et des plus illustres familles d'Auvergne. Il était neveu de saint Gal, évêque de Clermont, et arrière-petit-fils de saint Grégoire, évêque de Langres, en l'honneur duquel il quitta son nom de Georges Florent, pour prendre celui de Grégoire. Né le 30 novembre 539, il fut élevé par saint Gal, son oncle, qui lui conféra la tonsure. Grégoire ne s'appliqua que médiocrement à l'étude des belles-lettres, mais il fit de grands progrès dans les sciences ecclésiastiques. Ayant été ordonné diacre par saint Avit, successeur de saint Gal, il entreprit, en 573, un pèlerinage au tombeau de saint Martin de Tours, pour remercier Dieu de la guérison d'une maladie dangereuse, pendant laquelle il avait invoqué le saint Thaumaturge de la France. Il se fit connaître si avantageusement à Tours, que peu de temps après son départ, le clergé et le peuple de cette ville, qui venaient d'admirer son savoir, sa piété et ses autres vertus, l'élurent pour évêque, à la place de saint Euphrone, son parent, qui venait de mourir. Les députés chargés d'annoncer à Grégoire son élection le trouvèrent à la cour de Sigebert, roi d'Austrasie, et il fut sacré par Gilles, archevêque de Reims, le 22 août de la même année. Le nouvel évêque fit fleurir la religion et la piété dans son diocèse. Il rebâtit sa cathédrale, fondée par saint Martin, et fit reconstruire plusieurs autres églises. C'est ce que prévoyait Fortunat de Poitiers, quand, dès la première année de l'épiscopat de Grégoire, il adressa un poëme aux chrétiens de Tours, pour les féliciter de ce que la Providence leur avait accordé un aussi digne évêque. Ce poëte, qui devint plus tard l'un des amis particuliers du saint pontife, ne craignait pas d'affirmer dès lors qu'il ferait revivre en sa personne les Athanase, les Hilaire, les Grégoire de Nazianze, les Ambroise, les Martin, les Césaire, les Augustin. Grégoire retraça en effet dans sa conduite quelques traits de celle de ces prélats qui furent les lumières de l'Eglise. Le duc Goutran s'étant réfugié dans l'église de Saint-Martin, qui était regardée alors comme un asile inviolable, Grégoire refusa de le livrer au roi Chilpéric, et ne permit pas qu'on violât les franchises de ce lieu vénéré. Dans le concile tenu à Paris en 577, il fut le seul, sur quarante-cinq évêques, qui prit hautement, avec une fermeté vraiment épiscopale, la défense de saint Prétextat, évêque de Rouen, injustement accusé par le roi Chilpéric. Sa générosité lui fit rejeter avec dédain les présents que ce prince et Frédégonde lui offrirent, pour l'engager à quitter le parti du prélat persécuté. Frédégonde en voulait à ce saint évêque, parce qu'il avait béni le mariage de Brunehaut avec Mérovée, fils de Chilpéric. Aussi ne pardonna-t-elle pas à Grégoire d'avoir empêché l'effet de sa vengeance. Elle le fit accuser faussement de plusieurs crimes par Leudaste, comte de Tours, et le courageux évêque fut cité devant une assemblée de prélats convoquée en 580, à Berni, près de Compiègne, par le roi, pour juger cette affaire. Grégoire fut renvoyé absous, et son calomniateur, traité comme il le méritait, périt misérablement bientôt après. L'évêque de Tours eut ensuite une dispute assez vive avec Félix, évêque de Nantes, au sujet d'une terre de son église. Félix ayant ensuite résigné son siége à Burgondion, son neveu, qui n'avait que vingt ans et n'était pas même tonsuré, Grégoire refusa de l'ordonner pour ne pas violer les canons, qui défendaient de nommer à l'épiscopat quelqu'un qui n'était point engagé dans les ordres sacrés. Au zèle pour le maintien de la discipline, il joignait un zèle plus ardent encore pour la pureté de la foi. Il défendit la divinité de Jésus-Christ contre les juifs, les ariens et autres hérétiques, confondit les différents ennemis de la religion et en convertit plusieurs. Chilpéric, qui se mêlait de théologie, ayant composé un écrit où il détruisait quelques points du dogme catholique, il le montra à Grégoire qui en signala les erreurs avec une fermeté apostolique dont le roi fut très-choqué. Ce prince avait aussi rédigé, en faveur du sabellianisme, un projet d'édit qui anéantissait la distinction des personnes divines ; mais Grégoire, secondé par saint Salve d'Albi, s'opposa avec un courage intrépide à sa publication, et réussit à le faire supprimer. Il ne craignit pas de conseiller au roi de ne s'attacher qu'à ce que les Apôtres et les Pères avaient enseigné sur ces matières, et à ce qu'il avait professé lui-même en recevant le baptême. Le saint évêque de Tours était doué d'une bonté et d'une douceur qui le faisaient chérir de tout le monde, et s'étendait même à ceux qui ne méritaient aucune compassion. Des voleurs ayant pillé l'église de Saint-Martin, on les arrêta et on fit leur procès. Grégoire demanda grâce pour eux à Chilpéric, qui leur laissa la vie. Estimé des rois Gontran et Childebert, il se servit du crédit qu'il avait sur ces deux princes pour maintenir la paix entre eux, et s'acquitta toujours avec succès des négociations importantes dont il fut chargé pour le bien de l'Etat et de la religion. Il présida, en l'absence de l'évêque diocésain, à la cérémonie des funérailles de sainte Radegonde, qui venait de mourir, en 387, dans le monastère de Sainte-Croix, qu'elle avait fondé à Poitiers. Ayant ensuite été nommé commissaire pour éteindre le schisme que cette mort avait fait naître dans l'abbaye, il prit le parti de l'abbesse que l'on avait calomniée, et condamna les religieuses qui s'étaient soustraites à son obédience. Il eut le bonheur d'étouffer aussi des troubles d'une nature plus dangereuse, qui menaçaient son Eglise de Tours. Un prêtre de son clergé, infecté de l'erreur des sadducéens, niait la résurrection et commençait déjà à répandre ses opinions dans le diocèse. Notre saint prélat eut avec lui une longue conférence, dans laquelle, joignant la douceur et la force des raisonnements à l'autorité des saintes Ecritures, il le ramena à la foi catholique et coupa dans sa racine cette hérésie naissante. Saint Grégoire, qui avait possédé la confiance de sainte Radegonde, posséda aussi celle d'Ingoberge, veuve de Caribert, roi de Paris. Cette princesse, aussi vertueuse que charitable, le nomma son exécuteur testamentaire, et voulut qu'il l'assistât dans ses derniers moments. Les privilèges et les exemptions de l'Eglise de Tours ayant été attaqués, Grégoire en obtint le maintien et la confirmation en 589. On lit, dans l'ancienne Vie du saint, qu'il fit, en 594, le pèlerinage de Rome ; que le Pape saint Grégoire le Grand le reçut avec honneur et qu'il lui fit présent d'une chaîne d'or. L'auteur ajoute que le pontife, admirant les rares qualités de son âme, fut surpris de la petitesse de son corps, et que l'évêque de Tours, devinant sa pensée, lui répondit : « C'est le Seigneur qui nous a fait tel que vous nous voyez ; pour lui, il est toujours le même, dans les petits comme dans les grands. » Mais ce voyage à Rome est regardé comme douteux par un certain nombre de critiques. La sainteté de Grégoire fut attestée, même de son vivant, par plusieurs miracles, que par humilité il attribuait à saint Martin ou à d'autres saints, dont il avait coutume de porter les reliques. Il mourut, après vingt-deux ans d'épiscopat, et fut enterré, suivant sa demande, dans un lieu où passaient tous ceux qui se rendaient à l'église, voulant, par esprit d'humilité, que l'on foulât aux pieds son tombeau ; mais le clergé de son église lui éleva depuis un mausolée à gauche du tombeau de saint Martin. Sa Vie a été écrite par saint Odon de Cluny.

SES ÉCRITS. — Il est peu d'écrivains qui aient porté l'attention aussi loin que saint Grégoire, pour empêcher que la postérité ne se trompât dans l'attribution des écrits qui sont sortis de leur plume. Il a pris soin d'en dresser la liste lui-même ; et tous ceux qui s'y trouvent inscrits sont heureusement venus jusqu'à nous, à l'exception de deux dont nous parlerons dans la suite.

Histoire ecclésiastique. — Le plus important de tous les écrits de saint Grégoire et le premier dans les dernières éditions de ses œuvres est son *Histoire ecclésiastique des Franks*, que les savants ont appelée le flambeau de nos annales. Ceux des modernes qui se sont appliqués avec le plus de zèle à l'étude de notre histoire, tant ecclésiastique que civile, particulièrement Adrien Valois, Lecointe et Dubos, ne se regardent que comme les commentateurs de Grégoire de Tours. Cette histoire est partagée en dix livres.

Premier livre. — Il présente une introduction générale où l'auteur, remontant jusqu'aux événements principaux, depuis la création jusqu'à la mort de saint Martin, apôtre des Gaules, c'est-à-dire jusqu'à la fin du IVe siècle, embrasse une période de cinq mille cinq cent quarante-six ans. — Le saint auteur débute par une peinture déplorable de la décadence des beaux-arts dans toutes les villes de la France. Les persécutions que les païens et les hérétiques avaient fait subir à l'Eglise n'étaient que trop connues. On n'avait pas oublié non plus les guerres que les princes s'étaient faites mutuellement et qui se rallumaient tous les jours. On se rappelait la constance des martyrs dans les tourments qu'ils avaient endurés pour la foi. On avait vu des gens de bien fonder des églises et les doter, puis des perfides les détruire pour les dépouiller de ce qu'elles avaient de plus précieux. Mais la littérature surtout était tombée; le génie de la France était éteint. C'est à peine si on eût pu y rencontrer un homme capable de transmettre, soit en vers, soit en prose, les événements de chaque jour à la postérité. Tout le monde en gémissait, et personne ne se mettait en devoir de remédier à ce désordre. Les règles du langage étaient tellement méconnues, que s'il se fût trouvé quelqu'un qui écrivît avec élégance, il n'aurait pas été entendu ; il fallait un style rude, barbare et grossier pour se faire comprendre du plus grand nombre. Telles sont les pensées qu'il expose dans la préface de son histoire, et s'il a entrepris de l'écrire ce n'est qu'à défaut d'un meilleur écrivain. Il convient lui-même de l'incohérence et de la rusticité de son style, et il en demande excuse à ses lecteurs. Mais il les assure en même temps de son exactitude et de sa fidélité à rapporter les dogmes que l'on enseigne dans l'Église; et, afin qu'ils ne conçussent aucun doute sur ses sentiments, il fait une profession de foi, la même en substance que celles des conciles de Nicée et de Constantinople, mais plus étendue. Il y déclare nettement que le Saint-Esprit procède du Père et du Fils; il y établit l'immortalité de l'âme et la virginité perpétuelle de Marie, et avance, sur l'autorité de quelques anciens qu'il ne nomme pas, que l'Antechrist rétablira la circoncision et placera sa statue dans le temple de Jérusalem, pour y recevoir les adorations de ceux qu'il aura séduits. « C'est, dit-il, ce que le Seigneur a prédit par ces paroles : *Vous verrez l'abomination de la désolation placée dans le lieu saint.* » Après ce préambule il parcourt en abrégé toute la suite des temps, depuis la création jusqu'à la mort de saint Martin, en empruntant son récit aux Chroniques d'Eusèbe, de saint Jérôme, d'Orose et de Victorius. Quant à ce qu'il rapporte des premiers apôtres des Gaules, saint Photin, saint Trophime, saint Paul, saint Denis, saint Martial, saint Saturnin, il l'avait appris soit par leurs actes, soit par la tradition des peuples.

Deuxième livre. — Il commence à l'épiscopat de saint Brice qui succéda à saint Martin, sur le siége épiscopal de Tours, en 397, et finit à la mort de Clovis, en 511. C'est une introduction à l'histoire de notre pays, avant qu'il fût devenu chrétien. Quelques critiques ont rejeté le premier chapitre de ce livre, ne pouvant se persuader que saint Martin ait eu pour successeur un homme que les historiens du temps ont fait passer pour un adultère, coupable encore de plusieurs autres crimes. Mais il suffit de répondre que l'Eglise de Tours, fondée sur une tradition constante, reconnaît saint Brice pour un de ses évêques, et qu'encore qu'il ait été accusé de diverses fautes, il fut néanmoins déclaré innocent par le pape Zozime, comme on le voit dans sa quatrième lettre à Aurèle de Carthage et aux autres évêques d'Afrique. Il décrit dans les chapitres suivants la persécution des Vandales, les guerres entre les Saxons et les Romains; l'avénement du roi Clovis à l'empire des Français, sa conversion, son baptême, ses différends avec Gondebaud, roi de Bourgogne, et avec Alaric. Il donne la suite des évêques de Tours et de Clermont. Il parle de la construction de plusieurs églises considérables, comme celles de Saint-Etienne à Metz, de Saint-Symphorien à Autun, de Saint-Martin à Tours, où il rappelle que la reine Clotilde se retira après la mort de Clovis, pour y finir ses jours dans les exercices de piété auprès du tombeau de saint Martin.

Troisième livre. — Il comprend ce qui s'est passé depuis le commencement du règne des quatre enfants de Clovis, Thierry, Clodomir, Childebert et Clotaire, jusqu'à la mort de Théodebert en 548. Saint Grégoire rappelle en peu de mots, dans le prologue, les prospérités du règne de Clovis, et les disgrâces d'Alaric, roi des Visigoths, qui était arien, pour montrer que Dieu comble quelquefois de ses faveurs temporelles les princes qui restent attachés à la vraie doctrine, comme aussi il permet que ceux qui s'en sont déclarés les ennemis soient victimes de l'adversité. Il traite en même temps des rois de Thuringe, d'Espagne et d'Italie.

Quatrième livre. — Il développe le même sujet dans ce livre, et dit un mot, en passant, des comtes de Bretagne, de la révolte des Saxons, de l'irruption des Lombards, de l'élévation de Justin sur le trône impérial, et de plusieurs autres événements qui paraîtraient étrangers à son dessein, s'ils n'avaient quelque liaison avec l'histoire des rois de France. Ce livre commence à la mort de sainte Clotilde et au règne de Théobald, roi d'Austrasie, et va jusqu'à la mort de Sigebert, son fils et son successeur, qui finit en 575. Dans ce livre comme dans tous les autres, on rencontre quantité de traits historiques empruntés à l'histoire de l'Eglise et aux Actes des conciles, les Vies des saints évêques et des pieux solitaires, les fondations des monastères, le culte des saints et de leurs reliques, de sorte qu'on peut regarder l'ouvrage de Grégoire comme une histoire ecclésiastique et civile.

Cinquième livre. — Dans la préface, le saint auteur déplore les malheurs causés par les guerres presque continuelles entre les trois fils de Clotaire, Gontran, Chilpério et Sigebert. Clotaire avait eu un quatrième fils qui était l'aîné de tous, et s'appelait Caribert. Il eut le royaume de Paris; Gontran, celui d'Orléans; Chilpéric, celui de Soissons, et Sigebert, celui d'Austrasie. Les deux aînés aimaient la paix; mais Chilpéric et Sigebert étaient d'une humeur trop belliqueuse pour le repos de leurs sujets. C'est donc à eux principalement que s'adressent ces paroles du pieux historien : « Plût à Dieu, princes, que vous ne fissiez la guerre que comme vos aïeux et que, conservant la paix entre vous, vous ne vous rendissiez redoutables qu'à vos voisins !

Souvenez-vous de Clovis, celui qui a commencé la conquête des Etats que vous possédez. Combien a-t-il vaincu de rois, dompté de nations, subjugué de pays! Pour réussir il n'avait ni or ni argent, tandis que vous possédez de grands trésors. Vous avez des magasins où le blé, le vin et l'huile sont en abondance; vous regorgez de toutes les richesses; il ne vous manque qu'une chose, c'est la paix, et ce défaut vous met dans l'indigence de la grâce de Dieu. Pourquoi l'un de vous enlève-t-il à l'autre ce qui lui appartient? Faites réflexion à ce que dit l'Apôtre : *Si vous vous mordez, si vous vous dévorez les uns les autres, prenez garde que vous ne vous consumiez les uns les autres.* L'historien Orose, en parlant des Carthaginois, dit que, tant qu'ils étaient restés unis, leur ville et leur république avaient été florissantes et qu'elles ne furent détruites, après avoir subsisté sept cents ans, que parce que la désunion s'était glissée entre elles : Que ceci vous serve de leçon. » Ce cinquième livre renferme l'histoire d'environ cinquante-quatre ans; depuis le règne de Childebert II, successeur et fils de Sigebert, jusqu'au concile de Braine, où saint Grégoire, accusé par Leudaste d'avoir mal parlé de la reine Frédégonde, se purgea par serment de cette calomnie. Un des passages les plus curieux de ce livre et celui qui intéresse le plus l'histoire ecclésiastique de la France au vi^e siècle, c'est le détail de la procédure contre saint Prétextat, évêque de Rouen. Il y est question aussi de la persécution que les ariens firent souffrir aux chrétiens d'Espagne, sous le règne de Lévigilde, et d'une dispute qu'eut saint Grégoire avec un arien sur le mystère de la Trinité.

Sixième livre. — Il commence à la sixième année du règne de Childebert II, c'est-à-dire à l'an 581, lorsqu'après avoir rompu la paix avec Gontran, son oncle, et roi de Bourgogne, il conclut un traité d'alliance avec Chilpéric, roi de Soissons, et finit à la mort de ce dernier prince, qui périt assassiné en 584. Son fils Théodebert avait été tué dans une bataille, en 576. Chilpéric, persuadé que Gontran Boson, l'un des deux capitaines qui commandaient l'armée de Sigebert, était l'auteur de cette mort, résolut de le venger. Boson se réfugia dans l'église de Saint-Martin de Tours. Le roi, informé de sa retraite, fit avancer ses troupes, et somma cette ville de se rendre. Comme elle n'avait ni garnison, ni provisions de guerre, elle offrit de se soumettre à des conditions tolérables. Rocolène, l'un des généraux de Chilpéric, exigea pour première condition qu'on lui livrât sur-le-champ le capitaine réfugié. Les députés répondirent que la chose n'était point possible. L'église de Saint-Martin était un asile inviolable; livrer Boson ce serait irriter le saint, qui y faisait tous les jours des miracles, et qui la veille encore avait accordé la guérison d'un paralytique. S'il entreprenait de profaner ce lieu que les Visigoths, tout hérétiques qu'ils étaient, avaient respecté, il attirerait infailliblement sur lui et peut-être sur le roi lui-même la malédiction de Dieu. Ce général menaça la ville et le pays des dernières extrémités, si on ne lui livrait Boson; et, sur le refus qu'on en fit, il commença à faire abattre une maison qui appartenait à l'église de Saint-Martin. Boson ne sortit point pour cela de son asile. Pour l'en tirer, Chilpéric s'avisa d'un expédient assez singulier, mais qui ne lui réussit pas. Il écrivit à saint Martin une lettre dans laquelle il lui demandait si c'était un péché de tirer par force Boson de son église, et le priait de lui répondre là dessus. Le diacre Baudégile, chargé de porter cette lettre au tombeau du saint, déposa à côté un papier blanc sur lequel il espérait que saint Martin écrirait sa réponse. Mais au bout de trois jours, quand il y retourna, il trouva le papier intact et sans écriture. Chilpéric y envoya d'autres agents pour obtenir de Boson le serment qu'il ne quitterait point cet asile sans sa permission, et Boson le jura la main appuyée sur la nappe de l'autel. Il y avait beaucoup de juifs dans le royaume de Chilpéric. Ce prince donna ordre d'en baptiser plusieurs, et en tint lui-même un grand nombre sur les fonts de baptême; mais ces infidèles, lavés de corps et non de cœur, retournèrent, pour la plupart, à leur ancienne perfidie.

Septième livre. — Les premières pages de ce livre sont consacrées à la légende de saint Salvi. Grégoire raconte qu'après avoir vécu longtemps dans le siècle, ce saint personnage le quitta pour s'enfermer dans un monastère, dont il fut élu abbé. Quelque temps après, le désir d'une plus grande perfection le porta à se retirer dans une cellule écartée, où il ne laissait pas de répondre aux étrangers qui venaient le visiter. Etant tombé malade, l'accès de fièvre fut si violent qu'il passa pour mort. On le lava, on le revêtit de ses habits, on le déposa sur un brancard, et on passa la nuit en prières auprès de lui. Le lendemain matin, on s'aperçut qu'il remuait, comme un homme qui paraît sortir d'un profond sommeil. Il ouvrit les yeux, et levant les mains au ciel, il dit : « Seigneur, pourquoi m'avez-vous renvoyé vers ce séjour ténébreux? » Il se leva parfaitement guéri, mais sans vouloir toutefois parler à personne. Ce ne fut que trois jours après qu'il raconta que deux anges l'avaient enlevé au ciel, où, par l'effet d'une vision surnaturelle, il avait contemplé la gloire de Dieu. Grégoire prend Dieu à témoin qu'il avait recueilli cette histoire de la bouche même de saint Salvi, qui fut ensuite tiré de sa retraite pour être fait évêque d'Albi, où il mourut en 585. C'est là que saint Grégoire commence son septième livre, qu'il finit à la guerre civile qui, cette année-là, s'éleva contre les Tourangeaux, à l'occasion d'un enfant qu'Austrégisile avait tué et dont Sicharius voulut venger la mort. La famine se fit sentir dans presques toute la Gaule. Il y eut des tremblements de terre, et des signes extraordinaires dans le ciel; on vit les arbres fleurir pendant l'hiver et les vignes produire des raisins qui n'arrivèrent pas à leur maturité. Il parut un géant dont la taille surpassait de deux ou trois pieds celle des hommes les plus élevés. Une femme esclave, douée de l'esprit de divination, obtint sa liberté en récompense des grands profits qu'elle rapportait à son maître. Ceux qui avaient perdu quelque chose ou souffert quelque dommage venaient à elle, et ils en apprenaient le nom du voleur, le lieu de sa retraite, ce qu'il avait fait de son vol, et en quel endroit il l'avait caché. Après avoir gagné beaucoup d'or, elle se vêtit magnifiquement, de sorte que, quand elle paraissait en public, le peuple la prenait pour une divinité. Saint Airic, évêque de Verdun, informé de ces faits, la fit venir, l'exorcisa et oignit son front de l'huile sacrée. Le démon qui la possédait se déclara, mais ne voulut point sortir. Cette femme, abandonnée à elle-même, se retira auprès de la reine Frédégonde.

Huitième livre. — Les années suivantes furent encore marquées par des événements extraordinaires. Des inondations fréquentes ravagèrent les campagnes, et des pluies continuelles firent ressembler l'été à l'hiver. Deux îles de la mer furent consumées par le feu du ciel, avec tous les habitants et les bestiaux. Les eaux d'un étang spacieux, situé près de la ville de Vannes, furent changées en sang à un mètre et demi de profondeur. La ville de Paris fut presque réduite en cendres, à l'exception des églises et des maisons qui leur appartenaient. Une femme, trois jours auparavant, avait prédit cet incendie et averti le peuple de se sauver. On se moqua de sa prédiction. C'est ce que raconte saint Grégoire dans son huitième livre qu'il commence au voyage que le roi Gontran fit à Orléans, au mois de juillet 585, et qu'il conduit jusqu'à la mort de Levigilde, roi d'Espagne, en 589. Il y parle aussi du premier concile de Mâcon, de l'excommunication d'Ursius, évêque de Cahors, qui avait reçu Gondebaud, ennemi déclaré de Gontran, et de l'assassinat de saint Prétextat, évêque de Rouen. L'esclave qui avait commis le crime fut soumis à la question, où il avoua qu'il avait reçu cent sous d'or de la part de la reine Frédégonde, cinquante de l'archevêque Mélanius, et cinquante de l'archidiacre de Rouen; sur quoi le neveu du saint évêque, tirant son épée, mit à mort l'assassin. Mélanius avait remplacé Prétextat pendant son exil; Frédégonde le rétablit sur le siège de Rouen après la mort de cet évêque.

Neuvième livre. — Il commence à l'avénement de Récarède, fils et successeur de Lévigilde, et finit aux troubles excités dans le monastère de Sainte-Croix de Poitiers, en 589, par Chrodialde, fille du roi Chérébert, et Basine, sa cousine, fille du roi Chilpéric, l'une et l'autre religieuses de ce monastère. Saint Grégoire donne tout le détail de cette affaire, avec plusieurs pièces originales qui regardent l'établissement de cette maison par sainte Radégonde. Cette même année, le dimanche que l'on appelait alors la *Pâque close* et que nous nommons aujourd'hui l'Octave de Pâques, ou le dimanche de *Quasimodo*, il tomba une pluie mêlée de grêle en si grande abondance, qu'en l'espace de quelques heures, on voyait couler de grands fleuves par les plus petites ouvertures des vallées. Les arbres, après avoir donné leurs fruits, fleurirent de nouveau en automne, et produisirent des pommes pour la seconde fois; les rosiers refleurirent au neuvième mois comme au printemps; mais l'abondance des eaux causa beaucoup de dommages aux moissons.

Dixième livre. — Ce livre, qui est le dernier, commence à la quinzième année du règne de Childebert, en 590. Un diacre de l'Eglise de Tours, que le saint avait envoyé à Rome, en revint avec des reliques de plusieurs saints martyrs que le Pape Pélage II lui avait données. Il rapporta que, l'année précédente, les eaux du Tibre s'étaient tellement enflées, qu'elles couvraient la ville de Rome, ce qui causa la ruine d'un grand nombre de maisons, et en particulier des greniers de l'Eglise, avec la plus grande partie des blés qu'on y tenait en réserve. Au mois de février de l'an 590, le Pape Pélage fut emporté par une maladie contagieuse. Le diacre Grégoire, élu unanimement pour lui succéder, fit un discours au peuple, en lui représentant que nous devons redouter au moins les fléaux de Dieu quand nous les ressentons, puisque nous n'avons pas su les prévenir. Il indiqua une procession composée des sept quartiers de la ville, qui devaient se rendre le mercredi suivant à Sainte-Marie-Majeure. Grégoire de Tours rapporte ce qui se passa à l'élection de ce saint Pape, et les détails de cette procession tels que nous les avons indiqués à son article. Il passe de là au traité que Childebert conclut avec l'empereur Maurice, et à son expédition contre les Lombards, qui menaçaient d'envahir l'Italie. Il donne la suite de cette guerre et des autres que le même prince soutint depuis. Ensuite il parle de la dispute qu'il eut lui-même avec un des prêtres de son Eglise sur la résurrection des corps; de l'absolution des deux religieuses qui avaient troublé le monastère de Sainte-Croix de Poitiers; de l'emprisonnement de Gilles, évêque de Reims; de la sentence de mort rendue contre lui, pour avoir trempé dans une conspiration contre la vie du roi Childebert; des variations qu'il y eut cette année, dans l'Occident, sur la célébration de la fête de Pâques. Plusieurs dans les Gaules, célébrèrent cette solennité le quinzième de la lune; à Tours, on ne la célébra que le vingt-deuxième; et il se trouva qu'à pareil jour les fonts miraculeux d'Espagne se remplirent comme à l'ordinaire. Vers le même temps, on vit dans le Gévaudan un fanatique qui se disait le Christ; il avait avec lui une femme qu'il nommait Marie; il guérissait les malades et prédisait l'avenir avec le secours de la magie. Plusieurs se laissèrent séduire. Les uns lui donnaient de l'or et de l'argent, et les autres s'empressaient de le vêtir. L'évêque du lieu envoya des hommes vigoureux et résolus pour savoir de lui ce qu'il prétendait faire. Un d'eux, feignant de lui baiser le genou, le perça de son coutelas. La femme de ce fanatique avoua, à la question, tous les prestiges dont ils s'étaient servis l'un et l'autre pour séduire la populace. A Limoges, plusieurs, pour avoir méprisé le dimanche, et accompli en ce jour des œuvres serviles, furent consumés par le feu du ciel. Saint Grégoire finit son livre par le catalogue des évêques de Tours, avec un abrégé de leur Vie. Il compte pour premier évêque saint Gratien, qui fut envoyé par le Pape Fabien, la première année de l'empire de Dèce, en 249. Il marque sur Eustachius, cinquième évêque de Tours, les jeûnes et les veilles qu'il avait ordonnés pour certains jours de l'année dans son diocèse; après quoi il fait le détail des églises qu'il avait lui-même réparées ou construites, des reliques dont il avait fait la translation, des oratoires qu'il avait consacrés, des ouvrages qu'il avait composés. Il met au premier rang les dix livres de son *Histoire*, quoiqu'ils aient été écrits les derniers. Il recommande à ses successeurs d'en avoir grand soin, et de ne pas permettre qu'on en retranchât ni qu'on y ajoutât quelque chose. Suit la supputation des temps, depuis la création du monde jusqu'à la vingt-unième année de son épiscopat, qui comprend, selon lui, un espace de 5814 ans, ce qui montre qu'il suivait le calcul des Grecs. Mais il n'est pas toujours d'accord avec lui-même sur la chronologie, soit qu'il ait suivi des calculs différents, soit qu'il y ait faute dans les manuscrits. Par exemple, au lieu de 5814, le manuscrit suivi par Pithou porte 5797.

Livre de la gloire des Martyrs. — Ce qui engagea ce saint évêque à composer cet ouvrage fut le désir d'édifier l'Eglise et d'instruire utilement les fidèles en leur faisant connaître la perfection de la foi par l'exemple de ceux qui l'ont portée jusqu'à la mort. Il se proposait encore un autre but, celui de détourner les chrétiens de la lecture des fables du paganisme dont tous les écrits des poëtes sont remplis. La façon dont il en parle prouve qu'il les avait lus lui-même, mais qu'il ne lui en était resté que du dégoût, et, qu'à l'exemple de saint Jérôme, il craignait d'en être réprimandé et puni au tribunal du souverain Juge. Renonçant donc aux fables des poëtes et aux opinions incertaines des philosophes, il résolut de ne s'attacher qu'à la vérité de l'Evangile. C'est pourquoi il entreprit de rapporter ce qu'il avait lu dans les monuments, ce qu'il avait vu de ses propres yeux ou appris par des témoins authentiques des miracles que Dieu avait opérés par la vertu et l'intercession de ses martyrs.

Ce livre est divisé en cent sept chapitres. Les trois premiers sont consacrés à la naissance, aux miracles, à la passion, à la mort, à la résurrection et à l'ascension du Sauveur. Il rapporte là-dessus ce qu'on en lit dans l'Ecriture. Mais, à propos de l'étoile qui apparut aux mages, il raconte, sur la foi d'une tradition qui pouvait avoir de la vogue de son temps, que cet astre se révélait encore aux pèlerins qui accomplissaient le voyage de Bethléem. Il suffisait d'avoir le cœur pur, ou, comme il le dit, l'œil de la conscience limpide, pour mériter de l'apercevoir au fond du puits voisin de la caverne où s'accomplit une naissance mystérieuse et divine. Il est le premier parmi les anciens qui ait parlé clairement de la résurrection et de l'assomption de la sainte Vierge. Quant aux autres circonstances de la vie et de la mort de cette glorieuse mère de Dieu, il les avait tirées de l'écrit de Méliton de Sardes, intitulé : *Passage de la bienheureuse Marie*, ouvrage que le concile de Rome, présidé par le Pape Gélase, avait mis au rang des livres apocryphes. Saint Grégoire compte quatre clous qui servirent à attacher le Sauveur à la croix, un à chaque main et un à chaque pied. De ces quatre clous, sainte Hélène en jeta un dans la mer pour la rendre plus calme; Constantin en prit deux pour les enchâsser au mors de son cheval, et il fit attacher le quatrième à son casque de guerre. La lance, le roseau, la couronne d'épines, la colonne à laquelle le Sauveur fut attaché lorsqu'on le flagella communiquaient de grandes vertus à tout ce qui en approchait. La lance se voyait encore à Jérusalem, à la fin du VIIe siècle, autant qu'on peut s'en rapporter au témoignage d'Adaman, moine écossais qui écrivait à cette époque. Quant à la tunique sans couture, saint Grégoire rapporte que de son temps on la conservait dans la ville de Galathée à cent cinquante milles de Constantinople, et qu'elle y reposait enfermée dans une châsse de bois, dans l'église des Saints-Archanges. Elle fut apportée en France sous le règne de Charlemagne, et déposée dans le monastère d'Argenteuil, où la sœur et la fille de ce prince s'étaient faites religieuses. Saint Grégoire rapporte aussi, d'après Evagre, mais en y ajoutant quelques détails, cette histoire d'un enfant juif que son père jeta lui-même dans la fournaise où il faisait le verre, parce que, entraîné à l'église avec d'autres enfants de son âge, il avait, selon la coutume du temps, partagé avec eux les particules qui restaient du corps de Jésus-Christ après la communion. Nous ne rappelons ici ce fait que parce qu'il nous donne occasion de faire deux remarques importantes. La première, c'est que le pain reçu à l'église par cet enfant est appelé par saint Grégoire le corps de Jésus-Christ; la seconde, que c'était l'usage dès lors de placer dans l'église l'image de la sainte Vierge et de la représenter tenant son Fils entre ses bras. Il ajoute que dans un de ses voyages s'étant rencontré auprès d'une maison toute en flammes, il était parvenu à les éteindre, en élevant contre le feu sa croix pectorale, où il y avait des reliques de la Vierge et des apôtres. La croix pectorale n'était point alors un ornement particulier aux évêques; c'était un usage assez commun de porter au cou de petites croix, remplies de reliques des saints. Le saint auteur fait mention d'une fiole du sang de saint Jean-Baptiste, recueillie par une matrone gauloise qui se trouvait à Jérusalem, lors de la décollation de ce saint précurseur de Jésus-Christ ; elle la rapporta dans sa patrie et la déposa sur un autel dans l'église qu'elle fit ériger à Basan, en l'honneur de saint Jean. Il faut avouer que, parmi les merveilles dont ce recueil abonde, celle-ci n'est pas une de celles qui supposent dans le pieux historien le moins de crédulité. Il parle aussi d'une statue d'ambre jaune que la ville de Panéade fit ériger en l'honneur de Jésus-Christ; et d'une autre image du Sauveur, qui, percée par un juif, rendit du sang. Enfin, il parle d'une apparition dans laquelle un prêtre reçut l'ordre de revêtir un crucifix qui était entièrement nu. On pense que c'est de là qu'est venue la coutume, si ordinaire dans les siècles suivants, de peindre le Christ en croix, avec un périsome, c'est-à-dire une robe qui descend jusqu'aux pieds.

Nous ne nous arrêterons pas à reproduire ce qu'il rapporte du martyre des apôtres saint Jacques, saint Pierre, saint Paul, saint Jean, saint André, saint Thomas et saint Barthélemi. Seulement, à propos de saint Pierre, nous remarquerons que saint Grégoire fait remonter jusqu'à cet apôtre l'obligation imposée aux clercs de porter la tonsure, et qu'il fut suivi en cela par les écrivains du moyen âge. Des apôtres, le pieux auteur passe aux martyrs, et à l'occasion de saint Étienne, le prototype et le premier de ces héros, il dit que l'on conservait dans l'église de Bourges une fiole de son sang qui s'y voyait encore au siècle dernier.

Il tire ce qu'il dit du Pape saint Clément des Actes qui portent son nom, et que l'on regarde aujourd'hui comme supposés. Il convient s'en être rapporté à la tradition des fidèles dans ce qu'il rapporte de saint Jean, évêque et martyr, parce qu'il n'avait pu se procurer ses Actes. Aussi l'anonyme publié par Adrien Valois, ainsi que la relation d'Ammien Marcellin, sont-ils préférables à tout ce qui a été écrit sur le même sujet. Saint Grégoire ne dit que peu de chose du martyre de saint Cassien, si amplement décrit par le poëte Prudence. En général, il s'applique plus dans cet ouvrage à recueillir les miracles qui se sont opérés aux tombeaux des martyrs dont il parle, qu'à donner le précis de leurs actes. Il mêle dans ce récit la dispute d'un catholique avec un arien sur le mystère de la Trinité. Après beaucoup de paroles de part et d'autre sans pouvoir s'entendre, on convint de s'en rapporter à l'épreuve du feu. Elle réussit en faveur du catholique, et l'arien demeura confus et la main brûlée jusqu'aux os, pour avoir voulu tenter ce que le catholique avait fait sans éprouver aucune douleur. — Ce traité est écrit sans méthode ; le saint n'y suit point l'ordre des temps. Il parle des martyrs selon que leur souvenir se présentait à sa mémoire ou qu'ils se trouvaient placés dans son calendrier.

Du martyre, des miracles et de la gloire de saint Julien. — Ce livre est une suite du précédent; aussi le compte-t-on pour le second livre de la *Gloire des martyrs*. Il paraît que saint Grégoire ne traita ce sujet séparément qu'à cause du grand nombre de miracles opérés au tombeau ou par l'intercession de saint Julien, qui souffrit le martyre à Brioude, en Auvergne. Le premier chapitre contient en abrégé l'histoire de la passion du saint telle qu'on la retrouve dans les Actes; mais ce n'est qu'un précis et les Actes complets ont été rapportés par dom Ruinard à la fin des OEuvres de saint Grégoire. Vers l'an 302, il s'éleva contre les chrétiens une violente persécution. Quoique saint Julien brûlât du désir de verser son sang pour Jésus-Christ, en voyant la persécution s'approcher de Vienne qui était le lieu de sa naissance, il céda aux instances de saint Ferréol, et, suivant le précepte évangélique, il se sauva dans une autre ville, où il demeura caché pendant quelque temps. C'était à Brioude en Auvergne. La persécution l'y suivit; il y souffrit toutes sortes de tourments et fut condamné à avoir la tête tranchée. Son corps resta à Brioude; mais on envoya sa tête à Vienne, où elle fut placée dans une même église à côté du corps de saint Ferréol. Les miracles qui s'opérèrent à son tombeau furent suivis de la conversion d'un grand nombre d'idolâtres. Il y eut des paralytiques guéris, des sourds qui recouvrèrent l'ouïe, des aveugles à qui la vue fut rendue. Pierre, frère de saint Grégoire, fut délivré de la fièvre, en mettant autour de son cou de la poussière ramassée au pied du tombeau du saint martyr. Saint Grégoire lui-même fut guéri d'un violent mal de tête, occasionné par un coup de soleil, rien qu'en répandant sur sa tête de l'eau de la fontaine dans laquelle les bourreaux avaient plongé le chef de saint Julien. Ces merveilles firent naître à plusieurs le désir d'avoir de ses reliques; on en transporta à Reims et même en Orient. Saint Grégoire en apporta à Tours, où elles opérèrent plusieurs miracles.

De la gloire des confesseurs. — Le traité de la *Gloire des confesseurs* est un des derniers ouvrages auxquels saint Grégoire ait mis la main, si toutefois l'on en excepte son *Histoire*. La preuve s'en tire de la préface même, où il cite le livre de la *Gloire des martyrs*, celui des *Miracles de saint Julien*, les quatre sur saint Martin, avec le livre de la *Vie des Pères*. L'auteur le compte lui-même comme le huitième de ses ouvrages et l'intitule : *De miraculis confessorum*. Il est cité sous le titre de *Livre des hommes illustres*, dans la Chronique de saint Bénigne de Dijon. Ce traité de la *Gloire des confesseurs* contient cent douze chapitres avec une préface, dans laquelle l'auteur demande pardon au public de ce que, dépourvu du talent d'écrire et ignorant même les règles de la grammaire, il ne laisse pas d'ajouter encore cet ouvrage à ceux qui l'ont déjà précédé. Comme il avait commencé son livre de la *Gloire des martyrs* par traiter de celle de Jésus-Christ, il commence celui-ci par un chapitre où il traite de la gloire des anges. Puis il raconte les miracles opérés aux tombeaux, ou par l'attouchement des reliques, d'un grand nombre de saints personnages dont il rapporte ordinairement quelques traits de piété, avec les noms des lieux où ils se sont sanctifiés, en travaillant à la sanctification des autres. Presque toutes les merveilles qu'il y décrit sont arrivées, en Touraine, en Auvergne, ou dans les pays voisins de ces deux provinces, comme le Berri, le Limousin, le Périgord, l'Angoumois, la Saintonge, le Poitou; ce qui fait supposer qu'il en parle avec connaissance, parce que les renseignements lui avaient été faciles à se procurer. Ce qu'il dit dans le chapitre vingtième de la consécration d'un oratoire nous a paru remarquable. On passait la nuit dans le chant des psaumes, et le matin on consacrait l'autel. On portait dans cet oratoire les reliques des martyrs, au milieu de flambeaux allumés; ces reliques étaient couvertes de nappes et de quelques autres ornements précieux. Les prêtres et les lévites assistaient à la cérémonie vêtus d'aubes. Les magistrats, les personnes honorables de la ville et tout le peuple s'y trouvaient, et dans la procession qui se faisait de l'église où l'on avait pris les reliques jusqu'à l'oratoire que l'on devait consacrer, on portait beaucoup de croix. — Nous signalerons encore ce que le pieux auteur rapporte de l'ancienne manière de canoniser les saints. On élevait de terre leurs tombeaux, ce qui ne se faisait que par degrés, et à mesure qu'ils donnaient par des miracles des preuves de leur sainteté. La plus grande de toutes les preuves c'était quand le tombeau s'élevait de lui-même, comme il arriva, dit-il, à celui de saint Doctrovée, premier abbé de Saint-Germain-des-Prés; alors on dressait un autel sur le tombeau, et c'était le commencement d'une église dont le saint thaumaturge devenait le protecteur et le patron.

Des miracles de saint Martin. — Saint Grégoire n'entreprit son recueil des miracles de saint Martin, qu'après y avoir été excité par une espèce de révélation. Il s'y décida malgré son incapacité, parce qu'il avait confiance au secours du saint évêque. Les miracles que saint Martin avait opérés de son vivant étaient d'un poids d'autant plus grand pour affermir la foi des fidèles, qu'il s'en faisait tous les jours de nouveaux à son tombeau. On y voyait des boiteux guéris marcher en liberté, des aveugles recouvrer la vue, des possédés délivrés de la tyrannie du démon; en un mot, toutes les souffrances y trouvaient le soulagement, toutes les maladies la guérison. C'est ce que l'auteur témoigne dans une préface générale adressée à tout son clergé. Dès le temps de saint Grégoire, on possédait déjà un livre de la *Vie de saint Martin*; Paulin de Périgueux et Sulpice Sévère avaient également écrit sur la même matière, mais ils étaient loin de l'avoir épuisée, et il s'était passé beaucoup d'événements considérables depuis qu'ils avaient fini leurs ouvrages. Saint Grégoire profita de ce qu'ils avaient écrit pour en composer un recueil des miracles de saint Martin, qu'il a distribué en quatre livres. Chacun de ces livres est précédé d'autant de petites préfaces particulières qui nous apprennent que le premier livre contient les miracles qui s'étaient opérés avant que saint Grégoire ne vint à Tours. Le récit en commence où finit celui de Paulin de Périgueux et en continue la suite. Les trois autres livres contiennent le récit des miracles qui s'étaient opérés depuis le commencement de son épiscopat jusqu'aux jours où il en composait l'histoire. Le vrai moyen d'obtenir des grâces par l'intercession de ce saint pontife, c'était de prier avec ferveur, de s'humilier de ses fautes, d'en demander pardon à Dieu et d'en gémir au fond du cœur; alors la joie succédait aux larmes, la guérison à la maladie et le pardon à la faute. C'est ce que dit saint Grégoire, pour en avoir été le témoin, et pour l'avoir expérimenté par lui-même. Parmi le grand nombre de miracles qu'il rapporte, nous nous arrêterons volontiers à ceux dont il a été favorisé, parce qu'il nous semble que l'incrédulité ne peut raisonnablement se refuser à de pareils témoignages, surtout quand ces témoignages lui sont présentés par un homme dont la sincérité ne saurait être mise en doute, comme l'était le saint évêque de Tours.

En 563, plusieurs années avant de se voir élevé au siège épiscopal de cette ville, saint Grégoire fit un voyage à Tours pour obtenir, au tombeau du saint, la guérison d'une fièvre qui ne lui laissait plus d'autre perspective que la mort. Ceux qui le conduisaient voulurent souvent le faire retourner sur ses pas, mais il persévéra, vint à Tours et fut guéri. Dix ans plus tard, en 573, attaqué de la dyssenterie, il en fut délivré par une potion dans laquelle il avait fait entrer de la poussière du tombeau du même saint. Toutefois, dit-il, il ne recourut à ce remède qu'après avoir éprouvé en vain tous ceux de la médecine. Justin, son beau-frère, fut guéri de la fièvre en buvant un verre d'eau dans laquelle on avait délayé quelques particules d'un cierge qui avait été allumé au tombeau de saint Martin et que Grégoire lui-même y avait pris pour l'envoyer au malade. Ressentant à la tempe gauche un mal si violent, qu'il craignait que l'abondance des larmes ne lui fît sortir l'œil de la tête, Grégoire alla faire sa prière dans l'église de saint Martin; puis, ayant appliqué le voile qui pendait devant le sépulcre sur l'endroit de la douleur, elle s'apaisa à l'instant même.

Trois jours après la tempe droite fut attaquée du même mal; le saint employa le même remède, qui opéra aussitôt. Au bout de dix jours, il se fit ouvrir la veine, croyant que son mal était venu de l'abondance du sang, et qu'il se serait dissipé dans le même intervalle, s'il avait pris cette précaution

C'était, comme il le remarque, une pensée qui lui avait été suggérée par le démon. La saignée occasionna le renouvellement de la douleur aux mêmes endroits. Il courut à la basilique du saint, demanda pardon de la mauvaise pensée qu'il avait eue, fit toucher à ses tempes le voile qui couvrait le tombeau de saint Martin, et s'en retourna chez lui en pleine santé. Dans un voyage qu'il fit à Cavaillon, il guérit de la fièvre l'évêque de Clermont en lui faisant boire de la poussière du tombeau de saint Martin, délayée dans de l'eau. Il s'en servit encore pour la guérison de plusieurs autres malades qu'il rencontra sur son chemin.

Ces quatre livres des *Miracles de saint Martin* sont suivis, dans la nouvelle édition, d'une prose et d'une oraison en l'honneur de ce saint évêque. La prose contient un précis de sa vie; l'oraison a pour but d'obtenir de Dieu, par son intercession et par la considération de ses miracles, la guérison des maladies de l'âme. On n'a aucune preuve que ces deux pièces aient jamais fait partie de ces quatre livres. Il nous paraît même plus vraisemblable qu'elles ont été tirées du *Traité des offices de l'Eglise*, qui n'est pas venu jusqu'à nous.

Vies des Pères. — Il paraît, par le prologue que saint Grégoire a mis à la tête des *Vies des Pères*, qu'il ne travailla à cet ouvrage qu'après avoir achevé tous ceux où il s'était proposé de recueillir les merveilles opérées aux tombeaux des martyrs et des confesseurs. Il en cite néanmoins quelques endroits dans le livre intitulé *De la gloire des confesseurs*, et dans la préface sur ce traité où il fait le catalogue de ceux qu'il avait déjà composés. Il place au septième rang le livre de la *Vie des Pères*, et au huitième celui de la *Gloire des confesseurs*; au contraire, dans le dixième livre de son *Histoire*, il place ce dernier avant l'autre. On ne peut guère lever cette difficulté bibliographique, qu'en disant qu'il avait déjà recueilli quelques Vies des Pères, lorsqu'il composa le livre de la *Gloire des confesseurs;* mais qu'il n'acheva ce recueil et ne le mit dans l'ordre où nous le voyons aujourd'hui, qu'après avoir fini son écrit de la *Gloire des confesseurs*. Il résulte de tout cela que ce traité a probablement eu le même sort que celui des *Miracles de saint Martin*, c'est-à-dire, qu'il aura été commencé des premiers et fini des derniers. Ce recueil est compris en vingt chapitres, qui contiennent les histoires particulières, et souvent assez amples, de vingt-deux saints et saintes de l'Eglise gallicane. Le lecteur comprendra facilement que nous ne nous arrêtions pas à les analyser. Ceux qui, dans ces derniers siècles, ont entrepris des collections de Vies des saints, comme Lipoman, Surius, Bollandus et ses continuateurs, dom Mabillon et tant d'autres, ont beaucoup puisé dans le livre des *Vies des Pères*, aussi bien que dans les autres écrits de saint Grégoire. On en a même imprimé séparément quelques morceaux détachés, entre autres la *Vie de saint Gal*, évêque de Clermont, qui parut à Francfort en un volume in-12, en 1623.

Miracles de saint André. — Il ne paraît pas qu'on doive hésiter à mettre au nombre des écrits de saint Grégoire le livre des *Miracles de saint André*. Il se trouve sous son nom, dans un manuscrit ancien d'environ six cents ans, et qui avait appartenu à la bibliothèque de Saint-Germain-des-Prés de Paris. C'est en partie sur ce fondement qu'à la suite des OEuvres de notre saint prélat, dom Ruinart en a publié la préface et la conclusion, avec deux chapitres qui n'avaient pas encore été imprimés. Il y a ajouté les titres des autres chapitres, au nombre de trente-cinq. On retrouve, tant dans cette préface que dans la conclusion, tout le génie et le style de saint Grégoire. Dans l'une, il avertit qu'il a extrait ce recueil d'un ouvrage plus ample et qui traitait avec prolixité des vertus du saint apôtre; dans l'autre il nous apprend qu'il était né, lui Grégoire, le jour même où la fête de ce saint était célébrée dans l'Eglise. Tout ce qu'on pourrait opposer à l'opinion qui lui attribue ce recueil, c'est qu'il ne se trouve point marqué dans le catalogue de ses écrits. Mais outre qu'il a omis également d'y insérer quelques autres traités qui lui appartiennent, sans aucun doute, ne peut-il pas avoir composé celui-ci après tous les autres? D'ailleurs, si l'on en excepte ce que dom Ruinart a publié de ce recueil, le reste n'est autre chose que la Vie apocryphe de saint André, que l'on trouve imprimée sous le nom d'Abdias de Babylone.

ÉCRITS PERDUS. — Saint Grégoire, à la fin du catalogue dans lequel il fait l'énumération de ses ouvrages, conjure ses successeurs d'apporter tous leurs soins pour les garantir du naufrage où tant d'autres avaient péri. Il ne voulait pas même qu'on en fît des abrégés, parce que pour cela il aurait fallu en sacrifier une partie. Seulement, à ceux qui avaient du goût et du talent pour la poésie, il permettait de les mettre en vers. Ses vœux n'ont pas été entièrement accomplis, et, malgré toutes ses mesures, il s'est perdu avec le temps quelques-unes de ses œuvres.

Ainsi, il ne nous reste plus que trois fragments de son *Commentaire sur les Psaumes;* l'un donné par Thomassin sur un manuscrit du Vatican, et où ce Père explique dans un sens figuré les divers titres que portent les psaumes; les deux autres ont été trouvés par dom Mabillon, dans un ancien recueil de passages manuscrits, *sur les vices et sur les vertus*. On a conservé longtemps ce recueil dans la bibliothèque de Saint-Martin de Tours. Saint Grégoire dit, en général, que tous les psaumes dans lesquels il est parlé de la fuite de David et des persécutions qu'il souffrit de la part de ses ennemis sont des figures de la Passion du Sauveur; que les psaumes qui sont intitulés: *Pour la fin*, doivent s'entendre de la perfection des bonnes œuvres, et que les psaumes qui portent en titre : *Pour ceux qui seront changés*, doivent s'interpréter du changement de la Synagogue en l'Eglise de Jésus-

Christ. Le dernier de ces deux fragments, donné par dom Mabillon, paraît être la conclusion de tout le commentaire. C'est une exhortation à la fuite des vices et à la pratique de la vertu. Il se termine par la doxologie avec l'*Amen* à la fin.

Il nous manque encore le traité que saint Grégoire nous déclare avoir composé sur les *offices de l'Eglise*. Il n'en est venu jusqu'à nous que la connaissance que nous en a conservée l'auteur dans les paroles suivantes: *De cursibus etiam ecclesiasticis unum librum condidi*. On peut juger du mérite de cet ouvrage perdu par l'importance des matières qu'il traitait : peut-être, avec son secours, eussions-nous acquis une entière connaissance de la liturgie gallicane.

Saint Sidoine, évêque de Clermont, avait composé un écrit sur le même sujet, en tête duquel saint Grégoire avait mis une préface de sa façon. Les malheurs des temps nous ont privés et de la préface et du corps de l'ouvrage, que le saint évêque de Tours désigne sous le titre de *Traité des messes*.

Notre savant prélat avait traduit en latin, avec le secours d'un interprète, le martyre des sept frères Dormants, qui reposent à Ephèse. On ne pourrait dire si cette traduction subsiste encore aujourd'hui. Surius, à la vérité, en a inséré une dans son recueil, mais on ne croit pas que ce soit celle de saint Grégoire. Ce qui en fait juger ainsi, c'est que la plupart des noms ne sont pas les mêmes dans la pièce de Surius et dans le livre de la *Gloire des confesseurs*, où le pieux évêque a fait un abrégé de l'histoire de ces sept frères. On trouve dans quelques manuscrits une autre histoire des sept Dormants, où les noms sont les mêmes que dans saint Grégoire ; mais, à cela près, on n'y découvre aucune donnée qui permette de la lui attribuer, d'autant plus que cette histoire manuscrite contient plusieurs choses qui paraissent pour le moins fort douteuses.

ECRITS SUPPOSÉS. — Quoique saint Grégoire ait pris la précaution de dresser un catalogue des écrits qu'il avait composés, on n'a pas laissé par la suite de lui en attribuer plusieurs qui ne lui appartiennent pas.

MM. de Sainte-Marthe lui donnent une *Vie de saint Nicolas*, évêque de Myre, en Lycie ; mais on ne doute nullement aujourd'hui que ce ne soit une faute des imprimeurs ou des copistes, qui auront lu *Nicolai* au lieu de *Nicetii*. Ce qui ne permet pas d'en douter, en effet, c'est qu'on invoque le témoignage de Vossius, qui ne parle nullement de cette prétendue *Vie de saint Nicolas*, mais seulement de saint Nicet, par saint Grégoire.

D'autres écrivains lui attribuent un livre des *Merveilles de saint Médard*, et Surius nous a donné une *Antienne* qui, dans son manuscrit, porte le nom de saint Grégoire. Cette antienne est en l'honneur de saint Médard et de saint Gildard, son frère, tous deux évêques ; mais c'est si peu de chose qu'on aurait pu se dispenser de l'attribuer à notre saint auteur. Il parle souvent, en effet, de saint Médard, de sa mort, de ses reliques, de ses miracles. Il cite même un livre des merveilles de ce saint évêque, mais il ne dit point qu'il ait écrit quelque chose pour en transmettre le souvenir à la postérité.

Saint Grégoire, en parlant des Actes que Pilate envoya à Tibère, pour lui rendre compte de ce qui s'était passé à la passion de Jésus-Christ et depuis sa mort, dit qu'on les voyait encore de son temps. Ils étaient très-communs dans le second siècle. Ceux que nous avons sont supposés. Le catalogue des manuscrits des rois d'Angleterre indique, sous le nom de saint Grégoire, un recueil d'Actes semblables distribués en quatorze livres et tirés tant des Evangiles que des écrits des saints Pères. On ignore quel est cet ouvrage. Saint Grégoire, dans sa préface sur le livre de la *Gloire des martyrs*, promet de parler des miracles de Jésus-Christ ; il le fait en peu de mots et en trois petits chapitres. S'il eût écrit un ouvrage tel que l'annonce ce catalogue, aurait-il oublié d'en parler dans l'énumération de ses écrits, ou ne l'aurait-il composé que sur la fin de sa vie. Peut-être lui a-t-on attribué les *Actes de Pilate* parce qu'il affirme qu'on les voyait de son temps. Dans ce cas-là l'erreur serait grossière.

Il n'y a rien de lui que la préface dans le livre du *Martyre de saint Julien*, encore n'est-on pas assuré que les *Actes* publiés par Dom Ruinart soient réellement ceux dont saint Grégoire s'est servi, et auxquels il a emprunté ce qu'il dit de ce martyr dans le livre de ses miracles.

On lit encore sous son nom dans plusieurs manuscrits et dans quelques imprimés, à la tête d'une *Vie de saint Maurille*, évêque d'Angers, une lettre adressée à saint Germain de Paris, dans laquelle Grégoire reconnaît avoir revu à sa prière les *Vies de saint Maurille et de saint Aubin*, écrites par Fortunat de Poitiers. Mais cette prétendue lettre porte avec elle tous les caractères de supposition et ne conserve plus aujourd'hui aucune autorité. Elle pourrait fort bien être de l'auteur anonyme que Rainon, évêque d'Angers, employa au commencement du xe siècle à retoucher la *Vie de saint Maurille*, en faisant des additions qui avaient besoin de paraître sous le nom de quelque auteur respectable. C'est sans doute en conséquence de cette fausse lettre qu'on lit à la fin de la *Vie de saint Aubin*, dans un manuscrit du même temps, et qui appartenait autrefois au monastère de Percy, en Bourgogne : *Explicit Vita B. Albini composita a B. Gregorio Turonicæ urbis episcopo*.

Si l'on s'arrêtait aux expressions de plusieurs écrivains du moyen âge, on croirait que saint Grégoire aurait composé lui-même un abrégé de son *Histoire* ; mais cet abrégé, si souvent cité sous son nom, n'est autre que celui de Frédégaire, dont nous avons rendu compte à son article. Quant aux *Gestes ou faits mémorables des Français et de Dagobert*, attribués à notre prélat, on convient que l'auteur est un moine de Saint-Denis qui écrivait longtemps après lui.

Enfin quelques écrivains ont attribué à saint Grégoire une *Vie de saint Yrier*, abbé en Limousin, sous le prétexte spécieux qu'on y découvrait quelques expressions qui lui étaient particulières. Mais si cela suffisait pour autoriser une pareille prétention, rien n'empêcherait de l'attribuer au Pape saint Grégoire le Grand, puisqu'on y lit également plusieurs passages de ses écrits. Nous ferons voir, du reste, en parlant de cette Vie en son lieu, qu'elle est l'ouvrage d'un moine d'Atane qui écrivait quelques années après les deux saints Grégoire.

JUGEMENT ET CRITIQUE. — Après ce que nous venons de rapporter des écrits de saint Grégoire, il nous semble impossible de révoquer en doute leur utilité. Ils ont des défauts, on en convient, mais ces défauts ne sont pas assez graves pour jeter du discrédit sur un aussi saint évêque, ni détourner de la lecture de ses ouvrages. Ses expressions sont dures, dit-on, peu correctes ; son style est bas et rampant ; on ne peut le lire sans dégoût et sans ennui ; il cite des histoires apocryphes, il en donne pour certaines qui ne le sont pas : il avance comme vrai ce qui est faux ; il relève des faits peu intéressants et charge sa narration de circonstances inutiles ; il est tombé dans diverses erreurs de chronologie ; enfin, crédule à l'excès, il donne pour miracles des événements fort ordinaires : voilà ce qu'objectent contre les écrits de saint Grégoire ceux qui veulent en affaiblir l'autorité.

Mais nous avons eu occasion d'observer déjà que la rusticité de style qu'on lui reproche était moins son défaut que celui de son siècle. Ne dit-il pas, en effet, que de son temps la culture des lettres était abandonnée en France, et que les plus simples traditions de la littérature étaient perdues ? C'était au point que les bons auteurs étaient à peine compris de quelques personnes, et que tout ce qui n'était pas écrit d'un style grossier et presque barbare était au-dessus de l'intelligence de la multitude. Il s'excuse lui-même, dans plus de vingt endroits de ses livres, de la rudesse et de la négligence de son discours, et nous devons l'en croire, quand il nous assure que ce n'est que dans la vue du bien général qu'il a surmonté la répugnance qu'il se sentait pour écrire, parce que, mieux que personne, il comprenait qu'il n'en avait pas les talents. Qu'on lise les lois, les lettres, les diplômes et les ordonnances des rois de son siècle, on n'y trouvera pas un style plus noble, plus élevé, plus correct, ni une latinité plus pure. On peut même dire qu'il a poussé l'humilité trop loin, en se présentant comme peu instruit des beautés de la langue dans laquelle il écrivait. Il y a dans ses écrits un grand nombre de passages où l'on voit qu'il avait profité de la lecture des bons auteurs, et que la langue grecque elle-même ne lui était pas étrangère, puisqu'il y a recours de temps en temps pour en tirer l'étymologie de certaines expressions latines. Fortunat, qui connaissait sa capacité, loue son éloquence et son érudition. Quiconque aura lu ses écrits sans préjugé ne pourra s'empêcher d'estimer sa sincérité, sa naïveté dans le récit des faits, et conviendra avec nous que sa narration n'est pas encore tout à fait dépourvue de toute espèce d'agréments.

Du reste, ces réserves faites, nous souscrivons sans peine au jugement qu'en a porté la postérité. On lui reproche des omissions graves (1). Par exemple, il ne dit pas un mot du concile national que Clovis fit célébrer en 511 dans Orléans, quoiqu'il soit constant que ce concile, dont nous avons encore les canons, ait eu lieu dans cette ville (2). Il ne donne presque jamais la date des événements qu'il raconte, de manière qu'on dispute encore aujourd'hui sur l'année à laquelle se rapportent plusieurs de ces événements. On pourrait encore, sans manquer à la vénération qui est due à sa mémoire, apporter dans l'examen de plusieurs faits de son histoire plus de critique qu'il n'en a mis à les transcrire. Des écrivains non suspects l'ont observé avant nous. Hilduin, abbé de Saint-Denis, l'écrivait au roi Louis le Débonnaire. « Il faut faire grâce à la simplicité du vénérable Grégoire de Tours, lequel, voyant les choses sous une autre face que celle de la vérité, a consigné dans ses livres bien des choses que lui dictait, non le désir de tromper, mais une confiance trompée. » Il passe pour être fort crédule en matière de faits merveilleux, dit un autre écrivain recommandable, Le Gendre, dans son *Jugement sur les ouvrages des historiens*. Ce qui n'empêche pas qu'on ne doive le connaître et qu'on ne puisse profiter beaucoup de sa lecture. Nous n'avons pas d'historien plus sûr, ni plus ancien sur cette époque de notre histoire ; et nous n'en connaissons rien que ce qu'il nous en a appris. Son style est dur, négligé, barbare même. L'auteur lui-même avait la bonne foi d'en convenir ; mais il attache par sa simplicité même. On aperçoit l'âme naïve de cet historien à chaque page de son histoire. Il dit ce qu'il a vu, ce qu'il a appris, sans art, sans grâce, et cette candeur aimable supplée à toutes les autres qualités.

La meilleure édition de ses œuvres complètes est celle que publia dom Ruinart, Paris, in-folio, 1699. Dom Bouquet l'a insérée dans sa grande *Collection des historiens de France*, après l'avoir revue sur des manuscrits inconnus à son confrère. L'abbé de

---

(1) Elles se trouvent suppléées par les savantes recherches du P. Le Cointe de l'Oratoire, dans ses *Annales ecclésiastiques de France* (ad ann. 417 et 595) ; par Duchesne, dans son édition de *Saint Grégoire de Tours*. Voyez DUBOS. *Disc. prélemin. de l'Hist. crit. de l'Etablissement de la monarchie française dans les Gaules*, pag. 30, édit. in-12, Paris, 1742 ; DANIEL, *Préface de son Hist.*, p. XLIII.

(2) *Conc. Labbe*, tom. IV, p. 1403 ; DUBOS, *supr.*, liv. IV, chap. XX, t. III, p. 386 ; RICHARD, *Analyse des Conc.*, t. I, p. 484.

Marolles, le plus infatigable et le plus médiocre de nos traducteurs, a donné, en 2 vol. in-8°, Paris, 1688, une version de son *Histoire*, qui, comme toutes celles qui sont sorties de sa plume, est rampante, infidèle, sans critique et sans goût. Les Œuvres originales et complètes de Grégoire de Tours avec l'appendice et les notes de dom Ruinart, ont été reproduites dans le *Cours complet de Patrologie*.

GRÉGOIRE, qui fut placé sur le siége patriarchal d'Antioche après la déposition et l'exil d'Anastase, avait embrassé la vie monastique, dès sa jeunesse, dans le monastère des Byzantins aux environs de Jérusalem, et s'y était tellement distingué, qu'il en avait été élu supérieur, dit Evagre son historien, dans un âge où il avait à peine de la barbe au menton. Depuis il gouverna le monastère de Pharan, d'où l'empereur Justin le fit passer à celui du Mont-Sina. Son gouvernement fut loin d'être tranquille ; attaqué par les Arabes du désert, il fut obligé de soutenir un siége contre eux ; mais il sut si bien se défendre qu'il procura à son monastère une paix solide. Il était ferme, courageux, d'un esprit fécond en ressources, et d'une pénétration merveilleuse, ce qui le faisait réussir dans toutes ses entreprises. Ses libéralités étaient si grandes, qu'il ne pouvait paraître en public sans réunir presque aussitôt autour de lui une foule innombrable. Le peuple, qui faisait plus de cas de lui que de tous les princes, courait pour le voir et l'entendre, car il avait tout ce qu'il faut pour conquérir l'estime et l'affection des hommes : un extérieur agréable, une grande vivacité d'esprit et une facilité d'élocution rare. Quoique d'un naturel ardent et un peu porté à la colère, il ne laissait pas de montrer beaucoup de douceur et de modestie ; ou, s'il laissait paraître quelque émotion, il savait l'apaiser presque aussitôt. Il oubliait aisément les injures, avait une grande compassion pour les pécheurs, et était doué du don des larmes. La première année de son patriarchat, les habitants de la Grande-Arménie, ayant secoué le joug des Perses qui les maltraitaient à cause de leur religion, envoyèrent supplier l'empereur Justin de les recevoir pour sujets, afin qu'ils pussent servir Dieu avec plus de liberté. Justin les reçut et traita avec eux. Chosroës s'en plaignit. L'empereur répondit qu'il ne pouvait abandonner des chrétiens qui avaient recours à des chrétiens. La guerre s'alluma entre ces deux princes. Les Perses ravagèrent les terres des Romains, et s'avancèrent jusqu'à Antioche, qui fut abandonnée de presque tous ses habitants. Le patriarche s'enfuit comme les autres, et l'empereur fut tellement consterné de tous ces événements, qu'il en perdit l'esprit. Ceci se passait vers l'an 572 ; mais Tibère, successeur de Justin, rétablit les affaires de l'empire. Les Perses furent vaincus, et Chosroës, contraint de fuir devant les armées romaines, en mourut de chagrin en 589. Grégoire accusé par Astérius, comte d'Orient, se justifia si bien, qu'il fut renvoyé absous. Ce comte périt dans un tremblement de terre arrivé à Antioche la même année, sans que Grégoire eût couru aucun danger. Quelque temps après, l'empereur Maurice chargea ce patriarche de ramener au devoir l'armée d'Orient, qui s'était révoltée. Or il s'était acquis une grande autorité sur les soldats, en donnant de l'argent aux uns, des vivres et des habits aux autres, lorsqu'après leur enrôlement ils avaient passé sur ses terres. Il assembla donc les principaux de l'armée à Litarbe, à quinze lieues d'Antioche, et quoique fatigué par une indisposition qui ne lui permettait pas de se lever de son lit, il les harangua avec tant de force, et accompagna son discours d'une si grande abondance de larmes, qu'il ne lui fallut qu'un moment pour les changer.

« Romains, leur dit-il, plus Romains encore d'effet que de nom, j'avais cru que vous viendriez me trouver pour me communiquer l'état présent de vos affaires, et prendre avec moi une résolution conforme à l'affection que j'ai pour vous, et dont je vous ai donné des preuves, dès le temps où, après avoir apaisé vos divisions, j'en ai prévenu les tristes conséquences, en vous envoyant des vivres. Mais peut-être la divine Providence ne l'a-t-elle pas permis, moins pour faire connaître votre courage dans la défaite des Perses, que pour montrer l'ardeur du zèle dont vous brûlez pour le service de l'empire, en prouvant que la colère ou la haine que vous avez conçue contre vos généraux n'empêche pas que vous préfériez le bien de l'Etat à toute autre considération. Voyons donc maintenant ce qu'il y a à faire. L'empereur vous offre d'oublier le passé, et regarde le zèle et le courage dont vous avez fait preuve dans le dernier combat, comme des marques certaines du repentir que vous éprouvez de votre faute. Il vous assure l'amnistie et vous promet des effets de sa clémence, parce qu'il pense que, si Dieu a accordé la victoire à l'amour que vous avez pour le bien de l'empire, il ne peut se dispenser de suivre ce jugement. Le cœur du roi est dans la main de Dieu ; il le tourne comme il lui plaît. Suivez donc mon avis, et ne laissez pas échapper l'occasion qui se présente ; une fois partie, elle ne revient plus, comme si elle avait dessein de se venger par là du mépris qu'on a fait d'elle. Imitez l'obéissance de vos ancêtres comme vous imitez leur valeur, afin qu'on ne puisse vous accuser d'avoir dégénéré d'aucune de leurs vertus. C'est par cette valeur jointe à l'obéissance qu'ils ont soumis l'univers à la puissance des consuls et des empereurs. Manlius Torquatus couronna la valeur de son fils et punit sa désobéissance ; car, pour achever heureusement les grandes entreprises, il faut que la conduite des chefs soit suivie de la soumission des soldats. Sans cet heureux assemblage, on ne saurait jamais rien exécuter d'extraordinaire. Croyez-moi, suivez sans différer les avis d'un évêque, qui, plus que personne, peut ménager la réconciliation entre l'empereur et l'armée. Montrez, par votre promptitude à vous rendre à mes avis, que vous n'avez point agi par esprit de révolte, mais par un juste ressentiment des mauvais traitements que vous aviez reçus. Si vous refusez de revenir, j'aurai du moins satisfait à la double affection que j'éprouve et pour vous et pour les intérêts de l'empire; mais c'est à vous de vous rappeler quelle est la fin ordinaire des rébellions et des usurpations injustes de la souveraineté légitime. Comment sortirez-vous d'embarras? Il est impossible que vous demeuriez unis. Vous ne sauriez avoir des vivres, ni jouir des autres commodités que la mer procure à la terre, sans prendre les armes contre des chrétiens, et sans vous porter à d'horribles excès. Quelles en seront les suites? Si vous vous dispersez, la justice de Dieu vous poursuivra en tous lieux. Entendons-nous donc, et considérons ce qu'il y a de plus avantageux pour l'État et pour vous. Que la circonstance de ce temps consacré à la mémoire de la passion et de la résurrection du Sauveur, serve à votre réconciliation. »

Après ces paroles de Grégoire, les soldats, émus comme si Dieu les avait touchés, demandèrent à sortir pour délibérer ensemble sur ce qu'il y avait à faire; puis ils vinrent dire à l'évêque qu'ils se remettaient entre ses mains. L'évêque leur proposa de demander Philippique pour général, suivant les intentions de l'empereur; mais ils répondirent qu'ils s'étaient engagés par un serment solennel à ne le reconnaître jamais. Alors Grégoire leur répondit sans hésiter : « Je suis évêque par la miséricorde de Dieu, j'ai le pouvoir de lier et de délier sur la terre et au ciel; » et il leur rapporta les paroles par lesquelles le Sauveur conféra ce pouvoir à ses apôtres; voulant ainsi leur faire entendre qu'il pouvait les absoudre de leur serment. Les soldats y consentirent. Il fit des prières pour les réconcilier avec Dieu, et leur donna le corps de Jésus-Christ; puis, ayant fait étendre sur l'herbe des nattes où ils s'assirent, il les traita tous à souper, quoiqu'ils fussent au nombre de deux mille. C'était le lundi de la semaine sainte; il s'en alla le lendemain après être convenu avec eux qu'ils s'assembleraient où ils le jugeraient à propos. Ils se rendirent d'eux-mêmes à Antioche, où l'évêque avait fait venir Philippique. Les soldats se mirent à genoux devant ce général, en prenant pour intercesseurs ceux qui venaient de recevoir le baptême. Ils le suivirent ensuite contre les Perses, et l'empereur voulut que Grégoire les accompagnât. Nicéphore a rapporté ce discours d'après Évagre, mais en y changeant quelques expressions.

Autre discours. — Nous avons du même évêque un autre discours sur la sépulture de Jésus-Christ, et sur les saintes femmes qui achetèrent des parfums pour embaumer son corps. Il le prononça dans un cimetière situé hors de la ville d'Antioche. Ce n'est presque qu'un tissu des paroles de l'Évangile qu'il paraphrase en y mêlant de courtes explications. Il marque dans un endroit que les cérémonies qui se pratiquaient au baptême, l'onction sainte et la communion du corps et du sang de Jésus-Christ; dans un autre, que la divinité, depuis son union avec le corps et l'âme de l'homme, ne les a jamais abandonnés, pas même le corps lorsqu'il était dans le tombeau; c'est elle qui le garantit de la corruption. C'est le P. Combéfis qui nous a conservé ce discours.

En 593, Grégoire fut envoyé à Chosroès, roi des Perses, qui fut émerveillé de la beauté de ses présents, et de la sagesse de ses conseils. Ce prince, de son côté, lui fit cadeau d'une croix enrichie d'or et de pierreries, que l'impératrice Théodora, femme de Justinien, avait autrefois donnée à l'église de saint Serge, martyr, et que Chosroès, son aïeul, avait enlevée depuis, avec quantité d'autres trésors. Il lui donna encore une autre croix avec une inscription grecque qui portait qu'ayant obtenu de saint Serge la défaite de Zadespras, son ennemi, il avait, en reconnaissance, fait faire cette croix pour être envoyée à l'église du saint martyr. Grégoire, ayant reçu ces deux croix, les déposa en effet dans cette église. Chosroès envoya depuis d'autres présents, entre autres, une patène et un calice à l'usage des saints mystères, une croix pour être dressée sur le tabernacle, et un encensoir, le tout d'or massif. Il y avait sur la patène une inscription où il disait qu'encore que les lois du paganisme lui défendissent d'épouser une chrétienne, il avait toutefois épousé Sira, dans l'espérance que sa dévotion envers saint Serge lui servirait d'excuse. Évagre, qui rapporte tous ces faits, remarque que Dieu tira de bons discours de la bouche d'un prince païen, comme autrefois il avait prédit l'avenir par la bouche de Balaam, qui était un faux prophète. Grégoire, après en avoir obtenu la permission de l'empereur, alla visiter les solitudes de la frontière, où les erreurs de Sévère avaient fait de grands ravages. Il convertit des bourgs entiers et ramena beaucoup de monastères à l'unité de la foi. De là il accourut pour assister aux derniers moments de saint Siméon Stylite le jeune, mais il arriva trop tard. Il mourut lui-même quelque temps après de la goutte, dont il était fort tourmenté. On place sa mort en 593. Évagre finit son histoire en disant qu'il avait recueilli en un volume quantité de lettres, de relations, d'ordonnances, de harangues et de disputes sous le nom de Grégoire, évêque d'Antioche. Il loue ailleurs sa facilité à faire des vers, et dit qu'il s'était acquis en ce genre une grande réputation, mais il ne cite aucune de ses poésies; c'est pour cela que nous hésitons à lui attribuer, avec dom Ceillier, la tragédie du *Christ souffrant*, publiée jusqu'ici parmi les œuvres de saint Grégoire de Nazianze, quoique les critiques les plus judicieux la lui aient, ce nous semble, victorieusement contestée. (Voyez l'article que nous avons consacré à cette discussion, à la fin de l'analyse des Œuvres de cet éloquent docteur.)

GRÉGOIRE, qu'on croit être né dans la Thrace parce qu'il y possédait des terres, se mit d'abord sous la discipline d'un ancien moine, nommé Epiphane, homme d'expérience et de vertu, qui lui fit toucher du doigt la vanité des choses du monde et lui apprit à les mépriser. A la mort de ce vieillard, en 931, Grégoire prit pour maître Basile, anachorète devenu célèbre par sa sainteté et ses miracles. Il ne demeurait pas habituellement avec lui, mais il allait le voir de temps en temps pour recevoir ses instructions. Dans sa dernière visite, le saint lui prédit qu'il ne le verrait plus. C'était quelques jours avant le carême ; Grégoire s'en retourna fort affligé. Il passa cette sainte quarantaine selon sa coutume, sans sortir de sa maison, appliqué au jeûne, à la prière et à de saintes lectures. Le troisième jour après Pâques, il courut à la cellule de Basile, dans l'espérance de le trouver encore vivant; mais ceux qui le servaient lui apprirent qu'il était mort au milieu du carême, après avoir célébré la fête de l'Annonciation et reçu les saints mystères.

Grégoire crut devoir à l'édification publique de faire connaître les grandes actions de son maître. Il divisa son ouvrage en deux parties. Dans la première il rapporte ce qu'il en avait appris de personnes dignes de foi, et dans la seconde, ce dont il avait été lui-même le témoin. Cette Vie a paru si intéressante par les vertus qu'elle retrace et par les lumières qu'elle peut répandre sur les règnes de Basile le Macédonien et de ses successeurs Léon, Alexandre et Constantin Porphyrogénète, que Bollandus l'a publiée en grec et en latin à la fin de son troisième volume du mois de mars. Grégoire avait également composé un livre des *Miracles de saint Basile*, mais il n'a jamais été imprimé.

GRÉGOIRE, d'abord moine, ensuite évêque de Terracine, doit figurer dans le catalogue des hommes illustres du Mont-Cassin, autant par ses grandes qualités personnelles que par ses écrits. Doué d'un esprit vif, d'une mémoire heureuse, grave, doux, éloquent, on l'appelait quelquefois la colonne de l'Eglise. Il avait été consacré dès son bas âge dans ce monastère. Pascal II, informé de sa vertu et de son érudition, le fit évêque de Terracine, où il rétablit la discipline et le bon ordre. Il assista en 1106 au concile de Guastalla, et souscrivit en 1126 la bulle que le Pape Honorius II accorda à l'Eglise de Pise. Comme il était encore moine du Mont-Cassin, il écrivit les Actes des saints Casto et Cassius; ceux de sainte Restitute, vierge et martyre, et la Vie de saint Gérard, confesseur. Il composa des homélies pour toutes les fêtes de l'année, et une en particulier pour le jour de l'Assomption de la sainte Vierge. Comme il se mêlait aussi de poésie, on a de lui des *hymnes en l'honneur des saints Caste et Cassius*; un *poëme sur les pèlerins qui allaient visiter le tombeau du Seigneur*, et sur *la prise de Jérusalem par les Croisés*; un autre *sur l'histoire de Jonas*; des vers *pour la dédicace des églises*, *pour la fête de Pâques*, et celle de saint André. On conserve à Mont-Cassin une *Histoire de la croisade, sous Urbain II, et de la prise d'Antioche et de Jérusalem par les Croisés*. Elle commence par faire connaître Pierre l'Ermite, chef de cette entreprise, et continue le récit des événements jusqu'au règne de Baudouin. Quelques uns attribuent cet ouvrage à Grégoire de Terracine. Dans ce cas il faudrait lui attribuer deux histoires de la croisade, l'une en prose et l'autre en vers.

GRÉGOIRE, autre moine de Mont-Cassin et depuis évêque de Sinuesse, écrivit en vers la prise et la ruine de ce monastère, apparemment lorsqu'il fut ravagé par les Sarrasins. Son poëme était en forme de dialogue, entre saint Benoît et ses religieux. Grégoire composa encore quelques opuscules poétiques que l'on conserve dans la bibliothèque de Mont-Cassin, comme des monuments de son esprit, de son savoir et de son éloquence. On met sa mort vers l'an 1120.

GRIMALAIE est un nom commun à deux prêtres qui ont vécu l'un et l'autre sous le pontificat du pape Formose; l'un est auteur de la *Règle des solitaires*, et l'autre l'avait probablement prié de l'écrire, puisqu'elle lui est dédiée. Il paraît que l'auteur de cette *Règle* vivait en France, puisqu'il se sert d'exemples empruntés aux Vies de saint Arnoul de Metz et de saint Philibert de Jumièges. Dès sa jeunesse il s'était appliqué à l'étude des lettres humaines, mais sans y faire de grands progrès. Il avança davantage dans la science des saints, surtout lorsqu'après avoir découvert au prêtre Grimalaïe les défauts qu'il croyait voir en lui-même, il se mit par son ordre à lire les écrits des saints et les différentes règles monastiques pour s'en faire une qui lui fût propre. Il prit beaucoup à la règle de saint Benoît; mais, ayant à former moins des cénobites que des reclus, il y ajouta différentes pratiques dont cette règle ne fait aucune mention.

La *Règle* de Grimalaïe est divisée en soixante-neuf chapitres sans compter le prologue. Il était d'usage de ne permettre aux moines de vivre en reclus, qu'après qu'ils s'étaient fortifiés dans la vertu en menant une vie commune et cénobitique. Ils pouvaient s'enfermer, soit dans des cellules contiguës aux monastères, soit dans des lieux déserts et éloignés des villes. Ils renonçaient à tous leurs biens sans en rien réserver. Celui qui désirait mener la vie de reclus ne pouvait le faire sans le consentement de l'évêque ou de l'abbé et des moines du monastère dans lequel il avait été élevé. La permission obtenue, il passait un an entier avec les frères dans l'enceinte du monastère, s'il était moine, ou deux ans s'il n'était que laïque, sans pouvoir sortir du cloître que pour aller à l'église. Après le temps d'épreuve, il promettait dans l'oratoire, en présence de l'évêque et de tout le clergé, la stabilité et la conversion de ses mœurs ; puis, lorsqu'il était entré dans la cellule qui lui était destinée, l'évêque en scellait la porte de son sceau. Cette cellule était très étroite et entourée de si bons murs qu'il ne pouvait sortir ni laisser entrer personne ; mais il avait dans l'intérieur de son enceinte tous les bâtiments nécessaires pour subvenir aux besoins de la vie. S'il était prêtre, il trouvait au-dedans un oratoire consacré par les mains de l'évêque, d'où, par une fenêtre qui donnait dans l'église du monastère, il pouvait s'unir au sacrifice des prêtres, entendre le chant et la lecture, psalmodier avec les frères, et rendre réponse à ceux qui avaient à lui parler. Il y avait dans le voisinage de sa cellule un jardin où il pouvait prendre l'air, cultiver des légumes ou des racines et en faire usage. Autant que possible, les reclus n'étaient jamais moins que deux ou trois ensemble dans le monastère ; mais ils avaient chacun leur cellule à part ; ces cellules étaient rapprochées de façon qu'ils pouvaient se parler par la fenêtre. Comme on ne les admettait à ce genre de vie que lorsqu'ils étaient bien instruits des vérités de la religion, ils s'en occupaient non-seulement pour leur propre édification, mais aussi pour celle des autres, et ils poussaient l'étude jusqu'à se rendre capable de réfuter les ennemis de la foi, hérétiques, juifs ou païens.

Il arrivait même quelquefois que les séculiers venaient les consulter sur des cas de conscience. Si c'étaient des femmes, ils ne pouvaient les écouter que dans l'église et en présence de tout le monde. Il leur était permis de communier ou de célébrer la messe tous les jours, pourvu qu'ils y apportassent les dispositions nécessaires. Il leur était permis d'admettre à leur table les pauvres et les étrangers, et, à leur défaut, quelques-uns de leurs frères. Leur nourriture était la même que des autres moines, une livre de pain par jour, deux mets cuits, avec la liberté d'en ajouter un troisième dans le temps des nouveaux fruits. Pour l'ordinaire ils ne mangeaient que des légumes et des racines, quelquefois des œufs, du fromage et des petits poissons ; ce qu'ils regardaient comme de grandes délices. Quant à la mesure de la boisson, Grimalaïe suit la règle de saint Benoît. Les infirmes usaient de viandes, ou du moins ils en avaient la liberté. On ôtait même le scellé de leur porte afin qu'ils pussent recevoir la visite de leurs frères. Il s'en tient aussi à la règle de saint Benoît pour les vêtements des reclus. Il leur défend de nourrir leur barbe et leurs cheveux, surtout aux ministres des autels ; mais on les rasait plus rarement que les autres moines, une fois en quarante jours. Il était permis à chaque reclus d'avoir un ou deux et au plus trois disciples. Les heures étaient réglées pour la prière, la lecture et le travail des mains. En tout temps ils priaient et lisaient depuis le matin jusqu'à l'heure de tierce, c'est-à-dire jusqu'à huit heures ; et depuis tierce jusqu'à none, c'est-à-dire jusqu'à trois heures après midi, ils travaillaient des mains. Puis ils revenaient à la prière et à la lecture jusqu'à vêpres. Depuis Pâques jusqu'à la Pentecôte ils mangeaient deux fois le jour, prenant leur premier repas à l'heure de sexte, ou à midi, excepté les jours de mercredi et de vendredi, où ils ne mangeaient qu'à trois heures. Le chapitre qui fixe les heures du repas est presque entièrement tiré de la règle de saint Benoît. En cas de maladie on ouvrait la porte du reclus pour le soulager ; mais on ne lui permettait pas de sortir. Il pouvait avoir une baignoire dans sa cellule, et, s'il était prêtre, s'y baigner quand il jugeait à propos : car on regardait la propreté extérieure comme convenable pour approcher des saints mystères. La *Règle* de Grimalaïe fut imprimée en un volume in-16, à Paris, chez Edmond Martin, en 1653.

GRIMALD ou GRIMOLD, frère de Hetti, archevêque de Trèves, fit profession de l'état monastique dans l'abbaye de Richenou, où, après avoir étudié les belles-lettres sous Regimbert, il les enseigna lui-même. Ermenric l'appelle son maître et se donne le titre de son disciple dans le *Traité de l'amour de Dieu et du prochain*, qu'il lui adressa plus tard. Grimald fut envoyé avec Talton, en 818, vers saint Benoît d'Aniane, pour apprendre de lui les maximes de la discipline régulière. Valafride Strabon lui dédia quelques-uns de ses ouvrages, et Raban Maur son *Martyrologe* ; ce qui prouve l'estime que lui portaient les savants. Il n'était pas moins considéré de Louis de Germanie, qui, après l'avoir eu pour archichapelain, le nomma, en 841, abbé de Saint-Gall. Ce fut le seul titre qu'il conserva jusqu'à sa mort, arrivée le 13 juin 872 ; car il avait résigné tous ses autres bénéfices. On a peu de productions de sa plume.

Sacramentaire. — Son principal ouvrage est un *Commentaire sur le Sacramentaire du Pape saint Grégoire*. Grimald revit le texte original, le purgea de diverses additions qu'on y avait faites, et y ajouta par forme d'appendice plusieurs préfaces, oraisons, collectes, exorcismes et bénédictions, qu'il trouva dans les auteurs plus anciens que le saint pontife. On remarque que les formules de bénédictions épiscopales qu'il y inséra ne sont ni de l'institution de l'Eglise romaine, ni conformes à ses rites. Rotrade, prêtre du diocèse d'Amiens, travailla sur le même dessein, mais son ouvrage n'a jamais été imprimé. On n'en connaît que quelques passages, cités par Hugues Ménard. Celui de Grimald fut publié par les soins de Pamélius, avec quelques autres écrits liturgiques latins, in-4°, Cologne, 1571. — Baluze, dom Mabillon et dom Bernard Pez ont donné une lettre de Grimald et de Talton, adressée à leur ancien maître Régimbert. Ils lui annoncent une copie de la règle de saint Benoît, tirée sur l'original, avec trente-un règlements nouveaux pour en expliquer le texte. Ils avaient pris ces règlements dans quelques conciles, mais principalement dans les statuts dressés par les abbés de l'ordre, réunis en concile à Aix-la-Chapelle. Avant la tenue de ce concile, saint Benoît avait fait quelques règlements pour établir l'uniformité de pratiques dans tous les monastères. Ces règlements sont rapportés dans le tome II des *Capitulaires*, et dans le tome V des *Actes de l'ordre*, avec une lettre de deux moines de Richenou à leur abbé. On voit qu'ils avaient été envoyés en France pour observer la discipline suivie parmi les moines, et particulièrement parmi ceux d'Aniane; et cette discipline est la même représentée dans les douze statuts dont nous venons de parler, ce qui prouve que cette lettre était de Grimald et de Talton, tous deux moines de Richenou. Ces deux lettres, avec les statuts, ont été imprimés à Paris en 1726, dans le recueil intitulé : *Ancienne discipline monastique*.

GRIMALD, poëte du même siècle, à qui la beauté et la douceur de ses vers firent donner le surnom d'*Homère*, ne doit pas être confondu avec le précédent. On ne connaît de lui d'autre production que la *Vie de saint Gall*. Voici à quelle occasion il la composa : Gatzbert, abbé de saint Gall, avait chargé Valafride Strabon de mettre en vers la Vie de ce saint fondateur. Strabon la commença et mourut sans l'avoir achevée. Gatzbert fit venir Ermenric, moine de Richenou, pour la continuer; mais la lenteur qu'il mit à s'acquitter de ce travail obligea cet abbé à jeter les yeux sur Grimald, qui acheva l'ouvrage. Dans un poëme que lui dédia Valafride Strabon, on voit que Grimald, quoique à la cour, n'aimait que la retraite et l'étude, et qu'on lui donnait la qualité de maître, soit qu'il y enseignât les belles-lettres, ou qu'il les eût professées ailleurs.

GRIMOALD DE SAINT-MILHAN. — Il est peu d'écrivains espagnols qui n'aient parlé avec éloge de Saint-Dominique, abbé de Silos, et il n'est presque point d'église en Espagne où sa mémoire ne soit en vénération. Sa Vie fut écrite par un moine de Cluni, nommé Grimoald, qui était passé en France, au monastère de Saint-Milhan de la Cuculle, dans l'ancienne Navarre, quelque temps après la mort du saint abbé, arrivée en 1073. Grimoald n'avait donc pas été témoin des faits qu'il raconte; mais il les avait sans doute appris de Fortunion, abbé de Silos, et des moines de sa communauté, qui l'avaient chargé d'écrire cette Vie. Ce qu'il y dit de la translation des reliques de saint Dominique, sur la fin du XIe siècle, est une preuve qu'il ne mit la dernière main à son ouvrage qu'après cette cérémonie. Il paraît même que l'abbé Fortunion avait pris occasion de ce fait pour engager Grimoald à composer son travail. Quoi qu'il en soit, Jean Tamayo de Salasar l'a inséré dans le *Martyrologe d'Espagne*, et dom Mabillon au tome IXe des *Actes de l'ordre de Saint Benoît*. Elle est écrite avec élégance, et on remarque la même pureté de style dans l'*Histoire de la translation de saint Félix, prêtre et confesseur en Espagne*, composée par le même auteur. On lui attribue encore d'autres Vies de saints, et une traduction en langue vulgaire de tous les livres de la Bible, et des *Morales* de saint Grégoire *sur Job*, qui furent conservées longtemps dans la bibliothèque de l'abbaye de Saint-Milhan.

GROSSULAN, nommé archevêque de Milan en 1102, mit le trouble dans cette Eglise. Il était le chef des simoniaques de la ville, et s'efforçait d'intimider par ses menaces ceux qu'il ne pouvait attirer à son parti par des caresses. Il assembla un concile provincial pour empêcher Luitprand, et ceux qui partageaient ses sentiments, de combattre la simonie. Mais cette tentative ne lui réussit point. Luitprand l'accusa en pleine assemblée d'avoir obtenu l'archevêché par brigue et à force d'argent, et s'offrit de passer par les flammes pour vérifier le crime dont il l'accusait. Il fit lui-même les frais du bûcher. L'épreuve proposée était loin d'être du goût de l'archevêque; mais, voyant le peuple le charger de malédictions à cause de ses délais et de ses refus, il fit tellement charger les deux piles de bois disposées en long, et ménagea au milieu un passage tellement étroit, que Luitprand ne pouvait échapper à la violence du feu que par un miracle. Il entra nu-pieds, revêtu de ses habits sacerdotaux, et passa à travers les flammes sans que lui ni ses vêtements eussent souffert aucun dommage. On s'aperçut seulement que sa main avait reçu quelque atteinte du feu au moment où il y jetait de l'eau bénite et de l'encens. Il n'en fallut pas davantage aux partisans de l'archevêque pour déclarer l'épreuve insuffisante. Grossulan trouva moyen de se maintenir sur son siége, qu'il occupait encore en 1110, sept ans après l'épreuve du feu. Il partit la même année pour la visite des lieux saints, et mit deux ans à accomplir ce pèlerinage. Les chanoines de la cathédrale, jugeant son absence trop longue, élurent, en 1112, Jordan de Clino pour gouverner son Eglise. A son retour Grossulan s'accommoda avec le nouvel archevêque et, moyennant une somme d'argent, il se retira à Plaisance, dans le monastère de Saint-Marc, dépendant de la congrégation de Vallombreuse. Il se trouva avec Jordan au concile de Latran, en 1116. Jordan y fut maintenu sur le siége de Milan, et lui envoyé à l'évêché de Savone, qu'il avait occupé avant d'être élu archevêque. Mais il préféra rester à Rome, dans le monastère de Saint-Sabas, où il mourut le 6 août 1117.

On a de lui un *Traité de la procession du Saint-Esprit*. Il se trouve parmi les manuscrits de la bibliothèque du roi, sous le nom de Pierre Grossulan. Trithème lui attribue encore un *Traité de la sainte Trinité*, des *Lettres*, des *Sermons* et divers autres écrits qu'il ne spécifie pas, parce qu'il ne les avait pas vus. Baronius croit que Grossulan fut envoyé par le Pape Pascal II, vers l'empereur Alexis Comnène, et que, pendant son séjour à Constantinople, il disputa avec les Grecs sur la procession du Saint-Esprit. Allatius dit la même chose. Cependant on ne voit point sur quoi cette légation est fondée, et il n'en est rien dit dans les historiens du temps. Mais puisque, selon Landulphe, Grossulan alla en Orient vers 1110, et qu'il y demeura deux ans, il est vraisemblable que ce fut à l'occasion de quelque dispute avec les Grecs qu'il écrivit son *Traité de la procession du Saint-Esprit*. Il fut réfuté par le moine Jean de Fourne et par quelques autres. Sa réponse se trouve à la Bibliothèque du roi. On possède aussi dans celle de Milan un discours intitulé : *Du chapitre des moines*. Trithème porte un jugement très-avantageux sur Grossulan et ses ouvrages, dont il ne paraît cependant avoir eu connaissance que par les éloges des autres.

GUAIFER, moine du Mont-Cassin, sur la fin du XIᵉ siècle, illustra cette abbaye, moins encore par sa naissance distinguée que par sa sagesse et son savoir. Depuis quelque temps on avait découvert à Troyes, dans la Pouille, le corps de saint Secondin, en bâtissant l'Église de Saint-Marc. L'évêque Étienne pria alors Didier, abbé de Mont-Cassin, qui plus tard devint Pape sous le nom de Victor III, d'engager Guaifer à mettre par écrit les circonstances de cette invention, en y ajoutant la Vie du saint. L'écrit de Guaifer se lit dans le tome VII de l'*Italie sacrée*, par Ughelli, et dans Bollandus. L'auteur appelle l'évêque Étienne son frère et son coévêque, ce qui donne lieu de croire qu'il était revêtu lui-même de l'épiscopat. Cependant Pierre ne le qualifie que de moine, soit dans sa *Chronique*, soit dans son *Catalogue des hommes illustres*. Guaifer remarque dans cette Histoire que quelques-uns ayant exprimé des doutes sur la sainteté et l'authenticité de ses reliques, on en fit la preuve en les faisant passer par le feu.

GUALDON, était moine de Corbie au diocèse d'Amiens, et non de Corwei en Saxe, comme quelques auteurs modernes l'ont prétendu. Il continua la chaîne des hommes de lettres dans son monastère, et, malgré le malheur des temps, il contribua à perpétuer les bonnes études, par le soin qu'il prit d'en diriger les écoles. Ducange ne le fait fleurir que vers 1070; mais on possède des preuves qu'il écrivait dès 1050, ou au plus tard 1051.

Nous avons de Gualdon une *Vie de saint Anschaire*, premier archevêque de Hambourg et de Brême. Cette Vie est écrite en vers hexamètres. Gualdon l'entreprit à l'occasion des reliques de ce saint, qu'Adalbert, élu archevêque de la même Église en 1043, avait envoyées à Corbie, pour renouveler avec l'abbé Foulques l'ancienne confraternité qui existait entre les religieux de cette maison et le clergé de Hambourg. L'ouvrage fini, Gualdon l'envoya à Adalbert, dont il fait un grand éloge dans sa préface. A part cette longue préface, dont le sujet appartient à l'auteur, le reste de l'ouvrage n'est presque autre chose que le texte de saint Rensbert, premier historien du saint évêque de Hambourg, mis en vers plats, incorrects et barbares, comme on les faisait à cette époque. Gualdon s'y livre de temps en temps à quelques digressions. Il y en a une entre autres dans laquelle il prie Adalbert de faire confirmer par le Pape les priviléges de Corbie. On a ici une preuve non équivoque que l'auteur écrivait avant l'année 1052, époque où le Pape Léon IX confirma en effet ces priviléges, peut-être à la prière d'Adalbert. L'ouvrage de Gualdon a presque toujours été imprimé à la suite de celui de saint Rensbert. Il a paru pour la première fois en 1652 à la suite des *Origines de Hambourg*, par les soins de Lambécius, à qui dom Luc d'Achery en avait communiqué une copie. Il fut réimprimé à Stokolm en 1677. Henschénius le fit entrer dans le premier volume de février de la continuation des Bollandistes, où il se trouve accompagné de notes et d'observations historiques et critiques. Enfin dom Mabillon en a fait imprimer la préface avec les quatre premiers nombres du premier chapitre de l'ouvrage. Il en copie cependant ailleurs quelques autres vers, quand ils reviennent à son sujet.

GUARNIER, ou plutôt GARNIER, abbé de Rebais, dont le nom ne se trouve point dans le catalogue des abbés de ce monastère, est auteur d'un ouvrage en vers rimés que dom Mabillon déterra dans un manuscrit de l'abbaye de Gombleurs et dont il a fait imprimer vingt-trois vers. Ce nom cependant y est supposé, puisque ces catalogues présentent un Garnier, second du nom, qui eut Josselin pour successeur, au commencement du XIIIᵉ siècle. De là nous conjecturons avec quelque fondement que Garnier 1ᵉʳ appartient plutôt au Xᵉ siècle qu'aux deux siècles suivants, où ces sortes de catalogues étaient moins défectueux et plus exactement remplis. Du reste la poésie rimée était assez dans le goût de cette époque. Celle de Garnier, qui ne forme rien moins qu'un long poëme sur saint Vincent de Saragosse, n'a rien au-dessus de la versification des autres poëtes de son temps, sinon que les rimes en sont beaucoup plus heureuses. On y trouve quelquefois jusqu'à cinq vers de suite sur la même rime.

GUÉRIN DES ESSARTS et GUÉRIN DE SÉEZ — Guérin, fils de Robert et de Gizelle, naquit l'an 1075 au bourg des Essarts, dans le diocèse de Lisieux, et en retint le surnom. A l'âge de vingt ans, il embrassa l'état religieux dans l'abbaye d'Ouche ou de Saint-Évroult, située à trois lieues de sa patrie. L'abbé Roger du Sap, qui avait reçu ses vœux, le fit nommer à sa place en 1123, après s'être démis volontairement. Guérin, plein d'attention pour son vénérable prédécesseur, continua de lui être soumis comme un disciple à son maître pendant les trois ans qu'il vécut encore. Du reste, il était modeste avec tout le monde, sans préjudice néanmoins de son autorité, qu'il sut toujours faire valoir pour le maintien du bon ordre. Quoiqu'il fût éloquent et qu'il possédât une science approfondie des matières ecclésiastiques, il se faisait un devoir cependant d'écouter ceux qui en parlaient. Il assista en 1128 au concile que Matthieu, évêque d'Albane et légat du Pape, tint à

Rouen, en présence d'Henri Iᵉʳ, roi d'Angleterre, et défendit ses priviléges et ceux des autres abbés ses confrères, contre les prétentions des évêques. Il mourut le 18 juin 1137, dans la 66ᵉ année de son âge. Orderic Vital, qui avait été son condisciple et son religieux, parle de lui dans les termes les plus flatteurs.

L'abbé Guérin est auteur d'une espèce de *Théologie* composée de textes de l'Ecriture et de la tradition, ouvrage qui n'existe plus et dont le souvenir est conservé dans un catalogue de l'abbaye de Saint-Evrault, dressé vers l'an 1140. Il y est énoncé sous ce titre : *Sententiæ Guarini abbatis*. Cette compilation ne doit pas être confondue avec celle d'un autre Guérin, qui se trouve marquée dans le même catalogue en ces termes : *Sententiæ Guarini Sagii cum sententiis Origenis super Cantica*. Guérin des Essarts et Guérin de Séez étaient deux auteurs différents ; ce qui paraît d'autant plus vraisemblable, que le dernier ne porte pas la qualité d'abbé, ni dans ce catalogue, ni à la tête de son ouvrage qui s'est conservé manuscrit à la Bibliothèque de Saint-Evrault, jusqu'à la fin du siècle dernier. Sur ce préjugé, nous pensons que Guérin de Séez était disciple de notre abbé, et qu'il fit un *Recueil de Sentences* à son imitation. Ce recueil est divisé en deux parties. La première renferme des explications morales de plusieurs textes de l'Ecriture et des Pères ; la seconde est une exposition particulière du *Cantique des cantiques*, à la tête de laquelle on lit une préface à peu près semblable à ce commentaire sur le même livre, attribué à saint Grégoire le Grand. Mais le fond des deux ouvrages est différent.

GUERRIC, chanoine et écolâtre de Tournai, fut attiré à Clairvaux, en 1131, par la réputation de saint Bernard. Son but en entreprenant ce voyage n'était que de s'édifier et de rapporter dans sa patrie la satisfaction d'avoir connu le personnage le plus éminent de son siècle ; mais il éprouva, dans les entretiens qu'il eut avec lui, le don de persuasion attaché à sa parole. L'homme de Dieu lui parla si bien des avantages de la vie cénobitique, qu'oubliant tout ce qui le retenait dans le monde, Guerric résolut d'embrasser cet état sous un maître aussi parfait. Il devint bientôt l'un de ses premiers disciples ; et ce qui le prouve, c'est que le pieux Humbert, abbé d'Igny, au diocèse de Reims, s'étant démis de son abbaye, en 1138, saint Bernard ne crut pouvoir lui donner un successeur plus digne que Guerric. L'événement justifia ce choix ; le nouveau supérieur prit pour modèle celui qui l'avait mis en place, et réussit à retracer dans son gouvernement les talents et les vertus de l'abbé de Clairvaux. Exerçant comme lui le ministère de la parole, il prêchait en même temps d'exemple dans l'exercice de ses fonctions. Il ne cessait de s'y renfermer, pratiquant constamment l'humilité et la patience religieuse. De grandes et longues infirmités exercèrent les dernières années de sa vie ; il les soutint avec le courage qu'il avait admiré dans saint Bernard soumis aux mêmes épreuves. Se voyant près de mourir, il se fit apporter le recueil de ses sermons et les jeta au feu, dans la crainte, disait-il, d'avoir violé un statut de l'ordre qui défendait de publier aucun livre sans la permission du chapitre général. Ce trait montre jusqu'où allaient sa modestie et sa délicatesse de conscience. Dieu, sans doute, lui tint compte de ce sacrifice ; mais il ne permit pas qu'il eût l'effet que Guerric en attendait. Il survécut de peu d'années à saint Bernard, et mourut vers 1157, ou même plus tôt si son successeur Geoffroi, dont il existe des Actes en 1155, l'avait déjà remplacé à cette époque. Le Missel de Cîteaux et dom Menard, dans ses additions au Martyrologe bénédictin, compte Guerric au nombre des saints.

SES ÉCRITS. — Ces mêmes sermons que Guerric avait condamnés aux flammes survécurent à leurs cendres. Quatre copies que ses disciples en avaient tirées échappèrent à la destruction, et se multiplièrent par la suite en raison de la haute estime qu'on a toujours professée pour ses écrits. L'imprimerie contribua encore à les répandre davantage. On en compte un grand nombre d'éditions, dont nous allons indiquer les meilleurs. Jean de Gaigny, chancelier de l'Eglise et de l'Université de Paris, donna par ordre de François Iᵉʳ une de ces éditions, d'après un exemplaire de l'abbaye de Vauluisant, sous ce titre : *D. Guerrici abbatis Jopsiacencis sermones antiqui, eruditionis et consolationis pleni*, Paris, 1539, in-8° ; elle fut reproduite en 1547, et suivie d'une traduction française par le même. Une autre édition de ces *Sermons*, corrigée sur d'anciens manuscrits, parut à Anvers en 1546 ; une troisième fut imprimée à Paris en 1563 ; et une quatrième à Lyon en 1630. Le texte de celle d'Anvers a été inséré dans les grandes *Bibliothèques des Pères* de Cologne et de Lyon, et dans la *Bibliothèque des prédicateurs*, du P. Combéfis. On le retrouve à la suite des éditions des OEuvres de saint Bernard, publiées par Horstius et Mabillon. C'est cette dernière édition qui nous servira de guide dans le compte très-abrégé que nous allons en rendre.

Il y a cinq sermons sur l'Avent ; les deux premiers et le cinquième traitent des divers avénements du Sauveur, et de la manière dont il convient de s'y préparer. Le troisième roule sur la crainte et la vigilance continuelle où doivent nous tenir la certitude de la mort et l'incertitude de son heure. Le quatrième renferme un bel éloge de la vie solitaire. Suivent cinq autres sermons sur la nativité de Notre-Seigneur. Le but que l'auteur se propose dans ceux-ci, c'est d'exciter la dévotion de ses religieux envers Jésus enfant ; et de les porter à faire leur profit des instructions qu'il leur donne en cet état. — Le mystère de l'Epiphanie forme la matière de quatre discours dont l'allégorie fait le fonds principal. — Des six qui ont pour objet la purification de Marie, Horstius doute que l'avant-dernier appartienne à Guerric, tant parce qu'il ne se rencontre point dans le recueil manuscrit de ses sermons qui se conserve à Cologne, que parce que le style en est plus nerveux et plus serré que celui des autres productions oratoires de cet auteur. Il nous paraît en effet lui être étranger aussi bien qu'à saint Bernard, parmi les écrits duquel on l'avait rangé autrefois. Il est beaucoup plus long que les autres, sans qu'on puisse lui reprocher de la diffusion. Le sujet y est traité d'une manière neuve, qui n'est pas celle de Guerric. Il y a un passage au nombre seizième qui mérite d'être remarqué. L'auteur, qui était un supérieur, après avoir parlé des dispositions requises pour recevoir l'Eucharistie, ajoute : « Ces dispositions ne sont pas nécessaires au prêtre seul, comme s'il sacrifiait et consacrait seul le corps de Jésus-Christ. Il ne consacre point seul et ne sacrifie point seul; mais toute l'assemblée des fidèles consacre et sacrifie avec lui. »

A ces six sermons succèdent deux autres sermons sur le Carême, et quatre sur la fête de saint Benoît. Le mystère de l'Incarnation en a trois; le dimanche des Rameaux quatre, et la résurrection de Notre-Seigneur trois, dont le premier est remarquable par l'application que l'auteur fait de l'histoire de Joseph à Jésus-Christ ressuscité. Les deux qui viennent après sont pour les Rogations, et un autre pour l'Ascension. Le premier est fort beau; c'est une espèce d'homélie sur l'Evangile du jour, où il est parlé des trois pains. Guerric y parle de lui-même avec de grands sentiments d'humilité. « Celui, dit-il, qui ne peut être utile aux autres ne doit point leur commander. Comment, en effet, un homme qui n'est point médecin et qui manque de pain dans sa maison, c'est-à-dire qui ne possède ni l'art de guérir les malades, ni la provision de savoir suffisante pour fournir la nourriture spirituelle au prochain, serait-il en état de le servir? Hélas! c'est ce que je vous disais. Vous n'avez pas voulu m'écouter, car vous m'avez établi prince malgré moi. Il ne me reste donc, puisque je n'ai pu éviter le péril, qu'à recourir et à suivre le conseil du Sage : *Vous a-t-on établi pour gouverner les autres, soyez parmi eux comme l'un d'entre eux*. Mais malheur à moi! cela même m'a été refusé. Car comme mon ignorance me défend de m'élever au-dessus des autres, mes infirmités ne me permettent pas de me trouver parmi eux. Je n'ai ni les talents pour leur distribuer la parole sacrée, ni la force du corps pour les édifier par mes exemples. »

Il y a deux sermons sur la Pentecôte; quatre pour la naissance de saint Jean-Baptiste; trois sur la fête de saint Pierre et de saint Paul; quatre sur l'Assomption de la Vierge, et deux sur la Nativité, puis un sermon sur la Toussaint qui renferme l'éloge des pauvres d'esprit. Le dernier sermon de tout le recueil a pour texte ces paroles du Cantique des cantiques : *Vous qui habitez dans les jardins, vos amis sont attentifs à vous écouter. Faites-moi donc entendre votre voix*; Guerric y loue ses religieux de leur amour pour l'Ecriture sainte, et de leur assiduité à la lire et à la méditer.

Ces sermons contiennent une morale solide et offrent plus d'une fois des pensées neuves et des traits sublimes dont quelques-uns ont été répétés par nos plus grands prédicateurs. Le style de Guerric est nourri des expressions de l'Ecriture, comme celui de saint Bernard, dont il retrace l'onction et la force avec plus de simplicité. On y rencontre néanmoins des locutions obscures, quoiqu'en très-petit nombre; elles tiennent à l'introduction, faite par Abailard, d'une dialectique subtile, et peut-être plus encore à celle de la métaphysique scolastique qui commençait à naître sous Pierre Lombard.

De toutes les œuvres de notre auteur, ce sont les seules qui jusqu'à présent aient été publiées. On lui en attribue d'autres qu'on croit lui appartenir aussi légitimement : les unes se conservent manuscrites dans quelques bibliothèques; les autres, si jamais elles ont existé, semblent être devenues la proie du temps. Au nombre des premières se trouvent : 1° Un traité ou discours *De languore animæ*, qui commence par ces paroles du Cantique des cantiques : *Vulnerasti cor meum, soror mea*. On l'a conservé longtemps manuscrit à la bibliothèque de Saint-Martin de Tournai et à celle des Dunes; 2° des *Postilles sur les psaumes*, dont la même bibliothèque de Saint-Martin possédait également un exemplaire sous ce titre : *Postillæ fratris Guerrici super Psalterium*. Reste à savoir si ce frère Guerric est l'abbé d'Igny, ou Guerric de Saint-Quentin, dominicain du XIIIᵉ siècle, dont on a divers commentaires sur l'Ecriture, entre autres, des *Postilles sur les Epîtres de saint Paul*. 3° Un *Commentaire sur saint Matthieu*, qui se rencontre parmi les manuscrits de la bibliothèque de Turgaw en Suisse. 4° Un autre *Commentaire sur les Epîtres de saint Paul*, qui ne nous est connu que sur la foi de Dom de Visch. 5° Un *Commentaire sur les Epîtres canoniques*, que nous ne citons que d'après le même garant. Trithème lui attribue en outre un volume de *Lettres*, qu'il dit n'avoir point vu et dont nous ne connaissons nous-mêmes aucun exemplaire.

GUI, évêque d'Auxerre, naquit au diocèse de Sens quelques années avant la fin du IXᵉ siècle. Son père se nommait Boson et sa mère Abigaïl. Dès sa plus tendre enfance il fut placé à l'école de la cathédrale d'Auxerre, pour y être instruit dans les lettres divines et humaines, et agrégé ensuite au clergé de cette église. Il y fut bientôt élevé à la dignité d'archidiacre, d'où il passa au service du roi Raoul, en qualité de chapelain. Enfin Waldric ou Gaudri, évêque d'Auxerre, étant mort le 21 avril 933, le clergé et le peuple, à la prière du roi Raoul, élurent à sa place l'archidiacre Gui, qui fut ordonné le 19 mai de la même année. Son panégyriste loue principalement le soin qu'il prit de faire restituer à sa cathédrale les biens qu'on lui avait enlevés, et d'en rétablir et décorer le vaisseau. On ne dit pas si c'est à titre d'ami ou de savant que Hugues, comte de Vermandois, lui confia l'instruction de Hugues, l'un de ses fils, pourvu de l'archevêché de Reims dès son enfance. Gui mourut le 6 janvier 961, après un épiscopat de vingt-sept ans six mois et dix-neuf jours.

L'historien des évêques d'Auxerre nous donne à entendre que ce prélat laissa à la postérité plusieurs productions de sa plume. Cependant il ne nous fait connaître en particulier que des répons avec des antiennes, c'est-à-dire, autant qu'on en peut juger, un office complet pour la fête de saint Julien, martyr; le tout était noté sur des tons très-harmonieux. On a vu déjà qu'en ce siècle on avait beaucoup de goût pour ce genre de chants ecclésiastiques. A la façon dont s'expriment les continuateurs des *Actes des évêques d'Auxerre*, il paraît que l'éloge de Gui, tel que le P. Labbe l'a rapporté, fut fait aussitôt après sa mort.

GUI, fils de Foulques le Bon, comte d'Anjou, fit ses études et embrassa la vie monastique dans l'abbaye de Cormeri, au diocèse de Tours, qu'il gouverna depuis à titre d'abbé, ainsi que plusieurs autres bénéfices dont il fut également pourvu. Mais, honteux dans la suite de cet excès de richesses, il ne se réserva que sa première abbaye et fit remettre aux autres ce qu'il leur avait enlevé. Elu évêque du Puy en 975, il fallut l'autorité du roi Lothaire pour l'obliger à accepter l'épiscopat. Il sut rendre le sien remarquable par la construction de l'église de Saint-Michel de l'Aiguille, qu'il fit bâtir sur un rocher si élevé, qu'on y monte par un escalier de deux cent vingt degrés. Il fonda aussi un monastère en l'honneur de saint Pierre et introduisit la vie commune parmi ses chanoines. Gui mourut en 996, et laissa son évêché à son neveu Etienne, qu'il s'était choisi pour successeur, contre la disposition des canons, et sans le consentement du clergé ni du peuple.

SES ÉCRITS. — Plusieurs évêques et un grand nombre de seigneurs s'étant assemblés en 990, Gui dressa, de leur consentement, une charte intitulée : *De la trève et de la paix*. Elle avait pour but de remédier aux pillages et aux violences qui se commettaient publiquement, depuis que l'autorité royale, affaiblie, sous les règnes de Louis le Débonnaire et de ses successeurs, avait laissé les seigneurs maîtres particuliers de se faire rendre justice à main armée. Par cette charte, il fut défendu à toutes personnes d'enlever ou de tuer le bétail d'autrui, de quelque espèce qu'il fût; d'attaquer les clercs ou les moines, à qui l'usage des armes était interdit; d'arrêter les négociants et de se saisir de leurs marchandises; aux laïques de se mêler des offrandes et des sépultures dans les églises; aux prêtres de rien exiger pour l'administration du baptême, et de chanter la messe pour les ravisseurs des biens de l'Eglise, à moins qu'ils n'eussent fait satisfaction avant de mourir. Dans ce cas, on leur accordait la communion et la sépulture; mais on la leur refusait dans le cas où leurs crimes leur auraient fait mériter l'excommunication. On trouve cette charte dans le tome VI de la *Diplomatique* de dom Mabillon et dans l'Appendice de la nouvelle *Gaule chrétienne*.

Charte de restitution. — Nous avons de lui une autre charte par laquelle il témoigne son repentir des fautes qu'il avait commises contre sa profession de moine, en s'engageant dans les affaires séculières, de l'abus qu'il avait fait des prospérités temporelles, et du tort qu'il avait causé aux abbayes dont il était pourvu, soit en négligeant les biens, soit en les dissipant, soit en démembrant les terres pour les donner à des étrangers. Pour réparer tous ces dommages, il déclare qu'il restitue tout ce qu'il avait enlevé, et conjure tous ceux à qui il avait donné des terres dépendantes de ces monastères de les restituer. Il fit cette charte de l'avis de Gui, son oncle, évêque de Soissons. Elle est sans date, mais dom Mabillon, qui l'a insérée dans ses *Annales*, pense qu'elle fut faite avant l'an 973.

Enfin nous possédons une troisième charte de cet évêque; c'est la *Charte de fondation du monastère de Saint-Pierre*, qu'il fit bâtir dans sa ville épiscopale. Elle est du mois d'avril 993. Elle contient un précis de la vie de Gui, depuis son enfance, jusqu'à son épiscopat, et un détail de tous les biens dont il dota cette abbaye. Geoffroi, comte d'Anjou et frère de Gui, y est appelé Martel dans l'édition du P. Labbe; mais celle de dom Mabillon et la *Gaule chrétienne* lui donnent le surnom de Grisgonelle; ce qui est conforme à la *Chronique d'Anjou*.

GUI, moine de Saint-Pierre de Châlons-sur-Saône, vivait sous le gouvernement de l'abbé Raoul; c'était un homme de piété, et qui paraît avoir fait d'assez bonnes études. On a de lui une relation curieuse d'un orage extraordinaire qui arriva le 29 août 965. Le tonnerre tomba sur trois endroits différents du monastère et en réduisit une partie en cendres. L'auteur, qui avait tout vu par lui-même, entre dans plusieurs détails qu'il raconte avec une naïveté qui, pour être simple, ne manque ni de vivacité ni de mouvement. Il finit sa relation par des traits d'une grande piété qu'il rapporte tant de sa part que de celle de l'abbé Raoul, qui prit de ce malheur l'occasion d'exhorter ses frères à redoubler leurs pénitences. Gui, en parlant de la tour où étaient les cloches, un des endroits du monastère sur lesquels la foudre tomba, dit que le vulgaire la nommait habituellement *Coloccarium*, d'où est venu sans doute notre terme de *clocher*. On est redevable de cette relation au P. Chifflet, qui, après l'avoir déterrée dans un manuscrit très-ancien de Saint-Lazare d'Autun, l'a publiée parmi les œuvres de son *Histoire de Tournus*.

GUI D'AREZZO. — Guido, en français *Gui*, moine bénédictin du XIe siècle, naquit vers 995, dans la petite ville d'Arezzo en

Toscane, ce qui lui a fait donner le surnom sous lequel il est connu. Dès l'âge de huit ans, il fut placé dans le monastère de Pomposa, au duché de Ferrare. Quelques auteurs, et Fabricius entre autres, l'ont fait abbé de Sainte-Croix d'Avellana, mais ce fait n'est appuyé sur aucune preuve ; d'autres l'ont confondu avec Guitmond, évêque d'Averse, et disent qu'il fut moine et même abbé du monastère de la Croix Saint-Leufroi en Normandie ; mais Bayle a démontré dans son *Dictionnaire* quelle est la source de cette erreur. Gui, après avoir fait profession de la vie religieuse à Pomposa, demeura dans ce monastère jusqu'à ce que la persécution, qui marche presque toujours à la suite de la célébrité, le forçât d'en sortir. Ce fut là qu'il se livra avec ardeur à l'étude de la musique, c'est-à-dire du plain-chant, ou *canto fermo*, la seule méthode usitée à cette époque. Il y fit de tels progrès, et s'y rendit si habile, qu'il devint le restaurateur de l'art musical parmi les modernes. Cependant l'obscurité des temps où il a vécu rend fort incertaine la part d'éloges qui doit lui appartenir pour ses découvertes. Si l'on en croit un certain nombre d'écrivains, il ne serait rien moins que le créateur de la musique, telle que nous la possédons. Non-seulement il aurait inventé la gamme, mais encore imaginé les points qui servent à noter, établi l'usage des portées, des clefs, de la main harmonique, de l'hexacorde et de la méthode de solfier, du contre-point et des instruments à touches. Cependant, quand on examine de plus près les droits qu'il a à cette célébrité, on reconnaît que la plupart de ces découvertes existaient avant lui, et qu'il en a parlé dans ses ouvrages, comme de connaissances déjà universellement répandues. Il ne s'agit donc plus que de lui faire la part qui lui appartient. Dans le siècle où il vivait, il régnait une grande incertitude dans l'enseignement de la musique, ou plutôt du plain-chant. Ce qui rendait surtout cette étude très-pénible, c'était la difficulté de se rendre familière l'intonation des sons, difficulté résultant de la confusion des toniques, et de la construction différente des divers tétracordes, relativement à la position des semi-tons. Aucune méthode ne paraît avoir été connue jusque-là, ou du moins, si l'on en suivait quelques-unes, il n'y en avait point qui fût rédigée en corps de doctrine. Guido vit mieux sur cette matière que tous ceux qui l'avaient précédé, et les succès extraordinaires qui couronnèrent ses tentatives prouvèrent que non-seulement ses procédés étaient beaucoup plus simples, mais encore que la manière avec laquelle il présentait ses idées ouvrait une nouvelle route à l'art qu'il allait faire renaître. Après avoir cherché longtemps les moyens d'établir une règle ou échelle des intonations diatoniques, et avoir reconnu que dans le chant alors en usage pour l'hymne de saint Jean, les premières syllabes des versets de cette hymne,

Ut queant laxis
Resonare fibris
Mira gestorum
Famuli tuorum,
Solve polluti
Labii reatum,
Sancte Joannes,

présentaient, et leur renversement, une suite de sons dans l'ordre diatonique ascendant de la manière suivante :

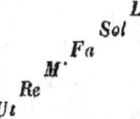

il s'attacha donc à faire apprendre par cœur le chant de cette hymne à ses élèves, et surtout à leur faire remarquer que chacune de ces syllabes établissait avec le concours des autres la progression diatonique ; il leur fit bien retenir le son que porte chacune de ces syllabes dans le chant, afin de pouvoir le reproduire à volonté toutes les fois qu'ils le rencontreraient. Il faut dire encore que du temps de Guido, les sept sons qui se trouvent entre un son et la répétition de l'octave suivante, étaient désignés par ces sept lettres de l'alphabet, A, B, C, D, E, F, G. Il les plaça sur des lignes parallèles de différentes couleurs, pour marquer l'abaissement ou l'élévation de la voix, et en fit l'application aux six syllabes qu'il avait adoptées, de cette manière :

C — *Ut*
D — *Re*
E — *Mi*
F — *Fa*
G — *Sol*
A — *La*

Le B ne se trouve pas avoir de syllabe correspondante, parce que Guido n'avait adopté que six syllabes. Alors la note *si*, qui pendant longtemps n'a été en usage qu'en France, n'existait pas. On était obligé de solfier par nuances, méthode incommode, et pour l'intelligence de laquelle il fut obligé d'inventer *sa main harmonique*, qui était encore en usage, il y a un demi-siècle, en Italie et dans plusieurs provinces du midi de la France ; et dont Wilhem a fait de nos jours une ingénieuse application, sous le nom de *main mélodique*, pour servir de portée musicale, en considérant chaque doigt de la main renversé horizontalement, comme autant de lignes sur lesquelles il indique et fait chanter toutes les notes du système moderne. Toutefois, on n'est pas d'accord sur le temps où l'on ajouta la syllabe *si* aux six premières. Brossard en attribue l'institution à un musicien nommé Le Maire, qui vivait à la fin du xviie siècle. Néanmoins, il est incontestable que, longtemps avant ce dernier, la difficulté de la méthode des nuances avait fait reconnaître la nécessité de l'addition d'une septième syllabe, pour exprimer le septième son de l'octave ; et il paraît que, dès l'an 1580, Henri de Putte avait mis cette syllabe en usage, comme on peut s'en convaincre en lisant la page 35 du chapitre 9 de son ouvrage intitulé *Musathena*. Quoi qu'il en soit, par le moyen de la *gamme*, nom qu'on donna à sa notation, Guido établit dans son couvent une école de musique, et les succès de sa méthode furent tels, que ses élèves, qui, jusqu'alors, n'avaient pu qu'au bout de dix ans d'un travail opiniâtre surmonter toutes les difficultés de l'art, se trouvaient, en moins de quinze jours, en état de déchiffrer le plain-chant, et devenaient, dans l'espace d'une année, d'habiles chanteurs, ou plutôt chantres. On doit croire néanmoins qu'il y a beaucoup d'exagération dans le récit de ces merveilles. L'étonnante supériorité de Gui d'Arezzo sur les autres musiciens ne tarda guère à lui susciter des envieux. Il fut obligé de quitter son monastère et de se retirer dans sa patrie. Cependant le bruit de ses succès parvint aux oreilles du Pape Jean XIX ou Jean XX, qui régna de 1024 à 1033. Ce pontife le pressa de venir le trouver à Rome. Gui s'y rendit, accompagné de Grégoire, abbé de Milan, et de Pierre, doyen du chapitre d'Arezzo. Il présenta au Pape son *Antiphonier*, noté suivant sa méthode. Jean l'admira, en fit faire l'essai, et reconnut sans peine la supériorité de la nouvelle solmisation. Il fit plus, il imposa le silence à ses ennemis, et chargea ce religieux d'enseigner sa méthode aux chantres des églises de Rome. Gui s'établit donc dans cette ville; mais au bout de quelques années il fut obligé de la quitter, à cause de sa santé; il revint dans son monastère, où il mourut probablement, sans qu'on sache l'époque de sa mort. Gui a eu cela de commun avec beaucoup de grands hommes, que plusieurs sociétés et même plusieurs nations lui ont fait l'honneur de le revendiquer. Les Camaldules en ont fait un abbé de leur ordre, d'autres l'ont fait vivre en Allemagne, et quelques-uns même en Normandie (1), mais sans donner à leurs assertions aucun degré de vraisemblance. Le savant Gerbert, prince-abbé du monastère de Saint-Blaise, dans la Forêt-Noire, a recueilli, dans ses *Scriptores ecclesiastici de musica sacra*, tous ceux des écrits de Gui d'Arezzo qu'il a pu se procurer. Nous nous contenterons de les disséquer, et de n'en présenter, pour ainsi dire, que le squelette, dans une analyse rapide, parce que ces sortes de sujets sont un peu étrangers à ce qui fait la matière habituelle de nos études. Ces ouvrages sont d'abord son :

Micrologue. — Outre son *Antiphonaire* qui est perdu, et dont il ne nous reste plus que la méthode par laquelle il l'a noté, Gui composa un autre livre de musique, intitulé : *Micrologue*, qu'il dédia à Théobald d'Arezzo, son évêque diocésain. Ce *Micrologue* était composé de deux livres, l'un en prose et l'autre en vers, et divisé en vingt chapitres. L'auteur y examine la nature des notes et leurs dispositions dans le monocorde. Il établit la division du diapazon ou octave en sept sons fondamentaux, et la distinction des quatre modes, qu'il subdivise en huit. Il traite des tropes, de la diaphonie et de l'invention de la musique par le bruit des marteaux. Baronius a inséré l'épître dédicatoire dans ses *Annales*; mais l'inscription en étant défectueuse, dom Mabillon l'a rétablie, sur l'autorité d'un ancien manuscrit. Gui nous apprend, dans cette épître, que dans le temps qu'il s'occupait du dessein de mener une vie entièrement solitaire, Théobald, son évêque, l'avait appelé auprès de lui, pour l'aider dans l'instruction du clergé et du peuple, quoiqu'il ne manquât pas de personnes plus habiles, et surtout plus capables de remplir les fonctions de ce ministère. Il l'obligea en même temps de publier son traité de la musique, et de l'enseigner aux clercs de sa cathédrale, comme il l'avait fait pour ceux de l'église de Saint-Donat, martyr. En effet son enseignement avait obtenu là un tel succès, que les enfants même se trouvaient plus instruits que les anciens chantres des autres églises. Il ajoute que ce qui lui avait donné l'idée de travailler à une nouvelle méthode, c'était le soin dont on l'avait chargé d'enseigner les premières notions du chant, et de former des jeunes gens à relever, par la mélodie de leurs voix, la pompe des solennités de l'Eglise. Cette méthode lui avait été si utile qu'il avoue, comme nous l'avons remarqué ailleurs, qu'en moins d'un mois, ses élèves chantaient, à l'ouverture du livre, des versets et des chants que jusque-là ils n'avaient pas même soupçonnés.

De la mesure du Monocorde. — Ce traité, qui est regardé comme la seconde partie du *Micrologue*, est tiré d'un manuscrit de la bibliothèque de Saint-Blaise. Nous en avons un fragment dans le tome V des *Anecdotes* de dom Bernard Pez. On remarque qu'avant que la gamme eût été inventée par Gui, on se servait des sept premières lettres de l'alphabet. Tel était l'usage du temps de saint Grégoire le Grand. Ces lettres servaient également pour monter l'octave et pour la descendre. Déjà, longtemps auparavant, les Egyptiens avaient emprunté la mesure de leurs chants aux sept premières voyelles de leur langue. Gui fait remarquer qu'il prit le nom de ses notes de la lettre initiale des six premiers hémistiches de l'hymne de saint Jean, telle que nous l'avons citée plus haut. Ce traité est suivi d'un épilogue sur la formation des modes et sur les qualités du chant, qui n'a jamais été publié.

Lettre à Michel. — Il faut entendre Guido parler lui-même de son voyage à Rome, et des succès que sa méthode obtint dans cette ville, dans la lettre qu'il écrivit à Michel, moine de Pomposa, qui l'avait aidé dans son travail. Il se compare à cet ouvrier qui, ayant trouvé le secret de rendre le verre malléable, en avait fait l'expérience devant

---

(1) Ce qui peut avoir contribué à accréditer cette dernière assertion nous semble révélé par l'existence d'un manuscrit de Gui d'Arezzo sous ce titre : *Mensura damni Guidonis*, conservé à la bibliothèque d'Alençon, et inséré dans les *Rapports au ministre de l'instruction publique sur les bibliothèques de l'Ouest*, par M. Félix Ravaissin; Paris, 1841, Joubert. (*Note de l'éditeur.*)

l'empereur Auguste, et qui, au lieu de recevoir la récompense qu'il se croyait en droit d'attendre, fut condamné à mort, dans la crainte qu'un secret de cette nature, en ôtant au verre sa fragilité, ne le rendît plus précieux que l'or.

Il se console ensuite des persécutions que lui font subir les envieux, dans l'espérance que ceux qui viendront après lui prieront pour la rémission de ses péchés, ne fût-ce que par reconnaissance du service qu'il avait rendu : puisqu'au lieu de dix ans qu'il avait fallu jusque-là pour acquérir du chant une connaissance très-imparfaite, il avait trouvé le moyen de former en un an, ou tout au plus en deux ans, un bon chantre. « Si les hommes, ajoute-t-il, ne nous payent que d'ingratitude, est-ce qu'un Dieu juste nous laissera sans récompense ? Assurés donc de la rétribution d'en haut, appliquons-nous de toutes nos forces à un travail dont les résultats sont si utiles et si assurés. » Il raconte ensuite qu'étant allé à Rome avec l'abbé Grégoire et Pierre, prévôt d'Arezzo, le Pape Jean XIX le fit venir, l'entretint longtemps, feuilleta souvent son *Antiphonier*, qu'il regardait comme un prodige. Il fit plus ; il examina les règles de cette nouvelle méthode, les médita, et ne se leva point de son siége qu'auparavant il n'eût appris un verset qu'il n'avait jamais entendu chanter, et éprouvé ainsi par lui-même ce qu'il avait peine à croire des autres. Lorsque Gui revint à Pomposa, après le court séjour à Rome dont nous avons parlé, l'abbé Grimoald, qui avait été un de ses plus ardents persécuteurs et le premier à rejeter son *Antiphonier*, l'approuva, et conseilla même à l'auteur d'enseigner sa méthode plutôt dans les monastères que dans les villes épiscopales. Gui se rendit d'autant plus volontiers à cet avis, qu'il craignait de communiquer avec les évêques, qui alors étaient presque tous atteints de la lèpre de l'époque et avaient été condamnés pour simonie. Il fit présent de son *Antiphonier* à l'abbaye de Pomposa, qui n'a pas su le conserver, puisque, comme nous l'avons dit, on ne sait plus aujourd'hui ce qu'il est devenu. Cette lettre se trouve dans les *Annales* de Baronius à l'an 1022, dans celles de dom Mabillon à l'an 1026. Dom Bernard Pez l'a également publiée dans le tome V de ses *Anecdotes*.

On a encore de Gui d'Arezzo un ouvrage intitulé : *Traité correctif de plusieurs erreurs qui se rencontrent fréquemment dans le chant grégorien*. Ce traité a été publié d'après un manuscrit du xive siècle. Gerbert, qui a reproduit ce dernier ouvrage, lui en attribue encore un autre sous ce titre : *Comment la musique procède de l'arithmétique*, mais sans être bien certain qu'il lui appartienne ; et, en effet, les principes n'en paraissent pas toujours conformes aux siens. La copie s'en trouvait dans un manuscrit du monastère de Saint-Emméran, immédiatement après le *Micrologue*; ce qui ne prouve rien aux yeux de ceux qui savent comment se formaient alors les manuscrits. — Quelques auteurs lui ont attribué un *Dialogue sur la musique*, et il a même été imprimé à Nuremberg, en 1565, sous ce titre : *Guidonis Aretini Dialogus de dimensione monocordi*, et à Leipsick, en 1605, sous ce titre : *Guido Aretini Musica*. Enfin on lui a attribué un *Traité du corps et du sang de Jésus-Christ*, contre l'hérésiarque Bérenger ; mais on sait aujourd'hui que cet ouvrage est de Guitmond d'Averse.

Les ouvrages de Gui d'Arezzo ne sont aujourd'hui d'aucune utilité et ne peuvent être recherchés que par les curieux. Quant à l'auteur, son nom vivra sans doute aussi longtemps que durera l'usage des syllabes *ut*, *re*, *mi*, *fa*, *sol*, *la*, auxquelles on a plusieurs fois déjà vainement tenté de substituer d'autres mots. De nos jours, un homme de talent s'occupe de les remplacer par des chiffres ; nous lui souhaitons le succès ; mais nous avons besoin de plusieurs expériences encore avant de le préconiser.

GUI, évêque d'Amiens, fut du nombre des prélats qui assistèrent au sacre du roi Philippe, en 1059. Il se trouva aussi à la dédicace de l'église Saint-Martin des Champs, à Paris, en 1067, et à celle de l'église de Saint-Quentin, en 1074. Il mourut cette année-là, selon Hariulphe, auteur de la *Chronique de Saint-Riquier*. Gui avait fait ses études dans cette abbaye, sous Enguerran, et adopté le goût de son maître pour la poésie. Ce fut le seul genre d'étude qu'il cultiva depuis ; du moins on ne connaît de lui que des ouvrages en vers. Le premier est un poëme dans lequel il décrivait la victoire que Guillaume le Conquérant remporta sur Harold, à la fameuse journée de Hastings, en 1066. Cette pièce n'est pas venue jusqu'à nous. Orderic Vital, qui l'avait lue, dit que Gui y avait imité Virgile et Papinius. Il y blâmait et condamnait Harold, et donnait au contraire de grandes louanges à Guillaume. Gui orna le tombeau d'Enguerran d'une épitaphe en quatre vers élégiaques. On le croit aussi auteur de trente-deux vers en l'honneur du même abbé, rapportés par Hariulphe, et insérés dans les collections des Bollandistes et de dom Mabillon. Ces vers sont hexamètres, et contiennent le détail de ce qu'Enguerran entreprit pour le bien de son abbaye, soit en faisant rentrer les biens usurpés, soit en conservant ceux qu'elle possédait, soit en décorant l'église de divers ornements précieux, soit en fournissant la bibliothèque de bons livres. Toutes ces bonnes œuvres ne réussirent cependant pas à le mettre à couvert de la calomnie des méchants. On ne connaît pas d'autres productions de la plume de cet évêque d'Amiens, et encore n'est-on pas bien sûr de l'authenticité de celles que nous venons de lui attribuer.

GUI, moine de Farfe, et le même, ce semble, qui en fut élu abbé après Hugues, a laissé un écrit sur la discipline établie dans ce monastère par le bienheureux Odon, abbé de Cluny. Cet ouvrage est divisé en deux livres, dans lesquels on trouve un plan exact avec les dimensions de l'église et de tous les offices du monastère; la mesure des habits des moines, la formule de leur profession; les cérémonies de la bénédiction de l'abbé, de l'oblation des enfants, et quantité d'observances monastiques, tant pour les offices divins que pour les exercices qui se faisaient dans le cloître. Il y a un article particulier pour la Pâque annatine, c'est-à-dire pour l'anniversaire de la Pâque de l'année précédente. Si ce jour tombait au Carême, on n'en faisait point l'office; mais lorsqu'il arrivait après la fête de Pâques, l'office se faisait comme au jour de la résurrection du Seigneur, à l'exception de l'Évangile, qui se prenait du troisième chapitre de saint Jean : *Erat homo ex Pharisæis*. On y retrouve aussi les cérémonies pour la réception d'un roi, d'un évêque, d'un abbé; des formules de prières dans les calamités publiques; des lettres de recommandation; un mémorial des livres que l'on donnait aux moines dans les premiers jours de carême. C'étaient ordinairement des livres de piété, des commentaires sur l'Écriture, des Vies de saints, des traités de théologie, et quelquefois des livres de philosophie et d'histoire profane. On y retrouve, par exemple, les *Décades* de Tite-Live. Gui a intercalé dans son ouvrage quelques pièces de vers qui en marquent le sujet. Il écrivait sous l'abbé Hugues, par conséquent avant l'an 1039, qui fut celui de la mort de cet abbé, auquel on pense qu'il succéda dans le gouvernement de son monastère.

GUI, trésorier et chancelier de l'Église de Noyon, était revêtu de ces deux dignités dès l'an 1064, et vécut au moins jusqu'à la fin de l'année 1098, époque de la mort de l'évêque Radbod II, dont il nous a laissé l'histoire dans un écrit de sa façon, qui est parvenu en partie jusqu'à nous. Gui était neveu de Bérenger, doyen de la même église; il avait appris de lui, dans sa jeunesse, plusieurs particularités curieuses sur son histoire et sur celle de ses évêques. Plus tard, il sut en profiter en homme d'esprit pour dresser un état des donations faites à leur église commune, et dans lequel on trouve une notice exacte des biens qu'elle possédait alors. Gui ne s'est pas borné à cet objet unique, il a fait rentrer dans son plan une histoire, qui, quoique fort succincte, ne laisse pas d'être intéressante, de tous les évêques qui l'ont gouvernée, depuis Walbert, dont l'épiscopat remonte à 932, jusqu'à Radbod II inclusivement. Ce qu'il rapporte depuis le commencement de son ouvrage jusqu'à la mort d'Ardouin en 1030, il le tenait de son oncle Bérenger, à qui il a soin d'en faire honneur; il avait été témoin du reste. Cet ouvrage est intéressant pour l'histoire de l'Église de Noyon, et il est fâcheux qu'il n'ait pas été publié tout entier. Jacques Levasseur, qui l'avait à sa disposition, s'est contenté d'en extraire quelques morceaux qui allaient à son dessein, avec la préface adressée aux principaux dignitaires de l'église de Noyon, confrères de l'auteur. Peut-être est-ce à Gui de Noyon qu'il faut attribuer l'ouvrage rapporté par Ducange sous ce titre : *Guidonis magistri Summa dictaminum*. Du moins nous ne connaissons point d'autre Gui à qui on puisse l'attribuer avec quelque vraisemblance. D'ailleurs personne n'était plus propre à composer un écrit, ue la nature de celui dont il est question qu'un chancelier, dont l'emploi était de dresser toutes les lettres, chartes, diplômes et autres actes à expédier. La qualification de maître donnée à l'auteur convient parfaitement au chancelier de Noyon. Tout chancelier portait le titre de maître, et on ne confiait cet emploi qu'à ceux qui avaient longtemps exercé celui de scholastique et dirigé les écoles. Ces raisons nous portent à croire que le chancelier de Noyon pourrait bien être l'auteur de cet ouvrage.

GUI, fils de Witier, seigneur de Château-Censoir, succéda à saint Robert, premier abbé de Molême, en 1110. Peu de temps après son élection, il donna l'habit monastique à Robert, évêque de Langres, qui voulut le recevoir dans la maladie dont il mourut. Il donna une marque éclatante de son désintéressement et de son amour pour la paix, dans la cession qu'il fit généreusement, en 1115, aux moines de Saint-Èvre de Toul, de tous les droits de son abbaye sur le prieuré de Saint-Pierre de Chatenay. Pascal II, devant qui cette affaire fut discutée, rend à l'abbé et aux moines de Molême qui l'accompagnaient ce témoignage glorieux, qu'ils aimèrent mieux décider cette affaire par la charité que par la procédure. On voit, par plusieurs lettres de saint Bernard, quel intérêt et quelle tendre affection le saint abbé de Clairvaux portait à Gui et à son monastère. Il était également en relation avec Ives de Chartres, et on voit, par une de ses lettres, que le savant prélat répondait aux consultations de l'abbé de Molême. En 1128, Gui assista, avec plusieurs autres abbés au concile convoqué à Troyes par le cardinal Mathieu, légat du Saint-Siège; mais il ne survécut que trois ans à cette solennité, et mourut le 7 mai 1132.

Gui a écrit la Vie de son saint prédécesseur, mais elle n'existe plus; seulement il y a lieu de croire qu'elle a servi de fondement à celle qu'un écrivain anonyme composa, environ cent ans après lui, sous le pontificat d'Honoré III. Les Bollandistes l'ont publiée avec des remarques. Elle se trouve aussi dans Surius, qui l'attribue faussement à l'abbé Odon. Il est à regretter que celle de Gui soit perdue; elle pouvait mériter à son auteur une place dans la *Bibliothèque des écrivains de Bourgogne*.

GUI ou GUIGUES Ier, dit LE CHARTREUX parce qu'il fut le cinquième général de cet ordre, naquit au château de Saint-Romain, dans le Valentinois. Sa famille, qui tenait un beau rang parmi la noblesse de la province, le fit instruire de bonne heure dans les lettres divines et humaines. Doué d'un esprit pénétrant et d'une mémoire heureuse, le jeune Gui se distingua bientôt par son savoir et par le don d'une éloquence admirable. A tous ces talents il joignait une vertu épurée, qui le fit choisir, vers l'an 1109, pour succéder à Jean I⁰ʳ, dans le gouvernement de cet ordre. Il en était prieur depuis cinq ans, lorsqu'en 1114, Godefroi, évêque d'Amiens, fatigué de l'indocilité de son peuple et des violences que les nobles exerçaient dans son diocèse, se retira à la Chartreuse, pour y vaquer en toute liberté aux exercices spirituels. Il y fut accueilli avec le respect que méritaient sa dignité et sa vertu. Gui lui fit donner une cellule ; mais l'année suivante le concile de Soissons l'obligea de retourner à Amiens. Lorsqu'en 1135, Pons de Laroze, honteux d'avoir abusé de ses talents et de sa fortune, prit le parti de la retraite, il vint consulter Gui sur le choix d'un état religieux. Le saint prieur lui conseilla d'embrasser la réforme de Cîteaux. L'année suivante, il donna le même conseil à Etienne, prieur d'Obazine, en lui disant : « Les Cisterciens tiennent la voie royale ; leurs statuts peuvent conduire à toute la perfection. » Il y avait dix-huit ans qu'il gouvernait la Chartreuse en qualité de prieur, lorsqu'il entreprit de rédiger et de mettre en ordre les usages qui y avaient eu vigueur depuis sa fondation. Le recueil terminé, il l'adressa aux prieurs des trois maisons de son ordre, Bernard des Portes, Humbert de Saint-Sulpice et Milon de Majorève. Les études brillantes qu'il avait faites lui avaient inspiré le goût des bons livres. Il fit rechercher les meilleurs, s'appliquant surtout à découvrir les manuscrits les plus authentiques, les transcrivit lui-même, et corrigea de sa main les défauts de ceux qui lui paraissaient les moins corrects. Il composa également plusieurs ouvrages dont nous rendrons compte à la suite de l'analyse de ses statuts. Il mérita l'estime des plus grands personnages de son temps : saint Bernard lui écrivit deux lettres qui se trouvent la onzième et la douzième de sa collection. Enfin, après trente ans passés dans l'ordre des Chartreux, et vingt-sept en qualité de prieur, il mourut le 27 juillet 1137. Ceux qui ont écrit sa Vie ne doutent pas qu'elle n'ait été suivie de la récompense promise aux justes dans le ciel. On lui accorde ordinairement le titre de Bienheureux.

Statuts des Chartreux. — Le recueil qu'il fit des statuts et usages de son ordre fut imprimé in-f°, à Bâle, en 1510, et réimprimé à Paris, en 1582, avec les privilèges accordés depuis aux Chartreux. Ils ont été reproduits en 1703, dans le tome I⁰ʳ des *Annales* de l'ordre. Voici ce qu'on y trouve de plus remarquable. Pendant toute la semaine, les Chartreux gardent le silence, et le samedi soir, ils confessent leurs péchés au prieur, ou à celui qu'il a chargé de les entendre. Le dimanche, après prime, ils vont au Chapitre, puis, à la suite de tierce, ils entendent la messe, et, après que les nones sont récitées, ils s'assemblent au cloître pour y conférer de choses utiles. C'est à cette conférence qu'on leur donne des plumes, des parchemins, et des livres pour les lire ou pour les transcrire. Le sacristain est chargé de cette distribution, et le cuisinier de leur donner des légumes, du sel et les autres objets destinés à leur nourriture.

On ne rase les frères que six fois l'an et en silence. Les étrangers n'entrent point dans le chœur, à moins qu'ils ne soient religieux. Lorsqu'un frère malade se trouve près de sa fin, toute la communauté s'assemble pour lui rendre visite; le malade confesse ses péchés, et après quelques prières, le prêtre lui fait l'onction des infirmes. Ensuite on essuie la bouche du moribond à qui tous donnent le baiser de paix, en signe d'adieu au moment du départ. Il reçoit la communion, et quelques instants avant d'expirer, on le couche sur la cendre, et on récite les litanies. Le jour de la sépulture, les frères sont dispensés de garder la chambre; et pour leur donner quelque consolation, on leur permet de manger deux fois et en communauté. Chaque semaine, on chante une messe pour les bienfaiteurs de la maison et généralement pour tous les défunts. Cette messe se dit en été avant prime, et après en hiver. « Nous ne disons ici que fort rarement la messe, dit le modeste prieur, parce que la fin principale de notre institut est le silence et la retraite. Nous ne recevons point d'enfants, ni de jeunes gens au-dessous de vingt ans, afin qu'ils aient plus de force de combattre l'ennemi du salut. Nous prenons grand soin des livres, parce qu'ils sont la nourriture de l'âme, et nous nous occupons à en transcrire, afin de prêcher des mains la parole de Dieu que nous nous sommes interdit d'annoncer de vive voix. » En aucun temps on ne se couche après matines. Depuis tierce jusqu'à sexte en hiver, et depuis prime jusqu'à tierce en été, on s'occupe du travail des mains, que l'on reprend encore depuis none jusqu'à vêpres, mais en l'interrompant quelquefois par de courtes prières. Les matines et les vêpres se disent à l'église; les complies dans la cellule. Si les frères ont besoin de se dire quelque chose, ils le diront en peu de mots, sans avoir besoin de recourir à des signes, comme cela se pratique dans l'ordre de Cluny.

Les lundis, mercredis et vendredis, on se contentera, si l'on veut, de pain, d'eau et de sel; les mardis, jeudis et samedis, on fera cuire des légumes ou quelque chose de semblable. Dans ces trois jours, on donnera du vin, et le jeudi du fromage. Depuis la mi-septembre jusqu'à Pâques, on ne mangera qu'une fois le jour; le reste de l'année on fera deux repas les mardis, jeudis et samedis. En Avent on ne servira ni œufs, ni fromage. Les frères ne boiront point le vin pur et ne mangeront point de pain blanc, fût-il de froment. Il n'est permis à aucun de s'imposer des abstinences particulières, de se donner la discipline et de veiller au delà de ce qui est prescrit, sans la permission du prieur, tout devant être sanctifié par l'obéissance. Si, à l'heure du repas, il arrive un évêque, un abbé, ou un religieux, le prieur l'admettra à la table et rompra le jeûne en sa faveur, à moins que ce ne soit un jeûne principal, c'est-à-dire commandé par l'Eglise. Dans les affaires importantes, le prieur convoquera la communauté pour prendre son avis, et après avoir entendu celui de chaque frère, il fera ce qui lui paraîtra le mieux. On usait rarement de médecine à la Chartreuse, mais on permettait aux frères de se faire saigner cinq fois par an. A chaque saignée, on leur accordait pendant trois jours la liberté de faire deux repas, d'y prendre quelque chose de meilleur qu'à l'ordinaire et de conférer après le repas. On avait la coutume d'acheter du poisson pour les malades. Les Chartreux n'avaient ni or, ni argent dans leurs églises, à l'exception d'un calice et d'un chalumeau pour prendre le précieux sang. Ils ne recevaient aucuns présents des usuriers ni des excommuniés; ils ne possédaient rien hors les bornes de leurs déserts, n'y enterraient que leurs confrères ou quelque religieux qui y était mort, et ne se chargeaient d'anniversaires pour personne, dans la crainte de rendre les prières vénales.

Il y avait à la Chartreuse des laïques ou frères convers, la plupart ne sachant pas même lire. Ils ne chantaient pas à l'office, mais ils assistaient à celui que leur disait le religieux du chœur chargé de leur conduite. En son absence, ils récitaient un *Pater* pour chaque psaume. Occupés du travail des mains, leur abstinence était moindre que celle de la communauté. En Avent et en Carême, ils se donnaient la discipline, lorsqu'ils résidaient à la maison. Quand ils se trouvaient au dehors, ils récitaient sept fois le *Pater* pour une discipline. Un frère sorti ou chassé de la Chartreuse y était reçu une seconde fois, s'il promettait de se corriger; mais on le mettait à la dernière place, ou on lui permettait de passer dans un autre monastère où il pourrait sauver son âme. Le nombre des moines de la Chartreuse était fixé à treize, celui des frères convers à seize. On avait d'abord adopté cette règle parce qu'alors la maison n'était pas en état de supporter une plus grande dépense. Gui conseille à ses successeurs, et généralement à tous ceux de son ordre, de régler le nombre de leurs religieux sur les facultés de leurs maisons, afin de ne pas se voir réduits à l'odieuse nécessité de mendier. On ne voit nulle part, en aucun endroit de ce recueil, que l'usage de la viande ait été défendu aux malades; mais dans les statuts recueillis par Bufferius en 1259, on lit au chapitre 44 : « L'usage de la chair, auquel notre ordre a renoncé, ne s'accorde à aucun de nous, fût-il lépreux. » Dans une troisième collection des statuts par François Dupuis, il est défendu de mettre le moribond sur la cendre, dans la crainte d'accélérer sa mort.

Méditations. — Il était naturel que, dans sa retraite, Gui s'appliquât à méditer sur les vérités pratiques de la religion. Il mit ses réflexions par écrit, dans la pensée qu'elles pourraient être très-utiles à tout le monde, et plus encore à ses religieux. Ce recueil, où se trouvent réunies les méditations de Guillaume, abbé de Saint-Thierri, eut d'abord deux éditions à Anvers, en 1550 et 1559, et fut réimprimé depuis dans le tome Ier du Supplément de la *Bibliothèque des Pères*, à Paris ; dans le XIIe de celle de Cologne, et le XXIIe de celle de Lyon; il est divisé en vingt chapitres. L'auteur s'applique à montrer qu'on ne peut espérer de posséder une véritable paix qu'à la condition de la chercher dans la connaissance de la vérité, qui est la vie et le salut éternel. Le premier pas à la vérité est de se déplaire dans l'erreur. La porte du salut ne put être ouverte au publicain qu'en confessant humblement les péchés que le pharisien lui reprochait avec orgueil. Plus les choses passagères causent de plaisir, plus elles sont mortelles. L'attache qu'on y porte produit nécessairement du trouble, de la douleur et de vaines craintes. L'âme humaine ne cesse de souffrir en elle-même tant qu'elle aime autre chose que Dieu. Demander une longue vie, c'est souhaiter être tenté longtemps, parce que pour nous tout est piège en cette vie, le boire, le manger, les vêtements, le sommeil, le désir de la gloire, les louanges et les faveurs. Gui envisage les adversités du siècle comme un moyen dont Dieu se sert pour nous obliger à retourner vers lui. Il ne veut pas que l'on abandonne le pécheur, mais qu'on l'aime, qu'on le supporte, dans l'espérance qu'il se corrigera. « Vous ne devez point vous réjouir, dit-il, si par hasard vous êtes meilleur que les autres, mais plutôt vous affliger de ce qui leur manque en vertus. » Il dit que l'amour du prochain doit être gratuit, parce que si l'on ne rendait aux hommes qu'amour pour amour, ce ne serait plus qu'un échange qui ne mériterait aucune récompense. Ce que les anges ont reçu de plus grand et de plus précieux de la part de Dieu, c'est la charité, qui en effet est Dieu même. Il fait consister la perfection de l'homme à estimer les choses à leur valeur; ce qu'il trouve renfermé dans le double précepte de l'amour de Dieu et de l'amour du prochain ; perfection, dit-il, dont le Verbe incarné nous a tracé lui-même le modèle.

Vie de saint Hugues. — Le Pape Innocent II, de l'avis des évêques et des cardinaux, réunis au concile de Pise en 1134, ayant canonisé saint Hugues, évêque de Grenoble, pria Gui, qui l'avait connu particulièrement, d'écrire sa Vie et les miracles opérés par son intercession. La lettre est datée de Pise, le 22 avril de cette année. D'autres personnes respectables l'avaient également pressé d'écrire sur le même sujet; mais après s'en être défendu par plusieurs raisons, dont la plus concluante était l'excuse qu'il tirait de ses infirmités continuelles, il ne put résister à l'autorité du Pape, qui avait parlé au nom de saint Pierre. C'est ce qu'il dit dans sa réponse à la lettre d'Innocent II. On a mis ces deux pièces en tête de la Vie de saint Hugues, que les Bollandistes ont reproduite au 1er avril.

Lettres. — Il ne nous reste de Gui que quatre lettres. Dans la première, adressée à Haimeric, cardinal et chancelier de l'Eglise romaine, il l'avertit que nous avons deux principaux ennemis à combattre, l'orgueil et la volupté, et que si nous venons à bout de les vaincre, nous n'avons plus rien à craindre. Les armes dont nous devons nous servir contre eux sont l'humilité et la mortification de la chair. Il ne pense pas que l'on puisse recourir aux armes matérielles pour défendre ou agrandir l'Eglise, et il se plaint en même temps que le luxe était passé des palais des rois dans les cours ecclésiastiques. — La seconde, adressée au prieur de la sainte Milice ou des chevaliers du Temple, traite aussi de la guerre spirituelle contre les ennemis du salut. C'est à cette guerre que Gui l'exhorte, et pour laquelle il lui recommande plus d'ardeur encore que pour combattre les ennemis de l'Eglise. — Dans la troisième lettre, il rassure le Pape Innocent II contre les efforts des schismatiques, en lui rappelant les victoires que l'Eglise a remportées contre eux dans tous les temps. Il ajoute qu'il doit considérer le monde presque tout entier comme son diocèse, et que de même qu'il n'y a qu'un Dieu, de même le vicaire de Jésus-Christ doit être un. Gui s'était appliqué à recueillir les ouvrages des saints Pères et à corriger les manuscrits qui les renfermaient. Il réunit entre autres les lettres de saint Jérôme, dans lesquelles il corrigea une grande quantité de fautes qui s'y étaient glissées par l'ignorance des copistes; mais il ne fit pas entrer dans son recueil celles que la différence du style ou des pensées rendait manifestement indignes d'un si grand homme. Il envoya une copie de son recueil aux moines de la Chartreuse de Durban, en les avertissant de mettre sa lettre à la tête de celles de saint Jérôme, afin qu'elle servît à faire distinguer les vraies lettres de ce Père de celles qu'on lui a supposées. — On retrouve quelques-unes des lettres de Gui parmi celles de saint Bernard, et dom Mabillon a reproduit la quatrième.

Lettres aux Chartreux du Mont-Dieu. — Malgré les raisons opposées par dom Mabillon au sentiment que nous exprimons ici, nous pensons avec le plus grand nombre des critiques que l'on doit conserver à Gui la lettre adressée sous son nom aux frères qui habitaient la Chartreuse du Mont-Dieu. Il écrivait ce traité dans le temps que l'on bâtissait cette Chartreuse, c'est-à-dire vers l'an 1135. Il est divisé en trois livres. Gerson en cite le second dans son *Sermon sur la Cène du Seigneur,* en avertissant de ne lire qu'avec précaution ce qui y est dit de l'union des justes avec Dieu. Cela n'empêche pas que l'ouvrage ne soit regardé comme un modèle achevé de la vie monastique, par ceux qui savent en quoi consiste la perfection de cet état. L'auteur s'adresse au prieur Haimond et aux autres frères de cette Chartreuse. Il les félicite d'avoir renouvelé la ferveur des anciens solitaires d'Egypte, et d'avoir mérité par leur simplicité que Dieu leur fît connaître des vertus inconnues au monde. Pour les engager à la conserver, il dit que le plus grand des miracles de Jésus-Christ est d'avoir subjugué le monde et toute la sagesse mondaine par un petit nombre de personnes simples, c'est-à-dire par les apôtres. Il passe de là à la sublimité de leur profession. « C'est aux autres, dit-il, de servir Dieu ; à vous de lui être unis. Ils doivent croire en lui, savoir qu'il existe, l'aimer et l'adorer; vous devez le connaître et en jouir. La vertu doit vous être chère non-seulement pour vous-même et pour en donner l'exemple à ceux qui vivent maintenant, mais encore pour servir de modèle à ceux qui viendront après vous. » Il entre dans le détail des avantages de la vie solitaire, mais il distingue le solitaire de celui qui est seul. Celui-là est seul avec qui Dieu n'est pas ; sa cellule n'est plus pour lui une cellule, mais une prison. Le solitaire avec qui Dieu habite jouit librement de la joie que lui donne sa bonne conscience ; en vivant suivant les règles de son état il est plutôt dans le ciel que dans sa cellule. Il distingue aussi dans la vie religieuse trois états, qu'il appelle l'état animal, l'état raisonnable et l'état spirituel ; le premier est celui des commençants, le second, de ceux qui avancent dans la vertu, et le troisième, de ceux qui sont arrivés à la perfection. La première chose que l'on doit enseigner au novice est de mortifier son corps, et d'en faire une hostie vivante, sainte et agréable à Dieu. Ensuite, il faut le prémunir contre les tentations et lui apprendre les moyens de les surmonter. Il fait envisager l'oisiveté comme la sentine de toutes les mauvaises tentations. C'est pourquoi il veut que l'on soit toujours occupé dans sa cellule, à la prière, à la lecture, à l'examen de sa conscience ou au travail des mains. Il s'étend sur toutes ces différentes occupations. De son temps, les Chartreux avaient introduit la somptuosité dans leurs bâtiments, et, à ce sujet, contracté même des emprunts. Gui en témoigne de la douleur. Il invite ses frères à imiter l'exemple des premiers moines qui, aspirant à une cité permanente, ne se procuraient en cette vie que ce qu'il leur fallait de logements pour se mettre à couvert des injures des saisons. Enfin, il veut que l'on enseigne aux commençants à s'approcher de Dieu par la prière et par la charité.

Les instructions du second livre s'adressent, comme nous l'avons dit, à ceux qui ont déjà fait quelques progrès dans la vertu. Gui ne trouve rien de plus digne d'une âme raisonnable, unie au corps pour le gouverner, que de s'attacher à Dieu, qui est son souverain bien, de l'aimer et de lui obéir. Quant au troisième état de la vie religieuse, l'auteur le fait consister dans la ressemblance avec Dieu, autant qu'on peut l'acquérir en ce monde par la pratique de la vertu, et non dans la ressemblance que les saints ont avec Dieu dans le ciel par la perfection de la charité.

Il explique dans le troisième livre ce que c'est que la béatitude, et il en distingue de deux sortes : celle qu'Adam possédait dans le paradis terrestre, et qu'il a perdue par son péché, et celle dont les saints jouissent dans le ciel. La première ne fut que pour un temps, la seconde est éternelle. Elle est si grande, si admirable, que l'homme ne peut la concevoir, et encore moins l'exprimer. Il donne une idée des qualités que les corps des saints auront dans le ciel; leur beauté, leur légèreté, leur force. Il compare cette légèreté à celle d'un rayon de soleil, et il met parmi les qualités de l'âme des bienheureux la connaissance du passé, du présent, du futur; l'amitié ou la charité parfaite, la concorde avec tous les habitants de cette céleste patrie, le contentement de son sort, le pouvoir qui s'étendra aussi loin que la volonté; la sécurité entière de son état glorieux; une joie inexprimable et l'abondance de tous les biens. Il finit son traité par la description des misères des damnés. On lui attribue encore d'autres livres; mais il y a tout à croire qu'ils appartiennent à un autre religieux du même nom, qui fut, comme lui, prieur de la Chartreuse. Nous en disons un mot à son article. Gui écrivait avec une certaine noblesse, et quoiqu'il vécût dans un siècle où la critique était peu cultivée, il en avait comme un avant-goût, et possédait un jugement très-sain.

GUIBERT, abbé de Gemblours, se consacra à Dieu dès sa jeunesse dans le monastère de ce nom. De là il passa à l'abbaye de Saint-Martin de Tours. La candeur de ses mœurs le fit aimer de ses confrères, et sa dévotion singulière envers le saint patron de cette abbaye lui fit donner le surnom de *Martin*. Il n'y avait pas longtemps qu'il était revenu à Gemblours, lorsque les moines de Saint-Florin le demandèrent pour abbé. Guibert les gouverna pendant quinze ans et huit mois; mais à la mort de Jean, abbé de Gemblours, les moines de cette abbaye revendiquèrent l'abbé Guibert et le lui donnèrent pour successeur. Il occupa pendant dix ans le siège abbatial; puis l'ayant remis à la disposition de la communauté, il retourna à Saint-Florin, d'où, après quelque séjour, il alla à Villiers. Sa dévotion envers saint Martin le porta à faire un second voyage à Tours. Il offrit aux moines de Marmoutiers la Vie de ce saint, qu'il avait écrite en vers. La grande réputation de vertu que s'était faite sainte Hildegonde l'attira dans son monastère ; il s'entretint avec elle, et après lui avoir souhaité toute sorte de bonheur, il retourna à Gemblours, où il mourut dans une heureuse vieillesse le 22 février 1208.

Vie de saint Martin. — La *Vie de saint Martin*, écrite par Guibert, est divisée en quatre livres et dédiée à Philippe, archevêque de Cologne, qu'il appelle le *vicaire* ou *souverain pasteur de Jésus-Christ*. L'épître dédicatoire ou prologue est en vers. Cet ouvrage, à part le mérite de la fidélité, n'a rien qui le distingue des autres productions d'un siècle où tous ceux qui se mêlaient de poésie, sans en excepter même les écrivains qui y réussirent le moins mal, s'amusaient à des jeux de mots, des allusions de noms, des étymologies ou autres minuties de caprice capables de gâter la meilleure versification.

LETTRES — Nous possédons onze lettres de l'abbé Guibert, toutes adressées à l'archevêque de Cologne. — Dans la première il traite des mystères de la création et de la réparation du genre humain par l'incarnation du Fils de Dieu. — Il s'excuse dans la seconde de ce que, dans une invective contre les pasteurs de l'Eglise, il semblait l'avoir attaqué lui-même. — Il parle dans la troisième de la coutume de fermer les portes de l'abbaye de Marmoutiers, la nuit de la fête de l'ordination ou translation de saint Martin, et du bruit qui se répandait alors que ce saint évêque célébrait la messe cette nuit-là. — La quatrième est une lettre d'actions de grâces à l'archevêque de Cologne, de la part de l'abbé et des religieux de Marmoutiers, auxquels ce prélat avait envoyé une Vie de saint Martin. En le remerciant il lui raconte quelques-uns des miracles du saint pontife. — Guibert, dans sa dixième lettre, exhorte l'archevêque Philippe à remplir les devoirs de sa dignité et à travailler au rétablissement de la paix dans l'assemblée de Liége; et comme ce prélat y réussit, Guibert le congratule dans sa lettre onzième. — Quoiqu'il eût composé en vers une *Vie de saint Martin*, il employa le crédit d'Hervard, archidiacre de Liége, pour engager un chanoine de Lyon à faire un poëme en l'honneur du même saint, comme il en avait fait un à la louange de saint Servat. La lettre d'Hervard se trouve dans les *Analectes* de dom Mabillon. — Guibert écrivit encore à Arnoul le Scholastique plusieurs lettres, dans lesquelles, entre autres choses, il traitait de l'amitié, de la solennité de Pâques, de la sortie d'Égypte, c'est-à-dire des tribulations de cette vie et de la patience avec laquelle on doit les supporter; de la pauvreté volontaire, des trésors de la sagesse, de saint Vincent martyr, et de la vertu de patience. — Ses deux lettres à Jean, frère d'Arnoul le Scholastique, sont pour l'exhorter à se convertir et à embrasser la milice spirituelle. — Il écrivit dans le même goût à Regnier, à l'occasion d'une maladie dont il était attaqué. Ce Regnier était apparemment dans les ordres sacrés, puisqu'il lui écrivit sur la dignité sacerdotale. Dans une lettre sur la solennité de Pâques, il l'appelle scholastique, titre que l'on donnait souvent à ceux qui professaient publiquement les sciences.

Lettres à son neveu. — Guibert avait un neveu, nommé Lambert, trop engagé dans les affaires du siècle. Il lui écrivit trois lettres là-dessus, afin de l'amener à changer d'objet en lui inspirant l'amour de la vertu. Dans le temps qu'il demeurait à l'abbaye de Saint-Martin de Tours, on lui permit de transcrire les livres des *Miracles de saint*

Jacques, l'*Histoire des guerres de Charlemagne en Espagne*, et les *Actes du martyre du duc Roland*. Dans la lettre qu'il écrivit aux religieux de ce monastère pour les remercier de l'obligeance qu'ils avaient mise à lui confier ces livres, il leur témoigne que c'était à qui les transcrirait, tant on était curieux alors d'histoires apocryphes. Il leur demande encore les livres de Paulin, apparemment de saint Paulin de Nole. Dans le manuscrit d'où le P. Mabillon a tiré les lettres dont nous venons de parler, il y en a neuf de Guibert à sainte Hildegonde, avec autant de réponses, et quelques-unes du même abbé aux sœurs du monastère de Bingue dont cette sainte était abbesse. Les plus intéressantes sont les deux premières. L'une est l'éloge de saint Martin, l'autre regarde les visions dont cette sainte était favorisée. Guibert lui demande s'il était vrai, comme on le disait, qu'après les avoir mises par écrit elle les oubliait aussitôt. Il lui demande aussi en quelle langue elle les écrivait, si c'était en latin, et où elle avait appris la langue latine? Il écrivit la Vie de cette pieuse abbesse, et l'adressa à Geoffroi, abbé de Saint-Eucher et de Saint Willebod. Outre la *Vie de saint Martin* en vers, il composa encore, sur les vertus de ce grand pontife, un discours qu'il envoya à Sigefrid, archevêque de Mayence. Il dédia à Conrad, archevêque de la même ville, un *Traité historique des progrès de l'Église de Cologne*. C'est tout ce que dom Mabillon nous apprend des écrits de Guibert.

GUIBERT, comme il nous l'apprend lui-même, naquit dans la petite ville de Clermont en Beauvoisis, d'une famille noble et opulente. Il n'avait que huit mois, lorsqu'il perdit Évrard, son père. Sa mère, dont il ne parle jamais qu'avec les plus grands éloges, prit soin de son éducation, et lui fit apprendre successivement les premiers éléments des lettres, la grammaire et les autres sciences proportionnées à son âge. Son précepteur était de mœurs saintes, mais sévère et ignorant; ce qui n'empêcha pas Guibert de s'attacher à lui et de s'opposer aux désirs de sa mère, qui voulait le lui retirer, ce qui prouve un caractère heureux et un naturel exquis. On proposa à Guibert de le faire chevalier, mais il refusa. Sa mère fit ce qu'elle put pour lui obtenir un bénéfice, et en effet, quelque temps après, il fut pourvu d'un canonicat qu'il garda peu, parce qu'il avait été obtenu par des voies peu conformes aux saintes lois de l'Église. Cependant Gui, évêque de Beauvais, lui conféra tous les ordres, excepté la prêtrise, et accorda à sa mère la permission de se retirer auprès de l'église de Saint-Germer, et d'y bâtir une petite chapelle. Son précepteur lui-même, ayant obtenu sa retraite, se fit religieux dans l'abbaye de Saint-Germer. Guibert, éloigné de ces deux guides, et oubliant les bonnes instructions qu'il en avait reçues, suivit le torrent du mauvais exemple, et se livra à la dissipation et aux amusements si naturels à son âge. Sa pieuse mère, ayant appris ce triste changement, en fut si alarmée et en conçut une douleur si vive, qu'elle en pensa mourir. Mais Dieu, qui avait des desseins de miséricorde sur son fils, l'arrêta sur le bord du précipice, et elle eut la consolation d'être elle-même l'instrument dont la providence se servit pour empêcher qu'il n'y tombât, et pour le ramener dans la voie dont il commençait à s'écarter. Cette vertueuse dame alla prier l'abbé de Saint-Germer de remettre son fils sous la conduite de son précepteur, ce qui lui fut accordé, et elle eut la consolation de voir le succès le plus prompt couronner cette tentative. Écoutons Guibert raconter lui-même, avec actions de grâces, le changement qui s'opéra en lui, au moment de son arrivée au monastère : « Vous m'êtes témoin, dit-il, ô Dieu plein de miséricorde, que du moment où je suis entré dans l'église du monastère, je conçus, en voyant les religieux en prières, un si vif désir de la vie monastique, qu'il ne s'est jamais ralenti, et que depuis je n'ai goûté aucun repos jusqu'à ce qu'il fût satisfait. » Sa mère, à qui il confia son dessein, s'y opposa, craignant qu'il n'eût pris ce parti par légèreté; mais, après une épreuve qui dura depuis la Pentecôte jusqu'à Noël, elle y consentit. Toutefois elle ne put le voir revêtir l'habit monastique sans verser des larmes abondantes. Il avait tout au plus douze ans lorsqu'il prit l'habit de saint Benoît en 1064. Les lettres florissaient alors à Saint-Germer; et Guibert y prit un tel goût pour l'étude, qu'il y consacrait tout son temps, heureux si un sentiment de vaine gloire, mêlé à ses succès, n'en eût diminué le mérite! Il s'accuse d'avoir donné dans un autre écart; oubliant les devoirs de sa profession, il se laissa tellement séduire par les beautés répandues dans les écrits des poëtes profanes, qu'il fit de leurs fables dangereuses l'objet unique de son application. Saint Anselme, alors prieur du Bec, et qui venait à Saint-Germer, le rappela à des occupations plus dignes de lui. Il lui montra dans les saintes Écritures des beautés bien supérieures à celles que Guibert admirait, et l'*Essai sur l'ouvrage des six jours* fut le premier fruit de ses excellents conseils. Mais son abbé, homme simple et sans aucun goût pour les lettres, ayant vu le commencement de son travail, lui défendit de le continuer. Guibert, jugeant que ce qu'il écrivait ne pouvait être que *comme des épines dans les yeux* de son supérieur, le continua dans un grand secret, afin qu'il n'en eût aucune connaissance. Mais cet abbé, qui se nommait Garnier, s'étant démis de sa charge pour mener la vie de simple religieux, Guibert, qui n'avait jusque-là travaillé que furtivement à son ouvrage, le reprit ouvertement et l'acheva en quelques jours. Dès ce moment Guibert partagea tout son temps entre la vie monastique et des études solides. Ses parents, qui tenaient dans le monde un rang considérable, auraient voulu le voir revêtu de quelque dignité analogue à sa naissance. Il se refusa à toute démarche; mais lorsqu'il s'y attendait le moins, il fut élu abbé de Nogent dont il ne connaissait point les religieux, et dont il n'était connu que de réputation. C'est ce qu'il est à propos de remarquer contre Casimir Oudin, qui prétend que Guibert était religieux de Nogent lors de son élection. Cette élection se fit en 1104; il succéda à l'abbé Geoffroi, qui avait été promu à l'évêché d'Amiens, et fut le troisième abbé de ce monastère. Sa sainte mère, qui vivait encore, n'apprit qu'avec une extrême douleur l'élévation de son fils, dans la crainte que cette nouvelle dignité ne fût un obstacle à sa perfection. Les moines de Nogent le reçurent avec honneur. A son entrée dans le chapitre, Guibert harangua la communauté, et prit pour texte un passage du prophète Isaïe, où il est parlé des pasteurs et de leurs devoirs. Guibert remplit les siens pendant vingt ans, et ne cessa de gouverner son monastère avec une sagesse admirable. Il mourut en 1124. On ignore le jour de sa mort et le lieu de sa sépulture; trois ans auparavant, il avait fondé un anniversaire et légué douze deniers de rente annuelle, afin qu'on priât pour le repos de son âme. Nous bornerons ici ces détails biographiques sur lesquels nous allons revenir tout à l'heure, en rendant compte de sa Vie.

SES ÉCRITS. — La Vie de Guibert, écrite par lui-même, tient le dernier rang dans l'édition de ses OEuvres donnée par dom d'Achery. Néanmoins c'est par cet aperçu qu'il nous ouvre sur lui-même que nous commencerons à rendre compte des écrits de cet auteur. Elle est divisée en trois livres, dont le premier contient vingt-quatre chapitres, le deuxième six et le troisième dix-neuf. Cette Vie n'est pas seulement une histoire de ce qui regarde sa personne, mais c'est encore un ouvrage de piété et de morale, écrit dans le genre et à l'imitation des *Confessions* de saint Augustin, que Guibert semble s'être proposé pour modèle, surtout dans le premier livre, qui comprend, à proprement parler, le récit de ses actions.

Premier livre. — A l'exemple du saint évêque d'Hippone, il déplore les égarements de sa vie passée, et rend grâces à Dieu des bienfaits signalés qu'il a reçus de sa providence. « Je confesse, ô mon Dieu, en présence de votre souveraine majesté, les égarements infinis de ma vie; et je reconnais que mes retours fréquents vers vous ont été l'effet de vos miséricordes et de vos secrètes inspirations. Je confesse les misères de mon enfance et de ma jeunesse, qui se font encore sentir dans l'âge mûr, et ces passions déréglées dont j'éprouve les mouvements dans un corps cassé par la vieillesse. Combien de fois, Seigneur, en me rappelant le souvenir de mes désordres, et les regrets que vous m'en avez toujours inspirés, ai-je admiré les entrailles de votre bonté et votre patience infinie à mon égard! » Guibert, après avoir relevé la miséricorde de Dieu, lui rend grâce des faveurs dont il l'a comblé préférablement à beaucoup d'autres, et reconnaît que l'abus qu'il en a fait rend son ingratitude plus criminelle. Il le remercie par-dessus tout de lui avoir donné une mère recommandable par sa vertu, sa beauté, sa charité, sa modestie, par son air grave qui seul était capable d'inspirer le mépris des vanités du monde; par son amour de la retraite et du silence; parlant peu, se tenant toujours enfermée dans sa maison, et évitant même de se trouver avec les dames de son rang. En faisant l'éloge de sa mère, Guibert déclare que l'amour qu'il lui porte n'y entre pour rien, et que les louanges qu'il lui donne sont fort au-dessous de son mérite. En parlant de sa beauté, il a soin d'ajouter qu'il serait ridicule de lui en faire un mérite, si elle n'avait été jointe en elle à une chasteté exemplaire. C'est d'une telle mère que Guibert a l'avantage de naître; aussi ne craint-il point d'affirmer qu'après Jésus-Christ, la sainte Vierge et les saints, c'est sur sa mère qu'il fonde les principales espérances de son salut. Il est persuadé que, comme de son vivant elle avait pour lui une tendresse et une affection plus particulière, parce qu'il était le dernier fruit de son mariage, ce qui arrive assez ordinairement, elle ne l'oubliait point dans le ciel, où elle était remplie de Dieu et connaissait mieux que jamais les misères de son fils. Il fait encore l'éloge de cette sainte femme en plusieurs autres endroits, en témoignant que c'est à elle qu'il doit d'être revenu de ses égarements, comme autrefois saint Augustin a dû sa conversion aux prières et aux larmes de sainte Monique. Il est surprenant que Guibert nous ait laissé ignorer son nom.

En écrivant sa propre Vie notre auteur ne s'arrête pas à ce qui lui est personnel; il y fait de longues digressions sur différents sujets. Il décrit dans le neuvième chapitre la conversion admirable d'Evrard, comte de Breteuil; dans le dixième, celle de Simon, fils du comte Raoul, célèbre par ses grands exploits, et dont l'exemple et les discours convertirent une multitude de personnes de l'un et l'autre sexe, et les amenèrent à faire pénitence. Dans le onzième chapitre, il parle de la conversion de saint Bruno et garde un profond silence sur le prodige, ou plutôt sur la fable qui, suivant des écrivains postérieurs, aurait déterminé la retraite du saint fondateur de l'ordre des Chartreux. On trouve dans cet article un trait bien glorieux aux rois de France. Guibert, parlant de la mauvaise conduite et de la tyrannie odieuse de Manassès, archevêque de Reims, qui fut la véritable cause de la retraite de saint Bruno, dit que ce prélat affectait d'imiter le faste des rois des nations étrangères, puis il ajoute : « Je dis des nations étrangères, car les rois de France se sont toujours distingués par une modestie qui leur est naturelle, tellement qu'on peut dire qu'ils ont toujours pratiqué ces paroles du Sage : *Vous a-t-on établi pour gouverner les autres? Ne vous en élevez point, soyez parmi eux comme l'un d'entre eux.* » Dans les derniers chapitres, Guibert rapporte divers événements fâcheux arrivés au monastère de Saint-Germer par le feu du ciel; l'heureuse mort de quelques moines et la fin funeste de quelques autres. En finissant le premier livre, il annonce qu'il entreprendra de donner l'histoire du lieu dont il a été élu abbé. C'est précisément ce qui fait le sujet de son

Deuxième livre. — Dans le premier chapitre, il raconte des choses admirables d'un roi qui régnait en Angleterre, avant que Notre-Seigneur fût monté au ciel. Ce prince était habile dans la poésie et dans la philosophie, et avait de plus une inclination naturelle à faire du bien et à exercer des œuvres de miséricorde. En réfléchissant sur la multitude des dieux que les hommes adoraient, il vint à bout de se convaincre qu'il n'y avait qu'un seul Dieu invisible, qui gouverne toutes choses, et que c'était le seul qu'il fallait adorer. Comme il flottait encore dans ses réflexions, Dieu lui inspira d'aller à Jérusalem, pour y être instruit de ce qu'il devait croire. Il obéit à son inspiration, renonce à sa patrie, à sa couronne, passe en France, et, après avoir traversé beaucoup de pays, s'arrête à Nogent-sous-Coucy, dans le diocèse de Laon. On dit qu'il y avait autrefois dans ce lieu un temple dédié à une vierge qui n'était point encore née, mais qui devait naître et enfanter un Dieu; ce qui ne doit pas paraître plus surprenant, dit Guibert, que l'autel d'Athènes dédié à un dieu inconnu. Les Athéniens étaient persuadés que ce dieu inconnu naîtrait d'une femme comme tous les autres dieux qu'ils adoraient. Pourquoi n'auraient-il pas fait le même honneur à la mère qui devait l'enfanter ? Le roi d'Angleterre, s'étant reposé quelques temps dans ce lieu, continua sa route et arriva heureusement à Jérusalem, peu après l'accomplissement des mystères de la mort, de la résurrection, de l'ascension de Notre-Seigneur et de la descente du Saint-Esprit. Il n'eut pas de peine à y trouver ceux qu'il cherchait; c'est-à-dire les apôtres qui prêchaient publiquement et sans crainte. Ayant donc trouvé saint Pierre et les autres dans la société de la sainte Vierge, il leur exposa le sujet de son voyage et les pria de lui conférer les mystères de la nouvelle régénération. Il apprit d'eux ce qu'il devait croire et reçut le baptême dans lequel on lui donna le nom de Quilius. Le nouveau baptisé, avant de quitter Jérusalem, demanda des reliques aux apôtres, qui lui donnèrent une partie des chaînes avec lesquelles Notre-Seigneur avait été lié, de la couronne d'épines qui avait ceint sa tête, de la croix sur laquelle il avait été attaché, de la chemise dont la sainte Vierge était revêtue lorsqu'elle mit le Sauveur au monde. Quilius enferma ces reliques dans une petite cassette, et se mit en route pour revenir en Occident. A son arrivée dans les Gaules, il tomba malade au même endroit où il s'était arrêté en allant et apprit, par une révélation qu'il eut en songe, qu'il y mourrait et que les reliques qu'il avait apportées de Jérusalem seraient placées dans le lieu où reposerait son corps; ce qui arriva. Longtemps après, Dieu permit que la cassette fût découverte, et quelques fidèles l'ornèrent de lames d'or d'un travail très-antique et que l'on conservait encore du temps de Guibert. — Quelque merveilleux que paraisse ce récit, l'éditeur des Œuvres de Guibert ne veut pas qu'on l'accuse d'ignorance ni de mauvaise foi, parce que non-seulement il ne propose pas ces faits comme certains et n'exige nullement qu'on les croie; mais il ne les rapporte que sur l'autorité de plusieurs monuments, et sur la foi de quelques écrivains plus anciens que lui. Nous n'accuserons Guibert ni d'ignorance, ni de mauvaise foi ; mais nous ne pensons pas qu'il nous soit défendu de croire qu'il a été un peu trop crédule, et qu'il n'a pas fait usage ici de la sage critique, ni de l'esprit de discernement dont il donne des preuves dans plusieurs autres occasions.

Guibert, continuant son histoire de Nogent, rapporte que ce lieu devint célèbre par plusieurs miracles opérés par l'intercession de la sainte Vierge, dans une église dédiée à cette sainte mère de Dieu. Ce fut ce qui engagea certaines personnes de piété à y mettre des moines pour célébrer l'office divin et desservir l'église, qui s'accrut par la libéralité des seigneurs de Coucy et la piété des fidèles des environs. Henri, abbé de Saint-Remy de Reims, qui l'était en même temps d'Homblières, près de Saint-Quentin en Vermandois, fut choisi pour avoir soin de cette nouvelle abbaye, dont il fut le premier abbé. Il en fit consacrer l'église par Hélinand, évêque de Laon, dans le diocèse duquel était située l'abbaye de Nogent. Henri, se voyant cassé de vieillesse, pensa à se démettre de son gouvernement en faveur d'un neveu, mais il ne réussit pas dans son projet, et l'élection tomba sur Geoffroi, moine de Saint-Quentin près de Péronne, qui se conduisit avec beaucoup de sagesse. L'an 1104, Geoffroi ayant été élu évêque d'Amiens, Guibert fut choisi pour lui succéder dans l'abbaye de Nogent. Nous ne dissimulerons pas qu'il y a de la partialité dans le récit que fait notre auteur de l'élection de Geoffroi, en donnant à entendre qu'il aspirait à cette place, ou du moins en témoignant du doute s'il l'avait recherchée ou redoutée. *Utrum affectabat, an verebatur, novit Deus.* Ce soupçon nous paraît injuste comme ce qu'il dit de son épiscopat, dont la fin fut loin de répondre aux heureux commencements. Il est certain que l'élection de Geoffroi fut très-canonique, puisqu'elle fut faite par le clergé d'Amiens, agréée par le roi Philippe, et confirmée dans le concile de Troyes, présidé par le légat Richard. Geoffroi, qui se trouvait à ce concile, fut le seul à qui elle déplut, selon le témoignage de Nicolas, auteur de la Vie de ce prélat. Sa conduite fut très-régulière, on ne peut plus édifiante et constamment soutenue, depuis son entrée dans l'épiscopat jusqu'au dernier moment de sa vie, qu'il termina par une mort précieuse aux yeux du Seigneur. Dans le troisième chapitre, Guibert rapporte de quelle manière il fut élu abbé de Nogent, ce qui se passa dans la cérémonie de son élection, le discours qu'il fit à cette occasion, en présence de sa communauté, le présage qu'un religieux tira de son bon gouvernement, parce qu'à l'ouverture du texte de l'Évangile qui lui fut présenté à baiser, il avait d'abord fixé les yeux sur ce verset : *Lucerna corporis tui est oculus tuus.* — Le quatrième chapitre roule tout entier sur la pieuse mort de sa mère. — Dans le cinquième, il parle d'un bon religieux de l'abbaye de Saint-Germer, juif de naissance, qui avait été sauvé du carnage de ceux de sa nation, qui se fit à Rouen, lors de la publication de la première croisade. Les gens de cette ville, qui se préparaient à cette expédition, voyant des juifs, se dirent les uns aux autres : « Qu'est-il nécessaire d'aller jusqu'en Orient pour attaquer les ennemis de Dieu, tandis que nous avons sous les yeux les juifs qui ont crucifié Jésus-Christ ? » Aussitôt ils prennent les armes et égorgent tous les juifs qu'ils rencontrent, sans distinction ni d'âge ni de sexe, n'épargnant que ceux qui consentaient à se faire chrétiens. Guillaume, fils de la comtesse Hélisende, veuve du comte d'Auge, eut compassion d'un jeune enfant, le sauva du carnage, et le mit entre les mains de la comtesse sa mère, qui le reçut avec plaisir et lui demanda s'il voulait être chrétien ? L'enfant, qui craignait la mort, témoigna qu'il le désirait, reçut le baptême, et fut appelé Guillaume, du nom de celui qui lui avait sauvé la vie. Guibert avait appris ce fait de la comtesse Hélisende elle-même, qui lui raconta à ce sujet un miracle singulier qui s'accomplit lorsque cet enfant reçut le baptême. La comtesse prit soin de l'éducation de ce jeune néophyte, et lui fit apprendre le latin. Puis, craignant que ses parents ne le pervertissent, comme ils l'avaient déjà tenté plusieurs fois, elle le mit dans l'abbaye de Saint-Germer, où il embrassa la vie monastique, et devint un excellent religieux. Il fit tant de progrès, non-seulement dans la piété, mais encore dans les sciences, alors florissantes dans ce monastère, qu'il l'emporta sur les plus habiles, qui s'y trouvaient en grand nombre : *Ibi litteratorum multitudo.* Guibert, pour le fortifier dans la foi qu'il avait embrassée, lui adressa un petit traité qu'il avait composé quatre ans auparavant, pour réfuter le comte de Soissons, protecteur déclaré des juifs, et qui judaïsait lui-même. Guillaume prit tant de goût à la lecture de l'écrit que lui avait envoyé l'abbé de Nogent, qu'il entreprit d'écrire lui-même quelque ouvrage semblable pour la défense de la foi. C'est ce que nous apprenons de Guibert, et ce que nous remarquons ici, pour n'être pas obligé d'y revenir. — Dans le dernier chapitre de ce livre, l'auteur raconte l'aventure d'un domestique de Guescelin, seigneur de Chauny, qui, obligé de passer une rivière pour se rendre à son poste, et ne trouvant point de barque pour le descendre à l'autre bord, appela le diable à son secours. Le diable se présente, lui offre de le passer, le transporte près de Sutry en Italie, et lui casse la cuisse en le mettant à terre. Son maître, qui revenait de Rome, où il avait fait un pèlerinage de dévotion, le rencontra le lendemain sur la route, et ayant appris son aventure, il le fit porter à la ville, où l'on en prit soin. A cette histoire, ou, si l'on veut, à cette fable, Guibert ajoute la conversion d'un clerc de Reims, qui, s'étant fait chanoine régulier, quitta son état pour rentrer dans le monde ; mais, frappé de maladie, il revint à résipiscence et embrassa la vie monastique dans l'abbaye de Saint-Nicaise, où il finit heureusement ses jours, après avoir été longtemps tourmenté par les démons.

Troisième livre. — Il contient, en vingt-un chapitres, l'histoire des événements tragiques arrivés de son temps dans la ville de Laon, et dont il fait remonter l'origine jusqu'à Ascelin, surnommé Adalberon, qui, par une insigne trahison, et comme un autre Judas, livra à ses ennemis, dans la journée du jeudi saint, le jeune roi, son maître, à qui il avait fait serment de fidélité. Hélinand, qui avait été chapelain d'Édouard, roi d'Angleterre, succéda à Adalberon. Il n'avait ni naissance ni lettres, *litteraturæ pertenuis*, mais beaucoup d'argent et une ambition démesurée, de sorte que, non content de l'évêché de Laon, il s'empara du siège de Reims par ses intrigues et son argent ; mais le Pape l'obligea à le quitter. Quelqu'un lui ayant un jour demandé pourquoi il portait si loin ses vues, il lui répondit naïvement que, s'il était sûr de réussir à devenir Pape, il l'entreprendrait. Toutefois Guibert loue Hélinand de sa libéralité pour l'entretien et l'embellissement de son église, et de sa fermeté à en soutenir les droits. Il eut pour successeur Ingelramne, prélat qui pouvait passer pour avoir de la naissance et des lettres, en comparaison d'Hélinaud, mais sans fermeté, sans honneur et sans aucun sentiment de religion. Libre dans ses paroles, peu régulier dans sa conduite, il favorisa ouvertement les désordres d'un de ses parents, nommé Ingelramne comme lui, et qui avait enlevé la femme de Godefroi, comte de Namur. Il donna même secrètement l'absolution au comte et à la complice de son crime, qui avaient été excommuniés plusieurs fois l'un et l'autre par les évêques. Ingelramne mourut misérablement quelque temps après. A sa mort, le clergé se partagea et fit une double élection ; les deux élus, nommés Gautier et Ebles, tous deux archidiacres, furent rejetés par le Pape, à cause de l'irrégularité de leur conduite. Un troisième compétiteur, grand chantre de cette église, étant venu en cour, sous prétexte de solliciter cet évêché pour un autre, le demanda pour lui-même et l'obtint du roi, après lui avoir fait de grands présents, et lui en avoir promis de plus considérables encore. Mais il fut frappé de mort le jour même qu'il attendait les envoyés du roi pour le mettre en possession du siège épiscopal. Il fut placé après sa mort dans la chaire qu'il avait ambitionnée, et la Chronique rapporte que son corps s'y creva.

Enfin le siège de Laon, vacant depuis environ deux ans, fut rempli par Gaudri, qui, pour le malheur de la ville, et de toute la province, fut élu à la sollicitation du roi d'Angleterre, dont il était référendaire. Tous consentirent à l'élection, excepté le seul Anselme, *la lumière de la France et de l'Eglise latine tout entière.* C'est l'éloge que fait de cet homme célèbre Guibert, qui consentit lui-même à l'élection, quoiqu'avec peine. Gaudri se rendit d'abord à Laon, puis il se mit en chemin pour aller à Rome, avec les abbés de Saint-Vincent de Laon, de Ribemont et de Nogent, qu'il avait engagés à l'accompagner. Ayant appris à Langres que le Pape venait en France, ils l'attendirent dans cette ville. Ce Pape était Pascal II, qui, dans l'année 1107, vint chercher un asile dans ce royaume, à l'exemple de ses prédécesseurs. Les clercs de Laon allèrent à Dijon trouver le Pape, qui, déjà informé de ce qui s'était passé, promit de leur donner satisfaction. Mais les personnes de sa cour, sachant que le nouvel évêque était riche, applaudirent à son élection et firent son éloge. « Car, dit Guibert, aussitôt qu'on parle d'or à ces sortes de gens, on les voit s'adoucir. » Le Pape discuta l'élection dans une assemblée où Anselme, le seul qui s'y fût opposé, se trouva; mais jugeant que son opposition serait inutile, et qu'il ne pouvait entreprendre d'arracher la massue des mains d'Hercule, il cessa ses poursuites, et Gaudri fut confirmé. Guibert se fit beaucoup goûter dans cette occasion, où il fut presque le seul qui parla; il en reçut des compliments de la part des cardinaux, qui lui témoignèrent avoir pris plaisir à l'entendre. Mais, dit-il, ce n'était point tant mon éloquence qui leur plaisait que l'argent dont Gaudri était chargé. Trois ans après son ordination, le prélat forma une conjuration contre Gérard de Crécy ou de Chérisy, seigneur distingué dans le pays par sa probité et son grand courage; puis, afin de ne pas paraître y avoir part, il alla à Rome. Pendant son absence, les conjurés massacrèrent Gérard comme il faisait sa prière à l'église. Le frère de l'évêque était à leur tête, et porta le premier coup. Gaduri en apprit la nouvelle avec grande joie, et trouva moyen, par les présents qu'il distribua à Rome, de se laver du soupçon de ce crime, et d'obtenir du Pape des lettres adressées au roi, aux évêques, aux abbés de son diocèse par lesquelles il était déclaré innocent du meurtre de Gérard. Hubert, évêque de Senlis, fit la cérémonie de la réconciliation de l'Eglise, et Guibert prononça le discours à la prière d'Anselme et du clergé. Il prit pour texte ces paroles : *Salvum me fac, Deus, quoniam intraverunt aquæ usque ad animam meam.* Guibert nous a conservé une partie de ce discours, dans lequel il déclara excommuniés les meurtriers et tous les complices du meurtre de Gérard ; ce qui lui attira une haine implacable de leur part, et principalement celle de l'archidiacre Gauthier, qui avait fait partie de la conjuration. Cependant le roi, persuadé que Gaudri était coupable de la mort de Gérard, fit saisir tous ses biens, de sorte qu'à son retour de Rome, le prélat ne put rentrer dans la ville de Laon. Mais bientôt, à force de présents, il s'accommoda avec le roi Louis le Gros, et rentra triomphant dans sa ville épiscopale. La corruption des mœurs y était extrême tant parmi le peuple que dans le clergé ; la licence y régnait à un tel point qu'on n'y craignait ni Dieu ni souverain. Les gens du roi même y étaient insultés ; on exerçait des violences inouïes sur les gens de la campagne ; ce n'était que vols, brigandages et meurtres. Quiconque sortait la nuit était dépouillé, maltraité et souvent mis à mort. Pour remédier à ces désordres, et en même temps dans la vue de tirer de l'argent du peuple, le clergé et les principaux de la ville lui proposèrent de l'affranchir de la servitude, et de former ensemble une société pour leur sûreté réciproque, moyennant une somme d'argent.

Le peuple accepta avec joie cette offre, et donna les sommes que lui proposèrent le clergé et les seigneurs, qui firent le serment de le maintenir en liberté. Telle fut l'origine de la commune de Laon, l'une des premières dont il soit fait mention. (On sait que les communes étaient des sociétés que formaient entre eux les habitants des villes, par la concession de leurs seigneurs, pour se défendre contre les violences des nobles et se rendre justice eux-mêmes.) Ceux qui juraient ces sociétés se nommaient proprement bourgeois. Mais comme les habitants des villes et des villages étaient encore serfs pour la plupart, ils rachetaient leur liberté par de grosses sommes, qu'ils donnaient au roi ou au principal seigneur, pour obtenir le droit de commune, et réduire à une seule taxe toutes les redevances qu'ils payaient auparavant. Gaudri n'était point à Laon lorsque la commune s'y établit ; il était allé en Angleterre, afin d'y ramasser l'argent dont il avait besoin pour se soutenir. A son retour il apprit l'établissement accompli pendant son absence, et s'y opposa d'abord ; mais, gagné ensuite lui-même par l'argent du peuple, il y consentit et jura d'observer la commune, ce qui fut aussi confirmé par le roi Louis le Gros. Dans la suite, Gaudri, se repentant de ce qu'il avait fait, résolut de rompre la commune. Il assembla dans son palais les principaux de la ville avec quelques-uns de ses clercs, et concerta avec eux les moyens d'y réussir. Le succès répondit à ses vues, mais pour son malheur, car il lui en coûta la vie. Les bourgeois et le peuple, désespérés de se voir réduits en servitude et exposés à mille vexations de la part du prélat, jurèrent sa perte, et le massacrèrent le 25 avril 1112, qui cette année-là se trouvait être le jeudi de la semaine de Pâques. Son cadavre, après avoir été exposé pendant plus de vingt-quatre heures aux insultes et à la rage d'une populace furieuse, fut enfin enlevé par les soins d'Anselme, et porté à l'abbaye de Saint-Vincent, où on se hâta de l'enterrer. Guibert fait ensuite la description des maux effroyables qui suivirent la mort de Gaudri. Le palais épiscopa., .a cathédrale même et plusieurs autres édifices furent réduits en cendres. Les bourgeois de Laon, craignant la colère du roi, appelèrent à leur secours Thomas de Marle, fils du seigneur de Coucy, le plus cruel tyran du pays, accoutumé depuis sa jeunesse à commettre toutes sortes de crimes et à exercer des brigandages et des cruautés inouïes.

Après que les troubles furent un peu apaisés, on prit des mesures pour réparer les désordres. Le clergé demanda au roi la permission de procéder à l'élection d'un évêque; mais ce prince nomma lui-même Hugues, doyen de l'église d'Orléans, qui ne tint le siége que quelques mois. Il eut pour successeur Barthélemy, chanoine trésorier de Notre-Dame de Reims, qui fut élu canoniquement et placé malgré lui sur ce siége. A l'occasion de l'élection de ce prélat comme à celle de son prédécesseur, comme en plusieurs autres circonstances analogues, Guibert remarque que c'était la coutume alors, au sacre des évêques et à la bénédiction des abbés, de consulter l'Ecriture sainte pour en tirer un pronostic de leur gouvernement. C'est la superstition que les anciens appelaient le *sort des saints*. On doit remarquer ici le peu de fonds que l'on pouvait faire sur ces sortes de pronostics, puisque ce furent les mêmes paroles de l'Ecriture : *Tuam ipsius animam pertransibit gladius*, qui servirent de pronostic pour Gaudri et pour Barthélemi, quoique la conduite et la fin de ces deux prélats aient été si différentes. Si Guibert avait survécu à Barthélemi, il aurait reconnu l'abus de cette pratique, et l'événement lui aurait appris que c'est mal à propos qu'il a conclu du pronostic de Barthélemi qu'il devait redouter quelque malheur.

Pour réparer l'église de Laon, on porta dans différentes provinces de France, et même jusqu'en Angleterre, les reliques qui avaient été sauvées de l'incendie. S'il faut en croire Guibert, il se fit plusieurs miracles sur leur passage, ce qui produisit de si abondantes aumônes, que l'église fut réparée en peu de temps. Notre auteur, après avoir fait le détail des malheurs arrivés à la ville de Laon et à la province, parle de ceux que l'établissement de la commune occasionna également à Amiens, et blâme fort l'évêque d'avoir consenti à cet établissement, qui eut des suites presque aussi funestes pour sa ville que pour celle de Laon. Nous avons déjà remarqué que Guibert n'était pas assez équitable à l'égard de Geoffroi, évêque d'Amiens; il en parle encore ici avec moins de ménagements, et donne une interprétation maligne à toutes ses démarches. Il l'accuse même d'avoir prononcé un discours plus digne de Catilina que d'un ministre de Dieu, pour engager le roi et le peuple à attaquer les rebelles qui s'étaient retirés dans la tour d'Amiens. Il est vrai que Guibert a raison quand il dit qu'il ne convient point à un évêque de répandre le sang humain.

Dans le sixième chapitre, il fait, en rapportant un événement, une réflexion qui mérite d'être signalée. Un fameux voleur nommé Ansel, ayant pris des croix et des calices d'or, porta les produits de son vol chez un marchand de Soissons, pour les lui vendre, et lui fit promettre avec serment qu'il ne le découvrirait point. Le marchand, ayant entendu dans l'église de Soissons prononcer l'excommunication contre les complices de ce vol, vint à Laon et découvrit la chose au clergé. Ansel nie le fait; le marchand lui propose de se battre pour en décider; Ansel accepte et tue le marchand. « Il faut, dit à ce propos Guibert, ou que le marchand ait mal fait de découvrir un secret qu'il avait promis de garder; ou, ce qui est beaucoup plus vrai, que la loi de se battre pour décider de l'innocence et de la vérité soit une loi injuste. Car il est certain, ajoute-t-il, qu'il n'y a aucun canon qui autorise une telle loi. » Dans le dix-septième chapitre, il parle des mœurs corrompues, des impiétés et de la mort malheureuse de Jean, comte de Soissons, contre lequel il avait fait un écrit sur l'Incarnation, qu'il adressa à Bernard, doyen de Laon. Ce comte non-seulement favorisait les juifs et judaïsait lui-même, mais il était encore attaché à des hérétiques de son temps, qui renouvelaient à peu près toutes les erreurs des ebbionites, des gnostiques, des manichéens, et commettaient toutes sortes d'infamies dans les lieux souterrains où ils s'assemblaient. Selon eux, l'Incarnation du Verbe, sa vie, sa mort, n'avaient pas été réelles, mais seulement apparentes. Ils rejetaient le baptême que les enfants reçoivent sur la foi des parrains. Ils avaient une telle horreur du sacrement de l'Eucharistie, qu'ils appelaient la bouche des prêtres bouche d'enfer. Lisiard, évêque de Soissons, fit venir les chefs de ces hérétiques, qui étaient deux frères nommés Clementius et Evrard, et leur reprocha leurs erreurs et leurs conventicules. Ils convinrent des assemblées secrètes; mais surtout le reste leurs réponses furent conformes à la foi orthodoxe; de sorte que l'évêque ne pouvant en tirer la confession de leurs doctrines, et les témoins étant absents, il les condamna au jugement de l'eau exorcisée. Tandis qu'on préparait tout ce qui était nécessaire pour cette épreuve, Lisiard chargea Guibert de les interroger en particulier pour en tirer l'aveu de leurs hérésies; mais, ne pouvant en obtenir aucune confession, il fut d'avis qu'on exécutât la sentence de l'évêque. Le prélat dit la messe, à laquelle il communia les accusés en disant : *Que le corps et le sang de Notre-Seigneur Jésus-Christ soit aujourd'hui une épreuve pour vous.* Puis il fit l'exorcisme de l'eau, dans laquelle on jeta Clementius, après qu'il eut assuré avec serment n'avoir jamais rien cru ni enseigné de contraire à la foi. Loin d'aller au fond de l'eau, il surnagea comme un roseau, et fut tenu pour convaincu. Il fut mis en prison avec son frère, qui avait confessé ses erreurs, mais sans y renoncer. On arrêta aussi deux autres hérétiques qui étaient venus de Dormans à ce spectacle. Ensuite Lisiard et Guibert partirent pour aller consulter les évêques du concile qui se tenait à Beauvais, sur ce qu'il y avait à faire. Mais le peuple de Soissons, craignant qu'on ne traitât ces hérétiques avec trop de douceur, courut à la prison, les en tira et les brûla hors de la ville.

C'est là, à peu de choses près, tout ce qui nous a paru de plus remarquable dans les trois livres de la Vie de Guibert, qui mérite d'être cru dans tout ce qu'il raconte, comme témoin oculaire, quoique d'ailleurs il se montre trop crédule sur les faits merveilleux. Il était âgé lorsqu'il écrivit cet ouvrage, puisqu'il y fait remarquer que son corps était cassé de vieillesse. Il y fait mention en même temps de la plupart des écrits qui nous restent de lui, et dont nous allons rendre compte sans doute et sans hésitation, mais avec toute l'assurance que nous donne la parole de l'auteur.

Sermon. — La première production de Guibert paraît être le sermon qu'il fit le jour de la Madeleine, dans un monastère étranger où il avait accompagné son abbé. Ce sermon n'est point un panégyrique de la sainte, mais un discours moral, dans lequel l'orateur prend pour texte ces paroles de l'Ecriture : *La malignité ne peut prévaloir contre la sagesse ; elle atteint avec force depuis une extrémité jusqu'à l'autre, et dispose de toutes choses avec douceur.* Il cherche quelles peuvent être les extrémités entre lesquelles la sagesse tient le milieu, et atteint depuis l'une jusqu'à l'autre. Il les trouve dans trois paraboles de l'Evangile ; savoir : la parabole du trésor caché dans un champ ; celle d'une pierre précieuse achetée par un marchand, et celle du filet jeté dans la mer. Le prédicateur, suivant le génie de son siècle, donne dans l'allégorie, et cite un grand nombre de textes de l'Ecriture, auxquels il donne presque toujours des sens figurés. Il applique les trois paraboles à Jésus-Christ, et surtout à sa passion, à sa résurrection, par lesquelles il nous a mérité tous les dons de la sagesse. Il y montre combien Dieu est fort et en même temps plein de douceur, mais pour le sentir il faut le goûter. Il parle des mystères de notre foi en théologien habile, et de la vie spirituelle en homme d'une piété solide et éclairée. On trouve une grande abondance de pensées et d'instructions, sur plusieurs points très-importants ; par exemple : sur la confiance que nous devons avoir dans la médiation de Jésus-Christ, sans laquelle la vue de nos péchés nous ferait tomber dans le désespoir ; sur le souvenir de sa passion ; sur la conformité que nous devons avoir avec lui, par la pénitence et la mortification de nos corps ; sur le renoncement à nous-mêmes et à notre propre volonté, « qui, dit-il, dépouille le paradis et enrichit l'enfer, qui rend inutile le sang de Jésus-Christ, et soumet le monde à l'empire du démon. » Le prédicateur finit par une courte et belle récapitulation de son sermon, dans laquelle on trouve un trait frappant et qui peut faire juger de sa charité pour les malades. « L'avarice s'efforce de détruire la miséricorde, et sous le spécieux prétexte du bien, elle s'oppose à ce qu'on vende ce qui appartient au monastère, pour soulager les malades, comme si les soulagements que l'on procure aux malades étaient capables de ruiner le monastère. » Dom Mabillon a donné ce sermon parmi les ouvrages faussement attribués à saint Bernard, mais en avertissant qu'il le croyait de Guibert de Nogent.

Traité de la prédication. — L'éditeur des OEuvres de Guibert a mis à la tête de ses écrits un petit traité très-méthodique et très-instructif sur la manière de prêcher. Le P. Alexandre l'a jugé si solide, qu'il en conseille la lecture à tous ceux qui se préparent au ministère de la parole. En voilà l'analyse, mais excessivement résumée : Celui qui se charge d'annoncer la parole de Dieu, doit chercher uniquement à lui plaire, pratiquer les vérités qu'il propose aux autres, avoir la conscience pure, animer son discours, n'être pas trop abondant en paroles, être court pour ne pas charger la mémoire de l'auditeur, prêcher à la portée de ceux qui écoutent, ne pas approfondir les mystères, mais s'étendre sur la morale ; dans l'explication de l'Ecriture ; il est utile pour les fidèles que le prédicateur s'attache au sens moral plutôt qu'à chercher des allégories nouvelles. Pour retirer les pécheurs de leurs désordres, il emploiera la crainte des peines dont le péché est souvent puni en ce monde et plus encore dans l'autre vie. Le prédicateur qui se cherche lui-même dans la beauté et l'éloquence du discours, qui prêche par ostentation ou par avarice, offense son auditeur, mais il lui sera utile s'il ne pense qu'à l'instruire par un discours vrai et sans affectation. Guibert remarque, en passant, que l'effet des sacrements ne dépend pas de la sainteté du ministre, et que l'on reçoit également le baptême, l'eucharistie, etc., d'un bon comme d'un mauvais prêtre. Telles sont les règles que prescrit Guibert, et les avis qu'il donne aux prédicateurs, dans son excellent *Traité de la manière de prêcher*, qui sert de préface à son *Commentaire sur la Genèse*, et peut-être d'apologie à l'auteur. En effet, ce qu'il dit pour que chaque chrétien est obligé de procurer tout le bien qu'il peut, soit par l'exemple, soit par l'instruction, la manière dont il insiste sur cette obligation, ne permet pas de douter que l'auteur n'ait voulu se justifier, et combattre les préventions de l'abbé Garnier, qui voulait l'empêcher de composer son ouvrage sur la Genèse.

Commentaires sur la Genèse. — L'ouvrage de Guibert sur la *Genèse* consiste en dix livres de commentaires moraux, composés à l'imitation de ceux de saint Grégoire le Grand sur Job. Il nous apprend lui-même ce qui l'engagea à s'appliquer au sens moral plutôt qu'au sens allégorique ou à tout autre. C'est qu'il crut qu'un commentaire de ce genre serait plus utile dans le temps où il vivait, parce que, si la foi était saine, les mœurs étaient très-corrompues. Quant au sens littéral, il dit qu'il y aurait eu folie, après saint Augustin, de vouloir l'expliquer autrement que lui. Dans le premier livre de sa Vie, en parlant de ce *Commentaire* et des raisons qui le lui ont fait entreprendre, il déclare modestement qu'il ignore s'il a servi à quelqu'un ; toutefois il avoue qu'il a fait plaisir aux savants, et que pour lui il en a retiré un grand avantage, celui d'échapper à l'oisiveté. Il n'est pas possible de faire l'analyse d'une œuvre semblable ; nous allons en citer quelques passages pour que le lecteur puisse s'en faire une idée. Voici l'explication qu'il donne du premier verset de la Genèse : *Au commencement le Seigneur créa le ciel et la terre.* « Dans le commencement de notre conversion, nous sentons en nous un combat de deux choses qui sont contraires l'une à l'autre, et qui ne peuvent jamais être en paix, pas même un seul moment dans celui qui vit bien. Ces deux choses sont la chair et l'esprit. L'homme, dans le premier état où Dieu l'avait créé, était exempt de tout mouvement déréglé ; il y avait entre l'esprit et la chair un accord si parfait, qu'il n'éprouvait rien qui lui fît peine, jusqu'à ce qu'ayant violé la défense de Dieu en obéissant au serpent, il sentit la révolte de la chair contre l'esprit. Il était bien juste que l'homme n'éprouvât en lui-même aucune contradiction, tant qu'il demeura soumis à Dieu ; et il n'était pas moins juste qu'il ne fût plus maître de lui-même, du moment qu'il se révolta contre Dieu... Dès-lors, la concupiscence régna en nous et nous fit éprouver malgré nous des mouvements déréglés. » Il fait ensuite l'application de ce commentaire à ce qui se passe en nous, au moment de la conversion, lorsque nous renonçons à nos crimes pour retourner à Dieu. « Nous avons donc en nous, dit-il, le ciel, qui nous fait soupirer après les choses célestes ; puis nous avons au contraire la terre, qui nous entraîne, comme des bêtes, vers les choses viles et méprisables. »

Sur le troisième verset : *Que la lumière soit faite, et la lumière fut faite :* « Que devons-nous entendre, dit-il, par la lumière, sinon ce premier bien qui est donné à ceux qui se convertissent, en rentrant au fond de leur cœur ? Or, quel est ce premier bien, sinon la crainte du Seigneur, qui est le commencement de la sagesse ?... Mais il faut examiner pourquoi cette crainte, que nous appelons lumière, est meilleure que celle que l'on voit dans des hommes qui, en se livrant à la débauche, craignent d'être découverts. Il en est qui craignent d'être surpris dans leurs crimes, et cette crainte est plus capable de les porter à en commettre que de les en empêcher. Car, comme le dit un poëte, plus on couvre le feu, plus il s'allume :

Quo magis tegitur, tectus magis œstuat ignis.

De même, on peut dire que le désir de commettre le péché est d'autant plus grand qu'il se commet plus secrètement... Il y en a donc quelques-uns qui craignent d'être découverts et surpris ; mais, parce que cette crainte ne vient point de la grâce, et qu'elle ne renferme point l'amour de Dieu, elle n'arrête point le désir du péché. Les enfants d'Israël craignaient les peines portées par la loi ; mais ni cette crainte, ni les récompenses charnelles qui leur étaient promises, ne pouvaient les empêcher de violer la loi, parce qu'ils ne s'appliquaient à bien faire par aucun amour de Dieu, n'agissant en tout que par contrainte, comme des esclaves, et non par l'esprit d'adoption. » La crainte que Guibert appelle lumière « est celle qui dissipe les nuages des mauvaises pensées, et qui porte à l'amour de la vertu. Celui donc qui, dans le commencement, n'avait qu'une douleur infructueuse par sa langueur, et ne pouvait s'en délivrer, parce qu'il n'avait point la lumière de la grâce céleste, conçoit une douleur qui n'est plus vaine, parce qu'elle est jointe à l'onction du Saint-Esprit, qui le fortifie et l'instruit de toutes choses. »

Nous pouvons dire, en général, qu'il y a un grand fonds d'instructions solides dans les Commentaires moraux de Guibert sur la Genèse, et que l'auteur y montre partout beaucoup de science et de piété, et un grand attachement à la doctrine des saints Pères, dans la lecture desquels il paraît très-versé. « Il n'y a point d'erreur plus dangereuse, dit-il, que de s'écarter des règles et des sentiments des saints Pères, dans l'étude que l'on fait de l'Ecriture... Qu'on s'attache donc aux sentiments de ceux qui nous ont appris dans leurs écrits de quelle manière il faut rechercher le sens obscur de l'Ecriture sainte. »

Autres commentaires. — Guibert composa dans le même goût ses *Commentaires sur Osée, Amos* et les *Lamentations de Jérémie.* Ils sont dédiés à saint Norbert, dont la demeure n'était éloignée de la sienne que de deux lieues, ce qui leur facilitait un saint commerce d'étude et d'amitié. Il s'excuse dans le prologue d'avoir entrepris d'expliquer la prophétie d'Osée, qui, suivant saint Jérôme, est remplie de tant de profondeurs et d'obscurités, qu'Origène, Apollinaire de Laodicée, Pierrius, Eusèbe de Césarée et Didyme l'Aveugle ont été obligés d'abandonner l'explication avant de l'avoir achevée. Mais il s'agissait pour eux de donner le vrai sens de la lettre. Il y avait moins de difficulté d'expliquer le texte d'Osée en un sens allégorique, parce que nous connaissons beaucoup mieux ce qui se passe en nous, nos passions, nos mœurs, ce que nous devons faire, que les mystères qui ont rapport à Jésus-Christ et à son Eglise, dans lesquels il est facile de se tromper. C'est sur cette facilité que Guibert justifie sa tentative. Il s'excuse du peu d'élégance et d'exactitude de style sur la faiblesse de ses yeux, qu'une trop grande assiduité à écrire lui avait fait contracter. Il fait, dans cette épître, l'éloge de saint Norbert et soumet ses *Commentaires* à sa censure. Ils furent écrits après l'an 1120 et ont pour titre : *Tropologies sur Osée, Amos et les Lamentations de Jérémie.*

Sur Abdias. — Guibert fit encore sur la prophétie d'Abdias des commentaires qu'il dédia à Geoffroi, abbé de Saint-Médard de Soissons, et à Alard, abbé de Florène. Nous en avons le prologue dans l'Appendice au tome VI des *Annales Bénédictines;* l'ouvrage n'a pas encore été imprimé. Le manuscrit de Pontigny, d'où ce prologue est tiré, contient un *Commentaire* complet *sur Abdias et les autres petits prophètes.* Guibert y rappelle ses *Commentaires sur Osée, Amos* et les *Lamentations de Jérémie.* Guibert dit aux deux abbés auxquels il dédie son ouvrage, qu'il le leur adresse, tant à cause de leur grand savoir qu'à cause de la sainteté de leur vie. Il espère qu'ils le protégeront contre les censeurs d'autant plus volontiers qu'ils connaissent mieux ses intentions.

Traité de l'Incarnation. — En parlant de la Vie de Guibert, écrite par lui-même, nous avons dit un mot de l'ouvrage qu'il composa pour défendre, contre les juifs, le mystère de l'Incarnation ; mais cet ouvrage mérite que nous en parlions plus longuement. L'auteur, après avoir résisté deux ans aux sollicitations de Bernard, doyen de l'Eglise de Soissons, entreprit cet ouvrage, qui, dit-il, aurait pu effrayer les Grégoire et les Jérôme, et il le dédia à celui qui l'avait engagé à le composer. Il le partagea en trois livres, dont le premier contient six chapitres ; le second, cinq, et le troisième, onze. Ce traité est dirigé particulièrement contre Jean, comte de Soissons, qui, tout en faisant profession extérieure de la religion chrétienne, dans laquelle il avait été élevé, favorisait ostensiblement les juifs ; ce qui fait dire à Guibert que c'est une chose en quelque sorte supportable de voir outrager notre foi par ceux qui n'ont jamais fait profession du christianisme, mais que c'est une chose qui fait sécher de douleur les gens de bien, de la voir attaquée par ceux même que le baptême avait réconciliés à Jésus-Christ. La vie du comte de Soissons n'était qu'une suite continuelle de toutes sortes de crimes, et Guibert est persuadé que ce sont ces crimes qui l'ont conduit à blasphémer contre la religion. Il rapporte quelques-uns de ces blasphèmes, qui, dit-il, sont puisés dans les sources impures des juifs. C'est pourquoi il ne ménage ni les juifs ni celui qui s'était fait le propagateur de leurs blasphèmes. On en peut juger par le début : « O Dieu, à qui nul n'est semblable, s'écrie Guibert, ne demeurez point dans le silence ; n'arrêtez pas plus longtemps l'effet de votre pouvoir ; mais couvrez d'ignominie celui qui outrage votre nom. » Il examine ensuite les objections des juifs et du comte de Soissons contre l'Incarnation, et les réfute en détail avec beaucoup de précision et de solidité. Il attaque le comte de Soissons et lui fait sentir tout l'odieux de sa conduite, parce que, d'un côté, il faisait extérieurement profession de la religion chrétienne ; il allait à l'église, honorait les prêtres, participait aux sacrements de la pénitence et de l'Eucharistie et faisait des aumônes ; et que de l'autre il faisait valoir les objections des juifs contre les chrétiens, et proclamait publiquement ce qu'ils osaient à peine dire en secret. Il ne pouvait souffrir qu'on dît que Dieu s'était fait homme dans le sein d'une vierge. Guibert répond que les juifs ne faisaient aucune difficulté d'affirmer à chaque instant, avec l'Ecriture, que Dieu a des membres corporels, des yeux, des oreilles, des mains et même des ailes comme les oiseaux ; que, bien qu'il remplît tout par son immensité, il ne se souillait point en s'unissant à la nature humaine, qui est bonne, puisqu'elle est faite à l'image de Dieu ; qu'en naissant d'une vierge pure, il ne pouvait avoir contracté aucune tache ; que Dieu s'était souvent revêtu de la forme humaine, du temps des patriarches ; qu'il était apparu sous cette forme à Abraham, et qu'il n'y avait pas plus d'indécence qu'il se fût fait homme dans les derniers temps. Il rapporte les passages des prophètes, qui annoncent que le Messie naîtrait d'une vierge ; sa demeure sur la terre, pour annoncer aux hommes leur devoir ; sa passion, sa mort pour le salut du genre humain, et sa résurrection. Ensuite il réfute l'objection que les juifs faisaient aux chrétiens, d'adorer l'image du crucifié, et même le bois de la croix, et dit : « Nous adorons dans des signes visibles des choses invisibles, ou bien nous arrêtons notre esprit errant et vagabond à la contemplation des choses spirituelles, par les regards que nous jetons sur des peintures qui nous servent comme d'avertissement, pour appliquer notre esprit à des choses intérieures. Pourquoi, ajoute-t-il, en s'adressant aux juifs, vous a-t-on proposé le serpent d'airain, qui, pour vous avez rendu un culte, sinon pour vous apprendre ce que ce serpent signifiait ? » Guibert fait voir encore que les juifs n'avaient aucune raison d'accuser les chrétiens d'adorer trois dieux, puisqu'ils n'en adoraient qu'un seul, mais en trois personnes ; ce qui lui donne lieu d'établir la trinité des personnes en Dieu. Il rapporte, sur la fin de l'ouvrage, qu'un clerc de Laon, disputant un jour contre un juif, et ne pouvant le convaincre par ses raisons, s'offrit, en preuve de la vérité de sa religion, de porter à la main un tison allumé : il le porta en effet, mais le juif, attribuant cet événement à l'art magique, ne se rendit pas.

De la vérité au corps de Jésus-Christ. — Guibert a écrit une lettre ou petit traité sur le morceau de pain trempé que Notre-Seigneur donna à Judas. Quelques-uns, sur l'autorité de saint Augustin et de saint Léon, soutenaient que Judas, dans la dernière cène, avait reçu l'Eucharistie comme les autres apôtres. D'autres prétendaient qu'il ne l'avait point reçue, persuadés que Jésus-Christ n'aurait point donné ce sacrement à celui qui devait le trahir, s'il avait contenu son corps et son sang. C'est le sentiment de saint Hilaire de Poitiers ; c'était celui de l'abbé Rupert, qui fut même fort maltraité par les partisans du sentiment contraire, surtout à cause de la réponse qu'il avait faite à l'objection tirée de saint Augustin, en disant que les écrits de ce saint docteur n'avaient pas une autorité aussi grande que celle des livres canoniques. Sigefroid, prieur de Saint-Nicolas-aux-Bois, près de Laon, puis abbé de Saint-Vincent, dans la même ville, consulta l'abbé Guibert sur cette dispute, et lui fit deux questions, qui consistaient à savoir : 1° si Judas reçut l'Eucharistie comme les autres apôtres ; 2° si l'Eucharistie est plutôt un signe que le vrai corps de Jésus-Christ? A la première de ces questions, Guibert répond que le morceau n'était que du simple pain, que Jésus-Christ avait trempé et donné à Judas, en signe de sa trahison ; mais qu'auparavant le Sauveur lui avait donné l'Eucharistie avec les autres apôtres, ne voulant pas en exclure ce traître pour un crime qu'il n'avait pas encore manifesté au dehors. Sur la seconde question, il prouve, contre Bérenger et contre tous ceux qui soutiennent que l'Eucharistie n'est que l'ombre et la figure du corps de Jésus-Christ, il prouve, dis-je, qu'elle est le vrai corps et le vrai sang du Sauveur ; de sorte qu'il ne reste, après la consécration, que les espèces du pain et du vin, parce que leur substance est changée au corps et au sang de Jésus-Christ. C'est pour cela, dit Guibert, qu'il se fait tant de signes de croix dans le saint canon, et toujours par trois, parce que, comme c'est la Trinité qui a formé dans Marie la chair de Jésus-Christ, c'est elle aussi qui opère le mystère sur l'autel. Il dit encore que si l'Eucharistie n'était qu'une ombre et une figure, nous serions tombés des ombres de l'ancienne loi dans des ombres encore plus misérables.

Éloge de la Vierge Marie. — Le livre qui a pour titre : *Des louanges de la Vierge Marie*, contient l'éloge de ses vertus. Guibert y fait voir qu'elle est véritablement mère de Dieu, et dit qu'en la considérant en ce monde, comme portant dans son sein le Verbe incarné, on peut dire que son état était alors plus excellent qu'il n'est dans le ciel. Ce n'est, au reste, qu'une opinion particulière à l'auteur qui la propose, sans prétendre s'inscrire en faux contre celle qui affirmerait le contraire. Il dit encore qu'en ce monde Marie a joui continuellement de la vision de Dieu. Parmi les miracles opérés par l'intercession de la sainte Vierge, dans le diocèse de Laon, il en raconte un qui justifie l'usage de confesser ses péchés aux prêtres. Ce livre est suivi d'un *Rhythme* ou *Prose en l'honneur de la sainte Vierge et de saint Jean l'Evangéliste*

Traité de la virginité. — Guibert était très-jeune quand il écrivit sur la virginité, à la prière d'un nommé Salomon, à qui il dédia le traité qu'il composa sur ce sujet. Il craignait de traiter une matière sur laquelle il ne pouvait se flatter d'être sans reproche. Mais il surmonta sa répugnance, en considérant qu'encore que l'on soit coupable, on ne laisse pas d'être dans l'obligation de travailler, autant qu'on le peut, à corriger les autres. Autant l'état de virginité est sublime, autant il est difficile de le conserver. Cela paraît impossible aux voluptueux ; mais ils ne font pas attention que la virginité a été en honneur chez les païens ; que Dieu n'a voulu naître que d'une vierge ; que saint Paul a gardé la virginité. Guibert soutient que les moyens de conserver cette vertu sont l'humilité, la douceur, la componction, la patience. On la perd aisément par trop de familiarités et d'attention à se parer le visage et à s'orner d'habits précieux. Ceux qui mènent une vie austère et pénitente ne tombent jamais dans des fautes contre la pureté que par orgueil. De son temps, il était encore d'usage que les parents offrissent leurs enfants jusqu'à l'âge de douze ans, et que le vœu qu'ils faisaient pour eux fût irrévocable. Les ennemis de la virginité objectaient l'ordre que Dieu a donné aux hommes de se multiplier. Guibert répond que ce commandement n'était donné que pour le temps nécessaire à la population du monde, mais que depuis il n'obligeait plus.

Des reliques des saints. — De tous les écrits de Guibert, celui où il montre plus de critique est son *Traité des Gages* ou *des Reliques des saints*. L'auteur le dédia à Odon, abbé de Saint-Symphorien de Beauvais, et depuis évêque de la même ville, par une lettre, où, sans s'arrêter à lui faire aucun compliment, il entre d'abord en matière et lui expose la raison qui l'a engagé à écrire sur ce sujet. Il s'y justifie d'une expression qu'il avait avancée, savoir que l'Eucharistie tient lieu de Jésus-Christ, expression à laquelle un critique avait trouvé à redire, prétendant que ce qui tient lieu d'une chose est moindre que la chose même. Guibert répond que si son critique avait fait quelque attention à ses paroles, il ne lui aurait point fait de reproches sur l'expression dont il s'était servi. Cet ouvrage est divisé en trois livres. — Le premier traite du culte des saints et des précautions que l'on doit prendre pour distinguer les vraies reliques des fausses. — Le second est employé à démontrer que le corps de Jésus-Christ réside dans l'Eucharistie, et qu'il ne faut point chercher d'autres reliques sous les voiles de ce sacrement, dans lequel il nous a laissé, non pas quelques restes de son corps, mais son corps tout entier. — Il détruit, dans le troisième livre, les preuves que les moines de Saint-Médard alléguaient pour soutenir qu'ils étaient possesseurs d'une des premières dents de Jésus-Christ.

Premier livre. — Guibert convient, dans le premier livre, que nous devons honorer les reliques des saints, pour imiter leur exemple et mériter leur protection ; mais il prétend qu'avant de leur rendre un culte, il faut être assuré de leur sainteté et de la vérité de leurs reliques. Il soutient que les faux Actes des saints doivent être rejetés généralement comme contraires à leur honneur. Il met de ce nombre les légendes faites à plaisir, où l'on fait passer pour martyr un homme qui n'a jamais rien souffert pour la religion, et pour saints, ceux dont la conduite était même très-répréhensible. Il cite là-dessus divers exemples, d'où il conclut que l'on doit examiner avec soin ces sortes de légendes avant d'y ajouter foi, et ne pas honorer comme saints ceux dont on ignore la naissance, la vie, le jour et les circonstances de leur mort. « C'est, dit-il, aux évêques à veiller là-dessus, et à empêcher qu'on expose à la vénération des fidèles ce qui en est indigne. Il rapporte plusieurs signes qui auraient paru miraculeux si la cause n'en avait pas été connue, et décide, en conséquence, que les signes extérieurs ne sont pas toujours des preuves de sainteté. On croyait dès-lors que les rois de France guérissaient les écrouelles; Guibert avait été témoin de la foule de malades que Louis le Gros avait touchés, en faisant sur eux le signe de la croix. Il dit que ce prince en guérissait, mais que Philippe, son père, fut privé de la gloire de ce miracle, à cause de ses péchés, et que les rois d'Angleterre ne tentaient pas même d'en faire. Cependant Guillaume de Malmesbury rapporte la guérison d'un mal semblable opérée par le roi Edouard; mais il l'attribue à la sainteté de ses mœurs, et non à sa qualité de roi d'Angleterre. Après avoir cité divers exemples de fausses légendes et de fausses reliques, qu'il avait vu porter publiquement par des imposteurs, Guibert donne pour maxime que l'on peut invoquer sûrement les apôtres, les martyrs et les confesseurs reconnus pour saints dans l'Eglise; que celui-là pèche qui invoque comme saint un personnage qu'il ne connaît pas. Pour preuve de la circonspection de l'Eglise sur les faits qui ne sont pas évidemment constatés, il dit qu'elle n'ose assurer que le corps de la mère du Sauveur soit glorifié par la résurrection, malgré toutes les raisons que l'on a de le croire. Une de ces raisons, c'est que, l'Evangile nous assurant que plusieurs corps des saints de l'Ancien Testament ressuscitèrent avec Jésus-Christ, il est à croire que le même privilége a été accordé à sa sainte mère; d'autant plus qu'il y aurait de l'impiété à dire que son corps a été sujet à la corruption. Mais si elle n'ose pas affirmer publiquement l'assomption de la sainte Vierge au ciel, elle ne défend point de la croire. Guibert entre dans quelques détails sur la fausse attribution des reliques. On prétend posséder à Constantinople la tête de saint Jean-Baptiste; les moines de Saint-Jean-d'Angely la revendiquent également pour leur maison : il y a erreur de l'un ou de l'autre côté. La même difficulté se rencontre entre Godefroi, évêque d'Amiens, et les moines de Saint-Denis. Ils prétendent les uns et les autres posséder le corps de saint Firmin, martyr. Ces sortes d'erreurs n'arriveraient pas si on ne tirait pas de leurs sépultures les corps des saints, si on ne les transportait pas, si on ne les divisait pas. L'abbé de Nogent blâme cet usage comme contraire à l'ancienne discipline et au sentiment de saint Grégoire le Grand. Mais il pense que celui-là ne pèche pas qui, par une erreur de fait, honore les reliques d'un saint pour un autre; sa raison est que tous les saints ne sont qu'un en Jésus-Christ qui est leur chef.

Deuxième livre. — Il le commence par l'énumération des reliques de Jésus-Christ que l'on se vantait d'avoir en quelques endroits, et cite un passage du grand Origène, qui porte que quelques-uns n'avaient pas rougi d'écrire des livres sur la circoncision du Seigneur. Guibert, ne comptant pour rien ces prétendues reliques, dit qu'il n'en faut pas chercher d'autres que l'Eucharistie, où le corps de Jésus-Christ est tout entier. Il le prouve par ces paroles : *Celui qui me mange vit pour moi*. Le Sauveur ne dit pas *celui qui mange un de mes membres*, mais *celui qui me mange*, ce qui le désigne tout entier, c'est-à-dire les deux natures dont il est composé. Or, il n'y aurait eu aucune nécessité de se donner à nous tout entier sous une forme étrangère, si, avant de monter au ciel, il nous eût laissé quelque partie de son corps sous sa propre forme. Guibert réfute, en passant, l'opinion de ceux qui soutenaient que les pains mis sur l'autel, dans le ciboire, pendant la messe, à l'insu du prêtre, étaient véritablement consacrés, et qu'on pouvait en communier les fidèles. Sa raison est que le prêtre ne consacre que ce qu'il a intention de consacrer. Il prétend, par la même raison, que si l'on mettait une hostie sous la palle, ou quelques gouttes de vin dans le calice, sans que le prêtre en fût averti, elles ne seraient pas consacrées. Il réfute encore quelques sentiments particuliers; puis il prouve la présence réelle du corps de Jésus-Christ dans l'eucharistie, contre Bérenger et les autres hérétiques du même temps. Il montre aussi que Jésus-Christ y est comme dans le ciel, impassible, immortel, incorruptible, suivant la parole de saint Paul : *Jésus-Christ, ressuscité d'entre les morts, ne meurt plus; la mort n'aura plus d'empire sur lui*.

Troisième livre. — Le but principal de Guibert était de montrer que les moines de Saint-Médard n'étaient pas fondés à mettre parmi leurs reliques une dent de Jésus-Christ, et il essaye de le prouver dans son troisième livre. Sa première raison, c'est que Jésus-Christ étant ressuscité, il n'est pas permis de douter qu'il n'ait repris son corps tout entier. Sa seconde, que s'il ne tombe pas un cheveu de la tête d'un élu, à plus forte raison il ne doit rien se perdre du corps du Sauveur. En vain répondrait-on qu'il reprendra cette dent à son second avénement; il s'en suivrait toujours que sa résurrection n'a pas été parfaite. Sa troisième raison, c'est qu'il n'y a pas apparence que la sainte Vierge ait conservé cette dent ni les autres reliques, non plus que son propre lait que l'on montrait à Laon, dans un vase de cristal. Les moines de Saint-Médard objectaient divers miracles opérés par la vertu de cette dent, un entre autres sous le règne de

Louis le Débonnaire et en sa présence. Guibert nie le fait, et même en le supposant vrai, il ne s'ensuit pas que la dent qui serait demeurée suspendue en l'air pendant la messe, fût une dent de Jésus-Christ. Elle pouvait être de quelque saint, et peut-être le miracle avait-il été accordé à la foi des fidèles, indépendamment du mérite de la relique. Enfin il rejette l'autorité du moine qui avait écrit la relation des miracles opérés par cette dent, parce qu'il était un homme de mauvaise vie.

Du monde intérieur. — Guibert parle de cet ouvrage dans la préface des trois livres dont nous venons de donner le précis, mais comme d'un écrit fait depuis longtemps. Il y traite des visions mentionnées dans l'Ancien et le Nouveau Testament, et fait voir qu'elles ne présentaient à l'esprit que des images corporelles, puisque Dieu apparaît tantôt comme un feu et tantôt sous une figure humaine. D'où il conclut que l'on ne peut rien inférer de ces visions pour établir la nature de Dieu, ni la simplicité de son essence éternelle. Il en est de même des visions qu'ont eues ceux qui sont passés pour un moment de ce monde en l'autre. Selon saint Grégoire et le vénérable Bède, ils n'ont vu que des choses matérielles. Jésus-Christ même ne menace les pécheurs que de supplices corporels en l'autre vie. Guibert n'entre dans cette discussion que pour savoir de quelle manière les âmes sont punies dans l'autre vie, ou comment elles sont récompensées dans le ciel. Son sentiment est que les corps ne peuvent agir sur elles, parce qu'elles sont spirituelles et ne peuvent être sensibles que spirituellement. Rien de corporel n'entre dans leur supplice ni dans leur gloire. Il raisonne de même des démons, qu'il dit être répandus dans le monde visible. Ils sont tourmentés, non par un feu matériel, mais par la vive douleur qu'ils ressentent d'être privés pour toujours de la félicité et de la vue de Dieu; comme le bonheur des anges et des élus consiste dans le plaisir qu'ils éprouvent à contempler la gloire de Dieu.

Les Gestes de Dieu par les Français. — Guibert nous a laissé sous ce titre une histoire de la première croisade, accomplie sous la conduite de Bohémond, duc de Pouille, et sous Godefroi de Bouillon, roi de Jérusalem. Cette histoire est calquée sur une autre plus ancienne dont le style lui avait paru trop simple. C'est probablement l'ouvrage anonyme qui se trouve à la tête du recueil de Bongars. Guibert, en suivant cet historien, le corrige en plusieurs endroits, et ajoute à son récit beaucoup de choses qu'il avait apprises de personnes dignes de la plus grande confiance. On peut dire en général que de tous les écrivains qui ont raconté les événements de cette expédition, il n'en est point qui eût plus de talent que Guibert, et que si quelqu'un l'a surpassé par l'étendue et l'exactitude du récit, c'est qu'il avait plus de secours. Il a surtout un avantage sur les autres, c'est qu'il reprend sa narration de plus haut et la commence aux progrès que la secte de Mahomet avait faits en Orient, lorsqu'on entreprit la première croisade. Il débute par la lettre qu'Alexis, empereur de Constantinople, adressa à Robert le Vieux, comte de Flandre, pour implorer le secours des princes chrétiens contre les musulmans. Cette lettre fut écrite avant le concile de Clermont, où la croisade fut décidée. L'auteur trouve mauvais qu'on vante les actions des anciens et qu'on rabaisse celles des modernes. Qu'on relève les événements des siècles passés, c'est très-bien; mais ceux de notre temps, où le monde est dans sa vieillesse, ne méritent pas moins d'être rapportés. On admire ce que les historiens nous racontent des guerres de Philippe contre les Grecs, et d'Alexandre contre les Perses; on est dans l'étonnement d'entendre parler de cette multitude innombrable de soldats de Xerxès et de Darius. Ce qu'on lit des guerres des Égyptiens, des Chaldéens et des autres peuples de l'Asie ne cause pas moins d'admiration. Il en est de même de ce que l'histoire nous apprend des Romains. Guibert prétend que si l'on veut ouvrir les yeux et considérer ce qui se passe de son temps, dans l'expédition de la terre sainte, on reconnaîtra que le plus petit de nos doigts est plus gros que le dos de nos ancêtres.

On trouve, dans le second chapitre du premier livre, un portrait très-peu flatté des Orientaux. Il nous les représente comme chancelants dans la foi, toujours portés vers la nouveauté, et s'écartant sans cesse des règles du dogme et de la doctrine des Pères. Il attribue ce caractère de légèreté et d'inconstance au tempérament des Orientaux, et à l'influence de leur climat. Abusant de leurs talents et de la vivacité de leur génie, ils se sont livrés à des questions oiseuses, ont abandonné la doctrine de leurs ancêtres et donné naissance à une infinité d'hérésies monstrueuses; car l'Orient en a produit plus qu'on ne voit de ronces et d'orties dans une terre inculte. « Qu'on lise, dit-il, le catalogue des hérésies, qu'on parcoure les ouvrages faits pour les combattre, à peine trouvera-t-on que les Latins en aient inventé une; elles ont toutes pris naissance en Orient et dans l'Afrique. » Il serait à souhaiter que l'Occident eût conservé ce précieux avantage. Mais on a vu, dans les siècles qui ont suivi celui où Guibert parlait de la sorte, que les Latins comme les Orientaux pouvaient être livrés à l'esprit de mensonge. Tant de royaumes et de provinces de l'Église d'Occident séparées du centre de la foi par les hérésies de Luther et de Calvin, tant de monstres qui ont déchiré et déchirent encore le sein de l'épouse de Jésus-Christ, en sont une preuve on ne peut plus sensible. Il avoue qu'il a lu quelque part que Pélage était Breton, mais il ajoute qu'on ne peut compter le nombre des hérétiques de l'Orient. Arius, Manès, Eunome, Eutychès, Nestorius, étaient Orientaux; en un mot, on les compte par milliers : *Monstrorum millia texam*. Il leur reproche aussi leur incrédulité et leur infidélité envers leurs souverains; de sorte que tel qui est aujourd'hui sur le trône, sera non-seulement dépouillé de sa couronne le jour suivant, mais même obligé de quitter sa patrie et d'aller finir ses jours sur une terre étrangère. Il n'épargne pas les Grecs, auxquels il reproche leurs erreurs, leur peu de respect pour le siége apostolique, leur haine contre les Latins. C'est en punition de ces crimes que leur terre les a rejetés avec horreur hors de son sein, et que Dieu a permis que tant de villes et de provinces de l'Asie fussent livrées à des nations barbares, et retombassent même dans le paganisme. Cela conduit naturellement Guibert à parler de Mahomet, dont il fait l'histoire. Il termine son premier livre par la lettre que l'empereur Alexis écrivit à Robert le Vieux, pour lui demander du secours contre les mahométans, et donne des extraits de cette lettre dont il fait quelquefois la critique. Comme l'empereur marquait au comte de Flandre qu'il avait à Constantinople le chef de saint Jean-Baptiste, couvert de sa peau et de ses cheveux, Guibert ne manque pas d'en prendre occasion de faire une sortie sur les moines de Saint-Jean d'Angely, qui prétendaient posséder la même relique. Il ne s'en tient pas là, il blâme et condamne l'usage de tirer les corps saints de leurs tombeaux, pour les mettre dans des châsses d'or ou d'argent; ou plutôt il blâme l'abus, le déréglement et l'avarice qui s'étaient introduits dans cet usage, auquel il avoue que la piété avait donné naissance en portant les fidèles à orner d'or et d'argent les reliques des saints. On voit que ce premier livre n'est, à proprement parler, qu'une introduction aux suivants.

Dans le second livre, Guibert, en parlant d'Urbain II, qui était venu solliciter du secours en France, remarque que c'était depuis longtemps l'usage des Papes de réclamer la protection de la France lorsqu'ils étaient attaqués par quelque puissance voisine. Il relève à ce sujet l'attachement inviolable des Français au Saint-Siége. Il croit que Dieu les avait choisis pour la glorieuse expédition de la croisade, surtout depuis que cette nation avait reçu la foi par le ministère de saint Rémi; elle n'avait jamais été infectée d'aucune erreur, pas même pour un moment. Les Français, selon lui, dans le temps même qu'ils étaient païens, et qu'ils pillaient les terres des Gaulois, alors chrétiens, n'ont jamais maltraité ni fait mourir personne pour cause de religion; et dans la suite, par une générosité qui leur est naturelle, ils ont enchâssé dans l'or et l'argent et orné de pierres précieuses les reliques de ceux que les Romains avaient mis à mort pour la foi. Guibert, après avoir ajouté encore plusieurs choses glorieuses aux Français, termine leur éloge en disant que leur nom est un titre honorable, qu'on le donne quelquefois aux personnes de mérite, quoique d'une autre nation, quand, pour leur faire honneur, on dit d'eux, que ce sont *des hommes francs*. Il arrive enfin au concile de Clermont dans lequel la croisade fut publiée par Urbain II. Il entre dans le détail de ce qui s'y passa et rapporte fort au long les raisons que ce Pape mit en avant pour engager les Français dans cette entreprise, et les effets que sa prédication produisit dans les esprits. On vit dès ce moment cesser les troubles et les divisions qui déchiraient le royaume. Quoique ce fût une année de grande disette, l'abondance régna tout à coup; le riche ouvrait ses trésors et ses greniers aux pauvres; chacun ne pensait qu'à faire les préparatifs de son voyage. Une grande multitude se joignit à Pierre l'Ermite, qui était en si grande réputation de sainteté, que Guibert témoigne n'avoir jamais vu accorder tant d'honneurs à qui que ce soit qu'à cet ermite. Mais l'armée qui s'était attachée à lui ne laissa pas de commettre beaucoup de désordres dans les pays où elle passa, et surtout en Hongrie. Comme il n'y avait ni ordre ni discipline parmi ces croisés, ils périrent presque tous, et ne servirent, selon l'expression de notre historien, qu'à inspirer plus d'audace aux Turcs. Le succès d'une autre armée commandée par Godefroi fut plus heureux, quoiqu'elle eût pris la même route que la première. Ce sont les exploits de cette armée qui font le grand objet de Guibert, dans la suite de l'histoire dont nous parlons. Il compte parmi les princes et les grands seigneurs qui prirent part à cette expédition : Hugues le Grand, frère de Philippe de France; Etienne, comte de Blois; Robert, comte de Flandre; Robert, duc de Normandie; Raymond, comte de Saint-Gilles; Bohémond, Tancrède, etc. Non-seulement Guibert nous apprend quels furent les princes qui entreprirent le voyage de la terre sainte, il en fait encore les portraits qui nous initient à leurs bonnes et mauvaises qualités. Il les suit dans leur route, raconte leurs exploits particuliers, la part qu'ils ont eue aux grands événements de cette expédition, soit dans le siége des villes, soit dans les combats qui se sont livrés. Tout cela est décrit dans un grand détail et avec des circonstances qui attirent l'attention du lecteur et font lire cette histoire. L'auteur l'a continuée jusqu'au règne de Baudouin I*er*, dont il se contente de raconter les premiers exploits, quoiqu'il n'ait fini son ouvrage que vers la douzième année de son règne. En la terminant, il assure encore qu'il n'a rien écrit que sur le témoignage de personnes de la plus grande sincérité. Si on ne trouve pas dans son *Histoire* tous les détails que l'on voit dans les autres historiens, qui rapportent ce qui s'est passé dans une action, ce qui a fait pencher la victoire d'un côté plutôt que de l'autre, la part qu'y ont eue la cavalerie et l'infanterie, et le nombre des blessés et des morts; si, dis-je, il n'entre point dans tous ces détails, il s'en excuse sur ses occupations, et ajoute que, n'ayant point vu les choses par lui-même, cela l'a rendu plus timide et plus réservé. C'est pourquoi, si on lui reproche d'avoir omis plusieurs choses, il répond qu'il a mieux aimé être concis que diffus. Au surplus, ceux qui savent des faits qu'il a ignorés peuvent les écrire et en faire part au public.

Guibert, qui, comme il le dit lui-même, avait eu dans sa jeunesse une grande passion pour les vers, et avait appris d'un bon poète à versifier, aurait dû nous laisser quelques productions de sa plume en ce genre d'écrire. Cependant il ne nous reste de lui que quelques petites pièces de poésie qu'il a insérées dans son *Histoire de la Croisade*, avec une *Prose en l'honneur de saint Germer*, et qui s'est chantée jusqu'à la fin du dernier siècle. Elle commence ainsi :

Adeste præcipua, fratres, materia,
Dici consona date præconia.

Ce sont là tous les écrits que nous connaissions de notre auteur; car nous ne croyons pas devoir lui attribuer l'ouvrage intitulé : *Elucidarium, sive Dialogus summam totius Christianæ religionis complectens*, quoiqu'il porte son nom dans quelques manuscrits. Nous examinerons ailleurs quel est le véritable auteur de cet abrégé sommaire de la religion chrétienne, qui a été faussement attribué à saint Anselme par quelques-uns, et par d'autres à Guillaume de Coventry et à Honoré d'Autun. Dom Luc d'Achery a publié, en 1651, tous les ouvrages de Guibert qui n'avaient pas encore vu le jour, à l'exception de son *Histoire de la Croisade*, qui fait partie de la collection que Bongars a publiée en 1611. L'éditeur ne s'est pas contenté de consulter tous les manuscrits qu'il a pu découvrir pour donner le texte dans toute sa pureté, il y a joint encore des notes savantes, et de longues observations, dans lesquelles il rapporte une grande quantité de documents anciens et fait l'histoire de diverses abbayes.

Guibert est sans contredit un des meilleurs auteurs de son siècle. Il était très-versé dans la lecture des livres saints, comme on le voit par l'usage fréquent qu'il en fait en écrivant. Il ne l'était pas moins dans la connaissance des écrits des saints Pères, surtout de saint Grégoire le Grand, dont il a imité la manière d'interpréter les Ecritures dans les *Commentaires* qu'il nous a laissés. Il a écrit avec justesse et solidité, et montré un grand fonds d'érudition. Son style, malgré les éloges d'Elie Dupin, nous a paru dur, embarrassé, souvent obscur et rempli d'expressions barbares. C'est avec raison que dom Mabillon a dit de lui : *Multa ille scripsit non inerudite, sed scabroso stylo*. On voit néanmoins qu'il avait lu les auteurs de la bonne latinité; mais il n'a pas formé son style sur celui de ses maîtres. Il est vif, mordant, quelquefois un peu crédule, et assez souvent bon critique. Ses quatre livres *de Pignoribus sanctorum* ne sont, à proprement parler, qu'un ouvrage de critique, et d'une critique très-sensée et très-judicieuse. Il donne encore ailleurs des preuves de son discernement, et on est étonné de voir un auteur du XII° siècle relever, et avec raison, Eusèbe de Césarée. Si l'on fait attention au jugement que porte Guibert sur quantité de tombeaux et d'urnes sépulcrales qu'on découvrait tous les jours dans son monastère, on conviendra aussi qu'il était assez bon antiquaire pour le siècle où il vivait.

GUILLAUME, quinzième archevêque de Mayence, prince de Saxe et fils d'Othon le Grand, fut élu en 954, et mourut en 968, après quatorze ans d'un épiscopat qui ne fut ni sans gloire ni sans vertus. Il a laissé la Chronique des archevêques, ses prédécesseurs.

GUILLAUME, l'un des plus illustres restaurateurs de la discipline monastique au XI° siècle, naquit en 961, près de Novare, en Italie, de parents nobles et riches, originaires de Souabe, qui le placèrent, dès l'âge de sept ans, au monastère de Lucedia, alors du diocèse de Verceil, où il fit de grands progrès dans les lettres divines. Dès qu'il fut un peu plus avancé en âge, on l'envoya successivement à Verceil, puis à Pavie, pour s'y perfectionner dans les sciences ; et à son retour à Lucedia, il fut chargé de divers emplois dans son monastère. L'évêque de Verceil, qui connaissait son mérite, voulait l'ordonner diacre ; mais Guillaume, qui regardait le serment exigé dans cette circonstance comme un abus et une espèce de simonie, refusa obstinément de recevoir l'ordination. Il quitta même le séjour de Lucedia pour passer à Cluny, à la suite de saint Mayeul, qui, à son retour de Rome, était passé par son monastère. Ils s'appliquèrent ensemble à faire fleurir la piété dans ce célèbre établissement. Il n'y fut pas longtemps sans donner des preuves de son mérite et de sa supériorité. Il fut choisi au bout d'un an pour aller réformer le monastère de Saint-Saturnin sur le Rhône, plus connu sous le nom de Saint-Saurin, prieuré dépendant d'Ambournac. Il en fut rappelé après dix-huit mois de travaux, et envoyé, au même titre, à Saint-Bénigne de Dijon. Brunon, évêque de Langres, qui sollicitait depuis longtemps la réforme de ce monastère, l'ordonna prêtre et l'en établit abbé. Le succès éclatant avec lequel il fit revivre l'esprit de saint Benoît à Dijon engagea d'autres évêques, des princes et des rois même à lui confier le gouvernement de plusieurs monastères. Guillaume en réforma plus de quarante, dans lesquels il mit des abbés capables de maintenir la discipline qu'il y établit. On n'avait jamais vu de réformateur animé d'un zèle aussi rigide. Il était plus sévère que la règle, ce qui lui avait fait donner le surnom de *Supra regulam*. Cependant il se relâcha un peu de sa rigueur avec le temps, et sut compatir avec plus d'indulgence aux faiblesses de l'humanité. Outre la réforme qu'il introduisit dans tant de monastères qu'il se trouvait suivie par plus de douze cents moines, il fonda, de concert avec sa famille et dans une terre de leur patrimoine, l'abbaye de Frutare, vulgairement Saint-Balain, et en dirigea lui-même la construction. Il avait pour principe d'établir des écoles dans tous les monastères de sa réforme. Ces écoles étaient ordinairement doubles. Il y en avait d'intérieures pour les moines et d'extérieures pour les personnes du dehors. Le saint abbé, qui était lui-même fort versé dans les sciences, veillait avec soin à l'instruction de cette famille si nombreuse et si répandue qu'il visitait de temps en temps dans les monastères qu'elle habitait. Il possédait à fond le plain-chant et la musique, ce qui lui permit de corriger, ou tout au moins de rectifier le chant des offices divins. La belle église qu'il fit rebâtir dans son monastère est une preuve qu'il savait joindre encore à l'étude des sciences la culture des beaux-arts. Guillaume possédait deux qualités qui se trouvent rarement réunies, savoir, une grande vivacité d'esprit et une prudence consommée, ce qui, joint à un désintéressement absolu de toutes choses, lui ouvrait un accès favorable à la cour des princes et des rois, où il savait se faire aimer et respecter. Les Papes eux-mêmes avaient tant de vénération pour le pieux abbé, qu'ils se rendaient volontiers à ses remontrances, quoiqu'il les leur adressât quelquefois avec une liberté tout évangélique. Enfin, après une carrière glorieusement remplie, Guillaume mourut à Fécamp, dans le cours de ses visites, le 1er janvier 1031. Il était âgé de soixante-dix ans, et en avait passé quarante et un en France.

Ses lettres. — Il nous reste de lui trois lettres, dont deux furent adressées au Pape Jean XIX. Dans la première, il l'exhorte à réprimer, avec plus de soin qu'il ne le faisait, la simonie dont les excès débordaient alors sur l'Italie tout entière. « Qu'il suffise aux hommes, lui disait-il, que Jésus-Christ ait été vendu une fois pour le salut du genre humain. » Puis il ajoutait : « Si ce mal sévit avec tant de violence à la source même de l'Eglise et jusque sous les yeux de son chef, combien plus ne doit-il pas étendre ses ravages dans les provinces éloignées, où l'absence du premier pasteur assure d'avance l'impunité ? » Le Pape reçut bien cet avis et prit des mesures pour arrêter les excès qui lui étaient signalés. — Dans sa seconde lettre, il l'engage à ne pas souffrir que l'Eglise de Constantinople s'attribuât le titre d'Église universelle, comme on l'accusait alors de l'usurper. Ce passage doit s'entendre d'Eustache, patriarche de Constantinople, qui, de concert avec l'empereur Basile, avait envoyé à Rome des députés chargés de présents, pour obtenir de se donner dans l'Orient le titre *d'évêque universel*, comme le Pape se l'attribuait pour toutes les Eglises du monde. Mais le bruit de cette tentative, ayant excité en Italie et même en France de nombreuses réclamations, n'obtint pas l'effet que le patriarche et l'empereur en attendaient. — Ces deux lettres se trouvent, l'une dans la *Vie de Guillaume*, par Glaber, l'autre à la suite de la même *Vie*, dans l'édition de dom Mabillon; dans la *Chronique de Verdun*, par Hugues de Flavigny, et ailleurs. — La troisième lettre est adressée à saint Odilon, abbé de Cluny, à qui l'abbé Guillaume fait une triste peinture de l'état pitoyable dans lequel se trouvait réduit le monastère de Vézelay, par le fait du comte Landric, qui en avait chassé l'abbé et les moines. Il lui fait part en même temps des projets ennemis que nourrissait l'évêque d'Autun, tant contre l'abbaye de Cluny et un prieuré de sa dépendance que contre celle de Saint-Bénigne de Dijon. Il ajoute que cet évêque en avait excommunié les moines, avec défense à eux de célébrer publiquement l'office divin; mais ceux-ci, sans tenir aucun compte de cette sentence dont ils se croyaient à couvert par leurs priviléges, avaient foulé aux pieds les lettres de l'évêque, ce qui l'avait mis dans une étrange colère, et les avait rendus odieux même à leurs anciens amis. — Guillaume s'efforça de persuader aux moines de Vézelay d'aller à Cluny prendre les avis de saint Odilon. On ne sait quelle fut la suite de ces troubles. Dom Mabillon a inséré cette lettre dans le tome IV de ses *Annales*.

Charte. — La Charte de fondation de l'abbaye de Frutare, vulgairement Saint-Balain, au diocèse d'Ivrée, dans le Piémont, doit être mise au rang des écrits de l'abbé Guillaume. On la trouve à la suite de sa Vie dans le tome VIII des *Actes de l'ordre de Saint-Benoît*. Cette abbaye, comme nous l'avons remarqué plus haut, fut bâtie aux dépens de la famille de Guillaume, et sur un terrain qui appartenait à ses frères. Il eut soin d'en faire confirmer l'érection par les princes et les évêques sur le territoire desquels elle se trouvait située; et, désirant la faire exempter de la juridiction ordinaire, il se pourvut à Rome et obtint ce privilége du Pape Jean XVIII, puis de Benoît VIII, son successeur, qui le ratifia dans un concile de quarante évêques, de plusieurs abbés et cardinaux, tenu dans l'église de Latran, le 3 janvier 1015. Guillaume prend dans cette charte la qualité d'abbé de Frutare. Léoteric, archevêque de Sens, y souscrivit avec un grand nombre d'autres prélats. Elle est sans date; le diplôme par lequel l'empereur Henri confirma cette fondation est de l'an 1014, et celui du roi Robert de l'an 1023.

Discours. — De toutes les exhortations, soit publiques, soit particulières, que prononça l'homme de Dieu pendant le cours d'un assez long ministère, on ne nous a conservé que des fragments du sermon qu'il prêcha à la dédicace de l'église de Saint-Bénigne. Nous en sommes redevables à Raoul Glaber, qui leur a donné place dans l'histoire de l'auteur. On y découvre une doctrine aussi solide sur le dogme que sur la morale, et un zèle tout de feu pour faire la guerre au vice et porter ses auditeurs à la pratique de la vertu. Ces simples fragments suffisent pour montrer que le saint abbé possédait les bons principes de la théologie, et un fonds d'éloquence rare pour son siècle. — On remarque la même solidité et la même hardiesse éloquente dans un morceau du discours qu'il tint au roi Robert et à la reine Constance, sur la mort du jeune roi Hugues, leur fils. « Vous ne devez pas vous estimer malheureux, leur dit-il, d'avoir perdu un tel fils ; de toutes les conditions de la vie je n'en vois aucune où il y ait si peu d'hommes de sauvés, que dans la condition des rois. » — Et comme le roi et la reine paraissaient surpris, il ajouta : « N'avez-vous pas remarqué que, sur trente rois dont il est parlé dans nos livres canoniques, on en compte à peine trois qui aient été bons? Cessez donc de pleurer ce jeune prince; congratulez-le au contraire de se voir délivré des maux de cette vie, et d'être passé dans le séjour du repos éternel. »

Formules. — L'attention du prudent abbé pour les besoins de ses fils spirituels lui fit inventer, en faveur des personnes les moins lettrées qui se retiraient dans les monastères, des formules de prières qui fussent à leur portée. Elles étaient un peu mystiques, mais ingénieuses, et disposées de façon qu'on en pouvait faire cinq sortes d'applications différentes, pour demander pardon à Dieu, et soumettre à l'indulgence de sa miséricorde divine chacun des péchés que l'on commet par les cinq sens. Chacune de ces formules devait être suivie de la récitation du psaume *Miserere.* On les regarda dans la suite comme une espèce de Psautier, et on leur en donna même le nom. Il ne nous reste plus aujourd'hui que la notice qui se lisait en tête, et dans laquelle on retrouve quelques-unes des expressions qui s'y représentaient le plus fréquemment. — Il y a une autre formule dans les *Analectes* de dom Mabillon; mais, après l'avoir attribuée d'abord à Guillaume, abbé de Saint-Bénigne, le savant critique a reconnu qu'elle était de Guillaume, abbé de Saint-Arnoul.

L'ancien chroniqueur de Fécamp atteste que Guillaume était aussi versé dans les arts libéraux que dans la science ecclésiastique et les secrets de la vie spirituelle. On ne peut douter que, dans ce nombre prodigieux de moines qu'il gouverna, il n'ait eu plusieurs illustres disciples ; mais, à l'exception de saint Odilon de Cluny, qui prend lui-même ce titre, il serait difficile d'en nommer d'autres. Nous dirons seulement, en général, que plusieurs furent élevés à l'épiscopat, et un plus grand nombre encore choisis pour gouverner des monastères. Parmi les instructions qu'il leur donnait, il avait coutume de leur recommander particulièrement trois points, qu'il regardait comme essentiels, savoir : la pratique exacte de la règle de saint Benoît, bien lire et bien chanter. L'Eglise de France le décore ordinairement du titre de bienheureux. Ses OEuvres ont été reproduites dans le *Cours complet de Patrologie.*

GUILLAUME, panégyriste de la sainte Vierge, ne nous est pas connu autrement que par son ouvrage. A s'en tenir au titre qui se lit en tête, l'auteur aurait eu le prénom de Flavius, qui cependant n'y est exprimé que par les deux premières lettres du mot; mais il y a bien de l'apparence que le copiste aura écrit *Fl.* au lieu de *Fr.*, qui signifie frère, et désignerait ainsi une qualité plutôt qu'un prénom. Nous avons eu occasion de remarquer plusieurs fois déjà que, dès le xe siècle, plusieurs moines célèbres, et même d'illustres abbés, se faisaient un mérite de se qualifier de la sorte. Ce qu'il y a de vrai, c'est que le manuscrit de l'ouvrage en question, le seul peut-être qui existe au monde, a été trouvé d'abord dans l'abbaye de la Sauve-Majour, au diocèse de Bordeaux. Or, cette circonstance forme une puissante présomption pour nous faire croire que l'auteur était français et moine de ce monastère. De là le manuscrit a passé successivement au collége des Jésuites de Bordeaux, puis à leur maison de Gratz, en Styrie. Le savant P. Delrio, qui avait pris soin de le lire, en donna une notice au P. Possevin, son confrère, qui l'a transmise à la postérité. L'ouvrage, suivant ce qu'il nous en dit, est divisé en cinq livres, et contient une *Vie de la sainte Vierge.* « Ce serait, dit Possevin d'après Delrio, un excellent écrit, si l'auteur ne s'était avisé d'y insérer des choses apocryphes sur l'accouchement des femmes et les accoucheuses. » On lit la même chose dans Vossius, qui l'a empruntée de Possevin. Enfin, on trouve dans l'ouvrage des indices que Guillaume, son auteur, était contemporain de saint Anselme, soit lorsqu'il était prieur ou abbé du Bec, soit lorsqu'il fut devenu archevêque de Cantorbéry. Cette circonstance nous autorise à placer son existence à la fin du xie siècle.

On conservait autrefois à l'abbaye de Corbie un autre manuscrit du même temps que le précédent. Il est probable que ce manuscrit existe encore. L'ouvrage est étendu, et roule sur les miracles de la sainte Vierge. Dom Luc d'Achery, qui en avait eu connaissance, en a publié le soixante-seizième chapitre tout entier, dans ses notes sur Guibert de Nogent. Si Guillaume, dans la *Vie de la sainte Vierge,* a touché quelque chose de ces miracles, il serait curieux de pouvoir comparer les deux écrits, pour voir si ces deux auteurs contemporains se seraient rencontrés à dire les mêmes choses, soit en se copiant, soit pour avoir puisé à la même source.

GUILLAUME, abbé de Cormeille, entra dès son bas âge à l'abbaye du Bec, où il eut pour maître le célèbre Lanfranc, qui lui porta toujours une tendresse de père, jusqu'à le choisir pour confident, malgré son extrême jeunesse. Cultivé par d'aussi bonnes mains, il ne pouvait manquer de porter des fruits. Aussi, quoiqu'il nous ait laissé peu de productions de sa plume, Orderic Vital ne craint-il pas d'affirmer qu'il fut un des abbés de Normandie qui, par leur piété, leur mérite et leur savoir, illustrèrent le plus le milieu du xie siècle. Dom Mabillon prétend qu'il est le même Guillaume qui, en 1050, assista avec deux autres moines du Bec, Ascelin et Arnoul, à la fameuse conférence de Brionne, où Bérenger de Tours et son orateur furent réduits au silence. S'il en est ainsi, il commença de bonne heure à se faire une réputation, car alors il y avait tout au plus sept ans qu'il avait commencé ses études. Plus tard son mérite le fit choisir pour abbé de Cormeille, monastère nouvellement fondé au diocèse de Lisieux, et dans la direction duquel il succéda à Gilbert, qui l'avait gouverné depuis l'an 1063, trois ans après sa fondation. Avant de quitter le Bec, Guillaume avait entendu parler de l'admirable vertu d'Anastase, moine du mont Saint-Michel, qui s'était fait ermite sur les côtes de l'Océan. Lorsqu'il fut devenu abbé, il rechercha son amitié, et lia avec lui un commerce de lettres. Il entretenait les mêmes relations avec Lanfranc, son ancien maître, devenu archevêque de Cantorbéry, et il avait coutume de le consulter sur toutes les difficultés qui lui survenaient dans le gouvernement de son monastère. Au mois d'août 1094, il assista à la cérémonie de la bénédiction abbatiale de Guillaume, successeur de saint Anselme, à l'abbaye du Bec, et ce fut lui qui fut chargé par le duc Robert d'introniser le nouvel abbé. Selon Orderic Vital, Guillaume de Cormeille mourut de la mort des justes la même année que saint Anselme, c'est-à-dire en 1109.

De toutes ses productions littéraires, il ne nous reste aujourd'hui que la curieuse relation de l'avertissement que le bienheureux Hellouin reçut en songe, que Lanfranc avait conçu le dessein de quitter le Bec, et de l'usage qu'en fit le vénérable abbé, en l'établissant son prieur claustral, pour l'attacher plus étroitement à son monastère. Lanfranc, souffrant avec peine que cet événement devînt public, mais d'un autre côté ne voulant pas non plus que la postérité en fût privée, le confia à Guillaume, son disciple, en exigeant de lui qu'il ne le divulguerait qu'après sa mort. Guillaume le promit et fut fidèle à sa promesse. Mais à peine ce grand archevêque eût-il quitté la terre pour retourner au ciel, qu'il en dressa une relation fort bien circonstanciée, et l'envoya à un autre Guillaume qu'il appelle son père et à toute la communauté de l'abbaye du Bec. Jean Picard avait déjà publié cette relation, dans ses notes sur saint Anselme, lorsque Arthur du Moustier l'a donnée de nouveau sur un manuscrit de l'abbaye du Bec, mais en l'attribuant faussement à Guillaume Bonne-Ame, devenu plus tard archevêque de Rouen. Milon Crispin l'a presque fondue toute entière dans la *vie du B. Lanfranc.*

Il ne nous reste plus aujourd'hui aucune des lettres que notre pieux abbé écrivit dans le cours d'une assez longue administration ; mais nous en avons deux de celles qui lui furent répondues. La première est l'excellente lettre du solitaire Anastase contre l'erreur de Bérenger sur le mystère de l'Eucharistie. Nous en avons rendu compte ailleurs, en faisant connaître tout son mérite ; la seconde est la 48e parmi celles du bienheureux Lanfranc. C'est une réponse de cet archevêque, que Guillaume avait consulté sur le choix d'un prieur claustral pour l'abbaye de Cormeille.

GUILLAUME, quatrième du nom, abbé de Saint-Chaffre, monastère situé à la porte de la ville du Puy en Vélay, s'acquit une grande réputation par le soin qu'il prit de bien gouverner son abbaye, d'y soutenir la discipline régulière, d'orner son église et de fournir sa bibliothèque de bons livres. Il apporta surtout une attention spéciale à faire rédiger un Cartulaire qui mérite d'être connu, comme intéressant pour l'histoire de cette communauté. Ce fut vraisemblablement au retour du voyage qu'il fit à Rome, en 1090, que cet abbé pensa à faire travailler à ce recueil ; car le Pape Urbain II lui ayant recommandé de maintenir de toutes ses forces le bon ordre et la discipline dans sa maison, il redoubla de zèle et de vigilance, et n'omit aucun soin pour la faire observer. Guillaume employa à ce travail un de ses moines, peut-être le même qui a composé la Chronique du monastère. Ce compilateur a divisé son ouvrage en deux livres, mais sans s'astreindre à rapporter dans leur entier les priviléges, chartes, diplômes et autres pièces originales qui le composent. Il est vrai qu'il n'a fait qu'en retrancher les paroles superflues, et particulièrement les imprécations dont ces pièces sont ordinairement chargées, parce qu'on peut aisément y suppléer par les décrets des canons et ceux des Souverains Pontifes. Si l'auteur de ce cartulaire nous était connu, nous lui aurions fait honneur de son travail ; mais comme l'abbé Guillaume en a recommandé, surveillé et dirigé l'exécution, nous avons cru pouvoir l'inscrire sous son nom.

GUILLAUME était de l'ancienne maison de Mesleran, au pays d'Ouche, dans le diocèse de Séez, maison connue dans les anciens monuments latins sous le nom de *Merula*, et bienfaitrice de Saint-Evroul. Ayant embrassé dans ce monastère la règle de Saint-Benoît, il s'y distingua par sa fidélité à remplir ses devoirs, son application à l'étude et le talent qu'il avait de s'énoncer avec grâce. Sa vertu le fit élever au sacerdoce, et il fut un des moines qui furent choisis pour aller établir le prieuré de Marcheville, sous la dépendance de Saint-Evroul. De son temps il y avait dans cette abbaye plusieurs moines studieux, qui travaillaient avec succès à cultiver les lettres, et surtout à copier de bons livres, ce qui favorisa singulièrement les études de Guillaume. On croit qu'il commença à se faire connaître par ses écrits, sous le gouvernement de Mainier, qui de prieur de la maison en fut fait abbé au mois de juillet 1065. On ignore les autres événements de sa vie, ainsi que l'époque de sa mort.

SES ÉCRITS. — Il a laissé des *Homélies pour tout le cours de l'année.* L'ouvrage est dédié à l'abbé Mainier, que l'auteur représente, à la fin de sa préface, comme un homme rempli de piété et de savoir. Guillaume y donne beaucoup dans le sens figuré, ce qui ne l'empêche pas toutefois de tirer de la nature même de chaque solennité les réflexions morales qu'elle peut inspirer. Le P. de Montier, dans le catalogue des manuscrits de l'abbaye de Saint-Evroul, lui attribue un recueil d'homélies sur l'*Apocalypse*, inscrites ainsi sous son nom : *Homeliæ Willelmi de Merula super Apocalypsim*. Orderic Vital, qui fut également moine de Saint-Evroul sur la fin de ce siècle, lui attribue encore un excellent ouvrage, *egregium dictamen*, sur les miracles opérés en un lieu alors appelé Parnes, et que l'on ne retrouve plus dans la *Notice des Gaules*, par la vertu des reliques de saint Josse. L'auteur y touchait en passant l'histoire de la première translation de ces reliques, ou plutôt de la découverte qui s'en fit à Parnes, sous le règne de Henri Ier, roi de France. Orderic fait remonter cet ouvrage du moine Guillaume, dont on ne possède plus même le manuscrit, à l'année 1066, ce qui prouve, avec la préface de ses homélies adressée à l'abbé Mainier, que l'auteur florissait à cette époque.

GUILLAUME, archevêque de Rouen, avant de parvenir à ce titre, avait d'abord été moine de Saint-Etienne de Caen, sous le célèbre Lanfranc; puis, après avoir passé quelque temps à l'abbaye du Bec, était revenu dans son premier monastère, dont il fut élu abbé en 1070, et neuf ans après, promu à l'archevêché de Rouen. Ayant encouru la suspense, sans qu'on puisse soupçonner la raison de cette peine, saint Anselme intercéda pour lui auprès du Pape Pascal II, qui le chargea d'examiner les raisons de cette censure, et d'en absoudre l'archevêque ; ce qu'il fit dans un synode tenu à Rouen vers l'an 1106. Guillaume mourut quatre ans après, c'est-à-dire le 9 février de l'an 1110. Parmi les lettres des papes Urbain II, Pascal II et de saint Anselme, il s'en trouve plusieurs adressées à l'archevêque Guillaume; mais nous ne possédons plus ses réponses. Il ne nous reste de lui que trois lettres : l'une à saint Anselme, à qui, en qualité de son évêque diocésain, il lui permet et ordonne d'accepter l'archevêché de Cantorbéry ; les deux autres à Lambert, évêque d'Arras, à qui il recommande un prêtre, nommé Richard, qu'il avait ordonné, et un autre, nommé Gautier, qui, pour éviter les persécutions qu'il souffrait dans le lieu de sa résidence ordinaire, s'était retiré dans le diocèse d'Arras. Orderic Vital semble attribuer à l'archevêque Guillaume l'épitaphe de la duchesse de Normandie. Elle est en deux vers élégiaques. Il tint à Rome, en 1096 et 1108, deux conciles dont les Actes ne sont pas parvenus jusqu'à nous. Enfin, en 1080, il s'était trouvé avec Guillaume le Conquérant à la fameuse assemblée de Lillebonne.

GUILLAUME, moine de Chester, que, suivant leur habitude, les critiques anglais mettent au nombre de leurs écrivains, est né en France et plus vraisemblablement en Normandie, qui, comme on sait, formait alors un duché indépendant. Il avait été moine du Bec et un des disciples de saint Anselme. Lorsqu'en 1092 ce saint abbé, à la prière du comte Hugues de Chester, passa en Angleterre, et érigea en abbaye l'ancien monastère de Sainte-Walburge, qui n'était plus alors qu'un petit chapitre de chanoines, il y appela pour l'habiter une colonie du Bec, dont Guillaume faisait partie, et lui donna pour premier abbé un religieux de son ordre, nommé Richard, qu'il appelle « son cher fils. » L'année suivante, c'est-à-dire le 25 septembre 1093, saint Anselme ayant été sacré archevêque de Cantorbéry, le moine Guillaume fit à sa louange un poëme, qu'il lui envoya, et en reçut une lettre dans laquelle le saint prélat répond avec une extrême modestie aux éloges que l'auteur lui avait adressés. « Un ami, lui dit-il, ne s'aperçoit pas des défauts de son ami, ou, s'il les voit, il les estime toujours très-légers. Au contraire, souvent il croit reconnaître en lui le bien qui n'y est pas, et il exagère plus souvent encore celui qui s'y trouve. Quand c'est la charité qui fait juger ainsi, il ne faut pas pour cela accepter l'erreur en considération de l'amitié, ni mépriser l'amitié à cause de l'erreur dans laquelle elle est tombée ; mais il faut entretenir l'amitié de manière à corriger l'erreur, et chasser l'erreur en conservant l'amitié. Je vous remercie donc, conclut l'humble prélat, de ce que vous m'aimez tel que vous me dépeignez ; mais n'en croyez rien, ou plutôt priez Dieu de me rendre tel que vous m'aimez et que vous croyez que je suis. » Cependant saint Anselme remercie Guillaume de son éloge, et ajoute que, comme il en a effet de sa charité qui mérite une récompense, il lui envoie de la prose pour ses vers et une exhortation pour ses louanges. Cette lettre, qui nous fait connaître le poëme de Guillaume, est une des premières que saint Anselme écrivit après avoir été élevé sur le siège primatial de Cantorbéry ; ce qui nous autorise à croire que ce poëme fut composé à l'occasion de son sacre. Malgré l'assertion contraire de Fabricius, nous n'avons pas de preuves certaines que saint Anselme ait adressé à Guillaume de Chester d'autres lettres que celle dont nous venons de rendre compte, et dans laquelle il le qualifie de « très-cher fils. »

A la mort de saint Anselme, Guillaume composa un autre poëme de plus de deux cents vers élégiaques, en l'honneur de ce saint prélat. Baluze a publié ces poëmes dans le IVe volume de ses *Miscellanées*. La poésie n'en est pas des meilleures ; cependant elle peut rivaliser avec celle des premiers poëtes de son siècle, qui, à part quelques versificateurs médiocres, n'en produisit que de mauvais. Guillaume survécut à saint Anselme; mais nous ne savons de combien d'années, et nous ignorons complétement celle de sa mort.

GUILLAUME DE CONCHES, ainsi nommé de la petite ville de Conches en Normandie, où il naquit en 1080, fit ses études sous Bernard de Chartres, et devint bientôt maître lui-même. Il compta parmi ses disciples Jean de Salisbury, et le comte d'Anjou, qui fut dans la suite roi d'Angleterre, sous le nom de Henri II. Il suivit la méthode de son maître dans les leçons publiques de grammaire et de philosophie qu'il donna à Paris. Ces leçons aussi brillantes que solides lui attirèrent une grande réputation. Guillaume fut un de ceux qui s'élevèrent avec le plus de force contre les cornificiens, secte ennemie de toute méthode dans l'étude des arts et des sciences. Guillaume les comparait à Heschelin, forgeron de Conches, qui, en frappant sur son enclume, attendait du hasard ce qui en résulterait; une faux, un soc de charrue, un couteau, tout lui était indifférent; c'était le marteau qui en décidait. Les cornificiens lui revalurent ce mépris. Il devint l'objet de leurs satires, et en cela il n'eut rien que de commun avec les personnages les plus distingués de son temps. Mais ce ne fut pas les seuls adversaires aux traits desquels il se vit en butte. La témérité de certaines propositions qu'il hasarda dans ses écrits lui attira sur les bras un homme du premier mérite, dont les assauts lui eussent été funestes, s'il n'avait pris soin de les prévenir en se rétractant. Cette science du reste ne lui était point particulière; c'était la manie de la plupart des philosophes du temps, gens tellement épris de la lecture d'Aristote et de Platon, qu'ils s'imaginaient avec leur secours pouvoir rendre raison de tous les mystères de notre religion. On prétend qu'à l'autorité de ces deux sages du paganisme, Guillaume joignait celle de Démocrite dans ses leçons. Si l'on en croit Garnier de Saint-Victor, la doctrine de ce dernier sur les atomes était fort assortie à son goût; cependant on n'en retrouve aucune trace dans les écrits qui nous restent de lui. On ne peut fixer d'une manière précise l'année de sa mort. Oudin et Fabricius la mettent en 1150, et Alberic des Trois-Fontaines le fait fleurir encore en 1154. Ce qu'il y a de certain, c'est que Guillaume mourut à Paris, comme le témoigne son épitaphe, composée par Philippe de Bonne-Espérance. Rien de plus pompeux que les éloges qu'elle renferme. A les prendre à la lettre, la France fit une perte irréparable à la mort de ce docteur.

Ses écrits. — Quoique Guillaume de Conches se plaigne quelque part que les fonctions de l'enseignement ne lui laissaient pas le loisir d'écrire, cependant il a composé, dans le temps même qu'il professait, divers ouvrages dont les suivants sont parvenus jusqu'à nous. Le premier est un grand traité philosophique divisé en deux livres, et intitulé dans la plupart des manuscrits : *Magna de naturis philosophia*. La première partie traite des natures supérieures; la seconde, des natures inférieures. On n'en connaît qu'une seule édition en deux volumes in-folio, publiés vers l'an 1474, sans indication de lieu et sans nom d'imprimeur. Cette édition était déjà si rare, dès le milieu du siècle dernier, qu'on n'en connaissait qu'un seul exemplaire de la seconde partie dans la bibliothèque du collège de Navarre. L'auteur, à la réserve de l'ordre et de la méthode, a mis peu du sien dans cet ouvrage. Il ne contient à peu près que des extraits des Pères et des anciens écrivains, tels que saint Basile, saint Grégoire de Nysse, saint Jérôme, saint Augustin et d'autres, que Guillaume a soin de nommer dans les chapitres où il les cite.

Le second de ses ouvrages est un autre traité moins prolixe, intitulé dans plusieurs manuscrits ; *Philosophia minor*, et dans l'édition qui en a été publiée parmi les œuvres du Vénérable Bède: Περὶ διδαξέων, *sive quatuor libri de elementis philosophiæ*. Le but de l'auteur, comme il l'annonce dans sa préface, est de traiter sommairement de toute la philosophie, en commençant à la création de l'univers et continuant jusqu'à l'homme. Ce qui l'engagea à composer cet abrégé, ce fut l'envie de se conformer, ou plutôt la nécessité où il se trouva de céder au torrent des philosophes de son temps, qui décriaient la prolixité de leurs prédécesseurs, et se piquaient de donner toute la philosophie en deux ans. Il est certain, en effet, d'après le témoignage de Jean de Salisbury, qu'après avoir résisté longtemps à ces sophistes, Guillaume se laissa entraîner par leur exemple, pour ne pas voir son école abandonnée.

Le premier livre débute par la définition de la philosophie. « Cette science, dit-il, est la connaissance tant des choses qui existent et qu'on ne voit pas, que de celles qui existent et que l'on voit; » c'est-à-dire des choses corporelles et incorporelles. Sur chaque objet, suivant lui, se présentent onze questions. Nous les rapportons dans ses termes : *An sit, quid sit, ad quid sit, quale sit, quid agat, quid in ipsum agatur, ubi sit, qualiter sit, in quo loco situm sit, quando sit, quid habeat?* « Voilà, poursuit-il, ce qu'il faut savoir sur un objet pour le reconnaître parfaitement. Or il y a plusieurs de ces points que nous ne pouvons pas définir par rapport à Dieu; d'où il résulte que nous n'avons de Dieu qu'une connaissance imparfaite. » Il prouve ensuite que c'est Dieu qui a créé le monde et non le hasard. De là il passe à la Trinité, qu'il entreprend d'expliquer à peu près en suivant les principes d'Abailard. Par rapport à l'âme du monde, il expose divers sentiments, à la tête desquels il place celui qui confondait cette âme prétendue avec le Saint-Esprit. Il ne décide rien sur cette question, et renvoie à ses autres écrits pour connaître sa pensée. Suit l'exposition de la doctrine de Platon sur les démons. Avec ce philosophe, notre auteur en distingue de trois ordres; ceux qui habitent la région la plus haute du firmament; ce sont les esprits bienheureux, uniquement occupés à contempler les perfections divines, ceux qui habitent au-dessous de la lune, dans la partie supérieure de l'air. « Amis de l'humanité, dit-il, leur fonction est de secourir les hommes, de porter à Dieu leurs prières, et de leur donner des conseils salutaires, soit par des songes, soit par des secrètes inspirations. » La troisième espèce est celle des mauvais démons, appliqués à nuire aux hommes, à leur dresser des embûches et à les porter par toutes sortes d'artifices au mal. Ont-ils des corps? Sont-ce des êtres purement spirituels? Guillaume se prononce pour le dernier sentiment, et prouve assez bien que ni saint Augustin, ni saint Grégoire le Grand n'y sont opposés. Pour achever de parler des choses qui sont et qu'on ne voit point, il resterait à parler de l'âme humaine, mais Guillaume remet à traiter ce sujet, lorsqu'il en sera à l'anthropologie, pour ne pas revenir à deux fois sur l'homme. A cet essai de métaphysique succède l'examen des choses physiques. On commence par les éléments de la matière, qui, dans la doctrine de l'auteur, sont le feu, l'air, la terre et l'eau. C'est ce qui occupe presque toute la suite du premier livre, à la fin duquel il est parlé de la création de l'homme.

Le second livre est entièrement consacré à l'astronomie et à la description du ciel, d'après le système de Ptolémée, à quelque légère différence près. Guillaume prétend que les étoiles, outre le mouvement qui leur est commun avec le firmament, en ont deux autres qui leur sont propres : celui de rotation sur elles-mêmes et celui de progression; mais il ne dit pas en quel sens ce dernier s'accomplit. Il faut supposer qu'il l'entend d'orient en occident. Sur les rétrogradations et les stations des planètes, il dit que pour expliquer ce phénomène, quelques-uns pensent qu'il y a une vertu attractive dans le soleil. Guillaume rejette cette solution et en apporte une de sa façon, qui consiste à dire que les planètes, étant plus ou moins pesantes, à raison du plus ou moins d'humidité qu'elles renferment, le soleil, qui les pompe inégalement par sa chaleur, tantôt les fait descendre et tantôt les fait monter. A l'égard des stations, il soutient qu'elles ne sont qu'apparentes et non réelles. En décrivant le cours des planètes, il conjecture que Vénus, Mercure et Mars parcourent des cercles à peu près égaux, parce qu'ils accomplissent leur révolution à peu près dans le même espace de temps; cette supposition est démentie de la façon la plus évidente par les observateurs modernes. Vient ensuite l'explication des différentes phases des planètes et de leurs éclipses, et c'est cette explication qui termine le livre. L'auteur, pour en faciliter l'intelligence, y a inséré des plans figurés dont quelques-uns semblent être de son invention.

Le monde sublunaire fait la matière du troisième livre. On y traite de l'air, de la pluie, de l'arc-en-ciel, de la neige, de la grêle, du tonnerre et de la foudre, des comètes, du flux et reflux de l'océan, de la cause des vents, de l'origine des fontaines, des inondations et de l'incendie général qui doit consumer la terre. L'auteur explique en peu de mots, et néanmoins fort clairement, la nature de l'arc-en-ciel. « L'eau que la nuée renferme, dit-il, éclairée par les rayons opposés du soleil, fait le même effet à la vue que celle qui est dans un vase de verre. La partie où elle est moins dense et plus échauffée présente une couleur rouge; celle où elle est plus épaisse renvoie une couleur noire ou purpurine, et de là vient que cet arc ne se montre jamais que dans les nuages opposés au soleil; car l'air voisin du soleil est tellement frappé de ses rayons, qu'il n'en résulte aucune diversité de couleur. » Pourquoi la grêle ne se forme-t-elle qu'en été, et la neige qu'en hiver? Guillaume en donne les mêmes raisons à peu près que nos savants modernes. Le tonnerre, selon lui, n'est autre chose que l'air mis en mouvement, et la foudre que cet air converti en feu par son extrême agitation; d'où il conclut qu'il n'y a point de foudre de pierre, et qu'il ne peut y en avoir. Les comètes ne sont ni des étoiles fixes ni des planètes ; ce sont des matières que Dieu enflamme dans l'air par une volonté particulière, lorsqu'il veut annoncer quelque grand événement. Voici comme il explique le flux et le reflux : « Sous le milieu de la zone torride, il y a, dit-il, un amas d'eaux qui environnent la terre en manière de cercle équinoxial, et c'est ce qui s'appelle la véritable mer. Or cette mer, lorsqu'elle est parvenue à l'occident, y souffre deux reflux, dont l'un tend au midi et l'autre au septentrion, en suivant les côtes. De même à l'orient elle subit deux autres reflux, qui tendent l'un et l'autre au septentrion. Quand ils se rencontrent, la répercussion que leur choc occasionne fait que la mer s'engouffre en reculant, et de là naît ce phénomène de la marée haute et de la marée basse, qu'on nomme flux et reflux. » Après avoir examiné la cause des vents, qu'il attribue en partie au mouvement que ce flux et reflux excite dans l'air, et l'origine des puits et des fontaines, qu'il fait venir de la mer et de l'humidité répandue sur la surface de la terre, il explique la raison des différentes marées et de leur rapport avec le croissement et le décroissement de la lune. Cette explication consiste à dire que la lune, à mesure qu'elle est échauffée par les rayons du soleil, communique, par le moyen de l'air, sa chaleur à la mer, d'où il arrive que celle-ci fermente par degrés jusqu'au quatorzième de la lune, temps avec lequel concourt la pleine marée. Dans le décours de la lune, par la même raison, la marée diminue dans une semblable dégradation ; et voilà tout le mystère, s'il faut en croire notre auteur. Nous ne pensons pas qu'aucun de nos savants modernes soit tenté d'adopter ce système. Mais enfin, nous avons cru devoir le rapporter pour faire connaître ce que les plus habiles gens pensaient, au XIIe siècle, sur cet incompréhensible phénomène.

La terre proprement dite et l'homme forment le sujet de tout le quatrième livre. L'auteur compare le monde à un œuf; la terre, qui en occupe le milieu, c'est le jaune; l'eau qui l'environne, c'est le blanc ; l'air qui l'enveloppe, c'est la pellicule de l'œuf, et enfin, le feu qui embrasse tout le reste, c'est la coque. Il y a trois parties de la terre inhabitables, selon lui, savoir : la zone torride, et les zones glaciales ; deux autres qui sont habitables, ce sont les deux zones tempérées. « Néanmoins, quoique habitables l'une et l'autre, ajoute-t-il, nous croyons qu'il n'y en a qu'une, savoir, celle où nous sommes, qui soit réellement habitée. Mais les philosophes ne traitent que de la possibilité.... Or dans les deux parties habitables de la terre, il y a quatre sortes d'habitations, dont les habitants conviennent les uns avec les autres en certains temps, et et diffèrent en d'autres. Car nous et nos antipodes, nous avons en commun l'été, l'hiver et les autres saisons; mais quand nous avons le jour, ils ont la nuit, et réciproquement, » etc. Voilà les antipodes, soupçonnés dès le x° siècle, bien formellement reconnus au xii°. Pourquoi, dans les climats chauds et dans les grandes chaleurs de l'été, voit-on le sommet des hautes montagnes couvert de neiges, tandis que la plus grande chaleur domine dans les vallées? Comment la terre contracte-t-elle différentes qualités à raison des vents différents auxquels elle est exposée ? quelle est la cause de l'accroissement des plantes? A ces questions, Guillaume satisfait en peu de mots, et d'une manière qui n'a rien de contraire aux nouvelles explications. Tout le reste du livre concerne l'anthropologie. L'auteur débute par la génération de l'homme; il décrit ensuite toutes les parties du corps humain, suit les progrès et la décadence de la nature dans les différents âges, explique les causes générales des maladies, le tout suivant la doctrine de Galien, qu'il paraît avoir bien lu. Après avoir parlé du corps, il traite de l'âme. Il prouve qu'elle est immatérielle, indivisible et répandue tout entière dans toutes les parties vivantes du corps. Il réfute les anciens philosophes, qui s'imaginaient que toutes les âmes avaient été créées en même temps, et prouve fort bien qu'elles ne commencent d'exister qu'à leur entrée dans les corps qu'elles doivent animer. Il y a trois facultés de l'âme : l'intelligence, le raisonnement et la mémoire. L'exercice de ces facultés dépend des organes corporels. L'état de l'âme suit celui du corps. De là les différentes manières de penser dans les différents âges. L'homme naît avec des connaissances brutes, qui ont besoin d'être perfectionnées par l'éducation. Le choix d'un bon maître est donc la chose la plus importante pour un enfant. On trace en peu de mots les qualités de l'esprit et du cœur qu'il doit avoir. Entre les dernières, l'amabilité tient le premier rang, « car dans les maîtres qui se font haïr, dit l'auteur, les bonnes choses déplaisent, et on les évite par la crainte qu'on a d'imiter ce qu'on n'aime point. » Vient ensuite l'ordre qu'il faut suivre dans l'enseignement. L'éloquence étant la base du bon savoir, c'est par elle qu'on doit commencer. Elle renferme trois parties, qui sont : la grammaire, la dialectique et la rhétorique. C'est ce que l'on nomme autrement le *trivium*, après quoi l'on passe au *quadrivium*, qui comprend l'arithmétique, la musique, la géométrie et l'astronomie. De là on entre dans l'étude de l'Ecriture sainte, afin que de la connaissance des créatures on parvienne à celle du créateur. Ainsi finit cet ouvrage.

A peine fut-il répandu dans le public qu'il en tomba un exemplaire entre les mains de Guillaume de Saint-Thierry. Cet homme tout de feu pour les intérêts de la religion fut transporté de zèle à la vue de certaines erreurs qui lui sautèrent aux yeux. Il les rassembla dans une longue lettre, où, malgré une méprise de fait, on ne peut s'empêcher d'admirer une éloquence assortie au mérite de la cause avec une grande force de raisonnement. Voici les principaux passages qu'il relève dans le livre de Guillaume de Conches. Il commence par attaquer l'explication qu'il donne du mystère de la Trinité. Cependant, il semble d'abord convenir qu'à cet égard il blesse moins le fond du dogme que la manière de l'exprimer. « Car, dit-il, lorsque nous parlons d'un si grand mystère, il faut conserver non-seulement la pureté de la foi, mais aussi les locutions irrépréhensibles qui servent à le manifester. Comme notre philosophe aime à parler d'après ses philosophes, de même nous énonçons ce que nous avons à dire d'après les Pères, nos docteurs et nos guides. Dans la crainte de nous égarer en les abandonnant, nous rendons ce qu'ils ont avancé dans leurs propres termes; nous suivons exactement leurs traces et nous ne présumons rien de nous-mêmes. » Ensuite il compare la façon dont l'auteur parle des trois personnes divines au langage d'Abailard, et montre qu'il n'a presque fait que le copier. Il va plus loin, et soutient que le philosophe de Conches renchérit même sur ce dernier, en quelques endroits où ils diffèrent d'opinion et de langage. Il cite en preuve un texte où l'auteur dit que le Père, le Fils et le Saint-Esprit ne sont point tels qu'on le prétend par leur nature, mais seulement par dénomination; et de là il prend occasion de l'accuser de sabellianisme. Il ne lui fait pas plus de grâce sur l'âme du monde, et, en effet, il en mérite encore moins; car, quoique Guillaume de Conches ne décide rien à cet égard dans le livre qui nous occupe, il paraît que son adversaire avait trouvé, dans d'autres écrits de sa façon, qu'il regardait le Saint-Esprit comme l'âme de l'univers. Peut-être ne trouvera-t-on pas également fondée l'accusation de manichéisme qu'il lui adresse, pour avoir avancé que c'est par le ministère des esprits et par les influences des astres, que les corps sublunaires prennent de l'accroissement, au lieu que l'âme ne tient son existence que de la volonté du Créateur. En effet, il reconnaît au même passage que le corps et l'âme viennent également de Dieu, qui donne l'être à toutes choses. Mais du moins faut-il convenir que notre auteur se livre un peu trop aux rêveries de l'astrologie judiciaire, défaut, à la vérité, qui lui était commun avec la plupart de ses contemporains. Enfin l'abbé de Saint-Thierry le reprend d'avoir dit qu'Eve n'a pas été tirée d'une côte d'Adam, comme l'Ecriture le rapporte, mais formée d'un limon voisin et toutefois différent de celui dont fut pétri le corps du premier homme. C'est en effet le sentiment de notre philosophe, qui prétend que la narration de l'Ecriture sur la formation de la femme ne doit pas se prendre à la lettre, mais dans un sens figuré; manière admirable de se jouer impunément des Livres saints, quand leur autorité gêne nos opinions.

Dragmaticon philosophiæ. — Comme nous l'avons dit plus haut, Guillaume de Conches reconnut ses erreurs, et eut la générosité d'en faire une rétractation publique. C'est dans ce but qu'il composa son *Dragmaticon philosophiæ*, ouvrage publié à Strasbourg, in-8°, 1566, et dont on conserve un bel exemplaire à la Bibliothèque nationale. Un dialogue entre Geoffroi le Bel, comte d'Anjou et duc de Normandie, et l'auteur, forme le contexte de ce livre. Guillaume, après avoir exposé son dessein de traiter des substances d'après les connaissances que nous en donne la physique, dit : « Il y a déjà sur cette matière un écrit de notre façon, qui a pour titre : *De la philosophie*. Mais comme nous étions jeune lorsque nous l'avons entrepris, la pièce se ressent de l'imperfection des connaissances que nous avions alors. Des erreurs mêlées avec la vérité et des omissions importantes déparent cette production. Notre but est donc de répéter ici les vérités qu'elle renferme, de corriger ce qu'elle a de faux et de suppléer les articles essentiels qui y manquent. Or, avant de commencer, nous avons cru nécessaire de condamner distinctement ce que nous avons avancé de contraire à la foi catholique. C'est pourquoi nous prions ceux entre les mains de qui ce livre est tombé de réprouver et d'anathématiser avec nous ces mêmes erreurs. Ce ne sont pas les mauvaises propositions qui font l'hérétique, mais l'opiniâtreté à les défendre. Dans ce livre il nous est échappé de dire qu'il y a trois choses dans la Divinité : la puissance, la sagesse et la volonté; que le Père est la puissance, le Fils la sagesse et le Saint-Esprit la volonté. Mais, quoique ces propositions puissent en quelque sorte se soutenir, néanmoins elles ne se rencontrent ni dans l'Evangile, ni dans les écrits des saints docteurs. Nous les rejetons à cause de cet avertissement de l'Apôtre : *Evitez les profanes nouveautés de paroles*. A l'égard de la sagesse que nous avons attribuée au Fils, nous ne la rétractons point, parce que l'Apôtre appelle le Fils *la vertu et la sagesse de Dieu*. Au même livre, nous nous sommes efforcé de démontrer comment le Père engendre le Fils ; et ce mot du prophète : *qui racontera sa génération*, nous l'avons entendu de la difficulté et non de l'impossibilité d'expliquer ce mystère. C'est sur quoi nous passons condamnation, déclarant que tout chrétien doit en porter le même jugement. Autre erreur qui nous est échappée dans l'ouvrage dont il s'agit : en parlant de la création du premier homme, nous avons dit que Dieu n'avait point formé la femme d'une côte d'Adam, mais d'un limon voisin, et, en conséquence, nous avons prétendu qu'on devait prendre dans un sens figuré ce que l'Ecriture rapporte sur ce sujet. Nous révoquons cette opinion et la rejetons comme très-condamnable, pour nous attacher à la lettre du texte sacré... Nous n'articulerons point ici les autres écarts où nous sommes tombés ; mais par le soin que nous prenons de les éviter dans l'ouvrage que nous donnons, on verra que nous les mettons au rang des sottises et des erreurs. » Voilà sans doute une rétractation en bonne forme, et bien différente de ces désaveux indécis, captieux, embarrassés, que la crainte arrache quelquefois aux philosophes et aux théologiens de nos jours qui ont eu le malheur de s'égarer. Quant au corps de l'ouvrage, comme il ne contient qu'une répétition de ce que l'auteur avait déjà dit, nous croyons inutile de l'analyser. Il suffit de dire que c'est le comte d'Anjou qui pose les questions dans ce dialogue, et notre philosophe qui les résout.

Secunda et tertia philosophia. — Ce dialogue n'est pas le seul écrit où Guillaume se répète ; il fait la même chose dans deux autres intitulés : *Secunda et tertia philosophia*. Le premier est un dialogue entre le maître et le disciple ; le second présente, dans la même forme, un abrégé de cosmographie, tiré de ce que l'auteur avait dit sur ce sujet dans ses *Eléments de philosophie*. Guillaume entendait assez bien l'art du dialogue, et sa latinité, claire, simple et facile, est assortie à ce genre d'écrire. Il avait d'ailleurs de la méthode et ne manquait pas d'une certaine érudition, surtout de celle qui se rattache à la doctrine des anciens philosophes. Enfin le grand nombre de termes grecs qu'il emploie dans ses écrits nous donne lieu de croire qu'il était initié aux secrets de cette langue.

Si l'on en croit le P. Lelong, Guillaume ne se borna pas aux matières philosophiques. Ce bibliographe lui fait honneur d'une *Glose sur les quatre Evangiles*, dont l'abbaye de Préaux, en Normandie, possédait un exemplaire. Nous ne savons aujourd'hui ce qu'il est devenu.

GUILLAUME DE CHAMPEAUX, ainsi nommé du lieu de sa naissance, naquit dans le bourg de ce nom, près de Melun en Brie, vers la fin du xi° siècle. Il fut disciple d'Anselme de Laon et de Magenolde, puis professeur à l'école du cloître Notre-Dame, et ensuite à celle de Saint-Victor, où il enseigna publiquement pendant plusieurs années, avec la réputation du plus habile philosophe de son temps. Le zèle et l'habileté avec lesquels il remplit cette fonction lui valut le titre d'archidiacre de Paris. Aussi Pasquier, dans ses *Recherches*, regarde-t-il les écoles formées par Guillaume de Champeaux et Anselme de Laon comme la première origine de l'université de cette ville. Champeaux enseigna longtemps, avec le plus grand succès, la rhétorique, la dialectique et la théologie ; mais enfin il trouva dans Abailard, son disciple, un rival redoutable qui le harcela, le fatigua d'arguments et de difficultés, cherchant moins à s'éclairer qu'à triompher dans la dispute. L'éclat de la réputation du maître fut terni, l'affluence de ses auditeurs devint moins considérable. Guillaume, dégoûté du monde par cet échec, et pressé du désir d'une plus grande perfection, et non, comme le dit Abailard, par ambition et pour se frayer un chemin à l'épiscopat, forma le dessein d'embrasser la vie monastique. Il quitta Paris en 1108 pour se retirer dans une chapelle du faubourg dédiée à saint Victor. Ce fut là que prenant l'habit de Chanoine régulier, il jeta les fondements de la célèbre abbaye de Saint-Victor, établie en 1113, par lettres patentes du roi Louis VI, et confirmée l'année suivante par le pape Pascal II. Il reçut à ce sujet une lettre d'Hildebert, évêque du Mans, qui le félicitait d'avoir renoncé aux honneurs et aux dignités ecclésiastiques pour embrasser la vraie philosophie; et sur la plainte de plusieurs de ses disciples qui regrettaient ses instructions, le prélat l'exhorta à ne point fermer les ruisseaux de sa science, en lui disant avec Salomon : Que les sources de votre fontaine coulent dehors et répandez vos eaux dans les rues : *Deriventur fontes tui foras, et aquas tuas in plateis divide*. Guillaume, las d'une vie oisive, céda à ces sollicitations et reprit ses fonctions de maître public. Il ouvrit à Saint-Victor des écoles publiques, et on prétend qu'il est le premier qui introduisit dans le royaume l'enseignement de la théologie ergoteuse qu'on honora plus tard du nom de scholastique. Le terrible Abailard vint le poursuivre encore. Il l'attaqua sur la fameuse question des universaux, le força de s'avouer vaincu et de se rétracter. Enfin le disciple ingrat ne cessa de livrer au maître des assauts multipliés, dans lesquels il se signala souvent par de nouveaux triomphes. Il en parle dans ses écrits avec une sainte modestie, et s'applique ce mot d'Ajax dans la dispute des armes d'Achille : « Si vous demandez quel fut le succès du combat, je ne fus point vaincu. » Quoiqu'il en soit, la nouvelle école de Guillaume de Champeaux devint célèbre dans toute l'Europe. Vivement poursuivi par Abailard, qui semblait en vouloir à sa gloire et à son repos, il ne put se défendre de forts ressentiments ; et les deux maîtres et leurs disciples cherchèrent très-souvent à se décrier, à se nuire, à se persécuter. Enfin, après avoir refusé trois fois l'épiscopat qu'Abailard l'accusait d'ambitionner, Champeaux, nommé à l'évêché de Châlons-sur-Marne, en 1113, fit succéder au talent du professeur le zèle d'un apôtre, et aux bruyantes agitations de l'école les nouvelles sollicitudes du ministère pastoral. Deux ans après son ordination, Guillaume de Champeaux eut l'avantage de donner la bénédiction abbatiale à saint Bernard, qui alla la recevoir à Châlons, parce que l'évêché de Langres était vacant. Cette circonstance établit entre le prélat et l'abbé une liaison étroite qui ne finit qu'avec leur vie. La même année, en 1115, il assista au concile de Reims et de Châlons-sur-Marne, et à plusieurs autres les années suivantes, spécialement à celui de Reims, tenu en 1119, et présidé par le Pape Calixte II. Il fut un des prélats qui s'y distinguèrent le plus par leur éloquence et qu'Orderic Vital appelle pour cette raison *duces verbi*. Il se trouva encore en 1120 au concile de Beauvais, pour la canonisation de saint Arnoul, évêque de Soissons, et Lisiard, qui rédigea les Actes de ce concile, l'appelle la colonne des docteurs, *columna doctorum*. La même année il fut députe avec Pons, abbé de Cluny, pour négocier la paix entre le Pape et l'empereur Henri, mais cette démarche n'eut aucun succès. Dès l'an 1119, il s'était retiré à Clairvaux, où il mourut en 1121, et fut enterré dans une chapelle qu'il avait bâtie à ses frais. Henri de Haveden rapporte que huit jours avant sa mort il avait reçu l'habit de Saint-Benoît, et l'abbé Rupert se sert de cet exemple pour prouver qu'il est permis à un chanoine régulier, et même à un évêque, d'embrasser la vie monastique pour arriver à une plus grande perfection. Saint Bernard, dans une de ses lettres, appelle Guillaume de Champeaux « un docte et saint évêque. » La Chronique de Morigny, après lui avoir reconnu une science approfondie de saintes Ecritures, nous le représente comme un homme lettré, religieux, propre à manier les affaires les plus épineuses, et le plus zélé de tous les évêques de France.

SES ÉCRITS. — Guillaume de Champeaux fut sans contredit le professeur le plus accrédité de tous ceux qui enseignèrent à Paris, au commencement du XIIᵉ siècle. Il rendit son nom célèbre non-seulement par ses leçons, mais encore par ses écrits ; qui le fit regarder comme une des plus grandes lumières de la France. Wibaud, dans sa *Lettre à Manegolde*, le compte parmi les maîtres qui avaient rempli le monde de leur doctrine et de leurs œuvres. Il composa plusieurs traités de philosophie, en faveur de l'opinion des réalistes, et fut un de ses plus illustres représentants : *Quibus Realium doctrinam non parum illustravit*. On voit, par cette réflexion de dom de Visch, que les réalistes étaient déjà connus, et que cette secte de philosophes ne dut ni sa naissance ni son nom au fameux Scot, comme l'insinuent les auteurs du *Dictionnaire de Trévoux*.

Outre ses écrits philosophiques, Guillaume laissa plusieurs opuscules de théologie, dont il est parlé dans un livre manuscrit de l'abbaye de Cheminon, au diocèse de Châlons. On trouve dans le même livre intitulé *Pancrisis*, plusieurs fragments de ces opuscules. Dom Mabillon, qui a eu communication de ces manuscrits, en a tiré un fragment très-important sur l'Eucharistie. On y reconnaît le dogme de la présence réelle établi de la manière la plus claire et la plus précise, et la pratique de l'Eglise dans l'administration de cet auguste sacrement. Les fidèles recevaient encore l'Eucharistie sous les deux espèces ; « mais il faut savoir, dit Guillaume, que celui qui n'en reçoit qu'une reçoit Jésus-Christ tout entier, parce qu'il existe également tout entier et sous les deux et sous chaque espèce prise séparément. » On la donnait aussi aux enfants aussitôt après le baptême, mais seulement sous l'espèce du vin, parce que leur état les rendait incapables de la recevoir sous l'autre espèce. Il traite d'hérésie le sentiment de ceux qui prétendent qu'il est nécessaire de recevoir l'Eucharistie sous les deux espèces; cependant, ajoute-t-il, l'Eglise conserve toujours ce sacrement sous l'une et l'autre espèce. *Sacramentum utriusque speciei ab Ecclesia immutabiliter retinetur.* Mais si la communion sous les deux espèces était encore en usage du temps de Guillaume de Champeaux, peu à près, vers le milieu du XII° siècle, cet usage, déjà en désuétude, commença à disparaître pour s'éteindre tout à fait dans le siècle suivant.

De tous les ouvrages de théologie composés par Guillaume de Champeaux, le plus considérable de tous est un *Livre de sentences*, qui se trouvait dans la bibliothèque de Notre-Dame de Paris, et dans celle de Châlons-sur-Marne. « C'est, dit l'abbé Lebeuf, un véritable abrégé de théologie. » M. d'Argentré, évêque de Tulle, qui a publié une liste de plusieurs commentaires encore manuscrits des anciens maîtres de la scolastique, place en tête Guillaume de Champeaux, et le regarde comme le premier des scholastiques de Paris qui ait composé un livre de sentences sur les matières de la théologie. Il avait cependant été précédé par Anselme de Laon, qui avait mis ce titre en vogue dès le commencement du XII° siècle. On vit depuis Hugues de Saint-Victor publier un de ces livres; on en attribua également un autre à Abailard, qui refusa de le reconnaître, et on a celui de Pierre Lombard, le plus célèbre de tous, et qui a valu à son auteur le nom sous lequel il est connu de *Maître des Sentences*. Des pensées tirées de l'Ecriture sainte ou des Pères servaient de texte à ces sortes d'ouvrages, qui n'étaient autre chose que des traités systématiques de théologie.

De l'origine de l'âme. — Le seul ouvrage imprimé que nous ayons de Guillaume est un petit *Traité de l'origine de l'âme*, tiré d'un manuscrit de l'abbaye de Saint-Ouen de Rouen, et inséré par dom Martène dans le tom V de son *Thesaurus anecdotarum*. Guillaume y examine une question souvent agitée, savoir, comment Dieu peut avec justice condamner les enfants qui meurent sans baptême. « Cela, dit-il, ne serait point difficile à comprendre, si le corps, qui tire son origine d'Adam prévaricateur, était seul coupable de péché; mais peut-on dira la même chose de l'âme, qui ne tire point son origine d'une masse corrompue, mais qui sort des mains d'un Dieu bon pour être unie au corps, non par son propre choix, mais par la volonté du Créateur? « C'est cependant un point de foi dans l'Eglise, que si un enfant meurt aussitôt que l'âme est jointe au corps, l'âme est damnée à cause du péché originel; ce qui semble accuser le Créateur, qui place l'âme dans une demeure où il est impossible qu'elle ne soit pas souillée. Cette difficulté a porté quelques théologiens à croire que l'âme comme le corps vient des parents par la génération. Ce sentiment n'est point celui de Guillaume. Il explique ensuite comment Dieu peut sans injustice créer des âmes qui doivent contracter la tache du péché originel par leur union avec le corps. « Si l'homme avait persévéré dans la justice de sa création, sa justice aurait passé à ses descendants, et les âmes que Dieu avait résolu de toute éternité de joindre aux corps qui naîtraient par une succession continuelle, ne seraient point souillées par leur union avec ces corps. Mais l'homme s'étant rendu coupable par sa désobéissance, il mérite d'être puni et de ne plus engendrer que dans le péché. L'homme ayant ainsi corrompu sa nature en ce qui dépendait de lui par sa génération, Dieu devait-il suspendre ce qu'il avait résolu dans ses décrets éternels, et ne plus créer de nouvelles âmes pour les joindre à des corps auxquels elles ne pouvaient plus être unies sans se souiller? Dieu a donc exécuté ce qu'il avait résolu de toute éternité, en suivant les règles de sa juste providence, et a uni les âmes à des corps souillés. L'âme n'a point sujet de s'en plaindre, et elle ne peut accuser que nos premiers pères du mal qu'elle souffre. » Guillaume, après avoir ainsi établi la foi de l'Eglise touchant le péché originel, assure que la peine des enfants morts sans baptême sera beaucoup plus légère. Il admire la bonté de Dieu qui, après la chute de l'homme, a bien voulu lui accorder le remède du baptême, qui guérit de tout péché l'enfant qui le reçoit. Quant à ceux qui meurent sans baptême, si on demande à notre auteur pourquoi Dieu ne leur a pas fait la grâce de le recevoir, il ne répond à cette question qu'en recourant avec l'Apôtre aux secrets jugements du Très-Haut. *Occulta sunt judicia Dei.*

Dom Mabillon, qui a publié ce petit écrit, fait mention d'un autre qu'il a trouvé parmi les manuscrits de l'abbaye de Clairvaux, et intitulé: *Moralia abbreviata Guilelmi a Campellis*. C'est cet ouvrage dont parle Alberic de Trois-Fontaines, quand il dit dans sa *Chronique* que Guillaume, évêque de Châlons, abrégea les *Morales* de saint Grégoire. En effet, cet écrit de Guillaume contient les fleurs des Morales de ce saint pontife, divisées en trente-cinq livres. — Nous ne parlerons pas de la dispute entre un chrétien et un juif imprimée mal à propos sous le nom de Guillaume; nous avons fait voir ailleurs qu'elle était de Gilbert, abbé de Westminster. Les continuateurs de Magdebourg lui attribuent une lettre à Innocent II contre les erreurs d'Abailard, sans faire attention que Guillaume de Champeaux était mort neuf ans au moins avant qu'Innocent II ne fût élu Pape. Ces écrivains auront probablement confondu Guillaume de Champeaux avec Guillaume de Saint-Thierry.

GUILLAUME, abbé d'Hirsauge, avait fait profession de la vie monastique dans l'abbaye de Saint-Emmeramn à Ratisbonne, et il en était prieur lorsqu'en 1070, il fut élu abbé d'Hirsauge. Il possédait tous les arts libéraux, le sens des divines Ecritures, l'esprit des devoirs de son état, et savait les mettre en pratique. Continuellement occupé à la prière, à la lecture ou au travail des mains, on ne le trouvait jamais oisif. Il mettait une égale attention à occuper ses religieux. Il les employait suivant leurs capacités et leurs talents; et afin que ceux qui aimaient la lecture eussent les moyens de s'instruire, il en forma douze pour transcrire les livres de l'Ecriture sainte et les ouvrages des saints Pères. Un des douze, instruit en toutes sortes de sciences, présidait à ce travail, choisissait les livres que l'on devait copier, et corrigeait les fautes des copistes. C'était le moyen d'enrichir en peu de temps la bibliothèque d'Hirsauge. Mais Guillaume avait des vues plus étendues; on lui demandait de tous côtés des religieux de sa maison pour établir la réforme en d'autres monastères. A mesure qu'il en envoyait, il leur fournissait tous les livres et les autres choses nécessaires pour le succès de leur mission, de sorte qu'il ne restait plus à Hirsauge qu'un petit nombre de ceux qu'on y transcrivait. Sa communauté était ordinairement de deux cent soixante, y compris les frères lais ou convers, espèce de religieux dont on le regarde comme l'instituteur, quoiqu'il y en eût déjà à Vallombreuse. On en acceptait de tous les métiers, mais principalement de ceux qui pouvaient être utiles dans le monastère. L'abbé Guillaume fit pour eux des statuts dont voici à peu près la teneur:

Ces religieux se relevaient la nuit comme les moines de chœur; mais comme leurs matines étaient beaucoup plus courtes, ils allaient ensuite se coucher. Chaque jour, dès le matin, ils entendaient la messe, allaient au chapitre s'accuser des fautes qu'ils avaient commises, puis au travail qui leur était imposé, soit au dedans, soit au dehors du monastère. A l'heure marquée, ils s'assemblaient au réfectoire pour prendre leur repas, après lequel il n'était plus permis de boire ni manger. Ils passaient les fêtes et dimanches en exercices de piété. Celui qui était chargé de leur conduite leur faisait deux conférences par jour; le matin, après prime, et l'après-midi, au sortir du dîner ou à l'heure de none. A l'imitation de Cluny, Guillaume admit encore dans son monastère, des donnés ou oblats, à qui il permit de garder l'habit séculier. Il leur donna des constitutions particulières, et un de ses moines pour les gouverner. On les employait aux gros ouvrages du dehors, et quelquefois à servir les pauvres et les infirmes dans l'hôpital. Ils ne mangeaient ni avec les religieux du chœur, ni avec les frères convers, mais dans un réfectoire séparé. Du reste, ils étaient soumis en tout aux supérieurs, obligés au silence, même pendant le travail, et gardaient le célibat. Si on les envoyait en campagne, ils se disposaient au voyage par la communion du corps de Jésus-Christ.

On peut voir dans Trithême les privilèges que l'abbé Guillaume obtint du roi Henri et du Pape Grégoire II pour l'immunité de son monastère. Le même auteur lui attribue les écrits suivants: Un livre de la *Musique*, deux livres du *Comput ecclésiastique*, deux autres de la *Correction du Psautier*, deux encore contenant des *Constitutions pour les moines*, et les *Usages d'Hirsauge*, plusieurs *Lettres* et d'autres opuscules qu'il ne détaille pas, parce qu'il ne les avait pas vus. Rien de tout cela n'a encore été imprimé, excepté pourtant les *Coutumes d'Hirsauge*. Dom Mabillon n'en a publié que le prologue dans ses *Analecta*, sous prétexte qu'elles étaient peu différentes des usages de Cluny, dont Ulric avait laissé un recueil à l'abbaye d'Hirsauge, à la prière de l'abbé Guillaume. Mais dom Marquard leur a donné place dans sa *Collection des anciens statuts monastiques*, en marquant à la marge ce que Guillaume avait emprunté des usages de Saint-Emeramm et de Cluny, et les passages qu'il y avait ajoutés.

GUILLAUME, évêque de Durham, était né à Bayeux, avec de grands talents pour les sciences et pour les affaires. Il entra d'abord dans le clergé de cette ville; puis, à l'exemple de son père, il se fit moine à Saint-Calais, dont il fut successivement prieur claustral et grand prieur. De Saint-Calais il passa à Saint-Vincent du Mans, dont les moines l'élurent pour abbé un peu avant l'année 1080. Cette nouvelle dignité lui fournit l'occasion de faire paraître dans tout leur jour les beaux talents qu'il avait reçus du ciel. Le Pape et les rois lui accordèrent leur estime et leur amitié. Guillaume le Conquérant, qui avait réuni le comté du Maine à son duché de Normandie, ayant éprouvé l'habileté de l'abbé Guillaume dans la conduite des affaires les plus épineuses, l'appela en Angleterre, et le nomma à l'évêché de Durham, devenu vacant par la mort de Gaucher. Son sacre se fit le 3 janvier de l'année 1081. Le roi Guillaume se plaisait à l'entretenir parce qu'il parlait avec grâce et sagesse. Il était très-sobre, modeste dans ses habits, de mœurs pures et d'une orthodoxie à toute épreuve. Toutes ces qualités lui ayant mérité la confiance du roi, il en profita pour l'établissement d'un nouveau monastère, et pour le maintien de la liberté des Eglises. Son crédit se soutint quelque temps sous le règne de Guillaume le Roux. Mais, accusé d'avoir fait partie de la faction d'Eudes de Bayeux, il fut chassé de son Eglise et contraint de se retirer en Normandie. Le duc Robert l'y reçut non comme un exilé, mais avec les mêmes honneurs qu'il eût rendus à son propre père, dont l'évêque Guillaume avait possédé les faveurs. Son exil dura deux ans et demi, depuis le mois de mars 1089 jusqu'au mois de septembre 1091. Son retour en Angleterre lui fut funeste. Il entra dans le parti du roi contre le Pape Urbain II, et fit tout ce qu'il put pour engager saint Anselme à renoncer à l'obéissance de ce pontife. La résistance de l'archevêque de Cantorbéry fut suivie de son expulsion, et on en rejeta toute la faute sur l'évêque de Durham, comme chef des évêques opposés à ce pieux pontife dans la fameuse assemblée de Rochingham en 1095. Mais avant de mourir, il se réconcilia avec son primat, et reçut sa bénédiction. Il fut administré par Thomas, archevêque d'Yorck, assisté des évêques de Bath et de Vinchester, et rendit son âme à Dieu le 2 janvier 1096.

SES ÉCRITS. — On voyait du temps de Turgot, prieur de Durham, un grand nombre de lettres que Guillaume avait écrites, pendant son exil, aux moines de ce monastère, qui célébraient l'office dans sa cathédrale. Ces lettres avaient pour but de les porter à l'observation de leur règle. Au rapport de cet historien, elles étaient pleines de tendresse et d'affection pour eux; et, soit qu'il les reprît de leurs fautes, soit qu'il les exhortât à persévérer dans le bien, il le faisait toujours d'une manière aimable, attentif à tenir un juste milieu entre une rigueur exagérée et une douceur excessive. Turgot ne nous en a conservé qu'une qui soutient réellement le jugement qu'il portait de toutes les autres. On y trouve des avis salutaires et lumineux, accompagnés d'une charité vraiment épiscopale et d'une certaine éloquence. Guillaume leur témoigne sa peine d'être séparé de corps, quoiqu'il les eût continuellement présents à sa pensée. Il leur parle des tribulations qu'il éprouve dans son exil; mais ses souffrances ne diminuaient point son attention pour le bon ordre de son monastère. « Ne permettez pas, leur dit-il, qu'on l'affaiblisse pour quelque cause que ce soit. Ayez soin surtout que l'office divin se célèbre avec décence et modestie; chantez les louanges de Dieu avec gravité et sans précipitation; confessez-vous souvent au prieur; tenez exactement vos assemblées et que tous s'y trouvent, à l'exception des malades et de ceux qui sont occupés au dehors; et puisqu'il ne m'est point permis de siéger au milieu de vous, lisez, au moins une fois par semaine, mes lettres en plein chapitre, afin que m'entendant parler dans ces lettres, vous en graviez plus profondément les préceptes dans votre mémoire, et qu'elles puissent être pour vous une occasion de me recommander à Dieu. »

On cite parmi les manuscrits d'Angleterre un ouvrage de Guillaume sur son exil. Cet ouvrage est intitulé : *Opus Wilhelmi de Carilepho in triennio exsilii sui*; titre équivoque et trop vague pour offrir à l'esprit une idée fixe et déterminée. Cependant le surnom de Saint-Calais qu'il y prend ne permet pas de douter que cet ouvrage ne soit vraiment de Guillaume. Il y faisait apparemment son apologie, et détruisait les prétextes qu'on avait allégués au roi, pour le chasser de son Eglise. Nous observerons, avant de finir cet article, qu'encore que l'*Histoire de l'Eglise de Durham*, d'où nous avons tiré ce qui regarde l'évêque Guillaume, soit publiée sous le nom de Siméon, elle ne laisse pas d'être l'œuvre de Turgot, prieur du monastère du même nom, ainsi que Jean Selden le prouve clairement dans sa préface sur l'édition des *Ecrivains anglais*, publiée in-folio à Londres, en 1652.

GUILLAUME DE LISIEUX, surnommé aussi GUILLAUME DE POITIERS, parce qu'il fit ses études dans cette ville, naquit au village de Préaux près Pont-Audemer, au diocèse de Lisieux en Normandie, vers l'an 1020. En sortant de l'école de Poitiers, il embrassa la profession des armes, et se trouva à plusieurs actions très-vives; mais, dégoûté de cet état, il entra dans le clergé et fut longtemps chapelain du duc Guillaume, depuis roi d'Angleterre. Ces différentes positions le mirent au fait des affaires de ce prince, et lui donnèrent la facilité de composer l'histoire la plus exacte que nous ayons des événements de son règne. Hugues, évêque de Lisieux, qui aimait les hommes de mérite, et savait les fixer auprès de sa personne, donna à Guillaume un archidiaconné dans son Eglise. Il en exerça les fonctions jusqu'à la mort de Hugues, et les continua sous Gilbert Maminot, son successeur. Il rendit à l'un et à l'autre de grands services dans le gouvernement de leur diocèse. L'évêque Gilbert aimait les mathématiques et cultivait avec prédilection la science de l'astronomie. Ayant trouvé les mêmes goûts dans l'archidiacre Guillaume et quelques autres dignitaires de sa cathédrale, il les choisit pour ses commensaux, afin d'avoir plus d'occasions de s'entretenir avec eux sur toutes ces facultés de la science humaine. La maison de ce prélat devint comme une académie où tous ces savants et plusieurs autres encore s'appliquaient à l'envi à acquérir les plus hautes connaissances. Guillaume n'était pas seulement philosophe et mathématicien, mais il possédait encore l'histoire ancienne, et avait beaucoup lu les meilleurs auteurs grecs et latins, comme on peut s'en convaincre par ce qui nous reste de ses écrits. Mais, sur la fin de ses jours, il fit du silence et de la prière sa principale occupation. Renonçant aux exercices des conférences, il se concentra dans le secret du cabinet pour y travailler seul et sans aucune préoccupation du dehors. On ignore le terme de sa vie, mais il est certain qu'il mourut vieux, et après le roi Guillaume dont il a écrit l'histoire.

C'est son unique ouvrage, et l'on peut dire que personne plus que lui n'était propre à traiter un pareil sujet. Guillaume avait non-seulement fait de bonnes études, mais il avait encore lu avec fruit les meilleurs auteurs grecs et latins. Il avait de plus servi dans les armées de son héros et avait été son chapelain pendant longtemps, de sorte qu'il avait été témoin oculaire de la plupart des faits qu'il raconte. Aussi convient-on généralement que son histoire est la meilleure et celle qui retrace le plus exactement tous les événements de cette conquête. Pourtant il lui est arrivé de se tromper en parlant de quelques faits étrangers à la Normandie et à l'Angleterre. Par exemple, lorsqu'il dit qu'il n'y avait point de gentilhomme breton qui ne possédât plusieurs femmes, il avance là gratuitement une assertion fabuleuse et dont on ne trouve aucun vestige dans les autres monuments de l'histoire de cette nation. Du reste, à cette tache près, il a écrit son histoire en savant consciencieux et instruit. Laissant aux poëtes l'art de feindre et d'exagérer, il proteste qu'il n'avance rien dont il n'ait cherché lui-même à justifier la preuve. C'est ce motif et la crainte de tomber aussi dans une prolixité ennuyeuse qui l'ont empêché d'entreprendre d'écrire toutes les actions de son héros. Il évite avec soin les longues digressions, et il entremêle son récit de maximes de politique et de traits de piété qui sont tout à la fois des preuves de la solidité de son esprit et de la bonté de son cœur. Orderic Vital, dans le jugement qu'il porte sur cet ouvrage, reconnaît que l'auteur y a traité son sujet avec une juste étendue, et dans un style où la politesse ne nuit en rien à l'énergie. L'interpolateur et le continuateur de Guillaume de Jumièges, contemporain d'Orderic, y a découvert les mêmes beautés, et a même cru remarquer dans son style une imitation de celui de Salluste. On y retrouve au moins la précision et le laconisme de Tacite; et si la diction de Guillaume de Poitiers était aussi latine, on pourrait dire qu'il a réussi à imiter ces deux célèbres historiens de l'antiquité. Ajoutons que ses descriptions sont agréables, vives et animées, et le parallèle qu'il fait de son héros avec Auguste, ingénieux et bien soutenu. Malheureusement, il n'y put mettre la dernière main; du moins, ce qui nous en reste ne va que jusqu'à la mort d'Eduin, consul des Merciens, arrivée en 1070. Par une autre fatalité, qui vient de la négligence des siècles postérieurs à celui de notre historien, le peu de manuscrits qui contiennent son ouvrage ne le présentent que mutilé au commencement, et la lacune paraît considérable. Cette Histoire, en effet, telle que nous l'avons, ne commence qu'aux événements qui forcèrent le jeune prince Edouard, fils de la reine Emma et neveu de Richard II, à venir chercher un asile en Normandie; de sorte qu'on n'y trouve rien de ce qui concerne la naissance, l'éducation et les premières années de Guillaume-le-Bâtard. — André Duchesne a publié cette Histoire avec ces deux imperfections. C'est l'unique édition qu'on possède d'un ouvrage qui aurait bien mérité de trouver place dans ce grand nombre de collections qui ont paru depuis sur l'*Histoire d'Angleterre.*

Orderic Vital nous apprend que Guillaume de Lizieux avait du talent pour la versification, et qu'il publiait souvent des pièces de poésie pleines de délicatesse, d'harmonie et de douceur; mais l'auteur qui s'exprime ainsi n'était guère bon juge en matière de poésie; et il y a toute apparence que celles de notre historien ne s'élevaient pas au-dessus de la versification des autres poëtes de son temps. On ne dit point au reste à quel sujet roulaient ces nombreuses pièces de vers dont il ne nous reste plus rien. Seulement, on ajoute que Guillaume les communiquait volontiers aux jeunes gens, tant pour les former à l'art de la poésie, que pour les engager à en faire de meilleures.

On trouve dans les manuscrits de quelques bibliothèques un *Traité de la profession monastique* et une *Somme de théologie*, décorés l'un et l'autre du nom de Guillaume de Poitiers. Mais ce théologien est fort différent de l'historien de Guillaume-le-Bâtard, et vivait plus d'un siècle après lui.

GUILLAUME LE CONQUÉRANT, qui mérita de son temps le titre de *protecteur des lettres*, était fils naturel de Robert Ier, duc de Normandie, et d'une bourgeoise de Falaise, nommée Harlotte, dont les parents étaient pelletiers. Il naquit à Falaise dans les derniers mois de l'année 1027, et le vice de sa naissance lui fit donner le surnom de *Bâtard*, mais sa conquête de l'Angleterre lui permit bientôt de l'ennoblir d'un titre plus glorieux. La Providence, qui le destinait à de grandes choses, l'avait enrichi des dons du corps et des qualités de l'esprit, qui font les grands hommes. Il était robuste, bien fait, d'une taille proportionnée; il avait l'air majestueux, la mine guerrière, et ne manquait pas plus de génie que de prudence et de courage. Toutes ces qualités en firent dans la suite un des princes les plus puissants qui aient jamais porté la couronne. Il était à peine âgé de huit ans, lorsque son père, ayant entrepris le pèlerinage de la terre sainte, abdiqua en sa faveur, et lui fit prêter serment de fidélité par tous les seigneurs de la Normandie, réunis à Fécamp. Robert étant mort à Nicée le 2 juillet 1045, comme il se disposait à rentrer en France, le prince, son fils, se vit dès lors maître de ses Etats; mais sa minorité fut agitée de guerres civiles qui le mirent souvent en danger de périr. Son titre de bâtard souleva contre lui sa propre famille, dont chacun des membres croyait avoir, par sa naissance, des droits plus légitimes à la couronne. Ils soulevèrent le peuple et remplirent la Normandie de tumulte et de sang. Pour soustraire le jeune prince à leur fureur, on fut souvent obligé de le cacher dans les cabanes et des chaumières, tandis que les plus forts s'emparaient d'une partie de son héritage. Cependant, malgré tant de fâcheuses adversités, les tuteurs du jeune Guillaume ne négligeaient rien pour lui procurer une éducation convenable à son rang. Il eut pour précepteur Turold, homme de naissance et de mérite, à qui les factieux ôtèrent inhumainement la vie; mais il acheva de se former à la science et à la vertu, en conversant familièrement avec les hommes sages et instruits dont il avait soin de se faire accompagner. Avec le secours d'Henri, roi de France, dont il avait su se faire un protecteur, après l'avoir combattu comme ennemi, il vint à bout de s'assurer la possession de son duché, auquel il sut joindre dans la suite le comté du Maine. Il signala les premières années de son gouvernement par donner des preuves de sa religion et de son amour pour le bien public. Il se déclara le protecteur des églises et des monastères, le défenseur de la veuve et de l'orphelin, l'appui des faibles et l'ennemi juré des méchants. Il modéra les impôts, veilla à l'exécution des lois, et rendit à tous la justice avec la plus rigoureuse équité. Quelque occupé que fût le jeune duc, soit à faire la guerre, soit à policer ses Etats, il prenait toujours un certain temps pour s'instruire de ses devoirs de chrétien, et ne passait aucun jour sans entendre la messe. Non-seulement il laissait toute liberté à l'Eglise d'assembler des conciles, mais il les provoquait souvent lui-même et s'y trouvait toujours en personne. Il vit, dans son jeune âge, s'élever des disputes dangereuses sur le mystère de l'Eucharistie, sans en être ébranlé, tant il était affermi sur ce point fondamental de notre foi. Il montra même un grand zèle pour sa défense ; et après avoir accueilli à sa cour le fameux hérésiarque Bérenger, il convoqua à Brienne, près de l'abbaye du Bec, les plus habiles théologiens de sa province. Là se tint, en présence du duc, une conférence réglée dans laquelle le novateur fut si puissamment réfuté, qu'il se vit réduit au silence, et contraint de fuir la Normandie, où il n'osa plus se montrer dans la suite. Guillaume étant en âge de se marier, on lui fit épouser Mathilde, fille de Baudouin le Pieux, comte de Flandre, et nièce du roi Henri, princesse aussi recommandable par ses vertus et ses excellentes qualités que par sa haute naissance. Elle rendit le duc, son époux, père de quatre fils et de cinq filles qui furent tous élevés dans les sentiments de piété chrétienne dont leurs parents faisaient profession. Mais comme les deux époux étaient parents dans des degrés prohibés, le Pape Nicolas II mit toute la Normandie en interdit ; cependant sur les remontrances que Guillaume lui fit adresser par Lanfranc, il accorda la dispense, à la charge que les deux époux fonderaient chacun un monastère. Telle fut l'origine de l'abbaye de Saint-Etienne et de la Trinité qu'ils établirent dans la ville de Caen, la première pour les hommes et la seconde pour les filles. Guillaume ne se borna pas à fonder et à doter des monastères, mais il eut soin encore de les pourvoir d'excellents abbés, qui, par leur science et leurs vertus, y fissent revivre l'esprit de piété et refleurir les bonnes études ; témoin Lanfranc qu'il établit premier abbé de Saint-Etienne, Anselme du Bec, Gerbert de Saint-Vandrille, Durand de Troarn, et tant d'autres. Il montra le même zèle à pourvoir les églises cathédrales de son duché de pieux et savants évêques, sans avoir égard aux sollicitations ni aux intrigues, pas plus qu'aux priviléges de la richesse et de la naissance. Tel était le duc Guillaume lorsque la Providence fit passer sur sa tête la couronne d'Angleterre. Le saint roi Edouard le Confesseur, cousin germain du duc Robert, père de notre prince, se voyant près de mourir sans postérité, et plein de reconnaissance pour l'accueil honorable et gracieux qu'il avait reçu en Normandie pendant son exil, où le jeune Guillaume lui avait prêté le secours de son épée pour l'aider à remonter sur le trône de ses pères, l'adopta pour son fils et l'établit son héritier. En conséquence, il envoya Harold, le plus puissant seigneur d'Angleterre, pour lui jurer fidélité au nom de toute la nation. Guillaume le reçut avec beaucoup d'honneur, et, après l'avoir retenu quelque temps en Normandie, le renvoya en Angleterre comblé de présents ; ce qui n'empêcha pas ce même Harold, à la mort d'Edouard, arrivée au mois de janvier 1066, de revendiquer le sceptre et de s'emparer du royaume. Le duc Guillaume n'hésita point à prendre le parti de lui disputer par les armes une couronne qui lui appartenait à juste titre. Cependant, pour ne point agir avec témérité, il envoya consulter le pape Alexandre II, qui lui remit un étendard béni de ses mains, comme pour l'assurer de l'assistance de saint Pierre. Fort de ce secours religieux, qui exerçait alors une très-grande influence, il réunit, en moins de huit mois, une flotte de trois mille vaisseaux et une armée de soixante mille hommes, composée de l'élite de l'Europe. Il fit voile de Saint-Valery, et prit terre à Pevensey, en Sussex, où il effectua son débarquement sans rencontrer d'ennemis. La fameuse bataille d'Hastings qu'il gagna sur son compétiteur, le 14 octobre suivant, le rendit maître de l'Angleterre. Guillaume profita de ce premier succès pour s'avancer promptement vers Londres, dont, grâce à la mésintelligence qui régnait dans les conseils de ses ennemis, il s'empara presque sans coup férir. Enfin, le jour de Noël, trois mois environ après son départ de Saint-Valery, il fut couronné roi d'Angleterre à Westminster. Il gouverna ses Etats avec autant de piété et de sagesse que de prudence et de fermeté, et si l'histoire lui a reproché quelques rigueurs, elles se trouvent justifiées par les révoltes continuelles auxquelles il fut obligé de s'opposer pour s'assurer la libre possession de sa conquête. Guillaume était naturellement généreux, et il le montra surtout après sa victoire en accueillant et en comblant de biens ceux de ses ennemis qui avaient survécu à leur défaite ; mais un autre objet de sa générosité était de ne s'arrêter devant aucun sacrifice, quand il s'agissait de rendre service à ses amis. Religieux observateur des lois de l'amitié et de la foi des alliances, jamais il ne lui est arrivé d'y donner atteinte. Aussi se fit-il aimer de tous les princes ses contemporains. Il n'est pas jusqu'aux rois d'Espagne, tant éloignés qu'ils fussent de l'Angleterre et de la Normandie, qui n'aient recherché son amitié. Le Pape Alexandre II professait pour lui une estime sincère qui ne fut surpassée que par celle que lui porta Grégoire VII son successeur, qui qualifia Guillaume la perle des princes, *gemma principum*. Guillaume, en effet, était sincèrement attaché au Saint-Siége ; ce qui ne l'empêchait pas de se conduire envers les Papes, dans certaines circonstances, avec la fermeté d'un souverain. Sa présence était presque aussi souvent nécessaire en Normandie qu'en Angleterre. Comme il était à Rouen, sur la fin de juillet 1087, il y fut attaqué d'une maladie qui, malgré tous les soins de ses médecins, le conduisit au tombeau. Le pieux roi, sentant son heure approcher, s'y prépara avec de vifs sentiments de religion. Après avoir mis ordre à sa conscience et reçu les sacrements, il traita à la disposition de ses Etats et de la distribution de ses trésors, réglant toutes choses lui-même, et les dictant à ses notaires avec une admirable présence d'esprit. Il adressa ensuite aux assistants un discours pathétique qu'il entremêla souvent de ses larmes, et qui nous reste comme une confession publique de toute sa vie. Il mourut en invoquant la sainte Vierge, le jeudi 9 septembre 1087, le lendemain du jour où l'Eglise célébrait la fête de sa nativité. Il était âgé de près de soixante ans, en avait régné vingt-un comme roi d'Angleterre, et cinquante-deux comme duc de Normandie. Son corps fut transporté à Caen par la Seine, et inhumé avec beaucoup de pompe à l'abbaye de Saint-Etienne, qu'il avait fondée. Guillaume le Conquérant avait d'excellentes qualités, comme on a pu s'en convaincre par cette notice que nous avons empruntée aux écrivains de son temps, ou du moins des temps les plus rapprochés de son règne. Mais il n'était pas sans défauts ; et quel est le héros qui n'a pas les siens ? Les écrivains normands qui ont entrepris d'en parler l'ont loué avec excès ; les auteurs anglais, au contraire, ont donné dans l'extrême opposé. Guillaume de Malmesbury, à qui nous empruntons cette remarque, entreprenant à son tour d'écrire la Vie du même prince, proteste qu'il s'en acquitte en historien véridique et impartial. Il résulte de tout ce qu'il en dit, que Guillaume était un grand roi, et que si l'on ne pouvait tout louer dans sa vie, il n'était rien au moins que l'on ne pût excuser. L'Angleterre lui est particulièrement redevable de ce qu'elle est devenue dans la suite, et pendant le siècle qui suivit son règne, les rois ses successeurs furent les princes les plus puissants de la chrétienté.

SES LOIS. — Les historiens de Guillaume ne disent rien de son savoir ni de ses écrits, et cependant on possède sous son nom plusieurs monuments de littérature qu'il importe de connaître. D'abord il publia divers recueils de lois dont il surveilla la rédaction ou qu'il rédigea lui-même ; car encore qu'on ne nous le représente pas comme un savant, il joignait néanmoins à beaucoup d'esprit un grand amour de l'ordre. C'était tout ce qu'il fallait pour le mettre en état de dresser par lui-même les règlements nécessaires pour le bon gouvernement de ses Etats. C'est sur cette donnée que Thomas Rudborne affirme que ce prince aimait à faire des lois, et qu'il s'appliquait avec un soin extrême à rectifier les anciennes : *Erat legum amator et emendator studiosissimus*.

Dès l'an 1067, un peu moins d'un an après la conquête de l'Angleterre, Guillaume, de retour en Normandie, assembla les gens les plus habiles de la province, et concerta avec eux des règlements pleins de justice, et propres à entretenir la paix, qu'il désirait passionnément voir régner dans le pays. On doute que ces règlements existent encore aujourd'hui, au moins tels qu'ils étaient dans leur origine ; mais il paraît probable, au moins, qu'ils servirent de fonds et de modèle à ceux que dom Martène a donnés au public, comme faisant suite à ceux rédigés à Lillebonne. Ils sont divisés en onze articles, et roulent uniquement sur des points de police civile. Deux ans plus tard, en 1069, dans la quatrième année de son règne, comme il se trouvait en Angleterre, Guillaume se fit présenter les lois du saint roi Edouard, son prédécesseur, et après les avoir discutées avec douze des légistes les plus distingués du pays, il les confirma solennellement. Elles sont comprises en vingt-deux articles ou chapitres, dont le premier concerne la liberté des clercs et des étudiants. On lit, à la tête, une petite préface qui indique de quelle manière le roi opéra cette révision. Il résulte également de quelques articles, principalement du onzième, qu'on y a fait des additions par la suite. De ces anciennes lois ainsi confirmées, on fit aussitôt un petit abrégé en cinq articles, qu'on publia en langue romance ou normande, c'est-à-dire dans le français de l'époque ; car, depuis plus d'un siècle déjà, les Normands, établis en Neustrie, étaient devenus Français pour le langage comme pour le reste. Quelque temps après, le roi Guillaume ayant cru devoir imposer à l'Angleterre les lois et les usages qui s'observaient en Normandie, tant pour le spirituel que pour le temporel, publia à cet effet de nouveaux règlements. Il choisit ensuite, dans le royaume, des évêques, des abbés et des seigneurs laïques qui lui étaient dévoués, pour veiller à leur observation. Edmer, auteur quasi contemporain, de qui nous tenons cette circonstance, nous a conservé quelques traits de ces nouveaux règlements, mais seulement parmi ceux qui concernaient le spirituel ou la police ecclésiastique. Défense y était faite à tout sujet du roi de reconnaître pour Pape aucun évêque de Rome, que par son ordre, ni de recevoir aucune de ses lettres, sous quelque prétexte que ce fût, avant qu'elles eussent passé sous les yeux du roi. C'était pour prévenir les troubles fâcheux que les schismes soulèvent toujours dans l'Eglise, et dont Guillaume avait vu quelques exemples. Défense au primat d'Angleterre, c'est-à-dire à l'archevêque de Cantorbéry, de rien ordonner dans les conciles où il présiderait, sans avoir préalablement consulté le roi. Défense à tout évêque de punir publiquement d'aucune peine canonique un baron ou ministre du roi sans son agrément, de quelque crime qu'il se fût rendu coupable. Quant aux règlements qui regardaient les affaires civiles et séculières, l'auteur avertit qu'il ne s'arrêtera point à les rapporter. Il est fâcheux qu'il ne nous en ait pas donné au moins une notice, car il n'est guère probable qu'on puisse en tirer d'ailleurs aucune connaissance. Nous ne serions pas éloignés de croire qu'elles sont les mêmes que Selden a publiées dans ses *Notes sur l'Histoire d'Edmer*. Elles roulent presque toutes, en effet, sur des affaires civiles, à l'exception de la première, qui concerne le droit d'asile et l'immunité ecclésiastique. Il est certain, d'ailleurs, qu'elles furent publiées par Guillaume le Conquérant. Pourtant Ingulfe, écrivain du temps, affirme que ces lois sont les mêmes que celles qui s'observaient sous le règne d'Édouard, et que Guillaume avait confirmées. Elles contiennent cinquante articles, et sont traduites en français du temps. La politique des conquérants a toujours été d'obliger les peuples vaincus à parler la langue du vainqueur. C'est ainsi qu'en usaient les anciens Romains; c'est ainsi qu'en usèrent dans la suite les Normands, et particulièrement Guillaume le Bâtard, afin de réunir sous l'usage d'une même langue, comme dans l'observation des mêmes lois, l'Angleterre et la Normandie. C'est pour cette raison qu'il fit traduire en langue vulgaire les lois dont nous parlons. Elles sont en trois colonnes : au milieu se trouve l'ancien texte latin hérissé de termes barbares; d'un côté la version latine qu'en a faite Du Cange, et de l'autre la traduction en langue romance. Du moins c'est ainsi qu'elles ont été réimprimées avec celles du roi Édouard et les lois saxonnes, dans la belle collection de Wilkens, publiée, in-folio, à Londres, en 1721.

A la fin de cette rédaction vient une suite de règlements, au nombre de vingt-un articles. Ces règlements, qui ne sont rédigés qu'en latin, portent le nom de Guillaume, par la grâce de Dieu, roi d'Angleterre et duc des Normands. Les dix-sept premiers sont adressés à tous les sujets d'Angleterre et de Normandie. Dans le premier, le roi ordonne que dans toute l'étendue de ses États, on n'adorera qu'un seul Dieu, on ne suivra qu'une seule foi, celle de Jésus-Christ, que l'on conservera inviolablement. Il veut qu'entre tous ses sujets, soit d'Angleterre soit de Normandie, la paix et l'union ne soient jamais troublées, et que le même ordre s'observe entre les Anglais et les Français. Les autres roulent sur la police civile et su les affaires séculières. Les quatre derniers, qui regardent particulièrement les différends entre les Anglais et les Français, sont particuliers à l'Angleterre. Au moyen de ces lois ou règlements, le roi Guillaume réussit à établir en Angleterre une police si sage et si bien réglée, qu'au rapport des historiens, une jeune fille, sans défense et chargée d'or, aurait pu traverser tout le royaume avec la plus parfaite sécurité. Bromton les a insérés dans sa *Chronique*.

Le roi Guillaume eut trop de part aux beaux règlements qui furent arrêtés à l'assemblée de Lillebonne, le jour de la Pentecôte de l'an 1080, pour qu'on puisse les passer ici sous silence. Il est même marqué, dans la petite préface qui se lit en tête, que ce fut par la sage disposition de ce prince que toutes choses y furent réglées. Cette assemblée était comme celles que tenaient autrefois les rois de France, c'est-à-dire mixte, composée d'évêques, d'abbés, de seigneurs laïques, parlement par convocation et concile par occasion. Les évêques de la province, présidés par l'archevêque de Rouen leur métropolitain, s'y trouvèrent ainsi que les abbés, les comtes et les autres seigneurs avec le roi Guillaume à leur tête. On y ouvrit une discussion solennelle sur tout ce qui se rapporte au gouvernement de l'Église, et on rédigea sur ce point quarante-sept canons ou règlements fort judicieux. On n'en compte que treize dans la *Collection générale des conciles*, parce qu'on a négligé de numéroter les autres. Orderic Vital, qui les a fait entrer dans son *Histoire*, en compte quarante-sept, et on en trouve autant dans le *Recueil des conciles de Normandie*, où ils sont imprimés avec les notes de Ange Godin. Il y a tout lieu de croire que ce fut à la suite de ces sages règlements que notre prince reçut les félicitations du Pape Grégoire VII.

Les divers auteurs, tant anciens que modernes, qui ont parlé des lois établies ou confirmées par Guillaume, ne s'accordent pas sur un point, qui devrait, ce semble, n'offrir aucune difficulté. Les uns prétendent qu'il ne fit que confirmer les anciennes lois des Anglais; les autres soutiennent qu'il y substitua celles des Normands. Ce qu'il y a de certain, c'est qu'il fit l'un et l'autre. On n'en peut douter après le témoignage d'Edmer, cet auteur si grave et si véridique, qui l'atteste formellement. D'ailleurs les usages d'Angleterre depuis Guillaume le Conquérant, comme l'observe judicieusement Thomas Graig dans son *Traité du droit féodal*, sont presque tous tirés de nos coutumes de France et principalement de celles de Normandie.

Livre terrier. — Indépendamment de toutes ces lois, vers la dix-huitième année de son règne, Guillaume fit travailler à un grand ouvrage qui depuis est devenu très-fameux, et a servi de thème à bien des récriminations contre sa mémoire. C'est un état, ou, pour parler le langage du temps, une espèce de papier terrier contenant la notice, la description et le dénombrement de l'Angleterre. Pour l'exécution de ce grand projet, il envoya ses justiciers dans chaque comté du royaume, avec ordre de s'enquérir des gens du lieu, sous la foi du serment, quelles étaient les terres que possédaient ses barons, les fiefs des nobles, le nombre des villes comprises dans le comté, ce qu'il y avait de villages, d'églises paroissiales, de prés, de forêts, de rivières, d'étangs et de marais, d'arpents de terres labourables, d'habitants, de bêtes à cornes et autres; combien chaque ville, chaque bourg, chaque village, chaque rivière, etc., pouvait produire par chaque année. Un auteur ajoute que ces justiciers avaient ordre également de savoir ce que chaque personne possédait d'argent en espèces; de manière à ce qu'il n'y eût pas dans toute l'étendue du royaume une hyde de terre (qui comprend soixante acres) dont le roi ne sût le revenu annuel avec le nom du propriétaire. Tout fut rédigé par écrit sur des cahiers qui lui furent présentés, et dont il fit former un immense registre en deux gros volumes, que l'on déposa dans le trésor royal. Les Anglais donnèrent dans la suite à cet ouvrage le titre de *Domesday-Book*, ou le livre du jour du jugement. Ingulfe, contemporain de Guillaume le Conquérant, écrivant l'histoire du monastère dont il était abbé, tira de ce livre un état des biens et domaines qui lui appartenaient, et l'inséra dans son écrit. « Ce morceau suffit pour faire juger de l'ordre et du détail avec lesquels le dessein de ce grand roi fut exécuté. » Avant le règne de Guillaume, on ne parlait en Angleterre ni de fiefs, ni d'hommages simple ou lige, ni de vassal, ni de seigneur féodal; mais depuis qu'il y eut établi les lois normandes, et surtout après la publication du *Domesday-Book*, dont on vient de rendre compte, les fiefs devinrent aussi communs dans ce royaume qu'ils l'étaient auparavant en France.

Discours. — Il est juste de compter au nombre des écrits du roi conquérant le beau discours qu'il fit sur le point de mourir. Il méritait assurément de passer à la postérité; aussi Orderic Vital a-t-il eu soin de nous le conserver, et l'abbé Fleuri l'a traduit en partie dans son Histoire ecclésiastique. Il le commença par l'aveu des grands péchés qui le faisaient trembler à l'approche du redoutable jugement de Dieu. Il témoigna surtout beaucoup de douleur du sang répandu dans les différentes guerres qu'il a soutenues. En parlant des Normands, il dit que le meilleur moyen de mettre à profit leur valeur naturelle, c'était de les contenir dans une sévère et exacte discipline. Il raconta les maux que ses proches lui avaient causés; comment il avait été tiré de l'oppression par le roi Henri, et comment Dieu l'avait mis en possession du royaume d'Angleterre, par la victoire qu'il lui avait accordée sur ses ennemis. S'adressant ensuite aux évêques et aux prêtres, il les conjura de lui obtenir par leurs prières le pardon des péchés qu'il avait commis. Puis il ajouta : « Je n'ai jamais rien fait contre l'Église notre mère; je l'ai honorée partout et autant que ma raison me l'a conseillé. Il ne m'est jamais arrivé de vendre les dignités ecclésiastiques; j'ai toujours détesté la simonie, et dans le choix des prélats dont j'ai pourvu les églises de mon royaume, je n'ai eu égard qu'au mérite des personnes, autant que ce mérite m'a été connu. On peut s'en convaincre, continue-t-il, en jetant les yeux sur Lanfranc, archevêque de Cantorbéry, sur Anselme, abbé du Bec, sur Gerbert de Fontenelle, sur Durand de Troarn, et sur plusieurs autres doctes personnages, dont je crois que la réputation s'étend jusqu'aux extrémités du monde. C'est avec ces grands hommes que j'ai aimé à m'entretenir; c'est dans leur conversation que j'ai trouvé la vérité et la sagesse, et je me suis fait un plaisir de profiter de leurs conseils. Il y a en Normandie neuf abbayes de moines et une de religieuses fondées par mes ancêtres; avec le secours de Dieu je les ai augmentées; et sous mon règne, on a bâti dix-sept abbayes de moines et six de religieuses, et dans chacune on fait un grand service et on distribue beaucoup d'aumônes pour l'amour du souverain roi. Ce sont les véritables forteresses de la Normandie, puisque c'est là qu'on apprend à combattre les démons et les désirs de la chair. » Il ajouta ensuite qu'il avait également confirmé toutes les donations faites à l'Église par ses barons, tant en Normandie qu'en Angleterre. Il exhorta ses enfants à suivre ses exemples, et à se conduire par les avis d'hommes doctes et pieux. Il accorda la liberté à tous ses prisonniers; mais on eut bien de la peine à l'obtenir pour Eudes, évêque de Bayeux, son frère utérin, qu'il avait fait enfermer au château de Rouen, pour avoir débauché les troupes, vexé le peuple, dépouillé les églises d'Angleterre, où Guillaume l'avait établi vice-roi.

Ses lettres. — Après qu'il eut fini de parler, il écrivit une lettre à l'archevêque Lanfranc, et la donna, scellée de son sceau, à son fils Guillaume le Roux, pour qu'il allât au plus vite prendre possession du royaume d'Angleterre, afin de prévenir les troubles qui étaient à craindre dans un si vaste empire, en l'absence de son souverain. Nous n'avons plus cette lettre. Il y en a six de Grégoire VII qui lui sont adressées et qui en supposent autant de sa part : l'une pour répondre à celle que ce prince lui avait écrite pour le féliciter de sa promotion au pontificat suprême, et les autres sur divers sujets. Il ne nous en reste qu'une seule. Elle répond à quelques points d'une lettre par laquelle ce Pontife avait chargé son légat Hubert de demander au roi qu'il lui prêtât, comme aussi à ses successeurs, serment de fidélité. C'est ce que Guillaume refuse, en protestant qu'il n'en avait rien promis, et qu'il ne voyait nulle part que ses prédécesseurs l'eussent fait aux autres Papes. Cette lettre est de l'année 1076, et se trouve la septième parmi celles de Lanfranc dans l'édition de dom Luc d'Achery. — Le moine Edmer en a rapporté deux autres dans son *Histoire*; l'une à tous les clercs et laïques d'Angleterre, pour le maintien des privilèges de l'abbaye de Saint-Martin-de-la-Bataille; l'autre aux diocésains de Lincoln, dans laquelle il leur fait savoir qu'il avait rectifié, de concert avec les évêques, les abbés et les seigneurs de son royaume, les anciennes lois des Anglais, et leur ordonne de s'y conformer. Enfin, la dernière lettre que l'on possède de ce prince est de l'année 1070. Elle est adressée à Jeannellin, abbé de Fécamp, pour lui demander Vital, alors abbé de Bernay dans la dépendance de Fécamp, afin de le transférer à l'abbaye de Westminster. Il réclame en même temps son consentement pour faire remplacer Vital à Bernay, par son frère Osberne.

Chartes, diplômes. — Nous ne nous arrêterons pas aux diplômes ou chartes octroyées par notre prince. Elles sont en trop grand nombre pour que nous pensions même à en donner le détail. Les principales sont les deux qu'il rendit pour la fondation de Saint-Etienne et de la Trinité de Caen. On les trouve imprimées parmi les notes de dom Luc d'Achery, sur la Vie du bienheureux Lanfranc. Il en existe une troisième qu'Orderic Vital a fait entrer dans son Histoire ; elle est en faveur de l'abbaye de Saint-Evroul. Nous pensons qu'il n'est pas hors de propos d'en faire connaître une quatrième, à cause de sa singularité. C'est celle par laquelle Guillaume, n'étant encore que duc de Normandie, accorde aux moines de Marmoutiers une langue de baleine à prendre chaque année sur la ville de Vologne dans le Cotentin. On voit par là que, dès cette époque, les Normands faisaient la pêche de ce poisson, et qu'ils parcouraient déjà les mers du Nord.

Nous ignorons ce que c'est que le traité du jugement dernier que Gesner attribue au roi Guillaume. Entendrait-il par là le beau discours qu'il fit avant de mourir et qui en effet commence par une réflexion sur ce jour formidable ? Nous ne saurions dire ; mais il lui donne sans détour l'écrit dont il parle, ainsi que diverses lettres et des lois agraires. Il est probable que par ce dernier mot il désigne le *Grand Terrier* ou *Domesday* dont nous avons rendu compte. On trouve aussi, sous le nom de Guillaume, un écrit touchant la primatie de l'Eglise de Cantorbery ; ce n'est apparemment qu'une charte ou diplôme. Afin qu'il ne manque rien à l'histoire de notre monarque, nous indiquerons ici quelques écrits qui y ont trait et peuvent contribuer à l'éclaircir. Dom Matthieu de la Dangie de Rauchie, cellérier de l'abbaye de Saint-Etienne de Caen, mort en 1657, a publié dans cette ville et sans date, un in-8° sous ce titre : *Apologie pour la défense de Guillaume le Conquérant, duc de Normandie et fondateur des deux abbayes de Caen.* Le but de cet ouvrage est de réfuter la fable insipide et outrageuse pour la mémoire de son héros, qui lui attribue d'avoir fait traîner par les cheveux, et attachée à la queue d'un cheval, la comtesse Mathilde, sa femme, depuis le lieu où fut depuis l'abbaye de Saint-Etienne jusqu'à l'emplacement de celle de la Trinité. On trouve ce fait rapporté dans la *Chronique de Normandie*, qui ajoute, pour donner quelque couleur à ce conte, que, pour réparer son crime, Guillaume avait fondé ces deux abbayes. Nous avons montré, par le témoignage des auteurs contemporains, quelle fut la véritable cause de cette fondation ; il n'en faut pas davantage, il nous semble, pour faire regarder comme une pure fable ce qu'en dit la *Chronique de Normandie*. Deux manuscrits de la bibliothèque de Bodley à Oxford nous présentent deux autres ouvrages, concernant l'histoire de Guillaume le Conquérant. Le premier est intitulé : *Vita et opera Guillelmi Normanni, Angliæ conquestoris.* Le second a pour titre : *Brevis relatio de Willelmo, nobilissimo comite Normannorum, et unde originem ducat.*

GUILLAUME KÉCELLE, chanoine de l'Eglise de Beverlay, au diocèse d'Yorck, écrivit, sous le règne de Guillaume le Conquérant, l'*Histoire des miracles de saint Jean de Beverlay*, archevêque d'Yorck, mort en 721. Guillaume se borna à rapporter ceux qui s'étaient accomplis sous ses yeux, et pour en rendre la narration plus intéressante, il y fit entrer divers événements qui ont trait à l'histoire générale de l'Angleterre et à celle de l'Eglise d'Yorck en particulier. Bollandus a publié cette relation au 7 de mai, jour où on célèbre la fête du saint archevêque.

GUILLAUME DE JUMIÈGES, un des historiens qui se sont fait quelque réputation dans le XIe siècle, et qui se nommait aussi *Calculus* parce qu'il était sujet aux douleurs de la pierre, paraît être né en Normandie. Il se consacra à Dieu, sous la règle de saint Benoît dans l'abbaye de Jumièges au diocèse de Rouen, refusa toutes les dignités qui lui furent offertes, autant par modestie que pour s'appliquer plus librement à l'étude, et mourut vers 1090. On a de lui : *Historiæ Normannorum libri VII.* Le dessein de l'auteur dans cette Histoire est de faire connaître les mœurs et les actions remarquables des premiers ducs de Normandie. Les quatre premiers livres ne sont qu'un abrégé de l'ouvrage de Dudon sur le même sujet. Guillaume estimait cet écrivain, et le cite souvent avec éloge, quoique aujourd'hui il soit généralement considéré comme un historien fabuleux et faiseur de romans. Guillaume, en l'abrégeant, ne s'arrêta qu'aux faits qui lui parurent de quelque importance. Il supprima la plus grande partie des vers qu'il avait insérés dans son Histoire en l'honneur de ces premiers ducs. Les trois livres suivants s'étendent depuis le règne de Richard II jusqu'à la pacification de l'Angleterre par Guillaume le Conquérant ; ce qui comprend l'histoire de quatre ducs, Richard II, Richard III, Robert I, et Guillaume-le-Bâtard qui s'imposa pour roi aux peuples qu'il avait conquis. Cette histoire est intéressante et écrite d'un style naturel. Guillaume narre avec une certaine facilité, et met beaucoup d'exactitude dans les faits qu'il rapporte ; deux qualités qui auraient suffi pour en faire un bon historien, si, comme tous les autres historiens de son temps, il eût mis un peu plus de critique dans son ouvrage. Mais la critique n'était pas encore née et on aurait mauvaise grâce à le rendre responsable des défauts de son siècle. Sa vertu était supérieure à son savoir : De là cette humble modestie qui lui fait prendre le titre du plus méprisable de tous les moines, *Cœnobita omnium cœnobitarum indignissimus;* de là cet éloignement qu'il montre partout pour la gloire humaine et pour la gloire littéraire en particulier. Il regarde cette petite satisfaction de la vanité comme tout à fait indigne d'un homme qui a renoncé au monde afin de ne plus vivre que pour le ciel ; de là ces avis salutaires qu'il donne au roi, à qui il dédie son écrit, en lui rappelant qu'il n'a été créé que pour vivre éternellement ; de là enfin ces traits de croyance forte et de piété vive répandus çà et là dans le cours de son Histoire, mais surtout en parlant de la fameuse journée de Hastings, où de part et d'autre il y eut tant de sang répandu. Un anonyme a continué le travail de Guillaume jusqu'au règne d'Étienne, en 1135. On le soupçonne d'avoir intercalé plusieurs passages de sa façon dans les livres précédents. Camden a publié l'*Histoire* de Guillaume de Jumièges dans ses *Angliæ scriptores*, Francfort, 1603, in fol.; et André Duchesne plus correctement dans les *Normannorum antiqui Scriptores*, Paris, 1619.

GUILLAUME, moine de l'abbaye de Cluse, convertie plus tard en collégiale de chanoines réguliers, au pied des Alpes, dans le diocèse de Turin, s'est fait connaître par l'Histoire de cette maison et par celle de deux de ses abbés qui portaient l'un et l'autre le nom de Benoît. Le premier assista au concile de Limoges en 1031, et le second mourut en 1091. Il ne reste que quelques fragments de l'*Histoire de Cluse* rapportés par dom Mabillon dans l'appendice au tome III de ses *Annales*. La Vie de Benoît Ier ne se trouve plus ; celle de Benoît II fait partie du tome IXe des *Actes*. Elle est dédiée à Géraud, bibliothécaire de Cluse. L'auteur remarque dans la Vie de cet abbé qu'il avait recours aux instituts et aux conférences de Cassien pour expliquer certains passages difficiles de la règle de saint Benoît. Il était fortement attaché au parti de Grégoire VII, et eut pour ce sujet beaucoup à souffrir de la part du roi Henri. A l'article de la mort, il confessa ses péchés à l'évêque d'Orange qui se trouvait présent, et aux frères de sa communauté ; et après avoir reçu le viatique et l'extrême-onction, il emprunta les paroles mêmes de l'apôtre saint André pour demander à Dieu de vouloir bien recevoir son âme. Guillaume parle d'un cardinal nommé Hérimann dont Onuphre ne fait aucune mention. Dom Mabillon a ajouté à cette Vie deux épitaphes et un hymne en l'honneur de Benoît, à qui l'on donne le titre de *vénérable,* titre, du reste, justifié par ses vertus et les miracles qui se faisaient à son tombeau.

GUILLAUME, chanoine de Saint-Hilaire de Poitiers, dans la dernière moitié du XIe siècle, a laissé de sa façon un petit poëme en vers léonins ou rimés. C'est une *Apostrophe* à l'antipape Guibert, qui régna depuis l'an 1080 jusqu'à l'an 1100, pour lui reprocher son opiniâtre résistance à l'Église et l'exhorter à renoncer au titre qu'il avait usurpé. L'auteur de cette pièce ne se donne pas d'autre titre que celui de *dernier des chanoines de Saint-Hilaire;* mais l'invective y est trop peu mesurée pour qu'il pût espérer de ramener par là ce prélat à l'unité. Usserius ayant déterré ce petit poëme dans un vieux manuscrit, l'a fait imprimer parmi ses *Lettres hibernoises,* à la suite de celles que Grégoire VII écrivit, vers l'an 1085, à Terdelvach, roi d'Hibernie, aux prélats et au peuple de ce royaume. Il serait fort difficile de fixer le temps précis auquel Guillaume composa ce poëme ; cependant il y a beaucoup d'apparence que ce fut à l'occasion du séjour que le Pape Urbain II fit à Poitiers, où il célébra la fête de saint Hilaire en 1096. Ce passage d'un Souverain Pontife était de nature à stimuler la muse de notre chanoine, et donnait un air d'à propos à cette petite production.

GUILLAUME DE LA POUILLE, historien du XIe siècle, est plus connu par ses écrits que par les particularités de sa vie sur lesquelles les biographes sont loin d'être d'accord. Les auteurs de l'*Histoire littéraire de la France* pensent que Guillaume était né dans la Normandie et qu'il accompagna Robert Guiscard à la conquête de la Pouille, dont il prit le surnom ; mais Tiraboschi dans son *Histoire de la littérature Italienne,* démontre, par d'assez bonnes raisons, qu'il était né en Italie. On s'accorde à croire que Guillaume était ecclésiastique ; mais les uns le font moine, et les autres simple clerc. On retrouve le nom de *Wilhelmus Apulus* parmi ceux des personnages qui souscrivirent, en 1096, le traité d'accord passé entre l'abbaye de Saint-Aubin d'Angers et celle de Vendôme. Ceux qui y reconnaissent Guillaume de la Pouille en ont conclu qu'il était revenu en France à la suite du Pape Urbain II, son protecteur, lorsque celui-ci passa les Alpes pour la célébration du grand concile qu'il tint à Clermont-en-Auvergne, en 1095. Il se pourrait fort bien aussi que quelque prélat français, par exemple Amé, archevêque de Bordeaux, l'eût appelé en récompense de son mérite à finir ses jours près de lui. Ce qu'il y a de certain, c'est qu'il parut à Bordeaux en 1096. On ignore la date de sa mort ; mais elle ne peut qu'être postérieure au mois d'août 1099, date de son *Histoire,* le seul ouvrage que l'on possède sous son nom.

Cet ouvrage, qui a mérité à son auteur le double titre de poëte et d'historien, est un poëme en vers héroïques et divisé en cinq livres sous ce titre : *De rebus Normannorum in Sicilia, Apulia et Calabria gestis usque ad mortem Roberti Guiscardi.* L'auteur l'entreprit à la demande de Roger, fils de Robert, duc de Pouille et de Calabre, et aux instances du Pape Urbain II. Ce poëme est dédié au duc Roger par une épître en cinq vers, qui se lit à la fin du cinquième livre. Cette pièce est loin de faire honneur à l'auteur, qui y montre trop d'avidité pour les récompenses qu'il croyait dues à son mérite. On lui pardonne encore moins de s'être mis en parallèle avec Virgile. « Vous verrez par mes vers, dit-il à Roger, que je me suis fait une joie d'exécuter vos ordres. C'est de tout temps que les auteurs ont mérité de trouver des bienfaiteurs. Vous êtes bien plus digne de l'empire romain que ne l'était Octave; favorisez-moi donc comme il a favorisé Maron. » Dans les deux premiers livres, Guillaume décrit les premières expéditions des Normands dans la Pouille et dans la Calabre. Quelques-uns d'entre eux s'étant rendus en dévotion, vers l'an 1016, au mont Gargan qui possédait une église sous l'invocation de saint Michel, y rencontrèrent un nommé Melun qui avait été chassé de Bari par les Grecs. Ils s'unirent à lui pour le venger. Au premier combat les Grecs furent battus; au second, ils remportèrent la victoire. Les Normands, revenus en Campanie, s'établirent dans la ville d'Averse, et se choisirent pour chef Ranulphe, auquel succédèrent Jordan son fils, et Richard, fils de Jordan. Ils s'emparent successivement de la Pouille et de la Calabre. — Les trois derniers livres contiennent l'histoire de Robert Guiscard; ses victoires sur les Grecs et sur les Sarrasins, qui furent suivies de la prise de Bari, de Palerme, de Salerne et d'Amalfi; les guerres qu'il eut à soutenir contre Alexis Comnène et ce qu'il fit pour la délivrance du pape Grégoire VII, que l'empereur Henri tenait assiégé dans le château Saint-Ange. On voit que l'auteur fut un zélé partisan de ce Pontife. On trouve dans son poëme de beaux vers, mais c'est moins sous le rapport du style que sous celui des faits que l'ouvrage est intéressant. L'écrivain n'y raconte que des événements dont il avait été le témoin; et tous ceux qui en ont parlé après lui louent sa bonne foi et son exactitude. Ce poëme fut d'abord publié par Jean Tiremois, avocat général au parlement de Rouen, sur un manuscrit de l'abbaye du Bec, en 1582, in-4°. Il a été réimprimé avec des notes dans les *Scriptores Brunswici* de Leibnitz, dans les *Scriptores historiæ Siciliæ* de Caruso, et enfin, avec de nouvelles notes et une préface qui contient des recherches sur la vie de l'auteur, dans les *Scriptores rerum Italicarum* de Muratori. Cette dernière édition est la plus estimée.

GUILLAUME DE SAINT-THIERRY, ainsi nommé parce qu'il fut abbé de ce monastère, était né à Liége, de parents nobles; il fit ses premières études à Reims avec son frère, nommé Simon, et tous deux y prirent l'habit de saint Benoît dans l'abbaye de Saint-Nicaise, célèbre alors par l'exactitude de la discipline qui y était observée. Ils la pratiquèrent eux-mêmes avec tant de zèle qu'on les jugea dignes de la faire observer aux autres. Simon devint abbé de Saint-Nicolas-aux-Bois, dans le diocèse de Laon, et Guillaume, de son côté, fut chargé du gouvernement d'un monastère, que les historiens appellent *Crespinium* et qui pourrait bien être Crespy en Valais. De là il passa à Saint-Thierry, près de Reims, où il fut prieur, et ensuite abbé en 1119. C'est-là qu'il eut occasion de connaître saint Bernard, avec lequel il se lia d'une étroite amitié. Guillaume, attiré à Clairvaux plus encore par la pauvreté et la simplicité de vie du saint abbé qui gouvernait ce monastère que par la douceur et l'onction de ses entretiens, fit plusieurs tentatives pour se faire admettre dans la communauté; mais, voyant que cette grâce lui était refusée, il quitta son abbaye de Saint-Thierry, et se retira en 1134, au monastère de Signy, ordre de Cîteaux, dans le diocèse de Reims. Il y fit vœu de stabilité en 1135, et y vécut pendant quinze ans, dans la pratique exacte de la règle, toujours occupé de la méditation des choses célestes. Il y mourut saintement, vers l'an 1150. Les *Annales de Cîteaux* lui donnent le titre de bienheureux. Saint Bernard faisait tant de cas de l'érudition et de la doctrine de Guillaume, qu'il lui dédia son livre *De la Grâce et du libre Arbitre*, en le soumettant à sa censure. Il est auteur d'un grand nombre d'ouvrages théologiques et ascétiques, dont nous allons donner l'analyse des plus connus.

Méditations. — Il était d'usage autrefois parmi les personnes qui avaient atteint un degré de piété supérieur, de composer pour elles-mêmes les formules de prières et de méditations, afin de ranimer de temps en temps leur ferveur, et de se rappeler plus aisément les vérités du salut. C'est dans cette vue que saint Augustin écrivit ses *Soliloques* et ses *Confessions*. Guillaume dans ses formules de prières et de méditations ne se proposa pas seulement son utilité particulière, mais aussi celle des novices qui lui étaient confiés, et qu'il était important de former de bonne heure aux exercices de la vie spirituelle. Ses méditations et ses prières roulent sur divers passages de l'Ecriture et particulièrement des psaumes, dont il donne, en passant, le sens moral et spirituel.

De la nature et de la dignité de l'amour divin. — Dans le traité qui porte ce titre, Guillaume apprend au vrai philosophe les moyens d'acquérir l'amour de Dieu, et les degrés qu'il faut suivre pour faire arriver cet amour jusqu'à la plus haute perfection qu'il soit donné d'atteindre à l'humanité.

De la contemplation de Dieu. — Cet ouvrage, et même le précédent, ont été attribués quelquefois à saint Bernard; mais Guillaume s'en reconnaît lui-même pour l'auteur, dans le catalogue de ses écrits, publié par dom Tissier. Ils sont également sous son nom dans Trithême, et dans l'abrégé de sa Vie, cité par dom Mabillon. Il est à remarquer que ce traité est le même publié sous le titre de *Traité de l'amour de Dieu* dans le tome XXII de la *Bibliothèque des Pères*, qui n'en a supprimé que le prologue. L'auteur, dont le but est de montrer la nécessité d'aimer Dieu, s'applique à prouver que le premier précepte du Décalogue ne peut s'accomplir que par l'observance des autres commandements. Pour faire ressortir les avantages de la contemplation, il expose en ces termes ceux qu'il en tirait lui-même : « Quelquefois, Seigneur, lorsque je vous contemple, les yeux du corps à demi fermés, vous envoyez dans la bouche de mon cœur un je ne sais quoi, qu'il ne m'est point permis de connaître. Je sens une douce chaleur qui me consume et me fortifie, au point que si elle demeurait toujours en moi je ne chercherais rien au delà. »

Le miroir de l'énigme de la foi, etc. — Les opuscules qui portent ce titre ont tous les deux pour but de nous apprendre en peu de mots, mais par des sentences clairement formulées, ce que nous devons croire. Dans le petit traité de physique qu'il intitule *De la nature de l'âme et du corps*, il apprend à chacun à se connaître soi-même.

Contre Pierre Abailard. — Guillaume de Saint-Thierry voyant qu'Abailard, dix-huit ans environ après sa condamnation au concile de Soissons, recommençait à dogmatiser et à enseigner des erreurs qui passaient les mers, traversaient les Alpes, se répandaient dans les provinces et infestaient les royaumes où on les soutenait librement, en écrivit à Geofroi, évêque de Chartres, et à saint Bernard. Il fit plus : un hasard ayant fait tomber entre ses mains la *Théologie* d'Abailard, il en fit divers extraits qu'il réduisit à treize propositions. Il les réfuta par un ouvrage divisé en trois livres, qu'il dédia à Hugues, archevêque de Rouen, sous ce titre : *Dispute des Pères catholiques contre les dogmes de Pierre Abailard*. On voit qu'il s'est proposé pour but d'opposer les propres paroles de cet écrivain à celle des Pères sur la même matière. La lettre qu'il écrivit à Geofroi de Chartres et à saint Bernard sert de préface à tout l'ouvrage. Guillaume les exhorte l'un et l'autre à réfuter ce novateur. L'abbé de Clairvaux goûta beaucoup son écrit, et le crut assez fort pour renverser les impiétés qu'il attaquait; néanmoins il lui permit d'en conférer avec lui. A l'article SAINT BERNARD, nous avons touché un mot de cette conférence.

Contre les erreurs de Guillaume de Conches. — C'est encore à saint Bernard que Guillaume adressa sa réfutation des erreurs de Guillaume de Conches, qui avait expliqué le mystère de la sainte Trinité à peu près de la même manière que Pierre Abailard. Il disait, entre autres choses, que le Père était la puissance, le Fils la sagesse, et le Saint-Esprit la volonté. Confus d'avoir raisonné sur nos mystères plutôt en philosophe qu'en théologien, il rétracta ce qu'il avait avancé de contraire aux dogmes de la religion, dans un dialogue qu'il eut avec Henri II, duc de Normandie, et qu'il publia sous le titre de *Dragmaticon*.

Commentaires sur le Cantique des cantiques. — Guillaume de Saint-Thierry, étant tombé malade à Clairvaux, pria saint Bernard de lui expliquer le *Cantique des cantiques* dans un sens moral, et sans entrer dans les mystères que ce livre renferme. Chaque jour, autant que sa mémoire pouvait le lui rappeler, il mettait par écrit les réponses du saint docteur, dans le dessein d'en faire un commentaire suivi et complet; mais il ne le conduisit que jusqu'au verset 3 du chapitre III. C'est ce commentaire qui se trouve imprimé dans le tome IV de la *Bibliothèque des Pères de Cîteaux*. Il y en a un autre sur les deux premiers chapitres du même livre, qui n'est qu'un abrégé des sermons de saint Bernard sur le *Cantique des cantiques*. Dom Mabillon l'a publié dans le tome II des OEuvres de ce Père, sur un manuscrit de l'abbaye de Dunes, où il se trouvait réuni à deux opuscules de Guillaume, dont nous avons rendu compte plus haut; ce qui donne lieu de conjecturer que ce commentaire est du même auteur. Guillaume de Saint-Thierry, dans le catalogue de ses ouvrages, se déclare auteur de deux autres commentaires sur le *Cantique des cantiques*; l'un tiré des écrits de saint Ambroise, et trouvé dans le monastère de Signy; et l'autre extrait des ouvrages de saint Grégoire-le-Grand. Le premier se lit à la fin des OEuvres de saint Ambroise, et le second fut imprimé à Leyde, en 1692 par les soins de Casimir Oudin.

Sentences de la foi, etc. — On croit que cet opuscule fut écrit par Guillaume comme il était à l'abbaye de Signy. Il y traite de l'essence divine et de ses attributs; de la trinité des personnes, de l'unité de nature, de la création des anges et de l'homme, et emploie presque partout les propres paroles de saint Augustin et de Boëce. Guillaume met ce traité au nombre de ses ouvrages, avec celui du sacrement de l'autel, qu'il envoya à saint Bernard, pour le revoir et le corriger, avant de le mettre entre les mains des lecteurs. Il y compare les opinions des Pères sur l'Eucharistie, en insistant surtout sur celle de saint Augustin. Il explique les passages qui, faute d'être bien entendus, causaient quelques troubles aux personnes peu instruites. Pour les tranquilliser et rendre raison en même temps des différences apparentes dans les sentiments des anciens sur ce mystère, ou, comme il l'appelle lui-même, sur ce double sacrement, il fait dans le onzième chapitre cette remarque importante, savoir : que, la question de l'Eucharistie n'ayant jamais été agitée depuis l'établissement de l'Eglise, les Pères ne s'étaient point appliqués à défendre ce qui n'avait jamais été contesté. Ils se contentaient, dans leurs traités, de dire ce qui revenait à leur sujet et les aidait à le développer. Il n'est donc pas surprenant qu'on ne trouve nulle part dans leurs écrits la réponse aux objections qui n'ont été soulevées que longtemps après. Ils ont écrit sur l'Eucharistie plusieurs passages qui conviennent parfaitement au sens qu'ils exposaient, mais qui semblent déplacés dans la bouche et sous la plume de ceux qui aiment à disputer et qui s'appliquent à leur faire dire le contraire. Guillaume ajoute qu'il en est arrivé ainsi à saint Augustin dans ses premiers écrits sur la grâce.

Lettre sur l'Eucharistie. — L'abbé de Saint-Thierry s'explique une seconde fois sur l'Eucharistie dans une lettre qu'il écrivit à l'abbé Rupert, dont la façon de penser sur ce mystère lui paraissait nouvelle. Cette lettre est très-polie et pleine de sentiments de charité. Nous nous bornerons à citer le passage où il dit que l'Eglise a toujours cru le dogme de la transsubstantiation; qu'elle a eu en horreur l'hérésie qui enseigne que le pain continue de subsister après la consécration, et l'a condamnée dans Bérenger. En effet, si, comme le disait cet hérésiarque, le pain était changé au corps de Jésus-Christ, sans cesser d'être pain, on pourrait dire, non-seulement que le Verbe a été fait chair, mais encore qu'il a été fait pain.

Sur l'Epître aux Romains. — Le commentaire sur cette épître de saint Paul n'est qu'une compilation de tout ce qu'ont écrit les saints Pères pour l'expliquer. On ne voit nulle part dans le catalogue de ses ouvrages qu'il ait rien écrit contre les opinions de Gilbert de la Parée, comme on le lui attribue dans la *Bibliothèque de Cîteaux*.

Vie de saint Bernard. — Il entreprit, à son insu, la Vie du saint abbé de Cîteaux, mais il ne put la pousser au delà du premier livre, et fut arrêté par la mort, qui ne vint pas le surprendre, puisqu'il exprime dans sa préface la prévision qu'il ne pourrait achever cet ouvrage.

L'abbé Guillaume avait écrit un grand nombre de lettres à saint Bernard, et sans doute à d'autres personnes de considération. Il ne nous reste aujourd'hui que celles dont nous avons parlé. On voit, dans celle adressée à Geofroi de Chartres et à saint Bernard, quel était son zèle pour la pureté de la foi catholique, et avec quelle ardeur il s'opposait aux nouveautés en fait de religion. Ses autres écrits respirent l'amour de Dieu, l'humilité, le mépris du monde et le désir du vrai bien. Il y règne partout une onction qui pénètre le cœur, et une lumière qui porte dans l'esprit la conviction des vérités éternelles.

GUILLAUME, surnommé WALON, abbé de Saint-Arnoul de Metz, succéda en 1050 à l'abbé Warin, mort le 20 août de la même année. Il y trouva la discipline régulière en vigueur, et se montra fort soigneux de l'y maintenir. L'étude faisait une de ses principales occupations, et il se plaisait particulièrement à la lecture de saint Jérôme, dont il fit copier quelques ouvrages, et de saint Augustin pour la doctrine duquel il avait conçu une estime qui ne pouvait être égalée que par la vénération qu'il portait à sa personne et à ses vertus. A la mort d'Hérimar, abbé de Saint-Remy, Manassès, archevêque de Reims, pressé par le pape Grégoire VII, se décida au bout de trois ans à lui donner un successeur. Il choisit l'abbé Guillaume, qui accepta cette dignité en 1073; mais le mauvais état de ce monastère le fit bientôt repentir de s'en être chargé. Il en écrivit au Pape, et voyant qu'il ne répondait pas, il alla à Rome lui exposer lui-même ses raisons. Grégoire VII l'exhorta à continuer de donner ses soins aux deux monastères dont il était abbé; mais le trouvant inflexible, il lui permit de retourner à Saint-Arnoul, et écrivit à Manassès de mettre un autre abbé à Saint-Remy. Hérimane qui gouvernait l'église de Metz, lorsque Guillaume rentra dans son monastère, tenait fortement pour le parti de Grégoire VII. Henri IV, nouvellement couronné empereur, irrité de cet attachement, le fit déclarer ennemi de l'empire dans un concile tenu à Mayence, et après l'avoir chassé de son siége, nomma à sa place l'abbé de Saint-Arnoul. Celui-ci, malgré l'affection qu'il portait à son supérieur ecclésiastique, eut la malheureuse faiblesse de se laisser ordonner; mais, voyant qu'il ne faisait aucun fruit dans l'épiscopat, il s'en démit en 1082, après l'avoir occupé un an, demanda pardon à l'évêque Hérimane, et se retira à l'abbaye de Gorze pour y faire pénitence de son intrusion. Il était chargé de l'éducation des enfants qu'on y élevait, lorsque Hérimane, rentré dans le siége épiscopal de Metz, le rappela à Saint-Arnoul, où il mourut le 22 décembre de l'an 1089.

Ses lettres. — C'est à dom Mabillon que nous devons de connaître Guillaume Walon. Avant que ce bibliographe eût tiré ses lettres de la poussière, non-seulement il était inconnu comme écrivain, mais on ignorait même qu'il eût été abbé de Saint-Arnoul et de Saint-Remy. Cependant la Chronique de Hugues de Flavigny et plusieurs lettres du pape Grégoire VII en font une mention non équivoque. Ces écrits qui ont leur mérite, quoiqu'ils soient peu considérables par la grosseur du volume, consistent en un recueil de sept lettres adressées à diverses personnes. La première félicite le pape Grégoire VII de son exaltation; elle fut écrite par conséquent en 1073, lorsque l'auteur était déjà abbé de Saint-Remy de Reims. Après avoir touché en peu de mots l'avantage qu'avait l'Eglise de posséder un Pape aussi instruit de ses règles et aussi soigneux de les faire observer, il le loue de ce que son élection s'était accomplie avec une parfaite unanimité. Il y parle de l'évêque de Verceil qui avait troublé le pontificat d'Alexandre II son prédécesseur, et qui se donnait encore du mouvement pour troubler le sien. Quoiqu'il en dise peu de choses, il a réussi mieux que personne à le bien caractériser. Revenant ensuite à Grégoire, il l'exhorte à employer le glaive dont il était armé à poursuivre et à soumettre tous les ennemis de l'Eglise; exhortation du reste dont le zèle de ce prélat n'avait pas besoin, comme il l'a prouvé dans tout le cours de son pontificat. Guillaume finit sa lettre par une description du triste état dans lequel il se trouvait à Saint-Remy, tant à cause de l'inutilité de ses travaux qu'à cause des violences de l'archevêque Manassès, qu'il désigne assez pour n'avoir pas besoin de le nommer. Il conjure Grégoire de le décharger d'un fardeau qu'il n'avait accepté que par surprise et qu'il se trouvait hors d'état de supporter. Les continuateurs de Bollandus ont jugé cette lettre si honorable à la mémoire de ce pontife qu'ils l'ont réimprimée en tête de ses Actes.

Guillaume adresse les deux lettres suivantes à Manassès. Dans la première, il le remercie d'abord fort poliment de l'avoir déchargé de la dignité d'abbé de Saint-Remy et de lui avoir procuré par là le repos auquel il aspirait ; comme ce prélat avait pressé notre abbé de s'en défaire, et lui avait redemandé avec de grandes menaces le bâton pastoral, symbole de cette dignité, l'auteur en prend occasion de faire de ce bâton une peinture qui montre que cet emblème lui avait été beaucoup plus onéreux qu'agréable. Il répond à ces menaces que, pour les exécuter canoniquement, il a besoin lui-même de commencer par mener une vie plus conforme aux canons, parce qu'on n'a rien à craindre de la part d'un prélat qui méprise toutes les règles et vit dans le scandale. Au reste, s'il continue à le déchirer par ses discours calomnieux, il lui fera sentir les pointes aiguisées de sa plume. Il peut parler d'autant plus librement que lui, archevêque, est moins en état d'user de représailles. Cependant il lui proteste qu'en renonçant à son bâton pastoral, il est bien loin de renoncer à la charité qu'il lui doit, parce qu'il est convaincu que nous sommes obligés d'aimer ceux-là mêmes de qui nous ne pouvons attendre aucun retour.

Cette lettre un peu vive n'est que le prélude de la suivante, dans laquelle l'auteur tient à Manassès la parole qu'il lui avait donnée de ne le point épargner, s'il continuait de se permettre quelques calomnies sur son compte. Guillaume la consacre tout entière à faire le détail de tout ce qu'il avait eu à souffrir de la part de cet archevêque, pendant qu'il avait été à Saint-Remy. Ce détail est accompagné des reproches les plus amers, et du tableau des débordements les plus extrêmes dans la vie d'un prince de l'Eglise. Un peu plus de respect pour le caractère épiscopal, et plus de modération dans les reproches, ferait de cette lettre une assez belle pièce. L'auteur y emploie l'ancien terme gaulois *follis*, qui a passé depuis dans notre langue et dont nous avons fait le mot *fou*. Il paraît, par la fin de sa lettre, qu'il l'avait écrite pour se justifier en particulier d'avoir quitté le monastère de Saint-Remy. Il résulte en effet, de tout ce qu'il dit, que ce n'est point par légèreté qu'il a pris cette résolution à laquelle ont dû applaudir tous ceux qui connaissaient le caractère de l'archevêque Manassès.

Guillaume adresse sa quatrième lettre à un abbé qu'il appelle son seigneur et son père, mais qu'il ne désigne que par un *H*; ce qui porte à croire avec beaucoup de vraisemblance que cette lettre était adressée à Hugues de Cluny. Cet abbé, en apprenant que Guillaume avait accepté l'abbaye de Saint-Remy, avait blâmé sa témérité de s'être laissé enfermer dans la terre des Français, comme dans une fosse aux lions. Guillaume répond qu'il avait été séduit par l'espérance de ramener au devoir les moines de cette abbaye, et par la promesse que l'archevêque Manassès lui avait faite de ne plus ravager la vigne du Seigneur et de ne retirer de cette abbaye que ce qu'elle consentirait à lui offrir. Il trace en peu de mots un affreux portrait de cet archevêque.

Il en parle encore, mais à mots couverts, dans sa lettre à un moine auquel il rend compte des raisons qui l'avaient porté à quitter le monastère de Saint-Remy. Mais le but principal de cette lettre est de l'exhorter à tendre sans cesse à la perfection, en rapportant tout à Dieu et au salut de son âme, la seule chose à poursuivre en ce monde. Il y mêle d'excellents avis pour éviter de se laisser aller au relâchement, par l'exemple des mauvais moines dont il trace en peu de mots un portrait aussi juste que peu flatté. Le même moine s'étant relâché de sa ferveur, Guillaume lui écrivit une seconde lettre pour le ranimer, en lui remontrant que Dieu, par une providence admirable, fait servir l'iniquité des réprouvés au salut des élus, ce qui doit engager ceux-ci à la supporter avec patience. Il paraît que ce moine n'était tombé dans la tiédeur que pour avoir supporté avec peine les défauts de ses frères. Guillaume lui défend de prévenir ainsi la sentence du souverain juge, qui laisse en ce monde les bons mêlés avec les méchants et lui conseille de se séparer des derniers de cœur et d'esprit, mais non de corps. Cette lettre est fort belle et montre que son auteur était familiarisé avec la doctrine de saint Augustin.

La septième lettre, qui devrait être la première eu égard à l'ordre des temps, est la mieux écrite de tout le recueil, quoique les autres aient aussi leur beauté. C'est une réponse à Adelmanne ou Alestan, précepteur de Guillaume, lorsque celui-ci faisait ses études à Liège. Ce maître n'avait pu apprendre sans douleur que son élève eût quitté le monde pour se faire moine. Guillaume le console en lui exposant les motifs de sa retraite. Il lui retrace la vie qu'il menait dans ce monastère, la douceur et les charmes de la paix qui surabondaient dans son cœur, et l'invite à venir embrasser lui-même cette véritable philosophie. Les descriptions qu'il y fait de la vie du monde, en opposition avec les avantages du cloître, lorsque la discipline y est régulièrement observée, sont vives, animées et bien soutenues, malgré leur brièveté. « Toutes choses nous sont communes, dit-il ; nous n'avons qu'un cœur, qu'une âme, qu'un but. La vertu d'obéissance a tant d'empire sur nous, qu'encore que notre affection pour la lecture soit incroyable, personne, néanmoins, n'ose la préférer à l'obéissance. Le choix que nous avons fait de la pauvreté nous fait mépriser tout ce qui frappe les sens, et en détachant ainsi insensiblement notre esprit de notre corps, nous nous accoutumons à mourir. » Il y a dans cette lettre, non-seulement de beaux traits d'éloquence, mais une élégance de style presque inconnue à l'époque à laquelle elle fut écrite.

Oraison. — Ces lettres sont suivies d'une fort belle prière, dans laquelle l'auteur a laissé des marques d'une foi vive, d'une piété aussi fervente que solide et d'une profonde humilité. Cette prière, faite pour être récitée par le prêtre avant de monter à l'autel, est en l'honneur de saint Augustin, et porte le nom de l'abbé Guillaume; mais il n'est pas certain si, sous ce nom, il faut entendre Guillaume, abbé de Dijon et de Fécamp, ou Guillaume de Saint-Arnoul. Ce qui décide en faveur de ce dernier, c'est que le manuscrit qui contient cette prière a été écrit dans l'abbaye de Saint-Arnoul, pendant qu'il en était abbé, et qu'elle porte simplement le nom de Guillaume. Quoi qu'il en soit, c'est une continuelle effusion de cœur, composée en partie de passages fort touchants de l'Ecriture, et de quelques endroits des collectes de la liturgie. Si l'auteur, en invoquant particulièrement saint Augustin, montre qu'il avait une confiance spéciale en son intercession, il n'y fait pas paraître moins d'attachement pour la doctrine de ce saint docteur.

Comme nous l'avons dit plus haut, c'est à dom Mabillon que nous devons la connaissance de ces opuscules. Après les avoir extraits d'un manuscrit de l'abbaye de Saint-Arnoul, qui paraissait contemporain de l'auteur, il les a publiés avec de savantes observations, au tome Ier de ses *Analectes*. On a pu se convaincre, par le peu que nous en avons dit en rendant compte de ces lettres, que l'auteur, quoique très-instruit en littérature, et doué d'un talent d'écrire supérieur à celui de son siècle, ne savait pas toujours modérer à propos la vivacité de son style, qu'il laissait échapper quelquefois jusqu'à l'impétuosité.

GUILLAUME, bibliothécaire de l'Eglise romaine, succéda, dans cette charge, à Anastase, et continua les *Vies des Papes* commencées par cet écrivain, depuis Adrien II jusqu'à Alexandre II, c'est-à-dire jusqu'en 1073, où il eut lui-même pour continuateur Pandulphe, qui poussa l'ouvrage jusqu'en 1130. On voit par là que l'*Histoire des Papes*, par Guillaume le Bibliothécaire, formait une suite d'environ deux cents ans. Cependant nous ne possédons de lui que les *Vies d'Adrien II et d'Etienne VI*; et encore, celle de ce dernier pontife n'est-elle pas complète. Toutes les deux ont été imprimées à Mayence en 1602, sous le nom d'Anastase le Bibliothécaire, à Paris en 1649, et à Venise en 1729, par les auteurs de l'*Histoire Byzantine*, dans l'édition d'Annibal Fabrad. Muratori les a également insérées dans le tome III des *Ecrivains d'Italie*, à Milan, en 1723. Il manque donc à l'ouvrage de Guillaume l'histoire de quarante-cinq Papes; ce qui fait un vide considérable dans celle de l'Eglise. Le style de cet écrivain est celui qui convient au genre histoire, simple, clair et plein de gravité.

GUILLAUME LE PETIT, né à Bridlington près d'Yorck, en 1136, fut élevé dans le monastère des chanoines réguliers de Neubridge ou Neubourg, où il embrassa la vie religieuse. Il a composé une *Histoire d'Angleterre* assez ample, et divisée en cinq livres, qui comprennent tous les événements arrivés depuis l'an 1066 jusqu'en 1197. Cette Histoire est fidèle, et la narration en est simple et intelligible. Elle a été imprimée à Anvers, en 1567; à Heidelberg, en 1587, et plus ample à Paris, avec des notes de Jean Picard, en 1610. On croit que cet auteur est mort en 1208.

GUILLAUME, religieux de Saint-Denis, gagna si bien par son mérite la confiance de l'abbé Suger, qu'il devint son secrétaire et l'accompagna dans ses voyages et à la cour. Après la mort de ce protecteur illustre, il fut loin de retrouver les mêmes sentiments pour lui dans son successeur, Odon de Deuil. Quelques démêlés qu'il eut avec cet abbé, au commencement de son administration, le firent reléguer au prieuré de Saint-Denis-en-Vaux, près de Chatellerault dans le Poitou. Cette retraite lui plut, et il s'y fixa, malgré les efforts que l'on fit peu de temps après pour le faire revenir à l'abbaye. On ne possède aucune lumière sur les autres circonstances de sa vie, ni sur l'année de sa mort.

SES ÉCRITS. — Témoin et admirateur de la conduite de Suger, Guillaume consacra son talent à en conserver le souvenir à la postérité. On a de lui trois écrits à la louange de cet illustre abbé, qui fut en même temps un grand homme d'État. Le premier est la lettre circulaire, écrite au nom des religieux de Saint-Denis, à l'occasion de sa mort, et le second est sa Vie en trois livres. Dans l'une et l'autre pièce, l'auteur s'applique beaucoup plus à exalter les vertus de Suger qu'à décrire ses actions. Mais ce ne sont pas des louanges fades et outrées qu'il prodigue à son héros, ni des lieux communs qu'il accumule en sa faveur. Le bon sens, l'amour du vrai, l'esprit de religion se révèlent visiblement dans ces pages et paraissent avoir conduit la plume du panégyriste. Son style est noble, élégant, fleuri, et, autant que son siècle le comportait, parfaitement en harmonie avec le genre qu'il avait choisi. La Vie est dédiée à Geoffroi, confrère de Guillaume. Nous en recueillerons ici quelques traits seulement, parce que le lecteur ne les retrouvera pas dans la notice que nous publierons plus tard sur cet illustre personnage, qui fut, au XIIe siècle, une des plus belles gloires de la France.

Entre les grandes qualités qui le distinguaient, la mémoire n'était pas une de celles qui causaient le moins d'admiration. Il semblait n'avoir rien oublié de ce qu'il avait appris. Quand l'occasion s'en présentait, il récitait jusqu'à vingt et trente vers d'Horace ou de Virgile. Il possédait à fond l'histoire de tous nos rois, et dès qu'on en nommait un seul, il faisait le détail de sa vie avec autant de facilité et d'aplomb que s'il eût lu dans un livre. Il savait presque toute l'Ecriture par cœur, et l'avait si bien méditée, qu'il en expliquait sur-le-champ tous les passages difficiles qu'on lui proposait. Nous parlerons ailleurs de la considération dont Suger jouissait auprès des souverains et des grands. Voici un trait qui peut faire pressentir ce que nous aurons à dire sur ce sujet. « J'ai vu, dit notre auteur, et j'en prends Dieu à témoin, j'ai vu le roi de France debout et respectueusement découvert devant lui ; tous les grands l'environnaient dans la même attitude, tandis qu'assis sur un petit banc, Suger leur dictait ses ordres comme à des inférieurs ; et toute cette cour écoutait avec une religieuse attention les paroles qui sortaient de sa bouche. Le conseil fini, s'il se mettait en devoir de reconduire le roi, il n'en était pas libre ; le monarque ne souffrait pas qu'il sortît de sa place, ni même qu'il se levât de son siége pour le saluer. »

Accoutumé à dormir peu, son usage en tout temps, été comme hiver, était de lire après souper, ou d'entendre quelque lecture assez longue, et quelquefois aussi de raconter à la société qui l'entourait quelques traits remarquables d'histoire. Il faisait sa lecture habituelle des écrits des Pères et de l'histoire ecclésiastique. Comme il était naturellement très-enjoué, ses récits se ressentaient de cette disposition de son caractère ; il les faisait rouler, tantôt sur ses propres aventures, tantôt sur celles des braves dont il avait été témoin, ou qu'il avait apprises des autres, et la conversation allait ainsi jusqu'au milieu de la nuit. Ensuite il allait se reposer dans un lit, qui n'était ni trop délicat ni trop dur, car il évitait avec le plus grand soin de se faire remarquer par quelque singularité, soit dans ses vêtements, soit dans ses meubles, soit dans sa nourriture..... Il interrompait régulièrement son sommeil pour assister aux matines, et dès la pointe du jour il se relevait pour retourner à l'église ; mais avant d'approcher du grand autel, il avait coutume d'aller se prosterner devant les tombeaux des martyrs. Là, sans témoins, il s'immolait tout entier au Seigneur ; et dans l'ardeur de sa prière, il arrosait le pavé de ses larmes. C'est ainsi que ce vénérable prêtre se disposait à offrir l'hostie salutaire avec autant de pompe que de dévotion. Mais quand il célébrait le sacrifice, qui pourrait raconter avec quelle componction, quelle abondance de larmes, quels pieux gémissements il s'acquittait de cette redoutable fonction? — Ces deux écrits font partie des preuves de l'*Histoire de l'église de Saint-Denis* par dom Félibien. Ils avaient déjà paru dans l'*Histoire des ministres d'État* du baron d'Auteuil ; et même avant que le second eût vu le jour, Baudouin en avait déjà publié une traduction française en 1640. Le troisième écrit de Guillaume à l'honneur de Suger est une *Elégie* en forme d'épitahe, qui se trouve également dans l'édition du baron d'Auteuil. Nous n'en rapporterons que le premier distique :

*Dum meriti morumque viri, vitæque recordor,
Utpote virtutum conscius atque memor.*

Sa lettre. — Guillaume, après avoir quitté Saint-Denis, fut comme nous l'avons dit plus haut, vivement sollicité d'y retourner. Pendant plus d'un an, ses confrères, de l'agrément de l'abbé, ne cessèrent de lui adresser lettres sur lettres, et messages sur messages pour le rappeler. Il paraît qu'il fut longtemps sans leur répondre. A la fin, il écrivit à quatre d'entre eux, pour leur marquer les motifs qui l'empêchaient de se rendre à leurs sollicitations. Ces quatre religieux étaient le préchantre, le cellérier, le secrétaire de l'abbé, et le médecin, tous quatre portant le nom de Guillaume. Après quelques phrases où il s'égaye sur cette identité de noms, il dit qu'il faudrait ou qu'il se fût trompé ou qu'il eût perdu l'esprit, pour abandonner le nouveau domicile où la Providence l'avait placé. Il a trouvé là tout ce qu'il espérait et même davantage, et il le prouve par une description des lieux, dont voici en abrégé la substance. C'est une vallée riche et abondante, où naissent des fruits de toute espèce. Une rivière (la Vienne) la partage et sépare la ville du monastère ; ce qui lui permet de jouir des avantages de la ville sans en ressentir les incommodités. Une forêt charmante borde les collines des environs, qui ne sont ni trop élevées ni trop basses, de manière à laisser aux vents un cours assez libre pour renouveler l'air de la plaine, et pas assez pour y causer des ravages. La terre y reçoit sans peine toutes sortes de semences, et les rend au centuple. Tout y est beaucoup plus précoce qu'ailleurs. Les vignes qui garnissent tous les côteaux produisent un vin que l'on peut égaler au Falerne. « J'ai vu là, dit notre auteur, chose merveilleuse ! j'ai vu faire du vin rouge avec du raisin blanc, et du vin blanc avec du raisin noir. » *Hic mirum in modum, ex albis botryonibus vinum vidi rubrum, et ex nigris, e converso, hic conficitur album.* Les pommes y viennent en si grande quantité, qu'on se dégoûte d'en voir et qu'on s'ennuie à les cueillir. Là, entre autres arbres remarquables, les pins s'élèvent à une si grande hauteur, qu'ils égalent celle des cèdres du Liban, et ils produisent tant de fruits, qu'on s'en sert au lieu d'amandes pour les besoins des malades. *Ex quibus (pinubus) tanta nucum colligitur abundantia, ut in usus infirmantium non quærantur amygdala.* Le terrain y est aussi très-propre à la culture des noyers, et les hommes ne suffisent pas à ramasser toutes les noix, ni les celliers pour les serrer. Vous y voyez encore des figuiers, des poiriers, des châtaigniers, en un mot tout ce que la nature produit d'elle-même, et tout ce que la culture peut lui faire produire. Au milieu du monastère est une fontaine tiède en hiver et froide en été ; au dehors, elle se partage en deux ruisseaux qui, après avoir arrosé les jardins et les habitations du voisinage, vont se rendre dans un grand bassin que l'on a soin de bien empoissonner. « Enfin, ajoute-t-il, ce lieu offre tant d'agréments, outre ceux que je viens de marquer, qu'il faut le témoignage des yeux pour s'en convaincre ; et quiconque y a séjourné une fois ne le quitte jamais qu'avec des regrets indicibles. Et vous voulez que j'abandonne ce séjour et que je je change contre un autre ! Quoi ! je sortirais d'ici, pour aller de nouveau chez vous m'exposer à l'ennui de mille aventures désagréables ! » Guillaume remercie ensuite ses confrères, en termes fort polis, de l'affection qu'ils lui marquent. Il témoigne qu'il s'intéresse très-sincèrement à leur satisfaction, à leur crédit, et aux autres prérogatives dont ils jouissent, et qu'il ne leur envie pas. « Pour moi, dit-il, je suis familiarisé maintenant avec ma pauvreté ; je l'aime, j'en suis content, et elle me suffit pour le moins autant que tous les grands trésors de Crésus pouvaient suffire aux besoins de ce prince. » Cette lettre est une des plus spirituelles et des plus agréables que nous ayons rencontrées parmi celles du xiie siècle.

S'il fallait en croire le baron d'Auteuil, l'abbé Suger ne serait pas l'auteur du livre de son administration, dont nous parlerons plus tard et en son lieu ; mais ce serait Guillaume qui l'aurait composé par son ordre et sous sa direction. La preuve qu'il en apporte, c'est la différence de style entre ce livre et les autres productions du même auteur. Mais cette différence ne nous paraît pas assez grande pour contre-balancer l'autorité des plus anciens manuscrits, dans lesquels ce livre porte en tête le nom de Suger, et encore moins l'autorité du livre même, où Suger ne parle jamais qu'en son propre nom.

GUILLAUME D'AUVERGNE, né à Aurillac, est appelé aussi GUILLAUME DE PARIS, parce qu'il occupa pendant vingt-un ans le siège épiscopal de cette ville. Il eut un grand nombre de compétiteurs à cette dignité, mais son mérite l'emporta, et il fut élu canoniquement en 1228, pour succéder à l'évêque Barthélemi, mort le 19 octobre de l'année précédente. On le regardait, avec raison, comme un des docteurs les plus cultivés de l'Académie de Paris. Il n'est presque aucune année de son épiscopat qui ne soit marquée par quelque action mémorable, que les auteurs de la *Gaule chrétienne* ont pris soin de relever. Il gouverna sagement cette Eglise, fonda des monastères, opéra des conversions par ses sermons, fit condamner la pluralité des bénéfices par les plus habiles théologiens de son diocèse, et mourut le mardi de la grande semaine de l'an 1249. Il fut inhumé à l'abbaye de Saint-Victor. Son nom se lit dans le martyrologe de Paris, avec le dénombrement des donations qu'il fit à cette Eglise, et un statut par lequel il ordonna qu'on allumerait deux cierges aux messes des morts, tandis qu'auparavant on n'en allumait qu'un. Il a laissé un grand nombre d'écrits dont nous allons rendre compte par une rapide analyse.

De la foi et des lois. — Le premier des ouvrages de Guillaume est un *Traité de la foi et des lois*, dans lequel il montre que la plus excellente, et en même temps la plus utile de nos connaissances est celle de la vraie religion, parce qu'elle produit la félicité éternelle. La foi est le fondement et la première racine de cette religion, qui n'est autre que le culte de Dieu ; c'est une vertu par laquelle on croit fermement tout ce qui appartient à la vraie religion, c'est-à-dire, les vérités que Dieu nous a révélées, et qui ne sont ni évidentes, ni probables, parce qu'autrement notre foi n'aurait pas le mérite de la soumission et de l'obéissance aux ordres de Dieu. Guillaume fait ici l'énumération des causes de l'erreur et de l'impiété des différentes sectes de perdition, c'est ainsi qu'il appelle les hérétiques. « La première est l'ignorance de la mesure, de l'étendue et de la capacité de l'entendement humain. Quiconque, en effet, se croit capable de tout concevoir, ne pense pas qu'il soit nécessaire de croire ce qu'il ne conçoit pas. La seconde est l'aversion des choses que l'on doit croire. Un sectaire opiniâtre dans ses sentiments craint même de penser des opinions contraires aux siennes. Comment un homme qui détourne ses yeux d'un objet qu'on lui présente pourrait-il le voir ? La troisième est la sublimité des vérités que la foi propose, beaucoup au-dessus de l'intelligence des hommes vulgaires et ignorants. La quatrième, le défaut d'application à s'instruire de ces vérités. La cinquième, la folie des hommes qui s'imaginent pouvoir comprendre, par les seules forces de la lumière naturelle, ce qui de soi-même est incompréhensible. Ne blâmerait-on pas l'homme qui prétendrait avoir la vue aussi perçante que l'aigle ? La sixième est le défaut de la recherche des preuves. Les preuves de la vérité de la religion sont comme les degrés d'une échelle qui sert à monter sur un lieu élevé. Si on néglige ces preuves, on ne parviendra pas à la connaissance de la vérité. Enfin, la septième est la négligence que l'on met à recourir à Dieu pour obtenir cette connaissance. »

L'auteur montre ensuite que la foi doit exister essentiellement, et qu'elle ne peut varier en raison du nombre des croyants, qui, au contraire, doivent être réunis en une même foi. Il distingue deux sortes d'articles de foi ; les uns, qu'il appelle les *racines primitives* et les premiers fondements, les autres qu'il dit être comme des branches qui naissent des racines primitives. « Les premiers sont la croyance à l'existence d'un Dieu, et à la trinité des personnes en Dieu ; les seconds sont tous les articles de foi que Dieu a révélés à son Eglise. Le nombre en est fixé, et il y aurait de l'inconvenance à établir une religion sur un trop grand nombre d'articles, parce que l'esprit de l'homme ne pourrait les supporter. »

Dans le *Traité des lois*, il distingue sept parties de la loi : les témoignages, les commandements, les jugements, les exemples, les promesses, les menaces, les cérémonies. De ces sept parties, il y en a quatre qu'il dit n'être pas l'essence de la loi, savoir : les témoignages, les exemples, les promesses, les menaces, parce qu'en effet elles ne commandent ni ne défendent rien. Par témoignages, il entend les faits historiques propres à appuyer la vérité. Il distingue plusieurs lois. La loi naturelle qui, gravée dans le cœur des hommes, les oblige, de droit naturel, à faire le bien et à éviter le mal; les diverses lois données dans l'Ancien Testament et la loi évangélique. Il enseigne que la loi publiée par Moïse n'était pas parfaite, mais seulement une introduction à la perfection, ce qu'il entend des préceptes moraux. La loi de Mahomet l'était beaucoup moins, puisque le peu de préceptes moraux qu'elle renferme sont couverts de la laideur des vices et des rêveries du législateur. La loi de l'Evangile est donc la seule qui contienne les préceptes et les règles de la perfection. Il entre dans le détail de toutes les lois de l'Ancien Testament, et montre que Dieu les a prescrites pour de bonnes raisons, entre autres pour détourner le peuple de Dieu de l'idolâtrie. Elles n'ont rien d'absurde ni de ridicule; elles ont plusieurs sens, le littéral et le spirituel, l'allégorique et le moral. Venant à celle de Mahomet, il montre que la félicité qu'elle promet à ses observateurs, ne consistant que dans les voluptés et les autres plaisirs corporels, elle convient plus aux animaux qu'aux hommes raisonnables. Ensuite, il combat une erreur encore trop répandue de nos jours, savoir, que chacun peut se sauver dans sa loi, s'il la croit bonne. La raison qui fait penser ainsi quelques hommes aveuglés, c'est qu'il y aurait de l'absurdité à croire que Dieu aurait choisi les chrétiens seuls, et réprouvé les autres. Guillaume répond qu'on doit croire que la miséricorde de Dieu est toujours disposée à ouvrir à celui qui frappe; mais aussi que ceux qui persévèrent dans l'erreur, ou par opiniâtreté, ou par négligence, ou par défaut de se faire instruire, sont dignes de punition selon qu'il est écrit : Celui qui ignore sera ignoré et rejeté de Dieu.

L'auteur vient ensuite à l'idolâtrie, dont il attaque toutes les différentes espèces; puis il passe à la religion chrétienne, dont il fait voir la nécessité, l'esprit, le culte, les sacrements, les sacrifices spirituels plus agréables à Dieu que le sang des victimes. Il distingue deux temples consacrés à Dieu, l'un vivant, qui est la congrégation des saints sur la terre, et chacun d'eux en particulier; l'autre mort et purement matériel, composé de pierres et de bois. Il rapporte les cérémonies qui s'observent dans la dédicace de ce second temple.

Des vertus. — Ce traité est divisé en plusieurs parties. Dans la première, l'auteur, après avoir parlé des vertus naturelles qui sont les puissances et les facultés de l'âme, l'entendement, la volonté, le libre arbitre, se propose de démontrer qu'elles ne suffisent pas d'elles-mêmes pour nous procurer le salut, comme les pélagiens l'enseignaient, mais qu'il est encore besoin du secours de la grâce pour faire le bien, éviter le mal, combattre contre soi-même et vaincre l'ennemi qui cherche à donner la mort à notre âme. Toutes les vertus spirituelles et tous les dons des grâces nécessaires pour le salut sont données aux enfants par le baptême; nous les acquérons par le secours d'en haut dans la participation des sacrements et des choses sacramentelles. Avec saint Augustin, il définit la vertu une bonne qualité de l'âme, par laquelle on vit bien et dont personne n'use mal, que Dieu opère dans l'homme sans l'homme. Après quoi il traite en particulier de la tempérance et de ses espèces, de la foi, de l'amour de Dieu et des autres vertus; des diverses affections de l'âme; des passions d'ambition, d'orgueil et toutes les autres dont elle est susceptible. Il fait voir que la force de la vertu est plus grande que celle du vice; et l'amour que la grâce inspire plus puissant que celui qui vient de la nature; qu'il y a entre les vraies vertus une connexion si intime qu'on ne peut en avoir une sans les avoir toutes. Néanmoins elles sont susceptibles de divers degrés, et plus on possède de ces degrés, plus on approche de Dieu qui est la vertu suprême.

Des mœurs. — Guillaume change de style dans la seconde partie, qui est intitulée : *Des mœurs.* Il y fait paraître successivement toutes les vertus, et fait à chacune leur propre éloge par le détail de leurs avantages et de leurs effets. La foi se montre la première comme la vie de l'âme, la colonne de la vérité, le fondement de toutes les autres vertus, le casque du salut, l'étoile qui ne cesse d'éclairer l'Eglise et qui dissipe les ténèbres de la nuit. Vient ensuite la crainte du Seigneur. Elle est la fontaine de vie! Par elle, on s'éloigne du mal, on évite la mort; c'est un trésor dont la valeur surpasse la sagesse et la science. Suivent l'espérance, la charité, la piété, le zèle, la pauvreté évangélique, l'humilité, la patience, qui viennent poser tour à tour pour l'entendre faire leur panégyrique.

Des vices et des péchés. — La troisième partie traite des *vices et des péchés.* Par le mot de *vice,* Guillaume entend une habitude mauvaise; et par le terme de *péché,* un acte de cette mauvaise habitude. Comme les enfants contractent, en naissant, le péché originel, et qu'à cet âge ils ne sont capables d'aucun acte de péché, il appelle le péché originel *un vice d'origine, une perversité, une malice innée.* Il en prouve l'existence, répond aux objections de Julien le pélagien, qu'il confond avec Julien l'Apostat. Il donne les solutions de saint Augustin, et explique, autant qu'il est possible, la transfusion du péché originel, et comment il est le même dans tous les descendants d'Adam. Il dit encore, d'après saint Augustin, que la concupiscence, qui demeure dans les baptisés après la rémission de la coulpe, est comme un feu sur lequel on a versé de l'eau; il reste dans la matière de ce feu quelques degrés de chaleur qui le font rallumer facilement.

Des tentations. — Telle est la cause des tentations auxquelles l'homme est exposé, même après le baptême. Guillaume distingue trois choses dans la tentation : la pensée, la délectation, le consentement, et dit que toute personne peut surmonter la tentation, quelque forte qu'elle soit, si elle le veut véritablement; mais que pour qu'elle le veuille purement, elle a besoin du secours de la grâce. Il démontre par divers exemples combien il est difficile de résister aux tentations et de les vaincre; que néanmoins elles sont utiles, soit pour réprimer notre orgueil par la vue de notre faiblesse, soit pour nous exercer dans la pratique de la vertu et nous purifier, comme on ôte la rouille du fer par le travail. Il prescrit plusieurs remèdes pour surmonter les tentations : la fidélité que nous devons à Dieu; ses invitations à soutenir fortement la guerre contre ses ennemis; la couronne qui nous attend après la victoire; l'attention de la milice céleste à nous voir combattre, et ses prières à Dieu pour nous obtenir le succès; la fuite des objets capables de nous séduire, la considération des peines de l'enfer, la pensée de la mort et la mortification des sens.

Du mérite et de la récompense. — En parlant des mérites, il enseigne que personne ne peut mériter la première grâce, parce qu'elle est toujours gratuite, et que, sans le secours de Dieu, nous ne pouvons ni mériter une seconde grâce, ni acquérir la gloire éternelle. Il demande trois conditions pour la perfection d'une bonne œuvre : la droiture d'intention, la bonté et l'utilité de l'action, et la vérité, qui exclut toute dissimulation ou hypocrisie. Les bonnes œuvres sont nôtres, et cependant sont des dons de Dieu; elles sont nôtres, parce que nous ne sommes pas seulement les coopérateurs de Dieu, mais que nous opérons par nous-mêmes ; elles sont les dons de Dieu, parce qu'il les opère en nous, ce qui fait que nos bonnes œuvres sont méritoires, et nous obtiennent la béatitude comme une rétribution due aux saints, en vertu de la promesse du Seigneur. Avec saint Augustin, l'auteur fait consister cette béatitude dans la vision intuitive de Dieu.

De l'immortalité de l'âme. — Il prouve l'immortalité de l'âme par des raisonnements philosophiques, et renvoie ses lecteurs à des preuves de fait, au nombre desquelles il met le témoignage de ceux qui sont revenus de l'autre vie en celle-ci. Saint Grégoire en rapporte plusieurs dans ses dialogues. Voici la première preuve qui établit en même temps la spiritualité de l'âme. Toute substance dont l'opération ne dépend pas du corps a aussi une essence indépendante. Or, l'opération de l'âme humaine, son entendement, ne dépend pas du corps; donc son essence n'en dépend pas non plus. Si l'on objecte que la vertu intellectuelle est empêchée, affaiblie par les embarras et les maladies du corps, on répond que l'essence de la vertu intellectuelle ne souffre rien des empêchements ni des infirmités du corps; ses opérations ordinaires en sont seulement arrêtées, parce qu'elle s'occupe de ces empêchements et de ces infirmités, comme elle s'occupe des fantômes du sommeil. Il n'en est pas ainsi de l'âme des bêtes. Entièrement matérielle, elle dépend de la matière, quant à son être et à son opération; en sorte qu'elle ne subsiste plus après la dissolution de la matière.

De la rhétorique divine. — Le traité qui porte ce titre a pour objet la prière, ses vertus inestimables, les fruits que l'on en peut tirer. La prière en général est une demande faite à Dieu, ou à quelque personne pour elle-même; mais ici on la restreint à Dieu seul ou à ses saints. Guillaume l'appelle *Rhétorique divine*, parce qu'à la manière des orateurs qui commencent leurs discours par captiver la bienveillance de l'auditoire, nous devons commencer notre prière d'une manière qui soit agréable à Dieu, en lui avouant d'abord qu'on est indigne de se présenter devant lui. D'où il suit que la première disposition à la prière est l'humilité. Il faut ensuite rendre grâce à Dieu de ses bienfaits; puis lui confesser les péchés que l'on a commis, louer sa clémence, se confier en ses miséricordes, et lui témoigner un vrai désir d'entrer dans les voies de sa justice. Voilà une partie des préceptes qu'il donne pour la prière. Les effets qu'il lui attribue sont le pardon des péchés, la guérison du malade. Il donne une formule de prière à Dieu, une à la sainte Vierge, une particulière à Jésus-Christ. Quand on ne peut obtenir le don des larmes, il conseille de le demander par l'intercession des martyrs et des autres saints. Il conseille encore la pratique du jeûne, de l'aumône, de fréquents actes de foi, de ces actes surtout qui peuvent exciter dans notre cœur de vrais sentiments de gratitude et de dévotion.

Du Baptême et de la Confirmation. — Après avoir traité des sacrements en général, de leur utilité, de leur nécessité, il parle de chacun en particulier, et décide les questions qui ont rapport à la morale ou à la pratique, par l'autorité de l'Ecriture et des Pères. Or, ils ont enseigné unanimement qu'outre la grâce et la rémission de tous les péchés, tant originels qu'actuels, le baptême imprime un caractère qui ne s'efface point; mais ils n'ont pas dit en quoi il consiste. Guillaume d'Auvergne le compare à la consécration des églises et des vases sacrés. Il se plaint de ce que l'on n'avait plus ni la même confiance ni le même respect pour le sacrement de confirmation qu'autrefois; que tout l'honneur et toute la révérence qu'on lui portait se réduisait à en permettre l'administration aux évêques seuls. Il donne pour matière de ce sacrement l'onction du front avec le chrême et l'imposition des mains de l'évêque, et pour forme les paroles qui accompagnent l'onction et l'imposition des mains.

De l'Eucharistie. — Ici l'auteur donne pour certain ce qu'on lit dans quelques anciens, que plusieurs fidèles ont vu et mangé le corps de Jésus-Christ sous une forme humaine. Il enseigne que la substance du pain matériel et visible ne reste plus dans ce sacrement, après la descente du pain céleste et vivifiant, parce qu'il n'est plus nécessaire à aucun usage, si ce n'est pour être le sujet des accidents. Il est au pouvoir de Jésus-

Christ de rendre son corps présent en autant d'endroits qu'il lui plaît. Pouvant faire les fonctions de son sacerdoce dans le ciel, il a voulu descendre sur l'autel et être immolé par les mains des prêtres, afin de soutenir l'espérance des fidèles, de nourrir leur dévotion et de les sanctifier.

De la pénitence. — La partie de la pénitence sur laquelle l'évêque de Paris s'étend le plus est la confession des péchés. Il prouve qu'on doit la faire au prêtre, parce que si on la faisait à Dieu seul le pénitent serait toujours incertain de la manière dont Dieu l'aurait jugé. Il dit qu'il y a certains cas où le pénitent peut ne pas se confesser à son propre prêtre ou curé, comme lorsqu'il est convaincu d'avoir révélé ce qui lui avait été dit en confession, ou quand le pénitent a pensé ou formé le dessein d'attenter à sa vie. Son sentiment dans ce cas et dans quelques autres qu'il propose, c'est que le pénitent obtienne de lui ou de l'évêque la permission de s'adresser à un autre confesseur. Il pense qu'on doit se confesser aussitôt après le péché, soit à cause du danger de l'oublier en retardant trop la confession, soit dans la crainte de mourir sans avoir reçu ce sacrement, soit pour ne pas être puni de Dieu à cause de la négligence que l'on a mise à s'en approcher. Il enseigne que l'on peut diviser la confession de manière à se confesser à un prêtre pour en recevoir des conseils et une pénitence salutaire, puis à un autre prêtre pour en recevoir la bénédiction et l'absolution. Il n'y a point d'obligation de réitérer toute une confession pour être retombé dans un péché mortel déjà confessé. Il veut que le confesseur entende les péchés du pénitent dans un lieu saint, autant que possible, et qu'il soit orné de son étole.

Du mariage. — Le traité du mariage est une invective continuelle contre les désordres qui se commettent en matière d'impudicité. L'auteur n'exempte pas de péché ceux qui dans l'usage du mariage ne recherchent que le plaisir ; parce que la fin du mariage est de procréer des enfants, c'est-à-dire des chrétiens à l'Eglise et des saints au ciel.

De l'ordre. — Sur le sacrement de l'ordre il remarque que quelques-uns comptaient neuf ordres au lieu de sept, parce qu'ils mettaient au nombre des ordres la première tonsure et l'épiscopat. Il y en a trois de sacrés, le sous-diaconat, le diaconat et la prêtrise, dont il détaille les fonctions. La principale fonction des prêtres, c'est le service et le ministère des autels ; la malice du prêtre n'empêche point la consécration de l'Eucharistie comme elle n'empêche point l'effet des prières de l'Eglise ; dans les prêtres suspens ou excommuniés le pouvoir reste, et leur office n'est que suspendu pour un temps ; tandis que ceux qui sont déposés ou dégradés en sont privés totalement. C'est pour marquer ce dépouillement entier qu'on leur ôte successivement les ornements sacerdotaux en les mettant à l'envers. Guillaume fait voir que l'exercice du pouvoir de lier et de délier dans les prêtres ne dépend pas de la probité du ministre ; on doit craindre la sentence du pasteur, quand même elle serait injuste ; l'excommunication lie du moins à l'extérieur les bons comme les méchants, mais ces derniers le sont aussi à l'intérieur ; toutefois les justes excommuniés ne sont pas privés du fruit de la communion, qu'ils partagent intérieurement avec l'Eglise. Il paraît qu'alors, c'est-à-dire dans le XIIIe siècle, il était encore d'usage que les évêques éloignassent les grands pécheurs de l'église au commencement du carême, pour ne leur permettre d'y rentrer que le jeudi saint. Il était d'usage aussi de diminuer le temps et la sévérité des pénitences par des aumônes ou des libéralités envers l'église. Quelques-uns, le trouvant mauvais, dirent que c'était ouvrir la porte au libertinage et vendre les indulgences. Guillaume justifie cette pratique sur ce qu'elle n'est qu'une commutation d'une œuvre satisfactoire avec une autre d'une espèce différente ; et sur ce qu'il est au pouvoir des évêques de diminuer ou d'allonger le temps de la pénitence, comme d'en adoucir ou d'en augmenter la sévérité, suivant qu'ils le jugent utile pour la gloire de Dieu, ou l'utilité publique et particulière.

De l'extrême-onction. — Guillaume dit de ce sacrement que, dans le principe de son institution, elle était un remède pour le rétablissement de la santé, comme on le lit dans les *Actes des apôtres* et dans l'*Epître de saint Jacques.*

Des causes de l'Incarnation. — La cause principale de l'Incarnation du Fils de Dieu, c'est la Rédemption du genre humain. Les hérétiques, les mahométans, les juifs, objectent : Si Jésus-Christ, par sa mort, a satisfait pleinement pour tous les péchés du monde, la tache originelle et toutes les misères de la vie présente doivent donc cesser. Cet évêque répond, que comme la rédemption de Jésus-Christ n'a lieu que dans ceux qui sont régénérés par le baptême, la damnation originelle ne doit cesser qu'à l'égard de ceux qui ont reçu ce sacrement. Il ajoute que si les peines, qui sont les suites du péché originel, restent en nous, même après qu'il est remis par le baptême, ce n'est point comme une punition du péché, mais pour nous aider à nous détacher de cette vie, pour nous servir de mémorial de la vengeance de Dieu, et nous imprimer une crainte salutaire de sa justice.

De la pénitence. — On trouve dans ce traité les raisons que Dieu a de punir le pécheur ; l'obligation où est le pécheur de confesser ses péchés au prêtre, soit pour en recevoir l'absolution, soit pour apprendre de lui à les détester, à s'en corriger, à en faire pénitence. On y trouve aussi des conseils salutaires pour ceux qui sont chargés de la conduite des âmes ; les questions qu'ils doivent faire aux pénitents pour connaître la vraie disposition de leur cœur, et comment par leurs remontrances, ils doivent engager les pécheurs à rentrer dans la voie du salut. Ce traité n'est pas entier ; la suite s'en trouve dans le supplément de ses Œuvres.

De l'univers. — Il est divisé en deux parties. Dans la première, sous-divisée en trois autres, l'auteur prouve contre les manichéens qu'il n'y a qu'un seul principe de ce monde, qui est Dieu; et, contre quelques philosophes, qu'il n'y a qu'un seul monde, et qu'il ne peut y en avoir plusieurs; non par défaut de puissance en Dieu, mais par l'impossibilité de plusieurs mondes ensemble; et qu'enfin le monde a été fait par le Verbe de Dieu. Il parle de l'arbre de vie qui était au milieu du paradis terrestre, et, après avoir remarqué que, suivant les plus sages parmi les Hébreux et les chrétiens, on l'appelait *arbre de vie*, parce que son fruit avait la vertu de conserver la vie à tous ceux qui en mangeraient, il rapporte plusieurs opinions ridicules des rabbins touchant cet arbre, qu'ils disaient être si haut, qu'il aurait fallu cinq cents ans pour parvenir au sommet, et plus gros que toute la terre. A l'occasion de la situation du paradis et de l'enfer, il s'explique sur ce que l'Eglise enseigne du purgatoire, dont il démontre l'existence par les apparitions de quelques âmes en peine, qui sont venues demander à leurs amis de la terre le secours de leurs suffrages. Il s'explique aussi sur la manière dont les corps des damnés souffriront le feu dans l'enfer sans en être consumés, et propose l'exemple de la salamandre qui vit dans le feu. Il passe de la création du monde à sa durée, et résout les difficultés des philosophes qui l'ont dit éternel. Il combat aussi le sentiment de Pythagore sur le passage des âmes d'un corps dans un autre, ce que nous appelons métempsycose; celui de Platon qui enseignait qu'au bout de trente-six mille ans toutes choses reviendraient à leur premier état; celui d'Origène touchant l'anéantissement des corps. Il en prend occasion d'établir le dogme de la résurrection des morts; la glorification des âmes des saints et de leurs corps après la résurrection, et l'éternité des peines des damnés. Quoiqu'il ne pense pas qu'on doive prendre à la lettre ce qui est dit du jugement dernier dans la vallée de Josaphat, parce qu'elle ne pourrait comprendre tous les hommes nés depuis la création jusqu'à la fin du monde, il croit qu'on peut donner ce sens aux paroles du prophète, savoir : que le jugement se fera dans la vallée de Josaphat, c'est-à-dire que le souverain Juge descendra dans une nuée qui sera suspendue au-dessus de la vallée de Josaphat, et que de là il jugera tous les hommes. Guillaume d'Auvergne traite ensuite de la providence de Dieu sur tous les hommes, de quelque état et de quelque condition qu'ils soient; des peines dont il punit ceux qui abusent des biens qu'il leur a confiés, et des récompenses qu'il prépare aux bons. Il montre que la providence et la prescience de Dieu n'imposent aucune nécessité aux anges, libres de leur nature, et rejette comme extrêmement dangereuse l'erreur qui fait dépendre les événements du destin.

La seconde partie a pour objet le monde spirituel, les anges, les démons, les âmes, leurs opérations. Il se déclare pour l'immatérialité de tous ces êtres, avoue qu'on ne peut décider si le nombre des anges apostats est plus ou moins grand que celui des saints anges, ni à quel degré monte la connaissance naturelle des uns et des autres. Il parle des neuf ordres des anges et des trois hiérarchies, dans le goût de saint Denis l'Aéropagite, marque les noms et les offices des anges envers les hommes, et tout ce qui peut regarder leur nature et leurs qualités. Il agite à peu près les mêmes questions sur les démons. Tout ce traité n'est appuyé que sur des raisonnements philosophiques. L'auteur n'y invoque ni l'autorité de l'Ecriture, ni celle des Pères; mais il suit toujours la doctrine de l'Eglise, dont il prend la défense.

Sermons. — Les sermons attribués à Guillaume d'Auvergne forment la seconde partie ses Œuvres; mais il y a lieu de douter qu'ils soient véritablement de lui. Après bien des critiques judicieux, on est plutôt tenté d'en faire honneur à Guillaume Perrault, religieux de l'ordre des Frères Prêcheurs de Lyon, sous le nom duquel ils se trouvent dans quelques manuscrits, et ont été imprimés à Paris en 1494, à Lyon en 1567, et à Cologne en 1629; quoique plusieurs autres manuscrits, et particulièrement les éditions de Tubinge en 1499, et de Paris en 1638, les aient publiés sous le nom de Guillaume d'Auvergne. Les motifs qui nous les font attribuer de préférence au premier sont : 1° que ces discours ne rappellent nullement le style de notre auteur, mais présentent généralement un genre d'élocution plus sec, plus concis, plus serré. 2° Les Pères y sont plus souvent cités que dans les autres ouvrages de Guillaume d'Auvergne, et particulièrement saint Augustin. 3° Parce qu'ils sont cités sous le nom de Guillaume de Lyon par un autre Guillaume, religieux dominicain de Paris, qui vivait au XIIIe siècle. 4° Enfin, parce que tous les bibliographes qui ont parlé de Guillaume Perrault lui ont unanimement accordé ces sermons. Quoi qu'il en soit, nous en dirons un mot; d'abord parce que nous n'aurons pas occasion d'y revenir ailleurs, puisque l'auteur présumé ne rentre plus dans la circonscription qui nous est tracée, ensuite, parce que le plus grand nombre des manuscrits décide en faveur de Guillaume d'Auvergne, et enfin, parce que plusieurs critiques, pour réunir les avis sentiments opposés, ont conjecturé avec assez de vraisemblance que Guillaume-Perrault avait abrégé les discours de son homonyme. Le Recueil de ces sermons est en deux parties, la première contient les discours sur les Epîtres du jour, et la seconde sur les Evangiles. Il y en a treize sur les quatre dimanches de l'Avent, dans lesquels l'auteur explique les passages de l'*Epître de saint Paul aux Romains et aux Philippiens*, qui ont du rapport au mystère de l'Incarnation. Il se plaint qu'au lieu de se préparer dignement à la célébration de la naissance du Sauveur, par des œuvres de piété et de miséricorde, les uns ne s'appliquaient qu'à y paraître avec des habits somptueux, les autres à faire payer avec usure les échéances qui leur étaient dues en ce jour, et plusieurs à en passer une partie en des jeux de hasard, sacrifiant à une joie profane le jour dans lequel Jésus-Christ a commencé à pleurer pour eux.

C'est encore sur l'explication des *Epîtres* de saint Paul que roulent les huit discours sur les dimanches d'après Noël et les vingt-six sur les dimanches depuis la Septuagésime jusqu'au premier d'après Pâques. Dans le second sermon sur le Carême, Guillaume remarque que ce saint temps, selon saint Paul, était le plus favorable de l'année pour le salut, parce que les confesseurs se tenaient toujours prêts pour entendre les confessions des pénitents; parce qu'on annonçait plus souvent la parole de Dieu; parce que les veilles, les jeûnes, les prières étaient plus fréquents. Dans les dix sermons suivants, l'auteur emprunte son texte aux Epîtres catholiques. Il parle, dans l'homélie sur le premier dimanche après Pâques, des qualités essentielles de la foi, qui sont d'être simple, vive et entière, en sorte qu'on en croie tous les articles sans exception. Il veut que la foi soit accompagnée des bonnes œuvres et animée par la charité; et qu'elle croie à Dieu pour lui-même, parce que lui seul se connaît. Il remarque que le Symbole des apôtres se disait à voix basse dans les églises aux heures de prime et de complies, qu'on chantait à la messe celui de Nicée, et à prime celui qui est attribué à saint Athanase.

Les trois discours sur la Pentecôte en expliquent le mystère et recommandent les dispositions nécessaires pour recevoir le Saint-Esprit : l'unité, la concorde, l'humilité. Il appelle les dimanches suivants *dimanches d'après la Trinité*. Ses discours sur ces dimanches sont au nombre de quarante-quatre. — Dans celui du seizième dimanche, il exhorte ses auditeurs à secourir par leurs suffrages et leurs autres bonnes œuvres les âmes qui sont dans le purgatoire. Les motifs qu'il leur suggère sont l'ardeur du feu qui tourmente ces âmes et la pauvreté dans laquelle elles sont. Sur quoi il leur dit : « On donne volontiers l'aumône aux lépreux et à ceux qui sont tourmentés du feu de Saint-Antoine. » Cette maladie fit de grands ravages aux xi° et xii° siècles, et ce fut pour soulager ceux qui en étaient attaqués qu'on établit dans le Viennois l'ordre religieux de Saint-Antoine en 1093.

La seconde partie de ces discours en contient cent trente-quatre sur tous les Evangiles des dimanches de l'année. Ils ressemblent plutôt à un commentaire moral et spirituel qu'à des sermons, dont ils ne présentent ni les éléments ni la méthode. L'auteur y cite souvent la glose sur l'Ecriture, et de préférence des passages de saint Bernard et de saint Augustin, parce qu'il avait moins lu les autres Pères; mais il possédait bien les Livres saints, et il en fait un fréquent usage. On a mis à la suite des homélies sur les dimanches de l'année quatre-vingt-treize panégyriques et un sermon sur la dédicace de l'Eglise. Nous en avons dit assez pour faire connaître la manière de l'orateur, et nous croirons la curiosité du lecteur satisfaite en lui exposant que dans le discours sur la naissance temporelle de Jésus-Christ, Guillaume insiste sur l'adoration qu'on lui doit dès le moment de sa naissance; et, pour le prouver, outre les témoignages de l'Ecriture, il allègue l'exemple des Mages, l'usage de l'adorer dans l'invitatoire à matines du jour de Noël, et celui où l'on était de se prosterner dans le chapitre lorsqu'en lisant le Martyrologe on annonce la naissance du Sauveur.

De la Trinité. — Dans l'édition imprimée à Paris et à Orléans en 1674, on a publié, dans un supplément au second volume, quatre traités de Guillaume d'Auvergne, qui ne se trouvaient pas dans les éditions précédentes. Le premier est un *Traité de la Trinité*; le second, *de l'âme*; le troisième, *de la pénitence*, et le quatrième, *de la collation des bénéfices*. Guillaume fait mention du premier dans le vingt-troisième chapitre de la première partie de l'*Univers*. Ce traité est également compris sous son nom dans le dénombrement de ses ouvrages par Trithème ; enfin il est dans le goût de ceux qu'on ne lui conteste pas. L'auteur y parle d'abord de l'existence, de la simplicité et de la toute-puissance de Dieu, qu'il prouve par des arguments métaphysiques réduits à la façon des démonstrations géométriques. Il emploie des raisonnements semblables pour prouver la trinité des personnes en Dieu, dont il apporte encore des exemples tirés des choses créées pour rendre ce mystère plus croyable. L'âme humaine vit, elle s'aime, elle se conçoit. Ces trois choses : la vie, l'entendement, l'amour, ne sont pas dans l'âme comme des parties différentes d'elles-mêmes, ni comme des accidents, mais elles sont une même essence avec l'âme. Il traite ensuite des notions et des attributs de Dieu, tant essentiels que relatifs, et s'explique en peu de mots sur la volonté et la prédestination divine.

De l'âme. — Dans plusieurs endroits de ses ouvrages, mais surtout dans le chapitre troisième de la seconde partie de l'*Univers*, et dans le chapitre cinquante-cinquième de la première partie, Guillaume se reconnaît auteur du *Livre de l'âme*, connu dans Trithème et dans Bellarmin sous le titre : *Des âmes humaines*. Il y emploie de temps en temps ces façons de parler : *Comme vous l'avez entendu, ainsi que je vous l'ai dit ;* ce qui prouve qu'avant de mettre ce traité par écrit, il l'avait déjà expliqué à ses disciples. Son dessein est d'y montrer que l'âme est spirituelle et immortelle de sa nature, et que, souillée par le péché, elle a été rétablie dans sa pureté par la grâce. Il parle aussi de son état après sa séparation d'avec le corps. Son sentiment sur l'âme des bêtes ne diffère pas beaucoup de celui de Descartes. Il soutient qu'il n'y a aucune liberté dans leurs opérations différentes, au lieu que celles de l'âme humaine sont entièrement libres; d'où il conclut qu'il peut y avoir du péché dans celles-ci, et non dans les brutes. Il réfute l'opinion de ceux qui mettent plusieurs âmes dans un même homme, ou qui la font descendre des pères et mères par la génération, et soutient qu'elle est de Dieu seul, qui l'unit au corps, au moment où ses organes sont formés. Les misères auxquelles les hommes sont sujets dès leur naissance lui servent de preuve pour la transfusion du péché originel de père en fils, depuis que notre nature a été corrompue par le péché d'Adam. Il reprend l'argument déjà employé dans ses autres ouvrages, pour prouver l'immortalité de l'âme, savoir la résurrection des morts dont on avait une infinité d'exemples, tant dans l'Ecriture que dans les histoires particulières. Il cite avec trop de confiance ce qu'on lit, que saint Grégoire retira par ses prières l'âme de l'empereur Trajan des enfers; qu'elle fut réunie à son corps, et que ce prince vécut plusieurs années après, pour faire pénitence de ses crimes.

De la pénitence. — Le supplément au *Traité de la pénitence* est la suite de ce qui manquait dans les précédentes éditions. C'est une prière que le pénitent adresse à Dieu, après son retour vers lui. Cette prière est accompagnée de la confession de ses péchés, avec une grande douleur de les avoir commis. Après les avoir pleurés devant Dieu, il les confesse en secret au prêtre, qui lui fait sur chaque péché des remontrances salutaires. Il instruit aussi le pénitent sur la nécessité de confesser les circonstances aggravantes du péché et l'examine sur les péchés capitaux. On trouve de suite les motifs qui doivent engager les pécheurs à se convertir à Dieu, les conditions d'une bonne confession, les questions que le confesseur doit faire aux pénitents sur l'inobservation des commandements de Dieu et de l'Eglise, les pénitences qu'il doit lui imposer, et les avis qu'il doit lui donner après avoir ouï sa confession.

De la collation des bénéfices. — Le but de l'auteur, dans le traité qui porte ce titre, est de faire connaître quels sont les devoirs des prélats et autres bénéficiers, et avec quelle pureté d'intention on doit recevoir ou conférer les bénéfices. Guillaume d'Auvergne fut engagé à cet ouvrage par la considération des abus qui régnaient dans la collation, la recherche et l'usage des bénéfices. Les prélats à qui cette collation appartenait ne pouvaient ignorer, comme architectes de la maison du Seigneur, qu'ils ne devaient employer que de bons matériaux, c'est-à-dire conférer les bénéfices de leur dépendance à des sujets capables et méritants; mais ils ne pouvaient résister aux prières des grands seigneurs, et ceux-ci connaissaient la faiblesse des prélats. De là la multitude de clercs indignes de ce nom, et la déprédation des revenus de l'Eglise. Les bénéfices se trouvaient entre les mains de leurs arrière-neveux, et quelquefois entre celles de tout petits enfants.

Guillaume, en abordant ce sujet, traite de la vocation de ceux qui doivent posséder des bénéfices, de la pureté avec laquelle on doit y entrer, des devoirs des pasteurs et autres bénéficiers, et de la pluralité des bénéfices. Il y déclame contre la négligence et les déréglements des bénéficiers de son temps; contre ceux qui entraient dans l'état ecclésiastique sans vocation, qui considéraient les bénéfices comme des charges, et n'en cherchaient que les revenus, et contre les collateurs qui les donnaient par des vues temporelles et charnelles à des personnes incapables; il fait voir que ceux-ci sont obligés d'user du pouvoir qu'ils ont de donner les dignités ecclésiastiques, comme de sages économes pour l'édification de l'Eglise, c'est-à-dire à des personnes capables d'en remplir tous les devoirs, qui soient en âge de s'en acquitter, dont la vie soit sans reproche, et qui aient dessein de vivre d'une manière régulière et cléricale. Il compare la vie canoniale à la vie monacale, et montre que les chanoines ne sont pas moins obligés de mener une vie conforme à leur état, que les moines d'observer leur règle; et que, comme une abbaye serait censée vacante si elle était occupée par un faux moine ou par un séculier, de même un canonicat ou un autre bénéfice doit être censé vacant quand il est occupé par un homme qui ne vit pas cléricalement; et que les biens ecclésiastiques n'étant donnés, suivant l'intention des fondateurs, que pour des gens dont la vie soit pure, ceux qui en jouissent en vivant dans le déréglement sont des usurpateurs qui les possèdent injustement. Il dit sur la pluralité des bénéfices, premièrement, que le seul doute où l'on est, si elle est permise ou non, doit être suffisant pour détourner les personnes qui ont quelque soin de leur conscience, de posséder plusieurs bénéfices, parce que l'on ne doit jamais risquer son salut, et que dans le doute on est obligé de prendre le parti le plus sûr. Il la combat ensuite par plusieurs raisons: 1° parce que ceux qui défendent l'affirmative parlent pour leur intérêt, au lieu que ceux qui soutiennent la négative se mettent hors d'état de posséder plusieurs bénéfices à l'avenir; 2° parce que si, suivant l'Apôtre, *celui qui ne travaille pas n'est pas digne de manger*, par la même raison celui qui ne travaille pas doublement ou triplement, ne peut pas manger doublement ou triplement, c'est-à-dire, avoir deux ou trois bénéfices qui demandent deux ou trois différents services; 3° parce que l'intention des fondateurs des prébendes est qu'il y ait autant de prébendiés que de titres: qu'il est défendu pour cette raison d'avoir deux prébendes dans une même église; d'où il s'ensuit qu'il est encore bien davantage contre l'ordre d'en avoir dans deux églises différentes, parce qu'on peut encore moins satisfaire aux devoirs auxquels on est obligé en différents lieux; 4° parce que cette pluralité de bénéfices dans une même personne ôte quantité de membres à l'Eglise, et la prive d'un grand nombre de ministres; 5° parce que ce n'est point la charité, mais la cupidité ou l'ambition, qui porte les hommes à avoir plusieurs bénéfices; 6° il dit qu'il est aussi impossible qu'un homme ait plusieurs bénéfices, qu'un seul membre fasse partie de deux corps, ou qu'un même arbre soit planté en différents endroits. Il répond ensuite à une objection qui vient naturellement dans l'esprit : que puisqu'il y a des bénéfices dont le revenu est beaucoup plus considérable que celui des autres, il semble qu'il n'est pas plus défendu d'en avoir plusieurs petits et de peu de revenu, qu'un gros bénéfice qui en vaudra dix ou douze autres : il dit que cette pensée ne vient que de la fausse opinion où l'on est de ne considérer dans les bénéfices que le revenu sans faire attention aux offices et aux charges; car chaque bénéfice, quoique de moindre revenu, ayant un office particulier auquel il oblige la personne qui le possède, il est contre l'ordre qu'elle en ait plusieurs; que les bénéfices qui ne sont pas suffisants pour la nourriture d'un homme, ou ne demandent pas ordinairement de service particulier, ou que s'ils en ont, on en augmente le revenu par l'union de quelques autres; que si quelqu'un allègue qu'il y a des bénéfices qui ne demandent pas de résidence, il se trompe; parce que tous les bénéfices par leur établissement et par leur fondation obligent à résider, et que ce n'est que par une mauvaise coutume que la malice des ecclésiastiques a introduite, que l'on se dispense de résider. Enfin, il dit que si quelqu'un lui oppose les dispenses du Pape, il répondra qu'elles sont au-dessus de lui, et que si on les considère avec attention elles se trouveront nulles : qu'au reste, de quelque étendue que soient les dispenses que le Pape accorde à certaines personnes de posséder plusieurs bénéfices, il ne peut pas néanmoins leur donner dispense pour leur avarice, pour leur cupidité, ni pour leur ambition, ni leur accorder des indulgences pour ces vices, ou leur permettre ces dérèglements, et qu'il n'a point intention de nourrir et d'entretenir des méchants des biens temporels de l'Eglise destinés pour l'entretien des serviteurs de Dieu, et offerts au Seigneur pour être employés à son service.

Telles sont les raisons sur lesquelles Guillaume de Paris appuyait la décision qu'il fit prendre, peu de temps après sa promotion à l'épiscopat, par des docteurs de la faculté de Paris, décision qui consistait à ne permettre qu'un seul bénéfice quand il était suffisant pour la nourriture et l'entretien d'une seule personne; ce que l'on évaluait alors au revenu annuel de quinze livres parisis.

Censure des erreurs détestables. — Dans une autre assemblée de docteurs tenue à Paris en 1240, Guillaume fit condamner plusieurs erreurs contre la vérité catholique. La censure qui en fut faite est imprimée sous le titre que nous venons d'indiquer, dans le tome XXV de la *Bibliothèque des Pères*. Ces erreurs sont au nombre de dix. Elles consistent à soutenir que les bienheureux ne verront pas l'essence de Dieu ; qu'à raison de la forme, l'essence divine n'est pas la même dans le Saint-Esprit que dans le Père et le Fils; que le Saint-Esprit, comme amour et lien de l'amour mutuel du Père et du Fils, ne procède pas du Fils; qu'il y a plusieurs vérités éternelles qui ne sont pas Dieu même; que le principe n'est pas créateur; que le mauvais ange a été mauvais dès l'instant de sa création ; que le séjour des âmes et des corps glorifiés est le ciel aqueux et cristallin ; qu'un ange peut être en même temps en plusieurs endroits, et même partout; que ceux qui ont les meilleurs talents naturels auront nécessairement plus de grâces et plus de gloire; que les mauvais anges et le premier homme n'ont pas eu dans l'état d'innocence de quoi se soutenir. A ces erreurs on opposa autant de vérités catholiques.

Guillaume de Paris avait encore composé plusieurs autres ouvrages dont Trithème fait mention ; savoir, différentes lettres ; un *Livre des démons* ; un *du cloître de l'âme, du don de la science, de la profession des novices, du bien et du mal*, et *du premier principe*; des *Commentaires sur le Psautier, sur les Proverbes de Salomon, sur l'Ecclésiaste, sur le Cantique des cantiques,* et *sur l'Evangile de saint Matthieu.* Sixte de Sienne ajoute un *Commentaire sur l'ouvrage des six jours.* Comme Trithème, il reconnaît que Guillaume d'Auvergne avait expliqué l'évangile de S. Matthieu, et il y a apparence que c'est le commentaire que l'on trouve dans les anciennes éditions de saint Anselme. Outre l'autorité des manuscrits, on est encore porté à l'attribuer à cet évêque par la conformité du style, et surtout par la répétition de plusieurs expressions qui se lisent dans le dixième chapitre du *Traité des mœurs* où il semble renvoyer à ce commentaire. Toutes ces raisons n'ont pas empêché Théophile Rainaud de l'attribuer à Pierre Babion, moine anglais, qui vivait en 1360, et d'en imprimer la préface, dans le tome XII de ses ouvrages, sur un manuscrit de Lyon.

JUGEMENT CRITIQUE. — Nous ne terminerons pas cet article sans reproduire l'appréciation raisonnée, publiée par M. de Gérando, sur Guillaume d'Auvergne et sur ses OEuvres, dans le tome XIX de la *Biographie universelle*. « Théologien, philosophe, mathématicien, Guillaume d'Auvergne, dit-il, fut un des hommes les plus distingués du XIII° siècle ; ou plutôt il se montra supérieur à son siècle ; et il mérite d'occuper une place à part dans l'histoire trop négligée aujourd'hui de la philosophie scholastique. Il avait étudié avec soin les écrits des Arabes, et surtout ceux d'Averrhoes, d'Alfarabi, d'Avicenne, d'Algazel ; il paraît même, le premier en Europe, fait usage des livres attribués à Hermès Trimégiste, et en avoir connu plusieurs qui sont perdus aujourd'hui, te.s que celui *De Deo deorum* en particulier. Il était remonté aussi aux philosophes de l'antiquité, et avait consulté les doctrines de l'école d'Alexandrie. Si, par la nature et l'étendue de son érudition, il s'éleva fort au-dessus des scholastiques de son temps, il ne s'en distingua pas moins par sa manière de penser et d'écrire. Loin de recevoir les opinions d'Aristote comme des oracles, il les combat souvent ; et l'on remarque qu'il leur oppose, par intervalle, des armes empruntées aux idées platoniciennes. Il préféra les vues morales et pratiques aux spéculations oiseuses qui absorbaient de son temps toute l'activité des esprits ; il négligea les formes syllogistiques alors consacrées, et donna au raisonnement la forme d'une déduction suivie et développée. Son style est naturel, clair, quelquefois élégant; et sa latinité est généralement plus pure que celle de ses contemporains. Il ne cite pas une seule fois ni saint Anselme, ni Pierre Lombard ; il suit une route propre, il ouvre une carrière nouvelle. Ses aperçus, quoique souvent imparfaits, préludent aux théories de la métaphysique moderne, quelquefois en contiennent le germe, et méritent d'être notés avec soin dans le tableau des progrès de l'esprit humain, comme la première tentative de la réforme qui devait s'opérer plus tard dans les études philosophiques; tentative paisible et modeste, dans laquelle on n'aperçoit rien du goût de la dispute, de l'amour de la nouveauté, ni de l'esprit de système, et qui ne se montre que comme l'effet de la rectitude de la raison, réunie à la droiture du cœur. C'est ainsi qu'en traitant de la *vérité*, il indique la distinction de la *vérité réelle* et de la *vérité logique* ; qu'en traitant de l'éternité, il introduit pour la première fois les termes de *durée* et de *succession*, dont il oppose les notions à celles de l'éternité, considérée par lui comme indivisible; qu'il établit, contre Aristote et Avicenne, la démonstration du commencement nécessaire du monde, en montrant la contradiction renfermée dans l'idée d'une succession infinie et antérieure. Il combat également le fatalisme, en s'attachant à faire voir que le système entier de l'univers ressort d'une intelligence libre dans ses déterminations, et que la chaîne elle-même des agents physiques n'est pas soumise à des conditions absolues. En adoptant les pensées de Platon, qui rapporte la création aux types et aux exemplaires préexistants dans les desseins de l'intelligence suprême, il évite l'erreur du fondateur de l'Académie, qui avait réalisé ces notions; il les rappelle à leur valeur véritable, c'est-à-dire à celle qu'ils ont dans la pensée d'une intelligence à laquelle il servent de fin. Il distingue la prescience qui embrasse également le bien et le mal, tels qu'ils se mêleront l'un à l'autre, de la Providence qui tend au bien. La Providence, suivant lui, règne sur les lois et par les lois; et n'agit pas d'une manière immédiate sur les événements particuliers. Les preuves qu'il donne de la simplicité de l'âme et de son immortalité sont l'abrégé, informe sans doute, mais à peu près complet, de celles qu'ont développées, par la suite, les métaphysiciens modernes. On ne peut s'étonner que Guillaume d'Auvergne ait employé quelquefois des moyens faibles à l'appui de vérités certaines ; telles sont ses objections contre la *métempsycose*, ses raisonnements pour démontrer l'existence des esprits, dans lesquels, au lieu de s'appuyer du témoignage de l'expérience intime, il recourt à une loi supposée de l'existence nécessaire des contraires, et il emprunte à Maxime de Tyr l'idée de l'échelle continue des êtres : du reste sa théologie naturelle est exposée avec simplicité et clarté; et c'est à la philosophie qu'il donne la noble prérogative de reconnaître les attributs de la divinité. » Ses ouvrages, réunis en partie, imprimés d'abord à Nuremberg, en 1496, à Venise, en 1591, en un volume in-folio, ont été publiés de nouveau à Orléans et à Paris, en 1674, dans une édition beaucoup plus complète, donnée par Leféron, chanoine de Chartres, sur des manuscrits appartenant à la bibliothèque de son église. Cette édition forme deux volumes in-folio.

GUILLAUME, archevêque d'York, publia, vers l'an 1153, une *Constitution* qui avait pour objet la réforme de deux abus. L'un regardait la coupe des arbres et de l'herbe dans les cimetières; on s'en emparait sans aucune permission, et on en faisait un tout autre usage que celui que le respect du lieu semblait commander. Le second abus concernait les biens que les chanoines, les curés ou leurs vicaires laissaient en mourant. Leurs successeurs dans les canonicats ou dans les cures répétaient sur les biens des défunts certaines sommes qu'ils fixaient eux-mêmes, pour la réparation des ornements, maisons, et autres dépendances du bénéfice; mais au lieu d'employer toutes ces sommes aux réparations, ou bien ils n'en faisaient aucune, ou bien ils les organisaient de telle sorte qu'ils s'appropriaient une partie de la somme qu'ils avaient exigée. Pour remédier au premier de ces abus, l'archevêque ordonna que les curés ou recteurs des églises auraient seuls le droit de permettre la coupe des herbes ou des arbres des cimetières; mais aussi qu'ils seraient obligés d'en employer le produit aux réparations de l'église ou de leurs maisons curiales. Sur le second, il ordonna, de l'avis unanime de son chapitre, qu'après la mort d'un chanoine ou d'un curé, on prendrait des personnes sages et discrètes du voisinage, pour faire l'estimation des réparations nécessaires dans les dépendances de leur bénéfice, et que la somme taxée par ces experts serait mise entre les mains de deux ou trois autres personnes, qui, à la réquisition du chanoine ou curé successeur, l'emploieraient aux réparations nécessaires, sans aucun délai et sous peine d'excommunication, après une monition de l'archidiacre.

GUILLAUME de Sommerset, ainsi nommé du lieu qui lui donna naissance, ou de Malmesbury, du monastère dans lequel il fit profession de la règle de saint Benoît, en fut successivement bibliothécaire et grand chantre. Sa piété lui attira le respect de tous, et par son savoir il mérita d'être consulté par saint Anselme, successeur de Lanfranc sur le siège de Cantorbéry, et l'une des plus grandes lumières du royaume. On contestait à ce saint archevêque les droits de son église. Guillaume, qui avait fait une étude sérieuse des anciennes coutumes d'Angleterre, était plus en état que personne de constater celle de Cantorbéry. Il vivait encore en 1143; mais passé cette année, on ne connaît plus d'écrits qui portent son nom.

Histoire des rois d'Angleterre. — Un des principaux ouvrages de Guillaume, et le premier par ordre de publication, est son *Histoire des rois d'Angleterre*, qui rapporte ce qui s'est passé de plus considérable dans ce royaume pendant une période d'environ sept cents ans, en commençant à l'arrivée des Saxons, vers l'an 449, jusqu'à la dix-huitième année du règne de Henri Ier en 1127. Cette histoire est divisée en cinq livres et dédiée à Robert, comte de Glocester, fils naturel de ce prince. Le Vénérable Bède avait travaillé sur le même sujet, et conduit l'histoire des Anglais jusqu'à l'an 731. Personne depuis n'avait entrepris la continuation de cette histoire, à l'exception du moine Edmer, qui s'était borné à donner un précis des principaux événements, depuis le règne du roi Edgard jusqu'à la première année de Guillaume le Conquérant; de sorte qu'il laissa un vide de plus de deux cent vingt-trois ans. Ce fut pour le remplir et mettre dans un plus grand jour les faits mentionnés par Edmer que Guillaume de Malmesbury reprit la suite des temps depuis l'entrée des Saxons en Angleterre. Sans copier le travail de Bède, il en tira cependant ce qu'il y avait de meilleur.

Dans le premier livre, il donne l'histoire de ce qui se passa en Angleterre, depuis l'occupation des Saxons jusqu'à l'avénement du roi Egbert, qui, après avoir défait en divers combats les petits rois du pays, devint le monarque unique de presque toute la Grande-Bretagne, c'est-à-dire, des quatre anciens royaumes de Westsex, Sussex, Essex et Kent. Pour les autres, il les laissa à des rois particuliers, à la condition qu'ils lui feraient hommage et lui payeraient un tribut.

Le second livre continue l'histoire des Anglais, depuis le règne d'Ethelwolfe, qui succéda à son père Egbert, en 837, jusqu'à Guillaume Ier, dit le Bâtard, ou le Conquérant, qui se rendit maître du royaume après la défaite et la mort d'Harold, dernier roi saxon, en 1066. Dans le prologue, l'auteur remarque que ses parents lui ayant inspiré de bonne heure le goût des livres, il faisait de l'étude son principal plaisir; il étudia la logique pour apprendre à raisonner, la physique pour soigner sa santé, la morale pour former sa vie et la rendre agréable à Dieu; ensuite il s'appliqua à l'histoire et principalement à celle de sa nation; dans ce but il acheta les livres historiques des nations étrangères, espérant y puiser des documents pour celle de son pays, qui jusque-là avait été faite sans exactitude et sans suite.

Le troisième livre est consacré entièrement à l'histoire de Guillaume le Conquérant. Les Normands en avaient fait dans leurs écrits des éloges outrés; les Anglais, au contraire, le regardant comme un usurpateur, l'avaient chargé de reproches. Notre historien, qui tirait son origine d'un père normand et d'une mère anglaise, ne loue et ne blâme qu'avec la plus grande réserve; il s'attache surtout au vrai et s'applique à rendre son histoire utile et agréable au lecteur. Il observe encore la même retenue dans l'histoire des deux fils du Conquérant, Guillaume le Roux et Henri Ier, dont les règnes remplissent les deux livres suivants.

Le premier monta sur le trône au mois de septembre de l'an 1088, et le second au mois d'août de l'an 1100. Quelques-uns trouvèrent mauvais qu'il écrivît l'histoire de ces deux princes de leur vivant, sous prétexte que, dans ces sortes d'écrits, la vérité cède souvent la place au mensonge, parce qu'il est rare que la plume de l'historien ne se laisse pas aller à la crainte ou à la flatterie. D'autres doutaient de l'habileté de Guillaume pour écrire l'histoire de ces deux princes; mais les conseils de ses amis l'emportèrent. Guillaume se rendit à leurs instances, et compta sur le secours d'en haut pour lui faire éviter les écueils d'une pareille entreprise. Indépendamment du règne de Guillaume le Roux, qui fait le sujet du quatrième livre, on trouve aussi une relation de la croisade, à partir du moment où le Pape Urbain II la proposa dans le concile de Clermont, en 1095. Après avoir rapporté le couronnement du roi Baudouin à Bethléem, le jour de Noël de l'an 1100, par le patriarche Daïmbert, il dit que la veille de Pâques de l'année suivante, le feu sacré tarda plus que de coutume à éclairer cette solennité; que dans l'espérance de le voir paraître, on alterna les leçons de l'office tant en grec qu'en latin; on chanta trois fois le *Kyrie eleison*, et plusieurs autres choses en musique, et qu'on fut obligé de sortir de l'église sans éprouver cette consolation. Le lendemain les Latins se rendirent processionnellement au temple de Salomon pour y implorer la miséricorde de Dieu; les Syriens, de leur côté, en firent autant au saint Sépulcre; alors Dieu, devenu sensible à tant de prières, envoya le feu sacré, qui s'attacha à une des lampes du sanctuaire, et l'alluma, ce qui rendit la joie à toute l'assemblée. Le patriarche, averti par un Syrien, accourut, ouvrit la porte de la chapelle du saint Sépulcre, alluma un cierge à la lampe, et fit ensuite voir le miracle à tous les assistants. On croyait donc, dans le XIIe siècle, que le nouveau feu de la veille de Pâques s'allumait ordinairement à Jérusalem par un prodige.

Le cinquième livre est consacré à l'histoire de Henri Ier, second fils de Guillaume le Conquérant. L'auteur convient qu'il n'a rapporté qu'une partie des actions de ce prince, et sur la foi d'autrui, sa condition de moine ne lui ayant pas permis de pénétrer dans les secrets de la cour; il convient encore qu'il n'a pas dit tout ce qu'il en savait. Pour dédommager en quelque sorte le lecteur, il rapporte quantité d'événements qui se sont passés dans des pays étrangers à l'Angleterre. Ces cinq livres sont intéressants par un grand nombre de documents qui ont trait à l'histoire ecclésiastique, par les lettres des Papes contemporains des rois d'Angleterre dont il y est fait mention, et par celles de ces princes ou d'autres personnes considérables. Il en a été dit quelque chose dans le cours de cette histoire, à mesure que l'occasion s'est présentée. Henri Ier mourut au commencement de décembre de l'an 1135, dans la soixante-huitième année de son âge, après un règne de trente-cinq ans; mais l'*Histoire* de Guillaume de Malmesbury ne va que jusqu'en 1127, c'est-à-dire jusqu'à la vingt-huitième année du règne de ce prince. Il en reprit probablement la suite dans un autre ouvrage qu'il intitula *Chronique*, et divisa en trois livres qui n'ont pas été publiés.

Histoires nouvelles. — Il parle de cette *Chronique* dans le prologue des deux livres qui ont pour titre : *Histoires nouvelles*, qu'il dédia à Robert, comte de Glocester. C'est un supplément à l'histoire de Henri Ier, et en même temps la suite des événements mémorables de l'Angleterre. Le premier livre commence à la vingt-sixième année du règne de Henri, c'est-à-dire à l'an 1126 de l'ère vulgaire, et finit à l'an 1138, le quatrième du règne d'Etienne, fils d'Etienne, comte de Blois, et d'Adèle, fille de Guillaume le Conquérant. Le second continue l'histoire de ce prince jusqu'à l'an 1143. Guillaume ne va pas plus loin, quoique Etienne ait régné jusqu'au mois d'octobre 1154. Ces deux livres contiennent, comme les cinq précédents, divers traits intéressants pour l'histoire de l'Eglise, comme la tenue des conciles en Angleterre par les légats du Saint-Siége.

Gestes des évêques d'Angleterre. — Il manquait à l'Angleterre une histoire suivie de ses évêques, dont, pour un grand nombre, on ignorait jusqu'au nom. Guillaume crut qu'il y avait de l'ignominie à laisser ainsi dans l'oubli ceux de qui on avait reçu les premiers éléments de la foi et les règles de la vie chrétienne; c'est dans cette pensée qu'il entreprit d'en faire l'histoire, beaucoup plus difficile à disposer que celle des rois, parce que les documents étaient beaucoup plus rares. Les chroniques qu'il s'était procurées. l'avaient guidé dans son premier ouvrage ; mais pour le second, il n'avait que des histoires fort embrouillées. La tradition vint à son secours, et apparemment il trouva quelque chose aussi dans les archives de chaque église. Il a renfermé son histoire en quatre livres, sous le titre que nous avons signalé plus haut. — Le premier livre traite des archevêques de Cantorbéry, depuis saint Augustin, disciple de saint Grégoire le Grand, jusqu'à Raoul, mort au mois de novembre 1122. Guillaume s'étend beaucoup sur l'épiscopat de Lanfranc et de saint Anselme. Il donne ensuite quelques détails de la vie des évêques de Rochester, dont le siége était voisin de Cantorbéry. L'évêché de Londres n'était pas éloigné non plus ; c'est pourquoi Guillaume commence son second livre par le dénombrement des évêques de cette ville, qui était déjà très-opulente par son commerce avec toutes les provinces du monde, mais principalement avec l'Allemagne. Le premier évêque fut Mellite, envoyé de Rome à saint Augustin pour l'aider dans la conversion des Anglais. L'auteur donne ensuite la nomenclature des évêques orientaux anglais et des Saxons occidentaux, des évêques de Dorchester, de Winchester, de Schirburn, de Welles, d'Exchester, de Cridien, de Cornouailles, de Schlesig, et des abbés des différents monastères situés dans ces diocèses.

La notice des archevêques d'York et des évêchés dépendants de cette métropole occupe le troisième livre. Paulin fut le premier archevêque sous le pontificat d'Honorius, dont il reçut le pallium, et saint Wilfrid le troisième. Guillaume fait mention des évêques d'Augustad et de Case-Blanche, mais en avertissant que ces évêchés ne subsistaient plus, et que de tous les siéges du Northumberland soumis à la métropole d'York, celui de Lyndisfarne seul avait été conservé. Il cite un fragment d'une lettre d'Alcuin à l'évêque Hingobald à toute la congrégation de l'église de Lyndisfarne ; il témoigne une grande douleur des ravages que les païens y avaient causés, en souillant les sanctuaires de Dieu, en répandant le sang des saints autour de l'autel et en foulant aux pieds les saintes reliques. Alcuin leur promet, sur la fin de cette lettre, de s'employer auprès de Charlemagne pour le rachat des enfants que les idolâtres avaient emmenés en captivité. Guillaume parle ensuite de la fondation de l'évêché de Dunelme ou Durham, et de ses évêques.

De son temps, il n'y avait d'autres évêchés, dans la province des Merciens, que Worchester, Herfords, Lichfelds, Chester, Leicester, Lincoln et Cly. On voyait dans ces évêchés des monastères d'hommes et de filles. Guillaume fait le dénombrement des évêques et des abbés. Il ajoute un précis de la vie de saint Wlftan, évêque de Worchester, qui, après avoir rempli les devoirs de la vie monastique et la charge de prieur, fut élevé à l'épiscopat. Mais on a cette vie tout entière dans le second tome de l'*Angleterre sacrée*, avec les notes d'Henschenius.

Vie de saint Wlftan. — Cette vie est divisée en trois livres et dédiée à Guarin, prieur, et aux moines de Worchester qui l'avaient engagé à l'écrire. Personne ne l'avait fait avant lui, mais on conservait les mémoires que le moine Colmann, mort en 1113, avait laissés.

en anglais. Les actions du saint et ses miracles étaient d'ailleurs connus et attestés par tant de gens de probité, qu'il y aurait eu de la témérité à les révoquer en doute. Colmann avait été disciple de saint Wlftan et son chapelain pendant quinze ans. C'en était assez pour connaître ses mœurs et le détail de ses vertus. Guillaume eut donc ordre de travailler sur les mémoires de Colmann, d'en suivre le récit et de ne rien ajouter du sien aux faits rapportés par cet écrivain. Nous remarquerons sur cette Vie que Wlftan, dès le lendemain de son ordination, dédia une église sous l'invocation du Bienheureux Bède, voulant consacrer les prémices de son épiscopat à celui qui avait été le prince de la littérature chez les Anglais. Wlftan recevait avec bonté les pénitents qui venaient lui confesser leurs fautes; ne les rebutant jamais, mais les exhortant à ne plus retomber et à prendre confiance en la miséricorde de Dieu; ce qui lui attirait de toute l'Angleterre les pénitents qui n'osaient confesser à d'autres les fautes graves dont ils s'étaient rendus coupables. Dès qu'il apprenait la mort de quelqu'un, il récitait l'oraison dominicale et trois psaumes, savoir : les psaumes 116, 129 et 150; et, à l'exception des dimanches et fêtes solennelles, il faisait chanter chaque jour une messe pour les morts. Il mit des autels de pierre et supprima les autels de bois dans toute l'étendue de son diocèse, suivant l'ancien usage du royaume.

Vie de saint Adelme. — En parlant des évêques de Schirburn ou Salisbury, dans le second livre des *Gestes des évêques*, Guillaume ne crut point devoir entrer dans le détail de la vie de saint Adelme, qu'il se proposait d'écrire au long quand il se serait procuré les documents nécessaires. Il parcourut dans ce but tous les évêchés d'Angleterre, et dédaigna de recourir au recueil de l'abbé Fawicius, qui lui paraissait sans autorité. Non-seulement il composa la vie du saint, mais il recueillit encore ses miracles, et fit une description du monastère de Malmesbury dont il était le fondateur. C'est cette histoire qui forme le cinquième livre des *Gestes des évêques d'Angleterre*. Il ne parut que longtemps après les quatre premiers, ce qui fait que les exemplaires en sont beaucoup plus rares. Guillaume a divisé la vie de saint Adelme en quatre parties. Il montre dans la première que son héros était d'une naissance illustre, et qu'après avoir étudié les belles-lettres, il était le premier de l'Angleterre qui se fût appliqué à faire des vers dans sa langue natale; qu'il écrivit un grand nombre de lettres, et composa plusieurs discours. Dans la seconde il fait le dénombrement des monastères fondés par saint Adelme, des priviléges et des biens dont il les enrichit. Guillaume rapporte une épigramme ou, comme il l'appelle, une épithalame que le saint avait composé en hexamètres latins, pour la dédicace de l'église des apôtres saint Pierre et saint Paul. Il raconte dans la troisième partie les actions merveilleuses qu'il fit pendant sa jeunesse, et confirme son récit par plusieurs fragments des lettres et des autres écrits du saint évêque.

Enfin la troisième partie est consacrée à montrer les progrès du monastère de Malmesbury, et à rappeler les événements considérables qui se sont accomplis sous les abbés qui l'ont gouverné successivement, jusqu'à l'an 1125, c'est-à-dire pendant quatre cent seize ans après la mort de saint Adelme. Dom Mabillon a publié cette vie dans la première partie de son IVe siècle bénédictin, mais très-imparfaite. Henri Warton l'a donnée tout entière à la tête du tome II de l'*Angleterre sacrée*, sur un manuscrit de Jean Fox. Enfin, on en fit à Oxford une édition plus correcte, qui se trouve dans le tome II des *Historiens d'Angleterre* de Galeus.

Cet auteur a publié deux autres écrits de Guillaume; l'un intitulé : *De l'antiquité de l'église de Glaston*, à Oxford, en 1691, dans la *Collection des historiens anglais;* l'autre est une lettre de Guillaume à Pierre, moine de Malmesbury. Elle se trouve à la tête des cinq livres de Scot Érigène, intitulés : *De la division des natures*, et imprimés dans la même ville, en 1681. — Ce n'est là qu'une petite partie des ouvrages de Guillaume. Il s'en trouve dans les bibliothèques d'Angleterre un grand nombre qui n'ont pas encore été publiés. Ce sont des poésies, des commentaires sur plusieurs livres des saintes Écritures, des Vies de saints, quelques ouvrages historiques, et un abrégé du *Traité des offices ecclésiastiques* d'Amalaire. Pierre Allix en a fait imprimer la préface. Guillaume s'exprime ainsi : « Si vous voulez savoir ce que signifient les différentes parties de la messe, lisez ce qu'en a écrit Hildebert, évêque du Mans, puis archevêque de Tours; si vous êtes curieux de connaître les diverses significations des ornements sacrés, vous les apprendrez dans les discours d'Yves de Chartres; ces deux évêques étaient très-versés dans l'intelligence de ces sortes de matières et les ont très-bien expliquées; mais s'il s'agit des offices divins, nous n'avons rien de plus profond que ce qu'en a écrit Amalaire. »

De tous les historiens anglais, Guillaume est celui que l'on estime le plus, soit pour la candeur de son caractère, soit pour son exactitude dans le récit des événements; et puis, parmi les anciens écrivains de sa nation, il n'en est aucun qui ait donné une aussi longue suite d'histoire. C'est le témoignage que lui rend Saville, dans l'épître dédicatoire qu'il a placée à la tête de ses Œuvres, publiées à Londres, en 1596, et à Francfort, en 1601, in-folio. Cependant Henri Warton ne laisse pas d'exprimer quelques doutes sur l'authenticité de certaines chartes du monastère de Malmesbury, insérées par Guillaume dans son *Histoire des évêques d'Angleterre*, surtout celles qui exemptent ce monastère de la juridiction des évêques.

Mais ce qu'il dit sur ce sujet n'attaque point la bonne foi de Guillaume, et prouverait tout au plus qu'il a accueilli de temps en temps des documents qu'une critique plus épurée aurait dû lui faire rejeter, s'ils sont vraiment supposés, comme l'affirme Warton.

GUILLAUME, d'abord archidiacre, puis archevêque de Tyr, en 1175, fut l'historien le plus exact des guerres des croisés, et selon Hugues de Plagon, son continuateur, *le meilleur clerc qui fut oncques sur la terre*. Cet écrivain nous apprend qu'il naquit à Jérusalem, et Etienne de Lusignan, dans son *Histoire de Chypre*, le fait sortir du sang des rois de cette ville, mais sans appuyer cette assertion d'aucune autorité. Seulement, en lisant son histoire avec attention, on peut présumer qu'il était issu d'une famille élevée. Il nous apprend lui-même qu'il traversa les mers pour venir étudier les arts libéraux en Occident; puis, étant repassé en Orient, il obtint, grâce à la faveur d'Amauri, devenu roi sous le nom de Baudouin IV, l'archidiaconat de la métropole de Tyr, en 1167. Il succéda à Rodolphe, évêque de Bethléem, dans sa charge de chancelier du royaume en 1175, et fut promu la même année à l'archevêché de Tyr après la mort de Frédéric qui en était titulaire. En 1178, il se rendit à Rome où il assista au troisième concile de Latran dont il rédigea lui-même les actes. « Si quelqu'un, dit-il, désire connaître les décisions de ce concile, les noms, le nombre et les titres des évêques qui y assistèrent, qu'il lise l'écrit que nous avons rédigé soigneusement sur cet objet, à la prière des Pères du concile, et que nous avons fait déposer dans les archives de l'église de Tyr, avec les autres livres que nous y avons apportés. » De Rome, Guillaume se rendit à Constantinople, où il passa sept mois à la cour de l'empereur Manuel, qui le reçut avec distinction; puis il revint à Tyr après vingt-deux mois d'absence et s'occupa de gouverner son Eglise avec le zèle d'un vrai pontife. Il y était encore en 1170, puisque ce fut lui qui prononça l'oraison funèbre de l'empereur Barberousse, lorsque son fils Frédéric rapporta ses ossements à Tyr, et lui fit rendre les derniers honneurs. Il revint à Rome où il mourut, sans qu'on puisse déterminer d'une manière précise l'époque de sa mort. Mais il est certain que le siège de Tyr était occupé, en 1193, par un autre prélat, ainsi que l'atteste une charte à la date de cette année, et insérée dans le *Codex diplomaticus Melitensis*.

SES ÉCRITS. — Guillaume a composé deux ouvrages. Dans le premier, intitulé *Histoire orientale*, il esquissait l'histoire des musulmans, depuis le temps où Mahomet commença à répandre ses erreurs jusqu'au temps des croisades; ce qui comprenait une suite d'événements de cinq cent soixante-dix ans. Il l'avait composé, d'après les auteurs arabes dont il connaissait très-bien la langue, et sur l'invitation d'Amauri, roi de Jérusalem, qui lui procurait les manuscrits dont il pouvait avoir besoin. Guillaume avoue qu'il suivit surtout les mémoires d'Eutychius, patriarche d'Alexandrie, le même dont Selden a publié des *Annales* dont nous avons dit un mot dans le corps de ce volume. Guillaume cite souvent cette Histoire dans son second ouvrage, mais elle n'est pas venue jusqu'à nous, non plus que le recueil qu'il avait fait des Actes du concile de Latran, aux instances des évêques de cette assemblée, comme nous l'avons remarqué plus haut.

L'ouvrage le plus important de Guillaume, et le seul que nous possédions, est son *Histoire des croisades*, qui a pour objet de tracer le récit des guerres saintes, depuis leur origine sous Urbain II jusqu'à la seconde occasionnée par la prise d'Edesse, en 1144, sous le pontificat d'Eugène III, et dont il rapporte les événements jusqu'à l'an 1184 de notre ère.

Nous avons dit que Guillaume était de Jérusalem; il est probable que ce fut l'amour de la patrie qui le porta à transmettre à la postérité les grands événements dont cette ville avait été le théâtre. Il y fut encore excité par le roi Amauri, dans le palais duquel il remplissait les fonctions de chancelier. Son ouvrage se compose à proprement parler de vingt-deux livres, qu'il divise en chapitres suivant que les matières l'exigent, et aussi pour la facilité des lecteurs, afin de les mettre en état de juger des différentes révolutions tant civiles que religieuses qui s'accomplirent en Orient. Il donne en peu de mots l'histoire de Mahomet et de ses successeurs. Il raconte l'oppression des chrétiens par ces infidèles, et comment, après avoir porté ce joug pendant si longtemps, les fidèles d'Occident étaient venus à leur secours. Après ces préliminaires, il vient au voyage de Pierre l'Ermite à Jérusalem, rappelle ses entretiens avec le patriarche Siméon, et rapporte de suite ce qui se passa, depuis le concile de Clermont où la première croisade fut décidée, en 1095, jusqu'à l'année 1184. Dans la courte préface qui précède le vingt-troisième livre, Guillaume de Tyr, dans un style qui porte l'empreinte de la douleur que lui causait les malheurs de sa patrie, ravagée par les armes victorieuses de Saladin, annonce qu'après avoir tracé le tableau brillant de la prospérité des chrétiens, à l'exemple des grands écrivains de l'antiquité, qui ont raconté également les événements heureux et funestes de leur nation, il va, succombant à son désespoir, offrir le récit de leur ruine et de leur humiliation; mais soit que le courage lui ait manqué, soit qu'il ait été détourné de son projet par le cours des événements, ou par des motifs que nous ignorons, il n'a point achevé ce vingt-troisième livre. Des vingt-deux qui nous restent, les quinze premiers ont été composés d'après des traditions et des récits étrangers; mais Guillaume a été témoin de tous les faits racontés dans les livres suivants, ou les avait appris de personnes dignes de foi, qui les avaient vus. — Cet ouvrage fut publié pour la première fois à Bâle, chez Jean Oporinus, et par les soins de Philibert Poyssenat, en 1549, in-fol. Henri Pantaléon en a donné dans la même ville, en 1564, une nouvelle édition in-folio, avec la Vie de Guillaume de Tyr, et la continuation de son *Histoire* par Helmolde. Cette continuation ne se trouve point dans l'édition que Bongars publia à Hanau, en 1611. On y a supprimé également l'épître dédicatoire de Philibert Poyssenat. On a de cette *Histoire* une traduction italienne intitulée *Guerra sacra*, publiée à Venise par Joseph Horologgi, en 1562, et une traduction française de Gabriel Dupréau, imprimée à Paris en 1573, sous le titre de *La Franciade orientale*. A la suite de ces détails bibliographiques nous placerons le jugement que les auteurs de la *Biographie universelle* ont porté sur Guillaume de Tyr et sur son histoire. « Cet ouvrage, disent-ils, est tellement important par les faits qu'il retrace, et dans lesquels la valeur française occupe une place si brillante, qu'il serait impossible de lui préférer quelqu'autre monument historique du moyen âge. Guillaume nous annonce qu'il n'a eu pour s'aider dans son entreprise aucun écrivain antérieur; il a donc été le premier à traiter méthodiquement le sujet des guerres saintes. Guibert, abbé de Nogent, qui, soixante ans avant l'archevêque de Tyr, avait écrit une histoire de la première croisade, n'avait parlé que sur le rapport d'autrui. Où pourrait on puiser une connaissance plus exacte de ces grands événements que dans l'historien né sur les lieux, admis à l'intimité des rois, témoin des événements, ou lié d'amitié avec ceux qui y avaient assisté; qui recherche la vérité par tous les moyens en son pouvoir, et lorsqu'il ne peut la connaître, avoue ingénument son ignorance? L'intérêt qu'il prend à la gloire des croisés perce à chaque page de son histoire. Cependant cet intérêt ne l'aveugle point; il ne dissimule pas les torts ou les vices des chrétiens, et ne refuse point les éloges dus à leurs ennemis. Souvent même il s'élève à des considérations vraiment philosophiques et pleines de justesse sur les causes des événements; et ses récits sont presque toujours accompagnés de détails utiles à la géographie et à l'histoire. On ne le trouve point livré sans restriction à cet esprit de superstition et de crédulité qu'on remarque dans les historiens du même temps. Quant à son style, il est naturel, offre peu d'expressions et de tours barbares, et ne manque ni d'élégance ni d'énergie dans ses descriptions. Guillaume possédait les livres saints et les poëtes de l'antiquité; et l'on aurait peut-être à lui reprocher de les citer trop fréquemment : mais nous ne prétendons point qu'il soit exempt de défauts. Ce qu'on peut dire, c'est que les sentiments qui respirent dans l'ouvrage en font aimer l'auteur, et qu'on souscrit volontiers à l'opinion de Hugues Plagon lorsque celui-ci l'appelle *le meilleur clerc qui fut oncques sur la terre.* »

GUILLEBERT, ou Willibert, naquit en Touraine d'une famille libre, et fut instruit à l'école de Tours. S'étant engagé dans le clergé, il reçut tous les ordres jusqu'au diaconat de la main d'Hérard, son archevêque, qui le fit ordonner prêtre par Erpoin, évêque de Senlis. Les parents de Guillebert lui procurèrent ensuite une place à la cour, où il tint pendant quelque temps les registres des revenus du roi. Soit avant d'entrer dans cette charge, soit après qu'il en fut sorti, il exerça quelques années les fonctions de prévôt à l'abbaye de Saint-Vaast d'Arras. L'Eglise de Châlons étant venue à vaquer en 868, par la mort d'Erchanras, son évêque, le clergé et le peuple s'accordèrent pour élire Guillebert à sa place. Son élection fut confirmée après les examens d'usage par l'assemblée des évêques réunis à Quiercy. L'Acte de cet examen, qui nous a été conservé, est très-important pour nous faire connaître quelle était la discipline de ce temps-là dans ces sortes de cérémonies. L'enquête s'étant trouvée favorable à Guillebert, on doit conjecturer qu'il vécut en pieux pontife, et en effet, les règlements qu'il fit pour son diocèse montrent qu'il aimait l'exacte discipline. Il assista au concile de Pontion en 876, et il dut mourir en cette même année, ou au commencement de la suivante, car il y avait déjà quelque temps que Bernon occupait son siége, en 878.

Guillebert, comme tant d'autres évêques de son temps, laissa un Capitulaire, ou corps de statuts pour l'instruction de son clergé, et probablement aussi de son peuple; pourtant nous n'oserions l'affirmer, parce que nous n'en possédons que la moindre partie. Baluze, l'ayant trouvée dans un manuscrit de la bibliothèque de M. de Thou, l'a publiée dans l'Appendice aux Capitulaires de nos rois, qui paraissent avoir été la source principale où l'auteur a puisé tout ce qu'il prescrit. Il y a beaucoup de conformité entre ces statuts et ceux d'Hérard, archevêque de Tours, qui semblent également lui avoir servi de modèle. Comme ces derniers, ils sont fort concis, et divisés en articles extrêmement courts. Les neuf premiers tendent à bannir du clergé une ignorance crasse et honteuse, et prescrivent aux curés les livres et les connaissances qui leur sont indispensablement nécessaires pour l'exercice du saint ministère. L'inscription de ces statuts porte le nom de Guillebert évêque, sans spécifier de quelle Eglise, sur quoi Baluze a tenté de les attribuer à Gislebert, évêque de Chartres, et contemporain de notre prélat. Mais outre que le manuscrit porte en tête le nom de Guillebert, la conformité qui se remarque entre ces statuts et ceux d'Hérard nous semble une raison suffisante pour les attribuer à l'évêque de Châlons, qui avait été disciple de cet archevêque. On ne nous a conservé, de toutes les lettres que ce prélat écrivit à Hincmar de Reims, que ce qu'en rapporte Flodoard.

GUITMOND, qui partage avec le bienheureux Lanfranc la gloire d'avoir le mieux réussi à réfuter les erreurs de Bérenger, naquit en Normandie et embrassa la vie monastique dans l'abbaye de la Croix-Saint-Leufroy, au diocèse d'Evreux. On lui permit d'en sortir peu de temps après pour aller suivre les leçons de Lanfranc, qui venait d'ouvrir à l'abbaye du Bec cette célèbre école qui contribua si puissamment à la restauration de la littérature. Ses progrès dans les études répondirent à la pénétration de son esprit et à son ardeur pour les belles-lettres; mais il s'appliqua en même temps aux vertus de son état, de sorte qu'il devint aussi célèbre par sa piété que par son savoir. Vers l'an 1070, Guillaume le Conquérant l'appela en Angleterre, et, dans le but de l'y fixer par quelque prélature, ce prince s'empressa de lui offrir le premier évêché vacant; mais ce fut en vain que les grands du royaume se joignirent au roi pour vaincre sa répugnance, Guitmond s'en défendit par un discours plein d'une générosité sans exemple et qui est tout à la fois une preuve non équivoque de son éloignement pour les dignités ecclésiastiques et une instruction frappante contre ceux qui les poursuivent avec trop d'ardeur. Il appuya son refus sur sa mauvaise santé, sur ses peines d'esprit, sur ses misères morales et sur la frayeur que lui causait le compte qu'il devait rendre un jour à Dieu. Il ne connaissait ni les mœurs ni la langue des Anglais, qui ne souffraient déjà qu'avec tant d'impatience qu'on leur donnât des prélats étrangers. Il ne dissimula pas dans ses remontrances la peine qu'il ressentait de la manière violente dont Guillaume s'était emparé de ce royaume, et il alla même jusqu'à qualifier sa conquête d'injustice et de brigandage. Après avoir rappelé le prince à la pensée de sa fin dernière, il lui demanda la permission de retourner en Normandie: « Je laisse aux amateurs du monde, lui dit-il, le riche butin de l'Angleterre, et je préfère aux richesses des Crésus et des Sardanapale la pauvreté de Jésus-Christ que j'ai choisie, et que les Antoine et les Benoît ont embrassée avant moi. » Le roi, bien loin de s'offenser d'un tel discours, admira au contraire la constance de ce généreux moine et se fit un devoir de le traiter avec honneur. Guitmond obtint la permission de revenir en Normandie, où, bien loin de trouver des admirateurs de son désintéressement, il ne rencontra que des contradicteurs et des ennemis. Pour s'en délivrer, il demanda à Odilon, son abbé, la permission de se retirer en Italie. Celui-ci, dépourvu des lumières suffisantes pour apprécier le mérite de ce religieux, le laissa partir, et Guitmond se retira à Rome. On croit que, pour s'y mieux cacher, il changea son nom en celui de Chrétien; et l'anonyme de Molk ne le nomme jamais autrement. Il est à croire que cette ruse lui réussit, puisqu'on ne le voit reparaître que sous le pontificat de Grégoire VII. Ce Pape, au commencement de l'année 1077, envoya Bernard, abbé de Saint-Victor de Marseille, à l'assemblée qui devait se tenir à Forcheim, en Franconie. Bernard prit avec lui Guitmond ou Chrétien, comme l'appelle encore l'historien de Grégoire VII, Paul de Bernried. En 1085,

Guitmond se trouva à l'élection de Victor III, et Hugues de Lyon, rendant compte de cette élection à la comtesse Mathilde, dit que Guitmond n'était alors que simple moine. On ne doit ajouter aucune foi à Orderic Vital qui veut que Guitmond ait été créé cardinal par Grégoire VII. Urbain II, successeur immédiat de Victor III, ayant reconnu le mérite et les talents de Guitmond, trouva le secret de vaincre sa répugnance pour les dignités ecclésiastiques et l'ordonna évêque d'Averse, en Pouille, ville bâtie par les Normands sur les ruines de l'ancienne Attella, sous le pontificat de Léon IX. Comme elle prit en peu de temps des développements considérables, on y érigea un évêché qui relevait immédiatement du Saint-Siège, et Guitmond en fut le quatrième évêque. Soit en considération de son mérite, soit dans la vue de plaire au prince Roger, duc de Pouille et de Calabre, le Pape Urbain releva la dignité du nouveau pontife par la concession du pallium qui ne s'accorde ordinairement qu'aux archevêques; ce qui lui a fait donner cette qualification par Orderic Vital et par un grand nombre d'écrivains qui l'ont suivi dans ses assertions. Malheureusement on ne possède aucun détail sur les événements de son épiscopat; on sait seulement en général qu'il fut attentif à soutenir les priviléges accordés à son Eglise, et qu'après avoir travaillé au salut de son troupeau par ses instructions, ses prières et ses bonnes œuvres, il mourut dans la pratique de toutes les vertus. La date de sa mort est incertaine. Cave, Bayle et plusieurs bibliographes modernes la fixent à l'an 1080, oubliant sans doute que Guitmond n'avait été ordonné évêque qu'en 1088; le P. Pagi, au contraire, la met en 1105; nous pensons qu'il faut prendre un milieu entre ces deux opinions, et, pour rester dans le vrai, dire que Guitmond d'Averse mourut à la fin du XIe siècle.

Traité de l'Eucharistie. — Le plus célèbre de ses ouvrages et celui qui a le plus contribué à établir sa réputation, est son traité dogmatique contre les erreurs de Bérenger, archidiacre d'Angers et scholastique de l'Eglise de Tours. Cet ouvrage, dans les imprimés, est intitulé : *De veritate corporis et sanguinis Jesu Christi in Eucharistia*, et s'y trouve divisé en trois livres. Guitmond le composa sous le pontificat de Grégoire VII, et par conséquent après son retour d'Angleterre en Normandie, mais avant le concile de Rome, tenu en 1078, et même avant qu'il se retirât en Italie, où il était dès le commencement de l'année 1077. Quoique plusieurs écrivains eussent déjà exercé leur plume contre Bérenger, Guitmond n'en dit pas un mot, et attaque son adversaire comme s'il eût été le premier qui eût entrepris de le combattre. Afin d'y procéder avec plus d'ordre et mettre plus de justesse et de netteté dans ses raisonnements, il adopte la forme dialoguée qui se fait lire avec plus de plaisir. Il s'y donne pour interlocuteur Roger, un de ses confrères, médecin habile qui, après avoir été comme lui moine de la Croix-saint Leufroi, devint abbé de Monbourg, au diocèse de Coutances, en Normandie. Roger avait excité Guitmond à réfuter les erreurs de l'archidiacre d'Angers; c'est pourquoi, dans le dialogue, c'est lui qui propose les objections et Guitmond qui les résout.

Premier livre. — Guitmond le commence par le portrait de Bérenger qu'il représente comme un homme vain, qui, dès sa jeunesse, avait fait peu de cas des sentiments de son maître, et compté pour rien ceux de ses condisciples. Contempteur de la littérature et des sciences, il a travaillé à se faire une réputation de savant en donnant aux mots de nouvelles définitions. Il affectait une démarche pompeuse et une chaire plus élevée que celle des autres, pour justifier par ces dehors la dignité de maître qu'il avait usurpée, et qui était bien au-dessus de ses talents et de ses forces. Confondu par Lanfranc sur une question de dialectique, et abandonné de ses disciples, il donna dans diverses erreurs, et attaqua spécialement la vérité du corps de Notre-Seigneur dans le sacrement de l'Eucharistie. Guitmond remarque ensuite que les bérengariens ne s'expliquaient pas tous de la même façon sur cette matière. Ils s'entendaient pour convenir que le pain et le vin ne sont pas changés essentiellement; mais ils différaient en ce que les uns ne voyaient qu'une ombre et une figure dans le sacrement de l'Eucharistie, tandis que les autres y reconnaissaient le corps et le sang de Jésus-Christ, mais cachés sous une espèce d'impanation dont ils s'enveloppaient afin que nous les pussions prendre. Les adversaires de Bérenger ne s'accordaient pas non plus entre eux: quelques-uns disaient que le pain et le vin sont changés en partie, d'autres qu'ils sont changés entièrement; mais que lorsque les indignes viennent pour communier, la chair et le sang du Seigneur subissent une seconde transformation et redeviennent du pain et du vin.

Après ces préliminaires, Guitmond réfute l'erreur des vrais bérengariens, c'est-à-dire de ceux qui soutenaient que le pain et le vin ne sont pas changés essentiellement dans l'Eucharistie. Ils disaient: « La nature n'est pas capable de ce changement, même en admettant la volonté de Dieu. — S'il en est ainsi, répond Guitmond, Dieu n'est pas tout-puissant, et c'est en vain que les bérengariens chantent ce verset du psaume cxxxiv: *Tout ce que le Seigneur a voulu, il l'a fait.* Mais si Dieu a fait tout ce qu'il a voulu, il n'est plus question que de savoir s'il a voulu que le pain et le vin fussent changés au corps et au sang du Seigneur. — A Dieu ne plaise, répondaient ces hérétiques, que telle soit sa volonté, parce qu'il est indigne de Jésus-Christ d'être froissé par les dents. » Guitmond répond qu'il peut tout aussi bien être touché par les dents des fidèles qu'il le fut par les mains de saint Thomas; qu'étant immortel et impassible, il ne peut être ni blessé ni mis en pièces, et qu'encore que son corps paraisse divisé lorsqu'on le distribue aux fidèles, il y en a autant dans la plus petite partie que dans l'hostie tout entière; de sorte que chaque particule séparée est le corps de Jésus-Christ, et que trois particules séparées ne sont pas trois corps, mais un seul corps de Jésus-Christ. Il se donne tout entier à chacun des fidèles, et tous le reçoivent également, célébrât-on mille messes à la fois; c'est un seul corps de Jésus-Christ indivisible, et, quoique l'hostie paraisse partagée en plusieurs parties, la chair de Jésus-Christ n'en est pas pour cela divisée; ce que sont ces particules avant la division de l'hostie, elles le sont après leur séparation. Guitmond rend cette vérité sensible par la parole de l'homme, qui se communique tout entière et en même temps à plusieurs milliers de personnes; et par l'exemple de l'âme humaine, qui, tout appesantie qu'elle soit par la corruption du corps, n'est pas divisée en plusieurs parties dans les divers membres du corps qu'elle anime, mais tout entière dans chaque membre. Or si Dieu a accordé à l'homme la voix et à son âme une semblable prérogative, pourquoi ne pourrait-il pas communiquer un semblable avantage à sa propre chair, puisque, comme notre âme, elle est la vie, et non-seulement la vie du chrétien, mais la vie de l'Eglise tout entière. Guitmond pose pour principe que les sens étant trompeurs, nous ne devons pas les prendre pour juges de ce qui se passe dans l'Eucharistie. On a peine, en effet, à concevoir le changement opéré par la vertu des paroles sacramentelles; mais on n'a pas besoin de le comprendre pour le croire. On le croit comme on croit à la Providence, à la création, au libre arbitre, quoique notre raison ait peine à les accorder. Il suffit de savoir que Dieu a voulu opérer ce changement. Si Dieu l'a voulu, il l'a fait, puisque rien ne lui est impossible. Mais comment l'a-t-il fait? C'est son secret et non pas le nôtre. Guitmond s'applique donc à montrer que la foi doit précéder en nous l'intelligence, et que, pour le changement qui s'opère dans l'Eucharistie, on ne doit point consulter l'ordre de la nature, puisque ce corps, dont le pain emprunte la substance, a été conçu d'une vierge, contrairement aux lois de la nature. Il propose plusieurs autres changements admirables qui peuvent rendre croyable celui qui s'accomplit au sacrement de l'autel. Le monde a été fait de rien; et il retournera au néant sitôt qu'il plaira au Créateur. Les accidents se changent tous les jours en d'autres accidents; le pépin d'un fruit se change en un arbre, la semence en herbe, la nourriture en chair et en sang; mais le changement du pain et du vin au corps et au sang de Jésus-Christ s'opère par un effet particulier de la toute-puissance, qui montre la bonté de Dieu dans le plus signalé de ses bienfaits.

Deuxième livre. — Bérenger objectait: Mais la chair de Jésus-Christ est incorruptible, et le sacrement de l'autel peut se corrompre si on le garde longtemps. —

« Mais, répond Guitmond, encore que le pain consacré paraisse se corrompre aux yeux des hommes corrompus, ce pain céleste, cette manne divine ne saurait souffrir aucune altération. Si elle se présente au dehors, ce n'est que pour punir l'indocilité ou la négligence des hommes dans l'accomplissement des lois de l'Église. Tous les changements qui s'aperçoivent dans l'Eucharistie tombent sur les espèces en apparences sensibles, mais la substance du corps de Jésus-Christ demeure entière et sans aucune corruption. »

Guitmond résout ensuite les objections que Bérenger tirait de quelques passages de saint Augustin, dans lesquels on lit, que le sacrement de l'autel est un signe qu'il faut révérer, non par la servitude de la chair, mais avec la liberté de l'esprit, et que lorsque l'Ecriture semble commander un crime, ou défendre quelque chose d'utile et de bon, c'est une locution figurée, comme en cet endroit : *Si vous ne mangez la chair du fils de l'homme et ne buvez son sang, vous n'aurez point la vie en vous.* « Jamais, répond Guitmond, saint Augustin n'a appelé nulle part dans aucun de ses livres, ce qu'on mange sur l'autel un signe et une figure; mais il a donné le nom de signe à la célébration du corps du Seigneur, et nous pensons comme lui à cet égard. Toutes les fois que nous célébrons le mystère de son corps et de son sang; nous ne le faisons pas mourir de nouveau par cette action; mais nous faisons seulement mémoire de sa mort. Or cette mémoire signifie sa passion; d'où il résulte que la célébration du mystère de son corps et de son sang est un signe. Ce que dit saint Augustin de la servitude charnelle, regarde les juifs, et les signes de l'ancienne loi dont il était question dans le même passage. Pour ce qui est du crime que Jésus-Christ semble ordonner en commandant de manger sa chair et de boire son sang, saint Augustin, dit clairement, dans un autre de ses ouvrages, que ce crime n'existait que dans l'imagination grossière des Capharnaïtes qui pensaient que son corps, comme celui des animaux avait besoin d'être mis en pièces pour être mangé. » Guitmond ajoute que si l'on s'obstine à vouloir que l'Eucharistie soit appelée par l'Église signe ou figure, il ne s'y opposera point, puisqu'il est dit de Jésus-Christ, qu'il a été posé parmi les hommes comme un signe de contradiction. S'il a été un signe, l'Eucharistie peut bien en être un; mais c'st un signe qui n'exclut pas la réalité.

Bérenger réfutait souvent l'explication que saint Augustin donne à ces paroles de Jésus-Christ : *C'est l'esprit qui vivifie*, et prétendait que dans la pensée de ce Père, elles signifiaient que nous ne devons pas manger le corps que les apôtres voyaient, ni boire le sang que les Juifs devaient répandre; et il en concluait que ce que nous recevons à l'autel, n'est que l'ombre et la figure du corps et du sang de Notre-Seigneur. Guitmond le renvoie au traité du saint docteur, sur le psaume XCVIII, dans lequel Augustin s'applique à réfuter le sentiment des Capharnaïtes, et à montrer que nous ne devons pas manger la chair du Sauveur dans la même forme qu'elle se montrait aux apôtres, ni en la coupant en morceaux comme la viande qui s'achète au marché; mais sous une autre forme; mais tout entière et non par morceaux; mais vivante et non pas morte. Tel est le sentiment de saint Augustin, et tel est le sens des paroles de Jésus-Christ aux Capharnaïtes.

Troisième livre. — Après avoir répondu dans les deux premiers livres aux objections de Bérenger, Guitmond entreprend de démontrer d'abord que nous recevons le vrai corps de Jésus-Christ dans toute sa substance, et de combattre ensuite les impanateurs, c'est-à-dire ceux qui soutenaient que le pain et le vin demeurent dans l'Eucharistie avec le corps de Jésus-Christ. Il est le premier qui ait désigné par le nom d'impanateurs ceux qui avaient adopté ce sentiment. Venant ensuite à la première proposition, il l'établit par un passage de saint Augustin sur le psaume XXXIII, dans lequel ce Père, expliquant comment David se portait lui-même dans ses propres mains, dit : « Qui peut comprendre comment cela arrive dans une même personne? Est-il quelqu'un qui puisse se porter lui-même dans ses propres mains ? Un homme peut bien être porté par les mains des autres, mais personne ne l'est par les siennes. Nous ne voyons donc pas comment cela se peut entendre littéralement de David; mais nous comprenons comment à la lettre on peut l'expliquer de Jésus-Christ; car il se portait dans ses propres mains lorsque, nous donnant sa chair à manger, il dit : *Ceci est mon corps!* O parole lumineuse et à laquelle tout le monde doit déférer avec révérence ! Ce qui ne se trouve point selon la lettre, ni en David ni en aucun homme, se trouve en Jésus-Christ, selon le sens littéral et naturel. Le corps qu'il portait dans ses mains n'était donc pas l'ombre et la figure, mais la substance même de son propre corps. » Guitmond, pour appuyer le dogme de la présence réelle, cite encore des passages de saint Ambroise, de saint Léon, de saint Cyrille d'Alexandrie, de saint Grégoire le Grand et de saint Hilaire de Poitiers, auxquels il ajoute quelques miracles qui déposent clairement en faveur de la présence réelle dans l'Eucharistie.

Sur la seconde proposition, l'auteur démontre que par la vertu des paroles de la consécration le pain et le vin sont tellement changés au corps et au sang de Jésus-Christ, que l'impanation ne peut avoir lieu dans l'Eucharistie. Il cite à ce propos l'autorité de saint Ambroise, d'Eusèbe d'Émèse, et un ancien Missel espagnol qu'on disait composé par saint Isidore, et qui contenait une messe de la semaine de Pâques dans laquelle on lisait ces paroles : « Seigneur, tout ceci est divin ! O Père, tout ceci est céleste; et tout ceci étant changé en la substance de votre Fils, est maintenant son corps et son sang. Ce n'est plus une figure, mais une vérité; ce n'est plus une créature mortelle, mais une créature céleste qui communiquera la vie éternelle à ceux qui la mangeront, et qui donnera un royaume perpétuel à ceux qui étancheront leur soif dans son sang. » « Quant à ces impanateurs, ajoute Guitmond, qui veulent que la substance du pain et du vin demeure encore après la consécration, Jésus-Christ détruit lui-même leur sentiment, lorsqu'en bénissant le pain il dit : *Ceci est mon corps.* En effet, il ne dit pas : Mon corps est caché sous ce pain, et ce vin est la figure de mon sang ; mais il dit : Ceci est mon corps, ceci est mon sang. » Il allègue encore ce que l'Eglise dit dans le Canon de la messe, où, suivant la tradition des apôtres, elle demande à Dieu que l'oblation soit faite et devienne pour nous le corps et le sang de son Fils bien aimé. Elle ne demande pas que le corps et le sang de Jésus-Christ soit caché dans cette oblation sainte, ni qu'il vienne s'y renfermer ; mais elle demande que l'oblation devienne elle-même le corps et le sang de Jésus-Christ. Guitmond fait voir ensuite que les bérengariens ne s'accordaient pas même entre eux. Les uns n'admettaient dans l'Eucharistie que l'ombre et la figure du corps de Jésus-Christ, les autres croyaient que la substance du corps et du sang s'y trouvait cachée sous le pain et le vin. Il raconte ensuite comment l'hérésie de Bérenger a été condamnée dès sa naissance par le Pape Léon IX, par le concile de Tours, en présence de Grégoire VII, alors archidiacre de l'Eglise romaine, et dans le concile de Rome, sous le Pape Nicolas II ; puis il expose comment l'hérésiarque fut obligé de jeter lui-même au feu les écrits qui contenaient son erreur. Il insiste sur l'autorité de l'Eglise universelle, et sur la nécessité de croire ce qu'elle a enseigné toujours et en tous lieux. D'où il conclut que l'article du changement substantiel du pain et du vin au corps et au sang de Jésus-Christ étant adopté par le consentement de l'Eglise universelle, on ne peut refuser de lui accorder sa croyance. Il ajoute : « Si les bérengariens forment l'Eglise, ou elle n'a pas commencé avec Jésus-Christ, ou elle a cessé d'être peu de temps après ; car il est manifeste aujourd'hui que ces folies n'existaient pas avant que Bérenger les eût inventées. Or, il est certain que l'Eglise a existé dès le temps de Jésus-Christ, dans ses apôtres et dans leurs disciples, comme il est certain que depuis elle n'a cessé ni pu cesser d'être. Il faut donc que tous soient d'accord sous son autorité, que tous embrassent sa foi. C'est la croyance non d'un homme, mais de tout le monde ; c'est la seule raisonnable, invincible, nécessaire. Mais en quel endroit de l'Ancien ou du Nouveau Testament l'impanation est-elle établie ? Sur quelles raisons, quels arguments, quels miracles est-elle fondée ? Quelle est son utilité ? Quel honneur rapporte-t-elle à Jésus-Christ ? On ne gagne rien à manger la figure et l'ombre du corps et du sang du Sauveur, tandis qu'on ne peut nier qu'il n'y ait un grand avantage à se nourrir de la propre substance de son Dieu. » Guitmond prouve que quand on est convaincu de cette doctrine, c'est un puissant motif pour s'exciter soi-même à recevoir l'Eucharistie qui ne peut être égalé que par l'ardeur du désir qui nous porte vers ce sacrement. Il exhorte les bérengariens à se rendre à l'évidence de la vérité, en leur remontrant qu'il ne s'agit pas seulement de l'honneur de la victoire, comme dans les disputes de l'école, ni de quelque intérêt temporel comme dans les tribunaux séculiers, mais de la vie éternelle.

Ce n'est pas sans raison que cet écrit a mérité à son auteur le titre de profond théologien, et que sa manière de raisonner a servi de modèle aux plus habiles controversistes, qui dans la suite des temps se sont vus obligés de réfuter les mêmes erreurs. Outre la force du raisonnement et l'érudition qui se révèlent à chaque page, on découvre partout un écrivain de bonne foi, qui va droit à la vérité et qui ne cherche par aucune objection ni à l'éluder ni à l'affaiblir. Le style de cet écrit est grave, clair, précis et toujours convenable et approprié au sujet. On peut remarquer que le peuple répondait encore *Amen*, lorsqu'en lui montrant l'hostie consacrée, le prêtre lui disait ces paroles : *Hoc est corpus Christi.* On employait alors, en donnant la communion, cette formule qui diffère très-peu de celle aujourd'hui en usage. Il n'est donc pas surprenant que tous les anciens qui ont eu occasion de parler de cet écrit, ne l'aient fait qu'avec les plus grands éloges. Le principal historien du Pape Grégoire VII regardait ce traité de Guitmond comme un ouvrage exquis, *opus eximium*. Robert du Mont et le chroniqueur du Bec le représentent comme un livre où la délicatesse du style le dispute à l'éloquence des pensées, *elegantem librum*. Orderic Vital dit que l'auteur a laissé des preuves de son génie. L'anonyme de Molk témoigne que Guitmond, qu'il ne désigne jamais que sous le nom de Chrétien, a réfuté d'une manière invincible l'hérésie de Bérenger. L'écrivain sans nom qui, sur la fin du XVIIe siècle, publia un morceau d'histoire dû à la plume de l'infortuné Scolastique de Tours, après avoir loué la piété de Guitmond et de Lanfranc, ajoute qu'ils réussirent à opposer une réfutation complète aux erreurs de Bérenger. Les écrits de ces deux auteurs suffisaient, suivant lui, pour mettre dans tout leur jour les ruses artificieuses de cet hérésiarque, et par là même pour déjouer tous ses efforts.

Exposition de foi. — Sous ce titre, nous avons de Guitmond un petit traité qui, à proprement parler, est une profession de foi sur les mystères de la Trinité, de l'Incarnation et de l'Eucharistie. L'auteur, en philosophe non moins habile que profond théologien, y établit ce que tout fidèle doit croire et professer dans l'occasion sur ces trois points fondamentaux de la religion chrétienne. Il y procède avec une netteté et une précision merveilleuses. Les comparaisons qu'il emploie sur le premier point, pour montrer l'unité de substances et la trinité de personnes, sont naturelles et d'une vérité palpable. Si Abailard et Gilbert de la Parée avaient bien lu cette première partie, ils auraient appris à penser plus juste et à s'exprimer plus clairement sur le mystère de la Trinité. Ce traité est adressé à un nommé Robert, qui avait suivi Guitmond en Italie, et qu'il nomma abbé de Saint-Laurent d'Averse, après qu'il eut été élevé lui-même sur le siége épiscopal de cette Eglise.

Traité sur la Trinité. — Dom Luc d'Achery a publié un autre écrit de Guitmond, qui peut être regardé comme un traité de théologie sur l'unité de Dieu en trois personnes. Il est en forme de lettre et adressé à Erfuste, qui lui avait demandé des éclaircissements, non-seulement sur cette matière, mais encore sur le sacrement de l'Eucharistie. Il désirait surtout connaître ce que Guitmond pensait de l'induction que l'on tire ordinairement du soleil et de ses qualités, pour rendre croyable ce que la foi enseigne de l'unité de substance en Dieu et de la trinité des personnes. Guitmond lui fait d'abord observer que cette comparaison peut à la vérité donner quelque idée de ce mystère, surtout par rapport à l'unité de substance, mais il n'en est pas de même pour le reste. Il s'applique ensuite à en faire ressortir les différences, en développant le mystère de la Trinité avec une netteté admirable, quelque abstraite que soit cette matière. Il est à regretter que nos théologiens ne connaissent pas assez ce traité de Guitmond : ils en tireraient de grands secours pour leur enseignement sur ce mystère. Quoique Guitmond ait recours ailleurs à des comparaisons pour en donner quelque connaissance, cependant il a soin de faire remarquer ici qu'il y a une distance infinie entre la créature et le Créateur. De sorte qu'aucun raisonnement, aucun discours humain, ne peuvent suffire pour expliquer la nature de la Divinité, qui surpasse toute intelligence humaine. Il termine cette première partie de son écrit par une réflexion bien capable d'humilier ces prétendus esprits forts, qui refusent de croire ce qu'ils ne comprennent pas. Après avoir proposé quelques exemples empruntés à l'ordre de la nature, et que l'esprit humain ne peut ni comprendre ni expliquer, il en tire cette conséquence, que l'homme, pour être juste, doit cesser de vouloir, par une présomptueuse témérité, atteindre jusqu'à la perception des choses divines, qu'il est obligé de croire avec une humble soumission. Ce que l'auteur avait dit sur l'Eucharistie manque dans les imprimés, et il y a toute apparence que dom Luc d'Achery n'en avait pas trouvé davantage dans le manuscrit d'où il a tiré la première partie de cet opuscule. Quand même Guitmond n'y aurait pas mis son nom, on n'aurait pas de peine à le reconnaître à sa manière de raisonner et à son style.

Discours au roi Guillaume. — Le discours de Guitmond à Guillaume, conquérant et roi de l'Angleterre, a passé de l'*Histoire ecclésiastique* d'Orderic Vital dans les *Bibliothèques des Pères*. Il est vraisemblable qu'il aura pris soin de le rédiger lui-même après l'avoir prononcé devant ce monarque et les seigneurs de sa cour. Il contient, comme nous l'avons dit ailleurs, les raisons motivées qui lui firent refuser l'épiscopat qui lui avait été offert par ce prince. Outre celles qui lui étaient particulières, comme la faiblesse de sa santé, l'ignorance de la langue et des mœurs des Anglais, il ne pouvait se résoudre à accepter cette dignité de la part de Guillaume, dont les mains étaient teintes du sang de son peuple. Il déclare que c'était à ce peuple de se choisir un évêque, à la charge de le faire approuver par qui de droit. Il défie qu'on lui montre nulle part dans les divines Ecritures que les peuples fussent obligés de recevoir des pasteurs de la part de leurs ennemis. Il l'exhorte à ne pas se laisser enfler par les victoires qu'il avait remportées sur les Anglais, en lui représentant que les plus grandes monarchies ont eu leurs bouleversements et leurs révolutions. Il ajoute qu'étant parvenu à la royauté, non par droit d'hérédité, mais par une faveur toute gratuite de la Providence, il n'en jouirait qu'autant qu'il plairait au souverain maître, auquel, malgré sa puissance, il serait obligé de rendre compte un jour des Etats qu'il lui avait confiés. Il règne dans tous ses discours un désintéressement héroïque et une généreuse liberté, qui prouvent que son auteur était vraiment digne de l'épiscopat qu'il refusait. Le tableau abrégé qu'il trace des révolutions qui s'étaient accomplies dans le monde, depuis celles qui avaient bouleversé l'empire des Assyriens jusqu'à celle qui venait de mettre l'Angleterre entre les mains de Guillaume, prouve qu'à la science théologique il joignait une connaissance étendue de l'histoire.

On le voit, dans ses autres écrits, expliquer les difficultés les plus épineuses de nos mystères avec une facilité admirable ; combattre avec force les ennemis de l'Eglise et de la vérité ; découvrir avec sagacité le venin de leurs erreurs ; résoudre leurs objections avec autant de force que de clarté ; et proposer les dogmes de la religion sous un jour aussi lumineux qu'agréable et avec des mouvements de piété propres à la faire bénir. Son style est vif et pressant, ses raisonnements sont justes, et sans affecter l'éloquence, on peut dire qu'il en a autant qu'il convient à un théologien. Nous croyons faire plaisir à nos lecteurs en leur offrant ici le parallèle tracé par Erasme entre Guitmond et Alger, moine de Cluny, dont nous avons analysé les OEuvres dans notre premier volume, et qui ne sont pour ainsi dire que l'amplification du traité de Guitmond sur la même matière. « Guitmond, dit-il, est plus vif, plus ardent, et possède plus l'esprit de l'orateur chrétien ; Alger a plus de douceur et plus d'onction. Cependant l'un et l'autre sont également instruits des Ecritures, et on voit qu'ils ont lu avec soin les docteurs de l'Eglise, saint Cyrille, saint Hilaire et plusieurs autres dont les écrits ne respirent que l'esprit apostolique. Quant à l'éloquence, ils ont tous les deux celle qui convient à des théologiens. Leurs raisonnements sont aussi justes que solides; et chose rare dans l'explication des grands mystères de la religion, on y trouve partout une élocution noble, jointe à un style affectueux et pathétique, qui offre naturellement au lecteur deux avantages, celui d'entendre ce qu'un homme savant lui enseigne, et celui d'adopter ce qu'un homme pieux et apostolique lui propose. » Nous avons pensé que ce jugement d'Érasme nous aiderait à faire connaître Guitmond et à apprécier le mérite de son principal ouvrage.

GURDISTIN ou WRDISTIN, que d'autres, en défigurant un peu son nom, appellent TURDESTIN, était d'abord moine de Landevenec, au diocèse de Quimper, dans l'Armorique. Il fut fait abbé de ce monastère après la mort d'Aélam, vers l'an 870, et le gouvernait encore en 884. Il donna tous ses soins à entretenir dans sa maison le goût des bonnes études, autant que le génie de son siècle et celui de sa nation pouvaient le comporter. Ce fut par son ordre qu'un de ses disciples, dont nous parlerons en son lieu, composa une *Vie de saint Pol de Léon*, évêque dans la même province, et qu'un autre, nommé Clément, laissa aussi quelques productions de sa plume. Avant d'être élevé à la dignité d'abbé, Gurdistin avait écrit lui-même une nouvelle Vie de saint Guingalais, vulgairement saint Guignalé, fondateur et premier abbé de son monastère. L'ouvrage est divisé en trois livres, dont les deux premiers sont en prose mêlée de quelques vers, et le troisième, qui n'est qu'une récapitulation des deux autres, tout entier en vers héroïques, ainsi que la préface générale placée en tête de l'ouvrage. Gurdistin, rendant compte des sources où il a puisé, déclare s'être servi d'un ancien écrit qui contenait la vie du saint, et auquel il a emprunté quelquefois jusqu'aux expressions. Cet écrit, du reste, n'est autre que la première vie de saint Guingalais, rajeunie et défigurée, pour l'accommoder au goût du ixᵉ siècle. Notre écrivain l'a tellement suivie, qu'il rapporte presque tous les mêmes miracles et dans le même ordre qu'ils s'y lisent. Seulement il y ajoute diverses circonstances que lui avait sans doute apprises la tradition de son monastère. Une autre différence qui se trouve encore entre ces deux Vies, c'est que celle de Gurdistin n'est pas à beaucoup près aussi bien écrite que l'ancienne. Son ouvrage se trouvait tout entier dans le Cartulaire de Landevenec, écrit vers la fin du xiiᵉ siècle, et y occupait les 127 premiers feuillets. Les continuateurs de Bollandus en ont fait imprimer le premier et le second livre, sans rien donner du troisième ni de la préface, que les deux premiers vers.

A la suite de cet ouvrage, dans le même Cartulaire, vient une homélie, divisée en onze leçons, sur le même sujet. C'est proprement parler un abrégé de la vie du saint, avec une préface dans laquelle l'auteur avertit qu'il l'a faite en faveur de ceux qui n'auraient pas le temps de lire ni assez d'intelligence pour comprendre l'écrit prolixe qui l'a précédé. Quoique Gurdistin n'y soit nommé nulle part, il est constant néanmoins que cette pièce est de sa façon.

GURHERDEN, moine de l'abbaye de Sainte-Croix de Quimperlé, en Basse-Bretagne, mort le 25 avril 1127, a laissé quelques ouvrages sur l'histoire de son monastère. Comme il y eut de son temps, entre sa maison et l'abbaye de Redon, un grand procès au sujet de Belle-Isle, dont les deux monastères se disputaient la possession, cela donna occasion à Gurherden d'examiner les anciennes chartes de l'abbaye de Sainte-Croix, pour y découvrir de quoi soutenir ses droits contre les prétentions de son adversaire. Les recherches qu'il fit à ce sujet lui acquirent des connaissances qui le mirent en état de faire de sa maison une histoire abrégée, dont le manuscrit se conservait encore au siècle dernier parmi ses archives. C'est l'ouvrage le plus intéressant que nous ayons de cet auteur. Mais ce qu'il dit de l'origine de son monastère est plein de fables, au rapport de dom Mabillon, qui ne daigne pas même en faire mention, pas plus que de ce qu'il débite sur saint Gurloës, qui en fut le premier abbé depuis le rétablissement, ou plutôt depuis la fondation de ce monastère. Le nouvel historien de la Bretagne en a porté le même jugement que dom Mabillon. Selon lui, cette abbaye fut fondée le 14 octobre de l'an 1029, par Alain Cagnard, comte de Cornouailles, qui lui donna en propriété l'île de Guedel, connue depuis sous le nom de Belle-Isle. S'il en est ainsi, tout ce que Gurherden raconte de l'abbaye de Sainte-Croix, dont il semble faire remonter l'origine jusqu'au viᵉ siècle, doit être rejeté comme faux et fabuleux.

Les différents traits que dom Mabillon cite de cet ouvrage, font voir que l'auteur ne l'entreprit que pour défendre la prétention de l'abbaye de Sainte-Croix sur l'île de Guedel, qui lui avait été donnée par Alain, contre celle de Redon, qui en avait joui jusqu'alors depuis la donation que le duc Geoffroi lui en avait faite, en considération de son frère Catvallon qui en était alors abbé. Il a soin de rapporter les actes originaux du procès; et quoique cette histoire, outre les fables qu'elle raconte, soit encore remplie de fautes, les monuments curieux qu'elle renferme ne permettent pas de la rejeter entièrement. Dom Mabillon, dans l'Appendix du VIᵉ volume des *Actes des Saints*, a donné sur le procès de ces deux abbayes une relation qui contient l'histoire abrégée de ce différend. Elle est assez bien faite et même intéressante, en ce qu'on y trouve la suite des abbés de ces deux monastères, depuis le commencement jusqu'à l'an 1117, c'est-à-dire, jusqu'à la décision finale de cette contestation. De plus, cette histoire nous aide encore à connaître quelques comtes et seigneurs bretons, ainsi que les évêques de la province.

On a conservé longtemps, dans le Cartulaire de l'abbaye de Quimperlé, un autre ouvrage du même auteur; c'est la *Vie de Ninnoc*. Gurherden l'ayant trouvée dans un ancien livre, où elle était écrite d'un style grossier, jugea à propos de la retoucher et de la polir; mais il n'en a changé que les expressions, il a respecté le fond des choses et conservé l'ordre du récit. Dom Lobineau ne parle point de ce saint dans les vies qu'il nous a données des saints de la Bretagne; sans doute il n'a pas cru que l'ouvrage de Gurherden méritait de voir le jour. — On trouve à la tête du même Cartulaire, et de la façon de notre auteur, une *Vie de saint Gurthiern* ou Gunthiern, qui vivait dans le vi^e siècle. Le peu que dom Lobineau en a inséré dans sa Collection prouve qu'il n'avait pas une idée plus avantageuse de cet ouvrage que du précédent.

FIN DU SECOND VOLUME.

TABLE DU SECOND VOLUME DU DICTIONNAIRE DE PATROLOGIE.

D

Dadon, notice.	9
Mémoires, poëme.	10
Dagobert Ier, notice.	10
Loi des Ripuaires.	12
Loi des Allemands.	12
Loi des Bavarois.	13
Autres monuments de son règne.	13
Dalmace, notice.	14
Sa lettre aux Pères d'Éphèse.	14
Son apologie.	15
Dalmace de Narbonne, notice et écrits.	16
Damase (Saint), pape, notice.	16
Lettre à Paulin.	18
A saint Aschole.	19
A saint Jérôme.	20
Aux Orientaux.	21
Écrits perdus.	22
Écrits supposés.	23
Daniel, notice et écrits.	23
Dahrnopates, notice et écrits.	24
Dardane, notice.	24
Lettre à saint Augustin.	25
David, notice et écrits.	26
Défenseur, notice et écrits.	26
Démétrius de Cyzique, notice.	27
Traité sur les erreurs des Jacobites.	28
Démétrius Tornicius, notice.	29
Denys l'Aréopagite (Saint), notice.	29
Opinion de Ritter sur saint Denys.	31
Étude critique de M. l'abbé Darboy.	58
Première partie.	40
Deuxième partie.	64
Réflexions sur ce travail.	86
De la hiérarchie céleste.	87
De la hiérarchie ecclésiastique.	89
Des noms divins.	90
De la théologie mystique.	91
Lettres.	92
Lettre à l'apôtre saint Jean.	94
Denys de Corinthe, notice.	94
Ses lettres canoniques.	95
Denys (Saint) d'Alexandrie.	96
Lettres à Novatien, etc.	99
A Fabius d'Antioche.	100
Au Pape saint Corneille.	101
Discours sur la fête de Pâques.	101
Écrits contre Népos.	103
Au Pape saint Étienne.	105
Au Pape saint Sixte.	105
A saint Denys de Rome.	107
A Philémon.	107
Rép. aux calomnies de Germain.	108
Lettres pascales.	109
Autres lettres pascales.	110
A Hermammon à Théuctène.	111
Lettre pascale aux Égyptiens.	112
Écrits contre Sabellius.	112
Contre Paul de Samosate.	113
Critique et jugement.	114
Denys, Pape, notice.	115
Lettre à saint Denys d'Alexandrie.	115
Denys le Petit, notice.	116
Code.	116
Cycle pascal.	117
Lettre sur la Pâque.	118
Traductions.	119
Deus-Dedit, Pape, notice, etc.	120
Deus-Dedit, cardinal.	120
Dexter, notice.	120
Chronique supposée.	121
Diadocus, notice.	122
Traité de la perfection spirituelle.	122
Jugement de cet écrit.	135
Dictinius, notice, etc.	135
Didier, notice.	135
Seize lettres de lui.	138
Didyme l'Aveugle, notice.	138
Livres du Saint-Esprit.	142
Premier livre.	142
Deuxième livre.	145
Troisième livre.	148
Contre les manichéens.	149
Commentaire sur les Épîtres.	153
Écrits perdus.	154
Critique et jugement.	155
Diodore de Tarse, notice	156
Contre le destin.	159
Contre les païens.	160
Contre Photin.	161
Autres écrits.	162
Critique et jugement.	163
Ditmar, notice.	163
Sa chronique.	164
Critique et jugement.	167
Dodane, notice.	167
Manuel à son fils.	168
Jugement de cet ouvrage.	169
Domice, notice, etc.	169
Dominique de Grade, notice.	169
Lettre à Pierre d'Antioche.	170
Domitien d'Ancyre, notice, etc.	170
Domnison, notice.	170
Vie de Grégoire VII.	171
Domnule (Saint), notice.	171
Deux lettres.	172
Testament et codicille.	173
Domnule, notice, etc.	173
Donat des Casesnoires, notice, etc.	174
Donat de Carthage, notice, etc.	176
Donat (Saint) de Besançon, notice.	178
Règle.	179
Donat de Metz, notice.	180
Vie de saint Tron.	181
Dorothée, notice.	181
Ses doctrines ou sermons.	182
Dorothée de Martianople, notice, etc.	183
Dorothée d'Alexandrie, notice, etc.	183
Draconce, notice.	183
Drepanius Florus, notice, etc.	183
Drogon de Beauvais, notice, etc.	184
Drogon, cardinal, notice.	184
Ses écrits, trois traités.	185
Drogon, légendaire, notice.	186
Miracles de saint Vinock.	187
Translation de sainte Lewine.	187
Légende de saint Osvald.	188
Deux sermons.	189
Drogon de Saint-André, notice.	189
Vie de sainte Godolève.	189
Druthmar, notice.	190
Commentaires sur saint Mathieu.	191
Idem sur saint Luc et saint Jean.	195
Dudon, notice.	195
Histoire des ducs de Normandie.	196
Duncan, notice et écrits.	197
Dungal, notice.	197
Traité sur le culte des images.	198
Pèlerinages, invocation des saints.	200
Poésies.	201
Dunstan, notice.	201
Ses écrits.	202
Durand de Troarn, notice.	202
Traité du corps et du sang de Jésus-Christ.	204
Poésies.	207
Durand d'Auvergne, notice.	207
Lettre à saint Anselme.	208
Dynamme de Bordeaux, notice, etc.	209
Dynam, notice, etc.	209
Vie de saint Marius.	210
Vie de saint Maxime.	211

E

Ebbon, de Reims, notice.	211
Ses statuts.	213
Lettre à Halitgaire.	213
Sa confession.	213
Son apologie.	213
Narration des clercs.	214
Ebénard, notice.	215
Son testament.	215
Eberhard, notice.	217
Actes des archevêq. de Trèves.	217
Ebervin, notice, etc.	217
Ebrard, notice	218
Chronique de Waste.	218
Ebrémar, notice.	218
Lettre à Lambert d'Arras.	221
Eccard, notice, etc.	222
Édèse, notice.	222
Poëme.	223
Edgard Ier, notice.	223
Ses lois.	224
Lettre au concile d'Angleterre.	227
Actes et diplômes.	228
Edmer, notice.	229
Vie de saint Anselme.	229
Histoire des nouveautés.	230
De l'excellence de la Vierge.	230
De la béatitude.	231
Vies des saints et autres écrits.	231
Edmond Ier, notice et écrits.	232
Egbert, notice.	233
Extraits des canons.	233
Pénitentiel.	234
De l'institution ecclésiastique.	235
Egelnote, notice, etc.	235
Egilvard, notice.	235
Vie du saint Burchard.	235
Actes du martyre de S. Killiam.	236
Eginhard, notice.	237
Vie de Charlemagne.	237
Annales.	238
Lettres.	239
Translations.	240
Abrégé chronologique.	241
Avis à l'empereur.	241
Du culte de la Croix.	242
Abrégé du Psautier.	242
Histoire des Saxons.	242
Plan du monastère de St.-Gal.	242
Critique et jugement.	243

Eigil (Saint), notice.	213	
Vie de saint Sturme.	214	
Requête des moines de Fulde.	215	
Eleuthère (Saint), notice.	215	
Quatre écrits qui lui sont attribués,	216	
Elisabeth de Schnauge, notice.	247	
Cinq livres de révélations.	247	
Lettres.	248	
Eloi (Saint), notice.	248	
Ses discours.	250	
Homélies.	251	
Lettre à Didier.	256	
Critique et jugement.	256	
Elpide, notice.	256	
Ses poésies.	257	
Emenon, notice.	258	
Lettres.	258	
Emmion, notice et écrits.	259	
Endelechius, notice.	259	
Son églogue sur la mortalité.	260	
Enée, notice.	260	
Écrits contre les Grecs.	260	
Lettre à Hincmar.	261	
Engelmode, notice, poëme.	262	
Enguerran, notice.	262	
Poëme en l'honneur de saint Riquier,	264	
Autres poésies.	265	
Ennode (Saint), notice.	265	
Ses lettres.	266	
Panégyrique de Théodoric.	267	
Apologie du concile de Rome.	268	
Vie de saint Épiphane.	268	
Vie du bienheureux Antoine.	269	
Action de grâces.	269	
Divers opuscules.	270	
Dictions.	270	
Poésies.	271	
Critique et jugement.	271	
Ephrem (Saint), notice.	272	
Discours sur le sacerdoce.	275	
Des vertus et des vices.	276	
De la crainte de l'esprit.	277	
Sur la componction.	278	
Exhortations aux moines.	279	
Sur les armes spirituelles.	281	
Discours ascétique.	282	
Confession de saint Ephrem.	282	
Sur la perle de l'Évangile.	284	
Sur la Croix.	285	
Vie de S. Abraham et de sa nièce.	286	
Discours sur les Pères morts.	288	
Discours sur le jugem. dernier.	289	
Testament de saint Ephrem.	293	
Commentaires sur la Genèse.	293	
Sur l'Exode.	294	
Sur le Lévitique.	295	
Sur les nombres.	296	
Sur le Deutéronome.	296	
Sur Josué.	296	
Sur les juges.	296	
Sur les quatre livres des Rois.	298	
Sur Job.	297	
Sur Isaïe.	297	
Sur Jérémie.	297	
Sur Ézéchiel.	298	
Sur Daniel.	298	
Sur Osée.	298	
Sur Joël.	299	
Sur Amos.	299	
Sur Abdias.	299	
Sur Michée.	299	
Sur Zacharie.	300	
Sur Malachie.	300	
Poésies de saint Ephrem.	300	
Critique et jugement.	303	
Écrits récemment découverts.	303	
Ephrem (Saint) d'Antioche.	307	
Ses écrits, 1er livre.	307	
2e livre.	310	
Condamnation des trois chapitres,	312	
Épiphane (Saint), notice,	312	
Panarium.	315	
1er tome du 1er livre.	316	
2e tome du 1er livre.	319	
3e tome du 1er livre.	323	
2e livre.	325
3e livre.	328
Anchorat.	337
Anacéphaléose.	340
Traité des poids et des mesures.	343
Le Physiologue.	346
Des pierres précieuses.	347
Lettres.	349
Écrits perdus.	349
Écrits supposés.	350
Critique et jugement.	350
Épiphane de Constantinople.	351
Épiphane Scolastique, notice.	351
Histoire tripartite.	351
Épiphane de Jérusalem, notice, etc.	352
Eracle, notice et écrits.	352
Erchembert, notice.	353
Chronique des Lombards.	353
Ercuinfrod de Molck, notice, etc.	354
Erkembald, notice.	354
Ses poésies.	355
Erme (Saint), notice et écrits.	357
Ermengard, notice.	357
Traité contre les Manichéens.	357
Ermenric, notice.	358
Vie de saint Sole.	359
Poésies.	359
Vie de saint Haridolphe.	359
Actes de saint Magne.	360
Ermenric de Ricuenoc, notice.	360
Lettre et autres écrits.	360
Ermentarre, notice.	361
Transmigrations de saint Philibert,	362
Ermoldus, notice.	363
Poëme sur Louis le Débonnaire.	
Ethelvolfe, notice.	363
Histoires qui lui sont attribuées.	363
Ethelstan, roi d'Angl., notice.	364
Ses lois.	365
Ethelvod (Saint), notice.	366
Auteurs de plusieurs chroniques.	367
Ethelwerd, notice.	368
Chronique universelle.	368
Étienne (Saint), pape, notice.	370
Lettre à saint Cyprien et au concile d'Afrique.	371
Étienne II, Pape, notice.	371
Lettres.	374
Privilèges	375
Réponses à diverses questions.	376
Étienne III, Pape, notice.	377
Lettres à Pépin.	378
Sur l'ordination de Michel.	379
A la reine, au roi et aux princes,	379
Étienne V, Pape, notice.	381
Lettre à l'empereur Basile.	381
Réponse à Stylien.	382
A Robert de Metz.	382
A Foulques de Reims.	382
Discours.	383
Étienne VI, Pape, notice.	384
Lettre à Foulques de Reims, etc.	384
Étienne VIII, Pape, notice, etc.	385
Étienne IX, Pape, notice.	385
Lettres.	386
Étienne d'Auxerre, notice.	387
Réponse à saint Aunaire.	387
Vie de saint Amateur.	387
Étienne de Liége, notice.	388
Vie de saint Lambert.	389
Autres ouvrages.	389
Étienne du Puy, notice, etc.	390
Étienne de Byzance, notice.	391
Vie de saint Étienne le Jeune.	391
Étienne d'Urbain, notice.	394
Actes de saint Urbain.	394
Histoire de sa translation.	395
Étienne de Chartres, notice.	395
Deux lettres sur la croisade.	398
Autres écrits.	400
Étienne (cardinal), notice.	401
Ses écrits, décrets, notice.	402
Lettre.	403
Étienne, abbé de Liége, notice.	405
Vie de saint Modoald.	404
Étienne de Muret (Saint), notice.	405
Son acte de consécration.	408
Sa règle.	408
Ses maximes.	410
Étienne de Vitteby, notice.	411
Histoire de la fondation de N.-D. d'York.	413
Étienne de Pébrac, notice.	416
Vie de saint Pierre de Chavanon.	416
Étienne de Baugé, notice.	418
Traité du sacrement de l'autel.	418
Lettre et charte.	420
Étienne Harding, notice.	420
Révision et correction de la Bible,	423
Discours.	424
Charte de charité.	425
Livre des statuts.	428
Petite histoire.	432
Exhortations.	432
Lettres.	432
Étienne de Tournai, notice.	433
Commentaire et discours.	434
Ses lettres.	434
Étienne de Chalmet, notice, etc.	439
Eucher (Saint), notice.	439
Éloge du désert.	440
Lettre à Valérien.	442
Des formules spirituelles.	443
Ses instructions.	444
Martyre de saint Maurice.	446
Abrégé des œuvres de Cassien.	447
Ouvrages perdus.	448
Ouvrages supposés.	450
Critique et jugement.	452
Eudoxie, impératrice, notice.	452
Poëme sur l'Octateuque.	454
Poëme sur le martyre de saint Cyprien.	454
Poëme sur la vie de J.-C.	455
Eugène (Saint), notice.	456
Poésies qui lui sont attribuées	456
Eugène de Carthage (Saint).	457
Exposition de la foi catholique.	458
Lettre à son troupeau.	459
Eugène II, Pape, notice.	459
Lettre à Bernard de Vienne.	460
Eugène III, Pape, notice.	461
Lettres, décrets, constitutions.	463
Eugène de Tolède, notice, etc.	469
Eugésippe, notice.	470
Ergipius, notice.	470
Vie de saint Seurin.	470
Recueil des pensées de saint Augustin.	471
Euloge (Saint), notice.	471
Mémorial des Saints, 1er livre.	473
2e livre.	475
3e livre.	477
Apologie des martyrs.	478
Martyre des saints Rodrigue et Salomon.	479
Discours à Flore et à Marie.	480
Lettre à l'évêque de Pampelune.	481
A Alvar.	481
A Baldegoton.	482
Eunome, notice.	483
Ses écrits.	484
Euphrone (Saint), notice.	484
Lettre à saint Loup de Troyes.	486
Eusèbe (Saint), notice, etc.	486
Eusèbe des Gaules.	487
Homélies contestées.	487
Eusèbe de Césarée, notice.	488
Réponse aux livres d'Hiéroclès.	489
Préparation évangélique.	492
Démonstration évangélique.	499
Chronique.	512
Histoire ecclésiastique.	515
Dédicace de l'église de Tyr.	522
Des martyrs de Palestine.	525
Lettre à son église.	526
Des topiques.	527
Panégyrique de Constantin.	528
Contre Marcel d'Ancyre, 1er livre,	529

TABLE.

2° et 3° livres. pag. 532-536	Défense des trois chapitres, 1er livre, 643	Sur la prédestination. 748
Vie de Constantin. 538		Réfutation de Jean Scot-Erigène. 748
Commentaires sur les Psaumes. 538	2°, 3°, 4°, 5°, 6°, 7°, 8°, 9°, 10°, 11°	Poésie. — 1er recueil. 750
Commentaire sur Isaïe. 540	et 12° livres. pag. 649-650	2° recueil. 752
14 opuscules attribués à Eusèbe. 541	Livre contre Mucien. 651	3° recueil. 753
Canons évangéliques. 544	Lettre. 653	Ouvrages inédits ou douteux. 754
Contrariétés des Evangiles. 545	Critique et jugement. 654	Critique et jugement. 754
Réponses à Marin. 546	FALCON, notice. 654	FOLCARD, notice. 755
Eglogues prophétiques. 547	Chronique de Tournus. 654	Vie de saint Bertin. 756
Lettre à Constantin. 547	FARDULFE, notice. 656	Vie de saint Omer. 757
A saint Alexandre. 549	Epigrammes. 656	Poème sur saint Vigor. 757
A Euphration. 549	FASTIDIUS, notice. 656	Vie de saint Oswald. 757
Trois discours devant Constantin. 549	Traité de la vie chrétienne. 656	Vie de saint Jean de Beverlay. 757
Théophanie 551	FASTRÈDE, notice. 659	Ecrits attribués à Folcard. 758
Ecrits perdus. 552	Lettre à un abbé. 659	FOLCUIN DE LAUBES, notice. 759
Contre saint Eustathe. 554	FAUSTE D'AUTUN, notice, etc. 660	Vie de saint Folcuin. 760
Traité de la Pâque. 554	FAUSTE DE RIEZ, notice. 661	Autres écrits. 763
Critique et jugement. 555	Lettre à Gratus. 664	FOLCUIN DE SAINT-BERTIN. 763
EUSÈBE DE NICOMÉDIE, notice. 563	Contre les ariens, etc. 666	Epitaphe de saint Folcuin. 764
Réponse à Ar.us. 564	Lettre à Benoît Paulin. 667	Chartes de saint Bertin. 764
EUSÈBE D'ÉMÈSE, notice. 565	A Lucide. 669	FOLMAR, notice. 765
Ecrits qui lui sont attribués. 566	Sur la grâce et le libre arbitre. 671	Ses lettres et ses erreurs. 765
EUSÈBE (Saint) de Samosate. 567	1er livre. 672	FORMOSE, notice. 766
Ses lettres (Idées de). 569	2e livre. 676	Lettres à Stylien. 767
EUSÈBE DE VERCEIL (Saint), notice. 570	Autres écrits de Fauste. 680	A Foulques. 767
Ses lettres. 573	Lettres. 680	A Bernon. 768
Traductions de comm. d'Eusèbe. 575	Sermons. 682	Lettre supposée. 768
Eusèbe, auteur inconnu. 576	Ecrits perdus. 684	Couronnement d'Arnoul. 769
Traité du mystère de la Croix. 576	Critique et jugement. 684	FORTUNAT DE LOMBARDIE, notice. 769
EUSÈBE D'ANTIBES, notice. 576	FAUSTE D'AGAUNE, notice. 685	Vie de saint Marcel. 770
Translation de S. Vincent, etc. 577	Vie de saint Séverin. 685	Vie de saint Hilaire de Poitiers. 771
EUSÈBE DE DORYLÉE, notice, etc. 578	FAUSTE DE GLANFEUIL. 686	FORTUNAT DE POITIERS, notice. 772
EUSÈBE DE THESSALONIQUE, not., etc. 581	Vie de saint Maur. 689	Recueil de poésies. 774
EUSTASE (Saint), notice, etc. 582	FAUSTIN DE LYON, notice, etc. 687	1er, 2°, 3°, 4°, 5°, 6°, 7°, 8°, 9°, 10°
EUSTATHE (Saint), notice. 584	FAUSTIN et MARCELLIN, notice. 688	et 11° livres. pag. 775-785
Ses écrits contre les ariens. 586	Une préface. 689	Vie de saint Martin. 785
Livre de l'âme. 588	Requête aux empereurs. 691	Quelques petits poëmes. 787
De la Pythonisse. 588	Critique et jugement. 695	Vies de saints. 787
Ecrits supposés. 592	FÉLIX II ou FÉLIX III, notice. 695	Critique et jugement. 789
Critique et jugement. 593	Lettre à Zénon. 696	FORTUNATIEN d'Aquilée, notice, etc. 790
Eustathe de Sébaste, notice, etc. 594	A Acace de Constantinople. 697	
Eustratius, notice. 596	Autre lettre à Acace. 701	FOULCHER DE CHARTRES, notice. 791
Traité sur les âmes des morts. 596	A l'empereur Zénon. 702	Histoire de Jérusalem. 792
EUTHALE, notice, etc. 597	Au clergé et au peuple de Constantinople. 702	Abrégé de cette histoire. 795
EUTHYMIUS de Thyanes. 598		FOULCOIR, notice. 796
Traité dogmatique. 598	A Rufin et aux moines. 703	Ses poésies en trois volumes. 797
Lettres. 601	A Zénon. 704	FOULQUES DE REIMS. 799
EUTROPE (Saint), notice. 602	A Flavias. 705	Ses lettres. 802
Ses écrits. 603	A Talassius et aux autres abbés. 705	Au Pape Marin. 802
EUTROPE de Valence. 604	Aux évêques d'Afrique. 706	Au Pape Adrien. 802
De l'étroite observ. des moines. 604	Autres lettres. 707	Au Pape Etienne V. 802
EUTYCHÈS, notice, etc. 606	FÉLIX IV, Pape, notice, etc. 707	Au Pape Formose. 803
EUTYCHIEN, notice. 611	FÉLIX DE NANTES, notice, etc. 708	Au Pape Etienne VI. 804
Conversion de saint Théophile. 611	FERRAND, diacre, notice. 709	Au roi Charles le Gros. 805
EUTYCHIUS, notice, etc. 611	Deux lettres à saint Fulgence. 709	A l'empereur Lambert. 806
EVAGRE DU PONT, notice. 614	Réponse à Réginus. 710	A différents évêques. 806
Le Gnostique. 616	A Anatole et Sévère. 711	A divers abbés. 807
Le Moine. 616	A Eugypius. 711	Au roi Alfred. 808
Antirrhétique. 617	A Pélage et Anatole. 711	FOULQUES LE BON, notice, etc. 808
Problèmes prognostiques. 617	Recueil de canons. 712	FOULQUES LE RÉCHIN, notice. 810
Aux moines et aux vierges. 618	Critique et jugement. 712	Histoire des comtes d'Anjou. 810
A Mélanie. 619	FERRÉOL (Saint), notice. 713	FOULQUES DE DEUIL, notice. 811
A Anatole. 619	Sa règle. 714	Lettre à Abailard. 813
Raisons de l'état monastique. 621	FIRMILIEN (Saint), notice. 715	FOULQUES, notice. 815
Sur les noms de Dieu. 622	Lettre à saint Cyprien. 716	Poème historique. 815
Dispute sur la foi. 622	Firmus de Césarée, notice. 717	FRANCON DE LIÈGE, notice. 815
Autres écrits. 623	Ses lettres. 718	Traité de la quadrature du cercle. 816
Critique et jugement. 625	FLAVIEN (Saint), notice. 721	
EVAGRE DES GAULES, notice. 624	Discours à Théodose. 724	Traité de la musique. 817
Dispute entre Théophile et Simon. 625	FLODOARD, notice. 727	FRANCON D'AFFLIGHEM, notice. 818
	Aperçu sur ses écrits. 729	Traité de la grâce. 819
Trois livres de consultations. 627	Histoire de l'Eglise de Reims. 730	Lettre à Lambert. 821
Dispute entre Zachée et Apollonius. 628	Sa chronique. 733	Aux religieuses de Bigard. 821
	FLOHAIRE, notice. 735	Autres ouvrages. 822
Critique et jugement. 631	Actes de saint Eugène. 735	FRÉCULPHE DE LISIEUX, notice. 823
EVAGRE D'ÉPIPHANIE, notice. 631	FLORENT DES TROIS-CHATEAUX. 736	Son histoire. 828
Histoire ecclésiastique. 632	Vie de sainte Rusticule. 736	FRIDÉGAIRE, notice. 829
1er, 2°, 3°, 4°, 5° et 6° liv. p. 632-637	FLORENT DE CONDIE, notice. 737	Sa chronique. 829
Critique et jugement. 638	Vie de saint Josse. 737	Frédégise, abbé de Saint-Martin. 833
EVANCE DE VIENNE, notice, etc. 638	FLORIEN, notice. 737	Traité du néant et des ténèbres. 834
EVANCE DE TROCLAR, notice, etc. 639	Deux lettres. 738	Poésies. 834
EVERHELME, notice, etc. 640	FLORUS, diacre de Lyon. 739	Réfutation des erreurs d'Agobard. 835
EVERVIN, notice. 640	De l'élection des évêques. 741	
Lettre à saint Bernard. 640	De l'explication de la messe. 741	FRÉDÉRIC DE LIÈGE, notice. 835
EVODIUS, notice et écrits. 642	Commentaire sur saint Paul. 743	Lettre à l'évêque de Malines. 836
F	Contre Amalaire. 745	FRÉDÉRIC BARBEROUSSE, notice. 837
	Collection de décrets. 746	Lettre à Wibaud. 838
FACUNDUS, notice. 642	Martyrologe. 747	FRIDÉGOD, moine anglais, notice. 838

Vie de saint Wilfride.	839	
FRODON D'AUXERRE, notice.	839	
Éloges de deux évêques d'Auxerre.	840	
FROLLAND DE SENLIS, notice.	841	
Lettre à Bérenger.	841	
FROTHAIRE DE TOUL, notice.	842	
Ses lettres.	843	
Chartes.	844	
FROVVIN, notice.	844	
Explication de l'oraison dominicale.	845	
Traité du libre arbitre.	845	
FRUCTUEUX (Saint), notice.	845	
Règles.	846	
FULBERT DE CHARTRES, notice.	847	
Ses lettres à Adéodad.	851	
A Einard.	852	
A Abbon de Fleury.	854	
Au Pape Jean XVIII.	855	
A Lauthéric.	855	
A l'Église et au clergé de Paris.	855	
A Gui de Senlis.	856	
A Adalbéron.	856	
A Théodoric.	857	
Au roi Robert.	858	
Au roi Canut, etc.	859	
A Hildegaire.	859	
Sermons.	860	
Poésies.	863	
Ouvrages attribués à Fulbert.	864	
Critique et jugement.	865	
FULBERT DE ROUEN, notice.	865	
Vie de saint Romain.	866	
Actes des archevêq. de Rouen.	866	
Vie de saint Rémi.	868	
Autres ouvrages.	869	
FULBERT DE SAINT-OUEN, notice.	869	
Vie de saint Ouen.	870	
Vie de saint Achard.	871	
FULGENCE (saint), notice.	871	
Trois livres à Monime, 1er livre	874	
2e livre.	876	
3e livre.	877	
Livre contre les ariens.	878	
Trois livres à Thrasimond, 1er livre.	881	
2e livre.	882	
3e livre.	883	
Livre de la foi orthodoxe.	885	
Livre de la foi.	887	
Livre de la Trinité.	888	
Contre un sermon de Fastidiosus.	890	
A Ferrand, diacre.	892	
Au même.	893	
Sur l'Incarnation et la grâce.	894	
A Jean et à Vénérius, deux liv.	897	
Aux mêmes.	900	
De la rémission des péchés.	900	
Contre Fabien.	901	
Lettres de saint Fulgence.	902	
Traité au comte Réginus.	904	
Sermons et homélies.	905	
Écrits perdus.	907	
Critique et jugement.	907	

G

GALBERT, notice.	907	
Assassinat du comte de Flandre.	908	
GALBERT, notice.	909	
Miracles de sainte Rictrude.	910	
GALFRÈDE, notice.	911	
Vie de saint Bernard de Thiron.	912	
GALL (Saint), notice.	912	
Discours.	913	
GALLUS, notice, etc.	913	
GALON DE BEAUVAIS, notice.	914	
Constitution.	916	
Sur la liturgie.	916	
GALON DE PARIS, notice.	917	
Lettre à un évêque allemand.	918	
Poésies.	919	
GARIBALD, notice et écrits.	920	
GARNIER, notice.	920	
Homélies.	921	
GARNIER DE RÉBAIS, notice, etc.	921	
GARNIER DE TOURNUS, notice, etc.	922	
GARNIER DE St-VICTOR, notice, etc	922	

GARSIAS, vie de saint Vic.	922	
GAUDENCE (Saint), notice.	922	
1er, 2e, 3e, 4e, 5e, 6e et 7e discours.	pag. 924-927	
Autres discours.	928	
Panégyriques.	929	
Critique et jugement.	929	
GAUNILON, notice.	930	
Traité de l'insensé.	930	
GAUSBERT DE LIMOGES, notice.	931	
Actes de saint Frond.	931	
GAUSBERT DE MARMOUTIERS.	932	
GAUSLIN, notice.	932	
Lettres.	933	
Discours.	934	
GAUSSELME, notice.	935	
Lettre.	935	
GAUTHIER, notice.	935	
Histoire de saint Anastase.	935	
GAUTHIER DE MAGUELONE, notice.	936	
Exposition sur les psaumes.	936	
Autres écrits.	937	
GAUTHIER DE TÉROUANE, notice.	937	
Assassinat de Charles le Bon.	937	
GAUTHIER DE SAINT-AMAND.	938	
GAUTHIER DE MELUN, notice.	938	
Miracles de saint Liesne.	939	
GAUTHIER DE COMPIÈGNE, notice.	940	
Miracles de la sainte Vierge.	940	
GAUTHIER DE MONTAGNE, notice.	941	
Lettres.	942	
GAUTHIER, chancelier, notice.	944	
Histoire de la croisade.	945	
GAUTHIER DE SAINT-VICTOR, notice.	946	
Traité contre les quatre labyrinthes de la France.	946	
GAUTHIER DE GALLES, notice, etc.	947	
GAUTHIER DE CHATILLON, notice, etc.	947	
GAUZBERT, notice, etc.	947	
GÉDÉHARD DE SALZBOURG, notice.	947	
Discours synodaux.	948	
GÉBOUIN (Saint), notice.	949	
Lettres.	950	
GÉLASE DE CÉSARÉE (Saint), notice.	951	
Discours sur l'Incarnation.	951	
Histoire ecclésiastique.	952	
GÉLASE DE CYZIQUE, notice.	952	
Histoire du concile de Nicée.	953	
GÉLASE (Saint), Pape, notice.	954	
Lettres.	954	
Du lien de l'anathème.	954	
Contre Andromaque.	959	
Contre les pélagiens.	959	
Des deux natures en J.-C.	960	
Sacramentaire.	963	
Décret sur les livres.	964	
GENNADE (Saint), notice.	965	
Deux fragments.	966	
GENNADE DE MARSEILLE, notice.	966	
Des écrivains ecclésiastiques.	967	
Des dogmes ecclésiastiques.	967	
Autres écrits.	972	
Critique et jugement.	973	
GEOFFROI DE VENDOME, notice.	973	
Ses lettres. 1er, 2e, 3e, 4e et 5e liv.	pag. 975-979	
Du corps et du sang de J.-C.	980	
De l'ordination des évêques.	980	
Des investitures.	981	
Des dispenses.	982	
Des qualités de l'Église.	982	
De l'arche d'alliance.	983	
Du baptême.	983	
Des bénédictions des évêques.	985	
Hymnes, sermons.	984	
Commentaire sur les psaumes.	985	
Critique et jugement.	986	
GEOFFROI DE MALATERRA, notice.	986	
Conquêtes des Normands en Italie.	986	
GEOFFROI DU LOROUX, notice.	987	
Ses lettres.	988	
Autres écrits.	988	
GEOFFROI DE SAINT-MÉDARD, notice.	989	
Ses lettres.	990	
Ses chartes.	991	
GEOFFROI DE BRETEUIL, notice, etc.	992	
GEOFFROI LE GROS, notice.	993	

Histoire du bienheureux Bernard.	993	
GEOFFROI DE VINESAUP, notice, etc.	994	
GEOFFROI (Arthur), notice.	994	
Histoire de la Grande-Bretagne.	994	
GEORGE DE LAODICÉE, notice.	995	
Deux lettres.	995	
GEORGE, évêque arabe, notice, etc.	995	
GEORGE DE TAGRIT, notice, etc.	995	
GEORGE D'ALEXANDRIE, notice.	996	
Vie de saint Jean Chrysostome.	996	
GEORGE PISIDÈS, notice.	997	
Hexaëmeron.	997	
Poème de la vanité de la vie.	997	
GEORGE DE TARAISE, notice.	998	
Chronographie.	998	
GEORGE DE NICOMÉDIE, notice.	999	
Homélies.	999	
GEORGE DE BRETEUIL, notice.	1000	
Commentaire sur l'Exode.	1000	
GEORGE XIPHILIN, notice, etc.	1001	
GEORGE DE CORFOU, notice.	1001	
Ses lettres.	1001	
GÉRARD DE FLEURY, notice.	1002	
Poème sur saint Benoît.	1002	
GÉRARD DE SOISSONS, notice.	1003	
Vie de saint Romain.	1003	
Vie de saint Rémy.	1003	
GÉRARD DE CAMBRAI, notice.	1005	
Actes du synode d'Arras.	1006	
Ses lettres.	1009	
Sur la trêve de Dieu.	1010	
Sur le jeûne des Quatre-Temps.	1011	
GÉRARD DE CAMBRAI, notice, etc.	1011	
GÉRARD D'YORK, notice.	1011	
Ses lettres.	1013	
GÉRARD D'ANGOULÊME, notice.	1014	
Procès entre l'abbaye de Rédon et Quimperlé.	1016	
GÉRARD DE FLEURY, notice.	1020	
Poème.	1020	
GÉRAULD DE CORBIE, notice.	1020	
Vie de saint Adalhard.	1020	
Office du même saint.	1021	
GÉRAULD D'ORLÉANS, notice, etc.	1021	
GÉRAULD DE LA VENNE, notice, etc.	1022	
Histoire de saint Robert.	1022	
GÉRAULD DE VILLACÈSES, notice.	1023	
Office de saint Martial.	1023	
GÉNÉMAR, notice et écrits.	1023	
GERLAND, notice.	1024	
Candela studii salutares.	1024	
Comput ecclésiastique.	1025	
Dialectique.	1025	
GERLAND DE BESANÇON, notice, etc.	1025	
GERMAIN (Saint) D'AUXERRE.	1026	
Ses écrits.	1028	
GERMAIN (Saint) DE PARIS.	1029	
Liturgie 1re partie.	1030	
2e partie.	1032	
Lettre à Brunehaut.	1033	
Privilège.	1034	
GERMAIN DE CYZIQUE, notice.	1035	
Lettres à Jean.	1035	
A Constantin.	1036	
A Thomas.	1036	
Au Pape Grégoire.	1037	
De la rétribution légitime.	1038	
Des six conciles généraux.	1039	
Écrits attribués à Germain.	1039	
GÉROCH DE REICHERSPERG, notice.	1039	
Ses écrits.	1040	
Sur l'état corrompu de l'Église.	1040	
1re partie.	1040	
2e partie.	1041	
De la glorific. du Fils de l'Homme	1042	
Contre deux hérésies.	1043	
Questions entre les Grecs et les Latins.	1043	
De l'édifice de Dieu.	1044	
Autres lettres.	1044	
Livre épistolaire.	1045	
A l'abbé d'Ebroch.	1045	
Traité de l'Antechrist.	1046	
Critique et jugement.	1046	
GÉROCH, moine cistercien, notice, etc.	1047	

Géroïe, poëte, notice, etc.	1047	Godescalc, notice.	1113	23°, En l'honneur des Egyptiens,	1225
Gervais de Reims, notice.	1047	Vie de saint Lambert.	1113	24°, Apologie de sa conduite.	1226
Lettre à Nicolas II.	1049	Goisbert, notice, etc.	1114	25°, De la modération dans les disputes.	1228
A Alexandre II.	1049	Gondebaud, roi, notice.	1114		
Miracles de saint Melaine.	1050	Ses lois.	1115	26° discours, Apologie.	1250
Actes du sacre de Philippe.	1051	Autres écrits	1118	27° discours.	1250
Autres écrits.	1051	Gondulfe, notice.	1119	28°, Du dogme et des évêques.	1234
Critique et jugement.	1052	Correction des Livres saints.	1121	29°, Eloge d'Eulalius.	1251
Gervais, notice, etc.	1052	Lettres.	1122	30°, Sur le divorce.	1235
Gervolde, notice, etc.	1052	Gontbert, notice et écrits.	1123	31°, Adieux à son peuple.	1236
Géry (Saint), notice.	1053	Gonthier de Cologne, notice.	1124	32°, Contre les Eunomiens.	1239
Lettre à Clotaire II.	1053	Mémoire contre le Pape.	1124	33° discours.	1240
Gézon, notice, etc.	1054	Deux lettres	1124	34°, De la Théologie.	1243
Gibelin, notice.	1054	Gontier, notice et écrits.	1124	35° discours.	1244
Lettre à l'Eglise d'Arles.	1054	Gontier d'Elnone, notice.	1125	36°, Contre les Macédoniens.	1246
Giduin, notice, etc.	1055	Actes de saint Cyriaque.	1125	37°, sur la nativité de Jésus-Christ.	1248
Giduin de Troyes, etc.	1055	Vie de saint Amand.	1126		
Gilbert de St-Remy, notice, etc.	1055	Gontron, roi, notice.	1126	38°, sur le baptême de Jésus-Christ.	1250
Vie de saint Romain.	1055	Ses lois.	1127		
Gilbert Crispin.	1057	Discours.	1128	59° discours.	1252
Vie de saint Herluin.	1057	Gonzan, notice.	1129	40°, sur la Pâque.	1254
Conférence avec un Juif.	1058	Lettre à Atton de Verceil.	1132	41° discours.	1254
A Alexandre de Lincoln.	1061	Aux moines de Richenou.	1132	42°, pour le nouveau dimanche.	1255
Autres ouvrages.	1061	Gonzon de Florence.	1133	43°, pour la Pentecôte.	1256
Gilbert de Saint-Amand, notice.	1062	Miracles de saint Gengoul.	1134	44° discours.	1256
Poëmes.	1063	Gordien, notice.	1134	Lettres, à Célansius.	1257
Gilbert de Limerick, notice.	1064	Actes de saint Placide.	1134	A Nicobule.	1257
Des usages ecclésiastiques.	1064	Goscelin, notice.	1134	A saint Césaire.	1258
De l'état de l'Eglise.	1064	Vie de saint Augustin.	1135	A saint Basile.	1259
Lettre à saint Anselme.	1065	Vies des évêques de Cantorbéry.	1135	Lettre de S. Grégoire le père.	1261
Gilbert l'Universel, notice.	1066			Le même à Olympe.	1262
Ses écrits.	1067	Vie de saint Yves.	1136	A saint Grégoire de Nysse.	1264
Gilbert d'Oilande, notice.	1069	Vie de sainte Wéreburge.	1136	A Saturnin.	1264
Discours.	1069	Vies de sainte Edgite, etc.	1137	A Amazone.	1265
Gilbert de Liége, poëte.	1069	Autres ouvrages.	1137	A Léonce.	1265
Gilbert de Sempringham.	1070	Gotteschalk, notice.	1138	A Théodore de Thyane.	1265
Gilbert de la Porée, notice.	1070	Confessions de foi.	1138	A Timothée.	1266
Comment. des livres de Boëce.	1073	Lettre à Ratramne.	1139	A Dioclès.	1268
Lettre à Matthieu de St-Florent.	1073	Traité dogmatique.	1139	Rép. à Théodore de Thyane	1268
Traité des six principes.	1074	Poésie.	1139	Poésies.	1268
Commentaire sur l'Apocalypse.	1074	Ecrits perdus.	1139	Le Christ souffrant, tragédie.	1275
Ouvrages manuscrits.	1075	Critique et jugement.	1140	Critique et jugement.	1278
Critique et jugement.	1076	Gozéchin, notice.	1140	Grégoire de Nysse (saint).	1279
Gildas (Saint), notice.	1076	Lettre curieuse.	1140	Hexaéméron.	1283
1er discours.	1077	Gozpen, notice et écrits.	1141	De la formation de l'homme.	1285
2e discours.	1078	Gratien, notice.	1142	Homélies sur le même sujet.	1287
Canons sur la discipline.	1079	Son décret.	1142	Vie de Moïse.	1288
Gilduin, notice.	1080	1re partie.	1142	Deux traités des psaumes.	1291
Lettre et charte.	1080	2e partie.	1143	Homélies sur l'Ecclésiaste.	1292
Gilles, notice et écrits.	1080	3e partie.	1146	Sur le Cantique des Cantiques.	1293
Gilon de Paris, notice.	1081	Gratus, diacre, notice, etc.	1147	Traité de la prière.	1295
Poëme sur la croisade.	1082	Grégentius (Saint).	1147	1re, 2e, 3e, 4e et 5e homélies.	
Vie de saint Hugues.	1083	Dialogue supposé.	1118		1295-1301
Girald, notice.	1083	Grégoire (Saint) Thaumaturge.	1119	Traité des huit béatitudes.	1303
Hist. de l'Eglise de Compostelle.	1083	Disc. en l'honneur d'Origène.	1150	1e, 2e, 3e, 4e, 5e, 6e, 7e et 8e homélies	1305-1508
Giraud de Tournus, notice, etc.	1084	Son symbole.	1153		
Gislemar, notice.	1084	Exposition de foi.	1154	Sur la Pythonisse.	1508
Vie de saint Doctrovée.	1084	Lettres.	1155	Antirrhétique.	1509
Glaber (Raoul), notice.	1085	Paraphrase sur l'Ecclésiaste.	1157	Sur l'amour des pauvres.	1310
Son histoire.	1085	Critique et jugement.	1158	Contre le destin.	1313
1er, 2e, 3e, 4e et 5e liv.	1086-1090	Grégoire (Saint) de Nazianze.	1158	Des notions communes.	1314
Vie de saint Guillaume.	1092	Poëme sur sa vie.	1159	A Létoïus.	1314
Poésies.	1092	Grand apologétique. — 1er discours.	1177	Contre les usuriers.	1315
Glycas (Michel), notice.	1092			Réfutation d'Eunomius.	1318
Ses lettres.	1093	2e discours.	1181	De la Trinité.	1320
Godefroi de Bouillon, notice.	1093	Invectives contre Julien.	1182	De la foi.	1322
Assises de Jérusalem.	1098	2e invective.	1188	Grande catéchèse.	1323
Lettres au Pape Urbain II.	1101	5e discours.	1190	Sur l'Eucharistie.	1325
A tous les fidèles.	1102	6e discours.	1191	De la virginité.	1325
Au Pape Pascal II.	1103	7e discours.	1193	Contre les Manichéens.	1326
Discours.	1104	8e discours.	1193	De l'âme et de la résurrection.	1326
Godefroi de Stavélo, notice.	1104	Eloge de saint Césaire.	1194	Contre les Apollinaristes.	1327
Triomphe de saint Rémacle.	1104	Eloge de sainte Gorgonie.	1196	Sur la correction.	1329
Godefroi de Reims.	1106	11e discours.	1197	Sur la mort des enfants.	1330
Songe d'Odon d'Orléans.	1106	12e discours.	1199	Sur la nativité de Jésus-Christ.	1330
Autres poëmes.	1106	13e discours.	1200	Panégyrique de saint Etienne.	1333
Godefroi de Winchester, notice.	1107	14e discours.	1201	Sur le baptême de Jésus-Christ.	1334
Ecrits et poésies.	1107	15e discours.	1203	Sur la résurrection.	1336
Godefroi de Lèves, notice, etc.	1108	16e discours.	1205	Sur l'ascension.	1339
Ses lettres.	1108	Panégyrique de saint Cyprien.	1206	Sur la divinité du Fils et du Saint-Esprit.	1339
Godefroi des Monts, notice.	1108	18e discours, Eloge de son père.	1207		
Homélies.	1109	19e, Eloge de saint Basile.	1213	Panégyrique de saint Basile.	1341
1er volume.	1109	20e, Panégyrique de saint Athanase.	1218	Panégyrique des quarante martyrs.	1342
2e volume.	1110				
Autres ouvrages.	1111	21e, En l'honneur des Machabées.	1222	Oraison funèbre de Pulchérie.	1343
Godefroi de Viterbe, notice, etc.	1111			Oraison funèbre de Placille.	1344
Godehard (Saint), notice.	1112	22e, Eloge du philosophe Hiéron.	1223	Vie de saint Grégoire Thaumaturge.	1345
Ses lettres.	1113				

Vie de sainte Macrine.	1343	Règles des solitaires. 1502
Panégyrique de saint Théodore.	1346	GRIMALD, notice. 1504
Éloge de saint Mélèce.	1349	Sacramentaire. 1504
Éloge de saint Ephrem.	1350	GRIMALD, poëte, notice, etc. 1505
Sur ceux qui dorment.	1350	GRIMOALD DE SAINT-MILHAN. 1505
Lettres et écrits perdus.	1352	GROSSULAN, notice. 1506
Jugement critique de ses œuvres,	1353	Traité de la procession du Saint-Esprit. 1506
Grégoire le Grand (Saint).	1353	GUAIFER, notice, etc. 1507
Morales sur Job.	1363	GUALDON, notice. 1507
1re partie.	1364	Vie de saint Anschaire. 1507
2e partie.	1366	GUARNIER, notice, etc. 1508
3e partie.	1368	GUÉRIN DES ESSARTS, notice, etc. 1508
4e partie.	1369	GUERRIN, notice. 1509
5e partie.	1371	Ses discours. 1510
6e partie.	1372	GUI D'AUXERRE, notice, etc. 1512
Homélies sur Ezéchiel.	1373	GUI D'ANJOU, notice. 1513
Homélies sur les Evangiles.	1375	Charte de restitution. 1513
1re, 2e, 3e, 4e, 5e, 6e, 7e, 8e, 9e, 10e, 11e, 12e, 13e, 15e, 16e et 17e homélies.	1376-1382	GUI DE CHALONS, notice, etc. 1514
		GUI D'AREZZO, notice. 1514
		Micrologue. 1517
18e, 19e, 20e homélies.	1383	Monocorde. 1518
21e, 22e, 23e homélies.	1383	Lettre à Michel. 1518
24e, 25e, 26e, 27e, 28e, 29e, 30e, 31e, 32e, 33e, 34e, 35e, 36e.	1384-1388	GUI D'AMIENS, notice, etc. 1520
		GUI DE FARFE, notice, etc. 1520
37e et 38e homélies.	1388	GUI DE NOYON, notice, etc. 1521
39e homélie.	1388	GUI DE MOLÈME, notice, etc. 1522
40e homélie.	1389	GUI le Chartreux. 1522
Discours sur la mortalité.	1389	Statuts. 1523
Pastoral.	1390	Méditations. 1525
1re partie.	1391	Vie de saint Hugues. 1526
2e partie.	1392	Lettres. 1527
3e partie.	1393	GUIBERT DE GOMBLOURS, notice. 1529
4e partie.	1394	Vie de saint Martin. 1529
Dialogues.	1395	Lettres. 1530
1er livre.	1396	GUIBERT DE SAINT-GERMER, notice. 1531
2e livre.	1397	Sa vie. 1533
3e livre.	1399	1er livre. 1533
4e livre.	1400	2e livre. 1535
Lettres de saint Grégoire.	1403	3e livre. 1538
1er, 2e, 3e, 4e, 5e, 6e, 7e, 8e, 9e, 10e, 11e, 12e, 13e et 14e homél.	1403-1428	Traité de la prédication. 1543
		Sermon. 1544
Sacramentaire.	1431	Commentaire sur la Genèse. 1544
Écrits douteux.	1433	Autres commentaires. 1546
Critique et jugement.	1433	Traité de l'Incarnation. 1547
GRÉGOIRE II, notice.	1434	De la vérité du corps de Jésus-Christ. 1548
Lettres.	1434	
Mémoire.	1437	Éloge de la Vierge Marie. 1549
GRÉGOIRE III, notice.	1438	De la virginité. 1549
Lettres.	1439	Des reliques des saints. 1550
Recueil de canons.	1441	1er livre. 1550
GRÉGOIRE IV, notice, etc.	1441	2e livre. 1552
GRÉGOIRE V, notice.	1442	3e livre. 1552
Décrets.	1442	Du monde intérieur. 1553
Lettres.	1443	Les gestes de Dieu. 1553
GRÉGOIRE VI, notice, etc.	1444	Critique et jugement. 1557
GRÉGOIRE VII, notice.	1445	GUILLAUME DE MAYENCE, notice, etc. 1558
Ses lettres, etc.	1448	GUILLAUME DE SAINT-BÉNIGNE, not. 1558
Ouvrages supposés.	1470	Ses lettres. 1559
GRÉGOIRE VIII, notice, etc.	1472	Charte. 1560
GRÉGOIRE D'ELVIRE.	1473	Discours. 1560
Ses œuvres.	1474	Formules. 1561
GRÉGOIRE DE PALESTINE.	1475	Critique et jugement. 1561
GRÉGOIRE DE TOURS, notice.	1475	Guillaume, panégyriste. 1564
Histoire ecclésiastique.	1478	GUILLAUME DE CORMEILLE. 1562
1er, 2e, 3e, 4e, 5e, 6e, 7e, 8e, 9e et 10e livres.	1478-1484	GUILLAUME DE SAINT-CHAFFRE. 1564
		GUILLAUME de Merula. 1564
De la gloire des martyrs.	1485	Homélies. 1564
Vie de saint Julien.	1488	GUILLAUME de Rouen, notice, etc. 1565
Gloire des confesseurs.	1488	GUILLAUME de Chester, notice, etc. 1565
Miracles de saint Martin.	1489	GUILLAUME de Conches, notice. 1566
Vies des Pères.	1491	Ses écrits philosophiques. 1567
Miracles de saint André.	1492	Pragmaticon philosophiæ. 1573
Écrits perdus.	1492	GUILLAUME de Champeaux, notice. 1574
Jugement critique.	1495	Ses écrits. 1576
GRÉGOIRE D'ANTIOCHE.	1497	Livre des sentences. 1577
Discours.	1498	De l'origine de l'âme. 1577
GRÉGOIRE DE THRACE, notice.	1499	GUILLAUME d'Hirsauge. 1579
GRÉGOIRE DE TERRACINE, notice, etc.	1501	GUILLAUME de Durham, notice. 1580
GRÉGOIRE DU MONT-CASSIN, not., etc.	1502	Écrits. 1581
GRIMALAIE, notice.	1502	GUILLAUME de Lisieux. 1582

Histoire du roi Guillaume.	1582
GUILLAUME le Conquérant.	1584
Ses lois.	1587
Livre terrier.	1590
Discours.	1591
Ses lettres.	1592
Chartes, diplômes, etc.	1593
GUILLAUME Kécelle, notice, etc.	1594
GUILLAUME de Jumièges, notice, etc.	1594
GUILLAUME de Cluse, notice, etc.	1595
GUILLAUME de Poitiers.	1595
GUILLAUME de la Pouille, notice.	1596
. Son histoire.	1596
GUILLAUME de Saint-Thierry.	1597
Méditations.	1598
Traités.	1598
Miroir de l'énigme de la foi.	1599
Contre Abailard.	1599
Contre Guillaume de Conche.	1599
Commentaire.	1599
Sentences de la foi.	1600
Lettre sur l'Eucharistie.	1600
Sur l'Épître aux Romains.	1601
Vie de saint Bernard.	1601
GUILLAUME Walon.	1601
Ses lettres.	1602
Oraison.	1604
GUILLAUME le Petit.	1605
GUILLAUME de Saint-Denis.	1606
Vie de Suger.	1606
Lettre.	1607
GUILLAUME d'Auvergne.	1609
De la Foi et des lois.	1609
Des vices et des péchés.	1612
Des tentations.	1612
Du mérite et de la récompense.	1613
De l'immortalité de l'âme.	1613
De la rhétorique divine.	1614
Du baptême et de la confirmation.	1614
De l'eucharistie.	1614
De la pénitence.	1615
Du mariage.	1615
De l'ordre.	1615
Des causes de l'incarnation.	1616
De la pénitence.	1616
De l'univers.	1617
Sermons.	1618
De la Trinité.	1620
De l'âme.	1620
Des bénéfices.	1621
Censure des erreurs détestables.	1623
Critique et jugement.	1624
GUILLAUME d'Yorck.	1626
Constitution.	1626
GUILLAUME de Sommerset.	1626
Histoire des rois d'Angleterre.	1627
Histoires, nouvelles.	1629
Gestes des évêques d'Angleterre.	1629
Vie de saint Wilfton.	1630
Vie de saint Adelme.	1631
GUILLAUME de Tyr, notice.	1633
Histoire orientale.	1633
Histoire des croisades.	1634
GUILLEBERT, notice.	1635
Capitulaire.	1636
GUIMOND d'Averse.	1636
Traité de l'Eucharistie.	1638
1er livre.	1639
2e livre.	1640
3e livre.	1642
Exposition de foi.	1644
De la Trinité.	1645
Au roi Guillaume.	1645
Critique et jugement.	1646
GURDISTIN, notice.	1647
Vie de saint Pol de Léon.	1647
GURHERDEN, notice.	1648
Procès de l'abbaye de Belle-Isle.	1648

FIN DE LA TABLE DU SECOND VOLUME.

www.ingramcontent.com/pod-product-compliance
Lightning Source LLC
Chambersburg PA
CBHW071425300426
44114CB00013B/1326